世界经典文库

图文珍藏版

演绎军事传奇　再现战事风云

世界军事百科

王佳乐·主编

军事百科

线装书局

图书在版编目（CIP）数据

世界军事百科：全4册/王佳乐主编.--北京：
线装书局，2013.10
ISBN 978-7-5120-1017-8

Ⅰ.①世… Ⅱ.①王… Ⅲ.①军事－世界－通俗读物
Ⅳ.①E1-49

中国版本图书馆CIP数据核字（2013）第140663号

世界军事百科

主　　编：王佳乐
责任编辑：高晓彬
封面设计：博雅圣轩藏书馆　Boyashengxuan Cangshuguan
出版发行：线装书局
地　　址：北京市西城区鼓楼西大街41号（100009）
　　　　　电话：010-64045283
　　　　　网址：www.xzhbc.com
印　　刷：北京德富泰印务有限公司
字　　数：1360千字
开　　本：710×1040　1/16
印　　张：112
彩　　插：8
版　　次：2013年10月第1版第1次印刷
印　　数：1-3000套

定　　价：598.00元（全四册）

亚历山大

拿破仑

古德里安

隆美尔

朱可夫

巴 顿

艾森豪威尔

山本五十六

美国B-52战略轰炸机

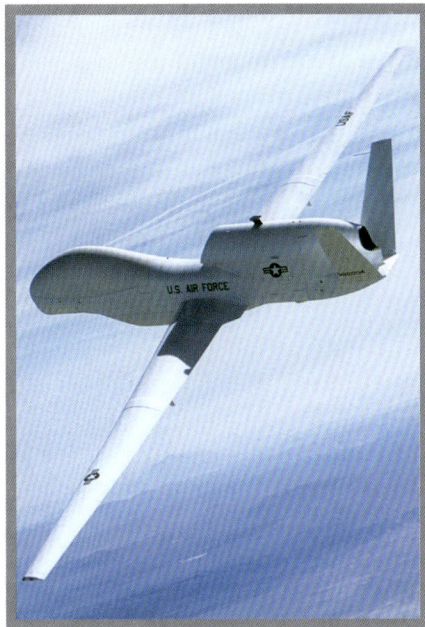

美国"全球鹰"无人侦察机

德国"豹"Ⅱ6主战坦克

美国"阿利·伯克级"宙斯盾导弹驱逐舰

西班牙"巴赞"级导弹护卫舰

俄罗斯"基洛夫"级核动力巡洋舰

美国"俄亥俄"级弹道导弹核潜艇

美国"尼米兹"号航空母舰

斯大林格勒战役

诺曼底登陆战役

海湾战争中的地面作战

科索沃空袭战

索姆河战役

不列颠空战

阿拉曼战役

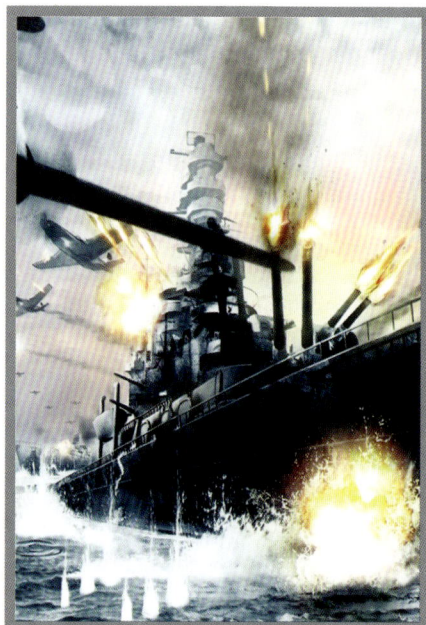

中途岛海战

前　言

《孙子兵法》中有这样一段话："兵者，国之大事，死生之地，存亡之道，不可不察。"也就是说，军事是关系到国家民族生死存亡的大事，不可不谨慎对待。

军事是一个国家的灵魂，一个民族的盾牌，一个渴望和平群体的轩辕神箭，军事力量的强弱对维护国家利益发挥着重要作用。军事科学历史悠久、内容广泛、知识密集，荟萃了自然科学、社会科学和技术科学的精湛内容，是众多学科相互交叉、相互渗透、相互结合而又具有很强的独立性、综合性和实用性的科学领域。学习军事知识，可以拓宽广大读者的知识领域，增强他们的国防观念和国防意识，认识到发展军事力量和战争的本质，不是为了扩张、侵略和欺负弱小，而是为了维护人类的和平。

当人类文明遭遇邪恶的利刃与枪炮，绿色的橄榄枝瞬间枯萎。在战争的纠葛和搏杀中，世界历史进程由此改变。从冷兵器时代的金戈铁马，到高科技时代的信息战争，军事的每一步发展都闪烁着人类智慧的光芒。可以说，几千年的人类文明史就是一部和军事有关的战争史，任何一个朝代或者一个国家的开始与终极，都是伴随着军事战争的开始或终极。

世界著名军事家拿破仑曾经说过："每一个士兵的背囊里都有一根元帅杖。"细细地品味这句名言，说得多么的好啊！它告诉我们：每一位将帅都不是天生的，都是从士兵或基层军官成长起来的；同时，任何一个士兵，都有可能通过自己的努力而一步步地获得晋升——从尉官到校官、从校官到将官，甚至荣膺元帅。

我们看到，拿破仑自己就是出生于科西嘉的一户破落贵族家庭，从一名律师的儿子，在接受了一定的军事理论教育之后，先是被任命为炮兵少尉，继而中尉、上尉，在土伦战役中一举成名并被破格晋升为准将，再后来，一步步地成为法国的最高统帅。而拿破仑旗下的元帅之中，据说，著名的内伊元帅是一名普通箍桶匠的儿子，拉纳元帅是一名普通士兵的儿子，而以勇敢著称的勒费弗尔元帅则曾是一个目不识丁的士兵……历数古今国外的著名将帅或军事家——亚历山大、汉尼拔、恺撒、古斯塔夫、苏沃洛夫、库图佐夫、克劳塞维茨、恩格斯、福煦、麦克阿瑟、朱可夫，等等,这些灿若星辰的军事翘楚,又有哪一位天生就是将帅或军事家的呢? 不论他们是出身官宦、商贾之家,还是出身布衣贫民之室,也不论他们曾受训于著名军事院校,还是博古通今自学成才,更不论他们是文官还是武将或是文武兼备,他们都共同地经受了一定的军事理论和相关知识的熏陶,特别是经历了战争或军事实践的锤炼,于是才有了一个由低级军阶到高级军阶的发展进步历程。

生活中有很多军事爱好者,他们喜欢研究军事知识和常识,探讨历史上经典的战争,悉数中外的著名将领;他们迷恋各式各样的武器装备,对现代武器的发展动态格外地关注,他们钻研军事理论,从中分析出一套属于自己的军事哲学。

为便于普通读者及军事爱好者,快速在有限的时间内掌握足够的军事知识和常识,我们编写了这套《世界军事百科》,它具体包括军事制度、军人军职、军人衔级、军队标志、军人赏罚、军队服饰、军队礼仪、军事机构、武器装备、军事演习、军事战争、军事将帅、军事名著、军事秘闻,共十四章的内容,是一部兼具知识性、趣味性和科学性的大型图书。

目　录

世界经典文库

世界军事百科

·目录·

图文珍藏版

世界经典文库

世界军事百科

· 目 录 ·

图文珍藏版

世界经典文库

世界军事百科

·目录·

图文珍藏版

世界经典文库

世界军事百科

·目录·

图文珍藏版

世界经典文库

世界军事百科

·目录·

图文珍藏版

第一章　军事制度

一、军制：军事制度的简称

　　军制是指国家或政治集团组织、管理、发展、储备军事力量的制度。它主要包括国家的军事领导体制、武装力量体制、军队的组织体制与编制、国防经济管理体制、武器装备管理体制、军队的教育训练与行政管理等各项制度、兵役制度、民防制度、国防教育制度、动员制度以及军事法制等。军制的职能在于保障军事建设，增强军事实力，以便更有成效地进行战备与实施战争。军制伴随国家、军队的产生而产生，国家的性质决定着军制的阶级属性。国家的政治制度、经济条件、军事战略、军事理论、武器装备、科技水平以及地理环境、历史传统等，都是制约和影响军制的制定与发展的重要因素。反之，军制也能从组织制度和对各项军事制度的具体实施过程中保障国家或政治集团掌握和发展军事实力，并根据时代需要挖掘军事潜力，以便有效地准备战争与应对战争。

　　军制出现在世界上已有五六千年。中国自夏朝初期产生军制，至今也已四千余年。"军制"一词最早出现在战国时期的《荀子·议兵》，其中有"临武君曰：善！请问王者之军制？孙卿曰：将死鼓，驭死辔，百吏死职，士大夫死行列"。战国时期的其他军事著书中也出现过"军制"一词，如《吕氏春秋·节丧》中也有记载。后又出现了"兵制"一词，含义与"军制"相当。四千多年来，由于社会政治制度的变革、生产力水平的提高和长期连绵不断的战争所影响，使得军制包含着极

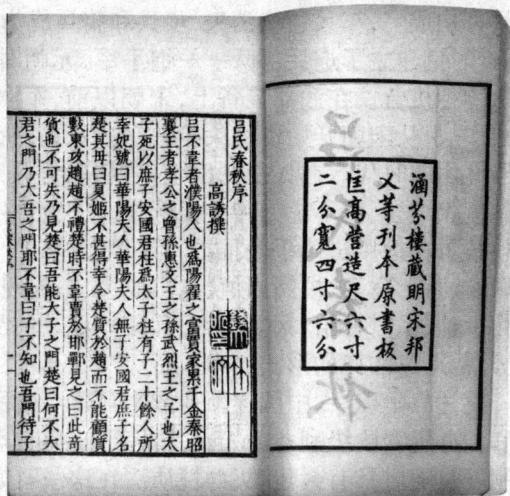

《吕氏春秋》书影

为丰富的内容。中国在夏、商和西周时期，已经确立并发展了体现奴隶主阶级意志的军事制度，各朝的王既是国家的最高统治者，也是最高的军事统帅。贵族大臣平时管理民事，战时即为军队首领，统兵打仗。王不仅拥有强大的王室和王族军队，而且还可以征调邦国与诸侯的军队。军队的最大编制单位为师。士卒由奴隶主和

平民充当，平民战时应征当兵，平时在家务农，奴隶随军服杂役。军队逐步发展为以车兵为主，武器装备以青铜兵器为主，兼用木、石及骨制兵器，主要有刀、矛、戈、弓、矢、盾、护甲和兵车等。对参战人员制定了简单而严厉的赏罚制度，如《尚书·甘誓》载："用命，赏于祖。弗用命，戮于社。"到春秋时期，随着奴隶制逐步解体，封建制度开始兴起，周王室渐趋衰微，诸侯、卿大夫的军权不断扩大。各诸侯国开始变革军制：废除了奴隶不能充当甲士的制度，开始实行郡县征兵制；出现了文武分职，开始实行武官任免制度；南方吴、楚、越等国建立了一定规模的舟师，有的诸侯国还建立了步兵，车兵虽然仍是主要兵种，但地位开始下降，步兵地位逐步上升；军队的最高编制单位为军。

战国时期，是军制变革异常活跃的时期。当时封建制度开始确立，随着封建经济的发展和铁制兵器的广泛采用，诸侯大国之间的兼并战争连绵不断。各国为实现富国强兵，纷纷变革军制，出现了一系列反映新兴地主阶级意志的军事制度。诸如剥夺私属武装，建立统一军队；集中军权，由国君直接掌握军队征调大权，实行凭玺印、虎符任将发兵；军队设置专职武官，实行文武分职；建立按军功晋爵升赏的制度；在主要推行征兵制的同时，还出现了征募农民当兵的募兵制；建立骑兵，扩大步兵，使步兵发展为主要兵种，秦、楚等国还建立了水军。

自公元前221年秦朝统一中国，到清末1840年的鸦片战争，在两千多年的漫长岁月里，历代封建王朝都建立了符合自身特点的军事制度。在军事领导上，建立了军权高度集中于皇帝的体制，各朝皇帝都是最高军事统帅，辅以宰相为核心的最高军事决策集团，并设置中央军事行政机关和军事指挥机关。在武装力量体制上，通常是采用中央军、地方军、边防军与民众武装相结合，以中央军为主体的体制。在兵种构成上，车兵逐步消失，步兵和骑兵成为主要兵种，并有一定数量的水军，到宋、金时期建立了炮兵部队——炮手军，元朝时编有炮兵万户府，明朝组建的火器部队称神机营。在武器装备上，宋朝以前，军队一直使用刀、矛、剑、戟和弓箭等冷兵器作战，从宋朝开始使用火枪、火炮、火箭、火球等火器，逐渐进入了冷兵器与热兵器并用的时代。在兵役制度上，各朝因势采用征兵制、募兵制、世兵制或多种兵役制度相结合，但不论哪种兵役形式，农民始终是军队兵员的主要成分。历代封建王朝很重视运用法律手段推行军事制度，将许多军制内容，诸如军队的编制、军队的调发、番上宿卫、校阅当值、屯田戍边、军人职守、武官选任、加衔晋级、兵丁拣点、逃兵惩治、军需补给、兵要机密、兵役军赋、驿站通道、厩库管理和武器的制造与配发等，都通过法律的形式颁布执行。

鸦片战争以后，中国逐渐变成半封建半殖民地社会，军队成为维护封建地主阶级和买办资产阶级利益的工具。清朝末年、北洋军阀时期和国民党政府时期的军事制度也随之具有封建、买办性质。在这一时期，武器装备完成了由冷兵器向热兵器的过渡；国家的军事领导机构、军队的体制编制、军队的教育训练制度和军队的管理制度逐步向近、现代过渡。

现代军制的基本发展情况。

随着现代社会生产力的巨大发展，科学技术水平的迅猛提高和武器装备的日新月异，世界各国都着眼于未来战争，不断革新军制，以便建立起符合自己国情的军事制度。

现代军制广泛涉及国家的各个领域,内容复杂,形式多样,概括起来主要有以下方面:①军事领导体制。包括最高军事统帅、军事决策机关与执行机关以及地方各级军事部门的设置、职权划分和相互关系的制度。其职能在于保证国家或政治集团的军权高度集中,平时对军事建设与国家各方面的战争准备工作实施有效的领导,战时对武装力量的作战与各方面支持战争的活动实行集中统一的指挥。②武装力量体制。即常备军和其他正规、非正规武装组织的规模、编组、任务区分与相互关系的制度。其职能在于保障国家或政治集团,根据自己政治、经济等各方面的条件,建设各种武装组织,并按照自己需要的结构形式,把各种武装组织有机地结合起来,形成整体力量,完成所担负的作战及其他各项任务。③军队的组织体制与编制。即关于军队领导指挥系统、战斗部队系统、战斗保障部队系统、院校系统、科研系统和后勤保障系统的设置、编组、任务区分和相互关系的制度。军队的体制是军队组织的宏观构成,军队的编制,属于军队组织的微观构成,体制是编制的前提,只有在确定体制之后,才能制定各级各类建制单位的具体编制;只有达到体制与编制的有机结合,才能形成一支精干、高效、具有战斗力的军队。④国防经济管理体制。即国家关于领导、管理国防经济活动的组织系统与工作制度。它主要包括国防经济各层次、各部门的组织体制与管理制度,军费的分配与使用制度,战略物资的储备体制等。其职能在于保证从财力上、物力上支持国防建设,不断增强国家的军事实力与潜力,并在必要时将国民经济迅速转入战时轨道,以保障战争的需要。⑤武器装备管理体制。主要包括武器装备领导、管理与协调机构的设置、任务区分与相互关系的制度。武器装备的研制、试验、定型、生产、采购、申请、补充、动用、封存、保管、维修、转级、退役、报废以及技术革新等环节的管理制度,武器装备发展的预测、规划、论证与决策制度等。其职能在于保证充分利用先进的科学技术,不断地改进与更新武器装备,保障军队完成作战等各项任务的需要。由于国防科技在武器装备的研制过程中起着举足轻重的作用,所以国防科技管理制度也纳入了军事组织体制范围之内,并逐渐受到重视。⑥军队的各项工作制度。主要包括军队的教育训练、行政管理、人事管理、装备管理、政治工作和后勤保障等制度。其职能在于保证军队有效地培养与使用人才,提高全体官兵的军事、政治与专业技术素质,保持旺盛的士气,培养优良的战斗作风,建立正规的秩序与严明的纪律,以不断提高部队的战斗力。⑦兵役制度。即公民参加武装组织或在武装组织之外接受军训、担负军事任务的制度。主要包括国家关于公民参军服现役、在军队之外服预备役、在校学生接受军训和军人优抚等方面的规定,通常由国家元首或最高权力机关以法律的形式予以公布。兵役制度的职能在于一方面保障现役军人得到及时的补充、更新,以保持部队强大的战斗力;同时,对于保障后备兵员的大量储备,提高其训练水平,以适应战时快速动员的需要,也具有十分重要的意义。⑧民防制度。即国家关于组织民众防备敌人空袭与消除空袭后果的制度。通常由法规性的文件予以规定。一般区分为平时的民防与战时的民防。平时的民防包括有关民防组织体制建设、机构设置、工程构筑、队伍训练、通信警报建设、物资准备、人员疏散准备以及对公民的宣传教育、参加抢险救灾等;战时的民防包括有关实施组织指挥、疏散与隐蔽城市人口、灯火管制、伪装遮蔽、消防、抢救、抢修、恢复生产、支援军队作战与维护社会治安等。民防制度的职能在于保护居民、经济设施及其他重要目标的安全,保存战争潜力,配合军队坚持城市斗争,夺取战争的胜利。⑨国防教育制度。即国家根据国防的要求,对公民的品德、智力和体质等方面实施有计划的教育与训练的制度。实施国防教育训练的有关规定,依据《宪法》和《兵役法》制定,其职能在于弘扬公民的爱国主义精神,增强国防观念,开发智力资源,提高民族素质,培养国防人才。⑩动员制度。即国家由平时状态转入战时状态,调动一切力量以应付战争的制度。主要包括武装力量动员、国民经济动员、政治动员和民防动员计划的制订与实施,动员机构的设置,动员令的发布与实施等。其职能在于保证国家(或局部地区)迅速地由平时状态转入战时状态,能够统一指挥、调度一切人力、财力、物力,以保证战争的需要。⑪军事法制。即国家关于军事法律、法规、规章的制定与实施的制度。其职能在于保障各项军事法律规范的制定与实施,保障军事建设与军事行动的实施,保护军事设施,维护军队与军人的合法权益,规范军队的行为,保证军队的高度集中与统一等。⑫后备力量建设制度。即国家储备和发展后备兵员的制度。主要包括各种预备役部队、民兵等后备力量的编组、装备、教育训练、管理、保障等制度,还包括学生参加军事训练的制度。以保证有效地提高后备兵员的素质和战备水平,满足战时补充兵员和配合正规部队作战的需求。

进入 21 世纪以来,随着技术革命的深入,信息技术和智能武器的大力开发与运用,军事领导体制也在随着时代的要求不断进行调整。不合时代要求的旧兵种被新的军兵种所替代,武装力量组织结构也随之而动。总的趋势是:在机械化战争向信息化战争形态转变不可阻挡的大背景下,军事领导指挥体制将减少层次,向着网络化、扁平化方向发展;军队将更加精干,联合性将更加紧密,机动性将更加灵活;航天部队、网络战部队、快速反应部队、特种作战部队、反恐部队、机器人部队、心理战部队会进一步发展并受到重视;武器装备发展将在集中国家有效资源条件下,统一协调、统一实施,战略运筹;后勤保障将进一步完善保障体制,并适当利用海外力量弥补执行远距离任务补给困难的不足;兵役制度将进一步向职业化发展,不仅军官职业化已经明朗,士兵职业化也是大势所趋;战争动员体制逐步向信息化条件下的战争动员模式转化;各种工作制度也会随之调整,以适应变化了的战争样式和作战需要。

二、军事组织体制

人类社会自出现战争以来,军事组织就作为社会组织的一个重要组成部分而存在着。军事组织体制是对军事系统的组织形式、机构设置、职权划分、相互关系及其相应法规制度的总称。它主要包括军事领导体制和武装力量组织体制,此外还包括战争动员组织体制、军事经济组织体制、军事科学技术和武器装备发展管理组织体制、军事科学研究组织体制等。

（一）军事领导体制

军事领导体制，也叫国防领导体制，是国家领导国防建设，组织和管理武装力量，指挥军事斗争的组织体系及相关制度。是各级军事领导机构的设置、职责权限划分、相互关系等的统称。它是军事领导的职能和意图借以实现的组织形式。平时对武装力量建设和战争准备实施有效的组织领导；战时对各种武装力量和各个领域支持、保障战争的活动实行统一的组织指挥。由于国家体制和文化传统的不同，世界各国的军事领导体制各有特点。例如，美国由国会、总统、国家安全委员会、国防部共同负责领导国家防务。美国总统为武装部队总司令，与国防部长组成"国家指挥当局"。美国国防部则是总统领导与指挥全国武装力量的最高军事领导机关。国防部下设军种部，是各军种的最高行政领导机关。参谋长联席会议和各联合司令部则在国防部长领导下，负责作战指挥。联合司令部是按战区或职能设立的指挥机构，根据总统和国防部长通过参联会下达的命令，对所辖部队实施指挥。英国由国会、首相和国防大臣领导下的国防会议决定国防事务，下设国防参谋部。国王是名义上的武装力量最高统帅。首相领导下的内阁才是真正的政府执行机构。国防和海外政策委员会是英国安全最高决策机构，首相任主席。国防部是国防与军队建设事务的最高行政机关。国防参谋部是最高军事指挥机关，各军种委员会是各军种最高行政机关，各军种参谋部是各军种的最高指挥机关。法国由总统领导下的最高国防委员会、国防委员会和限制性国防委员会负责国家防务。日本内阁总理大臣是国防的最高领导人，也是自卫队的最高统帅。国防重要事项及重大紧急事态处置方略由国家安全保障会议进行审议，内阁会议则是国防的最高决策机构，防卫省是内阁总理大臣领导下的国防领导机构，管理与指挥陆上、海上、航空自卫队及其相关事务。参谋长联席会议统一和协调各自卫队的合同作战、后勤、训练计划，指挥联合作战。印度总统为武装力量最高统帅。总理任内阁安全委员会主席，内阁委员会是国家最高国防决策机构。国防部是最高军事行政领导机构，国防部长直接对总理负责，领导各军种司令部。总统通过总理及其领导下的内阁安全委员会协同国防部对全国武装力量实行领导和指挥权。中华人民共和国的国防领导体制，根据现行的《中华人民共和国宪法》和《中华人民共和国国防法》规定，中华人民共和国的国防领导职权由中共中央、全国人民代表大会、全国人民代表大会常务委员会、国家主席、国务院、中央军委行使。中共中央在国防事务中发挥着决定性的领导作用。国防和军队建设的重大问题则由中共中央、中央军委、中央政治局及其常务委员会做出决策，并通过必要的法定程序，作为党和国家的统一决策贯彻执行。中央军委主席由人民代表大会选举产生，并根据中央军委主席的提名，决定中央军委其他组成人员的人选。中央军委领导和统一指挥全国武装力量，决定军事战略和武装力量的作战方针，领导和管理人民军队的建设。中央军委下设中国人民解放军总参谋部、总政治部、总后勤部和总装备部。各总部既是中央军委的工作机关，也是全军军事、政治、后勤、装备工作的领导机关。目前，中华人民共和国主席、中央军委主席由胡锦涛同志担任，对全国人民代表大会的决定和全国人民代表大会常务委员会的决定负责,并根据决定宣布战争状态,发布动员令。中华人民共和国国务院领导和管理国防建设事业。

尽管各国的军事领导体制有所不同,但是一般说来,就国家的军事领导机构来讲,主要包括最高统帅、最高军事决策机构、最高军事行政领导与作战指挥机构。此外还包括军事咨询机构、军事协调机构、军事法制机构、军事监督机构等。

(二)武装力量组织体制

武装力量组织体制,是武装力量的组织系统、机构设置、建制、领导与指挥关系,以及各级组织的职能划分等的总称。现代武装力量通常由军队、预备(后备)役部队、武装警察性质的部队和民兵等群众性武装组织构成。军队是正规的武装组织,是国家武装力量的主体和骨干,是国家政权的主要成分。预备(后备)役部队属于后备力量,是以少数现役军人为骨干,以预备役军官和士兵为基础编组起来的武装组织,平时可协助地方维护社会治安;战时动员可迅速转为现役部队,执行作战任务。武装警察性质的部队有武装警察部队、边防部队、内卫部队、警备部队、保安部队、宪兵部队、治安部队、国家安全部队等,担负国内安全保卫任务。民兵等群众性武装组织是不脱离生产的群众性军事组织,是军队的辅助力量和后备力量,又是担负国内治安任务的重要力量。这些武装组织各具特点。各个国家按不同的形式,使之有机结合,共同组成国家武装力量的整体。主要有以下几种组合形式。一是常备军、后备部队和武装警察相结合的结构形式,主要为欧洲、北美的多数国家以及亚洲部分国家所采用。二是采取常备军、武装警察和群众武装相结合的结构形式,主要为实行防御战略的国家所采用。三是常备军与武装警察相结合的形式,主要为非洲、拉丁美洲的多数国家和亚洲的部分国家所采用。四是少数国家和地区,实行单一的武装组织形式。有的只有维持社会治安的警察,有的建有少量军队或群众武装。中华人民共和国目前实行的是常备军、预备役部队、武装警察和民兵相结合的武装力量体制。这种组织体制,以常备军为骨干,以全民防御为基础,把精干的常备军与强大的后备力量结合起来,能够充分发挥人民战争的优势,具有平时少养兵,战时则能迅速扩大部队的优长,较好地解决了国防建设与国家经济建设的矛盾,也能适应现代战争的要求。

各级组织的职权划分和部队编组是武装力量组织体制的主要组成部分。按其组织结构和性质任务,可分为陆军组织体制、海军组织体制、空军组织体制、核力量组织体制、军队指挥体制、教育训练组织体制、后勤组织体制、军事科研组织体制等。从总体上讲,军队的组织结构通常分为军种结构、职能结构和层次结构。

三、军队总员额

军队总员额是一个国家一定时期军队的总人数。国家规定人数的限额,又称军队总定额,是军队量的规定性的主体和基本方面。是国家安全需求和经济供养可能二者对立统一的集中反映,既关系国家的安全,又与国计民生休戚相关。军队总员额受一定历史时期国际形势和国家政治、经济、军事、科技、人口、后备力量、国土面积以及地理环境等因素,特别是生产力水平和战争规模的影响和制约。各国规定军队总员额的共同规律是:平时较少,战时急剧增加,比如,第二次世界大战期间,各参战国动员后的兵员是战前的2.8至7.1倍;与国家人口保持一定比例,平时一般不超过本国人口的2%,战时不超过本国人口的10%;除非战时,军队总员额具有相对稳定性。总之,军队总员额是国家重大战略决策之一,通常由国家最高决策机构确定,需经一定的法律程序颁布实施。

军队总体结构:体现军队构成、军兵种成分及职能体系

军队总体结构是军队构成的基本分类。通常包括军种结构、兵种结构、职能结构和层次结构。其中,军种是根据军队作战活动的领域、任务和主要武器装备的性能,以及国家战略的需要等因素划分和确定的。当前大多数国家的军队由陆、海、空三个军种构成,有些国家军队在此基础上增加1~2个军种,有的国家则减少军种。从职能系统讲,现代军队一般都由领导指挥系统、战斗部队系统、战斗保障(支援)部队系统、后勤保障系统、院校和科研系统构成。

四、军队组织体制

军队组织体制又称军队体制,与军队组织编制有所区别。是军队的基本组织结构、各级组织的职能划分及其相互关系的制度。军队组织体制发展至今,基本组织结构可以区分为总部体制、战区(军区)体制、军兵种体制;根据担负的任务不同可分为机关体制、部队体制、院校体制和科研体制;按照领导管理职能可分为作战指挥体制、军事行政领导体制、政治工作领导体制、后勤领导体制、装备领导体制等。

总部体制是指在国家最高军事当局直接领导下,由负责全军作战的机关及日常行政、政治、后勤、装备等工作的领导机关组成的自上而下的体系。一般来说,国防部是全军的最高行政领导机关,总参谋部是全军的作战指挥机关。有的国家作战与指挥是分开的,有的国家实行作战与指挥机关合二为一的体制。美国的最高指挥和领导机构是国防部,由总统兼任武装部队总司令。中国人民解放军的总部体制,由中央军事委员会领导下的总参谋部、总政治部、总后勤部和总装备部构成。中央军委通过四总部对各大军区、海军、空军和第二炮兵实施领导指挥。

战区体制(我国称军区)是指特定作战区域的组织结构及其领导指挥体系。战区是国家战略性的作战区域,其指挥机构介于最高军事统帅机构(总部)与战略战役军团之间,受军事战略、军队规模、作战能力、地理环境、作战特点等影响较大。许多国家只有在战时才临时设立战区,并成立战区指挥机构。中国人民解放军的军区,战时即可成为战区,负责指挥辖区内和所有军兵种,用于协同作战行动。

五、军队领导指挥体制

军队领导指挥体系的机构设置、职能划分、相互关系等制度的统称。军队领导指挥体制首先要保证国家或政治集团高度集中地控制军权,是军队指挥权与领导权在组织上的体现,既规定平时对军队建设实施领导权,又规定战时对军队的统一指挥控制权。集中统一、结构科学、层次合理的现代军队领导指挥体制,对提高军队建设效益、增强战斗力起着积极的促进作用。军队领导指挥体制一般包括三个方面的组织机构体系设置:决策机构、指挥机构和行政管理机构等。三个方面既是比较独立的体系,也有着密切的关联,三者共同作用,对军队实施统一有效的领导与指挥。在纵向上,则一般区别为最高统帅、总部、战区、集团军(军)、师、团等编制单位。由于领导与指挥有一定区别,所以有时会将领导指挥分开阐述,即军队领导体制和军队指挥体制。军队领导体制是指军队领导体系的机构设置、职能划分、相互关系等制度的统称。保证国家或政治集团高度集中地控制着军队的领导权、军队建设权和军事训练权。领导体制比指挥体制更注重平时的国防和军队建设,日常工作的管理等,通常由国防部负责。军队指挥体制是指有关军队指挥体系的机构设置、职能划分、相互关系等制度的统称。它是由指挥员、指挥机关、指挥对象和把他们联结起来的通信网络构成的指挥系统,对军队作战行动实施统一指挥,通常由总参谋部负责。

现代军队领导指挥体制主要有两种基本类型,一种是军令、军政分开型的领导指挥体制,即指挥机关和行政机关在一定层次上分开设置并形成不同的组织体系,如美国、法国等;一种是军令军政合一型领导指挥体制,指挥机关和行政机关合并设置在同一组织系统之内,如中国、英国等。

(一)陆军体制:陆军建设制度的总和

陆军是主要在陆地作战的军种。陆军体制则是陆军的组织设置、职权划分、指挥关系的有机整体的总称。陆军兵种结构主要取决于武器装备的发展和作战任务的需要。陆军体制建设的主要任务是从宏观上搞好陆军各兵种及武器装备发展规划及各组成部分之间的有机结合,实现陆军总体结构与组织上的科学组合。并决定陆军建制单位的设置、性质、类型、内容、职能、隶属关系、等级权限、地位作用等。现代陆军通常由步兵(摩托化步兵、机械化步兵)、装甲兵(坦克兵)、炮兵(导弹兵、火箭兵)、工程兵、防化兵(化学兵)、通信兵、电子对抗部队等兵种和专业兵组成,有些国家的陆军还有空降兵、陆军航空兵、陆军防空兵、铁道兵等。现代陆军通常按集团军(军)、师(旅)、团、营、连、排、班的序列编成,有的国家还编有方面军。战斗部队通常由步兵、装甲兵、炮兵、火箭(导弹)兵、防空兵和武装直升机部队构成,战斗保障部队通常由工程兵、侦察兵、通信兵、防化兵等部(分)队构成。

(二)陆军编制:人与武器结合的制度

陆军编制是陆军各级各类建制单位以陆军体制为依据,对机构设置和人员、武器装备编配的具体规定,从微观上解决人与武器装备的有机结合,使武器发挥最大效力,使人员更能发挥主观能动性,提高战斗力。可以说,编制是否科学直接关系部队的整体作战能力。

(三)海军体制:海军建设制度的总和

海军体制是海军组织的宏观构成,是海军组织系统、机构设置、建制、领导指挥关系及各级组织的职权划分的统称。海军是以舰艇部队为主体,在海洋上作战的军种。所以,海军体制主要是指海军人员与舰艇及武器的构成和排列方式。包括整体结构、海军领导指挥体制、舰队体制、海军基地体制、海军航空兵体制、海军军事训练体制、海军后勤体制、海军装备管理体制等。当前,世界各国海军按其规模、任务和作战能力的不同,大致可区分为远洋、区域、近海等类型。但无论哪一种类型的海军,大体上都是由水面舰艇部队、潜艇部队、海军航空兵、岸防兵、海军陆战队等兵种组成,并以舰队、基地为基本编成单位。海军的层次结构一般分为总部、舰队、基地(区舰队)支队(分队)等层次。

(四)空军体制:空军建设制度的总和

空军体制是指空军的组织系统、机构设置、建制、领导和指挥关系以及各级职权划分的统称。空军是以空中作战为主要任务的军种。包括空军整体结构、空军领导指挥体制、空军军事训练体制、空军后勤体制、空军装备管理体制等。一般由领导指挥机构、兵种部队、技术勤务保障系统、后勤保障系统和部队科学研究部门及军事院校等构成。空军部队的编制序列,各个国家不尽相同。有的是集团军、军、师、团、大队、中队,有的是航空队、空军师、联队、中队,有的是空军旅、中队,有些小国空军的最大单位是中队。

与其他军种比起来,空军还很年轻,但绝对是一个高技术的军种。在空中力量建立初期,西方国家曾将空军平时与战时的建设作为一个重要的议题进行讨论。在长期的实践中,美国逐渐摸索出了一条行之有效的道路,即建立空军的现役、后备役、文职人员与承包商四位一体的体制。其好处是在节约大量的军费的基础上,仍能保持很高的空中作战能力。对于大国来说,建设一支与国家地位相称的、国民经济能够负担的强大空军,是很多国家军队建设要解决的一个难题。如 B-2 轰炸机每架平均达到 20 多亿美元。美国除了这种军民结合的体制之外,还将空军定位于地球表面以上的空间体制即空天一体的空军体制。也就是说,美国空军以大气层内外空间为战场,规定其航空、航天、战略导弹与导弹防御力量的体制。美国空军体制跨越了航空和航天两个领域,并掌握了这两个空间与战略导弹资源的绝大部分,居于垄断地位。俄罗斯的航天力量作为一个独立的军种而存在,但其地面防空兵隶属于空军,为增强战略打击能力,战略火箭军也归属空军,可以说,俄罗斯建立了攻防兼备型的空军体制。中国空军体制与这两个国家则不同,主要是建立了以航空兵、国土防空兵、空降兵范畴的空军体制,是不涉及天外的空军体制。

(五)战略核力量体制:显示核能力、遏制核威胁的总制度

战略核力量体制是战略核力量的总体结构、领导指挥机制、部队编成、组织制度的总称。战略核力量是装备核武器系统,遂行战略作战任务的各种部队的总称。具有核打击力量的国家的战略核力量体制一般包括战略核打击力量体制和战略核力量指挥体制。只是其中的内容和称谓有所不同。美国战略核打击力量体制下辖战略导弹联队、战略轰炸机联队、海基潜射导弹部队等;美国战略核力量指挥体制包括战略指挥机构、战略预警系统和战略通信网等。美国使用战略核力量的决定权集中控制在总统手中,投射第一枚核弹的命令由总统通过参谋长联席会议主席下达。参联会所属的"联合战略目标计划参谋部"则负责选定战略核攻击目标,排列打击目标的顺序,确定攻击各目标的兵力,拟定战略核袭击部队的统一作战计划。俄罗斯的战略核力量体制包括战略火箭军、战略轰炸机部队、战略核潜艇部队等,俄罗斯总统是俄罗斯武装力量的最高统帅。俄罗斯战略火箭军是俄罗斯战略核力量的核心,其使用权归最高统帅部,组织指挥体制由战略火箭军总司令部统辖4个火箭集团军及其技术勤务保障部队的指挥机构组成。俄罗斯战略火箭军总司令部由司令部、战斗训练局、干部局、装备局、后勤部、导弹研制局、采购总局、教育工作方向局和军事教育局构成。俄罗斯空军总司令部所属的远程航空兵司令部直接负责指挥战略轰炸机部队的各个轰炸航空兵师。海军总司令部下辖的太平洋舰队和北方舰队直接指挥战略核潜艇。中国称战略导弹部队为第二炮兵,中国的战略核力量由中央军委直接指挥,下设兵种、基地、支队三级主要指挥体制。

(六)后备力量组织体制:规定国家作战潜力的制度

后备力量是除现役部队之外的一切可以用于战争动员使用的群众性武装力量的总称,是国家根据战争需要有计划、有组织地储备在人民群众中,战时能够招之即来、来之能战的群众性武装力量,是国家武装力量的重要组成部分。它具有比较严格的组织,进行比较严格的训练。预备役,指公民在军队外服兵役,并随时准备根据国家需要应召入伍服役。根据训练程度,预备役的组织结构可分为一类、二类或三类。预备役包括编组的预备役部队和非编组的预备役人员。世界多数国家的国防后备力量体制只实行预备役制度或民兵制度,我国则是预备役和民兵相结合的制度。我国《兵役法》规定:中华人民共和国实行义务兵与志愿兵,民兵与预备役相结合的兵役制度。把民兵的编组和预备役的分类结合起来,基干民兵为第一类预备役,普通民兵为第二类预备役。我国的预备役分为士兵预备役和军官预备役。

六、最高军事指挥机构

说起最高军事指挥机构,让人们首先想到的是统帅部,其次是大本营。就中国而言,和平时期当然是中央军委,而战争年代听到最多的可能就是前线指挥部或总前委了;对美国等西方国家而言参谋长联席会议是他们常常要用到的。总之,不同的国家,有不同名称的军事最高领导机构;根据战争因素的多少也可有不同称谓的最高军事指挥机构。现在一一举例说明。

(一)统帅部

统帅部亦称"最高统帅部""最高司令部"。是一国或数国联盟的武装力量的最高领导和指挥机构,由最高统帅领导。主要是领导武装力量建设,负责研究战争局势和实施战略指挥。通常在战时建立,如苏联在卫国战争初期的1941年6月23日,成立了统帅部,后改组为总统帅部、最高统帅部;美、英盟军是在1943年12月成立西欧远征军最高司令部的。而有的国家在平时即建立起来,如日本在第二次世界大战前早已成立了武装力量最高统帅部;德国也是在战前的1938年2月建立起最高统帅部的。

(二)大本营

战争时期统帅或最高统帅的指挥机关,称大本营。有时,独立战区司令或军种司令的指挥机关也称大本营。大革命时期,即第一次国内革命战争期间,孙中山曾在广州组织成立陆海军大元帅大本营。

(三)总司令部

一些国家的军队或武装力量的领导与指挥机构称总司令部,有时亦称"最高统帅部""最高司令部"。中国人民解放军在中国工农红军时期,曾一度建立过总司令部,1937年改编为八路军(十八集团军)后,成立了十八集团军总司令部,朱德任总司令,彭德怀任副总司令。

有的国家的军种领导、指挥机构也称总司令部。如苏联的军队设有陆军总司令部、海军总司令部、空军总司令部、防空军总司令部和战略火箭军总司令部等。

(四)总参谋部

作为军队或武装力量的军事指挥机关,在世界上最早出现于普鲁士。普鲁士军队于1785年开始设立参谋部,负责为统帅传令联络、搜集情报,到1806年发展为独立的作战参谋机构。19世纪下半叶至20世纪初,奥匈帝国、法国、俄国、日本、美国和英国等先后建立起总参谋部或类似的机构。在第一次和第二次世界大战中,各国的总参谋部先后发展成为军事领导指挥的中枢。现在,世界上大多数国家设有总参谋部或类似的机构,基本职能大体相同,但名称、隶属关系与性质不完全一样。比如苏联的武装部队总参谋部,是最高统帅通过国防部长对武装力量实施指挥的中枢环节;美国的参谋长联席会议,是总统、国防部长的军事顾问和作战指挥机构;英国的国防参谋部,是首相、国防大臣的军事咨询机构和对军队实施指挥的机构;法国的参谋长委员会,则是国防部长领导下的军事咨询机构,战时在总统领导下实施作战指挥。

中国于1911年4月,清朝政府设立了类似总参谋部的军咨府。1946年,国民政府军队设立了参谋本部,由参谋总长负责领导。中国人民解放军总参谋部,在土地革命战争中后期和抗日战争以后,直到现在,都是军队的最高军事指挥机关。

(五)参谋长联席会议

一些国家的高级军事咨询和指挥机构。参谋长联席会议,由美国首创于1942年,1954年以后,日本、韩国和西班牙的军队也先后采用了这种体制。

美国的参谋长联席会议,是总统、国家安全委员会和国防部长领导军事工作的咨询机构,也是总统和国防部长对军队实施作战指挥的执行机构。参谋长联席会议由主席、副主席、陆军参谋长、海军作战部长、空军参谋长和海军陆战队司令组成,隶属于国防部。其主要职责是:①向联合司令部和特种司令部发布总统和国防部长的作战命令;②负责拟订战略计划和向军队提供战略上的指导;③负责拟订统一的动员计划和后勤计划,并根据这些计划,指定有关军事部门负责各军种后勤的职责;④向国防部长提出建立各种联合或特种司令部的建议,并指定有关部门向这些司令部提供支援;⑤检查各司令部计划与方案的执行情况和各部队物资、兵员、后勤的补给情况;⑥负责制定诸军种联合作战和统一的训练原则与条令;⑦向国防部长提出有关军事预算、军事科研、武器发展和对外军事援助等方面的建议;⑧计划并组织、协调诸军种大规模联合演习;⑨为美国参加联合国军事参谋团及其他军事使团提供代表;⑩完成总统和国防部长指定的其他任务。

美国参谋长联席会议的建立,是为了同英军的参谋长委员会相对应与加强美国陆、海军联合作战的需要,于1942年初,罗斯福总统运用战时总统特权,将陆军和海军联合委员会改组而成。到1947年,法定为美国军事领导指挥体制中的一个常设机构。1949年,根据美国《国家安全法》修正案的规定,始设参谋长联席会议主席,负责主持参谋长联席会议,处理日常事宜。该主席为全军职位最高的现役将领,陆、海、空三军高级将领轮流担任,由总统征得参议院同意后任命,任期两年,平时只能连任一次。1986年,美国《国防部改组法》决定,增设参谋长联席会议副主席,兼任国防采购委员会副主席。参谋长联席会议的主要工作机关,为联合参谋部。其法定军官名额400人,按比例从各军种抽调,主任为中将军衔。联合参谋部设有作战、后勤、人力与人事、计划与政策、指挥控制与通信系统、研究分析与模拟等部门。其作战部辖有三个国家指挥中心：地面指挥中心，设在首都华盛顿国防部大楼内的国家指挥中心；空中指挥中心，设在 E-4AT 和 E-4B 型飞机上的国家空中紧急指挥所；地下指挥中心，设在马里兰州里奇堡的国家预备军事指挥中心。

战时，数国联盟武装力量的军事咨询和指挥机构也称为联合参谋部。第二次世界大战时，英、美两国在 1942 年曾建立盟国参谋长联席会议，并在美国首都华盛顿设联合参谋部，作为工作机关。

七、武装力量构成

当代，各国武装力量构成情况各异，总的来说，主要有四种大的类型：第一种是采取常备军、后备部队、群众武装和武装警察相结合的方式，主要有中国、越南、古巴等；第二种是采取常备军、后备部队和武装警察相结合，主要有欧洲、北美的多数国家，以及亚洲的部分国家；第三种是采取常备军与武装警察相结合，主要有非洲、拉丁美洲的多数国家以及亚洲的部分国家；第四种是少数较小的国家和地区实行单一的武装组织形式，有的建有少量军队。一些具有典型意义的国家武装力量构成如下：

（一）美国武装力量体制

美国武装力量由现役部队、后备役部队构成。现役部队分为陆军、海军、空军、海军陆战队。后备役部队，由陆军国民警卫队、陆军后备队、海军陆战队后备队、海军后备队、空军国民警卫队、空军后备队、海岸警卫队后备队七个部分组成。国民警卫队、各军种后备队、海岸警卫队是三种不同性质的武装组织。陆军国民警卫队和空军国民警卫队是州属的地方性武装，近似现役部队的编制并定期进行训练，其任务是"维持社会治安"，一旦战争需要，联邦政府可调服现役。陆、海、空军后备队与海军陆战队后备队归各军种管辖，其任务是在必要时扩充现役部队。海岸警卫队是海岸武装警察性质的武装组织，平时属运输部，战时归海军部，作为海军的一支附属部队。

（二）俄罗斯武装力量体制

俄罗斯武装力量由军队、边防军和内卫部队构成。军队包括战略火箭军、陆军、空军、海军四个军种，归国防部领导。边防军担负边防警卫任务，由国家安全委员会及其所属的边防总局直接领导，边防军由边防区组成，各边防区包括边防总队、边防大队、机动队、检查站以及航空兵和专业部队（分队）。内卫部队，由内务部内卫部队总局领导，其使命是保卫国家设施和完成内务部的其他战勤任务。俄罗斯在平时仅保持大量的经过训练的非编组的预备役人员。一旦战争爆发，即可比较快的充实现有部队和组建新的部队。

（三）英国武装力量体制

英国武装力量由常备军、后备队以及军事警察构成。常备军由陆、海、空三个军种组成。后备队分为：陆军正规后备队、"地方军"（又称陆军志愿后备队），海军常备后备队、海军志愿后备队，空军常备后备队、空军志愿后备队。此外，还有皇家北爱尔兰军事警察。英军还采取后备队与现役部队混合编组的体制。如将地方军的营、旅与现役部队的营、旅混合编成营、旅一级部队。这种混编方式，既有利于提高扩编速度，又利于相互熟悉，便于战时统一指挥和相互配合。

（四）法国武装力量体制

法国武装力量由正规军（陆军、空军、海军）、宪兵、预备役部队组成。法国宪兵被称为"第四军种"，设有国家宪兵总局、省宪兵队、机动宪兵队、海上宪兵队和空中宪兵队。宪兵装备有轻型坦克、装甲车辆、迫击炮、巡逻艇、直升机和各种轻武器，其主要任务是维持社会治安、保卫重要目标等。

（五）日本武装力量体制

日本武装力量由自卫队（陆上自卫队、海上自卫队、航空自卫队）和预备役部队组成。日本特别重视在现役部队中储备骨干，"一旦需要便可立即动员潜在国民中的士兵，迅速编成数百万部队"，其军官和军士约占官兵总数的60%。以这支骨干军为基础，一旦需要时，可以迅速大量扩充军队。这是当今世界各国军队中少见的。

（六）印度武装力量体制

印度武装力量由常备军、武装警察、后备力量等部分组成。常备军分为陆、海、空三个军种。武装力量其他组成部分比较复杂，分属国防部、内政部或邦政府。第一大系统属国防部管辖的有：①常备军；②地方军，编有陆军各兵种和保障部队若干个独立团、营和大队；③国民志愿军（又称国防志愿军），为地方军的辅助组织；④三军后备队，包括陆军军官后备队、空军后备队、辅助空军和海军军官后备队、海军志愿后备队；⑤国民学兵团（又称学生军训团），分为陆、海、空三个军种，按邦或地区编成区队，下辖大队和营、连；⑥海岸警卫队，担负海岸巡逻警戒任务。第二大系统属内政部管辖的有：①中央后备警察，编有数十个独立营，主要负责边境地区的侦察、巡逻和维持治安，可在全国范围机动使用；②各邦武装警察，由邦政府直接组织和管辖，受邦内政部和警察总署领导，编有众多的独立营；③边境警察部队，主要担负边境前沿的控制和进行侦察情报活动。

（七）朝鲜武装力量体制

对国际社会来说，朝鲜一直是一个神秘的国家之一。其军事实力并没有准确的数据。其武装力量构成基本由现役和预备役部队构成，分陆、海、空、安全部队和工农自卫队等部分。这是一个具有 2000 多万人口的国家，其军队就超过 100 万，军人与总人口的比例世界第一，陆军就有 95 万人，包括 20 个军、8.8 万人的特种作战部队、陆军直属部队和军直属部队；空军 11 万人，包括航空兵师 4 个、航空兵团 33 个、独立航空兵营 3 个和地空导弹旅 19 个；海军 4.6 万人，包括舰队司令部 2 个及 16 个基地。另外，还有安全部队 18.9 万人，工农自卫队 350 万人。

综上所述，当前世界一些主要国家武装力量构成的特点：一是着眼于进行各种形式和规模的战争，保持全面发展的武装力量；二是实行常备军为骨干，多种武装组织结合，平时保持一支精干的常备军，战时迅速扩编军队；三是重视后备力量和快速动员体制的建设，保持较大的后备力量或后备部队；四是重视国际军事联盟和"集体安全"体系，发展联盟武装力量。

八、军种：构成军队最主要的因素

现代各国军队大多数分为三个军种：陆军、海军、空军，有的国家还有防空军，当年苏联还有战略导弹部队。然而，有些国家只有陆军、海军或陆军、空军两个军种。还有少数国家只有陆军，当然，也有个别国家不分军种。

军种的产生和划分取决于多种因素，包括社会生产力的提高、经济实力的增强、武器装备的发展以及军事战略、军队规模、历史传统、地理环境等。而且，各国对军种的划分标准也不尽一致。有的国家军队编有防空军，但是我国军队中却不存在这一军种。海军陆战队，在我国军队中是属于海军序列，在美军中却是独立于三大军种之外的。

随着军事科学技术的不断发展，将会出现一些新的军种，比如航天部队。现如今美国就成立了航天司令部和航天兵，有的国家还设立了网络作战部队。

（一）陆军：陆地作战的军队

陆军，是陆地作战的军种，它是军队的重要组成部分。现代陆军主要由步兵（摩托化步兵、机械化步兵）、装甲兵（坦克兵）、炮兵、陆军防空兵、陆军航空兵、电子对抗兵（电子对抗部队）、工程兵、防化兵（化学兵）、通信兵、侦察兵等兵种和专业兵组成。有的国家的陆军还有空降兵、导弹兵（火箭兵）、铁道兵和特种部队等。

陆军通常设有领导指挥机关，不同国家名称不一样，比如陆军司令部、陆军参谋部等等。陆军的主要编制是师（旅）、团、营、连、排、班，配备的武器主要有步兵武器、汽车、坦克、装甲车、火炮、导弹（火箭）、直升机和各种技术器材。

美国的陆军按照作战任务性质的不同分为战斗兵种、战斗支援兵种和战斗勤务支援兵种,最高的行政指挥机构叫作陆军部,而军事指挥的最高机构是陆军参谋部。

我国陆军不设军种部,由总参谋部指挥。新中国成立后陆军从原有的步兵发展为包括炮兵、装甲兵以及工程兵、通信兵、防化兵、电子对抗部队、陆军航空兵等战斗兵种、战斗保障兵种和专业部队在内的合成军种。

(二)海军:海上军事防御的全部军事组织

海军是以舰艇部队为主体,包括船只、人员和海军机构,是一个国家对海上军事和防御的全部军事组织。海军通常穿着特定的制式服装,使用特殊的旗帜、徽章等标志。

现代海军主要配备有作战舰艇、辅助舰船和飞机,配备有战略导弹、战术导弹、火炮、水中武器、战斗车辆等;通常由海军航空兵、海军水面舰艇部队、海军潜艇部队、海军陆战队、海军基地警备部队以及其他特种部队组成。具有在水面、水下、空中及对岸上实施攻防作战的能力;有的还具有实施战略袭击的能力,可独立地或与其他军种协同遂行海洋机动作战。

当今世界,随着海洋开发和国际贸易以及航运的发展扩大,国际海洋斗争日趋激烈。沿海国家的海军发展是非常重要的,要将科学技术运用到发展海军新式武器之中,提高海军的战斗力和战术素养。要想成为一个海军强国,要重视核动力舰艇、舰载航空兵和具有核进攻能力的兵种及远程海空预警部队的发展;协调各个兵种和舰种之间的平衡发展;提高沿海区域的防御能力和快速反应部署能力。

(三)空军:空中作战的军种

空军是主要进行空中作战的军种。主要由多种航空兵组成,并编有地空导弹兵、高射炮兵和雷达兵等。

空军的主要任务是支援陆军、国土防空、海军作战、对敌后实施空袭、进行空运和航空侦察。现如今大多数国家的空军主要由航空兵、地空导弹兵、高射炮兵和雷达兵等兵种组成。有的国家空军军队还编有地地战略导弹部队和空降兵。

空军配备的主要机种有侦察机、轰炸机、歼击机、强击机、直升机、歼击轰炸机、运输机及其他特种飞机。

现在世界上有130多个国家备有空军。中国人民解放军空军以航空兵作为主体,其中还包含了高射炮兵、地空导弹兵、雷达兵、空降兵等兵种及其他专业兵部队。

美国的空军部和空军参谋部作为最高的行政指挥机构和军事指挥机构,掌握着美国空军的战略部署。日本的航空自卫队由航空自卫队参谋部统帅,下面设有航空总队、航空教育集团和航空支援集团等机构。

(四)防空军:遂行防空作战任务

防空军是一种以防空作战为主要任务的军种。防空军是一种合成军队,由高射炮兵、地空导弹兵、歼击航空兵、雷达兵和其他专业兵组成:防空军的主要任务是保障本国的领空安全,消灭敌人的空袭武器,确保国家重要目标的安全。

早期的防空兵是高射炮兵,飞机诞生之后,成了防空的主要武器。随着时代的进步,武器的更新换代,防空导弹(也称地空导弹)及防空导弹部队应运而生。很多国家将高射炮和防空导弹结合起来使用,取长补短,收得了很好的效果。

我国的防空军成立于1955年,主要由高射炮兵、探照灯兵、雷达兵、其他专业兵组成,不过后来防空军合并到了空军之中。

苏联航空兵作为一个独立兵种在1948年分离出来,主要职责是防空、编制雷达部队和防控飞弹。装备有截击机和战斗机。但是苏联解体后,由于缺少资金,防空军与战略火箭军在1998年合并。

(五)战略火箭军:遂行战略突击任务

战略火箭军是遂行战略突击任务的军种,主要内容是摧毁对方的核武器和军事基地;破坏对方的军工生产和交通运输;袭击对方的国家机关、军事指挥机关、工业中心和重要城市、港口等;突击对方的主要集团,包括战略预备队。

同时还担任运送火箭、飞船、卫星上天的任务。战略火箭军有其显著的特点,射程远,摧毁力大,战备程度高,准确性好,突防能力强,能广泛实施火箭核突击,作战行动不受天候、季节和昼夜时间等因素的限制,在短时间内消灭和摧毁对方大量的战略目标等。

(六)天军:新军种

天军是一个新兴的军种,主要指宇宙间作战的部队,其包括航天发射部队、航天测量跟踪管理部队、防天监视作战部队和军事航天员部队。主要作用就是太空作战,支援空中、地面和海上作战,开发宇宙空间等。

美国空军在1982年建立了世界上第一个空军航天司令部。1993年,美国假想在2017年世界将要爆发太空战,于是成立了太空战争研究中心,其中涵盖了太空战学院、太空研究室、第527太空进攻中队,进行了大规模的太空军事演习。这场演习中美国使用的主要武器是激光炮,并且运用了微型卫星。

由于当时的冷战余温尚存,美国的一系列做法刺激了俄罗斯,于是俄罗斯也开始抓紧时间组建天军。它们将航天部和太空导弹防御部门从战略火箭军中抽离出来,组建了大约9万人的航天部队,建立了三个大型航天试验发射场和一个航天试验控制中心,专门发展用于军事的航天器,针对别国的太空武器系统。

目前构成天军的主要武器系统有反卫星武器、微波武器、激光武器、定向能武器、太空战舰、反卫星导弹、动能武器、粒子束武器。而宇宙平台是航天飞机、太空港、空天飞机、空间站等。

当今世界非常重视航空航天技术的发展，许多国家开始对外层空间进行势力角逐，外层空间在未来发展中会逐渐成为新的"军事基地"。

我国从1997年开始组建航天员大队，在2003年的时候，我国第一次载人航天飞行成功，宇宙空间第一次留下了中国人的足迹。为了方便航天作战的指挥与管理统一，也为了提高航天器研发的进展速度，一些航天大国成立了天军指挥机构。这些国家中，美国首当其冲。

九、兵种：军种之内划分类别

兵种在其组成上，依据主要武器装备、作战任务和技术战术特性所划分的基本种类。现如今的兵种有几十个之多，每一个军种至少有5个以上的兵种组成。

有些国家将兵种按任务性质区分为战斗兵种、战斗支援兵种和战斗勤务支援兵种。有些国家将兵种区分为作战兵种和勤务保障兵种。

陆军兵种包括步兵（摩托化步兵、机械化步兵）、装甲兵（坦克兵）、炮兵（防空炮兵、野战炮兵）、工程兵、通信兵、导弹兵（火箭兵）、陆军防空兵、陆军航空兵等。

我国没有"宪兵"，只是在港澳地区由于习惯称驻军为"宪兵"。战斗勤务支援兵包括副官（人事行政）、财务、军法、军械、军需、卫生、卫生勤务、陆军护士等。工程兵、铁道兵、化学兵（防化兵）、通信兵、电子对抗部队、侦察部队和反侦察部队等，可执行保障其他兵种战斗行动和日常活动的任务，也可直接参加作战。

现代海军的主要兵种有：水面舰艇部队、潜艇部队、海军航空兵、海军岸防兵、海军陆战队、专业部队等。现代空军的兵种主要有：航空兵（包括歼击航空兵、轰炸航空兵、歼击轰炸航空兵、侦察航空兵、运输航空兵）、高射炮兵、地空导弹兵、雷达兵、空降兵等。

有些国家将高射炮兵、地空导弹兵列为防空军的兵种。空降兵，有的国家作为陆军的一个兵种，有的国家作为空军的一个兵种，有的国家则作为独立的兵种。

（一）步兵：徒步行军作战的古老兵种

在冷兵器时代区别于车兵、骑兵等。随着科技的发展，近现代的步兵也依靠卡车、马匹、自行车、舰艇、直升机、运输机、火车、装甲运兵车等手段机动至战场。广义来讲，以单个士兵身体作为武器平台进行作战的部队，统称为步兵。狭义来讲，步兵是进行正规攻防的兵种，而特种作战的部队如海军陆战队、伞兵等都不应属于狭义的步兵部队。

陆军中搭乘汽车或徒步、步兵战车、装甲输送车实施机动和作战的兵种。前者称徒步步兵，后者称机械化步兵或摩托化步兵、装甲步兵。主要装备有火箭筒、步枪、机枪、轻型火炮、防空火器、反坦克导弹、迫击炮、汽车、步兵战车和装甲输送车。

徒步步兵，顾名思义，是用两条腿走路的兵，爬山、涉水皆可，行动受地形、气候影响小，便于机动；机械化步兵，是以步兵战车或装甲输送车为主要装备的步兵，以乘车战斗为主，也可下车作战，具有较强的机动力、防护力和火力，行动快，突击力强，但乘车时目标大，受一定地形和气象条件的限制，且需可靠的技术保障。

步兵是陆军中人数最多的兵种，通常情况下，最后夺取和扼守阵地，歼灭敌人，主要靠步兵，在地面作战中具有重要作用。

（二）骑兵：古代最具战斗力的兵种

骑兵是陆军中骑马执行任务的部队、分队。如今，很多国家的军队只保留了少

古代骑兵

量的骑兵，它作为一个兵种已不复存在，主要用于执行巡逻、警戒、礼仪和运输等任务，有的国家把乘大象和骆驼的部队也一并列为骑兵。

随着技术装备的发展，特别是军队摩托化、机械化的发展，骑兵逐渐失去了原有的兵种地位。

古代欧洲的骑兵多种多样，像胸甲骑兵，就是欧洲 15 世纪后盛行的一种身着胸甲、火器和马刀的骑兵。还有枪骑兵、黑骑兵，等等。

（三）工程兵：军队实施工程保障的技术骨干力量

陆军工程兵是担负军事工程保障任务的专业兵种，通常区分为队属工程兵和预备工程兵。预备工程兵隶属于总部和大军区，队属工程兵隶属于集团军、师、团。主要任务是构筑、设置和排除障碍物，构筑重要工事，实施破坏作业，实施工程侦察，对重要目标实施伪装，开设渡场，修筑道路，架设桥梁，构筑给水站等。其他军

种的工程兵主要担负机场、军港、导弹基地等军事工程的建设和维护、抢修任务。

古时候没有工程兵,作战时候的工程任务主要由战士和民工完成。到了17世纪,法国率先组建了正规的工程兵部队,后来的美国、英国纷纷效仿。中国最早的工程兵是清朝末年的工兵营。

(四)炮兵:遂行地面火力突击任务

炮兵是以火炮、火箭炮和战役战术导弹为基本装备,遂行地面火力突击任务的兵种。炮兵具有较高的机动能力、强大的火力、良好的精度和较远的射程,能突然、集中、连续地对地面和水面目标实施火力突击。主要用于与其他兵种、军种协同作战,并支援、掩护步兵和装甲兵的战斗行动,也可独立进行火力战斗。

从广义讲,炮兵还包括海军的海岸炮兵、空军的高射炮兵。由于各国的历史传统不同,炮兵包括的范围也有差异,有的国家陆军炮兵还包括高射炮兵。

炮兵在历史上有"战争之神"的称号。依据不同的分类方式,炮兵有不同种类的分法。通常按隶属关系,炮兵分为预备炮兵和队属炮兵;按运动方式,分为骡马炮兵和摩托化炮兵(机械化炮兵);按装备战斗性能,分为榴弹炮兵、加农炮兵、迫击炮兵、山地炮兵、火箭炮兵、反坦克炮兵和地地战役战术导弹部队。队属炮兵指集团军以下各级合成军队建制内的炮兵。

(五)通信兵:担负军事通信任务

通信兵是军队中担负军事通信任务的专业兵种。一般由通信、通信工程、通信技术保障、指挥自动化、无线电通信对抗、航空兵导航、军邮等专业部队、分队组成。主要任务是组织运用各种通信手段,保障军队畅通的通信联络;进行无线电通信干扰和反干扰;组织实施航空兵导航勤务和野战军邮勤务。通信兵对保障军队指挥和完成各项任务具有重大作用。

美国在1863年组建了自己的通信兵,随后英国、法国相继也成立通信兵部队。俄国军队在1851年成立电报连,1899年组建无线电通信部队。现如今,世界各个国家对通信兵部队建设非常重视,经常在军以上的部队里编制通信团、通信旅。

(六)防化兵:现代战争的降魔勇士

担负防化保障任务的专业兵种。防化兵又称化学兵。由核观测、化学辐射侦察、洗消、喷火、发烟等部队组成。其主要任务是:指导部队对核武器、化学武器和生物武器的群众性防护,实施核观测、化学观察和化学辐射侦察,实施剂量、沾染检查,实施消毒和消除沾染,组织实施烟幕保障,并以喷火分队直接配合步兵战斗。在其他一些国家称为化学兵,还担负使用化学武器的任务。

1915年,德国设立了A10局,开始计划将毒气运用到战争中。第31工兵团改编为"毒气施放团",并在与英国、法国等国作战的时候使用了大量的毒气。见到毒气的厉害,英法两国也成立了化学兵部队、分队。

十、特种部队:遂行特殊任务的部队

特种部队专门担负摧毁、破坏敌纵深内重要的政治、经济、军事等目标和其他特殊作战任务的部队,具有编制灵活、人员精干、装备精良、机动快速、训练有素、战斗力强等特点。

其主要任务是:袭扰破坏、敌后侦察、窃取情报、心理战宣传、特种警卫,以及反颠覆、反特工、反偷袭和反劫持等。

(一)美国特种部队

1."绿色贝雷帽"

历史沿革

美国陆军特种部队包括现役部队、后备役部队和国民警卫队特种作战部队,拥有兵力2.9万人。美国陆军现役特种作战部队由5个特种作战群、陆军第75突击团、"三角洲"突击队、第160特种作战航空大队、第4心理战大队、第96民事营及一些通信和后勤支援与保障分队组成。特种部队单位分配有7项主要任务:非常规战争,外国内部防御,特别侦察,直系活动,反恐怖主义,心理作战,信息作战。其他责任包括联合战争和支持,作战查寻和抢救,安全协助,维持和平,人道主义援助等。

美国陆军特种部队,被称为"绿色贝雷帽",是二战期间多支在敌后作战的非正规部队发展演变而来的。美国最早的一支正规特种作战部队是1942年7月9日,在蒙大拿州成立的。到二战结束时,美军已经拥有5支这样的突击部队。特种部队在成立之初归战略情报署指挥,1945年6月,战略情报署解散后,特种力量划归陆军。在陆军上校艾伦·班克整合以往特种部队作战经验以后,正式组建了美国陆军特种作战部队。同时制定了相对完整的特种作战和训练体制,并且确立了以游击战作为特种部队的作战和训练的核心。在越南战争时期"绿色贝雷帽"作战英勇,无数次出色完成任务,最多有17人获得了象征军人最高荣誉的国会荣誉勋章。1961年肯尼迪总统正式批准以绿色的贝雷帽作为美国陆军特种部队的标志。

美国陆军特种部队,以连排为基本单位,每排12人,是美国陆军中的精英。特种部队的成员,必须在美国陆军服役2年以上,有担任过军士基础的士兵,他们会经过不少于6个月的严格训练。应试者中只有少数人能够通过各种测试,成为特种部队的成员。美国陆军先后成立了16个作战分队,目前仍然有7个分队,分布在世界各地,从事反恐活动。

第 1 特种部队群(空降),总部设在马来亚地区,专门于东北亚和太平洋地区作战。包括位于韩国汉城的一个分遣队基地,在那里通行许多不同的亚洲语言。

第 3 特种部队群(空降),基地在布拉格堡。每个空降部队由 3 个营组成,每个营有 3 个连,每连有 6 个 A 队。

第 5 特种部队群(空降),自越战中生存下来,曾于 20 世纪 80 年代初期参与"闪亮之星"部署至埃及,现在专供印度洋与东南亚的行动需要。第 5 特种部队群(空降)曾被派往沙特阿拉伯,在 1991 年沙漠风暴行动刚开始时,即在科威特和伊拉克内部从事作战。

第 7 特种部队群(空降),在中南美洲行动,第 7 特种部队群(空降)支持尼加拉瓜的堪查斯,并训练洪都拉斯和萨尔瓦多部队。该群中有一营的基地是位于巴拿马。

第 10 特种部队群(空降),它的第一战场是在东欧。它的第二战场是在非洲,第 10 特种部队群(空降)曾在埃及、苏丹和南非等国家工作过。

第 19 和第 20 特种部队群(空降),负责美国本土的日常反恐工作,和主要进行国民警卫团的督导和训练任务。

这是对特种部队提供空中支援的协同作战部队,操作 AH6、MH-6、OH-6、MH-60 和 MH-47。它也与游骑兵共同作战:一架 AH-6 在支援巴拿马里欧海吐的攻击时损失了。1987 年一个已知为特遣部队 160 的秘密单位在陆军的直升机攻击一艘位于波斯湾的布雷船时被发现。这就是 160 航空营,包括了和 MH-60、MH-47 一样为特种部队提供空中机动攻击的 AH-1 眼镜蛇武装直升机。第 160 航空营的直升机载着第 5 特种部队群(空降)成员飞进伊拉克去监视敌军部队的行动,攻击战略目标和呼叫空中轰炸。当伊拉克军队围住第 5 特种部队群(空降)8 人的侦察队时,在长达 6 小时的枪战后,只有几个"优秀"分子逃出,他们立即呼叫空中攻击,结果造成超过 100 名的敌军死亡。

特种部队包括一些秘密编制,其工作经常维持在神秘的借口外表之下。这些包括联合了陆军和 CIA 的单位,成立于 1981 年,以运送特种部队等单位,主要是三角洲部队到世界各地;情报支援活动和"黄色水果"快速反应小组。后者在传说中是被赋予反间谍行动的任务,并在伪装的假商业团体"国际商业安全"下活动。它在 20 世纪 80 年代中期结束。

挑选与训练

"绿色贝雷帽"来源于三种志愿者:来自陆军的志愿者、空降训练的志愿者和现今专供特种部队的志愿者。训练开始于布拉格堡,由三个阶段组成。第一阶段:教导特种部队的基本技巧,关于侦察、生存、航海术与肉体耐力。绿色贝雷帽裁定那些通过这阶段的人皆为候选人。第二阶段:包括教育程序、战斗工程、外国武器的使用和专家化职务如医疗和通讯训练。自从"绿色贝雷帽"需照顾他们自己之后,战斗医疗课程就需特别的训练,并对外国人提供实质的医疗照顾。第三阶段:将理论付诸实行,最终为一项于北卡罗来纳州的乌威利国家森林的游击战演习,在那里练习小组需领导当地的反抗军。北卡罗来纳州的居民,亦在这整个训练过程中参与其中的活动,与游击队士兵们为将来在真实战斗中实际所要面对的一切,举行一次非常逼真的逃亡演习。

武器与装备

除了标准的美国陆军步兵武器外,特种部队总是使用那些他们的潜在敌人或"无从辨识"的武器。其范围包括古斯塔夫、麦德森甚至德国纳粹陆军的 MP40 冲锋枪也曾在越南使用过,另外还有苏联的武器。现在已搁置的史泰尔 GB 9 毫米手枪在 20 世纪 80 年代期间曾大受欢迎,因为它对劣质弹药有极大的宽容度,这可能是所有的"绿色贝雷帽"在远离交战线时唯一能得到的弹药。特种部队总有许多武器是专为他们而发明的,如内含消声器的高精准点 22 手枪。

经典战役

格林纳达事件中,"绿色贝雷帽"成功地派出少数突击队员,在海军陆战队员大规模登陆之前,实施对岛上的监狱、机场和重要军事设施的控制,确保了后期的成功登陆,并使战争的伤亡降到最低。

在 1990 年的海湾战争中,"绿色贝雷帽"再次作为美军的先头部队,在配合科威特当地武装力量的情况下,成功地实施代号为"沙漠风暴"的行动收复了科威特。

"9·11"恐怖袭击事件发生后,美国再次把战争的重心放在世界范围内的反恐怖主义,特种部队不再简简单单充当以往常规战争的"尖兵"。

此外,"绿色贝雷帽"还承担着应急营救和对敌方重要人物的抓捕,其中典型的事例就是 1993 年索马里战争中"黑鹰事件"和对阿富汗伊拉克的战争。特种部队在美军常规部队的进攻过程中,提前渗透收集情报,对战争中的主要目标性人物(俗称扑克牌上的人)实施抓捕。其中成功抓捕了包括萨达姆及其家族成员和本·拉登的助手在内的 32 人。

2.美国海豹突击队

美国海豹突击队(SEAL)简介:海豹突击队(SEAL)是美军三栖突击队的别名,SEAL 取 SEA(海)、AIR(空)、LAND(陆)之意。突击队正式成立于 1962 年,前身是美国海军水下爆破队,到 1988 年时已经扩大到两个战斗群,共有 7 个中队,人数约 1600 人。海豹突击队现已成为美国实施低强度战争、应付突发事件的杀手。

历史沿革

海豹突击队是美国特种部队的王牌军,是各国特种部队中战争成功率最高的。海豹突击队(SEAL)是英文海(Sea)、空(Air)、陆(Land)的缩写,其全称为美国海军三栖部队。这就意味着海豹突击队的队员具有水下、陆上、空中特种作战的任务。

海豹突击队成立于 1962 年,源于二战中的海军水下爆破队,当时他们的主要任务是进行水中侦察。在对越南战争期间,海豹突击队得到迅速发展,并且开始执行突袭、侦察、暗杀等多种任务。1942 年塔拉瓦岛战役的惨痛教训使美军在次年成立了"海军爆破部队",成员都是志愿者,来自海军工程队、陆战队侦察组或突击队,都是体能优秀的游泳好手。这就是"海豹"部队的前身。

在诺曼底登陆前,海军爆破部队已活跃在诺曼底半岛的海滩。诺曼底登陆日,海军突击队员配备战斗刺刀,背着炸药,为登陆作战杀出一条血路,而爆破队员在枪林弹雨下工作。参加过诺曼底战役的老兵把在法国学到的教训应用到太平洋战场上。水中爆破队神出鬼没的战术,使之成为有效的攻击武器。其基本战术是由装备简单的游泳者在障碍物中与敌军周旋,包括丛林战和滩头战。1946年,水中爆破部队经历了大量裁军,由原来的34队缩编为5队。在朝鲜战争期间,水中爆破部队复出行动,作战方式演变成现今海豹突击队的作战手段。部队的应变能力在这场战斗中得到了充分的表现,并使之有了新的发展,其中最受瞩目的就是成立海军突击队。水中爆破部队配备有精密的潜水设备、各类炸药以及可靠度高的塑胶炸药。这是一支战斗力强大、机动性高,可同时深入内陆作战的突击队。

这支部队由美国海军特战司令部指挥,分为两个特种作战大队:第1特战大队位于加利福尼亚州科罗拉多;第2特战大队位于弗吉尼亚诺福克海军基地。总兵力约有2000人。目前他们主要执行侦察、协防、非常规战争、直接行动和反恐怖。在执行任务时,海豹突击队通常采用二人作战小组的作战形式,这个小组由1名狙击手和1名侦察员组成,装备有口径0.5英寸的大口径狙击步枪。海豹突击队的训练基地在圣迭戈市郊科罗拉多岛,即海军两栖训练基地的水下爆破基础学校。海豹突击队训练非常艰苦,但可以激发个人潜能。

海豹突击队的甄选者必须先通过基本水中爆破训练以及专业的海豹资格训练,最后才能佩戴与显示海豹突击队的佩章(海豹三叉),这枚佩章已经不仅仅是代表整个海豹突击队,间接也成为广为容易辨识美国特战部队的佩章之一。"海豹"队员以一两个人为一组,最多不超过16个人的作战排进行训练和执行任务,其中以8人以下的作战班最为普遍。所执行的任务也是绝对保密的——周密到极小细节的计划和迅如闪电的行动。即使在和平时期,海豹突击队仍然如临战一般训练,因为只有在训练场多流血汗,才能保证战场上的更低伤亡率。海豹突击队队员有两件随身战斗工具,一件是美国斯特赖德战斗刀,一件是美国休·费尔战术灯。

一个"海豹"队伍当中包含3个40人的工作单位,而每个工作单位包含1个总部,总部又由1个工作单位中校、1个工作单位资深入伍士兵、1个策划目标/行动士官以及1个目标/行动三级士官长或是上士组成,而在总部底下又有两排各16人的士兵(包括2名士官、14名入伍士兵,有时会有2名执行长而变成18人)以及1个支援人员。每个工作单位在作战目的上可以轻易地分为4个小组或是8个4人火力小组,每个海豹队伍与工作单位以及支援人员的规模相当接近,大约300名人员。每一个排16人的士兵中,包含一名主管士兵、一名助理主管士兵、一名排长、一名上士。一个工作单位的核心包括狙击手、破坏者、沟通者、航海工程师、医护兵、密接支援员、领航员、主要载具驾驶员、重型武器操作兵、机密地点开发人、空中作战士官、攀爬领导人、导航驾驶员、审讯人员、爆裂物处理人员、技术监督员等。目前现役的海豹突击队则是分为8支队伍,包括第1、2、3、4、5、7、8、10队伍,这些队伍部署为海军特战分遣舰队,每支队伍都可以任意在世界各地部署,每支队伍都由1名海军中校指挥,每支队伍还有一些海豹突击队作战排以及一个总部。

队员的选拔和训练

在1962年成立之初,海豹突击队成员多来自水中爆破队,驻扎在西海岸的为海豹1队,驻扎在东海岸的为海豹2队。作战目标是针对非传统战争、反游击战和在世界各地的海上及岸边的秘密军事行动,具有摧毁敌人船只及港口设施的能力。其任务是渗透、绑架、监视、侦察及情报搜集。在经过1个月的训练后,第一支海豹突击队参加了对越战争,他们在战争中激烈的巷战中发挥了步兵的作用。

志愿加入海豹突击队的成员,都要经过严格的选拔过程,应试者都必须熟习泳技,心理承受能力高。水下爆破基础学校的训练课程分3个阶段进行:第一阶段的训练主要是激发学员的心理和身体能力,增加团体意识;第二阶段是训练游泳;第三阶段是登陆作战训练。水下爆破基础学校的淘汰比例非常高,约20%的人因学科方面不合格而被淘汰。

在水下爆破基础学校训练结束后,"海豹"队员要进入陆军伞兵学校或海军航空技术训练中心,然后再加入某一"海豹"部队或"海豹"运输部队,接受进一步的训练。新兵在加入作战行动部队之前,必须完成所有的"海豹"战术训练课程。

武器与装备

海豹突击队最常见的个人武器是HKMP5 9毫米冲锋枪。它有许多种版本可以获得,对特种单位非常理想。自从海豹突击队成为拒绝陆军颇受争议的M9手枪——贝瑞塔92授权生产之版本——的众多单位之一后,就使用过各种手枪。现在采用的手枪包括席格-索尔、HK和柯特M1911。在长距离射击时,海豹突击队使用竞赛级的M14 7.62毫米步枪、雷明顿700或巴瑞特或麦克米伦5毫米口径狙击步枪。夜视装备是十分重要的,因为他们有许多的工作需要在夜色的掩护下实行。现知海豹突击队是使用AN/PVS-7夜视镜和AN/PVS-4夜间瞄准镜的。

对水上渗透而言,海豹突击队使用F-470橡皮艇,可乘载7名人员。动力是舷外马达,它们都非常低小且难以发现。其他船艇包括11米的玻璃纤维海狐狸特种战斗艇,以供高速海岸袭击。这是为了取代一般的水肺装具,海豹突击队使用封闭循环系统,因其不会留下众所皆知的气泡。在长距离水中移动方面,海豹突击队使用潜水运送载具:MK6携带4名潜水员而MK9搭载2名。这些皆由两艘美国海军第二代的弹道导弹核潜艇"伊桑·艾伦"级弹道导弹核潜艇来执行。

海湾战争期间,海豹突击队在伊拉克和科威特境内的沙漠中乘快速攻击车辆(FAV)以每小时129公里的高速巡回。这些价值50000美金的沙丘4轮车是采用越野竞赛车,装备M60机关枪、M1940毫米榴弹发射器和AT-4反坦克火箭,它们是海豹突击队的武器中值得一看的附加物。海豹突击队的FAV是盟军第一批进入科威特市的军事车辆。

经典战役

海豹突击队是美国精锐两栖作战部队,极受其他特种战斗单位的敬重。这个单位是旧的水中爆破大队的产物,海豹突击队的任务是秘密地侦察敌人防守的海岸线——特别是美国海军陆战队可能登陆之前。然而海豹突击队的重担已延伸至包括各式各样的特种作战。某些海豹突击队的任务是夺回美国已知被关在遥远的丛林战俘营中的战俘。

海豹突击队在亚洲的显赫战斗纪录，使他们免于在东南亚撤兵后遭受与美国陆军特种战斗单位相同折磨的抑郁。在 20 世纪 80 年代中期时，仍然有 37 个排的海豹突击队，所有单位皆能独立行动，且到 1990 年其数量已达 50 个排。美国特种作战指挥部现计划将其增加到 60 个排。

海豹突击队联合陆军特种部队和三角洲部队于 1989 年进攻巴拿马。当海豹突击队试着破坏诺列加总统的逃亡计划时遭到强烈的抵抗——那是停于帕提拉机场的一架李尔式（Lear）喷射机——在与巴拿马部队的作战中有 4 名海豹突击队队员阵亡，但最后还是将目标物摧毁。

在海湾战争时，海豹突击队在地面战争未开始前便在科威特海岸边巡游，以监视伊拉克防卫部队。伊拉克从未察觉海豹突击队的存在，他们的报告使盟军指挥官相信一项两栖突袭登陆可能会极具危险性但却值得尝试，因可使萨达姆相信海军陆战队仍然试图登陆。在 1991 年 2 月 23 日至 24 日晚间，6 名海豹突击队队员静静划至岸边，他们以快艇上的机关枪扫射伊拉克防卫部队先前设置的炸药。伊拉克部队向黑暗中盲目地开火，当海岸因一连串的爆炸而震动时，他们早已潜入水中。当海豹突击队悄悄溜走时，伊拉克更多的部队赶至海岸，以便与似乎正在进行的登陆交战；同时盟军则以装甲部队开始攻破伊拉克南方的防线。这是一次优秀的牵制行动，充分地显示少量但有决心的人员如何达到与其极少的数目完全不成比例的结果。

2008 年 8 月，美国俄亥俄州的一名 61 岁的工程师在阿富汗喀布尔西南的瓦尔达克省遭到武装分子的绑架，随后海豹突击队很快制定了营救他的计划。虽然武装分子挟持着他在山区里不断转移，但是海豹突击队利用一系列情报搜集措施将他们准确定位。2008 年 10 月 14 日晚，大约 24 名海豹突击队队员乘坐 3 架 CH-47 "支奴干"运输直升机降落在距离绑架者所在地约 3 英里的地方，随后他们花 4 个半小时爬上位于 2000 英尺高处的山洞，在绑架者还来不及反应之前将其击毙，成功将人质救出。

最近的一次经典战役是斩首本·拉登。据美国官员披露，2011 年 5 月初，大约 24 名美军海豹突击队官兵，在得到美国总统奥巴马下达"击毙本·拉登"的命令后，乘坐 4 架"黑鹰"直升机，突袭了本·拉登的藏身地。他们通过绳子降落到目标房内，随即同本·拉登的卫士发生枪战。40 分钟后，战斗结束，本·拉登眼部中弹身亡，美军离开现场返回基地。在整个过程中，没有美军官兵伤亡，但有一架直升机发生故障被自行炸毁。在战斗过程中，本·拉登曾将一名妇女当成人肉盾牌，但是被美国海豹突击队一枪击中。

3.美国陆军第 75 游骑兵团

美国陆军第 75 游骑兵团简介：美国游骑兵有着悠久的历史，在 200 多年前，为了应付印第安人袭击而组建的小型侦察骑兵队，被视为游骑兵的前身。目前，第 75 游骑兵团由 3 个营组成，每营包含 3 个步兵连和营部连。总人数大约为

2000 人。

历史沿革

美国陆军第 75 游骑兵团与三角洲特种部队、海豹突击队合称为美国三大特种部队。这支部队在二战期间曾与中国军队共同击败了日本侵略者，被中国抗日名将孙立人将军大加赞赏，并将其所属部队的旧中国军徽永远铭刻于第 75 游骑兵团徽章上，以此纪念中美两国人民共同抗击日军的那场伟大的战争。

美国陆军第 75 游骑兵团，是现代的美国陆军游骑兵，由美国特种作战指挥部统筹，有 3 个营，总部位于佐治亚州本宁堡。游骑兵属于轻装步兵，和骑兵并无任何关联。它可以运用各式交通工具迅速进入战区执行任务，因此往往在其他特种部队抵达之前，游骑兵就已经完成了任务。它是除美国海军陆战队武力侦搜队之外唯一可直接介入正面作战的特种部队。

游骑兵有着悠久的历史。200 多年前，为应付印第安人的突袭，英国殖民者就在美洲大陆上组织了小型侦察骑兵队，他们被视作游骑兵的前身。美国独立战争和南北战争期间，游骑兵部队不但与正规军协同作战，而且深入敌后展开游击战，取得过骄人的战绩。不过，美军过去没有游骑兵部队的正式编制，这些游骑兵部队大多是即兴之作，在战争结束后都被解散了。

目前第 75 游骑兵团的前身是二战时在缅甸作战的一支美军部队。1943年，同盟国决定组建一支地面部队，作为在缅甸作战的中国军队的先头部队。根据这一代号为"圆桌武士"的计划，美国组建了一支有 2900 人的特种部队。这支部队由法兰克·麦瑞尔准将指挥，因而又被称作"麦瑞尔突击队"（简称麦支队）。1945 年因为缩编游骑兵被迫解散，在朝鲜战争期间成立了新游骑兵单位，不久也被解散。越战期间这样的事情又再一次发生。

现今的游骑兵是在 1973 年的以阿战争之后组合而成。以色列能在战争中存活下来，大半要感谢由美国飞机紧急装载的反坦克导弹和其他重要武器，及时运至本·古里昂机场。美国陆军认识到在未来，大规模的军事调停是可能的：为能快速部署至中东地区或其他战略要地，需要一种特别行动部队。这支部队必须有能力将营级空降突击的所有装备，全部空降至敌线后方：换句话说，就是类似于二战时的游骑兵精锐轻步兵营的编制。第 75 步兵团之第一营（游骑兵）在 1974 年 1 月于

美国陆军第 75 游骑兵团

本宁堡成立,第二营则于同年10月在华盛顿州的路易士堡成立。

游骑兵原本计划参与德黑兰的人质救援任务,直接飞往伊朗突击曼沙里那机场,然后那些C-141运输机便可撤退那些人质,但由于种种原因,被迫取消。他们的第一次行动部署始于1982年,当时有两个营参与格林纳达的解救行动。他们的行动是如此的成功,所以第三营就在1984年10月期间于班宁堡成立。

目前,第75游骑兵团由3个营组成,每营包含3个步兵连和营部连。总人数大约2000人,包括了团部侦搜小组,其两栖作战能力如同其高跳低开与高跳高开跳伞一样优秀。

团司令部由团长(陆军上校)和团参谋部组成。团参谋部(团部)下设5个科:人事科(S1)、情报科(S2)、作战与训练科(S3)、供给科(S4)和民事科(S5)。团长的参谋人员包括:1名通信军官、1名火力支援军官、1名外科医生和1个军法参谋。美国空军的1名气象军官和1名空军战术控制军官永久性地配属别动队司令部。

司令部连由连长及其参谋部组成。同团司令部相似,连参谋部包括连人事参谋、情报参谋、作训参谋、供给参谋和民事参谋。司令部连还包括火力支援排、通信排、侦察排、医疗排、训练新兵的别动教练组(负责新队员的选拔和训练)。需要时,司令部连为别动营提供支援。

每个营由营部与营部连及下属的3个别动连编成,编制员额575人。营部与营部连有124名官兵,包括连司令部、火力支援组、医疗组、通信组和后勤组(包括食物)。

每个别动连有155名官兵,包括3个步枪排,每排45人,另有1个23人的武器排。步枪排包括3个步枪班和1个机枪班。每个步枪班有3个小组。班长至少是参谋军士。组长是上士。

另有资料称,1个别动排包括3个9人的步兵班和1个10人的支援班,共37人。步兵班由1名班长和2个4人战斗小组组成。每个小组由1名组长、1名步枪手、1名榴弹发射手和1名班用自动武器射手组成。

选拔与训练

游骑兵成员主要来自志愿加入游骑兵团的人员和一些其他单位的美国军官和士官。游骑兵的训练是非常严格的,他们培训的时间大约是70天。但是这些课程教授巨大压力下的战术领导能力和步兵技术,学生只获得极少的睡眠,并与非常有经验的"侵略"部队进行敌对演习。至少有1/3的学生会不及格。这些课程包括以下内容。

(1)游骑兵连三度空间训练

预备阶段教导基本的步兵技巧、徒手格斗和耐力——目的是除去那些容易放弃的人,最后并以学生来领导他们的第一次巡逻。

(2)游骑兵连二度空间训练

在佐治亚州的山地森林区中战斗巡逻,强调山区战斗技巧。接着是沙漠战斗阶段,包括在犹他州举行的实弹射击学习。

(3)游骑兵连三度空间训练

实弹射击、空中机动与小艇演习,于佛罗里达州的沼泽地区举行。

武器装备

游骑兵使用美国陆军的标准小口径武器:步枪连使用 M16A2 步枪、M249 班自动武器和 M60 通用机枪。90 毫米的无后座力炮已正式被新式的 AT-4 无后座力炮所取代。

游骑兵穿着美国陆军的标准战斗服,以游骑兵肩章来区别。第一营和第二营皆兴起于 1974 年,原本设定佩戴二战时的梅利尔之掠夺者所戴的肩章版本,但被他们拒绝。他们在其位置上佩戴传统型式的游骑兵标志,这种标志亦曾在韩国与越南时戴过。这是在他们于格林纳达良好表现后的正式认可。现在的 3 个营的标志皆类似于二战时的游骑兵第一营、第二营和第三营所佩戴者。

4.美国三角洲特种部队

美国三角洲特种部队(Delta Force)简介:美国三角洲特种部队是当今世界上规模最大、装备最齐全、资金最雄厚的部队。人员编制达到 2500 人,其训练设施和训练拟真度是其他国家特种部队所望尘莫及的。三角洲特种部队的番号是美国陆军特种部队第 1 作战分遣队,这支部队是由美国陆军"绿色贝雷帽"特种部队派生出来的一支精锐部队,其主要任务是对付世界范围内威胁美国利益的各种恐怖活动,现编有两个中队,中队下辖若干小队,每个小队 16 人。虽然自成立至今这支部队尚无骄人的战绩,但它却是美国的一支反恐怖拳头力量。

历史沿革

美国三角洲特种部队是当今世界上规模最大、装备最齐全、资金最雄厚的部队。人员编制达到 2500 人,其训练设施和训练拟真度是其他国家特种部队所望尘莫及的。

三角洲特种部队是 1978 年 4 月,仿效英国第 22 特别空勤团(SAS)建立的,在建制上参考了当时欧洲国家的反恐特种部队,总部位于美国东部北卡罗来纳州的布雷登堡监狱,代号"蓝光"。该部队隶属于美国陆军,是美国陆军"绿色贝雷帽"特种部队派生出来的一支精锐部队,其番号为美国陆军特种部队第一作战分队。该部队现由两个中队,中队下辖若干小队组成(每个小队 16 人),可以一队 16 人,亦可以分为二组 8 人,或四组 4 人,或八组 2 人。在其早期的阶段只有一个中队,但很快一分为二。直接听命于美国总统和军事指挥机构。其主要任务是对付世界范围内威胁美国利益的各种恐怖活动。这支部队的成员训练有素、装备精良、善打硬仗,能袭击、摧毁恐怖组织的据点,进行跨国追杀,对国内外首脑和要害目标进行特殊保卫等。由于该部队人员素质高、机动性高和武器设备高,使其具有了在"任何时候、任何地点"进行机动部署的能力。

三角洲特种部队的诞生,是美国在经历恐怖威胁后,奋而进行反恐斗争的体现。20 世纪 70 年代中后期,恐怖主义开始在欧洲盛行,各种各样的恐怖活动此起彼伏,大部分欧洲国家陆续建立了专门进行反恐行动的特种部队。由于美国远离欧洲,且拥有强大的军事力量,认为恐怖事件不可能在美国发生。但是这仅是美国一厢情愿的想法,恐怖主义者是无孔不入的。此时的美国深陷越南战争的泥潭,许多国家对美国的强权政治表现出强烈不满,恐怖分子的攻击目标也不再局限于以色列、英国、联邦德国等国家,开始把矛头对准了美国在欧洲、中东地区的设施、人员。1973年3月1日,巴勒斯坦"黑九月"恐怖组织袭击了美国驻苏丹大使馆,美国驻苏丹大使克里·罗威尔及使馆人员遭劫持。但是美国政府认为苏丹军警有能力处理这起事件,因此没有采取任何干预行动。此时的苏丹政府对这一事件毫无办法。结果美国驻苏丹大事克里·罗威尔惨死在恐怖分子的枪口下。随之而来的是一系列针对美国的恐怖活动,表明美国不再是恐怖分子活动的禁地,亦表明美国对恐怖事件的无能。在此情况下,美国反恐特种部队——三角洲特种部队应运而生。

1977年,卡特政府上台后,即着手组建一支专门用于应付恐怖事件的特种反恐部队。当时的陆军特种作战指挥官杰明·罗杰斯基将军将组建特种反恐部队的任务交给了时任布拉格训练指挥部指挥官的查尔斯·贝克卫斯(Charles Beckwith)上校。

查尔斯·贝克卫斯年轻时在美国陆军后备军官训练团任教官,该训练团即为"绿色贝雷帽"特种部队的前身。1963年,他被派往马来西亚丛林,担任美国特种部队与英国特别空勤团(SAS)的联络官,深受其影响。1965年的越南战争中,贝克卫斯率队执行一项代号"三角洲计划"行动,对敌后进行秘密侦察和破坏。行动中,他利用从英国特种部队学到的特战技术,对越南游击队进行了成功的骚扰、破坏、渗透,充分表现出卓越的领导才能和统帅风格,被誉为"特种作战专家"。在波来梅之战中,他奉命率队从空中支援一个被围困的营地,由于直升机未能将其率领的突击队准确地投送到预定位置,被困于一个三角洲地带内。突围时贝克卫斯腹部中弹,险些成为越南人的俘虏,幸被一特战队员救出。回想起他所闯过的柬埔寨沼泽地、老挝的森林、泰国的丘陵,却在越南的一个小小的三角地带栽了大跟头,这使他在心中对这个三角地耿耿于怀。

他回国后,就一直有成立一支组织、构想和功能与空降特遣部队类似的愿望。在长达数年的无数次尝试后,终于组建一支名为"第一特种部队作战分遣队"的新部队。

队员的选拔

俗话说"铁打的营盘,流水的兵",坚持选拔和保留优秀的官兵,是特种部队建设的一项重要原则。只有高质量的人员,才能保证特种作战部队完成特殊而艰巨的任务。特种作战部队是美军的精华,而三角洲特种部队则是精华中的精华。该部队初期人员的遴选,几乎完全仿效英国SAS的做法,在陆、海、空三军特种部队中选出最合适的人员。其报名资格如下。

①美国公民,22岁以下。

②在特种部队服役两年以上。

③在体能上,还需达到:能够在25秒内后退爬行35米、每分钟仰卧起坐37次、每分钟做俯卧撑33个、24秒内通过所设置的障碍、16分钟内完成两公里长跑、能全副武装泅渡100米。完成这些项目后紧接着进行18公里急行军,休息2小时

后，还必须在 24 小时内，在得不到任何暗示、指点的情况下，仅靠一个罗盘和一张地图，在荒无人烟的地区完成单独行军 74 公里的体力极限测试。

④在技能上：必须会熟练使用各种轻武器，操作多种机械设备和驾驶各种汽车、坦克、装甲车、大型运输机或直升机。还要求具有擒拿、格斗、攀崖、越障等技能。另外每人至少还要具有一门以上诸如爆破、救护、修理、开箱等专长。

除上述的要求外，欲加入三角洲特种部队的人员还必须通过标准非常苛刻的心理素质测试。

根据上述标准，贝克卫斯从 200 名志愿者中挑选出 53 名，作为三角洲特种部队的第一批队员。贝克卫斯给队员上的第一课就是让他们观看 1972 年的慕尼黑恐怖事件的录像带。并要求队员把"枪一响就会有人丧命，谁先开枪谁就有活命的希望"作为信条。

队员训练

"儿童游乐场"是三角洲特种部队的队员对其训练基地的戏称。射击训练时，每名队员要在模拟"恐怖屋"内连续进行 10 小时以上的人质解救行动训练；在悬吊在空中的真实机舱内进行反劫机训练；利用实际赛车场地进行驾驶竞速追逐训练；除在模拟场地上进行高楼垂降突击训练外，还经常到各大城市的摩天大楼进行实际的垂降突击训练；另外，三角洲特种部队还经常进行雪地作战和水下渗透作战训练。该部队还装备有 C-130 或 C-141 运输机，随时准备进行海外机动部署行动。在短短的时间里，通过近似严酷的训练，三角洲特种部队已成为美国在世界各地进行反恐怖行动的一把尖刀。美国反恐怖办公室、中央情报局、联邦调查局、司法局等单位组成的一个联合考核委员会，对三角洲特种部队进行一次模拟考试，结果令在场的人为之震惊。美联社的一位记者甚至幽默的评论说："如果给这支部队一架长梯，他们能爬上月亮！"

武器配备

三角洲部队有权利取得任何它所需的武器。主要是反恐怖分子武器，包括席格—索尔 9 毫米手枪（英国特别空勤团于 1990 年采用）、HK 公司的 MP5 冲锋枪和全范围的美国陆军小口径武器。其他特殊枪械，如巴雷特（Barrett）5 毫米口径的狙击步枪、麦克米兰（MacMillan）4.8 毫米口径的狙击步枪、叠枪托式伞兵型的 M249 班用机枪、带有 1.5 倍瞄准镜和 M203 榴弹发射器的 HK416 和 M4A1 突击步枪、M21 狙击枪。此外狙击手还可配 M24 非自动狙击枪、M19 手枪和伯莱塔 92FS 手枪。

经典战例

（1）鹰爪行动——1980 年在伊朗救援人质

①起因。1979 年 11 月 4 日上午 10 点 30 分，3000 名武装了的伊朗"学生"蜂拥闯入美国驻德黑兰大使馆宅内，并挟持 53 名人质和外交部 3 名人员，长达数月之久。危机刚开始的最初几天，军事救援的计划一直在检视和发展中，美国虽然使

用外交或军事手段,但因伊朗内部的混乱而举棋不定。由于美国军事基地距德黑兰非常遥远,美国决定采取代号为"鹰爪"的行动。这显然需要更多的单位直接或间接参与到该行动中。整个行动以贝克卫斯上校领导的三角洲特种部队为主。

②计划。整个行动计划包含初期部署和三阶段的行动。

a.初期部署。在初期部署时,三角洲部队穿越过德国和埃及,到阿曼的马西拉(Masirah)机场。在那里他们改搭 C-130 飞机,贴近水平面以避开雷达,越过阿曼湾和伊朗南部,降落至沙漠一号(Desert One)[该处是位于戴斯特卡利尔盐漠(Dashte-Karir Salt Desert)的遥远基地,在德黑兰东南方 490 公里处]。同时部署早在大约数星期前经由迪戈加西亚(Diego Garcia)"尼米兹"号航空母舰上的 8 架美国海军的 RH-53D 直升机,载美国海军陆战队员,飞往沙漠一号与主力部队会合。

b.第一阶段:突入。在沙漠一号,原计划是 6 架 C-130(3 架携带部队,3 架替直升机加油)着陆并等待直升机到来。因为沙漠一号位于路旁(经判断很少使用),所以首先部署一组 12 人的道路监视小组,以截断与扣留任何经过的伊朗人。在直升机加满油后,就装载攻击小组飞往德黑兰,将人员投至降落区。然后将直升机藏在降落区北方大约 24 公里处。攻击小组在降落区等待会见两名情报员,并由他们引导至大约 8 公里远的一处河谷,直升机和人员接着就在各自的藏匿处休息到晚上。

c.第二 A 阶段:救援。在天黑之后,一名情报员会带着 12 名驾驶员(包括翻译员)去收集 6 辆奔驰卡车,而另一名情报员则带贝克卫斯上校去侦察路线。20 点 30 分,全部人员在藏匿处登上卡车并开往德黑兰。实际的救援行动在 23 点至 24 点之间展开。在救出人质之后,呼叫直升机进来,如果降落区可能清理出来时,则不在大使馆宅内降落(那些学生竖起许多柱子以预防突然的降落),而移至附近的足球场。一旦所有人质都被救出后,攻击部队就由直升机载离。

d.第二 B 阶段:外交部救援。与第二 A 阶段同时进行。有 13 人的特种小组开始攻击外交部,救援那里的人员,并将他们带至邻近的公园。在那里他们所有人皆会被一架直升机接走。

e.第三阶段:撤出。当行动在德黑兰展开时,一支游骑兵特遣队会袭击曼沙里耶机场,该地大约在南方 56 公里处,他们搭乘数架 C-140 涡轮喷射式运输机飞入。一旦所有人皆从德黑兰撤退至曼沙里耶后,他们将搭乘 C-141 飞离,游骑兵最后离开。

③应变计划。各种意外事件都被考虑过并适当地拟定计划,例如,如果没有足够的直升机可在一次空运中将所有人载离。在整个计划过程中,有一个精密且重要的状况是大家都同意的,即是要将所有人员载离沙漠,沙漠一号绝对至少要有 6 架直升机。

④指挥与管制。地面部队的指挥官是贝克卫斯上校,需向沃特(M.G.James Vaught)少将汇报,他是联合特遣部队指挥官(COMJTF),指挥部设在埃及的渥迪肯那机场,他们以携带式卫星通讯系统保持联系。沃特将军也以类似的联系向华盛顿特区的参谋长联席会议的主席琼斯(David Jones)将军汇报。但是在最后一刻,变更计划后,空军上校凯里(James Kyle)被任命为沙漠一号的指挥官。

⑤执行。C-141 根据计划将地面部队由美国空运至马西拉,接着再以 C-130

飞至沙漠一号。第一架飞机上,载着贝克卫斯上校和凯里上校。安全着陆后,道路监视小组马上就拦下一辆载有 45 人的巴士,并扣留且看守那些乘客。数分钟后又有两辆车由南方出现;第一辆油罐车被反坦克火箭击中后爆出火光,但司机却以最快速度逃离至第二辆车。第一架 C-130 随后起飞,留下他们独自待在地面上一段时间。第二架 C-130 随即飞入,并放下人员,在剩余的 4 架 C-130 都着陆后,再度飞往马西拉。4 架 C-130 和地面部队就在等直升机。

直升机正是整个行动的关键。8 架直升机于当地时间 19 点 30 分,从尼米兹号航空母舰上(距伊朗海岸约 50 英里)飞向北方的沙漠一号。但是在大约 21 点 45 分,6 号直升机因螺旋桨发生故障而差点发生意外的灾难,请求放弃。机员下机后,他们取走机密文件,然后登上数分钟后起飞的 8 号直升机。大约 1 个小时后,前面的几架 RH-53D 碰到非常强烈且完全无法预料的尘暴:所有事故皆由此开始,再飞 1 小时又再遭遇到第二道尘暴,而且更为强烈。直升机部队指挥官——薛佛特(Seiffert)少将,由于稍早失去了他的惯性导航系统,完全盲目地飞出第一次尘暴并着陆,2 号直升机也随着降落。薛佛特少校以无线电与 COMJTF 联络,获知沙漠一号的气候良好;因此在大约待在地面 20 分钟后,两架直升机再度起飞,并且跟在其他直升机后飞往沙漠一号。同时,5 号直升机遭到严重的电子故障,损失了大多数的机件。在没有水平仪和导引,并且还有山脉在前方的情况下,使它不得不放弃,并转回尼米兹号航空母舰。因此只留下 6 架直升机继续执行任务。

第一架直升机(3 号)在距沙漠一号大约 56 公里处摆脱尘暴,利用已燃烧中的伊朗油罐车为标志,较预定时间大约慢了 50 分钟着陆。剩余的飞机在接下来的半小时内陆陆续续地到达,全部皆来自不同的方向(除了 1 号与 2 号外,他们是一起到达)。此时直升机迅速移至加油机 C-130 旁,再度加油,攻击部队开始登上他们指定的飞机。

此时的贝克卫斯上校如同热锅上的蚂蚁,焦躁不安。当他被通知 2 号直升机在飞行期间有部分的液压故障时,已较原定计划迟了 90 分钟;飞行员仍然飞至沙漠一号并期望能在此修复,但经证实这是不可能的。在短暂的讨论后,凯里上校向远在埃及的沃特少将报告,他反对用 5 架直升机继续执行任务的建议,弃原计划所认可的绝对最低限度 6 驾直升机于不顾,决定取消整件行动。取消行动的决议很快地到达,然而究竟是由沙漠一号决定或是遥远的华盛顿所决定的,却从来没有公开。在此阶段放弃并无任何问题,唯一的小麻烦是 4 号直升机。这驾直升机待在地面最久,需要在飞往"尼米兹"号前再装满燃料。只有一架 C-130 留有足够燃料,为了替 4 号直升机清理空域,3 号直升机便起飞并向左飞去,但是因为其高度(1525 米)和重量(19050 公斤),结果在 2 点 40 分时,由于其无法维持盘旋,结果 3 号直升机直接滑撞至 C-130,导致两架飞机都爆炸,碎片四处飞散,弹药则开始走火,损失惨重。C-130 内的 5 名空军机员和 RH-53D 内的 3 名海军陆战队队员当场死亡,而 C-130 机身内的 64 名三角洲人员迅速由飞机上逃离,并且救了装运长。随后就决定抛弃剩下的直升机,所有人员皆以 3 架 C-130 返回马西拉。整个行动以失败而宣告结束。

在伊朗的溃败导致美国特种部队内部相当深刻的反省。虽然这次失败的主因并非是贝克卫斯上校和三角洲特种部队的缘故。但在技术层面来说,决定使用美国海军的西科斯基 RH-53 直升机来取代惯用的 HH-53 是必要的,这是因为苏联方面的威胁。RH-53 的尾柱可以折叠,使该直升机可收藏至甲板下;HH-53 并无此种能力。苏联正从空中及使用卫星监视"尼米兹"号——8 架大型直升机位于飞机甲板上的图像已足够让机灵的苏联观察家猜出正在进行的事情——而且他们可能会警告伊朗人。这个长途行动的其他技术困难,则因卡特政府从华盛顿断然决定取消整个任务,而变得更复杂。

(2)沙漠风暴行动

20 世纪 90 年代初,国际形势发生了重大变化:东欧剧变,两德统一,美苏之间结束长期冷战状态,保持长达 40 多年的两极格局迅速解体,世界战略格局向多极化方向转换。旧格局的瓦解引起了国际政治力量的失调,造成了局部地区力量真空和失衡,一些地区性强国跃跃欲试。伊拉克为了解决与科威特的边界纠纷和石油争端,于 1990 年 8 月 2 日出动 10 万大军侵入仅 1.78 万平方公里的弹丸小国科威特,从而引发了海湾危机。

伊拉克入侵科威特不可避免地同在海湾存在巨大战略利益,而且谋求建立"国际新秩序"的美国产生不可调和的矛盾。加上海湾地区一直是美国和西方的生命线(美国进口石油的 20%、西欧的 35%、日本的 70%都来自海湾),为了控制海湾的石油资源,从经济和军事上打垮伊拉克,维持中东地区的稳定和势力均衡,并显示美国在世界上的领导作用,重新确立美国在全球的支配地位,美国便打着"维护正义"和"解放科威特"的旗号,迅速出兵。

1991 年 1 月 17 日晨,以美国为首的多国部队开始向伊拉克发起代号为"沙漠风暴"的军事打击。伊方主要以地面防空武器进行还击,并分别向以色列和沙特阿拉伯发射了"飞毛腿"导弹。2 月 24 日,多国部队向伊拉克部队发动了代号为"沙漠军刀"的地面攻势,伊拉克军队在遭受重大伤亡后于 26 日宣布接受联合国自伊拉克侵略科威特以来通过的 12 项有关决议。2 月 28 日零时,多国部队停止了一切进攻性行动,持续了 42 天(38 天的空中袭击和 100 个小时的地面作战)的海湾战争结束。海湾战争期间,多国部队共投入兵力达 62 万多人,其中美国兵力 42 万人,多国部队出动飞机空袭 10 万架次以上。据美军驻海湾部队司令施瓦茨科普夫说,多国部队全歼或重创伊拉克 29 个师,摧毁或缴获伊军 4230 辆坦克中的 3000 多辆,2870 辆装甲车中的 1857 辆,3110 门火炮中的 2140 门,俘虏伊军 5 万多人。美国国防部官员于 8 月 13 日在新闻发布会上说,海湾战争中共有 148 名美国人死亡,467 人受伤。官员并透露,有 107 名美国军人在海湾战争中被误伤,其中死 35 人,伤 72 人。在此次战争中还发生了美军攻击英国友军部队的事件,造成 9 名英国士兵死亡,13 人受伤。

三角洲特种部队作为联合行动的一部分飞入伊拉克境内(包括英国的空降特勤队)。从第 20 特战中队的 MH-53J"低空铺路(Pave Low)型"直升机上下机后,他们查出萨达姆的导弹,并将之标示出来以待空袭。1991 年 2 月 27 日地面战争的最后一天,三角洲部队发现了一整排的 26 枚"飞毛腿"已准备好作为最后的弹幕射向以色列。它们立刻就被摧毁。施瓦茨科普夫将军寄了一封个人的恭贺函,感谢他们致力于维持以色列战局。整个任务完成了,其代价是 3 名三角洲部队人员:贺雷(Patrick Hurley)、克拉克(Otto Chark)和罗吉古斯(Eloy Rodriguez Jr.)阵亡,他们是因为西科斯基的 UH-60 "黑鹰"直升机载着他们撞上一个沙丘而机毁人亡的。

（3）非洲索马里——重建希望行动

①起因。1993 年 10 月 3 日，据线人情报，索马里首都摩加迪沙的大军阀穆罕默德·艾迪德手下的两名高级助手财务总管欧马·沙郎和对外发言人蒙哈米·哈山·艾瓦，将于当日在摩加迪沙奥林匹克饭店召开一次小型会议。因艾迪德破坏索马里维和进程，故联合作战指挥部决定逮捕艾迪德的这两名高级助手，派出三角洲特种部队和陆军游骑兵特遣队执行这次行动。

②行动初期计划。全部行动人员将分为空载和车运，同时从摩加迪沙机场（联合作战指挥中心所在地）出发。三角洲特种部队队员搭乘 AH-6 Little Bird 轻型空运机动直升机，在目标大楼的附近街道和楼顶投放，并迅速展开抓捕任务。与此同时，陆军游骑兵特遣队乘坐 UH-60 黑鹰通用直升机，在目标大楼的四个街角处投放，提供地空火力支援。游骑兵部队则建立防线，并阻止索马里民兵向目标大楼靠拢。由"悍马"轻装吉普车和 5.5 吨卡车组成的车队将同时出发，停留在目标大楼附近地点，待三角洲部队发出任务成功的信号，迅速抵达目标大楼并将人犯、部队等人员全部载离，返回摩加迪沙机场。计划原定任务用时为 30 分钟。

③执行。行动按计划展开。车队及直升机编队同时出发。直升机编队先沿海岸线飞行，再突然进入摩加迪沙主城区。悍马车队则直接开赴摩加迪沙城区。下午 3 点 42 分，第一批三角洲部队抵达目标大楼并开始行动；UH-60 "黑鹰"直升机将游骑兵小队索降至地面并返回高空提供火力支援。美军的行动被索马里方面发现，于是开始集结大量民兵武装力量向美军反击，并且使用俄制 RPG 型火箭弹在天空中制造火网，给美军直升机制造麻烦。但是大量的火箭弹并未击中目标，而是落于地面，这就造成许多无辜平民的伤亡。虽然行动初期就遭到反抗，但是行动依旧在有条不紊地进行着。不久，人犯抓捕任务完成。悍马车队迅速接近目标大楼并开始搭载人犯。

有一些曾接受过阿富汗塔利班武装的火箭弹射击训练索马里的民兵，拥有打击直升机的特殊本领。虽然 RPG 火箭弹的射击精度很差，但是，他们打出的火箭弹总能对美军直升机造成威胁。在搭载人员的过程中，一架代号为 Super-61 的"黑鹰"直升机被火箭弹直接击中机身，机舱内的三角洲狙击手当场阵亡。飞机损伤过于严重，失去飞行平衡，最终坠毁于摩加迪沙的一条小的街道上。联合作战指挥中心借助四架 OH-58D 观测直升机，看到了坠机的全过程，并决定立即派出救援小组前往救援。悍马车队也兵分两路：一路运送从直升机上掉下来的伤兵；另一路则改变路线，向坠机地点机动。其他地面部队也分兵向坠机地点赶去。路途中，遇到了大量的索马里民兵的顽强抵抗。当地民兵通过人数优势，将美军特种部队压制在一个地方而不能动弹。美军也被迫占据了一些建筑物等作为掩护，与索马里民兵展开对峙，但始终也未能向坠机地点移动 1 米。中途，许多的美军被冲散，时常可见游骑兵队员与三角洲队员组成的临时小组向坠机地点进发。由于在坠机发生之后，民兵就立即设置路障，因此，悍马车队只能在坠机地点周围徒劳无功地打转。

游骑兵部队 Chalk 4 小组率先通过胡同抵达坠机地点。而面对大量索马里民兵，他们只能守住坠机地点附近的一个院落，来保护坠机地点的相对安全。随后，由代号为 Super-62 的"黑鹰"直升机将三角洲部队临时救援队，索降至由 Chalk 4 小组保护的院落内。Super-62 虽然被火箭弹、机枪击中，但仍勉强地在摩加迪沙机场成功迫降。随后，救援队向外突击并成功进入坠毁飞机的机舱，对伤员进行救治。但是悍马车队却遭到了沉重的打击。索马里民兵凭借对当地地形的优势与美军展开巷战。美军车队也时常会遭到火箭弹的攻击，伤亡十分巨大，被迫返回摩加迪沙机场。另外，一支由三角洲部队和游骑兵部队混编的小组也抵达了坠机地点并建立了防线，加强了 Chalk 4 小组的驻守。

在第一架直升机坠毁不久之后，一架提供空中火力支援的 Super-64"黑鹰"直升机，也不幸被密密麻麻的火箭弹击中坠毁。全机组人员虽然幸存，但都受重伤。在直升机上目睹这一切的两名三角洲狙击手着陆对伤者展开营救。两名狙击手抵达坠机地点之后就迅速建立防线并将受伤的驾驶员抬出机舱。由于索马里民兵的蜂拥而至，加之没有像样的空中火力掩护，第二坠机地点很快失守，两名三角洲队员阵亡，受伤驾驶员被俘。由于附近路障较多，美军没有及时抵达第二坠机地点。

此时，从摩加迪沙机场返回的运送伤员悍马车队，向第二坠机地点赶去，但由于大量的路障而难以接近。车上的三角洲部队决定下车步行至第二坠机地点，并于黄昏时分抵达第二坠机地点，在炸毁的直升机残骸中，没有找到任何幸存者。随后，他们向第一坠机地点运动。美军由于伤亡过大，但仍然坚持着。联合作战指挥中心，派出 Super-66 直升机将淡水、药品、血浆、食物等运送给前沿部队。但索马里方面发现了正在借月色作掩护降落的 Super-66 直升机，随后展开了猛烈的攻击，机身多处被击穿，一名机组成员面部中弹。Super-66 勉强迫降于机场，而救援物资只送出了很少的一部分。

接着，第 10 山地师派出机动部队，对友军展开支援和救助。并将摩加迪沙体育场临时定为救援中心。救援车队于凌晨 2 点 05 分抵达第一坠机地点，并在沿途接送了一些友军。车队在坠机地点停留了一会儿，待将尸体抬进车内，车队和全部地面部队离开。整个行动耗时十几小时。19 名美军士兵阵亡，有的死于坠机；有的死于对防线的防守。索马里方面估计约有 1000 人的伤亡。

该次行动不久，电视上便出现了索马里人把美军尸体拖至街头示众的镜头。华盛顿方面一片哗然。克林顿立即下令召回美军部队。失去了美军的支持，联合国的维和部队变得有名无实。因此，索马里维和任务成为联合国维和历史上的一个败笔。

（二）加拿大第 2 联合特遣部队

加拿大第 2 联合特遣部队（JTF2）简介：加拿大第 2 联合特遣部队（JTF2），是加拿大唯一的特种部队，成立于 1993 年 4 月。从成立之日起，JTF2 就处于高度保密之中，它的规模、活动、训练、经费、官兵姓名等都是最高机密，绝对不允许向外界透露。目前 JTF2 约有官兵 250~350 人，指挥官为中校军衔，执行任务时，队员们往往被分成 2~4 人的小组，每组负责一项任务如通信、狙击等，一支 20~30 人的小分队由一名上尉军官指挥。该部队配备世界上最先进的武器设备，在维护加拿大社会稳定、国家安全和反恐行动中发挥着重要的作用。

历史沿革

加拿大第 2 联合特遣队（JTF2），是目前加拿大唯一的特种部队，成立于 1993 年 4 月。20 世纪 70 年代末和 80 年代初，恐怖主义活动并没有对加拿大构成直接威胁，因此没有引起加拿大政府的注意，因此也就没有成立一支特种作战部队反恐。1985 年，恐怖主义者开始在加拿大活动，引起了加拿大政府的重视。在经过深思熟虑后，加拿大决定成立特种应急反应部队，这个机构隶属于皇家加拿大骑警，但是由骑兵为其输送各种资源。冷战结束后，加拿大政府决定将"加拿大皇家骑警"的反恐职能转交给军队，于是委托陆军成立了第 2 联合特遣队。加拿大还曾有一个空中机动团担负着特种作战任务，1995 年，该团解散，部分官兵被第 2 联合特遣队吸收。戴准将是第 2 联合特遣队的创始者之一。他指出，在第 2 联合特遣队成立的最初几年里，这支部队的任务重点是陆上反恐和人质营救行动，随后该部队发展了它的关键核心能力——"射击、移动和通信"。

从成立之日起，JTF2 就处于高度保密之中，它的规模、活动、训练、经费、官兵姓名等都是最高机密，绝对不允许向外界透露。加拿大国防部对它的要求是"Out of sight，Out of mind，out of the headlines"，意思就是"不抛头露面，不引人注意，不见诸报端"。此外 JTF2 独立于加拿大武装部队指挥体系之外，由国防参谋长直接领导，因此它被媒体称为"加拿大的秘密士兵"。

JTF2 在成立之初被赋予的使命是"打击国内恐怖主义活动，保卫国家安全"，具体就是解救人质，为军政要员提供安全保卫。在执行解救人质行动时，队员们往往被分成 2~4 人的小组，这些小组被称为"砖块"，每组负责一项任务如通信、狙击等，一支 20~30 人的小分队由一名上尉军官指挥。JTF2 队员按照任务分成 3 组：A 组是特种行动攻击组，直接执行特种任务；B 组是机动小组，主要负责为 A 组行动提供车辆/船只和火力支援；C 组是专家小组，由爆破、通信、谈判等方面的专家组成。JTF2 队员的平均年龄是 28 岁，因为这个年龄的士兵正处于体力与经验的顶峰。

目前 JTF2 约有官兵 250~350 人，指挥官为中校军衔，司令部设在加拿大首都渥太华西部的戴尔山训练中心。这里有一个占地 200 英亩全封闭的训练场，里面有一幢 8 层楼房，供队员们练习人质救援行动。此外，训练场里还有 1 架 DC-10 型运输机、2 架直升机、1 辆大巴、1 个造价数百万美元的射击场、1 座体育馆和 1 个"符合奥运会标准的"游泳池。据估计，JTF2 每年的预算可能高达 4000 万加元。

选拔与训练

第 2 联合特遣部队成员是名副其实的"千里挑一"，他们来自地面、海上及空中部队，这是它被称为"联合"特遣部队的原因。任何一位加拿大武装部队的成员，只要在正规部队服役 2 年以上，预备役服役 3 年以上，军衔在少校以下，无论男女，都可以报名参加 JTF2。

要想成为 JTF2 的正式成员，报名者必须经过严格的考核。根据海外有关网站的介绍，JTF2 中 A 组成员体能测试的初试主要有以下几项内容：1.5 英里跑，时间需在 11 分钟以内;俯卧撑 1 分钟至少 40 个:仰卧起坐 1 分钟至少 40 个;直臂引体向上至少 5 个;平躺在长凳上至少要能推举起 65 公斤的杠铃。这些项目必须一口气连续完成,而且如果每项测试只能达到最低标准,他将得不到 750 分的及格分。此外,报名者还将接受一系列复杂的心理测试,例如是否恐高、怕水、畏惧狭小空间等。考官还要检验报名者处理人际关系的能力,在重压之下的表现等。经过层层筛选,每年能够加入 JTF2 的新人不过 50~60 人,由于加拿大军队总人数为 58000 人,因此 JTF2 队员是名副其实的"千里挑一"。

作为千里挑一出来的队员,他们的功夫十分了得,无论是擒拿格斗、野外生存,还是各种武器、车辆的使用,JTF2 成员都十分精通。曾在空中机动团服役 11 年的老兵詹姆斯·戴维斯说:"当年我们射击训练的要求是两颗子弹搞定目标,也就是说全部命中心脏,JTF2 肯定比这还要严格。"此外,JTF2 还经常与美国的三角洲特种部队、英国的特别空勤团(SAS)一起训练,能够适应山地、沙漠以及丛林等各种地形。据《精锐部队》杂志称:"JTF2 队员的个人能力丝毫不比美国的三角洲特种部队逊色。"虽然与这些老牌特种部队相比,JTF2 还只能算是新兵,但它也有自己的强项:每年在加拿大北极地区训练两个月,因此尤其擅长高寒地区的行动。

由于在训练中一直侧重于在飞机或建筑物中解救人质,JTF2 的水上行动能力是个弱项,并曾露过怯。1995 年 3 月,西班牙一艘名为"埃斯泰"的拖捞船到加拿大海域捕鱼,JTF2 奉命将其驱逐。由于风大浪高,JTF2 队员 3 次试图登上该船都没有成功,最后还是加拿大海岸警卫队的一名士兵打了一梭子弹,"埃斯泰"才老老实实地停了下来。

这件事情发生后,JTF2 意识到了自己的"弱项",开始加强海上训练,尤其是利用高速气垫船追踪并登上可疑船只的训练。1999 年和 2000 年,它还先后两次举行海上反恐演习,演练在海上阻击运载有毒化学物质的恐怖分子船只。2002 年 9 月,JTF2 还在加拿大港口城市哈利法克斯举行了一次反恐演习,演练了在海上及港口打击恐怖分子的行动。演习中,JTF2 队员乘坐与美国海军海豹突击队作战小队装备完全相同的特攻船,追踪并控制了一艘被恐怖分子利用的快艇。经过短暂的战斗,队员们将艇上的恐怖分子全部制服,与此同时,陆军的一个拆弹小组在海上将炸弹引爆。

武器装备

加拿大第 2 联合特遣队还在积极稳步的发展海上特种作战能力,应对恐怖主义袭击。第 2 联合特遣队成员除了配备常规的各种武器之外,他们还装备充气橡皮艇,并且有加拿大海军舰艇的支援。

经典战役

成立后的 JTF2 在一个很长时间内,都没有实战的机会。1994 年冬天,55 名加拿大维和士兵在波斯尼亚被塞族扣留,一支 JTF2 小分队被派到那里准备执行营救行动,可是塞族在最后时刻放人,JTF2 失去了露脸的机会。1996 年,一批恐怖分子在日本驻秘鲁大使馆劫持了 500 多名人质,并提出条件要搭乘加拿大航空公司的客机飞往古巴。秘鲁和加拿大政府经过紧急协商，决定派 JTF2 队员埋伏在为恐怖分子准备的"空中客车"上，趁他们登机时将其歼灭。但是秘鲁军方后来否决了这个计划，自己派特种部队冲进使馆，击毙了所有恐怖分子，解救了人质。JTF2 再次与实战擦肩而过。此后，JTF2 曾被派遣到海地训练那里的反恐警察部队，并为总统普里瓦尔担任保镖。近两年来，JTF2 还执行了监视国内莫霍克族人的任务，这些印第安人涉嫌走私枪支和从事有组织犯罪活动。但这些任务都是"小打小闹"，JTF2 始终没能让人们见识它的真正实力。

由于保密原因，JTF2 在加拿大媒体上曝光的机会不多，少有的两次曝光却都与丑闻有关。

一次是 1994 年，JTF2 上尉迈克尔·莱因维尔带领一支"砖块"小分队进行了一次演习：奇袭魁北克市的一座军火库，目的是为了检验它的安全保卫情况。20多名 JTF2 队员头戴滑雪帽，只露出两只眼睛，举着手枪和"乌兹"冲锋枪突然出现在军火库门外，将两名正在值勤的预备役士兵吓得够呛。JTF2 队员剥光了他们的衣服，用胶带把他们捆了起来，并折磨拷打，威胁说如果他们不配合就杀了他们。后来一名士兵侥幸逃脱，跳墙出去报了警。魁北克市的防暴警察如临大敌，倾巢出动，将这二十几名"恐怖分子"拿下。军方马上出面，解释说这是一次秘密演习，只不过"分寸有点儿过火"，事情才不了了之。但值勤士兵之一弗兰克·萨维奇不甘心自己白白受辱，遂以身心受到巨大伤害为由，坚持要"讨个说法"，结果迈克尔·莱因维尔最终被魁北克民事法庭判处有罪，并被 JTF2 除名。

二是 1998 年，一伙歹徒抢劫了加拿大西南城市卡尔加里的一家银行，开了 80多枪。整个过程"就像拍警匪片一样"。警方最终破获了这个抢劫团伙，发现其中几人竟然是 JTF2 成员，而直接进行抢劫的歹徒中包括两名刚刚通过考核即将加入 JTF2 的士兵。结果，这两名实施抢劫的士兵分别被判处 12 年和 7 年徒刑，另外几名 JTF2 正式成员遭到了军方的"内部处理"。

1999 年，JTF2 参加了科索沃战争。战争中，JTF2 担负了在地面为美军寻找重要目标，并用激光引导美军战机和智能炸弹进行轰炸的任务。在阿富汗"反恐战争"中，加拿大也派出了数十名 JTF2 队员，帮助美军清剿"基地"组织残余分子。据美国媒体报道，这批 JTF2 队员还参加了一项代号为"K-BAR"的多国联合行动。在这次为期 6 个月的任务中，来自 7 个国家的特种部队共执行了 42 次侦察行动，击毙了 115 名塔利班士兵和基地组织成员，并俘获 107 名塔利班高级领导人。任务结束后，"K-BAR"行动的美国指挥官对 JTF2 的表现相当满意。

与英国、美国等国的特种部队相比，JTF2 显得有些稚嫩，主要原因是它缺少实战经验，英国的特别空勤团已经有 50 多年的历史了，美国的三角洲特种部队也成立了近 20 年，它们都经过了多次战争的洗礼，因此经验丰富。曾在特别空勤团服役 22 年的阿兰·贝尔说："特种部队只有在实战中才能成长，只有吃过亏才能接受教训，JTF2 在这方面尤其不足。"此外，JTF2 靠反恐和解救人质起家，缺乏特种部队独立行动的能力，又不能与友军实现无缝的协同，因此难免受到同行的轻视。贝尔就说：英国的特别空勤团在行动中要么单干，要么只与澳大利亚的特别空勤团一起行动，因为他们彼此熟悉和信任。JTF2 在海外行动中也没有自己的情报保障，只能依靠盟军的情报交流。

加拿大国防部已经意识到自己在特种作战能力上的不足,并决定在未来5年投资1.2亿加元,将JTF2的规模扩大一倍,编制增加到600人。

(三)智利精英部队

智利精英部队简介:智利精英部队包括沙漠突击队、山地作战部队、陆军特种作战力量以及反恐特种警察部队。其中沙漠突击队共有600名成员,由2个战斗营及相关作战指挥、保障单位组成;山地作战部队有12个团,分别驻守在全国各处高山;陆军特种作战力量分为特种伞兵部队和特种作战部队,共有约600名成员,前者始建于20世纪40年代末,后者则于1965年正式成立;反恐特种警察部队成立于1979年8月,具体人数不为外界所知。这些精英部队都配有先进的武器设备,在维护智利国家安全、社会稳定以及反恐行动中发挥着重要的作用。

概况

国土南北狭长的智利是世界上地理环境比较特殊的国家之一,其境内既有酷热的沙漠,也有富饶的平原,还有诡异的原始森林……正是这些特殊的地理环境造就了智利拥有一支支擅长特定环境作战的特种部队。

尽管智利自19世纪以来就再未经历过大规模武装冲突,但为了维持国家安定与和平,智利仍拥有能够在其国土各类地形环境下作战的部队。在各类部队中,较为精锐的主要有沙漠突击队、山地作战部队、陆军特种作战力量以及反恐特种警察部队(GOPE),这些精英部队擅长在特定地理环境下执行作战任务,且作战能力非常突出,可以和很多国家的特种部队相媲美。

荒漠勇士——第6沙漠突击队

智利上一次与邻国间的大规模冲突还要追溯到19世纪末,也就是1879~1883年,智利与秘鲁和玻利维亚发生纠纷,并与两国联军爆发了近4年的战争。由于战争主要发生在智利西北部沙漠地区的阿里卡和伊基克,这使智利充分认识到训练一支能够在沙漠地区作战的军队是非常必要的,由此智利沙漠突击队应运而生。

智利的沙漠突击部队主要指第6沙漠突击队,该突击队驻扎于伊基克以东约13公里里的沙漠营地,属于智利陆军的精英作战力量,同时其也是世界各国军队中少数几支擅长沙漠环境作战的特种突击力量。隶属关系上,第6沙漠突击队直属于智利陆军第1军团第1师下设的特种作战旅。该突击队共有600名成员,由2个战斗营及相关作战指挥、保障单位组成,每个营下辖2个战斗连及营属保障支援单位。该突击队目前装备的重型武器主要以105毫米奥托·梅莱拉M56式火炮为主,班/排级支援火器以MG42/59系列通用机枪为主,单兵武器则是FAL突击步枪及MP5系列冲锋枪。

在智利北部沙漠中,士兵作战唯一有可能找到的自然掩体就是遗弃的铜矿渣堆。此外,由于沙漠环境非常寂静,士兵行动时要尽量避免发出声响。

在队员训练方面,被挑选进入沙漠突击队的新兵首先要在沙漠营地进行基本适应性训练,在这里他们将经历完全不同于以往的磨炼。当地贫瘠荒凉,且昼夜温差极大,白天强烈的阳光炙烤着沙地使得地表温度高达 70 摄氏度以上,夜晚气温则降到 10 摄氏度左右,气温变化之大对所有的生命都是种严峻的考验,沙漠突击队的新兵只有适应了当地残酷的自然环境,才能开始接下来的军事训练。

新兵的军事训练是从一系列远距离跋涉开始。在沙漠地带,水源显得尤为重要。训练时每名新兵要携带一定量的饮水,他们必须学会根据补给点的距离和时间来分配饮水量。沙漠突击队的所有训练都在当地环境中进行,无论昼夜,所有队员都需集体行动,这是因为当地环境恶劣,一旦走失,生还的机会将极其渺茫;至于夜间的行动,突击队则强调所有队员必须尽可能避免发出声音,因为当地的夜晚非常寂静,哪怕极小的声响也能传至远处。为了增强突击队的远程机动能力,所有新兵在入役后的头 3 个月训练中还必须学会跳伞。

在武器射击训练中,队员们除了娴熟掌握各类枪械使用技巧外,还要掌握便携式反坦克导弹的应用,因此该部队的反装甲能力也很强。

第 6 沙漠突击队的训练还十分注重从新兵中培养适应沙漠作战的狙击手,因此所有队员都必须参加专业狙击的初级训练,其中成绩优异者则会参加更为精深的高级狙击训练。突击队的高级狙击训练特别突出夜间狙击能力,每名挑选出的队员都会接受专业的沙漠伪装、昼夜追踪等专业训练。

第 6 沙漠突击队真正的精英力量由其第 2 营和第 1 营的各级军官、军士骨干构成,他们主要从两方面发挥作用:战时将编组成作战小组执行敌后破坏、情报收集等特种作战任务;平时则主要负责对征募的义务役士兵进行训练,以保持突击队的作战能力。

然而,第 6 沙漠突击队并非传统意义上的特种部队,除大多数骨干外,还有相当一部分义务兵,他们在完成 1 年的沙漠作战训练后,即可选择退出现役或继续服役。

高山之鹰——山地作战部队

目前,智利陆军担负山地作战任务的部队有 12 个团,分别驻守在全国各处高山,其主要作用在于威慑山区有组织的暴力犯罪团伙和恐怖主义势力。此外,智利山地作战部队还担负协助警察部队完成高海拔山区的执法以及山地民事任务,比如在安第斯山脉智利境内救援遇险的登山游客及运动员。

智利之所以重视山地作战,不仅因为智利本身是个多山的国家,更因为山地作战具有一系列显著不同于低海拔地区的特

训练中的山地作战部队

点。当人到达海拔 2440~3050 米,甚至更高的地方时,为适应当地大气压力和含氧量的变化,人体生理机能就会发生变化,在这样的环境中人体极易感觉到疲劳。另外,高海拔地区还具有严寒、风雪、雷暴、浓雾、强紫外线辐射以及天气变化频繁等不适宜人类活动的特点,而且雪崩、岩体垮塌等也时常发生。

在这样的条件下,气候和地理环境往往比敌人的火力更加致命。一般的单兵战术动作也有可能造成骨折、肌肉挫伤、内伤及体表的大裂口等。长期停留在高海拔地区更是危险重重,冻伤和低温会伴随始终;来势凶猛的高山病、高原肺水肿、脑水肿也时刻威胁着生命;此外,体重持续减轻也很常见。在精神方面,持续的压力和生理上的不适常会导致人出现病态人格、行为失常等。而在作战中,一些在低海拔地区的轻伤,如枪弹或破片对人体的擦伤在高海拔地区可能很快就加重成为致命伤。

在高海拔地区,人体生存面临巨大困难,而各类装备也同样如此。在这种条件下,装备往往会失效,或是性能大打折扣。平均而言,车辆在高海拔地区会损失 20%~25%的运载能力,耗油量却增大 75%以上。军用发电机通常使用柴油动力,但在 3050 米的海拔时,由于氧气稀薄,柴油机常会损失功率甚至停止运转。同样由于大气稀薄,炮兵的射击表也不再准确,炮弹在这种环境中由于空气阻力变小往往飞得更远。在这样的地区,由于严寒导致润滑油冻结、气象条件不允许直升机起飞以及环境对汽油动力车辆的限制,更增加了物资需求和后勤补给的难度、强度。而生活在山地的骡、驴等牲畜有很强的耐力,它们则成为山地作战部队的好伴侣。

因此,在士兵真正走上高原前,都要接受高原山地适应性训练,强化其心血管和呼吸功能以适应特殊的环境。而智利山地作战学校正是起到这种作用。该山地作战学校位于距圣地亚哥约 50 公里的洛斯安第斯。不同于军方的其他特种作战学校,该学校并非专属山地作战部队,而是承担培训陆军普通军官和军士山地作战的职能。该学校的训练通常为期 3 个月,新兵到达后先进行为期 1 个月的初期训练,主要以登山、攀岩为主,待身体适应了山地环境且体能达到一定标准后,便开始进行山地作战的相关战术训练。3 个月训练完成后,参训者便会被分配到各山地作战部队,而其中的佼佼者会被山地作战学校保留下来作为种子教官。如果这些种子教官继续在校服务至提升年限,他们便可以参加军方的山地远征队,并可能被他国山地部队聘请担任教官。至于陆军中担负山地作战的骨干和军官,则会接受该山地作战学校为期 9 个月的高级训练。

全能精英——陆军特种作战力量

智利陆军特种作战力量主要分为特种伞兵部队和特种作战部队。前者始建于 20 世纪 40 年代末,当时 10 名智利士兵和军官接受了美国的军事援助,赴美国布拉格堡接受特种伞降训练,归国后,智利以这 10 人为基础组建了陆军第一个伞兵连。陆军特种作战部队则于 1965 年正式成立。

智利陆军特种作战力量的任务与其他国家的同类部队大同小异。战时,他们担负秘密渗透敌后遂行破坏、特种作战和侦察任务;平时则主要作为国家的战略预备队,随时支援其他部队或警察对抗大规模的恐怖及暴力事件等。

智利陆军特种作战力量中的特种作战部队,集中了陆军最全面的训练、武器设备,是南美地区作战适应能力最强的特种部队之一。目前智利特种作战部队主要为营级规模,位于科林纳的特种作战营总人数约 600 人,共编成 4 个连,由一名上校领导。对于每个想加入特种作战部队的士兵来说,其必须是志愿服役,并且是一名合格的伞兵,只有满足这两个先决条件,并在体能、智能等方面达到标准,才能有机会进入特种作战学校接受进一步的训练。在特种作战学校,受训者将接受特种战术、山地攀爬、水下战斗、野外伪装、极限环境生存、爆炸物使用与处置、徒手/匕首搏斗、轻武器射击和车船驾驶等全方位的特种作战技能训练。完成上述训练科目后,成功通过考核者才能正式成为特种作战部队的一员。

特种作战力量中的特种伞兵部队与国外同行一样,也以义务兵为主。有志成为特种伞兵的队员入伍后,先开始进行为期 3 个月的学校基础训练,之后还要通过一系列生理、心理和体能测试合格的新兵才能正式加入特种伞兵部队。待成为其中一员后,新兵将接受山地伞降训练,直到能够熟练从 500 米的低空、在崎岖的山地进行伞降时,才算具备了伞降能力。进入特种伞兵部队后,队员每月通常进行一次山地伞降训练,每年则要进行数次夜间山地伞降训练,以保持部队在各种气象条件下的全地形伞降能力。

特种伞兵部队并不单独编成,通常与其他陆军团级部队混编,战时由 C-130 运输机输送并空投至任务执行地点。

陆军特种作战部队的四人特种作战小组在演练深入敌后执行侦察、破坏等各种任务时,由于身处敌境,他们的每一步行动都必须万分谨慎。

反恐先锋——特种警察作战群(GOPE)

同世界其他国家的警察部队一样,智利的警察部队中也编有一支遂行反恐特种作战任务的特警分队,称为特种警察作战群(GOPE),其主要在本国领土上执行各类反恐作战任务。由于智利的地形、气候环境极为特殊,因此 GOPE 的作战环境也相当广泛,包括山地、沙漠、海洋、平原、雨林等多种地形,至于常规的建筑物、飞机及汽车内部等环境更不在话下。

GOPE 的成立始于 1979 年 8 月。针对当时智利国内恐怖主义威胁猖獗,政府借鉴国外反恐经验,决定组建一支专业化的特警部队用以执行国内各类反恐任务。而在此之前,与各类恐怖主义对抗的责任主要由陆军及警察部队承担,由于这些部队担负的主要任务差异较大,利用军事力量和民事警察对抗恐怖主义的效果并不理想,因此智利政府决定抽调作战力量,组建专业化的特警作战群。

GOPE 队员均从服役多年的警察中遴选,所有 GOPE 的队员都是志愿加入服役。GOPE 对报考者的服役记录审查极严,能通过者除必须拥有出众的体能、心理素质外,还必须在警察部门服务期间表现优异。

上述基本条件满足后,报考者便可获得候选资格,接受接下来的一系列考核,内容包括游泳、耐力长跑、攀登、射击、马术、伞降及负重在内的身体素质测试,全部通过者则可进行下一步的智能和心理测试。

除上述测试外,候选者的协作关系也是 GOPE 考核的重要内容,这主要基于GOPE 所担负的任务多需团队合作完成,队员之间必须建立良好的合作、沟通关系,不善与人沟通的"独行侠",哪怕能力再强在这里也是不受欢迎的。

成为 GOPE 一员后,新队员还要接受由老队员及军方特种作战队员组成的作战骨干的培训,这些作战骨干通常由 1~2 名军士长及 5~6 名军士组成,他们精通各种作战环境下的战术行动及各类武器的使用。通常新队员在经过平均约 1 年的上述培训后,才能真正遂行 GOPE 作战任务。

作为警察部队中的精英,GOPE 担负各类普通警察无法处理的任务,如解救人质、打击严重暴力犯罪以及恐怖主义等。为提高作战能力,GOPE 常到全国各处进行训练,以适应不同类型的作战环境,如高海拔山地、沙漠及雨林地带。另外,为了使 GOPE 更具实战能力,得到全面锻炼,在其他部队人手紧缺时,比如参加陆军的高海拔山地或水下作战任务时,也会从 GOPE 抽调人员。

除了掌握各类反恐作战技巧外,GOPE 的成员还能胜任一些其他专业部队的任务,如扫雷、爆炸物处理等,这也与智利国家的实际情况有关,比如用以扫雷、爆炸物处理的军方工兵部队往往因距离任务现场过远而拖延时间,此时一专多能的 COPE 队员便能解燃眉之急。

早些年,GOPE 的单兵武器主要以国产的 9 毫米 SAF 冲锋枪为主,近年来开始换装更轻便的 MP5 系列冲锋枪。

最初,GOPE 位于首都圣地亚哥,但由于智利国土狭长,针对某一地区的反恐作战无法做到快速反应。为了缓解这种局面,目前 GOPE 采用分散部署的模式,以确保能在 2 小时内到达全国任意地点。

基于安全等因素,GOPE 部队目前对外仍很神秘,其人员数量、编制规模以及武器配备等情况不为外界所知。但根据其担负任务量及智利国土范围,可大致推断出,GOPE 约由 7~10 个任务小组构成,各小组有 7 人左右,另有 50 人左右为参谋及后勤支援队伍。GOPE 部队中,有 4~5 个任务小组长期处于戒备状态且能够随时出动,其余小组处于预备状态,但尽管如此,其 90% 的人员可在短时间内立即被召集起来。

指挥体制上,GOPE 采用双重体制,其既接受智利警察最高当局的调派,也听从智利政府的命令。

(四) 巴西陆军第 1 特种作战营

巴西陆军第 1 特种作战营简介:巴西陆军第 1 特种作战营,源于 1957 年成立的伞兵救援部队,下辖 1 个司令部、1 个勤务连、2 个特种作战连、1 个突击连和 1 个规模相当于连的反恐特遣队。目前对其基本情况没有更多的报道。

历史沿革

巴西陆军第 1 特种作战营,源于 1957 年成立的伞兵救援部队,其特长是在亚马逊河流域的丛林中执行救援任务。该营自成立之日起就一直充当救援部队,到 1968 年,改变为特种作战分遣队,1983 年,分遣队扩编为巴西第 1 特种作战营。这是巴西最主要的一支特种作战部队,也是巴西唯一一支接受非常规作战训练的陆军部队。巴西陆军第 1 特种作战营虽然在组织机构上隶属于陆军伞兵旅,但是却由巴西陆军最高统帅部直接指挥。

巴西陆军第 1 特种作战营的营部设在里约热内卢附近的瓜达卢佩,下辖 1 个司令部、1 个勤务连、2 个特种作战连、1 个突击连和 1 个规模相当于连的反恐特遣队。司令部和勤务连为全营各部队提供后勤、医疗、通信、情报和心理等方面的保障。

训练

巴西陆军第 1 特种作战营训练课目多,作战能力强,能执行多种作战任务。该营成员挑选严格,一般在成为第 1 特种作战营正式成员前,先要经过美国陆军特种部队的机动训练队培训。第 1 特种作战营每年都要在巴西 CIGS 丛林战学校接受丛林战、两栖作战、山地作战、空降、空中机动、高空战和远程侦察训练。其主要任务是:在非常规作战中协助正规军和非正规军,对机动分队进行非常规作战训练,执行逃生、破坏、情报搜集、侦察、直接军事行动和其他任务。另外,第 1 特种作战营也可以与常规部队实施协同作战。

武器装备

巴西陆军第 1 特种作战营配备武器设备多,既有各种国产武器,又有进口武器。目前使用的武器主要包括 Colt.45"贝雷塔"和"伊姆贝尔"M-976 型手枪,HK-53 步枪,比利时的 FNFAL 步枪和 57 毫米无后坐力步枪,美国的 M-4 卡宾枪,"弗兰基""雷明顿"和"莫斯伯格"霰弹枪,HKMF-5 系列和"麦德森"53 型冲锋枪,PSG-1 型狙击步枪,HK 轻机枪,FNMAG 以及美国的 M-79 40 毫米榴弹发射器,"伊姆贝尔"60 毫米轻型迫击炮和"海德贝尔"T1M1 型喷火器。

(五)红色魔鬼——英国特别空勤团

英国特别空勤团(SAS)简介:英国特别空勤团成立于二战初期,成员大约有390 多人,采用了当前世界上最先进的武器设备。自从成立之日起,就经受了沙漠战的考验,在马来亚紧急行动、婆罗洲的敌对战役和反恐行动中发挥了重要的作用。

历史沿革

英国特别空勤团(简称 SAS)的前身是由戴维·斯特林上校 1942 年在利比亚建立,二次大战中屡立战功的"陆军特别空勤团"。最开始的名字是"空降哥德曼"。那时许多的"特殊"单位也相继兴起。最早成立的是"L 分队",直到 1942 年10 月该单位才增至 390 人,并且更名为"第一空降特勤团"。在多次的重组和一段时间的扩充后,一个 SAS 旅在 1949 年 1 月于苏格兰成立,包含两个英国团(1SAS和 2SAS)、两个法国团(3SAS 和 4SAS)、一个比利时中队(后来的 5SAS)和一个通讯中队。

英国特别空勤团(SAS)经历了所有的沙漠战役,在意大利和欧洲西北部,因以训练精良的小型团体深入敌后独立作战,被德国称之为"红色魔鬼",就连德军著名统帅"沙漠之狐"隆美尔也无奈地下令:对抓获的特别空勤团俘虏就地枪决。在欧洲的战事结束后,英国陆军极其慌张地想除去自身的"私人军队"的封号,而 SAS 就在那些欲除去的部队之中。5SAS 在 1945 年 9 月由比利时陆军接管,一个月之后 3SAS 和 4SAS 也随之被转入法国陆军。一个礼拜后空降特勤队的指挥中心和 1SAS、2SAS 解散,这显示英国陆军希望"空降特勤队构想"的影响,完全且永远地消逝。然而要抑制一个良好的构想需消耗更多的时间,在数个月内他们又决定要有一个类似空降特勤队型式的角色以在未来的欧战中活动。这导致一支地方自卫队(TA)单位的转变,"步枪能手"成为第 21 空降特勤团(21SAS),21SAS 包含了战时两个英国空降特勤队团(1SAS 和 2SAS)。

目前特别空勤团大约有 900 名队员,平均年龄约在 26 岁。特别空勤团的总部设在伦敦西部 130 英里,靠近布雷肯比肯思山的赫里福德。该团由三部分组成,即 1 个指挥连、6 个战斗连以及 1 个 CRW 反暴乱突击队。1 个团(22SAS)是全正规部队,其他两个(21SAS 和 23SAS)皆隶属于地方自卫队。这些单位皆受 SAS 指导群的控制。现今的正规团(22SAS)和地方团(21SAS 和 23SAS)之间当然有非常密切的关系。两个地方团训练与正规部队的军官与士官基本训练相同,以确保其专业水准得以维持,并传承最近行动时的经验心得。这些队员都是从空降兵中的伞兵中精心挑选的,都要接受长达 3 年的严格训练。他们个个都是爬山、游泳、潜水、爆破、开锁、急救、无线电通信等技术的行家,并掌握一门以上外国语。根据训练课目,SAS 分为红队和蓝队,红队精通空降和山地作战而蓝队更擅长驾驶舟艇和行军。按战术专长,分为狙击组和突击组,狙击组装备 L96A1(也就是 AWP)和汉克勒 & 寇奇(HK 公司)的 PSG-1 狙击步枪。突击组配备的则是 MP5 冲锋枪。SAS 对突击队员的要求是,破门以后 4 秒内全歼敌人结束战斗并不得误伤人质。

由于这支部队成立于二战期间,所以他们当时的主要任务是在纳粹德国非洲军团的后方进行暗杀、破袭和营救盟军战俘等活动。他们曾在一年半的时间,成功炸毁德国空军的 250 驾飞机和数十个弹药库。在二战以后,特别空勤团曾被用于对付各种恐怖活动。

队员的选拔

英国特别空勤团的队员,都是经过严格训练和精心选拔出来的。他们通常是从空降团的伞兵志愿者中严格挑选出来的。这些志愿者多毕业于布雷克伞兵作战学校。这些队员在正式加入特别空勤团以前,首先在该校接受 8 个星期的初级伞兵训练。这些队员需要通过 35 门科目的培训。这 35 门科目分两个单元实施:第一单元为兵器、地形学、航海、伪装、部队管理等;第二单元为分队的侦察、巡逻、伏击攻防战术以及直升机驾驶。最后以阵地防御实兵作业结束。受训期间,学生们时常利用别人轻松愉快的周末之际,全副武装进行山地强行军。因而,特别空勤团的志愿者在加入之前,大多数是伞兵部队的作战骨干。

严格训练

关于特别空勤团成员的训练有两种说法,无论哪种说法,空勤团的成员都要经过严格的选拔和训练。

（1）训练说法之一

经过严格选拔的特别空勤团成员要进行严格的训练，这种超乎寻常的严格紧张的训练选拔，一般长达3年之久，可以分为六个阶段。

第一阶段，体力测验。

体力测验是一种超强度的体能测验，目的是将不合格的人员尽早淘汰。这个阶段，要求应试者全副武装向指定目标越野进行，随着路程的增加，负重也逐渐增加。行进中，应试者要会使用地图和指北针判定方位。使用地图后，要求按照地图原有的折缝折叠好，以免暴露路线和目的地。在选拔人员的最初阶段即要求培养士兵保密和安全防卫意识。经过两次越野训练就可以把不合格的人员淘汰掉。越野行进中有泥地匍匐前进，要求应试者把身体浸到一个由泥浆、腐烂动物内脏的水沟里。当然还有其他一些令人却步的项目。

第二阶段，耐力测验。

这个阶段为期21天。大多数体力正常的人能坚持走8小时至12小时。但是应战者则要接受长达20小时的长距离行军的考验。他们被派往一个陌生的荒野上，仅有地图标识行军方向，并要求在规定的时间内到预订的地点集合。训练还要求，在山区起码要在20小时内走40英里。前几年的标准是24小时之内走45英里。如果再把看错地图，判断失误，而多跑的冤枉路也计算在内的话，实际上走的路远比规定的要多得多。随着训练的继续，应试者由于缺乏睡眠，判断能力开始受到影响，训练从每天早晨4点钟左右开始，到晚上10点半或者更晚，要在开过短会之后才结束。只有那些身体和意志最坚强的应试者才能继续留下来参加训练。

第三阶段，野外生存和反审讯训练。

这个阶段要求应试者在3个星期的生存训练中，学习在食宿无着落的荒野就地取食求生的技能。如采食蘑菇和海藻，布设陷阱猎捕小动物，以及捕鱼等。训练中，学员要在其他部队搜捕的情况下，在荒野中坚持好几个艰难的昼夜。应试者在这一阶段中，还将经历被俘后的"审讯"。这种考验是使已经筋疲力尽的应试者忍受肉体和精神上的折磨和痛苦。例如用布套蒙头达数小时，或者用种难以名状的噪声刺激其感觉器官，进行精神折磨。也有人被戴上手铐，在脏水潭中坐上8个小时。凡此种种都是审讯前所谓的"攻心"手段。

特别空勤团将模拟审讯的气氛处理得十分逼真，以致蒙着头的被俘者以为他们马上就要遭到一条凶猛的军犬的撕咬。同时他们能听到隔壁的房间里的鞭打呻吟和呕吐声。如在一次精心伪装的考验中，特别空勤团使用了铁路线的一辆火车。他们把已经被搞得晕头转向疲惫不堪的应试者蒙上头、戴上手铐，押到铁轨上，然后虚张声势地叫喊："火车来了，快拿钥匙来"。此时被俘者能感觉到火车隆隆地向他们开来。在这些人当中，反应各不相同。有的把手放在车轮会把手铐轧断的位置上，以获自由。有的人所处的位置和姿势会使他失去整条胳膊。还有些人发了狂，将身体横在铁轨上。其实火车在临他们身边时开入支线，并没有伤着他们。如果应试者通过上述三个阶段的考验，则会受到空勤团指挥官的欢迎，并授予该团的符号，成为正式队员。

第四阶段，专门训练。

在特别空勤团常备部队的四个连中，每个连都有四个不同专业的排。新队员可任意选择其中的一个排去服役。这个阶段的专业训练主要为：高空自由跳伞：操舟技术和乘潜艇实施两栖作战；攀登山崖和冰坡；军用车辆驾驶；使用经纬仪和天文导航；沙漠地带机动作战是该团在北非时的传统，因而还要学习沙漠地区判定方位。空勤团有一个连定期在挪威北部进行冬季作战训练，如越野滑雪等，以便参战时能适应挪威和丹麦的情况。

第五阶段，外国语和射击爆破训练。

该团要求，在基础的战斗小组，即每4个士兵至少有1个要相当熟练地掌握可能派遣地区的语言文字。过去，该团一直注重教授阿拉伯语和马来语，近年来，也逐渐开始重视欧洲国家语言了。射击训练为期3周。在此期间，每个队员至少要发射1500发子弹。特别空勤团在赫里福德训练基地专门建造了"近距离作战室"以训练队员应用射击的技能。训练中，队员要冲进由数名武装人员占领的房间，要求用手枪在20码之内，每假设目标必须被两发子弹命中。设置的枪靶与真人大小相同，通常是7个靶：4个持枪的恐怖分子，3个立姿，1个跪姿。另外2人是人质，即1个男人和1个抱孩子的妇女。7个靶子的位置可根据需要任意变化，由射手自己来判断向哪个靶子开枪。队员们在地上反复翻滚练习，以及快速更换弹匣和排除枪械故障。爆破和排除炸弹也是全体队员必须掌握的基本技术。由专家给队员讲授各种炸药的性能和定时触发引爆装置。

根据训练课目，SAS分为红队和蓝队，红队精通空降和山地作战而蓝队更擅长驾驶舟艇和行军。按战术专长，分为狙击组和突击组，狙击组装备L96A1（也就是AWP）和H&K公司的PSG-1狙击步枪。突击组配备的则是MP5冲锋枪。SAS对突击队员的要求是，破门以后4秒内全歼敌人结束战斗并不得误伤人质。

第六阶段，完成以上各项训练之后，新队员即被编入连队中去随时准备同伙伴们一起被派遣到世界各地去执行训练外国特种部队或执行反恐怖防暴乱等秘密任务。

（2）训练说法之二

军官或士兵均不能直接入伍至正规团（22nd SAS Regiment）。空勤团的队员来自英国陆军中其他团或军团的志愿者，这有时导致该团被非难为"偷猎"一些最优秀和最富进取心的年轻军官和士兵。空勤团的所有志愿者首先需通过由赫勒福的团本部挑选的课程。这些测试在威尔士的布列根地区举行，其内容包含一系列的任务设计来发掘出每个人是否有心灵调适、肉体耐力、自律能力和强韧的精神等素质，而这些都是兵因任务上的需要而必须具备的。首先是10天的适应期，一组2人的地图判读训练。这个训练要求将每个人带至相同基础的水准。接着10天是单独一人的越野行军，最严格时要背25公斤重的背包于20小时内行军64公里。那些志愿者或没被迫退出的人必须继续接受14周的持续训练，包括跳伞课程和战斗求生训练。在这个阶段结束时，通过的人获颁贝雷帽和徽章，将成为空勤团的永久性成员。专门化课程训练仍将继续进行，包括通讯、语言、野战医疗、爆破、射击、自由落下跳伞和其他战斗技巧。一名士兵获得充分资格的成员，大约需要2年的时间。此后才有一段诸如战斗突击队角色的高强度训练时间。

现在，特别空勤团强调扶助与鼓励受试者以通过测试和课程，但这并不意味着将以任何方式放松其高标准。虽然如此,其录取率大约只有20%,但有一点要认清,那就是在其他的80%中只有极少数人有感到羞愧的理由,事实是空勤团要找寻一种非常特别的才干组合,而这只有极少数的人能符合其所需。空勤团的正规军官和士官一次正常的勤务时间是3年,接着他们通常会回到他们原先的团或兵团。这确保空勤团不会变得太自我,并且也可于服役时将那些组成空勤团的紧密混合的构想和训练散播至陆军的其余部分。

武器装备

英国特别空勤团(SAS)经常都需为许多专家测试新武器与装备。除了英国陆军的制式步兵武器范围外,该团最近采用了席格索尔的9毫米手枪以取代值得信赖的勃朗宁P35手枪。他们最著名的武器是H&K公司的MP5.9毫米冲锋枪,其在突击伊朗大使馆期间有极佳的效果。其他于最近数年展出的外国武器包括有12.7毫米口径狙击步枪,这种枪可摧毁飞机,打下直升机甚至可穿透轻型车辆的装甲。也可以用来从安全距离引爆那些未爆弹。每个中队轮流替换不同的战斗小组的角色:随时准备穿上现在已非常熟悉的黑色攻击装和防毒面具。这些个人装备自从伊朗大使馆突击事件后实际上曾经修正过,包括"闪光震撼"手榴弹、身体护具、刀子和弹枪,再加上手枪与冲锋枪。

制服与标识

SAS避免配备迷人的或华而不实的制服与装饰,并穿着标准的英国陆军制服,尽可能在只有在英国演习时才准许佩戴惯例上的"团"饰物。SAS三个基本的识别标志是土黄色的贝雷帽、帽徽、纽扣,军官用的皮带手套与鞋子全都是黑色。战斗服是标准的英国陆军式样,没有任何徽章的土黄色贝雷帽或有帽檐的迷彩帽。尤其是佩戴后者时士兵身上没有任何一件物品会显示出他是SAS的一员。SAS制服的一个小特点就是"套头式衬衣习俗",士官的阶级章皆佩戴于肩上,而非于右袖上。

与反恐怖分子作战时使用一种独特的战斗服,那就是全黑的工作服,与一件黑色的防弹背心、腰带和靴子。制式配发的防毒面具和灰色的防闪光遮光罩使这整套装备更为完整。这套服装的每件物品都有其需要穿戴的理由,但其效果却令人感到恐怖,就像在1980年5月伊朗大使馆救援行动期间那样。

在SAS的臂章上,简洁地绣有3样独具SAS特色的图样:短剑——锋利无比,能精确刺入敌人要害;张开的翅膀——既是表示这支部队特种空勤团的身份,同时也表示其能快速地部署到地球上任何需要的地方;臂章下端,红边蓝底的绶带上绣着特种空勤团的座右铭:"勇者必胜!"

经典战役

(1)解救人质

1977年5月,特别空勤团曾协助荷兰海军陆战队和"骑警队"解救了一辆被恐怖分子劫持的荷兰列车。同年十月,该团曾派两名专家协助西德边防警察第九大队（GSG—9）成功地救出被恐怖分子劫持到索马里摩加迪沙机场的德国汉萨航空公司的喷气客机及机中的87名人质。

1980年4月3日，5名伊朗武装人员占领了伊朗驻英国使馆，劫持了26名人质。两天后，特别空勤团便出动了24名队员，使用"昏眩"手榴弹，在40秒钟内闪电般地袭击了恐怖分子，成功地解救了26名人质。

（2）1982年马岛战役

1982年，英军为了保证在马岛顺利实施登陆，特混舰队司令官伍德沃德将军派出一支精干的突击小分队，在夜色中对阿根廷军队在马岛修建的夜战机场实施袭击。此次袭击一举摧毁机场上停放的11驾阿根廷作战飞机和机场设施，拔除了阻挡英军登陆的一大障碍。战争结束后，一名阿根廷军队指挥官对英军派遣特种作战部队的做法给予指责："在意想不到的时间、地点，进行前所未有的冒险，而这一切都是违反海战基本常规的。"但是他又承认："这些特种部队确实难以对付"。这支奇袭阿根廷军用机场的突击小分队来自第22特别空勤团。

（3）马来亚"紧急行动"

英国战后最早的反殖民战争之一就是马来亚"紧急行动"（1948年至1960年）。旅长卡魏特是一位非常著名的前空降特勤旅的指挥官，在1951年到达马来亚并成立了"马来亚侦察队（空降特勤队）"，并很快地扩编至团级。1952年马来亚侦察队改命名为第22特别空勤团（22SAS），因此留下空降特勤队正式返回正规部队战斗的纪录。空降特勤队于马来亚的声誉不下于任何部队。他们呆在丛林深处极长的一段时间，并与当地土人建立特别亲密的关系，他们也发明了从树上降落时以一长绳垂降至丛林地面的技术。

当马来亚的冲突开始尘埃落定时，空降特勤队于1958年11月至12月被送至阿拉伯半岛的阿曼，在那里他们实施一项大胆的攻击，目标是2500米高的阿克达山脉的叛军，完全击溃这些阿拉伯极端分子于他们自己的地盘。在这次成功和在马来亚的短暂停留之后，22SAS便移至英国，现在驻扎在赫尔福。但是今天他们已缩减至一个司令部和两个"军刀"中队。

（4）婆罗洲敌对战役

不久之后，远东地区又向他们招手了，那就是婆罗洲的"敌对战役"，一个中队的SAS于1963年1月抵达那里。他们的成功导致对SAS的更多要求，第三队于1963年中期重组。这次重组正是时候，因为亚丁的战事爆发了，1964年至1965年间这三支22SAS中队就一直轮流在英国、婆罗洲和亚丁之间驻守，这段时光在国内以"快乐时光"称之。在1967年这两场战事结束后，SAS才有短暂时间的统一强化和再训练。

（5）伦敦伊朗大使馆突袭战

然而在这些插曲之中，最为著名的是1980年5月的伦敦伊朗大使馆突袭战，当时SAS强硬的作战手法全部呈现在世界各国的电视摄像机前。因迫于严厉的英国法律，伦敦警察指挥整个行动直到恐怖分子杀害一名人质，并将尸体弃至街道上。警方接着要求SAS来接管此事，这支部队冲入大使馆，使用特殊的武器和战术，营救出所有剩余的人质。这次成功，让SAS声名大噪。

普林斯盖特的伊朗大使馆突袭行动，发生在1980年4月30日早晨。这次行动的双方是特别空勤队员和 5 名自称阿拉伯斯坦民主解放阵线的恐怖分子(证据显示他们可能是伊拉克特工人员)。阿拉伯斯坦民主解放阵线是伊朗阿拉伯斯坦省的一个激进组织,他们的目的是寻求伊朗阿拉伯语地区自治,其支持者主要来自利比亚和伊拉克。他们的资金大量投入在武器设备上(包括勃朗宁手枪、冲锋枪和手雷)。他们的目标是伊朗大使馆,希望借助这种高度公众化的劫持人质事件,迫使伊朗释放被关押的阿拉伯囚犯。

恐怖分子闯进伊朗大使馆,劫持 26 名人质,完成了袭击的第一步。此时的英国警察试图通过谈判缓和形势以争取更多的时间,而让警方狙击手和反恐人员寻求强攻的方式。此时反恐特别计划小组 B 中队接到政府的命令,让其随时戒备,以防暴力事件升级。在命令下达的时候,特别空勤团已经从赫尔福总部赶到伦敦,并着手收集相关情报,准备随时奉命出击。当时撒切尔夫人和内阁成员在这次人质事件中表现出强硬的态度,且伊朗把这件事情全权交给了英国政府。

特别空勤团成员随时都可以行动,隐蔽的监视人员向他们提供情报。这些人利用秘密的监视装备甚至可以追踪建筑物里恐怖分子的活动和监听他们的谈话。两只特别空勤团小组"红方小组"和"蓝方小组"每组 25 人,全神贯注地研究攻击计划的细节。皇家公园军营的军人用粗麻布按照使馆内部情况建起一个实物模型,特别空勤团的队员们在里面进行实战战术演练。武器和随身装备都经过严格的性能检查。特别空勤团经常称特种计划小组为"老女人",因为他们一般只是坐在一旁等着电话铃声的响起。但大多数情况很可能是尽管做好了各种准备,一旦电话没响起,小组就会被取消行动而返回赫尔福。

当时恐怖分子占据着电传室,并开始用手枪和冲锋枪残忍地射杀人质,他们决定提高赌注,而促使英国政府最后做出决定。5 月 5 日,下午 7 点左右,一名使馆新闻处高级官员阿巴斯·拉瓦萨尼被枪杀,尸体被扔出了前门以让警方收尸。这次冷酷行为成了整个劫持事件的分水岭。英国内阁批准由警方正式于下午 7 点 07分把劫持事件的控制权移交给英国特别空勤团。在迈克尔·罗斯中校率领下,"猎人"行动正式开始了。

"红方小组"的 8 个人在大楼后面的第三层阳台上冲入,另外两个小分队分别攻击第四、第五层。"蓝色小组"将会攻击地下室和第一、二层。特别空勤团队员冲入大楼,利用大锤、便携炸弹、手枪和 MP5,按顺序清理每一个房间。在第二层,"蓝色小组"发现 2 个恐怖分子,其中首领奥安被当场击毙,另一个恐怖分子在逃跑中被击中。第三层,"红色小组"以同样的方式席卷了所有房间。但恐怖分子已经把人质转移到建筑物对面的电报室里,并用手枪和冲锋枪开始冷酷地射杀人质。一名恐怖分子在从窗户里向外张望,当即就被隐藏在海德公园的一名特别空勤团狙击手击中头部死亡。特别空勤团的队员随即冲入了房间。虽然恐怖分子把自己混在人质中间,但还是被识别出来。普林斯盖特的突击行动,对英国特别空勤团来说无疑是一次巨大成功。然而这次行动的结果后来影响了这支部队的整个未来以及应征加入特别空勤团的特性。

（六）"黑小子"——法国宪兵干预队

"黑小子"简介：法国"黑小子"成立于1974年，目前这支部队有队员共80余名，军官4名，编为4个突击分队。其主要配备法制武器设备。自从成立以来，在吉布提事件、营救马赛"空中客车"、克莱尔沃监狱暴动事件等反恐活动中发挥了重大的作用。

历史沿革

法国国家宪兵干预队（法语简称为GIGN，它是4个法文单词的首字母缩写，意思是：搜索、干预、救援、威慑），俗称"黑衣人""黑小子"，是一支专门从事反恐怖活动的特种突击队。其也是世界上人数最少、编制最小的特种部队。诞生于20世纪恐怖活动特别猖獗的70年代。1972年慕尼黑奥运会的恐怖屠杀使西欧各国感到震惊。1973年，沙特阿拉伯驻法国大使遭到恐怖分子的袭击，又使法国感到大失体面。

为了对付日益猖獗的恐怖分子，法国在1974年正式成立了一支专门从事反恐怖的部队——法国国家宪兵干预队（GIGN），创始人为传奇人物布鲁托中尉。他不但对犯罪心理学颇有研究，厌恶使用暴力手段，而且还是一名武功高手，精通各种械斗和徒手格斗。他认为，兵在精而不在多，胜在谋而不在勇，特别是在反恐怖活动中，需要的并不是力量无比、敢于冲杀的猛士，而是经验丰富、老练沉着的勇士。所以，这支部队刚组建时只有布鲁托和15名军士，编为3个行动小组，每组5人，年龄在25~40岁之间，而且都有家庭和孩子。1976年，这支部队的编制扩大到2名军官和40名军士，编成3个突击小分队和1个本部，每个小分队编有2个5人行动小组、1名小分队指挥员和1名军犬员，指挥官仍是布鲁托。1984年，率队南征北战十余载的布鲁托光荣引退，由智勇双全的勒戈尔米任队长，同时扩编到54人，其中军官4人，军士50人，编为4个突击小分队和1个本部。由于他们在执行任务时，总是穿着一身黑衣，所以人们称他们是"黑衣人"突击队。宪兵干预队作为宪兵部队的一部分，直接受法国国防部领导。宪兵干预队在法国总统的大力支持下，在短短的几年内迅速崛起，成为一支不可忽视的反恐怖新生力量。目前GIGN有队员共80余名，军官4名，编为4个突击分队。其行动宗旨是：凭借最先进的技术和最大的耐心闪电般地行动。GIGN分为1个行动指挥组织、1个管理组织、4个作战部队内有20名作战成员、1个作战支持部队，还有其他包括谈判、沟通、破坏、情报、射击、警犬、特殊装备部门。

选拔与训练

（1）选拔

大多数GIGN的成员是有家室的男人而不是媒体经常捏造的超人，而成员们称呼自己的组织不会说GIGN，而是称"这个组织"。宪兵干预队的成员都是万里挑一的，应聘者必须在宪兵团的机动大队至少服役5年，首先向本人所在单位首长提出参加国家宪兵干预大队的考试申请，然后参加一年一次在春季举行的征募考试。考试内容主要包括：

①战斗动员、攀登屋顶、跨越障碍等特遣队的危险训练课目；

②忍受催泪瓦斯的袭击；

③越狱逃跑以检验应试者的耐力；

④身穿护具与警犬搏斗；

⑤应试者还要参加一个挑衅测试，戴着拳击手套与另一位应征者格斗2个回合，每个回合2分钟；

⑥宪兵干预队的宪兵还应有精湛的射击技术（力争对方失去抵抗能力，而不能把他击毙），射击测试包括100米步枪射击和25米手枪射击。

只有各项考核成绩优秀者，方可确定为正式的应征者。接着，宪兵军官对每个应征者进行心理测试，只选取心理素质好的应征者，这就要淘汰掉90%以上的应征者。剩下的人还要参加一系列的严格训练，以获得正式的国家宪兵干预队队员的资格证书。

（2）训练

这些被挑选出来的宪兵要离开他们的单位，在专门的训练营地进行为期2个月的实习训练。实习生经过各种体质训练（如跑步、自卫、攀登等）后，就可获得一件手中武器和肩扛武器，教官让他们忘掉从前所学的一切，一切从零开始，射击训练时要打掉数千发子弹。2个月的实习训练结束后，在结业典礼仪式上每个实习者可领到自己的武器，被分到国家宪兵干预队的各个突击队，在干预队内部进行6个月的训练，包括战斗小组的行动战术、个人行动战术、处置监狱暴动、反恐怖、跟踪、人员保护等。如有机会，他们还可以参与各种冲突行动，在行动中担任配角。队员们经过严寒酷暑不间断地各种训练，个个都是多面手，突击队员不但是跳伞员、"蛙人"、登山运动员、高速驾驶员、特等射手、拳击手、爆破专家，同时还要通晓法律学、犯罪心理学、语言学、电子学、机械工程、弹道学等多门知识。

通常，被选拔者必须经过严格的射击、游泳、耐力、徒手格斗、野外生存训练等。这种全程淘汰的魔鬼式的训练结束后，队员们都要瘦三四公斤。其中特别是体能训练和生存训练可以说是极为残酷的，体能训练强度非常大，例如负重130公斤在沙地或泥泞地行走，并要在规定时间内走完9.6公里的路程。在野外生存训练中，队员们被空投到人迹罕至的南美圭亚那的森林沼泽之中，甚至还被空投到有毒蛇巨蟒栖息的地方，使他们处于孤独被困、饥寒交加、昼夜无眠的境地，让他们感受野外生存的极度艰苦。他们必须忍受毒蛇、吸血蚂蟥的袭击，同时进行隐蔽、野炊和寻找食物的活动，克服常人难以想象的困难，才能得以生存。

队员不但要熟练掌握自身装备的武器，其他包括任何恐怖分子可能运用的武器也都在训练之列。在射击训练中，要求队员在5秒内用自动手枪击中25米远的6个目标；用狙击步枪对200米以外的目标射击需达到93%的命中率。每个队员在一年的射击训练中要打掉1.2万发枪弹。训练中最危险的莫过于称为"决斗"的20米距离手枪实弹对射，射击双方仅穿一件防弹背心，这就要求队员有相当高的射击技能，否则不是被击伤就是毙命。

在空降突击训练方面，GIGN队员除了在法国伞兵学校受训，同时每年还需搭乘空军或宪兵部队的运输机或直升机,实施至少 5 次的高空跳伞、至少 1 次携带全套潜水装具的海上跳伞训练。

队员在完成了所有项目的训练并达到训练要求后,才能得到象征他们身份的黑腰带,成为一名真正的 GIGN 队员。

武器装备

法国政府为宪兵干预队的队员们配备了精良性能的武器设备,并且法军研制的各种武器设备首先交给他们使用。其主要配备法制武器设备,包括各种轻武器、爆破器材、光学夜视器材、通信设备等,运输工具有雪铁龙 CX 和 BX 型快速干预车、"小羚羊"直升机、舰艇以及用于侦察的汽车和摩托车。

宪兵干预队的手枪是马特拉防卫公司的 MR73 宪兵型转轮手枪。该枪虽然火力有限,但在训练有素的 GIGN 队员手中,足以发挥致命威力。GIGN 成立之初曾使用过法制 MAT49 9 毫米冲锋枪,但由于突击队员在营救人质时,并不能端着冲锋枪冲进房屋一阵扫射,而需要进行精确点射以最大程度上消灭恐怖分子,又避免伤及人质,所以后来选用了德制 MP5 系列冲锋枪,主要有 MP5A3、MP5A5 伸缩枪托型,MP5SD3 伸缩枪托消声型,以及 MP5KA5 短枪管型等。在狙击步枪方面,GIGN 仍采用法制 FR-F1 及 FR-F2 两种狙击步枪。FR-F2 狙击步枪的枪管外包了一个薄塑料隔热套,既可减少热气对瞄准线的干扰,又可降低武器的红外特征。

MR73 转轮手枪

防护装备方面,每个突击队员配一顶黑色、玻璃钢材料制成的 M78F-1 头盔。在执行危险任务时,GIGN 队员还要穿上用凯夫拉防弹材料制成的防弹背心,防弹背心内侧装有摩托罗拉 MTS200 通信装置,它可保障 20 小时的受话时间,信号接收范围为十多公里。自组建起,GSM 数字移动电话和 GPS 全球定位系统就已经成为每个队员的标准装备。

此外,在执行任务时,队员还带有各种型号和用途的手榴弹,如破片型、闪光型和炫目型手榴弹。另外,还装备有催泪弹。

经典战役

(1)吉布提事件

1976 年 2 月 4 日早晨 8 点,法国在非洲东部的吉布提军事基地,4 名索马里解放阵线组织成员冲上了一辆军事基地子弟学校学生的班车,将车内的 30 名学生和司机及 1 名社会福利人员劫持到离索马里边境哨所不远的地区。消息很快传到法国,并震惊了法国政府。政府立即做出了派遣 GIGN 前去营救的命令。当天夜间,由布鲁托中尉率领一支 9 人小分队,秘密飞往吉布提。布鲁托把抵达吉布提军事基地的秘密小分队分成三组,在拂晓前部署到学生班车周围,形成了一个三角形的战斗阵势。

由于车上大多数是儿童,所以不能对车上的恐怖分子进行射击。所以布鲁托决定让三个小组用无线传话器保持联系,并寻找适当的战机,进行射击,以最快的速度消灭恐怖分子。队员们纹丝不动地潜伏在汽车周围,枪的瞄准镜始终对着目标。此时,车内恐怖分子要求给孩子送饭,这就给解决恐怖分子提供了适当的战机。于是布鲁托心生一计,让警察在送给儿童的食物中加入适量的安眠药,儿童在吃完饭后,就会倒地而睡,这样就能使儿童脱离狙击手的视线。

果然,30 名儿童吃完后都昏睡在车内。终于,经过 10 小时的潜伏,所有恐怖分子都进入了狙击手的射击视野,盼望已久的进攻机会终于来临了。下午 3 时 47 分,布鲁托中尉下达开火命令。话音刚落,狙击手们几乎同时扣动扳机,枪弹准确地射向目标。车上的 2 名恐怖分子当场被击毙,另 2 名恐怖分子欲引爆手雷也被狙击手双双击毙。这次行动中,32 名被劫人质仅有 1 名儿童死亡,其余全部获救,突击队员无一伤亡,出色地完成了人质营救任务。

(2)营救马赛"空中客车"

1994 年 12 月 24 日,阿尔及利亚首都国际机场,4 名身穿地勤人员制服的年轻人以对飞机安全检查为名,强行登上一架将在 10 分钟后起航的法航客机(当时飞机上共 227 名乘客),他们随即拿出 AK47 突击步枪、手枪和微型冲锋枪,逼迫机长通知塔台,要求政府在 25 日 9 时前释放 2 名被软禁的伊斯兰拯救阵线负责人,并扬言不满足他们的要求就将处决人质。阿尔及利亚当局立即关闭机场,警察迅速包围了这架飞机,并与劫机者进行谈判。与此同时,法国政府成立了应急小组,商讨对策,并命令 GIGN 队员进入临战状态,随时准备出发。阿尔及利亚当局同恐怖分子多次交涉未果,且拒绝提供给恐怖分子水和食物,恐怖分子恼怒万分,杀掉了阿尔及利亚的一名便衣警察和一名法国驻阿尔及利亚使馆的商务秘书。25 日,恐怖分子向阿尔及利亚政府发出最后通牒,要求飞往法国马赛。阿尔及利亚当局在万分无奈的情况下答应飞机飞往法国马赛机场的要求并通知了法国政府。此时,24 名 GIGN 队员正准备登机飞往阿尔及利亚,却接到命令,要他们改飞马赛机场。

当时的 GIGN 队长是金上尉,他们到达马赛机场后,接到巴黎方面的命令,要求不惜代价,采取一切措施,决不能让飞机离开马赛机场。金上尉认真考虑,思谋再三,决定飞机一到,就立即攻击。虽然计划看似莽撞和蛮干,但是金上尉认为只有出其不意,才能出奇制胜。25 日凌晨 4:22,法航客机出现在马赛机场上空,随即准备停在预定位置。金上尉命令 24 名队员分乘 3 辆舷梯车,趁着夜色,迅速向飞机的前门和后门靠近。一场法国各大电视台"现场直播"的攻击行动拉开了序幕。一辆舷梯车靠上前门,第一组队员闪电般打开舱门鱼贯冲入机舱,第二、三组队员也从后门冲入机舱。突击队员投掷了多枚强光、强声手榴弹,终于把 4 名劫机者击毙在驾驶舱内。经过 8 分 20 秒的交火,战斗结束,乘客和机组人员全部获救,只有17 名人质受轻伤。

(3)克莱尔沃监狱暴动事件

1974 年 7 月 9 日,法国著名的克莱尔沃监狱发生暴狱事件,当时 300 多名囚犯焚烧监护设施,并把80多名因刑满释放不愿暴动的犯人作为人质关押在一个小院子里。暴狱的犯人占据监狱的制高点,用石块和砖瓦和警察对峙。克里斯蒂安·布鲁托大队长带领26名突击队员,乘直升飞机到达监狱,布鲁托与当地的警察局长和监狱长共同制定处置方案。突击队员在直升飞机上投下了30颗催泪弹,狙击手击中了9名带头暴狱囚犯的肩部和腿部。在囚犯丧失了抵抗能力时,驻地宪兵和共和国安全连队队员冲进去,制服了暴狱的犯人,参战的突击队员无一伤亡。

(4)1979年麦加大清真寺事件

1979年11月,恐怖分子占领沙特阿拉伯麦加大清真寺,虽然沙特政府动用了军队向大清真寺发动进攻,但是没有成功。万般无奈的沙特政府向法国政府请求支援,要求派宪兵干预队前去解围。法国政府接到沙特请求支援后,派出了3名突击队员前往。这3名队员率领90名沙特士兵,采取先释放毒剂、催泪弹、炫目弹,给恐怖分子造成打击,然后如猛虎般冲进大清真寺,一举消灭了恐怖分子。大清真寺完好无损。

(5)1993年幼儿园人质事件

1993年5月13日,一个陌生人(莱姆博特)闯入巴黎夏尔科司令部幼儿园,挟持了21名儿童、1名教师和1名医生。歹徒声称身上绑有炸弹,要求同巴黎政府当局谈判,以幼儿园师生为人质,要求政府付给他1亿法郎赎金,并要求总统、总理和内务部长辞职。

巴黎市政府立即商讨对策,同时命令宪兵干预队派出突击队员到达事发地点,包围幼儿园。与此同时,为了稳住绑匪,寻求一个妥善的解决办法,巴黎当局与绑匪进行了艰苦的谈判。经过不懈的努力,劫持者同意释放部分人质,先后有14名儿童被释放。在凌晨1点,绑匪又允许纳伊市长尼古拉·萨尔科齐进入关押儿童的房间,并带出又一个被释放的儿童。虽然巴黎政府陆续给绑匪一定的赎金,但是仍有8名人质被挟持。

夜半,绑匪提出要2辆汽车和4000万法郎,并准备用5个儿童换2个成年人。宪兵干预队迅速制定了行动计划。与此同时,为了稳住绑匪,政府当局告诉绑匪已经同意他们的要求。

5月15日,早晨7点多,筋疲力尽的劫匪昏昏欲睡。此时10名身穿黑制服、头戴黑面具的"黑衣队"突击队员冲进了教室,8人去保护儿童撤出,2人端着无声冲锋枪奔向那个"人体炸弹"。他从睡梦中突然惊醒,做了一个要去抓引爆器的姿势。两名突击队员立即朝他开了三枪。三枪全部击中头部,他朝后倒了下去。一件劫持案就此画上了句号,"黑衣队"大获全胜,人质无一人伤亡。

(七)德意志捷豹——德国边防军第9反恐怖大队

德意志捷豹:德意志捷豹成立于1973年,目前大约有350名成员,是一支全部实现了现代化,战斗力极强的世界闻名的老牌特种部队,配有德国顶尖的武器设备。在摩加迪沙行动等反恐怖事件中发挥了不可替代的作用。

历史沿革

德国边防军第 9 反恐怖大队,在德国内部被称为"边防第 9 旅""边防第 9 大队",简称 GSG9。目前大约有 350 名成员,被编成多个战斗小组,并始终处于临战状态。在人员、技术及战术上已全部实现了现代化,战斗力极强,是一支世界闻名的老牌特种部队,尤以擅长反劫机扬名天下。30 多年来,他们在反恐战线屡建奇功,被人们称为"德意志捷豹"。

从 20 世纪 60 年代,恐怖集团在联邦德国就已经形成,暴力活动日益猖獗。当时就有人建议仿效英、美等国,建立反恐特种部队,以打击国内、国际恐怖活动。但因当时国内普遍对建立特种部队持反对态度,因此无果而终。1972 年,慕尼黑菲尔斯滕费尔德布鲁克机场发生血腥屠杀。1972 年 9 月,巴勒斯坦"黑九月"组织的恐怖分子在慕尼黑奥运会期间劫持了 9 名以色列人质驾机逃跑,巴伐利亚州的警察试图拦截劫持者及人质乘坐的波音飞机,结果发生了惨痛的悲剧,9 名人质和 4 名恐怖分子全部在弹雨中丧生。这为孕育已久的特种部队注入了一剂催产素。

为了吸取教训,有效打击恐怖活动,联邦德国于 1972 年开始着手组建一支专门从事反恐怖主义的特种干预部队——边防军第 9 反恐怖大队,同时各州成立机动特种大队。1973 年 4 月 17 日,德国边防军第 9 反恐怖大队(GSG9)成立,这是一个非常惊人的速度。在组建过程中,英国空军特种部队给予了他们极大的帮助。这支部队的主要职责为监视、缉捕或采取隐蔽的行动来对付单个的作案者。GSG9 的总部与边防警卫队总部一同设在波恩附近的汉戈拉小镇一栋现代化的大楼里。它分 3 个小队,第一小队负责陆上反恐,第二小队负责海岸反恐,第三小队为小规模的空降部队,行动时以 5 人为一组,其主要任务是应对国内发生的恐怖事件、营救人质,不允许参与警察职责范围之外的军事行动。在国内的行动通常要向德意志联邦检察局申请,并需得到德意志联邦犯罪事务局的许可,换句话说,必须在得到指示的情况下才可以行动。对于像劫机那样的发生在国外的恐怖事件,出动 GSG9 必须要有联合国的邀请或外交部长收到事件发生国政府的邀请,由主管 GSG9 的内政部长提请总理做出决定。故边防军第 9 反恐怖大队实际上是特种警察部队,在组织上隶属内务部,归内务部长指挥。边防军第 9 反恐怖大队在发生严重的绑架、谋杀、劫持人质、暴力骚扰以及保护国宾、德国政府首脑和政治家时才动用。

选拔和训练

边防军第 9 反恐怖大队的队员都是从联邦边防部队的志愿者中选拔,参加选拔的人员必须具备 3 年以上的边防警卫队警察的经验。这些 20 至 25 岁的年轻人要经过一系列的严格考验,仅第一阶段的心理分析就要持续 4 至 5 小时。只有 30% 的人能够通过这种考验。被选拔的队员要接受 6 个月(也有资料说是 22 周)的训练,这个训练时间与一般军队新兵接受训练的时间一样长。在这段时间内完成"空降""登陆""山岳"几项训练。此后,他们还要进入北约的远距离侦察训练学校接受更进一步的训练。

边防军第 9 反恐怖大队的训练主要在模拟城市中进行。这座模拟城市有高墙围绕,里面有住宅、高楼大厦、直升机、汽车和 3 架客机机体实物。因为这些都是恐怖分子经常袭击的目标。新队员入队后,要经过 22 周的专门训练,前 13 周课程主要是法律、武器操作、空手道等基础训练;后 9 周主要针对个人特性做较严格的个人专业技术训练,以及一连串极为严格、艰苦的反恐怖行动测试和考验。专业技术训练是很艰苦的。星期一到星期五,队员们每天训练 8 至 10 小时,只是在用简便午餐时才稍事休息。不时还要进行强化训练:整整一周每天连续训练 12 小时。他们要进行体质、射击、模拟游击战等方面的磨炼。理论课教室的墙上一直贴着这样两句口号:"为争取行动自由而奋斗"和"只有简便才能取得成功"。学员们经常喊这两个口号,这是边防军第 9 反恐怖大队成员的基本品格。因此,该组织不允许其成员炫耀自己是德国联邦警察中的明星,发现谁有这种想法就会被立即开除出队。这也是出于自身安全的考虑。边防军第 9 反恐怖大队的所有成员都不能暴露身份。

此外,边防军第 9 反恐怖大队成员需要经常接受心理学专家的帮助,学习在各种极度紧张的情况下,保持镇静。在他们采取行动前,首先要进行充分周密的研究,"保护人的生命高于一切(包括人质及队员的生命)",是该部队的最高原则之一。通常情况下,队员们分成 4 个组,每组约 30 人,其余的为后备队员。第一组专门对交通工具采取行动;第二组由伞兵组成;第三组负责观察、分析和找出最佳的攻击方式;第四组负责技术工作,专门使用和排除爆炸物、攻入建筑物等,并拥有神枪手。美国特种部队的军官曾称,边防军第 9 反恐怖大队是一支不吝惜使用最先进装备的部队,其高超的行动技巧是对手无法比拟的。

武器装备

边防军第 9 反恐怖大队携带多种特种装备,如:微光夜视镜、特制手榴弹、微型手枪、催泪弹、微型高灵敏度无线电报话机、特种攀登装备、强光型鹰眼探照灯,以及能穿透厚 30 厘米的砖或高级防弹玻璃的高爆子弹等。队员的制式装置主要是德国 HK 公司生产的 MP 系列 9 毫米冲锋枪和每支价值 3000 马克的毛瑟 66 型精确步枪。所携枪支皆配有消声器。其 200 名队员每人都有标有自己名字的专用武器。边防军第 9 反恐怖大队的队员平时穿黑色制服。根据不同的任务,选穿防弹背心、防火服、弹簧靴,戴四角防弹帽以代替贝雷帽。但在某些行动中,有时穿的则是和空降部队相同的迷彩装。

经典战役

1977 年 9 月 5 日,"红军旅"绑架了联邦德国产业雇员公司董事长汉斯·马丁·休利亚,并把他的 4 名保镖在科隆大街枪杀。他们把休利亚作为人质,要求联邦德国政府释放其 11 名同伙。虽然联邦德国政府和"红军旅"进行了秘密交涉,但在美国、英国的压力之下,并没有答应"红军旅"的要求。

10 月 13 日,为了给联邦德国政府施加压力,恐怖分子劫持了汉莎航空公司波音 737 第 LHl81 次航班。该航班在从地中海巴雷阿里克岛的帕尔玛飞往德国的途中，被一名叫作"穆罕默德机长"的男子劫持，机上有 86 名乘客和 7 名机组人员（驾驶员 2 名和 5 名空姐）。这名男子实际上就是臭名昭著的恐怖分子索哈伊尔·约瑟夫·阿卡契。

被劫航班在罗马的费米奇诺机场着陆，并在补给燃料后飞往塞浦路斯岛。18 日晚 8 点 38 分，飞机在塞浦路斯的卢那卡机场着陆。劫机犯再次提出了补给燃料的要求，并威胁说，如果不达应补给燃料，将机毁人亡。在这种情况下，塞浦路斯当局允许补给燃料。与此同时，联邦德国政府下令出动边防军第 9 反恐怖大队。汉莎航空公司波音 707 客机载着一个中队（5 个分队共 30 名）GSG9 先头部队向劫机犯追赶而去。当 GSG9 的先头部队到达塞浦路斯的时候，被劫飞机已经离开，因此只得暂且经由安卡拉返回法兰克福。

最后，被劫持飞机在迪拜机场强行着陆。飞机虽然着陆了，但舱内温度高达 49℃，除了缺乏食物和水之外，更令人头疼的是厕所问题。由于机上厕所并不是为如此长时间的飞行而设计的，所以机舱内到处布满了污物。乘客和劫机犯情绪开始急躁起来。这时候 GSG9 的第二批一个中队飞往迪拜，同行的有内务部长和心理学家。第一批队员在法兰克福待命。

劫机犯和联邦德国政府的交涉毫无进展，情绪变得焦躁不安。机长根·休曼请求劫机犯允许检查一下机舱下部的货舱。尽管劫机犯也知道机长去做什么了，却以几分钟时间没有看到他为由，让休曼在头等舱里跪下。机长抓住机会向外界告知：劫机犯共有 4 名，其中 2 名女性。穆罕默德用手枪向机长头部开了枪，然后把机长尸体扔出了舱外。

另一方面，劫机犯把要求释放 11 名同伙的最后期限由 16 日（周日）下午 4 点延长到了第二天凌晨 2:45。可是在期限到达前的 40 分钟，飞机开始在跑道上滑行。也许是劫机犯们认为迪拜离欧洲太近了，所以飞离了迪拜。被劫持的飞机漫无目的地继续飞行着。最后在也门首都亚丁强行着陆，加油后再次起飞。

联邦德国政府的答复传给了劫机犯："同意释放 11 名同伙，释放地点为索马里首都摩加迪沙。"劫机犯穆罕默德再次把期限延长到第二天 18 日凌晨 1:45 分。10 月 17 日，被劫持的飞机降落在索马里的摩加迪沙。

联邦德国政府与索马里政府进行了交涉，同意 GSG9 部队在摩加迪沙着陆并采取行动。此时机场已经完全置于索马里部队的包围之下。索马里政府也非常配合 GSG9 的工作，索马里军方情报部门给 GSG9 提供了非常有用的情报。

夜幕降临，GSG9 开始行动。晚上 8 点，在法兰克福待命的先头部队迅速飞到摩加迪沙汇合，另有几名英国空军特种部队队员也参加了这次行动。他们在被劫持的飞机周围配置了狙击手，侦察小组也试图接近飞机。漆黑的夜空一片宁静，仿佛什么也没有发生，恐怖分子正在等待着同伙被释放的好消息。夜里 11:45，联邦德国政府发出行动命令，GSG9 的突击班开始秘密地接近被劫飞机。可要使人质平安获救，必须使劫机犯离开乘客。

18 日凌晨 2 点左右，当确认至少有 1 名劫机犯在驾驶室后，索马里部队马上从距离驾驶室 100 米远处发射了照明弹，耀眼的光照亮了整个天空，在驾驶室的劫机犯慌忙喊来主犯穆罕默德。两个人被照明弹的光芒弄蒙了，乱作一团。4 名劫机犯中有 2 名在驾驶室，另有 2 名在客舱。

机不可失，英国空军特种部队的队员乘机攀上机翼，爆破了飞机舷窗后把闪光手榴弹投入机舱内。早已蹲在橡胶梯子上守候在机舱出入口的 GSG9 队员们一下子冲进机舱，另一小组也炸开安全出口进入了机舱。数秒之内便结束了战斗，劫机犯 3 名被击毙，1 名负重伤。

GSG9 大队终于打掉了恐怖分子的嚣张气焰。在此后的多次行动中，又接连取得了极大的成功，逐渐成为一支世界闻名的特种部队，甚至以色列也曾请求德国边防军第 9 反恐怖大队给予协助。

（八）爱尔兰陆军突击大队

爱尔兰陆军突击大队（ARW）简介：爱尔兰陆军突击大队成立于 1980 年，成员在 100~150 名之间。这些队员全部来自爱尔兰国防军，主要从事侦察、反恐、破坏、颠覆、救援、维和行动，保护战略目标，负责外交人员和贵宾的警卫等。该部队配有大量的现代化武器，在反恐战争中发挥了重要的作用。

历史沿革

20 世纪 70~80 年代，欧洲恐怖袭击非常猖獗，许多国家纷纷组建反恐斗争特种部队，尽管当时的爱尔兰并未面临严重的恐怖主义威胁，却意识到特种部队在及时应对恐怖主义威胁、保护公民安全的重要性，因此开始组建自己的特种部队。爱尔兰陆军突击大队（ARW）成立于 1980 年，是参照国际人质救援小组/反恐部队的模式，组建的一支新的特种作战部队。

ARW 属于爱尔兰国防军，直接受爱尔兰总参谋长指挥，是爱尔兰的特种作战部队兼反恐部队。总部设在位于基德尔县的卡拉军营，成员在 100~150 名之间。这些队员全部从爱尔兰国防军军人中挑选出来，以排（突击大队）为单位，共有 2 个突击大队，每个大队下辖 2 个分队，每个分队分 4~5 个战斗小组，每组 4 人，每个战斗小组负责一项特种作战任务，另有 1 个队部（指挥机构）和 1 个保障大队。主要任务是从事侦察、反恐、破坏、颠覆、救援、维和行动，保护战略目标，负责外交人员和贵宾的警卫等。

选拔与训练

爱尔兰陆军突击大队的队员选拔非常严格，只从各军兵种部队中服役期限至少在 1 年以上的军官、中士和列兵中挑选，特别青睐那些有某种特殊专业和指挥经验的士兵，每年选拔一次。在允许候选官兵参加选拔时，要首先详细研究其个人履历，并与指挥官谈话了解其服役表现情况。

队员选拔前先进行医学检查，身体合格的候选人参加为期 4 周的实际考察、训练。选拔期间，要经常考验候选人在非常规情况下的思考、应变能力，每天都要进行武器使用训练，每周末都要进行一次独特的考核。然后，考核内容会越来越复杂，难度越来越高。如果说选拔初期只要求在规定时间内拆卸和组装武器、准确定位的话，那么在随后的训练中，需要在更短时间内做到上述要求，而且经常是在夜间或经过艰难的山区行军之后。在选拔后期，要进行总结性多科目演习，目的是检验候选人对已进行的培训技能掌握的数量和程度，然后根据他们的总体结果确定谁成功闯关，可以参加基本培训课程，谁被淘汰。有幸通过层层筛选的队员，将进入 6 个月的基础技能课的学习。主要内容是战场医疗、武器的使用与爆炸物的处理、人质救援训练及战术、近距离格斗、精确射击、生存训练、登山、远程巡逻和基础跳伞等课程。完成初训后，突击队员还将进一步接受由陆军或者其他军种讲授的更多特种技能的训练，包括高空跳伞、军事科目训练、顺绳快速攀岩与绕双腿下降、驾驶小船与潜水作战、两栖作战和狙击手课。ARW 大约一半的队员都是合格的狙击手。这 6 个月的训练强度大，难度高，事实上所有科目都是连续进行的，主要项目是射击训练和特种训练。射击训练每天都要进行，学员们要学习使用西方特种部队装备的各种武器及其改型，在各种各样的状态下、在复杂的条件下进行射击训练，如在高山或茂密的森林中射击、快速射击、封闭空间内的射击等。

狙击射击是受到特别重视的训练，狙击手基本训练课程持续 7 个星期。在训练初期，就开始挑选射击最精准的士兵，以把他们培养成高水平的狙击手，这些队员在 6 个月的基础训练课程之外，还要进行额外的狙击训练，分到突击队后仍要坚持训练，精益求精，从而达到非常高的职业水平。

当然，除射击训练外，未来的突击大队队员们还要进行战术和体能训练。远距离急行军和准确定位不仅能强化士兵的纪律观念，还能教会他们在森林和山区的生存技能。

与选拔时一样，基础训练的每个阶段都要进行演习，演练各种强攻、奇袭和伏击行动模式。经过半年时间的强化训练后，训练有素的士兵们开始到突击队正式报到。事实上，报到之后，真正的训练才刚刚开始。

除了基础训练以外，还有特别专业作战训练，每个队员都是带着自己在基础训练阶段练就的某个专业来突击队报到的，从此将重点侧重于某类行动的训练和战斗。以专门侧重于水上行动的特种排为例，队员们首先要进行简单的潜水、导航、水上登陆、沿海侦察等技能的训练，随后开始增加训练内容，提高难度，同时进行水下排雷、拖船操作等专项训练。此外，还要与来自德国、英国的经验丰富的特种部队官兵交流经验。在演习中，主要演练强攻行动，夺取被恐怖分子劫持的舰艇，解救人质。

专门负责实施强攻行动的特种排，要在能完全模拟各种人质解救行动局势的各类目标内进行专项训练。但是，爱尔兰特种部队在此方面有点麻烦，因为他们缺乏一些与解救人质相关的完全真实的条件，如劫机等，不过，通过国际合作也可以克服这一困难。他们主要是在宾馆、学校、火车、汽车上演练强攻行动。

专门从事破坏颠覆活动的特种排，主要在敌人后方纵深行动，夺取或摧毁敌战略目标，因此要能在各种条件下行动，较好地掌握布雷、排雷、爆破等技能，还要进行语言训练，掌握几门外语或方言。训练重点是爆破布雷活动，队员们不仅要学会排除各种炸弹和自制爆炸装置，还要学会在各种目标内布设各种爆炸装置。他们的大部分经验都是在黎巴嫩南部从事排雷活动时得到的。由于该特种排行动方向性强，目的明确，经常能在无数次的演习中完全成功地模拟各种局势，如通过海上、地面和空中渗透方式，模拟夺取或破坏石油钻井平台等。

通常,爱尔兰陆军突击大队经常与陆军部队密切合作,共同进行演习,演练各种行动指挥技能,同时发现国家各种重要战略目标防护中的不足和薄弱之处,进行弥补。所有突击队员都要进行空降训练,特种训练期间必须完成至少 5 次跳伞训练,服役期间还要定期进行跳伞训练。许多军官还要进行特种空降训练,以参加国际军事跳伞运动竞赛。另外,所有突击队员还要进行综合技能训练,保障能执行各种不同的任务,如既能参加破坏行动,又能参加强攻行动。之后,各特种排还要继续进行更有针对性的特种训练,同时与英国、德国、美国的特种部队合作,保障定期完善突击队训练内容,增加训练难度,提高队员战斗训练水平。

20 世纪 80 年代,爱尔兰陆军突击大队一直在爱尔兰国内外积极进行战斗训练。为建立一支能在陆地、海洋、森林、高山、原始森林、沙漠等地区可以自由行动的特种作战部队,使其具有最大程度上的综合性能,需要尽量多地吸取他国先进经验。因此,爱尔兰国防军军官定期到英国、荷兰、美国进行培训,学习、掌握各种局势各种气候条件下的行动和生存本领。

武器装备

爱尔兰陆军突击大队配备了大量的现代化武器,主要有 SigP-226 型手枪、HKMP-5 系列冲锋枪、"雷明顿"870 型霰弹枪、HKSG1 型步枪和 A196 型步枪,以及德国和英国制造的狙击步枪。在执行一些特种行动时,还使用东欧国家和中国制造的特种武器设备。另外,还配备有实施强攻、突击、水上和登陆行动用的特种设备和服装。

经典战役

爱尔兰陆军突击大队还没有参加过实际战斗行动,但它积极参加联合国框架内的维和行动,以弥补实战经验方面的不足,每次行动都对突击队员的战斗技能、训练水平和内容提出更高的要求。在完善的训练体系和积极的国际经验交流保障下的陆军突击大队,战斗实力不断增强,并时刻准备投入战斗。

1992~1993 年,他们参加了索马里人道主义物资运输护送行动,20 世纪 90 年代中期参加了黎巴嫩、波斯尼亚、西撒哈拉地区维和行动。1999 年,突击队又前往处于战争边缘的东帝汶参加维和行动。爱尔兰共向东帝汶派遣了 30 名突击队员,任务是远距离巡逻、对当地居民进行医疗援助,队员们在东帝汶积累了非常重要的原始森林行动经验。2004 年,爱尔兰向利比里亚派遣了 40 名突击队员参加维和行动,成功解救了被当地匪徒劫持的数十名人质。

(九)瑞士第 17 伞兵侦察连

瑞士第 17 伞兵侦察连简介:瑞士第 17 伞兵侦察连成立于 1969 年,隶属于瑞士第 31 航空旅。目前该部队成员有 122 人。他们的主要使命是进行战略侦察,并在必要的时候执行敌后破坏任务。单兵装备主要有红外线侦察装备、高性能通信器材和全球定位仪以及瑞士陆军的标准装备。

历史沿革

瑞士第17伞兵侦察连成立于1969年,最初成为伞兵精锐连,隶属于瑞士第31航空旅。1995年1月1日,正式采用伞兵侦察连这个名称,人员也从107人增加到目前的122人。目前这支部队除了5名军官是职业军人外,其余官兵都是义务服役人员。军官、士官、士兵各占部队的三分之一。士兵每年集中训练30天,军官40天,训练的内容主要有:3周的战术技能训练和1周的密集跳伞训练。他们除了进行军士跳伞课程外,还在民间跳伞机构进行定期的伞训。第17伞兵侦察连常年飞翔在阿尔卑斯山区上空。在瑞士军队中,他们的主要使命是进行战略侦察,在必要的时候,还执行敌后破坏任务。伞兵侦察连在执行任务时,一般白天蛰伏于隐秘处,只在夜间移动。

选拔与训练

近30年来,整个瑞士全军只有不足400人成功通过了层层考验,成为引人瞩目的侦察连成员。每年申请加入第17伞兵侦察连的人员达250~300人,其中只有10%~13%能进入该连的新兵训练中心。在经过重重考验之后,只有10来个人能成为第17伞兵侦察连的成员。报名加入第17伞兵侦察连时,报名者必须持父母的同意书、个人"历史清白"的有效证明和与战斗机飞行员同等级体检的合格证明。

有幸通过初试的报名者,随即会受到相当于法国伞兵初级军事教育的航空预备训练,并由瑞士航空俱乐部教授自由跳伞课程。这种军方与民间合作训练军事人才的方式,在瑞士很普遍。完成航空预备训练后,瑞士航空俱乐部会为学员安排一次为期3周的密集训练,包括35次自动跳伞、25次自由降落和3次双人齐跳。将近40%的学员可以通过这个阶段的考验,取得25次自由降落的民间证书,并进入伞兵侦察连的选拔。

到这个阶段,学员只剩下30名左右。他们被送到洛卡诺附近的伞兵侦察连新兵训练中心。在这里,他们要进行5周的步兵基本训练、3周的通讯训练、7周的侦察训练、冬季与夏季各1周的山区野外求生训练及5周的军事跳伞技巧训练。其中,前5周中将产生正式能够加入第17伞兵侦察连的10余名幸运儿。这是一项考验体能极限的训练。学员们的睡眠时间被压缩到最少,还必须参加数次25公里的负重强行军。另一个值得一提的课目是"马诺铁人"训练,在14公里距离里,学员们要来回强行军4趟,同时进行步枪及手枪射击。这项训练结束后,学员们将被召集到一间教室里。负责挑选的指挥官会做一番简短而礼貌的致词,接着宣布入选名单。这是极端残酷的时刻,凡是被念到名字的候选者,都面带喜悦地离开教室,而没被念到名字的学员就被淘汰。

接下来的2周,阿尔卑斯山区的向导会教给他们攀岩的技巧,以及在雪地露营等课程。他们还要利用2周时间学习各国轻型武器的使用操作,如AK-47、乌兹、M16、MPS、PK等。此后学员必须在一项演习中突破严密的防守进入一个戒备森严的弹药库。在演习当中,凡是因为行动失败而遭俘虏的,都会毫不留情地遭到遣返。学员们还要接受对付敌人拷打和审讯的训练。

为期 4 周的密集式负重跳伞是这轮训练的最后一关。为适应阿尔卑斯山区复杂多变的地形和气候,学员们的跳伞装备包括登山装备、收音机、炉子等,总重超过40 公斤。"乌诺鹬"是另一种战地侦察训练内容,受训学员以空投方式降落到作战地区后,随即单独进行 30 公里侦察,观察、记录作战地区内豹 II、Mll3、M109 等各式坦克装甲车辆的活动情形。之后,受训学员还必须步行 15 公里到指定地点,然后由一架直升机接运离开作战地区。

甄选的过程还没有最后结束。返回基地后,受训学员立刻带着一个袖珍睡袋钻进阿尔卑斯山深处,在野外独立生存 14 天。通过此关的人,会被立刻投入另一项、也是最后一项考验。在为期 3 天的测试中,学员必须接受 3 趟距离各为 60 公里的行军测验,测验内容包括夜间运动、射击训练。在这 3 天当中,每位学员只有 8至 10 小时的睡眠时间。通过了这一切考验的人,才能正式成为享有盛名的瑞士第17 伞兵侦察连一员。

武器装备

单兵装备主要有红外线侦察装备、高性能通信器材和全球定位仪以及瑞士陆军的标准装备,分别是 SIG 公司的 75 型 9 毫米自动手枪和 90 型 SG550 冲锋枪。在执行某些任务时,第 17 伞兵侦察连也会考虑带军犬随行,这些嗅觉灵敏的"助手",往往会给侦察兵们带来意想不到的帮助。

(十)海军陆战队鼻祖——荷兰皇家海军陆战队特别支援部队

荷兰皇家海军陆战队特别支援部队(BBE)简介:英国皇家海军陆战队始建于1665 年,目前共计大约有 80 名成员,是世界一流的反恐作战部队。该部队配有高精端的武器设备,具有高度的机动性。在薛佛尼坚监狱巴基斯坦犯人发起的暴动事件、马鲁古岛武装恐怖分子手中营救人质中发挥了重要的作用。

历史沿革

荷兰皇家海军陆战队特别支援部队(BBE),是世界一流的反恐怖作战部队。1972 年慕尼黑奥运会恐怖事件之后,为了反恐的需要,1974 年荷兰皇家海军陆战队在第 7 特种舟艇部队的基础上组建了 BBE。正式番号为第十一步兵连,隶属于荷兰皇家海军陆战队,但荷兰司法部可以直接调遣,专门担负远程侦察和反恐怖作战任务。

荷兰皇家海军陆战队历史悠久,始建于 1665 年 12 月 10 日,第二次英荷战争期间。当时荷兰共和国的民间领袖约翰德威特和海军上将米希尔德赖特创建,领导人为威廉·约瑟夫凡特,被视为近代世界海军陆战队的鼻祖。BBE 总部设在多伦,成立之初有 3 个排,100 名队员。1980 年,BBE 进行调整,现编有两个排,每排30 人,加上后勤人员,共计大约有 80 名成员。分成两组,每组由数个 6 名成员组成的小队。所有队员必须随时保持高度的机动可调动性,在接到命令后,必须 90 分钟内回部队报告,并要求在 6 个小时内抵达荷兰境内任何地方执行任务。

·军事制度·

图文珍藏版

选拔训练

BBE 成员不多,但其选拔严格。根据教育背景,有两种人可以参加海军陆战队——海军新兵和陆战队文官。但是只有男性可以成为海军陆战队队员。BBE 队员均从海军陆战队中挑选,一般为 5~6 人中选 1 个。入选人员还必须经过一年的特种训练,才能成为正式的 BBE 队员。

荷兰皇家海军陆战队队员入伍后,需要在鹿特丹接受大约持续 30 周的训练。由于训练非常严格和苛刻,最后大约只有 33%~50% 会通过。如果成功通过训练,新兵会领到他们的象征物"深蓝色贝雷帽",然后会被分发到训练突击队(MTC)。

荷兰皇家海军陆战队的军官入伍后,还要进行 18 个月的训练,前 6 个月在荷兰皇家海军学院受训,后 12 个月是在海上实施实际的密集训练。这一时期的训练可以分成 3 个阶段。首先,每位未来的陆战队成员都要实施基本训练,这一阶段大约需要 10 周。第二阶段,要指挥一个部队共 8 个海军陆战队士兵。这一阶段需要 8 周,并强调在夜间行动。第三阶段,要指挥一排的海军陆战队。这个阶段是最长的结合英国皇家海军陆战队实施交叉训练。如果成功完成,他们将被分配到陆战队的训练突击队(MTC)。

所有的荷兰海军陆战队的培训,目的是使其能够在任何环境,任何情况下执行任务。因此,荷兰海军陆战队员定期在北极、丛林、沙漠、高原和城市受训以适应各种环境条件,以便陆战队能在世界各地执行任务。两栖作战是海军陆战队的专长所在,在入伍训练时他们就被培训好了。

BBE 队员还要进行特种训练,包括战术浮泳、自给供氧水下潜泳、丛林战斗训练、沙漠战斗训练等。训练项目包括破坏、爆破、狙击、跳伞、情报搜集、战术侦察、海岸侦察、反恐怖行动和划艇训练等。通过特种训练后,BBE 队员除掌握一般特种技能外,还需具备远距离游泳的特殊技能。根据荷兰火车及水上设施较多且易为恐怖分子栖身或作案的特点,BBE 重点进行攻击火车和海上目标的训练。为了使队员增强应变能力,还在训练中增加了各种智力训练的科目,培养队员沉着冷静、思维敏捷的素质。BBE 还经常采取模拟攻击的训练形式,即 BBE 选定有可能成为恐怖分子袭击的目标,采用恐怖分子惯用的手法进行攻击,通过模拟攻击检验其保安系统和措施是否可靠。

武器装备

BBE 装备十分精良。其中,轻型装备分为标准装备和特殊装备。标准装备有格洛克 17 型手枪和格鲁手枪,以色列生产的"乌兹"冲锋枪和德国生产的 MP5 和 HK94 冲锋枪、狙击步枪等。特殊装备有各种防毒面具、防弹衣、通信装备,以及专门对付恐怖分子的闪光弹、眩晕炸弹、催泪瓦斯炸弹等。重型装备有突击小艇、装甲运兵车、美式"悍马"吉普车,以及经过改装的"大山猫"直升机等。

经典战役

(1)薛佛尼坚监狱的暴动事件

1974年10月，薛佛尼坚监狱巴基斯坦和荷兰囚犯发起暴动，挟持了前来慰问演出的教堂唱诗班的一名孩子和一名监狱守卫。暴徒要求提供一条安全的途径返回中东。为了避免伤及人质，BBE接到了当局的命令，要求采取行动平息暴动。BBE迅速以镇暴手榴弹（震晕弹）突击监狱，并在暴徒手持武器的情况下，徒手制服了暴动的犯人，救出被劫持的人质，平息了一场暴乱。这次平息薛佛尼坚监狱暴动事件，是BBE组建后的第一次执行任务。

（2）马鲁古岛武装恐怖分子手中营救人质

1977年5月23日早晨8:30，印尼"自由南马鲁古青年组织"的9名配有轻机枪和手榴弹等武装成员，在荷兰劫持了一列载有94名乘客的通勤火车。同时，另外4名印尼"自由南马鲁古青年组织"的成员也劫持了一所学校，并挟持了105名师生作人质。荷兰政府意识到事件的严重性，但是尚无处理此类事件的经验，认为善意的谈判可以解决当前的危机。但是恐怖分子对谈判毫无诚意。在经历了3周的艰难谈判失败后，荷兰政府在1977年6月11日，决定派遣BBE突击小组采取突击行动。

BBE接到命令后，立即分兵两路，进行人质救援行动。一路突击队员对付控制学校的恐怖分子。他们在荷兰宪兵M113装甲车的掩护下，发动突然袭击。整个行动相当成功，在没有伤亡的情况下，将恐怖分子缴械，营救出全部人质。

另一组的营救行动则较为困难。6月10日深夜，BBE的一个火力支援小组的神枪手（狙击手），悄悄地进入了火车周围预先设定的射击位置。他们装备有自动步枪，上面装有激光指示器。两名来自英国第22特别空勤团的特种作战专家也被邀请到现场指导。23:30，BBE突击小组的突击队员进入发起冲击的阵地。3名突击队员将小型炸药包紧贴在火车的车门上，其他队员则把云梯拉入阵地，所有的成员都在等待行动开始的命令。

11日24点整，6驾荷兰皇家空军的F-104战斗机，超低空呼啸而来，在俯冲到火车上空时，打开了喷射式燃烧器。飞机发出的强大气流和声波震得火车剧烈抖动。惶恐不安的人质迅速趴在了火车地板上。与此同时，BBE突击队员破门突入火车车厢，在短短1分钟内，打死6名恐怖分子，其余3名恐怖分子被活捉。突击队员成功地解救了人质，夺回火车。整个行动仅有一名突击队员受到轻伤。

（十一）比利时反恐部队

1.比利时特别干预中队

比利时特别干预中队（ESI）简介：比利时特别干预中队成立于20世纪中期，目前共有160名队员。这支部队包括1个干预组、1个侦察组和1个技术后勤组。其中干预组又分为3个突击小队和1个支援小队，每个突击小队包括3名领导、15名行动队员和1名军犬员。这支部队在比利时防恐和有效遏制各种犯罪过程中，起到非常重要的作用。

编制与任务

比利时特别干预中队（ESI），由于其以罗马女神黛安娜图像为徽章标志，因此也被称为"黛安娜"小组，从成立至今一直从事反严重犯罪和反恐活动，在欧洲警察机构中，被普遍认为是一支训练有素、装备精良的警察部队。

目前，ESI 共有 160 名队员，总部和主要训练基地位于比利时首都布鲁塞尔。ESI 的基本结构包括 1 个干预组、1 个侦察组和 1 个技术后勤组。其中干预组又分为 3 个突击小队和 1 个支援小队，每个突击小队包括 3 名领导、15 名行动队员和 1 名军犬员，为了战斗需要，突击小队还可以细分为每组 6 个成员的作战单位，实现灵活战斗编组。

作为比利时主要的反恐、反犯罪单位，ESI 具体担负如下任务：对劫持绑架（包括对飞机、轮船、汽车、火车以及建筑物内人质的劫持绑架）等极端恐怖犯罪行为实施干预；支援其他警察单位和政府机构处置暴力恐怖分子和犯罪组织，协助国家安全部门和恐怖主义抑制小组抓捕极度危险恐怖分子；协助其他执法机构对在比利时境内举办的各种国际、国内大型活动进行安全保卫；在外事活动期间，保护重要贵宾和本国政府要员；协助监狱当局处理暴动或严重的骚乱事件；转运或者押送极端恐怖分子。

选拔与训练

每一个希望加入 ESI 的候选人都必须有在比利时国内任一警察机构工作的经历。志愿者正式提出申请后，必须通过特殊的心理和生理测试，大约只有四分之一的申请者可以通过测试，最终成为 ESI 的一员。一旦被选中，这些新人就要进入为期 8 个月的基础训练阶段，包括高强度体能训练、武器适应性训练、静止射击和目标识别训练、基本战斗和驾驶技能训练以及为期 3 周的突击课程。

基础训练结束以后，队员们开始进入为期 3 个月的干预训练课程。这一阶段的设置目的是为了提高队员们在反恐和反犯罪实战中的格斗技能，训练强度更大，要求更为严格。训练课程包括高级体能训练（重点是武术和近身格斗）、战术行动训练、不同位置的战斗射击训练、基本的反恐狙击训练、攀爬和绳降训练、直升机介入技能训练（包括快速绳降）、室内近距离进攻（CQB）战术训练、人质营救训练（模仿飞机、轮船、建筑物、汽车和火车等多种场景）。贵宾（VIP）贴身保护训练、警犬训练以及基本的跳伞训练。

顺利通过干预训练阶段之后，新队员被分配到突击小队。为了保持高水准的作战能力，他们将继续进行作战训练，此时的继续训练包括以下部分。

①周训练 包括体能训练、射击训练、战术演练和直升机部署训练。

②年度训练 模拟大规模人质营救行动，模拟场景包括飞机、轮船、建筑物、汽车、火车等。

③高级课程 为队员（包括驾驶员、狙击手、爆破员、军犬员等）提供一对一的专家指导。

一般来讲，ESI 的训练活动遍及比利时各地，无论何时，只要条件允许，ESI 都会进行实地演练。在此期间,ESI 会得到比利时警察部队所有空中和地面资源的全力支援,包括提供 MDX 900 直升机和各种交通工具。

此外,ESI 还通过与国外特种部队之问的交叉训练不断提高自己的战术水平,其中包括奥地利"眼镜蛇"特种部队、法国宪兵干预队、意大利空军特别行动勤务组和政要保护小组、德国边防军第 9 反恐怖大队、西班牙特别行动部队和西班牙警察人质营救小组,以及葡萄牙特别行动队。此外 ESI 还通过参加各种国际反恐竞赛,来提高自己的训练水平。

武器装备

ESI 拥有当今世界上最先进的特种武器设备,其中武器库中常用的枪械包括冲锋枪、手枪、狙击步枪和霰弹枪,这些枪械大都装有昼夜瞄具和照明器材。冲锋枪是 ESI 执行任务时使用的主要突击武器。与其他部队一样,HK 公司的 MP5 9 毫米冲锋枪是 ESI 目前主要使用的冲锋枪,包括 MP5A3、MP5A5、MP5SDA4、MP5K 系列等。除了 MP5 外,ESI 还装备有 FNP90 冲锋枪。手枪是 ESI 规定所有队员都必须携带的近身防卫武器。9 毫米口径的格洛克 17 手枪是 ESI 目前主要使用的手枪。狙击步枪也是 ESI 最重要的装备之一,主要包括以下几种:精密国际仪器公司的 0.308 英寸

MP5 冲锋枪

AWP 狙击步枪、0.338 英寸 AWM 狙击步枪、HK G3 狙击步枪。此外 ESI 还装备有0.308 英寸的 Tikka 亚音速狙击步枪,该枪配萨科 6×48 瞄准镜。雷明顿 M870 12号霰弹枪是 ESI 现役装备。

除了各种常规武器之外,ESI 还配备了大量的特种装备。ESI 的特种装备包括防毒面具、催泪弹、眩晕弹、高级通信系统、夜视仪、潜水用具、爆破装备以及侦察和声音探测仪器。

ESI 队员的个人防护装备包括:钛合金战术头盔、全套耐火服装、前后带有防护插板的凯夫拉防弹背心。此外队员还可携带无线电接收器、战术灯、塑料手铐、手榴弹、备用弹匣、急救包、匕首等。

ESI 拥有大量针对不同任务需要的特种载具,包括装甲型梅赛德斯 500 轿车,改进型丰田陆地巡洋舰越野车,以及各种摩托车、拖车等。在进行海上干预行动时,主要使用充气艇和半刚性舰船。ESI 在国内拥有极大的权限,可以依靠直升机机型快速部署,迅速将队员投入战斗。其空中运输工具主要包括警用 MDX 900 直升机,可以随时将队员运到国内任一事发现场。

辉煌业绩

自建立之日起，ESI 已经在比利时境内进行了 5000 多次行动部署，在大多数情况下，以两种方式进行行动：一是作为提前预置打击力量，基于各安全和执法机构搜集的情报实施预防性行动；二是作为快速反应力量，当其他警察单位遇到无法处理的大规模突发暴力事件时，ESI 迅速出动进行干预。

在 ESI 实施的各种行动中，公开报道的主要包括：1980 年逮捕 3 名在菲尔福尔德地区劫持校车的犯罪分子；1985 年用狙击步枪击毙 1 名绑架者并成功救出人质；1989 年，追踪并逮捕两名在特尔菲伦地区抢劫银行的犯罪分子；1996 年，逮捕位于科特赖克地区的阿尔及利亚恐怖组织 GIA 团伙成员；1998 年，逮捕 7 名在布鲁塞尔的 GIA 成员；2005 年，逮捕 1 名在布鲁塞尔一栋建筑物内劫持人质的犯罪分子。

2.比利时安特卫普警察特遣队

比利时安特卫普警察特遣队简介：比利时安特卫普警察特遣队成立于 20 世纪 80 年代，是一支由 16 人组成的特种部队。该部队配有各种优良的武器，是一支训练有素、装备良好的特种警察部队。

成立背景

地处西欧航海门户的安特卫普市，既是世界上商业中心和国际钻石贸易中心，同时也是欧洲主要犯罪集团和走私集团的主要活动基地。这就使安特卫普警察特遣队的重要性日益增加。20 世纪 80 年代，该市成立了一支由 16 人组成的特种部队，主要任务是解决劫持人质及高风险的逮捕行动。这支部队拥有的特殊职业规范和熟练的技术，几乎可以与欧洲各大反恐部队相媲美。

选拔与训练

队员均是在安特卫普市警察部队中服役超过 5 年，表现良好的志愿人员，其中许多人曾是比利时皇家军队中的伞兵。其队员都要经过包括各种体力和心理测试的强化训练，一个队员这样描述道："对每一个成员来说，其职责从加入队伍的那一天开始，一直到你脱下你的凯夫拉防弹衣退役的那一天结束。"

比利时安特卫普警察特遣队的训练，被称为奥林匹克式的训练。对各类武器的熟练使用是安特卫普特遣队队员的基本要求。队员的射击训练是奥林匹克式的，有一系列的固定和移动目标。装备的车辆可以行驶在各种道路上并停靠在各种模拟的停车地点，队员能够在行进中的车辆上准确射击。训练中模拟的各种街道、车库和交通信号的灯光完全同城市的实际情况一致，使得队员们能够在接近真实的情况和场景下对犯罪行为做出反击。

由于安特卫普是全球钻石交易中心，因此特遣队员被训练成为反击有重武器设备的匪徒拦路抢劫的专家。队员们进行各种反突击技术、战术侦察和在高速公路对匪徒抢劫活动做出快速反应的训练。一位队员说："如果那些匪徒摆脱了警察，逃窜时，我们只有很少的时间去追捕他们。因为在高速公路上行驶，从安特卫普到荷兰只有 20 分钟,到法国只要 90 分钟,两三个小时后,可能就在德国腹地了。"由于欧盟国家间开放的国界和四通八达的高速公路网,使得围捕罪犯的空间大大变小了。

安特卫普警察特遣队是欧洲少数几支能够执行水上任务的都市警察战术部队。部队成员熟悉安特卫普市的每一寸下水道,对各种进出安特卫普港的各类船只也了如指掌。最初,这支队伍的主要水上任务是突击那些被怀疑贩运毒品进入比利时的船只。近年来,走私集团也经常使用水路运输各种走私物品,包括各种重武器、爆炸物以及妇女。一位特遣队成员说:"你永远不知道你会在这些船上发现什么,当你得到一些情报和预警消息后登上一艘船试图寻找毒品时,你可能会发现运给阿尔及利亚恐怖分子的成箱的 AK47 步枪,或者是从以色列运过来的迷魂药,还可能是为许多城市妓院招募来的东欧妇女。"负责指挥这支队伍的一名上校表示,"当非法交易猖獗时,各种劫持人质和街头犯罪行为也随之猖獗,我们必须准备解决所有类似的问题。"

武器装备

安特卫普警察特遣队的主要武器是德国生产的 MP5 系列 9 毫米冲锋枪,这种武器是近距离和在充满建筑物的地区交火的理想武器。大多数军官佩带格洛克 19 式 9 毫米自动手枪,也有些军官佩带警用 11.43 毫米转轮手枪。特遣队还配备有美制雷明顿 12.7 毫米霰弹枪,它被用来作为突击和防御双重用途的武器设备。

任务行动

安特卫普警察特遣队的主要任务是制止由毒品贸易和有组织犯罪集团引起的暴力行动。由于安特卫普港口的良好设施、便捷的交通和处于欧洲心脏的地理位置使其成为贩毒的主要通道,绝大部分毒品通过安特卫普进入西欧。走私路线一般是比较固定的,但比利时当局相信日益增加的从中亚地区流入的海洛因是通过土耳其,经安特卫普流入西欧地区。毒品贸易正日益变得有利可图和充满暴力,贩毒团伙以极端凶残的手段来保护其海上"财路",而中间商和街头批发商也会为了各自利益而大打出手。安特卫普警察局的毒品侦探收集逮捕证据,但要逮捕那些"极端危险"的嫌疑犯时,任务就派给了安特卫普警察特遣队。

特遣队在执行高度危险的逮捕任务时需要巡逻警官的支援。毒品隐藏地通常有着极其坚固的大门,由许多打手和狼狗保护,由于在欧洲获得武器较容易,而毒犯也常常不顾后果拒捕并向警察开火。就像战时编制一样,特遣队有一名训练有素的军医,他的主要任务是确保受伤队员得到迅速治疗并保证其度过最初 15 分钟的生命危险期,他的存在给队员以极大的信心和镇定。"如果我说在执行任务时从不害怕被击中和受伤,那我是在说谎。"特遣队一名肉搏战专家军官表示:"我总是在担心我将发生什么事以及我在被击中后会发生什么事。还有,在我前面的军官被子弹击中后我该做什么? 现在我们那位军医就在我们后面,我们确信一旦我们在执行任务时受伤,我们有很大的机会活下去并参加下一次战斗。"

参加下一次战斗总是安特卫普警察特遣队最关心的话题。这里新的犯罪集团来自巴尔干地区,阿尔巴尼亚匪徒从意大利和希腊走向全欧洲,最后在西北欧地区安营扎寨,他们将阿尔巴尼亚妇女偷渡来卖淫,每人一天可赚1000美元,其利润远大于毒品交易。阿尔巴尼亚犯罪集团已形成"内部分工",有募集新成员的、有负责运输的、有负责管理卖淫妇女的,这种"地下经济"由暴力保护并通过恐怖活动来增强。安特卫普警察特遣队常被派去突袭妓院和转运点,那些地方经常由装备步枪和冲锋枪的匪徒看守,"这些罪犯极端残暴地保护他们的'投资'",特遣队队长表示,"每一次我们被召集去解救人质时,都会发现自己会处于密集的火力中。近些年来,我们执行过几百次这样的任务。我们意识到,有组织的犯罪集团只尊重实力,他们来自那些靠枪杆子解决争端的地区,他们只认速度和力量,一旦他们发现我们决心解决问题而他们的枪支不能阻止我们的时候,他们会放弃抵抗并会愿意照我们的话做。"

(十二)北方之鹰——瑞典特种部队

北方之鹰——瑞典特种部队简介:瑞典特种部队的历史可以追溯到1670年。目前瑞典境内共有4个突击团,大约有27000人。其主要任务是守土防卫,一旦战事爆发,将依赖少量特种部队或边境守备队迟滞入侵者,然后开动其全民动员体系,进入全面战争状态。

历史沿革

瑞典特种部队可以分为海军特种部队、空军特种部队和陆军特种部队。大多数国家在和平时期仍然保持一定数量的军队,尽管瑞典和其他国家一样也有一整套完善的征兵和全民动员系统,但它作为一个宣布过永久中立的国家没有自己的常备部队。虽然在和平时期也有大约27000人在服役,但其中绝大多数都保持着平民身份,并非职业军人。瑞典三军的编制单位几乎根本就不是行动单位,他们不过是一个精简的动员系统。他们存在的意义是一旦需要的情况下可以最快的速度完成全民动员,将新征召的士兵整编为作战单位并使其尽快发挥出作用。

唯一在和平时期仍然保持战备状态的单位是特别安全部队和国家快速反应单位,其中国家快速反应单位是一个警察单位,只能说是特别行动单位,而称不上是特种部队,他们只有在和平时期会执行任务。在特种部队组建之前,陆军和海军的特种单位在和平时期偶尔也会协助警察部队执行任务,譬如银行遭到抢劫时,海军狙击手可能会被召唤前来。而且自从特种部队组建后,军队就几乎再也没有参加过类似的国内安全工作。特别安全部队全部由职业军官组成,完全没有征召入伍的士兵,因此,这个单位可以被定义为真正的特种部队。虽然他们也不在和平时期执行任务,但他们总在训练。

在瑞典这样的国防框架下,特种部队显得尤为重要。在和平时期,只有这些特种部队能够保持相当强度的训练,完善作战技能,在战时他们也是首批动员的单位。因此,基于地广人稀、应对突发军事冲突的理由,瑞典国防当局始终保有一批机动力极高的特种部队。这批特种部队分属瑞典陆海空三军。在瑞典陆军中,最精锐、最独特的特种部队乃是拉普兰游骑兵团（Lapland Ranger Regiment），瑞典陆军正式番号为第22步兵团。拉普兰游骑兵团的士兵其训练和战斗均在瑞典北极圈内。拉普兰游骑兵团经受了广泛的寒冷气候条件下的作战训练以及极地生存训练。战争期间，拉普兰游骑兵团将主要承担远程巡逻、远程奇袭、扰乱敌后方区域的任务。

游骑兵（Ranger）的由来可追溯至公元1670年，美国殖民地时期就有使用游骑兵名称及战术的小型军队。当时美国为了应付善于突袭战术的印第安人，于是组成小型的侦骑队伍在屯垦区四周区域巡防以观察敌人活动并提供早期预警。由于他们的巡防距离称为"Range"，因此一般人们称这支队伍的士兵为"Ranger"。

第一支正规的游骑兵部队成立于1756年的新汉普郡，罗伯特·罗杰斯（Robert Rogers）少校首先组织9个连的游骑兵部队代表英国对抗法国及印第安人。他们广为运用快速游击与侦察战术潜入敌后攻击目标，距离远达400英里。罗杰斯少校建立的19项游骑兵信条及头戴黑色贝雷帽的传统即由当时成型。由于游骑兵的骁勇善战，他们不但深得华盛顿总统的信赖，并给英国人留下深刻的印象。美国独立后陆军总计共拥有12连的游骑兵。南北战争时较著名的游骑兵部队是南军陆军上校约翰·S·莫斯比率领的骑兵队。他们利用小队战术，快速突击北军的哨站或重要据点。不论独立革命及南北战争，美国军队已肯定游骑兵对战争的重要性。当时所使用的战术及兵学思想亦构成今日游骑兵战斗准则的基础。实际上，游骑兵属于轻型步兵，除了名称外，其战术内涵和骑兵并无任何关联。

绝大多数国家的游骑兵都采用空降方式作战，并被赋予了全天候和全地形作战能力，在他们的训练内容中，各种不同地形条件下作战方式、要点都有涉及。尤其是像美国的第75游骑兵团，无论是沙漠作战还是丛林作战都能胜任。他们主要是担任主力部队的先锋，执行突击或两栖登陆作战任务。但瑞典的极地游骑兵与其他国家的同类部队却有很大不同。极地游骑兵以国土防御为责，仅仅在瑞典北极圈附近的森林和山地作战，他们不采用空降形式，也不被看作主力部队的先锋。实际上，他们不是用来和对方主力部队作战的，也不执行任何突击任务。极地游骑兵完全是一支独立作战的辅助部队，是专门用来进行非传统作战、游击作战和远程侦搜的。这些作战行动都发生在敌人战线后方，他们将得不到任何友军的支援，并且要应付各种地形和各种气候。追根溯源，瑞典的极地游骑兵几乎就是当年芬兰滑雪部队的现代翻版。在1939年的苏芬战争中，芬兰陆军出动了大量滑雪机动的小分队，这些小分队深入苏军战线的深远后方，执行破袭、伏击等任务，不仅歼灭了大量苏军有生力量，破坏了补给线，甚至经常打击苏军装甲部队，为芬军的迟滞防御立下了汗马功劳。瑞典和芬兰同属斯堪的纳维亚半岛国家，地理环境相似，由于瑞典奉行永久中立政策，其国防战略的核心是守土防卫，一旦战事爆发，将依赖少量特种部队或边境守备队迟滞入侵者，然后开动其全民动员体系，进入全面战争状态。在这样的理念下，为了给全民动员争取到更多的时间，特种部队必须能采用灵活的战术阻击入侵者，因此，瑞典选中了游击战和游骑兵。

战略战术

所有现代化的陆军部队都极度依赖大量的后勤补给（给养、油料、弹药等），这些物资通常都通过卡车的公路运输到达前线。但是在瑞典北部地区,森林、沼泽和山脉密布,自然环境相对恶劣,加上北瑞典的交通并不发达,道路网的建设根本无法同欧洲大陆相比。这些问题在和平时期会阻碍经济发展,但在战时对于瑞典这样的弱势国家却是利好。欠发达的交通会给入侵者带来很大麻烦,使他们的补给线极其脆弱。一旦摧毁部分道路,入侵者的补给网络几乎会立即陷入瘫痪状态。这就为游骑兵们提供了广阔的舞台,要知道,破袭正是游骑兵的拿手好戏。

为了抓住敌人的弱点,打击其交通线,游骑兵单位必须进行渗透作战。极地游骑兵团通常以营的规模行动,每个营下辖几个游骑兵连。每个游骑兵连通常编有12个独立的游骑兵小队,每小队通常为9人。这些游骑兵连将从敌人战线的薄弱地带渗透至其深远后方(50~300公里)。渗透作战与任务时间、季节和渗透距离密切相关。如果渗透距离较短,时间也不长,游骑兵们通常采用徒步或滑雪方式突入敌战线后方。如果是远程渗透,则必须依赖全地形车和直升机。一旦游骑兵连到达目标区域,就立即展开执行作战任务。

当每个小队都达到各自行动地域后,渗透作战进入了战斗准备工作阶段。第一步工作是建立游骑兵小队主行动基地。这项工作包括架设帐篷、帐篷和车辆的伪装、挖掘防御阵地、要点布雷等。在冬季,战斗准备的工作会耗时较长,一昼夜通常不够,因为在架设帐篷时不得不清除掉大量积雪,同时又要在雪地里隐蔽自己的行踪。行动基地建设工作完成后,小队指挥官(通常是一位军士)将率领游骑兵开始进行目标周边地区的侦搜工作。目的是勘察地形,选择最容易达成破坏效果的路段,选择设伏点以打击可能出现的敌军等。

准备阶段完成后,游骑兵将开始攻击。优先目标是敌人的补给车队和工程车。为了摧毁这些目标,游骑兵小队通常会沿公路设伏。在这样的作战中使用的典型武器是地雷、狙击步枪、榴弹发射器和机枪。游骑兵小队通常会协同作战,有专门携带重武器的火力支援小队,他们装备有反坦克导弹或迫击炮。为了达到最佳杀伤效果,关键路段——桥梁、隧道、公路涵洞将先行被炸毁。也可用预先布雷和布设反坦克雷封锁道路。这样的游击战术可以摧毁大量的敌方物资并使整个道路处于瘫痪状态。

实际上,瑞典独立发展出来的一整套游骑兵渗透作战战术完全是冷战时期的产物,在冷战高峰时期,斯堪的纳维亚半岛也是欧洲的前沿阵地。瑞典很清楚地知道他的军事实力绝对无法同当时强大的华约军事力量抗衡,因此明智地选择了游击战这一作战原则。极地游骑兵的训练也还残留着浓重的冷战色彩,其中针对军士长的附加培训课程包括——苏制车辆识别、苏军组织和战术、外国武器使用、间谍武器操作和反审讯训练。

部队概况

(1)海军特种部队
①两栖作战团。瑞典海军共有2个两栖团——第1和第4两栖团,战时他们将共同构成第1两栖旅。他们实际上就是瑞典的海军陆战队。主要执行两栖作战及反两栖登陆任务。
②海岸游骑兵。海岸游骑兵部队类似于美军的伞兵游骑兵团。他们主要沿瑞

典海岸执行远程侦搜任务；对高价值目标进行两栖突击；对抗敌人的海军特种作战单位并在两栖作战期间担任突击任务。海岸游奇兵是以防御为核心的瑞典国防军中的异类，它是地道的进攻性单位。由于瑞典多岛屿的海岸线很容易成为敌方的目标和基地，因此海岸游骑兵部队特别进行了针对性的"海上反击"训练。他们装备有90式战斗舰艇、重机枪、卡尔·古斯塔夫无后坐力炮、84毫米反坦克/反装甲火箭和MK-19自动榴弹发射器。此外他们还可以使用橡皮艇和直升机。海岸游骑兵接受了大量的近接作战、攻击建筑和破袭训练。其基本步兵武器与瑞典陆军单位相同。

③攻击潜水部队。它是瑞典海军的精锐部队，其编成和任务类似于美国的海豹特种部队或英国的SBS特别舟艇中队，他们被训练来执行攻击敌方舰船、抢滩侦察、水文测量、小规模两栖攻击和破袭任务。攻击潜水部队的成员都是从海岸游骑兵中挑选的。

④水雷清除队（Mine Clearance Divers）。它是瑞典海军的爆炸物清理单位。主要执行扫雷任务。

⑤海军特种行动连。主要用于保护瑞典海军的高价值目标不被敌方特种部队破坏，在战时，主要执行安全保卫、侦察巡逻。

（2）空中特种部队

空中游骑兵团在职能上与海军的特种行动连相似，主要用于保护空军的重要目标。尽管伞兵训练中心早在1952年便成立，但直到最近瑞典才开始将伞兵纳入其国防力量体系。该中心是瑞典军方选派军官至英、美两国的伞兵训练中心受训回国后，参照两国模式创立的。由于伞兵所具有的攻击性，以中立为立场的瑞典是不应当建立伞兵部队的。因此瑞典伞兵的主要任务为纵深侦察与敌后破坏。估计每年有600名伞兵候选人，在经过3周预选期间"惨无人道"的生理与心理折磨后，只剩下150名得以继续参加空中袭击的实战训练。训练内容除了军事基本课程外，还必须经过8次全副武装的跳伞训练测验，然后是在负重25公斤的状态下，完成长达17周的测验，内容包括进展常识、地图判读、求生与武器训练，而且以计时方式淘汰行动较慢者。

一般而言，每次大约有50名的参赛者得以达到测验要求，并得以佩戴饰有金鹰的臂章，成为空中突击队的一员。尽管该部队的合并之期已经临近，但是他们严格的训练却并没有因此松懈，相反更加重了像航海、跳伞、通讯等训练内容的分量。

（3）陆军特种部队

①伞兵游骑兵团。伞兵游骑兵属于侦察单位，在正规战斗中，伞兵游骑兵单位主要负责搜集情报和攻击高价值目标。他们的信条是：避免被发现；避免战斗；尽可能地无声息作战。瑞典伞兵游骑兵也戴有栗色贝雷帽。伞兵游骑兵单位的游骑兵和远程侦察训练由伞兵游骑兵学校承担。

警卫团组建于2000年夏季。其成员在斯德哥尔摩近郊训练，任务是保卫首都和周边地区。以反恐为主要任务的宪兵游骑兵和都市步兵营也和他们驻扎在一起。

②K3突击团。瑞典的中南部是K3突击团的重兵地带，他们的主要作战模式是丛林战与敌后突击，这种战术概念与二战时的苏联游击队有相似的地方。但K3

突击团是瑞典正规军,且其所使用的武器系统更为先进。一个 K3 突击团要具有能在 30 个昼夜毫无外援的情况下在敌后作战的能力。1 个 K3 突击团编有 1 个指挥中队、3 个突击中队及 1 个无人载具排。作为基本单位战斗的班配备有两辆富豪吉普车,车上配备一套比尔反坦克导弹、40 毫米 MK-19 榴弹发射器,每个士兵除配备一套 AT-4 火箭筒外,还有 2 支 AK-5 自动步枪,一套 M-203 榴弹发射器、4 挺 MAG 机枪,并外加 1 个迫击炮排提供火力支援。不难想象这样一支训练有素且配备精良的中队所能在敌后造成的重大伤害。

K3 突击团的主要特色是多数士兵都受过前进侦察员的训练,同时该部队尤其重视医疗支援,即便在毫无外援的情况下,伤兵仍能得到最好的医护治疗,平均每 9 名突击队员中就有一名医护兵,他可以同时照顾两位伤兵,其所带的医疗装备重达 30 公斤以上,这对稳定官兵心理有非常强的正面帮助。每一中队更配备一辆有 9 个货柜的医疗卡车,可以搭建 3~4 个调整性的医护帐篷,设备一应俱全,宛如一个小型的野战医院,可以进行紧急的外科手术,每一中队编排两位外科医生,每一营有 9 名外科医生。

③诺兰龙骑兵团。其主要训练和任务区域均在瑞典北部,战时,该团执行在敌后的奇袭和设伏任务,主要针对高价值点目标。

④第 22 步兵团——拉普兰游骑兵团,或者叫极地游骑兵。他们的训练基地在北极圈内的基律纳。基律纳位于瑞典拉普兰地区,深入北极圈内 200 公里。这里是世界上纬度最高的军事训练基地之一,也是欧洲最后的荒野地带。由于太靠近北极,极昼极夜现象非常明显,在这里,6 月可以在午夜看见太阳,而到了 12 月,太阳则永远不会从地平线上升起多少。基律纳恰好位于瑞典境内最高的山脉——Kebnekais 山上。基律纳的城区就建在两座海拔稍低的山峰 Kirunavaara 山和 Luosavaara 山之间的山谷里。这些山峰蕴藏有丰富的铁矿石,实际上,基律纳就坐落在世界上最大最现代化的地下铁矿——LKAB 铁矿上,而在基律纳以东 50 公里处是欧洲最大的空间卫星发射基地——Esrange。

基律纳是世界上气候最恶劣的地区之一,在这里,年平均温度仅为零下 1 摄氏度,冬季平均温度在零下 20 摄氏度,最低的时候可达到零下 45 摄氏度。一年当中有 7 个月大雪覆盖,从 10 月到次年 4 月,冬季结束时积雪厚度通常超过 1 米。春季冰雪融化时,大地则洪水泛滥或变成一片沼泽。而从 5 月到 8 月间,这里又是蚊子的天堂,从沼泽到池塘,到处都是蚊子。

在这样恶劣的自然环境下,瑞典陆军最精锐的单位——极地游骑兵团进行着训练。极地游骑兵所需要的士兵必须拥有超强的体力和忍耐力,因为他们必须在极端恶劣的条件下,在极端的压力和疲劳状态下思考并采取行动。每位士兵接受的广泛和严格的训练包括:极地野外生存、巡逻技巧、爆破、导航、建立隐蔽的游骑兵基地、山地作战、滑雪和雪橇使用训练。极地游骑兵接受的特别训练还包括通讯、地穴挖掘、战地医疗、雪地汽车驾驶、全地形车驾驶和重武器操作(机枪、狙击步枪、迫击炮、榴弹发射器和反坦克导弹)。

武器装备

极地游骑兵的基本步兵武器与瑞典陆军单位相同——格洛克-17.9 毫米手

·军事制度·

图文珍藏版

枪、AK-5 自动步枪、AK-5b 狙击步枪和 AK-5c 自动步枪（带 M-203 榴弹发射器）、Ksp-58b 的 7.62 毫米通用机枪、Ksp M-90 的 5.56 毫米轻机枪、12.7 毫米重机枪和 GSP（Mk-19.40 毫米自动榴弹发射器）。

20 世纪 70 年代中期，瑞典军队开始寻求小口径轻型步枪以取代当时装备的 AK-4 步枪。经过对已有的大部分 5.56 毫米步枪的可靠性、耐用性、精度、维护性和其他性能试验以后，最终只保留了两种步枪继续进行试验，即瑞典 FFV 军械公司研制的 FFV-890C 步枪和比利时的 FNC-80 步枪。FFV-890C 以 IMI 加利尔为原型，因此两者外形很相似。1979 年至 1980 年期间又对这两种步枪进行了部队试验和技术试验，结果淘汰了 FFV-890C 式步枪，选中了 FNC 步枪，因为考虑到后者的性能可以提高。随后对 FNC 步枪做了一系列改进，以适应瑞典军队的特殊需要。改进后的步枪称为 AK-5 突击步枪。由瑞典博福斯—埃斯基尔斯图纳公司生产。

AK-5 的工作原理与 FNC 步枪相同，结构也基本一样，但对以下零部件进行了改进：枪托和枪托锁定装置、枪机、拉弹钩、护木、导气箍、瞄准具、装填拉柄、弹匣、快慢机柄、扳机护圈和背带环。同时，还取消了三发点射机构，表面进行了喷砂和磷化处理，并烤深绿色瓷漆。

AK-5 主要有 4 种型号，其中 AK-5 是基础型，瑞典军队的制式步枪，采用机械瞄准具，准星为柱形，带有护圈，表尺为翻转式照门，表尺分划为 250 米和 400 米。AK-5B 配有英国 SA-80 所用的 4 倍 SUSAT 光学瞄准镜，取消了准星和照门，用做狙击枪使用。AK-SC 是带 M203 的 40 毫米榴弹发射器的 AK-5，主要装备游骑兵和两栖部队。AK-SD 是短枪管的型号，现已普遍装备瑞典的空降游骑兵。

（十二）海军猎杀队——挪威皇家海军特种作战部队

挪威海军猎杀队简介：挪威海军猎杀队成立于 1953 年，现有成员 200 名左右，主要执行敌后破坏、突袭和侦察等进攻性任务。该部队配备有精良的武器设备，能在 4 个小时内全部部署完毕。在反恐作战中发挥了不可替代的作用。

历史沿革

挪威海军猎杀队（MJK）是挪威皇家海军特种作战部队的别称，它成立于 1953 年，现有成员 200 名左右。当时挪威海军为能执行敌后破坏、突袭和侦察等进攻性任务而开始训练"蛙人"部队，并在西海岸建立潜水训练学校。挪威的"蛙人"部队参照美国海军海豹部队进行训练，还特别引进几名美国 UDT 部队教官。最初，挪威"蛙人"部队的任务是海岸侦察以及拆弹。但随着苏联北方舰队力量日益强大而且在挪威外海活动逐渐频繁，挪威"蛙人"部队也开始担负越来越重要的任务。1968 年，挪威"蛙人"部队分为两支完全不同的部队，一支是拆弹队，另一支则是名副其实的突击队，即海军猎杀队，其任务是侦察、搜集情报以及深入敌后行动，这支部队能在敌占区连续作战 30 天而不需补给，当然在挪威国防部的努力下，在挪威各地都有事先隐藏好的食物、军火和补给品。为了保持作战行动的隐蔽性和灵活性,通常以小组为单位作战,根据任务不同,一般以 2~12 人编为一个作战小组。挪威海军猎杀队像美国海军"海豹"突击队一样,以两栖作战为主,并能在野外长期生存以及在冰山雪地上执行任务。

挪威海军猎杀队的总部设在挪威境内最偏僻的地方——拉姆松德,队员们常开玩笑说这是"被上帝遗忘、被撒旦抛弃的地方",当然该部队在哈克斯维恩海军基地(挪威主要的潜艇基地,也是海军潜水训练学校所在地)也设有分部。尽管总部设在内地,一旦有任务下达,MJK 就能在 4 小时内召集部署完毕。

选拔训练

这支精英部队的训练是极其冗长且高度专业化的(挪威 18 岁青年都要服 15 个月的兵役),志愿参加海军猎杀队的人首先在卑尔根接受整整 22 周的基本训练,开始的两周是在杳无人烟的地方(一般是在北部积雪的山区)进行紧张的野战训练。凡是能挺过这 14 个不眠之夜以及长达 30 公里行军的人就被称作"入选者",并开始接受基本的野战勤务、武器使用、山地攀登、战斗潜水等训练。每一阶段训练结束就会进行实弹演练以考验队员们所学到的技能。当这些训练科目将近尾声,队员们已掌握了一定的作战技巧后,就将开始进行高级战斗潜水、跳伞、野战生存等训练(许多北约特种部队指挥官认为挪威人是最善于在森林中生存的欧洲人),并且还利用各种手段如高速小艇、运输车辆和潜艇进行作战渗透训练。同样,每一阶段训练结束就会进行实弹演练。

挪威海军潜水训练学校为海军猎杀队设计了一套分为五个阶段的训练课程。

第一阶段在哈克斯维恩基地进行,包括:①选员;②戴水中呼吸器在 50 米深处的潜水训练;③戴氧气装置的水中游泳/从潜艇鱼雷管的逃生;④作战巡逻和海滩巡逻;⑤跳伞训练;⑥野战生存训练;⑦航海。

第二阶段在挪威北部的拉姆松德基地进行,包括:①与美国"海豹"突击队进行联合冬季训练;②生存训练,尤其是北极气候条件下的生存训练;③野战巡逻和勤务;④登山;⑤敌军作战装备和工事识别和地形识别;⑥战斗搜寻和营救训练;⑦近距离作战训练。第二阶段是淘汰率最高的阶段,其目的就是要在已经过筛选的人员中再进行筛选。许多成功通过第一阶段的"入选者"和一些在常规部队中极其出色的士兵在面对如此艰苦和苛刻的训练日程及训练方式时都显得力不从心了。

第三阶段是针对通过第一阶段和第二阶段的队员的高级训练,包括:①跳伞训练;②战斗渗透训练;③在美国弗吉尼亚州的小赫伦尼克作战基地与美国"海豹"队员共同训练。

第四阶段是指挥和控制训练,地点在挪威海军军官学校,课程包括:①指挥海军猎杀队执行巡逻任务;②作战计划设计;③安全及管理决策。

第五阶段是针对海军猎杀队作战的"专家级"训练,包括:①高级通信技术;②高级卫生训练;③情报收集;④爆破术;⑤压力舱操作;⑥潜水领队;⑦野战生存高级训练,与英国第 22 特别空勤团共同进行;⑧狙击训练;⑨与北约、东欧或亚洲的海军特种部队进行合成演练。

真正能挺过这 22 周集训的队员是极少数的,他们紧接着要着手进行海军猎杀队最为艰巨的任务:冬季行动。这一阶段标志着该队员正规服役期的开始,并将延续至其服役期结束——大多数海军猎杀队队员都签署三年"职业"服役期。对专职队员还有远距离高频通信、高级医学实验和训练、狙击术、情报、拉伞前自由落下、HALO 伞降和高级爆破等专门训练。接受指导、训练、演习已是队员们习以为常的生活方式了。

海军猎杀队的一项极其重要的任务是反恐怖作战——尤其是在海上行动,包括营救被困于渡轮、大型远洋客轮及石油钻井平台上的人质。航海事业是挪威立国之本,挪威国防部官员早就意识到只要有一次针对挪威海运和石油目标的恐怖行动得逞,那么挪威的国家安全将受到严重威胁。虽然海军猎杀队是挪威主要的反恐怖力量,但海军猎杀队也进行人质营救训练,尤其是海上营救。据报道,挪威反恐怖部队和海军猎杀队每年都进行大规模协同演习,代号"双子座",其中许多的演练是在特隆赫姆港外的石油钻井平台上进行的,都是真枪实弹的演练。在北海上的渡轮以及标有挪威船籍的远洋轮上也进行类似的实弹演习。

武器装备

挪威海军猎杀队的武器设备比较精良,除有比利时制造的 FN5.56 毫米口径迷你型轻机枪、北约制式 AG-3F1 型 7.62 毫米口径突击步枪、HKP7 型 9 毫米口径自动手枪外,还配有各种类型的狙击步枪、战防火箭及榴弹发射器等。

为了使海军猎杀队能够快速完成任务,除为海军猎杀队队员配备水下自给式呼吸系统、海上各种渗透工具及全天候突击快艇、小艇外,还配备了挪威皇家海军的 Kobben 级与 Ua 级潜艇。另有贝尔 212 型、"海王"式 MK-43 及"大山猫"式 MK-86 型运输直升机及挪威空军的 C-130"大力士"型运输机实施全程配属和支援,从而实现了作战手段的现代化,为海军猎杀队完成各种作战任务奠定了基础。

(十三)芬兰陆军特种独立轻骑兵团

芬兰陆军特种独立轻骑兵团简介:芬兰陆军特种独立轻骑兵团的组建历史可以追溯到二战期间,此后芬兰陆军特种部队不断发展。1961 年 8 月 25 日,芬兰陆军在独立纵深侦察营的基础上创建了一所轻骑兵伞降学校。1997 年,在此训练中心基础上,正式组建芬兰陆军特种独立轻骑兵团,并把 8 月 25 日定为部队组建日。目前,该团共有 400 名官兵,200 多人为职业军人,其中有 36 名军官。武器和军事装备补编率为 100%,是欧洲一支老牌的精锐反恐部队。

历史背景

在北欧国家芬兰,有一支独树一帜的特种部队:芬兰陆军特种独立轻骑兵团。其组建历史最早可追溯到二战期间。1939 年在与苏联的战争失败后,芬兰加入希特勒德国的邪恶轴心,与苏联红军作战,为此组建了 4 个纵深侦察连,1943 年改编为第 4 独立纵深侦察营。二战末期,在芬兰退出战争之前,这些部队共在苏军后方距离芬兰边境 300 公里内的地区进行了 275 次特种行动,其中,第 4 独立纵深侦察营一个分队在莫斯科至阿尔汉格尔斯克铁路沿线地区活动,创造了连续行动50多天的纪录。

1961年8月25日,在科瓦尔市以东15公里处的乌季镇,芬兰陆军在独立纵深侦察营的基础上创建了一所轻骑兵伞降学校,成为陆军伞兵训练中心。1997年,在此训练中心基础上,正式组建芬兰陆军特种独立轻骑兵团,并把8月25日定为部队组建日。

特种独立轻骑兵团组建之初,从芬兰空军接编了1个独立直升机中队,得到7架米-8直升机、2架"休斯500D"直升机,2001年,改编为独立直升机营。组建时,还从芬兰东部军区司令部陆军独立坦克装甲旅接编1个宪兵培训中心。2003年,改归芬兰武装力量总参谋部直辖。

和芬兰其他陆军部队一样,在和平时期,特种独立轻骑兵团是干部比较集中的单位,负责义务兵训练和后备役人员再培训,储备干部人才,作为其他部队动员扩编的基础。

芬兰陆军特种独立轻骑兵团采用混合兵役制原则补充新鲜血液,主要补充义务兵,部分人员是合同兵。在招收、选拔义务兵时,完全根据志愿原则,最长服役期限12个月。和平时期,人员补编率为30%。目前,该团共有400名官兵,200多人为职业军人,其中有36名军官。武器和军事装备补编率为100%。

在组织编成上,特种独立轻骑兵团由团部、空降训练中心、宪兵培训中心、直升机营(两架直升机处于常备值勤班状态,随时保障特种伞降行动)和物资技术保障中心。和平时期,主要任务是为各特种部队、纵深侦察部队和宪兵部队培训人员,保障直升机处于战备状态,随时投入使用,为直升机部队培训飞行和技术人员,为空军飞行员和航校学员进行伞降训练。另外,全体队员还要总结完善现代战事实施条例、特种队员培训方法和编写训练教辅用书。

选拔和训练

特种独立轻骑兵团在选拔新成员时非常严格,竞争激烈,每年约征召170名新队员,至少有500~600人报名,淘汰率高达70%。初选在两天内完成,所有报名士兵都要接受详细的、严格的医学、生理和心理检查,进行体能训练测试,重点是考察未来队员的耐力。选拔中坚持"宁缺毋滥"的原则,从不降低要求,盲目补编,2000~2001年度就只招收了125人。

经过初选关的队员要经过为期一个月的基础军训课程,结束后,约10%的人会被淘汰,其余队员继续训练,分为两个排:纵深侦察排和特种作战排。前者的主要任务是在敌后活动,为摩托化步兵和坦克部队提供侦察到的敌情,后者的任务重点是对抗深入己后的敌方特种队员,特别是在城市中活动的敌方侦察破坏分队。

从2000年底开始,特种独立轻骑兵团开始实行职业化改革试点,以数量不大(约10人)的特种分队为单位,义务服役期限结束后,根据个人志愿原则,签署2~3年的短期职业合同,之后进行相应培训,部分队员以伞兵学校教官的身份继续服役,部分队员被派往国外,参加国际维和行动。

从每年4月份开始,特种独立轻骑兵团新选拔的队员分纵深侦察排和特种作战排两组,进行为期20周的基础训练。此间,他们要熟悉各种轻武器的结构、性能,熟练掌握射击技能,演练近战战术,进行跳伞训练,包括从悬停状态下的直升机上攀握缆绳空降或从运输机上直接伞降。

由于芬兰拥有漫长的海岸线,境内约有 5.5 万个湖泊,特种队员必须进行专门训练,熟练掌握海上行动技能,特别是从直升机上向水面空降的技能,不用降落伞超低空直接跳向水面,还要学会划充气橡皮艇、皮艇或穿上潜水服实施水面登陆的技能,并能借助身边设备突破各种水障。

在正常义务兵役期间,每名队员至少要完成 20 次跳伞任务,主要使用俄制米-8 直升机和美制 T-10 降落伞,采用强制开伞方式。在进行高难度跳伞训练时,由在北约国家接受过专门训练的教官指导,使用芬兰空军"福克-27"运输机(共 3 架)。特种独立轻骑兵团全体队员平均每年要进行 5000 人次跳伞训练。

在近战技术训练课程中,特别强调熟悉掌握与敌方直接身体接触时的擒拿格斗技巧,主要借鉴以色列特种部队高级擒拿格斗技巧训练套路。不过,不同专业训练要求各有不同,特种作战排队员此项技能训练时间底线为 100 小时,纵深侦察排队员为 50 小时。

顺利通过基础培训课程而未被淘汰的队员,至少已有 5 次跳伞经验,其中 2 次携带武器跳伞,1 次夜间跳伞,1 次全副装备(武器、特种装备、饮用水)条件下的跳伞。在其后服役过程中,完成 35 次、150 次跳伞后,会被分别授予银质和金质胸章。

第二阶段职业训练从 9 月份开始,主要演练各种战术、无线电联系、布雷、排雷、爆破、火力支持等科目。训练结束后,士兵将被晋升为士官,根据先前测试考核结果挑选出来的表现优异的队员,还要进行为期 14 周的单独项目训练,之后被晋升为后备役军官,成为特种作战小组指挥官或纵深侦察巡逻兵。

在第二阶段职业培训中,芬兰陆军特种独立轻骑兵团非常重视冬季作战训练,在第二年年初,会举行为期两周的特种演习,检验队员们的冬季行动技能。所有队员都要参加各种各样的野外生存、训练、侦察、战斗行动,野外行动时间至少为 80~90 天。

特种作战排队员要进行城市特种行动技能训练,其中包括反恐战术。和平时期,必要时将为特种警察部队行动提供支持,隔离行动地区。战争时期,独自执行战斗任务,对抗渗透到己方城市中的敌方侦察破坏分队。由于芬兰森林覆盖率比较高,特种队员必须具备在森林中搜索、追踪敌方侦察破坏分队的能力,与纵深侦察排队员们共同训练提高这种技能,后者还要掌握摆脱追踪的技能。特种行动队通常由 8 名队员组成,必要时可再分为两个 4 人小组,每组 1 名通信员,1 名爆破专家,1 名武器(机枪和火箭筒)专家,1 名救护医生。

纵深侦察排队员们的行动通常在远离己方主力的敌后地区单独进行,时间一般较长。培训时,特别重视侦察技能的培养,队员们不仅要掌握基本侦察技能,还要发挥主观能动性,善于侦察,发现各种秘密岗哨,辨别敌方武器和军事装备的类型,熟知其性能。

特种独立轻骑兵团经常组织实践演练,动用特种训练器材,模拟各种实战地形,在不同地区不同方向上,会有北约成员国和前华约国家 150 多种武器和军事装备样品模型不时显现,尺寸和规模各不相同。参加演练的纵深侦察排队员,借助望远镜观察局势,必须能迅速、准确无误地判断出瞬间出现的武器设备模型,说出其类型、国别和基本性能。

两个排的队员都要学会观察、利用行动地区地理条件。由于芬兰地处北欧,冬季比较漫长,对雪地行动技能要求较高。从每年12月份开始,队员们重点训练雪地行动技能,在冬季结束前,必须能在一天一夜内在雪地上滑行80~90公里。冬季跳伞训练时,队员和装备分开,着陆后的队员使用雪橇,在厚厚的积雪中寻找空投下的武器设备,然后行动。

武器装备

芬兰陆军特种独立轻骑兵团配备的武器设备来源比较复杂,有俄罗斯和西方国家研制的,也有芬兰国产的。

在轻武器方面,主要使用M-95型7.62毫米自动突击步枪,枪托可折叠,为俄制AK-47的芬兰改型。选择7.62毫米口径,主要是因为特种队员主要在森林地区行动,对子弹重量要求稍微高一些。M-95自动突击步枪上有托架,可装配枪榴弹发射器和光学瞄准仪,枪口上可安装消声器。

在近战武器方面,主要使用比利时FN公司生产的9毫米手枪。为配合城市特种作战,全体队员人手一支德国黑客勒科赫公司生产的9毫米MP-5型冲锋枪。

在狙击武器方面,纵深侦察分队狙击手主要使用俄制SVD步枪和芬兰国产M-85型步枪,后者以射击精度高而著称,是为反恐部队专门研制的。此外还计划再装备少量大口径狙击步枪。

俄制SVD狙击步枪

在分队火力支援武器方面,装备俄制81毫米迫击炮、AGS-30自动榴弹发射器、12.7毫米NSV机枪。

在直升机装备方面,2005年,特种团直升机营开始接收NH-90新型运输空降直升机,在2008年又装备20架,以全部替换现役米-8直升机。

自组建至今,芬兰陆军特种独立轻骑兵团不仅成功完成了上级下达的各种特种行动任务,还为其他各军兵种特种部队、纵深侦察部队和宪兵队培训了大量精兵强将,为直升机部队培训飞行和技术人员,训练空军飞行员和航校学员伞降技能,其全面表现受到芬兰军政领导的高度评价,成为一支当之无愧的精锐部队。

(十四)西班牙反恐部队

1.国家警察人质营救小组

西班牙国家警察人质营救小组(GEO)简介:西班牙国家警察人质营救小组成立于1978年,是一支专门执行反恐任务的特种战术部队,也是欧洲公认的一支老牌特警部队。这支部队由 120 多名训练有素的队员组成,包括 3 个作战行动组(每组 30 人)、1 个训练组(10 人)、1 个技术测试组(10 人)和 1 个支援单位。在西班牙反恐行动中发挥着重要的作用。

成立背景

西班牙国家警察人质营救小组(GEO)成立于 1978 年,这是为了应对巴斯克地区的"巴斯克祖国与自由"恐怖分裂组织而成立的一支专门执行反恐任务的特种战术部队。GEO 是欧洲公认的一支老牌的特警部队,拥有一流的装备和一流的队员。GEO 隶属于国家警察,由其负责调动和执行任务,主要任务是打击恐怖组织和暴力犯罪组织,打击有组织有预谋的犯罪,并且配合其他执法部门执行抓捕和解救、协助其他执法部门进行大型活动的保安工作,保护西班牙政要和外国元首、高官,保护西班牙驻外使馆的安全,镇压监狱暴动等。

GEO 总部位于瓜达拉哈拉,位于马德里东部 50 公里处。该部队由 3 个作战行动组(每组 30 人)、1 个训练组(10 人)、1 个技术测试组(10 人)和 1 个支援单位组成。在执行任务的时候,30 人的行动作战小组会分成更小的作战单位。

选拔与训练

GEO 成员的申请者,除必须拥有西班牙警官身份外,还必须参加过国内警局的行动任务。具备上述条件的申请者,还需接受生理、心理检查和个人调查。所谓生理和心理检查,主要是检查申请者的身体状态和精神状态;所谓个人调查,主要是确认申请者加入 GEO 的理由和动机。挑选结束,被选中的申请者,将进入为期 7 个月的基础训练阶段。

这 7 个月的基础训练,强度大而严格,主要是让队员掌握与恐怖和犯罪分子作战的各种技能。训练课程包括:高强度体能训练(重点是军事技术和近身格斗)、战术行动训练、目标射击训练、反恐狙击训练、攀爬和绳降训练、爆炸操作训练、潜水训练、高速驾驶训练、直升机介入训练、强行破门训练、近战训练以及反劫持人质训练。顺利通过基础训练阶段以后,候选人正式加入 GEO 的一个行动小组,在那里继续进行日常训练,以保持高水平的备战状态。GEO 也会定期和欧洲其他国家的警方反恐部队进行联合训练交流。

在瓜达拉哈拉总部附近的卡斯蒂利安平原设有 GEO 的大规模训练中心。在那里,队员们针对任何可能出现的情况进行训练。他们演练各种强行进入建筑的技巧,从建筑物顶部快速攀绳而下或是破窗而入。GEO 的军官们常自豪地说:西班牙没有一处建筑物是他们不能进入的。

行动小组的成员可以悄然无声地从一幢 5 层公寓大楼正面滑落至人行道上。也可以在 40 秒内闯进房内并向有敌意的目标开火。此外,小组队员们定期在全国各大机场训练如何从被劫持的西班牙航班上营救人质或是在铁路站点训练从火车上救人,他们还定期演练突袭被劫持的公共汽车以及往返于北非与西班牙的渡轮。事实上 GEO 的所有训练都是实弹演练,这是为了让队员们体验枪械的危险,掌握其习性。

"封闭状态突袭"即公共汽车营救,是营救小组的必训科目之一。为了考验GEO队员的反应速度和战术,他们会设计一次演练。比如,一帮被宣判的抢劫杀人犯从法院逃出并劫持了一辆载有12名乘客市内公共汽车,并且抢得足够的枪支、弹药。对于GEO队员来讲,他们唯一关心的是如何将人质活着救出。面对这样的情况,GEO队员有很多战术问题需要考虑。逃犯会采用什么路线?什么地方最适合拦截?劫持者是否已经杀害人质?等问题。

　　要拦截那辆车,GEO采用钳形攻势,即在公共汽车的前方将一个非常巨大的爆破装置引爆,以产生令人眩目的闪光和震耳欲聋的轰鸣。这是为了吸引劫持者的注意力,并使司机本能地降低车速。营救队员利用爆炸时机,驾驶一辆大型车辆快速驶到公共汽车前,迫使其停下。由于欧洲的公共汽车玻璃不是防碎玻璃,这就使得反恐队员可以破窗而入。每名突击队员都携带一种特制的金属梯凳,以便在攻击时,打碎车窗,其他队员踏着梯凳爬进车内,不费一枪一弹瞬间取得战术优势。整个实弹演习结束。

　　武器装备

　　西班牙国家警察人质营救小组的主要装备为:MP5A2/A3/A5、MP5SD、MP5K系列冲锋枪、FN P90 5.7毫米冲锋枪、HK33 SG1 5.56毫米突击步枪、SIG551 SWAT 5.56毫米突击步枪和SIG 551Commondo 5.56毫米突击步枪、HK P9S 9毫米手枪是GEO使用多年的标准手枪,但GEO目前最常使用的是西格-绍尔P226手枪。狙击步枪包括:HK PSG-1 0.308英寸半自动步枪、毛瑟 SP66 0.308英寸旋转后拉枪机步枪(装有昼/夜用瞄准具)、西格—绍尔SSG2000 0.308英寸旋转后拉枪机步枪、SAKO TRG-21 0.308英寸旋转后拉枪机步枪(装有昼/夜用瞄准具)、SAKO TRG-41 0.308英寸旋转后拉枪机步枪。霰弹枪主要包括以下型号:弗兰奇 SPAS 350、弗兰奇 SPAS 230、弗兰奇 Llama、HK 512、雷明顿 M870 等,均为12毫米口径。

　　GEO还配备有大量特种装备和电子配件。GEO的标准用具包括弹道头盔、防火装具、战术背心、防弹衣、防毒面具、高级通信系统、照明和眩晕弹、潜水用具、爆炸和破坏用具以及夜视仪和侦察仪器。

　　GEO还配备有各种载具,包括福特蒙迪欧公务车、标致406轿车以及西班牙制造的URO悍马(携有特种坡道突袭系统)、梅赛德斯-奔驰卡车、宝马K100摩托车、充气艇、MBB BO-105直升机。

　　经典战役

　　GEO成立以来最大规模、最集中的训练是在1992年夏天,巴塞罗那奥运会前的几个月。恐怖分子都喜欢利用有纪念意义的日子和地点闹事,因此慕尼黑流血事件20周年那天对恐怖分子采取恐怖行动意义重大。西班牙情报部门估计西班牙分裂组织"埃塔"有可能计划在某个竞技场制造爆炸事件。据其他情报部门消息,一个被称为"阿布·尼达尔"的敢死队已经抵达西班牙,准备一次大规模的人质绑架行动。在GEO的打击之下,恐怖分子的行动没有得逞。

　　GEO参加了数百次反恐行动,其中一些行动都是最典型的反恐怖行动的经典战例。如突袭恐怖分子的隐蔽基地,营救被绑架的著名歌星的胡里奥·伊格莱西亚斯的父亲,以及从被围困的建筑中营救人质。

2.西班牙特种作战部队

西班牙特种作战部队简介:西班牙特种作战部队组建于1997年,分散于海、陆、空三军之中。本文主要介绍陆军特种作战部队。陆军特种作战部队由司令部和3个团编成,并配有先进的武器设备。在西班牙反恐行动中发挥重要的作用。

成立背景

西班牙的特种作战部队不是一支独立的部队,而是分散在陆、海、空三军之中。其特种部队于1997年10月组建,但是直到目前也未能实现统一指挥。虽然部队制定有各军种特种作战司令部参加的共同计划,但问题较多,实现统一指挥还比较困难。

1936年2月,西班牙共和国大选中,共产党、共和党、社会党等组成的人民阵线获胜,成立了联合政府。同年7月,佛朗哥发动了内战,在德、意法西斯军队的支持与武装协助下,于1939年3月夺取了政权,1940年3月31日宣布为君主国,独揽军政大权,直到1975年逝世为止,独裁统治持续了35年。而西班牙特种作战部队是在佛朗哥统治下的1962年出现的。

1956年,马德里大学发生学生纠纷,在此背景下陆军山岳部队军官学校开设了游击战课程。1962年以该校培养的战士组建特种作战连(COE),这就是西班牙最早的陆军特种作战部队。COE是按照内战经验组编的,侧重游击战,共有25支部队,遍布西班牙全国。后来,COE经历了几次改编,于1997年10月组建了特种作战司令部(MOE),海军和空军也同时组建了本军种的MOE,这种组织形态一直延续到现在。

任务与编制

西班牙陆、海、空三军的MOE不直属国防部管辖,执行军务时推行三军协作的方针,但实际运作上相当困难,虽然目前有统一指挥的趋势,但问题较多,进展缓慢。本文主要介绍陆军MOE。

陆军MOE由司令部和3个团编成,分布于3个基地。司令部和第3团在阿利坎特基地,第4团在巴塞罗那基地,第19团在龙达基地。各团的本部由1名将军和15名陆军中校组成,进行情报搜索、军事行动、后方支援和计划等任务。团下面设有4个精干老练的直辖小组,每小组由1名少校指挥,若干名大尉、中尉和准尉组成。这些小组才是MOE的实际运作部队。3个团还分别配备了侦察部队、作战与巡逻部队、狙击部队和60毫米迫击炮部队,由陆军中校统一指挥。

陆军MOE的主要任务,与其说是执行军事行动,莫如说是担当其他军事部门不能胜任的管理方面的工作,即特种军事训练的组织、计划的制定与监督、特种作战部队之间的协调等。在国内形势较稳定的今天,除了参与北约援助波斯尼亚等活动外,还在国内进行重要任务警卫、与海、空军进行联合演习等活动。陆军MOE

每年演习 2~3 次,与海、空军每年联合演习一次。

陆军 MOE 的徽章是橡树叶包围的剑。橡树是常绿树,表示常存,剑是战士的象征,整个徽章表示特种部队的战士是顽强勇士。阿利坎特基地的特种部队纪念碑下方就刻有 MOE 的徽章,上方是戴绿色贝雷帽的士兵。

武器装备

(1)手枪

西班牙军队允许将校以上的军官携带自己喜爱的手枪做自卫手枪,所以大多数人都选择国产的制式枪——骆马(LLAMA)M82 式 9 毫米手枪。

(2)赛特迈 5.56 毫米 LC 突击步枪

该枪由西班牙特种材料技术中心(CETME,赛特迈)研制,1985 年生产并装备部队,作西军制式武器。该枪采用短枪管,伸缩式枪托,半自由枪机,可单、连发和 3 发点射,全枪重 3.4 公斤,全枪长 860 毫米/665 毫米(枪托伸出/枪托缩进),枪管长 320 毫米,初速 832 米/秒,理论射速 600~800 发/分,使用 M 193 式或 SS109 式 5.56 毫米枪弹,采用 20 或 30 发弹匣。

(3)赛特迈阿梅利 5.56 毫米轻机枪

该枪与 LC 突击步枪有些相似,部分零件可通用,采用半自由枪机,滚柱闭锁方式,初速 875 米/秒,最大射速 1650 米/秒,只能连发射击,全枪重 5.2 公斤(不含弹链),全枪长 970 毫米,枪管长 400 毫米。该枪可配装折叠式两脚架,也可装三脚架。准星装在突出的底座上,表尺装在提把后方的固定座上。使用 M193 式或 SS109 式 5.56 毫米枪弹。

(4)UH-l 直升机

该机由西班牙空军赞助,用于人员输送,后面的隔栅拆下可增大空间,最多可搭载 6~7 人。

(5)伞降专用运输机

由空军赞助,又称"空中之车"运输机,可乘载 25 名士兵。

(6)军用摩托车

该车是日本雅马哈 XT600 的出口型变型车。

(7)单兵装备

包括巡逻包和背包两种。巡逻包装在网状突击背心侧面。背包装有睡袋、食品、药品等军需品,总重约 35 公斤。士兵们要经常背这么重的行李行军二三十公里,在锻炼健壮体格的同时,还磨炼了顽强的意志。

(8)降落伞

一般以美制的 TP2 降落伞做主降落伞,背在身后,西班牙星牌 Z-70B 降落伞作辅降落伞,抱在胸前空降。

演习作战

2001 年 10 月,西班牙特种部队在萨拉戈萨市郊外原美国空军基地举行了一次军事演习。

演习的内容主要是:黄国的恐怖分子已攻入绿国并进行破坏活动。西班牙陆军 MOE 第 4 团担任反恐怖任务。部分侦察兵换上便服在"敌"占领区潜伏,收集情报;其余侦察部队进行核电厂的侦察工作,并在夜间,离发电厂数公里的某镇上空350 米高度进行伞降(伞降作战的气象条件是:白天风速小于 8 米/秒,夜间小于 4米/秒),跳机后 4 秒钟打开降落伞便可安全降落。第 4 团其他部队接到侦察部队的报告后,与水上登陆部队、直升机部队和陆上机动部队一起行动。

此次演习表明,当今的西班牙特种作战部队是一支具备相当作战能力的先进部队。

(十五)葡萄牙特种警察部队

葡萄牙特种警察部队(GOE)简介:葡萄牙特种警察部队成立于 1982 年,由100 多名训练有素的队员组成,在与恐怖分子做斗争的 30 多年中积累了丰富经验,被认为是欧洲装备最精良、训练最专业的反恐部队之一。该部队包括 3 个行动队,1 个由通信专家、爆破专家和强攻手组成的科技小组和 1 个训练小组。为了有效打击恐怖活动,该部队配备有当今世界上最先进的武器。

历史沿革

葡萄牙特种警察部队成立于 1982 年。它的使命与西班牙国家警察人质营救小组和德国边防警察第 9 大队雷同。在与恐怖分子做斗争的 30 多年中,积累了丰富的作战经验,被认为是欧洲装备最精良、训练最专业、经验最丰富的反恐部队之一。

葡萄牙特种警察部队,由 100 多名训练有素、智勇双全、经验丰富的队员组成。总部设在葡萄牙首都里斯本的郊外。为了对付狡猾多变、冷酷无情的恐怖主义者,葡萄牙需要一支不同于常规警察的特殊队伍,这支队伍必须力量强大、装备精良、具有战略突击能力和灵活性,可以随时被调遣到任何一个发生恐怖事件和恶性暴力犯罪的地方,对带给人类灾难的恐怖活动以致命的打击。特种警察部队正是应这一需要而成立的。由于其任务的重要性,葡萄牙特种警察部队直接听命于国家警察部部长。特种警察部队包括 3 个行动队,1 个由通信专家、爆破专家和强攻手组成的科技小组和 1 个训练小组。为了工作与战斗的需要,每个单元又被打散成 4~5 人的小分队,混合作战,以适应各种战术需要。

选拔与训练

葡萄牙特种警察享受着最高的待遇,执行着最危险的任务。因此是葡萄牙热血青年崇拜的对象,当然这些青年也十分渴望加入特别警察队伍。但是要成为GOE,并非一件简单、容易的事情。葡萄牙特种警察部队招收新成员的条件极为苛刻。

葡萄牙特种警察部队不直接从民间招收新成员,而是从警察队伍中选拔。因此要成为特种警察的前提必须是警察。并且参加者完全出于自愿。除此之外,申请者必须通过考核委员会严格的体格检查、体能测试和心理素质测试。只有那些心理素质过硬、思维敏捷、意志坚强,并且愿意为国家献身的人,才有机会进入这支队伍。

有幸通过考核委员会考核的人员,要进行为期9个月的基础训练。这些训练科目专门为打击恶性刑事犯罪和恐怖活动的实战需要设计的。主要包括高强度的体能训练(特别强调擒拿格斗和贴身战斗等搏击能力)、战术行动训练、射击训练、攀爬与绳索速降、防爆排爆、潜水、重要任务保持程序、搜捕程序、驾驶各种车辆、搭载直升机的快速抵离能力训练、强攻能力、室内近距离进攻战术、渗透侦察与潜伏伪装、人质解救练习(模拟在各种不同的环境)等。这些训练异常艰巨和危险,考验他们面对各类恐怖活动和暴力犯罪的勇气,提高他们的各项特种作战技能。

经过近乎残酷的基础训练后,合格者则会被安排进一个行动小分队。在这里,队员每天还要接受作战训练,以保持高水准的战斗力,应对突如其来的各类恐怖事件。通常GOE的训练科目针对威胁葡萄牙全国的各类恐怖事件,挑选典型事例,进行模拟实战演习。训练场景往往被安排在真实的地点或区域,常常要与各地警察机构合作攻关。在这一模拟打击犯罪和恐怖分子的过程中,特种警察部队的新队员有机会在空中和地面进行真实的反恐行动,而且可以与遍布全国各地的警察密切协作。这一切都为其日后的工作奠定了基础。在以后的工作中,特种警察部队给予地方警察机构以必要的支援,各地警察机构则为特种警察部队提供所需的各类装备,包括直升机和各类交通工具。

另外,葡萄牙的特种警察部队还与欧洲其他反恐精英部队建立了联系:交互训练,互换人员进行培训,使GOE了解到最先进的武器设备,不断提高和发展战术能力,掌握最先进、最现代的特种作战技术。与之经常往来的欧洲精英部队有:英国特别空勤团(SAS)、西班牙国家警察人质营救小组(GEO)、德国边防军第9反恐怖大队(GSG9)、荷兰的皇家海军陆战队特别支援部队(BBE)和比利时特警(ESI)。面对越来越猖獗的国际恐怖活动,这些世界上公认的反恐怖精英力量聚集在一起,开展了反恐大竞赛,增强了国际社会打击恐怖主义的信心。

武器装备

葡萄牙政府方面认为,在短兵相接中,任何一支部队除了需要高素质的人员以外,还要有与之配套的最先进的武器,才能无坚不摧。所以,警方对GOE在武器设备的投资从来都是出手大方。对肩负重任的特种警察部队,政府更是不惜血本。葡萄牙特种警察部队装备了目前世界上最精良的武器和装备,不仅拥有世界上最先进的轻武器,而且还拥有适合突袭作战的特殊装备。

该部队最常用的武器是冲锋枪、半自动手枪、狙击步枪和霰弹枪等,所有武器都配有高精度的瞄准装置,配备有夜间和灰暗光线下使用的红外线瞄准器,既可以用于白天,也可以用于夜晚。全天候使用提高了特种警察部队的战斗力。

GOE最常见的个人武器是9毫米口径HK MP5标准冲锋枪。MP5最大的优点是有完美的平衡系统,在各种环境下都能保持绝对的稳定性,能在高频率自动射击过程中保持准确性,相当好用。MP5还可加装高精度的激光瞄准装置、消声器,枪托可伸缩、折叠,构造简练,在战斗中使用灵活,适用于各种条件。在各款MP5

枪型中,葡萄牙特种警察部队主要使用以下几种:MP5A、MP5SD、MP5K。除了MP5,该部队还装备了5.7毫米口径个人自卫冲锋枪。

手枪是GOE队员随身佩带的第二种武器。在特定情形下,如搜查房间、攀爬与绳索速降时,只能用单手射击,此时手枪就是首选的武器和基本的装备。目前,GOE主要使用的手枪有:9毫米口径FN HI-Power手枪、9毫米口径FN BDA手枪。除了这些基本武器外,葡萄牙特种警察部队的射手还有其他的手枪,包括9毫米口径格洛克17式,9毫米口径西格绍尔P226式和P228式,以色列著名的大威力手枪"沙漠之鹰"和7.65毫米口径西格绍尔P230式。

狙击步枪是特种警察部队所有武器中最为重要的武器。可以想象,远距离击毙、击伤歹徒,对成功解救人质起着多么重要的作用。因此特种警察部队需要配备最好的狙击步枪。目前,葡萄牙特种警察部队使用的狙击步枪主要有以下几个品种:7.62毫米毛瑟Sp66狙击步枪、7.62毫米HK PSG-1半自动步枪、7.62毫米HK G3 SG-1半自动步枪、德国G3 SG/1式7.62毫米狙击步枪属半自由枪机式。

德国HK512式12号霰弹枪和意大利弗兰基SPAS1 2式12号霰弹枪是目前葡萄牙特种警察部队使用的主要装备。主要作为突击武器使用,往往运用于危机事件的最后阶段。由于其具有特殊的散布性能,射速高,快速、粗略瞄准就可命中目标,主要用于对房间进行突击时,迅速轰破锁、链、门闩等物。

除了多种多样的武器外,GOE还配备了特种装备和电子设备。GOE的标准装备包括:Huber防毒面具、催泪瓦斯和眩晕弹、先进的通讯系统、皮尔金顿光电集团的猎户8.0夜视装备、潜水装备、爆破装置、监视设备以及随身携带的防护装备等。GOE的队员也装备了最复杂的个人装备,包括:Ulbricht头盔,头盔上还配备了Kevlar防护镜;黑色的盔甲服,既能防火又能保护脚踝和膝盖;Kevlar防弹背心;防弹背心上面备有可装各种作战工具的口袋等。

GOE的队员能够驾驶各种交通工具,包括奔驰卡车和经过改装的用于高层建筑或飞行器的云梯车。为了处置海上的突发事件,GOE还装了冲锋舟。根据国家的授权,GOE还经常使用直升机来快速运送其人员投入作战。GOE使用的直升机主要是贝尔212直升机,这种直升机可以保证GOE的战斗人员迅速赶到全国任何一个有紧急情况的地区,投入战斗。

葡萄牙特种警察部队的职责

作为葡萄牙安全保卫和反恐活动的主要军事化武装警察力量,GOE承担着以下几个方面的职责。反恐是特种警察的主要任务,因此参加反恐作战行动是他们的主要职责之一。他们要参加各种场合(包括飞机、轮船、大厦、公共汽车和客运列车等场所)的人质营救和打击劫机与绑架等极端犯罪行为。在执行反恐活动的同时,特种警察还要与其他警察力量和政府机构共同打击恐怖事件和犯罪组织(包括参与极具危险的搜寻和抓捕毒贩行动)。支援其他执法机构进行的大规模的执勤保卫行动、支援要员保护行动、保护和帮助葡萄牙驻国外大使馆、负责组织葡萄牙公民从世界各地战争前沿和灾难地区撤退,为当地和外国营救组织提供专业培训亦是他们的主要职责。

葡萄牙特种警察行动部署

从 1982 年创立以来,GOE 一直活跃于全葡萄牙。在打击各种暴力犯罪和处置恐怖事件过程中,GOE 主要发挥两个方面的作用。

①根据其他安全机构和执法机构搜集的情报,作为一支突击力量执行保护性任务。

②在其他警察部队无法应对快速升级的极端危急的状况下,它作为一支快速反应力量,执行任务。

有时,GOE 也被部署在海外,以支援葡萄牙其他机构的行动。在大多数的情况下,GOE 主要是被用来保卫葡萄牙的驻外大使馆和外交使团,或者保护葡萄牙侨民从当地的战争地区的灾难环境中撤退。

最近 GOE,在许多国际行动中,如民主刚果、安哥拉、克罗地亚和几内亚首都比绍等地的行动中都发挥了重要的作用。

GOE 是葡萄牙打击恐怖主义最重要的一支力量。在许多情况下,GOE 是葡萄牙政府的杀手锏。当所有的其他手段都确认无效的情况下,GOE 才被派去处置最糟糕的情况。而这种情况往往是公民的生命遇到了威胁。

(十六)希腊反恐特种作战部队

希腊反恐特种作战部队(EKAM)简介:希腊反恐特种作战部队成立于 1978 年,目前该部队大约有 200 名成员。它是目前世界上训练水平最高、素养最好、装备最先进的反恐作战部队之一。在希腊反恐第一线发挥重大的作用。

历史沿革

希腊反恐特种作战部队(EKAM)成立于 1978 年,是由 1978 年成立的飞行员训练小组逐渐发展演变成反恐特种部队的。这支有 30 余年历史的部队是目前世界上训练水平最高、素养最好、装备最先进的反恐作战部队之一。其主要任务是制止或解决高度危险、十分严重的恶性案件,如恐怖袭击、劫持或绑架案件等。它为雅典奥运会做出了重要贡献,是欧洲训练和装备最好的特种部队之一。

希腊反恐特种作战部队(EKAM)约由 200 人组成,司令部和主要的训练设施在希腊首都雅典。EKAM 由不同的特种武器与装备小组(SWAT)组成,其中有 2 个次级直属小组:基地设在雅典的 EKAM1,以及基地设在赛瑟龙尼克的 EKAM2。小组执行多种特殊任务,如狙击、爆破、空降、从海上登陆、滑雪,甚至医务护理等。EKAM 的教官一般有多年的警察经历,许多人在加入警察部队前还有过多年的部队服役经历。EKAM 的队员包括战术突击队员、狙击队员、自由降落或绳索伞降队员、蛙人和水下作战队员、爆炸技术和破墙队员、攀岩人员、滑雪或冬季作战队员、战地医疗人员等。为了应付多种反恐作战需要,EKAM 可以灵活地按较小的分队展开部署。目前在希腊各主要城市都有 EKAM 的行动分支机构,他们可以对发生的任何危机做出及时的反应。

选拔和训练

EKAM 的队员是全职的特种反恐警察。所有申请加入 EKAM 服役的人除必须具有 5 年的警察部队服役经历外,还必须满足特定的体格和心理上的要求。EKAM 司令部每 6 个月进行一次选拔课程训练,几百名 25～29 岁的年轻警察怀着成为 EKAM 一员的梦想参加测试。不幸的是,每次选拔只有不到 10 人能如愿以偿。入选的成员还要经过 6 个月的训练期,并且至少要在 EKAM 服役 2 年后才被允许参加真正的作战行动。

EKAM 的训练采用最现代化的方法,训练项目密集、严格。按照实战需要,以军事技能和近距离战斗为重点,课程包括体格训练和战术训练,如战斗射击、狙击、攀登、爆破、跳水、高速驾驶、直升机快降、强行进入、人质营救等。训练在模拟的飞机、船舶、建筑物、公共汽车和火车内进行。

EKAM 的训练区域非常广泛,有时在希腊境内,有时在国外。训练尽可能安排在真实的场所,包括雅典国际机场、港口、铁路车站、偏僻的农村地区、各种城市和沿海环境。EKAM 还可得到希腊军队来自空中和地面的支援,包括运输机、直升机和各种战斗车辆。大多数合格队员在进入警察反恐训练学校之前,还接受过希腊陆军突击学校或伞降培训学校的特种作战训练。

武器装备

EKAM 装备当今最好的武器,主要是冲锋枪、突击步枪、半自动手枪、狙击步枪和军用霰弹枪等,包括:格洛克 21 型 45ACP 手枪,格洛克 40 S&W 手枪,SIG 绍尔 357 SIG 手枪,HK USP9 毫米手枪,FN57 5.7 毫米手枪,鲁格 357 大威力左轮手枪,HK MP5 A3/A4/A5/SD 9 毫米×19 毫米冲锋枪,HK MP5 K Kurtz 9 毫米×19 毫米冲锋枪,乌兹 9 毫米×19 毫米冲锋枪,FN P90 5.28 毫米×28 毫米冲锋枪,卡拉什尼科夫 AK47 步枪,柯尔特 M1 6A2 步枪,M4 卡宾枪,HK G3A3 步枪,雷明顿 870 12 号霰弹枪,FN/MAG GPMG 机枪等。上述武器都装备有 AimPoint、EoTech、Trijicon 等公司生产的氖光瞄准镜、夜视镜、激光瞄准镜等。前 4 种手枪还可根据任务选用特种弹药。EKAM 的成员都可以自由选择武器。

执行任务

EKAM 作为希腊主要的反恐部队,负责以下方面任务。

①制止极端恐怖分子和罪犯进行的劫持和绑架袭击,包括发生在飞机、船舶、建筑物、公共汽车和火车内的情况;

②制止极端恐怖分子的大规模杀伤性(如化学、生物)武器袭击;

③支援遇到极端恐怖分子和犯罪组织袭击的其他警方或政府机构执法人员,包括执行具有高度危险性的逮捕;

④在国内或国际发生重大事件(如 2004 年雅典奥运会)时,在安全方面援助其他执法机构;

⑤保护希腊的要人以及来访的外国总统和国家领导人的安全;

⑥制止进出希腊的走私活动；

⑦执行营救及人道主义援助行动，如发生重大意外事件或灾难时，帮助消防队员或特种营救小组展开行动。

合作交流

希腊反恐特种作战部队（EKAM）同美国的联邦调查局人质营救小组、马歇尔特种行动小组、陆军特种部队，英国首府警察部队 S019，西班牙 GEO 反恐部队，法国 RAID、GIGN，德国 GSG9、SEK、奥地利"眼镜蛇"反恐部队等进行过合作。通过与他们的共同训练使战术素养不断得到提高。

EKAM 还与希腊陆、海、空军合作，用 C-130H 飞机进行伞降演习，用直升机进行快速绳降突击，并运用运输直升机将人员和装备快速从基地运送到作战区。

（十七）超级枪骑兵——意大利空军特别行动勤务组

超级枪骑兵——意大利空军特别行动勤务组（GIS）简介：超级枪骑兵成立于1978 年，最初成立时仅有大约 80 名成员，现在队员略有增加。目前有 3 个分队，其中有 2 个突击中队，而第 3 个则是训练中队。该部队配有意大利最先进的武器设备，在执行反恐任务中发挥了重大的作用。

历史沿革

意大利空军特别行动勤务组（GIS）成立于 1978 年，目的是对付当时逐渐在意大利横行的恐怖主义。成员是从意大利陆军空降旅下的第 1 空降军骑兵营中挑选出来的。最初大约有 80 名成员。这 80 名成员的体能及心智状况都可称得上是"超级枪骑兵"。1980 年 11 月 29 日，意大利空降部队枪骑兵团中的"特别行动勤务组"首次被媒体曝光。曝光的原因是该组成功地平息了震惊意大利全国的 Train 监狱暴动事件。随着猛烈的爆炸和冲锋枪间歇性的突射的声音，兼有几声喊叫和刺鼻的催泪瓦斯的味道，突击队员仅用几分钟的时间，就使暴动事件得以控制。

选拔和训练

意大利空军特别勤务组的成员甄选每年举行 2 次，由意大利塔斯卡尼亚（Tuscanin）军团各部队指挥官推荐人选，由 GIS 负责甄选与训练。

初步甄选为期六周，期间严格的体能测试，常常使得每一期筛选中，只有三四名候选者能够通过，从而进行正式的选训过程。过程又分为两个阶段。第一阶段是为期 18 周的基础训练。课程包括射击、爆炸物的处理、房舍突击、伞降、近战及徒手搏击等。这期间如受训队员有任何轻微的过失与错误，都可能遭受退训的命运。

第二阶段选训过程为期 24 周，准队员们在此阶段将进行未来执行任务时所必需的各种技能训练。在射击训练方面，针对各种环境与全天候的实战状况，进行快速突射、精确射击及本能反应射击训练等；在镇暴训练方面，针对各种爆炸物及特殊有害气体的防治与处理进行实战演练;在反恐怖活动方面,则以各种交通工具和房舍进行训练。由于反劫机为反恐怖活动任务的重点,意大利 Alitalia 航空公司甚至提供一些客机的实体模型,供 GIS 训练使用。

编组与行动

为保证指挥网络的快速灵活,GIS 的行动部署由意大利中部枪骑兵团负责指挥。GIS 下辖 3 个分队,其中有 2 个突击中队,而第 3 个则是训练中队。训练中队由武器、特殊装备、伞训、山训及雪地训练专家组成。除训练新进队员外,必要时也充当突击中队的预备队。每个中队下面各有一狙击侦搜队。他们是 GIS 最精英的单位。每名狙击侦搜队员都必须在突击中队服役 2 年以上,才能转调到狙击侦搜队。狙击侦搜队在行动中担任情报汇集、目标观测与狙击任务。因此从行动实质意义上说,狙击侦搜队是 GIS 行动时的耳目。

为确保意大利的国家安全与利益,GIS 固定保持一个 24 小时警戒待命组。在接到通知后,可随时出发至任何地点执行任务;在警戒待命组受命出动后,第二个预备待命组即完成战备工作;如果情况紧急,则第三个行动组可在 3 小时内完成战备工作,为使 GIS 保持足够的机动能力,GIS 拥有本身编制内的机动运输车队,其大部分车身都没有任何标志。为了提高 GIS 的立体机动能力,GIS 还配备了数架 AB412 型直升机,此外在距 GIS 驻地利沃诺(Livorno)约 20 公里处的比萨(Pisa)空军基地,也备有数架 G222 型运输机,随时待命承担 GIS 的长程机动运输任务。

武器装备

GIS 队员的标准个人装备包括:意大利自制的凯夫拉防弹头盔(头盔后缘均标有该名队员的号码,以便在行动中辨认);1 具 SP-10 型防毒面具;防弹背心有自制 Gassoni Gorazza 2 型及英国 CPV-25 型两种,均采用 Nomex 防火材料制成;自制的"北爱尔兰式"强化手套。此外,每名队员的整套防护装备还搭配 1 具仅挂在喉部的德国 Bosch 微型麦克风。

GIS 采用阿迪达斯公司制作的战斗靴,靴底经过特殊的防滑处理,以增加在光滑表面(如机翼)上的抓地附着力。在进行反恐怖行动时,GIS 队员还会配备被称为"恶魔"的头套及 SOV 战术背心。两者均为意大利自制。背心有绿色和黑色两种,以配合不同任务环境使用,背心上缝有许多口袋,可分别用来携带无线电手机、炫光手榴弹、急救包、MP5 或 M12S 冲锋枪的 30 发备用弹匣及散装枪弹等。手枪套挂在大腿外侧,腰带上则挂有手铐、战斗刀和 15 发手枪备用弹匣等。

GIS 队员的个人武装为伯莱塔 M92F 型 9 毫米半自动手枪,弹匣容量为 15 发,保险装置及弹匣释放钮左右手均可操作。在自动武器方面,则有弹匣容量为 32 发的伯莱塔 M12S 及德国 H&K 制 MP5 系列 9 毫米冲锋枪。其中,MP5 系列包括弹匣容量为 30 发的 MP5A3 伸缩枪托型、MP5SD3 消音型及弹匣容量为 15 发的 MP5K 短枪管型。所有的冲锋枪均配备激光标定器及 OTE 或 HK ZPP 型夜视镜。

GIS 狙击手所用的狙击枪有三种,两种为德国 HK 制 7.62 毫米口径的 G3/SG1 及 PSG1 半自动狙击枪。其中,G3 的弹匣容量为 30 发,使用可调式 1.5×6 倍瞄准镜。PSG1 则为 5 发或 10 发弹匣,采用放大 6 倍的瞄准镜。另一种则为德制毛瑟86SR 型手动狙击枪,弹匣容量为 9 发,可使用与 G3/SG1 狙击枪相同的瞄准镜。除一般瞄准镜外,上述 3 种瞄准镜都可加装最新型的夜视放大瞄准镜,以方便在夜间及光线不足的情况下使用。

合作交流

GIS 除了执行反劫机任务外,也执行其他具有高度危险性的任务,如镇压监狱暴动、打击国际犯罪活动等。在意大利国内治安维护上,GIS 则协助警方应付"特殊"危急的事件以及提供国外元首来访时的近身保卫,如 1993 年夏天在意大利拿波里举行的七国高峰会议,GIS 即出动配合意大利警方特勤组(NOCS)为与会的七国领袖提供保护。

意大利 GIS 与其他特勤单位相同,也与世界各国其他特勤单位保持联络。如与德国的 GSG9、奥地利的 Cobra、比利时的 Diane 及英国的特别空勤团(SAS)等,都保持有情报及训练经验的交流。

(十八)俄罗斯特种部队

1.阿尔法特种部队

阿尔法特种部队简介:阿尔法特种部队成立于 20 世纪 70 年代,是苏联为反恐而建立的特种部队。成立之初阿尔法只有 30 名成员,目前大约有 700 人,还分出了一支 250 人的精锐部队,还有若干支小分遣队。该部队装备精良,在反恐行动中立下赫赫战功。

历史沿革

阿尔法特种部队成立于 20 世纪 70 年代,它是苏联为反恐而建立的特种部队。1973 年,4 名武装歹徒在伏努科沃机场劫持了苏联一架雅克-40 型客机,并把机上旅客全部扣作人质。人质被苏联国家安全委员会和内务部联手采取紧急行动救出。但是这一事件对苏联造成了不小震荡,也引起了国家领导层的高度重视。当时,苏联正在全力准备 1980 年莫斯科奥运会。为预防慕尼黑奥运会恐怖事件重现,同时应付苏联国内已经出现的恐怖主义苗头,苏联领导人决定尽快建立一支受过良好训练、并可在国内外随时用于打击恐怖主义的特种部队。1974 年 7 月 14日,苏联国家安全委员会主席尤里·安德罗波夫下达命令,在克格勃系统内组建一支专门的特种小分队,专门担负反恐任务。最初这支反恐怖突击队被命名为 A 小组,它就是阿尔法特种部队的前身。由于这支部队极其神秘,所以关于它的猜想就不断出现。这支部队的任务和来历都成为人们研究的话题,甚至关于它的名字都有很多的说法:有人说"A 部队"的中的 A 是字母表中的第一个;有人说那是安德罗波夫姓名的第一个字母;还有的说 A 代表反恐。组建之初,阿尔法特种部队只有30 名成员,他们全部来自身手不凡的克格勃年轻军官,且全部是通过了严格考试后才跻身这支精锐特种突击队的。

　　1974 年 9 月 25 日,苏联边防军人维塔利·布别宁被正式任命为这支部队的指挥官,由他来指挥这支身负重任的特种部队。因为这支部队的特殊性,所以其中的成员就必须训练有素,人选的成员要经过重重考验,最后能够跻身这支部队的所剩无几。因此起初这支部队的成员编制不超过 30 个人,数量虽然不多但是个个都是独具本领的克格勃青年军官。这些军人到了 35 周岁就可以退休,他们工作的强度也由此可见一斑。1977 年 11 月,根纳季·扎伊采夫代替了布别宁成为"A 部队"新任的指挥官,直到 1988 年 11 月。苏联解体后,俄罗斯总统重新启用了这位老将为该部队的指挥官,并利用这支部队清除苏联各共和国内的反对派运动。对于"阿尔法"这一名称的由来,扎伊采夫将军说这个名称是一位记者在 1991 年想出的,因为当时的苏联国家领导人否认在维尔纽斯牺牲的同事维克托·沙茨基赫,所以这支部队第一次出现在媒体当中。接着在维尔纽斯电视台的工作人员称这支克格勃的特种部队为"阿尔法",于是这个名称就开始相继出现在新闻媒体的各个头版头条,并逐渐出现在正式文件中。可是部队自己的成员还是在沿用"A 部队"这个名称,一般人则喜欢称之为"阿尔法",还有一部分人叫它"别动队"。

　　20 世纪 80 年代,阿尔法特种部队的主要战场都是在恐怖活动频繁的地方。这支部队为社会安定和发展方面做出了重要贡献。在无数的反劫机、反暗杀、应对爆炸和解救人质的案件中,他们一天天地壮大,成为反恐部队的中坚力量。

　　在 20 世纪 90 年代初期,政治纷纭的局面又让"阿尔法"不可避免地卷入其中,这支为苏联立下赫赫战功的部队,因为这次纷争而损坏了多年辛苦经营的名誉。1991 年 1 月,苏联派遣一支队伍占领立陶宛加盟共和国首都维尔纽斯,这支队伍不负众望顺利完成任务,但是却有一名战士死亡。这件事情引起了媒体极大的兴趣,记者们努力盘问希望能够知道死者的背景身份,但是苏联政府却否认这回事。在媒体的强大攻势下,谜底还是被揭开了,这支部队正是"阿尔法"。这件事情的发生,导致"阿尔法"的任务发生了变化,他们多次被用在一些与反恐没有丝毫关系的战斗中。

　　在苏联风雨飘摇之际,当局政府曾要求"阿尔法"进攻议会大厦逮捕叶利钦。可是这一命令遭到"阿尔法"许多成员的反对,他们认为这样的行动只会造成更多的人员伤亡,这与他们当初加入部队的宗旨不符。事后,一位当时的"阿尔法"指挥官透露,政府只要下定决心在当天进攻那么成功的概率将会很大,可是一旦时机错过就不可能成功了。违抗命令的事情发生后,"阿尔法"的领导人被革职查办,队员也停发两个月的薪金,整个队伍进行整顿。苏联解体,继承大部分"家业"的俄罗斯重振声威,身为俄罗斯总统的叶利钦也明白是"阿尔法"当年"抗旨"才有今天,所以这支部队就从克格勃归在了俄罗斯总统警卫局,受总统指挥,主要任务就是保护总统。

　　可是"阿尔法"并没有得宠太久,仅仅两年叶利钦就对这支有独立思想的队伍失去了耐心。1993 年,"阿尔法"又一次接到了进攻议会大楼的命令,历史要再一次重演。因为当时叶利钦与议会之间的矛盾激化,副总统鲁茨科伊和议长哈斯布拉托夫带领着反对派聚集在议会大厦分庭抗礼,叶利钦随即颁布了以上的命令。"阿尔法"的原则和职责又一次发生冲突,执着的"阿尔法"仍然选择了原则,违抗了总统的命令。他们选择了一种较为温和的方式解决矛盾，那就是谈判。经过与议会保卫者一段时间的交流，对方终于做出让步，几百名议员和普通公民撤离了议会大厦，"阿尔法"巧妙地化解了危机避免了流血事件。可遗憾的是，从此"阿尔法"被打入"冷宫"。1993年底，"阿尔法"被剔除出总统警卫局，重新归在安全局的旗下，任务也回归初始的反恐。

其实在1991年"8·19"事件后，"阿尔法"的归属方向就一直是个问题。苏联克格勃的解散，使其原来所属的部门都成为俄罗斯独立的安全保卫机构。"阿尔法"何去何从也随之发生变化，开始直属于俄罗斯总统安全委员会，可是同时在苏联克格勃第九局的基础上成立的俄罗斯警卫局中，又有大批的阿尔法特种部队的成员。没过多久，阿尔法特种部队又脱离了俄罗斯警卫总局，被调在了俄罗斯内务部由其临时管理。最后，阿尔法特种部队还是回到了俄罗斯联邦安全局反恐局，可是阿尔法特种部队的领导权还是掌握在总统手中。

阿尔法特种部队的命运也可谓是一波三折，就像阿尔法特种部队前指挥官，也是部队的老战士、联合会主席贡恰罗夫说的那样："'阿尔法'在战斗中所向披靡可以说是战无不胜，可是却在政治纷争中一直受到责难和非议。"同时，恐怖事件的威胁在不断加深，阿尔法特种部队和他的成员所处的环境也越来越艰难。当前，阿尔法特种部队的突击队员可以授予中尉至上校的军衔，另外，由于他们所执行任务的特殊和显赫的战功，这些突击队员可以破例在35周岁的时候退休，这对于"阿尔法"来说也算是一种安慰了。

在阿尔法特种部队的每个成员都忍受着精神上和肉体上的巨大压力，可是他们的战斗生涯并不很长。这并不是因为这些别动队的成员常常牺牲在执行任务当中，而是因为这些队员都是精英，他们任何一个人挑出来都是训练有素、经验丰富的军事专家，所以他们的生命就十分重要。可就是这样艰苦的训练和紧张的工作让这些阿尔法特种部队的成员35岁就成了不堪重负、身心俱疲的老兵，所以他们不得不在这时离开工作岗位。

如今的"阿尔法"已经是世界一流的反恐部队，俄罗斯的反恐斗争已经无法缺少这支精锐的部队，只要有绑架和劫机等恐怖事件发生，"阿尔法"首当其冲成为前锋。在一次次恐怖案件的处理中，阿尔法特种部队都表现出机智和果敢，也是因为他们的这些特质，让俄罗斯一次次化险为夷。在俄罗斯人民的心中，阿尔法特种部队就像一只无形的大手，随时掌控恐怖分子制造的恐怖事件。在苏联解体之前，阿尔法特种部队的编制已经从开始的30人扩充到500人。而如今，阿尔法特种部队的编制大约有700人，它分出了一支250人的精锐部队，还有若干支小分遣队。

选拔与训练

阿尔法特种部队在挑选成员时条件非常苛刻。"阿尔法"队员的挑选十分严格，通常是从国家安全机关、空降兵、边防部队、军校毕业生中的优秀年轻军官中考核筛选，年龄限制在23~28岁之间，一般是数十名候选者中间才能选拔出一人。入选者必须体格健壮，反应灵敏。另外，入选者还要通过个性测试和面试，从而测出其智力程度。之所以要测试智力，是因为"阿尔法"认为在反恐怖行动中，不光需要技艺和武功，还需要精明的头脑，队员不应是行动的机器，而应是智慧型的人才,在异常严峻的环境下,需要队员冷静分析局势,找出最适宜的降敌办法,做出最明智的决策。"阿尔法"队员一般到 35 岁就要退役,前后只有 10 年左右服役时间。在这 10 年间,至少前 5 年主要用于训练。对于阿尔法小组成员的要求是,他们不应只是机器,而应成为知识型的人才,能够在严峻环境中,独立思考和分析情况,提出自己的预测,做出恰如其分的决策。因此,在挑选成员时,"阿尔法"小组要对申请者的个性、测试和面谈情况进行深入细致的研究,从而正确地评估申请者的智力水平。性格怪僻的申请者根本无望入选"阿尔法"小组。随着在实战中经验的累积,阿尔法特种部队在不断地完善自己,他们将所有可能出

阿尔法特种部队

现恐怖主义的环境都安排了自己的成员。这样一来,原本的成员就远远不够,所以"阿尔法"开始扩大规模以备不时之需。几十年数十次的反恐行动,都将"阿尔法"磨砺成为世界一流的反恐部队。

入选"阿尔法"只是第一步,随后每一位入选者都必须接受极其严酷的训练。"阿尔法"有一套独特的训练方法,并且大量借鉴了国外特种部队训练的成功经验。

"阿尔法"的训练分体能训练、基本技能训练、心理训练和特种技能训练。训练的宗旨是培养队员的单兵作战能力、协同作战能力和勇于牺牲的精神。每名队员都必须百分之百地相信自己的同事,因为这不仅事关他自己的生命安全,更关系到整个别动队任务的完成。学员分到别动队后,首先进行射击、越野、汽车驾驶和跳伞等科目训练。"阿尔法"还施用其他国家特种部队的训练经验训练队员,全部队员都善于在狭小空间内同武装分子搏斗。阿尔法特种部队的训练主题是射击,训练结束后每个队员都要成为弹无虚发的神枪手。每月进行一次技能考核,以巩固和掌握各种实战技能,未能达标者限期赶上,否则一律除名。每名队员配备一部对讲机或大哥大,一侯出现危险情况,全队从接到命令到齐装满员地登机前往出事地点只需 1~1.5 小时。别动队的每名队员都要学习犯罪心理学,实施谈判和心理战方面的训练。这一切的训练,目的除了帮助每位成员具备基本的战斗素质外,还有另一项重要的宗旨,这就是培养小组成员为他人勇于自我牺牲的精神。在训练中,"阿尔法"还刻意培养每一位成员独立行动的能力,这就是"阿尔法"的基本原则之一,即每一个成员都能够以必要的方式去独立完成所受领的艰巨任务。"阿尔法"每月都要对其成员进行一次检查,对他们的能力状况做出客观评价。如果未能达到训练要求,则难以逃脱被除名的厄运。当然,对于每一位入选者来说,这种情况很少发生。他们全都明白自己肩负的重担,以及每一滴汗水与未来流血牺牲的联系。

经典战役

（1）美国大使馆事件

美国大使馆事件，是"阿尔法"的首次亮相。1979年7月，一名恐怖分子（尤里·伏拉先科）潜入美国大使馆的大楼，并将炸弹安置在大使馆内，以此威胁、强迫政府为他提供一架飞机前往国外。当时"阿尔法"的领头人安德罗波夫立即针对当时的情景做出了应对。先是派出扎伊采夫与恐怖分子进行谈判，尽量软化恐怖分子的立场，可是在长达2个小时的谈判中，尤里·伏拉先科都没有放弃自己的要求。在谈判无果的情况下，指挥官立即下令攻击恐怖分子的右手，希望将他按在遥控器上的手指打断。虽然特种部队的队员顺利地完成任务，但是尤里·伏拉先科还是引爆了炸弹，轰然巨响后恐怖分子的身体被炸飞。值得庆幸的是，这枚炸弹是由数个部分组成的，爆炸的只是其中的一部分，因此受伤的只是犯罪分子并没有累及无辜。"阿尔法"也获得了反恐的首次经验，这一事件也让"阿尔法"引起了苏联高层的器重。

（2）车臣非法武装分子事件

1995年6月14日，在俄罗斯南部城市布琼诺夫斯克，千名政府工作人员、医务人员和病人成了人质，绑架他们的是车臣的头目巴萨耶夫所领导的200多名武装分子，目的是为了阻止俄罗斯进攻格罗兹尼。阿尔法特种部队临危受命，但是这场战争并不容易夺取胜利，因为对方的残忍和执拗都造成了危险，最终政府只有退让，才避免了一场流血事件。

1996年，车臣的另外一个头目拉杜耶夫带领600多名匪徒闯进基兹利亚尔市的一所医院，将3000名医护人员和普通市民作为人质。随后，"阿尔法"发起了进攻，最终将人质全部解救。

1999年8月，莫斯科和其他两座俄罗斯城市的4间公寓楼被炸，300多人丧生。俄罗斯称，这些袭击事件是它再次向车臣派兵的一个原因。

2000年，俄罗斯与车臣的第二次正面战争终于告一段落，但是车臣的负隅顽抗让俄罗斯不能高枕无忧，残留的叛乱分子包括500名外国极端分子，还有数千名躲在山区。面对没有清除干净的非法武装，俄军只能留守一部分官兵驻扎在车臣进行最后的剿灭战。

但是残留的"车独"武装分子也不是容易对付的，他们做好了与俄军进行长期作战的准备。俄军此刻也明白自己的对手并非等闲之辈，他们个个身形强大，不能说可以力敌千钧但也绝不是粗俗颟顸的荒野山人，他们有丰富的山地作战经验，并配有精良的武器设备，不仅彪悍善战，更加残忍凶狠。"车独"的领导人巴萨耶夫和哈塔卜也是山地战的好手，他们游走于复杂的山地之间与围剿的俄军打游击，而且分成几小股力量潜入格罗兹尼和车臣各地以及俄罗斯内地，从事爆炸、暗杀和劫持人质等活动，从内部瓦解俄军的战斗力。这样小型的渗透其实非常严重，不用太多的人力就可以造成极大的伤亡。

俄军在车臣战事结束后还一直受到这样的骚扰和打击，2000年车臣临时政府成立后巴萨耶夫的表妹偕同另一名女匪徒开着装满TNT炸药的卡车冲进了一个俄罗斯特警军营，俄军死亡多人。还有一伙恐怖分子，将一辆装有500公斤炸药的卡车驶进车臣阿尔贡市特种警察宿舍楼，当场有27名特警死亡，30多人受伤，爆炸后俄军驻扎的军营还受到了来自埋伏已久的恐怖分子的扫射。除了军人之外，车臣的恐怖分子还将目标集中在政府官员、宗教领袖和平民的身上。同年的6月，一位宗教领袖和两名车臣警察被杀害，他们的头颅被人残忍地割下来悬挂在众人可见的地方，就连一个向俄军报信的小孩他们都不放过。几天后，两位在区政府工作的姐妹也被杀害，车臣的行政首脑更是遭到多次袭击。

在接下来的一个月里，这样的活动更加频繁发生，格罗兹尼平均一天有10枚地雷爆炸，伤亡的俄罗斯军官和内务部警察有100人之多。如此泯灭人性的袭击，只能采取更加有效的严厉手段来对付，于是7月6日，普京紧急召集国防部、总参谋部、内务部、总检察部、国家安全部等强力部门的领导和车臣政府首脑开会，主要讨论车臣恐怖活动和反恐问题，并决定加大反恐力度，加强对其的围剿。

与此同时，情报部门也已经掌握了恐怖分子残余的人力情况，在车臣山区潜伏有2000多人，其中500名是来自阿富汗和阿拉伯的宗教极端分子。经过俄军大力度的镇压和清剿，恐怖活动明显减少。到了深秋，这些残余分子除了几百名外国雇佣军只剩下500多人。这对于在清寒的深秋却无法放心观赏秋景的人们来说，无疑是天大的喜讯。所以在俄国国防部长谢尔盖耶夫高声宣布，残匪将在2000年冬季消灭干净的时候，所有人都欣喜若狂，眉开眼笑，因为长久以来压抑的生活终于可以再度燃烧，人们不必再过那种提心吊胆的日子，可以安心地睡觉、逛街、吃饭。

可遗憾的是，所有人都对还没彻底胜利的战役太过乐观了。人们的欢声笑语在时间刚刚进入2001年的时候戛然而止，因为这一年一开始，"车独"恐怖分子就给俄罗斯政府一个结实的下马威，恐怖分子劫持了大量的人质，仅被救出的就有500多人，十分之一是外国人，其中还有3名英国人和1名新西兰人被杀害。

到了2001年的2月份，各种恐怖爆炸案件又重新充塞了人们的耳目，大量的人员伤亡让人们已经安放的心又一次悬在半空。恐怖分子开始明目张胆地向俄罗斯政府和支持俄罗斯的车臣人发起挑衅，他们在一些城市散发传单，声称要严惩所有的"通敌者"，包括车臣临时政府的领导人卡德罗夫。

于是在接下来的几个月中，恐怖事件又开始肆虐起来。先是俄罗斯的一架包括乘务人员在内的大约180多人的客机在土耳其被劫持。这件事后的几天车臣边境的三座城市同时发生了汽车爆炸案，又有数十人葬身火海。紧随其后的一个月，车臣临时政府的副行政长官杰尼耶夫和副检察长弗拉基米尔相继被暗杀，而这件事就发生在普京到车臣视察的前几天。

美国《纽约时报》称，在格罗兹尼的车臣叛乱分子正在进行敌后游击战，他们不仅袭击俄军，还造谣说山上的叛乱武装分子要来攻打格罗兹尼。不仅如此，他们还将火力对准了平民百姓，对百姓进行血腥的残杀，有一人在中央广场对人民扫射，死伤严重。市代理检察官也被恐怖分子枪杀在一家咖啡馆里。在恐怖分子仇杀的对象里俄罗斯人占据的比重较大，3月份至少有十几名俄罗斯人被杀，其中还有不少妇女。

叛乱分子所说的要攻打格罗兹尼的言语虽有些夸张，但是现实情况也并不乐观。虽然在格罗兹尼市的白天到处能够见到全副武装的俄军士兵，他们尽责地执行每一次搜查，每一家每一户都不会落下，但是一到晚上他们为了躲避袭击便统统躲进了加固了的关卡和火力点，以及坎卡拉军事基地，任外边如何叫嚣，他们都不会出来。就连车臣政府安全事务负责人的家遭到袭击，他们都充耳不闻，只有这个负责人的保镖与恐怖分子苦战了一夜。于是每每夜幕降临，格罗兹尼就是恐怖分子的天下，他们烧杀抢掠无所不为，袭击俄军的关卡和军营成了他们的乐趣。夜空中充斥着枪炮声和炸弹的爆炸声，似乎像一个不夜城，所有的百姓都在这样的夜晚度过，无助与恐惧充满了他们的思想，鲜血与尸体替代了他们的美梦。

2001年5月7日，俄军与车臣恐怖分子的战争终于又一次爆发了，这是自2000年底以来的又一次激烈的战斗，而这一天是普京就任总统1周年。俄罗斯官方的数据统计，从1999年到2001年的5月为止，在反恐、反"车独"战争中牺牲的俄军官兵就有3096名，受伤的有9187名，这只是在正式战争中的伤亡，如果加上在战争爆发前的伤亡，那么牺牲的人数应该是3323，受伤的人数应为9979，如此惨重的伤亡其实还不是全部，据说真正的伤亡数字是以上数字的3倍。

（3）普希金广场地铁爆炸事件

2000年8月8日夜晚，莫斯科市中心的普希金广场地铁发生爆炸，8名无辜市民死亡53人受伤。不到20分钟，"阿尔法"的一支分队赶赴现场，20多分钟后，他们就在事故地点搜出了另一枚炸弹装置，因为他们的专业才避免了更多无辜的人遭到伤害。随后，这支分队根据目击者的描述，绘出了犯罪嫌疑人的电脑头像。第二天，这起爆炸案的两名犯罪嫌疑人落网。"阿尔法"又一次用他们英勇无畏的精神、专业尽责的态度和机敏迅速的行动保护了俄罗斯市民。

（4）矿水城机场劫持事件

矿水城地区屡次发生恐怖分子劫持事件。1988年的矿水城，一辆载有32名学生和老师的汽车被几名武装分子劫持。车上的学生个个惊慌失措，老师只能紧紧抱着身边的学生给予安抚。阿尔法特种部队在接到任务后迅速赶到现场，先与恐怖分子进行谈判，这次谈判进行了一天一夜，最终，"阿尔法"说服了恐怖分子缴械投降。车上的人质安然无恙。

1993年，一名叫作扎哈里耶夫的中年男子劫持了一架从矿水城飞往莫斯科的伊尔-86客机，机上347名乘客和16名机组人员都成为人质。当时他要求机组人员安排自己与俄罗斯总统或是司法部长见面，如若不然，他将引爆飞机和地面的炸弹。当局立即通知了阿尔法特种部队，当飞机降落在莫斯科附近的伏努科沃机场的时候，"阿尔法"迅速出击将劫机者一举擒获。

1994年，俄罗斯北高加索地区的矿水城机场，4名身带武器的恐怖分子劫持了一辆载有41名乘客的公共汽车。但是恐怖分子向政府索要1500万美金和两架直升机。俄罗斯一边与恐怖分子谈判的同时，派出了内务部麾下的阿尔法特种部队。次日凌晨，特种部队在直升机将要起飞的时候发动了进攻。可惜的是，一名恐怖分子拉响了手榴弹，直升机顿时被包围在熊熊火焰之中。虽然火势得到了控制但是直升机被毁，5名人质死亡，1名恐怖分子被炸死，其余被捕，特种部队的队员也伤痕累累。

2001年7月31日，一辆本来在俄罗斯南部斯塔夫罗波尔边疆区行驶的巴士被迫改变方向，开往了矿水城机场，车上的40人沦为人质。俄罗斯当局得到消息后立即采取紧急行动。警方在巴士行驶的高速路上设下埋伏，希望能够阻拦劫匪。

可是这些劫匪似乎已经将生死置之度外，对于警方的拦截丝毫没有理会。俄罗斯安全局调查到，这些劫匪手中的火力不可小觑，除了机关枪还有炸弹和TNT高能炸药。看来在路上拦截已经不可能了，警方只能先将整个机场包围。于是一场警与匪的较量开始了。时间渐渐迈向中午，天气越来越热，气温迅速升高到38度。本来心情浮躁的人质在这样的情况下更加憋闷，炎热的天气和紧张的气氛让他们透不过气，只能小心地敲碎一块玻璃来呼吸外边的空气。

僵持了一段时间，绑匪开出了第一个交换条件：释放1994年被抓的5名恐怖分子。绑匪要求释放的这几个恐怖分子当年因涉嫌劫持29人被捕入狱，但是其中一个因为肺结核已经死亡。显然，这个要求警方没有办法满足他们。谈判还在继续，绑匪的要求也在增加，同时俄联邦安全局也成立了解救人质指挥部，副局长亲自披挂上阵，俄罗斯总统普京也在关注着事情的进展。

经过解救人员的努力规劝，劫匪做出了让步，先释放了一些妇女和儿童，但是其他要求不能退让。绑匪开始向警方示威，首先杀死了一名乘客，然后又威胁警方，在晚上9点他们的要求还得不到满足的话，那么所有的人质将会无一幸免。谈判一下子陷入僵局，时间就像一把尖刀顶在人质的胸口，过去一秒，尖刀就插入一分。

夜色慢慢降临，是时候打破这种僵局了。晚上8点，阿尔法特种部队到达了现场。以他们丰富的经验迅速制定出了行动方案，行动开始，"阿尔法"的队员先向汽车车尾投掷了一枚烟幕弹，车厢内瞬间烟雾弥漫。绑匪还不知道发生了什么，于是探出头想查看一下。就在这时，狙击手开枪打中劫匪头部。趁着这个机会，"阿尔法"的队员们迅速冲进巴士，所有人质被安全解救。僵持了一天的局面，"阿尔法"仅仅用了30秒就解决了。经调查，这名匪徒是正在被通缉的车臣叛党。普京当即发表讲话，对"阿尔法"的表现大加赞赏。

（5）霹雳行动

1988年12月1日，漫天飞雪的奥尔忠尼启则市异常寒冷。这一天，女教师叶菲莫娃带领31名学生正在印刷厂内参观印刷流程。参观结束后，一辆自称是印刷厂的大客车，要送老师和孩子回学校。老师和孩子上了大客车后，才发现厄运降临了。原来这辆车根本不是印刷厂的车，而是恐怖分子劫持人质的地方。恐怖分子露出狰狞的面目，手中拎着一大桶汽油，他们威胁孩子们和老师如果不配合那么就同归于尽。

突如其来的灾难，让孩子们惊慌失措，老师也没有任何办法。当天下午，北奥塞梯自治共和国内务部副部长巴塔洛夫上校接到了紧急报告，在州党委机关的广场上，有人从一辆大轿车上向警车开枪。巴塔洛夫立即赶往现场，恐怖分子很巧妙地见到了政府的代表。随后，恐怖分子维佳开始向巴塔洛夫提出要求，他要政府提供毒品、外汇和一架配有驾驶员的运输机，以及释放他们的同伙。恐怖分子还威胁当局，如果他们的要求得不到满足就点燃汽油桶炸毁汽车，杀死所有的人质。

这个消息很快也传给了当时苏联共产党总书记戈尔巴乔夫，他立即停止了正在开的一个重要的会议，就营救人质召开了紧急会议。他下令由克格勃、内务部、外交部和民航部门经验丰富的官员组成一个营救指挥中心，由克格勃的副主席波诺马廖夫担任总指挥。此次行动名为"霹雳"。阿尔法特种部队也严阵以待，等待冲锋命令的下达。

当时的第一个方案就是以暴制暴，可是多数官员认为这样做太过冒险，因为人质都是些少不更事的孩童，想要用武力就要得到人质配合，显然这些孩子不懂得如何配合。所以，大多数人赞同谈判，但是阿尔法特种部队的官员谢里耶夫强烈要求使用第一个方案，最终还是得到了总书记的同意。

武力方案很快出炉，在保证人质安全的前提下，先派人与恐怖分子周旋，在他们注意力分散的时候，由提前埋伏的阿尔法特种部队狙击手击毙恐怖分子。

可是这个方案还没有实施，车内的情形已经起了变化。恐怖分子在车厢的每个角落都洒上了汽油，只要有一点火星整个汽车就会爆炸。于是，武力方案只能搁浅。总指挥波诺马廖夫将军决定先答应恐怖分子的要求，把人质解救出来。于是一切事务都按照恐怖分子的要求开始准备。在准备的同时，还需要有一名联络员稳住恐怖分子的情绪，于是这个重担就落在了阿尔法特种部队指挥官谢里耶夫的身上。营救工作正式开始。

次日清晨，天空还没有出现光亮，这是黎明前最黑暗的时候。一辆墨绿色的大轿车出现在矿水城机场，这便是承载着人质的汽车。一切都已准备就绪，该是谢里耶夫登场的时候了。这位身经百战的老将携带着200万美金和防弹背心来到车内。同时，在机场已经有一架伊尔-76运输机等待起飞。谢里耶夫开始与匪徒谈释放人质的事情，绑匪看到了自己所需要的资金、防弹衣、武器和飞机便开始释放人质。但是，绑匪还留下那名女教师和10名学生继续充当人质。

苏联政府是不会轻易放掉这些穷凶极恶的绑匪的，就在准备就绪的伊尔-76运输机里，有8名伪装成机组人员的阿尔法特种部队队员正在等待时机拿下罪犯。谢里耶夫千叮万嘱要保护人质的安全，切不可轻易动武。

恐怖分子在登机之后，将所有的机组人员检查一遍，并给机组人员戴上手铐。危险排除后，维佳要将10名学生和女老师带上飞机，谢里耶夫立即站出来提议用自己来换取孩子们和老师的自由，绑匪同意了。女老师和孩子们被释放，至此，所有人质都被平安营救出来。谢里耶夫也在恐怖分子目的达到后被赶下了飞机。

中午时分，伊尔-76飞机在众人瞩目下缓缓离开地面，飞往以色列。这是苏联当局第一次向恐怖分子妥协，让他们在自己眼皮底下离开，这一切都是为了孩子。就在恐怖分子以为胜利的时候，他们万万不会想到，这些看似普通的机组人员，都来自一支精湛的队伍——阿尔法特种部队。苏联只是小施缓兵之计，在绑匪自鸣得意放松警惕的时候就是他们落网的时候。

在以色列，苏联领事馆负责人接到了外交部副部长的电话，要他跟以色列政府取得联系，希望以色列能给予帮助。这个要求很快得到了以色列的答复，当局者表示愿意帮助苏联，在飞机降落后协助"阿尔法"逮捕恐怖分子并引渡回苏联。以色列立即组织了一支由国防部长、反恐专家以及武装部队组成的专门小组。在飞机降落之前，位于特拉维夫东南10公里的本·古里安机场被层层包围，整个机场外边犹如一座坚固的壁垒，只要进去就难再出来。

不久之后，苏联伊尔-76飞机进入以色列境内，并准备降落。下午时分，恐怖分子控制的飞机在以色列空军一架战斗机的引导下，降落在了距离候机楼5公里的军用跑道上。飞机还没有停稳，周围已经被以色列特种兵围了个水泄不通，同时在飞机上空还有一架警戒直升机在盘旋。

恐怖分子大概做梦都不会想到,在以色列迎接他们的是整装待命的特种部队,所以在维佳第一个打开舱门的时候,大惊失色。他希望能在对方动手前先发制人,可是还没等他把枪拔出来,阿尔法特种部队队员已经将藏在腰带夹层的匕首顶在恐怖分子的脖子上。就这样,维佳和他的3名同伙被捕。也许维佳一伙人还没有弄明白,这些被手铐锁着的机组人员是怎么逃脱的,原来奥秘全在队员们的腰带里。在他们的腰带里藏着尖刀和开锁的工具,就在恐怖分子迫不及待涌向舱门口的时候,队员们打开了手铐拔出了尖刀。一切结束得都那么干净利落。恐怖分子只能束手就擒被押送到特拉维夫附近的阿布·卡比尔监狱。傍晚时分,苏联特种工作组的19人乘坐图-154抵达了本·古里安机场,4名恐怖分子被移交到这架飞机上,"阿尔法"队员凯旋而归。至此,这场长达60小时的没有硝烟的战役画上句号。在没有任何人伤亡,没有一声枪响的情况下,恐怖分子全部落网,阿尔法特种部队的智慧和勇气换来了32个毫发无损的人质。

(6)劫持韩国游客事件

1995年10月14日,莫斯科红场如同往常一样人来人往,车水马龙。刚刚参观完红场的韩国游客已经筋疲力尽,他们走进红场西侧瓦西里耶夫斯基教堂后面的停车场,迫不及待地跑上车休息,有的上车便昏然睡去,有的人还在讨论着这一天的见闻,彼此分享快乐。导游则在车中走来走去清点人数,司机在等着导游开车的讯号。

谁也没有注意,一位蒙着面的不速之客已经跟随一个韩国游客进入了汽车。大家想很快可以回到宾馆然后好好休息一下,汽车缓缓开动。这时,几名韩国游客注意到了这个蒙面人,但是他们并没有意识到将要发生什么,他们认为这不是什么大不了的事情,于是又将注意力从这个蒙面人身上转移开。

可是就在这时,这个蒙面人站了起来右手持枪,左手拿着手榴弹,用俄语大声告诫车上的人不要乱动,他们被劫持了。

在这个车上的游客不是普通人,他们大都是韩国现代电子产业的企业管理人员。女导游惊慌地用英语翻译这个蒙面人的话语,可是大多数游客都不以为然,认为这只是旅游团安排的一个小小的把戏而已。有的人甚至指着蒙面人捧腹大笑,认为这样的表演很拙劣也十分滑稽。可是在一声枪响之后,车内所有的声音戛然而止,一阵安静后伴随的就是骚乱和惊呼。韩国游客们这才明白,那个人不是小丑而是绑匪,这也不是一场闹剧而是一场真正的绑架。

司机在劫持者的威胁下,将旅游车开往瓦西里耶夫斯基教堂西边几百米处的桥畔。眼看车就要停下,司机适时地打开车门,两名年轻的韩国客人迅速在这时跳下车。当蒙面人回过神来那两名韩国人已经不见了踪影。蒙面人恼羞成怒呵斥司机关上车门,接着对所有的乘客大声叫道,如果再有人逃跑那么他就会杀人。车慢慢停稳,蒙面人开始宣布释放人质的条件,他要求莫斯科政府拿出3000万美元,并且要让他安全飞往国外。随后,蒙面人释放了一位年纪略长的韩国人去向政府说明要求。

接到报警的莫斯科市政府和俄联邦安全局立即派出大批武装警察,不仅封锁了这辆旅游车周围所有的道路还埋伏下狙击手。救援工作紧锣密鼓的展开,当局迅速成立了解救人质临时指挥中心，并且说明了任务。所有警力都得到了很好的利用和调配，旅游车被严格监控起来，同时阿尔法特种部队的军官与蒙面人展开谈判，先稳住对方情绪，然后做进一步的观察。韩国大使馆的官员也在接到消息后迅速赶到。在了解事情的过程后，韩国官员要求莫斯科市长卢日科夫一定要先保证公民的生命安全。为了安抚车上受到惊吓的韩国游客，韩国大使命令政务参赞协助莫斯科的解救行动，并且随时把情况通报给大使馆。

车上人质的安全牵动着无数人的心，莫斯科市政府为了稳住劫匪只能先准备赎金。与此同时，谈判小组正在与劫匪交涉，希望他能够释放车上的妇女和老人。为了争取制服劫匪的时间，临时指挥中心称时间太短，希望降低赎金额度而且赎金只能分次付清。

经过努力，蒙面人将赎金降到了100万美元，并且同意在第一笔赎金接到后释放车上的妇女。傍晚时分，第一笔47万美元的现金送到，安全局的特工伪装成银行职员将赎金交到劫匪手中，劫匪也释放了车上的妇女和老人。

夜幕降临，劫匪索要的第二批赎金也已经运到。在第二笔赎金拿到手后，劫匪释放了大部分乘客，只留下5名游客。这时，指挥中心的制服劫匪计划也出台了。旅游车的周围架起了多盏高瓦数照明灯，明晃晃犹如白昼。"阿尔法"特工能够看到车内的一举一动。这时在灯光的掩护下，几名"阿尔法"成员携带武器和特种作战装备，利用建筑物的阴影和灯光造成的盲点向旅游车靠近，在旅游车最隐蔽的地方停了下来。

时间在一点点过去，蒙面人见最后一笔赎金还未送达，便渐渐失去了耐心。没多久警方就接到了劫匪的威胁，如果最后的赎金在1小时内送不到使他无法到达机场的话，他将炸毁汽车杀死人质。临时指挥中心立即做出反应，他们以旅游车油不够开到机场为借口，希望劫匪更换另一辆车，劫匪自然不会同意。

临时指挥中心又借口说银行已经下班很难短时间将最后一笔赎金筹到，希望再宽限些时间。同时"阿尔法"队员已经准备实施攻击。将近凌晨3点，攻击令下达。"阿尔法"的两名队员化妆成银行人员拿着赎金来到车门口，正当劫匪与队员交涉交付赎金的方式，几名"阿尔法"队员已经悄然到达旅游车尾部。

就在蒙面人让司机打开车门让队员将钱送上车的同时，一名送钱的队员投掷了一枚只会产生冲击波和强光而非杀伤性的手榴弹，蒙面人随着强光的出现倒在车内，此时，隐蔽已久的"阿尔法"队员冲进车内，还有几名队员凿碎了旅游车左侧的玻璃。韩国游客从这些窗户中被救出，劫匪也被突击队员击毙，所有行动仅仅用了45秒。

(7)2002年莫斯科劫持人质事件

2002年10月23日，四五十名车臣叛党闯入莫斯科东南区轴承厂文化宫，绑架了在此看音乐剧的700多名观众、100多名演员和文化宫工作人员，他们的要求是俄罗斯停止在车臣的军事行动，并从车臣撤军。绑匪身带爆炸物混在人群中间，随时准备与人质同归于尽。俄罗斯立即成立指挥部，准备以谈判为辅武力为主。但是谈判并不顺利，绑匪还枪杀了多名人质。

26日5时，僵持的局面已经持续了3天，人质随时有被杀的可能。阿尔法特种部队为了避免更大的伤亡请示指挥部进行突击营救，所有的后果将由"阿尔法"一方承担。经过半个小时的激战,剧院内部的车臣叛党被尽数击毙,尚还生存的 800 多名人质全部获救,"阿尔法"无一名队员牺牲。

经过调查,这起案件是车臣非法武装一手策划的。被击毙的绑匪头目巴拉耶夫伙同车臣的非法武装头目马斯哈多夫一起制造了这起人质绑架案,目的是想在俄罗斯的中心造成大规模流血事件,给普京和所有反对分裂势力的人以痛击,引起国际社会的关注来挽救风雨飘摇的车臣非法武装。

武器装备

"阿尔法小组"的成员都配备有马卡洛夫式手枪、微型冲锋枪、马卡洛夫式手枪用匕首等全套特种作战装备。为有效地控制各种局面,阿尔法特种部队还配备了各种特殊的反恐怖兵器,如特制的手榴弹和特种杀伤武器等。另外,为了保证各种反恐怖战斗任务的完成,"阿尔法"的成员在专业上也进行了全面的分工:百发百中的狙击手、翻江倒海的战斗蛙人、胆大心细的爆破专家、迅速敏捷的无线电报务员等。为随时应付可能发生的突发事件,"阿尔法"的每一位成员都配有一部通信设备,从最初的对讲机,到今日的移动电话。一旦发生紧急情况,从收到作战命令到装备齐全,直至登机出发,最多只需要一个半小时到 2 小时。而且,数十年如一日,"阿尔法"时刻都处于整装待发的战斗值勤状态。

2.“信号旗”特种部队

俄罗斯"信号旗"特种部队简介:俄罗斯"信号旗"特种部队成立于 1981 年,是专门从事境外秘密特工活动的部队,目前已经发展到 1200 多人。"信号旗"特种部队的队员个个骁勇善战,并配备精良的武器设备,在各种行动中发挥着重要的作用。

历史沿革

俄罗斯的另外一支特种部队,是隶属于俄罗斯联邦安全局下的"信号旗"特种部队。1981 年 8 月 19 日,苏联部长会议和前苏共中央政治局举行秘密会议,商讨在克格勃系统内秘密组建一支"绝密支队",专门用于在境外从事秘密特工活动。苏联最高领导人的决定得到了与会代表的一致同意,并委托克格勃"C"局具体负责组建特种部队。新的特种部队取名为"信号旗",由攻打阿明宫的英雄,海军少将埃瓦尔德·科兹洛夫负责指挥。在组织编制上,"信号旗"列入克格勃"C"局,即境外秘密谍报局。没有人知道"信号旗"特种部队的存在。它的名称是"苏联克格勃独立训练中心",部队番号为 35690,后来改为 5555。"信号旗"特种部队通常以班为单位进行活动,在战斗时,以小组为单位行动。每个班的人数从 10 人到 30 人不等。情况紧急或需要时,几个班就可迅速联合在一起,组成一支较大规模的部队。

在 1993 年 10 月,由于"信号旗"特种部队拒绝执行叶利钦攻打冬宫的命令,叶利钦对此大为不满,于年底签署命令改组"信号旗"特种部队,将其转隶俄罗斯内务部。这一举动,引起多数队员的不满。112 名军官递交辞呈报告,150 多名队员转调其他安全部门。而有一些队员则干脆彻底转到了地方工作，开始经商赚钱。此后，"信号旗"特种部队曾一度销声匿迹。到了1994年，俄罗斯国内恐怖事件接连发生，造成全国的极度恐慌。出于国内反恐怖和反间谍斗争的需要，俄罗斯政府决定重新组建"信号旗"特种部队。当时，俄罗斯联邦安全总局决定在其反间谍处组建一个新的特种行动支队，下辖若干分队，然后派往全国各地执行反恐怖和反颠覆破坏行动。于是，转到其他部门的原"信号旗"的队员纷纷被从内卫部队和安全局及边防军部队中召回，他们被安排到重新组建的"信号旗"各分队担任指挥员职务。为了确保核设施安全，"信号旗"还专门组建了一个代号为"韦嘉"的分队，聘请反核恐怖专家担任顾问，专门守护俄罗斯的核设施。

选拔与训练

"信号旗"队员的选拔十分严格，不仅要政治上合格，绝对忠于祖国，效忠国内最高领导人的指示，而且要具有优秀的业务素质、身体素质和心理素质，熟悉各国的风土人情。对于候选人员首先是调查他的档案，然后进行面谈。条件符合要求的候选人报克格勃领导审批。之后是为期2个月的试训和考试。考试合格后，这些候选人被正式录用，成为"信号旗"特种部队的一员。到1991年初，"信号旗"特种部队已发展到1200多人，其中90%的队员是军官，士兵和准尉只能在保障分队里服役。由于时间紧张，"信号旗"首批队员首先从其他特种部队中挑选。以后主要从国家安全机关、空降兵、边防军、中级军事院校优秀毕业学员中遴选。年龄限制在22～27岁之间，一般为15～20个候选人之间才能选中1个，到35岁退役，前后只有10年服役时间，而且前5年主要用于训练。

"信号旗"特种部队的队员都是"超人"，个个骁勇善战，身怀绝技，这主要是严格训练的结果。入选"信号旗"之后，所有队员都要重新进行基础教育培训、特种教育培训和专业技能培训。虽然"信号旗"所有队员都受到了高等教育，但还必须花费很长的时间训练，才能成为"秘密战的职业队员"。

训练科目包括一般体能训练、徒手格斗、射击训练、驾驶、地雷爆破、使用电台、小分队战术、侦察、空降、攀岩、游泳、医疗救护等。以上各种技能只有通过号称"炼狱"般的4个训练阶段才能完全掌握。

第一阶段为基础训练阶段，队员全副武装地进行10～15公里的越野和急行军，穿越茫茫原始森林和沼泽地带，要求队员在充满腐烂尸体、水蛇、尖桩和陷阱的泥水中匍匐前进。此时，要求队员克服极度恐惧心理，处处小心，以防掉进预先设置的陷阱，从而失去继续参训的机会。

第二阶段为生存和耐力训练。队员在漫无边际的荒野里就地取食谋生，与此同时还要在有敌人追击的情况下巧妙地隐蔽自己。

第三阶段为特殊条件下的行动训练。某特种训练中心，完全按照某些国家的地形地貌和主要城镇，以及风土人情等进行设计，就连街名等也与那个国家一模一样。要求"信号旗"队员针对不同"国家"进行针对性训练。队员身临其境，好像真的到了该国。此时，队员被要求讲该国语言，还要讲地方土语，同时还要执行诸如到某处去送秘密情报等特殊任务。

第四阶段为实战训练。包括徒手格斗、射击训练、驾驶训练、地雷爆破训练和电台训练。

如果说"信号旗"特种部队在国内主要是训练的话,那么在国外就是真刀实枪的战斗,那时队员们凭借的绝对是平时练就的基本功和潜能。通常情况下,"信号旗"队员在国外执行任务的时间大都为半年,有时会稍长一点。

"信号旗"队员被派往国外都是秘密进行的。在那里,他们迅速且仔细地熟悉和了解某个日后将要消灭、炸毁或保护的使馆、领馆、核电站和通信枢纽等设施。这时,他们所用的不是地图,也不是看录像,而是实地勘察。有时,"信号旗"队员被派到古巴、尼加拉瓜、越南等国,与其侦察破坏部队进行联合演习,而在安哥拉和莫桑比克则充当军事顾问,在德国和罗马尼亚与同行搞反恐怖演习。

经典战役

1991年后,"信号旗"特种部队开始用于对付核恐怖主义,并有针对性地进行了一系列的训练。经过10年的秘密训练和摔打,"信号旗"已经成为一支作战能力很强的特种部队,"毫不逊色于美国的捷尔塔特种部队和英国的SAS部队",而且在许多方面都超过了后二者。

苏联解体后,"信号旗"支队的任务发生了变化,主要是开始转入打击恐怖分子、武装犯罪和大规模有组织犯罪,并多有杰作。1992年,10名"信号旗"特种部队队员在莫斯科"三个车站"地铁站内10秒钟之内就制服了14名武装暴徒,缴获100万假美金。

1993年6月,几名恐怖分子劫持了一艘核动力船,"信号旗"特种部队奉命赶到。几名队员神不知鬼不觉地接近了核动力船,另外几名蛙人以特殊方法潜到了船舷两侧,以迅雷不及掩耳之势拿下了船上的外围警戒。紧接着,几名空降兵从天而降。十几分钟之后,几名恐怖分子被押到了岸上。值得一提的是,当时的海上风速达到每秒15米,而一般情况下,在风速为每秒10米时,就连专业跳伞员也要停止训练,"信号旗"队员硬是在这样的海上风速条件下完成了准确降落动作。

3.海狗特种部队——俄罗斯海军特种部队

海狗特种部队简介:海狗特种部队成立于1941年,是苏联海军抽调人力组成的一个特种连。成立初期的任务是在敌后从事破坏活动。海狗特种部队通常以班为单位进行活动,每班的人数从10人到30人不等。情况急需时,几个班可迅速联合在一起,组成一支较大规模的部队。由于执行特殊任务,装备有大量的武器和技术设备,并立下赫赫战功。

历史沿革

海狗特种部队成立于1941年,当时在德军重重包围之下的列宁格勒,由苏联海军抽调人力组成了一个特种连,专门在敌后从事破坏活动。其实这并不是什么新鲜事,意大利和英国早就组建了类似的部队,其主要任务是在舰艇附近和水利工程中布置和组织其他破坏活动。海狗特种部队通常以班为单位进行活动,每班的人数从10人到30人不等。情况急需时,几个班就迅速联合在一起,组成一支较大规模的部队。

选拔与训练

俄罗斯海军的海狗特种部队都是由职业的高级侦察员组成。这些人要完成很广泛的任务,除了接受潜水训练之外,还必须有渊博的知识,这些知识有时看起来与他们的职业没有任何联系,如学习物理、化学,接受工程训练等。其中一部分军官是从各种学校中选拔的,另一部分军官在新西伯利亚俄全军高等指挥学校特种侦察系进行专门培训。在俄海军部队内部,有独特的淘汰和初级培训体系,挑选相当严格。1996 年,在 900 名候选人里只有 10 人被特种部队选中——这是士兵,对军官的选择就更严格了。

由于俄罗斯军队对青年失去吸引力,所以征招普通士兵的来源已扩大,不只限于军队内部。目前,被应征者先要具备运动员的体魄,在地方经过轻装潜水训练和伞降训练后,招兵军官在各征兵点从这些人中间精选,被选中者在来部队之前并不知道自己的去向。

被选中者全部被送到特种部队教导队进行训练。在教导队,按照专门的大纲进行施训,并规定体能训练和心理训练要达到承受极限。特种部队的军士具体负责监督训练新兵,然后按标准评价每个新兵的体能和专业训练情况。而对新兵的心理稳定性测验,则要通过各种各样的考验来进行。例如,组织新兵深夜急行军,时间、地点事件不做规定,临近早晨时,在新兵精神疲惫不堪之际,检验其心理稳定性。只有少数新兵能够不顾脚上磨出的血泡和整夜行军的疲劳,继续急行军。最后,通过所有考验的人才能成为海军特种部队的成员。

成为正式队员后,各种各样的训练还会继续下去。在士兵服役 3 年间,他们面临着花样繁多的正规训练,包括潜水、空降、航海、测地、体能训练、水雷爆破作业、白刃战、敌后生存、无线电设备操作,以及一切在现代战争中所必须具备的能力训练。

大多数军官在服役过程中要在学院和专门的教学中心接受进一步的教育。因此,潜水侦察员有两份高等教育毕业证书并不是什么稀奇事。对"蛙人"的选拔和培训要求极严有很多原因,但主要是他们在执行任务时需要承受极大的精神压力和身体压力。

通过初训之后,所有队员开始进行 4 个阶段的职业技能培训。

第一阶段为基础训练阶段,队员全副武装地进行 10~15 公里的武装游泳和急行军,穿越海峡或茫茫原始森林和沼泽地带,要求队员在鲨鱼、海蛇出没的海域以及充满腐烂尸体、水蛇、尖桩和陷阱的泥水中,克服极度恐惧的心理勇敢地前进。

第二阶段为生存和耐力训练。队员在某个无人的小海岛里就地取食谋生,还要在有敌人追击的情况下巧妙地隐蔽自己。

第三阶段为特殊条件下的行动训练。训练中心完全按照某些国家的地形地貌、主要城镇以及风土人情等进行设计,就连街名也与那个国家一模一样。海狗特种部队队员要针对不同"国家"进行针对性训练。

第四阶段为实战训练。射击训练要做到在几百米外百发百中,会驾驶各种战斗车辆、小型舰艇、各种飞行器以及了解和使用外国武器设备。同时"海狗"队员主要是训练使用各种定向性爆炸装置,会用简单材料自制炸弹。队员们还必须熟练掌握各种型号的电台,灵活传递信息,进行截收和监听等。

海狗特种部队是从事敌后作战的,除了水下的本事外还要苦练陆上和空中的本领,以使在行动中可以通过陆上、空中、海上或者联合方式进行渗透。通常,为达到行动的快速性,"海狗"队员经常搭乘飞机,并从飞机上投送潜水用具和人员至预定的海域,并使用特种降落伞。1986 年 6 月,苏联黑海舰队多次用这种专门的降落伞进行超低空伞降训练,伞降高度为 120 米、100 米、80 米和 60 米。一些出色的队员甚至可以从 50 米的高度伞降。超低空伞降过程中不用备用伞,因此伞降飞行时间极短,以秒计算。海狗特种部队高水平的伞降训练可使队员在风速 15 米/秒的情况下安全降落,有的甚至在风速 17 米/秒时照样成功降落。

总而言之,海狗特种部队与敌人部队进行面对面对抗的情景极少出现。他们的工作具有隐蔽性和突发性,因此,他们的武器和服装在其他军兵种中很少使用。

海狗特种部队还要乘坐飞机、水面舰艇和潜水艇到达指定的战斗地点。潜水艇的鱼雷发射器是"蛙人"的出入口。他们经常在敌人后方长时间活动,没有任何后勤保障。最近几年的武装冲突表明,一些重大任务正是由海狗特种部队首先完成的。他们通过闪电式的作战行动,能够有效地掌握和控制武装冲突的进程。

武器装备

海狗特种部队需要完成诸多的任务,因此装备有大量的武器和技术设备。除

AN-94 型突击步枪

俄军普遍装备的轻武器外,还拥有大量世界上独一无二的水下兵器,如水下手枪、水下冲锋枪、特制无声及无火焰武器。为了加强火力,还配备了火箭筒。轻型武器主要有 AK-74M 型突击步枪、AN-94 型突击步枪、SVD-S 型狙击步枪、RPKS74 型轻机枪。海狗特种部队除有上述装备外,因要执行一些特别任务,所以还装备了一些中型武器:AGS-17A 型自动榴弹发射器、TKB-722K 型自动榴弹发射器、RPG 系列火箭筒。

主要潜水装备有水下行进器 UGA-71、水中呼吸器 ABM-5、潜水服 VGK-5 等,附加的潜水装备有水声站、导向仪等。此外,还有特别的拖船、袖珍潜艇、小队人员载体等,这些技术性能先进且复杂的装备大大减轻了队员完成任务的难度。当然,必要时海狗特种部队甚至连主战坦克、直升机、舰艇一类的重型武器都可以使用。

辉煌业绩

苏联领导人戈尔巴乔夫与美国前总统布什在雷克雅未克、马其顿会谈时,负责戈尔巴乔夫乘坐专轮水下警戒的不是克格勃的特种部队,而是海军的海狗特种部队。在苏联黑海舰队解体前,当时的黑海舰队司令加萨塔诺夫将军访问格鲁吉亚也是由海狗特种部队担负警戒工作的。除此之外,海狗特种部队还要完成许多其他任务,其中包括搜寻海上失踪者和沉在浅海的飞行器,使未爆炸的弹药失效;与内务部队协同在多林的山区搜索危险的罪犯、消除灾难的后果等。如今海狗特种部队又有了一项新的任务,就是打击海盗。俄太平洋舰队在南中国海地区配备的一支小型舰队中,就编有一支海狗特种部队,专门用于打击该地区的海盗活动。不久前在南中国海地区,海盗用武力劫持了两艘拖船,就是俄太平洋舰队的海狗特种部队奉命前去解救的。

4.格鲁乌特种部队

格鲁乌特种部队简介:格鲁乌特种部队的历史,可以追溯到 1918 年,这是苏联红军正式组建的进行间谍侦察和协调部队各侦察机构活动的站地司令部注册局,后来逐渐发展演变为俄罗斯武装力量总参谋部军事情报总局,即格鲁乌特种部队。这支部队始建于 20 世纪 50 年代,各类人员约有 10 万人。该部机构设置分部、局、处、科四级建制,共 22 个局,2 个所,10 个处,1 个直属科。并配有先进的武器设备。

历史沿革

格鲁乌特种部队是俄罗斯军事情报总局的简称,主要任务是威慑与阻止突然袭击,并对敌后进行侦察、打击。它如同俄罗斯武装力量的耳目,是俄罗斯军队情报的主要来源。俄罗斯总统曾这样称赞格鲁乌特种部队:"我很清楚格鲁乌的工作成绩,在反恐作战中格鲁乌特种作战分队枪枪见血,屡获功勋。从格鲁乌获得的及时准确的情报不止成为国家战略决策的基础,而且有效遏制了对国家的各种威胁。格鲁乌是俄罗斯名副其实的顺风耳和千里眼。"

1918 年 11 月 5 日,苏联红军正式组建进行间谍侦察和协调军队各侦察机构活动的战地司令部注册局,后逐渐演变成今天的俄罗斯军事侦察兵部队——俄罗斯武装力量总参谋部军事情报总局,即大名鼎鼎的格鲁乌特种部队。

格鲁乌特种部队始建于 20 世纪 50 年代,当时国防部长朱可夫元帅向苏共中央政治局建议,在边防军区建立特种情报颠覆部队,一旦发生战争或战前危机,该部队可潜入敌后进行破坏活动。成立初期,该部队服装千奇百怪,起初是摩托化步兵服装,后穿着飞行员和通信兵服装,最后才正式穿特种兵服装。

1979 年针对阿富汗紧张局势,苏联总参谋部决定成立土库曼斯坦军区特种部队。该部队成员都是乌兹别克人和塔吉克人,他们都会阿富汗当地语言。这支特种部队成立后便被派往阿富汗战场,攻打阿富汗总统阿明的总统府,并于 1979 年 8 月进入阿富汗首都喀布尔进行敌后破坏活动。由于阿富汗游击队对苏联军队构成极大威胁,1985 年苏联军队总参谋长阿赫罗梅耶夫决定向阿富汗增派两只约 6000

人的特种部队。在苏联入侵阿富汗的战争中,格鲁乌特种部队共损失191人,而令对手损失5000多人。他们缴获的武器足够装备一个师。在苏联军队宣布从阿富汗撤军后,他是最后一支撤出的部队。

目前,格鲁乌特种部队的总部设在莫斯科市阿尔巴特街的俄罗斯军队总参谋部内,代号44388军事部。总部内约5000余人,派到国外的谍报人员另有一千三四百人,估计各类人员约10万人,每年经费预算为15亿美元。苏联时期,格鲁乌的人事权,对外谍报活动计划与安排等,都要受克格勃的监督与控制。

该部机构设置分部、局、处、科四级建制,共22个局,2个所,10个处,1个直属科。第一局为欧洲军事战略情报局;第二至第四局是对其他地区进行秘密情报活动的军事战略情报局,第二局负责搜集北大西洋和东欧各国的战略情报,第三局负责美国、英国与中南美各国及英联邦各国的战略情报,第四局负责搜集从中东到亚洲各国的战略情报;第五局是作战情报局,负责军事作战方面的所有谋略破坏活动;第六局是电子情报局,主要进行电子情报活动;第七至第十二局都是情报资料研究机构。此外,还有特别行动局,主要进行对外颠覆破坏、暗杀、绑架、心理战等活动;空间情报局,负责间谍卫星情报;外事局,又称国防部外事局,负责苏(俄)军的外事活动,并从中进行谍报活动;训练局,负责培训谍报人员;另外还有行动技术局、行政技术局、通信局、人事局等。

比较重要的直属处有:直属第一处,负责莫斯科地区的谍报活动;直属第二处,负责在柏林地区的谍报活动;直属第三处,负责第三世界和恐怖组织中进行谍报活动;直属第四处,负责古巴对美进行谍报活动;直属第五处为政治处;直属第六处为财务处;直属第七处为护照处,负责研究,伪造各国护照及各种票证;直属第八处,负责文件加密与解密;直属第九处为档案处。

选拔与训练

格鲁乌特种部队的队员挑选是十分严格的。进入这支部队的队员必须在其他部队服役,且每位军人都需经过特种训练。

入选后还要进行更严格的特种训练,除了特种兵进行的体能、耐力专业技能及实战训练外,因格鲁乌特种部队经常进行境外侦察活动,所以格鲁乌队员还要进行强化外语训练,大部分队员都能熟练应用一种外语。此外,野外生存训练对格鲁乌部队也很重要。训练时,教官们通常将一名特种兵派到一个陌生的地方,给他60发子弹和1天的粮食,让他在那里利用10天时间完成交给他的任务,以此锻炼队员在艰苦环境下的生存能力。还有,如何招募间谍也是格鲁乌训练与众不同的地方。

武器配备

格鲁乌特种部队配备马卡洛夫无声手枪,AK-74突击步枪,VSK94狙击步枪,AN94突击步枪,野牛冲锋枪,PP-2000冲锋枪,SVU战术步枪,OSV-96狙击步枪,AKM突击步枪,斯捷奇金冲锋手枪,IZHMASHSK-100系列突击步枪及SVD狙击步枪。除此之外,每个队员还配备一支特殊的9毫米冲锋枪,能随意打穿防弹背心。

（十九）波兰"雷鸣"特种部队

"雷鸣"特种部队（GROM）简介：波兰"雷鸣"特种部队成立于1991年，据外界估计，该部队共有300名成员，分成若干4~6人小分队，拥有精良的武器设备，是波兰反恐作战的主要力量。在"支持民主行动"的维和行动和对伊拉克战争中起到重要的作用。

历史沿革

1990年，波兰驻贝鲁特大使馆受到恐怖分子袭击。这次挑战使波兰政府意识到，防止国内遭受恐怖袭击和打击国际恐怖主义势力非常重要，因此建立了第一支专业的反恐怖特种部队——波兰"机动反应特战群"。苏联解体后，波兰感到自身安全受到来自各方面的压力，因此做出了许多向西方国家示好的举动。

在这支特种部队的组建上，波兰主动邀请美国、英国、德国等国特种作战的反恐专家进行指导，并按照美国"三角洲"部队的模式进行训练，采取大编制但以小组为主体进行战斗的形式，要求特战队员具备超强的体能、野战救护技能和良好的心理素质。1991年，波兰机动反应作战部队（GROM）成立，是一种新型的特种作战部队。该部队的人员数量、具体作战任务，由于波兰政府严格的保密，均无从得知。但据外界估计，GROM共有队员300名，分成若干个4~6人作战分队。"机动反应特战群"是波兰特种部队中反恐怖作战的主要力量。波兰特种部队与其他国家不同之处在于队员中有女性。平时，队员主要进行营救人质训练及空降、水面及水下渗透方式突击技能训练。在训练中该部队与波兰其他部队和部门进行密切协同。

选拔与训练

"雷鸣"特种部队的队员，均从波兰陆军第一特种作战团和海军作战潜水部队挑选。只有不到5%的志愿者能够加入GROM部队。

GROM成员尽管来自特种部队，本身就具备过硬的素质。但特种作战部队成员在入选后，还要接受严格、艰苦的训练。至少掌握两种语言，是队员在语言方面最基本的要求。除此之外，还要求掌握一定的医学常识，该部队75%的成员拥有医生或护士资格。平时队员主要进行营救人质、空降、水面及水下渗透方式突击技能训练。在训练中该部队与波兰其他部队和部门进行密切协同。如进行空降、水面及水下渗透训练时，由第6空降突击师及第7海上突击师负责保障；反劫机训练则由波兰国家航空公司提供有关设施，进行实际机体模型的突击训练。由于波兰境内港湾、河道甚多，恐怖分子可能对水上目标进行破坏。船只、油井及商船的反劫持渗透突击也是GROM的训练项目之一。他们还接受过援救和破坏方面的训练，其中许多人还是潜水专家。该部队的所有训练都采用实弹射击，这大大增加了训练的实战性，同时也使其所有成员都成为出色的神枪手。

"雷鸣"特种部队还有战斗力极强的支援小分队，成员从技术人员、分析师到

·军事制度·

图文珍藏版

爆炸物处理专家应有尽有,其中许多人都是 GROM 的前特种突击队员。

武器装备

"雷鸣"特种部队拥有精良的武器设备:MP-5 冲锋枪、"格洛克"或"勃朗宁"手枪、SIG-SauerP228 手枪、"坦塔尔"突击步枪和 M203 榴弹发射器。狙击手可以选择自己喜欢的步枪,包括 M86、PSG-1。

经典战役

(1)"支持民主行动"的维和行动

1994 年 8 月至 12 月,一批波兰军人参加联合国在海地太子港组织的代号为"支持民主行动"的维和行动。在维和行动中,这批在海地值勤的波兰军人出色地完成了保护联合国重要官员、平息当地的暴乱及营救人质等任务。这批波兰军人来自波兰最精锐的特种部队——"机动反应特战群"。它在波兰国内素有"雷霆"部队之称。正是这次海地维和行动揭开了波兰特种部队的神秘面纱。

(2)乌姆盖斯尔行动——打响伊拉克战争第一枪

在美国正式开始伊拉克战争前,波兰机动反应作战部队(GROM)已经提前占领了乌姆盖斯尔,打响了伊战第一枪。除此之外,这支部队还在逮捕伊高官的工作中立下大功。

2003 年初,56 名波兰"雷鸣"特种部队队员部署至伊拉克。3 月 19 日,20 多名"雷鸣"特种部队突击队员在夜色的掩护下乘坐快艇出发了,执行登陆乌姆盖斯尔港口,夺下一个重要的油田,防止伊拉克在战争前突然将其引燃的任务。因为这个油田一旦着火,将给美英联军在整场战争中带来巨大不便。因此 GROM 的这次行动与何时正式开战有直接关系。按照原定计划,GROM 应当在 17 日晚上出发。但是,由于出了点差错,19 日夜才登上快艇,向乌姆盖斯尔港进发。此次参战的 GROM 小组有两个使命;第一是排除途经水域的水雷,保证计划顺利进行;第二就是配合美军"黑鹰"直升机上的狙击手,将守卫油田的 40 多个伊拉克士兵全部击毙。计划很简单:突击队将卸掉钻井平台下面的水下炸药,然后配备狙击手的直升机将迅速采取行动。"蛙人"在敌人毫无察觉的情况下抵达钻井平台,然后检查了水下输油管。他们很快发现并仔细拆除了炸药。就在他们冲向钻井平台控制中心时,一名参加这次任务的军官说:"突然平台上的一部老式电话机开始响了起来,我们都紧张地屏住了呼吸,我们想响铃声可能是引爆一枚炸弹的装置。在响了数下后,电话机的铃声停止了,这可能是打错了电话。"在夜视仪器的帮助下,"黑鹰"直升机上的狙击手们和 GROM 队员仅用 3 分钟时间,就将所有在油田内的伊拉克士兵干掉。这次行动击毙或俘获 40 多名伊拉克士兵。

乌姆盖斯尔行动结束后,GROM 小组继续在伊拉克境内其他地区执行任务,其中最主要的工作,是在萨达姆的家乡协助逮捕伊拉克政府的前高官们。情报显示,至少 30 名美军"扑克牌通缉令"上的伊高官被捕,都有 GROM 小组的参与。

（二十）斯洛伐克特种部队

斯洛伐克特种部队（UOU）简介：斯洛伐克特种部队成立于1996年，包括3个编制为20人的战斗排、一个编制为30人的行政管理/后勤部门和一个编制为6~10人的训练小组，共为100人。它配备了比较先进的武器设备。在有效遏制犯罪和恐怖活动的行动中，发挥着重要的作用。

历史沿革

斯洛伐克特种部队（UOU）成立于1996年。自1993年斯洛伐克共和国成立后，斯洛伐克就一直是东欧犯罪分子和恐怖组织的活跃之地，他们把斯洛伐克当成向西欧走私武器、毒品和运输妓女的主要通道。为了有效遏制犯罪、恐怖活动，斯洛伐克警方决定成立特种作战部队。在充分考虑本国实际情况和借鉴国外先进经验的基础上，该特种部队成立。这支特种部队被认为是目前欧洲训练有素、装备上乘的优秀反恐部队之一。

斯洛伐克特种部队（UOU）的编制达到100人，其总部和主要训练设施位于斯洛伐克首都布拉迪斯拉发市。鉴于其所执行任务的重要性，该部队直接受国家警察部队最高负责人领导。UOU的基础结构包括3个编制为20人的战斗排、1个编制为30人的行政管理/后勤部门和1个编制为6~10人的训练小组。为了执行突袭和干预任务，每个战斗排都能被划分成更小的5人战术分队，可根据实际作战需要灵活编组。

选拔和训练

大多数应征UOU的人员都是来自国家警察部门经验丰富的警官。每年都会在UOU总部举行一次选拔新队员的活动，具体选拔程序如下：为期2天的身体和心理测试，以测试应征人员的身体素质和心理承受能力；为期5天的高强度训练（被称为"地狱周"），以考察应征人员的勇气、耐力以及在极端压力下（缺乏睡眠、食物和水）的决策能力；最终的面试由UOU指挥官领导的一个专门选拔小组操作，主要考察应征人员投考UOU的原因和动机。

选拔考试合格的应征者，将进行为期6个月的基础训练。UOU所采用的训练课程十分密集、严格，旨在训练队员掌握对抗恐怖分子和犯罪分子的作战技能。训练课程包括高密度的体能训练（重点在于作战技术和近战能力训练）、战术操作训练、不同姿势的射击训练、各种武器的操作、街区近距离巷战（CQB）战术、通信、爆炸物处理、狙击训练、攀爬和绳降技术、潜水技术、谈判方法、警犬部署操练和为期一周的跳伞训练。这一阶段以一次崎岖山路的野外拉练宣告结束。拉练过程中，在极度的体力和心理压力下，所有应征者都将经历一次严格的考验。

完成训练的应征者便正式成为UOU的一员，被编入战斗排，之后还要继续保持每天的日常训练，以保持高水平备战状态。UOU的日常训练主要包括以下方面：附加的标准训练以提高队员的作战技能；培养各种行家的高级课目很多，如潜水员、狙击手、排爆专家、驯犬师和谈判专家等。

UOU 一直不断通过与欧洲其他国家精锐部队共同训练和沟通来改善和提高自身的战斗技能,其中包括捷克特种部队(URNA)、澳大利亚"眼镜蛇"部队、克罗地亚特种警察部队、斯洛文尼亚特种部队、德国 GSG9 特种部队以及法国的 RAID 反恐分队。

武器装备

UOU 配备了比较先进的特种武器和装备,包括冲锋枪、突击步枪、半自动手枪、狙击步枪、霰弹枪及精密瞄准装置和照明器材。

(1)冲锋枪

UOU 目前装备的主要冲锋枪是 HK 公司的 MP5 冲锋枪。有以下几种型号:MP5A5 型配伸缩式枪托,弹匣容弹量 30 发,有效射程 200 米。MP5SD6 型带整体式消声器,十分适合突袭作战和夜间作战。MPSKA5 型短枪管型,主要适用于近距离遭遇战、隐蔽行动以及执行重要人物保护任务。

(2)突击步枪

Vz58 突击步枪是目前 UOU 的主要装备。Vz58 突击步枪可以配备木制枪托或折叠枪托,弹匣容弹量 30 发。可以安装夜视瞄准镜,便于夜间作战时使用。

(3)手枪

CZ75/85 9 毫米手枪多年来一直是 UOU 的制式武器。但最近西格-绍尔公司的 P226 9 毫米手枪已逐渐成为 UOU 的新宠。该枪是目前市场上最先进的手枪之一,集瑞士和德国武器制造精良技术于一身。P226 手枪采用双动式发射机构,自动击针保险装置,弹匣容弹量 15 发。UOU 装备的 P226 手枪的准星和照门上配装了氚光管,用于夜间简易瞄准,另外枪上还可以加装战术灯或激光指示器。除 P226 以外,UOU 队员还配备了格洛克 179 毫米手枪。

(4)狙击步枪

SSG3000 7.62 毫米狙击步枪是目前 UOU 装备的主要狙击武器系统。该枪采用容弹量为 5 发的弹匣供弹,有效射程 600 米。SSG3000 狙击步枪配备有两脚架,枪托上设有可调节的贴腮板,机匣上装有放大倍率为(1.5~6)×42 倍的 Hensoldt-wetzler 瞄准镜。

(5)战斗霰弹枪

UOU 还装备有 12 号口径温彻斯特"防御者"霰弹枪。该枪主要作为近距离突击武器使用,往往在进攻行动的最后阶段发挥作用。

(6)试验中的武器

UOU 正在进行一项武器换装活动,在此期间,将会测试一些新式武器,以便将来装备部队使用。在众多列入试验的新式武器中,以下两种值得关注:HK 公司的 G36 5.56 毫米突击步枪。该枪采用导气式自动方式,折叠式枪托,弹匣容弹量 30 发。配备的光学瞄准镜放大倍率为 1.5 倍。此外,还可以安装先进的夜视瞄准镜,以便在光线暗时和夜间射击时使用。FN 公司的 P90 5.7 毫米冲锋枪。弹匣容弹量 50 发,还可以配备消声器和激光指示器。

(7)专用设备

除武器以外,UOU还装备了大量专用的特种设备和电子产品。其标准装备包括先进的摩托罗拉通信系统、夜视仪、潜水设备、爆破装置以及监视和监听设备,此外还有Kemira-Promask NBC95式防毒面具、P1式和P2式震晕手榴弹。

(8)个人设备

UOU装备的个人设备较全面,其中包括Gallet防弹头盔、BOLE战术护目镜、黑色或伪装色作战服(根据任务需要穿着)、诺梅克斯阻燃防护服、Kirassa防护背心和战斗靴、多袋战术背心。口袋中携带有无线电设备、手铐、震晕手榴弹、备用弹匣、绳索和攀爬工具等。

(9)专用运输工具

UOU拥有多种专用特种车辆,其中包括斯柯达欧雅STW轿车、梅赛德斯-奔驰M级大型豪华轿车和大众帕萨特轿车。由UOU集中调度使用的车辆还包括装甲人员输送车、大众四轮驱动货车、欧宝前卫运动型多功能车和路虎卫士越野车。UOU的空中运输主要由内务部的直升机来承担,它可以将UOU队员运送到全国任何一个需要他们的地方。

主要任务

斯洛伐克特种部队的主要任务是对付危险的恐怖分子和犯罪分子,具体包括:
①打击极端恐怖分子和犯罪分子;
②支援其他警察部队和政府机构处理暴力恐怖事件,其中包括协助国家安全部门(SIS)抓捕高危险性的恐怖分子,协助其他执法机构对抗有组织的犯罪分子和逮捕操控犯罪团伙的黑社会头目;
③保护斯洛伐克共和国的重要人物以及来访的外国总统和国家领导人。

辉煌战绩

自成立以来,UOU已经成功地在斯洛伐克国内进行了无数次反恐和打击犯罪行动。

2000年,在著名的纳粹猎人西蒙·威森塔尔访问斯洛伐克首都布拉迪斯拉发市期间对其进行保护;

2001年,抓捕3名IRA恐怖组织成员;

2003年,营救4名人质并成功逮捕绑架者;

2005年,在布拉迪斯拉发市召开的峰会期间保护布什总统和普京总统;

伊拉克战争爆发之初,UOU就担任起了在巴格达的安全保卫工作,负责保护大使馆和本国驻巴格达的外交官。

(二十一)捷克警察精锐反恐部队

捷克警察精锐反恐部队(URAN)简介:捷克人民共和国成立后,为了有效打击各种犯罪和恐怖活动,就成立了捷克警察精锐反恐部队。该部队由100名体格健壮的士兵组成,分成3个20人的突击分队(实施突击和强行突入的专业人员)、1

个 25 人的特种服务部和一个行政/后勤管理部。该部队装备的专用轻重武器和先进的瞄准装置和照明设备。

历史沿革

捷克人民共和国自独立以后,一直遭受着东方各种犯罪和恐怖组织的骚扰,他们将捷克作为主要运输通道,向西欧走私武器、毒品和妓女。为了对付这些威胁,提高打击犯罪分子和恐怖分子的力度,捷克当局投入了大量的人力和物力。内务部快速反应部队便是捷克制止严重犯罪和恐怖主义的中坚力量。与德国边防军第9反恐怖大队、法国的国家宪兵队干预小队一样,捷克警察精锐反恐部队(URAN)的首要任务是对付国内暴力犯罪团伙,虽然其知名度不如西欧的同类部队,但也被认为是欧洲大陆训练有素、装备精良的反恐部队之一。

URAN 由 100 名体格健壮的士兵组成,指挥部和主要训练设施都设在捷克首都布拉格。现任指挥官是利博·洛克曼上校。鉴于执行的是国内重要任务,部队直接服从内务部部长指挥,接受他的命令。URAN 由 3 个 20 人的突击分队(实施突击和强行突入的专业人员)、1 个 25 人的特种服务部(狙击手、通讯专家、文件管理员和人质谈判者)和 1 个行政/后勤管理部(秘书、司机和法律顾问)组成。为了满足战斗和实施干预的需要,每个突击分队分成 3~5 人的战术小组,根据作战实际需要活跃在不同的战斗岗位上。

作为捷克的主要反恐部队,URAN 负责执行的主要任务是:干预恐怖分子和犯罪分子实施抢劫和绑架(包括在飞机、楼房、公共汽车、火车和地铁进行的抢劫和绑架)等过激行动;支援其他警察安全机构对付暴力恐怖和犯罪组织,包括协助反团伙犯罪科和缉毒队逮捕危险的犯罪分子和毒品交易者;在国内和国际重要活动中,协助其他执法机构执行安全保卫工作;保护来捷克共和国访问的各国总统和国家首脑安全。

选拔与训练

所有 URAN 的候选人都必须在国内某警察局工作过,必须是有着丰富实际经验的国家警官。为了选拔新的候选人,每一年都要在 URAN 指挥部举行测试。URAN 选拔人才不拘一格,标准相当严格。选拔内容有:①医学、身体和心理方面的检查。用以测定候选人的体力强度、健康状况、智慧能力、适应能力和集体协作能力;②7 天的崎岖地形导航训练,以评定候选人在特殊压力下的勇气、精力、耐力以及关键时刻的决策能力;③由 URAN 部队指挥官率领的测试小组进行面试,以评定候选人参加该组织的原因和动机。

选拔工作一旦结束,立即进入为期 2 个月的基础训练。URAN 部队采用的训练课程极为严谨、细致,旨在教会受训人员掌握与犯罪和恐怖分子搏斗时所需的战斗技能。训练课程包括强体能训练(重点是武术和近战方法)、战术作战训练、各种姿势的射击训练、打靶练习、绕绳下降、爆炸物处理、有限空间作战战术、解救人质训练(模拟在飞机、建筑物、公共汽车、火车和地铁等场合进行突击性的人质解救、要员贴身保护战术及逮捕程序)。

基础训练结束后,合格的毕业生被编入其中的一个突击分队,接着进行4个月的训练。这一阶段的训练顺利完成后,便可成为 URAN 的正式成员,参加部队执行的任何任务。需要指出的是,URAN 通过多种技能训练,并通过与诸如意大利、比利时、瑞典、德国等国家特种部队合作,提高和改进自己的战术训练技巧。

武器装备

URAN 部队装备的专用轻重武器是目前最好的,主要有冲锋枪、半自动步枪、狙击步枪等。这些武器上都安装了先进的瞄准装置和照明装置,白天和夜间均可使用。

冲锋枪重量轻,体积小,成为反恐怖作战中的主要突击武器。目前主要装备的是黑克勒·科赫公司的9毫米 MP5 系列冲锋枪。手枪是 CZ-75 9毫米手枪,CZ-85 9毫米手枪。狙击步枪主要使用西格-绍尔 3000 狙击步枪。

除了尖端武器外,URAN 还大量装备特种武器和电子装置。他们的标准装备包括防毒面罩、CS 催泪毒气弹和致晕弹、先进的通讯装置、夜视光学瞄准镜、爆炸装置和突破装置以及监视设备和声音监测仪。

目前 URAN 成员的个人装备也是最好的。这些装备有:HQH 设备公司生产的 TV-96 战术应急反应背心,这种背心配有独特的绕绳下降装置,该装置可使他们在空中短时静止悬停,实施空中作业、从直升机上实施绳降、快速攀登以及执行其他战术任务和空中营救;舒伯特公司生产的战斗头盔;戈尔泰克斯/诺米克斯公司生产的防火连身套服;北爱尔兰生产的标准防护背心;戈尔泰克斯公司的高技术战斗靴。

至于地面作战,有多种专用车辆供 URAN 自由支配,其中包括斯科达奥克塔维亚轿车、梅赛德斯 300 型装甲车、福特公司的运输大篷车和吉普-切诺基运货车。

鉴于 URAN 需要在全国实施作战,因此部队主要依靠直升机实施快速部署。空中运输任务由内务部的米-8 军用直升机、MBBl05 和贝尔-412 直升机完成,这些飞机将 URAN 成员迅速空运到全国任何一个发生突发事件的地方。

任务与业绩

URAN 成立以来已经在国内实施了无数次反恐怖和反犯罪的军事行动,大多数情况下,部队以两种形式活动:一种是作为前提打击性部队实施作战,即以各安全机构和执法机构收集到的情报为基础发动预防性作战;另一种是作为主动式的快速部署特遣部队,在其他警察部队无法控制已经混乱的局势下实施干预作战。

最近几年 URAN 出色完成了许多作战任务,公开报道的战例就有:1984 年解救了被劫持的关在私人住房里的两名人质;1990 年解救了一名被劫持关在医院的人质,劫持者带有手榴弹;1995 年在布拉格的一间夜总会里逮捕了一名俄罗斯秘密犯罪组织的首领;1998 年摧毁了一个长期的从事走私毒品、武器和妓女等不法交易的保加利亚秘密犯罪团伙;1999 年逮捕了一名被国际刑警组织和挪威警察通缉追捕的阿尔巴尼亚秘密犯罪组织的首领。

（二十二）乌克兰特种部队

乌克兰特种部队简介：乌克兰特种部队可以分为三支特种部队：武装力量特种部队，约有 4 个旅兵力；国家安全局特种部队，目前尚不清楚其建制情况；内务部特种部队，约有 1 个旅的兵力。这三支特种部队都装备有先进的武器设备，在维护乌克兰国家安全、打击恐怖犯罪活动中发挥着积极的作用。

乌克兰所有特种部队的组建都得益于苏联的解体，从体制上分别归属武装力量（陆、海、空三军）、国家安全局和内务部。

武装力量特种部队

1991 年苏联解体时，大名鼎鼎的苏军格鲁乌特种部队大部分被俄罗斯所继承，只有 6 个旅被其他加盟共和国以地理优势抢走，其中乌克兰就得到了 4 个：3 个陆军旅和 1 个海军旅。3 个陆军旅分别部署在克里木（后被改编为乌克兰武装力量空军第 1 伞降团）、基洛夫格勒和伊兹雅斯拉夫拉。1992 年初，3 个旅的旅长们就乌克兰要求他们发誓效忠一事，向俄军格鲁乌特种部队情报局进行了咨询，乌方随后以突击速度把这些旅化为己有。伊兹雅斯拉夫拉旅在副旅长戈罗什科中校的带领下，成为首支乌化的特种部队，并起到了榜样效仿作用。

后来，苏军第 10 特种旅被扩编成乌军第 10 摩步集团军，苏军第 9 特种旅被改编成乌特种部队训练教学中心，后因人员大量流失而逐渐解散。

另外，乌军情报总局还在基辅拥有一支戈罗什科中校创建的独立特种分队。隶属黑海舰队的苏军第 17 特种旅在向乌克兰效忠后，被编入乌克兰黑海舰队，并在 1995 年俄乌塞瓦斯托波尔冲突中，在对付俄军舰威胁上得到了应用。

国家安全局特种部队

乌克兰在得到并建立国家安全局特种部队方面也比较幸运。乌版"阿尔法"部队正是在苏联解体前一年内建成的。1990 年 3 月 3 日，根据第 0031 号命令，在乌克兰组建了克格勃第 7 局"A"组第 10 特种分队，1991 年又建立了第 7 局"C"组特种部队，并很快纳入了乌安全局的编成。

1994 年 6 月 23 日，根据总统令，乌正式组建了国家安全局"A"局（全称为乌克兰国家安全局反恐及保护执法、护法人员总局），现局长为比尔桑少将。"A"局特种部队在反恐方面的功绩无从知晓，但在同匪帮斗争方面却发挥了非常突出的作用，另外，还成功完成了在法国、意大利、加拿大三国印制的乌克兰新币海上运输保护及护航工作。

在编制上，"A"局归国家反恐中心直属，局长比尔桑少将任反恐中心副主任。反恐中心于 1998 年 12 月 11 日根据总统命令组建，由部门间协调委员会组成，所有强力部门及其工作机构的第一副职都是委员会成员，现由国家安全局第一副局长泽姆良斯基上将（中心主任）领导。

内务部特种部队

在苏联国民近卫军存在期间,克里木部署有国民近卫军第 7 师第 21 旅,下辖一个"熏衣草"高山步兵特种营和"眼镜蛇"第 10 特种团,在国民近卫军撤销后,在乌境的所有近卫军都并入了乌内务部,结果乌内务部队现在拥有"眼镜蛇"和"熏衣草"两个高山步兵特种营,分别驻守在克里木半岛的辛菲罗波尔和巴拉科拉瓦。

部署在基辅的"雪豹"近卫军基辅旅的第 24 特种独立营在乌克兰独立后被整编入内务部队,基辅旅其余部队被改编为乌克兰总统保卫团。

此外,内务部还下辖有 1 个"美洲豹"特种团(驻守文尼察市)和 1 个"猎豹"特种团(驻守扎波罗热市)。内务部还直属有"雄鹰"和"金雕"两支特种部队。在苏军西瓦什第 95 近卫师的基础上组建的乌第 6 近卫师如今也已改编成为一个特种团,归内务部管辖。

辉煌战绩

2003 年 6 月,乌克兰举行了"亚速海-反恐-2003"特种战术联合演习。演习假定一艘轮船遭恐怖分子劫持,为解救人质,乌特种部队从陆海空发动袭击——直升机、"蛙人"、地面特种部队全面出击,在 28 秒钟内便搞定恐怖分子。参演的部队有乌克兰内务部"熏衣草"特种山地步兵营、海军"蛙人"分队以及大名鼎鼎的"A"总局所属特种分队。诚然,目前乌克兰不会像伊拉克等地区那样恐怖活动此起彼伏,但是为了防患于未然,该国建立了相当完备的反恐体系,这一体系与当前及在可预见的将来乌克兰所面临的威胁等级相适应。当前,在世界各国的围追堵截之下,恐怖分子也变得越来越狡猾,越来越难以对付。而且,恐怖"战略家"们将乌克兰视为策划恐怖活动的一块"沃土",乌克兰所面临的反恐形势日趋严重。有鉴于此,乌克兰加强了反恐特种部队的建设。吸收进特种部队的都是些体魄强健、意志坚定、骁勇善战的精英分子,多数人都有过在"热点"冲突地区作战的经验。除了具备强健的体格外,特种部队的战士还需具备瞬间决策的能力,因为在实战中,一旦优柔寡断、决断失误,不仅仅会牺牲自己,而且会对战友、人质以及处于事发现场的无辜百姓造成生命危险。

乌克兰特种部队的成员专业不一,譬如,有伞兵小分队装备有现代化的伞降设备,可在最复杂的气候及地形条件下进行登陆作战。另外,还有"蛙人"小分队、狙击手小分队、"猎犬"小分队等。

1994 年 6 月 23 日,乌克兰总统亲自签署命令成立"A"局(反恐及保护证人局)。除反恐任务外,"A"局还担负着"保障刑事诉讼证人的安全"以及"保护法官及司法人员人身安全"这两项附加职责。必要的时候,还执行对国家最高领导人的安全保卫工作及其他特殊任务。"A"局自成立以来,屡屡立下赫赫战功。曾参与过多次战役-战斗行动,缴获数百件射击武器、手榴弹及爆炸物,以及大量非法国内货币及外币,并成功抓捕大量职业杀手。在乌克兰的许多州府,"A"局特种分队为民除害,歼灭了众多地方走私团伙。特种分队训练有素,可在几小时内到达乌克兰境内的任何地点,必要时还可出动飞机实现空降作战。

2000 年 11 月 30 日,"A"局扩编成乌克兰安全局"A"总局,下属两个局,2003 年 6 月 15 日又编入了第三个局。

乌克兰"阿尔法"部队的历史同其创造人瓦西里·克鲁托夫息息相关。克鲁托夫 1949 年出生于赫尔松州。自 1977 年起,克鲁托夫已成为事实上的特种部队军官。当时特种部队尚未正式组建,只有一些编外分队,其成员为苏联克格勃各个分队的军官们。他们拥有良好的战斗素养,可在近距离交火这样的极端条件下展开行动。这些分队当时就被赋予了反恐任务,其中包括对付劫机犯罪分子。

1990 年克鲁托夫被任命为苏联克格勃一支特种分队——"阿尔法"小组的副队长。当时区域特种部队的选人条件极其苛刻:品德要好、意志力要强、体格要强健、职业素养要高、身体条件要适合从事空降作战、要有在国家安全部门的供职经历、年龄需在 33 岁以下等。当时有 120 名克格勃成员申请加入"A"组(位于乌克兰首府基辅市)第 10 处,选中的只有 15 人。

1994 年,瓦西里·克鲁托夫被任命为乌安全局特种部队——"A"局第一任局长,并受命在现行特种部队的基础上正式组建该局。

乌克兰国家领导人及安全局多次授命克鲁托夫在海外执行特种任务,因其贡献卓著曾被授予"英勇"勋章,三次被授予签名武器,并领中将军衔。他曾直接参与指挥了乌境内外的数百次战役-战术行动及特种行动。其中最负盛名的当属 1992~1993 年克鲁托夫率部成功将在法国、意大利、加拿大印制的乌克兰新币由海、空路安全运回国内。当时,若有一个集装箱的"货物"丢失,都将给乌克兰经济造成重创。因为担心走漏风声,乌克兰国家领导人拒绝加拿大和意大利派军舰护送。这样,"押镖"的重任全落到了乌克兰特种部队身上。

自 1994 年起,"A"局开始为稳定乌克兰克里米亚地区及其他南部地区的局势屡建奇功。1995 年,"A"局特别小组在克里米亚半岛上的一家疗养院成功歼灭一装备优良的大型犯罪团伙,共抓获 30 人,缴获各类武器、弹药、防弹背心等装备以及巨额金钱。

1997 年,"A"局特种部队攻占了位于赫尔松州的一匪首宅院。宅院占地近一公顷,周围有两米高的围墙,里面的匪徒装备精良。特种部队在空军的支援下向宅院发起强攻,共抓获 36 人,而且行动极其神速,甚至没有动用射击武器。

"A"局所属"阿尔法"特种部队组建 10 年来,共参与了 3400 次特别行动,其中 890 项是制止恶性犯罪事件、抓捕武装犯罪分子、解救人质等高危险任务。

(二十三)白俄罗斯金刚石反恐特种部队

金刚石反恐特种部队简介:白俄罗斯金刚石反恐特种部队,成立于 20 世纪 90 年代,是一支专门执行反恐任务的特种部队。成立以来执行了 3700 多次特种作战任务,立下赫赫战功。该部队每人都配有两套先进的武器设备。

概述

白俄罗斯金刚石反恐特种部队,隶属于白俄罗斯内务部,是一支专司反恐任务的特种部队。成立15年来，"金刚石"共执行了3700次特种作战任务，抓获近4300名重刑犯，解救了105名人质，排除了20个爆炸装置。该部队最近参与的一次国际特别行动是在一年前抓捕藏匿在明斯克的两名涉嫌杀害《福布斯》杂志俄语版主编的俄罗斯逃犯。在部队官兵人手一册的《作战须知》中有这样一段话："始终牢记：每名军人都应像金刚石那样纯粹和坚硬。"金刚石反恐特种部队拥有非常强的机动能力。该部队现任指挥官卡尔沁科夫上校介绍说，该部队装备有27种型号的特种车辆，主要是"大众"和"奔驰"两个品牌，此外还有两架米-8直升机，军官们可在接到命令后5~7分钟赶到基地，侦察小组和作战小组可在随后的20分钟内前往国内任何出事地点，第二梯队可在40分钟内出发。

人员选拔与训练

卡尔沁科夫上校说，"金刚石"的成员主要从国防部所属的特种部队、特种警察部队、总统安全保卫局和边防军的军官中挑选。这些人的服役期都在5年以上，并参加过特种作战。此外，他们必须接受过高等教育，具有优秀运动员的素质，并且必须在专项比赛中进入前3名。要想成为"金刚石"的成员，还必须聪明、机警、反应快、应变能力强。"四肢发达，头脑简单"是绝对不行的。

初试通过后，还要进行补充测试。首先要看接受测试者如何在紧急情况下做出决断，如何在确保自己和战友安全的情况下顺利完成任务。另外，对道德和心理素质的深入考察也不可或缺。只有顺利通过全部测试，接受测试者才可成为"金刚石"的候选成员。再经过半年的训练考察后，才能戴上标志着"金刚石"成员身份的胸章。

"金刚石"反恐特种部队并不仅仅是男人的天下。卡尔沁科夫上校介绍说，女兵扮演的主要角色是谈判专家和狙击手。有些时候，在与恐怖分子或刑事犯罪分子进行谈判时，女兵的作用是不可替代的。虽然女兵个个漂亮又可爱，但目前仅有3人。部队首长说，3个女兵足够了。

在"金刚石"基地训练场上有条很长的障碍带，那里有各种各样的障碍物。部队指挥官说，这是世界上已知的最难通过的训练用障碍带，只有付出异常艰辛的努力才能通过它。"金刚石"成员在这里的训练每周不少于3次。他们通过障碍时要全副武装，就连防暴盾牌也要带上，其难度可想而知。

此外，心理素质训练、特种战术训练和射击训练是提高特种部队成员技能的主要训练内容。辅助性训练内容包括狙击、潜水、跳伞以及其他专项技能等。

武器装备

金刚石反恐特种部队的每名军官都配备有两套武器设备，一套是芬兰制造的可配备多种口径子弹的警用枪，另一套为苏制兵器。

（二十四）斯洛文尼亚特警队

斯洛文尼亚特警队（SPU）简介：斯洛文尼亚特警队成立于1990年，编制大约为100人。包括1个45人编制的突击小组,1个20人编制的行动支援小组,1个15人编制的爆破小组和1个20人编制的后勤小组。该部队装备有先进、精良的武器设备,是斯洛文尼亚反恐、反暴力犯罪的一道"钢铁防线"。

历史沿革

斯洛文尼亚特警队(SPU)成立于1990年,自成立之日,便在反恐阵线上扮演着十分重要的角色,尤其在1991年斯洛文尼亚的独立运动中发挥了关键作用。近年来,它更是作为中欧训练有素、装备精良的特种部队之一,频繁亮相,是斯洛文尼亚反恐、反暴力犯罪的一道"钢铁防线"。

目前,SPU的编制大约为100人,其总部和训练基地位于斯洛文尼亚首都卢布尔雅那,由于担任十分重要的使命,其直接受命于国家警察总局。SPU下属一个45人编制的突击小组,一个20人编制的行动支援小组(包括狙击手、驾驶员、驯犬员),一个15人编制的爆破小组和一个20人编制的后勤小组(包括技术员和通信专家)。根据任务需要,每个小组还可细分为5人编制的战术单位,以便在各种不同的战斗环境中灵活组合,发挥更大作用。

作为斯洛文尼亚的反恐中坚,SPU担负着如下任务:处理劫持、绑架之类的重大恐怖犯罪活动;支援其他警察部门和国家安全部门打击恐怖分子和犯罪组织,包括协助其他刑事机构执行危险嫌疑犯和毒贩的逮捕工作;参与斯洛文尼亚政府要员及来访外国元首和贵宾的安保工作;帮助其他警察和安全部门处理未爆炸物;为其他警察和安全部门提供专业训练。

选拔与训练

只有国家警察部门的现役警员才有资格申请加入SPU。SPU每年都会在其总部进行一次新队员的选拔活动,主要包括两个步骤:第一,进行身心全面测试,旨在考核候选者的身体素质和心理素质;第二,全面个人会谈,旨在评估候选人加入SPU的动机。

候选者一旦通过初选,即进入为期6个月的基础训练阶段。SPU的训练强度大、要求高,所有训练科目皆是为有效对付恐怖犯罪活动而专门设计。训练课包括密集的体能训练(重点是柔道、柔术和空手道)、战术训练、身处不同位置的实战设计训练、攀爬和绳降训练、直升机介入技巧训练(包括快速绳降)、强行突入和进展技巧训练。

完成基础训练科目的受训者即成为SPU的正式成员,开始接受更为专业的训练,训练课程包括:飞机、船舶、汽车和火车中被劫持人质的救援演习;培养专门人才(包括狙击手、驾驶员、驯犬员等)的各种高级课程。

总之,SPU的训练几乎遍布斯洛文尼亚的每一寸国土,包括一些山川、森林、峡谷等人迹罕至之处。

除了在国内进行常规训练之外,SPU每年都会与欧洲其他国家的特种部队互相切磋,进行交流训练,如奥地利"眼镜蛇"特种部队、捷克警察快速反应部队、斯洛伐克山猫突击队、法国黑豹突击队、德国边防军第9反恐怖大队、德国警察特勤队、克罗地亚特警队。

武器装备

尽管斯洛文尼亚是中欧小国,但经济富足,人均 GDP 达到 14000 美元,超过中国台湾和韩国。因而官方对军警部队的投资也是不遗余力。SPU 自然也在受益之列。世界一流的装备使 SPU 如虎添翼,其中武器设备主要有冲锋枪、突击步枪、手枪、狙击步枪等。每种武器都配备了先进的瞄准和照明装置,以适应全天候作战。

(1)冲锋枪

在大部分反恐行动中,冲锋枪是 SPU 最主要的突击武器,而 HK 公司的 MP5 在投入服务的 30 多年来,以其舒适可靠的操作性能和适中的威力等优点,一直备受各国特种警察部队的青睐,SPU 同样对其钟爱有加。

(2)突击步枪

HK 公司的 G36 5.56 毫米突击步枪是 SPU 的首选,该枪为导气式自动方式、折叠式枪托。手枪主要有西格-绍尔 P2269 毫米手枪,伯莱塔 92FS 9 毫米手枪、格洛克 26 9 毫米手枪。

(3)狙击步枪

SPU 配备的狙击步枪为西格-绍尔 SSG3000 0.308 英寸(7.62 毫米)狙击步枪。斯太尔 SSG69-P 0.308 英寸狙击步枪、巴索 2 0.308 英寸战术步枪、巴雷特 M82A10.50 英寸狙击步枪。

基于现代战争的需要,以上所有的狙击步枪都可以加装先进的光学和红外瞄准装置,以适应全天候作战需

G36 突击步枪

要。主要有施华洛世奇 habicht LRS 3~12×50 白光瞄准镜、蔡司 ZF3~12×56 白光瞄准镜、洛伽-莱特 NL-64 昼/夜瞄准装置、西穆拉德 KN-250F 夜视瞄准镜及蔡司 NVS-80 夜视瞄准镜等。

(4)特种装备

除了特种武器之外,SPU 所使用的现代特种装备还有很多,包括 Galet 防弹头盔、诺梅克斯耐火防护服、战术背心、防弹衣、防毒面具、眩晕手榴弹、潜水工具、盾牌、炸药和破坏设备、微光夜视装备、监测仪器以及先进的通信设备。

SPU 还配备了十分先进的爆炸物处置设备,包括加拿大 EOD-9 防护套服、遥控机器人、高压水枪。

(5)运输工具

SPU 使用的运输工具也十分先进,通常根据实际需要将一些性能优越的高级轿车予以改装(主要是大众、欧宝和福特汽车),用于追踪和监视等。此外还有斯太尔-奔驰 320 豪华轿车、大众四驱客/货车、BOV 装甲车。在执行海上干预任务

时，SPU 使用的是西林格 630 充气艇。

和其他国家特种部队一样，为了能在第一时间赶到事发地点，直升机成为必备的运输工具之一，SPU 队员通过 AB212、AB412 和 EC1355 直升机到达斯洛文尼亚各地。

辉煌业绩

自 1990 年成立以来，SPU 已经在斯洛文尼亚境内处理了无数恐怖及暴力犯罪事件，如拘捕要犯、毒枭、假币交易者、协助边境防卫等。而且在大多数情况下，它还是警方最后使出的杀手锏。优秀的队员、精良的武器、先进的特种装备和丰富的物质保障使 SPU 在处理暴力事件中无往不胜，其威名使犯罪和恐怖分子闻风丧胆，有效遏制了斯洛文尼亚的犯罪和恐怖活动，保证了斯洛文尼亚人民的人身和财产安全。

(二十五) 土耳其海军特种部队

土耳其海军特种部队简介：土耳其海军特种部队分为水中防卫(SAS)特勤队和水中攻击(SAT)特勤队。该部队具体人数目前尚不清楚。但是该部队装备有先进的武器设备，在维护地区和平和有效遏制恐怖活动中，发挥着十分重要的作用。

成立的背景

土耳其是控制黑海要塞与欧亚大陆的桥头堡，同时也是掌控高加索资源地带的桥头堡。其战略位置非常重要，是兵家必争之地，加上国内库尔德分裂运动及与邻国希腊之间的边境纷争不断，因此土耳其军方相当重视特种部队的建设。在后 9·11 时期，土耳其更是近中东地区极少数能够配合西方国家进行反恐情报搜集与军事打击的国家。

由于任务需要，土耳其海军拥有两支特种部队，分别是水中防卫(SAS)特勤队与水中攻击(SAT)特勤队。这两支特勤队在实战记录上虽没有陆军特战旅辉煌，但仍然功不可没，在后 9·11 时期阻止恐怖组织从中亚地区走私毁灭性武器(核生化武器)的行动中担任了主要角色。

SAS 特勤队和 SAT 特勤队的分工有所不同。SAS 特勤队擅长水中渗透，组建迄今已经和希腊特战队及大名鼎鼎的以色列海军第 13 特战队交手多次。其任务包括长距离水中侦察、舰艇爆破、登陆诱导和爆炸物处理，而 SAT 特勤队则是以反劫持任务为主。

SAS/SAT 特勤队当初成立的主要目的是为了对抗希腊海军特种部队，但现在已经成为土耳其海军执行反恐任务的两支劲旅。

选拔与训练

土耳其是北约成员国，在军事训练体制上自然要走西方路线，相关装备和训练几乎都沿袭美国的模式。SAS/SAT 特勤队都是由美军水中爆破大队(UDT)一手训练而成,其战术战法、人员选择和装备也都与美军相仿。

SAS/SAT 特勤队的选拔训练和美军水中爆破大队相同,选拔队员时,候选队员必须完成匍匐前进、仰卧起坐、伏地起身、4 公里长跑、全副武装泅渡与 18 公里行军跑,每两个项目之间只允许休息 5 分钟。完成之后还要进行体力极限测试:应试者在 24 小时内,在得不到任何暗示及指点的情况下,使用一个罗盘和一张地图,在荒无人烟的地区单独强行军 74 公里前往指定地点。这项训练照搬美军三角洲特种部队,目的是测试队员在极限状况下是否依然能够冷静思考、运用有限的体力和补给完成任务。

合格者进入部队之后还必须接受更为严格的基本体能训练,包括 10 公里海上长泳训练、40 公里耐力长跑训练和基本体能训练(引体向上、仰卧起坐、伏地起身)。完成基本体能训练之后,候选队员将会接受俗称"地狱周"的考验,一般来说,这一阶段的淘汰率高达 60%,被淘汰的士兵一律回原部队继续服役,必须要至少 6 个月之后才可以重新申请加入特勤队。

通过上一阶段的候选队员将会被送往各专门学校或训练基地进行基本专长训练,包括跳伞训练、山地训练、爆破训练、通信/情报训练和潜水训练。其中潜水训练又包括水底着装、徒手潜深 10 米、徒手潜远 50 米、耐压约 30 米等潜水技巧。由于任务需要,SAS 的队员还必须精通潜水袭击训练,包括与德造 209 级潜艇协同进行干放和湿放作业。

所谓干放作业,是指潜艇于敌海岸一定距离处上浮,队员施放橡皮艇后乘艇执行任务,完成任务后返回会合地点,向潜艇发出信号,潜艇上浮接应。干放的优点是作业简单,节省队员体力,且队员所携带的装备不用做特别防水处理,缺点是潜艇必须冒险上浮。干放作业最好在暗夜进行,否则会因沿岸水文状况、队员划艇距离和敌海岸监视哨等因素承担不小的风险。

湿放作业则是指队员背着潜水具从潜艇压力舱口离舰,如需橡皮艇或其他重装备,也要从压力仓口配合充气浮球施放,队员在离舰之后自行游向目标海滩或舰船。湿放的优点是高度隐蔽,但队员背潜水具潜泳的距离有限,且装备必须做好防水处理,否则会因装备损坏而功亏一篑。而且潜艇在浅水区接放特战队员需要良好的操作技巧,一不小心就可能触底。

除了水中渗透攻击之外,生化武器处理也属于 SAS 特勤队的任务范围。土耳其海军曾经组建过一支生化武器处理小组,但考虑到攻坚任务的危险,军方决定直接训练 SAS 特勤队负责生化武器处理,并于 2004 年开始训练。

SAT 特勤队的主要任务是空中突击和近战攻坚,队员都接受过近战(CQB)训练,除基本跳伞训练之外,还包括高跳低开(HALO)、高跳高开(HAHO)和直升机垂直突击训练。SAT 特勤队尤其擅长在船舶交通繁忙的达达尼尔和伯斯普鲁斯海峡内执行船舶攻坚和反劫船任务。由于黑海一带有许多苏联加盟共和国,苏联解体后武器黑市交易猖獗,非法军火商利用散装货轮夹带各式军火走私时有发生,加上一入地中海就可以在北非或黎巴嫩靠岸,军火转手容易。因此对可疑船只进行检查成为阻止武器走私的重要措施。

目前土耳其军方并没有仿效美军成立联合特种作战司令部,因此 SAS/SAT 特勤队由海军总部负责指挥。土耳其军方也没有与美军第 160 特种作战航空团类似的专职特战直升机群,SAS/SAT 特勤队的空中支援由土耳其海军的 S-70 巡逻直升机提供。

武器装备

SAT 特勤队装备了不少德制枪械,包括 MP5 9 毫米冲锋枪、HK33 5.56 毫米步枪、G3 7.62 毫米步枪和 PSG-1 半自动狙击步枪。除了德制枪械之外,SAT 特勤队还装备了一些美制枪械,包括 M4 卡宾枪和加装 M203 榴弹发射器的 M16A2 步枪。MP5 冲锋枪是 SAT 特勤队执行攻坚任务时的首选武器,M16A2 和 G3 步枪则作为支援武器使用。SAT 特勤队使用的安装伸缩托的 MP5 冲锋枪外形上看应为 MP5A3,但枪口部分加装了和 MP5N 相同的消焰器,快慢机有保险、单发、连发 3 个位置。在手枪方面,SAT 特勤队采用的是瑞士西格公司生产的 P226 9 毫米半自动手枪,其采用双动扳机设计,弹匣容弹量 15 发。

除了欧美枪械之外,SAT 特勤队也引进了不少俄制武器,如 AK47 突击步枪、SVD 半自动狙击步枪和 RPG-7 火箭筒。对于常常要在库尔德游击队势力范围内活动的 SAT 特勤队来说,使用俄制武器一是方便补给,二可避免暴露身份。

SAS 特勤队的武器设备和 SAT 特勤队的基本相同,不过据称 SAS 还向德国购买了一批"蛙人"专用的水下手枪,便于队员水中渗透时使用。

除了枪械之外,每个 SAS/SAT 特勤队员还携带一把战斗刀。不过战斗刀并非全队配装统一型号,而是由队员根据需要和喜好选择。除常见的美制卡巴战斗刀之外,也有土耳其民间生产的宽刃战斗刀。队员通常把战斗刀挂在左侧腰际,便于未持枪的左手迅速取刀战斗。

SAS/SAT 特勤队所配用的战术背心主要有两种:有固定口袋的前开拉链式战术背心和由防弹背心改装而来的简易模块化战术背心。前者的设计和钓鱼背心相似,在背心前方左侧缝有专用手枪套,位置刚好适合穿着者取枪。后者前后都可以携带特勤队员所需的弹袋或置物袋,但是没有美军 MOLLE 系统的固定扣带。

SAT 特勤队员使用常见的腿挂式战术枪套,SAS 特勤队员则是将手枪枪套装在战术背心上。

SAS/sAT 特勤队的军服、军靴与陆军特战旅的相同。SAT 特勤队员在攻坚任务中习惯穿着诺梅克斯(Nomax)防火材质连身服搭配美军 PASGT 防弹头盔,而 SAS 特勤队员则穿着陆军版迷彩服,迷彩样式并非美军系统的三色迷彩,而是更像德军的点状迷彩。SAS 特勤队员的野战化学防护服迷彩设计与其野战服又不相同,从整体设计上看,与英军所使用的野战迷彩类似。防毒面具也采用英式设计,滤毒罐可依射手习惯装在面具左侧或右侧,便于射手戴上面具后持枪肩射。主要任务

土耳其独特的地理位置决定了土耳其海军特种部队的主要任务是维护本地区和平和有效遏制恐怖活动。

(二十六)塞尔维亚特警反恐部队

塞尔维亚特警反恐部队(SAJ)简介:塞尔维亚特警反恐部队(SAJ)成立于 1978

年,是塞尔维亚重要的反恐力量。目前这支部队约有100人,配备有先进的武器设备,在维护塞尔维亚社会稳定和打击恐怖活动中起到十分重要的作用。

历史沿革

塞尔维亚特警反恐部队(SAJ)是塞尔维亚国家的特警反恐部队,由于国事变动,经历了自南斯拉夫-塞尔维亚和黑山-塞尔维亚这三种国家角色的转换。

前南斯拉夫的特种部队一贯拥有过人的胆量和勇气以及超强的作战能力,曾在前南斯拉夫内战和科索沃战争中给世人留下了深刻的记忆。凭借着过去,特别是科索沃战争期间获得的广泛作战经验,前南斯拉夫的各支特种部队素以精干著称。

塞尔维亚特警反恐部队(SAJ)于1978年12月诞生,直接受制于塞尔维亚内务部(MUP),最初是为了对付国内的极端恐怖主义而成立,是塞尔维亚的重要反恐力量。

SAJ至今已有30年的历史,虽然属警界反恐力量,但由于其继承了前南斯拉夫特种部队的优良传统,部队的作战能力与其他特种部队相比毫不逊色,近年来在世界反恐舞台上崭露头角,赢得了越来越多的关注。另外,该国自米洛舍维奇执政起,警察便被国家安全机构视为左膀右臂,无论薪水待遇还是各种武器设备都高出其他部门一筹,近年来其装备和技术方面更是不断向西方先进国家靠拢。选拔和训练

SAJ队员年龄在20~35岁之间,要求必须是身体素质极佳并有一定武术基础的现役警员,而且必须参加其每年在5月13日举行的选拔活动。其选拔过程很严格,申请者经过一系列的筛选后,仅有5%入选。在整个训练过程和其后的军旅生涯中,协同工作始终是一个关键性因素,只要在这方面稍不合格就会被淘汰出局。

目前SAJ的成员大约有100多人,总部最初设在塞尔维亚贝尔格莱德机场,现位于首都贝尔格莱德郊外。SAJ的基本构成单位包括1个指挥部、2个突击队(A、B分队)、1个特援队(成员包括狙击手、潜水员、驯犬员、爆炸品处理专家、核生化战斗专家)和1个保安队(主要负责重要人物和建筑的保护工作)。其中保安队由经验特别丰富的警察组成,其广受媒体关注的两项任务,一项是保卫贝尔格莱德机场,另一项是保卫美、英大使馆及其大使。

根据特殊任务需求,SAJ也可以分编成由10人组成的行动小组,这样可以更加灵活地投入战斗。

作为塞尔维亚的一支警察反恐力量,SAJ执行的任务和其他国家的特警反恐部队大同小异,不外乎是对付各种劫持、犯罪活动,支援其他部门的反恐、反犯罪行动,VIP保护等。SAJ是一支高度专业化的警察特种部队,其在解救人质、打击有组织犯罪活动、反恐行动、VIP保护方面有着极其丰富的作战经验。

武器装备

塞尔维亚内务部给SAJ配备了许多先进的武器设备,为其执行特殊任务提供了可靠的保障,包括冲锋枪、突击步枪、狙击步枪、半自动手枪、战斗霰弹枪等,还包

括各种先进的瞄具、照明装置,以适应全天候作战任务。

SAJ 装备的武器包括各国特种部队争相采用的 MP5 冲锋枪,具体是 MP5A2/A3 冲锋枪、MP5SD 冲锋枪、MP5K 冲锋枪等。这些 MP5 冲锋枪均配备了艾姆波因特全息瞄准镜、休·费尔战术灯、AIM-1/RB 激光指示器等。

除了使用大众化的特种武器外,SAJ 的特色装备还表现为本国自产的一些武器,主要有塞尔维亚扎斯塔瓦武器公司的 M70 AB2 7.62 毫米突击步枪和 M-767.92 毫米半自动狙击步枪。M70 AB2 突击步枪采用伸缩式金属枪托,为 AKMS 步枪的塞尔维亚仿制版。与原版 AKMS 相比,该枪最主要的改进之处是在导气孔部位加装了枪榴弹发射瞄具。M76 7.92 毫米半自动狙击步枪是前南斯拉夫以 M70 突击步枪为基础研制的一款半自动狙击步枪,该枪采用 10 发可卸式弹匣供弹,枪口部有消焰器,枪管下有刺刀座,配备 ON-M76B 4×30 光学瞄准镜。除此之外,SAJ 还装备了 SIG552-2 5.56 毫米 Com-mando 突击步枪、格洛克 179 毫米手枪、瓦尔特 P99 9 毫米手枪、CZ99 9 毫米手枪、CZ75 9 毫米手枪、布莱泽 R-93LRS2 0.308 英寸狙击步枪(配备斯密特-本德 3~12×56 光学瞄准镜)、萨科 TRG-22 0.308 英寸狙击步枪、0.300 英寸和 0.338 英寸萨科 TRG-42 狙击步枪(两者都配备了斯密特-本德 3~12×50 PMII 光学瞄准镜)、贝内利 M4 超级 90 霰弹枪、贝内利 M3 超级 90 战术霰弹枪、莫斯伯格 500A 霰弹枪、弗兰布 SPAS12 霰弹枪等。

SAJ 配备的防护系统有些特殊的装具,包括防毒面罩、护目镜、便携式防护盾牌、ESS 眼睛安全保护系统、M775 标准 IIIA 防弹头盔、迪尼玛 NIJ IIIA 防弹背心、阿迪达斯 GSG-9 和 5.11 H.R.T 战术系列战斗靴等。其装备的通信器材有摩托罗拉 GP300、GP340 个人通信设备。SAJ 的装备用具还包括潜水装备、爆炸物处理装置、监视仪器、突击悬梯等。

交通工具方面,SAJ 配备了梅赛德斯-奔驰 G320 4×4 越野车、陆虎 1104×4 越野车、三菱帕杰罗 SPORT GLS 4×4 越野车、梅赛德斯-奔驰 316 CDI 卡车、宝马 323i 轿车等。除此之外,SAJ 还装备了美式贝尔 212 直升机,其可以将 SAJ 队员运送到塞尔维亚境内的任何地方。

主要任务

相比从前南斯拉夫联盟共和国解体的其他几个国家,塞尔维亚在人口及面积上,都是西巴尔干地区首屈一指的国家,其经济基础良好,人民教育和文化素质高。自 2006 年 6 月 5 日独立以来,饱经战火袭击的塞尔维亚一度步入稳定发展的轨道,不过,2008 年 2 月科索沃宣布独立,对其又造成了一定的冲击。但有一点可以相信,只要 SAJ 的地位不被撼动,恐怖组织就不敢贸然对塞尔维亚开火。无论国体如何变迁,SAJ 都将忠于塞尔维亚民族,都会竭尽所能保护本国人民的安全和财产不受侵犯。

2008 年 9 月,SAJ 举办了 30 周年庆典活动,塞尔维亚总理茨韦特科维奇(Cvet-kovic)在庆典活动上说,他希望 SAJ 继续打击犯罪和恐怖主义活动,取得更多、更大的战斗成果,并且承诺政府一定会继续大力支持这支反恐作战部队,因为世界范围内的恐怖主义活动依然对各国人民的安全构成威胁。在当代塞尔维亚,创造一个现代化的国家成为当务之急,经济发展、居民生活标准的保持和提高成为塞尔维亚面对的最大挑战,SAJ在新的历史时期要适应各种变化,不断做出自身的改变。

塞尔维亚第一副总理和内务部部长达契奇(Dacic)说,"SAJ是塞尔维亚历史悠久的特种部队之一,在世界范围内赢得了一定的声誉。没有强大的警察和部队,塞尔维亚是不可能真正强大起来的,一定要建立民众对警察的信心。SAJ一定要发扬塞尔维亚民族的'与其苟且偷生,不如战死沙场;与其向敌人低头,不如死在对手的剑下'的精神。有SAJ这只巴尔干雄鹰存在,一定可以将塞尔维亚的恐怖、犯罪活动的发生率降到最低。"

(二十七)黑将军——马来西亚海上特种部队

马来西亚海上特种部队简介:马来西亚海上特种部队始建于1975年,初期大约有1个团的兵力,目前马来西亚特种部队总兵力有3个突击大队,每个大队相当于连级规模。该部队配有先进的武器设备,在维护马来西亚国家安全和稳定,打击恐怖犯罪中起到十分重要的作用。

历史沿革

早在1975年,马来西亚海军就开始筹备组建特种部队了。随着大海环境的变化,马来西亚需要一支海上特种部队,以保护海上重要目标。初建时期的海上特种部队——"帕斯卡尔"大约为1个团的兵力,分别把守海上一些重要岛屿。"帕斯卡尔"是"海上特种部队"的马来缩略语。马来西亚海军十分关心"帕斯卡尔"的组建,其首批军官和士兵分别在国内外多个基地进行了培训,培训的地方包括马来西亚中央训练中心、印尼海军水下战中心、英国皇家海军突击队基地和美国海军"海豹"特种兵训练基地等。这是马来西亚海上特种部队的雏形。

1982年10月1日,马来西亚海上特种部队成立。它是马来西亚三军最精锐的特种部队,是活跃在南海海面的一支重要特种力量。从成立之日起,马来西亚政府就决定对南海部分岛屿实施"事实占领"。正是因为这一既定方针,马来西亚海上特种部队的职责就被明确为:强化200海里专属经济区的权益保卫,特别是加强南沙争议岛屿的利益争取。后来马来西亚海上特种部队高调举行了一个更名仪式,海上特种部队被更名为"黑将军"特战队。据马来西亚海上特种部队的指挥官奥思曼解释:"黑将军"名字起源于中世纪时期马来苏丹(古代伊斯兰教王国的最高统治者)的贴身保镖,黑将军除了身怀绝技,也对苏丹绝对忠诚。历史上出名的黑将军贴身保镖,包括达因姑宁、达因阿里和扎西鲁丁等,特别是达因姑宁,因其一生都穿黑色衣服而闻名。而我们的特种部队队员也是一身黑衣,也会有同样的品质,取这个名字会让所有的官兵感到荣耀。

目前马来西亚特种部队总兵力有三个突击大队,每个大队相当于连级规模。每个突击队负责一个海区,每个海区都有一个作战潜水小队、一个反恐小队和一个水下爆破小组。此外海上特种作战部队还在马六甲海峡附近的卢穆特大型基地建立了一个训练大队,专门负责现代化培训。由于马来西亚对海上特种作战部队非常重视,所以其首批军官和士兵分别在国内外多个基地进行培训,如:马来西亚中央训练中心、印度尼西亚海军水下战中心、英国皇家海军突击队基地、美国海军"海豹"特种兵训练基地。

马来西亚海上特种部队的任务极为繁重，需要保护海上通道的安全，保护沿海岛屿和保护石油设施等。在保护海上通道方面，马来西亚海上特种部队主要加强马六甲海峡的巡逻，保护过往商船的安全。马来西亚海上特种部队十分注重海上独立作战，强调能够对敌方控制的海域独自发动进攻战，包括从海上、陆地或空中发动突然袭击。

选拔与训练

每名海上特种部队新兵报到后，必须在卢穆特海军基地进行为期3个月的基本突击训练。新兵基本训练合格后，去特种战训练中心接受新的特种项目培训，包括空投和潜水等。这个阶段的训练相当残酷，新兵必须承受体能等方面的极限考验，一些难以坚持下来的士兵会被淘汰。通过测试的士兵，将接受特训——高级阶段一级训练，包括医疗、通讯、爆破、电子和机械设备维修等。这些特训通过后，士兵才能正式成为合格的海上特种兵。

海上特种部队"黑将军"的每名成员都必须进行严格的训练，在机智和敏捷程度上，必须超过一般的士兵。"黑将军"的训练方式深受美国海军的"海豹"特种部队的影响。在培训过程中，每名成员都必须像"海豹"成员那样进行"地狱周"的残酷训练，包括反海盗、反船只劫持、反海上石油设施袭击、滩头侦察、深入穿插、爆破和秘密破坏等科目。逃逸和规避训练也是"黑将军"的每名成员的必训项目。在该项目中，每名成员必须承受极大的体能和心理压力。此外森林和海上生存训练也是每名成员需要面临的严峻考验。最后所有的成员还必须徒步实施长达150公里的模拟袭击。

除了上述训练外，"黑将军"们还要进行作战方面的训练，包括为两栖登陆作战提供安全的登陆场地，袭击敌方港口最重要的战舰，使用特种船只秘密登上敌舰展开袭击、扫雷、布雷以及其他军种部队协同作战等。

为了防止"黑将军"们在服役期间出现体能和技能退化等问题，"黑将军"们还必须每三个月进行一次测试，如果出现不合格，要重新进行培训。其测试项目包括：①24分钟内跑7.8公里；②在不到25分钟内游1.5公里；③配备全部任务装备后，120分钟之内在海上游6.4公里；④不管白天或黑夜，从空中延迟跳伞到地面的一个目标高点（山包、建筑等），也可以跳到海面上；⑤手脚被捆住后，在海上漂浮求生；⑥在不使用呼吸装备的情况下，潜水至少7米深。

武器装备

"黑将军"们有最好的武器设备，包括当今最先进的夜视仪、轻型可视头盔、热成像摄像机、地基战术雷达、MP-5冲锋枪或M-16步枪、M14步枪、MSG-90突击步枪、FNP90轻机枪、M203枪榴弹和高速折叠式快艇等。为了进行水下战，"帕斯卡尔"配备了特制的冲锋枪、弹药和很特殊的水下充气运输艇。此外还配有直升机进行空中巡逻。

执行任务

（1）非法占驻南沙群岛

20 世纪 70 年代,马来西亚政府开始实施对中国南沙群岛的非法占领。1983年 8 月 20 日清晨,15 名海军特战队官兵搭乘突击艇突然登陆弹丸礁,立起马来西亚的"国土标志",并就此驻扎下来。1986 年 10 月 9 日,马来西亚海军特战队故技重演,分别占领光星仔礁和南海礁。1999 年,马来西亚武装部队秘密制定了非法占领簸箕礁(马占领后改名为西布礁)和榆亚暗沙(马占领后改名柏宁礁)的作战计划,代号"斯里八打灵行动"。军方还是让海军特战队打头阵,于是该部再度成为占领两个岛礁的"功勋部队"。至今这些成员一直在中国南沙群岛的这些岛屿活动,非法占有这些岛屿并进行驻守。

（2）打击海盗、反恐

除了非法占有中国南沙群岛的岛屿外,"黑将军"们在打击海盗和反恐作战中的作用也不容低估。马六甲海峡是连接太平洋和印度洋的咽喉要地,亦是欧洲和亚洲进行海上贸易的重要通道,世界海运的四分之一经过这里。马来西亚政府认为:马来西亚是马六甲海峡沿岸极为重要的国家,负有保护海峡通道安全的责任。

但是,这长达 1000 余公里的马六甲海峡,近年来海盗比较猖獗。一些海盗盯上了路过的各国货船,并且杀人越货,严重威胁海上的安全。此外,马来西亚及周边国家的渔民也经常遭到海盗的袭击。为此,马来西亚与印度尼西亚、新加坡政府达成协议,分别派出一部分兵力在马六甲海峡进行巡逻,与其他国家的海军一起执行打击海盗的任务。根据协议,一旦国际船只在马六甲海峡遭到海盗袭击,马来西亚海上特种部队将迅速予以打击。

注:除了马来西亚海上特种部队外,在马来西亚的来西亚沙巴州,成立了一支名为"老虎队"的特种部队。这支特种部队,主要是应对该地区潜在的恐怖主义威胁。首批成员由 171 名人员组成。他们在森林、海上和城市进行反恐演练,以应对可能发生的恐怖主义事件。目前并没有关于这支部队的详细资料。

（二十八）泰国皇家陆军特种部队

泰国皇家陆军特种部队简介:泰国皇家陆军特种部队成立于 1963 年,现在有 5个团的兵力。该部队配有先进的武器设备,主要执行在敌后进行非传统战争、心理战、平民行动和最重要的反暴动。

历史沿革

泰国皇家陆军于 1963 年成立一支空降游骑兵营,命名为第一特种部队群(空降);自从第 2、第 3 和第 4 特种部队群相继成立后,最近改名为团。他们的任务包括在敌后进行非传统战争、心理战、平民行动和最重要的反暴动。反暴动战场的一项主要活动是组织、训练和装备村庄的防卫单位,以照应村落防御,亦可提供军队(当然,特别是指特种部队)于他们各自的区域进行援助。1984 年泰国陆军创立特种战斗司令部以协同其各种精锐部队。这就是广为人知的第5陆军军区,使它的中将指挥官同等于其他4个军区的指挥军官。现在已有5个团,组织为2个师:第一师(第1、第2和第3团)以埃乐渥营(Camp Erawan)为基地,包括长距离侦搜连,空降再补给营和Psyops营;第二师(第4和第5团)位于彭世洛(Phitsanulok)和清迈(Chieng Mai)。

挑选与训练

泰国皇家陆军特种部队的志愿者在获准进入特种部队团之前,首先需完成伞兵和游骑兵学校两者的训练,在那里他们会经历更进一步的训练。

训练中队员的身体适应能力受到更大的关注,特别是以传统的泰国拳为基础的战斗技术,具有高难度的动作,因其不只是用手,也使用脚,同时也强调伞兵训练。

武器与装备

泰国皇家陆军特种部队使用M16A1步枪,同时如同海军陆战队侦察队一样,他们使用HK MP5 9毫米冲锋枪,也包括授权于泰国生产的7.62毫米G-3和5.56毫米HK33两种。

泰国皇家陆军特种部队的主要象征是一顶红色贝雷帽,上有编织成的金色的国家军队帽徽。战斗服是一种两件式的迷彩服,以低可见度的黑色掩饰,并配军衔和资格标识。在作战时亦着相同的制服,但多了一顶迷彩的"丛林帽"。有时亦使用一种特别的战斗制服,由黑色衣服和黑色军靴所组成,头顶着一顶黑色编织成的大毡盔;一种明显是以英国空降特勤队所使用的东西为样本的服装。

(二十九)丛林变色龙——越南特工部队

越南特工部队简介:越南特工部队组建于1964年,目前拥有13个特工团、1个空降旅,总兵力达2万人,在维护越南国家安定和反恐行动中发挥着重要的作用。

历史沿革

越南地处东南亚地区,长期的战争岁月为它造就了一支骁勇善战的军队,其勇敢顽强的战斗作风和机动灵活的战术水平,令对手不敢小视。而号称越军精华的特工部队,更是以其娴熟的作战技能和神出鬼没的作战特点勇冠全军。

越南特工部队组建于1964年,并在10年的抗美战争中得到了长足的发展。在战争期间,他们对美军展开了长期的游击战,给美军的首脑机关、重要军事设施、后勤系统以沉重的打击。一名曾参加过越战的美军士兵这样描述道:"在越南,如果在山中丛林碰到一个衣不掩体,蓬头垢面,赤着脚板的越南人,你千万不可大意,否则在你回头后,他会从背后射来一梭子弹或猛然插来一把匕首。"因此,人们形象地把越南特工部队称为"丛林变色龙"。

越南特工部队是直属于总参谋部管辖的一个独立兵种。其现行的最大编制是团(旅),每个团编员为1600余人,下辖3个特工营以及侦察连、火力连、军医连、警卫排等分队。每营编员为 400 余人，下辖 3 个特工连及火力排、侦察排、通信排等。每个特工连编员为 100 余人，下辖 3 个特工排，每排编有 3 个战斗班，班是越南特工部队执行作战任务时的基本单位。

选拔与训练

越南战争结束后，越南为满足其政治外交的需要，不断扩大和强化特工部队，发展成拥有 13 个特工团，1 个空降旅，总兵力达 2 万人的庞大特工部队。越南特工部队的训练是十分严格的，年训练时间高达 200 多天，训练内容包括方方面面，如射击、擒拿格斗、爆破、排雷、破障、伪装、识图用图等。他们的作战技能堪与美国的"绿色贝雷帽"相媲美。因为他们是在实战中诞生的，接受过战争的洗礼，作战经验十分丰富，同时又十分重视平时的训练。他们善于独立作战和伪装，并有极强的生存能力。在执行任务时，一般只带 2~3 天的食物，其余的要就地采集以填饱肚皮。在战术运用上，注重灵活多变，通常采用"袭、变、溜、藏、骗"等各种手段来达到目的。做到能"袭"就出其不意，险中求胜；会"变"就变得面目全非，蒙混过关；快"溜"就马上化整为零，溜之大吉；深"藏"就藏得无影无踪，上天入地；善"骗"就骗得对方信以为真，吃亏上当。所以它是一支地地道道的"丛林变色龙"。

武器装备

越军特工部队的装备也颇具特色，主要包括：82 毫米无后坐力炮、82 毫米迫击炮、60 毫米迫击炮和反坦克炮；掷弹筒、单兵火箭筒、轻机枪、冲锋枪、狙击步枪；各种型号的手雷及地雷，以及 2 瓦报话机、15 瓦短波电台及超短波步话机等各种轻便通信器材。

战略战术

越南特工部队编制灵活、高效且精干，他们强调独立指挥，独立行动，战斗中一般不与上级联络，也不互相支援，各战斗单位自行其是，各自为战，任务完成后各自撤离，具有极强的独立作战能力。他们的行踪飘忽不定，生存能力极强。

越南特工部队经过长期的战火考验，总结出了一套颇具特色的战术手段，使其战术水平达到了很高的水准。这些手段主要包括以下内容。

①"袭"，就是用奇袭、偷袭、奔袭等方式，出其不意地攻击对方，以求攻敌不备，险中求胜。

②"变"，就是在处于危险或劣势的情况下，迅速脱下军装，埋好枪支，化整为零，化军为民；或者伪装成对方人员，以求鱼目混珠，借机脱身。

③"溜"，就是在目标暴露或作战企图泄露之后，部队决不恋战，而是迅速化整为零，利用有利的地形和天气条件溜之大吉，以图来日再战。

④"骗"，就是在取胜无望的情况下假装受伤、装死甚至投降，一旦对方不备，便突然发难，力求一击得手，反败为胜。

⑤"装"，伪装是越军特工部队的拿手好戏。为了达到战斗的突然性，越军特工除了利用黑夜、大雾、阴雨等不良气候和复杂的地形条件作掩护外，还非常注重

伪装。当他们潜入敌占区时,经常化装成对方的军人或者当地的老百姓,使用敌国的语言,神出鬼没地出现于敌方的后方纵深,袭击敌要害,获取情报。正如一位美军特种部队的丛林战专家所言:在越南,如果在山中丛林碰到一个衣不遮体、蓬头垢面、赤着脚板的越南人,你可千万别大意,否则在你回头时,他会从背后射来一梭子弹或猛然刺来一把匕首,他们是那种令人恐惧的"丛林变色龙"!

(三十)新加坡特种部队

新加坡特种部队成立于1984年,最初是为应付各种恐怖活动从国防军突击队中借调人员组建的。目前,新加坡特种部队由一个营总部管理日常运作,下辖4个连的兵力。该特种部队装备的基本枪械是德国制造的MP-5冲锋枪和P-7式手枪,还单独编制了数架特种用途的飞机。

申请加入新加坡特种部队的程序并不复杂,无论是现役军人还是预备役人员,只要服役达9个月,都可申请参加挑选测验。测验分成两个阶段,时间分别为一个星期。

第一道关口是身体检查,标准涉及身心两个方面:视力要好、游泳技能必须一流、年龄一般不能超过30岁、身体要强壮;心理健康、机智果敢、思路清楚。这一关通过后,就进入了第二关,主要是考查报名者的应变能力、毅力及承受各种压力的能力。这一关往往会挑战报名者的身体极限,而且报名者在接受时根本就不知道要苦熬多长时间,只有咬紧牙关坚韧不拔。报名者可能会被要求不断攀登楼梯以考验体力和耐力;而后再来回游泳,以检验游泳技术。这样的关口还有许多,不少人常常经受不了这么多的考验而被淘汰出局。资料显示,每10名申请者中,平均只有1名能闯过挑选大关!

做一名特种部队成员,荣耀之外,更多的是苦辣辛酸。新加坡特种部队成员必须胆识过人,具有向任何艰难险阻挑战的勇气和决心。该特种部队的训练以反恐怖训练和丛林战训练为主,要精通对付恐怖分子的各类专门战术,包括高空滑降、射击、拆除和放置爆炸物等。在丛林训练中,只发给队员数根火柴,一把弯刀,要凭着这两样家伙走出丛林。通过这种严酷的训练,使特种部队成员掌握战场生存的本领,掌握各种艰苦条件下克敌制胜的本领。

(三十一)印度特种部队

1.印度黑猫突击部队

印度黑猫突击部队(NSG)简介:印度黑猫突击部队组建于1985年,现有官兵7500人,分成特种作战小组和特种游骑兵小组。该部队配有大量的先进的武器设备,在维护印度国家安全和打击恐怖犯罪行动中发挥了积极的作用。

历史沿革

印度黑猫突击部队组建于1985年,它的正式名称是印度国家安全卫队,是由印度总理亲自指导的部队，主要任务是反恐怖、反空中劫持、武装干涉活动、特种袭击等。该部队成员平时身穿黑色的粗布制服，头戴栗色贝雷帽，行动时像黑猫一样，所以这支部队又称为黑猫突击部队。这支部队现有官兵 7500 人，分成特种战小组和特种游骑兵小组，其中特种战小组人数占到总人数的 54%，是国家安全卫队的精锐力量，其成员全部由陆军抽调。特种游骑兵小组则是从边境保安部队、中央后备警察部队、印中边境警察部队、快速反应部队等准军事部队中抽调。特种游骑兵小组是特种战小组的支援力量。行动时，特种战小组负责突袭，特种游骑兵小组则负责对目标的封锁和孤立。为了确保黑猫突击部队充满青春活力，队员在黑猫突击部队服役 3~5 年后往往就退回到原部队。突击队最小的行动单位是 5 人小组，包括 2 对突击伙伴和 1 名技术支援队员。每 4 个突击小组由 1 名上尉指挥。出动部队规模的大小取决于行动的性质。如果是一次大规模的人质营救行动的话，那么就得出动一支 50~90 人的黑猫突击部队。一架 IL-76MD 战略运输机全天候 24 小时在新德里帕拉姆空军基地待命，一旦接到命令后 30 分钟内即可起飞奔赴目的地。

选拔与训练

每年的 3 月上旬，印度国家安全卫队要搞一次大规模的选拔活动，招收相当数量的新队员，但招考范围却仅限于陆军特种部队、边境保安部队和中央后备警察部队等军事或准军事部队。这些部队中的志愿者可通过基层组织推荐和毛遂自荐的方式向招生委员会提交申请和个人材料，接到试训通知就可参加选拔考试。国家安全卫队极为重视志愿者的政治审查，一旦发现他们在对政府的忠诚度、民族观念、宗教信仰、入队动机和工作经历等方面有丝毫问题，都会果断说"不"。

通过初步入选的队员要送到曼尼萨训练中心接受为期 90 天的训练。在这个离新德里 50 公里左右的训练中心，这些初选的队员要接受魔鬼式的训练。这个训练的淘汰率在 50%~70%。其中一项跨越 780 米的 21 道障碍训练，合格的要求完成时间是 18 分钟，如果初入选队员超过 18 分钟，则会被淘汰。障碍跨越还只是第一道较为简单的关口，当气喘吁吁的队员正在暗自庆幸的时候，教官会下令立即卧倒射击。这时候如果射击成绩不理想，也要被淘汰出局。只有通过所有训练的人员，才有资格加入黑猫部队。其中最出色的新队员会被送到以色列接受进一步的训练。虽然没有人知道以色列给他们提供何种训练，但据消息说以色列最有名的 707 部队负责教授他们反恐怖科目，摩萨德负责教授要员保护科目。

一般情况下清晨 4 点，队员们就要起床，训练快速拍摄、徒手格斗、擒拿术、驾车护卫、空降跳伞、边境出击、纵深突袭等专项技能。这些训练都是模拟真实的场景。他们的理念是训练是保持身体素质和发动突然袭击的关键。因此他们的训练被称为魔鬼式的训练。比如，队员都要经受一次战斗免疫计划的检验，这项计划也最能考验队员的心理素质和射击技能。教官会让其中一名不穿任何防护设备的队员紧贴着靶子站立，让另一名队员瞄准射击。类似的训练数不胜数。射击训练的目的就是让队员们能够"一击中的"。虽然这些队员通过了各种魔鬼式的训练，也在以色列接受了训练，但是他们还要长年累月的接受各种训练和逼真的演习。就拿射击训练来说吧，一名合格的"黑猫"突击队员在闯入一间伸手不见五指的黑屋后,必须在 3 秒钟之内仅凭一根火柴划亮的一刹那或者瞄准镜上激光闪亮的瞬间发现并且摧毁目标！"黑猫"射击教官杜塔上校告诫说："我们训练队员的唯一目标是：一击中的，绝不给第二次机会！特别是在人质与恐怖分子混杂的情况下，根本不容你开第二枪。"

印度的黑猫训练中心的射击场也是世界一流的，射击场共分为 11 个区，长 400 米，任何一名队员都必须在 6 分 30 秒内通过射击场，并且准确打中 29 个目标！每个供射击的靶子闪现时间只有 2~3 秒钟，并且形式各异——有突然站起来的，有一下子跳出来的，有移动的，有转圈的。一名队员在越短时间内准确打中目标，他所得的分就越高。黑猫突击部队队员的射击强度非常大，每名突击队员每年仅在实弹训练中打掉的子弹就有 2000 发。如果进入战备，要在两个月内打掉 14000 发子弹，要求命中目标率在 85% 以上，否则就会被要求离开黑猫部队。

除了训练射击外，黑猫突击部队还特别重视各类武器的熟练使用，从基本的姿势、瞄准、扣动扳机乃至射击目标等进攻训练，队员都要投入大量的精力。

武器装备

黑猫突击部队的武器设备也是百里挑一的。黑猫突击部队最常见的武器设备是：MP-5 系列 9 毫米冲锋枪、"科勒" 9 毫米冲锋枪、SSG-69 式 7.62 毫米狙击步枪、7.62 毫米 PSG-1 狙击步枪、512 型 12 连发散弹枪、"格洛克" 17 和 P226 手枪、9 毫米×19 毫米"派拉贝鲁姆"手枪弹、夜视装备如美制 AN/PVS-7 夜视镜和 AN/PVS-4 夜间瞄准镜。其他如无线电、卫星通讯仪器、微光夜视镜或前视红外线、激光测距仪、全球卫星定位系统等则根据任务及个人喜好选用。另外为了水上作战的需要，黑猫突击部队使用 F-470 橡皮艇、玻璃纤维特种战斗艇、封闭循环的水肺装具。

经典战役

（1）黑色响雷 I

1986 年 4 月 30 日，刚刚组建不久的黑猫突击部队首度亮相，在代号为"黑色响雷 I"的行动中以迅雷不及掩耳之势突击了被锡克族极端分子盘踞的"金庙"。尽管这次行动没有造成任何人员伤亡，也没有搜出任何武器，但突击队员快如脱兔般的迅捷表现还是给印度政府官员们留下了极深的印象。

（2）黑色响雷 II

1988 年 5 月 12 日，近千名锡克族武装分子聚集在"金庙"准备起事，印度第 51 国家安全卫队的 1000 名黑猫突击部队队员奉命团团包围了"金庙"，开始执行代号为"黑色响雷 II"的反恐怖突击行动。黑猫突击部队分成两个行动小组：狙击小组携配有夜视仪的"科赫" PSG-1 狙击步枪抢占制高点，包括一座高达 150 米的光塔，支援小组则封锁了"金庙"四周的所有通道。5 月 15 日，突击队向"金庙"发起突袭，突击队员们先是用机枪和火箭弹在神庙的光塔上打开几个洞，然后向里面投射催泪弹。当队员们发现武装人员已经弃守光塔之后，立即改用炸药炸开通往神庙地下室的通道。到 5 月 18 日，架不住突击队员凶猛攻势的锡克族武装分子举白旗投降,黑猫突击部队仅以两名队员负伤的代价取得了重大胜利。此战让黑猫突击部队一举成名。20世纪90年代中期,一个营的黑猫突击部队再度奉命部署到旁遮普省以对付锡克族武装分子叛乱。后来,该部就驻扎在当地负责训练警察反恐怖战术。

(3)"阿什万米达"的反劫机行动

1994年4月24日至25日,黑猫突击部队在阿姆利则机场执行代号为"阿什万米达"的反劫机行动。突击队员闪电般地登上了遭劫持的印度航空公司的波音737客机。劫机犯穆罕默德·尤素福·沙阿来不及做出任何反应即被击毙,机上的141名乘客、机组成员和参战突击队员无一受伤。此次漂亮的反劫机行动被世界各国反恐怖部队的教材奉为经典。

(4)印控克什米尔清剿行动

1998年10月,印度内政部长决定对武装恐怖分子实施主动出击的政策,黑猫突击部队行动小组在印空军武装直升机的掩护下对印控克什米尔深山老林中的武装分子实施清剿行动。在直升机火力攻击之后,突击队员们携装备机降到深山老林中,凭其丰富的作战经验对武装分子实施精确打击。在当时的情况下,这些突击队员不得不凭仅有的一点补给在丛林中连续作战四天四夜。这种战术据说非常成功,但由于类似的行动迄今仍在持续之中,所以印军刻意不向外界透露"黑猫"在克什米尔深山老林中的行动细节。

(5)甘地纳格尔市印度教神庙事件

2002年9月的一个下午,一伙恐怖分子乘坐一辆小轿车,闯入了印度西部古吉拉特邦首府的甘地纳格尔市的一座印度教神庙,对正在做祈祷的数百名印度教徒疯狂扫射,并投掷手榴弹,致使44人当场死亡,数百人被扣为人质。当地警察迅速出动,与恐怖分子展开激战,但未能成功。不久,一群身穿黑色制服、头戴黑色贝雷帽和手持AK-74突击步枪的特战队员,迅速将神庙包围,很快歼灭了所有恐怖分子,安全救出人质,干净利落地结束了这起震惊世界的恐怖袭击事件。这神秘的黑衣使者就是有着"黑猫"之称的印度国家安全卫队的小伙子们。

(6)2008年孟买反恐

2008年11月26~29日,10名荷枪实弹的年轻恐怖分子在泰姬玛哈酒店等至少10个地点发动屠杀,截至11月30日至少造成174人死亡、295人受伤。事后伊斯兰"德干圣战者"组织宣布对此次袭击负责。但是此次反恐行动,黑猫突击部队却表现不尽如人意。

当地时间11月26日晚21点21分,印度孟买贾特拉帕蒂·希瓦吉火车站、雷奥波尔德咖啡馆、泰姬玛哈酒店、奥伯雷伊酒店、一家警察局、一家妇婴医院遭到恐怖分子疯狂的袭击,恐怖分子还在大街上伏击了一辆警车,打死5名警官后驾驶警车逃走。此后不久,在孟买郊区又发生两起出租车被炸事件。

这一系列事件并没有引起当时马哈拉施特拉邦首席部长维拉斯的注意。在21点30分的时候,就接到恐怖袭击的报告,但是没有予以足够的重视。直到90分钟后,他才意识到问题的严重性,恐怖事件超出了他的想象。于是在23点时向内政部长求助,要求增援200名黑猫突击部队队员到孟买。

黑猫突击部队队员接到命令时大多已经休息。他们迅速穿上制服和防弹衣,领取枪支弹药。但是印度首都没有能一次把200人运到孟买的大型飞机。在4个小时后,才从另一座城市调到一架大型运输机——伊尔-76运输机。但是已经失去了制伏恐怖分子的先机。直到27日早上6点05分,黑猫突击部队队员才到达指定地点,在听完情况汇报后,分组前往各处执行反恐任务。

这时黑猫部队才获得较为清晰的情报,孟买共有至少10处地点遭到训练有素的10名,装备AK-47冲锋枪、手榴弹和军用炸弹的恐怖分子袭击。等各组队员到达袭击地点时,已经是11月27日上午7点了,距离恐怖袭击的发生已经过了整整9个半小时。但是黑猫突击部队的行动是异常仓促的,在他们冲进泰姬玛哈酒店时,他们居然没有酒店的格局图。"黑猫"分队长说:"我们根本不知道酒店的内部结构,也不知道恐怖分子拿什么样的武器瞄准我们,不知道他们会不会用炸弹跟我们同归于尽……最终是一名酒店员工冒死领着我们往里冲的。"这位分队长还说:"恐怖分子向我们扫射,不时地投掷手榴弹。当我们准备反击时,他们却消失得无影无踪。恐怖分子对酒店布局了如指掌。"

奥伯雷伊酒店的恐怖分子劫持了大量的人员作为人质。一名黑猫突击部队的队员看到奥伯雷伊酒店其中一个窗户挂着一块条幅,上书"救命"两字。"黑猫"小组指挥官向杜特将军报告说,有"好几百人"被困在酒店房间里,或者被恐怖分子扣为人质,并威胁如果特种部队进入,就杀死所有人质。

上午9时,黑猫突击部队在奥伯雷伊酒店、泰姬玛哈酒店和纳里曼大楼同时展开行动。枪声和爆炸声刹那间响彻整个孟买南部,两家五星级酒店不时燃起大火,消防队员和医疗人员也不时冒险上前营救陆续逃出来的人质。此时,杜特将军接到了孟买警方的一份情报:据袭击火车站后被生擒的恐怖分子、巴基斯坦人穆罕默德·卡萨姆交代,他们为此次袭击精心策划了近一个月,之前受过严格的特种战训练,装备了非常先进的武器、GPS定位技术、手机和卫星电话。其中孟买最高反恐机构负责人和另外两名反恐特警指挥官,在事发后居然遭恐怖分子伏击身亡,其中孟买最高反恐机构负责人身中3弹。

直到11月28日8时30分,随着枪声和爆炸声逐渐稀少,一名男子跌跌撞撞地走出泰姬玛哈酒店,冲着消防队员招手,示意他们进去扑灭余火。此时,离恐怖袭击发生已经整整60小时了。

在孟买恐怖袭击事件中,印度调动了数百警察和特种兵前往事发地"剿匪",但仅仅由4人组成的"恐怖敢死队",却在占据泰姬玛哈饭店长达60小时才被包围饭店的重兵所消灭。消息传来,印度各界普遍认为,此事暴露了印度反恐特警部队的应急作战能力的严重不足,未来急需提高训练和作战水平,以便能应对今后可能出现的更可怕对手。为此,印军购进大量高科技装备,派遣骨干海外受训,还组建了特种作战司令部。

2.陆军伞兵突击队

印度陆军伞兵突击队简介:印度陆军伞兵突击队组建于1965年,目前总兵力约为2500人,主要担负山地、沙漠、丛林等各种自然条件下的敌后特种突击作战和反恐怖作战任务。该部队配有先进的武器设备,在执行各种反恐任务中发挥着积极的作用。

历史沿革

印度陆军伞兵突击队组建于 1965 年,第二次印巴战争期间。其实早在 1945 年,印度就成立了一个独立的伞兵单位——第 50 伞兵旅。在 1965 年第二次印巴战争期间,又组建了第 51 伞兵旅。后来,又改编成伞兵团。目前,伞兵团下属兵力已经远远超过了一个正常的团的编制。辖有第 3 伞兵营、第 4 伞兵营、第 5 伞兵营、第 6 伞兵营、第 7 伞兵营;他们在行政上管理着一个作为特种部队的第 1 特种伞兵营、第 2 特种伞兵营、第 9 特种伞兵营和第 21 特种伞兵营,总兵力约 2500 人。

印度陆军中的伞兵被称为"军中精英",而印度陆军伞兵突击队则是精英中的精英,主要担负山地、沙漠、丛林等各种自然条件下的敌后特种突击作战和反恐怖作战任务。具有步兵部队的精锐作战能力;在执行军事任务中,能有效对敌方实施突击奇袭;通过渗透等手段秘密破坏敌方军事任务的进程;成功破坏敌方通信指挥网;采用突袭和渗透方式,成功摧毁敌方重要的军事区域和据点。经过多年的努力发展,印度陆军伞兵突击队从小变大、从弱变强,能够适应不同的天时气候和各种作战环境,成为印度一支不受地理复杂条件局限的特种精锐部队。由于伞兵突击队也头戴红色贝雷帽,但帽徽却与普通伞兵部队不同,即中央多了一把锋利雪亮的匕首,象征快速有力的突击力量。因此,伞兵突击队在军中还有"红色魔鬼"的绰号。

选拔与训练

印度陆军伞兵是来自平民和陆军的志愿者。但是志愿者要想成为一名伞兵,也不是那么容易的,其选拔条件非常苛刻。

首先申请加入伞兵突击队的志愿者要接受长达 3 个月的身体检查和智力测试。在此期间,将有很多人被淘汰。接下来的 3 个月是试用期,在试用期内,每名士兵都将接受身体、智力和意志等方面的全面考评和筛选。这段时间对于参加者来讲,是异常难熬的。他们面对的不但是大量的让身体达到极限的体能训练,而且还要接受极端条件下的意志力的考核。这期间可能在各种极端的条件下,颠倒他们的生物钟,检验他们能否对自身进行有效的自控。很多人在这期间被淘汰。

通过试用期的志愿者,被送到阿格拉的伞兵训练学校接受训练。在这里他们将接受 5 次 400 米高度的基本跳伞训练,其中有 1 次是夜间跳伞。通过者会被陆军伞兵部队接纳,并在其右胸上佩戴伞兵翼型徽章,戴上别有伞兵章的栗色贝雷帽,右臂上还可以佩戴突击队员徽章。但是并不意味着他们的训练就此结束,等待这些未来特种伞兵们的还有更进一步的大量的残酷训练。他们将返回伞兵训练学校接受自由降落课程训练,要通过这个课程,至少需要从 6900 米的高空跳伞 50 次。他们还将学习所有高跳低开和高跳高开等跳伞技术。此外,学习使用机动伞降 HAPPS(高空跳伞渗透系统),使用这种动力伞,伞兵们可以轻松地突入战线后方 50 公里。

印度陆军伞兵不仅进行技术训练,同时还进行大量的体能训练。伞兵突击队成员每天早晨要进行 5 公里全副武装越野、武器训练、着陆导航训练和野战技巧训

·军事制度·

图文珍藏版

练。也要学习渗透、突击和埋伏战术。夜间训练包括每周1次的负重60公斤20公里越野、每月1次负重65公斤30公里越野、每年4次夜间全负荷跳伞训练。为了使学员更好更系统地掌握各种作战战术和技能,印度伞兵突击队还有大量的室内课程,以应对非传统作战。此外,他们还定期向印度国内的各个特种作战学校派遣学员,这些学校包括设在贝尔岗姆的突击队低级指挥官训练营;设在达旺,专攻高海拔山地作战的帕瓦特·加塔克学校;设在克什米尔的高地作战学校和米佐拉姆的反叛乱丛林战学校。

伞兵突击队员在各种自然条件下(包括沙漠、丛林、高原等各种地形和气候条件)进行跳伞、使用各种轻武器射击、徒手格斗、潜水、使用各种武器和通信联络设备、自救和野外生存技能的训练。战术训练主要内容包括实施游击战、敌后侦察与破坏以及反恐怖、反劫持行动等。由于伞兵突击队的任务越来越多地集中在了反恐作战方面,因此室内近距离格斗技能训练亦是其主要训练内容。此外,特种突击队员甚至还要学习数种方言和外国语等。

近年来,印美两国特种部队的交往频繁而密切,相互为对方培训人员。印度政府允许美国特种部队司令部人员参加印军的反暴丛林作战的训练课程以及高海拔作战训练。而印度的伞兵突击队员也被派遣到美国与陆军的游骑兵和其他单位一起进行训练。美国陆军特种部队在1992年与印度陆军伞兵突击队员举行了高空离机高空开伞的训练,在1995年举行了水下训练,在1997年举行了反恐作战训练。印度陆军伞兵突击队也参与了完整的作战潜水课程,队员在完成潜水训练后,可获得战斗潜水徽章,一年后可获得奉献徽章。

武器装备

印度陆军伞兵突击队编制虽比普通伞兵营小,但装备更加精良。突击队员原先使用的是射击精度要比AK-47步枪高许多的7.62毫米的AK-74突击步枪。从1999年起,印度陆军伞兵突击队逐步换装印度自行研制的5.6毫米伊沙波尔突击步枪。这种步枪的重量更轻,枪身较短,便于携带,性能可靠,是印度自行研制的最新式单兵武器。印度陆军伞兵突击队员还随身携带一支口径为9毫米的勃朗宁式手枪。其他武器包括MSG-90型狙击步枪、印度制造的英式9毫米L2A2型冲锋枪、英式L4A4型轻机枪、迫击炮、一次性反坦克武器、定向地雷等。除此之外,他们还有诸如通信、夜视、探测、

MSG-90型狙击步枪

潜水等特种作战装备。伞兵突击队使用的降落伞也与普通伞兵使用的不同,这是一种适用于高空跳伞和低空开伞的新式高精度可控降落伞。

印度伞兵在制服上模仿英国，也是头戴红色贝雷帽，但伞兵突击队的帽徽却与普通伞兵部队不同，帽徽中央多了一把锋利雪亮的带翅匕首，象征快速有力的突击力量。

经典战役

（1）蓝星行动

1984年，印度锡克族极端武装分子以旁遮普邦阿姆利则的锡克教圣地的金庙为基地，制造恐怖事件，引发社会动乱。印度军方为平息恐怖分子的暴乱，决定采取"蓝星行动"，驱逐旁遮普邦金庙的印度锡克教徒。80名第1伞兵突击营的士兵受命攻击金庙。但是，由于缺乏恐怖分子的确切情报，突击队无法对整个作战做出详细、正确的战术规划。加上突击行动是在白天开始的，这使得突击队无法像夜间突击那样得到环境掩护，导致常规的袭击方式被对手识破。第1组的突击分队立刻陷入困境，奇袭宣告流产。此后，战斗进入强攻阶段，印度陆军伞兵突击队虽然算得上是精锐部队，但毕竟成立时间不长，且在此之前参加的都是正规的地面作战，对于这种类似反恐的任务缺乏经验和手段。最重要的是，伞兵们缺乏在这种情况下必要的室内近距离格斗技巧。在激战中，17名突击队员阵亡，数十人受伤。尽管突击队最后仍然完成了他们的任务，但付出的代价是惨重的。

（2）突袭"猛虎"组织

1987年印度陆军伞兵突击队在斯里兰卡执行突袭"猛虎"组织行动中，遭到惨败。印度维和部队不熟悉斯里兰卡热带岛国的环境，并且缺乏完善周密的计划和准确的情报。10月11日，印度维和部队决定对设在贾夫纳大学校园内的斯里兰卡泰米尔伊拉姆"猛虎"组织总部实施突袭。这一行动计划"猛虎"游击队事先获知，并对此做了充分的应对措施。而印军对此却一无所知。印度陆军伞兵突击队员乘坐的直升机刚刚降落在校园内的足球场上，就遭到早已埋伏在四周的"猛虎"游击队出其不意的猛烈的交叉火力袭击，6名伞兵突击队员在行动中丧命。在第一次对贾夫纳城的攻击失败后，印度维和部队决定再次对"猛虎"组织突袭。同年11月，第10伞兵突击营参加了对贾夫纳西北14英里的穆莱地区的直升机机降行动，行动中伞兵突击队击毙了25名"猛虎"游击队员，占领了一座弹药库。

（3）仙人掌行动

1988年12月3日，地处太平洋的岛国马尔代夫发动政变。马尔代夫总统请求印度出兵救援。12月4日，印度军方连夜制定了"仙人掌"紧急行动计划。第10伞兵突击营和第6伞兵团被立即紧急动员，迅速做好出征准备。11月4日凌晨，伞兵们全副武装，秘密登上了由伊尔-76、安-32和安-12运输机组成的大型机队，从3000公里之外飞往马尔代夫。翌日凌晨，第10伞兵突击营的突击队员机降在岛国首府马累的国际机场上。他们分乘加装了机枪的米-8直升机，在岛国上空四处巡弋政变武装分子和雇佣军。到5日凌晨马尔代夫总统被解救、"仙人掌"行动宣告结束时，伞兵突击队的官兵无一伤亡。这次作战计划周密，行动隐蔽迅速，战果显著，受到马尔代夫总统的称赞和印度陆军司令部的褒奖，成为伞兵突击队引以为豪的一段光荣历史。

3.空军神鹰特种部队

印度空军神鹰特种部队简介:印度空军神鹰特种部队成立于2003年9月,编制1080人,由15个空军小队组成,每个空军小队相当于步兵营一个连,每个空军小队由一名空军中尉负责指挥,每个小队包括军官在内约70名人员。该部队主要执行作战搜索与救援、压制敌防空火力、支持空军作战、反恐、反劫持任务。在应对自然灾害时,承担救灾、恢复正常秩序,以及涉及国家利益的军事任务。

历史沿革

印度空军神鹰特种部队是印度最年轻的一支特种部队。成立于2003年9月。主要是因为在2002年5月,印控克什米尔地区军营、斯利那加空军基地遭到袭击,造成30人死亡。这一事件给印度空军高层极大的震动。他们开始反思如何在恐怖活动极其猖獗的情况下加强空军机场及飞机设施与装备的安全这一问题。在这一背景下,2003年9月,印度政府授权印度空军组建一支特种部队,编制1080人。印度空军以极快的速度组建这支军队,第一批100名空军人员开始在位于贝尔姆第1空军训练中心的格尔岗接受训练。2004年2月6日,62名神鹰特种部队成员在新德里公开亮相。

神鹰特种部队由15个空军小队组成,每个空军小队相当于步兵营一个连,每个空军小队由一名空军中尉负责指挥,每个小队包括军官在内约70名人员。整个神鹰特种部队由一名联队指挥官级别的军官负责指挥。

神鹰特种部队的职责是特定多样的。在战争期间,该部队主要执行作战搜索与救援、压制敌防空火力和支持空军作战等任务。在和平期间,部队承担反恐、反劫持任务。在应对自然灾害时,承担救灾、恢复正常秩序,以及涉及国家利益的军事任务。

选拔与训练

神鹰特种部队的选拔分为士兵选拔和军官选拔。士兵的选拔与陆军和海军特种部队不同,神鹰特种部队不从其他部队的志愿者中选拔,而是通过广告宣传,直接从空军选拔中心招募。符合条件的备选人员将进行严格的体能训练。对于神鹰特种部队的备选人员来说,他们只有两种结果,被选上或淘汰。而被选上的人员在参与训练过程中必须取得成绩,否则就会再次沦为百姓。一旦完成训练和达到严格的体能标准,这些人员就会被吸收至特种部队并会一直保留在空军部队中,无论他的岗位在哪里,他都是特种部队的一部分,这种选拔过程确保特种部队能保留接受高级训练的人员。

军官选拔程序如下。神鹰特种部队的军官是毕业于陆军值勤军官专业的学员中的志愿者,在空军学院接受训练。他们成功完成训练后被吸收到特种部队中,并将永久性分配到特种部队中直到他们达到更高级别的军衔,并得到更高级别的职务。

训练最长达72周的时间,并且训练难度非常大。最初的训练是在新德里附近的汉纳德(Hindan)的神鹰团部训练中心进行。第1批100名受训人员来自贝尔高姆的第1空军训练中心。为期3个月的训练选拔出进入下一阶段训练的人员,训练过程中,淘汰率非常高,几乎达60%。紧接着的特种作战训练科目由印军特种边境部队、陆军、国家安全卫队和准军事部队传授。还有为数不多的军官由美国等外国军队训练。合格的人员继续到阿格拉的伞兵训练学校进行基础的空降训练。随后的训练还集中在森林和雪地生存、爆破等科目。空军特种部队人员还要到海军的潜水学校和陆军的反暴乱和丛林战学校接受训练。最后阶段的训练是到陆军特种部队中接受积极作战的训练。武器装备

神鹰特种部队贝雷帽是黑色的,军服采用伪装色彩。右胸戴着作战伞兵名誉军衔。部队徽章佩戴在左肩。袖子上还佩有"印度空军神鹰"(IAF GARUD)标志。

神鹰特种部队人员都佩带9毫米手枪、INSAS系列武器(步枪、卡宾枪、轻机枪、重枪管型步枪)、伊莎波尔7.62毫米半自动步枪、IAI 9毫米冲锋枪。

4.印度海军突击队

印度海军突击队(MCF)简介:印度海军突击队成立于1987年,有3个行动大队,共约2000人。该部队配有先进的武器设备,除了要完成最主要的特种作战行动任务外,还要进行海上搜索和营救行动、海上侦察行动等。

历史沿革

印度海军特种部队,成立于1987年2月初。1991年,更名为海军突击队。

印度海军突击队由3个行动大队组成,每个大队的任务和职责不尽相同,各有各的作战方向。这3个行动大队总计约有2000人,下辖10个连,每个连200人。在每个连内,约有120名官兵是直接从事特种作战任务的人员,其余80名属于"支援和保障队伍",提供后勤保障。此外每个行动大队下辖一支加强排编制的反恐部队——快速反应部队。这三个行动大队,分别隶属于三个海军司令部:第一大队部署在西部孟买基地,第二大队部署在南部科茨基地,第三大队部署在东部维沙卡帕特南基地。

印度海军突击队除了要完成最主要的特种作战行动任务外,还要进行海上搜索和营救行动、海上侦察行动等。选拔和训练

印度海军突击队员主要来自印度海军的志愿者。这些志愿者要经过长达两年,3个阶段的高淘汰率的训练,才能真正成为印度海军突击队的队员。

志愿者首先要通过为期11个月的选拔和培训课程。第一个月最为关键,训练强度、难度都很大。其中这些志愿者要面临为期一周的原始森林行军训练。候选队员不仅要完成基本训练任务,还要面临猛兽、毒蛇、毒虫叮咬的致命危险,经受野外生存考验。这一周的训练被称为"魔鬼周",主要检验候选人员的承受能力。这一阶段的淘汰率高达85%。"魔鬼周"后,要进行为期9个月的"蛙人"训练,候选队员要学会使用各类武器设备,掌握向敌后运送突击队员从事各种破坏活动的方案。在战术训练中,他们将同陆军特种部队协同演练。课程结束后,要进行海、陆、空特种部队联合演习。在此阶段淘汰会继续进行,但是这一阶段的淘汰率较低,仅

有 10%。主要标准是轻装潜水训练。

通过全面考核顺利毕业的学员,会得到海军突击队标识,被分配到海军突击队某行动分队继续训练,同时开始执行任务。在编入战斗分队后,继续在教官的严格要求下进行有针对性的训练,时间长达 1 年,主要学习特种侦察、突击、颠覆破坏、组织敌后起义队伍、反游击战、沙漠和山区条件下突击排特种作战等战术。

此外,海军快速反应部队中参加行动的所有队员都必须精心挑选,随后进行附加反恐训练。他们不仅要掌握人质解救行动战术,还要具备夺取海上船只、攻占地面目标的能力。空降训练计划更加复杂,必须能从超低空飞行器中迅速安全伞降。另外还要掌握水下行动、通过潜水装置实施登陆等特种技能,还可在各种环境下执行战斗任务。

在经过一年的正式训练后,成功通过各种考验的队员将得到某一具体的特种作战专业方向,如侦察、地雷爆破、空降、登陆、医疗等,从而具备独立作战资格。

武器装备

印度海军突击队装备有各种各样的射击武器。突击步枪主要使用印度国产 FNFAL 型自动化步枪、美国 M-16 型、苏制 AK-47 型步枪。狙击手使用 MSG 型和 PSG-1 型步枪。冲锋枪是印度国产"斯特林"型、以色列 Mikro-Uzi 型、各种德国 MP-5 改型。手枪主要是 GLOK 型。重型武器设备中有苏制 RPG-7 火箭筒、苏制 RPK 机枪。无声武器主要使用强弩。

潜水装备有呼吸器、潜水服、脚蹼、罗盘及从德国采购的最新型封闭循环装置等。水下交通工具是双座和四座拖船,并配有专门运送射击和工程武器设备的装置,另外还配备有通信设备、观察和导航仪等。水面交通工具有轻型充气艇、摩托艇、兽皮船等。此外还配装有 2 门 20 毫米自动化火炮,带激光瞄准仪、测距仪及特种行动必需的所有设备的 T-80 型高速巡逻艇和支配 6 架"海王"Mk.42C 型直升机和数架"猎豹"轻型直升机。

经典战役

(1)孔雀舞行动

孔雀舞行动是指 1987 年印度海军特种部队参加的打击斯里兰卡泰米尔猛虎组织恐怖行动的代号。这场行动从 1987 年开始,一直延续到 1991 年,历时 4 年。起初,由印度海军特种部队第 340 独立旅特种分队在斯里兰卡登陆,参加镇压叛乱的队伍。随后这个任务被授权给海军特种部队。1988 年,印度海军特种部队 45 名队员,经过 3 天的紧急行军,穿过原始森林,分 3 个小组强攻叛乱分子守卫森严的哨所,消灭了里面的大部分泰米尔猛虎恐怖分子的成员。在另外一次行动中,特种部队官兵成功抓获了泰米尔解放组织的两名地区领导人。

(2)仙人掌行动

仙人掌行动指的是 1988 年 11 月,印度海军突击队在马尔代夫成功粉碎泰米尔人民解放党武装人员的政变行动。1988 年 11 月,46 名泰米尔人民解放党武装人员组成的队伍,劫持了两艘货船及 27 名人质,这 27 名人质包括马尔代夫教育部部长。马尔代夫政府向印度海军求援。印度海军突击队接到命令后,乘坐两艘军舰迅速追赶。经过精心的准备,11月6日,海军突击队从两架"海王"MK-42C直升机上空降到被劫持的船上,迅速控制了被劫持的船只和恐怖分子,成功解救了被劫持的人质。

(三十二)巴基斯坦陆军特种勤务大队

巴基斯坦陆军特种勤务大队简介:巴基斯坦陆军特种勤务大队在1953年开始组建,目前总人数为5000人左右。该部队配备先进的武器设备,在维护巴基斯坦国家安全和反恐行动中起到不可替代的作用。

历史沿革

美国在巴基斯坦特种部队建设上起着举足轻重的作用,巴特种部队正是在美国大力支持下建成的,许多武器设备、技术设备、制服等都是由美国提供的。20世纪90年代初,冷战结束后,巴美关系因南亚核武器竞赛、巴支持个别恐怖组织等原因而迅速恶化,巴军开始与其他国家合作完善特种部队建设,主要是英国、土耳其、约旦等。2002年阿富汗战争前后,穆沙拉夫积极支持美国的反恐战争,巴美关系迅速升温,巴特种部队建设再次注入了"美国制造"的强心剂,战斗训练、组织编制、武器装备等方面得到了明显的完善,已符合现代化要求。

在美国积极帮助下,巴基斯坦第一支特种部队于1953~1954年(印军专家认定为1956年)开始组建。为掩饰真实身份,最初命名为"俾路支团第19营",但该营却不在俾路支团中心进行训练,而是与其他营分开单独训练。首任营长米特哈中校,后逐步晋升为少将军衔。营部设在西北边境省切拉特市,距印巴边界处旁遮普省阿塔克市50公里。

1964年3月,由美军特种部队成员组成的机动教练班抵达巴基斯坦,帮助巴军在白沙瓦市建立了一所空降兵学校,专门训练俾路支团第19营。该营随后改称"伞兵营",所有官兵都要进行伞降训练,一些人还开始学习初级航空机械师专业。1965年印巴战争爆发前,该营约有700人,分为7个连,每人都有自己的专业,分别擅长在沙漠、山区、水下、两栖(成为海军陆战队员)作战。1964年,该营一个专门训练在沙漠地区作战的连,与美国特种部队机动教练班一起举行了作战演习。"蛙人"分队专程赶赴卡拉奇地区参加特种培训。1964年,俾路支团第19营正式改称为"特勤大队"。

1965年印巴战争期间,巴基斯坦陆军特种勤务大队首次拥有实战经验,可惜有点苦涩,出师不利。1965年9月6~7日,约100名巴特种部队官兵在印度乌哈姆布尔、帕特汉科特、哈尔瓦尔空军基地附近空降,任务是破坏机场跑道,摧毁停机坪上的印军飞机。但是,由于情报侦察不充分,行动计划不周密,实施情况更糟糕,特种部队官兵在行动中未能摧毁一架印军飞机,几乎所有伞兵都被印军俘虏,只有一小部分人成功突围返回巴基斯坦。

1966年,巴特种部队实力增加到3个营。20世纪60年代末,这3个营轮流在东巴基斯坦（今日的孟加拉国）进行战斗巡逻，并参与了逮捕反对派代表、镇压当地居民骚乱的行动。1971年1月，第3营被投送到既定地区替换第2营值勤，1971年3月25~26日，该营一个排发动突袭，在当地反对派领导人拉赫曼家中将其逮捕，从而引发了整个东巴基斯坦地区人民的起义浪潮。在随后的8个月内，第2、第3营参加了城市条件下的战斗，试图控制局势。

1970年，特种勤务大队成立了一支"蛙人"部队，代号"摩西连"，此后由于特种勤务大队的每个连都有了"蛙人"分队，于是1980年"摩西连"成为专职的反恐部队，后来又接受英国特别空勤团的训练。目前特种勤务大队总部仍设在杰拉德，它下辖3个营外加1个"摩西连"，每营约有700人。

1971年12月，巴印再次开战，第3营主力撤出东巴基斯坦，第2营被用作常规步兵部队，在巴基斯坦东部地区作战，成功实施了几次突袭行动，但该营大部分官兵不是战死就是被俘，最后所剩无几。第3营中有一个"蛙人排"，隶属战前组建的"蛙人独立连"，为纪念先知穆罕默德，该连被命名为"穆圣连"。战争期间，巴基斯坦东部军区司令尼阿济将军曾计划派出这支蛙人部队攻击印海军运输舰"法拉卡"号。第1营官兵在西线作战，战争期间针对印陆军炮兵团发动了几次突袭行动，摧毁了数门火炮。

和平时期，巴特种勤务大队的主要任务是反恐、反劫机、解救人质、镇压骚乱、恢复爆发大规模骚动地区的法律和秩序。战时任务主要是在敌后摧毁敌军事目标、油井、机场、桥梁、无线电和电视通信设施、电站、雷达站、船只、俘获政府高级官员或军官。

特种勤务大队指挥部常设在切拉特市，有5名高级军官归大队长直接指挥，各负责一个方向，其中3人负责特种行动的计划和实施、侦察、培训、人员的挑选和分配，1人负责行政经济事务，1人负责财政。

目前，巴基斯坦特种勤务大队编制中共有4个特种作战营，4个独立连。

第1营主要负责可能在印度南部查谟和克什米尔邦进行的行动，一旦发生战事，预定投送地点为印度旁遮普省邦帕特汉科特市，那里有战略上非常重要的公路，是连接查谟、克什米尔与印度其他邦的要道。

第2营负责印度拉贾斯坦邦沙漠地区行动，该营有两个连部署在卡拉奇。

第3营负责在印控克什米尔北部地区（克什米尔谷地）行动，有1个连部署在白沙瓦空降兵学校内。

第21营是在1995年10~12月间组建的，官兵来自巴基斯坦陆军第30军，营部在旁遮普省邻近查谟和克什米尔地区的锡亚尔科特市。

独立蛙人连（穆圣连）主要负责水下特种行动，摧毁海上目标，也能登陆实施破坏行动，该连共4名军官，1名准尉，60名士兵。

独立反恐连（扎拉拉连）主要负责反劫机、反恐、解救人质，随时处于战备状态，共有3名军官，4名准尉，90名士兵，常驻在卡拉奇。

独立通信连（伊科巴尔连）主要任务是为特种营提供无线电联系保障，共有4个排，在实施特种行动时分别归4个特种营指挥。所有排都装备有77型无线电台，能保障30公里以内的通信。全体人员还要按照特种作战营训练计划进行训练，包括跳伞，同时还要掌握无线电报务员和密码译员的技能。该连编制上共有3

名军官,3名准尉,100名士兵。

独立战勤连负责特种行动的计划和实施,人员的挑选和分配,共有2名军官,3名准尉,50名士兵。

4个特种作战营没有常驻地,经常轮换。据巴基斯坦消息人士透露,两个营大部分时间部署在切拉特市,第3个营负责边界、重要战略目标(包括核目标)的防护。据印军专家情报证实,巴特种部队有1个营主要负责新兵训练,1个营在克什米尔或阿富汗从事秘密行动,1个营处于常备状态,保护军事目标,2个连常驻锡亚琴冰川地区。4个营中,至少有3个营是为了可能针对印度的行动而组建的。此外,每个特种作战营中还有一队警卫人员,负责保障巴总统、总理和其他一些高官的人身安全。

每个特种作战营由营部(营长1人,副营长1人,参谋军官2人,情报军官1人,勤务员1人)、1个战勤连(2名军官,59名士兵)、1个通信排、1个运输排、1个行政排、4个(有时为5个)特种作战连组成,总人数为700人。每个特种作战连由连部和3个排组成,每个排内10人一班,每班作为一个独立分队单独训练、行动。

选拔与训练

巴基斯坦特种勤务大队是在自愿基础上经过严格选拔组建而成的,人员全部来自各军兵种部队和准军事部队(边防、巡逻等),而且必须得到军种参谋长的推荐。军官必须有2年以上军龄,并志愿在特种勤务大队服役3年以上;军士和士兵必须志愿永远在这里服役。志愿者前往特种勤务大队设在切拉特、阿塔克市的训练中心参加选拔,经过各种相应考核后,大部分人会被淘汰,返回各自部队,符合要求、顺利通过所有训练选拔的人员,要签署同意在特种勤务大队服役的合同,期限3~5年,期满后返回各自原部队继续服役。特种勤务大队中军官的选拔更严格,候选人服役期限至少要在2年以上。

特种勤务大队训练学习体系主要由白沙瓦市空降兵训练学校(编制人数为3名军官,23名准尉,54名士兵)、旁遮普省阿伯塔巴德市军事登山运动员学校、卡拉奇市"蛙人"学校、沙漠地区战事训练学校组成,教官大部分是外国人,培训语言通常为英语或乌尔都语。

通过选拔的未来特种勤务大队官兵要进行残酷的训练,主要训练内容、地点和时间安排如下:基础训练在切拉特市附近的查卢兹训练营内进行,为期2个月;"蛙人"战斗训练在旁遮普省和巴控克什米尔地区交界处的曼格拉水库内进行,期限1个月;雪地战斗训练在西北边境省卡拉姆进行,为期3周;高山地区战斗训练分别在西北边境省科哈特市和切拉特市进行,期限3周;各种武器(特别是狙击步枪)战斗使用训练在切拉特进行,2个月;爆炸物战斗使用训练及布设、排除训练在切拉特进行,2个月;跳伞训练在白沙瓦空降兵学校进行,1个月;航空机械师训练,地点切拉特,期限1个月;监控训练课程,地点白沙瓦,期限3周;战术训练在切拉特地区进行,为期1个月;使用大规模杀伤性武器条件下的战斗行动训练,在国内各保密目标内进行,期限不详。

顺利通过上述训练的官兵才成为特种勤务大队真正的一员,分配到各部队后,他们还要在执行任务之余继续进行训练,主要是在各营、连驻地内进行,部分项目在特种训练营内进行。

武器装备

每个特种作战连都装备有各型坦克、装甲车和汽车装备，如"侦探"BRDM 装甲伞兵战车、MPZ 履带式装甲运输车、BTR-80 装甲运输车。作战武器包括 P-38"惠特"手枪、G3 型 7.62 毫米步枪、MGl A3 型 7.62 毫米机枪、RPG-7 型火箭筒、反坦克导弹系统、60 毫米 PMT 轻型迫击炮（每个排 1 门）、106 毫米无后坐力反坦克火炮等。

单兵最大战斗负荷约 20 公斤，包括 7 日口粮，还有各式装备，具体组成由特种部队官兵专业（"蛙人"、反恐等）而定。在实施空降行动时，可以调用空军 C-130 运输机、陆军航空兵或空军的"美洲豹"、米-8、UH-1H 型直升机，每架直升机上可空运 5~20 名伞兵。

（三十三）以色列特种部队

1.吸血银蝠——以色列海军第 13 部队

以色列海军第 13 部队简介：以色列海军第 13 部队，是以色列三大特种部队之一，组建于 1948 年，目前大约有 300 人，该部队配有世界顶尖的武器设备，主要用于海对岸袭击、暗杀、暗中破坏、海上情报搜集以及海上救援等任务。

历史沿革

以色列海军第 13 部队是以色列三大特种部队之一，主要用于海对岸袭击、暗杀、暗中破坏、海上情报搜集以及海上救援等任务。

以色列海军第 13 部队被称为"吸血银蝠"，这是由于他们左胸前口袋上别着一枚银色金属徽章，宛如一对伸展的蝙蝠翼。在以色列他们又俗称为"蛙人"。他们身穿卡其布军服，头戴藏青色贝雷帽，别着金色金属帽徽，上面用希伯来文写着"以色列国防军海军"。多年来，几乎没有媒体对其进行相关报道。直到 1988 年 4 月，巴解组织副总指挥阿布·吉哈德在突尼斯遭以色列暗杀，这支部队才被揭开神秘的面纱。

以色列海军第 13 部队组建于 1948 年，成立之初编制非常小，大约有 25~30 人。1975 年，第 13 部队与 707 部队合并，此时队员发展到 300 人。目前该部队下辖"突击连""潜水连"和"舟艇连"，上校中队长是其指挥官。从 1980 年到 2010 年的 30 年间，以色列海军第 13 部队执行了 1000 多次任务，他们能在任何时候、任何条件下，在最出人意料的地点，与敌人交战，执行秘密任务。以色列海军第 13 部队的淘汰率达到 70%~90%，他们更善于进行敌后纵深侦察和应急特种作战。以色列海军第 13 部队内部分为 3 组，各执行不同的任务。其中突袭组人员最为庞大，任务也最重。

（1）突袭连

由突击队中最为优秀的队员组成，主要担负渗透及反恐任务。第 13 部队内部也有一个专门执行反恐任务的小组，被称为"反恐第四组"（T4），隶属于突击队中的突袭组，曾参与 1998 年国际联合代号为"彩虹"的反恐行动。而这两个反恐精英组（T4 和 269 部队）在人员挑选、训练及装备等各方面都极为严格，应该说代表了以色列特种部队的最高水平。突击连集中了全中队的精英队员，擒拿格斗、射击、驾驶等特战技能样样精通。他们最擅长暗杀、突袭和反恐作战任务。突击连由若干小队组成，每小队正式编制 14 人。

（2）潜水连

潜水连负责执行潜水侦察和水下爆破等水下作战任务。在进行水下破坏时，队员一般以 2~4 人为一组，最大的编组不超过 8 人。主要执行水下作战任务，如抢滩登陆前沿岸水文侦察，针对敌船和码头的水下爆破任务，以及配合其他组合作完成水下任务等。

（3）舟艇连

主要擅长于操纵第 13 部队的各种船只，包括几种专用的快艇和冲锋舟，并可协助其他组完成各种水面舰只及潜艇的操作，其主要任务是把突袭组和水下组安全而精确地送往目的地。按第 13 部队的标准来说，加入舟艇连的队员一般是因为在战斗潜水训练高级阶段表现不突出，不能进入突击连或潜水连。但是舟艇连的人员也完成了第 13 部队训练全过程，而且有一项与其他两个连不同的专长，因此也是 100% 合格的队员。

很多第 13 部队的队员在退役后，都去了以色列的安全机构。比如以色列著名的国外安全机构"摩萨德"直接行动组的组员，很多以前都是第 13 部队的队员，特别是"反恐第四组"的成员。还有一些则在国内安全机构中服役，有的老队员甚至担任了以色列国内安全部的重要职务。

选拔和训练

以色列海军第 13 部队的训练课程长达残酷的 20 个月，只有完成这 20 个月的体力和精神上的极端挑战的训练，才能称为突击队员，并开始参与实际战斗。他们的训练主要分为以下几个阶段。

首先，以色列海军第 13 部队成员要在以色列特战训练基地——密特勘亚当陆军基地进行为期 4 个月的基本步兵训练。接着他们被送往以色列南部的步兵学校参加两个半月的高级步兵训练。然后，他们再前往以色列戴尔诺夫空军基地附近的以色列伞兵学校进行为期 3 周的训练。这三个阶段相对简单，淘汰率不高。这三个阶段主要是培养士兵的战斗素质并掌握基本的步兵作战技能，因此训练强度仅仅相当于普通步兵的训练强度。完成这三个阶段训练后，所有的参训人员会被送往以色列海军第 13 部队的爱利特海军基地，开始接受严酷的特种作战训练。

接下来是准备阶段。这个阶段主要是为潜水和水下作战进行准备训练，为期 7 个月。这一阶段同时也是淘汰率最高的阶段。通常在开始训练后的 2 个月左右，很多士兵因为坚持不了这一残酷的训练，而选择自愿放弃或者被淘汰。通过这一阶段的士兵通常也会完成整个训练，成为一名以色列海军第 13 部队的成员。准备阶段的训练主要包括高级步兵训练以及武器操作，海上作战基本训练，小型舰只操纵,长距离游泳和行军,以及摧毁陆上敌目标训练。这一阶段有一个为期5周的占领训练,通常在密特勘亚当陆军基地的以色列反恐学校内同以色列特战部队(梅特尔侦察队)一起训练。准备阶段完成后,他们将进行基本作战潜水训练。

基本作战潜水训练为期1个月。在这个阶段的训练中,队员们将学习潜水作战的基本要素,如:如何在昏暗浑浊的水中潜泳、在各种复杂危险的水下环境中生存等。完成基本阶段的训练,队员们将进行高级阶段的训练。

在高级阶段的训练,队员们主要学习高级的潜水技巧、水下爆破和武器实用,同时进行长期的登陆渗透训练。然后,队员们将学习联系所有的已经学习的知识和技巧进行水上反恐行动。在这一阶段中期,这些队员将根据他们在训练阶段的表现,分别编入以色列海军第13部队的三个不同大队。只有最优秀的学员才会进入突击大队,他们在突击大队学习掌握埋伏、海上渗透、反恐作战和陆上作战训练。表现稍微差的学员,则会被安排进水下大队,主要进行潜水作战训练以及水下爆破和小型潜艇操作训练。表现最差的学员则会被安排进水上大队,主要学习以色列海军第13部队的三种主要快艇的操作。

学员们经过长达20个月的严酷训练后,会被授予"蝙蝠徽章",并成为合格的突击队员,开始参与实际战斗。

除了上述训练外,以色列海军第13部队的队员们还要参加联合训练。在成立初期,即20世纪50、60年代,他们主要同法国突击队一起训练。现在他们主要同美国海豹突击队共同训练。联合训练往往要进行好几个星期甚至几个月的时间。当然训练的地点也是多变的,有可能在以色列本地,和驻海法海军基地的美国舰艇和潜艇协助完成;有时候则在美国本土完成。

因为训练时间太长,第13部队的每个队员都必须服役4年半,其中3年是义务兵役,1年半是合同兵役。

武器装备

以色列海军第13部队采用苏联的AK-47突击步枪、以色列军事工业公司(IMI)的5.56毫米×45毫米和7.62毫米×51毫米伽利尔突击步枪、微型潜艇和快速攻击艇。目前他们依然在寻找高性能的武器。海军13中队也装备了各种海上运载工具。

经典战役

组建于1948年的这支特种部队,多次参与重大特种作战行动。

①1948年10月21日,"帕尔马赫"海上连舟艇爆破队的3名突击队员驾驶3艘爆破艇以32节的时速撞击埃及"埃米尔法鲁克"护卫舰,当场将这艘排水量1441吨的护卫舰炸成两段,另1艘埃及扫雷舰也被炸沉。战后,舟艇爆破队长得到了"以色列英雄"的称号。

②1969年6月21日,重出江湖的第13部队联合伞兵部队突袭苏伊士湾畔的阿达比亚雷达站,突击队员仅用12分钟,打死守军32人,彻底摧毁了雷达站,并将对手装备的新型苏式雷达运回以色列。今天,这一战例已经被写入了许多国家和

地区特种部队的教材,使人们对第13部队刮目相看。

③1969年7月19日夜,第13部队与"野小子"部队联手突袭格林岛,全歼岛上守军后撤回。这是以色列特种部队进行的规模最大的一次突袭作战,尽管伤亡惨重,第13部队3人死亡,10人受伤,但这次战斗却在世界海军特种部队中引起巨大轰动,开创了跨海攻坚战斗的典范战例。

此外,第13部队还参加了:1973年2月21日,突袭了的黎波里和黎巴嫩的巴解游击队基地;1973年4月9日,突袭了位于贝鲁特市中心的"黑九月"和"法塔赫"的司令部;1980年,第13部队潜入黎巴嫩,在巴解组织总部发信号指令,为以色列海军的导弹导航,使该总部遭到致命打击;1980年4月19日,在"高压行动"中,袭击了阿拉伯解放阵线的海军基地,第13部队队员游上岸突袭了阿拉伯解放组织海军突击队的营地,炸毁其总部;1982年在巴勒斯坦加利利的"和平行动"中,第13部队负责为登陆作战的数辆坦克、吉普车等装备扫清障碍。

2.以色列269部队

以色列269部队简介:以色列269部队,源于1953年的101特种部队,269部队采取的是营级编制,总人数在200人左右。配备有世界顶级的武器设备,执行任务重点是进行越境侦察和突袭,是以色列的一支王牌特种部队。

历史沿革

以色列269部队源于1953年由沙龙组建的代号为101的特种部队。该部队成立的目的是为了应付风起云涌的巴勒斯坦人民争取民族权利的斗争,而不断与以色列军人发生的军事冲突。特别是巴勒斯坦著名的敢死队组织"费达因"接二连三地在以色列境内制造一系列暴力袭击事件。

为了在冲突中取得主动权,同时为了更好地打击巴勒斯坦敢死队组织,以色列总参谋部经过研究,决定组建一支特种部队来执行反恐任务。筹建特种部队的任务由沙龙来完成。此时的沙龙是以色列北部地区执行特殊任务的指挥官,因为博学多才、胆大心细而在以色列享有崇高的威望。沙龙经过精密细致的挑选,终于挑选了50名队员,在1953年宣布101特种部队成立,并对其进行了半年的非同寻常的残酷训练。经过训练的101特种部队成员对"费达因"成员进行了打击,但是他们却不分是非,杀了60多名手无寸铁的平民百姓。这件事情被曝光后,引起了中东地区极大的震动,纷纷谴责以色列军队的暴行,迫于无奈,以色列政府只得将101特种部队解散。

1957年,巴以冲突越演越烈,丝毫没有停下来的迹象。为了更好地应对可能发生的武装冲突,同时也为了加强军队的情报站和特种战的能力,以色列军方提出重建特种部队的建议,这个建议很快就获得了以色列政府的批准。在原来101特种部队的基础上,成立了以色列第二支特种部队,即269部队,又称为总参侦察大队。这支特种部队得到以色列总参谋部的器重,并得到了政府财力、人力、物力等各方面的大力支持。目前,269部队采取的是营级编制,总人数在200人左右,都是千里挑一、实战经验丰富的精兵强将,直接归属以色列总参谋部指挥。训练基地位于以色列首都特拉维夫东南大约 120 公里的大漠深处,占地面积 25 平方公里,训练设施及水平堪称世界一流。这里是培训现代化战斗机飞行员的基地,也是以色列特种部队的训练中心。

选拔与训练

和其他特种部队一样,269 部队的选拔训练要求是相当高的,其淘汰率将近 9 成。许多青年都以加入 269 部队为荣。且该部队成员直接从现役国防军中的自愿者筛选,决不从民间招收。在训练中,受训队员必须向自己的极限挑战,表现不好的自然会被淘汰;表现好,但不能和其他队员团结协作的"过度自信者"也一样会被淘汰。那些入伍前想加入特种部队而积极锻炼的人,并不一定会顺利通过选训,因为选训过程中不但是个人体能的筛选,也是心智能力、极限耐力的挑战。总之,选训过程是相当"疯狂"的,只有获得一枚象征通过选训的翼形胸章后,才能成为一名正式的队员。

每年 10 月是 269 部队选拔新人的时间。在约旦河谷附近的一个戒备森严的兵营里进行新队员选拔大赛。在这里,每个申请者都要接受考核委员会进行的为期 2 天的身体和心理素质测验。只有心理素质极佳、意志坚定、思维灵活、不惧危险、随时准备献身者才能通过这项考核。

通过初步筛选的队员,要进行残酷的训练,被誉为"魔鬼训练"。训练主要分为基础训练、专业训练和战前模拟训练三大类。

基础训练的目的是全面培养每一个士兵作为特种部队中的一员所需要的基本能力。包括徒手自卫术、野战生存能力、登山、武装泅渡、长途奔跑、轻武器射击等。训练时以 3 人为 1 组,训练项目从各种单兵技术到参加各级规模的战术学习,可以说无所不有。如:熟练掌握各种武器设备的使用技术,精通空手道、柔道、拳击等徒手格斗技术,学会爆破技术和沙漠地区生存技能。与此同时,针对中东地区多山地、沙漠的特点,269 部队非常重视山地战、沙漠战、巷战、夜战等特种战术的训练。训练强度很高,如在 1000 米的障碍场,设置了岩壁、洞穴、雷区、沼泽、防空地带、尸体区等近百种障碍和险情,都完全真实地展现在眼前。几近摧残的极限,其强度和难度,是任何没有亲眼看见的人所无法想到的,即使是哥曼德和绿色贝雷帽的同行们也大跌眼镜。在射击训练中,每一名参训者必须会使用各种枪支,进行实弹射击,从出枪到第一发子弹命中,绝对不允许超过 1 秒钟,如超过即使是命中也是零分,只有射击成绩一直保持优秀者,才有可能成为一名狙击手。从训练的内容、时间、标准等方面来说,都大大超过其他军兵种。

专业训练是各种专门技术和技能的训练。如:要求驾驶兵在精神高度紧张状态下练习在复杂条件下驾驶各种车辆;狙击手使用各种枪支进行实弹射击,从出枪第一发子弹命中目标,全部时间限制在 1 秒钟之内;空降突击队员全副武装从离地 50 米高处的直升机上沿索而下,要在 25 秒内到达地面。突击队员的攻击训练必须达到这样的水平:当他们从各自的位置上,向打开机舱门外进行无依托射击时,命中率不得低于 85%。此外还有独特的技巧训练和思想训练等内容:技巧训练主要是训练队员在复杂艰难的环境中,在敌强我弱的环境下,快速敏捷地处理问题,机智灵巧地摆脱对方的追踪;思想训练主要是训练队员有较强的记忆力、敏锐的思维力和在喧闹嘈杂环境中保持头脑冷静的能力。训练时,受训队员被集中在一个电影放映室里,一边听高音喇叭放出的立体声音乐,一边饮着咖啡观看影片。突然放映中断,这时队员必须把刚才在影片中所见到的情景重述出来,如举出桌上陈列着的 10 件东西或说出文件、卡片的颜色、形状等,并且还要在许多支乐曲中,分辨出刚才听到的立体声乐曲。

战前模拟演练主要是培养特种部队官兵在各种复杂条件下临机处事的应变能力。其具体做法是:凡有重大作战行动前,都进行酷似实战的模拟演习。他们根据执行任务的地区、行动目标、任务要求等有关情况,在特定地点设置实体模型,参战人员在模拟实体中进行反反复复的演练,直到战术、技术动作十分纯熟为止,哪怕时间非常紧迫,也要进行模拟训练,有时甚至一边制订作战计划,一边演练。这种训练方法在实战中收到了良好的效果。例如突击乌干达恩德培机场一战,在实施这次代号为"雷电行动"的突袭作战之前,以色列特种部队就在某地设置了恩德培机场的实体模型,让参战人员在实体模型中演练,在这次行动中获得圆满成功。

武器装备

269 部队不仅在训练上敢下狠劲,而且在武器设备上更是不惜血本。据悉,以色列军方为 269 部队采购武器设备的支出,就占到以军所有军费预算的 2%。269 部队的受重视及装备精良程度,由此可见一斑。

269 部队装备的单兵武器主要有:国产的乌兹冲锋枪、伽利尔自动步枪、从国外采购的苏联制 AK-47 自动步枪、美制 M16 自动步枪和 M4 卡宾枪、德制 P226 手枪和比利时 FN 公司生产的勃朗宁手枪。

装备的支援武器主要有:M249 班用机枪、勃朗宁重机枪、M203 榴弹发射器、美制 M24 型 7.62 毫米狙击步枪、巴雷特 M82A1 型 12.7 毫米狙击步枪,以及德国 H&K 公司生产的 PSG1 半自动狙击步枪。

执行任务

269 部队的任务重点是进行越境侦察和突袭,同时,为了避免重蹈 101 部队的覆辙,269 部队制定了严格的军纪,并对所有行动都进行面面俱到的周密计划,以确保不再出现任何疏漏。并在数次中东战争中,几乎是所向披靡,战无不胜。到了 20 世纪 70 年代,269 部队已经成长为一支极具突击力、装备精良的王牌特种部队。

经典战役

(1)青春之泉
1973 年 4 月,以色列 269 部队首次引起世人关注。当时它针对"黑九月"组织重要成员发动了代号为"青春之泉"的全面刺杀行动,几乎瓦解了整个"黑九月"组织。
(2)闪电行动
1976 年 6 月 27 日,一架法国航空公司的大型客机在雅典被 4 名巴勒斯坦人和 2 名联邦德国人劫持到乌干达的恩德培机场,机上 242 名乘客中有 105 人为以色列人，他们被软禁在机场候机大楼内作为人质。劫机者要求以色列在规定时限内将关押中的 53 名巴勒斯坦人送来乌干达进行交换，否则人质将被处死。以色列为救出人质，成立了以总理拉宾、国防部长佩雷斯为首的行动指挥部，由步兵-伞兵司令肖姆隆拟订了代号为"闪电行动"的军事营救计划。

4 架以色列空军的 C-130"大力神"运输机从以色列秘密起飞，并乘着夜色秘密降落在了恩德培国际机场，而在事先他们也并未通知那里的地面控制塔台。以色列部队赶在午夜降临前 1 小时悄悄降落在了恩德培国际机场。随后以色列人便驾着一辆黑色的梅赛德斯和护卫的几辆吉普车驶出运输机，径直驶往旧航站楼。乌干达人以为这是伊迪·阿明或是其他乌干达高官的车队。3 组突击队员按预定方案分别扑向各自的目标，整个行动像事先演练得那样流畅，10 分钟攻占候机大楼，20 分钟解救人质，10 分钟检查，12 分钟返回飞机。

以色列 269 部队从第 1 架以色列飞机落地到返航的最后 1 架以色列飞机起飞，只有短短的 53 分钟！六名劫机者被击毙。还有一名人质被误认为是恐怖分子而被打死。在总共 103 名人质中有三人死亡。在奇袭过程中，机场的乌干达部队也向以色列特种部队开火，并打死了以色列部队的地面指挥官约纳坦·内塔尼亚胡上校，而他也是这次行动中以色列军队唯一一名阵亡者。

3.翠鸟突击队

以色列翠鸟突击队简介：以色列翠鸟突击队，组建于 1974 年，是以色列空军最优秀的特种部队之一。近年来翠鸟突击队则开始专注于反恐和人质营救等作战任务，逐渐转变成了一支专门的反恐特种部队。

历史沿革

以色列翠鸟突击队是以色列的另一支著名的特种部队，其作战能力仅次于 269 部队。翠鸟突击队的番号为 5101 部队，是以色列空军最优秀的特种部队之一。该部队经常被以色列国防军派往中东各地执行机密任务，极少为外界所知。1994 年，以色列军方一份招募特种部队的小册子公布了该部队的名称和概况，该部队才被人知晓。目前，该部队隶属于位于帕尔马欣的空军特种部队司令部。

该部队组建于 1974 年，是以色列为吸取赎罪日战争的教训而组建的。在那场战争中，以色列国防军主要的特种部队总参侦察队因准备不足、缺乏组织而没有被充分运用。大部分以色列国防军特种部队都是拥有高级反恐能力的远程侦察巡逻部队，各支以色列国防军特种部队分属于以色列国防军下属的不同分支，在战争中按照制定的计划担任不同的角色。在赎罪日战争中，所有的将军都忙于指挥每日的作战，总参侦察队发现它需要自己申请任务。大部分的这些任务都是临时下达的，它们不需要部队运用全部的潜力执行复杂的任务。部队只能像一支高能力的步兵部队一样进行作战，而不是执行原来设想的情报收集任务。当战争结束的时候，当时的总参侦察队指挥官对部队进行了一场组织变革。改组的结果是组建了一支小型的预备役特种部队，不久后命名为"翠鸟"。新的部队专门负责空地协同作战，而且把重点放在运用激光为激光制导炸弹和导弹指示地面目标上。专门组建这支特种部队的主要原因是在赎罪日战争中以空军飞机与飞行员在苏联部署于阿拉伯国家的地对空导弹的猛烈打击下损失惨重。而提早进行精确的空中打击可以预先摧毁地空导弹基地,避免大部分的伤亡事件。由于仅仅在战时才需要出动,因此"翠鸟"只是一支预备役部队,人员由总参侦察队的前队员组成。部队甚至与总参侦察队一起驻扎在锡尔金(Sirkin)空军基地。当时,"翠鸟"在人员与装备上都依赖于总参侦察队。

1977 年,由于以色列空军购买了大量的激光制导武器,同时对黎巴嫩南部的每周空中打击成为惯例,因此"翠鸟"由预备役部队提升为正规部队。

20 世纪 90 年代中期开始,翠鸟突击队的任务方向也有了很大的转变。其原先承担的大部分的激光指示和空地协同任务,被转交给 5707 部队(以色列空军轰炸效果评估部队)负责,而翠鸟突击队则开始专注于反恐和人质营救等作战任务,逐渐转变成了一支专门的反恐特种部队。

选拔与训练

创建初期,翠鸟突击队的队员主要来自 269 部队,因此其兵员素质可以说无可挑剔。在队员训练上,翠鸟突击队同 269 部队一样,受英国特别空勤团(SAS)的影响颇深,翠鸟突击队的新兵训练期限长达 22 个月,比大部分的以色列国防军特种部队还要长 2 个月。在许多阶段,翠鸟突击队都在接受与 269 部队相似的训练。后来,随着翠鸟突击队逐渐转变成一个反恐作战单位,又开始重点进行反恐和情报训练。

就训练时间安排上讲,翠鸟突击队员要进行下列几个阶段的训练。

首先进行为期 4 个月的步兵基础训练。这一阶段的训练,同其他特种部队基本相同,而且是在一起进行集中训练。其训练地点原先在国防军亚当特种训练基地进行,从 1993 年起,又转到了伞兵旅的萨努尔训练基地。该阶段的主要训练内容为基本武器操作和单兵战术训练,与其他国家不同的是,以色列特种兵很少进行军姿和队列训练,他们更注重的是队员的实战能力。

其次是为期 2 个月的步兵高级训练。该阶段的训练主要包括小组配合协同作战、近距离巷战、野外识图训练和直升机机降渗透训练等。

第三阶段是特种训练。包括为期 2 周的跳伞训练、2 周的交战单位训练。跳伞训练在国防军伞兵学校进行,具体要进行大高度高开伞(正常跳伞)和大高度低开伞(自由降落至低空后手动开伞)两种训练。交战单位训练在国防军反恐怖战争学校进行。

第四阶段是定向训练。作为一支开始主要负责空地协同作战的特种部队,翠鸟突击队的队员们需要在各种军事训练(如野外战斗、激光指示等)中间不断穿插进行定向训练。这一训练方法是为了给队员们增加尽可能多的定向经验,并且使他们对日常进行的定向训练不至于产生厌烦情绪。而且,这种穿插训练方法能够帮助士兵减轻长期的野外定向训练给身心带来的损害。

第五阶段是为期 1 个月的潜水训练。潜水训练主要是在海法海军基地进行。

第六阶段是为期 2 个月的针对性专业训练。该阶段训练在国防军情报和侦察学校进行,训练内容主要包括空地协同和空运行动训练、激光指示训练、反坦克导弹操作训练。

第七阶段是为期 6 周的狙击训练。狙击训练共有两个阶段。第一阶段：在亚当特种训练基地的国防军狙击学校进行，为期 3 周，主要进行野战条件下的远距离狙击训练。第二阶段：在亚当基地国防军反恐怖学校进行人质营救狙击训练，时间同样是 3 周，主要进行 150 米以内的近距离精确狙击训练。

武器装备

该部队使用的主要武器设备有：美制 M4 式卡宾枪、美制 M24 狙击步枪（主要用于远距离狙击）、德制毛瑟 SR86 狙击步枪（主要用于近距离城市反恐行动中的精确狙击）、P226 手枪、激光指示器和个人电台等专用设备和通讯器材。

经典战役

（1）奥西拉克行动

1981 年 7 月 6 日，翠鸟突击队奉命参加了代号为"奥西拉克"的空袭伊拉克核反应堆的军事行动。在攻击之前，一支翠鸟小分队乘坐一架 CH-53 直升机深入伊拉克境内的预定地点，当以色列空军的 F-16 战斗机飞抵目标上空时，翠鸟小分队准确地为飞行员进行了目标指引，F-16 战斗机投下的炸弹成功摧毁了敌方的核反应堆，大大阻滞了伊拉克的核计划。核反应堆爆炸之后，翠鸟小分队在进行轰炸效果评估后，乘 CH-53 直升机顺利撤回以色列。

（2）加利利和平行动

1982 年，在"加利利和平行动"期间，同样是在翠鸟突击队的协助下，以色列空军在数小时内就成功捣毁了黎巴嫩大部分防空力量。而在随后进行的空战中，由于不用再顾忌敌方的地面防空火力，以色列空军轻松击落了 80 多架叙利亚战机，而自己居然无一损失。这种战绩的取得，可以说是与翠鸟突击队的有效配合密不可分的。

（3）"摩西"行动和"所罗门"行动

1984 年进行的"摩西"行动和 1991 年进行的"所罗门"行动中，以色列空军在摩萨德特工的暗中帮助下，成功将埃塞俄比亚的犹太人带回了以色列。而在这两次行动中，翠鸟突击小分队更是身先士卒，亲自乘 C-130 运输机抵达埃塞俄比亚为摩萨德特工和空军飞机起降地带提供实地保护。

（4）沙漠风暴行动

1991 年，海湾战争爆发，翠鸟突击队和其他数支以色列部队秘密参加了沙漠风暴行动。翠鸟突击队利用自身专长，对伊拉克境内的飞毛腿导弹阵地进行了精确搜索，并亲自或引导空军破坏了数台移动式飞毛腿导弹发射器和数座伊军指挥部。

4.以色列特种军犬部队

以色列特种军犬部队（Oket'z）简介：第一支以色列军犬单位在 1939 年组建，部队被组建之初只是一支完全的反恐部队，今天已经发展成为兼有搜索与救援、追踪和反爆炸物品能力。现在该部队规模也不断扩大,约有一个步兵营的规模。该部队分为爆炸物品连、攻击连、救援连、武器连和追击小队。

历史沿革

以色列第一支军犬单位组建于 1939 年,比以色列独立和以色列国防军的建立还要早 10 年。这支部队由两名医生创建。属于哈加纳抵抗运动的一部分,他们训练军犬进行跟踪、保卫和搜寻弹药等任务。在国防军组建以后,这支军犬部队被编入以色列国防军,接着又被编入宪兵部队,1954 年该部队因各种原因而解散。由于以色列不断地遭受恐怖袭击,以色列国防军特种部队尝试寻找各种新的突破性的作战方法,以对抗不断花样翻新的恐怖袭击。1974 年便着手组建一支特种反恐军犬部队——7142 部队,即现在特种军犬部队的前身。这支部队除数名后勤人员与行政人员外,只有 11 名队员。这支小部队的全部人员不超过 20 人。由于部队严格保密,只有为数很少的人知道部队番号和他们所执行的任务。它没有任何正式的名称,只有以色列国防军代号"7142"。当时的主要任务就是运用经过高度训练的军犬在人质解救行动中对付绑匪。因此部队被组建之初只是一支完全的反恐部队,缺乏它今天所拥有的搜索与救援、追踪和反爆炸物品能力。

7142 部队在 1980 年的一次集体农场人质营救任务中首次受到公众的注意。这次任务是 7142 第一次运用反恐军犬参加实际作战。此后在 1988 年,部队参加了声名狼藉的"蓝与褐"行动。在这次失败的行动中,7142 部队的军犬与队员受到了全以色列媒体的批评,这也是部队首次在公众面前完全暴露。在这次行动之后,部队进行了改组,开始进行增强反爆炸物品能力的训练,并被授予正式的名称——特种军犬部队(Oket'z 部队)。这支部队主要负责执行反恐、搜寻与营救行动。由于恐怖袭击不断发生,爆炸物品规模不断扩大,现在该部队的规模也不断扩大,约有一个步兵营的规模。该部队分为爆炸物品连、攻击连、救援连、武器连和追击小队。

(1)攻击连

这支部队中资格最老的连队,由于他们独特的任务,攻击连由 Oket'z 部队中最棒的人员组成。其职责是在反恐与人质解救任务中运用攻击犬攻击恐怖分子与绑匪。攻击连由三个小队组成,A 小队、Egoz 小队和 D 小队。A 小队在人质营救行动中运用攻击犬,协助以色列国防军的三支人质营救单位行动,对抗恐怖分子。目前 A 小队与 Sayeret MATKAL,共同驻扎于 Sirkin 空军基地,A 小队总是保持警戒状态可以在 15 分钟内抵达 Sirkin 空军基地的直升飞机停机坪。D 小队负责没有人质在场的攻击行动中,展开攻击犬对抗恐怖分子。Egoz 小队在 1995 年(以色列国防军反游击战特种部队 Sayeret Egoz)组建之后不久建立。它的队员专门协助 Sayeret Egoz 行动,并且与 Sayeret Egoz 队员共同进行日常训练。Egoz 小队驻扎在 Sayeret Egoz 的母基地 shraga 陆军基地。

与其他的以色列国防军和外国的军犬单位不同,在这些部队中攻击只是军犬进行保卫或搜寻任务时附带执行的次要使命,而在攻击连中攻击是军犬的唯一目的。军犬不仅仅被训练成只是扑倒目标,而是被训练成要尽可能快地杀死或咬残目标,并且要在达到目的后马上转向下一个目标继续攻击。

来自攻击连的驯犬员与军犬是每一支反恐小队的重要组成部分。作为一支反恐单位下属的攻击小队,每个突击小组中都必须至少包括一只来自攻击连的军犬和一名来自以色列国防军爆炸物处理特种部队的队员。因为在以色列国防军特种部队之中只有经过反恐训练的人员才能佩带制式手枪,攻击连的战士是 Oket'z 部队中唯一佩带手枪的人员。攻击连和其他分队之间的另外一个显著的区别是攻击连队员时常携带传呼机,因此他们可以随时从任何场合被召唤来执行任务。军犬也拥有特殊的装备,包括经过修改的绳具甚至有与驯犬员联系的微型通讯设备,可以让军犬离开队员数百米对恐怖分子进行搜索行动。另外有趣的是军犬设备是安装在狗背与狗头上的微型无线摄像机。

A 小队的军犬在人质解救行动中具有第一流的能力,通常让军犬首先进入目标区域,攻击恐怖分子阻止他们对人质与突击小组开火。在军犬突入并开始攻击恐怖分子数秒之后,突击小组才会进入目标区域解决恐怖分子。该小队的军犬不仅仅被训练成不但攻击手持武器的人员,而且会攻击富有攻击性表现的人员,像是给其他人下达命令或殴打他人的人员。A 小队的军犬与驯犬员也被训练成可以在任何可能发生的陆地、空中和海洋环境下的人质解救情况下展开行动。在陆地上军犬可以在建筑物、公共汽车、列车和飞机中展开行动。在海中军犬被训练成可以从 Shayetet 13 的快速攻击艇中展开行动。军犬们甚至具有空运渗透能力。他们乘坐直升飞机抵达目标区域然后借由快速绳降进行战斗展开。借助特殊的装备可以使它们也具有从直升飞机上快速绳降的能力。在紧急情况下军犬可以和驯犬员同时借由快速绳降到达地面,然后立即展开攻击行动。

D 小队从它被组建之初仅仅在约旦河西岸展开行动的时候开始,部队就总是保持 2 小时警戒状态,并且可以在 2 小时内到达以色列的任一地区展开反恐行动。在许多任务中,当 A 小队被召唤展开行动的时候,D 小队往往会同时进行支援行动。D 小队驻扎在 Sirkin 空军基地。

虽然所有三支攻击连小队都运用攻击犬对抗恐怖分子,但是在 A 小队、Egoz 小队和 D 小队之间还是存在差异。Egoz 小队的军犬会攻击任何站立在他们行动路线上的目标:A 小队的军犬会在识别出目标的明显特征后再进行攻击,如手持武器、站立或者大喊大叫等。此外,Egoz 小队和 D 小队的军犬也被训练成可以在野外搜寻恐怖分子,A 小队的军犬被训练成可以在城市局部环境下作战。

以前攻击连主要运用罗特维勒斯犬、德国牧羊犬和杜宾犬,现在该连队主要运用更小型更敏捷的比利时牧羊犬。在城市局部环境中进行作战的 A 小队军犬通常比 Egoz 小队和 D 小队的军犬体形轻巧一些,因为队员们经常需要带着军犬隐蔽行动以对绑匪进行突然袭击,同时也经常需要翻越障碍甚至要把军犬绑上装具从直升飞机上进

德国牧羊犬

行绳降。

（2）武器连

武器连组建于 20 世纪 90 年代中期，最初在约旦河西岸进行武器搜查与搜索逃犯行动。然而在 1999 年攻击连组建了一支新的小队接管了搜捕任务，从此以后武器连的任务主要转变为联合特种部队或常规部队在房屋、洞穴、车辆与隧道等地点搜寻隐藏的武器与炸药。武器连运用德国和比利时牧羊犬展开行动，并且驻扎于靠近以色列—埃及边界与加沙走廊地带附近的 Nisanit 犹太定居点的陆军基地中。选择这一地点是为了利于连队在加沙走廊地带（巴勒斯坦武装人员活动的主要场所）进行搜捕行动；并在以色列—埃及的边境附近搜寻隐藏的隧道，这是巴勒斯坦武装组织向以色列走私枪支与炸药的主要途径。

（3）爆炸物品连

爆炸物品连是部队中最大的分队，组建于 20 世纪 90 年代早期。其责任是在以色列部队进行巡逻任务之前利用军犬搜寻隐藏的爆炸物，并且为爆炸物品与军火处理行动提供协助。该连队只运用比利时牧羊犬，连队的主基地位于 Beit Hillel 陆军基地，靠近以色列-黎巴嫩的边境。由于以色列与巴勒斯坦冲突不断，该连队与来自军犬部队的其他小队一起在靠近加沙走廊地带的 Nisanit 犹太定居点建立了第二总部。

在 1997 年，当炸弹伏击身亡成了驻黎巴嫩以色列士兵的头号死亡原因之后，更多的小队组建起来并且成立了爆炸物品连。在爆炸物品连组建以后，在黎巴嫩进行的每一次主要的护送任务都有一名爆炸物品连的队员与他的军犬参加。在黎巴嫩的几乎每一处主要的哨所里都有一支由两名爆炸物品连的队员与他们的军犬组成的小组。以色列国防军在黎巴嫩驻守期间，队员和他们的军犬进行了卓有成效的行动。他们每年都能够发现并且排除上百颗炸弹。军犬和它们的驯犬员甚至因为成功的行动而被恐怖分子作为悬赏猎杀的目标。

该连队的另一个独特之处是总有一个小组处于警戒状态——也就是"炸弹处理小组"（简称为 SAP 小组）。SAP 小组由在连队主基地保持警戒状态的 2~4 名队员与他们的军犬组成。这一小组担任警戒任务的队员是从连队中挑出的最有经验的队员，因为 EOD（重大影响违约敏感事件）战斗展开任务需要队员对军犬进行绝对与完全的控制。在担任警戒任务的时候，SAP 小组的每名队员都配有传呼机，而且小队拥有一辆专门的车辆。一旦 EOD 事件发生，一支炸弹处理部队（YACHSAP）部队小组就会和 AP 小组一起到达行动地域共同展开行动。

（4）救援连

救援连是军犬部队中的唯一非战斗分队。连队主要由预备役人员组成，驻扎于 Sirkin 空军基地，并且主要使用德国和比利时牧羊犬。分队的大部分成员都是前战斗分队队员，他们会在服完强制服役期后再被分配到救援连。连队只进行民间行动，比如在自然灾害之中寻找失踪人员。并且部队经常与以色列国防军后方司令部的自然灾难 SAR 单位进行联合行动。连队中其他的人员，主要是其他几个战斗分队的中途退出者，同时因为部队只参与非战斗情况下的 SAR 行动，所以也接纳女性队员。该部是 Oket'z 部队中唯一拥有女性队员的连队。

（5）追击小队

追击小队是军犬部队的最小机构。不像 Oket'z 部队其余的下属单位都是连级规模的,追击小队只是一个小队。追击小队在 20 世纪 90 年代中期组建起来,主要任务是发现以色列—埃及边境线上的漏洞并且引导搜捕行动,以此阻止恐怖分子和走私者进入以色列领土。那时小队军犬的任务并不是攻击渗透者。军犬将会借着渗透者的气味与遗留物品进行追踪行动,当到达渗透者的隐匿处时,军犬会在附近咆哮。跟踪小队也同样利用寻血猎犬(Blood Hound)完成任务。后来追击小队被调往北方,并且建立了一个新的总部。现在追击小队的军犬将不仅仅执行对恐怖分子的追捕行动,而且需要在行动的最后攻击他们。

招募与训练

军犬部队的人员都是其他的单位的中途退出人员,大部分是来自特种部队单位,主要是以色列国防军海军的突击队单位。对于志愿者的要求是他必须经过基本与高级的步兵训练。从 1997 年开始大部分的队员都是直接地加入部队。

所有人选人员经过 4 个月的基础步兵训练,2 个月的高级步兵训练之后,战士们依照各自掌握技能的不同与自己的志愿被分配到不同的分队中去。大部分的士兵们被分配到单位最大的两支分队——攻击连和爆炸物品连。其余的被分到武器连和追击小队。能力最低的人员,被分到非战斗的救援连。从那以后,每个连的新兵都依照他们的特定任务进行训练,大部分的训练都在单位的母基地 Sirkin 空军基地进行。

所有的分队都要进行 6 个月的附加训练。4 个月的训练在 Sirkin 空军基地进行,剩下的 2 个月在 Beit Hillel 基地进行。

追击小队专业训练课程包括强行军、战斗训练、追踪和驯犬技巧。既然行动中可能需要队员与军犬进行高速的长途奔跑,队员与军犬在训练中的一个主要内容就是身体耐力与奔跑能力的训练。训练结束后士兵们和新的军犬还需通过基础考试,只有通过了数个行动测试他们才能正式加入战斗序列并执行警戒任务。

武器连大部分训练也在 Sirkin 空军基地进行,剩下的在位于加沙地带武器连自己的基地中进行。

攻击连的附加训练包括 2 个月战士训练和 6 个月攻击军犬训练。前者由 2 周定向,2 周在 Elyakim 的以色列国防军反游击战学校进行的反游击战训练和 1 个反恐课程组成。此外,还需要在以色列国防军反恐怖作战学校学习 5 周的交战单位反恐课程,其余的以色列国防军特种部队单位仅进行 3 周的基本训练。在这时队员才会见到将会陪伴他度过全部服役期的军犬。军犬有 1 岁到 1 岁半大而且已经过攻击连教官的基础训练。大多数的训练课程是教导军犬攻击目标的方法。精确的训练将依照小队与军犬的差异分别进行。D 小队和 Egoz 小队训练在野外依据恐怖分子的气味进行搜寻,A 小队训练选择性的攻击技巧。所有的小队都进行秘密行动靠近目标的训练。在 sirkin 空军基地内为队员与他们军犬设置了不同类型的障碍物训练课程。作为他们每日常规训练制度的一部分,队员与他们的军犬每天都需要进行数次障碍训练。过去,攻击连的一些军犬也被训练成动物炸弹甚至还参加了数次行动,比如"蓝与褐"行动。它们需要携带炸弹或者毒气罐进入恐怖分子的藏匿处,然后引爆炸弹杀死所有的敌人。然而,自从"蓝与褐"行动遭到惨败以后,Oket'z部队的军犬就不再被训练执行类似的任务。在完成了这些训练之后队员们才被认为是合格的战士并且收到Oket'z部队的徽章。然后队员们根据需要与他们的军犬的能力被分配到不同的小队之中——如果军犬被派到了指定的小队,它的驯犬员也将被分配到相同的小队。甚至于当军犬在不同的小队之间调换时它和驯犬员也不会分开,因为部队尽可能不让军犬离开它最初的驯犬员。

在对军犬结束了6个月的攻击训练之后,到达小队之后的队员仍要进行2个月的附加训练,重点放在携带所有相关装备时的士兵与军犬间的协同作战。只有当士兵证实了他自己的能力才能担任反恐警戒任务并且实际参加作战。

武器装备

Oket'z部队的标准武器是CARl5,通常配有一支Elbit Falcon反射式瞄准镜。虽然部队司令部和母基地位于Sirkin空军基地,但是下属的分队依照他们特定的行动区域部署在以色列的不同地点。

5.野小子特种部队

以色列野小子特种部队简介:以色列野小子特种部队成立于1957年,主要从事战术侦察、情报搜集以及营救人员等。这支部队的与众不同之处是非常注重团队精神,组织形式类似家族式,一旦加入就得终生为之服务。目前其具体情况不为外界所知。

历史沿革

以色列野小子特种部队于1957年正式成立,直属于总参谋部领导,被誉为"总参谋部之子",主要使命是从事战术侦察、情报搜集以及营救人员等。这支部队的与众不同之处是非常注重团队精神,组织形式类似家族式,一旦加入就得终生为之服务。这支部队是以色列国防军的军中骄子,其作战技巧、战斗力、士气均堪称军中典范。这支部队所执行的任务也是秘而不宣,外人只能通过一些引起国际关注的重大事件看出些许蛛丝马迹来。

日常训练是在英国特别空勤团(SAS)的训练科目基础上进一步加以提高,具体内容被列为机密,秘而不宣,唯一知道的就是淘汰率极高。

特别是这支部队的军官升迁比较快,很多高级将领都出自这支部队,如1991年4月出任总参谋长、并于1999年5月作为工党领导人当选总理的巴拉克就来自这支部队。

选拔和训练

和其他特种部队一样,野小子特种部队的选拔训练要求是相当高的,其淘汰率将近9成。许多青年都以加入野小子特种部队为荣。在训练中,受训队员必须向自己的极限挑战,表现不好的自然会被淘汰;表现好,但不能和其他队员团结协作的"过度自信者"也一样会被淘汰。那些入伍前想加入特种部队而积极锻炼的人,并不一定会顺利通过选训,选训过程中不但是个人体能的筛选,也是心智能力、极限耐力的挑战。总之,选训过程是相当"疯狂"的,只有获得一枚象征通过选训的翼形胸章后,才能成为一名正式的队员。

经典战役

"野小子"千里奔袭乌干达恩德培机场营救人质的突击行动,可以称得上是世界反恐怖作战史上的一个创举,它向世人展示了以色列特种部队高超的反恐怖作战艺术和能力。他的创始人是一个名叫阿南的少校。这支部队刚成立不久,由于训练严格且自我要求高,很快成为以军中最有战斗力的部队。阿南少校以英国SAS特警队的训练方式训练其队员,甚至借用了SAS的一句名言:"敢为者赢"作为自己的队训。由于创建初期,阿南招募的队员大都来自阿拉伯占领区的后裔,这些人被认为有亲阿拉伯思想,因而不受以色列军方的信任,所以,他们的训练要求也比一般以军艰辛。他们必须学习任何地面上的战斗技巧,学习任何可用的地面战斗武器及单兵或集体的作战方法等。为了保证完成任务,事前准备也必须详细周全,这也造成了后来这支部队的特殊作风——如果有一万种可能发生的情况,那么事前必须演练一万零一种模拟状况。这种谨慎和自我要求的态度,很快也成为其他以色列部队模仿的对象。另外,特种部队还规定,万一行动失败,必须否认其行为是以色列所策划的突击任务。

(三十四) 韩国特种部队

韩国特种部队简介:韩国第一支特种部队成立于1955年11月,目前有7个特种部队旅。这支部队大多具有大专以上学历,并配有先进的武器设备,在执行各种任务中,发挥着重要的作用。

历史沿革

韩国具备正式规模的第一支特种部队始建于1955年11月,由在美国接受正式特种训练的32名成员所组成。目前,陆军"黑贝雷"特战师、海军全天候特种打击小组和名声显赫的海军陆战队特殊搜查队是韩国的主要特种部队。

他们的共同任务大体上分为非正规战、特种侦察、打击目标和反恐怖四种。其中非正规战是其核心任务,就是在敌人后方建立第二战场打游击。其作战原则是"攻击性的速战速决",以先发制人的奇袭抢得主动权,从而引诱和分散敌人,在敌人反击之前,对其进行攻击,完成任务以后再撤离。

韩国特种部队主要有7个特种部队旅,他们之间的关系也较为密切。这些旅的营级单位主要任务就是摧毁战术目标,在战斗中扮演突击步兵的角色。另外他们还能在敌方领土上长期开展游击战,或者发动独立攻势。在韩国每一个军种都配备一个特种营来协同作战。他们与普通部队的区别是身着迷彩战斗服,头戴黑色贝雷帽及银色特种部队徽章。他们的特种训练既能同美国特种部队基本一样,不同之处在于他们更加注重格斗技巧训练。

选拔与训练

要成为一名韩国特种部队队员绝非易事。只有具备大专以上的学历,而且能够承受得住一般人无法想象的基本选拔训练的人,才会被留在这支队伍中。韩国所有特种部队的基本选拔训练的时间都是 24 周,不同的是陆军"黑贝雷"特战师以加强高空渗透训练和山地训练的强度为主,而海军全天候特种打击小组和海军陆战队特殊搜查队主要以加强海上训练强度为重点。一般从志愿者中挑选特种部队人员必须具备跆拳道黑带资格,在通过严格的体能和心理测试后,还要接受一项极为严格的训练课程,包括高水平的武器操作技巧及跳伞训练。平时训练的时间也很长(该部队对反游击战、反登陆战、突击战以及冬季作战有独特训练之处)。所有韩国特种部队队员每天训练格斗术的时间不少于 4 小时,约占总训练课时的三分之一。韩国军人认为训练格斗术的同时还可锻炼耐力、斗志、毅力,这些是通过其他项目很难培养出来的。他们训练的跆拳道同奥运会比赛中的跆拳道有所不同。比赛中的跆拳道只可以脚踢对手腰部以上的位置,而且拳只可以击打身体,这就限制了更为凶狠的肘关节与膝关节的发挥。韩国特种部队所训练的传统跆拳道是一种相当凶悍的格斗术,它的拳或脚可以随意攻击人体的任何部位,没有任何规则限制,注重的是人体攻击武器的自由发挥。

下面以韩国海军陆战队特殊搜查队的基本选拔训练为例,来看一看韩国特种部队严格而近乎残酷的选拔训练。

韩国海军陆战队特殊搜查队的基本选拔训练共分四个阶段进行。

(1)"魔鬼 14"训练

这一阶段将持续 14 周,主要是通过大强度的体力训练,来磨炼队员的身体素质。由于搜查队的作战是从海岸渗透开始,因此掌握橡皮艇的驾驶技术十分重要。在基本训练的第一周里,特种队员就要学会驾驶橡皮艇登陆。而在以后 13 周的基本训练期间里,无论是在陆地上还是在海上,队员们都时刻不能离开橡皮艇。橡皮艇重量为 85 公斤,再加上其他装备,重量达到 200 公斤,如此大的训练强度,使很大一部分队员无法忍受而遭到淘汰。而熬过这一关的队员们都说:"这一关过后,脖子至少粗了 0.5~1 英寸,连以前的衬衫都穿不上了。"

(2)"地狱一周"训练

这一阶段是基本训练的难关,主要是通过为期一周的极限生存训练来磨炼队员的胆量和毅力。尽管这一阶段的时间只有一周,但是如果把它与 30 个月的军队生活相比较,任何队员都会毫不犹豫地选择后者。

训练的地点极难忍受。队员们要顶着橡皮艇在生活垃圾和下水道入口处爬行,教官一旦发现哪个队员怕粪尿等污物进入眼睛、鼻子和嘴而影响训练,就会毫不留情地把他的头按到污水中。教官说,这种训练就是要"使队员们摆脱一般人的羞耻心和自尊心,培养队员在任何情况下都能够忍受的精神力量"。

在"地狱周"训练中另一个难关是胆量训练。为了训练队员的胆量,让队员们晚上去火葬场守夜,经常有队员就是靠着甚至抱着要火葬的尸体打盹,一点都不害怕。还有一项就是用手枪向穿着防弹服的队友的前胸射击。这种方法虽然极其原始,但可以培养队员的胆量和对自己队员的信任。经过这一周训练的队员都表示肌肉强度大大增加,身体素质也发生了很大的变化,能够适应任何情况。

(3)"死里逃生"训练

在这一阶段的训练中,队员将被放到无人岛或山沟里孤立起来,完全切断粮食供应,在 1 周时间里完全以草根树皮、青蛙和昆虫来维持生命。这一阶段的训练结束时,几乎所有的队员都已经变得皮包骨头了。训练结束后头两顿饭要喝粥,然后再慢慢恢复胃的功能。

(4)"脱胎换骨"训练

通过前 16 周的基本训练,所剩下队员都能够轻松地在水里游上 10 公里,呆 10 个小时以上,但这并不意味着已经成为一名搜查队员了,因为还要经过最后的一关——高强度行军训练,也就是每个队员要走上 8 天 9 夜,共行军 400 公里。此外,队员们还要在冰天雪地里经受考验。

通过种种训练,最后留下来的队员都练就了一身过硬的本领。由以前的"弱不禁风"变成了现在的"铁骨钢筋"。而最让队员兴奋的是,通过这最后一关的训练以后,他们就可以真正地获得新生,具备加入海军陆战队特殊搜查队的资格了。

武器装备

韩国特种部队的装备是极其先进而完善的,他们配备有空中、水中和陆地上渗透所需要的各种先进装备和武器,包括高精度的长距离狙击用手枪和弓弩、吹毒针的吹筒、水中用特殊匕首。闪光手榴弹等 50 多种武器和波音 707 客机模型等多种模拟设施。

韩国特种部队使用的制式冲锋枪包括美国提供的德制 MP5 系列 9 毫米冲锋枪,M16A2 改进型步枪,以及 7.62 毫米 M60 机枪。韩国正努力摆脱对美国武器的依赖,开始使用国产 K-1 突击步枪和各种国产主战坦克。

执行任务

在任务的具体区分上,各个特种部队又稍有不同。

"黑贝雷"特战师基本任务是在敌人后方深处跳伞,通过侦察监视和特种作战,支援己方军队的正规作战。具体作战内容有破坏主要交通、通讯和雷达基地等核心军事设施,搜集情报,营救未撤离的己方军队,召集敌人后方的不满势力进行扰乱行为等。

值得一提的是,在特种师中有一支被称为"特战师中的特战师"的特种任务大队,又叫作 707 大队。它是司令的亲信部队,由从特战师中严格选拔出来的军官和下士官组成,分为 4 个组,平时负责反恐怖的任务。

海军全天候特种打击小组通常被称为 UDI 小组,外号是"海上食人鲨"。这个小组的基本任务是在战争爆发进行登陆作战之前,渗透到敌人的海岸前沿,侦察敌人的水中防御体系,消除自然和人工的障碍物。此外还有特种打击、处理爆炸物和海上反恐怖作战等多项特种任务。目前,UDI 小组已经开始具备世界最强的战斗力。如今已有很多国家要求韩国提供这方面的培训。

海军陆战队特殊搜查队的主要任务是在登陆作战开始前 24~48 小时之内,渗透到敌方海岸地区,进行搜集情报、侦察和破坏敌人指挥体系等活动,给登陆的大部队起到耳目作用。他们被编在登陆部队中,潜入敌后方40公里的地方,引导直升机和潜艇着陆和登陆,破坏敌人的军事设施,建立桥头堡。

(三十五) 日本反恐部队

1. 日本反恐部队

日本反恐部队简介:日本特种部队成员均来自自卫部队,其中包括地面特种突击队、空降特种突击队、离岛警备部队、海上特别警备部队、反恐特种作战部队和警察特种部队。

日本作为第二次世界大战的战败国,在军事力量的发展上受到了许多制约,特别是在特种部队的建设上更是鲜为人知,至今也没有"挂牌"的特种部队。但是,近年来日本却悄悄地组建了各种各样的特种部队。由于种种原因,其"庐山面目"鲜为人知。

(1)地面特种突击队

地面特种突击队员是从全国自卫部队中优中选优筛选出来的,经过9周高强度训练后,队员们必须掌握遂行特种作战的所有技能,如擒拿格斗、识图用图、爆破、水下和山路潜入、生存技术、理论教育、综合演练等科目,合格后才能成为一名真正的突击队员,并被分回自卫部队,和其他普通军人一起执行任务。当需要遂行特种作战任务时,就迅速集结,进行短时间的适应性训练后,即投入作战。所以人们称他们是富士山下的"鼹鼠"。地面特种突击队员配有精良的武器设备,如62式7.62毫米机枪和64式步枪、84毫米反坦克无后坐力炮、60式自行106毫米无后坐力车载炮、肩式89毫米火箭筒、单兵地雷爆破装置和背负式火焰喷射器、微型爪状手雷等。

(2)空降特种突击队

20世纪80年代末,日本陆上自卫队成立了一支特种作战部队,这就是日本陆上自卫队第1空降师第101空降旅。该旅成立之后,对外名义上一直称为普通空降部队,保密程度极高,在国内执行反恐怖等特种作战任务时,全部以警察的身份出现。其实,它是一支名副其实的特种作战部队,具有破坏、侦察、突击作战、反恐怖等多种特种作战职能。这支特种空降作战部队训练严格,装备精良。日本防卫厅在研究2001~2005年度中期防卫力量整备计划时,决定进一步扩大陆上自卫队的特种作战部队,提高日本陆上自卫队的特种作战能力。日本防卫厅准备首先在管辖东京周围的东部方面部队成立特种部队,之后在全国各地成立同样的部队。即将成立的特种部队人员精干,装备精良,肩负侦察、破坏、收集情报、保护城市重要设施和反恐怖活动,深入敌后方袭击敌人,建立"空降堡",钳制对方,配合进攻,并破坏敌方的后勤补给线、交通和通讯枢纽,捣毁敌指挥所,瘫痪敌军部署等行动。队员来自全国自卫部队中的伞兵,经选拔后,要进行为期数周的集中训练。除完成地面突击队的训练科目外,还要完成有关空降知识的训练,如对航空照片的判读、高空拍照、跳伞训练等。

(3)离岛警备部队

2003年11月16日,日本海上自卫队组织年度大演习时,其中一支被称"中央机动集团"的特种部队格外引人注目。据称,这支特种部队是日本为了加强对西南九州地区和冲绳各岛的"防御"于2002年组建的。这支特种部队计划编制6000人,绝大部分成员是军官和士官,士兵人数很少,官兵比例远远超过目前自卫队的官兵比例,队员素质和职业化水平在日本武装力量中也是第一。

(4)海上特别警备部队

海上特别警备部队组建于2001年,隶属海上自卫队。这支特种部队约有300人,主要部署在广岛等地。该部队在编制、武器配备和训练课目上主要模仿美国海军的海豹突击队。日本《读卖新闻》等各大媒体透露,日本海上自卫队正在筹建第一支类似于美国海军的海豹突击队,于2003年3月正式成立第一支"海豹"特种部队。这支"海豹"部队要求人员精干、装备精良,只有3个排的兵力主要部署在广岛等地。日本海上自卫队特种部队的人员挑选要求严格,一般要求在海军服役1~2年以上,体格强壮,并具有一定的特长。他们将拥有多种特种作战技能,能完成包括海上清除障碍、爆破、暗杀和营救工作等任务。为了掩人耳目,日本对外将这支"海豹"部队称作"特种守卫部队"。众所周知,日本与美国关系密切,日本三军自卫队大多按照美军的编制来建设和训练的。日本海上自卫队特种部队也不例外,其编制、体制、武器配备和训练科目等均模仿美国海军海豹突击队。据说,日本还准备派人去美国海军进行特训,因为美国海军的海豹突击队毕竟是世界有名的特种战部队,拥有十分丰富的特种作战经验和技术。关于日本海上自卫队特种部队组建和训练的具体事宜,日本防卫厅官员对此避而不谈,只是轻描淡写地声称这是个"秘密"。海上自卫队声称,组建特种部队主要是对付外来的海上入侵事件。然而,这种说法很勉强。海上自卫队拥有先进的海上预警系统和高超的拦截能力,还有驻扎在日本的美国海军的协助,哪来的外来入侵呢?即使发生外来入侵,海上自卫队现有力量也足够处理了。其实,这是日本海上自卫队加强自身特种作战能力的一种手段。有时,一支精悍的特种部队的威力,是一艘巡洋舰甚至一艘航母都难以发挥的。二战以来的军事作战中,一些国家的海上特种作战部队曾先后炸沉对手的驱逐舰、战列舰、巡洋舰和航母等大型战舰,取得了令世人难以想象的战果。日本海上自卫队拥有亚洲一流的作战力量,包括强大的水面舰艇作战能力、防空能力和反潜能力。然而,日本海上自卫队对此并不满足,面对21世纪的作战环境,为加强自己特种作战能力、提高本国海军的海上作战能力,除准备再购买几艘先进的"宙斯盾"驱逐舰等武器设备、组建直升机巡逻部队外,还决定组建这支海军特种作战部队。

(5)反恐特种作战部队

日本于2004年计划成立反恐特种作战部队,编制约500人。部署在千叶县的习志野基地,装备有轻型高速装甲车,可实施远程奔袭作战。为了对付"新的威胁",应对恐怖活动和国际争端等突发性事件,日本防卫厅开始具体研究在陆上自卫队内建立专门从事反恐和国际合作的特种队,并将于2006年正式组成。这支特种部队的人数编制在550~600人之间,由防卫厅长官直接指挥。

（6）日本警察特种部队

日本警察特种部队成立最早,是1977年底按照美国、德国、英国等国家的特种部队的样式组建的,隶属于东京警视厅和大阪府警察本部。成立起因是1977年9月日本赤旗军恐怖分子劫持日本民航客机,要求日本政府将在押的6名赤旗军分子释放。在万般无奈下,日本政府答应了恐怖分子的条件,遭到国内外的广泛耻笑,使日本大为丢脸。之后,日本下决心成立了反恐怖警察部队。最初组建的特种部队有两个分队,一支属东京警视厅第6机动队,一支属大阪府警察本部。后来,在这两支特种部队的基础上进行改组和强化,组建了目前的日本警察特种部队。

2.第101空降大队

日本第101空降大队简介:日本第101空降大队,来源于日本陆上自卫队。日本陆上自卫队第1空降旅是日本目前唯一的伞兵部队,它拥有极强的快速打击和特种作战能力,堪称日本陆上自卫队手中的一张王牌。而它同时又是一支颇有些神秘色彩的部队,外人对其真实情况知之甚少。

在日本,还有一支有实无名、具有反恐怖作战职能的特种部队,这就是日本陆上自卫队第1空降旅第101空降大队。这支在名义上仅为普通伞兵部队的特种部队,自建立以来就以在敌后进行侦察、破坏、袭击作战为己任。为了保密需要,第101空降大队在国内执行反恐怖任务时全部以警察身份出现,而且每战必胜,成为日本自卫队中的无冕之旅。

第101空降大队的基地设在千叶县习志野市,在这里驻扎着培养伞兵和空降突击队员的空降兵教导队及第1空降旅。第101空降大队编员只有160人,却是第1空降旅的最精锐部分。第101空降大队在战时主要进行战术空降,执行钳制、破坏和袭扰作战,在平时的主要任务是担任国内反恐及营救作战任务。

为了完成上述作战任务,第101空降大队的官兵必须经受极其严格、有时甚至是残酷的训练考验。官兵们将其称为"地狱磨炼"。整个训练分为两个阶段:第一阶段主要进行基础训练,目的是使队员具有初步技能、气力和体力,在空降兵教导队进行;第二阶段是根据各种假定进行综合训练,目的是使队员灵活运用基础训练阶段的成果,在第101空降大队进行。

受1968年法国学生"五月风暴"的影响,极左派恐怖组织"赤旗军"于1969年在日本成立,在其首领重房信子的指挥下,"赤旗军"残酷地制造了一起又一起的恐怖事件。在"赤旗军"成立后不久,日本警方在神奈县丹泽山、群马县棒名山和叶山等地,发现了废弃不久的"赤旗军"秘密基地。1972年2月17日,"赤旗军"的重要人物森恒夫和永田洋子双双被捕。2月19日,警方在试图搜索长野县一座别墅时,遭到枪击。5名手持武器的男子冲出别墅,闯进一家名叫"浅间山庄"的旅馆,并将看门人的妻子劫为人质。120名警察将浅间山庄团团围住,最初警方使用了各种方法企图用围困将恐怖分子拖垮,然而恐怖分子对此则用枪声来回答。双方进行了多次的对攻。28日下午6时开始,警方动用了起重机、催泪瓦斯、水龙头等手段,但5名恐怖分子仍不投降,企图做最后挣扎,并威胁要打死人质。混战中,两名警官中弹身亡。就在警方与恐怖分子僵持不下时,8名警察装束、威武勇猛的第101空降大队队员,骑着摩托车飞奔而来。他们如猛虎一般冲向旅馆,向浅间山庄发起了突然进攻,很快将5名恐怖分子全部击毙,救出了人质。随后,他们又骑上摩托车飞奔而去。

(三十六)澳大利亚空降特勤队

澳大利亚空降特勤队简介:澳大利亚空降特勤队成立于1957年7月,当初仅有180名成员,1964年9月扩编为一个空降特勤团。包含:1个司令部;1个基础中队;第一、第二和第三空降特勤中队;以及151通讯中队。该部队配有先进的武器设备,并在各种任务中担任重要的角色。

历史沿革

关于澳大利亚特种部队的历史要追溯到1940年,当时澳大利亚士兵只是为盟军情报部门(AIB)工作。直到陆军1957年6月25日调动了W.Gook少校,明确的要建立一支"特殊部队",Gook少校就开始建立第一特殊空中服务团。当初全部力量只有180人。这支部队就是现在的澳大利亚空降特勤队(SASR,Special Air Service Regiment)的前身。

澳大利亚空降特勤队于1957年7月成立,当时名为第一空降特勤连。这是澳洲第一个特种部队单位,其成立显然汲取了以当时结束的马来亚战役所获得的教训。1960年该单位被并入澳大利亚皇家军团,成为澳大利亚陆军中的正规步兵单位。于1964年9月4日,该单位又再度独立出来,并且在编制上扩大,成为澳大利亚空降特勤团。

1965年团中有1支中队被派往文莱,紧接着又有2支中队被派往婆罗洲。实际上澳洲也在同一时期卷入了越战。从1966~1971年,有3支空降特勤中队在越南轮番上阵。

尽管目前的澳大利亚陆军只有非常小型的编制,即只有6个正规营,但他们仍保留有空降特勤团。

在越战和印尼敌对战役的最高潮时,澳大利亚空降特勤队的组织包含:1个司令部;1个基础中队;第一、第二和第三空降特勤中队;以及151通讯中队。随着战况的逐渐缓和,第二空降特勤中队被裁撤,其余则维持不变。

选拔与训练

和英国的空降特勤队一样,澳大利亚空降特勤队队员也是从其他陆军单位的志愿者中挑选的:他们并不直接从民间征募新兵,就连挑选的方法也十分相似。由于澳洲没有海军陆战队,所以十分重视海上的行动训练。

制服

澳大利亚空降特勤队队员穿着标准的澳大利亚陆军制服。他们不选著名的扁圆帽,却戴上与之同样著名的土黄色贝雷帽和金属翼形匕首徽章。佩戴于右臂袖子上的金属翼,也与英国空降特勤队的式样相同。

经典战役

　　越南战争期间,作为美国盟国的澳大利亚军队积极参战,其中最大的亮点就是特种部队。特种空勤团经常在原始森林中对越南游击队发动神出鬼没的高效行动,常常成为游击队员挥之不去的噩梦。

　　首支奔赴越南参战的澳大利亚特种部队是 1966 年 6 月 15 日登陆的特种空勤团第 3 骑兵连。此前,该骑兵连士兵已以顾问的身份在越南配合作战,这种经历帮助他们迅速适应了新的作战条件。6 月 26 日,第 3 骑兵连开始执行战斗值勤任务,主要活动区域是新福郡,距东南部的西贡市(胡志明市)约 70 公里。很快,战争局势的发展迫使特种空勤团加强了自己的行动范围和力度,当然,执行特种作战任务的骑兵连后勤基地和指挥部也得到了加强。

　　时任特种空勤团指挥官的是杰克逊准将,他是真正了解该特种部队实战能力的为数不多的指挥官之一。不过,应当指出,在越南战争时期,澳大利亚特种空勤团从未有过团级组织,这主要是受作战责任区的限制。团级组织首先应用于建设基础设施,保障特种空勤团骑兵连灵活机动的投送,保障其具备赶赴世界任何地区执行战斗任务的能力。越南战争期间,骑兵连巡逻队主要由同样部署在新福郡的澳大利亚皇家空军第 9 飞行大队的直升机投送。

　　越南战争期间,澳大利亚特种空勤团与空军间的协同非常密切、成功,主要归功于特种部队官兵与陆军航空兵飞行员间良好的私人关系。特种空勤团官兵非常信赖飞行员的经验,直升机飞行员们多次冒着生命危险,在敌方火力直接攻击下营救特种部队巡逻队员,在他们心中,救助的不是什么抽象的特种空勤团部队,而是自己的朋友和战友。

　　第 3 骑兵连一炮打响,第一阶段的行动得到了美国盟友的高度评价,在 9 个月的战斗值勤期间,共成功完成了 134 次远距离巡逻任务,27 次与数量占优的敌人交战,所有这些战斗接触都是在实施战场侦察时发生的。通常情况下,执行侦察任务的巡逻队队员不超过 4 人。1967 年 1 月,在一次战斗中,一名澳大利亚特种部队士兵身受重伤,直升机在敌方炮火攻击下,成功疏散了伤员,随后立即转送至澳大利亚进行抢救,但最终因伤势过重,未能生还,这是首位在越南战死的特种空勤团士兵。

　　1968 年 2 月 16 日,特种空勤团第 1 骑兵连开赴越南,替代第 3 骑兵连执行特种战斗任务,共完成了 246 次远距离巡逻任务,消灭了 83 名越南游击队员,发现了 405 名敌军士兵。之后由第 2 骑兵连换防,在越南执行战斗任务。1972 年特种空勤团骑兵连全部撤军回国。

　　空勤团骑兵连巡逻队通常由一名中士或中尉指挥,人员组成视具体作战任务而定,一般有 5 个人:指挥官、副指挥官、侦察员、通信员和医生。大部分执行侦察任务的巡逻队由 4~5 人组成,打伏击时则会投入更多的兵力。常用武器设备是 7.62 毫米口径 SLR 自动步枪;个别队员使用美国 M-16 突击步枪,最流行是加挂榴弹发射器的 SLR 改进型自动步枪;在执行一些特殊任务时,也使用 M60 机枪和配有消声器的斯特灵型冲锋枪。

　　巡逻队一次作战行动通常持续数日,独立进行,随身携带弹药、食品等一切必需品。巡逻队集体使用的装备,由指挥官根据每位战士的个人特点分配负载任务。在与基地联系时,巡逻队通常使用 ANPRS64 型便携式短波无线电台(有电报和电话两种联系方式),另外还有 3 部 URC10 电台,有电话和无线电信标两种工作状态,无线电信标能引导飞行器攻击目标,2 部电台与航空兵频率保持一致,1 台使用国际频率(救难信号)。情报传输时使用 OTPL(一次性密码本)防护,每页都是单独的,有固定号码,只能使用一次。

队员服装和装备由个人挑选。服装主要是美国制造的迷彩服和澳大利亚制造的橄榄绿作战服,个别队员头上还会戴上特制斗篷,替代配发的巴拿马草帽,保障在原始森林行动时更好的伪装效果。为保全性命,不被敌军发现,巡逻队队员必须穿戴迷彩服,出发执行战斗任务前要先检查每个队员的制服和装备是否非常合适,脸部伪装时还要涂抹特殊油彩。

特种空勤团在作战责任区内的主要侦察目标是在新福郡活动的越南人民军 2 个团和 1 个独立营,巡逻队的任务是查明他们的部署地点,基础设施,摸清兵力(人数)、仓库和秘密弹药库地点,观察记录所有人员调动情况。行动初期,特种部队官兵主要在指定地区进行侦察和搜索,观察暴露的目标。在距离较远、地形较复杂的地区执行侦察任务时,无法有效使用地面设备,因此,澳大利亚特种部队制定了以直升机使用为主要特点的新型登陆和疏散战术,结果比较满意,取得了预期的效果。特种空勤团骑兵连巡逻队发动的袭击效果非常突出,越南人民军游击队遭受了沉重的打击,开始悬赏 5000 美元换取每位澳大利亚特种兵的项上人头。由于巡逻队善于秘密接近敌方,迅速在原始森林里伪装、隐藏,越南游击队称澳大利亚特种部队队员为"原始森林里的幽灵"。

随着特种战术的不断发展,澳大利亚特种部队行动对加强与直升机的协同提出了更高的要求,特别是在敌方火力攻击下的空降和疏散行动。在原始森林里的战斗中,特种部队官兵无法在数量上占优势的敌方火力下坚持战斗,必须迅速撤离。疏散时,紧急赶来的直升机在敌方火力下,无法保障特种部队队员顺利登上直升机,通常是抛下 2~3 条带钩救援绳索,队员们抓住绳索后,直升机随即升高飞离战场,队员们要一直牢牢抓紧绳索,直到直升机寻找到合适、安全的着陆场后,迅速降落,队员们才能结束悬吊状态,进入机舱,返回基地。类似行动对飞行员和特种兵较高的技巧、较强的体力的要求都非常高。对于由 4~5 人组成,在远离基地和主力部队的原始森林中活动的巡逻队来说,任务难度非常大,一旦任何一名士兵受伤,疏散将成为最大的难题。

在澳大利亚特种空勤团骑兵连巡逻队的各种行动中,最成功的是那些没有发生交火的巡逻突袭行动,任务的成功完成对敌方来说是个秘密,越南游击队员未能发现特种空勤团在此地区频繁的活动,仍然以为自己的营地是秘密的、安全的,不会采取什么预防措施,无法对巡逻队的行动设置障碍。不过,这种秘密侦察行动风险较大,巡逻队需要接近游击队营地,长时间停留在附近,密切侦察敌方动向,一旦被发现,后果不堪设想。

巡逻队全体队员高超的伪装技巧、直接渗透到敌人驻地的能力、较高的行动效率、良好的职业素养,得到了澳大利亚驻越南军队司令部的高度评价。

澳大利亚特种空勤团先后共有 580 人在越南战场上服役,共与越方交火 398

次，约消灭 500 名越共士兵，在侦察过程中共组织了 801 次侦察哨，发现了越方大量装备和士兵。澳大利亚特种部队在越南战场上如此高效的行动，主要是由于全体人员较高的组织纪律性、良好的作战训练水平、高效的特种行动方式、得力有序的指挥以及与航空兵间密切的协同保障。

（三十七）埃及闪电特种部队

埃及闪电特种部队简介：埃及闪电特种部队是埃及最精锐的部队，建立于第三次中东战争之后。这支部队肩负收复失地的任务。由于有关闪电特种部队的资料属于埃及国家机密，因此很少为外界知晓。

埃及军方最精锐特种部队——闪电部队，是埃及军方最精锐的特种部队，建立于第三次中东战争后。闪电部队背负着收复失地的使命，参与了第四次中东战争，以及多次反恐行动。但是，目前有关闪电部队的资料保密，因此很少为外界知晓。据了解，闪电部队队员都在美国陆军特种部队接受过训练，而且都是从埃及陆军挑选的精英。

据目前有关资料，闪电特种部队参与了多次行动，主要如下。

（1）第四次中东战争

1973 年 10 月 6 日，埃及为了收复被以色列占领的西奈半岛，先发制人对以色列采取军事行动。这场战争闪电部队发挥了巨大作用：他们使用水龙战法冲垮了以色列吹嘘的所谓不可逾越的"巴列夫防线"，随后闪电部队通过布置雷场搅乱以色列装甲部队的作战部署，协助埃及军队全歼以色列王牌 190 装甲旅。

（2）塞浦路斯反恐行动

1978 年 2 月 18 日，恐怖分子在塞浦路斯劫持了埃及人质，而且塞政府答应恐怖分子的要求。埃及政府得知消息后，派出闪电特种部队前去营救，塞政府对此异常恼怒，随后命令塞政府军与埃及特种部队交战。最后闪电特种部队成功解救人质，人质无一伤亡。

（3）卢卡反恐行动

1985 年 11 月 23 日，恐怖分子劫持了由希腊开往开罗的航班，飞机临时降落在马耳他的卢卡机场，11 月 24 日，埃及政府决定派出闪电特种部队参与营救。由于闪电特种部队行动过于鲁莽，在营救行动中有 57 人死亡。在所有的劫机事件中，这是死亡人数最多的一次。

（三十八）几内亚特种部队

几内亚特种部队简介：几内亚特种部队成立于本世纪初，编制约有 800 人，主要借鉴了欧洲一些国家的体制，设有指挥通信、后勤保障以及几个战斗连队。主要任务是担负防御方面的对外作战，应付和处理国内一些突发和意外事件，确保重要目标和战略要地的安全。

历史沿革

在非洲西部,几内亚率先建起了自己的特种部队。尽管几内亚整个国家的经济还很不发达,人民的生活水平还很落后,可在组建自己国家的特种部队上,可以说他们是不惜任何代价,甚至付出血本。

几内亚特种部队的组建与该国的总统有着密不可分的联系,这其间包含着他本人的辛酸与无奈,同时还有一段鲜为人知的历史。

1996 年 3 月,由于连年的战乱和灾荒,几内亚全境都处在生活的贫困线上,军内的待遇也非常低,甚至连部队的基本生活用粮都无法保证。为了改善军队的生活待遇,几内亚军中一部分兵力攻击了总统府。可谁也想不到的是,总统卫队竟然不堪一击,顷刻间便纷纷瓦解,各自奔逃了,只剩下几名贴身卫士保护着总统。这次事件之后,总统便痛下决心要提高部队的战斗力,并且开始酝酿和筹建特种部队,有计划地选派年轻军官到国外深造,学习国外特种部队先进的管理经验和训练方法,以利于部队的长足发展。

为了实现部队的年轻化,2002 年 10 月,几内亚总参谋部出台了一项政策规定:凡年满 50 周岁或是军龄满 36 年的军人一律退休。这一规定使几军部队实现了年轻化。

全营满编后约 800 人,其编制主要借鉴了欧洲一些国家的体制,设有指挥通信、后勤保障以及几个战斗连队。主要任务是担负防御方面的对外作战,应付和处理国内一些突发和意外事件,确保重要目标和战略要地的安全。

几内亚的地理位置环境特殊,一面靠海,三面被 6 个国家包围,从而决定了几内亚军事战略上的不利地位,正如几内亚陆军参谋长迪亚洛少将所说的那样"几内亚的境况就决定了我们要随时准备打仗",因此特种部队的组建意义非常重大。

选拔和训练

新组建特种部队的人员来自各个部队。先是在首都科纳克里集中进行挑选。一是对年龄做了规定,大部分队员均在 18 岁到 25 岁之间;二是对文化水平做了适当的要求,要求能听懂和会书写法语;三是对体能、灵活性和技巧性都做了选择测试。通过这一系列手段,使得几内亚特种队员的年轻化和基本军事素质有了基本的保障,也为日后的训练提供了条件。在训练场地的选择上,几军也做过认真分析,最初选择在首都附近训练,以利于将来熟悉情况,便于应付意外情况,但考虑到东部要塞康康的特殊地理位置——康康的安危关系到全国,最后由总统亲点,将兵营设在康康地区进行训练。

"它山之石,可以攻玉"。为了搞好训练保障,几军聘请了外国专家进行现场训练和指导,并在诸多方面全力保障,其目的很明确,就是要打造一支全新的部队。一是生活上尽量满足专家要求。几内亚国民收入较少,经济状况较为落后,民族工业数量少,收入不佳,农牧业的收入也很低微,其主要经济来源靠国际经济援助,许多基本生活用品都要靠进口。但为了专家能够生活好,他们还是为专家配备了冰箱、空调、电视等电器。二是极力满足专家对训练场地和器材的需求。大家知道,搞训练没有场地和器材就成了"无米之炊"。比如说，搞射击训练就需要有武器、弹药，可几内亚本国无生产能力，所有武器弹药都要用美元去购买。尽管如此，根据专家的要求，他们还是从法、德等国买来了狙击步枪。为了搞好格斗训练以及鉴于当地的实际情况，专家提出修建一个格斗篷，以利于队员在雨天或是其他任何时间均可得到有效训练，但修建一个格斗篷耗资较大，相当于当地人修建一个小宾馆的耗资，可谓不惜血本！对这样一个国家能下如此大的决心搞部队建设，这在非洲来说是相当不容易的事。三是精心策划训练课目，突出重点。经过与多国专家磋商，特种兵营主要设置了以下训练课目：特种兵分队战术、单兵战术、通信指挥、格斗捕俘技术、射击技术、武装泅渡等。还有一些夜间课目，如夜间射击、捕俘和按图行进等。这些课目可以使参训队员达到能打会藏，协同作战，能处理意外情况的基本要求。

在非洲，自然环境决定了那里不存在寒冷的问题，所以有相当一部分人过着得过且过的生活，只要能混口饭吃，就可以生存下去。难怪有人用这样两句话来形容非洲人的生活："穿衣两片布，吃饭上大树"。可特种兵营的训练与这些普通非洲人的生活有着天壤之别，他们克服种种困难，忍受常人难以想象的"痛苦"和"折磨"，经过千锤百炼，已有点扬眉剑出鞘的感觉。

格斗与捕俘是队员们训练的主要课目。每天早晨都有 1 小时的硬气功训练，既练运气技巧，也练肌肉排打，前倒、后倒、侧倒、前扑这些都在硬地上进行。为了检验队员们背部和小臂的抗击打能力，队员们分成两组，互相用直径为 5~8 厘米的木棍击打对方。许多国家练习匕首格斗时都是用替代品（假匕首或塑料制品），可这里却是用真家伙进行，特别是小组对练时，那明晃晃的刀尖就在眼前绕来绕去，真可谓惊心动魄。练习夜间捕俘时，队员分组进行对抗，由于谁也不愿输给对方，因此，经常有个别队员受伤，有时甚至出现了胳膊脱臼等现象。

体能训练是一项经常性的辅助课目，队员们每周要进行 3~4 次 10 公里以上的长跑训练，而且风雨无阻。在康康市郊区，大多数早晨，都可听到特种队员跑步时带有特殊韵律的歌声。几内亚属热带草原气候，一年只有旱季和雨季之分。旱季时，气温高，风沙较大，满天尘土飞扬；雨季时，蚊虫较多，各种疾病盛行。在这样一种环境下搞训练还真得下一番功夫才行。除体能训练外，他们每天还要进行 6~7 小时的专业技能训练。

由于特种兵营是首次组建，几军上下都非常重视。总统本人也曾亲自到场视察队员们的训练情况，并针对发现的问题，专门派一名少将督促解决。在训练期间三军总参谋长曾两次亲临现场，听取专家们对训练保障和部队建设的意见。为确保参训人员的训练质量，几军总部拨专款，提高队员的生活标准，另外，在训练过程中坚持严格的淘汰制度。有的队员被淘汰后，很不愿意离开，就主动提出做后勤或是训练保障工作，有的则提出让自己做编余队员，以便刻苦练习，找机会重新入队。

2002 年 10 月，康康大学 2000 名学生在少数人的煽动下滋事时，在当地警察、宪兵难以维持局面的情况下，州长请求正在训练的特种兵帮忙。60 多名队员到达现场后，用他们学过的格斗和战术动作分组行动，仅用了不到 2 个小时的时间就有效地控制了局势，几内亚电视台对此事也做了相关报道，并披露了特种兵训练的相关镜头。从此，几内亚特种兵的名声大震，在康康地区，甚至在几内亚全国都掀起

·军事制度·

图文珍藏版

了一股青年人踊跃参军的热潮,年轻人都为能成为一名特种兵而感到自豪。

武器装备

由于几内亚特种部队主要执行机动作战和处理应急事务等,因此,其装备主要以轻武器为主。尽管武器种类繁杂,但基本上以中国武器为主,同时还引进美欧等西方国家部分武器作为必要的补充,如中国的54式手枪、59式手枪、56式冲锋枪、81式步枪、56式轻机枪、69式40毫米火箭筒,以及俄罗斯的AK47突击步枪,德国的G3狙击步枪,法国生产的转轮手枪、多功能匕首、防暴武器等,从而构成一个较完整的武器设备体系。多功能匕首既是队员防身自卫的有力武器,也是生活和野战生存的好帮手。它主要具有砍、剪、锯、锉、锤、刺等功能,另外,由于匕首的重心设计合理,必要时还可当飞刀使用。

十一、合成部队:多兵种编成的部队

合成部队通常指以一个兵种部队(分队)为主体,与其他兵种部队(分队)共同编成的部队。如:以步兵(摩托化步兵、机械化步兵)部队(分队)或坦克部队(分队)为主体,与炮兵、工程兵、防化兵、通信兵等兵种部队(分队)共同编成的部队,即是合成部队。合成部队是新的兵种不断产生、作战方法不断变革的结果。

十二、联合国部队:跨国界的特种部队

以联合国军事组织名义执行任务的部队称为联合国维和部队。它成立于1956年苏伊士危机之际,受联合国大会或安全理事会的委派,活跃于国际上有冲突的地区。

维和部队士兵头戴有联合国英文缩写"UN"的天蓝色钢盔或蓝色贝雷帽,臂章缀有"地球与橄榄枝"图案。凡参加联合国维持和平部队的人员,必须被送到设于北欧4国的训练中心接受特种训练,以熟悉维和部队的任务、宗旨、职能和进行特种军事训练。

十三、宪兵:多国家在军队中设立的特殊部队

宪兵是目前世界上多数国家军队的正规常设兵种,主要负责维持军队纪律,保障军队命令的执行,组织军事法庭。宪兵是名副其实的军队中的警察。宪兵通常拥有与部队相同的装备,其火力要大于一般警察。

宪兵是一支军队或某一级军事指挥机构内的组成部分,是许多国家在军队中设立的一个特殊部队或军种,该部队通常的任务不是与敌人作战,其职能主要是维

系军纪,约束其他军人行为举止,处理军队中的各种刑事案件,特别是军人的违犯军纪的事件。

我们经常在美国描写战争的电影中见到"MP"的字样,带有这个字样的头盔的士兵就是宪兵。比如第二次世界大战结束后进行的纽伦堡大审判,站在纳粹战犯后面的军人就是美国的宪兵。

十四、部队建制

部队,泛指军队,也指军队的一部分,比如说,现役部队、导弹部队等等。从专业角度来讲,部队是指团以上的各级组织。团是可以独立遂行作战任务的基本战术部队,其组织结构形式,与旅、师、军、集团军、兵团等战役战略单位基本相同,都可以按全军的序列统一授予番号、代号、印章、军旗,设有领导指挥机关,编有作战和战斗、勤务保障单位。

(一)团:最基础的部队建制

团,为基本战术部队,由若干个营(或连)及战斗、勤务保障分队编成的军队一级组织。通常隶属于师(或旅)。一般在师(或旅)编成内遂行作战任务,亦可独立作战。依任务、装备和编成,分为步兵团、摩托化(机械化)步兵团、导弹团、坦克团、炮兵团、航空兵团、工兵团、通信团、空降团、防化团、汽车团等。

中国古代,军队就以团体作为一级组织,清末新军称这一级的军队组织为"标",一标之长为"统带官",又称为"标统"。1912年,中华民国南京临时政府统一军队组织名称时,将标改称团。中华人民共和国成立后,组建了导弹团、航空兵团、防化团、空降兵团、通信团、雷达团、探照灯团和机械化步兵团等。

(二)旅:升级后的战术部队

旅,由若干个营(或团)及战斗、勤务保障分队编成的军队一级组织。一般在上级编成内遂行作战任务,同样也可以单独进行作战。通常隶属于师或集团军(军)为战术兵团。依任务、装备和编成,分为步兵旅、炮兵旅、坦克旅、海军陆战旅、战术火箭旅、空降旅、舟桥旅等。

中国古代"旅"有时泛指军队,或作为军队的一级组织。20世纪初,清末新军设协。民国时期,将协改称旅。世界上,旅最早出现于16世纪下半叶的西班牙军队。19世纪初,法、俄等国军队将旅列为步兵和骑兵的固定建制单位,隶属于师。20世纪上半叶,许多国家的军队组建特种兵旅。

·军事制度·

图文珍藏版

（三）师：若干团或旅编成的军队组织

师，由若干个团（或旅）编成的军队一级组织，由指挥机关进行领导，编有战斗、勤务保障部队、分队。通常隶属于集团军或军。为基本战术兵团。按任务、装备和编成，可区分为坦克师（装甲师）、步兵师（徒步步兵师、摩托化步兵师、机械化步兵师、山地步兵师、重装步兵师、轻装步兵师）、炮兵师、空中突击师、高射炮兵师、防空师、空降师（空降兵师）、航空兵师、海军陆战师（海军步兵师）等；按战备程度的不同，有架子师、满员师、简编师、动员师等。

师是构成战略战役军团的基础，也是计算战略战役力量对比的基本单位，其数量和质量是衡量军队作战实力的主要标志。

中国的师作为军队的编制单位，最早出现于商朝，当时师为最大的建制单位。近代意义的师出现在18世纪的欧洲。当前，世界一些国家军队中师的主要类型有：炮兵师、步兵师、坦克师、防空师、空降师，等等。

（四）军：战役战术兵团

军，为战役战术兵团；隶属于军区、方面军；由若干个师（或旅）编成的军队一级组织。军，通常设有领导指挥机关，设有战斗、勤务保障部队、分队。根据任务、装备和编成划分，可以分为空军军、陆军军（步兵军）、坦克军、空降军等。

军在中国古代曾泛指军队或作为军队的最高建制单位。中国人民解放军初创时，即有军一级组织，但没有统一的编制和番号。1930年，全国红军代表会议决定，各地红军统一按军团、军、师、团的序列编制，军一般辖3个师。后来，军一级组织几经变化，规模和编成不尽一致。

（五）集团军：基本战役军团

集团军为基本战役军团，是由若干个军、师编成的基本战役军团。一般隶属于军区或方面军，设有领导机关，编有由步兵、防空兵、装甲兵、炮兵、工程兵、电子对抗兵、通信兵、防化兵、陆军航空兵等兵种或专业兵组成的战斗部队和勤务保障部队。

集团军分为甲类集团军和乙类集团军，是因为部队的历史和战斗力的不同部署在不同的作战区域，又有不同的假想敌和不同的作战任务。

19世纪初，随着军队人数的增加，武器装备和交通运输能力的发展，战役规模的扩大，为提高作战指挥的效率，军队开始组建集团军。

第二次世界大战期间，苏、美和德、日等国军队中，集团军不断增多，出现坦克集团军、诸兵种合成集团军、空军集团军和防空集团军。

（六）兵团：由师旅组成的战术兵团

兵团有多种含义：1.军、师、旅级作战部队的统称。如中国人民解放军的军为战役战术兵团，师为基本战术兵团，旅为战术兵团。2.泛指参战的军事集团。如主力兵团、地方兵团、游击兵团等。3.指由军、兵种部队组成的集团。4.军队一级的组织。5.军队的一个编制等级。

十五、分队建制

分队，军队中相当于排或者连、班一级的组织。通常隶属于中队。如，侦察分队等等。

有时候，分队也指军事机关内各部门的通信代号。

通常按专业角度来讲，分队是军队中营、连、排、班及与其相当单位的统称。作为部队的组成部分，分队的结构单纯，没有机关的编制，不授予全军统一的番号、代号、军旗、印章。

（一）营：隶属于团的分队

营：军队单位，包含有一个指挥部，两个以上的班、连或类似的下属单位，隶属于团。其最高军事长官为营长，一般由上尉或少校担任。军队编制的一级，主要由一个司令部和两个排以上的连、炮兵营或类似单位组成。营哨各官又如：营长；营副，一个营配有4个连左右，人数大约在500人。

（二）连：种类繁多的战术分队

连，由若干个排（或班）编成的军队一级组织。通常隶属于营，为基本战术分队。一般在营的编成内遂行任务。直属团以上单位的连称独立连，多担负技术和勤务保障任务。依任务、装备和编成可分为步兵连（装甲步兵连、摩托化步兵连、机械化步兵连）、坦克连、炮兵连、导弹连、侦察连、雷达连、防化连、工兵连、通信连、电子对抗连、汽车连等。

（三）排：由任务、装备编成的小分队

排，由若干个班编成的军队一级组织。通常隶属于连，为战术小分队。设排长，由军官或士官充任。一般在连的编制内遂行任务。依装备、编成和任务，区分为步兵排（摩托化步兵排、装甲步兵排、步兵战斗车排）、工兵排、侦察排、坦克排、炮兵排、雷达排、汽车排、勤务排、通信排、修理排等。

随着新兵种的出现,高新技术和武器装备的发展,排的种类不断增多。世界上,大多数国家军队的专业兵及勤务保障部队、分队和各兵种,都有排的建制。美军机械化步兵排由 1 名排长(少尉军官)指挥,编 40 余人,辖 3 个步兵班、1 个火器班。中国人民解放军的排,由建军初期的 20 多种增加到近 400 种。排通常编 30~40 人,辖 3~4 个班。

(四)班:最基层的小分队

由若干名士兵编成的军队最基层的一级组织。通常隶属于排。设班长,由军士担任。一般在排的编成内遂行任务。依任务和装备,分为步兵班、工兵班、通信班、摩托化(机械化)步兵班、炮兵班、汽车班、防化班等。坦克乘员组和海、空军的某些专业兵组也相当于班。

中国历代军队最基层的一级组织的名称不一,常见的有伍、火、小旗、棚等。中国人民解放军自建军始就以班为最基层的一级组织。

(五)组:执行任务的最小单位组合

组是指军队中,某些军种、兵种、专业兵部队的最小一级组织,相当于班。如,坦克乘员组,无线电报务员组,边防执勤小组,海、空军的某些专业兵组等。在战争年代,每个班分成若干个小组进行作战。

十六、队的建制

(一)总队

总队,由各分队组编的军事团体,总指挥机关的级别与师、团相当。我国武警部队属于正大军区级,每个省、自治区、直辖市没有武警总队、消防总队等,总队级别为正师至副军级。

(二)支队

支队,军队中相当于师或团的一级组织。在海军.支队属于师级编制,比如驱护舰支队、潜艇支队,下辖若干舰艇(正团至副团)等;在武警部队,支队是团级编制,直属于省级武警总队(副军至正师级)。

美国海军的支队由两个或两个以上的驱逐舰中队或驱逐舰以下舰种中队,加上附加舰船编成。

（三）大队

军兵种和专业部队中相当于团或营的一级组织。如舰艇大队、飞行大队、测绘大队、技术大队等。

美国和俄罗斯的海军、空军也设大队。中国人民解放军第二炮兵和某些军区、海军、空军设有大队，如海道测量船大队、测绘大队、护卫艇大队、航图大队、航空兵大队、轰炸机大队等。中国人民武装警察部队同样设有大队。

（四）中队

中队，武装力量中相当于营或连的一级组织。中国人民解放军的海军、空军及院校中设中队。如飞行中队、舰艇中队等。中国人民武装警察部队在县（旗、市辖区）编有中队。

（五）区队

区队，军队中相当于连或排的一级组织。比如说，美国海军把一艘舰（艇）的全体人员分编成若干个区队，以便于作战指挥和行政管理。中国人民解放军的院校中，学员中队下设若干区队。

（六）小队

军中相当于排或班的一级组织，隶属于中队。比如俄罗斯边防军中编有边防小队、边境警戒小队等。

十七、军团：大规模的军队

"军团"一词有多种使用情况：1.方面军与集团军两级作战部队的统称。2.历史上一些国家军队的编制单位。如古罗马以军团为部队的最高编制。3.历史上一些国家军队的泛称。如中国唐朝时候的军团就是府兵的别称。

军团是一个国家的军事力量，奉命保卫其国家的安全，并且维护它在世界上的利益。军团能够在远离家园的状况下坚持长期作战，是一种复杂的组织。军团通常是大规模的军队，由不同专业的兵种所组成。由于这些组成分子具有十分可观的战力，因此国家的领导阶层对于他们的整合和力量都十分关注。在中国人民解放军的军语中，战略战役军团为方面军，战役军团为集团军。

然而，军团在历史上也曾被作为军队的编制单位而出现过。另外，有些国家联合组建的军事集团也被称为军团。

十八、方面军：若干个集团军组成的军队组织

方面军，由若干个集团军(军)及战斗、勤务保障部队编成的军队一级组织，隶属于统帅部。通常在战时组建，诸兵种合成的战略战役军团，担负一个或数个战役方向上的作战任务。可独立作战或与其他方面军协同作战。

十九、基地建制

基地，是军队的一种建制形式。但是不同的国家对此的称谓有所不同。有的称"沿海军区"，有的称"海防区"等，还有的把海军军港也称为海军基地。海军基地的设置，是根据海军兵力部署的需要和海区地理条件等情况确定的，通常设置在沿海要港、要地。少数拥有远洋进攻能力的海军的国家，还在海外设置海军基地。比如说，美国在本土建有海军基地 140 多个，在海外(如英国、日本、菲律宾等国)设海军基地 30 多个。

（一）海军基地：国家海防的重要构成因素

海军基地，担负一定海区的作战任务，并为辖区内海军兵力的驻屯、训练和战斗活动提供勤务保障的海军一级组织。通常隶属于舰队，下辖舰艇部队、防空部队和观察、水警区、通信、航海保证、岸防兵部队(见海军岸防兵)、工程、防化、修理、后勤等部队、分队。具有港口、驻泊点和飞机场等驻屯设施，对海、对空和对陆防御配系。对核、化学和生物武器袭击的防护设施，通信、观察配系和指挥机构，舰艇修造厂，仓库及部队生活服务设施等。海军军港习惯上亦称为海军基地。

海军基地的主要任务是保卫辖区海域的安全，保障辖区内海军兵力的驻泊和机动，为辖区内驻泊的海军兵力提供战斗保障、技术保障和后勤保障。

（二）空军基地：执行空军任务的军事基地

保障航空兵驻扎、训练和作战的军事基地。基地内除驻有航空兵部队外，一般还驻有防空部队和警卫部队等，是航空兵训练、作战的依托。空军基地通常是一个设备完善的大型机场，有航空器材、油料弹药、军需等供应机构以及飞机维修、通信、导航、气象、运输等勤务保障部队、分队，还有跑道、滑行道和停机坪等场面设施。

其中，基地勤务部队的编成，根据所支援驻军的性质和兵力大小而定。在通常情况下，空军师和作战联队设支援大队，航空队驻地设基地联队。基地勤务部队一般由设施、补给、运输、通信、宪兵、炊事等单位组成。在有的国家，通常也把空军管

辖的设施较完善的大型军用机场或机场群称为空军基地。

第一次世界大战时期空军基地开始建立。到第二次世界大战结束后，在本土和国外建立空军基地最多的便是美国和苏联两个国家。其中，美国在国外建有 50 余个，在本土建有空军基地 200 余个。美国空军基地通常按其性质由空军各大司令部管辖，编有基地司令部和各种勤务部队，并驻有不同建制的空军单位。

（三）后勤基地：保障部队后勤设施及物资储备的场所

后勤基地是指军队在战略战役或战术后方建有相对固定的后勤保障设施，并设有相应机构和储有一定物资的基地。

后勤基地有多种分类方式，后勤基地按保障内容分为综合保障基地和专业保障基地；按保障任务分为战略后勤基地、战役后勤基地和战术后勤基地；按保障对象分为联勤基地、陆军后勤基地、海军后勤基地、空军后勤基地。

其中，综合保障基地一般储备物资种类全，保障能力强，其机构编成通常包括指挥机关、仓库、医院和运输、工程、修理、通信、警卫等部队、分队。

而专业保障基地一般分工较细密，保障内容较单一，如医疗基地、储备基地、补给基地、修理基地等，其机构编成，通常只包括相应的专业勤务机构和专业保障部队、分队。

总体来说，现代战争条件下的后勤基地，一般是根据战略、战役、战术任务选定，并与经济建设布局相结合。

二十、梯队：执行战略任务的阶梯组织

梯队，通常是指部队的编制番号，有些国家将在战争中用于执行战略任务的军队集团称为梯队，区分为战略第一梯队、战略第二梯队。

还有一种情况，梯队通常指行军或作战时，依任务和行动顺序将部队划分成若干部分，由前向后排列的阶梯式队形，一个部分为一个梯队，依次为第一、第二梯队，等等；或称前梯队、后梯队；先头梯队、后续梯队。

二十一、独立部队：没有兵种划分的部队

独立部队：正常编制外遂行特殊任务的部队。这是各军种、兵种和专业兵中在正常编制序列之外编成，用于遂行特殊任务的战术和行政管理单位的统称。如独立师、独立旅、独立团、独立营、独立连、独立大队等。

所谓独立部队，包括三种情况。第一种是指有的部队是由几类兵种编成，应该划为何兵种不好确定，即它有双重或多种性质，无法划分它属于哪种部队；第二种是指有的部队是属于某个兵种之下的一个门类，自身不能独立成为兵种，不能以兵

·军事制度·

图文珍藏版

种来划分;第三种是指各兵种中都有独立编制的部队,但从编制序列的角度看,它们都具有"独立"这一共性。这三种情况下,这样的部队被编成"独立部队"。

(一)内卫部队:承担城市内部安全的部队

各个国家对内卫的定义不同,多数组建有内卫部队的国家,是用来保卫政府重要职能部门和重要的交通设施的安全,并在应急时候在不调动正规编制的作战部队时能平息一些小规模武装动乱。有些国家内卫部队编制人员比较多,所以在一些国家主要城市安全也是由内卫部队来完成的。

在中国,内卫部队是武警部队主要组成部分,受武警总部的直接领导管理。包括各省、自治区、直辖市武警总队、机动师和总部直属单位。内卫部队的主要任务是承担固定目标执勤和城市武装巡逻任务,保障国家重要目标的安全;处置各种突发事件,维护国家安全与社会稳定;支援国家经济建设和执行抢险救灾任务。

俄罗斯最早的内卫部队诞生于亚历山大一世时期,1881 年,由于拿破仑带领部队入侵沙皇俄国,所以那一时期亚历山大一世颁布一系列的法令,组建了一支非常强大的内卫部队。

(二)守备部队:守备驻地的"铜墙铁壁"

守备部队,是指专门驻守军事要地的部队。有的国家的海岸防御部队也称为守备部队,有些国家的守备部队起初专指防守要塞的部队,后来将防守要塞或驻守在筑垒地域的部队泛称为守备部队。

守备部队在以下方面具有重要作用:守卫军事要地,迟滞、消耗敌军,防止敌人长驱直入,使国家由平时体制转入战时体制,等等。

守备部队主要担负海岛、要塞或特定重要城市的设防和守卫等任务,除了这些以外,还有一些属于国防院校驻军。

根据防守地区的范围和任务的不同,中国人民解放军的守备部队实行不同的编制,包括要塞区、警备区、守备师、守备旅、守备区、守备团等。

(三)边防部队:守卫祖国的边疆

边防部队,专门驻守边疆的部队。世界上许多国家在古代都曾派部队守边疆。现代大多数国家都设有边防部队。有些国家的边防部队自成体系,称边防军;有些国家的边防任务由警卫队或警察部队担任。

中华人民共和国建立后,中国人民解放军边防部队的主要任务是:严守国界,保卫边疆,同一切侵略、挑衅行为作斗争;参加边疆社会主义建设,做好群众工作和民兵工作;负责边境值勤、管理,维护边境秩序,保护边疆人民生命财产的安全;处理边境涉外事务,增进中国人民与邻国人民间的友谊等。

（四）山地部队：土生土长的执行山地作战任务的部队

山地部队，是指遂行山地作战任务而编组的部队为遂行山地作战的部队。通常包括步兵、炮兵、工程兵及其他部队、分队编成。

世界上第一支山地部队是由法国于1887年建立的第27步兵师。当今，许多国家编有山地部队，其编制规模有军、师、旅、团等。通常装备步兵武器、轻型炮兵武器、直升机、山地工程作业设备和适于在山地行进与驮载的运输工具等。

世界最著名的山地部队莫过于意大利的阿尔卑斯山地部队，这支部队由5个旅组成，成为意大利军队非常重要的组成部分。这支部队的所有士兵都是从阿尔卑斯山当地人中精心挑选出来的，每个人对当地环境十分熟悉。

（五）拆弹部队：解除弹药危险的作战部队

第二次世界大战开始后，很多国家都组建有拆弹部队。目前，世界上很多国家都有拆弹部队，虽然它还构不成一个兵种，但无论在平时还是战时，无论是在前方还是后方，各国都很重视这支部队的建设。例如英国拆弹部队。它在第二次世界大战中就表现得很突出。在战后，也表现不凡。在不计其数的拆弹实战之后，英国拆弹部队积累了丰富的城市拆弹经验，在技术上也颇有突破。

2010年，一部以伊拉克战争为背景，讲述拆弹部队故事的电影荣获奥斯卡金像奖。这部电影真实地反映了拆弹工作的危险性和必要性，详细地介绍了拆弹部队战士的工作和生活。

二十二、机械化部队：快速移动的防御部队

陆军中建制内的装甲战斗车辆实施机动和战斗的部队，一般称作机械化部队。机械化部队是快速移动型的防御部队，而且是会在战斗中快速撤退的部队。城市的战略资源贮存区中，必须要有原油以及橡胶才能产生机械化部队。机械化部队的出现代表着部队可以快速进入战场之中，而且快速冲破敌人的防御据点。但是像这样的快速推进，也会使得已获胜的占领区域变得毫无防备。

机械化与摩托化，只出现在陆军步兵师、旅、团级单位。

行军途中的机械化部队

机械化这个理念是第二次世界大战后逐步兴起的理念，主要是为了让步兵配合坦

克装甲部队进行大纵深突击,而不用在搭乘坦克,组建的部队其主要运输工具是履带式步兵战车、履带式人员输送车。具有较强的装甲防御可保护步兵,具有较强的火力和机动性可配合坦克作战。

二十三、防守部队:驻守在舌喉部位的军队

要塞区是在海防要地设立的军队组织。中国人民解放军的要塞区隶属于军区,下辖若干个守备区和守备部队、分队,担负本区域的战备设防和战时坚守作战任务。要塞区大都筑有永备工事,配有较强火器,储备充足资源,形成独立的防御体系,对国防起着战略屏障作用。

守备区是指在某些军事要地设立的军队组织。世界上有些国家把守备部队驻守的筑垒地域都称为守备区。守备区隶属于军区或要塞区,辖守备队,具有一定的独立防御作战能力,担负所在军事要地的坚守和设防任务。

第二章　军人军职

一、兵役制度

兵役制度是国家关于公民参加武装组织或在武装组织之外接受军事训练和承担军事任务的制度,是国家的一项重要的军事制度。兵役制度是随着国家的形成和武装力量的出现而产生的,又随着不同历史时代的政治、经济、人口状况和军事需要而发展变化的。人类历史出现过的兵役制度虽名目繁多,但按其征集方式和服役形式,基本上可归结为强制性和非强制性的两种。前一种称义务兵役制或叫征兵制,后一种称志愿兵役制,或叫募兵制。

义务兵役制,是公民依照国家法律规定,在一定年龄内有服一定期限兵役义务的制度。作为现代征兵制创始国的法国,实行征兵制已有两百年的历史,然而,从1997年1月1日起,改成募兵制。法国总统希拉克认为:这一兵役制为2000年法国建立职业化部队打下了基础。1996年6月3日,德国《明镜》周刊指出:"明年法国将取消义务兵役制。英国、比利时和荷兰已经完成了这一步。意大利、葡萄牙和俄罗斯正朝这个方向走。奥地利和挪威正进行这方面的辩论。看来,欧洲的大规模征兵时代行将结束。"这些国家对兵役制度及其各项规程正在进行或已经进行的一系列的改革,反映出了新时期军队建设和作战的客观需要。第二次世界大战后,兵役制度形成了征兵制、募兵制和征募混合制三种模式并存的格局。目前,兵役制度的发展有如下特点:

1.取消征兵制是主潮流

冷战结束后,欧洲大部分国家摒弃以"数量取胜"的发展方向,在军队质量建设中普遍推行募兵制,实现军队职业化。他们认为,只有实行募兵制才能使部分、甚至绝大部分士兵把当兵作为职业。只有较长时间在军队服役,才能掌握日益复杂的技术装备,适应军队现代化建设的需要。

近几年来,一些国家由征兵制改为征募混合制,并不断扩大职业军人的比重。有的国家由征募混合制改为全募兵制。俄总统1996年6月下达了第722号令,到2000年完全过渡到按合同服役,这是继1993年实行混合补充制后,兵役制度改革采取的又一项重大举措。

事实表明,军队常备军的质量建设,除了体现在军队的政治性质、军事思想、战略战术、武器装备、后勤保障等方面外,官兵的军事技术、文化水平和作风纪律的优劣,是一个至关重要的因素。兵员素质的高低,是决定军队战斗力强弱的关键因素,尤其在武器装备越来越复杂,专业技术兵种比重越来越大的情况下,更是如此。

许多国家在质量建军中十分重视官兵的文化素质。以美军为例,为了招募到具有高中以上文化程度的兵员,新兵入伍必须经过严格的智力测试。据统计,近几年美国新兵具有高中毕业文化程度者占95%。陆军士兵中3%具有学士学位。其军官98%具有学士学位,41.2%具有硕士学位,1.2%具有博士学位。

2.士兵服役期将采取长短结合

长期以来,外军对士兵服役期限的规定,基本上是统一的,军种的士兵服役期也是一样的。这样一来,士兵服役期短就得采用征兵制,否则就要采用募兵制。现在,实行募兵制的国家,其志愿兵的服役期限并不都长。例如,美国规定"首期兵"的标准服役期是8年。但可以只服2~3年现役,然后再服5~6年的预备役;英国、墨西哥志愿兵服役期限短的也只有3年;日本志愿兵的最短服役期为陆上自卫队2年,海上、航空自卫队3年。而一些实行征兵制的国家,为了弥补服役期限短,难以掌握复杂技术装备的缺陷,在义务兵中实行超期服役和军士制,以延长服役期。例如,朝鲜义务兵能够服役到27岁(服役8~9年),特种部队的士兵服役年龄可以到30岁;越南服役期满并具有专业技术的义务兵,如本人愿意并经部队批准,可转为专业军士,继续服役3年以上,最高年龄不超过50岁;意大利义务兵在入伍前或服役期间可以自愿申请超期限2年、3年或5年不等。

这样,采用单一的兵役制也可以收到混合兵役制的效果,既可以加强兵员的更替周期,以利于扩大后备兵员队伍,满足战时兵员补充的需要;又可以保留技术骨干,提高兵员素质和战斗力。可以预言,士兵服役期采取长短结合的制度,将会在更多的国家中实行。

3."多媒体"将取代募兵站

近年来,随着科学技术,特别是信息技术的飞速发展并运用于军事,许多西方国家开始运用信息技术手段,发展募兵信息支援系统,提高募(征)兵工作效率。美国正在研制的募兵人员专用的便携式微机系统,能够以多媒体形式介绍军队概况和专业情况,便于应募青年了解和做出选择;能够有效地处理适龄青年的种种数据情况,并通过网络把新兵档案输入国防部人事档案系统;能够把兵役机关的信息系统与警察局、移民局、学校和医院等有关单位的信息网络联网,及时获得新兵各方面的信息资料;能够迅速准确地进行"武装部队职业能力系统测验"等。专家认为,这种便携式微机系统将取代募兵站。英国陆军已开始通过互联网招募新兵,不仅简化了招兵的程序和办法,提高了工作效率,而且保证了兵员质量。

随着军事技术革命的发展,今后,征集与招募兵员的工作,手段将不断改进,程序将日益简化,效率将大大提高。

这里需要指出的是,中国实行的志愿兵役制与美英等国家所说的志愿兵役制是有本质区别的。中国的志愿兵役制,是根据自愿的原则招集、补充兵员的制度。中国共产党领导的人民军队,在历次革命战争时期,实际上实行的都是革命的志愿兵役制。那时,人民解放军在频繁的战斗环境中,处在敌人分割包围之中,如果不依靠人民群众,不实行人民战争,不广泛动员人民自愿参加武装斗争,不断扩大和发展人民革命军队,那么,要坚持革命战争一直到取得全国的胜利,是完全不可设想的。美英等国所谓的志愿兵役制,实质上是募兵制,虽然它在形式上也是自愿报名服兵役,其实属于雇佣性质,大多采取签订合同的办法。正如恩格斯所指出的,这是一种"谁出钱就为谁服务"的兵役制度。对资本主义国家来说,实行募兵制还是解决社会失业问题的出路之一。虽然它有不好的一面,但另一方面对于保留军队中的士兵骨干不失为一种拴心留人的有效办法。这也符合市场经济的要求。

二、军人:有军籍之人

军人指军队中有军籍的人员,包括从士兵到将军、元帅等所有正在军队中服现役和预备役的人员。服现役的称现役军人,服预备役的称预备役军人。

在中国,春秋战国时期已使用军人一词,指军队成员,如《谷梁传》昭公四年说:"军人粲然皆笑";《韩非子·外储》说:"军人有病疽者,吴起跪而自吮其脓。"民国时期,国民政府颁发有《陆海空军军籍条例》,对军人身份的取得和消失作了明文规定。取得军人身份称"入籍",入籍的标志是,"兵卒入伍时","军士初补叙补时","官佐初任叙任时"。军人身份的消失,称为"除籍"。凡有以下情形之一者予以除籍:有妨害国家行为证据属实者;因刑事停役者;因伤病不堪服役者;死亡者。中国人民解放军对军籍的确认尚无专门的系统的法规予以规范,但是曾经颁发过许多关于军龄计算的文件,这些文件总的精神是,凡属于下列情形者,均为取得军籍,称之为军人:1927 年 8 月 1 日南昌起义后,凡正式参加中国工农红军、八路军、新四军、中国人民解放军的人员,均从参军之日起;在中国共产党所建立的根据地、解放区或敌后游击根据地(包括南方诸省老根据地)内,参加党直接组织的脱离生产的革命武装部队的人员,均从参加该部之日起;抗日战争期间在共产党领导的根据地,参加根据地政府的警卫连、保卫队、公安队的脱产人员,在根据地、解放区、敌后游击区脱产参加县大队、区小队、武工队的人员,脱离生产参加人民武装工作的干部,均从参加之日起;凡考入解放军所办的学校、训练班学习的人员,从录取入学之日起;战场上解放过来的人员,从正式在解放军分配工作之日起;起义部队人员,从该部起义之日起;义务兵从应征入伍通知书发出之日起。此外,曾在苏联红军中学习、工作过的人员,可一并计算人民解放军军籍。地方干部兼任军队职务,后调入军队工作者,可从兼任军队职务时起计算军籍。中国人民解放军现役军人身份的消失,一般包括下列几种情况:一是转业、复员、退休后免服预备役者;二是被军队除名者;三是被开除军籍者;四是其他原因脱离军队者。

革命军人是指区别于旧军人的一种特定名称。中国人民解放军在战争年代,对中国共产党领导的所有军队的人员,称为革命军人,以区别于其他不革命、反革命军队中的旧军人。但并不是所有的人一入伍就可以取得革命军人身份。历史上曾规定:劳动人民出身者,入伍后即可取得革命军人身份;非劳动者家庭出身的,入伍后 1 年始可取得革命军人身份;剥削者本人参军两年后方可取得革命军人身份。

本人取得革命军人身份后,家属享受革命军属待遇。

现在中国人民解放军中服现役和服预备役的人员,包括军官、士兵和保留军籍的文职干部都是革命军人,但随着时代的发展,"革命"二字在称呼中逐渐被省略。

三、参军:入伍

参加军队服兵役,通称参军。中国人民解放军将参军叫作入伍,是沿用了旧军队的称谓。为何把参军叫作入伍,这与中国古代军队的编制有关。《周礼》说,古代军队"五人为伍,五伍为两,四两为卒,五卒为旅,五旅为师,五师为军"。从西周起,古代军队就是按伍、两、卒、旅、师、军的序列编制的。当时社会基层组织称"比",每个村落里,五户为一比。征兵时,五户各送一名男丁,一比共送五人,编成一个伍,无论进行什么活动,五人总是在一起,成为军队最基层的一个单位。以后军队的编制名称不断变化,但"伍"的叫法一直流传至今,人们仍然把参军叫作入伍,把当兵叫作行伍,把军队叫作队伍,把退役叫作退伍。

四、军官:少尉以上军衔的军人

有的国家称军官为军队干部,通常指排职或少尉以上的军人。军官是军队中经正式任命,担任领导、指挥及管理职务或相应专业技术职务的军人。其主要任务,是对所属的部队实施领导、管理、教育与训练,并指挥与带领部队完成作战及其他各项任务。军官按职务性质,可分为军事军官、政治军官、行政军官、后勤军官和专业技术军官;按职务等级,可分为高级军官、中级军官和初级军官;按服役性质,可分为现役军官、退役军官和预备役军官;按军衔等级,可分为元帅、将官、校官和尉官;按职业性质,有的国家又有职业军官与合同制军官之分。

在中国的历史上,对军队指挥、管理官员的称谓很多,诸如武官、将校、将吏、军校、军尉、军吏、兵官等,各朝不一。"军官"一词的出现,最早见于西汉。但"军官"作为官制的规范性术语,则是到了清朝末年,才在新建陆军中正式使用。在世界其他国家,"军官"一词作为军事术语使用,最早的是15世纪的法国军队。16世纪以后,欧洲别的一些国家,也开始称部队或舰队的指挥官为军官。17世纪30年代,俄国军队在新制团中正式使用军官这一称谓。苏联则是在第二次世界大战期间的1943年,才正式称红军的指挥人员和主管人员为军官。中国人民解放军在实行军衔制之前,对排级以上的军事、政治、后勤以及专业技术人员,通常称之为干部,1955年颁发了《中国人民解放军军官服役条例》,上述人员才法定称为军官。该服役条例规定:"授予尉官、校官、将官、元帅军衔者,均称为军官。"1988年9月5日颁发的《中国人民解放军现役军官服役条例》规定,"被任命为排级以上职务或者初级以上专业技术职务,并被授予相应军衔的现役军人",为"人民解放军现役军官"。

中国人民解放军的军官,是军队的骨干分子,对部队的革命化、现代化、正规化建设,对部队战斗力的巩固与提高,具有决定性的意义。军官的选拔,一定要坚持德才兼备、政治第一的原则。军官一定要具备良好的政治、军事、专业、文化和身体素质,逐步实现革命化、年轻化、知识化、专业化,这是新时期军官队伍建设的基本方针与目标。中国人民解放军军官的一般职责为:努力学习马克思列宁主义、毛泽东思想和邓小平理论,贯彻党的路线、方针、政策,模范地遵守国家的法律、法规,认真执行军队的条令、条例和规章制度;服从命令,一切行动听指挥;积极学习军事、政治和科学文化,不断提高现代作战的指挥能力,坚决完成作战任务;精通本职业务,认真履行职责,积极负责地完成本职工作;熟练掌握和认真管理所配备的装备,使其经常保持良好的状态;尊重士兵,爱护下级,团结同志,处处作士兵的表率;尊重地方政府,热爱人民群众;严格保守国家和军队的秘密,遵守安全规定,防止事故。

军佐是清末和民国时期对军队中一部分官员的称谓。当时的军队官员分为军官、军佐和军属三类。凡是直接指挥、管理部队的官员,如军长、师长、旅长、团长、营长、连长、排长等,称之为军官;而军医、军需等各种职务,为辅佐军官管理部队的官员,称之为军佐;军用文官则统称为军属。军官等级的设置为三等九级,即上等军官三级:上将、中将、少将;中等军官三级:上校、中校、少校;初等军官三级:上尉、中尉、少尉。而军佐不设上等官第一级,即将官的同等官只有二级,校官和尉官的同等官各有三级,共为三等八级。以1912年8月规定的军需官员的衔级为例,陆军中最高等级的军需总监为中将的同等官,军需监为少将的同等官,一、二、三等军需正分别为上、中、少校的同等官,一、二、三等军需分别为上、中、少尉的同等官。

中国人民解放军在建军初期,有时也称干部为"官佐",但作为中国近代的一种军队职官制度,军佐的称谓却是被人民解放军废止的。

(一)战士

战士一词在中国出现于战国时期,指士兵,战斗者。《荀子·富国》说:"其耕者乐田,其战士安难。"《史记·秦记》说:"孝公于是布惠,振孤寡,招战士,明功赏。"当前,战士的概念包含以下三方面的内容,其外延大于士兵。

①对军队中班长以下军人的统称。1927年创建中国工农红军以后,对红军的指挥员和战斗员,就不再沿用旧军队的称谓。当时对各级指挥员,一般通称为干部;对班长及其以下的战斗员,一般通称为战士。后来到抗日战争时期,工农红军改编为八路军、新四军,到解放战争时期,八路军、新四军又统一改称中国人民解放军,但是,"战士"这一称谓始终未变。直到1955年中国人民解放军实行军衔制度时,才将战士改称士兵。

②专指兵。中国人民解放军的连队,在革命战争年代对干部、战士的职务区分,一般为连长、政治指导员、排长、班长、战士等。苏联在十月社会主义革命后,于1917年12月16日颁布法令,废除了俄国的军衔、官衔,1918年建立起工农红军以后,对普通士兵通称为红军战士。1935年9月22日,苏联中央执行委员会和人民

委员会决定,将"红军战士"定为一级军衔的名称,到1946年7月,这一级军衔改称列兵。

③有时泛指军人,如"老红军战士""战士合唱团"等。

(二)士兵

士官、军士、兵统称为士兵,是军队中直接操作武器装备、进行战斗或执行保障勤务的军人,是军队的基础和关系战争胜败的决定性因素。"士兵"这一名称,意大利于15世纪时最先使用,当时指领取薪饷的雇佣军人。此后,许多国家的雇佣军队采用了这一术语。

在中国,历史上对士兵的称谓很多,诸如士、甲士、车士、骑士、带甲、徒、徒卒、徒兵、卒、步卒、士卒、兵等等,直到1912年,才正式称军士和兵为士兵(或兵士)。中国人民解放军在革命战争年代,对班长以下的军人通常称战士。1955年实行军衔制时,法定改称为士兵。中国人民解放军的士兵与军官在政治上是平等的。在建军初期,红军第四军第九次代表大会的决之义就指出,红军的官兵只有职务的区别,没有阶级的分别,官兵待遇平等,官长要关心和爱护士兵,尊重士兵的人格,废止肉刑和辱骂等。在战争年代建立的官兵一致原则和"三大民主"等制度,已成为人民解放军的优良传统。广大士兵与干部真诚团结,亲如兄弟,一不怕苦,二不怕死,英勇奋战,为中国人民的解放事业立下了卓著功勋。中华人民共和国成立后,广大士兵又同干部一起,为保卫祖国、巩固国防、保卫全国各族人民的和平劳动,做出了重要贡献。在祖国社会主义建设的新时期,士兵的一般职责为:坚决服从命令,听从指挥,勇敢顽强,严守纪律,坚决完成任务;积极参加军事训练,熟练地掌握手中武器和技术装备,不断提高业务技能;积极参加政治学习,提高政治觉悟;遵守国家的法律、法规,执行军队的条令、条例和规章制度;艰苦奋斗,厉行节约,爱护武器装备和公物;尊重领导,服从管理,团结同志,爱护集体荣誉;积极参加军事体育训练,锻炼身体,增强体质;严格遵守保密纪律和安全规定,防止事故。

(三)军队文职干部

当今世界各国军队大都编制有文职人员,其主要意义在于稳定官员队伍,保留专业技术骨干,有的国家还可节省军费开支。中国人民解放军的文职干部,是军队编制定额内不授予军衔的现役军人,是军队建设的重要力量,也是国家干部队伍的组成部分。文职干部的编配范围较广,除了担负为机关、院校内部服务的一些生活保障和行政事务干部职务之外,还有医疗卫生、工程技术、文化艺术、科学研究以及新闻、出版、院校、体育等单位的部分专业技术干部职务。文职干部的来源,主要为军队院校毕业的学员,现役军官,地方专业技术干部以及地方高等院校、中等专业学校的毕业生。按照《中国人民解放军文职干部条例》的规定,文职干部承担着与现役军官基本相同的义务,他们与现役军官依隶属关系和所任职务,构成上下级关系或者同级关系,根据工作需要,他们也可以改任现役军官。文职干部不授军衔,但设置了与军衔相对应的"级别",计有特级和一级至九级,依次与中将至少尉相对应。文职干部享有与现役军官同等的工作、学习、参加政治生活及获得物质鼓励与政治荣誉的权利。文职干部的政治待遇和生活福利待遇,诸如住房、医疗、休假、探亲、家属随队、伤残优待、牺牲病故抚恤等,按国家或军队对现役军官的有关规定执行。1988年的暂行条例曾规定,文职干部属于由现役军官改任者,仍保留军籍,实际执行中,非现役军官转改的,也都具有军籍,所以1999年新颁发的条例对此作了修改。文职干部的工资与现役军官保持同等水平。文职干部需要转业的,纳入现役军官当年的转业计划,由政府接收并负责安排工作。文职干部达到法定的退休年龄或者基本丧失工作能力者,按照有关规定办理退休手续,他们的待遇和安置管理,执行现役军官的有关规定。

(四)军使手持的白旗:不是表示投降

当代外交使节中有大使、公使、信使、特使等,那么军使的主要任务是什么呢?军使是交战双方的一方派往对方进行联系或谈判的全权代表。世界上远古时代即有派遣军使的惯例。1907年时,国际上关于陆战法规与惯例的第四个海牙公约的附录,对军使的法律地位做了明确规定。军使出使手持的白旗,并不是表示投降,相反却是谋求和平的信息。而且军使在出使时,必须手持白旗,这样军使及其随行的译员、旗手、号手或鼓手等才能受国际法保护,享有不受侵犯权。军使在中国古代还是一种武官职名,唐、五代、宋均设过此职。

(五)武官:国家武装力量的外交代表

武官是使馆馆长的军事助手,其主要任务是从事军事外交工作,如以本国武装力量代表身份同驻在国的军方保持外交联系,办理两国军队之间的交往及交涉事宜,开展外交与社交活动,并且根据两国协议或上级指示,办理有关军训、军援、军品贸易、军工合作和军事技术转让等工作,并以合法手段调查与军事有关的情况。武官的派遣,按照国际法有关规定,派遣国在征得接受国同意后方可派出。武官分为国防武官或三军武官、陆军武官、海军武官、空军武官、技术武官及相应的副武官,同一使馆有数名武官时,由国防武官或某一军种武官担任"首席武官"。各国武官的军衔等级不一,其中校官居多,亦有将官和尉官的。武官一般与使馆参赞的外交衔级相当,享有外交特权与豁免权,须遵守公认的国际法准则,尊重驻在国的法律。武官一词源于法语"军事随员"。1843年奥地利向法国使馆正式派出一名"军事随员",从此,武官的称号便正式出现在外交官的名册上。中国正式向国外派遣常驻武官始于清朝末年,1904年清政府向日本派遣了武官,1907年又向英、法、俄、德等国派遣了武官。中华人民共和国成立后,在1949年底至1950年,向12个国家派出了第一批武官,到2006年,已与150多个国家建立军事关系,在107个国家设立武官处,并有85个国家在中国设立武官处。

（六）军代表：军地之间的联络者

中国人民解放军派驻交通运输部门和工厂办理与军队有关事务的人员叫军代表，亦称"军事代表""军队代表"。设在交通运输部门的军代表，通常派驻在铁路或航务局、分局和主要站、港。其任务主要是负责计划、组织、指挥军事运输，向交通部门提出军事要求，研究交通保障，并参与铁路军事专用线的管理等。国际上，向铁路运输部门派遣军事代表，始于19世纪中叶，20世纪初逐步形成制度。中国人民解放军向交通运输部门派驻军代表始于解放战争初期，1946年7月，东北民主联军曾向辖区内的重要铁路车站派驻"军事代表"。中华人民共和国成立后，中央军委于1950年12月批准，由各军区向铁路（航务）局、分局、车站（港口）派驻军事代表机构，称"中国人民解放军驻×××军事代表办事处"。1978年6月，国务院、中央军委颁发了《中国人民解放军驻铁路、水路交通部门军事代表条例》，对军代表的组织机构、工作关系、基本任务等，都做了明确的规定。事实表明，不论是在战争年代还是在社会主义建设时期，军代表对于军事运输、交通保障和国防交通建设等，都发挥了重要作用。设在工厂的军代表，主要派驻在担负军品生产的工厂。中国人民解放军驻厂军代表，由总部、军种、兵种和军区派出，目前，世界上很多国家都有派出机关与工厂的双重领导，同时接受所在军区的领导、监督。驻厂军代表根据任务需要设置，通常设总军事代表、副总军事代表、车间军事代表以及助理员等。军代表的主要任务是，监督、检查军用产品生产过程的工艺质量，检验和验收军用产品，以保证军队得到质量优良的军事技术装备。在战争或其他非常情况下，军队派驻特定单位或局部地区，实施接管、实行军事管制的负责人员也叫军代表。

（七）政治战士：中国工农红军中的特有编制

政治战士是指在土地革命战争时期，中国工农红军中设置的协助政治指导员进行政治工作的士兵。30年代初，中国工农红军处在被敌人围剿的艰苦环境中，为了加强政治工作，决定设立政治战士。1932年12月21日，红军总政治部颁发了《关于设立政治战士的训令》，对政治战士的条件、产生办法、设置范围和工作职责等做出了具体规定。训令指出：政治战士必须是全排战士中模范作用最好、群众威信最高、政治和文化水平较高的共产党员。政治战士的产生，平时由指导员提出人选，支部大会通过，报师政治部批准后，在全排战士的会议上宣布；在战斗环境下，不便举行支部大会时，由指导员指定。在连队，每排建立1个政治战士小组，连部和军、政及其他机关，依照勤杂人员的工作性质和人数多少，设若干政治战士，如传令班设1名，饲养员、给养员、运输员和勤务员中各设1名，若人数不多，上述几种人员中可共设1名。政治战士除了与普通战斗员一样担负各种军事勤务工作外，还必须执行连政治指导员所给予的政治工作，并直接对指导员负责。政治战士的职责主要是：①平时利用休息时间，以讲笑话等生动活泼的方式，传达、讲解政治机关下发的宣传鼓动材料，自觉地向地方群众进行宣传工作；②在战场上，有组织地向敌军士兵喊话,向红军战士读鼓励勇气的传单和报纸;③指导以排为单位组织的政治讨论会;④检查并纠正违反纪律的行为;⑤同宣传员一起,轮流担任班、排值日,在政治指导员指示下,督促检查本日的政治工作,包括战士的政治思想状态、与居民群众的关系等。训令还要求政治指导员要加强对政治战士的培养教育,要经常督促检查他们的工作,让他们从当政治战士中学会当副指导员和指导员,使设立政治战士成为培养干部的一种好办法。

苏联在卫国战争(1941～1945年)初期,也曾动员了一大批共产党员和共青团员,到红军中当战士,这批党团员被称为政治战士。卫国战争开始时,苏共为加强前线军队中党的政治影响,提高军队的坚定性和战斗力,在战争的头6个月,派往军队的政治战士即达10万名。这些政治战士坚定不移,遵守纪律,不怕牺牲,冲锋在前,以自身的模范作用带动其他战士,他们总是担负最重要、最困难的战斗任务。在苏联最困难的卫国战争初期,政治战士对加强苏军的政治思想工作与击退德军的进攻,发挥了重要作用。在战斗中,有许多政治战士被提拔担任指挥员和政治工作者。

(八)军人职称:包含职务和学术等级两种意思

职称一词在实际工作中形成了两种含义。一是指"职位的名称",即指军队中现役军人的各种职务名称。中国人民解放军的军人职务名称,由编制表予以统一规定,以首长的任职命令为准。诸如班长、排长、连长、营长、团长、师长、司令员、政治委员、秘书、军事教员、战略研究员、作战参谋、组织干事和财务助理员等。职称的另一种含义指专业技术或学术等级称号。这一种意义的职称又称为"学衔",1956年国家制定的《学衔条例》规定,"学衔是根据学术水平、工作能力和工作成就授予的学术职务称号",如高级工程师、工程师、助理工程师、技术员、教授、副教授、讲师、助教等。它的性质与"职位"不同。职位是以事为中心设置的,而"职称"是以人为中心确定的,是一种资格,可以不受编制数量限制,一个人只要具备条件,即可授予一定的称号。这种称号是综合反映专业技术人员的业务能力、技术水平、受教育程度和工作成就等方面的尺度,并且具有一定的荣誉性。

目前中国人民解放军称原来的职称为专业技术职务,多数系列设四个等级。如高等军事院校的教授、副教授、讲师、助教,军事科研机构的研究员、副研究员、助理研究员、研究实习员。军队现行的这些"专业技术职务",仍含有两重意义:一是可以作为一种"资格",通过评定或考试取得,凡被评审委员会通过的,发给《中国人民解放军专业技术职务资格证书》,可以凭证参加学术、技术活动;再是作为一种"职务",通过有任免权的行政领导聘任或委任上岗。

五、军官种类

1955年全国人大常委会通过的《中国人民解放军军官服役条例》规定,军官分为指挥军官、政治军官、技术军官、军需军官、军医军官、兽医军官、军法军官和行政军官8类。2000年全国人大常委会通过修订的《中国人民解放军现役军官法》规定,军官分为军事军官、政治军官、后勤军官、装备军官和专业技术军官5类。两次规定的军官类别数量所以不同,主要是划分的依据不同。20世纪50年代是按业务性质划分,现在是按"职务性质"划分。现在划分的5类军官各自包括哪些职务呢?

(一) 军事军官

亦称军事干部。主要是军队中负责组织指挥、领导作战、训练等关于军事工作方面的军官和部队各级司令部机关中担任领导及承办有关作战、侦察、通信、机要、军训、军务、动员和兵种等方面具体事务的军官。通常包括部队、分队和机关、院校、科研机构的各级军事指挥员、各级参谋长、参谋、军事教员和军事研究员等。

(二) 政治军官

亦称政治干部。主要是军队中负责党的工作与政治思想工作、部队各级政治机关中担任领导或承办有关组织、宣传、干部、保卫、群众、文化、纪检和联络等方面具体事务的军官。通常包括部队、分队和机关、院校、科研机构中的政治委员、政治部(处)主任、政治教导员、政治指导员、政治干事、政治协理员、政治教员、政治工作研究员等。

(三) 后勤军官

亦称后勤干部。主要指军队中负责领导、管理后勤工作,组织实施后勤保障和部队各级后勤部门中担任领导及承办有关财务、军需、车船、油料、军械、营房、卫生和军事交通等方面具体事务的军官,通常包括部队、机关、院校和科研机构的后勤部(处)长、助理员、后勤工作教员、后勤工作研究员等。

(四) 装备军官

随着军队现代化建设的发展,特别是武器装备的更新,人民解放军从事装备管理工作的军官不仅数量增加,而且在军队建设和未来高技术战争中的作用显得越来越重要。因此,人民解放军增设了总装备部和各级的装备管理部门。2000年12月28日,全国人民代表大会常委会通过修订的《现役军官法》在军官的分类规定中,增加了装备军官,包括各级从事装备管理工作的装备部长、局长、处长、科长、参谋、助理员以及专职装备教学和研究人员等。

（五）专业技术军官

亦称专业技术干部。主要指军队中专职从事专业技术工作的军官。包括专业军官与科技军官两部分。专业军官，通常指从事文化艺术、新闻出版、外文翻译、经济管理、政治法律、财政金融、图书、资料、档案和体育等方面工作的军官；科技军官，通常指从事工程技术、科学研究和教学工作的军官，有时也专指从事技术工作和搞自然科学研究的军官。专业技术军官是军队干部队伍的重要组成部分。随着科学技术的飞速发展和武器装备的现代化，专业技术军官对军队的建设和发展将发挥越来越重要的作用。专业技术军官可以评定专业技术职称，许多人往往可以具有军衔和学衔两种头衔、称号。

六、指挥员：军队主官

军队中担任各级领导职务的干部，有的国家称指挥官，中国人民解放军习惯上称指挥员。按其业务性质分，有陆军、海军和空军指挥员，有的国家还有战略火箭军指挥员、国土防空军指挥员；有炮兵、装甲兵、工程兵、防化兵和通信兵等六种指挥员；有政治和后勤指挥员等。按职务等级分，通常师职以上干部为高级指挥员，团、营职干部为中级指挥员，连、排职干部为初级指挥员。在苏联军队中，指挥员是一长制首长，是对分队、部队和兵团实施指挥的主管人员。苏军中的副职首长称副指挥员。如团的副指挥员有副团长、政治副团长、技术副团长、军械副团长、后勤副团长等；营的副指挥员有副营长、政治副营长、技术副营长等。中国人民解放军自建军以来，就十分重视对指挥员的培养，在革命战争年代的艰苦岁月里，曾建立许多以步兵为主的指挥院校，对指挥员实施培训。中华人民共和国成立后，陆续建立起一大批陆、海、空军指挥院校，逐步形成了完整的高、中、初三级培训体制。目前，担任军级以上职务的干部，须经高级指挥院校培训；担任师、团级职务的干部，须经中级指挥院校培训；担任营级以下职务的干部，须经初级指挥院校培训。指挥员有时是对军队中干部的统称，以区别于战斗员。

七、总司令：可大可小的官职

①一些国家的全国军队最高军事领导人。中华人民共和国中央人民政府委员会于 1949 年 10 月 1 日举行的第一次会议，任命朱德为中国人民解放军总司令，之前他还担任过红军总司令和第十八集团军总司令；美国法定总统兼任武装部队总司令；埃及法定国防部长兼任武装部队总司令；古巴的总司令是武装部队的最高指挥官。

②军事联盟组织的军事领导人。如原华沙条约缔约国联合武装力量设有总司

令、第一副总司令和若干名副总司令,历任总司令均由苏联国防部第一副部长兼任。北大西洋公约组织联合武装力量设有欧洲盟军最高司令、大西洋盟军最高司令及海峡盟军总司令,欧洲盟军最高司令之下又设北欧、南欧和中欧三个盟军总司令。

③一些国家军种的最高主官。如苏联于1946年设置了陆军总司令、海军总司令和空军总司令,后于1954年增设国土防空军总司令,于1959年又增设战略火箭军总司令。各军种总司令均为本军种的军事委员会主席,并通过军种总司令部实施指挥。

④一些国家在某一战区或战略方向的最高军事领导人。苏联在1941—1945年的卫国战争时期,曾设有西北方向、西南方向、西方向、北高加索方向和远东苏军总司令;美国在第二次世界大战期间,曾设有太平洋海军总司令、欧洲战区盟军总司令。

八、司令员:军事主官

众所周知,部队中的一些军事主官称"长",如军长、师长、旅长、团长、营长、连长、排长等,但也有一些军事主官称司令员,有的亦称"司令""司令官"。司令员一词,于18世纪下半叶已作为军队的职务名称在一些国家的军队中使用。如俄国在俄土战争(1766—1774年)期间,曾任命上将为集团军司令员。后来,陆续在海军、航空兵、炮兵、装甲兵等部队设置司令员一职。中国人民解放军在革命战争年代曾设置司令员一职,诸如野战军司令员、兵团司令员、纵队司令员、支队司令员、军区司令员和分区司令员等。中华人民共和国成立后,除设置军区司令员外,还有海军、空军、防空军、公安军等军种司令员,炮兵、第二炮兵、装甲兵、工程兵、铁道兵等兵种司令员以及卫戍区、省军区、军分区、警备区、守备区、要塞区和海军舰队、海军基地、水警区、军区空军司令员等。司令员和政治委员同为所在部队和单位的首长,在党委集体领导下,分工负责领导所属部队的各项工作。

九、政治委员:政治主官

政治委员是中国人民解放军团以上部队与相当于团以上单位的政治主官,营连级的政治主官则称政治教导员和政治指导员。在部队建立政治委员制度,对于加强部队的政治思想工作,保证中国共产党对中国人民解放军的绝对领导,保证各项任务的胜利完成,都具有十分重要的作用。

政治委员一职于18世纪首先出现在欧洲。最初意大利派遣政治委员到雇佣军中去,代表政府监督部队的活动。法国在18世纪末的大革命时期,政治委员作为国民议会的全权代表被派往部队。后来,在战时许多国家的军队中都设置了政治委员。1918年,苏联在红军中建立了政治委员制度,所有的部队、机关和军事院校都配置了政治委员,其主要任务是领导党支部工作,对全体军人进行政治思想教育和参加决定一切作战行动问题。政治委员的权力很大,任何命令不经他签署不得执行。1925 年,苏联红军实行一长制,设立政治副指挥员,取代了政治委员。1937 年恢复了政治委员制,到 1940 年再次被取消。卫国战争爆发后,1941 年 7 月,苏联最高苏维埃主席团发布命令,所有的师、团、营、连、舰队、航空兵大队和机关、军事院校均设政治委员。政治委员在卫国战争最困难的时期,光荣地完成了党和政府赋予他们的重要任务。苏联武装力量在 1942 年秋确立了一长制之后,同年的 10 月 9 日政治委员制度被取消。

中国人民解放军建军初期,借鉴苏联红军的经验,在部队的军、师、团、营、连建立政治委员制度。最初称政治委员为党代表,1929 年,正式改称政治委员。以后又将营政治委员改称政治教导员,连政治委员改称政治指导员。1930 年冬。中共中央颁发了《中国工农红军政治工作暂行条例草案》,这部条例受苏联红军的影响,对政治委员授权过大。如规定政治委员作为苏维埃政权在红军中的政治代表和中国共产党在红军中的全权代表,有监督一切军事行动和在政治工作方面单独发布命令的权力。还规定政治委员在与同级军事指挥员有争执时,有权停止军事指挥员的命令。1935 年遵义会议以后,政治委员的权力逐渐有所限制。抗日战争爆发后,中国工农红军改编为八路军,一度取消了政治委员制度。到 1937 年 11 月,政治委员制度被恢复,此后再未中断过。中华人民共和国成立后,历次颁发的《中国人民解放军政治工作条例》都明确规定,政治委员与同级的军事指挥员同为本级部队的首长;政治委员是党委日常工作的主持者;实行党委统一的集体领导下的首长分工负责制,重大问题经党委民主讨论做出决定后,按照分工组织实施。

十、党代表:政治委员的前身

党代表是中国人民解放军建军初期的一种职务名称,是各级政治委员的前身。1927 年 8 月 1 日,周恩来、贺龙、叶挺、朱德、刘伯承等同志领导南昌起义时,为了加强中国共产党对起义部队的领导,在起义部队的军、师、团设置了党代表。同年 9 月 9 日,毛泽东同志亲自发动、领导了湘赣边秋收起义,起义部队在江西省永新县的三湾村进行改编时,除了在部队中建立党的各级组织(团、营有党委,连有支部,班有小组)之外,还在连以上各级均设置了党代表,从此,确立了中国共产党对军队的绝对领导。1929 年,根据中国共产党第六次全国代表大会的决议精神,中国工农红军将党代表统一改称为政治委员。后来,又将营政治委员改称政治教导员,连政治委员改称政治指导员。

十一、参谋长:部队首长的军事助手

参谋长一职最早见于法国,在 17 世纪中叶法军中就设置了这一职务。其后许多国家相继仿效,到第一次世界大战时,很多参战国的团以上部队配置了参谋长。中国在中华民国临时政府时期开始设置参谋长一职。当时南京临时政府设有参谋本部,配置参谋总长、次长各一人,掌管军令。以后成立的国民政府军事委员会设有正、副参谋总长。1946年5月31日成立的中华民国国防部,设有总参谋长1人,参谋次长3人。抗日战争时期,国民政府军事委员会将中国的南北战场划分为若干战区,每个战区设有长官司令部,除设司令长官、副司令长官之外,还编配参谋长、副参谋长各一人。中国人民解放军自创建以来,不论是在革命战争年代,还是在社会主义建设时期,团以上各级部队都编设参谋长。参谋长全面组织领导司令部的各项工作,及时向首长提出有关的报告和建议,对于保证首长实施正确的指挥,胜利完成作战等各项任务,发挥了十分重要的作用。目前,参谋长通常在团以上部队设置,有的营也设参谋长。参谋长是本级首长在军事工作上的主要助手,是实现首长军事意图和决心的主要组织者。参谋长主管司令部的工作,为司令部的直接首长。

十二、教官:军事教员

教官之名出于《周礼》,原指掌教化的官员,元明时期对"掌教诲所属生员之事"的教授、学正等人称教官,民国时期在军队和军事学校中担任教练任务的军官也称教官,聂荣臻曾任黄埔军校政治教官。在中国人民解放军的各类院校和教育训练机构中,负责向现役军人传授某项知识、实施某种专业训练的人员,统称为教员。由军队派到地方大专院校负责对学生实施军事训练的人员,习惯上称作教官。苏联军队设有军事教官,负责对现役军人实施某项军事专业的实际训练。苏联是根据武装力量的人员训练任务特点和对某一门专业人员的需要,在军事院校与各级教导队中,分别设置相应的军事教官,如坦克驾驶教官、火箭装填教官、飞行教官、潜水教官和鱼雷手教官等。另外,当一个国家向另一个国家提供武器援助时,提供国通常向受援国派出军事教官,以帮助受援国掌握所提供的武器。

十三、学员:学习中的军人

学员一般指在大、中、小学以外的学校或训练机构中学习的人,但军队将所有学习的人,包括大学、中专院校从地方中学招收的学生统统称之为学员。如院校学员、轮训队学员、教导队学员、夜校学员、函授学员、代培学员、进修学员、研究生学员等。学员与学生并无高低贵贱之别,军队之所以称学习中的人一律为学员,主要来源于习惯。20世纪30年代初,红军所办之学校,生源统统来自红军各部队之优秀士兵或基层干部,这些人已经是革命军人而非地方学生,他们是以"参加学习人员"的身份进入学校的,故称学员。就这样约定俗成地叫了下来。

中国人民解放军各院校学员的来源有两种途径:一是来自部队的现役军官与

士兵,二是来自地方的青年学生。军官学员入学,由部队各级党委和领导按照干部任免权限考核推荐,由各院校审查录取。士兵学员和地方青年学生入学,须参加全国或者全军统一组织的招生考试,按照德、智、体全面衡量的原则,择优录取。学员在校学习期间,执行严格的筛选与淘汰制度,对于达不到培养目标要求者,及时作淘汰处理。对于完成全部学业者,发给相应的毕业文凭,其中有的还授予学位。学员毕业后,分配到机关、部队或科研教学机构工作。

苏联军队的学员大致可区分为三类:一是在苏军高等军事院校、军官进修班、马列主义学院、党校以及在某些地方高等院校附设的军事系中学习的军人;二是在苏军所属的教导部队或训练中心以及在初级、中级或高级军事院校学习的准尉、军士和列兵;三是少年学员,诸如在苏沃洛夫军事学校、纳希莫夫军事学校、军事音乐学校等学习的少年军乐队为培养音乐工作人才招收的役龄前少年学员;在战争时期由部队招收进行培训的少年等。

美国军校学员基本上是两类,一类是被培养为少尉的初级军官学校学员,主要来自社会的青年学生;再一类是入学接受深造培养的学员,主要来自部队的现役军官。

十四、军事记者:军队中的记者

军事新闻事业单位中担任采访新闻、摄影和撰写通讯报道的专业人员为军事记者。有的是通讯社、报刊还有派驻各军区等单位的常驻记者和负责完成编辑部赋予的重大任务的特派记者。有时对从事编辑、采访和评论工作的军事新闻工作者也统称为军事记者。

新华社解放军分社、中央人民广播电台和中央电视台军事部的记者,军委各总部和各军兵种、各大军区所辖报社、杂志社的记者,都属军事记者。

有关的通讯社、报社和杂志社设在军队中,从事新闻采访、摄影以及撰写通讯报道的专职人员称随军记者。有时将临时随军队活动的记者,也称为随军记者。

十五、副官:正职领导者的助手

副官一词源自拉丁文"助手",是军队中指挥员的助手或承办各种行政事务的军官,并非指副职领导人,如副团长、副县长、副政委等。世界许多国家的军队中设有副官一职。其主要任务是传达指挥员的命令,并负责监督命令的执行与汇集呈送给指挥员的报告;管理本单位的内务秩序及调整内部的日常勤务,并负责填写日志与报表等。苏联军队在1954年以前,副官也是营和飞行大队的参谋,负责协助指挥员对分队实施管理。中国在民国时期,军队中设有副官职务,其编制军衔为上校至上尉。中国人民解放军在革命战争年代,也设置有副官职务,现在其职责由秘书、管理员等人员担当。

十六、卫兵：不容侵犯的军人

为保证首长、机关、部队和装备、物资、重要军事设施等的安全，防止遭受袭击和破坏而执行警卫任务的军人称作卫兵，通常由士兵担任。

由于卫兵的职责非同一般人员，所以条令规定卫兵不容侵犯，一切人员必须执行卫兵按卫兵勤务规定所提出的要求。卫兵必须保持高度警惕，认真履行职责，切实遵守卫兵守则。卫兵的一般守则为：应按规定着装和佩戴武器弹药；要熟悉任务和警卫区域内的地物、地貌等情况，熟记并正确使用口令和信号；时刻保持警惕，严密监视警卫区域内的情况，在任何情况下都要坚守岗位，武器不准离手；严禁坐卧、倚靠、打瞌睡、吸烟、闲谈、唱歌、看书、看报、接受和传递物品、无故将子弹上膛等；当有人妨碍值勤时，应当加以劝阻，并迅速报告；当警卫目标的安全受到威胁时，必须采取有效措施，迅速处置和报告，在判明警卫目标遭受袭击并将造成严重后果非使用武器

梵蒂冈卫兵

不足以制止时，可以使用武器，卫兵生命安全受到威胁时，应当进行正当防卫；向接班人员认真交代值勤情况、上级的指示以及哨所的器材，并在领班员的监督下进行验枪、退出子弹。营门卫兵还应切实检查出入营门人员的证件和军容风纪，必要时还应当检查携带的物品，维护营门秩序，调整指挥机动车辆出入营门，指引客人和来队家属到传达室办理登记手续等。营门卫兵发现重要情况和问题要及时报告领班员。卫兵每次值勤的时间不超过两小时，在严寒或炎热时，应适当缩短值勤时间。

十七、美国的新兵：喜欢"推迟报到计划"

美军招募的士兵除了严格的体格标准、智力标准和道德标准外，年龄条件和职业条件等综合标准要求都比较宽泛。美军要求志愿入伍青年的年龄在 17~35 岁之间，所以从军的青年男女中，既有在校高中生、应届毕业生，也有从事其他工作的役龄青年。有些高中生在正式办理了入伍手续后，如果还没有完成学业可以实行"推迟报到计划"，返回学校继续学业。同样因工作暂时离不开或正在从事在职培

训的新兵也可以继续接受培训,待毕业或工作学习结束之后,按照事先安排好的时间到部队报到。当然,推迟报到的时间最长不得超过 365 天。

　　新兵推迟报到事宜具体由各募兵站负责计划和管理。募兵站是各军种的兵役部门设在全国各地的为本军种招募合格的军人的基层机构。兵役工作人员分为军官和军士两类,军官称为"募兵管理人员",军衔通常为上校、中校、少校和上尉等,分别担任募兵旅长、募兵营长、募兵连长等职。从事募兵工作的军士,其军职专业为"募兵专业人员",军衔通常为军士长、上士、中士等,分别担任募兵站站长和一般工作人员。在新兵执行推迟报到计划期间,并不与兵役工作失去任何联系。兵役工作站人员必须每 2 周与推迟报到人员联系 1 次。在离正式报到日期 45 天之前,募兵站必须为新兵召开 1 次情况介绍会。推迟报到的新兵在推迟报到期间如果被发现不符合入伍条件,兵役工作人员必须及时向募兵站站长报告。站长必须在离报到日期 60 天前亲自与推迟报到人员见面。

　　"推迟报到计划"受到军方和个人普遍欢迎的主要原因是:(1)有利于新兵提前适应部队生活。新兵在推迟报到期间,可到兵站作一些协助性工作,了解部队的情况,有助于新兵在心理上和生理上完成从老百姓到军人的过渡。由于兵源紧张,如果能在推迟报到期间推荐他人入伍,新兵结束训练之后可以得到奖励,如提前晋级等。(2)有利于军队人事部门提前安排工作计划。由于每个新兵的情况不同,推迟报到的时间也不同。在不同的阶段,会有数量不等的新兵需要到达相应部队。这样,军队人事部门可以根据工作需要,及时将完成入伍训练的新兵补充到部队。

　　当然这一计划也有不足之处。推迟报到的新兵约有 10% 不能按时报到,军方也采取过一些办法,但因没有合适的法律依据,效果始终不佳。

十八、美军士兵:有首期兵和职业兵之分

　　美国自 1973 年以来实行全志愿兵役制。这是现代意义上的募兵制。每一名军官或士兵必须是志愿入伍,为国家服兵役。在这种制度下,军队是雇主,军人是雇员。入伍手续,包括填写各类表格,签订服役合同,进行入伍宣誓等。服役合同是军方和服役人员之间的重要法律文件。根据这一法律形式,军方负责提供工作,支付工资,提供福利待遇,进行业务培训;军人的义务则是在军队中服役若干年。初次入伍服役的士兵称为"首期兵",完成首期服役合同并且签订再次服役合同的士兵为"职业兵"。美军士兵服兵役采取服现役和服预备役相结合的方式进行。"首期兵"的标准服役期限是现役加预备役总共 8 年时间。服现役的时间根据个人的选择可以有所不同,从 2~6 年不等,退役之后,还有 6 年以下、2 年以上的预备役。美军希望士兵服现役的时间长,并通过提高福利待遇进行鼓励,促使那些骨干延长服役期限。陆海空军的首期服役期有所不同,陆军士兵的首次服役合同期一般为 3 年现役加 5 年单个待命预备役,也有的陆军士兵只服 2 年现役,也只有在陆军才允许只服 2 年现役;空军士兵的首期服役合同期一般为 4 年现役加 4 年预备役,也有士兵签订 6 年现役加 2 年预备役的合同;海军士兵的首次服役合同期一般

和空军一样,是 4 年现役加 4 年预备役;而海军陆战队的士兵,其首次服役合同期一般为 4~6 年现役,外加 4~2 年预备役。

凡是按合同规定服满第 1 期现役的"首期兵",如果本人愿意,再加上其工作能力和身体素质符合继续服役的条件,经上级指挥官推荐,考查合格,可与军方签订 3~6 年不等再次服役合同,成为"职业兵"。职业兵一般都服役 20 年,这样就可以获得退休资格和相应的福利待遇。

退出现役的士兵,在服单个预备役期间,通常要每个月参加一次周末例会或训练,每年参加为期至少 2 周的军事演习。无故缺席例会者,根据具体情况,可强制其服长短不等的现役作为处罚措施,而无故不参加每年演习的人员有可能由军事法庭处置。

十九、全球娃娃兵:命运堪忧

作为一个全球现象,娃娃兵不仅存在于非洲,从哥伦比亚的"小蜜蜂"部队到斯里兰卡的"娃娃旅",娃娃兵们成了战争的"炮灰"。据联合国儿童基金会估计,全球目前有超过 25 万年龄不满 18 岁的娃娃兵,其中年龄最小的只有 5、6 岁。这些"娃娃兵"们,有的是被诱拐或被"抓壮丁",有的则是迫于贫困或出于仇恨而误入歧途。更令人震惊的是,发达国家的娃娃兵同样命运堪忧。像 2000 年 3 月发生在英国皇家海军的娃娃兵丧命事件,就让许多家长痛心。一个叫韦恩的英国男孩,入伍时只有 16 岁,而在他刚过完 17 岁生日三个星期就死在同伴的枪弹之下。当时他们这些刚入伍不久的娃娃兵,在英国军队的突击训练营仅接受了 9 个月的训练。在英国德文郡举行的夜间军事演习中,不知何故,真枪实弹和空弹药混在了一起,一名哨兵的两发子弹击中了韦恩,其中一枚射入他的头部,一枚穿进胸膛。他被宣布当场死亡。韦恩的父亲说:"韦恩死的时候还不到成年,他只是个孩子。他绝不应置身于那种环境。"韦恩的名字是被列入在战斗或演习中死亡的不满 18 岁的可怕名单中的最近的一个。自 1982 年以来,已有 90 多名十六七岁的新兵在战斗中殉难,还有几十人在训练中被打死。这些英国独有的统计数字也引起了国际社会的关注。大赦国际组织最近发表一份报告,呼吁各国政府将参加武装冲突的士兵的最低年龄提高到 18 岁。一看到这些乳臭未干的孩子们,让人们也自觉不自觉地想到了所谓"圣战"中的孩子们,也想到了"西边男孩"组织,还有那些在缅甸丛林中作战的格伦叛军,他们一样比自动步枪整整矮了一头。英国军队有 6500 多名未成年的小兵,这个数目比任何其他欧洲国家都多。英国还是唯一向战区不断派遣 17 岁士兵军队的欧洲国家。在海湾战争中,英国大约部署了 200 名未成年士兵,其中 2 人阵亡。而更有甚者,英国派往科索沃的首批维和部队竟然是一批 17 岁的士兵。一家咨询机构的工作人员说:"军队正在大张旗鼓地进行宣传,专门吸引 16 岁的孩子。经受不住诱惑的孩子不知道他们钻进了一个什么样的圈套。"

在乌干达,儿童被绑架加入"圣灵抵抗军",由于年龄太小,他们并没有真正接触武器,而是被用作信使、脚夫、密探和性奴。在哥伦比亚,由于亲人在冲突中被杀害,为报仇自愿加入"哥伦比亚革命武装力量"的少年不在少数。成了娃娃兵之后,他们被利用参与绑架和谋杀。为了使他们在执行"任务"过程中,不感到害怕,他们被迫吸食可卡因。孩子们在很长时间里对杀戮行为变得麻木不仁。斯里兰卡的泰米尔伊拉姆猛虎解放组织(猛虎组织)在长达数十年的反政府活动中,主要依靠"娃娃兵"来执行自杀式爆炸袭击任务。因为,孩子接近目标要比大人容易得多。

如今,这些娃娃兵们已经有了回归社会重获自由的希望。联合国儿童基金会发起的巴黎原则,即"解除武装、复原和重返社会"DDR 计划,已经得到 66 个国家政府的批准。值得欣慰的是有的国家已经在帮助"娃娃兵"转化方面取得了可喜的成绩。像柬埔寨,受国际机构资助的利比里亚、斯里兰卡等国成立了"娃娃兵"解除武装返乡组织。在阿富汗、安哥拉、塞拉利昂,已经有近 4 万名"娃娃兵"得到解放;在利比里亚有 5800 名"娃娃兵"获遣返。

二十、世界女兵:橄榄绿世界里的亮丽风景

军营中男性的世袭领地已经越来越呈减少趋势。如今,众多的女性不仅服役于军队的通信、医院、后勤等部门,而且愈来愈多的女军人活跃在战斗值勤部队。飞机、坦克、装甲车、战舰上,到处都有她们的身影。与男子汉相比,她们毫不逊色。

(一)美国:女军人撑起一片天

美国军队是世界上女兵最多的军队之一。在参加海湾战争的美军中便有 3.4 万名女兵,现在在美军中服役的女兵人数为 19.3 万人,占全部武装力量的 13%以上。

在美国海军,航母、巡洋舰、驱逐舰等作战舰艇历来是男人的世界,但随着美国国会限制女性上战斗舰禁令的解除,上战舰服役的女军人日增。"西马伦"号油船是第一批接纳女兵的舰艇之一。舰上军官说,女水兵心细、有韧性,比男人更能胜任单调无聊的舰艇值勤。特别是在注意力要求保持长时间高度集中的岗位上,例如在战斗情况室监视空、海情时,女水兵表现尤为出色。在有女水兵的舰上,男兵们的粗野劲儿收敛了许多,谈吐举止也变得文雅。目前,美海军已有了第一位辅助舰女舰长,在 24 艘补给船中有 11 位女副船长。

不仅海军舰艇部队,就是海军陆战队也不那么刻板了。1997 年 3 月 27 日,美海军陆战队设在北卡罗来纳州的陆战队新兵训练中心之一的勒任兵营,首次让女兵与男同胞一起接受战斗训练,项目包括投掷手榴弹与大炮射击等,以期后勤女兵在必要时能执行支援保护机场与港口的任务。须知现代战争已不再有前后方之分,在今日的战场上,谁都可能是战斗员。不过迄今为止,海军陆战队仍禁止女兵参与战斗任务,并与陆军一样禁止女兵在步兵、炮兵与装甲部队执勤。

（二）俄罗斯：高素质的女军官

俄罗斯军队中有 2400 名以上的女军官。其中，有 350 多名少尉女军官。此外，有大约 300 名女学员在国防部军事院校学习。女军官中，共有 300 多名校官，但只有 1 名将军，她就是苏联英雄、加加林宇航员培训中心教官瓦莲娜·捷列什娃。在所有女军官当中，有 1/4 的人年龄在 25 岁以下，1/3 的人在 26~30 岁之间，其余的则在 30 岁以上。她们全受过高等教育，其中 1/4 的人毕业于军事院校或普通高校的军事系。

在合同役士兵和军士中，女性所占的比例几乎是一半，俄联邦武装力量各军、兵种中都有女性服役。空军、防空军和航空兵部队是女性最为集中的地方，她们主要担任无线电报务员、话务员、绘图员、后勤人员和医务人员。

根据合同，女军人可服役至 50 岁，她们和男军人享受一样的养老金待遇。女军人享有俄联邦法律在保障家庭、母婴方面规定的一切权利和优惠，例如享受妊娠、分娩补贴；休产假至孩子 3 岁，等等。女军人违反纪律也会被处罚，但不会被拘留或关禁闭。

（三）以色列：风姿绰约的女兵

以色列是世界上唯一对妇女普遍实行义务兵役制度的国家。在那里到处可以看到一身戎装的姑娘。她们丽影俏立，眉目传神，楚楚动人。

原来以色列姑娘们服兵役并不像男兵那么严格，服役的地方常常离家不远，下岗后可以回家，第二天早上再来。女兵不在作战部队服役，不参加战斗。她们主要从事秘书和情报工作，负责通信、统计和仓库管理等。此外，每个应征入伍的姑娘都受过短期救护培训。除了拿军饷和各种补贴外，以色列女兵被允许在空闲时间打工，因此，许多女兵晚上去当服务员、清洁工和售货员。当然，作为军人，女兵们的行为举止仍有严格的规章制度约束，例如，可以戴两枚以下的戒指和一根细的金项链；可以戴耳环，但必须是很小的和椭圆形的；不许留披肩发，发长不能超过耳际；只能戴黑色的和褐色的发卡；可以染发，但不能太标新立异。对如何化妆也有规定，只能在眼睛和嘴唇两个部位化妆，而且不能用鲜艳的颜色。如果违反规定，一般会受到口头批评，严重者则处以罚款。当夜幕降临以色列的时候，女兵们的情影随处可见。她们有的在街头漫步，有的与情人幽会，有的在冷饮店吃冰淇淋。她们和全世界的姑娘一样，爱说爱笑，风情万种，只不过她们是女兵。令人不解的是，以色列 1986 年的亚洲小姐也是一位身着戎装的女兵。

如今，许多以色列女兵都是身怀绝技的专业军官或军士。如 F-15 战斗机的维修技师、装甲部队的技术教官、伞训教官及突击部队特制装备教官等都有女性的身影。她们和男性一样，服役期间要先进入巴库基地进行为期四周的新兵训练，成绩优异者根据志愿选择如伞具包装员、连队参谋、炮兵、战斗车辆教官、核生化战术防护教官及雷达维修技术员等专业职位，但在走上这些岗位之前，还需要接受 2~6

个月的专业训练,而且不计算在现年服役期内。

(四)法国:女军人日增

1972 年 7 月 13 日,法国通过一项法律,允许妇女从事军人这一职业。到 1996 年,妇女已占法军人数的 7.5%,居欧洲国家首位,排在英国(6.9%)和比利时(5. 296%)前面。德国女兵只能在卫生部门任职,而意大利的军队大门至今未向女性敞开。

法国女兵有近 2.3 万人,其中空军最多,占 11%。自 1995 年以来,空军所有专业兵种(除突击队外)都向女性开放,包括战斗机飞行员。在陆军中服役的女性近 9000 人(占现役军人的 7.5%),其中有 400 名军官,6200 名士官,1200 名士兵和 1000 名志愿兵。所有专业兵种都向她们开放,但女兵们很少选择步兵、炮兵和装甲兵这些战斗部队。最近以来,海军女兵人数增多。1993 年,海军军官学校开始招收 10% 的女学员。在 3340 名女兵中,有 120 名军官和 3200 名海军士官,分布在 34 个专业兵种。到 2002 年,法国海军女兵人数将从现有的 7.2% 上升到 10%,主要是增加舰艇(潜艇除外)女兵的人数。

由于法军将逐步向职业化过渡,法国国防部将增加女兵招收人数。陆军各兵种每年将招收 1 万名女兵。到 2003 年,她们已取代作战部队、增援部队和后勤部队的义务兵。

(五)以色列女兵总队长:阿密拉准将

以色列女兵的总队长是 38 岁的阿密拉准将。她是以色列国防军的女性部门的头头,掌管军中女兵的工作。她在这几年中为以色列女兵争得了不少权利,不过她并不满意这样的成果。她指出学校的教育制度并没与军事训练结合在一起,这些 18 岁的女孩在服役前是活泼可爱的,但却仅仅知道一些学校教给她们的东西,对于服兵役则一无所知,毫无心理准备。军方须在极短的时间内训练她们思考的能力,这对双方而言,压力都显太大。

现在,以色列政府正努力改变这一状况,在高中课程中增加军训项目,为女生从军作好服役的心理准备。阿密拉准将说:"我希望将来会有女性飞行员、领航员等,并且能在实际的战斗中驰骋沙场。以色列的女兵受过战斗训练,却被排斥在战场之外,这除了无法改变的生理原因外,还因为在犹太人的观念中,无法接受女性战俘的事实,以色列人不能忍受他们的妇女当敌人的俘虏。"

不过阿密拉准将并不认为女性就该一辈子与战场无缘。她说:"实际上,在前线的男性士兵又有多少呢?今日的战场已经不再运用大量的重型武器,也很少面对面厮杀,而是大量运用高科技装备。在这方面,女性就可和男性一争短长了。"

阿密拉准将认为,在男女混合的单位中,性别的压力仍然存在。举例来说,在有女性参与的基地里,士兵们交谈的声调、行为都改善许多。

性别压力上还有其他的问题。阿密拉准将说:"在每个有女性服务的单位中,都会有一位较高军衔的女性军官专门负责这方面的问题,她们的工作是保持警觉,眼观四周,耳听八方;若是女兵有什么问题,她们负责提供建议并协助解决,此外,这些军官还得提醒男性的领导者不得逾越界限,他们的责任是领导而非'指导'。在军中,性骚扰的问题并不多见,在过去数年中只有 3 次这类事件发生。这类案件,我们都以严正的态度来处理,刑罚相当重,所以每个士兵都会知道,如果逾越界限,他们会付出高昂的代价!"

以色列女兵受到的待遇十分优厚,不过她们的训练却也十分严格,这也就是她们之所以能引以为自豪的地方。

二十一、童子兵:噩梦般的血色童年

据联合国儿童基金会的撒米尔·巴斯塔的统计,目前全球至少有 5 万名儿童投身战争中,有人甚至估计全球的童子兵至少在 20 万左右,不过他们中却很少有女孩。

尽管国际公约禁止 15 岁以下的儿童参战,但在冲突不断的中亚地区,到处都能看见身背步枪,肩扛火箭筒的童子兵。

1996 年底,12 岁的塞缪尔·布尔被联合国维和部队俘获,终于放下手中 AK-47 冲锋枪了。在俘房的统计名单上,他只能画个"×"代替签名,因为他从不会读和写。12 岁的他比步枪高不了多少,满脸稚气,衣冠不整,看起来更像一个学校里调皮捣蛋的学生,而不像一个已有 4 年军龄的老兵。他在 8 岁时曾上过几天学,但后来和父母一起被叛乱分子抓获,唯一的选择是参加部队,所以只好也变成叛军的杀人工具。而今,令人痛心的是,他已经变成一个毫不留情的冷血杀手,对拒绝给他食物的老妇人,他会毫不手软地开枪。

近来全球发生的 24 场冲突中,几乎都有儿童参战。在利比里亚的救国阵线中,有"儿童斗士",在莫桑比克内战中,经常能看到 8 岁的战士;在非洲的撒哈拉,活跃着不少"生力军";在缅甸,儿童在浴血奋战;斯里兰卡泰米尔组织在与政府军的激战中,叛军中至少有 182 名 9 岁的儿童丧生。还有尼加拉瓜、安哥拉、苏丹、卢旺达、哥伦比亚、叙利亚、伊朗等都不乏童子兵,其数量还在逐步上升。正因为孩子们单纯、简单、低消费,容易控制和指挥,甚至不拿任何薪水,所以尤为叛军所欣赏。战争已使不少儿童丧失了人性。他们会毫不顾忌地说,"我们喜欢枪声,它听起来像音乐一样美妙"。这是多么让人痛心的事。尽管有的地方为了救助这些孩子们,专门建立了儿童收容营,拥有整齐的教室和宿舍,但对于世界各地成千上万的童子兵来说,这无疑是杯水车薪。

第三章　军人衔级

一、衔级含义：军人等级的区别工具

军衔是指军队中对不同职务的军人授予的等级称号，军衔将军人的荣誉称号、待遇等级和职务因素融为一体，使其兼有调整部队指挥关系和调整个人利益关系的两种功能。军衔分为临时军衔和永久军衔两类。一般军衔是指永久军衔。军衔一般分为帅、将、校、尉、士官、士兵6等。每级再细分数级。

军衔最早出现于15世纪末叶，是伴随着常备军的产生和发展逐渐完善的。军衔的主要作用是鲜明地表示军人的军阶高低，通过把官兵的等级在服装上表示出来的方法，以便于准确识别和指挥作战，确定相互之间的隶属关系。

俄国是世界上实行军衔较早的国家之一。16世纪中叶，俄国军队首先在射击兵中实行了军衔。到17世纪末18世纪初，彼得一世才在他建立的正规军中实行统一的军衔体制。苏联十月革命胜利后专门颁布法令，废除了旧的官衔军衔。到1935年，苏军才颁布了新的军衔制。

美国军队军衔制的第一个倡导者是乔治·华盛顿。1775年，华盛顿第一个在美国军队中推广和实行军衔制。经过200多年的逐步发展，美军已形成了比较适合其特点的军衔体制。美军不设元帅，分为将、校、尉、准尉、军士、兵6类。

中国人民解放军于1955年，第一次颁布了自己的军衔。当时的军衔分为帅、将、校、尉、军士、兵等6种，其级别也多达20多个。20世纪60年代中期，中国人民解放军取消了军衔。从1988年起，中国人民解放军又恢复了军衔。但比起50年代的军衔，目前的军衔更加简明，等级级别进一步减少，形成了独具特色的军衔体制。

二、军衔制度：军人的"身份证"制度

军衔制度的意义，主要是有利于提高军人的荣誉感和责任心，方便部队的指挥与管理，加强军队的组织纪律性，促进正规化建设，对国际联盟作战和军队间交往也具有重要作用。

军衔是区分军人等级，表明军人身份的称号、标志，是国家给予军人的荣誉。

通常由将官、校官、尉官、准尉、士官、士兵构成其等级体系，有的国家还设有元帅。以置于肩、领或袖、帽等处的专门徽章符号，标志军人的军衔等级和所属军种、

兵种及专业勤务。军衔的种类,按其性质,可分为正式军衔、临时军衔和荣誉军衔;按兵役,可分为现役军衔、预备役军衔和退役军衔。

实行军衔制度,有利于提高军人的责任心和荣誉感,方便军队的指挥和管理,促进军队正规化建设;对国际联盟作战和军队交往也具有重要意义。许多国家的法律规定,军衔是军人的终身荣誉,非经法律判决不得剥夺.具有一定功绩的军人退役后,在规定的场所有权着佩戴军衔符号的军服。

中华人民共和国建立后,中国人民解放军于1955～1965年第一次实行军衔制度时,军衔设7等19级:中华人民共和国大元帅(设而未授)、中华人民共和国元帅;大将、上将、中将、少将;大校、上校、中校、少校;大尉、上尉、中尉、少尉;上士、中士、下士;上等兵、列兵。在实际授衔过程中,还授予了准尉军衔作为尉官的最低一级。

1988年7月,中国人民解放军恢复实行军衔制度,军衔设6等18级:一级上将(设而未授)、上将、中将、少将;大校、上校、中校、少校;上尉、中尉、少尉;军士长、专业军士;上士、中士、下士;上等兵、列兵。1993年4月,士官军衔增加等级,军士长和专业军士军衔,由高至低各分为四级、三级、二级、一级。

1994年5月,将官军衔中不再设一级上将。1995年5月,第八届全国人民代表大会常务委员会第13次会议通过,颁布《中华人民共和国预备役军官法》,规定预备役军官军衔为3等8级:预备役少将;预备役大校、上校、中校、少校;预备役上尉、中尉、少尉。

三、军衔的法律效力:受法律认可和保护的功能

军衔具有一定的法律效力。军衔受法律认可和保护的功效和职能,称为法律功能。将、校、尉等军衔等级体系,同军、师、团、营、连、排长等职务等级体系,都具有区分等级的功能,但其性质不同。军衔是授予个人的等级称号,上校、上尉等衔称区分的是个人的级别,团长、连长等职务区分的是岗位的台阶。

从专业角度来讲,授予军衔和任命职务,都是一种法律事实,但法律赋予它们的功能却不同。授予军衔,是对个人劳绩贡献总和的肯定,无论他在什么单位、什么岗位工作,只要军衔不因犯罪被剥夺,法律就保证其永远享有军衔赋予的权利和待遇。

军衔有许多法律功能,比如以下几个方面。

第一,军衔有确立军官身份的功能;

第二,调整军人利益关系上的功能;

第三,确定非隶属系统军人上下级关系的功能;

第四,标志社会荣誉方面的功能。

四、军衔的历史：四代汉语军衔等级

军衔制度本是由西欧国家传入中国的，军衔等级称号的汉语名称几经变更，迄今为止已经更新到了第四代。

第一代：

1904 年，清朝政府在《另定新军官制事宜》的奏折中首先提出，1905 年 9 月 16 日《陆军军官军佐任职等级及补官体制摘要章程》正式命名了三等九级的军官军衔称号。上等军官称都统，中等军官称参领，下等军官称军校，每等分正、副、协三级。

军官三等九级的全部称谓是：

正都统、副都统、协都统；正参领、副参领、协参领；正军校、副军校、协军校。

第二代：

辛亥革命胜利后，南京临时政府一成立，清朝政府命名的军衔等级称号被立即废弃，《军士制服令》中匆促提出新的军衔等级称谓。上等军官称将校，中等军官称领，次等军官称尉，每等分大、中、少三级。

军官三等九级的全部称谓是：

大将校、中将校、少将校；大领、中领、少领；大尉、中尉、少尉。

第三代：

1912 年，南京临时政府正式颁布军队等级制度法规，在《陆军军官佐士兵阶级表》中正式命名了军官的军衔称号。上等官佐称将军，中等官佐称都尉，初等官佐称军校，每等分大、左、右三级。

军官三等九级的全部称谓是：大将军、左将军、右将军；大都尉、左都尉、右都尉；大军校、左军校、右军校。

第四代：

1912 年，北洋政府另外颁发《陆军官佐士兵等级表》，重新命名了军官军衔称号。上等军官称将官，中等军官称校官，初等军官称尉官，每等分上、中、少三级。

军官三等九级的全部称谓是：上将、中将、少将；上校、中校、少校；上尉、中尉、少尉。

这种称谓一直沿用到现在，后来只是在每一等里面的级数上有所增加。如人民解放军在 20 世纪五六十年代实行军衔制期间，增设了大将、大校和大尉。

五、军衔类别

根据不同的分类标准，军衔可以有多种类型。按军衔的属性，可分为职务军衔和个人军衔；按军队种类，可分为陆军军衔、海军军衔和空军军衔；按军衔的效力，可分为正式军衔、临时军衔和荣誉军衔；按兵役状况，可分为现役军衔、预备役军衔和退役军衔;按工作业务,可分为不同专业勤务军衔。

(一)编制军衔:职务军衔

编制军衔,又称"职务军衔",就是对军队的每一个职务所规定的军衔等级。军人个人的军衔必须是在其所担任职务的编制军衔范围内授予或晋升。

世界各国军队一般都规定有编制军衔,但编制幅度不尽相同,有的一职编一衔,有的一职编数衔。规定一职编一衔的英美等国家,辅以临时军衔制度,来调整新老军官的利益关系,规定一职编数衔的国家,则用编制军衔的幅度来调整新老军官的利益关系。

美国的军官职务编制军衔规定:

上将:参谋长联席会议主席、军种参谋长、战区司令官;中将:军种副参谋长、军长、舰队司令;少将:师长、航空母舰特混部队司令;准将:副师长、独立旅旅长;上校:团长、空军联队长、舰长;中校:营长、舰艇中队长;少校:副营长、舰艇分队长;上尉:连长;中尉:副连长;少尉:排长。

印度的军官职务编制军衔规定:

上将:军种参谋长;中将:军区司令、舰队司令;少将:师长、军分区司令;准将:师参谋长、旅长;上校:旅参谋长、飞行联队司令、舰长;中校:营长、特种兵团长、飞行中队长、二级舰长;少校:副营长、特种兵副团长、飞行中队长、三级舰长;上尉:连长、飞行副分队长、艇长;中尉:副连长;少尉:排长。

中国人民解放军的编制军衔,基本上实行一职编两衔的制度,1994 年全国人大常委会通过修正的《军官军衔条例》规定:中央军事委员会副主席、中央军事委员会委员、总参谋长、总政治部主任的职务编制军衔为上将,其他各职级的编制军衔为:

大军区正职:上将、中将;大军区副职:中将、少将;正军职:少将、中将;副军职:少将、大校;正师职:大校、少将;副师职(正旅职):上校、大校;正团职(副旅职):上校、中校;副团职:中校、少校;正营职:少校、中校;副营职:上尉、少校;正连职:上尉、中尉;副连职:中尉、上尉;排职:少尉、中尉。

(二)个人军衔:永久军衔

个人军衔,又称"正式军衔""永久军衔"。这种军衔称号是军官的终身荣誉,因为它是根据军官德才表现、所任职务、工作实绩、在军队中服役的经历和对事业的贡献等综合因素,授予个人的军队等级称号。世界上多数国家的军衔制度,个人军衔在军官退役后仍然予以保留,属于永久军衔性质。只是在军衔称号前冠以"退役"二字,比如"退役上校""退役中将"等,也正因为如此,被称为永久军衔。

永久军衔的特点是将军官的荣誉称号、待遇等级和职务因素融为一体,具备两种功能,一是调整部队指挥关系,二是调整个人利益关系。

中国人民解放军 1988 年颁布、1994 年修正的《中国人民解放军军官军衔条例》中这样规定："现役军官退役的,其军衔予以保留,在其军衔前冠以'退役'。"

军官的军衔必须是在其所任职务编制军衔范围内授予或晋升;但在所任职务编制军衔的幅度内,军衔的授予或晋升,可以是"高衔",也可以是"低衔"。所以,经常会出现资历浅的连长是中尉、而资历深的副连长却是上尉这样"职衔倒挂"的现象。

《中国人民解放军军官军衔条例》中有这样的规定,在一般情况下,"军衔高的军官对军衔低的军官,军衔高的为上级。当军衔高的军官在职务上隶属于军衔低的军官时,职务高的为上级"。根据这一规定,同在一个连队工作的上尉副连长,必须作为下级而服从中尉连长的指挥。

另外,在世界上有少数国家为了避免这种职衔倒挂的情况出现,实行个人军衔与职务军衔相结合的制度。

(三) 临时军衔:职务军衔、名誉晋级

临时军衔,又称"职务军衔"或"名誉晋级",英国人又称为"荣誉阶级""加衔阶级"。它是按照军官所任职务佩戴军衔符号,任什么职就佩戴什么职务所对应的军衔符号,职务下降军衔也随之降低,职务消失军衔也就失效了。

最早来源于"名誉晋级"的临时军衔,起源于拉丁语。美国 19 世纪 60 年代开始实行名誉晋级制度。西方国家实行临时军衔制度最初是为了既可以在战时把更大的职责交给军官,又可以避免在战争结束后出现过多的高级军衔。

军衔晋升是军人的一种权利。各国对校级以下军官及士兵军衔的晋升期限,都有具体、严格的法律规定;将官军衔的晋升,通常实行择优选升,不规定具体期限。

实行临时军衔与永久军衔的意义在于,按临时军衔佩戴军衔符号,可以实现职务和军衔符号相一致,便于对部队的作战指挥和平时管理;按永久军衔享受个人生活待遇,使军官的待遇不只是同职务挂钩,而是同全部的劳绩贡献挂钩,有利于调整新老军官之间的利益关系,调动更多人的积极性。

和平时期,为使军人的军衔与其所任职务相一致,有的国家实行临时军衔制度。比如美国就有这样的规定:下士以上军人正式军衔尚未期满,而被正式任命或临时任命为比其正式军衔高的职务时,则授予同新任职务相适应的临时军衔。军衔一般都是按期逐级晋升,因职务提升而军衔低于新任职务的编制军衔,或在工作中建有突出功绩的军官,军衔可提前晋升。临时军衔,一般都高于本人的正式军衔。被授予临时军衔的人员,其权力和服装式样与正式军衔相同。职务下降时,临时军衔亦随之下降,但不得低于原有的正式军衔。英国、印度等国,亦实行临时军衔制度。

(四) 军兵种和勤务军衔

外国军队的军衔类别,大都按军种划分,如陆军上将、海军中校、空军少尉等。

有的国家还在军种中再划分出若干兵种和专业勤务,如美国陆军军,衔中就包括有步兵、野战炮兵、军械兵、宪兵、特种部队、医疗队、化学兵、财务兵、参谋等30余种类别,每类都有专门的符号加以标志。

中国人民解放军第一次实行军衔制期间,《中国人民解放军军官服役条例》规定,现役军官军衔分为7类18种。第1类为指挥军官和政治军官军衔,其中又划分为12种:步兵军衔、骑兵军衔、炮兵军衔、装甲兵军衔、工程兵军衔、铁道兵军衔、通信兵军衔、技术勤务兵军衔、公安军军衔、空军军衔、海军军衔、海岸军衔;第2类为技术军衔;第3类为军需军衔;第4类为军医军衔;第5类为兽医军衔;第6类为军法军衔;第7类为行政军衔。第1类中的海军军衔和第2类至第7类的全部军衔,在其军衔称号前均冠以军种或专业名称,如海军少尉、技术中尉、军需上尉、军医大尉、兽医少校、军法中校、行政上校等。骑兵、炮兵、装甲兵、工程兵、铁道兵、通信兵、技术勤务兵、公安军、空军和海岸军衔,只是将官在其军衔称号前冠以军兵种名称,如骑兵大将、技术勤务兵上将、公安军中将、海岸少将等;校官、尉官和全部步兵军衔,只用缀在领章上的军兵种和专业勤务符号来区分其军衔种类,在文字称呼上不冠军兵种及勤务名称。军兵种和及专业勤务军衔符号的图案为:

步兵(合成军队)——镰刀斧头图案中嵌入“八一”军徽;

海军——铁锚;

空军——“八一”军徽和飞鹰两翼;

炮兵——交叉的古炮筒;

装甲兵——坦克;

工程兵——交叉的铁锹和铁镐;

通信兵——电话机、电波和铁塔;

铁道兵——五星、飞翼、钳子、铁锤和锚;

公安军——盾;

骑兵——交叉的马刀、骑枪和马蹄铁;

军医——金色衬底的红十字;

兽医——银色衬底的红十字;

军法——盾和两把交叉的宝剑;

军需——红五星外围麦穗和齿轮;

技术——交叉的钳子和扳子;

文工团——古笙外围松枝;

体工队——交叉的剑戟外围松枝。

1988年人民解放军重新实行军衔制后,现役军衔的类别划分为4种,即陆军军衔、海军军衔、空军军衔和专业技术军衔。

陆军军衔,以“八一”红五星衬托宝剑形光芒线的陆军符号作为领花加以标志,军衔称号前不冠军种字样;海军军衔,以“八一”红五星衬托铁锚的海军符号作为领花加以标志,在军衔等级前冠以“海军”二字,如海军上将;空军军衔,以“八一”红五星衬托飞翅的空军符号作为领花加以标志,在军衔等级前冠以“空军”二字,如空军大校;专业技术军衔,以“八一”红五星衬托原子符号作为领花加以标志,在军衔等级前冠以“专业技术”四字,如专业技术上尉。

六、军衔的几种变迁形式:升转降夺消

(一)晋升:向上的变化

晋升,就是军衔晋升,即提高军人军衔的等级。军衔晋级,是军人的一种权利,各国对此均有立法,对军衔晋级的各项内容做出明确规范,使军人的这一权利得到法律的确认和保护。

当今世界上,各国对军衔晋级的内容规范,通常包括三个方面:一是晋级的条件规定,二是晋级批准权限的规定,三是晋级的期限规定。

第一,军衔晋升的批准权限,多数国家与军衔授予的权限相同,少数国家略宽于授衔权限。世界各国军衔晋级的条件基本上是这样两条,一是本人军衔没有达到其所任职务的最高编制军衔,二是具有良好的鉴定。

第二,军衔晋级的批准权限,一般的按职务任免权限审批,即正师职以上军官军衔晋级,由中央军事委员会主席批准;副师、正团职军官军衔晋级,由大军区级首长批准;副团、正营职军官军衔晋级,由军一级首长批准;副营职以下军官军衔晋级,由师级首长批准。但副师职军官晋大校,得由中央军委主席批准;副营职军官晋少校,得由军一级首长批准。

第三,晋级期限是指,将官一般不作具体要求,校官和尉官晋级各国都有衔龄的要求,但期限长短很不一致。中国人民解放军的现行条例规定,平时军衔晋级期限,少尉晋中尉,大学专科毕业的为两年,其他三年;中尉至上校的军衔晋级,每级都是四年;大校至中将的军衔晋级为选升,五年限要求。战时军官军衔晋级期限可以缩短。军官因职务提升,其军衔低于新任职务等级最低编制军衔的,在作战或工作中建立突出功绩的,其军衔可以提前晋升。军官军衔晋级期限届满,因各种原因不够晋级条件的,得延期晋级或退出现役。

(二)转改:横向上的变化

军衔等级的改变,向上称晋级,向下称降级,军衔类别的改变,人们习惯上称为转改。军衔类别可以转换和改变。

军衔转改在手续上,同授衔也不相同,授衔是由五军衔到获得军衔,所以需要举行比较隆重的授衔仪式,改衔由于是在既有的军衔等级前改变一个修饰词,故无须重新授予,一般也不举行什么仪式。

军衔类别的转改,俗称"改衔"。改衔与其他军衔变迁形式最重要的区别是利益关系上的差异:改衔对于军人来说,政治荣誉和物质待遇并不发生变化,只是关系到军人所从事的工作业务性质的改变,而授衔、晋衔、降衔和剥夺军衔,却会引起个人利益的变化。

与军衔晋级降级一样,军衔类别的转改,需要经有权批准其军衔称号的首长以正式文件的形式予以公布。

军衔的转改办法是将其军衔等级(如上校)前表示军衔类别的定语加以改变,如现役军官转服预备役后,即在其军衔前冠"预备役"三字,称"预备役大校"。

(三)降级:向下的变化

军衔的降级是一种行政处分,指降低军人军衔的等级。

1988 年,中国人民解放军实行新的军衔制后,降低军衔的情况包括两种:

第一种,军人因违反军纪,给国家和军队造成损失的,按照《中国人民解放军纪律条令》的规定,给予军衔降级处分,但这种处分不适用于少尉军衔。军衔降级后,其本级衔龄从降级之日起重新计算,但如果对所犯错误已经改正,并在作战或工作中做出显著成绩,其军衔的晋升期限可以缩短。

第二种,军官因不胜任现职,被调任下级职务,其军衔高于新任职务等级最高编制军衔的,应当将其军衔"调整"至新任职务等级最高的编制军衔,这种调整式的军衔降级,不算处分。

(四)剥夺:军衔被吊销

军衔的剥夺,即指军衔被吊销。2000 年,中央军委颁发《关于剥夺犯罪军人军衔的规定》,对剥夺军衔的有关问题做了具体规定。规定还适用于:军队司法机关管辖的退役军人犯罪的案件,需要剥夺犯罪分子军衔的;中国人民武装警察部队军事法院判决剥夺犯罪分子警衔的。

在规定中,主要对以下一些方面做了一些规范:

比如,军人犯罪被依法判处不满三年有期徒刑、拘役、管制、罚金、没收财产的,不剥夺其军衔。军人犯罪,被依法判处三年以上有期徒刑、无期徒刑、死刑或者剥夺政治权利的,由第一审军事法院判决剥夺其军衔。缓刑考验期限不得作为军衔晋级的期限计算。军人犯罪被判处管制、拘役、三年以下有期徒刑宣告缓刑的,在缓刑考验期限内,可以佩戴军衔肩章、符号、帽徽。经司法机关批准或决定逮捕的军人,逮捕时应摘去本人佩戴的军衔肩章、符号、帽徽,由执行逮捕的机关暂时收存;不构成犯罪或依法不起诉、免于刑事处分的,应当及时向本人发还其军衔肩章、符号、帽徽。未被依法判处剥夺军衔的犯罪军人,按照中央军事委员会的有关规定,可以给予军衔降级处分。

被依法判处剥夺军衔的犯罪军人,在服刑期满后,需要在部队服役并授予军衔的,依照《中国人民解放军军官军衔条例》第 16 条、《中国人民解放军现役士兵服役条例》第 21 条的规定办理。被依法判处剥夺军衔的犯罪军人,原是军官的,在判决发生法律效力后,由第一审军事法院将判决书副本交其所在单位的干部部门备案;原是士兵的,在判决发生法律效力后,由第一审军事法院将判决书副本交其所在单位的行政管理部门备案。被依法判处刑罚而未剥夺军衔的军人,服刑期间停止佩戴军衔肩章、符号、帽徽,其军衔、肩章、符号、帽徽由执行机关保存。服刑期满后,原职是军官的,由执行机关将本人及其军衔肩章、符号、帽徽交其所在单位的干部部门处理;原是士兵的,交其所在单位的行政管理部门处理。

(五)取消:军衔失效

取消也是使原有军衔失效的一种措施。取消军衔,是中国人民解放军第二次实行军衔制后新规定的一项制度,20世纪五六十年代首次实行军衔制期间以及世界上许多国家都没有这项规定。1988年颁布实施的《中国人民解放军军官军衔条例》规定,被撤销军官职务并取消军官身份的人员、被开除军籍的军官,都应取消其军衔。1988年颁布实施的《中国人民解放军现役士兵服役条例》规定,士兵被除名、开除军籍的,应取消其军衔。取消军衔和剥夺军衔,都是使军人原有的军衔失效,但取消军衔是对因犯错误受行政处分人员的一项附加的处理措施,剥夺军衔则是对因犯罪受刑事处罚人员的一项附加的处罚措施,二者有轻重之别。

七、美国特有军衔:五星上将

"五星上将"是美国特有的军衔,五星上将的晋升基本条件,必须担任过盟军战区指挥官职务,历年获此殊荣者,均和第二次世界大战有关,包括麦克阿瑟(太平洋战区指挥官)、艾森豪威尔和马歇尔(先后担任过欧洲战区指挥官)及布莱德雷(地中海战区指挥官)。

五星上将正式设立于1944年12月,由美国国会批准。五星上将是美国军队最高军衔,肩章上镶有五颗星徽,相当于西方其他国家的元帅军衔。美国国会规定,美军的五星上将军衔只在战时授予,且终生不退役。艾森豪威尔为了竞选美国总统,后来放弃了五星上将军衔,因为美国宪法规定现役军人不得竞选总统。

美国空军原附属于陆军,至第二次世界大战结束后始正式成为独立军种,作为空军首任司令官的阿诺德曾在空军还是"陆军航空兵"时获得过陆军五星上将军衔。美国第一次授予五星上将军衔是在1919年,最后一次是1950年。自1981年最后一名五星上将去世以后,美军将官中至今无五星上将。

陆军五星上将肩章

八、"双料"将帅：两次将帅称号的拥有者

"双料"将帅，是指人民解放军的将领中在不同国家、不同时期、不同军队、不同阶段，两次获得将帅军衔称号。包括两国将军、两期将帅、两军将军和两度将军。其中，获得中外两国将官军衔称号者1名；获得大革命时期和社会主义革命时期将帅称号者4名；获得国共两党军队将官军衔称号者12名；获得解放军两个阶段将官军衔称号者13名。

九、大元帅：流星般的军衔称号

大元帅，军衔最高等级，地位甚至高于元帅。大元帅起初并不是军衔称号，而是一种荣誉封号，用来授予本国或同盟国武装部队总司令，有时也授予皇家成员和国务活动家，实际上，大元帅在具体运作过程中其礼仪或荣誉作用仍然高于军事作用。

大元帅是军衔体系中的最高等级，一般授予一国武装力量的最高统帅。民国时期的"特级上将"、纳粹德国的"帝国元帅"、法西斯意大利的"最高帝国元帅"以及美国在1976年追授开国总统华盛顿的"六星上将"军衔均可以视为大元帅。目前全球已没有在世者被授予此衔。大元帅在中国古代是职务，指前敌总指挥。例如金军之中，大元帅高于元帅、低于作为全军总司令的都元帅，另有天下兵马大元帅。历史上先后享有大元帅封号的共约30人。

十、元帅名称：官职或军衔兼用

"元帅"一词在历史上曾经有过两种含义：一是官职名称，二是军衔称号。法文"元帅"一词源自古德意文"马"和"仆人"。在中世纪的法国和其他一些欧洲国家，元帅是军队中的一般官职，负责军队的行军队形和作战队形，监督警卫勤务的执行，管理军队庶务以及指挥前卫、选择营地等工作。在中国，汉语"元帅"一词最早出现在公元前633年的春秋时期，当时还不是官职名称，从南北朝起，元帅逐渐成为战时统军征战的官职名称。

元帅作为军衔，始于16世纪的法国军队。继法国之后被许多国家所采用。有的国家将元帅分为不同等级，如元帅级别设置最多的国家是苏联，设苏联大元帅、苏联元帅、主帅、元帅四个级别。有的国家还将元帅区分为不同种类。一般分为陆军元帅、海军元帅、空军元帅三种。

十一、将官军衔：近、现代军官军衔的一等

将官，近、现代军官军衔的一等。为上等军官军衔，包括大将（一级上将）、上将、中将、少将。对授予上述军衔的军官亦泛称将官。

中国人民解放军于1955～1965年第一次实行军衔制期间，将官一等设大将、上将、中将和少将四级。1988年颁布的《中国人民解放军军官军衔条例》规定，将官军衔设一级上将、上将、中将和少将四级。1994年公布的《关于〈中国人民解放军军官军衔条例〉的决定》规定，将官军衔中不再设一级上将，只设上将、中将和少将三级。

民国南京临时政府于1912年1月颁布《陆军官佐士兵阶级表》，规定上等军官称"将军"，分大将军、左将军和右将军三级。8月，改定军官佐军衔，分上将、中将和少将三级，上等军官军衔称"将官"。

1934年，定陆海空军军官佐军衔，上等军官将官一等分上将、中将和少将三级。1935年，将上将一级增置为特级上将、一级上将和二级上将三级。

1936年，还规定陆军中将在二级上将无缺额时，授上将加衔，待上将出缺时，正式授二级上将。

（一）大将

这是一些国家将级军官中最高一级的军衔称号。大将军衔最早由苏联红军设置，1940年5月最高苏维埃主席团发布命令，将高级军官军衔改称将官，大将为陆军将官中最高级别，与海军元帅等同。1943年设置了空军、炮兵、装甲兵、工程兵和通信兵元帅后，大将军衔只在诸兵种合成军队中设置，与军兵种元帅属同一级别。第二次世界大战后，东欧一些国家以及古巴、朝鲜、越南、尼加拉瓜、缅甸等国也相继设置大将军衔。

中国人民解放军1955～1965年第一次实行军衔制期间，也设有大将军衔，授予大将军衔称号的共10人。

（二）上将

这是许多国家将级军官中最高级别的军衔称号。上将在英语中与"将军"为同一个词。

中国人民解放军20世纪50年代第一次实行军衔制期间，上将为将官中的第二个级别，全军共授予上将称号者57名。1988年重新实行军衔制时，法律文件规定，上将分为一级上将和上将两个级别，一级上将空缺未授，授予上将称号者17名。

1994年全国人大常委会通过决定，不再设一级上将，上将遂成为人民解放军

的最高军衔称号,是中央军事委员会副主席、委员、总参谋长、总政治部主任法定的编制军衔,资深的大军区正职也可以授予或晋升为上将军衔。

随着军队规模的扩大和国家军事体制的发展,有的国家遂将上将区分为几个等级。最早是美国在第一次世界大战结束后,授予潘兴以五星上将称号,第二次世界大战中和大战结束后,授予马歇尔等8人以五星上将称号,其中陆军4名,空军1名,海军3名。

(三)中将

这级军衔称号在多数国家属于将官的中等级别,少数国家以中将为最高军衔。在多数国家,中将是军长的编制军衔,但在一些国家,如利比亚、蒙古、以色列、索马里、瑞士、比利时、乌拉圭、危地马拉、厄瓜多尔、洪都拉斯等国,中将则是国家最高军事领导人的军衔称号,因而也是这些国家的将官中最高的一个级别。

当前规定,中将军衔可授予正大军区职、副大军区职和正军职;也可授予高级专业技术军官。中国人民解放军20世纪50~60年代第一次实行军衔制期间,规定中将是军长、兵团级司令员和副司令员、大军区司令员和副司令员的编制军衔。

(四)少将

这是将级军官中较低的一级军衔称号。世界各国的将官,一些国家以少将为最低的一个级别,一些国家则以准将为最低级别,后者如美、英、德、意、法、印、巴等国,前者如东欧国家、巴西、哥伦比亚、丹麦、日本、葡萄牙等国。少将一般为师长和副军长的编制军衔,因而起初在一些国家称少将为"师将"。

中国人民解放军20世纪50~60年代首次实行军衔制期间,规定少将是大军区副司令员、兵团级部队正副司令员、正副军长和师长的编制军衔,少将军衔可授予副大军区职、正副军职和正师职军官,高级专业技术军官也可授予此衔。

(五)准将

准将一般是旅长的编制军衔,一些国家的将级军官中最低的一级军衔称号,所以过去一些国家称准将为"旅将",法文用"将军"和"旅"这两个词相组合即为"准将"。

中国自清朝末年引进西欧式军衔制以后,历届政府都没有设置准将军衔。中国人民解放军在上校与少将之间所设的大校军衔,按指挥职权并不比准将轻,但外军往往将其等次排列在准将之下,理由是最低的将官也比最高的校官高一个等级。

在英国,凡是担任副师长或独立旅旅长的准将,属将级军官,而担任相当于其他国家团级规模的旅长职务的准将,则不是将级军官,而是一个受到特别任命的上校,这种准将军衔带有临时性质。在俄国彼得一世时期,只在海军中设准将衔,陆军不设。

尽管将级军官队伍在整个军衔家族中,其地位之高、级别之多,但是由于地位较高,要取得任何一级将军军衔称号都并非易事,而且名额有严格的限定,所以各国的各级将军人数比起本国的几十万、上百万甚至几百万军队来说,数量非常小。

十二、校官军衔:逐渐增加

军衔制度产生后,校级军官军衔在很长一段时间里都只是设有上校和少校两个级别,很多国家是到后来才增加了中校。目前世界上设置四级校官军衔的国家,除了中国和朝鲜以外,还有越南社会主义共和国、摩洛哥王国。

第二次世界大战结束时,世界上的校官军衔最多设为三级,朝鲜民主主义人民共和国实行军衔制时,首次在人民军中设置了大校军衔称号,使校级军官的军衔等级发展到四级。

(一)大校

大校是少数国家校级军官中最高一级的军衔称号。世界上绝大多数国家不设大校军衔,有的国家不承认大校是高于上校的一个军衔等级,往往同他们国家的上校对等。

人民解放军的大校军衔称号,1955~1965年第一次实行军衔制期间规定,可以授予军长、副军长、师长和副师长等四个级别的军官。1988年的《中国人民解放军军官军衔条例》规定,大校军衔可以授予大军区副职、正军职、副军职、正师职和副师职等五个级别的军官。1994年修订的《中国人民解放军军官军衔条例》规定,大校军衔只授予副军职、正师职和副师职等三个级别的军官。朝鲜民主主义人民共和国规定,大校只是副师长的编制军衔。

大校最初由朝鲜民主主义人民共和国设置,是第二次世界大战后才出现的一级衔称。中国人民解放军于1955年和1988年两度实行的军衔制度中,均设有此衔。

中国的大校相当于美国军衔的准将,因为美国军衔中没有大校军衔,比上校高的就是准将。

陆军大校为陆军正师职军官的主要军衔。此外,它还是陆军副军职军官和副师职军官的辅助军衔。

海军大校为海军正师职军官的主要军衔。此外,它还是海军副军职军官和海军副师职军官的辅助军衔。

空军大校为空军正师职军官的主要军衔。此外,它还是空军副军职和副师职军官的辅助军衔。即资历较浅的空军副军职军官和资深的空军副师职军官,也可授予空军大校军衔。

武警大校为正师职警官的主要警衔。武警大校还是武警副军职警官和副师职警官的辅助警衔。

（二）上校

"上校"一词源自意大利语"纵队"。清朝末年军衔制传入中国后，清朝政府命名该级军衔称号为"正参领"，是"统带官"的职务军衔。辛亥革命后，南京临时政府将这级军衔称号重新命名为"大都尉"，后北洋政府改名为"上校"。

目前世界各国的军衔体系中，一般都设有"上校"这一级军衔称号，除设有大校的少数国家外，上校是校官中的最高一级衔称。上校一般为团长的编制军衔，中国人民解放军现行法律文件规定，上校也可以授予副师职军官。

陆军上校为陆军副师职军官和正团职军官的主要军衔。

海军上校为海军副师职军官和正团职军官的主要军衔。

空军上校为空军副师职和正团职军官的主要军衔。

武警上校为武警大队的主要军衔。

在俄国，"上校"一词首先出现在16世纪，当时人们称呼指挥团队的人为上校。1631年，上校代替了督军和团首领的称呼，把担任团长职务的雇佣军官叫作上校。从1632年起，上校作为军衔开始授予新制团的指挥员。在法国古代的步兵部队中，上校是团长的代名词，18世纪末法国人往往把团长和上校混为一谈。

（三）中校

校级军官中间一级的军衔称号。当今绝大多数国家的军事体系中，均设有中校军衔称号，一般为副团长或营长的编制军衔。中国人民解放军按现行法律规定，中校可以授予正团职、副团职和正营职等三级指挥军官和担任高级、中级、初级等所有的专业技术职务的军官。

陆军中校为陆军副团职军官的主要军衔。此外，它还是陆军正团职（副旅职）军官和正营职军官的辅助军衔。

海军中校为海军副团职军官的主要军衔。此外，它还是海军正团职（副旅职）军官和海军正营职军官的辅助军衔。

空军中校为空军副团职军官的主要军衔。此外，它还是空军正团职（副旅职）军官和空军正营职军官的辅助军衔。

武警中校为武警副团职警官的主要警衔。此外，它还是武警正团职警官和正营职警官的辅助警衔。

在17世纪俄国军队的副团长称为中校，后来逐渐演变为副团长的军衔称号。1722年，俄国彼得一世在《官级表》中，将中校作为校官的第二级军衔称号固定下来。1935年，苏联红军实行军衔制时，校官只设上校和少校两个级别，到1939年才补充设置了中校。在西欧国家，中校是团队指挥官上校的第一助手。

（四）少校

"少校"一词源于拉丁文"大的""职位较高的""年长的"等词汇,是一个古老的军事术语。400 多年前,西班牙军队最先把少校作为军衔称号使用。

现在世界各国的军衔体系中均设有少校,为校官中最低的一个级别,一般为副营长的编制军衔,有的国家也规定为营长或特种兵连长的编制军衔。

16 世纪,"少校"这一军事术语传入德国,开始只是作为对担任一定职务人员的称呼,如少校与"城市"一词搭配,即指城市事务管理者,与"钥匙"一词搭配,则指负责要塞门户开关的人。以后德国在建立常备军时,少校便作为军衔称号使用。

陆军少校为陆军正营职军官的主要军衔。此外,它还是陆军副团职军官和副营职军官的辅助军衔。

海军少校为海军正营职军官的主要军衔。此外,它还是海军副团职军官和海军副营职军官的辅助军衔。

空军少校为空军正营职军官的主要军衔。此外,它还是空军副团职军官和空军副营职军官的辅助军衔。

武警少校为武警正营职警官的主要警衔。此外,它还是武警副团职警官和副营职警官的辅助警衔。

1698 年,俄国为新制团的指挥人员和在俄军中服役的外国人设置了少校军衔,13 年后在彼得一世建立的正规军中也开始设置此衔。18～19 世纪,俄国一度将少校区分为一级少校和二级少校两个级别,还把少校与岗位相搭配来表示一种固定的职位,如"基地少校""门卫少校"等。

十三、尉官衔:初级军官军衔的统称

军衔的一等。系初级军官军衔的统称。通常设上尉、中尉、少尉,有的还设大尉。中国于 1955～1965 年实行的军衔制,尉官设大尉、上尉、中尉、少尉四级;1988 年始重新实行的军衔制,设上尉、中尉、少尉三级。

（一）大尉

"大尉"一词源自拉丁文"首领"一词派生出的"军事长官"。大尉的称谓首先出现于中世纪的法国,当时是独立军区长官的头衔,职位显贵。后来"大尉"一词逐渐失去了原来的意义,从 1558 年起,开始称连长为大尉,军区长官则称总大尉。

当前,世界各国的尉级军官军衔中,设置大尉军衔称号的,只有东欧国家和越南、朝鲜民主主义人民共和国、尼加拉瓜、阿富汗等少数国家。

第二次世界大战结束以前,日本尉官中最高级别的军衔称为大尉,但他们不设上尉,大尉是高于中尉一级的军官,故译成汉语应称上尉。

在俄国,大尉称谓最早出现在 16 世纪鲍里斯·戈杜诺夫时期,人们称外国雇佣军的队长为大尉,从 1647 年起,大尉作为一级军衔称号授予新制团的连长,到 18 世纪初,所有正规军的连长都享有大尉称号。

中国人民解放军在 20 世纪 50~60 年代首次实行军衔制期间,设有大尉军衔,是尉级军官中最高的一个级别,授予副团长、营长、副营长和连长。1988 年实行的新军衔制,不再设置该衔。

(二)上尉

"上尉"一词来源于拉丁文"首领",是一个最古老的军事术语。西方陆军最早的组织形式是被称为"连"的海陆空上尉常服肩章单位,每个连由一名上尉指挥,当时的上尉是一种职称,在德文中至今上尉和连长是同一个词——Hauptmann,这个词由"头"和"人"两词组合而成,表示一个地位显赫的人,过去一般是对首领或司令官的称呼。

以后,上尉逐渐演变为担任连长职务者的军衔称号。当今世界上凡是实行军衔制的国家,都无一例外地设有上尉军衔,在绝大多数不设大尉的国家中,上尉是尉官中的最高级别。中国人民解放军的上尉,是副营长、连长和副连长的编制军衔。

(三)中尉

"中尉"一词源自法文"代理人""副职"。中尉作为军队职务名称,最早出现在法国,1444 年,法国军队将担任副队长的首领称为中尉,到 15 世纪末,中尉成为对副连长的称呼。从 17 世纪下半叶起,中尉成为法兰西等西欧国家陆军和海军的军衔称号。

俄国军队 17 世纪中叶在新制团设置了中尉军衔,起初授予步兵连和骑兵连的副连长,后来中尉被任命担任连长。当今世界各国的军衔体系中都设有中尉军衔称号,一般为副连长的编制军衔。有的国家还将中尉区分为一级中尉与二级中尉两个级别。

(四)少尉

"少尉"一词源于法语"代表",是法国古代对步兵和骑兵部队中掌旗军官的称呼。

现在,少尉是绝大多数国家尉级军官中最低一级的军衔称号,少数不以少尉为尉官最低军衔的国家,有两种情况:一是不设少尉军衔,以中尉为尉官最低衔,如蒙古、波兰和古罗马尼亚的男军官;再是将准尉列入尉官等级,以准尉为尉官最低衔,如阿富汗、土耳其、阿根廷、智利等国。中国人民解放军的少尉,是排长的编制军衔。

在俄国,少尉军衔设于 1703 年彼得一世时期,在 1722 年颁布的《官级表》中,用法律的形式固定下来,一直沿用到 1917 年。

(五)准尉军衔

准尉是军人的职衔,地位介于军官与士官之间,经上级选拔推荐、军官候补教育合格后可晋升为少尉。准尉官作为领导、指导、教练和顾问下属可以并指挥分遣队、小组、行动、船艇、飞机和装甲车辆。但是,准尉官的作为领导者的基本任务是在他们的专业内作为技术专家为指挥官和组织提供有用的技能、指导和专长。

在某些国家的军队制度中,准尉是士官晋升的最高官阶;另外在其他国家的军制中,独立成一阶级,或者尚未被授阶成为少尉的军校毕业生,也挂准尉阶级见习。

准尉可以分为三个类型:

军官同等官型是准尉阶级分类在军官。20 世纪 60 年代,英国海军准尉为少尉同等官。

上级士官型是指准尉阶级分类在士官,给予上级士官比照军官的待遇。

独立阶级型是准尉阶级不归在军官也不属于士官,例如北约及美军的准尉制度并分等级。

职务型是纳粹德国准尉制度为任命上士担当的职务,例如"SS 准尉"。

十四、士官军衔:历经多次规范

士官是相对于军官和义务兵而言的,是我军的重要组成部分,是指从服现役期满的义务兵中选取,或者直接从非军事部门具有专业技能的公民中招收,并被授予相应军衔的志愿兵役制士兵。其按照工作性质分为专业技术和非专业技术士官。

一些国家军衔体系中低于军官、高于军士的军衔称号。只在少数国家设置,如西班牙、阿尔及利亚、印度尼西亚等国。中国人民解放军在 1988 年重新实行军衔制时,始设此衔,是士兵军衔中最高的一级衔称。

士官分两种,一种是专业士官,另外一种是非专业士官。非专业士官大都是初级士官,比如说带兵,非专业士官一般来说只能干一期、两期。很少有非专业士官干到三级四级的,这也就是说如果你不是非常优秀,二级非专业士官很难晋升三级士官。四级以上士官一般是专业士官。专业士官专业性非常强,只有一些技术性比较强的专业和单位才有,大部分都是从事维修、专业兵种武器维护工作的,比如说导弹维修、高炮维修、雷达维护等等。一般来说能达到高级士官的已经很不容易了,一个大军区的高级士官更少了,而六级士官一个大军区也没有几个,六级士官相当于副团职待遇,五级士官相当于正营职待遇,所以专业士官一般来说在部队中较容易升职。

士官军衔分为军士长和专业军士两个类别,二者在等级体系上无相互从属和递进关系,是相对独立而平行的两个系统。士官按兵役性质,属志愿兵范围,服役期限较义务兵为长，退出现役后可享受转业待遇，由地方政府负责安排工作，符合条件规定的还可作退休安置，或者复员安置。有些国家称军士为士官，有的称"非委任军官"，名称不一，但其地位大同小异，都是居于军官、军士之间的一个等级。

我军的士官军衔实行三等七级，即士官军衔分为高级士官（一级军士长、二级军士长、三级军士长）、中级士官（四级军士长、上士）、初级士官（中士、下士）。士官退役后的安置建立有条件全程退役制度，各级士官在服现役的各个年度，符合全程退役条件的都可安排退役；将士官职业技能鉴定纳入军事训练考核计划。

十五、军士衔称：用于军事人员

法国首先于 15 世纪将军士作为军衔，授予业务熟练的有经验的士兵。后来这一称号传入德国。1716 年彼得一世将其移植到俄军，其地位居于班长与司务长之间，使用 70 多年后于 1789 年废除，由班长级（下士）士官所取代。

目前世界各国的军衔等级体系中都设有军士衔称，一般的区分为 3~4 级，多的设 6~7 级。中国人民解放军 20 世纪 50 年代首次实行军衔制期间，设上士、中士和下士三个级别；80 年代新军衔制实行后，军士是士兵军衔中低于士官、高于兵的一个级别，划分为上士、中士和下士三级，服现役第二年的副班长、服现役第三年的上等兵，可以晋升为军士军衔。

十六、士兵军衔：各国等级设置不同

士兵，是对军士和兵的统称，中国人民解放军将士官、军士、兵称其为士兵。在世界各国士兵军衔的等级设置很不一致，最少的只设一级，最多的设四级，也有设二级、三级的。主要是因为各国的国情不一，另外关键是士兵服役规定各国都有一定的差异。

西方的"士兵"一词，源自意大利文"钱币"和"薪饷"，它作为军事术语最早出现于 15 世纪的意大利。

士官军衔在肩章版面上缀以象征符号和折杠。象征符号、折杠的繁简分别表示士官军衔高、中、初三等和级别。一道粗折杠加一道细折杠为三级士官军衔；两道粗折杠加一道细折杠为五级士官军衔；一道粗折杠为二级士官军衔；两道粗折杠为四级士官军衔；三道粗折杠为六级士官军衔；一道细折杠为一级士官军衔。士官军衔肩章分硬肩章和套式软肩章。

中国的士兵军衔主要有三级：

士兵军衔肩章版面底色：陆军为棕绿色，海军为黑色，空军为天蓝色。兵的军衔在肩章版面上缀以折杠，无象征符号。两道折杠为上等兵军衔；一道折杠为列兵军衔。兵的军衔肩章为套式软肩章。

（一）上等兵

上等兵，多数国家兵衔中最高等级的称号。

"上等兵"一词源自法语，法国军队曾规定，骑士如果在战斗中失去马匹，则暂归步兵指挥，执行步兵勤务，但仍保留他们的骑士称号和薪饷，并免干粗活。后来，就把这种"免除了列兵某些职责的人"叫作上等兵。

清朝末年军衔制引进中国后，称最高的一级兵衔为"正兵"；辛亥革命胜利后，孙中山的民国临时政府在《陆军官佐士兵阶级表》中，使用了"上等兵"这一称号，之后被历届政府沿用。中国人民解放军的条例规定，服现役第二年的列兵可晋升为上等兵军衔。

17世纪初，德国将上等兵作为一级军衔设置于连队，授予有经验而可靠的士兵，赋予他们负责哨兵派班、押解俘虏等重要任务，有时班长缺勤，还可以代理班长工作。1716年，彼得一世将上等兵衔引进俄国，陆军条令规定，在步兵、骑兵、工兵中设置，授予屡建战功或长期服役无暇的士兵。1722年的《官级表》规定，在陆军中设上等兵、上等炮手，海军中设上等水兵。

目前，世界各国除兵衔只设一级的少数国家外，大多数国家都设有此衔。

（二）二等兵

二等兵，某些国家士兵军衔中的一个等级称号。目前，兵衔设四级的国家有德国、日本、委内瑞拉、卢森堡等国。"二等兵"一词由德语"自由"和"解脱"两词演变而来，即"被解脱"之意。

在17世纪的雇佣军中，一些年纪较大而可靠的士兵，可被免除低级、繁重的和站哨等勤务，"二等兵"一词便是对这些略享优待士兵的称呼。1859年，在普鲁士的炮兵中曾设过一等兵衔称，位于上等兵与二等兵之间。第二次世界大战中，德国士兵的服役期限延长到12年之久，为解决士兵的待遇问题，决定增加兵衔的等级层次，新设了一等兵和三等兵，使兵的军衔增加到了四级。

（三）列兵

列兵，一些国家士兵军衔中最低的一级衔称。

目前，世界上设列兵军衔的国家有：法国、捷克、卢森堡、意大利、巴西、古巴、委内喘拉等国。其他国家士兵最低军衔的称呼，有的称四等兵，如德国；有的称三等兵，如美国、日本、奥地利、智利、秘鲁等国；有的称二等兵，如印度尼西亚、比利时、荷兰、匈牙利等国；有的称新兵。

俄军在彼得一世1722年颁布的《官级表》中，首次设置此衔。1874年，俄国实行普遍征兵制后，列兵属于"低级官衔"。1918年，苏维埃共和国建立工农红军后，将列兵改称为红军战士，1946年7月恢复列兵衔称。

中国军队引进军衔制后,清朝新建陆军和民国时期的陆军,称最低的兵衔为二等兵,北洋时期的海军称二等练兵。中国人民解放军两次实行军衔制中,均设列兵军衔,新兵经3个月入伍训练合格后,授予列兵军衔,服现役1年后晋升为上等兵。

(四)新兵

新兵,少数国家士兵军衔中最低的一级衔称。俄国1874年在征兵条令中,开始用"新兵"这一名称取代实行募兵制期间使用的"新募兵"称呼,新兵应征后,通常仍着便服编入特别补充队或通过兵站被送往部队,到达部队后即成为正式士兵或水兵。

中国人民解放军同其他许多国家一样,新兵只是一个当兵时间早晚和服役经历长短的概念,是相对"老兵"而言的,往往把刚征集或入伍不久的士兵称为新兵。但在少数国家,新兵则是士兵军衔中的一个等级,设置新兵军衔的国家,亚洲有越南、印度、孟加拉国,欧洲有丹麦、挪威、英国等。

十七、预备役军衔:具有中国特色的军衔名称

按照1995年通过的《中华人民共和国预备役军官法》规定,预备役军官军衔设三等八级:预备役将官:预备役少将;预备役校官:预备役大校、预备役上校、预备役中校、预备役少校;预备役尉官:预备役上尉、预备役中尉、预备役少尉;预备役士官;预备役士兵。专业技术军官授予相应军衔,海空军在军衔前分别冠以"海军""空军"。其中,少将、大校军衔由中央军事委员会主席批准授予。

人民解放军预备役军官专用军衔肩章符号,20世纪50年代首次实行预备役军衔制度时未曾制定,90年代再次实施预备役军衔制度时才正式制定佩戴。同国外的预备役军衔比较,中国现行的预备役军衔制度,有许多自己的特色。

(一)预备役军衔的等级区分和类别设置

许多外国和中国历史上的预备役军衔等级的设置,与现役军衔差别不是很大,而中国人民解放军现行的预备役军衔,最高只设至少将,比现役军衔低了两个等级。

1.预备役军衔的类别区分。

(1)预备役军事、政治、后勤军官军衔;
(2)预备役专业技术军官军衔;
(3)海军预备役军官军衔;
(4)空军预备役军官军衔。

2.预备役军衔的等级设置：

预备役将官：预备役少将；

预备役校官：预备役大校、预备役上校、预备役中校、预备役少校；

预备役尉官：预备役上尉、预备役中尉、预备役少尉；

预备役士官；

预备役士兵。

预备役专业技术军官军衔，其等级的设置与其他军官相同，只是在军衔等级前加"专业技术"四字，如"预备役专业技术少将"等。

美国的国防体制是，国防部下面设有陆军部、空军部、海军部，这三个军事部是相对独立的，它们都有自己所管辖的现役部队和预备役部队。美国的这种预备役体制，决定了预备役军衔是从属于军种的，所以它们理所当然地将军种冠于预备役之首。

苏联是以军兵种从属于预备役的，《苏军军官服役条例》规定，现役军官转入预备役后，应"对预备役军官的军衔称呼增添'预备役一词'。"军衔称呼增添上"预备役"一词后，军衔的全称就成为"预备役海军少尉""预备役空军中校""预备役坦克兵上将"了。

我国现行的预备役制度是，凡编入预备役部队或预编到现役部队任职的预备役军官，归所编部队管理，而部队是有陆、海、空之分的，如陆军预备役师、海军预备役旅、空军预备役团等。但大量预备役人员是储备在社会上的，统一归各地兵役机关登记管理，管理机关只代表国家和整个军队，并不代表哪个军种。因此，我国的预备役军官军衔的称谓，有进一步研究规范的必要。

（二）预备役军衔的标志及其佩戴方法

1.预备役军官军衔肩章。其衔级标示与现役军官相同。不同的是：（1）尉官、校官肩章。预备役"Y"字形金属标志和星徽，沿肩章纵轴呈直线分布，"Y"字形金属标志缀钉于肩章下端，星与星之间、星与肩章扣眼下端和"Y"字形标志上端之间的距离均等。大校肩章外侧两枚星徽左右对称缀钉，肩章星徽均以一角朝肩章扣眼方向。（2）将官肩章。"Y"字形松枝金属标志位于肩章下方适中位置，星徽与扣眼下端和"Y"字形松枝金属标志顶点之间距离均等。

2.预备役士兵肩章。佩戴经中央军委批准的套式肩章（暂不区分军衔等级）。

3.预编预备役人员专用臂章。编入预备役部队和预编到现役部队的预备役军官，均须佩戴预编预备役人员专用臂章。专用臂章用棕色线缀钉在军服左袖大臂外侧中央位置。

4.佩戴有预备役军衔标志的制式服装穿着规定。预备役军官着制式服装时，应按照规定佩戴帽徽、军种或专业技术符号、预备役军衔肩章。预备役军官软、硬肩章的佩戴方法同现役军官；预备役士兵的套式肩章，着制式作训服时佩戴。

预备役军官参加军事训练、执行军事勤务期间，必须着制式服装；参加国庆节、建军节等重大庆典活动时,按照上级要求或主办单位规定,可以着制式服装。其他时机和场合,不得穿着制式服装。

十八、文职将军:并非"将军"

文职将军,是指专业技术三级以上的文职干部。文职一级相当于中将,文职二级相当于少将,文职三级相当于大校、少将。但实际上"文职干部"是"有职(级)无衔",并非真正意义上的将军。

十九、女性将军:越来越多

据统计,全世界共有现役军人 2000 余万,其中,女军人将近 100 万。现役女将军有近百位,其中,美国、中国、俄罗斯三国的女将军最多。从 1955 年中国人民解放军授予第一位女性将军称号开始至今,在中国军队里已经有几十位女性获得了"将军"称号;美国则一直是除中国以外女将军最多的国家,目前授衔总数已达到 57 人;以苏联为例,它的军队人数是世界上最多的,但是苏联的女兵比例较低,女兵中没有出现将军,最高军衔只是中校。

(一)中国女将:三个第一

1.获得人民解放军军衔的第一位女将军

中国人民解放军 1955 年首次正式实行军衔制度,在 1050 名获得将官军衔的高级将领中,李贞是唯一的女性,被授予少将军衔。李贞 1907 年出生在湖南省浏阳县,1927 年加入中国共产党,参加了秋收起义。土地革命战争时期,李贞担任过游击队士兵委员会委员长。此后,她还陆续担任过中共平江、吉安县县委军事部长,红六军团组织部长,红二方面军组织部副部长。长征后,任八路军妇女学校校长、晋绥军区政治部秘书长。解放战争时期,她任西北野战军政治部直属政治部秘书长。抗美援朝战争中,她又被任命为志愿军政治部秘书长,回国后任防空军政治部干部部部长,还担任过全国政协委员和全国人大常委会委员。1990 年,李贞逝世。

2.解放军军衔史上的第一位中国女中将

中国人民解放军中有许多位女将军,但是只有一位女中将,她就是国防科学技术委员会原副主任兼秘书长聂力。

1930 年 9 月出生于上海,1947 年到荣臻小学学习,第二年升入华北育才中学,1949 年北平解放后进入师大附中,1950 年,在中学的时候聂力就光荣地加入中国共产党,1953 年高中毕业,第二年 24 岁的她考入留学苏联的预备班,就读于列宁格勒精密机械与光学仪器学院。

1960 年毕业回国,被分配到中国第一个搞导弹研究的国防部第五研究院,从最基层的实习员、技术员干起,走上了国防科研的道路。后来在海军装备部、国防科委历任工程组长、研究室主任、副局长、科委副主任等职。1988 年 9 月,她被授予少将军衔。1993 年 7 月,她又被晋升为中将,成为人民解放军迄今为止唯一一位女中将,也是世界上第一位女中将。

3.中国武警部队的第一位女性少将

杨俊生的父亲杨成武是中国军队中著名的高级将领,并于 1955 年被授予上将军衔。1961 年,杨俊生高中毕业后,考上了军校,进入哈尔滨军事工程学院学习。1968 年,杨俊生大学毕业后被分配到某导弹部队。1983 年,由战略导弹部队调入武警工作。随后,杨俊生研制成功了许多警用杀伤性和非杀伤性武器和防护装备,填补了中国武警装备的许多空白。多年来,杨俊生还出任过国家科技奖励公安专业评审委员会副主任委员、武警部队科技委副主任委员及武警部队科技进步奖评审委员会秘书长等职,为中国武警部队的科技发展做出了突出贡献。1995 年,杨俊生开始享受国务院颁发的政府特殊津贴。1996 年 7 月,杨俊生被晋升为少将警衔,成为中国武警部队组建以来的第一位女将军。

(二)外国女将:大都经历不凡

1.美国女上将

1955 年,安·邓伍迪出生于美国的一个军人世家。她的父亲、祖父和曾祖父都毕业于西点军校,因而"她血管里流淌着橄榄的绿褐色"。但是,她的家族并非什么名门望族,在她之前,家族成员在军队中的最高军衔是准将,因而邓伍迪是脚踏实地地成长起来的。

1975 年,从纽约州立大学毕业后的邓伍迪选择了参军,入伍的动机并非打算在军中有所作为,而是曲线地寻找生活的依靠。

但是军旅生涯改变了她的理想和命运,她从此爱上了军营,她曾说过:"我意识到再没有比做一名士兵更适合我了。我为能成为致力于建设世界上最强大陆军的那些勇士中的一员而感到自豪和骄傲。"

邓伍迪的第一个职务是排长,隶属于驻俄克拉何马州锡尔堡的后勤营第 226 维修连。随后,30 岁的邓伍迪升任为该维修连的指挥官,并被调往德国和沙特阿拉伯服役。

此后,她还先后担任驻德国伞兵第 5 军军需处处长,第 10 山地师支援指挥官。

1987 年,邓伍迪从陆军指挥和参谋学院获得后勤学、国家资源战略双硕士的头衔后,成为弗吉尼亚州第 82 空降师后勤计划官,而后又成为陆军后勤参谋部副部长。现在,邓伍迪已就任陆军装备供应指挥官,管辖分布于 150 个地点的共计 13

万美国军人。

邓伍迪在美军中创造了多项第一：在 1992 年的时候，成为第 82 空降师第一个女性营级指挥官；2004 年成为装备支援联合司令部首位女指挥官；2008 年成为美国历史上首位女性四星上将，并成为现役美陆军 11 名上将中的一员；美国武装部队有现役军人 54.3 万人，其中女性约占 14%，她们一般没有战场经历和战功，而邓伍迪先后参加过海湾战争和伊拉克战争，共获得了 15 枚奖章。

在以男人为王的美国军队中终于诞生了首个女性上将，这是美军有史以来第一个军衔最高的女军人。邓伍迪的升迁，是美国前总统布什提名让她接管美国陆军物资司令部。美国国防部长盖茨在宣布提名时，评价邓伍迪"忠于职守，具有非凡的领导才能"。布什卸任以后，奥巴马敦促国会通过了对邓伍迪的提名。

2.美国陆战女将军

盖尔·里尔斯是首位指挥美国海军陆战队基地的女司令。她于 1935 年出生在美国纽约州锡腊丘滋镇，里尔斯家境贫寒，这也让她养成了顽强拼搏、不屈不挠的个性。1953 年，一个偶然的机会，里尔斯参加了海军陆战队。

她有两条人生的信念：努力工作和勤奋自学，使自己由一个文化程度不高的速记员一跃而成为首位陆战队女将军和一个陆战队基地的女司令。作为高级指挥官，里尔斯的指挥才能非常卓越。基地有士兵、学员、军官、文职人员及家属约 15 万名，工作管理任务繁重，责任重大，无论大小事物她都统筹安排，处理得井井有条。

里尔斯喜欢读书，广泛阅读使她自学成才，走进了高等学府深造。有人问她成功的秘诀是什么，她说："每个人认为成功所需要的条件不同，有人认为需要责任心、行动或智慧，而对我来说，最重要的还是要尽心尽力、尽职尽责。

另外，需要有幽默感，不要太拘泥于那些小事。"因而，有人称她为"美军中魅力非凡、最为能干的女将军"。

3.美国护理女将军

罗伯塔·V.米尔斯是个出色的护理学人才。米尔斯 1960 年获护理学学士学位，1962 年在美国空军后备役部队被授予少尉军衔。1963 年获得护理学硕士学位。1966 年，米尔斯加入了田纳西州空军国民警卫队，担任护士队副队长。米尔斯的工作表现非常出色，1992 年 11 月 22 日，美国国民警卫队事务局局长约翰科纳中将宣布：将田纳西州国民警卫队罗伯塔·V.米尔斯上校提升为准将。这样，米尔斯就成为美国国民警卫队 355 年历史上的第一位女将军。

4.非洲军医女将军

隆凯·卡利是尼日利亚独立 30 周年来的第一位女将军，也是尼日利亚武装部队有史以来统辖三座陆军医院的第一位女性领导人。青年时期，卡利努力完成了学业，成为一位精神病医生。1972 年，结束了在英国的留学后，卡利回到阔别已久的祖国。此时她并没有进入到军队当中的念头，只想找个工作，抚养两个幼小的孩子。然而,尼日利亚陆军正需要这么一位医生,因此卡利也就开始了军人的生涯。

1973年,她被授予少校军衔。尽管部队生活枯燥清苦,训练任务繁重,但她从未后悔过。1983年卡利被授予上校军衔,1990年她又荣获全国军事研究院院士证章。1991年初,卡利戴上了少将军衔,调任尼日利亚军医部任副部长。

这以后有许多年轻女孩找到卡利,希望自己能像她一样,不过卡利总是直言相劝:如果你将来只想当一位贤妻良母的话,那就最好不要当兵,只有那些能吃苦耐劳、有组织纪律性的女子,才能过军队的清苦生活。

5.加拿大海军女将军

1982年2月17日,是让拉瑞·奥瑟莉珀终生难忘的日子,加拿大国防部终于批准她由上校提升为海军准将。奥瑟莉珀自从1959年进入加拿大海军预备队算起,她在军旅中已经整整度过了30年的时光,这其中奥瑟莉珀体会到了平常人难以体会到的诸多艰难。然而,在战胜了这些困难之后,奥瑟莉珀迎来了自己人生中光辉的一页,为加拿大妇女在军营这块天地里树立了新的丰碑,成为加拿大海军的第一位女将军。奥瑟莉珀历来主张男女平等,她希望有更多的妇女到军营里施展才华。

她刚参军时,只是海军预备队的一名护士,然而她的冒险精神,让她在这条道路上尝到了挑战的快乐。借于加拿大对女性参军要求的放宽,她说了这样的话:"鉴于发生了许多巨大的变化,现在是妇女在武装部队服役非常好的时期。"如今奥瑟莉珀已经是三个孩子的母亲了,她是一个称职的母亲,但她从未因为抚育孩子而影响工作。她用实际行动证明了,她不仅是个好母亲,更是一个将军。

6.法国首位女将军

法国现役的女将军只有一个,她就是安娜·玛丽·默尼埃,现任法国陆军参谋部专业干部总监。安娜的工作非常特别,她专门负责因年龄限制而不能到作战部队任职的专业军官,这些军官都受过良好的教育,且经验丰富。他们是各自领域的行家,从外语干部到科技干部,从情报专家到管理干部无所不有。

安娜大学毕业后在一所大学里任教。后经过父亲朋友的邀请,安娜于1959年穿上了军装。因为安娜已经获得学士学位,所以入伍后没有再进入到军事学校学习,只是参加了3个月的军事基础训练,训练结束后就分配到陆军参谋部人事局工作。她在这里可以施展自己在大学里所学到的人文学科专业。安娜在部队里一干就是13年。

1983年,安娜出任陆军第四军司令部女军人处处长。1985年,被调到阔别10年的陆军参谋部,任专业干部监察局参谋长,1991年晋升为准将,现任该局总监察员。

7.俄罗斯太空女将军

俄罗斯女少将捷列什科娃是世界上第一个进入太空的女宇航员。1961年4月12日,苏联宇航员加加林成功地升入太空,并安全返回地面,开辟了人类征服太空的时代。

1961 年 12 月 30 日,苏联中央委员会主席团发布关于批准军方选拔 5 名女宇航员提议的决定。捷列什科娃有幸成为军方初定的 200 名候选人之一。经过严格筛选,她又成为即将受训的 5 名女宇航员之一。

1962 年 4 月,5 名女宇航员开始接受训练,并被授予列兵军衔。半年后,她们顺利通过基础训练考试,又被授予少尉军衔。

当时,捷列什科娃的训练成绩和身体状况并不是最佳的,却有幸被选定为第一个升入太空的女性计划中。据说原因有两个:一是她已怀孕,便于同时作太空生育实验,一举两得;二是她是联合企业团委书记,政治条件好。

1963 年 6 月 16 日,她乘"联盟-6"号宇宙飞船,从拜科努尔航天发射场升空并进入太空,开始了她举世瞩目的太空之旅。在历时 70 小时 41 分、绕地球 48 圈、航程 200 万千米的整个太空旅行中,地面上的人没有感觉到她有任何的不适和异常,大家只听到一个平和的声音:"我是海鸥,飞行正常。"可是,事实并非如此。

在进入太空的 3 天时间里,捷列什科娃从来就没有舒服过,穿透力极强的宇宙射线使她与孩子的身心受到了极大的伤害。回到地面后,她是被抬出太空舱的,经一个多月的休养之后才站立起来。在此之后,她的骨骼变得异常脆弱,多次骨折,有时还伴有出血现象,之后也没有完全恢复正常。可以说,她为苏联乃至世界的宇航事业做出了重大牺牲。

太空飞行成功当天,空军当局即晋升她为中尉军衔。但当时担任苏共中央第一书记兼政府总理的赫鲁晓夫知道后,认为"这还不够"。于是,空军总司令发布新的命令,授予她大尉军衔,同时授以"苏联英雄"称号。此外,保加利亚、越南、捷克斯洛伐克、蒙古和古巴,也把"英雄"称号授给了她。

20 世纪 90 年代初,苏联解体。1992 年,俄罗斯组建军队,捷列什科娃在军队中仍然有她的名额。1995 年 5 月 5 日,叶利钦总统授予她少将军衔,成为俄罗斯的第一位女将军。

捷列什科娃在军队中一共有 35 年,从最初一名列兵升到将军,并创造了女性航天奇迹。虽然现在她年事已高,但仍一直担任"加加林宇航员训练中心"高级教官,继续为培养新一代宇航员做出自己的贡献。

1997 年 3 月 6 日,在庆祝完 60 岁生日后,捷列什科娃光荣退休。她说:我的心永远离不开毕生献身的航天事业。

第四章　军队标志

一、军队识别标志:正规化的体现

　　军队作为一种特殊组织机构,它比社会上其他任何一种组织机构设置的识别标志都多得多。因为军队组织严密,正规化程度高于其他任何社会组织,方方面面都要有明确符号加以标志。这些识别标志的用途可区分为以下三个方面。①象征军队、军种或建制部队的标志。如军旗、军徽等。世界各国对此类标志的颁发、授予、制作、悬挂和使用都有严格的规定。②用以表明军人所属军队、军种、兵种、专业性质和军人军衔的标志。如帽徽、胸章、臂章、领章、领花、肩章、袖章、袖标、军种符号、兵种符号、专业勤务符号等。此类标志有的用合金金属、涂漆金属制成,有的用纺织品绣制。各国军人着军装时需佩戴哪些标志和标志应置于的位置等都有严格的规定。③用以表明武器装备所属国籍、军队、军种、兵种、部队的标志。一般在武器装备表面适当部位标上国旗、军旗、军徽或其他象征性图案以及阿拉伯数字、拼音文字的字母、专用符号等。如军用飞机识别标志等,舰艇上悬挂的国旗、军旗、彩旗(挂满旗)皆属识别标志。

二、军旗:比国旗出现得早

　　军旗是象征军队或建制部队的旗帜,是表示该军队或部队属何国武装力量的一种标志。但有时军旗比国旗出现得早一些,如中国人民解放军的军旗出现得就比中华人民共和国国旗早20年。"建军"早于"建国"的国家大都如此。有些国家的军旗还包括主管人员旗。军旗一般由旗幅、旗杆和旗顶组成。旗幅的规格、质料、颜色、图案(字样)及制作方法等,各国军队都有严格的规定;旗杆一般为金属品,表面有旋纹;旗顶,即杆头,多为金属制成的矛、十字或其他象征性图形,如鹰、狮子等,有

中国海军军旗

的旗顶还饰穗子。军旗是部队团结一致、统一指挥和军人荣誉的象征。军旗通常由国家、军队的最高领导人或最高军事领导机关正式批准颁发。

最初的军旗实际上是部落居民图腾崇拜在军事应用上的反映。西方最早使用军旗的是古希腊和罗马军队。军旗最初比较简单，在一块方布上绘制猫头鹰、狮身人面像、狼等动物图案，以区分不同的部队单位。古希腊人挂猫头鹰和斯芬克司(希腊神话中狮身或狗身女首胸前有翼怪物)图像。罗马人起初挂狼、猪、手臂等图形，布匿战争起改挂鹰形旗，在鹰的下方有表示隶属于军队的字样和大队、中队的代号。古斯拉夫人称军旗叫旌，旌杆上端挂一束草或马鬃。

中国是世界上公认的出现军旗最早的国家之一，从原始社会后期起即以旗帜作为聚集族人的标志。中国古代的军旗常有图腾崇拜色彩。进军打仗时打的一种旗，上面画鸟隼图形。《释名·释兵》里说："熊虎为旗，军将所建，象其如猛虎"。指的就是一种以虎为图案的军旗。有的朝代还将军旗称作"戎旃""戎旆"，唐元结诗中有"忽然遭世变，数岁亲戎旃"，韩愈诗中有"戎旆暂停辞社树，门里先下敬乡人"等句。古代军旗旗色、旗幅大小、旗杆长短和装饰的不同，表明率兵者的地位，同时反映其文化心理。各朝代的军旗均在旗幅上标有朝代简称的字样。如绣有"唐"字，便是唐朝军队。另外，统帅和将领常在旗幅上绣自己的姓，以与别的军队区别。像关羽之军打"关"字旗，岳家军打"岳"字旗。也有以称号为旗的，如闯王李自成的起义军打"闯"字旗。

随着社会发展和指挥军队的需要，旗帜样式不断改进，种类不断增多。明朝军事家戚继光率领的"戚家军"，设有主将用的三军司令旗，识别将领身份的认旗等。清太祖努尔哈赤的八旗军就是根据旗帜图案而命名的，即画龙和不画龙的黄、红、白、蓝四色共八种旗帜。清太宗皇太极时代，八旗军的旗帜不再画龙，而是用正黄、正白、正红、正蓝和镶黄、镶白、镶红、镶蓝相区别。1912年6月，中华民国政府颁布的国旗及陆、海军军旗命令规定：以19星旗为陆军旗，以青天白日旗为海军旗；之后，又规定陆军的团以及海军总长、次长等军事指挥人员，也设有旗帜，同时还规定了舰艇各种旗帜样式和使用场合。陆军团旗的图案与陆军旗相同，另加黑色丝边，旗杆顶端冠矛头，饰朱旄，靠旗杆一侧书写团的番号。

世界各国军队都有自己的旗帜，各国军队的旗帜五光十色，样式各异。有些国家军队的旗帜种类繁多，如武装部队旗、独立军(兵)种旗、部队(兵团)旗或战旗、海军舰艇旗和辅助船只旗、主管人员旗等。美国的陆军、海军、空军、海军陆战队、海岸警卫队和各兵种部队都有各自的军旗。西欧国家的军旗，多以国旗加镶丝穗，旗杆顶端挂有注明部队番号的彩色绸带制成。如英、法、意大利等国的军旗基本就是这样。德国的军旗除此之外，还在旗面上绣有黑鹰图案的黄色盾形标志。

三、中国人民解放军军旗：几经修改

中国人民解放军的军旗，是在革命战争时期产生和不断发展，到中华人民共和国成立的前夕才最后定型的。这是因为1931年以前的三次规定，都是针对工农革命军和红军特点做出的,红军改编为八路军以后,没有颁布新的军旗,故全国基本解放以后,必须针对新情况重新规定。1927年9月初,为筹备秋收起义,刚成立的工农革命军第一军第一师奉党中央之命集体研制起义的旗帜。旗帜为红色,象征革命;中央为白色五角星,象征中国共产党领导;星内嵌镰刀斧头,镰斧交叉,表示工农大众紧密团结;旗幅靠旗杆一侧的白布条上竖写楷体字"中国工农革命军第一军第一师"。1930年4月,中央革命军事委员会发出的《关于红军各级军旗的规定的通知》中,规定旗幅上方增写"全世界无产阶级联合起来"字样,旗边加饰旗须,明确了旗帜的规格、斧头的样式和刃锋的方向等。1931年3月,中央革命军事委员会颁布了《苏维埃和群众团体红军旗帜印信式样》,将军旗上的镰刀斧头改为金黄色镰刀铁锤,五角星由白色改为金黄色,单独置于旗幅内上角。1949年6月15日,中国人民革命军事委员会颁布命令,规定中国人民解放军军旗样式,旗幅为红色,长方形,横竖为5:4,在旗幅内靠旗杆上方缀金黄色五角星和"八一"两字,故简称"八一"军旗。五星和"八一"两字表示中国人民解放军自1927年8月1日南昌起义诞生以来,经过长期奋斗,以其灿烂的星光普照全国。"八一"军旗是荣誉、勇敢与光荣的象征,是鼓舞全军指战员团结战斗的旗帜。中国人民解放军的军旗主要授予团以上部队和院校,由司令部门保管,通常在典礼、检阅、隆重集会等时机使用。全军指战员自觉尊重和保卫自己的军旗,战时如由于部队怯懦而丢失军旗者,该部指挥员应受到军纪惩处。

　　1992年9月5日,中央军事委员会主席江泽民签署命令,公布了中国人民解放军仪仗队使用的陆军、海军、空军军旗样式。陆军、海军、空军军旗旗幅的上半部(占旗面的5/8)均保持中国人民解放军军旗基本样式,下半部(占旗面的3/8)区分军种:陆军为草绿色,象征绿色的大地,表示陆军是中国人民解放军的组成部分,为保卫社会主义祖国领土安全而英勇战斗、所向无敌;海军为蓝白条相间,象征大海与海浪,表示人民海军是中国人民解放军的组成部分,为保卫社会主义祖国的万里海疆而乘风破浪;空军为天蓝色,象征辽阔的天空,表示人民空军是中国人民解放军的组成部分,为保卫社会主义祖国领空神圣不可侵犯而展翅翱翔。

四、战旗:军人英勇和荣誉的象征

　　战旗可提醒军人牢记自己的神圣义务,英勇善战,不惜自己的鲜血和生命保卫国家的尊严。经过战争的洗礼,战旗逐渐成为军人荣誉、英勇和光荣的象征。

　　古今中外,不少国家的军队都拥有战旗,且名称多样。中国宋代有战旗"净天鹘旗",据史料记载,宋将张威以勇见称,临阵战酣,则精神奋发,两眼皆赤,时号"张红眼",又号"张鹘眼",为金人所惮,故张威乃立战旗为"净天鹘旗"。苏军把军旗称为战旗,出现于1918年,最初是作为一种战斗奖赏,表彰指战员在对敌作战中表现出来的集体英雄主义精神。后来,战旗便成了军人荣誉的必然象征。苏军的战旗以苏联最高苏维埃主席团的名义授予团、旅、独立营或炮兵营、航空兵大队、军事院校、教导部队、海军支队等,并发给证书,永远由该部队保存。奖给该部队的全部勋章均应挂在战旗之上。战斗中,部队全体人员必须勇敢保卫战旗。有的部队把战斗中冲锋在前的军人所举的旗帜亦称为战旗,如电影《英雄儿女》的歌词有"为什么战旗美如画,英雄的鲜血染红了她"的描述。

五、军徽与帽徽:有时相同有时不同

军徽是象征军队的主要标志之一,有些国家的军队各军种都有自己的军徽。把具有一定意义的图案制作成徽章作为某一军事集团的象征和军事首领的标志形成于远古。公元前5世纪,欧洲一些国家的军队中出现装饰有神祇和动物小雕像或刻绘着特殊象征性图案(公牛、猫头鹰和互握的手等)圆盘的矛和杆。同时,还出现了军事首长、高级官员的个人标志。10世纪~13世纪,西欧骑士的盔甲和旗帜上出现了区分穿戴这样甲胄的骑士的贵族家族纹章,这是纹章主人力量、勇敢、敏捷和机智的象征。之后,军旅中的徽章不断发展,逐渐发展成象征军队或建制部队的标志之一。

中国人民解放军军徽,是1949年6月15日由中国人民革命军事委员会命令颁布启用的,样式为镶有金黄色边的五角红星,中嵌金黄色"八一"两字,亦称"八一"军徽。红星象征中国人民获得解放;红色为革命的颜色,亦为中国人民习为喜庆的颜色;"八一"表示1927年8月1日中国人民解放军诞生之日。1951年2月1日,中国人民解放军总参谋部颁发的《中国人民解放军内务条令(草案)》中,曾附录了陆军军徽、海军军徽和空军军徽样式。陆军军徽亦即中国人民解放军军徽。海、空军的军徽以"八一"为主体,表示海、空军是中国人民解放军的一部分,是在陆军的基础上发展壮大起来的。海军军徽为藏蓝色底,衬以银灰色铁锚,蓝色衬底象征广阔的海洋,铁锚代表舰艇,象征海军。空军军徽衬以金黄色飞鹰两翼,象征人民空军英勇果敢,飞行无阻,并坚决负起捍卫祖国的光荣任务。1949年6月至1955年9月,中国人民解放军军徽曾用作帽徽。1990年6月,中央军委颁发的《中国人民解放军内务条令》重新附录了中国人民解放军军徽图样,并对军徽的使用做了明确规定:军徽可按比例放大或缩小,用于举行典礼、检阅、军人宣誓、隆重集会等时机(悬挂于主席台中央)或臂章、奖状、车辆、舰艇、飞机、重要建筑物上,禁止用于商业广告和有碍于军徽庄严的场合或装饰品上。

帽徽是军人佩戴在军帽上的徽章,18世纪上半叶,欧洲许多国家的军队开始佩戴帽徽作为标志。中国清朝末年的新军和中华民国时期的军队,都佩戴帽徽作为标志。中国人民解放军在土地革命战争时期,佩戴布料全红五角星帽徽。1949年6月起,中国人民解放军帽徽样式与"八一"军徽相同。1951年后,海军、空军官的帽徽样式与本军种军徽样式相同。1955年10月,陆军、海军、空军官兵的帽徽为圆形,正中镶嵌"八一"军徽,分别以海蓝、藏蓝、天蓝色垫底,周围为麦穗和齿轮。海军、空军的帽徽分别衬有铁锚和飞鹰两翼。1965年6月,三军官兵的帽徽统一改为全红五角星。1985年5月三军官兵帽徽恢复为1955年样式,并分大小两种。

1988年10月开始使用的"八七"式帽徽分为大小两种。大帽徽缀于大檐帽、绒(皮)帽,主体为"八一"红五星,八片松枝叶环抱着麦穗、齿轮和天安门,象征着中国人民解放军是工人阶级领导的,以工农联盟为基础的人民民主专政的社会主义国家的武装力量,与全国各族人民同心同德,保卫祖国,建设祖国。人民解放军属于人民。采用松枝叶作为帽徽的组成部分,是因为松树生命力极强,给人以力量、启发、深思和勇气。具有生机勃勃,傲然屹立,傲风雪、抗严寒,不怕风吹雨打,苍劲有力,永葆青春,勇于牺牲精神和奉献精神性格。帽徽总体高、宽皆为50毫米,分陆、海、空军三种。陆军底衬海蓝色,海军底衬藏蓝色和金黄色铁锚,空军底衬天蓝色和金黄色飞翅。为铝冲压制成,用螺丝、螺帽缀钉。松枝叶纹仿刺绣,颜色与麦穗、齿轮、天安门一致,为金黄色,天安门按标准加工,上下平直,左右高出松叶半毫米左右,周边有清晰的轮廓线。小帽徽缀于作训帽,圆形,直径为35毫米。采用软塑料热转移印模制成,具有轻便、柔软、形薄的特点,便于佩戴。陆、海、空三军小帽徽的区分与大帽徽相同。小帽徽中央有"八一"红星,周围有金黄色麦穗和齿轮。中国人民武装警察部队官兵的帽徽是1983年设计制作的,图案由国徽、盾牌、长城和松枝组成。国徽是国家的象征,标志着武警部队是中华人民共和国武装力量的组成部分;盾牌标志着武警部队是国家和人民安全的坚强后盾;长城标志着武警部队如同钢铁长城一般,坚不可摧;松枝叶标志着武警部队英勇保卫祖国、不畏强暴、坚忍不拔的战斗意志。

六、肩章:多种多类

现行的肩章是双肩佩戴的不带穗普通肩章,统称肩章。形状有梯形、剑形、斜角形、矩形等。缀有军衔等级或文职及军兵种专业勤务符号。依佩戴时机通常分为常服肩章、礼服肩章、作训服肩章等。各种肩章样式基本相同,礼服肩章以饰物相衬。肩章的作用,是按肩章的种类、式样、颜色、肩章上的彩色杠(竖条带)和条纹的数量、宽度以及星徽或其他图案的数量、大小,区分军衔等级和勤务的属性。18世纪初,肩章作为一种识别标志在军队佩戴。20世纪初,中国军队即开始佩戴肩章,1904年,清政府批准练兵处和兵部上奏的《陆军官弁服帽章记》,对肩章的式样、颜色等做了详细规定。中华民国时期军队的礼服和某些时期的常服,亦配备肩章。

中国人民解放军于1955年10月实行军衔制时开始佩戴肩章,形状有梯形、剑形、斜角形和矩形四种,其中元帅、将、校、尉级军官以及院校学员的常服肩章为梯形,海军士兵小肩章为矩形。肩章上缀军衔或军兵种专业勤务符号。元帅肩章绣中华人民共和国国徽和银白色五角星徽各1枚,将、校、尉级军官肩章分金黄色、银白色两种,分别绣或缀钉银白色或金黄色五角星徽1~4枚;海军将官金黄色版面肩章,在金黄色星徽周围绣黑色线道,星徽正中为铁锚。军校学员、文工团和军乐团团员、体工队队员肩章,边镶黄色或黑色或蓝色丝带,有的镶金黄纵线,或缀专业符号。海军及其航空兵士兵肩章镶金黄色横线表示军衔等级,上等兵、下士、中士分别为1~3条细黄线,上士1条粗黄线;水兵、列兵肩章和学员小肩章绣铁锚。1965年6月,中国人民解放军肩章随军衔制的取消而废止。1985年5月,解放军军官和志愿兵佩戴剑形肩章,陆军、空军为棕绿色,海军为海蓝色,中间缀军种符号;海军士兵佩戴印有铁锚的黑色小肩章。1988年10月,实行新军衔制,全军官兵肩章缀军衔符号,军官常服、礼服、大衣肩章,主体为长方形,内端呈钝角。版面为金黄色,镶边和纵向彩杠颜色区分军种,陆军为正红色,海军为黑色,空军为天蓝色。金黄色版面中一条纵向彩杠为尉官,两条纵向彩杠为校官。礼服肩章外端缀金色松枝叶。军士长、专业军士、学员常服肩章的材料、号型尺寸与军官常服肩章相同,版面颜色区别军种,陆军为正红色,海军为黑色,空军为蓝色。1993年10月,军士长、专业军士肩章样式改为等腰梯形,陆军为棕绿色,海军为黑色,空军为天蓝色,版面镶有金黄色纵杠和折杠,两道纵杠为军士长,一道纵杠为专业军士,折杠区分军衔等级。1999年6月,士官肩章改为以象征符号和折杠的繁简分别表示军衔的高、中、初三等与级别。三道粗折杠为六级士官;两粗一细折杠为五级士官;两道粗折杠为四级士官;一粗一细折杠为三级士官;一道粗折杠为二级士官;一道细折杠为一级士官。士官军衔肩章分硬肩章与套式软肩章两种。兵为套式软肩章,无象征符号,两道折杠为上等兵,一道折杠为列兵。1992年5月,文职干部统一配发军装,佩戴文职干部肩章,肩章中央缀钉军种符号。2001年3月1日起,专业技术三级以上的文职干部,在肩章外端加缀将官松枝叶标志。

美军将官肩章,用星徽标志等级,五至一星,分别标志五星上将、四星上将、中将、少将和准将;上校肩章缀鹰,中校、少校肩章缀枫叶,中校为银色,少校为金色;尉官和准尉肩章,用金色和银色杠杠标志等级。从将军到尉官,肩章符号的标志依次是:星星在苍穹闪耀,雄鹰翱翔蓝天,树木枝叶茂盛,树干连着大地。

日军军官常服肩章的基本模式与中国军队的相同,不同的是,其星徽采用樱花图案,将官以四、三、二星分别标志上、中、少将。礼服肩章为盘花式样,将、校官用3股金色圆绳编结,尉官用2股金色圆绳编结。将官肩章为双排5朵盘花,校官肩章为单排5朵盘花,尉官和准尉肩章为单盘5朵盘花。将、校、尉官以银色樱星区分上、中、少级,准尉无樱星。

(一)单肩肩章

单肩肩章最初在俄军中佩戴,始于1763年,有带穗与不带穗之分。开始只是佩戴在长衣的左肩上,作为隶属于某一团队的识别符号,同时还是一种用来绊住子弹背袋绳的装具。1801—1809年逐渐采用固定颜色的双肩肩章,取代了单肩肩章。

(二)带穗肩章

这是一些国家军官和具有特殊身份的军人佩戴在肩上的一种识别标志。通常用金银条(线)或金银丝线制成,并缀有能表明军人等级的符号。佩戴带穗肩章可使军人显得更加威武、庄重。带穗肩章同肩章一样,在一些国家军队中出现于18

世纪初。在俄国军队中，1763年始采用单肩带穗肩章，1807年又采用双肩带穗肩章。19世纪下半叶起，俄军只在礼服上保留带穗肩章。这种带穗肩章与肩章的区别在于其表面上绣织有一个圆盘，圆盘上嵌着表示军衔（官衔）的符号或金属制成的星。俄军校官带穗肩章上的圆盘用很细的金银条或线编组成的穗子镶边；将官的用粗螺旋状穗子镶边；尉官的不带穗子。有的在带穗肩章的面上绣着首领姓名第一个字母的花字和部队代号或番号的开头字母。俄军的带穗肩章于1917年取消。中国清朝末期和北洋政府时期军官礼服均佩戴带穗肩章。北洋政府时期陆军军官礼服所佩戴的带穗肩章，其外端为圆盘，圆盘上缀有1～3颗金星，以区分尉、校、将级军官，肩章的版面，尉官的为黄色，校官的为红色，将官的为金色。1936年1月，国民党政府颁布的《陆军服制条例》规定，陆军军官大礼服肩章为圆盘带穗肩章，肩章外端为圆盘，绣梅花17朵，将军肩穗为金线，校、尉官肩穗为黄丝线，肩章内端盘柄缀三角星花1～3颗，以区分尉、校、将级军官，不缀星花的为准尉。当今，一些国家军队中某些特种军人还保留着带穗肩章作为礼服的装饰品，如法军特种军事学校的学员、法国外籍军团的军官、波兰人民军军乐队等。

七、军服领子饰物：领章和领花

领章与领花都是佩戴在军服领子上的标志饰物，但用其标志对象的范围不同。领章既可用以标志军衔的等级，又可用以标志军兵种和各种专业勤务，领花则一般只用以标志军兵种专业勤务，个别也有区分将校尉等次的。现分述如下：

领章是军人佩戴在衣领上的识别标志。形状有平行四边形、长方形、正方形、斜角形等。一般用布呢制品制作，缀有军衔或军兵种专业勤务符号。有的国家战时领章的星徽、符号多用无光泽金属制作。

20世纪初，中国军队开始佩戴领章，用以区分军人的军衔等级。1905年清政府规定，陆军军官礼服衣领上绣有领章，样式为飞蟒抱珠和金辫，以珠子颜色区分等次，以金辫数区分级别。1911年改官兵领章为长方形，分上下两部分，上部区分兵种及缀标号，下部缀六角星徽区分级别，以颜色区分等次。1912年11月，中华民国政府颁布了新的陆军领章样式，常服领章改为剑形，领章背面填写部队番号或本人编号。1936年1月，国民党陆军军官、士兵的领章均为长方形，以条杠和三角星徽区分军衔等级。

中国人民解放军在土地革命战争时期佩戴平行四边形红色领章。1930年5月，曾规定领章分步兵、骑兵、炮兵、航空兵、技术兵和职员六种，各以底色和边色相区分，其中步兵为深绿色底黑边，炮兵为黑底红边。由于部队分散、战争频繁，此种领章未能实行，红军仍普遍佩戴全红领章。抗日战争和解放战争时期以及50年代初，主要以臂章、胸章为标志，不佩戴领章。1955年实行军衔制时，陆军、海军、空军官兵的领章分别为红色、黑色和天蓝色，上缀军种、兵种或专业勤务符号，陆军、空军士兵领章还有表示军衔等级的五角星徽；海军士兵佩戴小肩章，不佩戴领章。1958年1月起，军官改佩军衔领章，其规格、底色与原制式相同，三面镶金黄色边，并有区分军衔等级的星徽和线条,尉官为一条,校官为两条,将军和元帅领章无线条。将、校、尉官均以一至四星分别区分少、中、上、大级别,元帅领章缀国徽和星徽各一枚。海军陆上士兵、海军航空兵士兵冬常服肩章和海军士兵大衣肩章,改为领章。1965 年 6 月取消军衔制,全军统一佩戴全红领章,领章背面标明佩戴者的姓名、血型和部队代号。1985 年 5 月,陆军、海军、空军领章又分别改为红色、黑色和天蓝色,军官领章三面镶金黄色边,中间缀五角星徽;士兵领章缀军种符号。1988 年 10 月,中国人民解放军实行新的军衔制,全体官兵改佩标志军种和专业技术符号的领花。

领花也是军人佩戴在衣领上的识别标志,多为金属制品。中国人民解放军1988 年实行新的军衔制时,全体官兵由佩戴领章改为佩戴领花。军人常服和制式衬衣的领花为军种或专业技术符号,军官礼服的领花不分军种,只分军衔等次,将官礼服领花由五星和松枝叶组成,采用金绢等材料手工刺绣在礼服面料的底布上,呈五边形,工厂直接缀钉在衣领的规定位置。校官礼服领花由金属仿刺绣的五星和麦穗组成,用其背面的螺丝、螺帽缀钉在衣领规定的位置。尉官礼服领花是由金属仿刺绣五星和宝剑形光芒线组成的,用螺丝、螺帽钉缀在衣领的规定位置。将官领花上绣的松枝叶,表示健康长寿之意。校官领花上的仿刺绣麦穗,表示人民军队中级军官做出不可磨灭的贡献。尉官领花底衬宝剑形光芒线,表示朝气蓬勃。1992 年 5 月,文职干部统一配发军装,其领花由金色的齿轮、麦穗和红五角星组成。中国人民武装警察部队官兵的领花分为武警领花和武警技术警官领花。武警领花以红色盾牌为主体,内有一颗金色五角星和两枝交叉的金色步枪,用两枝金色的松枝托起盾牌;武警技术警官领花,主体图案与武警领花相同,只是在红色盾牌内镶有白色卫星轨迹和金色的地球。世界各国军队都有自己特色的领花。日本陆军为激发军人的敬业精神和职业荣誉感,从 1994 年 4 月 1 日起佩戴设计有各自专业或职业标记的兵种领花,分步兵、装甲兵、炮兵、航空兵、工程兵、通信兵、兵器兵、军需兵、运输兵、化学兵、司法兵、财会兵、卫生兵和文艺兵 14 种。佩戴范围上至陆军上校,下至陆军中士。各兵种的领花设计采用了象征手法,使各种领花图案带有明显的专业特征和寓意。

八、徽章:佩戴部位不尽相同

胸章、臂章、袖章的标志功能基本相同,但有的佩戴在胸前,有的佩戴在袖臂,有的佩戴在袖口上方,这没有什么原则上的讲究,只是不同民族不同部队的习惯而已。现对三种徽章分别介绍如下:

胸章是军人佩戴在军衣左胸部位的一种徽章,一般在正面或背面标明佩戴人的姓名、职务、部别、颁发时间及编号等。在中国,20 世纪 30 年代,国民党军队曾佩戴胸章,形状为长方形,中间印有部队代号或番号,两侧填写军人姓名、职务等,下边填写颁发年度。中国人民解放军在历史上曾佩戴过胸章。土地革命战争时期,中国工农红军的胸章为椭圆形,中间印有镰刀和锤子,上下分别填写单位、姓名、职务。抗日战争时期，八路军、新四军主要以臂章为标志，有些部队佩戴长方形胸章。1949 年 2 月，中国人民解放军全体指战员及工作人员一律佩戴胸章。胸章形状为长方形，正面印有"中国人民解放军"字样，背面填写姓名、部别、职别、编号及年度等。1955 年 10 月，中国人民解放军实行军衔制度，全军停止佩戴胸章。抗美援朝战争期间，中国人民志愿军也以胸章为标志，正面印有"中国人民志愿军"字样。

臂章是军人佩戴在军衣衣袖上臂部位，表示身份或勤务的一种标志，一般佩戴在左臂，形状有长方形、菱形、盾形等，套在袖子上的长方形臂章亦称袖章或袖标。

中国人民解放军在历史上曾以臂章为标志。土地革命战争时期，中国共产党领导的有些游击队、赤卫队的臂章，正中为五角星和镰刀、锤子，上边印有"全世界无产阶级及被压迫民族联合起来"的字样，下边填写单位、姓名。抗日战争时期，八路军佩戴的臂章为长方形，白布底，用蓝色印制，中间为"八路"二字。周恩来、叶剑英等高级将领佩戴的臂章，为圆形金属制品。外圈为红底白字，上部印有"第十八集团军"字样，下部印有"二十七年用"，中间为编号；内圈蓝底白字，中间印有"第八路"三个字。周恩来的编号为 075，叶剑英的编号为 177。新四军臂章与八路军的大致相同，中间印有"N4A"字样。"N"为英文"新"字的开头字母，"A"为建制"军"的代号。"N4A"即新四军。白底蓝字，线条简洁粗犷，醒目有力。中华人民共和国成立后历次颁发的《中国人民解放军内务条令》，均规定有值班、执勤人员臂章的样式及佩戴方法。臂章通常用黄色或红色的丝织品制成，标以红色或黄（白）色的"值班员""值日员""值勤"字样，套在左臂上。1989 年 10 月 1 日起，担负城市军容风纪纠察的人员，开始佩戴印有"纠察"二字的盾形臂章。中国人民解放军海军陆战队人员佩戴的臂章为圆形，黑底黄圈，中间的图案由军徽、麦穗、铁锚、剑和匕首组成。

世界上许多国家的军队都以臂章作为军种、兵种或技术勤务的标志，也有的作为军衔符号或所属部队的标志。如苏军的臂章一般表示军兵种或技术勤务。美军的臂章主要用于表示士官和士兵的军阶，如陆军的等级用金色角线和弧线来区分：二等兵角线 1 条；一等兵角线和弧线各 1 条；下士角线两条；中士角线 3 条；上士角线 3 条，弧线 1 条；军士长按等级增设弧线。

袖章是军人佩戴在军衣衣袖上的一种标志，主要用于表示其军衔、属何军种兵种、执行何种勤务等。在中国，清朝末年和中华民国时期，军队的袖章缀于军衣两袖口上方，主要用于表示军衔等级。1905 年，礼服袖章为盘花瓣图案，以盘花的金瓣多少分等，以盘花下面的横金辫的数量分级；常服袖章，以镀金团蟒多少分等，以石青丝辫数量分级。1936 年 1 月，国民党政府规定，军官大礼服袖章图案为金辫和梅花，以金辫的多少区分等次，以梅花的数量区分级别；特级上将于梅花之上加缀圆环三个，成品字形，一级上将加缀圆环两个。中国人民解放军历史上的袖章与臂章无严格区分，通常称套在袖子上的标志为袖章或袖标。

世界上许多国家的军队都以袖章作为军人军衔和所属军种、兵种、专业兵及勤务的识别标志。苏联军队的袖章既可表示军衔、属何军兵种或技术勤务，又可表示超期服役年限或院校学员的年级。美国军队的袖章主要用于士兵，通常表示其军衔和属于何军种。日本海军军官的袖章是在两袖口上缀 1 朵金色樱花和按军衔等级缀以不同数量的宽（35mm）、中等宽度（12mm）和窄（6mm）的金辫带。

九、穗带：纯粹的装饰品

军人佩戴的饰物多数是表示某种实际内容的标志，但也有一些纯粹是一种装饰品或某种标志的替代品，如穗带、绶带、略表等。

穗带是一种军服的装饰品。一般用金线、银线或彩色丝线编织成的有金属装饰端的带子，通常一端扣在右（或左）肩肩章之下，另一端扣在右（或左）衣领下，呈半椭圆形垂在胸前。穗带作为军服的一个组成部分，最早于 17 世纪在西欧一些国家的军队中采用。1762 年始，俄国总参谋部的将官、校官和尉官、副官、军事地形测绘员、宪兵、机要信差以及某些龙骑兵团、胸甲骑兵团、火枪营和掷弹营的人员，均佩戴穗带。现代，穗带通常是礼仪兵、军乐团员、文工团员等人员礼服的装饰品。中国人民解放军仪仗队队员、礼兵和中国人民武装警察部队国旗班等礼兵着礼宾服时佩戴穗带；中国人民解放军军乐队参加重大活动和重要会议演奏时以及文工团员演出时均佩戴穗带。

绶带是用于连挂勋章、奖章和略表的带子。通常以丝绸制作，有规定的颜色和花纹。世界上很多国家的勋章和奖章皆配有绶带。苏联规定其勋章和奖章配有绶带，在向机关、团体、部队授勋时，将绶带系在他们的旗杆上，个人可佩裹有相应绶带的略章，以代替勋章和奖章。美军规定，在参加庆典时可在穿常服和礼服的情况下佩戴绶带。各军种绶带的颜色都有明确的规定，如陆军规定各兵种和专业兵绶带的颜色是：鲜红色——炮兵、工兵，黄色——装甲兵、骑兵，橘色——通信兵，钻蓝色——化学兵，深蓝色——航空兵，步兵蓝——步兵，绿色——宪兵、专业参谋，深绿色——特种部队，砖红色——运输兵，等等。

略表亦称"勋表""略章"。是一种代替勋章和奖章而供佩戴用的直角形板条。通常用金属制成小窄板条，表面微凸，有的裹有所授勋章和奖章的绶带，背面大都有可别在衣服上的别针。军人在着常服时，一般不佩戴勋章、奖章，而在左胸衣兜上部横排佩戴略表。

十、军队符号：识别标志的具体体现

通俗地说，符号是识别标志的具体体现，是用各种相应的图案代表一些军事术语或军用名称的特定含义的记号。如果符号含义不清或标识错误，平时可能会造成混乱，而战时，可能会造成人员的伤亡。所以，对于符号的使用来不得半点马虎。

符号在军队中的使用，主要有两种情况：①指表示军人及各种军用物资所属国籍、军队、军种、兵种、专业兵机关、部队、院校或勤务部门的象征性图案。如军种符号、兵种符号，在各国军队中几乎皆有，美军还有总部参谋符号、监察署符号、军法队符号等。符号可佩戴在军装的固定部位上，亦可绘制在旗帜或武器装备上，还可印刷在证件上。②军用地图和图解文书上表示地物、敌我双方兵力部署情况、战斗情况、气象情况等的象征性标记。按用途，分为地形符号、军队标号、气象符号；按与实物的关系，分为比例符号、非比例符号；按绘制方法，分为线状符号、说明符号等。下面着重介绍第一种使用情况中的三种符号。

（一）军种符号

这是表示军人、部队属何军种的识别标志。图案由单一或多种象征性图形组成，一般用金属或塑料制作，与领章、肩章或袖章配合使用，为领章、肩章或袖章的组成部分；亦可印制和描绘，用在证件或装备上。现代世界各国军队多有军种符号，其造型能反映军种的特点。中国人民解放军于1955年实行军衔制时，制定有海军、空军、公安军等军种符号。符号的图案形象直观，易于辨认，如铁锚表示海军，飞鹰两翼表示空军，盾表示公安军。1965年6月军种符号随军衔制取消。1988年10月实行新的军衔制，同时制定了新的军种符号，为金属制品。军种符号包括陆军、海军和空军，图案色彩明晰，三军区别一目了然。三军军种符号都以"八一"红五星为主体，在红五星下，陆军符号底衬五条金黄色的宝剑形光芒线，象征陆军以陆地武器为基础，英勇善战，所向无敌；海军符号底衬金黄色铁锚，象征舰艇；空军符号底衬飞鹰两翅，象征人民空军飞行无阻。铁锚和飞翅是国际公认的海、空标志。军种符号一般佩戴在军常服和制式衬衣衣领上。

（二）兵种符号

这是佩戴在领章、肩章、臂章上，用以表明军人所属兵种的识别标志。图案由单一或多种象征性图形组成，一般用金属或塑料制作。现代世界各国军队多有兵种符号，其种类多样，规格不一，造型能反映兵种的特点。如以降落伞和飞机图案表示空降兵，以坦克图案表示装甲兵，以古代火炮、现代火箭表示炮兵，以两支步枪交叉构成的图案表示步兵，等等。

美国陆军各兵种都有代表本兵种特点的符号。如防空炮兵的兵种符号是在两门交叉的火炮上压一枚导弹，交叉的火炮表明防空炮兵同野战炮兵之间有关系，压在火炮上的导弹图形则代表现代炮兵的新发展；野战炮兵的兵种符号为两门交叉的古炮；航空兵的兵种符号由一对金色鹰翅和压在上面的一个银色螺旋桨构成；工程兵的兵种符号为三塔城堡，象征工兵的建筑和设防功能；特种部队的兵种符号是两只交叉的翎箭；化学兵的兵种符号由两个交叉的曲颈瓶和一个苯环组成，表示化学兵的职能与化学紧密相连；宪兵的兵种符号为两只交叉的手枪；通信兵的兵种符号是两面相交叉的旗帜和一只火炬组成的图案；军事情报兵的兵种符号仿照希腊神话中眼观六路、耳听八方的太阳神赫里阿斯的太阳式样的图形，太阳的光线象征该兵种的任务遍及世界各地，其上的玫瑰花图形是古代秘密的象征，被部分遮挡住的匕首，显示该兵种行动所固有的攻击性、隐蔽性和自身的危险性。

中国人民解放军于1955年实行军衔制时，制定有兵种符号，区分为步兵、骑兵、炮兵、装甲兵、工程兵、通信兵、汽车兵符号等。如古代火炮表示炮兵，坦克表示装甲兵,铁锹、铁镐表示工程兵,电话机、电光和铁塔表示通信兵,马刀、骑枪和马蹄铁表示骑兵,汽车头表示汽车部队,探照灯和电光表示探照灯部队等。1965 年 6 月兵种符号随军衔制取消。

(三)专业勤务符号

这是表示军人所担负的勤务的识别标志。图案由单一或多种象征性图形组成,一般用金属或塑料制作,与领章、肩章或袖章配合使用,为领章、肩章或袖章的组成部分。现代世界各国军队多有专业勤务符号,其种类多样,规格不一,造型能反映专业勤务的特点。如以地球仪、圆规和三角板图案表示测绘人员。中国人民解放军于 1955 年实行军衔制时,制定有专业勤务符号,区分为体工队、军需、军法、军医、军乐和技术符号等。如盾和剑表示军法人员,红十字表示军医,钳子和扳手表示专业技术人员,古筝表示文工团,剑表示体工队等。1965 年 6 月专业勤务符号随军衔制取消。1988 年 10 月实行新的军衔制,同时制定了专业技术符号,为金属制品。图案为 25mm 的"八一"红五星,底衬两个交叉的白色椭圆形电子轨迹组成的原子符号,原子符号宽和高各为 20mm。五星代表中国人民解放军,原子符号表示科学技术。该专业技术符号一般佩戴在军常服和制式衬衣衣领上。

十一、美军神职人员:多种标志符号

美国随军牧师所从事的专业一个样,但其佩戴的专业符号有 4 种图形标志。这是为什么呢? 原因是每一种符号代表着一定的宗教信仰。天主教和基督教随军牧师的标志(1898 年)是一个十字架。在犹太人随军牧师的徽章上画有圣经牌,圣经牌的上面画着一颗星。佛教的随军神职人员的标志符号(1991 年)是一法轮,法轮的轮圈象征着佛教的尽善尽美和无限性,而 8 个轮辐则代表着佛教的基本方向。伊斯兰教随军神职人员的标志符号(1993 年)是一新月徽,它是伊斯兰教的象征。

第五章　军人赏罚

一、军队奖惩制度

（一）军人奖励

作为维护军纪的一种措施,军人奖励通常包括精神奖励和物质奖励,是对在服役期间执行勤务和履行军人职责表现突出的个人给予的表彰和鼓励。

精神奖励一般包括记功,授予荣誉称号,颁发勋章、奖章和奖状等;物质奖励一般包括奖品、奖金等。

中国人民解放军的奖励目的在于鼓励先进,调动官兵的积极性、创造性,发扬爱国主义、共产主义和革命英雄主义精神,保证作战、训练和其他各项任务的完成;其奖励原则是以精神奖励为主,物质奖励为辅;其奖励依据有专门的条例规定。

中国人民解放军的奖励项目有荣誉称号、一等功、二等功、三等功、嘉奖。对符合国家奖励标准的,按国家的有关规定奖励;对获得一等功以上奖励的军官和文职干部可提前晋衔或晋工资档次,晋衔适用于上校以下军官和一定衔级的士官及士兵;对获得二等功以上奖励的士官,可以提前晋衔或者提高衔级工资档次;对获得三等功以上奖励的士兵和士官可提前晋衔。

（二）军人处分

作为维护和巩固法纪的一种辅助性教育手段,军人处分是对在服役期间违反法律、纪律和犯了错误的军人给予的处罚。

军人处分通常包括行政处分和刑事处分。行政处分主要针对严重违纪行为,依据《中国人民解放军纪律条令》的原则,处分的形式包括警告、严重警告、记过、记大过、降职或降衔(衔级工资档次)、撤职或取消志愿兵资格、除名、开除军籍等等。刑事处分主要是针对犯罪行为,依据《中华人民共和国刑法》中的规定,处分的形式包括管制、拘役、有期徒刑、无期徒刑、死刑。另外,对于危害重大的犯罪军人,还要附加剥夺勋章、奖章和荣誉称号。

在战时,对被判处3年以下有期徒刑没有现实危险宣告缓刑的犯罪军人,允许其戴罪立功,确有立功表现时,可以撤销原判刑罚,不以犯罪论处。处分的原则是惩前毖后、治病救人；以事实为依据，以法律为准绳；教育为主，惩罚为辅。

二、奖励：是一种勋赏

（一）勋官

勋官是中国古代授予有功之臣的荣誉性称号。勋官的称号起源于先秦军功爵制。首次将"勋"作为一种特殊功绩的标志是北周，北周的封建统治者将用于奖赏有战功的人员称为"勋官"。公元575年，北周设置了有虚衔而无实职的上柱国、上大将军、上开府仪同三司等"勋官"11级，授给在周齐交战中"诸有功者"。隋朝建立后，隋文帝继承北周的做法，仍设"勋官"11级，"用赏勋劳"。公元624年，唐朝改设"勋官"十二"转"（级），一"转"最低，称号为武骑尉，视七品官待遇；十二"转"最高，称上柱国，视正二品官待遇。后世基本沿用唐制，只是官号、等级和待遇略有差别。勋官等级的高低，主要取决于战功的大小。辛亥革命后，以"勋位""勋刀""勋章"等来标志功绩。

（二）勋位

勋位是北洋政府时期对有功之臣授予的荣誉性称号。1913年1月13日，民国发布《勋位授予条例》，在条例中有这样的规定："凡民国人民有勋劳于国家和社会者，授予勋位。"勋位分为六等：大勋位、勋一位、勋二位、勋三位、勋四位、勋五位。凡获得勋位者，依法律享受一定的年金。

（三）勋刀

勋刀是民国时期授予有功人员的一种荣誉标志。1931年11月23日，中华国民政府在《陆海空军勋刀规则》中规定："凡陆海空军官佐建有特殊勋绩，或勋章进至最高等，而建有勋绩仍须奖励时"，颁给勋刀。勋刀通常在典礼活动时佩戴，分为一至九星级：一至三星授予校官和尉官，四至六星授予将官，七至九星授予"屡建特殊勋劳"的将官。一至三星勋刀由军政部长转授，四星以上勋刀由国民政府主席亲授。

（四）勋章

勋章是通常由国家最高权力机关颁发和授予的，对有特殊功绩者的荣誉奖赏。勋章授予的对象可以是集体，也可以是个人，主要是包括那些立有不同等次军功的人，以及在某些方面有突出贡献的人，包括社会政治活动、科学艺术方面等有特殊建树的人。

勋章的佩戴有很多讲究。现在西方国家的勋章依勋章级别来制定不同的佩戴要求。高级勋章由勋章、绶带和代表勋章的星章三部分组成。个别勋章还附有供在隆重场合佩戴的金链。一般来说，五级勋章连在短绶上，戴在胸前；四级勋章连在带丝绸"花结"的绶带上，戴在胸前；三级勋章连在如同领带一样的带子上，挂在颈上；二级勋章也挂在颈上，星章戴在胸前；一级勋章的佩戴用一种斜挎在肩上的宽大绶带，绶带两头由勋章连接起来，星章戴在胸前。

勋章的命名方式各不相同，有以著名人物命名的，有以地名命名的，有以动植物之名命名的，有以天体命名的，有以兵器命名的，有以重要节日命名的，有以其他有意义的物品命名的等。

世界各国的勋章都各具特色。在勋章功能方面，有的国家规定，持有勋章者可以享受多种社会优待，如免费或减价乘飞机等；有的可荫及后代；一些国家规定，获得勋章者可以终身享有某些特殊的政治权利。在勋章的原料方面，有金质、银质、铜质或铝质的，也有珐琅质及其他非金属的，以原材料的不同质来显示奖赏的等级。此外，还有些国家的勋章名带"十字"，这与那里的宗教历史影响有关。

三、奖章：对勋章的补充

奖章，作为一种奖赏，直到17世纪才出现。如今，世界上大多数国家都有具有自己特色的奖章。例如，美国的奖章有国防部军功奖章、军功奖章、三军嘉奖奖章、三军功绩奖章、三军奖章、海军嘉奖奖章、海岸警卫队嘉奖奖章、陆军奖章、陆军功绩奖章、品行优良奖章、空军奖章、海军和空军功绩奖章等。此外，还有种类繁多的集体奖章及非军事奖章。

奖章是国家或军队等团体对立有军功或取得其他成就者的奖赏，实际上是对勋章的一种补充。奖章的制作原料和命名方式与勋章大体相同。

在历史上，中国人民解放军也曾颁发过多种奖章。例如，在抗日战争和解放战争时期，各部队颁发的奖章达百余种。八路军和新四军颁发的三等奖章、二等奖章、一等奖章；东北民主联军颁发的人民英雄奖章、工作模范奖章、毛泽东奖章、朱德奖章等等。还有新中国成立后，中国人民解放军队也逐渐开始革命化、现代化、正规化，奖章的制作及颁发也随之逐渐走向制度化、规范化。

四、中国军队颁发的奖章

（一）立功奖章

立功奖章分为一、二、三等，是中国人民解放军授予荣获立功奖励人员的一种证章。一等功奖章的中间图案为中国人民解放军军徽，四周有 5 个大菱角；二等功奖章的中间图案为天安门城楼与火箭；三等功奖章的中间图案为中国人民解放军军徽和麦穗。

立功奖章的绶带由白色丝线编织而成，两边为蓝色，以中间的 1~3 道红杠分别表示一、二、三等。凡立一、二、三等功的个人，分别发给一、二、三等奖章。对获得奖章者，同时发给奖章证书，并将有关情况进行登记，存入档案。

（二）英雄模范奖章

英雄模范奖章分为一、二级，是中国人民解放军授予英雄模范人物的一种证章。凡由中央军事委员会授予英雄模范称号的个人，发给一级英雄模范奖章；凡由大军区、军兵种授予英雄模范称号的个人，发给二级英雄模范奖章。

一级奖章的中间图案为中国人民解放军军徽，四周有 10 个大菱角，二级奖章的中间图案为天安门城楼和中国人民解放军军旗。一、二级奖章的绶带皆由黄色丝线编织而成，两边为蓝色，中间为白色，以白色上的 1~2 条红杠分别表示一、二级。

军功章

（三）优秀士兵证章

优秀士兵证章是中国人民解放军奖给被评定为优秀士兵的一种荣誉标志。优秀士兵证章，其质地为铜质镀金，主章图案由军徽、常青叶、五角星和光芒组成，象征着优秀士兵在人民解放军这所大学校里茁壮成长，层出不穷。

五、美国的功勋奖章和纪念章

（一）荣誉勋章

荣誉勋章是美国政府颁发的最高军事荣衔，授予那些"在战斗中冒生命危险，在义务之外表现出英勇无畏"的军人。荣誉勋章的绶带系在衬衣的领子内，不能露出衬衣的领子外面和外套外面，勋章挂在领带上方。

荣誉勋章是根据 1862 年的国会法而设立的,一种美国国家颁发的最高并且最难获得的勋章。只能由总统亲自颁发,海、陆、空三军的成员皆有资格获颁这份荣誉,而每个军种授予的荣誉勋章各有其独特的设计。

获得荣誉勋章的个人必须具备英勇顽强、自我牺牲、临危不惧的事迹,所表现的勇气与大无畏精神必须明显超过他的同伴,授予此勋章必须具备令人信服的服役表现证明,在推荐必须从突出功绩的标准来考虑。

(二)美国海军勋章

海军勋章是由一青铜色的五星构成,每个脚的顶部用三叶草装饰,并由一圈月桂叶围绕着,每个角上有橡叶作为装饰。在勋章中央,一个由 34 颗星组成的圆圈代表了美国 1862 年的 34 个州,Minerva 将人性赋予美国的图案在整个勋章的中央,她的左手放在象征力量的古罗马权杖上面,右手举着象征美国武装力量的盾牌。奖章用一个锚悬挂在绶带上。

(三)美国陆军勋章

美国陆军勋章是一个金制的五角星,每个交以三叶草作为装饰。对角线有 1 英寸宽,五星被绿色的月桂叶围绕着,五星上面悬挂着一块写有"VAIOR"(英勇)的小牌子,牌子上站立着一只展开翅膀的鹰,在五星中的 Minerva 头像被"UNITED STATES OF AMERICA"围绕着,五星的每一个角上有一片小橡叶,写有"VAIOR"(英勇)的小牌子反面,雕刻有"THE CONGRESS TO",并且留有雕刻勋。

(四)美国空军勋章

美国空军勋章是主章由一金色五星构成,边缘被一圈绿色月桂树花圈围绕,每一个支脚的最顶端都是三叶草作为装饰,每个角中还有橡叶饰,勋章中央图案是自由女神头像。五星被一个写有 VAIOR 的装饰品悬挂,装饰品中包括象征空军的雷电图案。

(五)美国服役优异十字勋章

美国服役优异十字勋章是在 1918 年根据国会设立的,后来根据 1963 年法案进行了修正。服役优异十字勋章是授予那些以任何身份在陆军中服役时,在同美国的敌人的斗争中,在同外部敌对势力发生冲突的军事行动中,或者在国外服役时参加了友军与敌军的武装冲突(美国为非参战国时)中表现优异,但不能获得荣誉勋章的人员。

六、苏联、俄罗斯的勋章奖章

（一）红旗勋章

苏俄的第一个勋章红旗勋章，是根据全俄中央执行委员会1918年9月16日发布命令设立的，授予直接参加战斗而表现特别勇敢和英勇的俄罗斯联邦的公民。勋章是由内外两层组成：白色珐琅质为底色，佩戴金质铸成铁锤与镰刀，再有两条金麦花穗围着红星，外层背景有图案"黑铁锤"与"黑镰刀"交叉、火把与红旗，旗上刻写"全世界无产者，联合起来"也是两条更大金麦花穗围着，徽章底部写"CCCP"（USSR）苏联缩写字。在最早赠此勋章并由受勋者佩挂在左胸，附加绶带中"白"、左右两边为"红"。

（二）列宁勋章

列宁勋章为苏联的最高奖赏，是1930年苏联中央执行委员会主席团发布命令设立的。该勋章可授予在社会主义建设和国防中建立特殊功勋的个人、集体、机关、社会团体和部队。列宁勋章的结构是一个圆形列宁肖像，外饰金质麦穗环，顶端有一红旗，旗上刻有列宁名字。勋章的左边是一颗红星，底部有锤子和镰刀标志。列宁勋章章体为金质，其上的列宁头像，早期的为银质，1934~1936年的为金质，其后改为白金。章上有俄文"列宁"的字样。1973年，苏联最高苏维埃主席团又发布命令，颁布关于"苏联英雄"称号的新规定，即在第二次和以后再被授予"苏联英雄"称号时，每次除金星奖章外还授予列宁勋章。

（三）苏联奖章

苏联奖章是苏联对军功及其他成就和功勋的奖赏标志。1938年，苏联设立了第一个奖章，即工农红军建军20周年奖章，从这以后苏联又陆续设有勇敢奖章、战功奖章、金星奖章、攻克柏林奖章、服役优秀奖章、苏联武装力量建立60周年奖章等。苏军官兵除战功可获得奖章外，服役20年以上的可获一级"圆满服役"奖章，服役15年以上的可获二级这类奖章，服役10年以上的可获三级这类奖章，另有一级服役优秀奖章，授予成绩突出者。此外，苏联奖章还可以授予有卓越劳动功绩的公民和以英勇忘我的行动抢救他人生命、国家和社会财产以及维护社会秩序的公民。

（四）胜利勋章

"胜利"勋章为最高级军功勋章,根据苏联最高苏维埃主席团 1943 年 11 月 8 日命令设立。

胜利勋章重达 78 克,主体是由白金打造,上面镶嵌有 150 枚重达 16 克拉的钻石,可以说是价值连城。勋章的中间是一枚直径 31 毫米的蓝色圆形珐琅,上面画有克里姆林宫城墙、列宁墓、钟楼等图案。在钟楼的上面是俄文"苏联"的缩写,下面是俄文"胜利"的字样。

（五）俄罗斯十月革命勋章

十月革命勋章在十月革命胜利 50 周年之际设立。一个人一生只能授予一次十月革命勋章,为了表彰对建立巩固苏维埃政权有过突出贡献的人;在与苏维埃敌人的斗争中有过勇猛表现的战斗英雄,以及为国民经济、科学发展有过重大作用的人、企业、机关、团体、劳动者集体、部队和兵团,以及共和国、边疆区、州和市。十月革命勋章为纯银制成,上面是镰刀斧头的图案,为黄金镶嵌。其上有俄文的"十月革命"字样,并有打响十月革命第一炮的"阿芙乐尔"号巡洋舰的图案。

第六章　军队服饰

一、统一着装：军队正规化的标志之一

军人穿着的制式服装称为军服，它是军队的识别标志之一，也是国威、军威和军人仪表的象征，所以军队的着装必须统一。远在17世纪时，随着正规军队的建立，军服成为军队服装的正式名称。法国军队最先使用了军服的概念，法国也是实现军服式样统一较早的西方国家。

中国人民解放军南昌起义时，穿国民革命军的服装，系红领巾以示区别。从早期的工农红军开始，便有了自己的服装，主要为灰色中山装，戴八角帽。抗日战争时期，八路军的军服为土黄色，新四军为灰色，也为中山装，戴直筒加帽围的圆顶帽，左臂佩戴"八路"或"N4A"字样的臂章。解放战争后期，军服颜色仍为土黄色和灰色两种，帽子改为解放帽，胸前佩戴"中国人民解放军"字样的胸章。1950年全军统一了服装式样，为开襟式，大檐帽，服装颜色陆军为绿色，空军为上绿下蓝，海军单衣为上白下蓝，冬服为全蓝。1955年第一次实行军衔制，军服分为礼服和常服，军官戴大檐帽，男士兵戴船形帽，女士兵戴无檐软帽。1965年取消军衔制后，全军官兵一律改服"六五"式军服，佩戴红五角星帽徽、红领章，戴解放帽。1985年夏季起，全军改着"八五"式军服，佩戴装饰性肩章，领章上加缀五角星，戴大檐帽。1988年实行新的军衔制后，全军统一穿着"八七"式军服。香港回归之时，"九七"式军服率先在驻港部队试穿，后在全军展开。目前，正在穿着的军装是07式新军装，这是我军历史上最大规模的换装，涉及礼服、常服、作训服和标志服饰4个系列共644个品种，也是我军最全面、最系统、最顺利的一次军服改革。

随着军队建设的发展，军服更着眼于使军人能在各种条件和环境中自如地行动，保持旺盛的战斗力和保证身体的健康。从制作军服所用材料的质量，军服的结构、样式、颜色以及其他性能等方面，与第二次世界大战前相比，均有了重大的改观。军服的根本作用是适应战争的特殊环境，有利于作战。在炮火硝烟中冲锋，军服必须具有一定的防火性能；在枪林弹雨中冲杀，军服必须具有防弹的特殊功能；在江河湖海中作战，军服要有一定的托浮和防水作用；在现代侦视器材的监控下行动，军服必须具有一定的防侦视"隐身"能力；在核、化、生条件下战斗，军服必须具有防原子辐射、防化学沾染、防细菌侵害等用途。另外，军服还应具有美观、防寒御冷、调温、调湿、调气等功能，以保证人员在各种气候条件下作战。所以评价军服的水平，不仅看军服的质量和数量，更必须看军服的防伤害功能，适应各种环境的能力和是否便于行动等因素。现代军服的种类繁多，大致可分为礼服、常服和作训服

三大类。中国人民解放军"八七"式军服,具体区分为军常服、军礼服、作训服和工作服四类。美军也将军服划分为常服、礼服和工作服,其中包括:冬、夏季穿着的不同厚度和材料的军服,在办公室内、参加社交活动和在野外执行任务等不同场合穿着的军服。苏联解体前的军服,包括队列礼服、非队列礼服、节假日礼服,队列常服、非队列常服,野战服,轻便服,工作服等。

二、军服基本种类:常服、礼服、作训服

世界上的军服种类繁多,但基本上是三大类别。其他品类都是由这三类派生出来的。这里先介绍这三种大的类别。

(一)常服

军常服是军人在平时和一般礼仪场合穿着的服装,意为平常时候穿着的军服。其主要特点是庄重、威武,能反映民族传统习惯和精神,适合日常穿着。一般区分为军官常服、士兵常服。按穿着季节又可分为夏常服和冬常服。有些国家还细化为队列常服和非队列常服。这种军服外观不像礼服那样要特别庄重,主要是穿着方便,更适宜于军人平时的活动。

美国陆军的常服分为A类和B类两种,是供所有男性军官全年穿着的制式服装,并规定男军官在值班时、下班后或外出旅行,或者参加非正式的社交活动时,均可随意穿着。男军官的A类常服包括:陆军绿色上装和长裤、一件长袖或短袖陆军绿色衬衫、一条黑色活结领带以及规定的配用品。男军官的B类常服与A类常服基本相同,只是不着绿色上装,而且在穿短袖衬衫时可以不戴领带。女军官的A类常服包括:陆军绿色的传统式上装和裙子或长裤、一件长袖或短袖陆军绿色衬衫、黑色领结以及规定的配用品。其B类常服与A类常服基本相同,只是不含绿色上装。穿着A类或B类常服的选择,主要取决于气候条件、所执行的任务以及场合的正式程度等。

中国人民解放军"八七"式常服有军官夏常服、冬常服,士兵夏常服、冬常服。①军官夏常服,陆军为棕绿色,海军为上白下藏青色,空军为上棕绿下藏青色。金属制成的领花作为军种符号。制式衬衣为猎装式,开领、短袖。②军官冬常服,将校官冬常服颜色与夏常服相同,陆军尉官为草绿色,海军尉官为藏蓝色,空军尉官是上草绿下藏蓝色。将官大衣,陆空军为棕绿色,海军为藏青色。校官大衣为风衣式,陆空军为棕绿色,海军为藏青色。尉官、士官大衣,陆空军为草绿色,海军为藏蓝色,栽绒领;舰艇尉官为呢大衣。冬帽是咖啡色栽绒帽或皮帽。③士兵夏常服,陆军士兵夏常服为草绿色,空军士兵为上草绿下藏蓝色,上衣为开领,四个贴袋。制式衬衣为开领、短袖;女士兵制式衬衣与女军官制式衬衣相同。海军士兵夏常服为上漂白下藏蓝色,上衣是套头式带披肩水兵服,裤子为旁开口水兵裤。帽子为带飘带的无檐大顶帽。④士兵冬常服,其式样与军官冬常服基本相同,上衣口袋改为

四个贴袋。陆军士兵冬常服为草绿色,空军士兵为上草绿下藏蓝色,海军士兵为藏蓝色。海军舰艇士兵为套头式水兵服。士兵大衣式样与尉官大衣基本相同,但有风帽、护膝,寒区为皮大衣,水兵为呢大衣。绒帽或皮帽有帽耳孔。军士长、专业军士、学员冬夏常服式样与尉官相同,用料与士兵冬夏常服相同。

(二)礼服

军礼服是军人在参加重大礼仪活动(盛大节日、阅兵典礼、迎送贵宾等)时穿着的服装。多数国家只配发给军官。军礼服用料讲究,多用纯毛或毛涤混纺织物,制作精细。其主要特点是庄严、美观、色彩鲜艳、军阶标志鲜明、装饰注重民族风格等。由于各个国家的民族特点等不同,其礼服的样式也不一样。有的喜欢把礼服装饰得绚烂多彩,有的设计得庄重大方。许多国家还有仪仗队、军乐团礼宾服及演出服。美国可以说是世界上礼服式样最多的国家,他们的军队有十多种礼服。

中国人民解放军在1955年首次实行军衔制时,校官以上军官和海军舰艇尉官、水兵配发礼服。1965年取消军衔制,礼服随之废除。1988年第二次实行军衔制后,首先在部分担负特殊任务的军人中配发了军礼服,分为夏礼服和冬礼服两种,均为西服式,采用方下摆。夏礼服为平驳头凡尔丁上衣和裤子,陆军为米黄色,海军为本白色,空军为天蓝色。礼服领花将军为五星和松枝叶,校官为五星和麦穗,尉官则是由五星和宝剑形光芒线组成。冬礼服为尖驳头礼服呢上衣和裤子,陆军为海蓝色,海军为藏青色,空军为宝蓝色。1992年10月1日起,中国人民解放军三军仪仗队配用新式礼宾服。在保持中国人民解放军服装的基本特点的基础上,又与普通礼服有所区别。式样美观、庄重、鲜明、大方,其中仪仗队的陆军夏、冬服为棕绿色;海军夏服为漂白色,冬服为藏青色;空军夏服为天蓝色,冬服为宝蓝色。除海军士兵仍着士兵服,其余人员均为小翻领上衣和马裤。穿黑色高筒皮靴,扎白色腰带,右臂缀盾形臂章。独树一帜的礼服,使三军仪仗健儿倍显英姿,令世界礼坛耳目一新。

日本陆上自卫队的军官礼服分两种。第一种礼服分甲种夏礼服和乙种冬、夏礼服。甲种夏礼服上衣为白色,乙种冬、夏礼服与其常服基本相同。第二种礼服亦分冬、夏两种,这种礼服更加华丽考究。夏礼服除大檐帽外,整套衣服为白色,冬礼服衣、裤为黑色,上衣领上有金线樱花、樱花装饰花纹,袖子上绣有龟甲金色图案和金色樱花,裤外侧中线有条金色镶边。穿礼服要求佩戴盘花式肩章。

(三)作训服

军人在作战、训练、劳动和执行军事勤务等特殊环境下穿着的制式服装称作训服,也有的国家称为武装服、作业服、野战服、特种军服、特装和军人的"工作服"等。其主要特点是轻便耐用,具有良好的防护性能,适应战场活动和平时训练的需要。按类别分,有基本作训服和特种作训服;按保护色分,有单色普通作训服和多色组合迷彩作训服。作训服通常是官兵通用,多采用合成纤维与棉花混纺织物制作,也有用纯棉织物和经过特殊处理的纯化纤织物制作的。基本作训服主要指各国部队,主要是陆军各兵种共同穿着的作战训练服,它有别于各类特种军服。作训服根据其颜色不同,通常分为素色和迷彩两大类。

目前世界各国军队的作训服种类繁多,总数已达 100 种以上,如防弹服、三防服、防寒服、防虫服、飞行服、密闭服、救生服、调温服、跳伞服、高空代偿服、通风服、液冷服、出海服、潜艇工作服、水面舰艇防寒服、潜艇防寒服、潜艇亚麻背心和裤衩、潜艇工作皮鞋、核潜艇连体工作服、快艇出海服和头盔、防护靴、快艇防寒胶靴、快艇毡袜等。

中国人民解放军的作训服,通常是用棉布或涤棉混纺布、维棉混纺布制成,也分为普通(素色)和迷彩两类。普通作训服包括冬夏两种,陆军为草绿色,海军为藏蓝色,空军为上草绿下藏蓝色。夏作训服上衣为夹克式、开领,有两个带拉链的前胸挖袋和两个带袋盖的下贴袋,贴袋外有两个带拉链的斜插袋,有臂袋和标志衩,下摆有松紧带。裤为宽松式西式裤,前后各有两个贴袋,裤脚口有扣衩。冬作训服,上衣为开关领,有两个胸袋、两个下贴袋和臂袋、标志衩,下摆、袖口和裤口有抽带。作训服的发展趋势是向增加品种或多功能合一,提高适用性和灵活性的方向发展。

迷彩服是作训服的一种基本类型,由绿、黄、茶、黑等颜色组成不规则图案的一种新式保护色。迷彩服要求它的反射光波与周围景物反射的光波大致相同,不仅能迷惑敌人的目力侦察,还能对付红外侦察,使敌人现代化侦视仪器难以捕捉目标。迷彩服最早是作为伪装服出现的,希特勒的军队在第二次世界大战末期首先使用了迷彩服,为"三色迷彩服"。后来,以美国为首的一些国家装备了"四色迷彩服"。现在世界通用的是"六色迷彩服"。现代迷彩服还可根据不同需要,用上述基本色彩变化出多种图案。英军 80 年代的温区、热区作战服和雨衣全是迷彩色的,体现了一服多用的特点,反映出目前国际上作战服装的发展趋势。台湾陆军近年来也积极发展新式野战迷彩服,选用材料是将人造纤维的比例降低,棉质成分增加到 60% 以上,达到不易着火燃烧;在彩色上采用了黑、褐、深绿和翠绿四种颜色混合而成的迷彩色。同时,其表面经过特殊处理后,还具有夜间防红外线侦察的功能;具有式样美观、穿着舒适、结构合理、安全实用的特点。日本最新研制的迷彩服有春、夏和秋季通用类,采取细线条四色迷彩、两种色调,分别采用与季节的环境植物红外辐射相等的布料,提高了对红外线、紫外线等夜间侦视的防护,增加了保暖、透湿、防水和不易燃的性能。冬用迷彩服则在秋季迷彩服的表面套上紫外线反射率与雪相等的单层布料制作的白色罩衫,里面配有木棉汗衫、毛衣和棉衣,增加了吸湿、保暖功能,即使在摄氏零下 30 度气候条件下也可以发挥"防水御寒"的超高性能,可起到良好的避水、防风效能。为了提高迷彩的通用性,美军专门为其作训服研制了一种布料两面印染多种颜色的工艺,一面印有标准森林陆地图案,另一面印有三色沙漠图案。与此同时,美军还为其防化服研制了专门的迷彩图案。中国人民解放军迷彩作训服分夏季和冬季两类,色彩夏季为林地型四色迷彩图案,冬季为荒漠草原色,三军通用。据报道,外军近年来已研制出一种所谓"变色龙"型迷彩作训服,其材料采用一种光色性染料染色,可随着周围环境的光色变化而自动改变颜色。一般情况下,如果周围环境不变,染料处于一种稳定的状态,彩色不发生变化。一旦环境发生变化,光色性染料受到新的光线和环境主色调的反射,会变成与新的环境大致相适应的彩色。

下面介绍一下美国海军陆战队的新式迷彩服。

20年来,美国的4个军种都穿同样的迷彩服。但今天,美海军陆战队新的迷彩服给人带来了耳目一新的感觉。这套新的海军陆战队迷彩服是根据海军陆战队司令詹姆斯·琼斯将军的设想而设计的,他一直怀念海军陆战队最辉煌的日子,不论是谁都能一眼认出海军陆战队的队员。经过努力,终于完成了这套可以满足詹姆斯·琼斯将军回忆的新式迷彩服。它使用了数字合成的迷彩图形。走到近处看,有点像计算机上的像素,但从远处看,它能比现在的服装更快地与周围环境融为一体。海军陆战队正在日本冲绳基地和美国加利福尼亚州的基地试验这种新式迷彩服。这种迷彩服在2001年的夏天,已成为部队的标准制服。迷彩服的价格与旧式迷彩服差不多,每件60美元。

琼斯将军在2001年在美国某招募新兵的兵站,穿着新式迷彩服对记者说:"我想海军陆战队员们看上去与众不同,受到与众不同的看待。"他还说,他不想让他的士兵与其他任何人混淆在一起。目前,琼斯将军已下令他的陆战队员只穿绿色T恤衫,因为其他兵种的士兵有的还穿褐色T恤。他要让他们有所区别。由此,人们也想起了朝鲜战争期间为什么美国海军陆战队的队员被朝鲜人民军战士称为"黄腿",因为只有他们才穿那种高帮松紧鞋。

据说,海军陆战队为了做到确实与众不同,或者说,只能是海军陆战队的队员才能穿这种新式迷彩服,军方计划将这种迷彩服申请专利。当然他们申请的专利中还包括陆战队的其他标志物。

三、军服的基本色调:绿色

军服最初出现时的颜色五花八门,如当时法军禁卫军军服为白色,龙骑兵军服为红色,步兵军服为灰色,以便从颜色上对各兵种进行区分。后来,为什么世界各国的军服大都以绿色为主,以绿色作为军服的基本色调呢?其原因据说源于19世纪末。英国为了掠夺南部非洲的资源,与当地的那布尔人交了火。那布尔人长期生活在丛林中,习惯将身体涂成绿色,与丛林背景浑然一体,身着鲜红色军服的英军不仅难以发现他们,而且自己却成了活靶子,结果损失惨重。英军在总结作战教训时,认识到这个致命的问题,遂将军服统统染成了绿色,其他国家军队亦先后仿效。统观地球上的植被,也以绿色为主,可以说,绿色是地球陆地的主色调。直至今天的一百多个国家的军队,均以绿色为其军服的主色调。

四、战服:中国古代军服

战服也称"战袍""戎衣""戎装"等。唐人《本事诗》中有"战袍经手作,知落阿谁边",《赠苏味道》诗中有"边声乱羌笛,朔气卷戎装"等句。

提到战服,人们自然会想到西安兵马俑博物馆中出土将士穿着的甲衣。其实,盔甲在秦始皇以前的奴隶社会就有了雏形,那时的盔甲多用兽皮、兽筋、藤条等物编制而成,防护效果很差,直到春秋时期还难以在战场上推广使用。盔甲正式作为中国古代军队装备的战服,是战国时期赵国国君赵武灵王(公元前325—公元前299年在位)进行军事改革,实行胡服骑射以后的事情。春秋战国时,地处中原的赵国,在北方匈奴的袭扰面前常吃败仗。赵武灵王继位后,认真研究了赵国屡战屡败的原因,他最后得出的结论是,赵国兵败并非国衰民弱,而是在战法和战服方面落后于匈奴所致。匈奴将士,身着窄袖短袍,脚蹬皮靴,腰系皮带,既能御寒,又便于骑射,十分灵活。而赵军是以步兵和战车为主,衣服是宽袍长带,拖拖沓沓,战斗力很难得到发挥。因此,赵武灵王决心从改革战服着手,改变在战场上被动挨打的局面。公元前307年,有一天他上朝时穿了一身胡服,对满朝文武大员宣布:赵国军队今后要改着胡服,练习骑射,并要大臣们在着装改革上率先垂范。赵武灵王的这一举措,惊扰了在场的许多大臣,他们认为改穿胡服,违背了先圣的教诲,破坏了中原文化礼仪,有损民族尊严,表示难以接受,其中反对最凶的是赵武灵王的叔叔公子成。朝后,赵武灵王亲自登门拜访,用一番道理说服了公子成,第二天两人同着胡服上朝,大臣们一看公子成穿上了胡服,也只好改装。赵武灵王很快颁发了军服令,并提拔重用执行军服令最坚决的人,不久胡服在全国军队中普遍着用。随着战服的革新,赵军的战斗力得到很大提高,北驱匈奴,西抗强秦,东伐齐燕,使赵国成为战国七雄中的强国之一。

胡服的推广,虽然改变了长袍宽袖不便于作战的状况,但仍然阻挡不了刀枪剑戟的刺杀。为了更好地在战场上保护自己,人们逐步把盾的功能移植到服装上来,于是出现了可以有效地防护冷兵器杀伤的盔甲。随着铁器时代的到来,盔甲渐渐地改用铁金属来制作,公元前二百年左右,铁制盔甲得到普及。到公元10世纪,随着锻造工艺的发展,出现了钢质盔甲,能够阻挡50步之外的强弩射击。在欧洲,盔甲的制造水平,中世纪时达到了高峰。

盔甲的种类很多,有的叫板甲,就是用竹、铁或钢片连接起来做成的甲衣;有的叫锁子甲,就是用铁丝编成的锁眼网状甲衣;还有的用保护前胸、后背和肩膀等的几块甲片,穿着时临时组合而成为甲衣。战服不仅在战场上可以起到防护作用,而且在平时还可显示军威和军容。军人身着铠甲,头戴战盔,真是威风凛凛、气势咄咄,可以起到壮军威、鼓士气的作用。三国名将关羽,曾用金银制作盔甲上的饰物,跃马上阵、挥戈交锋时,身耀金辉,环佩叮当,威武雄壮,气贯山河,对于振奋军心起到了很大作用。

以盔甲为特征的战服,在冷兵器时代出尽了风头,火炮在欧洲出现后,有的人还留恋不舍,试图用加厚甲片的办法来继续发挥其功能。于是,在欧洲一些国家制造出了重型铠甲装备部队,光是甲衣就达到五十千克上下,加上几千克重的头盔,五十余千克的负重,使士兵举步维艰,难以遂行作战任务。实践检验的失败,使古代的盔甲战服,在隆隆的火炮声中,被光荣地送进了历史博物馆。

五、未来军服：另一种“武器”

当今世界，在武器系统日趋完备的基础上，战场数字技术已为西方各国军队普遍采用。未来战场上的军人，虽然有更加强大的武器系统的保护，但其所处的战场环境也更加严峻了。他们要躲避子弹、炸弹碎片等比较普遍的危险袭击外，还必须做好防止生化战、核攻击的准备。军人不仅要在可见光下伪装自己，而且还要在电磁波谱中的红外区和无线电区中隐蔽起来，使自己安全避开夜间瞄准器和雷达的跟踪。这样，军服革命也就悄悄地进入了 21 世纪。未来的军服，必须使士兵既能保持凉爽，又能保持暖和、干燥；既经得起日晒雨淋，结实耐用，穿着舒适，又便于清洗。并且，未来的军装还必须有声音伪装，在穿戴时不会发出一点声音。

过去的特制军服分为许多层，每层都具有某种特性或功能。显然，要是军人穿的服装层数太多，就显得非常笨重。因此，必须尽可能把许多功能结合到一层里。例如，现代军用衬裤能从皮肤吸收汗水，使穿着者保持干燥，同时又有一个空气层与皮肤接触，起隔热的作用。伪装上衣的衬里涂有一层可以吸收在生化战、核攻击中使用的化学物的碳粒子。也许，未来军人可以有一套功能齐全的组合式服装，适合在各种作战条件下穿戴。不论是潮湿炎热的丛林还是寒冷干旱的北极；不论是常规武器战场还是核、生化武器的战场，军人都可以轻而易举地找到适合他们穿着的服装，使军服成为保存自己、增强战斗力的有效“武器”。

六、军服式样：不统一

目前世界上军服式样多达上千种。尽管如此，最基本的样式还是相差不多。例如，礼服一般都是大檐帽、西装衣裤和皮鞋；常服一般是根据本民族的穿戴特点设计的，多为西服式，和中国的中山服相似的也为数不少；作训服多为夹克式。一些军队机械化程度较高的国家，部队乘车行军作战的机会多，一般都穿长筒皮靴，既可避免裤腿、鞋带的牵挂，也适应防冷御寒的需要。一种军服采用哪种式样，受多种因素的影响，主要有以下几个方面：

第一，本民族的传统习惯。军服的式样在很大程度上受本民族的穿着习惯影响。如西服是西方国家各民族传统的正式服装，他们的军服式样也普遍采用西服式，翻领、系领带。而南亚一些国家，如印度、巴基斯坦、孟加拉国等国，人们习惯穿立领上衣，而且衣身较长，这些国家的军服也多为立领。欧洲许多国家的妇女都着裙装，因此，在他们的女军服中，下装根本就没有裤子。无论是烈日炎炎的盛夏，还是冰天雪地的严冬，女军人都身着裙服。

各民族的穿着习惯是由各自的地理环境、气候条件、文化传统和风俗习惯等多方面因素形成的。1945 年 9 月 2 日，日本帝国主义向同盟国投降签字仪式，在停泊于东京湾的美国战列舰“密苏里”号上举行。中、美、苏、英等国派代表出席了受降仪式。独腿的日本外相重光葵代表日本天皇和政府，日本陆军参谋总长梅津美治郎上将代表帝国大本营分别在投降书上签字。然后，接受投降的盟军最高统帅麦克阿瑟陆军五星上将、美国代表尼米兹海军五星上将、中国代表徐永昌陆军上将、英国代表福莱塞海军上将、苏联代表杰列维亚科陆军中将以及所有参加对日作战的同盟国代表依次签了字。参加受降仪式的各国代表大都穿上本国最体面的军服，以示重视。而英国代表福莱塞海军上将此时穿的却是一身白色的短袖、短裤、长袜和皮鞋，似乎与受降仪式庄严、隆重的气氛不大协调。这也难怪，他穿的也是制式军服，而且当时也没有规定参加受降仪式必须穿着什么样式的军服。

第二，受外来的影响。不少国家的军服式样，在很大程度上受外来的影响，即借鉴其他国家和民族的军服式样，为己所用。比如清末新军的军服改革，主要是借鉴了西方列强的军服式样。民国初期的军服，一方面借鉴了清末新军的军服的特点，同时也借鉴了东邻日本的军服式样。抗日战争结束后，国民党军队陆续更换美式军服。第二次世界大战后，长期驻有美军的日本、韩国、菲律宾等国的军服，也受美军服装式样影响较大。而东欧各国和朝鲜、蒙古、越南等国的军服，则大体上是仿照苏联军服式样。

亚洲、非洲、拉丁美洲的殖民地国家的军服，大都以原宗主国的军服为蓝本。如英联邦国家的军服，基本都是英式军服的翻版。

第三，受着装的特定环境制约。军服特别是一些特殊服装的样式，在设计时都要考虑如何适应在特定环境中穿着的需要。例如，水兵服的式样，更多地是为了适应海上生活和作战的需要。水兵戴无檐帽，是避免舰艇在高速航行时帽檐兜风，也避免在使用观察仪器时帽檐碍事；水兵帽的飘带在早期主要是为了测试风向。水兵经常在狭窄的舱室里进进出出，要求服装利索方便，所以上衣一般都是套头式、紧领口，上衣扎进裤腰里，免得被舰上设备牵挂。在海洋中航行难免有人晕船，为了避免衣领刺激咽喉，减少呕吐，水兵服的上衣都是无领式的。水兵的肥裤筒不但可以防水溅入，还可以在赤脚作业时，高挽裤腿；更重要的是，一旦落水容易挣脱，而脱下的裤子扎紧口充以空气，又可做应急的气袋。

飞机驾驶舱里空间有限，为避免飞行员服装的下摆和袖口钩挂操纵杆和许多开关，飞行服一开始就设计成夹克服。另外，50年代初，在西欧某国一次军事演习中，一位技术高超的飞行员驾驶一架当时最先进的飞机刚刚离开地面，机翼在空中摇晃了几下便一头栽在跑道边的草地上，机毁人亡。事后查明，其原因就是这位飞行员上衣的一颗纽扣在飞机起飞时不慎落在设备中，使设备失灵，造成这起事故。这件事几乎震动了整个欧洲。从此，飞行服上的纽扣和金属拉链逐渐被取缔，代之以尼龙拉链。

但是，并不是所有军队的军服都是随着时代的进步、战争的发展而变化的。目前世界上还有个别军队仍然穿着古代式样的军服。最著名的有英国皇家卫队。每逢有重要仪式，皇家卫队便要出现。其中最吸引人的要算白金汉宫的换岗仪式。换岗仪式于每天上午11点半在皇宫前院举行，供游人参观。皇家卫队的禁卫师辖5个步兵团，每个团各有其绚丽多彩的传统制服。当换岗仪式开始后，首先出现的是一队铜管乐队，吹奏着雄壮的军乐，旗手高擎军旗，十多个骑着高头大马的警察在两旁维持秩序。接着是古装的卫队，他们穿着各式的民族服装，有的戴大皮帽，有的戴着钢盔,钢盔尖顶和雄鹰徽记在阳光下熠熠生辉。卫士们持戟仗剑,操着正步进入皇宫换岗。整个仪式宛如一场古装戏演出,既严肃又逼真,一时间仿佛把人们带回了几百年前的社会氛围中。据说,白金汉宫卫队换岗的这种古老仪式,始自17世纪,一直保留至今。不过,英国皇家卫队的军服还不算最古老的,目前世界上穿着最古老军装的军队,是守卫在梵蒂冈罗马教皇廷的教皇卫队。

由于军服式样的潇洒、威武、风格独特,对民间服装的发展,也产生过一些影响。现在一些民间服装的样式,最初就是从军队服装演变过来的。例如古代西欧的军士,为了防止敌人的箭矢射中咽喉和刀枪杀伤手腕,都用皮革或金属制成衣领和衣袖,既美观又实用。以后民间服装也纷纷仿效,现在西服衬衣上的硬领硬袖就是从西欧古代甲胄领袖部分发展演变而来的。

为便于军人上下马方便,英国首先将原来骑兵服的前下摆剪去。只留后襟,由于它无前襟,后襟呈斜下垂状,宛如燕子的尾巴,故名"燕尾服"。这种服装在长途行军时轻便适用,很快推广到步兵,加之燕尾服看上去较为美观,又迅速流传到社会上,成为男士们的晚礼服。

早期英国士兵的防风避雨的外衣,领口可以关闭,也可以打开,人们把这种领口称为"拿破仑领"。其样式是前门双排扣,有前后过件和腰带。后来,这种式样流行于民间,发展为男女皆爱穿的风衣。

从三四十年代至今,一些国家的女学生服,几乎是将水兵服照搬过来。

西服袖子上的三颗纽扣,也是从军服发展来的。相传1796年,拿破仑统率法军,冒着严寒翻过阿尔卑斯山,许多士兵被冻得流鼻涕,使用袖子当手帕来擦拭。拿破仑在视察部队时发现很多士兵的袖子都很脏,认为这样会有损军容军威,就决定在军服衣袖沿向上的一面钉三颗铜纽扣,这样士兵就不便用衣袖擦鼻涕了。后来,拿破仑给士兵发了手帕,袖沿上钉扣子就没有必要了。一个军官从这件事受到启发,提出把扣子钉到袖子向下一面的沿上,可以减轻袖子接触桌面的磨损,经拿破仑同意,法军军服的袖口向下一面沿上又钉上了三颗纽扣。法国的服装师们后来把这个办法移用到普通人的上衣,从此相沿成习。

今天,虽然人们的物质生活水平大大提高,审美观念也发生了变化,社会上的服装样式也是千姿百态,但军服的魅力始终不减,许多人对军服等军用品仍然是情有独钟。军大衣、马裤呢军常服、短袖衬衣、军(警)用马甲、迷彩服、飞行皮服、军警靴以及军用皮带、军用挎包、军用背囊等军服、装具品,一直是市场上的抢手货(尽管有些是仿制品)。

更为有趣的是,前些年,在日本掀起一股"中国军服热",中国人民解放军"八七"式干部服在日本男青年中很流行,日本服装商投其所好,生产了一批仿制的中国军服,在市场上很快销售一空。

七、军人戴帽:与军服固定搭配

俗话说,穿衣戴帽各有所好。但如果把军人的帽子和军服随便搭配起来戴,可就有点不伦不类了，还会闹出笑话。这里，把主要的几种军帽与相应服装的搭配介绍一下。

（一）大檐帽

这是一种帽檐比较宽大的制式军帽，源于西方国家，清朝末年引进中国，是世界上多数国家军人在着军常服和军礼服时所佩戴的军帽。中国人民解放军在50年代曾经两度将大檐帽规定为军人或军官的制式军帽，1988年第二次实行军衔制后，大檐帽规定为全军平时的制式军帽。军官大檐帽有军种牙线，帽墙外套人造丝带，陆军为正红色，海军为黑色，空军为天蓝色；帽饰带，将军为金黄色，校尉官为银灰色；帽徽为圆形，图案为"八一"军徽。士兵大檐帽式样与军官大檐帽相同，帽墙丝带陆空军为墨绿色，海军为黑色，中间分别加1厘米正红色或天蓝色装饰线；帽风带为黑色人造革。

（二）水兵帽

它是海军士兵戴的无檐帽。通常为白色或蓝色，帽墙为硬圈，其外表为黑色，前方一般标有文字；帽圈的后方有两条黑色的飘带，有的飘带上亦标有文字，有的飘带上还印有勋章的绶带等识别标志。中国人民解放军海军的水兵帽帽圈和飘带的前方均标有"中国人民解放军海军"的字样。

19世纪初，无檐水兵帽取代了漆布水兵帽而风行于世界各国海军。水兵帽无檐，主要是避免舰艇高速航行时帽檐兜风和使用观察仪器时帽檐碰坏仪器；水兵帽的硬帽圈对水兵的头部有保护作用，使他们不至于因海上颠簸而碰伤头部；水兵帽的飘带既可以做风向标使用，也可以用以系住帽子不使其脱落。关于水兵帽飘带的来历，在早期虽然主要是为了测试风向而设计的，但还有另外一种说法。1805年，法国拿破仑军队入侵英国，英国海军统帅纳尔逊率领舰队与法国舰队激战，打败了拿破仑舰队。战中，纳尔逊将军重伤身亡。英国皇家海军为他发丧时，全体水兵都在帽后缀上两条黑纱，表示悼念和敬重。自此以后，英国海军士兵帽就正式缀上了两条黑色飘带。由于飘带所具有的测风和装饰作用，逐渐为各国海军所仿效。

当今，世界各国的水兵帽大致相同，但亦有某些国家略有差异。法国的水兵帽就有一点明显的不同，就是水兵帽的顶端缀有一个分外鲜艳的红绒球。据说该绒球是法国国防部规定的制式水兵服的组成部分，象征"一滴血"，寓意为"作战勇敢，不怕牺牲"。顶端缀有小红球的水兵帽，戴着非常精神，容易引人注目，因此深受法国水兵喜爱。说起红绒球来，还有一段颇为有趣的来历。法国古代海军的木质战船，由于舱室低矮，水兵们经常被碰得头破血流。为了防止碰破头，水兵们就在帽中垫上一团棉纱。即使这样，也还有被碰破头的，鲜血浸染棉纱，变成了红球。经过若干年的演变，法国海军开始在水兵帽顶端缀上一个红绒球，寓意是"祝你走好运，不会碰破头"。如今，现代化军舰的舱室虽已没有碰破头的危险，但法国水兵帽顶上的红绒球仍然保留着。现在，水兵帽顶端的红绒球不但成了法国水兵服的装饰品,也成了他们喜爱的吉祥物和收藏品。

(三)船形帽

这是某些国家军队佩戴的一种形似船只的软体制式军帽,俄军曾称其为折叠式软帽。美国陆军的船形帽在两侧面的上檐附有镶边,将官镶金丝线或金色合成金属丝,其他军官镶夹有黑色人造丝或合成金属丝,准尉镶夹有黑色人造丝的银线或银色合成金属丝。苏联红军1935年开始戴用该帽,陆军只在士兵、军士、军校学员和军事建筑人员中戴用,海军除上述人员外,军官亦可戴用。中国人民解放军50年代实行军衔制期间,船形帽为军士和士兵的夏季制式军帽。船形帽戴在头上可略向右偏,但其右侧底缘不得触及耳尖。戴好后,从侧面看时其前、后垂直折线与帽顶线应形成一条不间断的折线。帽顶不得受压或变形,使帽子的前顶端和后顶端保持尖顶状。按当时中国人的审美观,认为船形帽看起来不太美观,50年代人民解放军许多士兵对戴这种军帽很不习惯。但它打起仗来很方便,利于戴钢盔,不易被勾挂,既可当帽子戴,又能当毛巾擦汗洗尘。因此,至今仍有许多国家的军队采用。

(四)贝雷帽

这是一种无檐软质制式军帽,以往通常作为一些国家军队的别动队、特种部队和空降部队的人员标志。贝雷帽具有便于折叠、不怕挤压、容易携带、美观等优点,还便于外套钢盔。著名的将领蒙哥马利元帅在第二次世界大战中就经常戴着贝雷帽,而且还与众不同地戴着将军和装甲兵两个帽徽。一些国家主要是在颜色上对不同的兵种予以区分。如美军的别动队戴黑色贝雷帽,特种部队戴绿色贝雷帽,空降部队戴栗色贝雷帽。各兵种的贝雷帽除颜色不同外,式样都一样,均属制式统一发放物品。美国在第二次世界大战中曾组建了一支特种部队,因其队员头戴绿色贝雷帽而俗称"绿贝雷帽"。这支部队由一些勇于冒险的人员志愿组成,进行特殊训练,专门从事特种任务作战,曾以"魔鬼之旅"闻名于世。联合国维持和平部队统一佩戴蓝色贝雷帽。对贝雷帽的戴法有明确的要求。如美军规定戴贝雷帽时,应使帽圈平正地位于前额上,且高于眉毛1英寸,帽顶向右耳方向倾侧,并使硬衬正好位于左眼上方。贝雷帽只有在穿常服、作训服和工作服时才能戴。穿常服戴贝雷帽时,可以穿战斗皮靴,并将裤腿束紧。中国人民解放军从2000年开始,贝雷帽作为夏季正式军帽的一种装备到部队。

(五)头盔

俗称钢盔,用于头部免受伤害的一种单兵防护装具,是军人训练、作战时戴的帽子。它多呈半圆形,主要由外壳、衬里和悬挂装置三部分组成。外壳分别用特种钢、玻璃钢、增强塑料、皮革、尼龙等材料制作,以抵御弹头、弹片和其他打击物对头部的伤害。

头盔在中国古代称为胄、首铠、兜鍪等。初时用藤、皮革等制作。据说法国将军亚得里安受到一个伤兵在战斗中急中生智用铁锅扣在头上，从而保护了头部事例的启发，领导制成了世界上第一代金属材料头盔。第一次世界大战后期，为防高爆榴弹弹片和枪弹的杀伤，头盔改用钢材制作，并正式称为钢盔。随着新材料的不断开发，防护头盔已从普通钢盔、高锰钢盔、尼龙头盔、玻璃钢盔，发展到现在的开夫拉头盔，大大提高了头盔的防护性能，其吸收能量的能力比老式头盔大 2.7 倍。据统计，士兵在战场上的伤亡，有 75% 是由炮弹、手榴弹、地雷和炸弹的碎片所致。这些碎片的飞速仅为枪弹飞速的 1/2，用钢盔是可以防护的。美国人说，在第二次世界大战中，钢盔至少保护了 7 万名美国士兵的生命。当时最先进的钢盔是法西斯德国军队的，它们是在总结英法制造头盔经验的基础上发展起来的，带有特殊护耳，看上去像个"煤斗"，防护效果特别好。美军 1982 年起装备部队使用的多种型号的开夫拉头盔，其综合防护能力均比原钢盔提高了 4~5 倍。以色列军队装备的制式头盔主要采用尼龙和玻璃纤维合制而成，造价低，重量较国外同类头盔轻 150克，但防护能力相同。英军钢盔现已换成更耐冲击的尼龙头盔，使其对头部的保护作用提高了 48%，对头部的遮盖面积提高了 25%。中国人民解放军目前采用的 80式钢盔，重 1.1kg~1.2kg，厚度约 1mm。

现代头盔的种类繁多，有步兵头盔、炮兵头盔、飞行员头盔、伞兵头盔、坦克乘员头盔、摩托兵头盔、空降兵头盔、海军陆战队员头盔等。头盔正向着增大防护面积，保护两鬓、耳、后颈等部位方面发展。迄今为止，虽然所有的头盔都能承受住炮弹碎片的打击，但还没有任何一种头盔能经受现代步枪子弹的打击。目前，有的国家军队的头盔，安装有通话装置；还有的国家已研制成兼备攻防两种功能的头盔枪，既可防护，又可发射无壳子弹。英军和以军已分别研制成功头盔显示器。英国为战斗机飞行员研制了一种称为"十字军战士"的综合头盔显示器系统，该系统由夜视器、头部跟踪装置、瞄准具、显示器、小型通信传感器、三防装置、激光光辐射防护装置、主动减弱噪声装置以及稳定装置等组成，其特点是重心平稳、重量轻、隐蔽性好。以色列研制成功了第三代头盔显示器，可显示瞄准线、目标鉴别、飞行数据、飞行状态以及威胁警报等重要情况。

八、女军服：需要单独设计

军人的服装，有些可以男女通用，如中国人民解放军军人的大檐帽、贝雷帽等，但有些则要单独设计。如 50 年代的"布拉几""列宁服"，现行的冬常服。这里重点介绍 3 种。

（一）女裙服

女军官和女士兵穿着的一种制式军服，通常由上衣和裙子组成。世界上多数国家军队的女军服是裙服。尤其是苏联和日本,在他们的女军服中,根本没有裤子这种服装,无论是瑞雪飘飞的严冬,还是烈日当头的盛夏,生活在军营的女军人都身着裙服。女裙服一般式样多为紧腰式,只有野战服为筒裙式。在世界各国的女军服中,苏军的女裙服种类较多,以陆军礼服为例,夏天全身绿色,上下分解,而冬天则为连衣裙的形式,颜色为浅灰色;常服和作训服也是这样,只是在颜色上与礼服不同,与之相配套的鞋,通常是高筒皮靴,无论是冬夏都是如此。由于女军人一般都从事医务、机要、通信、文秘、誊印等工作,很少与敌直接作战,故设计她们的服装较偏重于外表的美。有的国家在女裙服上配有漂亮的装饰品,如西方不少国家的女裙服的帽子插有鹅领雁翅,还配有小巧玲珑的佩剑和装饰性小坤包;日本的夏季女裙服也配有一顶看上去很美观的遮阳帽。中国人民解放军女军官和女士兵的夏常服,均配藏蓝色涤棉西服裙。

(二)孕妇服

一些国家专门为女军人在怀孕时穿着而制作的一种军服。在美国军队中,仅陆军就有 A、B 两种孕妇常服和孕妇工作服。A 类陆军绿色孕妇服由带束腰的罩衣和长裤或裙子以及带黑色领饰的短袖或长袖衬衫组成;B 类绿色孕妇服为不带束腰的罩衣和长裤或裙子以及短袖或长袖衬衫组成。规定怀孕的女军官可以在 1 年内的任何季节将绿色孕妇服用为常服或礼服穿着,穿长袖衬衫时应佩戴领饰,而穿短袖衬衫时可戴也可不戴。所有怀孕女军官在上班时、下班后或在旅途中,均可穿 A 类或 B 类绿色孕妇服。在晚间着此类服装可参加正式的或非正式的社交活动。有的国家军队没有设置孕妇专用服装,在女军人怀孕期间,一律着便服,以免影响军容的严整。

(三)女有檐帽

绿色有檐帽是美军专为陆军女军官设计制作的一种军帽。美国陆军着装制度规定,女军官穿着女式绿色传统式常服时,可以戴三种军帽:船形帽、黑色贝雷帽、有檐帽。有檐帽用军绿色绒毛毡或羊毛毡制作,帽顶部呈扁圆形,并有一条可拆卸式帽圈。帽圈上部有三道用相匹配的线编织的饰缝,并附有饰物。饰物按军官级别区分为两种,高、中级军官为:用金丝或规定的代用品绣制的两组弧形成对的月桂树叶;初级军官为:在帽圈底部装饰的一道 1/2 英寸宽的金丝带。

戴有檐帽的规定是:帽子要戴正,使帽圈在头上围成的圆圈与地面平行,帽檐应位于双眉上方 0.5 英寸~1 英寸处,从正面看额头上不应有头发外露。在着 A 类常服时,除在旅途中以及派往规定戴黑色贝雷帽的单位或空中突击部队时,均应戴有檐帽。

九、海军服装:最有特色

海军服装中除了大家比较熟悉的蓝白醒目的常服以外,更有缀着黑飘带的水兵帽、有点赶时髦的水兵肥裤子,还有执勤用的各种有防护功能的服装。通过下面的几种服装即可了解到海军服的某些特色。

(一)水兵服

水兵服是海军士兵最有特色的服装之一。世界上各国海军服饰虽各有不同,但大致样式相近,形成了一种"国际流行范例"。特别是水兵服已基本形成国际惯用的样式,通常为白、蓝色,上衣为套头式,有披肩,蓝色的披肩和袖口上有数道白线;裤子在侧面开口,裤口肥大。这种"范例"是由多年的海上生活实践而来的。水兵经常在狭窄的舱室里进进出出,对服装要求利索方便,所以上衣一般都是套头式。套头式上衣扎进裤腰里,为的是避免上下舷梯、进出舱口时挂住衣服。在海洋中航行难免有人呕吐,为了避免衣领刺激咽喉,减少呕吐,水兵服的上衣都是无领式的。裤子侧开口,是帆船时代为了爬桅杆时方便。裤口肥大主要考虑有三,一是可罩住靴子,防止水花溅入;二是冲洗甲板时便于挽起;三是下海救生脱退迅速,脱下的裤子扎紧裤口,充以空气即是应急浮游气袋。上衣的披肩,过去是用来做"垫肩"使用的,现在除美观外,已没有更大的使用价值。关于披肩的来历,有一种说法是这样的:古代男子流行蓄长发,而水手们为了适应海上生活,喜欢将长发梳成辫子。谁知油光的辫梢常常弄脏水手的服装,于是,他们便在自己的肩上披一块方巾来保洁,以后逐步演变为水兵上衣款式的组成部分。现在,各国水兵们穿的内衣,通常为白蓝相间的条纹衫,俗称海军衫,又称海魂衫。海魂衫的寓意为广阔的大海与蓝天,水兵们穿上海魂衫更显得精神抖擞。

中国人民解放军的水兵服经历过多次变化。50年代初期,水兵服的样式为:夏装上白下蓝,有披肩、飘带、胸章;冬服为全蓝呢质。夏装的披肩和袖口为蓝色,上面各有三道白线。这样的设计,一说是学苏联海军的,另一说是海军曾一度有过黄海、东海、南海三个舰队的编制,三条白色线代表三大舰队,也表示人民海军肩负守卫三大领海的任务。至于渤海,一说是当时未与黄海明确分开;另一说是当时苏军驻旅顺,渤海防务多依赖于他们。直到1955年实行军衔制前后(同年苏军移交旅顺防务,撤出旅顺),海军才在水兵服的披肩和袖口上各增加了一条白线,变成四道白线,并赋予它"人民海军担负保卫祖国渤、黄、东、南四大领海的光荣任务"的含义。这时的水兵服上下全为蓝色,由佩戴胸章改为肩章。1965年6月,海军水兵服被取消,水兵统一着灰色军服。1974年5月,海军恢复具有特色的水兵服。经过几十年的发展变化,人民海军的水兵服更加漂亮和潇洒。

（二）潜艇服

亦称"潜艇特装"，是潜艇人员工作时穿着的军装。主要包括：潜艇防寒服、潜艇工作服、冬防酸衣、帆布工作服、防酸、防水手套、太阳镜、污衣袋等。潜艇工作服具有紧身、防油、防酸、防水等特点。潜艇防寒服是供潜艇指挥塔人员春、冬季由水下航行转为水面航行时穿用，具有轻便、保暖和一定的防水性能。其上、下衣分解，防风帽与上衣连接，袖、裤口为紧缩式。面料为细帆布，保暖层为长毛绒。核潜艇工作服为连体式，供核潜艇人员在艇上穿用，具有防尘埃沾染、易洗涤、易穿脱等性能，采用漂白全棉平布制作。使用中定期检验，超过允许剂量时及时更换，以保证艇员身体不受损害。

（三）出海服

舰面水兵出海作战、训练时穿着的服装。通常上衣是扣合式小翻领，下衣是工装背带裤。具有防风、防水、保暖和轻便等特点。冬季出海服，面料为防水胶布，内配防寒保暖层。防寒保暖层一般用人造毛制成，或用腈纶纤维与羊毛加工后制成。快艇出海服，供导弹、鱼雷快艇舱面人员航行时穿用，具有防风、防水、保暖等性能。该服为上、下衣分解，防水罩与保暖层分开，出海帽下有大披肩与上衣系结。防水罩用氯丁橡胶刮胶布，保暖层为细羊毛、腈纶混合絮片。海勤类作训服是舰艇人员在海上执勤时着用的制式工作服。舰艇在海上航行、战斗、锚泊时，为保证人员在海上环境恶劣的情况下正常生活和工作，不同的舰种配备具有相应防护性能的工作服。中国人民解放军海军到 70 年代后期，初步形成海勤特种工作服系列，主要有水面舰艇防寒服、潜艇防寒服、潜艇亚麻背心和裤衩、潜艇工作皮鞋、核潜艇连体工作服、快艇出海服、快艇防寒胶靴、快艇毡袜等。

（四）水兵裤的"传说"

水兵的裤子前面不开裆，没有扣子，是女子裤子模样，这是为什么？有何道理？看了下面这段趣事便会了解。

1713 年的一天傍晚，英国"海狼"号军舰紧急出航，急急忙忙地驶往爱丁堡港，航行还不到半小时，即遇敌舰，立即进入战斗。敌舰队分成列纵队，形成钳形，用猛烈炮火轰击英国"海狼"号。"海狼"号势单力薄，很快被炮弹击中，起了浓烟烈火，接着就往海里沉了。全舰 38 名官兵除一人活命外，其余全都落水遇难。这个活着的水兵叫约翰·卡尔。事后，海军部对这件事进行调查，为什么其他 37 人都死了，而卡尔却能活着漂在海上呢？调查结果是女朋友的裤子救了卡尔一命。卡尔出航前住在女朋友家里，跟女朋友住在一起，接到紧急出航的通知后，他迷迷糊糊起了床，糊里糊涂地把女朋友的裤子穿上走了。当军舰下沉时，他迅速跳进海里，奇怪的是，当他头朝下钻进海里时，呼噜一声，他身上的裤子自己脱掉了，并在裤管里充满了气泡,卡尔来不及多想伸手一把抓紧鼓成气泡的裤子,在海上漂流17小时,终于被人发现救了起来。而其他遇难的官兵下海后,裤子贴到了肉上,怎么也脱不下来,越来越重,只能一个个沉下海去。海军部觉得这种女式不开裆的裤子,很适合海上水兵穿着,裤子两边开衩,入水时易脱离,裤角在垂直入水后又容易充气,平时裤腿宽肥,冲刷甲板时也易卷到膝盖以上。这样,水兵裤就改用这种女式裤子了,以后经过发展,慢慢变成了今天这个样。

十、飞行服:具有特殊功能

由于飞行人员职业的特殊性,他们穿着的衣服也必须与其工作相适应,既要通风又需调温,既要美观又需安全。下面着重介绍飞行人员主要的三种服装:

(一)飞行服

飞行员在执行飞行任务时穿着的军服,是保证飞行人员在飞行中,特别是在高空低气压、缺氧等情况下能保障正常工作和生命安全的重要装备。主要包括:头盔、头(围)巾、风镜、外上衣、裤子、皮靴、手套和毛衣裤、衬衣裤等。按穿用季节分为春秋季、夏季和冬季飞行服。通常上衣为夹克式,下衣为马裤式。中国人民解放军航空兵冬季飞行服的面料是羊皮革,夏季飞行服外衣通常采用薄布料,具有防寒、防风、保暖性、透湿透气性和轻便的特点。在外国军队中,美军的飞行服比较有代表性,为整体式,前部为拉链开口,腰部与袖口有搭袢式松紧带,裤脚底部有拉链。衣服上共有8个用拉链开合的口袋,胸部2个,大腿前2个,小腿前2个,左臂1个,左大腿内侧1个,供装带飞行中和跳伞后必备的生活用品。

目前各国军队的飞行服均采用尼龙贴扣而没有纽扣,是总结了50年代初西欧某国在一次陆海空三军演习时,一名技术高超的飞行员因一粒纽扣掉进仪器中造成机毁人亡的事故而改革的。

飞行服

飞行服作为飞行人员在空中执勤时着用的制式工作服,其种类包括抗荷服、高空代偿服、调温服、通风服、液冷服等。早在1933年,英国人就研制出第一代高空加压服。其后,美国、苏联、法国、德国等先后制成高空代偿服。第二次世界大战期间和战后,一些国家又研制了不同型别的高空代偿服和抗荷服。到20世纪80年代,一些工业发达国家研制和装备了结构轻便、气密性和强度好、使用方便的飞行服。中国人民解放军于60年代研制和装备了高空代偿服、抗荷服,并研制出通风服,以后又陆续研制出多种系列新型号,1982年研制出液冷服,更新了部队装备。

为适应航空器的发展,飞行服将趋向于一服多功能、多用途,并向结构简化轻便、穿着舒适、使用方便、热负荷小的方向发展。

(二) 高空代偿服

亦称部分加压服,用于防止12000米以上高空的低气压对人体的损害,提高飞行人员在瞬时身体内部压力大大超过外部压力时的防护能力。是一种当飞机座舱遭到破坏突然失去密封性,或实施弹射跳伞时,用来保护飞行员免受低气压和缺氧状况有害影响的应急军服。高空代偿服主要由代偿服主体和张紧装置两部分组成,具体分为头盔、衣体、拉力管、抗荷和代偿囊等。这是一种用棉织物或绵纶织物制成有管状胶皮囊的连衣裤,为便于穿脱和调节松紧,装有拉链和松紧调节带。工作原理是:当飞机失去密闭,飞行员处在低气压和缺氧的环境中时,充气设备会立即自动地向管状胶皮囊充气,使气囊体积增大以绷紧代偿服,紧压飞行员身体,保持人体内外压力平衡,并继续向飞行员头盔加压供氧,避免飞行员失去工作能力或出现生命危险。现代高空飞机均备有先进的充气装置,可以根据飞行高度,自动控制代偿服充气量的大小。

(三) 调温服

它是用以保持飞行员和空勤技术人员正常体温的服装,是一种罩在衬衣和高空服装外面的连衣裤。由面层、内层和调温垫组成。调温服通过调温层起调温作用。不同的调温服,调温垫层有不同的调温装置和不同的工作原理。按不同调温方式分为电热式调温服、液体调温服和通气调温服。电热式调温服的调温垫由弹性导电材料组成,使用机上固定电源或小型蓄电池保持一定温度,通气调温服垫层内装置壁上有带孔的弹性管,管内充空气或混合气体,温度由恒温器保持。还有一种通过电动泵使冷却物质在循环回路中流动,循环构成制冷回路,使人体躯干得到良好的散热效果的液冷服,是新一代个体冷却散热服装,一些国家的空军已得到应用。

十一、地理环境和武器装备:对军人的着装有不同要求

军人不论是在平时的军事训练,还是战时的对敌斗争,目的只有一个,那就是以最小的代价换取最大的胜利。为了做到这一点,各种保障工作是必不可少的。服装也不例外,现略举一二说明。

(一) 战车乘员服

这是一种专门供坦克等装甲战车乘员穿用的制式军服。其头盔有防止碰撞的

垫层,以保护坦克手的头部。服装为连体式或两截式,为皮革制作。战车乘员服的肩部缝有专门的比较牢固的布带或抽带,其用途是在坦克手负伤时,能及时地将其从狭小的坦克内拖拉出来。各个国家战车乘员服的式样大同小异,以美军为例,为衣裤相连的整体式,外加一件防寒夹克衫,以保证在低温条件下作战。乘员服有拉链式前开口,臀部加厚,后背上部有抽带。由于在车内活动不便,为了及时获取各种战斗配件和生活用品,在衣服上制作了多个带拉链的口袋,左臂上有1个,前胸有2个,大腿前左右各1个,臀部左右各1个以及小腿前部左右各1个。防寒夹克衫是带拉链对襟式的,前面有2个斜插兜,左袖上还有1个小兜,衣袖肘部带有垫衬,下摆和袖口有螺纹松紧边。此种服装应与作战皮靴一同穿着,但裤腿不用束紧。乘员在不戴头盔时,应戴制式鸭舌帽。

(二)跳伞服

空降兵执行伞降任务时穿着的服装,叫跳伞服。必须具有防寒保暖、防潮、防水等性能,并有轻便紧凑的特点,其色彩应有一定的伪装性。但担任表演任务的空降兵,其服装的色彩却十分鲜艳醒目,为的是收到良好的观看效果。外军军队的跳伞服的式样,上衣多为夹克式,下衣多为马裤式。中国人民解放军伞兵部队的跳伞服,上衣下摆有抽带,下衣裤口为钉有扣袢的散腿式。

(三)沙漠战斗服

有些国家设计和装备的专门用于在沙漠地区作战时穿着的服装,其颜色以沙漠的黄色为主色调,多为迷彩型。进入90年代以后,世界上有沙漠或准备在沙漠地区作战的国家,其军队的沙漠战斗服都不同程度地得到了发展。主要针对沙漠战场的特点,进行进一步的研制和改进。如海湾危机爆发后,美军就根据中东地区的沙漠环境和高温气候,为进驻沙特的部队紧急研制了沙漠迷彩作战服,并在热带丛林作战靴的基础上改进、设计了沙漠作战长筒靴;法国也研制了适合热带沙漠地区使用的"密封式服装"。这些新型装备,更加符合沙漠地区作战环境的要求,能保证军人作战能力的正常发挥。美军沙漠战斗服包括:沙漠白昼迷彩色的上衣、裤子和帽子以及沙漠夜间迷彩色的"派克"大衣和裤子。海湾战争结束后,美军还及时根据沙漠作战的经验教训对沙漠迷彩作战服做了进一步的改进,颜色由原来的六种改为浅棕黄色、浅褐色和浅土黄色三种,新式迷彩服更难于被肉眼及望远镜发现。

十二、防护服:种类越来越多

防护服是军队人员执行特种勤务时着用的制式工作服,亦称特装。其作用是保证特种勤务人员在有害人体环境中工作的安全。各国军队特种工作服的范围和种类各不相同。苏军的特种工作服主要包括装甲兵、空勤、地勤、伞勤、海勤人员及其他军事专业人员着用的普通工作服、专用工作服、伪装服和防护服。中国人民解放军特种工作服只包括空勤、地勤、伞勤、海勤人员及导弹部队人员着用的专用工作服和防护服。人民解放军于50年代为空勤人员配发了飞行服、飞行帽和飞行皮靴等；为空降兵配发了跳伞服装；为海军舰艇部队配发了防寒服。60年代，为空勤人员增配了高空代偿服和抗荷服；给担负导弹试验、发射、储存任务的部队装备了相应的防护服。70年代初，装备了核潜艇防护服。现已初步形成配套的特种工作服系列。防护服按其功能，可分为特殊环境防护服和有害物质防护服两类；按其类别，可分为空勤类防护服、海勤类防护服、地勤类防护服。现在世界上又出现了许多特殊功能的防护服，下面重点介绍几种：

（一）多功能的三防服

多功能三防服是由特殊材料制成的，由上衣、裤子和头盔式防毒面具等组成，既可分解也可结合，使用方便。穿上它，全身的每个部位都会受到很好的保护。

这种三防服具有极高的防光辐射性能，上衣和裤子的结构分为两层，外层是一种特殊的防火织物，有极强的牢度和韧度，可以有效地防止热辐射，并有自行消毒的功能。落在三防服上的含毒液滴，会自动地在表面散布开来，使液滴在短时间内蒸发，这样就避免了毒剂进入人体，这是关键的第一道防线。内层是一种经浸渍和涂碳的热反应纤维织物，不仅是防止细菌和化学物质侵入人体的内层防线，也是士兵免受酷暑之苦的自动调温装置。

头盔式防毒面具的头盔部分是用能防弹的凯夫拉材料制成的，既能经受强大的冲击，又能保护耳膜免受超压和噪声的损伤，头盔中装有通信用无线电话，通信性能极为先进。电极化的面罩能通过感应探测各种有毒的化学气体，眼窗"玻璃"由最先进的材料制成，当核闪光瞬间来临的时候，护目镜像接到命令一样自动快速反应，在100微秒量内由透明的颜色转变为墨色，当外界的光照降到安全值后，它又自动变到透明状态；同时，眼窗还有夜视功能，可保证在任何气象条件下执行任务。脚上穿的防毒靴更是一绝，近似现代流行的跑鞋，鞋内装有气袋，即使长途行军也不会发生"打泡"和"渗毒"问题。

在三防服的胸前还装有一个向导包，它如同一包香烟大小，可接收导航卫星发来的信号。军人携带着它，可随时知道自己和友邻所处的位置，误差不会超过10米，整套三防服不仅重量轻，而且携带方便，用后经洗涤又焕然一新，是未来士兵的"护身法宝"。

（二）防热服

现代科技研制出的特种高效液冷军服，将给军人带来福音。特种液冷军服，是用一套特殊装置使液态冷却剂沿人体表面循环，制造一种微气候环境，如同置身于一个清凉世界，使人感到舒适。这种液冷军服，通常用聚氨基甲酸酯涂层尼龙制成。其中夹有数块输液片，由一些细小的管道把这些输液片连接起来。穿着时，由一个小型泵把冷却液从软壳容器中打出，通过输液管道流入军服，冷却液降低了军服的温度后流至一个热交换器，热交换器和一个小型制冷器相通，冷却液在此处被冷却后又进入循环。国外最新研制的冷却液是 20%的丙二醇和 80%水的混合液。用这种微气候液冷军服可把局部环境温度降低至 12 摄氏度，温度的高低可通过控制冷却液的循环速度来调节。

另外，人的头部血管丰富，在高温环境中作业往往容易大汗淋漓，特别是戴防毒面具情况下，更容易降低战斗力。国外还专门研制成了一种微气候液冷头盔。这样，液冷头盔和液冷军服相配合，就可以解决在特殊环境中的热负荷问题。

（三）防虫服

军人在执行潜伏任务时，不但面临死神的威胁，同时还忍受着蚊虫叮咬的折磨。盛夏酷暑，风餐露宿，军人潜伏在预定位置上，往往也是在敌人的眼皮底下，所以必须像磐石一样。有时蚊虫爬在腿上、手上、脸上，甚至钻进裤管里，奇痒难忍，既不能拍一拍，也不能动一动，否则就会暴露目标。根据热带丛林潜伏作战任务的需要，澳大利亚科学家设计出一种蚊虫一叮就死的特种军服——杀虫防疟疾军服。这些军服是用科学家发明并试验成功的一种杀虫剂浸过，这种杀虫剂名叫"佩里真"，比传统的驱虫剂更有效，能把落在军服上的昆虫立即杀死。在巴布亚新几内亚、柬埔寨和东南亚的其他地区的澳大利亚士兵，已穿用过这种用药剂处理过的军服，防护效果很好。士兵们说，这种衣服极好，既可免除蚊虫叮咬之苦，也可降低患疟疾的机会。

（四）隐身服

"隐身军服"是现代战争中保存部队战斗力的重要装备。穿上这种隐身军服，在可见光条件下，敌方目视难以发现。可是水涨船高，在可见光侦察效果不佳时，一些国家的军队普遍装备了微光夜视仪、近红外夜视仪等，利用目标及背景对红外光的反射特性不同来跟踪目标。随即，对"隐身衣"提出了更高的要求。于是随环境改变而自动变色的"隐身衣"也应运而生。目前，集防可见光、近红外、微光夜视侦察等优于一身的新型"隐身衣"已开始装备部队，主要包括：

反可见光侦察隐身衣——这种隐身衣具有由 4 种颜色构成的变形图案。这些图案是经过计算机对大量丛林、沙漠、岩石等各种复杂背景环境进行统计分析后模拟出来的。其色彩的种类、色调、亮度、对光谱的反射性能，以及各种色彩的面积分布比例都经过精确的计算，使隐身衣上的斑点形状、色调、亮度与背景一致，使着装者的轮廓产生变形。从近距离上看是明暗反差较大的迷彩，从远距离上看其细碎的图案与周围环境完全融合，即使目标运动时也不易被肉眼发现。

十三、防弹衣：受青睐

防弹衣是一种重要的单兵防护装备，在战场上可以有效地降低枪弹对人体的伤害，是受到当今各国广泛重视的一项热门研究课题。有矛就有盾，先进的武器运用于战争后很快就会有相应的防御措施应运而生，防弹衣的产生几乎是与火药枪的发展同步的。美国是最早研制防弹衣的国家之一，早在19世纪的南北战争时期，就为部队装备了重约3公斤的胸甲，当时主要是用来防御毛瑟枪弹。英军对防弹衣的研制也可以回溯到第一次世界大战，当时将一种重达9公斤的钢制防弹衣装备给机枪手、工兵、哨兵等特殊作战人员。第一次世界大战期间，战场上人员伤亡总数的80%是由低速和中速流弹或炸弹的碎片造成的，各主要国家在大战末期研制出第一代防弹服。第二次世界大战中，碎弹片造成的伤亡仍约占60%，人们对防弹服的研制越来越重视。

军用防弹衣按照防护对象的不同分为两种，一种是防弹片衣，一种是防轻武器弹丸衣，过去的防弹衣主要是防碎弹片。当前，爆发世界性大规模战争的可能性逐渐减小，局部的冲突却时有发生，在这种情况下，对于士兵的威胁更多的不是碎弹片，而是轻武器直射弹。因此，各国对防弹衣研究的重点已开始由防弹片转向防轻武器直射弹。

从防弹衣的装备情况来看，美、俄、英、法、日等军事发达国家都有制式的、成系列的防弹衣，并广泛装备部队。如海湾战争中，为提高地面作战部队的生存能力，美军为单兵配发了新型的"开夫拉"纤维迷彩防弹衣。而发展中国家，由于技术水平、经济条件等制约因素，对防弹衣的研制尚处于开发阶段，很少或只是部分装备给部队。

（一）美军突击队员新型防弹衣

1994年，美军为其参加索马里联合国维和行动的突击队员配发了一种新型防弹衣。该防弹衣首次亮相就以其优良的性能引起了美军各军种的高度重视。在由陆军第75突击团进行的试穿试验中，它表现出极佳的抗冲击性能。当用ROG-7反装甲火箭弹射击突击队员胸部时，虽然这个未爆炸的火箭弹的冲击力使士兵飞出好远，但士兵没有受到严重伤害。这种防弹衣还能有效地防护7.26mm子弹对突击队员背部的袭击。突击队员防弹衣是由特种作战司令部和陆军纳蒂克研究、发展与工程中心共同研制开发的，由新型杜邦开夫拉KM2芳香族聚酰胺纤维制造，美陆军计划装备7000~8000件。

（二）俄军新型防弹衣

俄军经过多次试验后，于1994年研制出一种型号为"访问"M的新型防弹衣，该防弹衣采用钢加织物混合材料制造,重量轻,穿着舒适,外层套有专门设计的外套,便于拆下清洗。它能有效防护手枪枪弹、地雷和手榴弹的碎片,并能防护刺刀伤害。

(三)英军新一代防弹衣

英国最近开发出一种新型的防弹用陶瓷防弹材料,这种被称为"碳化硅"的防弹材料,重量轻,防弹性能高,而且造价便宜。以这种新型防弹材料为防弹板,英军制成了新一代的高性能防弹衣,能在 10 平方毫米的面积上抵挡住三发同时射来的、初速为 850 米/秒的 7.62 毫米的步枪子弹。

(四)法军加强型防弹衣

法军加强型防弹衣,外层材料为防水高强度聚酰胺密纹布,内部防弹层由层叠的防水开夫拉纤维制成,总重量约为 6 公斤,颜色为北约防红外绿色。它在法军现行装备的防弹衣中防弹性能最佳,能够有效防护 10 米内射来的 9mm 冲锋枪弹和"马格郎"手枪子弹对人体的伤害。

(五)日军高性能防弹衣

日军已研制成功一种新型防弹衣,它采用了新研制的高性能防弹板。防弹板以开夫拉材料为主,在外则复含有陶瓷防弹片,在贴身内侧有氨基甲酸乙酯减震材料。防弹板将过去惯用的长方形改为八角龟甲型,符合人体工学原理,穿着舒适,不妨碍士兵动作。新型防弹衣增大了防护面积,从腰部至颈部均可保护,而且防弹性能优异,5.56mm 的小口径步枪近距离射击也难击穿。

(六)以色列两种型号的防弹衣

以色列军队现行装备两种防弹衣,其型号分别是 RAV-200 型和 RAV-300 型,前者重 4.5 公斤,后者重 7.65 公斤,两种防弹衣均是用开夫拉材料加不同厚度的防弹插板制成的,所不同的是 RAV-300 型的防弹插板更厚一些。以军装备的这两种新型防弹衣能够防护各种轻武器弹丸的射击,在各国军用防弹衣中是比较先进的。

(七)泰国真丝防弹衣

据报道,泰国国防部与一家研究所合作,最近研制出一种初级防弹背心,价格仅为同类产品的 1/3 稍多,而其中主要材料是轻柔艳丽的真丝。这种防弹衣是由 36 层真丝织物缝制而成,可以抵挡 0.22、0.38 和 0.45 等三种小口径枪弹。

据介绍,这种防弹衣寿命长,真丝可以使用百年以上而不变质。目前,以合成材料制成的产品,每隔 5 年便被淘汰。

(八) 中国 TF90-54 式防弹背心

中国人民解放军研制的 54 型防弹服已达到国际同类产品先进水平,能有效地防住 2 米外各种手枪弹的撞击。与国外同类产品相比,具有重量轻(3.5 千克)、防护面积大(0.23 平方米)、防护性能安全可靠等特点。样式美观大方,穿着舒适方便,全部使用国产材料,生产工艺简单,成本低,效益高,每件价格只相当于美制开夫拉——陶瓷板防弹服的 1/4。目前已广泛用于特警、武装警察部队和公安系统等人员,并远销美国、菲律宾、泰国、澳大利亚和前南斯拉夫等国家。

正像技术决定战术那样,新的战法必然促使保障装备的革新,过去的那种"人海"战术已经在高技术武器面前黯然失色,强调"小群用兵"已成为现代战争的"流行色",而"流行"的前提就是提高单兵战场防护能力。适应高技术战争的要求,防弹衣作为各国军需装备发展的重点,其发展趋势将是,扩大防护面积,重点是对颈部和下腹部的防护;符合人体工学原理,提高防弹衣的舒适性和穿着方便性;进一步开发高新技术材料,减轻重量,提高防护能力,包括防弹、防刺、防火等;与头盔、三防服和救生衣等同步发展,逐步形成单兵整体防护系统。

十四、梵蒂冈罗马教廷的教皇卫队军服:400 年不改老样子

军队的服装,一般都是随着生产力和战争的发展,时代的进步和社会文明程度的提高而不断变化的,一定款式的军服在军队服役的时间总是有一定的年限。中国人民解放军在全国解放之初统一了全军服制后,其军服在四十多年里改革了九次之多,最重要的改革是六次,即:"五五"式、"六五"式、"八五"式、"八七"式、"九七"式和现在部队正在穿的"〇七式"。俄国军队从彼得一世到十月革命、苏联红军从十月革命到 70 年代,其军服都改革过十几次。

然而,世界上有一支军队的服装,从 16 世纪到现在,相沿 4 个世纪没有改变,成为全世界服役年龄最长的军服。这就是梵蒂冈罗马教廷的教皇卫队所着军服。这种军服,大到服饰的总体款式,小到衣领、衣袖、纽扣一类的微小部件,都还保留着 16 世纪定下来的式样。即:头盔是船形的,衣服的形状保持着冷兵器时代的基本特征,上衣的前胸印有色泽鲜明的横杠,以显示军人的勇猛强悍、锐不可当。是什么原因促使他们这么固执呢?原来,在 16 世纪时,瑞士的士兵是世界上最勇猛的步兵,当时常常被欧洲各国用高价买去警卫国王。根据特别合同规定,负责警卫罗马教皇厅的卫兵,也都是从瑞士基督教区内的瑞士人中选拔。为了把这一古老的习惯保持下来,这些士兵的服装至今仍保持着当年瑞士军服的式样,连罗马教皇的最高当权者也无权改变。当然,更重要的原因是,这支卫队是专为保驾教皇的安全而设立的,并不到战场上去驰骋冲杀,服装在适应战争需要方面的要求,就显得

不是那么特别重要了。

十五、西方国家军人:配备宴会服

宴会服也叫小礼服,属于礼服类,主要是在一般礼服的基础上配用相应的装饰物品。宴会服主要来源于西方国家传统流行的民用小礼服。民用小礼服也叫晚餐礼服,主要是参加晚6时以后举行的晚宴、音乐会、剧院演出等活动穿着。为全白色或黑色西装上衣,衣领镶有缎面,腰间仅一纽扣,下衣为配有缎带或丝腰带的黑裤。系黑色领带,穿黑皮鞋。这里讲的宴会服是专指军人在参加宴会等活动时穿着的制式军服;晚礼服也是专指军人在参加晚上的一些礼仪活动时穿着的制式军服。其基本样式与民用小礼服差不多,主要在于颜色、配用品和饰物有区别。美军的宴会服比较讲究,他们为军官穿着宴会服、晚礼服制作了专用的配套用品:斗篷、衬衫、纽扣、袖链扣和袖饰扣、宽边腰带、手套、黑色礼服用提包、领花、领带、皮鞋、袜子等。

十六、西服领带:诗人眼中的"绞索绳"

领带是与西式军服配套的饰物,其最早起源于军队士兵脖颈上系着的细布条。在17世纪的法国巴黎街头,出现了一支来自南斯拉夫克罗地亚的骑兵部队。这支部队的士兵身着整齐的制服,脖子上系着一根细布条,巴黎市民看到觉得十分新鲜,一些爱赶时髦的贵族子弟便模仿起来,也在自己的衣领处系上一根布条,作为饰物。这就是领带的最早雏形。大约到了18世纪,系领带在西方国家的许多人中间已较普遍,人们在人际交往的正式场合或出席比较庄重的活动时,一般都要穿西装、系领带。可是,系领带到底有什么实用价值? 评论家们历来观点不同。著名的葡萄牙诗人费尔南多·贝索阿把领带比作"绞索绳",认为它毫无实用价值。但是它在世界上相沿三百多年而至今不衰,原因是什么呢? 心理学家研究的结果认为,领带是象征男性的一种服饰,女性可以通过发式、高跟鞋、裙子、紧身衣裤来表现其特性的美,领带或许就是男性用来表现其特性美的一种方式了。也有的人认为,领带具有表现社会内容的意义,系上领带的人,会给人一种严肃守法、富有理想、责任感强的印象。

中国人民解放军正式将领带列入装备,作为夏常服的一个组成部分,是从1988年改着"八七"式军服开始的。男军官系藏青色领带,女军官系玫瑰红色领带,后来士兵亦增配领带,为草绿色。领带分为若干个型号,按每个人的身高发放,适宜的尺寸是领带尖不要遮住裤腰,穿背心时,领带尖不要露出背心。领带除着夏常服应佩戴以外,还可用于着军衬衣时与肩章一起佩戴。美军的领带只在男军人的范围内佩戴,黑色活结式领带是统一发放物,穿绿色长袖衬衣时必须佩戴这种领带,穿短袖衬衣时也可以佩戴。黑色蝴蝶领结是个人选购用品,用以在夜晚穿着陆军蓝色或白色军装时佩戴,并可与蓝色宴会服和白色宴会服配用。白色蝴蝶领结也是个人购买的物品,用于在穿着蓝色晚礼服和白色晚礼服时佩戴。

十七、军服镶嵌装饰物:军人识别标志之一

军服上的色带、衣边或衣缝镶条统称为缘饰,是军人的识别标志之一。缘饰是一些国家军服必有的装饰。缘饰的颜色根据其国家军种、兵种和军服的式样确定。如苏联军队的大檐帽、军裤、肩章和领章,都缝有规定颜色的缘饰;而将军还在军上衣衣领与袖口,军大衣的衣襟、腰后带、领子和领口上缝有缘饰。镶条是用有色呢子裁成宽条缝在军裤两侧合缝上的饰带,苏军为各兵种元帅、将军和军校学员的军服,均规定了相应颜色的镶条。许多非军事部门,如司法机关、海关、铁路等的高级领导人的制服上也缝有镶条。中国人民解放军仪仗队礼服从1985年起新添了衣袖、裤腿装饰线。1988年后,三军将士的军礼服,在领边、裤中缝镶有军种牙线和装饰带,陆军为米黄色,海军是本白色,空军是天蓝色,大檐帽帽檐上部分别饰有金黄色、银灰色帽檐花,帽顶檐处和帽墙处分别饰有朱红色和银灰色的镶条。从1992年开始,仪仗队的礼服和军队文艺团体的演出服,在衣领外口、袖口和裤中缝,均镶有军种色牙线和装饰带。

十八、胸前的黑飘带:水兵的专利

在美国等一些国家海军中,士兵常要在胸前系一条黑色的飘带,这件小饰物的来历,虽说法不一,但比较有意思。

一种说法是,当时英国有一位海上英雄,名叫纳尔逊。他在一次海战中不幸阵亡。消息传出后,举国上下为他哀悼,为表示怀念与哀思,所有水兵都佩戴黑布条。从此以后,黑布条成为海军服装的一部分,它激励水兵英勇作战,为国报效。

另一种说法是,当时的水兵,平时都在暴露的环境下作业,战时以火炮攻击为主,还要不时地进行接舷战,很容易受伤。舰上虽有医护人员,但总因伤者过多而照顾不周。为在受伤后急救,水兵身上都带有一条黑色角巾,起到止血带的作用。从此,这一行为成了出海作战海军的习惯一直沿用至今。

十九、军服纽扣丢失:寒冷惹祸

1867年冬,俄国彼得堡军需部开仓发放冬装。奇怪的是,这次发放的军大衣全都没有扣子,官兵们对此十分不满,此事一直闹到沙皇那里。沙皇听了大臣的报告,大发雷霆,要严厉处罚负责监制军装的官吏。军需大臣恳求宽限几天,以便对此事进行调查。

这位大臣到军装仓库查看，他翻遍了整个仓库，没有找到一件有扣子的大衣。负责仓库保管的军官和士兵们都说，这些军装入库时，都钉有扣子，扣子是不可能丢的。那么，这数以万计的扣子究竟哪里去了呢？

军需大臣让一位科学家来破这个谜。当科学家得知这些军装上的扣子全是用金属锡制造的时候，轻松地解开了谜底。科学家认为扣子失踪的原因是：由于天气奇冷，锡扣子变成粉末脱掉了。但在现场的所有军官都不相信科学家的这个解释。于是，科学家拿了一把锡壶放到花园的一个石凳子上。几天以后，科学家请大臣等一起到花园去看，"锡壶"仍放在原处，看上去和原来没有什么两样，但当他们上前用手指一碰时，奇迹发生了，锡壶变成了粉末。这是怎么一回事？

原来，锡具有两种不同的物理性质。当环境温度在-13.2℃以下时，其结构改变，体积增加20%左右，锡就变成了一种灰色粉末；到了-33℃时，这种变化的速度就会大大加快。那年冬天，俄国彼得堡地区的气温下降到-33℃以下，所以银光闪闪的锡扣不见了，只有在钉纽扣的地方留下一小撮灰色的粉末。

无独有偶，一些多次去南极探险的科学家们曾找到了一些若干年前在南极牺牲的探险家们的尸体。他们是被暴风雪困在帐篷里冻饿交加而死的，奇怪的是帐篷里有充足的食物，只是装燃料的油桶是空的。科学家们经过仔细查看后发现，这些油桶是用锡焊接的，在低温下，锡变成了粉末，使燃油全部漏光。当疲惫不堪的探险队员回到基地帐篷中时，因为没有燃料取暖，而食物又冻得像岩石般坚硬，在这种情况下，探险家们也只能无可奈何地坐在那里等待生命最后时刻的到来了。

二十、着军服有严格规定：现役和退役各有章法

军服除了御寒暑、利征战等实用价值以外，还有肃军容、壮军威的观瞻功效，因而军人的着装各国军队都有严格的统一规定。首先是非军人不得着军服。中国早在明朝颁布的骑士服制令就规定，"不应服而服者，罪之"。美国《军事法卷》专门有一章对军人着装作了六条二十余款规定，第一条就是"禁止非军人着军服"。《苏军内务条令》和其他国家军队的有关条令条例，都对军人的着装作有具体的规定。但各国的社会制度、宗教信仰、经济发展情况等不同，对军人着装的规定有所不同。

《中国人民解放军内务条令》规定："军人必须按规定着装，并保持军容严整。"这是对中国人民解放军军人穿着军服的总要求。具体规定是：着军服时，要佩戴帽徽、肩章、军种（专业技术）符号和领花，扣好衣扣、领扣和系好领带，内衣不得外露，不得挽袖、卷裤腿，不要披衣、敞怀；着军服要按规定配套，不得将不同季节、不同时机穿着的服装混穿，更不允许军服与便服混穿，或者在军服外面套上民用羽绒服、皮夹克、风衣等便服；着军服要保持衣着整洁，不能有碍观瞻，不得与军容风纪的要求相违背。同时，还对军人着便服的时机和场合做了规定，同样也必须注意形象端庄和衣着的整洁。

许多国家军队对军人着装问题看得很重。如美国陆军就认为个人的着装和仪

表,是体现军队纪律性的一个组成部分。如果军官不作出表率,他的士兵就不可能具有整洁而端庄的外表,而这正是树立高效武装力量的自豪感和整体精神的重要因素。什么场合穿什么军服,也有明文规定。如作训服只限在执行任务时穿着,除从个人住所到工作地点的途中外,不应在军营以外穿着。再如陆军黑色宴会服和晚礼服,只能在晚间穿着出席一般的或官方的正式社交活动。还专门明确了军服上的一些配用品,如军衔和军兵种符号如何佩戴,勋章、服役奖章和徽章,穿着哪几类军服时才可以佩戴,佩戴的位置和先后顺序如何,都规定得十分明确。许多国家都规定,在穿着军服时,其衣袋中携带的物品不得外露,也不应因物品太多以致使衣袋隆起。着军装必须扣上扣子、拉好拉链或按好按扣;金属附件要擦拭光亮,不得有毛刺和锈蚀;奖章、勋章和勋表必须保持清洁完好;皮鞋必须打油擦亮;男军官穿长袖衫时必须打领带;女军官穿长袖衫时必须戴领结;着制服和工作服时,不允许佩戴时髦的装饰品、流行的徽章以及私人护身符或避邪物;宗教用品和珠宝饰物只能佩戴于衣内,不得外露,等等。

军队除了对现役军人的着装有规定外,对退役军人着装也有规定。不少国家运用法律进行规范。这是因为,着军服不仅是军人仪表和军威的外在标志,同时也是一种政治权利的内在体现。因此,军服就不光是现役人员的装备,而且也是授予某些退役人员的荣誉标志。早在中国的汉代,就把文武官员的官服视为"报功彰德,尊仁尚贤"的象征,严格规定"非其人不得服其服",而对于功成身退、挂冠归里的有功之臣,却可以"赐以衣冠",以示优崇。宋代对退休文武官员,有"加赐章服"的奖赏,明代建有文臣武将的"冠带致仕"制度。鉴于军(官)服特有的这种政治功能,当代许多国家都将其作为一种激励手段加以运用,旨在增强人们的国防意识,激发公民献身国防事业的荣誉感和责任感。

世界上对非现役军人着军服的规定,最明确、最具体的当数美国。《美国法典·军事法卷》第772条,用10款的篇幅书写了"非现役军人着军服的规定"。该法律条文规定"陆军、海军、空军或海军陆战队的退休军官可以佩戴军衔和着戴其退役级别的军服";"从陆军、海军、空军或海军陆战队光荣退伍的人员,可以在退伍后3个月内从退伍地点返家的路途上着军服";"曾经在战争时期在陆军、海军、空军或海军陆战队光荣服役的非现役人员,可以佩戴军衔","着其在那次战争中拥有的最高级别的军服";"扮演陆军、海军、空军或海军陆战队的成员的戏剧或电影演员,可以着该军种的军服,如果这种表现无损于该军种形象";"退伍军人署所管理的退伍军人之家的军官或定居者,可以按照有关军种部长所规定的规章着军服"。美国非现役军人着军服的场合,规定是:"由绝大部分或全部都是武装部队光荣退役的老兵或后备役人员参加的军事聚会、军事游行、军人婚礼或葬礼、纪念活动以及针对军事目的而设立的各种组织的会议或集会,等等"。在这类场合允许穿军装的时间,也包括"往返庆典的途中"。假如退役人员获得过勋章,着军服的权利还要大,即除了明文规定的几种场合,如商务、民事活动,未经官方批准的游行、集会、公开演说,有损军队声誉等活动以外,任何时候都可以着军服。退役人员所着军服式样,可以是着本人服役时所有军种和所授军衔的军服,也可以是着现行的相应军官军服,但二者不能混穿。

其他国家虽不像美国这样规定具体,但有的国家也通过立法对退役军人着军服的权限进行规范。如 70 年代修订的《苏军军官服役条例》规定,将官和在苏军圆满服役 25 年以上的其他军官,或服役不满 25 年但获得过苏联英雄称号的军官,退役后在参观部队演习、校阅、体育活动,参加军事学术会议、节日集会和阅兵等活动场合,可以着军服。印度、巴基斯坦、波兰、匈牙利等国规定,高级军官退役后可着军服出席国庆节、建军节等庆典活动。

中国人民解放军的退役军官能否着军服,目前尚无明确而具体的规定。1955年全国人大常委会通过颁布的《中国人民解放军军官服役条例》曾规定,"军衔是军人的终身荣誉",1956 年国防部据此发文规定:"军官退出现役的时候,可以带走已经发给他的军服、礼服和肩章符号,留作纪念。逢重大节日可以穿戴"。1988 年全国人大常委会通过颁布的《中国人民解放军军官军衔条例》规定,"现役军官退役的,其军衔予以保留"。1995 年全国人大常委会通过颁布的《中华人民共和国预备役军官法》规定,"预备役军官退出预备役后,其预备役军官军衔予以保留"。保留军衔,意味着对拥有军衔称号的退役人员着军服权的肯定,因为佩戴军衔符号的军服,是军衔的唯一荣誉标志,如果不赋予退役军官在一定场合的着军服权,保留军衔的法律条文,就成了一句空话,失去了它的实际意义。

第七章　军队礼仪

一、军队礼仪：展示形象的特殊方式

中华民族自古以来就是礼仪之邦。人民军队秉承了中华民族的优良传统，将礼仪之邦的精髓发扬光大，经过数十年的创新发展，形成了特有的军队礼仪。我军不同军兵种部队、不同重要活动有着不同的礼仪。各种礼仪生动地体现了"忠诚于党，热爱人民，报效国家，献身使命，崇尚荣誉"的精神内涵，是培养当代革命军人核心价值观的有效载体。军队礼仪集严整的军容、刚毅的气质、文明的形象、良好的军姿于一体，对内有着特殊的激励作用，对外展示了人民军队正义之师、威武之师、文明之师的良好形象，有着特殊的震撼力、感召力和影响力。

二、军人之间的称呼：不随便

军人之间的称呼，各国军队都有相应的规定，中国人民解放军历次颁布的内务条令，对此也都有要求。军人之间接触交往，在本单位本系统内部，通常可称职务，如班长、排长；或职务冠姓，如赵连长、钱营长或职务加同志，如团长同志、政委同志；或姓名加同志，如李得胜同志。首长和上级对部属和下级可称姓名，如周卫东；或姓名加同志，如郑强军同志，当不知道对方的职务时，可称军衔加同志，如上尉同志、大校同志；下级对上级也可以称首长，也可以称姓名加首长，如武兵首长。下级、部属听到上级、首长称呼自己时，应该答"到"，当接受上级或首长的口述命令、指示完毕后，应该答"是"。在军队内部不得称兄道弟，不能把社会上的一些称呼习俗用于军人之间，如先生、小姐、师傅等。军人在社交场合，对具有一定地位的军人，也可以根据其身份选择一些得体的称呼，如对高级将领可称"将军"，如"将军同志""郑将军"；对专家学者可称学衔或职称，如"博士""教授"，或在学衔职称前加姓，也可在学衔职称后加同志，如王博士、教授同志等。

外国军队多数习惯按军衔称呼。如美国陆军规定，军人之间交往，要相互称呼姓名加军衔称号，如"布劳恩上校""史密斯中尉"。如果是下级军官与上级军官、所有的士兵与军官在军营中谈话时，则应称上级为"长官"。互称军衔时，也可以称某一等军衔的统称，如对少将可称"将军"，对中校可称"校官"，对上尉可称"尉官"。美国海军规定，在正式场合，对参谋军官和军舰上的军官，一律称军衔，但在社交场合，只对中校以上军官称军衔，对少校以下的军官，可称"先生""小姐"。

三、敬礼：表示敬意和友爱的最好方式

军人之间的礼节，是军人相互表示尊重、友爱的一种方式，是军队礼仪的一个组成部分。它对于维护内部关系，建立正规的秩序，巩固军队纪律，提高战斗力都有着重要作用。世界各国军队的军人礼节，因政治制度、军队的传统习惯不同而不完全相同。中国人民解放军军人之间的礼节，是建立在官兵之间、上下级之间政治上一律平等的基础之上的，方法灵活，形式简便，是部属与首长、上级与下级相互尊重、军人之间相互团结友爱的体现。军人相互间敬礼是表达特有的军人感情的一种最好方法。敬礼的时机和场合通常有：当部属和下级因事觐见首长时，进见者见到和离开首长时，应当敬礼；军人之间相遇，下级应当给上级敬礼，军衔低的应该给军衔高的敬礼，部属应当给首长敬礼；相同职务或军衔的军人如果因事接触，应主动相互敬礼；营门卫兵应主动向徒步或乘车进出营门的首长和进出营门的分队敬礼；卫兵交接班时应当相互敬礼；军官登离舰艇时，更位长、武装更应向军官敬礼；飞行员在飞行登机前，应与地勤人员相互敬礼。但是，军人在下列场合和时机不敬礼：在值班室、实验室、机房、厨房、病房、手术室、急诊室等处进行工作时；正在操作兵器和位于射击、驾驶位置时；在进行文体活动和体力劳动时；在乘坐汽车、火车、轮船、飞机时；在浴室、理发室、餐厅、商店时；处于其他不便于敬礼的时机和场合时。

四、升旗仪式：最庄严

天安门广场的升国旗仪式最为隆重和庄严。天安门广场的升旗仪式由武警北京总队天安门国旗护卫队担负。每天清晨和黄昏，由36名武警官兵组成的方队护卫着五星红旗和太阳一起升起、降下。无论春夏秋冬、阴晴雨雪，从不耽误一分一秒。平时，升旗仪式播放国歌录音，逢每月1日，则由60名军乐队员现场演奏国歌。天安门升旗仪式已经成为生动的爱国主义教育课。

五、军人对国旗敬礼：军礼中最高的一种礼节

国旗是国家的标志，对国旗执行礼节，是一个国家、一个民族尊严的体现。世界上很多国家都十分重视维护国旗的尊严，强调对国旗的礼节。有的国家认为，污辱国旗相当于侮辱国家元首，要受到处罚；有的国家规定，亵渎国旗要被判处半年以上的徒刑。中华人民共和国《国旗法》明确规定，"每个公民必须尊重和爱护国旗"。中国人民解放军是人民民主专政的柱石，每一个革命军人，都必须以自己的实际行动维护国家的主权和尊严，尊重与爱护国旗，对国旗要有礼节。军人对国旗

执行礼节的时机和场合为：参加隆重集会和重大活动看到升国旗、听到奏国歌时；部队组织升国旗仪式时；在军营及公共场所看到升国旗、听到奏国歌时。在上述时机和场合，军人集体活动时，应面向国旗立正，行注目礼，位于指挥位置的军人行举手礼；单个军人活动时，应停止活动，面向国旗或国歌乐曲传来的方向立正，戴军帽者行举手礼，未戴军帽者则行注目礼或举手礼。

六、军人对军旗的礼节：平常又光荣

"八一"军旗是中国武装力量的标志，是中国人民解放军荣誉、勇敢和光荣的象征。中国人民解放军中的每一个成员认真维护军旗的尊严，正确地实施对军旗的礼节是天经地义的事情。目前，人民解放军建制团以上部队、院校和海军舰艇都授予了军旗。军人对军旗执行礼节的时机和场合为：在师、团以上部队或与之相当的单位举行盛大庆典活动或隆重集会、组织阅兵等进行迎、送军旗时；海军舰艇每日升降军旗时；军人在升旗后至降旗前登、离舰艇时。

七、单兵礼仪：自然规范

敬礼是军队礼节的重要内容和表现形式，军人礼节直接体现着军队的文明程度、组织纪律性和精神风貌。敬礼的动作是否符合规范要求，反映了军人的训练程度和军事生活素养水平。干净利落、符合要领、动作优美的敬礼姿势，是显示军人修养和风采的一个重要方面。不同民族或国家军队的敬礼要领有不同的习惯和要求，但在一个国家中必须统一规范，不能各行其是。

行举手礼的要领。举手礼起源于中世纪的欧洲，当时的骑士们常常在公主和贵族妇人面前比武，在经过公主的座席时，他们要唱赞歌，歌词往往把公主比作光芒四射的美丽的太阳，因而骑士们在看公主时，总要把手举起来作遮挡太阳光的姿势，久而久之，就演变成举手到眉梢的一种礼节了。举手礼成为一种军礼后，便纳入军人举止用条令进行规范。中国人民解放军的《队列条令》规定，举手礼的要领是：上体正直，右手取捷径迅速抬起，五指并拢自然伸直，中指微接帽檐右角前约2厘米处（戴无檐帽或免冠时，微接太阳穴上方帽墙下檐），手心向下，微向外张（约20度），手腕不得弯曲，右大臂略平，与两肩略成一线，同时注视受礼者。徒手或背枪的军人，应在距受礼者5～7步处，面向受礼者立正敬礼，等受礼者还礼后，将手放下，礼毕。行进间敬礼，应将头转向受礼者，边行进边行礼，右手不随头移动，左臂仍自然摆动，待受礼者还礼后礼毕。

行注目礼的要领。面向受礼者成立正姿势，同时注视受礼者，并目迎目送，左、右转头角度不超过45度。行注目礼是在不便行举手礼的情况下实施的一种礼节，如携带武器（背枪除外）、手持物品时，不论停止间或行进间，均可行注目礼，等受礼者还礼后礼毕。

行举枪礼的要领。右手将枪提到胸前，枪身垂直并对正衣扣线，枪面向后，离身体约 10 厘米，准星护圈与眼同高，大臂轻贴右胁；同时左手接握表尺处，虎口对准枪面并与标尺上沿取齐，小臂略平，大臂轻贴左胁；同时转头向受礼者，双目注视，目迎目送，左右转头角度不超过 45 度。礼毕时，将头转正，右手将枪放下，使托底板轻轻着地，同时左手放下，成持枪立正姿势。

八、军人敬礼：举右手

行军礼的习惯自古有之。举手礼起源于中世纪的欧洲，这是没有异议的。但是由来的说法有多种。一种说法是，骑士们在公主和贵族妇人面前比武、唱赞歌时，把公主比作太阳，在看公主时，把右手举起来作遮挡太阳光的姿势，演变成一种礼节。另一种说法是，那时欧洲人习惯行举手礼，以示没有带兵器。中世纪时期，人们风行穿长披风以掩藏刀剑。人们相遇时习惯把右手放在后面，这样做的目的是表示手没有放在长剑或短剑的剑柄上。再一种说法是，戴盔甲的骑士为了互相问候而要露出脸来时，习惯用右手摘下头盔，用左手按住马的缰绳。这一动作后来延续下来，成为行军礼的基本方法。不管怎么说，都是为和平、友好和礼貌，而手的动作都是指人们习惯上通常使用的右手。

中国人民解放军的《队列条令》规定，在正规场合，无论戴军帽或不戴军帽都应以右手行举手礼；美国军人的举手礼应用的范围更广。军人着军装戴军帽时，行举手礼，右手要举到帽檐处；不戴军帽时，右手举到太阳穴处。这一规定同样适用于着便装的军人。

值得一提的是，美国人对军人着便服时如何用右手向国旗行军礼，也有明确规定。在升国旗和奏国歌时，着便装的军人在不戴帽子时行军礼的要求是，身体保持立正姿势，右手放在心脏部位；戴帽子时行军礼的要求是，身体保持立正姿势，右手摘下帽子后随之放在胸部，帽檐应与左肩平。

九、分队礼节：小集体间的致意

中国人民解放军的分队通常是指营、连、排、班以及与其相当的单位，分队的礼节是由带队指挥员代表分队实施的。分队执行礼节的时机和场合有：分队在行进间相遇时，由指挥员相互敬礼；分队在行进间与首长相遇时，由带队指挥员在距首长 5~7 步时，向其敬礼；分队列队在停止间，当上级首长来到时，由带队指挥员发出"立正"的口令，随后向首长敬礼并报告；未列队的分队，不论在室内与室外，当首长来到时，由在场职务最高者或最先发现首长来到者，发出"立正"的口令（当人员处于坐姿时，应先发出"起立"的口令），并由职务最高者向首长敬礼并报告。分队在其他一些场合可以不执行礼节。比如在射击场，在行军休息时，在飞机库、船坞、车场、炮场和修理间进行作业时，在就餐、进行文体活动或体力劳动时以及其他不便于分队敬礼的场合和时机,都可以不敬礼。

十、舰船之间:有礼有节

(一) 中国军舰之间的礼节

中国人民解放军舰船在海上相遇时,应互相敬礼,表示敬意。执行礼节的原则通常是:当舰船在海上相遇时,职务低的首长乘坐的舰船应向职务高的首长乘坐的舰船敬礼;若舰船间构成指挥关系时,被指挥舰船应向指挥舰船敬礼;舰船未构成指挥关系时,舰级低的应向舰级高的舰船敬礼;同级舰船双方应主动敬礼;辅助船只应先向作战舰艇敬礼。舰船执行礼节的方式是,敬礼舰先鸣笛一长声,表示敬礼,受礼舰随即也鸣笛一长声,表示还礼。鸣笛两短声表示礼毕。舰船鸣笛一长声敬礼时,所有在舱面活动的人员,除因工作不能敬礼的以外,均应向通过的舰船立正,军官行举手礼,水兵行注目礼。听到鸣笛两短声时礼毕。

(二) 中外军舰在公海上的礼节

本军舰船在公海上与外军舰船相遇时,按照国际惯例,凡是被本国政府承认的国家的舰船及不是敌对国家的舰船,为了表示对其友好和礼貌,通常应当执行礼节。对方舰船等级高于我方,我方应主动向其敬礼;对方舰船等级低于我方,对方主动向我舰敬礼时,我舰应及时还礼,如对方未敬礼,我方则照常航行;双方舰船等级相同,则应主动给对方敬礼。如果双方舰船上均乘坐有高级军官,则应以双方军官的职务和军衔高低决定谁应先执行礼节,如果我方首长的职衔高于对方,按国际惯例,对方应主动给我方敬礼,反之,我方则应主动给对方敬礼。如果我方舰上乘坐有将以上军官,对方表示要向我方鸣放个人礼炮时,我方最高指挥员可视情况表示接受或谢绝,若谢绝时应表示谢意。

如何知道双方舰船上是否乘坐有高级军官和哪方的军官职衔较高?一是观察悬挂的职衔旗帜,二是运用通信手段向对方了解,同时也可将本方乘坐舰船首长的职衔向对方通报。

(三) 军队舰船和商船之间的礼节

当军舰与商船相遇时,商船通常主动向军舰敬礼,以表示对军舰的敬意。商船向军舰敬礼的方法不同于军舰之间的礼节,而是将本船悬挂的国旗或商船旗从船桅杆上降下1/3,以示向军舰敬礼。当军舰发现相遇的商船敬礼时,应当及时还礼。还礼的方法是将悬挂在桅杆上的军旗徐徐降至距桅杆顶部1/3处,表示答礼,然后将军旗升至桅顶表示礼毕。敬礼的商船见到军舰还礼后,即将降下1/3的国旗或商船旗重新升至桅顶,礼节即告结束。另外,舰船之间的礼节都是在白天升旗后至降旗前进行的,如果停泊的军舰在升旗前或降旗后发现民用船舶向军舰敬礼时,因此时没有挂军旗,可按军舰之间以音响方式还礼的方法,进行还礼。

十一、海军礼仪:种类最多

在军队中,要说礼仪,大概海军中是最多的。这是与其历史上作为特殊军种执行远洋作战任务及与他国交往的传统和习惯分不开的。海军礼仪是各国海军在日常活动中,或在庆祝节日、欢迎贵宾和高级官员以及其他隆重场合施行的礼节和仪式。其礼仪形式主要有:挂满旗、满灯、升挂国旗或职级表示旗、设仪仗队和军乐队、舰员分区列队或甲板列队、鸣哨、奏国歌或迎宾曲、鸣礼炮等。

1.满旗是海军舰艇昼间按规定悬挂国旗、军旗,并由舰艇通过桅杆连接到舰舷挂满通信旗的仪式。用于迎接国家元首、政府首脑、军队高级将领及重要外宾,以及庆祝重大节日,举行隆重活动等。通常在早晨8时升挂满旗,日落时降旗。

舰艇航行时遇雨天、大风或担负战斗值班时,不挂满旗,挂代满旗,即航行时,悬挂桅顶旗;停泊时,悬挂桅顶旗和舰舷旗。

2.满灯是海军舰艇在夜间按规定沿满旗位置并围绕舰舷和上层建筑的轮廓挂满彩灯的仪式,用于迎接国家元首、政府首脑、军队高级将领以及举行隆重庆祝活动等。油船例外。通常在日落后挂满灯,夜晚12时关闭。

3.仪仗队——海军仪仗队是执行军队礼仪的武装分队。主要任务是在迎接国家元首、政府首脑、军队高级将领、重要外宾或举行重大活动时执行的一种军队检阅仪式。海军仪仗队有陆勤仪仗队和舰上仪仗队。仪仗队人数由各国根据实际情况自己规定。仪仗队应着制式军服,携带武器。执行任务时一般配有军乐队。中国海军规定,执行三级以上礼仪时,舰艇或陆勤部队设仪仗队。舰上仪仗队由军官1人和水兵12人或24人组成,陆勤仪仗队则由60至120人组成。

军乐队——海军军乐队是以铜管乐器和打击乐器等组成的军乐队,用于举行军事仪式、隆重活动时奏乐以及其他音乐演出活动。军乐队通常与仪仗队配合使用。中国海军规定:舰艇执行一级礼仪时设军乐队;陆勤部队执行三级以上礼仪时,设30至60人的军乐队。

分区列队——是舰员在舰上列队的一种形式,用于迎送高级领导人、海上阅兵、检阅舰艇、访问外国港口进出港时以及其他有关场合,以示隆重。分区列队时(面向舷外),根据需要可以两舷分区列队,也可以在一舷分区列队。中国海军规定,舰艇执行三级以上礼仪时,全体舰员分区列队。

鸣哨——是海军特有的礼仪。鸣哨时使用的是一种金属制作的哨子(俗称海军哨),不同的音调代表不同的礼仪。如智利海军规定:鸣一长声表示立正,四长声连在一起表示敬礼—礼毕,两短声表示稍息。此种礼仪是海军军官的专利,对陆、空军不适用,对本国的海军军官也仅限于舰长以上的指挥官。中国海军规定:鸣一长声,表示立正或敬礼,两短声表示稍息或礼毕。

军舰相遇——军人相遇时,军衔低的向军衔高的军官敬礼,军舰相遇同样存在这样的礼遇。中国海军规定,当相遇的两舰艇对齐或超越舰的舰艇与被超越舰的舰艉对齐、且距离不超过两链时,开始敬礼。敬礼舰应先鸣笛一长声表示敬礼,受礼舰鸣一长声还礼,随后鸣笛两短声表示礼毕,敬礼舰接着鸣笛两短声,礼节即告结束。在甲板上的舰员听到鸣笛一长声时,应面向通过的军舰立正,军官行举手礼,水手行注目礼。通常,在指挥台设数名军官作为执礼人员,行举手礼。美国海军规定,当舰艇相遇时,距舰550米、距艇370米实施礼节:一声哨声是注意右舷,两声哨声是注意左舷,所有在甲板上的舰员立正,然后是一声哨声表示敬礼,两声哨声表示礼毕,三声哨声表示继续前进。

十二、21 响礼炮:最高礼遇

鸣放礼炮,通常是在举行隆重的庆典、迎宾、殡葬和其他仪式时进行,是表示庆祝或致礼的最隆重形式。礼炮起源于英国。在16世纪时,英国已是航海事业最发达的国家,军舰上装备有前膛炮,这种炮每发射一次都很费事,弹药要从炮口装填,打完第一炮不能马上打第二炮。当他们的军舰在海上遇到别国的舰船时,或者在进入别国的海域之前,为表示没有敌意,便将炮膛内的炮弹放掉。对方的舰船和海岸炮也同样地把炮弹放掉,以示回报。这种做法逐渐演变成国际上互相表示致意的一种礼节。由于当时最大的军舰装备大炮21门,故以后21响礼炮就成为一种最高的礼节。后来,根据各国海军的规则与国际条约,驶入港口的外国军舰须悬挂入港地的国旗,而该港的部队则鸣炮以示还礼,军舰上如乘有国家元首或其他具有接受礼炮资格的重要领导人时,该港部队应首先鸣放礼炮,以示欢迎。当今,国际上大多数国家在欢迎国家元首、政府首脑或军队高级领导人的仪式上,都要鸣放礼炮,礼炮响数的多少,则根据受礼人的身份而定,如欢迎外国政府首脑,通常鸣礼炮19响,欢迎国家元首为21响。

十三、仪仗队:军队的形象

仪仗队是军队中执行礼仪任务的分队,通常由陆、海、空三军人员或由某一军种人员组成,用来迎送国家元首、政府首脑和军队的高级将领等。有时也参加有重大意义纪念物的揭幕典礼或有特殊地位人士的殡葬仪式,以表示国家或军队的最高礼仪。在中国,仪仗队起源于古代帝王及贵族的扈从守卫队伍。在戏剧和电影中经常可以看到,古代帝王与权贵出行时,前后簇拥着长长的仪卫队伍,浩浩荡荡,威风凛凛,行人躲避唯恐不及,这就是帝王、贵族用来显示其权势和地位的仪仗制度的写照。据《通典》记载,唐代皇帝圣驾的整个仪仗队伍,从朝廷重官到侍从护卫、车骑扇辇、鼓乐旗盖、清道杂役等,总人数达万人以上。中国人民解放军早在1946年2月,根据党中央的指示,驻南泥湾某部队曾组织了建军以来的第一支仪仗

队,欢迎来延安调处国共双方关系的美国总统特使马歇尔。1946 年 3 月 4 日上午,

毛泽东、周恩来和朱德
等中央领导人陪同马歇
尔在机场检阅了这支由
500 名年轻、精干的战士
组成的仪仗队。仪仗队
排头是炮班,之后是机
枪班和持枪分队。战士
们个个精神抖擞,昂首
挺胸,身着崭新的军服,
紧握从日寇手中缴获的
钢枪,在当时极其艰苦
的条件下,充分显示了
人民解放军威武雄壮的

三军仪仗队

风貌。中华人民共和国成立后,于 50 年代初在北京卫戍区组建了国家仪仗队,同
时颁布的《卫戍条令》草案,对仪仗队的人数及实施礼仪的程序等都做了明确规
定。国家仪仗队迎接来宾的规格,由外交部门根据来宾的级别及两国的关系而定。
通常友好国家的元首来访,仪仗队人数为 240 人,一般国家的为 155 人,再次一点
儿的为 120 人或 80 人。最高规格为 360 人,只在有特殊的国际影响时才采用。如
1970 年日本首相田中角荣首次访华时,采用了 360 人的仪仗队。此外,其他临时组
建的仪仗队的迎宾规格,可由有关单位酌情确定。

十四、阅兵典礼:规模有大有小

　　一提起阅兵典礼,人们自然地想到了刚刚过去的新中国成立 60 周年大庆时在
天安门前举行的盛大阅兵仪式。其实,在国家的节日、军队的节日或其他指定的日
期,团以上部队根据上级或本级首长的指示举行的检阅活动,均称之为阅兵典礼。
阅兵典礼,对于中国人民解放军来说,是向党、向国家和军队领导人及人民群众展
示良好的军事素质、军容、军姿和武器装备的一种形式,对人民群众和军队自身都
有着极大的感召力,能起到振奋精神、鼓舞斗志、激发自豪感和弘扬光荣传统的积
极作用。比如 1984 年 10 月 1 日举行建国 35 周年国庆大典时,中国人民解放军
陆、海、空三军将士以威武雄壮的军姿,整齐一致的步伐,朝气蓬勃、浩浩荡荡地通
过天安门广场,接受党和国家领导人以及全国人民的检阅,在全军上下和国内外都
引起了很大的轰动。阅兵典礼的形式分为阅兵式和分列式两项。这两项可以同时
进行,也可以根据情况只进行其中的一项。除陆上阅兵以外,还有舰艇在码头和海
上的阅兵式、分列式,飞行部队在空中编队受阅等。

十五、命名典礼：提高军队凝聚力的一种重要形式

命名典礼是指根据上级命令举行的正式授予名称或称号的一种庄重的正规仪式。中国人民解放军的命名通常有两大类，一类是部队、学校等单位正式组建，舰船服役，授予番号和舰名，如"中国人民解放军陆军第××师""中国人民解放军海军潜艇第××支队""长江舰"等；另一类是中央军委、三总部或大军区、军兵种的首长，给有卓著功勋的集体或个人授予荣誉称号，如"南京路上好八连""海上猛虎艇""雷锋式战士"等。举行命名典礼，要召开正式隆重的命名大会，组织所属全体人员参加，并邀请当地政府领导和群众代表出席。舰船若是用地名或城市名命名时，应邀请该地区、该城市代表出席，以增进军民之间的友谊。被命名的单位或个人感到无比光荣，参加命名大会的人则受到了鼓舞，可以说，是对广大官兵进行热爱祖国、热爱军队、忠于职守教育的一种生动形式。如授予荣誉称号或给较大的单位命名，还应邀请军内或地方的新闻单位派人参加，以配合宣传。举行命名典礼时，上级首长应当参加，若因故不能参加时，应指派代表出席，也可指定人员代理。命名典礼仪式的程序一般包括宣读上级的命令、授予旗帜证书和致祝词等。

十六、落成典礼：重要建筑物完工时的仪式

当某些具有重要纪念意义的纪念碑完成时，或某些大型工程如机场、码头等竣工时，为了表示庆贺而举行的欢庆活动，称之为落成典礼。落成典礼仪式通常包括剪彩、揭幕、上级首长讲话、致祝词、参观和瞻仰等内容。在重要的纪念碑、纪念塔和纪念像揭幕时，为了增强庄严肃穆的气氛，可设置仪仗队和军乐队，并派出卫兵持枪守卫于纪念碑（塔、像）的正面两侧。举行落成典礼前要做好准备工作，如现场的布置，仪仗队、军乐队的训练，邀请信函的送达，讲话稿的草拟和参观路线的选定等，都要认真落实。落成典礼仪式的程序通常是：主持人宣布典礼开始；剪彩或揭幕；上级首长讲话；来宾代表致辞；单位领导致答谢词；参观、瞻仰；典礼结束。

十七、使用军旗：必要的迎送仪式

"八一"军旗是人民解放军荣誉、勇敢和光荣的象征，军队举行隆重集会、检阅、典礼、游行等重要活动时，都要将军旗持往现场，以体现庄重气氛，展示军旗的光辉和威严。军旗持入和持出队列时，要举行迎送军旗仪式。

迎军旗。当展开的军旗持入队列时，部队应整队举行迎军旗仪式。例如步兵团迎军旗时，通常成营横队或团横队，或在特殊情况下由首长规定的队形。由主持迎送军旗的指挥员下达"立正""迎军旗"的口令。听到口令的掌旗员和护旗员，开

始齐步行进,由正前方或左前方向本团右翼进至距队列40～50步时,指挥员下达"向军旗——敬礼——"的口令。这时,位于指挥位置的军官行举手礼,其余人员行注目礼;掌旗员由扛旗换为端旗,与护旗兵一齐换正步,取捷径向本团右翼排头行进,当超过团机关的队形时,主持迎送军旗的指挥员下达"礼毕"口令,部队礼毕;掌旗员由端旗换扛旗,与护旗兵一齐换齐步。军旗进至团指挥员右侧三步处时,左后转弯立定,成立正姿势。

送军旗。将军旗持出队列时,部队应整队举行送军旗仪式。例如步兵团送军旗时,主持迎送军旗的指挥员下达"立正""送军旗"的口令。听到口令后,掌旗员扛旗,与护旗兵一齐按迎军旗的路线反向齐步行进。军旗出列行至团机关队形右侧前时,主持迎送军旗的指挥员下达"向军旗——敬礼——"的口令。听到口令的掌旗员,由扛旗换端旗,与护旗兵换正步,全团按照迎军旗的规定敬礼。当军旗离开距队列正面40～50步时,指挥员下达"礼毕"口令,部队礼毕;掌旗员由端旗换扛旗,与护旗兵一齐换齐步,返回原出发位置。

十八、军人宣誓:表达忠诚的最好方式

宣誓,是革命军人对自己肩负的神圣职责和光荣使命的承诺与保证。举行军人宣誓,根据驻地条件,可以连为单位进行,也可以营、团为单位进行(若以团为单位宣誓,应举行迎送军旗仪式)。军校学员宣誓,可由学员队或校首长主持召开大会实施。宣誓地点应选择在有教育意义的场合,如团荣誉室、革命烈士陵园、英雄纪念碑等。在宣誓之前,分队首长应对宣誓人进行中国人民解放军的性质、宗旨、任务和军人的使命等方面的教育。宣誓时要军容严整、列队整齐、庄重严肃。宣誓后,宣誓人应在所在连队的宣誓名册上亲笔签名,连队首长将宣誓名册呈部队首长,由部队首长签名后交司令部存档。军人宣誓大会的程序通常是:宣誓大会开始,大会主持人讲话;宣誓;宣誓人立正,右手握拳上举,由预先指定的一名宣誓人逐句领读誓词,其他人高声复诵;宣誓人代表讲话;其他代表致祝词;首长讲话;宣誓大会结束。

附录:人民解放军《军人誓词》

我是中华人民共和国的公民,依照法律服兵役是我应尽的光荣义务,为了负起革命军人的神圣职责,我宣誓:

热爱中国共产党,热爱社会主义祖国,热爱中国人民解放军,全心全意为人民服务。

执行党的路线、方针、政策,遵守国家的法律、法规,执行军队的条令、条例和规章制度,服从命令,听从指挥。

努力学习军事、政治、科学文化,苦练杀敌本领,爱护武器装备,保守军事秘密,发扬优良传统,参加社会主义物质文明和精神文明建设,勇于同违法乱纪行为作斗争。

英勇战斗,不怕牺牲,保卫社会主义祖国,保卫人民的和平劳动,在任何情况下决不背叛祖国。

以上誓词，我坚决履行，决不违背。

十九、军用舰船：武器装备中的"特权"阶层

军舰的特殊权利不是自己随随便便规定的，而是国际法赋予的。军舰享有的特殊权利主要有：不受司法管辖的豁免权；不可侵犯权；特殊优惠权等。另外军舰还有登临权、紧追权、拿捕权、自卫权、紧急避难权等。

当然要想拥有这样的权利首先必须具备一定的条件。比如：属于一国武装部队并正在服现役；具有辨别国籍的外部标志；有国家政府正式委任的军官指挥；舰员受到正规武装部队纪律的约束。这样才能成为法律意义上的军舰，才能享受以上的权利。而新造的舰艇如果没有正式服役，不能认为它是国际法中所说的军舰，也就不享有军舰的特权。同样，已经退役或被舰员放弃和叛变的军舰，也不再是真正的军舰了，它也失去了任何特权。

军舰所享有特权的基本内容包括：

豁免权——军舰具有国家的属性。军舰在公海上航行，挂着本国的国旗，代表本国的利益，被视为船旗国的活动的"领土"，享有不受船旗国以外任何其他国家管辖的完全的豁免权，它只服从船员旗国的管辖，其他国家无权对它提出司法管辖的要求，更不能在军舰上采取强制性措施。例如外国人未经舰长同意不得随意登舰；外国当局不得以任何理由对军舰进行民事、刑事和行政管辖，不得实施警察或法院性质的行为；外国军舰不得在公海上对别国军舰进行追逐、登临检查和扣押，等等。经港口国批准进入该国领海的军舰，即使在该国领水和港口内，仍然享有豁免权。

登临权——是军舰对商船行驶的一种权利。即当军舰有充分理由认为商船犯有国际罪行或其他违犯国际法行为时，有权登上商船进行检查。但军舰只可以在本国领海、毗连区、专属经济区、大陆架及公海上行驶这种权利，在外国领海无权登临检查。如果登临检查后，证明被临检的船舶未从事嫌疑的任何行为，那么军舰所属国应对被检而造成的任何损失或损害给予赔偿。

紧追权——紧追权是沿海国对违反该国法律并从该国管辖范围内的水域逃逸的外国船舶进行追赶的权利。它往往通过军舰（军用飞机或其他有清楚标志可以识别的为政府服务并经授权紧追的船舶或飞机）来实现。紧追是登临的前提。军舰对违法商船发出停车命令遭到拒绝后，必须对其实施紧追，追上后再实施登临检查。

拿捕权——军舰的拿捕权是指军舰对某些犯有国际罪行或违反国际法的船舶可以实施拿捕的权利。每一个国家的军舰都有权拿捕未经授权而悬挂该国旗帜的任何外国的船舶，并把它带到军舰所属国的港口，予以查处。

自卫权——军舰自卫权是国家自卫权在海上的体现。军舰自卫权的对象是严重违法的任何外国舰船。军舰行使自卫权既可以在本国领海，也可以在公海。

紧急避难权——军舰如在海上遇到台风、大雾、海流等自然界不可抗拒的威胁，无法继续航行；发生破损、重大事故而航行困难；缺乏燃料、食品以及出现危重伤病员无法医治和发生其他紧急情况，有权在没有得到有关国家允许的情况下，进入港口避难。军舰在行使紧急避难时，应尊重港口所属国关于港湾的各种规章制度和该国的风俗习惯，不得有损害该国和平、安全和良好秩序的任何行为，并应依照有关规定支付因得到救助（如停靠、加油、加冰、加水等）应付的各种费用。避难理由一旦消失，军舰应立即离开避难港湾。

　　此外，军舰对海盗还有惩罚权。

第八章　军事机构

一、中国军事院校

在中国，军校分为两大类——全军院校和军兵种院校。

全军院校是指由四总部直接管理的院校，又分综合院校和专业院校两类。其中，综合院校为国防现代化培养高级科学和工程技术人才与指挥人才。全军院校的学员在毕业后的去向多是被分配到全军，包括海军、空军和第二炮兵或其他陆军。

军兵种院校，主要指各军兵种所属的各类院校，其主要特点是学员一般只在本军兵种范围内进行毕业分配，而不是面向全军。

（一）教武堂

公元380年，前秦国王苻坚在渭城创立了教武堂，教武堂的性质实属军事院校。在创办之初，很多文武大臣都予以反对，后来在前秦王朝的秘书监朱彤的诱劝下，苻坚下令将教武堂解散。教武堂的教员都是精通兵法的专家，在教员的教导下，学员各个身经百战，骁勇善战。

（二）保定陆军军官学校

保定陆军军官学校，简称保定军校，是民国初年北洋政府在保定创办的培训陆军初级军官的军事学校。保定陆军军官学校创建于1912年，并于1923年停办，共经历了9期，最有名的一任校长为民国最著名的军事家蒋方震，培养毕业生有6000余人，其中有不少人后来成为黄埔军校的教官。可以说，这所军校在中国近代军事史上占有重要的地位。

保定军校是中国近代史上第一所正规陆军军校，也是近代史上一所规模较大的正规化高等军事学府。它的前身为清朝北洋速成武备学堂、北洋陆军的陆军速成学堂、陆军军官学堂。其中，清朝北洋陆军的陆军速成学堂是中国历史上第一所正规化高等军事学府。

保定军校的主要功能是训练初级军官。其学习期设置为两年，学制章程参照日本陆军士官学校，科目设置分步、骑兵、炮、工、辎重五科。

有很多为革命事业做出巨大贡献的人都是毕业于保定陆军军官学校的,例如中国共产党著名的军事将领、抗日战争时期任新四军军长的叶挺等。

(三)黄埔陆军军官军校

黄埔陆军军官学校(中国国民党陆军军官学校),简称黄埔军校,创办于1924年6月16日,是一所民国的军事学校。

黄埔军校是中国现代历史上第一所培养革命干部的新型军事政治学校,它培养了许多在抗日战争和国共内战中闻名的指挥官。林彪、陈赓、徐向前、陈诚等将领都毕业于黄埔军校。

黄埔军校最初成立的目的是为国民革命军训练军官,是孙中山先生在中国共产党和苏联的积极支持和帮助下创办的。

1924年6月16日,黄埔军校举行了开学典礼,孙中山讲话并宣布训词。1925年2月,军校使用校名"中国国民党党立陆军军官学校"出师东征,以排斥共产党人在校内的地位。在当时,学校已经集中了很多具有革命精神的人。1925年1月25日,黄埔军校成立青年军人社。1926年,根据国民政府中央军事委员会决定,将原陆军军官学校扩大改组,于同年3月正式命名成立中央军事政治学校。1927年改制为中央陆军军官学校,1946年再改制为陆军军官学校。

(四)中国人民抗日军事政治大学

中国人民抗日军事政治大学,简称"抗大",是抗日战争时期中国共产党创办的培养军事和政治干部的学校。从1936年创立到1945年结束总共经历了9年的办学,总校共培训了8期干部,并创办了12所分校、5所陆军中学和1所附设中学。

抗大的学生的主要来源:一是经历了抗大土地革命战争和长征考验的红军老干部、老战士;二是八路军、新四军和各抗日根据地的干部或战士;三是来自全国各地的知识青年和来自海外的爱国华侨青年。

抗日军政大学的前身是在江西瑞金成立的红军大学,红军大学创建于1931年,到1933年扩建为红军大学,1934年随中央红军长征,到达陕北以后,红军大学改称为中国工农红军学校。1936年6月1日,抗日军政大学前身红军大学改名为中国人民抗日红军大学。

1937年1月20日,该大学随中共中央机关迁至延安,改称为中国人民抗日军事政治大学,同时学制设置为从4个月到半年、8个月、1年、3年多不等。抗战时期,各个较大规模的根据地都组建了分校。

1945年10月,抗大总校迁往东北,改名为"中国人民解放军东北军政大学"。

(五)中国人民解放军国防科学技术大学

中国人民解放军国防科学技术大学简称国防科技大学、国防科大,是一所直属中央军委、培养国防科学技术人才副大军区级综合类最高学府。国防科大于1953年创建于哈尔滨,原名中国人民解放军军事工程学院(简称"哈军工")。

国防科大是国家"985工程"和"211工程"重点建设并获中央特殊专项资金的全国顶尖名校。学校按照理工结合,以工为主,文、管、军、经、哲多学科相互渗透,军队和国防特色明显的人才培养思路,致力于将学校创办成为一所具有我军特色的国际一流高水平大学。

1959年3月22日,国防科大被列为首批全国重点大学。1970年,军事工程学院的主体迁至湖南省长沙市,改名为长沙工学院,隶属于国务院第七机械工业部。船舶专业留至当地,成立哈尔滨船舶学院。1984年,学校经国务院、中央军委和教育部批准首批成立研究生院,1978年,长沙工学院改名为中国人民解放军国防科学技术大学,回归军队序列。

学校拥有先进的教学、科研实验条件和公共服务体系。全校有3个国家级国防科技重点实验室、1个国家"863"高技术重点实验室、1个军队院校重点实验室和一批高水平的教学科研实验室。新建的现代化教学大楼拥有先进的计算机辅助教学系统。学校计算机网络分别与国家教育科研网、国际互联网和全军军事训练信息网互联。全军军事训练信息中南中心设在国防科技大学,由学校承建和管理。

二、世界军事名校

(一)英国桑赫斯特皇家军事学院

被称为世界"四大军校"之一的英国桑赫斯特皇家军事学院是位于伦敦市西48千米处的伦敦路北侧,英国培养初级军官的一所重点院校,也是世界训练陆军军官的老牌和名牌院校之一。学院下设军事科技、作战研究和国防事务等科室,以及五个分学院:新学院、老学院、胜利学院、施里文汉学院和女官军学院。各个学院的培训课程各具特色。

1741年4月30日,乔治二世国王签署一份皇家文件,决定建立皇家军事学院,这便是现代的桑赫斯特军校的前身。当时校址在伍尔维奇,主要为皇家炮兵团培训军官。其后,皇家工程兵、皇家通信兵、皇家装甲兵等自1920年也相继建立了军事学院。学校在第二次世界大战期间关闭。直到1947年,英军将其与皇家军事学院合并,正式改称陆军桑赫斯特皇家军事学院。英军老学院、新学院、维克多利学院三所院校驻在桑赫斯特,直到1970年。在院校集中与合并中,桑赫斯特集中了更多的军官训练机构而成为今天的规模。

20世纪70年代,英国皇家建军宣布:凡是要到正规陆军去就任的军官必须要经过桑赫斯特军事学院的培训。现在英国陆军中80%的军官是由桑德赫斯特军事学院培训的,历史上值得特别提出的是英国首相丘吉尔、著名军事家蒙哥马利以及罗伯茨、亚历山大和费斯廷等10多位陆军元帅都是从这所学校走出来的。

（二）美国西点军校

世界"四大军校"之一的美国军事学院，常被称为西点军校，是位于纽约州西点（哈德逊河西岸）的美国第一所军事学校，也是美国历史最悠久的军事学院之一。西点军校入学条件严格、教学设施和学校环境实属一流，培养了很多著名的军事人才，闻名于世的美国第34任总统、陆军五星上将德怀特·艾森豪威尔，正是于1915年毕业于西点军校。

西点军校的校训是"责任、荣誉、国家"，学校学制为四年，本科学员的课程设置为40门，其中30门为必修课程，包括有数学、英语、国家安全课题、工程、心理学等等；10门选修课包括应用科学、人文学、国家安全事务与公共事务等。

美国独立之后，乔治·华盛顿想在西点建立一所全国军校，因为西点在哈德逊河"S"弯之中，是一个对于整个美洲都很重要的战略地点。但是国务卿说《宪法》之内没有给总统创立军校的权力。杰弗逊上任总统之后，在1802年3月16日签署了法律，建立联邦西点陆军军官学校，同年7月4日西点军校开学。

1817~1833年，上校西尔维纳斯·萨耶尔担任校长。他将土木工程设置为学校主要课程，这个时期的毕业生修建了美国大部分最初的铁路线、桥梁、港口和公路。南北战争之后，美国开始建立其他工科学校，西点军校的课程开始扩展到土木工程之外的领域。第一次世界大战以后，校长道格拉斯·麦克阿瑟进一步增加学术课程。按照现代战争体能的要求，他推进了体育健身和运动节目。"每一个军校学生都是运动员"成了一个重要目标。同时，军校学生传统的荣誉系统，成为校方正式规则。1964年，林登·约翰逊总统签署法律，从2529名学生增加到4417名（现已降至4000名）。1976年，西点军校第一次招收女生。1810~1816年，西点军校没有毕业生；而1861、1915、1917、1918、1922和1943年有两班毕业生。

（三）美国海军军官学校

美国海军军官学校，创办于1845年，位于马里兰州首府安纳波利斯，又被称为"安纳波利斯军校"。它是美国海军培养初级军官的一所重点学校，也是美国海军唯一一所正规军官学校，学校建校150多年来，为美国培养了近7万名海军军官和政界要人，例如海军五星上将尼米兹、海军战略理论家马汉、美国第一位获得诺贝尔奖奖金的科学家米切尔森和美国前总统卡特、布什等政界要人都是毕业于此。

美国海军学员建校之初被称为海军学校，学制设置为5年，其中3年为海上训练。1850年改称为海军军官学校，学制改为4年，并采用新的课程体系。1932年国会通过立法，授权该校授予毕业学员学士学位。1975年10月，国会授权该校招收女学员。1976年，美国国会批准所有军种院校对妇女开放，海军军官学校也开始接受女性学员。目前，该校在校学员达4500人。女性学员一般约占新生的15%~18%，她们与男学员攻读同样的学业课程，接受同样的职业训练。该校的主要任务是为海军舰艇部队、海军航空兵部队和海军陆战队培养各种专业的初级军官。

（四）法国圣西尔军校

被拿破仑誉为"将军的苗圃"的法国圣西尔军校（英文名"Special Military School of StCyr"）是法国最重要的军校，也是法国陆军的一所军事专科学校。

法国圣西尔军校创办于1802年，地点在巴黎郊外凡尔赛宫附近的圣西尔，也正因此军校得名。近200多年以来，该军校为法国陆军培养了近6万名优秀军官；法国陆军中几乎所有的高级将领都出自圣西尔军校。法国将军夏尔·戴高乐正是毕业于此。

该校的创始人是拿破仑，它是法国最早的培养步兵和骑兵军官的职业军事教育院校，现在则成为整个陆军的任命前教育机构。圣西尔军校校长为少将军衔，领导机构下设参谋部、军训部、教研部和学员部。学院按文科、理工科和经济科分编为3个学员队。三所军校因学员来源和培训方向不同而互有区别，但大部分军事训练和共同科目的教学基本一致。圣西尔军事专科学校与诸兵种军校和行政技术军校共同组成法国陆军初级军校群，设在伊尔·维兰省省会雷恩市郊外的科埃基当。校群合并设立领导机构。下设有参谋部、军训部、教研部和学员部。圣西尔按文科、理工科和经济科各类分编成3个学员队。军训部没有战术研究、体育训练等专业教研室，教研部主管文化学习，设有人文科学、自然科学、经济学、语言学等专业教研室以及教学保障机构。

圣西尔军校每年录取新生160~170人左右。圣西尔军校的招收对象是17~22周岁的法国男女青年。他们在通过国家高中统一会考以后，还必须再经过两年大学预科或圣西尔专科预备学校的学习之后，经考试合格才能被圣西尔军校录取。

（五）德国联邦国防军指挥学院

被誉为"德国将帅的摇篮"的德国联邦国防军指挥学院是德国培养和轮训三军高级参谋人员和中级指挥官的学校。

德国联邦国防指挥学院的前身是1810年创建于柏林的高级军官学校，第一任校长是格哈德·冯·沙恩霍斯特将军，该校是世界上第一所培养参谋人员的学校。学校培养出了许多世界著名的军事人物，"闪击战"理论的开山人、德国陆军元帅施利芬正是毕业于柏林军事学院（联邦国防军指挥学院前身）。

国防指挥学院的师资队伍的素质高、业务素质突出，军官都是经过精心挑选；地方教师均是经过正规教育的专业人才。所有的教官在上岗前必须要经过德军专门的师资培训机构的培训。学员的训练也分三个阶段进行，即基础科目训练阶段、应用科目训练阶段、专职参谋业务训练阶段。全院分3个系组织教学，即基本系、参谋系、军种司令部专业系。与其他国家军队不同的是，国防指挥学院的学员完成前一系的学习才能进入下一个系的学习。实际上，一名德军参谋人员经过在这里学习后，真正完全成为一名联合参谋，而不仅仅是兵种和军种参谋。

联邦国防部规定，自1974年起，德国三军所有军龄在8年以上并准备提升为高级参谋人员的上尉军官和现任高级参谋人员需要深造的职业军官,都必须轮流接受指挥学院的基础训练。自 1982 年起,招收的学员必须经联邦国防军高等学校培训,学员的训练内容、科目和计划也进行了相应调整。

(六)古希腊海军学院

1830 年,古希腊海军(定名为古希腊皇家海军)成立后,成立了海军学院。如今,古希腊海军学院是古希腊海军的最高学府。

古希腊海军学院十分珍视自己的历史和传统。学院创建时的帆船,被制成模型,陈列在陈列室和学院领导的办公室里,以不忘学院初创时期的历史。风帆时代海战中使用的各式铁锚、铜炮静静地矗立在学院的各个角落里。学院古香古色的建筑浸透着历史的气息。为了保持历史的纵深感,学院成立时的建筑至今仍保存下来。在学院的一个二层小楼陈列室里,从帆桨时代到风帆火炮时代,从风帆战舰时代到蒸汽铁甲时代,海军发展的每一个时期的各种舰船模型和挂图应有尽有。在学院教学楼一层走廊两边的墙上,挂着从学院毕业、为古希腊海军事业而献身的英雄,在每位英雄的下面写着他们名字、生辰、他们的简要事迹,让人一目了然,时刻警醒。他们每天接受后来者的敬仰和怀念。在学员活动娱乐的场所,无论是台球室还是电视室的墙上,都陈列着学院的历史,每一幅图片、每一个奖牌、每一件陈列物,都在讲述着一段历史……

古希腊海军学院珍视历史和传统,目的是使每一名学生从心底产生一种敬业精神和自豪感,捍卫海洋,捍卫国家,捍卫历史。

(七)俄罗斯伏龙芝军事学院

伏龙芝军事学院是苏联十月革命后第一所高等军事学院,它是苏联培养诸兵种合成军队军官的高等军事学校;研究诸兵种合同战斗和集团军战役问题的科研中心。该学院与美国西点军校、英国桑赫斯特皇家军事学院、黄埔军校并称世界"四大军校"。

建校几十年来,学院培养出了很多出类拔萃的军事人才,被人们冠以"红军大脑"的美称。学院为苏联武装力量培养了许许多多的元帅和高级将领,例如朱可夫元帅、科涅夫元帅、崔可夫元帅等,还有我军的刘伯承元帅等。

根据列宁指示,奉共和国革命军事委员会 1918 年 10 月 7 日命令,在莫斯科创立了伏龙芝军事学院,旨在从工农中培养具有高等军事文化程度的指挥干部。

最初称为工农红军总参谋部军事学院,1921 年改名为工农红军军事学院,1924 年,伏龙芝元帅任院长,1925 年起称为工农红军伏龙芝军事学院。1931 年开设了坦克和炮兵课程。1939 年建立了防空系。1941 年,学院迁往塔什干,开设了干部培训速成班。1943 年,伏龙芝军事学院从塔什干迁回莫斯科,并重新开发了基本系,学制改为三年。1947 年,学院恢复了研究生制度。1992 年,学院改名为俄罗斯伏龙芝军事学院。

如今,该学院现已并入俄罗斯联邦武装力量诸兵种合成学院,但俄国人还是习惯称之为伏龙芝军事学院。基本系开设的课程有外语、外军史、合同战术、战役学、战史、政治经济学、马列主义哲学、党史和党政工作、军事心理学、军事教育学、军法学和军队财务管理等。

合成军队专业学制为三年。第一年学习基本战术理论和团攻防战术,第二年学习师战术和指挥,第三年学习集团军战役理论和指挥,毕业前两三个月还要学习方面军战役等有关知识。函授系课程设置和进度与基本系相同,但以自学为主,学满6个学期后准予参加毕业考试。学院强调全面提高学员的战役、战术和军事技术素养,培养学员成为具有独立思考能力和解决问题能力的优秀合成军队指挥员。

(八) 瑞军联合国维和部队训练中心

瑞军联合国维和部队训练中心位于沃特丹的摩步兵训练基地,成立于1993年,是瑞士培训该国军队参加联合国维持和平部队的机构。

瑞士平时无常备军,仅有750名职业军官和1000名职业士官,在瑞军总部机关和新兵学校、复训部队从事机关和担负训练教学任务。瑞士参加联合国维和部队缺少兵员,为此,瑞士决定建立一个"蓝盔部队"训练中心,通过征召合同制军人的方式,训练一支职业化的瑞军参加联合国维持和平部队。

训练中心首次招收学员1200多名,训练期6个月。训练中心的学员不仅要学习国际法、民族习俗、有关规定和派驻地区的历史,等等,还要进行专项训练,包括监督停火、执勤巡逻、喊话预警、通信联络、对交火双方实行紧急隔离、抢救伤亡人员、疏散无辜平民和进行"正当防卫"等科目。

训练中心主要招收经过新兵学校集训、意志坚强、身体健壮、精通国际通用语言、会驾驶车辆,并具有一定国际知识和军事常识的志愿人员,经总参谋部审核并体检合格后,与军方签订志愿参加"蓝盔部队"的为期1~3年的合同。

该训练中心由瑞军总参谋部和训练部双重领导。总参谋部负责选调和派出维持和平部队人员,由训练部负责制定训练大纲并对训练工作实施组织安排。训练中心的领导机构和教官由瑞军训练部负责选调任命,其中教官全部由担任过国际停火监察组成员或联合国军事观察员的职业军官和职业士官充当。

三、美国情报机构

美国有16个情报机构,总协调机构是国家情报总监办公室,或称国家情报局。国家情报总监取代中央情报局局长,成为美国情报界总领导,统领整个美国15个不同的情报机构,其中包括美国中央情报局。但各情报机构具体业务向其部门内主官负责。情报总监则每天向总统汇报情报工作。第一任国家情报总监是内格罗蓬特,他于2005年出任;第二任国家情报总监是迈克·麦克奈尔,于2007年出任。

2004年12月8日,美国国会通过了情报机构改革法案,该法案是50多年来最大规模的一次改革法案。根据新法案,美国将创设国家情报局长的职位,统管全美15个军方和非军方情报机构,以确保这些机构在将来相互合作,进而阻止恐怖袭击。国家情报局长不是布什政府的内阁成员,但与国防部长和国务卿同级,有权利用美国在全球的情报资源,监视"基地"等恐怖组织的活动。

(一) 中央情报局

中央情报局,英文缩写为 CIA,是美国政府的情报、间谍和反间谍机构。中央情报局的主要职责是收集和分析全球政治、经济、文化、军事、科技等方面的情报,协调美国国内情报机构的活动,并把情报上报美国政府各部门,其根本目的是透过情报工作维护美国的国家利益和国家安全。

中央情报局成立于 1947 年,位于美国华盛顿,现任局长是戴维·彼得雷乌斯。

战略服务局(OSS)曾经是为对付冲突而设立的美国情报组织,第二次世界大战以后,该组织被撤销,许多分支机构被分到政府其他部门——反情报和秘密情报分部改为战略服务分队,划归陆军部;研究和分析部则被分配到国务院。后来因来自政府各个部门的情报报告过于繁杂,于是杜鲁门总统成立了国家情报局及其行动机构,即中央情报组(CIG),以协调并核对这些报告。

中央情报局的局徽是在蓝色镶金边的圆形底盘中心有一面银色的盾牌,象征中央情报局是保护美国安全的一道强有力的屏障。盾牌中心是一个有 16 个红色尖角的罗盘图形,罗盘图形的 16 个尖角象征中央情报局的势力渗透到世界各地,各种情报资料从四处向中心汇聚,盾牌上面是一颗美国秃鹰的头,外圈写着"美利坚合众国中央情报局"的字样。

1947 年,美国颁布的《安全条例》中规定:中央情报局(CIA)是总统执行办公室的一个独立机构,取代中央情报组。根据条例规定,中央情报局具有以下五种职能:1.向国家安全委员会提供政府各部门和机构有关国家安全方面情报活动的情况;2.向国家安全委员会提供协调政府各部门和机构有关国家安全方面的情报活动的建议;3.联系和评价有关国家安全的情报,为政府内部适当传播情报,在适当的地点提供有用的机构和设施;4.为现存情报机构的利益,从事共同关心的辅助服务,以便更有效、更集中地执行国家安全委员会的决定;5.履行影响国家安全的有关情报的其他职能和义务,以便国家安全委员会能随时进行指导。中央情报局没有国内任务,也没有逮捕权,只是美国从事情报分析、秘密人员情报搜集和隐蔽行动的重要政府机构。

(二) 国防情报局

国防情报局,英文缩写为 DIA,隶属于国防部,成立于 1961 年,主要负责:满足国防部主要部门的情报要求;管理国防部的所有自动化数据处理项目和情报机构;建立并管理军事图像的处理、扩印、译释和分析设施,对配属或包括在国防情报局内的国防部情报资源进行组织、指导、管理和控制;以及建立为整个国防系统服务的图书馆情报机构。

目前,美国国家保密局在世界各地有 4000 个基地,有 4300~5500 名雇员,其中武官 1000 名,特工人员达 2.6 万人,通信人员达 20 万人,预算在 2~3 亿美元之间。作为美国情报机构中最为神秘的部门,国防情报局的具体人员和预算都不为外界所知。

国防情报局由以下一些部门组成:综合国防情报计划部,五个独立的处和安全办公室。综合国防情报计划部主任指挥本部,在军事部门和中央情报局的配合下起草综合国防情报计划的预算估计。四个独立部门及办事机构包括情报与外国事务处(包括处长参谋科,军事行动支持科,立法和公共事务科,国外联络科,国际谈判支持科)、资源和系统处(包括国防情报系统科,技术服务与支持,国防情报局系统科,人员资源科和通信科)、参谋长联席会议、管理与行动处(包括搜集管理科,武官与训练科,计划与政策科)。

国防情报局负责的工作主要有六项:包括对情报资源进行组织、指导、管理和控制,对国防情报进行检查和协调,对情报任务的行动步骤进行监督,对国防部情报资源保持最经济、最有效的分配和管理,做出紧急反应以及满足国防部主要部门的情报要求。

(三) 国家安全局

具有世界上最大的"超级情报机构"之称的美国国家安全局,简称国安局,英文缩写为 NSA,隶属于美国国防部,专门负责收集和分析外国通信资料,从事电子通信侦察。美国国家安全局是美国政府机构中最大的情报部门,是根据美国总统的命令成立的部门,美国政府每天收到的秘密情报,约有 85% 是国家安全局提供的,该局总部和外站共有军人和文职工作人员约 16 万人,每年总计至少耗资 120 亿美元。

国家情报局 1952 年由杜鲁门总统秘密指挥创建,总部设在马里兰州的米德堡。1978 年,美国国防部建立中央安全局,它是美国的绝密情报机关,当时由国家安全局局长兼任中央安全局局长。

作为美国军事系统的重要情报机关的国家安全总局,国家安全局在名义上是国防部的一个部门,而实际上则是一个隶属于总统并为国家安全委员会提供情报的秘密组织。国家安全局包括下列主要部门:无线电和无线电技术侦察局,政府通信、远距离通信和电子计算机设备安全局,科研和试验设计局,计划局和总务局等。该局总部有一流的密码编制家和数学家,并备有世界上最先进的电子电脑,国家安全局还拥有遍布世界各地固定的和机动的无线电拦截、定位站及中心。其主要工作是:通过侦察卫星和遍布全世界的监听站,截获世界各国的无线电通信信号,侦察各国的军事动向,破译各国的密码,搜集各国的信息资料,为美国政府提供各种加工整理的情报资料等。

（四）国家侦察局

美国国家侦察局,简称国侦局,英文缩写为 NRO,是国防部的组成部分之一,主要为美国政府设计、组装并发射侦察卫星,并协调、收集和分析从中央情报局以及军事机构的航天飞机、卫星收集到的情报。

1960 年,国家侦察局在美国弗吉尼亚州成立。国家侦察办公室设立在五角大楼内,其公开名称是"空间系统办公室",表面上附属在空军副部长和太空系统办公室下面,实际上,它直属中央情报主任主持的两个国家执行委员会之一的国家侦察执行委员会管理。

国家侦察办公室的主要职能包括参与间谍卫星的研制和发射;对空中飞行的间谍卫星进行启动和关闭,以及使卫星进行面向太阳或背离太阳等技术操作;详细记录侦察系统设备在招商过程中的中标情况;执行并帮助制定整个情报界的空间联合侦察规程和计划;参与制定全美安全部门必须遵照的法规。

（五）国家地理空间情报局

国家地理空间情报局,是与联邦调查局、中央情报局和国家安全局三个机构平起平坐的高级情报机构。2001 年,"9·11"事件之前曾是一家负责为军事决策者和行动部门提供战略、战术图像情报支援的情报机构。而"9·11"事件之后,这家神秘机构开始频繁地参与美国国内和国际社会的救灾工作。该局的主要任务是研究美国通过间谍卫星或其他途径得到的航空照片及各种图像,绘制出相应的影像图。

（六）反情报驻外活动

反情报驻外活动,英文缩写 CIFA,隶属于 DOD,主要从事反情报活动。

（七）陆军情报局

陆军情报局建立于 1882 年,是美国军事情报机构中成立最早的一个,下属有外国联络部、外国情报部、反情报部和情报系统等单位,它主要搜集战术性情报,为地面部队服务。

在陆军的每一个师中,都设有陆军情报司,局长由陆军参谋部助理参谋长担任。该情报系统有 3.5 万人,每年经费预算 7 亿美元。与海、空军相比,它是三军中机械化水平最低的情报机构,较少使用高技术设备。除了陆军情报局,陆军还有导弹情报局、外国科技中心和情报支持活动局等专门特殊的情报单位。

（八）海军情报局

海军情报局是美国三军情报系统中规模最小的一个，也是最神秘的一个，因为该情报局依然采取 20 世纪 80 年代"冷战"高峰时的各项保密措施，使人们至今对它的秘密仍知之甚少。

海军情报局的局内设国外情报部、技术情报部、特别活动部等。它不仅负责海军系统的情报任务，还担负着美国国家安全局的电子监听任务。

海军情报局经历几次扩张，目前总共 1.7 万人，年度预算经费为 12 亿美元。1882 年美国在航海局设立情报科，在 1889 年被改为海军情报处，而第二次世界大战结束后扩大为海军情报局。海军情报局局长由海军作战部部长助理担任。

（九）空军情报局

空军情报局建立于 1947 年，是美国三军情报系统中规模最大的一个，总局下设 19 个支队、6 个工作站及 50 个装备基地，共有专业人员 5.6 万名，年预算多达 40 亿美元。

空军情报局由美国空军部负责情报工作的助理参谋长直接领导。下设多个部门，包括负责掌握驻外空军武官搜集的情报的国际联络处，负责情报的综合的预测管理处，负责整理分析敌对国家目标的潜在力量的目标侦察处等。

美国空军情报机构在全世界范围内设立了空军情报机构地面站，拥有一批高科技的传感器系统，以及诸如 U-2 等空中侦察系统。空军专家利用成套共同使用的分析工具及纷发系统来编辑信息，满足空军的特别需要。空军司令官利用这些情报来决定目标、进行取舍并计划、执行、评估作战行动。作战人员则利用这些情报来规避危险，并最大限度地提高其效力，实现其目标。

（十）联邦调查局

联邦调查局，英文缩写 FBI，成立于 1908 年，隶属于司法部，是美国司法部属下的主要特工调查部门，是美国最大反间谍机构和最重要的联邦执法部门，也是最大的调查与联络网络中枢。其主要任务是调查违反联邦犯罪法，支持法律；保护美国调查来自外国的情报和恐怖活动，在领导阶层和法律执行方面对联邦、州、当地和国际机构提供帮助；同时在响应公众需要和忠实于美国宪法前提下履行职责。

联邦调查局局长由总统任命，并经参议院批准，任期 10 年，第一任局长为胡佛，现任局长罗伯特·米勒。该局有工作人员 2 万多名，其中 8600 多人是外勤人员。每年的预算为 23 亿美元。

联邦调查局的主要机构有：重罪调查处、刑事档案处、培训处、检查处、行政处、国内情报处、全国犯罪情报中心、科学实验室、通信处、法律咨询处、技术服务处等。美国联邦调查局还在全国各州和重要城市设有 59 个分局。分局下设办事处，遍布各个城镇乡村。每个分局里均设有专职反间谍人员和一个情报搜集小组。

（十一）情报研究司

情报研究司,英文缩写 BIR,隶属于国务院,是美国国务院长期设置的从事情报工作研究的情报部门。该司下设 4 个处、室,司长相当于助理国务卿,可参与国务卿主持的主要人员定期会议,以国务院高级情报顾问身份代表国务院参加国家对外情报委员会工作。目前情报司现有工作人员 350 多人,其中外事和情报分析人员 200 多人,其余为文书、管理人员。年预算为 2000 万美元。

国务院情报研究司于 1975 年成立,其主要任务是:对各种情报进行加工,依靠国务院的外交电讯及情报机构的情报,研究和散发有关美国对外政策的情报;散发美驻外各使、领馆发回的有关报告,并向使、领馆传递所需要的来自情报界的报告;协助驻外使、领馆负责人履行领导和协调使团活动。

（十二）国土安全部

国土安全部,英文缩写为 DHS,下设情报分析处,于 2002 年由美国总统小布什在白宫签署《2002 年国土安全法》,宣布成立。总部位于内布拉斯加大道广场,拥有雇员 20 多万人。其主要职责是保卫国土安全及相关事务,使美国能够更加协调和有效地对付恐怖袭击威胁。

美国国土安全部是由海岸警卫队、移民和归化局及海关总署等 22 个联邦机构合并而成,工作人员 17 万多名,年预算额接近 400 亿美元。该部主要负责加强空中和陆路交通的安全,防止恐怖分子进入美国境内;提高美国应对和处理紧急情况的能力;预防美国遭受生化和核恐怖袭击;保卫美国关键的基础设施,汇总和分析来自联邦调查局、中央情报局等部门的情报。

四、英国情报机构

（一）英国陆军情报六局

英国陆军情报六局,简称军情六局,又称秘密情报局,英文缩写为 SIS,代号为MI6,对外又称"政府电信局"或"英国外交部常务次官办事处"。它是英国负责海外谍报工作的部门。主要负责在国内外搜集政治、经济和军事情报,从事间谍情报和国外反间谍活动。

军情六处于 1909 年创建。直至 1992 年,英国秘密情报局都没有法定基础,甚至它的存在也直至 1994 年才正式公认。1994 年的情报局法例制定后,英国秘密情报局才有了法定基础。为了改变政府对其指挥上的被动局面,在前首相梅杰执政期间,他把军情五处拉到了政府的名下,并在法令上授令英国秘密情报局在海外收集与以下范围有关的秘密情报,包括国家安全(尤其有关政府的国防和外交政策)范围、保护英国经济利益范围、防止和侦察严重犯法范围等。

英国秘密情报局为满足这些需求而应用人类与科技的消息来源,再加上又跟许多海外情报局与安全局有合作,为履行其任务,英国秘密情报局跟其他英国的安全和情报机构(即安全局与政府通信总部)军队、国防部、外交和联邦部、英国内政部、英女王陛下政府收入和海关部,和其他英国的法律实施机构以及政府部门有密切的合作。

(二)英国军情五处

英国的军情五处是世界上最神秘的谍报机构。成立于 1905 年,创办人是英国陆军大臣 R.B.霍尔丹。军情五处成立之初的任务是改革军事情报部门。当时因为情报部门的归属问题与总参谋部纠缠不清,所以成立了军情五处。它起先归属于陆军部,后来由内政部接管。

军情五处的主要职责是阻止恐怖主义;阻止扩散大规模杀伤性武器的国家采购相关的材料、技术和专业技能;保护国家敏感信息、资产和关键性国家基础设施;防范新威胁,避免旧威胁死灰复燃;协助秘密情报局和政府通信总部履行他们的法定职责;加强军情五处的能力及韧性;使英国免遭外国谍报活动和其他国家的秘密活动所带来的损失;协助执法机构减少严重犯罪活动。

目标及价值观:与其他机构协作共同应对威胁,就保护措施提供建议,并为以上行动提供有效支持;调查并评估威胁;保护国家安全和经济发展,支持执法机构预防和侦测严重犯罪活动;收集并发布情报。

(三)苏格兰场

苏格兰场是英国伦敦警察厅的代称。其主要职责是负责大伦敦地区的治安和交通,同时肩负着配合指挥反恐事务、保卫皇室成员和政府高官的责任。可以说苏格兰场是情报与执法并肩的一个机构。

苏格兰场名字来源于 1829 年,当时的首都警务处位于旧苏格兰王室宫殿,所以伦敦警察厅就被称为苏格兰场。其实真正的苏格兰场并不位于苏格兰,也不负有警备的职责。最老的苏格兰场后来被英国陆军使用,成了征募所和皇家军警的总部。

五、俄罗斯情报机构

俄罗斯的情报机构举世闻名,"克格勃"便是佐证。目前,俄罗斯的情报机构有联邦国家安全局、联邦政府联络和情报局、联邦对外情报局、总参谋部军事情报总局、商船侦察队、军兵种和作战部队的情报机关及俄罗斯的私人情报机构和情报个体户,等等。

(一)联邦国家安全局

俄罗斯联邦安全局,英文缩写为 FSB,主要职能是防范和制止联邦法律规定范围之内的社会犯罪活动、有组织犯罪、营私舞弊、走私、贩毒等恶性社会犯罪的行动,并坚决打击在俄罗斯社会中出现的恐怖暴力犯罪活动,等等。

1991 年 5 月 5 日,俄罗斯前总统叶利钦与苏联国家安全委员会主席克留奇科夫,共同签署了《关于建立俄罗斯联邦共和国国家安全委员会的协议》。次日,俄罗斯联邦国家安全委员会(简称俄联邦克格勃)正式成立。1991 年 11 月 26 日,俄罗斯联邦安全委员会改为俄罗斯联邦国家安全局,成为维护俄罗斯国家安全所有力量中最重要的组成部分。

联邦国家安全局下属部门包括反情报安全部门、经济安全部门、反恐怖主义与维护宪法系统安全部门、行动资讯与国际情势安全部门(情势分析、情势预测、战略策划)、人事与认证部门、行动供应部门、国境守卫安全部门、控制安全部门、化学工程安全部门和研究调查理事会。该局的主要任务包括向俄罗斯联邦总统、俄罗斯联邦政府总理、受他们委托的国家政权联邦机构以及俄罗斯联邦主体国家权力机构通报俄罗斯联邦安全受到威胁的信息;发现、预警、制止外国特工机构、组织和个人企图对俄罗斯联邦安全造成损害的情报侦察和其他活动;为保障俄罗斯联邦安全利益,提高其经济、科技和国防潜力而获取侦察情报;发现、预警和制止犯罪,依据俄罗斯联邦法律对交由联邦安全局机构处理的犯罪活动进行初步侦察和预先审讯;通缉犯有或被怀疑犯有上述罪行的人,等等。

(二)联邦政府联络和情报局

联邦政府联络和情报局,实际上就是原克格勃第八局。1993 年 8 月,叶利钦在修改有关安全的法律、扩大安全机关的权力、提高安全机关人员薪金的同时,利用原克格勃的其他机构的人员,组建了新的安全机关,即联邦政府联络和情报局,直接由总统本人领导。

苏联解体后,联邦政府联络和情报局的首脑人物多次变更,俄罗斯的情报机关大大被收缩,克格勃 90%的人员被裁减。

(三)联邦对外情报局

联邦对外情报局受总统和政府直接领导,其任务是负责国外的情报搜集工作。

1991 年 12 月,俄罗斯总统叶利钦下令将刚刚组建的中央情报局改名为俄罗斯联邦对外情报局,同时,任命苏联中央情报局局长叶夫根尼·普里马科夫出任局长。1992 年 12 月,该局和工作发生了两大变化,一是实行了议会监督,情报机构必须在法律范围内工作;二是情报机构非政治化。

（四）总参谋部军事情报总局

总参谋部军事情报总局简称为"格鲁乌"，英文缩写为GRU，是俄对外情报侦察，特别是军事情报侦察的一支重要力量。其主要任务是威慑和阻止突然袭击，并对敌后进行打击。总参谋部军事情报总局的前身是战地司令部注册局，它于1918年，由苏联红军正式组建，专门从事间谍侦察与协调军队各侦察机构活动。

目前该局拥有24个训练有素的特种突击旅，人数总计约3万人。主要基地设在俄罗斯梁赞州的丘奇科沃市。"格鲁乌"下设的特种部队始建于20世纪50年代，在苏联解体前一直处于保密状态，1991年之后"格鲁乌"特种部队先后平定了埃塞俄比亚、安哥拉、阿富汗、南斯拉夫、伊拉克、车臣及其他热点地区的冲突，共有692人被授予"苏联英雄"和"俄罗斯联邦英雄"的称号。

（五）商船侦察队

俄罗斯商船侦察队，在苏联时代就已经成立，其主要任务，是专门搜集在西北太平洋海域活动的美国核潜艇的情报，并把情报转给莫斯科的军事情报机构。然而，商船侦察队的具体活动方式、活动经费、编制和人员招募方式，至今仍是俄罗斯国家机密。

苏联解体后，俄罗斯情报间谍机构大规模裁减或者调整，然而，商船侦察队相反却得到了加强。从1999年2月至2000年5月，先后发生了30余起俄罗斯商船对非俄罗斯战舰进行侦察活动的事件，被监视的舰只包括美国、英国、法国、西班牙、葡萄牙和意大利以及阿尔及利亚的基诺级潜艇。

（六）军兵种和作战部队的情报机关

俄罗斯军队中的陆、海、空三军司令部内部都设有军事情报部。各军队、兵种的情报部，主要负责搜集、掌握与本军种、兵种有关的情报，并配有完成这些情报任务的各种侦察手段。这些情报部门的活动，要接受总参情报部第五局的监督和指挥，所获得的一切情报资料亦要上送给总参情报部。其中，海军情报部有一定的独立性，在对海洋侦察卫星的发射和使用上，无须得到总参谋部的批准。

六、德国情报机构

（一）联邦情报局

1956年4月，联邦情报局在美国支持下，按中央情报局的旨意和模式成立。它是一个由旧纳粹分子、希特勒边防军高级将领掌管和指挥的秘密情报机关,负责搜集和分析外国的军事、政治、技术和经济情报。

联邦情报局下设 4 个司:一司,又称情报司,负责搜集情报,并将汇集的情报经鉴定后转送三司;二是负责向国外派遣情报人员和向联邦德国的各驻外国机关派遣人员。二司,又称技术司,主要负责无线电监听、广播监听等。三司,又称调研工作司,主要负责整理、分析和公开情报工作,其主要人员是军事、经济、政治方面的专家。四司,又称管理司,主要负责人事、总务和行政的管理。

(二)联邦宪法保卫局

德国联邦宪法保卫局是德国的反间谍机构,创建于 1950 年 9 月,隶属于联邦内政部,总部设在科隆市郊的埃伦费尔德。它是以联邦宪法设置的反间谍和反恐怖主义活动的机关,故名联邦宪法保卫局。联邦宪法保卫局下设基本法问题处、反间谍处、秘密保卫处、反右翼激进分子处、反左翼激进分子处等部门,主要任务是搜集和分析涉及国家安全的情报,侦破国内的间谍、特务、颠覆、破坏、暗杀等活动,并参与制定各项保密制度和措施以及对身居要职的政府工作人员的政审工作。

另外,总部下设 8 个处。在民主德国所设的 5 个州里也设立了州宪法保卫局,每个局下设 5 个处:行政处、专业问题中心处、搜集处、分析利用处和反间谍处。每个局约有 150～200 名工作人员,在各州都设有分局,各州的分局归州内政部管辖。

德国联邦宪法保卫局标志

联邦宪法保卫局采用非常现代化的技术设备开展工作。设在总部的一台"纳迪斯"巨型计算机具备极高的储备信息的能力,可以极为精确地检查各个管理局的所有卡片。

七、法国情报机构

(一)部际情报委员会

法国部际情报委员会始建于 1989 年 4 月,是法国最高的情报协调机构,受总理直接控制。该委员会由 6 名成员组成:总统办公室主任、总理的情报协调人、对外安全局局长、领土监护局局长、国防秘书处秘书长、国防部情报局局长等。它的主要任务是确定各情报机构的主要目标、任务,协调各情报机关的行动。

(二)对外安全总局

对外安全总局又称第七局、法国国外安全总局、法国国外情报局。它如今已经成为法国最大的情报和反间谍机关,现有工作人员 3000 多名,军人和文职人员各占一半,全年度的预算为 5 亿法郎。

该局总部下设 4 处 1 台 1 署。负责搜集和分析国外情报和派遣间谍的情报处;负责策划和辅助海外的各种政治军事活动的行动处;负责进行国外的间谍活动,保护法国情报人员的安全,并侦察恐怖主义活动的反间谍处;负责全局预算和行政管理的总务处以及负责情报的综合鉴定、处理及提出规划、部署方案的情报评价和预测规划署和负责截收各国通信信号、破译密码的无线电监听总台。

对外安全总局的前身,最早是戴高乐领导的中央情报活动局,1946 年改名为法国国外情报和反间谍局。1951 年建立第七处,其任务是使用技术和秘密手段获取情报,他们在法国和世界各地窃取情报。1981 年法国社会党执政,加强了情报机关的整顿和改革。1982 年 4 月,更名为"对外安全总局",规定该局不再在国内采取行动,突出非军事化和技术专业化。

(三)领土监护局

法国领土监护局,缩写为 DSF,又称本土警戒局、领土安全保卫局、领土监护司等,成立于第二次世界大战中自由法国运动时期,是法国最重要的反间谍和反恐怖主义机构,隶属于内政部国家警察总局。领土监护局的主要任务是负责国内的反间谍、反颠覆和反恐怖工作。

领土监护局的总部下设技术处、反间谍处、反恐怖处、保安处、行动处和秘密情报人员处。反恐怖处下设两个科:一个科负责对付欧洲和中东的恐怖分子,另一个科负责对付拉美和古巴的恐怖分子。

目前,该局在保护国家利益和打击恐怖主义的同时,已将打击经济间谍、保护国家经济和科技秘密作为其重要业务工作之一,其中航空、航天、电子、核技术以及遗传技术等方面的技术秘密是保护的重点。

(四)普通情报局

法国普通情报局又称情报局,成立于 1846 年,是内政部下属的司局级机构。普通情报局分中央局和地方局两大部分。中央局又称总局,下设 5 个处,分别是普通情报处、特种情报处、调研处、行政管理处及赛马和赌博管理处。

普通情报局的主要任务是负责调查和搜集必要的政治、社会和经济方面的情报,并上报政府;负责跟踪了解政党、工会、当选者、选举活动的情况;负责监视了解罢工、社会运动、新闻机构的情况;负责对赌博行业和赛马场实行管理监视。它有权调查恐怖活动、暴力事件、武器走私和毒品贩运等情况,有权监视和调查居住在或就业于巴黎地区外国人的违纪犯法行为等。

普通情报局的前身最早是管理铁路的治安机构,1911年成为特种警察,两年后改名为行政警察,后来又演变成为国家服务的政治警察。1941年4月,法国政府以法律条文确定该局机构的正式名称为普通情报局。

(五)电话侦控部

法国电话侦控部是法国情报机构之一,它归总理直接管辖,是使用电话窃听设施进行电话窃听,以获取所需要信息的情报机构。它设有电话倒查号码设备,能及时查出打电话的人所用电话的号码。

(六)国防部情报局

法国国防部情报局又称法国总参二局,下设7个处,包括军事情报处、科技情报处、经济情报处、武官处、总务处、联络通信处、档案资料处。其总部设在巴黎国防部大楼。主要任务是搜集军事情报和与军事有关系的经济科技情报。是法国重要的情报机构。

(七)军事情报局

法国军事情报局是1993年新建的军事情报机关。该局把所有的军事情报机构集中统一起来,从而成为法国的军事情报中心。

法国情报部门共有6个不同的情报部门,包括国外情报局、国内中央情报局、军事情报局、国防部安保局、海关调查与情报局以及经济部下属的反洗钱部门。

另外,该局拥有500名军人和文职人员,负责掌管和协调现有军事情报机构的人力和物力。该局还将发展信息指挥系统,即代号为CI计划。

这个系统可以在发生危机和战争时,用电脑进行指挥、联络、监控和获取情报,并帮助有关部门做出决定。新建的军事情报局取代了由三军参谋长管辖的军事情报开发中心,汇集来自总参二局(国防部情报局)、对外安全总局和盟国转来的情报,并和驻外武官保持密切联系。

(八)电子情报旅

法国于1993年成立的电子部队,基本由步兵组成,人员编制为4000人。它是由分散在法国各武装力量中的有关人员和搜集处理情报的单位合并而成的,统一由陆军指挥部调动指挥。

该旅全部使用现代化情报工具,大部分是从美国购置的,如4个空中预警系统、2 架 C-160"协和"式飞机、1 架 DC-8"萨里格"式飞机和一些 FICR"幻影"式侦察机,以及各种水面艇。

八、世界军事法庭

(一)纽伦堡国际军事法庭

纽伦堡国际军事法庭又称欧洲国际军事法庭,是世界上第一个国际法庭。纽伦堡国际军事法庭由英、美、苏、法四国法官共同组成,是对第二次世界大战中的德国战犯进行专门审判的国际刑事特别法庭。

第二次世界大战后,为控诉和惩处欧洲轴心国的主要战犯,国际社会同意成立国际军事法庭来对这些战犯进行公开、公平、公正的审判。1943 年 10 月 30 日,苏、美、英三国签署《莫斯科宣言》,该宣言规定第二次世界大战结束后战犯将被押往犯罪地点,根据受害国国内法进行审判。1945 年 8 月 8 日,苏、美、英、法在伦敦签署《关于控诉和惩处欧洲轴心国主要战犯的协定》及其附件《欧洲国际军事法庭宪章》,正式成立纽伦堡国际军事法庭,统一审判那些无法确定具体犯罪地点的纳粹德国首要战犯。

根据宪章,四个签字国各派一名法官和一名法官助理组成法庭。除了苏、美、英、法之外,随后加入上述规定的还有澳大利亚、比利时等 19 个国家。这些国家组成法庭的原告,并各指派一名检察官组成侦察和起诉委员会。

1945 年 10 月 18 日,侦察和起诉委员会向法庭提起控诉,控告党卫军等 6 个组织和 H.戈林、R.赫斯等 24 名德国首要战犯犯有破坏和平罪、战争罪和反人类罪。法庭根据《关于控诉和惩处欧洲轴心国主要战犯的协定》和《欧洲国际军事法庭宪章》从 1945 年 11 月 20 日开始第一次审讯,并在 1946 年 9 月 30 日到 10 月 1 日对全部被告进行宣判。党卫军、特别勤务队、盖世太保和纳粹党元首兵团被宣布为犯罪组织,24 名战犯也进行了程度不一的判决,这就是纽伦堡大审判。

纽伦堡国际军事法庭对德国战犯的审判,是国际社会依据国际法对战争犯罪进行审判和处罚的一次成功尝试。之后其他的国际军事法庭和国际对罪犯的审判,都是根据纽伦堡国际军事法庭的运行机制和审判原则。

(二)远东国际军事法庭

远东国际军事法庭又称东京国际军事法庭,是审判第二次世界大战中日本战犯的国际刑事特殊法庭。该法庭由中国、苏联、美国、英国等 11 个国家的法官组成,中国被任命的法官是梅汝璈先生。

1945 年 9 月 2 日,日本接受《波茨坦公告》宣布无条件投降。1945 年 12 月,苏美英三国外长在莫斯科举行会议,议定并征得中国同意决定"设立盟国管制日本委员会"。1946 年 1 月 19 日,依据《波茨坦公告》,莫斯科英、美、苏外长会议决定,盟军最高统帅麦克阿瑟公布了《远东国际军事法庭宪章》,依据这一宪章成立远东国际军事法庭,在东京对日本战犯进行审判。宪章同时规定负责起诉战犯和控告战犯的是检察长,检察长由盟军最高统帅任命,和日本交战的各国均能指派一名陪席检察官协助检察长。盟军最高统帅麦克阿瑟指派的检察长是美国的 J.B.基南,J.B.基南同时兼任美国的陪席检察官。中国的陪席检察官是向哲浚先生。

1946 年 4 月 29 日,盟军最高统帅部国际检察处向远东国际军事法庭起诉东条英机、板垣征四郎等 28 名战犯。法庭在 1946 年 5 月 3 日至 1948 年 11 月 12 日对这些日本主要战犯进行审判。1946 年 8 月 16 日,在苏联军官的押送下从海参崴到达东京的溥仪出庭作证,揭露日军制造伪"满洲国"的阴谋及罪行。

法庭根据战争罪和违反人道罪判定东条英机、板垣征四郎、木村兵太郎、土肥原贤二、广田弘毅、松井石根、武藤章 7 人为甲级战犯,处以绞刑。其他战犯判处了终身监禁、有期徒刑等不同刑罚。"九一八事变"的直接组织者大川周明因梅毒性脑炎引发的精神异常而被免于起诉。

远东国际军事法庭审判的日本战犯大部分都是日本政治和军事的领导人,追究到个人在侵略战争中的责任。法庭还具体化"侵略和反侵略战争"的概念,让人类更加明确惩罚战争罪犯的原则。东京审判和纽伦堡大审判一样都极大地促进了国际法的发展。

(三) 卢旺达国际刑事法庭

卢旺达国际刑事法庭也称卢旺达问题国际刑事法庭,简称卢旺达刑庭。

1994 年 4 月 7 日开始的卢旺达大屠杀,在大约 100 天的时间里造成 80 万~100 万人的死亡,一半多的图西族人口被灭绝。针对这种发生在卢旺达及其邻国附近的种族灭绝和其他严重违反国际人道主义法的行为,1994 年 11 月 8 日,联合国安理会通过第 955 号决议建立卢旺达刑庭,对这些行为负有责任的卢旺达公民进行审判。1995 年,卢旺达刑庭在坦桑尼亚阿鲁沙正式成立。

卢旺达刑庭的组织机构和前南刑庭一致,均由分庭、检察官办公室和书记官处组成,分为三个审判庭和一个上诉庭,法官构成也一致。前南刑庭的检察官同时兼任卢旺达刑庭的检察官,负责案件的调查和起诉。直到 2003 年 8 月,卢旺达刑庭才在安理会关于"完成战略"的决议中拥有自己的检察官办公室。

卢旺达刑庭审判的罪行包括:灭绝种族罪、危害人类罪、严重违反 1949 年日内瓦公约共同第三条的行为、严重违反日内瓦公约第二附加议定书的行为。卢旺达刑庭起诉和审判的两类犯罪嫌疑人是:1.在 1994 年 1 月 1 日至 12 月 31 日期间,于卢旺达境内实施灭绝种族及其他严重违反国际人道主义法行为的人,其中包括非卢旺达的国民;2.同一时期与卢旺达邻国境内实施此类罪行的卢旺达人。

卢旺达刑庭审判的对象包括卢旺达前总理坎班达、14 名前政府部长和其他高级军事将领和地方官员。截至 2004 年年底,卢旺达刑庭审理的案件共涉及 48 名被告。

卢旺达刑庭针对卢旺达大屠杀而设立,是迄今为止唯一一个被授权起诉非国际性武装冲突中实施种族灭绝罪的国际性法庭。它的设立有力地遏制了卢旺达地区形势的恶化,促进了这一地区的和平和民族和解。在证人保护、羁押设施以及对辩护律师的管理等方面,卢旺达刑庭也为国际刑事法院提供了有益的借鉴。

曾担任前南刑庭上诉庭法官的中国籍法官李浩培、王铁崖同时也是卢旺达刑庭上诉庭的法官。

(四)国际刑事法院

2002年7月1日,根据联合国通过的《古罗马国际刑事法院规约》国际刑事法院在荷兰海牙正式成立。国际刑事法院审判的罪行有:1.种族灭绝罪;2.战争罪;3.反人类罪;4.侵略罪。国际刑事法院是世界上第一个常设的国际刑事司法机构。

第二次世界大战之后,国际社会虽然对犯有这类严重罪行的个人进行了严惩,但是还有绝大多数的加害者没有绳之以法。国际机制的疏漏促使联合国设立国际刑事法院,有效惩处那些犯有严重罪行的人,以及遏制国际社会再出现严重违反国际法公认罪行的行为。

《古罗马国际刑事法院规约》规定,只有规约获得60个国家的签署和批准国际刑事法院才能成立。截至2006年11月1日,规约已得到134个国家签署,104个国家批准。中国、俄罗斯和美国作为联合国安全理事会常任理事国并没有加入该规约,美国甚至提出了排除国际刑事法院管辖权的"98条协定"。以色列、印度等国家也出于自己的政治原因反对《古罗马规约》。

根据《古罗马规约》成立的国际刑事法院是一个永久性的国际司法机构,审理批准国和联合国安理会移交的2002年7月1日以后发生的案件。法院由院长会议,上诉庭、审判庭和预审庭,检查官办公室和书记官处四部分组成。18位法官经由选举产生,法官的任期是9年,任意两位法官的国籍不能相同。国际刑事法院判处的最高刑罚是无期徒刑,英语和法语是法院的工作语言。

从2002年成立开始,国际刑事法院就接受过缔约国刚果民主共和国、乌干达、中非共和国主动提交的案件,非缔约国科特迪瓦自愿提交的案件。2005年3月,联合国安理会通过1593号决议将苏丹达尔富尔案件提交法院。这是联合国安理会第一次将案件移交国际刑事法院。

国际刑事法院继续发挥作用的途径有:1.联合国安全理事会的决议;2.发生的侵犯人权事件涉及缔约国的公民;3.检查官主动侦察。

国际刑事法院的设立表明再发生严重违反国际人道主义法的事件时,国际公义机制介入的决心。

九、中国军事法院

国家在军队中的审判机关就是军事法院,中华人民共和国在中国人民解放军中设立的审判机关属于国家审判体系中专门的人民法院。中国的军事法院分为三级,中国人民解放军军事法院、军区级军事法院、兵团和军级军事法院。

中国人民解放军军事法院对中华人民共和国中央军事委员会和中国人民解放军总政治部负责,其他各级军事法院对本级政治机关负责。中华人民共和国最高人民法院监督各级军事法院的审判工作,上级军事法院监督下级军事法院的审判工作。中国人民解放军军事法院院长由最高人民法院院长提请全国人民代表大会常务委员会任免。

中国的军事法院脱胎于八路军的军法处。1955 年 8 月,根据《中华人民共和国宪法》和《中华人民共和国人民法院组织法》,中华人民共和国国防部将全军各级军法处改为军事法院,把军队的审判机关纳入国家审判机关的体系。

中国军事法院的任务是审判现役军人、军队在编职工的刑事案件和依照法律、法令规定由它管辖的案件,并对危害国家和损害国防能力的反革命分子及其他刑事犯罪分子进行严惩。各级军事法院的职权分别是:

1.中国人民解放军军事法院:(1)审判正师职以上人员犯罪的第一审案件;(2)审判涉外刑事案件;(3)最高人民法院授权或指定审判的案件以及它认为应当由自己审判的其他第一审刑事案件;(4)负担二审、死刑复核、再审的审判任务。

2.军区级军事法院:(1)审判副师职和团职人员犯罪的第一审案件;(2)审判可能判处死刑的案件以及上级军事法院授权或指定审判的案件;(3)负担上诉、抗诉案件的审判。

3.兵团和军级军事法院:(1)审判正营职以下人员犯罪,可能判处无期徒刑以下刑罚的第一审案件;(2)上级军事法院授权或指定审判的第一审案件。

依照法律规定,军事法院行使独立的审判权。实行公开审判、辩护、回避、合议、两审终审、死刑复核、审判监督等制度和程序,并在保卫部门、军事检察院的互相配合下确保国家法律有效地执行。

·军事机构·

图文珍藏版

第九章　武器装备

一、冷兵器

冷兵器的发展与演变历经原始社会、奴隶社会和封建社会,跨越了几十万年。在原始社会晚期的战争中,从带有锋刃的生产工具分化出专门用于作战的兵器。随着社会生产力的发展和战争的需要,冷兵器不断发展变化,到了青铜时代和铁器时代,以青铜和钢铁为主的冷兵器发展日趋成熟。火药发明以后,火器逐渐推广普及,因此出现了一个很长的火器与冷兵器并用的时期(公元 10 世纪至 19 世纪)。此后,随着火枪、火炮以及火箭技术的日益成熟,欧洲各国军队基本上完成了从冷兵器时代向火器时代的转变,但是,当时一些还很落后的国家(如中国)依然还是以冷兵器为主。事实上,直到 19 世纪中叶之后,西方先进技术的引进才使得中国进入火器时代。

(一)冷兵器发展简史

冷兵器的发展与演变历经原始社会、奴隶社会和封建社会,跨越了几十万年。在原始社会晚期的战争中,从带有锋刃的生产工具分化出专门用于作战的兵器。随着社会生产力的发展和战争的需要,冷兵器不断发展变化,到了青铜时代和铁器时代,以青铜和钢铁为主的冷兵器发展日趋成熟。火药发明以后,火器逐渐推广普及,因此出现了一个很长的火器与冷兵器并用的时期(公元 10 世纪至 19 世纪)。此后,随着火枪、火炮以及火箭技术的日益成熟,欧洲各国军队基本上完成了从冷兵器时代向火器时代的转变,但是,当时一些还很落后的国家(如中国)依然还是以冷兵器为主。事实上,直到 19 世纪中叶之后,西方先进技术的引进才使得中国进入火器时代。

1.中国古代冷兵器的发展

中国古代冷兵器的发展,经历了石器、青铜和钢铁三个时代。

在原始社会时期,在抢夺生存资源、扩大生活空间的过程中,各氏族部落之间不断发生各种冲突和仇杀,这时,部分生产工具逐渐被应用于人类的冲突和仇杀当中。由于受限于当时的条件,这种生产工具兼兵器的状况,伴随着人类的发展历经了一段很长的时间。

随着生产力的不断发展和私有制的出现,人类开始从原始社会向奴隶社会过渡,原来的部落或者部族联盟之间的冲突也逐渐升级为国家之间的战争。随着战争规模的不断扩大,原有用于生产劳动的工具已不能满足人们的需要。于是,专门被设计和制造、用于战争的特殊用具逐渐登上了历史的舞台,它们就是从生产工具中分离出来的专用于满足战争需求的兵器。

据考古资料显示,早在 3 万年前,中国境内的人们已经使用弓箭狩猎了,但直至新石器时代才出现了用弓箭杀人的实例。其佐证之一,就是我国江苏省邳州市大墩子古文化遗址中出土了大量距今约 5000 多年的新石器时代晚期的原始兵器,其中有一块被骨镞射入骨质深达 2.7 厘米的人体骨。

由于熟练地掌握磨制石器的技能,人们已能磨制出较锋利的石质工具,而与此同时,用石质工具加工木器、骨器的技术也逐渐被掌握,这些都为兵器的制造提供了条件。在那个阶段,用于远程攻击的木质或竹制的单体弓和用石、骨、角或蚌壳做镞头的箭,石矛或骨矛,石斧和石钺,大木棒和石锤,石戈,以及石质或骨、角质的匕首等,都是从劳动工具中改造过来的初级兵器。同时,为抵御兵器带来的伤害,人们已经懂得使用主要以木、竹或皮革制造的盾以及用藤或皮革制造的甲、胄等作为防具。

中国从公元前 21 世纪开始进入青铜时代。这个阶段,工具的使用由新石器时代晚期的铜、石并用过渡到青铜器的使用。与之大致相对应,中国社会进入了奴隶社会。国家为了扩大地域、巩固政权,需要建立一支具备一定规模的军事力量,这也为青铜兵器的发展提供了政治基础。在夏末商初,中国的青铜器铸造工艺已经发展到比较高的水平。经过西周、春秋和战国初期的发展,到战国中期,青铜兵器的铸造水平达到了一个高峰。

新式兵器在军事上的应用,引发了军事作战方式的变革,作战方式的变革又对兵器的设计和制造提出了新的要求,因此,可以说兵器的改进和发展与军事作战方式的变革是相辅相成的。

在原始社会,人类的战争方式仅是双方一定数量的人徒步作战,没有专门的兵器,也缺乏必要的组织、管理和指挥。进入青铜时代后,战争中步兵开始使用青铜兵器——戈,比如商朝早期步兵的标准兵器是长 60 厘米~90 厘米的青铜戈及盾牌。然而,在随后的时代里,由于青铜工具的使用,人们掌握了相比以前更高的木工加工技术,战场上出现了木制战车这一新的兵种。木制战车因其在速度、冲击力上表现出原始步兵所无法比拟的优越性,很快便取代了步兵成了军队的主力。

随着时代的发展,战车的设计和制造也随着战术的变化而发生了变革。商朝时期,可能受限于材料,战车是木质的,由独辕(辀)、双轮、方舆(车厢)、长毂组成,配备两匹马,车载三名甲士,其中一人负责驾车,另两人负责作战,通常是右侧甲士负责格斗,左侧甲士负责远射。战车的主要作战方式是在错毂的时候,车上的甲士才交战格斗。因此,这个阶段,长 3 米以上的青铜戈、青铜戟和青铜矛成了车战的主要兵器,配以远程攻击的弓及装有青铜镞的箭、用于自卫的青铜短刀。防具主要有青铜胄、皮甲和盾牌。

而跟随战车一起出战的徒步士兵,则还使用石、骨质兵器,通常没有防具。因此,徒步士兵无论在机动性和杀伤力上都无法与战车相提并论。在商朝晚期,虽然已有少量的骑士出现,但是他们数量少、装备简陋,还没有形成独立的兵种。因此,决定战争胜负的关键因素之一便是战车的战斗力。

从西周到春秋时期,随着青铜铸造水平和其他技术的提高,也因为战争规模的扩大,战车无论是装备上还是规模上都相较以前有了长足的发展。战车车辕缩短了,驾车马匹的数量也增加到了四匹,车舆的四周装上了用青铜甲片做成的护甲,有的战车还在车轴两端插上矛状的长刺,用来杀伤企图靠近战车的敌兵。交战的双方投入的战车总数,也由以前的几百乘扩大到上千乘,而附属于战车的徒步士兵也由一乘配几人到一乘配几十人。

在这个时期里,青铜兵器也同样得到了大力发展,无论是青铜的质量、形制和种类,都比前朝有了很大的提高。

青铜兵器和战车的发展,又给车战的兵器组合创造了变化的可能。商朝时期,车战兵器主要是弓箭、戈和短刀的组合。如河南省安阳市商朝殷墟妇好墓中,虽然出土的兵器数量很多,但只有弓箭、戈、钺和短刀几种。而北京市昌平区白浮村西周时期女将墓中,出土了包括弓箭、戟、戈、矛、钺、长体刀、短剑和匕首等种类的兵器,还有青铜胄和盾等防具。这说明,从商代到周代,兵器和防具的种类已经有所发展。春秋战国时期,最典型的代表要算湖北省随州曾侯乙墓出土的兵器,其中有远射兵器弓箭,格斗兵器戈、戟、矛、带尖锋和刺球的殳、装有多重戟体的多戈戟。在文献中,还出现了一种新的兵器叫青铜剑。这个时期,青铜兵器的锻造水平和战车的设计制造达到了顶峰。而后,青铜兵器开始盛极而衰,逐渐被新兴的另外一种金属兵器——铁器所取代,冷兵器的发展进入到铁器时代。

早在商朝,就有人们利用天然陨铁制作兵器部件的记载,大约在东周晚期,中国进入了铁器时代。春秋时期,钢铁被用于制造兵器。湖南省长沙市就曾出土了一把春秋晚期的钢剑,该剑采用了把块炼铁长时间渗碳、反复锻打成块炼渗碳钢的技术。战国末期,各国军队开始配备钢铁兵器。由于受限于冶炼技术和生产力水平,战国时期是钢铁兵器和青铜兵器并存的时期。根据考古发现和文献记载,使用钢铁兵器较多的是楚国、燕国以及三晋地区。

秦至西汉时期,随着经济的发展和钢铁冶炼技术的提高,钢铁兵器发展到了比较完善的阶段。在这个时期,军队成分和编制也产生了新的变化。军队成员的主要来源不再是农民,而依据地理条件和当地习俗的不同,军队分化出了骑士(骑兵)、材官(步兵)和楼船(水兵)等兵种。由于受到了北方游牧民族的侵扰,骑兵的建设和发展被提到了一个新的历史高度。所有的这些,都对兵器的设计和制造提出了新的要求。

西汉时期,文景之治使得社会经济得到了恢复和发展,钢铁冶炼技术得到了长足的发展,生产规模也日益扩大。在这个时期,出现了"百炼钢"技术,使用这种铸造技术能制造出含碳量高、杂质少、耐腐蚀的优质钢,同时还出现了生铁冶铸、铸铁脱碳钢、灌钢、炒钢等先进技术,使得钢铁兵器的生产效率得到极大的提高。在陕西省西安市郊西汉都城长安城遗址中发掘的西汉武库中,发现了很多铁制的刀、剑、戟、矛和斧等兵器,还有大量的铁镞及铁铠甲,而青铜兵器的数量就很少了。说明这个时期,钢铁兵器已经取代青铜兵器,大量地被军队使用。

汉朝时期,由于军队发展新战术的需要,兵器的种类出现了新的变化。攻击性兵器中,变化最为显著的是格斗兵器。前面提到的商周时期的青铜戈和青铜戟均被钢戟和钢矛取代，形状也有所改变。例如，戟上有前伸的锐利的刺，有与刺体垂直横出的旁枝，而东汉以后的戟，旁枝发展为向上弯曲，以增强叉刺的功效。钢铁剑取代了青铜剑，剑体更加窄长，剑锋更加锐利，这时期还出现了钢环长铁刀。钢铁同时普遍使用在防护装具上，如用铁甲片编缀成的铠甲、兜鍪及铁盾，皮甲及皮胄虽仍存在，但数量已减少，地位降低。

军队中还根据不同的兵种，装备了不同的兵器和防具的组合。例如，步兵的攻击性兵器以矛、戟、刀或剑为主，以及护身的匕首和手戟，远射兵器则是以强弩为主，弓箭为辅，防具有盾、铁铠和皮甲。湖南省长沙市马王堆出土的汉简记有兵卒装备，简文中提到，兵器组合有长戟和盾、长铩和盾、短戟与盾以及短铩与盾等；骑兵的攻击型兵器是马戟、马矟及环首刀（环首刀又多与盾配合使用），护身的匕首；远射兵器以弓箭为主，辅以擘张弩，防具有铁铠和盾。

到了两晋南北朝时期，北方游牧民族的大量南下，军队的主力变成了重装骑兵，因而，兵器发展的主要方向就转移到了骑兵装备的改进上——人和马的防护的加强以及完善。在骑兵的防具方面，南北朝前期铠甲以两当铠为主，后期则以明光铠为主；战马的防具，则是完备的具装铠，由面帘、鸡颈、当胸、马身甲、搭后和寄生等部件组成。骑兵的铠甲和战马的防具均以铁铠为主，皮甲为辅，并且往往配套使用，色彩也相同：人穿铁铠，马披铁甲；人穿皮甲，马也披皮甲。马镫的普及以及马鞍的改进，使得人们能更快地掌握骑术，更加便于长途奔袭，骑兵的作战能力由此得到了极大的提高。与此同时，骑兵的攻击性兵器也发生了一系列变化，穿透铠甲能力更强的长体双刃的马矟逐渐取代了马戟，弓箭更加强劲，强弩被重型的床弩替代。

相对而言，南北朝时期的步兵装备远不如甲骑具装受重视。普通步兵的兵器组合以刀盾为主，有时也用长矛、盾。远射兵器以弓箭为主，弓箭手轻装无铠甲；重装步兵则以明光铠为主。

隋唐时期，重装骑兵的重要性相较南北朝时有所下降，轻骑兵逐渐崛起。这个时期，骑兵和步兵的必备兵器是横刀（即佩刀）和弓箭。而唐朝晚期经五代至北宋初期，兵器又有了新的发展和变化。如《武经总要》（成书于北宋庆历四年，即公元1044年）中，就对汉唐以来生产和装备军队的兵器及防具，以及新发展的兵器及防具做了总结和记录。据书中记载，格斗兵器仍以刀、枪（矛）为主，只是为了满足各种特殊战斗的需要，每大类兵器下又各形成若干分支，如刀就有8种分支，而枪则多达9种分支；还有大量的棒类兵器，以及骨朵、铁链夹棒等锤击兵器。远射兵器的主力依然是弓箭，弩则向主要用于攻城的大型床弩发展。防具有铠甲、马甲以及骑兵和步兵使用的盾牌。当时的军队中，大约有40%的战士配备刀或枪，30%的战士配备弓弩，12%的战士使用棒类兵器，剩下的战士则使用其他兵器。

在春秋以前，中国的战争以车战为主，各国军事家主张野战速决。如《孙子·作战篇》中就有"攻城则力屈"的叙述，这个时期，攻守城器械的发展受到了时代的限制。战国时期，攻守城战逐渐增多，攻守城器械得到了发展的机会，战国晚期的《墨子》"城守"诸篇中就有关于守城和攻城器械的记述。而后，经过汉唐时代的发展，攻守城器械到北宋时已相当完备。

其实早在原始社会晚期，为了保护氏族、部落免受动物或者敌军的侵犯，人们就开始在住地四周构筑围墙、壕沟等防御设施,这是原始城堡的雏形。奴隶社会时期,城堡的构筑日渐牢固,城市的规模也逐渐增大。封建社会时期,城市的构筑更加牢固,筑城也由夯土城发展到包镶部分砖壁,再到修筑砖城,还出现了羊马城等辅助建筑。如《武经总要》中就有城楼、角楼、弩台、瓮城、城壕及羊马城等比较完备的城防体系的记载。与城防的不断改进相适应,攻城的器械也随之不断地改进和创新,因而,攻守双方分别形成了兵器装备中各具专门用途的器械体系。关于重型远射兵器、攻城器械和守城器械,书中分别有比较详细的记载。

重型远射兵器方面有床弩和砲,这两种兵器主要用于摧毁敌方的防御设施和歼灭依托城堡抵抗的敌军士兵,与此相对的,守城方也用其摧毁进攻方的攻城器械和杀伤攻城部队。

攻城器械方面,有用以攀越城墙壕沟的器械,其中历史最悠久的是周朝已出现的云梯,有跨越壕沟的濠桥、折叠桥,有掩护攻城士兵抵近城垣的防护棚具轒輼车,还有登高侦察城内敌情的巢车、望楼车等。

守城器械方面,有各种檑木和檑石,有用于烧毁云梯等攻城器械的飞炬、猛火油柜等,有用于填补被进攻方摧毁的防御工事的塞门刀车、木女头等,还有对付火攻用的灭火器械。

除此之外,《武经总要》关于攻守器械的记载中还有新型火攻器具。战争中的火攻战术,在中国有着悠久的历史,《孙子·火攻篇》就有关于火攻的战术和作用的精辟论述。而历史上也不乏以火攻取胜的著名战例,如战国时期齐国田单用火牛破燕,三国时期周瑜在赤壁之战中用火烧曹军战船等。早期传统的火攻器具主要是以弓弩发射带燃烧油脂的火箭,或者使用火兽、火禽和火船。然而,这些火攻器具都易受气候和环境影响,局限性很大。因此,火药被发明以后,就很快地被军事家应用到战争中。

火药的研究始于古代炼丹家的炼丹,有记载显示,从战国时期到汉朝初期,一些炼丹家(主要是道士和方士)被迫进行一些"长生不老丹"的炼制,在这个过程里,火药的配方逐渐被炼丹家们所掌握。到了汉朝,硝石、硫黄这两种火药的主要成分已被当作药物使用。唐高宗时期,炼丹家首次在实践中发现了硫磺伏火法,用硫磺、硝石粉末,配以皂角子(含炭素)炼丹。唐宪宗元和三年(公元808年),炼丹家们又发现了用硝石、硫磺及马兜铃(含炭素)一起烧炼的方法。这些配方,都已经明确地提到了火药的成分,而道家《太上圣祖金丹秘诀》中甚至还提到了关于硝、硫、炭的不同比例的配方。火药发明后,最初的用途并不是在军事上,而是杂技项目。大约在10世纪,中国才开始将火药用于制造纵火器具,在新的兵器——火药武器(简称火器)被发明后,传统的火攻战术得到了新的发展。至北宋初年,接连不断的战事,促使了火器的加速发展。北宋时期,建立了火药作坊,以燃烧性能为主的武器如火药箭、火炮等和爆炸性较强的武器如霹雳炮、震天雷等相继问世。南宋以后,又有很多以火药的爆炸性为推动力的武器被陆续发明。火器在战争中逐渐取代了传统冷兵器的地位,也显示了其强大的威力。

大约在12、13世纪,火药经阿拉伯传到欧洲乃至世界各地,开始在人类社会扮演着越来越重要的角色。它对经济和科学文化的发展起了推动作用,同时也给世界带了很多伤痛和灾难。

2.欧洲冷兵器的发展

地球上另一块拥有悠久文明历史的大陆——欧洲大陆冷兵器的发展,也大致经历了石器时代、青铜时代和铁器时代三个阶段。欧洲除了普及钢铁兵器的时间比中国早200年以外,冷兵器的发展也因自然环境、地理条件等因素的不同而在许多方面都与古代中国有着明显的差异。

在古代的欧洲,剑是主要的冷兵器。在欧洲文化中,剑都是作为力量与权力的象征。对于骑士而言,剑就是骑士本人精神的化身,在任何危难时刻都不能放弃自己的剑,很有一种"剑在人在,剑亡人亡"的气势。

宽刃剑是中世纪欧洲各国军队最普遍的装备。宽刃剑长达3英尺(约0.9米),士兵用单手挥动。由于剑两面都开刃,因此,在与敌人打斗时,一击不中,不用翻转手腕就可以很容易地进行第二次攻击。宽刃剑的剑柄多为以黄铜活铁制成的十字形,剑柄末端有一个圆球,这个圆球并不是装饰,而是中间注铅以维持用力劈砍时手腕的平衡。由于中世纪一般士兵的防具比较薄弱,只要使用强劲力量进行劈砍,往往就能给敌人造成很大的伤害,因此,宽刃剑一直被人们广泛地使用于各个战场。直到14世纪,锁子甲的大量使用以后,宽刃剑再也难以对厚重的铠甲造成有效的伤害,拥有沉重剑身的宽刃剑才逐渐失去用武之地,退出了历史的舞台。

罗马短剑也是古代欧洲战场上的一种常见兵器,剑身全长0.3~0.5米,单手持剑,两边开刃,以刺为主,有时也用于削砍。之所以把剑身做得如此短,是与当时罗马帝国的作战思想密切相关的。罗马帝国时代,出战时常常采用密集的阵型,战士之间没有很大的回旋余地,远距离时一般是投掷标枪,近距离时通常使用巨大的盾牌防守,用短剑通过盾牌间的缝隙迎击残存的敌人,攻守兼具。由于剑身比较短,要想对敌军造成巨大伤害,必须要求战士学会熟练的技巧,通常都是直接刺入敌人的要害部分,如心脏、腹部等。那个时期,罗马帝国几乎每个军人都佩带了罗马短剑。

西洋剑是随着宽刃剑的没落而逐渐崛起的一种兵器。其实西洋剑的诞生并不是作为武器使用的,而是检验铠甲的制造质量时用剑在上面戳刺看能否刺穿。西洋剑的剑身细长,攻击以刺为主,一般剑身是方形的,仅有前端才开刃。西洋剑多用于装饰、防身和决斗,杀伤力极小,只要不被刺中要害,决斗者不会有生命危险,这正符合当时欧洲社会的风气和价值观。随着黑火药在军事上的使用,欧洲的兵器开始从冷兵器逐渐向热兵器过渡发展。但西洋剑由于上述的特点,仍在很长一段时间里被当作必要的防身装备,例如法国作家大仲马的《三个火枪手》中描写的,法国皇家火枪队的队员剑术就十分高明。西洋剑的发展中,还有过非常有趣的一幕,由于武器以刺为主,武器长度的增加会带来更大的优势。因而人们不断地加长剑身的长度,最长的剑身曾经达到了惊人的60英寸(约为1.52米)以上,这种长度的剑其实给佩带者也带来了很多不便。后来剑身的长度又恢复到了36英寸~39英寸(0.91米~0.99米),既恢复了西洋剑的优雅外形,又保持了决斗的公平性。此外,西洋剑的护手也经历一番发展,它被设计得既具有防护性能又相当美观,其中比较著名的有枝条型、骨架型、结合型和盘型等。

18世纪以后,热兵器已经成为欧洲战场中的主力,近战搏斗的剑失去了原有的用途。不过,军队中的军官为了建立指挥的权威,依然佩带长剑作为力量与权利的象征。直到今天,指挥长剑依然是各国阅兵时的必备物品。

除了剑之外,刀也是古代欧洲战场中的一种相对常用的兵器,只是其地位及用途都无法与剑相比。其中,较有名的是匕首、希腊短刀、弯形大砍刀和弯刀等。

在古代欧洲的混战中或者偷袭时,匕首用于割喉秒杀敌人。中世纪比较有名的匕首是距刺,它最早在14世纪被装备于英国军队。距刺的长度约为两个手掌,弹性良好,轻便灵巧,可轻易刺穿敌人胸甲的接缝直入心脏。另外,还有19世纪的阿拉伯匕首,它曾广泛流行于奥图曼帝国、波斯和印度。它并不只用于战争,还常被用于婚礼和割礼。

希腊短刀长0.3米~0.6米,形状如小号的弯刀,由于其主要用途是近身搏斗,因而刀柄用黄铜打造成杯状,曾经被海盗广泛地使用。

弯形大砍刀为苏格兰人使用的双手兵器,长度达1.2米~1.5米,适合冲入敌阵左劈右砍。不过这种大砍刀作为身份级别的象征,只有部族的首领才能使用,而部族首领会将大砍刀作为权力的象征代代相传。

弯刀也称马刀,长度在3英尺(约0.9米)左右,常被高速奔驰的骑兵用于砍杀敌人。由于其主要用于骑兵交错时的对决,因而弯刀刀身弯曲,只有一面开刃。最早,马刀的刀柄也像宽刃剑一样,被设计成十字柄,后来为了增强防御,保护推刺时的手腕,刀柄又被设计成篮状或杯状。著名的大马士革钢刀也属于此类。大马士革钢刀锋利无比,堪称冷兵器中最为锋利的兵器,韧性也极好,甚至可弯曲成直角。此外,由于其特殊的冶炼工艺,使得其刀身具有不锈的特性,这极大地延长了兵器的使用寿命和适用度。17世纪时,刀的地位逐渐与剑持平,但由于热兵器的崛起和成熟,逐渐地沦为军队装备的配角。

在古代欧洲战场中,有一类近战兵器,其长度超过战士身长或者近似身长,那就是长兵器,如枪、斧、战锤及长戟等就属于这个种类。

枪矛是欧洲冷兵器中的一种常见的长兵器,其中主要分为步兵使用的枪矛和骑士枪。步兵使用的枪,其长度一般为6米~10米,其顶端装有简易枪尖,后部有0.05~0.10米的护托用于防止枪身折断。步兵使用这种枪可以有效地抵御骑兵的突击,并可以通过合理的战术和阵型达到理想的突击效果。骑士枪一般长3~5米,枪尖由钢铁制成,硬木制的枪身有护手,后部有配重的木锥。骑士枪基本上是一次性的武器,在一轮冲击之后,基本上很少有枪还能保持完整。坚硬的枪身、长长的枪形,配以高速奔跑形成的冲击力,骑士冲锋在中世纪的平原战场中几乎是一种无解的战法。

斧是欧洲冷兵器中另一种常见的长兵器,斧柄通常用木头制成,单刃和双刃的都有。斧的杀伤力十分大,其巨大的刃配合使用者强劲的腕力可以轻易地击碎敌人的盾牌,砍折敌人的骨骼。11世纪登陆英格兰时,诺曼人使用的战斧曾让英格兰人吃尽了苦头。北欧维京战士使用的通常是单刃斧,尖端带有倒钩,劈砍后将之拉回能造成致命残忍的伤害。此外,长斧的柄改为短柄后便可制成短斧,可用于投掷使用,杀伤力也同样巨大。

战锤也是一种长兵器,它的出现显然是为了对身穿厚重盔甲的敌人造成捶打伤害。战锤可以手持挥舞也可以用于投掷攻击,杀伤力也十分强大。还有一种钉锤,外形较小,但为实心铁,锤头配有钉刺或者凹槽,具有更致命的打击效果。战锤打击面较小,一般专攻对手的头颅和关节,通常力争一击就能彻底让敌人丧失战斗力甚至死亡。锤类兵器的优点是杀伤力巨大,但其缺点也很明显,那就是其重量太大,需要体力及腕力很大的战士才能使用。

链枷的出现是为了弥补钉锤在距离上的不足,通常用铁链将木柄与3个带刺的铁球相连,杀伤力极大且相当残忍。作为链枷的加强版,流星锤的攻击范围更广,其铁链长达1米,只是需要很高的使用技巧才能达到给敌人巨大伤害的同时避免让自己受伤,它的这一特性决定了它的使用范围并不广。

欧洲长戟是一种知名度较高的长兵器,其中最知名的莫过于瑞士长戟。这种兵器在方阵中的地位仅次于长矛。瑞士长戟的形状是在长矛的前端部位加一柄很重的战斧,斧头的背面是尖铁或钩子。这种外形改变了长矛功能的单一,既可以用矛头进行刺杀,又可以用斧头劈砍重装盔甲兵,用尖铁来击穿盔甲,用钩子钩骑兵马匹的前腿或者直接将骑兵钩落马下。配以巨大的力量,瑞士长戟在战争中能一下子穿透头盔、砍断剑锋或者击倒马匹。时至今日,这种长戟仍然被欧洲教皇的卫队当作主要武器配备。

其他古代欧洲的长兵器还包括铙钩、长刀等。铙钩的样子就像在长棍的前端装了一个锋利的倒钩,其最初的用途是用来采摘果树上的果实,只是由于无辜的农民常常被领主之间的争斗殃及,因而古代欧洲的农民才使用这种奇怪而残忍的兵器来保护自己。长刀则是中世纪欧洲的一种简陋兵器,在2米~3米长的木柄上捆绑一把刀,虽然攻击范围较大,不过由于兵器制作粗糙,材质简单,常常被砍段长柄,在与其他常用兵器的较量中也占不到什么便宜。

古代欧洲远程射击类兵器——弓,一般有普通弓、长弓、合成弓和十字弓等种类。普通弓由紫杉木或岑木弯曲烘制,攻击距离和准确度都不高。但因其造价低廉,所以普通弓被广泛装备于军队中。长弓的制造材料与普通弓相同,但弓体长达1.8米~2.2米,要求使用者身材较高,臂力强劲。长弓近200磅的张力可以将箭的射程提高到300米以上,一个技术熟练的弓箭射手用长弓每分钟可以射出6箭,射出的箭的箭头能轻易洞穿骑士的盔甲,因此长弓手是对付重装甲骑兵部队的一大劲旅。合成弓在制作时,使用岑木或角质等韧性较好的材料,包以较硬的椐木,然后再用牛筋包裹,制作工艺繁琐,韧性极好,合成弓的两端甚至可以弯至一处。合成弓的射程为60米~80米,不过其穿透力极强,近距离甚至可以贯穿一头牛的身体,常常被运用于骑兵的高速奔跑中。十字弓其实是欧洲发明的一种弩,穿透力及杀伤力都很强,是骑兵的一大克星,锁子甲在它前面几乎形同虚设,它的诞生促进了硬盔甲的发展。十字弓的制造过程十分复杂,使用却很简单,只需一些训练就可以掌握。一个农夫仅需很短时间的训练就能射杀一名身披重甲的骑士,这对从小就开始受训、经过十几年战斗的锤炼才能获得头衔的骑士十分不公平。因此,十字弓曾在相当长的一段时期内被禁止使用。十字弓的一个重要发展就是将它放大制成攻城弩,攻城弩在城市攻防战中,不管是对攻方还是守方都是一大利器。

3.火器与冷兵器的并存

10世纪,火器的出现标志着中国进入了火器和冷兵器并存的时代。经北宋、南宋、元朝、明朝,到清朝第一次鸦片战争（1840年）以前,大约延续了9个世纪。在这9个世纪里,火药的性能不断提高,新的技术被不断应用于军事,火器的威力越来越大,在战争中起的作用也越来越大。从18世纪中叶以后直到第一次鸦片战争,由于火器的研究和发展处于停滞状态,中国一直处于火器与冷兵器并存的状态。相对而言,欧洲进入火器和冷兵器并存时代的时间要比中国晚,大约是从15世纪中叶开始的。那个时期,由于火器的填装速度慢、操作复杂等特点,冷兵器如长矛、剑等在战场上仍然能发挥较大的作用,还没有完全被火器替代。

无论是中国还是欧洲,早期的火器,如发射石弹、铁弹的火炮,火铳、火绳枪、滑膛枪等,基本上都是前装滑膛式。这个时期的火器制作工艺粗糙,发射速度慢,命中率低。但因其射出的弹丸有着很大的冲击力和穿透力,对敌军手持冷兵器、以密集方阵队形作战的步兵和骑兵都能造成很大的杀伤,火器依然是战场中军队的必选装备。火器诞生以后,对战场上大规模密集队形的敌军带来了巨大的冲击。队形规模越大、人员越密集,伤亡就越大,而且己方士兵手持的火器也难发挥作用。火器的出现和使用,对中国和欧洲的战术产生了大的影响,各国军队不得不缩小战斗队形的规模,降低人员的密集程度。

在中国,明朝名将戚继光针对倭寇具有火力优势的特点,完全摒弃了以前大规模密集阵形的传统,大胆改革战斗队形,把阵形规模缩小。在整个部队的部署上,火器营在前,步骑营在后,在战斗时,先让火器营齐射,然后骑兵营乘机突击敌方阵营。以一个拥有3000人的大营布阵为例,其具体的战斗程序大致为:首先,在离大营阵前120步远的地方部署大小威远炮,待敌军进入威远炮的射程时便实施远程打击,对敌军进行第一波有效打击,如能对敌军造成混乱,便可乘混乱将其击溃和歼灭。其次,在营阵四周百步之内埋设地雷等爆炸性火器,防止敌军冲阵,扰乱敌军行进。对于冲击过来的敌军,先用威远炮和佛朗机炮等杀敌。等敌军靠近时,用铳棍、鸟铳、三捷神机和五雷神机等轻型火器射击。当需要进攻敌军时,则先用火龙卷地飞车、冲虏藏轮车、火柜攻敌车、万全车、破敌火风鼎等装备了火器的特殊战车冲击敌阵,冲散敌军阵营。如果敌军还能保持阵形,就再发起第二轮冲击,用各种火器射击敌军,直至最后全歼敌军为止。

在欧洲,西班牙步兵团方阵最早融冷兵器与火器于一体。兵团约有士兵3000人,分3个纵队,每纵队4个连,每连由数量相等的长矛兵和火绳枪兵组成,人数约200多人。在作战时,先由长矛兵排成3个密集方阵,纵深各为20列;而火绳枪兵也排成纵深不少于10列的密集方阵,部署在长矛兵方阵的4个角。火绳枪兵采取"后退装弹"的战术,即方阵第一排火绳枪手先射击,然后从排间隙退到方阵的最后进行装弹,方阵第二排士兵向前射击,然后同样退后装弹,依次循环。按照当时火绳枪的射速计算,只要火绳枪方阵的纵深保持在10列或以上,方阵就基本可以保持连续射击。这种步兵方阵的战术很快便被西欧各国军队广泛采纳。

16世纪末,荷兰的莫里斯亲王对步兵战斗队形进行了大胆的改革:他把战阵士兵人数减为600~800人,长矛兵减为10列,正面为25~50人,火绳枪兵也排成纵深10列队形,部署在长矛兵横队两翼,整个战斗队形改原来的方阵成为一字横队,这便是莫里斯横队。

后来,瑞典国王古斯塔夫又进行了改革,创立了著名的线式队形。古斯塔夫在莫里斯横队的基础上再次减少长矛兵的数量,增加火绳枪兵的数量,同时把两个兵种的战斗队形纵深一律改为6列和3列,火绳枪兵横排列于长矛兵横队的两翼。

但是,无论是西班牙步兵方阵、莫里斯横队,还是古斯塔夫的线式队形,冷兵器与火器均未能完全融为一体,这些战斗队形往往只适用于正面作战。虽然有更多的士兵同时在发挥作用,但因为各兵种都在固定的位置上,缺乏战斗的韧性和弹性,在战斗中很难保持排面的整齐性。

此外,在此期间,欧洲军队还有长矛兵、火枪兵、骑兵和炮兵联合作战的战术。具体部署是这样的:长矛兵排成横队居中,两翼是火绳枪兵,骑兵部署在整个战斗队形的最外侧或侧后,炮兵通常部署在前面,有时也在长矛兵与火枪兵、或火枪兵与骑兵之间。战斗打响后,炮兵先射击,然后火绳枪兵齐射,掩护长矛兵前进,进行近距离长矛格斗。骑兵在长矛兵近身搏斗时对付敌方的骑兵,并适时追击敌军逃兵。

18世纪中叶,普鲁士国王腓特烈创立了"斜进战斗队列"的理论。这种战法的要点是,在作战时缩回本方队列的一翼加强另一翼,使得在局部上形成一定的优势进而攻击敌方的侧翼,因此,他的军队往往在敌方大部队还没有来得及反应之前就取得了某个点上的胜利。这种战术,与当时奉行笨拙的线式战术的其他国军队作战时,占有一定优势。

18世纪以后,欧洲各国军队基本上完成了火器的普及,开始进入了真正的热兵器时代。而此时,世界上其他国家还处于冷兵器时代,或冷兵器与火器并存的时代。因此,在这一时期,欧洲各国对相对落后国家的侵略中,出现了很多屠杀的、极其血腥的战争。

4.当代的军用制式冷兵器

热兵器时代,冷兵器并没有完全从军用制式装备中退出,其中的某些类型至今依然有着非常顽强的生命力,如刺刀和匕首。

刺刀是装于单兵长管枪械(如步枪)前端的刺杀冷兵器,常用于白刃格斗,也可作为辅助工具。刺刀由刀体和刀柄构成,分类有片形(刀形或剑形)和棱形(三棱或四棱)两种(按形状分),又有能取下装入刀鞘的分离式和铰接于枪侧的折叠式两种(按与步枪连接方式分)。

刺刀的产生与冷兵器时代向热兵器时代的巨大转变有关。在冷兵器和火器并存的时代,火枪手虽然也携带了短的刀剑用于防身自卫,但通常需要手持长矛的同伴保护。然而,随着冷兵器逐步退出战场,火枪手就需要独自解决近身搏斗的难题。于是,17世纪的法国小城巴荣纳出现了一种能够插入滑膛枪枪口的双刃直刀,其刀身和锥形木质刀柄均为1英尺(30.48厘米),而巴荣纳这个小城的名字也从此成了刺刀的代名词(Bayone)。1642年,法军元帅皮塞居在率军进攻比利时的伊普尔时,为了不单独为火枪手配备长矛兵,皮塞居为军队中的火枪手配备了刺刀。1688年,法国军事工程师、陆军元帅德·沃邦发明了用专门套管将刺刀固定在枪管外部的套管式刺刀。1703年德国西部的斯拜尔巴赫河会战中,手持上了刺刀的火枪的法国步兵战胜了普鲁士军队,刺刀名声大振。此后,欧洲各主要国家的军队开始普遍装备刺刀,以保护火枪手为任务的长矛手彻底从军队中消失了。

20世纪50年代以来,随着步枪的自动化和战场上各种火力密度的增加,刺刀的作用和地位日趋下降,但它仍是步兵进行近身格斗时不可或缺的利器。现代刺刀的发展讲究多功能,而且要短小轻便、易于携行。另外,刺刀的拼刺训练也是目前很多国家军队的重要课目,它对于培养体能、士兵的集体意识和杀气有很大帮助。

相比刺刀,匕首的历史则要悠久得多。在古代,匕首一般作为近身自卫或者暗杀、刺杀武器使用。而在其他同样历史悠久的冷兵器退出军用装备舞台后,匕首依然被很多军人用作最有效的防身自卫武器。

现代军用匕首的主要用途是近距离搏杀,其形状通常是非折叠的。匕首手柄部分通常镶木,增加凸凹以防止脱落;刀体部分有血槽,以便顺利拔出。此外,军用匕首还是军人行军和在野外作业时披荆斩棘、开辟道路、锯断树木、搭设帐篷、宰杀野味及掘取茎果的有效工具。因此,军用匕首是现代军人不可缺少的兵器之一。从目前军用匕首的发展情况来看,一方面向多功能、多用途方向发展,有的还可以作为刺刀使用;而另一方面向专业化、特种化方面发展,如救生刀、单兵刀等。

(二)冷兵器分类简介

1.短兵器

短兵器主要指古代较短的手持格斗兵器,其称谓是与较长的手持格斗兵器比较而言的。古代长兵器与短兵器的划分没有严格的尺寸标准,一般将不及身长、多以单手操持格斗的冷兵器列为短兵器。短兵器以钺、锤、刀、匕首、剑、金钩为代表。商代中期,古代兵器从木、石、骨、角材质跨入了金属兵器阶段。青铜短兵器在战争中的使用,极大地提高了兵器的强度和杀伤力。

2.长兵器

长兵器是古代较长的手持格斗兵器的统称。长兵器的称谓是与较短的手持格斗兵器比较而言的。一般将等于或超过身长、多用双手操持的冷兵器列为长兵器。

与短兵器相比,长兵器具有时效性好、可先发制人的优点。在《周礼·考工记》中对此就有明确的记载:长柄兵器以不超过使枪人身长的三倍为原则。但是,也曾出现过超过人身长三倍、长达6米的长兵器。在战车成为战场主力(公元前16世纪至公元前3世纪)的年代,攻击力甚强的矛、戈、戟、铍这些带有青铜刀尖的长柄兵器主要以刺为攻击方式,其中又以直刺最为常见。

3.抛射兵器

抛射兵器主要指利用物体惯性,使其在空中独立飞行一段距离后杀伤敌人的冷兵器。抛射兵器种类繁多,按赋予飞行动力的形式可划分为手抛兵器、抛掷器械和弹射器械。抛射兵器利用人的臂力、重力、木头的弹力、卷起或拉长纤维的弹力投掷各种弹丸以杀伤敌人有生力量和摧毁其防御工事。抛射兵器源于在原始社会用于狩猎的石块、木棒等,后出现了将树枝弯曲用绳索绷紧的弓。随着劳动和战争实践的发展,出现了金属手抛兵器和较为复杂的抛掷、弹射器械。以各种火器为代表的射击武器出现后,抛射兵器的作用逐渐下降。

4.攻守器械

自古以来,冷兵器就有狭义和广义之分。狭义上只包括作战兵器,而广义上的冷兵器可包括各类大型的攻守器械。攻守器械主要是应战争规模的不断扩大,以及城池争夺战等需要而产生的。青铜兵器应用于战争后,各种战车开始应运而生,由此便出现了各种用途的大型攻防器械,如兵车、攻城槌、飞桥、云梯、巢车等。此外,一些为了配合城池防御的辅助性器材,如铁蒺藜、拒马等也可以归入此类兵器。

(三)世界传奇冷兵器

1.日耳曼骑枪

骑枪是欧洲中世纪骑士最重要的武器之一,其枪杆由坚硬且有韧性的木材制成,一般为3~4米,枪尖由钢铁制成,为菱形或柳叶形。有的枪尖下有横突出来的矛翼,使其不至于刺入身体太深而拔不出来。有的在手柄处还有一个圆环,可以使骑士在遭到敌冲击时不至于长矛脱手。行军时,骑枪斜扛在骑士的右肩上。准备进攻时,骑士竖起骑枪,将底端垫在右马镫边,或者置于马鞍特制的凹槽上。开始冲锋后,骑士将骑枪从马脖上方的一侧伸出指向前方,依靠人、马的质量以及速度形成的强大动能将敌人刺于马下。当时还没有任何一种防御能够抵挡重型枪骑兵的冲锋,因此欧洲一直流传着一句谚语:"一个骑在马上的法兰克人能把巴比伦城墙冲个窟窿。"另外,骑枪基本上是作为一次性武器使用的。很少能有在一次冲击下保持完整的骑枪,想让骑枪完整的想法只会对骑士的手造成不必要的负担。

2.英格兰长弓

长弓一般长1.5米左右,大致齐眉,个别的长达1.8~2米,比欧洲常见的4尺弓要长。弓背由一条完整的木材弯制而成,上好的弓用紫杉木制作,坚硬而有弹性。此外,榆木、白蜡木、橡木等坚硬的材质也是可用的替代品,但性能要差一些。弓脚头是用牛羊角雕刻而成,弓弦则是由大麻纤维搓制的。长弓射出的箭最远可达300米,这在冷兵器时代已经是非常远的距离了。

在15世纪至16世纪的英法百年战争中,长弓是英国军队的主战武器。英格兰长弓手的脸耳用布包紧,肩披锁链,手腕用皮绳和皮革块保护,手指关节处有保护皮套,腰带上挂有短剑和皮囊。他们穿着各式护甲,有的只是一件普通的夹层紧身衣。

3.法兰克掷斧

法兰克掷斧一般由短斧衍生而来,也可以当作短斧使用。它们往往短而轻,而且在重心的设计上精心计算,以保证投掷后以柄的中点旋转,精确地砍中目标。

欧洲古代的步兵战士基本上是手持斧头和剑来徒步作战,有时候也会装备简单的装甲,例如头盔和盾牌。战斗的方式是以双方步兵发起冲锋,充分接近之后再展开肉搏战,依靠体能和凶猛来取得胜利。而法兰西的祖先——法兰克人有着不同的风格,他们会在接近敌军时掷出斧头来瓦解敌阵。这种在作战时投掷的斧头被称为"法兰斯卡",即法兰克掷斧。

4.罗马投枪

罗马重步兵统一使用的投枪由罗马短矛衍变而来,一般长 1.5~2 米,重 4 千克~5 千克,投掷距离最远可达 30 米,其主要用途是在罗马方阵前锋突击时实施火力装备,破坏敌方阵型。在罗马军团的战阵中,除第三列的后背兵使用长矛外,其他重步兵均使用投枪。由于这种投枪完全是为了投掷而设计的,所以铁制枪头很细,在能够穿透敌人铠甲的同时会迅速弯曲,既加强杀伤效果,又避免了敌人把它投掷回来。后来,罗马投枪的设计进一步改良,将铁头套入木杆中,两者长度相仿,用两根销钉连接。这样,投枪在投掷出去后碰到硬物即折断,敌人更无法投掷回来了。通常,一名罗马重步兵在一次战斗中携带两支投枪。

5.哥萨克马刀

哥萨克骑兵以其英勇善战而闻名于世界,他们使用的马刀长约 90 厘米,采用中亚铁矿石冶炼出的精钢打制。厚背宽刃,橡树叶状刀尖,占据整体宽度 2/3 的深弧血槽,刀身拥有优美却又凶悍的弧度,鹰头般的包铜手柄,重心靠后。硬木制作的刀鞘以铜片包边,用铜箍夹紧,通常为黑色。标准的哥萨克马刀握把无护手,重心靠后便于激烈运动中挥舞、转刀。另外,有些哥萨克马刀的"鹰头包"是整体铸造或是灌铅的,这样做的附带好处是:当对手距离骑士很近并拉拽骑士时,够分量的手柄会轻松敲昏对手甚至打裂对手的头骨。

6.印第安战斧

印第安战斧是一种美洲原住民常用的近战或投掷式武器,其手柄长度通常都不会超过 0.61 米.传统上以山胡桃木、桦木或槭木制造。印第安战斧的斧头重量一般为 260~570克,材料通常采用磨光的块滑石,后来随着欧洲人登陆美洲,也出现了铁制或黄铜制成的斧头。斧头一端的斧刃通常不会长过 10.16 厘米,而另一端通常都刻有烟斗,印第安人会以中空的手柄来吸食烟草。当印第安人面对欧洲人时,便会以印第安战斧来展示力量,其两端的烟斗和斧刃分别代表和平和战争。

印第安战斧

7.越王勾践剑

越王勾践剑是中国古代青铜剑的典型代表,也是迄今为止国内出土的保存状态最为完好的青铜剑之一。该剑全长 55.7 厘米、宽 4.6 厘米、柄长 8.4 厘米,重 875克,1965 年冬天出土于湖北省荆州市附近的望山楚墓群中,现藏于湖北省博物馆。越王勾践剑的含铜量约为 80%~83%、含锡量约为 16%~17%,另外还有少量的铅和铁等杂质。其剑首外翻卷成圆箍形,内铸有间隔只有 0.2 毫米的 11 道同心圆;剑身上布满了规则的黑色菱形暗格花纹,剑格正面镶有蓝色玻璃,背面镶有绿松石。靠近剑格的地方有两行鸟篆铭文,共 8 个字——"越王鸠潜(一说"鸠浅"是"勾践"的通假),自乍(作)用剑"。尽管已经在地下埋藏了两千多年,但是由于中国古代工匠们的精湛工艺以及保存条件相对较好,越王勾践剑仍然锋利无比,在试验中该剑曾经一下划破 20 多张复印纸,被誉为"天下第一剑"。

8.廓尔喀弯刀

廓尔喀弯刀又被称为戈戈里弯刀,是尼泊尔廓尔喀人的专属武器。据记载,廓尔喀弯刀从 1600 年左右就开始出现在尼泊尔。1767 年,廓尔喀部落王率领族人,用手中的廓尔喀弯刀征服尼泊尔山谷,成为第一任尼泊尔国王。这种弯刀长度在30 厘米~40 厘米,由于有弧度,它不能当作掷刀使用,但在肉搏战中却非常有用。一般成年廓尔喀男子都能一刀将水牛的头斩下,因此,这种弯刀使平均身高只有 1.6 米的廓尔喀人笼罩上一种特别气质。迷你版的戈戈里弯刀被称作"卡达",其刀鞘多由羊皮或牛皮制成,有的为了增强保护,会把木板外包上皮革作成刀鞘。其早期刀把多用胡桃木,后来逐渐出现铜、铁和镶有银饰的刀把。据说这种弯刀一经拔出就必须见血,同廓尔喀士兵的信条"与其懦弱地活着,不如就此死去"一样显示了廓尔喀民族强悍的性格。

9.日本武士刀

日本武士刀是由唐代的唐刀改良而成,全称为平面碎段复体暗光花纹刃,被誉为世界三大名刀之一。依据其形状、尺寸分为太刀、打刀(通称为"刀")、胁差(胁指)和短刀等。一般日本刀柄与刀刃的比例是 1∶4,刀柄双手持握,劈杀有力,其弯曲程度控制在"物打"(又称"物内"),即锋尖下 16.7 厘米处,砍劈时此处力量最大,十分符合力学原理。刀背称"栋"或"脊",用以抵挡攻击,有平、庵、三、丸四种。日本刀在制法上集合了相当高的技术,总体来说需要经过刀工制刃、淬火、打磨之后,由刀工配白木柄鞘以保存刀刃待售之用,而刀柄、鞘、镡等刀装为另一行当,由专门的金工(锷工)装饰。日本刀所用的材料被称作和钢或玉钢。玉钢以日本传统的低温炼钢法炼成,其炉温不超过 1000℃。此法看似原始,但相比近代的高温炼钢法,能炼出品质纯良的好钢。

10.维京单刃斧

维京人通常泛指生活于公元 800 年至 1066 年之间的所有斯堪的纳维亚人,他

·武器装备·

图文珍藏版

们既是开拓者又是侵略者,既是伟大的探险家又是无恶不作的强盗。维京人在作战时常用的武器就是阔刃斧,这是一种有一定弧度的单刃斧:远距离作战时可以把斧头掷向敌人,弧度的作用一是减轻斧头的重量,使其投掷距离更远,二可平衡斧头的重心,更易瞄准目标;在近身搏斗中,圆弧就成为倒钩,砍中敌人后顺势一拉能扯下一大片,对手即刻开膛破肚,再无还手之力。维京战斧的大小和斧柄的长短变化多样,有硕大的丹麦巨斧,也有小巧的投掷斧。一名维京海盗的标准装备是:一柄长剑、一面力量盾牌(中央有铁浮雕护手的橡木盾牌)、一支长矛、一把单刃斧和一张配备多达 24 支箭的弓。

11.环柄刀

中国汉代的通用战刀,又称环首刀,直背直刃,刀背较厚,刀柄扁圆环状,因此而得名。两汉时期,环柄刀的长度多为 1 米左右。1957 年至 1958 年洛阳西郊西汉墓中出土的环柄刀长度从 85 厘米至 114 厘米不等。汉代后期的环柄刀普遍长 1 米以上。

12.横刀

横刀又叫唐刀,为隋唐时代的中国军队制式刀,是在汉朝的环首刀的基础上加以改进而研制的,去掉了在汉朝常见的刀柄尾部的环,并将短柄改为长柄,使其变为可以双手使用的窄刃厚脊的长直刀。横刀的锻造技术在当时世界上是极为先进的,锻造出来的刀锋锐无比,而且步骑两用,制造横刀的技术后来被日本学去,成就了日本刀后世的声名。

13.狼牙棒

一种打击或者投掷的冷兵器,在远古时代即为步兵和骑兵使用。古代俄罗斯军人使用的狼牙棒采用坚木制成,形似粗木棒,长 1.2 米,一端比另一端粗 2~4 倍。狼牙棒的粗端有时包有金属(铁、青铜)或者有粗大的钉子,细端为柄,重达 12 千克。后来,俄国的狼牙棒又发展出狼牙锤、短锤矛以及六翅杖等不同类型,它们有时也作为指挥官的权力象征。

14.马其顿长矛

古代世界上大规模使用的最长的一种长矛,短的为 2 米,长的可达 6~7 米。矛杆用坚硬的山茱萸木制成,矛头多为金属制成(青铜、铁)。长矛是古马其顿重装步兵配备的主要武器之一,在著名的马其顿方阵中,前 6 排战士平持长短不同的长矛(2~6 米),使 6 排矛头均露在最前方,如同一面带刺的墙冲向敌人。后 10 排战士则斜持长矛紧随其后。

15.枪

枪是中国古代的一种刺击长兵器。其形制与矛相似,起初将竹杆、木削制尖头,后又加铜或铁制枪头。晋代时,枪头改为短而尖的形式。唐和五代以至其后各朝代,枪都是军队的主要武器。唐代枪分为漆枪、木枪、白杆枪以及棒扑枪等。其中,较短的漆枪用于骑兵,较长的木枪用于步兵,其余两种为皇家禁卫军所用。宋朝枪的种类繁多,仅《武经总要》中就记载了不下 20 余种。明朝时,枪依然是军队的"白刃之首",主要有四角枪、箭形枪、龙刀枪等,以及手投标枪。清代军队的长枪主要有镟形枪、笔形枪、钩形枪和矛形枪等。到清末,经过战争的淘汰和洗礼,种类繁多的长枪趋于单一化,枪头一般扁形、圆底,筒外加数个铜箍,其外形接近矛头。

16.中国弩

弩的基本结构包括弩弓、弦、弩臂和弩机四个部分。弩弓和弦与普通弓相似,但是更加强劲。弩臂用坚硬木料制成,刻有槽和孔,前端固定弩弓,中间有纵槽,放置箭矢,后部装有弩机,弩机是发射的控制机构,一般由牙、悬刀和牛三部分组成。牙又称机钩,用来钩张弩弦;悬刀又称机拨,是扣发用的扳机;牛又称垫机,在张弩时,用它把牙和悬刀钩合在一起。发弩时,扣扳悬刀,牛即松开,牙面下落,被钩紧的弩弦突然驰开,把弩箭发射出去。牙的上面直立部有照门,被称为望山,用来瞄准。弩机组合后放在一个匣子里,被称为弩郭。国内最早发现的弩是河南洛阳出土的战国中期弩。

17.砲

砲是中国古代的抛石器械,最早出现于春秋,汉代以后被大量使用。砲的主体采用木料制成,接合部采用铁件。其应用杠杆原理,以人力拉拽发射。砲的中心有砲柱,埋在地里或者架在砲架上,有的也装载砲车上。砲柱顶端横放一条富于弹性的砲梢,利用它的弹力发射弹丸。砲梢一般长 2.5~2.8 丈。轻型砲为单根砲梢,重一些的则为合股砲梢。根据发射弹丸的重量,一般分为两梢、三梢、五梢和七梢砲,最多可达十三梢。砲梢越多,射出弹丸的重量就约大,射程也更远。砲梢的一端系有弹窠,另一端栓有砲索,每条砲索由 1~2 人拉拽。单梢砲需要 40 人左右,大型多梢砲需要上百人,最重的十三梢砲要用 200 多人才能拽得动。使用时,将弹丸放入皮窠内,由很多人各自握一条绳,听号令一起用力猛拉,利用杠杆原理和离心力作用把弹丸抛向敌方。在《武经总要》中记载了宋代使用过的 16 种不同类型的砲,如旋风五砲、车砲、合砲等。早期砲发射的弹丸多为石质,后来出现了各种特殊弹丸,如燃烧弹、化学弹等。

18.投石带

一种投石武器,又称投石器。根据记载,古埃及中王国时代(公元前 2133 年至公元前 1786 年),埃及军队中的努比亚雇佣军曾使用过投石带。后来,手抛投石带广泛应用于欧亚诸多古国,如埃及、希腊、罗马、波斯、印度、亚述以及马其顿等,甚至在中世纪各国的军队中仍有使用。它是一条由兽皮或植物纤维制成的带子,中间部分宽,一端带有环扣,套于投石手的手上或木柄上。弹丸放于投石带宽部,投石手在握住套球口的同时,也握住投石带无环的一端。投掷时,把装有弹丸的投石带在头顶上方旋转,逐渐加力,挥力最大时松开无环扣的一端,弹丸即可飞出,杀伤150米射程内的目标。投石带曾是一些国家的主要作战武器,古罗马和波斯等国均组建有专门的投石手部队。古希腊的海军甚至在战船上也配备有专门的投石手。

19.乌鸦吊桥

古罗马时期海战中用于搭载士兵接舷战斗的器械。它是带有栏杆的轻便木桥,前端带有抓钩,垂直安放在船头,系在桅杆上。接近敌舰时,放下吊桥,搭在敌舰甲板上。吊桥前端的抓钩如同乌鸦嘴一样钳住甲板,使两船连在一起。士兵们便可从吊桥上冲过去,在敌舰甲板上与敌军展开肉搏。也可以将乌鸦吊桥改装后用于破坏敌方城墙或吊载士兵登城作战。

20.拒马

中国古代一种木制可移动的障碍器械,其主要作用是阻止和迟滞敌军人马的行动。其在唐代成为拒马枪,以周径2尺的圆木为杆,长短根据需要而定。在圆木上凿十字孔,安上长1丈的横木数根,将其上端削尖,设在城门和要路口,阻绝人马通行。唐代以后还发展出大型拒马,其在圆木上安装铁枪,并在前面设4根斜木制成,杀伤力大,也更为坚固。设置时,将其打开,用铁链固定在地上。行军时,用马匹驮载,可随军运输,因此也称为远驮固营拒马。

二、枪械

中国是世界上最早发明火药和火器的国家。北宋的《武经总要》中记载了火箭、火球、火蒺藜等原始火器的制造和使用方法,以及世界上最早的3个火药配方。南宋时期,中国出现了世界上最早的管形射击火器——突火枪,一种使用竹制的管身,用黑火药发射小弹丸的火器,但有着竹制的管容易被炸毁的缺点。元朝的建立者蒙古族人在与南宋和金国的战争中,学会了火器的制造技术并且极为重视对其的研究和发展。13世纪后半叶,元朝集全国之能工巧匠研制出了一种新型火器,那便是世界上最早的金属管形射击火器——火铳。与突火枪相比,火铳采用金属制管筒,能承受较大的膛压和装填更多的火药,使用寿命因此更长、威力因此更大。

(一)枪械简史

1.早期火器时代

中国是世界上最早发明火药和火器的国家。北宋的《武经总要》中记载了火箭、火球、火蒺藜等原始火器的制造和使用方法,以及世界上最早的3个火药配方。南宋时期,中国出现了世界上最早的管形射击火器——突火枪,一种使用竹制的管身,用黑火药发射小弹丸的火器,但有着竹制的管容易被炸毁的缺点。元朝的建立者蒙古族人在与南宋和金国的战争中,学会了火器的制造技术并且极为重视对其的研究和发展。13世纪后半叶,元朝集全国之能工巧匠研制出了一种新型火器。那便是世界上最早的金属管形射击火器——火铳。与突火枪相比,火铳采用金属制管筒,能承受较大的膛压和装填更多的火药,使用寿命因此更长、威力因此更大。

火铳的铳身由前膛(铳膛)、药室和尾銎三部分构成,药室壁上留有火门,用于火药的点燃。尾銎可安装木柄,方便操持。火铳出现后很快便被应用于战争,除了被国家正规军队大量配备外,甚至在农民起义军中的使用也十分频繁。由于威力巨大,明朝建立后,火铳等火器得到了快速的发展,包括中央及各地方驻军都制造并配备了大量各种各样的火铳。据统计,明朝建立之初,明军的编制为120万~180万,而火铳手就占了十分之一。永乐年间,明朝又创立了专门装备火器的新兵种——神机营,它与五军营、三千营并称为京军三大营,担负着"内卫京师、外备征战"的任务。神机营装备的火器包括单眼铳、手把铳、盏口炮、碗口炮和神机箭等;随着神机营的出现,明军中火器手的数量不断增加,到1466年,火器手数量达到了编制总数的三分之一。

明军创造了火铳与冷兵器相结合的战术。在野战中,火铳手以齐射战术大量杀伤敌军,待敌军陷入混乱时再派步骑兵出击,将其彻底击溃。在明洪武十年(1388年)平定云南叛乱的战争中,明军将领沐英根据叛军以象兵为先锋,步骑兵随后的特点,创造出了三列轮流开火的打法。具体部署是这样的:他命令弓箭手和火铳手分为三列,待叛军象兵冲过来时,第一列弓箭手和火铳手首先齐射;然后,第一列退到后面装填弹药,第二列随即上前继续齐射,如此反复。沐英正是凭借这种开创性的战术,打败了看似无敌的象兵,平定了云南叛乱。

元朝建立后,随着东西方交流的进一步深入和拓展,中国人发明的火药和火器通过阿拉伯传到欧洲。14世纪,欧洲出现了枪管尾部与枪膛相通的火门枪,但其射速很低,射击精度也差。不过,在当时战争不断的欧洲,各国对于这种新崛起的潜力巨大的兵器都十分重视,需要也很大。于是,借助这个历史的契机,欧洲的火器很快便迎来了一个快速发展的时期,其技术水平和威力很快便超越了中国同期出现的各类火器。

2.前装枪时代

15世纪,欧洲出现了最早的火绳枪。火绳枪是靠从枪口装入黑火药和铅丸,转动一个杠杆,通过点燃在硝酸钾或者其他盐类溶液中浸渍过的、可以缓慢燃烧的火绳头,即可点燃火药,将枪膛内装的弹丸射出。由于火绳枪使用燃烧的火绳点火,所以可以连续使用而不致熄火,加上枪上配置了扳机,因此只要扣动扳机,便可连续点火发射弹丸,又因为士兵可以始终盯准目标,因而火绳枪既有发射速度快,又有精度高、杀伤力巨大的优点。当时火绳枪使用的弹丸多采用石、铁、铜、铅等材料制成,在近距离射击时足以击穿骑士铠甲。但是,火绳枪也有着其自身的缺点,一是在气候潮湿的地方或天气下难以点燃,影响使用;二是因为在作战使用时,每支枪都得拖着一根点燃着的火绳,夜间容易暴露目标,操作比较麻烦,难于精确瞄准。

随着时代的发展,枪的技术也在逐渐地发展,欧洲的工匠们对火绳枪做了改进,他们在火绳枪的后部增加了一个由扳机所带动的小火炬,这一改进解决了在射击失败后需要用火折子重新点火的问题。在战斗时,小火炬一直燃烧着,当需要开枪的时候,就扣动扳机使小火炬向前运动,接触到前面插着的火绳后就可以完成发射。这种火绳枪的最大射程为60~80米。

1500年前后,德国纽伦堡地区诞生了带有螺旋式线膛的扳机击发火绳枪。这种新式的枪最大射程达到了200米,同时枪上还配备了由准星和照门组成的瞄准装置,准确度也较以前的枪有了较大的提高。不过,由于种种原因,这种线膛火绳枪并没有被广泛采用,只有普鲁士、奥地利和巴伐利亚三个邦国在军队中进行了装备。

在欧洲火器由火门枪向火绳枪过渡的时候,当时的中国并没有跟上这一潮流,自然也没有研制出火绳枪。直到嘉靖元年(1521年),明朝军队在广东新会西草湾之战中缴获的2艘葡萄牙船上获得了欧洲发明的火绳枪,及其后在与倭寇的战斗中缴获了日本制造的火绳枪后,明朝才开始仿制出自己的火绳枪并加以改进。这种火绳枪因其安装的弯形枪托形似鸟喙而被称为鸟嘴枪,又叫鸟铳。当时明朝制造的鸟铳铳管均采用精铁制作,而10斤粗铁才能炼成1斤精铁。用精铁制作的铳管坚固耐用,射击时不会炸裂。其制作工艺也相当复杂,仅钻铳管一项就需要一个人干一个月。与以前的火铳比较,鸟铳具有射程远、精度高的优点。不过,鸟铳也存在点火时易受风、雨影响,点燃火绳时要保留火种以及燃着的火绳不能维持较长时间等缺点。这间接导致了明军西路军在萨尔浒之战的战败。

16世纪初,德国人发明了用带发条的钢轮摩擦燧石发火的转轮发火枪。随后,德军的骑兵和步兵很快便开始装备这种转轮发火枪。不过,虽然转轮发火枪比火绳枪有所改进,却也有着结构复杂、造价昂贵、使用程序复杂,而且在钢轮上有污染时还不能可靠发火等缺点。这使得新的"点火"方式的研制成了迫切地需要。

16世纪中后叶,法国人对发火枪进行改进并发明了燧发枪。和火绳枪相比,燧发枪射速更快、射程更远、重量更轻、后坐力更小。17世纪中期,法国军队已经大量装备了燧发枪。直到19世纪中期,燧发枪一直被世界各国的军队仿制和采用。

3.后装枪时代

从19世纪初开始,世界枪械的发展进入到从前装滑膛燧发枪向后装线膛击发枪过渡的重要时期。而后装线膛击发枪这一具有革命性意义的新型枪械的出现,还要得益于几项新技术的发明。首先就是定装式枪弹的研制成功。1807年,英国人福赛斯发明了含雷汞击发药的火帽,打击火帽即可引燃膛内的发射药,随后又出现了将弹头、发射药和带金属底火纸弹壳连成一体的定装式枪弹。定装弹的使用简化了从枪管尾部装填枪弹的操作,便于密闭火药燃气,为后装枪的普遍使用创造了条件,是枪械发展史上一次重大的突破。

其次就是线膛枪管的出现。在15世纪时,已出现便于从枪口装入弹丸的直线型膛线,虽然当时也有人发明了螺旋形膛线,但由于前装弹丸很费事,一直没有得到广泛应用。在定装弹及后装枪出现之后,才广泛采用螺旋形膛线,从此,子弹射击后,弹头在枪管内旋转更加稳定,射击精度和射程得到了很大的提高。在克里米亚战争中,英、法等国已经装备了米尼厄前装线膛枪,而与他们对阵的沙俄军队装备的还是滑膛枪。结果,使用线膛枪的英法联军在射击精度及射程上占据了绝对优势。当时沙俄共出兵约4万人,开战仅2个月就损失了四分之一的兵力,而英法联军总共伤亡也不过3000余人,双方伤亡比高达3.2:1。

1835年,德莱西式后装步枪在德国研制成功,它的枪管内采用的是螺旋形膛线,用击针打击枪弹底火,发射定装式枪弹,其战斗射速提高到6~7发/分,任何姿势都可重新装弹。在普奥战争中,装备该枪的普鲁士军队将奥地利军队打得落花流水。此后,欧洲各国纷纷仿照该枪研制自己的新式后装线膛击发枪,比较典型的有英国的恩菲尔德、法国的夏赛博、沙俄的卡特和意大利的卡尔卡诺等。

现代手枪的诞生,是后装枪时代的一件具有重大意义的事件。在早期火器时代和前装枪时代,步枪与手枪的分界线其实是很模糊的。那时的手枪只不过是相对小型化的步枪,而使用手枪的也多是骑兵。因此,有一种观点认为手枪的英文单词"pistol"就来源于"马鞍前桥"(pistallo)——骑兵在不使用手枪时,常常就将其放入枪套,挂在马鞍前桥上。正是由于发射金属定装枪弹的线膛击发枪的诞生,才使得手枪真正从步枪中独立出来,从而成为一个全新发展的枪械类型。

在各种早期的前装击发式手枪中,比较典型的当属美国人发明的德林杰式手枪和胡椒盒式手枪。前者由美国著名枪械设计师德林杰在1825年研制成功,它采用单管固定式结构,弹药前装式,使用了击发火帽,并设有盒式闭锁机构。由于该枪为单发设计,因此可以制成袖珍手枪,便于携带。而在美国历史上最为著名的1865年4月14日林肯总统遇刺事件中,凶手威尔克斯使用的就是一支德林杰手枪。该枪也由此被当时很多美国人斥为"臭名昭著"的枪。

胡椒盒式手枪是由另一位美国人艾伦于1845年发明的,其结构较为特殊,是在一个金属圆柱体上钻有多个孔,一般为6个,每一个孔相当于一个枪管。枪弹从膛口装入,火帽在圆柱后部套箍的接头管内。扣动扳机时,击锤抬起,圆柱体转动一定的角度,使一个枪管到达射击位置。然后,击锤落下打击火帽,枪弹击发射出枪膛。该枪在1849年前后得到广泛应用,欧洲各国也开始大批仿制生产。但是,这种枪由于采用多管转膛设计,重量和尺寸较大,击锤抬起时也不易瞄准,而且还存在击发时容易引燃其他枪管内枪弹的缺陷,因此在军用上的价值并不高。

真正意义上的现代军用手枪,是美国著名枪械设计师S.柯尔特发明的转轮手枪。1835年,柯尔特试制成功一支采用火帽击发、使用10.16毫米锥形弹头、纸弹壳和线膛枪管的转轮手枪,并在第二年申请了专利。这支手枪被公认为现代转轮手枪的原型。柯尔特早期研制的转轮手枪还不是很成熟,在1837年参加美国陆军的试验中暴露出许多问题,如重新装弹不便、零件数量太多、造价过高等。因此,当时美国陆军并未采购柯尔特的转轮手枪,他为此创建的帕特森兵工厂也最终由于产品销路不畅而倒闭。不过,柯尔特并没有放弃自己的事业,而是继续改进转轮手枪的设计。终于,功夫不负有心人,1847年,美国陆军为了满足与墨西哥战争的需要,向柯尔特订购了1000支改进后的转轮手枪。1848年7月,柯尔特便通过与其他兵工厂的合作圆满完成了这笔订单。此后,柯尔特设计的一系列转轮手枪开始大批量装备美国、加拿大和英国等国的军队。直到今天,各国军队及警察装备的各式转轮手枪依然保留着很多柯尔特当年的设计。

4.自动时代

自身管火器出现以来,欧美不同时期、不同国家的军队都希望能够装备一种可以连续发射子弹,大面积杀伤敌军的新型枪械。其最初的做法一般是将十余个甚至数十个单发枪管并联在一起,但是这类武器很快就因为无法适应战争的要求而销声匿迹了。最终,以19世纪60年代加特林机枪的成功为标志,世界枪械发展开始进入到自动时代,不仅出现了机枪、冲锋枪等新的枪械类型,而且步枪家族有了半自动和全自动步枪,手枪家族也出现了能够全自动发射的冲锋手枪。

出生于农场主家庭的理查德·乔丹·加特林从小就喜欢思考和进行各种各样的试验,美国内战爆发后,在一家军队医院服役的他在一次医治伤员时想:如果少数士兵使用速射武器,能够对付一个步兵团,那么己方就不会造成这么大的伤亡了。于是,在1861年夏天,加特林开始设计多管机枪,并定名为"加特林连用速射武器"。

1862年,加特林获得转管机枪的专利。1865年后,加特林又对机枪进行了改进,由4管改为6管,在以后的几年内,又再次增加到了10管。加特林机枪的优点是射速高、杀伤力大,主要缺点是体积和质量大,运输不方便等。

1870年,英国开始生产加特林机枪。同时,沙俄政府也购买了加特林机枪,并更名为戈洛夫机枪。

虽然加特林转管机枪在美国内战期间没有得到有效地应用,但加特林仍然将自己的全部精力放在了机枪的研制和改进上,共研制出了包括1862型、1865型、1893型等在内的十几个型号的转管机枪。加特林机枪也是世界上第一种真正用于大规模实战的机枪。1877年俄、土战争中,曾有8个连的俄军使用加特林机枪,每连50挺。1879年的祖鲁战争中,英国军队也借助加特林机枪主宰了战场。

1884年后,采用管退式、导气式、自由枪机式和半自由枪机式等自动原理的自动武器陆续被发明。加特林转管机枪的优势不再成为优势,而且缺点更被突显。从此,多管手摇式转管机枪逐渐走向没落。不过,加特林机枪的自动原理和结构并没有随着该枪退出历史舞台而被人们所遗忘。如今,许多国家依然在使用各种采用加特林机枪自动原理和结构的自动武器,如美国M61"火神"式20毫米6管机关炮、M134"米尼岗"7.62毫米6管机枪以及苏联AK630型30毫米6管机关炮等。这些高射速自动武器已经成为各种先进战机、战舰以及战车的必备武器,承担着近程反导、防空、格斗等诸多重要使命。

1882年至1883年,美国人马克沁对步枪和机枪进行了改进,随后成功研制出自动步枪及自动机枪。可以说,马克沁机枪的问世是轻武器发展史上继火药发明后的最重要的一次大变革。英文版《武器装备百科全书》称:"马克沁机枪的出现,标志着一个时代的结束。"1887年,英国政府订购了3挺马克沁机枪进行试验。随后,英国对其进行改进并于1891年正式装备部队。1888年,马克沁还赴德国推销改进型马克沁机枪,并且得到了德国国王的赞赏。之后,德国成了一战前军队装备马克沁机枪最多的国家.据说数量多达12500挺,每个团装备100挺。在随后的十几年中,马克沁机枪在战场上创造了一个又一个的胜利。于是,这种新型的机枪很快就在当时的欧美各国掀起了一场研制新型机枪的热潮。很多著名枪械设计师纷纷开发出多种原理、外形各异的机枪,如美国的勃朗宁机枪、英国的维克斯机枪和刘易斯机枪,以及法国的哈奇开斯机枪等。在1904年至1905年的日俄战争中,俄军使用马克沁机枪,日军则使用哈奇开斯机枪,前者的威力和可靠性均优于后者。特别是在鸭绿江附近的一战,俄国人首次使用带防盾的索科洛夫低轮架马克沁机枪射击,在战场上发挥了意想不到的作用。

马克沁机枪开创了现代机枪的先河,其采用重型枪架和发射中口径大威力步枪弹的模式也成为后来出现的诸多机枪型号的共同特征,因此这类机枪也被称为重机枪。然而,随着技术的进步以及战争需求的不断变化,机枪也由单一的一种中口径重机枪发展出轻机枪、大口径重机枪和通用机枪等多种类型。

早期的机枪因其体型大、重量大等特点决定其仅适用于阵地战和防御作战,不太适合用于运动作战和进攻。因此,一种能够紧随步兵实施行进间火力支援的轻型机枪成了各国军队的迫切需求。19世纪90年代,丹麦炮兵上尉乌·欧·赫·麦德森设计制造了麦德森轻机枪。该枪在1902年开始生产,1904年装备丹麦军队。该枪口径为8毫米,枪长1160毫米,装有两脚架,可抵肩射击,全重仅为9.6千克。该枪性能可靠,而且口径可以改变,可使用从6.5毫米~20毫米多种口径的弹药,应用十分灵活,是当时军火市场上的热门货。此后,轻机枪成为班组作战最主要的火力支援武器,越来越多地受到各国重视,出现了如苏联DP和捷克ZB26等性能相当优异的型号。

大口径重机枪是在第一次世界大战后期应战争的需要而产生的。当时,在欧洲参战的美国远征军发现自己装备的7.62毫米重机枪侵彻能力不足,无法对付轻型装甲车辆、火炮防盾以及工事掩体等。于是在1917年,美国远征军总司令潘兴上将要求研制一种大口径重机枪。美国著名枪械设计师勃朗宁和温彻斯特公司在1918年联合研制出一种新型12.7毫米重机枪及其配套的机枪弹,但是其连续射击时不易控制,侵彻力也不能令美军满意。后来,温彻斯特公司得到了美军从欧洲缴获到的德制13毫米毛瑟反坦克步枪弹。在充分借鉴和吸收德制枪弹设计思想的基础上,温彻斯特公司对原来的12.7毫米机枪弹进行改进,最终使得12.7毫米重机枪满足了美军的要求,并被赋予了M1921的正式编号。该枪可以被视为是7.62毫米勃朗宁重机枪的放大型,采用气冷方式,因其射程和威力都比中口径重机枪大,也常常用作高射机枪使用。1933年,M1921的改进型号M2诞生了。后来,M2机枪再次改进,换装了重型枪管,编号也变为M2HB。时至今日,M2HB仍然在美军中大量服役,而其后继型号LM50至今还未定型。因此,M2HB机枪很可能创造一种武器服役达百年的惊人纪录!

此外,在第二次世界大战期间,各国在研制重机枪时,都设法保持其应有威力的前提下尽量减少质量。这样就出现了通用机枪。如德国设计的MG42型7.92毫米机枪,支开两脚架可作轻机枪用,装在三脚架上也可作重机枪用。战后,许多国家设计的通用机枪,其枪身可轻重两用,枪架一般可高平两用,也可改装用于坦克、步兵战车、直升机或舰艇上。其中比较有代表性的是苏联PKM/PKMS、比利时FN MAG和美国M60通用机枪。

与机枪一样,冲锋枪也是世界枪械发展进入到自动时代之后的产物。而且,早期冲锋枪与机枪之间还存在着千丝万缕的联系。世界上最早出现的冲锋枪——意大利皮罗萨冲锋枪基本上就是一支发射手枪弹的轻机枪。

1915 年,为了适应阵地战的需要,意大利人 B.A.列维里设计了一种发射 9 毫米手枪弹的双管连发枪,从而奠定了现代冲锋枪的基础。该枪主要由意大利皮罗萨兵工厂生产,因此被后人称为皮罗萨冲锋枪。不过在当时,意大利人并没有称该枪是冲锋枪,而是称为"轻机枪"。皮罗萨冲锋枪从机枪发展而来,因此在结构和使用上还是更为接近机枪,与当代冲锋枪相去甚远。这种枪有两根枪管,一般装在三脚架上使用,全枪重量为 6.1 千克,扳机和握把也是机枪样式的。虽然该枪火力较强,但是由于还未摆脱机枪设计的影响,因此便携性非常差,而且其发射的手枪弹射程也比较近,也无法与真正的机枪相比。第一次世界大战结束后,皮罗萨冲锋枪就被意大利军队打入冷宫了。

虽然意大利人研制的皮罗萨冲锋枪并不成功,但其发射手枪弹以及用于近距离堑壕作战的设计思想引起了德国人的注意。1918 年,德国人 H.斯迈塞尔设计的第一支适于单兵使用的伯格曼 MP18 式 9 毫米冲锋枪问世了。该枪也被公认是世界上第一支真正实用的冲锋枪。同年,其改进型 MP18I 式冲锋枪正式装备德国陆军使用。该枪发射 9 毫米手枪弹,虽然射程近、精度不高,但适合单兵使用,具有较猛烈的火力。到 1918 年 11 月第一次世界大战结束时,MP18I 式冲锋枪在德军中的装备数量已达 3.5 万支。虽然,这种刚刚问世的新式武器未能扭转德国战败的结局。不过,该枪在短短数月战斗中所展示出来的强大威力依然使得英军、法军及美国远征军心有余悸。因此,在第一次世界大战后参战各国签订的《凡尔赛和约》中,战胜国一方明文规定战败的德国军队从此不能再装备 MP18I 式冲锋枪。另一方面,英国、法国和美国也在战后加紧研制新型冲锋枪。由此,20 世纪二三十年代成了世界各国冲锋枪大发展的时代。在这一时期,出现的有代表性的冲锋枪包括:意大利伯莱塔 M1938A、德国 MP38、西班牙 MX1935、瑞士 MKMO、美国汤普森 M1928A1 及苏联 PPD1934/38 等。

20 世纪 40 年代是冲锋枪发展的全盛时期,在这个时期内,冲锋枪的种类、性能、数量和装备范围都得到了较大的发展,冲锋枪在第二次世界大战中发挥了重要作用。

战后的 20 世纪 50 年代出现了结构新颖的冲锋枪,性能也不断改善。如首先采用包络式枪机、将弹匣装在握把内的捷克斯洛伐克 ZK476 式冲锋枪;采用了双保险或三重保险,发射机座、护木和握把等用高强度塑料件制作的以色列乌齐冲锋枪等。20 世纪 60 年代,为了满足特种部队和保安部队在特殊环境下的作战需要,各国研制出了各种短小轻便且可单手射击的轻型、微型冲锋枪,如英国英格拉姆 M10 式和德国 MP5SD 式装有可分离的消声器的冲锋枪,英国 L34A1 式装有与冲锋枪固接的消声器的微声冲锋枪。

自 19 世纪中期之后,步枪也开始向自动化方向发展。早期的后装击发枪还多是单发手动装填,不过,一种被称为"连珠枪"的弹管式手动装填步枪很快便出现了。1860 年,美国人斯潘塞研制成功了一种 13.2 毫米机械式连珠枪。该枪的枪托内有一个簧力供弹管,内装 7 发子弹,由外击锤击发,利用扳机护圈控制杆操作,半圆形枪机旋转供弹和下降开锁。1862 年 12 月,美国南北战争中的北军率先批量装备了斯潘塞连珠枪。在随后的战争中，斯潘塞连珠枪为北军最终取得胜利立下了赫赫战功。但斯潘塞连珠枪的供弹系统比较容易出现故障，因此其最终未能得到广泛应用。不过，其首创的手动连续装填弹药的设计思想得到了世人的认可。后来，德国著名枪械设计师毛瑟、奥地利枪械设计师曼利夏和美国雷明顿火器公司等相继研制出一系列弹仓供弹手动步枪。其中，以毛瑟步枪最为著名。

1867 年，德国两兄弟——威廉·毛瑟与保罗·毛瑟设计了一种旋转式闭锁枪机的后装单发步枪。1871 年，德国政府采用毛瑟兄弟设计的步枪作为德军的标准制式步枪，并命名为 1871 式步枪，这是历史上第一款毛瑟步枪。1884 年，根据对实战数据的分析，保罗·毛瑟对 1871 式步枪进行了改进，增加了一个可容纳 8 发子弹的弹仓，并且发射 7.92 毫米无烟火药枪弹，由此研制成功了 1888 式毛瑟步枪。

1898 年，德国军队采用新改进的 1898 式毛瑟步枪作为标准制式步枪，并命名为 Gewehr1898（即 G98），后来成为第一次世界大战中德国军队步兵的制式步枪。因为毛瑟步枪有安全、操作简单、坚固和可靠性强的优点，因此毛瑟步枪及其变形枪在世界范围内被陆军广泛装备。

但 G98 也有其短板，那就是枪身过长，在堑壕战中使用与携行都不方便，于是卡宾枪型开始被改进并设计成毛瑟枪的代替品。首先出现的是 Kar98AZ，其长度由 G98 的 1.25 米的长度缩短到了 1.1 米，直型拉机柄改为下弯式，为方便携带，还将背带环改在枪身侧面。随后，又出现了 Kar98b，其仍然采用 G98 的 1.25 米的枪管，拉机柄改为下弯式，但增加了提醒士兵弹仓已空的空仓挂机设计。

第一次世界大战结束后，作为战败国的德国虽受到限制不能制造或出口军用武器，不过，德国仍没有停止对新型步枪的研发。由于当时各大强国已经流行使用"短步枪"，于是 1924 年，德国毛瑟公司推出了一款标准型（60 厘米长的枪管）的民用步枪。这种步枪实际是 G98 式毛瑟步枪的改良型，拉机柄还是直型，但是枪管比原来的 74 厘米短了许多。

1935 年，结合 Kar98b 以及标准型毛瑟步枪的特点，纳粹德国正式采用 Kar98k 毛瑟步枪作为德军的制式步枪。这种配置一直沿用到第二次世界大战结束后。

毛瑟系列步枪的成功，标志着弹仓式手动步枪的发展达到了巅峰。然而，这类步枪每击发一次就要用手推拉枪栓，以便完成退壳和供弹，不仅对连续瞄准和射击带来不利影响，而且射速也很难有所提升。如果能够实现步枪击发后的自动退壳和供弹，那么无疑会使步兵的射击强度大大增加，从而在战场上取得火力优势。由此，一种堪称里程碑式的新型步枪诞生了，这就是美国 M1 式加兰德半自动步枪。

美军在第一次世界大战后期就装备了 M1918 式勃朗宁自动步枪，但由于这种步枪有精度不够及重量过大的缺点，因此，美国军方急切需要一种重量更轻的半自动步枪。1932 年，加兰德设计的半自动步枪被选中，后来经过进一步改进，1936 年正式确定该半自动步枪性能并命名为"美国.30 口径 M1 式步枪"，简称为 Ml 步枪，通常还叫"M1 式加兰德步枪"。

M1 式加兰德步枪于 1937 年投产，成为美国军队制式装备，用以取代美国仿自毛瑟步枪的 M1903 式斯普林菲尔德手动步枪。因此，M1 式加兰德步枪也成了历史上第一种大量生产并服役的半自动步枪。M1 步枪可靠性强、射击精度高，易于分解和清洁。在太平洋岛屿、东南亚丛林、非洲沙漠以及欧洲战场上，M1 步枪都有

· 武器装备 ·

图文珍藏版

过出色表现,被公认为第二次世界大战中最好的步枪。

除了美国 M1 式加兰德半自动步枪,苏联和纳粹德国也在第二次世界大战中装备和使用了半自动步枪。苏联装备的是 SVT-38/40 半自动步枪,而纳粹德国装备的是 G43 半自动步枪。这些型号虽然都有着自身的优势和特点,但其综合性能远不及美国 Ml 式半自动步枪,因此产量和影响力也逊色不少。

美国 M1 式半自动步枪的批量装备,让第二次世界大战中的美军士兵拥有了相比于轴心国士兵更为强大的火力。然而,在第二次世界大战后期的欧洲战场上,一种全新自动步枪的出现让 M1 式半自动步枪也显得黯然失色了。这就是纳粹德国研制的 StG44 突击步枪。

自动步枪的研发历史其实并不晚。早在马克沁机枪出现后,就有人试图利用其自动原理研发自动步枪。不过,当时步枪所使用的都是中口径大威力枪弹,如果自动步枪也发射这种枪弹,那么其连续射击时的后坐力相当大,很难控制精度,而且重量大、携带困难。因此,即便是勃朗宁研制成功的 M1918 式和 M1922 式自动步枪被美军批量装备后,也只是在每个步兵班配备一支,作为班用轻机枪使用,还达不到每人一支的程度。如果要真正使自动步枪达到实用化的程度,实现每个步兵都能装备使用,那么就必须在枪弹上面下功夫。而这就是当时纳粹德国研制 StC44 突击步枪的主要思路。

随着战争双方步兵战斗距离的缩短,各国军事家都意识到了现有装备的无论是步枪还是冲锋枪均不能完全胜任,于是各国都在加紧研制一种同时具备步枪及冲锋枪优点的新枪型。第二次世界大战期间,德国枪械设计师胡戈·施迈瑟提出用短药筒的中间型威力枪弹代替原有 7.92 毫米×57 毫米毛瑟步枪弹这一堪称具有划时代意义的设计思想。1941 年,德国研制出一种长度比当时德军的 7.92 毫米×57 毫米标准步枪弹更短,弹头更轻,发射火药更少的 7.92 毫米×33 毫米步枪短弹。除了更轻、更省火药外,这种枪弹的有效射程也相应缩短了,而且发射这种枪弹时自动步枪的后坐力也相应减小,同时把自动步枪无法连续准确射击的技术瓶颈给解决了。

在这个基础上,1942 年,德国黑内尔公司制造出了使用 7.92 毫米×33 毫米步枪短弹的 MKb42(H),再根据实际使用的反馈,黑内尔公司对 MKb42(H)进行了改进,并命名为 MP43。这个命名是借用了冲锋枪的命名方式,因为当时纳粹德国元首希特勒曾下令停止该枪的研制。随后,1944 年又改进为 MP44,最终,MP44 因其出色的性能得到希特勒的认可,并正式改名为 Sturmgewehr44(44 型突击步枪),即 StG44。不过,因为德国接下来的战事连连败退,StG44 并未能在纳粹德军中大量装备。

StG44 的中间型威力枪弹和突击步枪的概念对世界步枪的发展有着重要的影响。此后,苏联的著名枪械设计师米哈伊尔·季莫费耶维奇·卡拉什尼科夫在这种概念的启示下,以突击步枪为方向研制出使用 7.62 毫米 M43 式中间型威力枪弹的自动步枪,即闻名世界的 AK47 突击步枪。在第二次世界大战之后,苏联以 M43 式枪弹为基础,研制并装备了 SKS 半自动步枪、AK47 自动步枪和 RPK 轻机枪,首先解决了班用枪械弹药统一的问题。

相比之下,美国基于 M1 式半自动步枪的成功,一直坚持使用 7.62 毫米 T65 大威力步枪弹。即便是在研制 Ml 式半自动步枪的后继型号——M14 自动步枪时，美国依然要求采用 7.62 毫米 T65 枪弹，并且利用其战后在西方世界的中心地位，力图使这一型枪弹成为整个北大西洋公约组织（简称北约）的标准枪弹。最终在 1953 年 12 月，北约同意选用美国 7.62 毫米 T65 枪弹作为各国统一的标准枪弹。不过，T65 这种大威力步枪弹固有的缺陷依然存在，以该枪弹为基础研制的 M14、G3 和 FNFAL 等欧美自动步枪虽然点射精度出色，但是连发射击精度很不理想。所谓"塞翁失马，焉知非福"，美国这一固执己见的做法反倒使其成为世界上第一个全面迎接小口径自动步枪的国家，并由此开启了枪械发展的新时代。

自动武器的出现不仅直接催生了机枪和冲锋枪的出现，深刻影响了步枪的发展，而且也将手枪带入到自动时代，即自动手枪。到 19 世纪末至 20 世纪初，欧美已经出现了利用火药燃气能量完成自动装填或连发射击的手枪，代表型号包括博查特手枪、卢格 P08 手枪、柯尔特 M1911 系列手枪、毛瑟系列手枪和勃朗宁 M1935 手枪等。

目前世界上公认的第一支自动手枪是奥地利人约瑟夫·劳曼于 1892 年发明的肖伯格手枪，不过该手枪没有通过奥地利军方的试验。1893 年，美籍德国人雨果·博查特发明了第一支实用的自动手枪——7.65 毫米博查特 C93 手枪以及 7.65 毫米瓶颈式博查特手枪弹。这种枪采用枪管短后坐自动方式，肘节式闭锁机构，弹匣供弹，其开锁、抛壳、供弹、闭锁等动作均由枪机的后座和复进来完成。博查特 C3 手枪的结构原理与设计奠定了现代手枪的发展基础，堪称枪械发展史上的里程碑。

不过，虽然博查特及其生产公司向美国军方推荐该枪时做出了很多努力，最终这种枪并没有被美国军方接受。但是，在欧洲，瑞士军械部却对博查特 C3 手枪产生了兴趣。随后在对手枪的测试中，虽然瑞士方并没有感到满意，但是很显然，他们对博查特手枪印象深刻。后来，博查特和另一名设计师乔治·卢格等人，为瑞士人设计了一种设有特殊的后坐弹簧，增加了卢格设计的扳机和安全机构，质量更轻，体积更小的手枪。同 C93 相比，这种新的手枪全枪质量只有 1 千克、全枪长 272 毫米，外形上的差异也比较大。这便是后来闻名遐迩且在德军中服役长达 30 年之久的卢格手枪。与博查特手枪相比，卢格手枪成功得多。该枪于 1898 年定型，1900 年即被瑞士选中为制式手枪。因此，卢格手枪也是世界上第一把制式军用半自动手枪。1908 年，卢格手枪又被德国选中作为制式手枪，并且被赋予了 P08 的军用编号。而且，卢格为该手枪设计的 9 毫米×19 毫米巴拉贝鲁姆弹也成了世界上至今为止最成功、使用最广泛的手枪弹。

毛瑟手枪由德国费德勒兄弟研制、毛瑟兵工厂制造并以毛瑟命名，是世界上最早出现的自动手枪之一。毛瑟手枪发展出一系列型号，其基本型 M1896 的枪长 288 毫米，口径 7.63 毫米，重 1.24 千克，20 发弹匣供弹，枪口初速 425 米/秒，射击方式为单发和连发，射击速度 900 发/分，有效射程 50~150 米。该手枪具有威力大、动作可靠、使用方便等优点，除德国外还出口到世界上许多国家。不过，没有一个国家将毛瑟手枪选定为制式军用手枪。

M1911 手枪的设计者是美国著名枪械设计师约翰·摩西·勃朗宁。19 世纪八九十年代，勃朗宁即开始研究手枪的自动装填技术及枪管后坐式工作原理。

1896年,勃朗宁设计的发射0.38英寸(9毫米)柯尔特手枪弹的自动装填手枪在美国军方测试中失败后,勃朗宁继续对自己的设计产品进行改进。1906年,勃朗宁参与设计的柯尔特公司的样枪被美国军械部选中,但被要求在功能和可靠性方面进一步改进。1911年,柯尔特公司设计的0.45英寸自动手枪经过一系列严格的试验后,被美国军方选为美军制式武器,并被命名为"0.45英寸柯尔特M1911自动手枪"。1912年4月,M1911开始成为美军装备的第一支半自动手枪。

第一次世界大战结束后,M1911手枪又被进行了改进:加宽了准星,研制出帕特里奇瞄具,使射手在光照不良的条件下也能迅速瞄准;加长击锤,使之更容易用拇指扳动;缩短扣机距离,增加防滑纹;握把背部设计弓形拱起,表面增加防滑纹,使射手握持更牢固;改变握把护板的网格防滑纹,使握持更舒适;扳机后方增加拇指槽,使扣扳机的动作更轻松;加长握把保险。1923年,改进后的M1911被美军重新命名为"0.45英寸口径M1911A1自动手枪"。此后,M1911A1一直作为美军制式手枪直至1985年被伯莱塔公司生产的9毫米M9自动手枪取代。虽然没有了当年的风光,但是M1911A1手枪依然被美国海、陆、空三军内许多特种部队继续作为辅助武器使用。时至今日,M1911手枪还被许多人认为是有史以来性能最好的战斗手枪。

M1935手枪诞生于20世纪20年代初,原型设计师也是勃朗宁。当时,勃朗宁设计了一种发射9毫米×19毫米巴拉贝鲁姆枪弹的大威力自动手枪,并使用容弹量高达15发的双排弹匣。1923年,比利时FN公司的总设计师迪厄多内·J.塞弗在继承了勃朗宁设计思想的基础上,改进并研制出M1923,一种比勃朗宁设计的原型短,增加了外露式击锤、手动保险和弹匣保险,并使分解过程得到大大简化的手枪。后来,M1923几经改进,包括缩短套筒和枪管长度,减少弹匣容弹量,改变握把和空仓挂机解脱杆的形状等,至1934年,这种新改进的手枪最终被命名为M1935手枪。M1935手枪以其精度良好、容弹量较大,至今仍装备在英国、澳大利亚和南非等国的军队中。

5.小口径时代

第二次世界大战结束后,世界枪械发展迎来了一个全新的时代,即前所未有的小口径时代。而最先出现的就是小口径自动步枪。世界上第一支小口径自动步枪是美国人尤金·M.斯通纳设计的AR-15,该枪在1961年被美军选中后正式命名为M16型自动步枪,其配套枪弹为M193型5.56毫米步枪弹。为了替换在越南战场上表现不佳的M14型7.62毫米自动步枪,美军很快就在1962年将8.5万支M16自动步枪交付给侵越部队。

然而,M16自动步枪在越南战场上也暴露出了许多问题。越南地处热带,气候潮湿,气温高,枪容易生锈,偏偏M16的生产过程缺乏监管,导致了在越南使用时出现了很多质量不稳定的情况。更重要的是,M193步枪弹使用的是原装杜邦公司IMR4475单基管状药,但美国陆军于1964年换用了奥林公司的比较脏的WC846装药,而M16枪管与枪膛未镀铬,军方也没有做相应的准备,结果导致了M16在使用时出现了弹膛污垢沉积的现象。后来,美国柯尔特公司对M16改进,命名为M16A1。1967年,M16A1开始全面装备美军。至1970年3月,美国国防部宣布所有隶属北约的美国部队必须装备 M16A1。这一决定使很多人意识到美国主导下的北约很可能要再次进行步枪口径选型,一如当年 T65 型 7.62 毫米步枪弹一统天下。1977 年,北约小口径步枪选型如约而至。这次选型除了美国提出的 M193 型 5.56 毫米步枪弹外,其他北约国家也拿出了自己的方案:英国提出了一种改进型 5.56 毫米枪弹,其使用更长和更细的 4.85 毫米弹头,装在现有的美国 M193 枪弹的弹壳内。这种枪弹具有更好的弹道性能,穿透力也更强,有效射程达 600 米。德国则提出了一种新型 4.7 毫米无壳枪弹,其弹道性能与 M193 枪弹相似,但是重量和体积小很多。不过,这种无壳枪弹遇到的最大技术难题就是如何杜绝自燃现象。事实上,德国在其后的数十年里一直未能在解决无壳枪弹问题上有大的突破,以至于被寄予厚望的 G11 无壳弹自动步枪只能成为一个无法实现的梦。比利时提交的 SS109 枪弹与 M193 一样采用 5.56 毫米口径,但是其采用了较重的钢芯弹头以增加侵彻威力,有效射程也比 M193 更远。最终,在权衡各方面性能后,北约于 1980 年决定选用比利时的 SS109 作为制式枪弹。该枪弹后来被美军命名为 M855 型步枪弹,而原先的 M16A1 式步枪只能使用 M193 式 5.56 毫米枪弹。其后,为了把自动步枪的口径统一到 5.56 毫米,并进一步提高作战性能,柯尔特公司在 M16A1 的基础上研制出了 M16A2。20 世纪 80 年代,美国海军陆战队和陆军正式采用 M16A2。此后,M16 家族又诞生了 M16A3、M16A4 和 M4A1 等多个型号。前两者可以被视为 M16A2 的功能拓展型号,而 M41A1 是采用伸缩枪托和短枪管的卡宾枪型号。

M16 系列步枪的研制成功,使得该系列步枪迅速被很多国家批量采购或者仿制,从而衍生出大量改进和仿制型号。而 5.56 毫米新的北约标准口径的确立,也使得欧洲各国纷纷开始研制自己的小口径自动步枪。就连与西方国家对立的苏联也受到小口径的影响,在 AK47 的基础上研制了 AK74 型 5.45 毫米自动步枪。随着世界各国对小口径枪弹设计及杀伤机理的进一步深入研究,人们发现其实不只是自动步枪,其他类型的枪械同样可以适用小口径枪弹。于是便出现了小口径轻机枪、小口径冲锋枪、小口径手枪、小口径狙击步枪,甚至小口径通用机枪。可以说,小口径化在相当程度上改变了整个世界枪械发展的走向。

除了小口径化,第二次世界大战结束至今各国枪械的发展还呈现出诸多新特点,如无托化、枪族化、新材料的应用、战术附件的极大丰富以及"理想单兵战斗武器"概念的提出。

无托化是指将枪械的机匣与枪托融为一体,从而大大缩短全枪的长度。早在 1945 年,英国就研制成功了 EMl 型 7 毫米无托自动步枪,其设计非常成功。但是,美国主导的 7.62 毫米北约口径的确立最终葬送了这一种很有前途的自动步枪。在 5.56 毫米北约第二口径确立后,英国、法国、奥地利等国家在研制新型小口径自动步枪时都不约而同地选择了无托化设计。此后,比利时、以色列、中国、伊朗等国也纷纷采用这一设计理念,开发新一代小口径自动步枪。

枪族化是指将步兵常用的步枪、冲锋枪、轻机枪的主要部件尽可能统一,组成一族,提高战场互换,并将此基本结构扩展到短步枪、狙击枪上。斯通纳枪族是世界上最早出现的枪族。因为枪族化有便于大量生产,有利于保养维修和后勤供应;便于掌握使用,可以简化训练;在战斗中便于更换部件,保持持续使用的优点。因而,在斯通纳枪族被研制出来后,其他国家也开始研制各自的枪族,出现了一批著

·武器装备·

图文珍藏版

名枪族,如以色列 5.56 毫米加利尔枪族、德国 5.56 毫米 G36 枪族、俄罗斯 7.62 毫米 AK47 枪族和 5.45 毫米 AK74 枪族,以及奥地利斯太尔 AUG 枪族。

"理想单兵战斗武器"(OICW)是美国提出的一种将 5.56 毫米卡宾枪、20 毫米半自动榴弹发射器以及先进火控系统融为一体的新型步兵自动武器,也是美军"陆地勇士"士兵系统的一部分。该武器的研制始于 1994 年,当时美军对其提出了一系列即使以今天的眼光看也是非常苛刻的技术要求:左右两手均可操作;步枪与榴弹发射器合用一个发射机构,采用智能引信的灵巧榴弹;对点目标的射程为 500 米;对面目标的射程为 1000 米;武器长度小于 838 毫米;含 30 发枪弹和 6 发高爆榴弹在内,武器总质量不大于 6.35 千克。

在 OICW 进入到工程研发阶段后,美军赋予其一个临时编号 XM29,并希望在 2005 年至 2006 年开始批量装备。然而,XM29 的战斗全重始终无法达到美军提出的不大于 6.35 千克的要求,而且其成本过于高昂,同样无法令手握经费审批大权的国会议员们满意。于是,美军不得不将 XM29 项目拆分,一部分是 XM8 型 5.56 毫米自动步枪计划,一部分是 XM25 型 20 毫米半自动榴弹发射器计划,待两部分都发展成熟后再结合在一起。不过,目前前者的研制进程非常不顺,被迫暂停,后者已经少量交付给驻扎在阿富汗的美军部队试用,反响还算不错。可以说,XM29 这种结合了点面杀伤能力,且装备有先进火控系统的单兵武器在一定程度上代表了未来自动武器的发展形势。但是,距离其真正大量投入使用还需要在材料、结构设计以及弹药发射机理上有所创新和突破。

(二)枪械分类简介

1.手枪

手枪是一种单手握持射击的短枪管武器,通常为指挥员和特种兵随身携带,用在 50 米以内的近程自卫和突然袭击敌人。现代手枪的基本特点是:变换保险、枪弹上膛、更换弹匣方便,结构紧凑、自动方式简单。现代军用手枪主要有自卫手枪和冲锋手枪。自卫手枪射程一般为 50 米,弹匣容量 8~15 发,发射方式为单发,重量在 1 公斤左右。冲锋手枪亦叫战斗手枪,全自动,一般配有分离式枪托,弹匣容量 10~20 发,平时可当冲锋枪使用,有效射程可达 100~150 米。

2.步枪

步枪是一种单兵肩射的长管枪械,主要用于杀伤暴露的有生目标,有效射程一般为 400 米。短兵相接时,也可用刺刀和枪托进行白刃格斗,有的还可发射枪榴弹,并具有点、面杀伤和反装甲能力。步枪是步兵单人使用的基本武器,不同类型的步枪可以执行不同的战术使命。按照用途可以分为民用步枪、警用步枪、突击步枪、卡宾枪和狙击步枪;按照自动化程度可以分单发步枪、手动步枪、半自动步枪和自动步枪。

3.冲锋枪

冲锋枪通常指双手持握、发射手枪子弹的单兵连发枪械,曾被称作"手提机关枪"。它是介于手枪和机枪之间的武器,比步枪短小轻便,便于突然开火,射速高、火力猛,适用于近战或冲锋,因而得名"冲锋枪"。目前,各国装备的冲锋枪主要包括普通冲锋枪、轻型或微型冲锋枪,以及短枪管自动步枪和单兵自卫武器等。

4.机枪

机枪主要指全自动、可快速连续发射的枪械,一般分为两类:一类是以加特林为代表的外部能源机枪;一类是以马克沁、勃朗宁为代表的、以火药燃气为动力的机枪。后者又可以划分为管退式、导气式、自由枪机式、混合式等多种。机枪为了满足连续射击的稳定需要,通常备有两脚架,可安装在三脚架或固定枪座上,主要发射步枪或更大口径(12.7毫米/14.5毫米)的子弹,能快速连续射击,以扫射为主要攻击方式,通过密集火网压制对方火力点或掩护己方进攻。除了攻击有生目标之外,机枪还可以射击其他无装甲防护或薄装甲防护的目标。按照用途,机枪通常分为轻机枪、重机枪和通用机枪,根据装备对象又可分为野战机枪(含高射机枪)、车载机枪(含坦克机枪)、航空机枪和舰用机枪。

5.特种枪

特种枪械主要指为了完成特别任务和适应特种作战环境而研制的非常规枪械,一般包括霰弹枪、无声枪、水下枪和匕首枪等。

霰弹枪是一种在近距离上以发射霰弹为主,杀伤有生目标的单人滑膛武器,一般用于狩猎、竞技、军事及维持治安。霰弹枪作为军用武器已经有相当长的历史,自热兵器问世它就开始装备军队。在侵越战争中,美军和南越部队使用了约10万支雷明顿870泵动霰弹枪,该枪在丛林作战环境下发挥了不可替代的作用。

无声枪也叫微声枪,因为它在射击时并非完全无声,而是声音微弱,即使是在寂静的环境中,一般也不会引起附近其他人的注意。微声枪通常是用装在普通枪管上的消声器来达到消声效果的。微声枪有微光、微烟等特点,是突击、侦察和反恐怖分队不可缺少的特种武器。

水下枪主要指能够在水下一定深度发射并能够有效杀伤敌方有生目标的枪械。水下枪械与陆上枪械在自动方式、发射原理等方面没有区别,主要区别是供弹机构部分,如弹匣等。为适应水下发射,水下枪弹普遍采用箭形枪弹,如俄罗斯APS水下突击步枪,采用导气式,可单发或连发发射,发射的MPS水下枪弹是一种长径比为21∶1的箭形枪弹。另一种被称为梭镖枪的特制水下枪,用罐装压缩气体发射枪弹,枪弹是直径6毫米、长400毫米的尖头空心钢箭。

匕首枪是将匕首与手枪集于一体,在匕首柄内开有数个枪膛和一个发射系统,利用击扳上支耳沿着枪闩内齿槽依次滑动,而将击扳上的击块撞击击针,发射子弹,枪体内还装有退壳装置。该匕首枪既可单手使用,又能换膛连续发射,自动退弹壳,同时兼有匕首和手枪的功能。

(三)世界传奇名枪

1.美国 M1911A1 式 11.43 毫米手枪

该枪是美国柯尔特专利武器制造公司于 1923 年在 M19II 基础上改进而成的一种军用半自动手枪,1926 年开始装备美军。M1911A1 也是世界上最为著名的手枪之一,列装美军 60 余年,直到 20 世纪 80 年代中期才被 M9 式 9 毫米手枪所取代。该枪属威力较大的大口径手枪,发射 11.43 毫米柯尔特手枪弹。全枪长 219 毫米,枪管长 127 毫米,重 1.13 千克(不带弹),枪口初速 253 米/秒,有效射程 50 米,弹匣容量 7 发,6 条右旋膛线。该枪采用枪管短后坐式自动原理,枪管摆动式闭锁机构。该枪采用的握把保险比较有特色,只有紧压握把才能扣动扳机,提高了安全性和反应速度。

2.比利时 M1935 式 9 毫米手枪

该枪是由美国著名枪械设计大师勃朗宁研制的一种大威力半自动手枪,当时主要装备比利时军队。该枪也是当今世界上使用最广的手枪之一,结构新颖、设计独特,其设计思想一直影响着美国等其他国家后来的手枪设计。该枪发射 9 毫米巴拉贝鲁姆手枪弹,枪长 196 毫米,枪管长 118 毫米,重 0.88 千克,枪口初速 354 米/秒,有效射程 50 米,采用双排弹匣供弹方式,弹容量 13 发。该枪采用枪管后坐式自动原理,枪管偏移式闭锁机构,结构简单可靠。由于该枪性能优异,因此也被很多国家所采用并仿制如加拿大、丹麦和英国等。

3.美国 M 1 式 7.62 毫米半自动步枪

该枪是由美国著名枪械设计大师加兰德研制的一种半自动步枪,1936 年 1 月定型,1939 年开始装备美军。该枪是 20 世纪轻武器研制的一个重要里程碑,也是世界上第一种批量装备的半自动步枪。该枪的击发和发射机构原理至今仍被很多步枪所采用。Ml 式半自动步枪发射 7.62 毫米步枪弹,枪长 1106 毫米,枪管长 610 毫米,重 4.3 千克,枪口初速 865 米/秒,有效射程 600 米,弹仓容量 8 发。该枪采用导气式自动原理,枪机偏转式闭锁机构。该枪采用的供弹具比较有特色,是一种可容纳 8 发子弹的弹夹。当最后一发子弹射出后,空弹夹会被自动弹出弹仓,同时发出一声清脆的金属撞击声。这种声音既是识别 M1 步枪的最好特征,同时也会带来不小的麻烦:敌人也知道你打光子弹了。

4.苏联 AK-47 式 7.62 毫米突击步枪

该枪是由苏联著名枪械设计大师卡拉什尼科夫设计的一种突击步枪,1947 年定型,1951 年装备苏军。该枪有固定枪托和折叠枪托两种:前者装备苏军摩托化部队,以及空军和海军的警卫、勤务人员;后者装备伞兵、坦克乘员和特种部队。该枪发射 7.62 毫米 M43 步枪弹,固定枪托型长 870 毫米,枪管长 415 毫米,重 4.3 千克,枪口初速 710 米/秒,理论射速 600 发/分,有效射程 400 米,弹匣容量 30 发。该枪的优点是动作可靠、勤务性好、坚实耐用、故障率低、结构简单、容易分解。但是其缺点也很明显:全自动射击精度较差、重量大、携行不便。苏联在该枪的基础上发展出一系列改进型号,如 AKM、AK-74 等。

5.美国 M16 系列 5.56 毫米自动步枪

该枪是由美国著名枪械设计大师斯通纳设计的一种自动步枪。它既是美国在第二次世界大战后换装的第二代自动步枪,也是世界上第一种批量装备部队的小口径自动步枪。1962 年,美军将其命名为 M16,装备机场警卫部队,1964 年装备美国陆军。该枪发射 5.56 毫米 M193 步枪弹。枪长 990 毫米,枪管长 508 毫米,重 3.1 千克,枪口初速 1000 米/秒,理论射速 700~950 发/分,有效射程 400 米,弹匣容量 20/30 发。该枪广泛采用铝合金、塑料等轻质材料,全枪重量大大减轻,近程杀伤威力大,枪管下还可挂 M203 型 40 毫米榴弹发射器。美国在该枪的基础上还发展出 M16A1/A2/A3/A4,以及 M4 等改进型号。

6.美国巴雷特 M82A1 式 12.7 毫米狙击步枪

该枪是由美国巴雷特火器制造公司于 20 世纪 80 年代初研制的一种射程较远的大口径半自动狙击步枪,目前已经批量装备美国陆军、空军、海军陆战队和特种部队。该枪可发射 12.7 毫米勃朗宁机枪弹,枪长 1448 毫米,枪管长 737 毫米,重 12.9 千克,初速 853 米/秒,弹匣容量 10 发。该枪采用枪管短后坐自动原理,机头偏转式闭锁机构。枪管还配有高效枪口制退器,可减少 65% 的后坐力。该枪的出现开创了现代大口径狙击步枪发展的先河,并且已经发展成为一个家族系列,包括 M82AlM、M82A2、M83A3、M90、M95 以及 M99 等型号。

7.德国 MP5 系列 9 毫米冲锋枪

该枪是德国 HK 公司于 20 世纪 60 年代研制的系列冲锋枪,其厂家型号为 HK54,1966 年装备德国治安和边防部队后改称 MP5,从 1985 年开始正式装备德国联邦国防军。该枪经过多次改进和变型设计,已经形成一个家族系列。其基本型号为 MP5A2(固定枪托)和 MP5A3(伸缩枪托),微声型号为 MP5SD,短管型号为 MP5K。该枪的各个型号主要发射 9 毫米巴拉贝鲁姆手枪弹。其中,MP5A3 的枪长为 490 毫米(枪托缩回)/660 毫米(枪托伸展),枪管长 225 毫米,重 2.55 千克,枪口初速 400 米/秒,有效射程 200 米,弹匣容量 15 发/30 发。该枪继承了 G3 自动步枪独特的半自由枪机式自动原理和对称滚柱横动式闭锁机构。虽然其结构复杂、加工难度高而导致成本较高,但是由此也带来了优异的性能和射击精度。因此,MP5 系列冲锋枪深受各国特种部队和反恐部队的欢迎,甚至美国军方及警察也大量装备该枪。

8.德国 MG34/42 式 7.92 毫米通用机枪

MG34 是德国在第二次世界大战前以瑞士 M30 机枪为基础研制的,也是世界上第一种通用机枪。该枪的主设计师是德国人施坦格,由毛瑟兵工厂生产,1934年定型。该枪发射7.92毫米毛瑟98步枪弹,枪长1224毫米,枪管长627毫米,重12千克(不含两脚架),枪口初速755米/秒,有效射程800~1000米。该枪采用多种供弹方式,既可以用弹链供弹,也可以使用鞍形弹鼓,而且可以左右两侧双向供弹。在使用上,该枪也十分灵活,既可作为轻、重两用机枪,也可以作为高射机枪,还能改装为车载机枪、航空机枪和舰艇机枪。不过,MG34的重量较大,零部件结构复杂,制造公差要求过于严格,生产困难。为此,德国在该枪的基础上改进研制而成了MG42通用机枪。该枪的最大特点是大量采用冲压件,这在枪械制造上尚属首创。该枪的改进型在第二次世界大战结束后继续在德国联邦国防军中使用,重新命名为MG1,口径由7.92毫米改为北约标准口径7.62毫米。

9.美国 M2HB 式 12.7 毫米重机枪

该枪是美国在1921年定型的M2式12.7毫米重机枪的基础上改进研制而成的重枪管型号。该枪发射12.7毫米机枪弹,枪长1653毫米,枪管长1143毫米,重38.2千克,枪口初速893米/秒,有效射程1650米。该枪采用枪管短后坐式自动原理,卡铁起落式闭锁机构。其最初的战术任务是对付第一次世界大战中出现的坦克和带有装甲防护的车辆,后来使用范围逐步扩大,形成包括高射机枪、航空机枪和坦克机枪在内的家族系列。在经历了近一个世纪之后,该枪仍然在包括美军在内的很多国家军队中装备使用。

10.意大利 SPAS-12 霰弹枪

该枪是由意大利弗兰奇公司于1979年研制的一种半自动霰弹枪,SPAS是特种用途自动霰弹枪的缩写。该枪发射12号鹿弹、独头弹和催泪弹,枪长930毫米(枪托展开)/710毫米(枪托缩回),枪管长460毫米,重4.2千克,弹匣容量7发。该枪在发射鹿弹时,在40米射程上可形成每平方米48颗弹丸的杀伤密度。该枪采用导气式半自动或泵动方式,枪机摆动式闭锁机构。此外,该枪还能够加装榴弹发射器,其射程达150米。

11.比利时 M1900 式 7.65 毫米手枪

由美国著名枪械设计大师勃朗宁在1890年至1895年研制,其首次采用了自由枪机式自动原理,1900年正式装备比利时军队,曾大量出口到中国等国家。该枪发射7.65毫米勃朗宁半底缘手枪弹,长162.5毫米,重0.615千克,枪口初速290米/秒,有效射程30米,弹匣容量7发。其自动机构的结构比较简单,主要借助套筒重量和复进簧的力量延迟后坐。主要变形枪包括:M1903、M1910和M1922。其中,M1903发射9毫米勃朗宁手枪弹,

比利时 M1900 式手枪

M1910 发射 7.65 毫米勃朗宁半底缘手枪弹,M1922 则分别有 9 毫米和 7.65 毫米两种口径,发射 9 毫米勃朗宁短弹和 7.65 毫米勃朗宁半底缘手枪弹。

12.日本 38 式 6.5 毫米步枪

日本明治 38 年(1905 年)由友坂兵工厂生产的一种弹仓式栓动步枪,有马枪和狙击步枪等变型枪。因该枪装有一个拱形防尘盖,因而在中国俗称为"三八大盖",是侵华日军使用的主要步枪之一,也是被中国军民缴获最多的一种步枪。该枪发射 6.5 毫米有坂尖弹,长 1275 毫米(不带刺刀),枪口初速 730 米/秒,表尺射程 2400 米,有效射程 600 米,弹仓容量 5 发。该枪是 1897 年生产的 30 式步枪的改进型,其特点是枪机上有防尘盖,能随枪机前进和后退,保险机构在枪机的尾部,可用手掌按压转动,表尺为直立窗式,其分划为 4~24,射击精度好。该枪还配有单刃偏锋刺刀,刀长 395 毫米,重 0.5 千克,除拼刺外还可用于劈杀。

13.美国汤普森 11.43 毫米冲锋枪

该枪以美国前军械局局长汤普森命名,其主设计师为埃克霍夫。该枪的样枪于 1918 年完成,是世界上较早出现的冲锋枪之一。其最初的型号为 M1921,此后又出现了 M1923、M1928 以及 M1928A1 等多个型号。在二战之初,该枪只少量装备美军,并提供给英、法等国军队使用。1942 年,在 M1928A1 基础上改进研制的 Ml 式冲锋枪才正式批量装备美军,1945 年停产,逐步被 M3Al 冲锋枪所取代。该枪发射 11.43 毫米柯尔特手枪弹,长 852 毫米,枪管长 267 毫米,全重 4.9 千克,采用 20/30 发弹匣或 50/100 发弹鼓供弹,枪口初速 282 米/秒,战斗射速 40~120 发/分,有效射程 200 米。该枪采用半自由枪机式自动原理,自动机构的结构复杂,不过可以有效避免早抽壳和炸壳的危险。其枪管外加工有环形散热槽,枪口则有一个锯齿形防跳器。

14.捷克 ZB26 式 7.92 毫米轻机枪

由原捷克斯洛伐克的布尔诺武器公司研制,枪械设计师胡莱克两兄弟设计,1926 年定型。该枪是捷克陆军在 20 世纪 30 年代的制式装备,也是世界上著名的轻武器之一,曾出口到包括中国在内的 20 多个国家和地区。该枪发射德国毛瑟 7.92 毫米枪弹,长 1165 毫米,枪管长 602 毫米,战斗全重 9.66 千克,枪口初速 830 米/秒,理论射速 450~500 发/分,弹匣容量 20 发,有效射程 600 米。该枪采用导气式自动原理,枪机偏转式闭锁机构,可单发和连发射击;采用气冷枪管,枪管外部有椭圆形散热圈,枪口处有带多个小孔的消焰器。枪托后部有支肩板,托底套内有缓冲簧,可减少后坐力。拉机柄呈椭圆形,在枪的右方,采用准星缺口瞄准,弹匣从枪的上方插入。该枪的最大特点是更换枪管方便且迅速。

15.德国毛瑟 M96 式 7.63 毫米手枪

德国毛瑟兵工厂于 1895 年在毛瑟 C96 式手枪的基础上设计、制造而成的一种自动手枪,1918 年开始大量生产,曾出口到许多国家,是历史上著名的手枪之一,在中国被称为盒子炮或者驳壳枪。该枪发射 7.63 毫米毛瑟手枪弹,枪长 312 毫米,枪管长 140 毫米,枪重 1.25 千克,有效射程 50 米,弹匣容量 10 发。该枪采用枪管短后坐自动原理,闭锁卡铁起落式闭锁机构。该枪的供弹口位于扳机护圈前部,比较特别,类似于常规冲锋枪的结构。击锤较大,便于拇指扳动待击。改进型毛瑟M9132 式手枪增加了快慢机,可实施单、连发射击,威力较大,是最早出现的冲锋手枪。该枪还配有木制枪盒,平时装于盒内,射击时将木盒作为肩托进行抵肩射击,以获得较好的射击精度。第二次世界大战期间,该枪在中国流传甚广。从 1916 年起,很多毛瑟手枪改用 9 毫米巴拉贝鲁姆弹,称为毛瑟 M96 式 9 毫米手枪。

16.以色列"沙漠之鹰"手枪

以色列军事工业公司于 20 世纪 80 年代研制的一种导气式大威力自动手枪,主要用于民间的射击比赛等活动,近年来也有某些国家的军队和警察少量装备。该枪主要有 9 毫米和 12.7 毫米两种口径型号,其中以 9 毫米为主。9 毫米"沙漠之鹰"手枪发射 9 毫米大威力马格努姆弹,枪长 260 毫米,枪管长 152 毫米,全重 1.76 千克,有效射程 60 米,弹匣容量 9 发,6 条右旋膛线。该枪采用了在手枪设计上非常少见的导气式自动原理和机头偏转式闭锁机构。其枪管固定在套筒上,弹膛前部开有导气孔。导气孔与握把座上的导气槽相同,火药气体由此向下流入短行程活塞的气室内。套筒两侧有手动保险柄,上保险时将击针锁住,使扳机和击针脱离。

17.意大利 92F 型 9 毫米手枪

意大利伯莱塔公司在 20 世纪 70 年代初研制的一种自动手枪,也是世界上最著名的手枪之一。1976 年投产,1985 年被美军选中并装备部队,用以取代M1911A1 式 11.43 毫米手枪,型号为 M9。此外,该枪也装备了意大利、法国等国军队。该枪发射 9 毫米巴拉贝鲁姆弹,长 217 毫米,高 137 毫米,宽 35 毫米,枪管长125 毫米,全重 0.96 千克,枪口初速 390 米/秒,有效射程 50 米,弹匣容量 15 发。该枪采用枪管短后坐自动原理,闭锁卡铁摆动式闭锁机构。虽然这种自动机构有利于提高射击精度,但是结构较为复杂,零件数量也较多。击发机构为击锤回转式,击针分为击针体和击针尾两部分。发射机构为联动式,可以完成联动发射、单动发射和单发动作。其保险机构也较为齐全,包括手动保险、击针制动保险、阻隔保险、不到位保险和击锤保险等,在使用上十分灵活方便。拉壳钩头部兼做膛内有弹指示器,上弹时会露出红点并稍向外凸出。这样无论是白天还是黑夜都能使射手知道膛内是否有弹。该枪的握把座由铝合金制成,重量较轻。扳机护圈较大,便于戴手套时射击。其手动保险和弹匣卡笋均可左右手操作。总的来说,该枪射击精度较好,可靠性高,故障率低。在其基础上还发展出多种变型枪,如 92FS、92C、92SB、92SBF、92SBC 和 92S 等,其基本结构相同,但是在保险机构和枪管长度上有所差别。

18.瑞士 P220 式 9 毫米手枪

瑞士工业公司 20 世纪 70 年代研制并与德国绍尔公司共同生产的一种自动手

枪,1975 年装备瑞士军队,命名为 M75。除瑞士本国装备外,还出口到日本等国家。该枪发射 9 毫米巴拉贝鲁姆弹,长 198 毫米,枪管长 112 毫米,枪重 0.83 千克,枪口初速 345 米/秒,有效射程 50 米,弹匣容量 9 发。该枪采用枪管短后坐自动原理,枪管起落式闭锁机构,其握把座采用铝合金材料,其他大多数部件为钢制冲压件,既可以联动发射,又可以单动发射。其瞄准具由缺口照门和刀形准星组成。以该枪为基础发展出多个变型枪,如 P225、P228 和 P230 等,其枪管和弹匣尺寸不同,可发射不同口径的手枪弹,如 11.43 毫米柯尔特弹、0.38 英寸手枪弹,以及 9 毫米巴拉贝鲁姆弹等。

19.苏联 TT-33 式 7.62 毫米手枪

苏联枪械设计大师托卡列夫于 1930 年设计、图拉兵工厂制造的一种自动手枪,1931 年装备苏军,1933 年改进后正式命名为 TT-33。TT 分别是托卡列夫和图拉兵工厂的开头字母。该枪在第二次世界大战中大量生产,是历史上著名的手枪之一,从 1951 年起撤装,被 9 毫米马卡洛夫手枪所取代。第二次世界大战后,波兰、匈牙利、南斯拉夫和中国等国都仿制过该枪。该枪发射 7.62 毫米托卡列夫弹、枪长 196 毫米,枪管长 116 毫米,枪重 0.85 千克,初速 420 米/秒,有效射程 50 米,弹匣容量 8 发,4 条右旋膛线。该枪采用枪管短后坐自动原理,枪管摆动式闭锁机构。枪管下方有一个铰联环,空仓挂机柄销插在环孔中。

20.比利时 FN FAL 式 7.62 毫米步枪

比利时 FN 公司于 1951 年研制的一种自动步枪,被不少国家采用,英国的仿制型号为 L1A1 式步枪。该枪采用导气式自动原理,回转式闭锁机构,快慢机有保险、半自动和全自动三个档位。枪管前端有消焰器,下方可装两脚架。枪管的后半部及活塞筒由两片护木包住,护木上开有散热孔,后期型号用金属护木筒代替木制护木。该枪主要有 FAL50-00、FAL50-64、FAL50-63 和 FAL50-41 等型号。基本型 FAL50-00 采用固定枪托,配有标准枪管和可进行 200~600 米距离调整的旋转式瞄准镜。枪长 1090 毫米,枪重 4.25 千克,枪口初速 840 米/秒。该枪具有坚实可靠、精度好、使用方便、分解简单等优点。

21.以色列乌齐冲锋枪

由以色列陆军少校乌齐于 1949 年设计,不仅是以色列军队的制式装备,而且还被其他多个国家军队所采用,是西方国家广为使用的一种冲锋枪,主要有木制枪托和金属枪托两种。该枪发射 9 毫米巴拉贝鲁姆弹,金属枪托型的枪长为 470 毫米(枪托缩回)/650 毫米(枪托展开),枪管长 260 毫米,枪重 3.7 千克,枪口初速 400 米/秒,战斗射速 64~128 发/分,有效射程 200 米,弹匣容量有 25 发和 32 发两种。该枪采用自由枪机式自动原理,设计上参考了捷克二战前的各式冲锋枪,广泛采用冲压与焊接工艺,其结构紧凑、动作可靠、勤务性好。该枪采用开膛待击和前冲击发方式,枪机为包络式,使全枪长度大为缩短。机匣两侧有数根纵向勒条,能够容纳污垢,保证在风沙等恶劣环境下使用。

22.苏联 PK/PKM 式 7.62 毫米通用机枪

苏联于 20 世纪 50 年代根据 AK47 突击步枪原理设计的一种通用机枪,1959 年少量装备苏军摩托化步兵连,1966 年正式取代 RP46 式连用机枪和 SCM 式营属机枪。该枪发射 1908 式 7.62 毫米有底缘弹,枪长 1160 毫米,枪管长 658 毫米,枪重 9 千克(PK)/7.8 千克(PKM),三脚架重 4.8 千克,枪口初速 825 米/秒,战斗射速 250 发/分。该枪的有效射程为:两脚架状态 800 米,三脚架状态 1000 米,对空 500 米。该枪采用导气式自动原理,机头偏转式闭锁机构,采用弹链供弹,单程输弹、双程进弹。该枪的优点是用途广泛、零部件结构简单、动作平稳、自动射击时枪口上跳不明显,精度好。

三、坦克

世界上最早的坦克诞生于第一次世界大战时的英国,其一出世便经受了残酷战争的考验,并且迅速成为欧洲各国参战陆军的新宠。而这一切除了因战争的迫切需求外,更得益于 19 世纪末至 20 世纪初工业革命打下的坚实基础。当时,蒸汽机技术、内燃机技术、火炮技术、装甲技术以及履带推进技术已较为成熟。1906年,英国制成了以蒸汽机为动力的履带式拖拉机。这一切为研制一种集火力、防护与机动为一体的新型陆战武器创造了条件。

(一)坦克发展简史

1.第一次世界大战

世界上最早的坦克诞生于第一次世界大战时的英国,其一出世便经受了残酷战争的考验,并且迅速成为欧洲各参战国陆军的新宠。而这一切除了因战争的迫切需求外,更得益于 19 世纪末至 20 世纪初工业革命打下的坚实基础。当时,蒸汽机技术、内燃机技术、火炮技术、装甲技术以及履带推进技术已较为成熟。1906年,英国制成了以蒸汽机为动力的履带式拖拉机。这一切为研制一种集火力、防护与机动为一体的新型陆战武器创造了条件。

1914 年 7 月 28 日,奥匈帝国对塞尔维亚宣战,第一次世界大战爆发。不久德国相继向俄国、法国宣战,入侵比利时。考虑到德国入侵比利时会威胁到自身安全,英国对德宣战。大战初期,交战双方均构筑了大量由机枪掩体、铁丝网障碍物以及堑壕组成的防御工事。这种阵地战使得战事陷入一种极其胶着的状态,密集的机枪子弹和炮弹破片组成的钢铁暴雨总能把进攻一方的步兵群撕成碎片。因此,第一次世界大战中每一场战役的伤亡人数都高得惊人。在 1916 年 2 月 21 日至 12 月 18 日的凡尔登战役中,德法两军鏖战近 10 个月,伤亡达百万。这场损失惨重的战役,也因此被称为"凡尔登绞肉机"。

战争的残酷与惨烈,引起了一个人的注意。他就是在对抗德军的英国远征军中任军队观战武官兼联络军官的斯文顿中校。在三个多月的战地采访中,斯文顿目睹了己方士兵在德军阵地前被机枪子弹和炮火成批杀伤的惨状。无论英军士兵如何英勇无畏,其血肉之躯终究难敌钢铁碎片的撕裂,无数年轻的生命瞬间化为冰冷的尸体。"如何打破堑壕战带来的僵局呢?"回国后,斯文顿受到当时科幻小说家J·伯尔纳和H·威尔士作品中所描绘的"陆地战舰"的启发,在 1914 年 10 月 20 日向英军高层提出一个建议:在美国霍尔特履带式拖拉机上安装武器和装甲板,改装成越野能力较强的履带式"陆地战舰"。这种战车的防护能力至少能够抵御机枪子弹的射击,掩护己方冲锋的士兵,突破德军防御阵地。不过,当时保守的英国陆军对这个建议并不感兴趣,却反倒让时任海军大臣的丘吉尔眼前一亮。当时丘吉尔领导的英国海军正在为研制一种周身包围铠甲、不怕敌弹攻击、能突破荒野地带的新兵器而犯难。斯文顿的建议顿时让他如获至宝。丘吉尔感觉有必要向首相阿斯齐兹推荐这一"创举"。更令人欣喜的是,阿斯齐兹对这一报告很感兴趣,责成陆军具体实施。任何新事物的产生与发展,都并非一帆风顺,坦克的诞生也是如此。最初英国陆军以美国的拖拉机为原型进行试制,结果以失败告终。就在陆军一筹莫展之时,丘吉尔率领的海军重拾这一计划,拨付经费并专门成立"陆地战舰委员会",由曾设计军舰的权威人士邓考特负责,开始秘密研制。

1915 年 3 月,陆地战舰委员会完成了两种所谓"陆地战舰"的设计方案,分别是巨大的车轮式和履带式。为了寻找最佳方案,丘吉尔命人分别建造 6 辆大轮式与 12 辆履带式的"陆地战舰",进行对比试验。试验结果令人大失所望,大轮式无法用于实战,而履带式也因履带过长应用效果不佳。这时,从美国引进的布劳克式农用拖拉机,让人们看到了希望。1915 年 7 月,陆地战舰委员会决定以该型拖拉机为基础研制"陆地战舰",研制的负责人也换成了威廉·福斯特公司的威廉·特立顿。他换装了汽油机,加长了驱动履带,改装了车身,制成了样车。特立顿又对车轮等进行改进,将完成的新样车命名为"小威廉",中文译为"小游民"。这是世界上第一辆履带式装甲战车。

"小游民"的外形显得方方正正,酷似战舰上的水柜,即"tank",中文音译也就是"坦克"。虽然"小游民"融合了火力、防护和机动三大基本性能特点,但在越野行驶、过壕等作战性能上还远远不够,因此并未能真正用于实战。所以英国人不得不进行新型坦克的研制。1915 年 12 月,第 2 辆坦克样车试制完成,次年 1 月 16 日进行行驶试验,基本达到了英国军方的要求。该样车最初命名为"大游民",因为其还肩负着作为制式坦克的原型车使命,所以也被称为"母亲"号。其性能远远超过"小游民",在战场上爬沟过坎,翻越堑壕,碾压铁丝网可以如履平地。英国军方赋予其 Mk I 型的正式编号,并且一下子就订购了 100 辆,后又增至 150 辆。因此,Mk I 也是世界上第一种大规模装备并用于实战的坦克。

Mk I 型坦克车长 8.1 米,宽 4.2 米,高 3.2 米,装甲厚度 6 毫米~12 毫米,可乘坐 8 人。其车体呈菱形,两条长长的履带绕过车顶,大大增强了越壕能力。根据配备武器的不同,Mk I 型坦克可分为"雄性"和"雌性"两个型号。Mk I 型雄性坦克在车体两侧的炮塔内分别装有 2 门 57 毫米短身管火炮和 4 挺 7.7 毫米机枪,战斗全重 28.45 吨,而雌性坦克不装备火炮,只装备 5~6 挺 7.7 毫米机枪,战斗全重 27.

43 吨。在产量上,雌雄坦克各占一半。

Mk I 也有自身的缺点。其装有戴姆勒直列 6 缸水冷汽油机,最大功率仅为 65.6 千瓦,最大行驶速度仅为 6 千米/时,与牛车速度相当,最大行程也只有 37.8 千米。又因为其通过齿轮和链传动将动力传递到车体后部两侧的辅助变速箱,再传给主动轮,可靠性很差。装甲板也是普通的锅炉钢板,用铆钉钉上。8 名成员中,有 4 名需要负责开车。没有通讯设施,在震耳欲聋的噪声中只能靠打手势来完成全程操作。这样的性能,其战斗力可想而知。

在 Mk I 型坦克原型车公开展示的同时,斯文顿还首次提出了使用坦克的战术原则,以便为即将到来的坦克作战做好准备。这些原则包括:

·在 10 辆坦克中应有 1 辆装备有无线电报机,以建立司令官与坦克部队之间的通信联系。其他坦克之间则应采用各种简易手段进行通信联络。

·使用航空和炮兵部队压制敌方炮火,并尽可能地摧毁阵地前敌方布设的雷区。

·坦克部队应集中使用,车组成员也要进行协同作战训练。

·精心选择攻击地段和时间,战场地形应适合进行大规模坦克集群作战。夜间开进出发阵地,拂晓时所有坦克同时发起进攻。

·坦克要引导和掩护步兵冲击,注重步坦协同战术。

·进攻时应一往无前.直至突破敌方的炮兵阵地。

·周密组织后勤保障,进攻前应释放烟雾以掩护己方坦克部队的进攻。

作战装备的研制成功以及战术原则的不断完善,使得整建制坦克部队的建立成为水到渠成的事情。1916 年 5 月,英军组建了世界上第一支坦克部队——机枪部队重型分队,并由斯文顿指挥。而组建仅 4 个月后,这支具有划时代意义的新型陆军部队就迎来了其登上世界战争舞台的第一次亮相。

1916 年 6 月,英法联军在法国北部索姆河畔向德军发动进攻。其实,就防御工事而言,德军可以说做得相当好。由于西线的僵局牵扯,这一线上并未发生大规模战争。足足有两年时间,德军精心地构筑了三个防御体系,纵深 7 至 8 公里。再加上深达 40 英尺、各种设施健全的地下坑道网络,使得德军在索姆河段的防御工程被称为“世界上最坚不可摧的堡垒”。战役总攻发起之前,英法联军就向德军阵地实施了连续一周的猛烈炮击,倾泻在德军阵地上的各种炮弹多达 150 万吨。7 月 1 日,英法联军的总攻开始。在德军马克沁机枪的不停怒吼下,英法联军第一天就伤亡了近 6 万人。至 7 月 14 日,英军在 16 千米战线上、法军在不到 20 千米的战线上仅推进了 5 千米~10 千米。为了打破僵局以及检验新型武器的威力,英军迫不及待地将 8 月份刚刚生产出来的首批 Mk I 型坦克秘密运抵索姆河前线。

9 月 15 日清晨,一阵猛烈的炮火过后,德军麻木地从掩蔽道爬出,收拾机枪准备再战。英军出动了他们的新式武器——“钢铁怪物”。起初,英法联军参战的坦克有 49 辆,而其中 17 辆因为机械故障无法到达前线。进攻开始后,剩下的 32 辆 Mk I 型坦克有 5 辆又陷入了泥沼,另外 9 辆因机件损坏而退出战斗。因此最后与德军交锋时他们只有 18 辆坦克。英军将这 18 辆坦克中的 9 辆用在步兵之前开路,扫除障碍;另 9 辆助阵步兵前进,攻击堑壕内的德军,为步兵前进护航。就这样,英军 21 个步兵师 5 小时内向前推进 4 千米~5 千米。而这些在以往是几千吨炮弹和几万人的代价所能换来的。在沉重的撞击声和轰鸣声中，德军为之惊呆。他们拼命地用野战炮向Ⅰ型坦克开火。Ⅰ型坦克却一直轧过弹坑，踏平铁丝网，越过堑壕，直逼德军阵营。一场激战过后，英军仅有一辆坦克被击毁，一辆被"击伤"，而德军的堑壕线和铁丝网被击的七零八落，地面上布满了炮弹坑，德军陈尸遍野。凭借这些钢铁勇士，英军以较小的代价换取了较大的胜利。

虽然索姆河战役最终以双方伤亡惨重不得不宣告结束，直到索姆河战役结束，英国人也未能等到坦克这种新型武器给他们带来的奇迹。但是，Mk Ⅰ型坦克还是用自己为数不多的出色战绩证明了它是当时唯一一种有能力打破阵地堑壕战僵局的武器。它所需的只是数量和技术性能上的提升。为此，英国根据索姆河战役的实战经验，加紧研制 Mk Ⅰ型坦克的后继型号。很快，Mk Ⅱ型、Mk Ⅲ型、Mk Ⅳ型、Mk Ⅴ型、Mk Ⅵ型、Mk Ⅶ型和 Mk Ⅷ 相继问世。其中，尤其以 Mk Ⅳ 型坦克最为著名、生产数量最多，在战场上使用也最广。1917 年 11 月爆发的康布雷战役中，英军就大规模使用了 Mk Ⅳ 型坦克。英军坦克和步兵相互配合，出其不意地对德军发起攻击。进攻第一天，英军就突破德军防御，俘虏 8000 多人、缴获 100 门火炮和 350 挺机枪。可以说，康布雷战役是大规模使用坦克的成功典范。该型坦克综合了此前 Mk Ⅰ型、Mk Ⅱ型和 Mk Ⅲ型的优点，成为英军在第一次世界大战中的主力型号。其外形依然保持菱形，但是去掉了转向尾轮，增大了发动机功率。在设计上体现了堑壕战的思想，具有很强的越壕能力。该型坦克车长 8.05 米，车宽 4.19 米，高 2.48 米，乘员也是 8 人。其装甲采用铆接结构，能够抵御德军钨芯反坦克枪弹的攻击。车内还装有通风设备和消声器，提高了可靠性，改善了车内环境。

Mk Ⅳ 型坦克与 Mk Ⅰ型坦克一样，依照武器装备的不同分为雄性和雌性两个型号。其中，Mk Ⅳ 型雄性坦克共生产 420 辆，雌性坦克生产了 595 辆。Mk Ⅳ 型雄性坦克同样装备 2 门 57 毫米火炮和 4 挺 7.7 毫米机枪，但是火炮身管更短，由 40 倍口径减为 23 倍口径，而且还可以将炮管收回车内。Mk Ⅳ 型雌性坦克的武器装备依然为 6 挺机枪。不过，在德军也装备坦克后，为了应对坦克之间的战斗，英军曾经在部分雌性坦克的右侧炮塔安装 1 门 57 毫米火炮。这种坦克便被称为"雌雄同体"型。

Mk 系列坦克虽然在战场上显示了其强大的威力，可它仅有 6 千米/时的速度真是太慢了。英军希望研制一种轻型快速坦克，满足战争需求。威廉·福斯特公司总经理威廉·垂顿爵士抓住了这个机会，他彻底摒弃了 Mk 系列坦克的设计布局，研制出的新型坦克已经具备了类似雷诺 FT-17 那样的现代坦克外形。垂顿爵士将他设计的新型坦克命名为"垂顿-追击者"，不过英国军方却不认同这个绰号，而是重新命名为"赛犬"A 轻型坦克。

"赛犬"A 轻型坦克战斗全重 14.225 吨，可乘 3 人，车长 6.09 米，宽 2.61 米、高 2.74 米，装甲厚度为 5 毫米~14 毫米，装备 4 挺"霍奇基斯"7.7 毫米机枪。其采用了 2 台泰勒 6 缸水冷发动机，最大行驶速度 1 2.8 千米/时，比 Mk Ⅳ 型坦克快多了。"赛犬"A 轻型坦克共生产了 200 辆，1918 年 3 月亮相于一战西部战场。

在英国 Mk 系列坦克大出风头的同时，参战的其他国家，无论是英国的盟国还是敌国，都迅速意识到了这种新式武器的巨大价值所在。其中，法国堪称是动作最为迅速的一个，并由此成了继英国之后第二个大规模研制和装备坦克的国家。不过，法国并没有仿制英国的 Mk 型坦克，而是走出了自己独特的坦克设计之路，先后研制并装备了施耐德、圣沙蒙和雷诺 FT-17 等著名坦克。

早在索姆河战役期间，法国的埃斯顿上校就被英军坦克成功突破德军防线的壮举所震撼。在他的建议下，法军总司令霞飞上将责令法军总司令部作战局根据其建议制定坦克作战的目标和原则，并建立了第一支坦克部队——突击炮兵，由计划发起人埃斯顿上校指挥，埃斯顿也由此成为法军历史上第一位坦克指挥官。法军坦克部队建立初期装备的主要是施耐德 CA1 和圣沙蒙突击坦克。

施耐德 CA1 由美国霍尔特式履带农用拖拉机发展而来。其对法国而言意义重大，它是法国自行研制的第一种用于作战的轻型坦克，共生产了 400 辆左右。该型坦克的主要武器是 1 门 75 毫米低速短身管榴弹炮，安装在坦克右侧的炮座内，火炮射界极小；车体两侧各装有 1 挺 8 毫米机枪。可乘员 6 名，战斗全重 14.6 吨，发动机功率 40.4 千瓦，最大装甲厚度 11.5 毫米。车体呈船形，前面有一段角钢，专门为对付堑壕战的铁丝网而设。其首次出现是在马恩河战役的战场上，但由于设计和性能不佳，法军损失惨重。一战结束后，该型坦克很快便退役。

圣沙蒙坦克是和施耐德坦克几乎同时研制，曾被称为法国早期坦克的"姊妹花"。为法国军队提供车辆的汽车技术服务部，在一战中清醒地看到了装甲车的光明前景。于是，他们独自研制起"官方"坦克，并委托圣沙蒙工厂设计并生产供炮兵使用的装甲车辆。该坦克被冠名为"圣沙蒙"，总共生产了 400 辆。

圣沙蒙战斗全重为 22 吨，车长 8.83 米，宽 2.67 米，高 2.36 米，重量是外型差不多的施耐德坦克的一倍。其行动装置与施耐德基本相同，为"霍尔特"履带式拖拉机的底盘。此外，车内装备了众多武器，除了 L12 型 75 毫米主炮外，还有 4 挺 8 毫米机枪。乘员人数达 8 人。其传动装置为"发电机-电动机型"的电传动装置，是潘哈德公司制造的 4 缸水冷汽油机，最大功率 66.1 千瓦。圣沙蒙坦克是世界上第一款装有电传动装置的坦克，具有开创性意义。但由于武器多、乘员多，加上电传动装置的个头较大，致使圣沙蒙坦克的车体前后都要伸出到履带之外。

坦克的电传动装置由于电机的牵引特性好，扭矩适应性系数高，可实现无级变速。再者，电动机的布置也比较灵活，工作可靠性高。但是，由于电机个头较大、造价较高，大大限制了电传动装置的发展。圣沙蒙坦克的电传动装置控制特性较好，转向操纵很容易，由于其单位功率较低，致使最大时速也仅为 8.5 千米/时，最大行程也不超过 30 千米，而且越障能力较差。

圣沙蒙坦克的整车为钢板铆接结构。考虑到车体侧面要抵御德军穿甲步枪射击，暴露面大的原因，圣沙蒙车体侧面的装甲厚度比车体正面要厚 6 毫米。车体后部为 8 毫米，顶部为 5 毫米。由此可看出，圣沙蒙坦克的装甲防护水平要优于施耐德坦克。

圣沙蒙坦克也有其致命弱点——履带太短、头重脚轻。这在圣沙蒙坦克的首战中暴露无遗。首次参站有 16 辆，起初其强大的火力给德军以巨大的威慑。但在试图突破德军的防御阵地时，有 15 辆陷入堑壕不能自拔。更糟糕的是，坦克陷入堑壕后，由于车体变形，致使乘员连后门和侧门都无法打开，坦克和乘员损失都相当惨重。

一战中，圣沙蒙、施耐德还曾与著名的雷诺 FT-17 轻型坦克并肩作战。在

1918年7月18日的素阿松战役中，法军投入雷诺FT-17坦克、圣沙蒙坦克和施耐德坦克共540辆。这些坦克沉重打击了德军，战争取得了胜利。战役中圣沙蒙坦克和施耐德坦克虽发挥了一定作用，但主力却是雷诺FT-17轻型坦克。这也使法军坦克赢得了"赢得胜利的兵器"这样的美誉。随着雷诺FT-17登上战争舞台，圣沙蒙、施耐德逐渐退出了历史舞台。具有里程碑意义的雷诺FT-17轻型坦克，可以说是开旋转炮塔之先河。法国最初设想是发展一种标准的轻型坦克，以便与重型坦克配合作战。1915年12月，法国雷诺公司开始研制FT-17轻型坦克。由于当时官僚作风浓厚，直到1917年3月才试制成功。该型有许多创新之处，尤其是可以用人力对炮塔进行旋转。从而使整车比重型坦克更易于驾驶，防护更加合理。雷诺FT-17战斗全重7400千克，车长5米，宽1.75米，高2.29米，最大时速10千米/时，最大行程39千米，可乘坐两人。美中不足的是，尺寸太小，不得不为跨越壕沟而外加一个尾部。

1917年9月，法国雷诺公司开始生产首批FT-17坦克，到一战结束时共生产了3187辆。此外，雷诺FT-17还被出口到十多个国家，包括芬兰、美国、瑞士、土耳其、南斯拉夫、瑞典、西班牙、罗马尼亚、波兰、日本以及中国等。

雷诺FT-17轻型坦克有4种基本车型：第一种装备1挺8毫米机枪，弹药基数4800发；第二种装备37毫米短管火炮，配弹237发；第三种为通信指挥车，取消炮塔，装有固定装甲舱，并装备1部无线电台；第四种换装了75毫米加农炮，可惜未装备部队。

1918年5月31日，雷斯森林防御战，是雷诺FT-17轻型坦克第一次投入使用。其后世界多国都曾使用过雷诺FT-17，包括苏俄国内战争，一战后法国殖民军镇压摩洛哥部落起义以及西班牙国内战争。1940年德军入侵法国时，还缴获法军一千多辆雷诺FT-17，用在固定火力点或警卫勤务。

中国最早应用雷诺FT-17的是奉系军阀张作霖领导的东北军，他们装备了14辆，在与直系军阀吴佩孚的作战中首次使用。张作霖遭暗杀后张学良带领东北军连同这些坦克一并加入了南京国民政府，组成了中国国民革命军第一骑兵装甲旅。到后来东北军获得了36辆FT-17坦克和24辆装甲运兵车。九一八事变后这些装备大部分被日军俘获。俘获的FT-17坦克一部分后来与日军拥有的FT-17合编，参加了进攻黑龙江马占山抗日力量的作战，一部分被编入了"满洲国"的伪军——皇协军中的装甲车队服役。

索姆河战役中英国Mk I坦克的首次参战给予德军高层以极大的震撼。尽管德军随后开始千方百计寻找对付坦克的各种手段，但是最直接也是最有效的办法无疑是研制自己的坦克。1916年11月，第7交通处受德军总参谋部委托研制了A7V（第7交通处的缩写）坦克。不到一年时间，A7V坦克就投产并用于实战，共生产了20辆。

A7V坦克战斗全重30吨，属于名副其实的重型坦克。乘员人数为18人，最多可达26人，是世界上乘员人数最多的坦克。它是典型的箱型结构，从外形上看更像1辆装甲输送车。A7V坦克的武器系统为"一炮六枪"，即1门57毫米低速火炮、6挺马克沁7.92毫米机枪，火力巨大。其动力装置为2台直列4缸水冷汽油机，行动装置已经有了螺旋弹簧式悬挂。最大行驶速度达到了10千米/时，略高于

Mk I 型坦克。从整体性能来看,A7V 综合性能要优于英国 Mk I/IV 型坦克。能紧跟时势在这么短时间内造出如此水平的坦克,德国着实不简单。

但是,A7V 坦克也有自身诸多缺点:车体高大、笨重;车底距地高较低;可靠性较差。而且只有区区 20 辆,数量少,所以在整个一战中 A7V 坦克发挥作用甚小。但是作为德国第一辆坦克,其开创性意义不容抹煞。

值得一提的是,世界上第一次坦克之间的交战,就发生在德国 A7V 坦克和英国 Mk IV 型坦克之间。1918 年 4 月 24 日,在西线卡西地区,3 辆德军 A7V 坦克冲向 7 辆英军 Mk IV 型坦克的阵地,虽然双方僵持不下、互有损失,但德军 A7V 却显现了它的威力。按德国人的说法:"A7V 坦克在击毁 1 辆'雄性'Mk IV 型坦克之后,被另一辆'雄性'Mk IV 型坦克击伤,但仍能开回去……"

A7V 坦克已够得上庞然大物了,但与巨无霸式的 K 式超重型坦克相比,却又逊色很多。K 式超重型坦克作战全重 150 吨,在车体两侧的炮座上装有 4 门 77 毫米加农炮,另有 7 挺 7.92 毫米重机枪。动力装置为 2 台戴姆勒-奔驰航空汽油机,率先将航空发动机移植到坦克上,强大的动力在当时是绝无仅有的。车长 12.98米,宽 6.1 米,高 3.0 米。整体看上去 K 式超重型坦克就是一个超大型、又长又宽的"箱子"。这样庞大的体积主要是可以安装更多的武器。K 式的缺点就是由于战斗全重太大,使其最高时速只有 7.5 千米/时。由于当时只生产了两辆样车,在德国战败后被协约国裁军委员会销毁,存留于世的只有两张照片而已。

德国还研制出了 LK II 骑兵(轻型)坦克。与其说是研制,不如说是"仿制"。LK II 骑兵(轻型)坦克是十足的山寨货。因为它完全是德军根据战场上收缴来的英军"赛犬"A 轻型坦克仿制而来。但德军并非照搬照抄,而是进行了不少改进。LK II 全重 7 吨,比英国的"赛犬"A 坦克轻很多,LK 即是"轻型战车"的德文缩写。虽防护能力大体相当,但行驶速度更快,更灵活些。其战斗全重为 8.5 吨,乘员 3人,配备 1 门 57 毫米火炮或 2 挺 7.92 毫米机枪,动力装置为戴姆勒-奔驰 5 缸汽油机,最大功率 44.1 千瓦。其最大速度 16 千米/时,最大行程为 65 千米;车体为钢板铆接结构,最大装甲厚度为 14 毫米。所以 LK II 外观虽与"赛犬"相似,但是实质上却大不相同。

武器的发展命运与产生它的国家的命运息息相关。德军的节节败退,LK II 坦克"奄奄一息",只生产了两辆样车,并未投入实战。一个偶然的机会,德国人把 LK II 坦克的图纸卖给了瑞典。瑞典人给它增装了一个小炮塔,1 门 37 毫米火炮或 1挺重机枪,使乘员人数增为 4 人,将其命名为"M/21 坦克"。后来,M/21 坦克上还装上了无线电台,成为世界上最早装上无线电台的坦克。由此看来,"赛犬"、LK II 坦克、M/21 坦克三者还有着一脉相承的血缘关系。

A7V-U 坦克和 A7V-R 战场输送车可以说是 A7V 坦克的变种,是德军在收缴的 Mk IV 和 A7V 基础上改装而来。在综合两者优点基础上,德国人仿制成功了名为 A7V-U 的过顶履带式坦克,U 就是"过顶履带式"。A7V-U 车体两侧的炮座较大,安装有 2 门 57 毫米火炮,外加 4 挺"马克沁"7.92 毫米重机枪,能跨越 3 至 4 米的壕沟。外观上,Mk IV 和 A7V 两者的特点皆具。A7V-R 战场输送车利用的是 A7V 的底盘制成,全重 26 吨。两者都只制成样车,未能参战。

2.两次世界大战之间

1918 年 11 月 11 日,第一次世界大战以德国一方的战败而告终。此时的英国和法国,可以说是当之无愧的坦克大国,前者拥有 2636 辆坦克,后者拥有的坦克数量更多,达 3870 辆。此外,远赴欧洲参战的美军拥有 150 余辆坦克,德国战败时拥有 45 辆坦克,而意大利仅仅只有 8 辆。从 1918 年第一次世界大战结束到 1939 年第二次世界大战爆发这短暂的 20 余年里,各国坦克逐步走向成熟,很多对后来军事发展具有重大意义的坦克技术都是在这一时期形成的。而且,坦克也已经成长为美国、苏联、波兰、捷克和日本等国自主研发的主项,而不再单单是少数几个欧洲国家的专利。

这一时期各国研发的坦克型号主要有:英国卡登-洛伊德超轻型坦克、维克斯轻型坦克、马蒂尔达步兵坦克、A9 巡洋坦克,美国 T3 克里斯蒂中型坦克,德国 Pzkpfw I 轻型坦克/II 轻型坦克、Pzkpfw III/IV 中型坦克,法国夏尔 B1 重型坦克、雷诺 R-35 轻型坦克、索玛 S-35 中型坦克,苏联 T-26 轻型坦克、T-28 中型坦克、BT-7 快速坦克,日本 89 式中型坦克、95 式轻型坦克、97 式中型坦克、98 式轻型坦克等。这些坦克多数都担当了第二次世界大战爆发初期本国陆军的主力装备。更为重要的是,这一时期还出现了针对不同用途的特种坦克,如喷火坦克、水陆两栖坦克、指挥坦克和空降坦克,使得坦克家族的类型更为完善。

卡登-洛伊德超轻型坦克由英国的卡登和洛伊德共同设计,1927 年投产,1928 年至 1930 年装备英军,共生产了 270 余辆。除英军外,苏联、波兰、法国、捷克斯洛伐克和意大利都曾装备或仿制过该型坦克。卡登-洛伊德超轻型坦克共有 6 种改进型号,其中卡登-洛伊德VI是较为成功的一型。该型坦克战斗全重 1.52 吨,乘员 2 人。动力装置为"福特"T-4 水冷汽油机,最大功率 22.5 马力。车长 2.46 米,宽 1.75 米,高 1.22 米,武器为 1 挺维克斯 7.7 毫米水冷式机枪,弹药基数 1000 发。其车体为钢装甲铆接而成,前装甲防护倾角较大,有较好的防弹外形,装甲厚 4 毫米~9 毫米。此坦克在二战初期曾使用过。

维克斯轻型坦克主要有 I 型、II 型和 VI 型等型号。维克斯 I 型坦克于 1929 年装备英军,战斗全重 4.8 吨,乘员 2 人,车长 3.96 米、车宽 1.83 米,车高 1.68 米,圆顶式炮塔内装有 1 挺 7.7 毫米机枪。其采用片状弹簧式悬挂系统,车体和炮塔均为钢板铆接而成,装甲厚 14 毫米。维克斯 II 型坦克于 1931 年装备英军,战斗全重 4.31 吨,车长 3.58 米,车宽 1.91 米,车高 2.02 米,炮塔呈长方形,同样装备 1 挺 7.7 毫米机枪,侧装甲板倾斜,有较好的防弹外形。维克斯VI型是该系列坦克的最后一个型号,1936 年至 1941 年装备过英军。其战斗全重 5.28 吨,乘员 3 人,车长 3.09 米,车宽 2.05 米,车高 2.33 米,装备的武器为 1 挺 12.7 毫米机枪和 1 挺 7.7 毫米机枪,火力有所增强。该型坦克的炮塔呈六角形,增大了内部容积,以便装备 1 部 N07 无线电台。

从 20 世纪 30 年代中期开始,英国开始将坦克划分为步兵坦克、巡洋坦克和轻型坦克。其中,步兵坦克主要用于协同步兵作战,巡洋坦克则用于执行机动作战任务。

马蒂尔达步兵坦克诞生于 20 世纪 30 年代至 40 年代末期。当时英国军方对于步兵坦克的要求并不高:速度不必很快,只要能使徒步冲锋的步兵能跟得上就行;不必有很强的攻击力,只要有机枪就足够了;整车的造价限定为6000英镑。1934年,英国军方决定开始研制步兵坦克,由以后在二战中赢得赫赫战功的赫巴特将军主持。后来英国军方与英国最大的军火制造厂商——维克斯公司签订了研制合同,由约翰·卡登爵士负责设计,研制代号为A11型坦克。1936年9月第一辆样车诞生。两年后第一批车型交付英军,称为马蒂尔达步兵坦克,后改为马蒂尔达1型步兵坦克。其后研制的改进型车A12型即为马蒂尔达2型步兵坦克。马蒂尔达即为"战争女神"的意思。

马蒂尔达1型坦克的战斗全重11吨,乘员2人,车长4.85米,车宽2.29米,车高1.87米。主要武器为1挺7.7毫米机枪,火力较弱,换装12.7毫米机枪后由于原炮塔太小,射击操作很是不便。动力装置为福特8缸汽油机,最大功率仅为51.5千瓦,最大速度仅为12.8千米/时。行动装置采用平衡式悬挂装置,主动轮在后。车体正面装甲厚度达60毫米,炮塔四周均为65毫米厚的钢装甲,这或许算是马蒂尔达1型坦克唯一值得欣慰的亮点了。改型总共生产了139辆,二战初期装备驻法英军。由于种种性能和设计上的缺憾,在德军闪击法军时马蒂尔达1型坦克损失惨重。从敦刻尔克撤回后,自此便消失在了前线。

马蒂尔达1型自身的缺陷,早在英军方意料之中。在它诞生之初,他们便考虑着手研制强火力、强防护能力的新型坦克,它就是二战中被英军称为"常青树"的马蒂尔达2型步兵坦克。1938年4月马蒂尔达2型坦克完成试制,1939年9月开始装备英军。截止到1943年,总生产量达到2890辆,它几乎参与了英军在二战中的所有主要战斗。

马蒂尔达2型坦克的战斗全重达26.9吨,乘员4人,车长5.61米,车宽2.56米,车高2.44米。其采用双发动机,在一发动机遭损毁后可以启动另一发动机继续作战。武器装备是身管长为52倍口径的QF型40毫米火炮,可以发射穿甲弹和榴弹,这种火炮在当时是具有一定威力的。外部行动部分有侧护板和排泥槽,主要部位的装甲厚度达75毫米~78毫米,次要部位也有25毫米~55毫米不等,采用框架式结构,刚度增强。虽属同一系列,但从外观上看,2型要比1型大一号,性能上也有本质差别。其主要缺点有两个,一个是双发动机增加了负重,占用了内部空间,作战协调性减弱;另一个就是随着战争推进,火炮口径已不能满足作战需求,因为它无法击穿德军坦克的主装甲。

自马蒂尔达1退出战场后,马蒂尔达2便成了英军在北非战场作战的主力,主要用于对抗意大利军队。从当时双方军事技术实力来看,意大利远不敌英国。这种坦克足以摧毁意军任何一种坦克和反坦克武器。北非地势平坦广阔,英军在坦克数量上又占据优势,于是英军根据马蒂尔达2颠簸不剧烈的性能特点采用了行进间射击的战略方式,再加上英军炮手训练有素、射击方法得当,给意军以沉重打击。后来隆美尔统率的德国非洲军团用穿甲威力大、射击精度高的88毫米高射炮平射英军坦克,马蒂尔达2损失不小。在参加完1942年7月的北非战局第二阶段战争后,马蒂尔达2被改装成了各种特种车为战争服役。其后,范伦泰步兵坦克和丘吉尔步兵坦克开始活跃于北非与西欧战场,继而成为二战中后期英军的作战主力。

坦克有一种悬挂装置,它主要是悬挂在负重轮轴上,可以减少车体受到的冲撞力。许多武器设计师都将目光定在了这点上。而美国人克里斯蒂和他研制的克里斯蒂中型坦克无疑都是最棒的。最初他在所设计完成的 M1919 坦克的两个负重轮上采用了平衡悬挂装置,这让他的坦克比同时期坦克先进不少,但美国军方在看了他的设计后认为他的炮塔不能做 360°旋转,而且发动机功率小,行驶速度低,没有订货。后来,他将改进的坦克再次推荐给军方,但是由于技术所限仍没实现 360°旋转,美国军方再次回绝。坚强的克里斯蒂并没有放弃,1928 年,他终于设计出了可以 360°旋转的 M1928,博得美国军方的认可。人们将其命名为 T3 克里斯蒂中型坦克。

"克里斯蒂"坦克的独特之处在于它的悬挂装置。它采用 4 个大直径负重轮,主动轮后置,在负重轮和车体之间用大型螺旋弹簧相连,最后的一个负重轮处于水平螺旋状态,这样就大大提高了负重轮的行程。这样的设计能使它的时速达到每小时 44 千米。而且,履带损坏后负重轮仍可正常行驶,速度会比先前更快,可达每小时 75 千米。其外观设计也很独特,车头为尖楔形,能很好地防弹。但是"克里斯蒂"坦克的缺点也不少,悬挂装置使车内空间变小,操纵不灵活,履带寿命短,轮式运行速度快但无法跨越障碍。随着这些缺陷在战斗中的不断暴露,美国军方对该型号彻底失去兴趣。此时,苏联却对克里斯蒂伸出了"橄榄枝"。1936 年苏联研制的 BT-7 快速坦克,后来生产的 T-34 中型坦克以及英国生产的"十字军"巡洋坦克都不同程度地模仿了克里斯蒂的"作品"。

德国在第一次世界大战战败后,根据《凡尔赛和约》规定,军队被禁止拥有坦克。不过,随着德国整军备战的不断深入,其也在想方设法绕过这一限制。1931年 1 月,德国陆军武器局委托克虏伯公司以民用拖拉机的名义研制一种 5 吨级轻型坦克。1933 年,德国公开重新武装,克虏伯公司便很快完成了 3 辆所谓的"克虏伯 I A 拖拉机"样车。1934 年,德国公开以官方的名义将该车投入批量生产并正式命名为 Pzkpfw I A 轻型坦克,它也是德国自一战后研制的第一种制式坦克。

Pzkpfw I 主要有 A、B 和各种变型车等型号,共生产了 2000 余辆,1934 年至1941 年装备德军,曾参加西班牙内战。Pzkpfw I A 装备有 1 个单人炮塔,可 360°旋转,战斗全重 5.4 吨,乘员 2 人,车长 4.02 米,车宽 2.06 米,车高 1.72 米,主要武器为 2 挺 7.92 毫米并列机枪,弹药基数 1525 发,最大行驶速度 37 千米/时,装甲厚度7 毫米~13 毫米。

以 Pzkpfw I 轻型坦克为起点,德国加紧研制一批新型坦克。Pzkpfw II 轻型坦克就是德国发展的第二种坦克。该型坦克于 1934 年至 1943 年装备德军,其样车也曾经参加过西班牙内战,先后发展出十余种车型。Pzkpfw II 轻型坦克的基本型战斗全重 9.5 吨,乘员 3 人,主要武器为 1 门 20 毫米火炮和 1 挺 7.92 毫米机枪,最大行驶速度 40 千米/时,装甲厚度 10 毫米~30 毫米。

在研制 Pzkpfw I 轻型坦克的同时,德国军方又要求研制一种装备无线电台并可用于作战指挥的中型坦克,由此便诞生了 Pzkpfw III 战斗坦克。该型坦克于1935 年开始研制,1936 年投入小批量生产,1939 年至 1945 年装备德军,并发展出十余种改进型号。其中,Pzkpfw III E 是最初生产型,其战斗全重 19.4 吨,乘员 5人,主要武器为 1 门 50 毫米短身管火炮,辅助武器为 2 挺 7.92 毫米机枪,最大行驶速度 40 千米/时,装甲厚度 20 毫米~30 毫米。

由于 Pzkpfw I 和 Pzkpfw II 轻型坦克仅装备机枪和小口径火炮,其火力大大弱于同时代其他国家的坦克。因此,德军在 1934 年提出研制一种装备 75 毫米短身管火炮的中型坦克,即 Pzkpfw IV 中型坦克,以支援轻型坦克作战。该型坦克于 1936 年至 1945 年装备德军,是当时纳粹德国唯一一种在第二次世界大战中保持连续生产的坦克,可谓是当之无愧的主力。甚至 1967 年的阿以战争中,叙利亚军队还在使用该型坦克。该型坦克的基本型战斗全重 19.7 吨,乘员 5 人,车长 5.91 米,车宽 2.92 米,车高 2.59 米,主要武器为 1 门 KwkL/24 型 75 毫米火炮,辅助武器为 2 挺 7.92 毫米机枪,最大行驶速度 40 千米/时,装甲厚度 20 毫米~90 毫米。其后期生产型有了大幅改进,换装了 KwkL/84 型长身管 75 毫米火炮,大大增强了穿甲威力,车体前部装甲增至 80 毫米,车体两侧还加装了 5 毫米的装甲裙板,战斗全重也达到了 25 吨。

一战结束时的法国装备有大量雷诺 FT-17 轻型坦克。为了找到一种能替代以往所有的安装机枪的轻型坦克、安装加农炮的重型坦克和安装榴弹炮的自行火炮的多用途坦克,法国陆军参谋部于 1921 年 1 月设立了一个专门委员会负责此项工作。他们研究决定要开发两种坦克:一种是突破敌军防线的重型坦克,另一种是满足多用途作战需要的战斗坦克。著名的夏尔 B1 系列坦克就属于第二种,它产生后取代了雷诺 FT-17 轻型坦克。

夏尔 B1 坦克的最初设计预想是全重 13 吨,最大装甲厚度 25 毫米,车体部分安装一门用于支援步兵作战的 75 毫米火炮,旋转炮塔则安装 2 挺机枪。直到 1926 年 1 月法国军方才与雷诺公司签订了制造 3 辆夏尔 B1 样车的合同。后来,由于法国军方对未来坦克战斗性能的重新评估,夏尔 B1 样车暂时搁浅。三年后第一辆样车才完工,并于 1930 年 5 月开始测试。此时该型坦克全重已经达到了 25 吨,乘员 4 人,最大装甲厚度 25 毫米,平均行驶速度为 28 千米/时,最大行驶速度为 45 千米/时。1931 年 10 月,三辆样车交付法国陆军测试。根据法国军方要求更改后的坦克,全重 28 吨,有 1 门 SA34 型 47 毫米短管加农炮以及 1 挺并列机枪,车体前装甲厚度 40 毫米。炮塔为 40 毫米的 APXl 型铸塔。夏尔 B1 型坦克刚刚投入生产,法国军方又要求生产商对坦克装甲和发动机进行改进。这次改进后的型号就是夏尔 B1bis 型。夏尔 B1bis 型坦克全重 32 吨,有一门 SA35L34 型 47 毫米高速加农炮,能够发射颇具威力的穿甲弹。乘员 4 人,炮塔采用了更先进的 APX4 型。夏尔 B1 的设计是非常成功的,作为新型战斗坦克,它的性能远超德国坦克。到二战爆发时,该坦克已经装备了法军的 4 个预备役装甲师。到 1940 年,法国共生产了 403 辆夏尔 B1 型坦克。

索玛 S-35 中型坦克由法国最早的坦克制造商之一、曾参与雷诺 FT-17 生产的索玛公司制造。1936 年开始批量生产,并装备部队,至 1940 年共生产约 500 辆。它装备了法国多个轻机械化师、轻骑兵师和后备装甲师。它是世界上第一辆用钢铁作为材料制造而成的坦克,被称为当时世界上最好的坦克,以其良好的机动性、较强的火力和装甲防护力,远超德国的 PzKpfw III 战斗坦克。其弱点是车体连接不坚固,车长负担过重。该型坦克仅 3 名乘员,指挥力度不够,协调性差,影响了射击速度。

战争的胜负不单单取决于武器装备,还需要良好的战略战术。法军败就败在拙劣的战略战术上,它只用坦克实施一些单独的作战行动,白白浪费了索玛S-35中型坦克的优良性能。1940年法国战败后,德军接受了其全部坦克,并利用S-35坦克执行各种任务,有些还参加了对苏联的入侵。德军将其中一部分改装为装甲指挥车,部分转交给了意大利。

20世纪30年代,苏联重工业特别是军事重工业发展迅速。这一时期也是苏联坦克大发展的重要时期,到1937年其拥有的各型坦克已经多达1.5万辆。尽管其大多数型号的性能不及西方国家,但是就数量而言已经堪称是当时的第一坦克大国。苏联坦克发展走的是一条以仿制起步,从改进到自行研制的道路。20世纪20年代,苏联从西方国家引进数种坦克并加以仿制和改进。到20世纪30年代中期,苏联已经基本具备了自行研制轻型坦克的能力,并开始向中型坦克和重型坦克迈进。这一时期,苏联最具代表性的坦克包括T-26轻型坦克、T-28中型坦克和BT-7快速坦克。

1930年,巴雷科夫和金兹鲍格工程师领导的布尔什维克工厂在英国维克斯轻型坦克基础上,改装制造出20辆类似的坦克,命名为TMM-1和TMM-2坦克。苏联革命军事委员会采用了这一设计成果,并正式命名为T-26轻型坦克。1932年,T-26开始批量生产,一共生产了11000辆,成为苏联坦克中较为出名的一种,参加过哈拉欣河战役,西班牙内战和苏芬战争等。

T-26坦克与同时代的德国PzKpfw I一样,两者都是以维克斯坦克为基础设计的,底盘外型相似。但T-26的火力大大高于PzKpfw I,而且超过了PzKpfw II,甚至超过了早期PzKpfw III的水平。早期T-26装备了37毫米火炮,后期口径加大为45毫米。不过,T-26轻型坦克的装甲防护较弱,以至于后来被判枪毙的苏联巴甫洛夫大将得出"坦克不能单独行动,只能进行支援步兵作战"的错误结论。

总体来说,德国的PzKpfw III、PzKpfw IV坦克性能优于T-26,可是苏联坦克在数量上远胜于德国,双方军事实力不相上下。但是,由于苏军大部分军事指挥人员素质低下,战争中战术失当,以坦克的分散对抗德军的坦克集群,以及缺乏协同的无谓冒进,使T-26等坦克损失巨大。

T-28型坦克也采用多炮塔设计,在设计时也曾参考了德国坦克试验底盘"重型拖拉机"。1932年,第一辆T-28原型车问世。1933年2月,首批10辆T-28交付苏军部队使用。T-28在发展过程中有1932年型(基本型)、1934年型、1938年型和1940年型等多种改进车型。该型坦克拥有一个76毫米炮塔和2个机枪塔,全重25~28吨,前部装甲最厚处为30毫米,最大行驶速度达37千米/时,共生产了约600辆,分别装备了4个苏军坦克旅,其中3个旅完全装备T-28。

T-28的缺陷也是防护能力差,1939年冬季爆发的苏芬战争中,在芬兰反坦克炮阵地前损失惨重。苏联军方紧急将T-28的装甲厚度猛增到50毫米~80毫米,战斗全重达32吨,该型号被称为T-28E。它在后来的突破芬兰"曼纳海姆"防线时发挥了较大作用。苏德战争中,苏军也装备了411辆T-28坦克,但相当一部分坦克因机械故障而被丢弃,甚至有一些还被德军缴获并使用。1941年以后,苏军所拥有的T-28坦克已经十分稀少。

苏联作战一直很重视武器的速度,于是他们的坦克设计人员将目光瞄向了美

·武器装备·

图文珍藏版

国的克里斯蒂坦克。这种坦克采用了全新的传动-悬挂装置,最大行驶速度可达80千米/时。1930年,苏联向美国购买了2辆克里斯蒂坦克。1935年,苏联根据购买的两辆克里斯蒂设计出了BT-7快速坦克。BT-7快速坦克采用新设计的炮塔,有一门45毫米火炮和2挺7.62毫米机枪,乘员3人,战斗全重达15吨,但最大装甲厚度仅为22毫米,只相当于轻型坦克的水平。因为其为了提高速度所采用的传动悬挂装置要求坦克的装甲不能太重,同时,还要提高防护能力,车体装甲就使用了焊接装甲,并加大了装甲板倾斜的角度;采用新型发动机引擎,机动性增强;车长5.52米,宽2.23米,高2.21米,最大越野时速达63千米/时。

BT-7快速坦克主要供远程作战的独立装甲和机械化部队使用,但因其装甲防护薄弱,不适于与对敌坦克作战,所以在1941年莫斯科会战后便让位给更出色的T-34中型坦克。

BT-7有许多变型:BT-7A采用大型炮塔,安装1门76毫米团属榴弹炮,配备50发炮弹,另有2挺DT机枪,是一种支援性坦克,主要用于支援高度机动的坦克编队,它要比BT-7重;OP-7则是一种在车体右侧安装了供喷火器使用的带装甲防护燃料箱的喷火坦克;BT-7(V)或BT-7TU是指挥型坦克,车体与BT-5(V)类似,装有无线电和环形天线,所不同的是其天线形状为鞭状,大大提高了作战时的隐蔽性;BT-7M是从1939年12月开始生产的,其主要区别在于将汽油机换成了V-2柴油机,这是从诺门罕战役得来的教训。

在英德美法忙于研制新式坦克时,日本也开始了思索。索姆河战役中,坦克的威力着实让日本见识了这种新式武器的巨大价值。日本专门成立了由陆军省军务局长管辖的自动车调查委员会。该委员会根据引进的英国维克斯坦克,对其进行了各种地形的行驶、越障测验,同时还专门研究了对付坦克的反坦克壕。当时不少陆军高官认为自身技术实力还无法研制坦克,初步打算装备进口坦克和轮式装甲车(即装甲汽车),以弥补军队因裁员而带来的战斗力不足。就在此时,法国有一批库存雷诺FT-17轻型坦克要处理。于是日本引进了这批雷诺坦克,同时准备在雷诺坦克的基础上进行自主研制。

1925年3月,日本设计人员开始研制第一辆国产坦克。1925年5月1日,日本陆军的第一支坦克部队正式成立,其装备的是雷诺FT-17轻型坦克和英国的维克斯中型坦克。1927年12月,日本陆军技术本部计划同时开发轻型和重型坦克,并且要求轻型坦克要机动性好,以配合步兵作战为主,最大全重不超过10吨。所以在以英国维克斯C型坦克为基础研制时,采用了悬挂装置,以缩短长度,减轻重量,以17毫米镍铬钢板为装甲,最大限度地减轻了自重。

1929年,样车经过多次技术试验和1000千米的长距离行驶试验后,颇得陆军技术部的欣赏。这一年正好是日本皇室纪元2589年,因此该车被命名为"89式"轻型坦克(此时其战斗全重还未超过10吨)。后来,日本陆军根据使用情况提出了整改意见:强化主要部位结构以提高逾越壕沟的能力。根据这一要求,89式进行了改进。改进后由于重量超过11.5吨,它因而跨入中型坦克的行列。

正式定型后的89式中型坦克战斗全重12.7吨,乘员4人,车长4.3米,宽2.15米,高2.2米,最大行驶速度25千米/时,装甲厚度5毫米~17毫米。主要武器为1门90式57毫米短管坦克炮。该炮是由英国57毫米舰炮改装而来,经多次修改和试制后于 1930 年定型。炮身管长 18.4 倍口径,初速 350 米/秒,最大射程 5700 米,备弹 100 发。该炮发射穿甲弹时可以穿透 100 米处的 25 毫米垂直钢装甲。该型坦克的辅助武器为两挺 91 式 6.5 毫米机枪,备弹 2745 发。

日本决心研究的重型坦克,就是 92 式重型装甲车,主要用于装备"骑兵战车队",进行侦查作战。但这种装甲车火力较弱。于是日本致力于研制一种集 92 式机动性与 89 式火力强两种优势的新型轻坦克。该项工作由日本陆军技术本部负责设计,三菱公司负责试制。1934 年 7 月开始,该样车进行了射击试验和 700 千米的行驶试验,虽其性能良好,但战斗全重不到 7.5 吨,远远达不到预期目标,最大速度也未达标。经修改试制后,其最大行驶速度达到了 46 千米/时,符合日军要求。1935 年正式定型,由于这一年是日本皇室纪元 2595 年,所以该型号被命名为"95式"轻型坦克。

95 式轻型坦克战斗全重 7.4 吨,车长 4.3 米,车宽 2.07 米,车高 2.28 米,乘员 3 人,有 1 门 94 式 37 毫米坦克炮。火炮身管相对较长,全炮长 1.36 米,但重仅 64 千克,既轻便穿甲力又强。最大速度 40 千米/时,在当时处于领先水平,最大行程为 250 千米。动力装置采用直列 6 缸风冷式柴油机,最大功率达 120 马力。95 式轻型坦克的最大特点就是采用了更低廉、更安全的柴油为动力装置。车体和炮塔为钢装甲铆接和焊接结构,装甲厚度为 6 毫米~12 毫米,防护性能较弱。整体来说,95 式轻型坦克结构小巧,轻便,机动性好,但防护弱,在当时被称为"支援步兵用战车"。其在参与缺乏坦克武器的东南亚及中国的战争中优势较大,但与美国等交战中只有挨打的份儿。

1938 年日本又研制成功了 98 式轻型坦克。98 式轻型坦克是 95 式的改进版与提高版。其战斗全重为 7.2 吨,车长 4.38 米,车宽 2.07 米,车高 2.28 米,乘员 3 人,主要武器为 1 门 100 式 37 毫米坦克炮,弹药基数 106 发。98 式坦克采用 100 式直列 6 缸风冷柴油机,最大功率提高到 130 马力,主要部位的装甲厚度为 16 毫米。其最大行驶速度达到了 50 千米/时。在外观上,98 式较 95 式轻型坦克车高更低,车长缩短,炮塔形状和内部布置上都有较大变化,机动性上比 95 式又有很大提高。

98 式轻型坦克在防护性、机动性上比 95 式有较大提高,但与同时期的其他国家坦克相比仍然较弱。总共生产 100 辆左右,因此并未发挥多大作用。97 式中型坦克是在 89 式中型坦克基础上改制而来。20 世纪 30 年代中期,89 式中型坦克的火力和机动性已明显落后,"卢沟桥事变"爆发后,日军急需扩大战事。于是,日军采用三菱重工代号为"奇哈"的样车,将其命名为 97 式中型坦克(1937 年为日本皇室纪元 2597 年)。随着战事需要,日军多次对其进行改制,包括一式中型坦克、三式中型坦克,以及四式和五式中型坦克。最终形成的 97 式中型坦克战斗全重 15.3 吨,乘员 4 人,车长 5.516 米,宽 2.33 米,高 2.23 米。动力装置为 1 台功率为 125 千瓦的 12 缸风冷柴油机,最大时速为 38 公里/时。其主要武器为 1 门 97 式 57 毫米短身管火炮,可发射榴弹和穿甲弹,弹药基数 120 发。其车体和炮塔均为钢质装甲,采用铆接结构,最大厚度 25 毫米。97 式中型坦克可以说是日本二战中研制最成功的坦克,总共生产了 1500 多辆,广泛用于侵华战争以及东南亚战争与太平洋战争。

1945 年 12 月 1 日,中国人民解放军成立了东北坦克队,这是中国历史上第一支坦克军队。而当时凭借的就是这种 97 式坦克。在后来的绥芬河剿匪、三下松花江南、攻锦州、打天津等战役中,97 式坦克成为主要装备武器,立下赫赫战功。1949 年国庆大典时,"功臣"号作为我军坦克方阵的首车率先通过天安门广场,接受党和国家领导人的检阅。

3.第二次世界大战

1939 年 9 月,德军突然入侵波兰,英、法等国随即对德宣战,第二次世界大战全面爆发。在这场惨烈的大战中,坦克获得了空前的大发展。无论是以"闪电战"肆虐欧洲大陆的德军,还是同盟国一方的英军、美军和苏军,都把坦克视为陆军核心装备。而且,坦克技术性能的提升、生产数量的猛增及其在战役、战术中的广泛应用也都是前所未有的。

在大战中,同盟国与轴心国共生产了各型坦克及自行火炮 30 余万辆,其代表型号有:苏联 T-34 中型坦克、IS-2 重型坦克,德国 Pzkpfw V "黑豹"中型坦克、Pzkpfw VI "虎"式重型坦克,美国 M3、M4 中型坦克,英国丘吉尔步兵坦克、克伦威尔巡洋坦克等。

1939 年初,共产国际工厂制造出了苏联 T-34 中型坦克样车,经改进后于 1939 年 12 月正式定型,命名为 T-34 中型坦克。T-34 中型坦克装备 1 门短身管 76 毫米火炮,因此又叫"T-34/76 中型坦克"。它的战斗全重为 26.3 吨,乘员 4 人。后来又进行了改装,加强了装甲防护,换装长身管为 76 毫米的火炮,发展出了 T-34/76B、T-34/76V 和 T-43 等 5 种改进车型。1940 年 6 月投产,截止到 1941 年 6 月共生产了 1225 辆。

T-34/85 中型坦克是 T-34 中型坦克的改装版。战斗全重 32 吨,乘员增至 5 人。在 T-34 的基础上对装甲防护进行加强,换装了长身管 85 毫米火炮。车体用轧制钢装甲板焊接而成,炮塔为整体铸件,顶部焊有装甲板,车体装甲厚 18 毫米~47 毫米,炮塔装甲厚 18 毫米~90 毫米。主要武器为 1 门 85 毫米火炮,能够发射穿甲弹、破甲弹、榴弹,初速、破甲力和射程都大幅度提高。辅助武器为 1 挺 DTM 型 7.62 毫米并列机枪和 1 挺相同的前机枪,弹药基数 2394 发,最大行驶速度为 55 千米/时,最大行程达 300 千米。从 1940 至 1945 年的 5 年间,该型号总产量达 4 万辆以上,成为卫国战争的主力。第二次世界大战后,T-34 坦克还参加过如朝鲜战争、越南战争等多次战争,直到 20 世纪 60 年代后期,该坦克才陆续从苏军部队中退役,但仍有如阿富汗、朝鲜、蒙古、老挝和越南等国在继续使用。

二战前夕,为对付德军的 PzKpfw III 和 PzKpfw IV 中型坦克,苏联于 1939 年 2 月开始研制 KV-1 重型坦克。1940 年 2 月,KV-1 开始生产。KV-1 重型坦克战斗全重 46.35 吨,乘员 5 人,主要武器为 1 门 76.2 毫米火炮,弹药基数 111 发。其最大行驶速度 35 千米/时,最大行程 224 千米。车体和炮塔用钢装甲板焊接而成,其前部分别装有 31 毫米和 25 毫米厚的附加装甲,炮塔装甲厚 30 毫米~100 毫米,车体装甲厚 30 毫米~106 毫米。到 1941 年 6 月德军入侵时,KV-1 共生产了 636 辆。

KV-1 的改进型有 KV-1A、KV-1B、KB-1V、KV-1S 和 KV-85 重型坦克等,变型车有自行火炮和喷火坦克等。在 KV 系列中,尤以 KV-85 和 KV-2 型自行火炮最为有名。1943年,装备85毫米炮的改进型KV坦克——KV85诞生。由于其性能上的缺陷,在生产了130辆之后便让位于斯大林-2。KV-2战斗全重43.5吨,车长6.80米,车宽3.33米,车高2.71米,乘员5人,装备了152毫米M10火炮,最大越野速度12千米/时,前装甲厚110毫米。其强大的防护性与火力让德军吃了不少亏。

二战初期,KV系列参与了对芬兰、对德国等多次战役,成为苏联红军重要的武器装备。但是在这些战争中,KV系列存在的一些缺陷如机动性差、火炮威力不足等,不得不促使苏联研制性能更佳的坦克。很快,苏联便研制出IS系列重型坦克,并以苏联最高统帅斯大林名字来命名。该系列坦克在二战期间发展了3个型号:IS-1、IS-2和IS-3。

1943年秋,第一批IS-1重型坦克诞生。其战斗全重44吨,乘员4人;主要武器是1门85毫米火炮,可发射4种弹药,弹药基数71发;发动机为12缸水冷柴油机,功率为377千瓦;最大行驶速度37千米/时;车体装甲厚度22毫米~120毫米。

1943年10月31日,IS-2重型坦克设计定型。其战斗全重45吨,乘员4人,主要武器是1门122毫米火炮,可发射曳光穿甲弹和杀伤爆破弹,弹药为分装式,弹药基数28发。发动机为V形12缸水冷柴油机,功率为377千瓦,最大行驶速度37千米/时,最大行程240千米。车体装甲厚度25毫米~90毫米,炮塔装甲厚度30毫米~102毫米。从1943年秋到1945年6月,IS系列共生产了3752辆,其中IS-2型数量最多,共2250辆。

1943年德国的"虎王"重型坦克在东线上横行霸道,杀伤力极大。为了对付"虎王",苏联决定在T-34中型坦克和IS-2重型坦克基础上研制IS-3重型坦克。IS-3的炮塔前装甲板厚度达230毫米,车体用轧制钢装甲制成,炮塔的防弹外形较好。IS-3重型坦克于1945年1月装备部队,因为出现较晚未能参加二战。战后,IS-3重型坦克发展成为IS-4。IS-4重型坦克发动机功率507千瓦,车体装甲板进一步加厚,安装有12.7毫米并列机枪,改进了悬挂装置,战斗性能得到提高。

除了中型和重型坦克,苏联在二战中还新研制了一系列不同用途的轻型坦克。1941年初,T-40轻型水陆坦克装备到苏军侦察部队和坦克通信部队。其战斗全重5.6吨,乘员2人,主要武器为12.7毫米机枪和7.62毫米机枪各1挺,弹药基数分别为550发和2016发,最大行驶速度45千米/时,最大行程350千米,最大水上速度6千米/时。其车体有点类似于船型,车体备有浮动油箱可以提高浮动能力。车体尾部的一具4片螺旋桨和2个操纵方向的舵足以使其在水上行动自如。

T-40系列一共有两个型号:T-40A和T-40C,总共生产230辆。T-40A轻型水陆坦克在T-40的基础上做了改进,比如在车首装上了防浪板,还将车首顶部扁平的侧板改为流线型。另一改进型T-40C轻型水陆坦克则是增加了车体和炮塔某些部位的装甲厚度。1941至1946年间,T-40系列在苏军中服役,并参加了一些战役。

1940年11月,高尔基汽车制造厂正式投产T-60轻型坦克,接着又将其改进为T-60A轻型坦克,主要用于侦察作战。两种轻型坦克总共生产6022辆。该型坦克战斗全重5.8吨,乘员2人,主要武器为1门20毫米机关炮,可发射穿甲燃烧弹,弹药基数780发,辅助武器为1挺7.62毫米机枪,弹药基数945发。车体装甲厚度为 7 毫米~20 毫米。发动机为 6 缸水冷汽油机,功率 51.45 千瓦。其最大速度 42 千米/时,最大行程 450 千米。

1942 年 1 月底由高尔基汽车制造厂生产并装备部队的 T-70 轻型坦克是在 T-60 轻型坦克的基础上改制而成,后又改制成 T-70A。这两种型号轻型坦克共生产 8220 辆。

T-70 战斗全重 9.8 吨,乘员 2 人,主要武器为 1 门 45 毫米火炮,弹药基数 91 发,辅助武器为 1 挺 7.62 毫米并列机枪,弹药基数 945 发。其发动机为 2 台 6 缸水冷汽油机,每台功率为 51.45 千瓦。其最大速度为 45 千米/时,最大行程 446 千米。车体前装甲厚 35 毫米~40 毫米,炮塔装甲厚 10 毫米~60 毫米。

T-70A 是 T-70 的改进型号,主要是提高了发动机功率,2 台发动机的功率各为 62.48 千瓦,全重 10 吨,车体前部装甲最大厚度为 45 毫米,炮塔装甲最大厚度为 70 毫米。T-70 轻型坦克的变型车主要有 SU-76 自行火炮等。后来,在 T-70 的基础上又研制出 T-80 轻型坦克,1943 年秋装备部队,仅生产了 120 辆。T-80 轻型坦克战斗全重达 11.6 吨,乘员 3 人。其车体和炮塔的装甲增厚,车体前装甲厚 50 毫米,炮塔装甲厚 20 毫米~70 毫米。其主要的改进是采用了电动式双人炮塔,并增加了指挥塔。

1941 年 6 月,德军遭到苏军 KV 系列重型坦克以及 T-34/76 中型坦克的沉重打击。当时,德军所有现役坦克都无法击穿苏军的 KV 系列及 T-34/76 装甲。德国顿觉事态的严重性,1941 年 11 月 25 日,希特勒责成戴姆勒-奔驰和曼公司设计一种新型坦克以应对苏军的 T-34。

1942 年 3 月,戴姆勒-奔驰公司在曾被否决的 VK3001 样车基础上,结合苏联 T-34/76 的设计,研制出了 VK3002(DB)样车。同时曼公司还完成 VK3002(曼)样车设计。与 VK3002(DB)不同的一点就是它的炮塔安装在车体很靠前的位置,这也是借鉴 T-34/76 的设计得来的。

鉴于 VK3002(曼)炮塔位于车身中央而整体性能更好,履带宽 660 毫米而增强了牵引和越野能力、强劲的引擎、长身管 75 毫米火炮、带来更优性能的倾斜式装甲等优势特点,在两种样车都完成测试后,希特勒采用了曼公司的设计,并将其命名为"黑豹"。虽然其受 T-34/76 设计影响,有不少类似之处,但 VK3002(曼)在外形尺寸和技术上都有所不同,它还有自身独到之处便是采用了交错重叠式的负重轮排列设计和双扭杆独立式悬挂装置,这使得其在更复杂地形上的高速行驶能力得以提高。"黑豹"系列有三个改进型号:A 型、D 型、G 型。其中最具代表性的是"黑豹"G 型,它的战斗全重 45.5 吨,车长 9.09 米,车宽 3.42 米,车高 3 米,乘员 5 人,最大行驶速度 55 千米/时,主要武器为 1 门 75 毫米 KwK42L/70 火炮,辅助武器为 2 挺 7.92 毫米 MG34 机枪。它是在 D 型基础上改进而来,有许多创新之处,比如为驾驶员安装了旋转式潜望镜,驾驶员座位被提高,驾驶时头能够伸出舱外;车顶部装甲板厚度达 40 毫米;在车内安置三防通风装置,增加空气流通;还新设计了顶部车体舱口、火炮防盾、排气系统布置和引擎底板;后来,经改进又在战斗室内装置了加热系统。

"黑豹"坦克还有一个划时代意义的创举,就是装置了红外夜视。对于红外夜视装置,德国试验了两种方案:一个是在"黑豹"G 型上试验安装 FG1250 型图像转换器以及 30 厘米红外探照灯。该方案优点是可以在所有装甲战斗车辆上加装。另一种方案是为驾驶员、炮手、车长都提供 30 厘米红外探照灯和图像转换器。后来的几次战役中，红外夜视装置取得不错效果。

黑豹坦克

"黑豹" G 型可以在 800 ~ 1000 米距离外击穿 T-34/85 的前装甲，而 T-34/85 却要在 500 米距离内才能击穿"黑豹" G 型的前装甲。由此可见"黑豹" G 型火力明显优于 T-34/85。曾有统计显示，摧毁 1 辆"黑豹"需要 5 辆 M4"谢尔曼"或者 9 辆 T-34。1944 年 3 月到 1945 年 4 月，黑豹 G 型坦克共生产 2950 辆，成为黑豹系列坦克中产量最高的一种。

有意思的是，正是因为其性能如此出色，所以盟军在缴获较为完好的"黑豹"后一般都会为我所用。苏联也把缴获到的"黑豹"坦克装备到精锐的近卫部队，Sotnikov 中尉的近卫坦克连，一共装备了 3 辆"黑豹" A 型坦克。苏军还常常把缴获的"黑豹"装备给优秀乘员作为奖赏。为了保证"黑豹"的有效使用，苏军下发了使用手册指导乘员使用，使用它的坦克手都会在上面涂上自己的标志，比如涂上战术编号和白色五角星用于辨认。英国、加拿大、法国、美国、波兰部队都曾装备使用过"黑豹"。

Pzkpfw VI"虎"式坦克是二战时期德国比较重要的重型坦克，曾令敌方军队闻风丧胆。德军曾遭遇到夏尔和索玛坦克的威胁，得出地面防空部队的 88 毫米防空炮反坦克能力较强的结论，希望这种装置能配备在新型坦克上。再加上苏联 T-34 型坦克对德军的威胁，德国急需研制一种设计水平更高、性能更优的新型坦克。

1941 年，保时捷和亨舍尔两家公司分别研制了样车。德军整合了两种方案的优势，采用了亨舍尔公司样车的基本架构和保时捷公司样车的炮塔。1942 年 7 月，样车定型后被命名为 Pzkpfw VI"虎"式重型坦克，并于次月投入批量生产。该型号共两种正式车型：E 型和 H 型。"虎"式重型坦克装备一门 88 毫米火炮，可发射多种炮弹，强大的火力对盟军形成了巨大威慑。1944 年 7 月，一辆德军"虎"式坦克在 3900 米的距离上摧毁一辆 T-34 坦克，火力之猛令人咋舌。"虎"式重型坦克装备德军后主要活跃于苏德战场，成为战场上的经典型坦克。同时，它的缺点也是显而易见的，机动性很差，有两种履带，运输时需要更换。后部的装甲板很薄，引擎也容易损坏。1944 年 8 月，随着性能更胜一筹的"虎王"重型坦克的诞生，"虎"式重型坦克不得不停产，总共生产了 1355 辆。

1943 年 1 月，德军在东线战场上的节节失利。虽然德军技术不逊于苏联，但是数量上却不占优势。于是德军决定制造一种新的重型坦克以取代"虎"式重型坦克，以性能优势弥补数量上的不足。为此，德国陆军兵器局责成保时捷公司、亨舍尔公司和曼公司着手研制。最后，三家公司提出了四种设计方案。亨舍尔公司的

VK4503(H)方案被德军方选中。于 1943 年 12 月开始批量生产,被命名为"虎王"重型坦克。

"虎王"重型坦克借鉴了"虎"式和"黑豹"坦克的部件,又对它进行了多项技术创新:采用亨舍尔公司和波尔舍公司的两种炮塔,可乘员 8 人,装备 1 门 KwK43/L71 型 88 毫米加农炮,身管长 6.3 米。它能在 2000 米的距离上击穿美制 M4"谢尔曼"坦克的主装甲,可以发射穿甲弹、破甲弹和榴弹,成为二战中威力最大的坦克。其车体和炮塔为钢装甲焊接结构,防弹性能较好,正面装甲厚度比"虎"式坦克有较大提高,还安装了 FuG5 型和 FuG2 无线电台。即便是这样,"虎王"重型坦克依然存在着功率低、机动性差的缺点,最大越野速度只有 17 千米/时。由于耗油量高而自身携带量低,所以行程只有 110 千米~120 千米。

"虎王"曾相继在明斯克附近和波兰参战。诺曼底登陆时,503 重型坦克营两个连的"虎王"坦克也曾参战,却遭受巨大损失。二战结束前这两个连队的"虎王"坦克全部被摧毁。"虎王"在东、西线也参加了不少战役,1945 年还曾参与柏林战役。"虎王"坦克在战场上遭受的损失,多半是由于自身燃料供应不足和机械故障而被遗弃的。尽管机动性不好,但其强大的威力是不容否认的。"虎王"总共生产了 489 辆,由于数量较少,对二战产生的影响不大。

由于美国远离二战战场中心,可以在武器研制上也稍逊一些。因此他们研制的坦克数量也极少。当时,美军的主要装备是 37 毫米火炮的 M2 中型坦克。M2 中型坦克刚开始生产不久,美军就发现此型已经落伍了,根本无法还击德军的进攻。M2 中型坦克成为美国坦克由轻型向中型转型的标志。被美国军械委员会命名为"M3"的中型坦克是在 M2 基础上进行改进的,它是在车体一侧的突出炮座内安装 1 门 75 毫米榴弹炮,并对装甲进行加厚,1941 年 4 月生产出试验型样车,8 月正式生产,一年之内生产了 6000 余辆。

M3 中型坦克全名为 M3"格兰特"/"李"中型坦克。虽同属 M3 中型,但"格兰特"坦克和"李"坦克却略有不同。装有英国炮塔的被定名为"格兰特"I 型,标准的 M3 中型坦克被称为"李"I 型,M3A1 被称为"李"II 型,M3A3 被称为"李"IV 型,装柴油机的 M3A3 被称为"李"V 型,M3A4 被称为"李"VI 型,M3A5 被称为"格兰特"II 型。

M3 中型坦克战斗全重 27.24 吨,乘员 6 人。主要武器为 1 门 M2 或 M3 式 75 毫米榴弹炮,1 门安装在旋转炮塔上的 37 毫米加农炮,辅助武器为 3~4 挺机枪。车体高达 3.12 米。装甲厚度最大 37 毫米,最小 12 毫米。车体主要部位采用铆接结构,某些采用了铸造和焊接结构。炮塔采用不对称布置并安装了 2 门主炮、车体侧面开有舱门、三层武器配置(指挥塔上的机枪、炮塔上的火炮和炮座上的榴弹炮)、平衡式悬挂装置、主动轮前置和车体上突出炮座。这种设计在外观上显得很独特。总体来说,M3 中型坦克火力强大,机动性也不错。美军装备的 M3 中型坦克在太平洋的岛屿争夺战中发挥了作用。但 M3 中型坦克防护能力不强,车身高,装甲比较薄。尤其是开有侧门虽有利于上下车方便,却降低了防护性,再加上内置空间设计不合理,空间狭小,并且上下两层次两门火炮作战,协调性差。

除了美军装备 M3 中型坦克外,英国、加拿大和苏联军队也采用了该种坦克。英军装备的 M3 中型坦克在北非战场打出了威风。1940 年,英国订购了美国的 M3 中型坦克,于 1941 年装备英军。装备有"格兰特"I 型坦克的英军在加扎拉战斗中首次参战,与装备 75 毫米火炮的德军 PzkpfwⅣ型坦克对抗。1942 年 10 月阿拉曼战役中,英军就是凭借 M3、M4 中型坦克打败了德军隆美尔的非洲兵团。

战争在继续,武器研制的脚步也一直不会间断。根据战场上反馈的 M3 中型坦克的不足,1941 年 9 月,美国军方研制代号为 T6 的中型坦克,该型坦克突出的不同就是将 75 毫米火炮装在了旋转炮塔上。T6 坦克定型并被命名为 M4"谢尔曼"中型坦克。M4 与 M3 的底盘总体布置和行动部分相似,最大的区别就是 M4 坦克的炮塔为整体铸造炮塔,圆弧过渡,尺寸也比 M3 大很多。

M4 坦克的最大特点在于装置了 1 门 M3 式 75 毫米火炮,可以发射穿甲弹、榴弹和烟幕弹。M4 系列改进型、变型和实验型就有 50 多种,主要有 M4、M4A1、M4A2、M4A3、M4A4 和 M4A6 这 6 种型号的改进型,装备的主炮包括 75 毫米、76 毫米、90 毫米和 105 毫米主炮。M4 坦克型号十分复杂,其中,M4A3 的战斗全重为 33.65 吨,车长 7.54 米,车宽 3.0 米,车高 2.97 米,最大行驶速度 42 千米/时,乘员 5 人,装备 1 门 76 毫米火炮,辅助武器为 2 挺 7.62 毫米 M1919A4 机枪。M4 坦克共生产了 49234 辆,成为二战中生产数量最多的坦克。

当时,M4 有几项技术堪称世界领先:采用旋转炮塔,转动一周不足 10 秒钟,在当时速度是最快的;是二战中唯一装备了火炮垂直稳定仪的坦克,能够在行进中瞄准目标开炮。与同期战场上活跃的几种主力坦克相比,M4 虽火力略显不足,但其动力系统的坚固耐用是苏联坦克与德国坦克无法比拟的。比如,德国"虎"式和"黑豹"坦克每前进一千公里就要返厂大修。而 M4"谢尔曼"坦克却只需要进行基本的野战维护即可。由于美军很少配备重型坦克,M4 有时还担当重型坦克的任务——在战场对抗德军。M4 成为二战中后期的著名坦克。

英国是最早研制并装备坦克的国家,然而在某些方面也是最为保守的国家。英国在 20 世纪 30 年代中期制定了坦克按照步兵坦克和巡洋坦克两种类型进行发展的指导方针,并一直延续至第二次世界大战后期,直至二战结束后才彻底抛弃。而英国在二战期间研制的最为典型的这两类坦克,无疑当属丘吉尔步兵坦克和克伦威尔巡洋坦克。

二战中英国生产数量最多的坦克是丘吉尔,总共生产 5640 辆。本来,丘吉尔坦克应该叫"马蒂尔达 20",其与马蒂尔达步兵坦克属同一系列的不同型号,但研制过程中英国改变了主意。于是,研制代号为 A22 的步兵坦克的任务落到了沃克斯豪尔汽车公司身上,坦克的名字也因此改变。7 个月后第一辆样车诞生。1941 年 6 月,第一批 14 辆丘吉尔坦克交付英军,并开始大批量生产。

丘吉尔型号系列坦克的战斗全重都接近 40 吨,车全长为 7.35～7.65 米,车宽 3.25 米,车高 2.48～2.68 米,乘员 5 人。发动机位于中央,两侧是散热器和燃油箱。主动轮在后,诱导轮在前。内部由前至后依次为驾驶室、战斗室、动力传动舱。车体每侧都装有 11 个小直径负重轮,这样即使有个别损坏,仍能保证坦克正常运行。而且这种装置结构简单、造价低廉便于生产。因此这种行动装置是丘吉尔步兵坦克的最大特色。该型坦克共有 18 种型号,类型十分复杂。此外,丘吉尔步兵坦克衍生出了包括喷火坦克、扫雷坦克、坦克架桥车、装甲抢救车、装甲工程车、自行火炮和装甲输送车等在内的六十余种变型型号。

同丘吉尔坦克的情况类似,克伦威尔坦克也是英国最后几种巡洋坦克之一。

1940年末至1941年初,英国陆军就有了制造"重型巡航战车"的计划。这种巡洋战车要优于早先的十字军巡洋坦克,能抵御德国 Pzkpfw Ⅳ 型坦克75毫米短身管炮的射击,能安装57毫米炮。1942年初,原型车试制完成,被命名为骑士巡洋坦克。其有与十字军巡洋坦克相同的发动机,但该型坦克战斗全重达27吨,机动性能较差,未投入使用,后被改为炮兵观察车。后来,莱兰德动力公司对骑士坦克进行了改进,称为"人头马",但其因仍没达到英军要求而被搁置。

后来,"人头马"坦克经白金汉公司改进,安装了梅林大功率航空发动机后进行试验,后又经改进于1943年1月生产,这就是"克伦威尔Ⅰ式巡洋坦克"。克伦威尔坦克重28吨,乘员5人,最大装甲厚度76毫米,其Ⅰ~Ⅲ型均安装57毫米炮,最大行驶速度达64千米/时。遭遇德国"黑豹"后,英军看到了克伦威尔的不足:火力显得太弱,防护性能不好。于是英国人加大了克伦威尔的装甲厚度,使其达到102毫米,装置75毫米火炮,而把最大行驶速度降至61千米/时。

由于德国 Pzkpfw Ⅳ 中型坦克后来改装的75毫米长身管火炮炮口初速远超英军坦克,1942年,英国陆军又委托白金汉公司对克伦威尔坦克进行改进,使其能够装置炮口初速超过德国 Pzkpfw Ⅳ 的76毫米火炮。其改进型号被重新命名为挑战者巡洋坦克。该型底盘外形与克伦威尔坦克相似,但炮塔完全不同。此时,挑战者巡洋坦克的战斗全重增至31.5吨,最大装甲厚度102毫米,最大时速51.6千米。

除挑战者坦克外,1944年2月英军还研制成功了彗星巡洋坦克。彗星巡洋坦克战斗全重32.5吨,乘员5人,炮塔为全焊接式,更为低矮,前上方呈坡状,采用克里斯蒂悬挂装置,而且增加了4对托带轮,最大装甲厚度为101毫米。其发动机和许多部件都与克伦威尔相同,只是外观上改变较大。它是当时为数不多的可与德国"黑豹"相抗衡的坦克之一。1944年9月该型第一批坦克出厂,装备英军第11装甲师第29装甲旅。1944年12月16日阿登战役爆发打乱了其改装计划,直到1945年3月23日盟军强渡莱茵河后才投入使用,但这时二战马上就要结束了。因此,它也就成为英军巡洋坦克的收官之作。此后,英国就不再生产巡洋坦克了。

4.主战坦克时代

第二次世界大战结束后,世界历史翻开了新的篇章。然而,爆发新的世界大战的可能性并没有彻底消除。昔日的盟友——美国和苏联很快便开始了一场笼罩在核阴影下的冷战,并且各自成立了北约和华约两大阵营,双方对立的核心区域就是欧洲。鉴于二战中以坦克为主的装甲部队在欧洲战场上的巨大威力,美国和苏联都没有放缓新型坦克研发的势头,反而投入了更大的人力、物力。由此,世界坦克发展开始进入到一个全新的主战坦克时代。

二战结束后,美国、苏联等国在坦克研制上依然遵循轻型坦克、中型坦克和重型坦克的发展思路,其在作战使用上也有着比较明确的分工:轻型坦克主要担负侦察、警戒任务,以及在山地、水网、丘陵等不利于中型坦克和重型坦克作战的地域发挥作用;中型坦克则是装甲部队的主要突击力量;重型坦克主要用于支援中型坦克作战并对抗敌方的重型坦克。这一时期出现的典型中型坦克有:美国 M26"潘兴"、苏联 T-44 等;而重型坦克的典型代表有:苏联 T-10、美国 M103 以及英国"征服者"等。

不过,随着技术的发展,尤其是火炮技术、装甲防护技术、柴油发动机技术的进步,以及火控技术和夜视技术的出现,使得20世纪50年代装备的新一代中型坦克能够集以往传统中型坦克的机动能力与重型坦克的火力、防护力于一身,也就具备了同时替代传统中型坦克和重型坦克的能力。因此,这一代中型坦克在技术特征上已经与二战中装备使用的传统中型坦克有了很大的区别,由此便形成了世界坦克发展的一个新家族——主战坦克。

世界第一代主战坦克的典型代表有:美国M46/47/48"巴顿"、苏联T-54/55、英国"百人队长"等。它们的主要技术特征是:多装备90毫米~105毫米线膛炮,战斗全重36~52吨,可发射脱壳穿甲弹、破甲弹和碎甲弹,能够击穿300毫米~350毫米钢装甲;有的型号已经采用火炮稳定器、机械式模拟弹道计算机、光学测距仪、红外夜视仪;开始采用更好的防弹外形、装甲进一步加厚,为了应对核生化战争而装备了三防系统;在发动机方面,已经开始从汽油机向柴油机过渡。

20世纪60年代,美国、苏联和英国在第一代主战坦克的基础上研制成功了第二代主战坦克。同时,更多的国家也纷纷加入新型主战坦克的研发中,如第二次世界大战的战败国——德国和日本,第二次世界大战的战胜国法国,以及印度、瑞典、瑞士等国。第二代主战坦克的典型代表有:美国M60"巴顿"、苏联T-62、英国"酋长"、德国"豹"1、法国AMX-30、印度"胜利"、瑞典Strv103以及瑞士Pz61等。它们的主要技术特征是:普遍采用105毫米线膛炮,T-62的主炮口径甚至达到了115毫米,开始使用尾翼稳定脱壳穿甲弹这一新型弹药;安装有火炮双向稳定器和更先进的激光测距仪;全面装备了大功率柴油发动机和多燃料发动机、双功率流传动装置、扭杆独立悬挂装置、潜渡装置;装甲厚度进一步增加。此外,随着核战争爆发可能性的逐步加大,三防装置已经成为这一代主战坦克的标准配备。在性能侧重上,各国在发展第二代主战坦克上也有所不同:法国和德国注重机动性能,英国则偏重防护能力,而美国和苏联同时兼顾机动性能和防护能力。

需要特别说明的是,日本研制主战坦克的情况较为特殊,其在20世纪60年代装备的61式坦克技术水平实际上只相当于第一代主战坦克。因此,日本在主战坦克的发展上一直比其他国家晚一段时间,直到1974年才装备其研发的第二代主战坦克——74式。

20世纪70至80年代,第三代主战坦克纷纷问世,其在火力、机动性和防护力方面与第二代主战坦克相比又有了大幅提高,战斗全重也普遍增加。而且,可靠性、可用性、可维护性和耐久性也被列为坦克设计的主要技术指标。

在火力方面,第三代主战坦克都装备120毫米以上口径的大威力高压滑膛炮,苏俄及少数西方国家第三代主战坦克还装备了自动装弹机,从而可以取消以往必需的装填手,实现三人制坦克乘员组。而且,苏俄第三代主战坦克能够发射炮射导弹,进一步提升了精确打击距离,并具备一定的反直升机能力。在使用弹种上,由于普遍装备了滑膛炮,因此第三代主战坦克能够更好地发射尾翼稳定长杆式脱壳穿甲弹和多用途弹。其中,尾翼稳定长杆式脱壳穿甲弹的穿甲弹芯除了以往的钨合金外,还出现了贫铀材料,从而进一步增加了穿甲威力。

在火控系统方面,第三代主战坦克的信息化程度大幅提升,实现了"猎-歼"能力,并且配备了数字式弹道计算机、微光及热成像仪,具有较高的行进间射击首发命中率,缩短了反应时间,提高了夜战能力。

在机动性方面,第三代主战坦克多数装备涡轮增压柴油及多燃料发动机,有的如美国 M1 和苏联 T-80 更是率先采用了燃气轮机、进气中冷和电子控制技术。大功率的发动机与带静液转向机构的传动装置和扭杆、液气悬挂装置相配合,大幅提高了第三代主战坦克的越野行驶速度和灵活性。

在防护力方面,随着反坦克导弹及新型穿甲弹的发展,第三代主战坦克已经普遍装备各种复合装甲,用以取代以往传统的均质钢装甲。有的主战坦克还采用了贫铀装甲和附加式反应装甲,显著提高了抵御各种反坦克弹药打击的能力。此外,自动灭火抑爆装置、三防装置和防红外侦察涂料的应用也更加广泛,使第三代主战坦克拥有了更强的战场生存能力。

正是因为有了如此优异的性能,第三代主战坦克诞生至今一直是各国装甲部队的核心主力。而且经过不断改进,第三代主战坦克的诸多改型也在随着时代的进步而不断提升着自身的性能。

1991 年 12 月 25 日,苏联解体,从而宣告自 1947 年开始的四十余年的冷战的结束。随着东西方两大阵营的军事对峙的终结,欧美各军事强国对于第三代主战坦克之后新一代主战坦克的研制需求便不再迫切。因此,自冷战结束至今,欧美各军事强国基本上都是在不断改进现有的第三代主战坦克,而没有研制全新一代的主战坦克。不过,如今还是有不少国家依然执着于新型坦克的研发,如韩国的 XK-2、日本的 10 式、土耳其的"阿尔泰"、印度的"阿琼"和巴基斯坦"哈立德"等。不过,这些国家所研制的新型坦克在各方面性能上与已有的第三代主战坦克相比,并没有质的飞跃,因此也同样属于第三代主战坦克之列,而非真正意义上的第四代主战坦克。

事实上,对于未来可能出现的第四代主战坦克究竟有哪些技术特征,现在各国军方及坦克设计人员也没有十分明确的概念。一种观点认为,第四代主战坦克应该在火力、机动、防护以及信息化方面再有一次质的飞跃,如采用 140 毫米大威力滑膛炮甚至电热化学炮、体积和重量进一步减小的大功率发动机、具备主动防御能力的电磁装甲以及采用光纤总线的高度信息化车载电子系统等。不过,这些新技术还有诸多难关尚未攻克,短期内走向实用化并不是很现实。而另一种观点认为,随着整个作战系统信息化程度的提高,尤其是网络中心战概念的出现,使得单一作战平台的性能高低不再显得那么重要,轻型、灵活、高效的新一代轮式或履带式装甲战车族将取代传统意义上的主战坦克。

(二)坦克分类简介

1.主战坦克

主战坦克一般是指在战场上担负主要作战任务的战斗坦克,它是在 20 世纪 60 年代由传统的中型和重型坦克发展演变而来。其火力和防护性能达到或者超过了以往重型坦克的水平,同时又具备了中型坦克机动性好的特点,是目前各国装甲兵的基本装备和地面作战的主要突击兵器。现役主战坦克多采用高膛压、高初速的大口径滑膛炮(120 毫米以上),也有少数型号采用线膛炮,主要使用长杆尾翼稳定脱壳穿甲弹、破甲弹和榴弹;普遍装备了以计算机为中心的火控系统(包括各种传感仪、火炮双向稳定器、激光测距仪和夜视仪等);动力装置多采用大功率涡轮增压柴油机或燃气轮机,最高越野时速 55 千米以上,最大行程 650 千米左右。此外,主战坦克的车体和炮塔均装备有各种先进的复合装甲和反应装甲,有的型号还安装有主/被动防御系统。

2.轻型坦克

轻型坦克一般是指战斗全重 10~20 吨,装甲防护较弱的坦克,其主要用于侦察、警戒和特定条件下的作战,通常装备坦克部队和机械化步兵(摩托化步兵)、部队的侦察分队、空降兵和海军陆战队。在第二次世界大战之前出现的轻型坦克,其装备的火炮口径一般不超过 85 毫米。而战后至今研制的各种轻型坦克的火炮口径已经增大至 105 毫米甚至 120 毫米,在火力上已经具备与主战坦克抗衡的能力。

3.中型坦克

中型坦克一般是指 20 世纪 60 年代之前出现的、战斗全重 20~40 吨、火炮口径不超过 105 毫米的坦克。在主战坦克出现之前,中型坦克是大多数国家陆军装甲兵的主力装备。

4.重型坦克

重型坦克一般是指 20 世纪 60 年代之前出现的战斗全重 40~60 吨、火炮口径最大可达 122 毫米的坦克,其最主要的任务是支援和掩护中型坦克作战。主战坦克出现后,重型坦克已经体现不出火力及防护力上的优势,逐渐退出了历史舞台。

5.空降坦克

空降坦克是一种用于空降作战的特制轻型坦克,其最早出现于第二次世界大战前夕。当时的英国和苏联都曾研制过空降坦克,并在二战中投入使用。这种坦克的体积和重量较小,既可以装载在滑翔机内空运,也可以利用特制的降落伞进行空投。二战结束后,各国已很少发展专用的空降坦克,只有美国专门为空降部队研制了 M551 空降坦克。

6.水陆两栖坦克

水陆两栖坦克是一种能够自身浮渡、装备有水上推进装置、可在水上和陆上使用的轻型坦克。这种坦克重量较轻、装甲较薄,主要用于水网稻田地区强渡江河和登陆作战。其水上行驶既可以依靠螺旋桨或喷水式推进装置,也可以利用履带划水推进。

7.喷火坦克

喷火坦克是一种装有喷火器的坦克,其多由现有坦克改装而成。这种坦克主要靠近距离内喷射燃烧的油料未杀伤有生力量、技术装备,或者摧毁敌方掩体和工事等。有些喷火坦克以喷火器为主要武器,喷火器通常安装在炮塔上以代替火炮。有的喷火坦克则以喷火器为辅助武器,依然保留原来的火炮和机枪。装有喷火油料的贮存器可以装在坦克车体内或车体外,也可以用单轴挂车携载。喷火坦克在第二次世界大战中应用较为广泛,在朝鲜战争和越南战争中美国也曾使用过。不过20世纪70年代后,喷火坦克便逐渐销声匿迹了。

8.扫雷坦克

扫雷坦克是一种具备扫雷能力的坦克,其基本上也多由现有坦克加装扫雷装置改装而成。在不执行扫雷任务时,可以把扫雷装置拆卸下来,使其恢复成普通坦克。它是坦克部队和机械化步兵(摩托化步兵)部队克服雷场障碍的主要装备,用于反坦克地雷场中为己方开辟通路。扫雷时,这种坦克通常在坦克分队战斗队形内边扫雷边战斗。

(二)世界王牌主战坦克

1.“豹”2 坦克:陆战王中王

“豹”2 主战坦克是由德国的克劳斯－玛菲公司和克虏伯－马克公司生产的,1966 年开始研制,1976 年至 1979 年间为改进和定型生产阶段,1979 年 10 月,第一批“豹”2 坦克正式装备部队。

“豹”2 坦克由 25000 多个零、部件构成,参与生产的厂家多达 1500 家,可以说是集中了西德工业技术力量的精英。将“豹”2 坦克和美国的 M1 坦克进行对比,发现“豹”2 在机动性和火力方面都比 M1 要略胜一筹,只是防护性比 M1 要稍弱一些。由此可见,“豹”2 坦克的确身手不凡。

“豹”2 式主战坦克的战斗全重为 55 吨,乘员为 4 人。外部识别特征为:侧面看,有 7 个负重轮,第 2、3、4 轮之间的距离稍短;有侧裙板,后面 3 块“下摆”呈折线状;炮塔尾舱较大;炮塔后部有两排共 8 具烟幕弹发射筒;炮塔后部的横风传感器,好像孙悟空尾巴变成的旗杆;动力舱有一点上翘。从正面看,最突出的特征是炮塔较大,有棱有角,立面是垂直的。从顶面看,后部的两个环形散热器的圆形进气口很显眼。从后部看,环形散热器的排气口格栅十分醒目。

著名的莱茵金属公司研制的“豹”2 式坦克的 120 毫米滑膛炮,装有立楔式炮门和液压半自动装弹机,配用半可燃药筒的尾翼稳定脱壳穿甲弹;采用能自动计算内外弹道影响数据的综合电子火控装置,单独稳定的车长周视潜望镜,炮长周视激光测距瞄准镜和夜视瞄准镜。辅助武器为一挺 7.62 毫米并列机枪和一挺 7.62 毫米高射机枪。“豹”2 式坦克的 120 毫米滑膛炮还是很有名气的。1975 年在英国举行的英、美、西德三国坦克炮射击比赛中技压群芳，一举夺魁。美国的 MlAl 坦克和日本的 90 式坦克都选用了莱茵金属公司的 120 毫米滑膛炮。由于采用了热像仪，具有全天候作战能力。

"豹"2 坦克的动力装置采用一台 MTU 公司生产的 MB873Ka-501 型水冷、涡轮增压、多燃料发动机。它不仅功率高，结构紧凑，而且加速性能好，燃油比耗量低，有电子控制和工况监测系统。这种发动机不仅在 20 世纪 70 年代末，就是到了今天仍然是世界上功率最高的坦克柴油机。"豹"2 坦克的单位功率高，最高速度可达 72 公里/小时，而且由于它悬挂装置性能好，在越野行驶时可以发挥最大速度，任凭路面崎岖不平，仍可以疾驰如飞。"豹"2 坦克装上通气筒后，可在 4 米深的水下潜渡。夜间驾驶时，驾驶员可利用像增强式夜视仪。因此，"豹"2 型主战坦克反应敏捷、快速灵活，机动性能高超。

在"豹"2 坦克的设计过程中，就十分重视提高坦克及乘员的生存能力，在总共 20 条战术技术要求中，把"乘员生存能力"放在首位。具体措施包括：

采用间隙式复合装甲。装甲分配比例为：炮塔占 45%，车体正面 21%，车体两侧 16%，车体两侧下部及底装甲 13%，车体两侧后部 3%，车体后部 2%。采用隔舱化布置，防止二次杀伤效应。降低车高，并加大装甲板倾角。有集体式三防系统。车体两侧有侧裙板，提高了对破甲弹的防护能力。有自动灭火抑爆装置。

"豹"2 坦克的另一个优点是可靠性高，维修性好。各系统的主要部件经过严格检验，保证了加工及装配质量。车内装有系统的自检装置，可监视部件的工作状况。动力传动装置可以很方便地从车内整体吊出。据说，只要 15 分钟便可以将整个动力传动装置吊出，而 Ml 坦克则需要 45~60 分钟。

2. "公羊"坦克：并非是"白羊"

意大利的主战坦克叫"公羊"而不称作"白羊"，是中国人翻译造成的，该坦克原来的意大利名字是 Ariete 坦克。

第二次世界大战后，直到 20 世纪 70 年代末期，意大利未能生产和研制坦克。这可能跟意大利是"二战"中的战败国有关。1981 年，意大利的奥托·梅莱拉公司设计并生产出 OF40 主战坦克，出口到阿拉伯联合酋长国，而意大利陆军并未装备。意陆军装备的坦克是 M60A1 和"豹"1 坦克。

1984 年初，意大利陆军放弃原定购买"豹"2 坦克的计划，决定自行研制主战坦克。由意大利的奥托·梅莱拉公司为主承包商，阿维科·菲亚特公司为底盘部分的承包商，研制的代号为 C-1 主战坦克。它和同时研制的 B-1"半人马座"装甲车一道，构成了意大利陆军"装甲部队现代化计划"的核心装备。

1986 年底，制成了头一辆样车。1987 年 6 月，意大利陆军正式命名为 C-1 Ariete 主战坦克。1988 年，生产出 6 辆样车，并开始了行驶试验，这项试验一直进行到 1992 年初。1992 年 6 月，军方和厂家签订了生产 200 辆 C-1 Ariete 主战坦克的合同，首批生产型坦克于 1993 年底交货，每年交付 33 辆，到 2000 年前交齐 200 辆坦克。

那么，这个 Ariete 到底是什么意思呢？这里面还有一个译名趣事。国内权威性的坦克类工具书和刊物有两种译法：一种译为"阿瑞特"坦克，一种译为"公羊"

坦克。到底哪一个对呢？应当说，都对，又都有点问题。前一种译法是音译，而当前约定俗成的做法是"装备名称尽量用意译"。后一种译法倒是意译，但又不完全确切。查阅《意汉大词典》可以知道，Ariete 有多种解释，包括"公绵羊、（古兵器中的）攻城槌、撞墙锤、白羊座"等。联想到欧洲中世纪时，攻城槌和撞墙锤在攻城中经常使用，而坦克又是进攻性武器，似乎译为"攻城槌"坦克最为恰当。不过，以星座和星星来命名军事装备也不乏其例。什么北极星、天狼星、冥王星、室女座、英仙座、天琴座、半人马座、御夫座、银河等等，比比皆是。而和 C-1 坦克相配合的 B-1 装甲车，就以"半人马座"命名，所以，笔者认为，Ariete 坦克译为"白羊座"坦克，似乎更恰当些。况且，一个星座就对应着一个美丽动听的希腊神话。再加上 Ariete 对应着"攻城槌、撞墙锤"，而 Centauro（半人马座）又可转译为"摩托车运动员"，一语双关，妙不可言。不过，国内的行家们已经习惯了"公羊"坦克这一称呼。不管怎么翻译，公羊坦克是 20 世纪 90 年代初，意大利研制出具有先进水平的主战坦克。

3."号角"坦克：作战还要带澡盆

"号角"坦克是南非的主战坦克。主战坦克带澡盆，这可是个新鲜事。南非的主战坦克就有此一绝。南非地处热带地区，气候炎热，在这种气候中进行野外作战训练，驾驶员们常常是沙尘满身，为考虑乘员在野地里痛痛快快洗澡的需要，装甲车辆设计者们在设计坦克时特地在炮塔尾部设计了一个储物的闲舱，一来可以储存物品，二来还可以当澡盆用。所以，这个澡盆是最受南非坦克兵欢迎的装置之一。战斗时，只能把水放掉当储物室用。

南非的"号角"主战坦克虽然不如 M1、"豹"2、M2、"黄鼠狼"等名气大，但很有自己的特色。其一，主战坦克带澡盆。其二，采用轮式。南部非洲大部分是高原，地势平坦，便于车辆机动，再加上长途跋涉的军事需要，南非研制的装甲车辆很重视公路机动性，以至于能采用轮式的，就不采用履带式。不仅步兵战车是轮式的，就连 155 毫米自行榴弹炮也是轮式的，这在其他国家十分罕见。其三，不特别强调火力，为了多携带几发炮弹，甚至有意选择口径较小的主炮。其四，在坦克设计中，还特别注意适应热带气候的特点，对外国坦克进行改造吸收。

"号角"坦克是对英国"百人队长"主战坦克改装基础上设计生产出来的。南非换上了经英国特许生产的 L7 型 105 毫米坦克炮，并加装了新的炮膛抽烟装置和热护套，以气冷柴油机和自动变速箱代替原来的汽油机和手动变速箱，主炮的弹药基数为 68 发，在同一类型坦克中是数一数二的。这充分考虑了坦克远离基地作战的需要。辅助武器为 2 挺 7.62 毫米机枪。烟幕弹发射器的安装位置也很特别。一般坦克的烟幕弹发射器多安装在炮塔前部两侧，而"号角"坦克的烟幕弹发射器则安装在炮塔尾部两侧，这样可以在坦克穿越丛林时避免烟幕弹发射器被树枝刮掉。

"号角"坦克安装了一台功率更大的涡轮增压柴油机，功率达 690 千瓦。公路最大速度达到 58 千米/小时，传动装置中采用自动变速箱，有 4 个前进挡和 2 个倒挡，还有一个双速机械转向装置，驾驶员换挡和转向都很灵便。它的扭杆式悬挂装置也是新设计的，使负重轮的总行程达到了 435 毫米，提高了坦克在不平路面的行驶能力。

在车首体上甲板、炮塔正面和侧面都增装了特殊装甲,提高了对正面攻击的防护能力。底甲板的设计也很特殊,是双层的,两层底板中间有一个空间,除了安装扭力轴外,还能衰减地雷爆炸波的能量,增强对地雷的防护能力,这也是南非军方从实战中总结出来的改进措施。坦克的炮塔也是重新设计的。其突出特点是炮塔围绕其旋转中心保持平衡,这样更利于炮塔旋转。

4."勒克莱尔"坦克:"世界上最先进的主战坦克"

法国把主战坦克命名为 AMX-勒克莱尔,主要是为了纪念法国装甲兵元勋勒克莱尔·德·英特克洛克将军的。

装有自动装弹机和先进的火控系统。"勒克莱尔"坦克是西方第一种实现了三人乘员组的主战坦克。由于"勒克莱尔"坦克装上了自动装弹机,取消了装填手,炮塔内只有两名乘员,车长在火炮的左侧,炮长在火炮的右侧,车长和炮长均有完善的观察瞄准仪器。主要武器是一门法国自行研制的 CN120 型 120 毫米滑膛炮,带自动装弹机。火炮身管采用先进的自紧工艺和内表面镀铬工艺,提高了强度和耐磨性。辅助武器为一挺 12.7 毫米并列机枪和一挺 7.62 毫米高射机枪。高射机枪可由车长或炮长从车内遥控射击。

"勒克莱尔"坦克上的火控系统是当代主战坦克上最先进的"猎手-射手"式火控系统。系统中包括数字式计算机、炮长用和车长用的独立稳定的热成像瞄准镜、火炮双向稳定器、激光测距仪和各种传感器等,可以说集现代主战坦克火控系统之大成。它可以在 1 分钟内捕捉 5 个目标,而一般的现代化坦克只能捕捉 3 个目标。"勒克莱尔"坦克的第二个特点是采用了独一无二的超高增压柴油机,由法国联合柴油机公司研制,型号为"普瓦约"V8X 型。超高增压技术是法国率先应用于柴油机上的,在世界上居于领先地位。

独占鳌头的战场管理系统。"勒克莱尔"坦克首次在主战坦克上采用了自动化的战场管理系统。说它是"面向 2000 年的计算机化的坦克",这恐怕是最重要的一条。战场管理系统,再加上数字式多路传输数据总线,使"勒克莱尔"坦克的指挥能力和自动化水平提高了一大步。"勒克莱尔"坦克上的电子设备是围绕着数字式数据总线来布置的。数据总线可连接 32 个接口,而每个接口又可同 32 个子系统相连。但是,实际上只用了 7~8 个接口,一方面使总费用不至于太高,另一方面也为功能扩展留下了余地。

数据总线所连接的终端有:1.火控和火炮瞄准、驱动装置相对应的两个中央微处理机。2.炮长和车长的昼夜合一瞄准镜。每个瞄准镜分别有两个微处理机,控制瞄准镜的工作,并能进行必要的运算。3.炮口径视微处理机。4.控制自动装弹机的微处理机。5.同驾驶员控制面板连在一起的微处理机。此外,还需要为即将安装的 PR4G 型跳频数据传输网络电台终端准备一个接口卡。

车上还有自主式导航定位系统、自动报告系统等。将"勒克莱尔"坦克的电子系统作为一个集中系统来设计,可使坦克乘员向其他坦克和上级指挥官报告重要的信息,也可以接收对方传来的信息,如指示坦克的位置、目标、弹药和油料消耗情况、故障部位等。当某一个部位遭到破坏或出现故障时,系统会自动地组成新的系统,即选择对整体影响不大的工作方式继续工作,提高了系统的可靠性。有了战场管理系统和先进的观瞄仪器,使"勒克莱尔"坦克具有全天候作战能力。

面目一新的装甲防护。"勒克莱尔"坦克的样车一出现,战斗全重就由上一代AMX-32坦克的40吨一下子提高到53吨,再加上采用了模块式复合装甲,给人以面目一新之感。这种模块式复合装甲既便于修理,又便于更换为性能更先进的复合装甲,有发展潜力。这种复合装甲以多层钢装甲和陶瓷材料为基础,既能防破甲弹,也能防穿甲弹。对穿甲弹的防护能力较以前的均质钢装甲提高了一倍。此外,顶部防护也得到了加强。以装甲防护为基础,加上综合的防护措施,使"勒克莱尔"坦克具有极强的战场生存力。

5."梅卡瓦"坦克:"世界上防护力最强的坦克"

"梅卡瓦"坦克具有以下特点:设计的指导思想与众不同。研制的核心人物是被称为"以色列坦克兵之父"的塔尔少将。他明确提出,"只有具备充分防护力的坦克,才能算是真正的坦克"。根据四次中东战争的经验和对坦克中弹损伤情况的分析,以色列军方坚持了"防护第一,火力第二,机动性第三"的设计思想,使得"梅卡瓦"坦克独具匠心。

最重视生存力的坦克。突出防护特点之一是采取发动机传动装置、油箱等前置的布置方法,从车首至战斗室共有五层装甲防护,车体后端有两扇门,两旁有蓄电池和三防装置。防护特点之二是,车体四周、炮塔周壁几乎都是二层或三层间隔装甲,对空心装药破甲弹及动能弹都有良好的防御效果。防护特点之三是,将全部弹药储放在位于车体后部的用特种材料制成的防火箱内,使弹箱在1000℃高温下持续1个小时,保护弹药不被引爆。再有就是为确保乘员安全,配备了自动灭火和防爆装置。

"梅卡瓦"的多种防护措施,经受住了1982年黎巴嫩战争的考验,表现出很强的生存能力。在整个战争中投入的300辆坦克中,只有10辆被打坏,车内乘员无一人死亡,甚至有一辆坦克是被连续命中37发炮弹。这10辆坦克在不到2天的时间就得到了修复。

在战场上,一般坦克发动机被破坏率占被打坏坦克的70%,而有厚装甲防护的"梅卡瓦"坦克的发动机没有一台被打坏。通常被击中的坦克有30%要起火,起火后有85%~90%的坦克将全部烧毁。"梅卡瓦"坦克被击中后只有15%起火,而且无一烧毁。由于采用隔舱化,设有装甲防护的自封式油箱和防火弹药箱,使得造成二次破坏效应的概率降至最小。

除此之外,"梅卡瓦"用105毫米炮击毁了9辆苏制T-72坦克。通过以色列用自制的105毫米脱壳穿甲弹将T-72复合装甲击穿的战例,使人们对以寡敌众、以质胜量的以色列人为什么叫"沙漠中的仙人掌"有了更深的了解。

融合5次实战经验(4次中东战争和黎巴嫩战争)研制出的"梅卡瓦"3型于20世纪90年代装备部队,主炮采用120毫米滑膛炮,坦克、正面及两侧挂装有模块化特种装甲,"埃尔比特"数字式火控系统包括激光测距仪、回旋稳定瞄准器、弹道计算机、电动油压式炮身固定装置等一级精品。该坦克战斗全重60吨,乘员4人,发动机功率为895千瓦,最大速度60公里/小时,越野速度40公里/小时,最大行程500公里。主要武器是120毫米滑膛炮,弹药基数62发,辅助武器中有1门60毫米迫击炮,采用扰动式火控系统。

6."挑战者"坦克:备受挑战的当代著名主战坦克

"挑战者"主战坦克由英国皇家军械公司的里兹坦克厂生产,是当代著名的主战坦克之一。

由于"挑战者"坦克是在"酋长"坦克的基础上改进而成,继承了"酋长"坦克的许多部件。这样,"挑战者"除了防护性外,其火控系统和机动性都比 M1 和"豹"2 坦克要差一截。为了使"挑战者"的性能再提高一步,英国国防部于 1988 年 12 月和维克斯公司签订了为期 21 个月的"挑战者"2 型坦克的研制合同。合同规定,1990 年末应向军方交出 2 辆样车,1992 年下半年交付第一批生产型样车。由于维克斯公司于 1986 年购置了皇家军械公司的里兹坦克厂,研制"挑战者"2 型坦克的任务,就全部由维克斯公司来承担了。

1990 年,"挑战者"2 型坦克问世。与原来的"挑战者"坦克相比,2 型有 16 项重大改进,主要包括:采用 L30 型 120 毫米线膛炮,新型的 TN54 自动变速箱,最新的"乔巴姆"装甲,新型的火控系统和增强顶部防护的新炮塔等。其中,以火控系统的改进最大。这种火控系统是 M1A1 坦克火控系统的改进型,包括新型火控计算机、稳像式三合一瞄准镜、全电式炮控系统等。显然,"挑战者"2 型坦克的性能较原来的"挑战者"坦克有了大幅度提高。但是,"挑战者"主战坦克,无论是 1 型也好,2 型也好,都面临着严峻的挑战。现在看来,20 年来,它至少面临了三次巨大的挑战。

一次是英国未来坦克选型的挑战。1987 年,英国国防部以国际上公开招标的方式,来选定英国未来的主战坦克。一时间,西方各国的坦克生产厂商纷纷响应,决心一争高低。美国通用动力公司的 M1A1 坦克、德国克劳斯-玛菲公司的"豹"2 坦克、法国 GIAT 公司的"勒克莱尔"坦克,再加上英国维克斯公司的"挑战者"2 坦克等西方各国先进的主战坦克都登台亮相。后来,美国又拿出 M1A2,德国又拿出了"豹"2 改进型。参加竞争的厂商各抒己见,都说自己生产的坦克最棒,有的厂商还提出了相当优惠的条件,一时间搞得沸沸扬扬。1991 年 6 月,英国国防部终于宣布,选定"挑战者"2 主战坦克为英国的未来坦克。至此,牵动 4 国 4 方、历时 4 年的"坦克采购大战",终于画上了一个句号。显然,贸易保护主义在这里起了至关重要的作用。

第二次是海湾战争的挑战。海湾战争中,有 177 辆"挑战者"坦克投入了战斗。英军的第 7 装甲旅和第 4 装甲旅担任伊科边境西线钳制作战任务,出色地完成了任务。经过实战的考验,证明"挑战者"坦克的可靠性相当高,这使它又一次赢得了声誉。

第三次挑战也是一次"商战"。海湾战争之后,各国的军火商纷纷看好中东地区这个大市场,都想在已经开始萎缩的国际军火市场上,占领一席之地,英国也不甘落后。不过,这一次"商战"的结果,英国一方只获得有限的订单。阿曼订购了 18 辆"挑战者"2 坦克,也有可能再订购 18 辆。和 M1A2、"豹"2、"勒克莱尔"坦克相比,英国的订单,只能算是个"零头"。不管怎么说,总比一份订单没有要强。无疑,在未来的岁月里,"挑战者"2 坦克还要经历一次又一次的挑战。

靠的推进系统。陆地上行驶时，AAAV是地地道道的履带式战车，需要依靠可以克服各种复杂地形及障碍的履带作为推进装置，这种推进装置既要满足陆上高速行驶的要求，又要适应水中行驶时能浮起的要求。水中行驶时 AAAV 就像一条船，需要一套效率较高的喷水推进系统，在车体后部有三个加大了直径的喷水推进器。这两套推进系统车上的乘员使用随车工具就能非常方便、顺利地完成相互转换。四是车体结构可变，当该车在陆上行驶时，可收回水中行驶时滑行车体的首平舵，喷水推进器上转90°，竖在车体后装甲板的外侧。水上行驶时，喷水推进器向车尾方向转 90°，呈水平状放在车尾，首平舵伸出，其履带和悬挂装置收起，当该车在海岸浪区和河边上使用时，首平舵收回，履带和悬挂装置扩展到原来位置，这时的AAAV 宛如一只小船，以大大低于 46 公里/小时的航速在水上低速航行。

车上装有 1 门 25 毫米机关炮，需要时可以改装成 30 毫米机关炮，并配有可昼夜瞄准的火控系统，可行进间射击。AAAV 采用了复合材料制造车体，降低了车体的信号特征，可防地雷。车内有三防系统，车上装有烟幕施放装置。该车可谓海中的"不倒翁"。抗风浪能力极强，如被海浪掀翻，可横向完成 360°的滚翻，恢复原始状态。因此，该车除具有极强的机动能力外，还具有较强的火力和生存能力。

7.M1A1 坦克：被誉为"沙漠雄狮"

提起 M1A1 主战坦克，人们总联想起首次投入实战的 M1A1 在海湾战争中的非凡不俗的表现。1991 年 2 月 24 日，美国铁军王牌第 7 装甲兵团，在反坦克武装直升机、空中强击机的支援下，力克伊拉克精锐的共和国卫队，一举击毁伊军坦克 1350 辆、装甲输送车 1224 辆。而第 7 装甲兵团仅损失 M1A1 坦克 9 辆，取得了辉煌的战绩。在陆战中，M1A1 主战坦克表现出了高超的战斗力和生存力。这与美军以乘员的生命安全和环境舒适为优先顺序的设计思想是分不开的。

特点之一是防护能力强，除具有先进的复合装甲外，还采取了隔舱化结构、防爆板装置、自动灭火抑爆装置等多种有效的防护措施，使 M1A1 主战坦克在海湾战争中的毁伤率降至最低程度。

特点之二是使用大口径滑膛炮和新型穿甲弹，射程远，穿甲能力强，火控系统性能优良，火炮首发命中率高达 95%。即使在行进中也能达到 90%的首发命中率。M1A1 主战坦克采用的是由德国设计的大口径 120 毫米滑膛炮，火控系统包括激光测距仪、计算机战场管理系统，可随时处理风力、温度、弹药类型、车辆运动和探测传感器的各种信息。装备的热像仪使得 M1A1 坦克车长和炮手可在昼夜、烟、雾情况下看到 T-72 坦克，而 T-72 却没有这一优点。先进的光电火控系统和强大的炮弹威力，M1A1 坦克装有指挥仪式火控系统，有性能优良的观察瞄准仪器，可以在行进间首发命中 3000 米处的运动目标。据美军士兵报告说，M1A1 坦克都是在2000~3500 米的距离上攻击 T-72 坦克的，"只要瞄准，就能给 T-72 坦克以致命的打击"。而 T-72 坦克的有效射程仅为 2100 米。T-72 坦克虽然轻 20 吨，125 毫米巨炮也比 M1A1 的 120 毫米大，但精度较差。远程交战，是 M1A1 坦克制胜的又一个重要的原因。

特点之三是采用大功率燃气轮发动机和先进的传动、行动操纵装置，使坦克具有很高的战术机动性和战场灵活性。"沙漠风暴"中的美国士兵们对 M1A1 的

1100千瓦的燃气轮机的性能大加赞扬,称之为"极好的发动机",具有高达66.8公里/小时良好的越野速度和加速度。在100小时的地面战争中,第7装甲兵团第3装甲师的300辆坦克快速推进270公里,无一出现故障,其战备完好率仍达97%。

特点之四,"三防"措施周密有力,能够在核、生、化恶劣环境下长时间地作战。在M1A1主战坦克上安装上一个使炮塔内部增压的系统可阻止污染了的核、生、化剂空气漏进炮塔中。当使用这一系统工作时,乘员就穿上冷气背心,在使人窒息的沙漠高温下,无疑是一种天赐的恩惠。

8.M1A2坦克:性能优良的现代化主战坦克

M1A2坦克具有以下特点:

M1A2坦克具有更强的生存能力。车体和炮塔正面,车体和炮塔周围采用由铝增强塑料、网状贫铀合金构成的高强度复合装甲。高效能的自动灭火系统可在2毫秒内发现火情,并在100毫秒内将火熄灭。

具有更大的威力。120毫米滑膛炮配用最新一代的强化贫铀尾翼稳定脱壳穿甲弹,弹药基数40发,攻击能力比M1A1坦克提高54%。M1A2坦克使用M829A2型贫铀穿甲弹,2000米距离上的穿甲厚度为700毫米;如使用正在研制的XM946型贫铀穿甲弹,2000米距离上穿甲厚度可达880~900毫米。

具有更先进的火控系统。除数字计算机和二氧化碳激光测距机外,装有周视独立稳定的车长热像仪瞄准镜,具有猎潜式瞄准镜的目标捕捉能力。

有稳像式热像仪瞄准镜。M1A2坦克没经过实战应用,但1992年8月,应沙特阿拉伯、科威特和阿联酋要求,美军派出两辆M1A2坦克到中东试验。在科威特,对于2000米以内目标是发发命中,对3810米距离上的T-55坦克是二发一中;在"猎杀"性能演示中,M1A2坦克仅花32秒钟就击中全部4个目标,据科方最后统计结果,M1A2坦克在1000~3000米距离上进行了94次射击,命中83个目标,命中率高达88%,明显优于同时试验表演的英国"挑战者"2型坦克。

安装了车辆电子系统。其核心是一台军民两用的摩托罗拉68020微处理机,靠1553军用标准数据总线将该机与车辆定位/导航系统、无线电通信接口、车长显示仪、单信道地空联络系统、车长热像仪、炮塔电子设备系统、车体电子设备系统、火盔瞄准系统等8个系统相连,大大提高了坦克的指挥控制能力和在生疏地形上的机动能力。为了与车外联络,车内还安装有专用的车际信息交换系统。

此外,车内还安装有自动化车内检测系统。可以说,M1A2坦克现装备的数字化信息系统是当今世界上最先进的,利于M1A2坦克在21世纪打赢信息战。机动性更好,可靠性更高。该坦克配备了控制和监视发动机性能的数字式电子控制装置,改善了燃油的经济性,耗油量降低了18%。可靠性也有很大提高,一般行驶6400公里后才需要送到基地去修理,行驶3400公里以后才需要更换履带。

惯性定位/导航系统的使用,使M1A2坦克可在极端恶劣的环境和自然条件下快速、准确、可靠地确定坦克所在位置。有了这个系统,即使在浩瀚的沙漠地区也不会迷失方向,从而有利于提高坦克的机动性。1992年8月的阿联酋沙漠试验中,M1A2坦克的定位导航系统表现不俗,在一次35公里长的行驶试验中,设置的路线地形非常复杂,有平坦的沙地和大小不等的沙丘,还有6个观察点,当坦克通过时,这 6 个点就作为导航信息在综合显示器上显示出来。借助定位导航系统的出色性能,美阿组成的混合成员组正好在恰当的时间准确地通过了全部 6 个观察点,中途没有出现任何差错。在沙特阿拉伯,沙特乘员组就利用车辆定位导航系统驾驶 M1A2 坦克完成了由 15 个点组成的 148 公里长的复杂导航行驶试验。试验证明,M1A2 坦克机动性更好,可靠性更高,符合未来激烈复杂的地面作战要求,是世界上最出色的坦克。

9. M60 坦克:西方国家装备最多的坦克

目前,世界各国装备的 M60 坦克总数达 15000 辆以上,除装备美军外,还出口到奥地利、巴林、埃及、埃塞俄比亚、伊朗、伊拉克、以色列、意大利、约旦、阿曼、韩国、沙特阿拉伯、新加坡、西班牙、苏丹、突尼斯、也门等近 20 个国家。装备国家之多仅次于苏联的 T-54/T-55 坦克和美国的 M48 中型坦克。

M60 系列主战坦克有着光荣的历史。提起 M60 主战坦克,人们就会想起第四次中东战争以色列的"王牌"190 装甲旅,在战争的北部战线上,出现了美制的 M60 坦克与苏联的 T-62 坦克首次交锋的场面。以军利用 M60 良好的性能和在 1500 米射程上精度高于对手的优势,有力地进行远距离射击。他们巧妙地利用地形,采取灵活机动的战术,结果不到 24 小时,就击毁叙军 400 辆 T-62 坦克,而以军仅损失了 40 辆 M60 坦克。这里固然有以军指挥正确、战术得当等因素,与 M60 坦克良好的战术技术性能也是分不开的。

改进后优良的性能。骄人的战绩已经成为历史,作为 1960 年装备美军的 M60 坦克,时至今日已是"廉颇老矣"。然而,美陆军此种坦克装备数量非常大,一时难以用新式坦克取代。为了使 M60 坦克能够适应后天战争的需要,美军对 M60 坦克实施了"回春手术",主要对被称之为坦克中枢神经的火控系统进行了改进,使该坦克转变成 M60A3 型,能够满足现代战争的需要,成为美国陆军主战坦克之一。

M60A3 主战坦克有 1 门 105 毫米的线膛炮,为防止受热变形,其炮管上安装有热护套;配用的炮弹有脱壳穿甲弹、破甲弹、碎甲弹三兄弟和黄磷发烟弹,弹药基数 63 发。辅助武器为 1 挺 7.62 毫米的并列机枪和 1 挺 12.7 毫米高射机枪。火控系统包括红宝石激光测距机、M21 型全固态电子模拟与数字混合式弹道计算机、双向稳定器、热成像瞄准具和各种传感器等。正是由于安装了现代先进火控系统,该坦克的射击性能大大提高,坦克炮在 2000 米距离上对静止目标的首发命中率由 M60A1 的 30% 提高到 90%,热成像瞄准具使坦克能在更大距离上识别和瞄准目标,并能穿透烟幕和地面伪装,具有昼夜全天候作战能力。

M60A3 坦克的"心脏"是 750 马力的风冷柴油机,由于动力较小,因而公路上最大时速为 48.3 公里,公路上最大行程为 480 公里。该坦克在没有准备的情况下可以涉水 1.22 米,有准备的情况下可涉水 2.40 米,潜水 4.1 米。爬坡度为 31°,能越过 2.59 米的壕,攀越 0.914 米的垂直墙。

该坦克采用均质装甲防护,坦克炮塔及车体正面可以安装反应式装甲。车上有"个体式"三防装置、灭火抑爆装置和热烟幕施放装置,炮塔两侧装有烟幕弹发射器,因而 M60A3 主战坦克具有较强的防护能力。M60A3 主战坦克参加过入侵巴拿马的战争和海湾战争。

10.OF40 坦克：发展中国家的宠儿

OF40 主战坦克是意大利奥托·梅拉拉公司和菲亚特公司为出口市场研制的。研制工作从 1977 年开始，奥托·梅拉拉公司负责总体设计和总装，菲亚特公司负责发动机与传动装置的生产。坦克型号的含义是，O、F 代表两家公司的第一个字母，40 表示该坦克的战斗全重约 40 吨。

阿拉伯联合酋长国订购了 18 辆 OF40 MK1 型坦克，第一辆坦克于 1981 年交货。1984~1985 年奥托·梅拉拉公司又向阿拉伯联合酋长国交付了 18 辆 OF40 MK2 型坦克和 3 辆装甲抢救车。早先交付的 18 辆 OF40 MK1 型坦克经过改进达到了 MK2 型标准。OF40 坦克还在泰国做过试验，在埃及做过表演，并允许西班牙和希腊在本国生产。

该坦克的车体用焊接方法制成，分为 3 个舱，驾驶舱在车体前右部，战斗舱在车体中部，动力舱位于车体后部。炮塔系焊接而成，安装在车体中部上方，车长和炮长在炮塔右侧，装填手在左侧。该坦克的主要武器是 1 门由奥托·梅拉拉公司设计和制造的 105 毫米线膛坦克炮，炮管上装有抽气装置和热护套，可发射北约组织的所有制式 105 毫米弹药，包括脱壳穿甲弹、榴霰弹、破甲弹、碎甲弹、烟幕弹和尾翼稳定脱壳穿甲弹，训练有素的乘员可达到每分钟 9 发的射速。作为任选设备，还可为该炮安装双向稳定系统。辅助武器包括并列安装在火炮左边的 1 挺 7.62 毫米机枪和炮塔上安装的 1 挺 7.62 毫米高射机枪。

OF40 MK1 型坦克的火控系统是由炮长火控系统、炮长望远式瞄准镜和车长昼夜两用稳定瞄准镜组成。OF40 MK2 型坦克采用伽利略公司生产的 OG14L12A 或 OG 14L12B 火控系统，前者包括 105 毫米火炮稳定系统以及横风、药温、环境温度和弹种传感器；后者与 OG14L12A 型相似，但有稳定式瞄准镜。

该坦克采用 4 冲程 10 缸预燃室多种燃料机械增压发动机，功率为 610 千瓦（830 马力）。为了适应中东地区的高温多沙气候，该机装有可控制燃料供给量的热带装置和专门供沙漠地区使用的控制温度的径向风扇。冷却系统为水冷式，采用联邦德国 ZF 公司为"豹"1 式坦克设计的 4HP-250 自动传动装置，发动机扭矩由变矩器传入传动装置。该传动装置有 4 个前进挡和 2 个倒退挡，变速操纵为电液式，第二挡还备有机械操纵装置，以便在电液操纵出现故障时能应急操纵坦克行驶。此外，该坦克装备有三防装置、自动灭火系统、烟幕装置。

该坦克的车体有良好的倾斜角度、有较好的防弹效果，设计炮塔时考虑了跳弹问题。为防止炮塔和车体结合部卡弹，专门设计了弹道偏离装置。为提高车体侧面防护，装有用钢加强的橡胶裙板，有一定的防破甲弹能力和防尘作用。

11.S 坦克：一种无炮塔型主战坦克

该坦克研制始于 1957 年，主承包商是博福斯公司，子承包商主要是拉茨维克公司（负责悬挂装置）和沃尔沃公司（负责发动机）等。研制时充分考虑了瑞典的河流、湖泊较多、北部地区沼泽遍布、长期严寒、冰雪覆盖和国内重型桥梁极少等地理和气候条件，并考虑了两次大战中各国坦克的使用和中弹情况以及装甲部队的战术使用要求等因素,从而把车高、车重及火力作为主要性能指标,要求车重不超过 37 吨,决定放弃旋转式炮塔,研制一种采用固定的 105 毫米火炮、液气悬挂和自动装填的无炮塔型坦克。

首先要解决的主要问题之一是,必须依靠车体转向进行火炮的方位精确瞄准。为此,在 1957/1958 年冬季把克鲁巴公司为 S 坦克研制的变速转向机构装在 1KV103 自行火炮上进行技术试验,1959 年又把改进的变速转向机构与火控伺服装置组合成转向瞄准装置,并安装在 M4A3 谢尔曼中型坦克上进行最后阶段的技术试验。试验证实该装置可能解决固定式火炮坦克的方向射界和瞄准问题。

为解决火炮高低瞄准以及车姿控制等问题,瑞典引进了当时美国为 25 吨级车辆研制的液气悬挂技术。1958 年中,博福斯公司开始新坦克样车设计,1961 年底完成 2 辆样车。车长指挥塔上安装了 1 挺 12.7 毫米试射机枪,车体两侧的箱形机枪座里各安装 2 挺 7.62 毫米朝前射击的机枪。前置的动力装置原是 1 台波音公司的 502-10MA 型燃气轮机(330 马力)与 1 台罗尔斯-罗依斯公司的 B81 型汽油机(230 马力)。

1960 年,陆军订购 10 辆预生产型车,此即后来定型的 Strv103 型坦克。车右侧的 2 挺机枪换成了 12.7 毫米机枪,车体两侧各安装 2 个单轮缘托带轮,安装了炮管固定装置。汽油机改换成 176 千瓦(240 马力)的 K60 型二冲程多种燃料发动机。

1965 年,对该坦克进一步改进,定型为 Strv103A 型坦克。其辅助武器为 3 挺 7.62 毫米机枪,安装了激光测距仪和车长瞄准镜稳定装置,并把燃气轮机改为波音公司的 553 型燃气轮机,输出功率是 360 千瓦(490 马力)。该车于 1966 年开始批量生产,共制造了 300 辆。但后期生产的该坦克安装了浮渡围帐和 2 个炮管固定架,在车首安装了可伸展的推土铲,并定型为 Strv103B 型坦克,随后把早期生产的所有 A 型车均改进成 B 型,于 1972 年装备部队。

Strv103B 型坦克是瑞典陆军的制式坦克,装备陆军 3 个装甲旅并将使用到 20 世纪 90 年代。另外,3 个装甲旅装备 350 辆英国制造的装 105 毫米火炮的逊邱伦坦克。目前,瑞典陆军共装备主战坦克 650 辆。由于火炮固定安装,因此坦克不具有行进间射击的能力,只能短停射击,而且只有改变坦克方向才能转移火力,难以对付突然出现的侧后方向的目标,这是 S 坦克的固有缺点。但由于火炮固定,可较容易地实现自动装填,因此火炮射速高,还可减少 1 名乘员。1967 年,与"豹"1 坦克的对比试验表明,该坦克射击平均需要 13 秒,命中率为'70%,而"豹"1 坦克需要 23 秒,命中率为 65%,因此,它的短停射击效果还是比较好的。

为保持 S 坦克的战斗力,20 世纪 80 年代初,瑞典陆军决定对现装备的 Strv103B 型坦克进行现代化改进,定型名称为 Strv103C 型坦克。

12.T-54/T-55 坦克:吸引多国目光

T-54 坦克是从 T-44 坦克演变过来的,第一辆样车于 1946 年制成,1947 年在哈尔科夫坦克厂投产。苏联、捷克斯洛伐克以及波兰共生产 T-54/T-55 坦克 50000 辆左右,约占全世界两次世界大战后坦克总产量的 1/3。直到 1981 年,苏联鄂木斯克坦克厂仍在生产 T-55 坦克。

T-54/T-55 中型坦克有着辉煌的历史,参加过 1967 年和 1973 年中东战争以及安哥拉内战、越南战场和印巴冲突。这种坦克的主要特点是：总体结构较好。车体为焊接结构，驾驶舱在车体前部左边，战斗舱在车体中部，发动机和传动装置在车体尾部，驾驶员有 1 个向上抬起并向左旋转开启的舱盖。车首装有与前上装甲垂直的防浪板，驾驶员右边的车体前部空间为弹药架、电瓶及燃料箱。驾驶员后面的车体底甲板上开有向车内开启的安全门。炮塔为铸造结构，顶装甲是用 2 块 D 形钢板对焊在一起再焊制炮塔顶部的，炮塔位于车体中部。车长在炮塔内左边，炮长在车长前下方，装填手在炮塔内右边。车长有 1 个可以 360°回转的指挥塔，其上有 1 个向前开启的单扇舱盖。装填手有 1 个向后开启的单扇舱盖。

这种坦克的主要优点是：

较强的火力系统。T-54 坦克的主要武器是 1 门 Д-10T 式 100 毫米线膛坦克炮，其改进型用于 CY-100 自行火炮。该炮可以发射穿甲弹、被帽穿甲弹、榴弹、预制破片榴弹、尾翼稳定破甲弹和曳光高速脱壳穿甲弹等。由于该炮的稳定系统具有双向稳定功能，所以，增强了克服车体运动对火炮射击准确性的影响，从而提高了行进间短停射击的命中率。该坦克还安装有夜视设备，包括：(1)安装在车体前上装甲板右边的 ФГ-100 红外前灯和 TBH-2 红外观察潜望镜，可为驾驶员提供夜间观察能力；(2)安装在车长指挥塔前的 OY-3 红外探照灯和 TKH-1 车长红外潜望镜，可为车长提供夜间观察能力；(3)安装在主要武器右边的 Л-2 红外探照灯和 TПK-1-22-11 炮长夜视瞄准镜，可为炮长提供夜间观察能力，这样就提高了坦克的夜间作战能力。

良好的机动能力。该坦克装有 1 台柴油发动机，标定功率为 382 千瓦。由于 T-55 坦克装有 1 个 AK-150 型空气压缩机，可以提供比较恒定的压力，故其发动机以压缩空气启动为主要启动方式，将电动机驱动作为辅助启动方式。为了增大坦克行程，除了在车内设前组和中组燃油箱外，还在车体外面设有外组燃油箱。坦克还采用了潜渡设备，潜渡设备有两种潜渡筒，一种是实战使用的小直径潜渡筒，另一种是训练使用的大直径潜渡筒。坦克潜渡江河时通常挂 1 挡行驶，并借助车上的航向仪导航。

有效的防护能力。铸造炮塔有比较理想的防弹外形；车体低矮、装甲板有良好的倾角，是该坦克提高生存力的主要措施。此外，该坦克装有热烟幕施放装置，施放时在行进中的车后形成一条白色烟雾，可持续 2 分钟，从而借机逃生。

13.T-64 坦克：无须装填手

在苏联"T 氏"坦克家族中，属于第三代的坦克是 T-64、T-72、T-80 和 T-90 四兄弟。T-64 主战坦克是四兄弟中的"大哥大"，也是一种最有争议的坦克。苏联生产 T-64 系列坦克约 8000 辆，于 1970 年装备部队，只是局限于苏军使用，尚未提供任何国家，这引起了人们的许多猜测。在生产 T-64 坦克的同时，苏联却又生产了性能相似的 T-72 主战坦克，并大量装备部队，而且还跨洋过海，在国外安家落户。这引起了人们的众说纷纭，普遍认为 T-64 主战坦克不可靠。其实不然，T-64 坦克是一种技术先进的铁骑，性能与 T-72 坦克相似。然而它的成本太高，工艺太复杂，实在难以大批量生产，因而不得不在 1981 年停产。

T-64 型坦克车体用装甲钢板焊制而成。车内分为驾驶舱、战斗舱和动力舱三部分。车体前上装甲板中央位置有 V 型凸起,可起防浪板作用。前下装甲板外装有推土铲。车体两侧装有外张式侧裙板。炮塔为铸钢件,装在车体中部上方,中弹率高的正面面积窄小,炮塔呈卵形,高度比从前炮塔都矮。炮塔内有 2 名乘员,车长在右边,炮长在左边,因采用自动装弹机装填炮弹,故无须装填手。

坦克装有 1 门 125 毫米滑膛坦克炮,炮管比较长,炮塔中央装有圆筒形抽气装置,炮塔外部装有 4 段轻金属防护套。火炮通常发射 3 种不同类型的炮弹:尾翼稳定脱壳穿甲弹、尾翼稳定榴弹、空心装药破甲弹。改进后的 T-64Б 型坦克的 125 毫米火炮除发射普通炮弹外,还可以发射反坦克导弹。其火控系统包括合像式光学单目测距仪、红宝石激光测距仪、模拟式弹道计算机、ТПД-2 炮长瞄准潜望镜、ТПН-1-49-23 炮长夜间瞄准望远镜、车长昼夜合一观察潜望镜、ТКН-3 观察镜及红外探照灯、火炮/炮塔控制放大器、手动/机动火炮俯仰驱动机构、炮耳轴倾斜传感器、瞄准点注入装置以及射击控制面板等。该坦克的自动装弹机与 T-72 坦克的不同,弹丸和药筒一起放在培训弹槽中,再一起装进炮膛。这种装填机构较 T-72复杂,容易出现故障和损坏。后来改为分装式弹药,弹丸与装药分别放在上下两层圆盘上,但弹丸仍垂直放置。

该坦克使用的是 2 冲程卧式 5 缸对置活塞水冷涡轮增压柴油发动机。该发动机输出功率为 551 千瓦(750 马力)。从理论上讲,2 冲程发动机具有体积小、重量轻和输出功率大等特点,然而它的油耗高、热效率低、容易过热、气缸活塞容易变形、故障率高。

在防护系统方面,车体前部采用了复合装甲结构,炮塔是整体铸造加顶部焊接结构,主炮两侧的间隙装甲中填有填料,顶装甲板厚度约为 40~80 毫米不等,炮塔侧面装甲厚 120 毫米,后部装甲厚 90 毫米。此外,该坦克装有激光报警装置、探测10 千米范围内直升机的探测装置、烟幕弹施放装置,T-64Ь 坦克因为安装了反应式装甲,烟幕弹发射器的安装位置不在炮塔前部两侧,而是装在炮塔左边,在炮塔后部还携有潜渡筒。

14.T-72 坦克:钢铁堡垒中名副其实的"矬战将"

T-72 坦克诞生于 1970 年,1971 年正式批量生产。这种坦克代号为 T-72,是坦克大家族中的"矬子",因而,坦克手们叫它矮人坦克。

T-72 坦克出世后,多次经受过战火的洗礼,先后参加过苏阿战争、黎巴嫩战争和海湾战争。如果说它在苏阿战争中表现尚好的话,那么参加黎巴嫩战争和海湾战争的 T-72 坦克,真可谓是倒霉透顶。早在黎巴嫩战争中,以军用美制 203 毫米榴弹炮发射"灵巧破甲弹",给叙利亚的苏制 T-72 坦克以致命打击。在海湾战争中,伊拉克所拥有的 500 辆苏制 T-72 坦克惨遭溃败,许多 T-72 坦克是断臂残骸,炮仰塔翻,瘫作一团。造成"矬战将"惨败的原因虽有人的因素,但也不排除其本身的因素。这种 T-72 坦克除正面装甲外,其余部位没有良好的防护,尽管有的安装了附加装甲和爆炸反应式装甲,但被称为新"盾牌"的爆炸反应式装甲的最佳防护效果是对化学能破甲弹,面对西方的现代穿甲弹却力不从心。一旦被击中,T-72 坦克很容易产生二次效应,也就出现了炮塔炸飞车毁人亡的现象。此外,T-72坦克没有热成像仪,夜视能力差。

尽管这样,由于此坦克工艺相对简单,成本较低,性能可靠,所以,除苏军大量装备外,波兰、捷克斯洛伐克及罗马尼亚等华约国部队,叙利亚、利比亚、伊拉克、埃塞俄比亚、阿尔及利亚和印度等国也大量购买。

火力猛、威力大是其突出特点。T-72坦克有一门125毫米的滑膛巨炮,其管身长是口径的48倍。它发射的初速为1800米/秒的穿甲弹可在2000米距离上将240毫米厚的钢板垂直穿透。而呼啸出膛的破甲弹竟可以将500毫米厚的钢板击穿。自动装弹机的采用,提高了火炮的发射速度,一分钟之内可使8发炮弹出膛射向目标。T-72坦克火炮的"大脑"是由红外瞄准镜、激光测距机、机电模拟式弹道计算机、双向稳定器和微光夜视仪等组成的,这种相对简单的火控系统,使得这位"矮将军"行进间对距离1500米、时速10公里的运动坦克可达到75%的命中率。

"夹心饼"式复合装甲的运用是T-72坦克的又一个特点。钢+非金属材料+钢"夹心饼"式的复合,使前装甲总厚度达到204毫米,而炮塔前部总厚度达到了250~350毫米,正面防护力大大提高。车体两侧的防护裙板,保护着"矬战将"的铁脚板,使其减少被火器击中的机会,同时又使侧面装甲防护得到加强。炮塔前面的12具烟幕弹发射器、车内的三防装置、自动灭火装置等,提高了T-72坦克的综合防护能力。

T-72坦克的"心脏"是一个功率为780马力的发动机,使得这位"矬战将"犹如一名障碍赛运动员,既有速度,又能克服多种障碍。它最大时速达

T-72坦克

60公里,可以爬31°的坡,越过2.70米宽的壕,攀0.8米高的垂直墙。

目前,T-72坦克共有7种型号。最新的一种型号为T-72M2,主要加厚了复合装甲,安装了反作用装甲块,加装了热成像瞄准镜,可发射反坦克导弹。

15.T-80坦克:俄罗斯"坦克舰队"中的"旗舰"

T-80是苏联军队大量装备的新型第三代主战坦克,1978年前后开始大批量生产,1984年装备部队。相比T-64和T-72坦克,在以下几个方面有所改进:一是在武器系统上,虽仍采用125毫米滑膛炮,但火力增强。发射穿甲弹,在2000米距离上,可使400毫米厚的钢板被垂直击穿;发射破甲弹时,对钢板的侵彻力提高到700毫米。不仅如此,还可发射无线电制导的AT-8"鸣禽"反坦克导弹,不仅可以有效地打击3000米以外的装甲目标,而且还可以对付有"空中多面手"之称的直升机,可谓一炮两用。二是在火控系统上,采用了激光测距机和数字式弹道计算机,火炮稳定器和获取风速、目标角速度以及坦克速度等信息的数据装置。三是在防护系统上,广泛应用多种装甲技术,其"头顶"加装了附加装甲;在炮塔前装甲即"正脸",采用了钢与强化陶瓷的复合装甲,厚度达到530毫米,车体前上装甲,即"前胸"的装甲采用了四层"夹心式"的复合装甲。同时,T-80安装了激光报警装置。

T-80坦克现在已成系列发展,在1993年阿拉伯联合酋长国举办的国际防务展览会上,俄罗斯展出了其"手术"后的坦克,即T-80Y。

T-80Y坦克仍然安装了125毫米滑膛炮,可发射多种炮弹,如破甲弹、尾翼稳定脱壳贫铀穿甲弹、反坦克导弹。辅助武器中的12.7毫米高射机枪可由车长在车内操纵遥控射击。火控系统有激光测距机和数字式弹道计算机,导弹控制通道,炮长昼夜两用热成像瞄准具,稳定视场的综合主、被动瞄准具,车长使用的稳定式昼夜瞄准具,首次实现车长超越炮长射击。

T-80Y坦克采用了新型的增强装甲,对动能弹的防护能力得到提高。同时,该坦克外表有特殊的伪装涂层,在可见光和红外波段上隐蔽坦克的真相。考虑到地雷爆炸等对驾驶员的伤害,升高了驾驶员的坐椅。最新型的T-80Y坦克安装有对付反坦克制导武器的红外干扰系统,采用了新的燃气轮发动机,功率达到了1250马力,而且"胃口"好,可使用各种燃料。

T-80坦克是名副其实的世界一流坦克。然而,在车臣的首次战争检验中却出了丑。俄车冲突中,俄罗斯是杀鸡用牛刀,动用了2200辆坦克与装甲车辆,其中包括了大量的T-80。杜达耶夫且战且退的战术,引诱着俄坦克部队进入格罗兹尼城,展开巷战。充当俄罗斯坦克舰队"旗舰"的T-80坦克,简直就是英雄无用武之地,从而导致了俄罗斯在2个多月的战斗中竟损失了约250辆T-80坦克。T-80坦克的首战失利是什么原因呢? 除去战术方面的问题,T-80坦克"两肋"装甲较薄,对付不了单兵携带的反坦克火箭筒是其中主要原因;而中弹后的二次效应没能很好解决则是一个致命的弱点。

16.T-90坦克:号称当今世界上防护性能最好的坦克之一

T-90坦克机动性能好,火力更强,但其最大的特点是创新防护系统。苏联自称,T-90坦克是当今世界上防护最好的坦克之一。这位后起之秀的防护系统包括三道防线,这就是里层的复合/夹层基体装甲,中间层的先进综合反应装甲,最外层的防御辅助系统。综合反应装甲是既能对付破甲弹,又能对付动能穿甲弹的第二代反应装甲,如果将这种反应装甲安装到已经退役的T-55坦克上,就会使T-55坦克焕发青春,可使其对动能弹的防护力从现有的200毫米均质钢装甲厚度提高到480毫米。防御辅助系统由安装在炮塔顶部的2~4个激光报警接收机、1~2个红外干扰发射机、可发射特种榴弹的制式榴弹发射器以及1部中央计算机组成。红外干扰发射机可对付红外跟踪式导弹,它能中断射手与红外信标的联络,可引诱导弹迷失方向。激光告警接收机一旦探测到自身坦克被激光束照射时,炮塔会自动调整方向,并发射特种榴弹,3秒之内便会产生能持续大约20秒钟的悬浮烟幕,犹如"墨鱼"一样,致使激光束被遮蔽,从而使导弹的"大脑"无法动作,避免弹丸导向目标。这种被称为"什托拉"的防御辅助系统能有效地对付美国的"陶"式、"龙"式、"海尔法""幼畜"导弹和激光制导炮弹等多种反坦克兵器,使坦克被命中概率减少到原来的1/5~1/4以下。T-90主战坦克三道防线防护系统的运用,显示出俄罗斯有能力生产其防护力与美国及其他西方主战坦克的防护性能相当的主战坦克。

T-90坦克的主要武器是1门125毫米滑膛炮。除125毫米制式的炮弹外,T-

90坦克的125毫米火炮还可发射采用了贫铀长杆穿甲弹芯的尾翼稳定超速脱壳穿甲弹；尾翼稳定、带有坚硬鼻锥的空心装药破甲弹，它能在穿入反应装甲后至少再侵彻60°倾角的300毫米厚的装甲；三级串联装药的尾翼稳定破甲弹已经研制，其第一级装药用于起爆反应装甲，第二级用于侵彻主装甲，第三级完成对目标的摧毁。该炮也可发射AT-11炮射激光制导的反坦克导弹。辅助武器为7.62毫米的并列机枪和12.7毫米的高射机枪。T-90坦克另一种关键的火力部件是火控系统，包括一具激光测距仪、炮长热瞄具、数字式计算机。T-90坦克安装有俄罗斯第二代反应装甲，既能对付破甲弹，也能对付动能弹。坦克战斗全重46.5吨，采用的柴油发动机功率为840马力，最大公路速度为60公里/小时，它的行程为470公里。

17.日本90式坦克：号称"打遍天下无敌手"

不久前，一个非官方的国际预测组织武器小组评估了世界各国先进的主战坦克，荣登榜首的并不是大名鼎鼎的"豹"2坦克、M1A2坦克或T-80Y坦克，而是十分不起眼的日本90式坦克。这多少令人感到有点意外。尽管这一预测小组的结论不一定代表国际上公认的意见，但90式坦克能获此殊荣，自然会大大提高它的身价。那么，90式坦克到底够不够格呢？

研制时间最长，15年铸一车。人们常用唐代诗人贾岛的"十年磨一剑"的诗句，来形容事业的艰辛。日本研制90式坦克从论证到定型前后历时达15年之久，足见研制一种性能优异的新坦克是多么不易。

"世界上最贵的坦克"。90式坦克的整个研制经费高达350亿日元，尽管只相当于M1坦克研制经费的一半，但对日本人来说，投入这么多经费来研制一种新坦克，还是头一遭。90式坦克在1991年装备日本陆上自卫队26辆，采购单价高达12亿日元，大约折合850万美元。1992年和1993年各装备20辆。1994年计划装备20辆，采购单价已经降到7.8亿日元。但由于日元汇率升值，仍相当于760万美元。说90式坦克是"世界上最贵的坦克"，还是满够格的。

"世界上最好的坦克"。采用先进的自动装弹机，这种自动装弹机采用带式供弹方式，弹仓在炮塔尾部，弹仓的贮弹量大约为16发。弹在炮塔尾部，不仅补充弹药方便，也比较安全。具有一定自动跟踪能力的火控系统，90式坦克和M1A1坦克一样，采用了德国莱茵金属公司的120毫米滑膛炮。但90式坦克的战斗全重比M1A1和"豹"2坦克轻5~7吨，加上90式坦克的外廓尺寸也稍小些。90式坦克的火控系统属于指挥仪式火控系统，采用了"猎手－射手"式控制方式。据说90式坦克的火控系统还具有自动跟踪能力。炮长或车长在捕捉到目标（目标图像进入到瞄准镜现场）后，乘员只要按下跟踪开关，瞄准镜便可以一定的速度自动跟踪目标，这样便提高了火炮的战斗射速。在现装备的各国主战坦克中，只有90式坦克和"梅卡瓦"3坦克具有对目标的自动跟踪能力，这也算是它的一个"绝活"。日本人称它是"世界上第一流的火控系统"，"可以在3000米外首发命中一个汽油桶"。果真如此，那可真是"弹无虚发，指哪打哪"了。日本式的复合装甲，是"机密中的机密"，它不是英国的"乔巴姆"装甲，而是地地道道的"东洋货"。据悉，90式坦克的复合装甲就是G装甲的改进产品。这种复合装甲由轧制钢装甲和蜂窝状陶瓷中间层组成,有很好的综合抗弹性能。90 式坦克上除有三防装置和灭火抑爆装置外,还采用了先进的激光探测报警装置。只要一受到敌方激光束的照射,它便可以立即报警,并自动地发射烟幕弹,隐蔽自己,迷惑敌方,给人们留下了深刻的印象。

18.维克斯 MK7 坦克:与众不同

维克斯防务系统公司是世界上最早接触乔巴姆复合装甲的公司之一,并于 1982 年设计成勇士式主战坦克,以论证乔巴姆复合装甲及装甲车辆领域其他技术的发展情况。此后,维克斯防务公司和克劳斯-玛菲公司开始合作设计较重的维克斯 MK7 型主战坦克,可以说,该坦克实际上是维克斯勇士式坦克的火力和炮塔系统与克劳斯-玛菲公司"豹"2 坦克的动力传动部件的结合型坦克。

该主战坦克采取常规的总体布置,驾驶舱在车体前右位置;前左位置是弹药储存仓,可存放 23 发 120 毫米炮弹;车体中部是战斗舱;发动机和传动装置位于车体后部。乘员座位的设计考虑了人体工程因素。驾驶员的控制装置与汽车的驾驶装置相类似,有方向盘、油门踏板和制动踏板。该坦克的炮塔用装甲钢板焊制而成,正面和侧面装有乔巴姆装甲。车长在炮塔内右边,炮长在车长前下位置,装填手在火炮左边,乘员座位可以随同炮塔一起旋转。该坦克的主要武器是英国皇家兵工厂研制的 L11 式 120 毫米线膛坦克炮,但也可以换装法国地面武器工业集团的 120 毫米滑膛坦克炮或联邦德国莱茵金属公司的 120 毫米滑膛坦克炮。该坦克装有联邦德国 MTU 公司的 MB873Ka-501 柴油机发动机,标定功率 1103 千瓦(1500 马力),采用"豹"2 坦克使用的伦克公司 HSWL354/3 型传动装置,由可闭锁的液力变距器、行星式自动变速机构和液力一液压转向装置组成,有 4 个前进挡和 2 个倒挡。电液式操纵系统万一出现故障,驾驶员可以使用机械操纵装置挂前进 2 挡或倒 2 挡行驶。该坦克的防护系统采用乔巴姆复合装甲,对尾翼稳定脱壳穿甲弹和破甲弹均有较好的防护效果。在坦克装甲表面涂有防红外涂层。采取先与冷却空气混合再排出车外的办法大大降低了发动机排气的温度。炮塔座圈以上部位无发热部件,这种布置方式使该坦克具有较好的被动防护性能。武器控制采用固态元件,工作时无须从发动机而是从蓄电池获取功率,因此不易被敌人热像或音响探测装置探测到。该坦克的制式防护设备还有三防及通风装置、动力舱的固定式灭火系统以及由格莱维诺公司提供的乘员舱自动灭火抑爆系统。

四、装甲车辆

机动车的发明为装甲车的诞生提供了可能,由此,人类的战争也步入了机械化时代。所谓"装甲车",笼统地说,就是装备装甲的军用或警用车辆。这样看来,将作战武器和防护装甲配备在机动车上,可以算作是最原始的装甲车了。根据作战需要和原始装甲车配备来看,装甲车的三个基本特性就是火力、防护、机动。

（一）装甲车辆发展简史

1.第一次世界大战

机动车的发明为装甲车的诞生提供了可能。由此，人类的战争也步入了机械化时代。所谓"装甲车"，笼统地说，就是装备装甲的军用或警用车辆。这样看来，将作战武器和防护装甲配备在机动车上，可以算作是最原始的装甲车了。根据作战需要和原始装甲车配备来看，装甲车的三个基本特性就是火力、防护、机动。

1899年，英国人西姆斯发明了一种机动巡逻车——在一辆四轮机动车上安装1挺马克沁机枪，然后加装了防盾。这虽然构成不了真正意义上的装甲车，却为后来装甲车的研制描绘了正确的方向。1902年，西姆斯研制出了一种战斗机动车，外观是船型装甲，动力是一台汽油机，前后各装1挺机枪，用链条传动。这种战斗机动车是世界上第一辆轮式装甲车，但不论是形状还是性能，都显得比较原始、粗糙，未能真正应用。

在此后的几年里，英、法、德、奥、意和沙俄等欧洲国家纷纷研制以装甲汽车为主的各种轮式装甲车辆，有的甚至已经用于实战，如意大利研制的"菲亚特"装甲汽车在1911年至1912年参加了意土战争，开装甲车辆参战之先河。

1902年，也就是战斗机动车诞生同年，西姆斯又研制出了世界上第一种车体重型装甲车辆，该车被称为"西姆斯"装甲车。该车有3名乘员，配备戴姆勒汽油机，最大功率是11.7千瓦，最大行驶速度14千米/时。车体前后各装1挺可以左右转动射击的机枪，车体全覆盖薄装甲板，充分体现了全面装甲防护的理念。但由于外形较大、稳定性差等原因遭到英军否决。

奥地利"戴姆勒"装甲车于1903年研制成功，战斗全重约3吨，装备有可360°旋转的半球形机枪塔，内装1挺机枪，配备1台最大功率为22千瓦的戴姆勒4缸水冷汽油机，采用四轮驱动方式，最大行驶速度达到40千米/时。车身装甲厚度为3毫米，机枪塔装甲厚度为4毫米。

法国"沙隆"装甲车于1908年制成，全重约3吨，装备有旋转机枪塔，内装1挺机枪。与其他国家的轮式装甲车一样，该车采用了升降式固定机枪塔、链式传动和铆接的薄装甲板等。

1906年，德国研制成功了"埃尔哈德"-BAK装甲车。其战斗全重为3.2吨，乘员5人，有1门50毫米加农炮，配置1台44千瓦汽油机，最大时速45千米/时，最大行程8千米。但由于其传动部分采用链式传动，可靠性较差，而且车身甲板厚度仅为3毫米，防护力很弱。因此埃尔哈德并未发挥应有的作用，倒是在击落军用气球方面，颇得优势。当时，军用气球广泛用于侦察、通信、气象领域。普法战争中，法军被普鲁士军队围困，不得不动用大量信鸽和军用气球来传送情报。普军将埃尔哈德的火炮仰角改大，用来击打军用气球。

意大利"比安奇"装甲车于1913年由意大利比安奇汽车公司制造，战斗全重3.1吨，乘员3~4人，机枪塔内和车体后部各有1挺机枪，动力装置采用最大功率22

千瓦的汽油机,最大行驶速度为 46 千米/时。为了切割铁丝网,该车的车体正面由上到下还安装了一根较长的角钢。

在欧洲各国如火如荼地研制各种新型装甲汽车的同时,远在东方的沙皇俄国也早就注意到了这种新式武器的发展。早在 1905 年,俄国便研制了一种装甲车——"纳卡西泽"。其战斗全重 3 吨,乘员 3~4 人,装备 1 挺霍奇基斯 8 毫米重机枪,动力装置为 1 台 27.6 千瓦的汽油机,最大行驶速度达 50 千米/时,车身装甲厚度 4.5 毫米。该车实际上是由俄国军官纳卡西泽参考"沙隆"装甲车设计的,并由法国吉拉德-鲍埃公司制造,仅生产了 9 辆,其中还有两辆在运输途中被德国劫去做研究。

当时的沙皇俄国汽车制造业较为落后,1908 年在拉脱维亚首府里加建立了 RBVZ 车辆制造厂,但多数车辆都是用国外的零部件来组装的。截止到 1915 年共组装了约 450 辆轮式装甲车。第一次世界大战爆发时,沙皇俄国组建了轮式装甲部队参与了西南战线与奥匈帝国军队的交战,成为世界上最早组建装甲车辆部队的国家之一。在俄国的装甲部队中,除"纳卡西泽"外,主要是英国和意大利制造的"伏拉兹科尼""奥斯丁"和"兰彻斯特"等车型。

可以说,轮式装甲车是汽车、装甲和枪炮技术相结合的产物,它的诞生为坦克的制造打下了基础。当时的主要作战模式是堑壕战,战壕、铁丝网、弹坑遍布,在这种作战环境下,轮式装甲车越野能力差、防护和火力较弱的缺陷暴露无遗,极大地限制了其作战使用,也根本不可能成为突破敌方堑壕阵地的主力装备。相比之下,更为适应越野行驶环境且火力和防护更强的履带式坦克及装甲车辆性能更符合作战需要,并且迅速成为作战的核心武器,而轮式装甲车则逐渐退为辅助战斗车辆。

英国在第一次世界大战期间不仅首先研制和装备了坦克这一具有划时代意义的新式武器,在装甲车的研制和使用上也走在了世界前列。其研制成功了多个型号的轮式装甲车辆,1914 年 12 月,又研制成功了著名的"罗尔斯·罗伊斯"装甲汽车。该车战斗全重 3.6 吨,车长 5.1 米,车宽 1.9 米,车高 2.3 米,乘员 3~4 人,有 1 挺 7.7 毫米的维克斯机枪,配备 1 台 37.3 千瓦 6 缸汽油机,最大行驶速度达 96 千米/时,车身采用铆接结构,装甲厚度 8 毫米~9 毫米,车顶部为敞开式。该车型在 1915 年 5 月参加了伊普雷之战,但由于堑壕战特点未能大规模使用。

此时期,英国还研制了"兰彻斯特""希布鲁克"和"奥斯丁·普奇洛夫"等装甲汽车。其中,1915 年研制成功的"兰彻斯特"与"罗尔斯·罗伊斯"极为相似,前轮采用独立式悬挂装置,前部装甲倾角加大。其战斗全重 1.9 吨,乘员 4 人,装 1 挺 7.7 毫米或 12.7 毫米机枪,配备 1 台 44.7 千瓦汽油机,最大行驶速度 80 千米/时。"兰彻斯特"多被用在俄罗斯和罗马尼亚战场上。

1915 年英国还研制成功了"希布鲁克"装甲车。其战斗全重 9.7 吨,乘员 2 人,另有炮班 3~4 人,在可旋转炮架上装有 1 门 47 毫米速射炮,射击时需放下侧面的装甲板。装备 1 台 24 千瓦汽油机,最大行驶速度仅为 32 千米/时,其辅助武器是 2~4 挺 7.7 毫米机枪。

"西泽尔·波维克"是一种滑行装甲车,乘员 3 人,装备 1 台 82 千瓦航空活塞发动机,1 挺 7.7 毫米机枪。它的最大特点是依靠后部的螺旋桨产生的推力在沙地上滑行。这种构思很是巧妙,但是无法真正运用,最终只生产了几辆。

除了各型轮式装甲车,英国还研制成功了世界上第一种履带式装甲人员输送车。由于该车是 Mk I 型坦克的发展型号,因此当时也被称为 Mk IX 型坦克。1918年该车研制成功,战斗全重 26.5 吨,乘员 4 人,定额载员为 30 人,最大行驶速度 5.63 千米/时,最大行程 32 千米。它实际上只装备了 1 挺 7.7 毫米机枪,必要时还可运载 50 人或者 10 吨军用物资。因为多用于运送人员、物资,今天来看应算是货真价实的装甲输送车了。它的最大特点是用 2 个较大的侧门取代了车体侧面的炮座,抬高指挥观察塔位置,安装了 2 个弓形支架作扶手。由于火力不强,行动笨拙,因此被当时的英军戏称为"猪"。该车总共生产了 36 辆。

在第一次世界大战中,俄军研制的装甲车多达十几种,包括"卢梭·巴尔德""姆盖布洛夫·雷诺"和"普奇洛夫·加菲特"装甲车等,多数都配备 1~2 挺机枪,有的还有装备有 40 毫米火炮。其中,俄军使用的最著名的装甲车辆当属"奥斯丁·普奇洛夫"装甲汽车。该车诞生于 1915 年,由英国奥斯丁汽车厂制造。它是俄军在购进的"奥斯丁"装甲车基础上改造而来。其战斗全重 4.2~5.3 吨,车长 4.9米,车宽 2 米,车高 2.4 米,乘员 4~5 人。配备 37.3 千瓦的汽油机,装甲厚度为 8 毫米,最大行速 50 千米/时。它的最大特点是装有 2 个机枪塔和 2 挺维克斯 7.7 毫米机枪。由于采用了中型卡车底盘,可靠性高、便于维修,广受俄军好评,当时,有100~200 辆该车装备到了俄军中。

值得一提的是,俄国也是世界上最早研制半履带式装甲车辆的国家之一。1916 年研制出的"奥斯丁·普奇洛夫",它的战斗全重为 5.8 吨,乘员 5 人,装有 2个机枪塔,每个机枪塔上装备有 1 挺 7.62 毫米机枪,携机枪弹 6000 发。装备奥斯丁 4 缸水冷汽油机,最大功率 37.3 千瓦,最大行驶速度 25 千米/时,最大行程 80 千米。它在车体前部和后部都装有滚轮,过堑壕能力大大提高。尤其是在冬天,还可以把前轮卸下装上滑雪橇,雪上行驶能力提高。因此它还得了一个称号——"自动雪橇"。俄军共装备 60 辆。

一战期间,法国、德国、美国和比利时等国都研制了自己的装甲车。比利时的代表型号为"米涅瓦"装甲车。一战初期,比利时军队就利用这种装甲车进攻或反击德军,名噪一时。它是利用一种旅游观光车临时改装的,结构比较简单,顶部仅有简单的机枪护板,其乘员为 4 人,主要武器是 1 挺机枪或 1 门 37 毫米火炮,装甲厚度仅有 5 毫米。机动能力强,最大时速 48 千米/时。由于很实用,曾被法国骑兵队订购 136 辆。

法国也很重视装甲车的研制,先后共有十多种型号问世。其中,比较著名的是"雷诺"装甲汽车。雷诺装甲车配备 1 门 37 毫米火炮,动力装置为 1 台 13.4 千瓦的汽油机。功率小,车速不高。其总产量只有 100 余辆。一战结束前夕,法国又研制了一种"怀特·拉伏利"装甲汽车。它装有 1 门 37 毫米火炮,底盘由美国"怀特"卡车底盘改装而来。这种装甲车当时生产了 200 辆。

德国汽车工业起步早,发展快。发达的汽车工业为装甲车的研制提供了前提和基础。到了 1914 年至 1915 年,德国研制出的装甲车辆有"戴姆勒""埃尔哈特""奥特卡"和"标辛克"装甲汽车等。"戴姆勒"装甲汽车的战斗全重为 8.9 吨,乘员 8~9 人,装有 3 挺机枪,发动机功率约 51 千瓦,最大行驶速度 38 千米/时。"奥特卡"装甲汽车采用箱形结构,有点像德国 A7V 坦克,车体顶部装备 2 挺机枪,共制造了 20 辆。"标辛克"装甲汽车则更为特别,其车体前后几乎完全对称,而且都设有驾驶席,变速器各有前后 5 个档。这或许是受德国人严谨、刻板思维的影响吧。该车经过试验,并未装备军队。总体来说,德军装甲车的特点是尺寸和重量较大,往往是全装甲化,结构和外形与其他国家的相比都有显著不同。德军能这么卖力的研制装甲车,多半是受比利时的影响。

总的来说,一战中各国装甲车辆在一定程度上都得到了实战应用,或编入骑兵队作战和侦察,或用于执行警备勤务,其机动性和火力都得到充分展现。但是,一战多是堑壕战,路况较差,而装甲汽车越野能力较差,这使得装甲汽车的发展也在一定程度上受到限制。但因其成本低廉、可靠性高,还是在后来获得了较大的发展。

2.中间年代

一战中的装甲汽车底盘技术比较原始,多是用铆接装甲板安装武器制成。在一战结束与二战爆发之间的 20 世纪二三十年代,越野性能良好的轮式底盘技术产生。期间,意大利帕维希公司研制出了轮式装甲车辆。该车底盘采用铰接式,车轮直径较大的驱动轮,所以越野能力大大增强。

1923 年,捷克研制出 PA-2 装甲汽车。该车战斗全重 7 吨,乘员 5 人,车长 6.2 米,车宽 2.2 米,车高 2.6 米。炮塔周围配装 4 挺 8 毫米水冷重机枪,能够 360°射击。它还装备了流线型极好的龟型装甲,具有较好的防弹性。而且它前后都能驾驶,能迅速撤离战场。它属于全轮驱动的 4×4 车型,提高了越野性能。它的缺点就是机枪火力比较弱,后来被 Vz30PA 装甲车辆所取代。

20 世纪 30 年代,奥地利戴姆勒公司研制的 3 种装有全轮驱动的装甲车。分别是 ADGZ 型 8×8 装甲车、ADKZ 型 6×6 装甲车、DAF 装甲车。ADGZ 型 8×8 装甲车重达 11 吨,越野性能很好;ADKZ 型 6×6 装甲车,最大特点就是发动机后置,成为二战前期英国戴姆勒公司制造的轮式侦察车的前身;DAF 型 6×6 装甲车,有两大特点,一是发动机后置,二是车体装甲倾角较大。法国在 1935 年研制出的"金德隆·索缪尔"6×6 装甲车,其战斗全重 6.5 吨,乘员 3 人。其最大特点在于中间的两个车轮,其可以升降。行驶路面较好时,两个轮就升起,车辆行速提高;路面复杂时,可将这两个车轮放下,以提高越野能力。这一独具特色的设计二战后被应用在了法国 EBR 装甲车和苏联 BRDM 装甲车上。

此时期,装甲车的发展形成"井喷"之势。除了英国和苏联两大装甲车大国之外,法国、美国、德国、意大利、捷克和日本也纷纷研制,有的国家研制数量达三四十种。英国研制的各型装甲车辆主要包括:M20、M24、M23、M25、M28 和 M29 等。M20 由罗尔斯·罗伊斯公司于 1920 年生产,其战斗全重 4.1 吨,车长 5 米,车宽 1.89 米,车高 2.28 米,乘员 4 人。该车装备有 1 个旋转机枪塔,内装 1 挺维克斯 7.7 毫米机枪,发动机功率为 37.3 千瓦,最大行驶速度 80 千米/时;装甲板为铆接结构,装备后获得英军好评。M24 型为 M20 的改进型,配有 1 挺 7.7 毫米机枪,1 挺反坦克机枪,这使得它具备了反坦克能力。在 1940 年至 1941 年的北非战役中发挥了重要作用。

M23 由英国维克斯公司及下属的克莱斯勒公司于 1923 年生产,战斗全重 4.8

吨,车长 5 米,车宽 1.87 米,车高 2.58 米,乘员 4 人。主要武器为 2 挺维克斯 7.7 毫米机枪,火力死角小,发动机功率为 37.3 千瓦,最大行驶速度 64 千米/时,主要装备英国陆军的侦察分队。1932 年生产的 M25 为 M23 的改进型,其战斗全重为 5.3 吨,乘员人数和武器仍保持不变,但在具体结构上做了改进,如加厚装甲、改进前大灯、球形机枪座和水散热器格栅等,增加了可靠性。M28 同样由维克斯和克莱斯勒公司生产,但是其比 M23 晚 5 年出现,采用 6×4 型设计,战斗全重 4.2 吨,乘员 3 人,车长 5.27 米,车宽 1.93 米,车高 2.24 米,装备 2 挺维克斯 7.7 毫米机枪。其与 M29 装甲车装备于英国驻亚洲殖民地,一直用到二战期间。

法国紧随英国其后,也成为装甲车大国。在这一时期也研发了多种型号的装甲车辆,主要型号有 M165/175、雷诺 M1929、AMD35 和"贝尔利埃"TV-B4 等。M165/175 由潘哈德公司于 1926 年生产,其战斗全重 6.8 吨,乘员 3~4 人,备有 2 挺机枪,发动机功率达 64 千瓦,最大行驶速度 65 千米/时,装甲板为铆接结构。雷诺公司生产的 M19291 性能与 M165/175 相似,但其战斗全重为 7.6 吨。与英国同期装甲车相比,防护性更优,但更重一些。M165/175 和雷诺 M1929 装备法军后主要用于执行侦察、警戒等任务。

由潘哈德公司于 1935 年研制成功的 AMD35(P178),战斗全重 8.3 吨,乘员 4 人,车长 4.29 米,车宽 2 米,车高 2.31 米。武器配备有 1 门 25 毫米火炮和 1 挺 7.5 毫米并列机枪。其发动机后置,功率也高达 82 千瓦,最大行驶速度 72 千米/时,最大行程 300 千米。车体正面的装甲厚度达 13 毫米,增强了防护性。AMD35 的配置好,综合性能较优,一直使用到二战以后。"贝尔利埃"TV-B4 装甲车于 1933 年由贝尔利埃公司生产,战斗全重 4.5 吨,乘员 3~4 人,车长 4.3 米,车宽 1.96 米,车高 2.57 米。其主要武器是 2 挺并列布置机枪,发动机功率 41 千瓦,最大行驶速度 60 千米/时。整体来说其结构比较紧凑。

美国可谓装甲车的后起之秀。其装甲车发展速度很快,到 20 世纪 30 代后期,美国已经成为当时的装甲车辆第一大国。1928 年,美国研制出 T2 轮式装甲车。T2 的战斗全重为 2.5 吨,乘员 4 人,装 1 门 37 毫米火炮或 1 挺机枪,最大行驶速度达 72 千米/时。1930 年研制出的 T3 轮式装甲车,其战斗全重 3.3 吨,乘员 4 人,车长 4.22 米,宽 1.75 米,高 2.33 米。装有 1 挺 12.7 毫米机枪和 1 挺 7.62 毫米机枪,发动机的功率为 71.6 千瓦,最大行驶速度 105 千米/时。与 T2 相比,T3 在当时被称为"真正的装甲车"。T4 装甲车为 6 轮装甲车,装备 3 挺机枪,最大行驶速度也达到了 88 千米/时,比 T2 和 T3 性能更优。

1939 年美国又研制成功了 M3 装甲车。其战斗全重 5.58 吨,主要武器是 1 挺 12.7 毫米或 1 挺 7.62 毫米机枪,发动机功率 65 千瓦,最大行驶速度 81 千米/时,最大行程 403 千米,最大装甲厚度为 13 毫米,乘员 1 人,载员 7 人。由此可看出,它还能用作装甲输送车。其总产量达到了 21000 辆。

在作为第一次世界大战战胜国的欧美各国大力发展装甲车辆的同时,战败的德国同样不甘寂寞。只不过碍于《凡尔赛和约》的限制,德国发展轮式装甲车辆都要以"警用"的名义来掩人耳目。DZVR(DZR)装甲车于 1919 年由戴姆勒公司研制成功。其战斗全重 12 吨,车长 5.28 米,宽 2.1 米,高 3.10 米,乘员 6 人,旋转机枪塔内备有 1 挺机枪,还有 1 挺机枪装在车体后部负责向后射击。其发动机功率 74.6

千瓦,最大行驶速度 50 千米/时。DZVR 的最大特点就是前后轮都能转向。KfZl3 装甲车则是在 1935 年由阿德拉公司制成,其战斗全重为 2.1 吨,乘员 2 人,装 1 挺 7.92 毫米机枪,发动机功率为 44.8 千瓦,最大行驶速度 70 千米/时,德军训练时曾广泛使用过该型号。它的改进型 4×4 装甲车曾参与了入侵捷克和波兰的作战。1935 年,KfZl3 的后继车型——SD.KfZ222 研制成功。其战斗全重 4.8 吨,乘员 3 人,装备 1 门 20 毫米机关炮和 1 挺 7.92 毫米机枪,发动机功率 56 千瓦,最大行驶速度 85 千米/时,最大行程 280 千米,最大装甲厚度 14.5 毫米,该行车采用了 4×4 的驱动式和发动机后置的布局。在二战初期,纳粹德军将这种轻型车广泛用于侦察。其总产量达到 1801 辆,变型车有 SD.KfZ223、260、261 等。

东方新生的社会主义国家——苏联也极为重视装甲车辆的研制,并在 20 世纪二三十年代研制出 10 多种轮式装甲车辆,在多次战争中广泛使用。BA-27 型为 4×2 驱动式,战斗全重 4.5 吨,乘员 4 人,装 1 门 37 毫米火炮和 1 挺 7.62 毫米机枪,发动机功率 30 千瓦,最大行驶速度 48 千米/时,最大行程 400 千米。BA-27M 为 BA-27 的改进式。驱动为 6×4,1927 年装备部队。BA-27M 是在内战后装备于苏军的第一批战车,装甲较薄,主要用于协助坦克作战,1939 年参加了苏芬战争,共生产 300 多辆。于 1938 年开始生产的 BA-10,也是一种 6 轮装甲车辆。该车战斗全重 5 吨,乘员 4 人,装 1 门 45 毫米火炮和 1 挺 7.62 毫米机枪,火力比较强。其发动机功率为 37.2 千瓦,最大行驶速度 87 千米/时,最大行程 300 千米,装甲厚度 6 毫米~15 毫米。BA-10 曾用于西班牙内战、苏芬战争和哈拉哈河之战,一直沿用到 1943 年,生产总数超过 1200 辆。

此时期,意大利、日本等国也都研制出了自己的装甲车。由意大利菲亚特公司研制的 AB41 装甲车辆,它是在西班牙内战中投入使用的"兰西"装甲车的基础上改进而来。其战斗全重 7.5 吨,乘员 5 人,装 1 门 20 毫米火炮,改型为 4×4 驱动型式。日本除自行研制并在二战中广泛应用的"大阪""隅田"等 4 轮和 6 轮装甲车辆,还从英国引进了 M25 装甲车辆。

值得一提的是,20 世纪二三十年代也是半履带式装甲车辆迅速崛起的年代。我们知道,轮式装甲车虽然价格低廉,但是越野能力差,而履带式装甲车虽然越野能力提升了,但是成本又高,维护起来也不方便。此时,设计师们开始思考如何将两者的优点结合起来。半履带式装甲车生逢其时,成为二战中德国和美国的主力装备。

法国希特朗·凯格莱斯 M23 是当时较早出现的半履带式装甲车辆。该车是根据"十月革命"胜利后苏联转让给法国希特朗工厂的专利生产的。1923 年,希特朗工厂研制出 M23 半履带式轻型装甲车,在非洲撒哈拉沙漠进行过试验,取得成功,M23 成为半履带式车辆的基础。该车战斗全重 2.2 吨,乘员 3 人,车长 3.33 米,车宽 1.37 米,车高 2.26 米,顶部为敞开式,防护性较差。装 1 门 37 毫米火炮或 1 挺机枪,发动机功率为 13.4 千瓦,最大行驶速度为 40 千米/时。1931 年美国订购了 1 辆 M23 半履带式装甲车。在此车基础上美国研制出一系列半履带式装甲车。

1929 年,法国研制成功了 M29 半履带式装甲车(即 AM-CPl6 战斗装甲车)。该车在 M23 的基础上改进而来。车长 4.75 米,宽 1.78 米,高 2.46 米,乘员 3 人,比 M23 车体更大,发动机功率也更大,达 49.2 千瓦,最大行驶速度 55 千米/时。其主要武器是1门37毫米火炮或1门120毫米机关炮及1挺机枪。它的上部安装了炮塔,配备装甲防护,车前装有滚筒,提高了越壕能力。

1936年,德国制成HLK14半履带装甲车,开创了德军二战中半履带式装甲输送车的全盛时代。它具有交替排列的负重轮,较长的履带,从外观上看,与二战期间德军广泛使用的SD.KfZ251半履带式装甲输送车很像。其战斗全重6.5吨,乘员4~6人,车长5.2米,宽2.0米,装1门76毫米火炮,发动机功率74.6千瓦,最大行驶速度达50千米/时。

1940年,德国人还研制出SD.KfZ254型轮履两用式装甲车辆。它的最大特点就是轮履两用,越野时将轮子升起,用履带,路面状况好时,将车轮降下来,用车轮行驶。这种形式极大地提高了装甲车的行驶适应性。其战斗全重6.4.吨,车长4.65米,宽2.02米,高1.88米,主要武器为1挺7.92毫米机枪,发动机功率52.2千瓦,最大行驶速度60千米/时,最大行程500千米。它乘员加载员共为7人,可以做输送车用,主要还是炮兵部队做观察车用。二战初期这种装甲车共生产了140辆。

日本也于1930年试制过一种半履带式水陆两用装甲车辆,可以利用螺旋桨推进装置在水上行进,最大时速达9千米/时。其战斗全重2.5吨,乘员2人,车长4.39米,主要武器是1挺机枪,发动机功率30千瓦,陆地最大行驶速度45千米/时。该型式装甲车在日本骑兵学校试验时取得了成功,但并没有投入批量生产。

3.第二次世界大战

二战初期,由于各国经济不同程度地出现滑坡,再加上作战需求的变化等,装甲车经历了其发展历史上艰难的阵痛期。但毋庸置疑的是,二战期间是装甲车发展的鼎盛时期。此时期,各国各式各样的装甲车"百花齐放"。

经济决定了一个国家的政治、军事等的方方面面。此时期的美国便是一个典型。二战时期,美国已经成为世界上经济最发达的国家,再加上地理条件优越,远离欧战战火,免去了许多直接的麻烦。美国的装甲车发展迅猛,整个二战期间,其生产的装甲车辆多达数万辆。

1934年,美国研制成功M2(T11E2)型装甲车。1941年又生产出M3轮式侦察车,驱动型式为4×4,主要武器是安装在后面三边滑动机枪座上的1挺12.7毫米机枪,射击非常灵活。该车最主要特点是车体前部加了一个小滚轮.提高了跨越能力。M3轮式侦察车的主要改进型是M3A1型,其战斗全重5.6吨,乘员1~7人。M3A1的总产量达到20918辆,相当大的一部分装备到英国和苏联军队。苏联战后生产的BTR-40装甲输送车就借鉴了M3A1。英国军队则主要把M3A1用于指挥、救护和人员输送。战后,一些第三世界国家一直使用M3A1装甲车辆到20世纪70年代。

此间美国研制的最出名的装甲车是M8轻型装甲车。根据1941年美国军方提出的配备37毫米火炮轻型装甲车辆的设计要求,几家竞标公司几乎同时推出了6×4、4×4和6×6几种车型。最终,福特公司的T22E2型6×6装甲车胜出,在1942年生产定型时称为M8。其战斗全重为7.7吨,乘员4人。车长5.01米,宽2.54米,高2.26米,外形低矮。由于是全轮驱动,加上马力强劲,采用半椭圆形板簧,使得该车的公路行驶性能和越野机动性都很强。它配备82千瓦水冷汽油机,最大行驶速度达到100千米/时,最大行程为560千米。车体为钢装甲焊接结构,整体结构紧凑。其主要武器是1门37毫米火炮,辅助武器是分别安装在炮塔顶部和主炮边的7.62毫米机枪。由于其火炮到二战中期威力已经不足以对付大部分的装甲目标,其战术运用受到一定限制。1943年,M8正式装备美军。在实战中,M8装甲车更多的是被当作装甲侦察车来使用,也用于执行追击作战任务。总生产量高达8523辆,不过,在美军中M8装甲车辆发挥的作用并不算大。M8在英军中却有一个更响亮的名字——"猎狗",它似乎在英军中更受欢迎。

后来的M20多用途装甲车辆,是以M8装甲车辆为底盘改装而来,去掉炮塔,成为输送车,主要用于运送车辆、人员和物资。总生产量达到3791辆。其他的重要装甲车辆还有被英国人称之为"猎鹿狗"的13吨级T17装甲车辆(4×4车型)。T17乘员4人,主要武器是1门37毫米火炮(Ⅲ型为57毫米火炮),它采用了当时先进的液力传动装置、动力转向装置和火炮稳定器。其最大行驶速度达89千米/时,主要供英军使用。"猎鹿狗"的生产总数达3844辆,主要用于意大利和西北欧战场。二战后,英国、印度、南非、比利时等国一直使用至20世纪60年代。

此外,美国还研制了一种代号为T18E2的8×8轮式装甲车辆。它被称为"二战中最大、最重的装甲车辆",战斗全重达23.9吨。该车乘员4人,主要武器是1门57毫米火炮,2台功率各112千瓦的汽油机,最大行驶速度达81千米/时。它本来是为非洲战场研制的,但在1942年底研制成功时,非洲主要战事已近结束,未能进行批量生产。

第二次世界大战中期,英、美军队和德、意军团在北非地中海沿岸拉开了持续战。这里地势平坦,地面承载能力较强,正适合轮式车辆机动。当时,英军装甲车辆主要用于中距离侦察和反侦察,保护部队的翼侧和袭击敌后补给线、运输纵队等机动作战。英军在1941年底的"十字军"战役、阿拉曼战役中,使用了大量装甲车辆。轮式装甲车辆在北非战役的成功运用,对二战后期装甲车的发展以及美国装甲车的发展都起到了极大的促进作用。

经过北非战场上的实战考验,英国又看到了轮式装甲车的威力,重新将其编入了装甲部队。到二战后期,英军的装甲车团共有72辆装甲车。当时英国生产的最好的装甲车为"戴姆勒-野狗"侦察车和"戴姆勒"Ⅰ型装甲车。"戴姆勒-野狗"侦察车于1938年研制成功,其车体短而宽,战斗全重3吨,乘员2人,主要武器是1挺7.7毫米布伦机枪,最大行驶速度达88千米/时,总生产量6626辆。"戴姆勒"Ⅰ型装甲车是"戴姆勒-野狗"的放大型,战斗全重7.6吨,乘员3人,主要武器是1门40毫米火炮,最大行驶速度80千米/时,其总生产量达到了2700辆。

20世纪30年代至苏、德开战时,苏联生产的装甲车数量居全世界之首,共17313辆。二战期间,苏联生产的最重要轮式装甲车是BA-64,由高尔基汽车工厂生产。其战斗全重为2.4吨,乘员2人,主要武器是安装在机枪塔上的1挺7.62毫米机枪。其动力装置为嘎斯汽油机,最大功率40千瓦,最大行驶速度80千米/时。它的最大特点是在冬季可以装上滑雪橇滑行,主要作为部队的轻型侦察车用,产量3500多辆。但是,经30年代末期的苏芬战争、苏日张鼓峰事件以及哈拉哈河之战等实战检验,苏军轮式装甲车辆存在装甲太薄的弱点。

二战期间,德军使用的装甲车辆尽管数量上不太多,但 4×4、6×6、8×8 车型一应俱全,火力较强,显示出其在装甲车辆技术上的较高水平和运用能力。德国 4×4 车型主要是 1939 年研制成功的型号为 SD.KtZ.222 的轻型装甲侦察车。其战斗全重 4.8 吨,主要武器是 1 门 20 毫米机关炮,可以对空射击,弹药基数 220 发,最大行驶速度为 80 千米/时。这种车辆共生产了 989 辆。后来的 SD.KfZ.223 型轻型装甲侦察车是在 SD.KtZ.222 的基础上加上了长距离无线电台。此型共生产了 550 辆。

德军的 6×4 车型是 SD.KtZ.231 型装甲侦察车。虽然不同公司生产的该型车性能指标略有不同,但总体上是战斗全重 5.36~6 吨,乘员 3 人,主要武器是 1 门 20 毫米机关炮,弹药基数 200 发,辅助武器是 1 挺 7.92 毫米机枪,最大行驶速度为 65 千米/时。

德军 8×8 车型主要是 SD.KfZ.234 型装甲车辆。这是一种重型装甲侦察车,共有 4 种型号:SD.KtZ.234/1 为指挥车型;SD.KtZ.234/2 称为“美洲豹”。战斗全重 11.5 吨,乘员 4 人,主要武器是 1 门 60 倍口径 50 毫米火炮,弹药基数为 55 发,辅助武器是 1 挺 7.92 毫米机枪,最大装甲厚度为 30 毫米,动力装置为 156.6 千瓦风冷柴油机,最大行驶速度 90 千米/时,最大行程更是达到了 1000 千米;SD.KfZ.234/3 装备 1 门 75 毫米短身管火炮;SD.KtZ.234/4 则装备 1 门长身管 75 毫米火炮。各型 SD.KtZ.234 装甲车的总生产量近 500 辆,被称为是“二战中性能最好的轮式装甲车辆”。

二战期间,英国对履带式装甲车辆的研制十分重视,其代表车型为“卡登-洛伊德”通用运输车。其战斗全重 4.25 吨,乘员 4~5 人,主要武器是 1 挺 7.7 毫米机枪,发动机最大功率 48.5 千瓦,最大行驶速度达 48 千米/时,主要用于人员和物资输送、通信联络、火炮牵引和武器搬运。二战期间,英国共生产了此种车辆 35000 余辆,澳大利亚生产了 5600 余辆,新西兰生产了 520 余辆,加拿大生产了 29000 余辆,美国(型号为 T-16)生产了 14000 余辆。

在美国、法国、日本等国制造的履带式装甲输送车中,尤以日本一式装甲兵车最为出名。其战斗全重为 6.5 吨,乘员 15 人,发动机最大功率达 100 千瓦,最大行驶速度为 42 千米/时,未装固定武器。它的外形跟现在的装甲输送车已没什么两样,除了其顶棚为敞开式。因为当时日本专注于飞机和军舰,还有坦克,所以,对这种装甲车生产较少。

总体来说,二战期间,轮式装甲车辆技术已经趋于成熟,各种车型一应俱全。并且各国都使用广泛,数量巨大。轮式装甲车在战场上主要用于侦察、追击等作战任务,作用类似于“装甲骑兵”,也有的发展成为轮式坦克的雏形。多数国家对履带式装甲车辆的发展不够重视。在战场中,使用最多的装甲车一个是“卡登洛-伊德”,再一个就是用坦克改装的“袋鼠”装甲输送车。它包括“公羊-袋鼠”“丘吉尔-袋鼠”“谢尔-袋鼠”和“牧师-袋鼠”等。

二战时期,半履带式装甲车也出现了短暂的繁荣期。其中,尤以美国和德国生产的轮履合一式装甲车辆较为著名。他们的共同点是除了都是“前轮后履”结构外,履带部分主动轮在前,由半轴传递动力的结构;采用方向盘转向操纵;顶部为敞开式;传动装置都在车体前部。不同点也很多,如发动机位置、悬挂装置类型、负重轮的布置形式以及履带结构等都存在差异。美国半履带式车辆的履带部分长度约占车体长度的 50%,德国半履带式车辆的履带部分约占 75%。前部的轮胎部分起到部分承重作用和转向作用,因此有的车型当转向角度大(转向半径小)时,履带部分也要参与转向。

1925 年,美军从法国引进了 2 辆希特朗·凯格莱斯 M23 半履带式装甲车,1931 年又购进了一批。从此,美国开起了独立研制半履带式装甲车辆之路。1932 年,美国研制出 T1 式半履带式装甲车;1938 年,又制成了 T8 半履带式装甲车(1940 年 9 月被定型为 M3 半履带式装甲输送车);1939 至 1940 年间,制成了 T14 半履带式装甲车。此后,T14 便成为二战中美军广泛使用的半履带式装甲车辆的基础。后来该车被定型为 M2 半履带式装甲车,此外,还有一种加装 81 毫米迫击炮的运载车。

随着战事发展,需要的半履带式装甲车越来越多。二战期间,美国共研制出 50 多种半履带式装甲车辆,包括 M2、M3、M5、M9 等系列。其中,M2/M3 为同一个系列,M5/M9 为同一个系列。M2 的总生产量为 11415 辆,M3 的总生产量为 12499 辆。装甲车总产量达到了 41169 辆,美国成为二战中生产半履带式装甲车辆最多的国家。这些装甲车除装备美军外,也大量装备到英国、加拿大、法国和苏联等国。二战后,阿根廷、巴西、奥地利、日本、意大利、以色列、西班牙和泰国等国家也都装备了不少半履带式装甲车。甚至第三次和第四次中东战争期间,以色列军队还在使用。直到 20 世纪 80 年代,日本陆上自卫队还在使用该车型的变种车辆。

美国 M2/M3 半履带式装甲车辆的战斗全重 8.89 吨,乘员 3 人,载员 10 人(1 个班),车体为敞开式,车体前部有一个自救牵引滚筒,装有用于车辆自救或拖救的绞盘。车体表面采用淬火轧制钢板,铆接结构。传动装置包括 4 速变速箱、2 速传动箱、万向轴、全浮式半轴和汽车型前后桥等,用方向盘转向。前轮采用多层加强型外胎,内胎装有防弹填料。两条履带为防滑挂胶履带,每侧有 4 个小直径负重轮,采用平衡式螺旋弹簧悬挂装置,主动轮在前,诱导轮在后。

M3 半履带式装甲输送车战斗全重 9.07 吨,乘员 3 人,载员 10 人,主要武器为 2 挺机枪,安装在载员室前部右侧环形枢轴上的 1 挺 12.7 毫米机枪(携弹 700 发)和安装在载员室后部右侧的 1 挺 7.62 毫米机枪(携弹 7750 发)。其动力装置为怀特 160AX 型直列 6 缸水冷汽油机,最大功率 109.7 千瓦,最大行驶速度为 64 千米/时,最大行程为 280 千米。首上装甲最厚为 12.7 毫米,其他部位的装甲厚度为 6.35 毫米,装甲板为铆接结构。该车主要用于在战场上运送步兵。

1941 年底至 1942 年,在菲律宾战役中,46 辆 M2/M3 半履带式装甲车首次参战。该车有一定的装甲防护,再加上越野机动性不错,受到美军欢迎。它在欧洲战场上应用更加广泛。美军建议加强它的防护力,但未被采纳。直到后来的 M5/N9 才对装甲防护进行了加强。

M5/M9 是由美国的国际收割机公司生产的半履带式装甲车,主要用于援外出口。M5/M9 分别是在 M2/M3 的基础上改进而来,它装置了 RED450B 汽油机,最大功率为 143 马力,装甲最大厚度增加到 15.9 毫米。车辆的侧面剔除了储物箱,使装甲挡板变得简洁,这一点是 M5/M9 与 M2/M3 的主要识别特征。此外,它们的动力装置也存在区别。M5 共生产了 7584 辆,M9 生产了 3433 辆。M5/M9 主要援助给英国,援助量达 5690 辆。

德国也是半履带式装甲车辆生产大国。从某种程度上讲,德国 SD.KfZ.250/251 半履带式装甲车比美国的半履带式装甲车名气更大。SD.KtZ.250 属于轻型,SD.KfZ.251 属于中型。

由 SD.KfZ.11 半履带式装甲输送车发展来的 SD.KfZ.251 从 1939 年起装备德军,几乎参加了二战中德军的每一次战斗。其战斗全重为 8.5 吨,乘员 2 人(车长、驾驶员),车长 5.8 米,宽 2.1 米,高 1.75 米。顶部为敞开式,每侧各有 2 个长凳,可乘坐 10 名载员。该车主要武器是 2 挺 7.92 毫米机枪,前后布置在车体的顶部,动力装置为直列 6 缸水冷汽油机,最大功率 74.6 千瓦。其行动装置的特点是采用重叠排列式负重轮,悬挂装置为扭杆式。其前面装甲厚度为 14.5 毫米,其余部分为 8 毫米。该车的最大行驶速度为 52.5 千米/时,最大行程 300 千米。其防护力要优于美国 M2/M3 半履带式装甲车。从 1939 年至 1945 年,其总生产量达到了 16000 辆。该车变型车特别多,连同基本型一共 22 种,其中,SD.KfZ.251/1 是装甲输送车;SD.KfZ.251/2 为火箭发射车;SD.KfZ.251/3 为无线电通信车等。

由德国德马格公司生产的 SD.KfZ.250 为轻型半履带式装甲车,1940 年起开始装备德军。该车战斗全重 5.7 吨,乘员 2 人(车长和驾驶员),载员 4 人。其装备的武器只有 1 挺 7.92 毫米机枪,安装在车体顶部前面,动力装置为直列 6 缸水冷汽油机,最大功率 74.6 千瓦。该车的最大行驶速度 65 千米/时,最大行程 350 千米。车体两侧及后部的装甲厚度为 7 毫米,车体正面首上装甲厚度为 14.5 毫米。缺点是顶部为敞开式,易遭到攻击。SD.Kfz250 的变型车也有 12 个车型,如基型车 SD.KfZ.250/1 为装甲输送车;SD.KfZ.250/2 为有线通信车等。该车从 1940 年参加法兰西之战开始,广泛用于北非战场和欧洲战场,直到 1945 年 5 月德国战败。该装甲车总生产量达 7500 辆。

半履带式装甲车辆综合了轮式和履带式车辆的优点,越野能力比卡车要强。各国军方已经认识到步兵乘坐有防护的装甲车辆配合坦克作战和在战场上机动的重要性,这也是该车型广受好评的一个原因。而且,它的出现也为步兵战车的问世打下了基础。缺点与优点总是相伴相生,它的结构特点,决定了其越野能力不如履带式车辆,公路行驶能力和可靠性又赶不上轮式车辆。这种先天性的不足,使它最终难逃退出历史舞台的命运。

4.步兵战车时代

二战后,惨烈的战争虽已成为过去,但世界并未真正平静,而是很快进入冷战时代,各国仍在扩军备战。这使装甲输送车和坦克一道迎来了大发展的新时期。当时,因为称霸全球的野心,美国比任何一个国家都更重视装甲输送车的研发。

二战结束前后,美国研制出"袋鼠"装甲输送车,于 1944 年正式定型为 M39 装甲输送车。它是由 M18"地狱猫"坦克歼击车改制而来,是一种全面改装的装甲输送车。其战斗全重 15 吨,乘员 3 人,载员 8 人,主要武器是 1 挺 12.7 毫米机枪,发动机最大功率达 298 千瓦,最大行驶速度 80 千米/时,最大行程 160 千米,其顶部为敞开式。它的出现,标志着美国军方开始摒弃半履带式装甲输送车,向全履带式装甲输送车发展。该车一直用到二战结束后,总生产量为 640 辆。

1945 年,美国开始研制 M44 全履带式装甲输送车。M44 装甲输送车的战斗全重达 22.5 吨,可乘坐 27 名步兵,机动性也好,全装甲防护。不过,由于它的个头较大导致目标太大,生产了几辆便停产了,成为最短命的装甲输送车之一。

之后由美国国际收割机公司生产的 M75 装甲输送车,于 1952 年开始装备美军。它的战斗

M59 装甲运输车

全重 18.5 吨,乘员 3 人,载员 10 人,主要武器为 1 挺 12.7 毫米机枪,动力装置为 220 千瓦风冷式汽油机,最大行驶速度达 71 千米/时,最大行程 185 千米。它具有全封闭的箱型车体,其车体为钢装甲全焊接结构,厚度为 16 毫米。它曾用于朝鲜战争中,总生产量为 1729 辆。缺点是车身较高,没有三防装置,不能水陆两用,而且造价相当高,这是它被淘汰的主要原因。比利时军队沿用这些被淘汰下来的 M75 装甲输送车直到 20 世纪 70 年代。

1954 年,FMC 公司研制成功代替 M75 的 M59 装甲输送车。其战斗全重为 19.3 吨,乘员 2 人,载员 10 人,其主要武器为装备在 1 个小型机枪塔内的 1 挺 12.7 毫米机枪。其具有钢装甲全焊接结构,最大装甲厚度为 16 毫米。2 台直列 6 缸水冷汽油机的总功率仅为 189 千瓦,陆上最大行驶速度为 51.5 千米/时,水上最大行驶速度为 6.9 千米/时。它虽然克服了 M75 的缺点,但动力明显不足,其总生产量达到 4000 余辆。除了美军之外,巴西、希腊和土耳其等国军队也装备此种车。1960 年以后,它被 M113 装甲输送车所取代。M59 是 M113 装甲输送车的前身,同为 FMC 公司研制。M113 装甲输送车的诞生,标志着装甲输送车走向成熟。它的产量高达 8000 辆以上,是世界上产量最多、装备国家最多、服役时间最长的装甲输送车。它装备了 40 多个国家和地区的军队,至今仍活跃在世界各地。

英国在战后研制装甲输送车方面也比较积极,1953 年研制成功"撒拉逊"装甲输送车。可能受二战后期英国军方成功地研制了几种轮式装甲车辆的影响,"撒拉逊"也是一种 6×6 轮式装甲输送车。该车的战斗全重为 10 吨,乘员 2 人,载员 10 人。主要武器是 1 挺安装在机枪塔上的勃朗宁 7.62 毫米轻机枪和 1 挺安装在车体后部的布伦 7.62 毫米轻机枪。其发动机的最大功率达 119 千瓦,最大行驶速度 72.5 千米/时,最大行程 400 千米。该车公路机动性不错,缺点是越野机动性不佳,很难与坦克协同作战,车辆较高,达 2.46 米。该车除英国自己装备了外,印尼、科威特、尼日利亚和泰国等多个国家都配备过,有些甚至一直被用到 20 世纪 70 年代。

1955 年,英国又研制出一种小型 4×4 轮式装甲输送车,叫"亨伯-猪"装甲输送车。其战斗全重仅为 6.79 吨,乘员 2 人,载员 8 人,钢装甲厚 10 毫米。它的特点是没装固定武器。后来,一部分"亨伯-猪"装甲输送车改作内卫车,用于维持治安;一部分则装上了"马尔卡拉"反坦克导弹,成为轻型反坦克导弹发射车。

1955 年法国开始研制一种小型的装甲输送车。1958 年研制成功,它就是"霍

奇基斯"装甲输送车。它是法国霍奇基斯公司为德国人生产的。从 1958 年到 1962 年,法国共为德国军队生产了近 2400 辆。其战斗全重为 8.2 吨,乘载员共 5 人,主要武器是 1 门 20 毫米机关炮,弹药基数为 500 发。其动力装置为直列 6 缸汽油机,最大功率 122.3 千瓦,主动轮在前,诱导轮在后,最大行驶速度为 58 千米/时,最大行程 390 千米。车体为钢装甲全焊接结构,装甲厚度为 8 毫米~15 毫米。它在德军中被用作侦察车,在德军中服役约 20 年,1975 年后逐步被"山猫"轮式侦察车所取代。

德国和日本都是二战战败国,所以在装甲车辆的研制上较晚。二战后,德国最初研制的为。HS-30 型履带式装甲输送车(也称为 SPZL2-3 型装甲输送车),是瑞典一家公司在先前设计的自行高炮基础上改装而来。英国和德国公司在 1958 年开始生产,其战斗全重为 14.6 吨,乘员 2 人,载员 6 人。主要武器是 1 门 20 毫米机关炮,携弹 2000 发,车身只有 1.85 米高,发动机的最大功率为 175.2 千瓦,最大行驶速度为 58 千米/时,最大行程 270 千米。装甲厚度为 10 毫米~30 毫米,防护性比"霍奇基斯"要强得多。在当时,其火力还是比较大的。在其基础上还有一系列变型车,如多管自行火箭炮、90 毫米坦克歼击车以及反坦克导弹发射车等。

60 式装甲输送车是日本在战后研制的第一种装甲输送车。它借鉴了美国装甲输送车的经验。其战斗全重为 11.8 吨,乘员 4 人,载员 6 人,主要武器是 1 挺 12.7 毫米机枪。60 式的总生产量为 428 辆,它也是 74 式装甲输送车的前身。

苏联一直有一条自己的装甲输送车发展之路。它所研制的装甲输送车特点是轮履并重,以轮式为主。20 世纪五六十年代,苏联研制的装甲输送车有:BTR-152 轮式装甲输送车、BTR-50 履带式装甲输送车以及 BTR-60 轮式装甲输送车。其中,BTR-152 轮式装甲输送车和 BTR-50 履带式装甲输送车是同时研制的,有探索和比较的意思。

BTR-152 装甲输送车以吉尔-151 汽车为底盘,为 6×6 驱动型式,战斗全重 8.95 吨,乘员 2 人,载员 17 人,主要武器是 1 挺 7.62 毫米机枪,携弹 1250 发。车体为钢装甲全焊接结构,但车体顶部是敞开的(后期的为全封闭式)。由于没有浮渡能力,它的机动能力受到限制。车体两侧各有 3 个射击孔,2 扇后门上各有 1 个射击孔。其最大行驶速度 65 千米/时,最大行程 600 千米。虽然性能一般但是数量很可观,除装备苏军外,还装备包括华约和一些第三国在内的 30 多个国家的军队,20 世纪 60 年代以后逐步被 BTR-60 装甲输送车所取代。

BTR-50P 履带式装甲输送车是 BTR-50 中比较著名的一个型号。它的战斗全重 14 吨,乘员 2 人,载员 18~20 人,载员室比较拥挤,乘坐的舒适性较差。虽具有浮渡能力,但是浮力储备较小。20 世纪 60 年代,其被 BTR-60 轮式装甲输送车所取代。由于苏军一直很重视坦克的发展而且受坦克搭载步兵传统影响较重,所以苏军一直钟情于轮式装甲输送车。

除了新一代履带及轮式装甲输送车的研制成功,二战后世界装甲车辆最具划时代意义的事情当属步兵战车的出现。前者的大发展为后者的"横空出世"奠定了坚实的基础,可以说,步兵装甲车是装甲输送车的发展。因此,两者关系十分密切。而关于世界上第一种步兵战车是哪个型号,曾经有过一定的争议。一种说法是法国在 1957 年研制的 AMX-VCI 是世界上第一种步兵战车(VCI 是法文"步兵战车"的缩写)。另一种说法则认为苏联于 1966 年研制成功的 BMP-1 才是世界上第一种步兵战车。目前认同第二个说法的人比较多,因为法国 AMX-VCI 还是利用 AMX-13 轻型坦克的底盘研制而来的,BMP-1 则是从一开始就定位于步兵乘车战斗及配合坦克作战的全新设计。另外,BMP-1 所创立的"车载火炮加反坦克导弹发射架"的火力配备模式也被后来出现的众多步兵战车所效仿。

步兵战车和坦克的出现,都有巨大意义。但是,步坦协同作战一直比较困难。二战前和二战中,由于坦克发展较慢,这种协同作战问题还没被重视。二战后随着核威胁的出现,如何既能保护自己,又能利用核突击发起进攻,成为首要解决的问题。首先出现的全面装甲防护的装甲输送车,虽然能够或多或少地解决这个问题,同时解决了步坦协同的部分问题。但是,装甲输送车更像一种"战场的士",以运输为主,战斗能力弱。这样就催生了乘车作战能力更强的步兵作战车的出现。

由于当时的机关炮技术、反坦克导弹技术、轻型装甲材料技术等已经趋于成熟,这让步兵坦克的出现顺理成章。虽然当时不少人认为,步兵战车属于轻型装甲车辆,装甲不是很厚,容易遭到反击。但是绝对不被击穿的武器也是不存在的。战争是检验武器性能的最好的试金石。经过海湾战争和伊拉克战争的实践,火力较强和机动性较好的步兵战车生存能力更强。例如海湾战争中,美军有 2200 余辆 M2"布雷德利"系列步兵战车参战,结果只损失了 20 辆,而且受损的大部分还是被己方误伤的。

当代步兵战车有履带式和轮式两种。典型的履带式步兵战车一般是将动力传动装置布局在前面,只有苏联 BMP-3 步兵战车和以色列由 T 系列坦克改装的"阿奇扎里特"步兵战车是个例外。这两种战车之所以有如此的布局,主要是因为它有一个容积大的载员舱,可以开一个后门,方便乘员上下车。还有一个原因是步兵战车都装备有炮塔,有的还有反坦克导弹发射器。但步兵战车装备反坦克导弹发射器主要是为了自卫而不是作战。步兵战车的装甲厚度比装甲输送车的装甲厚,一般为 10 毫米~40 毫米,可以抵御 14.5 毫米穿甲弹和 155 毫米榴弹破片的攻击。其作战机动性一般相当于或优于主战坦克,并有较强的越野机动能力。

随着战争需要的提升,提高步兵作战能力,20 世纪 50 年代后期,苏军组建了摩托化步兵师(简称摩步师),来替代步兵师和机械化步兵师。装备的研制也要使用这种改制,苏军将原来顶部敞开的 BTR-50P 装甲输送车改进为全密封的 BTR-50PK 装甲输送车。但是,BTR-50PK 也不具备乘车作战能力,于是苏军决定研制一种能跟得上坦克的作战和推进速度的,具有三防能力,步兵能乘车战斗也能用火炮和机枪支援下车战斗的步兵战车。于是 BMP-1 步兵战车就诞生了。

该研制项目于 20 世纪 50 年代末期立项,代号为 765 工程。该项目采用 73 毫米低膛压火炮和反坦克导弹相结合的混合武器方案。1966 年开始装备苏军摩步师和摩步团。其首次亮相是在 1967 年"十月革命"红场阅兵式上。从 20 世纪 60 年代到 70 年代,苏联共生产了 24000 余辆 BMP-1 步兵战车,装备苏联及华约各国等共 20 多个国家,使之成为世界上生产数量和装备国家最多的步兵战车。

BMP-1 步兵战车的战斗全重为 13 吨,乘员 3 人,载员 8 人,主要武器是 1 门 73 毫米低膛压滑膛炮,弹药基数为 40 发,另有 1 具反坦克导弹发射架,携带 4 枚"耐火箱"反坦克导弹。此外,该战车还装备有 1 挺并列机枪和车内的 2 挺机枪,以及 7 支车载步兵用的突击步枪。车内还配备三种装置,包括超压式三防装置、自动灭火装置和热烟幕发射装置。其动力装置为 223.7 千瓦水冷柴油机,最大行驶速度 65 千米/时,最大行程 600 千米,采用钢装甲全焊接结构,最大装甲厚度为 23 毫米,能够抵御轻武器和炮弹破片攻击。而且,该战车还具有水上航行能力,最大航速达 7 千米/时。后来发展的 BMP 系列步兵战车也都有水上航行的能力,以致苏联乃至后来的俄罗斯都没有开发水陆坦克。

BMP-1 步兵战车结构紧凑、外形低矮、火力强大,造价低廉,便于大量制造。这些特点是苏联一贯的设计思想。BMP-1 开创了步兵乘车作战的先河,具有划时代的意义。它的开射击孔、加装反坦克导弹发射架、宽大的后门等设计,被许多国家所借鉴。

法国也是较早认识到步兵乘车战斗重要性的国家之一。其研制的 AMX-VCI 步兵战车的战斗全重为 15 吨,乘员 3 人,载员 10 人,主要武器是 1 挺 7.5 毫米机枪(后被 12.7 毫米机枪或 7.62 毫米机枪代替,有的甚至装上了 20 毫米机关炮)。最开始配备的是汽油机,后改为 208.8 千瓦涡轮增压柴油机。最大时速 64 千米/时,最大行程 400 千米。车体两侧各有 4 个射击孔,步兵可乘车向外射击,车体后部开有两扇尾门。该车总生产量高达 3000 辆。

1968 年,法国穆利诺制造厂制成了 2 辆 AMX-30 主战坦克样车,以取代 AMX-VCI 步兵战车。1972 年由罗昂制造厂生产,其被正式命名为 AMX-10P 步兵战车。它的战斗全重仅为 14.5 吨,属于轻型步兵战车,乘员为 3 人,载员 8 人,采用动力传动装置前置布局,主要武器是 1 门 20 毫米机关炮,携弹 760 发。其武器站为顶置、小炮塔结构,其辅助武器为 2 挺 7.62 毫米机枪,1 挺为并列机枪,1 挺为后部的遥控机枪。该车在必要时可在车顶两侧各安装 1 具"米兰"反坦克导弹发射架,装备 V 型 8 缸涡轮增压柴油机,最大功率 205.8 千瓦,最大行驶速度 75 千米/时,最大行程为 520 千米,采用铝合金装甲全焊接结构,是较早采用铝合金装甲的步兵战车。后来的战车多采用钢装甲全焊接结构。还有一点就是,它只在后门上开了 2 个射击孔,两侧无射击孔,这种设计在当时并不多见。

AMX-10P 与比它晚一年的德国"黄鼠狼"步兵战车都是西方最早的步兵战车。两者有相似之处但也有不同。它的武器装备及布局和"黄鼠狼"步兵战车相同,这种武器装备结构虽然紧凑,但是在非遥控的情况下必须探出身子射击,危险性加大。此外,"黄鼠狼"步兵战车重 29.2 吨,两者相差悬殊。

AMX-10P 步兵战车还具有水上航行能力,靠履带划水可达到 7 千米/时。该车生产总数达 1810 辆,除法军外,还装备了十多个国家和地区的军队。它的变型车种多达十几种。1991 年,AMX-10P 步兵战车还参加了海湾战争,至今仍在法军中服役,其服役期长达 40 多年。

20 世纪 80 年代以后,装甲车进入大发展时期。一方面出现了许多新的车种,如装甲指挥车、装甲通信车、装甲救护车、装甲三防侦察车、装甲供弹车、装甲运输车和装甲密钥加注车等。当然,这些车型中有些在二战中就已出现,但是此时期更普遍。此时,制造装甲车辆的国家越来越多,而装备装甲车辆的国家更是遍布全球。由于没有全球性大规模战争需要,各国对装甲车的需求以及装备数量远远超过坦克。

　　此时期最著名的当属美国 M2"布雷德利"步兵战车。它的装备数量高于其他国家,尤其是 M2/M3 战车的装备数量更是达到 6724 辆,而且它的参战数量也最多。但 BMP-3 步兵战车火力最强,它配备 100 毫米火炮、30 毫米机关炮和 5 挺机枪(其中 2 挺为备用),加上稳像式火控系统,其火力之强令 20 世纪五六十年代的主战坦克都望尘莫及。之后,俄罗斯再也没有生产过轻型坦克和水陆坦克,从这里可以看出,俄军认为 BMP-3 可以完全代替这两种坦克了。此外,瑞典 CV90 步兵战车、韩国 K-21 步兵战车、新加坡"比奥尼克斯"步兵战车、日本 89 式步兵战车、奥地利"枪骑兵"步兵战车以及意大利"标枪"步兵战车等都有可圈可点之处。

　　20 世纪 60 年代问世的美国 M113 装甲输送车是此时期名气最大的装甲输送车,生产数量和装备国家都是最多的。后经不断升级改进现已发展到 A3 型。苏联/俄罗斯的 BTR 系列轮式装甲输送车也是较有名气的。它的系列车型有 BTR-50、BTR-60、BTR-70、BTR-80 以及 BTR-90,技术性能逐步提高。其中,BTR-60 的生产总数达到了 25000 辆,成为世界上装备数量和装备国家最多的轮式装甲输送车。BTR-70 的生产数量超过 10000 辆;BTR-80 的生产数量约为 4000 辆。BTR-90 由于装上了 30 毫米机关炮和 AT-5 反坦克导弹发射器,火力与 BMP-2 相当。被称作是"面向 21 世纪的轮式装甲车辆"。此外,英国 FV432 装甲输送车、法国 VCR 和 VAB 轮式装甲输送车、瑞士"皮兰哈"系列轮式装甲车辆等都是此时期较为典型的装甲车。不过装备数量远不及 M113 及 BTR 系列。近年来"皮兰哈"系列装甲车族备受关注,美国海军陆战队和陆军都大量装备了该车型或其变型车。例如,美国海军陆战队大量装备了在"皮兰哈"8×8 轮式底盘基础上研制的 LAV 系列轮式装甲车,而美国陆军则使用 LAV 的改进型发展出庞大的"斯特瑞克"新型轮式装甲车族。

　　在当今装甲车辆家族中还有一种引人注目的类型——轮式装甲侦察车,它能够装备大口径火炮。目前各国装备的装甲侦察车都具有高度的机动性,其机动性甚至比主战坦克和步兵战车还要强。装备有较强的火力和一定的装甲防护力的型号,可以实施火力侦察和机动作战。另外,它们都装有较完善的侦察设备和仪器,如大倍率光学潜望镜、热像仪、激光测距仪和定位导航装置等。现役的典型轮式装甲侦察车包括德国"山猫"、法国 AMX-10RC、俄罗斯 BRDM-2、日本 87 式、意大利"半人马座"和南非"大山猫"等。由于机动性好、可靠性高,不论是公路还是越野,它们都能冲锋在前,还能对抗敌军的装甲车辆和坦克,AMX-10RC 装甲侦察车被誉为"沙漠之狮"。

　　与轮式相比,履带式装甲侦察车略有逊色。但美军 M3 骑兵战车却非同凡响,在海湾战争中重表现出色。1982 年英阿马岛战争中,英军装备的"蝎"式装甲侦察车表现相当活跃。将其装上 90 毫米火炮,就成了"小车装大炮"的经典之作。

　　20 世纪 80 年代以来,特别是进入 21 世纪以后,轮式装甲车辆的发展势头更盛。随着战争的远去,那种越野能力强而造价昂贵的坦克和履带式装甲车辆再也不是各国的首选,而相对低廉的轮式装甲车辆更受军方的青睐。20 世纪 90 年代以前,美国陆军"重履轻轮",装甲输送车几乎都是履带式的 M113。而现如今,他们却提出"中型旅"的概念,其主要装备变成了"斯特赖克"8×8 轮式装甲车辆。德国装备的"狐"式 6×6 装甲输送车达到了 1000 辆。日本陆上自卫队也由 73 式履带装甲输送车转变为 96 轮式装甲输送车。

从目前轮式装甲车辆的发展来看,主流的驱动型式为 6×6 或 8×8 底盘。一般来说,轮式装甲战车的每个车轴(2 个车轮)可承受 7~7.5 吨的重量。如此算来,6×6 的轮式装甲车辆(3 个车轴)的战斗全重可达到 20~24 吨,而 8×8(4 个车轴)可达到 28~30 吨。随着自重不断提高,轮式装甲车辆的用途更是扩大到步兵战车、装甲侦察车,甚至自行火炮领域。而且轮式装甲侦察车普遍装备 105 毫米火炮,更是能够与敌方坦克相抗衡。如法国 AMX-10RC、意大利"半人马座"和南非"大山猫"105 装甲侦察车等,装备的都是低后坐力 105 毫米火炮。而"半人马座"的最新改进型几乎都装备了 120 毫米滑膛炮,其火力已毫不逊色于主战坦克了,称得上是真正的"轮式坦克"。在装甲防护方面,轮式装甲车辆不但增强了基体主装甲的防护能力,还加装了附加的镶嵌式装甲和栅栏式装甲。

(二)装甲车辆分类简介

1.步兵战车

该车亦称机械化步兵战斗车,是指供步兵机动和作战用的装甲战斗车辆。其具有高度机动性、较强的火力和一定的装甲防护力,主要用于协同坦克作战,也可独立执行任务。该车在机械化步兵部队中装备到步兵班,以供步兵乘车战斗。目前各国装备的步兵战车有履带式和轮式两种,多数具有两栖能力,在陆军装甲部队中是仅次于主战坦克的第二主力装备。

2.装甲输送车

该车亦称装甲人员输送车,主要用于输送步兵,并可用作火力支援下车步兵战斗的装甲战斗车辆。该车主要有履带式和轮式两种,具有高度机动性、一定的火力和装甲防护力,多数具有两栖能力,在机械化步兵部队中装备到步兵班。

3.装甲指挥车

该车设有较为宽敞的指挥室,并配备有多种电台、侦察设备以及信息系统,主要装备坦克部队和机械化步兵部队,用于各级指挥官作战指挥。

4.装甲侦察车

该车装有多种侦察仪器和设备,主要装备坦克部队和机械化步兵部队的侦察分队,用于战术侦察。有的装甲侦察车装备有大中口径火炮,火力较强,可以进行火力侦察和独立执行作战任务。此外,目前新出现的先进装甲侦察车已经开始搭载小型无人侦察机,将其作为拓展侦察范围的主要手段。

5.装甲雷达车

该车装备有各型不同用途的雷达,具有一定的独立工作能力,主要装备坦克部队和机械化步兵部队的侦察分队。其主要使用雷达作为侦察手段,探测、识别、精确标定目标,以及跟踪地面和空中目标。

6.装甲电子对抗车

该车装有各种电子对抗设备和器材,主要装备坦克部队和机械化步兵部队的电子对抗分队,用于电子战。

7.装甲架桥车

该车亦称坦克架桥车、冲击桥,其装有制式车辙桥及架设和撤收装置,主要装备坦克部队和机械化步兵部队的工兵部队或分队,用于在敌火力威胁下快速架设车辙桥,保障己方坦克和其他车辆通过防坦克壕、沟渠等人工和天然障碍。按照架桥原理,装甲架桥车可分为剪刀式和平推式。

8.装甲扫雷车

该车装有不同类型的扫雷装置,主要装备坦克部队和机械化步兵部队的工兵部队或分队,用于在地雷场中为坦克部队开辟通路。

9.装甲布雷车

该车装有地雷布设装置,主要装备坦克部队和机械化步兵部队的工兵部队或分队,用于设置地雷场。

10.装甲抢救车

该车装有专用救援设备,主要装备坦克部队和机械化步兵部队的工兵部队或分队,用于野战条件下对淤陷、战伤和发生技术故障的装甲车辆实施拖救和牵引护送。必要时,装甲抢救车也可用于协助修理人员开展现场修理,并协助坦克和机械化步兵分队进行道路整修、排除路障和挖掘掩体等工程作业。

11.装甲抢修车

该车装有抢修工具和器材,主要装备坦克部队和机械化步兵部队的工兵部队或分队,用于野战条件下对战伤和有故障的坦克及其他装甲车辆实施抢修。

12.装甲救护车

该车备有制式担架、医疗设备和器材、药品,主要装备坦克部队和机械化步兵部队的后勤分队,用于在野战条件下的救护和运送伤员,或在舱内进行急救处置和外科手术。

13.装甲补给车

该车装有专用方舱和装卸设备,主要装备坦克部队和机械化步兵部队的后勤分队,用于野战条件下为装甲车辆补给弹药、油料、器材及其他作战物资。

14.装甲供弹车

该车亦称弹药补给车,其装有专用供弹和贮弹装置,主要装备坦克部队和机械化步兵部队的后勤分队,用于野战条件下为坦克和自行火炮供给弹药。

(三)世界王牌步兵战车

1.法国 AMX-10P 步兵战车

该车是由法国罗昂制造厂生产的履带式步兵战车,1965 年开始研制,1970 年完成样车,1972 年投产,1973 年装备部队。该车共有 20 余种变型车,包括"霍特"反坦克导弹发射车、装甲救护车、装甲指挥车、装甲炮兵观察车、自行迫击炮和装甲火力支援车等,总产量达 1810 辆。除装备法军外,该车还出口到沙特、伊拉克、希腊、卡塔尔、新加坡、阿联酋和印尼等国家。该车的主要武器是 1 门安装在炮塔顶部的 20 毫米机关炮,辅助武器为 1 挺 7.62 毫米辅助机枪。必要时,可在车顶两侧各安装 1 具"米兰"反坦克导弹发射架,并携带 10 枚导弹。目前,已服役近 40 年的 AMX-l0P 正在逐步被新一代 VBCI 轮式步兵战车所取代。

2.意大利"标枪"步兵战车

该车是由意大利奥托·梅莱拉和依维柯·菲亚特公司联合研制的履带式步兵战车.1985 年底制造出 2 辆样车,1988 年又交付第 3 辆样车,90 年代中期定型,随后装备意大利陆军。该车的主要武器是 1 门由瑞士厄利空公司生产的 25 毫米机关炮,炮塔右侧还装有 1 具"米兰"反坦克导弹发射架,其主要任务是与 C1"公羊"主战坦克配合作战。

3.日本 89 式步兵战车

该车是由日本三菱重工业公司生产的履带式步兵战车,1980 年开始研制,1984 年完成样车,1989 年定型并装备日本陆上自卫队。由于日本陆上自卫队的订购数量很少,且限于日本国内法律不能出口,89 式步兵战车仅生产了 80 余辆,而这个数字只相当于大多数国家步兵战车生产数量的零头。因此,该车的造价成本也出奇地高。89 式步兵战车的主要武器是 1 门瑞士厄利空公司生产的 35 毫米机关炮,辅助武器为 1 挺 7.62 毫米并列机枪。此外,炮塔两侧还各安装有 1 具反坦克导弹发射箱。

4.韩国 K-21 步兵战车

该车是由韩国斗山集团下属的大宇重工生产的履带式步兵战车,1990 年开始研制,2004 年完成首辆样车,2008 年开始交付韩国陆军。韩国人在研制 K-21 步兵战车期间,一直密切关注着国际战略形势和同型装备的发展变化,并以此调整研制思路,力求使该车既新颖大方,又能最大限度地跟上世界潮流。考虑到世界装甲车辆的防护力都在增强,步兵战车要想有效对付未来战场上的装甲目标,就必须增强火力。加之受到俄罗斯 BMP-3 步兵战车的影响,特别是看到日本陆上自卫队的893 式步兵战车安装了 35 毫米机关炮和重型反坦克导弹后,K-21 步兵战车在火力方面也不甘落后,其标准武器配备是 40 毫米主炮、7.62 毫米机枪和反坦克导弹发射装置。不过,该车在 2009 年 12 月和 2010 年 7 月的浮渡演练中因出现浸水事故而沉没。韩国在 2011 年对其进行改进后才重新服役。

5.俄罗斯 BMP-3 步兵战车

BMP-3 是苏联研制的第三代步兵战车,1986 年完成样车,1990 年 5 月 9 日在莫斯科红场庆祝反法西斯战争胜利 45 周年的阅兵式上首次亮相。该车的主要武器是 1 门配有自动装弹机的 100 毫米两用线膛炮,既可发射杀伤爆破弹,也可以发射激光制导反坦克导弹。辅助武器为 1 门 30 毫米并列机关炮和 3 挺 7.62 毫米机枪。可以说就火力而言,BMP-3 是当今世界上最强的步兵战车。该车除装备俄军外,还出口到多个国家,如韩国、阿联酋等。其变型车包括装甲侦察车、装甲指挥车、反坦克导弹发射车和装甲抢救车。

6.瑞典 CV90 步兵战车

该车是由瑞典赫格隆车辆公司生产的履带式步兵战车,1988 年完成样车,1993 年 11 月装备瑞典陆军。该车的主要武器是 1 门 40 毫米机关炮,在欧美各国研制的步兵战车中属于主炮口径比较大的一种。该炮即可单发射击,又能以 60 发/分、300 发/分的射速连发射击,其配用的弹种包括尾翼稳定脱壳穿甲弹、曳光多用途弹和近炸引信杀伤弹等。辅助武器为 1 挺 7.62 毫米并列机枪。其变型车包括装甲输送车、35 毫米自行高炮、装甲指挥车、装甲侦察车、装甲抢救车、120 毫米自行迫击炮和 120 毫米自行反坦克炮等。

7.英国"武士"步兵战车

该车是由英国 GKN 防务公司生产的履带式步兵战车,1981 年制成样车,1985 年英国订购 1048 辆,1987 年开始装备英国陆军机械化步兵营,每个营装备 45 辆。该车主要有"沙漠武士"和"武士 2000"两种改进型。其中,"沙漠武士"是英国专门为科威特研制的出口型号,共生产了 254 辆。该车的主要武器为 1 门 30 毫米机关炮,可配用曳光燃烧弹、杀伤弹,辅助武器为 1 挺 7.62 毫米并列机枪。其变型车主要包括炮兵侦察/指挥车、装甲抢救车、反坦克导弹发射车、双管 30 毫米自行高炮、81 毫米自行迫击炮、90 毫米自行火炮、105 毫米自行火炮等。在海湾战争及伊拉克战争中,英军都曾投入大量"武士"步兵战车参战,战绩不俗。

8.美国 M2"布雷德利"步兵战车

该车是由美国 FNC 公司生产的履带式步兵战车,以美国陆军上将布雷德利的名字命名。1980 年开始生产,1983 年装备美军,总装备数量为 4641 辆,单车价格158 万美元(1988 年币值)。该车的主要武器为 1 门 25 毫米链式机关炮,采用双向弹链供弹,可发射曳光脱壳穿甲弹、曳光燃烧杀伤弹,辅助武器为 1 挺 7.62 毫米并列机枪。其炮塔左侧还装有 1 具双管"陶"式反坦克导弹发射架,车内可携带 7 枚导弹。该车主要有 M2A1/A2/A3 等多个改进型号,其中 M2A1 采用了"陶"Ⅱ掠飞攻顶型反坦克导弹,并改进了导弹发射架和火控系统。M2A2 在车体和炮塔上安装有反应装甲以及附加的 25 毫米钢装甲。M2A3 则大幅提高了信息水平,具有与 M1 系列主战坦克类似的车际信息系统,并能够对目标实施自动跟踪。

9.德国"黄鼠狼"步兵战车

该车由德国莱茵钢铁公司和马克公司联合生产,是西方研制的第一种履带式步兵战车。该车于 1968 年 10 月完成预生产型样车,1969 年 4 月开始批量生产,1971 年 5 月装备原西德军队,1975 年停产,总产量 2136 辆。该车的主要武器是 1 门 20 毫米机关炮,可发射穿甲弹和杀伤弹,采用三向弹链供弹,辅助武器为 1 挺 7.62 毫米并列机枪和 1 挺 7.62 毫米尾部遥控机枪。该车发展出多个改进型号及变型车,主要有"黄鼠狼"A1/A2/A3 及"罗兰"防空导弹发射车、装甲救护车、自行高炮、自行迫击炮等。此外,由于其底盘性能优异,阿根廷还在该车的基础上换装"豹"1 主战坦克的炮塔,从而研制出世界上仅有的采用步兵战车底盘的 TAM 主战坦克。

10.新加坡"比奥尼克斯"步兵战车

该车是由新加坡新科机车公司生产的履带式步兵战车,1989 年开始研制,1995 年 7 月定型,1997 年 9 月正式投产,除装备新加坡陆军外,还向国外出口,单车价格 250 万美元(1997 年币值)。该车的主要武器是 1 门与 M2"布雷德利"步兵战车装备相同的 M242 型 25 毫米机关炮,辅助武器为 1 挺 7.62 毫米高射机枪和 1 挺 7.62 毫米并列机枪,没有装备反坦克导弹发射器。该车主要有 IFV25 和 IFV40/50 两种改进型,后者的车体与前者相同,战斗全重有所减轻,载员数量增加,车载武器也改为 1 具 40 毫米自动榴弹发射器和 1 挺 12.7 毫米高射机枪。此外,该车的主要变型车还包括自行高炮、装甲抢救车和自行迫击炮等。

五、火炮

在现代武器家族中,火炮的历史与枪械几乎同样久远,因为两者都是起源于最原始的火器——火铳。火铳最早起源于中国古代的元朝,当时主要用铜制造,偶尔用铁。按照体型和重量大小,可以分为手铳和碗口铳/盏口铳。前者较小,可手持发射,有单眼、三眼甚至十眼等不同制式;后者较大,通常要安装在木架或固定在地上发射。最终,这两种不同的火铳分别成了枪械和火炮的鼻祖。现藏于国家博物馆的元至顺三年盏口铳是目前世界公认最早的火炮,其全长 353 毫米,直径 105 毫米,膛径 80 毫米,总重 6.94 千克。

（一）火炮简史

1.古代火炮

在现代武器家族中，火炮的历史与枪械几乎同样久远，因为两者都是起源于最原始的火器——火铳。火铳最早起源于中国古代的元朝，当时主要用铜制造，偶尔用铁。按照体型和重量大小，可以分为手铳和碗口铳/盏口铳。前者较小，可手持发射，有单眼、三眼甚至十眼等不同制式；后者较大，通常要安装在木架或固定在地上发射。最终，这两种不同的火铳分别成了枪械和火炮的鼻祖。现藏于国家博物馆的元至顺三年盏口铳是目前世界公认最早的火炮，其全长353毫米，直径105毫米，膛径80毫米，总重6.94千克。

元朝对于火铳的大规模研发和使用为明朝火器的大发展打下了基础。明朝在工部和内府监局下设有军器局、兵仗局和火药局，专门负责火器的研制和生产。当时，火炮除了应用于陆上的攻城外，还装备在各种战船上应用于水战。军事博物馆内收藏的造于明洪武五年的大碗口铳，就是目前世界上现存最早的舰炮。除了作为舰炮的大碗口铳，明朝还研制了大口径铜炮和铁炮。这些炮铳的研制，把火炮制造技术提高到了新的水平。山西省博物馆藏有一尊明洪武十年平阳卫铸造的大口径铁炮。其炮身长1米，由精铁制成，口径210毫米，身管呈直筒形，管壁较厚，无论是装药量还是射程，都大大超过了铜制炮。到了永乐年间，为了满足频繁战争的需求，明朝加强了对火铳的研制和发展，重点是改进结构、提高质量、增加种类和增强威力等。随着火器装备数量的增加，威力、可靠性的提高，火器的使用更加趋于专业化。明朝在永乐年间建立了世界上最早的以火器为主要武器的新型军队——神机营。在明朝正统年间著名的北京保卫战中，神机营曾经在关键时刻发挥了重要作用。当时，时任兵部左侍郎的于谦指挥全体军民守城。瓦剌军主力攻打德胜门时，于谦先命令精悍的骑兵小分队迎战，将万余名敌军骑兵引诱至设伏地区。当敌军进入伏击圈后，埋伏在这里的神机营用火炮、火枪以及各种火器突然开火，对瓦剌军队予以重创。其他明军顺势出击，勇猛拼杀，瓦剌军被打得溃不成军，多名高级将领毙命。次日，瓦剌军又进攻彰仪门，神机营再次出击，作为阵前的先锋军，以强大的炮火轰击敌军骑兵。而后，明军步、骑兵在火器的掩护下发起冲击，将瓦剌军彻底击败。

明朝的抗倭战争中，火炮也被明军大量使用。抗倭名将戚继光就曾发明过一种非常著名的火炮——虎蹲炮。该炮在炮口安装了支撑架，因它的外形像虎蹲而得名，这种设计是为了克服火炮发射时因炮身较轻而后坐自伤。虎蹲炮通常用熟铁制造，长约0.59米，重约21.5千克，为了使炮筒在使用时不易被炸裂，特意在炮筒外加5道箍。虎蹲炮炮身短，射程近，但发射散弹，具有较大的杀伤面。又因为炮身较轻、机动性好，非常适合东南沿海水网稻田和不便于使用其他大型火炮的地区。此外，明军还将该炮装在战船上作为舰炮使用。在万历年间抗日援朝的露梁海战中，中朝联军水师对数百艘日军战船发动突然袭击，其装备的虎蹲炮大显神威。在这场惨烈的大海战中,日军伤亡万余人,500 多艘战船仅有 50 余艘逃回日本。

虽然在元、明两代,火炮都得到了大力发展并已广泛应用于战争,然而在遥远的欧洲,火炮发展的脚步却更为神速,很快便超过了中国。不过,说起来火炮从中国传到欧洲的历史,倒是非常曲折。13 世纪至 14 世纪,蒙古军发动了三次西征,并与阿拉伯人发生了多次战争。在战争中,蒙古军大量使用了各种火器,包括火铳。由此,阿拉伯人逐渐学会了火铳的制造和使用,尤其是火药的制作工艺,并仿制出了自己的火炮——马达法。1342 年西班牙进攻非洲北部阿里赫基拉斯城的战斗中,守城的阿拉伯人大量使用马达法重创了西班牙军队。当时的西班牙士兵根本不曾见过这样的火器,更不知道火药的存在,他们都竟然以为阿拉伯人在施放魔法。

这次大战后,欧洲各国的君主和将领们很快意识到这是一种能够决定战争胜负的新式武器。于是,火铳及火药很快便从阿拉伯传入欧洲,并且成了欧洲各国厮杀较量的"重器"。在英法百年战争中,法国战场几乎成了炮兵的试验场。1346 年克勒西会战中,英王爱德华三世的部队已经开始使用短管火炮,而法国军队也使用了青铜火炮。在俄国,14 世纪末以后已经有了阿尔玛塔炮、秋菲亚克炮、博姆巴尔达炮和皮夏利炮等。阿尔玛塔炮采用锻造的铁板卷成的焊接加箍铁炮筒,并固定在结构简单的木架上,基本上属于马达法的仿制型。秋菲亚克炮则使用石弹或者铁弹在近距离上对敌方有生力量实施射击,主要用于保卫和进攻筑垒城市,通常从木架或者垫木上发射。其炮身多半是锥形的,喇叭口直径 76 毫米~200 毫米,炮身长 900 毫米~1100 毫米,全重 60 千克~120 千克。博姆巴尔达炮炮身用扁铁焊接而成,并以金属箍加固,也同样采用木架或者木垫作为支撑,是一款大尺寸的超重型火炮,其口径达到了 1000 毫米,全重达 14~19 吨,发射的是 300 千克~500 千克的圆形石弹,射程也达到了 700 米。皮夏利炮是一系列火炮的总称,包括要塞炮、攻城炮、团炮和野炮等,其口径多为 30 毫米~280 毫米,炮身长度 840 毫米~6080 毫米,全重 20 千克~75 千克。在 15 世纪的欧洲,当时最大也是最具传奇色彩的火炮当属奥斯曼土耳其帝国制造的乌尔班青铜巨炮。该炮的炮管共分 12 节,全长 5,2 米,口径 762 毫米,全重 18.264 吨,发射的石弹重达 660 千克,射程达 1600 米。据说,当时这门巨大的火炮要用 60 头牛才能拉得动,而且每次装填弹药的时间也长达 2 个小时,所以每天也就发射 6~8 次。在 1453 年 4 月奥斯曼土耳其帝国攻打东罗马帝国首都君士坦丁堡时,这门巨炮展示了它惊人的破坏力,将高大厚重的城墙打开了一个巨大的缺口。

15 世纪末至 16 世纪初,随着"地理大发现"的到来,欧洲殖民者开始疯狂地通过海上航线向亚洲、非洲及美洲扩张,并大肆掠夺黄金、白银和香料等财富。这些财富极大地促进了西方科学技术的发展,同时也为欧洲殖民者们提供了更多更先进的武器,佛郎机火炮便是其中较为著名的一种。佛郎机与中国明朝制造的火铳相比,在构造上主要有了五点优越性:

1.采取了母子铳分离的结构,大大提高了射速。母铳是炮筒,子铳实际上是 1 枚小火铳,一般一尊佛郎机配备 5~9 个子铳,事先或轮流装填弹药备用以节省装填弹药所需的时间。

·武器装备·

图文珍藏版

2.炮筒管壁加厚,保证了火炮发射时的自身安全。

3.加大了装弹室,约占母铳全长的四分之一。

4.装有准星、照门等瞄准装置,对远距离目标进行射击时可以瞄准。

5.增设了炮耳,使得火炮能够安装在座驾上,并且能够上下、左右调节,射击范围较大。

正因为如此,明朝官员对佛郎机表现出高度的重视。嘉靖元年(1522年),葡萄牙的武装舰船在广东新会西草湾被当地守军击败,明朝军队缴获其中2艘舰船和船上20余门火炮,并将火炮命名为"佛郎机"。于是,明朝军队便开始对佛郎机进行研究和仿制。三年后,第一批佛郎机仿制成功。

《大明会典·火器》中对第一批仿制的佛郎机进行了详细的记载:它们全部用黄铜铸成,每件重约150千克,母铳长950毫米,另配4个子铳,可分别装填火药,轮流发射。从该炮的长度和重量来看,这批仿制的是一种短而粗的火炮。随后,陆续仿制的大量各式佛郎机被装备到明朝军队中,军队的战斗力得到了很大的提升。

明朝的军器局和兵仗局在仿制佛郎机的过程中,除保留和吸收原佛郎机的优点和特色外,还做了许多革新和改进,使得仿制出来的火炮更适用于明军在各种条件下的实战。这些在《明会典》和戚继光兵书《纪效新书》《练兵实纪》中都有详细记载。

除佛郎机外,明朝中期以后,明军还仿制了红夷炮(又称西洋炮)。它的原型是一种于明万历后期由荷兰传入中国的大型火炮。《明史·兵志》记载:"大西洋船至,复得巨炮,曰红夷。长二丈余,重者三千斤,能洞裂石城,震数十里。"与佛郎机相比,红夷炮的口径更大、管壁更厚,是当时威力最大的火炮。明末,为抵御后金军的进攻,明朝廷仿制了大量的红夷炮。现在,在中国历史博物馆、湖南省博物馆、首都博物馆都藏有当时仿制的红夷炮。

明朝灭亡后,清政府因为统一全国及平定三藩叛乱等战争的需要,大量制造火炮。这期间制造的火炮主要有3种类型:

1.红衣炮(即红夷炮),这种炮见诸史料记载的有《清会典》中的"金龙炮""武城永固大将军"炮和"神威无敌大将军"炮等。

2.一种类似佛朗机的子母炮,如"子母炮""奇炮"等。

3.大口径短管炮,如"冲天炮""威远将军"炮等。

清康熙时期,由于大量战争的需要,清朝廷重视火炮的制造。仅据《清文献通考》记载,从康熙十三年(1674年)至六十年(1721年)间共造大小铜、铁炮约900门。康熙三十年,火器营成立,专职制造炮弹、枪药和各种战斗所需的火器,平时也演习弓箭、枪炮技术,担负京师的警戒任务。雍正五年(1727年),清政府在各省绿营兵中增设炮手。至此,火炮成为清军的主要装备之一。

但是,自清朝中期以后,中国的火炮发展基本停滞。第一次鸦片战争前后,各地军民造了一些重型火炮抗击殖民主义者的侵略,但这些火炮已经落伍。

19世纪50年代开始,清政府创办了近代军事工业,开始自制近代火炮。同时也从国外购买了一批近代大炮,从此,中国古代火炮逐渐被近代火炮取代。

2.近现代火炮

14 世纪至 16 世纪发源于意大利的文艺复兴是欧洲从中世纪封建社会向近代资本主义社会转变时期的反封建、反教会神权的一场伟大的思想解放运动。它不但造就了欧洲近代文学和艺术的空前繁荣,更促进了科学技术的发展和解放。众多科学家在外弹道学、内弹道学以及火炸药等方面取得的长足进步,为较为原始的古代火炮向更为先进的近现代火炮的转变奠定了坚实的理论基础。而线膛技术和弹性炮架的出现更是具有里程碑意义的技术发明。

1537 年,意大利数学家塔尔塔利亚发明了供火炮瞄准用的象限仪,发现炮弹在真空中以 45°射角发射时射程达到最大的规律,为炮兵学的理论研究奠定了基础。他还首次描述了弹丸的弹道是持续弯曲的曲线。后来,意大利科学家伽利略通过计算得出了自由落体定律,以及关于与地平面呈一定角度而抛射出的物体的运动规律,推导出真空中抛射体的抛物线轨迹。并且研究了它的各种特性。伽利略还指出,由于空气阻力而产生的运动物体的减速或加速,乃是"质量、速度及其形状"的函数,阻力随抛射体密度的增大而减小,随其速度的增大而增大,并随其形状不同而有很大的变化。伽利略的研究为现代弹道学伟大奠基人——牛顿的进一步研究提供了基础。1687 年,牛顿首次提出了考虑空气阻力的弹道解算方法。之后,在各国多位科学家的共同努力下,外弹道学终于成为一门科学严密的学科。内弹道学是研究弹丸在膛内运动规律的学问。其最早起源于 17 世纪,主要研究火药燃烧、膛压变化、弹头运动速度的变化和各种条件对初速的影响等。到 19 世纪,内弹道学已经较为完善,建立起以几何燃烧定律和定常流假设为基础的内弹道学体系。

19 世纪中叶以前,火炮是前装滑膛炮,炮弹起初是球形实心弹,后改为球形爆炸弹、霰弹和榴霰弹。这样的发射方式有着速度低、射击精度低、射程近的缺点。19 世纪,欧洲一些国家进行了线膛炮的试验。1846 年,意大利卡瓦利少校制成后装螺旋线膛炮。为了克服线膛炮的射弹常常出现偏向炮弹旋转方向的偏差,即由膛线缠角引起的偏流的缺点,欧洲发明了用于修正偏流的水平正切分划尺。而后,又采用了在身管内壁刻制螺旋膛线的办法克服了因炮弹与身管弥合不严而造成燃气外泄的缺陷。火炮的射程和射击精度有了大幅提升,炮尾装填炮弹的办法又使得火炮的射速有了明显改善,可以说线膛炮的采用是火炮发展史上影响深远的重大变革。从此,滑膛炮身仅在迫击炮和发射尾翼稳定脱壳穿甲弹的火炮上采用,而线膛炮身则被广泛地采用。

19 世纪以前的火炮均采用炮身通过耳轴与炮架相连接的刚性炮架。由于这种火炮发射时整炮后坐,因此火炮都比较重,机动性差,而发射时火炮产生的较大位移,增加了重新瞄准的时间,所以发射速度也不够理想。为了减少火炮射击时对炮架的后坐力,液压式驻退机诞生了。它的安装,还在一定程度上解决了火炮威力与火炮机动性的矛盾。1897 年,一种装有水压气体式驻退复进机的 75 毫米野炮在法国研制成功,这种炮身通过反后坐装置与炮架相连的炮架被称为弹性炮架。弹性炮架的使用,减少了火炮发射时对炮架的后坐力以及火炮发射后的位移,使得火炮可以"减肥",并减少了重新瞄准的时间,增加了火炮的机动性和发射速度。这一个结构的改进缓和了增大火炮威力与提高机动性之间的矛盾,使火炮更趋于完善,性能显著提高,是火炮发展史上的又一重大突破。同一时期,丝紧炮身和筒紧炮身,强度较高的炮钢和无烟火药也纷纷出现。同时,周视瞄准镜、测角器和引信测合机等装置也陆续装备到火炮上。

随着火炮技术的进一步发展,其分类也进一步细化。17世纪时,欧洲已经根据身管和弹道特性明确规定了火炮的类别:口径大、身管短弹道弯曲的叫臼炮;身管长、射程远、弹道低伸的叫长炮或加农炮;介于二者之间的叫榴弹炮。当今世界上的各种先进火炮基本上都是从这三种火炮发展而来的。

臼炮问世较早,因其外形类似于捣米的石臼而得名。早期的臼炮基本上都为滑膛前装炮。16世纪末期,欧洲出现了一种口径达300毫米~500毫米,身管长仅为2~4倍口径的臼炮。这种臼炮发射的主要是石弹,后来也改用铸铁的球形弹和燃烧弹,其发射时仰角很高,用曲射火力杀伤敌方。17世纪以后,臼炮的种类更为繁多,用途也很广泛。例如,破坏敌方的城防设施和防御工事,可以使用攻城臼炮和要塞臼炮;杀伤隐蔽在工事或战壕内的敌军时,可使用野战臼炮;对付战舰时,可使用海岸臼炮。19世纪后期,与其他类型的火炮一样,臼炮由前装滑膛炮演进为后装线膛炮,身管加长到口径的6~12倍,射程也相应增大。1895年,俄国最早开始装备152毫米线膛臼炮。

16世纪中期,各国已普遍采用身管较短的滑膛炮来发射用于杀伤人员的榴霰弹。这种炮弹发射后会爆炸,从而迸发出无数弹子,类似于石榴的结构,这便是榴弹炮名称的由来。后来,为了提高火炮的初速和射程,身管较长的青铜长管炮和熟铁锻成的长管炮出现了,这就是最早的加农炮。加农炮的"加农"是其英文单词"Cannon"的音译,其原文有"长圆筒"的意思,加农炮的身管长度达到了口径的18~25倍。起初,由于当时使用的球形炮弹强度低,而加农炮膛内压强大、温度高,使弹丸发热而经常发生炸膛。不过,在1757年至1759年,多位俄国炮兵军官研制出一种既可以平射,也可以曲射的新型火炮。因为这种火炮的炮身上刻有独角兽标志,因此被称为独角兽炮。该炮的炮身长度为口径的7.5~12.5倍,介于榴弹炮和加农炮之间,采用锥形炮室,有利于发射爆破弹,而且装填速度快,发射时火药气体密闭好,射弹散布小,射击精度高,使用的是药包(用粗布制作)装药和觇孔照准器式瞄准具。在欧洲七年战争中,独角兽炮发挥了重要作用。随后,欧洲各国纷纷研制和装备独角兽炮,并将其广泛用于舰船、骑乘以及攻城战、野战等。当时,欧洲称独角兽炮是"长炮身的榴弹炮",其实就是加农炮和榴弹炮的混血儿。

1846年,意大利人研制成功了世界上第一门发射长圆形炮弹的线膛炮。此后,高膛压的加农炮才得以发挥自己的特长和优势,为了发挥其穿甲能力强的特点,加农炮主要用来对付有装甲防护的战舰。不过,随着战争的发展,大型战舰的装甲防护不断增强,到1855年时多采用轧铁制成,厚度一般为110毫米,到了1877年则装甲厚度提升到550毫米,而且采用的是强度更高的软钢。在这种情况下,加农炮的口径也不断加大,甚至达到了惊人的450毫米。不过,口径加大后,火炮身管的寿命则大大降低了。因此,后来加农炮的发展就转变为减小口径和加大炮弹质量上。在19世纪末20世纪初,加农炮的最大口径只有305毫米,但是威力大大增加,并且寿命有了明显加长。

1898 年,德国和奥匈帝国首先装备了 100 毫米线膛榴弹炮。在给中国人民带来深重灾难的 1904 年至 1905 年日俄战争中,日军的 280 毫米榴弹炮在攻克俄军旅顺要塞时发挥的巨大威力令当时欧美各国震惊。很多关注这场战争的欧美军人都敏锐地意识到大口径火炮将在今后的战争中具有决定性的意义,这也为第一次世界大战中交战各方大量使用火炮埋下了伏笔。

在 18 世纪至 19 世纪,欧洲各国炮兵除了使用臼炮、榴弹炮和加农炮外,还曾装备过一种结构和发射原理完全不同的武器——火箭。这种原始的火箭可以看作是后来在第二次世界大战中大显神威的现代火箭炮的鼻祖。不过,当时欧洲人发展和使用火箭,仅仅是为了弥补前装滑膛炮射速低、精度差和射程近等缺陷。火箭可以采用多枚齐射的方式给予敌方短时间内的重创,同时也增大了杀伤概率,而且其射程也不低于火炮。1680 年,俄国首先开始建立火箭作坊,彼得一世曾亲自组织研制工作。随后,欧洲各国也开始了火箭武器的研制,其中最著名也是应用最多的当属英国。英国是在 1779 年开始建立火箭工厂的,其最初研制的火箭射程便达到了 2.5 千米。英国随即将火箭装备到陆军及海军战舰上。在 1807 年英国与丹麦的战争中,英军舰队在丹麦宣战的当天便向其首都哥本哈根发射了 4 万多枚火箭弹,使整座城市化为一片火海。丹麦全国上下顿时失去了所有的斗志,当天便被迫投降,史称"一日战争"。

进入 19 世纪后,英国出现了一位杰出的火箭研发者——康格里夫。他对已有的火箭进行改进,并形成了系列化发展,全重从 0.1 千克到 163 千克不等,射程最大的可达 3 千米,从而使英国在火箭武器上一直保持世界前列。当时比较典型的火箭弹包括弹筒(内装发射药)、爆炸榴弹(相当于战斗部)以及尾杆(飞行时起稳定作用)组成,发射时装在有三脚架的短铁管内,然后通过弹筒底盖上的小孔点燃发射药。不过,到了 19 世纪中期,随着拥有后装、线膛和弹性炮架的现代火炮的诞生,早期火箭便逐步被淘汰了。直到第一次世界大战后,随着近现代科学技术的发展,各国军队才重新认识到火箭炮的巨大潜在价值。

3.第一次世界大战

进入 20 世纪后,火炮家族的新成员不断涌现。其中,在 1900 年至 1914 年第一次世界大战爆发前夕出现的就有迫击炮和高射炮。这两种火炮都在一战中得到广泛应用,并且迅速成为各参战国炮兵的主力装备。

最早的迫击炮出现在 1904 年至 1905 年的日俄战争中。当时,日军在旅顺争夺战中以挖壕筑垒的方式逼近俄军阵地,最近的距离只有 70~80 米。俄军一时束手无策,没有合适的武器打击堑壕内的日军。于是,俄军中尉波德古尔斯基建议使用水雷投射器发射水雷,这就是制造迫击炮的最初设想。后来,在一位俄军军官戈比亚托的主持设计下,制造出一种超口径长杆弹,用 47 毫米海军炮以大仰角方式发射,射程为 50~400 米,从而诞生了最早的迫击炮和迫击炮弹。这种迫击炮发射超口径尾翼式迫击炮弹时,其弹体在炮膛外部,而仅将弹尾部装入弹膛。

第一次世界大战后,参战各国都研制并装备了各型迫击。较为著名的有:俄国利霍宁 47 毫米迫击炮、法国 58 毫米迫击炮和美国斯托克斯 76 毫米迫击炮等。1915 年,法军在撒姆巴尼和阿尔杜阿进攻战中,首次大规模使用迫击炮进行炮火准备。1917 年 4 月，法国在进攻爱恩河时，使用了多达 1650 余门迫击炮。从此，迫击炮便一跃成为和加农炮、榴弹炮并列的主要火炮类型。此时，迫击炮的结构设计也有了很大改进，炮弹由超口径变为适口径，炮架为可分解式的，机动性高。在一战之后的 1927 年，法国工程师布兰特在斯托克斯迫击炮的基础上进行改进，在炮身与炮架之间装上了缓冲机，使其射击稳定性大为提高，这种迫击炮也因此被称为布兰特迫击炮。因为迫击炮可以在不依赖野战炮兵支援的情况下拥有打击掩蔽敌军的手段，所以备受步兵们的欢迎，并在第二次世界大战中得到了更为广泛的应用。

高射炮起源于 1870 年普法战争中的气球炮。当时，德军包围了法国首都巴黎，切断了巴黎与外界的陆上联系。然而，法国人利用载人气球成功与其他城市建立了联系。为了击落法国的载人气球，德军专门制造了 1 门 37 毫米火炮，将其安装在四轮车上，依靠人力推动来改变火炮的位置和射击方向。由于这门火炮专门是为了打击天空的载人气球而制造的，因此被称为气球炮。

进入 20 世纪后，随着飞艇、飞机的出现，德国于 1906 年决定研制专门用于射击这些新型飞行器的火炮。德国艾哈尔特公司根据飞艇和飞机在空中飞行的特点，对气球炮进行改进，并在当年就生产出 1 门专用火炮，这就是世界上第一门高射炮。该炮安装在四轮汽车上，带有防护装甲，口径为 50 毫米，炮管长 1.5 米，可发射榴弹和榴散弹，最大射程为 4200 米，最大射击仰角 70°。后来，德国克虏伯公司也在 1908 年研制出自己的高射炮。该炮装在门式炮架上，口径 65 毫米，炮管长 2.275 米，发射榴弹时的最大射程为 5200 米，最大射击仰角 60°。该炮在跟踪和瞄准空中目标时利用控制手轮来调整高低角，方向角变化范围较大时，先由人力移动炮架尾部做概略瞄准，然后再用方向控制手轮做小角度精确瞄准。到第一次世界大战爆发前，当时工业技术较为先进的国家都制造出了高射炮。其中，德国在 1914 年制造的 77 毫米高射炮性能比较出色。该炮已经装有简单的炮盘，安装在四轮炮架上，行军时炮盘可以折叠收起，用马匹或者机动车辆牵引。作战时，将炮盘放开，支起炮身便可对空实施射击。

第一次世界大战爆发前，交战各国装备的各种火炮数量达到了 3 万余门。随着战争进程的发展，到一战结束的时候，这一数字翻了一番，达到了 6.3 万余门。战前各国装备火炮的大致情况为：俄国 7000 余门、法国 4300 余门、美国 1300 余门、德国 9300 余门、奥匈帝国 4000 余门。在编制上，65 毫米～77 毫米加农炮、105 毫米～122 毫米榴弹炮连和营编入师以下单位；105 毫米～107 毫米加农炮、152 毫米～155 毫米榴弹炮连和营编入军、集团军内；155 毫米以上的加农炮、榴弹炮和臼炮编入统帅部预备队炮兵。统帅部预备队炮兵由炮兵营和炮兵旅组成，用于加强主要突击方向和防御方向上的炮兵火力。

第一次世界大战中还出现过许多特大口径的现代火炮，如口径 240 毫米以上的加农炮、400 毫米～500 毫米的铁道炮。后者由机车牵引，可在铁道上机动和发射，主要用于城市、要塞等兼顾设施的攻守，也可支援铁路沿线部队的战斗。在各场战役中，战争各方使用火炮的密度不断增大，突破地段每千米正面的平均密度有时高达 120～160 门。而且，交战双方对于炮弹的消耗也相当惊人，仅 1918 年同盟国军队就发射了 1.5 亿发各型炮弹。

这次大战中,自行火炮、无坐力炮和反坦克炮先后研制成功并迅速投入战场使用。在使用的弹药上也出现了燃烧弹、发烟弹和化学弹等新型炮弹。大多数火炮都可以使用汽车牵引和运输,这使得炮兵的机动性有了大幅度的提升,使得在决定性战役和战斗中集中使用火炮成为可能。而且,军用飞机的装备使用也为火炮的射弹观察与校正射击提供了得天独厚的便利手段。此外,为了保证发射出的炮弹能够准确命中目标,各国炮兵还逐步建立起气象勤务和测地勤务。

随着各种军用飞机的大量参战,各国炮兵开始组建了新型的高炮部队。到战争结束时,各国拥有的高炮连已经多达百余个,装备的高炮数量也达到了几千门。德国是较早开始发展高炮的国家,但是其在第一次世界大战爆发时装备的高炮也不过 14 门,而且其性能远不能满足对付新型军用飞机的要求。为此,德国在战争中加紧研制新型高炮,终于在 1916 年初制造出 76.2 毫米的新式高炮。该炮与之前出现的旧式型号相比,射界有所增大,并且配备了缓冲装置,射击时振动小,还装备了简易瞄准具,射击精度有所提高。之后,为了对付实用升限不断提高的新型远程轰炸机,德国研制出一系列更大口径的高炮,先是 80 毫米和 88 毫米,后来增大到 90 毫米和 105 毫米。其中,105 毫米高炮的最大射高已经达到了 7350 米,足以对付大多数的轰炸机。此外,为了对付速度快且多采用低空俯冲扫射战术的战斗机和攻击机,德国还在 1917 年末率先研制出小口径自动高炮。该炮口径 20 毫米,具备连续射击能力,射程 2 千米,可由 1 名炮手操纵,高低射界和方向射界均由炮手依靠人力来调整,这也是世界上最早的自动高炮。

第一次世界大战期间,各国还大量装备了 152 毫米~420 毫米各型线膛臼炮,其中最著名的当属德国 420 毫米"大培尔塔"臼炮。该炮是当时使用的口径最大的火炮,由德国著名的克虏伯兵工厂制造。其身管长为口径的 12 倍,最大射程 14 千米,发射装药量就达 200 多千克的、重达 900 千克的巨型炮弹。射击时,该炮的最大仰角为 70°,方向射界 20°。只是这种炮十分笨重,转移阵地时需要装在用多辆汽车牵引的轮式炮车上。

在一战中最值得一提的超级火炮,当属德国人制造的"巴黎大炮"。1918 年 3 月 23 日清晨,在战争笼罩下的巴黎显得格外阴沉。突然,一阵刺耳的呼啸声划破天空,接着塞纳河畔响起了惊天动地的爆炸声。过了一会儿,在查尔斯五世大街上又是一阵巨响。这接连不断的爆炸声使巴黎人民惶恐不安。原来,这是从距巴黎 120 千米以外的圣戈班森林地区由 3 门德国巨型火炮发射而来的炮弹。因为这种火炮首先轰炸了巴黎,所以它被世人称为"巴黎大炮"。

射程远、威力强劲的"巴黎大炮"一下子轰动了整个欧洲和世界。虽然"巴黎大炮"的口径只有 210 毫米左右,可是它的炮管长近 37 米,全重达 750 吨,使用重达 1.25 吨的炮弹,发射一次要用 195 千克的火药,堪称火炮中的巨无霸。据载,为了使炮弹发射到 120 千米以外的巴黎,需将弹丸发射到 32000 米高空的同温层以尽可能减小弹丸飞行的阻力。

尽管"巴黎大炮"有着巨大无比的威力,可是却也有其明显的缺陷:1.炮管寿命只有 50 发左右。使用一段时间后,炮身要送到工厂去扩充内膛,以至于它的口径从 210 毫米,先变成 240 毫米,最后变成了 260 毫米,为此德国人要为它准备 3 种口径的炮弹。2.虽然射程远得令人吃惊,但命中精度却不高。据记载,从 1918 年 3

月 23 日至 8 月 9 日,3 门"巴黎大炮"向巴黎共发射了 300 多发炮弹,其中只有 180 发落到了巴黎市区,其余均落到了郊外,造成 200 多人死亡、600 多人受伤。

第一次世界大战结束后到 20 世纪 30 年代,各国对于火炮的发展一刻也不曾停止过研究。这期间,各种火炮的改进表现在:1.通过改进弹药、增大火炮高低射界和加长身管等途径,轻型榴弹炮射程增大到 12 千米左右,重型榴弹炮射程增大到 15 千米左右,150 毫米加农炮射程增大到 20 千米~25 千米。2.通过改善炮闩和装填机构的性能,进一步提高了火炮发射速度;而开架式大架、机械牵引、减轻火炮重量等方面的改进,则使火炮的机动性大大地增强;自紧炮身和活动身管炮身则提高了炮身强度,延长了使用寿命。3.反坦克火炮的口径、直射距离和穿甲厚度不断增大,出现了新型穿甲弹种。4.高射炮的初速和射高有了提高,时间引信和射击指挥器材明显改善。

4.第二次世界大战

第二次世界大战期间,苏、德、美、英等国都确立了强大炮兵的指导思想,从而使各种火炮得以大规模发展,参战火炮的数量和主要突破地段的火炮密度都达到了前所未有的程度。例如,在柏林战役中苏、德双方使用的火炮就多达 4.5 万余门,而一些重要战役中突破地段的火炮密度也达到了每千米 300 门之多。二战前,多数国家的炮兵都分为加农炮兵、榴弹炮兵、迫击炮兵、反坦克炮兵和高射炮兵。其中,高射炮和反坦克炮的发展最为迅速,无坐力炮和火箭炮也逐渐大显身手。此外,自行火炮的出现也使得大规模机械化作战成为可能。

二战中各交战国使用的加农炮口径多为 75 毫米~130 毫米,身管长为口径的 30~52 倍,初速可达 880 米/秒,最大射程 30 千米。随着坦克的大量装备使用,反坦克炮作为加农炮的一个分支也得到了各国的重视,如德国的"斐迪南"和"猎豹"、英国的"箭手"和美国的 M18 等自行反坦克炮。这些火炮的口径多为 75 毫米~88 毫米,最大穿甲厚度达 200 毫米,威力大、防护力强、机动性好。

二战中大口径榴弹炮的发展相对有限,主要的原因是轰炸机和攻击机的大量装备可以在一定程度上完成远程打击的任务。这一阶段榴弹炮的身管长多为 20~30 倍口径,初速 300~600 米/秒,最大射程可达 18 千米,最大射角 65°。

二战初期,各国装备的迫击炮口径多为 82 毫米以下,但随着战争的进行,出现了 105 毫米~120 毫米大口径迫击炮,甚至 160 毫米以上的超大口径迫击炮。这些火炮在摧毁坚固工事的作战中显示了巨大的威力。

德国在 1939 年研制成功了双弹式无坐力炮,其发射炮弹所产生的后坐力是靠向相反方向发射等重量药筒来平衡的。1943 年,美国研制成功了预刻槽弹带的无坐力炮。预刻槽弹带消除了弹丸对膛线的挤进应力和平衡后坐动量中产生的不良影响。这种无坐力炮口径为 75 毫米,初速 305 米/秒,最大射程 6670 米,全重 50 千克。

二战中,高炮的发展有了革命性的进步,主要体现在:小口径高炮普遍有了专门的装填、复进装置,实现了全自动射击;大、中口径高炮也用上了机械送弹设备,有效提高了射速;炮管进一步加长,增加了弹丸初速和射程;火炮传动设备的精度也大大提高,普遍使用动力传动代替手动操作;采用了环形瞄准具、光学瞄准具、航路指示器以及距离测定装置,提高了射击精度;配备了机械式指挥仪、测距机等观瞄设备;雷达的发明及其在高炮对空作战指挥中的应用,更进一步提高了高炮的作战效能。

在第二次世界大战爆发前夕,法国、苏联、德国和意大利等国也装备有口径211毫米~420毫米的各型臼炮。其中,苏联装备的为1939年式280毫米臼炮,其主要发射爆破弹和混凝土破坏弹,其中混凝土破坏弹全重246千克,最大射程10.2千米。该炮装在履带式炮车上,具有一定的短距离机动能力。如果要长途运输,则要将其分解成两部分(炮身部分和炮架部分),装在两辆辎重车上由履带式牵引车牵引。不过,由于其固有的机动性差的缺陷无法彻底改变,加之迫击炮和榴弹炮性能的飞速发展,臼炮在第二次世界大战期间就被彻底淘汰了,战后也不再发展。

自行火炮最初是在第一次世界大战期间出现,但是到第二次世界大战时才真正得到大规模发展和使用。1943年至1944年,苏联研制并装备了一批中型和重型自行火炮,如ISU-122自行火炮,其火炮口径为122毫米,战斗全重46吨,最大射程15.7千米,最大行驶速度35千米/时,最大行程220千米。该炮主要作为直接支援坦克和步兵作战使用,可实施直瞄射击。此外,美国也研制出9个型号的自行火炮,口径从76毫米~203毫米不等。

第二次世界大战中出现的一个全新火炮类型就是火箭炮,其最著名的代表型号就是苏联BM-13"喀秋莎"。1917年十月革命胜利后,苏俄投入很大的人力和物力开发研究航天火箭。1921年,成立专门研制火箭的第二中央特别设计局。后来先后研制出了可以稳定飞行400米的固体火箭、射程1300米的火箭弹以及RS-82毫米和RS-132毫米航空火箭弹。1938年10月,火箭炮车载实验正式开始。1939年3月,8导轨的BM-13-16试制成功,其发射架是工字型的,在上下可分别挂一枚火箭弹。BM-13总共可以携带16枚RS-132的改进型——口径为132毫米的M-13火箭弹。经过测试,BM-13特别适合打击暴露的密集敌有生力量集结地、野战工事及集群坦克火炮,以及与突然出现的敌军进行炮战。但由于火箭炮完全没有防护,并且发射时有很明显的烟尘火光,因此不适用于敌炮火威胁比较大的地域。

1941年6月,BM-13特别独立火箭炮连正式组建,在伊万·安德烈耶维奇·费列洛夫大尉的带领下,连队队员进行了应急训练。但是由于当时对此连的情况极端保密,连炮兵连的队员都不知道这种火箭炮的正式名称,大家看到炮架上有一个K字("共产国际"工厂的第一个字母),于是便以俄罗斯女性的常用名称其为"喀秋莎"。后来这个名字几乎成为红军战士对这种火箭炮的标准称呼。7月14日,7门"喀秋莎"发射112枚火箭弹,打击了奥尔沙河对岸的德军。

1941年10月初,德军发起了进攻莫斯科的"台风"战役。10月7日夜,费列洛夫带领的炮兵连行军过程中在斯摩棱斯克附近的布嘎特伊村不幸与德军渗透的先头部队遭遇。炮兵连打光了全部火箭弹后,为了防止德国军队知道"喀秋莎"的秘密,将其全部销毁。

1941年,苏联沃罗涅日的"共产国际"工厂负责批量生产BM-13火箭炮,从此,"喀秋莎"开始装备部队。但很快,BM-13在泥泞路况下越野机动性差的缺点便显现出来,在不能选择当时数量并不多的T-34和KB坦克的履带底盘的情况下,只能退而求其次,苏军炮兵最终选择了当时已经过时的 T-40 水陆坦克的底盘安装 BM-8-24 型 24 联火箭炮发射器。而 BM-8 火箭弹则由 RS-82 型 82 毫米航空火箭弹改进而来。后来由于 T-40 在 1941 年秋停产,所以,不久后 BM-8-24 便以新的 T-60 轻型坦克为底盘。虽然 BM-8-16 的威力及射程均比不上 BM-13,但它的优点是机动性好,火力密集度更高,因此也更适合打击近距离的敌军有生力量和轻型野战工事。

1942 年,正式参战的美国向苏联输送大批物资。因而,此后苏联的火箭炮便多以美国通用 GMC 卡车为底盘,而火箭炮的型号也改称 BM-13H,或统称为 BM-13。1943 年 2 月的斯大林格勒会战中,1531 门"喀秋莎"对德军的坚固火力点实施了重大打击,为会战的最后的胜利立下了汗马功劳。

在二战中,苏联总共生产了 2400 门 BM-8 系列、6800 门 BM-13 系列和 1800 门 BM-30 系列火箭炮。到战争结束时,苏军已拥有 7 个火箭炮师、11 个火箭炮旅以及 38 个独立火箭炮营,一大半的火箭炮都是 BM-13。此时,火箭炮部队已经成为苏军炮兵中最具威力的部队。

除了苏联,其他参战国也都开始研制和装备一定数量的各型火箭炮。德国研制的各型火箭炮有 80 毫米、150 毫米、210 毫米以及 300 毫米等不同口径。其中,210 毫米涡轮喷气杀伤爆破火箭弹依靠斜喷孔使弹体高速旋转稳定,射击密集度较高。英国则研制出 76 毫米防空火箭弹,在抗击德军空袭中表现出色。美国研制出 114 毫米、射程达 5.8 千米的火箭弹,多用于登陆作战中的火力支援。

另一方面,为了对付形形色色的各种坦克装甲车辆,二战中的各种反坦克弹药的发展也是日新月异,并且出现了早期的脱壳穿甲弹。起初,为了对付采用大倾角装甲的坦克,各国多使用钝头穿甲弹和被帽穿甲弹,弹径也由 37 毫米~47 毫米增大到 57 毫米~85 毫米,后来甚至到了 100 毫米。然而这种炮弹在 800~1000 米的射程上便会丧失穿甲能力,于是流线型超速穿甲弹被研制出来。不过,流线型超速穿甲弹仅在一定程度上改善了中远距离上穿甲能力弱的问题,却没有把问题彻底解决。为此,一种十分特殊的变弹径超速穿甲弹又诞生了。这种炮弹使用锥型炮发射,其弹径可以随着炮膛口径的变小而缩小,最终射出膛口时的最大速度可达 1400 米/秒,减小了阻力以提高直射距离,却也有着其自身的缺陷:通用性差,只能使用锥型炮发射,对炮膛的磨损较大。最终,兼具优异的穿甲性能和良好的通用型超速脱壳穿甲弹出现了。这种炮弹采用碳化钨弹芯,弹芯外面由弹托包住,其外径与炮膛内壁相吻合,有利于承受火炮气体的推力。射出膛口后,弹托自行脱落,仅有弹芯继续沿弹道飞行,直至击中目标。超速脱壳穿甲弹一问世,便成为各国坦克的主要反装甲弹药。但是由于其制作工艺复杂、成本高,因此一般坦克只配备少量该型弹药,只用于对付防护能力较强的敌方装甲目标。

除了穿甲弹,二战中普遍使用的还有空心装药破甲弹。这种弹药主要由步兵使用,采用火箭筒或者无坐力炮发射。其初速较低,一般为 500~600 米/秒,但穿甲能力较强,最大穿甲厚度可达 400 毫米左右,是步兵最主要的反装甲武器。

德国曾经在第一次世界大战中研发并装备了惊世骇俗的"巴黎大炮",到了第二次世界大战,其更是变本加厉地研制了 1 门口径更大和全重更重的超级大炮——"多拉"火炮。

二战爆发前,法国为了抵御德国的入侵,沿法、德边界构筑了举世闻名的马奇诺防线。该防线全长351千米,约由5600座防御工事组成,堪称当时最稳固的防线。事实上,马其诺防线也没有被德军突破。1935年,为了突破这条防线,希特勒下令研制一种威力超过"巴黎大炮"的新型超级巨炮。1942年春,一种800毫米口径的超级巨炮诞生了。为纪念研发厂的创始人古斯塔夫·克虏伯,希特勒叫它"重型古斯塔夫",此炮的设计师穆拉为纪念自己的妻子,则将它命名为"多拉",但"大多拉"炮则是德国士兵对它的称呼。除了身管长度和射程比不上"巴黎大炮","多拉"在许多方面都堪称世界之最:全长约43米、宽7米、高12米、重1350吨。其发射的炮弹中高爆弹重4.81吨,内装700千克炸药,穿甲弹则重达7.1吨,内装250千克炸药。据称,"多拉"在最大射程处仍可以击穿1000毫米装甲钢板或7000毫米钢筋混凝土墙。但此炮的控制和操作所需要的人力也十分惊人:作为王牌武器,"多拉"火炮由一名陆军少将担任总指挥,一名上校具体指挥射击;需要多达1400名士兵对其进行直接操作,加上两个担任防空任务的高炮团、警卫人员、维修保养人员等,共需4000多人参与此炮的使用和维护。

作为最初针对马奇诺防线量身定制的超级大炮,"多拉"火炮并没有赶上法国战役。德军最终还是依靠"闪电战"以及绕过马奇诺防线的战术,使这条世界战争史上最著名的军事防线成了永远被后人铭记的失败之作。不过,在此后的东线战场上,"多拉"火炮终于获得了出场亮相的机会。1942年5月,德军围攻苏联塞瓦斯托波尔要塞,在军队久攻不下时,"多拉"出场了,"多拉"向该要塞的7个主要目标共发射了48发巨型炮弹,随着一声声电闪雷鸣、惊天动地的剧烈爆炸声,所有的目标全部化为废墟,而其中一发炮弹更是击毁了深埋在席费拉亚湾北岸的岩石下30米深的一个弹药库。"多拉"平均每发射7发炮弹便能摧毁一个目标,威力及精度十分惊人。后来"多拉"火炮还参加了其他战役,不过,即便堪称空前绝后的巨型武器"多拉"也没能挽救纳粹德国的命运,只是为其徒增一件昂贵的殉葬品罢了。

5.战后的发展

二战结束后,美、苏两大阵营的对立使得世界始终处于紧张状态,虽然新的世界大战并没有爆发,但是局部战争和武装冲突却一刻也不曾停息。而火炮作为现代战争中支援火力装备的重要部分,其发展速度与日俱增。

自20世纪50年代起,新出现的各型加农炮身管进一步加长,通常达到了口径的40~60倍,初速950米/秒,最大射程35千米,使用增程弹的最大射程可达43千米。此外,美国和苏联都曾装备过一种既可发射普通炮弹,也能发射原子炮弹的大威力加农炮。美国的代表型号为T-131式280毫米加农原子炮,其射程可达30千米。苏联研制的则是S23式180毫米加农原子炮,其身管长达8.8米,初速860米/秒,最大射程44.5千米。

战后榴弹炮的发展则更加侧重于自行化,身管长一般为30~40倍口径,初速500~830米/秒,最大射程24千米,最大射角75°。如苏联研制的2S1式122毫米自行榴弹炮,其配备有机械式装弹机和电动旋转炮塔,并可发射反坦克弹药,必要时可执行反坦克作战。该炮最大初速690米/秒,最大射程15.2千米,身管长33倍口径,最大射角70°。

战后迫击炮的发展呈现出两个趋势：一是口径越来越大，且多采用自行方式，如苏联就研制和装备了2S4式240毫米自行迫击炮；二是轻型迫击炮的性能有了很大的改进，基本实现了在威力不减弱的前提下减少重量，提高机动性。这个时期，还出现了兼有其他弹道性能的新型迫击炮，如迫榴炮等。

20世纪50年代后，火箭炮的性能得到了显著提

自行榴弹炮

高，定向器的数量也增加到20～40个，并且大多数都实现了自行化，配用的弹种也日趋多样，可以胜任大多数火力支援任务。有些新型火箭炮还专门配备了弹药输送车和装填车，每装填40枚火箭弹用时不到40秒。

无坐力炮的发展趋势则是减重、提高破甲威力和增加有效射程等。轻型无坐力炮一般只有20千克，可供单兵使用。重型无坐力炮全重达100千克，需要车载或者牵引。其中的代表型号包括美国M67式90毫米轻型无坐力炮和M40式105毫米重型无坐力炮、英国翁巴特120毫米重型无坐力炮、瑞典博福斯90毫米轻型无坐力炮以及苏联B-11式107毫米重型无坐力炮。此外，美国还曾研制过一种120毫米无坐力炮。该炮分轻型和重型两种：轻型重约50千克，射程2千米；重型150千克，射程4千米。值得一提的是，这种120毫米重型无坐力炮还具备核攻击能力，能够发射279毫米超口径榴弹，该炮弹的战斗部为100吨TNT当量的核弹头。

在二战后高炮的发展上，由于防空导弹的出现，大口径高炮逐渐没落并退出了美、苏等军事强国的装备序列。不过，中小口径高炮在对付低空飞行目标方面显示出旺盛的生命力。正是因为如此，在那个曾一度崇尚"低空突防"的60年代，中小口径高炮受到了前所未有的重视，时至今日仍是大多数军事强国的重要防空装备。

进入20世纪70年代后，由于科学技术的发展和生产工艺的改进，火炮在射程、射速、弹丸威力、机动性和快速反应能力方面都有了明显提高。

在射程增加方面，目前主要采用加长身管、增大膛压、提高初速、使用高能发射药、加大装药量，以及发展底凹弹、底部排气弹、远程全膛弹和火箭增程弹等新弹种。其中，105毫米榴弹炮射程从二战时的11千米～12千米增加大到15千米～17千米，155毫米榴弹炮射程从14千米～15千米增加到30千米以上。如比利时GC45式155毫米加农榴弹炮，炮身长达45倍口径，采用远程全膛弹，射程达30千米，发射远程全膛底部排气弹时射程可达39千米。反坦克炮发射高动能或初速高的尾翼稳定脱壳穿甲弹，用于攻击复合装甲或反应装甲目标。如德国120毫米自行反坦克炮和苏联125毫米反坦克炮的直射距离分别达到2千米和2.1千米。迫击炮的射程同样增加明显：60毫米迫击炮的射程由原来的2千米增加到4千米，

120 毫米迫击炮从 0.55 千米增加到 8 千米,发射火箭增程弹射程可达 13 千米。

在射速方面,目前多采用自动装填系统、半自动炮闩、液压瞄准机构和可燃药筒等,可以减少人力参与程度,明显缩短射击循环时间,使得射速提高。如瑞典FH77 式 155 毫米榴弹炮爆发射速达到 3 发/8 秒,正常射速 6 发/分;40 毫米高射炮的射速已达 330 发/分。而今后在采用液体发射药和模块式的发射药后,射速还有望得到更大的提高。

在提高弹丸威力方面,主要的措施是:增加弹体强度、减薄弹体厚度、改装高能炸药和采用预制破片弹。

在提高机动性能方面,主要采用完善火炮结构、减轻火炮重量和发展新型自行火炮等措施。如美国 M102 式 105 毫米榴弹炮,由于对火炮的机构进行整合,全炮重从原 2260 千克减到 1480 千克。而有的自行榴弹炮采用封闭式旋转炮塔及采用液压折叠式驻锄,使得火炮具有浮渡能力及 360° 的射界。

在延长炮身使用寿命方面,主要采用电渣重熔等精炼工艺,以提高炮身钢的机械性能和抗热裂纹能力;在炮膛中镀铬以改善炮膛的热耐磨性能;换用高能量低烧蚀发射药及新型缓蚀添加剂以降低炮膛烧蚀程度。

在提高炮兵火力的适应性方面,火炮的配用炮弹呈多样化、全面化的态势。目前配用的炮弹有普通榴弹、破甲弹、穿甲弹、照明弹、烟幕弹、各种远程榴弹、核弹、化学弹、反坦克子母弹以及末段制导炮弹等,使得火炮能压制和摧毁目标的距离从几百米达到了几万米。

可以预见,未来的火炮还将会在以上几个方面继续进行改进和完善,而且随着科技和制造工艺的不断发展,必将会有更多的新技术加入火炮的制造和整合当中。

(二) 火炮分类简介

1. 加农炮

它是一种身管长、初速大、弹道低伸的火炮,主要用于射击暴露的垂直目标、装甲目标和远距离目标。与同口径的榴弹炮相比,加农炮的射程更远。不过随着新型榴弹炮的出现,已经很少有国家再研制用于打击地面目标的大口径加农炮了。

2. 榴弹炮

它是一种身管短、初速小、弹道弯曲的火炮,适于对水平目标和遮蔽物后的目标射击。这种火炮可采用变装药,在射角不变的条件下可获得不同的初速、弹道和射程,便于在较大的纵深内实施火力机动。传统意义上的榴弹炮炮身长多为口径的 15~22 倍,而现代化的大口径榴弹炮身管长一般都在 40 倍口径以上,从而兼具了加农炮的一些技术特征。

3. 加榴炮

这种火炮兼有加农炮和榴弹炮的性能,并以加农炮的性能为主。其采用大号装药和小射角射击时,初速大、弹道低伸,接近加农炮的性能;采用小号装药和大射角射击时,初速小、弹道弯曲,接近榴弹饱的性能。20世纪60年代以来,许多国家发展的新型榴弹炮多兼有加农炮的性能,因此便不再使用加榴炮这一名称了。

4.迫击炮

它是一种用座钣承受后坐力。主要进行高射界射击的火炮,其身管短、构造简单、重量轻、运动方便,适于在各种地形上作战。初速小、射角大,通常可达45°~85°,弹道弯曲,能够射击隐蔽物后的目标和水平目标,通常发射尾翼弹。

5.无后坐力炮

它是一种利用发射时炮尾向后喷火或其他物质所产生的动量,使炮身不后坐的火炮,主要用于摧毁近距离的装甲目标和火力点。其结构简单、操作方便、重量轻、体积小,适于伴随步兵作战。不过,这种火炮的缺点是射程近、后喷火焰大、容易暴露。

6.坦克炮

这是一种安装在坦克上并按照坦克的特殊要求研制的火炮。一般分为线膛炮和滑膛炮两种,口径多为105毫米~125毫米,是坦克的主要武器。它具有初速高、威力大、弹道低伸、射击精度好和后坐距离短等特点。其主要以直接瞄准射击来击毁装甲目标,也可压制、消灭反坦克武器,摧毁野战工事和歼灭有生力量。

7.车载机关炮

这是一种安装在装甲车辆上的小口径自动火炮,是轻型装甲车辆的主要武器。其具有初速大、弹道低伸、射击精度高、结构紧凑和后坐距离短等特点,连发时的射速可达100~740发/分,有效射程为1500~4000米。这种火炮能够高平两用,平射时用于毁伤轻型装甲目标、压制火力点、歼灭有生力量;对空射击时,可用于对付低空飞机和直升机。

8.反坦克炮

也称为战防炮或防坦克炮,它是一种用于毁伤坦克和装甲车辆的火炮,其炮身矮、身管长、初速大、弹道低伸、直射距离远、发射速度快、穿甲威力大、机动性能好。

9.火箭炮

它是一种多发联装的火箭弹发射装置,通常分为轨式、框架式和管式,主要用来赋予火箭弹初始飞行方向,引燃火箭弹的点火具,使其靠自身发动机的推力飞行。其发射速度快、火力猛,突袭性和机动性好,不过射击散布较大,多用于对面目标的射击。主要配用杀伤爆破弹,用于歼灭有生力量和压制技术兵器;也可配用特种火箭弹,用于毁伤坦克、照明、施放烟雾和布设地雷等。

10.航炮

这是一种口径等于或大于 20 毫米的航空自动武器,主要装备于各种军用飞机及直升机上。同地面火炮相比,航炮的口径较小,结构紧凑、重量轻,操作简便迅速。按照自动方式可分为管退式、气退式、转膛式和多管旋转式等。其口径一般为20 毫米~30 毫米,射速 400~60000 发/分,弹丸初速 600~1400 米/秒,全重 35 千克~280 千克。

11.高射炮

也简称为高炮,是一种主要用于射击空中目标的火炮,同时也能用于射击地面和水面目标。现代化的高炮都配备有随动装置,可用炮瞄雷达、指挥仪或火控计算机计算射击诸元,并控制火炮自行瞄准射击。

12.舰炮

它是一种装备在舰艇上的海军炮,主要用于射击水面、空中和岸上目标。按封闭程度分为全封闭式和非封闭式;按自动化程度分为全自动、半自动和非自动等。

13.海岸炮

也简称为岸炮,是一种配置在海岸防御阵地的海军炮,主要用于保卫海军基地、港口和沿海重要地段,以及封锁海峡和航道等。按配置方式分为固定式和移动式;按防护分为炮塔式和护板式等。

(三)世界王牌火炮

1.苏/俄 2S7 式 203 毫米自行加农炮

该炮于 1975 年装备苏军,每个方面军重炮旅的炮兵团装备 24 门,主要用于歼灭敌方有生力量、压制敌方火力和破坏军事设施,是当时苏军口径最大的自行身管火炮。苏军根据以植物为火炮命名的惯例,赋予该炮“芍药”的绰号,而北约将其命名为 M1975 式。该炮采用重型履带装甲车底盘,炮身装在底盘后部,无装甲防护。其采用的火炮身管长约为 59 倍口径,发射榴弹时的射程为 10 千米~37.7 千米,发射火箭增程弹时的最大射程可达 50 千米,最大射速 2 发/分,持续射速 1 发/分,全长 12.8 米,战斗全重 46 吨,乘员 7 人。

2.苏/俄 BM-30“龙卷风”300 毫米自行火箭炮

该炮由苏联合金国家科研生产联合体生产,1983 年定型,1987 年装备苏军师属炮兵部队,并于 1990 年 2 月在吉隆坡亚洲防务展上首次展出,也是目前服役的口径最大的自行火箭炮。该炮主要用于对地面目标进行攻击,歼灭有生力量,摧毁军事设施。该炮共设有 12 根发射管,分上、中、下三排配置,整个发射系统安装在

MAZ543 型 8×8 轮式底盘上。该炮最大射程 70 千米,改进型的最大射程为 100 千米,主要发射的弹种为杀伤子母弹和末制导子母弹,一次齐射的时间为 38 秒,再装填时间为 20 分钟,战斗全重 43.1 吨,最大行驶速度 65 千米/时,乘员 4 人。

3.英国 AS-90 式 155 毫米自行榴弹炮

该炮由英国维克斯造船与工程有限公司于 1984 年开始研制,1986 年制成样炮,1992 年服役,主要用于为师以上部队提供火力支援。该炮由履带式底盘、155 毫米火炮和火控系统组成。其炮塔呈圆弧形,车体为装甲钢全焊接结构,最大装甲厚度为 17 毫米,可防枪弹及炮弹破片。该炮可以发射所有北约制式 155 毫米弹药,火炮身管长 39 倍口径,发射榴弹时的最大射程为 24.7 千米,发射火箭增程弹的最大射程为 30 千米,最大射速 6 发/分,持续射速 2 发/分,战斗全重 42 吨,最大行驶速度 53 千米/时,乘员 5 人。

4.苏/俄 2S19 式 152 毫米自行榴弹炮

该炮由苏联乌拉尔运输机器设计局研制,北约赋予其的代号为 M1990 式。该炮于 1984 年开始研制,1987 年批量生产,1989 年装备苏军炮兵师和集团军炮兵旅,主要用于压制敌方炮兵、坦克及反坦克预备队,破坏地面防御工事,摧毁敌方侦察所和指挥所,歼灭敌方有生力量。该炮采用 T-80 主战坦克底盘,采用大型旋转炮塔设计,其火炮身管长约为 59 倍口径,战斗全重 42 吨,乘员 5 人,发射榴弹时的最大射程为 24.7 千米,发射底排弹时的最大射程为 28.9 千米。此外,该炮还能发射"红土地"系列激光制导炮弹,实现对点目标的精确打击。

5.法国"凯撒"155 毫米自行榴弹炮

该炮由法国陆军军械公司研制,1994 年制出样炮。其火炮身管长 52 倍口径,配用模块化火控系统,自动化程度非常高,行进间的系统反应时间不到 1 分钟。该炮的最大特点是火炮以敞开的方式安装于 6×6 轮式底盘上,重量轻、尺寸小,可以利用 C-130 战术运输机进行空运,因此其机动性和灵活性非常好,性价比较高。后来,该炮的这种"卡车载炮"的设计模式也被诸多国家所效仿,如瑞典、伊朗等,从而诞生了一批类似的新型轮式自行榴弹炮。该炮战斗全重 18.5 吨,发射榴弹时的最大射程为 18.3 千米,发射制导炮弹的最大射程为 30 千米,发射全程全膛底排弹时的最大射程为 42 千米,持续射速可达 6 发/分,最大行驶速度 90 千米/时,乘员 6 人。

6.美国 M109 式 155 毫米自行榴弹炮

该炮由美国通用汽车公司于 1956 年开始研制,1963 年定型并装备部队,主要为美军装甲师和机械化师提供间接火力支援。该炮也是世界上第一种采用铝合金制造炮塔和车体,并可实施 360°射击的自行火炮。除装备美军外还出口到 30 多个国家和地区,其改进型号也有 6 种之多。该炮的最新型号为 M109A6"帕拉丁",于 1993 年 6 月开始装备美军,其反应能力、生存能力、杀伤力和可靠性都比早期型号有了大幅提升。M109A6 采用了 39 倍口径身管,战斗全重 32 吨,发射榴弹时的最大射程为 24 千米,发射火箭增程弹时的最大射程为 30 千米,最大行驶速度 56 千米/时,乘员 4 人。

7.南非 G6 式 155 毫米自行加榴炮

该炮由南非军械公司于 1979 年开始研制,1988 年批量生产并装备南非陆军装甲师,主要用于支援机械化步兵作战。该炮的火炮部分采用 G5 式 155 毫米加榴炮,焊接钢装甲炮塔位于 6×6 轮式底盘的后部,炮塔上还装备有 1 挺 12.7 毫米高射机枪。该炮战斗全重 36.5 吨,最大行驶速度 90 千米/时,发射全膛榴弹时的最大射程为 30 千米,发射远程全膛底排弹的最大射程为 39 千米,持续射速 2 发/分,乘员 6 人。该炮除装备南非陆军外,还曾少量出口。伊拉克就曾进口过该型火炮并在海湾战争中使用。

8.苏/俄 2S4 式 240 毫米自行迫击炮

该炮的绰号为"郁金香",是战后服役的口径最大的自行迫击炮,主要为实施核作战而研制,通常由苏军前线指挥部或最高统帅部直接指挥。该炮于 20 世纪 70 年代中期装备苏军方面军重炮旅和驻民主德国苏军重炮旅。每个重炮旅编 2 个重炮营,每个营装备 2S4 式自行迫击炮 12 门。到 20 世纪 80 年代末期,苏军共装备了约 400 门该型火炮。此外,该炮还出口到捷克斯洛伐克等国。该炮采用与 2S3 式 152 毫米自行榴弹炮相同的履带式底盘,并采用炮尾装填方式,射击方向与车体行进方向相反,可发射火箭增程弹、榴弹、混凝土爆破弹,以及化学弹和核炮弹(2000 吨 1TNT 当量)等。其发射榴弹时的最大射程为 9.7 千米,发射火箭增程弹时的最大射程为 12 千米,战斗全重 27.5 吨,乘员 4~5 人。

9.美国 M270 式 227 毫米自行火箭炮

该炮由美国 LTV 宇航与军品公司于 1977 年 9 月开始研制,1983 年装备美国陆军重型师和军属炮兵,主要用于实施纵深攻击、歼灭有生力量、压制集群装甲目标、火炮阵地和指挥所等,除装备美军外还出口到一些北约国家。该炮采用 M2 步兵战车的履带式底盘,发射箱内装有两个各 6 发火箭弹的发射储存器,其进入阵地后自动放列和调平,发射完毕自动收炮,极大地提高了火力反应速度和战场生存能力。该炮战斗全重 25 吨,最大行驶速度 64 千米/时,乘员 3 人,可发射子母火箭弹、布雷火箭弹和末制导反坦克子母火箭弹等,最大射程 57 千米。美国还在该炮的基础上研制成功 HIMAS 高机动轮式自行火炮,其既可以在公路上高速机动行驶,也可以由 C-130 战术运输机空运,具备很强的战术灵活性。

10.德国"猎豹"双管 35 毫米自行高炮

该炮由德国克劳斯·玛菲公司研制,以瑞士 5PFZ-A 式 35 毫米双管自行高炮为基础设计,1971 年完成样炮。该炮采用重型履带式底盘,装备两门瑞士厄利空公司 KDA35 毫米自动炮,以左右各 1 门的方式分别布置于炮塔两侧,每门火炮配

世界经典文库

世界军事百科

图文珍藏版

演绎军事传奇 再现战事风云

王佳乐·主编

线装书局

六、军用飞机

"善守者,藏于九地之下。善攻者,动于九天之上。"两千五百多年前,中国古代著名军事家孙武曾写下如此富有想象力的话语。尽管他所谓的"攻于九天"只不过是形容进攻应有如从高空直冲而下的猛烈气势,然而,能够从天空中向敌人的头上撒播死亡无疑是长久以来很多军事家的梦想。从中国古代的风筝到17世纪欧洲出现的扑翼机,人类试图飞上天空的尝试和努力从未停止过。不过,直到热气球以及飞艇的出现,人类才首次实现航空梦。

(一)军用飞机发展简史

1.当死神插上翅膀

"善守者,藏于九地之下。善攻者,动于九天之上。"两千五百多年前,中国古代著名军事家孙武曾写下如此富有想象力的话语。尽管他所谓的"攻于九天"只不过是形容进攻应有如从高空直冲而下的猛烈气势,然而,能够从天空中向敌人的头上撒播死亡无疑是长久以来很多军事家的梦想。从中国古代的风筝到17世纪欧洲出现的扑翼机,人类试图飞上天空的尝试和努力从未停止过。不过,直到热气球以及飞艇的出现,人类才首次实现航空梦。

最早的热气球原型应出现在古代中国,汉朝时期编著的《淮南万毕术》一书中就曾有过"艾火令鸡子飞"的记载,即在空蛋壳中装入艾火,从而产生热空气使蛋壳飞起来。五代时期,据传一位叫莘七娘的妇人发明了一种能够飞升到空中的灯——松脂灯。很快,军队便将这种灯用于夜间指挥作战和传递信息。而这种灯还有一个更广为人知的名字——孔明灯。可惜的是,孔明灯这种早期最原始的热气球并没有在古代中国有更大的发展。而世界上公认的、真正意义上能够实现载人飞行的热气球,出现在18世纪的法国。1783年9月19日,法国蒙哥尔费兄弟两人首次在巴黎凡尔赛宫前的广场上放飞了自己制造的热气球。不过考虑到安全因素,这次具有历史意义的升空并没有载人,而是在热气球下面吊挂的笼子里装了3名"特殊乘客"——绵羊、公鸡与鸭子。很快,在接下来的两个月的试验里,一名法国人自告奋勇乘热气球升空,实现了人类历史上首次系留飞行和自由飞行。此后,法国在1794年率先将气球用于军事,成立了气球侦察分队,并在同年的法奥战争中首次参战。由此,气球作为人类历史上第一种实用化的军事航空器,正式走上战争的舞台。

气球虽然实现了人类飞上天空的梦想,但是其最大的缺陷就是自身没有动力,无法控制飞行方向和速度。于是,在气球这种浮力体的基本架构上,带有动力装置和低阻力外形的飞艇便应运而生。1852年,法国人吉法尔制造出世界上第一艘飞艇,由此开启了人类航空史的新时代。虽然法国人在气球和飞艇的发明上都占得先机,不过世界上第一种具有实用价值的飞艇却是出自德国人齐柏林之手。1900年7月2日,第一艘齐柏林硬式飞艇 LZ.1 公开亮相。这艘飞艇在当时堪称庞然大物:纺锤状的艇身长达 128 米,直径 11.7 米,氢气囊总容积 11300 立方米,装备有 2台 11.8 千瓦发动机,并装备有方向舵等操控系统。此后,齐柏林飞艇的技术不断成熟,在不到十年的时间里就成功投入商业飞行。而在军事家们的眼中,一切新生事物都有成为武器装备的潜在价值,飞艇亦不例外。

意大利首次于 1911 年与土耳其奥斯曼帝国的战争(意土战争)中,投入使用了3 艘软式飞艇用于执行巡逻、侦察以及轰炸任务。第一次世界大战爆发后,在飞艇技术上领先的德国毫不犹豫地将齐柏林飞艇投入到战争中:1914 年 8 月 5 日晚,比利时的列日要塞就遭到了德军齐柏林飞艇的首次轰炸;此后,德军庞大的齐柏林飞艇不仅轰炸了法国首都巴黎,甚至从 1915 年 1 月开始飞越英吉利海峡,5 月出现在英国首都伦敦的上空,丢下"危险的货物"后于次日黎明返回德国。当时英国显然对于这种从空中来的不速之客毫无办法,以至于后来英国人将伦敦遭遇德军齐柏林飞艇轰炸的这一时期称为"齐柏林大恐慌"。然而,所谓的"大恐慌"很快就结束了,因为这些在天空中行动迟缓的庞然巨兽遇到了另一种威力更加强悍的新式航空武器,从而被迫退出历史的舞台。这种新式航空武器就是军用飞机。

美国莱特兄弟在 1903 年制造的"飞行者"1 号是世界上公认的第一架真正的飞机。1903 年 12 月 17 日,莱特兄弟驾驶这架飞机在北卡罗来纳州基蒂霍克小镇进行了首次试飞。试飞共进行了 4 次,由哥哥威尔伯·莱特驾驶的最后一次试飞最为成功,飞行距离 260 米,飞行时间达到 59 秒。人类历史上的飞行时代就在不经意间从这一天开始了。在那个人人都有飞天梦想的年代,莱特兄弟的创举最初并未引起世人的注意,以至于首飞的那天在场的也不过才 5 个人。然而,随着莱特兄弟后续制造的飞机不断成熟,美国军方开始意识到其蕴含的巨大军事价值。1908 年,莱特兄弟与美国陆军签订了制造军用飞机的合同。一年后,他们研制完成第一架军用飞机。此后,航空制造技术开始从美洲大陆迅速蔓延至欧洲各国,其发展速度之快令人瞠目结舌,涌现出了大量著名飞机设计师。尽管此时大多数飞机还是以民用为主,但是不可否认,这段时期航空技术的大发展,为此后第一次世界大战中各种军用飞机的优异表现打下了基础。

如果说当时欧美各国军方开始装备军用飞机还是有着一定的探索性意味的话,那么,在意大利人朱里奥·杜黑的眼中,飞机必将成为与火炮、战舰一样重要的主战武器。虽然此前著名的法国元帅福煦已经断言飞机在"军事上没有使用价值",但是很多颇具远见的军事家们依然对军用飞机的发展和使用充满热情,其中就包括杜黑。而杜黑之所以被历史铭记,不仅仅因为他大声提出了"制空权"理论,更是因为他不畏强大的保守势力而坚持这一真理。他用手中的笔写下了如此掷地有声且远见卓识的文字:"今天我们充分意识到掌握制海权的重要,但不久制空权将变得同等重要。因为只有获得这种控制权(只有到那时),我们才能利用空中观察的好处,清楚地看到目标。这种好处只有当我们拥有空中力量而使敌人停留在地面时,才能充分享受……为了争夺这种空中优势,航空兵队伍将越来越大,它的重要性也将日益增长。"他甚至提出了在陆军和海军之外,创建全新的军种——空军的设想,并且最终写就了闻名世界的《制空权》一书。

有了航空工业的技术基础,再加上全新的军事理论,军用飞机走上战争舞台已经指日可待。很快,1911 年 9 月,意大利与土耳其之间因为争夺奥斯曼帝国的北非殖民地而爆发了意土战争。当时,意大利陆军将刚刚组建的飞行部队投入到战争中,共动用了 9 架飞机和 11 名飞行员。这些飞机最初只是用来执行侦察任务,但是很快意大利人就发现这种新式武器还能进行昼夜轰炸及播撒传单的攻心战。而诸多世界空军史上的"第一"也是在这场战争中出现的,如:第一次昼间轰炸、第一次夜间轰炸、第一次空中照相侦察、第一次从空中投下传单进行攻心战以及军用飞机第一次遭到地面火力杀伤等。虽然由于早期性能不佳,军用飞机在这场战争中也遭遇了不必要的损失,但是其首次参战的表现还是很快令欧美各强国震惊了。此后,英国率先成立了世界上第一支空军,不久其他国家也纷纷组建越来越庞大的航空部队。在接下来至 1914 年第一次世界大战爆发前的数年时间里,军用飞机相继参加了摩洛哥战争、第一次和第二次巴尔干战争。与意土战争、摩洛哥战争不同的是,在两次巴尔干战争中,战争双方都动用了军用飞机参战,而且对地轰炸已经成为军用飞机的"主业"之一。一时之间,巴尔干半岛上空布满了撒播死亡的"战鸟",昔日的蓝天弥漫着死亡的气息,仿佛一个巨大的蓝色地狱。但是很快,人们就会发现真正的"空中地狱"还在后面——1914 年,第一次世界大战爆发了……

2.第一次世界大战试炼场

第一次世界大战是一场以德、奥为首的同盟国集团和以英、法、俄为首的协约国集团之间的,目的是为了重新瓜分全球殖民地和争夺霸权的列强之间的战争。在这场大战中,初登战争舞台的军用飞机迎来了首个大发展的辉煌时代,不仅在数量和型号上有大幅增加,类型和性能也有长足的发展。战前,各国航空部队装备的军用飞机多用于侦察和通信,只充当陆军和海军延伸的"眼睛",还没有被当作真正的作战武器。一战爆发初期,交战双方装备的军用飞机数量大致为:英国 11 架、法国 138 架、俄国 266 架、德国 232 架、奥匈帝国 36 架。不但数量不多,而且这些军用飞机几乎都是用于空中侦察的。当时双方主要使用的侦察机有:英国布里斯托尔和 B.E.2B、法国布莱里奥 XI-2 和法尔芒 M.F.11、德国阿尔巴特罗斯 B.Ⅱ和埃特里希"鸽"式等。

俗话说"一物降一物",既然有侦察,就有反侦察,而阻止敌方侦察飞机的最有效的武器无疑就是己方的飞机。于是,世界航空史上最早也是最原始的空战便出现了。起初,敌对双方飞行员在空中相遇时,除了用手枪对射,还使用了各种稀奇古怪的制敌之策:有的投掷砖头石块砸敌方飞机的螺旋桨,有的发射小型投箭杀伤敌方飞行员。还有的——如俄国著名飞行员彼得·尼古拉耶维奇·涅斯捷罗夫突发奇想:在飞机尾部用绳子拴上一把锋利的尖刀,用其划开敌方飞艇或者飞机的蒙皮。这一方法竟然十分有效,1914 年 8 月,他就成功地用尖刀将敌方一艘飞艇"开膛破肚"。不过,这位富有想象力的仁兄的"奇思妙想"显然还远未停止,他还准备将尖刀换成带重锤的钢索,用来缠住敌机的螺旋桨,不过其实战效果如何后人已不得而知。1914 年 9 月 8 日,涅斯捷罗夫驾驶"莫拉纳"式轻型单翼侦察机执行飞行任务时,与奥地利一架双座侦察机相遇。这次,他采用了一种更为大胆也更危险的战术:撞击。最终,两架飞机相撞后双双坠毁,年轻的著名飞行员、世界上第一个完成筋斗飞行的涅斯捷罗夫也不幸丧生,空战史上的"撞击战术"首次出现。

这些最原始的空战战术很快就成了过去,因为其不仅作战效率太低,而且对飞行员自身的危险性也非常大。为了更有效地杀伤敌人、保存自己,各国飞行员想到了为飞机安装当时最先进的自动武器——机枪。1914 年 10 月 5 日,法军飞行员约瑟夫·弗朗茨和机械师兼观察员路易·凯诺正在驾驶一架"瓦赞"式飞机执行空中巡逻任务。他们发现了一架德军阿维亚迪克双座侦察机正在侦察法军防线。法国的侦察机上安装了 1 挺架在活动底座上的机枪,使得这次空中遭遇后来被载入了史册——在弗朗茨驾驶飞机接近德军飞机后,后座的凯诺便抄起机枪向敌机瞄准开火。德军飞机猝不及防,一头栽到了地面上,这是一次被称为真正的空战的经历:从此,军用飞机的发展进入到一个新的时代,原先一些只用于侦察的、飞行性能较好的飞机纷纷安装上机枪,摇身一变成为最早的战斗机。此后,一场又一场充满着血与火的空中战争在原本平静的天空上重复地演绎着……

安装机枪的方式是早期战斗机研制的最大难点。实践证明,机枪最理想的安装方式应该是固定装在与飞机纵轴平行的位置,如前机身或者机翼上。但是,这样一来就出现了向前射出的子弹会将本机的螺旋桨打坏的情况。为了解决这一问题,各国都绞尽脑汁想出各种办法,如英国研制的 DH.2 战斗机就把螺旋桨安装在飞机后部,法国研制的纽堡 II 战斗机则把机枪高高架在两层机翼的上层,避开了螺旋桨旋转面。后来法国著名飞行员罗朗·加罗斯想到了一个办法:在螺旋桨叶上有可能被子弹击中的部位安装钢制的偏导板,这样,即使子弹打中螺旋桨也会被偏导板弹飞,避免桨叶遭到致命的破坏,从而使得机枪能够安装在飞行员前方的机头上。这种改进一方面可以不必对飞机的设计进行大改,从而保持其原本优良的飞行性能,另一方面也方便飞行员瞄准射击。

1915 年 4 月 1 日,加罗斯驾驶改装后的莫拉纳·索尔尼埃 L 型单翼机成功击落了德军一架"信天翁"式双座侦察机。此后 16 天内,加罗斯又先后击落 4 架敌机,成为世界上第一位"王牌飞行员"。作为英、法等协约国的死对头,德国自然也密切关注着战斗机发展的任何一个细节,尤其是加罗斯成功实现穿过螺旋桨旋转面实施射击这一创举。很快,德国人就得到了幸运女神的眷顾——1915 年 4 月 19 日,加罗斯在飞行中因为发动机故障迫降在德军防线内。还未等他把飞机毁掉,便被德军连人带机一起俘获了。德军邀请荷兰著名飞机设计师福克对这架"神秘"的飞机进行了研究。经过全面分析后,福克认为法国人的设计还很不完善,虽然子弹被钢制偏导板弹开,但是其依然对螺旋桨造成了持续的冲击力,从而使得发动机发生故障的概率大大增加。如果要彻底解决这一问题,必须让子弹在螺旋桨旋转的间隙射出。为此,福克与他的工程团队展开了艰难的攻关,从螺旋桨旋转与机枪击发之间的联动入手,最终研制成功革命性的射击协调装置。福克随后将该装置安装在福克 E I 单翼机上,该机也是德国第一种战斗机。1915 年 7 月 1 日,德军飞行员温特根斯驾驶福克 E I 战斗机首开纪录,击落了 1 架法军莫拉纳·索尔尼埃式飞机。以福克 E I 单翼机为起点,福克接连推出了一系列福克 E 式战斗机:福克 E II 换装了更大功率的发动机,从而解决了福克 E I 动力不足的问题;福克 E III 则换装了新型"斯潘道"机枪,火力大大增强;福克 E IV 是该系列的最后一型,换装了最大功率达 118 千瓦的发动机。在这几个型号中,最成功、产量也是最大的当属福克 E Ⅲ。

为了对抗德军的新型战斗机，英、法等国很快也展开了新一代战斗机的研发，先后推出了 B.E.2C、F.E.2B、德·哈维兰 DH.2、科德隆 G Ⅲ/Ⅳ、纽波特 10 和斯巴德 SV 等。在这些战斗机中，纽波特和 DH.2 均有与福克系列战斗机对抗的能力。然而，双方在战斗机研发上的竞赛还远未结束。德国人随后研制的阿尔巴特罗斯"信天翁" C Ⅰ/D Ⅲ 和福克 Dr.Ⅰ 等战斗机又重新从协约国的手中夺回了技术优势。痛定思痛，英、法等国最终下决心对战斗机部队的型号进行大换血，全面换装了索普威斯"骆驼" F1、SE5 以及斯巴德 SX、纽波特 27/28 等先进战斗机。

除了战斗机本身的发展，空战战术也随着战争进程的不断持续而得到了长足进步。最初，战斗机飞行员的作战行动都比较分散，多数情况下都是单打独斗，其形式类似于欧洲中世纪的骑士决斗。因此飞行员们也多以"空中骑士"自居。不过，德国人很快便发现这种作战形式的缺点：效率很低且无法有效地与地面部队配合作战。于是，在凡尔登战役中，德军集中了 168 架战机，全程支援地面作战。在空战战术上则采用编队作战的方式，将多架战机组成小队，再将多个小队组成中队，直至联队。每一支中队都有多名顶尖的王牌飞行员担任各级指挥官，极大增强了作战实力。在 1917 年 4 月的阿拉斯战役中，英军虽然在战机数量上有优势，但是战机性能以及空战战术上的劣势最终使其遭到惨败。仅在 4 月 6 日那一天，英军就损失了 44 架战机。而在整个 4 月，德军就击落了英、法、比利时等国战机 368 架，其中仅英军就有 316 名空勤人员丧生。因此，1917 年 4 月在世界战争史上又被称为"血之四月"。此后，英、法等国充分吸取教训，在空战战术上借鉴德军的模式并加以创新。最终，德国人无力再与协约国对抗。直到同盟国战败，空中优势一直掌握在协约国的手中。

除了战斗机，攻击机和轰炸机也都是在第一次世界大战期间发展成熟的。

在索姆河战役中，英、法等国的战斗机为了支援地面作战，用机枪对德军阵地及进攻部队实施扫射，有效杀伤了德军大量有生力量。但是，战斗机一般都是以空战为目的进行设计的，其面对地面防空火力时还是显得很脆弱，而对地的攻击方面 1~2 挺机枪的火力也不够。为此，交战双方受到索姆河战役的启示，很快便研制出专门用于对地攻击的攻击机。在协约国方面，其最具代表性的攻击机当属英国研制的 DH.4。该机由英国著名飞机设计师德·哈维兰研制，装备了 1~2 挺维克斯固定机枪和 1~2 挺刘易斯活动机枪，火力十分强悍，而且其载弹量也高达 209 千克。此外，该机还安装了一台鹰Ⅶ型 275.6 千瓦发动机，最高时速达 230 千米。在 1917 年的康布雷战役中，英军装备的 DH.4 攻击机与炮兵、坦克、步兵配合作战，有效压制了德军地面火力。而同样在这场战役中，德军的汉诺威 CL-3 攻击机亦有十分出色的表现。在地面部队作战失利的危急时刻，德军大量出动汉诺威 CL-3 攻击机，对英军进攻部队尤其是其坦克部队实施低空突袭，迟滞了英军的进攻速度。在随后的反击中，汉诺威 CL-3 又配合德军地面部队作战。最终，德军收复了大部分失去的阵地。

此后，德军对于攻击机部队在战役攻防阶段中的作用越来越重视，并且在 1918 年 1 月专门颁布了作战细则，明确了空中部队在各兵种联合作战的具体实施规则。而为了更好地执行对地攻击任务，德国还专门研制了容克式攻击机。该机不仅火力强大,还在座舱周围加装了厚度5毫米的防护装甲板。而这一设计也成了此后出现的一系列攻击机必备的选项之一。全新的战术加上优良的装备,在1918年3月至4月的皮卡迪三月进攻战役中,德军攻击机部队大显身手,配合地面部队在15天内就推进了84千米。这一进攻速度在阵地战、堑壕战盛行的第一次世界大战中已经堪称是"神速"了。

相比战斗机,早期轰炸机在第一次世界大战中的发展却一波三折。在军用飞机的发展早期,受到航空制造技术等方面的限制,人们认为很难制造出大型飞机。因此,执行远程大载弹量轰炸起初只是大型硬式飞艇的专利。不过,随着一架四发大型飞机的诞生,轰炸机的时代终于悄然开启。它就是俄裔著名飞机设计师伊戈尔·西科斯基研制的"伊里亚·穆罗梅茨"轰炸机。

如果说20世纪初西欧国家在战斗机领域一马当先的话,那么当时轰炸机研发实力最强的无疑是远在东方的俄罗斯。而这一切都和一个名字分不开——西科斯基。事实上,不同于其他早期的著名飞机设计师,西科斯基一开始就把目标瞄准了大型飞机。1912年11月,他在俄国圣彼得堡波罗的海车辆厂设计制造了一架装有4台73.5千瓦发动机的大型飞机,并且成功实现了首飞。这在当时无疑是一个伟大的壮举,因此俄国沙皇不无骄傲地将这架飞机命名为"俄罗斯勇士"号。在该机的基础上,西科斯基于1913年底终于研制成功世界上第一架重型轰炸机"伊里亚·穆罗梅茨"。这个名字来自俄罗斯民间传说中的一位勇士。"伊里亚·穆罗梅茨"既是第一次世界大战中参战最早的重型轰炸机,也是当时最先进的轰炸机。该机采用双翼布局,装备了多达8挺自卫机枪,载弹量400千克,飞行速度137千米/时,最大航程540千米。"伊里亚·穆罗梅茨"轰炸机虽然先进,但是限于当时的技术条件,其产量并不高。到第一次世界大战爆发时,俄军也才装备了4架,并悉数投入战场。这些轰炸机组成了世界上第一支重型轰炸机部队,俄罗斯人则形象地称之为"飞船部队"。1915年2月,1架"伊里亚·穆罗梅茨"轰炸机首开纪录,向德国投掷了272千克炸弹。凭借其超远的航程,"伊里亚·穆罗梅茨"轰炸机经常飞到距离战线100多千米的德军后方轰炸。到1917年俄国因十月革命退出大战为止,"伊里亚·穆罗梅茨"轰炸机成功进行了422架次轰炸,仅损失1架。

继俄国之后,英国、德国和意大利也都意识到了远程重型轰炸机对于战争进程的巨大影响。尤其是这种轰炸机能够飞行数百千米,对敌国的后方甚至首都实施轰炸,更是对敌士气的有力打击。在第一次世界大战初期,德国曾大量使用齐柏林硬式飞艇进行轰炸,但随着各国战斗机性能的快速提升,以及受天气变化的影响,飞艇的损失率大幅攀升。1916年底,德军齐柏林硬式飞艇的损失率高达68.2%,其中仅因为天气原因造成的损失就占了一半以上。为此,德国人加速研制自己的"哥达"G4轰炸机,并在1917年4月组建了第一支轰炸机联队——第3联队。除了用于昼间轰炸的"哥达"G4,德军还先后投入了能够在夜间实施轰炸的"哥达"G5,以及堪比"伊里亚·穆罗梅茨"的RⅥ重型轰炸机。这些轰炸机对包括伦敦在内的英国重要城市,以及港口、工厂等目标实施昼夜不间断的战略轰炸,试图以此来粉碎英国的抵抗意志。

不过,在德国对英国本土实施战略轰炸的同时,英国也联合法国用相同的手段对德国进行反击。初期英国没有专门的轰炸机,主要使用索普威斯多用途飞机进行轰炸。然而,该机无论是航程还是载弹量都无法满足对德战略轰炸的要求。为此,英军提出研制一种能够真正用于战略轰炸的新型轰炸机。1915 年 12 月,由英国著名飞机设计师汉德利·佩奇设计的 0/100 大型双发双翼轰炸机成功首飞。该机的航程达 1126.5 千米,载弹量 907 千克,装备多达 4 挺自卫用的刘易斯机枪。该机于 1916 年 9 月正式交付英军使用,并且立刻投入到对德战略轰炸中。1918 年,汉德利·佩奇 0/100 轰炸机的改进型——0/400 投入服役。此时,装备该机的已经是从陆军和海军中独立出来的英国皇家空军。

除了英国和德国,意大利也在第一次世界大战中研发、装备了大型轰炸机,并且广泛使用。意大利装备的主要是卡普罗尼 Ca33 大型轰炸机,其总体性能也十分优异。

3.螺旋桨战机的巅峰时刻

1918 年 11 月,随着第一次世界大战的结束,欧洲的天空暂时恢复了宁静。从 1918 年到 1939 年第二次世界大战爆发期间,虽然各国对于军用飞机的需求并不像战争时期那么迫切,但却从未停止过其发展的脚步。相反,在这期间的世界航空技术大发展,为第二次世界大战提供很多优秀甚至是顶级的螺旋桨战机。

在此期间出现的先进航空技术包括:悬臂单翼结构、可收放式起落架、密封座舱、硬壳式轻合金机身结构、变距螺旋桨以及自动驾驶仪等。越来越多的飞机采用了全金属机身,机翼布局也开始向单翼过渡。无线电通信设备也开始在各种飞机上普及,到第二次世界大战爆发时已经成为军用飞机必备的装置,正是因为无线电通信设备的普及才使得大规模空中集群作战以及空地、空海协同作战成为可能。而纳粹德国在第二次世界大战初期横扫欧洲的"闪电战",依靠的正是无线电技术进步所带来的精确高效的空地协同作战。

更重要的是,活塞发动机技术的飞速进步使得飞机拥有了更加强劲的动力。这一时期出现了大量采用大功率发动机的运动飞机,它们的飞行速度和机动性都相当出色,其中就有不少型号最终演变成了第二次世界大战中的王牌战斗机。另外,军用飞机的机载武器也发生了很大的变化。第一次世界大战中曾经使用过的中口径航空机枪开始逐步被大口径航空机枪,甚至 20 毫米以上的航炮所取代,而且数量也大大增加。因此,仅就机载武器的火力而言,虽然只过了 20 年的时间,但是第一次世界大战时期的战机早已无法与第二次世界大战时期的战机相提并论。

1939 年 9 月 1 日凌晨,纳粹德国突然对波兰发动"闪电战",第二次世界大战在欧洲战场正式打响了。同盟国与轴心国十余个国家近百种军用飞机在此后六年多的硝烟岁月里相继登上战争舞台,演绎了一场人类历史上从未有过的惨烈厮杀!

纳粹德国在第二次世界大战爆发之前一直在大力扩军备战。鉴于第一次世界大战后期德国战斗机性能完全被英、法等国战斗机压制的教训,纳粹德国试图装备一种当时最先进的战斗机,以便在开战初期就确保夺取制空权。纳粹德国空军在 1934 年发出新型战斗机的招标计划后,最终选定了巴伐利亚飞机厂主任设计师梅塞施米特设计的 Me109 单发单座单翼全金属活塞式战斗机作为纳粹德国空军在第二次世界大战的主力制式战斗机。

Me109 吸收了当时全世界最先进的战斗机设计理念和经验,采用悬臂下单翼

·武器装备·

图文珍藏版

结构,机翼下无支撑,起落架也可以完全收放。该机的气动外形多采用直线,高速性能极佳,但是航程较短。对于纳粹德国所奉行的"闪电战"战术来说,Me109的缺点并没有特别显现,因为当时的螺旋桨战斗机对于起降场地的要求并不很高,加上纳粹德国陆军装甲部队的快速推进也可以及时占领敌方的机场,从而为己方空军部队提供先进基地。但是,在著名的不列颠之战中,正是由于Me109航程不足,在英吉利海峡及英国本土上空的滞空时间太短,不能为己方轰炸机编队提供全程护卫,导致了其轰炸机编队遭到英国皇家空军战斗机拦截时,只能使用机上的数挺机枪自卫,损失极为惨重。而更为致命的是,纳粹德国空军的空勤人员的大量伤亡直接导致了纳粹德国最终在不列颠之战中遭到惨败。

在开发Me109的同时,德国巴伐利亚飞机厂也研发了另一种重型远程战斗机——Me110。在不列颠之战中,纳粹德国空军也派出了227架Me110为轰炸机队护航。但是,Me110原本的设计定位就是一种多用途战斗机,可用于护航、战术轰炸以及夜间防空,因此其机动性能无法与专用于空战的战斗机相媲美。为了弥补这一缺陷,该机装备了多达6挺机枪和2门航炮这样强大的火力。而在面对英国的"喷火"和"飓风"战斗机时,Me110机群采用了一种非常独特的走马灯式编队机动战术,即头尾相连、相互掩护,利用该机的全方位火力对付拦截的敌方战斗机。此外,作为一种装备雷达、可在夜间拦截敌方轰炸机的夜间战斗机,Me110是相当出色的。在第二次世界大战后期的1944年,纳粹德国空军的Me110基本上都作为夜间战斗机使用,因为此时在盟军强大的战斗机群压制下,该机在白昼执行作战任务的生存力已经非常低了。

在Me109服役后,纳粹德国空军便着手研制该机的后继型号,这就是福克·沃尔夫飞机厂设计生产的Fw190战斗机,一种被公认是纳粹德国空军在第二次世界大战中装备过的最优秀的活塞螺旋桨式战斗机。与同时代其他德国战斗机采用液冷活塞式发动机不同,Fw190采用了气冷活塞式发动机。除最大飞行速度外,该机的其他性能指标均超过了Me109,而且其机载武器火力也堪称最强——机头安装两挺中口径甚至大口径机枪,两侧机翼内则分别装有两门20毫米航炮。尤其值得一提的是,Fw190战斗机的后期改进型——Fw190D重新采用液冷活塞式发动机,其最大飞行速度超过700千米/时,是纳粹德国空军在第二次世界大战后期唯一能够与美国P-51战斗机相抗衡的型号。纳粹德国在第二次世界大战中研制的其他著名军用飞机还包括:Hs-129攻击机、Ju87"斯图卡"俯冲轰炸机、He111轻型轰炸机、Do17和Ju88中型轰炸机、Ju52运输机、Ar196水上侦察攻击机和FW200C"信使"远程海上巡逻轰炸机。

英国是第二次世界大战中唯一在航空技术上能够与德国并驾齐驱的国家,其不仅研发出"喷火""飓风"这样性能优异的活塞式战斗机,而且在喷气式战斗机方面也颇有建树,装备了当时除纳粹德国Me262外世界上第二种实用型喷气式战斗机——"流星"。"飓风"式战斗机研发时间较早,始于20世纪30年代中期,因此其仍然采用半金属结构机身设计,后机身外部为亚麻布蒙皮。不过,其气动外形设计已经初步具备了第二次世界大战主流战斗机的特征,是英国在大战初期最主要的战斗机型号。"喷火"则是英国在第二次世界大战中性能最为优异的活塞式战斗机,也是大战初期欧洲唯一一种能够与纳粹德国Me109相抗衡的型号。该机装有一台液冷活塞式发动机,功率高达757千瓦,机头呈半纺锤形,机翼则为独特的椭圆形,机动性及最大飞行速度均十分优异。因此,在与纳粹德国Me109的对抗中,"喷火"式战斗机凭借其机动性优势与敌机进行近距格斗,使得前者高速性好的特点无从发挥。

在不列颠之战中,"喷火"与"飓风"形成高低搭配组合,并肩作战——"喷火"负责与护航的纳粹德国战斗机进行格斗空战,"飓风"则专门拦截失去护航的纳粹德国轰炸机群。仅在9月15日这一天,英国皇家空军的300架"飓风"与"喷火"在短短20分钟内就歼灭了185架纳粹德国战机。时任英国首相的丘吉尔称这一天为"空战史上前所未有的最激烈的空战日"。

英国在第二次世界大战中研制的其他著名军用飞机还包括:"蚊"式全木质结构轻型多用途轰炸机、"布伦海姆"轻型轰炸机、"惠灵顿"双发远程轰炸机、"兰开斯特"大型轰炸机和"桑德兰"水上反潜巡逻机。苏联在第二次世界大战爆发初期的主力战斗机基本上是老式的伊-15双翼机和伊-16单翼机,这两个型号的作战性能根本无法与当时纳粹德国空军的Me109等新型战斗机相比较。而1941年6月22日纳粹德国发动"巴巴罗萨"行动入侵苏联之时,苏联空军正处于从老式战斗机向拉格、雅克等新型战斗机换装的过程之中。猝不及防的袭击使得苏联空军损失惨重,仅22日当天就有2000余架各型军用飞机被纳粹德国击毁。但是,苏联雄厚的工业实力很快就发挥出了惊人的战争潜力,雅克-3/7/9以及拉-5/7/9等一大批性能逐步提升的新一代战斗机很快投入到卫国战争的洪流之中。

"拉"式系列战斗机由苏联著名飞机设计师拉沃契金的设计局研发生产,拉-5是其设计的第一个取得巨大成功的型号。该机的中低空机动性能全面超越了纳粹德国空军的Me109D,在斯大林格勒战役中立下了赫赫战功,被苏军战士亲切地称为"斯大林格勒小救星"。此后,拉沃契金又在该机的基础上研制了拉-7、拉-9以及拉-11,其性能也最终达到了活塞式战斗机的顶峰。拉-9是拉沃契金设计的第一种全金属飞机,而拉-11是苏联第一代喷气机投产前服役的最后一种活塞战斗机。

雅克系列战斗机由苏联著名飞机设计师雅科夫列夫主持研制,其最初的型号是雅克-1。该机的研制成功,是苏联航空工业在战时的一项重大成就,雅科夫列夫本人因此荣获"列宁勋章"。并升任协调新机试制的航空部副航空工业人民委员。到1943年之前,他和他的设计局又推出了雅克-7、雅克-9和雅克-3等几种战斗机。它们以速度、火力和机动性三者的最佳匹配而著称,成为苏军主力机种之一。苏联在第二次世界大战中研制的其他著名军用飞机还包括:伊尔-2攻击机、斯勃-2前线轰炸机、毕-2俯冲轰炸机、伊尔-4远程中型双发轰炸机和别-2海上巡逻机。

尽管日本在第二次世界大战之前已经能够自行研发所需的各型军用飞机,但它并不是一个公认的航空强国,其研制的战机与欧美等国的主力战机相比,性能还称不上一流。不过,在第二次世界大战的太平洋战场上初次交手后,美、英等国飞行员却吃惊地发现,一向被蔑视的日本战斗机战斗力并非想象中的那么差。在二战中最著名的日本战斗机,无疑是"零"式,该机几乎成了日本战斗机的代名词。1941年12月7日,日本海军出动包括6艘航母在内的庞大舰队,对美国夏威夷岛

·武器装备·

图文珍藏版

的重要军事基地——珍珠港发动突然袭击,太平洋战争由此爆发。作为日本海军的主力舰载战斗机。"零"式战斗机也参加了对珍珠港的偷袭,并由此成为很多盟军飞行员的噩梦。

"零"式战斗机由日本三菱飞机厂的堀越二郎主持设计,开创了多项所谓的"日本第一",如采用电加热飞行服、全封闭可收放式起落架、恒速螺旋桨、20毫米航炮……甚至还开创了多项世界第一,如采用全气泡座舱盖、ESD超杜拉铝制造轻盈的承力构架、可投弃大型副油箱和低于欧美标准0.2的全机结构安全系数。"零"式战斗机的空气动力学方面在当时达到了尽善尽美的程度,还成功控制了整机重量,因此该机能集高速(时速大于500千米)、强火力(两门20毫米航炮)、远程(续航6~8小时)和高机动性于一身。相比之下,太平洋战争爆发初期美、英装备的F2A"水牛"、P-35、P-36、P-39、P-40、F4F和"飓风"等陆基和舰载战斗机根本无法与"零"式战斗机相抗衡。不过,随着P-38、F6F、P-47等美国新一代战斗机陆续投入战场,"零"式战斗机的优势不再。最终,"零"式战斗机只能组成"神风特攻队",一批又一批接受狂热军国主义思想的日本飞行员驾驶着它们撞向盟军的战舰,结束自己年轻而可悲的生命。

除了"零"式战斗机,日本研制的较为著名的战斗机还有"紫电"和"疾风"。其中,"紫电"是继"零"式之后日本海军航空兵装备的第二种高性能战斗机,而"疾风"则装备于日本陆军航空兵。"紫电"战斗机的原型机是"强风"水上飞机,为了满足日本海军提出的研制一种用于制空战斗机的要求,日本川西飞机厂将其改进为一种高性能截击机。"紫电"在设计中大胆采用了当时世界上尚未完全推广的层流翼型和自动收放空战襟翼,这两者尤其是后者的使用,使得飞机借助于不太复杂的机构在各种速度状态下都能获得相应的最佳襟翼偏转角和升阻比。"紫电"还采用了杆力调节器,使各种速度下均有较好的操舵力和舵效。不同于"零"式重机动、轻防护的理念,"紫电"采用了重装甲、重火力的设计思路,在该机基础上研制的"紫电改"的综合性能已经不亚于"喷火"、P-47D和Fw190等欧美国家的著名战斗机。

"疾风"是第二次世界大战中飞得最快的日本战斗机。该机由中岛飞机厂研制生产,在设计上吸收了97式、"隼"式和"钟馗"式等其他型号战斗机的优点,飞行性能一流。该机在平飞速度、海平面爬升率和转弯机动性诸方面已接近当时的世界先进水平。在中、低空高度,该机的爬升性能和操纵灵活性甚至优于P-47和P-51。不过,"疾风"在1944年3月底批量装备日本陆航时,所谓的"大日本帝国"早已日薄西山,奄奄一息。尽管"疾风"曾经在莱特湾海空战中逞凶一时,但最终也无力改变日军惨败的命运。

日本在第二次世界大战中研制的其他著名军用飞机还包括:97式舰载攻击机、99式舰载轰炸机、96式中型远程轰炸机、一式双发远程轰炸机和二式四发重型水上巡逻机。

美国在第二次世界大战爆发初期装备的战斗机算不上多么优良。尽管美国是最早发明飞机的国家,但是其军事航空工业并没有人们想象中那么发达。受制于长期以来美国政府所秉持的"孤立主义",美国军事航空工业在研发新型先进战斗机方面一直缺乏足够的热情。在第一次世界大战中,赴欧洲参战的美军航空部队使用的就是英国、法国研制的战斗机。而到了第二次世界大战的太平洋战争爆发之时，美军装备 F2A"水牛"、F4F"野猫"舰载战斗机，以及 P-35、P-36、P-39、P-40 等陆基战斗机很难与以"零"式为代表的日军主力战斗机相抗衡。尤其是在机动性方面，美、日两国的战斗机相差较为悬殊。不过，美军战斗机普遍重视防护性能，抗弹能力较强，因此在战术得当的情况下还是能够与日军战斗机一拼。当然，战争也极大地激发了美国军事航空工业的潜力，很快，一批新研制的先进战斗机纷纷出现在太平洋战场上。这些战机包括美国历史上产量最高的单发活塞式海军型战斗机 F4U、美国海军装备的第一种性能全面超越"零"式的舰载战斗机 F6F，以及美国陆航的三大王牌战机——P-38、P-47 和 P-51。

F4U"海盗"舰载战斗机诞生于 20 世纪 30 年代末 40 年代初，由渥特飞机厂研制生产。1938 年 6 月 30 日，美国海军赋予其 F4U 的军用编号。1940 年 5 月 29 日，F4U 原型机首飞成功。1943 年 2 月 13 日，装备 F4U 的美国海军陆战队 124 战斗机中队首次在布甘比尔岛上空与日军"零"式战机遭遇，结果大败而归。其主要原因还是飞行员对 F4U 尚不熟悉。但不久之后，F4U 便显露出其优异的性能。同年 9 月，美国海军的一支 F4U 战斗机部队在一次历时 79 天的战斗中共击落日机 154 架，从而一战成名。

F6F"地狱猫"战斗机则是专门为了对抗日本"零"式战机而研制的。该机由格鲁曼公司在 F4F 的基础上改进而成，其在速度、火力、生存性等诸方面性能均远远超越"零"式战机，从而使美国海军舰载航空兵很快扭转了战争初期的被动局势。在 1944 年 6 月的马里亚纳战役中，290 架 F6F 从航母上起飞拦截 326 架来袭的日本海军战机。最终，日本海军的 105 架"零"式舰载战斗机、56 架舰载轰炸机和 31 架舰载攻击机被击落，而美国海军方面仅损失 23 架战机。这场完全一边倒的海上大空战被美国海军官兵形象地称为"马里亚纳猎火鸡"。

P-38"闪电"双发单座活塞战斗机是美国洛克·希德飞机工厂研制成功的第一种军用飞机，也是第二次世界大战中著名的高空远程截击/护航战斗机。该机最初在欧洲和北非投入战斗，战绩赫赫，被轴心国飞行员不无敬畏地称为"双身恶魔"。而该型战机最为辉煌的一战，无疑是在太平洋战场上成功截杀日本海军联合舰队司令官山本五十六。1943 年 4 月 18 日，美军在事先截获日军密电并且精心策划之下，派出陆军航空兵 339 中队 16 架 P-38G 战斗机从亨德森基地起飞，伏击了途经布干维尔岛空域的日军专机编队，将山本五十六的座机击落。待日军搜救队赶到坠机地点时，山本五十六早已毙命多时，这一事件给当时的日本朝野造成巨大打击，也在一定程度上改变了后来太平洋战争的局势。

P-40"战鹰"单发单座活塞战斗机由美国老牌飞机制造商寇蒂斯飞机厂研制，1939 年 4 月开始服役，是美国最早打下日本飞机的战斗机和产量居第三位的陆航（空军前身）主战机种。值得一提的是，该机也是抗战时期中国人最熟悉以及对抗战早期贡献最大的战斗机型号。早在日军偷袭珍珠港之前的 1941 年 8 月，美国军官陈纳德就在中国组建了绰号"飞虎队"的美国航空志愿队，其使用的主力机型就是 P-40。在空战中，"飞虎队"充分发挥 P-40 抗弹能力好、俯冲速度大等优势，采用双机下滑攻击及"打了就跑"的战术，从组建至解散期间，在空战中共击毁日机近 300 架，另击毁地面日机 225 架，己方仅损失 80 架，战损比仅 1：20。

P-47"雷电"战斗机由共和飞机厂（战后并入仙童公司）研制，其设计思想充分汲取了欧洲战场的经验，强调大功率、强火力和重装甲。该机首次采用了 2000 马力级的 R-2800 型"双黄蜂"空冷发动机，成为第二次世界大战中最重的单发战斗机。而且其总产量高达 15660 架，也是二战时期美国产量最高的军用飞机。P-47虽在爬升速度和转变半径等格斗性能方面逊于更加灵活的轻型战斗机，但它凭借强大的火力、坚实的装甲、所向披靡的冲刺速度和不断改善的远航能力，能够很好地胜任远程护航和对地攻击任务。

P-51"野马"被公认为美国在第二次世界大战中综合性能最好的战斗机。即便是面对纳粹德国空军的 Me262 喷气式战斗机和 Me163 火箭动力截击机这样当时最先进的型号，P-51 亦有能力与之一搏。而无论是在欧洲战场还是太平洋战场，P-51 最主要的任务就是为执行战略轰炸任务的盟军轰炸机群提供全程护航。由于 P-51 的投入使用，使轰炸德国纵深地带目标的盟军轰炸机群作战损耗率从10%～20%降至 1%～2%。P-51 在战争后期已成为完全凌驾于德军 Me109 和Fw190 战斗机之上的最优秀的远程战斗机，P-51 的参战大大减轻了轰炸机机组成员们的心理负担，投弹命中率大为提高。在太平洋战场中，美军第 7 航空队的 P-51 从 1945 年 1 月开始，分批掩护 B-29 重型轰炸机进行对日实行战略空袭。该机与日军派出拦截的"紫电""零"式和"疾风"战斗机频频展开空战，综合作战性能丝毫不落下风。

美国在第二次世界大战中研制的其他著名军用飞机还包括：A-20 双发大型攻击机、SBD 和 SB2C 轻型舰载俯冲轰炸机、TME 舰载鱼雷攻击机、B-25"米切尔"中型轰炸机、B-24"解放者"大型轰炸机、B-17"空中堡垒"重型轰炸机、B-29"超级空中堡垒"巨型轰炸机、C-47"空中列车"运输机以及 PBY"卡塔利娜"水上反潜巡逻机。

4.喷气时代的辉煌

1945 年 9 月 2 日，日本政府签署无条件投降书，人类历史上最为惨烈的第二次世界大战宣告结束。不过，这来之不易的和平并没有让战胜者一方的盟军各国"刀枪入库，马放南山"。很快，随着英国首相丘吉尔 1946 年 3 月 5 日发表的"铁幕演说"，一场全人类都笼罩在巨大的核阴影之下的"冷战"渐渐拉开了序幕。

此时，很多敏锐的空军专家以及军事航空工业者都意识到，第二次世界大战的结束很可能带来一场军用飞机发展的巨大变革：以第二次世界大战为分水岭，军用飞机将进入一个全新的时代——喷气时代。其实，在第二次世界大战末期，喷气式战机就已经投入使用了。纳粹德国妄图用其最先进的 Me262 喷气式战斗机和Ar234 喷气式轰炸机抵御盟军的进攻，但最终也未能挽救其灭亡的命运。英国则在各同盟国中率先装备了"流星"喷气式战斗机。该机在拦截射向英国本土的纳粹德国 V-1 巡航导弹中发挥了巨大的作用。第二次世界大战结束后不久，美国和苏联也很快装备了本国研制的喷气式战斗机。而 1950 年 6 月爆发的朝鲜战争，为美国、苏联以及英国的早期喷气式战斗机提供了充分展示自身性能的舞台，也成就了世界上第一次亚音速喷气式战斗机之间的大空战。交战双方装备的主要型号分别是苏联的米格-15，美国的 F-84、F-86 以及英国的"流星"。这些型号在性能上各有千秋,比如米格-15垂直机动能力强,而F-86水平机动能力强;米格-15装备的小口径航炮射速慢但威力大,而F-86装备的大口径航空机枪射速高但威力小。因此,双方的喷气式战斗机都没能在综合作战性能上完全压倒任何一方。

朝鲜战争结束后,美、苏等国加速新一代喷气式战斗机的研制。随着"面积率"等航空设计新理论的出现以及喷气式发动机技术的飞速发展,喷气式战斗机的研制很快就突破了"音障",实现了另一个具有划时代意义的里程碑——超音速时代。

至今,超音速喷气式战斗机已经发展了五代:

第一代超音速战斗机于20世纪50年代初开始服役,其最大平飞速度一般为1.3~1.5马赫(1马赫即1倍音速,空气中的音速在1个标准大气压和15℃的条件下约为340米/秒,即1224千米/时),代表型号为美国F-100

战斗机

和苏联米格-19。第一代超音速战斗机曾是各国空军20世纪50年代至60年代的主力型号,目前除个别国家空军还在装备外,大部分都已经退出现役。

第二代超音速战斗机于20世纪50年代末至60年代初开始服役,其最大平飞速度一般为2马赫左右,代表型号为美国F-104和F-4、苏联米格-21和米格-23、法国"幻影"Ⅲ和"幻影"F.1、瑞典Saab-37以及英国"闪电"等。目前,第二代超音速战斗机在美国已经全面退役,其他一些发达国家空军中则还装备有一定数量,但已并非主力型号。而在更多的发展中国家空军中,第二代超音速战斗机依然是主力型号。值得注意的是,一些第二代超音速战斗机经过技术改进,其在某些方面的性能已经接近甚至达到了第三代超音速战斗机的水平。因此,在可以预见的未来,经过大幅改进的某些第二代超音速战斗机仍将具有旺盛的生命力。

第三代超音速战斗机于20世纪70年代中期开始服役,其代表型号为美国F-15和F-16、苏联米格-29和苏-27、法国"幻影"2000以及欧洲多国研制的"狂风"等。第三代超音速战斗机的最大平飞速度和最大飞行高度与第二代超音速战斗机相比并没有较大的提升,但是综合性能更加全面、优异,尤其是在爬升率、盘旋半径、盘旋角速度和加速度等性能指标上比后者有了大幅提升。在技术特征上,第三代超音速战斗机多采用边条翼、前缘襟翼和翼身融合体设计,以及电传操纵和主动控制技术,动力装置基本上为推重比8一级的大推力涡扇发动机,在主要的航电设备方面则装备具有下视/下射以及对地、对海攻击能力的高性能火控雷达。另外,第三代以及更加先进的机载制导武器的问世,也使得第三代超音速战斗机在综合作战能力上比第二代超音速战斗机有了质的飞跃。目前,第三代超音速战斗机在欧美等发达国家空军中早已占据主力地位。而大多数发展中国家空军基本上都处于第二代和第三代超音速战斗机同时装备的局面,或者正在从第二代超音速战斗机向第三代超音速战斗机过渡的过程中。

第四代超音速战斗机主要是指在 20 世纪 80 年代开始研制、2000 年左右服役的新一代战斗机。由于这一代战斗机是在第三代超音速战斗机的基础上发展而来的，因此按照曾经的"四代战机"划分方式，它们原来也被称为第三代半超音速战斗机。但是，现在国际上已经开始普遍采用"五代战机"划分方式，于是，原来所谓的"第三代半超音速战斗机"便被称为相对独立的第四代超音速战斗机。第四代超音速战斗机的典型代表为欧洲四国研制的 EF2000"台风"、法国"阵风"、瑞典"鹰狮"战斗机、俄罗斯苏-35S 战斗机，以及美国正在研制中的 F-15SE"沉默鹰"和 F/A-18E/F 改进型"隐身大黄蜂"。这些新型战斗机除了继承第三代超音速战斗机的所有优势外，还在研制中融入了一定的隐身设计，并且在机载航电、武器装备等方面采用了部分第五代超音速战斗机的技术，使得其综合性能介于第三代超音速战斗机和第五代超音速战斗机之间。目前，EF2000"台风""阵风"和"鹰狮"战斗机已经在各研制国空军批量服役，并且成功出口到其他国家。苏-35S 研制进展比较顺利，有望在未来数年进入俄罗斯空军服役。而 F-15SE"沉默鹰"和 F/A-18E/F 改进型"隐身大黄蜂"是美国主要面向国际市场推出的出口型号，其未来发展将在很大程度上取决于国外用户的采购意向。

第五代超音速战斗机是目前世界上最先进的战斗机，唯一批量服役的型号是美国 F-22"猛禽"，正在研制中的型号包括美国 F-35"闪电"Ⅱ和俄罗斯 T-50。与以往历代战斗机相比，第五代超音速战斗机在技术上突出了高隐身、超音速巡航、高机动以及超强的信息获取能力。其中，高隐身和超音速巡航是第五代超音速战斗机独有的特点。

小链接：高隐身能力主要指战斗机的雷达反射和红外辐射信号低，不易被敌方的雷达和红外搜索系统发现。这一能力能够使战斗机的战场生存能力大幅提高，同时也能实现对敌方纵深重要目标的精确摧毁。因此，可以说有了高隐身能力，第五代超音速战斗机不再只是一种战术武器，而是具备了一定的战略意义。另外，敌方为了防御隐身战斗机，必然要耗费巨资打造反隐身防空网，从而被拖入到无休止的军备竞赛中。

小链接：超音速巡航能力是指战斗机可以实现 1.5 马赫以上、超过 30 分钟的长时间超音速飞行。具备超音速巡航能力后，第五代超音速战斗机能够更快地飞抵战区、执行任务，也可以高速脱离战区、摆脱敌机的攻击，并且将拦截线外推，使敌方轰炸机和攻击机在更远处被拦截。另外，战机在超音速飞行状态下发射制导武器，能够扩大武器的攻击区。

冷战中，北约及华约两个敌对阵营都装备了大量坦克装甲车辆，A-10、苏-25、G-91、"美洲虎"这类专用攻击机就是为了对付这些强大的机械化部队而研制的。因此，这两型攻击机都具有低空低速性能好、载弹量大、有装甲防护等特点，其挂载的各种武器也基本上以对地攻击弹药为主，对空武器则一般只有两枚用于自卫的近距格斗空空导弹。冷战结束后，世界上已不再存在两大阵营的军事对抗，因此各国都不同程度地削减了陆军规模。因此，攻击机用于打击敌方大规模装甲集群的作用已经被大大削弱了。另外，武装直升机、无人对地攻击机和战斗轰炸机等机型的不断发展，也使得近距空中支援作战中对专用攻击机的依赖程度越来越小。正是基于以上两个因素，自冷战结束后，世界各航空大国已经不再研制专用攻击机。

第二次世界大战后至今，世界各国轰炸机的发展大致经历了3个阶段：20世纪50年代至60年代出现了大型亚音速及高亚音速轰炸机，如苏联的图-16、图-95，美国的B-47、B-52以及英国的"勇士""火神""胜利者"等。20世纪70年代至80年代，出于高速突防的需要，出现了2倍甚至3倍音速的超音速轰炸机，如美国的FB-111、B-1B，苏联的图-22/26、图-160。从20世纪90年代至今，隐身技术作为一项具有革命性意义的航空技术，开始在轰炸机的研发上得到应用，目前其最终的结果就是美国B-2隐身战略轰炸机的研发和服役。

此外，第二次世界大战结束以来还出现了一些全新的军用飞机，如电子战机、预警机、空中加油机等，军用无人机也得益于电子信息技术的进步而实现了飞跃式的发展。这些形形色色的军用飞机最终构成了当今世界空中作战力量最为完整的体系，其未来的发展空间也将更为广阔。

（二）军用飞机分类简介

1.战斗机

战斗机可以说是当今军用飞机家族中型号最多、应用最广、发展最快、地位也最重要的成员之一。如果说一个国家的空中力量连战斗机都没装备，那么它也根本无法被称作是"空军"了。按照以往传统的概念，战斗机主要是指负责攻击空中目标、歼灭空中敌机进而夺取制空权的军用飞机。因此，在我国军事术语中，战斗机也被称为"歼击机"。但是，随着航空技术的发展以及空战战略战术思想的演变，当今的战斗机概念早已更加宽泛，其不仅能够进行制空作战，而且能够担负对地对海精确打击、侦察和电子战等不同任务，可谓是真正意义上的"多面手"。

目前，世界各国战斗机的发展呈现"一强超前、群雄并起"的局面。所谓"一强超前"，是指美国在战斗机的发展上已经将其他各国远远甩在身后。美国不仅在现役装备上实现了完全的"第三代战机化"，而且批量装备了180余架目前世界上综合作战能力最强的F-22"猛禽"战斗机。其正在研制的F-35"闪电"Ⅱ也将在未来十年内批量装备，取代大部分现役的第三代超音速战斗机。而"群雄并起"，是指世界上除美国之外，还有多个航空大国具备独立自主研发新型战斗机的能力，主要包括俄罗斯、中国、法国和瑞典等。英国、意大利、德国和西班牙等西欧国家也联合研制、生产了EF2000"台风"战斗机，可以预见，他们未来也将采用这一方式研制新型战机，而不再独立研发。此外，某些发达国家和发展中大国也试图自主研制战斗机，但是它们最终还是不得不依靠其他航空大国的技术支持来完成，例如日本F-2战斗机、印度LCA战斗机等。而对于世界上最先进的第五代超音速战斗机来说，能够有实力研制这一代战斗机的国家依然寥寥无几，目前唯一成功的就是美国，具备一定实力且有望在未来研制成功的只有俄罗斯和中国。

2.攻击机

攻击机主要用于对战场上的坦克装甲车辆、炮兵阵地、坚固火力点和行进中的有生力量进行轰炸和扫射,直接摧毁敌方作战装备和杀伤人员,其在我国军事术语中又被称为"强击机"。目前,世界上现役的专用攻击机型号有美国 A-10C、俄罗斯苏-25SM、英法联合研制的"美洲虎"以及意大利与巴西联合研制的 AMX 等。而其他一些由战斗机或教练机改装的型号也能够执行对地攻击任务,如法国"幻影"5、法德联合研制的"阿尔法喷气",以及英国"鹰"100/200 等。不过,这些机型在综合作战能力上不及专用攻击机,尤其是在装甲防护方面的差距很大。

另外,世界各国的攻击机家族还有一个特别的分支,即舰载攻击机。这类攻击机不仅要对付地面目标,而且要具备对海面目标的打击能力以及在航母上起降的能力。因此,它们基本上都是专门为航母平台和海战需要而特别研制的,比较典型的型号包括美国 A-4"天鹰"、A-6"入侵者"、A-7"海盗",以及英国的 NA.39"掠夺者"、法国的"超军旗"等。目前,除 A-4"天鹰"和"超军旗"还少量在一些国家的航母上服役外,其他型号的舰载攻击机都已全面退役,其原本的对地/对海打击任务基本上由多用途舰载战斗机来承担。

3.教练机

教练机是训练飞行员从最初级的飞行技术到能够单独飞行与完成指定工作的特殊机种。它是各国空军必备的机种,因为无论是哪种军用飞机,都需要教练机来培训飞行员。通常教练机分类方式有两种,分别是两级与三级制。两级制区分为初级与高级教练机;三级制为初级、中级与高级教练机。初级教练机构造简单,一般装备单台发动机,着陆速度小、易于操纵、安全经济,便于初学飞行者掌握初级驾驶技术。中级和高级教练机用以训练飞行员掌握大型或高速飞机的驾驶技术。此外,还有训练空中领航员、雷达员、专业人员等所用的专业教练机,一般由轰炸机或运输机改装而成,机上配有若干专用技术教学设备。

目前世界上比较先进的专用教练机包括英国"鹰"式、捷克 L-39/L-59、意大利 M346、韩国"金鹰"、瑞士 PC-21 等。

4.轰炸机

轰炸机主要用于对敌后方的政治中心、经济中心、工业区、能源设施、交通枢纽以及其他重要军事目标实施毁灭性打击的军用飞机。根据其作战能力可分为战术轰炸机和战略轰炸机。战术轰炸机一般只在一个战区或某个战役中使用,战略轰炸机则能够对整个战争产生决定性的影响,从根本上削弱敌方进行战争的能力。因此,战略轰炸机一般都会携带空射核武器,作为"三位一体核打击力量"中的主要空基核力量。

目前,依然大量装备战略轰炸机的国家只有美国和俄罗斯,型号包括 B-52、B-1B、B-2、图-26、图-95、图-160 等。战术轰炸机则由于其作用完全可以被战斗轰炸机和多用途战斗机所取代,因此早已全面退役。从 20 世纪 90 年代初期 B-2 服役至今,世界各国没有再研发新的战略轰炸机。当然,这不等于说战略轰炸机的发展就此终结。近年来,美国和俄罗斯已经相继提出研制新一代战略轰炸机的计划,其最重要的技术特征之一就是隐身。当然,这些新一代战略轰炸机真的要问世的话,也要等到 21 世纪 20 年代了。

15.侦察机

侦察机是专门用于搜集敌方军事情报的军用飞机,其一般装备的侦察设备包括航空照相机、合成孔径雷达、摄像仪、红外及电子侦察设备等。按照侦察任务的性质,侦察机可分为战术和战略两种。

战术侦察机主要对战场和战区目标实施侦察,多利用战斗机加装侦察设备改装而成,如美国的 RF-4 以及苏联/俄罗斯的苏-24MP、雅克-25P 等。战略侦察机则为战略决策而搜集敌方战略情报,实用升限高、航程远,能够从高空深入敌方领土或沿边界飞行。针对的目标包括敌后方的重要军事目标、工业区、核设施、导弹基地、防空设施等。战略侦察机的典型型号包括美国的 U-2/TR-1、SR-71 以及苏联/俄罗斯的米格-25P 等。随着航空技术的飞速发展,除了传统的有人驾驶侦察机,各国已经开始研发并装备新一代的无人侦察机,典型的如美国空军装备的 RQ-1"捕食者"中空长航时战术侦察机,以及 RQ-4"全球鹰"高空长航时战略侦察机。

6.运输机

运输机是主要用于兵员、武器设备、给养物资的运输和空投伞兵、物资的军用飞机,按照任务性质可分为战略运输机和战术运输机。

战略运输机一般承担远距离大量兵员和大型武器装备的运输,其主要特点是载荷能力比较强、航程远,最大起飞重量多在 150 吨以上,最高的达 600 吨,载重能力多在 40 吨,最高的达 250 吨。目前世界上比较先进的战略运输机型号包括美国的 C-141、C-5、C-17,苏联/俄罗斯的安-22、伊尔-76、安-124、安-225,以及欧洲联合研制的 A400M。战术运输机一般负责在战区附近承担近距离兵员和货物运输任务,也可以空投伞兵和轻型装备。战术运输机的最大起飞重量一般为 70~80吨,载重 20 吨,可运载 100 多名士兵,航程 3000 千米~4000 千米,具有一定的短距起降能力,可在野战机场上起降。目前世界上主要使用的战术运输机型号包括美国的 C-130、俄罗斯安-12 以及多国联合研制的 C-160 等。

7.电子战机

电子战机主要使用电子干扰设备对敌方的雷达、通信系统进行干扰,或者直接发射反辐射导弹实施硬杀伤。其主要任务是使敌方的防空体系失效,掩护己方机群完成攻击任务。电子战机一般都是利用轰炸机、战术运输机、多用途战斗机和战斗轰炸机改装而成。自第二次世界大战结束至今,世界各国装备的典型电子战机包括美国 EC-130、EF-111、EA-6B、EA-18G、F-4G,苏联/俄罗斯图-16H/J/L、苏-24MR,以及德国"狂风"ECR 等。

8.预警机

预警机一般都装有远距搜索雷达、数据处理、敌我识别以及通信导航、指挥控制、电子对抗等完善的电子设备,用于搜索、监视和跟踪空中、地面和海上目标。现代预警机不仅能及早发现和监视 300 千米~600 千米半径内从各个空域入侵的敌方目标，而且还能引导和指挥己方战斗机进行拦截。为了获得较长的滞空时间、较大的内部使用空间以及考虑经济因素，预警机多采用技术成熟的民用客机和军用运输机改装而成，也有某些预警机采用专门研制的飞行平台，如舰载预警机。目前世界上正在服役的主要预警机型号有美国的 E-8"联合星"、E-2"鹰眼"、E-3"望楼"，俄罗斯的 A-50、以色列的 G550、印度的"费尔康"、日本的 E-767、英国的"哨兵"R.1、巴西的 EMB-145SA 以及瑞典的"爱立眼"等。

9.反潜巡逻机

反潜巡逻机主要用于搜索、跟踪敌方潜艇并对其投掷深水炸弹、鱼雷等实施攻击，其飞行速度快、探测范围广、火力强，而且目前潜艇基本上没有对抗的手段。反潜巡逻机主要分为岸基和舰载两种。岸基大型反潜巡逻机的最大起飞重量一般为 40~80 吨，最大巡航速度 600~900 千米/时。其装备的主要反潜设备包括声呐浮标、搜索雷达、磁异探测器，而能够挂载的武器类型也比较多，如常规炸弹、深水炸弹、水雷、鱼雷、火箭以及空舰导弹等。因此，反潜巡逻机不仅能够执行反潜任务，也可以胜任特定作战条件下的反舰任务。目前世界各国现役的反潜巡逻机包括俄罗斯的图-142、伊尔-38、A-40、安-72P，美国的 S-3"北欧海盗"、P-3"猎户座"、P-8A"海神"，以及英国的"猎迷"MR.MK2、法国的"大西洋"ATL2、"隼"900MPA、日本的 PS-1 等型号。

10.空中加油机

空中加油机主要负责为己方的各种军用飞机提供空中加油服务，由于其在滞空、经济性及内部空间等方面与预警机有很多类似之处，因此也多利用大型客机和运输机加装附加油箱和加油系统而成。空中加油机的加油系统可分为两类：一是软管式加油系统，主要由加油吊舱和可收放的加油软管组成，能够同时为 2~3 架军机加油，但是加油速度较慢；另一种是硬管式加油系统，其装备有一根可伸缩的硬式输油管，可直接插入受油机的受油口进行加油，加油速度较快，但是一次只能为一架军机加油。另外，其他军机也可以挂载加油吊舱作为兼职加油机使用。目前世界各国现役的空中加油机包括美国的 KC-10A、KC-130R、KC-135A、KC-767，以及俄罗斯的伊尔-78M、英国的 VC-10K2/3/4、法国的 A330MRTT 等。

11.无人机

无人机通俗一点讲就是无需人员驾驶，而是由地面人员操控甚至自主飞行的飞行器。其研制设想很早就有人提出过，早在 1917 年 3 月，英国就曾研制出世界上首架无人机，但是其试飞最终以失败告终。而无人机真正迎来发展的黄金时代，还是从 20 世纪 70 年代才开始的。起初，无人机多用作为靶机供己方部队打靶使用。但随着电子信息技术的飞速进步，无人机开始承担侦察、校射、诱饵甚至攻击任务。进入 21 世纪之后，隐身技术开始越来越多地被各型先进无人机所采用。目前世界各国研发的先进军用无人机包括美国的美国:RQ-170"哨兵"、RQ/MQ-1

"捕食者"、RQ-2"先锋"、RQ-4"全球鹰"、RQ-5"猎手"、RQ-7"阴影"、RQ/MQ-8"火力侦察兵"、MQ-9"收割者"、RQ-11"大鸦"、X-47B、"复仇者""扫描鹰",俄罗斯的图-123、图-143、图-243、"蜜蜂"、9M62"远东羊茅"、图-300、"鳐鱼"、卡-137,英国的"守望者""螳螂""雷电之神""凤凰",以色列的"赫尔墨斯""苍鹭""侦察兵""猎人",欧洲各国合作研制的"神经元"以及奥地利的S-100。

（三）世界王牌军用飞机

1.美国 F-22"猛禽"隐身战斗机

如果提出这样一个问题:"当今世界上综合作战性能最强的战斗机是哪个型号?"几乎所有回答者都会选择美国 F-22"猛禽"隐身战斗机。的确,F-22"猛禽"就是目前世界所有型号战斗机中的最强者,没有"之一"。而且更加可怕的是,至少在未来二十年内,也将不会出现任何一种能够对 F-22"猛禽"形成真正威胁的"挑战者"。

F-22"猛禽"的研制最初源于美国空军在 1982 年提出的下一代战斗机 ATF 计划。在这个计划中,美国空军首次提出了新一代战斗机的四个主要技术特征:高隐身能力、超音速巡航能力、高机动能力和短距起降能力。最后 F-22"猛禽"完美地实现了前三个技术特征,而短距起降能力已不再是其设计重点,取而代之的是超强的信息能力。1983 年 9 月,波音公司、麦道公司、格鲁门公司、通用动力公司、洛克希德公司、诺斯罗普公司和罗克韦尔等美国当时一流的航空制造企业纷纷都加入ATF 的概念研究之中。1985 年 9 月,美国空军正式向各大公司提出招标,这些企业也都随后提交了总共 7 个竞争方案。1986 年 10 月 31 日,美国空军宣布洛克希德/波音/通用动力联合小组的 YF-22 与诺斯罗普/麦道联合小组的 YF-23 进入 ATF 下一阶段的发展,这两个小组将各生产两架原型机,并进行最后的竞争。1990 年 6 月,YF-23 原型机实现首飞,3 个月后,YF-22 原型机也实现了首飞。经过半年多的对比试飞,1991 年 4 月 23 日,美国空军宣布 YF-22 获胜。1991 年 8 月,F-22 进入到工程制造和发展阶段。1997 年 4 月,第一架量产型 F-22A 样机下线,并被命名为"猛禽"。2003 年,首架 F-22A 交付美国空军。2005 年 12 月,美国空军第 1 战斗机联队装备的 F-22A 实现初始作战能力。从这一天起,F-22"猛禽"开始了它作为一代战机之王的传奇历程。

2.美国 B-2"幽灵"隐身战略轰炸机

B-2 是迄今为止世界上第一种也是唯一一种隐身战略轰炸机。该机有美国诺斯罗普公司研制生产,1988 年 11 月 22 日首次对公众亮相,1989 年 7 月 17 日首飞,1993 年 12 月 17 日交付美国空军服役。B-2 的研制总共耗资达 444 亿美元,其最初计划生产 135 架,后来降为 75 架,但最终因为苏联解体而只生产了 21 架。因此,平均算下来每架 B-2 的成本高达 20 亿美元以上,堪称目前世界上最昂贵的军用飞机。

B-2采用无尾式飞翼布局设计、蜂窝式结构,广泛应用了复合材料。该机的自动化程度很高,乘员仅为两人(驾驶员和任务管理员)。其动力装置为4台F118-GE-100涡扇发动机,单台推力为77千牛。该机的气动外形布局完全围绕着隐身这一目的来设计,包括发动机位置的安装,发动机进气道和排气口均在机翼上表面,而且全机外表面大量喷涂了吸波材料。因此,据公开资料介绍,B-2的正面雷达反射面积只有0.1平方米~0.4平方米。相比之下,没有采用任何隐身设计的B-52战略轰炸机的正面雷达反射面积高达100平方米。

在机载武器方面,B-2即没有装备自卫用的航炮,也没有外挂架,其所有武器弹药均实现了内置化。该机设有两个并排的武器舱,可携带16枚AGN-129空射巡航导弹,或16枚B61/B83核炸弹,或36枚CBU-87/89集束炸弹。或12枚GBU-31联合攻击弹药,其最大载弹量为18.16吨。

3.美国E-3"望楼"预警机

E-3是根据美国空军"空中警戒和控制系统"(AWACS)计划研制的全天候远程空中警戒和控制飞机。该机的原型机于1975年首飞,1977年3月首架生产型交付。到1978年5月,首批8架E-3在美国空军形成了初始作战能力。至1984年6月,34架E-3(包括3架原型机)全部交付美国空军。除了美国空军,E-3还出口到多个国家及组织:北约还花费20亿美元采购了18架E-3,组成其在欧洲的空中预警系统。沙特阿拉伯订购了3架,1987年交付;英国订购7架,法国订购4架。此外,日本也曾提出采购E-3,但是由于该机原本采用的波音707平台早已停产,因此最后改用较新的波音767平台加装E-3的航电设备。改装后的预警机被称为E-767,目前已经装备日本空中自卫队。

E-3是世界上第一种由大型喷气式客机改装而成的空中预警机,至今仍然是欧美各国的主力型号。该机能够最多搭载4名机组成员以及19~29名系统操作员,在8850米高空巡航时的最大探测半径达667公里(针对大型高空目标),可同时处理600个目标,并对其中的100个目标实施跟踪。

E-3有多个改进型号,包括A、B、C、D、F等,其中A、B、C为美国空军及北约装备型,D为英国型,F为法国型。该机自服役以来参与了多场局部战争。在海湾战争中,共有11架E-3被部署到海湾地区。在"沙漠风暴"行动期间,该机共飞行448架次、5546飞行小时,指挥、控制了9万余架次飞机的飞行。

4.美国"捕食者"系列无人攻击机

"捕食者"系列无人机由美国通用原子公司研制,是美国空军装备的第一种中空长航时多用途无人机。该机目前已经发展成为一个庞大的家族,主要包括RQ-1A/MQ-1"捕食者"、MQ-9A"收割者"以及正在研制中的"复仇者",此外还有在其基础上发展而来的陆军型、海军型以及出口型。

"捕食者"的早期型号是美国通用原子公司在"蚊蚋"750无人机基础上改进而来的。该机在竞标美国国防部空中侦察局的"蒂尔"Ⅱ项目中被选中。1994年10月,首批3架无人机和1座地面站交付美军,后于1997年被正式赋予RQ-1A的军用编号。1995年7月，RQ-1A被首次部署在阿尔巴尼亚，用于在波黑地区上空执行巡逻任务。作为一种性能比较优异的无人侦察机，RQ-1的表现无疑是非常出色的。但是，美国空军并不满足。他们认为RQ-1侦察到目标后，只能把目标信息传送给其他作战平台实施攻击，而这对于某些重要的移动目标来说非常容易贻误战机。因此，美国空军很快提出要将RQ-1"武装化"。而首先被装备到"捕食者"上的就是美军主力空地战术导弹——"地狱火"。2001年2月，"捕食者"挂载"地狱火"导弹升空后，成功实现了对地面目标的攻击试验。此后，经过进一步改进升级，武装型"捕食者"正式定型，美国空军赋予其新的编号——MQ-1B。

由于，RQ-1"捕食者"最初并没有考虑挂载武器，因此在其基础上改进而来的MQ-1B仍然无法满足美国空军的使用要求。为此，通用原子公司将MQ-1B的外形尺寸进一步放大，并且用更先进的涡桨发动机替换了原来的活塞式发动机，从而研制成功了MQ-9A"收割者"无人攻击机。该机不仅在各项飞行性能指标上比MQ-1B有大幅提高，而且载弹量也成倍增加，最多可挂载多达14枚"地狱火"导弹。目前，通用原子公司正在研制"捕食者"家族作战能力最强的型号——"复仇者"。该机采用全新设计的气动外形，突出了隐身和高速飞行能力，并且换装了更先进的涡扇发动机。

5.美国 C-17"环球霸王"战略运输机

C-17是美国麦道公司（现已被波音公司兼并）研制的大型战略运输机，该机也是目前世界上最先进的大型军用运输机。美国空军在1980年10月提出研制新型战略运输机，当时波音公司、麦道公司以及洛克希德公司均参加了竞标。最终，麦道公司胜出，成为C-17的主承包商。美国空军要求C-17既有空中受油能力，可以自行远程运输任务，也可以为战区运送超大型作战物资和设备，包括坦克的步兵战车，而且能够直接进入战区，因此在设计中特别突出短距起落能力。1992年5月，首架C-17A生产型实现首飞并在当年交付美国空军。

6.俄罗斯苏-35S 战斗机

苏-35S并不是一种全新研制的战斗机，而是大名鼎鼎的俄罗斯苏-27家族的终极型号。但是，从另一方面来看，正是有了原型机打下的良好基础，才使得苏-35S在飞行性能、航电设备以及机载武器等方面依然保持了世界一流水平。

俄罗斯苏霍伊设计局之所以提出研制苏-35S，一方面是缘于俄罗斯空军改进现役苏-27战机，以及在第五代战机装备之前保持战斗力的需要，另外也是为了保持苏-27系列战机持续出口的前景。因此，在原型机设计的基础上，苏霍伊设计局为苏-35S大量采用了第五代战机技术，包括发动机、航电设备以及机载武器等。而且，不同于以往一些苏-27改进型战机采用三翼面（鸭翼、主翼和水平尾翼）的做法，苏-35S保持了原有的气动布局不变，进而在隐身、航电以及动力装置等方面进行大幅改进。在隐身上，苏霍伊设计局在苏-35S的进气道以及座舱盖部位增加吸波材料，同时对雷达罩进行改进，采用目前世界上最先进的等离子隐身技术。在航电设备上，苏-35S装备了俄罗斯最先进的"雪豹"-E无源相控阵雷达，座舱显示系统也采用了与美国 F-35 隐身战斗机类似的两块超大显示屏。另外,苏-35S 的动力装置也是专门为俄罗斯第五代战机研制的 117S 大推力涡扇发动机。正是因为应用了如此之多的新技术,俄罗斯人才不无骄傲地将苏-35S 称为第"4+"代战斗机,也就是说其综合性能仅次于采用全面隐身设计的第五代战斗机。

7.俄罗斯图-160 战略轰炸机

图-160 是由苏联图波列夫设计局研制的四发变后掠翼战略轰炸机,主要用于替换当时苏联空军现役的米亚-4 和图-95 战略轰炸机,西方赋予其的绰号为"海盗旗"。该机的出现创造了多项世界第一,包括:最大的变后掠翼军用飞机、最重的超音速飞机以及最重的战略轰炸机等。尤其是该机的最大起飞重量高达 275 吨,比美国空军最大的战略轰炸机——B-52 还要重 54 吨。

图-160 于 1981 年 12 月首飞,1985 年服役,1986 年形成初始作战能力。该机原计划生产 100 架,但是由于苏联解体等原因,到 1992 年初只生产了 31 架,并且分散在不同的苏联加盟共和国境内。近年来,俄罗斯出于恢复战略核力量的目的,一方面从乌克兰等国购回多架图-160,并且计划重新启动该机的生产线。图-160 的作战使用主要以高空亚音速巡航、低空高亚音速或高空超音速突防为主,能够在高空发射具有防区外精确打击能力的空射巡航导弹。

小链接:变后掠翼飞机

这种飞机能够在飞行中改变机翼的后掠角,从而在不同的速度下均获得良好的飞行性能。一般来说,改变机翼后掠角的方式有人工和自动两种。

8.法国"阵风"战斗机

"阵风"是由法国达索飞机公司研制的空、海军多用途战斗机。该机于 1983 年开始研制,1986 年 7 月"阵风"A 原型机首飞,1991 年 5 月空军型首飞,同年 12 月海军型也实现了首飞。该机具有高机动性、短距起落、多种外挂以及一定的隐身能力,主要用于空中截击、近距支援以及空中遮断等任务。目前,该机主要发展型号为空军双座型"阵风"B、空军单座型"阵风"C 以及海军舰载型"阵风"M。

"阵风"采用近距耦合鸭式布局,低空低速机动性能很出色,动力装置为 2 台 M88—2 涡扇发动机,装备有较为先进的 RBE 无源相控阵雷达。该机可挂载的制导武器包括:"米卡"空空导弹、"飞鱼"空舰导弹、ASMP 空射巡航导弹以及 AASM 制导炸弹等。2012 年 1 月,"阵风"在印度空军 MMCRA 项目竞标中击败来自不同国家的 5 型先进战机,赢得了 126 架的大订单,终于实现了出口"零"的突破。

9.欧洲四国 EF2000"台风"战斗机

"台风"是由英国、德国、意大利和西班牙联合研制的新一代多用途战斗机。该机的原型机于 1994 年 3 月首飞,原称 EFA("欧洲战斗机"的缩写),1998 年正式命名为"台风"。2002 年 10 月,首架"台风"生产型交付。

"台风"采用腹部进气方式,远距鸭式无尾三角翼布局,大量采用了复合材料。其动力装置为 2 台性能先进的 EJ200 涡扇发动机,高空高速机动性十分出色。该机目前装备的火控雷达为4国联合研制的ECR90多功能脉冲多普勒雷达,未来将换装最先进的有源相控阵雷达。目前,除参与该机研制的4个欧洲国家已经批量装备"台风"外,该机还成功出口到沙特等国。

小链接:鸭式布局飞机

这种飞机在机翼前机身上安装有水平小翼面,但没有水平尾翼。采用这种布局并适当安排前翼和主机翼的相互位置,可以改善飞机的气动特性.提高飞行性能。

10.瑞典 JAS-39"鹰狮"战斗机

"鹰狮"是由瑞典萨伯公司研制的轻型单发全天候多用途战斗机。1988年2月,"鹰狮"原型机实现首飞,1993年交付使用。该机的编号"JAS"就是截击、攻击和侦察的缩写,因此从设计定位上来看,"鹰狮"能够执行包括空中截击和制空、对地攻击以及战术侦察等多种任务,实现了真正的以一个机型代替以往多个专用机型的初衷。另外,该机还有体积小、重量轻、起降距离短、单价及使用成本低等优点,在当今世界各国空军现役的轻型战机中堪称佼佼者。而且,该机从设计初始就考虑到了在高速公路起降作战的情况,有利于战时的后勤保障。

"鹰狮"与同样由欧洲国家研制的"台风""阵风"一样,采用了无尾三角翼布局,只是其仅装备了1台RM-12涡扇发动机。另外,该机也计划采用先进的有源相控阵雷达,以替换目前使用的PS-05脉冲多普勒雷达。该机能够挂载并发射美国、英国、法国以及瑞典本国研制的多种制导武器,包括AIM-120中远距空空导弹、"米卡"中距空空导弹、"响尾蛇"近距空空导弹和RBS-15空射反舰导弹等。目前,"鹰狮"已经在瑞典空军批量服役。由于现代化战机成本的不断攀升,使得该机虽然定位于相对低廉的轻型战斗机,但是出口情况仍很不乐观,至今只得到了南非、捷克等国的少量订单。

11.苏联 A-50 预警机

该机是苏联伊留申设计局用伊尔-76运输机加装有下视能力的空中预警雷达研制而成的空中预警和控制飞机,为苏制图-126型预警机的后继机。该机于20世纪70年代末开始研制,与苏联的第三代超音速战斗机米格-29、苏-27等一起组成上世纪90年代的空中防空体系。其雷达天线罩位于机翼后缘处的机身上部,比美国E-3A靠前,故前半球视界不如后者,但采用高平尾,后半球视界优于后者。在该机头部有空中加油受油杆,头锥内装有气象雷达,头锥下后侧雷达罩内估计为地形测绘雷达。在该机上没有前观察员窗口,在机翼上面有凸起的天线罩,内有卫星通信天线。机身腹部前后两侧有天线罩,装有电子对抗监视天线。垂尾根部有辅助动力装置进气口,尾部有天线罩。

12.韩国 T-50"金鹰"高级教练机

该机由洛克希德·马丁公司与韩国航空工业公司联合为韩国空军研制,其机动性能优异并拥有先进的电子设备,可作为下一代战机(如F-22)的教练机使用。

该机采用了可精确操纵飞行的数字电传控制系统、可用于提高机动能力的放宽静稳定度技术、可同时锁定多个目标的先进自主攻击传感器以及机载氧气发生器等。此外，T-50是唯一装有F404-GE-402型发动机的现代化教练机。因此，它具有飞行高度高、超音速和高度灵活的特点。韩国航空工业公司是该机的主承包商，负责机身和机尾单元的设计。洛克希德·马丁公司是该飞机的主要分包商，负责机翼、飞行控制系统和航空电子系统的研制，并在整个项目研制过程中提供技术支持。T-50项目于1997年10月正式启动，1998年完成基本设计，1999年完成详细设计。2002年8月20日，T-50实现首飞。2005年末，首架生产型交付韩国军方。T-50共有3种型号：T-50A教练机、T-50B教练机和A-50轻型战斗机。韩国空军目前已经订购了50架T-50先进教练机和144架衍生型的A-50轻型战斗机。

13.美国E-8"联合星"远距雷达监视飞机

该机由美国诺斯罗普·格鲁门公司为美国空军研制，用于与地面雷达站配合构成联合目标监视攻击雷达系统，在空中监视敌方目标，并及时将信息传递给己方飞机，辅助其进行作战。该机的全尺寸发展合同于1985年9月23日签订，2架E-8A分别于1988年12月22日和1989年8月31日首飞。该机采用波音707-320C型客机的机体，在前机身下前起落架后面装有7.32米长的相控阵雷达天线，其外面由"独木舟"形整流罩保护。其雷达具有多种工作模式，可以探测离前线150千米~175千米的地面目标。当该机以9145米~12200米高度巡航时，其雷达可以在8小时内覆盖约100万平方公里的范围。该机的主要型别有：E-8A，最早的两架发展型，有10个操作员控制台；E-8B，采用新机体，有15个操作员控制台；E-8C，生产型，有18个操作员控制台，由旧机体改装，首批6架，第一架已于1996年3月22日交付美国空军。

14.美国KC-10A空中加油机

该机是在美国麦道公司（现已并入波音公司）研制的DC-10三发中远程体运输机基础上，为美国空军发展的空中加油机。1977年，该机战胜了波音公司提出的由波音-747改装空中加油机的方案，被美国空军先进加油货运飞机计划选中。原型机于1980年7月12日首飞，同年10月30日完成首次空中加油试验，次年3月17日正式交付美国空军。美国空军共采购了60架KC-10A，1988年11月29日交付完毕。20世纪90年代中期，美国空军重组，从原来全部隶属于空中机动司令部的KC-10A机队中抽调一部分交由空中作战司令部指挥。1987年9月，1架KC-10A在地面毁于火灾，其余59架目前仍在服役。除用于空中加油外，该机还可用作战略运输机使用，可以在给战斗机加油的同时，为海外部署基地运送士兵和所需物资。在1991年"沙漠盾牌"和"沙漠风暴"行动中，KC-10机群除了给美国空军和其联盟军队加油外，还运输了数以万计的货物和士兵。

15.法国"超军旗"攻击机

该机是由法国达索公司研制的单座单发轻型舰载攻击机，于20世纪60年代开始研制,原型机是在"军旗"Ⅳ-M基础上改装的。首架原型机于1974年10月首飞,第2架于1975年3月首飞,第1架生产型飞机于1977年11月首飞,1978年进行外挂能力和发射飞鱼反舰导弹的试验。1978年6月该机开始交付,于1979年1月装备"克莱蒙梭"航空母舰。后来,"福熙"号航母和"戴高乐"号核动力航母也先后装备了"超军旗"。该机原计划制造125架,后因法国军方财政困难,减为71架。从1981年起,法国向阿根廷出售14架"超军旗",但因1982年马岛战争爆发,只交付了5架。正是这5架"超军旗"从陆地基地起飞,使用法制"飞鱼"导弹击沉了英国"谢菲尔德"号驱逐舰,且自身未受到伍何损失,从而一战闻名天下。

16.法国"幻影"2000 战斗机

该机是由法国达索飞机公司研制的轻型超音速战斗机,主要用于截击和制空,亦可执行对地攻击或战术侦察等任务。该机于20世纪70年代中期开始研制,第一架原型机于1978年3月首次试飞,生产型于1983年开始交付部队使用。该机仍采用了与"幻影"Ⅲ相似无尾三角翼的气动布局,但应用了电传操纵、放宽静稳定度、复合材料等先进技术,以及大推力涡扇发动机和先进的电子设备,作战能力大幅度提高。"幻影"2000现有多种型别,其中C型为单座防空型,B型为双座教练型,N型为双座对地攻击型。"幻影"2000-5是较新改型,性能明显优于现有型别,专为出口而研制。

17.苏联安-225 超级运输机

该机是苏联安东诺夫航空科研技术联合体研制的世界上最大的喷气式重型运输机,目前仅有一架。该机于1985年中期开始设计研究,1988年12月21日原型机首飞,1989年5月13日首次做驮带"暴风雪"号航天飞机的飞行试验。安-225在安-124的基础上放大,很多地方和安-124相似,飞机总重和载重能力都增加了50%,机身加长,客舱的基本横截面和机头舱门未变,取消了后部装货斜板,舱门,垂直尾翼由单垂尾改成双垂尾,两个垂直尾翼安装在带上反角的水平尾翼两端,所有翼面都后掠,方向舵分为上下两段,升降舵则分为三段。

安-225货舱内可装载16个集装箱、大型航空航天器部件和其他成套设备,或天然气、石油、采矿、能源等行业的大型成套设备和部件。机背能驮负超长尺寸的货物,如直径7~10米、长20米的精馏塔、俄罗斯"能源"号航天器运载火箭和"暴风雪"号航天飞机。其动力装置为6台扎波罗什"进步"机器制造设计局研制的229.5千牛 D-18T 涡扇发动机,装有反推力装置。座舱驾驶舱内有6名空勤人员,包括驾驶员和副驾驶员,2名飞行工程师,以及领航员和通信员。机翼中央段后底层货舱上方为运送60~70名人员的客舱。

七、军用直升机

目前公认的直升机发展史的起点是中国发明的竹蜻蜓和意大利人达·芬奇的

直升机草图,它们的原理为现代直升机的发明提供了思路。竹蜻蜓出现的时间有两种说法,一是公元前 400 年前后,另一种是 1400 年前后。竹蜻蜓又叫"中国陀螺",是中国古代的一种玩具,呈 T 字型,横的叶片两端圆钝、后面尖锐,上表面被削有两个对称的薄斜面,下表面比较平直。当用双手搓竖杆时,经过圆拱的上表面的气流流速快而导致压强、压力变小;而流过平直的下表面的气流因流速慢而压强、压力相较上表面大。由此,气流在叶片的上下表面之间形成了一个压力差,使得空气对竹蜻蜓产生了一个向上的升力。当升力大于竹蜻蜓自身的重量时,它就会腾空而起。现代直升机尽管在结构和外观上比竹蜻蜓复杂得多,但其飞行原理却与竹蜻蜓如出一辙。直升机的旋翼就好比竹蜻蜓的叶片,旋翼轴就好比竹蜻蜓的竖杆,发动机就好比用力搓竖杆的双手。

(一)军用直升机发展简史

目前公认的直升机发展史的起点是中国发明的竹蜻蜓和意大利人达·芬奇的直升机草图,它们的原理为现代直升机的发明提供了思路。竹蜻蜓出现的时间有两种说法,一是公元前 400 年前后,另一种是 1400 年前后。竹蜻蜓又叫"中国陀螺",是中国古代的一种玩具,呈 T 字型,横的叶片两端圆钝、后面尖锐,上表面被削有两个对称的薄斜面,下表面比较平直。当用双手搓竖杆时,经过圆拱的上表面的气流流速快而导致压强、压力变小;而流过平直的下表面的气流因流速慢而压强、压力相较上表面大。由此,气流在叶片的上下表面之间形成了一个压力差,使得空气对竹蜻蜓产生了一个向上的升力。当升力大于竹蜻蜓自身的重量时,它就会腾空而起。现代直升机尽管在结构和外观上比竹蜻蜓复杂得多,但其飞行原理却与竹蜻蜓如出一辙。直升机的旋翼就好比竹蜻蜓的叶片,旋翼轴就好比竹蜻蜓的竖杆,发动机就好比用力搓竖杆的双手。

19 世纪末,收藏在意大利米兰图书馆的一张达·芬奇于 1475 年画的直升机的想象图被发现。有不少人认为,这便是最早的直升机设计蓝图。那张图上画了一个用上浆亚麻布制成的巨大螺旋体,它以弹簧为动力旋转,当整个螺旋体达到一定的转速时,螺旋体就被巨大的升力带到空中。驾驶员只需站在底盘上拉动钢丝绳来控制方向。不过,《大英百科全书》写道:"这种称为'中国陀螺'的'直升机玩具'在 15 世纪中叶,也就是在达·芬奇绘制带螺丝旋翼的直升机设计图之前,就已经传入了欧洲。"《简明不列颠百科全书》第 9 卷也写道:"直升机是人类最早的飞行设想之一,多年来人们一直相信最早提出这一想法的是达·芬奇,但现在都知道,中国人比中世纪的欧洲人更早做出了直升机玩具。"

"人类第一架直升机"是 1907 年 8 月由法国人保罗·科尔尼研制出的被命名为"飞行自行车"的全尺寸载人直升机。该直升机于 1907 年 11 月 13 日试飞成功,它不仅靠自身动力升离地面 0.3 米,完成了垂直升空,而且还连续飞行了 20 秒,实现了自由飞行。科尔尼研制的"飞行自行车"有两副旋翼,机身由作为主结构的 V 形钢管和 6 根钢管构成的星形件组成,钢管间采用钢索加强。在机身中安装有 1 台 24 马力的 Antainette 发动机和操作员座椅。机身总长 6.20 米,重 260 千克。机身两端各装一副直径 6 米、有两片桨叶的旋翼。

1936 年,德国福克-乌尔夫公司研制出了 FW61 直升机。FW61 的机身是在固定翼飞机上改造的:固定翼被拆除,取而代之的是大型金属三脚架,两边的三脚架顶部都各安装了直径为 7 米的三叶式旋翼。在飞行的时候,通过自动倾斜器操纵两具旋翼朝不同方向倾斜,从而控制直升机的飞行俯仰角。这是世界上第一架真正具有实用性的直升机。1938 年,德国年轻的传奇女飞行员汉娜·莱契驾驶一架福克公司的双旋翼直升机在柏林体育场进行了一次完美的飞行表演,也正因此,该直升机被公认是世界上第一种试飞成功的直升机。

1939 年,美国的伊戈尔·西科斯基设计并研制出了 VS-300 直升机,这是世界上第一架实用直升机。该直升机装有三片桨叶的旋翼,旋翼直径 8.5 米,尾部装有两片桨叶的尾桨,机身为钢管焊接结构,传动装置由 V 型皮带和齿轮组成。起落架为后三点式,驾驶员座舱为全开放式。它的单旋翼带尾桨的直升机构型后来成了最常见的直升机构型。20 世纪 40 年代,美国沃特-西科斯基公司成功研制了 R-4双座轻型直升机,它是世界上第一种投入批量生产的直升机。这种飞机也成了美国陆军航空兵、海军、海岸警卫队和英国空军、海军使用的第一种军用直升机。美国陆军航空兵将其命名为 R-4.美国海军和海岸警卫队则命名为 HNS-1,英国空军将其命名为"食蚜虻"1,英国海军则命名为"牛虻"。

20 世纪 40 年代,美国贝尔直升机公司研制出了单发轻型直升机贝尔 47。这个型号的直升机于 1941 年开始研制,1943 年试验机贝尔 30 试飞,1945 年改名为贝尔 47,1946 年获得美国民用航空署(CAA)的适航证。贝尔 47 是世界上第一架取得适航证的民用直升机。该机采用单旋翼带尾桨式布局、两片桨叶的跷跷板式旋翼,旋翼下有稳定杆,与桨叶垂直,普通的自动倾斜器可进行总距和周期变距操纵,尾梁后部有两个桨叶的全金属尾桨。

在单旋翼带尾桨的直升机被认为正统的时候,苏联的设计师尼古拉·伊里奇·卡莫夫则带领着卡莫夫设计局对双旋翼共轴式直升机进行了研发。随后,卡莫夫设计局研制出卡-10、卡-15 和卡-18 等型号的直升机。其中,卡-18 于 1957 年首次试飞,不久后开始投入批量生产。卡-18 采用两副旋转方向相反的三桨叶共轴式旋翼,装活塞式发动机;机身为钢管焊接结构,装有轻金属蒙皮和硬壳式尾梁;座舱内可容纳 1 名驾驶员和 3 名乘客,采用四轮式起落架,前起落架机轮可以自由转向。

20 世纪 40 年代至 50 年代中期,实用型直升机经历了发展的第一个阶段。这个时期的直升机可称为第一代直升机,典型机种有:美国 S-51、S-55/H-19、贝尔47;苏联米-4、卡-18;英国布里斯托尔-171;捷克 HC-2 等。本阶段的直升机具有一些共同点:采用功率小、比功率低、比容积低的活塞式发动机作为动力源;采用使用寿命短的木质或钢木混合结构的旋翼桨叶;桨叶翼型为对称翼型,桨尖为矩形,旋翼空气动力效率低(6.8);机体结构采用全金属构架式,空重与总重之比较大(约为 0.65);缺乏必要的导航设备,通信设备为电子管设备;性能不佳,最大飞行速度低(约 200 千米/时),振动水平约 0.25g,噪声水平约为 110 分贝,乘坐舒适性差。

20 世纪 50 年代中期至 60 年代末,实用型直升机的发展来到了第二个阶段。这个时期出现了专用武装直升机,本时期的直升机可称为第二代直升机。典型机种有：美国 S-61、贝尔 209/AH-1、贝尔 204/UH-1，苏联米-6、米-8、米-24，法国 SA321"超黄蜂"等。本时期的直升机具有以下特点：开始采用第一代涡轮轴发动机作为动力源，使得直升机的性能得到很大的提高；直升机旋翼桨叶采用寿命达到 1200 飞行小时的全金属桨叶；桨叶翼型为非对称的，桨尖简单尖削与后掠，空气动力效率提高到 7.3，旋翼效率提高到 0.6；机体结构为全金属薄壁结构，空重与总重之比有所降低（约 0.5）；采用减震的吸能起落架和座椅；机体外形倾向流线化以减小气动阻力；直升机座舱开始采用纵列式布置，以使机身变窄；性能改善明显，最大飞行速度 200 千米~250 千米/时，振动水平降低为约 0.15g，噪声水平为 100 分贝，乘坐舒适性得到改善。

20 世纪 70 年代至 80 年代，直升机发展来到了第三个阶段，在这个阶段出现了专门的民用直升机，本时期的直升机可称为第三代直升机。典型机种有：美国 S-70/UH-60"黑鹰"、S-76、AH-64"阿帕奇"，苏联卡-50、米-28，法国 SA365"海豚"，意大利 A129"猫鼬"等。

第三代直升机相比第二代又有了明显的改进：

1.采用第二代涡轮轴发动机，改用了自由涡轴结构，转速控制较好，起动性能有了改善，但加速性能有所下降。发动机的重量和体积均有所减小，寿命和可靠性均有提高。典型的发动机耗油率与活塞式发动机差不多，约 0.36 千克/千瓦·时。

2.旋翼桨叶采用使用寿命达到 3600 飞行小时的复合材料，采用专为直升机研制的二维曲线变化翼型，桨尖呈抛物线后掠。桨毂广泛使用弹性轴承，有的为无铰式。采用效率高又安全的涵道尾桨。旋翼空气动力效率达 8.5，旋翼效率比第二代提高约 0.1。

3.机体次结构也采用复合材料制造，复合材料占机体总重的比例通常为 10% 左右，直升机的空重与总重之比一般为 0.5。

4.为满足军用直升机耐毁标准 MIL-STD-1290，军用直升机采用了乘员装甲保护，专门设计了耐坠毁起落架、座椅和燃油系统。

5.采用半集成型电子系统，如大规模集成电路通信设备、集成的自主导航设备、集成仪表、电子式与机械式混合操纵机构等；采用混合布置的局部集成驾驶舱；装备了具备夜间飞行能力的第一代夜视系统。这些设备的使用，增大了直升机通讯距离，明显提高了导航距离与精度，而仪表数量的减少，减轻了飞行员的工作负荷，也使直升机具备了机动/贴地飞行能力以及在不利气象/夜间条件下的飞行能力，从而提高了直升机的整体性能。

6.性能显著提高。升阻比达到 5.4，振动水平约 0.1g，噪声水平低于 95 分贝，最大飞行速度达到 300 千米/时。

进入 20 世纪 90 年代以来，直升机的发展来到了第四个阶段，这个阶段出现了目视、声学、红外及雷达综合隐身设计的武装侦察直升机。本时期的直升机可称为第四代直升机，典型机种有：美国 RAH-66 和 S-92，欧洲各国合作"虎"式、NH90 和 EH101 等。

第四代直升机采用了第三代涡轴发动机，第三代涡轴发动机仍为自由涡轴结构，但采用了发动机全权数字控制系统及自动监控系统，并与机载计算机管理系统集成在一起，无论是技术方面还是综合性能均有显著的改进。这种发动机的耗油率低于活塞式发动机,仅为 0.28 千克/千瓦·时。

桨叶采用理论上使用寿命无限长的碳纤维、凯芙拉等高级复合材料制成。新型桨尖形状繁多,较突出的有抛物线后掠形和先前掠再后掠的 BERP 桨尖,新的设计形状可以减弱桨尖的压缩性效应,改善桨叶的气动载荷分布,降低旋翼的振动和噪声,提高旋翼的空气动力效率。球柔性和无轴承桨毂获得了广泛应用,桨毂壳体及桨叶的连接件采用复合材料,如此一来,桨叶结构更为紧凑,重量及阻力均大大减小。旋翼空气动力效率高达 10.5,旋翼效率比第三代再次提高了 0.1。无尾桨反扭矩系统的使用使得直升机操纵响应特性提高、振动减小、噪声降低,不需要尾传动轴和尾减速。机身采用复合材料主结构,复合材料的应用比例大幅度上升,通常占机体结构重量的 30%~50%。民用型直升机的空重与总重比约为 0.37。

通过多余度数字数据总线交控电子、火控及飞行控制系统等,实现了信息上的共享。计算机技术、信息技术及智能技术的应用,使得其航电设备朝着高度集成化方向发展。第四代直升机采用先进的增稳增控装置,电传、光传操纵取代了常规的操纵系统;采用先进的捷联惯导、卫星导航设备及组合导航技术,先进的通讯、识别及信息传输设备,先进的目标识别、瞄准、武器发射等火控设备及先进的电子对抗设备;采用了总线信息传输与数据融合技术,并正向传感器融合方向发展;采用了多功能集成显示技术,多功能显示器代替单个仪表,通过键盘控制显示直升机的飞行信息,利用中央计算机对通讯、导航、飞行控制、敌我识别、电子对抗、系统监视、武器火控的信息进行集成处理从而进行集成控制。由于第四代直升机采用了大量先进的集成电子设备,简化了系统部件,因此直升机座舱布局和仪表板布置也得到了简化,重量大大减轻,更重要的是这些电子设备的使用极大地减轻了飞行员的工作负担,全机的性能和飞行品质改善显著,升阻比达 6.6,振动水平降到 0.05g,噪声水平小于 90 分贝,最大速度可达 350 千米/时。

(二)军用直升机分类简介

1.武装直升机

武装直升机是配有武器并执行战斗任务的作战型直升机。这种直升机集火力和机动于一身,机动速度更快、功能变化更全、攻击火力更大、生存能力更强,不仅具有打击装甲目标、支援地面部队作战、反潜反舰、掩护机降部队作战的能力,而且是夺取低空、超低空制空权的最有效武器,被誉为“飞行坦克”。目前,武装直升机可分为专用型和多用型两大类。专用型机身窄长,作战能力较强;多用型除可用来遂行攻击任务外,还可用于运输、机降等任务。美国的 AH-1 属于专用型,苏联的米-24 属于多用型。

2.反潜直升机

反潜直升机是用于搜索和攻击敌潜艇的海军直升机,主要分有岸基反潜直升机和舰载反潜直升机两种。反潜直升机主要用于岸基近距离反潜和海上编队外围反潜。其飞行速度多为 200 千米~300 千米/时,作战半径 100 千米~250 千米,起飞重量 4~13 吨,多数装有 2 台航空发动机。该种直升机能携载航空反潜鱼雷、深水炸弹等武器,有的能携载空舰导弹。其装有雷达、吊放式声呐或声呐浮标、磁力探测仪等设备,能在短时间内搜索较大面积的海域,准确测定潜艇位置。其搜索潜艇的效率和灵活性,均优于舰艇,但其续航时间短,受气象条件的影响较大。舰载反潜直升机的旋翼和尾梁大多可折叠,便于在载舰机库内停放。

3.运输直升机

运输直升机是指用以运输、承载物资的直升机,在军事上也是指能载运士兵的直升机。运输直升机不受地面条件限制,能准确地将作战人员和物资运送到预定地点,这是它要完成的主要任务,也是其主要特点之一。运输直升机能快速有效地完成战场机动任务,可与地面部队密切协同,有利于战斗任务的完成。此外,运输直升机有效载荷大,运输效率高,运输方式隐蔽,便于保存自己。

4.侦察直升机

侦察直升机是主要担负近距离或者是接近战场地区的情报搜集任务的专用直升机。该机一般兼有一定的空战或对地攻击能力,但武器载荷不大(如 4~6 枚"地狱火"反坦克导弹),最大起飞重量 6 吨以下,通常为双人机组或具有一定载员能力,装备有性能较为先进且齐全的光电侦察设备。

(三)世界王牌军用直升机

1.美国 AH-64"阿帕奇"武装直升机

AH-64"阿帕奇"是美国休斯直升机公司于 1975 年研制的反坦克武装直升机,其最大起飞重量为 7890 千克,最大平飞时速 307 千米,实用升限 6250 米,最大上升率 16.2 米/秒,航程 578 千米。该机的主要武器包括:机头旋转炮塔内装有一门 30 毫米链式机关炮、4 个外挂点可挂 8 枚反坦克导弹和 19 联装火箭发射巢。机上还装有目标截获显示系统和夜视设备,可在复杂气象条件下搜索、识别与攻击目标。它能有效摧毁各种装甲目标,具有良好的生存能力和超低空贴地飞行能力,是美国当代主战武装直升机。在海湾战争中,多国部队实施大规模空袭前 22 分钟,8 架"阿帕奇"武装直升机从 750 千米外的基地起飞,发射了 3 枚"地狱火"导弹,彻底摧毁了伊拉克西部的 2 个地面雷达站。其后,又以 1 架 AH-64A"阿帕奇"武装直升机以摧毁 23 辆坦克的纪录载入史册。

2.美国 AH-1"眼镜蛇"武装直升机

AH-1 武装直升机绰号"眼镜蛇",由美国贝尔公司研制生产,是世界上第一种专用武装直升机,迄今已经生产了 G、J、Q、S、P、E、F、W、Z 等 9 种不同型号。在海湾战争中,美国参战的各型"眼镜蛇"武装直升机约 1170 架。其中,美国海军陆战队的轻型攻击直升机中队有 49 架 AH-1W"超眼镜蛇"参战。

在战争中，这些"超眼镜蛇"频频出击，取得了令人瞩目的战果。例如，在 100 小时的地面战争期间，"超眼镜蛇"经常出动执行火力支援任务。在破坏和扫除伊拉克在重要地区设置的雷场作战中，它总是充当急先锋，执行首次攻击任务，为地面部队顺利推进开路。战争的第二天，在对伊军进攻美海军陆战队一指挥中心的反击中，2 架"超眼镜蛇"对陆战队进行了强有力的火力支援。在同一天大规模的反伊装甲部队作战中，包括 AH-64"阿帕奇"在内的美国武装直升机大显身手，其中 1 架"休伊眼镜蛇"带领 4 架"超眼镜蛇"参加了战斗，并迫使伊方一个坦克营投降。在第三天的快速进攻作战中，参战的两个"超眼镜蛇"武装直升机中队共摧毁伊方近 200 个地面目标，其中包括约 100 辆坦克、40～50 辆装甲运兵车、20 辆汽车和一批火炮、观察哨、掩体等。战争实践不仅证明了"超眼镜蛇"直升机是一种具有强大对地作战能力的空中武器平台，而且还证明了它在恶劣环境中使用的可靠性。

3. 美国 H-60"黑鹰"系列多用途直升机

H-60"黑鹰"是美国西科斯基公司研制的中型系列多用途直升机，也是"多用途战术运输飞机系统 UTTAS"计划的产物。该计划旨在发展一种替代 UH-1 的直升机。1972 年 8 月，西科斯基公司的 YUH-60A 击败波音 YUH-61A，获得了 UTFAS 计划的订单。西科斯基公司共制造了 4 架原型机，第一架原型机 YUH-60 于 1974 年 10 月首飞。1976 年，该机获得"黑鹰"的名称。"黑鹰"直升机已经在多个国家中服役了 20 年，并将继续服役很长时间。仅美国陆军、国民警卫队就拥有 1500 架现役的"黑鹰"。"黑鹰"能按任务需要携带不同的设备，能胜任的任务包括运输、渗透、反潜、救援、电子战、炮兵支援、攻击控制以及和平用途。目前该机仍在批量生产。几架 VH-60N 直升机甚至被用作美国总统座机"海军陆战队一号"（也被称作 VH-60"白鹰"）。在执行空中突袭任务时，"黑鹰"可以装载 11 名士兵和相应装备，或者一次同时装载 1 门 105 毫米 M102 榴弹炮、30 发 105 毫米弹药和 4 名炮手。在运送物资时，黑鹰可以装载 1170 千克货物，或吊起 4050 千克货物。"黑鹰"上装备有先进的航空电子系统（如 GPS）以增强它的战地生存能力和性能。由于在伊拉克与阿富汗战争中的损耗较大，美军于 2007 年再次订购了大量"黑鹰"系列直升机。为适应多种不同任务，"黑鹰"系列在基本型的基础上发展出近 40 多种改型。

4. 美国 OH-58D"基奥瓦"武装侦察直升机

OH-58D"基奥瓦"是由美国贝尔直升机公司研制的武装侦察直升机。虽然 OH-58 系列的最早型号 OH-58A 早在 60 年代已经开始服役，但经过多次改进，美军计划让 D 型服役到 2020 年。该机服役后参与了越南、海湾、伊拉克等多次局部战争。2011 年初，由于替代该机的项目相继下马，美军开始考虑重启 OH-58F 的生产。20 世纪 60 年代初，贝尔公司研制成功了"基奥瓦"系列的原型机 206 型直升机。为了适合军方关于轻型侦察直升机的要求，在对 206 型改进后，OH-58A 侦察直升机诞生了,并立即被部署到越南战场上,主要用于情报支援任务。越战结束后,为适应新的情况,美国陆军对轻型侦察直升机提出了更高的要求。20世纪70年代末和80年代初,贝尔公司将OH-58系列直升机改进后增强了侦察和火力支援能力,参与招标并被美陆军选中,序列号命名为OH-58D,绰号则定为"基奥瓦"。该机于1982年11月通过美陆军的设计评估,5架原型机中的首架在1983年10月首飞。第2架和第5架原型机用作飞行性能测试;第3架配备了OH-58D全部任务装备,测试了电子系统;第4架原型机用于电子系统电磁协调性测试。整个试飞在1984年6月完成,同年7月交付美国陆军,次年2月正式服役。OH-58D既可以单独执行战术侦察任务,也可协同专用武装直升机作战,或为地面炮兵提供侦察、校炮的工作。必要时,OH-58D也可用自身携带的武器发起攻击。

5.俄罗斯米-28"浩劫"武装直升机

米-28是苏联米里设计局研制的单旋翼带尾桨全天候专用武装直升机,北约为其赋予的绰号为"浩劫"。该机于1980年开始设计,原型机在1982年11月首飞,90%的研制工作于1989年6月完成,后来第3架原型机参加了巴黎航展。1992年后少量生产,目前已经装备俄军。米-28放弃了米-24许多独特的设计,例如能装载8名步兵的运兵舱、气泡形风挡等。该机的结构布局、作战特点都与西方流行的设计,尤其与AH-64相似,因此被西方戏称为"阿帕奇斯基"。米-28使用了大量先进技术,在机身中部装有小展弦比悬臂式短翼,

武装直升机

前缘后掠,主翼盒结构用轻合金材料制造,前后缘采用复合材料。机身为传统的全金属半硬壳式结构,机身比较细长;两片桨叶的尾桨安装在垂直安定面的右边,采用不可收放的后三点式起落架。纵列式前后驾驶舱布局,前驾驶舱为领航员/射手,后面为驾驶员。驾驶舱装有无闪烁、透明度好的平板防弹玻璃。座椅可调高低,采用了能吸收撞击能量的技术,座椅两侧和后方均装有防护装甲,风挡和座舱之间的隔板均采用防弹玻璃。米-28采用2台克里莫夫设计局TV3-117发动机,功率为2×1640千瓦(2230轴马力)。发动机装在机身两侧的发动机短舱中,短舱位于机身两侧短翼翼根上方。进气口装有导流板,可排除砂石、灰尘和外来物。主要武器包括机头下方炮塔内的1门改进型2A42型30毫米机炮,备弹300发,对空射速900发/分,对地射速300发/分。每侧短翼挂架上总共可吊挂16枚AT-6无线制导反坦克导弹,以及两个20枚57毫米或80毫米火箭的火箭巢。机炮和导弹的发射由前驾驶舱控制,火箭发射由两个驾驶舱分别控制。该机也可使用16枚最新型AS-14反坦克导弹,射程800~6000米;执行反直升机任务时可带8枚空空导弹,还有80毫米和130毫米火箭弹供选择。

6.欧洲"虎"式武装直升机

"虎"式武装直升机由欧洲直升机公司研制,该公司由法国航宇公司和德国MBD 公司联合组成。该机采用"一机多型"的设计思想,论证阶段达十余年之久,可以说是世界军用直升机发展史上论证、决策持续时间最长的机型之一。20 世纪70 年代,随着专用武装直升机在各大局部战争中出色的发挥,该机种为各国军队竞相研制、装备。当时法国装备了"小羚羊"武装直升机,德国装备了 Bo105P(PAH-1)武装直升机。但两者都是从轻型多用途直升机改进而来的,因此两国谋求以合作形式,研制一种专用武装直升机。1975 年 11 月,德国和法国的国防部长交换了共同研制反坦克直升机的意见。1989 年 11 月,双方正式授予研制合同,并为新型直升机命名为"虎"。德国陆军甚至为之中止了购买美国 AH-64"阿帕奇"武装直升机的计划。20 世纪 80 年代末到 90 年代初世界形势瞬息变化,法、德对"虎"的要求也随之而变。"虎"式直升机初步设计的变化和改进,就让两国的制造商花了 5 年时间,最后确定研制的目标是一种轻型武装直升机。根据两国要求的不同,"虎"式有两个主要型别:火力支援型和反坦克型。细分为 3 个型号,即法国的火力支援型 HAP、反坦克型 EHAC 和德国的反坦克型 PAH-2。

1993 年,德国对其反坦克型的设计做了改进,提出新型的 UHU 型设计,取代了原来的 PAH-2 型。UHU 型机后来又重新编号为 UHT,除了具有 PAH-2 直升机的功能外,还增加了近距支援和护航的任务,实际上变成了一种多用型直升机。HAP 装备法国陆军,其武器装备主要是:机头下装 1 门 30 毫米机关炮,可带 150~450 发炮弹;短翼下外挂 4 枚"西北风"近距红外制导空空导弹,2 具 22 管 68 毫米直径火箭发射巢。该直升机也可采用 2 具 13 管火箭发射巢代替"西北风"导弹。该机驾驶舱上方安装有顶篷瞄准具,内装电视及红外瞄准具,以及激光测距仪。德国陆军使用的反坦克与支援直升机 UHT,可外挂"霍特-2"或"崔格特"导弹、"毒刺"自卫导弹、无控火箭、机枪吊舱等。该机装备了安装在旋翼主轴顶端的桅杆式瞄准具,内含电视、前视红外和激光测距等装置。该瞄准具由武器操纵手使用,驾驶员使用机头的前视红外装置。法国陆军装备的 HAC 反坦克型,其武器装备、旋翼主轴瞄准具和驾驶员前视红外系统,均与德国 UHT 型相同。

7.俄罗斯卡-50/52 武装直升机

卡-50 武装直升机由俄罗斯卡莫夫设计局设计制造,该机拥有三个世界第一:世界上第一架采用单人座舱的武装直升机、第一架采用同轴反转旋翼的武装直升机以及第一架装备弹射救生座椅的直升机。其机身为半硬壳式金属结构,两具同轴反向旋翼装在机身中部,每具三叶旋翼。机身中部上面装有 2 台 TB3-117 涡轮轴发动机,每台功率 1640 千瓦。发动机前面装有防尘罩,排气口处设有向上排气的转向器。座舱内设有头盔显示器及微光电视和数字数据传输系统。座舱玻璃均为防弹设计,防弹装甲采用双层钢板,座舱上方装有宽视野后视镜。卡-50 机身全长 13.5 米,旋翼直径为 14.5 米,最大起飞重量 10800 千克,最大俯冲速度为 350 千米/时(据卡莫夫设计局总设计师米赫耶夫称,在 1996 年 9 月的试飞中,其俯冲速度已达 390 千米/时），最大侧飞速度为 182 千米/时，后退飞行速度为 120 千米/时，垂直爬升速度为 600 米/分，盘旋升限为 4000 米，设计最大过载 3.5g。卡-50 的主要武器是 AT-9"旋风"导弹，该型导弹是一种管射式反坦克导弹，全重 60 千克，射程 8 千米~10 千米，以超音速飞行，能够穿透 900 毫米厚的装甲，一次可携带 16 枚，分 4 组挂载在两侧短翼下的 4 个挂架上。此导弹也可用于空战，甚至能攻击海上的导弹快艇。短翼上的 4 个挂架也可以挂载 B-8 火箭发射巢 4 具，一共可容纳 80 枚 S-8 型 80 毫米空对地火箭。其他武器包括 AS-12 导弹、FAB-500 型炸弹与 2 具 23 毫米机炮吊舱。卡-50 还可携带 P-60M"蚜虫"和 P-73"射手"等红外制导空空导弹。卡-50 机身右侧固定炮塔内安装了 1 门液压驱动的 2A42 型 30 毫米航炮。这种航炮与 BMP-2 步兵战斗车使用的火炮互相通用，虽然和西方航炮相比要重一些，但在沙尘、高温、潮湿的环境里，它显得相当可靠。该航炮可根据飞行员的选择而发射穿甲弹或高爆弹，最大载弹 500 发，分别装在机身中央的 2 个弹盒内。2A42 型航炮可以上下俯仰旋转 15°，并能略微左右偏转。这是卡-50 的一个缺点，其火炮射角比起其他战斗直升机要小得多。

1996 中 11 月 12 日，乌赫托马直升机制造厂首次公开展出了卡-52，俄罗斯人以凶猛的两栖动物"短吻鳄"为其命名，它与著名的卡-50 武装直升机属同一系列。"短吻鳄"继承了卡-50 的动力装置、侧翼、尾翼、起落架、机械武器和其他一些机上设备，不同之处在于前者采用了并列式双座驾驶舱。而且，卡-52 具有更加优良的侦察、指挥与控制等能力，可为卡-50 提供类似于空中预警指挥机的作用。该机驾驶舱上的球状设备舱内安装有俄罗斯国产"黄杨"三维光电子定位系统，该系统包括热视仪、电视仪和激光仪。机身右侧下面装有一具稍小的球形陀螺稳定仪，里面装有一个使用激光指示远距目标的高倍光学望远镜的镜头。该装置配有电视及热成像系统，可保障在 15 千米范围内发现并精确跟踪较小目标。此外，在旋翼的轴瓦上方还装有"阿尔巴雷特"雷达系统。驾驶员使用的显示屏幕装在驾驶舱前窗上，射击员则配备有头盔式目标瞄准显示器。

8.俄罗斯米-8/17 运输直升机

米-8"河马"是苏联米里设计局研制的一种中型运输直升机，1960 年开始研制，1961 年 6 月 24 日单发原型机（V-8）首飞成功，1962 年 8 月 2 日双发原型机（V-8A，即"河马"B）首飞成功。1965 年 10 月，民用运输型的首批生产样机从喀山直升机厂出厂。1968 年，武装运输型的米-8TV 问世。它可携带 2 个或 4 个 16 管 57 毫米火箭发射巢，外加 2 吨炸弹。5 年后，代号为"河马"E 的进一步发展型问世，可携带更多武器，包括 6 具 32 管 57 毫米火箭发射巢、2 吨炸弹以及 4 枚 AT-4 反坦克导弹。在 20 世纪 60 年代至 70 年代，米-8 还衍生出一些专用改型，可执行包括电子侦察、通信侦察、电子对抗及指挥中心在内的多种任务。米-8 原型机使用了米-4 的传动装置和四叶旋翼，外观上与后来的批量型号大不相同。该机装备 1 台 AI-24V 涡轮轴发动机，因此只有一个进气口。1961 年 6 月该机首飞。后来，该原型机改用 2 台 TV2-117 发动机和五叶旋翼。为苏军设计的米-8T 运输直升机采用不可收放的前三点起落架，五叶主旋翼由铝合金制造。机组 3 人，包括机长、导航员和飞行工程师。座舱内有大气空调装置，可加热。其救护救援型还加装有氧气系统。在苏联时代,现在的喀山直升机公司被称作第 387 国营飞机厂。在这里,采用 TV2-117 发动机(1250 千瓦)的第一代米-8 生产了 4500 架,其中出口超过 1700 架。而在另一个直升机制造厂——UUAP(乌兰·乌德制造厂,在苏联时代被称作第 99 飞机厂),共生产了 3700 架第一代米-8,主要满足国内需求。

1971 年,第一代"河马"开始进行重大改进。其发动机和传动部分几乎做了彻底更换,新增了辅助动力单元(APU),并对机身结构进行加强。由于换装了经济性更好、功率更强劲(1874 千瓦)的 TV3-117 涡轴发动机,以及 VR-14 主减速器和其他空气动力学部件,米-8 的功率重比及主要性能都得到了大幅提升。除此之外,还将尾桨移至左侧,在发动机进气口上安装了滤尘器,增加了大量的航空电子设备,并且对系统进行了升级。改进后的型号就是众所周知的米-8MT,即"河马"H,于 1975 年 8 月 17 日首飞。在 1981 年的柏林航展上,米-8MT 首次在国际上露面,不过此时它涂的是苏联民航总局的标志,并且是以米-17 这种商用型的面目出现的。很快,在 1979 年至 1989 年的阿富汗战争中,米-8MT 就以其高可靠性而闻名世界。根据在战争中获得的经验,苏联又对米-8MT 的机体和系统进行了一系列改进,以进一步提高其生存能力和可靠性。20 世纪 80 年代中期,在米-8MT 基础上又派生出用于高空飞行的新改型。这种改型采用 TV3-117VM 涡轴发动机以及新的控制方法,从而使其在 6000 米高度上的起飞功率达到 1633 千瓦,紧急功率(直升机处于危险时可采取措施使发动机功率在短时间内再加大 100 千瓦~200 千瓦,但这种功率用过一次,涡轴发动机即报废)达到了 1800 千瓦。同时,其爬升率和航程都得到了不同程度的增加。用于国内时,这种新改型的编号为米-8MTV,而用于出口时,编号则为米-17V。1988 年,米-8MTV 在喀山进入大规模生产。随后,又在 20 世纪 90 年代出现了米-8MTV 的进一步改型——米-8MTV-1,并以米-17-1V 的代号出口到世界各地。

1990 年,乌兰·乌德工厂(UUAP)开始生产采用 TV3-117VM 发动机的米-8,用于国内时称为米-8AMT,用于出口时则称为米-171。由 UUAP 研发的"河马"H 反坦克改型在俄罗斯国内称为米-8AMTSh,在国外则称为米-171Sh。1996 年 8 月,这种改型首飞成功,新武器系统和相关设备的试飞工作于 4 年后结束。20 世纪 90 年代末,既便宜又具有强大对地攻击能力的米-171Sh 大量出口到了拉美和亚洲国家,很受这些国家的欢迎。

9.意大利 A129"猫鼬"武装直升机

为满足意大利陆军对专用轻型反坦克直升机的需求,阿古斯塔公司于 1978 年开始研制 A109A 武装直升机。但意大利军方认为 A109A 不能完全满足要求,于是阿古斯塔公司便开始研制全新的 A129"猫鼬"武装直升机。该机也是欧洲国家研制的第一种专用武装直升机。1983 年 9 月 15 日,A129 原型机第一次公开飞行,目前 A129 的国际型已经出口到土耳其。

A129 采用武装直升机常用的布局,纵列串列式座舱,副驾驶/射手在前,飞行员在较高的后舱内,均有坠机能量吸收座椅。机身装有悬臂式短翼,为复合材料,位于后座舱后的旋翼轴平面内,每个短翼装有 2 个外挂架。该机采用抗坠毁固定式后 3 点起落架,机身结构设计主要为铝合金大梁和构架组成的常规半硬壳式结构,中机身和油箱部位由蜂窝板制成。复合材料占整个机身重量(发动机重量除外)的45%,占空重的16.1%,主要用于机头整流罩、尾梁、尾斜梁、发动机短舱、座舱盖骨架和维护壁板。所有机体外露面(除桨叶和桨毂外)面积为50平方米,其中35平方米为复合材料。机头的翻卷式隔框和前机身的翻卷式梁用于保护乘员,发动机等要害部位都有装甲保护。全机喷有能吸收红外线的涂层。机体可抵御12.7毫米穿甲弹,并能满足美国军用标准MIL-STD-1290的抗坠毁标准要求。其具体要求是在以11.2米/秒的垂直下降速度坠毁着陆,和以13.1米/秒纵向速度碰撞硬壁时,必须保持95%的生存力,及所有动部件均不得进入驾驶舱。同时,驾驶舱内部容积减小不得超过15%。其动力装置采用2台罗尔斯·罗伊斯公司Gem2Mkl004D涡轴发动机,每台额定功率772千瓦,生产型的发动机由意大利毕亚交公司自行仿制。2台发动机工作时的传动功率为969千瓦(1317轴马力),单台发动机工作时为704千瓦(957轴马力),应急时为759千瓦(1032轴马力),发动机以27000转/分的速度把功率输入传动机构。发动机系统的所有传动轴、部件和接头都能承受12.7毫米子弹的打击。A129有着完善的全昼夜作战能力,这归功于由2台计算机控制的综合多功能火控系统。它控制和监控着直升机各项性能、自动驾驶仪、预警/报警系统、通讯、发动机状态飞行指引仪、电传操纵、导航、电子战、武器点火控制系统,以及电子、燃料和液压系统的状态。机上装有霍尼韦尔公司生产的前视红外探测系统,使得飞行员可在夜间贴地飞行。头盔显示瞄准系统使驾驶员和武器操作手均可迅速发起攻击。为了夜间执行反坦克任务,前视红外探测系统可以增强"陶"式导弹的目标截获和制导能力。这种探测系统也可在白天使用。A129在4个外挂点上可携带1200千克外挂物,通常携带8枚"陶"反坦克导弹、两挺机枪或81毫米火箭发射巢。另外,A129也有携带"毒刺"空空导弹的能力。

八、水面战舰

水面战舰是历史上最悠久的海军装备,其起源应和商用船舶一样可追溯至独木舟、木筏等人类最早的水上乘载工具。独木舟很可能源于远古时期人类在遭遇洪水时,用树干、原木等漂浮物体作为逃生用具。而根据生产和生活的需要,人类会不断尝试采用更合理的构造甚至更多的木材和方法,建造更加平稳以及更大的水面载运工具。随着人类发展,约在几万年前,生活在陆地沿海的人类逐渐具备在海上从事捕鱼等生产活动的技能,这些海上技能对于当地居民的进一步繁衍、壮大无疑是极其重要的。人类早期海上活动尚仅限于近岸水域,因而那时的船舶尺寸还比较小。海上贸易发展的需要促进了造船技术不断进步,使船舶的尺寸、载重能力、航行能力及坚固程度都在不断提高。人类之间的暴力冲突乃至战争是自有人类以来就经常发生的行为和现象,而当人类生活和活动范围逐步扩大并进入阶级社会之后,战争行为也必然会随之蔓延到包括江河湖海等陆地以外的生活和活动领域。因而,在构造方面,更加适用于从事水上战争行为的船只从普通船舶中逐渐分化出来,并经过不断发展形成早期主要用于水上作战的战船。这类战船专门为作战而设计、制造或改装,以保证其具有更好的适航性能、更好的操纵性能、较高的速度及更加坚固的结构。

(一)水面战舰发展简史

1.风帆时期的水面战舰

水面战舰是历史上最悠久的海军装备,其起源应和商用船舶一样可追溯至独木舟、木筏等人类最早的水上乘载工具。独木舟很可能源于远古时期人类在遭遇洪水时,用树干、原木等漂浮物体作为逃生用具。而根据生产和生活的需要,人类会不断尝试采用更合理的构造甚至更多的木材和方法,建造更加平稳以及更大的水面载运工具。随着人类发展,约在几万年前,生活在陆地沿海的人类逐渐具备在海上从事捕鱼等生产活动的技能,这些海上技能对于当地居民的进一步繁衍、壮大无疑是极其重要的。人类早期海上活动尚仅限于近岸水域,因而那时的船舶尺寸还比较小。海上贸易发展的需要促进了造船技术不断进步,使船舶的尺寸、载重能力、航行能力及坚固程度都在不断提高。人类之间的暴力冲突乃至战争则是自有人类以来就经常发生的行为和现象,而当人类生活和活动范围逐步扩大并进入阶级社会之后,战争行为也必然会随之蔓延到包括江河湖海等陆地以外的生活和活动领域。因而,在构造方面,更加适用于从事水上战争行为的船只从普通船舶中逐渐分化出来,并经过不断发展形成早期主要用于水上作战的战船。这类战船专门为作战而设计、制造或改装,以保证其具有更好的适航性能、更好的操纵性能、较高的速度及更加坚固的结构。

海战的出现无疑与海上贸易密切相关,缘于保护海上贸易和殖民掠夺的需要。公元前2700年至公元前2200年,古代的埃及和叙利亚海岸及东非洲的庞特(今索马里一带)等地区开始有了海上贸易。公元前2000年前后,东地中海克里特岛的居民开始产生具有实际意义的海军:具有战斗组织并以采用龙骨和肋骨的坚固桨船组成专门用于海上护航和战斗的舰队。公元前1210年的塞浦路斯海战,是世界上第一次有记录可查的海战。在东方的古代中国,最早将舟船用于军队大规模涉渡作战的历史记载是公元前11世纪中期。周武王在伐纣灭商的战争中,曾率数万军队大规模乘船横渡黄河,其在组织实施上具有一定的专业性。公元前770年至476年的春秋时期,沿海或者临河的诸侯国纷纷建立"舟师",运用战船在江河湖海从事作战。这应当是中国有文字记载最早的海军组织。

在公元前5世纪以前,人类使用的战船均为以桨为动力的木壳平底船,作战基本上是在沿岸和白天进行,以威力有限的弓箭、石弩、纵火器以及长矛、标枪等为作战武器。而靠这种简单的装备要把敌方战船击沉或打败是相当困难的,因而往往采用接舷作战方式,即交战双方在通过人力划桨接近对方后,首先使用弓箭、标枪等攻击对方,进而由士兵跳上敌舰甲板进行白刃格斗,俘获敌船。这是最古老和最基本的海战形式。公元前5世纪,风帆船的出现,船的机动能力有了大幅提高,于是海战时开始使用撞击战术,即用加固的舰首向敌舰侧面撞击,以期撞毁、撞沉敌舰,若不达目的则转入接舷作战。据史料记载,公元前485年,中国古代吴、齐两国在黄海发生的海战;公元前480年,波斯与希腊舰队在萨罗尼克湾进行的萨米斯海战,都采用了接舷战术和撞击战术。这一时期的战舰首、尾开始装上坚硬的金属撞角以提高撞击效果。当时的作战战术,基本都是双方列阵,以弓箭等远射兵器进行远射,再以冲撞、接舷格斗战胜敌军。因而,古代海战通常是以远射兵器的打击开始,以接舷战结束。在公元前256年,迦太基反对罗马的第一次布诺战争中的埃克诺马斯海战,被视为撞击战术的典范,罗马损失的30艘战船全部被迦太基舰队撞沉。战船从桨帆战船向风帆战船的过渡持续了数个世纪。风帆战船的船体也为木质,干舷较高,艏艉翘起,竖有多桅帆,以风帆为主要动力,并辅以桨橹。与桨帆战船相比,风帆战船的排水量、航海性能、远洋作战能力均有了较大的提高。

在漫长的风帆时期,世界东、西方的水面战斗装备都在沿着各自的轨迹发展。东方的古代中国在经历了秦、汉数百年统一王朝的统治后,生产力有了很大进步,因而船舶制造技术和规模都达到了一个新的水平。到3世纪,即中国历史上的三国时期,以战船为装备并具有独立作战能力的专业化水军是魏、蜀、吴的重要军事力量。魏吴、蜀吴间均发生了一系列较大规模的水战。这一时期的水战除运用冲撞与接舷格斗战法外,利用风向实施火攻也成为对付敌方木质战船的有效战术。需要特别指出的是,这一时期的水军活动范围并非仅限于内陆江河,还包括海上。公元230年2月,吴帝孙权派将军卫温、诸葛直率万余人的船队从章安(今浙江临海东南)启程,在夷洲(今台湾岛)南部登陆,这表明其水军具有相当规模和较远距离的海上作战能力。在以后近千年时间里,古代中国在船舶制造和航海技术领域继续处于领先水平。到11世纪,即中国历史上的宋代。中国人开始将指南针应用于海上航行定向,而此前人类的航海活动皆以山形水势、地物以及星辰日月为导航标志。将指南针应用于海上航行定向堪称开技术导航之先河。

宋代战船开始配备火药桶、火箭等火攻武器,使攻击威力和水面作战方式逐渐有所变化和发展。明初,早期的金属管形射击火器在战争中得到广泛使用。1364年4月,明朝开国皇帝朱元璋与陈友谅在鄱阳湖进行了一场大规模水面作战。从历史记载看,双方的水军战船均装备大量火炮、火铳等船载武器。虽然这时的火炮没有准星及照门,不能精确射击,但在较近射程内可有效打击并摧毁敌方舰船。鄱阳湖大战是中国战争史上第一次大量使用船载火炮、火铳进行的水战,作战方式表现为:首先在一定距离对敌船进行炮击,对其进行摧毁、焚烧,减弱其战斗力和机动力;其次以弓弩射杀敌船上兵员;最后进行接舷格斗。所用火器从燃烧敌船跃变至摧毁和焚烧敌船船具的阶段。据史料记载,陈友谅一方装备的战船高达数丈,船楼分上中下三层,每层可骑马往来,这表明当时中国已经能够大规模建造生产载重数百吨的巨型战船,也显示这一时期中国在船舶制造技术领域已经达到相当高的水平。从后来郑和船队的航海装备情况看,这种记述是可信的。很显然,距离这场战事不足40年的郑和船队是对此前船舶制造技术继承和发展的产物。举世无双的郑和船队无疑是古代中国船舶制造能力的巅峰之作。

公元1405年,明成祖朱棣命郑和率领由240多艘巨大帆桨海船、27400多船员组成的庞大舰队横跨今天的西太平洋和印度洋,向西远航上万海里,沿途到访数十个国家和地区,最远抵达今天的非洲的东海岸红海、麦加一带。从史料看,郑和舰队在装备水平和组成规模方面,当时世界无出其右者。据《明史·郑和传》记载,从1405年至1433年的28年间,郑和舰队先后进行了七次这样的远航,每次出航船只均达数百艘。船队组成按船舶大小和用途大致可分为宝船、马船、运输船(粮船与水船)、座船、战船五个等级。最大的宝船长44丈4尺,宽18丈(折合今天尺度约为长151.18米,宽61.6米),分4层,9桅12帆,锚重达数千斤,需动用二三百人才能启航。整船载重约800吨,排水量达2万吨。甲板面积相当于今天的足球场,最多可载上千名水手和乘员。在郑和舰队中大型宝船有63艘,是当时世界最大的风帆海船。宝船供舰队的指挥人员、使团人员及外国使节乘座,同时并用以装运宝物,包括明朝皇帝赏赐给西洋各国的礼品、物品,以及西洋各国进贡明朝皇帝的贡品、珍品,还有郑和舰队在海外通过贸易交换得来的物品等。舰队中的马船长37丈,宽15丈,8桅,用于载运上陆作战的骑兵战马、武器装备以及其他军需和生活用品。马船也装备有一定数量的火炮、火铳,故也可用于海上作战。粮船长28丈,宽12丈,7桅,用于载运粮食、淡水,担负舰队补给。座船长24丈,宽9丈4尺,6桅,用于载运上陆作战的步兵,同时配有火炮、火铳。战船长18丈,宽6丈8尺,5桅,配有火炮、火铳等武器,主要用于保障整个舰队的航行安全并专职海上作战。整个舰队兵力构成包括仪仗、海上作战、登陆作战以及后勤保障,分工细致,组织严密,为当时人类有史以来航海装备、航海技术以及海上力量规模的最高水平。但此后由于明朝统治者采取的海禁政策,使古代中国船舶制造能力没有得到延续和发展,进而逐步走向衰落。

13世纪后期的欧洲,在繁荣的海上贸易促进下,出现了排水量300吨的宽船身、四桅远洋帆船。而随着东西方贸易以及文化交流的不断扩大,一些先进技术乃至装备逐步为更多人所接受和掌握。当14世纪的中国社会依然受封建王朝统治之时,欧洲兴起的"文艺复兴"运动则推动欧洲国家在政治、经济、科技、军事等各领域在较短时期内迅速领先于全世界。以此为开端,各种新思想、新发现、新发明、新技术层出不穷。作为集制造能力、科技能力和军事思想于一身的水面战舰从此发生了巨大的变化。14世纪中叶,北欧国家开始出现装有火炮的风帆战船。最初火炮主要被安装在舰首平台,通常可安装5~8门,最大射程达到2000米。后来为增加火炮装备数量,将火炮架放在中间船舷两侧,但射向是固定的,只能向两侧发射。1501年法国人发明了射击孔,使得更多重型大炮可以安置在船舱,分多层甲板排列于两舷,火炮的稳定性也得到了改进。这一时期的战舰体积有了进一步增大,而军舰的战斗力则取决于其体积和装备火炮数量。船只越大,则装载火炮数量越多,作战能力也就越强。如1520年英国建造的"大哈利"号排水量达到1500吨,装有口径60毫米~203毫米的火炮21门,是16世纪最大的战舰之一。

不过在较长时期内,火炮仍被视为第二位的作战武器,作战时首先在远距离进行炮战,接近后再以接舷战和撞击战击败对方。1588年,英国舰队与西班牙无敌舰队在英吉利海峡爆发海战,西班牙仍然依赖于接舷战和撞击战,仅把火炮作为次要武器。但英国舰队由于所有帆船都装备了大口径船舷炮,并利用帆船航行性能的优越性避开近战,以火炮给对方以沉重打击,这时的帆船最大航速可达10节(1节=1.852千米/时)。这次海战是火炮致胜的第一次海战,也是从以船舷作战方式为主过渡到以舰炮作战方式为主的一个转折点。到1652年第一次英荷战争时期，英国人按照战船上火炮的数量对战船进行了分类：第一级90门以上，第二级80～90门，第三级50～80门，第四级38～50门，第五级18～38门，第六级18门以下。第一、二、三级适合在编队中作战，称为战列舰，第四级为快速帆船，第五、六级为一般小型护卫船。此后，其他各国也仿效英国的做法，对战船开始了分类。这一时期开始出现关于海战的战术理论著作和条令。英国在1652年颁布了《航行中舰队良好队形教范》及《战斗中舰队良好队形教范》两个重要条令，强调航行和战斗时舰队队列的重要性。随着帆船吨位的增大，并普遍装备大口径火炮，到18世纪，舰炮作战方式已经发展为比较稳定的战列线式战术，即交战双方舰队始终保持各舰首尾衔接的纵列队形，沿着平行的航向接敌并进入战斗，以使每艘军舰同一舷侧的火炮都能向敌方舰船发射炮弹，充分发挥舰队及各舰的炮火威力。这种线列战术盛行于17世纪至18世纪，如1715年8月8日瑞典舰队与丹麦舰队的吕根岛海战、1717年7月威尼斯舰队与土耳其舰队的爱琴海海战、1756年5月20日英国舰队与法国舰队的米诺卡岛海战，以及1782年4月12日英国舰队与法国舰队的多米尼加海战都是采用战列线方式进行的。进入19世纪，在工业、科技最新发展成果的推动下，水面战舰在结构上发生的革命性变化使风帆战舰走向终结。

2.进入钢铁时代的水面战舰

水面战舰结构的革命性变化，实际上是得益于蒸汽机的发明并被应用作为船舶动力、火炮技术的进一步提高以及随之而来的装甲防护能力的提升等三方面因素的作用。1802年，世界上第一艘使用蒸汽明轮船、赛明顿的"夏洛特·邓达斯"号建成。5年后，罗伯特·富尔顿的"克莱蒙特城"号成为第1艘正式服役的蒸汽动力船。由于早期的明轮蒸汽动力船易受炮火损坏，并且在船舷两侧占据了本来可以用于安装火炮的宝贵空间，于是不久后就被人们改造成为采用尾部螺旋桨推进方式。这一期间火炮不仅在射程上进一步增大，并出现了来复线火炮和攻击威力更大的爆破弹。来复线极大地提高了枪炮命中目标的精度，而爆破弹对于木质船舷的毁伤威力达到了前所未有的程度。爆破弹的攻击威力迫使各国舰船开始采用装甲防护，这次法国人走在了前面。1859年，世界上第1艘海上装甲舰——法国"光荣"号快速护航舰下水。英国和其他海上强国立即纷纷效仿。到美国南北战争时期，装甲舰已经被大量使用。在1853年至1856年的克里米亚战争中，采用蒸汽动力的战舰显示出比风帆战舰更优越的机动能力。在技术革命的强力推动下，到19世纪后半叶，各国海军水面战舰均完成了由风帆木船向采用蒸汽动力钢铁舰艇的过渡。

20世纪以前，世界上还没有出现飞机、潜艇，水面战舰仍是海军的唯一兵力，海上的一切任务都由水面战舰完成。这一时期水面战舰在结构、作战武备和布局则已基本奠定了现代军舰的基础：可回旋的线膛炮取代了固定舷炮，并装备了鱼雷和水雷。水面战舰机动能力和火力的增强，以及鱼雷、水雷等武器的使用，使水面战舰在海战中不再局限于火炮的对抗方式，军舰的装甲防护也随之不断增强。水面战舰的某些部位的装甲厚度已达24英寸（1英寸＝2.54厘米），火炮口径达到305毫米。水面战舰的一般等级逐渐趋于分明：装备有大口径火炮和超厚防护装甲的大型水面战舰被称为战列舰;排水量、火力、装甲防护等方面仅次于战列舰的大型水面战舰被称为巡洋舰;主要用于在海上对付敌方鱼雷艇,并负责在主力舰决战前对敌舰队实施鱼雷、水雷攻击的中等排水量舰艇称为驱逐舰;主要担负港湾巡逻、警戒任务,通常在近海活动的轻型战斗舰艇则被称为护卫舰。

　　1906年,一种全新的战列舰横空出世,即英国海军的"无畏"号战列舰。"无畏"号战列舰采用了统一型号的重型火炮以及高功率的蒸汽轮机,排水量17900吨,航速21节。舰上布置有5座炮塔,10门305毫米主炮,24门76毫米副炮,5座鱼雷发射装置,舰体舯部装甲带最厚处及指挥塔装甲厚达280毫米,火力则超过当时其他大型装甲舰1倍以上。"无畏"号的建造,对其他主要海军强国水面战舰的发展产生了重大影响,被视为"现代战列舰的始祖",确立了其后30多年时间世界海军强国战列舰火炮与动力的基本模式。随后,德国"拿骚"级战列舰、美国"南卡罗来纳"级战列舰及其后续舰也纷纷采用"无畏"的标准。因而这类战列舰均被称为"无畏舰"。其特征可概括为:采用统一口径主炮(通常为11~13.5英寸),主炮塔布置于舰艏和舰艉,以及交错布置于舰身舯部,排水量多在20000吨以上,采用蒸汽轮机作为动力,航速超过19节。这一时期,英国和德国展开了大规模的海军军备竞赛。到1914年第一次世界大战爆发前,英国拥有战列舰及战列巡洋舰73艘,德国拥有52艘。随着舰艇机动能力和火炮性能、威力的不断增强,观察通信器材以及射击指挥仪的改进。舰艇作战主要体现为通过迅速机动抢占有利阵位,充分发挥火力和速度优势,对敌实施持续、猛烈的火炮、鱼雷齐射。

　　20世纪初,随着潜艇和飞机相继被应用于海战,水面战舰一统天下的局面开始被终结,海军逐渐发展为由多兵种组成的合成兵力。这使水面战舰面临的战场环境更加复杂,除需要与敌水面战舰作战外,还要对抗敌方潜艇、飞机以及水雷等。在第一次世界大战前期,大型水面战舰之间以大炮和装甲进行对抗被认为是主要对抗方式,如1916年5月31日英、德海军发生的日德兰海战即为以战列舰作为核心兵力进行的一场大规模海战。但随着时间的推移和技术的发展,潜艇和航空武器开始显示威力。据统计,整个一战期间,被水面战舰兵力击沉的战斗舰艇数量为83艘,占被击沉总数的23.3%,被潜艇击沉的水面战斗舰艇数量为56艘,占被击沉总数的15.7%,被航空武器击沉的水面战斗舰艇为3艘,占被击沉总数的0.8%。由于飞机和潜艇加入海上作战,并逐渐对水面战舰构成越来越大的威胁,因而要求水面战舰也必须随之具备对空、对海、反潜、对陆等前所未有的多方面作战能力。第一次世界大战期间,水听器问世,进而很快成为各国水面战舰用于探测潜艇的重要设备,配合舰载深水炸弹,使水面战舰拥有了一定的反潜作战能力。由于早期作战飞机普遍为技术相对简陋和飞行速度较低的螺旋桨式飞机,因此当时的水面战舰通过密集配置具有连续射击功能的高射炮,基本上能将敌方飞机有效阻止在可进行准确投弹攻击的距离以外,使舰艇免受来自敌方飞机的攻击。

　　尽管潜艇、飞机在海战中已经开始发挥作用,但其在某段时期内并没有引起更多人的足够重视。由于长期受巨舰大炮制胜的影响,至第二次世界大战前,大型战列舰仍是各国海军发展的重点,并继续作为海军的主要兵力。除英、美等国在二战前继续建造排水量3500吨以上、主炮口径增大至381毫米、406毫米的大型战列舰外,德国也倾力建造了标准排水量达41700吨的"俾斯麦"号战列舰以及50000吨的"提尔皮茨"号战列舰,配有 8 门双联装 380 毫米主炮、6 座双联装 150 毫米副炮、8 座双联装 105 毫米高炮、8 座双联装 37 毫米高炮、2 座四联装和 12 座单管 20 毫米高炮("提尔皮茨"号为 18 座 4 联装和 6 座单管 20 毫米高炮)。其主侧舷装甲达 320 毫米。日本则在 20 世纪 40 年代初完成了世界上最大超级战列舰、满载排水量达 72808 吨的"大和"号和"武藏"号的建造。该级战列舰的作战武备包括:3 座 3 联装 460 毫米口径主炮、2 座 3 联装 155 毫米副炮、12 座双联装 127 毫米舰炮、45 座 3 联装 25 毫米炮等。其侧舷装甲厚达 410 毫米,炮塔正面装甲达 650 毫米。假若海战模式依然停留在日德兰海战时代,上述巨型炮舰无疑仍是海战场的王者。然而,军事科技发展速度往往会很快将许多看上去思想并不保守的人的观念远远抛在后面。实际上,就在超级战列舰仍被各国海军视为海战场主宰而在吨位和火炮口径上不断刷新纪录之时,一个将在日后终结其地位的对手已经面世。

　　1903 年,首架飞机试飞成功,并在较短时间内不断得到完善和发展。飞机最初被应用于海军并由部分战列舰及巡洋舰等大型水面战舰搭载,主要是为了通过空中观察方式扩大警戒距离,以及为火炮远距离射击提供目标指示。1910 年 11 月,一批富有远见的美国海军人员做出了一项改变水面战舰历史的尝试。他们在"伯明翰"号巡洋舰上铺设了 25 米长的木制简易飞行甲板,并于该月 11 日成功进行了一架民用飞机的起飞试验。两个月后,他们又在"潘斯凡尼亚"号巡洋舰的舰尾铺设了 40 米长的飞行甲板,并成功地进行了飞机降落试验。这项试验虽然由于来自海军高层的阻力而没能得到继续发展,但立刻引起各国海军的重视。不久,英国即将其"伯加索斯"号巡洋舰改装成世界上第一艘以搭载飞机为主要使命的航空母舰,并于 1915 年加入现役。1918 年,英国开始建造被称为现代航母始祖的"竞技神"号航母。日本的"祥凤"号航母虽晚于"竞技神"号开工,却先于其下水服役。美国海军在 1919 年也获得了建造 1 艘航母的拨款,但真正对航空武器对海作战能力具有准确预见的则是威廉·米切尔准将。米切尔撰文疾呼,航空兵可以击沉任何水面舰船,"大炮巨舰"海战模式行将过时。从 1921 年至 1925 年,威廉·米切尔组织进行了多次成功的空中对海攻击试验,但最终遭到了当时美国海军保守当局的排斥和压制。后来,美国海军终于在珍珠港吞下了苦果。

　　从一战结束到二战爆发,短短二十余年时间,以舰载机为主战武器并具有海上机动能力的航空母舰在功能和使用性方面已经趋于完善和成熟。20 世纪 30 年代,英国建造的"皇家方舟"号航空母舰采用了全封闭式机库、一体化的岛式上层建筑、全通式飞行甲板以及液压弹射器,该舰被视为"现代航母的原型"。此后,美国"约克城"级、日本"翔鹤"级以及英国"光辉"级航空母舰均采用了与之近似的标准布局,但技术水平更高。这一时期的航空母舰排水量基本在 20000~40000 吨,可携带作战飞机 60~90 架。航空母舰搭载的飞机所能投放的炸弹、鱼雷已经明显比那些甚至最大的战列舰所发射的炮弹距离更远、威力更大。而且二战期间舰载机的作战性能也已有了相当惊人的发展和变化。然而,更多受"大舰巨炮"传统观念束缚的人显然并没有注意到这一点,或者不愿认可,因此只有事实才具有最强的说服力。1940 年 11 月 11 日,英国海军地中海舰队从"卓越"号航母出动 21 架"箭鱼"式鱼雷攻击机,对驻塔兰托港的意大利海军主力实施了空袭,在 1 个多小时内,以微弱代价取得击沉战列舰 1 艘、重创 2 艘,击伤巡洋舰及辅助舰各 2 艘的重大战果。这是航空母舰问世以来,首次直接用于突袭敌方重要军港的范例。而在 1941 年 5 月下旬英国海军围歼德国"俾斯麦"号战列舰的作战中,从"皇家方舟"号航母起飞的"箭鱼"式鱼雷攻击机实际上起到了关键性作用。这艘巨型战列舰被机载鱼雷毁伤了舵机因而丧失了脱逃的机会,终于被英国海军以优势兵力击沉。实际上,此时已经显露:即使是配备了大量防空火力的大型战列舰,在少量舰载攻击机的围攻面前仍会陷于难以招架的颓势。

同年 12 月 7 日,日本海军航母舰队仿效英国人在塔兰托的战法,对美国太平洋舰队基地珍珠港实施了空袭。日本人动用了更大规模的兵力:6 艘航母搭载的 414 架各型舰载机,使用炸弹、鱼雷对停泊在港内的美舰实施了近 2 个小时的猛烈攻击。美军损失惨重:5 艘战列舰、3 艘巡洋舰、3 艘驱逐舰被击沉,3 艘战列舰受损,188 架飞机被摧毁、155 架飞机受损,死亡 2403 人。仅隔 3 天,英国海军 Z 舰队主力"威尔士亲王"号战列舰、"反击"号战列巡洋舰在马来海域被日海军第 22 航空战队击沉。马来海战则被认为是航空兵攻击、歼灭航行中战列舰的首次战例。发生在 1942 年 5 月 3 日至 8 日的珊瑚海海战,是美、日双方首次在目视距离之外的海上作战,标志着航空母舰在海战场的地位已经确立。在 1942 年 6 月 3 日至 7 日的美、日中途岛战役中,日本海军由于损失了 4 艘主力航空母舰,完全丧失了太平洋战争的战略主动权,使战局发生了根本转折。到二战后期,日本 72000 吨的"武藏"号和"大和"号超级战列舰如靶标般在成百架美军舰载攻击机的持续围攻下先后覆灭,从而意味着大舰巨炮时代彻底结束,航空母舰成为海战场的主宰装备。在二战太平洋战区,仅美国航空母舰上的飞机就取得击毁日本飞机 12000 架、击沉日本海军战斗舰艇 168 艘、商船 359 艘的战果。当然,航空母舰毕竟只是以舰载机为主战武器并作为其海上活动基地的水面平台,直到今天其始终不适于单独活动,而是与其他舰只组成作战群编队。整个编队以航空母舰为核心,在战时同时使用多兵种、多舰种、多机种进行对空、对海、对陆以及对潜作战,夺取战区制空权和制海权。

二战期间,频繁并且规模较大的登陆作战也相继出现。如 1943 年 7 月同盟国在意大利西西里岛实施的登陆作战,1944 年 6 月同盟国在法国诺曼底的登陆作战,以及太平洋战场日美双方在岛屿争夺战中实施的大量登陆作战等,促使水面战舰出现了专门的登陆运送舰艇和登陆工具,丰富了水面战舰遣送登陆部队和对岸火力支援等方面的作战装备。水雷的广泛使用,也促进了扫雷舰艇向更加专业化发展。而随着海军飞机、潜艇作用的提高和水面战舰作战武器射程的增大,对海、空作战目标进行早期发现以争取尽可能提前的应战时间已经变得至关重要。从二战中后期起,各主要海军强国开始在军舰上配备雷达,使之对海、空警戒能力和目标搜索距离较以往大为提高。同期,各国还先后发展出了由声呐、指挥仪以及鱼雷发射装置构成的反潜武器系统,以及由雷达、指挥仪和火炮构成的舰炮武器系统,使舰载作战武器的命中率有了大幅度提高。海军航空兵和潜艇尽管在战斗使用上已经表现出水面战舰所不具备的优点,但其固有的局限性也使其不可能完全取代水面战舰兵力在海军中的作用和地位。二战经验表明,海上作战已经成为多兵种的协同作战。

3.水面战舰的现代化

第二次世界大战后,各种海军作战武器的持续进步,以及核技术等先进动力技术、电子技术的运用等,继续改变着水面战舰的技术性能、作战能力和海战模式。1967 年 10 月 21 日,发生在埃及塞得港附近海域的那场有史以来首次使用舰对舰导弹的小规模海战,开创了人类海上战争形态的新纪元。当日,埃及海军使用排水量不足 80 吨的苏制"蚊子"级导弹艇和 SS-N-2"冥河"式反舰导弹,一举击沉了排水量 1710 吨的以色列"埃拉特"号驱逐舰。此举顿时令整个世界对反舰导弹的作战威力刮目相看,同时极大地推动了世界各国反舰导弹及导弹艇的发展。多国海军在较短时期内迅速研制和发展了各种射程更大、攻击精度和威力更强的舰载导弹,进而使之逐步成为主要的对海、对空作战武器。进入舰艇武器导弹化时代后,海上作战主要在目视距离以外展开,对敌实施导弹攻击和防御敌方的导弹攻击成为水面战舰的主要作战方式,从而使战场空间扩大。进入导弹时代的海上局部战争表明,从飞机、舰艇和潜艇发射的反舰导弹已经成为水面战舰最大的威胁,分秒之际即呼啸而至的各种高速、精确打击武器,在攻击速度和战术性能方面均远远超出人力及时判断和决策的能力极限。因此,要求水面战舰必须发展出能够对目标进行快速探测、跟踪,进行数据处理及显示,并将先进作战武器予以高度集成的自动化作战系统才能与之有效对抗。

20 世纪 60 年代,随着水中探测技术的进一步发展,发达国家海军舰艇开始装备拖曳声呐。70 年代装备拖曳线列阵声呐,使水面战舰具备了更远距离和更强的对潜探测能力。而随着反潜自导鱼雷、反潜导弹乃至反潜直升机的上舰,水面战舰的防空、反潜作战能力进入新的时代,水面战舰作战也更加呈现出大范围的对空、对海、对潜立体化特征。由于现代防空、水面和反潜作战对舰艇作战系统具有不同的要求,同时上述各领域作战系统都是独立发展而来,并且随着探测设备及作战武器性能的不断提高,先前相对分散的系统配置已经难以适应更加复杂和快节奏的现代海上作战需求。从现代海上局部战争看,现代水面战斗舰艇必须同时具备对全方位来袭的高速飞机、反舰导弹和鱼雷的快速应对能力,是一种全新的、接战空间范围更大但所需决策、反应时间却更加短促的海上三维立体作战样式。单艘军舰要想同时满足这种立体化、全方位和多方式的各种战斗任务需求,不仅需要同时配备能够执行各种作战任务和应对各种威胁所必需的多种探测设备、自动化作战指挥及武器系统,而且必须将具有不同任务需求的舰载探测设备及作战武器系统,在有限排水量的水面战舰上实现综合,从而依靠能够对各种作战目标进行快速探测、自动识别、跟踪,以及数据处理、显示,并将各种先进作战武器予以高度集成的自动化作战系统从事现代海上作战。换言之,现代海军舰艇是整体的武器系统,由平台与负载有机结合组成,舰载的各种电子、武器装备,包括枪炮、导弹、舰载机,乃至战略巡航导弹都只是舰艇整个武器系统的分系统。对现代作战舰艇而言,任何舰载武器配置都已不再仅仅考虑该武器系统的单一功能,而是从属于整个舰艇综合作战能力的需要。

在 20 世纪 70 至 80 年代,随着集现代先进电子技术、信息、通信技术以及计算机技术一体的舰艇 C4I 系统的出现,使水面战舰由以往分散的单机单控、单个系统多机分控,开始走向系统集成和舰艇总体功能的一体化。舰用作战指挥系统可接收并实时处理各种探测设备信号,并能够同时对空中、海上、水下目标进行捕获和跟踪,准确计算并显示各种目标航迹和运动参数,快速提供敌我态势图像和威胁判断,并自动为火控系统提供同步指示,实现了具有高度自动化水平的对多领域、多方向、多批次、大纵深和多目标进行自动跟踪和攻击的现代综合作战能力。而伴随着各种先进探测、通信设备及新式舰载制导武器的发展,电子对抗逐渐成为重要的现代攻防作战手段和方式。在现代海战场上,舰艇的各种探测、通信及武器装备系统始终都是在激烈复杂的电磁环境中工作,以电子对抗为主要方式的软兵器和软硬一体化作战方式,已经对现代舰艇作战产生了重大影响。因此,各种电子战装备已经成为现代水面战舰必不可缺的重要装备,并且其作用仍在日益提高。

水面战舰由于其自身在海洋背景下均具有明显的目标特征,战时在广阔的洋面一旦处于敌方包括雷达、红外探测仪、声呐以及磁探仪等多种现代先进探测设备的作用下,因其明显的雷达反射、红外或水下噪声辐射、可见光特性和磁特性,乃至自身的电磁辐射等诸方面特性,易于被各种侦测设备所发现及被各种精确制导武器跟踪和命中。因此,现代高技术战争环境要求作战舰艇首先必须在降低被发现距离和概率,也就是使之具有较好隐身性能,才能具有更强的作战能力和生存能力。自 20 世纪 80 年代以来,世界上各先进海军国家为提高其舰艇在高技术海战场的作战能力和生存能力,对海军舰艇隐身技术均进行了广泛的探索和较大投入,在多领域提出了多种多样的隐身概念并逐步转化为实用技术。其中主要包括:采用尽量减少其自身的雷达辐射截面积的外形结构设计;对于难以在设计上消除的一些强反射部位或区域,则采用雷达吸波材料尽量降低雷达反射;采用降低热源辐射温度和改变热表面辐射率的技术方法、对舰艇的机械装置采取包括弹性基座和减振筏座等隔振降噪措施以降低其辐射噪声等。上述舰艇隐身技术的广泛应用取得了明显成效。目前,各发达国家海军已经基本实现令数千吨级水面战舰的目标特征仅相当于数十吨渔船的较高水平,从而大大降低了敌方先进探测设备的发现距离及目标识别概率,同时在战时也能够有效降低敌方多种先进制导武器的捕捉概率,极大地提高了作战装备在现代高技术海战场环境下进行隐蔽部署、隐蔽机动的作战能力。这些最新设计、建造的水面战舰与传统设计已经大相迥异,外观十分简洁,但各种舰载设施、武备一应俱全,作战能力更是有增无减。

进入 21 世纪以来的现代高技术战争,首先是系统与系统、体系与体系的对抗。当今高技术局部战争表明,现代先进海上作战体系早已不是只靠舰艇或舰队自身的探测手段感知战场乃至整个战区敌我情况和动态,而是能够利用现代先进信息、通信技术借助舰外包括远距离侦察、预警机、水面战舰、潜艇,乃至外层空间的侦察卫星实现对前所未有的广阔海域和空间范围进行全天时、全天候、全方位了解战区情况。特别是由于天基军事系统的介入,使高技术海战场环境和战争形态发生了根本性变化。侦察卫星系统将观察、监视范围从广阔海洋一直延伸到其基地、码头,直至深远纵深,从而使前所未有的巨大战场空间被一览无余并且越来越透明。卫星技术的应用同时极大地增强了舰艇的打击和防御作战能力,如卫星通信的应用使现代水面战舰能够进行可靠的远距离通信,而几乎不受天气的干扰;卫星导航使现代水面战舰的隐蔽机动和远距离精确作战能力达到前所未有的水平,特别是高精度卫星导航与卫星通信的结合为舰艇的远程作战武器提供了与电子地图进行地形匹配的工具,使之具备完全依赖外部平台或卫星数据,对远距离作战目标实施隐蔽的超视距精确打击的作战能力;卫星预警则为现代水面战舰提供了最大限度的防御纵深和拦截能力。而以大容量通信卫星系统为枢纽的战区C41SR则将整个广阔战区的地面、海上、水下、空中所有作战力量和武器系统凝聚成攻防兼备的有机整体。由此可见,舰载卫星通信系统已经成为现代海军舰艇作战系统最重要和必不可缺的构成部分之一。

现代海军舰艇作战需要同时了解并掌握包括高空、中空、低空、海面、水下、岸陆以及电子、海洋和气象各种领域的实时信息和情报,并且需要具备能够有效防御包括导弹、鱼雷、电子等来自多领域、多种攻击方式的同时,具有对超视距的远距离作战目标实施有效打击的作战能力。在这种全新的战场环境和作战样式面前,仅仅依靠目前即使具有最先进自动化作战系统的单舰实际上也已无法满足需求。现代水面战舰是凭借更广大的战区C4ISR系统实现对各种战场信息收集、传递、处理、评估的高度自动化,以及对各种作战目标捕捉、跟踪、定位、打击的一体化以及通信的全维化。当今海军强国的舰艇作战系统在功能上已经具备将来自外层空间系统,空中的预警、侦察及作战系统,其他水面战舰、潜艇,乃至陆上军事力量的各种目标信息通过先进的战区信息网络和各种分布广阔的探测装置、作战单元及武器系统和指挥控制系统做到战场态势共享,从而使地理上分散和高度机动的作战单元通过强大的信息网络系统发挥高效、协调一致的整体作战能力。在这个全新的战争形态和作战体系中,海军舰艇并不仅仅被纳入海军某一领域的作战体系,而且还被纳入了更大的、包括多个领域、多种作战方式、多维的巨大体系。

对世界上更多濒海国家的海军而言,水面战舰始终是其用以执行日常军事活动、海上作战以及登陆作战的主要兵力,并且无论是舰艇数量还是吨位,水面战舰装备始终居于首位。现代水面战舰由于普遍装备了各种较先进的攻防武器和电子探测设备,具有较强的攻防作战能力、生命力和持续作战能力。现代作战舰艇的使用功能包括隐蔽、机动、预警、探测、侦察、通信、指挥、控制、火力和电子对抗等众多任务领域,可以在海上单独或与其他海军兵力一起遂行多种军事任务。由于水面战舰装备武器众多、通用性好,能够活动于广阔海洋,也可以在近岸、浅水区及岛礁区活动。特别是大中型水面战舰拥有比飞机、潜艇大得多的装载能力和生命力,可携带较多数量的武器弹药和作战物资,并具有较强的适应气象环境的能力,在有补给舰伴随的情况下,可在海上进行长期部署和连续执行任务。从传统上看,水面战舰军事任务包括:战时对敌水面战舰、潜艇和运输舰船实施攻击,对空中目标进行攻击和拦截,对敌陆上目标实施攻击,布设水雷障碍与反水雷,以及从事海上侦察、保障、掩护、封锁、防御和海上救生、运输等。现代水面战舰普遍装备的多种现代化观察、侦察、通信及水声器材,具有持续、稳定的立体探测和通信能力和多种作战指挥手段,并且受自然因素限制小,易于达成稳定、可靠的战场控制和作战指挥,便于在广大海域范围内组织众多兵力集团乃至多军、兵种的协同作战,并且在现代海上多兵种协同作战中,也只有水面战舰具备全天候持续作战能力,以及掌握海上作战空间的全部信息。所以在现代多兵种海上联合战役中,也只有水面战舰具备统一、协调各军兵种作战的能力。在和平时期,水面战舰可以长期在有争议的海域进行部署和巡逻活动,通过显示海上力量的客观存在造成长期有形的威慑,迫使敌对方不敢妄动,起到不战而屈人之兵的作用,因而也是和平时期开发和利用海洋的重要保障力量。

综上所述,今天人们对海军水面战舰的任务、使命以及作战能力、生存能力的要求已经不再孤立地考虑其自身有限的作战能力,而是同时考虑其在整个体系中所应当发挥的作用,从而兼顾和服从建设、发展整个作战体系的需求。

(二) 航空母舰

航空母舰是以舰载机为主要武器并作为其海上活动基地的大型水面战斗舰艇,利用舰载机对数百千米之外的目标进行空中截击和对海、陆目标实施攻击。航空母舰的面世与应用把海战的模式从平面推向了立体。自二战结束以来,随着以喷气式飞机为代表的航空装备,以及包括核动力在内的现代船舶科技的飞速发展,航空母舰的总体技术和作战能力不断达到新的水平。航空母舰在本质上是一座具有高速机动能力的海上浮动机场,在比较狭窄的舰体空间内将部署和使用一定规模航空兵力所需的各种必要的设施进行综合性叠落布置,全面兼顾各方面使用功能和要求。如具有足够的空间供一定数量飞机及其人员和支援设施的存放和作业;具有足够的适航性以满足舰载机的作业要求;在动力、航速上能够满足飞机起降的要求;在支援能力上能够满足人员、舰载机和各种设备的后勤支援的要求;拥有较为完善的舰载指挥引导控制系统。现代航母采用的动力装置主要是核动力与蒸汽轮机,有些小型航母则以燃气轮机为动力。

现代航空母舰配备的舰载机包括战斗/攻击机、预警机、固定翼反潜飞机、电子战飞机和救援直升机等,担负远距离攻击、防空、警戒、巡逻、空中预警和救援等多方面重要任务。舰载机的性能与作战能力很大程度上决定着航母的作战能力。航母上的航空支援系统技术包括与运用飞机有关的各种装置、设备、系统技术,如机库和飞机升降机、弹射器和阻拦装置,以及飞机移动、停驻、支援地设备系统等。航母的空情处理及舰载机的指挥引导设备和舰载机能力也在很大程度上影响甚至决定了其使用效能。现代航母均采用了集作战指挥、控制、通信、情报及计算机为一体的 C4I 综合性作战管理系统。在结构上则重视抗沉性设计,并对机舱、弹药舱等重要舱室均采用全面装甲防护。同时,配备有多种对空、对潜防御武器系统及各种探测和干扰设备,具有大大高于一般水面战舰的防护能力和战场生存能力。因此,现代航母是高技术密集、舰机结合、攻防兼备、机动灵活、坚固难损、最具战斗力的海上多维作战系统,也是目前最为复杂的海军军事工程系统。目前,世界上有美国、法国、英国、俄罗斯、意大利、西班牙、巴西、印度、泰国和中国等 10 个国家的海军拥有航空母舰。其中,美国海军装备的航空母舰吨位最大、数量最多、技术水平最先进,其他国家海军则均为中型或轻型航母。航空母舰历来不单独活动,而是与其他舰只组成作战编队。整个编队以航空母舰为核心,在航母 C4I 系统的指挥控制下,能够对方圆上千千米范围的各种空中和海上目标进行实时探测、监视、识别、分类、跟踪、数据显示、威胁评估、航迹截获以及作战武器选择等。战时可同时使用多兵种、多舰种、多机种进行对空、对海、对陆以及对潜作战,夺取战区制空权和制海权。一支现代航母编队能够在中远海和数百千米范围内独立实施一体化、全天候、大范围、高强度和长时间的海上作战。其对于现代海军以及在现代海战场的重要地位和作用,是任何其他海军武器装备都无法替代的。

2.巡洋舰

早期的巡洋舰是指具备远洋活动能力、吨位和火力仅次于战列舰的海军主力舰种。其排水量约 8000~20000 吨,最大航速一般为 32~34 节,装备 152 毫米~203 毫米大口径主炮和较厚装甲。二战前至二战期间巡洋舰主要担负为航空母舰及战列舰护航,以及对敌舰船、岸上目标实施打击等。按排水量和主要武器装备的不同,还可分为重巡洋舰和轻巡洋舰等。舰载导弹武器的兴起使那些以火炮为主要作战武器的巡洋舰退出了历史舞台。因而,巡洋舰随之进化为以各种反舰、防空及反潜导弹为主要作战武器的导弹巡洋舰。二战后各种新式舰载武器和船舶技术的不断发展,特别是驱逐舰日益趋向大型化,使得以往以主炮口径、装甲、舰体结构和航行能力等已经无法准确区分巡洋舰和驱逐舰了。因此,人们更倾向于根据其所承担的任务及作战能力来定义。一般认为,巡洋舰不仅具有更大的排水量及更强的远洋活动能力,同时其舰载武器装备可担负更大强度的对空、对舰、反潜和对陆多方面作战任务,并且具有编队作战指挥功能。

为进一步提高其远洋活动范围和持续作战能力,战后美国和苏联还分别建造了采用核动力的导弹巡洋舰,但经过使用被认为经济性和性价比并不突出。目前,世界上只有极少数的国家海军还使用巡洋舰的名称,这是因为实际上今天的巡洋舰与驱逐舰在吨位、装备及综合作战能力上的差别已经很小。有些国家出于某种需要,将其接近巡洋舰指标的大型水面战舰命名为驱逐舰。如日本"金刚"级、韩国"世宗大王"号导弹驱逐舰满载排水量均接近 10000 吨,美国海军"阿利·伯克"级驱逐舰也有 9000 多吨。而被称为巡洋舰的"提康德罗加"级则不足 9000 吨。在舰载武器及作战系统方面,前者无疑已胜过后者。20 世纪 90 年代以后,包括美国和俄罗斯海军在内,均无继续建造巡洋舰的计划。以发展的眼光看,未来其地位和作用将逐渐被大型驱逐舰取代。

3.驱逐舰

驱逐舰最早是指主要用于在海上对付敌方鱼雷艇,同时可使用鱼雷攻击敌方大舰的中型战斗舰艇。20 世纪初,各国海军开始在驱逐舰上安装大口径火炮和更大口径的鱼雷发射管,并将其发展成可伴随主力舰队进行远洋行动的舰队型驱护舰。到一战前,由驱逐舰组成的鱼雷战舰艇部队已经成为海军舰队的基于兵力.在担负打击敌方鱼雷舰艇任务的同时,还负责在主力舰决战前对敌舰队实施鱼雷攻击,以削弱敌方作战能力。一战时期,各海军强国的驱逐舰频繁担负着主力舰队警戒与护航、海上布雷、反潜、保护己方补给线等多种任务。到一战结束时,驱逐舰在吨位、火力、航速、续航力等各方面较以往都有了很大的提高。进入二战时期,由于水面舰队面临的空中威胁以及潜艇威胁的不断增大,各国海军随之对驱逐舰的防空及反潜作战武备进行不断加强,使之成为具备对海、对空、对潜以及对岸综合作战能力的多用途舰种。尽管驱逐舰并不像航空母舰和战列舰那样战绩显赫,但在以往历次海上战争中都发挥了无可替代的作用。

二战后,喷气式飞机以及核动力、常规动力潜艇等航空及水下作战武器性能的进一步提高,使驱逐舰必须配备更加先进、探测距离更远的探测设备,和技术性能更可靠的作战武器。加之20世纪60年代后舰载武器和作战方式的导弹化,都使得驱逐舰的排水量日益增大。进入20世纪70年代,现代科技的迅速发展使舰载武器装备和电子设备的性能又有了很大进步,特别是计算机技术的发展使驱逐舰进入到新的发展阶段。与以往相比,这一时期各国海军建造的驱逐舰在排水量、动力装置、武器装备及电子设备方面都有了明显提高,排水量也从先前的1000~3000吨以内迅猛上升至6000~8000吨左右,动力系统开始采用燃气轮机,普遍装有反舰导弹、防空导弹、反潜鱼雷、反潜直升机、电子战设备、舰壳声呐和拖曳线列阵声呐,以及新型作战指挥系统。

20世纪80年代至90年代,现代科学技术较70年代又有了突飞猛进的发展,从而给驱逐舰的发展带来新的机遇。相控阵雷达技术、导弹垂直发射技术、远程巡航导弹技术、作战系统技术以及隐身技术等多方面关键技术先后取得突破,使驱逐舰的技术水平、执行任务的能力、生存能力和综合作战能力等各方面较70年代又有了显著提高,并在一定程度上开始动摇巡洋舰的地位。现代驱逐舰称为“海上多面手”,以导弹、鱼雷、舰炮等为主要武器,可担负攻击敌水面战舰、舰艇编队防空、反潜以及护航、侦察、巡逻、警戒、布雷、袭击岸上目标、支援和掩护登陆等作战任务,是现代海军用途最广泛、数量最多的舰艇。由于用途广泛,驱逐舰是世界上各主要海军国家水面战舰中的骨干力量,并且始终是各主要海军国家重点发展的舰种之一。

4.护卫舰

护卫舰早期是指主要担负港湾巡逻、警戒任务,通常活动于近海的轻型战斗舰艇。世界上第一批专用护卫舰是俄国鉴于日俄战争期间日舰多次闯入俄国海军基地,对俄舰实施鱼雷、炮火袭击的教训而设计建造的,其排水量在400~600吨,主要装备小口径舰炮,适航性差、航速低,只适合担负近海警戒、巡逻任务。第一次世界大战爆发后,由于德国潜艇对协约国舰艇和商船构成严重威胁,出于保护海上交通线的需要,协约国一方开始大量建造护卫舰以用于反潜和护航。这时的护卫舰吨位、火力、续航性等都有了提高,较大的护卫舰的排水量达到1000吨,航速达到16节,具备了一定的远洋作战能力。其主要作战武器包括中小口径火炮、鱼雷和深水炸弹等,在现代海军中的地位、任务和使命基本确定。二战时期,德国再度实施潜艇战,同时飞机对海上舰队和运输船队的威胁也迅速增大。因而,盟国海军认识到需要加强护卫舰的续航力、航速和武器等,尤其是发展反潜和防空武器。为此,盟国开始建造作战能力更强、排水量更大的护卫舰。这一时期的护卫舰排水量达到1500吨,航速达到18~20节,其中一部分护卫舰性能已接近当时护航驱逐舰的功能。

二战结束后,护卫舰继续在各国海军中占有重要地位,并进入到新的发展时期。但由于各国海军战略与兵力结构不尽相同,因此各国护卫舰的发展方向也有所差异。美国海军护卫舰主要用于为海上运输船队护航、保护两栖舰队渡海和支援登陆作战。因此,强调燃料、弹药储备量大,生活设施和舱室宽敞舒适,武器系统装备较齐全。西欧国家海军根据北约分工,比较注重反潜护航作战,兼顾防空、对海,并注重较大的续航力和较好的适航性。苏联则认为护卫舰应当是具有灵活机动作战能力的海上突击兵力,强调火力密集,尤其突出对海攻击与对空防御。总体上看,战后护卫舰的主要任务除为大型舰艇护航外,绝大多数国家都将其用于近海警戒、巡逻或护渔、护航。20世纪70年代以后,由于导弹及直升机开始广泛应用于舰艇,出现了导弹护卫舰的概念。有一段时期,人们曾按照装载武器的侧重将护卫舰分为通用型、反潜型和防空型等。但由于后来护卫舰在发展中趋向既装反舰导弹,同时也装防空导弹、反潜鱼雷甚至反潜导弹和直升机,具备较全面的攻防能力,能够执行多种任务,因此这种分类界限已越来越模糊。

目前,人们主要按排水量分类,一般将排水量500~1500吨的称为轻型护卫舰,1500~3000吨级的称为中型护卫舰,3000吨级以上的为大型护卫舰。轻型护卫舰一般均配备76毫米以下的中口径火炮及小口径近防炮,近半数装有4~8枚反舰导弹。各国海军根据需要在部分舰上也装有点防空导弹或鱼雷、深弹等武器,少量装备有直升机。其相对排水量较小,因此续航、适航性能相对较低,仅适用于近海或近岸作战,通常被用于承担保护海上经济区及护渔护航、巡逻、警戒等作战强度相对较低但使用强度较大的任务。中型护卫舰 般装备1~2座中口径火炮、2~4座小口径近防炮,大部分装有6~8枚反舰导弹,1/3配备有点防空导弹,绝大部分装备有反潜鱼雷或反潜导弹,近半数配备有直升机。由于排水量增大,其续航力、适航性等得到改善,因此除可担负轻型护卫舰所能承担的任务外,还能组成护卫舰编队或参加组成驱护舰编队,执行对海攻击、反潜等作战任务,部分具有对空自卫防御能力。排水量较大的中型护卫舰基本可用于中远海作战,其武器装备较全面,并且火力较强,一般装备1座中口径火炮、2~4座小口径近防炮,绝大部分同时装备有反舰导弹(通常8枚)、舰空导弹和反潜鱼雷或深弹(部分还装有反潜导弹)以及1~2架直升机等。其排水量较大,续航力、自持力大,适航性与居住性较好,适合于长时间远洋作战,可执行任务面较广,一般可同时担负反舰、反潜及自卫防空等任务,少量装备有区域防空导弹,可担负编队防空任务。大型护卫舰既可单独组成编队或参加驱护编队作战,也可担负航母等大型舰艇的护航任务,在部分海军已经有逐渐取代现有驱逐舰的趋势。随着现代科学技术的不断发展,综合电力推进系统在技术先进国家开始得到应用。同时各国新一代护卫舰普遍采用整体隐身设计以及其他多方面隐身技术措施,并重视其信息处理、传输与控制技术的应用。因此,护卫舰作为用途广泛、机动灵活、造价适中的舰种今后还会得到更大的发展。

5.两栖战舰

两栖战舰是指为从事海上兵力和武器装备输送,并实施由海向岸登陆作战而专门制造的舰艇,其包括多种不同类型的舰艇。一般认为,最早专门设计用于两栖登陆作战的登陆战舰艇是1916年俄国黑海舰队装备使用的一种平底货船,这种船排水量 100~1300 吨,其吃水很浅,十分适于运送部队抵达海滩实施登陆作战。在第一次世界大战后期,英、美等国改装和建造了一批与其功能类似的登陆艇,排水量在 10~500 吨,艇上装备机枪或小口径舰炮,艇艏开有舱门,便于人员和车辆下船登陆。这是最早的登陆艇,航速较低,续航能力 200 千米~1000 千米。在登陆作战中,登陆部队一般需要搭乘运输船或军舰至附近海域,再换乘登陆艇突击上陆。二次世界大战期间,随着欧洲和太平洋战事的变化和进展,需要具有远洋输送及大规模登陆作战的两栖战舰,因而产生了能够同时装载作战人员、装备及物资的大型登陆舰、船坞运输舰和船坞登陆舰。1940 年,英国建造了首批大型登陆舰,此后其他国家也相继建造了大量登陆舰。登陆舰多采用柴油机作动力装置,航速 12~20 节。舰上装载舱内设有斜坡板或升降平台、牵引绞车等,并拥有比较齐全的观通、导航设备,以保证航行安全和通信联络,配有舰炮等武器,主要用于防空和为登陆作战提供火力支援。目前,大型登陆舰排水量 2000~8000 吨,续航力 3000 海里以上,舰上可装载坦克 10~20 辆,战斗人员数百名。中型登陆舰排水量 600~1000 吨,续航力 1000 海里,可装载坦克数辆,战斗人员数百名。

最早的船坞运输舰和船坞登陆舰则由美国在二战期间设计生产,其主要特征是排水量更大,同时舰内设有 1~2 个巨大的坞舱,在舰艉或艏部有活动水闸。当水闸打开时,舰艉(艏)部分沉入海水中,使其装载的登陆艇或两栖车辆直接从坞舱驶出。在战后数十年当中,两栖作战在各种地区性冲突及局部战争中的作用日益突出,使两栖战舰成为解决地区危机的重要兵力,远洋性能得到更加重视。20世纪 70 年代后,两栖战舰进入现代化发展阶段。在此期间,美国海军在总结以往两栖战经验的基础上,提出了"均衡装载"和"垂直登陆"等新的两栖战战术思想,其建造的"安克雷奇"级船坞登陆舰和"塔拉瓦"级通用两栖攻击舰即为上述战术思想的体现。20 世纪 80 年代中期,美国着手研制多功能两栖攻击舰和新的船坞登陆舰。冷战结束后,为了应付越来越多的地区性纠纷,欧洲各国在进行大规模裁军的同时,也在加紧组建快速部署部队。因此,各国相继建造各种两栖战舰。

目前,两栖战舰已成为各海军强国必不可少的重要组成力量。现代两栖战舰包括传统的登陆舰、船坞式运输/登陆舰、两栖攻击舰,以及采用新的上陆输送方式的气垫登陆艇等多种装备。船坞式运输/登陆舰满载排水量通常都在万吨以上,最大航速高于 20 节,其主要功能是将运载的登陆部队及其装备,运到指定海域,然后由其自身携带的直升机、登陆艇等登陆工具转送上岸。船坞登陆舰以坞舱为主,也有直升机平台,一般没有机库,通过其所携带的登陆艇、两栖输送车和直升机,将登陆部队及其装备输送上岸,侧重于两栖登陆作战,也具有一定攻击能力,是世界上装备数量较多的一型两栖战舰。船坞运输舰是以载运登陆艇、两栖输送车、直升机实施渡海登陆作战的两栖战舰,与船坞登陆舰较为相似,但侧重运输。两栖攻击舰则属航空母舰型的直升机母舰,以运输直升机为主,有较强的攻击能力。其设有全通式直升机起降甲板,载有较多的直升机或垂直/短距起降飞机,飞行甲板可同时起降 7~8 架直升机。下方为机库和登陆车辆舱。直升机和车辆采用升降机运送至飞行甲板。同时,其坞舱也具有运输登陆部队及其装备的能力。舰上设有指挥中心、导航设备乃至较齐全的医疗设施等。如美国建造的"黄蜂"级两栖攻击舰,满载排水量达 40532 吨,最大航速 22 节,可携载 42 架各种直升机、6~8 架垂直/短距起落飞机。舰上并配有舰炮等武器,可载运近 2000 名登陆作战人员及武器装备。

气垫登陆艇则是战后世界各国在两栖作战武器发展中取得的又一项重要成果,它是利用船上大功率风机产生高于大气压的空气,并把空气压入船底与水面或地面之间形成气垫,而将船体全部或大部分托离水面高速航行的先进技术船舶。其具有较高的航速和独特的两栖性,是比较理想的登陆输送工具。由于气垫登陆艇在战斗装载的情况下,仍能以 30~40 节甚至更高的航速航行,从而能够大大缩短登陆部队暴露于敌岸防火力威胁的时间,加快上陆速度,在增大战术突然性的同时,提高登陆部队的安全性。目前,已有多种型号及载重能力的气垫登陆艇为许多国家海军装备使用。

6.导弹快艇

导弹快艇是以反舰导弹为主要武器,用于近海作战的现代小型战斗舰艇。其最早是由苏联于 20 世纪 50 年代中后期率先研发,并逐渐将其扩散到许多急需加强海防的第三世界国家。导弹快艇首次参战是 1967 年 10 月 21 日,埃及海军使用排水量不足 80 吨的苏制"蚊子"级导弹艇和 SS-N-2"冥河"式反舰导弹一举击沉了排水量 1710 吨的以色列"埃拉特"号驱逐舰。导弹艇自问世以来充分体现了其吨位小、造价低、建造快、易于迅速形成战斗力和兵力规模;同时具有目标特征小、隐蔽性和机动性较强,以及作战距离远、攻击威力大等多方面优点。但受吨位及适航性和续航能力的局限,使其始终只适合在近岸浅海水域作战。并且其有限的平台空间也难以安装可靠的远距离防空武器及反导拦截火力,这在交战距离日益扩大、攻击精度日益提高的现代海战场,其防御能力和生存能力较差的一面逐渐暴露。进入 20 世纪 80 年代以来的局部战争及海上冲突表明,作为反舰导弹发射平台的小排水量导弹快艇尽管有着令人生畏的制海攻击能力,但同时也受制于其较小的吨位而缺乏可靠的综合作战能力,尤其是因其防空、反导作战能力十分薄弱。现代海军观察、警戒范围的进一步扩大也使导弹快艇目标特征小、隐蔽性强,以及航速高的优点不再突出。

许多早期生产的小排水量战斗舰艇在电子对抗能力及近距反导作战能力方面的不足,使其对来袭的各种精确制导武器防御不力。同时,小排水量战斗舰艇在遭受攻击后的自救能力和生存能力,也完全不足以与大、中型水面战舰相提并论。但在近岸复杂地形以及沿岸陆地防空火力的掩护下,其对敌方各种海上目标仍然具有很大威胁,因此仍是许多沿海国家海军的重要作战装备。其今后发展方向呈现两种趋势,一种是趋向大型化,即增大尺寸、排水量和空间,使之在配备反舰导弹的同时,增设防空、反潜等武备,成为一种轻型多用途舰艇,除可执行攻击任务外,也担负巡逻、警戒、反潜、布雷等其他任务。另一种则是继续走小型化但侧重隐身设计和高速机动性,同时具有一定反导防御能力,这实际上也是各国海军根据其具体需求的选择。

目前,各国海军拥有的导弹快艇排水量通常为数十吨至数百吨,航行速度 30~40 节,有的可达 50 节,续航能力 500~3000 海里。艇上通常装有反舰导弹 2 至 8 枚,配备 20 毫米~76 毫米口径舰炮,吨位较大的快艇还可携带鱼雷、水雷、深水炸弹和轻型舰对空导弹等,配有探测、武器控制、通信、导航、电子战等设备。现代海军大范围观察能力的不断提高,以及随着舰载直升机的普及,使目前的大、中型舰艇普遍具备了一定的空中攻击能力,导弹艇曾经拥有的先敌发现、隐蔽接敌、高速机动等优势被消除。同样,由于现代海军武器装备技术的发展,也使导弹艇在实现平台隐身化和导弹远程化的同时,具备了利用艇外远程探测和中继制导技术对作战目标实施远距离超视距精确打击的作战能力,以及相对比较完善的近距反导防御能力,未来并有望进一步增强防空作战能力。从中可见,随着军事技术的发展进步,在相对狭小、封闭的近海范围,在被现代武器射程不断扩大的交战空间范围,导弹快艇这种小排水量战斗舰艇对大、中型海上目标的压力和威胁并没有被消除,其在现代海防体系中的地位和作用也没有消失。

7.水雷战舰船

水雷战是利用水雷武器和反水雷装备进行以封锁与反封锁作战为主的海军作战样式,具有古老的传统作战方式。作为攻防兼备的独特兵器,水雷在战争中不仅被用于执行战术战役使命,很多时候还具有战略使用价值。古往今来,在海上及沿海发生的无数战争战例中,无论是在抗登陆、海上封锁,还是海上破交作战中,水雷始终具有无可替代的重要作用。在二次世界大战中,有 2700 余艘舰船被水雷击沉。廉价的水雷往往迫使反水雷方必须花费数十倍甚至是百倍的代价,去从事长时间和艰难的反水雷行动。由于水雷具有造价便宜、威力强大、使用简单、易布难扫,并能够长时间威胁敌人的特点,因而即使是进入以导弹和电子战主导的现代战争条件下,其一如既往的是各国海军的重要作战武器。水雷战舰船包括布雷舰艇和反水雷舰艇。布雷舰艇有专门建造的,也有采用其他舰艇改造的。舰上设有先进的布雷系统,具有较大的装载、运送和布投水雷能力。布雷设施主要包括装雷设备、雷舱、雷轨和投雷装置。满载排水量一般为 500~4000 吨,航速 17 节以上,可载水雷 100~800 枚。其主要任务是在近海和沿岸布设防御水雷,通常一舰多用,即以布雷为主,战时布雷,平时兼作扫雷母舰、训练舰、供应舰等。扫雷舰艇的任务是排除水雷,为登陆部队、舰队或船队打开通行的航道。扫雷舰艇专为排除各种水雷而设计,按照作战使命可分为小型扫雷艇、沿海扫雷舰(或艇)、远洋扫雷舰和扫雷母舰。

人类早期投入使用的水雷武器结构相对比较简单。主要是采用机械式触发引信引爆雷体的漂雷和锚雷。这类水雷只有当其与被攻击舰船的船体发生碰撞时才会被引爆。上述水雷促成了安装有专门存放和操作扫雷设备空间的专用反水雷舰艇——扫雷舰的问世和发展。由于扫雷具要求拖带舰船的拖力大、吃水浅,因而专业化扫雷舰艇在船型设计、武备和动力装置方面与一般战斗舰艇差别较大。第一次世界大战末期,当时的主要发达国家海军相继研制出了磁性、水声及水压水雷。上述水雷引信利用舰船的磁、机械噪声和水压等物理场信号启动,因而布放方式和位置更加隐蔽,且无须船体直接碰撞,当敌方舰船驶近雷体一定距离时即能被引爆,故统称为非触发水雷,其隐蔽性和威胁性均明显提高。为对抗各种非触发水雷的威胁,各国海军随之发展出了非接触式扫雷技术和反水雷方式:为扫雷舰艇装备可产生强大磁场、声场甚至水压的磁、声扫雷具或其他排雷武器,以非接触诱爆方式清除水雷,如使用音响扫雷具产生的声场引爆采用声响引信的水雷,使用电磁扫雷具产生的大面积电磁场引爆采用电磁引信的水雷。

二战以来,各国建造的扫雷舰艇普遍装备包括舰壳声呐及电磁探测设备,扫雷装置包括传统的机械切割式扫雷具和电磁、声响等扫雷具。与其他海军舰艇相比,扫雷舰艇有以下主要特点:自身的物理场(磁、声、压力场)较小、船体采用无磁或低磁材料、设置有消磁装置以及减振隔声设施;船体结构强度较高,抗沉性和抗震性能较好;动力系统强劲,主机调速性能好,与可调距螺旋桨相配,能够适应各种海况下航行与作业要求,并具有较精确的定位系统等。20世纪50年代后出现了更安全、更有效的猎雷方式,使反水雷装备进入到新的发展阶段。猎雷即探测、发现、捕获或消灭水雷这一过程的统称。猎雷系统由猎雷声呐、猎雷显控设备、高精度定位与动力控位系统以及灭雷具和专业猎雷潜水员等组成,配备于专业化猎雷舰艇。猎雷过程为:首先利用猎雷声呐探测,发现水下可疑目标,随后将带有水下近距离观察仪器和爆破器材的灭雷具(即遥控潜水机器人)放入水中,由猎雷舰艇操作人员将灭雷具遥控引导至水雷附近,在对目标图像传回进行确认后放置爆破器材,然后灭雷具自动上浮返回猎雷舰艇,最后由舰上操作人员以遥控方式引爆爆破装置,将水雷炸毁。虽然目前各国海军均重视在现役作战舰艇上配备一定扫雷设备,但局部战争表明,现代水雷战中的水雷往往新老并存,品种繁多、五花八门,既有老式锚雷、磁性、水压、声控水雷,也有更先进的复合引信、自航及智能水雷等,没有特殊装备的舰船较难侦测和排除。因此,扫雷舰艇始终是各国海军十分重要的舰种。

8.海军辅助舰船

海军辅助舰船主要用于为作战舰艇提供各方面必要的勤务支援和保障,并不具有直接作战能力。但其对作战舰艇的活动范围、持续性乃至战斗力始终具有不可或缺的重要地位和作用,因而长期以来各国海军无不根据自己的规模和需要建造、发展各种辅助舰船。现代海军辅助舰船的种类主要包括:为作战舰艇进行航行补给的燃油补给船、弹药补给船、军需物资补给船以及综合补给船;为作战舰艇提供各种维护修理及物资供应的维修供应船;执行各种军事运输任务的运输船;用于营救遭受战斗破损、海难事故船舶及人员,对沉船、沉物进行打捞的各种打捞救生船、救助拖船;执行海上救护、医疗和后送任务的医院船;用于各种海上作业的起重船、挖泥船、布缆船、布网船、潜水作业支援船等工程船舶;用于海洋研究的海洋调查船、航道测量船以及武器和设备试验船;从事海上情报搜集任务的电子侦察船、海洋监视船;以及用于训练海军人员的训练船等。

与作战舰艇一样,现代海军辅助舰船也是随着现代科技以及现代海军的武器装备、作战样式和战略战术的不断发展而发展的。如现代战争的准备工作很重要的一方面就是要预先做好战场环境的考察研究准备。现代海战场包括水面、水下及空中,在和平时期做好现代海战场环境的准备工作,特别是周边海域包括水文、地质、重力、生物、海浪、光学、气象等各领域的测量和调查工作,就需要设备、技术先进的海洋调查船去做。而随着核动力潜艇、潜射洲际弹道导弹,以及各种舰载战术导弹等新式武器装备的发展,一些诸如航天测量船、海洋监视船、远洋潜艇支援/救生船、综合补给船以及维修供应船等新船种的出现,不仅改变了以往海军辅助舰船只为作战舰艇提供物资保障的传统观念,也使其种类和工作范围得到极大丰富。从两次世界大战直至战后一些海上局部战争来看,各种辅助舰船所提供的各方面勤务支援和保障,是海军战斗力的源泉所在。人类海上战争历史进程同样表明,海军辅助舰船的发展状况始终是关系战争成败不可忽视的重要因素,并且始终是衡量一个国家海军是否强大的重要标志之一。

(三)世界王牌水面战舰

1."夏尔·戴高乐"(Charles de Caulle)级核动力航空母舰

1980年9月,法国政府批准建造2艘核动力航空母舰,用于替换20世纪50年代服役的"克莱蒙梭"级常规动力航空母舰。然而,法国核动力航空母舰发展计划,饱受了政治上的反对和舰机技术难题的困扰。1989年4月,"夏尔·戴高乐"级核动力航空母舰的首舰"夏尔·戴高乐"号开始铺设龙骨,1994年5月下水,但是直到2001年5月才正式服役。在此期间,相关的建造预算被再三删减,再加上建造过程中的一系列失误,使得工程进度一再受阻。甚至到了2003年,"夏尔·戴高乐"号仍

"夏尔·戴高乐"航母

然未能具备作战能力,而且缺乏一支比较适合的舰载机部队。由于海军版本的"阵风"战斗机交付工作延误,致使在该艘航空母舰上起降的只有一支由20架"超级军旗"战斗机组成的航空大队。此外,一些关键性的舰船尺寸在设计时存在失误,使得"戴高乐"号无法搭载E-2C"鹰眼"预警机。鉴于这种情况。1999—2000年,斜角飞行甲板被加长,此外还增强了辐射屏蔽设备。尽管法国海军一再施压,希望能够再建造一艘"戴高乐"级航空母舰(也许采用常规动力驱动,并命名为"里舍利厄"号或"克莱蒙梭"号),但公众和政界要员们对于这样一项耗资巨大的投资并不看好。

"戴高乐"号装备一个可容纳20～25架飞机(将近舰载机大队飞机总数的一半)的机库,使用与"凯旋"级核动力弹道导弹潜艇相同的核反应堆,装填一次燃料可以连续使用5年。通过安装4对艇艉稳定翼,使得适航能力大大增强。

2."维拉特"(Viraat)号航空母舰("竞技神"级)

"竞技神"(Hermes)号航空母舰于1944—1953年在英国本土的造船厂建造,1959年编入英国皇家海军服役。1982年,"竞技神"号参加了马尔维纳斯群岛(福克兰群岛)战争,并在其中发挥了重要作用。战争结束4年后,"竞技神"号被卖给

了印度,经过改装后于 1987 年 5 月编入印度海军服役,更名为"维拉特"号。1999 年 7 月到 2000 年 12 月,"维拉特"号再次进行改装,于 2001 年 6 月重新返回舰队,计划服役到 2010 年,届时另外一艘排水量 32000 吨的航空母舰将接替"维拉特"号,后者将搭载常规起降飞机。

自从参加了马尔维纳斯群岛(福克兰群岛)战争以来,"维拉特"号进行了大量的现代化改造,其中包括:用俄制 AK-230 型六联装 30 毫米口径火炮系统取代了老式的"海猫"防空导弹系统(前者未来很有可能被"卡什坦"近战武器系统所取代),更换新型火力控制系统、搜索和导航雷达、新型甲板降落辅助设备,升级核生化防护设施,更换可使用馏出燃料的锅炉。2001 年后,"维拉特"号开始装备以色列 IAI 公司制造的"巴拉克"防空导弹。与"竞技神"号一样,"维拉特"号能够输送 750 名两栖作战人员和 4 艘车辆人员登陆艇,弹药舱还可以携带 80 枚轻型鱼雷。然而,"维拉特"号有可能提前退役,这是因为印度政府已经与俄罗斯政府达成有关购买"基辅"级航空母舰"戈尔什科夫海军上将"号的协定。作为配套工程,俄方还将向印度提供一定数量的米格-29K 型战斗机、更换全通式飞行甲板服务以及总金额 7 亿美元的改造工程。根据计划,"维拉特"号搭载的"海鹞"战斗机也将进行现代化升级,但是随着米格-29K 型战斗机的到来,这项计划有可能最终搁浅。

3."吉泽佩·加里波第"(Giuseppe Garibaldi)号反潜航空母舰

作为一艘使用燃气涡轮动力驱动的直升机航空母舰,"加里波第"号还能够搭载和起降"垂直/短距起降战斗机"。该舰飞行甲板长 173.8 米,宽 21 米,安装 6.5 度倾角的滑跃式起飞跳板。飞机机库长 110 米,宽 12 米,高 6 米,可容纳 12 架 SH-3D 型或 EHl01 型反潜直升机,或者 10 架 AV-8B 型战斗机和 1 架 SH-3D 型直升机。如果需要,机库的这种高度还可以容纳 CH-47C 型直升机。所搭载的航空联队的飞机数量,最多可以是 18 架直升机(6 架停放在甲板上)或者 16 架 AV-8B 型战斗机。2 台飞机升降机分别安装在岛形上层建筑的前面和后面,甲板上设置了 6 个非常明显的区域,专门供直升机起降作战使用。

反潜作战

"加里波第"号专门设计用来为海军特遣部队和护航运输队提供反潜作战支援,在此基础上增加了海军和空军作战所需的指挥、控制和通信系统,从而担负起作战舰队旗舰的角色。在紧急情况下,"加里波第"号还可以搭载和投送 600 人的作战部队执行短期任务。它所装备的武器系统非常广泛,从而能够作为一个独立的水面作战单位进行作战。该艘航空母舰在舰艉位置安装一部主动搜索声呐。为了确保直升机在恶劣天气下正常作战,"加里波第"号还专门安装了两对稳定舵。此外,该艘航空母舰的维护设施非常完善,不但能够满足自身搭载的舰载机联队的需求,还能够为任何一艘护航战舰上的轻型反潜直升机提供服务。

1985 年 9 月编入现役的"加里波第"号,最初主要用来搭载 SH-3C 型和 AB 212 型直升机执行突击作战任务。随着意大利政府准许意大利海军装备固定翼飞机,该艘航空母舰开始装备和搭载 AV-8B 型战斗初。

4."库兹涅佐夫"(kuznetsov)级重型航空巡洋舰

严格地讲,"基辅"级航空母舰永远不可能称为真正的航空母舰。从 20 世纪 60 年代开始,飞速发展中的苏联海军开始意识到缺少这样一艘舰船(航空母舰)是一种致命的缺陷,尤其对于一支渴望在全球拓展影响力的海军而言更是如此。

于是,苏联海军启动了数项发展计划,但无一例外地中途夭折,其中就包括 1973 年设计的排水量 85000 吨的核动力航空母舰,该级航空母舰计划搭载 60~70 架飞机。到了 20 世纪 80 年代早期,两项并非十分雄心勃勃的计划开始取得重大进展,其中的"1143.5 工程"后来发展成为"库兹涅佐夫"级,而另外一项工程——"1143.7 工程"计划发展成为 75000 吨级的"乌里扬诺夫斯克"级核动力航空母舰,计划搭载 60~70 架飞机,其中包括改进型的苏-27KM 型战斗机和固定翼的雅克-44 预警机和反潜巡逻机。但遗憾的是,后面这种核动力航空母舰最终也胎死腹中。

推进系统

起初,西方分析家预测"库兹涅佐夫"航空母舰将拥有一种核动力/蒸汽动力混合推进系统,这一点类似于"基洛夫"级战列巡洋舰和 SSV-33 型支援和指挥舰。然而,最终建成的"库兹涅佐夫"号航空母舰却令人大跌眼镜,采用的是常规的燃油锅炉推进系统。

"库兹涅佐夫"号虽然与美国海军航空母舰比较相似,但这艘 60000 吨级的航空母舰却经常被视为那些在北冰洋海底活动的导弹潜艇的附庸,能够对海面、水下和空中目标进行攻击。由于缺乏飞机弹射器,该艘航空母舰起降的战斗机无法携带足够强大的战斗载荷。

飞行甲板面积 14700 平方米,飞机借助设置在舰艏位置的 12 度倾角滑跃式跳板进行起飞,在飞机制动索的拦阻下实施降落。两台安装在右舷的升降机将飞机从机库提升到甲板上。根据设计,该艘航空母舰可以起降苏-27K、米格-29K 型、雅克-41 型(后来出现的更加重型和强大的雅克-43 型)以及超音速短距起飞/垂直降落飞机,但经常随舰出海的固定翼飞机只有苏-27K 型和苏-25UTG 型两种型号,后者则被作为非武装教练机使用。

该艘航空母舰最初命名为"里加"号,后来相继更名为"勃列日涅夫"号和"第比利斯"号,于 1990 年 10 月最终定名为"库兹涅佐夫海军上将"号。

中途夭折的工程

1985 年 12 月,苏联海军开始在尼古拉耶夫建造第二艘"库兹涅佐夫"级航空母舰,也就是"库兹涅佐夫"号的姊妹舰,工程代号为"1143.6 工程"。该舰最初也曾命名为"里加"号,后更名为"瓦良格"号,于 1988 年 11 月下水。1991 年,俄罗斯国防部停止为该艘航空母舰拨款,并将舰体转交给乌克兰。1998 年,"瓦良格"号被出售给澳门一家公司,它将被拖往远东改建为娱乐场所和赌场。

5.“基辅”(Kiev)级航空巡洋舰

美国海军“北极星”导弹潜艇的服役,促使苏联海军决心发展本国的航空作战能力。20 世纪 60 年代后期,2 艘“莫斯科”级直升机航空母舰先后建成,但性能并不可靠,容量极为有限。1967 年,苏联海军开始对“莫斯科”级直升机航空母舰进行改进,这项代号“1143 工程”的项目最终发展出“基辅”级,在规模上比“莫斯科”级大出许多。

编入舰队

这批新型航空母舰在黑海沿岸城市尼古拉耶夫的切尔诺莫尔斯基造船厂建造,排水量 44 000 吨的“基辅”号成为该级航空母舰的首舰。1976 年 7 月 18 日,“基辅”号穿过博斯普鲁斯海峡,此举招致国际社会一片抗议之声,谴责苏联人破坏了《蒙特勒协定》。然后,苏联海军又建造了 3 艘同级航空母舰,分别是“明斯克”号、“新罗西斯克”号和“巴库”号(后来更名为“戈尔什科夫海军上将”号)。其中,由于“巴库”号实施了一系列的改进措施,其中包括 1 部相控阵雷达、大量的电子战设备和 1 套增强型指挥与控制系统,因此有时又被视为另外一级航空母舰。1979 年,第五艘“基辅”级获准建造,但最终未能动工。

航空巡洋舰

与“莫斯科”级相比,“基辅”级虽然被定级为航空巡洋舰,但更接近于常规的航空母舰,在右舷设置一座巨大的岛形上层建筑,左舷铺设一条斜角飞行甲板。然而,与美国航空母舰不同的是,“基辅”级在舰艏位置配置了威力强大的火力系统,其中包括 P-500 型远程核反舰导弹(北约称为 SS-N-12“沙箱”导弹)。舰载机联队包括 22 架雅克-38 型“铁匠”垂直起降战斗机、16 架卡-25 型“荷尔蒙”直升机或者卡-27 型“蜗牛”直升机。在 16 架舰载直升机中,10 架执行反潜作战任务,2 架执行搜索与救援任务,4 架担任导弹制导飞机。在 4 艘“基辅”级航空母舰之中,没有一艘能够服役到今天。其中,“基辅”号、“明斯克”号和“新罗西斯克”号均于1993 年退役,后来被卖掉拆解。根据有关协定,1991 年退役的“戈尔什科夫海军上将”号将在换装上“库兹涅佐夫”级航空母舰的飞行甲板之后,出售给印度海军。

6.“阿斯图里亚斯王子”号轻型航空母舰

为了替代“迪达罗”号航空母舰(前美国海军“独立”级轻型航空母舰“卡伯特”号),从 1986 年起,西班牙海军开始执行 1977 年 6 月 29 日确定的一项造船合同,建造使用燃气涡轮推进系统的新型航空母舰。该艘航空母舰由美国纽约吉布斯-考克斯公司设计,在业已取消的美国海军“海上控制舰”的设计基础上发展而来。它最初命名为“加利洛·布兰克海军上将”号,但在临近下水之前更名为“阿斯图里亚斯王子”(Principe de Asturias)号。该舰在很多方面与英国 3 艘“无敌”级轻型航空母舰相似。

缓慢的建造进程

"阿斯图里亚斯王子"号航空母舰于 1979 年 10 月 8 日在巴赞公司费罗尔造船厂开始铺设龙骨,1982 年 5 月 22 日下水,1988 年 5 月 30 日编入海军服役。该舰从开始下水到最终服役,前后历时 6 年,这一过程之所以旷日持久,是因为需要对指挥与控制系统不断进行改进,以及增加一座司令舰桥以满足担当指挥舰的需要。

"阿斯图里亚斯王子"号的飞行甲板长 175.3 米,宽 29 米,舰艏位置安装一部 12 度倾角的滑跃式飞行跳板。此外,该舰还配置两台飞机升降机,其中一台位于舰艉。升降机主要用来将飞机(包括固定翼飞机和偏转翼飞机)从 2300 平方米的机库内提升到飞行甲板之上。

为了组建"阿斯图里亚斯王子"号上的舰载机联队,西班牙政府购买了 SH-60B"海鹰"反潜直升机和 EAV-8B(VA.2)"鹞"Ⅱ型垂直/短距起降多用途飞机(从 1996 年年初开始,装备雷达的"鹞"Ⅱ+型飞机开始交付)。通常情况下,该艘航空母舰配置 24 架舰载机,但在紧急情况下,借助飞行甲板上的停机坪可以增加到 37 架。舰载机的标准配置是:6~12 架 AV-8B 型战斗机、2 架 SH-60B 型直升机、2~4 架 AB-212 型反潜直升机、6~10 架 SH-3H"海王"直升机。

先进的电子系统

"阿斯图里亚斯王子"号航空母舰配置了相当先进的舰载电子系统,其中包括"特里顿"全数字化指挥与控制系统、连接 11 号和 14 号数据链的数据传输/接收终端的海军战术显示系统、海空监视雷达、飞机和舰炮控制雷达以及电子和物理对抗系统。此外,该艘航空母舰还搭载了 2 艘车辆人员登陆艇。为了确保恶劣天气条件下的正常航行,还加装了 2 对稳定鳍。

7."查克里·纳吕贝特"(Chakri Narubet)号轻型航空母舰

在由 12 艘护卫舰、相近数量的轻巡洋舰、快速攻击艇和两栖部队组成的泰国皇家海军的队列中,"查克里·纳吕贝特"号航空母舰是一艘最新型和最强大的战舰,同时也是第一艘被一个东南亚国家拥有和操作的航空母舰。该舰由西班牙巴赞公司费罗尔造船厂建造,1994 年 7 月 12 日开始铺设龙骨,1996 年 1 月 20 日下水,1996 年 10 月开始进行海试,1997 年的年初几个月在西班牙舰队中进行实习(鉴于上述原因,"查克里·纳吕贝特"号与西班牙海军的"阿斯图里亚斯王子"号航空母舰非常相似)。

"查克里·纳吕贝特"号在 1997 年 8 月抵达泰国后,被编入第 3 海军地区司令部服役,母港设在拉勇港。然而,由于原计划安装的主要防空系统(1 座发射"海麻雀"导弹的 Mk41 LCHR 型八联装垂直导弹发射器和 4 套密集阵近战武器系统)未能如期安装,致使该舰在自身防御方面只能依靠射程仅 4000 米的"米斯特拉尔"红外制导自动寻的导弹。"查克里·纳吕贝特"号很少执行作战巡航任务,即使是偶尔出海,通常乘坐的也是泰国皇室成员,因此人们很少将其视为一艘能够搭载"垂直/短距起降飞机"执行两栖作战任务的航空母舰,而将其看成是一艘运营费用极其昂贵的皇家游艇。

8.英国"无敌"(Invincible)级轻型航空母舰

1966 年,英国取消了"CVA-01 舰队航空母舰"(搭载固定翼飞机)的发展计划。鉴于这种情况,英国皇家海军在 1967 年决定发展一种排水量 12500 吨、搭载 6 架"海王"反潜直升机的指挥巡洋舰。对上述这种基本概念进行重新设计之后,认为发展一种拥有更大甲板面积、可搭载 9 架直升机的战舰更加有效,于是,一种排水量 19500 吨的"全通甲板巡洋舰"就这样问世了。事实上,这种所谓的"全通甲板巡洋舰"从本质上讲属于"轻型航空母舰",之所以采用这样的称谓,是为了回避当时一些政治上的麻烦,担心被批评这是一种复活航空母舰的做法。尽管如此,设计师们在设计时还是体现出了相当程度的主动性,为未来海军版的"鹞"式垂直/短距起降飞机提前预留出了足够的空间。1975 年 5 月.英国皇家海军正式对外宣布,新型的"全通甲板巡洋舰"将搭载"海鹞"式垂直/短距起降战斗机,这一结果充分体现出了设计师们的先见之明。1973 年 7 月,第一艘"无敌"级航空母舰"无敌"号在维克斯造船厂开工建造,期间没有出现任何延误。1976 年 5 月,英国皇家海军定购了第二艘"无敌"级航空母舰"卓越"(Illustrious)号,1978 年 12 月定购第三艘"不屈"(Indomitable)号。为了安抚公众们的忧虑情绪,英国海军部将"不屈"号更名为"皇家方舟"(Ark Royal)号。以上 3 艘航空母舰分别于 1980 年 7 月、1982 年 7 月和 1985 年 11 月正式编入舰队服役。

燃气涡轮机

"无敌"级是世界上使用燃气涡轮机驱动的最大吨位的航空母舰。与此同时,甲板以下所有的设备,包括发动机的所有零部件,都可以轻而易举地拆卸下来进行更换和维护保养。在建造期间,"无敌"号和"卓越"号均安装了 7 度倾角的滑跃式飞行跳板,而"皇家方舟"号则安装了 15 度倾角的滑跃式飞行跳板。1982 年 2 月,英国宣布将"无敌"号出售给澳大利亚作为直升机母舰,用来取代"墨尔本"号航空母舰,这样一来,英国皇家海军可能只剩下 2 艘"无敌"级航空母舰了。然而,这项买卖在马尔维纳斯群岛战争结束后就被取消了,因为英国政府认识到,要想在任何时候都能拥有 2 艘可以作战的航空母舰,首先就必须保持 3 艘的拥有量,这样可以极大地减轻皇家海军的作战压力。

在"协作行动"中,"无敌"号最初搭载的舰载机为 8 架"海鹞"战斗机和 9 架"海王"反潜直升机。经过对战损飞机的补充和重新配置,"无敌"号上的"海鹞"战斗机增加到了 11 架,"海王"反潜直升机则减少到 8 架,另外增加了 2 架专门发射诱饵对付"飞鱼"导弹的"山猫"直升机。然而,这种配置产生了一个比较难以处理的问题,就是由于机库的容积有限,这些额外增加的飞机不得不停放在飞行甲板上。在此情况下,英国造船厂加快了"卓越"号的工程进度,以便早日前往南半球轮换"无敌"号。就这样,马尔维纳斯群岛战争刚一结束,"卓越"号便起航南下了,它搭载着 10 架"海鹞"战斗机、9 架"海王"反潜直升机和 2 架"海王"预警直升机。为了防御来袭的敌方导弹,"无敌"级轻型航空母舰配置了 2 套 20 毫米口径的"密集阵"近战武器系统。此外,该级航空母舰还配置了2门20毫米口径单管防空火炮,用来提高所谓的近距离空中防御能力,但这种做法其实毫无意义。"无敌"级的舰载机标准配置为:5架"海鹞"战斗机和10架"海王"直升机(8架用于反潜作战,2架用于空中预警)。

服役中的"全通式甲板巡洋舰"

从20世纪80年代以来,英国皇家海军一直保持着2艘航空母舰服役,第三艘进行维修保养的舰船轮换部署状态。首先,"无敌"号参照"皇家方舟"号的标准进行了现代化改装,接下来,"卓越"号也进行了同样的改装。从1999年开始,"皇家方舟"号开始进行一次为期2年的整修工程。

近年来,先后有6架英国皇家空军的GR.Mk 7型"鹞"式战斗机搭载在"无敌"级航空母舰上面,执行对地攻击任务。"卓越"号拆除了舰上的"海标枪"导弹发射器,以便腾出更大的空间供飞行和储存弹药之用。1994年,搭载着"海鹞"Mk2型战斗攻击机的"无敌"号在亚得里亚海海域巡弋,这是该型飞机首次执行作战部署任务。

9.改进型"福莱斯特"(Improved Forrestal)级航空母舰

事实上,4艘改进型"福莱斯特"级核动力航空母舰可以进一步分类为3种类型的航空母舰,它们与前辈们("福莱斯特"级)相比有着非常明显的区别,岛形上层建筑更加靠近舰艉。此外,在改进型"福莱斯特"级的4部飞机升降机中,有2部位于岛形上层建筑的前部,而"福莱斯特"级在这一位置只设置了1部升降机。此外,在岛形上层建筑的后方,还安装了一根格栅雷达天线杆。

"美国"号航空母舰

1965年1月,第一艘改进型"福莱斯特"级航空母舰"美国"号服役,它与第一批2艘"福莱斯特"级航空母舰("小鹰"号和"星座"号,分别于1961年6月和1962年1月服役)非常相似,事实上,它是美国战后建造的唯一一艘安装声呐系统的航空母舰。最后一艘改进型"福莱斯特"级航空母舰是"约翰F.肯尼迪"号,该舰在设计上进行了改进,加装了一套原本用于核动力航空母舰的水下防护系统,于1968年9月服役。以上4艘航空母舰均安装了蒸汽弹射器,可携带2150吨航空弹药和738万升航空燃油(195万美制加仑),用来满足舰载机联队的需要。此外,这些航空母舰在大小尺寸上与"尼米兹"级航空母舰比较相似,每支舰载机联队的战术侦察任务通常由数架格鲁曼公司生产的装备TARPS数字化吊舱("战术空中侦察系统")的F-14"雄猫"战斗机承担。根据规划,F-14"雄猫"战斗机将被波音公司生产的F/A-18E/F"超级大黄蜂"战斗攻击机所取代,这项换装工作如今正在进行之中。

上述航空母舰均装备了反潜作战分类和分析中心、导航战术定向系统和战术旗舰指挥中心等设备,其中,"美国"号成为第一艘装备导航战术定向系统的航空母舰。与此同时,这些战舰均安装了OE-82型卫星通信系统,成为第一批能够同时轻易地投送和回收舰载机的航空母舰,而这种作战能力对于早期航空母舰来说简直是天方夜谭。在4艘改进型"福莱斯特"级航空母舰中,有3艘通过了"延长服役期"资格认证,唯独"美国"号未能获得认证,最终在20世纪90年代初期退役。根据计划,"星座"号和"小鹰"号在美国海军太平洋舰队分别服役到2003年和2008年,"约翰F.肯尼迪"号将在大西洋舰队至少服役到2018年。

10.美国海军"企业"(Enterprise)号核动力航空母舰

世界上第一艘核动力航空母舰——"企业"号,于1958年开工建造,1961年11月正式服役,是当时最大规模的一艘战舰。"企业"号拥有8台A2W型压水浓缩铀燃料反应堆,可以产生巨大的推力。然而,"企业"号的昂贵造价,制约了美国海军造舰计划中另外5艘同级航空母舰的建造工作。

大规模改装

从1979年1月到1982年3月,"企业"号航空母舰进行了一次大规模改装,其中包括改建岛形上层建筑、安装新型雷达系统、更换自建成以来就一直使用的老式雷达天线等项目。"企业"号配置4部蒸汽弹射器和4台飞机升降机,能够携带2520吨航空弹药和1030万升航空燃油,从而满足舰载机联队的作战需求。与其他美国航空母舰一样,"企业"号的弹药包括爆炸当量1万吨的B61、2万吨的B57、6万吨的B43、10万吨的B61、20万吨的B43、33万吨的B61、40万吨的B43、60万吨的B43和90万吨的B61等各型战术自由下落核炸弹,以及10万吨的Walleye空对舰导弹和1万吨的B57型深水炸弹。此外,还可以根据实际作战需要携带爆炸当量140万吨的B43型和120万吨的B28型战略核炸弹。"企业"号上的舰载机联队在规模和构成上与"尼米兹"级的舰载机联队相似,而且装备了相同的反潜作战分类和分析中心、导航战术定向系统和战术旗舰指挥中心等设备。除了OE-82型卫星系统之外,"企业"号还安装了2部英国制造的SCOT卫星通信天线,用来与英国和北约舰队进行沟通。以上两套系统于1976年安装。

"企业"号目前正在太平洋舰队中服役,并于1991—1994年期间通过了"延长服役期"资格认证,预计将在2014年退役。

11."尼米兹"(Nimitz)级核动力航空母舰

起初,首批3艘"尼米兹"级核动力航空母舰主要设计用来替代老式的"中途岛"级航空母舰。作为迄今为止美国建造的吨位最大、威力最强的航空母舰,"尼米兹"级拥有2座核反应堆,这与早期的"企业"号核动力航空母舰的8座核反应堆形成了鲜明的对比。"尼米兹"级的弹药库设置在核反应堆中间和前面,这种做法增加了可以利用的内部空间,能够携带2570吨的航空武器和1060万升的飞机燃油,这些物资足够舰载机联队进行16天不间断的飞行作战。此外,该级航空母舰还安装了和"肯尼迪"号完全相同的鱼雷防护装置和电子装置。

飞行甲板

"尼米兹"级航空母舰的4台飞机升降机安装在飞行甲板的边缘,其中2台位于航空母舰前部,1台位于右舷岛形上层建筑的后部,1台位于左舷舰艉处。机库高7.80米,所容纳的飞机数量与其他航空母舰相同。但通常情况下,仅有一半的舰载机停放在机库内,其余舰载机停放在飞行甲板的机位上。飞行甲板面积为333米×77米,其中斜角飞行甲板长237.70米。"尼米兹"级配置4套飞机制动索和1套制动网用于回收舰载机。此外,该级航空母舰还配置了4台蒸汽飞机弹射器,其中2台安装在舰艉位置,另外2台安装在斜角飞行甲板之上。有了这些飞机弹射器,"尼米兹"级每20秒能够起飞1架飞机。

舰载机联队

在21世纪初期,美国海军一支舰载机联队的标准配置为:20架F-14D"雄猫"战斗机(承担一定程度的打击任务)、36架F/A-18"大黄蜂"战斗机、8架S-3A/B"海盗"、4架E-2C"鹰眼"、4架EA-6B"徘徊者"、4架SH-60F和2架HH-60H"海鹰"直升机。舰载机联队可以根据不同的作战需要采取不同的机型构成。例如1994年在海地附近海域的维和行动中,"艾森豪威尔"号航空母舰上搭载的是50架美国陆军直升机,而非通常的舰载机联队。

100万英里

在标准条件下,"尼米兹"级的A4W型核反应堆燃料的使用寿命是13年左右,可确保航空母舰行驶1287440~1609300千米,而后才更换反应堆燃料。尽管"尼米兹"级航空母舰相对比较新型,但仍计划在2010年之前进行"延长服役期"整修,希望通过此举能够再增加15年的服役期。

作为美国海军主要的兵力投送手段,"尼米兹"级航空母频频出现在世界各个热点地区。其中,1975年5月服役的"尼米兹"号(CVN-68)参加了1980年的伊朗人质救援行动,在行动中作为美军特种部队的海上基地,但这次行动最终以失败而告终。1981年,"尼米兹"号上的舰载机联队参加了轰炸利比亚的战斗行动。1987年,"尼米兹"号从大西洋舰队转隶太平洋舰队,在接下来的10年内多次赴波斯湾和亚洲海域执行部署任务。1998年,"尼米兹"号返回诺福克接受一项为期两年的燃料装填和整修工程。

"艾森豪威尔"(Eisenhower)号

1977年10月,"德怀特D·艾森豪威尔"号(CVN-69)航空母舰编入美国海军大西洋舰队服役,此后先后8次赴地中海执行部署任务。1990年,伊拉克入侵科威特,"艾森豪威尔"号最早对此做出反应。1994年,"艾克"号(即"艾森豪威尔"号的昵称)赴海地周边海域支援维和行动。接下来,该舰又多次赴波斯湾执行部署任务,支援美国在该地区的外交和军事决策。

自从1982年编入美国海军太平洋舰队以来,"卡尔·文森"(Carl Vinson)号航空母舰(CVN-70)在太平洋、印度洋和阿拉伯海海域已经多次执行部署任务。最近,"文森"号还参加了阿富汗战争,并在其中发挥了重要作用。

12.改进型"尼米兹"(Improved Nimitz)级核动力航空母舰

1981 年,经过国会山以及五角大楼内部的多次讨论之后,有关订购第一艘改进型"尼米兹"级航空母舰的争论终于尘埃落定。所有 6 艘改进型"尼米兹"级核动力航空母舰均在关键部位加装了"凯夫拉尔"防护装甲,并装备了经过改进的舰体防护装置。

规模扩展

与老式的"尼米兹"级航空母舰相比,改进型"尼米兹"级的舰宽多出 2 米,满载排水量超过 102 000 吨(在某些情况下甚至超过 106000 吨)。在人员编制构成中,舰员 3184 人(军官 203 人),舰载机联队人员 2800 人(军官 366 人),信号人员70 人(军官 25 人)。

该级航空母舰上的战斗数据系统,是以"海麻雀"导弹的"海军战术和高级战斗引导系统"为基础进行安装的。此外,"尼米兹"号安装了雷声公司研制的 SSDSMk2 Mod 0 型舰船自我防御系统,该系统通过整合和协调舰载武器系统和电子战系统,能够针对来袭的反舰巡航导弹进行自我防护。

电子战

雷声公司研制的 AN/SLQ-32(V)型电子战系统,借助两套天线系统对敌方雷达的脉冲重复速率、扫描模式、扫描周期和频率进行系统分析,能够探测和发现敌方雷达发射机。该电子战系统通过识别威胁类型和方向,为舰载电子对抗系统提供预警信号和界面。

第一艘改进型"尼米兹"级航空母舰是"西奥多·罗斯福"(Theodore Roosevelt)号航空母舰(CVN-71),于 1986 年 10 月编入现役,不久后参加了海湾战争。"亚伯拉罕·林肯"(AbrahamLincoln)号航空母舰(CVN-72)于 1989 年 11 月服役,它所执行的第一项重大任务就是当 Pinatubo 火山爆发时,从菲律宾撤运出美国军队。接下来,"乔治·华盛顿"(George Washington)号(CVN-73)、"约翰 C.斯坦尼斯"(John C.Stennis)号(CVN-74)和"哈里 S.杜鲁门"(Harry S.Truman)号(CVN-75)分别于 1992 年 7 月、1995 年 12 月和 1998 年相继服役。2001 年,第六艘改进型"尼米兹"级航空母舰"罗纳德·里根"(Ronald Reagan)号(CVN-76)下水,南希·里根夫人主持了舰船命名仪式。

第十艘同时也是最后一艘"尼米兹"级航空母舰——CVN-77,将于 2008 年编入现役。该舰将采用一种过渡性设计方案,融合了最新的造船科技,舰员数量将大幅度减少。此外,它还将测试一些新型系统,以便将来应用在下一代新型航空母舰(CVNX)之上。

13.美国"黄蜂"级两栖攻击舰

"黄蜂"级两栖攻击舰是美海军 20 世纪 90 年代至 21 世纪初建造的一级大型两栖战舰,是美国海军专为搭载 AV-8B 垂直/短距起降飞机和新型 LCAC 气垫登陆艇而设计的。该级舰集直升机攻击舰、两栖攻击舰、船坞登陆舰、两栖运输舰、医院船等多种功能于一身,主要任务是实施立体登陆作战,但同时具有仅次于航母的强大制海作战能力。"黄蜂"级舰长 257.3 米,宽 42.7 米,吃水 8.3 米,轻载排水量28233 吨,满载排水量 40532 吨。飞行甲板长 249.6 米,宽 32.3 米;动力装置为 2 台蒸汽轮机,总功率 14 万马力;最大航速 22 节,续航力 9500 海里/18 节;舰员 1077人。该级舰也是目前世界上两栖舰艇中吨位最大、搭载直升机最多的舰艇,可携载42 架 CH-46E 型直升机、6~8 架 AV-8B 垂直/短距起降飞机(执行制海作战任务时可载 20 架该型机)。坞舱内可运载 1870 名海军陆战队员,12 艘 LCM6 机械化登陆艇或 3 艘 LCAC 气垫登陆艇。其典型登陆作战装载为:5 辆 M1 主战坦克、25 辆LAV 装甲车、8 门 M198 榴弹炮、68 辆卡车、10 辆后勤车辆和一些其他服务车辆。该级舰还有较齐全的仅次于医院船的医疗设施,舰上有 600 张病床及多个手术室、诊室等。

为增大舰上飞行甲板的面积,"黄蜂"级仅装备了少量近程防御武器,与航空母舰配备的武器基本相当,包括 2 座 8 单元"海麻雀"近程防空导弹发射装置、3 座"密集阵"近防炮、8 座 12.7 毫米机枪及 4 座 6 管箔条/红外干扰火箭发射装置。"黄蜂"级增强了指挥、通信和控制能力,因而也可作为两栖作战的指挥舰。"黄蜂"级可根据任务配置不同装备:在实施登陆作战时,可载 42 架"海上骑士"直升机和 6 架 AV-8B 战机;在执行制海任务时,可载 20 架 AV-8B 战机和 6 架 SH-60B"海鹰"直升机。根据战场需要也可混合装载包括"海上种马""海眼镜蛇"和"休伊"等直升机。这些直升机可执行攻击、反潜、扫雷、补给、运输和近程支援等多种任务。2007 年 9 月,美国海军还对"黄蜂"级两栖攻击舰进行了改装,使之具备部署使用 MV-22"鱼鹰"倾转旋翼飞机的能力。从 1989 年 7 月首舰"黄蜂"号正式服役起,至 2008 年 11 月"马丁岛"号交付美国海军为止,共有 8 艘在役。从综合作战能力看,"黄蜂"级两栖攻击舰实际上已经大大超过部分国家海军装备的轻型航母。按照美国海军 21 世纪"由海向陆"的战略构想,两栖攻击舰将被作为其海上远征打击群的核心和支柱继续得到重视和发展。

14.美国"提康德罗加"级宙斯盾导弹巡洋舰

"提康德罗加"级巡洋舰是美国上世纪 80 至 90 年代建造的一级导弹巡洋舰,是以对付大规模空中饱和攻击为主要目的,同时兼顾区域反潜和对海对岸作战的导弹巡洋舰。该舰是第一种装备"宙斯盾"防御系统的水面战舰。"宙斯盾"系统即"全自动作战指挥与武器控制系统",该系统包括 SPY-1 相控阵雷达系统、指挥决策系统、显示系统、武器控制系统和战备检测系统等组成。并综合指挥舰上各种武器,同时拦截来自空中、水面和水下的多个目标。通过先进的"宙斯盾"系统和数据链系统,其实现了与航空母舰、潜艇、驱逐舰、护卫舰和海军航空兵进行互通、互联、互操作,从而形成"体系作战能力",使其成为作战指挥系统和导弹防御系统的"节点",并可担负战区反导和指挥协调功能。"提康德罗加"级巡洋舰舰长 172.8 米,宽 16.8 米,吃水 9.5 米,轻载排水量 7015 吨,满载排水量 9590 吨,最大航速大于 30 节,续航力 6000 海里/20 节;动力装置为 4 台 LM2500 燃气轮机,持续功率86000 马力。舰上的多用途垂直发射系统不仅能完成防空、反舰、反潜等综合功能,也可用于远距离对陆攻击作战。其舰载武器包括 122 枚"标准"SM-2MR 舰空导弹或混装 8 枚"战斧"远程对陆巡航导弹(后期型可使用 SM-2BlockⅢA 战区反导导弹)、2 座 4 联装"鱼叉"舰舰导弹、20 枚"阿斯洛克"反潜导弹、2 座 3 联装 324.毫米鱼雷发射装置、2 座 127 毫米舰炮、2 座"密集阵"近防炮和 4 挺 12.7 毫米机枪,并搭载 2 架 SH-60B 或 SH-602F 直升机。该舰携载导弹数量大、种类多,并且作战范围大,综合作战能力较以往水面战舰有成倍提高。其任务使命包括:担负航母编队的护航兵力,执行编队的防空作战和反潜护卫任务,或为其他编队提供空中保护,也可用于攻击敌方海上和岸上目标,支援两栖作战。美国海军现役巡洋舰全部是"提康德罗加"级巡洋舰,共建造 27 艘,其各航母编队都配有该级战舰。有 10 艘以上曾参加过海湾战争,并使用"战斧"巡航导弹对伊拉克许多重要岸上目标实施了远程精确打击,有 2 艘分别被作为多国部队波斯湾编队和红海编队的防空指挥舰,在战争中发挥了重要作用。

15.俄罗斯"彼得大帝"号导弹巡洋舰

俄罗斯"彼得大帝"号巡洋舰属于"基洛夫"级,是冷战高潮时期美、苏海上争霸的产物,也是苏联海军第一级核动力水面战舰。首舰"基洛夫"号于 1983 年 5 月开工,1988 年 12 月入役。该舰长 252 米,宽 28.5 米,吃水 9.1 米,标准排水量 19000 吨,满载排水量达 24300 吨。其动力装置包括 2 座 KN-3 型核反应堆,功率 300 兆瓦,2 座燃油锅炉,2 台 GT3A-688 型燃气轮机,功率 102.9 兆瓦,双轴推进。巡航舰配备了多种不同型号和数量惊人的舰对

"彼得大帝"号导弹巡洋舰

面、舰对空及舰对潜导弹武器。其制海作战武器为 20 枚重型"花岗岩"远程舰对面巡航导弹(北约代号 SS-N-19);防空武器包括 12 座 SA-N-6 垂直发射装置,每座发射装置装有 8 枚导弹,总备弹量 96 枚,2 座 10 联装 SA-N-9 舰空导弹发射装置,2 座双联装 SA-N-4 舰空导弹发射装置,备弹 40 枚,6 座"卡什坦"弹炮一体近防系统。巡航舰配有 3 架卡-25B 或卡—27 反潜直升机,同时舰上还配备有 1 座双联装 SS-N-14 反潜/反舰两用导弹发射装置,2 座 5 联装 533 毫米鱼雷发射管,以及 3 座 12 管 RUB6000 反潜火箭发射装置和 1 座 130 毫米双管舰炮。

"基洛夫"号的主要作战武器基本都布置在前部舰面甲板以下,因而舰面前部显得比较平整和简洁,但其舰桥周围则堆置了令人眼花缭乱的对空、对海探测及火控、导航等各种雷达,以及无线电通信设备、卫星通信设施、电子战天线和干扰火箭发射装置,显示其拥有综合全维和高度自动化的作战指挥控制能力。按照苏联海军设想,"基洛夫"级在和平时期将深入远洋水域显示存在并保护俄罗斯的商船运输;在危机期间对敌对方进行威慑;在战时保卫自己的海上交通,掩护战略潜艇部队行动并伺机打击消灭敌方海上目标。战时,"基洛夫"级将作为海上编队的核心

力量,与其他舰只共同组成导弹巡洋舰编队,遂行攻击敌方战斗舰艇和破坏敌方交通线的任务,特别是利用其重型超远程导弹的超视距打击能力,协同潜艇和航空兵对敌航母舰队实施水面、水下和空中立体饱和突击,摧毁其海上作战体系的核心目标。"基洛夫"级共建造了4艘,前3艘在苏联解体后退役,4号舰即"彼得大帝"号于1996年8月开始服役。该级战舰堪称是苏联国力与军力发展的巅峰之作,不仅在吨位上两倍于西方国家海军的现代巡洋舰,配备的近400枚各型导弹,也在载弹量方面远超美国海军"提康德罗加"级导弹巡洋舰好几倍,以至于英国《简氏防务周刊》将其定级为"战列巡洋舰"。

16.俄罗斯"光荣"级导弹巡洋舰

"光荣"级导弹巡洋舰是苏联鉴于"基洛夫"级核动力导弹巡洋舰的建造和维护耗资巨大,在借鉴后者多方面成熟技术的基础上设计建造的一级常规动力导弹巡洋舰。首舰"光荣"号1976年11月开工,1979年7月下水,1982年12月服役。该舰长186米,宽21.5米,吃水7.6米;标准排水量9800吨,满载排水量11200吨;动力装置为4台燃气轮机,功率88000马力,最大航速32节,续航力7500海里/15节。其舰载武器配备包括:8座双联SS-N-12"沙箱"重型远程超音速反舰导弹发射装置;8座SA-N-6远程舰空导弹垂直发射装置,备弹64枚;2座双联装SA-N-4近程防空导弹,备弹40枚;1座AK-130双管舰炮;6座AK-630型6管30毫米近防炮;2座5联装533毫米鱼雷发射装置和2座射程为6000米的RBU600012管反潜深弹发射装置;1架卡-27舰载直升机。电子设备包括对海/空探测雷达、导航雷达、武器控制和制导雷达、敌我识别雷达、声呐、电子对抗及卫星通信系统等。其作战指挥系统可同时跟踪、处理空中、水面和水下数十个目标,并根据目标威胁程度进行自动排序,从而首先攻击、消灭最具威胁的目标。该级舰具有全方位作战能力,可单独或作为编队核心组织实施对海、对空、对潜和对岸作战。

其布置在前部上层建筑两侧的8座SS-N-12"沙箱"重型反舰导弹为该舰醒目特征,这种反舰射程达550千米,飞行速度1.7~2.5马赫,战斗部为1000千克高能装药或35万吨当量核弹头,主要用于战时对美国航母编队实施打击。"光荣"级实际上是"基洛夫"级的缩小版,以后者一半的吨位配备了大致相同的作战武器。其在苏联海军舰队中的任务使命也类似于"基洛夫"级,即战时作为海上编队的核心力量,以导弹巡洋舰编队协同潜艇和航空兵与敌航母舰队进行决战。该级舰共建成4艘,分别为"光荣"(后改为"莫斯科")号、"乌斯季诺夫元帅"号、"瓦良格"号和"罗波夫海军上将"号。

17.美国"阿利·伯克"级导弹驱逐舰

美国"阿利·伯克"级导弹驱逐舰是世界上第一种装备"宙斯盾"系统并采用隐身设计的驱逐舰。20世纪80年代,美国海军根据对苏联海军导弹发展趋势,及其针对美航母编队可能采取的大规模饱和攻击战术的预测,认为当时的DD963反潜型驱逐舰不足以承担航母编队的区域防空,而计划中的"提康德罗加"级宙斯盾巡洋舰的造价太高,难以大量装备,因而开始建造成本相对低廉的"阿利·伯克"

级宙斯盾驱逐舰。该舰具有对陆、对海、对空和反潜的全面作战能力，代表了当代美国海军驱逐舰的最高水平，也是目前持续建造、装备数量最多的大型水面战舰。在长达 20 多年的持续生产中，"阿利·伯克"级也由先前的Ⅰ型发展到Ⅱ型以及ⅡA 型，综合作战能力不断提升。该舰舰长 153.8 米（Ⅱ型长 155.3 米），宽 20.4 米，吃水 6.3 米，排水量：8422 吨（Ⅰ型），9033 吨（Ⅱ型），9217 吨（ⅡA 型）。其动力装置为 4 台通用电器公司 LM2500 燃气轮机，105000 马力，双轴，可调螺距螺旋桨，最大航速 32 节，续航能力 4400 海里/20 节。人员编制：303 人，其中军官 23 人（ⅡA 型 380 人，军官 32 名）。舰载武器配置：2 座 MK41 型导弹垂直发射装置（Ⅰ、Ⅱ型首部 29 单元，尾部 61 单元，ⅡA 型首部 32 单元，尾部 64 单元），可发射"战斧"巡航导弹、"标准"SM-2MR 舰空导弹、先进型"海麻雀"舰空导弹（ⅡA 型）、"阿斯洛克"反潜导弹；2 座 4 联装"鱼叉"反舰导弹发射装置（Ⅰ、Ⅱ型）；1 座 MK45 型 127 毫米炮；2 座 MK15"密集阵"6 管 20 毫米近防炮；2 座 Mk32 型三联装 324 毫米鱼雷发射装置；2 架 SH-60B/F"海鹰"反潜直升机（Ⅰ、Ⅱ型无机库只有起降平台，ⅡA 型设 2 个机库，携带 2 架"海鹰"直升机，区域反潜能力显著增强）；2 座 MK36 型 6 管箔条干扰弹和红外干扰弹发射装置、1 部 SLQ-25"水精"拖曳鱼雷诱饵。作为一级多用途导弹驱逐舰，该舰几乎装备了美国海军所有的先进舰载武器，作战系统以防空为主，同时具有强大的对陆、对海和反潜综合作战能力。特别是其携带的"战斧"巡航导弹可装载核弹头，从而使之成为具有战略核打击能力的驱逐舰。实施区域防空时，该舰的 SPY-1D 多功能相控阵雷达对空搜索距离达 370 千米~400 千米，可同时处理数百批目标，结合其 3 部 SPG-62 目标照射雷达及 MK-41 导弹垂直发射系统，可同时拦截 12 个空中目标。其"标准"SM-2MR 中程舰空导弹，射程 73 千米，可有效承担编队区域防空任务。2002 年后该舰发展成为世界上首批具有战区弹道导弹防御能力的驱逐舰。反潜作战依靠 SQR-19 拖曳线阵列声呐和 SQR-53C 球首声呐，搜索距离分别为 55 千米和 18 千米，使用"阿斯洛克"反潜导弹及 MK-46Nod5 或 MK-50 型反潜鱼雷攻击。综上所述，"阿利·伯克"级是一级以编队防空为主，并具有强大的对岸对海攻击能力的驱逐舰，也是目前世界上综合作战能力最强的水面战斗舰艇。进入 21 世纪以来该舰仍是美国海军的主力驱逐舰，在许多方面居世界领先地位。其他国家如日本"金刚"级及韩国"世宗大王"号均采用了"阿利·伯克"级设计结构布局乃至作战系统。

18.英国 45 型导弹驱逐舰

20 世纪 80 年代末，英国海军急需新一代驱逐舰以取代当时已日趋老化的 42 型驱逐舰。同时，法国海军也需要新一代可为"戴高乐"号航母提供区域防空的水面战舰。出于成本、技术等多方面原因的考虑，两国于 90 年代初决定共同开发"英法未来驱护舰"。后因双方在战术需求及装备采用方面存在严重分歧，英国遂于 1999 年 4 月退出该计划，自行发展 45 型导弹驱逐舰。该舰采用先进的整体隐身设计，舰体甲板水线以上外飘，主甲板以上则明显内倾，上层建筑低矮，有效减少了雷达反射信号。45 型导弹驱逐舰舰长 152.4 米，宽 21.2 米，吃水深 5.3 米，满载排水量达 7350 吨，最大航速超过 27 节，续航力 7000 海里/18 节，舰员 190 人。推进装置采用了先进的综合电力推进系统，行驶稳定、安静并节省燃料。第一期生产型上装的是48单元"席尔瓦"A50型垂直发射装置,可混装发射"紫菀"15和"紫菀"30舰空导弹。第二期改用64单元MK41垂直发射装置,同时换装射程167千米的"标准"3型区域防空导弹以及巡航导弹,装载数量进一步增加。反舰作战的标准配置是2座4联装"鱼叉"舰舰导弹,近程防御为2座"密集阵"系统。没有配备固定的鱼雷发射装置,反潜作战任务主要由舰载直升机担负。首批45型舰配备1座射程为21千米的114毫米舰炮,第二批次的舰艇极有可能换装MK45Nod4型127毫米舰炮。舰载直升机都是EH-101。45型导弹驱逐舰采用了性能堪比"宙斯盾"的"桑普森"双面多功能有源相控阵雷达,安装在距海平面40米的桅杆最高处,最大探测距离达400千米。由于使用双平面旋转天线和新型自适应波束技术,该舰的同时目标跟踪数量可达数百个,并能适应海面和海岸环境,具有极强的抗干扰能力,可有效探测发现掠海飞行的导弹目标。该雷达还能同时制导16枚导弹攻击空中目标。其主要任务是编队区域防空,同时兼顾反舰、反潜和对陆攻击作战。总体上看,英国海军45型驱逐舰是目前欧洲众多新建的大型防空舰艇中整体性能最先进的,是今后一个时期英国海军水面作战兵力的中坚力量。

19.西班牙 F-100 型护卫舰

西班牙F-100型护卫舰是该国于20世纪90年代以本国设计的水面平台结合美国"宙斯盾"系统研制的一型具有先进技术水平的多功能护卫舰。该舰长146.7米,舷宽17.5米,吃水4.9米,满载排水量5850吨,动力装置为2台LM2500燃气轮机,持续功率47358马力,2台巴赞公司的3600型柴油机,持续功率12240马力,双轴,最大航速28节,续航力4500海里/18节,舰员250人。主机舱室都实现了无人化,主机的控制和监测功能完全由综合平台监控系统来完成。考虑到F-100型护卫舰的吨位局限,美国洛克希德·马丁公司专门为其生产了专用出口的缩小版"宙斯盾"系统,西班牙工程师则巧妙利用两层甲板的舱段设计安装了整个雷达的各个分系统。其"宙斯盾"系统对高空目标的探测距离可达450千米,可同时追踪200多个目标。舰上同时装有美国雷声公司DE1160LF主动/被动声呐和1部SQR-19A拖曳阵列声呐。F-100型护卫舰的武器系统包括:48单元MkK41垂直发射系统,配备32枚"标准"SM-2MRblockⅢA型舰空导弹雨]64枚改进型"海麻雀"RIM-7PTC型舰空导弹。其中,"标准"SM-2MRblockⅢA有效射程150千米,担负中远距离区域防空任务,改进型"海麻雀"导弹射程30千米,为舰队提供中近程防御。其他武器装备还包括1座Mk45Mod2127毫米舰炮、2座"梅罗卡"12管近防系统、2座4联装"鱼叉"反舰导弹发射装置、2座双联Mk-32型324毫米旋转式鱼雷发射装置,可搭载1架SH-60B"海鹰"直升机。电子战系统包括MK-9000电子对抗系统、Mk36SRBOC干扰发射装置和AN/SLQ-25ANixie拖曳鱼雷诱骗系统。AN/SLQ-25ANixie拖曳鱼雷诱骗系统是一种数字控制的软杀伤诱饵系统,用于保护水面战舰免遭尾流自导、声自导和线导鱼雷的攻击。近期计划配备美的RQ-8A"火力侦察兵"无人机可在6000米的高空飞行,装备有包括激光指示器/测距仪在内的光电/红外传感器,可作为高精确度情报、侦察和监视装备,向载舰提供敌方各种海、陆目标实时信息和定位=西班牙海军声称,该级舰的造价仅为美国"阿利·伯克"级驱逐舰的一半,除不具备使用"战斧"式巡航导弹的能力外,其他方面作战能力与其"几乎完全相同"。

20.法、意"地平线"级护卫舰

"地平线"级护卫舰是法、意两国联合研制的具有当今世界先进水平的大型护卫舰,2002 年 4 月开工建造,目前已有多艘建成并交付两国海军服役。该舰实际上与英国 45 型驱逐舰均脱胎于先前的欧洲"联合通用护卫舰"计划,因而舰体外形上与之十分相似,采用了先进整体隐身设计。"地平线"级舰长 151.6 米,宽 17.5 米,吃水 5.1 米,满载排水量 6700 吨。其动力装置为 2 台 LM2500 燃气轮机和 2 台柴油机,总功率 69300 马力;最大航速 29 节,续航力 7000 海里/17 节;舰员编制 200 人。雷达系统包括 EMPAR 多功能相控阵雷达和远程三坐标雷达。EMPAR 雷达采用单阵面,有 2160 个收/发模块,对战机目标最大探测距离约 150 千米~180 千米,对导弹目标的探测距离为 50 千米~60 千米,对掠海反舰导弹的发现距离为 23 千米,可同时侦测 300 个目标,并导引 24 枚导弹攻击 12 个最具威胁性的目标。搜潜设备包括 4100CL 舰首低频主/被动声呐和 1 部 DMS 主/被动拖曳线列阵声呐,意大利的同型舰则采用了 2080 舰首低频主/被动声呐和 2087 式主/被动拖曳线列阵声呐。舰载武器包括 48 单元"席尔瓦"垂直发射装置,内装 16 枚"紫苑"15 和 32 枚"紫苑"30 舰空导弹。该导弹能有效对付包括战机、巡航导弹、超声速反舰导弹等各种空中威胁。反潜武器为 2 具 3 联装 324 毫米鱼雷发射装置,配备 MU-90 轻型反潜鱼雷。该鱼雷为法、意合作研制的新型电力推进先进鱼雷,航速 50 节时射程 9.5 千米,航速 38 节时射程 14 千米,攻击深度超过 900 米。反舰武器为 8 枚 MM40 增程型"飞鱼"反舰导弹,防御武器包括 2 座奥托 76 毫米超射速舰炮、2 座 6 联装"西北风"近程防空导弹系统及 2 座 30 毫米近防炮。舰载直升机为 NH-90 或 EH-101。舰上还配有 NGDS 新型舰载诱饵系统,可使用 LEA 有源质心诱饵弹和 LAT 反鱼雷诱饵,确保载舰免遭反舰导弹和鱼雷的攻击。该舰采用法国研制的 SENTI-8 战术数据处理系统,该系统可同时接收和跟踪 2000 个由舰上雷达或从 LINK11、16 号数据链传来的目标信息。出于法、意两国各自的具体情况,两国采购的"地平线"略有不同,但通用程度超过 90%。"地平线"级护卫舰的主要任务是为航母编队或其他舰只提供有效的防空火力,尤其是防御来自导弹的饱和攻击,同时也具有较强的反舰反潜作战能力。法、意两国计划为两国海军总共建造 21 艘"地平线"级护卫舰,因而该级战舰未来将成为两国海军水面舰队的中坚力量。

九、潜艇

潜艇作为人类的一项重要发明,最早可追溯至 16 世纪英国科学家威廉·伯恩在《发明》一书中所提出的一个构想:可以制造一种能够潜到水下并可进行划行的小艇。威廉·伯恩阐述了其基本原理:要想建造一艘能潜入水中并能随意浮出水面的艇,就应当使它的排水量能够变化,"在水中任何大小的物体,如果重量不变而使其体积可大可小,那么你就能够做到控制它的浮沉"。他甚至在书中对其构想做出了一些比较具体的设计,比如:"使物体能伸缩的地方或连结处……应该用皮革制造,在内部设有螺旋装置可以使其缩入,也可以撑出……"

(一)潜艇发展简史

1.潜艇的发明与早期发展

潜艇作为人类的一项重要发明,最早可追溯至 16 世纪英国科学家威廉·伯恩在《发明》一书中所提出的一个构想:可以制造一种能够潜到水下并可进行划行的小艇。威廉·伯恩阐述了其基本原理:要想建造一艘能潜入水中并能随意浮出水面的艇,就应当使它的排水量能够变化,"在水中任何大小的物体,如果重量不变而使其体积可大可小,那么你就能够做到控制它的浮沉"。他甚至在书中对其构想做出了一些比较具体的设计,比如:"使物体能伸缩的地方或连结处……应该用皮革制造,在内部设有螺旋装置可以使其缩入,也可以撑出……"

40 年后,旅居英国的荷兰物理学家科尼利斯·德雷布尔在看到威廉·伯恩所写的《发明》一书后,萌生了制造这种可潜入水中划行的小艇的想法。德雷布尔很快便成功制造出了世界上第一艘能够在水下任意沉浮并采用人力划行的小艇。该小艇的艇体为木架结构,重要结构用铁进行了加固,外部蒙有涂油的牛皮,外形类似一个大皮囊。艇内可容纳十多名划手和少许乘客。艇上装有多个羊皮囊,下潜时将水注入皮囊,上浮时则将水挤出。小艇的潜水深度 5.5 米,可在水下逗留数小时。1620~1624 年间,德雷布尔多次在泰晤士河进行航行试验,证明了水下航行的可行性。后人将发明潜艇的功劳归功于科尼利斯·德雷布尔,尊他为"潜艇之父"。

在此后一百多年的时间中,又有不少人从事过多次类似的实践。在 1776 年 9 月美国独立战争期间,美军首次使用戴维特·布什内尔设计制造的一艘"海龟"号潜艇,对停泊在纽约港外的英国军舰实施了水下袭击。虽然未获成功,却无疑标志着潜艇战作为一种全新的作战方式、潜艇作为一种全新的海战装备开始登上人类战争舞台。

在 19 世纪 60 年代以前,潜艇仍处于早期发展阶段。其特征是结构比较简单,采用人工动力,最大航速 4 节左右,下潜深度 4~6 米,水下航行性能较差。如美国戴维特·布什内尔设计的"海龟"号为单人操纵木壳艇,通过脚踏阀门向水舱注水,可使潜艇潜至水下 6 米,在水下活动约 30 分钟。艇上装有两个手摇曲柄螺旋桨,可使艇获得 3 节左右的潜行速度。艇内有手操压力水泵,通过排出水舱内的水使艇上浮。艇外携一个采用定时引信引爆的炸药包,可在艇内操纵将其放于敌舰底部。1801 年,美国发明家富尔顿为法国海军建造了一艘装有风帆的潜艇,命名为"鹦鹉螺"号。艇体为铁架铜壳,艇长 7 米,可携带 2 枚水雷,由 4 人操纵。在水面采用折叠桅杆,以风帆为动力;在水下则采用手摇螺旋桨推进。19 世纪 60 年代的美国南北战争时期,南方军队建造了一批潜艇参加对北方军队舰船的作战。这种潜艇长约 12 米,呈雪茄形,由 8 人摇动螺旋桨推进,航速 4 节,使用水雷攻击敌方舰船。1864 年 2 月 17 日,南军"亨利"号潜艇使用长杆水雷击沉了北军排水量达 1250 吨的"休斯敦"号军舰,开潜艇击沉水面舰艇之首例。这也预示着这种新的海战武器正在趋于完善,开始成为海军力量的组成部分。据史料记载,在 19 世纪 80 年代的中国也有人从事过潜艇的设计制造。这艘中国最早的潜艇是在 1880 年由一位陈姓"道员"设计的,由当时的天津机器局制造。史载,这艘被称为"水下机船"的潜艇"式如橄榄,上有水标及吸水机,水标缩入船一尺,船即入水一尺。可于水底暗送水雷,置于敌船之下"。1880 年 9 月,该艇在海河进行了试航,"船半浮水面航行,灵捷异常,颇为合用;沉入水下,水标仍浮出水面尺许,令水面一无所见,而布雷无不如意……"但关于该艇的情况至此销声匿迹,再无更多记载。

蒸汽机发明后,其在铁路运输和水面舰船领域的成功应用,使不少人纷纷进行采用蒸汽机作为潜艇机械动力的尝试。1863 年,法国建成"潜水员"号潜艇。其艇体模仿海豚的外形设计,长 42.67 米,排水量 420 吨,为早期吨位最大的潜艇,使用 1 座功率为 59 千瓦的蒸汽机作动力。然而,受当时设计水平的局限,其水下航行的稳定性极差,并且由于蒸汽机在水下工作时需要大量空气,这在当时几乎无法解决,因而该艇只能以失败告终。此后,各国的潜艇研究者纷纷另辟蹊径,为潜艇寻找更好的动力装置。其中,美国中学教师约翰·霍兰在 1878 年研制成功的"霍兰" I 号机械动力潜艇最具代表性。"霍兰" I 号是一艘单人驾驶潜艇,艇长 5 米,装有 1 台汽油内燃机,能以 3.5 节的速度航行,使用水柜和水平舵进行下潜。由于潜艇水下航行时内燃机所需空气问题没能解决,因而当潜入水下后发动机即停止工作。1881 年,霍兰又建造了"霍兰" II 号,该艇长约 10 米,排水量 19 吨,装有 1 台 11 千瓦内燃机。为解决纵向稳定性,霍兰为潜艇设计了升降舵,装有能在水下发射的鱼雷发射管,同时还在艇上安装了 1 门加农炮。"霍兰" II 号的问世被认为是潜艇发展史上一个重要里程碑。

1886 年,英国建造了一艘采用蓄电池作为动力装置的潜艇(也命名为"鹦鹉螺"号),并成功地进行了水下航行,航速 6 节,续航力约 80 海里。电动推进装置为潜艇的水下航行展现出广阔前景。1897 年 5 月,霍兰研制成功了"霍兰" VI 号潜艇。该艇长 15 米,装有 33.1 千瓦汽油发动机和以蓄电池为能源的电动机。其在水面航行时,以汽油发动机为动力,航速 7 节,续航力 1000 海里。在水下潜航时,则以电动机为动力,航速 5 节,续航力 50 海里。并且,当为电动机提供能源的蓄电池电量耗尽后,可在潜艇浮出水面时使用汽油发电机为蓄电池充电。这种水面动力与水下动力的巧妙结合,成为现代潜艇动力装置的主要模式。该艇有 5 名艇员,武器为 1 具艇首鱼雷发射管(备有 3 枚鱼雷)和 2 门火炮(前后各 1 门),其具备了攻击水面舰艇的作战能力。"霍兰" VI 号艇的出现标志着现代潜艇的诞生。因此,约翰·霍兰被后人称为"现代潜艇之父"。

1899 年,法国建造了具有当时先进水平的"纳维尔"号潜艇。该艇采用双层艇体设计,艇员及所有装备都置于耐压的内壳中,内外壳之间的空间被充作压载水柜,并以此控制潜艇下潜和上浮。该艇在排除压载水柜中的水时,可像鱼雷艇一样具有良好的水面航行性,水面航行的速度达 11 节,续航力 500 海里;当为压载水柜注满水后,其水下短距离航速可达 8 节。

19 世纪末 20 世纪初出现了柴油机—电动机动力系统,为近代潜艇的发展打下了基础。在采用新式动力装置的同时,潜艇的操纵性能、航海性能和武器装备也有了进一步改进,由于采用了双层壳体和流线型艇体,完善了升降舵,其水下航行的稳定性、机动性有了很大改善,排水量达到数百吨,水面航速 10～15 节,水下航速 6～8 节,续航力也有明显提高,并采用了无线电、水声等通信器材,普遍装备了鱼雷发射管,使潜艇能在水下发射鱼雷,提高了潜艇的隐蔽攻击能力。

20 世纪初的潜艇上只有指挥台,没有指挥台围壳。当时的指挥台是一个垂直的圆柱形耐压体,在侧面装有供瞭望的水密观察窗,顶部带有水密盖罩,大小只能容纳一个人。当潜艇在水面航行时,指挥台可作为通往潜艇内部的出入口。当潜艇处于半潜状态时,指挥台仍露出水面,艇长只能站在指挥台中进行指挥。现代潜望镜问世后,潜望镜的镜管可通过指挥台进入下面的潜艇指挥舱内。1906 年德国海军建成第一艘潜艇时,已使用了相当完善的光学潜望镜,由物镜、转像系统和目镜等组成。这时的潜艇已发展成为相对完善的、集隐蔽性、机动性和较强攻击威力于一身的海战武器。到第一次世界大战爆发前,潜艇越造越大、越来越好,同时在各国海军的装备数量也在激增。当时,各主要海军国家拥有潜艇总数已达 260 余艘,潜艇成为海军的重要作战兵力之一。

2.两次世界大战中的潜艇战

自有海战以来,一直是水面舰队占统治地位。“大舰巨炮”和“水面舰队决战致胜”的思想可以说在各国海军中都根深蒂固,因此即使潜艇问世已有较长时间,许多国家仍只是将其作为辅助兵力用于近岸防御。然而,战争实践总是最有说服力的。第一次世界大战爆发不久,1914 年 9 月 22 日,德国海军 U-9 号潜艇在多佛尔海峡进行的一次伏击战斗中,1 小时左右连续击沉英国海军从本土前往比利时奥斯坦德港的“阿布基尔”号、“克列西”号和“霍格”号 3 艘装甲巡洋舰,其战绩震惊了各国军界。随着战事进程的发展,德国当局意识到与英国进行水面舰队主力决战已经毫无获胜希望,遂转而制定重点依靠潜艇部队去专门袭击、消灭英国运输船队,以“无限制潜艇战”切断英国赖以生存的海上经济动脉这一作战方针。德国决策层寄望于以这种间接摧毁英国战争潜力的作战方式达到打败英国的目的,从而也把潜艇战的作用上升到了战略层面。1917 年 2 月,德国宣布实施“无限制潜艇战”。仅在 1 年的时间里,德国潜艇即击沉英国运输船 2743 艘,计 630 万吨,给英国以沉重打击。虽然德国最终在一战中战败,然而据统计,在整个一战期间,仅德国潜艇就取得击沉对方运输船 5906 艘、1300 万吨的战绩。此外,德国潜艇还击沉了包括战列舰在内的水面战斗舰艇 190 艘,充分显示了潜艇的威力和作用。早期潜艇的作战主要采取单艇独立活动方式,从隐蔽阵位对目标使用直航鱼雷实施出其不意的攻击,而后根据战场情况以火炮进行射击,以伏击战为主要作战方式。战争实践证明,潜艇不仅是破坏敌方海上交通线的有效兵力,也能够给强大的水面舰队以严重威胁。潜艇在战争中的出色表现,使各国海军纷纷对发展潜艇装备予以更高的重视,其在海军中的地位逐渐得以巩固。第一次世界大战期间出现了排水量 2000 吨以上的大型潜艇、排水量 1000～2000 吨的中型潜艇和排水量 300～500吨的小型潜艇。有的国家还专门设计制造了用于执行隐蔽布雷任务的布雷潜艇。

一战结束后,由于各主要海军国家更加重视发展潜艇装备,其战术技术性能又有了明显提高。各国海军服役的主力潜艇排水量增加到 2000 余吨,下潜深度达到

100~200 米,水下最大航速 7~10 节,水面航速 16~20 节,续航力达 1 万余海里,自持力 1~2 个月,装有 6~10 具鱼雷发射管,可携带 20 余枚鱼雷,并装有 1~2 门火炮。这一时期潜艇主要布局为:前端为声呐设备及鱼雷舱,然后是艇员生活舱室,后部为动力舱,尾部为机械仓和尾鱼雷舱。舰部左右两舷各布置一个螺旋桨,在螺旋桨的后面有两个舰水平舵,全艇最后部布置有垂直舵。

到二次世界大战爆发前夕,各国海军拥有潜艇总数已达 600 多艘,较一战前夕增加一倍多。尽管这时潜艇的性能和武器装备较以往已经有了很大进步,但由于各国海军的传统海战观念仍没有多大改变,因而战争初期潜艇并没有发挥较大作用。直到 1940 年中期,当德国意识到其海上重兵巡洋作战根本不足以与强大的英国海上力量相抗衡时,遂再度集中发展潜艇。德国潜艇部队总指挥官邓尼兹针对英国反潜作战能力及护航运输船队规模的发展变化,制定了著名的"狼群战术"。该战术是采取集群使用潜艇的作战方法:每支"狼群"通常由 10~20 艘潜艇编成,各艇在海上保持 10~20 海里的间隔,沿盟军大西洋主要航线大体呈一线展开,在水下垂直于盟军大洋交通线,形成宽大的拦截面。群中首先发现敌护航运输船队的潜艇并不立即实施攻击,而是保持在目视距离内对其进行跟踪并查明情况上报。随后,由德军岸上指挥所用无线电引导这一群的其他潜艇迅速向目标区域集中。这样就会在几天内在盟军运输船队周围集结多艘潜艇,然后选择夜晚实行攻击。由于庞大的盟军运输船队航行间噪音嘈杂,其护航舰在航行中很难发现潜航于船队附近甚至是插入船队中的德国潜艇。战斗打响后,德国潜艇各自为战并连续攻击,边打边追,极似狼群出猎。这种潜艇集群式攻击甚至要持续到幸存的盟军舰船驶进目的港方才收手。二战期间德军规模较大的潜艇"狼群"作战达二十多次,其中战果尤其显著的一次是 1940 年 10 月 16 日到 20 日对盟军 SC-7 等 3 支护航运输船队的袭击。参与这次袭击的 8 艘德国潜艇竟击沉盟国运输舰船 38 艘,达 15 万多吨。而整个二战期间,德国潜艇更取得了击沉盟军运输舰船 2882 艘、1450 万吨的战绩,占各种兵力击沉敌方运输船总吨位的 65% 以上。虽然战绩卓著,但德国在战争初期没有及时利用此时英国对潜防御薄弱的良机,未能取得本应更好的战果。并且由于德国潜艇兵力始终缺乏水面及航空兵力的支援掩护和协同作战能力,因此其作用终于被盟军不断增强的反潜能力所遏制。

同期,在地球另一端的太平洋战场,日本海军则仍固守"水面舰队决战致胜"的传统思想,将其潜艇力量作为水面舰队的辅助兵力,主要用于对抗美国海军的大型水面战舰,甚至将其作为保障装备用于海上运输。因而,整个战争期间日本潜艇仅取得击沉敌方战斗舰艇 30 艘、运输船 140 艘的战绩,并损失潜艇 130 艘。而美军则针对日本严重依赖海上交通线、护航反潜能力薄弱的弱点,将潜艇主要用于海上破交战,取得击沉日本运输船 1150 艘,共计 486 万吨的战绩,给日本赖以支持其战争的经济和军事潜力以沉重打击,成为迫使其投降的重要原因之一。

第二次世界大战促进了潜艇战术技术性能的继续提高。战争后期,潜艇的隐蔽性、机动性、武器装备、技术装备都有了更大的发展,水下航速最高达到了 17 节以上,下潜深度达 200 米,装备了电动自导鱼雷、雷达、雷达侦察仪、新式声呐等。德国潜艇还安装了用于柴油机水下工作的通气管,使其攻防能力都有了很大提高。潜艇的数量也急剧增长。战争期间各参战国建造潜艇 1669 艘,加上战前已有潜艇数量（496艘），总数达2100余艘。第二次世界大战中，各国潜艇总共击沉运输船5000余艘、2300多万吨，同时还击沉包括航空母舰在内的战斗舰艇390艘。此外，以美英为首的同盟国为对付德国潜艇的威胁，仅在大西洋战场便投入各类舰艇2000余艘、飞机数千架、兵力600万人用于反潜作战，由此可见潜艇的牵制作用之巨大。

二战的经验再度证明了潜艇的重要作用，进一步巩固了其地位，从根本上动摇了"水面舰队决战致胜"的传统观念。战后，一些海军大国虽然仍然重视航母等大型水面舰艇的发展，但其主要用意则在于借助海军航空兵的力量。二战的经验同时表明，现代海上作战已经发展为水面舰艇兵力、潜艇兵力和海军航空兵等多兵种协同的立体化作战，潜艇兵力已经成为现代海军必不可缺的主战兵种之一。为对抗潜艇的威胁，反潜作战也随之发展成为新的海军作战领域，并进而发展出包括水面舰艇反潜、航空器空中反潜和水下潜艇反潜等在内的多兵种、多手段、多样化的反潜作战方式。在早期的反潜作战中，潜艇之间发生战斗是注定不可避免的，但潜艇当时并未被视为有效的反潜作战方式。这是因为早期潜艇的设备及作战武器尚不具备从水下攻击敌方潜艇的作战能力，因而当时潜艇之间的战斗基本上都是通过采取战术欺骗等方式，设法诱使敌方潜艇浮出水面，然后像攻击水面舰艇那样使用直航鱼雷对其进行攻击。第二次世界大战末期，虽然声呐、水面搜索雷达及鱼雷数据计算机等多种比较先进的设备已经开始装备潜艇，但这一时期潜艇之间的战斗几乎都表现为利用情报或探测设备先敌发现并占领有利阵位，进而隐蔽攻击、消灭处于水面航行的敌方潜艇。据不完全统计，整个二战期间各方被潜艇击沉的潜艇约有80艘，仅占被击沉潜艇总数的7%。而随着战后各国潜艇在水下探测技术、水下作战武器和作战指挥控制系统等方面的不断发展和完善，潜艇逐步实现了从水下对水下机动目标的探测、跟踪和攻击作战能力，而具有水下持续高速潜航能力的核动力潜艇的问世，则标志着潜艇水下对抗时代的到来。

3.核动力时代

潜艇在第二次世界大战中发挥的重要作用，使各国对其在现代海军中的地位有了充分认识。因而，战后各国海军均将潜艇视为增强海上力量的重要装备，并不断采用各方面最新技术，继续提高其性能和作战能力。

潜艇在第二次世界大战中的使用中不可避免地暴露出其存在严重的局限性，即在水下潜行时间受制于艇上电池蓄电量，其必须在间隔一定时间后浮出水面进行充电。而在充电过程中，潜艇极易被敌方反潜兵力发现并受到攻击。另外，艇上电池蓄电量还限制了潜艇的最大航速以及持续时间，使其潜航速度远低于水面航行速度。这两大局限在很大程度上影响了潜艇的隐蔽性乃至战术优势。因此，研发新式动力来源以有效延长潜艇在水下的持续航行时间，同时进一步提高其战术性能一直是战后各国潜艇研究机构的重要研究方向。

二战结束不久，以海曼·里科弗为首的一批美国科学家即展开了对舰艇应用原子能反应堆的深入研究。1947年，里科弗向美国海军和政府提出制造核动力潜艇的建议。1951年，美国国会通过制造第一艘核潜艇的决议。1952年6月，人类第一艘核动力潜艇"鹦鹉螺"号开工建造。1954年1月24日，"鹦鹉螺"号核潜艇开始首次试航。该艇长 97.5 米,宽 8.4 米,吃水 6.7 米,水面排水量 3700 吨,水下排水量 4040 吨;配备 6 具 533 毫米鱼雷发射管,携带 18 枚鱼雷;下潜深度 200 米,最大潜航速度 20 节;可以最大航速连续航行 50 天,全程 3 万千米而不需要加任何燃料。"鹦鹉螺"号在首次试航期间即显示了核潜艇无与伦比的优越性,它用时 84 小时连续潜航 1300 千米,该航程已经超过以往任何一艘常规潜艇的最大潜航航程 10 倍左右。到同年 4 月止,"鹦鹉螺"号在没有补充燃料的情况下持续航行了 11 万余千米,其中大部分时间是在水下航行。1958 年 8 月,"鹦鹉螺"号从冰层下穿越北冰洋冰冠,完成了从太平洋驶进大西洋的壮举。

美国核潜艇的研发工作一直受到苏联海军的密切关注。几乎就在美国全面展开核动力潜艇研制工作的同时,苏联科学家也在这一领域取得技术突破。1952 年 9 月,苏联部长会议通过决议,决定着手研制本国第一艘核潜艇。1954 年 9 月,苏联首艘核潜艇 K-3 号开工建造。该艇长 109.7 米,宽 9.1 米,吃水 6.7 米,水面排水量 5000 吨,水下排水量 5750 吨,动力装置为 1 台核反应堆及 2 台蒸气涡轮机,2 轴,功率 3 万马力,最大航速 30 节,最大潜深 300 米,装有 10 具鱼雷发射管(艇首 6 具、艇尾 4 具,使用 406 毫米鱼雷)。1957 年 8 月 9 日,K-3 号顺利下水,同年 9 月 14 日开始安装反应堆并填装核燃料,1958 年 7 月 4 日首次启动反应堆进行试验。1958 年 12 月 17 日,K-3 号核潜艇交付前苏联海军,比"鹦鹉螺"号晚了 4 年多。但 K-3 号艇的水下最大航速及最大潜深均优于美国"鹦鹉螺"号。此后,英国、法国以及中国分别于 20 世纪 60 年代到 70 年代突破核潜艇动力技术,并建造装备了本国第一代核潜艇。

在第二次世界大战中,以导弹、核武器为代表的远程大规模杀伤性武器已经得到实际运用,并显示出巨大的威力和发展前景。战后出于国防的需要,世界主要大国都极其重视发展具有战略打击能力的远程弹道导弹及核武器。并且,美、苏等国的军事领导人及科学家不约而同地注意到潜艇在隐蔽性、机动性和突然性等方面所独具的优点,因而在较短时期内就把上述战略武器综合利用到潜艇上,从而研制出了弹道导弹常规潜艇、弹道导弹核潜艇以及后来的巡航导弹核潜艇。从 1947 年起,苏联就决定研制大型潜艇,用来进行海上发射弹道导弹实验。1955 年 9 月,1 艘经过改装的 B-611 常规动力潜艇进行了世界上第一次潜艇水面发射弹道导弹的实验。同时,随着苏联核动力潜艇研制计划的推进,下一步的工作就是尽快把导弹武器与核动力潜艇进行结合。美国则在 1955 年展开在核潜艇上安装弹道导弹的设计工作。考虑到采用液氧推进的弹道导弹在潜艇上发射的安全性极差,同时,美国原子能委员会在 50 年代中期已经能够提供较小的核弹头,美国海军决定采用从水下发射的固体燃料弹道导弹。1957 年,世界上第一艘弹道导弹核潜艇——"乔治·华盛顿"号在美国开工建造,该艇 1959 年 6 月下水,1959 年 12 月 30 日服役。"乔治·华盛顿"号艇长 116.3 米,宽 10.1 米,吃水 8.8 米,水面排水量 6019 吨,水下排水量 6888 吨,水面航速 20 节,水下航速 31 节。艇上可装载 16 枚"北极星"A-1 型弹道导弹,最大射程 2200 千米,发射重量 12.9 吨,弹头核当量 60 万吨,命中精度 1850 米。艇上设有 6 具 533 毫米鱼雷发射管,备雷 12 枚。1960 年 7 月 20 日,"乔治·华盛顿"号在美国佛罗里达州的卡纳维拉尔角潜航中成功发射 2 枚"北极星"A-1 型弹道导弹。从 1960 年 11 月 15 日起,该艇携带 16 枚"北极星"A-

1型实弹头导弹开始执行非战时巡逻任务,标志着美国从此拥有了能够从水下对敌国实施战略打击的重要装备。核潜艇与远程弹道导弹、核武器的结合终使之成为人类有史以来最具威力和最令人恐怖的军事装备之一,进而成为世界各大国现代国防实力的重要象征。苏联于1959年建成交付首艘H级弹道导弹核潜艇,其水下排水量6500吨,指挥塔围壳布置有3枚SS-N-4单级液体弹道导弹,射程648千米,发射重量19吨,100万吨当量弹头核,只能以低速在水面状态发射。在SS-N-4的基础上,苏联又研制了SS-N-5单级液体弹道导弹,进而解决了水下发射的问题,并将射程提高至1400千米。此后,英、法和中国也相继建造了本国的弹道导弹核潜艇。

拥有核动力潜艇的国家在重视发展战略性弹道导弹核潜艇的同时,同样重视用以执行战役、战术级任务的攻击型核潜艇。核动力装置使核潜艇在续航能力方面几乎不受限制,并能够进行长时间、高速度隐蔽潜航,因而成为执行海上搜索、护航和攻击等各种任务的先进技术装备。最初其任务主要包括为战略导弹潜艇、航母战斗群或海上机动编队扫清航道,以及战略战役侦察、海上护航、破坏敌方交通线等。美国是最早发展攻击型核潜艇的国家,前文中所提到的"鹦鹉螺"号核潜艇实际上是一艘实验型战术攻击核潜艇。在通过大量实验工作解决了核动力应用等多方面关键技术问题后,美国于1955年至1959年建造了首批4艘"鳐鱼"级攻击型核潜艇。该级艇长81.5米,宽7.6米,水下排水量2861吨,采用S3W/S4W核反应堆和2座蒸汽涡轮机,双轴,功率6600马力,水下最大航速19节,最大潜深200米,人员编制为83~97人,艇上设置8具鱼雷发射管(艏6艉2)。苏联同样在1958年建成的首艘核动力实验艇的基础上,通过完善技术发展了本国第一代N级攻击核潜艇。该级艇长109.7米,宽9.1米,水下排水量4069吨,动力装置为1座核反应堆和2座蒸汽涡轮机,总功率3万马力,水下最大航速30节。艇艏装有6具533毫米鱼雷发射管,艇艉装有4具406毫米鱼雷发射管,备雷38枚。该级核潜艇苏联前后共建造了13艘。截止苏联解体,在近40年内,苏联至少建造了13个以上级别、超过160艘攻击型核潜艇。英、法和中国也发展了自己的攻击型核潜艇。

随着现代科技的不断进步,为满足进一步提高航速和机动能力的要求,各国攻击型核潜艇普遍装备更大功率的反应堆,吨位也越来越大,实现了在更大范围、更大深度高速航行能力。核技术的持续发展也使反应堆堆芯寿命不断增长,美、英、法等国核潜艇开始使用与艇同寿命、服役期间不换料的堆芯,既提高了在航率,降低了更换核燃料的费用,同时减少了放射性废料对周围环境和人员的污染。在总体性能方面,各国通过对艇型、结构及舱室分布进行优化设计,耐压艇壳采用更高强度材料,提高设备自动控制水平,改善居住性,提高自持力和安全可靠性,使潜艇的综合技术性能不断达到新的水平。为使攻击型核潜艇能够先敌发现目标,各国攻击型核潜艇均装备了功能齐全的多种声呐探测设备,包括艇壳声呐基阵、舷侧声呐基阵和拖曳式线列声呐基阵等,可进行远程和超远程被动式探测、跟踪、识别、定位以及主动式定位、测定目标数据等。同时,为进一步提高隐蔽性能,现代攻击型核潜艇广泛采取了包括改进机械设备性能、采用隔音减振浮筏基座、抑制艇体流体噪声、降低螺旋桨噪声以及敷设消声瓦等技术措施,大大增强了潜艇的安静性和隐蔽性。在武器装备方面,各国攻击型核潜艇进一步提高了作战武器的性能和装载量,先后装备了先进自导鱼雷、潜射反舰/反潜导弹,甚至远程对陆攻击巡航导弹。美、俄、法等国新建的攻击型核潜艇普遍设置导弹垂直发射装置,并配备一定数量的远程对陆攻击巡航导弹,使之具备一定战略打击作战能力。在指挥控制系统方面,现代攻击型核潜艇全面采用数字计算机作战指挥系统,通过总线将声呐、指控、武器、导航、通信等各分系统并行联机,从而构成综合性管理和作战指挥控制系统,实现了战时对各种情况的快速反应。

在二战结束以来的世界局部战争中,攻击型核潜艇以其卓越的技术性能和强大的战斗威力充分证明了其在现代海军的重要地位和作用。1982年马岛战争伊始,英国海军在危机来临之初即迅速调遣3艘攻击型核潜艇以持续30节的水下高速航行,率先到达战区,为英军在短时间建立200海里禁航区发挥了重要作用。随后,英国海军还增派了另外2艘攻击型核潜艇前往参战。这5艘攻击型核潜艇在战区积极活动,不仅搜集了大量战区情报以利于英军部署、决策和作战,并且一举击沉了阿根廷海军"贝尔格拉诺将军"号巡洋舰。英国核潜艇的积极活动和惊人战果对阿根廷海军构成了极大威慑,甚至可以说是造成阿根廷海军水面舰队在整个战争期间未敢进入战区的直接原因。1991年海湾战争期间,美国海军派出了13艘"洛杉矶"级和"鲟鱼"级攻击型核潜艇参加战争。参战的美国攻击型核潜艇不仅在阿曼湾、地中海和红海海域担负了为美国航母舰队提供必要的水下护航、对海警戒和海上封锁任务,还在战争打响时刻与水面舰艇一起发射了大批"战斧"式巡航导弹,对伊拉克众多陆上重要目标实施了大规模精确打击,为美军迅速夺取战争的主动权发挥了重要作用。其后发生的多场高技术局部战争同样显示,攻击型核潜艇已经成为美国海军实施现代海上作战和"由海向陆"打击作战最具隐蔽性和突然性的主力作战平台。

在核动力潜艇中,除弹道导弹核潜艇和攻击型核潜艇两个类别外,还有一个类别叫"巡航导弹核潜艇"。潜艇发射巡航导弹的方式最早可追溯至二战期间纳粹德国从事的研究和试验。为使潜艇具备远程打击能力,德国曾在U-511号潜艇上安装了6个火箭发射架进行试验。战后,美国在1945至1946年改装了"鳕鱼"号潜艇,并利用缴获的德国V-1型巡航导弹进行了相关研究。在1951年"天狮星"Ⅰ巡航导弹发射成功后,美国开始研制巡航导弹潜艇,并于1957年建成第一代"灰背鲸"号巡航导弹潜艇。其水下排水量3650吨,载4枚"天狮星"Ⅰ巡航导弹,采用水面发射方式,射程640千米。同期,苏联在W级常规潜艇上安装"沙道克"巡航导弹并发射成功。但常规动力潜艇持续潜航性能低以及水面发射易暴露的缺陷使之实用性较差。当核动力潜艇问世后,常规动力巡航导弹潜艇基本停止了发展。美国于1960年建造了排水量5000吨的"大比目鱼"号核动力巡航导弹潜艇,可载3枚射程1800千米的"天狮星"Ⅱ巡航导弹,但在"乔治·华盛顿"号弹道导弹核潜艇服役后即不再建造该种潜艇。苏联则基于西方国家航母舰队具有的强大海上优势的威胁,开始专门发展以重型远程反舰导弹为主要作战武器、战时对敌航母编队实施远距离导弹突击作战的核潜艇。其具有隐蔽性强、航速高、导弹装载数量大、射程远、突击威力强等优点。从20世纪60年代初至80年代,苏联建造了包括E级、C级和大名鼎鼎的O级三个级别的巡航导弹核潜艇。O级反舰巡航导弹核潜艇以"航母杀手"著称,其携载24枚SS-N-19重型超声速远程反舰导弹,能够在距目标 500 千米距离时实施攻击。仅在 20 世纪 80 年代前期，苏联海军巡航导弹核潜艇装备数量就已超过 76 艘，反舰导弹总发射管数近 500 座。此时的苏联巡航导弹核潜艇已经能够在远距离对美国航母舰队构成有效威胁。

冷战结束后，美国海军为贯彻其"由海向陆"和实施从海上远距离对陆打击作战的新战略，将 4 艘"俄亥俄"级弹道导弹核潜艇改装为堪称"水下武库舰"的巡航导弹核潜艇。其主要改装方式为将原型艇的 24 个弹道导弹发射装置改为"战斧"巡航导弹多弹密集发射装置，每个发射装置可装载 7 枚有效射程超过 2000 千米的潜射型"战斧"巡航导弹，从而可一次携带多达 154 枚"战斧"远程巡航导弹。这样，仅单艇巡航导弹载弹量已相当于目前美国海军一个航母作战群的巡航导弹载弹量。鉴于其具有在任何时间从远距离水下的隐蔽阵位对陆上目标实施毫无预兆的大规模突击作战能力，因此其堪称迄今为止海上隐身效果最佳、远程作战能力最强、长于实施现代远距离大规模精确作战的先进军事装备。其特有的隐蔽性和强大的作战能力必将对战争形态的进一步演变和发展产生极大的推动作用。

二战后，随着潜艇装备技术的不断发展、作战能力的不断提升和威胁程度的不断增大，各国对反潜作战更加予以重视。在所有反潜作战装备和力量中，潜艇的技术特性决定了其在反潜作战方面并不高效，不过却具有其他反潜兵力无法拥有的优点。如潜艇独具的水下巡航和长时间续航能力、更佳的水下探测搜索能力，以及不受风浪及水文气象等条件限制的装备特点，使之不仅可以在其他反潜方式难以发挥作用的环境执行反潜任务，甚至能够进入其他兵力难以活动的敌方控制水域去隐蔽搜索、跟踪和攻击敌方潜艇。因而，各国海军无不重视运用潜艇从事反潜作战的研究和实践。尽管二战结束以来世界上还鲜有关于潜艇实施反潜的公开报道和记载，但多年来，在许多拥有潜艇装备的国家间，特别是冷战时期美、苏两大拥有世界上最庞大潜艇兵力和最先进潜艇装备的超强海军国家之间，发生的潜艇对峙甚至对抗实际上从来没有间断过。各海军强国的潜艇在和平时期经常对所发现的他国潜艇进行跟踪，获取包括声纹、机动能力等在内的重要情报，以利于战时对其实施打击。

冷战时期，美国海军明确规定从苏方战略导弹核潜艇开始执行战斗值班巡航任务起，就须指定攻击型核潜艇对其实施跟踪。同样，苏联方面对美方亦是如此。双方执行跟踪任务的攻击型核潜艇通常都是秘密潜航至对方战略导弹核潜艇基地、驻泊点附近及其战斗值班巡航必经航道附近。而为隐蔽接近敌潜艇基地出入口，双方经常会利用过往商船的航行噪声作为掩护。由于跟踪对象出航时往往需在水面航行一段时间，或由其他兵力护送，因而易于被发现和跟踪。执行跟踪任务的潜艇通常与跟踪对象基本保持在被动声呐探测距离以内，但有时为获取某些对方潜艇必要情报，也会采取较危险的贴近方式，进行近距离水下录音、录像，并将相关情报资料存入电子计算机系统，以便于需要时随时进行对比和准确识别目标。为了解和测试对方潜艇的巡逻海域、行动战术以及规避技巧，有时甚至会刻意采取可能暴露自己的危险方式进行侦察。由于这种侦察方式基本上很难避免不被对方发现并受到激烈反制，因而冷战时期美、苏潜艇在水下追逐、恐吓甚至相撞事件时有发生。人们虽然可以庆幸冷战年代敌对双方在水下经常上演的这类"猫鼠游戏"终究没有发展到使用实弹攻击而引发大战的地步，但相关各方在这种绝对真实而且充满危险性的对抗中摸索并总结出的许多潜艇反潜作战战术、方法和经验，因为这种"游戏"实际上已经一再展示了一个非常真实的现代水下战争对抗领域情景。

4.战后潜艇技术的持续发展

由于核动力潜艇具有很大技术难度，需要高昂的建造费用，因而到目前为止仍仅仅是世界极少数海军大国潜艇部队的主战装备。战后，在世界上被更多沿海国家海军普遍装备的还是造价较低并且建造周期短的常规动力潜艇。与核动力潜艇相比较，大量采用先进技术的常规动力潜艇还具有目标特征小、噪声低和更适用于沿海浅海海区作战的优点。常规潜艇在第二次世界大战后参战虽少，但在仅有的几次海战中同样充分显示了它的威力。1971年第三次印巴战争中，巴基斯坦海军参战的"汉果尔"号常规潜艇在与印度海军水面战舰的对抗中，一举击沉、击伤印度海军护卫舰各一艘，取得战后潜艇作战的首次重大战果。1982年马岛战争中，阿根廷海军仅存的一艘209级"圣路易"号潜艇与英国大批水面舰艇和飞机周旋34昼夜，牵制了英军大量兵力，并对英国舰队造成巨大威胁。

20世纪90年代后期以来，随着现代科学技术的不断进步，常规动力潜艇在包括潜射巡航导弹和先进自导鱼雷、AIP动力系统、减振降噪和隐身技术、多种新型传感器和数据综合处理技术、自动控制技术和通信链等许多方面都取得了重大进展。

在作战武备方面，自二战结束以来，潜艇的主要作战武器仍是鱼雷、水雷，但已非早期的直航攻击武器，而是更加自导化、智能化。同时，具有水下发射反舰导弹能力的潜艇数量正呈增加之势。现代自导鱼雷的射程可达数十千米，最高航速50节，可对水面及水下作战目标实施隐蔽、精确攻击，其突然性和攻击威力明显大于采用空中突防的潜射反舰导弹，但作战距离则明显低于后者。现代常规动力潜艇通常都能携带6~16枚备用鱼雷或潜射反舰导弹，不仅作战距离、范围远远大于以往的常规动力潜艇，而且可在发射后快速重新装填以进行多次占位攻击。

以往的常规潜艇由于动力装置技术水平的局限，其水下续航力非常有限。倘若潜航时间过长，储备电力消耗过量，将严重影响其执行任务的能力和灵活性。因此，早期常规动力潜艇在航行期间往往尽量采用低速，并且需要经常选择合适的时机上浮充电。为了增加常规柴电潜艇一次水下续航时间及距离、降低通气管暴露率、提高常规潜艇作战威力，多年来世界各主要海军技术强国纷纷致力于发展具有不依赖空气的动力装置（AIP）的混合型柴电潜艇，并取得多方面技术突破。AIP动力技术的迅速发展和普及，已使当今先进的常规动力潜艇足以在水下持续隐蔽活动30~60昼夜，在显著提高其水下续航力的同时，也大幅降低了巡航中的暴露率。

由于采取了包括改进机械设备性能、采用隔音减振浮筏基座、抑制艇体流体噪声、降低螺旋桨噪声以及敷设消声瓦等降噪技术及隐身技术，现代潜艇变得比以往更加安静、隐蔽。

经过多年发展，现代潜艇的声呐系统在低频和高频范围均取得较大进展，实现了更远距离和更高精度的水下探测能力。如新式舷侧阵和拖曳式线列阵声呐，能使潜艇在低频和超低频频段探测到上百千米以外的目标，可有效配合潜射远程反舰导弹的使用。高频范围的鱼雷报警和探雷避雷声呐,则为潜艇规避和反击鱼雷和水雷创造了有利条件,保障了潜艇的安全。在非声探测和观察设备方面,现代潜艇普遍装有水面搜索雷达及对敌搜潜、探潜设备进行预警、自卫,对敌方通讯、雷达或其他的无线电讯号进行监视与搜集的其他电子侦测设备。同时,现代潜艇装备的潜望镜由于综合采用了包括光学摄影、红外摄影或微光摄影等技术,不仅具备了在恶劣天气与夜间情况下观测的能力,而且还可将观察情况影像录制储存。

现代潜艇的作战系统已发展为集作战指挥、控制、通信和情报系统于一体的 C_3I 综合作战系统。其利用光纤局域网和微处理机以声呐、指挥和武器系统为核心,同时将雷达、电子战、舰艇控制、全艇监视、战术支援、水下区域战、外部通信、导航、成像、海军战略、数据处理以及特殊行动等 12 个子系统综合为一体,实现了全艇主要信息和数据的综合处理和统一管理。该系统能与海军海上指挥信息系统完全兼容,保证其工作能力与其他潜艇、海上舰船、飞机、地面部队等各部门指挥活动的一致,与其他各种平台共享实时信息,实现潜艇作战与海上舰艇编队及地面部队配合作战的各种功能。

战后各潜艇生产国还加强了对潜艇控制技术的研究和开发,发展了车、舵、水一体化的综合控制系统和自动操作技术,给操作人员提供了近似飞机驾驶员座位那样的操作方式,使潜艇无论是处于何种状态下都能保持稳定性,从而使其在攻击时能够迅速进入有利阵位,在攻击后则能够快速撤离战场并有效规避敌方反潜武器的攻击。

鉴于潜艇自身对外界情况感知能力较低,通信能力乃是其获得并了解战区情况和执行任务的重要保障。但自问世以来,潜艇的水下隐蔽通信能力一直存在很大局限性。多年来,无线电长波通信一直是岸对潜的重要通信手段。超长波通信虽可穿透 100 米深的海水,但其频带很窄、通信效率很低,并且只能由岸基向潜艇发信,加之信号强度较弱,难以保持连续接收。问题还在于长波频率极低,其电台功率及天线等设施十分庞大,战时必然是敌方首选打击目标。而一旦该设施遭受攻击损坏,往往在短时间内难以恢复,从而将对整个潜艇作战造成严重后果。潜艇接收岸上指挥所电讯主要用长波收信机,采用升降或拖曳天线在一定深度收信。在采用拖曳天线时,虽可在较大深度收信,但无线电长波通信也只能穿透 10~20 米深的海水,并且潜艇在与岸基指挥部进行通信联络时必须减速航行并上浮。

潜艇向岸上指挥所报告情况则主要采取短波通信,与其他舰艇、飞机或沿岸实施近距离通信联络主要采用超短波通信。远距离探测能力和水下隐蔽通信能力一直是潜艇很大的弱点。前者在现有技术条件下仍然难以有效解决,但如果能够有效解决后者的问题,则可以利用自身以外的情报、信息解决远距离、大范围的情报问题。以现代潜艇的隐蔽性及所拥有的大射程潜射精确制导武器,在得到大范围战区情报、信息支持的条件下,其作战距离、威胁范围,甚至是对敌陆地重要目标的突袭能力都是前所未有的。卫星侦察和通信技术的发展,将有助于潜艇解决上述缺陷。现代先进卫星侦察技术已经足以使海上甚至空中的任何军事部署和行动暴露无遗,可在较长的时期内,为潜艇提供广阔海域范围内相当准确的各种战场情报和信息;而现代卫星通信、导航技术的发展,则能够实时地将上述重要情报、信息传输给潜艇,并及时将其指挥、引导至最佳的攻击阵位。这使得潜艇自身缺乏远距离探测、搜索能力的缺陷得以有效弥补。虽然潜航中的潜艇在进行通信时仍需将天线伸出海面，但定向卫星通信由于采用极低幅半自动定向天线，所以并不易被截获。而更先进的浮力拖曳天线与卫星通信相结合，以及采取静默接收的通信方式，则使潜艇不必暴露在敌方反潜兵力的搜索之下，就可以利用卫星所提供的强有力情报支援，进行隐蔽、准确地机动和实施攻击作战。从这一意义来看，现代潜艇的作战能力已经突破了远距离探测和隐蔽通信技术的制约。

侦察和通信卫星、预警机、无人机、通信链等现代海战体系的日益完善，使包括潜艇在内的现代海战平台在空前广阔的巨大战区对信息获取和利用能力已远非昔比。同时，由于现代潜艇武器有效作战距离的成倍扩展，可以预见，在当今时代，即使是有限数量潜艇的布阵，也足以有效封锁和威胁前所未有的广阔海域。尽管现代海军的探潜、反潜作战能力较以往同样取得了很大发展，但实际上并不容易在空前广阔的战场海域，在上百千米远的距离上准确发现处于潜伏中的潜艇。而当潜艇在远方阵位对其体系举足轻重的要害目标实施突然攻击之时，其反潜兵力即使能够迅速确定其方位、距离并随即开始行动都将为时已晚，这实际上已成为当今超级海军大国也深感头痛的问题。

当然，以往的战争经验同时也十分充分地说明，即使是技术性能较先进的潜艇，如果与强大的空中、水面和水下整个反潜作战体系进行单打独斗仍是不行的，而且总是无可避免地处于被动和不利境地。所以，现代潜艇的作战威力同样有赖于己方航空兵和水面舰队密切协同、支援和配合才能够得到充分发挥。在未来的网络一体化海战场，潜艇既是水下隐蔽机动的重要作战单元，同时也是具有综合技术的水下传感器平台和节点。为满足其水下探测和电子支援的需要，未来的潜艇将装备大量新型传感器。如目前美国海军已在研究可供水下潜艇发射使用的潜射无人机，以艇上装备的高传输率天线进行潜艇与无人机之间的无线电通信，这样将显著增大潜艇的探测范围和能力。同时，美国海军还在鼎力研制满足战术，使用于传输速率要求的水下数据链技术。如新一代可进行水下与空中通信的激光通信技术，以及光纤在武器、无人潜水器及其他艇载传感器连通方面的应用技术等。同时，美国海军在发展可由潜艇携带使用的自主推进型无人潜航器（UUV）技术方面已经取得突破性进展。该装备具有其他平台无法比拟的技术优势，可使美军舰艇以最低风险进入战区，隐蔽执行情报收集、侦察监视、通信/导航、海洋调查，甚至反潜、反水雷和载荷运送等各种任务，并作为信息一体化战场的重要水下节点，从而将海军力量延伸至以往传统平台和方式都无法进入的地区。现代通信技术及信息化水平的提高，使融入先进海战体系的潜艇不再仅仅依靠其自身探测系统去发现和打击目标，这正是现代潜艇的更大威胁所在。这使得无论是核动力潜艇还是常规动力潜艇，都被作为整个集太空、空中、水面和水下信息一体化作战体系的重要组成部分从事作战。实际上，随着现代科技的发展进步，潜艇在情报、信息的收集、处理及传输、通信方面已经日益呈现出高度集成化的特点。从发达国家海军潜艇装备看，如美国海军"弗吉尼亚"级核潜艇已经采用了新型 AN/BQQ-10 声呐系统，该系统具有很强的宽波段探测与跟踪能力。同时，其先进的电子探测设备能够对雷达及其他无线电信号进行侦测、识别和定位，综合天线系统（SIAS）则能够使该艇通过覆盖范围广阔的宽波段局域网和高速数据传输系统与外界进行通信。该艇以不穿透耐压艇壳的先进光电桅杆潜望镜替代了传统潜望镜。这种新式潜望镜可将观察信号通过光纤传入艇内设备,其艇载数据合成系统随之对来自各种探测源的数据进行综合整理、分析,并通过与艇外的水下、水面、空中和太空设施的通信联络,形成空前范围的战区感知能力和强大作战能力。随着人类科学技术的不断进步,潜艇从一种相对结构简单、作战效能有限的新式武器,迅速发展成为拥有先进的动力装置、强大的作战武器、完善的观察工具、优秀的探测及通信设备,具有高度隐蔽、机动作战和生存能力的重要海战装备,是现代海军无可替代的重要作战手段和力量。

(二)潜艇分类简介

1.弹道导弹核潜艇

弹道导弹核潜艇也称战略导弹核潜艇,是以发射弹道导弹为主要作战任务的潜艇。弹道导弹核潜艇是于20世纪50年代末迅速发展起来的重要战略性武器装备,其集现代先进核动力技术、弹道导弹水下发射技术、远程洲际弹道导弹作战系统及核武器于一体,是具有突出的隐蔽性、机动性、生存能力和巨大毁灭性威力的水下作战平台。战略导弹核潜艇是核大国的标志性装备,是"三位一体"核力量的重要组成部分,也是目前生存能力最强的核装备,其携带的潜射弹道导弹承担着实施"二次核打击"的重大任务和使命。所谓"二次核打击",是指在己方核武器基地遭到敌方打击后,仍然能够保存足够的核打击兵力和手段对敌方实施有效的核反击。众所周知,当今拥有核打击能力的国家在确定核攻击目标时,会将敌方诸如核导弹发射井之类的核武器基地作为首轮核攻击的重点对象。而目前应对这种攻击最有效的威慑就是,在承受敌方核攻击之后,仍然具备对敌重要政治、经济及工业中心实施核报复的作战能力。因此,"二次核打击"能力是一个有核国家具备有效、成熟的核威慑力的重要标志。一个国家的核力量是否具备"二次核打击"能力,主要看它能否保障有足够数量的核作战兵力、装备在敌方第一次核打击中得以保存。接下来,就要考虑如何提高核武器在敌方核攻击下的生存能力的问题。多年来,世界上各个有核作战力量的国家为解决这一问题,主要采取了对弹道中程或洲际导弹发射井进行抗核加固、变井下固定发射为陆上车载机动发射、建立战略轰炸机带核弹巡逻制度,以及建造弹道导弹核潜艇进行水下隐蔽部署、巡航等多种措施。其中,被公认最可靠和最有效的二次核打击力量首推具有水下长期隐蔽部署、巡航能力的战略核潜艇。与其他核作战兵力相比,可持续长时间游弋于大洋深处的战略核潜艇,不仅较难被敌方所有探测手段及打击武器发现和攻击,也比轰炸机、导弹机动发射车及陆地发射井具有更强的生存能力。由于单艘弹道导弹核潜艇就可部署12枚以上可进行水下发射的远程弹道导弹,并且每枚弹道导弹可携带5枚以上核弹头,实际上对敌国重要战略目标已经具备毁灭性的打击作战能力。因此,战略核潜艇是世界主要核大国最重要的核心装备。

2.攻击型核潜艇

攻击型核潜艇是指采用核动力,以鱼雷和潜射战术导弹为作战武器,用于遂行现代海军战术和战役任务的核潜艇。其某些关键技术与弹道导弹核潜艇相同,但更重视探测能力、水下机动性和战术性攻击武器,因而具有隐蔽性强、能够高速机动、续航力和自持力长、活动范围大和攻击作战能力强等多方面的突出优点,是目前世界上美、俄、英、法、中等主要海军大国潜艇部队的主战装备和重要海军力量。由于采用了核动力技术,攻击型潜艇能够不必像常规潜艇那样频频浮出水面充电,只要艇员耐力允许,可在相对较长时间连续进行水下高速巡航,并且无须支援补给。目前,世界上较先进的攻击型核潜艇的最大持续潜航速度超过40节,其活动范围可遍布世界各大洋,在需要时能够远隔重洋以持续高航速潜航,奔赴世界海洋范围内的任何军事任务区。其机动能力和大潜深能力使敌方反潜兵力较难进行侦察和搜索。攻击型核潜艇适合探测、跟踪和攻击敌舰艇。由于配备有先进的探测设备、通信设备及先进的远射程作战武器,攻击型核潜艇在各拥有国海军承担着重要而广泛的战术、战役甚至战略使命,包括:反潜、攻击敌水面舰艇、执行海上封锁、为航母等海上编队护航、为弹道导弹核潜艇护航、布雷、袭击敌港口及陆上目标、侦察和搜集情报,以及运送特种作战部队等。事实上,在美、英等西方国家的攻击型核潜艇开始装备潜射反舰导弹后,其在很大程度上开始具备与苏联早期建造的巡航导弹核潜艇基本相当的远距离反舰作战能力。而当装备"战斧"巡航导弹后,它实际上已经具备了执行对敌内陆纵深重要目标实施远程精确打击的战略性任务的能力。英、美等国的攻击型核潜艇曾先后参加了1982年马岛战争、1991年海湾战争乃至近年来的多场高技术局部战争,并且往往是被率先部署和使用。

3.巡航导弹核潜艇

巡航导弹核潜艇是指以远程巡航导弹为主要作战武器的核动力潜艇,先前仅用于苏联在冷战时期发展的、专门从事远程反舰作战的核潜艇。苏联发展巡航导弹核潜艇的最初目的是在本国海域对抗敌方航母编队。通过将核动力潜艇可进行长时间、高速度隐蔽潜航的技术优势,与大射程、大威力、高精度反舰导弹武器进行结合,苏联海军建立了一支与其他国家海军全然有别的强大水下突击兵力。苏联的巡航导弹核潜艇除具有执行多种任务的能力外,更被赋予必要时在航天、空中侦察系统指挥协调下,配合其水面和空中作战兵力在数百千米的远距离,从多方向使用重型远程超音速大威力反舰巡航导弹密集突击敌航母战斗群的特殊使命。由于其突出的隐蔽性和打击距离,人们普遍认为,战时其对拥有多层防护的航母战斗群的威胁实际上远大于水面战斗舰艇和海军战斗机。冷战结束后,俄罗斯对海军发展战略进行了大幅调整,在停止建造巡航导弹核潜艇的同时,将多数早期建造的巡航导弹核潜艇除役。而美国在冷战结束后为贯彻"由海向陆"的新战略,将4艘"俄亥俄"级战略导弹核潜艇改装为巡航导弹核潜艇。2011年3月19日,美国海军4艘巡航导弹核潜艇之一——"佛罗里达"号首次用于作战,向利比亚发射了90枚"战斧"巡航导弹,对其境内许多重要目标实施了大规模远程精确打击,向人们展示了一种全新的战争样式。

4.常规动力潜艇

常规动力潜艇即采用柴油机-蓄电池动力,能在水下隐蔽活动和战斗的潜艇。其具有隐蔽性好、机动性强、突击威力大等特点,可以不依赖其他兵种的支援,长期在海上活动,进行独立作战,具有很大的威慑性。但常规潜艇也存在航速低、通气管航行状态充电时易暴露自己和自卫能力弱等缺点。历史上发生的两次世界大战中,常规动力潜艇参战起了重大作用,取得了辉煌的战绩。经过战争实践,其作为海上作战的重要力量被各国海军所确认。战后,各国海军均把发展潜艇放在重要地位。由于常规潜艇具有噪音小、价格低、建造周期短、可以在浅海区域活动的特点,更适于沿海作战,因而受到中小国家的欢迎。截至目前,世界上有数十个濒海国家拥有常规潜艇,装备总数近 500 艘,远高于核潜艇的数量。战后科学技术的飞速发展和更多先进科技成果的应用,使常规动力潜艇的技术性能较以往有了很大发展。新型 AIP 动力技术、减振降噪及隐身技术、多种新兴传感器和数据综合处理技术、通信链和自动控制技术、潜射导弹和新型鱼雷等武器、多功能无人驾驶潜航器等先进科技成果的出现和应用,已经使常规潜艇的作战能力和生存能力大幅度提高,常规潜艇所承担的任务范围逐步扩大。现代常规动力潜艇已经普遍装备可在水下发射的远射程反舰导弹,以及高航速、远航程、大威力、制导技术先进的重型鱼雷,具有在敌防卫范围以外攻击敌舰的能力。并且由于噪声低、探测距离远、信息处理能力强,应用线导和声自导鱼雷攻潜精度高、威力大,常规动力潜艇已经成为反潜作战的重要力量。体积较小的常规动力潜艇还比较利于灵活地在海峡、航道和浅海活动,既能够秘密潜入敌方海域进行隐蔽观测、截获无线电信号,甚至靠近海底电话电缆进行窃听、长期蹲点持续侦察,必要时还能够对敌实施攻击、布雷等。总之,常规动力潜艇可凭借其出色的隐蔽性、比较长时间的自持力和强大的作战武器,在广阔的海区进行长期部署和活动,独立作战,执行破交、攻舰、反潜、布雷、侦察、特种作战及对陆攻击等多种军事任务,用途十分广泛。

5.微型潜艇

微型潜艇是相对于普通作战潜艇而言的,不过究竟排水量多少以下的潜艇才算是微型潜艇,各国并没有统一的说法,通常泛指长度几米至 30 米左右、水下排水量在几吨到 300 吨之间的小体积常规动力潜艇。其中,长度在 10 米左右、排水量在几吨至十几吨的一般也被称作袖珍潜艇或蛙人输送艇。由于其目标小、噪声低、易于隐蔽接近目标而不被发现,适用于在近海、狭窄海峡及浅水海区执行特种任务,如破坏敌海上交通运输、输送特种作战或侦察人员秘密登陆、对敌岸基目标或锚泊舰船实施袭击等。与普通潜艇相比,微型潜艇具有结构简单、造价低、便于批量生产并且运输方便的特点,因而许多国家海军都有此类装备。在历史上,意大利是最先发展微型潜艇的国家。一战期间,意大利海军使用 1 艘长度 7 米的微型潜艇携带炸药,奇袭了 1 艘停泊在塞尔维亚普拉港的奥地利战列舰并将其炸沉,开微型潜艇击沉大舰之先例。二战期间,1941 年 12 月 18 日,意大利海军使用大型潜艇携带的 3 艘微型潜艇,潜入埃及亚历山大港,将停泊在港内的英国"勇敢"号战列舰等 3 艘军舰击沉。这次袭击甚至改变了地中海地区的军事形势。除了意大利,英国和日本也发展了各自的微型潜艇,并在二战中得到应用。日本海军在偷袭珍珠港的作战中就曾出动 5 艘微型潜艇,其由母艇装载,到预定海域施放后执行任务。二战末期,濒临灭亡的日本曾研制了自杀性微型潜艇——"回天艇",但在美军强大的火力封锁下,其实际效果远不如"神风特攻队"。战后,各国海军出于特种作战部队装备需要,研制了多种型号的微型潜艇,其技术性能较早期产品也有很大的提高。比较典型的如德国 MSV-70 微型潜艇,长 18 米,宽 3.8 米,水面航速 8 节,水下航速 11 节,最大潜深 140 米,能以 6 节航速航行 1000 海里,配备 2 具鱼雷发射管,需要时还可携带 6 枚水雷;又如美国海军"海豹"特种部队输送艇,长 20 米,重 60 吨,由 2 人操控,载运 5 名"海豹"突击队员,可由大中型潜艇及 C-17 运输机运载。由于微型潜艇的设计建造技术和费用相对较低,目前在一些第三世界国家生产、服役数量更大,如伊朗、朝鲜海军均装备有较大数量。一些微型潜艇还配备了鱼雷、水雷等作战武器,除用于输送特战人员外,也用于近海水域防御作战。但由于受尺寸、体积的局限,微型潜艇普遍续航力有限且设备简陋,用途无法与标准的常规动力潜艇相提并论。但其在特定的战场环境及任务能力方面具有其他装备无可取代的优势,因而仍会继续得到重视和发展。

(三)世界王牌潜艇

1.美国"俄亥俄"级弹道导弹核潜艇

"俄亥俄"级弹道导弹核潜艇是美国建造的第 4 种也是目前在役的唯一一级战略导弹核潜艇,从 1976 年 4 月首艇"俄亥俄"号开工建造,到 1997 年 8 月最后一艘"路易斯安娜"号建成交付,共建造 18 艘,用以替换先前服役的"拉菲特"级弹道导弹核潜艇。该级潜艇艇长 170.7 米,宽 12.8 米,吃水 10.8 米,水面排水量 16600 吨,水下排水量 18750 吨;装有 1 台 S8G 自然循环压水堆,2 台蒸汽轮机,功率 60000 马力,齿轮减速,单轴,水下航速 25 节。艇员编制 155 人。"俄亥俄"级弹道导弹核潜艇每艘可携带 24 枚 D5 型

俄亥俄级核潜艇

"三叉戟"Ⅱ洲际弹道导弹,射程 12000 千米,每枚最多可携带 12 个机动分导式热核弹头,总计多达 288 个分弹头。D5 型"三叉戟"Ⅱ洲际导弹射程远、突防能力强、机动性好、命中精度高、威慑力大,并且齐射能力强,战时能够在半小时内攻击并摧毁处于全球任何距离及位置的敌国 200 多个大中型城市或重要战略目标,能够对

数亿人的生命安全构成严重威胁。"俄亥俄"级战略核潜艇采用了多项最先进的隐身技术以降低噪声。如先进的 S8G 自然循环压水堆在中低速航行时可不使用主循环泵;机舱内采用浮筏减振技术;在艇体外表面装设消声瓦等。上述措施使该级潜艇的辐射噪音降至最低限度。此外,"俄亥俄"级战略核潜艇还采取了消除红外特性、消磁以及减少废物排放等隐身措施。艇首装有 4 具 MK68 鱼雷发射管,携带 MK48AD-CAP 型多用途线导鱼雷及"鱼叉"潜射反舰导弹 12 枚,可攻击敌方潜艇或水面舰艇。核潜艇装备有先进的电子设备,以及 AN/BQQ-6 先进综合声呐系统。"俄亥俄"级核潜艇的下潜深度可达 400 米,由于具有很大的海洋垂直深度活动范围,其隐蔽性更加突出。理论上无限的航程使其能够长时间隐蔽活动于接近敌方海岸的水域而不被发现,持续执行任务时间可达 90 天。由于单艘"俄亥俄"级弹道导弹核潜艇即具有可靠的大规模毁灭性攻击能力,因而,美国从此不必像先前那样花费巨大代价去建造和维持较大数量的战略核潜艇了。

2.俄罗斯"台风"级弹道导弹核潜艇

"台风"级弹道导弹核潜艇是苏联 1977 年至 1989 年建造的第 7 种弹道导弹核潜艇,也是当代世界上最大的核潜艇。其艇长 171.5 米,宽 24.6 米,吃水 13 米,水面排水量 21500 吨,水下排水量达 26500 吨,动力装置为 2 座 VM-5 压水堆,2 台 CT3A 汽轮机,功率 81600 马力,水下航速 25 节,双轴,2 副七叶大侧斜螺旋桨。艇上载有 20 枚 SS-N-20 型三级固体弹道导弹,射程 8302 千米,每枚携 12 枚重返大气层弹头,圆概率误差 300~400 米左右。自卫武器方面,"台风"级装有 533 毫米鱼雷管和 650 毫米鱼雷管,可发射采用核战斗部的反潜鱼雷及反潜导弹,备有雷,弹 22 枚。同时,艇上还装有 SA-N-8 舰空导弹,使之在浮上水面时具有一定防空能力。"台风"级的电子设备比较先进和完善,包括星光,惯性导航系统、卫星导航系统、3R65 自动化指挥控制系统、雷达、壳体声呐、拖曳式线列阵声呐及卫星通信系统等。"台风"级弹道导弹核潜艇的整体结构独具特点,全艇纵向由三个耐压筒组成,呈"品"字形布置,弹道导弹发射筒布置在指挥台围壳前方,采用了非典型双壳体结构,即导弹发射筒部分采用单壳体,将导弹发射筒夹在双壳耐压艇体之间,因而避免了先前苏制核潜艇那种导弹发射筒高高隆起于甲板的"龟背"形状,降低了航行噪音和阻力。冷战时期,苏联研制的弹道导弹核潜艇均主要以美国本土作为主要攻击目标,十分重视其在北极冰层区的活动性能,因而"台风"级的储备浮力较大,艇体结构相当坚固,主耐压艇体、耐压中央舱段和鱼雷舱均采用高强度钛合金材料,其余部分采用消磁高强度钢材,使其在北极冰层下实施发射时能够轻易破开 2~3 米厚度的冰层,大大增强了其部署范围和隐蔽性。"台风"级服役后对美国构成了巨大威胁,其攻击威力巨大,可攻击美国本土任何地方,并且生存能力强,体现了大型化核潜艇的优越性。但其缺点也在于艇体过大,使之在同样环境或情况下会比体积更小的同类战略核潜艇易于被发现,应对敌方反潜兵力不够灵活,同时在维护费用方面也高于其他同类战略核潜艇。该级弹道导弹核潜艇共建造了 6 艘,苏联解体后已有 3 艘退役。

3. 俄罗斯"北风之神"级弹道导弹核潜艇

"北风之神"级弹道导弹核潜艇是苏联解体后,俄罗斯在处于严重经费困难下以极大的决心坚持研制建造的最新一代战略核潜艇。首艇"尤里·多尔戈鲁基"号1996年开工,2007年4月下水,2010年完成航行试验,目前已建成2艘,后续艇仍在建造之中。该级艇长170米,宽13.5米,排水量1.7万吨,比先前的"台风"级小许多。艇体采用近似拉长水滴形的流线外形设计,可在保证水下高航速的同时,减少艇体与水流间的摩擦,降低航行噪音。导弹舱位于指挥台围壳之后。主动力装置为1座OK-650型压水反应堆和2座汽轮机,最大功率为380兆瓦,汽轮机的最大输出功率为74570千瓦。另外还装有2个低噪音推进电动机,用于水下低航速时安静航行。定员107人。最高航速29节,最大潜深450米。在武器装备方面,"北风之神"级战略核潜艇计划配备16枚"布拉瓦"导弹,最大射程超过1.1万千米,每枚可携带10个分导式核弹头,命中精度为80米。同时还装备6具533毫米鱼雷发射管、反潜鱼雷及SS-N-15型反潜导弹,同时并配备SA-N-8型近程舰空导弹。俄海军还考虑未来为其装备速度达200节的"暴风"高速鱼雷,进一步提高其反潜及反鱼雷作战能力。电子系统包括一套"公共马车"型作战控制指挥系统和一套"斯卡特"综合声呐系统,后者包括艇艏声呐、舷侧声呐和拖曳线列阵声呐。为提高隐蔽性,艇内设备采用了多方面减振、降噪技术,艇体敷设了150毫米厚的消声瓦,并在消除红外特征、磁性特征、尾流特征等方面都采取了一些独到的隐身措施。据称,其水下航行噪音仅108分贝,不仅低于"台风"级战略核潜艇,甚至低于美国"俄亥俄"级核潜艇。"北风之神"级弹道导弹核潜艇的建成服役被认为是经历十余年低谷之后,俄罗斯重建其海军战略核威慑力的里程碑。今后俄罗斯并不打算像冷战年代的苏联那样维持较庞大的战略核潜艇兵力,而是计划建立更高质量和合理数量的核反击作战能力。"北风之神"级弹道导弹核潜艇在整体技术性能及打击能力方面完全能够满足俄罗斯在今后相当一个时期内的国防战略需求。

4. 美国"俄亥俄"级巡航导弹核潜艇

美国"俄亥俄"级巡航导弹核潜艇由同级弹道导弹核潜艇改装而成。按照美、俄1993年第二次战略武器限制条约的规定,美国应在随后几年分两个阶段削减战略武器。为此,美国决定将其"俄亥俄"级战略导弹核潜艇从18艘削减至14艘。被削减的4艘战略导弹核潜艇尽管是在20世纪70年代末至80年代初建造的首批潜艇,即"俄亥俄"号、"密执安"号、"佛罗里达"号和"佐治亚"号,然而到决定削减时服役年限仅十几年,远远不足核潜艇的正常服役年限。美国海军不能接受将其作报废处理的结局,遂决定将其改装为具有武库舰性质和使命的对陆打击作战理想平台,即将原型艇的24个弹道导弹发射装置中的3~24号发射筒改装多弹密集发射装置,每个发射装置可装载7枚"战斧"巡航导弹,使之一次能够携带154枚"战斧"巡航导弹。经过改装的巡航导弹目标瞄准系统、导航系统和通信系统能够保证这些远程导弹具有对多目标全方位攻击能力。借助先进的战区C4ISR系统,所有 154 枚巡航导弹能够在任何选定时间,以不足 3 秒的间隔连续冲出海面,6 分钟内完成全部发射,进而沿着各自所设定的飞行路线、方向对预定目标实施突然的远距离全方位精确打击。其 2000 千米~3000 千米的射程和极高的打击精度,使之远在公海水域即对当今世界所有濒海国家的内陆纵深甚至是全纵深重要的政治、经济、军事目标、设施构成有效威胁。而其 1 号和 2 号弹道导弹发射装置则被改装成供特种作战人员出入的通道舱室,并安装一套用来与干式输送器(DDS)和“海豹”输送艇(ASDS)相连接的系统。考虑到战时能够载运更多的特种作战人员及其装备,专门设计并为每艘改装的核潜艇购置 8 套用以运送特种作战部队的模块化发射筒结构,可用以临时替换 3~10 号发射筒中的多弹密集发射装置。由于用以发射“战斧”巡航导弹的多弹密集发射装置也是采用模块化设计技术,便于需要时快速更换,因而改装后的核潜艇能够在需要时由原先可载运 66 名特种作战人员增加到能够载运 122 名特种作战人员及其作战所需的全部弹药装备。而改装后的核潜艇在能够容纳最大数量特种作战人员时,仍可携带 98 枚“战斧”巡航导弹。改装后的核潜艇还可携带 1~2 艘先进的“海豹”输送艇和一座干式输送器。“海豹”输送艇实际上就是一个由 2 人操作、长 19.8 米的微型潜艇,既可以用于运送人员,也可以作为传感器运载平台。干式输送器则是一种圆柱形坞舱,可容纳一艘航程较短的微型潜艇。在执行特种作战任务时,可充分利用核潜艇先进的隐蔽性、机动性载运并支援特种作战部队进入敌方海岸执行各种任务。其在上述方面所具备的优势就连目前最先进的水面舰艇都无法比拟。改装后的核潜艇还可以携带和发射MK48 重型鱼雷,用以必要时攻击敌方潜艇和水面舰艇。

5.美国“海狼”级攻击型核潜艇

“海狼”级攻击型核潜艇是美国海军为保持其进入 21 世纪后的潜艇力量优势,从 20 世纪 80 年代中期开始研制并计划替代“洛杉矶”级的新一代攻击型潜艇。首艇“海狼”号于 1989 年开始建造,1997 年进入美国海军服役。第二艘“康涅狄格”号于 1998 年 12 月建成服役。原计划建造 30 艘,以作为在全球范围对抗苏联核潜艇威胁的深海型优势装备。鉴于苏联解体及冷战结束,美国海军进行了重大战略调整并改变了原生产计划,最终确定只完成建造第 3 艘“吉米·卡特”号,随后则转向研制适于在近岸浅海水域作战和可执行多种作战任务的新型核动力攻击潜艇,即后来的“弗吉尼亚”级。“海狼”级是迄今为止美国海军吨位最大的核动力攻击型潜艇,采用外形为长宽比 7.7∶1 的水滴形艇形设计,1 座 S6W 高性能压水反应堆,轴输出功率 60000 马力,使之水下最大航速可达 35 节以上。由于综合采用了包括自然循环反应堆、新型泵喷推进器、设备减振基座,以及外表敷设阻尼吸声橡胶等多方面降噪措施,噪声降至 90~100 分贝,已低于海洋背景噪声,成为世界上噪声最低的潜艇。“海狼”级的作战武器包括 MK48-5 重型鱼雷、“战斧”巡航导弹、“鱼叉”潜射反舰导弹、无人潜水器等,可实施远距离对潜、对舰和对陆攻击。探测设备包括 AN/BQQ5D 主/被动综合声呐、TB16 被动拖曳声呐、TB23 细线基阵拖曳声呐和被动保角阵声呐及探雷声呐。其 AN/BSY2 作战指挥系统能够将探测、导航、火控、通信等多方面信息进行自动综合处理,使之在作战中反应迅速,并具有同时对付多目标的作战能力。因此,“海狼”级在艇体设计、动力系统、武器装备及探测设备方面均居同期世界领先水平。先期生产的 2 艘"海狼"级艇长 107.6 米，宽 12.9 米，吃水 10.9 米，水下排水量 9150 吨。3 号艇"吉米·卡特"号因增加了包括特种作战、战术侦察和水雷战等任务功能并采用了更加先进的技术，进行了修改设计。该艇艇长 138.1 米，水下排水量为 12132 吨，服役时间也由原定的 2001 年 12 月推迟到 2005 年 2 月。"海狼"建造计划的终止并非是由于其不够先进，而是因为冷战结束后美国海军的战略重点转向近海地区，这种先进的深海远洋装备由于失去对手的奉陪，而在很大程度上处于无所事事之境。同时，其高达 30 亿美元的造价使美国也有难以承受之感。但美国海军现有的这 3 艘"海狼"级攻击型核潜艇实属其武库中的王牌装备之一。

6.美国"弗吉尼亚"级攻击型核潜艇

"弗吉尼亚"级攻击型核潜艇是美国海军根据其新时期确定的"由海向陆，前沿部署"战略需求，研制的一级，造价低于"海狼"级，兼顾经济性、使用性，可在近海海区执行多种作战任务的多用途攻击型核潜艇。其主要任务包括前出至他国沿海水域实施军事侦察、反潜、反舰作战，对岸上及纵深重要目标实施精确攻击，输送特种部队并对其进行支援以及加入航母编队等，用于取代先前的"海狼"级建造计划，并将作为 21 世纪前叶美国海军潜艇部队的主力。因此，该级潜艇在设计上除继承"海狼"级出色的安静性优势外，不再把水下高航速和大深度下潜能力作为主要战术、技术指标，而是侧重于以往核潜艇并不擅长的浅海作战。其设计沿用了"海狼"级的多方面技术成果，因此在外形上如填角造型围壳、伸缩式首水平舵、两侧的宽孔径被动数字声呐侧阵、6 片式尾翼以及喷射推进器等，均与"海狼"级基本相同，使之从外观上看近乎"海狼"级的缩小版。首艇"弗吉尼亚"号于 1999 年开工建造，2004 年开始服役。该艇长 114.9 米，宽 10.4 米，吃水 9.3 米，水下排水量 7800 吨。动力装置为 1 座 PWRS9G 型压水堆，2 台汽轮机，总功率 40000 马力。其具有 28 节的持续潜航速度，并且核燃料可供使用 30 年，在整个服役期间无须更换燃料棒。由于采用各项与"海狼"级相同的先进静音技术措施，其静音能力具有与"海狼"级相同的超高水平。其武器配备包括 12 具"战斧"巡航导弹垂直发射筒、MK48 型鱼雷、"鱼叉"反舰导弹、MK48 先进自航水雷，以及小型水下无人潜航遥控艇和无人空中飞行器。其携带的小型水下无人潜航遥控艇上装有声和非声传感器、无线电和视频信号传感器、目标识别和分类装置等，能够在远离载艇的海域执行警戒、侦察以及反潜战等多种任务，从而极大地提高了水下探测、侦察及作战能力。而其利用无人空中飞行器则可从事更大范围对海、陆远距离侦察，并将侦察结果向潜艇实时传输，以利于对远距离海、陆目标实施快速、精确打击。"弗吉尼亚"级核潜艇上还专门设有一个可施放和回收特种人员运载器对接接口。使用特种人员运载器可搭载为执行特种任务所需的数名人员及各种装备在水下进行秘密遣送和回收，以执行救援、搜索、破袭、情报收集以及引导空中打击等多项特种作战任务。"弗吉尼亚"级的探测设备包括艇首主/被动综合声呐球阵、宽孔径侧阵以及 TB16 和 TB29 高频拖曳阵。作战指挥系统为最新研制的 AN/BSY-3 自动化指挥系统，实现了艇上所有探测、通讯与作战装备的高度整合，并采用 Q-70 彩色显控台。据称，该新型作战指挥系统的数据处理能力为 BSY2 的 7 倍，但成本仅为其 1/

6。正在持续建造中的"弗吉尼亚"级核潜艇将逐步取代已在美军服役多年的"洛杉矶"级,成为美国海军潜艇力量的中坚。

7.俄罗斯"北德文斯克"级攻击型核潜艇

"北德文斯克"级是俄罗斯近年建造的最新一代攻击型核潜艇。俄罗斯海军对该级核潜艇提出的任务使命要求为:安静性出色、具有战术巡航导弹攻击能力的大型多用途核潜艇。具体而言,就是把先前大名鼎鼎的O级巡航导弹核潜艇和A级攻击型核潜艇的作战能力集于一身,可执行反舰(包括打击敌航母)、反潜、对陆攻击等多种任务。从整体结构来看,"北德文斯克"级继续沿用了苏联独特的双壳体传统,外形为拉长水滴形,类似A级,但更为修长,具有较小的长宽比。艇首圆钝,光滑过渡到尖细的艇尾,尾部采用十字形操纵面。操纵面后为尖尾、单轴和新型大侧斜螺旋桨。指挥台围壳布置在距首端艇长的1/3处,安装有侦察雷达、搜索潜望镜等多种升降设备。艇长121米,宽14.2米,吃水8.8米,水面排水量8500吨,水下排水量11700吨,动力装置为1座KTP-6型一体化压水反应堆,热功率196兆瓦,重量和尺寸较以往有所减小,同时安全性和可靠性更高,采用全新的电子监测系统进行综合检测、操纵和控制,具有高度自动化和智能化以及自动告警、紧急自动停车和自测等功能。其水面航速18节,最大潜航速度32节,自持力120天,最大潜深800米,人员编制90人。作战武备包括:左右舷各4具650毫米鱼雷发射管,可使用各种制式鱼雷及SS-N-15反潜导弹,也可用作布雷,备雷,弹30枚。执行布雷任务时,可携带各型水雷80枚。指挥台围壳后设有24具发射装置的巡航导弹舱,配备射程可达3000千米的SS-N-26超声速对舰/陆远程巡航导弹,可使用核弹头。对舰作战采用"主动雷达寻的+惯性制导+中继指令修正"的复合制导系统,对陆攻击采用"数字景象匹配区域相关器+全球卫星定位"复合制导系统。指挥台围壳内还装备8具"针"式防空导弹。艇上配备了最新一代综合声呐系统,包括艇艏球型基阵低频主/被动搜索/攻击声呐,舷侧声呐基阵及拖曳式线列阵声呐系统以及改进的水下综合导航系统。其新一代自动化作战指挥系统具有显示战场态势和信息、确定目标运动要素、进行本艇攻防及战术机动辅助决策、分析海洋水声环境、控制武器发射、确定射击阵位、自动解算多批目标运动要素等众多功能。同时,该级潜艇的操纵控制、动力系统、舰务系统都实现了高度自动化。在隐身性方面,除对艇内机械装置采取降噪设计外,主机等主要噪声源均安装了减振基座和隔音罩,同时在艇内外敷设多种高效消声瓦,因此其水下辐射噪声比先前的A级核潜艇更低,具有安静性高、机动性强、潜深大、突击威力强等优点。西方潜艇专家认为,"北德文斯克"级核潜艇的总体性能应与美国"海狼"级处于相当水平。

8.俄罗斯OⅡ级巡航导弹核潜艇

O级是苏联在20世纪80年代开始建造的最新一代巡航导弹核潜艇,苏联海军的编号为949型和949A型核动力巡航导弹潜艇,北约方面将先期生产的2艘949型称为OⅠ级,将后期建造的10艘949A改进型称为OⅡ级。OⅡ级全长154米,宽18.2米,吃水9米,水面排水量13900吨,水下排水量18300吨,与美国"俄亥

·武器装备·

图文珍藏版

俄"级弹道导弹核潜艇基本相当。其动力装置为 2 座压水堆,2 台蒸汽轮机,总功率 98000 万马力,双轴双桨,水下航速 28 节,极限下潜深度 500 米,工作深度 420 米,自持力 120 天,编制 107 人。该艇采用双壳体结构设计,艇体宽大,外形近似水滴形,但艉部结构与西方的水滴形有所不同。有两个锥形艉,两部螺旋桨轴分别从两个锥形艉中斜向伸出,并且其指挥台围壳较长且宽。作战武备方面,其最具威力的武器系统是中部围壳两侧呈倾斜 40°设置的 12 对硕大的巡航导弹发射筒,配备有 24 枚 SS-N-19 重型远程超音速反舰导弹,可在短时间内对作战目标进行齐射。该型反舰导弹有效射程 550 千米,飞行速度 1600 千米/时,拥有 750 千克高爆战斗部,也可换装 35 万吨~50 万吨当量核弹头。此外,艇上还设有 4 具 533 毫米和 2 具 650 毫米鱼雷发射管,可发射 SS-N-15 和 SS-N-16 反潜导弹以及 53 型和 65 型鱼雷,备雷/弹 28 枚。声呐系统包括"鲨鱼鳃"型主/被动中低频搜索和攻击用艇壳声呐、"鲨鱼肋"型被动低频舷侧阵声呐、"鼠鸣"型主动高频攻击用艇壳声呐,以及"金字塔"形被动甚低频拖曳线列阵声呐。该级核潜艇是目前世界上吨位最大、对舰攻击威力最强的非弹道导弹核潜艇。按照苏联海军海上战役模拟演练结果,仅 1 个由两艘 O Ⅱ 级巡航导弹核潜艇和一艘攻击型核潜艇组成的反航母战术编组,战时在航天及空中系统支援下以齐射打击方式,即使采用常规弹头,仍足以重创一支美国航母编队。该级核潜艇的反潜作战能力同样不可等闲视之。英国《简式防务年鉴 2006》对其做出的评价是:"O Ⅱ 级不仅能消灭航母舰队,还能顺手把这个区域内的潜艇荡尽。"俄罗斯计划今后将其导弹发射装置进行改进设计,以携带尺寸较小,性能更先进并且数量更多的巡航导弹,使每艘 O Ⅱ 级潜艇的导弹携载数达 72 枚,从而将其远程突击作战能力提高到新的水平。

9.德国 212 型常规动力潜艇

212 型常规动力潜艇是德国海军进入 21 世纪以来的最新一代主战装备。众所周知,两次世界大战当中德国在潜艇技术乃至战术方面都显示了不俗的实力,是具有潜艇战传统的国家。战后,德国常规动力潜艇的技术水平仍然处于国际领先地位。212 型常规动力潜艇是以先前的 209 型和 1200 型潜艇为母型,通过加装新研制的燃料电池系统,更先进的声呐、潜望镜、操纵控制系统及武器系统而设计的换代装备。其艇体采用水滴形设计,艏部略向下沉,可使声呐基阵具有良好的工作环境。外形光顺平滑,长宽比 7.8:1,阻力小,湿表面积小,反射强度低,有利于增强潜艇的隐蔽性。指挥台围壳位于艇体偏前,并采用良好线形,尖尾,单桨,整体结构采用了部分双壳体结构。艇长 55.9 米,宽 7 米,吃水 6 米,水面排水量 1524 吨,水下排水量 1830 吨。动力装置包括 1 台 4230 马力 MTU39616V 柴油机,1 台 3875 马力电机及 PEN 燃料电池系统。水上航速 12 节,水下航速 20 节,AIP 航速 8 节。其最大特点是首次采用燃料电池加柴油机的混合推进系统,因而可使潜艇能在水中连续潜航 2~3 周,避免了以往常规动力潜艇必须经常浮出水面为蓄电池充电、易于暴露的弱点。艇上所有机械设备都经过严格降噪设计并采用减振基座,外壳体涂有吸收声波和雷达的特种材料,可有效降低敌方声呐、雷达探测距离。其采用低磁钢制造并装备可靠的监测、消磁系统,可有效降低敌磁探仪及磁引信武器的作用距离。燃料电池系统使之基本不向艇外排放废物,红外及尾流特征很小,可安静潜航。由于采用自动化程度很高的指挥和武器控制系统,艇员编制仅27人。其导航系统包括搜索/攻击潜望镜、1007型导航雷达、卫星导航定位系统、无线电综合导航系统、电罗经、计程仪和测深测冰仪等。艇首6具533毫米鱼雷发射管,可发射DM2A3/2A4重型线导鱼雷,此外还可外挂24枚水雷。为提高水下探测能力,212型潜艇装备有齐全、先进的声呐设备,包括DBQS—21DG被动测距、截收声呐,由舷侧阵和拖曳阵组成的DBQS.90FTC低频声呐探测系统,以及FMS52型高频主动探雷、避雷声呐系统。其MF1-90U型火控系统实现了武器系统的集中控制与管理,通过总线与传感器和发射系统相连,将艇上探测系统的信息集中进行战术图像编辑、战术态势显示、目标运动分解、目标威胁估计、控制武器发射、引导鱼雷攻击目标,具有对多目标运动要素解算和对两批目标攻击的作战能力。212型采用的隐身、AIP、新型传感器和作战系统被认为是当今潜艇技术顶尖水准,堪称潜艇新时代的开端。

10.日本"苍龙"级常规动力潜艇

"苍龙"级是日本近年开始批量建造服役的最新一级常规动力潜艇,既是日本设计建造的第一种装备AIP系统的作战潜艇,也是日本在二战后设计建造的吨位最大、技术水平最先进的一级潜艇。从外形看,"苍龙"级与日本先前生产的"亲潮"级基本相同,艇形为"雪茄形"线型,为安装斯特林AIP系统,艇体长度比"亲潮"级增加2米左右。艇长84.0米,宽9.1米,吃水8.5米,水面排水量2950吨,水下排水量约3300吨。动力装置包括2台柴油机、4台斯特林AIP发动机和1台主推进电动机。水面最大航速12节,水下最大航速20节。其耐压艇体全部采用NS110超高强度钢,使最大潜深可能会超过400米。由于"苍龙"级采用了斯特林AIP系统,因此其水下续航能力比"亲潮"级有了大幅度改进和提高。日本也是世界上继瑞典"哥特兰"级后,第二个采用斯特林AIP系统的国家。其斯特林发动机作为辅助动力系统,主要供潜艇在水下以4~5节低速潜航时使用。以此速度,该级潜艇可在水下连续潜航至少2周而不必上浮水面,在低于4节时持续潜航时间可进一步延长到3周左右。除AIP系统外,与"亲潮"级相比,"苍龙"级较为明显的变化是从十字形尾舵改为X形尾舵,这种舵形可使潜艇具有更加灵活的水下三维操纵性能。而现代科学技术的不断进步,也使"苍龙"级的降噪措施在继承了"亲潮"级优点的同时还有新的提高。"苍龙"级作战武备包括6具533毫米艇艏鱼雷发射管,可使用89型鱼雷、"鱼叉"潜对舰导弹以及水雷。探测设备包括ZPS-6系列雷达、ZQQ-6改进型声呐、舷侧声呐基阵以及拖曳线列阵声呐等。虽然探测系统和武备方面与"亲潮"级相比变化不大,但由于采用了日本最新研制的网络化作战指挥系统,并且其水下潜航时间是"亲潮"级的5~7倍,其作战能力与"亲潮"级相比已不可同日而语。二战结束后的数十年中,日本在悄然间完全恢复了强大的潜艇开发制造能力。其潜艇装备的开发、研制、建造和更新节奏非常之快,而且持续性强,使日本在现代潜艇的总体设计、自动化控制、动力推进、降噪、AIP系统以及作战武器等多方面先进技术领域拥有了充分的技术积累,并在许多新技术开发研究方面不断有所进展。尽管"苍龙"级的AIP系统脱胎自瑞典"哥特兰"级潜艇,但其超出后者一倍的吨位所显示的续航能力、深海机动能力,以及更先进的探

·武器装备·

图文珍藏版

测设备和作战指挥系统,则使其整体作战性能无疑位居"哥特兰"等多国新型常规动力潜艇之上,处于当今世界先进水平。

十、导弹

现代导弹是在现代火箭的基础上发展起来的。20 世纪 30 年代,电子、高温耐热材料及火箭推进剂技术的发展,奠定了导弹诞生的基础。德国在第二次世界大战前一直致力于新型火箭的改进和研发,他们组织专家组进行了两种火箭的研发:外形酷似飞机的飞航式火箭以及飞行轨迹为抛物线型的弹道式火箭。1942 年,德国成功发射 A-4 火箭,后来这种改进型火箭被命名为 V-2 导弹,很快,V-2 导弹便在军队中装备。两个月后,被命名为 V-1 的巡航导弹也研发成功。于是,世界上第一种巡航导弹 V-1 和第一种弹道式导弹 V-2 诞生了,世界战争史由此进入到一个全新的导弹时代。

(一)导弹发展简史

现代导弹是在现代火箭的基础上发展起来的。20 世纪 30 年代,电子、高温耐热材料及火箭推进剂技术的发展,奠定了导弹诞生的基础。德国在第二次世界大战前一直致力于新型火箭的改进和研发,他们组织专家组进行了两种火箭的研发:外形酷似飞机的飞航式火箭以及飞行轨迹为抛物线型的弹道式火箭。1942 年,德国成功发射 A-4 火箭,后来这种改进型火箭被命名为 V-2 导弹,很快,V-2 导弹便在军队中装备。两个月后,被命名为 V-1 的巡航导弹也研发成功。于是,世界上第一种巡航导弹 V-1 和第一种弹道式导弹 V-2 诞生了,世界战争史由此进入到一个全新的导弹时代。

V-1 导弹使用脉冲式空气发动机,总重 2200 千克,弹长 7.6 米,最大直径 0.82 米,战斗部装药 700 千克,以 550 千米~600 千米,时的速度飞行时射程可达 370 千米,飞行高度 2000 米。V-2 导弹是对战后影响最大的导弹,装有专门控制设备,能自动控制飞行速度和弹道,战后美国即是以 V-2 作为样弹进行了第一代弹道导弹的研制。V-2 导弹总重约 13 吨,长 14 米,最大直径 1.65 米,战斗部装药 1000 千克,使用新型液体发动机推进,最大飞行速度 5 倍音速,弹道高度 80 千米~100 千米,射程达 320 千米~480 千米。

1944 年,德军各战线开始全线溃败,纳粹德国迫不及待地把刚刚装备部队的 V-1、V-2 导弹,新研制的"莱茵女儿"等防空导弹,以及 X-7 反坦克导弹和 X-4 有线制导空空导弹等秘密武器都投入了战场,虽然这些新式武器在一些战场上展示出巨大的威力,但是最终也没有挽救纳粹德国灭亡的命运。

从第二次世界大战后到 20 世纪 50 年代初,从二战中德国使用的导弹得到了启示,各国都开始对导弹进行理论研究及试验,导弹进入早期发展的阶段。50 年代初起,在各大国的普遍重视下,导弹得到了大规模的发展,一大批中远程液体弹道导弹及多种战术导弹相继问世。50 年代以后,随着近代力学、高能燃料、特种材料、自动控制理论、精密仪表、机械、无线电电子技术和计算机技术等的发展,导弹武器也得到了进一步的发展。1957 年 10 月,苏联成功地发射了第一颗人造卫星和洲际弹道式火箭,其后,美国也加紧研制中程和洲际导弹。同时,美、苏两国还致力于其他各种战术导弹的发展,其中防空导弹因为最受重视而发展最快,从此,地(舰)对空导弹、空空导弹、空地(舰)导弹、反舰(潜)导弹、巡航导弹及反坦克导弹等多种用途的导弹纷纷问世。除了美苏两国,英、法、德和意大利等国也在大力研制导弹。

20 世纪 60 年代初到 70 年代中期,导弹的发展进入了全面发展的时期。惯性器件、可贮存的自燃液体推进剂和固体推进剂、地下井发射和潜艇发射、集束式多弹头和分导式多弹头等在战略弹道导弹上的应用;惯性制导、惯性-地形匹配制导、电视制导及红外制导等末制导技术,涡轮风扇喷气发动机和小型核弹头在巡航导弹上的使用;无线电制导、红外制导、激光制导和惯性制导,车载、机载、舰载等发射方式在战术导弹上的使用,这些先进技术的加入使得导弹的性能有了全方位的提高。

20 世纪 70 年代中期以后,导弹的发展进入了全面更新换代的阶段。

作为"三位一体"战略核攻击力量中的主要组成部分,地地战略弹道导弹的优点是指挥、控制和通信较为可靠,以及射程远、投掷重量大、命中精度高、反应时间短、戒备率高等,缺点是因大都采用地下井固定发射方式,在战时易被敌军摧毁,生存能力低。目前,地地战略弹道导弹已经历五个发展阶段。

第一个阶段是二战后至 20 世纪 50 年代末,也称为第一代地地战略弹道导弹。如美、苏研制的"宇宙神"D、E、F,"大力神"Ⅰ、"雷神""丘比特"和 SS-4、SS-5、SS-6 等型号导弹。虽然威力惊人,弹头威力最大为 500 万吨 TNT 当量,但这个时期的核导弹存在反应时间长,均为单弹头,圆概率误差(CEP)大的缺点。

第二个阶段是 20 世纪 50 年代末至 60 年代中期,也称为第二代地地战略弹道导弹,这时期的主要型号是美国"大力神"Ⅱ、"民兵"ⅠA、ⅠB 和"民兵"Ⅱ,苏联 SS-7 和 SS-8 等。比起第一代,这时期的改用了固体推进剂,缩短了反应时间,核弹头加装了突防装置,提高了命中精度、威力和可靠性。这时的导弹最大起飞重量为 SS-7 的 80 吨,最大射程为"民兵"Ⅰ和 SS-7 的 11000 千米,CEP 最小已达 560 米,弹头威力最大为"大力神"Ⅰ的 1000 万吨 TNT 当量。

第三个阶段是 20 世纪 60 年代中至 70 年代初期,称第三代地地战略弹道导弹,主要型号有美国"民兵"ⅢMKl2 和"民兵"ⅢMK12A,苏联 SS-9Ⅰ、Ⅱ、Ⅲ、Ⅳ,SS-11Ⅰ、Ⅱ、Ⅲ和 SS-13 等。这时期的导弹的突防能力和打击硬目标的能力得到大幅提高,而由于分导式多弹头的采用,其命中精度也有提高。其起飞重量最大为 SS-9 的 200 吨,最大射程为 SS-9 和 SS-11Ⅱ的 12000 千米,CEP 最小为"民兵"的 185~220 米,弹头数量最多达 3 个,导弹威力最大为 SS—9Ⅱ的 2500 万吨 TNT 当量。

20 世纪 70 年代初至 70 年代末期为第四个阶段,称第四代地地战略弹道导弹,如美国"潘兴"Ⅱ和 1WX 导弹,苏联 SS-17Ⅰ、Ⅱ、Ⅲ、SS-18Ⅰ、Ⅱ、Ⅲ、Ⅳ、SS-19Ⅰ、Ⅱ、Ⅲ和 SS-20 等就属于这个时期的导弹。第四代导弹的生存能力和摧毁目标的能力及命中精度均有提高,投掷重量更大=其中,最大起飞重量为 220 吨,最大射程已达 16000 千米(SS-18Ⅲ),CEP 最小为 MX 的 90~120 米,分导弹头数量最多达 10 个,最大威力为 SS-18Ⅰ导弹的 2400 万吨 TNT 当量。

20 世纪 70 年代末期以后,地地战略弹道导弹经历了第五个发展阶段,称第五代,主要型号有美国"侏儒",苏联 SS-24、SS-25、SS-X-26 和 SS-X-27。这个时期导弹主要向小型化、机动化、高突防、高精度的方向发展,并改为公路机动、地下井及铁路机动发射,使其生存能力和打击硬目标的能力更强。第五代导弹中最大起飞重量已降到 80 吨(如 SS-24),甚至更小的 16.8 吨(如"侏儒");最大射则高达创历史最高纪录的 13000 千米(SS-24);CEP 降至 120 米("侏儒");分导弹头数量最大数量与第四代持平;最大威力为 SS-24 的 10×35 万吨 TNT 当量(10 个弹头,每个 35 万吨 TNT 当量)。

短程弹道导弹射程通常小于 1000 千米,属于地地战术导弹,弹头可为核弹头或常规弹头,主要是用于攻击地面炮兵射程之外的如核武器发射阵地、前沿飞机场、部队集结地、坦克集群、固定防空阵地、交通枢纽等敌战术纵深内的固定及活动目标。20 世纪 40 年代末美、苏、英开始进行了短程弹道导弹的研究,目前已有美国、俄罗斯、英国、德国、法国、意大利、荷兰、比利时、土耳其、希腊、波兰、罗马尼亚、保加利亚、匈牙利、埃及、叙利亚、古巴、朝鲜、韩国、科威特、伊朗、沙特、印度、以色列和也门等 20 多个国家和地区装备了 20 多个各种型号的此类导弹。短程地地战术导弹的优点是:它可以装核弹头、化学弹头和常规弹头,能给敌对方以威慑;射程及威力均比火炮大;在战争中既能有效杀伤敌方有生力量,也能攻击城市等面状目标;有易于突防、不受气候影响,能减少己人员伤亡的优势等。

与地地战略核导弹一样,潜地战略核导弹也是"三位一体"战略核力量中的一个重要组成部分。潜地战略核导弹的主要优点是机动性好、生存力高、突袭性强。目前仅有美、法及俄罗斯在研制及生产潜地核导弹,英国基本不专门研制,而沿用美国的产品。

从 20 世纪 50 年代中期开始,美国开始研制并生产潜地战略核导弹,到目前为止已成功研制"北极星"A1、A2、A3,"海神"C-3,"三叉戟"Ⅰ、Ⅱ共 3 个系列 6 种型号的潜地战略核导弹。其中"北极星"导弹现已退役。"海神"导弹主要装备于"拉斐特"级核潜艇,导弹总长 10.36 米,总重 29.5 吨,射程 4600 千米,CEP 为 560 米,分导弹头数量 10 个,每个威力为 50 万吨 TNT 当量。"三叉戟"Ⅰ型导弹主要装备于"俄亥俄"级核潜艇。1988 年,"三叉戟"Ⅱ型导弹首次装备于"田纳西"号(SSBN-734)核潜艇。"三叉戟"Ⅱ型导弹射程达到 11000 千米、CEP 仅 90~120 米,分导弹头多达 14 个,该导弹是一型性能堪称目前世界之最的先进的潜射弹道导弹。

法国于 1964 年开始研制潜地战略核导弹,于 1971 年研制成功射程为 2500 千米的 M-1,1974 年研制成功射程为 3000 千米的 M-2,1976 年研制成功 M-20,1985 年研制成功性能最好的 M-4。目前,法国正在研究 M-5。

20 世纪 50 年代中期,苏联开始研制潜地战略核导弹。至 60 年代初期,苏联研制出 SS-N-4 和 SS-N-5 两型导弹,其中 SS-N-5 导弹长 13 米,起飞重量 18 吨,最大射程仅 1400 千米,CEP 达 2800 米。60 年代末研制的 SS-N-6 射程达到了 2400

千米,CEP减为900米=而从70年代开始,其研制的导弹在射程方面有了很大的提高,如SS-N-8系列导弹的最大射程已达9100千米,CEP仅450米(如SS-N-8Ⅲ)。70年代末期,SS-N-18型导弹已采用分导式多弹头;同期,SS-N-17型导弹装备到核潜艇上。服役于80年代的SS-N-20和SS-N-23是苏联性能最为先进的潜地导弹,其中,SS-N-20导弹全长达15米,起飞重量约60吨,由三级火箭助推,分导弹头数为6~9个,最大射程达8300千米,CEP为500~560米。

巡航导弹是指依靠喷气发动机的推力和弹翼的气动升力,主要以巡航状态在稠密大气层内飞行的导弹。它虽与弹道导弹差不多同期诞生,但是在和弹道导弹竞争的过程中发展起来的。20世纪50年代,美苏两国都非常重视巡航导弹的发展,但由于巡航导弹存在不少没有被较好解决的缺陷,从60年代起,美苏两国就将重点放在了弹道导弹,巡航导弹遭遇了发展上的缓慢期。直到70年代中期后,巡航导弹才得以迅速发展。目前,美国已把巡航导弹建设为其"三位一体"战略核力量的重要支柱。

二战后至50年代末期,美国的巡航导弹经历了一个重要的发展时期,先后研制出了由水面舰艇发射的射程为960千米的"天狮星"、从地面发射的射程为1040千米的"斗牛士"和射程为1012千米的"马斯",从空中发射的射程为965千米的"大猎犬"和洲际攻击的射程为8000千米的"鲨蛇怪"等,以及未装备的能以超音速飞行的射程为1600千米的"天狮星"Ⅱ和射程为2400千米的"小海神"巡航导弹。随后,因巡航导弹存在体积大、飞行速度慢、命中精度低等未能较好克服的缺点而停止了研制。

美国巡航导弹的第二个重要发展时期是20世纪70年代,这个阶段研制出的其主要型号为AGM-86B战略空射巡航导弹和BGM-109"战斧"系列巡航导弹。其中,AGM-86B全长6.32米,总重1360千克,射程2500千米,飞行马赫数0.9,巡航高度15~100米,战斗部为20万吨TNT当量核弹头,CEP仅30~100米。"战斧"系列巡航导弹则有多种子型号:由潜艇从水下发射的对地攻击型BGM-109A,射程2500千米,主要核弹头威力20万吨TNT当量;由水面舰艇或潜艇发的反舰型BGM-109B,射程450千米,战斗部重450千克;由水面舰艇或潜艇发射的对地攻击型BGM-109C,普通弹头战斗部重450千克,也可携BLU-97B型多用途子母弹,内装166个能全方向、多目标定时攻击起爆的子弹头;1984年被取消的空地BGM-109H型和空舰L型;地面机动发射的BGM-109G。

20世纪80年代中期以来,美国开始研制"先进巡航导弹"和第三代巡航导弹,这个时期的巡航导弹,在射程方面要求达到4800千米~8000千米;在飞行速度必须能以1~4马赫的超音速和4~10马赫的高超音速实施攻击;巡航高度降到低于30米,飞行弹道升高至20千米;隐形程度高,具有较高的突防能力。

苏联的巡航导弹的发展,相对于同时起步的美国,略有不同,其导弹型号繁多而杂乱,导弹体积庞大而笨重、命中精度低、命中误差大,比美国较为落后。目前,其巡航导弹也发展到了第三代。

战后至60年代中期研制的是第一代,主要有SS-N-1、SS-N-2A/B、SS-N-3"沙道克"等舰载型,以及AS-1、AS-2、AS-3和AS-4机载型。其中,舰载导弹最大长度为10.8米、最大总重为4500千克,最大射程300千米,最大飞行速度为1-3

马赫。第二代巡航导弹有 SS-N-2C、SS-N-7、SS-N-9、SS-N-12、SS-N-19 和 SS-N-22 舰载型，以及 AS-4、5、6、7、8 等机载型。这时期的舰载巡航导弹的弹长 11 米，总重 7000 千克，最大射程 550 千米，飞行速度可达 2.5 马赫。机载型巡航导弹总重约 4800 千克，射程 200 千米~700 千米，核弹头威力为 20 万吨 TNT 当量。80 年代中期以后装备和发展的属于第三代导弹，主要型号有 SS-N-21 和 AS-15 型。SS-N-21 射程可达 3000 千米以上；AS-15 机载型空射巡航导弹最大射程也达到了 3000 千米以上。

地空导弹的研制始于二战时期的纳粹德国，不过当时这些导弹还没有来得及批量生产和装备使用，战争就结束了。战后，美苏两国各获得了部分研究资料和专家，因此，在地空导弹的发展上，美苏两国的技术水平比起其他国家要先进得多。不过，目前除了美国和俄罗斯，英国、法国、德国、意大利、瑞士、瑞典等国也能在一定程度上进行研制和生产。世界上已有 30 多个国家装备了 40 多个型号的地空导弹。

二战后的地空导弹的发展也可分为四个阶段。二战后至 50 年代末期是第一个发展阶段，此阶段的地空导弹可称第一代地空导弹。此期间主要有美、苏两国在研制。这阶段的地空导弹的射程可达 50 千米~140 千米，射高达 30 千米。不过缺点是尺寸较大、机动性较差、只能固定发射，主要对付中高空目标。50 年代末至 60 年代末为第二个阶段，可称第二代。这阶段的导弹已经能够对中低空、中远程或者低空、近程目标进行攻击，主要研制的导弹有在中高空、中近程方面的美国"霍克"和苏联 SA-3、SA-6；在低空、近程方面的美国"小榭树""红眼"，苏联 SA-7 等；以及中高空、中远程方面的苏联的 SA-4、SA-5 和英国的"警犬"Ⅱ。这代导弹的优点有反应速度较快、具有机动发射能力、导弹自动化程度较高、制导体制多样化，已基本形成高中低空、远中近程的全空域火力覆盖。第三个阶段是 20 世纪 60 年代末至 70 年代末，也称第三代地空导弹。这个阶段的导弹以低空和超低空突防为主，除了苏美英外，其他不少国家也开始进行研制，主要代表型有：美国"毒刺"，苏联 SA-8、SA-9，英国"山猫""轻剑""吹管"，法国"响尾蛇"，法德合研的"罗兰特"及瑞典 RBS-70 等。70 年代末以后是地空导弹发展的第四个阶段，这阶段的导弹也称第四代。此阶段地空导弹的重点在发展低空导弹以及各种类型的导弹，由于导弹大多采用了相控阵雷达和微电子技术，使得导弹能跟踪和攻击多目标，命中精度和作战效能有显著提高，其代表型有：美国"爱国者""霍克改"，苏联 SA-12、SA-13，美国和瑞士联合研制的"阿达茨"，法国"西北风"，英国"轻剑 2000""星光"、德国"罗兰特"、日本 81 式和意大利"防空卫士"等。

反辐射导弹又称反雷达导弹，是利用敌方雷达的电磁辐射进行导引，进而摧毁敌方雷达及其载体的导弹。美国 1964 年装备使用的"百舌鸟"导弹是世界上最早的反辐射导弹，属于第一代反辐射导弹。"百舌鸟"是第一次应用于实战的反辐射导弹，在越南战场上发挥了重要作用。"百舌鸟"导弹代号为 AGM-45A，属空地导弹中的一种型号，主要装备于攻击机和战斗机，现已停产并逐渐退役。"百舌鸟"弹长 3.05 米，弹径 0.2 米，最大飞行速度 2 马赫，战斗部重 66.7 千克，发射高度 1500~10000 米，射程 12 千米，有效杀伤半径 15 米。此外，第一代导弹中还有苏联的 AS-5"鲑鱼"，它弹长达 8.647 米，弹径 1 米，翼展 4.522 米，发射重量 3983 千克，战斗部重达 150 千克,射程 50 千米~170 千米。

20 世纪 70 年代服役的属于第二代反辐射导弹,主要型号有美国的"标准"AGM-78A、B、C、D 和"百舌鸟"改进型、AGM-45,苏联"王鱼"AS-6 和英法联合研制的 AS-37"玛特尔"。其中,"王鱼"弹长、速度、发射重量、战斗部重量、射程和发射高度这六项指标中均居世界反辐射导弹之首,它长达 9 米,在高空飞行时速度能达 3 马赫,发射重量 4800 千克,战斗部重量达 1000 千克,射程低弹道时为 250 千米,高弹道时可达 700 千米~800 千米,发射高度 10000~12000 米,制导方式为惯性加末段被动制导。

第三代反辐射导弹则在 80 年代以后服役,主要型号有美国"哈姆"AHM-88、"默虹"AGM-136 及"响尾蛇"AGM-122A(但未装备),英国"阿拉姆",法国"阿玛特"和苏联 AS-9,还有以色列的"狼"式反辐射导弹。其中,"哈姆"导弹的研制周期达到了 10 年,但其研制成功就显示了出优异的作战性能。"默虹"则是一种用于摧毁地面雷达、机载雷达和干扰机,可昼夜使用的远程导弹。"阿拉姆"属机载反辐射导弹,身长 4 米,射程 20 千米,最大飞行速度 2 马赫。"阿玛特"则属于射程较远的导弹,最大射程可达 100 千米,战斗部重 150 千克。两伊战争中,伊军便使用该型导弹攻击伊朗地空导弹雷达,取得 8 发 7 中的成绩。

反辐射导弹在海湾战争、越南战争以及美利冲突中都显示了强大的威力。1986 年 3 月 24 日,美国海军 2 架 A-6E 攻击机仅用 2 枚"哈姆"导弹就全部摧毁了利比亚锡德拉湾海岸的 SA-5 地空导弹发射阵地上的火控制导雷达。同年 4 月 15 日凌晨,美国又动用 250 多架战机对 5 个利比亚境内目标进行了狂轰滥炸。共发射了 340 枚反辐射导弹,摧毁利比亚 6 个雷达站和若干个机场的观察通信设备和指挥塔台,可以说为空袭扫除了障碍。美军在开战前 90 分钟用 17 架 EF-111 和 EA-6B 电子战机对目标成功地进行了电子干扰。然后用 18 架 A-7 舰载攻击机和 F/A-18 舰载战斗/攻击机在空袭前夕进入预先干扰的区域,再以 60 米高度在敌雷达盲区内超低空飞行,在到达反辐射导弹的有效射程之后,突然爬升到 150 米高度,锁定敌雷达波束和工作频谱立即发射导弹。

经过战后四十多年的发展,目前空空导弹已发展了四代,有 45 个型号服役,6 种正处于研制中。20 世纪 50 年代中期第一代空空导弹装备军队,射程只有 1.1 千米~12 千米,都是近距攻击导弹;最大使用高度多为 15 千米;最大飞行速度 1.7~2.5 马赫,战斗部重一般为 9 千克~30 千克。这种导弹采用追尾攻击战术,主要攻击轰炸机。当时的制导系统性能较差,多为红外型和雷达型。

20 世纪 60 年代中期第二代空空导弹开始装备军队,主要攻击超音速轰炸机。为了迎合多数战术飞机执行截击和轰炸任务的需要,可迎头攻击和全天候使用的空空导弹出现。第二代导弹虽仍使用红外和雷达制导,但性能大大提高,也已经能全向攻击和全天候作战,也开始使用近炸引信。其最大发射距离为 8 千米~22 千米,最大使用高度 25 千米,战斗部重量 11 千克~70 千克,命中率有所提高。

20 世纪 70 年代中期第三代空空导弹装备军队。第三代空空导弹可分三种类型:远距拦射空空导弹,中距空空导弹,近距格斗空空导弹。三种类型的导弹具备各自的特点。远距拦射空空导弹,由于射程一般在 40 千米~50 千米,最远的可达 160 千米,因此从超高空几十千米到超低空几十米的空中目标它都可以对付,主要被用于战区防空和遮断任务。中距空空导弹射程一般在 10 千米～50 千米之间,由于射程大、机动性好、具有下射能力,有的还具有全方向、全高度和全天候能力,因此主要用于对付超低空入侵的战斗机和巡航导弹。其主要型号有美国 AIM-7M "麻雀",苏联 AA-7 和 AA-9,英国"天空闪光",法国"玛特拉"超 530 和 F、D 型等;近距格斗空空导弹射程在 10 千米以内,凭借其机动性能好、导引头截获目标区域大且十分灵敏、载机不必做大的机动飞行便可攻击前方 120°内的目标的特点,主要被用于空中近距交战中攻击对方的战斗机。其代表型号主要有美国 AIM-9C/M "响尾蛇",苏联 AA-8,法国 R-550"魔术",以及以色列"怪蛇"3 等。

20 世纪 80 年代中期第四代空空导弹诞生。主要型号有美国 AIM-120A 先进中距空空导弹(AMRAAM),英、德合研的 AIM-132 先进近距空空导弹(ARAAM)。美国 AIM-120A 先进中距空空导弹(AMRAAM)发射距离在 100 千米以上,能够攻击巡航导弹等小目标,可近距离攻击。它发射后可不用管,具备复合制导,可多目标攻击、全天候作战和下视下射、上视上射。AIM-132 先进近距空空导弹(ARAAM)可离轴发射,能全向攻击多目标,还具备分辨能力强、机动能力大的特点。

战后各军事大国越来越重视反坦克导弹的发展。1952 年法国最先研制成功 SS-10 导弹,并于 1956 年装备军队。反坦克导弹至今历经三代,有 40 多个型号,装备了 30 多个国家,发挥了重要作用。

20 世纪 60 年代末之前使用的导弹被称为第一代反坦克导弹。此时期法国居领先地位,其研制的、于 1962 年装备的 SS-12 导弹在当时处于世界领先。SS-12 导弹射程 500～6000 米,飞行速度 190 米/秒,弹径 210 毫米,弹长 1870 毫米,翼展 650 毫米,弹重 75 千克。此时期具有代表性的反坦克导弹有法国 SS-10、SS-11、SS-12,西德"眼镜蛇",日本"马特",英国"摆火",苏联 AT-1、AT-2 和 AT-3。第一代反坦克导弹的研制对坦克形成了巨大威胁,而且为以后二、三代导弹的研发奠定了基础。作为具有开创性的第一代,它的缺点就是导弹飞行速度较低,机动能力也较差.采用手控有线制导,操作手易遭对方攻击。

20 世纪 70 年代初至 70 年代末,第二代反坦克导弹诞生。代表型号有苏联 AT-4、AT-5、AT-6,美国"陶""龙",法国"阿克拉",西德"毒蛇",法、德联合研制的 "米兰""霍特"及日本 KAM-9 等:在这些类型中,按照性能排列依次为陶、霍特、 "米兰"和"龙"。"陶"式导弹射程为 65～3750 米,飞行速度是 350 米/秒,弹径 152 毫米,弹长 1178 毫米,翼展 340 毫米。其在第二代中性能是最优的。"霍特"的弹重最重,达 21.48 千克,破甲能力也最强,为 800 毫米。如果按照轻、重型划分,"米兰"和"龙"为轻型,其射程在 1000～2000 米以内,弹重在 7 千克左右;"陶"和"霍特"为重型,其射程在 4000 米左右,弹重在 20 千克左右。总体来说,第二代导弹的最大特点就是采用了管式发射、光学跟踪、红外半自动有线制导,飞行速度提高了一倍,破甲厚度也有所提高。由于可以车载和机载,从而使机动能力也大大提高,命中概率达到 80%～90%。

20 世纪 80 年代初以后第三代反坦克导弹诞生,并装备军队,且新的型号也处于不断研发中,代表型号为美国"陶"2、"陶"3、"地狱火"等,最具代表性的当属"阿帕奇"武装直升机携带的"地狱火"。它采用半主动激光制导,能超音速飞行,最大飞行速度能达 1.17 马赫,最大射程可达 7.5 千米,弹重约 50 千克。第三代反坦克导弹可以通过车载和机载来提高机动性,射程增大,飞行速度和命中率都大幅提高,采用激光、红外、毫米波等新的制导方式。总体来说,第三代导弹性能明显提高。

正是由于彻底抛弃了用以制导的导线而采用了激光、红外、毫米波等先进的制导方式,第三代反坦克导弹具备了自动导向目标的性能,因而可以发射后不管。事实上,激光制导反坦克导弹多为半自动导引型。所谓半自动导引型,需要瞄准手在导弹命中坦克之前始终用激光器发射出的激光束瞄准坦克。坦克接收到照射会发出辐射,而反坦克导弹就根据这种辐射直击坦克。所以,反坦克导弹能击中坦克的前提就是这种辐射一直保持存在。这就要求射手必须保持瞄准,飞机或车辆发射导弹后可以不管了,但瞄准手还得一直瞄准。因而也具有很大的危险性。

与激光制导反坦克导弹不同的是,毫米波自动导引与红外成像制导才是真正可以发射后不管的导弹。波长相当于 1 毫米~10 毫米、频率 30 千兆赫~300 千兆赫的电磁波就是毫米波。毫米波有比较低的反射性和比较高的放射率,而金属目标则具有较高的反射性和较低的放射率,两者正好相反。当坦克行进时其与背景(大地)毫米波的反射性有明显差异,即坦克的反射性较高。毫米波自动导引正是利用了这一原理,把导弹寻的头做成毫米波被动导引式,它自己能够去感受并追寻目标,因而发射后可以不管。红外成像制导采用与毫米波反射原理相同的红外辐射原理,利用一辆坦克在行进中所辐射出来的热量与大地背景的明显不同而进行区别,再让导弹进行被动探测和跟踪,从而击毁坦克。

世界上第一枚反舰导弹是 1959 年苏联装备的 SS-N-1 和 AS-1 反舰导弹。目的是能够从海陆空全面打击美国海军的航空母舰、战列舰和巡洋舰等大中型水面舰艇。1967 年"冥河"导弹击沉驱逐舰导致了一股发展反舰导弹的热潮。此时进入第一代反舰导弹时代。第一代主要特点是战斗部装药量大、穿甲能力强,缺点就是只能用于岸、舰发射,因为它飞行弹道高、体积大、抗干扰能力差、反应时间长,不太适宜攻击小型舰艇。70 年代为第二代反舰导弹时期。美、苏、法、意和挪威等国相继研制了一批性能较高的第二代反舰导弹,主要包括"鱼叉"、SS-N-12、"飞鱼""奥托马特"等,反舰导弹发展进入一个鼎盛时期。此时其特点主要是体积小.可掠海飞行、反应时间短,能用飞机、舰艇、潜艇发射,缺点就是射程较近,一般都不到100 千米,抗干扰能力也较差。80 年代以来,各项反舰导弹的战术技术大大提高。此时期代表有美国"战斧"、苏联 SS-N-22、法国 SM — 39 潜射型"飞鱼"、英国"海鹰"和"海上大鸥",以及瑞典 RBS-15 等。

而第三代的特点是反应时间短,射程达 500 千米以上,一般也能进行中距攻击;能在水面舰艇和潜艇上等多种平台上垂直发射,还能进行重复攻击,抗干扰能力增强。

(二)导弹分类简介

1.弹道导弹

弹道导弹是指在火箭发动机推力作用下按预定程序飞行,关机后按自由抛物体轨迹飞行的导弹。这种导弹的整个弹道分为主动段和被动段。主动段弹道是导弹在火箭发动机推力和制导系统作用下，从发射点起到火箭发动机关机时的飞行轨迹。被动段弹道是导弹从火箭发动机关机点到弹头爆炸点，按照在主动段终点获得的给定速度和弹道倾角作惯性飞行的轨迹。弹道导弹按作战使用分为战略弹道导弹和战术弹道导弹；按发射点与目标位置分为地地弹道导弹和潜地弹道导弹；按射程分为洲际、远程、中程和近程弹道导弹；按使用推进剂分为液体推进剂和固体推进剂弹道导弹；按结构分为单级和多级弹道导弹。

弹道导弹的主要特点是：沿预定弹道飞行，攻击地面或海上固定目标；通常采用垂直发射方式，使导弹平稳起飞上升，缩短在大气层中飞行的距离；大部分弹道处于稀薄大气层或外大气层内，因此采用火箭发动机，自身携带氧化剂和燃烧剂，不依赖大气层中的氧气助燃；火箭发动机推力大，能串联、并联使用，可将较重的弹头投向较远的距离；弹体各级之间、弹头与弹体之间的连接通常采取分离式结构，当火箭发动机完成推进任务时即行抛掉，最后只有弹头飞向目标；弹头再入大气层时产生强烈的气动加热，因而需要采取防热措施；一般无弹翼或者只有很小的尾翼，起飞质量和体积大，结构复杂；为提高突防和打击多个目标的能力，战略弹道导弹可携带多弹头(集束式多弹头或分导式多弹头)和突防装置；有的弹道导弹弹头还带有末制导系统，用于机动飞行，准确攻击目标。

2.巡航导弹

巡航导弹是指依靠喷气发动机的推力和弹翼的气动升力，主要以巡航状态在稠密大气层内飞行的导弹，旧称飞航式导弹。巡航状态即导弹在火箭助推器加速后，主发动机的推力与阻力平衡，弹翼的升力与重力平衡，以近于恒速、等高度飞行的状态。在这种状态下，单位航程的耗油量最少。其飞行弹道通常由起飞爬升段、巡航(水平飞行)段和俯冲段组成。从陆地、水面或水下发射的巡航导弹，由助推器推动导弹起飞，随后助推器脱落，主发动机(巡航发动机)启动，以巡航速度进行水平飞行，当接近目标区域时，由制导系统导引导弹，俯冲攻击目标。从空中发射的巡航导弹，投放后下滑一定时间发动机启动，开始自控飞行，然后攻击目标。

巡航导弹主要用于攻击固定或活动目标，既可作为战术武器，也可作为战略武器。巡航导弹主要由弹体、制导系统、动力装置和战斗部组成。弹体包括壳体和弹翼等，通常用铝合金或复合材料制成。弹翼有固定式和折叠式，为便于贮存和发射，折叠式弹翼在导弹发射前呈折叠状态，发射后主翼和尾翼相继展开。制导系统常采用惯性、遥控、主动寻的制导或复合制导。远程巡航导弹一般采用惯性一地形匹配制导系统，利用地形匹配制导修正惯性制导的误差。动力装置包括主发动机和助推器，主发动机多采用小型涡轮风扇发动机或涡轮喷气发动机，也有采用冲压式喷气发动机或火箭发动机的。战斗部为普通装药或核装药，多安装在导弹前段或中段。

3.反坦克导弹

反坦克导弹是指用于击毁坦克和其他装甲目标的导弹，其重量轻、机动性能好，能从地面、车辆、直升机和舰艇上发射，命中精度高、威力大、射程远，是一种有效的反坦克武器。反坦克导弹主要由战斗部、动力装置、弹上制导装置和弹体组成。战斗部通常采用空心装药聚能破甲型,有的采用高能炸药和双锥锻压成形药型罩,以提高金属射流的侵彻效率,还有的采用自锻破片战斗部攻击目标。动力装置通常指安装在导弹上的发动机,用固体推进剂产生推力,以保证导弹获得所需的速度和射程。有的反坦克导弹上安装 2 台发动机,其中的起飞发动机赋予导弹起始速度,续航发动机用于保持导弹飞行速度。弹上制导装置是导弹制导系统的一部分,由弹上控制仪器、稳定飞行装置和控制机构等组成。其作用是将导引系统传输来的控制指令综合、放大,驱动控制机构,从而改变导弹飞行方向。寻的制导的反坦克导弹,其制导系统全部装在弹上。弹体是具有一定气动外形的壳体,由弹体外壳、弹翼、舵和尾翼组成。多数导弹弹体头部为尖形或椭圆形,中间呈圆柱形,尾部是截锥体形。弹翼通常为十字形。弹体气动布局有无尾式、正常式、尾舵式 3 种类型。无尾式弹体的弹翼兼作尾翼,舵在弹翼后缘,弹翼提供升力及稳定力矩。这类弹体结构简单,适合于弹身短的导弹,为大多数反坦克导弹所采用。正常式弹体的弹翼和尾翼分开,尾翼兼作舵,适用于弹身较长的反坦克导弹。尾舵式弹体没有弹翼,尾翼兼作舵,适用于超音速反坦克导弹。制作弹体的材料通常为铝合金、玻璃钢或特种塑料。

4.空空导弹

空空导弹是指从飞行器上发射,用以攻击空中目标的导弹,它与机载火力控制、发射装置和测试设备等构成空空导弹武器系统。空空导弹可分为近距格斗导弹、中距拦射导弹和远距拦射导弹。近距格斗导弹多采用红外寻的制导,射程一般为几百米至 20 千米,最大过载 30~40g,主要用于近距格斗,具有较高的机动能力。中距拦射导弹多采用半主动雷达寻的制导,也有采取主动雷达末制导的(如 AIM-120、R-77 等),具有全天候、全方向作战能力,射程一般为数十千米到上百千米。远距拦射导弹射程可达到上百千米甚至数百千米。空空导弹一般由制导装置、战斗部、引信、动力装置、弹体与弹翼等组成。制导装置用以控制导弹跟踪目标,常用的有红外寻的、雷达寻的和复合制导等类型。战斗部用来直接毁伤目标,多数装高能常规炸药,也有的用核炸药。其引信多为红外、无线电和激光等类型的近炸引信,多数导弹同时还装有触发引信。动力装置用来产生推力,推动导弹飞行,空空导弹多采用固体火箭发动机。目前和未来的一些新型空空导弹(如“流星”)采用冲压喷气发动机,具有更好的机动性。弹翼用以产生升力,并保证导弹飞行的稳定。

5.反辐射导弹

反辐射导弹又称反雷达导弹,是指利用敌方雷达的电磁辐射进行导引,从而摧毁敌方雷达及其载体的导弹。在电子对抗中,它是对雷达硬杀伤最有效的武器。现役的空地反辐射导弹通常用于攻击选定的目标。发射前要对目标进行侦察,测定其坐标和辐射参数。发射后,导引头不断接收目标的电磁信号并形成控制信号,传给执行机构,使导弹自动导向目标。在攻击过程中,如被攻击的雷达关机,导弹的记忆装置能继续控制导弹飞向目标。

6.反舰导弹

反舰导弹是指从舰艇、岸上或飞机上发射,用于攻击水面舰船的导弹,是对海作战的主要武器。反舰导弹通常包括舰舰导弹、潜舰导弹、岸舰导弹和空舰导弹,常采用半穿甲爆破型战斗部;固体火箭发动机为动力装置。采用自主式制导、自控飞行,当导弹进入目标区后,导引头自动搜索、捕捉和攻击目标。在过去十年中,西方国家在反舰导弹的发展方面,主要是对现有的亚音速导弹进行改进。改进重点放在软件和新型导引头的研制方面,以提高导弹在硬杀伤和软杀伤对抗环境中的生存能力。与西方国家相反,俄罗斯在反舰导弹的研制方面侧重于大型的超音速导弹。

7.防空导弹

防空导弹是指由地面、舰船或者潜艇发射,拦截空中目标的导弹,西方也称之为面空导弹。由于大多数空中目标速度高、机动性大,故防空导弹绝大多数为轴对称布局的有翼导弹;动力装置多采用固体火箭发动机,也可以采用液体火箭发动机、冲压式空气喷气发动

防空导弹

机和火箭冲压发动机。从 20 世纪 40 年代初德国开始研究至今,世界上的防空导弹已研制了三代,目前还在发展第四代。据不完全统计,已研制的型号有 120 余种,其中装备部队 90 多种,正在研制的有 20 多种。

8.反潜导弹

反潜导弹是指从水面舰艇或潜艇发射,用于攻击潜艇的导弹。反潜导弹按发射平台,可分为舰用反潜导弹和潜用反潜导弹;按弹道方式分为弹道式和飞航式。反潜导弹由运载壳体、动力装置、制导系统和战斗部等组成。其战斗部有两类:一类是以自导鱼雷作为战斗部的反潜导弹,亦称火箭助飞鱼雷;另一类是以核深水炸弹为战斗部的反潜导弹。它与水面舰艇、潜艇或飞机上的指挥控制、探测跟踪、发射等系统构成反潜导弹武器系统。其射程主要取决于舰载、机载声呐和磁探等探测设备的性能,一般为数千米至数十千米,也可达上百千米。同反潜鱼雷相比,反潜导弹具有速度快、射程远等优点,是现代主要反潜武器之一。

9.弹道导弹防御系统

弹道导弹防御系统是主要用于拦截敌方来袭的战略弹道导弹的武器系统,它包括弹道导弹预警系统、目标识别系统、反弹道导弹导弹、引导系统和指挥控制通信系统。反弹道导弹导弹是防御系统的拦截器,按拦截空域分为高空(大气层外)和低空(大气层内)拦截导弹。它是在防空导弹的基础上发展起来的,通常是两级或三级有翼导弹,由发射井垂直发射,以对付全方位来袭的战略导弹。目前已服役

的弹道导弹防御系统主要有美国"爱国者"系列、THAAD和海基"标准"系列,俄罗斯S-300/S-400,以色列"箭"式系统以及印度"大地"系列等。

(三)世界王牌导弹

1."宝石"反舰导弹:世界导弹家族中名副其实的"宝石"

"宝石"导弹具有两种攻击方式:一是高空综合攻击方式,主要飞行段的高度为15000米,射程可达300公里;二是掠海攻击方式,即导弹全程以5~15米的高度飞行,此时射程为120公里。

"宝石"导弹的动力装置采用了俄罗斯独有的内含可脱落助推器和常规液体组合的冲压发动机,实现了固体火箭发动机与冲压喷气发动机的巧妙结合。发射后,当"宝石"导弹离开发射箱时,安装在导弹燃烧室内的固体燃料火箭助推器即开始工作,将导弹加速至冲压发动机的工作速度(2马赫)时,燃烧完的助推器停止工作,并借助迎面的气流自动脱离弹体。此时,液体冲压发动机开始工作,导弹以2.5马赫的速度继续飞行,导弹上的惯导系统将"宝石"引向目标,在距目标25~80公里处,用于准确确定目标位置的导弹导引头开始工作,导弹的飞行高度下降(采用高空综合弹道飞行模式时)到5~15米,在导弹击中敌目标前数秒时,弹上引信开始工作。

目前,俄罗斯正准备将"宝石"反舰导弹部署在即将竣工的一艘军舰和一艘潜艇上。同时,岸基型及空射型"宝石"导弹也在发展之中。空射型"宝石"的重量为2500公斤,主要由苏-27、苏-35战斗机携带,每架飞机可携带3枚。该导弹不仅可以攻击海上目标,还可以摧毁陆上目标。

"宝石"导弹的设计者表示,虽然敌人可能在300米处发现"宝石"的行踪,并采取相应的对抗措施,但由于"宝石"导弹可以有效地抑制敌方施放的各种干扰,加上2.5马赫的飞行速度以及在飞行中能实施复杂的战术机动,可以确保"宝石"反舰导弹最终击中目标。因此,完全可以按照一枚导弹击毁一艘军舰或"一群"导弹击毁编队中数艘军舰的原则与敌人交战。"宝石"反舰导弹具有极强的饱和攻击能力,同时发射的多枚导弹可以自动选择和分配目标,导弹上的自动制导系统中不仅输入了电子对抗参数,而且输入了规避敌防空火力的参数,在消灭敌舰艇编队的主要目标之后,已经发射出去的其他导弹可向编队中的其余目标进行攻击,绝对不存在两枚以上的导弹击中同一目标的可能。并确信,"宝石"反舰导弹可在未来10年之内保持绝对优势。

2."布拉莫斯"导弹:俄罗斯就是不装

日前有报道指出,印俄联合研制的"布拉莫斯"导弹,印度军队早已配备,而俄罗斯军队迟迟不肯配备,迫于印度的压力,俄罗斯海军正考虑为至少一艘舰艇装备"布拉莫斯"导弹。那么,该型导弹的性能究竟如何,为何俄罗斯迟迟不肯使用?就让我们一起来了解一下。

"布拉莫斯"导弹的研发背景。印俄联合研制"布拉莫斯"导弹始于1995年12月。当时印度海军正大力推行"印度洋是印度人的印度洋"的海上强军政策,既耗费巨资引进航母和其他舰艇,又组织国内各种力量研制先进反舰导弹。但印度由于技术储备不足,不得不寻求国际合作。在印俄双方战略性伙伴关系的大背景下,1998年2月,印度和俄罗斯签订一项谅解备忘录,双方共同致力于一种新型反舰导弹的开发,设计代号为PJ-10。导弹取名为"布拉莫斯"(BrahMos),那是两国各自著名的河流——印度布拉马普特拉河和俄罗斯莫斯科河的河名缩写。用这一新造的单词来命名新导弹,其寓意不言而明。经过俄罗斯方面的细心指导,印度DRDO组织熟悉了超音速反舰导弹的设计研制过程,并锻炼了国内军工队伍,在"布拉莫斯"导弹生产本地化方面实现了新的突破。基本性能:"布拉莫斯"巡航导弹具有高精度,且难以被发现的特点,已经成功地完成了14次试验。"布拉莫斯"导弹按打击目标可分为2种型号(反舰型和对陆攻击型),可以从4种平台上发射,包括移动的陆基平台(卡车或者火车)、水面舰艇、潜艇或飞机。陆基和水面舰艇发射型已经完成了部署,潜艇发射系统正在进行测试,而空中发射型仍在开发。该导弹重达4吨,直径为70厘米,长8米,最大射程300公里,最大有效载荷500公斤(最大射程和有效载荷受到国际导弹控制制度的限制)。该导弹的掠海飞行高度范围为10米~15公里,在近海面高密度空气中的最大飞行速度为2马赫,在7公里高度稀薄空气处的最大飞行速度为2.7马赫。该导弹有三个推进系统。首先,气体发生器将其推出导弹箱,然后固体燃料推进器将其加速到2马赫,之后液体燃料喷气推进系统将其送到目标。该导弹可以任意角度发射,且极具破坏性。可以配置两种炸药,接触目标后,一个炸药爆炸,另一个穿过前一个爆炸打开的缺口,在几毫秒后爆炸。该导弹可以在波浪中发射。每个卡车可以携带3套导弹储运管、一个发电机和一个控制中心。每枚导弹的发射时间间隔是5秒,每枚导弹可以针对不同的目标。对于像舰船这样的海基目标,需要机载侦察系统,如飞机、直升机或无人机,提供目标数据。它的制导系统已进行更新。复合式导引头可帮助导弹在飞行中段采用惯性制导方式,在飞行末段则采用雷达制导,具有"发射后不用管"能力。雷达导引头具有双重导引模式,一般多工作于被动制导方式,这样可以降低被发现的几率。

俄罗斯就是不装。1998年俄印开始联合研制"布拉莫斯"超音速巡航导弹。该型导弹的海基型和陆基型均已承购试射,并进入印度海军和陆军服役。但是俄罗斯军队此前并没有装备"布拉莫斯"导弹的计划,一名俄国防部官员曾表示,俄海军现役舰艇确实难以部署"布拉莫斯"导弹,无论是守卫级巡防舰(Steregushchy)还是现役潜艇都无法装备该型导弹,原因是舰艇建造规格不适合装配"布拉莫斯"导弹。

但如今在印度方面的压力下,俄罗斯海军正在考虑至少为一种舰艇装配该型导弹。

3."飞鱼"反舰导弹:在马岛战争中一举闻名天下

1982年5月英、阿马岛战争中,阿根廷"超级军旗"飞机用一枚价值只有20万美元的"飞鱼"击沉英国最现代化的"谢菲尔德"号驱逐舰,使"飞鱼"导弹一举闻名天下。"飞鱼"是法国海军一种典型的反舰导弹,也是世界上销量最大、应用于实战最多的一种导弹。它包括"飞鱼"近程舰对舰导弹和"飞鱼"空对舰导弹。

"飞鱼"MM38 型是法国航空航天公司战术导弹分部研制的一种亚音速近程掠海飞行的舰对舰导弹。有 MM38 型、MM39 型、MM40 型三种型号。MM38 武器系统以雷达视距内的中型舰艇为主要目标,同时也可攻击小型快艇。

MM39 型是"飞鱼"MM38 的改进型,是潜对舰导弹,英、阿马岛战争中,阿根廷用"飞鱼"MM39 击沉了英军现代化的"谢菲尔德"号驱逐舰,随后击沉"大西洋运输者"号运输船,而 MM38 击伤了"格拉摩根"号巡洋舰,显示了"飞鱼"反舰导弹的作战能力。

伊拉克将 AM39 型装备在直升机或固定翼飞机上,用于攻击海上各种舰船,两伊战争期间伊拉克用这种导弹攻击伊朗的舰艇,效果显著,被认为是一种有效的反舰武器。

MM40 导弹 1981 年装备法国海军,并出口其他国家。采用"发射后不用管"的复合制导,即惯性制导和末端主动雷达寻的制导;战斗部为半穿甲爆破型。

"飞鱼"AM39 空对舰导弹,是"飞鱼"导弹家族中的机载型,1980 年装备部队,并已销往许多国家。马岛战争中,阿根廷"超级军旗"式飞机击沉英国"谢菲尔德"号驱逐舰的就是这一种"飞鱼"导弹。两伊战争中,伊拉克也使用这种"飞鱼"导弹毁伤伊朗 12 艘舰艇,充分显示了该导弹的作战威力。

4."海尔法"导弹:被称作武装直升机反坦克的"撒手锏"

"海尔法"也称"地狱火",是美国陆军研制的一种半主动激光制导的反坦克导弹,是一种性能先进,既可地面车载,又可直升机载的反坦克导弹。有 A、B、C 三种型号,A 型为原始型,B 型为海军陆战队使用,C 型为陆军使用,B、C 型基本相同。

海湾战争中,"海尔法"反坦克导弹表现非凡,其中 AH-64 攻击直升机共发射了 2800 多枚"海尔法"反坦克导弹,击毁伊军装甲目标 2100 多个,由此而被称作现代战场上武装直升机的"撒手锏"和反坦克能手。

"海尔法"反坦克导弹之所以能在海湾战争中有如此的卓越表现,主要是因为它有以下突出的特点:

一是制导方式先进。该导弹为半主动激光制导,导弹发射后完全自主工作。导引头作用距离可达 7700 米,方位视场角为 22°。在其作用距离内,通过接收载机上或地面上的激光目标指示器对目标照射所反射的激光波,准确、迅速地捕获和命中目标,其命中率可达 96%。海湾战争后,美国对"地狱火"导弹进行了改进,研制的新的导引头,包括提高导弹在不良天候条件下目标识别能力的热成像红外导引头和提高导弹战场适应性增大作用距离的毫米波导引头,从而使"地狱火"导弹成为真正的第三代导弹,真正实现"发射后不用管"。

二是作战作用方便,战术适应性强。按指示目标不同,该导弹可采取机载遥控制导和地面遥控制导;就不同的发射方式可分为直接瞄准发射和间接瞄准发射;按不同的发射类型可分为单射、快射、连续射和组合发射,快速发射是一部激光目标指示器以一种编码对付多个目标,发射间隔 6~8 秒;连续发射是多部激光目标指示器,按各自特点激光编码,照射各自目标,接受不同编码的导弹可连续发射,命中各自目标;组合发射是由快速发射和连续发射结合进行,一分钟便可将 AH-64 攻击直升机所携带的 16 枚导弹发射出去。

三是射程远,死角小,威力大。"海尔法"反坦克导弹的最大射程近 8000 米,最小射程为 600 米,由于采用直升机载发射和地面车载发射,具有较强的机动能力,因而可以说没有发射死角存在,远距离打击能力较强。该导弹采用了双锥形聚能破甲战斗部,装药 6.8 公斤,其破甲厚度达到 1400 毫米,所发射的每枚"海尔法"导弹,犹如熊熊燃烧的"地狱之火",吞噬"陆地雄狮",将其送进地狱。

四是导弹飞行速度快。"海尔法"反坦克导弹目前使用的是无烟固体燃料火箭发动机,发射时不易被发现,其导弹的飞行速度为 1.17 马赫,大大缩短了飞行时间。这样,一则可提高对运动目标的命中概率;二则如果载机自己发射导弹又自己发射激光束照射目标,那么可缩短载机暴露的时间,提高了载机的战场生存能力;三则可以提高导弹的发射速度。目前,美军正在研制一种脉冲式火箭发动机,能使导弹飞行速度进一步提高,并使射程增加约 50%。

5."烈火"导弹:印度对世界的警告

当地时间 1999 年 4 月 11 日 9 时 47 分,印度在其东部奥里萨邦巴拉索尔区的惠勒岛上成功发射了一枚"烈火Ⅱ"型中程弹道导弹。此次试射"烈火Ⅱ"型导弹更具有非同寻常的意义,对南亚安全格局乃至国际安全形势有着深远的影响。

"烈火"中程弹道导弹采用双级推动系统,具有重返大气层能力,射程 1500～2500 公里,命中精度 300 米左右,既可携带常规弹头,也可携带核弹头。"烈火Ⅱ"型为Ⅰ型的改进型,长 20 米,重 16 吨,射程 2000 公里,弹头重量 1 吨。由印自行设计,除制导系统少量传感器需从欧洲国家进口外,其余部件均为国产,进口部件比例低于 6%。

"烈火"导弹的研制始于 1979 年,分两个阶段。第一个阶段对"烈火Ⅰ"型导弹进行了 3 次试射。1989 年 5 月 22 日在巴拉索尔为首次,1994 年 2 月 19 日在昌迪普尔为第 3 次,这两次试射都获得了成功。中间曾进行第 2 次试射,但失败了。这一阶段印共投入 5.5 亿卢比,经 17 年研制基本定型。目前,"烈火Ⅰ"型导弹已进入初始作战试验阶段,下一步将进行作战应用试验,印官方宣称可随时投入生产。1996 年 7 月 15 日,时任印国防部长的亚达夫在议会宣布,"烈火"导弹的第一阶段研发工作结束。

1997 年 8 月 3 日,亚达夫宣称,政府将恢复"烈火"中程弹道导弹的研制和试验。1998 年 6 月 3 日,即印连续 5 次进行试验不到一个月,国防部长费尔南德斯就宣布,政府已批准"烈火"中程弹道导弹下一阶段的开发计划,重点是延长其射程,即进行"烈火Ⅱ"型导弹的研制。这次印成功试射"烈火Ⅱ"型导弹,表明第二阶段研发工作已取得了初步成果。

1998 年,印度冒天下之大不韪公然进行核试验,遭到国际社会同声谴责和制裁,其国际形象受到极大损害,对外关系和经济发展也付出了很大代价。事隔不到一年,当世人对此记忆犹新之时,印又逆历史潮流而动试射中程弹道导弹。印如此顶着强大国际压力发展该武器及其远程投掷工具绝不是偶然的,背后有着深刻的背景和深层的考虑。

首先,是由印国家战略所决定的。印独立后,全面继承了英印殖民地时期的战略思想,以南亚和印度洋地区的中心自居,制定了"称霸南亚,控制印度洋,争当世界'一等强国'"的国家战略目标。其实质就是首先成为南亚印度洋地区的支配力量,继而以此为跳板,跻身世界强国行列。1998年进行核试验,此次试射中程导弹,都是为抬高身价、跻身世界大国行列而实施的重大举措。

其次,出于印军事战略需要。长期以来,印度视巴基斯坦和中国为其称霸南亚和印度洋地区的主要障碍,始终将50%的陆军、54%空军和60%的海军兵力部署在印巴边境一线和毗邻巴的海域,基本上形成了对巴绝对军事优势;在中印边境地区部署约20余万人的兵力,形成了对华局部军事优势。印还嫌不够,认为这还不足以保证其军队在南亚的绝对实力地位,还要进一步强化这种优势。"烈火Ⅱ"型导弹射程远,可打击巴境内的任何目标,可覆盖中国大部分国土,印将其作为强化军事优势的重要手段。

再者,印试射中程弹道导弹还有经济目的,可进一步完善其重返大气层技术和制导技术,为打入国际卫星发射商业市场做准备。

6."斯拉姆"导弹:战机撒手锏

在1991年海湾战争的一次战斗中,美国一架A-6E"入侵者"重型攻击机和另一架A-7E"海盗"轻型攻击机,奉命从位于红海的"肯尼迪"号航空母舰上起飞,去轰炸伊拉克一座水力发电站。当A-6E"入侵者"飞机飞到距离目标100公里处,发射了一枚"斯拉姆"空对地导弹,随后由A-7E"海盗"又发射一枚"斯拉姆",仍由A-7E"海盗"遥控,这一枚"斯拉姆"从第一枚"斯拉姆"所击穿的弹孔中飞进去,彻底摧毁了水力发电站的内部设备。过去古战场中曾有"百步穿杨"之说,"斯拉姆"首次亮相就创造了"百里穿洞"的现代神话,引起了世界军事家们的关注。

"斯拉姆"导弹是美国麦道公司在"鱼叉"空对舰导弹的基础上进行改型而研制出来的。这种导弹既可攻击海上目标,如海上舰艇以及近海石油平台等,也可攻击陆上目标。研制这种导弹耗资6000万美元,历时3年之久。于1989年6月在太平洋导弹试验中心靶场首次试验即获成功。

"斯拉姆"制导和控制组件包括:红外成像寻的导引头;惯性制导系统;数据传输装置;全球卫星定位系统(GPS)接收机;自动驾驶仪和无线电高度表。"斯拉姆"导弹采用惯性+GPS+红外成像寻的制导方式。

所谓红外成像寻的制导,是新一代红外制导技术。红外成像寻的器一般由红外摄像头、图像处理电路、图像识别电路、跟踪处理器和摄像头跟踪系统等部分组成。发射导弹前,首先由发射控制站(如在飞机上)搜索、捕获要攻击的目标,一旦目标的位置被确定,立即引导导弹上的寻的器跟踪并锁定此目标。导弹被发射后,弹上摄像头摄取目标的红外图像并进行预处理,得到数字化目标图像。经图像处理和图像识别,区分出目标、背景信息,识别出要攻击的目标并抑制假目标。跟踪处理器形成的跟踪窗口的中心按预定的跟踪方式跟踪目标图像,并把误差信号送到摄像头跟踪系统,控制红外摄像头继续瞄准目标,同时向导弹的控制系统发出导引指令信息,使导弹飞向选定的目标。因此,这是一种"发射后不用管"的制导方式。

"斯拉姆"空对地导弹的突出优点是制导系统有很强的抗红外干扰的能力；灵敏度和空间分辨率较高；与可见光成像相比，红外线能较易穿透雾、烟，其探测距离可达3~6倍；命中精度高，能识别目标类型和攻击目标的要害部位。它可以在白天、黑夜以及云雾等恶劣气象条件下工作。它能发现和跟踪已停止行驶数小时的地面坦克和其他目标，对隐蔽或伪装目标的识别能力也很强。一旦攻击的目标被导引头发现。"斯拉姆"就直取目标的要害，置目标于死地。

7. "战斧"巡航导弹：按图索骥的巨斧

"战斧"巡航导弹于1973年开始研制，是美国海军最先进的全天候、亚音速、多用途巡航导弹，可以从水面舰只和潜艇上发射，主要用于打击海上和陆上重要目标，是美军实施防区外打击的骨干装备之一。在发射之后，由导弹的固体燃料助推器向前推进导弹，最后再由小型涡轮风扇发动机推进导弹，完成导弹的最后飞行。"战斧"巡航导弹是一种高生存能力武器。雷达探测是很难发现的，因为它的截面积很小，再加上它是低空飞行；同样，红外线探测也是很难发现的，因为涡轮风扇发动机释放出的热量很少。"战斧"巡航导弹系统包括全球定位系统（GPS）接收器，一个升级的光学数字场景匹配区域关联（DSMAC）系统，抵达时间控制，和改进的402型涡轮风扇发动机。

"战斧"对地攻击巡航导弹用于攻击各种固定目标，包括在极危险情况下攻击敌人的防空系统和通信设施。对地攻击"战斧"巡航导弹由惯性和地形匹配（TER-COM）雷达制导。地形匹配制导雷达利用存贮参考地图与实际地形相比较，确定导弹的位置。必要的话，导弹就会改变路线，从而使导弹置于正确的路线上。在目标区域的末端导航由光学数字场景匹配区域关联系统来提供，这一系统将利用存贮的目标图像与实际的目标图像相比较。

"战斧"巡航导弹的作战环境正发生着极大的变化。导弹的初期作战设计是与全球作战有关，利用常规的战斧对地攻击导弹（TLAM）打击已知、固定、非地下目标。这种环境之下的战略思维仍在发生着变化。战斧武器系统（TWS）能力正在围绕着主要系统发生着演变，以扩展其能力。现在，"战斧"巡航导弹能够对快速发展的预案做出反应，攻击暴露的地面目标。这种目标对美国小型部队更具威胁性，因此，美国要确保该系统机动灵活与快速反应能力的绝对性。

战斧武器系统由四个重要组成部分组成："战斧"巡航导弹，战区任务计划制订中心（TMPC）/舰上计划制订系统（APS），水面舰只战斧武器控制系统（TWCS）和潜艇作战控制系统（CCS）。

水面舰只和潜艇有着不同的武器控制系统（WCS）。水面舰只拥有装备垂直发射系统（VLS），而攻击潜艇则不同。所有的攻击潜艇都是通过鱼雷管来发射导弹的；另外，有些攻击潜艇的前端安装有垂直发射系统——也就是在耐压船体之外，它具备装填和发射功能。水面舰只和潜艇的火力控制系统（FCS）具有通信管理、数据库管理、作战计划制订、发射控制功能。这些系统为导弹初始化、导弹发射以及环境保护提供导弹和火力控制系统的接合面。水面舰只的火力控制系统是ATWCS（AN/SWG-3）的战斧武器控制系统（TWCS）；而潜艇的火力控制系统是MK1作战控制系统（CCS）、MK2作战控制系统（CCS）、或者AN/BSY-1。

"战斧"巡航导弹是一种技术成熟的导弹武器系统,现在投入使用的有 Block Ⅱ、Ⅲ、C 型(单弹头)、D 型(多弹头)。C 型和 D 型"战斧"巡航导弹的不同之处在于它们的弹头:C 型属于常规的单一弹头,而 D 型则属于一种常规子弹药弹头(多弹头型)。从外表上看,二者没有什么区别,但是,从能力上看是不同的。这种导弹概念是母弹的一种。交付给美海军水面舰只和潜艇使用的导弹属于全套装备导弹(AUR),它包括执行任务的导弹、启动飞行的助推器、运输中用来保护导弹的导弹箱(水面舰只的导弹装运箱,潜艇的导弹密封舱)、贮存仓库和贮藏舱。

1981 年 1 月,美海军开始对"战斧"巡航导弹 Block Ⅲ进行作战评估,从而决定是否进入大批量生产阶段。这次作战评估分六个阶段。前三个阶段涉及对潜射"战斧"巡航导弹的测试:潜射反舰"战斧"巡航导弹(TASM)、常规对地攻击 C 型导弹(TLAM/C),以及核对地攻击导弹型号(TLAM/A)从 1981 年开始测试,到 1983 年 10 月结束。后三个阶段涉及水面舰只导弹变种的发射测试,这三个阶段的测试从 1983 年 12 月开始,到 1985 年 3 月结束。在所有的这六个阶段,导弹是否具备全套装备性能,则是根据其是否具有潜在作战效用和潜在作战适用性来决定的,然后,才能决定是否进入大批量生产阶段。1988 年 4 月,美海军开始对常规对地攻击子弹药导弹(TLAM/D)进行测试。测试表明,它具有潜在作战效用和潜在作战适用性,并在部队有限推广。

随着导弹技术的进步和导弹的改进,后续测试与评估一直在进行着。美海军对 Block Ⅱ导弹进行了改进,并于 1987 年 7~9 月对其所有的型号进行了测试。其中的一些改进包括改进的火箭助推器、巡航导弹雷达调度计、数字场景匹配区域关联系统。1990 年 10 月,美海军开始对 Block Ⅲ导弹进行作战评估,这是用全球定位系统协助导弹导航的第一次。这次测试在各种环境条件下对水面与水下舰只都进行了测试,一直持续到 1994 年 7 月。常规型 C 型和 D 型导弹都进行了测试,而结果都很理想,两种型号的导弹都被证明具有作战效用和作战适用性,并在整个海军推广。

自海湾战争以来,美海军一直在改进 Block Ⅲ型导弹的作战反应、突入目标、射程和准确程度。美海军为 Block Ⅲ导弹添加了全球定位系统制导、重新设计了弹头和发动机,这就是 Block Ⅲ改进型,这种型号的导弹于 1993 年 3 月开始服役。"战斧"对地攻击导弹 Block Ⅲ系统升级包括:整合了抗干扰全球定位系统(GPS)系统接收器,提供一个更小、更轻的弹头,扩展了射程、到达时间,并提高了精确程度。加装了全球定位系统之后,战斧对地攻击路线计划制订就不会受到地形特征的制约,而任务计划制订时间也降低了。美海军加利福尼亚中国湖海航站设计、开发,并具备 4 年内生产 WDU-36 弹头的资格,以满足改进的"战斧"导弹不灵敏炸药灵活性和增程的需求,与此同时,又能保持或者增强弹药的有效性。WDU-36 弹头在中国湖海航站利用弹头技术研究成果,采用新的材料 PBXN-107 型炸药和 FMU-148 号引信,和 BBU-47 引信助燃器(为 PBXN-7 型炸药开发和配制的)。Block Ⅲ于 1995 年在波斯尼亚首次投入使用;1996 年,在对伊拉克的"沙漠打击"行动中再次使用。

美海军接下来的主攻武器就是 Block Ⅳ型"战术战斧"导弹。目前,美海军计划采购 1253 枚 Block Ⅳ导弹,并将 Block Ⅱ升级为 Block Ⅳ。在对"战斧"在主要地区冲突（MRC）中的用途以及与之相关的再供给和支持水平进行了广泛的分析之后，美海军作战部同与"战斧"导弹相关的舰队指挥官一起制订了一个采购目标计划，采购3440枚 Block Ⅲ、Ⅳ"战斧"导弹。

在1991年对伊拉克的"沙漠风暴"行动中、1993年6月和1995年对波斯尼亚打击中、1996年对伊拉克的"沙漠打击"行动中，"战斧"导弹得到了广泛的应用。在这些行动中，大约有400枚"战斧"导弹投入了战场。最近的一次就是在"伊拉克自由行动"中，美军发射了大量的"战斧"导弹，多达802枚，也就是它打响了对伊战争的第一炮。

在海湾战争中，两艘潜艇和多艘水面舰只发射了"战斧"巡航导弹。根据美海军的报道，在发射的290枚导弹中，有242枚导弹击中了目标。不过，战斧对地攻击导弹在"沙漠风暴"行动中的表现并没有像美国防部向美国会递交的报告中所说的那样，也低于美国防部内部人士的估计。在"沙漠风暴"行动中，从海军一艘舰只或者潜艇发射一枚导弹的一个战斧对地攻击导弹任务需要加载307次，在使用过程中，海军人员大约经历了30719次问题。在发射的290枚导弹中，有2枚发射失败；在实际发射的288枚导弹中，6枚存在有助推问题，而不能转换成巡航飞行。

海湾战争以及后来的多次应急作战，包括1996年9月对伊拉克军事设施的攻击，这些行动表明，远程导弹可以执行一些攻击机执行的任务，同时，又能够降低飞机坠毁、飞行员丧生的威胁。

自1991年到1995年，尽管能够发射"战斧"巡航导弹的舰只（包括攻击潜艇）的数目增长不多，由原来的112艘增长到119艘，但是，美海军发射对地攻击导弹的整体能力大大增加了。这是因为美海军越来越多的水面舰艇能够发射这种导弹，而水面舰艇比潜艇能够携带更多的"战斧"导弹。到1996年，美海军一共有140艘能够发射"战斧"导弹的舰只，有6266个发射架。在这140艘舰只中，有70艘是潜艇，共有发射架696个；70艘水面舰只，共有发射架5570个。截至1996年，美军一共拥有4000枚"战斧"巡航导弹。

8."紫菀"系列导弹：欧洲21世纪全天候、全方位的防空导弹系统

"紫菀"（Aster）是一种兼备反飞机和反战术导弹的系列化未来防空导弹系统（FSAF），由法国和意大利联合研制。共计划发展四种系统，其中第四种是用于反战术弹道导弹的。目前正在研制并且法、意两国政府计划采购的三种防空系统是："紫菀15"中近程舰空导弹系统（SAAM），1999年开始装备；"紫菀30"中程舰空导弹系统（SAMP/N），2004年开始服役；"紫菀30"中程地空导弹系统（SAMP/T），2006年开始服役。

"紫菀"系列是全天候、全方位模块化的防空导弹系统。"紫菀15"和"紫菀30"都是两级固体导弹，采用相同的指令+主动雷达寻的制导和15公斤的破片杀伤战斗部，主要区别是第一级，实质上是同一单级固体导弹加上不同的助推器。

"紫菀"系列防空导弹系统使用 Arabel 和 Empar 两种性能相似的多功能相控阵雷达，因为它们在联合发展"紫菀"导弹系统之前已由法国和意大利分别研制。Arabel 是3坐标雷达，频率8～13吉赫，作用距离100公里。对雷达反射截面积0.5

平方米的导弹的探测距离 50 公里,对大型空中目标的探测距离 100 公里,最多能跟踪 100 个目标,同时制导 10~16 枚导弹。由于配备了精密的反电子干扰设备,及采用频率捷变、脉冲压缩等技术,该雷达有很强的抗干扰特性。Empar 雷达的工作频率为 4~6 吉赫,其性能与前者相似。

"紫菀"系列防空导弹系统在发射装置和操作控制系统方面,三个系统共用法国制造的西尔瓦(Sylver)8 联装垂直发射装置,它可发射"紫菀 15"和"紫菀 30"导弹。三个武器系统的操作控制系统共用 MARA 实时多处理器计算机和 MAGICS 具有绘图和成像功能的显示设备。

"紫菀 30"中程舰空导弹系统,使用 Empar 雷达,并增加了两部搜索雷达和光学设备,反飞机时,最大射高 20 公里,射程 3~70 公里;反导时射程为 10~20 公里。不仅能同时制导 10~16 枚导弹交战,必要时还能引导海军战斗机执行拦截。

"紫菀 30"中程地空导弹系统,使用 Arabel 雷达,用于野战防空或要地防御,可在严重电子干扰情况下作战,能拦截各种高性能空袭飞机、以 3.5 马赫高速俯冲攻击的反辐射导弹、超低空飞行的巡航导弹,也能拦截近程弹道导弹。

目前,法、意两国在大力推进以"紫菀 30"为基础的地、舰空导弹系统的研制工作,以便加强防空,并占领市场。预计到 2020 年这种导弹也将是欧洲重要的中程防空导弹系统。

9.AGM-45A/B 反辐射导弹:可摧毁地空导弹阵地、高炮指挥雷达等设施

美国为了对付苏联设在古巴的防空体系,分别于 20 世纪 50 年代末和 60 年代初开始研制"乌鸦星座"(Corvus)和"百舌鸟"机载反辐射导弹,1961 年发生古巴危机后撤销了前项计划,而集中力量研制"百舌鸟"导弹。该导弹由美海军武器中心在"麻雀"Ⅲ AIM-7 空空导弹的基础上研制而成,由得克萨斯仪器公司为主承包商于 1962 年研制,同年 6 月开始试射,1963 年开始投产,1964 年 1 月完成基本型 AGM-45A 的研制,同年 10 月开始服役,1965 年投入越南战场使用,随后用于中东战场,1986 年美国海军用于利比亚冲突中,1981 年停产,研制费 91.1 百万美元,采购费 463.5 百万美元,总计 554.6 百万美元,制造样弹 156 枚,批生产总数 17470 枚,月生产率 164 枚,单价 2.7 万美元。

在该基本型基础上不断改进发展,形成了一个完整的机载反辐射导弹系列,分为 AGM-45A 和 AGM-45B 两类型号,前者为空军型,后者为海军型,共有 20 种多种型号:AGM-45A-1/1A/2/3/3A/3B/4/6/7/9/10;AGM-45B/2/3/3A/3B/4/6/7/9/10 等,还有 6 种教练弹型号。该弹导引头的改进发展一直持续到 1992 年,并继续服役到 2000 年,除装备美国海/空军之外,还销往英国、以色列、伊朗等国。

该弹采用与"麻雀"Ⅲ空空导弹相似的气动外形布局,弹体内部结构布局从前到后为:天线罩、制导舱(高频部分、低频部分和引信电子线路)、战斗部舱、控制舱和动力装置舱。控制舱前端上方有 1 根与载机相连的发射电缆,发射时弹体运动将固定该电缆的螺钉剪断使其与弹体分离。发动机右下方有 1 个安全栓,可从弹体外部对其调节,使发动机处于"点火状态"或"安全状态"。制导舱(低频部分)两侧各有 1 个无线电引信天线。动力装置采用 1 台固体火箭发动机,但其型号多达 10 种:洛克达因公司生产的 Mk39Mod0/3/4/5/6/7 型;航空喷气通用公司生产的

EX53 和 Mk53Mod0/2/3 型。

该弹采用被动直检式比辐单脉冲导引头,由天线罩、控制信号形成部分、增益控制电路、目标选择电路、状态转换电路和电源等组成。早期型号的天线罩采用玻璃纤维制成,后来的型号改用氧化铝陶瓷材料。等角4臂平面螺旋天线嵌在深度为λ/4的腔体内,固定到弹体上,以波束形成网络,在空间形成上、下、左、右4个波束,彼此部分重叠,各波束中心轴线之间有20°~30°的分离角,4个波束相互正交,并与导弹的舵面成45°角,接收的目标信号经隔离器、检波器,输出视频负脉冲信号。

当目标偏离导弹轴线不同方向时,相应波束的电路各自输出大小不同的视频负脉冲,送至低频部分,经和差处理,形成直流误差信号,将此信号送至载机,引导载机瞄准目标并发射导弹,同时送至控制信号放大变换电路,形成舵机控制信号,再送至舵机,控制相应的针阀,使舵机控制舵面运动。目标选择电路包括时间选择电路、角度选择电路和幅度选择电路,分别用来抑制反射的目标信号,控制导引头视场在跟踪状态时保持8°,在搜索状态时处于8°~70°内,抑制跟踪状态时暂时进入导引头的其他雷达的强信号。增益控制电路用来保持和信号幅度不变(接近0.8V),并使差信号强度只与目标偏差角有关,而不受目标信号强弱的影响。状态转换电路完成搜索和跟踪状态的转换。

"百舌鸟"导弹各型号的主要差别在于导引头,早期型号各有1个特定频段、1个高频系统,总计有18个,覆盖 D-J 各个频段,只有等角4臂平面螺旋天线是通用的。后期型号则能覆盖多个频段。控制系统采用燃气发生器和针阀式燃气舵机和继电式工作方式。

战斗部为破片杀伤战斗部,长0.747米,直径203毫米,重66.7公斤,装药23~25公斤,装药密度为1.6962克/立方厘米,内装10000多块小钢片,每块钢片的体积为4.8×4.8×4.8立方毫米,用环氧树脂胶粘成圆环,破片总数20000块,每块重0.85克,破片飞散速度为7947米/秒,飞散角42°。对无装甲目标的有效破坏半径5~15米,对人员的有效杀伤半径50~60米。战斗部前端有1个紫铜锥形药罩,锥形母线为抛物线,战斗部爆炸时沿弹轴向前方产生金属聚能喷流,以穿透破坏导引头,以防其落入对方而泄密。还有1种内装白磷或赤磷的烟雾战斗部,爆炸时产生高达15米的白色或红色烟雾,持续24小时,以便为后续攻击指示目标。战斗部采用触发和非触发引信,后者为被动比相无线电引信,结构简单、工作可靠,但若地面雷达关机则失效。

该弹的主要优点是结构简单、通用性强,可装备多种型号的作战飞机。其主要缺点是,受被动雷达制导体制的限制,易受干扰、命中率低,1970年仅为3%~6%;一旦目标雷达关机,导弹易失控;各个导弹型号的频率覆盖范围(D-J 频段)很窄,只能攻击特定频段的目标雷达;战斗部威力小,有时在威力半径内也不能摧毁目标;使用前要预先侦察目标雷达的位置,易暴露作战意图;导弹射程近,易遭地面防空武器的攻击。因此,逐渐被性能先进的机载反辐射导弹——"哈姆"AGM-88高速反辐射导弹所取代。

10. AIM-9X 空空导弹：隐身飞机夺取空中优势的利剑

AIM-9X 是一种改进的 AIM-9M"响尾蛇"方案，休斯公司设计 AIM-9X 的突出特点是利用现有的"响尾蛇"部件，使该弹能够低风险、低成本，尽早具备初始作战能力，并具发展潜力。

休斯公司中标的是 BOX·Off Ⅱ 增强型方案。该方案具有以下特点：一是低成本、低风险的设计。AIM-9X 导弹使用现有的 AIM-9M 固体火箭发动机、战斗部、引信以及得克萨斯仪器公司的多源目标跟踪器和低成本的微型信号处理电子线路技术，从而降低成本、减少风险。二是速度为 AIM-9M 的两倍。该导弹采用无鸭式舵、尾翼控制的气动布局，尾翼翼展达 279 毫米，取消了弹翼和舵面，大大降低了阻力，使导弹的速度比 AIM-9M 快一倍，达 3M，因而增大了命中目标的末端动能。三是机动性高。该弹采用先进的自动驾驶仪飞行控制系统，配上具有推力矢量控制技术的固体火箭发动机，不仅能获得大离轴角遭遇时所需的机动性，而且还具有很高的机动控制能力。四是先进的红外焦面阵寻的器。该弹弹载寻的器是为英国"先进近程空空导弹"（ASRAAM）开发的 128×128 元焦平面阵列，使用普通的宝石头罩，具有俯仰/滚动轴的两轴框架，头罩向后扩展，允许传感器向后看的范围大。快速的随动速率有助于传感器的快速解锁，同步于驾驶员的视线并跟其头部运动，在 0.1 秒内转动 90°。此外，采用机械式斯特林致冷器，使导弹不受作战任务时间长的限制。五是改进型与基本型同时发展。美军除加快发展 AIM-9X 的基本型外，还同时进行其改进型的研究工作，如采用直径为 140~150 毫米的无烟固体火箭发动机，采用推力矢量喷气偏转舵与空气动力控制面的组合控制方式，以便在导引头能够可靠识别敌机的条件下，使导弹具有后向发射能力，防御敌机从尾后实施攻击。六是具有离轴发射能力。为提高该导弹的近距离机动作战能力，休斯公司将采用导弹离轴发射技术，其离轴角高达 80°。该导弹已经在 2002 年完成工程与制造发展任务，并开始低速生产，总计生产 10000 枚。AIM-9X 在性能上优于"怪蛇"4，"米卡"和先进近距空空导弹 ASRAAM，可与俄罗斯 AA-11"射手"匹配，每枚导弹成本不会超过 26 万美元。

11. AIM-54 空空导弹：威震蓝天的超级杀手

AIM-54"不死鸟"空空导弹是战后美国研制并装备使用的第一个远距空空导弹型号，也是战后世界上最先进入现役的、具有发射后不用管和多目标攻击能力的远距空空导弹。该导弹及其配套使用的机载火力控制系统，均由美国休斯公司（休斯导弹系统公司的前身）研制。

美国海军在 1957 年宣布需要一种由包括装有新型火控雷达和远距多目标攻击空空导弹的截击机在内的全新舰队防空系统。选定的载机是 F6D 舰载截击机，要求用机载雷达搜索截获目标并使导弹在发射后或飞完中段之后能立即跟踪目标。导弹命名为"鹰"，采用由当时的远程地空导弹"波马克"B 型改进的主动雷达导引头，带核战斗部，射程达 200 公里。整个 F6D 计划项目需资金 34 亿美元。

1960 年 12 月,海军停止发展 F6D 截击机。随后取消了"鹰"空空导弹计划项目。

1962 年海军决定发展舰载型变后掠翼防空截击机 F-111B,并在已取消的 F6D 火控雷达/"鹰"空空导弹基础上发展 AN/AWG-9/"不死鸟"空空导弹武器系统,休斯公司在该项目的竞争中获胜而成为主承包商。1965 年 3 月在加州木古角的导弹试验中心从 A-3A 攻击机上进行了"不死鸟"导弹的无动力投放试验,1966 年 5 月在 A-3A 攻击机上进行首次制导发射并命中目标,随后在 F-111B 上成功地进行了试射。由于 F-111B 重量过大,无法舰载部署,海军在 1968 年决定停止发展 F-111B。

1968 年海军决定发展 F-14A 新型舰载远程截击机,并把 AN/AWG-9/AIM-54A 作为 F-14A 武器系统的一部分继续发展,1970 年 12 月试制样弹,1972 年进行联合试验和鉴定,1973 年投产,1974 年底服役,1980 年停产,共生产 2580 枚,研制费 4.5 亿美元,采购费 9.5 亿美元,单价 45.8 万美元。AN/AWG-9/AIM-54A 设计规定的攻击目标是高空轰炸机,但试射中曾用 8 种不同类型的靶机以模拟各种不同的威胁,试射总数在 100 枚以上,成功率达 80%。1973 年在太平洋导弹靶场试射时,在 38 秒内同时发射 6 枚 AIM-54A 导弹,攻击远在 50~80 公里的 6 个靶机,4 枚直接命中,1 枚因靶标故障不记分,另 1 枚脱靶,在拦截高空超音速轰炸机靶机试射时,创造了当时最远攻击距离——203 公里。

"不死鸟"(AIM-54)远距空空导弹也已形成一个系列,共有 AIM-54A、54B、54C 三个型号,目前仅最后一个型号还在服役,在 F-14 截击机没有退役而且在新的后继弹出现之前,还将继续服役下去。

该弹采用正常式气动外形布局,与该公司早期研制的"猎鹰"空空导弹相似,故升阻比大、机动性好。弹体外壳材料为铝合金,先涂一层隔热涂料,然后再涂一层环氧树脂涂料,涂层前部厚度 3.2 毫米,后部厚度 2.3 毫米,使弹体结构重量减轻,能经受高超音速飞行时的气动加热影响。该弹采用半主动脉冲多普勒雷达中段制导加主动雷达末制导,导引头组件由耐高温陶瓷天线罩、四象限微波平面阵列天线及其射频线路、天线伺服控制机构组成。发射/接收机由多通道固态器件构成的电压控制的本机振荡器、发射机和接收机组成。电子组件由信号接收机、速度探测和角跟踪电路、传输网络处理器、解调器、指令译码器、逻辑电路等组成,共有 8 块线路板。尾部控制舱内装有自动驾驶仪、角速度传感器、液压能源及管道、4 个伺服定位器以及构成制导系统的一部分的尾部天线和混频器。该天线连续接收机载 AN/AWG-9 发出的射频信号,由混频器将其转换成中频信号,输给电子组件。共有 3 条控制通道:俯仰和偏航控制由阻尼速度反馈的加速度指令完成,以获得稳定飞行时的最佳弹道;横滚控制由速度积分陀螺完成,以保持导弹横滚稳定并提供自适应增益控制信号。自动驾驶仪包括电子线路板、俯仰和偏航加速度计、横滚速度积分陀螺,电子线路板上的存储器和计时器提供自动驾驶仪的定时和程控功能。

战斗部/引信舱内装有连续杆式战斗部和无线电近炸引信,炸药爆炸生成的环形钢杆的杀伤半径 15 米,引信的目标探测器是采用时域信号处理的 K 波段脉冲雷达,用来确定战斗部的最佳起爆时间和将点火脉冲传递给传爆管线路,并根据导弹与目标的接近速度计算引爆延迟时间,共有 4 个喇叭天线,另有 2 个窗口用来观察引信的安全状态和弹簧的解除保险状态。此外,还有触发引信,其与无线电引信由电连接。发动机舱内装 1 台北美罗克韦尔公司火箭发动机分公司的 MK47Mod0 固体火箭发动机,钢制外壳,燃烧室与尾喷管之间用延伸管连接,穿过控制舱进入玻璃钢制造的喷管内。

从作战性能水平上看,20 世纪 70 年代投入使用的 AIM-54A 型和 20 世纪 80 年代投入使用的 AIM-54C 型"不死鸟"导弹,分别属于第二、三代空空导弹范畴。美国海军从 1983 年开始提出发展"不死鸟"导弹的后继弹——AAAM 先进远距空空导弹,并已进入全面工程发展阶段,计划 1998 年服役,但在 1992 年被美国国防部下令停止发展。因此,"不死鸟"AIM-54C 远距空空弹仍将继续在美国海军舰队服役,执行空域控制、空中优势、攻击护航、舰队防空和滩头防空任务。

12.AIM-120C 空空导弹:夺取全空域空中优势的一把利剑

AIM-120C 空空导弹具有以下主要特点:

①多阶段系列化发展的产物。AIM-120C 空空导弹是在 AIM-120A 基础上,经过两个阶段改进而日臻完善的。导弹重 152 公斤,弹长 3.655 米,弹径 18.28 毫米,最大射程 100 公里,最小射程 0.8 公里,最大速度 4M,最大过载 40 公斤。经过改进后,AIM-120C 增强了抗电子干扰能力和弹头杀伤能力。一架 F-22 战斗机机内一次可挂 6 枚 AIM-120C 型导弹,显著增强了主宰空中优势的能力。

②三种不同的制导模式。导弹可根据不同的发射距离和条件,采用三种制导模式。一是在远程拦截时,采用惯性制导与 I 波段脉冲多普勒主动雷达末制导相结合的复合制导,在导弹飞行的初始阶段还可用载机上的制导指令予以修正;二是在近程拦截时,采用主动雷达导引头进行制导;三是跟踪干扰源对目标进行攻击。

③发射后不用管和多目标攻击。由于导弹采用上述改进的复合制导方式,并首次使用了捷联式惯导系统,弹载惯性基准装置和高速数字信息处理机,从而能自动完成信号分离、频率分解、目标截获、速度/距离跟踪、目标标识、中制导信息处理、导引率计算、中/末制导交接及引爆延迟计算,并具有抗干扰能力。不论是采用复合制导,还是全程采用主动雷达制导,导弹在发射后,不要求机载雷达连续跟踪目标,载机可以完全脱离,或采取规避机动,或另寻新的目标。又由于载机上装有边扫描边跟踪火控雷达,因而载机可连续发射多枚这种发射后不用管的导弹,攻击多个空中目标。

④能够拦截巡航导弹等小型目标。AIM-120C 型导弹进一步改进了弹头,采用大威力定向高能炸药预制破片战斗部,高效能目标探测器,改进多普勒效应主动近炸引信和软件。导弹采取了末段机动,回波起伏补偿、快速响应、瞄准误差补偿及控制系统采用倾斜转弯技术等措施,使导弹能攻击机动能力达 11 公斤的目标。而脱靶量达到红外制导导弹的精度。这不仅提高了导弹的命中与杀伤概率,而且使其具有拦截巡航导弹等小型目标的能力。

⑤抗干扰能力强。AIM-120A 原本就有不错的抗干扰能力,在 1990 年 5 月的

一次试射中,在强电子干扰环境下,F-15 战斗机向 4 个飞行靶标连续发射 4 枚导弹,至少有 3 枚命中目标。这之后,导弹经过多次改进,在 A 型基础上改进了 6 个电子模块,采用了新的芯片,以后又重新设计了导引头,改进了软件,从而进一步增强了对作战使用电磁环境的适应性。

⑥AIM-120C 的改进型将具有远程攻击能力。为弥补远程空空导弹的空缺,休斯公司计划对 AIM-120C 做进一步改进,主要是换装涵道式火箭发动机和双模寻的导引头。这一最大改进将可满足海军对远程空空导弹的需求。AIM-120C 空空导弹除美国使用外,将来也可能向拥有 AIM-120A 型导弹的国家扩散。

13.MGM-140 导弹:21 世纪初美国战术地地弹道导弹的主力

1991 年海湾战争期间,美国向伊拉克的地空导弹阵地、C⁴I 设施、加油基地等目标发射了 35 枚 MGM-140 陆军战术导弹(ATACMS),战果卓著。美国国防部指出:陆军战术导弹的反应速度快,A-10 飞机飞行员请求用它攻击某些防空阵地的通知发出后,几分钟内就能做出反应,并将目标彻底摧毁。此种导弹在一次攻击中,击毁了 200 多辆想过桥的无装甲防护的车辆。这使人们认识到地地战术导弹在未来战争中的重大作用。

该导弹于 1986 年正式开始研制,1990 年 11 月开始批生产,1991 年初开始部署。首先装备驻沙特阿拉伯美军。在海湾战争中使用的是 I 型,目前正在研制射程和精度都有提高的几种改进型,其中 I A 型 1999 年交付使用,II 型已经于 2001 年开始装备,II A 型 2003~2004 年交付使用,III 型 2006 年交付使用。这些新型号将构成 21 世纪初美国战术地地弹道导弹的主力。该型导弹的主要特点是:

一是体积小、重量轻、采用箱式发射器、辅助车辆少。导弹长 3.98 米,弹径 0.61 米,发射重量 1670 公斤,采用由 M270 多管火箭发射系统发射箱改装的 2 联装发射器,发射指挥控制设备、跟踪测量设备、电源系统、重新装弹设备以及发射操作人员都安排在一辆发射车上,发射车采用美国 M2 步兵战车的底盘,装有铝合金装甲,可防轻武器和炮弹破片的攻击。再加上大大减少了辅助车辆,便于隐蔽和伪装,因此有利于提高系统的生存能力。

二是配备多种弹头,能有效杀伤不同目标。I 型携带 950 颗 M74 型杀伤/爆破两用子弹药,I A 型携带 275 颗 M74 杀伤/爆破子弹药,用于杀伤人员和摧毁地空导弹阵地、C⁴I 设施等目标;II 型携带 13 枚智能反装甲(BAT)子弹药,II A 型携带 6 枚改进的智能反装甲(IBAT)子弹药,主要对付装甲目标。III 型携带钻地弹头,用于攻击加固的和深地下目标。目前还计划研制攻击机场跑道的弹头。

三是射程较远、精度较高。导弹采用较先进的单级固体火箭发动机和以环形激光陀螺为基础的惯性制导,I 型的弹头重 450 公斤,最大射程 150 公里,命中精度(圆概率误差)50 米,I A 型弹头重量减少至 160 公斤,最大射程增加到 300 公里,由于采用惯性加 GPS(导航卫星全球定位系统)定位复合制导,大大提高了命中精度,圆概率误差降至 15 米以内。目前正在考虑采用增强的固体火箭发动机,使 I A 型和 II A 型的最大射程提高到 400 多公里。

四是机动性好、反应时间短。该导弹系统的发射车可随时在任何情况下,在不需要预先准备的任何地点发射,发射准备时间5~10分钟。

14.R-73导弹:第四代近距格斗空空导弹的"头胞胎"

由苏联温佩尔设计局研制的、西方称之为AA-11"射手"的红外制导近距格斗空空导弹R-73被视为世界上最先进的近程空空导弹。它是世界上第一个进入现役的第四代近距格斗空空导弹。目前已装备在苏-27和米格-29战斗机上。

该弹采用一台固体燃料火箭发动机,双层连杆式战斗部及主动无线电近炸引信。今后20年内,除美国的AIM-9X导弹之外,西方国家还没有能与R-73相抗衡的近距格斗空空导弹。该导弹的突出特点有:

一是首次将推力矢量与空气动力组合控制技术应用于近距空空导弹上。导弹的控制通道增加到五个,其中包括两个喷流偏转舵,从而具有很强的机动能力,能有效地攻击高机动目标。该导弹的鸭式舵用于俯仰和偏航的控制,弹翼上的副翼提供横滚稳定控制,取代了传统的陀螺舵,两个喷流扰流片装置实现推力矢量控制。导弹具有很高的机动跟踪与攻击能力。该导弹能进行40~50公斤的机动,可拦截12公斤机动的目标,攻击范围3~30公里,尤其是迎头瞄准能力极好。

二是具有离轴发射能力,离轴角60°,有利于增强作战效能。在配备有头盔式瞄准具的米格-29、苏-27等新型战斗机上,飞行员能在超出平显仪视场的大范围内快速瞄准跟踪目标,充分发挥导弹所具有的大机动过载、大离轴发射和全向攻击能力。

三是具有后视发射能力,用来防卫载机后方。导弹发射距离为1~12公里,导弹向前发射后再转弯180°与目标遭遇,或者是向后发射。但这两种方式都要在机身的尾舱内安装探测器或雷达,以便对导弹提供告警或提示信号。该导弹的这种能力保护了载机不受尾后攻击。

四是R-73M将取代R-73导弹。在美国具有80°离轴视角的AIM-9X导弹导引头进行初步试验的同时,温佩尔设计局也在R-73的改进型进行飞行试验。21世纪初,所有R-73都已经改成R-73M。与R-73相比,R-73M改进之处在于:R-73M装有一个工作在两个频段上的多元、光伏型导引头,比起原R-73使用的非焦面阵导引头,这种导引头灵敏度提高了2倍。采用了数字信号处理技术,具有全新的红外抗干扰能力。R-73M还能识别曳光弹,其制导系统内包括一种新软件,它可在拦截的最后几秒内反复计算瞄准点,以便击中目标飞机的中部而不是飞机的发动机。改进后的R-73M与美国的AIM-9X导弹具有一样离轴角度。

15.RBS-70导弹:世界第一"骑波"杀手

整个武器系统由3个基本部分组成:发射架、瞄准具和内装导弹的储存/发射筒,全重83公斤,可由3人分别携带,也可由一般越野车运载。作战时只需1名射手,若需快速连续射击,可再配一名装填手。该系统可配用敌我识别装置,还可配用搜索雷达,以增强武器系统对远距离目标的杀伤能力和对付多批目标的能力。

RBS-70 武器系统作战空域大,低空性能好,可尾追或迎面射击目标。1982 年以后弹上又采用新的后向激光制导波束接收器,使其作战范围增大了 30%。该弹激光制导精度高,抗干扰能力强,操作简单。阵地选择灵活,反应时间短。房顶、瞭望塔、山顶等均可部署,兵器展开时间 30 秒,再次装填时间 10 秒。而且维护简单,训练费用低,不需要野外维护。配有模拟练习器,可完成一整套作战训练。

RBS-70 导弹弹体为圆柱形,头部为锥形,尾部有收缩。正常式气动布局,弹翼和舵均按"X"形配置并在同一平面,平时呈折叠状态,导弹飞离发射筒后自动张开,主航发动机喷口设在翼根间,弹体与起飞发动机(即助推器)由锁扣连接。

RBS-70 导弹的动力装置采用 1 台固体主航发动机和 1 台固体起飞发动机,推进剂均为无烟火药,发射后不影响射手视线和激光制导波束。起飞发动机在发射筒内燃烧,导弹以 50 米/秒初速离开发射筒后,起飞发动机脱落。导弹飞离发射筒数米时,主航发动机点火,工作时间 5.5 秒,将导弹加速到约 540 米/秒,然后导弹在激光波束制导下靠惯性飞行。

RBS-70 导弹的制导由瞄准具和弹上制导装置完成,目标指示也可由搜索雷达提供。瞄准具包括:激光波束发射机;可变焦距光学装置;陀螺稳定镜;伺服控制装置及放大 7 倍、视界 90°的瞄准望远镜。携带重量 35 公斤。激光制导波束被调制后通过程序控制的变焦距光学装置,经两次反射后照射目标,并与瞄准线重合。

弹上制导装置包括激光波束接收机和小型计算机,装在弹体后部;接收到的制导信号经计算机处理后变为控制信号,使导弹沿制导波束飞行。在制导过程中,射手应始终将瞄准镜十字线对准目标。当导弹接近目标时,主动式激光近炸引信自动引爆战斗部,摧毁目标,也可事先根据目标情况,人工断开近炸引信而使用触发引信。如射手关闭制导波束,导弹可自行炸毁。

16. S-300PMU1 系统:具有全高度作战能力的中远程防空导弹系统

S-300PMUI 是苏联阿尔玛(Almaz)设计局于 1985~1989 年研制,是 S-300P 防空导弹系统的最新改进型,主要用于对付高性能的空袭飞机,也具有反巡航导弹和一定的反地地战术导弹的能力。北约国家将其称为 SA-10D 地空导弹系统,1992 年在莫斯科航空展览会上首次展出,同年开始装备俄罗斯部队。

S-300PMUI 导弹系统采用新的 48N6 导弹,使用单级固体燃料火箭发动机,指令+半主动雷达寻的制导,143 公斤的破片杀伤弹头。发射后 12 秒内达到最大速度 1900 米/秒,对飞机的有效拦截射程达 150 公里,最大有效射高 27 公里,最低有效拦截高度为 10 米,最小有效拦截射程 3000~5000 米;可对付速度为 2788 米/秒的目标,从而具备了拦截射程为 300~600 公里的弹道导弹的能力,对弹道导弹的有效拦截射程 40 公里。因而是一种具有全高度作战能力的中远程防空导弹系统。

S-300PMUI 导弹系统使用了性能有很大提高的 36N85(又称 30N6E1)车载多功能火控雷达,具有多目标作战能力。该雷达采用新的速度更快的火控计算机,并且更新了软件,有三种扫描方式。其中,1°(俯仰)×90°(方位)扫描,用于捕获低空飞机;13°(俯仰)×64°(方位)扫描,用于捕获中空和高空飞机;10°(俯仰)×32°(方位)扫描,用于捕获弹道导弹。一旦捕获到目标,雷达可能转到 4°(俯仰)×4°(方位)或 2°(俯仰)×2°(方位)的扇形区工作,用于自动跟踪和导弹制导。该雷达能同时制导 12 枚导弹拦截 6 个目标。

该系统采用通行能力很强的轮式车载运,机动性好。由于导弹、雷达和技术保障设备等都安装在改进的 MAZ-543 高机动 8×8 轮汽车底盘上,从而使导弹系统具有高度机动性。一个 S-300PMU1 导弹连有一部雷达车,最多可装备 8 辆发射车。在事先未加准备的阵地上将 S-300PMU1 导弹连部署完毕总共只需 5 分钟。如果是在多林地带和沟壑纵横的地方,雷达天线可以用 19 米高的专门塔架架设起来。

导弹采用垂直发射方式,反应时间短,可同时全方位射击 6 个目标。每个目标可用一枚导弹射击,也可由两枚导弹齐射,发射间隔为 3 秒钟。

一个典型的俄罗斯 S-300PMUl 防空导弹团由一个 86M6 指挥控制系统和 6 个发射连组成。该指挥控制系统包括一个 54K6 指挥所和一部 64N6 三坐标远程监视雷达,指挥所自动控制监视雷达的工作,对监视雷达捕获和跟踪的 100 多个目标,进行分类识别、威胁排序,并将最危险的目标转交给所属的导弹连,指挥所还对团里的电子战分系统进行自动指挥与控制,协调所属导弹连的作战、协调该导弹团与毗邻部队和上级指挥控制中心的行动。86M6 指挥控制系统有两种部署方式,一种是装在 MAZ-543 轮式车底盘上的机动部署方式,另一种是装在可运输的掩体里用于静止阵地的半机动部署方式。一个导弹团用 5 分钟时间就可部署完毕。

17.SS-X-26 导弹:俄罗斯对抗战区导弹防御系统的"尖兵"

1995 年 10 月 25 日,俄罗斯进行了新型地地战术弹道导弹的首次飞行试验,俄罗斯国防部宣布,这是一种替换"飞毛腿 B",供 21 世纪使用的战术弹道导弹。俄罗斯还未公开其正式名称,美国赋予它的代号是 SS-X-26。SS 代表地对地导弹,X 表示处于研制中尚未部署,26 是该类导弹的顺序号。

西方军事评论家推测,SS-X-26 导弹可能采用以下新技术:

一是提高命中精度的先进制导技术。为了使圆概率误差在 30 米以内,制导系统可能采用高精度的惯性平台,GLONASS(全球定位系统)导航定位,雷达区域相关末制导等技术。可能的方案有惯性+GLONASS 复合制导,惯性+雷达区域相关末制导,惯性+GLONASS+主动雷达末制导等。

二是对抗战区导弹防御系统的突防技术。为了对抗 21 世纪的战区导弹防御系统,SS-X-26 导弹将采用隐身措施减少雷达反射截面积和红外信号特征,以降低被发现的概率或缩短被发现的距离;可能采用特殊形式的弹道或末段机动飞行,以躲避防御武器的拦截;散布诱饵等突防装置迷惑防御系统,以提高突防概率。

三是提高杀伤效果的先进弹头技术。SS-X-26 导弹将主要使用常规弹头,为了扩大攻击目标的范围和提高毁伤效果,将有多种弹头选择方案。如反装甲子弹药、燃料空气弹、攻击加固目标和地下目标的钻地弹、攻击机场的子弹药、破坏电子设备的电磁脉冲弹等。

四是提高生存能力的机动、隐蔽和防护技术。SS-X-26 导弹采用车载机动发射方式,运输——起竖——发射车将应用 BAZ-6909 载重汽车的底盘,机动性好,并且具有水陆两用的能力,每辆发射车装载 1 枚导弹和 3 名发射人员,车上有完备的核生化三防设备。

18."爱国者"导弹:刺破青天的神剑

"爱国者"导弹是美国研制的全天候多用途地空战术导弹。用于对付现代装备的高性能飞机,并能在电子干扰环境下击毁近程导弹,拦截战术弹道导弹和潜射巡航导弹。导弹长 5.31 米,弹径 0.41 米,弹重 1 吨,最大飞行速度 6 倍音速,最大射程 80 公里,战斗部为高能炸药破片杀伤型。"爱国者"导弹曾在 1991 年海湾战争中发挥了重要作用。

如果说"战斧"是美军导弹之矛,那么"爱国者"是美军导弹之盾。

"爱国者"扬名于海湾战争中对伊拉克"飞毛腿"导弹的拦截,尽管当时"爱国者"(PAC-2 型)的拦截精度并不像美军吹嘘的那么高,但在实战中已勾勒出美军"以弹击弹"的导弹防御计划轮廓。

"爱国者"导弹目前最高型号为 PAC-3 型,美国近来开发国家导弹防御系统(NMD)的试验即由 PAC-3 完成,成功率约为 50%。美军已开始组建 PAC-3 型导弹营。

海湾战争后,"爱国者"导弹出口量大增,美国在以色列等中东盟国也加紧部署、完善以"爱国者"为主导的防御网。在对伊战争中,"爱国者"的任务就是盯紧萨达姆手中已不多的"飞毛腿"导弹,防止可装生化弹头的"飞毛腿"打中美军和盟国目标。

"爱国者"是美国研制的第三代中远程、中高空地空导弹系统,它的研制始于1967 年,是美国陆军为适应未来复杂的作战环境和不断变化发展的空中突击力量所造成的威胁而提出研制的,1970 年首次进行试验,1982 年制成,1984 开始装备部队并服役,前后历时 17 年,耗资 20 亿美元,"爱国者"防空导弹系统具有全天候、全空域、多用途的作战能力,主要用于取代"奈基"2 型和"霍克"防空导弹,对付现代装备和以后可能使用的高性能飞机,并能在电子干扰环境下击毁各种高度上飞行的近程导弹,拦截战术弹道导弹和潜射巡航导弹。

"爱国者"防空导弹系统由导弹及发射装置、相控阵雷达、作战控制中心和电源等部分组成,全套系统被安装在 4 辆制式卡车和拖车上。导弹弹体呈圆柱形,尖卵形头部,无弹翼,控制尾翼呈十字形配置。其弹长 5.18 米,弹径 0.41 米,弹重约900 公斤。战斗部装有无线电近炸引信,内装 91 公斤高爆炸药,采用破片效应摧毁目标,有效毁伤半径为 20 米。采用单脉冲雷达导引头、模式化的数字式弹上制导设备、惯性加指令加 TVM 制导方式。该导弹采用了高性能的固体火箭发动机,推力达到 13 吨,其最大飞行速度达到 6 马赫,平均速度为 3.7 马赫。导弹对飞机作战时的最大有效射程为 80 公里,对战术弹道导弹作战则为 40 公里;最小射程为 3 公里,最大射高为 24 公里,最小射高为 60 米。

"爱国者"防空导弹是世界上最为先进的防空武器。具有的特点主要有:一是可以全天候作战,打击目标种类多,包括飞机,导弹等。二是武器设备系统少,机动性能好。仅使用一部相控阵雷达就能完成目标的搜索、探测、跟踪识别以及导弹追踪、制导和反电子干扰等多项任务,这样大大地减少了地面设备的配置和人员所需。因此其反应时间只有 15 秒,另外其全部装备所在的 4 辆拖车可以陆地行驶,也可以进行海运和空运。三是作战能力强。可以同时对 100 个目标进行搜索和监视,并制导 8 枚导弹拦截不同方向和高度的目标,可以应对大面积的饱和式攻击。该系统使用复合制导技术,其初段为程序控制,中段为无线电指令制导,末段则为TVM 制导,因此杀伤率极高,对飞机的命中率达到 90%,在海湾战争中对战术导弹的命中率为 75%～80%,从而使"爱国者"成为"飞毛腿"的克星。PAC-2 型战斗部产生 700 块重量为 45 克的碎片,其摧毁"飞毛腿"的动能相当于一辆大卡车以 130公里的时速撞墙。四是很强的抗电子干扰能力。雷达采用了电扫描,方位图有 32种位态,变化多,使敌人难以对抗雷达定位。

19.“标枪”:第三代尖端反坦克导弹的代表

“标枪”是美陆军最先进的中型反坦克武器系统。它采用了当今世界上一系列最先进的技术,能有效的摧毁现装备的和研制中的现代主战坦克,是第三代尖端反坦克导弹的代表。这种掷向敌坦克的“标枪”携带方便,利于机动。

与“龙”式反坦克导弹系统相比,“标枪”反坦克导弹系统有以下几个特点:

一是采用了先进的制导方式,实现了“发射后不管”,作战效能高。“标枪”反坦克导弹采用先进的红外成像制导方式,导弹上有凝视焦面阵红外导引头,内装4096 个由碲镉汞材料制成的探测器,以 64×64 元排列,工作波长为 8～12 微米。导弹在飞行过程中,配有微处理机的多模跟踪器开始执行搜索程序,捕捉目标,然后通过预编程序逻辑进行跟踪,直至命中目标。这种制导方式的优点是导弹分辨能力、识别能力和抗干扰能力强;具有全天候作战能力和不受战场灰尘、烟雾的影响;制导精度高,导弹可自动导引,完全实现了“发射后不管”。

二是具有了软发射能力。“标枪”反坦克导弹采用两级发动机作为动力,第一级发动机燃烧 0.1 秒后,发射管内的推进剂已完全燃尽,并使导弹离筒后先惯性飞行 4～6 米,加速至 15 米/秒较低的速度,然后第二级主发动机点燃,使导弹加速至165 米/秒的速度。这样既降低了导弹发射时的红外和可见光特征,又具有小喷焰、噪声小、排气无毒等软发射特征,从而使“标枪”能从密闭空间或有遮掩的战斗位置发射出去,减小了被敌人发现的机会,从而提高了射手的生存能力。

三是射程远、威力大、操作简便。由于采用了两级发动机作为动力,使得“标枪”射程达到了 2000 米。其战斗部采用先进的串联空心装药战斗部结构,直径为127 毫米,第一级战斗部用于敲开反应装甲,第二级战斗部用于穿透主装甲,由于第一级战斗部位于弹体内,且装药直径较大,因此大大提高了战斗部的破甲效果,从正面攻击时,破甲厚度为 750 毫米。由于采用了先进的制导系统和诸多的先进技术,致使“标枪”发现目标后,射手只需将“目标跟踪框”框住被选定的目标,然后向导弹发出一个锁定命令将目标锁定,导弹就可以发射,因此说射手的操作十分简便。发射后,射手就可以迅速"打一枪换个地方",重新选定目标再发射。"标枪"导弹的发射准备时间少于 30 秒,重新装填时间少于 20 秒。

四是攻击方式多样,作战灵活。"标枪"反坦克导弹可以采用两种攻击方式,即顶部攻击和直接攻击。专敲坦克"天灵盖"的顶部攻击是"标枪"反坦克导弹的常用方式,导弹发射后,数字自动驾驶仪导引导弹迅速上升到云层下 150 米作巡航飞行,至目标上空后以 45°角俯冲攻击目标顶部装甲。这种攻击方式增大了探测目标和攻击目标的范围,并实现了对坦克装甲防护薄弱部位的攻击,给坦克造成了灭顶之灾。此外,顶部攻击方式还可用于攻击直升机、掩体和遮蔽的目标。当目标寻找掩蔽物企图逃脱时,射手可以通过选择开关选择直接攻击方式将目标摧毁。所以,"标枪"反坦克导弹既可以实施传统的直接攻击,又可以敲坦克的"天灵盖",作战灵活。

20 标准导弹:冲上蓝天的鱼鹰

SM 系列导弹又称"标准"系列舰空导弹,是美国海军为取代 RIM-2"小猎犬"和 RIM-24"鞑靼人"舰载防空导弹,于 1963 年开始研制的中远程全天候舰队防空系统。"标准"防空导弹可以攻击中、高空飞机、反舰导弹及巡航导弹,必要时还可攻击水面舰艇。经过几十年不断的改进,"标准"导弹已经发展成拥有数十种型号的庞大家族。不但成为美国海军的主要防空系统,而且还装备在其他十几个国家和地区的 100 多艘舰艇上。另外,美国还在防空型的基础上研制了"标准"空对地反辐射导弹,在 20 世纪 70 年代和 80 年代被美国海军和空军大量装备。

"标准"系列导弹主要分Ⅰ、Ⅱ、Ⅲ型三大系列,每个系列又分为多种型号。最早投入使用的是"标准"Ⅰ系列(SM-1)。目前美国海军主要使用的是"标准"Ⅱ系列(SM-2)。备受关注的"标准"Ⅲ型(SM-3)是正在研制中的一种新型远程防空导弹,是美国海基战区导弹防御系统(TMD)的重要一环。此外,美国海军还在研制"标准"Ⅳ对陆攻击型(SM-4),用于对陆火力支援。

"标准"Ⅱ型是作为美国海军"宙斯盾"防空系统拦截弹,在 SM-1 型的基础上研制的。"阿利伯克"级导弹驱逐舰目前装备的就是这个系列。SM-2 系列采用了惯性中程制导/指令中程修正+半主动雷达自动寻的制导的复合制导体制,由 MK41 垂直发射系统或 MK26 导弹发射器(GMLS)发射,由尾部弹翼控制飞行方向。在飞向目标途中,通过数据链从 MK74"鞑靼人"或 MK76"小猎犬"火控系统向导弹发送目标修正指令,或通过"宙斯盾"舰上的指令制导上传数据链向导弹发送目标指令,直到末端才需要雷达照射。此外,SM-2 导弹采用了先进的单脉冲导引头和数字计算机控制,有效地克服了 SM-1 导弹的缺点,提高了射程、精度和抗干扰能力等。先后装备美国海军的 SM-2 系列有 BlockⅠ、BlockⅡ、BlockⅢ、BlockⅢA、BlockⅢB 以及 BlockⅣ增程型(ER)。

"标准"Ⅲ(SM-3)反弹道导弹。目前雷锡恩公司正在加紧研制的 SM-3 型是美国海基战区导弹防御系统(TMD)的重要一环,用来拦截中、远程弹道导弹。该型沿用 SM-2BlockⅣ型的弹体和发动机;改装了第三级发动机以及加装全球定位/惯性导航系统,拦截方式则采用波音公司研制的"动能拦截弹头"(LEAP)直接撞击目标。美国海军计划在"宙斯盾"舰艇上部署弹道导弹防御系统。截至2004年1月,SM-3已经进行了4次拦截试验。目前,雷锡恩公司已向美军交付了6枚SM-3的改进型BlockⅠ导弹,还将根据合同交付其他5枚或更多。2005年7月,有消息称,美海军与雷锡恩公司签订了一项价值1.241亿美元的合同,旨在生产、测试和向导弹防御局交付追加的SM-3导弹,以满足"宙斯盾"弹道导弹防御系统部署的需求。该合同是改进型SM-3BlockⅠA导弹的第一项生产合同。SM-3BlockⅠA型导弹提高了导弹的可靠性和保障性,同时降低了导弹的成本。SM-3导弹已经从工程研制阶段转换到生产加工阶段,并和SM-2导弹一起在雷锡恩公司导弹系统分公司的军工厂生产,这些军工厂分别位于亚利桑那州的图森市和阿肯色州的卡姆登市。SM-3导弹的动能战斗部将在图森的最新式的拦截器生产工厂进行生产和测试。雷锡恩公司将负责SM-3导弹(包括动能战斗部)的研制和集成工作,公司领导的研制小组包括波音公司、航空喷气系统公司和阿连特技术公司。SM-3导弹还在加利福尼亚州的阿纳海姆市和马里兰州的埃尔克顿市进行研制和生产。

"标准"Ⅳ(SM-4)对陆攻击型,是由SM-2BlockⅡ/Ⅲ型导弹改进而来,装备先进的全球定位制导系统,MK125改进型弹头;同时具有超音速飞行能力。将在美国海军的近海火力支援(NSFS)中扮演重要角色。

21.俄罗斯的潜射弹道导弹:令美国寝食不安

由潜艇发射的潜射弹道导弹,是一种生存力很高的战略核武器。尤其是它具有第二次核打击能力而备受重视。长期以来,苏联大力发展此种洲际导弹,因而拥有世界上数量可观的潜射弹道导弹。在限制核武器谈判范围内,保持60余艘弹道导弹潜艇,共携带949枚左右潜射弹道导弹,另外的15艘则装30余枚潜射弹道导弹。核动力弹道导弹潜艇的主力是D型潜艇(有Ⅰ、Ⅱ、Ⅲ、Ⅳ型)共30余艘(其中有14艘Ⅲ型,每艘携带16枚SS-N-18导弹)。

苏联从20世纪50年代中期开始发展潜射对地的弹道导弹。早期的是内陆军的近程液体战术导弹改进来的,先后研制成了SS-N-4、SS-N-5、SS-N-6、SS-N-8和SS-N-18五种液体推进剂的潜射弹道导弹和SS-N-17、SS-N-20两种固体推进剂的潜射弹道导弹。其中,SS-N-5的最大射程1400公里、SS-N-6Ⅰ型的最大射程2400公里,这两种导弹的射程都不够长,如果想攻击美国本土,则苏联的核潜艇必须穿过西方国家强大的反潜网;但到70年代由于导弹技术进步,射程大幅度增加。如SS-N-18Ⅰ型,其射程可达6500公里。由于潜射弹道导弹的射程如此增长,潜艇能在苏联的近海,甚至港口内就可以发射导弹攻击美国的本土。换句话讲,苏联的核潜艇可以在自己控制的白海、巴伦支海以及鄂霍次克海,便可采取战略的攻击行动。

苏联20世纪80年代装备的SS-N-20潜射弹道导弹,是比较新的导弹,装于水中排水量达29000吨的"台风"级核动力潜艇上。"台风"级核潜艇可载20枚SS-N-20潜射弹道导弹,使用固体推进剂,最大射程高达8300公里。其弹头可能是

6 到 9 个分导式多弹头,每个为 20 万吨爆炸当量,命中误差半径大约 600 米以内。

俄罗斯继承了苏联具有的世界上最庞大的潜射弹道导弹武器库。北海舰队司令部设在面临巴伦支海的车罗莫尔斯夫,部署了约 3 艘"台风"级核潜艇、20 余艘 D 级核潜艇和约 13 艘 Y 级核潜艇。装备了约 570 枚潜射弹道导弹,重点部署于巴伦支海到北极冰面海域;太平洋舰队司令部设于海参崴,部署有约 16 艘 D 级核潜艇及 9 艘 Y 级核潜艇,装备了约 380 枚潜射弹道导弹,部署在被千岛群岛封锁的鄂霍次克海。据英国《国际飞行》杂志 1991 年 11 月 13 至 19 日称,苏联大约有 2800 多个潜射弹道导弹核弹头。俄罗斯潜射弹道导弹在三位一体的战略核力量中的地位将会提高,其中固体推进剂的潜射导弹在整个潜地弹道导弹中的比重也将逐步增大。发展趋势是继续提高潜射导弹的作战能力和生存能力。

俄罗斯如此强大的潜射弹道导弹武器库,加上如此强大的作战性能,自然令以美国为首的西方国家感到极大威胁。

22.反辐射导弹:电子战的"杀手"

这是一个真实的战争场面:某国一个雷达阵地上,空袭警报发出了尖锐的叫声。防空雷达的天线转动着向广阔的天空进行搜索。敌机目标在雷达显示屏幕上一个一个地相继出现,雷达把观测到的目标数据一刻不停地连续送往防空导弹阵地。目标迅速接近。突然,从上空飞来的敌方攻击机发射出导弹,拖着喷烟的导弹刹那间已击中雷达天线。烟雾消散后,呈现在人们眼前的是一堆破烂的天线残骸。雷达操作员的作战室已成为一堆熊熊烈火。雷达的波导管也被炸断。由于雷达被毁,树立在地面上的对空导弹得不到雷达提供的目标数据。没有数据,导弹就不能发射,紧跟而来的是敌方攻击机的彻底轰炸。最后连地面上的防空导弹都被引爆了。在上述战例中,敌方攻击机发射的是一种采用被动式雷达制导的反辐射导弹(又称反雷达导弹),日益成为现代战争中"电子战"中的"杀手"。

携带反辐射导弹的攻击机同时携带能对地面防空系统的电磁辐射进行探测、识别和定位的设备,能精确测定地面雷达与载机之间的距离及相对方位与俯仰角,截获雷达的发射频率、功率、脉冲宽度、脉冲重复周期等参数,由此确定反辐射导弹发射时的前置角及其被动雷达导引头的有关参数,使反辐射导弹一经发射就能利用雷达辐射的电磁波跟踪目标,沿着电磁波的照射方向摧毁地面雷达。反辐射导弹的导引头上装有 4 个方向探测器,分别称为上、下、左、右探测器。只要地面雷达发射的电磁波照射到反辐射导弹上,4 个方向探测器就会立即接收到电磁波信号,通过对 4 个接收信号的比较和处理,就可以确定导弹运动方向与目标指向的偏离角,形成控制信号控制舵机作相应的操作。当 4 个接收信号的强度相等,导弹按原来的指向飞行。若弹偏离目标,则上下方向的探测器或左右方向的探测器接收到的信号强度不相等,产生俯仰或水平误差信号,驱动方向舵转动,控制导弹的姿态和飞行指向,一直到对准目标为止。

由于地面雷达照射波束的扫描或为躲避导弹而有意进行开、关机控制,导弹会暂时或一直丢失雷达信号。在丢失信号的时间内,导弹就以原来得到的目标角度数据为基准,按照已选定的导引规律对目标进行攻击(误差较大),当再次捕获雷达发射的电磁波时,立即对误差进行修正。

第一代反辐射导弹以美国的"百舌鸟"(AGM-45)为代表。"百舌鸟"导弹是美国于1966年在越南战争中正式投入使用的空对地反雷达导弹,用于对付苏制"萨姆"(SAM)地对空导弹。其结构比较简单,沿用空空导弹的弹体、动力装置等主要部件。存在着导引头覆盖的频率范围窄、导引精度低、无记忆功能等主要缺点。

第二代反辐射导弹以美国的"标准"(AGM-78)为代表,与"百舌鸟"相比,它作了如下一些改进:一是频率覆盖范围增大,每种型号能对付不同频率的雷达,只要两种型号就可以对付当时绝大多数不同频率的雷达。二是具有存储记忆装置,能记住目标位置及目标频率,具有一定的对付敌方雷达突然关机的能力,但"标准"导弹的缺点是重量较大,成本过高。

第三代反辐射导弹以美国的"哈姆"(AGM-88A)为代表。"哈姆"导弹克服了上两代导弹的局限性,具有较好的性能。它于1981年研制成功,1982年投产后装备部队。它采用宽带被动雷达导引头,频率覆盖范围为0.8~20吉赫,用一种型号的导引头即可覆盖97%以上的苏联防空雷达的工作频段。能对付敌方雷达使用的频率捷变技术(迅速改变雷达的工作频率)。导引头灵敏度高,能从敌方雷达天线指向的旁边甚至尾部方向攻击敌方雷达,因此,不易被敌方雷达系统发现和识别。它在被动雷达制导的基础上采用了一种被称为"捷联惯导"的新技术。具有记忆功能,在敌方雷达系统突然关机时,仍有较高的命中率。并采用了被称为"可编程"的信号处理技术,能随时修改程序对新的辐射源进行攻击。"哈姆"导弹速度高,射程远达4000米。"哈姆"等第三代反辐射导弹在海湾战争中发挥了重要作用。仅1991年1月17日这一天,多国部队发射了200多枚反辐射导弹,摧毁了伊拉克的大部分雷达。

第四代反辐射导弹以美国的"默虹"为代表。"默虹"类似于巡航导弹,在探测到雷达信号之前,它按预定航线飞行,只要对方雷达开机,就能够立即对其实施攻击。如果对方雷达关机,它可以升空盘旋,等待对方雷达开机或寻找和攻击新的辐射源。

23.飞毛腿导弹:海湾战争中大显身手

地球上的弹道导弹,飞毛腿导弹可算是大明星,家喻户晓。一是它的明星效应,飞毛腿可能是除了纳粹德国V2导弹以外,实战应用和发射数量最多的,尤其是海湾战争中CNN的实况转播,更令这导弹为全世界人民所熟知。二是这种武器对一些国家间战略博弈影响之大,美国这些年对于导弹技术扩散的围堵,很多都是冲着飞毛腿来的。三是这种导弹扩散范围之广,大概是有史以来装备国家最多,以其为基础研制仿制产品最多的战术弹道导弹。

飞毛腿地对地战役战术导弹是第二次世界大战后,苏联以德国V2火箭为原型开始研制的一种战术导弹。苏联叫作P-17型战役战术导弹,系统代号8K14,北约绰号为"飞毛腿"，美国命名为 SS-1 型导弹。8K14 型首次出现在 1957 年的莫斯科红场阅兵式上，发射车使用由 HCY-152K 自行火炮改装而成的 2Π19 履带式底盘。

P-17M 导弹是苏联 20 世纪 50 年代末至 60 年代中期研制的，是 8K14 战术导弹的改进型，系统代号 9K72，北约绰号"飞毛腿 B"，1965 年也是在红场阅兵式上公开露面，其发射车已由履带车改为轮式车，发射车型号 9Π117，用玛斯 543（MA3-543）

飞毛腿导弹

8×8 越野车改装而成，在部队中，根据射程而习惯称呼为 P-300 导弹。这种习惯我军也有，譬如著名的 300 毫米龙卷风火箭炮，我国引进以后，通常习惯称呼为 70 公里远程火箭炮。

P-17/P-17M 地对地战役战术导弹系统（北约国家命名为飞毛腿），是方面军（集团军）战役中使用战术核武器和远程打击的基本工具。该导弹主要用于攻击敌方战役纵深内高价值目标，消灭敌核袭击兵器，摧毁敌主要军事集团，实施远程核化学以及常规火力突击，杀伤破坏的主要目标是：敌方战役战术核兵器、机场航空兵、特种武器仓库、重兵集团、战役军团指挥所、铁路枢纽、后勤保障基地等等。

飞毛腿导弹通常装备在苏联和俄军的战役战术火箭旅，每个旅装备发射车 18 辆，每个发射车配备两辆储运车，共导弹 4 枚，全旅共有 72 枚导弹。除俄军以外，曾装备过飞毛腿导弹的国家有东欧诸国、埃及、伊拉克、利比亚、叙利亚、朝鲜、伊朗等国。根据已解密的苏联部长会议记录，直到 20 世纪 80 年代末期 90 年代初期还在生产。

伊拉克在 20 世纪 70 年代从苏联购买了飞毛腿 B 型导弹。1974 年以后伊拉克先后购买了大约 20 至 36 套飞毛腿 B 型的发射具和数量不详的导弹，据悉伊拉克从国外总共购买了约 819 枚飞毛腿导弹。

伊拉克在引进飞毛腿导弹基础上研制了自己的型号，即"侯赛因"导弹，其射程进增至 600 公里，但精度有所下降，一般报道它的圆公算偏差范围为 300 米，实际上在战场上使用时偏差达到 1000 米以上。

除了伊拉克以外，埃及、叙利亚、利比亚等国也都拥有了这种武器。第四次中东战争的最后一天，埃及曾发射 3 枚飞毛腿导弹攻击以色列结果都未命中。两伊战争中，伊拉克和伊朗相互发射大量飞毛腿导弹，攻击对方的重要城市，就是军史有名的"袭城战"，这也是"二战"后在局部战争中动用地地弹道导弹数量最多、持续时间最长、作战效果最大、影响最为深远的一次。

20 世纪 90 年代开始，俄罗斯根据海湾战争实战使用的经验教训和国际形势发展的需要，对飞毛腿 B 型导弹进行重大改进，制成性能更好的飞毛腿 C 型导弹。外形尺寸基本相同,但战斗部重量从1吨减轻到600公斤。火箭发动机增大了功率,最大射程增大到550公里,采用分离式战斗部,可保持较高的稳定性,从而可以提高命中精度。除俄罗斯外,朝鲜也对这种导弹进行了试验,并已投入生产,曾通过伊朗向叙利亚交付了12辆导弹运输/发射车和60枚C型导弹,并且帮助叙利亚筹建了一条导弹生产线。朝鲜目前拥有飞毛腿B型导弹120枚,C型导弹180枚。

飞毛腿导弹在俄军中的最后一次实战应该是在车臣战争中,配合远程炮兵作战,发射了若干飞毛腿B型导弹,按现代标准看,此导弹技术早已落后,在俄军中数量越来越少,已经接近退役状态,现在俄军的主力战役战术导弹是9K79金龟子,而今后都将被新一代战术导弹伊斯坎德尔所取代。

在很多第三世界国家自主研制的导弹中,都能找到类似飞毛腿的特征,譬如朝鲜、伊拉克、伊朗、巴基斯坦等国,这些国家自行研制导弹的时候,似乎往往以飞毛腿为基础直接拉长来提高射程。结果弄得大多数导弹都像铅笔一样细长,印度自行研制的导弹也是一样。造成这种结果的原因,有人认为这些国家或者是没认识到震动问题,或者是没解决同步问题。近程导弹用单台发动机做一级没有大问题,但是远射程就必须多台机,否则只好细长,还要把弹头做得小小的。包括美国陆军战术导弹和俄罗斯圆点导弹,都是固体机,都是短粗的。飞毛腿是液体机,就细长。导弹多台发动机同步工作,就要求工艺和材料上有高度的一致性,这个就是工业化。所以,第三世界国家手工作坊可以做出一发两发短程小弹,但到中程就勉强了,中远程更没戏。

24.高超音速巡航导弹:当之无愧的"空中超级杀手"

所谓高超音速,一般指速度大于5马赫。高超音速导弹可在远程防空导弹射程外发射,这样的空袭,除了弹药的消耗,人员和装备的损失系数可以降到最低。目前有能力研制高超音速巡航导弹的国家主要是美国、俄罗斯、英国等军事技术十分发达的国家,而且各国的研制计划都是在极度机密的情况下进行。据有关资料透露,美国非常重视高超音速巡航导弹的发展,海军、空军和国防高级研究计划局都制订了相应的发展计划。

1998年9月,美国海军提出要发展马赫数为6的高超音速巡航导弹,并拿出一个高速打击导弹计划,希望研制一种平均速度为6马赫、最大速度可达8马赫、射程达960公里的导弹,以便为海军提供快速打击远距离目标的能力。约翰霍普金斯大学为其提供高超音速推进技术,据该大学负责先进飞行器技术计划的主任怀特说,借助于实验室在吸气式和冲压发动机方面的经验,将足以能制造出用于进行试验的导弹模型,2001年可进行全尺寸风洞试验。与海军的计划相比美国空军的高超音速巡航导弹计划显得有些遥远。美国空军的"跳起"计划提出研制速度达8马赫的高超音速巡航导弹。目前,"跳起"计划研究的并不是一种具体的高超音速巡航导弹,而主要是进行技术储备,研制的重点是先进的高能、高密度燃料。

虽然目前还没有哪个国家研制出了高超音速巡航导弹,但可以看到未来高超音速巡航导弹的雏形将是:飞行速度大于6马赫,采用高能、高密度的吸热型碳氢燃料,超燃冲压发动机,惯性+全球定位系统复合制导,射程大于 1000 公里,命中精度在 15 米以内,导弹的出厂单价不高于 100 万美元,可以在战斗机、战略轰炸机、水面战舰的垂直发射系统或潜艇上发射,用于攻击机动导弹发射车、地下指挥中心等目标。

25.龙式反坦克导弹:被称作"近距离反坦克能手"

M74 龙式反坦克导弹,研制于 1964 年,1974 年装备于美国陆军,属于第二代轻型反坦克兵器。龙式单兵便携式反坦克导弹系统由跟踪器、发射器和反坦克导弹三部分构成。红外光学跟踪器装在发射器上,用于跟踪目标并可以重复使用。反坦克导弹放在发射器内,这种无后坐力的发射器兼作包装容器,士兵可以采用肩射方式。龙式反坦克导弹采用的是由 60 个侧向小型固体燃料发动机组成的组合式发动机,发射时,发射器内的气体发生器首先将导弹抛出,随后 60 个侧向小型固体燃料发动机成对地点燃,一方面可保持导弹持续飞行,另一方面提供导弹所需的矢量推力以保证导弹始终对准目标。龙式反坦克导弹采用的制导方式是目视瞄准、红外自动跟踪、有线传输指令。目前,龙式反坦克导弹有 3 种型号:

龙Ⅰ型反坦克导弹弹长 744 毫米,弹径 114 毫米。发射筒长 1150 毫米,弹重 14 公斤(带有日间瞄准仪)至 20.7 公斤(带夜间瞄准仪),其中聚能破甲战斗部重为 2.4 公斤,由高密度的奥克托尔炸药、紫铜药型罩、压电引信及保险解脱装置组成。该型导弹射程为 65~1000 米,导弹起飞速度 80 米/秒,最大飞行速度 127 米/秒,飞行 1000 米所需时间为 11.2 秒,战斗部可有效地侵彻 500 毫米厚的钢甲,射速为 3~4 发/分。该导弹命中率较高,对活动目标为 50%,对静止目标达 80%。其主要缺点是射程近,威力不足,难以适应现代作战的需要。

龙Ⅱ型反坦克导弹是在龙Ⅰ型基础上进行改进的,70 年代中后期即着手进行。龙Ⅱ导弹长为 846 毫米,弹径增大为 122 毫米,弹重为 15.4 公斤(带日间瞄准仪)至 22.1 公斤(带夜间瞄准仪),其中聚能破甲战斗部重为 3.25 公斤,装 1.63 公斤奥克托尔炸药,药型罩采用喇叭形冷锻铜,炸高近 260 毫米,破甲厚度可以达到 890 毫米。龙Ⅱ型导弹射程为 65~1000 米,飞行 1000 米需 11.4 秒,命中率与龙Ⅰ型导弹相似。

龙Ⅲ型导弹是 80 年代后期开始研制的龙式导弹的最新型号,被称之为"超龙",弹长 852 毫米,弹重 17.9 公斤(带日间瞄准仪)至 24.5 公斤(带夜间瞄准仪)。加装续航发动机后,其射程为 65~2000 米。导弹的飞行速度加快,飞行 1000 米需 6.2 秒,飞行 1500 米需 8.6 秒,飞行 2000 米时间不到 11 秒,反应能力提高。同时,导弹的空气动力特性得到改进,减小了导弹发射时的战场特征信号,射手的生存能力得到加强。龙Ⅲ型导弹的战斗部使用了一块先炸装药,装在战斗部鼻锥炸高棒的顶头处,对轧制均质装甲的侵彻能力达到 950 毫米,同时能有效地对付反应装甲。龙Ⅲ型导弹的跟踪仪采用了数字电子装置,取代了光电装置,大大提高了命中精度,对静止目标命中率达到 91%。

龙式导弹的装备部队及主战坦克防护能力的不断提高,美军认为,作为步兵便携式武器的火箭筒,主要任务是对付轻型装甲目标,反坦克任务应由反坦克导弹承担。因此,龙式反坦克导弹剥夺了 M72 火箭筒反坦克地位,成为美国陆军和海军陆战队士兵手中重要的反坦克武器。这种导弹还在 20 个国家中被广泛使用,成为世界上公认的"近距离反坦克能手"。当然,由于坦克突击性能的提高,特别是这位昔日的"神龙"存在着射程较近、威力不足、易暴露被探测干扰、易遭火力反击等诸多缺陷,美陆军已决定生产新的轻型反坦克导弹取代 M74 龙式,往日的"巨星"现已失去了昔日的风采。

26.陶式反坦克导弹:陆战之王的克星

陶式反坦克导弹,是美国休斯飞机公司研制和生产的第二代反坦克导弹。该导弹采用了目视瞄准,红外自动跟踪,有线传输指令的制导方式,是一种管式发射的重型反坦克导弹。

1991 年,在海湾战争中,AH-1 和"山猫"攻击直升机共发射陶式导弹 600 枚,击毁伊军装甲目标 450 多个,表现非凡。

从装备之日起,为对付采用了新装甲技术的主战坦克,陶式导弹不断改进,出现了一系列型号,性能不断完善提高,始终保持着较强的作战能力,被誉为"不断改进的典范"。截至 1993 年,陶式导弹总产量已经达到 55 万枚,除装备美陆军和海军陆战队外,该导弹还在英、德、日等 40 多个国家和地区"安家落户",成为世界上生产量最大,服役期最长,装备国家(地区)最多的一种反坦克导弹,是西方世界"第一反坦克导弹",是美陆军的重要反坦克兵器。

1970 年,苏联先后装备了属于第三代的 T-64、T-72 主战坦克,这两种型号坦克的车体前装甲均采用了复合装甲,抗破甲弹的能力达到 700 毫米以上,使得美陆军的基本型陶式反坦克导弹的破甲威力受到严峻的挑战。为此,美军于 1978 年开始研制改进型陶式反坦克导弹,也称 C 型陶式导弹,于 1981 年进入现役。改进后的陶式反坦克导弹发射重量达到 25.7 公斤,破甲威力从 600 毫米提高到 800 毫米。

1978 年,苏联又开始大批量生产新型的第三代主战坦克 T-80,其车体前装甲采用了四层复合装甲,厚度达到 231 毫米,抗破甲弹能力达到 800 毫米以上。面对苏联这种咄咄逼人的气势,美国从 1979 年起着手对陶式导弹进行全面的改进,改进后的导弹命名为陶 2 导弹,也称 D 型。这种陶 2 导弹采用了热成像瞄准具,改善了制导性能,破甲厚度达到 1030 毫米,目前被广泛使用。

由于新的爆炸式反应装甲可使导弹的破甲威力损失 30%,使陶式反坦克导弹又遇到了新的挑战。为此,美军又在陶 2 式导弹基础上进行新的改进。1987 年列装了改进后的陶 2A 反坦克导弹,也称 E 型陶式导弹,基本结构与陶 2 导弹相同。其特点是成功地采用了两级串联式空心装药结构,第一级空心装药被称之为前置战斗部,当命中目标时,第一级装药引爆,产生的金属射流引爆爆炸式反应装甲。第二级空心装药被称之为后置战斗部,当爆炸反应装甲被清除后,直接作用于主装甲,从而击毁坦克。海湾战争中,陶 2A 与陶 2 导弹一起发挥了很好的作用。美海军陆战队用车载的陶 2A 与陶 2 导弹,从 1200~3000 米的距离上发射了 110~120

枚导弹,93枚命中并击毁目标。

为了对付装有防护能力更强的第二代反应装甲的新型主战坦克,美陆军于1987年9月开始研制陶2B反坦克导弹,1992年底该反坦克导弹进入现役。陶2B导弹实现了避强击弱,即避前打顶,其主要特点有三个:一是改进发射制导软件,附有预加指令,使导弹发射后能立即爬升并保持在瞄准线上方1米高度处以掠飞弹道方式飞行。二是采用了自锻破片战斗部,这种战斗部实际上是一种聚能装药和自锻破片相结合的复合型战斗部,其装药端为凹球面,并有一个与此相对应的圆盘形金属药罩,当装药爆炸时,高温、高压会把该药罩挤压成"飞镖状"破片,靠巨大的动能击穿装甲。陶2B两个自锻破片装药之间有微小的夹角,可同时而又独立地攻击坦克。不仅提高了导弹对目标的命中率和毁歼率,而且前级装药还可用于击穿或引爆爆炸反应装甲,以利于后级装药直接穿透坦克装甲。三是战斗部内装的两个自锻破片装药,有向下发火的功能,当导弹飞到目标上方时用双模敏感器中的近炸引信引爆装药,向下攻击坦克顶装甲。

十一、核生化武器

(一)核武器:"达摩克利斯"之剑

煤、石油等矿物燃料燃烧时释放的能量,来自碳、氢、氧、氮的化合反应。一般化学炸药如梯恩梯(TNT)爆炸时释放的能量,来自化合物的分解反应。在这些化学反应里,碳、氢、氧、氮等原子核都没有变化,只是各个原子之间的组合状态有了变化。核反应与化学反应则不一样。在核裂变或核聚变反应里,参与反应的原子核都转变成其他原子核,原子也发生了变化。因此,人们习惯上称这类武器为原子武器。但实质上是原子核的反应与转变,所以称核武器更为确切。

核武器爆炸时释放的能量,比只装化学炸药的常规武器要大得多。例如,1公斤铀全部裂变释放的能量约8×10^{13}焦耳,比1公斤梯恩梯炸药爆炸释放的能量4.19×10^6焦耳约大2000万倍。因此,核武器爆炸释放的总能量,即其威力的大小,常用释放相同能量的梯恩梯炸药量来表示,称为梯恩梯当量。美、苏等国装备的各种核武器的梯恩梯当量,小的仅1000吨,甚至更低;大的达1000万吨,甚至更高。

核武器爆炸,不仅释放的能量巨大,而且核反应过程非常迅速,微秒级的时间内即可完成。因此,在核武器爆炸周围不大的范围内形成极高的温度,加热并压缩周围空气使之急速膨胀,产生高压冲击波。地面和空中核爆炸,还会在周围空气中形成火球,发出很强的光辐射。核反应还产生各种射线和放射性物质碎片;向外辐射的强脉冲射线与周围物质相互作用,造成电流的增长和消失过程,其结果又产生电磁脉冲。这些不同于化学炸药爆炸的特征,使核武器具备特有的强冲击波、光辐射、早期核辐射、放射性沾染和核电磁脉冲等杀伤破坏作用。核武器的出现,对现代战争的战略战术产生了重大影响。

核武器系统,一般由核战斗部、投射工具和指挥控制系统等部分构成,核战斗部是其主要构成部分。核战斗部亦称核弹头,并常与核装置、核武器这两个名称相互代替使用。实际上,核装置是指核装料、其他材料、起爆炸药与雷管等组合成的整体,可用于核试验,但通常还不能用作可靠的武器;核武器则指包括核战斗部在内的整个核武器系统。

核武器包括氢弹、原子弹、中子弹、三相弹、反物质弹等与核反应有关系的杀伤武器。

第一代:原子弹:以重核铀或钚裂变的核弹。原子弹的原理是核裂变链式反应——由中子轰击铀-235或钚-239,使其原子核裂开产生能量,包括冲击波、瞬间核辐射、电磁脉冲干扰、核污染、光辐射等杀伤作用。

第二代:氢弹(一般指二相弹):氢弹是核裂变加核聚变——由原子弹引爆氢弹,原子弹放出来的高能中子与氘化锂反应生成氚,氘和氚聚合产生能量。氢弹爆炸实际上是两次核反应(重核裂变和轻核聚变),两颗核弹爆炸(原子弹和氢弹),所以说氢弹的威力比原子弹要更加强大。如装载同样多的核燃料,氢弹的威力是原子弹的4倍以上。当然,不能用大当量的原子弹与小当量的氢弹来比较。一般原子弹当量相当于几千到几万吨TNT,二相弹可能达到几千万吨TNT当量。

世界上最大的一次核爆炸是苏联于1961年10月30日在新地岛进行的热核氢弹爆炸,当量5000万吨(原定10000万吨),爆炸威力的半径700公里,总覆盖面积为8.26万平方公里。核爆炸后,4000公里内的飞机、导弹、雷达、通信等设备全部受到不同程度的影响。由于太恐怖,对环境破坏太严重,威力过度,没有意义,以后再无如此疯狂试验。

氢铀弹又称三相弹,是核裂变-核聚变-核裂变,它是在氢弹的外层又加一层可裂变的铀-238,破坏力和杀伤力更大,污染也更加严重,即为"脏弹"。也属于第二代核武器。

第三代:中子弹(增强辐射弹):以氘和氚聚变原理制作,以高能中子为主要杀伤力的核弹。中子弹是一种特殊类型的小型氢弹,是核裂变加核聚变,但不是用原子弹引爆,而是用内部的中子源轰击钚-239产生裂变,裂变产生的高能中子和高温促使氘氚混合物聚变。它的特点是:中子能量高、数量多、当量小。如果当量大,就类似氢弹了,冲击波和辐射也会剧增,就失去了"只杀伤人员而不摧毁装备、建筑,不造成大面积污染的目的",也失去了小巧玲珑的特点。中子弹最适合杀灭坦克、碉堡、地下指挥部里的有生力量。

威力排序:氢铀弹>氢弹>中子弹>原子弹;

辐射排序:中子弹>氢铀弹>氢弹>原子弹;

污染排序:氢铀弹>氢弹>原子弹>中子弹。

第四代:即核定向能武器:正在研制中,因为这些核弹不产生剩余核辐射,因此可作为"常规武器"使用,主要种类有:

反物质弹、粒子束武器、激光引爆核炸弹、干净的聚变弹、同质异能素武器等。

第四代的另一特点是突出某一种效果,如突出电磁效应的电磁脉冲弹,使通信信号混乱。它可以使高能激光束、粒子束、电磁脉冲等离子体定向发射,有选择地攻击目标,单项能量更集中,有可控制的特殊杀伤破坏作用。

目前得到国际社会认可的有核国家是美国、俄罗斯、英国、法国和中国,5国的核地位是在特定历史条件下形成的。

冷战刚结束,白俄罗斯、乌克兰、哈萨克斯坦、南非等一批国家都主动放弃现有核武器及核武器发展计划,成为无核国家。

一些没有核武器的国家千方百计谋求核武器,成为"核门槛"国家。印度、巴基斯坦进行了核爆炸试验。以色列和日本虽未公开进行核爆试验,但以色列是公认的具有核武器的国家,而日本则完全具备生产核武器的技术条件。此外,在美国的压力下,利比亚放弃了核计划,把相关资料和离心机运往美国。

除了"核门槛"国家,谋求核武器的还有各种恐怖组织。

美国:第一个试爆核武器

美国是世界上第一个试爆核武器的国家,也是唯一一个将核武器应用于实战的国家。1945年8月,美军派出2架B-29战略轰炸机,分别在日本广岛与长崎投下原子弹,瞬间造成数十万人伤亡。

美国拥有1.06万件核武器,是世界上拥有核武器数量最多的国家,平均每年要花费大约46亿美元来维持其核武库。美国的核武器有7000至8000件处于实战部署状态,其中有6480枚战略核弹头。

俄罗斯:核武数量一度超越美国

苏联是继美国之后第二个掌握核武技术的国家,于1949年首次试爆。冷战期间,苏联核武数量一度超越美国,并在战略洲际核导弹与战略核潜艇的技术上处于领先地位。苏联解体后,俄罗斯虽经费捉襟见肘,但不放松对核武的投入,其新研制的"白杨-M"核导弹号称能击穿任何防御系统。

俄罗斯曾有已掌握远程战略巡航导弹技术的消息。这种导弹可由战略轰炸机搭载,对数千公里外的目标实施精确打击。俄方说,这打破了美国在这一先进武器上的垄断地位。

英国:第三个爆炸氢弹并具有核作战能力

1952年10月3日,英国第一颗原子弹在澳大利亚蒙特贝洛沿海的船上试爆成功,成为世界上第三个拥有核武器的国家。1956年,英国在空军装备原子弹。3年后又爆炸了氢弹,成为世界上第三个爆炸氢弹并具有核作战能力的国家。

法国:把核导弹瞄准"流氓国家"

1960年2月13日,法国在非洲西部撒哈拉大沙漠赖加奈的一座100米的高塔上爆炸成功了第一颗原子弹。这颗原子弹获得了6万吨当量的核裂变能量。法国因此而成为世界上第四个拥有核武器的国家。1962年6月,法国政府又提出耗资达300多亿法郎的"军事装备计划法案",其中60多亿法郎用来建立核威慑力量。法国很快便建立起了由陆基导弹、潜艇导弹、飞机携带的核导弹所组成的三位一体的独立核力量。

法国《解放报》透露,法国已对其核战略进行了具有历史性的调整,准备把核导弹瞄准拥有大规模杀伤性武器的所谓"流氓国家"。

中国:不对无核武器国家使用核武器

自 1964 年中国首次试爆原子弹,数十年来,中国的核武技术水准与世界领先水平的差距要远远小于常规武器与世界的差距。目前中国具有与美、俄一样的空、地、潜全方位投射打击能力。

中国坚持走和平发展道路,不参加军事同盟和军备竞赛。中国主张全面禁止和彻底销毁核武器。中国明确承诺不对无核武器国家和地区使用或威胁使用核武器,也不会改变这一政策。

印度:拥有核武器已是众所周知

印度于 1998 年进行了数次地下核试验,之后宣称拥有核武器,外界估计其约有 100 枚左右射程在 4000 公里的核导弹。

以色列:对是否有核武器采取回避态度

世界上媒体一再报道说以色列是继中国以后第六个拥有核武器的国家,但以色列一直保持沉默。虽然以色列研制核武器一直秘而不宣,但是,从 20 世纪 50 年代后期起以色列的核武器计划就已经开始起步了,20 世纪到 60 年代进入了正式研制阶段,并窃取到原子弹的核材料浓缩铀,80 年代被叛逃的本国技术人员泄露出去,才真相大白。

朝鲜:分别在 2006 年 10 月 9 日和 2009 年 5 月 25 日成功进行核试验

朝鲜官方通讯社称,朝鲜成功进行了首次核武试验。另据韩联社报道,韩国政府有关人士同一天透露,接到朝鲜于当天上午进行核试验的情报,目前在观察。

朝鲜中央通讯社称,"这次核试验是一个历史性事件,为我们的军队和人民带来了幸福欢乐"。

2009 年 5 月 25 日,朝鲜不顾各国反对,仅在 1 个小时前通知其他国家自己将进行一次地下核试验,试验目的是增强朝鲜自卫核威慑能力。受到各国强烈反对。

(二)化学武器:穷国的"原子弹"

化学武器是指利用化学物质的毒性以杀伤有生力量的各种武器和器材的总称,由三部分组成:一是以其直接毒害作用干扰和破坏人体的正常生理功能,造成人员失能、永久伤害或死亡的毒剂;二是装填并把它分散成战斗状态的化学弹药或装置,如钢瓶、毒烟罐、气浓胶发生器、各种炮弹、炸弹、航弹、火箭弹及导弹等;三是用以把化学弹药或装置投送到目标区的发射系统或运载工具,如火炮、飞机、火箭等。

化学武器是一种大规模杀伤性武器。与常规武器相比,它有以下特点:

1.杀伤范围广、扩散速度快、威力大。据统计,作战使用 5 吨神经性毒剂沙林(GB),其杀伤范围可达 260 平方公里,与一枚当量为 2000 万吨的热核武器相当。

2.杀伤途径多。毒剂一般以气溶胶、液滴形式使用,可通过皮肤、呼吸道、伤口直接杀伤人、畜，也可经由水、食物间接造成伤害。多数爆炸型化学弹药还有破片杀伤作用。

3.持续作用时间长。杀伤作用可延续几分钟、几小时，甚至几天、几十天。

4.种类多，可根据需要选择使用，达到不同的战略、战役企图和战术效果。例如，进攻时使用非持久性速杀毒剂，可造成敌军在数秒至数十秒内死亡、瘫痪、暂时或永久丧失战斗力；防御时使用持久性毒剂。

5.只杀伤人员和生物，不破坏武器装备和军事设施。一般装备经洗涤和消毒后仍可使用。

6.与核武器相比，研制生产化学武器所需的技术水平、设备及经费均大大降低。

7.受气象、地形条件影响较大。大风、大雨、大雪和近地层空气的对流，都会严重削弱毒剂的杀伤效果，风向等还可能造成毒剂对己方人员的危害。

军用毒剂是化学武器的基本组成部分，按毒理作用分为6类：

1.神经性毒剂。神经性毒剂是破坏人体神经的一类毒剂。在现有毒剂中它们的毒性最高，主要有沙林、棱曼和维埃克斯。神经性毒剂进入人体后，迅速破坏神经，产生胸闷、瞳孔缩小、视力模糊、流口水、多汗、肌肉跳动等症状，严重时出现呼吸困难、大小便失禁，甚至抽筋而死。

2.糜烂性毒剂。引起皮肤起泡糜烂的一类毒剂叫糜烂性毒剂。主要有芥子气。吸入芥子气后，在短时间内立即出现支气管炎、流鼻涕、咳嗽，严重时呕吐、便血，甚至死亡。眼睛接触到芥子气时，会引起炎症，严重时失明。

3.窒息性毒剂。损伤肺组织，引起水肿使人窒息而死的毒剂叫作窒息性毒剂。主要有光气。光气中毒时，人首先感到强烈刺激，然后产生肺水肿窒息而死。光气中毒有4~12小时的潜伏期。

4.全身中毒性毒剂。破坏人体细胞的功能，引起窒息死亡的一类毒剂叫作全身中毒性毒剂。这类毒剂包括氢氰酸和氯化氰。这两种毒剂极易使空气染毒，经过呼吸道进入人体，使人中毒。中毒后，舌尖麻木、严重时很快感到胸闷、呼吸困难、瞳孔放大、强烈抽筋而死。

5.刺激性毒剂。对呼吸道和皮肤有强烈刺激的一类毒剂属于刺激性毒剂。这类毒剂包括苯氯乙酮和希埃斯等，中毒后立即流泪、打喷嚏、皮肤发痒。

6.失能性毒剂。使人精神失常、四肢瘫痪的毒剂叫失能性毒剂。主要有华兹。华兹中毒后，人产生幻觉，判断力和注意力减退，出现狂躁、激动、口干、皮肤潮红等症状。

当我们通过"听、嗅、看、侦"初步确定敌人施放化学武器后，就应该立即对化学武器进行防护。针对其杀伤途径，采取防护措施，以避免或减少伤害。那么，迅速、正确、有效的防护应该是怎样的呢？

1.个人防护的原则和方法。对化学武器防护最根本的原则，应是阻隔毒剂侵入人体的多种途径，并紧急撤离染毒区救治。

个人防护主要包括：①呼吸道防护。配有面具的人员应立即闭眼、停止呼吸，将面具迅速、准确地戴好,在睁眼前要呼一口气;没有防毒面具的人员可使用事先自制的浸水、浸碱和包土颗粒的口罩、纱布、毛巾、手帕等简易器材防护呼吸道。这对防护任何一种毒剂的侵袭都是至关重要的。②皮肤防护。除了穿戴制式防毒衣外,还可利用就便器材进行防护,如需要通过染毒地域时,可利用雨靴对腿部进行防护,也可捆扎塑料布、帆布或毯子进行防护。若要通过染毒树林,可利用雨衣、油布等隔绝材料对全身进行防护。这对神经性毒剂和糜烂性毒剂的侵袭防护尤为重要。③眼睛防护。在没有面具的情况下,可用自制简易防毒眼镜、改制的防风眼镜等对眼睛进行防护。这对防护任何一种毒剂的侵袭都是必需的。在采取了上述防护措施后,应尽快朝迎风方向走,避开洼地、丛林,离开染毒区。

2.集体防护的方法。在政府有关部门的组织下,应该参与如下行动:①撤离。组织染毒区人员进入人防工程进行防护。集体防护工程种类很多,如地道、掩蔽部、地下室等,或迅速组织撤离至安全区,安全区一般在逆风方向的高处。②消毒。先用棉花和干净土块吸去皮肤上的毒剂液滴(吸擦时应防止染毒面积扩大),然后用专用的消毒药液擦拭消毒。没有专用消毒液时,也可用小苏打、肥皂水或大量清洁水冲洗。消毒越及时,效果越好。在紧急情况下,可用大量清水或2%的小苏打水冲洗眼、鼻、口。此外,还必须组织人员对服装、水、食物、道路、建筑物进行消毒。③急救。对中毒人员应按"先自救,后互救"的原则,根据中毒情况采取不同的救护措施,将中毒人员撤离现场,放置在能吸入新鲜空气的区域。保持中毒人员的安静、温暖。如有昏迷不醒的应该注射强心剂,不可用人工呼吸法,要及时护送到医院急救。

3.简易防护。当遭到化学武器的突然袭击,在没有制式防护器材的情况下,因地制宜,利用现有器材,如口罩、湿毛巾、眼镜、手套等进行简易防护。

(三)生物武器:少量病毒粉等于百万吨氢弹

生物武器是大规模杀伤性武器之一,它靠散布生物战剂制造"人工瘟疫",使对方军队、居民、牲畜以及农作物受到感染,引起人、畜疾病流行或死亡,农作物遭受损失,从而削弱对方战斗力,破坏战争潜力。由于以往主要使用致病性细菌作为战剂,通常称为细菌武器。随着科学技术的发展,目前生物战剂已远远超出细菌的范畴,所以,称为生物武器。

自然界能够引起人、畜和植物致病的微生物种类很多,但可作为生物战剂使用的致病微生物,必须具有以下条件:(1)在生产,储存,运输和施放过程中能较稳定地保持其致病能力;(2)能在短时间内大规模生产,生产设备简易,成本较低;(3)具有很强的致病力,大多数能借多种媒介传播流行;(4)预防,诊断和治疗较为困难,而使用一方具有保护己方军队和居民的有效手段。

生物武器具有区别于核武器,化学武器和常规武器的杀伤特点:

(1)致病力强,可造成失能或死亡。生物战剂的致病方法,少量战剂用于人体就可以引起发病甚至死亡,如1克A型肉毒杆菌毒素可使800万人致死,人只要吸入 0.0003 毫克的量就可死亡;1 克乌疫衣原体悬浮液可使 1500 万人感染。各种战剂的性质不同,致病的途径不同,伤害的效果也不一样,有的可造成失能,有的可造成死亡,但没有绝对的界限。不论造成失能或死亡,都直接影响部队的战斗力。

(2)污染范围广,不易被及时发现。施放生物战剂,如在气象,地形等适宜的条件下可造成大范围的污染。用一架飞机喷洒生物战剂,即可造成几百至几千平方千米的污染区,如用一架飞机运载三种武器所造成的杀伤面积:核武器(100 万吨级)为 300 平方公里;化学武器(15 吨神经性毒剂)为 60 平方公里;生物武器(10 吨级)为 100000 平方公里,而且生物战剂无色无味,投放的带菌昆虫,小动物,也易与当地原有品种相混淆,因此不易被发现。

(3)传播途径多,有传染性,可造成疾病流行。生物战剂的传播途径很多,可经空气、水、食物、污染物体及媒介昆虫等传播,通过呼吸道、消化道、皮肤创伤及黏膜等部位侵入人体。且多数生物战剂可引起人和人之间的传播,如鼠疫、天花、霍乱、斑疹伤寒等都有很强的传染性,一旦引起人员发病,特别是人口稠密的大、中城市,若不及时采取有效措施,将很快传播,造成疾病流行,迅速蔓延为疫区。同时,因敌撒布带生物战剂的昆虫也可能叮咬人员和动物而形成自然疫区源地。

(4)危害作用时间长。生物战剂气溶胶危害时间通常为数小时(白天约 2 小时,夜间约 8 小时),散布在水或土壤中的生物战剂危害时间比气溶胶要长,散布的带菌昆虫与鼠类,传染性可保持数天或数月,有的生物战剂能在受感染的昆虫,动物体内长期存活,甚至传代。

(5)有局限性——受自然因素影响较大,没有立即杀伤作用。生物战剂绝大部分为活的微生物,需要一定的生存环境。在生产、储存、运输、使用过程中,战剂的作用时间和效能都将受到影响。生物战剂的攻击效果受风速、风向、温度、湿度、降雨、降雪、日光以及地貌等条件的影响也很大。

生物战剂侵入人体后,不能立即使人致病,要经过一个潜伏期,其长短取决于战剂种类和侵入人体的剂量等,一般短者数十分钟,长者十几天。

我们应该如何保护自己免受生物武器的侵害呢? 要保护自己免受生物武器的侵害,首先要发现生物武器的袭击,其次是人员要加强对生物武器的防护,具体说来有:

1.免疫接种。有针对性地进行免疫接种,增强人体的免疫力,是预防传染病的有效措施。只要接种相应的疫苗,就可防止由该种病菌引起的疾病。即使发病,也可减轻症状或缩短病程。随着微生物学和免疫学的发展,免疫预防用的疫苗已有多种类型与手段,主要有以下几类:(1)灭活疫苗;(2)减毒疫苗;(3)亚单位或合成肽疫苗;(4)工程疫苗。

2.对生物战剂气溶胶的防护。施放生物战剂气溶胶是敌人施放生物战剂的主要方式。对生物战剂气溶胶的防护,主要是防止细菌通过呼吸道或皮肤、黏膜进入人体。进行集体防护时,可进入有滤毒通风设备的防护工事;个人防护时,主要是使用个人防护器材。对呼吸道的防护,最好是用防毒面具,其次是用装料防毒筒、高效防尘口罩和五层以上的毛巾口罩,再次是用防尘口罩和普通口罩。另外,用手帕、帽子、衣服等掩住口鼻也有事实上的防护效果。对眼睛的防护可戴防毒眼镜。全身防护可穿普通衣服，但要将上衣扎在腰带内，系紧袖口、裤脚，用毛巾围住颈部，戴好帽子，尽可能将身体露出部位遮住。个人防护器材脱下后，应立即消毒。

3.对带菌昆虫的防护。对带菌昆虫的防护，主要是保护暴露的皮肤，不让昆虫叮咬。除穿防疫服外，穿普通衣服时，可采取与防气溶胶相同的方法。此外，还可戴防蚊帽，披戴浸过防虫液的线网，在皮肤的暴露部位涂抹防虫油，在房屋、帐篷、坑道、掩蔽部的门窗或出入口安装纱窗、纱门或挂上用防虫油浸泡过的门帘，在入口处的墙壁、地面喷洒杀虫剂，在建筑物周围点燃艾蒿、桉树叶、山胡椒、玉米须等发烟驱虫。

4.消毒处理。由于生物武器的后续危害较大，对受染的人员，人员活动场所及病人居住环境，病人的痰、尿、粪便进行消毒，是非常必要的。对受染人的消毒，有条件时可进行淋浴，或用肥皂擦拭污染部位。洗消前如用消毒剂擦拭污染部位效果更好。消毒剂可根据细菌战剂中的种类选用碘酒、来苏儿、亦可用甲醛；室外地面则根据需要，对重点地区用三合二、漂白粉处理或用火烧、冲洗、通风日晒、铲除掩埋等方法。

由于科技水平的不断进步，生物武器也发生了较大变化。战剂的种类，传染性、致病性、耐药性及对外界的稳定性不断增加或提高，新的致病微生物也在不断地被研究发现，并且随着遗传工程技术的发展，可以将几种病原体的遗传成分进行杂交或重组，形成新的杀伤能力更强的生物战剂。同时，战剂的布撒方法，战剂的混合使用，降低气溶胶衰变，战剂的浓缩和生产速度等方面都有较快的发展，这样，生物武器的破坏将越趋严重，防护越趋困难。

（四）原子弹：能在瞬间释放出巨大的能量

原子弹是利用易裂变物质的重原子核发生裂变反应瞬时释放巨大能量的核武器，因而亦称为裂变武器或裂变弹。原子弹的爆炸威力一般可达几百至几亿 TNT 当量，有很大的杀伤破坏力。核爆炸装置可单独装配在不同的投射工具中而成为核弹，也可以用作氢弹中的初级为热核聚变反应提供必需的能量。

裂变反应释放的中子，如果能继续引起重原子核产生裂变，引起下一代核裂变的中子数平均多于 1 个，裂变系统就会形成自持的链式反应，中子总数将随时间按指数规律增长。比如说，当重原子核受到中子轰击引起下一代裂变的中子数平均为 2 个，则在不到 1 微秒的时间内，可以使 1 公斤铀或钚的 2.5×10^{24} 个原子核发生裂变，同时释放出约 2 万吨 TNT 当量的核能。如果原子弹中的裂变物质达到一定的量值，链式裂变反应就可以自持进行下去。通常把这个最低限量称为临界质量。为了防止核事故，裂变装料也不能装得太多，必须保证在原子弹不使用时处于次临界状态。如果装料超过临界质量，核装料中自发裂变产生的中子或环境中游荡的中子会引起链式裂变反应，就可能酿成核事故。

原子弹爆炸过程首先是由引爆控制系统在预定时间或条件下发出起爆指令，

点燃高能炸药起爆,炸药爆炸后推动并压缩反射层和核装料,使之达到超临界状态,与此同时,中子发生器提供若干"点火"中子,由这些中子触发核装料发生链式裂变反应,释放能量。随着能量的积累,温度和压力迅速升高,核装料便不断膨胀,密度不断下降,最终又成为次临界状态,链式反应趋向熄灭。从高能炸药起爆到中子点火前是爆炸、压缩阶段,通常只需几十微秒;从中子点火到链式裂变反应熄灭是裂变放能阶段,时间更短,仅十分之几微秒。在这么短的时间内释放出几百至几万吨TNT当量的能量,使整个弹体和周围介质都变成了高温高压的等离子气团,其威力要比化学炸药大得多。例如,1000克TNT炸药爆炸释放的能量只有4.19兆焦耳,而1000克铀全部裂变释放的能量可达81.9兆焦耳,相当于大约2万吨TNT炸药的威力。原子弹爆炸产生的高温高压以及各种核反应产生的中子、γ射线和裂变碎片,最终形成冲击波、光辐射、早期核辐射、放射性污染和电磁脉冲等杀伤破坏因素,形成强大的杀伤威力。

到20世纪90年代初,世界上掌握战略核武器的国家已有美国、俄罗斯、英国、法国、中国、印度和以色列,全世界已有2.5万枚左右的战略核武器弹头,其中美、俄两国为2.34万枚左右,占有世界总数的90%以上。

目前世界上一枚小型核弹的威力相当于一百数十吨炸药(TNT),而大型氢弹的强大威力达到或超过了二百万吨炸药(TNT)。

日本是世界上唯一遭受核打击的国家。1945年8月6日8点14分15秒,美国一架B-29型轰炸机在9900米高空向广岛投下了人类历史上第一颗原子弹"小男孩",它长3.05米,直径71厘米,重约5吨。内部的核装药铀235仅重60公斤,当量约2万吨TNT。随着一道闪光,广岛几乎所有的时钟都永远停止在8点15分上,整个广岛都笼罩在乌黑的浓烟中。战后统计,这颗原子弹威力相当于1.7万吨常规烈性炸药,将约11.4平方公里范围内的广岛城市中心一带夷为平地,全市建筑物总数是76327幢,全毁者48000幢,半毁者22178幢;当日死者计有78150人,伤者和失踪者为51408人。1945年占领日本的美军司令部公布:"罹难者达176987人,死亡和失踪有92133人,重伤者9428人,轻伤者27997人。"日方仍认为这是为减轻美军的责任而大大缩小了的数字。众多没有外伤的人,几天之后出现腹泻带血,在几周、几月或几年中相继死去。经解剖验血,发现他们的血液中白血球几乎不存在,骨髓逐渐坏死,喉头、肺胃及肠的黏膜发炎,此即原子病,这些人在以后20年中,受尽折磨,缓慢地死去。

三天后,长崎遭受了同样的厄运。长崎因地处多山的狭窄海岸。建在浦上川和中岛川两河盆地之上,城中地形起伏,而且当时原子弹是偏离了原定目标而落到浦上川盆地上,因有小山保护,城中半数以上的住宅免于严重的损害。在总计52000余幢住宅中,有14146幢被烧毁、5441幢严重毁坏,其余受轻微损坏;长崎20多万人中,据估计,约有35000人死亡,6万人受伤。

就这样,两座几十万人口的城市,顷刻之间变成了一片焦土,街道狼藉,尸横遍野,造成了致命的破坏。同时,也加快了日本军国主义的投降和第二次世界大战的结束。

（五）中子弹：威力比原子弹还要大

中子弹的结构与氢弹相似，但它不是一种大规模的毁灭性武器，而是作为战术核武器设计的。中子弹和氢弹一样是靠氘氚聚变反应产生大量高能中子的。这些中子除在穿出中子弹壳体的过程中损失部分能量外，很大一部分成为核辐射的杀伤因素。虽然它对建筑物和军事设施的破坏很有限，但能够对人造成致命的伤害，中子弹在爆炸时总能量的80%是产生伤人不毁物的高能中子。一颗1000吨级的中子弹在120米高空爆炸，离爆心2公里范围内的人员即使不会当即死亡，也会在一天到一个月后死于放射病。

与原子弹和氢弹等核武器相比，中子弹具有三个显著的特点：

一是早期核辐射效应强。中子弹爆炸时早期核辐射的能量则高达40%。与同样当量的原子弹相比，中子弹对人员的杀伤半径要比原子弹大得多。

二是爆炸释放的能量低。当核武器的当量增大到一定程度时，冲击波、光辐射的破坏半径就必定会大于核辐射的杀伤半径。所以，中子弹的当量不可能做得太大。正是因为中子弹爆炸时释放的能量比较低，它只能是作为战术核武器应用于战场支援作战中。也正因为如此，中子弹这个神秘的杀手才有了更为广阔的用武之地，才比其他核武器具有更多的实用价值。

三是放射性沾染轻，持续时间短。由于引爆中子弹的裂变当量很小，所以，中子弹爆炸造成的放射性沾染也很轻，其爆炸时只有少量的放射性沉降物。通常情况下，经过数小时到一天，中子弹爆炸中心地区的放射性就已经大量消散，武装人员即可进入并占领遭受中子弹袭击的地区。

中子弹是对付集群装甲目标的有效武器。它在以中子辐射对敌坦克乘员进行重大杀伤的同时，尽量减少非攻击目标的连带毁伤。它的爆炸能量不大，杀伤半径有限，有较好的战场杀伤效果，因而又被称作"干净"炸弹。但由于中子弹用小型原子弹作为爆炸的"引信"，所以，中子弹在爆炸时还有一定的放射性。从这个意义上讲，中子弹也并不是那种"干净"的核武器。

十二、探索中的新概念武器

（一）比特武器：信息战场的"新宠"

当前，一些发达国家相继组建了专门针对计算机系统展开攻击的数字化部队。数字化部队的主要攻击目标是对方的计算机系统，使用的武器是数字化武器，其特点类似电脑病毒。由于其单位是比特，因此也称为比特武器。比特武器目前可以分为两类：一类是软杀伤武器；另一类是硬杀伤武器。软杀伤武器是指不直接破坏对方的网络系统,通过破译对方计算机网络系统的密码等手段进入该网络系统,将预先编制好的软件打入对方的通信网络、作战指挥、武器控制等系统,使其产生混乱,并将系统数据库的数据销毁,从而起到破坏作用。硬杀伤武器则是通过破坏和摧毁对方计算机系统的硬件,达到使对方计算机系统失灵、武器系统瘫痪为目的的武器。

比特武器与传统武器相比有很多优点:一是威力巨大。比特武器虽不能直接消灭敌人,但是它一旦作用成功,就有可能使对方的军事指挥系统中断,武器系统失灵。二是攻击方式多样,隐蔽性好,对方不易觉察。比特武器既可通过软件或网络进入计算机系统,也可在对方计算机系统组装时将比特武器偷偷地固化在计算机的硬件中,在对方的计算机系统中埋下一颗定时炸弹。三是价格便宜。同传统的武器几十亿甚至上百亿的研究费用相比,比特武器只需它的零头就够了,且研制周期短,经济实惠,是一种效费比很高的武器。

(二)次声波武器:大面积瞬间杀人于无形的"杀手"

次声波武器,是指能发射 20 赫兹以下的次声波的大功率武器装置。

声音是一种波,是由物体的机械振动而产生的。受生理结构所限,人耳只能听到音频范围内的声波。音频之外人耳听不见的声波被称为超声波和次声波。超声波是指 20000 赫兹以上的声波,次声波是低于 20 赫兹的声波。

次声波是频率低于 20 赫兹的不能引起听觉的弹性波。由于次声波的频率与人及生物体主要器官的固有频率十分接近,所以在其作用下,人及生物体的主要器官就会不由自主地产生共振,轻则使人惶恐不安,神经错乱;强大的次声波可以使人的内部器官造成不同程度的破坏和损伤,直至死亡。所谓次声波武器就是利用这一原理来对人体产生影响和杀伤作用的一类新概念武器。由于人听不到、看不见、摸不着次声波,但传播距离远,穿透能力强,所以又有人把次声波武器称之为"无声杀手""哑巴武器"等。

1988 年,在美国的蒙大拿州的一个乡间,全副武装的宗教狂热分子蛰伏在一幢大楼里,声称要与大楼同归于尽,来威胁联邦调查局的特工人员。当特工人员对他们一筹莫展时,有人推来了一个形似大喇叭一样的装置与其"对话"。几分钟后,狂热分子像中了邪一样,一个接一个地东倒西歪、头晕目眩,有的神经错乱、烦躁不安,有的还腹泻、呕吐等,当特工人员轻松地给他们戴上手铐时,狂热分子还不知自己已中了"无声杀手"——次声波武器的暗算。

次声波武器与传统的常规武器相比,有着其独特的优点。首先,它的使用具有真正的隐蔽性,很容易达成对有生力量袭击的突然性,且不污染环境,也不会破坏自然物质;其次,由于次声波的频率低,衰减极少,因此它的传播距离很远。比如,炮弹爆炸时产生的声波在几公里以外就听不见了,但它所产生的次声波,却可传到80 公里以外。氢弹爆炸时产生的次声波行程可达十几万公里,能绕地球好几圈。军事上还可以用次声波的远距离传播来探测并识别火箭的发射等。此外,次声波武器的穿透能力很强。一般的建筑或隔音墙是难以挡住次声波的传播的,甚至它可以穿透十几厘米厚的钢筋混凝土。所以即使人躲藏在掩蔽所里,或坐在坦克、装甲车及飞机内,或在深海的潜艇中,也都难以逃避次声波武器的攻击。另外,只要防护设施上存在孔洞或缝隙,次声波也会无孔不入地钻进去。

次声波武器归纳起来可分为两类。第一类是"神经型"的:它主要是刺激人员的大脑来麻痹人员的神经,使其在心理和意识上产生一定的影响。轻者感觉不适,注意力无法集中,情绪上恐惧不安,引起头痛、恶心、晕眩等;严重时会使人神经错乱,癫狂不止,休克晕厥,丧失思维能力。利用这一效应可使作战人员无法执行作战任务。第二类是"器官型"的:在这类次声波武器的作用下,人的主要内脏器官产生共振,轻则肌肉痉挛、全身颤抖、呼吸困难,重则血管破裂、内脏损伤,直至死亡。

次声波武器虽是强大、厉害的武器,但却存在着固有的缺陷。首先,次声波不易聚焦成束,且在空旷的环境中难于产生高强次声波;其次,次声波很长,因而定向困难;再次,它的聚焦尺寸太大,一般很难实现。不管怎么说,次声武器的问世,世间又多了一种杀戮的方式。

(三)电磁炸弹:能制造黑色恐怖

整个城市看上去几乎没有什么变化,没有人流一滴血,没有一座建筑物倒塌,但实际上,它已经被完全征服了。电脑网络瘫痪、电话失灵、交通中断,电力系统彻底崩溃,股民们瞬间损失了数十亿美元,人们陷入了黑色恐怖之中。这就是电磁炸弹的威力。

电磁武器最初引起人们注意是 20 世纪的事了。当时美国军方在进行核武器试验时发现,原子弹爆炸时会产生巨大的电磁波,这种电磁波一旦击中电子设备,就可以在其内部引发强大的电流将它们烧毁,它能将几英里范围内的电脑和通信系统摧毁。于是军方就着手研制这种电磁武器。

制造电磁武器的关键是产生瞬间高能电流,这种电流通过天线发射出去就可以产生强大的电磁波,电磁波的频率越宽,它就越有可能被电子设备吸收并对其造成破坏,而电磁波的频率越高,它的杀伤力就越大。千兆赫兹的微波简直是"无孔不入",它可以通过电子设备的通风口甚至金属外壳的微小裂缝进入其内部,并且在里面的所有零部件中产生电流;几兆赫兹的无线电波可以被电线或连接器接收到,并且顺着它们进入所连接的电子设备的内部,如果这种电磁波击中的是一根电脑连线,产生的电流就会烧毁电脑芯片。

为了产生高频微波,科学家需要瞬间高能电子脉冲,这里的瞬间是以百亿分之一秒来计算的。目前有两种方法可以做到这一点,其中之一是使用"马克斯发生器",它实际上是一串大电容,可以同时充电,然后再逐个放电,产生百亿分之三秒的电子脉冲,再将这一脉冲通过天线发射出去,就会释放出强大的电磁能量。"马克斯发生器"非常重,但它的最大优点是可以反复使用,能够在很短时间内连续发出强大的电磁波。

另外一种产生瞬间电子脉冲的方法是通过"流量压缩器",它可以将几公斤TNT炸药爆炸时释放的能量转化为巨大的电磁能量。这种装置的原理就是：在一截金属管里面填满炸药，一端接上雷管，再将金属管放到一个缠满线圈的圆筒中，线圈通电后点燃雷管，6000米/秒的爆炸冲击波产生的巨大压力将线圈磁场急剧压缩，并且使它里面的电流强度在百亿分之五秒内达到100万安培，再将这个电流脉冲通过天线发射出去就会产生惊人的电磁能量，整个过程不到万分之一秒，但它产生的能量却高达1万亿瓦。

（四）动能武器：杀伤武器的"撒手锏"

近年来世界各军事强国为消除弹道导弹的威胁，都在着力研究和构建各种类型的导弹防御系统。但到目前为止，包括美国在内仍缺乏有效的弹道导弹防御手段，而从新概念技术发展看，动能武器日趋成熟，且越来越受到青睐，为此各国都加大了动能武器研制发展的力度。预计2015年以前，一个以动能武器为主，包括高低空、大气层内外的立体导弹防御体系将由少数大国建成。

今天，动能武器在新概念武器发展中，已经被推向了前台。动能武器，又称超高速射弹武器，或超高速动能导弹。与S-300V、"爱国者"等现已列装的破片杀伤式导弹不同，它是一种典型的直接拦截武器，其发展非常迅速，代表了反战术弹道导弹的一个重要发展方向，并很快将成为弹道导弹、卫星、飞机等高速飞行目标的有力杀手。

动能武器的威力，是通过射弹的动能来衡量的。由动力学知识可以知道，只要动能拦截弹有一定的速度，并利用适当的碰撞几何条件，就能很容易地将目标摧毁。

动能武器的核心是加速与制导。

动能武器主要是由超高速发射装置（即推进系统）、探测系统、制导系统和射弹等几个部分组成。超高速发射装置提供射弹达到高速所需的动力，它可以是火炮、火箭、电场或磁场加速装置；探测系统用于探测、识别和跟踪目标，是动能武器的"眼睛"；传感器是探测系统的灵魂；制导系统是动能武器的"大脑"。根据推进系统的推进原理不同，动能武器可以分为火箭型、电磁型和电热型三类。

目前，火箭型超高速动能弹已率先达到了工程实用阶段。而电磁型动能武器，尤其是电磁炮的产生，将给常规火炮带来一场革命。它既可以用作反装甲武器、舰艇防空和反导武器、机载武器等战术武器，也可用作发射航天飞行器等战略方面。预计21世纪前半期，战术电磁炮（如坦克用电磁炮、装甲车辆用电磁炮，防空、反导、舰载电磁炮等）将会率先出现。电热型动能武器，又称电热化学炮，性能也十分优异，正在紧锣密鼓发展中。

动能武器的最大功能是筑起防御"天外来客"的屏障。

根据作战范围的不同，动能武器可以分为战略、战役和战术应用几类。而根据攻击对象的不同,又可以分为反装甲动能武器、反飞机动能武器、反导弹动能武器、反卫星动能武器等。根据武器平台的不同,还可分为天基、空基(机载)、地基(固定或移动)和舰载动能武器几类。

目前,世界上正在进行研制或已在部署的战役动能武器,主要为火箭型。按反导防御的区域分为短程、末段大气层内低空防御的点防御,远程、中段高空拦截的面防御和助推段拦截等几种。在美国,电发射技术初始时考虑的主要是战术应用研究,1983年才根据"星球大战"计划的需要,转向了战略应用的研究。1992年,美国军方适应国家战略的调整,已将战术应用研究作为重点。美军有专家认为,近年电炮的真正应用,将体现在战术武器方面,并将首先用于战场。

总之,动能武器的发展可谓日新月异,它们必将使战场面貌发生质的变化。

(五)高功率微波武器:非致命性作战的"法宝"

高功率微波是指峰值功率在100兆瓦以上,频率在1~300吉赫之间的电磁波。将由高功率微波源产生的微波,经由高增益定向天线,向空间发射出功率高、能量集中、具有方向特征的微波射束,便成为一种新的杀伤破坏性武器,这就是高功率微波武器。

微波武器对目标的破坏是软破坏,它是以干扰或烧毁敌方武器系统的电子元器件、电子控制及计算机系统等,使它们不能正常工作,使得电子控制系统失效、中断、甚至遭到破损。另外,由于微波射束的波斑远比激光射束的光斑大,因而打击的范围也大,从而对跟踪、瞄准的精度要求也就比较低,这既有利于对近距离快速目标实施攻击,也有助于降低费用,同时其技术难度也相应要小很多。

高功率微波武器是利用高功率微波在与物体或系统的相互作用的过程中所产生的电效应、热效应和生物效应对目标造成杀伤破坏的。高功率微波武器通过高功率微波的电效应和热效应可以干扰或破坏各种武器装备或军事设施中的电子装置或电子系统,如干扰和破坏雷达、战术导弹(特别是反辐射导弹)、预警飞机、C^4I系统、通信台站、军用车辆点火系统等,特别是对其中的计算机系统能造成严重的干扰或破坏,此外还可以引爆地雷等。

另外,高功率微波照射到人体和其他动物后所产生的高功率微波生物效应,会使之出现一系列反常症状,如使人出现神经紊乱、行为失控、烦躁不安、心肺功能衰竭,甚至双目失明、烧伤烧死。

高功率微波武器的主要破坏对象是电子系统,特别是那些没有进行有效屏蔽的电子装置。而现代武器装备,特别是精确制导武器,都携带有电子元器件或雷达、计算机等电子装置,因此它们很可能成为高功率微波武器进行软杀伤的对象。此外,诸如预警飞机、电子战飞机、地面雷达、舰载雷达、车载雷达、地面通信与指挥中心和台站、卫星地面站、车载及舰载通信装置等,也都是高功率微波武器的攻击目标。同时,采用高功率微波技术可研制高功率微波雷达,使其具有更大的探测距离和分辨力,并具有良好的抗干扰能力。显而易见,高功率微波武器在未来战争中很可能有广阔的应用天地,高功率微波技术和高功率微波武器是一种有潜力的军事高技术。

(六)高能激光武器:未来战场的"主攻手"

激光武器可分为破坏目标壳体为主的硬杀伤高能激光武器,以及以反传感器和反人员为主的软杀伤低能激光武器。

高能激光武器是用能量密度极高的激光束以每秒 300000 公里的速度沿直线直接击毁目标的射束式武器。由于激光的传输速度快,射击 10000 公里远的目标也只需 1/30 秒钟,再也不用为那曲线飞行的弹头与目标之间的相对运动而伤脑筋了。因此,激光刚一出现,就已被各国军方人士所垂涎。目前,美、俄、英、法、德、日本等国每年都投入大量的人力和军费来开展这项研制工作。

高能激光武器也称"死光"武器,它是借助于激光束的热能直接摧毁目标。由于激光被聚焦后不到半秒钟就能将焦点处的碳加热到 8000℃ 以上,这个温度足以使任何高熔点的金属或坚硬材料气化。因此,把它直接用作战略武器来反击弹道导弹、拦截轨道卫星是再理想不过的了。

美国在研制高能激光武器方面走在前面。如美国空军在波音 747 飞机上改装的机载化学氧碘激光武器(ABL),能用助推段拦截战区弹道导弹,并能拦截巡航导弹,压制敌防空系统。舰载激光武器将在未来海上防空与反导上发挥重要作用,美国拟为"宙斯盾"巡洋舰和驱逐舰装备舰载战术高能激光武器系统,取代现役的"密集阵"等近程防空系统,提高海上对付反舰巡航弹的能力。

软杀伤激光武器主要以激光致盲武器为主,即激光反传感器武器和激光反人员武器。激光致盲武器主要是利用激光束干扰或破坏飞机、坦克、导弹、火炮、舰船等武器装备中用于监视、侦察、观瞄、火控、制导、导航的传感器或其他电子与光学器件。如美国陆军发展的"布雷德利"车载"虹鱼"激光致盲武器将在坦克装甲战中发挥重要作用,该型激光武器能干扰敌方车辆的微光电视摄像机,可暂时或永久性地使通过潜望镜观察的乘员失明,一辆"布雷德利"车载"鲽色"激光武器可以干扰致盲敌方多辆坦克或战车。英国研制并已大量装备和投入实战使用的舰载激光炫目瞄准具,能使人员致盲,使电光设备的传感器过载,曾在 1982 年英阿马岛之战中投入使用,迫使阿根廷飞机偏离航向。

激光武器在技术上已有了较大的突破,特别是近程激光武器,现已接近于实用阶段。

(七)计算机病毒武器:21 世纪顶级武器

所谓计算机病毒,其实是人们对一种能够破坏计算机正常工作的特殊软件程序的形象称呼。计算机病毒能够篡改正常运行的计算机程序,破坏这些程序的有效功能,并能够复制和侵入其他有用程序之中。

那么,计算机病毒是如何发挥其功能的呢?

计算机病毒是隐藏在计算机系统的数据资源中,利用系统数据资源生存并繁殖,能影响计算机系统正常运行,并通过系统数据共享的途径进行传染的一段程序。计算机病毒是一种特殊程序,即"瘟疫性代码",通常不到100个字节。一旦进入计算机的记忆系统,就会改变计算机的运行模式。计算机病毒可以暂时性或永久性地破坏和瘫痪计算机的储存和记忆系统。无论是笨重的主机,还是便携式或台式微机,都难免电脑病毒的感染。

仅就计算机病毒本身来看,无论哪种类型,都具有微小性、传染性、潜伏性、主动破坏性、持续性、变异性的特点。正因为计算机病毒具有以上特点,所以当它作为战争武器使用的时候,便具有其他武器所无可比拟的优越性。即费用极低、破坏力巨大、作用范围广、隐蔽性好等优点。

普通的计算机病毒并不能完全适应军事对抗的需要,军用计算机病毒必须是自我复制、繁衍、扩散能力极强的计算机病毒,包括原计算机病毒、计算机病毒变体、变种和交叉感染;必须是隐蔽潜伏性好,有的潜伏期长达数年以上;必须是破坏力强,有一定的特殊破坏性;必须是在非授权情况下带一定欺骗性而能被加载;必须具有入口和易使用的功能,即可用电波发射侵入敌方计算机信息系统,也可预先潜伏在计算机系统软件中,甚至固化在硬件中或通过对方网络开口传播扩散进去;必须具有不断形成新变体的能力;必须具有一定的加密保护和反跟踪措施。开发实用的军用计算机病毒,需要借助现代信息技术进步所取得的成果。目前,开发可用于实战的高效的计算机病毒已经在世界一些国家的军队中开展。据估计,世界上开发成功的军用计算机病毒已达数十种。美军还公开向社会上一些技术专家征集用于军事目的的计算机病毒,可以说"造毒"繁忙。

计算机病毒既是一种威力巨大的"武器",又是一种十分廉价的"武器"。它仅仅靠几组电子束就可以令飞机坠地、导弹失灵、指挥失控,而且制造计算机病毒很"便宜",一个计算机专家在微机上工作几天就可以编出令世界恐慌的病毒来。可以设想,在未来打一场计算机战争,无论对发达国家来说,还是对贫穷国家来说,都是比较容易做到的。只要雇几个计算机天才,用几台计算机就可以发动一场计算机大战。因此,计算机病毒将成为21世纪的"顶级武器"。

(八)粒子束武器:不可小觑的微粒

粒子束武器是利用高速粒子流毁伤人员和破坏武器装备的一种定向能武器。高速粒子流之所以有破坏作用,是因为它们和子弹、弹片一样具有能量。众所周知,运动物体所具有的动能大小与两个因素有关,一是它的速度,二是它的质量。速度越快,质量越大,它具有的动能越多。电子、质子、离子及一些中性粒子尽管外形很小,但它们同样具有一定质量。把它们加速到接近光速,它们也会具有一定的动能。把许许多多粒子聚集成密集的束流,能量就更大。把粒子束流射向目标,目标就可能被摧毁。电场有加速带电粒子的作用,电场越强,加速作用越大。基于上述原理,人们发明了一种加速带电粒子的特殊装置——粒子加速器。粒子加速器一般分多个加速级,每级都施加很高的电压,形成很强的电场,使注入加速器里的带电粒子顺次通过各加速级,连续地被加速,在加速器的出口处,带电粒子的速度就相当高。然后经磁场聚焦,形成束流,由加速器射出带电粒子束。在带电粒子束从加速器射出时,去掉每个带电粒子的多余电荷,使之成为中性粒子,这样射出的就是中性粒子束。粒子束武器由粒子加速器、能源、目标识别和跟踪、粒子束瞄准定位、拦截结果鉴定和指挥控制等分系统构成。整个粒子束武器系统的指挥和控制是依靠大型高速计算机为中心的计算机网络进行,并利用各种设备在各级指挥部实时显示目标、粒子束武器工作状态及目标毁伤鉴定等情况。

粒子束武器的分类方法较多。按粒子的电性质分为带电粒子束和中性粒子束武器。带电粒子束武器仅在大气层内使用,空气的阻力及同种电荷的斥力使其作用距离近,主要用于战术防空;带电粒子因受地磁作用改变运动方向,使瞄准失效,因而不能用于外层空间。中性粒子束武器多用于外层空间的反卫星或反弹道导弹。外层空间空气阻力极小,而地磁对中性粒子无电磁作用,故中性粒子的作用距离可达数百公里,甚至数千公里。按发射平台所在位置分为陆基粒子束武器,多用于战术防空;舰载粒子束武器,多用于拦截巡航导弹;天基粒子束武器,一般采用中性粒子束,用于在外层空间对导弹或天基武器进行拦截,也可作为从天空直接进行攻击的武器。按射程的远近分成近程(射程约 I 公里)、中程(约 5 公里)、远程(约 10 公里)和星载远程(数百公里)粒子束武器。

粒子束武器具有拦截速度快,命中率高,可快速灵活地变换射击方向,射击来袭的目标可不必考虑提前量,可以拦截多批次多目标,能量高度集中,不受弹药供应限制和能在极短的时间里把束流的能量集中在目标的一小块面积上,可以连续射击和受天气影响小,可以全天候作战等优点。因此,许多国家都热衷于研究粒子束武器。

(九)生物基因武器:足以使 60 亿人死于非命

随着生物工程技术的发展,生物武器的研制也进入了一个全新的历史阶段。据称,某些军事大国正在谋求并秘密研制基因武器。

基因武器是在生物基因工程技术的基础上,用人为的类似工程设计上的方法,按照军事上的需要,利用基因重组技术,将一种生物细胞中的基因在体外进行分离、剪切、组合,拼接到另一种生物细胞中去,使致病微生物的遗传基因转入宿主细胞内,再经过大量复制,培养出新的杀伤性危害性极大的生物战剂,将它放入施放装置内,就构成了基因武器。国外有些专家认为,发展基因武器可能产生"不可制伏"的致病微生物,从而给人类带来灾难性的后果。

资料表明,美国和苏联都曾在秘密条件下研制基因武器。据称,某个超级大国已把具有抗四环素药物的大肠杆菌的遗传基因和具有抗青霉素作用的金色葡萄球菌的基因拼接在一起,再把拼接的分子引入大肠杆菌中,培养出了一种可同时抗上述两种杀菌素的新型大肠杆菌。据说西方还企图利用遗传工程学的方法制造"种族武器",即通过对具有群体遗传特点人的细胞、组织器官和机体系统,施加目标明确的化学或生物影响,从而达到有选择地损害某些民族和种族的目的。

基因武器的使用将给人体细胞、组织、器官、整个机体的抗病能力,乃至生命安全带来严重危害。中国人民坚决反对发展、生产、储存和使用任何形式的基因武器,主张全面、彻底销毁任何类型的生物战剂。中国已于 1984 年 11 月 15 日正式加入了《禁止细菌(生物)及毒素武器的发展生产及储存以及销毁这类武器的公约》,中国人民决心为全面禁止和彻底销毁生物武器做出应有的贡献。

以下就是关于某些基因武器的报道。

在前南非种族隔离政府统治时期,南非军方曾致力于研制一种专门针对黑人的生物制剂。他们对如何使有色人种的妇女绝育特别感兴趣。与传统的生物武器相比,这种新式的基因武器则更加隐蔽。前者只是简单地通过破坏人体神经系统来达到杀人目的,而后者则可以影响人口出生率、婴儿死亡率、发病率甚至农作物产量。通常在受到这种生物武器袭击数十年后,它的后果方才显现出来。但到了那时,伤亡将十分惨重。

以色列军方正在加紧研制一种专门攻击阿拉伯人而对犹太人没有危害的基因武器——"人种炸弹"。"人种炸弹"的研制计划由以色列的尼斯提兹尤纳生物研究院负责,该研究院是以色列研制生化武器的秘密中心。虽然目前基因病毒尚未研制出来,但据《简氏防务周刊》报道,以色列科学家利用南非"染色体武器"的某些研究成果,已经发现了阿拉伯人、特别是伊拉克人的基因构成。俄罗斯被认为是拥有世界上最大的生物武器和化学武器储备的国家。据苏联细菌战研究部门叛逃者肯·阿利别克博士说,俄目前有 4 个从事基因类生物武器研究的主要试验室。俄罗斯也早就着手研究剧毒的眼镜蛇毒素基因与流感病毒基因的拼接,试图培育出具有眼镜蛇毒素的新流感病毒,它能使人既出现流感症状,又出现蛇毒中毒症状,导致患者瘫痪和死亡。

因此,军事分析家认为,只需 20 克超级基因武器,就足以使 60 亿地球人死于非命。英国生物学家断言,基因武器的问世不会晚于 2015 年。

(一)军用机器人的种类

军用机器人经三代"繁衍",优化生长,已形成一个不同技术层次,适用于多种环境的军用机器人"家族"。从天上到地下,从陆地到海洋,从前方到后方,从军事高科技领域到平凡的战斗岗位,到处都有机器人在工作,在战斗。按其活动的空间、领域,将其分为地面军用机器人、水下军用机器人、空中军用机器人、空间军用机器人。

1.地面军用机器人

地面机器人主要是指智能或遥控的轮式和履带式车辆,地面军用机器人又可分为自主车辆和半自主车辆。自主车辆依靠自身的智能自主导航，躲避障碍物，独立完成各种战斗任务；半自主车辆可在人的监视下自主行使，在遇到困难时操作人员可以进行遥控干预。地面军用机器人在和平时期可以帮助民警排除炸弹、完成要地保安任务，在战时还可以代替士兵执行扫雷、侦察和攻击等各种任务，今天美、英、德、法、日等国均已研制出多种型号的地面军用机器人。

军用机器人

机器人警察

所谓地面军用机器人是指在地面上使用的机器人系统，它们不仅在和平时期可帮助民警排除炸弹、完成要地保安任务，在战时还可以代替士兵执行扫雷、侦察和攻击等各种任务，今天美、英、德、法、日等国均已研制出多种型号的地面军用机器人。

除了恐怖分子安放的炸弹外，在世界上许多战乱国家中，到处都散布着未爆炸的各种弹药。例如，海湾战争后的科威特，就像一座随时可能爆炸的弹药库。在伊科边境一万多平方公里的地区内，有 16 个国家制造的 25 万颗地雷，85 万发炮弹，以及多国部队投下的布雷弹及子母弹的 2500 万颗子弹，其中至少有 20% 没有爆炸。而且直到现在，在许多国家中甚至还残留有一战和二战中未爆炸的炸弹和地雷。因此，爆炸物处理机器人的需求量是很大的。

排除爆炸物机器人有轮式的及履带式的，它们一般体积不大，转向灵活，便于在狭窄的地方工作，操作人员可以在几百米到几公里以外通过无线电或光缆控制其活动。机器人车上一般装有多台彩色 CCD 摄像机用来对爆炸物进行观察；一个多自由度机械手，用它的手爪或夹钳可将爆炸物的引信或雷管拧下来，并把爆炸物运走；车上还装有猎枪，利用激光指示器瞄准后，它可把爆炸物的定时装置及引爆装置击毁；有的机器人还装有高压水枪，可以切割爆炸物。

法国空军、陆军和警察署都购买了 Cybernetics 公司研制的 TRS200 中型排爆机器人。DM 公司研制的 RM35 机器人也被巴黎机场管理局选中。德国驻波黑的维和部队则装备了 Telerob 公司的 MV4 系列机器人。我国沈阳自动化所研制的 PXJ-2 机器人也加入了公安部队的行列。

美国 Remotec 公司的 Andros 系列机器人受到各国军警部门的欢迎，白宫及国会大厦的警察局都购买了这种机器人。在南非总统选举之前，警方购买了 4 台 AndrosVIA 型机器人，它们在选举过程中总共执行了 100 多次任务。Andros 机器人可用于小型随机爆炸物的处理，它是美国空军客机及客车上使用的唯一的机器人。

海湾战争后,美国海军也曾用这种机器人在沙特阿拉伯和科威特的空军基地清理地雷及未爆炸的弹药。美国空军还派出 5 台 Andros 机器人前往科索沃,用于爆炸物及子炮弹的清理。空军每个现役排爆小队及航空救援中心都装备有一台 An-drnsⅥ。

排爆机器人不仅可以排除炸弹,利用它的侦察传感器还可监视犯罪分子的活动。监视人员可以在远处对犯罪分子昼夜进行观察,监听他们的谈话,不必暴露自己就可对情况了如指掌。

1993 年初,美国发生了韦科庄园教案,为了弄清教徒们的活动,联邦调查局使用了两种机器人。一种是 Remotec 公司的 AndrosVA 型和 Andros MarkVIA 型机器人,另一种是 RST 公司研制的 STV 机器人。STV 是一辆 6 轮遥控车,采用无线电及光缆通信。车上有一个可升高到 4.5 米的支架,上面装有彩色立体摄像机、昼用瞄准具、微光夜视瞄具、双耳音频探测器、化学探测器、卫星定位系统、目标跟踪用的前视红外传感器等。该车仅需一名操作人员,遥控距离达 10 公里。在这次行动中共出动了 3 台 STV,操作人员遥控机器人行驶到距庄园 548 米的地方停下来,升起车上的支架,利用摄像机和红外探测器向窗内窥探,联邦调查局的官员们围着荧光屏观察传感器发回的图像,可以把屋里的活动看得一清二楚。

机器人工兵——扫雷机器人

据联合国儿童基金会 1996 年的报告估计,在全世界 64 个国家中埋有 700 多种 1.1 亿颗地雷,例如在海湾战争中,伊拉克共埋设了 500 万~1000 万颗各种地雷:阿富汗有 1000 万颗;柬埔寨有 500 万~800 万颗:安哥拉 900 万颗;莫桑比克 200 万~300 万颗,波黑有 300 万~500 万颗。这么多地雷对于平民百姓是非常危险的,更不要说许多地方还在不断埋下新的地雷。现在世界上每月有 2000 人死于地雷爆炸,每年约有 2 万~2.6 万人因触雷而丧生,地雷已使 25 万人致残。而且每清除一颗 30 美元的地雷,需要花费 300~1000 美元,这么多的地雷以现在的投资与技术需要 1400 年才能清除完毕。在阿富汗,只靠人工扫雷,清除全国的地雷需要 4300 年。而且扫雷还会造成士兵的伤亡。因此,扫雷成了各国紧迫而又长期的任务。

机器人扫雷之所以受到人们的重视,不仅因为它扫雷速度快,更重要的是它可以避免人员的伤亡。扫雷机器人大体上可分成两类,一类重点探测及扫除反坦克地雷,另一类探测及扫除杀伤地雷。前者多用现有军用车辆的底盘改造而成,体积较大;后者多为新研制的小型车辆。当然,有的机器人也可同时扫除两种地雷。

(1)美国的豹式扫雷车

是将 M60 坦克的炮塔去掉,在底盘上加上一个 Omnitech 公司研制的标准机器人系统,车前 1.8 米处装上 10 吨重的扫雷钢滚制成的,主要用来清扫反坦克地雷。作战时它可在装甲部队前面开道,接近敌人雷区时,操作人员遥控机器人发射火箭弹引爆地雷,然后扫雷车通过雷区,用扫雷滚子压爆那些未被引爆的地雷,开辟出一条宽 8 米、长 90 米的通道,并用发光棒将通道标记出来。该车装有两台红外摄像机,士兵可由远处的控制车上看到地雷的热信号。在波黑的扫雷行动中,豹式扫雷车在两天之内扫除了 71 颗杀伤地雷。美国还正在研制遥控的"豹Ⅱ"扫雷车，2000 年 7 月已派一辆"豹Ⅱ"到科索沃参加紧急扫雷行动。

（2）2000 机器人扫雷车

德国 FFG 车辆制造公司研制出了 Minebreaker2000 机器人扫雷车，该车采用"豹Ⅰ"主战坦克的底盘，车前装有 3.6 米宽的液压驱动的犁地用的滚子，滚上装有重型碳化钨齿，可用来清除地表的植被，割断地雷的引爆索，挖出及摧毁埋在地下的弹药。针对不同的土质备有各种滚子，更换损坏的齿只需要几分钟时间。车底带有配重以防工作时车辆摆动。底盘外增加了钢板及衬垫材料，使它可以经受住大多数类型地雷的爆炸而不会有严重损坏。该机器人在 6 小时内的扫雷面积相当于 30 个有经验的工兵同期内扫雷面积的 15～20 倍。

（3）Mini-Flail 小型遥控扫雷机器人

一般专门扫除杀伤地雷的机器人体积都比较小，美国新研制的 Mini-Flail 小型遥控扫雷机器人，就是这种机器人。它是在 Bobcat 推土机的基础上改装的，采用一个装有链条的转筒扫雷，链条炸坏后很容易更换。有 4 辆这种机器人在波黑已经无故障地工作了几百个小时，获得军方的一致好评。1999 年 9 月美军又派出三辆Mini-Flail 前往科索沃的道路上扫雷，加拿大驻科索沃的维和部队也装备了两辆这种扫雷车。这种机器人是正式列入美国陆军编制的第一种地面军用机器人。

（4）地雷猎手及杀手

2002 年美军将装备一种名叫地雷猎手及杀手（Mine Hunter/Killer）的机器人，其目标是将探雷及扫雷装置集成到同一辆标准的战术车辆上。该车可在道路及开阔地上探测 750 多种地雷，可在 60 米的距离上探测直径在 12～38 厘米的地雷，而现装备的最大探测距离只有 5 米。该车只需几秒钟就可确定地雷的位置，定位精度为 25 厘米。一旦探测到地雷，30 秒内就可销毁它，扫雷成功率在 90%，扫雷宽度 2.74 米。机器人可在沙地、碎石地、黏土及有机土等各种地面上作业。

机器人扫雷的主要困难在探雷，首先要找到地雷在哪里。目前已采用的或正在研制中的探雷技术主要有：金属探测器；地面穿透雷达及红外传感器等。用这些方法探雷往往虚警率过高，探测率很低。现在没有哪一个单个传感器可以满足探雷的要求，于是人们就把多种传感器结合起来，以求得到更好的效果。由于探雷所需的数据来自不同的传感器，要做到准确判断，就需要复杂的传感器融合技术，而传感器融合所需要的计算量特别大。

为了从根本上解决探雷问题，1997 年美国启动了一项为期 3 年的基础研究计划，打算利用仿生的方法开发出各种探雷技术，它的名字叫"电子狗鼻"计划。它利用与狗同样的闻炸药气味的方法探测地雷中的炸药，这改变了以往探测地雷物理特征的基本原理。其中的一种方法叫核四级矩共振技术，这是一种非常有前途的机器人探雷技术。

核四级矩共振系统的原理如下。它不是直接模仿狗闻地雷中氮气的气味，而是利用无线电频率的能量穿透地雷内部的炸药，激发炸药中的氮原子引起它的共振，产生一个能量波。测定这个能量波并经计算机处理后，就可确定是否有炸药存在。这种探测器比现有探测器的精度高得多,还可识别地雷中炸药的类型,而且虚警率很低。

核四级矩系统的能耗很大,但把它装在车上,它的体积、重量和动力都不成问题,价格也比较便宜,因而特别适合用于机器人探雷。美国陆军打算把它用在自己新的探雷车上,该车正处于工程制造阶段。

(5)我国自行研制的扫雷机器人

我国自行研制的扫雷机器人主要用于人道主义扫雷行动中探测地雷及未爆弹药,具有视频监测和远程实时传输功能,可实现±20毫米未知高度变化路面的稳定行走和快速通过,还具有翻越200毫米高度的垂直障碍物和上下楼梯、进出狭窄通道等功能。

该机器人采用无线可视遥控操纵方式,探测高度为离地10~20毫米;探测最大速度为平原开阔地100米/小时;左右摆动探测范围各60度。机器人通过摄像头即时采集图像信号,通过无线视频传输模块提供给遥控部分。当探雷器探测到有雷信息后,会自动传输给云台控制器做前端处理,并停机定位、喷洒标识液、响报警铃、亮警示灯等,同时将有雷信号发送给机器人主控制器。此设备适应在-5~+50摄氏度,具有较好的防潮防水性能。在植被深不超过10厘米的平原、丘陵、沙漠地,坡度不大于25度的地域能够自如作业。机器人最多连续工作1~6小时,控制器最多连续工作1~6小时。

该机器人用一台笔记本电脑控制,操作简单,具有四个特点:具有三节履带式结构,前后节均可以俯仰,以适合条件较为复杂地理环境,机动灵活;体积较小,可以进入狭小空间作业,且在做侦察用时具有很强的隐蔽性:采用模块化结构,各模块独立运作,可拆换性强;利用高精度数字云台对探雷器在三维空间内准确定位,可精确标定可疑物体。

冲锋陷阵——"毒蛇"机器人

拥有先进军事科技的以色列2007年3月8日展示了一台名为"毒蛇"的便携式战斗机器人,看起来像微型坦克,可在狭小和危险地带作战,是世界上首个用于城市作战和反恐的便携式机器人。这台"毒蛇"机器人重约2.3千克,仅有小型电视机那样大。在遥控人员或者安装在它"大脑"里的程序的指挥下,它可以只身深入危险战斗地带,利用机载激光瞄准器和9毫米口径机枪杀伤敌人,而且能够投掷烟幕弹、眩晕弹和爆破弹,还能够发现和拆毁炸弹,以减少以色列军队与巴勒斯坦和黎巴嫩真主党游击队面对面白刃战的危险。

新型"弯刀"——拆弹机器人

英国国防部日前宣布已签署价值6500万英镑(约合1.27亿美元)的军购合同,用于购买一批可辅助拆除炸弹的新型机器人。根据合同,美国军工业巨头诺思罗普·格鲁曼公司设在英国考文垂的子公司——远程技术公司将提供80个名为"弯刀"的远程遥控六轮机器人,用以取代20世纪70年代投入使用的排爆机器人。

报道称,新型机器人拥有特殊轮胎和先进的悬挂系统,可在多种地形自如行动。机器人的机械手臂由操纵杆控制,使拆弹人员可在安全距离外进行遥控操作。此外,新型机器人的拆弹速度也更加迅捷。

国防部采购官员雷森说,恐怖分子如今能获得更多的技术信息,制作更加复杂的爆炸装置。"弯刀"机器人的出现将为拆弹专家提供更好的帮助,为英国打击恐怖主义提供更多技术支持。

情报机器人(VIPeR 系统)

在 2007 年 3 月举行的空军协会冬季研讨会上,埃尔比特系统公司展示了其最新型的地面自主车辆——多功能便携式情报机器人,该系统可以支持步兵部队执行作战任务,能够翻越障碍物执行多种任务,降低士兵伤亡并提高战斗效率。埃尔比特系统公司在以色列国防部研究和发展部的资助下研制出该系统的原型,并交付给以色列国防部进行评估。

这种小型的机器人装备有 2 个电动机,可以在城市地型下拥有高度机动能力。该机器人最初的用户可能是特种作战部队,但最终以色列国防军计划在步兵排级单位里部署 VIPeR 系统。这种新型机器人可以装备有视觉和声敏元件组成的标准套件,并能够装备多个受动器。

为了在战斗的各个阶段降低士兵的风险,VIPeR 能够承担许多目前士兵所要完成的任务,通过添加传感器、各种模块和有效载荷,它可以执行多种特殊任务。该系统体积为 18 英寸(长)×18 英寸(宽)×9 英寸(高)(45.7 厘米×45.7 厘米×22.9 厘米),重量为 25 磅(11.35 千克)。这种小型情报系统还能够配备武器。它可以通过控制柄和头盔显示器进行遥控。可选择的负载包括前视红外探测(FLIR)系统、昼/夜观察变焦摄像机、炸弹发掘器、干扰器、催泪弹释放器、4 英尺(1.22 米)机械臂、夹具、内置地图等。VIPeR 是埃尔比特公司与以色列国防部国防研发理事会(DDR&D)合作,根据以色列国防军(IDF)便携式无人战车(PUGV)项目开发的。在经过运行评估后,以军将在其步兵中进行部署。

"举起手来"——韩国的"宙斯盾"哨兵

据韩国联合通讯社报道,由韩国自行研制的智能型警戒战斗机器人"宙斯盾",目前正为驻伊韩军站岗放哨,防止伊拉克反美武装分子的夜间偷袭。"宙斯盾"装配有探测和监控镜头,以及韩国国产 K-2 冲锋枪,可以代替哨兵 24 小时执行警戒任务。在夜间,它可以探测到 2 公里之内的运动物体,并且通过屏幕传至监控室。监控室配备有控制机器人射击的操作系统,探测锁定渗透进来的敌人后,警戒战斗机器人通过内置电脑,自动测算出射击距离等数据,然后进行射击,命中率接近 100%。"宙斯盾"的弹夹装有 100 发子弹,可以连续射击。

韩国计划在 2020 年前裁军 18 万,2007 年已经开始打造机器人军团,使韩军的战斗力加强了 2~4 倍。韩国军方希望,到 2011 年部署大约 250 部战斗机器人,守卫在韩朝边境线上。

目前韩国国防部和信息通讯部正在为陆军研制名为"犬马"的机器人。"犬马"能在敌阵中冲锋陷阵,在野外和危险地形,通过"犬马"机器人配备的无线网络可进行监视侦察、探索危险品等行动。同时还在研制轻战斗机器人,它配备有火箭炮和机关枪等,可以攀爬建筑物的阶梯,快速移动到敌军眼前,能够一眼得知敌军的位置和武装程度,甚至可以将手榴弹大小的投掷型监视机器人抛到韩军预测的敌军位置。投掷型监视机器人落地后,可将获取的周围情报传输到韩军士兵手腕上的手表型计算机中。

MDARS-E 型室外保安机器人

在美国新泽西州的一家医药公司里,一台小车式的机器人正在公司大楼狭窄的过道中巡逻,只要发现有烟雾或距其 30 米以内有行人,它就会向指挥中心的值班人员发出警报。这是一台 SR2 室内保安机器人,是由 Cybermotion 公司为满足美国三军后勤部门的迫切需求研制的。

保安机器人一般可分成室内型及室外型两种,SR2 就属于室内机器人,它的改进型叫 MDARS-I。1999 年年中,Cybermotion 公司与美国陆军签订了一项为期 7 年的合同,生产 MDARS-I 机器人,每个系统单价约 10 万美元。美国陆军一共将采购 25 个系统 100 台机器人,用于美国 18 个不同的军用仓库中,2001 年正式生产。MDARS-I 的最低速度为 3 公里/小时,一次充电可连续工作 8 小时,它可在 360 度范围内发现 10 米远的物体。机器人装有入侵者探测用的微波雷达,热成像仪,音响传感器,一台 CCD 摄像机,红外照明器和旋转及倾斜平台,还有超声波传感器及导航传感器等。一个无线局域网络转接器方便了机器人与控制站的通信。下班后机器人在仓库内巡逻,可发现烟、火及入侵者。此外,它还可确定所存物品的状况及位置,发现问题及时发出警报。

MPR-800 多用途机器人,可用于扫雷、灭火、核生化污染清除等多项危险工作。

美国机器人系统技术公司正在研制一种 MDhRS-E 室外型机器人,即将进入工程制造阶段。机器人可识别并绕过障碍物,若绕不过去,就停下来,并通知控制站操作人员。它的负载主要有立体摄像机、前视红外摄像机、多普勒雷达、4 线激光扫描仪、超声波传感器、微波及光缆通信网络、视频标签阅读器。导航传感器有差分 GPS 系统、陀螺仪、倾斜仪、4 轮编码器及驾驶定位传感器。

MDARS-E 在值班时可自主进行监视,发现入侵者或异常情况时,视频链路自动启动,控制站记录下音响及视频警报,保安人员可以由远处观察那里的情况,或与入侵者对话。

室外型机器人可用于军事基地、核武器设施、洲际导弹发射井、军需仓库、军火库、机场、铁路枢纽、港口、储油区及其他重要设施的保卫工作。

阿富汗机械战警

2002 年 7 月 29 日,美军战争史上第一个机器人踏上阿富汗东部的山区,从而开创了美军使用机器人作战的先河。这种看起来很像坦克模型的机器人,可轻易越过地面障碍物,可携带小型武器,并能把"眼前"的景象用数码照片形式传输给等候在不远处的士兵。距离阿富汗东部重镇霍斯特约 30 公里的齐加山区,是美军驻阿部队最近要搜索的区域。塔利班和"基地"残余分子可能就隐藏在宽约 500 米的干枯河床附近。这里有大大小小十来个山洞,有的是天然形成,洞口又窄又低;有的明显经过人工修葺,里面又大又宽。检查这些山洞是一项十分危险的工作,因为进入探路的士兵很可能遭到恐怖分子埋伏,或者被困陷阱。考虑到种种危险,换机器人进去就很安全了。美国目标任务小组 2002 年 5 月接到五角大楼的命令,研制一种专门检查洞穴的机器人。

短短 2 个月后,这些正处于试验阶段的机器战士们已经开始服兵役了。第一个走上战场的是"赫尔墨斯"。"赫尔墨斯"身长约 90 厘米,周身有 4 条白色履带。在洞内的土地上,它可以飞快行驶,每前进一段距离,就用数码照相机拍上几张,即时无线传输至洞口士兵手中的遥控器上。如果遇到较大的石块,"赫尔墨斯"还会转动身上的两个三角形轮子,轻松越过障碍。这种机器人的高度、重量和外形都是经过专门测算后确定的,30 厘米的身高使它能够避开地面的绊脚绳,18.9 千克的体重能够使它即便踩上地雷也不会将其引爆,椭圆外形和身上的履带可以帮助它顺利"翻身"。

"赫尔墨斯"效率极高,短短一个工作日就搜索了两个山洞。几名美军士兵很快携带仪器,将洞内的地雷挖出或引爆,然后在洞口标明"安全"字样。据悉,目标任务小组第一批共生产了 4 个机器人,总造价为 4 万美元。这 4 个机器人都配备了全球定位系统,可以互通彼此的位置。它们协同工作的时候,可以携带至少 12 个照相机、一只手雷发射器、一挺散弹枪。它们传输的信号可以由普通电脑接收,指令都由操作员发出。

不过,这种机器人的缺点也很明显,那就是需要勤换电池。每个机器人可携带两节一千克重的充电电池,每个电池使用时间仅为一个小时。

智勇双全的机器人地雷

地雷在人们的印象中,好像都是埋在土里,被动地发起攻击。这种思路也牢牢地占据着地雷设计人员的头脑。在二战前后,地雷的使用也都是如此,都是在防守中埋设在自己阵地的前沿。只有很少的一部分被飞机或是特种部队布设在敌人控制区里,算是地雷的"主动进攻"吧。这种思路在当时的科学技术条件下也算是正常的,但地雷的被动进攻却让人们留下了一点遗憾。

在 20 世纪 80 年代,随着科学技术水平的不断提高,各国对地雷的设计思路也在不断地改变着。这时,具有一定智能的机器人地雷就诞生了。说到机器人,大家都不陌生,从一些电影中,从一些科教片中,都可以看到他们的身影。但机器人地雷可与这些有着本质的不同。

说到机器人地雷,并不是生产出像人一样的机器,拿着地雷冲向敌人。而是指一种可以自行移动的,有一定智能的爆炸物。这种爆炸物可以埋设在土里,通过各种设备观察着四周的动静,一旦发现敌人,它就会立刻启动,冲向敌人并引爆自己,给予敌人巨大的杀伤。

这种机器人地雷的外形已经与传统的地雷的外形有着本质的区别了,不再是以往的圆形,而是根据作用的不同有着不同的外形。但不论什么外形,你看上去绝对不知道这是地雷。

美国在20世纪80年代就研制了一种机器人地雷。这种地雷其实就是一个电动小车,在车上装载了具有自动攻击能力的武器系统。这种地雷可通过遥控或是人工放置布设在预定地点。布设好雷后,地雷会利用自身携带的各种传感器"监视"着四周的动静。一旦发现敌人坦克或是其他部队,他们启动小车,冲向敌人,并发射火箭。当然这种地雷如果用于攻击敌人战士,作用不是很明显。毕竟一个小车武器的装载量是有限的,那种大范围的射击,并没有太大的威慑力。但如果这种地雷用于攻击敌人的装甲力量,那就厉害了。一辆地雷小车可以携带2~3枚攻击火箭,可以攻击2~3个敌人的装甲力量。

机器人地雷的优点如下。

①主动攻击能力强,控制范围广。之前我们使用的地雷,都是被动攻击。也就是说被人踩上或是走到极近的地方才能引爆,才能攻击敌人。这种地雷的攻击范围很小,控制范围也很小,只能用于阵地防守。但机器人地雷的攻击范围相当大,它依靠车上的探测装置可以控制一定的范围。在这个范围内它都能进行有效的攻击,几乎相当于在那片区域潜伏着一个火力手。这种雷还由于它的武器系统是装载在小车上的,破坏力也就随着增加。这种地雷一般在小车上装载的武器是火箭,攻击力极强。

②具有攻击的选择性。平常的地雷一旦被埋设好,就等着敌人上钩。那时的地雷尽管也分很多种,针对不同的用途设计也不同,但攻击的选择性较差。比如说反坦克雷,这种雷一旦被汽车压上也会爆炸,它只能摧毁压上它的汽车。再比如说微型反步兵雷。当坦克压上它时,它就会爆炸,但由于威力太小,根本起不到杀伤的作用。但机器人地雷可就不同了,它具有选择攻击的能力。机器人地雷利用侦察装置,着重侦察装甲车等重型装备。一旦发现,主动发起攻击。而在附近移动的士兵等相对"弱小"的事物就不会引起它的注意,它还会隐藏在土下,等待攻击。

③具有移动能力,隐蔽性强。既然是小车,那它就有一定的移动能力,这种移动能力增加了排除的难度。这种不断移动的地雷,像以前那样排出一条进攻或通行的通道的思路是不行的。它们会隐藏在道路的两边等待时机,一旦发现通道上有合适的目标,它们就会发起攻击。对付这种目标就是排除一个区域内的所有地雷,那时可就阻碍了敌人进攻的路线或时间。

④有可回收使用的可能性。小车在发射完自身携带的火箭之类的武器后,可以自行寻找隐藏地点。这样在下次使用时,只要重新装载上发射的火箭和换上电瓶就可以重复使用了,一定程度上降低了战争成本。

军事家曾预言,在今后的战争中,机器人地雷一定会在其中发挥无与伦比的作用,甚至可能会决定一场战争的胜败。

　　小型扫雷机器人是一种体积小、重量轻的新概念扫雷装备,它既可以辅助专用扫雷车,又可以辅助工兵部队探测地雷和排除地雷,而且成本低廉,安全可靠,地形适应能力强,是未来扫雷的重要装备之一。它是对传统扫雷手段的有益补充,是机器人向危险环境作业领域的延伸,尤其适合没有严格时间限制的、大区域的国际人道主义扫雷行动。

　　扫雷机器人一直以来备受各主要发达国家的重视。美国佛罗里达智能机械设计实验室研制的近距离探雷标识机器人(Landmine detection and marking robot),日本研发的"彗星2号"探雷、扫雷机器人,斯洛伐克、挪威等国研发的新式扫雷机器人自动作业机器人(该系统带有一个希伯尔公司的 AN-19/2 地雷探测器,标识地雷器材选用喷漆,可完全自动实施探测作业。采用摩托罗拉68HC11微处理器和6811组件控制该机器人作业。当探测器探测到地雷时可越过地雷,对其标识后继续实施探测)。

　　"彗星2号"机器人不但可以探测到普通的地雷,而且采用声波雷达,可发现金属探测器无法发现的塑料地雷。这种机器人计划用于阿富汗的扫雷工作,但价格十分昂贵。此外,近年来,为了响应联合国的维和扫雷行动,斯洛伐克、挪威等国家也开发了无人遥控操作的新式扫雷机器人。

　　值得一提的是,2002年8月19日第一届机器人探雷国际比赛在伊朗举行,来自伊朗、美国、哥伦比亚、黎巴嫩、马来西亚和埃及等国家的多支队伍参加了为期三天的角逐。据伊通社报道,比赛的目的是为了利用当今世界高科技创造和平与安定。伊朗埋有的地雷数在世界上排名第二,而且雷场控制区正是石油丰富的地区,因此利用机器人探雷具有非常显著的现实意义。

　　近年来,在国家科技部863计划的大力支持下,我国已成功开发了具有自主知识产权的扫雷机器人,并在此基础上派生出适应不同地形的多种型号。HDT-1型扫雷机器人是为适应沙漠、平原、戈壁等较为平坦的地理环境而设计的低成本扫雷机器人,HDT-2型扫雷机器人则是为了适应灌木丛、山地、丘陵、树林等特殊环境而设计的,该机器人的爬坡能力可以达到30度以上。目前,HDT系列扫雷机器人已有多台销往联合国维和中心执行国际人道主义扫雷任务,并得到了有关领导的一致好评。

　　当今世界,和平、发展、合作已成为时代潮流,世界多极化和经济全球化趋势深入发展,在安全上的相互依存日益加深。虽然地雷曾被许多弱势国家列为常规性防御武器的首选,在反侵略战争中起到过举足轻重的作用,但由于地雷对士兵和平民不具有选择性,而且数量巨大,分布广泛,对战后平民的日常生活造成了巨大的影响,许多地方出现了有地不敢种,有路不敢走的怪现象,人道主义灾难十分严重。机器人技术向扫雷领域的延伸,适应了国际人道主义维和扫雷行动的需要,扫雷机器人还可以和探地雷达、红外成像、核四极等多种高新技术结合,具有独特的优势。与传统的扫雷装备相比,扫雷机器人具有体积小、环境适应能力强、作用可靠、对环境的破坏小、相对扫雷成本低等优势。同时,在大区域内多个扫雷机器人可形成自组织网络,从而为实现大区域无人化、信息化扫雷奠定了基础。

自杀式机器人地雷

你见过活地雷吗?你见过可自行修复雷场、主动寻敌的智能地雷吗?或许,你连想都没想到过。可如今,美国五角大楼前景防务设计局的专家们却已经制造出了一种汇聚集体智慧的活地雷。这种地雷能够在战场上自动移动位置,可在既定部署地段调整出最好、最合理的防御布局。实际上,这种地雷相当于一种机动自杀式机器人。

据美军工程师的设想,在未来"自行愈合雷场"上将部署近千颗智能反坦克地雷。部署之后,这些地雷可在几分钟的时间内,利用配备的 GPS 导航系统接收器,计算出相互间的位置,并立即自行调节相互间的蜂窝状布局。如果接收器发生损坏或受到来自卫星的干扰失灵后,这种智能地雷还可通过其他手段来进行调整,可利用外部环境传感器,可分析自身接收的无线电信号,或者使用其他类似方法。

智能地雷还可以交换文本信息,能作为一个作战小组,及时更换因外部作用或一般性电子故障而失效的地雷。在防护区域遭到侵犯时,它们可单独或集体协调做出应对。这些"电子杀手"集体可自行决定,部署什么样的地雷会更有效。这种智能地雷在应对侵犯之后的活动更引人注目。爆破之后,其余未爆地雷可迅速计算出雷场内的裸露地段,设定新的埋设分布图,然后开始协调并自动补充空出来的地段。这种地雷可借助配备的活塞式推杆和微型火箭,从一个地方跳跃或爬行到另一个地方。

据美国高级防务项目研究局透露,美军已经进行了由洛斯阿拉莫斯国家实验室参与制造的活雷场试验,由 10 颗智能地雷样品组成的小组可完全有效地对付各种入侵。这些机器人地雷在试验中证实,它们确实可以根据自己的智慧,能动地改变雷场配置。研制专家在它们的存储器中输入了大量可对付敌人各种入侵战术的应对程序。这种机器人地雷可在几秒钟的时间内发现雷场破绽并自动修复,可一次移动到 10 米远的地方,并以最大 1 米误差的精度占据新的阵地。

智能地雷的出现令美军非常振奋,但也令世界各国有识之士深为忧虑。目前,从波黑到柬埔寨,在许多地方还埋藏着大量地雷(主要是防步兵地雷),无辜平民经常被炸死或炸残,这种能在原地自动"旅行"的智能地雷还有存在的必要吗?美国人当然有自己的回答,美军专家称这种"活雷场"技术主要借助于操作员的指挥发挥作用,最重要的是,这些地雷将在与部署它们的军人失去联系的一个月后,自行主动销毁。但实际结果怎样,谁也不知道。人们只有寄希望于将来这种联系失去时,并不意味着人员的伤亡。

美军专家认为,虽然对手可以找到许多对抗"智能雷场"的方法,但研制者认为,敌人为突破这种动态雷场,将会花费远远超过突破传统雷场的时间和力量。而且这种使用这种高度机动的地雷,可以促使新型战斗实施方法的出现,以便在比较拥挤的战场、街道甚至封闭空间里高效使用。而且,美军也早就设想把这种任务交付各种各样的爬行或步行机器人来完成。

军用机器人车辆

军用机器人车辆是用来完成各种军事任务的无人车辆。按其行动机构可划分为轮式、履带式和步行式3种类型，按其控制方式可划分为遥控式、半自主式和自主式等类型。

（1）发展情况

军用机器人车辆经历了一个从遥控车辆到自主车辆的发展过程。随着用途的日益扩展，世界上各军事大国都在加紧军用机器人车辆的研制和应用。

①遥控车辆。首先发展的军用机器人车辆是遥控无人车辆，遥控操作手远离车辆，通过选定的控制方式进行遥控。早期的遥控车辆功能简单，如首辆投入使用的德国歌利亚（Goliath）爆炸物运送车仅是一种把爆炸物送到目的地而整车引爆的一次性使用遥控车辆，用电缆通信控制，主要用于摧毁防御工事或扫雷。该车在1942～1945年共生产了7000多辆，用于法国和苏联等国战场。后来德国又研制了一种更先进的BIV型机器人车辆，能在目的地把装药投射出去，采用无线电控制，克服了电缆控制距离短的缺点。为解决无人车辆在操作手视线以外的控制问题，近年来在车辆上配备了立体电视摄像机，操作手可在遥控台监视器上进行观察控制，宛如身临其境的感觉。目前广为使用的是光纤控制，光纤电缆重量轻（每1000米约2千克），信号衰减少，且能传输更多的信息，保密性好。采用光纤控制的机器人车辆遥控距离远，如美国的突击队员机器人车（Robotic Ranger Vehicle），遥控距离可达10公里。

为使光纤控制和无线电控制相互取长补短，一些遥控车辆的控制采用了两者相结合的方法。如美国陆军的ROBAT扫雷车，以无线电控制为主，光纤控制为辅，而美国海军陆战队的遥控车辆则以光纤控制为主，无线电控制为辅。

遥控机器人车辆是较低级的机器人系统，必须由人进行远距离控制，在目前的技术水平条件下，这种车辆的研制易获成功，周期短、费用低。

②自主式机器人车辆。自主式车辆与遥控车辆的区别是它不需要操作手，而是依靠自身的人工智能来完成预定的动作和任务，主要特征是采用了许多先进而可靠的传感器和高速计算机系统，需要复杂的人工智能/专家系统程序。在地面行驶时能选择最佳路线和地形到达目的地。自主式车辆的地面导向需要快速计算机处理系统，而其观察系统需要有高水平的图像识别能力。

虽然自主式车辆是机器人车辆的发展方向，但目前各种自主式车辆研制都未达到实用阶段，大都是半自主式，而且完成的车型也不多，自主式工作能力有限，如美国陆军的PROWLER 60系列车仅具有沿边界自主巡逻的能力。

③研制情况。目前，美国、以色列、英国、西班牙、法国、德国、日本和俄罗斯等国家都在积极研制各种军用机器人车辆，已有许多车型装备使用。

美国是研制军用机器人车辆最积极和进展最快的国家，已拥有多种生产型车和试制样车。该车研制工作开始于20世纪80年代初，国防部预研规划局、陆军坦克机动车辆局和海军陆战队等都很重视，不仅所属研究机构开展了研制工作，而且还与许多大学及厂商进行广泛协作。1983年专门成立的机器人防务系统公司就专门从事军用机器人车辆的研制工作。目前美国比较成功的军用机器人车辆主要有ROBAT扫雷车、PROWLER机器人车和突击队员机器人车等。

为提高军用机器人车辆的水平，美国国防部预研规划局业已开始了自主式地面车辆计划的研究工作。该计划实际上是研制一辆机器人技术表演平台，以论证自主技术研究的最新成果。主要技术有视沉系统、新的计算机结构、规划系统、语言及微电子设备等。

以色列的二十一世纪九月有限公司（Israel's 2lst Century Sivan Ltd）目前已研制出了TSR700型和TSR50型两种遥控式警戒车，前者已装备使用。正在研制TSR150型半自主式机器人车辆。

英国的机器人车辆研究工作开始于1972年，成功的车型是称为手推车（Wheel barrow）的遥控车辆，主要用于清理爆炸物，其最新型号为MK8型。该车目前已生产500辆以上，装备40多个国家。一种称为红火（Redfire）的变型车曾在1982年的马尔维纳斯群岛战争中用于扫雷。

法国AID公司研制一种RM200型（6×6）轮式机器人车辆，用电缆控制，车重250千克，用蓄电池供电驱动，用于清理炸弹等。

日本是世界上工业机器人生产和应用的领先国家，现在积极进行无人车辆的研究。虽然这些无人车辆是为民用目的设计的，但也能用于军事，尤其是用于后勤支援。日立工程研究实验室已制造了一种能随着地形的变化而改变其外形的可变形态履带车的样车模型。

（2）应用范围

军用机器人车辆的应用范围很广，而且还在不断地扩大。目前军用机器人车辆的主要应用有下列几个方面。

①扫雷。扫雷机器人车的使用较早，如歌利亚就可用于引爆地雷。目前最成功的车型是美国在1985年制造的ROBAT扫雷车。

②排除爆炸物。世界上最有名的排除爆炸物机器人是英国的手推车机器人车。以色列的TSR700黄峰遥控车辆也能用于排除爆炸物或处理各种危险品等。

③哨兵站岗巡逻。比较成功的车型是美国的PROWLER机器人车，可自主式工作，也可遥控工作，其60系列车已具备了自主式边界巡逻能力，可为核电站、化工厂、导弹发射井等重要地区担任巡逻警戒任务。

④作战平台。这类机器人车实际上是一种机动性武器平台，上面可以安装各种武器组件，执行战斗任务。如美国格鲁曼航天公司（Grumman Aerospace Corporation）研制的突击队员机器人车可安装3枚反坦克导弹，位于前沿阵地实施反坦克作战。PROWLER车的70系列也可用于反坦克作战。

⑤侦察。如三防侦察、远距离阵地侦察等。PROWLER 50系列车可实施远距离侦察，摄像机位于竖起的桅杆顶部，可超越山丘、树林等进行侦察。

⑥战场后勤支援。如美国研制中的小型掩体挖掘机（SEE），通过遥控能使士

兵和操作手脱离危险环境,减少伤亡。随着机器人技术发展,这类车辆将逐渐增加其自主能力。

（3）技术特点

作为一个完整的军用机器人车辆系统,它的功能组件或子系统很多,涉及的技术领域相当广泛。

对于一般的军用机器人车辆,子系统主要有以下几种。

①推进系统。包括动力装置、行动机构和地面导航系统等。目前各国都很重视研究重量轻、扭矩大而且操作灵活的电动推进系统。行动机构大多是轮式或履带式,也有步行式机器人系统,新研制的车型以轮式居多。

②传感器。它相当于人的五官,负责采集所需的环境信息,关键技术是视沉成像传感器,如高分辨率立体电视摄像机,热像仪和毫米波雷达等。车载传感器还有距离传感器、声学接近感传感器、温度传感器、惯性基准传感器、三防侦察传感器和报警器等。

③信息处理/控制系统。该系统以高速计算机为中心,主要用于提取关键信息,对所得图像进行识别和判断,建立机器人任务模型,用指令信号对被控变量进行控制,使车辆完成一定的动作和特定任务。

④通信系统。主要完成机器人车辆状态和动作与控制台之间的信息传递,使操作手监控机器人车辆,实施遥控。

⑤执行/输出机构。用于精确地完成某种类型的动作及特定任务,如操作臂,各种武器系统,各种特定任务组件等。如 PROWLER 机器人车的桅杆式侦察系统实施远距离侦察,作战平台上安装导弹系统进行反坦克作战,完成瞄准射击等动作。

⑥其他。如防护系统和特种武器系统。根据车辆任务需要,目前可供选择的武器系统有 7.62 毫米机枪等轻武器,有反坦克导弹等重型武器。

（4）发展趋势

①军事地位增强。军用机器人车辆在未来战场上的地位将日益受到重视,其作用会更大。随着各种机器人技术的日益成熟,将会有更多更先进的机器人车辆安装各种武器系统用于军事目的,从而减少人员伤亡。未来的战场兵力部署结构或形式也会因此有所改变,如成立机器人兵团等。

②应用范围扩大。军用机器人车辆的应用范围会增加,如用于新式武器系统试验、清除污染、军工生产、电子对抗等。

③基础研究加强。为发展高性能机器人车辆,各国将日益重视军用机器人技术的基础研究,如高速计算机计算结构、并行计算技术应用、图像识别和处理技术、人工智能和专家系统等。随着这些技术的成熟,不久将会出现无人驾驶的全自主式车辆。

背包里的机器人——龙信使

龙信使是一种遥控地面探测系统,全重 7.3 千克,可以放到一名陆战队员的模块化轻型背包里。它用于装备陆战队小型部队,在城市环境中提供环境知晓和战术保护能力。它有一个实时摄像机,可以执行拐角观察任务。利用车上的运动传感器,它还能以岗哨模式工作。

美国卡内基·梅隆大学(CMU)机器人研究所向美国海军陆战队作战实验室(MCWL)交付了12台改进的MKⅡ型龙信使机动式地面传感器(MGS)样品。

该机动式地面传感器是用来代表小战术单位(连级或以下)进行系统的侦察、监视和目标捕获,以保障该战术单位能以直接或间接火力与敌方交战,还可以提供战场情况和兵力保护。卡内基·梅隆大学将该小型机器人包括传感器在内定价在1万美元/台。

MKⅡ型机动式地面传感器体现了美国海军陆战队作战实验室所提出的改进意见,这些意见是在使用美国海军研究实验室和美国海军研究办公室共同投资研发的原始型样车,并经城市试验和作战评估后而提出的。

MKⅡ型机动式地面传感器车重约5.5千克,载重4.5~5.5千克。车辆采用四轮驱动而非单独后双轮驱动。其他改进包括:增加一套彩色变焦距摄像机;控制、视频回路分别采用不同频带;新型天线;更符合人机工程的手动控制器以及白天易读的显示器。

在评估实验中,龙信使表现了非常好的耐用性。即使从4.2米高度扔下,或者从楼梯上扔下40多次,扔过墙、窗户,都没有影响其性能。

龙信使通常作业距离约200米。对于海军陆战队队员来说,使龙信使抵达建筑物楼顶的标准方法是通过窗、门将其抛出,这就取消了对龙信使的爬楼梯要求,简化了设计。

龙信使没有悬挂装置,当从建筑物的三层阳台抛出或与障碍物相撞时,产生的加速度为40g的冲击力将由其轮胎和底盘所吸收。其行驶速度可达40公里/小时。即使失去一个或大部分车轮时,它仍可继续作业。

战争奇兵——"机械狗"

美国国防部正在努力研制各种新型设备,以满足未来作战的需要,狗机器人可能是未来战场上非常重要的一种新型装备。这是个非常现实的课题,如今美军士兵肩上背负的战斗装备约重45千克,美军计划在未来战场上由新研制的机械狗搬运员承担一半的战斗负荷。

美国国防部已经在自动坦克和控制武器项目框内,向波士顿动力公司和Yobotics公司两个机器人技术公司拨款225万美元,授权他们在2年期限内,设计、研制并生产出战争用机械狗样品。未来士兵可以利用它来运送自己的部分装备,以减轻战斗负荷。这种机械狗搬运员不会叫,也不会咬,更不会撒欢,但却非常实用。这种电子产品不会帮助未来士兵翻越高山峡谷,也不会帮助士兵爬楼梯,但它却有四条腿,可以运送弹药、食品和士兵所需要的其他物资。2004年新年伊始,美国军事部门就开始研制这种与真狗大小相仿的机器人。美军还计划给它装备各种武器装备,但具体装备方案则尚未敲定。

美军自动坦克和控制武器项目设计代表蒙奇表示，可以说，人类在寻找战争助手方面经过了一个循环。在华盛顿开国时期，军队主要是利用驴和马来驮运物资，之后是卡车，再后是装甲车和坦克，而现在则又返回到四条腿的动物上来。得到150万美元拨款的波士顿动力公司此前已经获得了"大狗"与"怪图"两个研制项目，公司发言人表示，目前，狗机器人项目正处于架构基础研制阶段。获得75万美元拨款的 Yobotics 公司总裁克鲁普也承认，解决机器人战场搬运任务，让四条腿的机器人平衡行驶，不轻易摔倒，并非易事。而且拨款数额也较少，正在研制的试验样品将只是技术的展示，目的是为了吸引追加拨款。在此方面，日本做得较好，日本公司制造的机器狗 AIBO 早已问世，机器人科学公司早在2000年就已经研制出了 RS-01RoboDog 狗机器人，其他各种步行机器人的研制和生产正在抓紧进行。

机械狗搬运员的研制面临各种问题，首先是"喂养"问题。当然，可以通过依附在内燃发动机上获得能源，不过那样的狗机器人将不再是不引人注意的小型机器人了，因为它越过街道时的噪声和轰响声将超过110分贝。另外发动机激活系统的工作效率也将大幅降低。为了节约能源，必须模仿并复制动物的性能，使狗机器人的躯体与计算机大脑保持较好的协调性能。

机器侦察兵

(1)"徘徊者"侦察机器人

美国第一代侦察机器人是在海军陆战队的支持下，由海洋系统中心研制的。它由 M113 装甲人员运输车改装而成，体积较大。

为了在城市作战中隐蔽性更好，海军陆战队正在研制第二代小型侦察机器人Sarge，它于1998年初首次露面，1999年5月进行了演示。该车是在一辆雅马哈125四轮全地形车上，装上不同的摄像机和夜视装置构成的。它的隐蔽性好，适于昼夜侦察。Sarge 发现单个人的距离为1公里，发现车辆的距离为5公里。机器人车由运输车中的操作员控制，控制器装有全球定位系统，可精确确定敌人目标的位置，通过无线电或光缆遥控机器人。不过海军陆战队认为，Sarge 体积还不够小，下一步应研制体积更小的侦察机器人。

(2)昆虫机器人

美国海军陆战队正在探索实现微型无人地面车辆的可能性，想研制出一种比人手还小的无人地面车辆，它可以行走，有翅膀、会跳跃或短距离飞行。这种系统有助于部队更好地了解战情，减少伤亡，提高远征军的效率，特别是在城市作战环境中。一支远征军可装备40~50台微型无人车辆，利用有人飞机将它们投入作战地区。技术上的困难主要是动力问题。这种系统需要有较大的作用距离，但目前的电池在这样小的尺寸内不能提供足够的动力。可供选用的能源正在研究之中。

美国陆军打算近期研制出下一代核生化(NBC)传感器，装备到第四代坦克中，把它们改造成为侦察车，这些侦察车具有运动中远距离探测核生化污染的能力。它可在战场上发现、识别、测绘及标志核生化污染，并向部队发出报警。为了扩大侦察车的探测能力，陆军考虑研制一批小型无人机及无人地面车辆，由侦察车携带、部署及控制。

美国国防高级研究计划局准备在近期投入 1000 万美元,研制昆虫大小的移动及固定的微型无人地面传感器(MUGS),这类机器人的体积只有 2.54 立方厘米大小,可以携带音响、电磁、地震、化学、生物成像及环境等各种传感器,可利用炮弹、火箭、导弹、飞机、无人机将它们投掷到敌人的防线后面,也可附在敌人的车辆上,混入敌人的阵地进行侦察。它们可单独使用,也可联网。可搜索及跟踪战场上的机动目标,并对它们分类;也可对建筑物进行侦察,识别其中的人和机器的活动。

排爆机器人

排爆机器人是排爆人员用于处置或销毁爆炸可疑物的专用器材,可以避免不必要的人员伤亡。它用于在各种复杂地形进行排爆。主要包括:代替排爆人员搬运、转移爆炸可疑物品及其他有害危险品;代替排爆人员使用爆炸物销毁器销毁炸弹;代替现场安检人员实地勘察,实时传输现场图像;可配备散弹枪对犯罪分子进行攻击;可配备探测器材检查危险场所及危险物品。

(1)分类

按照操作方法,排爆机器人分为两种:一种是远程操控型机器人,在可视条件下进行人为排爆,也就是人是司令,排爆机器人是命令执行官;另一种是自动型排爆机器人,先把程序编入磁盘,再将磁盘插入机器人身体里,让机器人能分辨出什么是危险物品,以便排除险情。由于成本较高,所以很少用,一般是在很危急的时候才肯使用。

按照行进方式,排爆物机器人分为轮式及履带式,它们一般体积不大,转向灵活,便于在狭窄的地方工作,操作人员可以在几百米到几公里以外通过无线电或光缆控制其活动。机器人车上一般装有多台彩色 CCD 摄像机用来对爆炸物进行观察;一个多自由度机械手,用它的手爪或夹钳可将爆炸物的引信或雷管拧下来,并把爆炸物运走;车上还装有猎枪,利用激光指示器瞄准后,它可把爆炸物的定时装置及引爆装置击毁;有的机器人还装有高压水枪,可以切割爆炸物。

(2)特点

具有出众的爬坡、爬楼能力,能灵活抓起多种形状、各种摆放位置和姿势的嫌疑物品。最大爬坡能力为 45 度楼梯。可远距离连续销毁爆炸物。还标配可遥控转动彩色摄像机,其中大变焦摄像机可 128 倍放大,确保观察无死角。目前,它在中国国内同类装备中处于领先地位,只有少数城市拥有这种机器人。排爆机器人外形酷似火星探测机器人。它的结构十分紧凑,两排 6 轮驱动,车轮外覆盖着抓地橡胶履带,移动非常迅速。这台排爆机器人的身上带有 5 个摄像头,这就是它的"眼睛"。机器人通过"眼睛"把看到的现场传输到遥控装置的液晶显示屏上,操作人员通过显示屏上的情况进行操作。排爆机器人还配有红外线夜视系统,可以在夜间进行排爆。遥控器的最远控制距离约 100 米,通过对遥控器上各种按钮的操纵,机器人张开"手掌"将模拟爆炸物抓起,快速地运送到几十米外的排爆罐中。机器人可以抓起重达 80 千克的爆炸物。机器人还有一条备用延长手臂可以抓取高处、远处的爆炸物。其用途如下：①代替排爆人员搬运、转移爆炸可疑物品及其他有害危险品；②代替排爆人员使用爆炸物销毁器销毁炸弹；③代替现场安检人员实地勘察，实时传输现场图像；④可配备散弹枪对犯罪分子进行攻击；⑤可配备探测器材检查危险场所及危险物品。

（3）实际需求与应用

除了恐怖分子安放的炸弹外，在世界上许多战乱国家中，到处都散布着未爆炸的各种弹药。例如，海湾战争后的科威特，就像一座随时可能爆炸的弹药库。在伊科边境 1 万多平方公里的地区内，有 16 个国家制造的 25 万颗地雷，85 万发炮弹，以及多国部队投下的布雷弹及子母弹的 2500 万颗子弹，其中至少有 20% 没有爆炸。而且直到现在，在许多国家中甚至还残留有一战和二战中未爆炸的炸弹和地雷。因此，爆炸物处理机器人的需求量是很大的。

（4）各国的排爆机器人

在西方国家中，恐怖活动始终是个令当局头疼的问题。英国由于民族矛盾，饱受爆炸物的威胁，因而早在 20 世纪 60 年代就研制成功排爆机器人。英国研制的履带式"手推车"及"超级手推车"排爆机器人，已向 50 多个国家的军警机构售出了 800 台以上。最近英国又将手推车机器人加以优化，研制出土拨鼠及野牛两种遥控电动排爆机器人，英国皇家工程兵在波黑及科索沃都用它们探测及处理爆炸物。土拨鼠重 35 千克，在桅杆上装有两台摄像机。野牛重 210 千克，可携带 100 千克负载。两者均采用无线电控制系统，遥控距离约 1 公里。

美国 Remotec 公司的 Andros 系列机器人受到各国军警部门的欢迎，白宫及国会大厦的警察局都购买了这种机器人。在南非总统选举之前，警方购买了四台 Andros VI A 型机器人，它们在选举过程中总共执行了 100 多次任务。Andros 机器人可用于小型随机爆炸物的处理，它是美国空军客机及客车上使用的唯一的机器人。海湾战争后，美国海军也曾用这种机器人在沙特阿拉伯和科威特的空军基地清理地雷及未爆炸的弹药。美国空军还派出 5 台 Andros 机器人前往科索沃，用于爆炸物及子炮弹的清理。空军每个现役排爆小队及航空救援中心都装备有一台 Andros VI。可以上楼梯，配备 40 颗子弹。

美国 REMOTEC 公司是 NorthropGrumman 的子公司，作为传统的警用排爆机器人生产商，REMOTEC 生产的防爆机器人包括 AndrosF6－A、WheelbarrowMK8PlusⅡ、WheelbarrowSuperM、AndrosWolverine、AndrosMiniⅡ、AndrosⅣ－A1、Swordfishand-Marlincutting－systems 等。

其中，F6－A 采用活节式履带，能够跨越各种障碍，在复杂的地形上行走。速度为 0~5.6 公里/小时，无级可调，完全伸展时，最大抓取重量 11 千克，配有三个低照度 CCD 摄像机，可配置 X 光机组件（实时 X 光检查或静态图片）、放射/化学物品探测器、散弹枪等。可用于排爆、核放射及生化场所的检查及清理，处理有毒、有害物品，特警行动和机场保安。

TSR-700 黄蜂警戒车是以色列二十一世纪九月有限公司研制的一种作为保安用的地面机器人车辆，可用于易爆物处理、警戒、侦察、消防、巡逻和危险品搬运等。

该车长 1.7 米、高 1.2 米、重 695 千克,可携带 290 千克重物,行驶速度可达 12 公里/小时,内燃机可连续工作 7 小时。它的机械手臂全部伸展开为 3 米,且很灵活而坚固,有 7 个自由度,可举起 120 千克重物。该车可用于无线电在 1.5~3 千克的距离内遥控,操作手可在电视监视器上看到手臂的操作,图像由车上的两个摄像机提供,车上微型计算机帮助操作手进行控制。黄蜂系遥控车中还包括一种小型 TSR-50 履带式遥控车,用于执行保安任务。警方已订购部分车辆。此外,目前该公司还正在设计一种中型 TSR-150 履带式遥控车,它能进行有限的障碍导航,在平地上能以较高的速度行驶。国外先进的反恐排爆机器人还有:英国 ALLEN 公司的 Defender 型、加拿大 PEDSCO 公司的 RMI-9WT 型、德国 TELEROB 公司的 TE-ODOR 等。

"魔爪"

据法国《防务宇航》2008 年 5 月 8 日报道,英国奎奈蒂克(QinetiQ)公司北美分公司福斯特·米勒公司(Foster-Miller)宣布,该公司已经向美国军事部门完成交付了第 2000 辆"魔爪"(TALON)军用机器人。据分析,与其他型号机器人相比,"魔爪"军用机器人在今后一段时间内还将会更多地被继续大量采购和部署。

目前,"魔爪"军用机器人被大量部署到阿富汗和伊拉克等地区,其最为首要的任务是辅助军事人员完成一些极端危险的工作,如侦察和拆除敌方部队为攻击己方部队而设置的路边炸弹及其一些简易爆炸装置(IED)。据悉,"魔爪"军用机器人能够在不装备爆炸物处理装置(EOD)和战斗工程设备的情况下遥控拆除简易爆炸装置。

此前,在执行任务时损坏了大批军用机器人,但是,这些军用机器人已经在"机器人医院"通过联合机器人修复设备被快速地修复。"魔爪"军用机器人同样也能够在爆炸损坏之后经修复重新返回战场继续工作,就目前的统计数来看,每一台"魔爪"军用机器人平均可经受"爆炸损坏—修复—返回战场"这种反复 10 次以上。事实证明"魔爪"军用机器人确实具有很强的耐用性和持久性。

"魔爪"军用机器人于 2000 年被首次部署。自 2001 年至 2007 年 3 月,福斯特·米勒公司先后向美国军事部门交付了 1000 辆"魔爪"军用机器人。而在 2007 年 4 月至 2008 年 5 月,"魔爪"军用机器人的采购和交付总数却达到了 2000 辆,远远超过了其他型号机器人的增长速度。

此外,自 2000 年以来,"魔爪"军用机器人的生产线已经被一再扩大,"魔爪"军用机器人可以执行的任务也扩大到了简易爆炸装置拆除、侦察、危险品操作、战斗工程支援和 SWAT/MP 部队辅助等领域。

伊拉克战场上的"机器人士兵"

经过几年时间的准备,三名荷枪实弹的美国"机器人士兵"终于来到了伊拉克战场。这也是世界上第一次在战争中使用远程遥控战斗机器人。据报道,部署这三个机器人的是驻守在巴格达南部的美国陆军第三步兵师,他们花了 60 万美元购买了三个绰号为"剑"的战斗机器人,这种机器人的全名为"特种武器观测侦察探测系统",其英文首字母缩写恰好为"剑(SWORDS)"。

(1)操纵方法像玩电子游戏

"剑"的作战流程非常明确:只有军方操作者通过机器人自带的摄像头确定敌方目标,并按下开火按钮之后,机器人士兵才会向目标开枪。"剑"的操纵方法很简单,就跟玩电子游戏差不多。负责操纵"剑"的士兵利用一台特制的笔记本电脑来进行操控,电脑配备的操纵杆可以控制"剑"的行动。控制电脑上还有一个"死亡键",如果"剑"有任何出轨的行动,一按这个"死亡键"就可以让"剑"死机,停止一切行动。

"剑"项目的研发商、马萨诸塞州福斯特·米勒公司的鲍勃·奎因介绍说,"剑"的前身是2000年装备美军的"魔爪"(TALON)机器人。"魔爪"早已经部署在阿富汗和伊拉克战场上,不过它的任务是拆除炸弹,不像"剑"可以身背机关枪直接执行战斗任务。

对于每天在伊拉克担惊受怕的美军士兵来说,机器人"剑"可谓一个大救星。

(2)一"剑"等于几个士兵

制造商表示,一个机器人士兵"剑"身上所装备的武器,绝对能发挥好几个人类士兵的战斗力。这次赴伊拉克战场的机器人"剑"随身配备的武器为M240型机关枪,这种口径为7.62毫米的机关枪适用于对隐蔽的敌人进行突袭,能够一口气打上数百发子弹压制敌人的火力。

当部队指挥官发现前方有敌人埋伏时,他可以先派"剑"做开路先锋,用它强大的火力扫清道路,这样可以大幅减少士兵的伤亡。除此之外,"剑"还能装备M16系列突击步枪和M202-A1型6毫米火箭弹发射器。除了强大的武器之外,机器人还配备了4台照相机以及夜视镜和变焦设备等光学侦察和瞄准设备。

由于"剑"的武器安装在一个稳定平台上,加上使用电动击发装置,它的射击精度相当惊人:如果一名神射手能准确击中300米外篮球大小目标的话,那"剑"就能射中同等距离,但只有一枚硬币大小的目标。

中国首款单兵机器人——"龙卫士"

2003年以来,我国科研人员在跟踪国外反恐机器人研究的基础上开始了中国反恐机器人的研究和开发工作,经过将近4年的开发,终于开发出了自己的单兵反恐机器人"龙卫士"DG-X3。"龙卫士"DG-X3有以下8个技术方面的突破点。

①轻型便携。

②全地形全气候适应:可在草地、沙地、泥地、碎石地、雪地运行,还可以在水下运行至少3米,是两栖作战的机器人。

③爆炸物处理:可携带和操作爆炸物解拆器、水炮枪处理爆炸物。

④开发类似人的灵巧手臂进行爆炸物及可疑物品的转移。

⑤完成侦察任务:可携带X光检测仪、热成像系统、地雷识别器进行敌情和危险环境识别。

⑥对敌目标射击:可安装携带各种武器对敌目标进行射击。

⑦优越的机器人越障能力:30度楼梯,30度斜坡,20厘米垂直障碍物。

⑧超强的负载能力:机器人负载能力达到60千克。

以军便携机器人擅长城市游击战

据德国《防务专家》报道,以色列埃尔比特公司近日推出了两款新式"毒蛇"系列便携式侦察机器人——"小毒蛇"和"大毒蛇"。据称,以色列国防军已经开始装备此类机器人。

在战场机器人领域,埃尔比特公司堪称经验老到,并拥有专业技术支持,其生产的侦察机器人装备有通用控制系统,操作简便;另外,还具备实时图像传输和进入建筑物内绘图的功能。

"小毒蛇"是一种极为轻巧的机器人,仅重3.5千克,可由单兵携带。"小毒蛇"机器人装备有先进的传感器,可在多种复杂地形灵活机动。在城市中作战时,以色列士兵进入建筑物之前,可将"小毒蛇"直接从窗户抛入室内,或是从破洞进入实施侦查。而另一款较大的战斗机器人——"大毒蛇"装备有机械手和传感器,具备拆弹功能,还可处理放射性物品。

《防务专家》称,"毒蛇"家族的机器人可帮助地面部队应对在低烈度冲突中面临的挑战。便携式机器人灵活适用,可搭配多种传感器、任务模块,适用于特种任务。如今,以色列的老对头——"哈马斯"和"真主党"擅长在城市中打游击,以色列装备小型机器人就是想在情况复杂的城市战场中占据主动。

消防机器人

面对无情的火灾,公安部上海消防研究所、上海交通大学、上海市消防局共同制订了研制消防机器人的计划。经过3年的研究,我国第一台消防机器人已经诞生。消防机器人可以行走、爬坡、跨障、喷射灭火,可以进行火场侦察。

近年来,我国石化等基础工业有了飞速的发展,在生产过程中的易燃易爆和剧毒化学制品急剧增长,由于设备和管理方面的原因,导致化学危险品和放射性物质泄漏、燃烧爆炸的事故增多。消防机器人作为特种消防设备可代替消防队员接近火场实施有效的灭火救援、化学检验和火场侦察。它的应用将提高消防部队扑灭特大恶性火灾的实战能力,对减少国家财产损失和灭火救援人员的伤亡将产生重要的作用。在南京金陵石化火灾、北京东方化工厂罐区火灾等事件发生后,国内消防部队要求研制、配备消防机器人的呼声越来越高。此次消防机器人的研制成功,对我国21世纪的消防装备的发展以及消防部队的技战术的拓展将产生重要的影响。

不仅在我国,在世界上消防工作也是一个大难题,各国政府都千方百计地将火灾的损失降到最低点。目前已有五种用途的消防机器人投入使用。

(1)遥控消防机器人

1986年我国第一次使用了这种机器人。当消防人员难于接近火灾现场灭火

·武器装备·

图文珍藏版

时,或有爆炸危险时,便可使用这种机器人。这种机器人装有履带,最大行驶速度可达 10 公里/小时,每分钟能喷出 5 吨水或 3 吨泡沫。

(2)喷射灭火机器人

这种机器人于 1989 年研制成功,属于遥控消防机器人的一种,用于在狭窄的通道和地下区域进行灭火。机器人高 45 厘米,宽 74 厘米,长 120 厘米。它由喷气式发动机或普通发动机驱动行驶。当机器人到达火灾现场时,为了扑灭火焰,喷嘴将水流转变成高压水雾喷向火焰。

(3)消防侦察机器人

消防侦察机器人诞生于 1991 年,用于收集火灾现场周围的各种信息,并在有浓烟或有毒气体的情况下,支援消防人员。机器人有 4 条履带、一只操作臂和 9 种采集数据用的采集装置,包括摄像机、热分布指示器和气体浓度测量仪。

(4)攀登营救机器人

攀登营救机器人于 1993 年第一次使用。当高层建筑物的上层突然发生火灾时,机器人能够攀登建筑物的外墙壁去调查火情,并进行营救和灭火工作。该机器人能沿着从建筑物顶部放下来的钢丝绳自己用绞车向上提升,然后它可以利用负压吸盘在建筑物上自由移动。这种机器人可以爬 70 米高的建筑物。

(5)救护机器人

救护机器人于 1994 年第一次投入使用。这种机器人能够将受伤人员转移到安全地带。机器人长 4 米,宽 1.74 米,高 1.89 米,重 3860 千克。它装有橡胶履带,最高速度为 4 公里/小时。它不仅有信息收集装置,如电视摄像机、易燃气体检测仪、超声波探测器等;还有 2 只机械手,最大抓力为 90 千克。机械手可将受伤人员举起送到救护平台上,在那里可以为他们提供新鲜空气。

中国的排爆机器人

排爆机器人外形紧凑、坚固可靠,可在会场过道、飞机机舱中自如活动,在各种大型机器人无法进入的狭窄环境中执行任务。附加摄像机、喊话器、放射线探测器、毒品探测器、散弹枪、各种水炮枪、探照灯等;模块化设计,所有部件可迅速拆装;遥控/线控可选,遥控距离 300~500 米,线控距离 100 米。

中国研制的排爆机器人性能指标如下。

①长宽高:820 毫米×430 毫米×550 毫米。

②重量:49 千克(全配置)。

③运动灵活,最高速度 20 米/分钟。

④3 台 CCD 摄像机,其中一台具有 10 倍光学变焦,高清晰。

⑤满负荷连续工作 2 小时以上。

⑥碳纤维结构的伸长达 1.25 米的机械手上直接架设水炮枪,任务处置更灵活。

⑦可以在各种地形环境工作,包括楼宇、户外、建筑工地、会场内、机舱内、甚至坑道、废墟。

⑧抓持能力达5~15千克的4关节机械手可以轻松处置藏于汽车底部的可疑物品。

⑨防护等级达到IP65,使机器人满足全天候工作条件,即使在积水路面机器人仍能正常执行任务。

⑩自带强光照明,在黑暗中操作时可以准确分辨物体颜色及位置。

⑪双向语音通信系统可以使指挥中心和现场人员及时交换信息。

Raptor排爆机器人是利用国家863项目开展的课题,现在已经开发到第二代样机,经过天津的武警部队试用反映良好。该机器人具有体积小、布置迅速可以对突发事件进行快速反应的能力。

奥运安保的排爆机器人

奥运的排爆机器人是"秘密武器"中的明星,"身价"不菲。它可在各种复杂地形进行排爆。具有出众的爬坡、爬楼能力,能灵活抓起多种形状、各种摆放位置和姿势的嫌疑物品。最大爬坡能力为45度楼梯。可远距离连续销毁爆炸物。还标配可遥控转动彩色摄像机,其中大变焦摄像机可128倍放大,确保观察无死角。目前,它在国内同类装备中处于领先地位,只有少数城市拥有这种机器人。排爆机器人外形酷似火星探测机器人。它的结构十分紧凑,两排6轮驱动,车轮外覆盖着抓地橡胶履带,移动非常迅速。这台排爆机器人的身上带有5个摄像头,这就是它的"眼睛"。机器人通过"眼睛"把看到的现场传输到遥控装置的液晶显示屏上,操作人员通过显示屏上的情况进行操作。这台排爆机器人还配有红外线夜视系统,可以在夜间进行排爆。遥控器的最远控制距离约100米,通过对遥控器上各种按钮的操纵,机器人张开"手掌"将模拟爆炸物抓起,快速地运送到几十米外的排爆罐中。机器人可以抓起重达80千克的爆炸物。机器人还有一条备用延长手臂可以抓取高处、远处的爆炸物。

2.巷战利器——遥控机器人战斗车辆

近年来,城市战成为军事强国的心病。处于弱势的军事组织,为了弥补与军事强国的技术与实力差距,往往在地形复杂的城市中展开巷战对抗。冷战时期,各国发展的军事装备往往以平原野战为着眼点,所以在这种环境下发展大型军事装备,诸如坦克、步兵战车、远程火炮等,虽然防护力好,火力强大,但是视野有限,防护力不全面,火力在复杂地形条件下受限,不适合城市巷战。即使在实力与技术均遥遥领先的军事强国,面对城市中的恐怖组织、反叛者,不得不把步兵投入城市巷战中,把步兵与恐怖组织、反叛者放到同一技术层次进行较量,带来的后果是巨大的难以承受的伤亡。这又带来了诸如士气低迷、士兵厌战、战争长期化、地区不稳定、国内抗议等一系列不利因素。所以发展专业巷战兵器应是目前兵器发展的热点之一。

为了降低人员伤亡,适应低强度战争,美国、以色列、英国、西班牙、法国、德国、日本和俄罗斯等都在积极研制各种军用无人自主车辆,已有许多车型装备使用。目前美国陆军地面作战机器人急剧增长,在伊拉克和阿富汗部署了5000多个无人地面系统,随着种类繁多、数量庞大的地面机器人正式部署和实战运用,人们对多用途无人地面作战系统的关注程度也越来越高。无人自主地面车辆已成为城市巷战不可忽视的有效装备。

特征

遥控机器人战斗车辆可作为可移动的难于发现的传感器而存在,可为己方信息作战系统提供目标方位。并可使用激光指示器照射目标,为精确制导武器引导。遥控机器人武器配置灵活,可选用多种武器装备,在执行任务前,可灵活换装。用最合适的武器打最合适的仗。遥控机器人降低了人员伤亡,且遥控机器人采用了'模块化设计,即使被击中,也可迅速修复,恢复战斗力。遥控机器人采用全电动力,安静、矮小,不容易被敌方发现。

遥控机器人战斗车辆的硬件系统是一种小型履带式(或轮式)遥控装甲车,为了避免敌火力命中,所以强调减少正面投影与高度是必要的,而且为了能够承载足够的强大的搭载武器和具备相当的机动能力,遥控机器人战车的整体高度宽度一般不超过 1.2 米,长度不超出 1.5 米,车底离地高不超过 240 毫米。整辆遥控机器人,从上至下分为三大部分,观察塔、武器挂架塔与底盘。最大公路速度 50 公里/小时,最大行程应超过 60 公里。防护能力应能防御 12.7 毫米以下枪械射击。

(1)感知

观察塔独立稳定,安装于武器挂架塔的顶端。其底座可 360 度水平转动,而观察窗则可垂直方向进行−11 度~85 度的运动,观察塔的活动范围甚至比人的头部活动更加灵活,观察塔通过 5 部摄像机并联获取较大的视野,如果宽视场为 12 度×15 度的话,那么通过 5 部摄像机并联,可获得 12 度×75 度的视野。之所以采用摄像机并联获取宽广视野,是为了弥补目前装甲战斗车辆对周边感知不足,装甲战斗车辆的周边感知能力不足也许在野战并不致命,因为总是处在队形的保护中,可以把注意力放在一个方向上,而不用担心其他方向的袭击,而在城市等复杂环境中作战,可能遭受任何一个方向的打击。中央摄像机可换作红外摄像,用于夜间作战,或于白昼状态探测遮蔽物后方的隐藏者。

(2)火力

武器挂架塔实际上是一种自动武器站,可灵活选用多种武器进行挂装。在挂架塔的正面装设大倍率的常规光学瞄准镜用于白昼进行精确瞄准射击,同时装设有红外探测器,激光测距/指示仪,其中毫米波雷达作为可选组件。挂架塔两侧为挂装武器的短翼,可灵活选用反坦克导弹、大口径无控火箭弹、喷火器、12.7 毫米机枪、榴弹发射器、7.62 毫米机枪、激光指示器等,这些武器平时储存在控制基地内,执行任务时,根据任务环境、性质进行有选择的挂装。与飞机机翼挂装不同的是,为了增大仰角这些武器需要安装在短翼的上面,通过安装在短翼前缘的液压系统调节短翼角度,这样短翼才可获得−10 度~65 度以上的仰角。短翼安装有 4 组挂架,每侧两组,可根据战斗任务灵活安装各种装备,比如:执行城市巷战支援任务,可安装 12.7 机枪×2 挺、大口径无控火箭弹×2 枚,12.7 机枪可穿透大部分建筑物墙壁,杀伤室内之敌,大口径火箭弹可彻底摧毁建筑物;执行野外作战反坦克任务,可安装反坦克导弹×3 和激光指示组件,遥控机器人车辆由于体积小,高度不超过 1.2 米,正面投影小于 1.5 平方米,极容易隐蔽,坦克很难发现,即使发现了坦克炮也很难命中,但是遥控机器人却具备摧毁坦克的能力,还可以使用激光指示器照射坦克,或为后方炮兵提供坐标,为炮兵发射精确制导炮弹作引导。遥控机器人平台十分牢固稳定,不像人操纵的装备存在抖动,所以精度极高,12.7 机枪与 7.62 机枪的单发射击,其精度甚至可以媲美狙击枪。

(3)底盘

底盘履带采用电机驱动,驱动电机与蓄电池均安装于底盘中,底盘还安装有模块化的中央处理器,光纤撒放储存装置。蓄电池模块应易于更换,并有备份,换装蓄电池置于控制基地充电,控制基地的电力供应由热机带动发电机供应。除此之外,还应有一部用于车辆驾驶的摄像头。底盘表面安装有定向雷与烟雾筒,定向雷按照一定方式安装在底盘表面,可快速拆卸,每颗定向雷的射程可达 50 米,起爆后发射 1200 颗钢珠覆盖特定方向,这是为了压制敌人近距火力而准备的,阻止敌人发起大规模冲锋。烟雾筒用于释放烟雾,遮蔽敌方视线掩护己方行动而配备,烟雾筒可作为与狙击手探测装置联动的方式之一,一旦判定遭遇狙击手袭击,则迅速释放烟雾,遮蔽己方队。定向雷与烟雾筒由引导员控制。

(4)其他

遥控机器人的设计采用模块化模式,其中观察塔、挂架塔、底盘等机械部分均为模块化结构,而中央处理器模块、光纤撒放储存模块、电源模块、挂架塔瞄准模块均属于单独模块,可快速地安装拆卸,其电源线缆、控制线缆通过专用锁定插孔插拔。这样即使战时被损坏某一模块,也可迅速地拆卸,换上新的模块恢复战斗力。

遥控机器人战斗车辆还安装有诸如音响传感器、高音喇叭、前方引导员通信系统用于通信联络。音响传感器可将前方音响传递给后方控制人员,使后方控制人员更能了解战场情况,从而做出合理判断,协同步兵也可通过音响传感器与控制人员沟通,遥控机器人战斗车辆可通过高音喇叭与己方人员沟通,下达命令,高音喇叭也只通过播放劝降磁带瓦解敌人斗志,也可播放雄壮音乐等鼓舞己方士气。

(5)控制操纵系统

目前,制约机器人投入战场的瓶颈是机器人的自主智能。机器人智能要求还难以满足机器人战斗车辆自主作战。所以遥控将成为机器人战斗车辆控制的主要方式。而无线遥控方式容易受到干扰,尤其在城市作战,一旦进入到隧道或者建筑物中,短波无线电遥控将失去作用,如果通过无人机进行无线电接力通讯的方式,那么时间延迟将很难满足作战要求,而且中长波无线电通信数据承载量低,很难满足遥控机器人接近十部摄像机运动画面传送,只能传递一些较为简单的指令。所以在机器人自主能力还没有得到进步前,遥控机器人车辆的将以光纤遥控为主要控制方式。当然,无线电遥控也可作为一种控制通讯模块而设计,用于特殊情况,可与光纤遥控模块进行换装。为了弥补有线遥控容易被切断拉断等危险,遥控机器人还应有一定的智能,比如在光纤被拉断之后,可以按照程序控制原路返回,或按照引导员控制做一些简单的运动等。

(6)人员配置

控制人员包括四人:观察员/车长、枪炮长、驾驶员以及引导员。这里前三者属于遥控操作人员,部署在安全地域内的专用车辆中,通过每人面前的屏幕获取前方机器人发送的信息,然后通过操纵装置发出控制信号,控制信号通过光纤而引导员主要在前方与遥控机器人进行配合作战,并从事与其他协同步兵的沟通,以建立步兵与遥控机器人紧密无间的配合。

引导员首先是一名合格的步兵,然后经过遥控机器人战斗车辆协同专业训练,了解遥控机器人的战术,能力以及缺欠,从而能够更好地与步兵进行协同作战。引导员可在战前,在协同步兵单位抽调,加以训练而成,也可专业训练一批士官,战时加入至需要协同的步兵团队。并且引导员可以近距离超高频无线电遥控,控制布置在遥控机器人底盘表面的定向雷引爆,用于杀伤大群在近距离靠近我方敌人人员,为了避免误伤,控制装置是一种巴掌大类似于遥控机器人的模型,在遥控机器人模型相应方位,是控制相应遥控机器人底盘表面定向雷的按键。使用时,引导员只要将遥控车体模型模拟成机器人战斗车辆所处的姿态,即可容易地判断出,哪颗定向雷会给敌人以最大杀伤,只要按下相应的按键,就可使相应的定向雷引爆。这种设计的目的是,在后方的遥控人员对前方状况了解不直观,所以没有车体表面定向雷的控制权,为了避免造成己方人员的误伤,所以定向雷的控制权在前方引导员手中。

观察员/车长的主要任务包括:控制观察塔,利用宽视野摄像头观察遥控机器人四周敌情,接受、检索从战术网络上传递的信息,根据这些信息,为遥控机器人制订战斗方案,必要时观察员/车长可超越枪炮长,控制武器系统进行射击。

枪炮长的主要任务包括:通过遥控控制遥控机器人火力瞄准射击,和观察员/车长形成类似于坦克的猎歼系统。枪炮长并具有平时负责维护遥控机器人挂载武器装备的责任,并根据任务状况,选择适当的武器装备挂载。

驾驶员负责驾驶遥控机器人,根据任务确定行进路线。观察员、枪炮长、驾驶员通过屏幕获得战斗状况,然后通过各自的相应控制系统进行控制。

(7)控制基地

遥控机器人处于后方的控制基地,应使用装甲车作为底盘,在向战区行进的战略机动时,遥控机器人、搭载武器装备、弹药、控制人员、简单的维护零配件设备,都由作为基地的装甲车运送,到达战区后,控制基地在安全地域展开,遥控机器人从基地内开出,而观察员/车长、枪炮长、驾驶员根据任务,选择安装好适当的武器、组件后,控制遥控机器人执行任务,所有的遥控设备均安装在车内,以获得防护和较好的工作环境。为了能够驾驶控制基地,所以还需要一名装甲车驾驶员,这可由遥控机器人驾驶员兼任,或者列出一个控制基地驾驶员的编制,形成5人车组,控制基地驾驶员在战区展开后,可执行警戒任务,或辅助控制人员执行任务。

展望

随着技术的进步,遥控机器人战斗车辆可进化为半自主的战斗车辆。半自主车辆可在人的监视下自主行使,在遇到困难时操作人员可以进行遥控干预。半自主车辆可依靠自身的智能自主导航,躲避障碍物,完成对特定目标的射击,但是需要人工对目标加以识别、对机器人战斗车辆下达指令,使其确定目标、确定行动路线,人工参与的程度将取决于机器人战斗车辆的自主能力。这样,可以取消遥控光纤,采用无线电监控的控制方式。

(1)"龙腾"无人地面车

"龙腾"(Dragon Runner)无人自主车装备美国海军陆战队,美国自动化公司制造,共生产16辆雏形车,10辆交付使用。"龙腾"是一种鞋盒大小的无线电操纵的无人地面车辆,可通过对战术目标和周围危险环境的观测,在城市作战中为部队提供支援。据报道,2004年6月和10月有9辆"龙腾"原型被派往了伊拉克。不仅如此,还有许多陆军和海军陆战队的无人地面车辆被派往伊拉克,执行可疑危险物的处置任务。

(2)"角斗士"

"角斗士"是一个能够遥控的多面手机器人,它可以在任何天气与地形下,执行侦察、核生化武器探测、突破障碍、反狙击手和直接射击等任务。"角斗士"系统的操纵员控制面板与市场上的游戏机手柄十分相似,士兵们可以通过它向"角斗士"下达指令,战斗时,"角斗士"可冲在最前面,为后续士兵扫清前进中的障碍。

"角斗士"UGV重9.7千克,可以与M240G式7.62毫米机枪以及"陶"式反坦克导弹系统等步兵武器相集成。该车由一个彩屏手持式遥控器控制,通过安装在车辆上的一台摄像机,操作员可在4公里外看到"角斗士"所看到的一切。遥控器的设计与目前市面上的游戏机手柄十分相似,因此士兵们尤其是年轻士兵非常容易掌握使用方法。通过一系列试验,士兵们反映"角斗士"还存在一些不足之处,如在树林中跟不上士兵的前进步伐、无法自动装弹等。

"角斗士"的研制费用较低,预计造价15万美元,这是一个比较理想的价格,要比使用真正的士兵实惠得多。五角大楼每年为其拨款200万~300万美元,希望能早日迎来这一未来战场上的"终结者"。洛克希德·马丁公司为美国海军研制的"角斗士"战术机器人士兵主要有两种类型:六轮式和履带式。六轮式"角斗士"无人战车尚未组装完毕,进展较快的履带式"角斗士"已经能够装备机枪进行射击了。

2003年4月,公司从海军研究局得到了数百万美元的"角斗士"项目研制费用,2003年7月初,装备了7.62毫米M240G中型机枪、重约725千克的"角斗士"机器人士兵,在坎普·史密斯海军基地首次进行展示性战斗试验。

初步战斗试验结果令人满意,如果不出大的意外,从2006年开始,将进行实战环境下的实弹战斗试验工作,2006~2007年间,五角大楼就可以在战场上看到全副武装的机器人士兵的身影了。

根据试验设计,由600名反对者组成的愤怒的人群聚集在城市中,与海军陆战队队员对峙,拒绝散开,一些人手中还持有 AK—47 步枪和便携式火箭筒等武器,人群后面是等待救援的友好人士。10 名海军陆战队队员戴上防护面具,手持散弹枪,举着盾牌,跟在"角斗士"身后,保持 10 米间隔,开始驱赶示威人群。履带式"角斗士"机器人士兵在向示威人群推进时,不仅能发射橡皮子弹,发射烟雾,制造烟幕,还能发射催泪瓦斯。试验中,"角斗士"克服了各种障碍,准确命中了"靶标",成功完成了试验任务,展示了良好的作战性能。

近一年来,试验中暴露出来的一些问题已经基本解决。海军研究局消息人士透露,"角斗士"将被作为机器人工兵广泛应用,这种小型机器人工兵有装甲防护,配备有机枪,可搜索、驱散、甚至消灭目标,也可摧毁各种设施。当然,这需要得到操纵员的许可,也就是说,它还只是一种半自主机器人车,需要操纵员遥控指挥。不过,操作起来也比较简单,只需要 5 分钟时间就能学会如何控制机器人士兵,就如同是在玩电子游戏一样,拿起指挥键,前后左右操作就行了。

履带式"角斗士"机器人士兵装备有可保障车辆在黑暗中和烟雾中视物能力的摄像机、GPS 定位系统、声学和激光搜索系统、可辨别生化武器的传感器等各种设备,也可根据需要装载各种武器和货物。这是一种非公路型无人地面战车,从理论上讲,履带也可以改换成轮胎。"角斗士"拥有相当的智力水平,能根据机器视力算法、探测装置融合算法到达指定地点,并能记住所走过的路线,之后丝毫不差地按原路自动返回,也不会陷入临时设置的障碍坑中。

美军声称"角斗士"的基本功能是侦察和运输,并明确区分其"致命性"和"非致命性"特点,不过,两者之间并没有什么技术上的差别。况且,它是为军方作战应用而研制的军事装备,显然,是一种致命性武器装备。但美国军方似乎并不急于为这种机器人士兵装配战斗武器,反而显得比较谨慎。如今,洛克希德·马丁公司正在积极完善"角斗士"的自主性能和智能水平,增强其敌我识别能力,保障对它的完全控制。五角大楼正在等待,准备在最后时刻再为机器人士兵装备攻击武器,赋予其杀伤功能。

(3)"压碎机"

"压碎机"(Crusher)无人地面战车是"蜘蛛"(spinner)车的继承型和升级型,是六轮全驱动混合动力的无人地面车辆,具有滑动转向的功能。该车在加满燃油时重为 6356 千克,可承载 1362 千克有效载荷。该车战斗全重为 7718 千克,一架 C—130H 运输机一次可运载 2 辆"压碎机"无人地面战车。如果需要,"压碎机"无人地面战车能够在不影响机动性的前提下,可承载 3632 千克的有效载荷和装甲。

"压碎机"无人地面战车采用了无人地面战车的新底盘,该底盘是根据美国国防高级研究计划局和美国陆军用于越野机器人集成项目的无人地面战车的感知要求开发的。"压碎机"无人地面战车是一种高机动车辆,从一开始就被设计成无人结构,它具有高水平的感知功能,将被用于验证无人地面车辆自主执行军事任务所需的关键技术。该车将装备典型的传感和武器载荷,执行计划的野战试验。"压碎机"无人地面战车采用的技术代表了未来自主式无人地面平台。"压碎机"无人地面战车和其上代产品"蜘蛛"车演示了关于自主行为、混合动力和高机动性车辆设计综合的可能性。新型"压碎机"无人地面战车在所有方面远胜过"蜘蛛"车,通过与自主式控制系统相结合,"压碎机"无人地面战车定义了自主无人地面车辆系统的最新技术发展水平。

"压碎机"代表了越野机器人集成无人地面战车感知项目(UPI)下研制的新型无人地面战车。UPI 项目由美国国防高级研究计划局和陆军共同负责,将对两辆"压碎机"无人地面战车和其感知及承载系统执行严格的野战试验。UPI 项目将把"压碎机"无人地面战车的所有功能集成到操作者工作界面上,如任务规划、感知监视、车辆监视和承载作业等,并通过试验决定交互需求。另外,卡内基·梅隆大学国家机器人工程中心是"压碎机"无人地面战车的主合同商,主要子系统和部件由英国 CTC 技术公司、爱尔兰 Timoney 技术公司、法国 Saft(美国)公司和美国 UQM 技术公司提供,其中 CTC 技术公司提供车体底盘结构,Timoney 技术公司提供悬挂系统,Saft 美国公司提供锂电池组件,UQM 技术公司提供电动机。

(4)"守护者"和"阿维德"——以色列无人自主地面车辆现状

以色列向来重视人员的生存能力,在有限的资源下,以色列很早就开始使用无人机,在无人自主车辆方面,以色列人同样独树一帜。与美国计划发展的高度自主作战机器人的计划不同,以色列的计划显然更为务实。2006 年,以色列国防军进行了多项无人系统的作战测试,以执行自主安全和巡逻任务,保护以色列、河西岸和加沙地带的安全。以色列国防军测试了多项自主研究的系统,包括由 IAI 公司研制的 Guardium 系统和由埃尔比特系统公司研制的"先锋哨兵"系统等。以色列国防部要求 IAI 公司和埃尔比特系统公司在研发地面自主车辆领域展开合作,以提供更为经济有效的自主安全系统,降低以色列边境地区部队的压力,并帮助维护军事基地和设施的安全。一些防务分析人士指出,正是由于缺乏这些系统从而导致了 2006 年黎巴嫩战争的爆发。无人车辆可以有效地执行这些任务,而不需要让任何人处于危险当中。

以色列国防军正在测试多种自主研制的无人地面车辆,其中包括用于安全任务的自主导航机器人车辆和用于支持步兵城市作战的手携式机器人等。以色列航空制造公司的拉哈维(Lahav)工程部,正在研制一种用途十分广泛的名为"守护者"(Guardium)的军、民两用全自动安全系统。在控制中心的控制下,该车可连续地对机场、港口、军事基地、重要管线以及其他有全时安全监视需求的设施执行巡逻任务。这种机器人已经开始在以军中服役,以国防部及政府官员称该装置将部署在加沙地带。

"守护者"全自动安全巡逻车选用了已经装备以国防军和边防警察部队的 4×4"雄猫"轻型全地形车的底盘。该底盘具有良好的越野性能,最大速度可达 80 公里/小时,最大行程达 500 公里,最大有效载荷达 500 千克(含防护敏感部位的装甲板)。"守护者"全自动安全巡逻车可安装各类传感器,如电视、热像仪、高灵敏度的麦克风、喇叭和无线电台等;可配置各类轻型武器系统,如机枪、榴弹发射器,能使用各类致命或非致命弹药。控制中心可以根据需要控制数辆"守护者",并对入侵者做出相应的反应,直到快速反应部队到达。

以色列飞机制造公司正在试图寻求与美国的公司进行合资，将"守护者"机器人推向美国市场。以色列飞机制造公司坚信，美国将为该型机器人提供一个前景十分广阔的市场。埃尔比特系统公司还研发了一种基于"汤恩卡"（Tomcar）底盘的"机器人"系统，命名为"阿维德"（Avidor），即"自主行走型沙漠和公路两用车辆"英文的缩写。该车参加了在2004年3月举办的"塔巴"（Darpa）无人驾驶车辆"极限挑战"拉力赛。在比赛中，"阿维德—2004"安装了地面和基于地理信息系统技术的空中成像系统，该系统可与实时差分定位系统（DGPS）和惯性导航系统（INS）配合使用。该车的增强功能还包括能自动完成各种行驶操作动作，如换挡、转向、加速和制动等的步进电机和伺服系统。此外，该车还装有电视、激光雷达和超声探测器等装备，可及时获取障碍物情况和识别道路。

（5）"先锋哨兵"——自主无人地面车辆

埃尔比特系统公司于2005年在美国陆军协会上展示了一款未来自主无人地面车辆的设计理念，用于执行无人或有人操作的任务。这款车辆命名为"先锋哨兵"，可以执行监视、侦察、安全、巡逻、探测和引爆简易爆炸装备等任务。这款无人地面车辆是基于以色列国防军以边境警察部队使用的汤恩卡型号TM27GL的所有地型车辆之上，其配置使用了先进的机器人和传感器技术，可以进行"思考"和躲避障碍物，并能够与操作员或其他车辆进行交流。该车辆使用一种传感器套件，从而可以识别并躲避障碍物，并沿事先定好的路线进行巡逻。其导航系统使用的是DGPS系统，其他的传感器系统包括前端和后端摄像器等。

该车使用"汤恩卡"底盘，装备自主导航系统以及障碍感应和躲避传感器。车辆可以根据预先计划的任务，自主实施点对点的运行。此外，车辆还可以根据预先编定的程序，在有人或无人干扰的情况下与多种环境实施交流。埃尔比特系统公司的这种技术现在已经非常成熟，该公司的经理 Tal Yeshaya 表示，公司可以通过发展激光雷达障碍躲避能力来取得机器人视觉、障碍探测和躲避的能力。在部署期间，该车辆可以依据目标的反应来识别和平的环境或是可疑的环境，并根据判断来进行活动。

车辆在执行任务时会不断受到指挥所的监视，从而使操作员可以依据情况来进行干预。据 Tal Yeshaya 透露，这种系统具备的一项重要能力是拥有"远程态势感知"能力。埃尔比特系统公司正在引进多项新能力，包括研发半球状显示器等。这种半球状显示器可以让车辆和操作员锁定特定的目标，此外，该能力还可以让坦克及装甲战车等具备全景视觉能力。

埃尔比特公司指出，"先锋哨兵"车具有良好的可靠性，能执行监视和侦察等多种任务。按照公司的说法，"先锋哨兵"是第一辆也是唯一提供了有人和无人操作选择的用户化经济性车辆，该车能够渗透到有人车辆无法进入的地区。无人驾驶时可在部队到达之前展示战场情况；有人驾驶时可提供全新的高机动性，具有其他自动车辆不可比拟的优势。

"先锋哨兵"车采用先进的机器人技术和传感器技术，其灵巧的能力使其能够思考，躲避障碍并进行通讯。这种车辆的基础是 TOMCAR 全地域车辆模块

TM27GL,装备有高度复杂的传感器组件可进行探测并躲避障碍。该车速度精确可控,转弯速率与有人操作车辆类似。其惯性导航系统由 DGPS 系统支持,具有三个控制水平,地面站的操作人员能够进行中途改道。该车还装备具有 360 度全方位遥控底座的照相机,以及双向通信系统和独立的紧急情况制动系统,该系统在车辆与指挥战通信中断时启动。该车设计可进行安全防线巡逻并迅速制止侵入者,还可用作无风险研究。

"先锋哨兵"车可携带各种不同的组件,包括光电设备、通信中继设备、干扰台和武器站。在该车上展示的 ORCWS 7.62 武器站具有良好的稳定性,可设计集成到各种不同的平台上,重量小于 95.3 千克。

(6)城区侦察系统

无人地面车作为由法国武器装备总署(DGA)赞助的 MiniRoc 项目,最有可能用于城区作战。这个项目于 2006 年 10 月交付 3 个编制机器人:Inbot、PRM 及 REC,用于作战适用性评估。ECA 公司研制的 Inbot 微型无人车可在建筑物、隧道、地铁或封闭区内执行侦察任务。从无人车上可以投放重 2.1 千克的系统,并迅速部署。在系统的前、后、下方装有 3 部摄像机。Inbot 可通过掌上电脑或与操纵杆连接的平板个人计算机控制,可以连续执行 1~2 小时的任务。ECA 公司研制的较大型 PRM 侦察无人车在室内和户外可执行 2.5 小时的侦察任务,还能攀爬梯子。带有摄像机的 PRM 重 26 千克,但不包括其他有效载荷。无人车上有 2 个固定其他有效载荷(包括伸缩臂)的安装点。与 Robosoft 铰接的 6×6 robuROC6 已被选为 REC 支持无人车的平台。专为户外使用的 REC 能携载 6 个模块化有效载荷,包括伸缩臂、催泪毒气和烟幕弹发射器,以及 Famas 公司的 5.56 毫米口径突击步枪。

美国海军陆战队作战实验室正在致力于研究班、排和连用的战术侦察、监视和目标捕获(RSTA)系统。"龙眼"无人机、"龙信使"机器人、小部队传感器系统(SUSS)无人值守地面传感器和模块化可佩戴电脑都处于样机研制阶段。

"龙信使"机器人是由 Carnegie Mellon 公司研制的。"龙信使"机器人及其手持控制器可装在海军陆战队队员的背包里,重 4 千克,长 39.4 厘米,宽 28.6 厘米,高 12.7 厘米。悬架系统使"龙信使"机器人能够爬窗户和楼梯或翻墙。它还有"放哨模式",用几个车载传感器提供实时图像和音响警报。"龙信使"样车已于 2005 年送往伊拉克进行野外试验。

在阿富汗和伊拉克,海军陆战队队员使用的是"龙眼"无人机。海军陆战队计划为每 3 架 AeroVironment 公司生产的飞机配备数百架"龙眼"无人机。"龙眼"主要是用玻璃纤维和凯夫拉材料制造的,由 5 个部分构成:机身、尾翼、机头和 2 个机翼。2 部摄像机安装在无人机前面两侧,可拍摄黑白、彩色和红外图像。无人机用电池供电,可以 56 公里/小时的速度飞行 60 分钟。起飞前,无人机重 2.27 千克。"龙眼"主要是用现成商用材料制作的,所以即使被敌人火力摧毁,也很容易更换。

Suss 计划提供实时的"拐角"功能,在不暴露海军陆战队队员的情况下监视危险区。为进行评估,3 月交付的样机装有微型非制冷热像仪、微型彩色可变焦摄像机、移动传感器、音响传感器、红外发光二极管,摄像机可作摇摄/倾斜运动,并可旋转 360 度。计划在伊拉克对样机进行野外试验。

Symbonics 公司及其合作伙伴 Icuiti 公司获得了一份研发 Mowc 的合同,为 3 套 RSTA 系统提供通用控制器。

一套完整的系统包括一个 CPU、一个电池组、一个平视显示器和一个接口集线器,可使即插即用显示器/控制器完全控制 3 套无人传感器。Mowc 系统重不到 2.72 千克。

作战中的部队需要即时确定敌人的位置。位于佛罗里达州的马丁电子公司研发出 40 毫米战术高空导航成像弹。

副总裁拉里·寇兹艾恩与从伊拉克返回的美国士兵的一场讨论中提出了这个概念,士兵们陈述了对空中监视装置的需求,应让班和排指挥员在城区作战中使用这种装置。从榴弹发射器发射,爬升到 230 米高度,然后弹射出悬挂在小降落伞上的红外互补金属氧化物半导体摄像机。摄像机为带有相关发射机的手持装置提供 5 分钟的实时视频图像,每发弹约 400 美元。为防止敌人获得,对其进行分析,在约 20 分钟后自毁。MEI 公司正在研制第二代炮弹,这种弹由于采用数字技术,提高了分辨率。正在进行中初期 5000 发弹的生产。

Rafael 公司设计的 38 毫米口径"萤火虫"射弹白天可从 40 毫米的榴弹发射器发射。"萤火虫"的最远射程可达 600 米,在 8 秒飞行期间,2 部 CCD(电荷耦合器件)摄像机将"萤火虫"弹道正下方区域的实时高分辨率视频图像传输到上兵的掌上电脑上。接收到图像的士兵可以把图像发送给附近的其他士兵。

以色列军事工业正研制侦察步枪榴弹(RRG),作为多用途步枪系统(MPRS)的一个组成部分。MPRS 并不只是一种武器,而是由火控系统、光学系统、新的多用途弹药和 C41 组成的装置,可与 IMI 公司的 Tavor、M16/M4 或 SA80 等 5.56 毫米突击步枪集成在一起。RRG 上装有昼夜数字摄像机,它可在 6 秒飞行中传输实时图像,最远射程可达 600 米。IMI 公司认为,MPRS 非常适合城区作战,在 2005 年 3 月的城区营训练演习中,以色列国防部队对系统进行了评估。MPRS 的光学瞄准具与激光测距机组合,在 600 米距离内精度达到 1 米。士兵可以在拐角处或掩护物后从枪挂榴弹发射器发射带枪弹回收器的枪榴弹或 40 毫米榴弹攻击目标。

2006 年 2 月,英国举行了城市演示,其中"眼球"R1 系统是由以色列 ODF 光电子公司为军用和警用所研制的。以色列国防部队已于 2005 年投入使用该系统,法国和新加坡陆军也购买了此系统。"眼球"R1 系统是可转动成像装置,安装在一个坚固的球体中,可以在房间、仓库、隧道中滚动获取实时图像。"眼球"恢复平稳后,将视频和音频传输到 30 米开外的建筑物内或 150 米以外的便携式显示器上。"眼球"也可悬挂在铁丝上或者安装在电线杆上。侦察球可承受 100G 的力,在试验中,在附近的榴弹爆炸后仍能继续工作。每个侦察球约 6000 美元,包括两个"眼球"、一个训练侦察球和成套维修附件。

ST 动力公司研制出了装有摄像机和选择性全向传声器的"视觉球"。"视觉球"及其控制单元重 1.5 千克。侦察球可通过遥控进行定向观察。数据通过瞄准线传输到 100 米外的手持控制器、平视显示器或车载显示器。锂电池可持续工作 3

小时。"视觉球"可装探测生物或化学危险品的传感器。

Macroswiss 公司已经研制的近距离投掷摄像机（SRTC）重 430 克,呈球状,底部平坦。当侦察球被投掷出后,它会自动恢复正常状态。SRTC 的上半部分由马达驱动旋转,黑白或彩色摄像机可把周围区域的全景图像传输到 300 米以外。SRTC 用一节 9V 电池可工作 2~5 小时。在城区环境探测狙击火力是一个很棘手的问题。在阿富汗执行任务的加拿大陆军"小狼"8×8 装甲侦察车装备有"雪貂"轻武器探测定位系统（Sadls）,这套系统由麦克唐纳·迪特维利公司与国防研究所合作研制。"雪貂"采用枪口风和冲击波的声音来指示射击位置的方位、俯仰和距离,还测定脱靶距离和弹丸的口径。自该系统于 2005 年投入使用以来,已经进行了两次升级。第一次升级是用话音告警取代原可听音告警,第二次升级是用全球定位系统接收机对发射位置提供 10 位数格栅坐标。

国防部高级研究计划局（DARPA）要求车载系统在"蜂鸟"以 100 公里/小时速度行驶时可确定射手射击位置,因而开发出了"飞去来器"轻武器探测系统。BBN 技术公司在音响反狙击手系统中采用了其以前的技术,研制出了"飞去来器"的样机。"飞去来器"传声器安装在一根短桅杆上,通过子弹的冲击波和武器的枪口风探测在 30 米内经过的子弹。在 2 秒内,系统可提供炮火的距离、方向和方位。信息通过话音和 LED 显示器来传输。炮弹从车辆发射时,"飞去来器"未处于活动状态,系统可降低因门砰然关上、战术无线电、车辆交通和城区等活动而引起的虚警。2004 年试验后,2005 年交付了 50 套"飞去来器",在伊拉克进行了野战试验。

2003 年,美国太平洋司令部启动了更为雄心勃勃的"看守"（Overwatch）先期概念技术演示（ACTD）项目。先期概念技术演示项目旨在开发对敌武器火力包括轻武器、火箭推进榴弹（rocket propelled grenade,RPG）、迫击炮、坦克炮]侦察、定位和分类,然后通过系统把目标信息实时传输到 21 世纪战斗司令部、旅或旅以下部队的能力。

2005 年,在伊拉克对 5 辆装备"看守"系统样机的"蜂鸟"进行了作战实用性评估,在夏威夷山区对另一辆"蜂鸟"进行了试验。所采用的"武器看守"（Weapon watch）传感器是辐射技术公司研制的。每个传感器重不到 9 千克,视场 120 度,作用距离超过 300 米,能够在十几个武器同时发射时识别单兵武器,并将精确坐标位置发送到联网的指挥控制系统。持续研发工作主要是把传感器减小到移动电话机的大小,以便安装在小型无人机和地面车上。海军研究办公室负责"枪手"项目,将"看守"传感器与车载自动炮连接,以缩短对敌方开火的反应时间。2005 年,将传感器装在浮空器上进行了试验,在敌方开火 2 秒内,激光测距仪把精确目标坐标位置发送给先进野战炮兵战术数据系统。此类系统将极大改善部队的防护能力。

（7）美国新型"美洲狮"装甲车

2004 年 10 月,驻扎在伊拉克的美国海军陆战队第一师装备了首批"美洲狮"（Cougar）轻型装甲车。一个月后,在大规模围攻费卢杰的战斗中,这些战车便成了反美武装人员无法攻破的移动堡垒。AK-47 机枪可以侥幸射穿它的水箱,路边炸弹可以炸毁它的轮胎,但这些武器始终不能有效破坏它的车体,威胁车内人员的性命。自此，"美洲狮"轻型装甲车便在美海军陆战队的心目中打下了坚实的基础。

正是由于"美洲狮"轻型装甲车如此出色的表现，美国海军陆战队于2005年一次性增购了122辆该型战车，总价值8400万美元，但是，"美洲狮"轻型装甲车的生产商美国部队防护公司（Force Protection）当时只有每天2辆的生产能力，这远远不能满足2006年2月份的交车任务需求。军方为此特批670万美元，用于帮助该公司购买设备和雇佣工人，将生产进度加快到每天4辆，以尽早获得这些装备。

根据美国部队防护公司的记录，"美洲狮"轻型装甲车虽然也曾遭到过重创，但驾乘它们的美军士兵却从来没因此丢过性命。为此，更加坚定了美军对该型车的看法。

但是，"美洲狮"轻型装甲车的发展并没有到此而结束。2006年4月，美国部队防护公司开始进一步研制可防地雷的新型"美洲狮"轻型装甲，即防地雷快速部署车（MUV-R），旨在进一步增强"美洲狮"轻型装甲抵御日益增多的简易爆炸装置（improvised explosive device，IDE）等威胁的能力。MUV-R的重量比"美洲狮"轻型装甲车更轻，其基型配置净重仅为6.8吨，战斗全重为7.7吨。其最大公路行驶速度能够达到140公里/小时。该车动力装置由功率为265千瓦的"杜拉麦克斯"（Duramax）8缸柴油机和阿里逊2500系列自动变速箱组成。此外，与"美洲狮"轻型装甲车相比，MUV-R的突出特点是车体底部没有采用V型车体底板设计，事实上，MUV R的车体底板形成了一个很坚固的楔形结构，尽可能抬高车体的位置，以抵御简易爆炸装置。因而，MUV-R能够抵御在2米外引爆的23千克TNT炸药的侧向爆炸，能够抵御4轮中的任一车轮下引爆的大约14千克TNT炸药的爆炸，以及抵御车体底部引爆的7千克TNT炸药的爆炸。在其标准配置中，特制的单体横造装甲车体能够防御7.62毫米的步枪子弹，通过加装附加装甲，可进一步提高弹道防护水平，从而可抵御12.7毫米的穿甲弹。另外，车辆的重心较低，能够确保车辆在侧坡上的行驶安全性。提高车底距地高，不利于车辆在侧坡上的稳定性，但是这已通过采用重型桥总成和较大尺寸的365/80R20"米琪林"XZL轮胎解决了这一问题。

与此同时，其他厂家为尽快挤入阿富汗和伊拉克的市场，也逐步开始纷纷参照"美洲狮"轻型装甲车的设计理念，研究并生产"美洲狮"轻型装甲变型车。比如，于2006年5月获得美国陆军坦克机动车辆与武器司令部总价值4.454亿美元合同的BAE系统公司，于2006年10月为伊拉克装甲部队提供1050辆轻装甲车（Iraqi Light Armored Vehicles，ILAV）的首批样车就是以火力和防护性都很好的4×4型"美洲狮"轻型装甲车为基础而设计的，这种"美

美洲狮步兵战车

洲狮"变型车能够在城区环境中快速部署，并能在恶劣作战条件下使用；具有足够

的防护能力,可抵御简易爆炸装置和路边炸弹的攻击;具有足够的机动性,能够满足在城区战时环境中运送部队的需求。

"美洲狮"轻型装甲车由美国部队防护公司制造,有4×2、4×4和6×6三种车型,其中,4×2和4×4车型"美洲狮"轻型装甲车可以承载4名战斗人员,车长5918毫米,宽2743毫米,高2642毫米,基型车重13.6吨,有效载荷为1814千克,最高行驶速度可达104公里/小时。不同的是4×2型由一台输出功率为224.千瓦的V8型涡轮增压柴油发动机驱动,而4×4型则是由一台输出功率为246千瓦的卡特彼勒(Caterpillar)3126型柴油发动机驱动;而6×6型"美洲狮"轻型装甲车则可承载10名战斗人员,车长7087毫米,基型车重16.8吨,宽和高与4轮车相同,有效载荷则是4轮车的3倍,达5443千克,发动机则与4×4型相同。"美洲狮"轻型装甲车的最大特点就是防护性好,安全性高。该车车内每个座位都有赛车专用的四点式安全带,保证车辆即便遇袭翻滚,士兵也不会受伤。另外,"美洲狮"轻型装甲车的车体下部采用独特的V形设计,使该车可以更好地部分转移地雷和炸弹的爆炸对车体的冲击力,保证车内人员的生命安全和车体的完整。根据受攻击概率的不同,"美洲狮"车体的不同部位可以承受不同的爆炸破坏力。其前后轮轴分别可以抵挡13.6千克TNT当量爆炸物的冲击力,车底中部则可以抵挡6.8千克TNT当量的爆炸破坏力。此外,"美洲狮"轻型装甲车的乘员舱和车体均采用了类似坦克的三重防护:钢铁防护层、陶瓷装甲和合成材料装甲。这些设计使得"美洲狮"不但可以抵挡大部分地雷、自制炸弹和各种轻武器的打击,还可以承受肩扛式导弹的袭击。除了车体外部,"美洲狮"轻型装甲车的内部防护也非常全面,水箱、油箱和电池组都加装了额外的防护,保证在受到地雷等爆炸物袭击后依然可以使用,不用全面更换。

"美洲狮"轻型装甲车的另外一个特点就是防弹玻璃的设计。每一扇玻璃窗的中央都预留有射击孔,车内士兵可以通过玻璃窗观察车外敌情,并通过射击孔反击。此外,"美洲狮"轻型装甲车车顶前部加装有M-240G式7.62毫米机枪接口,后部则有工程扫雷耙的接口,可根据战场的需要进行配置。

"美洲狮"轻型装甲车的优良设计十分符合当前全球反恐形势下的城区战、巷战和其他低强度战斗。另外,该车还可以用作防雷运兵车、指挥车、重型武器平台以及掩护和救护车辆,除了军事用途,它还可以用作警用防爆车和民用护卫车辆。

3.水下军用机器人

未来海洋战争主角——水下军用机器人

人类今天正面临着人口、资源和环境三大难题。随着各国经济的飞速发展和世界人口的不断增加,人类消耗的自然资源越来越多,陆地上的资源正在日益减少。为了生存和发展,人们开始向海洋进军,向其他星球进军,海上石油的开采正是这一进军的前哨战。

海洋占地球表面积的71%,它拥有14亿立方公里的体积。在海底及海洋中,蕴藏着极其丰富的生物资源及 6000 亿亿吨的矿产资源。海底锰的藏量是陆地的 68 倍,铜的藏量为 22 倍,镍为 274 倍,制造核弹的铀的储藏量高达 40 亿吨,是陆地上的 2000 倍。海洋还是一个无比巨大的能源库,全世界海洋中储存着 2800 亿吨石油,近 140 亿立方米的天然气。因此,洋底的探测和太空探测类似,同样具有极强的吸引力、挑战性。

众所周知,海底世界不仅压力非常大,而且伸手不见五指,环境非常恶劣。不论是沉船打捞、海上救生、光缆铺设,还是资源勘探和开采,一般的设备很难完成。于是人们将目光集中到了机器人身上,希望通过机器人来解开大海之谜,为人类开拓更广阔的生存空间。水下机器人分为有人机器人和无人机器人两大类:其中有人潜水器机动灵活,便于处理复杂的问题,但人的生命可能会有危险,而且价格昂贵。

在 21 世纪初,很多国家都在加速开发新材料和新技术为可能发生在新千年里的战争做准备。科学技术的各个领域的巨大进步导致了新式武器和武器系统的发展,这些发展把战争的性质完全改变了。例如,对在巴尔干地区(1999 年)和伊拉克(1991 年和 2003 年)战争的分析和研究表明,新时代的战争是以实用高精度武器为基础的。这些战争的显著特点是,进攻方选择把一些平民的生命支持系统,工业中心和电力系统,控制和通讯中心,政府机构和重要军事设施,而不是武装部队人员作为主要攻击目标。

高精度武器的攻击是通过先进的电子系统的支持从舰艇、潜艇、船舶和陆地上的战术飞机上发起的。在战争时能够引导高精度武器的航空和航天系统的支撑下,区域信息空间建立了。

美国和北约对于海军的定义表明,海军在大洋上军事对抗的思想已经形成。参照陆地上的军事对峙,可以推断,在全球或地区信息系统协助下的水下军用机器人(高精度武器)将成为未来海战的主角,会使未来的海洋战争呈现出新局面。

水下机器人这种水下高精度武器是 21 世纪海军装备发展的核心组成部分,是一种全新的军事装备,它们通常被叫作水下自动推进无人机器人(SPAUUV)或移动水下机器人(MURs)。它们是能够自由行动不依靠母舰供能的水下机器人,可以按预定程序完全自主执行任务也可以由母舰通过声呐或光纤指挥其行动。

发展军事用途的移动水下机器人是因为军事行动的复杂性和军事行动的持续时间有时会比较长。这就使得海军需要隐蔽性好、坚固耐用的无人设备执行信息收集、侦察、确认和俘获目标等任务。这样的设备在海军传统设备无法到达的地方(北极地区、浅滩、敌方军事禁区等)的作用极其重要。移动水下机器人的特殊优点——巨大的耐受性,体积小,物理场强小,可重组使它们成为 21 世纪最有前途的海战武器。它们在海上军事对峙中可以执行很多种任务,它们的出现使得在海战中以最少的人员伤亡快速夺取军事优势成为可能,它们可用于海岸侦察、排雷、反潜、通信、导航和很多其他任务。下面就让我们以海战的关键环节排雷和反潜行动为例探讨一下它们的重要作用。

(1)排雷

由于它们自身的战术技术特点，移动水下机器人是反水雷和排雷行动的最佳设备。就反水雷行动而言，它们不同于其他的扫雷设备，例如扫雷舰艇不能撞上水雷以免造成人员伤亡，它们最大的优势在于能够更接近水雷。它们还能够在浅滩、海岸线附近、港口等常规扫雷设备由于本身的物理性质无法工作的地方展开有效的搜索和清除水雷行动。在公海中有可能遇到水雷的危险区域，移动水下机器人还可以用来自动防雷保护。水面舰艇和潜艇以及其他的水面，水下运输工具，如果搭载水下移动机器人可以在航行途中发现并清除航道上的水雷。在和平时期水下自动推进无人机器人可以执行保护舰只免遭水雷侵害的一整套复杂的任务，包括自主探测航道上的水雷，排查航道和港口以及常规检查等。

与其他反水雷防护设备相比，移动水下机器人在计划和执行排雷行动中有很多优势。它们的主要优势为：成本低，用扫雷舰去探测寻找水雷贵得多；隐蔽性好，由于在水下工作而且体积小，敌人很难发现；普适性，除了进行探测水雷活动，移动水下机器人还可以进行其他的军事任务，也可以承担科学和商业任务。

在今后的某段时期，当敌人使用某种未知构造或新的定时水雷时，就会需要用移动水下机器人去探测、寻找、识别并排除这些水雷。因此，一旦移动水下机器人大规模地用于反水雷战争，就会有效地防止水雷的威胁，并将大大提高反水雷行动的效率。

（2）反潜

潜艇（SMS）由于它们特殊的技战术性能，例如良好的隐蔽性，在世界上不同海洋执行任务的能力，拥有先进的高精度打击武器——水下发射弹道导弹和巡航导弹，使得它们成了海军打击力量的主要组成部分。不同于冷战时期的反潜战争主要是蓝海对峙（对抗公海），目前的反潜范围更广了。

例如，美国和北约把所有的反潜战（ASW）装备整合成一个水下侦查和监控系统的整体，它包括空间卫星侦查设备，海中固定声呐，水面舰载探测装置，专门的反潜船只和反潜机。北约的新反潜战的定义提出应建立一个由远程控制的船舶和舰载装置组成的攻击系统，通过远程数据传输来控制高精度武器。这就需要所有的设备（外层空间的，大气层中的，海洋表面的，深海中的和海底的）形成一个整体（中心网络战略）。

根据西方军事专家的观点，移动水下机器人完全可以用于反潜任务，它可以在战争前线、沿岸海域、狭窄水道和海峡等地搜索并跟踪潜艇；它搜索潜艇的能力要强于水面船舶和潜艇；还可以使用移动水下机器人在反潜战中为敌人潜艇设陷阱（声呐对抗，误导方向）：在潜艇基地、避风港和航道上破坏敌方陷阱；安装进攻或防御性的反潜水雷等。

以上的例子只是移动水下机器人在反潜战中功能的一小部分。移动水下机器人在反潜战中的最主要优点是它们能够长时间地在水下实行反潜任务，这就使载人设备（水面舰只和潜艇）可以把精力集中在更重要的任务上，而且还可以减少或避免船员的伤亡。

根据现有的海军传统及理论再加上海军的实践，不久的将来海上冲突中一个重要的角色将会由移动水下机器人来扮演。就目前的科学技术水平而言,移动水下机器人当然还无法完成海军所有的任务。但是,在某些特别危险和需要强隐蔽性的任务中,移动水下机器人是非常有用的,甚至是必不可少的。

为了完成特殊任务,移动水下机器人必须满足以下技战术要求:普适性,能够搭载在各种运输设备上,有多种功能;能够和水下信息系统相衔接,以获取信息,从而能够高效地执行任务;简单可靠,易于操作,拥有高效的电气设备;符合环保要求,销毁时不破坏生态。

移动水下机器将永远无法完全取代人类,但它们可以帮助人类扩大活动的范围,协助我们解决在新千年遇到的难题。移动水下机器人将是最有前途的水下机械系统,将成为海军中水下装备的领导者,使整个水下系统隐蔽性更强,更高效。

无人遥控潜水器

无人遥控潜水器,也称水下机器人,是一种工作于水下的极限作业机器人,能潜入水中代替人完成某些操作,又称潜水器。水下环境恶劣危险,人的潜水深度有限,所以水下机器人已成为开发海洋的重要工具。无人遥控潜水器主要有有缆遥控潜水器和无缆遥控潜水器两种,其中有缆遥控潜水器又分为水中自航式、拖航式和能在海底结构物上爬行式三种。

近几十年来,无人遥控潜水器的发展非常迅速。从1953年第一艘无人遥控潜水器问世,到1974年的20年里,全世界共研制了20艘。1974年以后,由于海洋油气业的迅速发展,无人遥控潜水器也得到飞速发展。到1981年,无人遥控潜水器发展到了400余艘,其中90%以上是直接或间接为海洋石油开采业服务的。1988年,无人遥控潜水器又得到长足发展,猛增到958艘,比1981年增加了110%。这个时期增加的潜水器多数为有缆遥控潜水器,大约为800艘上下,其中420余艘是直接为海上池气开采用的。无人无缆潜水器的发展相对慢一些,只研制出26艘,其中工业用的有8艘,其他的均用于军事和科学研究。

历史性的突破——水下6000米无缆自治机器人

1997年6月,在烟波浩渺的太平洋,中国的"大洋1号"考察船停泊在夏威夷以东1000海里的海面上,5000吨的考察船就像一片树叶似的,时而被海浪推上波峰,时而又抛到波谷。考察船上的人们忍受着摄氏40度的高温,站在摇晃的甲板上俯视着海面,正在焦急地等待着、寻找着什么。"看!上来了",有人喊道。顾着手指的方向人们看到了一个貌似鱼雷的家伙浮出了水面,这正是人们急切盼望的CR-01 6000米水下机器人。

科学家们从机器人的机舱里取出一面鲜艳的五星红旗,是它伴随着机器人潜入5179米的太平洋海底。五星红旗迎着海风飘扬,它向世人宣告,中国的6000米自治水下机器人的工程试验获得了成功,它是我国成功发射的第一颗"返回式海底卫星",标志着我国自治水下机器人的研制水平已跨入世界领先行列。

世界上第一台无人潜水器"Poodle"诞生于1953年,最初的20多年发展缓慢。

20 世纪 70 年代,随着海上石油开采的兴起,水下机器人的发展掀起了高潮。这一时期开发出一批能在不同深度、可进行多种作业的机器人。它们可用于石油开采、海底矿藏调查、打捞作业、管道铺设及检查、电缆铺设及检查、海上养殖以及江河水库大坝的检查等方面。估计目前世界上已研制成的遥控水下机器人(ROV)在 1000 台以上。

中国机器人的发展起步较晚,它能有今天的成就与蒋新松院士的杰出贡献是分不开的。1980 年他提出"结合中国国情,把特殊环境下工作的机器人作为中国机器人技术发展的突破口"的设想,并提出把"智能机器人在海洋中的应用"作为研究重点,选择"海人 1 号"作为发展水下机器人的具体目标。"海人 1 号"先后于 1985 年及 1986 年获得首航及深潜试验的成功,技术上达到 20 世纪 80 年代世界同类产品的水平。

863 计划实施之前,我国研制的都是有缆遥控水下机器人,工作深度仅为 300 米。在 863 计划精心组织下,经过 6 年的艰苦努力研制出两台先进的无缆水下机器人。1994 年"探索者号"研制成功,它工作深度达到 1000 米,甩掉了与母船间联系的电缆,实现了从有缆向无缆的飞跃。从 1992 年 6 月起,与俄罗斯科学院海洋技术研究所合作,以我方为主,开始研制 6000 米无缆自治水下机器人。1995 年 8 月,CR-01 6000 米无缆自治水下机器人研制成功,使我国机器人的总体技术水平跻身于世界先进行列,成为世界上拥有潜深 6000 米自治水下机器人的少数国家之一。

在海洋中,每下潜 100 米就增加 10 个大气压(1 大气压 = 101325 帕,下同),这就要求机器人上的每一个部件都必须能承受住这么大的压力而不变形、不破坏。6000 米洋底的压力高达 600 个大气压,在这么高的压力下,几毫米厚的钢板容器会像鸡蛋壳一样被压碎。而对于浮力材料,不仅要求它能承受住这么大的压力,而且要求它的渗水率极低,以保证其密度不变,否则机器人就会沉入海底。

在高压环境下,耐高水压的动态密封结构和技术也是水下机器人的一项关键技术。机器人上的任何一个密封的电气设备、连接线缆和插件都不能有丝毫渗漏,否则会导致整个部件甚至整个电控系统的毁灭。

另外,由于无线电波在水中的衰减太快,所以在水中不能使用无线电通信、无线电导航及无线电定位,目前在水中的唯一通信手段是水声技术。但是在水中的声速还不及光速的二十万分之一,在水中声信号的传输率极低,加上声波在水中的散射、传输的损耗以及回波的干扰等,使水声设备的研制更加困难。当前水声通信的距离仅有 10 公里。如何利用新的信息处理技术研制出精度更高、误码率更低、作用距离更大的水声设备,是水下机器人研究的又一关键技术。随着通信距离的增大,水下机器人应用的范围也将扩大。

红外照相、遥感及远距离摄影等技术在陆地和空间已成功地应用了,但由于光波在水中的散射、损耗和吸收,它的传播距离大大缩短。目前最好的微光摄像机在最佳的水质中的视距也不过十几米。怎样把水下机器人的"近视眼"变成"千里眼",还有待水声设备及光学技术的进一步发展。水的密度和黏滞度比空气高得多,海面的风浪涌变幻莫测,海底又是千山万壑、暗流纵横的黑暗世界,机器人在这样复杂的环境中工作真是危机四伏。这使得机器人的航行控制、自我保护、环境识别和建模比航天器更幽难。

水下机器人的回收至今仍是一个没有完全解决的问题,尤其是在深海区的回收更加艰难。

水的黏度比空气高,使得水下机器人能耗很大。特别是自治水下机器人(AUV),它既不能采用太阳能电池,也没有脐带缆不断地供电,只能靠自带的蓄电池,从而限制了它在水下的工作时间。因此开发应用能率高的新的能源,将是AUV 向远程、大范围作业发展的关键。

CR-01 水下机器人的本体长 4.374 米,宽 0.8 米,高 0.93 米,它在空气中的重量为 1305.15 千克,它的最大潜深 6000 米,最大水下航速 2 节,续航能力 10 小时,定位精度 10~15 米。它是一套能按预订航线航行的无人无缆水下机器人系统,它可以在 6000 米水下进行摄像、拍照、海底地势与剖面测量、海底沉物目标搜索和观察、水文物理测量,并能自动记录各种数据及其相应的坐标位置。

CR-01 主要由载体系统、控制系统、水声系统及收放系统四大部分组成。由于它艏部装有垂直推进器和侧移推进器,因而机动性强,自动定向快、准、精,为声光探测系统在深水中的稳定性和准确性创造了极其有利的条件。机器人装有长基线声学水下定位系统和 GPS(卫星定位系统),因此系统本体在深水中的运动轨迹清晰,并可通过长基线定位系统对本体实施 8 道控制命令。系统本体所载传感器和探测系统齐全,可实时记录下温度、盐分、深度等参数。机器人具有多 CPU(中央处理器)、多级递阶控制结构,能方便地修改及编入程序,可预编程序航行,还可自动记录各种运动和功能及图像参数(黑匣子)。发生局部故障或丧失自航能力时,它能自动抛载上浮至水面,且自动抛起应急无线电发射天线和亮起急救闪光灯。机器人还有独特的回收和释放本体的收放系统。

CR-01 系统的研制成功,使我国具有了对除海沟以外海域进行详细探测的能力。1991 年,中国大洋矿产资源研究开发协会被联合国批准为第五个深海采矿的先驱投资者,承担 30 万平方公里洋底的探测任务,并最终拥有对矿产资源最丰富的 7.5 万平方公里海域的优先开采权。CR-01 为此提供了强有力的技术手段。继 1995 年 8 月 CR-01 在太平洋完成深海功能试验之后,1997 年 5 月 20 日到 6 月 27 日,又进行了历时 39 天的工程化试验,对太平洋底的多金属结核矿进行了调查。其中 6 月 10 日在水下近 10 小时,海底工作时间 6 小时,进行了照相、侧扫、浅剖、温盐测量,对机器人进行了遥控,获得大量调查资料,圆满完成预定任务。

试验表明,CR-01 水下机器人的长基线声呐定位系统可报告机器人的深度、高度和航向;机器人可根据水声信道发来的遥控命令上浮、下潜、左转、右转和结束使命等,实现了自治水下机器人从预编程型向监控型的转变。

无人有缆潜水器

无人有缆潜水器的研制开始于 20 世纪 70 年代,80 年代进入了较快的发展时期。

1987年,日本海弹海事科。学技术中心研究成功深海无人遥控潜水器"海鲀3K"号,可下潜3300米。研制"海鲀3K"号的目的,是为了在载人潜水之前对预定潜水点进行调查而设计的,供专门从事深海研究的,同时,也可利用"海鲀3K"号进行海底救护。"海鲀3K"号属于有缆式潜水器,在设计上有前后、上下、左右三个方向各配置两套动力装置,基本能满足深海采集样品的需要。1988年,该技术中心配合"深海6500"号载人潜水器进行深海调查作业的需要,建造了万米级无人遥控潜水器。这种潜水器由工作母船进行控制操作,可以较长时间进行深海调查。日本对于无人有缆潜水器的研制比较重视,不仅有近期的研究项目,而且还有较大型的长远计划。目前,日本正在实施一项包括开发先进无人遥控潜水器的大型规划。这种无人有缆潜水器系统在遥控作业、声学影像、水下遥测全向推力器、海水传动系统、陶瓷应用技术水下航行定位和控制等方面都有新的开拓与突破。这项工作的直接目标是有效地服务于200米以内水深的油气开采业,完全取代目前由潜水人员去完成的危险水下作业。

在无人有缆潜水技术方面,始终保持了明显的超前发展的优势。根据欧洲尤里卡计划,英国、意大利将联合研制无人遥控潜水器。这种潜水器性能优良,能在6000米水深持续工作250小时,比现在正在使用的只能在水下4000米深度连续工作只有12小时的潜水器性能优良的多。按照"尤里卡"EU-191计划还将建造两艘无人遥控潜水器,一艘为有缆式潜水器,主要用于水下检查维修;另一艘为无人无缆潜水器,主要用于水下测量。这项潜水工程计划将由英国、意大利、丹麦等国家的17个机构参加。英国科学家研制的"小贾森"有缆潜水器有其独特的技术特点,它是采用计算机控制,并通过光纤沟通潜水器与母船之间的联系。母船上装有4台专用计算机,分别用于处理海底照相机获得的资料,处理监控海弹环境变化的资料,处理海面环境变化的资料,处理由潜水器传输回来的其他有关技术资料等。母船将所有获得的资料经过整理,通过微波发送到加利福尼亚太平洋格罗夫研究所的实验室,并储存在资料库里。

无人有缆潜水器的发展趋势有以下几点:一是水深普遍在6000米;二是操纵控制系统多采用大容量计算机,实施处理资料和进行数字控制;三是潜水器上的机械手采用多功能,力反馈监控系统;四是增加推进器的数量与功率,以提高其顶流作业的能力和操纵性能。此外,还特别注意潜水器的小型化和提高其观察能力。

(1)历史发展

1934年,美国研制出下潜934米的载人潜水器。1953年又研制出无人有缆遥控潜水器。其后的发展大致经历了三个阶段。

第一阶段:从1953年至1974年为第一阶段,主要进行潜水器的研制和早期的开发工作。先后研制出20多艘潜水器。其中美国的CURV系统在西班牙海成功地回收一枚氢弹,引起世界各国的重视。

第二阶段:1975~1985年是遥控潜水器大发展时期。海洋石油和天然气开发的需要,推动了潜水器理论和应用的研究,潜水器的数量和种类都有显著地增长。

载人潜水器和无人遥控潜水器(包括有缆遥控潜水器、水底爬行潜水器、拖航潜水器、无缆潜水器)在海洋调查、海洋石油开发、救捞等方面发挥了较大的作用。

第三阶段:1985年,潜水器又进入一个新的发展时期。20世纪80年代以来,中国也开展了水下机器人的研究和开发,研制出"海人"1号(HR-1)水下机器人,成功地进行水下实验。

(2)研制与发展

1980年法国国家海洋开发中心建造了"逆戟鲸"号无人无缆潜水器,最大潜深为6000米。"逆戟鲸"号潜水器先后进行过130多次深潜作业,完成了太平洋海底锰结核调查海底峡谷调查、太平洋和地中海海底电缆事故调查、洋中脊调查等重大课题任务。1987年,法国国家海弹开发中心又与一家公司合作,共同建造"埃里特"声学遥控潜水器。用于水下钻井机检查、海底油机设备安装、油管铺设、锚缆加固等复杂作业。这种声学遥控潜水器的智能程度要比"逆戟鲸"号高许多。

国际深海争夺战

1930年,美国人奥蒂斯·巴顿乘坐他发明的"钢球",下潜到距海面245米的深度,开辟了人类进行载人深海探测的纪元。然而今天,科技的飞跃早已将巴顿当年的纪录远远甩在了身后,4000米、5000米、6000米……人类对海洋探索的极限不断被超越。随着深海资源勘测和开发的重要性日益突出,一场不见硝烟的深海争夺战已经打响。

(1)美深潜器曾找氢弹

深海探测是个技术活儿,每向海底深入一米,就意味着对技术的要求更高一层。这不仅是对一国科技实力的检验,更是国家间经济实力的较量。就载人深潜而言,目前除中国外,具备这项技术的只有4个国家,分别是美国、日本、俄罗斯和法国。

美国在这个领域走在了世界的前列。早在1964年,美国就建造了"阿尔文"号载人深潜器,经过升级后,其工作深度达到4500米。"阿尔文"号曾进行过5000多次海底探索,是当今世界上下潜次数最多的载人潜水器。它曾找到美军丢失的氢弹,勘测过海底火山口,还是第一艘到访过"泰坦尼克"号沉船的载人潜水器。目前,美国正在建造一艘工作深度达6000米的新的潜水器,以取代即将退役的"阿尔文"号。

日本1989年建成了下潜深度为6500米的"深海"号潜水器,水下作业时间8小时,曾下潜到6527米深的海底,至今仍保持着载人潜水器深潜的纪录。法国1985年研制成的"鹦鹉螺"号潜水器,最大下潜深度可达6000米,完成过多金属结合区域、深海海底生态等调查,以及沉船、有害废料等搜索任务。

俄罗斯是目前世界上拥有载人潜水器最多的国家,比较著名的是1987年建成的"和平1号"和"和平2号"两艘6000米级潜水器。它们带有12套检测深海环境参数和海底地貌的设备,可在水下停留17~20个小时。2007年在北冰洋海底插上俄罗斯国旗的正是"和平1号"。20世纪90年代后期,俄罗斯又研制成功两个

6000 米深海潜水器——"俄罗斯"号和"领事"号,但由于经费问题,"领事"号的完工被拖延,最近刚刚完成了第二轮海试。

（2）美日钻研无人深潜

虽然载人深潜仍然是当今深海勘测技术的标杆,但在人类开发海洋步伐加快的今天,一些国家也在积极研发其他的技术手段,以加强对深海资源的控制。具备结构简单、造价低廉、维修方便等优点的无人深潜器,就是当今深海探测技术发展的新亮点。

在过去的 20 年里,美国把主要精力都花在了无人深潜技术的研发上,以至于其载人深潜技术一度落后于日本和俄罗斯。早在上世纪 60 年代,美国就研制出了第一代水下机器人"CURV"号,它具有电动推进装置、水下电视摄像机、声呐和打捞机械手等设备,工作深度为 2100 米。

当前,无人深潜器的最大下潜深度（7600 米）也是由美国人创造的。

日本近些年潜心钻研无人深潜技术,并取得了显著的成果。1998 年开始建造、2000 年完成海试的"浦岛"号,是一艘自控的无人深海探测船,其最大下潜深度为 3500 米。由于摆脱了以往探测器必须通过电缆和母船相连的限制,"浦岛"号能够在更广阔的范围内自动收集研究全球气候变暖机制所必需的海水盐分浓度、水温等数据,还可获得清晰度很高的海底地形和海底以下地层构造的数据。日本还研制出 1 万米级遥控无人深潜器"海沟"。"海沟"曾在完成后不久成功潜航至马里亚纳海沟 10911.4 米深处。

继美国、日本和法国之后,韩国已成为世界上第四个拥有深海 6000 米级无人探测船的国家。韩国斥巨资打造的 6000 米级深海探测无人潜艇,已于 2006 年投入使用。这种潜水艇重 3200 千克,上面安装有机械手和多种高性能传感器,具有海底潜行和作业功能。潜艇目前用于海底矿物资源的探测及海洋生物标本的采集。

（3）海底资源争夺从油到矿

浩瀚的海洋具有多样性的资源,包括战略金属资源、能源资源和生物资源等,一些国家不断开发新的探测技术和设备,瞄准的主要是这些深埋于海底的宝藏。

美国为减少对中东等国石油进口的依赖,近年来不断加大深海石油钻探的力度。2005 年美国能源法案通过额外减免深水和超深水石油天然气开发的矿产开采费,为风险较大的墨西哥湾海上石油天然气开发提供了新的动力。仅在这一年,就有两个深水石油项目建成投产,另外还有 6 个油田正在开发之中。巴西的深海石油开采能力也居世界领先地位。最近几年,巴西陆续从东南沿海大陆架海底盐层之下发现丰富的石油储藏。巴西国内的石油公司已经开始对这些油田进行开采,并部分实现了出口。

被称为"未来能源"的可燃冰,是深海资源争夺的另一个焦点。早在 1992 年,日本就开始关注可燃冰的勘探与开采。目前,它基本完成对周边海域的可燃冰调查与评估,并成功取得可燃冰样本。日本计划在 2020 年对可燃冰进行商业性试开采。美国也计划到 2015 年对可燃冰进行商业性试开采。

海底深埋的稀有矿产也吸引了很多国家的注意。韩国正在研发可在太平洋2000米深处开采锰结核的系统。锰结核中50%以上是氧化铁和氧化锰,还含有镍、铜、钴、钼等20多种元素。不仅如此,锰结核每年以1000万吨的速度在不断堆积,是人类取之不尽的"自生矿物"。日本目前正在开发专用的深海探测机器人,旨在探测深藏于海底的锗、钴、镍等稀有金属资源。

(4)美国要在海底联网全面监测海洋动态

目前,各种海底观测技术有共同的缺陷,要依赖深潜器之类的深海运载工具去补充能量,收取采集的信息。为解决这些问题,一些国家正在研究建立深海观测平台,这将是深海探测技术发展到又一高度的标志。

所谓深海观测平台,就是把设在海底和埋在钻井中的监测仪器联网,通过光纤网络向各个观测点供应能量、收集信息,从而进行多年连续的自动化观测。科学家们可以在陆地通过网络实时监测自己的深海试验,命令试验设备监测风暴、藻类勃发、地震、海底喷发等各种突发事件,完全革新了传统办法。

美国已经走在了世界的前列,开发出深海科学观测光缆这一引领潮流的技术。2007年4月,美国建成全长为52公里,主要负责向海洋900米深处的科学设备、摄像机以及水下机器人提供电力的电缆。依托这一深海光缆,未来美国将试图在深海建立气象观测站。

海上"变形金刚"

大洋深处本是舰艇的舞台,其他武器装备只能"望洋兴叹"。然而,随着各种高科技手段在军事上的成功应用,军用飞机实现了远涉重洋的梦想。舰载机的出现,使军舰和飞机实现有机结合,具有划时代的军事意义。

舰载机,可以简单地理解为以军舰为基地的海军飞机,它以军舰为搭载平台,通过灵活地改变自己的"坐标原点",能够无限延伸作战半径,叱咤远海蓝天。自从有了它,舰艇就可以不必再亲自"披挂上阵"。因此有人说,舰载机是航母的手臂,航母的"爪牙"是否锋利,关键要看舰载机的战斗力如何。

双方舰队舰炮未发一弹,战斗已结束:舰载机改变了传统海战模式。

相信很多人对刚刚退休的美国"演员州长"(指施瓦辛格)主演过的电影《终结者》印象深刻。是的,要准确说出未来战场会以何种方式进行是很难的,但有一点很确定,那就是机器人士兵或者说全自动无人驾驶武器将会得到大量应用。就像《终结者》所反映的那样,英国BAE系统公司宣布将建造供无人机作战的隐身航母,该航母的代号是"UXV"。

作为曾在英国皇家海军服役过的老兵,记者哈斯毫不怀疑"海权至上"学说,非常清楚掌握海洋就等于控制地球70%的面积,而从军舰设计角度来说,无人机最大的优点就是起降所需空间要比有人驾驶飞机小得多,因此建造无人机航母比传统航母更有战斗力。哈斯的朋友,BAE系统公司设计师查尔斯·汤普森说:"飞行员所能承受的飞行过载非常有限,因此在航母上起降需要很长的跑道,但无人机却不用考虑这个问题。"如此一来,全新概念的UXV航母绝没必要造得像传统航母那样庞大,而且节省下来的空间可安装各种武器系统,独立作战能力大为提高。

根据 BAE 的设计,UVX 将两块长约 50 米的飞行甲板连接成一个 V 字形,通过电磁弹射器和坡道快速起降无人机,舰载雷达、红外传感器能够识别起降的每一架无人机,弹射和回收无人机将比现在纯人工操作更具效率。UXV 的另一个优点是所需舰员数量将大大少于现役航母,今天同等大小的航母要想正常运行通常需要几千名船员,但 UXV 仅需 60 人,这也意味着船只被击毁时所带来的伤亡也将小得多。此外,由于无人机成本低廉,在某些特殊时刻,可以直接变身精确制导武器向敌人发起自杀攻击,或许在未来的战场上,"神风特工队"将不再是绝唱。

如果说 UXV 航母只是无人机海上平台,您也许会觉得没什么了不起,但如果它像变形金刚一样可以在海上任意变换角色呢? 稍有海军常识的人都知道,仅仅一艘航母构不成有效的打击力量,它还需若干辅助舰艇搭配,才能形成真正具有威慑能力的战斗群,毫不客气地讲,多年来"被神化"的航母其实只是"海上移动的飞机场",由于大部分空间被舰载机占据,其他自卫功能特别是反潜能力几乎为零,所以需要大量辅助舰艇提供支援。试想一下,如果这些辅助舰艇的功能集航母于一身会是怎样的情形呢? 那么还是看看 UXV 吧。

众所周知,航母光建造就需要多年时间,为了在服役后仍具有先进性,它必须预先具有多种用途。为此,BAE 系统公司正为 UXV 研制一种"模块化任务舱",这种模块具有"即插即用"的特点,能够让指挥官迅速改变军舰的用途,将 UXV 从无人机航母转变为扫雷舰、登陆支援舰或者猎潜舰。平时,各种无人机储存在其他军舰和岸上基地里,当执行作战任务时,使用者再将相应种类的无人机部署到 UXV 上。如 UXV 执行反潜任务时,就会携带水下机器人和无人驾驶反潜直升机,当执行扫雷任务时,UXV 则可携带能检测水面情况的无人机,寻找并摧毁藏在水下的爆炸物。而当执行登陆支援任务时,UXV 将携带无人攻击机、武装直升机和两栖战车。

除了携带各种无人机外,UXV 还拥有强大的火力。由于飞机起降跑道被大幅缩短,节省下来的空间可安装模块化概念武器,如前甲板下方的垂直导弹发射系统除可发射舰对舰导弹及巡航导弹外,还能发射超高精度的舰对空导弹,可以拦截以三倍音速飞来的敌方导弹。而它配备的 155 毫米口径电磁炮一次能连续发射 20 发炮弹,并让这些炮弹几乎同时击中目标,在海战和对岸炮击时具有不可思议的威力。更可怕的是,UXV 内部还隐藏有水池,可以存放并弹射小型无人潜艇。如此看来,UXV 真可谓是"海上巨无霸"了。

在文章中,哈斯承认 UXV 航母设计的确新颖,但他强调这不是"幻想"。实际上,UXV 的基础设计已经开始,其试验性样舰——BAE 系统公司的"勇气"号试验舰已经在建,很可能于 2012 年加入英国皇家海军序列。该舰的最大航速为 27 节,而 UXV 的速度还要快,将达到 31 节。

此外,供 UXV 搭载的舰载无人机研发也已在美国通用原子公司紧锣密鼓地进行,而英国皇家海军更是开始了无人机操控的实战型培训,到 2012 年,预计英国皇家海军投入到无人机系统上的资金将高达 37.6 亿美元。那么,UXV 离现实到底还有多远？综合各方信息并结合自己对海军建设的经验，哈斯的答案是——2020年。

来自水雷的威胁

水下机器人又称为水下无人潜水器，分为遥控、半自治及自治型。水下机器人是典型的军民两用技术，不仅可用于海上资源的勘探和开发，而且在海战中也有不可替代的作用。为了争夺制海权，各国都在开发各种用途的水下机器人，有探雷机器人、扫雷机器人、侦察机器人等。

1991年2月18日凌晨，美国海军的"普林斯顿"号巡洋舰游弋在科威特以东的海面上，为扫雷特遣舰队提供防空掩护。早在"沙漠风暴"行动之前，该海域就发现了水雷。伊拉克的大多数水雷是一次大战以前设计的，但也有一些新式水雷，如意大利的"曼塔"磁声感应水雷、苏联的UDM声感应水雷等。"普林斯顿"号小心翼翼地以最低速度行驶，一旦发现水雷，便可立即做出反应。此时是早上7点15分，舰长正在向水兵们讲解水雷的危险性及其预防措施，他强调指出"必须特别小心，仔细地寻找水雷。就在几个小时之前，特里波利舰已触水雷爆炸……"。舰长的话还没有说完，突然轰的一声，军舰的尾部发生了猛烈的爆炸，舰尾被抛向几米高的空中，又摔到甲板上。原来巡洋舰在驶向16米深的浅海水域时，引发了一颗曼塔沉底水雷。3秒钟后，舰首的右舷又有一枚水雷爆炸，军舰的上层建筑被炸裂，高强度的钢板被炸弯，螺旋桨轴及舵面被炸坏，距离右舷50米的水手被抛出军舰之外……触雷后，舰上的高射炮全都不能用了，8个巡航导弹发射架断裂变形，导弹四处散落。经过几个小时的紧急抢救，潜水员潜入水下反复检修，总算勉强地排除了部分故障。在扫雷舰、救护舰的护航下，"普林斯顿"号被拖离海滩，拉到阿联酋进行大修。

"普林斯顿"号触雷事件对各国的海军震动极大。一枚不到1000美元的小小的水雷，竟然重创了上亿美元的大型军舰，水雷真是海军的大敌！水雷的种类繁多，有漂雷、锚雷、沉底雷、上浮雷、自掩埋水雷、拖带水雷及遥控水雷等。从引爆方式又可分为触发水雷及非触发水雷，后者可分为磁性水雷、音响水雷和水压水雷等。利用不同的水雷封锁航道，不仅在战争期间是对海军的巨大威胁，而且战后清理它们也是个令人头痛的事情。

正像在地面上一样，海上扫雷也是一项既困难又危险的工作。要扫雷先要发现水雷，现在海军主要依靠扫雷舰上的声呐，但是它的效果并不理想，而要发现沉底雷及埋在泥沙中的水雷就更加困难。扫雷则非常危险，在作战情况下就更加危险，因为除了水雷外，扫雷舰随时可能受到敌机、岸炮和导弹的袭击。

遥控扫雷机器人

为了避免人员的伤亡，一些发达国家都依靠遥控潜水器（ROV）扫雷。目前扫雷用的ROV的潜水深度一般为几米到500米左右。用ROV扫雷的过程大致如下。扫雷舰的声呐发现水雷后，先给出其大致方位，然后给ROV装上扫雷装药，再把 ROV 放入水中。操作人员通过光缆控制它驶向目标,在目标附近,ROV 的摄像机拍摄目标的图像并将它传回军舰,操作人员进一步确定它是不是水雷,若是,就对目标精确定位,ROV 把炸药在水雷旁放好,然后返回母舰,最后引爆水雷。扫除锚雷时,先由 ROV 切断锚链,水雷浮出水面后再用炸药引爆。

美国 ECA 公司研制的 PAP-104 就是这样的遥控潜水器,有 14 个国家的海军装备了 350 台这种水下机器人。PAP-104 共有 5 代产品,英国、沙特阿拉伯和新加坡均装备了它的第 5 代产品。它既可扫除锚雷也可扫除沉底雷。

瑞典博福斯公司研制的"双鹰"ROV 已被瑞典、丹麦及澳大利亚海军选用。双鹰载重 80 千克,速度 5 节,可在 500 米深处作业。它装有 360 度全姿态控制系统,使 ROV 可在 6 个自由度上运动,稳定性很好。

德国 STN Atlas 电子公司研制出"企鹅"B3 型遥控潜水器,装有两台变速推进发动机和一台垂直发动机,速度 6 节,载重 225 千克,光缆长 1000 米,在流速 3 节深度 200 米时,行驶距离为 500 米,流速较小时,行程达 900 米,它装备在 MJ 332 扫雷舰上。该公司正进一步改进它,使其潜深达到 300 米。

采用 ROV 扫雷比较安全,但是它的速度慢,扫雷时间长,所使用的扫雷装药也不太理想。这种装药体积大,一般长 1 米,直径 0.4 米,重 80~100 千克,一台 ROV 只能携带两枚,一艘现代扫雷舰上只能装两台 ROV,而且在急流时要求 ROV 具有较大的动力。由于扫雷装药在爆炸时会破坏周围的声呐环境,有时难以确定水雷是否被引爆了。特别是许多现代水雷装的是抗震复合炸药,只有把炸药放得离水雷很近时才能引爆它。

为了缩短扫雷时间提高扫雷的可靠性,人们研制出一种一次性使用的扫雷武器——微型鱼雷。它不需要用 ROV 运往目标,而是由扫雷舰把它直接放到水中,然后它自动导向目标,利用自身的传感器确认并对水雷定位,引爆后摧毁水雷。微型鱼雷既小又轻,一艘扫雷舰可携带多枚,它的搬运及投放设备比 ROV 简单,维护方便,价格低廉。因为它采用的是空心装药,很容易穿透水雷的外壳,因而对置放精度要求不高,特别适合于引爆装有抗震炸药的水雷。

挪威海军的"水雷狙击手"就是第一个这样的微型鱼雷。它采用锥孔装药,虽然体积与北约的标准装药相同,但装药量少得多,重量又轻,在舰上搬运非常安全。它特别适合由小型舰只投放,据称,它可有效地对付沉底雷和锚雷。德国 STN Atlas 公司正在研制两种微型鱼雷,一种是"海狐号",一种是"海狼号"。

尽管 ROV 的传统作用正在受到一次性使用的微型鱼雷的挑战,但它的发展仍具有一定潜力。未来 ROV 发展的方向很可能是把可变深度声呐装在它上面,部署到可能有水雷的危险区域去,扫雷舰就不必亲自前往,这样就大大提高了人员及设备的安全性,也提高了探雷的可靠性。

由于 ROV 具有许多难以克服的缺点,如它的航速慢,机动性差,置放炸药的时间长,限制了母舰的行动自由,不能由潜艇发射等,因此从长远来看,无人无缆潜水器 UUv,或称之为自治潜水器 AUV,具有更大的应用潜力。由于自带电源,无缆潜水器的自治能力强,航程长,机动性好。母舰将它放入水中,经过几小时后,它可在一个预定地点与母舰会合，由母舰回收，因而母舰更加安全。UUV 还可由潜艇发射，这样比由水面舰只发射更加隐蔽。可在水面舰只达到某一战区之前由潜艇发射它，对该水域的水雷进行侦察。

不过，UUV 要比 ROV 复杂得多。它需要高能量密度的电源，复杂的控制系统，它要求能精确地自主导航，并能将探测到的数据储存起来格式化后传送给舰队。UUV 可用于探雷扫雷，也可用于侦察、情报搜集及海洋探测方面。

美国海军制订了雄心勃勃的 UUV 发展计划，目标是首先突破水雷探测这一关，利用潜艇发射 UUV 进行水雷侦察，并使 UUV 成为潜艇的制式装备。计划中包括两个项目，一个是近期水雷侦察系统（NMRS），另一个是远期水雷侦察系统（LMRS）。

NMRS 准备装在洛杉矶级核潜艇的鱼雷舱中，它长 505 厘米，直径 51 厘米，续航时间 4~5 小时，可在 12 米的浅水及深水中工作，速度为 4~7 节。潜水器中的光缆长 30 海里，浮锚中的光缆长 20 海里。研究它的发射及回收方式时费了不少力气。NMRS 的工作方式是：它由核潜艇的鱼雷发射管发射，完成任务后到预定地点与潜艇会合，由潜艇的牵引缆及绞车回收。

与 NMRS 相比，LMRS 的性能有很大提高，例如，它的续航时间提高到 40~48 小时，航程增至 120 海里（222 公里），因为它的推进系统的能量密度比银锌电池要高得多。为适应新的推进系统和新的传感器组件，LMRS 的长度增加到 588 厘米，但它的直径不变，以便能由潜艇的鱼雷发射管中发射。

LMRS 可以是半自治式的，例如使用一次性光缆或用周期性隐蔽的天线发射频率；也可以是自治式的，但不要求二者兼有。它可装在洛杉矶级核潜艇以及美国的新型攻击型潜艇上。

为了对付岸边的水雷，美国罗克威尔公司及 IS 机器人公司研制了一种名叫"水下自主行走装置"（ALUV）的机器蟹，这种机器蟹可以隐藏在海浪下面，在水中行走，迅速通过岸边的浪区。当风浪太大时，它可以将脚埋入泥沙中，通过振动，甚至可将整个身子都隐藏在泥沙中。

ALUV 长约 56 厘米，重 10.4 千克，包括一个 3.17 千克重的压载物。为了携带传感器，它的脚比较大，便于发现目标。当它遇到水雷时，就把它抓住，然后等待近海登陆艇上的控制中心的命令。一旦收到信号，这个小东西就会自己爆炸，同时引爆水雷。技术人员还打算使机器蟹之间可以进行通信联络，从而提高扫雷的效率。

水下联网

美国国家标准局参加了国防高级研究计划局海军技术处资助的旨在保证大量水下机器人组成的各水下机器人组共同工作的计划。计划的第一个阶段进行另外由两台同样的机器人组成的一个组的实验，机器人上装有计算机，配有独立协调工作的人工智能性程序。

机器人控制系统按功能分为三个子系统：传感器信息处理子系统，"世界模型"建立子系统和任务分解子系统。有关周围环境和机器人内部状态的传感器信息用来不断更新作为机器人世界模型基础的数据库。后者还可以用来预报未来的情况和任务分解子系统用来实时规划机器人的行动和执行相应的动作。

整个控制系统是按递阶结构建立的，从而可以把初始的目标任务变换为对驱动装置，传感器，通信设备的指令。最高级是"任务级"，确定各个协调工作的机器人组的共同工作。下一级是"组级"，把这一共同任务变为每个机器人的任务。完成这些任务的"机器人级"形成水下机器人的基本运动和其他动作。"基本动作级"建立机器人的相应的中间姿态（位置和姿势）序列，据此，下一个"原始动作级"计算出平滑的轨迹，平稳的速度和加速度。最后，最低级"伺服控制级"把这些数据变换成信号，送至驱动装置、传感器和其他仪器设备。

传感器子系统规划单元编制接通和断开被动与主动定位传感器的时间表。在计划的这一阶段中，这些时间表只是简单地从数据库中调出，而下一步将生成这些时间表，同时要考虑定位器获得测量值的价值和迫切性，在接通主动传感器时自身被发现的危险性和测量时所需要的能耗。

世界模型由两个重要部分组成：①存有关于外界和机器本身状态信息的数据库总和；②数据库更新，基于数据库的情况预测和为回答规划和动作执行单元的提问对数据库内的信息进行检索等的程序。

任务分解子系统的功能主要有：①把所有的机器人分组；②确定不是完成全部任务序列而是漏掉其中某些任务的可能性和合理性；③粗略描述各个航线和执行任务的战术；④确定下一步规划的优先参数。

运用上面的方法在情景复杂的组内协调工作的机器人数目增加时，会遇到很大的困难。在这种情况下，一般是指定一台机器人作为"任务的指挥员"，而在每组指定一台机器人作为"组长"，相应地把规划分为任务级和组级。这样，就可以对各台机器人的动作进行协调，即使是在机器人的数据库不同的情况下也能得到很好的效果。

鱼形机器人

鱼类仅靠扭动身体，便能在水中悠闲地游来游去，而人类制造的轮船则不得不依靠螺旋桨才能前进。能不能尝试着用另外一种方法，让轮船像鱼一样在水中忽东忽西，自由自在呢？北京航空航天大学机器人研究所的一条长 0.8 米的机器鱼（robofish）在一项全新的仿生学研究成果——波动推进下，顺利实现了不用螺旋桨的设想。

鱼体是一个平面 6 关节机构（即有 6 节鱼身），包括鱼头和鱼尾两个部分。鱼头是利用玻璃钢制作的，仿造鲨鱼外形的壳体。整个鱼的动力电池，控制接收部分都放在鱼头里。鱼尾的 6 个伺服电机扭转摆动作为推动器。这种机器鱼与 9 月下旬日本推出的宠物机器鱼并不相同，宠物机器鱼依靠的是内置太阳能电池和马达作为推进器。

据该项目的设计者与主持人梁建宏介绍，机器鱼重 800 克，在水中最大速度为每秒 0.6 米，能耗效率为 70% 至 90%，控制上采取的是计算机遥控的方式。在各种演示游动的场合中,机器鱼以其逼真的游动形态,吸引了很多人前来围观,许多人都误以为这是一条真鱼。

该项成果自从1999年大学生"挑战杯"拿到一等奖以后,研究一直没有中断,日前该研究小组正在抓紧研究如何使机器鱼更具智能化,以便让多条机器鱼组成群体进行自我协调游动,时而像大雁一样排成"一"字形,时而排成"人"形,预计近期可以见到成果。这种能畅游在水中的机器鱼,将被广泛应用于海洋资源勘探、执行军事任务和帮助维护海上石油设施等领域,在军事和民用方面都有着广泛的应用前景。

军事方面,用这种方式作为动力的微型潜艇将会轻而易举地躲过声呐的探测和鱼雷的袭击,出其不意的攻击对方舰艇、基地;民用方面,可以用来进行海底勘探及海洋救生等方面。这种由螺旋桨到仿生推进的变革,其意义不亚于飞机进入喷气时代。

近年来,在西方发达国家,特别是西方军界纷纷对微小型鱼类的仿生机器人技术的研究开发给予了越来越多的重视,海洋动物的这种推进方式具有高效率、低噪声、高速度、高机动性等优点,成为人们研制新型高速、低噪声、机动灵活的柔体潜水器模仿的对象。比较突出的试验装置有美国麻省理工学院的"机器金枪鱼"和日本的"鱼形机器人",而我国在机器鱼的波动推进实验技术方面已经形成了自己的特色。

"蛟龙"号载人潜水器

我国第一台自行设计、自主集成研制的"蛟龙"号深海载人潜水器3000米级海试取得成功,最大下潜深度达到3759米,并将一面国旗插在3759米深的海底。这标志着我国成为继美、法、俄、日之后第五个掌握3500米以上大深度载人深潜技术的国家。

据介绍,未来"蛟龙"号的使命包括运载科学家和工程技术人员进入深海,在海山、洋脊、盆地和热液喷口等复杂海底有效执行各种海洋科学考察任务,开展深海探矿、海底高精度地形测量、可疑物探测和捕获等工作,并可以执行水下设备定点布放、海底电缆和管道的检测以及其他深海探询及打捞等各种复杂作业。

目前美国、法国、俄罗斯、日本拥有世界上仅有的5艘6000米级深海载人潜水器。"蛟龙"号载人潜水器在世界上同类型的载人潜水器中具有最大设计下潜深度——7000米,可在占世界海洋面积99.8%的广阔海域使用。

另据科技部和国家海洋局宣布,为这台深潜器提供地面保障的国家深海基地已获国务院审批,进入项目设计阶段,将在青岛市沿海建设。

中国科技部于2002年将"蛟龙"号载人潜水器研制列为国家高技术研究发展计划(863计划)重大专项,并启动"蛟龙"号载人潜水器的自行设计、自主集成研制工作。"蛟龙"号载人潜水器设计最大下潜深度为7000米,工作范围可覆盖全球海洋区域的99.8%,代表着深海高技术领域的最前沿。经过6年努力,在国家海洋局组织安排下,"蛟龙"号载人潜水器项目组包括中国大洋协会等约100家中国国内科研机构与企业。项目组联合攻关，完成了载人潜水器本体研制、水面支持系统研制和试验母船改造，完成了潜航员选拔和培训，从而具备开展海上试验的技术条件。从 2009 年 8 月开始，"蛟龙"号载人潜水器先后组织开展 1000 米级和 3000 米级海试工作。

2010 年 5 月 31 日至 7 月 18 日，"蛟龙"号载人潜水器在中国南海 3000 米级海上试验中取得巨大成功，共完成 17 次下潜，其中 7 次穿越 2000 米深度，4 次突破 3000 米，最大下潜深度达到 3759 米，超过全球海洋平均深度 3682 米，并创造水下和海底作业 9 小时零 3 分的记录，验证了"蛟龙"号载人潜水器在 3000 米级水深的各项性能和功能指标。

在国家海洋局组织安排下，中国大洋协会作为业主具体负责"蛟龙"号载人潜水器项目的组织实施，并会同中船重工集团公司 702 所、中科院沈阳自动化研究所和声学所等约 100 家中国国内科研机构与企业联合攻关，攻克了中国在深海技术领域的一系列技术难关，经过 6 年努力，完成载人潜水器本体研制，完成水面支持系统研制和试验母船改造，完成潜航员选拔和培训，从而具备开展海上试验的技术条件。

深海机器人"海龙"号

这台水下机器人外型是一个长方体，在空气中重量为 3.25 吨，有 3 米长，1.8 米高；据朱继懋教授介绍，该系统包括水下机器人、中继器、脐带缆、脐带绞车、止荡器、操纵控制台以及动力站等多个分系统组成。它在水中可以自己"行走"，不仅可以自如地前进后退和侧移，还可以作上下运动和多种姿态的调节，不到 30 分钟就可以下潜到 3500 米水深进行作业。

配各有 5 台各种性能的摄像机和一台静物监视机，不仅装有 6 个常规的水下灯，而且配有两个特制的弧光灯，可在水下照射近百米的范围，在浑浊水中还配备有声呐，使该水下机器人在海底进行作业时一目了然。

手脚方便是该水下机器人又一优势，它可在所需范围内活动，它的两个机械手（一个 7 功能，一个 5 功能），可以在水面对其进行遥控操作和协调作业。其手臂长度是人手臂长度的 4 倍以上，且力大无比，可以举起重 100 千克的物品。朱教授还开发了可对海底黑烟囱取回的细菌、从 0~350 摄氏度用 10 个罐进行连续培养的配套设备。

有关专家认为，这台机器人是目前我国下潜深度最大、功能最强的无人遥控潜水机器人，其遥控潜水器无论从性能上还是从控制方式上都超越了国际同类型的机器人，总体性能达到世界领先水平。在动力定位和虚拟监控仿真系统具有自主知识产权。

据悉，这台机器人将用于在大洋深海生物基因和极端环境下微生物的研究以及探索人类起源的秘密的考察中发挥重要作用。同时也将进行各种人为作用下的水下作业。由于技术含量高，该机器人已引起世界同行专家的关注和重视。

尼摩船长驾驶着鹦鹉螺号潜艇在深海畅游，和深海大章鱼赤手空拳搏斗，观赏壮观的海底森林，探险神秘的海底煤矿……儒勒·凡尔纳的经典小说《海底两万里》中的奇妙科幻经历，如今由上海交通大学研制的"海龙"号深海机器人变成了现实。

这个目前我国下潜深度最大、功能最强的无人遥控潜水器（ROV），由上海交通大学水下工程研究所朱继懋教授领导的科研团队历经 9 年研究完成，具有我国自主知识产权。在不久前"大洋 1 号" 21 航次第三航段的深海热液科考任务中，"海龙"号在东太平洋海隆区域 2770 米下方首次观察到了罕见的巨大"黑烟囱"，并且用机械手获取了热液"黑烟囱"样品，还从"黑烟囱"附近搜集了微生物样本。这标志着我国成为国际上少数能使用水下机器人开展洋中脊热液调查和取样研究的国家之一。

据介绍，上海交通大学水下工程研究所研发的 ROV 在我国渤海、东海、南海的海洋石油勘探中，以及内陆水库、水下管道的检查中都得到了广泛的应用。此次研发成功的"海龙"号 3500 米深海观测和取样型 ROV，是我国目前下潜深度最大、工作能力最强的水下机器人。"海龙"号主要用于 3500 米深度以内的大洋海底调查活动，包括海底热液矿物取样、大洋深海生物基因和极端微生物的研究，以及探索人类起源的秘密等。同时也可用于海洋石油工程服务，水下管道、电缆检测维修等各种水下作业。

据悉，新研制出的"水下机器手"装备有力觉、视觉等多个传感器，并对传感器进行了优化配置，通过多种编程方式，"水下机器手"可在深水作业中"独自作战"，完成各种探测和操作任务。

有关专家认为，这台机器人是目前我国下潜深度最大、功能最强的无人遥控潜水机器人，其遥控潜水器无论从性能上还是从控制方式上都超越了国际同类型的机器人，总体性能达到世界领先水平。在动力定位和虚拟监控仿真系统具有自主知识产权。

这台机器人将用于在大洋深海生物基因和极端环境下微生物的研究以及探索人类起源的秘密的考察中发挥重要作用。同时也将进行各种人为作用下的水下作业。由于技术含量高，该机器人已引起世界同行专家的关注和重视。

此次"海龙"号发现的"黑烟囱"，其实是大陆板块与海洋板块之间的火山口，有 200 多米高，形状与烟囱几乎一模一样，烟囱附近的温度达到了 400 摄氏度，但是仍然生活着很多蠕虫之类的微生物。朱继懋教授称，"黑烟囱"热液其实是富含各种稀有金属的硫化物，是各国都很关注的矿产资源。而在烟囱附近生活的微生物几乎代表了生命的极限，意味着那里存在着与陆地上的生物世界截然不同的生物系统。对这些深海生物的研究，可以有助于人类探索自身的起源。此次取出的样本将成为我国生命科学领域研究的公共资源。

另据介绍，目前研究人员已经列出了时间表，将在 2012 年完成 4500 米的深海机器人，并且将设法攻克海洋最大深度 1.1 万米的深海机器人。一旦研制成功，中国将成为全世界第二个掌握这一技术的国家。

遥控潜水器

1983年,中国成功研制出第一艘无人有缆遥控潜水器HR-01型。该潜水器重2000千克,潜深200米,具有水下观测、推进和通信系统及水上遥控、观测和操作系统,并有多关节主从式机械手操作系统,航行和姿态控制系统等,能连续在水下进行观测、取样、切割、焊接等作业,可用于海底科学考察、海上救捞,及江湖坝底、大桥桥墩和海上钻井平台水下部分结构的检查等方面的工作。

中科院沈阳自动化研究所研制出一种有缆观测型水下机器人HY-01型。该系统是纯观测型水下机器人,无机械手操作系统,比HR-01型体积小巧,且操作灵活。此后,中国又继续开发研制出职-02型和HY-02型。

遥控潜水器是一种可以遥控的水下运行器,用于水下探测。专门用于扫雷作业的是扫雷遥控潜水器,用于探测、清除海域的水雷障碍,以避免不必要的人员伤亡。

目前扫雷用的遥控潜水器(ROV)的潜水深度一般为几米到500米左右。用ROV扫雷的过程大致如下。扫雷舰的声呐发现水雷后,先给出其大致方位,然后给ROV装上扫雷装药,再把ROV放入水中。操作人员通过光缆控制它驶向目标,在目标附近,ROV的摄像机拍摄目标的图像并将它传回军舰,操作人员进一步确定它是不是水雷,若是,就对目标精确定位,ROV把炸药在水雷旁放好,然后返回母舰,最后引爆水雷。扫除锚雷时,先由ROV切断锚链,水雷浮出水面后再用炸药引爆。

美国研制的PAP-104遥控潜水器,有14个国家的海军装备了350台这种水下机器人。PAP-104共有5代产品,英国、沙特阿拉伯和新加坡均装备了它的第5代产品。它既可扫除锚雷也可扫除沉底雷。

意大利研制的Pluto遥控水下机器人,也是扫雷用的遥控潜水器,它共有三种型号,潜深400米。它的改进型Pluto P1us共生产了25台,埃及等三国的海军装备了它。它的缆绳长2000米,航速由4节提高到7节,蓄电池的容量翻了一番。有10个国家的海军购买了意大利的Pluto遥控水下机器人,用于海域扫除水雷障碍。

瑞典研制的"双鹰"遥控潜水器,载重80千克,速度5节,可在500米深处作业。它装有360度全姿态控制系统,使ROV可在6个自由度上运动,稳定性很好。它已被瑞典、丹麦及澳大利亚海军选用。

德国研制的"企鹅"B3型遥控潜水器,装有两台变速推进发动机和一台垂直发动机,速度6节,载重225千克,光缆长1000米,在流速3节深度200米时,行驶距离为500米,流速较小时,行程达900米,它装备在MJ 332扫雷舰上。该公司正进一步改进它,使其潜深达到300米。

采用遥控潜水器扫雷比较安全,但是它的速度慢,扫雷时间长,所使用的扫雷装药也不太理想。这种装药体积大,一般长1米,直径0.4米,重80~100千克,一艘现代扫雷舰上只能装两台遥控潜水器,而且在急流时要求ROV具有较大的动力。由于扫雷装药在爆炸时会破坏周围的声呐环境,有时难以确定水雷是否被引爆了。特别是许多现代水雷装的是抗震复合炸药,只有把炸药放得离水雷很近时才能引爆它。所以,出现了一次性使用的扫雷武器——微型鱼雷。

微型鱼雷的出现,对遥控潜水器 ROV 的传统作用是一种挑战,但遥控潜水器发展仍具有一定潜力。未来遥控潜水器 ROV 发展的方向很可能是把可变深度声呐装在它上面,部署到可能有水雷的危险区域去。这样,扫雷舰不必到达扫雷作业海域,可以大大提高人员及设备的安全性,也提高了探雷的可靠性。

中国的"大洋一号"

2008 年 5 月 22 日上午 10 时 30 分,广州长洲码头汽笛长鸣,5600 吨的我国远洋科学考察船"大洋一号"缓缓启航。从 2005 年"大洋一号"首次放飞"中国环球科考梦"以来,这次是"大洋一号"执行的中国第 20 航次的大洋科考任务。本航次大洋科考计划时间 250 天,航程约 3.4 万海里,分为 6 个航段,足迹遍及西北太平洋、东太平洋、西南太平洋和西南印度洋,2009 年 1 月返回青岛。

环球科考被喻为海洋科技的奥林匹克赛场,是世界各国国力和科技较量的舞台。伴随着陆地资:原的日趋枯竭,拥有丰富资源的国际海底区域的战略地位日趋凸显,向国际海底区域要资源,已成为众多国家的共识。

"在几千米的深海中发现的热液异常是研究地壳运动的重要资源,在三四千米的深海、无氧气且剧毒的环境中生存着虾、蟹、海葵、藤壶等生物,这对于研究生物的起源有着重要意义。"本航次大洋考察首席科学家陶春辉说,相比美国 30 年的大洋科考历史,尽管我国大洋科考时间不长,但在第 19 航次大洋考察中,我国首次在西南印度洋中脊发现了活动热液喷口,取得了巨大突破。本航次科考,"大洋一号"携带了我国有大洋科考史以来最精良的武器———3500 米的深海观测和取样型:无人遥控潜水器(ROV)、近底声学和光学深拖探测系统,生物取样器、可视箱式取样器、电视抓头及深海观测锚系统等,其中自主设计的 3500 米深海观测和取样型无人遥控潜水器(ROV)和深拖系统均是首次亮相大洋科考。这些新设备的投入使用,标志着我国大洋调查研究工作跃上了一个新的台阶。

据介绍,本航次科考任务综合性最强,涉及领域多,包括硫化物、结壳、结核、生物基因、环境等。本次科考将在上次发现新热液喷口的基础上,对这一热液喷口展开多学科的综合调查,继续开展热液硫化物和富钴结壳等海底矿产资源及环境、生物调查,了解热液区的地质、地球物理特征及海底热液硫化物的分布,并在喷口区周边寻找新的热液异常;同时开展洋中脊区域的环境和生物多样性研究,重点调查超慢速扩张脊地区的微生物多样性及生物地理分布;在东太平洋海隆进行调查并验证热液异常,力争发现新的活动热液区。

深海蛟龙——中国超先进的 7000 米深海载人潜水器

深海潜水器体现一个国家的综合技术力量,是海洋技术开发的最前沿与制高点,利用它可取得海底世界的宝贵数据和资料,用于深海资源勘探、热液硫化物考察、深海生物基因、深海地质调查等领域。目前世界上只有美国、日本、法国、俄罗斯拥有深海载人潜水器，最大工作深度未超过6500米。中国研制的7000米载人潜水器，将成为目前世界下潜工作深度最深的载人潜水器。

载人潜水器

潜水器的历史已有600多年，荷兰物理学家德雷尔发明了世界上第一艘原始潜水器。它能在水下5米深处连续航行几海里，在当时是一件很了不起的事。这艘"潜艇"使用优质木材做艇体，并在外表覆盖了一层牛油皮；潜水艇的两边各有6名划手，用力向后划水而使艇前进。当潜艇要下潜时，将海水灌进羊皮囊；而上浮时，则将水挤出羊皮囊。该潜艇没有安置任何观察设备，也没有装备武器。1776年美国大学生布什内尔研制的"海龟"号，是人类历史上第一艘作战潜艇。被誉为"潜艇"之父的美国人"约翰·霍兰"先后建造了6艘性能不断完善的潜艇，特别是他设计的霍兰6号具备了许多现代潜艇的特征：潜艇长约15米，装有45马力的汽油发电机和蓄电池，航行平稳，配置有先进的鱼雷、炸药等武器。19世纪末，美国的西蒙·莱克受科幻小说《海底两万里》的启发，建造了世界上第一艘具有双层壳体的潜艇，率先解决了潜水艇快速下潜和上浮的方法。二战时，潜水艇已应用于战争。

开发深海资源"十一五"期间，我国大洋工作的主要目标以寻求和占有战略资源为核心。要在国际海底圈定一块满足商业开发所需资源量要求的海底富钴结壳区域，开展海底热液硫化物的调查，全面启动深海生物基因研究开发。为实现这些目标，需要全面提升深海极端条件下"看、听、嗅、钻、取"的技术能力。全世界的公海海床和洋底面积约2.49亿平方公里，占地球表面积的近一半，蕴藏着大量的矿物和生物资源。经过仔细的海上调查，中国取得了7.5万平方公里战略资源矿区的专属勘探和优先开发权，资源量可满足年产300万吨干结核的连续20年开采。为增强中国发现、圈定和开发深海资源的国际竞争力，海洋科技部门正在大力推进国家深海基地建设，发展深海探测技术体系。7000米载人深潜器的研制也是为了顺应这种需要。

作为我国863计划重大专项，由中国船舶重工集团公司702研究所研制成功的7000米潜水器长8米、高3.4米、宽3米，用特殊的钛合金材料制成，在7000米的深海能承受710吨的重压，运用了当前世界上最先进的高新技术，实现载体性能和作业要求的一体化；与世界上现有的载人深潜器相比，具有7000米的最大工作深度和悬停定位能力，可到达世界99.8%的洋底。目前世界上可用的载人深潜器共有5台，分别是日本的"深海6500"号、美国的"阿尔文"号、法国的"鹦鹉螺"号、俄罗斯的"和平"号及"密斯特"号，它们的最大深潜深度为6500米。中国研制的

7000 米载人潜水器,将成为世界上下潜最深的载人潜水器。这艘潜水器外观近似一颗胶囊药丸,能容纳 3 人,1 名操作员,2 名科学家。在潜水器的前端,是一个密闭的玻璃,潜水科学家可以通过这里看到外面的世界。钛合金载人球壳是深潜器最特殊和重要的部分,位于深潜器最前方可乘坐 3 人的钛合金载人球壳能承载 700 个大气压的压力,实现了与航天相同的生命支持系统:该深潜器的浮力材料采用一种玻璃微珠聚合物,使其具有针对作业目标稳定的悬浮定位能力,并实现了完全依靠自身重量的无动力下潜、上浮。

我国自主研发的 7000 米载人潜水器,运用了无动力下潜的原理,它有两个配重块和一个压水舱。当需要下潜时,压水舱注水,开始下潜;当需要在水中悬停时,它抛出一个配重块;当需要上浮时,它抛出第 2 个配重块,同时向压水舱加入空气,排出海水,就可以上浮。中间如果启动动力装置,潜水器便可以开始工作。这种设计是为了尽量节省蓄电池的能量,潜水器从海面下潜至 7000 米深度约需 5 小时,7090 米潜水器可以在水下工作时间长达 12 个小时。这种潜水器将主要用于深海资源勘探、热液硫化物考察、深海生物基因、深海地质调查等领域。我国的 7000 米深潜器具有独一无二的“针对作业目标稳定的水中悬停定位能力”,而其他深潜器在作业时都需要找一个固定的支点才能开始工作,这无疑是世界深潜器领域的一大技术进步。由于这是我国第一个超深度载人深潜器,项目组对于潜航员的人身安全也予以充分考虑。在设计载人部分时,科研人员与负责“神六”宇航员安全保障系统的专家进行了多次沟通。潜水器的载人球壳是钛合金的,其中装配了生命支持系统和两套氧气供给系统,力求万无一失。

4.现代战争的骄子——空中机器人

被称为空中机器人的无人机是军用机器人中发展最快的家族,近年来在军用机器人家族中,无人机是科研活动最活跃、技术进步最大、研究及采购经费投入最多、实战经验最丰富的领域。从 1913 年第一台自动驾驶仪问世以来,无人机的基本类型已达到 300 多种,目前在世界市场上销售的无人机有 40 多种。美国几乎参加了世界上所有重要的战争。由于它的科学技术先进,国力较强,因而世界无人机的发展基本上是以美国为主线向前推进的。美国是研究无人机最早的国家之一,今天无论从技术水平还是无人机的种类和数量来看,美国均居世界首位。

空间机器人是一种低价位的轻型遥控机器人,可在行星的大气环境中导航及飞行。为此,它必须克服许多困难,例如它要能在一个不断变化的三维环境中运动并自主导航;几乎不能够停留;必须能实时确定它在空间的位置及状态;要能对它的垂直运动进行控制;要为它的星际飞行预测及规划路径。当代遥控机器人,使智能机器人走出实验室进入实用阶段。美国发射到火星上的索杰纳 Sojanor 机器人,就是成功应用的著名实例。

空间机器人,主要有星球探测机器人,如火星探路者机器人,机器人式卫星,修理人造卫星的太空机器人。

历程

1917年英国人研制成功了世界上第一架无人机以来,无人机先后经历了无人靶机、预编程序控制无人侦察机、指令遥控无人侦察机、复合控制和智能化控制的多用途无人机的发展过程。迄今无人机已经历了六次局部战争和实战使用考验。在20世纪60年代的越南战争、70~80年代的中东战争、90年代的海湾战争和科索沃战争,2001年的阿富汗反恐战争和2003年的伊拉克战争中,无人机卓有成效地执行了多种军事任务,包括:照相侦察、撒传单、信号情报搜集、布撒雷达干扰箔条、防空火力诱饵、防空阵地位置标识、直升机航路侦察,为武器系统提供目标定位、目标指示、目标动态监视和目标毁伤评估的实时情报及导弹攻击。无人机以突出的战绩使各国高层军事首脑对它刮目相看,对无人机作为军队战斗力倍增器的作用与地位及其潜在的军事价值取得了共识,从而为无人机的迅速发展提供了强大动力;进入20世纪90年代,冷战结束后各国军费削减、军队裁员,迫使军方努力寻求既能完成特定任务,又花费较少的途径,这无疑对无人机的发展提供了机遇;从军事侦察使用角度来看,无人侦察机是侦察卫星和有人侦察机的重要补充和增强手段,它与侦察卫星相比,具有成本低、侦察地域控制灵活、地面目标分辨率高等特点,与有人侦察机相比,具有可昼夜持续侦察的能力,不必考虑飞行员的疲劳和伤亡问题;再加上电子技术和航空航天技术的飞速发展,为无人机满足军事需求在技术上提供了可能。以上因素促使世界无人机的发展进入了一个新的时代并在20世纪末形成了三次发展浪潮。

第一个浪潮是发展师级战术无人机系统。在海湾战争之后,性能各异、技术先进、用途广泛的战术无人机新机种不断涌现,全世界共有30多个国家装备了师级战术无人机系统,在陆、海、空三军组建了无人机队,形成了战斗力。代表性机型有:以色列的"侦察兵"(Scout)、"先锋"(Pioneer)、"搜索者"(Searcher);美国的"猎人"(Hunter)、"先驱者"(Outrider);法国的玛尔特(Mart)、"红隼"(Crecerelle)、德国的布雷维尔(Brevel);加拿大的CL-289;英国的"不死鸟"(Phoenix);意大利的米拉奇(Mirach)26;南非的"探索者"(Seeker)、"秃鹫"(vulture)和俄罗斯的"熊蜂"(Shmel)2等。

第二个浪潮是发展中高空长航时无人机系统。1993年美国启动了蒂尔(Tier)无人机发展计划,自从美国的"捕食者"(Predator)(蒂尔-Ⅱ)中空长航时无人机在波黑和科索沃战场试用获得成功之后,开始形成了第二个发展浪潮。此浪潮的规模虽比第一个浪潮小得多,仅有美国、以色列、法国少数国家投资发展,但因长航时无人机所独具的全天候、大纵深侦察监视能力很有吸引力,有许多国家对此系统表示了极大兴趣。代表性机型有:美国的"捕食者"(Predator)(蒂尔Ⅱ)、"全球鹰"(Global Hawk)(蒂尔Ⅱ+)、"暗星"(Dark Star)(蒂尔Ⅲ-),以色列的"苍鹭"(Heron)、"赫尔姆斯"(Hermes),以及法国的"鹰"(Eagle)、"萨若海尔"(Sarohale)等。

第三个浪潮是发展旅/团级战术无人机系统。20世纪末出现的第三个较大的无人机发展浪潮是旅/团级固定翼和旋转翼战术无人机系统。此类无人机与大型战术无人机相比,体积小、机动性好、价格低廉、使用简便且容易与其他军事设备配套。该类无人机装备陆军、海军陆战队旅/团级部队和海军舰队,可执行多种军事任务,用途极为广泛,非常适合大量发展中国家的需求,采购量大大超过前两个高潮。代表性机型有:美国的"影子"(Shadow)200、"火线侦察兵"(Fire Scout)和奥地利的"坎姆考普特"(Camcopter)等。

而今的无人机,除了天上飞的以外,已经发展到水里游的、陆上跑的,可以说无人机领域已无所不包、无所不在。在未来高技术局部战争中,冲锋在第一线的不再是士兵,而是在高空中盘旋、伺机出击的无人机群。在地面控制站的遥控下,无人机将在万米高空中发现、追踪、消灭移动的敌方目标,成为 21 世纪陆战、海战、空战、天战的"杀手锏"。

历史

第一架遥控航模飞机于 1909 年在美国试飞成功。1915 年 10 月德国西门子公司研制成采用伺服控制装置和指令制导的滑翔炸弹,它被公认为有控的无人机的先驱。1917~1918 年英国与德国先后研制成第一架无人驾驶遥控飞机,但一直到 1921 年英国才研制成可付诸实用的第一架靶机。

1930 年英国首先开始靶机研制,1933 年世界上第一架有人驾驶飞机成功地改成"蜂后"号靶机试飞成功。接着苏联于 1934 年研制成 ΠO-2 靶机,二战后又研制成用冲压发动机的 La-17 靶机。美国于 1939 年开始研制靶机,由于战争需要,研制成多种靶机。二战后为发展新型防空导弹,先后有 30 多家公司投入了靶机和遥控飞行器的研制,其中最负盛名的有瑞安公司研制的世界上生产最多的"火蜂(Firebee)"系列靶机,以及诺斯罗普公司的"石鸡(chukar)"靶机系列等。

二战后法国研制成 CT-20 与 CT-22 靶机,意大利研制成米拉奇系列靶机,澳大利亚研制成金迪威克等。其他如加拿大、以色列、日本、德国、南非也相继研制成多种靶机,苏联也研制成 La-17 和米格-15 比斯改装成靶机等,甚至于伊朗也研制成多种供火炮、飞机和导弹用的靶机。所以较长一段时期内,无人机基本上是靶机的一种别称。

在发展靶机的同时,随着相应技术的进展,各国尝试在靶机上换装一些测量装置,使其具有战场侦察、监视、目标探测、电子战能力,甚至也设想作为无人作战飞机。美国"火蜂"、意大利"米拉奇"等都做了这方面的改进与利用。另外,还有通过将有人驾驶飞机改进用作上述目的的无人机。

除靶机外,在漫长的岁月中,无人机发展缓慢,直到近代几次局部战争,无人机才崭露头角,逐步成为除有人驾驶飞机和导弹以外的另一类作战武器。无人机直接用于战争始于 20 世纪 60~70 年代的美军侵越战争。当时越南防空火力十分猛烈,对美军构成很大的威胁。据当时统计,1965 年用 13 枚地空导弹就能击落一架军用飞机,由于采取了干扰措施,1967 年需 33~55 枚,即使如此,B-52、F-4"鬼怪"式飞机等仍时有被击落。为减少飞行员伤亡与飞机被击落的损失,美军首次使用了改装后的"火蜂"无人侦察机和"QH-50"系列无人直升机,共出动 3400 多架次,在越南执行空中照相侦察和电子情报等任务,损失率为 16%,这意味着避免了近550 架有人驾驶飞机被击毁,也避免了 1000 多名飞行员丧命。

以色列在两次中东战争中创新使用了无人机,树立了用无人机支援地面作战的典范。一次是 1973 年的第四次中东战争,以色列沿苏伊士运河大量使用美制"BQM-74C 石鸡"多用途无人机模拟有人作战机群,掩护有人机超低空突防,成功摧毁了埃及沿运河部署的地空导弹基地,扭转了被动的战局。另一次是在 1982 年入侵黎巴嫩的军事行动中,以军先派遣"猛犬"无人机从 1500 米高度进入贝卡谷地上空,发出酷似以色列战斗机大小的"电子图像",诱使叙利亚地空导弹阵地的雷达开机并发射大量地空导弹。以色列对无人机的成功运用引起各国军方的重视,加上其造价低、用途广、"零伤亡"的优势,引发了一股竞相研究与采购的热潮,从而大大促进了无人机的发展和使用。

在 1991 年初的海湾战争中,多国部队广泛使用无人机参战,不仅数量多,持续时间长,而且种类、型号明显增多。据不完全统计,这些无人侦察机有美国的 BQM-147A"敢死蜂"、FQM-151A"短毛猎犬"和"瞄准手"、英国的"不死鸟"、法国的"玛尔特"MKⅡ、加拿大的"哨兵"和以色列的"先锋"等。"先锋"无人侦察机是海湾战争中使用最多的一种,美国总共有 6 个"先锋"无人机连参战,总共执行了 522架次的飞行任务,为多国部队实时了解伊拉克前后方的军事目标分布、防空系统状况、军队和武器装备的部署及调动、战场态势以及评估空袭效果等提供了主要依据。同时,对干扰、压制伊拉克的防空体系和通信系统等发挥了重大作用。

在科索沃战争中,美国及北约盟国首先使用无人机当开路先锋发动进攻。共使用"RQ-1A 捕食者""猎人""先锋""红隼""CL-289""不死鸟""米拉奇 26"共 7种无人机 300 多架,用于中低空侦察和长时间战场监视、电子对抗、战况评估、目标定位、收集气象资料、营救飞行员和散发传单等任务,起到了有人机所不能起的作用。

2003 年 3 月美英对伊拉克的战争中,无人机更是大显神威。美军在伊拉克战场上共使用了十几种无人机,这一数量是阿富汗战争时的三倍多。机型主要包括陆军的"猎犬""指针"和"影子 200"无人机,海军陆战队的"龙眼"和"先锋"无人机,空军的"全球鹰"和"捕食者"无人侦察机。另外,还包括其他几种小型无人机系统,用于支援特种作战需求。在伊拉克战争中,美军首次投入实战的无人机是"龙眼"和"影子 200"。在"自由伊拉克"行动中,第一次使用无人机 RQ-4A"全球鹰"承担攻击协调和侦察任务,把"全球鹰"作为关键情报、监视和侦察平台,与有人战斗机结对,为 F/A-18C 战斗机传递数据,对伊拉克的导弹系统进行了攻击。美国"捕食者"无人机用"海尔法"反坦克导弹攻击伊拉克的一个 ZSU-23 自行高炮阵地取得成功,也曾击毁巴格达市中心新闻部的卫星天线。

现状

进入 21 世纪,无人机已经成为一个世界性的热点。由于军事上的需求和技术上的推动、加上经费上的可接受,一些发达国家把无人机作为重点项目优先发展,

许多发展中国家也加入采购或自行研制无人机的行列。到 2003 年 6 月,全世界有
30 多个国家从事研究和生产无人机,有 50 多个国家装备使用无人机。其中尤以美
国、以色列、俄罗斯三国处于领先水平,为了争夺在这一领域的领头羊地位,三国都
把发展无人机作为优先项目,相互之间展开了激烈的竞争。

世界无人机市场的主要销售国是美国、以色列、法国和英国等,2002 年销售额
14.083 亿美元,2003 年将达 18 亿美元。无人机市场目前份额为美国占 55%,欧洲
占 20%,亚洲占 14%,中东和南亚占 10%,世界其他地方占 1%;预计欧亚地区市场
份额将逐步增长。

当今在无人机领域取得骄人成绩的国家是以色列,它研制成第一代"侦察兵"
(Scout)无人机、第二代"先锋"(Pioneer)无人机、第三代"搜索者"(Searcher)无人
机,与美国 TRW 公司合作研制的"猎人"(Hunter)无人机,以及中空长航时多用途
"苍鹭"(Heron)无人机。

美国则重点发展三军通用的长航时无人机(Endurance UAV)。所谓长航时无
人机指能在空中连续工作十几至几十小时的无人机,通常在 7000~20000 米中高空
飞行。它必须备有通信中继设备和数字链路,以确保数据、图像实时传输给地面指
挥中心。为此美国实施了"蒂尔"(Tier)系列长航时无人机发展计划,如蒂尔-Ⅰ、
Ⅱ、Ⅱ+和Ⅲ共 4 种,其中"蒂尔-Ⅱ"就是"捕食者","蒂尔-Ⅱ+"又称"全球鹰"
(Global Hawk),是高空长航时无人机,也是当代水平最高的无人机,"蒂尔-Ⅲ"又
称"暗星"(Dark Star)。据报道,美国最近开始启动核动力无人机"全球鹰"的研发
工作,主要任务是把核动力用于无人机,使其滞空时间由以往的几十小时提高到数
月。新型核动力无人机除执行侦察任务外,还可装备空地导弹,用于对地攻击。该
核动力无人机采用的核动力与传统的裂变反应堆有所不同,它是由铪-178 提供
能量。据报道,美国国防部空中侦察处(DARO)在规划 21 世纪空中侦察力量时,
已考虑用蒂尔系列无人机取代 U-2R、SR-71 有人驾驶侦察机。为解决三军通用
的问题,1985 年成立了由国防部牵头的"无人机联合计划局"(UAV-JPO),提出按
距离分近程、短程、中程和长航时四个系列总体规划,研制了三军通用,近程与短程
合并的"战术无人侦察机"(TUAV),即"先驱"(Outrider)系列无人机。

除美国之外,欧洲国家如法、德、英、俄等都增加了研制力度。20 世纪 80 年代
到 90 年代先后装备的有:法国的"红隼"(Crecerelle)、德国的 CL-89 及 CL-289、英
国的"不死鸟"(Phoenix)、俄罗斯的"队列Ⅱ""蜜蜂-1",以及南非的"秃鹰"、加拿
大的"CL-227 哨兵"垂直起降无人侦察机。

20 世纪 90 年代中期后,在无人飞行器领域大力开发了无人战斗机(UCAV)与
微型无人机(MAY),把无人机推向新的领域。西方军事家预测,目前无人战斗机
尚处在幼年时期,21 世纪中叶将会有更高级的无人战斗机投入战争。他们预计未
来的空战将是具有隐身特性的无人战斗机与防空武器之间作战,也有人认为未来
空战将是无人机与无人机之间的对抗。无人机的另一个发展方向是微型无人机。
美国国防预研规划局(Darpa)提出微型无人机(MAV)计划已经取得初步进展,4 种
15 厘米(6 英寸)长的微型无人机已开始进入飞行试验阶段。4 种布局中 2 种为固

定翼,一种为直升机型,另一种为扑翼布局。要求 3~4 年内研制成具有自动驾驶仪及电视摄像机的微型无人机,要求它的航程在 5000~10000 米,翼展和机长不超过 15 厘米,质量为 100 克。它能进入建筑物内部实施侦察,或黏附在结构或设备上充当潜听哨和视频监视哨,用于侦:察机和侦察卫星侦察不到的死角。

前瞻

无人机经历 86 年的成长发展,正进入一个新的变革性的发展时代。纵观世界各国无人机发展:疗向,无人机正以下列趋势向前发展。

(1)无人机的作战任务进一步展

无人机技术已趋成熟,性能日臻完善,它能够承担的任务范围进一步扩大,任务级别由技术级扩大到战役、战略级;任务性质由支援性保障任务扩展到攻击性作战任务,并将作为新的杀伤平台出现在 21 世纪战场上。

侦察型无人机的任务已由战术侦察向战略侦察范围扩展,无人侦察机将成为卫星侦察、有人机侦察的重要补充与增强手段。无论在战略或者战术侦察范围,无人机都将成为应用非常广泛的低风险、高效费比的战场感知平台。

杀伤型无人机的任务由目前的电子干扰、反雷达攻击向执行多种精确打击和空战任务发展。无人侦察机技术的发展与成熟,为攻击型无人战斗机的诞生创造了条件。无人战斗机设计人员已无须考虑驾驶员的生理和,ON 极限,可设计出布局奇特、性能优异,具有高过载、大机动、高隐身能力的无人战斗机。在 21 世纪,无人作战空中飞行器(UCAV)将取代有人轰炸机、歼击机、武装直升机和巡航导弹的部分功能,成为空中精确打击武器系统的一种新手段。能够深入战区,先期进入高危战场环境,执行攻击任务的无人攻击机在美国已开始研制。

(2)无人机向小型化、智能化、隐身方向发展

随着微电子、微机电技术、信息技术、智能技术和航空技术的飞跃发展,在 21 世纪初,无人侦察机将相当成熟,美国正在研制的微型无人机翼展不超过 16 厘米,重量不超过 1 千克,可以在城市楼群中间甚至深入到建筑物内进行侦察,有人已经在研制只有马蜂大小的无人机。在 2005 年后,美军特种部队的单兵将装备采用"纳米"技术的袖珍式掌上型无人机。可靠的高空长航时无人侦察机的飞行将司空见惯。立足无人侦察机的技术基础,无人攻击机技术将有所突破,以氢基等特种燃料的喷气发动机为动力,具有隐身特性、人工智能自主飞行控制、自动敌我识别、武器投放控制功能的美国"攻击星"(Strike Star)长航时无人攻击机将在 2025 年之前投入便用。

(3)无人机的任务设备向全天候、高分辨率、远距离、宽收容、实时化、小型化发展

由于雷达技术、光电技术和数字技术的飞速发展,21 世纪无人机任务机载设备的性能将有质的飞跃,探测距离大幅度增加、灵敏度更高、分辨率更细、重量更轻、体积更加小型化。具体表现在如下方面。1024×1024 像元的 CCD 高清晰度数字电视将取代现用的标准制式航空侦察电视。

实时传输的数码相机将取代胶片式航空相机。数码相机用 CCD 芯片的像元分辨率将比目前的 5040×5040 像元更多。采用芯片内运动补偿和步进式光学扫描技术的第四代数码相机,将在无人机上使用。航空数码相机将向宽收容、高分辨率、准实时成像、照相/摄像一体化方向发展。

高分辨率、高灵敏度,不用扫描成像的第三代前视红外仪,将在无人机上普遍应用。3～5 微米凝视焦面阵红外探测器的像元分辨率将比目前的 480×640 像元和 512×512 像元更高,造价更低。

在无人机上将广泛使用真正具有全天候侦察能力的合成孔径雷达。战略和战术无人机用多模式合成孔径雷达的作用距离将分别超过目前的 200 公里和 10 公里量级;分辨率将优于目前的 0.3～1 米和 1.2 米量级。雷达的体积、重量、功耗将大幅度缩小。雷达的功能将由侦察、监视地面、水面目标扩展到穿透树丛、地表,探测伪装目标、地下目标和地雷场。

(4)无人机的测控、传输系统向远距离、安全保密、通用化、数字化、网络化方向发展

卫星中继的超视距测控传输系统在无人机上的运用,在 21 世纪将更加成熟、普遍。无人机的测控站将实现系列化、通用化。各种型号的无人机信息互通性将得到解决,从而实现利用同一地面站来控制不同型号的无人机或用不同的地面终端来接收同一无人机数据的目的。各军兵种使用的无人机获取的情报将融入 C4ISR 网,实现资源共享。

(5)无人机向高生存率、低造价、低损耗方向发展

鉴于科索沃战争暴露出现役战术无人机损耗较高的问题,21 世纪的无人机将在控制造价的同时,提高生存率,以降低损耗率和使用费用,从而为扩大无人机的民用范围创造条件。随着无人机的成本降低、安全性的提高,使用保险费随之下降,无人机的民用范围将从目前的农业作业、气象探测、边境缉私迅速扩大,市场前景看好。

21 世纪的无人机将在未来的信息战、精确打击作战、无人化作战和陆海空天电"五维"一体化战场中大显身手,成为航空航天作战力量的倍增器。无人机的用途由执行侦察任务扩展到执行多种打击任务之后,必将演变成为一种高效费比、吱防兼备的全新概念武器,并将引起军队作战思想、作战样式和组织编制的一系列变革。例如西方的一些军事专家近期推出的所谓"零伤亡"战争理论就是以无人机为代表的无人作战武器平台为基本核心策划的。21 世纪一旦高长航时无人侦察机、无人轰炸机、无人战斗机等高级无人机投入战争,将会导致武器装备的第三次革命。

"全球鹰"无人侦察机

"全球鹰"无人侦察机诺斯罗普·格鲁曼公司的 rq-4a"全球鹰"是美国空军乃至全世界最先进的无人机。作为"高空持久性先进概念技术验证"(ACTD)计划的一部分,包括"全球鹰"和"暗星"两个部分在内的"全球鹰"计划于 1995 年启动。

1999年6月到2000年6月是"全球鹰"在美军组织下的部署和评估阶段。根据经费的情况，各种需求按优先顺序的在各个批次中得到满足。

（1）结构特点

长13.4米，翼展35.5米，最大起飞重量11.61吨，最大载油量6577千克，有效载荷900千克。一台涡扇发动机置于机身上方，最大飞行速度740公里/小时，巡航速度635公里/小时，航程26000公里，续航时间42小时。可从美国本土起飞到达全球任何地点进行侦察，或者在距基地5500公里的目标上空连续侦察监视24小时，然后返回基地。机上载有合成孔径雷达、电视摄像机、红外探测器三种侦察设备，以及防御性电子对抗装备和数字通信设备。合成孔径雷达的探测距离范围为20～200公里，能在一天当中监视1.374×105平方公里的面积，图像分辨率为0.9米，可区分小汽车和卡车；或者对1900个2公里×2公里的可疑地区进行仔细观察，图像分辨率为O.3米，能区分静止目标和活动目标。电视摄像机用于对目标拍照，图像分辨率接近照相底片的水平。红外探测器可发现伪装目标，分辨出活动目标和静止目标。侦察设备所获得的目标图像通过卫星通信或微波接力通信，以50Mb/s的速率实时传输到地面站，经过信息处理，把情报发送给战区或战场指挥中心，为指挥官进行决策或战场毁伤评估提供情报。

"全球鹰"可同时携带光电、红外传感系统和合成孔径雷达。光电传感器工作在0.4～0.8微米波段，红外传感器在3.6～5微米波段。光电系统包括第三代红外传感器和一个柯达（kodak）数字式电耦合器件（ccd）。合成孔径雷达具有一个x波段、600兆赫兹、3.5千瓦峰值的活动目标指示器。该雷达获取的条幅式侦察照片可精确到1米，定点侦察照片可精确到O.30米。对以每小时20～200公里行驶的地面移动目标，可精确到7公里。一次任务飞行中，"全球鹰"既可进行大范围雷达搜索，又可提供7.4万平方公里范围内的光电/红外图像，目标定位的圆误差概率最小可达20米。装有1.2米直径天线的合成孔径雷达能穿透云雨等障碍，能连续地监视运动的目标。

（2）技术特点

"全球鹰"于1998年2月首飞，在ACt、D计划执行期内完成了58个起降，共719.4小时飞行。1999年3月第二号原型机坠毁，携带的专门为"全球鹰"设计的侦察传感器系统毁坏；1999年12月，三号机在跑道滑跑时出现事故，毁坏了另外一个传感器系统。因此在之后的试飞中，没有加装电子/红外传感器系统。但测试了单独的合成孔径侦察雷达，并获得了侦察影像。2000年3月试飞继续，6月一个完整的"全球鹰"系统重新部署到了爱德华兹空军基地。

（3）主要成就

"全球鹰"于1998年2月首飞，在ACTD计划执行期内完成了58个起降，共719.4小时飞行。1999年3月第二号原型机坠毁，携带的专门为"全球鹰"设计的侦察传感器系统毁坏；1999年12月，三号机在跑道滑跑时出现事故，毁坏了另外一个传感器系统。因此在之后的试飞中，没有加装电子/红外传感器系统。但测试了单独的合成孔径侦察雷达，并获得了侦察影像。2000年3月试飞继续，6月一个完整的"全球鹰"系统重新部署到了爱德华兹空军基地。

2001年4月22日,"全球鹰"完成了从美国到澳大利亚的越洋飞行创举。即便是有人驾驶的飞机,也只有其中少数能够跨越太平洋,如大型民航客机。这是无人机首次完成这样的壮举。飞行距离远也使得"全球鹰"可以逗留在某个目标的上空长达42小时,以便连续不断地进行监视。"全球鹰"的地面站和支援舱可使用一架 c-5 或两架 c-17 运送,"全球鹰"本身则不需要空运,因为其转场航程达25002公里,续航时间38小时,能飞到任何需要的目的地。

"全球鹰"在2001年4月进行的飞行试验中,达到了19850米的飞行高度,并打破了喷气动力无人机续航31.5小时的任务飞行记录。这项记录曾经是 compass cope-r 无人机保持了26年之久的世界纪录。

2011年3月11日日本发生了严重的地震,日本陆上自卫队的两架直升机于3月16日开始向福岛第一核电站三号机组注水。当天,美国空军派遣了一架全球鹰无人机从关岛出发飞往当地,以搜集日本核电站的高清图像,甚至有可能派它去细看被破坏的核反应堆和冷却池。这意味着全球鹰无人机能够成像显示最热的点在哪个位置,反应堆的哪个部分也许是最接近破裂处或其他受损地方的,火苗是否被彻底扑灭,以及随着时间的推移,检验不同方法取得的冷却效果。其实,"全球鹰"无人侦察机已经在日本上空飞行数天,搜集航空数据以协助救援工作。但这可能是它第一次试图协助正在发生的核危机。"全球鹰"显然非常胜任这份工作,除了是无人驾驶(这就让它不怎么怕核辐射),"全球鹰"的传感器阵列还包括热红外传感探测器。

"全球鹰"更先进的优点是,它能与现有的联合部署智能支援系统(JDISS)和全球指挥控制系统(GCCS)联结,图像能直接而实时地传给指挥官实用,用于指示目标、预警、快速攻击与再攻击、战斗评估。rq-4a 还可以适应陆海空军不同的通信控制系统。既可进行宽带卫星通信,又可进行视距数据传输通信。宽带通信系统可达到274比特兆/秒的传输速率,但目前尚未得到支持。Ku 波段的卫星通信系统则可达到50比特兆/秒。另外机上装有备份的数据链。

"捕食者"无人机

(1)概述

"捕食者"是美军用于为战区指挥官及合成部队指挥官进行决策提供情报支持的中空长航时无人侦察机。该机装有光电/红外侦察设备、GPS 导航设备和具有全天候侦察能力的合成孔径雷达,在4000米高处分辨率为0.3米,对目标定位精度0.25米。可采用软式着陆或降落伞紧急回收。美国在科索沃战争中动用了2架"捕食者"无人机用于小区域或山谷地区的侦察监视工作。

(2)性能指标

机长320.4英寸(8.13米),翼展580.8英寸(14.85米),高72英寸(1.83米),最大飞行时速240公里,在目标上空留空时间24小时,频率 C 波段,燃油容量110升,最长续航能力40小时,升限26000英尺,失速速度54节,巡航速度70~90节,起飞重量 2100 磅。

（3）结构特点

"捕食者"可方便地装载在运输箱内，进行长途运输。

（4）武器控制与电子系统

一个典型的"捕食者"系统包括四架无人机，一个地面控制系统和一个"特洛伊精神Ⅱ"数据分送系统。无人机本身的续航时间高达 40 小时，巡航速度 126 公里/小时。飞机本身装备了 UHF 和 VHF 无线电台，以及作用距离 270 公里的 C 波段视距内数据链。机上用于监视侦察的有效载荷为 204 千克。机上的两色 DLTV 光学摄影机采用了 955 毫米可变焦镜头。高分辨率的前视红外系统有 6 个可调焦距，最小为 19 毫米，最大 560 毫米。诺斯罗普·格鲁门公司的合成孔径雷达为"捕食者"提供了全天候监视能力，分辨率达到了 0.3 米精度。其他可选的载荷可按具体任务调整，包括激光指示和测距装置、电子对抗装置和运动目标指示器。

地面控制站安装在长 10 米的独立拖车内，内有遥控操作的飞行员、监视侦察操作手的座席和控制台，三个波音公司的任务计划开发控制台、两个合成孔径雷达控制台，以及卫星通信、视距通信数据终端。

（5）技术特点分析与述评

"捕食者"无人机可以在粗略准备的地面上起飞升空，起飞过程由遥控飞行员进行视距内控制。典型的起降距离为 667 米左右。任务控制信息以及侦察图像信息由 Ku 波段卫星数据链传送。图像信号传到地面站后，可以转送全球各地指挥部门，也可直接通过一个商业标准的全球广播系统发送给指挥用户。指挥人员从而可以实时控制"捕食者"进行摄影和视频图像侦察。

（6）装备情况及型号演变

2002 年 3 月美空军正式组建了第一个武装型"捕食者"无人机中队。该部队计划装备 20 架武装型"捕食者"，将与第 11 和第 15 侦察中队一起进驻内华达州印第安纳·斯普林备用机场，并于 2005 年达到全部作战能力。新部队的人员将从现有的两个中队抽调，同时也培训部分新队员。

2003 财年美空军采购了 25 架，1.39 亿美元。2004 财年采购了 16 架"捕食者"，价值 2.1 亿美元。美空军于 2005 财年 10 月 1 日开始，将接收 9 架"捕食者"，总值 1.47 亿美元。1998 年 5 月，"捕食者"系统开始进行 Block 1 升级计划。改进包括一个用于减轻系统工作的系统，使得侦察信息在系统内部不受损失，提供保密空中交通管制语音中转，Ku 波段卫星调谐和空军任务支援系统。

2001 年 3 月"捕食者-B"无人机 001 号首飞。该项目包括具有不同结构的 3 架飞机。"捕食者"B001 装备一台通用电气公司的 TPE-331-10T 涡轮螺桨发动机，起飞重量 2900 千克，能携带 340 千克的负载，在 15200 米的高度以 370 公里/小时的速度巡航飞行。目前正在制造的"捕食者"B002 号机将使用一台威廉姆斯公司的 FJ44-2A 涡喷发动机，可在约 18300 米的高度以 500 公里/小时的速度飞行。其飞行试验于 2001 年秋进行。"捕食者-B"系列的最后机种 ALTAIR 将用于科学和商业用途，需要具有较大的负载能力和 15850 米的升限。ALTAIR 将装备通用电气公司的涡桨发动机。它能同时执行各种大气研究任务,并且通过卫星将搜集到的数据实时发送出去。2001年11月美空军订购了两架"捕食者-B"。由于改换了发动机等,B型号的采购价格要比基型高,而且维护设备不同,但地面站相同。美军经过对比"捕食者"B和"全球鹰",最后还是选择了"捕食者-B"。"捕食者"基型单价在250万~450万美元之间,"全球鹰"每架则在4500万~5000万美元之问。"捕食者-B"能够携带8枚"地狱火"反坦克导弹,基型只能携带2枚。B型能够在45000~52000米高度之间执行任务,约为基型的2倍。飞行速度为基型的3倍。

2004年10月,通用原子航空系统公司宣布,一架由rIFE燃料驱动的"捕食者"无人机已成功首飞,为公司专门竞标陆军的增程多用途(ERMP)无人机系统项目而研制的"勇士"(Warrior)无人机打下坚实的基础。该公司打算为陆军提供的"勇士"无人机是一种基于"捕食者"无人机改型的长航时无人作战飞机,其动力装置采用陆军常用的燃料类型。公司负责人称,HFE动力装置可降低维修成本、增加服役寿命。

(7)实战表现

"捕食者"于1996年参加了波斯尼亚维和。在科索沃捕食者出动了50余架次。2001年9月伊拉克声称击落了一架"捕食者"。"捕食者"也参与了阿富汗的作战行动,据说一架"捕食者"发现了奥萨马的汽车,但由于地面指挥官决策的拖延,丢失了目标。一个月后,一架"捕食者"成功发回了本·拉登手下一名高级军官藏身地点的实时视频信号,随后多架F-15E轰炸了该地区,杀死了该名军官。在2001年10月"捕食者"首次在实战中发射导弹摧毁了一架塔利班坦克。

2003年3月,"捕食者"开始携带两枚AGM-114K"海尔法"Ⅱ激光制导反坦克导弹,执行摧毁伊拉克的ZSU-23-4自行高射炮的任务。自"捕食者"无人机投入使用至今,美空军已损失了20多架。北约2011年4月23日在一份声明中说,格林尼治时间11时左右,美军一架无人机介入后,利比亚西部城市米苏拉塔附近一处多管火箭发射装置遭摧毁。

俄罗斯"红隼"无人机

(1)简介

俄罗斯流体力学科研所研发的"红隼"无人机,曾在2003年的莫斯科航空航天展览上展出;"红隼"微型无人驾驶直升机系统在民用和军用领域执行各种任务,它由一架微型无人机和装在一个小箱子中的控制设备组成,该微型无人机按直升机布局。在该项研究中采用了微机电领域的最新技术,其中包括微机械敏感元件和捷联式惯性导航系统。由于采用新的元器件,因而机载设备微型化并确保目标定位精度高、电视摄像头视场稳定,这从根本上改变了无人机的面貌,并大大拓展了它的功能。

(2)特点

该型无人机完全采用复合材料制造,因而雷达信号特征低,其螺旋桨由电池供电的电动机驱动,这使红隼的飞行无噪声。微型无人机的电路设计最大限度地简化了飞行后的维护工作,只需更换蓄电池,必要时更换载荷和有故障的桨叶。"红隼"微型无人机质量轻、尺寸小、机动性高、可探测性低,这使其容易突入被保护的目标区域;而机载电视摄像机分辨率非常高,可实时传输视频数据又使其成为"飞行眼",研制这种无人机可实现"能看到一切,而不被看见和听见"。攻击型红隼可以看作"鸟喙",它可将专用载荷准确送至欲攻击目标。"红隼"微型无人机的展开时间很短,无源起降场地可从任何地方起降,这是它与具有固定翼飞行器不同的一个优点。全套无人机系统约 10000 美元,这比其他级别的有人驾驶和无人驾驶飞行器的价格都低。

(3)作用

在民用中"红隼"用于生态环境监测、路况监视等;用于预防街头犯罪、全景摄影等。在军用中"红隼"无人机可用作排—连—营作战分队的侦察设备。当分队在高山、崎岖不平或沼泽地行进时,或通过水坝时会遇到很大困难,而较清楚地了解敌方的情况、弄清其兵力和武器的部署情况、预知其意图是取得胜利的决定性因素,这时红隼无人机就有用武之地了。在反恐和专项行动中攻击型"红隼"无人机所发挥的作用是不可取代的。

英国"渡鸦"无人隐形侦察机

2003 年 12 月 17 日,英国 BAE 系统公司在澳大利亚的武麦拉靶场首飞了 1 架名为"渡鸦"(Raven)的无人战斗机(UCAV)验证机。"渡鸦"所采用的技术与美国无关,其出现凸显了英国自己在 UCAV 研制方面所具有的能力。虽然"渡鸦"还只是缩比验证机,但英国已计划在近期启动一个全尺寸 UCAV 技术演示验证项目,它将以"渡鸦"和其他仍保密的研究与发展工作的成果为基础,可能会采用内部弹舱。在低可探性、自主性和传感器综合等 UCAV 关键技术研究方面,BAE 系统公司已获得英国国防部提供的拨款。

"渡鸦"的主要特点,例如采用无尾飞翼布局、控制面布置在机翼后缘或与后缘平行、采用碳纤维复合材料制造的机体等,都有利于缩减雷达反射截面(RCS)。"渡鸦"验证机试飞的另一目的是探索如何使具有高度静不稳定性的平台实现自主飞行,为此该机采用了一套新型双余度数字飞控系统。2005 年,FOAS 项目被"试验型战略无人机"(SUAVE)项目取代。BAE 系统公司正在探索通过模块化途径发展 UCAV/URAV(无人侦察机)。其 Corax 战略侦察无人机验证机采用了与"渡鸦"相同的机身结构和飞行控制系统。但后者为提高高空续航能力而采用了大展弦比机翼,并打算在解决混合和变形问题的前提下,在机翼上安装大型的保形雷达天线。Corax 的设计也是静不稳定的,其项目工作的一部分也是实现这种平台的自主飞行。美国洛克希德·马丁公司采用类似方案的"暗星"也曾碰到过控制问题。Corax 也是战略侦察无人机的缩比验证机。

美空军已对"渡鸦"无人侦察机表现出浓厚的兴趣,因为一向以隐形技术世界领先而自傲的美国专家不得不承认,它比美军最先进的"全球鹰"侦察机具有更好的隐形和突防能力。

"猎人"无人机

（1）简介

"猎人"是一种短距离侦察机,在距离前线部队和海军基准点 150 公里以外为美军军、师级和美国海军陆战队远征旅提供侦察、监视和目标截获保障。该无人机能昼夜飞行,不受气像条件限制。与 A 型相比,B 型还改进了飞行计算机。原来采用的是一台仅有部分余度的、基于 8086 处理器的飞行计算机,现在换装了一台完全双余度的、采用摩托罗拉 8265 处理器的新型飞行计算机。原来的导航陀螺单元也被更换了。

猎人无人机的重量从 MQ-5A 的 1600 磅(约 725.8 千克)增加到了 1800 磅(约 816.5 千克)。班尼特说尽管更重,但 MQ-5B 的续航能力与 MQ-5A 相当,而公司内部研发工作的目标是在重量提高 20% 的情况下保持与 A 型相当的续航能力。

诺斯罗普·格鲁曼公司通过对 MQ-5B 无人机的首次工程飞行,在实施美陆军"猎人"无人系统机队现代化方面取得了重大进展。MQ-5B 是现役 RQ-5A 无人机的一种增强、多用途改型。

（2）性能参数

翼展 8.8 米,机长 6.8 米,机高 1.7 米,最大起飞重量 727 千克,最大负载量 125 千克;最大燃料重量 136 千克,实用升限 15000 英尺,操作飞行速度 110 节,最大飞行航程,没有中继 125 公里;有中继 200 公里,最大续飞能力 12 个小时。

（3）技术特征

这种升级型无人机的特征是增加了航程、耐航性和武器能力,其在利比空军基地完成了 66 分钟的检查飞行。

同已部署的 RQ-5A 无人机相比(RQ-5A 在巴尔干半岛和伊拉克的战斗任务中飞行已超过 14000 小时),MQ-5B"猎人"无人机具有更长的翼展,为 34 英尺(10.36 米),而前者为 29 英尺(8.84 米);更长的续航时间,大约为 15 小时,前者为 12 小时:更大的飞行高度,大约 18000 英尺(5486 米),前者为 15000 英尺(4572 米)。这种新的无人机还具有以下特点:现代化双余度航电设备;LN-125 惯性导航系统/全球定位系统,其能提高目标定位精度;重燃料发动机。

诺斯罗普·格鲁门公司"猎人"项目经理吉姆·贝内特(Jim Bennett)说:"MQ-5B 的成就表明陆军对 RQ-5A'猎人'从备件战略到功率实施现代化的一次成功应用。RQ-5A 从 1996 年首次部署以来,其可靠性超过了 99%。陆军无人机武库中增加了这种改进型无人机将使指挥员能获得有关战术战场空间更精确的观测,给予他们选择攻击目标的机会而无须派战士去冒风险。"

MQ-5B 首次飞行的目的是评估该无人机可控性和处理特性。在进行 12 次高速滑跑后,该无人机被命令起飞,并取得成功。在一个安全高度上,该公司飞行运作队以不同的空速进行了一系列可控性试验,然后安全降落。这次飞行证实了有关 MQ-5B 性能的预期。这些性能是根据此前采用 RQ-5A"猎人"所进行的一系列试验飞行制订的。该 RQ-5A 型"猎人"无人机采用了 MQ-5B 的一些而不是全部新零部件进行了改装。

诺斯罗普·格鲁门公司计划利用随后的一系列试验飞行来测试 MQ-5B 的改进能力,包括它的航电余度、摄像机制导飞行、从任务地点返回以及精确获取目标的能力。

(4)实战能力

"猎人"无人机携带 GBU-44/B"蝰蛇打击"激光制导弹药,这是一种 42 磅(19千克)重的滑翔炸弹,能攻击目标点周围约 1 米的范围。陆军计划增加购买这种"蝰蛇打击"弹药的数量,尽管还未给出具体的数量。AGM-114"海尔法"导弹将装备在"勇士"Alpha 无人机上,该机是 MQ-1C 增程多用途无人机的一种原型系列,"勇士"无人机最终也将携带"蝰蛇打击"弹药。两种无人机都装备用来引导从无人机或有人驾驶飞机上投射弹药的激光指示器。

陆军无人机项目副主管 Tim Owing 称,陆军总保持一个人在指挥控制回路中决策何时发射无人机的弹药,地面控制站将图像传送到旅级战术作战中心,无人机的操作人员和战术作战中心的飞行驾驶员都必须遵守相同的交战规则。

(5)范围

无人机的通信能力大约能覆盖 100 公里远的范围,在伊拉克复杂的城市环境中几乎每天都能拯救士兵和水手的生命。"猎人"无人机自从 1999 年科索沃战争以来一直在陆军执行作战任务,迄今已经进行了多次改进,最新的改型 MQ-5B 重1940 磅(881 千克),价值 200 万美元,该机能携带一个更大的油箱,在 1.5 万英尺(4572 米)高空可连续飞行 21 小时。目前"猎人"无人机已经在"伊拉克自由"作战行动中累计飞行了 5.3 万小时,其中包括 2 万战斗飞行小时。

(6)发展现状

"猎人"的传感器平台、导航系统、软件(ADA)、重油发动机和自动发射/回收系统等,正在进行升级换代。在 1995 财年拨款中,已批准为海军建造一种改型无人机,已增强舰上的综合实力。第一个系统于 1994 年 10 月验收,交付作战使用。1995 财年,与承包商、开发商/生产商和用户界合作,"猎人"进入了"成熟化和降低作战风险阶段"。在无人机方面,以色列具有相当丰富的经验,但"措人"的要求和技术规格是独一无二的。

该机的最大起飞重量是否可以进一步提高。B 型的翼展已由 A 型的 28 英尺(约 8.53 米)提高到了 33 英尺(约 10 米),而采用涡轮增压重油发动机则拓展了其飞行高度。

由于增大并增强了中央翼,MQ-5B 在需要时可携带"蝰蛇打击"(Viper Strike)反坦克导弹。该导弹也是诺·格公司的产品。但是,该型的攻击能力和情报/监视/侦察能力仍然有限,更新型的 MQ-5C 将实现真正的多任务和完全的武装化。C 型也被称为增强型猎人(E-Hunter),在 B 型的基础上改用"猎人 Ⅱ"的机翼,新型的尾翼和可收放的主起落架,续航时间超过 30 小时,实用升限超过 25000 英尺(约 7620 米)。

该机研发利用了自 20 世纪 90 年代中期 MQ-5A 投入使用以来,对其进行的有关工程改进方案。例如采用了更大的中央翼,这样就可以挂载武器。迄今为止,"猎人"无人机的总飞行时数已达 37000 小时,实际作战飞行超过 10000 架次。

该机还在继续研究增强猎人能力的途径,并正在寻求未来的内部研发投资。但是,目前的主要资源集中用于将 MQ-5B 投入战场方面。

"不死鸟"无人机

"不死鸟"(Phoenix)无人机由英国通用电气-马可尼航空公司(BAE 系统公司)研制,从航程来看属于中程无人机。根据一项 5 亿美元的合同,英国陆军订购了大约 8 个地面控制站和 50 架"不死鸟"无人机。由于"不死鸟"无人机的降落伞回收系统的技术问题(降落时对有效载荷振动过大),致使服役期推迟了 6 年,因此直到 1999 年这些装备才被编入英国陆军皇家炮兵第 32 团和第 39 团服役。到现在为止它们在英国皇家陆军已经服役了近五年的时间。英国皇家陆军炮兵第 32 团和第 39 团都装备有 AS90155 毫米自行榴弹炮。"不死鸟"无人机可以利用其携带的红外传感器为英国皇家陆军的 AS90 155 毫米自行榴弹炮和多管火箭发射系统提供定位和识别服务。另外这种无人机还可以用于获得战场情报和侦察用途,为炮团提供侦察照片和数据。

通过一个稳定的旋转臂在飞机的腹部安装了一个双轴稳定传感器吊舱,吊舱上包括一个热成像通用模块(TICM II)。TICM II 由马可尼公司提供,可以昼夜照相,它的视场为 60 度×40 度,其上的光学元件是英国皮尔金顿公司所提供的放大倍率为 2.5~10 倍的望远镜。其上的传感器除了这个红外传感器外,还有一个可控的 360 度 J 波段视频数据链路,分为下面两种:窄束 J 波段命令上行线、实时的图像下行线。当发现一个目标时,"不死鸟"无人机上的传感器可以锁定目标并保持瞄准线。把数据传送到地面数据中端,并且接着可以传送给地面站,这个地面站可以处在 1 公里外的地方,在那里操作者可以选择一个战场的热像或地图显示目标和无人机的位置。同时这种飞机还可以为灵巧炸弹和远程探雷装置指示目标。另外由于其地面站采用改进的数据调制解调器,所以可以直接将所获得的图像信息传送给英国陆军的 AH-64"阿帕奇"直升机上以及英国皇家空军的空中支援机上。

"不死鸟"无人机的翼展为 5.5 米,在飞行速度为 70 节时最大使用高度 2440 米,侦察半径 60 公里(相对于其地面控制和数据利用站),续航时间超过 4 小时,在 1000 米高度下覆盖范围为 800 平方公里。飞机采用了 I×TTL WAE 342 活塞发动机,功率为 25 马力。这种无人机采用卡车运输,并且使用安装在卡车上的气动/水压飞机弹射器进行发射。可以预先设定跟踪轨迹。另外飞机上还装有降落伞和冲击缓冲背部减阻装置。

在此次由美国领导的"自由伊拉克"行动中,据称"不死鸟"无人机是作为一个炮兵瞄准平台首次亮相的。这种飞机在以前的军事行动中——例如 1990~2001 年间的科索沃——通常仅用于侦察。据称现在这种飞机还可以提供态势感知信息以及进行战场损伤评估。这种飞机到 2002 年 7 月已经出动了 700 架次,其中的 486 次是在科索沃进行,其总的飞行时间约为 2000 小时。

CL-289 无人侦察机

（1）动力装置

一台 1.07 千牛 BMWRolls-Royce T117 型涡轮喷气发动机。

（2）发射与回收

利用推力为 32.03 千牛的固态燃料助推火箭从车载零长发射装置上发射。利用降落伞和气囊回收系统回收。

（3）发展概述

CL-289 是一项德国和加拿大联合研制的计划，是为满足陆军军团级司令部及时准确地获得战场情报的需要而研制的。于 1976 年 7 月开始研制，1977 年又与法国联合。第一轮试验在 1980 年 3 月开始，一年后完成了飞行试验；1981～1983 年，进行了用户评定和部队试验，包括在美国陆军的 65 次飞行。1986 年 1 月批准小批量生产。1987 年 11 月签订全面生产合同。1990 年春天，利用第一组生产的飞行器、载荷、支援设备和地面车辆进行了德国陆军系统有效性试验。1996 年 8 月已飞行 500 任务架次。计划对 CL-289 进行改进，以在今后 10 年仍能使用。改进包括安装全天候工作的合成孔径/动目标显示（SAR/MTI）雷达、以 GPS 为基础的导航系统，提高生存力、增大载荷/航程性能，把软件更新为 Ada 标准。1997 年末完成 SWORD 雷达系统的技术演示，该系统是由法、德两国联合研制的 J 波段无人机载雷达全天候侦察系统。1990 年 11 月 29 日该机开始在德国陆军服役，1992 年 12 月开始在法国陆军（第七炮兵团）服役。CL-289 在北约的编号为 AN/USD-502。

该机采用圆形的金属机身，带有塑料的头锥和尾锥，具有照相和红外扫描两种探测设备，可以在白天，也可以在夜间执行战场情报搜集任务。该机可从移动卡车的零长架上发射，发射后不久助推火箭自动弹射分离。回收时，飞机先由锥形伞减速，然后主伞打开，接着飞机背部向下，前后充气囊充气，吸收着陆时的撞击能量。

（4）性能参数

翼展 1.32 米机身（最大宽度）0.38 米，空机重量 127 千克；任务载荷 30 千克；最大发射重量，不含助推器 240 千克，含助推器 295 千克；机长，不含助推器 3.61 米，含助推器 5 米；巡航速度 740 公里/小时；作战半径 180～200 公里使用高度 125～3000 米；续航时间约 30 分钟。

南非"秃鹰"

英国《简氏防务周刊》2006 年 3 月 29 日刊报道：3 月 23 日，南非先进技术与工程公司（ATE）向南非陆军交付了首套"秃鹰"（Vulture）无人机系统（UAS）。该系统是后者新近装备的 AS－2000 炮兵瞄准交战系统（Artillery Target Engagement System，ATES）中无人观测系统（UAOS）的组成部分，用来为 155 毫米 G-5（牵引式）和 G-6（轮式自行）压制火炮系统提供目标捕获、炮弹落点探测和火力校射。AS-2000 系统由非洲防务系统公司研制，其他核心组成还包括车载和便携式观测系统、团级和连级火力指示系统和独立的炮上单元。

"秃鹰"无人机的基本性能是:最大起飞重量135千克(在南非炎热/高海拔环境下),机长3.4米,翼展5.2米,最大飞行速度140公里/小时,正常巡航速度120公里/小时,任务区巡逻速度110公里/小时,可在60公里的典型任务半径处续航3~4小时。目前该机在机头下方的一个转塔中安装有1台昼间单色电视传感器和1台激光测距仪,可装备彩色电视摄像机、激光测距仪和可夜间使用的中波前视红外传感器的综合转塔正在研制中。"秃鹰"系统采用C波段数字式视频/数据链,可将无人机的任务半径扩大到200公里。该数据链系统有多个通道并可在飞行中选择,延迟低、安全性好,测距精度优于15米,在传输数据和视频时可进行前向纠错,上行链路还采用直接序列扩频调制。据称,其信号难以被探测和截获,并具有高抗干扰能力。

整套"秃鹰"UAS配置在3辆南非陆军制式10吨级卡车上,后者分别运载地面控制站、无人机气压弹射发射器(包括2架无人机)和回收系统。三大系统都有自己的电力和液压能源,完全独立于运载卡车,需要时可拆换。系统具有快速部署能力,行军—战斗转换时间(从运载卡车停车到发射首架无人机)只需30分钟。回收时,无人机沿着一条激光束下滑,并撞入一个尺寸12米×7米的弹性拦阻网逐步减速,最后落在一个充气衬垫上。

ATE于1994年赢得UAOS项目的公开招标,并被授予一份固定价格/固定时间表的研制合同。按计划,"秃鹰"系统从2005年到2006年分三个阶段完成验收工作。2005年4月,该系统在南非国家武器公司(Armscor)的Alkantpan试验场演示了在高达25节(46.3公里/小时)风速下发射、利用数据链飞往60公里外和按预编程序飞行3.5小时的能力。这一系列试验还验证了无人机在海拔5000米高处的飞行性能和发动机性能。试验也暴露出一些问题,尤其是回收系统的性能和可靠性。2006年年初这些问题得到解决,2月在南非国家武器公司的Paardefontein试验场进行了最后试验,确认系统已满足了南非陆军的要求。

俄罗斯"蜜蜂-1"

据俄罗斯媒体报道,俄罗斯军事航空领域消息人士透露,俄罗斯斯莫棱斯克航空装备制造厂目前已恢复批量生产"蜜蜂-1"型无人机,该型无人机是"队列-P"型空中侦察和监视系统重要组成部分。

"队形-P"无人侦察系统由雅克夫列夫飞机设计局、斯莫棱斯克飞机厂等10家主要合同商以及大约50家供货商制造。该无人侦察系统安装在拖车上,由8人操作。一个"队形-P"机动控制中心可以同时操纵2架"蜜蜂-1"系列无人机。

消息人士指出,斯莫棱斯克航空装备制造厂正在制造"蜜蜂-1K"("蜜蜂-1"衍生型,K为全天候),其可在低能见度情况下全天候进行侦察。雅克夫列夫飞机设计局的生产经验已脱离了无人机生产进程,"蜜蜂-1K"的研制者正在对该型无人机生产以及在部队中使用进行设计跟踪。

在谈到是否会在"MAKS-2005"国际航展会展出"蜜蜂-1K"无人机时,消息人士指出,无人机研制者不会在本届展览会展出自己研制的产品,但是"库仑"公司很可能将展出"队列-P"型无人侦察系统。

据悉,升级的"蜜蜂-1K"无人机已经安装了新型电子设备,包括红外和电视设备以及特殊装置。

"蜜蜂"无人机是俄罗斯第一架可以重复使用的战场监视无人侦察机,机载侦察设备包括白天使用的变焦电视摄像机或全天时监视的红外摄像机以及干扰设备。该型机在3000米高度飞行时,能为空降部队、陆军航空兵以及诸兵种合成部队提供战役空中侦察。在北高加索地区,"蜜蜂"无人侦察机已用于指定时间或根据部队要求进行空中侦察。试验场演示的记录表明,"龙卷风"火箭系统从发现目标到攻击目标仅需2分钟。这使得"蜜蜂-1"型不仅可以作为侦察机用,还可作为武器平台。该无人机飞行高度为3500米,最大续航时间3.5小时,遥控驾驶飞行器测量坐标的误差为30米,发射方式采用弹射法。机身上安装有变焦镜头电视摄像机、视频红外线仪和多镜头电视接收系统等。

以色列"苍鹭"

"苍鹭"(Heron)是以色列飞机工业公司马拉特子公司研制的大型高空战略长航时无人机。该机的研制计划始于1993年底,1994年10月第一架原型机首飞,整个研制时间为10个月,1996年底正式投入使用。

"苍鹭"主要用于实时监视、电子侦察和干扰、通信中继和海上巡逻等任务。它可携带光电/红外雷达等侦察设备进行搜索、控测和识别,进行电子战和海上作战。在民用方面还可进行地质测量、环境监控、森林防火等。

(1)机器特点

该机的设计特点是采用复合材料结构、整体油箱机翼、先进的气动力设计(L/D>20)、可收放式起落架、大型机舱、电源系统功率大、传感器视野好等。动力装置采用一台四冲程活塞发动机,功率为74.6千瓦。"苍鹭"在7620米高度,以150公里/小时的速度巡逻时,其续航时间为36小时,在4570米高度巡逻,续航时间为52小时。数据实时传输距离在有中继时可达1000公里。其大型机舱可根据任务需要换装不同的设备。该机装有大型监视雷达,可同时跟踪32个目标。采用轮式起飞和着陆方式,飞行中则由预先编好的程序控制。

(2)具体参数

尺寸数据:翼展16.6米,机长8.5米,机高2.3米。

重量数据:起飞重量1100千克,任务设备重量250千克,燃油重量400千克。

性能数据:最大平飞速度240公里/小时,实用升限10668米,航程250公里,续航时间50小时左右。

"鬼怪式"无人机

1991年爆发了海湾战争,美军首先面对的一个问题就是要在茫茫的沙海中找到伊拉克隐藏的飞毛腿导弹发射器。如果用有人侦察机,就必须在大漠上空往返飞行,长时间暴露于伊拉克军队的高射火力之下,极其危险。为此,无人机成了美军空中侦察的主力。在整个海湾战争期间,"先锋"无人机是美军使用最多的无人机种,美军在海湾地区共部署了6个先锋无人机连,总共出动了522架次,飞行时间达1640小时。那时,不论白天还是黑夜,每天总有一架先锋无人机在海湾上空飞行。

为了摧毁伊军在沿海修筑的坚固的防御工事,2月4日"密苏里"号战舰乘夜驶至近海区,先锋号无人机由它的甲板上起飞,用红外侦察仪拍摄了地面目标的图像并传送给指挥中心。几分钟后,战舰上的406毫米的舰炮开始轰击目标,同时无人机不断地为舰炮进行校射。之后"威斯康星"号战舰接替了"密苏里"号,如此连续炮轰了三天,使伊军的炮兵阵地、雷达网、指挥通信枢纽遭到彻底破坏。在海湾战争期间,仅从两艘战列舰上起飞的先锋无人机就有151架次,飞行了530多个小时,完成了目标搜索、战场警戒、海上拦截及海军炮火支援等任务。

从"捕食者"到"终结者"

当美国总统奥巴马批准美军"捕食者"无人机携带导弹在利比亚执行任务的那一刻,这种战斗机器人就摇身一变,从侦察兵变成了杀手。

"捕食者"在利比亚天空游弋的同时,万里之外的华盛顿,来自世界各国的军官、战略专家、军火商也在高调讨论无人机的使用和未来。美国空军官员明确表示,美国寻求更"强大"的无人机,需要的话,将赋予它人工智能。

而这正是英国国防部所担忧的问题,其在最近的一份研究报告中警告,无人机或令世界变得更加"终结者"化,越来越具有自主性的无人机在将来的某一天也许会"起义",不再遵从人类的控制。现在必须防忠于未然。

(1)利比亚上空的机器杀手

白宫方面称,出于"人道主义"的考虑,2011年4月21日,美国总统奥巴马批准"捕食者"无人侦察机携带导弹,在利比亚执行武装飞行任务。

尽管无人机在巴基斯坦和阿富汗的大量使用造成了平民伤亡并引发广泛争议,但利比亚反对派仍对美方这一决定表示欢迎。

"捕食者"此前已在利比亚执行任务,但一直是不携带武器,仅执行侦察任务。《纽约时报》指出,可携带"地狱火"导弹的"捕食者"无人机是美军标志性武器,只有美国才有。《华盛顿邮报》则将配备了"地狱火"的"捕食者"描述为"飞翔在1万英尺高空的杀人工具"。英国《每日电讯报》称,美国这一举动标志着"美军参战程度出现重大升级"。

"捕食者"由通用原子公司制造,可携带"地狱火"空地导弹,由后方遥控操纵。近年来,这种飞行器多次被用于在阿富汗与巴基斯坦边境地区打击武装分子。

(2)美军想要更引大的无人机

当"捕食者"携带导弹盘旋在利比亚上空时,一次国际战略研讨会正在万里之外的华盛顿召开。与会者对无人机议题展开了广泛讨论。

美国空军官员表示,未来美国需要更强大的无人机。在一个美国及其盟国已取得制空权且地面防空力量几乎被完全摧毁的地区(如利比亚),无人机如今已经可以取代有人驾驶战机执行任务了,它们可以从邻近基地起飞,在战地上空盘旋,而不必担心敌方战机或地面火力袭击。但是,假如敌方仍有空中力量,无人机就非常脆弱了。此外,假如敌方有能力干扰无人机的 GPS 系统或是屏蔽其数据传输,那么失去操作员指挥的无人机也只有挨打的份了。因此,美国空军希望未来所有无人机能变得更强大。

美国空军无人飞行系统联合中心副主管迪恩·布希指出:"我们必须研发出更强大的系统,这种系统必须足以对抗 GPS 干扰,必须足以适应失去通信环境,必须能够对抗部分空中和地面(火力)威胁。"

应对敌方空中和地面火力威胁的方法之一,是增强无人机的隐身性。美国战略和预算评估中心分析师马克·甘日格称:"今日的隐身技术已经使我们能够设计具备更好生存性的(无人机)平台,但控制它们也将成为一个重大问题。"(注:美军第四代王牌战机 F-22 就是因为隐身性能太好了,好到别的型号战机根本无法和它进行通信联系,从而失去了协同作战的可能,此前 F-22 被确定停产了。无人机要依靠人类操作员遥控指挥,追求隐身性能,通讯就很成问题,一旦再遭遇敌方电磁干扰、屏蔽,操作员就很可能失去对无人机的控制。)

另一个增强无人机生存能力的做法是使它们更加自动化。马克·甘日格表示必须增强无人机的自主性,原因在于敌人必然会选择攻击无人机脆弱的数据链。

更重要的原因是,增强无人机自主性,能够提高无人机的攻击效率。美国空军"捕食者"和"收割机"无人机项目主管布鲁斯·布莱克中校指出,每次无人机任务,都有约 180 人参与,结果是"与有人驾驶飞机相比,无人飞行器可能涉及更多的人为失误"。(注:"收割机"无人机又译为"死神"无人机,是"捕食者"的升级版本。)

在上述国际战略研讨会上,前美国中情局局长迈克尔.V·海登描绘了每次"捕食者"无人机发射"地狱火"导弹前的场景:"捕食者"已经在目标头顶盘旋,但在千里之外,一大堆指挥官们按官阶大小依次调出电脑地图,评估潜在影响,最终做出决策,再层层传达下去。

(3)技术上已经逐渐可行

斯图特勒亨克联合软件公司最近与美国空军签署了一份价值 10 万美元的合同,内容是开发"智能飞行员意向分析系统",该系统通过分析有人机起飞、降落和空中操纵的方式,以及整合从空中交通管制到飞机跑道的大量数据,它能够让无人机自己具备感知和判断其他飞机行为、并在不同场景下做出最合理反应的能力。

但这套程序只是让无人机像人类飞行员那样思考,是为了避免飞机间可能发生的冲突,不是在教无人机不服从人类主人的命令,绝不是要制造会造反的飞行器。

不过,美国特种作战司令部情报、监视与侦察主管詹姆斯·斯库勒拉蒂上校说,一台电脑假如已经有能力在动态环境中鉴别威胁并自行做出决定,那它已经非常接近真正的人工智能了。

（4）机器会思考或致《终结者》成真

英国国防部一份最新研究报告就对此提出警告:无人机正变得日益自动化,只需要一个小小的技术改进,无人机就能够"根据自身传感器数据或与其他机器的数据分享"而自行决定开火,"甚至不需要请求更高级别的指令(人类的指令)"。

这份研究报告警告英国国防部"当前还不需要研发这样的系统",并建议人类现在必须决定哪些机器行为是"可接受的",否则《终结者》有朝一日会成为现实,因为这种人类遥控的无人机已经接近其技术拐点,"将为军事行动带来一场真正的革命"。

曾经是一名"捕食者"无人机操作员的美国空军布鲁斯·布莱克中校用生动的描述回答了这一问题。他称自己与一名美军驻阿富汗地面战斗人员联系上之后,"能够听到他的声音,能够听到子弹在他头上呼啸而过,能够感受到那种压力"。

"我非常清楚地感受到他当时的情景,"布莱克说,"我通过我自己的感官看到了,也听到了,整整5小时我们都并肩作战。"

布鲁斯·布莱克中校目前是美国空军"捕食者"和"收割机"无人机项目主管。

美国无人机的作战操作主要集中在美国空军第432飞行联队的总部、美国内华达州的内利斯空军基地,那里的地面控制站指挥着"捕食者"无人机在世界各地执行任务。一般而言,一架"捕食者"无人机升空后由两个操作人员来直接控制,一人负责无人机的飞行和导弹发射,一人负责控制传感器和导弹激光导引头,他们通过北约16号数据链与战区部队保持实时联系。

美国空军无人飞行系统联合中心副主管迪恩·布希指出,内华达州的"捕食者"操作员们要执行一整套的标准程序,和战斗机飞行员们相比也不差什么:尽管只是进入一个地面控制中心,但他们首先要穿过一个检查区,然后穿上褐色的飞行服,接收任务指令并进入战斗状态。然后坐在电脑控制台前,通过成像技术同步"听"和"看"千里之外战友所听到和看到的东西。

美国推出第六代人工智能控制型舰载战斗机

在5月初举办的美国海军年度装备展上,众多新概念武器被首度披露,让外界得以一窥美军未来30年的装备发展思路。在令人眼花缭乱的展品中,波音公司的第六代舰载机F/A-XX方案最为独特,其同步推出有人驾驶和无人驾驶两个版本的构思,让人们对无人作战系统在未来战场上的地位产生了新的认知。

据美国《军事科技》网站2010年5月15日报道,在波音公司贴出的海报上,两架线条流畅的F/A-XX战机比翼齐飞。二者的外观几乎一致,唯一的不同在于,其中一架战机周身上下不见飞行员座舱,取而代之的是一套人工智能控制设备。而在传统观念中,无人驾驶飞机与有人战机相比,无论外形还是性能都存在显著差别,因此,F/A-XX的设计不可谓不大胆。

美军未来主力战机敢于采用"一机两型"的设计,固然有方便后勤的考虑,但也反映出军方对无人作战系统的信心——今后的无人机无需经过特别设计,即可完成与有人机相同的使命。在此过程中,越来越多的飞行员将不可避免地遭遇"失业危机"。

"影子"无人机

美国陆军的无人机系统项目主管部门(PM UAVS)、AAI 公司和 BAE 公司正在研究为"影子"战术无人机增加简易爆炸装置(IED)探测能力。自 2004 年初以来,陆军利用无人机进行了多次 IED 探测的演示,并获得了很好的结果。

"影子"无人机在"伊拉克自由行动"表现出色,为了支持部队作战,总计飞行了 30000 多小时,通过陆军的 C4I 系统提供了实时视频图像和情报。"影子"无人机的主要任务是远程监视和目标捕获。目前装备的有效载荷是以色列 IAI 公司TAMAN 分部研制的 POP

无人机

200 型插入式光电子有效载荷。POP 200 是能昼夜工作的组件式稳定光电传感器系统,使用可互换的插入式传感器部件。标准传感器部件有热像仪、彩色 CCD、自动视频跟踪器和激光瞄准具。3~5 微米热像仪采用 320×240 锑化铟焦平面阵列。传感器组件可以快速更换,以满足作战要求。POP 200 重 15.8 千克,直径 26.4 厘米,高 38.1 厘米,探测距离 3 公里。系统安装在 1 个直径为 28 厘米的万向架上。POP-200 满足战术无人机的作战要求,并且在伊拉克战场上表现出色。PM UAVS已经向从 I 公司订购了更新的 POP 300 有效载荷,与 POP 200 相比,POP 300 的性能大为提高,并且超过了战术无人机作战要求对光电/红外探测器的要求。其识别距离 7.1 公里,辨认距离达到了 3.5 公里。其上的激光指示器用来标示目标,用夜视镜和像增强摄像机可以看到目标。另外,还可以选装激光测距机,利用它可以提高"影子"无人机的目标定位精度。AAI 公司在 2007 年开始向美国陆军交付POP 300。

"影子"无人机在伊拉克战场上执行的主要任务具体包括定点监视、目标跟踪、区域搜索、航迹侦察以及 IED 探测。在伊拉克的行动中,最重要的一项任务是探测 IED。一般的探测系统很难发现这种装置,因此,为了实现对 IED 的准确探测,需要采取多种途径。装备有改进型情报、监视和侦察(ISR)有效载荷的"影子"无人机系统是更有效探测 IED 解决方案的一部分,这种无人机系统能使操作者快速探测到 IED,并将信息分发给作战人员。另外,改进型 ISR 能力包括广域搜索/监视、高分辨率测绘以及航迹侦察,这些将大大提高系统的通用性。

IED 探测和改进型 ISR 有某些特殊要求,这是标准视频传感器不具备的。IED探测不仅要求分辨率非常高,而且对地面覆盖范围要大。这就要求传感器的像素非常多。一个有效的 IED 探测系统必须具有自动提示能力,以减少分析人员的负担,并且必须能够近实时地提供信息,从而能够及时对探测到的目标采取行动。在威胁不断变化的环境中,传感器系统必须能够探测到不断变化的目标。这种平台除了具有适用性外,还必须能够迅速发送目标信息。

目前研究的无人机 IED 探测技术主要是变化探测和超光谱感知方法。这两种方法有很多共同点,并且都采用了自动垂直校正和自动处理技术。超光谱感知技术非常有希望用于 IED 探测。美国陆军的 PM UAVS 已经研究了两种可能用于 IED 探测的"影子"无人机载系统。第一种系统是用在机载体积变化探测系统(AVCDS)的超大型数字分幅相机。AVCDS 生成的高分辨率图像可以用来绘制垂直校正的三维地图。这些图像不仅可以用来进行体积变化探测,也可以用来进行传统的二维变化探测。2004 年 5 月,该系统装备在"影子"无人机上在尤马试验场进行了演示,并且取得了令人鼓舞的结果。

另一种系统是 BAE 公司开发的"魔爪辐射Ⅱ"(TRⅡ)超光谱传感器系统。TRII 系统已经在有人机进行了演示,目前 BAE 公司正为装备"影子"无人机进行产品组装。这种系统非常适合用于"影子"无人机,因此 PM UAVS 决定将其集成到"影子"无人机上。

美国 B-2"幽灵"战略轰炸机

(1)简介

B-2"幽灵"(Spirit)是目前世界上最先进的战略轰炸机,也是唯一的大型隐身飞机。其隐身性能可与小型的 F-117 隐身攻击机相比,而作战能力却与庞大的 B-1B 轰炸机类似。目前 B-2 只有 B-2A 型。

(2)研制过程

研制 B-2 隐身轰炸机的构想始于 1975 年。当时美国国防部所属的"先进计划局"出笼了一个代号为"哈维"的项目,落实到空军,就派生出了 XST(XST 意思是试验,隐身,战斗)计划。在这一计划中美军工科研界首次提出了将隐身技术运用到飞机上的设想。富有研制军用飞机经验的洛克希德·马丁公司捷足先登,率先获得了军方的研制合同,并很快拿出两架全尺寸 XST 样机,初步证明了隐身技术应用在飞机具有可行性和有效性。

当时"冷战"仍酣,为能隐秘地突破苏联防空网,寻找并摧毁苏军的机动型洲际弹道核导弹发射架和其他重要战略目标,美国空军提出要制造一种新的战略轰炸机,强调突防能力,要求能够避开对空雷达探测,潜入敌方纵深,以 80%的成功率完成任务。为此,美国空军拟制出了"军刀穿透者"计划,把隐身技术的应用列入了具体议事日程。由于洛克希德·马丁公司提交的样机受到好评,空军将生产 F-117A 隐身战斗机的合同交给了这家公司。随着隐身战斗机的投产,美国国防部和国会要人也开始接受了"隐身轰炸机"这一概念,并于 1977 年正式批准了空军提出的研制这种飞机的申请报告。随后,美国空军把新型隐身轰炸机的研制项目正式定名为"先进技术轰炸机(ATB)"。这就是 B-2 隐身战略轰炸机的最初名称。

1980 年 9 月美国空军要求洛克希德·马丁公司与诺斯罗普公司针对先进技术

隐身轰炸机(ATB)计划,就性能、成本、后勤支援、项目管理与保安五个方面提出建议书。美国各大航空技术公司很快都投入到了 ATB 计划中,波音公司负责钛合金的飞翼后中段、外机翼、燃油系统、武器发射系统和起落架。

20 世纪 80 年代初,B-2 经历了几次大的设计更改。比如在 1984 年,对主翼设计进行了重大改动,因为空军不仅要求飞机能从高空突入,而且还要能超低空突防,从而带来了提高飞机升力、增强机械结构强度、进一步降低其雷达反射截面等一系列问题,上述拖延使飞机的设计历经数年才得以定型。

B-2 的研制过程是研制原子弹的"曼哈顿"工程之后美国保密程度最高的军事科研工程。1982 年 4 月 8 日诺斯罗普公司购置了洛杉矶郊区的毕柯莱佛拉(Pico Rivera)地区的一座闲置厂房,原属于福特汽车公司,随后将其改装成保密工厂,一个窗户都没有。军队与保安人员的 24 小时进行监控,保卫支出竟高达 20 亿美元。为防止苏联潜艇潜入加利福尼亚近海监听计算机软件系统发出的电磁辐射,毕柯莱佛拉的 CAD/CAM(计算机辅助设计/辅助制造)终端装置所在的房间,都采用了特制金属板进行电磁屏蔽。每台计算机都装有特制的罩套,未经批准的人员无法看到荧幕。关键岗位上的工人全部进行测谎试验,严防间谍与吸毒者。只有少数高级管理人员知道计划的细节,且监控更加严格。参与计划的诺斯罗普公司的一位副总裁的加拿大籍夫人被迫入籍美国。在远离厂区的地区注册了假公司,用于交接从转包商运来的部件。这些部件在深夜用无标记的卡车转运到毕柯莱佛拉。空军官员访问毕柯莱佛拉一律要换穿便服。更甚的是偌大的国会中只有 8 名议员知道此事。

外界首次得知 B-2 是在 1988 年 4 月 20 日,美国空军首次展示了一幅 B-2 飞机的不准确的手绘彩图,世界为之一震。同年 11 月 22 日,编号为 AV-1 的 B-2 原型机终于"千呼万唤始出来",一时成为美国公众争相一睹的怪物,世界各国的军事刊物也争相对它加以报道。在历时整整 5 年之后,1993 年 12 月 17 日美国空军终于接收了第一架作战型的 B-2A 型飞机。1997 年 4 月 2 日,首批 6 架 B-2A 隐身轰炸机正式服役。装备 B-2 的第 1 支部队是第 509 轰炸机联队的第 393 中队,已经装备了 8 架第 20 批的飞机,具备了初步作战能力。

(3)构造

B-2A 轰炸机机身长 21.03 米,高 5.18 米,翼展 52.43 米,最大载弹量 22680 千克。机上装有 4 台美国通用动力公司出产的 F118-GE-100 型涡扇发动机。飞机在空中不加油的情况下,作战航程可达 1.2 万公里,空中加油一次则可达 1.8 万公里。每次执行任务的空中飞行时间一般不少于 10 小时,美国空军称其具有"全球到达"和"全球摧毁"能力。

(4)功能

B-2A 隐身性能出众,其雷达反射截面不到 0.1 平方米。隐身性能首先来自它的外型。B-2A 外形光滑圆顺,毫无折皱,不易反射雷达波,驾驶舱呈圆弧状,照射到这里的雷达波会绕舱体外行"爬行",而不会被反射回去。密封式玻璃舱罩呈一个斜面,且所有玻璃在制造时掺有金属粉末,使雷达波无法穿透舱体,造成反射。

机翼后掠 33 度,使从上、下方向入射的雷达波无法反射或折射回雷达所在方向。机翼前缘的包覆物后部,有不规则蜂巢式空穴,可以吸收雷达波后方的探测雷达波无法反射回去。而且 B-2A 无垂直尾翼,这就大大减少了飞机整体的雷达反射截面。机体下方没有设置武器舱或武器挂架,连发动机舱和起落架舱也全部埋入到了平滑的机翼之下,从而避免了雷达波的反射。B-2 飞机的整个机身,除主梁和发动机机舱使用的是钛复合材料外,其他部分均由碳纤维和石墨等复合材料构成,不易反射雷达波。并且这些不同的复合材料部件不是靠铆钉拼合,而是经高压压铸而成。此外,整个机体都喷涂上了特制的吸波油漆,这在很大程度上降低了敌方探测雷达的回波。

为了隐身的需要,B-2A 飞机的发动机进气口放置到了机翼的上方,呈 S 状,可让入射进来的探测雷达波经多次折射后,自然衰减,无法反射回去。发动机喷嘴则深置于机翼之内,也呈蜂巢状,使雷达波能进不能出。此外,发动机构件内还装有气流混合器,它能将流经机翼表面的冷空气导入发动机中,持续降低发动机室外层的温度。喷嘴呈宽扁状,使人在飞机的后方无法看到喷口。特别是由于采用了喷口温度调节技术,喷嘴部分的红外暴露信号大为减少,飞机的隐身性能大为增强。

B-2A 机载雷达为 AN/APQ-18l 型相控阵雷达。这种相控阵有 2 个雷达天线阵列,特点是不需外加旋转或摇摆式天线,只通过信号阵位的改变和组合,可对不同角度和不同方位进行扫描。工作模式共有 21 种,最突出的是合成孔径雷达工作模式和反合成孔径雷达模式。前者主要用于扫描陆地地貌,可清晰地获取 161 公里距离内地表的扫描图像,供飞机对地面目标轰炸时使用:后者则主要用于识别和捕捉海上目标,最远有效距离可达 128 公里。另外还可让 B-2A 轰炸机使用地形匹配和地形规避技术,使其能贴地低空突入敌方空域去执行轰炸任务。B-2A 上还配有先进的 NSS 导航系统。机上的目标瞄准系统采用的是全球定位 GPS 辅助瞄准系统,显示模式可放大 4 倍,方便观察瞄准,炸弹击中目标的误差通常小于 6 米。B-2A 还带有型号为 APQ-50 型的电子对抗系统。该系统既可为飞机提供雷达预警,又能迅速侦悉敌方雷达所处的方位座标。飞机上的 ZSR-62 型主动式电子对抗系统能够快速、主动地对敌进行干扰和压制。飞机上还有一些其他电子系统,TCN-250 塔康系统,VIR-130A 自动着陆系统,AN/APR-50 雷达告警接收机以及 ZSR-63 防御辅助设备等。另外还有通信管理系统和驾驶舱内的各种显示系统,它们能够将所有传感器获取的信息及图像汇合并显示出来,供机组人员判断处理情况、与地面相关部门联络时使用。两名机组成员的座位前面,各设有 4 个 15.2 厘米大小的全彩色多功能显示屏,使情况显示一目了然。

B-2A 轰炸机的两个旋转弹架能携带 16 枚 AGM-129 型巡航导弹,也可携带 80 枚 MK82 型或 16 枚 ME84 型普通炸弹或 36 枚 CBU-87 型集束炸弹,使用新型的 TSSM 远程攻击弹药时携弹量为 16 枚。当使用核武器时可携带 16 枚 B63 型核炸弹。此外 AGM-129 型巡航导弹也可装载核弹头。2002 年 2 月 B-2 增加了使用联合防区外空对地导弹 JASSM 的能力。

2002 年 8 月美国空军决定仅购 5 个 B-2"前线部署掩体",以确保在前线基地保护 B—2 脆弱的隐身涂料。这种掩体采用骨架式充气蒙皮结构,内部宽大,长76.2 米、宽 38.1 米、高 16.76 米,可以承受每小时 177 公里的大风及沉重的积雪压力。内部装备有空调、增湿器及其他设备,环境可控,从而可保持在 B-2 敏感的涂料可承受的范围内。美国空军要求这种掩体便于运输,可以快速安装和开启。前线部署掩体还将作为 B-2 的半永久机库使用。

(5)实战

2003 年 3 月,一架 B-2 在 28 日晚上首次实战投放了两颗 2130 千克的新型 EGBU—28 制导炸弹,炸毁了巴格达市内位于底格里斯河畔的一个通讯塔。这是美军在伊拉克战争中使用的最大的炸弹。EGBU-28 有全球定位/惯性导航和半主动激光全程的双模制导模式,比以往的 JDAM 炸弹更为先进。EGBU-28 既能有效摧毁大型坚固目标,也能尽量减少附带杀伤。在伊拉克战争期间,B-2 不加油航程为11119 公里,已有两架转场到印度洋上的迪亚戈·加西亚美国空军基地,从该基地起飞轰炸伊拉克不需要进行空中加油。

2003 年 6 月,美国空军计划按照 B-2 超地平通信计划,在 B-2 轰炸机上增装 Link-16 数据链。应用 Link-16 数据链数据,将令 B-2 驾驶员实时获知飞机所处位置。同时超地平通信包,还具有和 Harris 生产的通信卫星 PRC-117 无线电台的接口能力,支持 FalconView 系统软件的接口能力,接收战术数据链 J(6016B)和 3011 App.A 协议能力和接收 GPS 的位置与时间信息等能力。

2004 年 8 月,诺斯罗普·格鲁门公司官员表示将向怀特曼空军基地交付首架具有新隐身涂层的 B-2 轰炸机,这标志着 B-2 的隐身和雷达改进工作达到关键里程碑。

空中多面手:ASN-206 无人机

(1)简介

ASN-206 多用途无人驾驶飞机,该机由西北工业大学西安爱生技术集团于1994 年 12 月完成研制工作。

ASN-206 是我军较为先进的一种无人机,尤其是它的实时视频侦察系统,为我军前线侦察提供了一种利器。1996 年该机获国家科技进步一等奖。1996 年在珠海国际航展上展出,现已投入批量生产。

ASN-206 系统配套完整,功能较为齐全,设计考虑了野外条件。全系统包括 6～10 架飞机和 1 套地面站。地面站由指挥控制车、机动控制车、发射车、电源车、情报处理车、维修车和运输车等组成。该机在军事上可用于昼夜空中侦察、战场监视、侦察目标定位、校正火炮射击、战场毁伤评估、边境巡逻。民用用途包括航空摄影、地球物理探矿、灾情监测、海岸缉私等民用领域。

该无人机采用后推式双尾撑结构形式。这一布局的好处是由于后置发动机驱动的螺旋桨不会遮挡侦察装置的视线。机身后部、尾撑之间装有 1 台 HS-700 型四缸二冲程活塞式发动机,功率为 37.3 千瓦。巡航时间为 4～8 小时,航程 150公里。

ASN-206 的侦察监视设备包括垂直相机和全景相机、红外探测设备、电视摄像机,定位校射设备等。更重要的是,ASN-206 装有数字式飞机控制与管理系统、综合无线电系统、先进任务控制设备,借助上述系统,ASN-206 可以在 150 公里远纵深范围内昼夜执行作战任务。侦察情报信息,尤其是白光/红外摄影机拍到的视频影像可以实时传输至地面站,进行观察和监视。

(2)发展

ASK-206 参与了土耳其近程无人机计划的竞争。土国防部计划购买 10 套远程和 8 套近程无人机系统。有 3 家公司参与了土耳购买无人机计划的投标。其余两间公司是以色列飞机工业有限公司,提供了"搜索者"和"猎人"无人机,美国加州圣迭戈的通用原子航空系统公司提供了"捕食者"、I-GNAT、和"徘徊者Ⅱ"三种无人机。按计划 I-GNAT 无人机已经出局。ASN-206 当然与"全球鹰"不在一个级别上。因此,1997~2001 年我国空军科研人员综合运用现代高新技术,研制成功某型无人机,使我国大型无人机总体性能、技术走在世界前列。

可单兵操作的无人机:"毒蜂-1"

北京航空航天大学无人驾驶飞行器设计研究所曾设计了一款拆解后就可以放入单兵背包中的无人机,命名为"毒蜂-1"。

据介绍,"毒蜂-1"单兵电动无人机全系统重量小于 10 千克,系统拆解后可放入背包内,展开时间小于 10 分钟。由于"毒蜂-1"采用手抛发射,可自主飞行、全自主起降,适于在城市、山地、丛林等复杂的作战环境下使用,用来执行低空侦察、目标指示、电子干扰、生化武器探测等任务。

"毒蜂-1"无人机进入任务区后,可根据需要,实时调整航线和任务设备的工作模式。如果机体受到冲击,无人机的外翼会脱离,以降低损失,而且每个系统换上备用机体和发动机部件后仍可飞行。

中国无人机的起点:逼出来的"长空一号"

20 世纪 60 年代,由于苏联援助的取消、专家的撤离,解放军空军试验用的拉-17 无人靶机严重缺失,国家下决心搞自己的无人靶机,从而促生了长空一号。

"长空一号"(CK-1)高速无人机由位于巴丹吉林沙漠的空军某试验训练基地二站在 1965~1967 年成功定型,主要负责人是被誉为"中国无人机之父"的中国工程院赵煦院士。

1966 年 12 月 6 日,"长空一号"首飞成功。实际上"长空一号"就是仿制拉-17 的产品,从开始仿制到总体设计成功用了 3 个月。后转由南京航空学院具体负责,曾由中航二集团的常州飞机制造厂负责生产。在南航,该机型于 1976 年底设计定型,总设计师为该校的郭荣伟。早在 20 世纪 60 年代末,该所开始了无人机的研制。"长空一号"研制成功后,在我国空军武器等试验中发挥了重要作用。

(1)"长空一号"简介

"长空一号"是一架大型喷气式无线电遥控高亚音速飞机,可供导弹打靶或防空部队训练。"长空一号"经过适当改装可执行大气污染监控、地形与矿区勘察等任务。该机采用典型高亚音速布局,机身细长流线,机翼平直,展弦比大。水平尾翼呈矩形,安装在垂直尾翼中部。机身前、后段为铝合金半硬壳式结构。发动机及其进气道装在机身下部的吊舱内。翼尖短舱、尾翼翼尖、进气道唇口、机头与机尾罩均用玻璃钢制造。中单翼结构的矩形机翼采用不对称翼剖面,有 2 度的下反角,机翼安装角为 0 度 45 分。机翼翼尖处吊有两个翼尖短舱。水平尾翼安装在垂直尾翼中部,平尾和垂尾均采用对称翼剖面的矩形翼面。机翼和尾翼均为铝合金单梁式薄壁结构。机载设备、自动驾驶仪分别装在前后段,机身中段为压力供油式油箱。设计中直接利用机身外壳作为油箱壁,节省了重量。改进型号的机翼下有两个小型副油箱。

"长空一号"的起飞非常有特色,采用一架可回收的发射车进行助推起飞。在一张澳大利亚"金迪维克"小车图片的启示下,赵煦院士找到了地面起飞车的灵感。飞机固定在发射车的三条短滑轨上,发动机舱底部有一推力销,用于固定。起飞时飞机发动机启动,带动发射车开始滑跑。当滑跑速度达到 275 公里/时,飞机已经得到足够的升力可以升空。这时推力销在发射车上的冷气在动筒作用下拨开,飞机脱离发射车,开始爬高。发射车因无动力而减速,随后地面人员发出无线电指令,抛出制动伞,并控制刹车使发射车停住。

发射车可重复使用。发射车内装有航向自动纠偏系统,确保在 1000 米滑跑距离内航向偏离维持在 30 米内。发射车助推起飞固然减小了无人机本身的复杂程度,但与空投或火箭助推起飞方式相比,较为复杂和麻烦,当然好处是省却了调用有人飞机作为母机。

"长空一号"起飞 85 秒后,开始转入机上程序机构控制飞行,之后由地面站通过雷达信息和其他手段,发出适当的无线电指令进行遥控。"长空一号"C 型能进入地面武器射击区域 2~8 次,提供射击机会。

拉-17 使用的是推力较小的发动机,"长空一号"后来改用一台改进的 WP-6 涡喷发动机,尾喷口改装成固定式,可通过改变发动机转速来调节推力,海平面额定静推力 21.1 千牛,最大静推力 24.5 千牛。该发动机原为歼-6 所采用。整体油箱的容量为 820 升,燃油质量 600 千克,B、C 型加副油箱后,燃油质量达 840 千克。由于 WP-6 发动机推力比原来的发动机大 7 倍,而"长空一号"外型不变,使得起飞过程中不可避免地产生了过早升力矩,致使靶机起飞试验一直有问题。后来采取了与一般飞机起飞时减小低头力矩、增强升力相反的方法,在"长空一号"起飞时加大其低头力矩解决了这一问题。

"长空一号"的降落和世界其他无人机相比略显笨拙,实际上是一种硬着陆。当其在无线电指令指引下进入预定着陆场地时,在 500 米高度自动拉起,然后进入无动力下滑。接地时保持较大的攻角,尾部首先着地,靠发动机吊舱和尾喷口吸收部分撞击能量,实现主体部分回收。机体经修复后即可再次使用。这种不完全的重复使用,对使用费用、维护难度上有较负面的作用。

近年"长空一号"已经改为火箭助推发射起飞。这一改进最大的好处是"长空一号"不再需要平坦而长的跑道,起飞也更加迅速灵活。同时也改用了回收伞的方式,最大限度保护了飞机本身。

"长空一号"由机上程序机构控制,可按预定设计的航线飞行。也可由地面站的地面领航员经无线电指令遥控飞行。自主飞行时,依靠 KJ-9 自动驾驶仪稳定和控制飞机。自动驾驶仪有俯仰、滚转、航向和高度四个通道,分别控制飞机的升降舵、副翼、方向舵的偏角和发动机工作状态。每个通道互相独立、互相交联。自动驾驶仪的部件包括陀螺平台和航向陀螺、速率陀螺仪组、程序机构、高度讯号器、放大器、变流机及电动舵机等。

遥控飞行时,机上由天线、高频组合、接收机和发射机组成的应答器负责接受地面信号,然后识别指令,引导靶机。机上另装有遥控指令接收机,通过接收机一译码器单元,可以传输 24 个遥控指令到自动驾驶仪或其他需要操纵的装置。地面人员还可通过无线电遥测设备来监控自动控制系统及其他设备的工作。遥测系统有 52 个通道,能连续向地面提供飞行速度、高度、攻角、发动机温度及转速等信息。

该机的主电源是一台由发动机驱动的直流发电机,通过变流器向某些设备提供交流电。另有后备银锌电瓶,在发动机出故障时可切换供电,保证飞行。

"长空一号"作为靶机使用时,能往返进入射击区域 2~3 次,以便进行多次训练。因"长空一号"本身体积很小,为在视觉模拟体积较大的敌机,机上一般装有曳光管或拉烟管。机上还装有红外增强翼尖吊舱、被动式雷达回波角反射器,机尾带红外曳光弹为 4 枚"海鹰 1 号"曳光弹,增强红外和雷达特征。靶机如未被击落,可遥控其着陆回收。

(2)"长空一号"的改进

至 1988 年,"长空一号"的改进型号包括"长空一号 A"取样机,用于核武器试验的取样工作。该机主要的改进是增加了外挂吊舱,从而能够容纳更多的设备仪器。1977 年"长空一号"开始参加执行原子弹空爆取样任务,并很快完全取代有人机取样。该项目 1978 年获全国科学大会奖。

"长空一号 C"高机动型是"长空一号 B"型的改型,我军编号"靶5Ⅱ"。1983年初,军方为满足新型导弹试射的需要,提出要装备一种能作坡度为 70 度~77 度的高速水平大机动飞行的无人机。当时计划从美国进口 10 架大机动性能的"火蜂"无人靶机,预计需要经费 4000 万元。赵煦院士是"火蜂"考查组成员之一,了解了高机动"火蜂"的性能后,他提出自行改进"长空一号 C"高机动型。要满足要求,必须改进"长空一号"的结构、控制、供油等设计,在外形、推力、巡航方面都要有大改进。在二站和南京航空学院的共同努力下,一年半时间内完成了 C 型的设计、试验和制造工作。研制中的试验项目有高低速风洞试验、各系统的地面模拟试验和空中模拟试验、飞机结构的静力强度试验和动力特性试验等。

该机装有应答器、遥控接收机等遥控设备。C 型采用了适合大坡度转弯飞行的供油系统。C 型在中段机身前端加装了一个全封闭油室,在飞行过程中保持充满燃油的状态,确保在所有的飞行姿态下都能连续供油。C 型换装了适合大坡度机动飞行的自动控制系统。其主要改进包括在副翼通道中引入滚转角积分信号,提高对滚转角的控制精度,保证左右两边建立坡度对称;在升降舵通道中引入高度和高度变化率信号,改善了高度保持系统的动态性能,提高了平飞时高度的稳定性;在三个通道中加入软化电路,在不影响原闭环回路的前提下,达到了控制平衡及良好补偿的效果。为避免过载超过规定值,采取了阶跃改变减小升降舵通道中的控制量的措施。为防止严重排高,系统能及时退出转弯,改为平飞或小过载飞行。C 型的转弯坡度分三挡,35 度、60 度和 75.5 度,分别表示一般机动、中机动和大机动飞行。该机能在 500~16500 米范围内以 850~910 公里/小时的速度飞行,中低空续航时间约 45 分钟,航程 600~900 公里。

1988 年 12 月 15 日,"长空一号 B"低空靶机(我军编号"靶 5 Ⅲ")通过设计定型,用于低空防空武器系统的鉴定。该机安装了固定式副油箱。"长空一号 E"为超低空型,据称编号仍为"靶 5 Ⅲ"(站长对 B 与 E 型的编号尚有所疑问),用于模拟 20 世纪 80 年代起威胁越来越大的超低空武器。

"长空一号"作为我国独立研制的第一种多用途喷气式无人机,开创了一个先例。其性能能满足研制时军方的多种要求,如靶机、采样、监控等。但与国内及世界其他无人机相比,"长空一号"有着明显的缺点,有的甚至可以说是致命的。"长空一号"采用了典型的高亚音速布局,速度较慢,无法模拟高速目标;机体结构狭小,发动机又占据了下方的主要空间,无法安装更多的设备,因此用途非常单一;无论起飞还是回收,都显得笨拙,而且硬着陆方式会导致部分机体损坏,必须进行维修才可重复使用,浪费资源,且增加了后勤维护难度。但如作为一种靶机使用,"长空一号"还是基本能胜任的。更复杂的侦察任务,还得由"长虹-1"和 ASN-206 等无人机来完成。而我军也拥有其他一些战斗机改装的靶机,飞行性能与战斗机基本一致。其中包括 1978~1984 年用退役米格-15 比斯飞机改进的靶-5 乙中高空靶机。该靶机不经人工试飞一次定型成功,而苏联米格-15 比斯爱姆靶机是经过各科目人工试飞的。在靶-5 乙基础上发展成低空、中机动、电子干扰、雷达增强等各型靶机,形成靶-5 乙靶机各种性能系列。

2004 年 12 月,中航二集团飞机部和空装科订部在天水蓝天飞机制造厂(五七二二厂)联合主持召开了"长空型"无人靶机生产鉴定会。认为五七二二厂已具备"长空型"无人靶机批生产能力,一致通过了生产定型鉴定。标志着工厂实现了从修理到制造的转变。五七二二厂从 1999 年建立无人靶机生产线至今,已有 10 架"长空型"无人靶机下线并全部提供部队使用。从 2001 年 12 月 7 日首架靶机供靶成功开始,陆续有多架靶机先后供靶成功。这为工厂积累了较为丰富的靶机制造经验。近两年来,工厂领导班子十分重视靶机的生产制造,把靶机生产纳入到:军品质量管理。与此同时,他们加强与部队的联系和合作,不断改进靶机生产工艺,提高制造水平,使工厂生产靶机的能力进一步增强。改进后的"长空型"无人靶机,经部队使用,具备低空、中高空和大机动 3 种飞行能力,稳定可靠,满足靶试使用要求。

仿"火蜂"的"长虹-1"

（1）概述

"长虹-1"由北京航空航天大学无人驾驶飞行器设计研究研制，是高空多用途无人驾驶飞机。该机在军内称无侦-5，英文DR-5。"长虹-1"可用于军事侦察、高空摄影、靶机或地质勘测、大气采样等科学研究。该机于1969年开始研制，1972年11月28日首飞，1980年定型正式装备部队。

当然这是官方说法，"长虹-1"很明显是我军多次击落的美国BQM-34"火蜂"（FireBee）无人侦察机的翻版。根据北京市科技志的纪录，北京航空航天大学在对被击落的无人驾驶高空侦察机141A进行了复制研究，在此基础上试制的"长虹"号无人驾驶高空侦察机于1978年5月完成了定型试飞。"长虹"号成为中国第一架高空无人驾驶侦察机。

越南战争期间，"火蜂"多次侵入我国领空，初期我机截击连连失利。1964年11月15日，我空军某部中队长徐开通驾驶歼-6机，在距离"火蜂"230米处开火，一直打到距离140米，炮弹直穿发动机，终于将敌机击落。在此后一段时间内，通过解放军空军与美军不断的斗智斗勇，多次成功击落"火蜂"，其中包括美军专门针对解放军歼-6性能进行改进的"火蜂"高空改进型。甚至连歼-5都曾成功击落敌无人机。当然"火蜂"坠地后科研人员就可以详细的进行研究了。

（2）性能与特点

"长虹-1"采用大展弦比后掠中单翼，主要机体结构为铝合金。机翼上各有一片翼刀，有副翼。

"长虹-1"由大型飞机（母机）带飞到4000~5000米的高度投放。母机开始试用过苏制图-4轰炸机，后来采用运-8E，而"火蜂"的母机采用C-130，与运-8相当。"长虹-1"由其母机携带起飞，在空中投放，自动爬升到工作高度，随后按预编程序控制高度、航速、飞行时间和航程。完成任务后"长虹-1"自动返航，飞到回收区上空，飞机可在程控或遥控状态下进行伞降回收。在自动导航系统的控制下，"长虹-1"可在直飞1000公里时，保证飞行横向偏差不超过2.5%。全程可通过配套的地面无线电控制站与机上测控标雷达组成的遥测、遥控、纹标三合一的无线电控制系统进行控制。回收后经过一定维护，可重复实用多次。

"长虹-1"机身部分由前到后为雷达舱、照相舱、油箱、发动机短舱、航空电子舱和伞舱。脊背有背鳍、内装电缆、回收伞等。主要机载设备包括光学照相机和电视/前视红外摄像机。在执行可见光照相侦察任务时，照相机镜头能绕其纵轴倾斜旋转或垂直向下，从五个照相窗口进行拍摄。

动力采用1台涡喷-11小型涡喷发动机，海平面最大静推力8.33千牛。1977年，北京航空航天大学与航空材料所等共同研制了该型发动机，并试车成功，满足了无人驾驶侦察机的需要。涡喷-11是一台增压比为5.5的涡轮喷气发动机，高空性能好，成本低。该发动机由单级跨音轴流压气机、单级离心压气机、离心甩洞的环行燃烧室和单级轴流涡轮组成。上述指标与"火蜂"采用的J85-100涡喷发动机类似,推力略小(仿制发动机总是会有这种情况)。

(3)研制成功

1969年北京航空航天大学历时10个月,设计定型了"长虹-1",但此时离真正成功还远。"长虹-1"本身的研制可参照击落的"火蜂",但无人机的地面监测控制系统的仿制则完全得靠自己。20世纪60年代起,科研部门进行了地面站研制工作。经过艰苦努力,终于建成了配套的无人机地面控制站。1970年无人机在东北的靶山试飞,依靠地面站指挥其运行,试飞取得了成功。后该系统进一步进行了无人机地面雷达远程数字距离跟踪系统的改装改进,1978年在大航程试飞中通过了航空委的鉴定。这时"长虹-1"才接近成功。该远程跟踪系统具有400公里自动跟踪的能力,因此400公里也是"长虹-1"的最大实用半径。1979年又再进行了机载四坐标卡尔曼滤波跟踪系统的改进工作。1980年12月25日,"无侦-5"/"长虹-1"真正宣告研制成功。

WZ-2000:中国无人机大发展

(1)无人机的发展前景

据《国际航空》杂志报道,当前作战方式的变革、未来信息化战争的要求以及社会经济发展的需求,正在为无人机的应用和发展呈现出更加广阔的前景。中国航空工业第一集团公司(以下简称中国一航)瞄准了未来无人机市场,决心在发展无人机技术方面有所作为前,我国军队正在加快武器装备的现代化进程,重点之一是提升我军信息化作战能力,以适应现实和未来的作战环境。在航空装备体系中,无人机将成为空中作战的新兴力量。发展无人机,形成我国有人机和无人机联合作战的航空武器装备体系,是新时期我军建设信息化军队的重要环节。

(2)中国一航:重担在肩

中国一航作为我国航空武器装备的主要研发、生产企业,为我军尽快研制出各种航程、不同任务使命的高性能无人机装备责无旁贷。

我国在无人机技术研究和应用方面有较长的历史,并开发出一批无人机产品,有的已经装备部队,发挥了重要的作用。过去,由于历史、技术水平、需求和认识等方面的原因,我国无人机的设计、制造等环节基本上是由几所大学承担,而我国航空工业的骨干型企业真正介入乃至开发生产无人机产品还是近些年的事,但却展现出强大的实力和迅猛发展势头。

面对激烈市场竞争的新形势,中国一航对无人机的发展给予了高度重视,不仅要进入无人机领域,而且还要占有和扩展市场并在无人机技术发展方面走在前列。

中国一航在有人驾驶飞机研发方面已经积累了五十几年的经验,目前已经具备了自主设计研发的能力,同时形成了配套齐全的研发、制造、销售和服务体系。因此,面对无人机这一新兴产业,中国一航具备快速进入并持续发展的基础。

近几年,中国一航所属的企业、研究所,包括沈阳飞机设计研究所、成都飞机设计研究所、贵航无人机研发中心以及飞行自动控制研究所、航空无线电电子研究所、雷华电子技术研究所等航空工业的主辅机厂所,不仅在高端无人机研制方面取得了许多成果,而且在中低端无人机方面取得了实质进展并推出了一些产品。2003年,WZ-2000低速可自主起降无人机实现了首飞,迈出了中国一航发展无人机产品可喜的一步。

中国一航在未来无人作战飞机方面进行了深入的研究,取得了很大进展。同时,还开展国际合作推进高空长航时无人机论证、设计工作。根据国情和市场急需,积极研究高空高速信息无人机,为用户提出了切实可行的方案,对高端超高速无人机也进行了大量前期预研和验证。

目前,在中国一航无人机发展思路的指导下,公司的主力厂所正在以市场需求为导向,积极做好无人机发展规划,并根据用户需求进行先期自主投入,开发新产品,并开展预先研究工作。

"十一五"期间,中国一航通过军用中高端无人机的研发,完成无人机的市场进入、产品制造并形成批量生产能力,同时拓展民用和国际市场,向中低端、高尖端扩展,满足各类用户对无人机的需求,实现市场预期。中国一航将在我国未来无人机的产业发展中占据强者地位,不断缩小与发达国家无人机技术的差距,实现无人机领域的跨越式发展。

(3)无人机之路越走越宽

无人机已成为西方军事强国新的军力增长点,中国在这一领域取得的进步同样显著。据美国《航空周刊》5月5日报道,去年以来,中国已对外展示了几十种无人机,这足以证明,在无人机领域中国正在"赶超西方"。

报道称,从中国展示的无人机模型和飞行视频可以看出,中国的无人机参照了以色列的"苍鹭"以及美国的"大乌鸦"、RQ-7"暗影""捕食者"和"全球鹰"等西方先进无人机的设计理念。这意味着中国像美国一样,实际上已经拥有了包括手抛式低空无人机、中/高空长航时无人机在内的整个系列。报道援引"G2解决方案"智库公司市场分部研究室主任罗恩·斯登的分析猜测,"中国人民解放军似乎正在获得最先进的中/高空无人机技术,并已开始独立生产此类无人机,他们参照了一些成熟的无人机设计,这有利于在无人机的指挥控制和操作概念方面取得进展"。

报道认为,中国发展无人机的具体军事意义还很难判定,因为从公开展出的视频和图片还很难判断几十种无人机中究竟有哪些型号已经服役,但大体上可以断定,中国军队应该从20多年前就开始使用战术无人机,并正在研发更先进的型号。

美国MAV6公司首席执行官、前美国空军情侦局副主任戴维·德普图拉表示,"很难掌握正处于研发中的中国远程遥控无人机的情况,但他们肯定有能力研发此类装备,并会在这些无人机上应用最先进的技术。"他特别强调,"就像我们看到的歼一20隐形战机那样,此类装备绝不仅仅是仿制品"。

德普图拉还猜测,中国利用以色列"哈比"反雷达无人机技术,将数以百计歼-6之类的老式战斗机改装成了诱饵无人机。"诱饵无人机将使空战变得极为复杂,因此我们要持续关注中国无人机的发展情况。"

(4)中美对无人机定位不同

中美两军都在致力于发展无人机,但由于起步不同,其任务定位明显存在差异。斯登认为,中国的无人机将主要执行"反介入"和"区域拒阻"任务,同时也能像美军无人机一样执行侦查和打击任务。他推测,曾在珠海航展上亮相的 WJ-600 型喷气式无人机与美国的"战斧"式巡航导弹十分相似,被描绘成"可打击航母战斗群"。

有分析指出,随着国防科技水平的大幅飞跃,中国的无人机技术取得了长足发展。W-50 型长航时无人机、ASN-206 型多用途无人机和"长虹"无人机等一批装备业已形成战斗力,并开始在解放军各部队中服役。此外,在珠海航展上亮相的多种新式无人机以及于 2011 年 5 月 7 日首飞成功的 V-750 型无人直升机进一步体现出中国无人机的"全领域发展"趋势。由此可见,虽然中国无人机起步较晚,但已经走上了颇具特色的全面发展道路。

中国"翔龙"无人机

(1)简介

"翔龙"无人机是我国自主研究和设计的一种大型无人机。"翔龙"高空高速无人侦察机全机长 14.33 米,翼展 24.86 米,机高 5.413 米,正常起飞重量 6800 千克,任务载荷 600 千克,机体寿命暂定为 2500Fh(飞行时间)。巡航高度为 18000~20000 米,巡航速度大于 700 公里/小时;作战半径 2000~2500 公里,续航时间最大 10 小时,起飞滑跑距离 350 米,着陆滑跑距离 500 米。和美国目前应用的几种无人机不同,"翔龙"无人机没有一味追求性能上的高指标,一切以国内的实用条件和用户需求为主。

为了满足军队未来作战的需要,完成平时和战时对周边地区的情报侦察任务,为部队准确及时地了解战场态势提供有力手段,中国一航组织成都飞机设计研究所、贵州航空工业(集团)有限责任公司等有关单位设计出了"翔龙"高空高速无人侦察机概念方案,包括无人机飞行平台、任务载荷、地面系统三个部分。

(2)特色

"翔龙"无人机最大的特色在于它采取了罕见的连翼布局,这在中国飞机设计史上是一个大胆的突破。该机具有前翼、后翼两对机翼,并且前后翼相连形成一个菱形的框架。前翼翼根与前机身相连,向后掠并带翼梢小翼;后翼翼根与垂尾上端相连,向前掠并带下反角;后翼翼尖在前翼翼展 70% 处与前翼呈 90 度连在一起。与常规飞机相比,连翼飞机具有结构结实、抗坠毁能力强、抗颤振能力好、飞行阻力小、航程远等优点。

"翔龙"无人侦察机在机体设计上也与美国的"全球鹰"高空长航时监视无人机非常相似,机身尾部背鳍上装有复合材料发动机舱,进气口形状为半椭圆形。机头上部同样是巨大的流线水泡形绝缘罩。任务载荷装在机头下部。起落架也为可收放的前三点起落架。

(3)背景

高空长航时无人机从 20 世纪 90 年代开始出现,最初的发展目的只是打算取代有人驾驶的 U-2/TR-1 高空侦察机。美国对高空侦察机的喜爱从 50 年代开始,广泛用于对苏联、中国等国家的战略战术侦察。在古巴导弹危机中,U-2有人高空侦察机立下了赫赫战功;在对苏联的侦察中,也成功发现米亚-4战略轰炸机的数量讹诈,对美国的战略态度和军事发展方向都起到了决定性作用。不过,随着地空导弹和高空高速战斗机性能的日益增强,有人驾驶低速高空侦察机的生存力开始下降,特别是驾驶U-2飞机穿越苏联上空进行侦察的鲍尔斯被苏联俘虏后,差点引发两国直接交火。在联合国大会上,苏联证据确凿地指责美国侵略,让整个美国在道义上和态度上都极端尴尬。随后,侦察卫星的出现一定程度上取代了传统高空侦察机的地位。但是1990年海湾战争期间,美国发现他们数量庞大、性能先进的卫星并不能完全满足侦察需要,传统的高空侦察机不但没有被取代,反而越来越重要——U-2/TR-1侦察机大量活动:在伊拉克上空,甚至不得不把已经退役的SR-71"黑鸟"侦察机拖出来,担任繁重的侦察任务。

(4)性能

"翔龙"无人机大量采用复合材料,机翼设计采用菱形布局,机身上曲线连续而光滑,都符合减小RCS反射面积的原则。飞机的雷达截面积并不算大,据推测会小于典型的战斗机目标,加上会采用复合材料和吸波材料,RCS估计在1平方米左右,缩短远程监视雷达和高空防御系统的发现距离。总体来说,飞行高度达到20000米的时候,像"萨姆-2"这类射程为40公里左右的导弹,顶多只能防御阵地外侧不足15公里左右的半径范围,而"爱国1"/"爱国者2"也不足30公里。无人机在这个高度可以使用光学侦察设备在防区外观察,如果有合成孔径雷达还可以距离更远,系统生存力非常高。

(5)独特的闪光点

"翔龙"的设计还有很多独特的闪光点,比如考虑到需要快速拆卸,可以将所有组件都装在一个可被8/C-130空运的包装箱内。同时,要能够在只有两到三个人的情况下,飞机只需要30分钟就能被装配到可以使用的状态。因此,飞机一些结构间的尺度设计就有特殊的限制要求。"翔龙"机体长度为14.9米,翼展25米,机翼可以通过快速螺栓拆卸,翼根专门增加了强度和加长了弦长,有利于分散集中的力载荷。拆下的机翼长度约12.3米,可以并列在机身两侧固定,尾翼在尾部专门设计了凸台,也通过快速埋头螺栓固定。前后机翼相连的固定点在全翼展70%左右位置,通过一个小的垂直安定面使用螺栓固定在机翼上。这个位置充分考虑了联翼布局的气动效率和飞机机翼的承力结构效应。垂尾可以单独拆下,整架飞机可以被装进一个宽度不超过2米的包装箱,使用战术运输机进行运输。未来有可能将前机身独立设计,也可以快速拆卸。前机身主要是电子舱段,独立包装和运输有利于电子设备的养护,同时也可以形成模块化前机身,可以互换搭配。机翼组件和动力组件也有可能形成模块化设计,允许通过更换更大的机翼获得更高的飞行高度,或者更大的动力组件获得更大的飞行重量和有效载荷。

中国"暗剑"无人机

在有人驾驶条件不允许的情况下,如气候恶劣、环境危险,无人机也广泛应用于勘察、勘探、实时监控、传输数据图像等领域。

"暗剑"新型无人机概念方案具有很强的创新性、高效性、时代性和探索性。"暗剑"是未来我国无人作战飞机的概念方案之一,具有超音速、超高机动性能和低可探测性。从外形看与美国隐形战机差不多,可以较好地躲避雷达侦测,主要用于未来对空作战。

从模型来看,该机类似美军 X-45 无人战斗机,流线型的外型配合扁平的机身。从气动布局来看,都属于硬性三角主翼搭配密切耦合前控制小翼的外形,显然注意了隐形能力。

据相关工作人员介绍,无人战机具备智能作战能力,如格斗、攻击、规避危险等能力。备受国内外舆论关注的"暗剑"概念机,很早就已经被提出了。一些航展现场的军事迷推测,"暗剑"的主要任务如同其名一样,负责执行"点穴战"。在战时,"暗剑"将通过预警机指挥,利用其隐形和高速突入地方空域,对敌防空力量进行压制性攻击。"暗剑"的公开亮相再次证明中国无人机的研制在全面展开,一些型号的原型机可能已经开发出来。

联系美国 X-45、X-47 以及欧洲的"神经元"无人作战飞机,这些飞机均采用背部进气和翼身融合设计,但它们均为亚声速飞机,对敌方战机的对抗能力相对较弱。"暗剑"和以上无人机相比,外形差异很大,其双垂尾和鸭式前翼等特点明显具有高速高机动性作战飞机的特征。从该机黑色的外表,很多人认为"暗剑"很可能大量应用复合材料并采用内藏式武器舱,具备良好的未来战场适应性,代表了中国无人作战飞机的先进设计思想。

"翼龙"无人机

翼龙无人机是一架中低空军民两用、长航时多用途无人机,装一台 100 马力活塞发动机,具备全自主平轮翼龙无人机式起降和飞行能力。可携带各种侦察、激光照射/测距、电子对抗设备及小型空地打击武器。可执行监视、侦查及对地攻击任务等任务,也可用于维稳、反恐、边界巡逻等。此外,翼龙无人机也可广泛应用于民用和科学研究等领域,如灾情监视、缉毒走私、环境保护、大气研究,以及地质勘探、气象观测、大地测量、农药喷洒和森林防火等。性能不亚于美军"捕食者"。

"翼龙"不仅具备对敌目标进行精确打击的能力,还能够携带侦察设备对敌方目标进行远距离长航时侦察,总体性能已经达到了国际上同类型无人机的先进水平。记者看到,在中航工业的展台前,一些来自非洲国家的空军官员详细了解了该型无人机的性能和参数,并索取了大量资料才离去。该机是根据国际市场需求研制的侦察打击一体无人机,主要应用于传统军事领域、非传统安全领域和民用领域。

有专家分析称,"翼龙"无人机性能酷似美军著名的"捕食者"无人攻击机,该机因以善于在伊拉克和阿富汗制造"斩首行动"而闻名。据了解,"翼龙"虽然性能不亚于美军"捕食者",但价格却远比对方低得多。

最大燃油和任务载荷重量:350 千克。

最大任务载荷重量:200千克(机翼两个挂点)。

最大载燃油量:300千克。

"旋风侦察兵"无人机

被称为"旋风侦察兵"的无人机系统,与美国霍尼韦尔国际公司的涵道风扇相似,预计可连续飞行20~40分钟。而且,该机还可预设多种巡逻模式。

这款无人机起飞总重量为8千克,最大升限为3000米。其巡航速度为60公里/小时,最大速度为90公里/小时,通信范围约为5~10公里。

该系统使用全球定位/惯性导航系统,除无人机本身外,它还包括一个地面控制站、一台模拟器以及两个配套设施箱。其中,地面控制站可存储240幅图像。

在2011年举办的中国珠海航展中,中航工业防务事业部发布消息称,该无人机设计用于监视观察区或跟踪恐怖分子嫌疑人。

该无人机发出声音约为60分贝,距离其125米远的目标无法通过声音识别它的存在。该无人机针对人体目标的探测距离为560米,70米以内可识别人体目标。目标定位误差仅为40毫米。

WJ-600无人机

WJ-600 一出现,有网友惊呼该机悬挂了类似美军装备的地狱火对地导弹。工作人员表示,该机装备的导弹并没有特指是某一款,只要在其所能承受的载荷范围内,原理上都可以。该无人机集侦察打击为一体,有效载荷为130千克,隐身的外观和涂层,使其雷达发射面积变小,具备隐身功能。

据航天科工集团提供的材料,WJ-600可以装载光电侦察、合成孔径雷达、电子侦察等任务设备,具有反应速度快、突防能力强的特点,能够全天时全天候执行侦察和毁伤效果评估等任务,也可以装载其他类型的任务设备实现对地攻击、电子战、信息中继和靶标模拟等军事任务。工作人员告诉记者,一般无人机的飞行速度大约只有30米/秒,而WJ-600则可达到200米/秒,在飞行高度上更胜一筹,可达万米高空,远高于一般无人机2000米左右的高度,其飞行的速度和高度都是国内之最。

5.空间机器人——间谍卫星

照相侦察卫星

(1)卫星简介

"大鸟"间谍卫星是照相侦察卫星中主要的一种。它是由美国空军委托洛克希德·马丁公司研制并于1971年发射上天的。总长为15.24米,直径有3.05米,重达13.3吨。它所担任的间谍侦察任务繁多,身兼数职,既对地球表面做普查侦察,也对重要目标做详查侦察;既要对目标进行照相,又要对各地的电磁波进行监收。更奇妙的是,这只"大鸟"还常常驮着"小鸟"飞上太空,然后"卸下"这些"小鸟"带着它们在外层空间漫游,即由大卫星(母星)和一、两颗小卫星(卫星)组成一个"间谍卫星家族"。"大鸟"间谍卫星还长着三只明察秋毫的"大眼睛"。一只"眼睛"是一架分辨率极高的详查照相机,可以看清在地面上行走的单个行人。另一只"眼睛"是一架新型胶卷扫描普查照相机,用它来进行地上大面积普查照相。第三只"眼睛"最神秘,它是一个可以在夜间看见地下导弹发射井的多光谱红外扫描照相机。"大鸟"间谍卫星所拍摄的照片必须在卫星飞抵夏威夷群岛地区上空时弹射出来,并由空军回收,然后再进行冲洗和认读。迄今为止,外层空间已经有16只"大鸟"在"展翅飞翔",以它那鹰一般的锐眼虎视眈眈地注视着地球上那些令人担心的地区。1971年美国发射了一颗KH-9间谍卫星,也叫"大鹏"间谍卫星。1976年底,中央情报局在美国空军范登堡基地又发射了由美国伍德里奇公司研制的最先进的第五代照相侦察间谍卫星KH-11,俗称"锁眼"。这是太空间谍战的一个重大突破,因为KH-11间谍卫星属于"数字图像传输型的实时照相侦察卫星"。它不用胶卷,而是由卫星上的"成像遥感器"通过扫描方法拍摄地面场景图像,并将这些"高品位远距照相电视信号"采用数字图像的传输方式传输到地面卫星接收站,这样,华盛顿的国家图像判读中心就能立刻了解到有关国家各个领域的瞬时动态。KH-11间谍卫星的优点一是不受胶卷的限制,二是具有诱人的"实时性"(即卫星上的成像系统一摄制下地面的目标,则地面上卫星接收站的情报人员也就能立即同时看到了)。最初时,苏联军方及谍报部门不了解KH-11间谍卫星具有发射实时信号照相的能力,因此有许多军事设施都没有隐蔽起来,甚至连导弹发射井的井口也没有掩盖,让美国谍报机关得到了许多高度机密的情报照片。

(2)使用

1990年初,美国间谍卫星拍摄到利比亚首都的黎波里附近,正在兴建一座神秘的工厂,据专家反复分析照片认为,这是一座化学武器工厂,许多国家也纷纷予以谴责,但是利比亚否认此事,并说这是一家普通的制药厂。事隔不久,这家工厂被一场无情的大火化为灰烬,利比亚国家元首发表声明,谴责美国间谍卫星和纵火间谍的破坏活动。KH-11间谍卫星迄今为止已发射了5颗,是当今世界太空中间谍侦察卫星的"王牌"。20世纪80年代起,美国已着手制订一项代号为"靛蓝"(现已改称为"长曲棍球")的新卫星系统的研制计划。它将利用最先进的雷达设备,实现全天候的昼夜侦察。利用电脑把雷达讯号提高,变成雷达造影,可能穿透云雾和黑暗,甚至还可能发展成具有穿透建筑物的能力。

苏联虽然在1961年4月12日首先发射了世界上第一艘载人宇宙飞船,揭开了载人航天技术发展的序幕,但是在间谍卫星研制方面还落后于美国。1959年美国的"发现者1号"间谍卫星升空后,苏联便大大加快了研制间谍卫星的步伐。1962年3月16日,苏联第一颗间谍卫星"宇宙-1号"飞上了蓝天,在短短的9个月内,苏联一口气发射了"宇宙-1号"至"宇宙-12号"总共12颗照相侦察间谍卫星,着实使美国谍报部门大吃一惊。"宇宙"号照相侦察间谍卫星重约4~6吨,分普查和详查两种,并且都是回收型的。初期时均为卫星整体回收,1968年后才发展成为只回收胶卷舱,以延长卫星的使用寿命。回收一律是在苏联的塔什干和哈萨克地区回收,当卫星飞抵这些地区上空时,卫星的仪器舱与回收舱便自动分离,装有胶卷与信标发射机的回收舱从空中下降,到一定高度时便自动打开降落伞,进行软着陆。在降落过程中,信标发射机还会连续以四对字母TK、TG、TF、TL中的一对莫尔斯电码发射信标信号,以便使回收人员准确寻找到回收舱的降落点。

（3）照相机

照相侦察卫星上使用的照相机有"全景照相机"；"画幅式照相机"和"多光谱照相机"。"全景照相机"可以旋转整个相机,其旋转角度达180度,可以用来进行大面积搜索、监视、进行地面目标的"普查"。"画幅式照相机"主要用于"详查"地面目标,把某一个重要目标拍摄到一张分辨率很高的胶片上。美国"大鸟"照相侦察间谍卫星上的画幅式照相机,从160公里的高空拍摄下来的照片,竟能够分辨出地面上0.3米大小的物体,也就是说能够看清是一只狗还是一只猫。"多光谱照相机"装有不同的滤光镜,对同一目标进行拍照,得到几张不同的窄光谱的照片,由于不同的物体具有不同的光谱特性,所以,只要用"多光谱照相机"对伪装的物体进行拍照,就可以揭露它的真面目,识破敌方的诡计。

电子侦察卫星

（1）卫星介绍

电子侦察卫星具有多种功能。它能够截获敌方预警、防空和反导弹雷达的信号特征及其位置数据,能够截获敌方的战略导弹试验的遥测信号,也能有效准确地探测敌方军用间谍电台的位置。

（2）使用情况

苏联从20世纪60年代中期开始发射电子侦察卫星,到1982年底共发射了134颗。苏联的电子侦察卫星一般是椭球体或圆柱体,多采用"混杂多颗组网法"使用,即在同一轨道内,发射4~8颗电子侦察卫星,一颗飞过去后,紧接着又飞过来一颗,可以接力式地连续进行通信窃听。这种卫星具有情报联络的功能,可以与世界各地的苏联间谍保持无线电联系。1977年4月,伊朗反间谍部门逮捕了一名叫拉巴尼的间谍,他就是利用"通信情报型的电子侦察卫星"在飞越当地上空时,接收这颗间谍卫星发送给他的密码电文。由于在接收密码电文时,拉巴尼没能隐蔽好他的卫星接收天线而被反间谍部门发现后,突然冲进密室将他抓获。美国从60年代初开始发射电子侦察卫星,到1982年底共发射了78颗。分为普查型和详查型两种。普查型电子侦察卫星体积较小。如美国的PH-11电子侦察卫星即属此类。它高仅0.3米,直径0.9米,呈八面柱体,重量约为60千克。往往是在发射其他较大的卫星时,把它捎带上一起发射出去,所以国外谍报部门也叫它"搭班车间谍卫星"。1962年美国发射的"侦察"号电子侦察卫星能够在很宽的频段内对无线电系统进行侦察。这种间谍卫星重约1000千克,它在一天中可以两次飞越莫斯科上空,并能把截获到的无线电信号储存起来,当卫星运行到预定地域的上空时,又会自动将情报用无线电发回地面,或用回收舱送回地面。美国情报部门常常用它来截收苏军总部发至全球各海上舰队的秘密电波。1973年发射的"流纹岩"电子侦察卫星主要是截获窃听苏联从普列谢茨克试验发射固体洲际导弹以及从白海试验发射核潜艇导弹的电子讯号。它可以同时监听 11000 次电话或步话机的通话。在澳大利亚和英格兰都设有专门接收"流纹岩"电子侦察卫星传输无线电信号的地面卫星接收站。电子侦察卫星还有一种特殊的"跟踪人"本领。只要间谍把一种"显微示踪元素"或"电子药丸"加在特制的食物和饮料中让某个人吃下去，那么，当电子侦察卫星飞到这个人所在的区域时，卫星上的电子和摄影仪器便会对这个人进行跟踪，无论这个人走到哪里，躲在哪里都无法逃出卫星的跟踪。

海洋监视卫星

1977 年 11 月，苏联塔斯社发布了一条措词模糊的新闻："苏联一颗人造卫星的压力降低，并采取计划外的飞行形式，开始下降……"接着，美国设在科罗拉多州的北美防空司令部卫星观测站，提出了一条比较露骨的新闻预测："一颗苏联的间谍卫星将在近日内坠落到地球上。"这消息一时在世界各国引起了惊慌，担心坠落的卫星会落在自己的国土上，1978 年 1 月 24 日，美国夏威夷的马维岛卫星观测站观测到天空中有一个闪着耀眼红光的物体，急速向东北方坠下，最后在空中爆成数千块碎片，纷纷落在加拿大的大奴湖地区。美国谍报技术部门立刻派出 100 多名航天专家去那里搜寻卫星碎片残渣。通过分析，美方认为，这是苏联的一颗重达2700 千克的雷达型"海洋监视间谍卫星"，即苏联第 16 颗海洋间谍卫星——"宇宙954 号"。这种间谍卫星主要是用来探测、跟踪世界海洋上的各种舰艇。通过截获舰艇上的雷达、通信和其他无线电设备发出的无线电信号，对海上的军事目标进行监视。苏联研制海洋监视卫星起步较早，拥有用核反应堆提供能源的"雷达型海洋监视卫星"和用太阳能供电的"电子窃听型海洋监视卫星"。这两类卫星从 1967年起就开始使用了，而美国则在 10 年以后才拥有"电子窃听型卫星"。海洋监视卫星上面装有红外辐射仪等高灵敏度的探测仪器，不仅能够发现和跟踪海上目标，而且也能够监视水下 60 米深的核潜艇的活动。更奇妙的是它既能够测量出核潜艇上的核发动机排出的热量与周围海水的温差，掌握潜艇在海下的位置和计算出潜艇行驶的速度，而且还能测出海底山脉、海沟、隆起部位和断裂区的高度、深度和宽度，绘制出精确的海底地图。1982 年英阿马岛之战中，苏联接连发射了"宇宙-1365 号"和"宇宙-1372 号"海洋监视卫星，以此来侦察英阿双方的军事战况，并把所获取的英国军队的有关情报马上提供给阿根廷军队，以致阿根廷空军一举击沉了英国特遣舰队中著名的"谢菲尔德"号驱逐舰。

美国曾经提出两个雄心勃勃的计划。一个是研制"飞弓"雷达型海洋监视卫星，一个是研制"白云"电子窃听型海洋监视卫星。1978 年 6 月 27 日，美国空军范登堡发射基地发射了一颗长 12.2 米，重 2274 千克的"飞弓"间谍卫星，它装有四种微波遥感仪器和一台可见光和红外扫描辐射仪，即合成孔径侧视雷达，测高雷达，雷达散射计，微波辐射计和可见光与红外线辐射计，以此来对海洋实行大面积的监视。可惜好景不长，3 个月后，这颗间谍卫星便因电源严重短路而一命呜呼了。

导弹预警卫星

当洲际弹道导弹从发射井呼啸而出后,对距离8000~12000公里以外的目标只要30分钟就能命中。这就要求有一种武器能够在导弹到达目标前就能够侦察到攻击导弹并发出战略预警,及早使人们进入防空洞或者发射反弹道导弹在大气层外拦截撞毁前来袭击的敌方导弹。这项任务现在主要是用"导弹预警卫星"来执行完成的。1958年美国便实施代号"米达斯"计划的导弹预警卫星研制。1966年,又重新制订了著名的"647"预警卫星计划(也叫防御支援计划卫星)。它是一个圆柱形星体,主要侦察设备是一个长3.63米,直径为0.91米的大型红外望远镜,它由2000多个硫化铅做成的红外敏感元件组成,能在零下80摄氏度的条件下正常工作。它总长约6.64米,每分钟可自转5~7转。美国从1971年投入实际使用"647导弹预警卫星"以来,已经探测到苏联、法国和中国的1000多次导弹试验。卫星上的探测器在导弹发射90秒钟之内,便能探测到在起飞的导弹,并在3~4分钟内把探测到的各类信息传输到美国夏延山上的北美防空司令部。

苏联的导弹预警卫星是在1967年发射的。它既能够"看"到美国中西部的戴维斯——蒙森、小石城的"大力神导弹"发射基地和马姆斯特罗姆、沃化的"民兵式导弹"发射基地,又能随时与苏联保持通信联系,用这种大椭圆轨道的预警卫星每天可以进行14小时的监视,因此,只要同时使用2~3颗这种卫星就可以进行全天候的环球监视了。至1982年底,苏联共发射了33颗导弹预警卫星,在太空中与美国又开始了一轮超级侦察之战。目前国外正在研制新一代的导弹预警卫星,主要是采用一种"凝视"型红外探测器。这种探测器含有几百万个敏感元件,各自负责凝视盯住地球表面的每个地区。只要某地区有导弹发射,快速飞行的导弹尾部喷出的猛烈火舌便会被卫星上某一部位的敏感元件感测到,于是立刻就可以预先报警了。它还具有排除非导弹的自然火光和飞机尾部的热辐射,降低虚警率和测算出导弹的轨迹,飞行速度及弹着点等高度敏感精确的功能。

核爆炸探测卫星

1979年9月22日凌晨3时,一颗高于地球11万公里的间谍卫星,发现在非洲南部出现了一种神秘的闪光,并且在1秒钟之内,连续闪动了两次。10月底,美国发表了一项声明,宣称该地区发生了一次2000~4000吨级的核爆炸。然而,处于这一地区的南非却矢口否认与他们有关。但是,不论是怎样否认也无法排除这颗间谍卫星侦察的可靠结果。这颗间谍卫星就是美国1971年发射的"核爆炸探测卫星"——"维拉"(拉丁语,"监督者"的意思)号。卫星上有二十几个探测器,可以探测核爆炸时产生的X射线和Y射线,也可以数出核炸时产生的中子数目和记录核爆炸火球的闪光及电磁脉冲。它能够探测到高空(爆炸高度在30公里上)、大气层(爆炸高度低于30公里)和近地面的任何核爆炸。并且还可以运用先进的探测仪器系统侦察到地下的种种核爆炸。

6.太空显身手

开发和利用太空的前景无限美好,可是恶劣的空间环境给人类在太空的生存活动带来了巨大的威胁。要使人类在太空停留,需要有庞大而复杂的环境控制系统,生命保障系统,物质补给系统,救生系统等,这些系统的耗资十分巨大。

在未来的空间活动中,将有大量的空间加工,空间生产,空间装配,空间科学实验和空间维修等工作要做,这样大量的工作是不可能仅仅只靠宇航员去完成,还必须充分利用空间机器人。

空间机器人主要从事的工作有以下几种。

①空间建筑与装配。一些大型的安装部件,比如无线电天线,太阳能电池,各个舱段的组装等舱外活动都离不开空间机器人,机器人将承担各种搬运,各构件之间的连接紧固,有毒或危险品的处理等任务。在不久的将来,人造空间站初期建造一半以上的工作都将由机器人完成。

②卫星和其他航天器的维护与修理。随着人类在太空活动的不断发展,人类在太空的"财产"也越来越多,在这些财产中人造卫星占了绝大多数。如果这些卫星一旦发生故障,丢弃它们再发射新的卫星就很不经济,必须设法修理后使它们重新发挥作用,但是如果派宇航员去修理,又牵涉到舱外活动的问题,而且由于航天器在太空中,是处于强烈宇宙辐射的环境之下,人根本无法执行任务,所以只能依靠机器人。空间机器人所进行的维护和修理工作有回收失灵卫星,对故障卫星进行就地修理,为空间飞行器补给物资等。

③空间生产和科学实验。宇宙空间为人类提供了地面上无法实现的微重力和高真空环境,利用这一环境可以生产出地面上无法或难以生产出的产品。在太空中还可以进行地面上不能做的科学实验。和空间装配,空间修理不同,空间生产和科学实验主要在舱内环境里进行,操作内容多半是重复性动作,在多数情况下,宇航员可以直接检查和控制。这时候的空间机器人如同工作在地面的工厂里的生产线上一样。因此,可以采用的机器人多是通用型多功能机器人。

空间环境和地面环境差别很大,空间机器人工作在微重力,高真空,超低温,强辐射,照明差的环境中,因此,空间机器人与地面机器人的要求也必然不相同,有它自身的特点。首先,空间机器人的体积比较小,重量比较轻,抗干扰能力比较强。其次,空间机器人的智能程度比较高,功能比较全。空间机器人消耗的能量要尽可能小,工作寿命要尽可能长,而且由于是工作在太空这一特殊的环境之下,对它的可靠性要求也比较高。

空间机器人在保证空间活动的安全性,提高生产效率和经济效益,扩大空间站的作用等方面都将发挥巨大的作用。

"阿波罗"后最大探月计划

日本的"月亮女神"探月计划最早始于1999年。当时受到美国"阿波罗"登月计划的启发,还有宇宙发展的需要,日本宇宙航空研究开发机构(JAXA)暗自综合了当时最新的开发技术,尝试开发出最先进的新型月球探测器。经过多年的努力,"月亮女神"的研制终于在 2006 年 10 月中旬进入最后调试阶段,但比预定时间延后了 4 年。

JAXA 表示,此次探月计划总研发费用高达 320 亿日元(约合 2.69 亿美元),是继美国"阿波罗"号登月之后规模最大的探月计划。"阿波罗"计划主要是以月球赤道附近为中心展开考察活动,随后的许多月球考察也尚未获取月亮全球的详细观测数据。日本 1990 年曾发射过一个月球探测器,但只是飞越月球,并未进行绕月飞行,因此"月亮女神"是日本第一个月球轨道探测器。

阿波罗登月

为了引起公众的关注,JAXA 还在日本国内发起了"寄愿月球"的活动,从民众写下的心愿和寄语中挑选出最具代表性的,把话语和人名刻在金属片上,随探测器一起飞往月球。

与其他探月使命相比,"月亮女神"探测器将对月球进行更加精确的研究。

①月球科学。地球表面始终火山活动,而地球内部则存在地幔熔岩对流运动,因此地球经常会发生变化,这使得我们无法了解地球最初的形态。如果通过"月亮女神"探测器的观测掌握了月球的详细资料,我们就可以解开月球何时及如何形成之谜。通过研究月球的起源,我们可以找到与地球的形成和早期太阳系有关的线索。

②月球上的科学。地球有大气环绕,而月球没有,因此太阳光直接照射在月球表面。"月亮女神"探测器将围绕月球旋转 1 年的时间,研究太阳对月球造成的影响。观测结果对人类未来在月球上的活动(比如建造月球基地)非常重要。

③从月球观测地球。除了观测月球之外,"月亮女神"探测器还将装备观测其他事物的设备。太空环境适宜于观测太空中的电磁波,因为太空中没有来自电视和手机的人造电磁波。此外,"月亮女神"探测器还能从月球观测地球北极和南极的极光,从而研究太阳对地球的影响。通过从月球观察太空和地球,我们可以得到从地球上很难得到的观测资料。

"月亮女神"发射后在进入月球轨道之前会绕地球飞行两圈,然后飞往月球。"月亮女神"探测器主轨道飞行器然后会与无线电中继卫星和甚长基线干涉测量无线电卫星分离,在月球 100 公里高度轨道上空绕月球两极飞行,对月球表面进行为期一年多的观测。每个小卫星会绕不同的椭圆轨道对月球进行观测。

"缪斯 A"卫星在发射成功后向月球轨道放出了一个小型探测卫星,但是这枚小型探测卫星很快就出现了故障而告失灵。"缪斯A"卫星本身在绕地球飞行一段时间后,最终:在1993年4月坠毁在月球上,这一探月计划宣告失败。而"月亮女神"月球探测:器将在30年内建立月球基地。

按照日本宇航开发机构的近景计划,"月亮女神2号"预计于2012年发射,"月亮女神X号"也将于2017年发射。这些探月计划可能包括月球车、月球望远镜研制以及在月球表面建立科学设备网络等内容,日本月球天文台也有望于2010～2020年建立。

日本宇航开发机构还制订了一个月球研究开发的远景计划,即在月球上建立"太空港湾"。为了实现这一目标,日本还打算进行更多的探月计划和可能的月球资源利用计划。而此次"月亮女神"探测器收集到的数据将对今后的研究奠定重要的基础。

世界各国探月计划揭秘

在2003年10月神舟五号载人航天飞行取得圆满成功后,中国提出了探索月球的"嫦娥工程"。在中国的刺激下,美国迫不及待地在2004年1月宣布了雄心勃勃的登月计划——在2015年到2020年间再度登上月球,并在月球上建立永久性人工站。随后俄、欧、日、印也先后提出了探月计划。

(1)美国:重整旗鼓

美国是最早的月球开拓者。1961年5月25日美国启动了"阿波罗"登月计划,八年后的1969年7月,美国航天员阿姆斯特朗乘"阿波罗11号"登上了月球,实现了人类的登月梦想。1972年后,因探月活动耗资巨大,探月工程曾一度放缓。2004年1月14日美国总统布什正式宣布了美国新的探月计划:第一阶段,计划于2007年通过一颗环月人造卫星向月球发射数枚采用"地堡克星"科技的穿透导弹来穿透月球数米深的岩石地底,导弹内部高能炸药将会换成高科技仪器,当导弹深入月球极地地底后,仪器将马上进入工作状态,寻找月球冰存在的直接证据,以利于人类在不久的将来在月球上建立一个适合生存发展的基地。第二阶段,计划在2010年前完成国际空间站的建设工作,2008年前先完成开发与测试"乘员探索飞行器(CEV)",2014年前投入首次载人飞行,用新一代的太空飞船取代航天飞机。第三阶段,首先于2008年前将无人驾驶探测器送往月球,2015年到2020年美国航天员重返月球并建立月球基地。

美国重返月球计划意义重大,不但可以利用月球基地开发月球的丰富资源,而且也是美国"火星之旅"的前奏。美国计划于2030年之后将航天员送上火星,载人火星探险将是一项极为困难的挑战,而利用月球基地可能有利于完成火星探险的一系列难题。鉴于美国于2004年初"勇气"号和"机遇"号火星车先后在火星登陆,并发现火星上曾有水存在的证据;之后"卡西尼"号飞船又顺利进入土星轨道,成为第一个绕土星飞行的探测器,这些都将有力地加速美国探月计划的步伐。

(2)俄罗斯:欲振雄风

1959年9月12日,苏联发射探测器"月球2号",首次抵达月球。苏联解体后,俄罗斯继承了其航天衣钵,但由于资金缺乏,俄罗斯政府叫停了许多发展计划。但苏联太空探测及研究领域的发展计划却成为俄罗斯政府重点发展的项目。2005年7月14日,俄罗斯联邦航天局局长安纳托利·佩尔米诺夫在政府工作会议上宣布了一项令全世界关注的决定:俄罗斯政府已完全批准了俄罗斯2006年至2015年航天计划。这是一项发展创新的计划,它将使该行业摆脱停滞不前的局面。根据2006年至2015年的航天计划,俄罗斯拟于2008年前制造并发射26颗卫星,今后10年内制造并发射70颗新一代卫星,其中包括通信卫星、地球远距离探测卫星、气象卫星等,2010年建造月球基地,2015年向火星发射载人飞船,这个时间比美国预期的时间提前了整整15年。计划预算为3050亿卢布。

在该计划中,俄罗斯的目标是研制一种新的太空飞船"快帆",替代已经使用了38年的"联盟"号飞船。据来自负责"快帆"飞船研制工作的能源火箭航天公司的消息称,该飞船长约为10米,发射重量超过14.5吨。新型飞船最多可搭载6名航天员和700千克重的货物,同时,其返回舱还可重复使用。俄航天部门在2011年进行了模拟载人火星飞行实验:6名志愿者将在一个地面太空舱里生活超过一年,以便模拟载人火星探索飞行时面临的各种压力和挑战。

(3)欧洲:奋起直追

欧空局于2003年9月28日将SMART-1月球探测器从法属圭亚那库鲁航天中心发射升空,踏上了奔月航程,经过13个月的飞行后,终于进入环绕月球轨道,开始向地球传送月球表面各种观测数据,从而揭开了欧洲探月计划的序幕。这是世界上第一个联合使用太阳能推进系统和月球引力的空间探测器,其中安装了一部分辨率为40米的光学照相机、一架红外分光仪和一架X射线分光仪用于探测月球。据欧空局"SMART-1"项目科学家贝纳特弗因对《泰晤士报》《朝日新闻》等传媒记者宣称,"SMART-1"有三大使命:测量月球地貌,分析组成月球表面矿物质的化学成分;使用红外分光仪观测月球南极附近的冰,这是美国的月球探测器发现的,科学家估计这是撞击到月球的彗星残留物;勘察月球南极附近几个火山口,科学家估计这里也可能有冰。"SMART-1"将为科学家绘制一张月球地形、地貌图及矿物分布图,并通过X射线分光仪确定月球表面岩石的化学成分。欧空局已于2008年前发射了一个月球探测器,随后在2009年或2010年实现月球表面着陆,并计划在2020年实现载人登月,同时完成月球基地的建设,让登月航天员入住基地。

(4)日本:雄心勃勃

日本是第三个发射月球探测器的国家。1990年1月,日本率先打破了美俄垄断,成功发射了"飞天"号月球探测器。该探测器重182千克,用于地—月轨道环境探测。1993年,"飞天"号撞上月球,结束工作。

1996年,日本提出建造永久性月球基地的计划,预计投资260多亿美元,30年内建成月球基地,包括居住、氧和能源生产厂以及月球天文台等,并计划在2005年将漫游车送上月球。2003年由于接连发射卫星失败,日本当局曾正式表明"十年内不会进行载人太空计划",这等于是宣布放弃送人上太空的计划。

在美国新探月计划的带动下,目前日本正在启动新的探月计划,设想于2006

年发射"Selene-A"卫星和"Selene-B"卫星。其重点是研究月球构造和演变过程，同时为日本自己资源贫乏寻找出路。据称"月球八号"进入月球轨道时，探测器会发射两个鱼雷状的小探测器，打入月球表面下 2 米深处，其中一个将被安置在面向地球的一面，另一个被安置在背向地球的一面，都带有地震仪、检波仪和热传感器，用来探测月震和监视月球热辐射，收集月球内部信息及月核绘图；"B"卫星（或称"月亮女神"）是比"A"卫星更大的轨道器，它将绘制更详尽的月球图，使用仪器包括 X 射线和伽马射线光谱仪、地形摄影机、激光测高仪和雷达探测器等。探测器将拍摄高分辨照片及时向地球传输数据，为科学家研究月球内部结构以及月球起源和演化提供重要线索与依据。

近日，JAXA 又提出在比月球更远的"宇宙深处"建造观测宇宙和探测行星的"深宇宙港"的中期报告。内容涉及数十年后日本宇宙开发的长期目标，即在月球表面建立无人宇宙基地，并在比月球更远的地方建立"深宇宙港"。

（5）印度：迈出步伐

印度总理瓦杰帕伊在 2003 年 8 月 15 日宣布了印度首次探月计划 Chandrayaan-1，计划 2007 年到 2008 年用"北极星"运载火箭发射一个轨道探测器（即无人登月飞船一号），它将携带 X 射线与伽马射线分光仪，以探测月球的组成并绘制一张分辨率为 5 米的数字月面高度图，探测月球矿藏资源。它是绕月卫星，将在月球表面上空 100 公里处对月球进行研究。如果首次探月计划成功，继后再发射登月机器人，计划在 2015 年让印度航天员登上月球。

这股探月热潮始发于中国的"嫦娥工程"，与 20 世纪六七十年代的第一次探月热潮相比，无论是参与国的范围，还是探月活动的规模，都要大得多。各国竞相提出探月计划，不仅有政治原因，更有深层的经济和军事因素。

中国的"嫦娥工程"

嫦娥工程"嫦娥奔月"是中国家喻户晓的神话故事，相传嫦娥吞下灵药后飞上月亮。2004 年，中国正式开展月球探测工程，并命名为"嫦娥工程"。嫦娥工程的第一阶段计划，是预定于 2007 年年底前，发射中国第一颗月球探测卫星"嫦娥一号"环绕月球运行，及进行为期一年的月球探测任务。

（1）概述

发射人造地球卫星、载人航天和深空探测是人类航天活动的三大领域。重返月球，开发月球资源，建立月球基地已成为世界航天活动的必然趋势和竞争热点。开展月球探测工作是我国迈出航天深空探测第一步的重大举措。实现月球探测将是我国航天深空探测零的突破。月球已成为未来航天大国争夺战略资源的焦点。月球具有可供人类开发和利用的各种独特资源，月球上特有的矿产和能源，是对地球资源的重要补充和储备，将对人类社会的可持续发展产生深远影响。中国探月是我国自主对月球的探索和观察，又叫作嫦娥工程。国务院正式批准绕月探测工程立项后，绕月探测工程领导小组将工程命名为"嫦娥工程"、将第一颗绕月卫星命名为"嫦娥一号"。"嫦娥一号"卫星由中国空间技术研究院承担研制，主要用于获取月球表面三维影像、分析月球表面有关物质元素的分布特点、探测月壤厚度、探测地月空间环境等。

（2）目标

我国绕月探测工程将完成以下四大科学目标。

①获取月球表面三维影像。划分月球表面的基本地貌构造单元，初步编制月球地质与构造纲要图，为后续优选软着陆提供参考依据。

②分析月球表面有用元素含量和物质类型的分布特点。对月球表面有用元素进行探测，初步编制各元素的月面分布图。

③探测月壤特性。探测并评估月球表面月壤层的厚度、月壤中氦-3的资源量。

④探测地月空间环境。记录原始太阳风数据，研究太阳活动对地月空间环境的影响。国防科学技术工业委员会副主任、国家航天局局长、绕月探测工程总指挥栾恩杰介绍，由月球探测卫星、运载火箭、发射场、测控和地面应用五大系统组成的绕月探测工程系统届时将实现以下五项工程目标：a.研制和发射我国第一个月球探测卫星.b.初步掌握绕月探测基本技术；c.首次开展月球科学探测；d.初步构建月球探测航天工程系统；e.为月球探测后续工程积累经验。

月球探测三期工程主要包括以下5个科学目标：

①探测区月貌与月质背景的调查与研究；

②月壤和月岩样品的采集并返回地面；

③月壤与月岩样品的实验室系统研究与某些重要资源利用前景的评估；

④月壤和月壳的形成与演化研究；

⑤月基空间环境和空间天气探测。

（3）方案

中国航天科技工作者早在1994年就进行了探月活动必要性和可行性研究，1996年完成了探月卫星的技术方案研究，1998年完成了卫星关键技术研究，以后又开展了深化论证工作。经过10年的酝酿，最终确定中国整个探月工程分为"绕""落""回"3个阶段。

第一步为"绕"，即发射我国第一颗月球探测卫星，突破至地外天体的飞行技术，实现月球探测卫星绕月飞行，通过遥感探测，获取月球表面三维影像，探测月球表面有用元素含量和物质类型，探测月壤特性，并在月球探测卫星奔月飞行过程中探测地月空间环境。第一颗月球探测卫星"嫦娥一号"已于2007年10月24日发射。

第二步为"落"，时间定为2007年至2010年。即发射月球软着陆器，突破地外天体的着陆技术，并携带月球巡视勘察器，进行月球软着陆和自动巡视勘测，探测着陆区的地形地貌、地质构造、岩石的化学与矿物成分和月表的环境，进行月岩的现场探测和采样分析，进行日—地—月空间环境监测与月基天文观测。具体方案是用安全降落在月面上的巡视车、自动机器人探测着陆区岩石与矿物成分，测定着陆点的热流和周围环境，进行高分辨率摄影和月岩的现场探测或采样分析，为以后建立月球基地的选址提供月面的化学与物理数。

第三步为"回",时间定在 2011 至 2020 年。即发射月球软着陆器,突破自地外天体返回地球的技术,进行月球样品自动取样并返回地球,在地球上对取样进行分析研究,深化对地月系统的起源和演化的认识。目标是月面巡视勘察与采样返回。

(4)计划

绕月探测工程是我国月球探测的第一期工程,即研制和发射第一颗月球探测卫星。该星将环绕月球运行,并将获得的探测数据资料传回地面。该工程由探月卫星、运载火箭、发射场、测控和地面应用五大系统组成。现已确定探月卫星主要利用"东方红三号"卫星平台,运载火箭采用"长征三号甲"火箭,发射场选用西昌卫星发射中心,探测系统利用现有航天测控网,地面应用系统由中国科学院负责开发。

嫦娥工程是一个完全自主创新的工程,也是我国实施的第一次探月活动。工程自 2004 年 1 月立项,目前已经完成了"嫦娥一号"卫星和"长征三号甲"运载火箭产品研制和发射场、测控、地面应用系统的建设。2007 年 10 月 24 日在西昌卫星发射中心成功发射升空。月球探测是一项非常复杂并具高风险的工程,到目前为止,人类共发射月球探测器 122 次,成功 59 次,成功率为 48%。中国"长征三号甲"运载火箭的成功率为 100%。

旅居月球

到月球去定居可不是一件容易的事,首先要解决吃住的问题,没有水人类将无以生存,那么月球上的水够喝吗?

自从美国航空航天局(NASA)宣布它的"月球探测者"在月球上发现冰以后,人们对在月球上生活就产生了更浓厚的兴趣。

月球是个缺水的星球,虽然在月球上发现了冰,但月球仍是一个干枯的星球。

证明在月球上确实有冰的第一个线索是在 1996 年发现的,当时雷达在月球火山口的底部发现了水的证据。1998 年轨道探测者号携带的仪器分析表明,月球南极和北极表面厚 18 英寸(45.72 厘米)的土层中含有 1000 万~3 亿吨水。从理论上讲,采集使用这些水很简单,任何一家高校化学实验室中的工业规模型仪器均可完成,用蒸馏器加热月球上的岩石,收集散发的水分,再用电解设备将水分解成氢和氧。

但是,在月球上开采水以前,必须解决灰尘问题。在每一次"阿波罗"执行任务时,都有一些细微灰尘污染仪器。这意味着机器人在月球上面漫游将非常艰难,甚至是不可能的。

赛戈维路想用一个称为"诺曼德探险者"的大型月球车来取代传统的空间站,宇航员可以在车内工作。赛戈维路的同事们把它称之为月球车中的"马丽皇后"。

"诺曼德探险者"号将由一个大推力火箭送到月球,并在水源丰富的地方着陆,比如靠近两极。着陆后,它的机器人臂将它与一个辅助电源拖车连在一起。月球车和拖车拥有组合的燃料电池和太阳能充电系统,有足够的能源,它不仅可以行走数千英里,而且可以供 6 名宇航员在舒服的条件下工作生活。

"诺曼德探险者"号与传统的月球车的差别在于,在它的外面有一个活动罩。月球车停在着陆器边上,着陆器带着科学仪器和建筑材料包。每一个包都有一个垫子,机器人臂平整一个地方后将垫子打开,将仪器设备在垫子上放好。一切安顿好后,月球车也驶到垫子上,它的罩子下降,与垫子形成一个临时的气密连接。当罩子内充好空气后,乘员将仪器组装调试好。完成工作后,乘员返回月球车,并将罩子与垫子分开,到下一个站点工作。

以后,这罩子可以用来采集样品或维修仪器。当月球车从一个地方移动到另一个地方的时候,它还可以铺设上光缆,为永久居住提供通讯装备。

赛戈维路还有一个永久居住月球的设想。用航天飞机将建筑模块带到低地球轨道,在那里建造一个住所。再用一个小型火箭,将其推入月球轨道,在月球轨道上与一个月球着陆器相遇,然后,降落在月球上。系统着陆后,一个安全、自给、可用的生活基地就建成了。但是,为了乘员的安全,还必须建造一个保护罩,以防太阳磁暴。

月球上的生活,月球车的速度,很多人都想体验一下那种感觉。当希尔顿饭店在月球上开张的时候,赛戈维路打算将他的"诺曼德探险者"号改成月球上的第一辆公共汽车,也不知谁会有幸成为这辆公共汽车的第一个乘客。

人们到过月球之后,又把眼光放在了更远的星球上,比如木星、火星等,人们希望找到与地球环境近似的星球,希望找到外星人,希望找到供人类居住的其他星球。

登上火星

格林威治时间 1997 年 7 月 4 日 17 时 07 分,美国航空航天局(NASA)发射的火星探路者号宇宙飞船成功地在火星表面着陆,当时正是火星上日出前两小时。全世界的电视观众都目睹了这一壮举,它标志着人类在征服宇宙的长征中迈出了新的一步。

火星距地球 1.92 亿公里,无线电信号由火星传到地球需要 19 分 30 秒时间。探路者号是 1996 年 12 月 4 日由德尔塔 2 型运载火箭在肯尼迪航天中心发射的,经过 7 个月的飞行,它才达到火星,它的登陆地点位于火星的北纬 19.33 度,西经 33.55 度;它降落在一个盆地中,距美国以前发射的海盗号飞船的降落地点约 1000 公里。

尽管 1976 年"海盗 1 号"及"海盗 2 号"飞船登上火星,发现火星上没有生命,但这次的不同之处在于,"探路者"号飞船首次携带着机器人车登上了火星,这就是闻名世界的"索杰纳"火星车。"索杰纳"的任务是对登陆器周围进行搜索,重点是探测火星的气候及地质方面的数据。

"探路者"登陆器上带有各种仪器及"索杰纳"火星车。而火星车是人们注目的中心。1971 年,苏联曾向火星发射了两辆火星车,但是一辆撞毁了,另一辆只工作了 20 秒钟。因此"索杰纳"是在另一颗行星上真正从事科学考察工作的第一台机器人车辆。

"索杰纳"是一辆自主式的机器人车辆,同时又可从地面对它进行遥控。设计中的关键是它的重量,科学家们成功地使它的重量不超过 11.5 千克。该车的尺寸为 630 毫米×480 毫米,车轮直径 13 厘米,上面装有不锈钢防滑链条。机器人车有 6 个车轮,每个车轮均为独立悬挂,其传动比为 2000:1,因而能在各种复杂的地形上行驶,特别是在软沙地上。车的前后均有独立的转向机构。正常驱动功率要求为 10 瓦时,最大速度为 0.4 米/秒。

"索杰纳"是由锗基片上的太阳能电池阵列供电的,可在 16 伏电压下提供最大 16 瓦的功率。它还装有一个备用的锂电池,可提供 150 瓦/时的最大功率。当火星车无法由太阳能电池供电时,可由它获得能量。

"索杰纳"的体积小,动作灵活,利用其条形激光器和摄像机,它可自主判断前进的道路上是否有障碍物,并做出行动的决定。

"索杰纳"携带的主要科学仪器有:一台质子 X 射线分光计(APXS),它可分析火星岩石及土壤中存在哪种元素,并提供其丰度。APXS 探头装在一个机械装置上,使它可以从各种角度及高度上接触岩石及土壤的表面,便于选择取样位置,它所获得的数据,将作为分析火星岩石成分的基础。

从 1997 年 7 月 4 日登上火星之后,"索杰纳"和"探路者"就开始传回那里的红色岩石的图像及每日的天气情况。在火星上工作的几个月里,"索杰纳"共行驶了 90 多米,分析了岩石成分,拍摄了 500 多幅照片,而登陆器的摄像机共拍摄了 16000 多幅图像,发回 26 亿比特的科学数据。"索杰纳"原来的设计寿命为 7 天,登陆器为 30 天以上。然而,"索杰纳"却工作了 3 个月,是原设计时间的 12 倍多。"探路者"的主发射机直到 1997 年 9 月 27 日才停止工作,它的微型辅助发射机直到 10 月 6 日仍发回信号,此后才陷入沉没之中。之后 NASA 的科学家们经过 5 个多月满怀希望的努力,想再与"索杰纳"及"探路者"取得联系,但终于以失败告终,于是他们把当地时间 1998 年 3 月 11 日下午 1 时 21 分作为"探路者"及"索杰纳"的死亡时间,这是在它登陆后的第 250 天。登陆器和火星车的寿命大大超出了科学家们的期望。

经过登陆器及"索杰纳"的探测和分析,证明了火星上具有粉红色的云彩,它主要是由灰尘构成的,因而火星上是不会下雨的。但是在日出前可以看到近于蓝色的云层,它们是由冰粒子组成的。据实测,7 月 30 日下午火星上的温度为-13 摄氏度,夜间的最低温度为-73 摄氏度。火星上也有大气湍流,其气压及温度的变化很大。有关火星云层及气压变化的发现是这次考察最有意义的成果。此外还发现,火星上至少有两种不同类型的岩石,一种含硅量较高,另一种含硫量较高。为什么含硫量高,科学家们还没法解释,有待以后的考察解开这个谜。

（二）智能机器人

1.智能机器人的概述

智能机器人之所以叫智能机器人，这是因为它有相当发达的"大脑"。在脑中起作用的是中央计算机，这种计算机跟操作它的人有直接的联系。最主要的是，这样的计算机可以进行按目的安排的动作。正因为这样，我们才说这种机器人才是真正的机器人，尽管它们的外表可能有所不同。

在人类历史上，当某种手艺被全力实施时，经常会催生大量相关的高新手艺。二战后美国的阿波罗计划就是典型例子，没有阿波罗计划，诸如高速计算机这样的手艺是不可能降生的。

我们从广泛意义上理解所谓的智能机器人，它给人的最深刻的印象是一个独特的进行自我控制的"活物"。其实，这个自控"活物"的主要器官并没有像真正的人那样微妙而复杂。

智能机器人具备形形色色的内部信息传感器和外部信息传感器，如视觉、听觉、触觉、嗅觉。除具有感受器外，它还有效应器，作为作用于周围环境的手段。这就是筋肉，或称自整步电动机，它们使手、脚、长鼻子、触角等动起来。

我们称这种机器人为自控机器人，以便使它同前面谈到的机器人区分开来。它是控制论产生的结果，控制论主张这样的事实：生命和非生命有目的的行为在很多方面是一致的。正像一个智能机器人制造者所说的，机器人是一种系统的功能描述，这种系统过去只能从生命细胞生长的结果中得到，现在它们已经成了我们自己能够制造的东西了。

智能机器人能够理解人类语言，用人类语言同操作者对话，在它自身的"意识"中单独形成了一种使它得以"生存"的外界环境——实际情况的详尽模式。它能分析出现的情况，能调整自己的动作以达到操作者所提出的全部要求，能拟定所希望的动作，并在信息不充分的情况下和环境迅速变化的条件下完成这些动作。当然，要它和我们人类思维一模一样，这是不可能办到的。不过，仍然有人试图建立计算机能够理解的某种"微观世界"。比如维诺格勒在麻省理工学院人工智能实验室里制作的机器人。这个机器试图完全学会玩积木：积木的排列、移动和几何图案结构，达到一个小孩子的程度。这个机器人能独自行走和拿起一定的物品，能"看到"东西并分析看到的东西，能服从指令并用人类语言回答问题。更重要的是它具有"理解"能力。为此，有人曾经在一次人工智能学术会议上说过，不到十年，我们把电子计算机的智力提高了10倍：如维诺格勒所指出的，计算机具有明显的人工智能成分。

按功能分类可分为一般机器人和智能机器人。

一般机器人是指不具有智能，只具有一般编程能力和操作功能的机器人。

到目前为止，在世界范围内还没有一个统一的智能机器人定义。大多数专家认为智能机器人至少要具备以下三个要素:一是感觉要素,用来认识周围环境状态;二是运动要素,对外界做出反应性动作;三是思考要素,根据感觉要素所得到的信息,思考出采用什么样的动作。感觉要素包括能感知视觉、接近、距离等的非接触型传感器和能感知力、压觉、触觉等的接触型传感器。这些要素实质上就是相当于人的眼、鼻、耳等五官,它们的功能可以利用诸如摄像机、图像传感器、超声波传成器、激光器、导电橡胶、压电元件、气动元件、行程开关等机电元器件来实现。对运动要素来说,智能机器人需要有一个无轨道型的移动机构,以适应诸如平地、台阶、墙壁、楼梯、坡道等不同的地理环境。它们的功能可以借助轮子、履带、支脚、吸盘、气垫等移动机构来完成。在运动过程中要对移动机构进行实时控制,这种控制不仅要包括有位置控制,而且还要有力度控制、位置与力度混合控制、伸缩率控制等。智能机器人的思考要素是三个要素中的关键,也是人们要赋予机器人必备的要素。思考要素包括有判断、逻辑分析、理解等方面的智力活动。这些智力活动实质上是一个信息处理过程,而计算机则是完成这个处理过程的主要手段。

2.智能机器人的种类

智能机器人按其智能程度的不同,可分为以下三种。

(1)传感型机器人

又称外部受控机器人。机器人的本体上没有智能单元只有执行机构和感应机构,它具有利用传感信息(包括视觉、听觉、触觉、接近觉、力觉和红外、超声及激光等)进行传感信息处理、实现控制与操作的能力。受控于外部计算机,在外部计算机上具有智能处理单元,处理由受控机器人采集的各种信息以及机器人本身的各种姿态和轨迹等信息,然后发出控制指令指挥机器人的动作。目前机器人世界杯的小型组比赛使用的机器人就属于这样的类型。

(2)交互型机器人

机器人通过计算机系统与操作员或程序员进行人—机对话,实现对机器人的控制与操作。虽然具有了部分处理和决策功能,能够独立地实现一些诸如轨迹规划、简单的避障等功能,但是还要受到外部的控制。

(3)自主型机器人

在设计制作之后,机器人无须人的干预,能够在各种环境下自动完成各项拟人任务。自主型机器人的本体上具有感知、处理、决策、执行等模块,可以就像一个自主的人一样独立地活动和处理问题。机器人世界杯的中型组比赛中使用的机器人就属于这一类型。全自主移动机器人的最重要的特点在于它的自主性和适应性,自主性是指它可以在一定的环境中,不依赖任何外部控制,完全自主地执行一定的任务。适应性是指它可以实时识别和测量周围的物体,根据环境的变化,调节自身的参数,调整动作策略以及处理紧急情况。交互性也是自主机器人的一个重要特点,机器人可以与人、与外部环境以及与其他机器人之间进行信息的交流。由于全自主移动机器人涉及诸如驱动器控制、传感器数据融合、图像处理、模式识别、神经网络等许多方面的研究,所以能够综合反映一个国家在制造业和人工智能等方面的水平。因此,许多国家都非常重视全自主移动机器人的研究。

智能机器人的研究从 20 世纪 60 年代初开始,经过几十年的发展,目前,基于感觉控制的智能机器人(又称第二代机器人)已达到实际应用阶段,基于知识控制的智能机器人(又称自主机器人或下一代机器人)也取得较大进展,已研制出多种样机。

3.智能武器

智能武器是把智能计算机应用于各种武器装备上,使它们不用人的直接操作就能完成各种军事任务的武器装备。这种武器比精确制导武器、灵巧型武器更先进。

智能军用机器人

军事机器人是一种用于军事领域的具有某种仿人功能的自动机。自 20 世纪 60 年代在印支战场崭露头角以来,作为一支新军,军用机器人是一种用于军事领域的具有某种仿人功能的自动机。自 60 年代在印支战场崭露头角以来,作为一支新军,军用机器人发展快,目前已经发展到第三代——智能军用机器人。这种机器人以微电脑为基础,以各种传感器为神经网络的智能机器人。它们"四肢俱全","耳聪目明","智力"较高。其巨大的军事潜力,超人的作战效能,使其成为未来高技术战争舞台上一支不可忽视的军事力量。智能军用机器人在军事领域的应用主要有三个方面:一是直接执行战斗任务;二是侦察和观察;三是工程保障。智能军用机器人广泛的发展前景,引起了世界军事家们的高度重视,许多国家为此都制订了 20 世纪末到下世纪上半叶智能军用机器人的发展计划。仅美国已开发出和列入研制计划的各类智能军用机器人就达 100 多种。典型的军用机器人——美国的"哨兵",能说 300 个单词、能测出声、火、烟、风等异常物体有关数据。对可疑目标能发出口令,如果目标答错口令,"哨兵"会迅速、准确地开枪射击。机器人"激战哨兵"还装备反坦克武器,发现敌装甲目标时,能自动抢占有利地形发起攻击。目前智能军用机器人正向着拟人化、仿生化、小型化、多样化方向发展,预计 21 世纪上半叶以智能军用机器人为主的机器人军队将"走"上战场。智能坦克与车辆

这是一种由智能计算机控制中心、信息接收和处理系统、指令系统及各种传感器元件组成的具有坦克、车辆和火炮功能的新型武器装备。智能坦克主要担负战场作战、侦察和扫雷任务,如加拿大"金戈斯"一次可开辟 100 米长、8 米宽的通路,扫描宽度为 1.83 米,扫雷速度 16 公里/小时。智能火炮能够执行战场自行监控、自主行动、自动射击任务,如美国的"徘徊者"多用途机器人,装备有防空导弹,可自动控制导弹的发射。上述智能武器装备的共同特点是:具有人工智能,会有"意识"地寻找、辨别和摧毁要打击的目标。比如智能火炮和坦克都能在高速行驶状态下识别道路状况,区分人员与自然地物,绕行各种障碍物,快速识别目标的不同特征及其威胁程度,通过信息快速传递,完成各项任务。

智能弹头

包括智能导弹、炮弹、炸弹。是把人工智能技术应用于弹头,使其具有某些智能行为。它依靠弹体内智能计算机和图像处理设备,在发射后能自主寻找、判定、选定和攻击目标,并能发现和攻击目标的薄弱部位,命中精度比普通弹药高 30~40 倍,作战效能是其百倍。如美国研制的"黄峰"机载反坦克导弹,在超低空距离发射后,会自动爬高到上千米,自动俯视战场,搜索、发现、识别敌坦克,然后以其各分弹头分散攻击不同的目标的要害部位和薄弱环节;美国的 203 毫米冲压喷气远程制导炮弹,能"透视"烟、雾、霾,攻击 70 公里内的目标,而且能抗电子干扰、全天候自动寻的;瑞典的"斯特里克斯"120 毫米迫击炮弹,内装微电脑和 12 个小型推力发动机,当炮弹发射到弹道最高点时即开始自动搜索 1950 平方米范围内的目标,其小型发动机在智能微电脑的控制下不断修正攻击方向,直至炮弹命中目标。智能化炮弹能极大地提高炮兵的作战威力,在二战时需用 2500 发普通炮弹消灭的 1 个运动装甲目标,现仅需 1~2 发智能化炮弹即可。

智能 C3I 系统

它也称为"会思考的计算机系统",通过把人工智能技术应用于计算机领域,使其会"思考",并以其为核心,对信息和数据进行自动识别和判断,并能相应做出最佳决策。如美国正在研制的"感情信息系统",它具有人的"感情特征",有"个性"和"智慧",熟知敌我双方的指挥官性格、思维习惯、脾气和其他感情特征及行为,能在瞬息万变的战场上辅助指挥官判断情况,定下决心,下达命令。当指挥官情绪反常或决策失误时,它还能提出一套经过严密推理和论证的正确结论及其数据,"劝说""制止"指挥官修改、补充原决策。因此,它被称为指挥员忠实、精明、冷静的"参谋"。

智能武器对作战的主要影响使"作战人员"行动空间更为广大。作为人工智能的直接物化——智能军用机器人,由于它具备人所不具备的特殊优点:刀枪不入、不染疾病、不知疲倦、不食人间烟火、严守纪律、不怕牺牲等"优良品质",能够完成那些对人来说无法涉足的最危险、最艰苦的战斗任务。因此促进了世界各军事大国在军事领域竞相发展和使用,并作为作战力量的一部分编入军队之中,用来代替人完成部分作战任务。海湾战争后,美军处理爆炸物工作队所使用的 18 台清理作业机器人,对清除伊军留下的爆炸装置、哑弹、地雷和建筑物与油井内的炸弹起到了重要作用。美国爆炸处理专家设计制造的 MPR 800 型多功能机器人,可以完成许多对人有危险的工作,如地雷的探测和排除、灭火、重要区域的监视,对核生化放射性沾染物的清除等。当前新军事革命的发展,走以质量建军的精兵之路已成为世界各国军队发展的方向。智能武器装备是一种介于人与普通武器之间的新型武器装备,它进入部队,必将改变军队作战力量的构成,使军队的作战力量由过去的人和普通武器装备(包括核武器)变为人、智能武器装备和普通武器装备三部分。

4.智能武器对作战的影响

（1）使作战样式发生深刻变化

智能弹药因其有着人工智能的作用,所以比现装备的精确制导武器具有更高的作战能。这不但能远距离精确打击,而且能打敌"要害",戳敌"死穴";不仅可以打击敌人战术目标,而且可以超视距打击敌人的战役、战略纵深内的重要目标。海湾战争中,参加空袭的多国部队飞行员使用精确制导炸弹从远距离准确地炸毁了伊拉克的通信大楼、萨达姆官邸及一些微波通信站、雷达站、地下指挥所等重要目标。在摧毁坚固目标时,第二、第三枚导弹都能准确地从前面武器突破的弹孔穿入,实施重复攻击。整个海湾战争中,多国部队发射的精确制导弹药虽然只占发射弹药总量的7%~8%,但却摧毁了伊拉克80%的重要目标。因此具有高效的智能武器将使未来战争不会再现朝鲜战争中对3.7平方公里的上甘岭投放百万发炮弹的场面,而代之以高手点穴式的远程精确打击。美军正在论证的"脱离接触,间接打击"的作战理论,就是强调在对方防区外,利用远战高精确打击兵器的技术优势,对敌进行全纵深远程精确打击,杀伤或击败敌人。美国国防部现已明确把"远程精确打击"作为21世纪陆军现代化建设的目标之一。

全纵深打击作为现代作战的基本方法,已得到世界各国的普遍确认,目前武器装备落后的军队仅是立足以兵力火力相结合实施全纵深同时打击;而武器装备先进的军队在强调以火力打击为主的同时,已开始强调全纵深同时打击要向远程精确火力打击为主的方向发展。而智能武器特别是智能弹药为向这个方向发展提供了可能。目前远距离攻击的高精度激光制导武器命中概率已达97%以上,可以说几乎是百发百中。专门打击指挥控制中心神经的"瘫痪战法"、打击地下设施的"钻地打击法"等已经应运而生。智能武器远距离精确打击所形成的新的突击方式,必将贯穿未来空战、海战以及地面作战之中。

（2）使作战手段和方法更加灵活

智能武器品种多,战场适应能力强,而且各种环境都能使用,各种战争都能使用,既可以硬杀伤又可以软杀伤,既可以独立作战也可以协同作战,既可以单个突防,又可以集群突防、密集突防,而且具有全天候、全时辰、全方位打击的能力。因此这就使得防御一方由于战场设施、人员、装备的防护更加困难而加大作战的被动局面;而进攻一方则因作战手段和方法的灵活多样而处于主动地位。

智能武器系统的超时空和近实时远程精确打击能力使战术打击可以瞬时直接达成战略目标,战役战斗程序将发生变化,战场的非线性化特点将变得更加明显,前、后方作战界限将更加模糊。原有的作战程序将被打破,原来的层次分明的作战阶段将发生变化,甚至颠倒排列起来。进攻作战不再遵循"层层剥皮,逐次突破"的攻击程序。前沿、纵深同时打击的远距离精确攻击将建立新的攻击程序。而先纵深、后前沿实施的"中心开花,由内向外打"的逆程序,更改变着逐步攻击的阶段分明的程序套路。防御作战也难以遵循"从前往后,节节抗击"的作战程序,必须确定前沿、纵深同时抗击的新思路。

（3）使威慑力量更强

首先，智能精导武器相对打击对象来说价格一般比较便宜，相对尖端武器价格也比较便宜，如80枚"飞毛腿"导弹的价格仅相当于一架F-15战斗机的价格。因为价格便宜，而且作战效能高、效费比大，所以目前世界各国，特别是广大发展中国家都争先装备，目前已有80多个国家拥有各类精导武器。如果将这些精导武器加以改进使之智能化，在目前世界反导弹技术尚不成熟的条件下，这些智能精导武器对各国来说都将产生威慑力。

其次，智能武器在战场上发挥出的独特效能以及智能弹药具有比现有精确制导武器高出十几倍甚至几十倍、上倍的打击精度，也使其形成独特的威慑力。美军目前使用的各种精确制导炸弹，像激光制导炸弹、红外制导炸弹和电视制导炸弹等，命中率非常高。使用这些智能或半智能弹药打击精心选择的战略目标，将会给敌人以极大的震慑。

（三）微型机器人

1.微型机器人及其发展中面临的问题

微型机器人是微电子机械系统的一个重要分支，由于它能进入人类和宏观机器人所不及的狭小空间内作业，近几十年来受到了广泛的关注。本节首先给出了近年来国内外出现的几种微型机器人，在分析了其特点和性能的基础上，讨论了目前微型机器人研究中所遇到的几个关键问题，并且指出了这些领域未来一段时间内的主要研究和发展方向。

近年来，采用MEMS技术的微型卫星、微型飞行器和进入狭窄空间的微机器人展示了诱人的应用前景和军民两用的战略意义。因此，作为微机电系统技术发展方向之一的基于精密机械加工微机器人技术研究已成为国际上的一个热点，这方面的研究不仅有强大的市场推动，而且有众多研究机构的参与。以日本为代表的许多国家在这方面开展了大量研究，重点是发展进入工业狭窄空间微机器人、进入人体狭窄空间医疗微系统和微型工厂。国内在国家自然科学基金、863高技术研究发展计划等的资助下，有清华大学、上海交通大学、哈尔滨工业大学、广东工业大学、上海大学等科研院所针对微型机器人和微操作系统进行了大量研究，并分别研制了原理样机。

但由于条件的限制，微型机器人发展还面临许多问题。

（1）驱动器的微型化

微驱动器是MEMS最主要的部件，从微型机器人的发展来看，微驱动技术起着关键作用，并且是微机器人水平的标志，开发耗能低、结构简单、易于微型化、位移输出和力输出大、线性控制性能好，动态响应快的新型驱动器（高性能压电元件、大扭矩微马达）是未来的研究方向。

（2）能源供给问题

许多执行机构都是通过电能驱动的,但是对于微型移动机器人而言,供应电能的导线会严重影响微型机器人的运动,特别是在曲率变化比较大的环境中。微型机器人发展趋势应是无缆化,能量、控制信号以及检测信号应可以无缆发送、传输。微型机器人要真正实用化,必须解决无缆微波能源和无缆数据传输技术,同时研究开发小尺寸的高容量电池。

(3)可靠性和安全性

目前许多正在研制和开发的微型机器人是以医疗、军事以及核电站为应用背景,在这些十分重要的应用场合,机器人工作的可靠性和安全性是设计人员必须考虑的一个问题,因此要求机器人能够适应所处的环境,并具有故障排除能力。

(4)新型的微机构设计理论及精加工技术

微型机器人和常规机器人相比并不是简单的结构上比例缩小,其发展在一定程度上和微驱动器和精加工技术的发展是密切相关的。同时要求设计者在机构设计理论上进行创新,研究出适合微型机器人的移动机构和移动方式。

(5)高度自治控制系统

微机器人要完成特定的作业,其自身定位和环境的识别能力是关键,开发微视觉系统,提高微图像处理速度,采用神经网络及人工智能等先进的技术来解决控制系统的高度自治难题是最终实现实用化的关键。

总之,微机器人还处于实验室理论探索时期,离实用化还有相当的距离。存在许多关键的技术没有得到解决,这些问题的解决过程中同时会带动许多相关学科的发展。只有当这些问题解决以后,微型机器人的实用化才会成为可能。

2.军用微型机器人

未来战争中的奇兵——微型无人机

一架手掌大小的无人机,能像鸟一样地飞行,具有昆虫的智商,可提供 10 公里远目标的实时图像,这在 10 年前是不可想象的,而现在却即将变为现实,这就是正在加紧研制中的微型无人机(MAV)。这种无人机是 20 世纪 90 年代中期才出现的,采用了当今顶尖的高新技术,15 厘米翼展的无人机很快将具有 10 年前 3 米翼展无人机所具有的性能。微型无人机对于未来的城市作战具有重大的军事价值,在民用领域也有着广泛的用途。

所谓的微型无人机,是指翼展和长度小于 15 厘米的无人机,也就是说,最大的大约只有飞行中的燕子那么大,小的就只有昆虫大小。微型飞行器从原理、设计到制造不同于传统概念上的飞机,它是 MEMS(微机电系统)技术集成的产物。要想研制出如此小的无人机面临着许多技术及工程问题。

最大的困难是动力问题。在微型无人机的开发中,近期最大的困难是发动机系统及其相关的空气动力学问题,而发动机又是关键,它必须在极小的体积内产生足够的能量,并把它转变为推力,而又不增加过多的重量。

(1)不同的空气动力学原理

由于尺寸小速度低,微型无人机的工作环境更像是小鸟及较大昆虫的生活环境,而人们对于这种环境中的空气动力学还知之甚少,其中的许多问题,都难以用普通空气动力学理论加以解释。

由于微型无人机只能低速飞行,层流占主导地位,它引起较大的力及力矩,这可能要求用三维方法解释它的空气动力学。微型无人机的机翼载荷很小,几乎不存在惯性,很容易受到不稳定气流(如城市楼群)中的阵风以及风雨的影响。

(2)飞行控制

怎样控制微型无人机的飞行是另一个难点。首先要有一个飞行控制系统来稳定微型无人机,至少增加其自然的稳定性。这样在面临湍流或突发的阵风时可以保持其航线,并可执行操作人员的机动命令。若微型机需要对目标成像的话,还需要稳定瞄准线。

为使微型无人机自主飞行,要采用重量轻、功率低的GPS接收机,低漂移量的微型陀螺仪和加速度计,也可以利用地理信息系统提供地形图导航。GPS可以大大提高微型机的能力,但目前它在功率、天线尺寸、重量及处理能力等方面均存在不少问题,需要加以解决。而且,系统还要不受电磁波及无线电频率的干扰,要求通信电子元件的质量/功率效率极高。

(3)通信

一旦飞到空中,微型无人机需要保持它与操作人员之间的通信联系。由于体积重量的限制,目前只能采用微波通信方式。尽管微波可以传播大量的数据,足够进行电视实况转播,但它却无法穿透墙壁,因而只能在视距内使用它,微型无人机的尺寸小限制了无线电的频率及通信距离。当微型机飞出视距或视线被挡住时,就需要一个空中的通信中继站,中继站可以是另一架飞机或者卫星。

(4)侦察传感器

要想在战场上实际应用,微型无人机还需要携带各种侦察传感器,如电视摄像机、红外、音响及生化探测器等。这些都必须是超轻重量的微型传感器,因而部件小型化是传感器技术发展的关键。

美国正大力开发微型无人机技术,并研制各种微型无人机平台,有固定翼、旋翼及扑翼式三种。

扑翼式微型无人机

微型无人机在15厘米时螺旋桨还可产生需要的效率,但在7.62厘米以下就需要采用翅膀了。对于较小的微型机,扑翼可能是一种可行的办法,因为它可以利用不稳定气流的空气动力学,以及利用肌肉一样的驱动器代替电动机。

加利福尼亚工学院与Aero Vironment公司等单位正在研制一种微型蝙蝠(Microbat)扑翼式无人机,目的是要了解扑翼方式是否比小型螺旋桨更有效,它的隐蔽性如何,是否可以像蜂鸟一样垂直飞行。

微型蝙蝠的翼展为15厘米,重10克,具有像蜻蜓一样的MEMS驱动的翅膀,扑翼频率为20赫兹。该机可携带一台微型摄像机,上下行链路或音响传感器。在试飞中它无控制地飞行了 18 分钟,46 米远,后因镍镉电池用完而坠地。

1998 年初,加利福尼亚大学开始研制一种扑翼式微型无人机,叫机器苍蝇。研制的目的是利用仿生原理获得苍蝇的杰出的飞行性能。计划到 2004 年底它能够飞行。军方对它的侦察能力很感兴趣,想利用它在城市环境中进行秘密监视及侦察。

机器苍蝇有普通苍蝇大小,样子也像苍蝇。不过它有 4 只翅膀而不是两只,只有一个玻璃眼睛而不是两只球形眼睛。机器苍蝇重约 43 毫克,直径 5~10 毫米,与真苍蝇差不多,它的身体用像纸一样薄的不锈钢制成,翅膀用聚酯树脂做成。机器苍蝇由太阳能电池驱动,一个微型压电石英驱动器以每秒 180 次的频率扇动它的 4 只小翅膀。驱动器的质量大大小于一只绿头苍蝇的质量,但它比肌肉产生的能量密度大得多。

为什么要研制机器苍蝇?因为它的体积小,隐蔽性好。为什么不研制好看一些的蜻蜓呢?因为蜻蜓有 4 只翅膀,使它的复杂性增加了一倍。更重要的是苍蝇是出色的飞行员,它可以由任何方向上起飞及降落,甚至头朝下起飞。它可以在 0.03 秒内改变方向。它的信号处理速度令超级计算机望尘莫及。由于苍蝇飞行的复杂性,使机器苍蝇需要用 4 只翅膀代替两只翅膀。可能使用的技术有直径 1 毫米的微型陀螺仪,以及正在研制中的“灵巧灰尘”,即在一片微小的硅片灰尘中集成有传感器、通信装置及计算机电源。

微型无人机在军事上有广泛的用途,它可进行侦察,生化战剂的探测,目标指示,通信中继,武器的发射,甚至可以对大型建筑物及军事设施的内部进行监视。它特别适合于在城市作战中使用,它可以填补卫星和侦察机达不到的盲区。机上装备的摄像机、红外传感器或雷达可将目标信息传回,士兵通过手掌上的显示器,可以看见山后或建筑物中的敌人。如果装上电子鼻,它甚至可以根据气味跟踪某个要人。

现在微型无人机的研究正在加紧进行,它发展的潜力是很大的。在战场上,微型无人机、特别是昆虫式无人机,不易引起敌人的注意。即使在和平时期,微型无人机也是探测核生化污染、搜寻灾难幸存者、监视犯罪团伙的得力工具。

仿生“微型苍蝇”未来“超级间谍”

苍蝇总是很招人烦,但在科学家的眼里,但在它的身上有许多值得研究的东西。美国科学家正在用仿生学原理制造一种微型机械苍蝇,希望它将来能派上大用场。

仿生学是生物学、数学和工程技术相结合的一门新型学科,其特点是具有很强的实用性。经过 40 多年的发展,仿生学已经成为现代发展新技术的一条重要途径并开始在军事、医学和工业等领域得到了广泛的应用,同时还不断出现了一些新的研究热点。如化学仿生学的主要研究内容是,通过模拟生物体内的化学反应过程、物质输送过程以及能量转换过程来满足人们的不同需求。如草蛉产卵时分泌的胶水能在几秒钟之内变硬,卵几乎还悬挂在空中;海洋中的贻贝合成的足丝,可以像锚一样将自己固定在岩石和沙子上。这种在水下可以硬化并且极其坚韧的胶黏剂,对人类来说其作用是不言而喻的。

仿生学最早是在军事上的应用。现在除了在眼、耳、鼻三种感觉器官模拟制成了"人造眼""电子耳""电子鼻""电子警犬"等以外,在生物定向和导航领域也出现了模仿蝙蝠的"探路仪",模仿能感知千分之一温度变化的响尾蛇"探热器"和模仿鸟类迁飞以及模仿蜜蜂的"太阳罗盘"和生物钟研制成功的"偏振光天文罗盘"等新式武器。另外根据彩蝶的身体表面覆盖着一层细小的鳞片可以形成无数个光镜的特点,人们解决了控制卫星散热的问题。

与那些大的间谍飞机相比,这个由美国加州大学伯克利分校的科学家研制的"微型苍蝇"可真称得土"微乎其微"了,其重量只有100毫克,身长不到3厘米。尽管是个"小家伙",却被人们冠以未来世界"超级间谍"的美名。主持这项研究工作的是美国加州大学电子工程系教授罗恩·费林博士。研究人员利用最先进的仿生学原理,仿造苍蝇制造出了这个微机械模型。美国五角大楼对"微型苍蝇"青睐有加,自1998年这项研究刚刚开始时就一直进行资助。他们希望在未来可以利用这种"超级间谍",帮助军方完成侦察阿富汗山洞或是寻找秘密武器的藏身之处。

费林博士说,在"微型苍蝇"上还可以安装许多传感器和微型摄像机,因此它们能做的事情还有很多。费林博士说:"如果你把这样大小的微型苍蝇,放出去数百只,甚至数千只,那么你就能完成寻找灾难幸存者的任务,而且效率会大大提高,对于那些营救人员也会更加安全。"

尽管"微型苍蝇"的前景很好,但是要真正让"微型苍蝇"飞起来却很困难。在苍蝇的翅膀上,分布着20块功能不同的肌肉,如何模仿肌肉运动,实现飞行成为研究的重点。加州大学伯克利分校的研究人员用了4年,近2000个小时的研究时间,就是为了弄清苍蝇翅膀是如何工作的。"我们做了超过30个模型,这个模型大概是最终'微型苍蝇'成品体积的5~10倍。"费林说。

最终,研究人员利用一种类似玻璃纸的原料聚酰亚胺,制造出了只有10毫米长、3毫米宽、5微米厚的仿生翅膀。它能够每秒钟扇动150下,而且还让"微型苍蝇"实现了绑附在一根细线上的半自主飞行。

费林博士说:"普通的苍蝇飞行时的动作十分精妙。它们并不是单纯地拍动翅膀,其实还有卷动动作。它们在飞行时,会将拍动和卷动动作一起使用。我们希望在未来两年内,能让'微型苍蝇'实现不用细线绑附的飞行,那就意味着,我们能够控制它完成起飞、空中飞行、着陆等动作。"

微型机器人冲锋陷阵

在美国俄亥俄州赖特·帕特森空军基地实验室,微型飞行器(MAV)研制小组组长帕克正在展示一架微型扑翼飞行器。

美国空军微型飞行器(MAV)小组致力于开发微型军用飞行器,以应对复杂的城市作战环境。

MAV小组的工程师正在努力设计一种伪装成昆虫的飞行机器人,希望它们有朝一日能够从事谍报工作,执行危险任务,不用让人去冒生命危险。

在俄亥俄州赖特·帕特森空军基地参与该研究项目领导工作的格雷格·帕克说:"我们的设想是派出一大群这样的飞行器。如果知道某幢大楼里可能有坏人,我们该怎么把他们找出来?我们认为这种装备可以填补这一空白。"实际上,研究小组想以在伊拉克和阿富汗执行监视侦察任务的无人驾驶飞行器为蓝本,进行微型化处理。

下一代无人飞行器名叫"微型飞行器"(MAV),可能只有黄蜂那么小,能够悄无声息地飞进大楼内,进行拍照、录音,甚至攻击恐怖分子。军方表示,这种微型机器人可以更加精确地辨认出敌人并进行攻击,所以有助于减少或避免平民伤亡。帕克及其同事计划最快在2015年研制出鸟类大小的机器人,然后在2030年研制出昆虫大小的原型机。微型飞行器也可以用于战场,因为战场上遇到的最大困难就是如何收集可靠的敌军情报。

美国列克星敦研究所的防务分析师洛伦汤普森说:"我们如果能进入他们展开活动的大楼和房间,就能得到必要情报,把他们一网打尽。"

美国防务研究中心高级顾问菲利普科伊尔认为,研究的主要难点是如何让微型飞行器承载摄像头与麦克风的重量。科伊尔说:"如果你把机器人做成大黄蜂那么小,然后叫它携带摄像机等许多东西,它可能飞都飞不起来了。"

帕克预测,鸟类大小的飞行器将能够飞到城市里,停在房檐或电线上侦察敌情。机器人会插上可以拍打的翅膀作为伪装,而飞行时依靠的是另一套独立的推进系统。他说:"我们认为拍打翅膀很常见,人们不会去注意。他们会以为那是一只鸟。"现有的飞行机器人都由地面人员来控制,但微型飞行器将会根据预先设定的指令自主飞行。

(四)机器人的未来

1.未来战场的主角

据国外媒体报道,由于机器人士兵拥有众多优点——深入敌阵侦察,在危险地域扫雷,代替士兵冲锋陷阵等,当前包括美国在内的很多军事强国都在大力打造未来的机器人军团。

据俄罗斯《侧面》周刊报道,美国国会早在2000年就通过一份提案,要在10年内将美军三分之一的地面车辆和三分之一的纵深攻击战机实现机器人化。美国国防部的最终目标是利用机器人代替士兵上战场,从而实现人员的"零伤亡"。

英军也在加速研制机器人士兵。英军目前在索尔兹伯里平原上举行的一场军事演习上首次展示了其机器人士兵。其中一个名为"鹰爪"的毛毛虫形状的机器人有爪钩,可以附着在垂直的墙面上,前端有一个摄像头。它能在遥控下冲入敌方阵地,然后引爆身上携带的炸药。此外,一款名为"弯刀"的新型拆弹机器人也将加入英国军队中。

韩国《朝鲜日报》曾报道说，韩国军队计划以后在军级、师级部队部署无人侦察机。它能在 100 公里以外的高空上准确捕捉敌军细小的动作。地面上，一种名叫"犬马"的机器人计划在 2011 年冲锋陷阵。继此之后，将出现配备有火箭炮和机关枪等武器的"轻战斗"机器人。令人称奇的是"轻战斗"机器人的体内还能跳出便携型监视侦察机器人。韩国国防科学研究所官员透露，韩国的目标是，到 2018 年成为全球三大机器人技术强国之一。

面对越来越多的有着精密仪器和强大火力的机器人参军，有人大胆地设想了一幅未来战场的画面。首先上阵的是无人机和无人地面侦察车辆，甚至体积更小的昆虫式无人侦察器。它们将对敌方的军力部署、阵地分布等重要军事目标进行侦察。随后交战一方以机器人地面突击力量结合无人机对敌阵地实施饱和式打击。它们的后方是由机器人组成的庞大的补给线。同时，空降式机器人将秘密在敌后方着陆，对指挥通信设施、补给线，甚至指挥所实施打击……最后，人类士兵只需完成最终意义上的占领——战争结束。

2.日本民间暗藏军事奇兵

说到机器人，就不能不谈及日本。日本被称为"机器人王国"，机器人的产量及应用都位居世界前列。很多人都知道日立、索尼公司生产的电器，本田、丰田公司制造的汽车，但却很少知道，这些日本著名的公司也都投入巨资研制各种机器人。为促进机器人工业的研究和开发，日本每年还举行机器人大奖赛等各种名义的机器人赛事。

在 2005 年的日本爱知世博会，日本丰田集团一支由 8 个机器人组成的乐队成了展会的热点。日立公司推出了"能灵敏活动和与人共存"的人形机器人。NEC公司推出了以与人共同生活为目的智能型伙伴机器人。索尼公司推出了能够"随机应变"的新型机器人。

日本共同社和《朝日新闻》目前披露了日本政府的月球登陆计划：2025 年在月球建立一个基地，让人性化的机器人当先锋进驻月球。据日本空间探测局官员介绍，新型机器人可以代替宇航员在月球特殊的环境下工作，比如操作望远镜、探矿和采矿等。

分析人士指出，日本如此喜爱机器人是因为，在日本机器人被看成缓解老龄社会压力的一种手段，也被看成解决本国面临的劳力短缺问题的方法。与此同时，机器人一旦用于军事也可变成一支奇兵。据日本媒体报道，在日本防卫厅公布的《关于实施研究开发的指针》中，机器人技术早就被划入日本重点发展的新军事技术之列。

3.机器人的发展方向

在已经过去的 20 世纪，机器人的家族逐渐发展、壮大。在科学技术高度发展的今天，你能预测下一世纪的机器人会是什么样子呢？对于现有机器人的功能，这个人丁兴旺的大家族又会对人类的文明和社会的进步产生怎样的影响呢？

·武器装备·

图文珍藏版

（1）机器人会越来越小

目前各国的研究现状而言，表明微型机器人大多还处于实验室或原型开发阶段，但可以预见，将来微型机器人将广泛出现。

由德国工程师莱纳尔·格茨恩发明的微型机器人，可直接由针头注射进入人体血管、尿道、胆囊或肾脏。它依靠微型磁铁驱动器前进，由医生通过遥控器指挥，既可用于疾病诊断，也可用于如动脉硬化、胆结石等管腔阻塞类疾病治疗。还能听从医生指挥，将药物直接送达到需要医治的患病器官，以取得更好的治疗效果。当这种微型机器人工作完成后，医生便可以像抽血那样用针头将它抽出来。

未来，将会有可以进入人体血液循环系统的功能齐全的医用微型机器人，能进入工业上的小管道甚或裂缝，进行检测与维护的工业用微型机器人，以及各种微型传感器、微型机电产品，如掌上电视等。在军事上，将有小如昆虫的飞行器，用于侦察敌情；装有自动驾驶系统，能在海底航行数年的微型潜艇……

（2）机器人会越来越聪明

现在的智能机器人，它的智力最高也只相当于两三岁幼儿的智力水平。在将来，高智能的机器人将越来越多，其智力水平也一定会不断提高，慢慢地达到七八岁、十几岁少年甚至青年人的智力水平。

20世纪90年代后期，为促进智能机器人的发展，日本、韩国等国家相继发起举行机器人足球世界杯赛，并成立了相应的协会。机器人足球赛涉及多机器人的动作协调、系统控制等前沿的课题。可以说，每一场机器人足球赛实际上都是世界各国机器人发展水平的一场较量。

也许在将来的某一天，就如同1996年世界国际象棋冠军卡斯帕罗夫输给了计算机"深蓝"一样，我们会看到世界顶尖级的球员组成的"超级联队"也对付不了的机器人球队，你相信吗？

机器人将是下一个兴起的行业，并将改变全人类的生活方式。这是比尔·盖茨为2007年1月份的《科学美国人》杂志撰文时做出的预言。文中，他乐观地认为只要克服现有的软硬件不共通问题之后，机器人将成为人们日常生活的一部分，如外科手术的机械臂，清除地雷、炸弹的军用机器人，以及协助做家务、仿人、狗或恐龙的机器玩具。机器人时代真的会来临吗？若要梦想成真，人类还要等上多少年？

可以预见，如果机器人时代真的来临，大至派机器人上太空探勘，探讨人类移民外层空间的可能性，小至日常家务事——割草煮饭等，都可以交由机器人处理。这样，长期困扰人类生活的许多问题将迎刃而解，更先进的社会指日可待。

若以个人计算机一日千里的发展相比较，今天的机器人发展犹如初生婴儿，尽管大量机器人用于汽车工业，充当家庭吸尘器和小孩玩具的机器人也已出现，但距离符合现代人类生活需求的智能机器人还有一大段距离。诚如比尔·盖茨所说，机器人制造公司缺乏统一的操作系统软件，流行的应用程序很难在五花八门的装置上通行；机器人硬件的标准化工作还未开始，在一台机器人上使用的编程代码，几乎完全不能在另一台机器上发挥作用，导致开发新款机器人，不得不从零开始。尽管微软推出的RoboticsStudio绞尽脑汁解决统一软件问题，设计出能够同时处理来自多个感应器的资料，并且传送适宜的指令给机器人的发动机，但距离是否能够开发出与人类共同生活的机器人仍很遥远。最重要的是人类的生活空间充满各种障碍物，人类的行为又富有变化，这不是机器人可以应付的。统一软件技术确实加速了机器人领域的发展，但要达到智能机器人的目标，构成机器人的动力源、控制技术、驱动装置、各种感知器辨识技术、结构材料、外壳材料、人工智能的性能，都必须进一步提升。其中，最要紧的是，机器人的各种感应器必须更接近人类的5种感觉，即视觉、听觉、嗅觉、味觉和触觉。举例来说，如果我们想知道眼前的透明容器是塑料还是玻璃的话，用手摸摸就知道了，但机器人该如何感应出不同的物质呢？虽然目前日本、美国已经开发出能够读取人类动作并做出反应的机器人，但无法与人类与生俱来的五感媲美。事实上，拜科幻小说和电影所赐，我们对机器人的存在毫不陌生，并幻想出具备各种先进功能，甚至超越人类智能的机器人。

（3）未来的机器人到底会是什么样

这是一大疑问，但专家们普遍相信，未来的机器人可能会成为由个人计算机控制的外接设备，十分专业、无所不在，但外形难以说出它像什么。许多人对机器人的外形认知是两足拟人化，未来可能会出现一些类似在"星际大战"中的人型机器人，但更大可能是什么都不像。或许，到时机器人这个名词已成过去，但这些周边的设备则越来越普及，不但人人可使用，同时对人类的工作、通信、学习与娱乐也会发生重大的冲击，影响力毫不逊于今天的个人计算机。

（4）军用机器人

机器人众多的优点，已经吸引了多国的注意，美国、英国、俄罗斯、中国、韩国、日本等都竞相发展军事用机器人。如美国用于伊拉克战争中的PackbotEOD 背包机器人，可清除地雷。

据美国媒体报道，美军有意大规模地订购反狙击的军用机器人，用来对付伊拉克的反美狙击手。这种即将前往伊拉克，被称为"Packbot"的机器人，设有全球定位系统、电子指南针、温度探测仪、摄影机、声波定位仪、激光扫描针、微波电达等多种追击狙击手的功能，为了防止它被对方利用，还设有独特的遥控系统和加密频道。较早之前还有一款能够在雪地和河水中行走，被称作"魔爪"的机器人，在战场上大出风头。英国则有被称为"鹰爪"，外形似毛毛虫的机器人，可以附在垂直的墙壁上，前端有摄像头，能在遥控下冲入敌方阵地，然后引爆，还有另外一款拆弹机器人不久也可以加入战场。韩国则是部署无人侦察机，并计划在2011 年推出战场机器人和轻战斗型机器人。

总之，在21 世纪，在人的控制下，在改造自然、发展生产的事业和家庭生活中，将会出现更多更好的机器人。

会有灭火的机器人，它身行敏捷，不仅在熊熊烈火之中来去自如，而且不管哪里冒烟、起火，它都能及时发现，赶到现场，将火灾隐患消灭。

会有检修汽车机器人，只要把车摆上检修台，它用眼一扫，耳朵一听，立即就会查出毛病的部位和原因，进行修理，只需几分钟。

会有边防机器人，24 小时连续值勤，万无一失。不管白天、黑夜、风雨、冰雪天气,一有敌情,它就能马上采取措施,封锁边境线。同时通知空中、地面报警系统,监视孜人行动,使任何人也不能越境一步。

还会有海洋开发机器人,它们能潜入海中勘察、取样、化验,很快制订出开发方案,有条不紊地下海作业,把海底的宝藏献给人类。

有科学家预言:生物机器人将在 20 年后问世;而智能机器人的发展使机器人具有自我学习的功能,它会自己做出判断,发出指令⋯⋯

4.机器人——未来战场的主宰

近日,美国有关媒体披露,经过为期两年多的安全性测试,美国第一批武装机器人即将装备部队。对此,有军事家评论,这是一场巨大的革命,它标志着酝酿了几十年的机器人部队时代即将到来。

(1)"超级战士":刀枪不入

世界上已经研制和正在研制的军用机器人,按使用方式可分为固定式和机动式两大类。固定式军用机器人主要用于执行防御任务,它固定在防御阵地内,能够截获目标,进行识别和测距,并可根据目标性质使用反坦克武器、枪榴弹或机枪等适当武器进行射击。机动式军用机器人主要采用轮式、履带式和步行 3 种机动方式,可在战场随意移动,执行巡逻、排雷等多种任务。

机器人从军并非始于今日,早在 1966 年美国海军使用水下机器人"科沃"潜至750 米深的海底,成功打捞起一枚失落的氢弹,就引起了军事家们的极大关注。1969 年,美军在越南战场上利用机器人驾车,成功地为运输车队排除了障碍,使人们进一步意识到了其巨大的军事潜力。自此以后,世界各军事大国开始竞相征召这种"超级战士",因为它不畏艰险,不避枪林弹雨,不食人间烟火。

军用机器人有着巨大的战场应用潜力和广阔的发展前景。但因目前有不少技术上的问题尚未解决,尤其是人工智能技术,因此,军用机器人大规模进入战场,运用于第一线攻防战斗尚需时日。但不可否认,随着电子计算机智能模拟水平的不断提高,信息处理高速化、自动化和适时化技术的不断完善,智能军用机器人技术将日趋成熟,人类赋予机器人的战场职能也将越来越多。世界一些军事专家早有预言:"机器人机车将运送弹药、医疗补给和食物,螃蟹一样的机器人会嗅出哪里藏有化学武器⋯⋯"

(2)庞大家族:人丁兴旺

1958 年,世界上第一个现代实用机器人在美国诞生。随后,机器人技术在民用领域获得广泛应用。20 世纪 80 年代,机器人开始大规模进入军事领域。目前,经过几十年的发展,军用机器人已发展成为一个庞大的家族。据统计,世界各国研制的军用机器人已多达近百个品种数百个型号,主要用于侦察、探测、排雷、警戒、反装甲和勤务保障各个领域。其中,具有代表性的主要有以下几种。

①"侦察尖兵"

可担负战场侦察、监视和情报搜集等多种任务的机器兵。如"观察员机器兵"能在地面、海上或空中用于观察某一区域,在特定目标出现时发出警报,并根据命令用激光指示目标;"战术侦察机器兵"能通过照相侦察、电子侦察等手段自动对地面、海上及空中目标进行侦察,并可根据需要随时将搜集到的情报报告给指挥员;此外,还有"三防侦察机器兵""徒步街道侦察兵""空中侦察警戒兵""图像判读机器兵"等。

②"保障闯将"

可在危险环境中执行运输、修理、抢救等多种支援保障任务的机器兵。如一种名为"战斗搬运工机器兵"可执行战地前送给养,搬运油桶及弹药,后撤伤员等勤务支援任务;另一种名为"通用机械手机器兵"能够根据需要自行选择炮弹,并将炮弹输送给自动引信安装机,然后转送安装在榴弹底盘上的起重机进行装填。此外,还有"机器人修理工"和"物资救护机器人"等。

③"排雷勇士"

可担负运雷、布雷、排雷以及施放烟幕等多种任务的机器兵。如"布雷机器人"可以自动设置雷场,按埋设要求自动挖坑,给地雷安装引信,打开保险并填土、埋雷,自动到附近的补给站装运地雷,还可标示雷场界限和绘制雷场图;"排雷机器人"安装有传感器和使地雷失效的装置,必要时可将地雷销毁,能按要求迅速开辟通路,并能准确指示安全通路。目前这种机器人中比较典型的是美国正在研制的"罗伯特突击扫雷机器人",它可以自动搜索、探测并清除敌作战地域前沿的地雷,一次作业可开辟出一条 8 米宽、100 米长的通道。

④"水下敢死队"

可担负海底监视、侦察、排雷、攻击以及打捞等多种水下作业任务的机器兵。如"机器人潜水员"能看也能听,潜水深度可达十几千米,主要用于测定水雷位置并适时将其摧毁,还可执行水下工程建筑、测绘和收集样品等多种任务;美国和俄罗斯反潜部队中的"机器蛙人"不但能确定敌潜艇的位置,还能自动发射鱼雷摧毁目标。

⑤"反装甲英雄"

可担负对付坦克、步战车、装甲运输车等装甲目标的机器兵。如"激战哨兵"装有专门对付敌装甲车辆的传感器材和反坦克武器,当发现敌装甲目标时,能自动抢占有利地形,发起攻击;"70 型多用途反坦克机器人"装有计算机、激光目标指示器、信息传感器、"地狱火反坦克导弹",可根据计算机提供的射击诸元,自动控制导弹发射直至将目标摧毁。

(3)未来战场:谁与争锋

20 世纪 90 年代初期,美国有媒体发表文章《21 世纪战略技术》中指出:"20 世纪地面作战的核心武器是坦克,21 世纪则可能是军用机器人。"如今,随着无人机、无人舰艇等机器人系统的建立与发展,已有人预言,未来战场上,军用机器人将可能最终成为主宰。

①陆军的战友

美国的著名思想库斯坦福研究所,早在 1983 年就为美国陆军部拟制了一份《陆军对人工智能和机器人的应用》的研究报告,建议由机器人去担负 100 多项地面作战和支援任务。未来,机器人将广泛应用于执行侦察、武器发射、施放烟幕以及核、生、化观测报警等艰险任务,它们将成为以一当十的"全能士兵"。

②空军的伙伴

在近几场高技术局部战争中,军用机器人曾在蓝天一展风采。遥控假目标飞行机器人、遥控攻击和自杀性机器人以及飞艇机器人等纷纷在天空亮相,并在执行各种空中作战任务中发挥了巨大作用。未来,随着人工智能技术的飞速发展,攻击性空中机器人将应运而生,它们不仅可在复杂气候条件下对目标进行高速侦察,还可执行压制敌防空力量、猎杀战术地地弹道导弹、拦截巡航导弹,以及远距离攻击高价值固定目标等任务。

③海军的助手

军用机器人在海军的成功应用可追溯到 20 世纪 60 年代。当时,美国曾为一枚不慎从飞机上掉落到深达 750 米海洋中的氢弹派遣了一名叫"科沃"的潜水机器人深入海底,并把氢弹打捞上来。20 世纪 70 年代中期后,机器人更成为水下排雷的行家里手。如今,随着水下机器人的蓬勃发展,机器人已不满足于仅仅做一些辅助性工作,它们要成为海战的"主角"。据报道,国外现在有科学家建议研究组建机器人舰队,从事现代海军所执行的各种作战任务。

④天军的替身

在常规的陆、海、空三军中,机器人备受青睐;而在高技术武装起来的天军中,机器人享受的是"更优厚的待遇"。1993 年 4 月初,美国航天器上的机器人伸出十几米长的钢臂,放出一颗小卫星,3 天之后,这台机器人又伸出长臂,将这颗邀游太空数日、获取了许多宝贵空间资料的小卫星捉了回来并直接将其送回。未来空间战场,将被 x 射线激光器、电磁炮和带电粒子束武器等所充斥,对人类来说,它们都是毁灭性的,对此国外有专家指出,未来空间作战的主角非机器人莫属。在天军的行列里,机器人将是一支执行诸如侦察、探测、排险甚至与敌人"同归于尽"任务不可替代的生力军。

(4)兵家角逐:紧锣密鼓

基于军用机器人所具有的突出战场特性,目前,世界各发达国家竞相把它作为夺取军事技术优势的一个重要方面优先发展,呈现出广阔的发展前景。

美国是发展军用机器人最积极的国家之一。为保持在军用机器人研制方面的优势,正式成立了自动人工智能中心,每年拨款数亿美元,专门从事人工智能军事应用方面的研究。据报道,美国 2000~2010 年间军用智能技术发展的重点是坦克驾驶员、防空自动侦察射击兵、自动火炮射击兵和战斗机驾驶员等。此外,美军还设想,在 1995~2030 年间,采用人工智能和机器人来减少兵力,增强快速反应能力。

法国是欧洲研制地面机器人的主要国家之一,现在正在研制一种战场侦察用的机器人。这是一台小型无人驾驶车辆,上面装有可折叠的桅杆,桅杆上吊有一组执行侦察任务用的传感器。机器人通过无线电及光缆与控制台通信联络,操作人员可以通过控制台对机器人进行遥控,监视其执行任务。此外,法国还正在从事爆炸物探查、处理、排爆以及微型爆炸物处理等机器人的研制。

英国地面军用机器人的研究方针是：由遥控机器人走向自主机器人。英国正在研制一种能在非结构地形上高速行驶的机器人技术平台，以便开发战场遥控机器人技术。例如，"飞跑者"履带式装甲指挥车是一辆军用卡车，受控车通过光缆或无线电通信线路与指挥车相连。指挥中心配有显示器及控制台，共有两名工作人员，指挥员通过显示器上的数字地图规划任务进行指挥，操作员对车辆进行遥控驾驶，并控制其侦察及操纵武器系统。此外，英国还正在研制"手推车"爆炸物处理等机器人。

此外，俄罗斯、意大利、德国、以色列、日本等国家也都在积极研制战场机器人。据统计，目前，全世界已生产出遥控机器人近两万台，并全部投入使用。军用地面机器人的研究地位也越来越重要，1988 年地面机器人的研究项目只占总项目的1％，而现在已占到 25％。

第十章 军事演习

一、军事演习的含义

军事演习,简称演习,是在想定情况诱导下进行的作战指挥和行动的演练,是部队在完成理论学习和基础训练之后实施的近似实战的综合性训练,是军事训练的高级阶段。

二、军事演习的作用及原则:提升军力

1.提高部队执行任务的能力。军事演习尽可能按作战编制,使有关军种、兵种和专业士兵参加,进行协同演练;从实战需要出发,力求在复杂地形、不良天候和复杂多变的情况下昼夜连续实施;并注重运用先进手段,以较小的消耗获取最佳效果。如2009年在我国山东举行的代号为"前锋—2009"的军事演习,就是为了提高联合、立体式作战任务能力。

军事演习

2.加强军队间的相互交流。有些演习的目的是加强军事间的交流,相互间进行沟通交流军队演练的经验,促进彼此的相互合作和组织协调能力。进行国家间战术、单兵动作训练、语言、演练和翻译培训。如"合作—2009"中新安保联合训练,这是中国和新加坡第一次为了地区安保所进行的联合行动。

3.扩大自身的影响。和平时期的军事演习是军事斗争的一个重要战略工具。一些国家通过演习来增强本国军队的战斗氛围,强化对敌对势力的威胁力度。

4.进行战争的准备和训练。在"敏感地域"和潜在危机地区进行军事演习,有利于战争的准备和训练。

三、军事演习的分类:不同标准,不同类别

演习按照不同的分类方式,可以划分为不同类型。

按目的,分为示范性演习、训练性演习、检验(考核)性演习、专业性演习和研究性演习;按形式,分为室内演习和野外演习、单方演习和对抗演习、实弹演习和非实弹演习、分段演习和综合演习;按对象,分为首长机关演习和实兵演习;按规模,演习分为战役演习、战术演习和战略演习;按参演方面,分为单方面演习和对抗性演习。

实兵演习是除了实战外最能检验军队战斗力的一种考核方式。在我军参演部队通常要提前进行一段适应性训练,针对演习课目完成相应训练后,才有参加演习的资格。

四、检验性演习

检验性演习,也称考核性演习,是以检查考核方式进行的军事演习,是军事演习的基本类型,目的在于检查、考核部队训练水平和战备情况,全面评估整体作战能力。一般在部队年度训练后期由上级首长和机关组织,以实兵或首长、机关带部分实兵的方式进行,通常为多课题综合演练。其显著特点是事先不透露原案,不排练,进入情况突然,比较接近实战;情况复杂,昼夜连续实施;组织较为简便,消耗较少,便于推行;容易暴露问题,利于改进部队军事演习和战备工作。这是一种比较接近实战的军事演习,此种演习容易暴露部队训练存在的问题,有利于改进部队军事训练和战备工作。

演习开始前,演习想定和实施计划由导演来组织拟制,并且还制定评分标准等指导评判文书,同时根据演习需要,导演要指导参演部队完成准备工作。演习中,演习所需的条件通常由计划导演和随机导演相结合的方法来提供,参演部队要独立分析判断和处置各种情况;所有导演都不直接干预部队行动;如果没有特殊情况,不会中止演习。演习结束后,由导演等人来对演习进行评价和判断,并做出总结和讲评。

韩美军演：方案检验性演习

近年来，韩国和美国进行了多次联合军事演习，两国的军事交流与合作不断加深，对于两国共同应对亚洲局势产生重大影响。

在 2009 年一年，韩美两国进行了多次联合军事演习。

2009 年 7 月 25 日至 28 日，韩美在日本海进行了代号为"不屈的意志"联合海上军演，此次联合军事演习中，双方共投入兵力达到 8000 多人，美国"乔治·华盛顿号"航母、韩国登陆舰"独岛"舰等 20 多艘舰艇和"F-22"战斗机等 200 多架飞机参与了军演。这是自 1976 年以来，美韩军队进行的最大规模军演。而此次在日本海进行的军事演习，日本也首次派出 4 名海上自卫官，作为观察员参与到演习之中。

8 月 16 日至 26 日，美韩再次进行联合军事演习，此次演习代号为"乙支自由卫士"演习，美国共派出 3 万名士兵，而韩方则派出了至少 5.6 万名韩国官兵参加此次演习。更为特别的是，一些美国士兵还在美国本土通过互联网参加了此次演习。双方都承认，这次演习的规模庞大。

五、研究性演习

研究性演习，也称试验性演习，是一种以探讨和试验方式进行的军事演习。它主要用于研究和论证新的作战、训练方法，检验新的条令、教材、作战预案和体制编制的可行性，试验新武器装备的战场运用等。研究性演习通常对某一课题进行反复演练，深入观察，获取有关资料与数据。

该演习的目的是研究和探讨现代条件下的作战、训练方法；论证军队编制；检验条令、条例、教材或作战预案的可行性；验证武器、技术装备的战斗性能等。

演习前，演习想定及计划通常根据演习的课题、内容、规模和目的等方面来拟制。在此基础上，确定演习部队、研究制定方案，并设立导演机构和若干研究组，学习有关军事理论，同时还要筹措演习所需的各种器材。演习中，演习部队要对课题进行逐一研究、反复演练。在这一过程中，各研究组负责观察、分析演习的基本情况，记录有关资料、数据。演习结束后，各研究组要汇集、总结并报告研究成果。

研究性演习根据情况的不同，在演习中也有不同的侧重点。比如，有的侧重于探讨尚未提出的或正在形成的理论及对装备系统的使用方法；而有的则侧重于检验新提出的理论和新式装备的性能等。

"铸盾-2011"军演：探索陌生环境下的作战能力

2011 年 7 月，创造了军演史上多个首次的"铸盾-2011"军演正式拉开序幕。

这是中国军队首次陆空混编集成联演、首次实弹依托模拟靶射击、首次全程运用指挥自动化系统进行射击的大规模军事演习。

此次军演是北空导弹某营在某陆军训练基地靶场正式拉开帷幕的。雷达飞转,导弹昂立,剑拔弩张,硝烟弥漫。

"指挥所,目标跟踪稳定,高度××、距离××千米。"

"群指,目标近火,高度××、距离××千米,导弹营请示任务。"

"指控车,目标正确,群指同意我营射击决心。"

这一道道命令是通过电脑精确计算过后的结果。本次军演最大的特点就是自动化系统的运用。这也就意味着演习指挥中的自动化程度较高,各作战单元均实现互联互通和作战全程实时动态监控,战场信息在指挥体系内的流动更加快速、可靠、精确。在指挥所中,原来的近方标图桌不见了,而现代化的专用计算机和指挥通信设备的运用将战场和指挥所紧密连接起来,指战员能够及时通过电脑系统清楚了解战场情况,并准确下达命令。

标图员端坐电脑前十指如飞,快速录入空情数据.指挥员轻点手中鼠标,正前方悬挂的投影幕布上,作战态势、各种数据跃然呈现,空情信息一目了然。

演习进入到白热化状态,正在此时,目标指示雷达报警:"敌"机2批次,自东南方向向我阵地驶来。接到情报的引导师马上开始不停转动高低角滚轮和方位角拨轮,按目标指示雷达指定的方位在众多杂波中搜索"敌机"。很快,引导师就报告发现目标。一条与众不同的白线在众多杂波中若隐若现,就是敌机的信号。引导师按下跟踪按钮,随着就传来了本文开始的那一幕。营长开始果断下达跟踪、接近、射击目标的命令。"1、3波导转战勤,1波导发射……"发射技师接到命令后迅速行动,转眼之间,一团火光闪过,一声轰响在演习的上空响起,随之而来的是更大的爆炸声,而后,第二枚导弹发射。捷报传来,两枚导弹成功击落两架"敌机"。

随着时代的发展,军事演习也越来越向高水平发展。近年来,该营在不同的自然环境下进行了多次实战演练,部队在运用新战法、快速反应、协同作战、信息对抗、野战生存和综合保障等方面的能力显著提高。

该师的师长深有感触地说道:"通过多兵种多机种联合对抗演练,部队的快速突防、精确打击和特情处置能力得到大幅提升。"无论是大漠戈壁,还是浩瀚海洋,该营的战士们都能够在陌生而复杂的环境里摸爬滚打,同时利用高科技进行严酷的演练。

而此次演习的另一个特点则是实兵实弹性演练,通过这样的演练,更能够真实探讨实战中可能出现的问题,提高部队的实战能力,同时锤炼士兵们在实战环境中的作战和适应能力,提高部队作战的综合水平。

六、示范性演习

示范性演习,主要用于新的、难度较大的重点课题训练,具有规范性和指导性,是一种供观摩见学的军事演习。它的目的是为观摩见学者提供正确的组织指挥、准确的战斗动作和先进的训练方法。

这种演习通常在战术范围内实施，多用于战术范围。演习的实施一般由上两级指挥员组织。指挥员通常会选择素质较好的部队预先排练，达到规范标准后，在有代表性的场地进行。

示范性演习开始前，示范课题、目的和内容一般要先由指挥员进行介绍，并指出观摩重点。演习时，可分段或连续实施，现场解说与示范动作同步进行，以此来引导见学人员加深理解演习内容。

演习结束后，指挥员对演习作出总结，并提出对示范内容的推广。

中俄"和平使命"军演：体现反恐军事演习的必要性和现实意义

2009 年 7 月，"和平使命-2009"中俄联合反恐军演在俄罗斯哈巴罗夫斯克市和位于中国东北的沈阳军区洮南合同战术训练基地举行。此次演习旨在增强两军的军事合作能力以及实战能力，传递中俄两国关于反对极端主义、分裂主义和恐怖主义的决心。

参加此次演习的中方陆战主战装备有 99 式坦克、86A 步战车、122 自行榴弹炮等。而本次实兵演练中俄双方参演总兵力达 2600 人，参演装备包括坦克、步战车、自行火炮等各类装甲车辆上百台，歼击机、歼击轰炸机、强击机、武装直升机等 60 余架，可谓是空前的阵容，展示了两国近年来在军事实力上的进步与发展。

此次演习共分为三个阶段：战略磋商、战役准备和战役实施。

7 月 22 日，中俄两军总参谋长在哈巴罗夫斯克市举行了第一阶段的战略磋商；

7 月 23 日至 25 日，两军在沈阳军区洮南合同战术训练基地举行了战役准备和战役实施。战役准备阶段，两军受训机关共同演练定下作战决心、拟制战役计划、组织战役协同。

7 月 26 日进入战役实施阶段，两军重点演练联合封控、立体突破、机动抗反和纵深围剿四个内容，全程约 80 分钟。

7 月 26 日上午，"和平使命-2009"中俄联合反恐军演实兵演练随着 3 颗绿色信号弹划破天空圆满结束，上合组织成员国高级军事代表团等所在的观摩台上响起热烈掌声，对中俄联合反恐军演取得成功表示祝贺。

26 日下午，在沈阳军区洮南合同战术训练基地内举行了"和平使命-2009"中俄联合反恐军事演习结束仪式，中俄双方陆军和空军战斗群部分参演官兵接受了检阅。

此次"和平使命-2009"中俄联合反恐军事演习，在设计筹划上借鉴了当今世界多个反恐战例的经验教训，如：充分考虑了反恐作战的难度，将敌手定位为具有一定组织性与战斗力的恐怖武装集团，而不是一触即溃的散兵游勇；充分考虑了城市反恐作战的特点，设想恐怖分子劫持平民人质负隅顽抗，中俄联合反恐兵力必须在实施精确打击围剿恐怖分子的同时，注意保护人质安全；充分考虑了反恐作战的信息化战场条件，注重发挥信息化装备在联合作战中的倍增器效能，制定了"联合行动、信息先行、夺控要点、分区围剿"的作战原则。

这次演习实弹、实爆使用率高，高难度课目多，模拟对抗手段普遍运用，设置的战场空间被有意压缩，更突出了联合反恐作战中两军协同的时间要素，具有很高的仿真度。

七、战术演习

战术演习，是部(分)队按照战斗实际进程，在想定情况诱导下进行的作战模拟训练。把战术、技术和兵(军)种专业、勤务保障、战场管理等内容，贯穿在一个或几个战术课题中进行综合演练，目的是使多形式的单一战斗技能训练向群体技能训练转化，实现训练向实战的最终过渡，从而不断提高指挥员、机关的应急指挥能力和部队、分队的战斗能力。密切诸兵(军)种之间的协同动作，锻炼官兵的实战素养，培养优良的战斗作风，以适应战斗的客观要求。它是部(分)队完成本级战术课题和战斗勤务课题基础训练之后，在近似实战条件下实施的综合性训练，分为合同战术演习、各兵种或专业兵战术演习。

战术演习在我军的整个战术训练过程中处于非常重要的地位，因为我军的战术训练是按照战术基础训练、各兵(军)种专业技能训练和合同作战训练的步骤组织施训的。而作为战术训练全过程的最后阶段，战术演习必须在部(分)队完成各类基础训练后，具备了实战运用的基本条件才能组织实施；另一方面，作为战术训练全过程的合练阶段，战术演习必须融走、打、吃、住、藏、管为一体，全面锻炼和摔打部队。因此与其他战术训练形式相比，战术演习是战术训练的高级阶段，不仅层次高、标准高，而且训练内容广泛，合成性强，是任何训练形式所不能替代的。

战术应用训练的根本目的在于"练为战"，即通过应用训练，使各种知识转化为作战技能。在训练的组织形式上，它把部队与机关，战斗兵种与保障兵种，建制部(分)队与加强部(分)队按实战要求进行组合，有利于提高部(分)队的整体作战能力；在训练内容上，它融战术与技术，指挥与协调，保障与管理，思想与作风于一体，有利于全面提高部队的战斗力；在训练方式方法上，它可视作战任务的需要，从不同的角度和侧面去展示实战环境，把参演者引入实战氛围，经受近似实战的检验与锻炼，有利于提高应变能力和适应能力。所以说战术演习更加接近实战，是战术应用训练的主要形式。

从以上的描述中我们不难得出，战术演习的作用主要在于全面锻炼部队的能力，提高整体素质，同时使得各兵(军)种实践合成训练，提高协同作战能力；在指挥员和技工的能动作用方面有重要的提高作用，组织指挥能力也可以通过其提高，而在另一方面，它则能使全体官兵经常保持高度的戒备状态，加强战斗准备；

战术演习是由诸兵(军)种共同参与的群体训练活动。它将诸兵(军)种按作战需要进行组合,从形式上构成合成训练的实体;将诸兵(军)种的战斗技能统一在一个演习课题内,从方法上体现合成;以多种形式和情况诱导诸兵(军)种的协同行动,从内容上实现合成。较之其他形式的战术训练,其合成的程度更宽泛、更实在、更有效,有利于诸兵(军)种的协同作战付之于行动。演习时,可以各种手段模拟逼真的战场环境,让指挥员、机关和部(分)队在各种地形和天气条件下,按照统一的作战背景昼夜连续实施演练,既练技术,又练战术;既练组织指挥,又练战斗动作;既练战斗技能和机关业务,又练战时思想政治工作;既磨炼战斗意志,又培养战斗作风。战术演习多以国际形势为背景,以担负的作战任务为内容。尤其是检验性演习,要求部队一旦接到号令,必须立即出动,迅速集结,摆得开、收得拢、打得准、联得上、吃住好。从而迫使全体官兵经常保持高度戒备状态,加强战备工作。同时,演习也使部队进一步熟悉作战预案,熟悉预设战场,有利于部队战备水平的提高。

战术演习是计谋较量和才能角逐的场所,各类指挥员和机关部门在演习中均按照其实际职务和职能进入角色。或以假设敌为对手,或以对抗的另一方为作战对象,既要运筹帷幄,用计施谋,与"敌方"进行智慧的竞赛,又要调兵遣将,用兵造势,与"敌人"展开力量的拼搏。这种错综复杂、异常激烈的抗争,迫使指挥员和机关动脑筋、想办法,充分发挥主观能动作用,去夺取"战斗"的胜利,从而有利于提高实际的组织指挥能力。

八、战役演习

战役演习,即战役军事演习,是战役军团依据想定,结合一定战役方向和战役地幅情况进行的军事演习。是以提高整体战役水平为目的,以近似实战为原则,依照想定进行实际演练的高级战役训练样式。分为合同战役演习(军种、兵种协同作战演习)和单军种战役演习,具体细分则可以分为陆军战役演习、海军战役演习、空军战役演习和第二炮兵战役演习等。目的是提高指挥员和机关的组织指挥能力和部队的作战能力。战役演习是整个战役训练体系中的最高阶段。

战役演习的主要特点是应用性、模拟性、正规性、整体性。

战役演习的应用性表现在它是为了接近实战而进行的作战训练,以满足实战要求作为根本出发点,战役演习总是根据当前和未来作战的需要,确定训练的课题、问题和具体内容;特别是实战中的某些主要课题、疑难问题,更是战役演习的演练重点;战役演习总是以现实的实际情况作为训练的基础依据,把某一特定的实际的敌方作为演习中的作战对象,针对可能性较大的作战环境作为演习的背景条件。由于战役演习和实战有密切的关系,因而战役演习可以是一种单纯的训练,也可以是作战的实际准备,正因为如此,战役演习具有高度的机密性,并通常往往以代号表示,并且有机地将理论和实践结合起来。

战役演习的模拟性则表现在它是尽可能真实地模拟战役实战的情况,从战役任务、战役的力量对比、时间、海区、气象等各种作战条件、战役中的具体作战行动、战役全面的总的背景、实际兵力兵器、作战的思想观点;同时不仅对我方进行模拟,还对敌方进行模拟。战役演习的模拟范围包括了战役组织实施的各个方面。战役训练的根本目的是为了实战,其最重要也是最有效的形式,就是尽可能真实地模拟战役实战情况进行演练。战役演习就是最近似实战的一种模拟性训练。模拟并不是对实际战役的简单模仿,而是对实际战役尽可能的再创造,从最一般的条件出发,设想最困难的情况来进行模拟训练,提高普遍情况下的战役作战水平。

战役演习的整体性则表现在它是以战役首长、战役指挥机关的训练作为重点,并与部队的训练紧密结合起来,对整个战役军团进行整体训练。各方面统一整体进行的一种训练,在训练的内容上,战役演习在突出作战问题训练的基础上,相应地进行政治工作、后勤工作等有关方面的训练,并进行这些方面相互间的协调配合训练,将整个战役各个方面的工作作为一个整体进行综合训练。

战役的正规性则表现在他是一种集合应用性、模拟性、整体性的高级训练样式、最高阶段的战役训练,需要的是高要求、严标准,切实按照实战的需求和标准进行,从而具有较高的正规性。不管是战役演习的训练对象、训练要求还是训练程序都严格以实战的标准进行。

从战役演习的特点可以看出战役演习的要求,组织战役演习要求必须着眼于实战,从难从严地进行演习,同时又必须是突出重点的综合训练,能够系统规划,全面运筹,保证演习的针对性,进而保证其有较高的质量和更大的训练成果。

最后,战役演习则要求必须有周密的组织并且准备充分。作为一项复杂的军事训练,各个方面必须协调到位,保证演习的顺利进行。在这个基础上,同时勤俭练兵,保证所有参战员的安全,精简预算,合理分配,加强对人员的控制和掌握,并且避免不必要的损失。

九、单方演习

单方演习,一种常用的演习形式。是指以装备、适量人员、器材和标志物为假设敌,诱导部(分)队演练作战指挥与行动的演习。目的是锻炼和提高指挥员和机关的组织指挥能力和部(分)队的战斗动作。通常在指挥员和机关想定作业及部(分)队战术分段训练的基础上进行。

单方演习组织简便,适用于各种战役、战术课目和不同训练对象的演练,同时它还易于控制演习进程和实现预期目的。为了使演习近似实战,演习前需培训好模拟分队和情况显示人员。

演习中,导演和调理人员显示的情况应严格按照敌方作战原则、特点来进行,并通过诱导演练的方式,防止一厢情愿和简单化。演习部(分)队应根据相关人员显示的情况,认真处置和练习,力求动作逼真,增强演习效果。对于重点问题,部队可反复进行演练。

演习结束后,在讲评中应着重指出演习部(分)队组织指挥、战斗动作的优缺点及克服缺点的方法。

中国坦克营大演习:增强部队打赢信息化条件下局部战争的能力

中国的军事实力随着科学技术的发展已经显著提高,而其中不能忽略的一点是新时代的官兵们。他们在更加科学、强度更大的军事训练中磨炼自己的意志和本领,在国家武装力量建设战备工作中占有重要地位,时代一天天在发展,打赢信息化条件下的局部战争能力的要求越来越高,对此,我军进行了多次针对性的军事演习。

2011年,我军进行了一次大规模的坦克营实兵战术演习。此次演习目的在于提高坦克营在不同情况下的作战能力,同时在高科技的信息化装备下,锻炼士兵们的适应能力。

演习正式开始,某装甲师师长发布了"迅速向老爷岭地域机动"的命令。此次演习的条件非常艰苦。坦克要在地势险要的山区中前进,一旦遇到淤陷托底等情况,坦克就会被困在泥潭中,履带无法前进。而我军的坦克成员则沉着应对,迅速下车用铁锹铲平车头泥土,卸下自救木置于车头下,巧妙且顺利地将坦克拖出泥潭。

除了这些,坦克在翻阅斜坡时还遇到了侧翻的险情。战士们显然是有备而来,他们迅速将装甲修理车开上前,用钢丝固定装甲车将其拖拉回原来的位置,并迅速加入战斗。陆地上的险情显然只是小菜一碟。很快就有来自空中的袭击。"各小组注意,敌空袭"坦克营长的指令从电台中传来,装甲车得到指令过后,马上利用地形地貌和就便器材进行伪装和疏散隐蔽,一个个难关相继被装甲部队攻克,借助开发引进的驾驶员辅视器材、应急刹车设备等技术成果,在"搓板路""翻浆路""沟渠路"组成的"动感地带"上呼啸前行,迅速通过塌方路堵、倒树路阻、桥毁路断等一道道险关,最终爬过30度坡的老爷岭,直扑"蓝军"阵地。

"打山地战,功夫下在上山之前。针对山地自然环境恶劣、山高路少、坡陡路滑、弯急路窄、谷深林密等,部队快速机动、按时到位难度大的实际,我们给每辆装甲车上都安装了驾驶员辅视器材、应急刹车设备等,辅助装甲车辆驾驶员山地行军时观察道路、进行无人指挥倒车和夜间行车,保证在突然停车、转向等行车时的安全。"有着多年指挥作战经验的该师师长这样分析当时的战局,并且对部队经受住了重重考验表示满意。

而某装甲师政委则评价说:"站得高才能看得远,看得远才能走得远。尽管山还是那座山,地还是那片地,但未来的山地作战早已今非昔比,仅靠刺刀见红赢得胜利的年代已经过去,神出鬼没的电子摧毁打击无处不在,发现即摧毁成为战场生死法则。面对如此严峻的现实,今天比任何时候都更加需要主动拿起打赢明天的战争这把尺子,对以往山地训练场上所熟悉、所习惯的一切进行衡量和校正。"

"山林地不像在平原可利用的地形多,这就要求每个射手想出克敌制胜的招法,虽说只是从地上变换到树上,但这样做适合山地作战特点,上了未来战场确实管用。"这句话出自创下树上击毁 3 辆装甲车纪录的火箭筒手。在接到前方出现小股敌人和装甲目标的消息过后,他通过信息共享的单兵野战指挥系统平台,很快就找到了打击目标,并在情急之下,爬到一棵大树上进行侦察瞄准。

沉着冷静的火箭筒手调整好射击位置,测算风速和敌目标运动速度后迅速发射火箭弹,并准确击中"敌"装甲车,.首战告捷之后,又一鼓作气,接连摧毁两辆"敌"装甲车。

纵观世界的军事竞争,已经到了科技等实力竞争的阶段,近年来该师研究设置了适应气候条件、适应地理环境、适应官兵特点、适应战术需求的 50 余个训练课目,制定了加大训练难度和强度的考核标准,使山地训练走上系统、规范的轨道,瞄向未来山地战场打造封喉利剑。

十、对抗演习

对抗演习,多用于战术演习,演习双方通常采取攻、防对抗形式来进行。演习的方法有采用实兵、兵棋、图上、电子计算机模拟等。对抗演习的特点是:情况逼真,抗争激烈,演习双方各有自己的训练课题,实施较复杂。

演习前,要先成立一个导演机构,以便得以控制演习双方的行动,并制定具体的裁决方案、方法和对抗守则。演习中,导演、裁判人员、调理根据演习双方对抗情况适时进行个别、综合裁决,并以此结果为双方提供新的演练条件,促成新的对抗态势。演习结束后,由导演对双方评分和对胜负做出总裁决。

为了更接近于实战,对抗演习一般都要预先埋好炸药,而枪的子弹则是用对人一般不造成杀伤力的空爆弹,同时使用一种专门的判断坦克是否被击毁的装置。一旦坦克被击中,立即会冒出一股蓝色的烟,或者导演裁定其被击毁,并由人工启动该装置,此时被击中的坦克就必须退出战场。在这种演习中,允许有地域千分之三的死亡率。

"砺兵-2008"现代战争技术背景下的实战对抗

"砺兵-2008"军事演习,以实兵对抗和联合作战为背景,达到检验和探索部队在现代化条件下的综合作战能力。

"砺兵-2008"是实兵对抗演习。演习有别于以往的计算机模拟网上对抗、图上推演、首长司令部机关带通信器材及部分士兵的对抗,演习所进行的方式是全部实兵对抗。

从演习的主要兵力编程来看,参演兵力包括了陆军航空兵、装甲兵、机械化步兵,还包括了空军的空降兵。整个"砺兵-2008"演习的性质是联合作战,这种方式与先前的协同作战和合同作战具有很大的区别。

"砺兵-2008"是地面机动攻防演习。这是因为参演的主要战术集团"蓝方"是以装甲团为主,都是以地面部队为主,"红方"是以轻型机械化步兵旅为主。

"砺兵-2008"是一次战术演习,参演主要的战术集团一个是旅级,另一个是团级,这体现了演习的级别。按照通常的划分方法,师以下为战术级别,师以上为战役级别。

十一、战略导弹部队作战演习

战略导弹部队演习,又称"核战演习",是为了检验战略导弹部队的战备程度和训练水平而进行的综合演习。也有一些国家试图通过战略导弹部队演习来显示自己的核打击实力,对别的国家进行核威慑。通过战略导弹部队演习,可以提高指挥员在复杂情况下的应变能力和整个战略导弹部队的生存能力、快速反应能力。战略导弹部队演习一般在想定情况的诱导之下进行。

战争动员、戒备等级转进、核突击、核防御、核武器运输与补给、核火力运用、指挥权移交等是战略导弹部队演习的主要内容。

按照演习目的,战略导弹部队演习可以分为研究性演习和检验性演习等;按照演习的性质来划分,可以分为核攻击演习和核反击演习两种;从演习方式角度来分,战略导弹部队演习可以分为指挥所演习和实兵演习。

在战略导弹部队演习中,防核突袭作战贯穿始终。

十二、实兵演习

实兵演习是为了检验、提高部队的作战技能和首长、机关的组织指挥能力而组织实兵进行的军事演习。多用于团以下战术课目的实兵演习,一共有实弹和非实弹两种形式。实兵演习在检验军队战斗力方面仅次于实战。在我军,参演部队在参加演习之前通常需要经过一段针对演习课目的适应性训练。

实兵实装演练由于情景和作战的气氛都非常逼真,所以非常容易暴露出部队在指挥和协同方面的不足。这种形式的演习接近实战,对参演部队有较好的锻炼作用,演习效果非常好。可是,由于追求情景的逼真和浓烈的战斗气氛,所以,组织这种演习会消耗较多的经费和物资。

实兵演习通常由上级组织在演习前,必须做好周密的计划和充分的准备。在实兵演习中,通常会分为红军和蓝军两个阵营。在演习中,由上级派出的演习导演组会设定演习情况,红、蓝两军根据导演组设定的课目进行演练。两军各设有自己的司令部。在边境防御演习中,蓝军多为进攻一方;而在濒海演习中,蓝军多为坚守一方。

现在,还有另外一种实兵演习的方法也十分常见。这种演习所用的装备上都安装有一种能发射出对人眼无害的激光装置。而在人员和装备上也安装有这种激光的接收装置。在被激光照射以后，根据命中部位的不同，激光接收装置会冒出不同的烟雾。导演组派出的观察员根据这些烟雾可以判定装备的损坏情况和人员的伤亡情况。

第十一章　军事战争

一、古代战争

（一）亚述战争

亚述战争是亚述鼎盛时期进行的侵略战争。早在远古时期,北美索不达米亚良好的自然条件促进了畜牧业和农业的发展。境内山区自然资源丰富,手工业生产和国内外贸易因而迅速发展。奴隶制经济的发展需要大量奴隶。为此,亚述国王亚述那西尔帕二世曾经多次远征北叙利亚和南高加索。在南高加索,遇到了建国于此的乌拉尔图的抵抗。

公元前9世纪中叶,几个毗邻国家组成了以大马士革为首的反亚述大同盟。卡尔卡尔激战之后,亚述军撤退。但不久亚述又开始推行对外扩张政策。

公元前8世纪中叶,国王提格拉特帕拉沙尔三世和他的继承者征服了大马士革、南叙利亚和巴勒斯坦,直至加沙城。继他们之后,国王阿萨尔哈东又侵占了南腓尼基和沿海大城市西顿。他在远征到达尼罗河河谷之后,曾一度征服埃及。

亚述巴尼帕在位时,亚述处于极盛时期,成为独霸前亚细亚的大国,始终保持着高水平的军事组织与兵器。军队是国家机器中最重要的部分,出征时由民军组成。军队的成员包括村社社员、农民、手工业者和小商。在边境和特别危险地区获有份地的移民,在出征期间也须服兵役。

公元前8世纪,提格拉特帕拉沙尔三世在位时,对中央和地方的政权机构进行了重要改革,以适应军事的需要。常备军取代了民军。

公元前8世纪中叶,由于骑兵成了重要兵种,军队变得机动灵活了。骑兵常常迅猛出击并快速追击敌人。步兵由重装和轻装的兵士组成,在军队中起着主要作用。他们身穿铠甲,有盾牌和头盔防护,以弓箭、短剑和长矛为武器。

军队中有专门筑路、架桥和设营的部队。筑城技术也得到了发展。亚述人以擅长构筑工事、围城和强攻敌人要塞而著称。他们攻城时使用一种带轮子的攻城器。

长期的战争促进了亚述人军事学术的发展。他们能巧妙地采用正面攻击和侧翼攻击,已会将部从排列成一定的队形,并知道奋力抢占狭窄的山隘口和山间通路,以及在前亚细亚山区和荒漠地区至为重要的水源。一些编年史常把亚述人屡战获胜的原因归结于他们既能迅速进攻,又能迅速地追歼敌军。

亚述人还广泛地进行军事侦察和谍报工作。驻外特使均按时向国王报告别国的详细情报,如备战、军队调动、缔结秘密同盟、接见和派遣使节、密谋和起义、要塞的构筑、叛逃人物、牲畜的总头数及收成情况等。

亚述人十分重视保障交通线和通讯联络。他们精心维护道路。遇有战况,则在高台上点燃木柴,用烽火报警。通过荒漠地带的道路均筑有堡垒防护,并备有水井。大居民点设有特别官员和专门"为国王传送公文"的急使。至今还保存有当时的路标残片,上面载明各城市间的距离和路程所需时日。亚述是内陆国,由于没有自己的舰队而要利用邻国腓尼基的舰队。因此总想占领腓尼基和叙利亚的重要沿海城市。

亚述人广泛地吸取了邻国的作战经验。他们从米坦尼人和赫梯人那里学会了使用骑兵和战车;从巴比伦人那里学会了在国境上建立军屯。同样,亚述人在军事上所取得的成就也被邻国所采用。例如,波斯人从亚述人那里学会了筑城技术,学会了包围要塞和用攻城器攻城,以及修筑"供车辆和军队通行的道路"的方法。后来,罗马人又从波斯人那里学会了筑路、架桥和开辟营地。

为了加强专制政权并为其军事侵略政策辩护,亚述也像古代东方其他奴隶制国家一样,广泛地利用宗教观念。亚述神被视为亚述人的最高神祇。根据当时的宗教信仰,亚述神使所有的部落和民族都听命于亚述的统治。人们常把亚述神描绘为张弓欲射的武士。

在造型艺术中,特别是在宫壁浮雕中,常常描绘有战争场面、会战、围攻要塞和部队调动等情景。有关亚述的军事实力及历代暴君镇压被征服人民反抗的骇人听闻的残暴行为,当时及后代的书籍都有明确记载。

但是,觊觎世界统治地位的强国亚述内部却很虚弱。被征服的领土十分辽阔,在经济上互不联系。被征服的部落和民族为自身的解放不断奋起斗争。乌拉尔图人和依兰人连续不断地反抗亚述的统治,埃及和巴比伦古王国始终不屈不挠地争取获得独立,加之国内阶级斗争日益尖锐,亚述国家终于渐渐走向覆灭。公元前7世纪末(亚达巴尼帕死后不久),米坦尼人和巴比伦人的军队打败亚述人,加速了亚述的灭亡。

(二) 波斯战争

波斯战争是波斯国王对亚洲、北非、黑海北部沿岸地区和巴尔干半岛各民族进行的征服性远征。阿契美尼德王朝的创立者大居鲁士二世为了建立世界霸权,开始推行征服其他民族的政策。其常备军达5万人,在大规模远征期间,还可由当地居民补充。这支军队由步兵、战车和骑兵组成,其中骑兵是主要兵种。士兵装备有弓箭、短矛和剑,并配有藤制盾牌和鳞状金属铠甲护身。

居鲁士二世建立起一支强大的军队后,于公元前553年发动了波斯部落反对米堤亚人统治的起义。公元前550~前549年征服米堤亚,后又征服了安息王国。

世界经典文库

世界军事百科

·军事战争·

图文珍藏版

公元前546～前530年,居鲁士二世统率的波斯军队接连征服了小亚细亚、巴比伦尼亚和3个中亚国家——巴克特里亚、索格地安那、花剌子模。结果于公元前6世纪在其侵占的广大地域内建立了一个幅员辽阔的国家。

然而,居鲁士二世建立的强国不过是一个在被征服的领土上由被征服的民族和部落组成的一个毫不巩固的军政统一体。公元前530年,居鲁士二世对咸海沿岸低地上的畜牧部落马萨盖特人远征。波斯军队在战斗中被歼灭,居鲁士二世本人也被杀死。其子冈比西继位后,于公元前525年远征埃及。在帕琉细安附近的交战中,波斯人击败了埃及军队,从而征服了埃及。

公元前512年波斯大流士一世,侵入黑海北部沿岸地区。斯基福人避而不战,退到草原腹地,同时不断地袭扰敌人。当敌人精疲力竭时,他们转入了进攻,迫使大流士军队退却。波斯军队在退却途中经常遭到斯基福骑兵的袭击。结果,大流士军队完全丧失了战斗力,仓皇退到伊斯特尔河以南。

大流士在公元前518～前492年间的远征是以印度西北部、色雷斯等地区并入阿契美尼德王朝国家而告终。争夺东西方商路控制权的斗争导致了长时间的希波战争,结果使阿契美尼德王朝国家大大削弱。

公元前5世纪末,米堤亚爆发了起义,约公元前404年埃及也赢得了独立。

公元前4世纪,波斯国王仍竭力推行征服政策。公元前335年,大流士三世科多曼再次征服埃及。为了阻止马其顿王亚历山大即将对波斯进行的远征,大流士三世打算派登陆部队在希腊登陆并在那里发动反对马其顿的起义。

然而,这个计划未能实现。公元前334年,马其顿王亚历山大的军队侵入小亚细亚,在格拉尼库河畔大败波斯军。第二年,波斯军队在数量上虽居优势,但在伊苏斯城附近再次遭到失败。公元前331年,波斯军队在加夫加梅尔附近被彻底击溃。大流士三世逃到国家北部,公元前330年在那里被杀死。阿契美尼德王朝国家至此灭亡,其领土落入马其顿王亚历山大的统治之下。

波斯人在公元前6～公元前4世纪的军事学术的特点是:步兵和舰队多次进行联合远征;大批登陆兵登陆作战;大量使用骑兵。在波斯战争中,波斯军队的战斗队形由弓箭手、矛兵、战车和骑兵组成,有时还有战象配置在数条战线。

第1线由战车和战象或弓箭手组成,用以与敌接战,打乱敌人战斗队形。第2线由重步兵组成,担负主要任务——在白刃战中消灭敌人。骑兵负责两翼掩护。有时为了追击溃逃之敌还设第3线。在整个战斗队形之后成一列横队配置着"预备"队,用以射杀本军中陷入惊慌失措和退却的兵士。

波斯人在军事上的胜利为时短暂。波斯强国领土的迅速扩大并不意味着它的军事实力也相应地增强。为了进行战争,波斯人还得利用被征服的各民族的军队。然而,被征服民族对保卫波斯专制国家不感兴趣,因此,波斯人未能建立一支内部团结一致的军队。波斯人在军事学术方面不及希腊人,这也加速了波斯强国的崩溃。

（三）伯罗奔尼撒战争

伯罗奔尼撒战争指古希腊的两个城市国家同盟——以斯巴达为首的伯罗奔尼撒同盟和以雅典为首的提洛同盟——之间进行的一次规模最大的战争。

希腊各城邦经济的繁荣和希波战争后各城邦之间贸易的增加,使希腊一些最大的手工业商业中心的竞争加剧。

斗争的焦点主要是争夺西部和东北部的市场。雅典的利益与位于科林斯地峡上的科林斯和梅加腊之间的利害冲突尤为激烈。对双方来说,谁占有克基拉岛的各港口,具有头等重要意义。

除经济上的原因外,还有政治上的原因,即斯巴达和雅典由于全希腊的内部政治事务而引起的斗争和争夺希腊霸权的斗争。雅典积极支持希腊各城邦的民主派,而斯巴达则支持与雅典结盟的希腊各城邦的贵族集团和寡头政治集团。随着各城邦联合的趋势——这种趋势与城邦的自治制度发生了激烈的冲突——的增长,雅典与斯巴达争夺政治统治权的斗争也愈演愈烈。

战争爆发前夕,雅典与其盟邦共同拥有一支庞大的舰队和一支4万余人的军队。

雅典国家首脑伯里克利的战略计划是:利用海上霸权,将伯罗奔尼撒沿海地区劫掠一空,迫使伯罗奔尼撒同盟投降。这项任务由舰队完成,陆上则采取防御行动。斯巴达拥有人数较多的陆军,他企图攻取亚提加并将其摧毁,从陆路封锁雅典。

历史文献把伯罗奔尼撒战争大致分为3个基本阶段。阿客达漠斯战争、西西里战争、狄克勒亚战争。有时文献把西西里战争和狄克勒亚战争合为一个阶段。

1.阿客达漠斯战争

伯罗奔尼撒军队在公元前431年4月袭击布拉的城之后,又于6月中旬攻入亚提加。雅典的局势则由于鼠疫流行,以及米提利尼和克基拉岛先后爆发反雅典起义而恶化了。

公元前425年,雅典军和舰队在狄摩斯提尼的率领下在皮洛士港口夺取了一个登陆场,并筑垒设防。斯巴达人企图把雅典人逐出皮洛士,但未能成功。于是一支斯巴达重步兵部队占据了位于皮洛士港入口处附近的斯法克特里亚岛。后来,雅典军和舰队在狄摩斯提尼和克里昂的统率下击溃了斯巴达人。

公元前422年10月,克里昂统率的雅典军与布剌西达斯统率的斯巴达军在安菲波利斯附近发生战斗。克里昂和布剌西达斯都战死。这次战斗后,于公元前421年4月11日签订了有效期为50年的所谓尼西亚斯和约。

2.西西里战争

这次战争的特点是双方争夺海上霸权。尼西亚斯和约的条款未能消除战争再发的根源。公元前 420 年,领导一个最好战的派别的亚尔西巴德建立了伯罗奔尼撒城邦同盟。同盟在雅典的支持下反对斯巴达。公元前 418 年 8 月,同盟的军队在曼提涅亚附近被击溃。

公元前 415 年春,雅典人开始远征西西里,但未能攻破锡腊库扎的筑垒工事。雅典舰队在锡腊库扎港口战败并被焚毁,向西西里岛腹地败退的雅典军也遭围歼。

公元前 413 年,雅典又向锡腊库扎派出一支 2.6 万人的军队,但也未获胜。雅典的军事冒险破产了。

3.狄克勒亚战争

这次战争是由于斯巴达人夺占据雅典 22 公里的狄克勒亚所致。公元前 410 年,雅典新的舰队在阿比多谢附近连获两次胜利,但随后在诸提翁角附近战败。公元前 406 年,在波斯援助下组建的斯巴达舰队在靠近小亚细亚海岸的阿吉纽西群岛附近被雅典人击溃。

此后,波斯再次帮助斯巴达人重建舰队。公元前 405 年,这支舰队在埃戈斯波塔梅附近的交战中击败雅典舰队。公元前 404 年 4 月,陷入海陆重围的雅典投降。胜利者斯巴达迫使雅典接受以下媾和条件:解散提洛同盟;交出雅典舰队;拆除雅典和拜里尼司的筑垒工事;与斯巴达结盟并依附于斯巴达。

伯罗奔尼撒战争的结果是:希腊所有国家——不论胜者或负者,都遭到了严重破坏;希腊奴隶制度加速解体;希腊的国际威望下降;波斯强国的地位有新的加强。公元前 4 世纪,由于城邦政体在社会经济、政治方面发生了危机,希腊沦为马其顿的附庸。

伯罗奔尼撒战争促使军事学术得到进一步发展。交战双方都根据各自政治斗争的目的和武装力量的特点预先详细制定作战计划。争夺盟邦和海上霸权是这场战争的根本问题。

在战争过程中,完成了由自由市民组成的民团向雇佣军的过渡。职业军人的出现使军队的训练和教育复杂化了。战斗行动持续的时间更长,并且一年四季都在进行。希腊军战斗队形编成的原则得到了进一步发展。

方阵仍是战斗队形的基础,但步兵的一种——培尔塔斯特的出现,改变了会战本身的性质,这种步兵能以密集队形和散开队形在起伏地机动行动。

当时,战斗中以重步兵和中等装备的步兵协同行动为基础的机动,已成为获胜的重要因素。夺取要塞的方法有很大改进:强攻部队列成纵队,从队形两侧和上方均由士兵手持的盾进行防护;使用水淹、火焚和挖掘地道。舰队的使用方式更加复杂化了。在伯罗奔尼撒战争中,对海上通路的争夺、从海上对敌封锁和侵入都达到了很大的规模。

(四)布匿战争

布匿战争指迦太基与古罗马先是争夺西西里,后是争夺地中海整个西部地区统治权的侵略性战争。因罗马人称迦太基人为布匿人，故名布匿战争。布匿战争共3次，是奴隶制社会时期军事学术发展史上的一个重要阶段。

1.第一次布匿战争

这次战争的主要原因是争夺西西里。公元前264年，双方因起义的锡腊库扎雇佣兵占领的西西里的墨萨拿城而发生的冲突，是这次战争的导火线。锡腊库扎的统治者希厄伦二世想夺回城，对玛美尔提尼人展开军事行动。玛美尔提尼人遂同时向罗马和迦太基求援。罗马军队和边太基军队开到西西里后发生冲突，从而揭开了战争的序幕。

公元前264年，罗马人挫败了迦太基人，夺取了墨萨拿。公元前263年，锡腊库扎与罗马结盟。公元前262年，罗马人经过6个月的围攻，攻占了属于迦太基人的西西里的最大城市之一阿格里琴托。罗马人虽在陆战中获得全胜，但对封锁西西里和意大利南部海岸的迦太基海军的报复行动却无能为力。

于是，罗马人在意大利南部希腊人的帮助下建立了一支舰队，其战船同迦太基人的一样，也是桨式战船。但是，罗马人在战船上使用了一种新的技术装置——接舷吊桥，这种装置的使用，保证了他们在以后的海战中占有优势。罗马士兵利用这种装置能够登上敌船，并在敌船上进行白刃战。公元前260年，杜伊利统领的罗马海军在米雷附近的海战中首次战胜了阿尼巴尔统领的迦太基海军。

此后，罗马人便开始远征阿非利加，以占领迦太基本土。公元前256年，埃克诺姆角附近发生海战，迦太基人战败，这就使得执政官利列古鲁斯统率的罗马军队未遇阻碍便在阿非利加的克利比亚城一带登陆。

起初列古鲁斯接连大败迦太基人，但到公元前255年，罗马人却被克桑季普指挥的迦太基军队击败，列古鲁斯被俘。从公元前254年起，战事在西西里持续未断。公元前251年，罗马人占领了巴勒莫，又企图攻取特腊帕尼和利利卑两城，但均未得逞。哈米尔卡·巴卡统率的迦太基军队于公元前247～公元前241年对罗马人进行了一系列打击。

但是，公元前241年，罗马海军在埃加迪群岛附近的交战中再获大胜，从而决定了战争的结局，签订了各项条款都有利于罗马人的和约。迦太基人答应让出西西里并交出全部俘虏，还向罗马偿付了巨额赔款。第一次布匿战争虽以罗马的胜利而告终。但是，罗马的主要问题——对地中海西部地区和经济的统治权问题，仍然没有解决，因为迦太基的经济和政治军事实力并没有被摧垮。

2.第二次布匿战争

第一次布匿战争结束后不久，迦太基就着手准备新的战争。巴卡详细制订的战略计划是，在公元前237—公元前219年征服的伊比利亚领土上建立一支强大的军队，越过阿尔卑斯山，从北面对罗马实施突然的猛烈突击。

公元前219年，汉尼拔率迦太基军队包围了与罗马结盟的西班牙城市萨贡托，经8个月的围攻占领了该城。这便是公元前218年春天开始的第二次布匿战争的导火线。罗马元老院决定派遣执政官西庇阿率军前往伊比利亚,就地击溃迦太基军队并派兵在阿非利加登陆,以期达到对迦太基本土展开军事行动之目的。

但汉尼拔先发制敌,于公元前218年秋以前所未有的行动率军越过阿尔卑斯山,前出到塔夫里西亚一带帕都斯河各地。迦太基军队在5个半月的时间内行军1600余公里,沿途克服了险恶的天然障碍和许多部落的抵抗。他们出敌不意,在提塞那斯河和特里比亚河战役中击溃了西庇阿的军队。

这些胜利的取得,使汉尼拔巩固了后方,并和与罗马为敌的高卢诸部落订立了同盟。公元前217年春,迦太基军队侵入意大利中部,巧妙地在特拉西米诺湖畔的狭窄隘口设下埋伏,歼灭了弗拉米尼统率的罗马军队。

公元前216年,在坎尼战役中罗马军队被汉尼拔军队包围,并被全歼。这次胜利后,意大利的很多部落和城市投降迦太基。坎尼战役的胜利是汉尼拔取得的一次最大的胜利。

从公元前212年起,主动权转到罗马人手中。他们采取积极的行动夺回了早先在意大利、西西里、伊利里亚和马其顿所丧失的阵地。

公元前209年,罗马人攻占了迦太基人在伊比利亚的主要基地——新迦太基城。哈斯德鲁拔企图从伊比利亚驰援汉尼拔,但因在麦陶尔战役中被击溃,而未获成功。反罗马同盟因罗马人屡屡获胜而日趋瓦解。公元前204年,西庇阿之子大西庇阿率罗马军队在迦太基附近登陆。在扎马战役中,迦太基人战败。公元前201年,迦太基人同罗马人签订了条款苛刻的和约。

根据和约规定,迦太基人失去阿非利加以外的一切领地,将整个海军交给罗马,并偿付巨额战争赔款。第二次布匿战争使迦太基在地中海的统治遭到了毁灭性的打击。

3.第三次布匿战争

当迦太基在与努米底亚王国进行的战争中失败之后,罗马发动了第三次布匿战争。公元前149年,罗马人开始围攻迦太基,迦太基居民顽强地抵御了3年。

公元前147年,埃米里亚努斯接任围攻迦太基部队的司令官。他整顿了军纪,完全封锁了迦太基城,并于公元前146年春发起总强攻。罗马人冲进城内,战斗持续了整整一个星期,直到拿下中央要塞——比尔撒。到达占领城市的罗马元老院委员会,决定把迦太基城夷为平地。

结果,城中居民被卖为奴,城市被毁。迦太基的主要领地并入罗马阿非利加省,其余部分划归努米底亚。罗马由于在布匿战争中获胜而成了地中海最大强国,这就为其进一步向希腊化的东方各国扩张准备了条件。第一次布匿战争中,交战双方的战略特点,就在于其根本问题是都为地中海西部的统治权而争夺。因此,罗马人在海战中取胜也就决定了战争的结局。

（五）恺撒对高卢的远征

尤利乌斯·恺撒对高卢的远征是罗马人为征服高卢而进行的侵略性远征。罗马人在尤利乌斯·恺撒统率下先后 8 次远征高卢。

第一次远征高卢时，在比布拉克特会战中击败了打算从现今瑞士地区向西南方迁移的人数最多的高卢部落之一赫尔韦蒂人。同年，第二次远征高卢时，打败了由斯维勃人的首领阿廖维斯特指挥的各日耳曼部落的联军，并把他们驱逐到莱茵河对岸。

第三次远征高卢，征服了比利其人和其他一些东北部的高卢部落。至此，恺撒向元老院报称，已征服整个高卢。罗马人的掠夺和暴行引起高卢部落多次起义。为镇压这些起义，罗马人又接连 5 次远征高卢。例如，公元前 56 年的第四次远征高卢，就是为了镇压韦内特人和阿奎丹人的起义。在镇压了起义并对战败者残酷迫害之后，恺撒随即第五次远征高卢，进袭韦内特人的同盟者日耳曼部落的乌西佩特人和股克特里人，并渡过莱茵河，在东岸将他们击溃。

为使高卢人不再有同盟者，公元前 55 年秋，罗马的两个军团在不列颠群岛登陆。不列颠人进行了顽强抵抗。几次会战后，恺撒匆忙和他们签订和约，返回高卢。

第六次远征高卢时，罗马的 5 个军团和 2000 骑兵渡过英吉利海峡，再一次企图占领不列颠。他们这次虽然取得了一些胜利，但并未能牢固控制不列颠，因为未能在当地部落中找到同盟者。

第七次远征高卢的目的是镇压埃布罗讷人、阿杜阿蒂克人、内尔维人、特雷维人和其他部族的起义。

最后一次远征高卢，是为了镇压由天才的军事统帅、阿尔韦恩部落的首领弗钦格托里克斯领导的几乎所有高卢部落都参加了的大起义。起义军在格尔戈维打败了罗马人。但因各部落发生内讧，起义军受到削弱。在一系列作战失利后，弗钦格托里克斯的主力被罗马人围困在阿莱亚要塞。罗马人击溃了弗钦格托里克斯的援军，迫使守军投降。

公元前 51 年，罗马军队还多次镇压了个别高卢部落的起义。恺撒历次远征高卢的特点是对战败者进行残忍的大屠杀。远征高卢能够每次都取得胜利，不仅是由于罗马军队在人员和装备上占优势，而且还由于他们善于制造和利用高卢部落之间的矛盾。

远征高卢的结果，是征服了整个高卢。巨额财富落入恺撒及其亲信手中，其中相当一部分被用来进一步加强恺撒的势力和提高他的权威，远征高卢加速了罗马共和国的解体，为恺撒以后建立独裁政权扫清了道路。

恺撒远征高卢在军事学术方面的特点是：对敌人和地形进行详细的侦察；采用多种多样的作战方式；行动果敢，目的坚定；善于利用有利地形和能够迅速构筑工事。为实施出敌不意的突击，恺撒的军团能进行当时说来速度极快的行军。在作战中,一旦取胜,总是毫不放松地进行追击,直至彻底歼灭敌人。

（六）罗马内战

罗马内战是奴隶制国家罗马内部为争夺统治权和建立军事独裁而进行的战争。公元前2世纪中叶,罗马统治阶级上层已开始意识到:在社会矛盾不断加深的情况下,奴隶主原先实行统治采用的共和制形式已经过时,必须寻求一种更加强有力的统治形式——军事独裁。

平民派中的奴隶主代表人物凯尤斯·尤利乌斯·恺撒就是独裁宝座的觊觎者之一。他征服高卢,攫取了大量财富,便用其中的一部分"周济"罗马平民阶级,因而在人民中享有了声望。

尤利乌斯·恺撒拥有一支久经征战、忠诚可靠的庞大军队。公元前50年,贵族派占多数的元老院担心尤利乌斯·恺撒建立独裁政权,于是拒绝延长其高卢总督的任期,并要求他遣散军队。

尤利乌斯·恺撒拒不接受这一要求,并于公元前49年1月率领1个军团向罗马进发。以格涅乌斯·庞培为首的敌对派措手不及,无力抵抗,逃往希腊。

于是,奴隶主两派之间争夺政治统治权的内战就此开始。尤利乌斯·恺撒占领罗马后,决定歼灭庞培留在西班牙的主力,保障后方安全和掌握战争的战略主动权。他率领6个军团开进西班牙。庞培军队群龙无首,未作认真抵抗即宣告投降。前后2个月的时间,尤利乌斯·恺撒就占领了整个西班牙。

为了准备决战,他推行各行省居民和罗马人权利平等的政策,从而使自己的社会基础更加广泛。军队一下增加到28个军团。庞培在希腊总共只有9个军团。

公元前49年11月,尤利乌斯·恺撒率领7个军团出其不意地在希腊登陆。由于敌方海军掌握着制海权,他的另一部分远征军未能登陆。

直到公元前48年春这部分军队才同尤利乌斯·恺撒的部队会合。庞培没有利用这一有利时机将尤利乌斯·恺撒军队各个歼灭。尤利乌斯·恺撒却在部队会合后,把庞培的几个军团围困在第拉希的筑垒兵营里。

但是,围困长达3个月,并未奏效,于是只好撤到帖萨利亚。庞培部尾随其后。同年8月,两军在法塞拉斯进行了一场决战,尤利乌斯·恺撒军队彻底击溃了庞培部队。

庞培从战场逃出不久,便在埃及被人杀死。庞培死后3天,恺撒军团跟踪而至,在埃及登陆。恺撒干预了埃及内讧,打败了托勒密国王的部队,把克里奥帕特拉王后扶上了王位。

随后,他进军攻打并击溃了占据着部分罗马领土的帕提亚人。公元前46年,尤利乌斯·恺撒再次在非洲登陆,并在塔普苏斯城附近击溃贵族派军队。接着,他又挥师西班牙,在公元前45年孟达一战中,击溃了庞培2个儿子的部队,从而胜利地结束了内战。

这次罗马内战的主要结果是建立了军事独裁。奴隶主们把这种军事独裁看作是维持其政治统治的唯一可行的方法。尤利乌斯·恺撒的独裁依靠的是在战争期间已发展到 40 个军团的军队。在罗马内战过程中,军事学术得到了进一步发展,而作为杰出统帅的尤利乌斯·恺撒在这方面起了很大作用。他善于根据政治、经济和军事的不同情况来指导战争,在解决战略问题时能审时度势,具有远见。

罗马兵法的特点是:善于选择主要攻击方向,巧妙地分割敌军兵力并各个击破。尤利乌斯·恺撒的军队在迅猛、大胆、机动迎击敌军时,通常总是集中兵力狠狠打击敌军某一翼侧。在战斗队形中通常都留有强大的预备队。预备队作为战斗队形的重要部分,用来加强部队在主要方向上的突击力量,这是创举。

(七)伊朗—拜占庭战争

伊朗—拜占庭战争是拜占庭同伊朗萨桑王朝在前亚细亚争夺霸权的侵略战争。

根据共同对蛮族作战条约的规定,拜占庭曾向伊朗支付现金补偿。公元 6 世纪初,拜占庭拒绝继续支付,遂成为公元 502~506 年战争的导火线。

502 年,一支庞大的伊朗军队侵入美索不达米亚,并侵占了阿米达城。506 年,匈奴人经高加索侵入伊朗,迫使伊朗同拜占庭缔结和约。伊朗的附庸国伊比利亚和拉济卡成为公元 6 世纪 20 年代伊拜战争的主要战场。拜占庭和伊朗在确定政治方针中,宗教起着很大作用。

伊比利亚和拉济卡分别于 337、522 年定基督教为国教,而伊朗信奉拜人教,从而它们与伊朗的关系恶化了。拜占庭给伊比利亚以援助,导致 527~532 年的战争。

528 年,伊朗在伊比利亚立足之后,便出兵进攻拉济卡,但被拜占庭和拉济卡联军击退。530 年,伊军 4 万人包围了美索不达米亚的达剌要塞。由拜占庭东部部队指挥官韦利萨里统率的达剌守卫部队,在要塞正面的平原上同伊军交战,击败了一倍于己之敌。伊军损失 5000 人,拜占庭人损失不大。在达剌战斗中,拜占庭步兵是战斗队形的基础,他们在隐蔽物后使用投掷武器。决定战役胜负的是用来攻击敌人的骑兵弓箭手。

531 年末,科斯洛埃斯一世继承伊朗王位,他在位期间,伊朗达到鼎盛时期。科斯洛埃斯一世进行了一系列改革,其中最重要的是军事改革。除原有的民军外,同时又由中、小地主组成一支常备军。

主要兵种为机动的骑兵,步兵仍然起辅助的作用。在常备军中服役的军人开始领取薪饷。科斯洛埃斯一世撤销了总司令的职位,将其权力分配给 4 个总督,由他们负责民政管理和军事指挥。

作为军事长官,总督享有斯帕赫别德的封号。科斯洛埃斯一世的军事改革是企图建立一支由铁甲骑兵和步兵组成的正规军。这次改革巩固了沙赫政权和中央政府。

公元 6 世纪,拜占庭军队大部分由雇佣兵组成,士气低落,军事学术水平不高。

公元 7 世纪,拜占庭社会经济制度的根本变革改变了拜占庭军队的兵员补充制度和组织形式。农村公社农民取代奴隶和佃农,逐渐成为主要生产者,兵役就是他们的主要义务之一。

伊朗曾多次企图夺取拉济卡,进逼攸克辛海,从北方威胁拜占庭,但这些企图在 555 年以惨败而告终。562 年,伊朗和拜占庭在达剌缔结为期 50 年的"永久和约"。根据条约,伊朗将拉济卡割让给拜占庭,自己保留了斯万涅特。

570 年伊朗人侵占了阿拉伯西南部的也门,并把拜占庭的盟友——埃塞俄比亚人从那里逐出,受拜占庭唆使的突厥人和可萨人从东部袭击伊朗,从而导致了新的战争。

590 年初,伊比利亚部队占领了阿尔巴尼亚。伊朗人和可萨人在北高加索展开了军事行动,拜占庭作为可萨人的盟国也派部队前往高加索。590 年底,伊军在巴赫拉姆·楚宾统帅的指挥下,在北高加索击溃了可萨人,并侵入斯万涅特和阿尔巴尼亚,但在阿拉斯河被罗曼统帅指挥的拜占庭部队击败。

572~591 年的战争以 591 年在泰西封城缔结和约而结束。根据条约,为酬报摩里士皇帝在科斯洛埃斯·二世沙赫同巴赫拉姆·楚宾统帅争夺王位的内战中对科斯洛埃斯二世的帮助,伊朗将前些年在美索不达米亚和外高加索侵占的领土归还给拜占庭。

602~629 年的战争起因于科斯洛埃斯二世借口替被杀害的摩里士皇帝报仇,对拜占庭皇帝福加斯进行讨伐。他在 13 年里攻占了叙利亚、美索不达米亚、基列涅亚和小亚细亚。

614 年,伊军首次出现在非洲,并占领了下埃及。622 年,拜占庭皇帝希拉克略利用优势的船队把部队从君士坦丁堡调往基利基亚的亚历山大勒塔,并把部队部署在伊斯城郊的筑垒兵营里。科斯洛埃斯二世派遣以萨尔巴尔为首的大部队前往抗击拜占庭人,把拜占庭人封锁在托罗斯山区。

但是,希拉克略率领部队沿着崎岖难行的小道及时地穿过山岭,出其不意地出现在伊朗人的后方,将其后卫部队击溃;随后,佯装撤退,将伊军全部诱入地势对其不利的地方,迫其交战,并将其击溃。希拉克略将部队留在哈里斯河沿岸富庶的卡帕多基亚,自己返回君士坦丁堡征募补充兵员。

623 年春,为了打击萨尔巴尔和萨伊斯率领的、对拜占庭在卡帕多基亚的部队有威胁的伊军后方,希拉克略率领 5000 精兵,乘船驶往特拉帕作斯。

由于拜占庭部队的果断机动,伊军被迫撤向米季亚;希拉克略率领的部队遂与在卡帕多基亚的拜占庭部队会合。希拉克略逐走伊朗人后,号召居住在从攸克辛海到希尔加尼海地区的所有信奉基督教的居民拿起武器反抗伊朗。

希拉克略募集相当大的兵力后,征服了直到阿拉斯河的整个亚美尼亚,并向米季亚—阿特罗巴特那的首都甘扎克城推进。

科斯洛埃斯二世在该城附近集结有 4 万军队。伊朗人得知拜占庭人进攻后,慌忙向伊朗腹地撤退。希拉克略部队实施迫击,占领了甘扎克城,使伊军遭受重创。希拉克略率领部队到达希尔凡和希尔加尼海后,便驻扎下来过冬。

624~626 年,伊军曾试图收复失地,但未成功。

627 年 12 月 1 日,在底格里斯河域的尼涅维遗址附近发生了一场血战,伊朗部队被击溃。

628 年,科斯洛埃斯二世被阴谋者们杀害后,其子希鲁伊埃于 629 年同拜占庭缔结和约。根据条约,希鲁伊埃将科斯洛埃斯二世在位期间伊朗在亚洲和埃及侵占的领土归还拜占庭。

伊朗—拜占庭战争大大削弱了两国的力量,使它们无力抗击阿拉伯征服战。在历次战争中,伊朗人都避免同以高度密集队形作战的拜占庭人近战,多半采用散开队形,以投掷武器与拜占庭人对抗。

与此相应,拜占庭军团逐步由弓箭手、投石器手和投掷炮手组成,他们与排成数列横队的重装战列步兵协同作战。每个军团配属有一个由数艘小船和渡河保障人员组成的舟桥组,以及围攻要塞的所需器材。在伊拜战争中,拜占庭人常常用土掩体、壁垒、壕沟和木塔加强部队的配置,在这些隐蔽物中部署着射手和投掷炮。

(八)阿拉伯—拜占庭战争

阿拉伯—拜占庭战争指拜占庭帝国和阿拉伯哈利发国为争夺近东、地中海区域和南高加索的统治权而进行的历次战争。这些战争是在"传播伊斯兰教"和"展开反对异教徒的圣战"的口号下进行的。

632~634 年哈利发的执政者阿布·贝克雷侵占地中海东岸是阿拜战争的序曲。633 年,阿拉伯人在死海以南的瓦迪—阿拉巴一带首次大败拜占庭军队。

7 世纪下半叶,拜占庭屡战屡败,丧失了在叙利亚、巴勒斯坦、伊拉克、埃及、南高加索和北非的领地。646 年,哈利发军队最后占领了亚历山大城。648 年和 654 年又先后占领了塞浦路斯群岛和罗得岛。自 668 年起,战争主要在小亚细亚进行。668~669 年,673~678 年,716~717 年间,阿拉伯军队在海军的支援下多次远征君士坦丁堡,但屡攻未克。

717 年最后一次远征,哈利发的陆海军均告败北,阿拉伯丧失了在安纳托利亚的领地。在这以后的 20 年中,双方在这个地区作战互有胜负。739 年,拜占庭军队在阿克罗因附近击溃阿军。

于是,阿拉伯军队撤出了小亚细亚西部。至 9 世纪初,拜占庭军队占领了从叙利亚到亚美尼亚的大片土地,在帝国东部边境建立了防线。阿拉伯人也面对这条防线构筑了许多工事。其中最重要的工事是塔尔斯要塞。战事几乎连年不断,主要在要塞防线一带进行。

在阿拉伯—拜占庭战争进程中,在地中海上也展开了作战行动。阿拉伯人利用其海军优势,于 823 年占领克里特岛,858 年又占领马耳他岛。西西里岛争夺战持续了 50 多年,于 878 年终为阿泣伯军队所占领。阿军以西西里岛和地中海其他岛屿为基地,对拜占庭在意大利卡拉布里亚和阿普利亚的领地不断发起攻击。

自 9 世纪末起,克里特岛也成了阿拉伯海盗袭击伯罗奔尼撒半岛各城市和爱琴海各岛屿的基地。在军队的武器和技术装备方面远不及拜占庭的阿拉伯哈利发所以能多次取胜，是因为拜占庭同伊朗进行的战争使拜占庭在政治上和军事上大为削弱。

另一方面受拜占庭残酷压迫的人民奋起反抗，尽管力量不大，但对阿拉伯人的胜利也有所帮助。以后哈利发衰落，拜占庭于 10 世纪初占领了叙利亚北部地区，而 10 世纪后半叶又收复了克里特岛、塞浦路斯岛和罗得岛。到 11 世纪初，拜占庭遇到了新的劲敌土耳其塞尔柱人的国家，因此与阿拉伯的竞争比以前有所缓和。

（九）君士坦丁堡海战

君士坦丁堡海战是基辅罗斯舰队同拜占庭舰队之间的一次交战。交战的导火线是拜占庭人在君士坦丁堡对俄罗斯商人进行挑衅性袭击。基辅公贤君雅罗斯拉夫为了迫使拜占庭皇帝放弃对基辅罗斯的侵略性行动并加强同拜占庭的贸易往来，派出一支舰队，由其子弗拉基米尔统帅前往君士坦丁堡。罗斯舰队隐蔽通过黑海，突然出现在博斯波尔海峡入口附近。弗拉基米尔为了通过和平途径达到这次远征的目的，与拜占庭皇帝君士坦丁十一世进行了谈判。

君士坦丁堡海战

但是君士坦丁十一世不接受提出的条件，反而派泰奥托罗坎率领一支舰队去攻击罗斯舰队。罗斯拉季亚船在博斯波尔海峡入口附近排成一线，拜占庭的军舰也排成一线。

按照君士坦丁十一世的信号，拜占庭的两艘大桡战船首先进入战斗，随后拜占庭舰队的基本兵力投入交战。在攻击罗斯拉季亚船过程中，拜占庭人使用了石头、弓箭和希腊纵火剂。罗斯舰队采用的基本战术方法是将拉季亚船编成若干群，分别包围和攻击敌人的单艘军舰，强行靠近敌舰进行接舷战或用特制的大梁捣毁敌舰的水下部分。

但在激烈交战中狂风大作，许多罗斯轻型拉季亚船被掀翻，或者在近岸礁石上被撞碎或者被风刮到岸上，在这次海上交战中罗斯舰队遭到了失败。从沉船上逃出的约 6000 名罗斯官兵企图从陆路逃回罗斯，但在瓦尔纳附近被拜占庭军队截住和击溃，成了俘虏。罗斯舰队剩余的船只则隐蔽在沿岸海湾内。

为了追击这些船只，君士坦丁十一世派出了 24 艘船只，但遭到罗斯船只的突然攻击和合围，大部分船只被消灭，5 艘被俘。君士坦丁堡海战反映了基辅罗斯和拜占庭舰队的战术特点，也显示了古罗斯海军人员的高度英勇精神。这次海战在

11世纪拜占庭的作家阿塔利斯特及其同时代的拜占庭宫廷史家普塞尔的著述中都有记载。

（十）十字军远征

十字军远征是西欧封建主于1096~1270年间对近东国家发动的侵略性战争。西欧商业资本的增长，城市和商品货币关系的发展，加速了封建社会内部社会经济的分化，并成为统治阶级对经济发达的近东国家进行掠夺的原因。

十字军远征，是在解放巴勒斯坦基督教圣地的口号下，由天主教会发起的。基督教圣地和其他拜占庭领土一样，在11纪末叶被穆斯林所占领。十字军远征参加者的衣服上缝有用红布制成的十字，由此称为"十字军"。

参加十字军远征的有社会各阶层的人。以教皇为首的教会上层是十字军远征的思想鼓动者和总组织者。

他们利用宗教狂热极力扩大罗马教廷的政治影响，企图将希腊东正教置于自己的控制之下，并力图通过掠夺东方领土和建立新的"基督教"领地来充实自己的财富；贫困化了的骑士也为发财致富的机会所吸引，他们成了十字军主力；大封建主力图扩大自己的领地和增加收入，并梦想在东方富庶的土地上建立归他们统治的国家。

意大利的热那亚、威尼斯和比萨城在十字军远征的组织方面起了重大作用。

因为，从近东赶走塞尔柱突厥人，并同居住在地中海东岸的人民重建贸易关系，对这些城市十分有利。贫穷的农民也参加了最初的十字军远征，以寻求摆脱封建压迫和极端贫困的道路。

但是，当农民确信这种希望不可能实现之后，便从12纪后半叶起拒绝参加十字军远征。天主教会宣布十字军是"为信仰而战的勇士"，把他们置于自己的庇护之下，并给予各种特权。

以陆路为主的大规模十字军远征共进行过8次。第一次十字军远征，是教皇乌尔班二世于1095年11月26日在克勒芒召开的宗教会议上宣布的。大约有10万人参加了这次远征。1097年，十字军从君士坦丁堡附近渡海进入小亚细亚，攻占了塞尔柱人的国都尼西亚；1098年，又攻占了爱德沙和安条克，建立起十字军的第一批国家——爱德沙伯国和安条克公国。1099年7月，十字军夺取耶路撒冷，建立了耶路撒冷王国。十字军在东方建立的其他国家，均附属于耶路撒冷王国。城乡居民多次举行反抗奴役者的起义。

为了控制被十字军征服的地区及其人民，建立了宗教骑士团：圣殿骑士团和医院骑士团。

第二次十字军远征，是在法国国王路易七世和"神圣罗马帝国"皇帝、德意志国王康拉德三世率领下进行的。塞尔柱突厥人于1144年占领爱德沙，是这次远征的起因。出动较早的德意志十字军在小亚细亚被土耳其人击溃。法国十字军攻占大马士革的企图也落了空。

第三次十字军远征,是由于埃及苏丹撒拉丁部队于 1187 年在太比里亚斯湖附近会战中,击溃耶路撒冷王国部队,并占领耶路撒冷而引起的。这次远征,是在"神圣罗马帝国"皇帝红胡子腓特烈一世、法国国王奥古斯都·腓力二世和英国国王狮心王理查一世率领下进行的。腓特烈率其部队,沿上次远征的陆路穿越拜占庭。法国人和英国人由海路向巴勒斯坦挺进,途中占领了西西里岛。

由于十字军内部矛盾重重,此次远征也没有达到目的。德意志十字军一路上伤亡惨重,冲过了整个小亚细亚,但红胡子在横渡萨列夫河时溺死,其军队也就随之瓦解。腓力占领了阿克拉港后,于 1191 年率部分十字军返回法国。理查在叙利亚取得了一定的成果,攻占了塞浦路斯,并建立了塞浦路斯王国。

以后,于 1192 年与埃及苏丹撒拉丁签订和约。据此和约。从提尔到雅法的沿海狭长地带归耶路撒冷王国所有,阿克拉港实际上成为王国的中心。耶路撒冷仍然留在穆斯林手中。与的黎波里合并的安条克公国仍掌握在十字军手中。

第四次十字军远征,是由教皇英诺森三世组织进行的。十字军没有按计划远征埃及,而是开进拜占庭帝国,先后攻陷两座基督教城:达尔马提亚的扎达尔和君士坦丁堡。

十字军在分崩离析的拜占庭帝国的部分领土上建立起了几个国家,其中最大的国家是直到 1261 年才灭亡的拉丁帝国,它占有巴尔干半岛的许多地区和小亚细亚的西北部,以及爱琴海和爱奥尼亚海上的一些岛屿。第四次十字军远征后,威尼斯作为意大利最强大的国家,垄断了同东方的贸易,从拜占庭手中夺去了许多在贸易和军事方面都具有重要地位的领地。

第五次十字军远征,是奥地利公爵利奥波六世和匈牙利国王安德烈二世所率十字军联合部队对埃及进行的远征。十字军在埃及登陆后,攻占了杜姆亚特要塞,但被迫同埃及苏丹订立停战协定并撤离埃及。第六次十字军远征,是在"神圣罗马帝国"皇帝腓特烈二世率领下进行的。这次远征使耶路撒冷在 1229 年暂时回到基督教徒手中,但 1244 年又被穆斯林夺回。第七次十字军远征和第八次十字军远征,是法国国王"圣者"路易九世先后对埃及和突尼斯进行的两次远征,但两次远征均遭失败。

十字军远征参加者的社会成分繁杂不一,这就使得十字军部队在武器装备上极不统一。身裹甲胄的骑马骑士装备的是中等长度的剑和用于刺杀的重标枪。一些骑马或徒步的骑士除有剑外,还装备有锤矛或斧子。大部分农民和市民装备的是刀、斧和长矛。

十字军采用的是骑士军的战术。作战时,他们排成横队,较少采用纵深战斗队形——"楔形队"。骑士配置在前列,其后是侍从兵和步兵。战斗由骑士骑兵发起,一接战,即成为一伙对一伙和单个对单个的决斗。骑士骑兵和步兵之间的协同动作有限,步兵的作用得不到重视。

战斗没有统一的指挥。十字军通常不追击敌人,以免离开兵营太远。十字军装备有攻城器材。它们使用攻城槌和装有轮子的活动攻城碉楼来击破要塞城墙和城堡围墙。

在进行联合远征或海上远征时，十字军利用大型货船输送军队和武器。在联合远征中，他们曾多次试图组织陆海两军协同作战，规定了远征开始的地点、时间及在敌国境内部队同舰船会合的地点和时间。然而，十字军进行的这八次远征都缺乏充分的准备。

与十字军作战的土耳其人和阿拉伯人的主要兵种是轻骑兵。他们装备有弓或弩和马刀。其战斗素质和机动能力都优于骑士重骑兵。

交战时，土耳其人和阿拉伯人的部队先用箭击溃十字军的部队，然后将其包围，实施勇猛果敢的攻击，把它们分隔成数个孤立的部分加以歼灭。就连自然条件也有助于土耳其人和阿拉伯人部队的胜利，日光把骑士们的铁甲晒得灼热，人马经受不住酷热而中暑倒下。

十字军远征，对于西欧军队骑士重骑兵作用的下降和轻骑兵与步兵的复兴起了促进作用；使西方对东方民族的军事学术发生了兴趣，其结果是学会了制造燃烧剂，后来又发明了火药与火器。

同时，还从阿拉伯人那里学会了使用指南针，从而大大改善了航海技术条件。在十字军远征的过程中，桡桨战船队开始被帆船队所代替，这标志着海军战略战术发展的新时期已经开始。

十字军远征持续了将近200年。东方击退了西方封建主的猛烈攻势，本身又转入对封建欧洲的进攻。土耳其人占领了巴尔干半岛，并开始向欧洲的纵深推进。同时，十字军对东方的远征，结束了阿拉伯人和拜占庭人在地中海的统治地位。地中海区域的贸易为威尼斯和热那亚所垄断，从而加速了北意大利各城市的发展。

总的来说，十字军远征使东方和西欧各国的千百万人丧生，并造成了巨大的物质损失，大大地破坏了这些国家生产力的发展。

（十一）百年战争

百年战争指英法两国间发生的战争。导致战争爆发的主要原因，是法国力图把英国人从法西南部驱逐出去，从而夺回英在法境内的最后一个堡垒；而英国则力图巩固它在基恩的地位，收复早先失去的诺曼底、曼恩、安茹及在法国的其他一些地区。英法两国对佛兰德斯的争夺，使它们之间的矛盾日趋深化。

佛兰德斯形式上是在法国国王的统治之下，但实际上却是独立的，在贸易上与英国关系密切。

战争的导火线是英国国王爱德华三世觊觎法国王位。德国封建主和佛兰德斯站在英国一方；苏格兰和罗马教皇则支持法国。英军主要由雇佣兵组成，由国王指挥，其主体是步兵和雇佣骑士部队。法军的主体则是封建骑士民团。

百年战争的第一阶段英法双方争夺佛兰德斯和基恩。在斯吕斯海战中，英海军重创法海军，夺得制海权。在1346年8月的克勒西会战中，英军又取得了陆上优势，并经11个月的围攻占领了海岸要塞加来港。

将近10年的休战之后，为占领法国西南部，英军又顺利地展开了进攻。在普瓦提埃战役中法军再次被击败。英国人无限度地征收苛捐杂税和国内经济陷于完全破坏的状态,从而导致了法国人民的起义——马赛领导的巴黎起义和扎克雷起义。法国被迫于 1360 年在布勒丁尼签订和约,和约条款极为苛刻,其中规定把从卢瓦尔河至比利牛斯以南的领土割让给英国。

百年战争的第 2 阶段为了夺回英占领区,法王查理五世改编了军队,整顿了税制。他用雇佣步兵取代部分骑士民团,并建立了野战炮兵和新的舰队。久格克连这位有才干的军事长官被任命为军队总司令,并拥有很大的权力。法军采用突袭和游击战术,到 70 年代末已逐步迫使英军退到沿海一带。法军对炮兵的使用有利于军事行动获得成功。

为了保住在法国的几个沿海港埠和波尔多与巴荣讷间的部分地区,并鉴于国内形势恶化,英国遂与法国签订停战协定。当时,法国国内也开始出现群众骚动。

百年战争的第 3 阶段法国因国内矛盾加剧而遭到削弱,英国乘机重启战端。

1415 年,英军在阿金库尔战役中击败法军,并在与其结成同盟的勃根第公爵的援助下占领法国北部,从而迫使法国于 1420 年 5 月 21 日在特鲁瓦签订丧权辱国的和约。按照和约条款规定,法国沦为英法联合王国的一部分。英王亨利五世宣布自己为法国摄政王,并有权在法王查理六世死后继承法国王位。

但是,查理六世和亨利五世于 1422 年都先后猝然死去。由于争夺王位斗争加剧,法国遭到侵略者的洗劫和瓜分,处境十分困难。捐、税和赔款沉重地压在英占区的居民的身上。因此,对法国来说,争夺王位的战争已转变为民族解放战争。

百年战争的第四阶段随着人民群众的参战,游击战更加广泛地展开。游击队给法军很大帮助:他们设置埋伏,捕捉征税者,消灭敌小股部队,迫使英军在征服地的后方留下大批驻防军。1428 年 10 月,英军与勃根第派开始围攻非法军占领区的最后一座坚固的要塞奥尔良。

此时,民族解放斗争已愈加高涨。领导这场斗争的是贞德,在她的指挥下赢得了奥尔良战役的胜利。1437 年法军攻取巴黎,1441 年收复香按,1450 年夺回曼恩和诺曼底,1453 年又收复基恩。1453 年 10 月 19 日,英军在波尔多投降,战争至此结束。

百年战争给法国人民带来了深重的灾难,给国家经济造成了很大损失。但是,它却促进了法国民族的觉醒。在赶走了英国人之后,法国统一的历史性进程即告结束。

在英国,百年战争暂时巩固了封建贵族阶级和骑士阶层的统治地位,从而延缓了国家权力集中的进程。

百年战争展示出英国的雇佣军优越于法国的封建骑士民团,从而迫使法国建立了常备雇佣军。这支军队效忠于国王,在组织、军纪和训练方面均具有正规军的特点。王权与在消除封建割据上有切身利害的市民的联盟,是雇佣军的政治与财力基础。

战争表明,骑兵已失去了以往的作用;而步兵的作用,特别是那些能够成功地与骑兵作战的弓箭手的作用则得到了提高。在战争中出现的火器虽然还抵不上弓和弩,但却被越来越广泛地运用到各种战役当中去。战争性质的改变及其向人民解放战争的转变,使法国摆脱了侵略者的统治。

（十二）库利科沃会战

库利科沃会战是弗拉基米尔和莫斯科大公德米特里·伊凡诺维奇率领的罗斯军队同鞑靼蒙古军队于1380年9月8日在库利科沃原野进行的一次会战。这次会战是中世纪最大会战之一,是罗斯人民反抗鞑靼蒙古压迫的转折点。

1380年,包括契尔克斯人、沃舍梯人、亚美尼亚人、伏尔加河流域一些民族的部队和克里木热那亚人的雇佣部队在内的鞑靼蒙古军队在金帐汗国的实际统治者——军事长官马迈的率领下向罗斯推进,以图削弱罗斯各公国日益增长的势力,扼杀他们渴求独立的愿望。

立陶宛大公亚盖洛,据史料记载,还有梁赞大公奥列格,都是马迈的盟友。德米特里·伊凡诺维奇得到马迈出动的情报后,便向罗斯各公国派出急使,号召派出一切可以派出的兵力保卫罗斯土地。罗斯各部兵力集结在通往莫斯科的道路上——科洛姆纳和谢尔普霍夫城内,以防马迈进攻。

罗斯军队主要由莫斯科人、承认莫斯科公国的土著士兵以及乌克兰和白俄罗斯的部队组成。莫斯科公国准备以积极的攻势行动,首先阻敌会合并猛击最强大、最危险之敌——鞑靼人,而后全歼马迈于其侵入罗斯各公国之前。9月6日,罗斯军队进至涅普利雅德瓦河与顿河的汇合处。当日,举行军事会议。

根据德米特里·伊凡诺维奇提议,会议通过了渡过顿河到库利科沃原野的决议。

渡过顿河排除了前出到奥多耶夫城的立陶宛人进攻的可能性,并保障了有利于罗斯人而不利于鞑靼人的作战条件:库利科沃原野的规模及环绕原野的诸河沿岸的丛林限制了鞑靼蒙古骑兵迂回机动的可能性。9月8日晨,罗斯军队渡过顿河,并在前卫团掩护下,在库利科沃原野上展开成战斗队形。

当时马迈军队已经抵近。德米特里·伊凡诺维奇考虑到敌军战术和地形特点,组编了纵深战斗队形:中间是加强团,两边是左右翼团,其两翼凭险据守,鞑靼蒙古骑兵难以接近。主力之前配有前卫团和先遣团。前卫团的任务是接战,先遣团的任务是对付敌骑兵首次突击并打乱其战斗队形。2团均应削弱敌向主力突击的力量。加强团之后配有部分预备队。

此外,从精锐骑兵中组建了一支强大的设伏团,由老练的军事首领——博布罗克·沃伦斯基将军和安德烈耶维奇将军指挥。该团担任总预备队任务,秘密配置在主力左翼之后的丛林里。

总之,罗斯军队的战斗队形保障了有力地抗击正面突击和两翼突击,使之有可能增强纵深作用力,使罗断各独立部队之间有可能相互协同。马迈军队的组成是:先遣支队、核心部队、分为两列横队并配有各自先遣支队的重骑兵组成的强大的两翼部队和预备队。马迈企图用骑兵包围罗斯军队,然后从正面、翼侧和后方发起突击将其全歼。交战于中午 12 时左右以佩列斯韦特和切卢别伊的勇士决斗开始。

此后,鞑靼蒙古骑兵队先后击退击溃了前卫团和先遣团,并用了 3 个小时试图突破罗斯军队的核心和右翼。罗斯各团损失惨重:身披大公盔甲、居于大公旗下的大臣布列诺克在加强团战死,而身披列兵盔甲的德米特里大公本人在加强团负伤。当马迈将主要突击转向左翼迫使罗斯各团退却时,部分预备队投入了战斗。但敌军还是突破了罗斯军队左翼并前出到主力后方。在此战斗的关键时刻,设伏团对鞑靼蒙古骑兵翼侧和后方发起突击。

在其他各团实施突击的支援下,设伏团的这一突然冲击决定了有利于罗斯军队的战局。敌军招架不住,败阵溃逃。罗斯军队占领了汗的大本营,追击了将近 50 公里,消灭了马迈军队的残部。双方损失都很惨重。

库利科沃会战对罗斯和东欧其他民族摆脱鞑靼蒙古压迫的斗争具有重大历史意义。

这次会战表明罗斯各公国渴求独立的愿望日益增长,并提高了莫斯科作为各公国联合中心的作用。虽然库利科沃会战未能结束鞑靼蒙古统治,但金帐汗国在库利科沃原野上却遭到了毁灭性的打击。

这一打击加速了金帐汗国随后的崩溃。库利科沃会战显示了罗斯人民高度的爱国主义精神,说明罗斯的军事学术优越于鞑靼蒙古的军事学术。德米特里·伊凡诺维奇依靠参加解放战争的罗斯士兵在精神上的优势,指挥得积极果断。

出色地组织能确保制定正确决心的侦察,正确地估计地形条件、判断敌人企图并考虑到敌战术手段的本领,罗斯军队战斗队形的合理编成及其各部队在交战过程中的密切配合。最后,在交战及交战后对敌追击中熟练地使用总预备队和部分预备队,这一切都证明了罗斯统帅高超的作战艺术。在交战过程中,罗斯士兵坚忍不拔的忘我精神和军事首领独立的机断行事对取得库利科沃会战的胜利具有重要意义。

库利科沃会战后,伊凡诺维奇赢得了"顿斯科伊"的称号,安德烈耶维奇获得"赫拉布雷"的称号。

(十三)科索沃会战

科索沃会战指塞尔维亚拉扎尔公爵统率的塞尔维亚人和波斯尼亚人联军与土耳其苏丹穆拉德一世的军队于 6 月 15 日在科索沃原野进行的一次决战。会战开始时,拉扎尔军队逼近土耳其人。

正当战斗激烈进行时,塞尔维亚封建主米洛什·奥比里奇潜入敌军营,杀死了穆拉德。穆拉德之子巴耶塞特接替指挥土军。战斗异常激烈,最终以塞尔维亚人的惨败而告终。拉扎尔公爵和许多将军被虏杀。

科索沃会战后,塞尔维亚成为奥斯曼帝国的附属国,负有纳贡、参加土耳其的远征等义务,并于 1459 年被并入奥斯曼帝国。科索沃会战是塞尔维亚历史上的悲惨事件。这一事件导致了土耳其征服者对塞尔维亚人和后来对巴尔干半岛其他民族实行最残酷的、持续几个世纪的压迫。

同时,科索沃会战也是塞尔维亚人民历史上的光辉一页。塞尔维亚兵士在抗击数量上占优势的土军的顽强战斗中建树的功勋,在塞尔维亚的英雄史诗中得到了赞颂。

(十四)十三年战争

十三年战争指波兰同条顿骑士团为争夺波莫瑞东部而进行的战争。条顿骑士团在格伦瓦尔德战役中的失败,对于1440年普鲁士联盟的建立起了促进作用。该联盟联合了敌视骑士团的各城市、普鲁士和波莫瑞骑士阶层中的下层骑士。联盟拒不向骑士团称臣,并于1454年2月4日举兵反对骑士团,从其统治下解放了格但斯克、托伦、埃尔布拉格、克鲁列韦茨等城市和要塞。

波兰国王卡西米尔四世宣布将骑士团的领地并入本国版图。波兰小贵族阶级民军进驻骑士团领地,但1454年9月在霍伊尼策附近遭到失败。条顿骑士团趁波兰国王财政困难之际,得到了勃兰登堡和德意志其他公国以及丹麦的支持,这些国家都不希望波兰在波罗的海沿岸得势,战争遂连年不断。

1462年,杜宁所率波军在扎尔诺夫策城下之战中获胜,战争从此出现转机,后以缔结托伦和约而告终。

根据和约规定,波兰收回了绝大部分领土并获得波罗的海出海口,这对其经济发展起了很大作用;条顿骑士团臣服于波兰。经过13的年战争,波兰的军事组织发生了变化,由训练较差、纪律不强的骑士组成的波兰小贵族阶级民军在军事上的作用下降了,常备雇佣军开始在战斗行动中起主要作用。

(十五)红白玫瑰战争

红白玫瑰战争是白朗柔奈王朝的两个旁系家族,即兰开斯特族和约克族为争夺英国王位而进行的自相残杀的封建战争。

英国在百年战争中遭到失败,封建主因此而失去了靠掠夺法国而获得的财富。红白玫瑰战争就是在这次失败后不久,当大地主世袭领地经济发生严重危机的情况下爆发的。拥护兰开斯特族的,主要是力图保持封建割据局面的落后的北方和威尔士的贵族。约克族则依靠那些期望消灭封建的无政府状态、建立强大的王权以发展贸易和手工业的社会阶层。

随着战争而来的是封建主对人民的掠夺、残暴和专横。在封建主自相残杀伤亡惨重的无数次战斗冲突中,最著名的3次交战是:1455年圣奥尔本斯交战,1460年北安普敦交战及1461年陶顿交战。这几次交战采用的是当时特有的作战方法,即双方骑士乘马或徒步进行单个分散的搏斗。交战双方损失5.5万多人,半数贵族和几乎全部封建权贵均死于战争。

在战争进程中,王位几度易手。国王理查三世企图用残酷、恐怖手段处决不顺

世界经典文库

世界军事百科

·军事战争·

图文珍藏版

服的封建主并没收其土地的办法来巩固自己的统治。

但这种做法反而促使两派都联合在兰开斯特族的远亲亨利·都铎的周围反对他。1485 年 8 月 22 日波斯沃尔特会战中，理查三世战败阵亡。都铎王朝的开国君主亨利七世继承王位。他与爱德华四世的女儿伊丽莎白结婚后，便把红玫瑰、白玫瑰统一饰入王朝的徽章里。

玫瑰战争是专制政体确立之前封建无政府状态的最后一次战争。在战争中两个王朝同归于尽。战争最重要的结果是封建关系的削弱和资产阶级关系的加强。在战争进程中大大增强了的"新贵族"和新生的资产阶级，成为都铎王朝新建立的专制政体的支柱。

(十六) 意大利战争

意大利战争指法国、西班牙和"神圣罗马帝国"等国家为争夺意大利而进行的封建战争。后转变为法西两国争夺欧洲霸权的战争。

这些战争主要发生在意大利的领土上。意大利政治上的分裂状态和境内各国之间的内讧使列强的侵略计划易于得逞。意大利战争分为 3 个时期。

第一时期主要是法国争夺那不勒斯王国。那不勒斯国王斐迪南一世死后，作为安茹王朝继承人的法王查理八世宣布有权占有斐迪南一世的领地。

1494 年 8 月底，查理八世领兵越过阿尔卑斯山，向那不勒斯前进。在阿斯提地区的皮埃蒙特部队加入查理八世的部队。法国陆军的行动得到本国舰队的保障。

北意大利和中意大利各国对查理八世没有积极进行抵抗，法军得以穿过罗马全境。

1495 年 1 月，查理八世得到了罗马教皇任命他为那不勒斯国王的授职书，2 月 23 日，查理八世进入那不勒斯。法军的掠夺和暴行，以及实行新的捐税激起了意大利人民的愤慨。意大利各国首脑害怕法国势力强大，也担心发生全面起义，遂于 1495 年 3 月建立了"神圣同盟"，以便把法国人逐出意大利。

参加这一同盟的有威尼斯、米兰和罗马教皇。"神圣罗马帝国"的皇帝马克西米连一世和西班牙国王亚拉冈的斐迪南二世也加入这一同盟。

1495 年 7 月 6 日，法军在福尔诺沃与"神圣同盟"军交战，遭到失败。

1495 年 12 月，法军好容易才由南向北撤至北部。1496 年 12 月，法国从那不勒斯王国领土上撤退。

1499 年，法国国王路易十二世继承前国王的政策，远征米兰公国。路易十二世在 1499～1500 年的一系列作战中，多次获胜，占领了米兰和伦巴第。

1501～1502 年，根据条约规定，法国和西班牙军队占领了那不勒斯王国。

但 1503 年春.法西之间由于一些有争议的地区的归属问题爆发了战争。在加里利亚河畔交战，西军取得了胜利，法国被迫放弃对那不勒斯王国的要求。那不勒斯王国沦为西班牙的领地。

第二时期是堪布来同盟向威尼斯共和国发动了战争。佛罗伦萨、斐拉拉、曼图亚以及其他意大利国家也加入了堪布来同盟。

1509 年 4 月,罗马教皇对威尼斯下达命令,禁止做礼拜和举行宗教仪式。

1509 年春,法国开始对威尼斯作战,占领了它的伦巴第领地,1509 年 5 月 14 日,在安亚杰洛附近法国又取得了对威尼斯人的重大胜利。法国势力在意大利西北部的加强导致了力量的重新组合。

1511 年 10 月,威尼斯、罗马教皇、西班牙、英国和瑞士各州订立同盟,目的是要把法国侵略者逐出意大利。路易十二世得知这一情况后,命令在意大利的法军统帅富瓦转入进攻。

法军向腊万纳进发,企图夺取该城。卡尔当总督率领西班牙军队前来增援腊万纳守军。双方在腊万纳交战,西军被击溃。由于政治形势的变化,法国没能把战术上的胜利发展为战略上的胜利。"神圣罗马帝国"皇帝从法军中召回了应募兵,而瑞士雇佣兵则投向了威尼斯部队。

在这种情况下,法军被迫开始退却,1512 年年底放弃了伦巴第。

1515 年,登上法国王位的法兰西斯一世再度发起军事行动。法军在马林亚诺附近击溃米兰公爵的瑞士雇佣兵。根据法西两国签订的努艾昂和约,米兰归属法国,那不勒斯归属西班牙。

第三时期是以 1519 年西班牙国王查理一世被选为"神圣罗马帝国"皇帝后,法西两国瓜分意大利的争斗为标志的。

这一时期发生过 6 次战争,被卷入战争的有:罗马教皇、威尼斯、瑞士、英国和土耳其。查理五世力图把法国人逐出北意大利,继而统一自己的南北领土。这一意图事先得到了英国、罗马教皇、曼图亚和佛罗伦萨的支持。威尼斯则成了法国国王的同盟。1521 年战事爆发。

1522 年 4 月,法军在比科卡附近交战中败北,德国应募兵首次战胜了作为法军突击力量的瑞士雇佣兵。

这次交战并未决定战争的胜负。法兰西斯一世率大批部队,越过阿尔卑斯山并占领了米兰,逼近帕维亚。争夺帕维亚的战斗以法军失败、法兰西斯一世被俘告终。法兰西斯一世获释后,拒绝承认在马德里签订的条约,并加入了罗马教皇在英国支持下建立的同盟科涅克同盟,这一同盟旨在使意大利摆脱西班牙的桎梏。参加同盟的还有威尼斯、米兰、佛罗伦萨。

1527 年,战事在意大利再度爆发。双方各有胜负,1529 年,法国国王失败,被迫于 1529 年 8 月与罗马帝国签订和约,放弃对意大利的争夺。

然而法兰西斯一世于 1536 年再度挑起战事,占领了皮埃蒙特和萨伏依。

1538 年,法国和"神圣罗马帝国"在尼察订立了为期 10 年的停战协定。

但前去觐见土耳其苏丹的两名法国使者在米兰公国境内被杀,又导致了 1542 ~1544 年的战争。查理五世与英国国王结盟。法国的同盟者是丹麦、瑞典、奥斯曼帝国。

1543 年,法土联合分舰队占领尼察。

1544 年,法军围攻卡林亚诺要塞,在切列佐列附近取得了辉煌胜利。

尽管如此，法国由于罗马帝国和英国军队攻入其境内被迫在克列彼签订了承认堪布来条约基本条款的和约。

1551 年，在意大利再次爆发战争，战争一直延续到 1559 年法西双方签订卡托一堪布来齐和约为止。这一和约结束了法国对意大利的扩张，巩固了西班牙在米兰公国、那不勒斯王国、西西里和撒丁的统治地位，并使意大利仍处于政治上分裂的局面。

在意大利战争期间，改进的火器首次得到广泛使用，炮兵首次参加了野战以及围攻和守卫核堡、设防城镇的战斗。

经常以封锁来代替对要塞的攻击。野战部队被派去为受敌围困的据点解围。在攻取要塞时，首先要构筑围攻线，如今围攻线必须设置在要塞防御工事炮火射程之外，然后构筑由土木工事组成的阻援线。只有在这之后，才逐步展开攻势。意大利战争证明了雇佣部队是不可靠的，雇佣部队的战斗力在很大程度上取决于交战国的政治和经济状况，取决于这些部队的民族特点和是否能及时付给他们薪水。

从意大利战争的全过程看，政治形势总是决定战略局势，而战斗行动却不能从本质上影响战争的胜负。这是欧洲各封建专制国家用雇佣部队进行的"内阁战争"。

（十七）荷西战争

荷西战争指联合省共和国为推翻西班牙统治而进行的各次抗西解放战争。

1572 年 4 月在尼德兰北方各省爆发的全民起义，是 1566～1609 年尼德兰资产阶级革命中的重大事件。

它揭开了荷西战争的序幕。由于人民群众展开武装斗争的结果，西班牙统治者几乎全部被逐出北方各省。西班牙统治者镇压起义的企图，在英勇无畏、奋不顾身的人民面前宣告彻底破产。

规模最大的交战有：哈勒姆防御战、阿尔克马防御战、莱登防御战和从阿姆斯特丹驱逐西班牙殖民者的作战。北方革命的胜利和西班牙殖民者在南方各省的暴行，促使反西班牙运动进一步发展。

1576 年 9 月 4 日，布鲁塞尔爆发起义，推翻了西班牙在南方的统治。

11 月 8 日，南、北各省之间达成实行和解的"根特协议"。政权转到了三级会议手中，可是参加三级会议的成员并不代表革命的利益。

南方各省在三级会议里的代表都是些反动贵族、天主教僧侣和资产阶级保守派。

北方各省革命人民派出的代表居于少数地位。政权落入反动势力手中，他们反对的不是西班牙殖民主义者，而是革命的人民。

西班牙总督法尔奈泽便乘机于 1584～1585 年期间对林堡、弗兰德里亚和布拉邦特发起进攻。由于法尔奈泽军队在数量上居优势，加之各地解放力量较为分散，至 1585 年 8 月底法尔奈泽便占领了这几个省。

至 1586 年荷兰共和国已丧失许多要塞及弗里斯兰、格尔登涅、奥弗赖塞尔、德伦特一带领土。后来,由于人民英勇奋战和莫里茨·奥朗斯基的指挥高明,共和国军才又重新掌握了作战主动权。

1587 年同英、法订立同盟也对此起了促进作用。

战争第二阶段最重大的交战有:新港会战、西班牙军围攻和夺取奥斯坦德、在奥弗赖塞尔和久特芬击退西班牙统帅斯宾诺拉的进军、荷兰海军在直布罗陀取得海战胜利。

长期的战争和接二连三的惨重失败使西班牙民穷财尽,不得不开始和谈,并于 1609 年 4 月 9 日签订所谓"十二年停战协定"。

西班牙事实上承认联合省共和国独立。南方各省则仍在西班牙统治之下。

停战协定期满后,战事又起。这以后的战争已是 1618～1648 年 30 年战争的一个组成部分。

战争初期,西班牙军占领了荷兰许多城市,直接威胁到共和国的存在。但后几年中,荷兰共和国军收复失地,转入进攻,荷兰海军亦连连挫败西班牙海军。

1648 年签订威斯特伐利亚和约,结束了 30 年战争。荷兰—西班牙和约也于同年签订。

根据这项条约,西班牙承认联合省共和国独立,尼德兰南方各城市和领土归共和国所有。荷西战争对要塞攻防战术的发展产生了巨大的影响。

(十八) 奥土战争

奥土战争指奥地利和土耳其为争夺东南欧和中欧的霸权而发动的各次战争。

15 世纪中叶,奥斯曼帝国开始征服欧洲,进而于 1521 年占领贝尔格莱德。1526 年 8 月,土耳其军队在摩哈奇附近打败捷匈联军。土耳其在匈牙利东部站稳了脚跟,就有了进一步向西扩张的跳板。匈牙利王国其余领土则归奥地利哈布斯堡王朝管辖。

1529 年,土耳其向匈牙利中部发起进攻,1529 年 9 月占领布达,入侵奥地利,并开始围攻维也纳。

但是,土军屡攻不克,最后由于粮秣匮乏和疾病流行被迫撤退。1530 年,奥地利与土耳其进行和谈,但未能达成协议。1532 年夏,战事再次发生。查理五世统率的奥军在匈牙利中部阻止了土军的进攻。1533 年 7 月,在伊斯坦布尔签订和约。

根据这项条约,匈牙利西部和西北部仍归奥地利管辖,但奥地利每年必须向土耳其苏丹进贡 3 万杜卡特,并保证不进攻匈牙利东部受土耳其操纵的扬·查波尔斯基的军队。

1540～1547 年战争是土耳其联合法国进行的。土军趁奥地利大部兵力被牵制在意大利北部和法国东部边境之际,对匈牙利西部发动了进攻,于 1541 年和 1543 年先后占领布达和埃斯特格。1544 年奥地利与法国媾和,奥军得以抽出兵力阻止土军的前进。根据 1547 年亚得利亚那堡和约,奥地利把匈牙利中部地区割让给了土耳其,匈牙利中部的政权落入土耳其代理人手中。

1551~1562年的奥土战争,是为了争夺特兰西瓦尼亚。土军取得局部胜利:1552年攻占特梅什瓦尔,1553年攻占埃格尔。

但是,根据1562年和约,土耳其寸土未得。尽管1566年土军攻占奥地利的锡格特瓦尔要塞,但1566~1568年战争中土耳其仍一无所获。

1592~1606年战争是由土军的进攻挑起的。1596年10月,奥匈军队在克烈斯特什附近惨遭败北。尔后双方互有胜负。

根据1606年的和约,奥地利首次被承认为权利平等的缔约一方,它无须再向土耳其苏丹缴纳年贡,但需一次付清20万杜卡特。

1660~1664年战争是因土耳其大举进犯匈牙利西部而爆发的。1664年8月,在拉布河畔的圣哥特哈德附近进行了决战。土军遭到蒙特库科里元帅统率的奥军迎头痛击。

根据1664年瓦什瓦尔和约,土耳其从特兰西瓦尼亚撤军,但特兰西瓦尼亚仍属奥斯曼帝国所有。

在1683~1699年战争中,土耳其企图利用对奥地利哈布斯堡王朝不满的匈牙利封建主的军队。1683年7月,土军围困了维也纳。

但是,奥军得到波兰军队的支持。9月,土军被击溃,2万余人战死,丢失300门火炮和全部战旗。维也纳一战失败后,奥斯曼帝国被迫转入防御,并逐步撤离中欧。

1684年,奥地利、波兰和威尼斯之间建立了反土耳其"神圣同盟",1686年起俄国也加入了这一联盟。1686年,奥军攻占布达,1687~1688年期间先后占领匈牙利东部、斯拉沃尼亚和巴纳特,攻占贝尔格莱德。1689年,土耳其海军在多瑙河上维丁城附近战败。

但是,就在这一年,土耳其扭转战局,迫使奥军放弃原先占领的保加利亚、塞尔维亚和特兰西瓦尼亚的领土。俄国参战使奥地利得以恢复原来态势。尔后,双方互有胜负。

1697年9月,叶夫根尼·萨沃斯基统率的奥军在蒂萨河畔的泽特附近获得胜利。土军3万余人阵亡,损失了全部火炮和辎重。

根据1699年卡尔洛维茨和约,奥地利获得了匈牙利,斯拉沃尼亚、特兰西瓦尼亚和克罗地亚大片领土。"神圣同盟"的其他参加国也得到不少土地。

1716~1718年战争中,奥地利同威尼斯结盟。1716年10月,叶夫根尼·萨沃斯基率领奥军攻取特梅什瓦尔要塞,1717年8月在贝尔格莱德附近击溃土军,贝尔格莱德守军投降。

根据1718年签订的波日阿雷瓦茨和约,奥地利又获得包括贝尔格莱德在内的塞尔维亚北部、波斯尼亚北部等地领土。

1737~1739年战争是奥地利根据1726年奥俄共同防御条约发动的。

奥军开始取得部分胜利,占领了波斯尼亚、塞尔维亚和瓦拉几亚许多地区,但1739年7月在贝尔格莱德附近惨败。

同年,奥地利与土耳其单独媾和,签订贝尔格莱德和约,不仅将 1737 年所占领的全部领土,而且将以前占领的巴纳特、塞尔维亚北部等部分领土归还土耳其。

1788～1790 年战争也是奥地利发动的。根据 1781 年奥俄同盟条约,奥军发起进攻,但于 1788 年 9 月在洛多什城附近为土军所击溃。俄军在苏沃洛夫和波将金统率下一再取胜使奥军得以整顿兵力,重新转入进攻。1789 年 10 月,奥军经过 3 个星期的围攻,攻占了贝尔格莱德,接着又攻陷谢苗德利亚、波日阿雷瓦茨等要塞。

法国大革命后国际形势的变化促使奥地利退出战争。根据单独议和的 1791 年锡斯托夫和约,土耳其收回了前一次战争中奥地利所侵占的所有省份。

其后,奥地利和土耳其在解决双方冲突上不再诉诸武力,并且转而相互合作。

所以如此,一方面是出于在两国占领地区内镇压斯拉夫各族人民的民族解放斗争的需要;另一方面也反映了两国对抗在 19 世纪初叶军事实力和政治力量大大增强了的俄国的共同要求。

整个说来,奥土战争加速了奥斯曼帝国的衰亡,促进了多民族的奥匈帝国的形成。

(十九)伊朗——土耳其战争

伊朗——土耳其战争指奥斯曼帝国与伊朗萨非王朝进行的掠夺性战争。战争目的是为了争夺阿拉伯的伊拉克、库尔德斯坦、外高加索的所有权以及欧亚两洲间最重要的战略和贸易交通线的控制权。

这场战争自 1514 年起,断断续续进行到 1746 年,是打着伊斯兰教的两大流派——什叶派与逊尼派捍卫者之间的斗争的幌子进行的。

得到逊尼派封建贵族上层人物支持的土耳其占领者,遭到了 15 世纪末产生的以萨非王朝为首的伊朗国家的反抗,萨非王朝宣布什叶派为国教。土耳其苏丹谢里姆一世残酷地镇压了 1513 年安纳托利亚的什叶派教徒起义,杀死什叶派教徒 4 万人。从此,开始了对什叶派的伊朗的战争。

伊土战争的第一个时期奥斯曼帝国不仅拥有封建民军,还拥有常备军——土耳其近卫兵和强大的炮兵。

伊朗军队由骑兵弓箭手近卫军、负责保护本部族领导机构并时常携带家小驱赶牲畜远出的游牧民族的骑兵民军和少量的地方封建主的民军组成。库尔奇伊和民军战士的武器是马刀和长矛。在恰尔德兰平原双方首次大战,土耳其苏丹谢里姆一世的军队在军事上各方面都占优势,打败了沙赫伊思迈尔一世的萨非王朝军队并占领其首都大不里士城。

但是,由于给养不足,加之近卫兵内部发生骚乱,谢里姆一世被迫放弃了阿塞拜疆。其他地区的军事行动仍在继续。在科奇希萨尔附近的交战中,伊恩迈尔一世的军队再次大败。土耳其炮兵在这次交战中又一次起了决定性作用。

至 1516 年前夕,谢里姆一世已占领了西亚美尼亚、库尔德斯坦和包括摩苏尔在内的北美索不达米亚。1516～1517 年,土耳其在叙利亚、黎巴嫩、巴勒斯坦、埃及、希贾兹建立了自己的统治,1519年又统治了阿尔及利亚的一部分。

1533年,苏丹苏里曼一世与奥地利签订了和约。土耳其在其北陲安全得到保障之后,于同年重新对伊朗采取军事行动。

1536年,土耳其侵占了格鲁吉亚西南部的一部分,该地区成为伊土两国争夺外高加索和美索不达米亚统治地位的主要战场。由于伊朗军队也有了炮兵,所以战争进行到1555年时,双方已不分胜负。1555年5月29日,伊土两国在阿马西亚城缔结和约。

按照和约规定,伊朗保有所占领的外高加索的一些领土。奥斯曼帝国把阿拉伯的伊拉克划入自己的版图。格鲁吉亚和亚美尼亚则由两国瓜分。伊朗得到了萨姆茨赫—萨阿塔巴戈公国的一部分、卡尔特里和卡赫齐亚。土耳其获得了阿布哈兹、古里亚、伊美列丁以及拉济人的领土。两国承认卡尔斯城地区为中立区,全城已遭洗劫,城堡被夷为废墟。伊土战争的第一个时期,就这样以1555年双方缔结和约而结束。

伊土战争的第二个时期,始于1578年,时断时续地持续了约半个世纪。土耳其利用萨非王朝国内封建内讧的机会,再次进攻伊朗。

这期间,土耳其依靠的是他的附庸——拥有强大军队的克里木诸可汗。1578年,土军违反1555年和约,修复了卡尔斯城堡,继而进入外高加索境内,占领了萨姆茨赫—萨阿塔巴戈公国的一部分。1578年8月10日,伊朗沙赫的军队在奇尔德尔附近被击溃,土军侵入东格鲁吉亚和东亚美尼亚,后又侵入北阿塞拜疆并在这里占领了希尔凡。

自1579年起,土军和克里木汗的10万军队共同夺取了整个阿塞拜疆和伊朗西部。沙赫阿拔斯一世在位期间,伊朗恢复了昔日的强盛,不仅夺回了被土耳其侵占的西部领土,而且还吞并了一些新的领土。

然而,由于对乌兹别克封建主进行战争和镇压反封建的起义,阿拔斯一世不得不于1590年3月21日同奥斯曼帝国签订了对伊朗非常不利的伊斯坦布尔和约。按照这项和约,几乎整个外高加索和路里斯坦、库尔德斯坦的颇大部分都划归奥斯曼帝国统治。

16世纪与17世纪之交,阿拔斯一世进行了军事改革。

最初,他建立了一支常备部队,其中包括一个1.2万人的火枪兵军团和一个1万人的骑兵军团;还建立了火炮工厂和由炮手组成的炮兵部队。火枪兵和炮手只从波斯人中招募。至改革完成时,伊朗军队的兵力达12万人,计有常备军4.4万人、封建民军7.5万人,封建民军中有3万克济尔巴希人和由土库曼人、库尔德人、卢尔人及其他游牧部落和定居的伊朗封建主组成的4.5万民军。阿拔斯一世的军队很快增至30万人。伊朗为准备与强大的奥斯曼帝国进行战争,还与土耳其的敌对国——俄国和欧洲诸国建立了政治与外交关系。

1602年,阿拔斯一世对土耳其开战。

整整一个世纪以来,伊朗国第一次成为进攻的一方,而军事组织未作根本改变的奥斯曼帝国却成为防御的一方。1603~1604年,在苏菲安附近的数次交战中,伊军打败了土军,攻占并洗劫了大不里士、纳希契凡及其他城市。遵照阿拔斯一世的命令,有30余万亚美尼亚人从被征服的亚美尼亚被赶往伊朗内地。

在1602~1612年的伊土战争中,伊朗获得全胜。1613年11月20日,交战双方在伊斯坦布尔签订了使伊朗保有全部战果的和约。

由于对1613年伊斯坦布尔和约的条款不满,土耳其于1616年开始对伊朗采取报复行动。

在1616~1618年萨非王朝与奥斯曼帝国的新战争中,土耳其又遭失败,于1618年在谢拉布签订和约,条约基本上重申了伊斯坦布尔和约的各项条款。在最后两次战争中,伊朗大大扩张了自己的领土范围,接着就开始了进一步的征服。

1623~1639年的伊土战争起因于沙赫阿拔斯一世的军队入侵阿拉伯的伊拉克。阿拔斯一世利用伊拉克人反对苏丹穆斯塔法一世统治的起义之机,攻占了巴格达市,随后占领了整个阿拉伯的伊拉克。

阿拔斯一世于17世纪的前25年里,对东格鲁吉亚的几次远征,破坏性特别大。外高加索人民对其进行了顽强的抵抗。在格鲁吉亚,萨阿卡则领导的广泛的反伊朗起义,动摇和削弱了伊朗在外高加索的统治。

与此同时,土耳其在欧洲的战事中遭数次挫折后,在苏丹穆拉德四世在位期间,便重新致力于征服东方。

1625年,土耳其占领了阿哈耳齐赫,夺取了萨姆茨赫—萨阿塔巴戈公国,将其变为土耳其的一个省。穆拉德四世还进犯了亚美尼亚和阿塞拜疆。

同时,他的部队还占领了包括摩苏尔在内的北美索不达米亚。可是他未能占领巴格达,对该城长达9个月的围攻毫无成效。

1630年,土军转攻外高加索和伊朗西部,毁掉了哈马丹城,屠杀了全城居民。1639年5月17日,签订了卡斯列—席林条约。

按照这项条约,伊土两国间的疆界没有变动,但阿拉伯的伊拉克归属土耳其。

伊土战争的第三个时期开始于18世纪初,土耳其苏丹艾罕默德三世对伊朗重起战端。

1723年春,土军乘萨非王朝国家崩溃之机侵入外高加索,占领了第比利斯、整个东格鲁吉亚、东亚美尼亚和阿塞拜疆。

与此同时,土军还征服了伊朗西部的路里斯坦省。土耳其人的胜利直接威胁着俄国在高加索的利益。彼得一世远征波斯和土耳其的军事胜利迫使伊朗沙赫塔赫马斯普二世同俄国签订了1723年彼得堡条约。

1724年6月23日,俄土君士坦丁堡条约在伊斯坦布尔签订。

根据这项条约,1723年俄伊彼得堡条约列举的里海沿岸所有地区转归俄国,而外高加索的其余地区和包括克尔曼沙赫、哈马丹两市在内的伊朗西部则转归土耳其。1724年的君士坦丁堡条约的条款有利于土耳其,这是由于法国对它支持的结果,因为法国害怕俄国势力加强。土耳其不满足于已占领的大片领土,其军队又向伊朗东部推进并攻占了加兹温。对土耳其侵略者进行抵抗的只有波斯和阿塞拜疆的人民群众。

18 世纪 30 年代初,统帅纳迪尔成为伊朗的实际统治者。

1730 年,他击败了土军并将其逐出哈马丹、克尔曼沙赫和南阿塞拜疆。

然而,当纳迪尔忙于镇压阿富汗阿布达尔部族的霍腊散起义时,唯恐纳迪尔的声望增高的塔赫马斯普二世向土耳其人出征,以期提高个人威望。塔赫马斯普二世的军队在哈马丹城下遭到失败。

1732 年 1 月 10 日,他被迫与土耳其签订和约。和约使土耳其侵占的阿拉斯河以北的外高加索领土合法化。

1732 年底,纳迪尔推翻了塔赫马斯普二世,事先与俄国签订腊什特条约后,便亲自出征土耳其。

按该条约规定,吉兰省立即归还伊朗,而库拉河以北的领土待将土军从外高加索境内驱逐后归还。

1735 年 6 月 14 日,纳迪尔的 7 万军队在卡尔斯城下打败了苏丹的 8 万大军。

1736 年,纳迪尔加冕为伊朗沙赫,着手改组军队,以期增加兵员和装备,尤其是炮兵。在这方面他得到英法两国军事专家的帮助。纳迪尔—沙赫在巩固了萨非王朝国家的统一之后,为了从土耳其手中夺回阿拉伯的伊拉克和外高加索,于 1743 年对土耳其重新开战。3 年战争双方未分胜负而结束。

16 至 18 世纪的伊土战争造成了各族人民的大批死亡,交战的任何一方都未获胜。战争阻碍了伊土两国生产力的发展,加速了一些由许多民族和部落松散地拼凑而成的封建国家的崩溃。

伊土战争的非正义性,在被征服的各民族人民中间——特别是在 17 至 18 世纪——不断激起民族解放运动和反封建运动,这些运动都为交战国的某一方所利用,以建立自己的统治。伊土战争对外高加索人民来说是他们自古以来的历史上苦难最深重的时期。在血腥的伊土战争中遭到削弱的伊朗和土耳其,日益沦为在近东和中东建立霸权的英法两国的殖民地。

在伊朗和土耳其,武装力量的基本形式是封建民军,武装力量的主要兵种是用矛、盾、马刀、弓箭、短剑和火枪武装起来的正规骑兵和非正规骑兵。伊朗的正规骑兵和土耳其的正规骑兵是军队中灵活机动的部队。常备步兵与骑兵相比则处于从属地位。

但是,到 17 至 18 世纪时常备步兵的作用上升到主要地位,这是由于西欧经验传到了这些国家。步兵装备有热兵器并按正规原则编成。炮兵作为一个兵种在土耳其出现的较伊朗为早。

在纳迪尔的军队中有许多战象,交战时用它们冲击敌人战斗队形的中央,为步兵开路。在运用热兵器之前,交战胜负通常取决于大批骑兵的冲击,旨在包围敌人,随后将被围之敌击溃。骑兵能保证突然而迅速地打击敌人。

随着正规步兵和炮兵的出现,骑兵成为战斗队形的基础,它能够掩护翼侧并对敌突击。部队作战采用疏开队形,而到 17 至 18 世纪时则采用线式战斗队形。对击溃之敌一般不予追击。夺取要塞主要靠长期围攻。

在伊土战争中,总的说来军事学术发展极其缓慢,这是由于两国军队中存在着大量非正规的、不同种族的、用各式各样的武器装备起来的封建骑兵和封建步兵组成的民军。

（二十）西葡战争

西葡战争是西班牙旨在并吞葡萄牙的侵略战争。西班牙国王腓力二世乘 16 世纪下半叶葡萄牙军事经济地位衰落、国际地位下降之机，在无直系继承人的葡萄牙国王塞巴斯蒂昂一世于 1578 年死后，声称自己享有葡萄牙王位继承权。他获得了葡萄牙贵族和天主教耶稣会教徒的支持。

1580 年，阿里巴将军统率的西班牙部队开往葡萄牙，1581 年占领了里斯本，迫使葡萄牙国会承认腓力二世为国王。

在西班牙统治时期，葡萄牙被迫多次参加西班牙对英国和荷兰的战争。国内饥荒，人口锐减，各阶层人民对西班牙统治普遍不满。1640 年 12 月 1 日，里斯本爆发了人民起义，并扩展到全国各地。这次起义使葡萄牙摆脱了西班牙的统治。1668 年，西班牙被迫承认葡萄牙独立。

18 世纪初，葡萄牙参加了西班牙王位继承战争。最初它站在法国一边，后来在英国、奥地利和荷兰的压力下，于 1702 年 5 月加入了反法同盟。

在这次战争中，葡萄牙丧失了在摩洛哥的重要支撑点——休达。英国把休达给了西班牙作为占据西班牙的直布罗陀的补偿。

1801 年，英国又将葡萄牙拖入反西班牙的战争。最初是西班牙和共和制的法国作战，战败后和法国订立了军事同盟。随后西班牙部队进入葡萄牙，迫使它缔结了屈辱的和约。

根据巴达霍斯和约葡萄牙把瓜分的亚纳河左岸的领土连同奥利范萨要塞割让给西班牙，并承担义务禁止英国船只停靠葡萄牙各港口。英国在特腊法耳加角海战中粉碎了法西联合舰队，恢复了自己在葡萄牙的地位。

（二十一）英西战争

英西战争是英国和西班牙为争夺海上霸权和殖民地所进行的一系列战争。处在资本主义发展阶段的英国于 16 世纪下半叶开始争夺销售市场和殖民地，同当时最大的海上殖民强国西班牙展开了竞争，这就是引起战争的原因。

1586~1604 年英西战争，揭开了两国武装争夺的序幕。西班牙菲利普二世政府力图打倒英国这个竞争对手，决定建立一支为数 4 万人的远征军入侵英伦三岛。于是，成立了一支庞大的舰队。这支舰队主要由便于载运部队但不太适合海战的大型高舷船只组成。英国为了制止入侵，派出了几支区舰队对西班牙沿海一带及其各殖民地的船只和移民点进行袭击。1587 年英国一支分舰队袭击了西班牙加的斯港，使西班牙舰队开往英国海岸的时间推迟了一年。

1588 年，由 130 艘舰只组成的西班牙舰队开往英国沿海，但在英吉利海峡遭重创。新的远征准备工作又被英国舰队在西班牙沿海的有力行动所破坏。

1596 年,由 17 艘英舰、24 艘荷舰、150 艘运输船只组成的英荷联合分舰队攻占了加的斯港。1597 年,西班牙曾试图支援爱尔兰起义,并派兵在爱尔兰登陆,但以失败告终。

4 年后,即 1601 年,西班牙陆军 1 个支队在爱尔兰登陆成功,但因孤军无援而被迫投降。1604 年缔结了和约。西班牙虽保持了原有的殖民地,但其海上贸易的垄断权却大为削弱。

1625~1630 年英西战争中,荷兰和法国支持了英国。这次战争以双方不分胜负告终。英荷舰队试图重新夺占加的斯港,但未成功。1630 年 11 月宣告战争结束,在马德里缔结了和平同盟条约。

1655~1659 年英西战争中,法国支持英国。1655 年 5 月,英国舰队攻占了牙买加岛。1657 年 4 月,英军在法军的援助下于特纳里夫岛近击败西班牙舰队,1659 年 6 月攻克敦刻尔克。战争至 1659 年底结束。

西班牙王位继承战争中,英军于 1704 年 8 月 4 日攻占战略要地直布罗陀,并在那里建立了海军基地。西班牙相继丧失了撒丁岛、西西里岛、米兰和那不勒斯。此外,英国还获得了在西班牙各殖民地贩卖黑奴的垄断权。

1718~1720 年英西战争中,西班牙企图收复其地中海的领地。

但是,宾格海军上将统率的英国分舰队击溃了西班牙的地中海舰队。英军的基本战略方针是:既靠本国的兵力,又借助法国、荷兰、奥地利等盟国的兵力来消灭对方的舰队,这样便最后决定了战争的结局。

1726~1728 年英西战争中,西班牙再次试图收复直布罗陀,又未成功。英国舰队封锁了西印度群岛,使西班牙政府无法继续进行这场战争。

1739~1748 年英西战争,是奥地利王位继承战争的一个组成部分。在这期间英国力求夺取西班牙在巴拿马海峡的殖民地,但以失败告终。为此英国曾建立了两支分舰队,一支从墨西哥湾进攻,另一支从太平洋进攻,结果都未能完成既定任务。1762~1763 年英西战争是 7 年战争的一个组成部分。

英国在这次战争中给予西班牙以最后一击。英国舰队凭借其在西印度洋海域的巨大优势,夺得了古巴的哈瓦那。与此同时,东印度公司占领了菲律宾的马尼拉。

这样,西班牙实际上已丧失了整个舰队。

根据 1763 年巴黎和约,西班牙被迫将佛罗里达割让给英国,以交换哈瓦那和马尼拉。北美独立战争中,西班牙于 1779 年与法国、荷兰王国一起反对英国。

根据 1783 年凡尔赛和约,佛罗里达的一部分和梅诺卡岛归还西班牙。

英西战争的结果是,西班牙丧失了殖民地和海上威力。英国当时正处在资本主义发展的上升时期,在这几次战争中取胜是符合规律的。

英国拥有一支用当时第一流武器装备起来的较强大的海军,这一点在英国海军当局的军事学术中也有所反映,如在海上交通线上积极展开活动,进行大规模的封锁行动,巧妙地选择主要突击的时机等。

（二十二）英荷战争

英荷战争指 17 世纪英国和荷兰共和国之间进行的几次战争。战争的起因，一是由于两国在欧洲、东南亚、美洲和非洲市场上展开的贸易竞争；二是由于两国在各殖民地国家特别是在印度进行的争夺统治权的斗争。

第一次英荷战争是荷兰于 1652 年 7 月 28 日发动的，目的是为了回击英国国会针对荷兰把持贸易经纪权而于 1651 年通过的航海法案。

英荷之间，除了在两国近海展开作战行动以外，还在地中海、印度洋以及连接波罗的海和北海的各海峡同时进行了海战。英军舰艇装备有较先进的火炮，而且在数量和质量上均占优势，因此击溃了荷兰海军，并对荷兰海岸实施封锁，迫使荷兰于 1654 年 4 月 14 日缔结了威斯敏斯特和约。根据这一和约，荷兰实际上承认了航海法案。

第二次英荷战争是由于英国占领荷兰在北美的殖民地新阿姆斯特丹而引起的。

1665 年 1 月 24 日，荷兰对英宣战。1666 年 2 月，法国和丹麦同荷兰结成同盟。在 1666 年 6 月 11~14 日的敦刻尔克海战中，廖特尔海军上将统率的荷兰舰队击败了英军，但未能巩固既得的战果。同年 8 月 4~5 日于北福伦角再度交战，荷军败北。1667 年 6 月，荷兰海军封锁了泰晤士河口，歼灭部分英国舰只，由于伦敦直接遭到威胁，英国被迫缔结和约。

根据 1667 年 7 月 31 日布雷达和约，英国占有新阿姆斯特丹，但将英军在战争期间占领的苏里南归还荷兰。

第三次英荷战争，是荷法战争的一个组成部分。根据英王查理二世和法王路易十四之间的秘密条约，英国参加了这场战争。英军突然袭击了荷兰海军。1673 年 8 月，廖特尔指挥的荷兰舰队在特克塞尔附近击溃英法联合舰队。海战失利和对于比荷兰更危险的竞争者法国实力增强的畏惧，促使英国退出战争。1674 年 2 月 19 日威斯敏斯特和约规定 1667 年布雷达条约继续有效。

英荷战争的结果是：荷兰的贸易和经济实力下降，工业更为发达的英国夺得了把持国际贸易和夺取殖民地的霸权。英荷战争是在海上进行的，对于海军技术装备和海军学术的发展曾起了促进作用。

在战争进程中，制定了舰队的体制：舰队下辖分舰队，分舰队又辖有若干总队；确定了战列舰、巡航舰等军舰为新的舰种。海战的战术也有了很大的变化。这次战争初期实际上还没有战斗队形，战斗只不过是单舰格斗，而到战争末期就已广泛使用一路纵队，舰只成一路纵队进行炮战已成为海战的主要方法。

这促进了海军炮兵日臻完善和不断发展。在英荷战争过程中，海军战略也有所变化，其基本内容就是夺取制海权。

（二十三）英国内战

英国内战指以新兴资产阶级为首的英国社会广大阶层反对君主专制和封建制度的武装斗争。

英国内战

英国内战是 17 世纪英国资产阶级革命——欧洲第一次革命的主要斗争形式。接近 17 世纪中叶时，英格兰正处于按资本主义方式迅速改组经济的时期。但是，先进的资本主义生产力与旧的封建主义生产关系发生了尖锐的矛盾。

由于这一冲突，到 40 年代初革命形势已在英格兰逐渐形成，但这一形势被建立了君主专制制度的斯图亚特王朝国王查理一世的反人民的反动政策所激化。

为了给宫廷和耗费巨大的战争筹措经费，国王被迫于 1640 年召开已中断 11 年的国会，要求拨款。反对派代表占多数的新国会 1 年之间就废除了推行专制制度的所有主要工具，废黜国王，实际上把全部国家政权集中到自己手中。英国资产阶级革命的立宪时期开始了。

但是，当事件转向剥夺封建贵族的权力和特权时，引起了他们不满。他们因而以武力反对资产阶级革命，并于 1642 年 8 月 22 日对国会宣战。1642 年 1 月从首都逃到北部的国王成了反革命势力的首领。

在第一次内战过程中，整个英格兰分成两个军事营垒，经济落后的北部和西部的封建贵族反对得到以伦敦为首的经济发达的南部和东部支持的国会。雇佣兵占多数的国王军计有 3、4 万人，但能派，出作战的不过 1.2 万人，因其基本力量是要塞和城堡的卫戍部队。国会军由民兵和某些将军出钱雇的雇佣兵组成。由长枪兵和火枪兵组成的步兵是双方军队的基础。

军队组织以团为单位，其战斗队形由步兵、骑兵和炮兵编成。战局的胜败通常取决于大量密集的步兵和骑兵所实施的突击。

第一次内战是以国会军受挫开始的，其部队遭到多次失败。失败的主要原因是国会军总司令埃塞克斯伯爵和其他长老派的将军们的战略是消极的，他们害怕革命深入，谋求同国王妥协。

军事上的失利引起国会中以独立派为首的反对派的不满。反对派要求按革命方式改组军队并清除战斗士气低落的雇佣兵。在反对派的压力下，长老派的国会议员被迫采取积极的战斗行动。

在马斯顿荒原附近的交战中国会军击溃了国王军。克伦威尔的骑兵对取得胜利起了决定性作用,他们对敌翼侧的突击决定了战局的结果。这次战役是第一次内战的转折点。

但是,忠于自己政策的长老派议员们停止了积极的战斗行动,致使王党得以迅速从溃败中恢复元气,继续战争。这种状况使国会中两个主要派别之间的政治斗争急剧尖锐化。1644年12月,克伦威尔以国会成员和独立派首领的身份要求彻底改革军队。

这一改革于1645年在克伦威尔的领导下完成,组建了一支与前不同的、纪律严明、战斗素质高的2.2万人的新军,其中一半是骑兵。

因此,国会军的机动性和突击力量大大增强。军事改革促进了军队民主化,下层群众出身的人担任了军官职务。锅炉工福克斯、马车夫普莱德、鞋靴工胡逊、帆缆手列因斯博罗及其他人都表现出自己是有才干的军事长官。克伦威尔实行"自抑法"。

根据此法,全部国会成员退出军队,埃塞克斯伯爵和其他长老派将军们也被撤职。新任总司令为费尔伐克斯将军,克伦威尔被委派担任他的副职和骑兵总指挥。新统帅部把主要注意力集中在部队军事训练上,训练中广泛运用30年战争的先进经验。

在奈斯比附近的战役中克伦威尔的骑兵再次起到了决定性的作用,国王军被击溃,实际上很快就覆没了。

此后,国会军攻占了王党占据的许多要塞。查理二世逃到苏格兰,1647年2月被送交国会。但被俘的国王得以逃出,并与苏格兰订立同盟,重新与国会开战。

第二次内战在普雷斯顿附近的交战中反革命力量被克伦威尔彻底击溃,国王再次被俘。独立派军队占领了伦敦。长老派议员被逐出国会。

斯图亚特王朝国王查理一世被交付法庭审判,于1649年1月30日作为"叛徒和暴君"被处死。1649年5月19日,英格兰宣布成立以独立派为首的资产阶级共和国。

共和国的成立使资产阶级和新贵族更富,与此同时,却未能满足为共和国的成立而战斗过的广大人民群众的要求。人民对革命结果的不满表现为公开反对现行制度。平均派领导了这场斗争。但平均派在国内和军内的活动均被残酷压制下去。独立派的对外政策同样是对英格兰统治下的各国人民的民族解放运动进行镇压。

1649~1650年,为镇压爱尔兰人民的民族解放起义,克伦威尔领导了对爱尔兰的征讨。英格兰共和国还残酷镇压了苏格兰的民族解放运动,于1652年将其并入英格兰。

在内战中,人民革命军同为他人利益而战并按过时的战术公式行动的王党分子的封建雇佣军相比,表现出更高的军事学术水平。但后来国会军变成英格兰资产阶级的驯服工具。

（二十四）俄波战争

俄波战争指俄国同波兰国为争夺乌克兰和白俄罗斯而进行的战争。

战争的起因是：两国的矛盾激化，特别是乌克兰和白俄罗斯人民的解放战争和1653年10月1日缙绅会议在莫斯科决定接纳乌克兰加入俄国。1654年5~6月，俄国向白俄罗斯、斯莫连希纳派出3支部队：舍列梅捷夫将军、切尔卡斯基公爵和特鲁别茨科伊公爵的部队。1654年俄军和佐洛塔连科指挥的乌克兰哥萨克军协同作战，解放了斯莫连希纳和白俄罗斯东部。

赫梅利尼茨基的军队同来自乌克兰北部地区的布图尔林的一支俄国部队协同作战，占领了奥斯特罗格、罗夫诺及其他一些城市。

波兰与其同盟者鞑靼军队于1654~1655年冬季在乌克兰发动的旨在使战局朝着有利于波兰方面发展的反攻，经激烈交战，被舍列梅捷夫和赫梅利尼茨基指挥的俄国—乌克兰联军所阻止。莫吉廖夫驻防军在3个月内打退了兵力占优势的敌人的6次猛烈突击，他们的英勇防御粉碎了波兰—立陶宛联军在白俄罗斯的进攻。

1655年战争的主要目的是解放整个白俄罗斯和波罗的海沿岸地区。

战争的计划基本上得到了完成。切尔卡茨基指挥的中央军团在佐洛塔连科部队的协助下，于7月13日占领明斯克，8月10日占领维尔纽斯，8月占领考纳斯和格罗德诺，并进逼布列斯特—立托夫斯基。8~9月佐洛塔连科前出到涅曼河。赫梅利尼茨基和布图尔林的部队包围了利沃夫。

到1655年春，俄军解放了右岸乌克兰的大部分地区、几乎整个白俄罗斯及立陶宛东部和南部相当大的一部分地区。1655年6月，瑞典对波兰宣战，同时在波兰领土上和波罗的海海域采取了军事行动以阻止俄国进入波罗的海。

这就迫使俄国政府暂时停止对波兰的军事行动，并从1656年春开始与波兰政府谈判，于1656年11月2日结束。双方只签订了停止军事行动和1年后继续谈判的协定。

但是，同年年底出现了瑞典占领波兰—立陶宛国和加强其在波罗的海沿岸阵地的现实危险。1656年5月。俄国对瑞典宣战，战争持续了两年。波兰在获得喘息之后，拒绝承认乌克兰和白俄罗斯重新并入俄国，致使俄波战争必然继续进行。

在1658~1663年的战争中，双方各有胜负。由于乌克兰黑特曼维戈夫斯基和赫梅利尼茨基先后叛变，俄国处境困难。长期的战争使国家负担沉重、物质资源枯竭。

但是，俄军于1664年夺取了主动权，在格卢霍夫地区迫使敌人退却。波军在诺夫哥罗德—谢韦尔斯基附近败北，但在维捷布斯克附近获胜，突出重围，撤向莫吉廖夫。

俄波双方国力衰竭和国内政治局势的恶化，迫使两国政府于1667年初进行谈判，并于1月30日签订安德鲁索沃条约。

（二十五）西班牙王位继承战争

西班牙王位继承战争指法国与奥地利和西班牙两个哈布斯堡王朝长期争夺欧洲霸权，以及英荷两国的活动所引起的战争。这是一次双方各有同盟的战争。一个同盟以封建君主专制的法国为首，西班牙、巴伐利亚、科隆和其他几个德意志国、萨伏依、巴马参加；另一个同盟以奥地利和英国为首，荷兰、葡萄牙、勃兰登堡以及许多德意志小国和意大利小国参加。

1700年，无嗣的西班牙国王、哈布斯堡家族的查理二世之死，是这场战争的导火线。

当时，属于西班牙的领土、领地，在欧洲有意大利的大部分、南尼德兰，在南美、中美和北美有几大片地方，在非洲有几个重要领地，还有许多岛屿。

继承西班牙王位在很大程度上决定了在欧洲的统治地位。在西属尼德兰、西班牙、意大利、莱茵河地区、南德意志、各殖民地和海上都发生了战事。

1701年，法奥未经正式宣战即在意大利领土上开始军事行动。双方军队经过交战，毫无结果，各自撤回冬季营房。

1702年5月，英国和荷兰站到奥地利一方参战。1702～1704年，在意大利、西班牙和海上都发生过战斗。陆上的战斗行动仅局限于争夺要塞、实施行军机动和迂回运动。野战很少进行，仅在解除要塞包围时才使用。

1703年，由于拉科西领导的匈牙利人民反对哈布斯堡王朝压迫的解放斗争，奥军的大部分兵力被派去镇压起义。奥地利对战争的主动性大大降低，1704年，英军从海上攻占了直布罗陀。

同年，奥英同盟军集中主要精力击溃法国盟国巴伐利亚。1704年8月13日，萨伏依的叶夫根尼和马尔波罗公爵统率的奥英联军在豪什塔特附近击溃法巴军队，毙俘达2.8万人，使战争的进程变得有利于自己。1705～r709年，奥英同盟军把军事行动转到法国领土上的有利条件已经成熟。

但是，这些有利条件却因各同盟国战略力量有限，产生意见分歧而未被利用。1705年，奥英同盟军不仅在意大利，而且在尼德兰、莱茵河流域和西班牙都进行了联合行动，但没有收到实际效果。1706年9月7日，萨伏依的叶夫根尼统率的奥军在意大利都灵附近取得了巨大胜利。

战斗以后，法军渡过波河，撤回本国。都灵之战证明，在防御战中以线式战斗队形抗击集中突击是毫无用处的。1706年，法军在尼德兰的拉米利一带遭到失败。

法军仅仅在西班牙取得了几个局部性胜利，但对整个战争进程没有产生影响。1707年7月，奥英联军开始入侵法国，在包围上他长期未克之后返回意大利。1708年和1709年上半年，尼德兰和莱茵河流域发生了几次局部战斗。西班牙王位继承战争中最后一次大规模交战，于1709年9月11日发生在尼德兰马尔普拉凯村附近。1709年秋季，要塞争夺战持续不断。1710～1714年，交战双方持续打消耗战，都避免决战。

英奥两国军队在兵力上虽占明显优势,但没有对法采取积极行动。战略不果断的原因在于,当时俄国在北方战争中获胜。英国为了竭力阻挠俄国在欧洲占据主导地位,改变政治方针,不愿将法国彻底击败。遂背着自己的盟国开始和谈,实际上停止了对法作战。

在英国的影响下,荷兰、勃兰登堡、萨伏依和葡萄牙也都放弃了积极的战斗行动。奥地利实际上孤军对法作战,未能攻入法国。1713 年 4 月 11 日,以法国和西班牙为一方,以英国、荷兰、勃兰登堡、萨伏依和葡萄牙为另一方,签订了乌得勒支和约。

1714 年,奥法签订拉什塔特和约。

根据这些和约,法国将早先侵占的西班牙在北美的部分领地划归英国,法国在欧洲的领土未受太大损失。哈布斯堡王朝把意大利的大部分领土、整个比利时、西属尼德兰和莱茵河地区部分领土并入自己的领地。西西里岛归属萨伏依。

英国除得到直布罗陀外,还有梅诺卡岛的一部分。西班牙王位继承权争夺战,结束了法国在西欧的霸权地位。

这次战争的一个特点是,人数众多的常备雇佣军参战,他们装备有带刺刀的燧发枪、马枪、火炮等火器。这些雇佣军队精神素质差,脱离人民。

在战略上,双方都优柔寡断,战争缺乏统一计划,同盟部队缺乏统一指挥。双方在战略上所采取的基本行动方式是行军和反行军、要塞防御与包围,很少进行野战。双方所采取的线式战术极其呆板,部队排成 2～3 线,平均配置在正面,不留预备队。

战斗的特点通常是两军正面接触,以兵力优势获胜。对敌很少实施追击,即使在浅纵深内,也很少追击敌人。各部队互不协同。在防御中广泛采用密布壁垒式野战工事。一些西欧国家的军队没有利用在武器装备方面的改进。

(二十六) 波土战争

波土战争指波兰国与奥斯曼帝国进行的历次战争,主要是为争夺乌克兰领土。

1618 年,奥斯曼帝国乘全欧 30 年战争爆发之机采取了反对波兰国的军事行动。奥斯曼帝国在这次战争中的盟友是其附庸国——克里木汗国。

1620～1621 年战争的是波兰黑特曼茹凯夫斯基袭击了普鲁特河采曹腊城地区锡利斯特里亚的别格列尔别克——伊斯坎杰尔·帕夏的土军,波军在该地败北。土军在这次交战中获胜,使土耳其苏丹奥斯曼二世感到能够实现征服乌克兰和波兰的愿望。

1621 年,奥斯曼二世因恃有与俄国和瑞典结成的联盟,组织了反对波兰国的新远征。瑞典人将波兰兵力之一部吸引到立窝尼亚,但俄国却拒绝进攻波兰国。波兰国国王西吉斯孟德三世派出黑特曼霍德凯维奇统率的军队抵御土耳其人。

随后,黑特曼萨盖达奇内率领的 4 万乌克兰哥萨克与其会合。1621 年 9 月,波兰人与哥萨克在德涅斯特河上的霍京附近交战中合同行动,打败了奥斯曼二世统率的土耳其一鞑靼联军,阻止了土军的推进。波兰抵御土耳其的战争是一次人民战争。土耳其人和鞑靼人虽然在数量上占优势,但却未能侵入德涅斯特河以东的乌克兰地区。

1672～1676年战争是由于奥斯曼苏丹穆罕默德四世为夺取乌克兰,于1672年再次进攻波兰国而开始的。穆罕默德军队占领了卡梅涅茨要塞后,沿布恰奇和利沃夫两个主要方向继续进攻。波兰国处境危急,被迫于10月17日同土耳其签订了布恰奇和约。

但波兰议会拒绝批准这一条约,于是战争再次爆发。1673年11月11日,在霍京城下的交战中,波兰王国大黑特曼萨比斯基率领的波军获胜。

1683～1699年战争的爆发与发展均同奥土战争有关,波兰国作为奥地利的同盟国参加了这场战争。土军侵入包括在奥地利版图内的匈牙利西部。会合土军作战的有克里木汗的部队和变节的匈牙利封建主泰凯利等人的队伍。土军总兵力达17.5万人,而奥波等国联军的兵力仅有6.5万人。

1683年7月14日,土军包围维也纳。该城守军不超过1.3万人,而且装备不良。9月11日夜,萨比斯基率领2.5万名由波兰人和乌克兰哥萨克组成的联军赶来援救被围者。萨比斯基所部与奥军和德意志诸公国的军队协同作战,土耳其人遭到毁灭性失败,约2万人被击毙,损失火炮300门。

1684年,奥地利、波兰和威尼斯建立反土耳其的"神圣同盟",1686年俄国也加入该同盟。

这时,奥斯曼帝国兵力不足,不能与同盟诸国作战。土耳其人在匈牙利东部、德涅斯特河、摩里亚、达尔马提亚以及顿河河口遭到一系列失败。奥波联军的节节胜利又鼓舞了巴尔干各国人民反对土耳其压迫的斗争。

1686年9月,土军放弃布达。1687年,又在摩哈赤战役中败北。

同年,土耳其帝国精兵起义推翻了穆罕默德四世的统治。土耳其人放弃了几乎整个摩里亚,1688年放弃贝尔格莱德,1696年将亚述交给俄国。1697年9月,土耳其人在蒂萨河上的津塔附近会战中遭毁灭性失败。1699年,土舰队在多瑙河上的维丁附近被击溃。奥斯曼帝国的屡次惨败和国内的社会经济危机迫使它求和。

1698年,在卡罗伐茨城召开了奥斯曼帝国与"神圣同盟"订立和约的会议,这次会议从法律上确认了中欧和东欧各种势力的重新划分。

(二十七)俄土战争

俄土战争指俄国与土耳其为争夺黑海及其毗连地区的统治权而进行的战争。17世纪至18世纪上半叶所进行的战争,旨在结束奥斯曼帝国和克里木汗国对俄国的侵略,合并13世纪被蒙古鞑靼人侵占的黑海北部沿岸地区,夺取黑海出海口。这是俄国经济发展的需要。

从18世纪下半叶起,俄土战争的起因是:关于东方问题的国际矛盾尖锐化;土耳其企图对乌克兰和黑海沿岸国进行报复;以及俄国力图在巴尔干半岛和高加索巩固自己的势力,为此而依靠受奴役、信奉基督教的各族人民蓬勃发展的反对奥斯曼帝国压迫的民族解放运动。

1676~1681 年的俄土战争是在乌克兰同俄国重新合并后,土耳其奥斯曼帝国入侵乌克兰而引起的。土耳其反对重新合并。

它在 1672~1676 年的波土战争中占领了波多利亚,以后又依靠右岸乌克兰的黑特曼多罗申科,企图将整个右岸乌克兰地区置于自己的统治之下。1674 年,左岸乌克兰的黑特曼萨莫伊洛维奇被选为乌克兰的总黑特曼。多罗申科率部 1.2 万人于 1676 年占领了黑特曼首都奇吉林,企图借助于土军恢复自己的统治。

为阻止这一企图,俄国—乌克兰联军在萨莫伊洛维奇和罗莫达诺夫斯基的率领下,于 1676 年春渡过第聂伯河,包围了奇吉林,并于 8 月 2 日夺取该城,俘虏了多罗申科。在奇吉林远征期间,俄国—乌克兰联军与土耳其鞑靼军争夺奇吉林的斗争始终没有停止。

1679~1680 年,萨莫伊洛维奇和罗莫达诺夫斯基率领的俄国—乌克兰联军依托新筑起的伊久姆鹿砦防线,击退了克里木鞑靼人的多次侵袭。土耳其由于未能达到目的,被迫于 1681 年 1 月 23 日签订了巴赫奇萨赖和约,承认左岸乌克兰与俄国的重新合并。俄军和乌克兰军的一致行动,对在战争中战胜土耳其鞑靼军起了重要作用。

1686~1700 年的俄土战争是俄国反对奥斯曼帝国侵略斗争的继续。战争是在俄国加入反土"神圣同盟"之后爆发的。

战争过程中俄军进行了克里木远征和亚速远征。由于俄瑞战争迫近,以及同盟的其他成员国与土耳其缔结了和约,俄国政府也同土耳其缔结了君士坦丁堡和约。

战争的结局是:亚速和到米乌斯河的亚速海沿岸一带转归俄国。战争证明俄军必须进行改革。

1710~1713 年的俄土战争是在北方战争期间进行的,以俄国的失败告终。俄国被迫放弃亚述,拆毁亚速海沿岸的工事。

1735~1739 年的俄土战争是 1733~1735 年俄波战争后由于俄土之间的矛盾激化而引起的。

1736 年 5 月 31 日,米尼赫元帅的第聂伯河集团军以猛攻夺占彼列科普,尔后又占领克里木汗国首都巴赫奇萨赖,但后来由于发生了流行疾病和缺乏粮秣及饮水,俄军被迫撤回乌克兰。拉西将军指挥的俄顿河集团军,在布列达利海军中将的顿河区舰队的支援下,于 1736 年 6 月 30 日攻占亚速。1737 年 7 月顿河集团军在区舰队的协同下强渡锡瓦什湖,在萨尔吉尔河交战中击溃了克里木汗的军队。7 月 13 日,第聂伯河集团军以猛攻夺取了奥恰科夫。

同年,奥地利参战,但奥军屡遭失败。为了与活动在瓦拉几亚和波斯尼亚的奥军协同作战,俄军于 1739 年初向摩尔达维亚展开进攻。从而使战争产生了转折。8 月,第聂伯河集团军在斯塔武恰内战役中击溃了土军。

根据摩尔达维亚代表团的请求,摩尔达维亚被接收加入俄国版图。俄国由于面临瑞典入侵的威胁而且同盟国奥地利及退出战争,不得已与土耳其签订了贝尔格莱德和约。在1735~1739年的俄土战争中,强渡地形复杂的水障碍的经验丰富了军事学术。

1768~1774年俄土战争是由奥斯曼帝国对俄国的侵略行动和反对俄国在波兰扩大影响而引起的,是俄国争夺黑海出海口斗争的继续。10月6日,得到法奥两国支持的土耳其对俄宣战。

为此,俄国将戈利岑将军的第1集团军从基辅调往霍京,将鲁缅采夫将军的第2集团军调到第聂伯河与顿河之间的地区作战。1768年12月,克里木汗卡普兰·格来的军队入侵乌克兰领土。俄第2集团军在击退敌人对乌克兰的进攻后,前出至亚速海,封锁了克里木。在多瑙河战区,戈利岑与20万敌军作战。

在对霍京的两次猛攻失利后,他被迫于1769年6月率部撤过德涅斯特河。11月,土耳其驻防军由于缺少食物,放弃了霍京。第1集团军在新任指挥官鲁缅采夫的指挥下向雅西展开进攻,于10月7日占领该城;第2集团军沿南布格河作战。1769年7月,海军上将斯皮里多夫的分舰队从波罗的海驶入地中海参战。

在1770年的战争中,第1集团军在坑田墓地附近及拉尔加河和卡古尔河河畔击溃了敌军。俄国分舰队在爱琴海的出现,促进了希腊人民反抗土耳其统治的起义。

在切斯梅海战中,俄国分舰队击溃了土耳其舰队,从而保障了自己在爱琴海的制海权,并完成了对达达尼尔海峡的封锁。9月,俄军以猛攻夺取了宾杰里要塞,7~11月,先后攻占了伊兹梅尔、基利亚、布赖洛夫和阿克尔曼。

1771年,第1集团军展开军事行动,在多瑙河区舰队的协同下,于2月占领了茹尔扎,3月封锁了土耳恰和伊萨克恰要塞。多尔戈鲁科夫将军的第2集团军在亚速海区舰队的协同下,于6月25日以猛攻夺取了彼列科普,并占领了克里木。

奥军推进到俄国边境之后,俄第1集团军转入积极防御。

该集团军分3个集群在1000公里的正面作战,于6月和10月多次击退企图以优势兵力冲入多瑙河左岸地区的土军。俄国舰队在地中海成功的行动,促进了埃及和叙利亚的阿拉伯人1771年反土起义的爆发。俄国在陆海战场的胜利迫使土耳其于1772年5月30日在茹尔扎同俄国签订停战协定。11月12日,俄国又同克里木汗萨希布·格来缔结条约。

根据条约,克里木脱离土耳其,处在俄国的庇护之下。

1773年的军事行动是在巴尔干战区进行的。6月,鲁缅采夫集团军渡过多瑙河,包围了锡利斯特里亚要塞。5~6月,苏沃洛夫将军的部队多次成功地袭击了图尔图卡伊。

但由于兵力不足,鲁缅采夫集团军被迫撤过多瑙河。9~10月,俄军企图攻打瓦尔纳和叙姆拉,均未果。

1774年6月,鲁缅采夫率俄军5.2万人强渡多瑙河。6月20日,俄军在科兹卢贾附近击溃土军4万人。萨尔特科夫的部队在图尔图卡伊附近击溃土军1.5万人。鲁缅采夫所部封锁了叙姆拉、鲁叙克和锡利斯特里亚诸要塞,其先头部队越过了巴尔干。

在这种形势下,俄土双方于7月24日签订了楚库克—凯那尔吉和约。和约确认了俄国在这次战争中的胜利,保障了俄国自由进入黑海。

在1768～1774年的俄土战争中,陆军和海军的战略协同动作、强渡大的水障碍、山地进攻、争夺要塞等方面的经验丰富了俄军的军事学术。鲁缅采夫在战争中创建了协同陆军完成战斗任务的利曼桨船区舰队。

战争中,广泛采用新式疏开战斗队形——师、团方阵,采用与射击兵散开队形相结合的纵队取代线式战斗队形。鲁缅采夫和苏沃洛夫制定的教令和守则反映了部队的战斗经验。

1789～1791年的俄土战争是由于土耳其的复仇计划引起的。土耳其要求俄国归还克里木,承认格鲁吉亚为土耳其的属地,允许土耳其检查出入海峡的俄国商船。俄国拒绝了这一最后通牒,土耳其便对俄开战,出动了20万军队和一支强大的舰队。俄军统帅部展开了2个集团军:叶卡捷琳娜集团军和乌克兰集团军,以及克里木军团和库班军团。

同时,还调动了黑海舰队。1787年8月21日,土耳其舰队的大部兵力向停泊在金布恩附近的俄国护卫舰发起攻击。9月13日夜,土军700人在金布恩沙咀登陆,但被俄军击溃。

10月12日,土耳其登陆队在炮火掩护下在金布恩附近登陆,但遭到苏沃洛夫军团的急速突击,几乎被全歼。1788年战争初期,奥地利加入俄国一方参战,并派出科布尔格斯基亲王的军团2.6万人在摩尔达维亚作战。

战争过程中,俄军围攻并夺取了霍京和奥恰科夫要塞。在攻打奥恰科夫要塞时,舰队起了重要作用。

在1789年的战争中,乌克兰集团军在比萨拉比亚对宾杰里以及其他要塞展开了争夺战。1789年8月1日,一支俄国部队和奥地利的一个军团在福克沙尼击溃奥斯曼·帕夏的军队3万人。9月22日,俄奥联军在苏沃洛夫的指挥下在雷姆尼克河畔粉碎了尤素甫·帕夏宰相的土军10万人。

但波将金没有利用这些胜利向多瑙河对岸发展进攻,而只是限于攻占宾杰里、哈吉别伊和阿克尔曼诸要塞。在黑海和地中海,俄国各捕敌私船队活动在土耳其舰队的交通线上。

在1790年的战争中,波将金仍是集中主力围攻敌要塞,而不是在野战中歼灭土军。土耳其指挥部将主要突击方向转向黑海高加索沿岸,将巴塔尔·帕夏的部队4万人调往阿纳帕要塞地区攻打库班,并且做好了在克里木登陆的准备。

俄黑海舰队在乌沙科夫海军少将的指挥下,先后在锡诺普海域、刻赤海峡和坚德拉岛海域的海战中连续突击,击败了土耳其舰队。在9月8～9日坚德拉岛海战中俄舰队巩固了这一胜利。南方集团军在舰队的协助下占领了基利亚、土耳恰和伊萨克恰诸要塞。向卡巴尔达进攻的巴塔尔·帕夏军团也被击溃。9月,奥地利单独与土耳其缔结和约,从而使俄国处于困难境地。尽管如此,俄国仍向多瑙河展开进攻。

1790 年 12 月 22 日,苏沃洛夫所部以猛攻夺取了土耳其防御工事坚固的伊兹梅尔要塞。

俄军在 1791 年的战争中取得了巨大的胜利。6 月 15 日,库图佐夫将军的部队强渡多瑙河后,在巴巴达格附近击溃土军 2.3 万人。7 月 9 日,俄军主力在默钦战役中击败土军。7 月 3 日,古多维奇将军的部队在西高加索以猛攻夺取了阿纳帕。俄军在陆上和海上的胜利,以及乌沙科夫 8 月 11 日在卡列阿克里亚角击溃土耳其舰队的胜利加速了雅西和约的签订。

1787~1791 年的俄土战争中,陆军和海军在战略和战术上协同的新经验丰富了俄军的军事学术。纵队与散开队形相结合的战术和围攻要塞的战法得到了发展。苏沃洛夫在《制胜的科学》条令中总结了俄军的先进经验。

1806~1812 年的俄土战争是土耳其在拿破仑一世的支持下发动的。土耳其企图在战争中进行报复,因为当时俄国正与法国、伊朗进行着激烈的战争。

这场战争的起因是:1805 年签订的关于俄国船只自由通过海峡的条约遭到破坏。

对此,俄国政府于 1806 年 11~12 月将米赫尔松将军的摩尔达维亚集团军调到了土耳其傀儡控制的摩尔达维亚和瓦拉几亚。多瑙河哥萨克军投靠了俄国。12 月 30 日,站在俄国一边的大不列颠开始行动,其舰队企图控制达达尼尔海峡两岸的工事和埃及沿海,但未成功。辛亚文海军中将的俄国分舰队,以捷涅多斯岛为基地,从 1807 年 2 月起封锁了达达尼尔海峡,在达达尼尔海战和阿索斯海战中战胜了土耳其舰队。

在巴尔干战区和高加索战区,俄军也多次击败土军。英俄反土联盟崩溃之后,俄国于 1807 年 8 月与土耳其签订了停战协定,但 1809 年春战火重燃。俄军与阿塞拜疆民团和格鲁吉亚民团在高加索战区协同作战,将土军逐出波季和苏胡姆—卡列,同时还占领了阿哈尔卡拉基要塞。普罗佐罗夫斯基元帅率俄军 8 万人,在拥有 140 艘舰船的多瑙河区舰队的配合下强渡了多瑙河,夺取了伊萨克恰、土耳恰、巴巴达格、默钦、伊兹梅尔、布赖洛夫等要塞。

1810 年 5 月,俄军在新任总司令卡缅斯基将军的指挥下,占领了帕扎尔吉克、锡利斯特里亚和拉兹格勒诸要塞。在 9 月 7~8 日巴蒂纳战役中,土军败北。9 月,鲁舒克要塞和茹尔扎要塞的土耳其驻防军投降。1810 年 10 月 29 日,俄军以突然袭击的方式夺取了洛佛奇,但很快又将其放弃;1811 年 2 月 10 日以猛攻的方式再次攻克该城。

1811 年初,俄国由于面临拿破仑军入侵的威胁,被迫将多瑙河集团军一部调往西部边境。兵力几乎减少一半的俄军开始由库图佐夫指挥。他在 7 月 4 日鲁舒克战役和 12 月 5 日斯洛博德泽亚地区的交战中迫使土军投降,赢得了战争的胜利。

由于库图佐夫具备高超的外交艺术,土耳其才签订了布加勒斯特和约。和约规定比萨拉比亚和西格鲁吉亚并入俄国的版图。拿破仑在 1812 年卫国战争前夕失去了土耳其这一盟友。

在 1806~1812 年的俄土战争中,陆海军在战略上协同作战的新经验,以及夺取要塞、包围敌人的经验丰富了俄军的军事学术。

1828~1829 年的俄土战争是由于欧洲列强争夺奥斯曼帝国的领地而引起的。

当时,奥斯曼帝国严重的国内危机由于希腊民族解放革命战争而进一步加深。

当联合舰队出动保卫希腊自治权而在纳瓦里诺海战中击败土—埃联合舰队之后,土耳其苏丹得知同盟国之间的矛盾加剧,便撕毁了俄土两国以前缔结的所有协定,并于 1827 年 12 月宣布对俄进行"神圣战争"。

1828 年 4 月 26 日,俄国向土耳其宣战。为对付侯赛因·帕夏的 15 万军队,俄国将维特根施泰因元帅的集团军 9。5 万人调到多瑙河战区;将帕斯克维奇将军的军团 2.5 万人调到高加索战区,以对付 5 万人的土耳其军。

维特根施泰因集团军于 5 月 7 日越过国境,经过一个月的战斗,占领了多瑙河各公国,强渡了多瑙河。10 月 11 日,俄军从陆上和海上发起联合攻击,占领了瓦尔纳。帕斯克维奇军团越过国境之后,于 7 月 5 日以猛攻夺占了卡尔斯要塞。7~8 月间,高加索军团各部队在地方民团的支援下占领了阿尔达甘、阿哈尔齐赫、波季和巴亚济特诸要塞。

在 1829 年战争中,双方战斗非常激烈。6 月 11 日,季比奇将军指挥的俄军在序列夫恰附近的战役中击溃了兵力比自己多 1 倍的敌军,并于 6 月 30 日占领锡利斯特里亚。7 月,季比奇率部 1.7 万人越过巴尔干地区,向亚得利亚那堡挺进。8 月 20 日,该城守军投降。

俄军向南发展进攻,使伊斯坦布尔岌岌可危。在高加索,俄军于 7 月 9 日控制了埃尔祖鲁姆,前出到特拉帕作斯。俄军在两战区取得胜利,主力前出到伊斯坦布尔,舰队封锁博斯普鲁斯海峡和达达尼尔海峡,以及舰船在黑海土耳其沿岸一带游弋,这些行动都迫使土耳其政府于 9 月 14 日签订了亚得利亚那堡和约。

1828~1829 年的俄土战争对于改进军队的指挥,组织陆海协同具有很大的影响,同时,积累了争夺要塞和进行野战的经验,使战役诸要素得到了发展。

俄土战争的结果,是俄国保留了南乌克兰、克里木、比萨拉比亚及高加索的部分领土,并在黑海沿岸巩固地建立了自己的统治。

(二十八) 俄瑞战争

俄瑞战争指俄瑞两国为争夺波罗的海沿岸地区、芬兰,以及为争夺波罗的海统治权而进行的战争。

俄瑞战争俄国为收复被瑞典侵占的芬兰湾沿岸领土,夺取利夫兰和波罗的海出海口而进行的一次战争。1656 年夏,俄国政府利用当时的形势对瑞典宣战。俄军部分兵力向英格曼兰推进,而主力则从波洛茨克开向里加。

起初,俄军进展顺利,接连夺取了敌在波罗的海沿岸的许多要塞,并包围了里加。然而,1657~1658 年间瑞典加强了它在波罗的海沿岸地区的部队。得不到海上援助的俄军,在敌军的逼攻下开始退却。

由于俄国同波兰重启战端,从而使自己的处境更加困难,被迫于12月同瑞典签订瓦利耶萨里条约,3年之后又签订加底斯和约。俄国在战争中所取得的一切成果统统付诸东流。

1741~1743年的俄瑞战争是因瑞典政府企图复仇——收复由于签订尼什塔特和约所丧失的领土而引起的一次战争。

1741年8月4日,瑞典向俄国宣战。9月3日,在维利曼斯特兰德进行的第一次战役中,俄一支1万人的部队击溃了一支3000人的瑞典部队,并占领了要塞。

1742年7月9日,拉西元帅指挥的俄集团军占领了弗里德里希加姆。瑞军开始退向赫尔辛福斯。在追敌途中,俄军在大桡战船队的支援下占领博尔戈;8月18日,又攻占新施洛特要塞。拉西集团军继续进攻,将瑞军包围于赫尔辛福斯城下,并于9月4日迫其投降。1743年春,战事复起。5月31日,俄一支桡桨区舰队在科尔波岛击败瑞典的一支区舰队。俄登陆部队直抵瑞典本土。瑞典在登陆部队的威胁下于1743年8月18日在亚波城签订了亚波和约。

1788~1790年的俄瑞战争是瑞典趁俄国1787年起对土开战,俄军主力调往南方之机所发动的一次战争。瑞典国王葛斯塔夫三世在大不列颠、荷兰和普鲁士的支持下,要求俄国政府归还1721年和1743年并入俄国的瑞典各省,解除分舰队武装,同意瑞典为俄土两国实现和平进行调停。

1788年7月2日,瑞军突然发起进攻。瑞军尽管在兵力上拥有两倍于俄的优势,但仍未能获胜。1788年7月俄海军上将格雷格指挥的分舰队击退了瑞典舰队的进攻,并在戈格兰海战中将其击败。

1年之后,俄海军上将齐恰戈夫指挥的分舰队在厄兰岛海战中又击退了瑞典舰队的第二次进攻,而在罗琴萨利姆海战中,俄桡桨区舰队击败了掩护陆军侧翼的瑞典桡桨区舰队。瑞典人害怕俄军登陆,遂放弃芬兰南部。

1790年5月,俄国舰队在雷瓦尔战役和红山炮台战役中取胜之后,将瑞典舰队封锁于维堡湾。7月3日,瑞典舰队虽以极大的代价突破封锁,但已大伤元气,所以瑞典不得不开始和谈,而国内形势恶化也迫使瑞典进行和谈。8月14日,韦列利和约签订,按照和约条款规定,保留战前边界线。

1808~1809的俄瑞战争是因俄国与丹麦结成反瑞典和大不列颠同盟后进行的战争。俄国在同大不列颠展开战争的情况下,力图控制芬兰湾和波的尼亚湾,确保彼得堡的安全。瑞典打算依靠大不列颠来实现其报复的目的。

尽管它尚未做好战争准备,依然做出与俄断绝关系的决策。1808年2月21日,布克斯盖弗登率俄军开进芬兰,战争由此爆发。

俄军击败了瑞军,占领了赫尔辛福斯、塔瓦斯特古斯、塔梅尔福尔斯、亚波和瓦沙之间的沿岸一带,攻占了阿兰群岛和果特兰岛;5月3日又占领了斯维亚堡要塞。

然而,当英国舰队运载辅助军前来援助瑞军时,瑞军却已转入反攻,并迫使俄军撤出果特兰岛、阿兰群岛、芬兰的一些居民点,转入防御。1808年8~9月,俄军在库奥尔坦涅、萨尔米和奥拉瓦伊斯战役中击溃瑞军主力。结果,双方于9月29日订立停战协定,但这个协定未得到彼得堡当局的批准,布克斯盖弗登为克诺林格将军所取代。1809年3月,战斗行动重又频繁起来。3月17日,巴格拉季昂将军的军团沿波的尼亚湾冰路进攻亚波,再次占领阿兰群岛;托利将军的军团和舒瓦洛夫将军军团占领了乌默奥和托尔尼奥。3月25日,瑞军在卡里克斯投降。

瑞典在军事上的失败,加速了国内危机的爆发,阿多夫四世在国内的一次政变中被推翻。3月19日,克诺林格签订了阿兰停战协定,但亚历山大一世取消了这一协定,并将指挥大权交给托利。战火复燃,一直持续到9月15日和谈开始。和谈以9月17日签订弗里德里希加姆和约而告终。

整个芬兰和阿兰群岛归属俄国,建立立宪的芬兰大公国,但它又作为俄罗斯帝国的一个组成部分。俄军在战略上广泛采取各个歼敌和"小战"的作战方式,不断完善围攻艺术,并且极为重视强攻。在最后的一次战争期间,确立了纵队和散兵队形互相配合的战术。

(二十九)俄国舰队对希腊群岛的远征

俄国舰队对希腊群岛的远征指俄国舰队公元18世纪后半期和19世纪上半期在希腊群岛地区的航行和作战。

第一次远征是在俄土战争中进行的。远征的目的是,派出俄国舰队破坏土耳其在地中海和爱琴海上的交通线,打击土耳其重要的沿海据点,以支援巴尔干半岛各国人民反对土耳其奴役者的民族解放运动,并诱使敌人的部分陆、海军兵力离开多瑙河方向和克里木方向。计划规定要攻占伯罗奔尼撒半岛,以便利用半岛上的港口驻泊俄国舰队。

1769~1774年期间,共有5支俄国分舰队从波罗的海驶入爱琴海,总计20艘战列舰、6艘巡航舰,1艘攻坚舰,26艘辅助船只,并载有登陆兵8000多人。

第1分舰队由海军上将斯皮里多夫指挥;第2分舰队由海军少将埃尔芬斯通指挥;第3分舰队由海军少将阿尔夫指挥;第4分舰队由海军少将奇恰戈夫指挥;第5分舰队由海军少将格雷格指挥。俄国在地中海的所有分舰队统一由奥尔洛夫伯爵担任总指挥。

1770年2~5月,第1和第2分舰队分别运送了几支登陆兵在伯罗奔尼撒半岛登陆,攻占了纳瓦里农、伊蒂隆及其他基地,迫使土耳其政府把相当大一部分陆军从主要战区调到希腊和达达尼尔海峡,把海军也调来对付地中海的俄国分舰队。

在切什梅海战中,俄国舰队消灭了土耳其舰队的主力,保证了对希腊群岛的控制,封锁了达达尼尔海峡,破坏了土耳其在地中海上的交通线。

仅在1771~1773这几年间,俄国海军就截获敌人商船360多艘。土耳其舰队的覆没大大有利于俄国陆军在陆战区夺取胜利,促进了土耳其统治下各国——叙利亚、埃及、希腊的解放运动,对迫使土耳其签订有利于俄国的库楚克—凯纳尔吉和约起了很大作用。

第 2 次远征是在第 3 次和第 4 次反法联盟对法战争中进行的。

远征的目的是为了加强爱奥尼亚群岛的防御,因为其中的科孚岛当时是俄国舰队的主要基地。1806 年,俄国舰队主要在爱奥尼亚海和达耳马提亚沿岸活动。

1806 年 12 月,土耳其向俄国宣战。俄军指挥部遂于 1807 年初制定了对土耳其首都君士坦丁堡从两面同时实施突击的计划:海军中将谢尼亚文的分舰队从爱琴海方面进行突击;海军少将普斯托什金的分舰队从黑海方面进行突击。

海军上将德克沃特的英国分舰队本应与谢尼亚文的分舰队共同行动。

但是,英国由于担心俄国在地中海的势力得到加强,破坏了联合行动的协议。德克沃特的分舰队企图单独冲向君士坦丁堡,俘获土耳其的舰队,迫使土耳其退出战争,并确立英国对达达尼尔海峡的控制,但遭到土耳其人的坚决回击,只得仓皇撤回马耳他岛。谢尼亚文没有足够的兵力对君士坦丁堡进行顺利的攻击,而普斯托什金的分舰队又没有做好从黑海对他进行支援的准备,再加上德克沃特过早的行动已把作战企图暴露给了敌人。

因此,谢尼亚文针对情况的变化,决定封锁达达尼尔海峡,以切断地中海各港口对君士坦丁堡的粮食供应,迫使土耳其舰队驶出达达尼尔海峡,使其不得不在大海上应战。

1807 年 3 月 10 日俄军登陆兵攻占特内多斯岛。于是对达达尼尔海峡实施逼近封锁的舰艇便在该岛驻泊。君士坦丁堡由于粮食供应断绝开始发生暴乱。

土耳其舰队受命夺回特内多斯岛并打破对海峡的封锁,于 6 月 10 日驶出达达尼尔海峡。谢尼亚文把土耳其舰队放出海峡后,以巧妙的佯动截断了它的退路。

1807 年 6 月 19 日在利姆诺斯岛与阿索斯半岛之间的海域消灭了土耳其的这支舰队。土耳其舰队的覆没和俄国陆军在陆战区的胜利,使土耳其政府被迫于 1807 年 8 月 12 日签订和约。

1827 年对希腊群岛的远征是同希腊人民反对土耳其奴役的解放斗争联系在一起的。1821 年 3 月,希腊爆发反土耳其起义,很快蔓延全国,到年底几乎整个希腊都已从土耳其统治下获得了解放。1821 年 12 月 20 日,国民会议宣布希腊独立。土耳其为再次征服希腊进行了多年的残酷战争,于 1827 年 5 月 24 日经过长期围困之后占领了雅典。起义者仅保持了爱琴海上的几个岛屿。

希腊人英勇不屈的精神在俄国和西欧博得了热烈的同情。英法由于担心俄国单独出兵保护希腊从而加强其在巴尔干的影响,于 1827 年 6 月 24 日在伦敦签署了关于同俄国联合行动调整希土关系的协议。俄国政府在 1827 年 6 月 10 日把海军上将谢尼亚文指挥的分舰队从喀琅施塔得调到朴次茅斯。8 月 8 日,分舰队派出 4 艘战列舰和 4 艘巡航舰驶向希腊海岸,在地中海与英、法的分舰队会合,统一由军阶最高的英国海军中将科德林顿指挥。10 月 5 日,联军舰队司令向土耳其舰队司令提出最后通牒,令其立即停止对希腊的军事行动,但遭到拒绝。10 月 8 日,联军各分舰队突入土耳其舰队驻泊的纳瓦里农湾。

交战结果,土耳其舰队大败,土耳其的军事实力遂大为削弱。在取得纳瓦里农胜利的战斗中,俄国海军人员表现突出,提高了俄国在巴尔干各国人民中的威信。

英国害怕俄国加强其在巴尔干的影响,认为纳瓦里农海战的胜利有损于它在该地区的政策,因此英国新组成的政府千方百计拒不履行关于调整希土关系的协议。

土耳其利用英国的背信弃义行为,大大加强了对俄政策的侵略性,再加上其他一些原因,俄土之间终于爆发了一场战争。

希腊群岛的几次远征,是俄国舰队为了维护俄国在地中海的国家利益而进行的大规模战略性战役。在远征希腊群岛期间,俄国舰队成功地实施了从一个海战区转移到另一个海战区的战略机动,采用了坚决果断的作战样式:封锁敌人的基地和海岸;搜索敌人的舰队并在海战中将其消灭;破坏敌舰的海上交通;支援登陆兵登陆以夺取敌人的海军基地和支撑点。

(三十)北美独立战争

1775 年~1783 年的北美独立战争是北美 13 个英属殖民地反对英国殖民统治,谋求解放的革命战争。独立的美利坚合众国即在这次战争中诞生。

这次战争是由于英国及其北美殖民地之间的社会经济矛盾急速加剧而爆发的。殖民地资本主义的发展和美利坚民族的形成,与把殖民地视为其原料产地和销售市场的宗主国的政策发生了矛盾。

战争的直接起因是,英国政府采取了进一步限制殖民地经济发展的措施,诸如:禁止垦殖阿勒岗山脉以西的土地,规定新的税收和关税。这就损害了殖民者的利益。各殖民地解放运动的力量不断壮大,革命形势逐步形成。

解放斗争最初采取的形式主要是抵制英货,拒绝执行英国国会的要求以及举行群众性的反殖民主义示威游行。

从 1767 年开始出现了公开的骚动和零星的起义。各种各样的反英俱乐部和团体都在积极展开活动。其中最普遍的一个组织是激进民主主义的"自由之子"协会。

这个组织的主要成员是工人、手工业者和城市小资产阶级。1772 年,殖民地资产阶级最早的一批反对英国统治的机构成立,这些机构是殖民地新政权的雏形,对组织革命力量发挥了重大作用。

参加解放运动的人在思想上并不一致。农民、手工业者、工人和城市小资产阶级是解放运动中主张民主的一翼,希望通过反对殖民压迫的斗争获得垦殖土地的自由及政治民主。

但是,在独立斗争营垒中占据领导地位的却是那些代表资产阶级和种植场主上层的利益,谋求与宗主国妥协的右翼代表人物。托利党人,又称效忠派及那些同英国资本和行政当局有联系的人则反对殖民地的解放运动。

1774 年 9 月 5 日,第一届大陆会议在费城召开。会上,英属北美殖民地的代表在亨利和亚当斯为首的激进派的影响下通过《人权宣言》,并呼吁抵制英货,但同时又企图与宗主国达成妥协。

1774~1775 年冬,殖民者开始建立志愿武装队伍以保卫居民免遭英国当局和英军的蹂躏。1775 年 4 月 19 日,殖民者的队伍与奉命前来解除其武装和逮捕其领导人的英国正规军在康科德和列克星敦附近首次发生武装冲突。得到居民支持的志愿军打败了英军。这一事件是全民武装起义的信号。它揭开了殖民地独立战争的序幕。

至 4 月底,2 万起义军在波士顿附近建立了一个营地,称为"自由营"。在革命处于高潮的形势下,1775 年 5 月 10 日在费城召开第二届大陆会议。

会上,资产阶级激进派占了压倒优势。会议的代表中,有富兰克林和杰斐逊,他们在后来都成了美国革命的杰出活动家。会议建议各殖民地建立新的政府以取代殖民当局。

1775 年 6 月 15 日,大会通过了极其重要的军事决议案,即组建正规军队的决议。

根据此项决议,军队按志愿入伍的原则补充兵员,建成了一支由师、旅、团、营、炮兵和骑兵分队组成的正规军。军队的总数定为 88 个步兵营,但在战争进程中并未超过 1.9 人。弗吉尼亚的种植场主、原英军上校华盛顿被任命为总司令。

1775 年 10~12 月,会议通过建造 13 艘巡航舰和轻巡航舰并建立海军的决议。1776 年 7 月 4 日,大会通过杰斐逊起草的《独立宣言》,宣告 13 个殖民地脱离宗主国,建立独立的美利坚合众国。从此,7 月 4 日就成为美国的国庆节。

战争大致可分为两个时期。

第一个时期军事行动主要在北部殖民地境内展开。英军指挥部计划镇压当时革命运动中心东北部各州的抵抗,不使其向北部发展。英军约有 3 万人。美军指挥部计划加强对已控制领土的防御,并派兵去加拿大发动当地的反英起义。

至 1776 年夏,华盛顿的军队、民军和志愿起义者的队伍获得数次重大胜利。在班克希尔附近的一次激烈交战中,他们进行了艰苦卓绝的战斗,解放了通往加拿大道路上的捷康德罗加要塞和克拉乌波因特要塞,迫使英军于 1776 年 3 月 17 日放弃波士顿。

但是,同年 8 月,英国将军豪的军队在布鲁克林附近重创华盛顿的军队,并于 9 月 15 日占领纽约。12 月,英军又在特伦顿近郊打败美军。

虽然随后不久华盛顿解放了特伦顿,并在普林斯顿附近击溃英军一支部队,美军的处境仍然十分困难。因为美军当时的组织尚未健全,缺乏训练,而且武器、弹药和粮食均感不足。战略主动权操在英军手中。1777 年 9 月,英军占领了美国首都费城,但豪将军未能发展既得的战果。10 月,从加拿大前去与主力会合的英军重兵集团,在萨腊托加附近被华盛顿军队合围,并于 17 日宣告投降。

美国军队在萨腊托加附近的胜利改善了年轻共和国的国际地位。这次胜利极大地影响了欧洲各大国对交战双方的态度。

1778 年,美国同英国的竞争者法国订立了军事同盟,并取得了西班牙和荷兰的支持。1778 年 5 月,由 11 艘作战舰艇和载有 4000 名官兵的运输船编成的分舰队在厄斯坦海军上将率领下从法国驶抵美国。俄国的政策对美国国际地位的加强起了重大的作用。

还在 1775 年秋,叶卡捷琳娜二世就已拒绝了英王乔治三世关于希望俄国派兵镇压北美殖民地独立斗争的请求。1780 年,俄国宣布"武装中立"。这在客观上是对英国不利的。

1778 年 6 月,接替豪将军英军司令职务的克林顿将军放弃了费城,把基本兵力集中到纽约附近,以防该城落入法国分舰队手中。

至战争第一个时期结束时,美国的政治军事形势已大为好转。在陆上采取军事行动的同时,双方在海上亦展开了战斗。美国方面基本上是使用私掠船作战,力图阻止对方给英军输送援兵,共破坏英军的补给。1776~1777 年期间,私掠船共截获 809 艘英国船只。这种私掠船不仅在北美沿海一带,而且在英国海岸附近活动,其中最大的一支私掠船队由琼斯率领。

此人后来成了闻名的美国船长。战争期间,私掠船数量达到 2000 艘之多。美国的正规舰队由于船舰数量较少,人员配备不全,在战争中反而未起多大作用。

在战争的第二个时期,战斗基本上在南部各州展开。克林顿制定了将华盛顿军队各个歼灭的计划。他仗恃南部贵族种植场主的支持,打算第一步先击溃南部各州的美军,然后粉碎北部各州的美军。1780 年 5 月,英军在查尔斯顿附近重创美军,从而打开了进入南卡罗来纳和佐治亚的通路。1780 年 8 月,科伦瓦利斯指挥的南方英军集团在坎顿附近取胜。

由于政府采取了得到居民拥护的有力措施,由于任命了铁匠出身的天才将领格林为华盛顿军南方集团的司令官,才得以扭转战局。1781 年 1 月和 3 月,英军先后在考奔斯附近和吉尔福德附近受挫。格林将军十分巧妙地使正规军同起义队伍配合作战。

至 1781 年夏,除几个港口以外,南部各州均获得解放。科伦瓦利斯的英军集团和克林顿将军的部队只得分别龟缩在约克和纽约两个城市。华盛顿决定消灭科伦瓦利斯的军队,于是除留下部分兵力在纽约附近外,主要兵力和 1780 年开抵美国的罗香波将军的法军均由他率领开往约克城,并于 9 月 26 日包围该城。10 月 19 日,科伦瓦利斯的军队投降。

法国海军在赢得这次胜利中起了很大的作用。科伦瓦利斯将军的军队投降后,战斗实际上已经停止。

经过长时间的谈判,于 1783 年 9 月 3 日在凡尔赛签订和约。根据这项和约,英国承认美国独立。独立战争的结果是,推翻了殖民压迫,建立了独立的美国。

北美独立战争之所以取得胜利,首先是因为美国人民和军队进行的战争是正义的解放战争。人民群众的革命热情、士兵的高昂士气及他们在战斗中表现的英雄气概,是华盛顿军队得以战胜兵力上占优势的敌军的决定性因素。人数众多的游击队同华盛顿军队并肩作战,大多数居民都支持华盛顿的军队。

其他国家也有许多人因支持美国革命解放战争而志愿来美国参战。在美军中作战的欧洲志愿兵就约达 7000 人,其中如法国人拉弗耶特和圣西门,波兰人科斯久什科,德国人冯·施托固本等。

美利坚合众国在战争中获胜的另一个因素是,这个年轻的美洲国家实行了灵活的对外政策,巧妙地利用了英国同其他欧洲国家之间的矛盾。同法国订立的军事同盟以及俄国对美国所持的善意态度更具有特殊重要的意义。

战争表明,美军的军事学术优越于英军。针对英军的线式战术、横队齐射和呆板的步兵横队,美军采用了疏开队形战术,单兵瞄准射击和发挥军队高度机动能力的战法。华盛顿军善于同游击队配合作战,能巧妙地利用突然性因素,并各个歼灭敌人。

独立战争的胜利为美国资本主义的发展创造了有利的条件。

然而,就在那个时期反动的趋势已开始露头,黑人奴隶制的合法化就是一个明显的例证。独立战争对于欧洲资产阶级反对封建专制制度的斗争,对于拉丁美洲民族解放运动的发展,都产生了重大的影响。

(三十一) 英国——马拉塔战争

英国——马拉塔战争指东印度公司对印度马拉塔各公国发动的几次侵略战争。公元 18 世纪末,东印度公司侵占了印度大片土地,但遭到强大的马拉塔的格瓦里奥公国的抵抗。

第一次英国——马拉塔战争是因英军部队与帕什瓦军队发生冲突而引起的。英国人利用马拉塔各王公之间的矛盾从中渔利,同格瓦里奥和那格浦尔两公国的头领订立同盟,于 1782 年 5 月 17 日把所谓萨尔拜条约强加给马拉塔各公国。条约规定,萨尔塞特岛和巴赛因区归东印度公司所有。

第二次英国——马拉塔战争,是由于英国为了削弱马拉塔人的力量和进一步扫清对印度实行殖民掠夺的道路而插手马拉塔各王公的内讧所引起的。

战争的直接起因是,1802 年帕什瓦巴吉·罗二世同英国签订丧权辱国的巴赛因条约。马拉塔各公国就此丧失了独立,必须接受英国派出的总督,并负担英军驻防部队的一切费用。马拉塔的王公们拒不承认这项条约,格瓦里奥军队并向帕什瓦军队发动进攻。英国便借口保护帕什瓦而插手战争。

英军击溃格瓦里奥军队,攻占阿利加赫要塞,随后又夺取了阿格鲁和德里两座城市。到 1803 年底,格瓦里奥与那格浦尔王公开始求和。

根据条约,英国攫取了格瓦里奥在印度北部的全部领土,以及那格浦尔的奥里萨一部及其他领土。英陀拉王公抗击英军比较成功,曾几次有力地挫败敌军。在巴拉特普尔要塞附近的交战中,英军就损失 2000 余人。但英陀拉王公最后仍然战败。他同马拉塔其他几个王公一样,成为东印度公司的附庸。

在第三次英国——马拉塔战争中,一些原先保持独立自主的马拉塔王公不经战斗就归降英军,其他几个王公稍有抵抗后也于 1818 年末被消灭。

战争的结果,马拉塔各公国的大片领土被吞并,而归附的王公们也只剩下一小块领地。有些王公被废黜,而代之以东印度公司一手扶植的傀儡。

英国——马拉塔战争所取得的最重要的政治结果是,英国在印度的劲敌马拉塔人战败,印度西部大部分领土归属英国。

（三十二）拿破仑对意大利的远征

拿破仑对意大利的远征是法国同欧洲国家第一次反法联盟战争期间法军在拿破仑·波拿巴将军统率下在意大利北部对奥地利——撒丁军队的作战行动。

参加反法联盟的有奥地利、英国、普鲁士、俄国、撒丁、上下西西里王国等。

根据法军指挥部的计划，预定1796年在两个战区发起进攻。茹丹将军和莫罗将军的两个集团军应从莱茵河地区向奥军实施主要突击。

在意大利境内作战的由波拿巴统率的法集团军，受领了次要任务：攻占意大利北部，尔后进入奥地利与主力会师占领维也纳。然而，决战却在意大利境内展开。

至1796年4月初，意大利北部法军主力配置在热那亚湾沿岸。

其当面之敌为科利将军所辖撒丁集团军2.2万人和鲍利尤元帅指挥的奥地利集团军。从皮埃蒙特至法国的山间通道，由克勒曼将军的法国阿尔卑斯集团军负责保障。其当面之敌为亚俄斯塔大公的撒丁军队。

4月11日，鲍利尤开始采取积极行动以求把法军驱逐出意大利。次日，法军亦转入进攻。

法军主力插向撒、奥两集团军的间隙。法军利用敌军相互分散的弱点，采用各个击破的方法一再挫败敌军，并切断撒军同奥军之间的联系。波拿巴与在宽大正面上行动的敌人不同，他依次集中优势兵力，分别对敌人的个别集团实施各个击破。4月12日，法军在蒙特诺特附近歼灭了奥军基本兵力，4月22日又在切瓦和蒙多维附近重创撒丁军队，迫使撒丁于5月5日同法国单独媾和。5月10日，奥军在洛迪会战中战败，5月15日法军占领米兰，6月4日包围曼图亚。

部分兵力向托斯卡纳前进，于6月29日占领英国海军基地所在地里窝那。7月末开始攻打曼图亚。

奥军指挥部曾先后4次试图粉碎对该要塞的封锁，但是，8月5日在卡斯特利翁、9月5日在罗韦雷托附近、9月8日在巴萨诺附近和11月15～17日在阿尔科尔、1797年1月13～15日在利沃尔附近的几次会战中，奥军被彻底击溃。

奥军从1796年5月起由维尔姆塞将军指挥，从1796年10月起由阿尔文齐元帅指挥。1797年2月2日，曼图亚投降。奥地利军队全部被逐出意大利北部。3月，法军入侵奥地利，开始向维也纳进攻。

4月18日签订列奥宾停战协定。停战协定签字后，波拿巴挑起同威尼斯共和国的冲突，占领了威尼斯。1797年10月17日，签订了对法国有利的坎波福米奥和约。

拿破仑对意大利的远征是在保卫共和国的口号下开始的，后来变成了一场侵略战争。拿破仑在这次远征中的战略，以法国资产阶级的政治目标为出发点，致力于打破撒丁同奥地利的同盟，清除奥地利在意大利北部的统治而建立自己的统治地位。

法国资产阶级千方百计地企图掠夺意大利这个粮库及其财源，它还想方设法为自己打开通向巴尔干和近东的方便道路。

在意大利国土上,随着战争的进展成立了许多共和国,实行了资产阶级改革,但是法军粗暴地破坏了意大利人民的主权,在占领区大肆掠夺,残酷地镇压人民群众。

拿破仑对意大利的远征清楚地证明,在战区集中使用兵力远较警戒线式的用兵方法优越得多。

法军之所以取得胜利,主要是由于采用了新的战术,而拿破仑的统帅才能亦起了作用。拿破仑始终坚持运用和发展革命军队的战术——结合使用纵队与疏开队形。拿破仑坚决摒弃了奥地利指挥部盲目遵循的警戒线式战略,首先力求歼灭敌人的有生力量。

尽管敌军占有总的优势,但是拿破仑能巧妙而迅速地机动自己的军队,采用集中突击的方法各个歼灭敌军。拿破仑在自己的统帅活动中,还善于依靠从革命军中涌现出来的有天才的将领,如贝尔特、茹伯尔、马西纳等人。

(三十三)霍恩林登会战

霍恩林登是巴伐利亚州慕尼黑市以东 32 公里处的村庄。在共和法兰西对第二次欧洲帝国联盟战争期间,公元 1800 年 12 月 3 日,莫罗将军率领的法国莱茵集团军与约翰大公率领的奥地利多瑙集团军在霍恩林登附近进行了一场会战。两军迎面推进。

法军的企图是将敌军赶过因河一线;奥军的企图则是在同河和伊扎尔河之间推进并占领提罗尔。霍恩林登会战前,于 12 月 1 日,双方的先头部队在安普芬遭遇,战斗中法军失利。初战获胜使奥军滋长了可以轻易取胜的心理。奥军根据侦察到的假情报得出了法军已开始向伊扎尔河对岸撤退的错误结论。

据此约翰大公命令军队展开追击。奥军以 4 个纵队向安齐格挺进。追击的路线穿过森林,道路崎岖不平,而且组织涣散。

与此同时,法军于 12 月 3 日拂晓前在霍恩林登村外占领了阵地,战斗队形成两线配置;另指定两个师实施迂回机动并突击奥军左翼。晨 8 时许,奥军先头部队走出森林,在霍恩林登村外突然与法军遭遇。地处森林,缺乏道路,奥军不能将其全部兵力投入战斗。

况且,其左路纵队在行进中遭到法军一个师的攻击,未能与主力汇合。在法军尚未完成迂回机动并从后方打击敌军之前,交战双方各有胜负。法军完成了迂回机动,莫罗立即命令转入总攻。法军从正面和后方同时发起攻击,从而决定了战局。

中午,奥军战败,在法军追歼下开始向因河退却。霍恩林登之战奥军损失约 1.4 万人和几乎全部火炮,法军损失约 2500 人。

奥军在霍恩林登的失败及后来法军对维也纳的进攻,迫使奥地利退出战争并签订了不平等的吕内维尔和约。

正确地选择主要突击方向,以部分兵力对敌翼侧和后方实施大胆、果敢的机动,以及坚决地追歼敌人,在法军霍恩林登会战的胜利中起了决定性的作用。

(三十四)俄国舰队的亚得里亚海远征

俄国舰队的亚得里亚海远征是俄国分舰队在谢尼亚文将军指挥下从波罗的海向亚得里亚海的航渡和随后俄国舰队在第 4 次反法联盟对法战争中在亚得里亚海的战斗行动。

1806 年初,法军侵占了达尔马提亚,5 月占领了杜布罗夫尼克共和国,并企图攻占俄国军舰驻泊的爱奥尼亚群岛。俄国政府考虑到爱奥尼亚群岛的战略地位,早在 1805 年 1 月就派出 1 支分舰队,在格雷格海军准将指挥下,从喀琅施塔得开往科孚岛,以加强俄国的守备部队和舰队。

1806 年 5 月 18 日,谢尼亚文海军中将的分舰队也为此目的从波罗的海驶往科孚岛。他受命指挥地中海的俄国陆、海军兵力。

任务是,防守爱奥尼亚群岛,破坏法国在亚得里亚海上的交通线,阻止法军沿海岸向波卡迪卡塔罗地区进攻,当地的斯拉夫人此时正在进行反对奥地利统治者和法国侵略者,争取独立的斗争。谢尼亚文向科托尔派出一支舰队,由贝利海军准将指挥。

1806 年 2 月 16 日,贝利的一支海军陆战队在那里登陆。到 3 月 5 日,俄国、鲍克兹和黑山军队组成的联军,从奥地利统治下将该地区全部解放出来。

从 1806 年 3 月起,以科托尔和科李岛为基地的俄国军舰封锁了法军占领的亚得里亚海东西两岸,并派出登陆兵解放了科尔丘拉岛、维斯岛和其他岛上的几个支撑点。谢尼亚文同黑山和波卡迪卡塔罗地区的居民建立了友好的关系,解除了他们沉重的徭役,并为当地驶往君士坦丁堡和的里雅斯特的商船护航。当地居民也用自己的资金组建了一支小舰队,支援俄国舰队同法国作战。

1806 年 12 月 18 日,土耳其在法国的压力下向俄国宣战。据此给谢尼亚文下达了新的任务:袭击土耳其舰队,封锁达达尼尔海峡,破坏土耳其的海上交通。

1806 年 12 月 21 日,伊格纳季耶夫海军准将指挥的分舰队到达科孚岛,遂使谢尼亚文得以对土耳其舰队发动积极的进攻,在阿索斯海战中将其歼灭,并继续顺利地在亚得里亚海进行反法战争。

1807 年,谢尼亚文分舰队的基本兵力在爱琴海与土耳其舰队作战。在亚得里亚海则有巴拉蒂恩斯基海军准将指挥的一支舰队在作战。1807 年签订铁尔西特和约,参加这次远征的军舰才离开亚得里亚海和地中海。

(三十五)英土战争

英土战争指英国为夺取博斯普鲁斯海峡和达达尼尔海峡而发动的一场战争。在拿破仑外交活动的影响下,土耳其于 1806 年对俄国宣战。英国借口是俄国盟邦,对土耳其采取军事行动。1807年2月,英国海军上将达库埃尔特的分舰队驶入达达尼尔海峡。分舰队压制敌方海岸炮台,击毁担任掩护海峡任务的6艘军舰中的5艘,然后突入马尔马拉海域,直逼伊斯坦布尔。达库埃尔特上将向土耳其苏丹发出最后通牒,要求停止对俄国的军事行动,将达达尼尔炮台交由英国军官控制,驱逐法国大使。

土耳其故意拖延谈判,趁机在法国教官的帮助下加固了首都和两个海峡的防御工事。海上无风也是英国分舰队无法采取坚决行动的部分原因,分舰队在伊斯坦布尔附近驻泊近两周。3月2日,达库埃尔特担心舰队陷于封锁,下令撤出马尔马拉海。在达达尼尔海峡,土耳其海岸炮台使英国分舰队遭到相当大的损失:2艘轻巡航舰被击沉,英军被打死近200人,打伤400多人。

英国一心要对土耳其进行报复,于1807年夏发动了对土耳其附庸国埃及的远征,但未能成功。埃及军队一再挫败英军,并迫使英军投降。

此后,英国没有再对土耳其采取军事行动,1809年双方签订达达尼尔和约。和约条款规定土耳其应封闭博斯普鲁斯和达达尼尔两海峡,任何外国军舰均不得通过。这项规定严重损害了俄国的利益。而后,在制订关于两海峡地位的国际法令时,这项条款起了重要作用。

(三十六)英俄战争

英俄战争是俄国根据1807年铁尔西特和约参加大陆封锁而引起的一场战争。

1807年8月,英国分舰队袭击俄国的盟国丹麦的首都哥本哈根,掠走丹麦几乎全部舰只。俄国随即对英宣战。

战争主要是交战双方的少量兵力在大西洋、地中海、亚得里亚海、波罗的海和巴伦支海进行个别的战斗,由于瑞典态度的改变,整个局势对俄国来说变得复杂化了。

尽管瑞典原先同俄国订有条约,但瑞典国王拒不接受俄国要求对英舰关闭瑞典港口的建议,反而于1808年1月同英国签署协定。

根据这项协定,英国政府在一旦瑞典与俄国交战时应向瑞典提供一支1.4万人的军队和每月100万英镑的款项。

俄国的各个分舰队和一些舰艇原来是用以对付拿破仑法国和土耳其的,并且分散在各个战区,现在国际形势发生急剧变化,俄国舰队就陷入了极其困难的处境。

波罗的海舰队力量减弱,因为最好的舰只尚在地中海。黑海的海峡被土耳其封闭,俄舰无法通行。海军中将谢尼亚文的分舰队正在从爱琴海向波罗的海返航途中,与本国基地尚无法联系。

俄国准备抗击敌人的进犯。在喀琅施塔得、彼得堡和阿尔汉格尔斯克附近构筑了海岸炮台,在许多航道上设置了木桩障碍物。1807年正月,英国在朴次茅斯掠走了俄国"快速"号护航舰和装载供应地中海分舰队所需物资与钱财的"威廉米纳"号运输舰,战端从此开始。

英国舰队封锁了有俄舰驻泊的外国港口,袭击:有俄舰停靠的海岸地区,掠走俄国商船。

1807年11月,拥有13艘战列舰,11艘巡航舰,5艘两桅横帆船的英国分舰队封锁了在里斯本港躲避狂风的谢尼亚文分舰队。英军从陆路占领了里斯本,迫使谢尼亚文与英军指挥部举行谈判。

根据达成的协议,俄国的这些舰只在战争结束前由英国政府控制,舰上人员由英船运往里加。

1808年4月21日英军又在西蒙斯敦港湾扣留了俄国海军中校戈洛夫宁率领的开往太平洋进行科学研究的"狄爱娜"号护卫舰。

随后,戈洛夫宁利用狂风大作的时机指挥"狄爱娜"号逃脱。

1808年8月14日,英国人在波罗的海袭击俄舰"弗谢沃洛德"号。该舰人员在进行了顽强抵抗之后,于8月15日烧毁了自己的军舰。

1809年6月初,英国舰队驶入芬兰湾,在那根岛和苏罗普角之间抛锚停泊。数艘英舰在锚地以东直至塞斯卡岛一带水域游弋。

除个别的战斗外,英国人没有对俄国舰队主动出击,而只是掠走并击沉俄国的商船。

1809年9月,波罗的海的作战行动停止了。

1810年在巴伦支海诺尔德卡普角附近,英军又掠走一艘俄国船。航行途中,俄国海员缴下了看守人员的武器,俘虏了他们,终于返回基地。

总的来说,两国都竭力避免决战,这对战争进程是有直接影响的。英国政府不止一次地表示愿意同俄国签订和约。英俄战争使俄国在经济交往上蒙受了巨大损失。拿破仑军队入侵俄国后,俄国便与英国签订了合约。

(三十七)奥法战争

奥法战争是奥地利为巩固自己的独立和收回根据1805年普雷斯堡和约失去的领土而同拿破仑法国进行的一场战争。

为了准备这次战争,奥地利同英国结成了所谓的第5次反法联盟,改组了军队,展开了3个集团军。查理大公统率的基本兵力集结于博格米亚,准备对巴伐利亚境内分散的法军实施突击。同时,为了组织和支援蒂罗尔和达尔马提亚的反法起义,分别派出一个军和一个旅到上述两地。

1809年4月9日,奥对法宣战,查理大公的军队转入进攻。

但是,军队前进缓慢、行动迟疑。拿破仑迅即调集大量兵力到作战地域,夺取了主动权。4月19~23日,在阿本斯卑尔格、泰根、兰次胡特、埃克缪尔和累根斯堡附近多次发生激战。奥军损失兵力约4.5万人,退守维也纳。拿破仑乘胜追击,于5月13日占领维也纳,将奥军逼到多瑙河左岸。5月18日,法军夺占洛鲍湖,5月21日强渡多瑙河成功。

但拿破仑争取获得全胜的企图未能实现。5月21~22日阿斯佩伦和埃斯林格附近交战结果,法军战败。

经过6周的周密部署,拿破仑再度发动进攻。7月5、6日瓦格拉姆会战成为这次进攻的高潮。双方战斗极其顽强。至7月6日,奥军损失达3.2万人,法军为2.7万人。奥军败退。尽管拿破仑并没有力量追大奥军,但奥地利仍然不久就承认战败,认定这场战争已经打输了。

奥地利在意大利、达尔马提亚和蒂罗尔策划的反法起义也很快就被拿破仑军队镇压下去,奥地利的希望未能实现。10月14日签订绍布鲁和约。

根据和约,奥地利失去相当大一部分领土,同意支付8500万法郎的赔款,把军队缩编至15万,并加入对英国的大陆封锁。实际上,奥地利已完全沦为法国的附庸国。

从军事学术发展的观点来看,这场战争的特点是,有大量部队参加的决战的作用进一步增强了。

(三十八) 美洲西班牙殖民地独立战争

美洲西班牙殖民地独立战争是西属美洲人民反对西班牙统治的解放战争。

自哥伦布发现美洲1492年,以来的300年,西班牙对其在美洲的殖民地的人民一直进行残酷的剥削。19世纪初,西班牙殖民帝国下设4个总督辖区和4个将军辖区:总督辖区为新西班牙区、新格拉纳达区、秘鲁区、拉普拉塔区;将军辖区为危地马拉区、委内瑞拉区、智利区、古巴区。这些殖民地的整个经济生活从属于宗主国的经济利益,当地居民备受歧视。

16至18世纪时,反西班牙起义此伏彼起。资本主义关系的发展激起了民族的觉醒。

西班牙独立战争

1775~1783年的北美独立战争,1789~1794年法国的大革命,1791~1803年的圣多明各的黑奴解放斗争,对促进民族解放运动的发展具有重大意义。比利牛斯半岛大部分领土被拿破仑法国占领,就说明了西班牙的虚弱,1808年西班牙国内的革命事件更直接促使其殖民地民族解放斗争的蓬勃兴起。1810年4月19日,加拉加斯爆发起义;5月25日,布宜诺斯艾利斯爆发起义;7月20日,波哥大爆发起义;9月16日、18日,多洛雷斯和圣地亚哥也相继爆发起义。

这些起义导致西班牙殖民制度的灭亡,宣告了独立战争的开始。

1811 年,委内瑞拉、巴拉圭相继宣布独立,组成了新格拉纳达联合省代表会议。1813 年,墨西哥宣布独立。

由于殖民地领土相互隔绝,所以西班牙殖民者得以在联系不密切的各个起义中心逐步恢复其统治。

至 1815 年底,除拉普拉塔区外,西班牙终于将各地的起义全部镇压了下去。

导致起义失败的另一原因是,反西班牙阵营内部存在尖锐的社会矛盾。解放运动的许多领导人被杀害,少数移居国外。不过,西班牙殖民者只是暂时得势。

到 1816 年,解放运动再次出现高潮,卓有才华的军事将领与政治活动家玻利瓦尔和圣·马丁在这方面起了很大作用。玻利瓦尔建立的解放军在 1817～1818 年间解放委内瑞拉大部分领土,1819 年解放新格拉纳达,1822 年又解放基多,彻底击溃了西班牙殖民军。

在上述已获解放的土地上成立了大哥伦比亚独立联邦共和国。在西班牙殖民统治一直未能恢复的美洲大陆内部,拉普拉塔各联合省宣布独立。

随后,爱国者的队伍在圣·马丁率领下,从拉普拉塔出发,经过极其艰苦的行军,越过安第斯山脉,先后解放了智利和秘鲁部分领土。

1822 年,圣·马丁因与玻利瓦尔发生分歧而退出政治军事活动,玻利瓦尔遂担任秘鲁解放斗争的领导。玻利瓦尔军接连挫败西班牙军,1824.年 12 月 9 日,在阿亚库乔附近击溃了敌人最后一个庞大的军队集团。从 1825 年起,上秘鲁改称为玻利维亚以纪念玻利瓦尔。1821 年,墨西哥及中美各国宣布独立。1823 年,中美各国宣布成立中美联合省联邦。在东海岸爱国志士为反对西班牙殖民者和后来的葡萄牙侵略者进行了长期的斗争。1826 年初,西班牙最后一批守备部队宣告投降。

至此,美洲的西班牙殖民地除古巴和波多黎各以外都获得了政治上的独立。

在这次战争过程中,人民解放运动的部队常常打败数量和装备上大大超过自己的强大敌人赢得重大胜利。骑兵在草原地区的作战尤其卓著有成效。起义者的炮兵很少,往往靠冷兵器作战,所以战斗极为残酷,常常进行白刃格斗。解放战争,还消灭了许多封建残余,在大多数宣布独立的国家中废除了奴隶制,确立了共和制度。

不过,这次牺牲了 100 多万人生命的战争并没有从根本上改变拉丁美洲国家的社会经济结构。

(三十九)卫国战争

卫国战争指俄国抗击法国入侵的一场正义的民族解放战争,是以法军的彻底失败而告终。这场战争是由于资产阶级的法国与封建农奴制的俄国之间已经存在的深刻的政治和经济矛盾,经拿破仑一世发动的侵略战争而更加激化所致。

为击败俄国,拿破仑最大限度地利用了各被征服国的资源,建立了一支空前庞大的军队,其中半数以上的兵力用于入侵俄国。

1812 年 6 月初,得到欧洲许多国家的部队补充的拿破仑军队,以华沙大公国为入侵俄国的方便的屯兵场,在维斯瓦河以东,腊多姆至柯尼斯堡一线展开。

　　拿破仑的战略计划是:在短期内取胜;经 1、2 次总决战将俄军击溃后,占领莫斯科,迫使俄国投降。为实现这一计划,拿破仑军队的基本兵力从东普鲁士出发,在科夫诺以南渡过涅曼河,前出到维尔诺地区俄军右翼。这一机动保障了法军在主要方向上的兵力优势,威胁了俄军在波列西耶北部的全部交通线,打通了一条通往莫斯科的最近的通道。

　　法军主力分为两个梯队展开:第 1 梯队分为 3 个集团,部署在涅曼河与维斯瓦河之间。第 1 集团由拿破仑直接指挥,集结在但泽至托尔恩一线,准备经科夫诺向维尔诺进攻;第 2 集团由博阿尔奈将军指挥,用于在格罗德诺至科夫诺之间展开进攻,以分割俄西线第 1、第 2 集团军;第 3 集团由拿破仑之弟日罗姆指挥,其任务是向格罗德诺方向运动,以牵制俄西线第 2 集团军,使拿破仑主力部队易于进攻。

　　这些部队应以包围突击的方法对俄西线第 1、第 2 集团军予以各个围歼。为在同一方向突击里加而抵近蒂尔西特的麦克唐纳元帅的普鲁士军团负责保障第 1 集团在左翼入侵。

　　从伦贝格调到卢布林的施瓦岑贝格元帅的奥地利军团负责保障第 3 集团在右翼入侵。主力的第 2 梯队和预备队留在后方,即维斯瓦河至奥得河之间。

　　战前,俄军在西部边境共拥有 22~24 万人,942 门火炮,分为 3 个集团:巴克莱·德·托利将军指挥的西线第 1 集团军为主力,配置在罗西耶内至利达之间;巴格拉季昂将军指挥的西线第 2 集团军,编有 2 个步兵军团、1 个骑兵军团及 1 支游击部队,共 4.5~4.8 万人、216 门火炮,集结在涅曼河与布格河之间的地区。

　　西线第 1、第 2 集团军负责掩护圣彼得堡和莫斯科方向。托尔马索夫将军指挥的西线第 3 集团军,编有 3 个步兵军团、1 个骑兵军团及 1 支游击部队,共 4.3~4.6 万人、168 门火炮,配置在卢茨克地区,负责掩护基辅方向。

　　此外,在里加地区部署了埃先将军的独立军团;在托罗佩茨和莫济里地区部署了浅近预备队。在南部,即波多利亚,集结了齐查戈夫海军上将的多瑙河集团军。抗法的各路俄军分散配置在罗西耶内至卢茨克的 600 多公里的战线上;而敌军主力却在 300 公里的战线上展开。

　　这就给俄军造成了极其复杂的战略局势。各路俄军统由亚历山大一世指挥。他及其大本营随西线第 1 集团军运动。

　　当时总司令尚未任命。作为陆军大臣的巴克莱·德·托利也只能代表沙皇下达命令。亚历山大一世采纳了军事顾问普鲁士将军富尔制订的计划。

　　按此计划,当法军进攻西线第 1 集团军时,该集团军应退至德里萨兵营坚守;西线第 2 集团军则绕至敌主力的翼侧和后方积极行动。但是,战争的头几天就发现这一计划不切实际,不得不将其放弃。

　　根据军事事件的性质,1812 年的卫国战争可分为两个时期:第一时期,从 1812 年 6 月 24 日法军入侵到 10 月 2 日俄军完成向塔鲁丁诺地区后退,其中包括防御战斗和在塔鲁丁诺的侧敌机动行军;第二时期,从 10 月 18 日俄军转入反攻到 1812

年12月14日俄军彻底击溃法军,从敌人手中彻底解放本国领土。

法军进攻俄国的直接借口,是说亚历山大一世破坏了提尔西特和约。6月24日,法国入侵军经4座桥梁开始渡过涅曼河。拿破仑为确保战略主动权,对俄不宣而战。一昼夜之后,亚历山大一世得到了法军入侵的消息,还企图以和平方式调解双方冲突,于6月26日,派警察总监巴拉索夫将军给拿破仑带去一封亲笔信。

但是,拿破仑拒绝了和谈建议。在敌优势兵力的压力下,俄西线第1、第2集团军被迫向本国腹地步步撤退。西线第1集团军放弃了维尔诺,撤向德里萨兵营,从而使它与西线第2集团军之间的距离扩大到200公里。法军主力便乘虚而入,于7月8日占领明斯克,形成了对俄军各个歼灭之势。

俄西线第1、第2集团军继续后撤,以便会合起来共同对敌。撤退是沿向心方向进行的:西线第1集团军从德里萨,经波洛次克,撤向维帖布斯克;西线第2集团军从斯洛尼姆退向涅斯维日、博勃鲁伊斯克和姆斯季斯拉未利。法军竭力阻止俄两集团军会合。7月20日,法国人占领了莫吉廖夫,使俄军未能在奥尔沙地区会合。

但由于各路俄军顽强地进行后卫战和实施艺术高超的机动,打乱了敌人的计划,2个集团军于8月3日在斯摩棱斯克城下会合,保存了实力。

与此同时,右翼维特根施泰因将军指挥的俄军在克利亚斯基齐和波洛次克地区进行了顽强的战斗,击败了乌迪诺元帅的法国军团,遏止了敌军在彼得堡方向上的继续进攻。俄西线第3集团军在同施瓦岑贝格和雷尼埃两军团战斗后,仍在卢茨克地区的斯特里河畔防守。

战争初期,拿破仑没有获得预期的战果。法军伤亡和开小差的人数共达15万人,还死掉许多马匹。法军士兵的战斗力下降,纪律涣散,抢劫成风,进攻速度开始缓慢。拿破仑不得不于7月29日命令部队停止前进,在韦利日至莫吉廖夫地区休整7~8天。

沙皇要求俄军采取积极行动。俄军军事首脑会议遵照沙皇的这一旨意,决定利用法军配置分散之机,转攻鲁德尼亚和波列奇耶。8月7日,俄西线第1、第2集团军开始进攻。但由于准备仓促,行动优柔寡断,加之巴格拉季昂和巴克莱·德·托利意见分歧,致使进攻未获成果。

此时,拿破仑突然把部队调到第聂伯河左岸,有占领斯摩棱斯克、切断俄军同莫斯科联系的危险。俄军开始仓促退却。

涅韦罗夫斯基8月14日率师在克拉斯内附近和拉耶夫斯基军团在斯摩棱斯克城下进行的顽强抵抗使西线第1、第2集团军能够接近斯摩棱斯克。在血流成河的斯摩棱斯克战役中,俄军于8月16~18日放弃斯摩棱斯克,撤向多罗戈布日。法军继续向莫斯科进攻。

由于俄军长期撤退,官兵怨声载道,人民也普遍不满。撤出斯摩棱斯克使两集团军司令之间的关系更加紧张。

这一切迫使亚历山大一世同意任命苏沃洛夫的战友库图佐夫将军为所有作战部队的总司令。库图佐夫是一个很有名望的人物。8月29日,库图佐夫抵达部队就职,8月31日,他被授予元帅军衔。巴克莱·德·托利曾计划在察烈沃扎伊米谢附近与敌交战。库图佐夫认为这里地形与己不利,且与敌接战兵力也不足,遂率领俄军向东撤退了几昼夜,在博罗迪诺村附近驻扎下来,以便截断拿破仑军队去莫斯科的通路。

米洛拉多维奇将军指挥的各预备队以及莫斯科民团和斯摩棱斯克民团到达博爱迪诺后,俄军兵力达到13.2万人、624门火炮。拿破仑拥有13.5万人、587门火炮。9月7日,进行了博罗迪诺战役。

在这场激烈的血战中,拿破仑和库图佐夫都未实现各自的计划。拿破仑军队伤亡5万余人,遭到严重削弱。

库图佐夫得知俄军伤亡的消息后,便放弃了次日清早继续交战的意图,命令部队撤退。库图佐夫在向莫斯科撤退时,企图弥补所遭受的损失,准备在莫斯科城下与敌交战。但是他的企图未能实现。本尼格森将军在莫斯科附近选择的阵地同样极为不利。9月13日,库图佐夫在菲利村召开军事会议。

为保存部队战斗力,等待预备队接近,库图佐夫命令于9月14日放弃莫斯科,不战而退。大部分居民也随军撤出。法军进入莫斯科的头一天,城里一片火海,烈火一直烧到9月18日,整个城市化为一片废墟。拿破仑军队大肆抢劫,到处为非作歹。

俄军放弃莫斯科后沿梁赞大道退却,行军30公里后,在博罗夫斯克渡口渡过莫斯科河,并遵照库图佐夫的命令掉头西进。

随后,俄军强行军转移到图拉大道,于9月18日在波多尔斯克地区集结。3天之后,俄军已踏上卡卢加大道,于9月21日在克拉斯纳亚—帕赫拉扎营。在克拉斯纳亚—帕赫拉停留5天后,又进行了两次转移,于10月2日渡过纳拉河,到达塔鲁丁诺村。库图佐夫非常巧妙地计划和实施了侧敌行军机动。法军没有发现这一行动。拿破仑在两周内不知俄军去向。

由于进行了塔鲁丁诺机动,所以,俄军避开了法军的突击,为准备反攻创造了良好的条件。

俄军的侧敌行军机动为正规部队和游击队进行积极的进攻战斗提供了便利条件。法军在莫斯科的主要部署和莫斯科至斯摩棱斯克的整个交通线均处于俄军突击的威胁之下。侵略军在莫斯科已处于四面楚歌之中,失去了机动和积极行动的自由。俄军封锁了所有通往未遭战争破坏的南部地区的道路,使法军无法从那里获得粮秣补给。

日渐激烈的"小战"使敌人的处境愈加困难。危机状况迫使拿破仑派洛里斯顿将军前往俄国统帅部大本营向亚历山大一世求和,库图佐夫拒绝了关于和谈和停战的建议,他宣称战争只是刚刚开始,不把敌人逐出俄国领:E决不停战。

驻扎在塔鲁丁诺兵营的俄军不仅掩护着储有各种军需品的卡卢加,而且还掩护着设有兵工厂和铸造厂的图拉和布良斯克,还与保障补充军队人员、马匹和各种给养的俄国南部各地区保持联系,同时保障主力与西线第3集团军各部队的联系。

在塔鲁丁诺兵营期间,俄军为保障部队顺利转入反攻采取了一些重要的准备和组织措施,完成了一项重要的战略任务:在兵力上取得了对敌的优势。10万人的民团沿克林、科洛姆纳、阿列克辛一线展开,对莫斯科形成一个半圆形的包围圈。

库图佐夫在塔鲁丁诺制订了详细的作战计划:齐查戈夫海军上将的集团军和维特根施泰因将军的军团与库图佐夫直接指挥的主力部队协同作战,围歼法军于西德维纳河与第聂伯河两河之间的地区。10月18日,壮大起来的俄军以其主力开始了积极进攻。首先打击了驻扎在切尔尼什尼亚河畔的法军前卫队。

这次战斗中,缪拉元帅的部队2500人被击毙,2000人被俘。拿破仑被迫于10月19日放弃莫斯科。

10月22日,俄军先遣支队开进莫斯科。法军力图穿过未遭战争破坏的南部地区,以摆脱被全歼的威胁。10月24日,俄军在马洛亚罗斯拉韦茨附近进行的顽强战斗,使拿破仑的这一打算落了空。遭到失败的法军被迫沿已被其破坏的斯摩棱斯克大道,经莫扎伊斯克、维亚济马和斯摩棱斯克节节败退。

这时,拿破仑已意识到自己侵略计划的破产,于是便竭力避开俄军指挥部迫使其进行的决战。

塔鲁丁诺战斗和马洛亚罗斯拉韦茨战役是俄军主力反攻的开始。部队和游击队的战斗行动从那时起开始特别积极主动,其中包括平行追击和包围敌军这样一些有效的作战方法。

追击分多路进行:戈别尼晓夫和库图佐夫将军率一支劲旅沿斯摩棱斯克大道北侧追击;黑特曼普拉托夫率领的几个哥萨克骑兵团沿斯摩棱斯克大道追击;米洛拉多维奇将军率领的前卫队与俄军主力沿斯摩棱斯克大道南侧追击。俄军在维亚济马附近追上敌后卫队,在11月3日的一场激战中,重创法军——伤亡和被俘达9000人。

而后,俄军和游击队又在多罗戈布日、杜霍夫希纳及里亚霍沃村附近歼敌1万余人。被击溃的拿破仑军队的残部撤向斯摩棱斯克。敌人大多数军团只保留着番号。法军在斯摩棱斯克的粮食储备和预备队也已消耗殆尽。拿破仑被迫急忙率领残部继续后撤。

但是,俄军在克拉斯内村附近又追上法军,并再次将其击败。法军在11月16~18日的3天交战中伤亡6000人,被俘2.6万人,几乎丧失了全部炮兵。被打散的法军残部,其中包括与维特根施泰因军团相对峙的部队均沿波里索夫大道向别列津纳河方向撤退。俄西线第3集团军各部队从卢茨克和布列斯特一立托夫斯克向波里索夫逼近,准备与维特根施泰因的部队会合。

11月16日,他们攻占了明斯克,歼灭了驻守在该城为数不多的法军驻防军。11月22日,齐查戈夫集团军进逼波里索夫,在与达布罗夫斯基将军的部队交战之后,占领了波里索夫和津宾至乌沙的别列津纳河右岸地区,切断了法军向西和西南方向的退路。守卫彼得堡方向的维特根施泰因军团在得到来自里加地区的民团和部队的加强之后,也随即转入了进攻。俄军在同法圣西尔军团进行激战后,于10月20日占领波洛次克。俄军渡过西德维纳河,迫使法军南撤,随即又向列波利推进,并予占领。

后来，又在 10 月底至 11 月初的数次战斗中击败了法军的维克多和乌迪诺所部，占领了恰什尼基。俄西线第 3 集团军和维特根施泰因军团各部在向别列津纳推进的途中，在波里索夫地区布成了一个"口袋"，使被俄军主力从东面逼退下来并已陷入四面被围的法军陷入袋内。

但是，由于维特根施泰因行动踌躇和齐查戈夫被敌人的佯动所迷惑，违反库图佐夫的命令，将本部主力从波里索夫向南调到了扎博舍维奇而造成的错误，使拿破仑能够做好在斯图焦恩卡抢渡别列津纳河的准备工作。被围在别列津纳河畔的法军虽未被彻底消灭。但在渡河时伤亡很大。拿破仑被迫率领残部逃离俄国。他好不容易到达了斯莫尔冈，于 12 月 6 日回到巴黎。

由于俄军继续战斗，法军残部几乎被全歼。拿破仑在俄国损失了 57 万余人，丧失了所有骑兵和几乎全部炮兵。只有在翼侧的麦克唐纳和施瓦岑贝格 2 军团保全了下来。1813 年 1 月 2 日，库图佐夫向全军发布命令，祝贺各部队将法军逐出俄国国境，号召他们"把敌人彻底消灭在敌人的本土上"。

俄国军民英勇地进行了解放战争，他们是决定拿破仑侵略计划必遭破产的力量。

俄国人民取得 1812 年卫国战争的胜利，不仅拯救了自己的国家使其免遭奴役，而且也捍卫了它的尊严和独立。俄军在同入侵者的斗争中，表现了很高的战斗素质，表现了英勇、顽强和自我牺牲精神。

1812 年的卫国战争具有重大的国际意义。俄国人民的胜利不仅对拿破仑法国的军事威力，而且对法国在欧洲建立的政治体系都是一个毁灭性的打击。俄军在俄国本土上击溃"大军"，以及随后在欧洲各国领土上采取的战斗行动，对西欧各国摆脱拿破仑的压迫都起了决定性的作用。欧洲各国人民的解放斗争和俄军对外远征使拿破仑帝国崩溃了。

同时，沙皇俄国利用 1812 年卫国战争的胜利来巩固其制度，加强其在国内外的反动势力，亚历山大一世成了旨在镇压欧洲革命运动和解放运动的"神圣同盟"的首领。

1812 年卫国战争的特点是：战区辽阔；武装斗争的战略战术形式多种多样；战斗极为激烈。比当时欧洲所有军队的军事学术都优越的拿破仑的军事学术遭到了失败。俄军的军事学术已证明它比法军的军事学术优越。库图佐夫远见卓识的战略也比拿破仑的战略高明。

在 1812 年战争中，俄军的战略不是死搬公式和墨守成规，而是采取了符合于历史条件变化的新的作战方式和方法。库图佐夫清楚地懂得人民战争的作用，善于把政治因素同战略因素结合起来，始终不渝地、坚决地实施他制定的同拿破仑作战的计划，一直到彻底粉碎拿破仑军队和将其残部逐出俄国。拿破仑的战略在对俄国人民的侵略战争中遭到了失败。拿破仑的错误在于他过低地估计了为民族独立而战的俄国人民的力量和智慧。

同时，拿破仑更为意识到他的军队已不是曾经高举自由、平等、博爱旗帜的那支军队了。俄军在库图佐夫的统率下顺利地实施了反攻这一武装斗争的复杂形式。

战争过程中,出现了与诸集团军在各自独立的方向作战有关的战役学的诸要素。

当时,拿破仑仍然认为总决战是取得战争胜利的主要作战方式,而俄军指挥部却创造性地采用了各种不同的作战方式和方法:实施退却和积极的游击战、侧敌行军机动和平行追击、机动包围退却之敌、在交战中善于使进攻与防御相结合,以及在战场上大量使用炮兵和骑兵。

另外,进行有明确目的的军事准备和使用各种预备队也是俄军军事学术的特点之一。

1812 年卫国战争在战术发展方面的经验是:巩固了纵队和散开队形的战术;提高了瞄准射击的作用;步兵、骑兵和炮兵能协同作战;巩固了作战兵团的组织形式。预备队已成为战斗队形必不可少的组成部分。

炮兵在战斗中的作用越来越大。俄军炮兵不仅在数量上,而且在质量上都超过了敌军。俄军军事学术的总特点是:不仅能依靠军队的力量和能力,而且能注意利用和善于利用人民的力量。

(四十)英美战争

英美战争是英国和美国因激烈竞争而引起的一场战争。英国竭力想破坏美国日益增强的经济地位,而美国某些集团也力求扩张美国领地,尤其是侵占加拿大。

战争的直接导火线是英国人劫夺美国船只,借口搜捕逃兵在公海上搜查美国船只,强行招募美国商船上的水手及排斥美国的海上贸易。1812 年 6 月 18 日,美国对英宣战。美国正规军当时不到 7000 人,至 1814 年增加到 3.8 万人。

战争初期,英国在加拿大拥有 4.5 万名。英国海军计有 800 艘舰只,其中大型舰 230 艘。美国海军共有 11 艘巡航舰,8 艘小型巡洋舰,170 艘炮艇。英军的训练和装备远远超过美军。

在战争进程中,英国陆续向北美增调兵力,而且还争取到为自身独立而斗争的印第安部落的支持。

但是,美国在 1813 年 9 月伊利湖和 1814 年 9 月香普冷湖战斗中获得胜利,从而控制了重要的内河航道。

直至 1814 年,英国海军才从欧洲战事中解脱出来,加强了对美国海岸的封锁。美国各海港的出口遭到严密封锁,对外贸易额下降到 25%。英国人由于掌握了制海权,能够选择美国防御最薄弱的环节实施突击。1814 年 8 月 24 日,英军登陆部队上陆成功,作战顺利,一举攻占了华盛顿,但未能发展战果。

就美国方面来说,这场战争已成为争取民族独立的战争。美国开展了爱国运动,美军斗志高昂。鉴于复杂的国际局势和美军反抗力量的增强,英国被迫同意和谈。俄国促成了双方的和解,因为俄国同英国联合反对法国,不希望英国兵力调往其他战区。

此外,俄国无疑也不愿意美国成为法国的盟友,从而损害俄美之间的贸易。1814 年 12 月 24 日在根特签订和约。和约规定双方归还各自侵占的领土,结束对印第安人的军事行动,采取措施制止贩卖奴隶。

美国国务卿蒙罗在接到根特和约:艾本后,向俄国驻华盛顿公使达什科夫发出照会称:"阁下在促进合众国和英国建立和平关系上所做的努力深为敝国总统所称颂。"但条约并未解决导致战争的某些争执问题。

因此继根特和约之后又签订了 1814 年的贸易公约,1817 年的五大湖非军事化协定,1818 年的北大西洋渔业公约、美国北部边界和所谓共管领地俄勒冈公约。

英美战争的结果是美国的独立得到巩固。英国后来不得不放弃了公然破坏美国贸易的企图。

(四十一) 滑铁卢战役

滑铁卢是比利时布鲁塞尔以南 20 公里处的居民点。滑铁卢会战是 1815 年 6 月 18 日,拿破仑二世的军队与英、荷、普联军在此进行的一次会战。为了'对抗反法同盟,拿破仑率 12 万法军进入比利时,企图在比境内将英军元帅威灵顿率领的英荷联军及布吕歇尔元帅指挥的普军下莱茵集团军各个击破。

6 月 16 日,拿破仑在林尼附近与普军交战,取得小胜,普军被迫向瓦弗撤退。格鲁希元帅指挥的步兵军受命追歼普军,由于法军行动迟缓,布吕歇尔的下莱茵集团军得以保存实力,摆脱追击并与威灵顿集团军会合。格鲁希的军队未参加决定性的会战。格鲁希的失误铸成了后来拿破仑的失败:原准备与一路敌军——英荷联军作战的拿破仑,将被迫与两路敌军同时作战。

6 月 17 日日终前,拿破仑率法军主力前出至别尔-阿良斯、罗索姆、普兰什努瓦地域。拿破仑确信格鲁希定能阻滞住布吕歇尔,没有急于向在滑铁卢以南有利地形上占领防御阵地的威灵顿集团军发起攻击。6 月 18 日 11 时,当普军前卫已接近交战地区时,会战开始了。拿破仑决定对威灵顿集团军的左翼实施主要突击,以阻止普军与联军汇合。法军列依尔军首先应对威灵顿集团军的右翼实施佯攻。

但是,从战斗一开始就遭到联军的顽强抵抗,这就完全打乱了拿破仑的计划。列依尔开始用少量兵力发起攻击,尔后陆续将全军兵力都投入了战斗,奋战终日未能获胜。对威灵顿左翼的攻击于 14 时左右开始,进攻兵力是埃尔隆军的 4 个师,各师均按营展开成大纵深的纵队。

由于这种队形能同时发起攻击的力量有限,所以也未能奏效,进攻部队在敌枪炮火力下遭到重大伤亡。法军炮兵的射击效果很差,因为它配置的位置不合适,距进攻纵队太远。下午,普军布吕歇尔的前卫抵达菲舍蒙地区,拿破仑被迫派洛博军 1 万人迎战普军,后又派部分近卫军前往支援。

与此同时,拿破仑改变了主要突击方向,集中主要兵力攻击威灵顿集团军的中部。法军虽多次发起攻击,但均未成功。拿破仑的重骑兵曾两度突入英军阵地,由于步兵未及时支援,又被打退了。拿破仑集中了自己的预备队 10 个老近卫军营,最后一次试图突破敌军中央阵地,结果也失败了。此时,兵力的对比已对联军有利,普军3个军的到来,联军兵力已达13万人。晚8时,英荷联军从正面发起进攻,普军则突击法军右翼。法军支持不住开始退却。

不久,退却变成了逃跑,十分狼狈。在滑铁卢会战中,法军损失了3.2万人和全部火炮,联军损失2.3万人。拿破仑丢弃残军逃回巴黎,6月22日再度退位,后被流放到圣海伦岛上。

拿破仑在此次会战中表现得优柔寡断,犯了一系列错误。没有很好地组织侦察,情况判断不准确,兵力过于分散,战斗队形纵深太大,以致削弱了初始突击能力,而且在敌炮火下遭到了重大伤亡。他的重大失策在于军队指挥和步、骑、炮兵的协同动作组织得不好。

法军1812年在俄国的失败造成的士气低落以及拿破仑帝国的深重危机,都是拿破仑在滑铁卢战败的重要原因。威灵顿在滑铁卢会战中表现得深思熟虑,经过认真细致的情况判断方才定下行动决心。这位英军统帅能够指挥两支相距甚远的军队在战场上实现汇合,这在当时确是一件重大的战略成就。

(四十二)高加索战争

高加索战争指沙皇俄国为归并切奇尼雅、高山达格斯坦和西北高加索,为反对受英国和其他西方列强支持的土耳其和伊朗的扩张,以及为此必须巩固俄国在这一地区的战略地位而进行的军事行动。

格鲁吉亚和阿塞拜疆合并后,它们的领土就脱离了俄国,成为切奇尼雅、高山达格斯坦和西北高加索的领土。在这块土地上居住着一些强悍的高山民族,他们经常袭击高加索筑垒线,破坏与外高加索的往来。

因此,到19世纪初归并这些领土是俄国的一项重要的政治军事任务。高加索战争有步骤的军事行动,是在拿破仑战争结束后展开的。

1816年被任命为高加索总司令的叶尔莫洛夫将军把一些孤立的讨伐性远征转为有计划地向切奇尼雅和高山达格斯坦纵深推进。1817~1818年,高加索筑垒线的左翼由捷列克河移到松查河。1817年10月在该河中游设置了拦阻营垒。这是俄军向高加索推进的第一步,实际上也是高加索战争的开始。

1819年,高加索独立军团兵力达5万人,西北高加索的黑海哥萨克军也归叶尔莫洛夫指挥。1818年,以封建主为首的部分达格斯坦部族联合起来,并于1819年开始向松查防线进军,但连遭失败。伊朗和土耳其千方百计地煽动山民反对在高加索的沙皇军队,企图利用山民达到自己的侵略目的。

但是,伊朗和土耳其挑起的俄伊战争和俄土战争均以俄国的胜利而告结束。根据土库曼斯坦查伊和约,艾利万汗国和纳希契凡汗国归属俄国,而根据亚得利亚那堡和约,阿哈耳齐赫和阿哈尔卡拉基要塞,以及由库班河口到波提以南的上尼古拉码头的整个黑海沿岸也都归属俄国。

由于修筑了通往俄国的苏呼米军路,俄国于1828年又兼并了卡拉柴。所有这一切急剧地改变了高加索的战略形势,使之有利于俄国,:扩大了它在中东的势力范围。敌视俄国的英国、法国和奥地利统治集团公开地反对亚:得利亚那堡和约,得到它们支持的土耳其奸细一直在高加索进行破坏活动。唆使山民反对俄国的英国奸细活动更为猖狂。1827年3月,帕斯克维奇将军被任命为高加索俄军总司令。

从20年代末起,高加索战争的规模逐渐扩大,这是因为切奇尼雅和达格斯坦在穆里德派宗教政治教理反动思想的影响下,爆发了山民运动,宗教战争——反对"异教徒"的"圣战"就成为山民运动的一个组成部分。伊斯兰教僧侣们的上层人物企图在这个运动的基础上建立一个反动的封建神权国家——伊玛目国。

1828年12月,加济—马戈梅德首次号召进行宗教战争,他宣布自己为伊玛目并提出切奇尼雅和达格斯坦各族人民联合起来的主张。1830年5月,加济·马戈梅德和他的门徒沙米尔率8000人的部队企图夺取阿瓦里亚首都——洪扎赫山村,但没有得逞。远征吉姆雷山村的沙皇军队也遭受了失败,从而扩大了加济·马戈梅德的影响。1831年,伊玛目率1万军队夺取了塔尔基和基兹利亚尔,包围了布尔和弗涅扎普要塞,随后夺取了杰尔宾特。

战斗同时也在切奇尼雅以及通往格罗兹尼要塞和弗拉基高加索的要冲上激烈进行。加济·马戈梅德控制了颇大一部分领土。

但是,由于伊玛目没有履行自己废除阶层不平等现象的诺言,引起了农民们的不满,他们疏远了穆里德派伊斯兰教徒,因此从1831年底开始,战事减少了。

由于罗津将军取代帕斯克维奇指挥沙皇军队多次对切奇尼雅进行大规模远征,加济·马戈梅德的部队被迫退到高山达格斯坦。伊玛目率部分穆里德派伊斯兰教徒在吉姆雷设防,构筑了几道重叠筑垒线。

1832年10月17日,沙皇军队攻占吉姆雷。加济·马戈梅德阵亡。新伊玛目加姆扎特·贝克和前任一样,不但靠宣传穆里德派的思想,而且还靠使用武力来巩固自己的政权。1834年8月,他侵占了洪扎赫,并消灭了拒绝反对俄国的阿瓦尔汗家族。

不久,加姆扎特·贝克就被封建集团的阴谋者杀掉。1834年,沙皇军队为切断契尔克斯人与土耳其的联系,远征了库班河左岸,并构筑了阿宾和尼科拉耶夫工事。沙米尔取代加姆扎特·贝克成为伊玛目,在他任伊玛目期间,战斗行动的规模特别大。1834年10月18日,沙皇军队攻占了老戈察特利和新戈察特利,并迫使沙米尔的部队退出了阿瓦里亚。1837年,费扎将军的部队占领洪扎赫、温楚库利和季利特利山村的一部分,沙米尔的部队从那里撤退了。

由于伤亡很大和粮食缺乏,部队的处境非常困难,费扎与沙米尔于1837年7月3日签订了停战协定,但不久这一协定就失效了。1839年,战事再起。这时戈洛温将军任高加索总司令。格拉别将军的部队经80天围攻,于1839年8月22日,夺取了沙米尔的府邸——阿胡利戈,负伤的沙米尔率穆里德派伊斯兰教徒突围逃到了切奇尼雅。在格欣森林地区和瓦列里克河畔经过数次激战,沙皇军队占领了切奇尼雅。

但1840~1843年沙米尔的部队又夺回了阿瓦里亚和达格斯坦颇大一部分领

土。沙米尔采取一系列措施来扩充自己的部队,改进部队的组织。15 岁到 50 岁的男子都必须服兵役。部队分编为千人团、百人队、十人队。沙米尔部队的核心力量是轻骑兵,其主要成分是所谓"穆尔塔泽克"。沙米尔要求每 10 户要派出和供养一个"穆尔塔泽克"。他们制造了火炮、子弹和火药。适应在山区活动的沙米尔的快速部队能迅速退出战斗和摆脱追击。

从 1842~1846 年他们在山区进行了积极的活动,但从 1846 年开始经常被沙皇军队打败。

1846 年,沙米尔部队向卡巴尔达的突破没有成功,1848 年他们失掉格尔格比利,1849 年对捷米尔·汉·舒拉的攻击和向卡赫齐亚突破的尝试都遭失败。1851 年,在西北高加索以沙米尔的地方长官穆哈梅德·埃明为首的契尔克斯部族的活动被镇压。

这时,沙米尔的其他地方长官已成为大封建主,并开始残酷剥削他们统治下的居民。伊玛目国内的社会矛盾日趋尖锐,农民开始疏远沙米尔。克里木战争前夕,指望得到英国和土耳其帮助的沙米尔又积极开始活动。1853 年 8 月,他企图突破新扎卡塔雷附近的列兹庚防线,但又未成功。1853 年 11 月,土军在巴什卡德克拉尔附近被沙皇军队击溃,而契尔克斯人攻占黑海和拉巴防线的企图也没有得逞。1854 年夏,土军转入了对梯弗里斯的进攻。

同时,沙米尔的部队突破了列兹庚防线,侵入卡赫齐亚,占领了齐南达利,但遭到格鲁吉亚义勇军的阻击,随后又被赶来的沙皇军队击溃。高加索军改编为集团军。

1854~1855 年,俄军击溃了土军,从而彻底打消了沙米尔依靠外援的希望。从 40 年代末就已开始的伊玛目国的内部危机进一步加剧。

同时,在长期力量悬殊的战斗中人员锐减加速了伊玛目国的衰落。1859 年 4 月,沙米尔的府邸——韦杰诺山村陷落。沙米尔率 400 名穆里德派教徒在古尼布山村设防,同年 8 月 25 日该山村被攻占,沙米尔投降就俘。11 月 20 日,穆哈梅德·埃明率领的契尔克斯人的主力全部投降。

只有黑海沿岸的穆里德派的头目还企图依靠土耳其和英国的支持进行抵抗。1859~1862 年,沙皇军队继续向山区腹地推进。1863 年,他们占领了白河和普希什河之间的领土,1864 年 4 月中旬,占领了到纳瓦金斯基的整个沿岸地区和到拉巴河的领土。1864 年 5 月 21 日,沙皇军队终于占领了契尔克斯人的最后基地克巴达地区,从而结束了这场长期的高加索战争,虽然实际上一些地区的军事行动一直持续到 1864 年底。

高加索战争的历史意义在于俄国归并了切奇尼雅、高山达格斯坦和西北高加索,使山区各族人民摆脱了被落后的东方专制国家奴役的危险。

高加索被归并到与其邻近的处在资本主义道路上的唯一的强国,这对高加索各族人民有着进步意义。高加索加入全俄罗斯和世界市场促进了地方经济的迅速发展。随着高加索战争的结束,资本主义在高加索的发展加快了,因我这里出现了工人运动,它与争取各族人民社会和民族解放的俄国无产阶级革命斗争紧密相连。

高加索各族人民找到了以俄罗斯人民为代表的忠实的盟友和强大的保卫者。

（四十三）英缅战争

英缅战争指英国侵占缅甸，使其沦为英国殖民地的各次战争。第一次英缅战争的起因是18世纪末英国将其印度领地的东部边界逐渐向缅甸推进。英国作战计划规定在陆上以防御为主，而派出登陆兵在伊洛瓦底江口登陆。

1824年3月5日，在阿萨姆和布拉马普特拉河谷开始军事行动。英军一支部队虽抢占了几个居民点，但是，未能攻下马拉-穆克赫要塞。雨季一开始，英军就撤退了。

5月，马赫·班都拉率领缅军横渡纳阿夫河，于17日在拉木附近击溃英军。引起加尔各答和达卡一片慌乱。

然而，缅军获悉英军在仰光登陆，便不再进攻，而匆促回师增援国内驻军。

5月11日，英军登陆兵在仰光登陆，使缅甸政府措手不及，从而轻易地攻占该市。缅军据守仰光以北阵地，将仰光的敌军登陆部队封锁在市内。夏秋两季，仰光地区一直处于激战之中。英军在其他地段占领了缅甸大片领土。

1824年底，缅军转入进攻，但在12月5~9日期间仰光附近的战斗中遭到重创。英军得到增援后，于1825年4月1日强攻达努彪要塞，缅军被迫撤退。

此后，双方均未主动出击。10月2日开始谈判。英方的要求激起缅方的义愤，缅军于是发起进攻。缅军虽获得几次局部胜利，但最后仍遭失败。

12月30日恢复谈判。

1826年2月24日缔结和约。根据条约规定，缅甸不得干涉阿萨姆、卡恰尔和贾伊蒂各公国的内政，南部的若开区和丹那沙林区划归英国，同意偿付100万英镑的赔款，接受英国总督到任视事，签订缅英通商条约。

第二次英缅战争的起因是英国分舰队进行了挑衅活动。这支分舰队借口保护仰光英商的利益而掠走了一只缅甸商船，炮击岸防工事。

同时，还向缅甸政府提出最后通牒，要求对方再作更大的让步。在遭到缅方拒绝后，英军于4月5日从海上炮击马塔班港。英军的炮兵占绝对优势。雨季过去后，英国高德文将军统率的"阿瓦"加强集团军开始溯伊洛瓦底江而上。

10月9日，英军攻占卑谬，但随后又退回仰光，原因是作战计划规定只占领下缅甸。

因此，这次战争实际上不是以媾和，而是以休战结束的。第三次英缅战争是英国又一次进行侵略而引起的。为了彻底兼并缅甸，英国利用英商贸易公司就缅甸政府处以罚金问题提出控诉作为发动这场战争的口实。

10月22日，英国向缅甸政府提出最后通牒，要求赋予英国监督缅甸外事活动的权力。缅方接受了这项要求。

尽管如此，预先部署好了的英军还是发起了进攻。

11月14日，英军占领明赫拉边防炮台，直扑缅甸首都曼德勒。缅甸正规军抵挡不住在数量和装备上占有优势的英军。

11月28日,英军开进曼德勒。

1886年1月1日,缅甸被宣布为英国领地,作为一个独立省划归印度。为了反击英国的奴役,缅甸境内开展了反对占领者的游击战争,直至19世纪末才被英国人镇压下去。

(四十四)英国——阿富汗战争

英国——阿富汗战争指英国侵略阿富汗的历次殖民战争。第一次英阿战争,是由于英军3万余人越过保兰山口入侵阿富汗西南部,企图占领坎大哈和加兹尼及进抵喀布尔而爆发的。

为了吸引阿富汗部分兵力离开白沙瓦,英军在开伯尔山口实施了辅助突击。阿富汗军队约1.5万人,在数量和装备上远不及敌军。1839年,英军占领坎大哈、加兹尼和喀布尔。

为回击殖民者,阿富汗国内开展了人民游击战争。1841年11月,喀布尔爆发起义,英国傀儡沙阿·舒德扎被杀,占领军随之溃散,其残部撤离喀布尔。1842年,英国派出部队到阿富汗进行征讨,但未奏效。1842年末,英国不得不承认失败,放弃了阿富汗领土。

第二次英阿战争的起因,是英军3.6万人分兵3路穿越开伯尔、库拉姆和保兰山口入侵阿富汗。阿富汗军队因在数量和装备上处于劣势而被迫撤退。1879年1月,英军占领坎大哈。同年5月26日,雅库卜汗同英国签订了甘达马克条约,阿富汗成为英国的附属国。

这个丧权辱国的条约激起了国内的一片义愤。1879年9月8日爆发了人民起义,杀死了英国驻喀布尔的总督。1880年7月27日,在坎大哈附近的马伊旺德战斗中,阿军击溃了英军一个旅。喀布尔的英军遭到近10万起义军的包围。阿富汗人的英勇抗击迫使英国当局放弃侵占阿富汗的打算,同阿卜杜勒赫曼艾米尔签订妥协性协定。1880年协定规定阿富汗的内政自主,但对外政策受英国控制。1881年,英军撤出阿富汗。

第三次英阿战争是英国因1919年2月上台的阿曼努拉汗于2月28日宣布阿富汗独立而发动的。5月6日,英国对阿富汗宣战。阿富汗正规军有4万人,分3路在开伯尔、瓦齐利斯坦和坎大哈方向作战。英军拥有近34万人,在兵力兵器上仍然占上风。

在开伯尔方向的交战中英军获胜,而在瓦齐利斯坦方向,阿富汗人却打败英军,于5月27日包围了塔尔要塞。边境普什图部族抗英起义的兴起和印度解放运动的高涨,使殖民者的处境困难起来。

这些情况迫使英国放弃了继续作战的计划。1919年8月8日,在拉瓦尔品第签订了初步和约。1921年10月,英国与阿富汗签订条约。

根据这项条约,英国承认阿富汗独立。第一个承认阿富汗独立的苏俄在道义上和政治上的支持和英国干涉者在里海以东地区的溃败是阿富汗取得第三次英阿战争胜利的重要条件。

（四十五）英国——锡克战争

英国——锡克战争是东印度公司对旁遮普锡克国发动的两次侵略战争。这2次战争是由英国殖民者勾结锡克酋长策动的。1845年12月，英国挑起边境冲突，向驻扎在本国领土上的锡克军队开火。辛格大臣为首的锡克反动政府以此次挑衅事件为口实，对东印度公司宣战。

第一次英锡战争发生于1845~1846年间。在1845年12月18日穆德吉交战和12月21日菲鲁兹沙赫交战中，同英军兵力相等的锡克军队获胜。

但由于旁遮普封建主的背叛，锡克军队在1846年2月10日索勃拉昂交战中败北。根据和约，旁遮普成了东印度公司的附属公国。至拉维河为止的这部分领土归属东印度公司，克什米尔则转交给公司的盟友贾姆公爵古利亚普·辛格。旁遮普的政权形式上掌握在拉尔·辛格和特奇·辛格的摄政会议手里，实际上摄政会议的活动是由英国驻拉合尔总督操纵的。

英国人控制了税收部门。旁遮普军队的数量大为削减。锡克军队不能坐视国家丧失独立自主权，于1848年举行反英起义。

第二次英锡战争是东印度公司于1848年11月借口平定叛乱而挑起的。在1849年1月奇良瓦拉交战中，英军勉强取胜，伤亡2400人。2月21日在古吉拉特附近又进行了一次交战。英军凭借炮兵优势，使锡克军队遭到决定性的失败。东印度公司遂吞并旁遮普，把它变成为英印的一个省份。同年，锡克军队被解除武装。随着旁遮普的被兼并，英国征服了印度全境。

（四十六）美国——墨西哥战争

美国——墨西哥战争是美国对墨西哥发动的一场侵略战争。这场战争是美国按照1823年门罗总统提出的"美洲是美洲人的美洲"这一口号力求在整个美洲大陆建立自己的霸权而进行侵略所挑起来的。

多年来一直垦殖墨西哥所属得克萨斯和加利福尼亚大片领土的美国种植场主于1835年发动叛乱，1836年宣布得克萨斯独立。

1845年，美国把得克萨斯并入自己的版图。为了侵占其他"有争议"的领土，1846年1月，美军开进得克萨斯以南墨西哥境内。年轻的墨西哥共和国的军队一共不到2.5万人，采用募兵制补充兵源。骑兵是它的突击力量。美军以大约8000人的正规军分队为骨干，在战争期间由大量的志愿兵进行补充。1846年5月，在保洛—阿耳托和雷萨卡—德—拉—帕尔马地域首次进行了大规模的战斗。

1846年5月13日，即军事行动开始的4个月之后，当美军已占领努韦塞斯河与格兰德河之间的一部分墨西哥领土后，美国政府才正式对墨西哥宣战。干涉者的战略企图是想从北向南实施突击,分割墨西哥领土,占领其首都。美国海军的任务是封锁太平洋和墨西哥湾方面的港口和沿岸地区。经过几次激战,美军才占领蒙特雷。

至 1847 年初又占领了墨西哥北部和加利福尼亚的大片土地。在 2 月 22～23 日布埃纳维斯塔交战中,墨西哥军队又被击败。但是,他们在印第安人的积极支援下继续在干涉军后方作战。

1847 年 3 月 27 日,斯考特将军率领的美国军队在两星期的围攻后粉碎了韦腊克鲁斯港 4000 名守军的抵抗,接着便朝首都墨西哥城推进。墨西哥总统圣塔安纳仓促集结了 1.2 万人的军队,决定在韦腊克鲁斯西北的塞罗戈尔多地域与美军交战。但因组织不善,4 月 18 日被美军击溃。由于某些军队领导人的叛变和那些不肯拿出部分钱财资助国防需要的地主教权派的公开反抗,墨西哥军队尽管士气未挫,但战斗力已大为削弱。为了保卫首都,集合了一支拥有 2 万人和 100 门火炮的军队。

1847 年 8、9 月间,在首都墨西哥郊区和市内展开了浴血战斗。美军虽然遭到重大伤亡,但终于在 9 月 15 日攻占了墨西哥首都。墨西哥人民决心继续坚持斗争。

然而,统治阶级慌忙按照美国提出的条件签订了丧权辱国的和约。美国几乎夺取了墨西哥的半壁江山。这就是今天美国的加利福尼亚州、内华达州、犹他州、亚利桑那州和新墨西哥州的大部分,以及科罗拉多州和怀俄明州的一部分。格兰德河成了两国的国界。为了表示赔偿,美国付给墨西哥 1500 万美元。

在美墨战争中,美国在军队的组织编制、技术装备和部队训练各方面都超过墨西哥共和国;美军掌握主动权,还有海军积极予以支持,而墨西哥实际上并没有海军。在很多战斗中,美军是靠炮兵的优势制胜的。

(四十七)奥意战争

奥意战争是意大利为摆脱奥地利统治而进行的一场战争。它是在意大利人民民族解放运动和反对封建专制制度斗争的进程中爆发的。

1848 年 3 月 17 日,威尼斯省爆发了反奥起义,并宣布成立独立的共和国。18日,米兰也爆发起义。起义期间建立起来的国民自卫军,经过几次顽强战斗把奥军逐出城外。伦巴第全境都奋起反抗奥军。为了取得皮埃蒙特的军事援助,伦巴第、威尼斯几个省、巴马和摩德纳宣布归附撒丁王国。

在人民群众的压力下,撒丁国王查理·阿尔伯特于 1848 年 3 月 23 日对奥宣战。意大利其他国家政府声明支持皮埃蒙特。爱国主义热潮席卷整个意大利,志愿军队伍相继建立,并开赴伦巴第与奥军作战。加里波第率领的志愿军部队屡建奇功。

1848 年 3、4 月间,奥军败退到伦巴第东部维罗纳境内。

但是,意军由于训练不足、武器装备较差,又缺少骑兵和炮兵,所以战斗力不强。加之查理·阿尔伯特及其周围的将领对人民群众的革命高潮心惊恐惧,至夏季时,奥军指挥部就掌握了主动权。奥军先从威尼斯省发动进攻,随后推进到伦巴第。7月25日,在库斯托茨附近进行了一次大战。拉德茨基指挥的5.2万人的奥军以翼侧突击,将4.4万人的撒丁军队分割成许多部分,迫使其狼狈逃窜。在这以后的两天内,撒丁军队全部被歼。查理·阿尔伯特在损失了9000名士兵之后放弃了米兰。8月9日签订停战协定,规定意大利北部仍由奥地利占领。

由于意大利各国革命斗争出现新的高潮,人民群众一再要求重新对奥开战,查理·阿尔伯特为保住自己的王位,只好中止和谈,采取军事行动。撒丁军队由波兰赫尔让诺夫斯基将军统率。他轻率地把约8.8万人的军队配置成单薄的一线。

1849年3月21~23日期间,撒丁军队在莫尔塔腊和诺瓦拉附近一败涂地。查理·阿尔伯特被迫退位,离开了意大利。其子维克多·艾曼努尔二世不得不签订停战协定,承认伦巴第和威尼斯省仍属奥地利。8月6日,在米兰签订和约。

根据和约,皮埃蒙特向奥地利支付了6500万法郎的赔款。撒丁军队的失败并未使意大利北部人民群众停止抗奥斗争。热那亚就在继续战斗。奥军在已宣布成立罗马共和国的帕波省境内也遇到抵抗。威尼斯在被封锁条件下抗击奥军的优势兵力,直至1849年8月22日。撒丁军队战败使意大利民族解放运动暂时受挫,1848~1849年的意大利革命也因而失败。

(四十八)普丹战争

普丹战争指普鲁士为占据以君主国的形式合并到丹麦王国的什列斯维希公国和霍尔施坦公国而对丹麦进行的战争。在德意志和奥地利1848年资产阶级革命影响下,什列斯维希—霍尔施坦于3月21日开始了民族解放起义。

1848年3月23日,临时政府在基尔城组成,宣布各公国独立,并向丹麦宣战。

什列斯维希—霍尔施坦的军队在大将克龙的指挥下占领了伦茨堡和弗伦斯堡要塞,但4月9日在巴乌附近被丹麦军队击溃,退却到埃杰尔河对岸。普鲁士企图利用什列斯维希—霍尔施坦的民族解放运动达到自己的目的,便率领其他德意志国家对丹麦开战。4月6日,约3.5万人的普鲁士和萨克森—汉诺威联军在普鲁士将军弗兰格尔指挥下未经宣战就开进什列斯维希—霍尔施坦;4月23日,在什列斯维希城击败比龙洛夫将军的3万人的丹麦军队;5月初,占领日德兰的弗列杰里西要塞。

因普鲁士的加强而感到惊慌的挪威和瑞典,同丹麦缔结了同盟,而英法则向普鲁士抗议,反对入侵日德兰。丹麦舰队封锁了普鲁士各港湾。7月,俄国分舰队进入丹麦水域向普鲁士示威。陆上战斗一直持续到8月26日,各方时胜时负。在英、法、俄、瑞等国的压力下,普鲁士政府被迫于1848年8月在马尔默城签订为期7个月的停战协定。

根据协定,什列斯维希公国和霍尔施坦公国仍归属丹麦,临时政府解体。普鲁士和其他德意志国家的统治集团认为这有碍他们的利益。

　　于是,普鲁士政府于 1849 年 4 月 3 日重新开始军事行动。德意志军队再次占领两个公国,并于 4 月底进入日德兰。但由于英法采取新的外交行动和尼古拉一世发布了关于波罗的海舰队的舰只开往丹麦沿海的命令,普鲁士被迫于 6 月 4 日开始同丹麦谈判。7 月 6 日,丹麦军队在弗列杰里西附近击溃什列斯维希—霍尔施坦的军队。1849 年 7 月 10 日,订立第二次停战协定。1850 年 7 月 2 日,在俄国舰队再次进入丹麦水域的压力下,普鲁士才于柏林签订恢复丹麦战前边界和两公国原状的和约。什列斯维希—霍尔施坦企图继续与丹麦作战,但维利津将军指挥的两公国的军队于 7 月 25 日被击溃并予解散。

二、近代战争

(一)虎门抗英之战

　　虎门位于中国广东珠江口内,历来是兵家必争之地。在虎门附近筑有南山、镇远、威远、靖远 4 座炮台,在珠江中的上横档、永安炮台,另在虎门上游还有大虎山、巩固、蕉门诸炮台。

　　1841 年 1 月,道光皇帝得知沙角、大角两炮台失守和英军占据香港后,十分震怒,下旨对英作战,并征调湖南、四川、贵州、江西等省兵丁赶往广东。

　　2 月中旬,英军探知清廷已在调兵遣将的消息后,决定先发制人,抢在中国援兵到达广东之前进攻虎门和广州。2 月 19 日,英军舰船在虎门口集结,作临战准备和周密侦察,发现清军在下横档岛尚未设防。于是,英船"复仇神"号带领舢板队于 23 日冲进三门口内,破除了拦江木栅。25 日下午,"复仇神"号又将由 150 名步兵组成的掩护队和携带 3 门臼炮的炮兵队运到下横档岛,并在岛上架起了火炮。

　　2 月 26 日晨,下横档岛上的英军首先开炮射击,压制横档、永安两炮台。英国军舰"威里士厘"号、"前锋"号、"鳄鱼"号、"硫磺"号等,趁上午涨潮时从西航道逆流而上,炮击横档和永安炮台,并压制芦湾山上的巩固炮台。约于 13 时 30 分,"复仇神"号和"马达加斯加"号 2 艘英国舰船运送登陆兵迂回到上横档岛的后面顺利上岸。经过激战,守军 300 余人伤亡,一部被俘,少数人突围,永安、横档两炮台被敌占领。

　　与此同时,有 6 艘英军舰船进攻东岸。由于风潮不顺,直到 11 时 30 分,2 艘最大的英舰才乘涨潮之机抵达距岸约 500 米处,以右舷炮射击威远、靖远炮台,其他敌舰炮击镇远、南山等炮台。广东水师提督关天培在靖远炮台指挥士兵沉着还击。英军士兵在舰炮的有力掩护下开始登岸,并从侧后攻击炮台。守军坚持一个半小时后,镇远炮台首先不支,开始溃退;接着,靖远、威远两炮台也先后失陷。关天培虽"创痕遍体,血透衣襟",但仍奋力杀敌,终因力战不敌而壮烈牺牲。

　　当日 16 时许,另一部英军开始进攻西岸的巩固炮台,守军未予认真抵抗就四散逃命。英军攻占炮台后,将其炸毁。至此,虎门、横档地区的炮台除大虎山外全部失守。英军还派汽艇排除了江中木桩,切断了铁链,疏通了航道。

2月27日,英国军舰"加略普"号、"前锋"号、"鳄鱼"号、"摩底士底"号、"硫磺"号以及两艘汽船溯江而上,大虎山炮台守军不战自弃。英军长驱直入,中午就开始进攻乌涌炮台。该地守军1600人在湖南提督祥福率领下奋力抵抗,但因江水上涨,炮位多数被淹,只得用鸟枪射击。后弹药用尽,祥福以下500余名官兵战死,其余溃散。英军夺占乌涌炮台后,在其附近江面停泊的40艘中国兵船也被英舰击败,林则徐主持购置并精心改造的大型战舰"截杀"号也成了英军的战利品。

3月2日,英军攻占猎德炮台;3日,又占定功炮台。英舰在二沙尾、大黄滘游弋,严重威胁广州的安全。

(二)克里木战争

克里木战争即东方战争,是俄国与同盟国争夺近东统治权的战争。19世纪中叶前夕,欧洲各资本主义国家,首先是大不列颠和法国,都加紧了在近东的扩张,以夺取新的市场和获得殖民地。西方列强的扩张意图遭到了俄国的反对,当时,俄国正力图维护它在黑海地区的经济和政治利益,巩固它在巴尔干和外高加索的地位。土耳其反动势力在一些西方外交家的怂恿下,也在酝酿计划,想从俄国手中夺走克里木和高加索。东正教与天主教之间1852年在巴勒斯坦的"圣地"归属权问题上的争执,成为克里木战争的导火线。

1853年2月,尼古拉一世派遣他的特使缅施科夫海军上将前往伊斯坦布尔,要求土耳其政府承认俄皇对苏丹统治下的东正教臣民有特别保护权。土耳其自恃有同盟国撑腰,于1853年5月拒绝了俄国的最后通牒,并允许英法联合分舰队进入达达尼尔海峡。俄国遂与土耳其断交,并于1853年7月3日派兵进驻摩尔达维亚和瓦拉几亚这两个多瑙河公国。1853年10月9日,土耳其苏丹阿卜杜·麦吉德在大不列颠和法国的支持下要求俄国归还这两个公国,并于10月16日对俄国宣战。1853年11月1日,俄国宣布与土耳其处于战争状态。在多瑙河战区,土耳其集中了驻克里木土军总司令奥美尔·帕夏元帅约15万人的部队与哥尔查科夫将军8.2万人的俄军相对峙。

在黑海,局势对俄国较为有利。俄国舰队比土耳其舰队强大得多,因此,不仅可以积极利用它来对付土耳其的海上兵力,而且还可以积极利用它来协助陆军的行动。对峙双方都没有制订具体的战争计划。俄国政府认为,事态不会发展成为一场大规模的战争,可以限制在军事威胁的范围内。因此,俄军统帅部出兵多瑙河两公国之后,遂在巴尔干采取了观望的态度。土军尽管在兵力上占颇大优势,但其统帅部认为还是等盟国参战为妥。在高加索,俄军的绝大部分部队被调去镇压山地居民的起义,只剩下有限兵力防卫与土耳其的接壤边界。因此,为了对付阿勃迪一帕夏的近10万人的土军,俄国匆忙组建了一个3万人的军队,由别布托夫将军指挥。

俄军统帅部基于敌方拥有比自己多 2～3 倍的优势兵力,遂打算实施先敌突击,以期同时歼灭驻在边境地区企图入侵俄国领土的敌军。土军指望与山地居民部队协同一起在当地进行一些有成效的战斗行动。

在高加索战区,土军于 1853 年 11 月初首先转入进攻,企图向亚历山大罗波尔和梯弗里斯推进。俄军成功地挫败了土军的这一企图。1853 年 11 月 26 日,土耳其的阿尔达汗军被安德朗尼科夫将军所部击溃于阿哈耳齐赫附近,而 12 月 1 日,艾峦默德·帕夏指挥的土军主力又被别布托夫将军的部队击溃于什卡德克拉尔附近。1853～1854 年间冬,高加索战区的战斗行动实际上已经停止。

在同一时期,多瑙河战区的战斗行动也很有限。1853 年 11 月初,俄军对在奥尔特尼察村附近横渡多瑙河的土军发起攻击,毫无成效。土军于 l854 年 1 月 6 日在切塔季的进攻,1854 年 2 月 3 日在茹尔扎的进攻和 1854 年 3 月 4 日在克勒拉西的进攻,均被俄军击退。从战争一开始,俄国黑海舰队就卓有成效地活动在敌海上交通线上,将土耳其舰队封锁于各港口之内。

1853 年 11 月 30 日,在锡诺普港湾发生了一场海战——锡诺普海战,此战以全歼土分舰队和俘虏其指挥官奥斯曼·帕夏而告终。锡诺普海战的胜利,是俄国在战略上取得的一次重大胜利。土军在巴什卡德克拉尔的溃败:和其分舰队在锡诺普的覆没,说明了土耳其失败已不可避免,并促使大不列颠和法国很快参战。

1854 年 1 月 4 日,英法联合舰队进入黑海,负责护卫土耳其交通线。大不列颠和法国敌视俄国的这一行动表明它们实际上已经参战,俄国政府遂于 1854 年 2 月 21 日宣布与大不列颠和法国处于战争状态。

俄国被迫与拥有约 100 万军队的同盟国进行战争。俄军只有 70 万左右,在军事技术装备方面远远落后于西欧诸国。它的舰队基本上是由陈旧的帆力舰船组成,军队的武器主要是射程短的燧石滑膛枪,而当时联军装备的多半是线膛枪。奥地利、普鲁士和瑞典都有可能站在反俄同盟方面干预战争,这一危险迫使俄国将军队的主力放在西部边境地区。战斗在几个战区同时展开。为了在巴尔干先发制敌,尼古拉一世命令在该地转入进攻。

1854 年 3 月 23 日,俄军在布赖洛夫、加拉茨和伊兹梅尔强渡多瑙河。进攻发展顺利,占领了伊萨克恰、土耳恰和马钦。5 月 17 日,俄军开始围攻锡利斯特里亚。保加利亚人民把俄国士兵作为摆脱土耳其统治的解放者来欢迎。希腊北部爆发了反土耳其起义。

然而,奥地利所采取的敌视俄国的立场及其随时都有可能参战的危险,迫使俄国政府命令西部和南部边境地区武装力量司令帕斯凯维奇元帅将俄军从多瑙河撤回。摩尔达维亚和瓦拉几亚被奥军占领,这两个公国的民族解放运动遂遭镇压。

1854 年 4 月 22 日,联军舰船炮击敖德萨。6～7 月间,英法联军在瓦尔纳登陆。联军舰队将俄国舰队围困于塞瓦斯托波尔。在高加索战区,土耳其人集中了穆斯塔法·扎里夫·帕夏近 12 万人的军队,于 1854 年 5 月在亚历山大罗波尔和库塔伊西两个方向上对 4 万人的别布托夫军转入进攻。当时,别布托夫军主力正在阻击沙米尔指挥的山地居民部队对格鲁吉亚东部的进犯。尽管如此,安德朗尼科夫所部于 6 月 16 日在乔鲁赫河附近的战斗中仍然突击并击溃了土耳其的巴统军。7月 29 日,俄国的一支部队在钦吉尔山口的一次遭遇战中击溃了土耳其的巴亚济特部队,并于 7 月 31 日占领巴亚济特。8 月 5 日,土军主力在丘留克—达拉被俄国的亚历山大罗波尔部队击溃后,被迫逃窜。结果,土军被粉碎,失去了积极的战斗力。

1854 年春,战斗行动在波罗的海展开,被派到这一地区活动的是海军中将纳皮尔指挥的英国分舰队和帕塞瓦尔·德申指挥的法国分舰队。俄国的波罗的海舰队有 26 艘帆力战列舰、17 艘巡航舰和轻巡航舰,其中仅有 11 艘是蒸汽舰。舰队由3 个分舰队组成,两个在喀琅施塔得,一个在斯维亚堡。

为了从海上保卫基地,俄军首先大规模设置水雷障碍。敌人在行动上优柔寡断,谨小慎微,仅对沿海一带实施炮击和小规模的登陆,及捕获商船。8 月 16 日,联军舰队和一支 1.1 万人的登陆队,攻占了阿兰群岛上仅有 1600 名陆海军士兵守卫的俄军主要堡垒博马尔宗德。联军在其他地区的登陆均告失败。

1854 年秋,联军舰船驶离波罗的海。在北方,1854 年间有几艘英法舰只驶入科拉湾,炮击了渔村科拉,随后又进入白海,企图攻击索洛韦次群岛和阿尔汉格尔斯克,但未获成功。在远东,海军少将普莱斯和普安特所率英法联合分舰队于 1854年 8 月 30 日驶进阿瓦恰湾,并于 9 月 1 日攻击了彼得罗巴甫洛夫斯克。1854 年 9月 1 日和 5 日,敌登陆兵上陆,企图攻下彼得罗巴甫洛夫斯克,但未成功。联军死伤约 450 人,于 9 月 8 日撤离阿瓦恰湾。联军在以上所有战区的战斗行动仅起一种辅助作用,旨在迫使俄统帅部分散兵力,并诱使其将部队调离主要战区克里木。

1854 年 9 月 14~18 日,盟国舰队以强大的兵力支援和掩护一支远征部队在克里木半岛耶夫帕托里亚以南实施登陆。由于俄国陆军和舰队处于被动状态,联军部队通行无阻地登陆,并开始向南推进,于 1854 年 9 月 20 日与防守在阿利马河地区的缅施科夫军遭遇。

由于法国圣阿尔诺元帅和英国腊格伦将军所率法军在数量上占优势,且技术装备优良,再加上缅施科夫优柔寡断,俄军惨遭失败,被迫向塞瓦斯波尔退却,尔后又退向巴赫奇萨莱地区。俄军的这一机动,使沟通克里木和乌克兰后方地区的交通线得以完好无损,对敌登陆部队的翼侧和后方造成了威胁,但同时却使为数不多的塞瓦斯托波尔守备部队失去了陆军的掩护。联军统帅部决定不从北面进攻塞瓦斯托波尔之后,遂采取了迂回机动的方法,英法联军越过因克尔芒,从南面抵近塞瓦斯托波尔城。英军夺取了巴拉克拉瓦,而法军则夺取了卡梅什港,并开始在这两个地方建立后方基地,以保障后续战斗行动。

1854 年 9 月 25 日,塞瓦斯托波尔城内宣布戒严。由此开始了历时 349 天的英勇的塞瓦斯托波尔保卫战。约有 6 万人的英法联军遭到只有 1.8 万名俄国步兵和水兵的塞瓦斯托波尔守备部队的抵抗。塞瓦斯托波尔临海一面,有强大的海岸炮台作掩护,但舰队指挥官会议认为这还不够,决定将 14 艘帆力战列舰中的 5 艘和 7艘巡航舰中的两艘横向沉没在港口入口处,以阻止敌蒸汽舰突进塞瓦斯托波尔内停泊场;其余帆力舰只和所有汽船及蒸汽巡航舰用于保卫塞瓦斯托波尔。在塞瓦斯托波尔的背陆一方,有一座古老的堡垒从北面扼守着通往该城的各条道路。塞瓦斯托波尔南部的陆上工事刚刚开始构筑。然而敌人却未能利用自己的优势,拖延了攻城的准备工作,致使要塞守备部队在居民的协助下构筑了一道7公里多长、由8座棱堡和大量中间工事组成的防线,从南面完全保障了塞瓦斯托波尔的安全。领导城市防卫工作的是海军中将科尔尼洛夫、纳希莫夫和海军少将伊斯托明。

1854年10月17日,联军对塞瓦斯托波尔进行了第一次炮击。有120门火炮和1340门舰炮同时从陆上和海上对该城进行了轰击。俄军仅有268门火炮对敌进行了还击。敌人指望以海陆两面的猛烈炮火摧毁要塞的陆上工事,尔后一举攻占塞瓦斯托波尔。但是,俄军海岸炮台的还击使敌围城火炮和舰只受到较大损失,从而迫使腊格伦将军和康罗贝尔将军推迟了进攻。俄国野战军再度向塞瓦斯托波尔推进,后据守于梅肯集高地。10月17日,科尔尼洛夫海军中将在巡视筑垒线时,在马拉霍夫岗被炮弹炸伤后死去。缅施科夫在得到援兵之后,遂决定于1854年10月25日对巴拉克拉瓦谷地的英军外围工事实施攻击。俄军夺取了敌一些多面堡,击溃了卡迪根将军指挥的英国骑兵,迫使敌放弃了对塞瓦斯托波尔实施进攻的计划。

然而,巴拉克拉瓦会战的战果却未能得到扩大。11月5日,因克尔芒会战发生,俄军战败。但是,俄军具有无比的顽强精神,他们使敌人受到很大损失,使英法联军统帅部不得不放弃强攻塞瓦斯托波尔的企图,被迫转入长期围攻。

1854年,交战双方在奥地利的调停下开始进行停战谈判。大不列颠和法国提出要求:禁止俄国在黑海拥有舰队;不承认俄国对摩尔达维亚和瓦拉几亚的保护权和拒绝俄国单方面庇护土耳其苏丹统治下的东正教臣民的主张,还提出了实际上褫夺俄国通向多瑙河口的通道的要求。

1854年12月14日,奥地利彻底撕破了中立的假面具,宣布与大不列颠和法国结成同盟。1855年1月9日,在维也纳召开了俄国、大不列颠、法国和奥地利公使会议。俄国认为同盟国所提条件无法接受,和谈于1855年4月中断。

1855年1月26日,撒丁王国参战,向克里木派去了一个1.5万人的军队。

1855年,战事在所有战区持续未断,但克里木战区仍然是主要战区。在波罗的海活动的是海军少将邓达斯指挥的英国分舰队和海军少将佩诺指挥的法国分舰队。这两支分舰队在喀琅施塔得附近被俄国水雷炸毁几艘舰只之后,其活动有些收敛,仅对沿海进行封锁和炮击。8月18~23日,英法分舰队才企图夺取赫尔辛福斯及其防卫要塞斯维亚堡,但未获成功。至11月底,敌所有舰只驶离波罗的海。在白海,联军的6艘舰只从6月到9月一直进行封锁活动,但成效不大。在太平洋沿岸,联军在杰卡斯特里湾的登陆也被击退。

在高加索战区,俄国穆拉维约夫将军所部于1855年春在埃尔祖鲁姆方向发起进攻,将土守备部队困于卡尔斯城内。联军企图以登陆兵在黑海沿岸登陆和奥美尔·帕夏的远征军从苏呼米发起进攻来解卡尔斯之围,但未能奏效。巴格拉季昂·穆赫兰斯基将军率领的一支俄国部队于1855年11月4~6日在英古尔河一线对土军进行了阻击,但一直到茨赫尼斯茨卡利河畔才将其阻止住。在这当中,格鲁吉亚和阿布哈兹居民反土耳其的游击活动也起了作用。卡尔斯城守备部队待援无望,于11月28日投降。奥美尔·帕夏率残部退向苏呼来,1856年2月由此乘船撤回土耳其。联军利用俄国在黑海沿岸一带兵力有限这一机会,在黑海和亚速海沿海各地采取了一系列积极行动。

然而,主要战事仍在塞瓦斯托波尔城下展开。塞瓦斯托波尔守城军民不愧是积极防御的杰出榜样,他们不断出击,给敌人以打击,进行夜间搜索来骚扰敌人,开展卓有成效的地雷战,在棱堡前面构筑一些新的野战工事。他们将火力与堑壕的使用巧妙地结合起来,首创了多种阵地法。防御工程构筑是按照俄国著名的军事工程师托特列本和捷利亚科夫斯基的原则实施的。塞瓦斯托波尔的保卫者们在武器、弹药和粮食方面极端困难,他们为沙皇俄国军事上、经济上的落后付出了血的代价。但是,在最艰难的情况下,俄国士兵和水兵始终保持了高昂的士气和斗志。如中尉比留廖夫、水手长斯杰潘·布坚科、水兵彼得·科什卡和费多尔·扎伊卡、士兵阿法纳西·叶利谢耶夫和雅科夫·马霍夫、水兵的女儿塞瓦斯托波尔的达莎,以及其他一些塞瓦斯托波尔的英雄都成了当时闻名全国的人。

3月19日,伊斯托明在敌炮击勘察加多面堡时中弹身亡。沙皇政府命戈尔恰科夫将军接替缅施科夫的职务,但这对后来的战斗进程并没有起什么重要作用。

1855年4月9日,联军开始对塞瓦斯托波尔实施第2次炮击,塞瓦斯托波尔的保卫者进行了英勇抵抗,迫敌再度延缓了康罗贝尔早就认为必遭惨重损失的强攻。

在这之后,康罗贝尔就被主张采取更为积极行动的佩利西埃将军所替代。联军在1855年5~6月初对塞瓦斯托波尔实施了第3次炮击和随之进行了数次攻击,夺取了俄军的外围工事。

6月18日,英法联军在第4次炮击塞瓦斯托波尔之后再度发起强攻,同时,也对科拉别尔方面的几个棱堡实施了主要突击,但均被击退。双方损失惨重,俄军损失5000余人,联军损失7000余人。

马克思在评价这次强攻的结局时指出:"1855年6月18日曾经打算在塞瓦斯托波尔城郊演出修订版的、另一种结局的滑铁卢会战。但结果是英法军队遭到了第一次严重的失败。"6月28日,纳希莫夫在巡视马拉霍夫岗前进阵地时负了致命伤。8月16日,戈尔恰科夫试图再次将敌引开,遂向敌在黑河的阵地发起攻击,但因组织准备不力,进攻失败。以佩利西埃和西蒙斯为代:表的联军统帅部下令进行了第5次炮击,紧接第6次炮击之后,其部队随之于9月8日对塞瓦斯托波尔发起总强攻,结果夺取了塞瓦斯托波尔防御配系中的关键阵地马拉霍夫岗。

俄军统帅部决定放弃城市,撤到塞瓦斯托波尔港湾北岸,将弃置的舰船全部沉没。

1855年底,战事实际上已经停止。双方在维也纳恢复谈判,俄国政府被迫做出让步。当时,俄国国内受过训练的后备兵已经没有,所储武器弹药也几乎消耗殆尽。军事税收和军事动员使农业衰竭,国家面临饥馑与流行病疫的威胁。所有这一切都促进了农民反农奴制运动的发展。

此外,瑞典、普鲁士,特别是奥地利这几个国家的立场对于俄国来说越来越具有危险性,奥地利公然以战争相威胁,以迫使俄国政府让步。

　　1856 年 3 月 30 日在巴黎签订和约。俄国被迫接受了苛刻的条件。和约禁止俄国在黑海拥有舰队和海军基地,不准俄国在波罗的海的阿兰群岛上设防。俄国将比萨拉比亚南部割让给土耳其,并归还卡尔斯,承认由各强国对处在苏丹宗主权之下的摩尔达维亚、瓦拉几亚和塞尔维亚三公国实行集体保护。

　　克里木战争对双方来说都是非正义的、带有侵略性的。在整个战争中,俄军损失 52.2 万余人、土军损失近 40 万人、法军损失 9.5 万人、英军损失 2.2 万人。俄国为这场战争耗资约 8 亿卢布,同盟国耗资约 6 亿卢布。"克里木战争显示出农奴制俄国的腐败和无能"。沙皇的失败,使它的君主专制制度在国内外威信扫地,加速了 1859～1861 年革命形势的到来,促进了农奴制的衰败。克里木战争是兵力与兵器、军事学术与海军学术发展史上一个重要阶段。它对火炮枪械和水雷武器的进一步发展起了推动作用。

　　根据这次战争的经验,各国都很快摒弃了滑膛武器而采用了线膛武器,摒弃了木制帆力舰队而建立了装甲蒸汽舰队。陆军战术和海军战术、筑城学和部队的工程保障等方面也都增添了许多新内容。克里木战争要求重新修正军事学术中的许多原则以适应时代的要求。纵队突击战术逐渐被淘汰。随着枪炮射程和火力密度的增大,出现了一种新的战斗队形——散兵线。克里木战争中,射击精度提高,射程和射击密度增大,这就迫使军队必须在距敌较远的地方展开。在进攻前实施火力准备的作用也大大地提高了。

　　在克里木战争中,枪炮火力之间不相协调的现象已经显露出来。火炮落后于新式轻火器。敌人的线膛枪火力使俄军炮兵的人员和马匹遭到很大损失。在构筑步兵掩体和采用堑壕体系构筑防御阵地方面,塞瓦斯托波尔保卫者们是遥遥领先的。

　　阵地战的产生是与克里木战争分不开的。塞瓦斯托波尔的防御是成梯次配备的,与以前城市防御阵地的编成是不同的。

　　事实证明,火力强大的支撑点能够抵御敌人的强攻和炮击,甚至还能对敌炮兵进行反击。在兵力兵器方面与塞瓦斯托波尔守军相比占颇大优势的联军统帅部,未能达成完全孤立该城的目的。在整个战争期间,塞瓦斯托波尔始终保持了与后方的联系,从而得到了各种补充。

　　克里木战争的经验,为 60～70 年代俄国进行的军事改革所借鉴,在 19 世纪下半叶武装力量的发展和战斗中又得到了广泛运用。

(三)英国——伊朗战争

　　英国——伊朗战争是英国殖民者为了扩大基地以进一步在中东和中亚实行扩张而发动的侵略战争。英国殖民者以伊朗企图兼并原附属于伊朗国王的相邻的封建小邦赫拉特为借口发动了这场战争。赫拉特位于印度同伊朗、希瓦、布哈拉和浩罕贸易往来、四通八达的交通要道,常被英国殖民者用作扩大其中东统治的基地。同时,它又是英国公开插手的伊朗和阿富汗之间激烈争夺的一个目标。

1856 年 11 月 1 日，英国对伊朗宣战，派出了一支拥有 45 艘舰艇的分舰队运载 1 万人左右远征军侵入波斯湾，向伊朗海岸进犯。

12 月 4 日，英军攻占了哈尔克岛；7 日，英军在哈利利湾开始登陆；10 日，在分舰队炮火支援下，英军从陆上攻占了布什尔港。在 1857 年 2 月库沙布战斗中，英军向设拉干发起的佯攻被伊朗军队所阻，但英军指挥部计划以主力经穆罕默尔向舒什特尔和德黑兰前进。3 月间，英军占领穆罕默尔；4 月 1 日，占领阿瓦士。当时，英国由于急需向中国调兵，印度又爆发了土著印兵的起义，再加上俄国和法国在外交上声援伊朗，因此不得不在战争紧张关头，于 1857 年 3 月 4 日仓促缔结了和约。等到缔约的消息从巴黎传来，已经是 4 月初了。

1856～1857 年英伊战争是英国为了征服小亚细亚、高加索、伊朗、阿富汗和中亚各汗国，于 19 世纪在亚洲推行的殖民主义政策的一个组成部分。伊朗由于军事和经济上的落后遭到了失败。

（四）越法战争

越法战争是法国为对越南进行殖民奴役而发动的侵略战争。1858～1862 年的越法战争是法国侵略越南的开端。拿破仑三世政府把越南看作是可供它进一步向亚洲，首先是向中国渗透的战略阵地。西班牙同法国结成同盟，参加了作战。1858 年 9 月 1 日，由法国海军上将弋·德热努伊率领的远征军，在 14 艘战舰的支援下占领了土伦要塞和港口。随后，主力调去夺取主要产粮地区越南南圻。岘港只留少量军队驻守。经 3 天激战，法军于 1859 年 2 月 18 日占领西贡。

越法战争

1860 年 3 月，法军指挥部被迫撤退岘港守军。同年夏，法国因参加侵华战争，其远征军主要力量被调往中国战区。在越南南圻仅留下一支不足 1000 人的守备部队，据守西贡和堤岸两个城市之间的筑垒地域。可是，越军没有充分利用这一有利形势，几乎未对侵略者采取攻势。侵华战争结束后，法国和西班牙新的远征军于 1861 年 1 月开进西贡。至 1862 年夏，远征军占领了嘉定、定祥、边和、永隆 4 省，以及美获、巴嘉和其他一些大城市。越南正规军无力抗击殖民者的军队，但是，在被占领的土地上广泛开展了游击运动。一些游击队甚至大胆地袭击远征军大部队的行军纵队和兵力强大的守备队，击沉在湄公河及其支流上活动的法国战舰。

此外，殖民军因患病和对气候不适应而大量减员。所有这些使法国和西班牙不得不开始同越南进行和谈。而越南统治集团本身担心解放运动发展成社会革命,也力图尽快缔结和约。1862年6月5日,越南代表在西贡签署了"同法国和西班牙的友好条约"。按照这一条约,法国获得嘉定、定祥、边和3省和昆仑岛。越南承诺:未经法国同意不得将其领土割让给其他国家;开放湄公河及其支流和3个港口供法国商船航行和进行贸易;允许基督教传教士在越南境内自由传教。此外,越南需向法、西两国赔款2000万法郎。

第一次侵越战争后,法国进一步推行侵略政策,又迫使越南政府做出新的让步,鲸吞了越南南圻的许多地区。1882年春,一支近600人的法国部队不宣而战,在3艘战舰的支援下攻占了河内。至1883年5月底,法国人已占领了红河三角洲的一些重要战略据点和鸿基煤矿地区。同年5月19日,法军的一个分队在河内近郊遭到伏击,全部被歼。法国即以此为借口,再次宣战。8月,一支4000人的远征军开到越南北圻海岸。8月19日,法国人攻占位于红河三角洲的海阳。20日,法国一支分舰队占领了掩护首都的屏障顺安要塞。越南统治集团内部意见分歧:部分官员主张继续进行战争;但许多人却主张投降,期望在殖民制度下仍能保住自己的特权地位。

嗣德皇帝去世后,各派争夺皇位,局势愈加恶化。结果,投降派获胜。8月25日,在顺化初步签订了条约,越南政府同意法国拥有对越南的保护权。但是,反对殖民者的武装斗争并没有停止,许多地区又重新爆发了游击运动,越军的一些正规部队也没有放下武器。北圻爱国者的实力特别强大。法国被迫将远征军增至1.7万人。即使如此,直到1884年夏,它才把主要基地的抵抗运动镇压下去。6月6日,越法在顺化签订了保护条约。

从此,越南南圻各省沦为法国殖民地,中圻各省获得了被保护国地位,虚有其名地保留了越皇政权。北圻的主权形式上仍归越皇所有,但与安南不同,北圻由法国官员管辖。保护条约使法国完成了把越南变为殖民地的法律程序,但当地人民的武装反抗却一直持续到20世纪初。

(五)大沽抗击英法联军之战

1857年底,英法联军侵占中国广州之后,英、法、俄、美四国公使又于1858年2月照会清廷,要求派出全权代表到上海进行谈判。3月,清政府对此予以拒绝。4月20日,四国公使带领军舰在大沽口外会合。24日,再次照会清政府,要求在北京或天津谈判。与此同时,进至大沽口外的英法联军舰队频繁地派船侦察地形,窥探炮台,测量航道,立标打靶,并向出海巡逻的清军水师射击。当时,驻守大沽口地区的清军约8000人,由直隶总督谭廷襄统领。其布防情况是在海口北岸设置炮台1座,南岸设置炮台3座,炮兵约3000人,火炮200余门,但这些炮都很陈旧。

5月19日,停泊在白河口的有英军舰艇15艘、火炮185门、官兵2052人;法军舰艇11艘、火炮164门、官兵600人。此外,还有美舰3艘,俄舰1艘。当夜,英法联军16艘舰艇及20余只满载陆战队的舢板侵入拦江沙内,美、俄军舰各1艘跟进助威,20日8时,英、法公使发出最后通牒,要求清廷同意四国公使前往天津,并限令清廷在两个小时内交出炮台,否则以武力解决。10 时,英法联军的 6 艘炮艇分成两队驶进大沽口内,同时炮击南、北炮台。接着,457 名联军陆战队员向北岸炮台进攻,721 名陆战队员攻打南岸炮台。

各炮台守军奋力抗击,击沉敌运兵舢板 4 只,毙伤近百人。法军炮艇"霰弹"号遭重创,艇长被击毙,11 人受伤。这时,清军水师向海口顺流放下 50 只大船、火筏,以攻击敌舰艇,结果被敌一一拨开,未能奏效。海口外边的联军舰只也用大口径炮轰击各炮台。北岸炮台的三合土顶盖被掀掉,南岸炮台的围墙被击塌,有的大炮被炸坏,清兵伤亡严重。11 时许,两支陆战队都已强行登陆,逼近炮台,守兵冲出来同敌兵白刃格斗。在此危急关头,谭廷襄等将领乘轿逃走,后路清军溃散。防守北岸炮台的游击沙春元和防守南岸炮台的游击陈毅先后战死,各炮台相继失陷。敌炮艇趁势攻至东沽,焚毁了河上浮桥,并派兵占领了大沽东、西村。

5 月 26 日,英法联军舰艇直抵天津城下,并扬言要进犯北京。清政府慌忙派员于 6 月中、下旬同俄、美、英、法四国代表订立了《天津条约》。7 月,英法联军退出天津。

为了防止英法联军卷土重来,清政府在大沽加强了防御:科尔沁亲王僧格林沁到大沽主持军务;恢复了直隶海口水师 2000 人的编制;在南、北岸各建 3 座炮台,安置万斤以上的大铜炮 11 门,5000 斤大铜炮 2 门,西洋铁炮 23 门,加上其他火炮共有 60 门;加固炮台防护,台外筑墙、墙外挖壕、树桩;在海口设置 3 道拦河铁链,安设木栅,配置铁戗;各营官兵加强训练,严密布防;另在双港驻兵,且修炮台 13 座,安设火炮 81 门;北塘驻兵 1600 人;招募团练、乡勇 5 万余众。

1859 年 6 月 17 日,英法联军舰队以"换约"为名再次驶至大沽口外。这支舰队由新任英国侵华海军司令贺布少将指挥,共有舰船 21 艘。其中有英国军舰 17 艘、运输船 2 艘、陆战队 1200 人,法国舰船 2 艘、陆战队 100 人。此外,还有美舰 3 艘随同行动。贺布发现大沽口的设防情况后,派人向守军要求撤除海口的一切障碍,清军未加理睬,清政府通知英、法、美三国公使从北塘上岸进京换约,但被其拒绝。联军连日在海口侦察、破障、抢劫商船和渔船,并开炮挑衅。炮台清军在直隶提督史荣椿及大沽协副将龙汝元指挥下不动声色地监视敌人动向。

6 月 25 日拂晓,贺布率领 13 艘舰艇向海口开来,到离铁戗不远处停泊后,派兵拆除铁戗和木栅,开辟通道。陆战队换乘抢来的中国帆船待命。15 时左右,海口第 1 道障碍被清除后,由英舰"负鼠"号为前导前行,旗舰"鸻鸟"号等舰艇随后跟进,并开炮轰击两岸炮台。守军也突然开炮还击。接战不久,敌旗舰舰长拉桑等人被击毙,贺布也负伤,改乘大汽艇"鸬鹚"号继续指挥。激战到 16 时,参战的联军舰艇多数受到不同程度的损伤,旗舰"鸻鸟"号被击毁,"破风"号和"呼潮鸟"号 2 艘炮艇被击沉。"鸬鹚"号搁浅,贺布又换乘到法舰上,清军将"鸬鹚"号击毁。守军越战越勇,史荣椿、龙汝元等将士奋不顾身,相继阵亡。美舰也加入这场战斗,同样受到严惩,其旗舰"托依旺"号舰长被击伤。

17 时,敌海军陆战队 1000 余人分乘舢板、帆船 20 余只在舰炮火力掩护下,冲向南岸。登陆后,他们直冲炮台,受到守军的拦阻射击,在泥泞中爬行,难以前进。

黄昏后,敌陆战队利用夜暗,匍匐前移。有少数敌兵爬到第 1 道沟壕边,可是带来的便桥太短,无法架设。清军集中火力向敌猛射,终于将敌赶回。经过一昼夜激战,敌方损失舰艇 4 艘,另有 6 艘受伤,英军伤亡 578 人,法军伤亡 14 人。清军仅伤亡 32 人,炮台遭到轻度破坏。这是自第一次鸦片战争以来中国军民抗击外国侵略军作战的一次重大胜利。

但是,英、法等国殖民主义者不甘心失败,蓄谋扩大侵略战争。1859 年 11 月,英、法两国分别任命陆军中将格兰特和孟托班为英、法远征军总司令,重建英法联军。其中,英军 1.8 万人,法军 7000 人。1860 年 3 月 22 日,英、法舰船 18 艘侵入舟山。5 月 27 日,英军占领大连湾。6 月 8 日,法军进占烟台,完成了对渤海湾的封锁。此后,英法联军就以大连、烟台作为进攻大沽口的前进基地。7 月 26 日,英法联军舰船在渤海会合后,向大沽口外开进。其中,英军出动舰船 173 艘、兵力 1.05 万人;法军动用舰船 33 艘、兵力 6300 人。29 日,联军舰船抵达大沽——北塘之间的沙垒田岛附近,在距海岸约 13 公里的海面待机,并进行侦察和测量。但是,清政府因第 2 次大沽之战获胜后盲目乐观,僧格林沁等将领也骄傲轻敌,竟把 2 万清军全部放在大沽口,而在北塘却不设防。

8 月 1 日,联军舰艇 30 余艘,护送陆军 5000 余人进攻北塘,因该地守备空虚而顺利登陆,并占领了北塘镇。后续部队也相继上陆,在大沽的僧格林沁没有及时派兵阻击,仅派马队"遥为屯扎",并下令"不得先行还击",以致坐失抗登陆的良机。

8 月 7 日,清政府要求谈判。英、法公使予以回绝,并强令清军交出大沽各炮台。8 月 12 日拂晓,联军万余人从北塘出发,途中分成左、右两路纵队分别攻击新河、军粮城。9 时,新河清军马队 2000 人对敌右路部队进行反击。马队遭到敌炮火轰击后,又被其步兵包围。交战不久,马队伤亡近 400 人,只得突围。联军骑兵紧追不舍,清军马队大部被歼,新河失陷。

8 月 14 日晨,联军由新河向塘沽进逼。塘沽是大沽口北岸炮台的侧后屏障,筑有高 7 米、长近 2 公里的围墙。墙上开有火炮射口和枪眼。加上新河清兵,共有守兵约 3000 人。6 时,联军到达塘沽附近。白河中的清军水师战船立即开炮拒敌。双方炮战半小时,水师不支而退。7 时 30 分,联军炮轰塘沽,随即发起总攻,守军拼死抵抗。2 小时后,联军一部泅水从苇塘迂回到塘沽侧后,守军腹背受敌,退至大沽口北岸炮台,塘沽陷落。这时,英法联军舰艇在大沽口外云集,准备配合陆军夹击大沽炮台。清朝廷已丧失守卫海口信心,再次求和又遭拒绝。

8 月 21 日 5 时,英法联军集中所有舰炮和野战炮一起向北岸炮台猛轰。守军虽开炮还击,但炮位上的射口多是朝海口方向开的,无法向侧后的联军回击。各炮台的弹药库先后中弹爆炸,守军炮声逐渐稀疏。8 时之后,炮战告停。1 万余名联军步兵分 2 路冲锋,以英军为左路,以法军为右路,首先进攻石头缝炮台。直隶提督乐善督众用鸟枪、抬枪和弓矛等奋勇杀敌。9 时许,炮台被炸,乐善和守兵大部阵亡,炮台被敌夺占。北岸另外 2 座炮台也在激烈争夺后失守。北岸作战,清军损伤近 1000 人,联军死伤 400 人。

僧格林沁见到北岸炮台尽失,认为南岸也"万难守御",当晚带兵撤往天津。

直隶总督恒福把南岸炮台拱手交给英法联军。

大沽失陷后,贺布又率领 5 艘炮艇和 80 余名陆战队官兵,溯白河长驱直入。僧格林沁又带领双港、天津一带清军 1.7 万人退到通州。8 月 24 日,敌炮艇驶至天津近郊,未经战斗,英法联军就占领了天津。9 月 18 日和 21 日,英法联军又在通州附近的张家湾和八里桥击溃僧格林沁等部数万清军,兵临北京城下。

10 月 13 日,英法联军攻入安定门,控制了北京城。终于迫使清廷签订了丧权辱国的《北京条约》。

(六)奥意法战争

奥意法战争是意大利撒丁王国皮埃蒙特和法国对奥地利的一场战争。交战各方的动机迥然不同。对皮埃蒙特来说,这是一场民族解放战争,是争取意大利统一的重要步骤。法国的目的是巩固其在意大利北部的地位,以及兼并萨瓦和尼察。奥地利则企图继续维持对伦巴第和威尼斯的占领制度,阻止建立统一的意大利国家。

1859 年 4 月,奥地利以最后通牒形式要求皮埃蒙特解除武装。

1858 年 7 月就同法国达成联合反奥协议的皮埃蒙特政府拒绝了奥方的要求。

居莱将军指挥的 17 万奥军在皮亚琴察和米兰之间集结。

拿破仑第三统率的意、法军队开始时被分隔成两部分:拥有 5.6 万人的皮埃蒙特军队在瓦伦察附近已经集结,而 11.6 万人的法军却刚从都灵和热那亚出发。本来奥军完全有可能将敌军各个击破,但由于居莱优柔寡断,致使意、法军队得以于 5 月月中在亚历山德里亚和卡萨列蒙菲拉托地域会合。在此后的作战中,双方均迟疑不决,机动过于频繁,而且动作缓慢。

直到 6 月初,双方仅进行过数次小的战斗。对奥战争激起了意大利人民民族解放运动的高涨。5、6 月间,奥地利傀儡统治下的托斯卡纳、巴马、库德纳等公国爆发了起义。加里波第组织的由 5000 名意大利爱国者组成的部队,在敌后卓有成效地开展了活动。

6 月 4 日,双方进行了马振塔会战,结果奥军败北。但是,拿破仑第三没有乘胜追击,所以奥军撤退时伤亡不大,并得以在明乔河一线设防固守。居莱被撤职,弗兰茨·约瑟夫接任奥军统帅。

6 月 24 日,在索尔费里诺村进行了决战,奥军再度战败。至此,奥地利的失败已成定局。战事的演变进一步推动了意大利国内的民族解放运动。被民族解放运动的规模吓破了胆的拿破仑第三,又害怕普鲁士增援奥地利,就突然中止了军事行动,并于 1859 年 7 月 11 日单独与奥地利签订维拉弗兰克停战协定。根据这个协定,奥地利丧失了伦巴第。

紧接着,1860 年法国又与皮埃蒙特签订了都灵条约,法国获得原属皮埃蒙特的萨瓦和尼察。这样一来,由于拿破仑第三执行的政策是谋求一国私利,以致他许下的要消除奥地利压迫的诺言并未兑现。奥地利虽被削弱,但仍然霸占着意大利威尼斯境内一部分领土。意大利未能实现统一,这必然导致意大利人民解放运动的继续发展。

这次战争的特点是,交战双方均在战区利用铁路集结和调动军队,以及保障部队粮食和弹药的供应。这次战争中还首次使用了从后膛装填炮弹的法国制线膛炮。这次战争证明,成密集纵队的战术已经过时,必须采取散兵线战术,改变军队的指挥形式,即建立专门的军队指挥机关,组建强大的预备队和更有效地使用炮兵。

(七)墨西哥远征

墨西哥远征指英国、西班牙和法国为了推翻华雷斯总统的进步民主政府、取消其国家的独立而对墨西哥进行的武装干涉。

墨西哥国会 1861 年 7 月 17 日关于暂停支付外国债款的决定是成为侵略的直接借口。1861 年 10 月 31 日,英、法、西三国在伦敦签订了联合武装干涉墨西哥的协定。马克思称它是"国际史上最凶恶的勾当之一"。西班牙军队首先从古巴岛进犯墨西哥,于 1861 年 12 月 18 日占领了墨西哥最重要港口韦腊克鲁斯。1862 年 1 月 6~8 日,法国军队和英国军队到达韦腊克鲁斯港。由于没有海军兵力,墨西哥指挥部未能组织有效的行动抵抗三强舰队。

但是,仅墨西哥爱国者的坚决抵抗,以及干涉者阵营内部的意见分歧,就使侵略者的计划破了产。

1826 年 4 月,英、西军队撤离了墨西哥。联盟瓦解了,但是法国干涉者却竭力实现其殖民计划。4 月 19 日,法国远征军和墨西哥军队开始交战。4 月,法军在洛朗塞兹将军的指挥下,向位于韦腊克鲁斯至墨西哥首都——墨西哥城途中的大城市普韦布拉发起了进攻。普韦布拉守军主要是由印第安人民兵组成的。士兵赤膊袒胸,很多人只装备了破刀,所有的武器都相当落后,连火药也是低质量的。墨西哥人由天才的共和国将军萨拉戈萨指挥。

1862 年 5 月 5 日,法军向控制普韦布拉的两个堡垒瓜达卢佩和洛雷托发起了进攻,但由于受到墨军的炮火拦击和随后的反冲击而归于失败,被迫退至出发阵地奥里萨巴一带。

由于普韦布拉的胜利,干涉军向墨西哥纵深的进犯整整推迟了一年,墨西哥人利用此时机做好了抗敌准备。1862 年一年,约有 3 万名法军被调至墨西哥,法国舰队在墨西哥水域活动。1862 年 7 月任命福雷将军为这些部队的总指挥。

1863 年 3 月,法军在加里波的义勇队吉拉尔迪将军指挥下,向已得到大大加强的普韦布拉发起了第 2 次进攻。墨西哥军队在贡萨莱斯·奥尔特格的率领下坚守普韦布拉城。但是,法军于 3 月 16~18 日包围了该城,并用从军舰上卸下的重炮摧毁了它。

当时,墨西哥军队分为两个军。第 1 军在科蒙福尔特将军指挥下掩护墨西哥城;第 2 军由贡萨莱斯·奥尔特格率领防守普韦布拉。

5 月初,墨西哥第 2 军突破包围圈的企图未获成功。

1863 年 5 月 17 日,由于口粮尽绝,普韦布拉守军投降了。法军直驱墨西哥城,于 1863 年 6 月初进入墨西哥首都。墨西哥被宣布为君主制国家,拿破仑第三的傀儡奥地利大公费迪南德·马克西米连被推上王位。

但是,墨西哥人民和军队的斗争并没有就此停止。人民的抵抗、墨西哥共和国正规军的反攻、华雷斯政府的一贯政策、法美矛盾的尖锐化和墨西哥冒险在法国引起的不满,最终导致了墨西哥远征的失败。由于遭受到巨大损失,拿破仑第三政府不得不停止干涉。3 月中旬,法军撤离了墨西哥。墨西哥人民的胜剂是巩固墨西哥民族独立的重要阶段。

(八)丹麦战争

丹麦战争指普鲁士、奥地利以及一些德意志联邦成员国为夺取什列斯维希公国和霍尔施坦公国对丹麦进行的战争。1863 年 11 月,丹麦违反 1850 和 1852 年伦敦议定书,通过了新宪法,把什列斯维希合并到丹麦王国。奥地利和普鲁士要求废除宪法,并于 1863 年 12 月由萨克森、汉诺威、普鲁士和奥地利军队组成的一个 2.2 万人的军占领了已加入德意志联邦的霍尔施坦和劳恩堡大公国。

同时,普奥开始准备对丹麦发动战争。1864 年 7 月 16 日,两国向丹麦提出最后通牒,要求恢复什列斯维希的地位。在丹麦拒绝最后通牒后,普奥联军在普鲁士大元帅弗兰格尔指挥下,于 2 月 1 日越过什列斯维希边界。英法俄拒绝支持丹麦的领土要求,因而丹麦在外交上陷入孤立境地。2 月 6 日,杰梅茨中将指挥的丹军在未坚守住什列斯维希附近的达涅维尔克阵地后,经弗伦斯堡,撤到久别利城附近的设防阵地上,其部分兵力撤向日德兰北部,以防守弗列杰里西要塞。3 月初,普奥联军包围弗列杰里西;4 月 18 日,实施强击,夺取了久别利阵地。4 月 29 日,丹麦军队放弃弗列杰里西,退到阿利斯岛和和菲英岛。丹麦舰队与 3 月 13 日在留根岛附近击败普鲁士分舰队,于 5 月 9 日在格利戈兰德岛附近击败奥地利分舰队,但这些胜利都未能影响战争的结局。4 月 25 日,英法俄及各交战国代表在伦敦开始和谈。5 月 12 日,订立有效期到 6 月 26 日止的停战协定。但和约谈判则毫无成效。6 月 29 日,普奥联军重新开始进攻,到 7 月中旬为止占领了整个日德兰。7 月 16 日,订立新的停战协定;10 月 30 日,在维也纳签订和约。根据和约,丹麦放弃对什列斯维希、霍尔施坦和劳恩堡的领土要求。普奥两国在这些地方建立了共同统治。

丹麦战争是德意志统一在容克军国主义普鲁士的盟主权之下的重要阶段。在这次战争中,普鲁士军队首次使用有膛线的后装填的撞针击发枪,其射速超过老式枪的 3 倍。所以,尽管普鲁士炮兵数量少,但他们在战场上的火力优势仍得到了保障。

（九）巴拉圭战争

巴拉圭战争指阿根廷、巴西和乌拉圭对巴拉圭的侵略战争。巴拉圭战争的直接起因是，巴西军队以迫使乌拉圭赔偿所谓巴西国民在 50 年代中期乌拉圭内战期间所受的损失为借口，入侵乌拉圭。武装干涉一开始，乌拉圭政府便吁请巴拉圭给予帮助。维护乌拉圭国家主权与巴拉圭有利害关系，巴拉圭有一条通向大西洋沿岸的道路经过乌拉圭领土。

因此，它宣布支持乌拉圭希望和平解决巴西——乌拉圭冲突的立场。但是，巴西军队并未停止武装干涉，占领了乌拉圭，迫使乌拉圭加入有阿根廷和巴西参加的反巴拉圭同盟。该同盟图谋推翻以积极捍卫国家主权的洛佩斯总统为首的巴拉圭政府，夺取其部分领土。力图为本国资本输入巴拉圭打开一条通道的大不列颠、法国与美国，在挑起这一场巴拉圭战争中，起了不小的作用。巴拉圭战争于 1864 年12 月揭开序幕，当时，巴拉圭总统洛佩斯获得同盟军准备入侵的消息后，派部分军队穿过巴拉圭——巴西边界，占领了巴西马托格罗索州的南部地区，从而保障了国家北部的安全。但是，由于巴拉圭舰队在 1865 年 6 月的巴拉那河一役中战败，使得巴拉圭与外界联系中断。

1865 年 8 月，巴拉圭军队攻占了巴西的乌鲁格瓦亚纳城；8 月底其一支 8000人的军队被同盟军包围。经过多次激战后，巴拉圭军队的残部被迫投降。1866 年5 月，同盟军侵入巴拉圭领土，包围了乌曼塔要塞。但是，同盟军用了两年的时间才于 1868 年 8 月攻克该要塞。1868 年 12 月，撤退的巴拉圭军队在皮基西里河一役中又遭失败。1869 年 1 月，同盟军占领巴拉圭首都亚松森。洛佩斯率残部转入科迪列拉山区，展开游击战。1869 年 1 年间，洛佩斯把一些 12～15 岁的少年补充到军队中，使军队的人数增加到 1.3 万人。游击战争一直持续到 1870 年初。巴拉圭军队虽取得了一些胜利，但由于国家兵源枯竭，军队无人补充，所以仍在继续后撤。1870 年 3 月 1 日，巴西的一支骑兵部队在谢罗科拉山地区追上了洛佩斯率领的一支小部队。在众寡悬殊的战斗中，洛佩斯的部队被击溃，他本人阵亡，至此，军事行动遂告结束。

由于战事不断、饥馑和疾病流行，巴拉圭居民有 4/5 死亡，幸存者中男人不过两万。巴拉圭同盟的军队总共损失 19 万余人。

根据同巴西和阿根廷签订的和约，巴拉圭几乎有一半领土被夺走。巴西占领军在巴拉圭一直驻扎到 1876 年，这种占领长期阻碍了巴拉圭国家的社会、政治经济的发展。

巴拉圭在战争中失败的主要原因是：得到大不列颠大量援助的反巴拉圭同盟的军队在兵力和技术装备方面均占优势。

（十）奥意战争

奥意战争是意大利为从奥地利统治下获得解放和建立民族国家而进行的战

争。1859 年奥意法战争和 1859~1860 年意大利革命的结果,意大利基本上已实现了统一。1861 年 3 月建立了意大利王国,撒丁国王维克多·艾曼努尔二世继承了王位。只有罗马和威尼斯省仍归奥地利管辖。1861 年 4 月,维克多·艾曼努尔二世与普鲁士结成反奥联盟。普鲁士向意大利提供了 1.2 亿马克的援助,并答应帮助解决威尼斯归并意大利王国的问题。6 月 17 日战争爆发。6 月 20 日,意大利参战,名义上由国王统率,实际上归参谋长拉·马尔摩拉将军指挥的意军主力部队,在明乔河一线展开,于 6 月 23 日转入进攻,在曼图亚留有强大的预备队。

与此同时,查耳迪尼将军统率的一个军从波伦亚、弗拉拉地域向前开进,准备对奥军的翼侧和后方实施突击。为了在两条战线同时作战,奥地利不得不在意大利境内组建了一支南线军队,由阿尔布雷希特大公指挥,于 6 月 24 日从维罗纳东南地域发起进攻,并在库斯托查附近的遭遇交战中击败意军。马尔摩拉损失 1 万多人后,撤退到克雷莫纳。查耳迪尼将军得知意军在库斯托查附近战败,立即回师后撤。

然而,奥军未能发展这一显著战果。因为奥地利与普鲁士作战失利,尤其是 7 月 3 日在萨多瓦附近战败,必须火速调兵保卫维也纳,这就使意军得以在威尼斯和蒂罗尔转入进攻。在这期间,加里波第的部队作战非常出色,解放了蒂罗尔南部全境。但是,维克多·艾曼努尔二世命令他们撤退,于是蒂罗尔再度为奥军占领。

至 7 月 26 日,威尼斯省实际上已经全部解放。7 月 20 日,意大利海军在利斯岛附近战败。但这并没有改变已被奥普战争所决定了的这场奥意战争的结局。8 月 10 日战事停止。意大利和奥地利签订停战协定,1866 年 10 月 3 日于维也纳签订和约。和约规定,奥地利把威尼斯省割让给拿破仑第三,再由拿破仑第三将它交给意大利王国。由于人民群众的积极行动和革命热情,意大利基本上实现了民族解放与统一。这是武装斗争所取得的最重要的政治成果。

(十一) 俄土战争

俄土战争指反对土耳其在巴尔干统治的民族解放运动不断高涨和近东地区的国际矛盾激化而引起的俄国与土耳其之间的战争。这场战争,从俄国方面说,客观上是具有进步性的。土耳其则是为确保其在巴尔干的军事封建统治,而极力镇压巴尔干各民族争取独立的斗争。俄国政府始终支持这些民族的解放运动,同时打算在巴尔干恢复由于克里木战争而丧失的威信和影响,并彻底解决博斯普鲁斯海峡的自由通航问题,以适应俄国经济发展的需要。

开始,沙皇政府打算通过外交途径给予巴尔干各民族以援助。但是,它提出的对斯拉夫人实行集体保护的建议却遭到受奥匈帝国支持的大不列颠的反对。随后,欧洲列强又根据俄国的倡议提出了让波斯尼亚、黑塞哥维那和保加利亚实行自治的建议。1877 年 4 月初,土耳其政府根据大不列颠的旨意,拒绝了这一新建议,俄国政府遂于 4 月 24 日对土宣战。1877 年 5 月 21 日,罗马尼亚宣布加入俄方;随后,塞尔维亚和门的内哥罗亦加入俄方。

战争开始前夕,俄国展开 2 个集团军:多瑙河集团军和高加索集团军。俄国将军斯托列托夫指挥的保加利亚民团加入了多瑙河集团军;格鲁吉亚、亚美尼亚、阿塞拜疆、奥谢季亚等地的民团加入了高加索集团军。俄多瑙河集团军与阿布杜尔—克里姆—纳季尔—帕夏指挥的土军对峙,高加索集团军与艾罕默德·穆赫塔尔·帕夏指挥的土军对峙。俄军在军事组织、部队训练、指挥人员的素质以及部队士气诸方面均较土军占优势,但在武器装备的质量上却不如土军,因土军武器来自英德美三国。

宣战之后,俄多瑙河集团军各部队即开始向进攻出发地域——多瑙河运动。但由于铁路运输落后和河水泛滥,拖延了渡河时间,到6月22日,俄军多瑙河下游部队才在加拉茨和布赖洛夫强渡了多瑙河。6月27日至7月2日,德拉戈米罗夫将军指挥的步兵第14师以及跟随其后的集团军主力在吉姆尼察地区也相继渡过该河。多瑙河集团军从西斯托沃地区的登陆场兵分三路展开进攻:西路部队进攻尼科波尔和普列夫纳;东路部队进攻鲁舒克;先头部队进攻巴尔干山口。约有7万人留在战场接近路作为预备队。由于俄军兵力不足、兵力配置不当和指挥失误,致使战期延迟。西路部队占领尼科波尔之后,未能赶在由维丁出发的奥斯曼·帕夏的土军抵达之前占领普列夫纳,因此,俄多瑙河集团军的交通线受敌威胁。东路部队仅限于监视土军各要塞。

在此期间,古尔科将军的先头部队急速推进,于7月7日攻占保加利亚古都图尔诺沃城,并于7月14日越过巴尔干山脉迅速占领了希普卡山口,从而打开了通向博斯普鲁斯海峡和君士坦丁堡的通道,但已无兵力继续展开进攻。俄先头部队占领埃斯基—扎格拉城之后,遭到了从门的内哥罗开来的苏里曼·帕夏指挥的土军的反击,于是撤向希普卡。不久,新组建的南路部队来到这里,该部约有1/3是保加利亚民团。

高加索集团军于4~5月间占领了巴亚济特和阿尔达罕两要塞,并封锁了卡尔斯。但是,该集团军遭到艾罕默德·穆赫塔尔·帕夏军队有生力量的反击,于6月退至边境,转入防御。

8月,土军司令穆罕默德·阿里·帕夏率部在巴尔干开始反击。苏里曼·帕夏的部队企图在8月间夺取普希卡山口,但由于普希卡俄军英勇防御而未能得逞。土军对俄东路部队发动的进攻亦被击退。俄军对普列文进行了3次强攻,只是在9月3日夺取了洛夫恰并封锁了普列文之后,才迫使该城守军于12月10日投降。10月间,俄军在高加索阿弗利亚尔—阿拉扎战役中击溃土军。11月17日夜,俄军强攻占领了卡尔斯要塞,并向埃尔祖鲁姆发起攻击。

随着普列文的陷落,战争发生了转折。俄多瑙河集团军转入对土军的进攻。塞尔维亚于12月13日加入反土战争,并将军队调到尼什城。古尔科将军的西路部队由保加利亚居民和游击队员积极协助,在严冬极端困难的条件下越过了巴尔干山脉,在索菲亚方向击溃了土军4.2万人,并于1878年1月4日占领索菲亚。拉杰茨基将军指挥的俄中路部队于1878年1月8~9日在舍诺沃战役中,包围并俘虏了魏塞尔—帕夏军队3万人。多瑙河集团军向巴尔干山以南展开了进攻,1月15~17日在菲利波波利战役中击败苏里曼·帕夏的军队,1月20日夺取亚得利亚那堡,一个月之后又向君士坦丁堡推进。在高加索,俄军封锁了埃尔祖鲁姆,并占领了巴统。

俄军的胜利引起了大不列颠和奥匈帝国统治集团的恐慌,英政府向马尔马拉海派出了一支分舰队。这迫使俄国放弃了向君士坦丁堡进军的计划。1月31日,交战双方签订停战协定,1878年3月3日签订了圣斯特法诺条约。该条约无论是对俄国还是对巴尔干各民族都是有利的。后来,在柏林会议上和约条款在很大程度上被修改得有损于巴尔干各国的利益。战争的胜利使巴尔干地区各民族摆脱了土耳其的桎梏,保障了罗马尼亚、塞尔维亚和门的内哥罗的民族独立。保加利亚摆脱了土耳其的压迫,并建立了保加利亚民族政府。这一切都为这些国家的各民族开辟了社会经济政治复兴的途径。俄国收复了在1853~56年克里木战争中丧失的比萨拉比亚地区的南部,并获得了巴统和卡尔斯地区。在战争过程中,巴尔干各族人民与为他们带来自由和独立的俄国人民的战斗友谊得到了巩固。

俄土战争中,出现了大兵团,部队装备了有膛线的枪炮,并利用了铁路和战地电报通讯,因此,武装斗争的规模扩大了,其特点也有所变化。参加这次战争的有100余万人。两个战区的战斗行动均在宽大正面和大纵深展开,彼此紧密联系着,其特点是紧张激烈,持续时间长。19世纪初历次战争中产生的战役诸要素在这次战争中得到了进一步的发展。在部队指挥上,司令部的作用增大了。

战术方面,俄土战争显示了枪炮火力以及各兵种协同行动对夺取战役胜利的重要性。向新的战斗队形——散兵线转化的必要性,以及使部队学会利用地形的必要性也越来越明显。这次战争的经验还表明,必须用射程更远的火炮和能够发射重磅爆破弹的曲射火炮以及各种工程器材装备部队,并训练部队掌握野战工程学。战区的特点促使产生了克服水障碍和翻越山脉,以及在这种条件下组织指挥部队的新方法。

(十二)英国——埃及战争

英国——埃及战争是英国为了在埃及建立殖民统治,镇压埃及人民民族解放运动而进行的侵略战争。战争爆发前,爱国力量为反对外国资本及与外资相勾结的地主集团的统治而进行的斗争席卷了整个埃及。这场斗争是由阿拉比·巴夏为首的爱国军官和知识分子所领导的。这些爱国者深得士兵群众和农民的拥护。他们的斗争口号是:“埃及是埃及人的埃及。”这次战争以英国分舰队于7月11日从海上炮击亚历山大港开始。

这支分舰队由8艘装甲舰、5艘炮舰和1艘驱逐舰组成,装备有69门大口径舰炮、88门中小口径舰炮和70门多管连珠炮,计有舰员5700人。

当时,亚历山大港的守备部队由7500名训练较差的士兵组成,工事陈旧简陋。结果,埃军伤亡2000人。市民和守军刚刚撤出这个燃烧着的城市,英军登陆部队立即占领和洗劫了该城。埃军在本国北部设防后,于7月28日,在阿拉比·巴夏指挥下,在达瓦尔村交战中阻止了英军的前进,但在苏伊士运河方面未能守住。

8月,英军大量兵力在运河区登陆;8月20日,占领伊斯梅利亚,并向开罗推进。9月13日,在开罗附近的特勒凯比尔,两军进行了一场决战。训练较差、纪律松弛的贝都英族民军被击溃。这在很大程度上是由于贝都英族的一些酋长被英国人收买叛变而造成的。阿拉比·巴夏曾试图以驻本国北部的埃军主力防守开罗,也因部分军官叛变而未果。

9月14日,英军占领开罗,接着又占领了整个埃及。侵略军屠杀了大批抵抗者,并向埃及索取大笔赔款。埃及从此实际上沦为英国的殖民地。

(十三)中日甲午海战

这是指1894~1895年中日甲午战争中交战双方海军之间所发生的诸次战斗。1868年,日本实行"明治维新"后,加紧扩军备战,迅速走上军国主义道路,制定了侵略朝鲜和中国的"大陆政策"。1874年,日本以琉球船民在台湾遇难为借口,派兵3000余人,在其"孟春"号、"日进"号、"筑波"号等军舰护送下,登上中国台湾岛,野蛮屠杀我高山族同胞。由于中国人民坚决抵抗,加之日军实力当时还不太强,在其侵台部队中又瘟疫流行,遂被迫撤兵。清政府向日本赔款白银50万两,使日本政府初次尝到了"甜头"。1875年,日本的"云扬"号等军舰闯到朝鲜海域挑衅,并于次年强迫朝鲜签订了《江华条约》。1879年,日本正式吞并一直向中国称臣的琉球王国。1882年和1884年,日本两次在朝鲜策划政变,并出兵朝鲜。1887年,日本在派间谍搜集大量中国情报的基础上,制定了《征讨清国策》。为了实现侵华野心,日本极为重视发展军队,特别是海军。1890年,日本海军经费占国家总支出的12.37%;1893年,天皇下谕节省内廷经费,文武官员交纳1/10俸禄作为造舰费。日本军方认为,击败中国海军,夺取制海权,是侵华战争成功的关键。

到甲午战争开始时,日本海军已有新式海防舰3艘、巡洋舰8艘、炮舰7艘,加上其他舰只计31艘,另有鱼雷艇24艘,共近6万吨。日本的舰艇大部是新建的,其航速快,火力强,而且装有较多的速射炮;日海军官兵都是经过严格训练的。那时的中国海军编有北洋、南洋、福建、广东4支舰队,共有78艘军舰、24艘鱼雷艇,其排水量共为8万余吨。中国军舰多数舰龄较长,航速较慢,而且弹药不足,缺乏新式火炮。

1894年初,朝鲜爆发东学道农民起义,朝鲜政府无力镇压,请求清政府派兵。6月4日,北洋舰队的"济远"号、"扬威"号及"平远"号进驻仁川港。6月6日,中国首批陆军也到达朝鲜。日本见中国舰队出兵朝鲜,认为时机已到,决心与中国开战。6月5日,日军成立大本营,并于当天派出400名海军陆战队入朝。至同月16日,已有1个日本混成旅团在朝鲜登陆。到6月底,在朝日军已达1万人,军舰8艘,大大超过在朝的清军兵力。东学道起义被镇压后,清政府多次向日本政府提议双方都从朝鲜撤兵。但是,日本予以拒绝,并继续向朝鲜增兵。7月19日,日本海军编成联合舰队,随即开赴朝鲜海面,准备寻机对中国海军开战。

在这种情势下,清朝政府军机大臣李鸿章仍把和平希望寄托于列强的调停上,未从军事上进行认真准备,甚至下令从朝鲜撤回军舰,以求避免与日本海军发生冲突。这样一来,日本海军便在朝鲜西海岸轻易地取得了前进基地。李鸿章的妥协退让助长了日本的侵略气焰,使驻朝清军处境危急。面对这种形势,在舆论的愤怒谴责下,李鸿章又不得不向朝鲜增派援兵。为此,清朝政府从陆海两路调兵入朝。7月23日,日军大本营密令其联合舰队司令长官伊东祐亨,袭击丰岛附近的中国护航队。于是,7月25日发生了中日丰岛海战。日本海军初战得手,狂妄叫嚣:要"聚歼清国舰队于黄海"。

中国海军为了加强华北沿海各港回的防卫,自7月27日至8月9日,先后3次派舰队巡弋大同江口。8月10日,日舰队进至旅顺、威海海面进行袭扰,我北洋海军则决定将主力从朝鲜海域撤回。9月12~15日,北洋舰队主力在旅顺、大连、成山角一带海面巡逻。李鸿章的意图是以北洋大舰在海上吓退日舰,根本没有决战的打算。而日本联合舰队已驶入黄海,正在寻找北洋舰队的主力,企图一决雌雄。

9月17日中午,在中国辽宁大东沟以南海面,北洋舰队再次遭到日本海军的袭击,发生中日黄海海战。这次海战后,北洋舰队撤入旅顺港,受伤各舰修复后返回威海卫。李鸿章夸大了北洋舰队在黄海海战中的损失程度,命令海军:"不得出大洋开战"。北洋各舰只能在威海、旅顺附近水域活动,日本海军从而控制了黄海的制海权。

10月24日,日本陆军第1军突破鸭绿江防线,侵入中国。日本陆军第2军也在海军联合舰队的护送下,在辽东半岛花园口登陆。11月7日,大连守军溃逃,日军轻取大连。22日,日军又攻陷了旅顺。当旅顺告急时,丁汝昌亲自到天津谒见李鸿章,要求率北洋舰队驰援旅顺。李鸿章却严令丁汝昌"保船避战",并称:"汝善在威海守卫,汝数只船勿失,余非汝事"。日军占领辽东半岛之后,侵略军又把进攻矛头指向山东半岛,其主要目标在于消灭北洋舰队。

1895年1月18日,日军3艘巡洋舰驶至山东登州海面实施炮击,以转移清军视线。而日本陆军第2军却于1月19日至23日间分3批在荣城湾登陆。日本联合舰队全部出动,为其护航和掩护登陆。北洋舰队未能出海袭击登陆之敌,坐失战机。

1月25日,占领荣城之敌开始向威海卫进攻。30日,日军攻下威海卫南帮炮台群;2月2日,又占领了北帮炮台群和威海卫城。随后,日本陆海军联合进攻困守刘公岛的北洋舰队。面对敌军的海陆夹击,北洋舰队广大官兵孤军苦战,多次击退敌军舰艇的攻击。2月11日,在敌军连日进攻下,北洋舰队的"定远"号、"来远"号等舰艇先后被击伤或沉没,弹药将尽,伤亡激增,援兵无望,少数败类哗变,丁汝昌自尽殉节。此后,威海卫水陆营务处提调牛昶炳交出残余舰艇11艘和刘公岛诸炮台,向日军投降。

北洋舰队全军覆没后,侵华日军连续攻占山海关外的牛庄、营口、田庄台等军事要地。腐败的清廷惊恐万状,遂派李鸿章为全权代表出面议和,使日本侵略者完全达到了预期目的。日军将他在这次战争中使用联合舰队实现战略任务的基本经验概括为3条:第一,黄海之决战,显示了海战的基本特点;第二,黄海一战夺得了制海权,从而保障陆上作战的顺利实施;第三,歼灭对方舰队,即可迫其放弃继续作战的信念。这3点经验的核心思想就是通过双方舰队的总决战来夺取制海权,从而赢得整个战争的胜利。日本海军如此总结它的战争经验未免带有很大的片面性。它首先忽视其中的政治因素。

显而易见,中国海军在中日甲午战争中遭到失败的最根本原因,是清朝封建统治集团昏庸无能;只想求和,而不大力发动和组织军民坚决进行反侵略战争。其次是日本海军没有注意到当时的具体环境,即清廷政治上的投降主义必然导致军事上的失败主义。李鸿章等人根本没有树立打败日本侵略者的坚强信念,始终执行消极防御方针。因而采取完全被动的战略战术。这些东西不仅捆住了北洋舰队广大爱国官兵的手脚,更重要的是束缚了他们的作战思想,使之不能机警而锐敏地抓住有利战机,主动而灵活地打击与消灭入侵之敌。谁人要把这些特定条件下的作战经验视为永恒不变的一般军事原则,是注定要吃大亏的。

(十四)意大利——埃塞俄比亚战争

意大利——埃塞俄比亚战争指意大利对埃塞俄比亚发动的殖民掠夺战争。1870 年,意大利国家刚统一就对外发动殖民战争。80～90 年代,意大利扩张的对象是东北非。1885 年,意大利军队在英国支持下,在马萨瓦至欠卢尔沿岸一带站住脚后,遂向埃塞俄比亚北部腹地推进,迫使埃塞俄比亚于 1889 年 5 月 2 日签订了不平等的乌西亚利条约。条约规定,埃塞俄比亚北部领土割让给意大利。根据补充协定,埃塞俄比亚从意大利得到 200 万里拉的赔偿。意大利随心所欲地解释条约的第 17 条,于条约签订的同年宣布将埃塞俄比亚置于其保护之下,并占领了埃塞俄比亚的北部领土。

1890 年,意大利把在红海沿岸占领的全部领土合并为它的厄立特里亚殖民地。埃塞俄比亚拒绝接受意大利的这一要求,不承认它的占领。1893 年 2 月 12日,埃皇曼涅里克二世向意政府宣布:从 1894 年 5 月 2 日起,埃塞俄比亚将不再履行乌西亚利条约所规定的一切义务。为了进行武装干涉,意政府组建了一个 1.4万人的军团,由巴拉蒂埃里将军指挥。1894 年 7 月 17 日,意军进入卡萨拉并对埃军展开战斗行动。据意大利人估计,埃军为 10 万人,其中有 1 万名骑兵。埃塞俄比亚的各大封建主同时也是他们所辖各省的司令官。曼涅里克二世的嫡系部队是埃军的核心力量。1895 年 1 月,意大利远征军连续八次打败埃塞俄比亚的一些封建主。这是意大利——埃塞俄比亚战争的序幕。意军的全面进攻在 3 月展开,他们很快就占领了阿迪格腊特。意大利的侵略促进了埃塞俄比亚各族人民的团结。到这年年底,曼涅里克二世已动员了一支 12 万人的军队。1895 年 12 月 7 日,在安巴——阿拉吉附近的战斗中,埃塞俄比亚的马科涅诺公爵指挥的埃军首次大败意军。1896 年 3 月 1 日,在阿杜瓦附近的会战中,1.8 万人的意军被击溃。战前,埃军很好地组织了侦察,获得了敌人的作战计划。

因此,埃军得以各个重创彼此相隔很远的意军纵队。在一系列战斗中,埃军指挥部巧妙地把对敌的正面冲击与翼侧的纵深包围结合起来。主要突击目标是意军阿利别尔通将军的纵队。尽管意军炮兵进行了有效射击,但这个纵队仍被击溃,险遭全歼。其余意军纵队也被击败。在阿杜瓦附近的会战中,尽管敌人的技术装备占优势。但是,当地武装力量终于第一次战胜了帝国主义国家的军队。1.7 万名侵略军,死伤 1.1 万人,被俘 4000 人。埃军亡 4000~5000 人,伤 6000~10000 人。俄国站在埃塞俄比亚一边,竭力阻止英、法、意在东北非扩张势力。为向埃军士兵提供医疗救护,俄国于 1896 年在国内进行募捐。俄国红十字会向埃塞俄比亚派出了医疗队。根据 1896 年 10 月 26 日在亚的斯亚贝巴签订的条约,意大利承认埃塞俄比亚主权的完整。

(十五) 美西战争

美西战争指重新瓜分殖民领地的第一次帝国主义战争。美帝国主义发动这场战争,旨在攫取西班牙在加勒比海地区和太平洋地区的富有重要原料产地的殖民地,并把它作为向拉丁美洲和亚洲进一步进行扩张的战略基地。这场战争是在古巴和菲律宾发生反对西班牙的大规模起义的情况下爆发的。这些起义动摇了西班牙在这些国家的殖民压迫。美国政府为了把古巴和菲律宾的起义者拉到自己方面来反对西班牙,伪善地许诺帮助他们争取独立的斗争。在西班牙拒绝了美国要求它放弃古巴的最后通牒后,美国未经宣战即于 1898 年 4 月 22 日对西班牙开始了军事行动,向古巴和菲律宾海岸派遣了分舰队。5 月 1 日,美国分舰队驶入马尼拉湾,实施突然攻击,消灭了西班牙分舰队。接着,美国远征军在海湾沿岸登陆,与菲律宾起义者一起击溃了西班牙军的抵抗。8 月 13 日被围的马尼拉失守。

与此同时,加勒比海地区的战斗也在展开。该海区成为美西战争的主要战场。美国两支分舰队封锁了古巴,西班牙在那里驻有 20 万军队和一支分舰队。在这以前,古巴的西部已被古巴解放军占领。6 月,前去封锁要塞城市圣地亚哥的 1.8 万名美国远征军,在该城以东 30 公里处登陆。7 月 3 日,在这里停泊的西班牙分舰队企图突破封锁而被歼。7 月 16 日,美国远征军与舰队和起义者协同作战,占领了这座要塞。8 月初,西班牙军在古巴被彻底击溃。7~8 月,美军占领波多黎各岛西部。见于继续作战胜利无望,西班牙于 8 月 12 日与美方签订停战协定。美国在古巴和菲律宾能够打败西班牙殖民主义者,主要是由于古巴和菲律宾起义者的努力奋战。但美帝国主义背叛了同盟者,独吞了胜利成果。1898 年 12 月 10 日,签订巴黎条约。条约规定,菲律宾、波多黎各和关岛割给美国;美国答应付给西班牙 2000 万美元作为抵偿。美军占领下的古巴形式上获得了独立,实际上却成了美国的保护国。列宁认为,美西战争是标志帝国主义时代开始的一个主要历史关头。这场战争表明了经济因素和新的战斗技术装备对战争进程与结局的影响增大,证明了周密拟定舰队与登陆兵之间协同作战计划的必要性,标志着海军学术发展新阶段的开始,这一新阶段是伴随着装甲舰队的出现来到的。

(十六) 美国——菲律宾战争

美国——菲律宾战争是美国对菲律宾发动的一场殖民战争。在同西班牙作战的过程中,美国利用菲律宾人民反对西班牙统治的运动,通过驻菲美军当局与起义军首领于 1898 年 4 月 24 日和 5 月 19 日以承认菲律宾独立为条件就共同作战问题达成协议。6月至7月间,西班牙军队被菲律宾革命军打得节节败退,美军登陆部队因此得以于8月13日占领马尼拉。但美国政府违背诺言,于12月10日同西班牙签订了巴黎和约。和约规定菲律宾群岛归美国管辖。

与此同时,美军2.5万人在菲律宾集结,于1899年2月4日对革命军发起攻击。美军尽管在数量上和技术装备上占优势,但半年内在马尼拉以北只前进100~120公里,而且损失惨重。由于地主、资产阶级上层的协助,美军当局分裂了菲律宾反帝运动,并在运动内部挑起激烈斗争。

1899年5月7日,共和国政府首脑马比尼被迫离职。7月5日,共和国军总司令卢纳被杀。10月,美军再度开始进攻。在进攻中,菲律宾军队分散成若干独立支队,转入游击战争。1901年,民族解放运动被镇压下去,菲律宾沦为美国殖民地。

(十七)日俄战争

日俄战争指俄国和日本之间为控制远东的重要战略经济区和重新瓜分远东势力范围而进行的战争。就战争本身的性质而言,双方均是帝国主义的、非正义的战争。当时,侵占中国部分领土的日本在远东的竞争特别活跃,从而使俄日关系中的矛盾加剧。1898年起,俄国向中国租惜了关东半岛,并在该半岛的旅顺口建造了海军基地,而1900年,又占领了满洲。1902年,日本与英国结盟后,便开始准备对俄国的战争。英国以及美国认为,在世界这一地区俄国是自己的主要竞争对手,因此,积极支持日本的侵略计划。俄国统治阶级则指望打胜远东的战争,以巩固自己在那里的地位,同时,克服日益迫近的革命危机。1904年2月6日,日本断绝了同俄国的外交关系,2月8日发动了战争,到2月10日正式宣战。

战争前夕,日本拥有一支虽然为数不多,但训练有素,装备有最新式武器的基干军队。经动员后,日军增至37.5万多人、火炮1140门、机枪147挺。日本海军计有战斗舰艇80艘,其中包括舰队装甲舰6艘、装甲巡洋舰8艘、轻型巡洋舰12艘、驱逐舰27艘、小型雷击舰19艘,而且拥有一些第一流的军港。

俄国当时拥有世界上最庞大的基干军队,在远东共2个军,总兵力约9.8万人,警卫部队2.4万人,火炮148门、机枪8挺。这些兵力分散在满洲、滨海地区和外贝加尔广大地区。俄国在远东的舰队辖有各种舰艇63艘:舰队装甲舰7艘、装甲巡洋舰4艘、轻型巡洋舰7艘、驱逐舰27艘、小型雷击舰10艘、布雷舰2艘及其他舰艇。战争爆发前夕,远东日军人数是俄军的3倍多、火炮几乎8倍、机枪18倍、舰艇1.3倍。

俄军装备了当时最先进的1891式弹仓式步枪和最好的1902式76毫米速射野战炮。然而,在远东的海岸炮兵和要塞炮兵基本上是一些老式火炮,很少有山地炮和机枪。俄国舰艇的火炮射程、装甲、航速均不如敌舰,旅顺口的海军主要基地尚未建成,基地的陆地设防薄弱。远东战区的遥远和构筑简单,以及一条唯一的,还未敷设完工的西伯利亚铁路的通行能力又不足,这些就严重地削弱了俄国军事力量。整个说来,俄国没有做好对日本战争的准备。

争取时间在辽阳、海城地区集中和展开兵力的意图是制订俄国战争计划的基础。为此,打算以部分军队阻止日军进攻,逐渐向北方撤退,同时扼守旅顺口要塞。尔后计划转入总攻,消灭日军,在日本诸岛登陆。海军担任夺取制海权和阻止日军登陆的任务。日本的战争计划规定:以陡然突击消灭俄国舰队,夺取制海权以确保己方的海上交通线,迅速将全部陆军调往大陆,夺取旅顺口,粉碎辽阳地区之俄军。同时计划夺取萨哈林岛,尔后攻占满洲、乌苏里边疆区和滨海边疆区。

1904年2月8日夜,日本舰队突然攻击停泊在旅顺口外停泊场的俄国分舰队,2月9日昼间,又突然攻击了停泊在济物浦港的俄国巡洋舰"瓦良格"号和炮舰"朝鲜人"号。尽管遭受损失的俄国舰队仍有战斗力,但是,日本人封锁了旅顺口因而能将军队畅通无阻地从海上调往陆地。在敌海上交通线积极行动的仅有符拉迪沃斯托克巡洋舰艇队。

到1904年4月中旬,陆上战斗行动开始时,满洲军共计12.3万多人、野战炮332门。其军队的3个主要集团位于:符拉迪沃斯托克和阿穆尔河沿岸地区;辽阳、奉天地区关东半岛。此外,从满洲抽调了2个独立支队:南满独立支队调往辽东湾沿岸,东满独立支队调往同朝鲜接壤的边境,战争一开始日军就占领了朝鲜。

日军指挥部1904年2月命黑木为桢将军的第1军团在朝鲜登陆。到4月中旬,该军团推进到同满洲接壤的边境,在鸭绿江战斗中击溃了俄东满支队。日军掌握战略主动权后,第2军团于5月5日开始在辽东半岛登陆。5月26日攻占了金州并切断了旅顺口与满洲军的联系。6月14~15日,前往支援旅顺口的西伯利亚第1军与日第2军团在瓦房沟的战斗结局失利,被迫向北撤退。日第2军团主力跟踪追击,沿铁路向辽阳展开进攻。为包围旅顺口,组建了新编第3军团。第1军团从东南进攻辽阳。7月23~24日,配置在第2军团道路上的满洲军南满支队于大石桥战斗中胜利地击退了日军的所有冲击。但是,他们却按照库罗帕特金的命令撤至辽阳。7月,新组建的第4军团同第1、2军团从南面一起进攻辽阳。8月24日至9月3日实施了辽阳交战,双方主力均参加了这次交战。尽管俄军连战皆胜,但库罗帕特金错估形势,再次下达了退却命令。9月6日日终前,俄军退至沙河。

到1904年秋,满洲军增至21.4万人,火炮758门。日军为17万人,火炮648门。兵力上的优势使俄军指挥部能够转入进攻。然而,10月5~17日在沙河展开的遭遇交战却不分胜负。双方损失惨重,因丧失进攻能力而转入防御。在沙河首次建立了绵亘正面,战斗也具有了阵地战的性质。

随着兵力对比的变化及日军转入防御,日军在满洲的态势更为复杂。因此,大山决定在最短时间内攻占旅顺口,以便将围困旅顺口的10万军队腾出来在主要方向上作战,虽然日军发动的各次强攻都被击退,但是斯特塞尔将军和福克将军不顾军事会议的意见,于1905年1月2日将旅顺口让给日本人。

1905年1月,俄第1、2、3集团军占领沙河几乎100公里的绵亘防御正面。1月25~28日,俄军指挥部企图在敌第3军团从旅顺口附近抵达之前,在沈旦堡交战中将其击败。但进攻兵力有限,未获胜利。日军指挥部将第3军团调来并新组建了第5军团后,于2月19日发起了进攻。在奉天交战中,俄军大败,退至预有准备的四平街阵地。1905年3月中旬起,陆地战场的频繁的战斗活动实际上已经停止。

·军事战争·

图文珍藏版

失败使俄军的战斗士气一蹶不振。

然而俄国 1905 年开始的革命却给了军队以巨大影响。奉天交战后,日军也表现消极。战争使双方民穷财尽。但到战争结束前,俄军和日军在战区的人数分别增加到 78.8 万人和 75 万人。沙皇政府在战争中孤注一掷,重建了太平洋第 2 区舰队和太平洋第 3 区舰队第 1 中队,它们分别于 1904 年 10 月和 1905 年 2 月,从波罗的海开往远东。1905 年 5 月 27 日,它们在对马海峡同兵力占绝对优势的日本舰队遭遇,并在对马海战中被歼。9 月 5 日在朴次茅斯市签订了朴次茅斯和约。俄国承认朝鲜为日本的势力范围,将萨哈林岛南部割让给日本,把旅顺口、大连及毗连的领土和中东铁路南支线的租借权转让给日本。沙皇制度在远东的政策彻底破产了。列宁指出:"不是俄国人民,而是专制制度遭到了可耻的失败。"俄国在战争中损失约 27 万人,其中阵亡 5 万多人。日本损失 27 万人,其中死 8.6 万多人。日本在英美的广泛支援下取得了日俄战争的胜利。英美借给日本贷款共 4.1 亿美元,约占日本军费的 40%。沙皇政府的远东冒险遭到惨重失败,带来巨大牺牲,因而引起了俄国各族人民的愤怒,加速了第一次资产阶级民主革命的爆发。

俄国在日俄战争中失败的主要原因是:社会政治制度反动和腐朽,人民厌恶战争,经济与军事组织落后以及军队指挥方法不当和最高统帅部的消极防御战略。战区距国内中部地区遥远也起了消极作用。

日俄战争是帝国主义时代的第一个大战,它表明,一个国家的军事经济潜力和精神因素对夺取胜利具有决定性的作用。列宁在 1905 年写道:"一个国家的军事组织和它的整个经济文化制度之间的联系,从来还没有像现在这样密切。"日俄战争对军事学术的发展产生了极大影响。战争期间,俄国和日本各动员了 120 万人加入自己的军队。在日俄战争过程中,首次广泛使用机枪和速射炮。出现了迫击炮、轻机枪和手榴弹,获得了将无线电、观测气球、探照灯和高压电流铁丝网等等运用于军事目的的初步经验。军事行动有了广大规模,超出了战斗和交战的范围。

在战争过程中出现了许多集团军和方面军战役的特点,在客观上为军事学术的新领域——战役学的产生创造了先决条件。构筑有掩体、掩蔽部、铁丝网的长达数十公里的防御阵地代替了过去的筑城工事。防御开始有了纵深。由于新兵器的使用和火力的增强,密集的步兵行动和白刃突击失去了原有的作用。争取获得对敌火力优势和在战斗中各军种的密切协同具有头等重要意义。军队开始较好地利用地形和进行迫近作业。夜间战斗行动得到广泛推广。日俄战争中,俄军炮兵首次在战斗条件下从遮蔽发射阵地进行射击。后勤保障的作用不断增长,因为战斗结局在很大程度上取决于此。战斗命令代替军令而用于军队指挥的实践中。

日俄战争对发展海军学术也起了重要作用。它揭示出必须进一步提高战斗舰艇的速度,加强其火力和装甲防护,提高其触雷后的生命力。战争经验证明大口径远程火炮是舰队的主要武器。在日俄战争进程中,取得了巡洋舰在敌海上交通线行动的经验以及海上夜间战斗行动的经验。首次使用了潜艇和水雷。战争表明,陆海军协同动作的意义正在不断增长。

（十八）西摩战争

西摩战争指 19 世纪后半叶至 20 世纪上叶西班牙为侵占北摩洛哥而进行的战争。1860 年 2 月,西班牙军队 4.4 万人乘苏丹政权日趋衰弱和法军从阿尔及利亚入侵摩洛哥之际,突然占领得土安。3 月 23 日,西军击败摩军后,向丹吉尔推进。英国不希望西班牙在直布罗陀附近的地位得到加强,在它的压力下,西班牙只得暂时停止业已开始的军事行动,并被迫很快将其部队撤出得土安。

但是,根据 1860 年 4 月 26 日签订的西摩条约,摩洛哥被迫赔款 1 亿列阿利;西班牙在休达地区扩大了一点领地,并在西迪伊夫尼获得了渔业基地。1884～1885 年,西军占领里奥德奥罗港,该港后来成为殖民地中心,名称未变。北摩洛哥里夫请部落奋起反抗西班牙殖民者,西班牙于 1891、1893、1897 年同这些部落进行了多次战争。随着资本主义向垄断阶段的过渡,欧洲列强加紧了在摩洛哥的殖民扩张,这种扩张是在帝国主义强盗之间的激烈争斗中进行的。殖民主义列强曾派出大批军队同摩洛哥人作战,其中包括 4 万人的西班牙远征军。

1909 年,里夫地区的摩洛哥请部落曾屡次战败西班牙殖民者,但未能阻止它们的扩张。1910 年,西班牙殖民者占领摩洛哥西北部大西洋沿岸的埃利—阿赖什和埃利克萨雷利—克比尔。根据 1912 年签订的法摩条约和法西条约,摩洛哥沦为法国的保护国,1912 年 11 月,西班牙在摩洛哥领土上建立了一个保护区。丹吉尔及其周围地区被划为国际共管区。但是,摩洛哥人民民族解放斗争的高涨——这一斗争在伟大十月社会主义革命影响下更为加强,已成为西班牙占领者同法帝国主义者在摩洛哥划地分赃的严重阻碍。1918 年底,西班牙殖民者制订了详细的"绥靖"计划,首先征服保护区西部的安杰拉和吉巴拉诸部落,尔后对里夫地区实施向心突击。

为此,占领军增加到 6.3 万人。1921 年春末,西军包围了西部起义军的主力。但是,里夫诸部落展开了游击战争,拥有 2 万人的西班牙远征军在安瓦尔战役和蒙特—阿鲁伊特战役中遭到失败,西军指挥部把主要注意力集中到保持其东部地区的阵地上。里夫诸部落于 1921 年 9 月在东部地区成立由阿布德·艾尔·克利姆为领导的里夫共和国。共和国军队是由正规部队和 16～50 岁的所有成年男子参加的部落民军组成。正规部队基本上是由过去的殖民地部队的士兵组建而成的。他们的武器基本上都是缴获来的,包括几百门火炮和机枪。里夫军队的特点是机动性强。里夫军在坚持进攻战术的同时,善于利用诸如迂回和包围等机动方式,力求对敌部队、分队间的结合部实施突击,并经常袭击敌后方。至 1923 年 4 月,西军总计达 14 万人。1924 年 6 月,里夫军转入进攻,于 11 月底将占领军从国家腹地全部赶出。西班牙独裁者普利莫·德里维拉将军率领的 16 万占领军死、伤、俘 2.7 万余人,处于全军覆没的边缘。尽管西军指挥部动用了飞机、装甲汽车和大量的海军兵力,但是在东西部地区各部落不断加强团结的情况下,未能扭转战局。西班牙已无力将战争继续进行下去。里夫共和国的影响几乎扩大到西班牙在摩洛哥的整个保护区。法国帝国主义者非常害怕里夫共和国得到巩固,害怕法国在摩洛哥的保护区各部落及北非其他殖民地的各部落受到影响,于 1924 年 5 月开始侵占共和国南部地区。1925 年 4 月,里夫军对法国占领军展开攻势,并在起义的格藻阿和桑哈贾部落的帮助下将军事行动移到法国保护区。拥有重炮、坦克和飞机的 10 万法军损失惨重,被迫撤退。

在这种形势下,西法两国于 1925 年 6~7 月在马德里举行谈判,达成封锁摩洛哥海岸和对里夫共和国采取共同军事行动的协议。法国远征军的人数达 32.5 万人。西班牙占领军的人数为 14 万人。敌人在两条战线上均占绝对优势,殖民主义者采取"焦土"战术,造成各起义部落物力人力资源枯竭,部分封建上层分子叛变,里夫军于 1925 年 9 月底又退回到 1924 年的阵地。嗣后,在胡塞马地区登陆的 1.85 万名西班牙登陆兵,攻占了共和国首都阿季迪尔城。在极端困难的情况下,共和国继续英勇抵抗,拒绝了英国政府通过暗中调停而强加给它的旨在巩固殖民统治的所谓"自治"。1926 年 5 月,法西两国军队在克尔特河地区转入进攻,包围了里夫军的主要集团,并对其大本营塔尔吉斯特城实施突击。被分割成几部分的里夫军于 5 月 27 日停止抵抗。阿布德·艾尔·克里姆被俘,后来被流放到留尼汪岛。但是,很多地区的武装斗争仍在继续。直到 1934 年武装斗争的最后一些据点才被除掉。

里夫共和国同西法殖民联军所进行的多年的英勇斗争,是当时民族解放运动的极为重大的事件。正如伏龙芝所指出的,在军事学术领域里,装备低劣的小部队在山地沙漠地带,同正规军大兵团作战时,采用机动性强和灵活果断的游击战,是行之有效的。里夫人民所进行的战争,使北非人民解放运动获得了革命武装斗争的经验。苏联劳动人民对里夫人民表示了极大的同情和支持。里夫人民起义失败的原因,在于社会矛盾尖锐,部落分散,起义具有地区局限性,同时也是由于法西帝国主义者在军事上占优势。

(十九) 意土战争

意土战争指意大利帝国主义为了夺取奥斯曼帝国的北非省份——的黎波里塔尼亚和昔兰尼加而发动的侵略战争。意大利政府利用欧洲列强的姑息政策和土耳其国内的严重困难,于 1911 年 9 月 23 日向的黎波里城派出了法拉韦尔海军上将指挥的舰队。9 月 27 日意大利向土耳其提出最后通牒,其中包括要求占领的的黎波里和昔兰尼加这样不能接受的条件。遭拒绝后,便发动了战争。9 月 29 日战斗行动开始,意军从海上向的黎波里、胡姆斯及其他城市进行射击。10 月 4 日夜间,意大利登陆兵登陆,未遇到激烈的抵抗便占领了的黎波里和胡姆斯。10 月 11 日卡内瓦将军的远征军开始在的黎波里登陆。战胜为数不多的守备部队和当地居民队伍的抵抗后,远征军占领了图卜鲁克和德尔纳。争夺班加西的战斗很激烈。10 月 13 日,意大利舰队和步兵师部队抵达这一地域。10 月 19 日,意大利登陆兵在班加西近郊登陆,经过激烈战斗,击溃了土耳其军队和当地居民的队伍,10 月 21 日,占领了该城。

至 10 月底,意大利军队已控制丁的黎波里塔尼亚和昔兰尼加的一些最重要的濒海城市。尽管他们具有优势兵力并采用残酷的讨伐措施,但深入到国家腹地的企图却未能得逞。来自突尼斯、阿尔及利亚、埃及以及其他阿拉伯国家的游击队和志愿军与侵略者展开了积极的斗争。意大利军队经与阿拉伯志愿军队伍战斗,损失惨重,被迫转入防御。阿拉伯人民的斗争使战争发展为持久战。在这种情况下,意大利统帅部于1912年5月前把自己的步兵增加到10万人,并调来35架飞机,一些飞艇和许多其他技术兵器。1912年4~10月,意大利军队在北非积极采取军事行动,占领了赞祖尔和莱卜达绿洲。4月和6月,意大利舰队轰击了达达尼尔海峡,但无明显成效。5月占领了多德卡尼斯群岛。尽管意大利军队这次取得了局部胜利,但仍未能深入到的黎波里塔尼亚和昔兰尼加腹地。土耳其国内政治形势日趋复杂,1912年10月爆发了巴尔干战争,从而迫使土耳其政府放弃了的黎波里塔尼亚和昔兰尼加。1912年10月15日,在乌希签署了预先的秘密和约,10月18日,在洛桑签署了公开和约。

根据和约,土耳其从的黎波里塔尼亚和昔兰尼加撤出了军队,并允许它们自治。意大利也答应从多德卡尼斯群岛撤出自己的军队,但是,这个承诺直到第二次世界大战结束前一直没有履行。的黎波里塔尼亚和昔兰尼加实际上变成了意大利的殖民地,后改称利比亚。利比亚人民一直坚持解放斗争,1943年终于赶走意大利军队。意土战争在军事学术史上的意义在于,它开创了使用飞机完成军事任务的先例。在这次战争中,意大利人把飞机用于舰船和海岸火炮射击校正,继而又用于侦察和投弹。

(二十)巴尔干战争

巴尔干战争先后爆发了两次。第一次巴尔干战争是保加利亚、希腊、塞尔维亚和门的内哥罗4国组成的巴尔干联盟所发起的,目的是反对奥斯曼帝国,使巴尔干各族人民摆脱土耳其的压迫。

1912年8月,阿尔巴尼亚和马其顿爆发反土起义。保加利亚、塞尔维亚和希腊要求土耳其给予马其顿和色雷斯以自治权。土耳其政府拒绝了这个要求,并开始进行军队动员。这就构成巴尔干联盟对土宣战的直接口实。1912年10月9

巴尔干战争

日,门的内哥罗对土采取军事行动。18日,保加利亚、塞尔维亚和希腊也相继行动。这几个同盟国动员的兵力为95万人,展开的兵力为60.3万人,拥有火炮1511门。希腊海军拥有4艘战列舰,3艘巡洋舰,8艘驱逐舰,11艘炮艇。

土耳其动员了85万人的兵力,战争初期派到欧洲战场的约有41.2万人,拥有

·军事战争·

图文珍藏版

火炮1126门。土军还可以从小亚细亚抽调一些兵团来加强力量。土耳其海军较希腊海军为弱,共有3艘战列舰,2艘巡洋舰,8艘驱逐舰和4艘炮艇。巴尔干同盟各国在兵员数量和武器质量,尤其是炮兵质量和军队战斗训练水平上,均胜过敌军。

这些国家的军队在民族解放斗争目标的鼓舞下,士气高昂。保加利亚军队在伊斯坦布尔方向以3个集团军组成主要集团。塞尔维亚的主要兵力对付土耳其军队在马其顿的集团。希腊的弗萨利亚集团军和伊皮鲁斯集团军分别准备对付萨洛尼卡和亚尼纳。希腊海军应对土耳其海军采取行动,保证盟国在地中海的制海权。门的内哥罗军队的任务是协同塞尔维亚军队在马其顿作战。盟军对土军形成了包围态势,准备在土耳其援军到达之前在巴尔干击溃敌军。土军指挥部则力图在增援部队抵达前采取积极行动阻止盟军的进攻。土耳其认为保加利亚是最危险的敌人,为了对付它而展开主要集团。

门的内哥罗军队与为数2万人的塞尔维亚伊巴尔部队共同对色雷斯北部和阿尔巴尼亚北部的土军进攻。保军越过保土边界向南推进,10月22日与土军交战。位于保军集团右翼的第2集团军,击退土军,开始围困埃迪尔内。

在左翼作战的保军第1、3集团军,在多次遭遇战中击退土军,于10月22~24日在基尔克一基利塞附近击溃土军第3军,开始向南推进。10月29日至11月3日,在卢累布尔加兹发生激烈交战,土军第4军被击溃。土军仓促退却。保军指挥部未能组织对敌坚决追击。土军固守伊斯坦布尔以西35~45公里的查塔尔贾筑垒阵地。保军于11月17~18日企图占领上述阵地未果。这里的战线开始稳定下来。

在马其顿,土军于10月23日对塞尔维亚第1集团军发起进攻,但被击退。次日,塞尔维亚各集团军发起总攻。第2集团军向西南方向实施突击,构成对土军集团右翼的威胁。第1集团军向库马诺沃发起进攻,于10月24日占领该地。第3集团军对斯科普里实施翼侧突击,于26日将其攻克。塞尔维亚军队迅速向南推进,11月18日与希腊部队协同下攻克比托拉。马其顿的土军集团被粉碎。

塞军各兵团进至亚得里亚海沿岸地带,与门的内哥罗军共同包围了斯库台。希军扫荡了伊皮鲁斯境内的土军,包围亚尼纳。在马其顿南部,希军于11月1、2两日在叶尼杰附近获胜,向萨洛尼卡展开进攻,该城守军于9日投降。希海军封锁土海军达达尼尔海峡出口,实施了夺取爱琴海诸岛屿的战役。

11月28日,阿尔巴尼亚宣布独立。但盟军尔后的几次军事胜利并不符合一些大国的利益。俄国在支持巴尔干国家的同时,又担心保军进抵伊斯坦布尔不利于自己解决黑海海峡问题。德国和奥匈帝国则认为塞尔维亚和希腊是站在协约国一方的,因此不希望它们强大,却把土耳其看作是自己潜在的盟邦,因此竭力防止土耳其覆灭。在各大国的压力下,1912年12月,土耳其与保加利亚、塞尔维亚签订了停战协定。

交战各国大使在伦敦就和约条件开始进行谈判。1913年1月23日,土耳其发生政变。新政府拒不接受和约条件。2月3日,巴尔干联盟各国重新开战。3月,土耳其丢失了亚尔纳和埃迪尔内。在接连遭到几次失败后,土耳其才于4月签订第二次停战协定。门的内哥罗不同意这项协定，继续围困斯库台。

第一次巴尔干战争以签订1913年5月伦敦和约而告终。根据这项条约，土耳其丧失了它在欧洲的几乎全部领土。尽管第一次巴尔干战争是为了维护保加利亚、塞尔维亚、希腊和门的内哥罗等国王朝的利益，是出于这些国家资产阶级民族主义的要求，但它使巴尔干各国人民摆脱土耳其压迫的愿望得以实现。这场战争客观上具有进步的民族解放的性质。

第二次巴尔干战争，是以保加利亚为一方，塞尔维亚、希腊、罗马尼亚、门的内哥罗和土耳其为另一方所进行的战争。它是第一次巴尔干战争原有盟国之间矛盾激化的结果。失去亚得里亚海出海口的塞尔维亚，要求马其顿偿付赔款。希腊也希望牺牲保加利亚以扩大自己的领土。罗马尼亚向保加利亚提出对多布罗加的领土要求。

帝国主义列强力图破坏协约国在巴尔干的影响，从中插手，更加速了第二次巴尔干战争的爆发。在奥德同盟的唆使下，保加利亚于1913年6月29日夜间对马其顿的塞尔维亚军队与希腊军队采取军事行动。保军各集团军的进攻受阻。塞军进行反击，突破了保加利亚第4集团军阵地。战斗继续到7月6日。保军被迫撤退。10日，罗马尼亚对保开战。罗一个军占领多布罗加，罗军基本兵力向索菲亚推进，未遇任何抵抗。21日，土耳其撕毁1913年伦敦和约，与保军作战，占领埃迪尔内。保加利亚在全面溃败的威胁下，于29日宣告投降。

根据1913年布加勒斯特和约，保加利亚不仅失去已收回的大部分领土，而且丧失了多布罗加的南部。1913年保、土签订的君士坦丁堡和约又迫使保加利亚将埃迪尔内归还土耳其。第二次巴尔干战争的结果是巴尔干半岛的力量重新改组：罗马尼亚脱离1882年三国同盟，而与协约国靠近，保加利亚则加入德奥同盟。巴尔干战争导致国际矛盾的进一步激化，加速了第一次世界大战的爆发。

在巴尔干战争中，作战方法发生了一些变化。这种变化是由于作战技术装备的发展而引起的，首先是射击威力、火炮的射程和射速均有提高；也由于机枪数量增加；以及新式武器与飞机、装甲车和无线电等军事技术装备的使用。

所有这一切促使陆军改用疏开战斗队形，为了隐蔽而利用地褶和壕沟，同时还必须保护部队免遭空袭。军队在前线数百公里地段上展开。但显而易见，交战双方均力图把基本兵力部署在主要方向上。巴尔干战争证明了机动作战和向心方向实施突击，以及进行迂回和包围的优越性。军队火力的提高使防御一方得到加强，因此，建立对敌巨大火力优势就成了冲击获得成功的重要条件。

同时，防御强度的增加，又使机动作战更加困难。过渡到阵地战这种作战样式的趋向愈益明显。战争清楚地表明，为了取得联合作战的胜利，必须组织好盟军的战略协同。

（二十一）黑尔戈兰湾海战

黑尔戈兰湾是北海的东南部水区，濒临德国沿岸，因该湾中央有一黑尔戈兰岛而得名。黑尔戈兰湾在历史上占有地位，是因为第一次世界大战期间德国海军和英国海军在该湾进行过两次大规模海战。

第一次黑尔戈兰湾海战于 1914 年 8 月 28 日发生于黑尔戈兰岛以西。参战的兵力,英国方面有蒂里特海军准将指挥的舰艇支队、贝蒂海军中将指挥的战列巡洋舰群和古迪纳夫海军准将指挥的舰艇中队,另有一个潜艇纵队。德国方面有第 1 和第 5 驱逐舰纵队以及 7 艘轻巡洋舰。

按照英国指挥部的企图,英国海军应当突然袭击警戒黑尔戈兰湾的德国舰艇,切断其返回基地的退路,并将其消灭。为了引诱德国第 5 驱逐舰纵队和"什切青"号、"弗劳恩洛布"号轻巡洋舰出海,英国海军派出潜艇在黑尔戈兰岛附近进行佯动。5 时,一艘英国潜艇攻击了德国的一艘巡逻舰。为了搜索和消灭这艘潜艇,德国出动了第 5 驱逐舰纵队。6 时 50 分,德国军舰同蒂里特支队发生战斗接触,并开始向黑尔戈兰岛退却。在黑尔戈兰岛附近,德国的"什切青"号和"弗劳恩洛布"号轻巡洋舰投入战斗,后来又有 5 艘轻巡洋舰投入战斗,而英国方面,古迪纳夫中队长投入了战斗。由于有雾,战斗变成舰与舰、舰群与舰群之间互不协调的火力冲突。中午,英国贝蒂中将舰群的几艘战列巡洋舰到达战斗地点,从而使英国海军在战斗中能够稳操胜算。到 4 时,战斗结束。

德国海军的损失是:3 艘轻巡洋舰、1 艘驱逐舰和 1 艘扫雷舰被击沉。英国海军有 2 艘轻巡洋舰和 3 艘驱逐舰受重创。英国指挥部未能完全实现战斗计划,其原因是行动的荫蔽性遭到破坏、各舰群之间的协同组织得不好以及各队之间的通信组织不佳。

第二次黑尔戈兰湾海战发生于 1917 年 11 月 17 日,该日德国罗伊特海军少将指挥的舰群掩护扫雷舰在黑尔戈兰岛西北的航道上扫雷。英国指挥部决定破坏德国这次扫雷。

7 时 35 分,英国的 4 个舰艇中队在海军上将帕克南的统一指挥下驶近扫雷区,向德舰开火。德舰利用烟幕撤向东南,向己方的支援兵力靠拢。英国军舰由于不完全清楚水雷障碍的位置,追击时犹豫不定,未能发挥兵力上的优势。罗伊特海军少将的舰群保障了己方扫雷舰的退却,并将战斗时刻拖延到战列舰到达。9 时 50 分,这些战列舰对英舰进行了猛烈的射击,并于 10 时整迫其后退。战斗过程个,一艘德国扫雷舰被击沉,几艘英国巡洋舰和德国巡洋舰被击伤。

(二十二)马恩河交战

马恩河交战指第一次世界大战中 1914 年 9 月 5~12 日,英法联军与德军之间在马恩河地区进行的一次大规模的遭遇战。

英法军队边境交战失败之后,为了摆脱德军,英国集团军、法国第 4 和第 5 集团军,于 9 月 4 日前撤过马恩河。在追击敌人过程中,德国第 1 集团军和第 2 集团军偏离了最初的进攻方向,前出倒不是巴黎以西,而是以东的地区。重新组建的莫努里将军的法国第 6 集团军已经在该处集结。联军部队的中心地带得到了法国第 9 集团军的加强。

9 月 4 日法军总司令霞飞将军发布了进攻的训令。根据该训令应当以联军左翼对敌人右翼实施主要突击,而以法国第 3 集团军的兵力在凡尔登以西实施辅助突击。法国新编第 9 集团军和第 4 集团军领受了在中部牵制敌人的任务。

德国指挥部对在巴黎东北出现的法国新锐兵力深感不安,决定第 1 和第 2 集团军在巴黎正面展开之后即转入防御,而第 3、第 4 和第 5 集团军则向南方和东南方向继续进攻,以便会同从东面进攻的第 6 集团军包围凡尔登以南的法国人。

已形成的战役局势,对于凡尔登—巴黎—带拥有全面优势的联军来说较为有利:56 个步兵师和 10 个骑兵师对付敌人 44 个步兵师和 7 个骑兵师。在主要突击方向上,英法军队在有生力量方面几乎超过了德军 1 倍。此外,法国第 6 集团军还威胁着德军战线的右翼,而且德国第 2 和第 3 集团军的力量也减弱了,这是由于为反击俄军支援联军所组织的进攻,往东普鲁士抽调了两个军和一个骑兵师。

9 月 5 日在乌尔克河地区法国第 6 集团军的先头部队和德国第 1 集团军的右翼之间开始了战斗。克卢克将军觉察到了对第 1 集团军右翼和后方的威胁之后,从马恩河阵地上抽调两个军到乌尔克河地区。

9 月 6 日英法联军转入全线反攻。克卢克没有发现来自正面的威胁,于 9 月 6～8 日把剩下的 2 个军也调去对付法国第 6 集团军去了。因此,在德国第 1 和第 2 集团军相邻翼侧之间就出现了宽达 50 公里的缺口。法国第 5 集团军和英国集团军向缺口运动,这就出现了德国第 2 集团军暴露的右翼被夹击以及德国第 1 集团军被包围的危险形势。

在这种情况下,第 2 集团军司令官于 9 月 9 日把自己右翼的各军从蒙米赖撤往北方。德国第 1、第 3 和第 4 集团军的推进也停下来了,并且撤过马恩河。毛奇对部队失去了控制,不得不批准他们撤过埃纳河和退至兰斯以东地区。马恩河交战以德军的失败而告终。在宽达 200 公里的地带联军在 8 昼夜内推进了 60 公里。

这次进攻是高度机动的一次战役,是西战场 1914 年战局中有利于联军的转折点。它意味着德国打算在西战场迅速粉碎敌人的战略计划的彻底破产,并且暴露出部队指挥方面的严重错误。法国指挥部巧妙地利用了敌人的错误,在部队指挥方面表现得更加灵活,在战区范围内不仅利用铁路,而且利用汽车运输成功地实施了部队的机动,以此开创了在战斗行动过程中大量使用汽车调运部队的先例。

(二十三)黄海海战

遥望着日本海那头的中国,明治天皇总是一副忧心忡忡的模样。这天,他桌子上摆放着的参谋本部部长山县有朋进呈的中国军队调查报告,更加扰乱了他的心情。这个报告指出,从 1880 年开始清政府就在改革军制,并着手组建海军。

"中国的军备力量越来越强大了,作为我们的邻邦,它的强大对我们很不利,在军事实力上我们决不能落后啊!不然,战胜中国的计划难以实现哪!"山县有朋焦虑地说。明治天皇点点头,接着叹了口气,"可是,我们国库里的钱不多了呀!""您放心,全国上下都会支持您的决策的,钱也马上就会有的!"山县有朋微笑道,"臣早已想好了主意。"

听完了他的建议,明治天皇舒展开眉宇,立刻同意了扩建军备的提案。而这个政策也是建立在 1887 年日本政府已制定了《清国征讨方略》的前提下的。在这个方略里,明治天皇预计在 1892 年前完成对华作战的准备,征服的目标则是朝鲜、辽东半岛、山东半岛、澎湖列岛、台湾、舟山群岛。为了这个目标,他不惜倾国所有,迅速扩建军备。事实上,他完全按照这个时间表和路线图展开了对中国的侵略,并且几乎梦想成真。

1890 年后,日本国家财政收入的 60% 都被用来发展海军和陆军。明治天皇还每年从自己的宫廷经费中拨出 30 万元,并从大臣的工资中抽出十分之一,用来补充造船的费用。看到天皇如此支持扩建军备,日本民众士气高昂,他们听说了天皇要赶超中国的雄图大志,纷纷表示支持,殊不知明治天皇和他的幕僚已经在策划一场以"国运相赌"的战争。

1892 年,日本就提前完成了自 1885 年起的十年扩军计划,两年后就组建起一支拥有 6 万多名常备兵和 20 多万预备兵的陆军,以及排水量 7 万多吨的海军,军舰排水量和武器装备均超过了北洋海军。浩荡的日本战舰在海岸线上列队排开,它们坚硬的外壳在太阳光下闪烁着冷冽的寒光,即使还未驶入战场,战舰上的日本海军们也忙碌地列队练兵,毫不懈怠,他们眼眸里杀气激荡,仿佛他们眼前就是中国的舰队,只要冲过去就能占领中国富饶的领土。就是这支军队,几年后成了北洋水师的对手。

而北洋海军自 1888 年正式建军后,就再没增添任何舰只,舰龄渐渐老化,1891 以后,甚至连枪炮弹药都停止购买了。这些钱全被慈禧拿去修她的后花园——颐和园了。明治天皇遥望中国的目光不再迷惘了。以前不敢做的事,他现在敢做了!

1894 年春,朝鲜爆发东学党农民起义后,朝鲜请求清政府派兵协助镇压。清军赴朝后,日本也派兵入朝。朝鲜的国土上,三方的军队剑拔弩张,将士们观望着对面的军队却不能确定是敌是友,每个人都能感受到周围紧张得令人窒息的气氛。

其实对于朝鲜,从明治维新后,日本就开始发展在朝鲜的势力,企图通过外交手段,让朝鲜脱离清政府控制,成为一个"独立国"。但日本一直没有足够的综合国力做后盾,这个计划没有成功。而东学党的起义,又给了日本人一次插手的机会。明治天皇积极和内阁大臣商谈未来局势,鼓励日本在野官员不断地向日本人民传播"朝鲜独立论""义战论""文野之战论",为日本对中国的出兵埋下伏笔,并让日本民众相信,这是出于正义的征战。日本各界还掀起了一个以筹措战费为主要内容的"军资献纳运动"和"义捐运动"。他们高唱"日本国民应无官民朝野之别,同心同力,服务于国事","只有以勤俭济军费,方可保全我大日本帝国之权力"的口号广集军事公债,有效补充了空虚的国库。与此同时,明治天皇还颁布了加强思想教育和征兵的奖励办法,大量征兵。他处心积虑,等待着机会的成熟。

而这时,清朝和日本都出兵了,朝鲜政府却和东学党起义军签订休战和约,朝鲜内战已经停止了。朝鲜于 6 月 13 日请求中国撤兵,清政府要求日本同时撤兵。"天皇,您觉得我们应该撤兵吗? 也许,我们不撤兵更好吧。"内阁成员议论道。"当然,我们不需撤兵!"明治天皇早已按捺不住自己沸腾的血液了,"朝鲜这件事,不能轻易让它结束。"

他即刻下令继续向朝鲜增派军队，19日和20日日本军队胁迫朝鲜政府废除《中朝通商条约》，并驱逐中国军队出境。一时间，朝鲜周边空气变得焦灼而浑浊，清军在日军的追逐下显得犹疑不定，两军进行了短暂的交锋，双方士兵在试探接触过后涨红了脸。战场被渐渐扩大，清军被不断逼上的日军冲击着，他们奋力抵抗，却不得不迅速且战且退。23日，日军攻占朝鲜王富，拘禁国王李熙，扶持傀儡政府。25日，日本海军在丰岛海面击沉中国运兵船"高升"号。与此同时，日本陆军向驻牙山中国军队发起进攻，故意挑起战争。8月1日，中日政府同时宣战，揭开了甲午战争的序幕。

如果说日本联合舰队是风华正茂的"青年军官"，那么北洋水师就是年老体衰的"老将军"。两雄相争必有一伤，最关键的要看谁的战术和计谋运用得好。然而北洋水师的顶头上司，着实令人担忧。

就在日本宣战之后，大清王朝里身居文武要职的人都聚集了起来，他们想要商量出一个击退日本人的好方法。但是几盅茶喝过去了，这些摇头晃脑的大臣中仍然没有一个人知道如何为北洋水师制订战略计划。到底应该怎样使用这支花费无数白银建成的舰队呢？他们把这个难题抛给了光绪帝。光绪帝一个人冥思苦想着也没了主张，赶紧找来了"主战派"咨询。

有的人说道："我们不清楚日本人这次首先要攻击哪里？但不管怎么样，一旦京畿危急就糟糕了，以防万一，还是令北洋水师守护海口比较好！""可要是日本人的目标不在这儿呢？其他的港口谁来守？"有人不同意了。"嗯，此话有理。既然日本舰队还没有明确动向，皇上应当下令让丁汝昌立即从威海卫出来，让北洋水师主动出击更好！"第三个人提出了第三种意见。

听了叽叽喳喳的一番议论，光绪帝的脑袋更疼了，愈发拟订不出一个全面的作战方案。由于缺乏清晰的指令，北洋水师只能在渤海和西朝鲜湾里瞎转悠，既没有攻击目标，也没有下一步的部署规划。丁汝昌郁闷地带领着北洋水师不停地出航巡逻，像无头苍蝇似的游荡在海面上。

丁汝昌自己没有主见吗？不。他是受过正规训练的海军将领，脑袋里早就存有一套作战方案，他也情愿主动出击，而不是干等着日本人。可是怎么寻找日本主力舰队呢？他没能制订出一个行之有效的计划。没有太多实战经验的他认为，漫无目的寻找效率很低。但是他还是命令舰队每日的巡海，希望能找到日本舰队的蛛丝马迹。

那么，这时的日本联合舰队在忙什么呢？日本联合舰队距离黄海还很远，当时的他们正在护送运输援军及其给养的商船队前往仁川。因为早在宣战之前，日本军部就制订了以舰队决战夺取制海权的明确计划。在1894年9月12日以前，日本的主要任务就是向朝鲜半岛增兵，海军舰队的行动也必须配合大局。

9月12日，日本联合舰队护送30艘运输船抵达了仁川。把士兵全部送上岸之后，他们立即返航。伊东佑亨中将率领着日本联合舰队，即将进入黄海海域。行驶途中，他命令部下检查着战舰上67门4.7和6英寸的速射炮。这些火炮，是那个时期最有效的海军火炮。在伊东佑亨的眼里，它们就如自己最优秀的战士一样珍贵。这支舰队由本队第一小队、本队第二小队、第一游击队和第二游击队组成。

　　根据探察所得的资料显示,丁汝昌发现,北洋水师的主力舰与联合舰队的主力舰相比,平均航速慢了近 3 节,比第一游击队则慢了近 5 节,在速度上占据劣势。火炮方面,北洋水师拥有的 300 毫米以上火炮比日本舰队多 5 门,拥有的 200 毫米以上火炮多出 3 门,但他们一门速射炮都没有。

　　丁汝昌心里十分忐忑,对于这场战争的胜负没有把握。不过,让他稍稍安心的是,联合舰队没有一艘重装甲,而北洋水师中有 2 艘德国造的 7400 吨装甲战列舰"定远"号和"镇远"号。对于这两艘战舰,他还是很有信心的。

　　9 月 16 日,北洋水师护卫着运输船只到达大连湾,停靠在鸭绿江大东沟口外。丁汝昌为了防患于未然,命令镇中、镇南两炮舰和各鱼雷艇护送运输船入口,让"平远""广丙"在口外担任警戒,其余的战舰则在大鹿岛东南下锚警戒。

　　就在第二天上午 10 时,北洋水师的观察哨发现了联合舰队的踪影。当时丁汝昌正在监督官兵进行作战操练。为了掌握战争的主动权,丁汝昌立即命令舰船点火,准备迎击敌人。一时间海面上喧闹起来,中国战舰的水兵快速奔向自己的战斗岗位,检查火炮和炮弹。每个人脸上都浮现出严肃坚毅的神情。他们深知这将是一场恶战,于是精神格外紧张,他们急急忙忙地做着战前准备,连午饭都没来得及吃。

　　一个小时后,北洋水师起航,摆出标准的接敌队形。与此同时,伊东佑亨也发现了北洋水师的行动。他下达的第一道命令是让士兵吃饭,待官兵都吃饱喝足之后,10 时 5 分他下达战斗命令,带领舰队向北洋水师驶去。这时的北洋水师面对的是日本联合舰队的单纵阵:"赤城"和"西京丸"转至舰队左侧,第一游击队行驶在最前方,本队留在后面。丁汝昌站在舰桥上,遥望着缓缓驶来的日本战舰。

　　这世上有哪种阵型最为坚固,且在宇宙中所向无敌吗?历史事实会告诉你,没有。但是一个足够完善的阵型,能够使舰队发挥出最大实力。丁汝昌决定摆出一个强大的阵型来抗击日本人,他找来了德国陆军大尉汉纳根、旗舰"定远"管带刘步蟾进行商议,命令舰队由当前的双纵阵变更为楔形横陈,克制日本人的单纵阵。

　　丁汝昌一声令下,整个舰队于中午 12 时 20 分开始变阵,15 分钟顺利完成。他将"定远"部署在了中央位置,其余各舰分别在其左后和右后方依次展开:左边的是"靖远""致远""广甲""济远";右边的是"镇远""来远""经远""超勇""扬威"。

　　全舰队组成了一个完美的楔形。这个阵型看上去非常坚固,如能以楔形插入敌人的阵型,其中央方位"定远""镇远"二舰势必能扎入他们的心脏。海面上,北洋水师威武地前行着,一艘艘深灰色的战舰好似威而不怒的战士,看起来气势逼人,激起的水花一朵比一朵艳丽。舰上的水兵脸上都显露出视死如归的豪情,他们头上盘着发辫,两臂裸露而呈浅黑色,一批一批屹立在大炮旁,杀气腾腾,随时准备着和日本人拼个你死我活。

　　1894 年 9 月 17 日中午,12 时 50 分,双方舰队慢慢靠近,相距 5300 米。忽然一声巨响划破天际,"定远"右舷一门 305 毫米主炮发射出了一枚炮弹,震耳欲聋。黄海海战这出伟大悲剧的高潮,由北洋水师自己揭开了第一幕。

　　这一炮弹稍稍偏高,掠过第一游击队旗舰"吉野"号的上空,轰隆隆,砸在了距离其左舷 100 米的地方。"吉野"号的舰长坪井航三心有余悸地查看左舷的情况,确定没有损伤之后,下令水兵将马力开到最大,向北洋水师的中央部分冲过去。

它的速度很快,眼看就要撞上"定远""镇远"二舰。与此同时,北洋水师右翼遭到了日本第一游击队的攻击,他们在距北洋水师5 000米处一边发炮一边前进。闻听消息的丁汝昌连忙命令右翼立刻反击,但不要改变阵型。

但突然之间,丁汝昌发现"吉野"号转舵了,他惊呼道:"这是佯攻啊!赶快让右翼小心!"可是,这个命令有些迟了。"超勇""扬威"两艘战舰不久就遭到了"吉野"号的炮轰。一时间,"超勇""扬威"号的管带被突然而来的炮火震昏了头,他们赶紧发射炮弹还击,并且转舵改变方位躲避炮火。就在这时,"吉野"号后面的"高千穗""秋津州"和"浪速"号也发难了,密集的炮弹一枚枚从天而降,砸在这两艘中国战舰上,引发一连串的爆炸和很大的火势。飞溅的灼热弹片穿入了水兵的身躯,惊起一片哭喊。

此刻的右翼的确危机重重,丁汝昌不能坐视不理,他想派出左翼和中央部分的两艘战舰去支援右翼,但是这样一来就会破坏坚固的阵型。就在他犹豫的空当,北洋水师的这两艘战舰遭到了日本联合舰队本队的炮轰。

"命令右翼坚守!他们没有支援,我们无法支援!"丁汝昌大声命令道,额上渗出了层层冷汗。"超勇""扬威"已经坚持不住了,它们都是1881年下水的旧舰,排水量加起来仅2700吨,一共只有36门炮,在面对一共拥有100多门炮的日本第一游击队4艘战舰猛攻时毫无胜算。但这两艘战舰作战英勇,没有退缩,一直不间断地发炮还击,坚强的水兵们强忍着炮火的威胁,依然打中了"吉野"号、"高千穗"号和"秋津州"号。但是,它们坚持不了多久。由于没有其他舰队的支援,又不能擅离阵位,孤军奋战的"超勇"和"扬威"满目疮痍,不到半小时就发射不出炮弹了,丧失了战斗力,不久"超勇"沉没了,"扬威"拼命驶离战场后不幸搁浅。

丁汝昌已经顾不上这两艘弱舰了。他现在面临着更大的危机,不得不集中精神迎击日本联合舰队本队。原本丁汝昌想利用楔形阵的尖端切断日本战舰的阵营,但让他没料到的是,这种策略反而使"定远""镇远"陷入了日本战舰的交叉火力中。由于处于阵营的最前端,它们首当其冲地遭到日舰"松岛""千代田""岩岛"和"桥立"号的炮轰。炮弹在天空中来回飞越,从中国官兵的头顶掠过,炮火烧掉了他们的头皮,但烧不掉他们的爱国心。

站在"定远"号上的丁汝昌焦急地指挥着"定远"号实施炮火反击,忽然,一枚炮弹迎面而来,击中"定远"号的主桅,整个舰桥剧烈震动起来,他在一瞬间感到了眩晕,身子被冲撞力抛落了出去,最后重重地砸在甲板上。身负重伤的丁汝昌无法再继续指挥战斗了,他在被部下架着躲避炮火的途中,听到了更猛烈的爆炸。正是这一次爆炸,让"定远"的信号索具被炮火淹没了,北洋水师就此失去了指挥塔。"你们要坚持战斗,坚持下去,我们不能败啊……"丁汝昌虚弱的声音回荡在海面上。

这要是在陆地匕,失去了指挥的军队往往四散而逃了。但是这是在海上,而且双方正在进行炮轰,即使没有了主帅的指令,任何一艘战舰都不会擅自撤离的。这是海战的规矩,也是军人的职责所在。自从丁汝昌身受重伤后,北洋水师失去了作战指挥,但当时的大部分战舰并不知道这一情况,仍然跟随着"定远"进退。各个战舰按照原来的阵型继续抗击日本人的炮火，勉强应对着日本战舰的炮火。双方的炮轰在此时进入了胶着状态，浓黑的烟雾弥漫在海面上，阻挡着炮手们的视线，于是炮弹打偏的、打歪的不在少数，但是联合舰队主队仍然遭受到了不小打击。

12时55分，日本联合舰队中的"松岛"号上的320毫米主炮旋转装置被炮火烧毁。这稍微减轻了一点北洋水师所遭受到的火力。混战一直持续到下午5时，"靖远"舰才发现"定远"无法继续指挥战斗，接过了指挥权，代行旗舰职务，下令各舰灵活规避，千万不要被日军夹击。

但现实总是残酷的。因为在此之前，伊东佑亨已经发现了北洋水师行动力的失常，下达了对北洋水师进行夹击的命令。当第一游击队击沉"超勇"、击败"扬威"后，就接到了命令，马上顺时针绕行到北洋水师后方。趁此机会，伊东佑亨打算带领本队左转，从北洋水师右翼前方冲往左翼。但是，就在这时，本队的速度被"比睿""扶桑""赤城"和"西京丸"拖住了。北洋水师左翼和中央部分的战舰看到了这4艘缓慢的日本战舰，瞬时发动轰击，形成了交叉火力网，企图将它们围困住，将它们一举歼灭。

北洋水师死死咬住了这一次机会，觉得是打败日本舰队的大好时机。一旦能击沉这4艘日本战舰，再转而攻击日本伊东佑亨的主力就容易多了。各艘战舰的舰长原本认为伊东佑亨会命令本队战舰回来救援，但是在实施了一段时间的炮火轰击后，他们发现伊东佑亨带领着本队中的前4舰头也不回地驶过。既然如此，北洋水师不准备放过这4艘日舰，一瞬间，北洋水师的几乎全部火力都集中在日舰"比睿""赤城"身上。无数枚炮弹飞至"比睿""赤城"上空，接连不断的爆炸声响起，甲板上的日本水兵成批地被震飞了出去，重重地坠入海中。

就在北洋水师为冲断了日本舰队而感到欢喜时，伊东佑亨带领的本队即将占据有利的作战位置。他牺牲4艘弱舰吸引北洋水师火力的目的，就要达到。就在这时，如果北洋水师发现了他的计谋，也许还能存有反攻的可能。因为此时第一游击队的坪井航三误解了信号含义，以为伊东佑亨命令他回航援助"比睿""赤城"，于是马上下令全队左转。这正是北洋水师打破日本舰队实施夹击策略的好机会，可惜的是，各艘战舰的注意力仍然集中在那4艘日本弱舰上。

过了许久，北洋水师的官兵感觉到了不对劲，舰长们总算发现了联合舰队的意图，他们发现自己的后方位置出现了日本战舰。"它们是什么时候来的？"有人惊叫道。实际上，伊东佑亨也改变了方向，急中生智命令本队右转，沿着第一游击队原来的航迹前进，绕到了北洋水师后方。而第一游击队回航援救"比睿""赤城"和"西京丸"，驶至北洋水师前方，顶替了本队原来的角色。北洋水师中央部分的战舰连忙行动起来，试图从炮轰两三艘弱舰的战事中退出，但舰长们此时发现，自己已经被第一游击队和本队夹在中间了。

一时间，北洋水师的楔形队形遭到了日本战舰的前后夹击，在火力网交错进攻下，瞬时土崩瓦解。

没有指挥的北洋水师如盲人一样躲避着前后的炮火，各个战舰一开始还能勉强保持阵型，但随着日本第一游击队和联合舰队本队不断加大火力，无数的炮弹从前后飞来，炸出一个又一个巨坑，没有停顿的爆炸一场跟着一场，队形松动了。

下午3时20分左右,"致远"舰陷入了极其危险的境地。"致远"号的前方,正是坪井航三带领着的第一游击队。第一游击队旗舰"吉野"号首先发难,它挑衅似的发射了几枚炮弹,落在"致远"号的周围。它横行无忌的嚣张姿态令"致远"管带邓世昌义愤填膺,他记得在战争开始阶段,就是这艘"吉野"号狡猾地冲击了北洋水师的右翼。而早在丰岛海战时,邓世昌就和日本战舰结下了深仇大恨,一直等待着报仇雪恨的机会,如今虽然处于劣势,他仍然豪情万丈,丝毫不惧。

他命令部下瞄准"吉野"号,发射最后的几枚炮弹,可惜的是这几枚炮弹都没能击中。眼看两艘战舰近在咫尺,他甩起辫子咬在口中,大吼道:"设有不测,誓与日舰同沉!"他这是决心撞击"吉野"号,与之同沉,以死报国啊。在下达全舰官兵准备一死,朝"吉野"号撞去的命令之前,他对大副陈金揆说道:"日本舰队仗着有'吉野'号才如此肆无忌惮,如果可以撞沉它,那么我们还有集结起来战胜他们的机会!"

话音一落,他下令开足马力,朝"吉野"号冲过去。然而这个举动正中联合舰队的下怀。因为"致远"号现在正好脱离了战列,暴露在第一游击队集中火力攻击之下。邓世昌站在甲板上,有了一种不好的预感。"致远"号遭到了坪井航三4艘战舰的火力攻击,速射炮轰轰作响,像暴雨一般的炮火砸了过来,高高燃起的火焰照红了中国水兵黝黑的脸庞。结果,"致远"号被4枚榴弹同时击中,舰首舷边鱼雷发射管里的一枚鱼雷被瞬间引爆。

轰隆一声,鱼雷爆炸,"致远"号舰首破裂,大量海水涌进,舰船开始下沉。但邓世昌仍然下令继续前行,直至前部船身完全沉没于海中,舰船尾部翘起,推进器翻转至空中,哀鸣不已。包括邓世昌在内,"致远"号全舰官兵约246人遇难,只有7人得以生远。"致远"号的沉没,让其他战舰上的水兵心口一冷,脸颊上瞬时一片冰凉。

看着"致远"号缓缓消失在海面上,"济远"管带方伯谦脆弱的神经噌地一下断了。他强迫自己立刻进行思考,击沉了"致远"号的第一游击队必将选择下一个攻击目标,它会选择谁?没错了,正是位于舰队最左翼的"济远"!

恐惧越来越大,一下子就遮蔽掉了他眼前所有的光亮。他自认为没有邓世昌那样勇敢,于是一秒不停地下令"济远"转舵逃离战场,径直驶回旅顺。见此情形,与"济远"同编一队的"广甲"也慌了,其管带吴敬荣的想法和方伯谦一样,也随后下达了逃跑的命令。慌不择路的"广甲"仓皇极了,一路加大马力,直到在大连三山岛外触礁搁浅。吴敬荣为了逃命,自己纵火焚舰,带领着仅剩的一些水手登岸。

第二天,搁浅的"广甲"也被击毁。"致远"号沉没,"济远""广甲"逃跑,至此北洋水师左翼不复存在了。北洋水师的右翼势单力孤地支撑着与日本舰队的战斗,他们还没有失败,他们不愿放弃!北洋水师试图以残存的右翼和日本战舰拼死一战。

此刻"经远"号被坪井航三盯上了。自从"超勇""扬威"起火后,"经远"号就暴露于阵线最右翼的位置,它的处境已经异常危险。"经远"号的全体官兵,面对日本战舰黑洞洞的炮口毫不畏惧,然而100多门大炮一起吐出了火舌,炮弹密集地降落在他们的身边。

和当时"超勇""扬威"两舰被攻击时的态势几乎完全一样,"经远"遭到的是日本第一游击队四舰的集中攻击。北洋水师的其他战舰没有得到上级的指令,无法前来支援,他们一心想要保持住阵型,认为只有保持住阵型才有可能继续坚持战斗。在这种情况下,"经远"战舰上的官兵除了想方设法躲避炮火和爆炸产生的碎片,什么也干不了。由于战舰的性能有限,"经远"号无法有效规避炮弹,大部分的水手都被炮火烧伤了,有的还被炮弹削去了胳膊或腿,那些不幸被击中脑袋的人则再也听不见震天的炮火声了。

"经远"被打成了筛子,在接连不断的炮火下,管带林永升、大副陈荣、二副陈京莹在下达了全舰官兵拼死作战的命令后先后阵亡,战舰上的水兵在高级军官全部阵亡的情况下继续进行着战斗,直至"经远"在烈焰中下沉,炮手仍然紧盯着日舰,开炮不止。最后只有 16 人被救起,其余 200 余人全部遇难。"经远"号跟随着"致远"号一起,永远葬身于大海了。

下午 3 时 30 分左右,北洋水师被日本联合舰队打成了断翅之鸟,左翼和右翼都没有了,只剩下中央方位的"定远""镇远""靖远""来远"四舰还在坚持。此时,它们面对的是联合舰队的 9 艘战舰。就算断翅了也要与日军抗战到底!

北洋水师是顽强的,在伊东佑亨第一游击队和本队不断地环绕炮轰下,最后的 4 艘战舰仍然坚持不懈地组织反击。中国战舰的殊死一搏令伊东佑亨感到了震撼。"定远"号和"镇远"号遭受到的炮火是最多的,官兵看着日本人发射的重型炮弹一枚一枚落下来,看到战舰被打得到处都是窟窿,速射炮突突地扫过他们的甲板,那些不小心暴露的炮手都被击中。所幸的是,两艘舰船的要害部位都被 14 英寸的装甲保护着,还没有受到损害。慢慢地,"定远"号和"镇远"号迎来了反击的机会,两艘战舰均将舰首转向日本战舰,展开了炮火反攻。

虽然这些勇猛的炮兵有时候射出的是不合格的弹药——清政府提供的用锯屑或沙子装填的炮弹,但他们仍然坚持不懈地瞄准、发射。3 时 30 分,一枚 12 英寸炮弹终于打爆了伊东佑亨旗舰上的弹药库,引发了大爆炸,造成了 100 多人伤亡。

中国人的坚强意志让伊东佑亨感到了恐惧。此时,他沮丧地发现,目前舰队上所带的炮弹是不能彻底摧毁这两艘战列舰的。"只要能支撑到夜幕降临,我们或许能给伊东佑亨一顿痛击,报仇雪恨!"北洋水师仅剩的几个指挥官这样想着,命令战舰继续坚持,不要后退。炮战一直持续到 5 时 30 分,意识到北洋水师可能在夜间反击的伊东佑亨终于决定要撤离战场了。看着日本舰队炮火逐渐减弱的"镇远"号上的炮手重重吁了口气,因为他们仅剩下炮膛里用来作为最后齐射的 3 发 12 英寸炮弹了,要是日本舰队还不离开,他们也许无力保住这最后的一点实力。

当夜幕降临后,两支舰队才算完全脱离了战斗。第二天清早,幸存的 4 艘中国军舰抵达旅顺港以保存实力。经此一战,北洋水师损失过多,受到重创,不久便接到了清政府让他们藏身于威海卫不要再出动的命令,官兵不甘心地眺望着黄海海面,眼睁睁地看着日本联合舰队在那儿自由游弋。北洋水师就此让出了黄海海权,为屈辱的战败付出了惨重代价。

北洋水师一败,中国海军从此形同虚设。黄海海战战况惨烈。对北洋水师来说,这是一次决定性的挫败。日本人平田胜马在《黄海大海战》一书中这样描述道:"……头、手、足、肠等到处散乱着,脸和脊背被砸得难以分辨。负伤者或俯或仰或侧卧其间。从他们身上渗出的鲜血,黏糊糊地向船体倾斜方向流去。滴着鲜血而微微颤动的肉片,固着在炮身和门上,尚未冷却,散发着体温的热气。此情景,已使人惨不忍睹……这不是普通的炮弹,而是三十公分半巨弹的爆炸。因此,被击中的人,自然要粉身碎骨,肌肉烧毁,形迹无存,仅余断骨而已。"足见当日海战是如何残酷,令人不堪回首。

经此一战,联合舰队伤亡约 300 人,有 4 艘战舰丧失了战斗力,其中有 3 艘都是弱舰,没有一艘战舰沉没。与此相比,北洋水师伤亡约 800 余人,折损了 5 艘战舰,其他各舰也都重伤,战斗力大不如前。

这一战是中日双方舰队主力的决战,因此北洋水师的失败,等于制海权拱手让给了日本,从而导致了北洋水师最后的覆灭和甲午年间整个战争的失利。而清政府官员和海军首脑在战略上所犯的错误,以及北洋水师将领在战术上的一成不变,是导致北洋水师战败的根本原因。

但是除了北洋水师,我们不是还有三支舰队吗?此话不假。当时的中国海军共有四支舰队,分别是北洋水师、南洋水师、福建水师和广东水师。其中以北洋水师实力最为强大,是清政府花费了大量白银和人力资源组建起来的,南洋水师也有几艘战斗力不错的战舰,而其他水师的战舰仅可当作辅助舰,无法肩负起一场大的海战的责任。

令人感到奇怪的是,既然中国海军拥有四支舰队,为何他们在海战中不相互支援,共同御敌呢?这的确是一个特殊的现象。中国的这四支水师的建制各有不同,不是清政府统一拨款组建起来的,而是地方势力各自发展海军的结果。由于平时各支水师都没有相互照面,更别说集中起来进行海战训练了。无论是在战舰性能还是作战方式上,它们都存在着差异。在战争期间互不支援,成了中国四支海军舰队的一种惯例。例如在中法战争期间,北洋水师曾拒绝支援福建水师。这也许是为了保存各自的实力所致,也有可能是各自的领导者出于某些政治原因,不同意出兵支援。总之,在整场甲午战争中除了北洋水师外,只有广东水师"广甲""广乙""广丙"三舰因为在战前参加会操而滞留北洋舰队,所以不得不参加了海战。在整个战争期间,中国的其他海军舰队对于陆军的溃败和北洋水师的覆亡都冷眼旁观,没有做出任何反应。

这不能不说是中国海军的悲哀,也是清政府在军事防御上的极大失败。后来《马关条约》签订,其他三支海军的经费被用来支付赔款,至此这三支海军形同虚设,毫无用处了。当时有这样一个笑话:北洋水师向联合舰队投降后,广东水师委托中方参加投降谈判的代表致信伊东佑亨,请求他归还"广丙"舰,他的说辞竟然是"广东军舰不关今日之事"!伊东佑亨深感疑惑,他自然是想不通为何中国各水师之间的门户之见会如此严重。这件事不禁让人贻笑大方,但更多的人感到了深深的悲痛和失望。

黄海海战的失利,不仅让中国海军一蹶不振,也让清政府的高级官员更加懦弱胆小。首当其冲的便是李鸿章"避战保船"战略方针的提出。不过刚刚战败之后,这种做法也无可厚非,因为日本联合舰队正在寻机与实力大不如前的北洋水师再战一场，从而能够一举歼灭之。李鸿章的保守战略，在短时期内的确是起到了保存实力的作用。

然而，这绝非长久之计，如果继续如缩头乌龟一般躲在威海卫，北洋水师就失去了其中国第一舰队的作用了。甲午战争中，北洋水师唯一翻身的机会就是放弃一切在开阔海域与敌决战的想法，而是应当借助威海要塞强大岸基炮火的支援，进行防御作战。

有谁能够来援助它吗？如果不是当时中国海军可笑的门户之见，另外的三支水师应当立刻起兵前来支援。虽然这三支水师可用之舰并不多，但是也可助一臂之力。如果黄海海战后，四支水师能齐心协力聚集起来，进行海战训练和整编，其实力应当不在黄海海战前的北洋水师之下，那么中国海军还有机会重整旗鼓。

但是历史事实远比想象来得残酷，北洋水师本身都没有向其他水师求援，其他水师自然也就信奉着"事不关己高高挂起"的理念，干脆充当一个观众。如此一来，北洋水师也在退缩的情况下近乎坐以待毙。甲午海战的失败已经注定。

黄海海战之后，日本陆军肆无忌惮地在黄海和渤海的海面上航行，随时都有可能攻击中国的东北、直隶和山东。为了防备日军进行登陆作战，清政府必须在这三个战场都进行军事部署和建造防御工事。这样一来，清军无法对每个地方都投入同样的军力，贪生怕死的清政府一直将直隶作为主要保护对象，从而减弱了其他两个地点的防御。日军选择了辽东半岛和威海作为突破口。

1895年1月20日，日本陆军在荣城湾登陆，绕道从后路进入威海，也就是北洋水师最后的庇护所。同时，联合舰队在威海海面上摆开了阵势，从正面进行炮轰。北洋水师依靠着要塞炮火的支援和地理环境作为屏障，一次又一次击退了联合舰队的攻击，但战舰上的士兵和岸边的守军都惴惴不安，不知还能否抵挡得住联合舰队下一拨的攻势。

伊东佑亨这时做出了一个决定，他自信满满地下令舰队撤退，等待着夜幕的降临。当浓重的夜色打湿了北洋水师士兵的衣衫时，他们还没察觉联合舰队采取了行动。日本人在海战史上第一次派出了大规模的鱼雷艇，展开了一场夜袭。一枚枚鱼雷悄无声息地从水下发射，贴着水面冲向静静停泊在港湾内的中国战舰。

爆炸声惊醒了士兵们，炮手们还以为是敌人的炮弹又击中了船体。等他们查探清楚爆炸的源头，战舰已经大量进水，开始下沉。就算是那艘曾令日军畏如虎豹的"定远"，也没能逃过鱼雷的袭击，舰身因为遭到猛烈冲撞而受伤，最后搁浅了。

鱼雷将北洋水师逼到了绝路。2月17日，这支在10年时间里吞掉国家无数白银的舰队，在这一天全军覆没了，只剩下一艘没有任何武装的"康济"舰。惨败不堪的战舰被联合舰队接收，北洋水师投降了。

这天上午，幸存的北洋水师官兵走上了"康济"号，他们看见丁汝昌等水师高级将领的遗体被拥挤地停放在某一个角落里。作为战俘，他们无比凄凉地离开了威海卫军港，每一次回头都是一次惨痛的经历。"康济"号上空，还如往常一样飘荡着黄底青龙旗，这面龙旗却是威海卫港内仅剩的一面了。因为港内其他的战舰全部升起了日本的太阳旗，而那些没有改变旗帜的战舰，如今都躺在黄海海底的泥沙之中，永远陪伴着它们的祖国。

死去的将士无法得知北洋水师那一日的耻辱。而那些活着的败军之将无不流露出悲恸的神情，他们大都在国内和国外接受过现代化的教育，如今却只能履行降约的条款，在日本人鄙视的目光中离开战场。

北洋水师覆灭后，威海地区的陆军也无力再战，紧接着威海沦陷了。此时的清政府惊慌失措，马上派遣李鸿章赴日乞和。4月17日，李鸿章与日本代表伊藤博文签订了不平等的《中日马关条约》，以乞求者的姿态结束了这场战争。

（二十四）达达尼尔海峡争夺战

1914年初秋，土耳其人感受到了从达达尼尔海峡吹来的咸湿的海风，这一年的海风似乎比往年的都要大。

站在海边的他们交头接耳，议论着刚刚过去的夏季和欧洲爆发的那场战争。根据从海上回来的人所说，德意志帝国、奥匈帝国、法国都参加了这场大战。他们不太明白这场战争的目的，但是德国和土耳其是有些交情的，所以他们纷纷看好德国，认为德国胜利的概率较大。

说起来，自从德国人出现在君士坦丁堡，已经有12个年头了，他们和土耳其人进行贸易往来，而且对于中东地区的经济发展表示出了极大的兴趣。这些德国人常常发表意见，并给予他们的军队一些金钱上的资助，有时还给他们带来一些武器装备，说是无偿送给土耳其的。到了1907年，不少土耳其人听说了英国人与俄国人达成公约的事情，这让土耳其对英国没了好感，因为俄国是他们的宿敌，他们达成公约也就是公然和土耳其过不去了。这样一来，土耳其人更愿意和德国人来往，后来为了加强两国友好关系，土耳其政府要求德国派一个军事使团来君士坦丁堡，训练土耳其军队。

德国人很快收拾包袱过来了。桑德斯将军于1914年12月带领着一小批军队抵达了君士坦丁堡，被任命为土耳其陆军的监察长。第二年的7月，英国参战的消息令土耳其人感到了威胁，他们赶紧向德国提出秘密联盟，德国人笑嘻嘻地答应了。

实际上，德国一直等待土耳其投入自己阵营的一天。这时，英国人为了加强海军军备对抗德国，决定征用英国造船厂正在为外国海军制造的所有军舰。这些军舰中，正好有两艘是为土耳其建造的战列舰，战斗力都很强。英国人没有考虑到土耳其人的敏感情绪，不打招呼就把两艘战列舰开走了。得知自己的新军舰成了泡影的土耳其政府相当愤怒，于是开始喋喋不休地对德国人诉苦。

"为什么啊？英国人真是太过分了！"他们叫嚷着，发泄着自己的不满，而德国人在一边听着，最后淡淡地说了一句："不如，我们送给你们两艘巡洋舰吧！"土耳其人一听，顿时感激涕零。

其实这只是狡猾的德国人所有计谋中的一个罢了。要知道，那两艘送给土耳其的巡洋舰，是被困在地中海根本没有希望返回德国的战列巡洋舰"格本"号和轻型巡洋舰"布雷斯劳"号。

在德国人看来，土耳其人简直太好骗了。他们如此做的目的，无非是希望土耳其在德国需要租借其具有重要战略地位的海峡和领土时，能够慷慨大方一点儿。德国人和土耳其人的亲密，让英国人感到了巨大不安。

不久，英法两国达成一致意见，决定出兵进入达达尼尔海峡和博斯普鲁斯海峡，占领土耳其首都君士坦丁堡，最终目的是迫使土耳其退出战争。

英国海军大臣温斯顿·丘吉尔是首先提出达达尼尔海峡重要性的人，他同时也提出初步的作战方针：战争初期，英法联合舰队应该依靠舰炮火力摧毁土军海岸炮连和要塞而后扫除海峡水雷，再突入马尔马拉海登陆，最后攻占君士坦丁堡。

英法联合舰队的异动，让德国—土耳其联军统帅部闻到了火药味。经过商议，土耳其第一、第二集团军的部队被调往达达尼尔海峡地区，主要任务是在要塞布置足够多的炮兵，将要塞和岸边的火炮数量增加到了 199 门，还布下了 10 道水雷障碍，防御英法联合舰队的入侵。另外，土耳其军队还在达达尼尔海峡入口两岸配置了外围炮兵连，其后区域布置了中间炮兵连，最后一道防线上部署了内防炮兵连。

德国桑德斯上将带领第三军的部队驻守在达达尼尔海峡北岸阵地，南岸则由该第一集团军的第十五军的部队负责。

1915 年 2 月中旬，英国卡登海军上将带领着英法联合舰队集结在利姆诺斯岛穆德罗斯湾，排开了声势浩大的联合舰队阵营。

海面上，11 艘战列舰、1 艘战列巡洋舰、4 艘轻型巡洋舰、16 艘驱逐舰、7 艘潜艇、1 艘飞机运输舰依次排开，仿佛一堵坚不可摧的钢铁城墙矗立在土耳其人的眼前，它们渐渐向海岸逼近，越是靠近，越是令人感受到其慑人的气势。土耳其炮手捏紧了拳头，傲然注视着前方，等待着英法联合舰队的炮火向他们袭来。

1915 年 2 月 19 日上午，英法海军对达达尼尔海峡的攻击开始了。英军司令官卡登上将站在战列巡洋舰"坚强"号上，目光坚定，他在即将到达达尼尔海峡入口处时稍稍减缓了速度。在望远镜里，他看到左前方的岸上有 2 个要塞，其侧翼有海勒斯角和附近的塞迪尔巴希尔村作为掩护，背后是加利波利半岛的高地，褐色的灌木丛覆盖着峻峭的山峦，偶尔有几棵矮小的松树露出一点儿幽绿；舰队右前方附近的海岸上，还有 2 个要塞，而它们背后是更陡的山丘，易守难攻。土耳其军队真是建造了极好的防御工事啊！

渐渐地，晨雾在冬日太阳的驱散下消散了，达达尼尔海峡露出了完整的容貌。卡登一声令下，英法联合舰队在最大射程处开始向这 4 个要塞开炮。炮火有条不紊地持续着，巨大的炮声和爆炸声在海峡内回响，士兵们忍受着这些高强度的噪音，手中的动作毫不迟缓。土耳其炮手抢起胳膊站在火炮前，对准海面上的英法战舰，不间歇地发射炮弹。由于居高临下，土耳其方面的炮火攻势看起来更加强大，4 个要塞均没有因为英法舰队的炮火受到大的损伤。密集的炮火让海峡上空被浓烟和火焰笼罩，在长达 6 小时的炮战中，英法舰队的炮火依然没能压制住土耳其的火力。

为了进一步加强炮火攻势，卡登下令出动达达尼尔海峡地区的联合舰队全部兵力，但是还是没有对土耳其人的要塞造成创伤。这一天的炮战，双方都没有占到便宜。

接连几天的炮战都打得很辛苦，没有什么进展。卡登转而准备进行第二步计划,在海峡里扫雷并且打击海岸上的炮兵。但这个时节正逢爱琴海上风暴肆虐,海面上的能见度很低,这种气候条件导致联合舰队的进攻变得更加缓慢。每天清晨,联军战舰都进入海峡对两岸进行炮轰,但土耳其人的活动榴弹炮隐藏在灌木丛中,瞄准起来很有难度。而排雷的进度则令所有人恼火。进行扫雷的船是临时召集的没有武器装备的木质拖网渔船,行动力很差,在海峡流速4节的水里常常无法前进;扫雷的人员不是专业士兵,而是从北海港口召来的普通渔民,没有战场经验,且根本不善于发现和排除水雷。由此,扫雷行动拖了联合舰队的后腿,使得进攻时间一拖再拖。

2月26日夜晚,扫雷船又被派了出去,但它们被土耳其守卫者的探照灯照射得一清二楚,一瞬间黑夜成了白昼,即使远离雷区。在这种情况下,扫雷的拖网渔船掉头就跑,全无战果。当时接到报告的丘吉尔生气地发了一封电报:"我不明白为什么扫雷船受到海岸炮火的干扰,竟没有造成任何伤亡!只要能扫到海峡最窄处,伤亡二三百人的代价不算大啊!"

对于丘吉尔的斥责,卡登感到异常沮丧,他丧失了一个领导者该有的自信心,精神面临崩溃。他提出了辞呈,丘吉尔立刻下令让德·罗贝克少将接任指挥,并命令联合舰队必须在3月18日发动全面总攻。

3月18日,联合舰队再次大张旗鼓地出现在达达尼尔海峡。德·罗贝克把威力最大的4艘战列舰"伊丽莎白女王"号、"亚加米农"号、"纳尔逊勋爵"号和"坚强"号排成一排,部署在最前列,向海峡最窄处进攻。它们对着要塞轰击了半个小时,总算对土耳其要塞造成了部分损伤。随后,法国军舰在英国后援部队的支援下,对海峡最窄处的要塞连续攻击,炮火持续了大约2个小时。

土耳其人的炮火被稍稍压制了下去。但他们仍然坚持炮击,这些炮弹从两侧海岸和正面投射过来,在法国战舰的甲板上引发爆炸,炮火不断蔓延。突然,一枚炮弹直直抛射下来,嘭一声,打穿了一艘法国军舰水线下的舰体。

德·罗贝克立刻召回受到损伤的法国军舰,命令后边的4艘英国军舰迅速上前。一艘法国战列舰急忙向右转舵,却不幸撞上了土耳其人之前布下的水雷。轰!战列舰发生爆炸,碎片四处飞溅,舰上的600多士兵随着战舰坠入海底。要塞里的土耳其人发出了欢呼声。

这次总攻,又以联合舰队的撤退而告终。德·罗贝克忧心忡忡,于是在3月22日这天乘坐"伊丽莎白女王"号抵达利姆诺斯岛,见到了陆军少将威廉·伯德伍德勋爵和陆军上将伊恩·汉密尔顿勋爵。当时,汉密尔顿是全面指挥爱琴海协约国部队的负责人。

经过激烈的讨论,三个人一致决定放弃单纯使用海军作战的方案,实施陆海军联合登陆作战。土耳其人的炮火还能继续坚持吗?

如果联合舰队动作迅速的话,土耳其人是没有机会的。可惜的是,事实和理论相距甚远。

这一日,汉密尔顿站在船头,沿海岸从北向南航行,仔细观察着狭长的加利波利半岛中部。他想寻找一个理想的登陆场,最后相中了加巴台普岬稍北处的一个地点。这个地方的海岸开阔倾斜,直接通往半岛上高高的山脊,是个部署炮火支援的绝佳地点。一旦占领了这里的高地，就能利用炮火切断土耳其的补给线和增援部队。登陆作战时，同时在博拉耶尔和库姆卡莱佯攻，就能牵制加利波利半岛南部的所有土耳其兵力，从而给第二十九师充足的时间去占领塞迪尔巴希尔。

汉密尔顿在脑海中规划好蓝图，脸上的神情十分愉悦。但就在他为自己的计划感到雀跃时，第二十九师从英国运来的运输舰没有按照战备状态的要求装载的消息传来，令他十分恼怒。由于火炮和弹药被分装在不同的船上，机关枪被压在了货物的底下拿不出来，附近又没有海岸设施重新装船，汉密尔顿命令整个运输船队返回亚历山大重新装船。这个低级失误，耽误了联合舰队的准备时间。在汉密尔顿的亲自监督下，这支运输队总算重新装船完毕，姗姗来迟，开进了穆琢港。不久，由德·罗贝克发出了汉密尔顿的"联合行动命令"。英法海军军官与将要合作的陆军部队接触，并开始进行登陆演习。

联合舰队的进攻时间，终于确定在了4月25日上午。他们还不清楚，土耳其的军事指挥权已经易主了。就在隈台舰队3月份的那一次总攻过后，土耳其政府便把加利波利半岛的指挥权交给了德国军事使团头目桑德斯将军。上任之后的桑德斯将军把所有能用的火炮都调到了加利波利半岛，又加强了要塞的火炮力量，并调入一支步兵师参战。他新官上任烧着那三把火烧得正旺的时候，联合舰队运输船正在重返亚历山大装船。在联合舰队白白奉送的这一个月内，他对土耳其士兵进行了强化训练，并且命令土耳其人在联合舰队所有可能登陆的滩头后面，都挖筑好相互连接的堑壕。

忙碌的土耳其人挥舞着手臂在战壕里挖掘，任凭汗水浸湿了全部的衣衫，他们的面容都很平静，给人一种临危不惧的感觉。他们看着不远处的战士进行着军事训练，在滚滚尘土中摸爬滚打，心里感受到的是无比的安宁。而让他们更加安心的是要塞和岸边密布的机枪火炮火力点和连绵数海里的铁丝网。仿佛有了炮火的守护，这些土耳其人什么都不怕了。

联合舰队总攻的阵势非常强大，倘若土耳其人在战前看到了4月24日傍晚他们出征的景象，肯定会禁不住胆寒。但是，土耳其人关心的是眼前逼近的那一部分敌人。无论多少，他们照单全收！

这天傍晚，200多艘英法军舰出航了，它们运载着对博拉耶尔实施佯攻的约1万名海军步兵、在库姆卡莱进行牵制性登陆的约3000名法国士兵，以及在加巴台普岬附近进攻的约3万名澳新联军士兵。另外，在海勒斯角登陆的1.7万名英军也在其中。

漆黑的海面上，汉密尔顿和他的参谋人员，以及德·罗贝克乘坐在"伊丽莎白女王"号上，跟随着主力舰队前行。按照计划，联合部队将在太阳升上地平线之后，立刻展开攻击。但是偏偏有人没有遵循指令。

这个人就是澳新联军的伯德伍德将军。由于想打敌人一个措手不及，他命令先头部队在黎明前就进行登陆。士兵们从战舰上下来，乘坐小船向预定海岸靠近，他们没有灯光引路，因而在黑暗中迷失了方向，结果偏离了位置，到达的是距离登陆地区以北1海里的地方。他们小心翼翼地查看着环境，没有看到平缓的坡地，抬头望去只发现了陡峭的山崖。他们无比郁闷地背着武器弹药往上爬，不一会儿就迎来了在高处设防的土耳其人的步枪和机关枪的火力攻击。他们冒着枪林弹雨奋力攀爬，总算跌跌撞撞着上去了，由于附近的土耳其守军人数不多，他们没有遭受到更强烈的攻击。

等到晨曦来临，这支登陆部队的主力跟了上来，他们看清这可怕的地形之后，纷纷倒吸一口冷气，心说这就是汉密尔顿选择的登陆点？来不及抱怨，澳新联军小分队硬着头皮一支随着一支爬上岸边的山脊，好不容易登了上去，结果却发现：山那边是更为陡峭的山岭。澳新联军登陆作战，因为找错了地点而变得异常艰难。我们再来看看其他几处的登陆部队。

按照作战计划，总数约 5000 人的部队应当在 V 海滩两翼的 S、W、X 和 Y 海滩登陆。X 和 W 海滩的战斗虽然艰苦，许多登陆艇被打得遍体鳞伤，但这两处海滩上的登陆部队都已顺利冲入内地，与敌人展开了交战。站在"伊丽莎白女王"号的甲板上观察着的汉密尔顿满意地点着头，命令"伊丽莎白女王"号绕过海勒斯角，他要去查看 V 海滩的战斗情况。

他举一起把双筒望远镜，对准了 V 海滩时，顿时脸色大变。亨特·韦斯顿将军带领的约 3000 人承担着进攻海勒斯角的任务，他们的登陆点就是 300 米宽的 V 海滩。这是一个小海湾，边缘处比较狭窄，由沙滩往上地势逐渐升高，高处便是土耳其人的战壕，其东侧是塞迪尔巴希尔要塞。离海岸不远处，停靠着刚刚改装成步兵登陆艇的运煤船"克莱德"号。他们刚刚登上海滩的时候还十分顺利，但短暂的平静背后是土耳其人猛烈的火力网。

战壕里和要塞的碎石工事后面的土耳其人痛下狠手，举起步枪和机关枪不断地向英国人扫射，暴露在海滩上的联军士兵纷纷倒地，有的还没能进行一次还击就被数不清的子弹射穿了身体。不远处的"克莱德"号也没能躲避火力的攻击，船上的英国人躲在沙袋后面用机关枪反击，打一枪便缩回身体和脑袋，沙袋都被打成了沙漏。不久，岸边和好几艘驳船上倒下了一片片的英军尸体，他们的鲜血染红了岸边的海水，残破的尸体随着海水四处飘散。几个勇敢的士兵刚刚冒着火力冲上陡坡，下一秒便中弹身亡。

看到这样的惨状，藏在"克莱德"号上的近千人的后续部队开始慌乱，他们和离岸较远处的小艇里的几百名士兵一样，不断进行着思想斗争，考虑着该不该不要命地上岸。海滩的登陆作战一直进行到了傍晚，当暮色降临时，土耳其狙击手的视线模糊了，小艇里的步兵终于趁机冲上了海滩。"克莱德"号上的后续部队也冲了出来，往山坡上拥挤。他们一整夜都握着枪，时不时对要塞里的土耳其人放出一枪。

这一夜，是英国士兵和土耳其人的不眠之夜。与此同时，Y 海滩的两营英军被土耳其人发现了，遭受到了土耳其人整夜的火力袭扰，终于熬到清晨的他们由于没接到命令，立即乘小艇撤退了。此时，其他海滩上的部队仍在坚守。登陆作战坚持到了 27 日，总算有了一些起色，只要再加一把劲，联军就能攻入内陆。但是这时第二十九师的官兵已经 3 天没有睡觉了，他们无法再进行行动。就这样和土耳其军又僵持了一天的联军最后接到了继续前进的命令。然而，从博拉耶尔和库姆卡莱赶来的土耳其增援部队到了，联军的总攻计划再次失败。

汉密尔顿还没有死心。8月6日,他又选择了一个登陆地点,展开了登陆作战。他增派了两个师的兵力给澳新联军,命令他们在苏夫拉湾登陆,试图将加利波利半岛拦腰切断。但是,他们再一次没有对地理环境做出合理勘察。在他们面前,矗立的是像刀子一样陡立的山脊,和一道道无法逾越的沟壑,攀爬技术不好的士兵不是摔下去重伤就是根本行动不了。

一个由英国人和尼泊尔人组成的混合营顺利爬上了高处,迎接他们的是土耳其人的枪口,他们进行了艰难的抵抗,拼死与眼前的敌人进行厮杀。机关枪突突作响的声音在肉搏战之下停息了,每个幸存下来的士兵身上都撕裂开了血口,汩汩地往外流淌着滚烫的血。他们终于到达了制高点,俯视着达达尼尔海峡不过一会儿,周围又响起了一阵炮火声,这一次他们遭受到的是爆炸力极强的炮火轰击。这些炮火很可能是误认为他们是土耳其人的自家舰队发射来的,他们唯有躲避,并且一直坚守阵地,直到凯末尔带领的土耳其军队冲了上来。

凯末尔已经三天三夜没有睡觉了,但为了驱逐敌人,他严厉地逼迫精疲力竭的土耳其士兵进行反击,经过一场血拼,把英国人打回了滩头。这次的作战使协约国部队尤其是英国军队蒙受了重大损失,而各个协约国部队之间配合不当,没有默契,且领导不力,是汉密尔顿的计划再次失败的主要原因。此后,土耳其和协约国军队的战争进入了僵持阶段。比登陆作战要顺利一些的,只有协约国的潜艇活动。从4月底到12月期间,数量不多的英法潜艇艇员经常驾驶着小小的潜艇出航,穿过达达尼尔海峡进入马尔马拉海巡逻并寻找机会对土耳其船队实施打击。在马尔马拉海,他们用一两艘潜艇的火力袭击了土耳其的船队,这种袭扰一直持续了约7个月。此外,这些潜艇袭击了一些运送补给的土耳其船只和后勤部队,还炸沉了2艘停泊在君士坦丁堡的军舰,时不时寻找机会对土耳其海岸进行小规模袭扰。这种袭扰,一度让土耳其放弃了海上输送,而用骆驼或牛车运输大部分的补充物资。

双方的僵持作战,一直坚持到了11月。此时的协约国部队再也打不起精神了,在动用了近50万英法士兵,付出了近25万伤亡代价之后,他们居然没有将战线往前推进一点儿。这种情况,令他们感到无比沮丧和羞愧。摆在眼前的只有一个选择:撤退。

协约国部队不想留下一个凄惨的背影。他们精心制订了撤退计划,首先让澳新联军的士兵与平时一样对土耳其要塞实施步枪和火炮射击,多次攻击之后,土耳其人对他们随时有可能进行下一轮攻击的状况深信不疑。接下来的5个夜晚里,各国部队按照事先确定好的时间表来组织撤退。在此期间,留在岸上的人在4个白天里都继续进行火力攻击,并且佯装出人员充足的情景。此外,英国派出狙击手在白天威慑土耳其人,被其准确的枪法吓到的他们不敢在白天出来侦察,自然也无法识破英国人布下的伪装。

忽然有一天,土耳其人发现澳新联军不见了。他们疑惑地下来查看阵地才发现他们已经全部撤退了,不禁大感意外。为了不让更多的敌人逃走,土耳其赶紧加强了海勒斯角的兵力,不料却发现,海勒斯角地区的大部分英军也成功撤退了。

面对试图逃走的敌人,土耳其人发动了猛烈的进攻,但毕竟不擅长离开要塞和战壕作战,他们眼睁睁地看着英军继续撤离。在1个多星期里,英国军队顺利地撤走了全部的步兵和炮兵，没有遭到土耳其人更多的追击和火力打击。

土耳其人不是没有能力追击，而是他们对于协约国部队的轻武器火力有些畏惧。而且，协约国部队的撤离其实是他们一直希望见到的结果，只要能守住达达尼尔海峡，他们就已经出色地完成了使命，没必要再进一步得罪协约国部队并且浪费子弹和炮弹。

由于协约国部队在撤退时纪律严明，并严格遵守了时间安排，这次撤退被认为是战争史上最出色的一次两栖撤退。尽管战争的结果是失败，但他们好歹没有完全输掉颜面。

当然，国家的颜面勉强保留住了，那些失败的将领却无法洗清这一身污点。加利波利半岛的惨败之后，各国的许多高级决策者面临着责罚。丘吉尔因此战的失败名誉扫地，被逐出了海军部。第二次世界大战时他才重整旗鼓，赢得了军队的信任，挽回了威信。汉密尔顿从此失去了战地指挥权；基奇纳被剥夺了主持战争委员会的工作；阿斯奎思则由于参与了做出达达尼尔战役的决定，一直遭人白眼。但无论如何，这场旷日持久的战争总算结束了。

协约国部队的失败，其实是所有人都没有料到的。毕竟在战争中期他们就发动了登陆作战，出动了超过土耳其人几倍的兵力，却终究失败了，这有点儿匪夷所思。除开失败的这个结果，达达尼尔海峡战役算得上是第一次世界大战中最具正确战略观点的一次行动。从战略的角度来分析，假设这次战役成功了，协约国部队占领了君士坦丁堡，俄国的大批兵力就能够从东方战线进攻德国，配合其他在西部的协约国部队，两路军队合力，打败德国军队。

但实际情况是，协约国没能得偿所愿。这次登陆作战也被各国列为反面教材来研究，海军将领都希望能从中吸取一些经验教训，供自己国家的海军部队借鉴。那么，到底是什么因素导致了这次登陆作战的失败，而且是屡次失败呢？是因为土耳其人的防守无懈可击吗？其实，失败的原因应当从自己身上找起。

回顾一下当时协约国的战略部署，我们不难发现，如果协约国有一位果断的领导，在1915年2月时就将8月中旬动用的兵力全部投入战斗，他们极有可能登陆成功，从而占领君士坦丁堡，为俄国人打开黑海通道。但是，在整个战役进程中，协约国部队的行动很缓慢，进攻时间因为各种原因被延后，其间还出现了多次海军将领指挥失策的情况。最大的失误是让不胜任的扫雷人员扫雷，让能力不足的军舰压制海岸炮兵，在登陆作战时没有进行统一指挥。除此之外，他们还低估了土耳其人的实力。再加上运气不好，失败也就成了定局。不过作为优良的反面教材，这次战役为世界海军提供了许多教训和教益，在很大程度上促进了第二次世界大战中两栖进攻战术的发展。

（二十五）索姆河地区的血战

在1914年至1918年的第一次世界大战中，以英法为首的协约国同以德国为首的同盟国之间，在欧洲大地展开了一场殊死搏斗，双方均先后投入数百万计的兵力，以决雌雄。在历次展开的大战役中，索姆河一役堪称世界陆战之大规模消耗战的典型战例,一百三十余万伤亡战斗人员的鲜血染红了整个索姆河地区。

法军总司令霞飞在他那宽敞的办公室内来回踱着步子。他显得异常焦虑,不时地将双手交叉在腹部,又不时地抬起相互搓揉。据情报部门报告,德军力图在西线迅速打开局面的意图在索姆河地区受阻后,在该地区部署了坚强的防御体系。霞飞十分怀疑这些情报的可信程度,但又不能不考虑它的存在。于是,在经过反复思虑之后,他将情报部门的负责人叫了进来。

索姆河战役

"请你将德军在索姆河地区的防御情况详述一遍。"霞飞双眼一眨不眨地盯着情报部长。

情报部长不敢怠慢。从总司令的目光中,他看到了一种威严。他知道,如果说错一个字,都可能在将来受到军事法庭的严厉制裁。于是,他字斟句酌地将德军在前线利用坚实的白垩土,构筑了庞大的地下坑道网,又利用索姆河逐级升高的地形,将整个防御体系筑成阶梯般节节上升的阵地等情况复述了一遍。

"这么说,"霞飞沉吟了一下问道,"坚不可摧?"

"这——"情报部长迟疑了一下,"也不尽然吧。只是,德军的三道防线纵横交错,平均纵深达 8 公里,的确易守难攻。"

"我就不信!"霞飞突然咆哮起来,"我们的暴风骤雨般的炮火就奈它何!"

霞飞相信武器,相信钢铁炮弹的威力,在一定程度上忽视了德军防御系统的复杂与坚固。

1915 年 12 月,英法联军在巴黎北面的一个小城镇尚蒂伊召开了高级军事会议。法军总司令霞飞和英军总司令黑格与会。

"我有意在索姆河地区发起战役,不知元帅意下如何?"霞飞客气地问黑格。

黑格是位性情比较固执的军人,但不轻易对重大战事做出决定,而一旦决定下来,便会义无反顾地一干到底。听了霞飞的问话,他站起身来,走到军用地图前,盯着索姆河地区,默默地伫立了许久。

"亲爱的元帅,"黑格终于转过身来,面对霞飞,"你认为我们在索姆河能打赢?"

霞飞点点头道:"战争打了一年多了,看不出任何结果,只有在西线取得突破性进展,才能迅速结束这场该死的战争!元帅阁下,我反复考虑过了,以你我联合的力量,在索姆河两岸同时发起攻击,必定能迅速击溃德军,取得这场战争的决定性胜利!"说着,他也起身走到军用地图前,向黑格元帅如此这般地比画了一番。

"好吧,"黑格经过一番沉思,同意了霞飞的意见,"就这么决定吧!"他说着,同霞飞一起回到会议桌边,逐一讨论了一番兵力部署、装备、后勤等有关问题。可惜的是,他们始终忽略和低估了德军的防御能力,甚至对索姆河地区人烟稀少、严重缺水等不利长期作战的自然条件也没有引起足够的重视。

然而，战场形势瞬息万变。就在英法联军的尚蒂伊军事会议不久，德军突然于1916年2月发起了代号为"处决地"的凡尔登战役，集结了13个师约30万人的兵力，向凡尔登要塞进行猛攻，意图一举将法军逼入绝境。这一来，霞飞和黑格商定的计划被打乱，法军首当其冲，在凡尔登与德军展开了激战。

几个月的战争下来，法军伤亡惨重。霞飞召开紧急军事会议，重新部署对德作战。结果是令人沮丧的：按预定计划担任索姆河战役主攻任务的法军，已无足够的兵力使用，而凡尔登地区的德军仍在源源不断补充兵员弹药，不停地向要塞进行猛攻。

无奈之中，霞飞于1916年5月26日再次约见黑格。

"亲爱的元帅，请允许我向您说明一个事实。"霞飞再也没有了尚蒂伊军事会议时的那种自负，用非常诚恳的语气对黑格说，"我军已有4个师约10万人的兵力被牵制在凡尔登战场，而且，德国人在攻占了都蒙炮台和'死人'高地之后，很有可能向马斯河东岸的伏奥炮台进击。尽管贵军和俄国军队从侧翼帮助了我们，但凡尔登主战场仍然需要我不断派出新的部队增援。因此，我希望贵军能担负起索姆河战役的主攻任务。并希望你能提前发起进攻。"黑格静静地注视着霞飞，默不作声。突然，他用略带嘲讽的口气问道："提前进攻？你的意思是要改变我们双方原先制订的索姆河战役计划？"

"是的！"霞飞重重地点了点头道，"最好是立即开始！"

"不！"黑格摇头了，"亲爱的元帅，你是清楚的，我军计划部署在索姆河地区的兵力，是1个集团军加1个军，总计21个师。由于种种原因，目前只有1个师的兵力到达战场。难道要我用一个师的兵力去冲撞德国人的城墙吗？"

"那你打算什么时候开始？"

黑格想了一会儿，用异常冷酷的口吻说："8月15日。"

"什么？"霞飞几乎跳了起来，"8月15日？如果真是这样，那法国就要完蛋了！"说罢，神情无比沮丧地瘫坐在座椅上。

黑格心中一惊。他的脑海里飞速地掠过一个又一个想法。看来，面前的这位盟友没有隐瞒战况，法军面临的压力也许是空前的。如果德军在近期发起对伏奥炮台的攻击并沿马斯河继续东进，凡尔登将岌岌可危。那样，法军将全线溃败，德军的下一个目标就是英国……

黑格的心沉重起来，沉思良久，他终于开口道："元帅阁下，我可能考虑把进攻的时间提前，但你必须给我时间让我为这种提前去做许许多多应该做的事情。"

"那就赶快去做吧！"霞飞几乎喊了起来，"赶快，赶快！越快越好！"

1916年6月24日，英军开始行动了。

按照会谈结果，黑格元帅回到自己的司令部后，立即对索姆河战役本军行动进行了调整，经过对后勤运输能力和兵员状况的正确估算，并再三勘定了陆军步兵、炮兵的配合及机动能力的运用，最后决定将进攻时间提前到1916年的7月1日。

然而，担负索姆河地区防御任务的德军早已做好了准备，他们凭借层层高升的有利地形以及坚固的立体防御工事，有恃无恐。对于英军在阵地前的行动，他们也瞭望得十分清楚,并依此判断出对方可能发动进攻的时间,做好了充分的准备。

面对这种情况,黑格决定再将进攻时间提前。在征得了霞飞的意见之后,他们对德动用了炮兵。

这是一场旨在摧毁敌方防御工事的联合炮击,英法联军的各种战炮齐刷刷地对准了德军阵地。一时间,万炮齐发,炮弹的呼啸声和爆炸声搅和在一起,有如滚滚惊雷,经久不息。为了一下子将敌军打蒙,黑格下令,从6月24日开始至6月30日的一个星期内,各炮队不分昼夜,轮番作战,进行连续炮击。炮火的闪光烧亮了黑沉沉的夜幕。巨大的爆炸声震撼了方圆百里内的城镇乡村。有人形容那是"钢铁熔炉中的7天7夜"。连参加战斗的英法联军士兵都在夜间爬出战壕,观赏这史无前例的"战争蹈火"。据战后统计,英法联军在7天之内,共向德军索姆河防御阵地倾泻了150多万发炮弹,超出了英国战前11个月炮弹生产数的总和。

就在英法联军以炮火猛击德军阵地的第14天,天公不作美,突然下起雨来,而且连着下了三天。守候在堑壕里的英军步兵可吃够了苦头,一个个弄得泥泞不堪。他们每个人都背着27至40公升的负荷:两个沙袋,220发子弹,一支步枪,两颗手榴弹。作为进攻部队,这样的负荷未免太重,而行装的泥泞更增加了他们的负担。

黑格同霞飞均处在兴奋状态,经过连续炮击,德军阵地上的碉堡、铁丝网、战壕等均已"无复完卵",届时地面部队将势无阻挡地在德军阵地上横冲直撞。然而,他们又在诅咒着这该死的天气,祈祷着上帝不要破坏他们的作战计划。如果到7月1日还不住雨的话,步兵的行动无疑将受到极大的影响,那么,黑格制订的突袭作战就要大打折扣了。

上帝没有辜负黑格。7月1日,天果然放晴了,蓝天一望无云,阳光灿烂,是个大好晴天。

7时30分,炮火开始延伸,天空中响起了另一种隆隆声,联军的飞机飞来了,进行掩护性轰炸。担任主攻任务的10万名英军突然从战壕里爬了出来,一个个平端步枪,向前推进。开阔地上,一望无尽的黑压压的纵队迈着整齐的步伐,默默地缓慢地前进着,像一只硕大无比的碾盘,携带着死亡的恐惧向德军压过来。

战场上笼罩着浓烈的紧张气息,疮痍满目的德军阵地上一片静寂,谁也不知道那些德国人是死了还是活着。越是接近德军的正面阵地,这种气氛就越是浓烈。按照霞飞和黑格的推论,德军应该伤亡惨重,几乎无还手之力了。就在他们暗自庆幸的时候,英军正式踏进了正面阵地。突然,成片的机枪声怒吼起来,就像晴天里骤然响起的霹雳,排在前面的英军士兵如割断的高粱秆子那般,一排排地倒了下来。紧接着,德军的炮弹又落到了纵队中间,顿时,进攻的士兵乱成了一团。

"这不可能!"黑格在他的指挥部里叫了起来。

原来,德军正是利用了他们构筑的纵深坑道,躲过了150万发炮弹的狂轰滥炸。从表面上看,德军的地面工事已被摧平,各个山头的表层部分已成一片焦土。担负守卫任务的部队在英法联军的突然炮击下,虽然伤亡不小,但其主力仍得以迅速转入坑道,保持了还击的实力。因此,当对方的炮火向后延伸时,德军便迅速钻出坑道,回到正面阵地,利用一切可以利用的屏障,架设枪炮,进行猛烈射击。

黑格说的"不可能",是因为此刻德军的反击能力大大超过了他的想象,而这一判断上的错误,带来的就是英军首次进攻就在正面阵地上留下了五六千士兵的尸体。然而,黑格是固执的。他相信自己的力量,暂停进攻对他来说是一种耻辱。于是,面对这残酷的现实,他仍然向主攻部队下达了这样的命令:"继续进攻,一定要拿下对面的阵地!"

炮击重新开始,德军如硕鼠一样溜进了坑道。炮火开始延伸,德军又重新钻了出来,架起机枪,猛烈扫射。英军士兵因身上负荷过重,很难在阵地上灵活地扑滚腾挪,几乎成了德军士兵射击的演练靶。但军官的哨子在催逼着他们前进。倒下一排士兵,又扑上去一排,再倒下,再补上。终于有人利用机枪扫射的空隙冲进残缺的掩体,于是,刺刀见红的肉搏战便这儿一堆那儿一群地展开了。德军士兵非常顽强,暂时失去的阵地,过会儿又夺了回来。但英军似乎不达目的誓不罢休,又一次重新组织进攻。就这样来来回回,反反复复,双方杀了个天昏地暗。

1916 年的 7 月 1 日,对于英军来说是个惨重的日子。从第一次世界大战爆发以来,历经无数次战斗,他们从未受过如此巨大的创伤:一天里共计死伤 6 万余人!

夜幕降临了,索姆河两岸沉寂下来。无边的黑暗吞噬掉了白天双方厮杀的惨状,如果不是随风飘荡的血腥恶臭的弥漫,人们简直难以相信这里曾经发生过的一切。英军统帅黑格非常懊丧,这并非因为属下 6 万将士的伤亡,而是在于他设计好的突袭战术未能生效。付出了如此沉重的代价,却未能突破德军在索姆河的阵线,这是他无论如何也想不通的。"难道德国人真的如此难斗?"他不敢相信,也不愿相信。"就是铜墙铁壁我也要将它烧熔!"他咬牙切齿地自言自语道,然后将传令兵召来,要他通知各战斗部队的指挥官,立即前来商谈明日进攻的部署。

黑格连夜调整部署,撤下了伤亡过重的联队,换上生力军。固执的他此刻雄心勃勃,发誓要在 7 月 2 日拿下对方的阵地。于是,又一场惨烈的搏杀开始了。英军各战斗部队的指挥官领了军令,一个个亲自上前督阵。但可悲的是,他们死守军事教条,面对敌人不曾丧失也不会丧失的强有力的防御阵地,仍一味采用正面进攻的办法。这样,成千上万的英军士兵便用他们的血肉之躯,一次又一次扑向密如巨蝗的枪弹。战场的形态同昨日几乎别无二致,德国人挥动着他们用枪炮铸成的巨镰,如割高粱秆子般地宰割着英国人,而英军士兵则前仆后继,不顾一切地向前厮杀。阵地一次次得而复失,阵地前堆积的战友尸体使后续部队步履维艰。面对疯狂进攻的英军,德军曾几次发生了动摇,但很快又镇定下来。他们巧妙地利用战区地势,在深达 10 余米的堑壕和四通八达的地下通道中,不断补充兵员,运送弹药,及时调整前沿反击力量。就这样,在太阳再一次坠落西山之后,英军不得不再次扔下了数万具尸体,一无所获地退出了战斗。

7 月 3 日,黑格接到了部队伤亡的正确统计数字之后,不得不冷静地思考一番了。两天战斗,伤亡超出 10 万,这个仗能这样打下去吗?

黑格再固执,也不能视战争前途为儿戏。多年的军事经验和眼下的现实迫使他改变了大规模正面冲锋的作战方针,改为重点攻击敌方防守较为薄弱的左翼阵地,并在战术运用上以小规模的多路出击为主,这样才使战场形势略有改观。

在英军同德军血战而收效甚微的同时,法军却在索姆河南岸打了一个漂亮仗。这场战斗的法军前线指挥官是费约尔将军,费约尔不是一个保守的军人。尽管霞飞元帅对情报部门有关德军防御体系的复杂与坚固不以为然,但费约尔既然受命于前线,就有在总的战略方针下灵活运用战术的自由。他深知德国人的聪明和狡诈,所以一开始就坚决摒弃大规模正面冲锋的作战方针,而是指挥部队利用索姆河南岸的有利地形地势,对德军展开小规模攻击。这样一来,德军用来对付英国人的那套办法就不灵验了。由于法军多路小股出袭,他们顾此失彼,应接不暇,很快就丢失了阵地。

7月13日,霞飞和黑格相互交换情况,总结第一阶段战事。

"这是一场消耗战,"黑格说,"我们的空袭未能成功,敌我双方眼下陷入了胶着状态,每天都在交换着阵地,每天都在大量地伤亡,我搞不清为什么会弄成这样!"

"德国人是很难对付的,"霞飞并不因为法军的进展较为顺利而乐观,同时也为处境尴尬的黑格留点面子,"从总的态势来看,我们虽然未能按预料的那样一举击溃德国人,但在我强大的炮火打击下,德国人的伤亡也不小啊!"

"正是这样!"黑格兴奋起来,"既然战争事态演变成这样,我们索性就同德国人拼消耗!我们的目的就是要打一场大规模的消耗战,看德国人能拿出多少兵员、弹药来同我们较量!"

按照军事常识,在一个特定的环境下,把拼消耗作为一种手段也许是可行的,但作为目的,就太不可取了。然而,黑格的战略思想既定,就很难改变。他的一厢情愿是再同德军周旋一个半月,通过消耗战来消耗德军的实力,使德军再也无法组织起有效的抵抗。然后,到了9月份,英法联军便可发动决定性攻势,一鼓作气击溃德军,改变整个西线战局。基于这种战略指导思想,黑格同霞飞部署了下一阶段的作战计划,这就使英法联军在翌日开始的第二次大规模进攻中,丧失了一次绝好的扭转整个西线战局的机会。

7月14日,英法联军发起了第二次进攻高潮。当天晚上,英军将领劳林生指挥部队夺取了索姆河北岸的一个代号为"VS"的重要战略高地。如果英军以此为契机,迅速扩大战果,那么,第一次世界大战的历史也许就会重新改写,然而,黑格没有这么做。他情愿白白放弃这一大好时机,他明确指令劳林生:我们的目的是消耗敌军的有生力量,让他们重新上来吧!

德军索姆河地区前线指挥部里,当"VS"高地丢失的消息传来时,指挥部里一片惊慌,有的军官甚至在做逃之夭夭的准备。因为,"VS"高地犹如咽喉上的卡口,对外可以阻止敌军的进袭,对内则负起疏通大后方通道的职责,其战略地位十分重要。如今,高地已被英军所占,英国人如果以高地为托,将部队源源不断输送进来,则万事休矣!

然而,令德军百思不得其解的是,英国人占了"VS"高地之后,竟然在近10个小时之内毫无动作,这使德军的前线指挥官在惊愕之余喜出望外。他们抓住了这一千载难逢的喘息时机,赶紧做了新的军事部署,得以重整旗鼓,向英军发起了反击。

就这样,一场耗时近两个月,双方伤亡都非常惨重的拉锯战便在索姆河地区展开了。每天都有数以万计的士兵倒在血泊之中。面对着与日俱增的死亡,"为德国而战"或"为法国、英国而战"之类的口号渐渐失去了它那蛊惑人心的作用,士兵中开始出现逃亡,他们惦记着家中的妻儿老小或女友,还有那虽然破旧却令人眷恋的房舍。在战场上主动向敌方举械投降的事件也层出不穷,那是为了能够保住一条命,而不必像其他战友那样饮弹而亡。

从战略目光上看,英法联军似乎不在乎这种消耗,而德国人却不同,他们不但要同英国人法国人纠缠,还要对付从东边来的那些令人讨厌的俄国佬。在战役开始之时,德军总参谋长法尔根汉曾经给防守部队下达过一道异常苛刻的命令,命令中这样写道:"一寸土地也不能丢失。如果失去一寸土地,那么即使剩下最后一个人,也要马上反击,夺回失地!"但是,寸土必争所付出的代价实在太大了,尤其是反击,那几乎是用士兵的尸体铺就的一条道路,英国人似乎十分欢迎法尔根汉的这项反击命令,反击使德军的战斗人员锐减。

面对现实,德军第一军司令毕劳不得不对法尔根汉的命令进行修改,但似乎已为时太晚。法尔根汉因战况不利被撤职后,兴登堡将军接过了他的位子。兴登堡带着副手鲁登道夫将军赶往索姆河地区视察,很快就发现了军中士气低落这一令人担忧的现象。除了战况激烈造成重大伤亡所带来的影响,英法联军掌握了战地制空权更令德军士兵终日惶恐不安。这位新上任的参谋长无可奈何地哀叹:"我们上了黑格的当了,消耗战使我们很难恢复士气!"

9月15日,黑格认为他们的消耗战已达到了一定目的,于是在从康布尔到塞浦弗之间的长达16公里的战线上,向德军发动了又一次强大的攻势。在这次被称为"费鲁右舍勒特之战"的攻势中,黑格动用了12个师的兵力向德军猛攻,并且首次使用了坦克。

值得一提的是,坦克——TAnK 在索姆河战役中的出现,是人类战争史上值得大书一笔的事情,它导致了战争武器的一次创新与革命。经过半个多世纪的各类战争的考验,坦克早已被美称为"陆战场之王"。造就这种新型武器问世的关键人物,就是闻名于世的英国首相丘吉尔。第一次世界大战期间,丘吉尔正出任英王朝海军大臣。面对战场上士兵伤亡人数与日俱增的残酷现实,当时的战争专家们纷纷想方设法,力图生产出一种兼具防守和进攻双重功能的新式武器。丘吉尔在他领导的海军军部里组织了一班人马,夜以继日地进行设计,经过反复改进,终于秘密制造出了世界上的第一辆坦克。

由于尚属研制阶段,当时的英国军方及内阁有不少人反对将坦克投入欧洲战场,担心过早暴露这一新式武器的秘密。但黑格不顾众议纷纭,将第一批共计36辆坦克运到了战场上。

照例是一番猛烈炮击,之后,36辆坦克冲向了德军阵地,成群结队的英军士兵蜂拥其后,在滚滚灰尘中向前推进。防守的德军官兵大吃一惊,映入眼帘的是一只只庞大的缓慢爬行(当时坦克的最高时速只有6公里)的斜方形铁盒子。他们不明白这是群什么怪物,但知道它们是会杀人的,于是步、机枪一齐开火,对这群慢腾腾向前爬行的铁盒子进行密集射击。

然而,射击丝毫不起作用,坦克照样大摇大摆地向前滚来。这下子,德军官兵开始着慌了,眼睁睁地看着这群怪物碾倒了铁丝网,压过堑壕,在防军阵地上横冲直撞。几乎是同时,怪物身上喷出了火舌,内装的两门火炮和两挺机枪开始了猛烈扫射。于是,大批的德军士兵带着惊愕与恐惧倒了下去,再也无法去寻求有关这群怪物的答案了。

英军士兵借助坦克的掩护,几乎没有付出什么伤亡,就一举突破了德军纵深5公里的防线。一位参加过此次进攻的英军士兵在战后这样回忆道:"……我们就像是在游猎,只不过手中端着的是用于杀人的步枪。坦克替我们扫平道路,我要做的只是不时地端起枪来,瞄准那些惊慌失措的德国佬,一个个地将他们撂倒。"另一位在一辆坦克中担任驾驶的士兵回忆道:"……坦克所发挥的威力,连我们自己也未料到。我驾着坦克孤零零地冲向一座村庄,只见德军在四散奔逃。我围着村庄转了一圈,就像战神阿波罗在地上画了一道禁圈一样,德国人全给吓蒙了,全部乖乖投了降,一共有三百余人。"

坦克,为英军在"费鲁古舍勒特之战"中立下了汗马功劳,它的大显神威,其意义远不止于这样一场阵地争夺战。在接下来的战斗中,德军闻风丧胆,斗志丧尽。

9月25日,英法联军又组织了一次进攻。志满意得的黑格在司令部里下达着一个又一个命令,然后操着双手,喜滋滋地看着作战参谋将那些标志着联军进攻的蓝色箭头不断贴向敌方的纵深地带。27日这天,一位作战参谋报告:我们的一辆坦克占领了塞浦弗!

"好!"黑格有力地在桌上击了一掌,然后命令道:"赶快收集德军伤亡情报,立即报来!"

这天下午,有关德军伤亡的数字报了上来——37万!黑格一听,一把抓起话筒,要通了法军总司令霞飞。

"亲爱的阁下,"黑格压抑不住兴奋地对着话筒喊道,"德军马上就要被我们拖垮了!我想,是不是可以考虑组织一次新的攻势?我的意见,就在10月中旬!"

霞飞同意了黑格的意见。

然而,黑格高兴得似乎太早了一些。德国人并非善类,他们的顽强斗志是不容忽视的。就在黑格积极筹划新攻势的时候,德军下达了一道死命令:为了最大限度抵消英军坦克的作用,各前线部队拟采用近距离作战的方式,同敌军步兵进行肉搏战!

更加惨烈的一幕掀开了,所谓困兽犹斗,德国人像发了疯一般,不顾伤亡惨重,死命冲向坦克后面的英军士兵群。英军万没料到德国人有这样拼命的一招,坦克在阵地上团团打转,面对相交在一起的敌我双方士兵一筹莫展,最后,不得不退下阵来。

战事的发展并未按照黑格的设想那样顺利进行,反而又一次陷入了僵局。

也许,上帝也不忍目睹这样惨烈的血战继续下去。从10月2日起,法国东部开始下起雨来,索姆河地区更是秋雨连绵,似无尽期。道路又变得泥泞不堪了,堑壕里到处是积水,淋成落汤鸡般的士兵厌战情绪日甚。在这种情势下,双方的指挥官均感到没有把握发动大规模的攻势,除了一些零星的交战,这期间再无大的战事发生。黑格同霞飞商量过后,也只好把突破德军防线的计划向后推迟。

或许是命运注定了索姆河战役只能如此草草收兵。到了11月份,天上下起了小雪,至中旬,已是风雪交加,常常有暴风雪交织着倾盆大雨一起降下,气候条件的恶劣已到了无以复加的程度。在这期间,英法联军勉强发动了最后一次进攻,占领了德军防线中的要塞波蒙汉默。但是,由于后勤补给及士气等诸多原因,他们再想有所作为,已是难以为继了。

11月18日,双方停止了交战,长达4个多月的索姆河战役就此正式结束。

在这场旷世罕见的血战中,双方伤亡、损失的战斗人员高达130万余人,其中德军损失67万余人,英军损失42万余人,法军略少,损失也达23万余人,创下了世界大战伤亡人数总和之最。

但是,在这场血战中,无论是以英法为首的协约国,还是以德国为首的同盟国,都未能取得绝对优势的胜利。它们打的是一场大规模的消耗战,参战双方为此均付出了极为惨重的代价。

(二十六)凡尔登战役

凡尔登战役是第一次世界大战期间德、法两国军队为争夺凡尔登筑垒地域于1916年2月21日至12月18日进行的各次战斗行动的总称。在1916年战局中,德军指挥部计划在东线进行防御,而在西线打算对法军战线右翼部队所依托的"凡尔登突出部"实施突击。凡尔登筑垒地域正面宽达112公里,由法军第3集团军防守。筑垒地域中四道防御阵地组成,全纵深15~18公里。其中三道是野战防御阵地。第四道防御阵地由凡尔登要塞的永备工事和两个堡垒地带构成。

德军指挥部计划以第5集团军攻占凡尔登地域、按计划,突破将在正面的一个狭窄地段实施。

在主要大山方向上,德军在两个法国师当面展开了6个半师,879门火炮,这就使德军处于优势:步兵比敌军多两倍,炮兵比敌军多3倍半。炮兵数量如此之多,以致火炮和迫击炮的密度达到每公里正面50~110门。

为了不暴露主要突击方向,德军决定在宽达40公里的正面上,以整个集团军的炮兵进行8个半小时的冲击的炮火准备。航空兵用于轰炸敌军后方目标和扫射防御阵地上的法军。德军于2月21日发起进攻,当天就占领了第一阵地,在随后的四天中又攻占了两道阵地和杜奥蒙堡垒,但未能突破敌人的防线。步兵进攻时采用纵深战斗队形以散兵线分波次推进,最前面为强击群。法军总指挥霞飞将军于2月25日命令第2集团军投入交战,并通过巴勒杜克、凡尔登公路调运军队和物资。

从2月27日至3月6日,沿这条公路用3900辆汽车输送了19万名士兵和2000多吨军用物资。这是大规模汽车输送的第一个范例。从3月5日起,进攻正面扩大到30公里,德军将主要突击转向马斯河左岸,并由急促的冲击改为稳步进攻,但是仍未奏效。经过70个昼夜,德军总共才推进6~7公里。凡尔登战役成了一场消耗战。双方都不断投入新的兵力。

1916年6月,德军指挥部再次试图突破凡尔登筑垒地域的防御,但又未成功。到7、8两月德军仍未能摧毁法军的防御。

1916 年 6 月，俄军在西南战线突破成功。7 月，盟军在索姆河发起进攻。8 月，法军发起反突击。这些情况迫使德军指挥部不得不在凡尔登一带转入防御。德军作战 6 个半月，仅楔入防御纵深 7~10 公里。1916 年 10 月 24 日，法军转入反攻。至 12 月 18 日法军收复杜奥蒙堡垒和沃堡垒。12 月 21 日，法军前进到他们在 2 月 25 日原先据守的地区。德国预定在 1916 年战局中迫使法国退出战争的战略计划，经凡尔登附近一战遭到破产。

凡尔登战役说明，企图在一个狭窄地段上先使用急速攻击，后转入稳步进攻，并采用"炮兵摧毁，步兵占领"的原则去突破强固的防御是不会有任何结果的。法军指挥部可以从正面未受攻击的地段以及从后方把部队调往受威胁的方向。为了变更作战部署而大量使用汽车，这在历史上是首次。

在凡尔登战役进程中，还广泛地使用了迫击炮、轻机枪、掷弹筒以及喷火器。凡尔登战役的特点是，双方投入的部队人数众多、损失惨重；因此，该战役又有"凡尔登绞肉机"之称。德国投入交战的兵力为 50 个师，损失近 60 万人。法国投入交战的兵力为 69 个师，损失 35.8 万人。这次战役采取野战工事与永备工事相结合的办法组织防御的经验，成为第一次世界大战后欧洲多数国家认为应在边境地带修建筑垒地域的一个根据。

（二十七）日德兰海战

1916 年 1 月的这一天，莱因哈德·舍尔的心情无比畅快，他坐在书桌前琢磨着海军战略图，头脑里回味着刚刚接到任命书的甜美时刻。就在刚刚，莱因哈德·舍尔被任命为公海舰队总司令，他的前任波尔上将因身体欠佳退休了。

他大概没有想到，自己一展抱负的时机这么快就到了。所有问题中，他首先想到的，是如何提高目前德国海军的实力。由于德国海军在舰只数量和排水吨位上落后于英国，火炮口径和数量也较弱，因此在第一次世界大战开始后的两年半时间内，都无法冲破英国的海上封锁。那时的英国主力舰队一直蹲在斯卡帕弗洛港，死死盯着德国舰队，使其困在威廉港和不来梅港不敢出航，这实在窝囊。而在 1915 年多格滩海战中，德国舰队遭受的挫败，令德国海军更加抬不起头来。

尽管此后德国海军进行了休整，且加强了装备，到莱因哈德·舍尔接任的时候，德国公海舰队仍只有 18 艘战列舰，与英国皇家海军本土舰队总数 33 艘的战舰无法相比，如果非要与皇家海军本土舰队一决高下，下场恐怕会很惨。

面对此种状况，舍尔冥思苦想，想要找到一个解决方案。但是思来想去，他发现德国舰队的现实选择只有两个：一是继续待在港内充当"存在舰队"，二是想方设法干掉英主力舰队。他胆大心细，自然不愿选择前者，为此，他开始制订种种计划，计划的重心在于削弱英国皇家舰队的实力，使其降至与自己舰队相当的层面上来。

要实现这个目标存在很大困难，但是舍尔提出了有实现可能的构想：派出潜艇在英军基地附近布雷，在海峡入口处不停地来回穿梭，同时命令战舰使用计谋诱使杰利科分兵，分散他的舰队，集中火力将这些分散的战舰逐一歼灭。

这种战略,很有点儿海上游击战的味道。舍尔是愿意冒险的,因为一旦战略部署成功,还能有那么一点儿运气的话,德国就能从英国那里夺得北海控制权;即使打败了,德国舰队的境况也不会更糟,总比毫无用处地当缩头乌龟好得多。

另外他也清楚地知道,英国舰队是输不起的,一旦它在海上失利,就失去了一切优势。何况英国作为协约国战争物资的主要运输基地的地位很重要,所以即使实力强大,英国皇家海军舰队也从来不会在战略上冒险。

当舍尔拟订好作战计划准备付诸实施时,英国皇家海军在杰利科的带领下终日在北海搜索,他们也正在寻找战机,企图将德国舰队歼灭于一次突袭战中。

首先展开行动的是舍尔。他兴致勃勃地集结舰队,于1916年4月底带领一支德国海军编队出海,炮击了洛斯托夫特港。德国战列舰行动很迅速,一进入港口就开始发射炮弹,高高的抛物线在海面上空划过,十分耀眼,直直坠落在港口内的留守船只上,炸起一连串的火花,几阵爆炸声过后,在舍尔的命令下他们没有恋战,立刻驶出了港口而后返航。

杰利科马上做出了反应,命令舰队去滋扰,却没能引诱舍尔带领舰队出来。一个月后,舍尔策划了新的行动,准备进入挪威南部水域,在那里发动一次对协约国运输船的袭击,主要目的是吸引几艘英国军舰过来。英国人会上当吗?

1916年5月31日凌晨,漆黑的海面上能见度很低,威廉港外的德国哨兵隐隐约约可以看到几个庞然大物的影子漂浮在水上,渐渐地,他们看清了这些影子,原来是5艘战列巡洋舰、5艘轻型巡洋舰和30艘驱逐舰组成的一支舰队。

这支舰队是由希佩尔海军中将指挥,在这个时候出航是为了执行舍尔下达的"诱饵"任务。在夜间航行是比较危险的,希佩尔命令士兵们要提高警惕且小心暗礁,他们一路沿着丹麦西海岸向北行驶,目的地是斯卡格拉克海峡。平稳的航行中,这支舰队各个战舰的无线电发报机还在不停地工作,不断发报,好像唯恐这些电报不会被英国人截获似的。实际上,早在1915年俄国就打捞起一艘沉入海底的德国巡洋舰,并在这艘战舰的残骸边发现了一个密码本,那里面记录了德国人使用的密码。这个密码本后来被英国人得到,此后英国人对德国舰队的行动了如指掌。但是英国人不清楚的是,德国人获悉了这一情况。舍尔决定将计就计:这一次,他们就是故意发出电报,引诱英国人上钩的。

这边猎人已经放置好了陷阱,那一边舍尔也开始了行动。就在希佩尔出发两个小时后,另一支舰队也悄悄驶出了威廉港。这支舰队是由21艘战列舰、6艘轻型巡洋舰和31艘驱逐舰组成的,比希佩尔将军带领的队伍大得多。它正是由舍尔亲自率领的德国公海舰队主力。舍尔此刻下达的命令很简单,就是让舰队悄无声息地航行,远远跟着希佩尔的"诱饵"舰队的航线航行,安静地潜伏在距离其50海里的地方。舰队上的士兵精神高度紧张,没有一个人敢大声说话,都在各自的岗位上严阵以待,眼睛瞪得溜圆,火炮也准备停当随时可以开火。按照舍尔的计划,这支主力舰队所有的无线电发报机都停止了工作,其发报员的工作与希佩尔舰队大张旗鼓地行为相反,必须保持严格的无线电静默。没有错,他们正在等待上钩的鱼儿——英国皇家海军。

光有这些准备依然不够,舍尔还另外集结了一支由16艘大型潜艇、6艘小型潜艇以及 10 艘大型"齐柏林"飞艇组成的侦察保障部队,事先安排在了英国海域和北海海域,展开了监视活动,随时向他报告英国海军的动向。

此时的英国人在哪里呢? 实际上,他们前一天傍晚就从斯卡帕湾和苏格兰湾的基地里出行了。英国皇家海军比德国人预计到的时间更早地监听了他们的无线电情报,并且成功破译了密码。杰利科在得知德国舰队出击的消息之后,便立即下令舰队出航到指定方位,静静等待着,与舍尔采用了同样的计谋,设下了一个伏击圈。

此时的舍尔和杰利科都兴奋地认为,自己的"诱饵战术"获得了成功。两支舰队都在海面上做着同样的事情:等待对方进入自己的伏击范围。然而当他们发现彼此的时候才惊觉,原来对方舰队已经倾巢出动。他们谁也没有料到,这将是迄今为止世界上最大规模的舰队决战。

天早就亮了,阳光穿越云层照射在海面上,灼灼的光线明晃晃地射入士兵们的眼睛,他们吃力地凝视着前方的海域,试图找到一点儿蛛丝马迹。这时英国皇家海军中的一小支队伍正在靠近德国人,它是由 4 艘战列舰和 6 艘战列巡洋舰组成的,指挥官是贝蒂将军。与希佩尔所带领舰队的任务相同,这支舰队也是来诱敌深入的。两支先遣舰队都派出了轻驱逐舰进行侦察,侦察兵已经超负荷工作了几个小时,仍然没有发现敌人的踪迹。由于没有发现敌情,贝蒂将军准备先与主力舰队会合。

5 月 31 日 14 时,贝蒂带领自己的舰队到达了合恩礁以北海域,他下令舰队转舵向北行驶,开往与主力舰队会合的区域斯卡格拉克,按照计划,他们将于傍晚抵达。但是由于计算错误,贝蒂舰队现在的位置实际上不是杰利科指定的方位,而是处于指定方位以西 19 海里的地方。这点距离看似很近,要赶上却需要一个多小时。但就是这点差异,让贝蒂距离德国人越来越近了。

不为贝蒂所知的是,希佩尔海军中将率领的德前卫舰队就在这支英国前卫舰队以东 35 海里的海面上,他们正在按照平行的航线向北行驶。距离希佩尔舰队 40 海里之外,舍尔海军上将率领的德国公海舰队主力正在安静尾随。

这时的英国人和德国人谁也不知道,他们已经相距不远了。直到十几分钟之后,情况发生了变化。贝蒂看到一艘执行侦察任务的英国轻型巡洋舰发出"发现敌人"的信号,立刻命令所有战列巡洋舰向东南方向加速。一瞬间,所有的战列巡洋舰发出嗡嗡的声响,士兵们纷纷忙碌起来。只有埃文·托马斯属下的 4 艘战列舰在转向时迟疑了一会儿,由于其烟囱里冒出的浓烟挡住了贝蒂转向的信号,他的命令稍微晚了几分钟。蔚蓝的天际下,开足了马力的英国战舰乘风破浪,激起的水花一浪高过一浪,由于马上就要与德国人交战,甲板上的水手们和士兵们一个个情绪激昂。

终于在 15 时 25 分左右,德国战舰的轮廓出现在了贝蒂的视线内,那正是希佩尔率领的战列巡洋舰。贝蒂兴奋地翘起嘴角冷笑道:"希佩尔,我等待这个机会已经一年半了! 现在,我决不会再让你从我手中跑掉了!"因为在一年半之前的一场海战交锋中,希佩尔在战败的情况下从贝蒂的眼皮子底下溜走了,这一直让心高气傲的贝蒂耿耿于怀。

贝蒂下令舰队加速追上去,在对比了一下彼此的实力之后,他再次露出了胸有成竹的笑容。他有 6 艘战列巡洋舰,而希佩尔只有 5 艘,另外他还有埃文·托马斯的 4 艘无畏级战舰,如果地平线以外杰利科的 24 艘无畏级战舰接到消息迅速赶来,希佩尔就更加没有逃生的可能了。

这个时候,希佩尔也发现了贝蒂的舰队。他惊讶之余没有恐慌,而是立即命令舰队转舵,向反方向前进。贝蒂看着他的行动嗤笑道:"哼,希佩尔,你这次又要逃回亚德湾吗?"他不以为然的命令舰队跟随,企图切断其逃跑的后路。

但是这一次他猜错了,因为他不知道在希佩尔身后还有舍尔带领的德国主力舰队。希佩尔转向,目的就是吸引贝蒂追击,这样英国人就会进入舍尔指挥的主力战列舰伏击圈内了。接近 16 时的时候,这两支舰队彼此之间的距离缩小到了约 1.2 万米,希佩尔和贝蒂同时下令舰队改为平行航线,他们要开始准备炮击了。轰!咚!双方侧舷几乎同一时间发射出炮弹,响声震天。

几乎没有人可能抵挡住这样猛烈的炮火。德国炮手和英国炮手的操作速度很快,装弹的速度也很快,发射炮弹时一秒钟的迟疑都没有。他们任凭身边的炮火炙烤着甲板和炮台,眼神坚定,心中只有如何更加准确地击中对方的念头。

不过几分钟,双方的炮火都击中了彼此的旗舰"狮子"号和"赛德利茨"号,两艘战舰上的回转炮塔都被打掉了一个。紧接着,德国人的炮火更加猛烈地袭来,英国战列舰"不懈"号中弹了,突然一声冲天巨响,它的弹药舱被引爆,爆炸声震耳欲聋。贝蒂一个不留神,就眼睁睁地看着它倾斜沉没了。

20 分钟后,英国的又一艘战列舰"玛丽女王"号身负重伤,炮火引发了多起爆炸,挣扎了几分钟,在下轮炮火中被炸成碎片,顷刻之间化为一股浓烟消失在海面上。贝蒂被如此惨况震撼到了,他禁不住纳闷,自己的战列舰竟如此脆弱了吗?

贝蒂对部下说道:"今天咱们的军舰好像有点儿不对头啊。你们看出问题了吗?"

"事实证明,我们战列舰的装甲、射击技术和炮弹的爆炸力都不如德国军舰。德国人在我们不注意的时候在这些方面做了很大改进吧。"大家心里这么想着,却没有人敢说出口。

看着部下们奇怪的表情,贝蒂其实心里有数。他连忙催促后面的埃文·托马斯带着 4 艘无畏级战舰赶快过来!16 时 30 分左右,埃文·托马斯的战斗分舰队总算赶上来了,这 4 艘无畏级战舰开始集中火力攻击敌人的战列巡洋舰。希佩尔一看情况不妙,准备转向。这时,最前方的英国驱逐舰逼近了德国人,开始准备发射鱼雷。眼瞅着要被鱼雷威胁的希佩尔立刻下令停止攻击,迅速掉转方向,向自己的主力舰队靠拢。与此同时,贝蒂接到了在前面执行侦察任务的轻型巡洋舰发回的报告:"东南方向有战列舰!"他一个激灵,也马上下令停止攻击,原地待命。不久之后,南部地平线上出现的一长排桅杆和烟囱让他恢复了平静的神情。英国皇家海军的主力到了。贝蒂没有犹豫地发出了让这里舰队反向行驶的信号,准备将舍尔的舰队和希佩尔的舰队都引入杰利科的炮火之下。这一次,埃文·托马斯带领的 4 艘无畏级战舰又落在了后边。

和舍尔的战列舰会合之后的希佩尔带领战列巡洋舰再次反向,他盯着埃文·

托马斯直冲了过去,开始炮轰。同时,舍尔的战列舰队也集中火力对其炮击,埃文·托马斯硬着头皮下令:"开火,开火!给我狠狠地打!"他扛着希佩尔的火力,集中炮火攻击舍尔的战列舰。

此时的炮战显得非常混乱。就这样保持着炮火攻击,贝蒂和埃文·托马斯被希佩尔和舍尔紧紧咬住,四支队伍相互炮轰,火力网相互交错,炮火不断。距离他们不远处的杰利科正下令舰队加速,赶来和贝蒂会合。

行驶中的杰利科思考着如何切断舍尔的后路,他准备把自己的24艘战列舰排成一列,封锁舍尔舰队撤退至斯卡格拉克海峡或者进入基尔运河的路线。但是他没有办法得知舍尔舰队的准确位置,由于前方战况激烈,贝蒂传来的定位消息也不一定可靠,而炮火和浓烟挡住了地平线,无法进行天文定位,他迟迟不能决定是否应该执行这个战术。

到了18时左右,杰利科站在他的旗舰"铁公爵"号上已经能看到贝蒂的军舰了,但还看不到德国人的军舰。贝蒂的舰队仍然不断发出炮弹,与希佩尔进行激烈交火,试图用炮火将德国人逼向东面,给杰利科的战列舰让出道路。杰利科马上命令舰队展开,跟上贝蒂的战列巡洋舰,让侦察巡洋舰迅速撤出战斗。德国人即将面对实力强大的整个英国主力舰队。

傍晚的海洋逐渐朦胧起来,大雾开始笼罩海面,遮挡住两支舰队的视线。在大雾弥漫的环境下,英国主力舰队开始行动了。

此刻在兵力上占据优势的杰利科并不知道,在这里将出现以前的海军从未梦想过的布兵之道。而后来的结果表明,杰利科真是个时运不济的将领。

在贝蒂先头舰队的指引下,杰利科命令舰队向东行驶。偏巧,这支向东行驶的战列舰纵队正好从西南方向驶来的舍尔纵队的前面驶过,获得了抢占T字横头战术的主动权。但是遗憾的是,这时的北海上大雾飘散,杰利科没有发现自己已然抢占了T字横头,从而没有发动整齐划一的炮击,白白丢掉了给予德国人重创的机会。

在迷雾中,舍尔同样也看不清眼前的局势,除了前面的炮口火焰的闪光让他知道敌人近在咫尺,他对于自己此刻危险的处境毫不了解。

双方舰队在迷雾中发射了几枚试探性地炮弹,由于害怕遭遇不可测的情况,又都开始准备撤出战斗。如果不是因为海上起了大雾,杰利科一定会命令英国战舰马上转向追击德国人,以其优势炮火迅速结束战斗。但是杰利科是个小心谨慎的人,他在看不清战场的情况下不想冒险,更不想陷入一场尾追运动,因为一旦遇到意外,英国皇家海军会陷入被动。目前不算胜利也不算失败的情形算是最好的,英国舰队没有遭受太大损失,如果要教训德国人大可以等到大雾散了之后。

于是杰利科只是下令舰队继续向东行驶了一会儿,便给各分队下达了向南行驶去封锁德国人回亚德湾基地的退路。这是更加保险的策略。舍尔并不知道杰利科此时的想法,他还在犹豫要不要通过英国舰队的后部逃回基地去。不过,他还是命令舰队转向东行驶。

巧合的事情再次发生。向东转向的德国人在浓烟和迷雾中视线模糊,他们在这个线路上行驶不一会儿,却正好迎头对准了英国舰队的中央。这样一来,英国舰队又对德国舰队形成抢占 T 字横头的局面。这一次，杰利科总算看到了德国战舰的轮廓，因为德国舰队正好处于背向日落的方向，夕阳的余晖透过迷雾照射下来，让德国战舰隐约显露在他们面前。

而德国舰队是看不到浓雾中的英国舰队的。杰利科立即让舰队稍稍改变航向缩短射程，当行驶到距离德国战舰约 7300 米的方位时，他下令开炮。英国舰队如幽灵般地从薄雾中钻到德国人面前，展开了齐射，炮火轰隆隆地响了两轮，队伍最前列的德国战舰都被击中，强大的炮火遮挡了他们的视线，德国炮手们借着炮火也没能看清眼前的英国战舰，那些明明灭灭的炮口看起来如鬼火一样在雾色中上下浮动，随时可能吐出骇人的火舌。然后，这些英国战舰忽然消失不见了。

被动挨打的德国人有些惊慌了。舍尔不想等着舰队陷入万劫不复的境地再撤退，于是立即下令施放烟幕和鱼雷，命令全体舰队往后撤。在烟幕和大雾的掩护下，德国舰队再一次倒转航向，战战兢兢地逃离了英国人的火力网。只是，他们真的逃脱得了吗？

夜幕降临之后的海面显得十分诡异。杰利科没有下达追击德国人的命令，要知道，在夜间用鱼雷和水雷进行夜袭战是德国人的长项，如果贸然追击，也许会得不偿失。他的战舰上大炮的射程较远，但不适合对付偷偷摸摸的鱼雷艇。于是，"小心驶得万年船"的杰利科下令舰队转向，等着与德国人距离拉大了许多，他才准备掉头跟踪德国人。

但他并不清楚，胜利的机会还剩下多少。他的如意算盘是这样打的：派遣舰队去封锁水道，将舍尔舰队围堵在返回其本土基地的航线外，等待白天与其决战，将其围歼。进行战略部署时，他心情愉快地说道："那将是皇家海军的一个精彩的白昼！"按照计划，英国舰队被改编成三个平行的纵队，驱逐舰被部署在距船尾 8 000 米的地方，防范鱼雷。

晚上 9 点多，杰利科带领舰队向南行驶，巡视海面上有无可疑情况。同时，他派出了一支布雷艇队伍行驶到丹麦海岸外面实施布雷，从而用水雷封锁了合恩礁水道。合恩礁水道正是德国舰队可能逃遁的三条途径中的一个。

德国人不是傻瓜，咬咬脚指头就能想到英国人会在他们回家的路上设伏。他们如果不趁着英国人还没有完全封锁好防线，在夜间突围，那么天亮之后，就更加没有希望了。在不错的天气条件下，杰利科再也没有理由放过他们了。

舍尔进行了仔细分析和推算，果断下令舰队驶往东南方向，他选择的就是合恩礁水道返回基地的这条路线。因为他知道，其他航线上，也许会有更多的英国战舰等待着他去自投罗网。不论怎样考虑，他都必须冒险。

为了保证主力舰队能够顺利通过，舍尔命令所有的驱逐舰出航，前去拦截英军主力舰队。差不多 9 点到 10 点的时候，德国驱逐舰在水面上寻找着英国主力舰队的踪迹。其实这时，他们与英国主力舰队相距不过 9000 多米，但由于两支舰队都是按照大致平行的航线在航行，因而没有发现对方。

11 点钟左右，德国驱逐舰在黑暗中依稀看见了从英国舰队上发出来的灯光。他们立刻冲了过去，没有按照传统的队形展开攻击，而是各自占据一个方位，从不同的方向炮轰英国战舰。炮火从四面八方响起，夜色中的英国人被炸得一惊，一时间没有想明白是怎么回事。英国人试图判断清楚德国舰队的阵型，但他们发现，前后左右都有炮弹抛射过来，炮火猛烈且不间断，这使杰利科疑惑不已，许久都没有发布正确的迎战指令。

日德兰大海战的最后一幕揭开了。黑色的天幕下，照明弹、探照灯和舰艇中弹的火光将士兵们的脸映照得发白，大部分时候，英国炮手没有确定准确的目标就发射了炮弹，因为他们身处黑暗中，各个舰队只通过自己遭受到的攻击判断着敌人的方位。这样一来，被德国战舰围在中央的英国战舰出现了混乱，它们的炮火朝各个方向飞出去，有的没有击中敌舰，而是落在自家人身上。

混乱中，英国的巡洋舰"黑王子"号误把向它驶来的几个巨大黑影当作了友舰，发出了联络信号，结果招致了一顿炮轰。原来，这几个黑影是4艘德国战列舰，它们对着"黑王子"号好一阵齐射。"黑王子"号变成了一个火球，800多名水手刚听见那震撼夜空的爆炸声，就被巨大的力量拖向了海底。其他的英国战舰也许没有这样悲惨的结局，但也遭受了不同程度的打击。

看到这边战火胶着，舍尔马上命令其主力舰队往外突围。英国鱼雷击中了德国战列舰"波梅恩"号、轻型巡洋舰"弗劳恩洛布"号和"罗斯托克"号。由于比较陈旧了，"波梅恩"号丧失了战斗力。英国损失了5艘驱逐舰，德军的驱逐舰则损失了2艘。

炮战一直持续到第二日的凌晨，德国人总算杀开了一条血路，急忙驶往合恩礁水域。舍尔额上开始渗出了冷汗。因为合恩礁水域除了有不久前英国舰队为了防止他们逃走布下的少量水雷，还有第一次世界大战中德国海军自己出于防御考虑布下的无数水雷。这里的水雷阵极不规则，犹如迷宫。

第一次世界大战时，德国八就是凭借着这片水雷让企图偷袭威廉港的英国军舰有去无回。唯有通过一条狭窄水道，才能通过这片雷区。含尔神经紧绷，小心翼翼地指挥舰队排成一路纵队，一艘紧跟着一艘，慢慢驶过雷区，幸好没有发生什么意外。

至此，公海舰队终于摆脱了英国主力舰队！凌晨4点多钟，杰利科收到了电信侦察通报，得知舍尔的舰队已安全通过了合恩礁水道，即将回到威廉港。他失望地带着他的主力舰队返航，不甘心地回头望了一眼合恩礁水域。

三、现代陆战

（一）台儿庄会战

1938年1月26日，日军第13师团向安徽凤阳、蚌埠发起进攻。日军以为拿下蚌埠已是易如反掌之事，不料进至明光以南，就被李宗仁部署的李品仙第11集团军和于学忠第51军利用淮河、浍河、汇河等有利地形予以堵截，双方血战一个月有余未分胜负。第5战区以第59军军长张自忠率部驰援，进至固镇地区，协同第51军在淮河北岸地区顽强抗击日军。日军在此停留，竟不能越雷池一步，这大出主将畑俊六所料，他十分恼怒。于是，畑俊六从南京调集援兵及坦克、野战炮等重武器，倾巢进犯。见敌人汹汹而来，李宗仁感到硬拼、硬堵必定要吃亏，待敌援军聚集明光一带时，李宗仁命令坐镇蚌埠的李品仙的31军于1月18日自明光全线西撤至山区，伺机出击，将津浦路南端正面让开；将于学忠的51军南调，布防淮河北岸，凭借险要地势，拒敌越河北进，日本援军猛扑明光，结果扑了个空，没有捕捉到李品仙的主力部队。接着日军攻下定远、怀远等地，但实际上一无所获。此时西撤的31军遵李宗仁指示，从敌军左侧向东出击，将津浦路之敌截成数段，围而歼之。淮海前线的日军，后路忽被斩断，不知凶吉，费了九牛二虎之力才将31军从津浦线向西压。李宗仁遂命部队采用敌进我退、敌退我进的战术，牢牢地盯住津浦线；此时参加淞沪会战的21集团军北调合肥，以其第48军固守炉桥地区，第7军协同第31军迂回攻击定远日军侧后，迫使日军第13师团主力由淮河北岸回援。第59、51军乘势反攻，至3月初已恢复淮河以北全部阵地。第21集团军和第31军旋由淮河南岸向北岸集中，淮河两岸日军首尾难顾，与中国军队胶着于津浦沿线，从而使日军对淮河流域的进攻宣告破产。

在徐州以南的战区，日军损失达三四千人，中国军队取得了辉煌的战绩，这次胜利，除了中国军队的浴血奋战之外，与皖北人民对军队的大力支持是密不可分的。皖北人素以强悍著称，英勇善战，当地有句俗话说："纸糊的江南，铁打的皖北"。当日军侵入淮河流域之际，皖北当地民众就自动组织起来，协助中国军队阻击日军，在定远、明光等地，日军都遭到了当地民众武装的袭击，日军被搞得像热锅上的蚂蚁，狼狈不堪，全副武装的群众潜伏在城镇中、村庄里、山林间，日军每到一村一镇都会遭到他们的阻击。当时的"红枪会"等武装组织约有3000多人在皖北到处袭击日军，搅得日军日夜不得安宁。

中国共产党领导的抗日武装在淮河流域的阻击战中也起到了配合作用。在南京沦陷前不久，中共驻南京代表团就派李世农到安徽，组建了中共皖中工委，动员和组织皖中各县人民抗战。1938年春，中共无为县委领导的游击武装就开始在淮南铁路两侧进行游击活动。1938年初，中共中央将张如屏、曹云露等从延安派回寿县，成立中央安徽工作委员会，开展抗日游击活动。

1938年3月上旬，白崇禧在奉命去徐州协助李宗仁作战之前，曾请周恩来、叶剑英商谈作战方针。当时周恩来、叶剑英建议：津浦线南段应采取以运动战为主、游击战为辅的联合行动，使日军不敢贸然北上支援南下的日军；徐州以北应采取阵地战与运动战相结合的方针，以达到穿插分割、各个击破的目的。白崇禧对这个建议非常赞赏，并照此实行了。

中国共产党领导的新四军也积极配合淮河沿岸李宗仁的部队，阻击日军北犯。张云逸所率新四军一部遵照中央军委指示，进入蚌埠、徐州、合肥三点之间作战。周恩来指示新四军积极配合淮河正面战场的国民党军开展游击战争，牵制由南京渡江北上的日军。

这次淮河血战，虽然没有把北部战线的日军全部歼灭，但却也使日军付出了巨大的代价,并将其迟滞于淮河一线,粉碎了日军先前预定的"南北夹击"的战略,迫使日军采取"南守北攻"战略,从北面取道山东,进攻滕县、峄县,造成孤军深入的局面,从而为中国军队此后在台儿庄歼灭日军制造了良好的战机。李宗仁在指挥徐州以南阻击北进之敌的同时,又积极阻截华北日军南下。

按原定作战方案,徐州以北保卫战,由第5战区副司令长官兼第3集团军总司令韩复榘指挥,但在12月23日日军一部攻陷归仁镇后,韩复榘未战而走,造成了严重后果。27日,济南失守,日军由博山、莱芜进攻泰安。1938年1月1日,泰安落入日军北方军第2军矶谷廉介之手。韩复榘连连丧池失地,以致北段津浦路正面门户大开,使日军得以沿线长驱直入,给徐州会战投下阴影。李宗仁屡屡致电韩复榘严正要求其夺回泰安,并以此为根据地阻截南下之敌。但韩复榘拒不执行李宗仁的命令。为此,韩遭到蒋介石枪毙的处置,由孙桐萱代任其职。韩复榘的不战自退,不但使中国军队失去了黄河天险,更将济南、泰安等地拱手让给日本,他也因此成为在抗战中第一个被处决的高级将领。

日军骄狂无忌地南北乱窜,他们做梦也没想到,此时的中国军队,经过蒋介石枪毙韩复榘以镇军威以后,上自战区司令长官下至普通士兵无不受到震动,士气大振。

为确保徐州地区的安全,李宗仁命孙桐萱部(原韩复榘的第3集团军),向运河以东推进,袭击济宁、汶上的日军据点,以牵制日军主力。孙桐萱部第22师于2月12日晚由大长沟渡运河,14日有一小部趁夜色攀城墙入济宁城,双方短兵相接,血战数日,终因敌我双方力量悬殊,入城部队伤亡极大,17日晚被迫撤至运河西岸。

与此同时,第12军81师也直取汶上,于12日晚由开河镇渡运河,一部由城西北攻入汶上城内,与日军进行激烈巷战,终因人少势弱,损失严重,13日奉李宗仁之命撤向运河西岸。19日,日军攻陷安居镇,22日突破曹福林第55军阵地。25日,日军突破杏花村阵地,守军被迫撤至相里集、羊山集、巨野一线。但李宗仁在这一线布置大量兵力,不断侧击北段南下之敌,使敌军在这一带徘徊不能南进,暂时稳定了战局。

日军津浦线主力南攻不成,遂改变策略,由少壮派军人板垣征四郎、矶谷廉介率2个师团企图会师台儿庄。日军一旦在台儿庄得手,便可策应津浦路南端日军攻势,一举拿下徐州。板垣、矶谷两师团是日军精锐之师,此次进攻,来势凶猛,大有一举围歼中国军队之势。日军以七八万兵力,在华北方面第二军司令官西尾寿造指挥下,分两路向台儿庄进发。一路为板垣第5师团,沿胶济路西进,进逼临沂;一路为矶谷的第10师团,该师团沿津浦路南下,直取台儿庄。中国军队为堵截日军前进,在临沂、滕县同日军发生了激烈的战斗,揭开了台儿庄会战的序幕。

2月下旬,日军东路第5师团从山东潍县南下,连陷沂水、莒县、日照,直扑临沂。中国军队第3军团第40军等部节节抵抗。李宗仁派遣庞炳勋部,先在临沂建立防御阵地,诱敌深入,先挡住日军第5师团的正面攻击,然后迅速调派张自忠将军的第59军,兼程驰援临沂。张自忠部此时远在淮河流域一带,但是在接到命令之后,立刻以最快的速度,向临沂方向增援。此时日军也掌握到张自忠部的动向,但是日方估计,59军最快也要3天的时间,才能从峄县赶到临沂,所以日军认为可以抢先击溃在临沂弹尽援绝的庞炳勋部。然后再以逸待劳等待时机反击张自忠部，因此日军估算张自忠部不但不能及时赶到临沂成为救援军，反而会成为送上门来的"找死军"。但是张自忠却率领59军日夜急行，这是西北军的特质，军长一声令下，竟然能够在一昼夜之内提前赶到临沂。因此59军在敌方完全没有预备的状况下，就有如从天而降般地猛攻日军第5师团背侧，庞炳勋部将士更是用命地从阵地反击，日军绝对没有想到中国军队竟然会采用这种内外夹攻的拼命打法。因此，在3月14日到18日的临沂决战中，日军第5师团遭到极其惨重的损失，造成日军部队已经无法继续支撑作战，只有先撤退回莒县以困守待援（当时日军虽用超过一百辆的卡车，满载阵亡的日军尸体匆促地奔逃，但战场上仍然遗留了不少的死尸，日军一向非常重视同胞尸首的处理，不是危急到没有办法，通常都会设法带回营地焚化，将骨灰带回日本）。临沂之战得胜，砍断了津浦路北段日军的左臂，促成了之后台儿庄会战中，李宗仁围歼孤军深入台儿庄的矶谷师团的契机。

需要提到的是，临沂大战的指挥张自忠、庞炳勋原本相识，更有一段仇怨。张、庞均是西北军冯玉祥旧部，中原大战时，庞炳勋暗降蒋介石，临阵倒戈，使张部大损，张自忠亦受重伤，此次临沂危急，李宗仁无可调之兵，遂派张自忠前往。二人尽弃前嫌，共御外敌，方有临沂之捷，更有言若无战场决策失误，将可全歼板垣征四郎师团。

板垣败绩累累之际，日军西路第10师团长矶谷仍然武士道精神十足，不顾一切，日益向南推进。李宗仁调来川军邓锡侯的第22集团军、孙震的第41军赶往滕县，拒敌南下。

孙震部刚在滕县部署就绪，3月14日，矶谷师团就发动攻击。日军以数十架飞机30余门大炮狂轰滥炸，守军师长王铭璋督战死守。

3月17日晚，日军配合炮火攻陷滕县（今滕州）。中国守军第22集团军第41军英勇抗击，伤亡甚重，苦战至17日，该军守城的第122师师长王铭璋战死，伤亡达5000之众。李宗仁见滕县危险，又急令新拨归第5战区指挥的第20军团司令汤恩伯派部驰援。汤的主力85军王仲廉部因行程过远，未能及时赶到，滕县失守。敌军损失也极大，死伤达2000多人。此战，22集团军以劣势之装备与兵力，阻击绝对优势之敌达3天半，为第5战区之后的台儿庄会战争取了有利时间，奠定了胜利的基础。

3月18日，日军矶谷师团濑谷支队攻陷滕县后，当晚攻占临城（今薛城），以一部沿津浦线南下，于20日攻占韩庄，企图直犯徐州，遭到布防于运河沿线的我第52军郑洞国第2师的阻击；另一部福荣大佐的第63联队沿临赵（墩）铁路于18日攻占枣庄，20日攻占峄县城，矛头直指台儿庄。

3月20日，日军矶谷师团借攻克滕县之威，在飞机的掩护下，集中4万人，配以坦克、大炮，向台儿庄发动了猛烈的进攻，企图一举攻占徐州。

李宗仁以第2集团军总司令孙连仲率部固守台儿庄，第20军团军团长汤恩伯率部让开津浦铁路正面，转入兰陵及其西北云谷山区，诱敌深入，待机破敌。

国民政府军事委员会关于台儿庄战役的意图和部署是，以擅长固守的原西北军孙连仲部防守台儿庄运河一线，一方面防堵日军进窥徐州，一方面将骄狂冒进的矶谷师团吸引到峄县南部地区,而后以隐藏于峄县东北山区的汤恩伯第20军团柎敌侧背,加以聚歼。日军的作战意图是:确保韩庄、台儿庄一线,并警备临城、峄县,同时用尽可能多的兵力向沂州方面突击,协助第5师团战斗。

滕县保卫战和临沂大捷有效地迟滞了矶谷支队的南下进攻势头,也使第5师团坂垣支队的南下发生困难,这样便为第五战区调整台儿庄保卫战的部署争得了时间。与此同时,随着战局的变化,敌我双方的作战意图和部署都有了相应的改变。

从日军的作战意图看,当其沿津浦路南下时,矶谷支队方面是主力,而坂垣支队向临沂发展进攻则是作为策应的。可是到了3月20日,矶谷支队已经到达峄县(今峄城)时,坂垣支队还在临沂受阻。3月19日,日军第二军已向第10师团转达坂垣支队南下困难的情况,希望第10师团方面能予以有力的支援。于是,第10师团便命令矶谷支队"必须确保韩庄、台儿庄运河一线,并警备临沂、峄县,同时用尽可能多的兵力向沂州方面突进,协助第5师团战斗。"这样,第10师团便组成沂州支队,把部分力量的攻击方向转向东面,以策应临沂的坂垣支队。与此同时,第五战区的部署也有部分调整。3月18日临沂、枣庄失守后,津浦路告急,刚刚调到郑州、洛阳一带的孙连仲第二集团军又奉调到第五战区。该集团军的第31师池峰城部刚到许昌,便立即被转调徐州,由汤恩伯第20军团指挥。3月21日,该师渡过运河,到台儿庄接防。3月22日,汤军团第85军王仲廉部在峄县一带与日军脱离接触,秘密向枣庄东北的抱犊崮山区转移,准备从北面攻击日军侧背。关麟征第52军也秘密向东过运河绕道北上,到枣庄以东的郭里集同第85军会合。

此时,在日军矶谷支队正面的中国军队第20军团第13军第110师已在运河东岸的韩庄附近,第2集团军的第31师在台儿庄一线。矶谷支队的东面则是第2军的4个师。截至3月22日,峄县、台儿庄一带敌我双方的实力基本趋于势均力敌的状态。

台儿庄原来是属于峄县的一个小镇,镇中有砖砌城墙,筑有6个城门,即北门、西北门、西门、南门、东南门和东门。城墙四周修有许多大小碉楼作为防御工事,城内西北角门的文昌阁是城内的制高点。城内原有居民三四千户,因日军不断迫近台儿庄而疏散殆尽,城外的台枣铁路支线也已拆除。

第2集团军第31师接防台儿庄以后,立即以一个团的兵力向庄北的泥沟、北洛一带布防,一个团置于弱站,一个团担负运河南岸的警戒,一个团配置在台儿庄城寨以内,师部驻在台儿庄。3月23日,第31师一部在台儿庄以北的康庄附近与日军接触,同时,矶谷支队的台儿庄派遣队沿台枣铁路南下时,在北洛附近与第31师发生激战。此时第2集团军各师都已到达徐州附近地区,孙连仲已奉第五战区总司令的命令赶赴台儿庄方面实施指挥,并指派第27师接守运河。

当时,矶谷支队的沂州支队已向临沂方向策援第5师团,而第10联队主力在临城,第63联队主力在峄县,准备先机占领台儿庄,保障其侧翼安全,而后再向临沂前进。当夜,日军占领北洛。

3月24日,日军由北洛继续向刘家湖进攻,当晚日军一部突破台儿庄城东北角,结果被守军击退。这时第31师采取了收缩兵力的办法:第182团在北站,第

181 团在南洛,第 186 团在台儿庄,第 185 团在刘家湖。直至 26 日,日军进攻台儿庄的兵力已达 3000 多人,并补充了重炮、坦克和弹药。同一天,中国野战重炮团和战车防御炮营、一个铁甲车中队也先后开赴台儿庄,守军的火力大大地加强了。27日,日军在 9 辆战车掩护下猛攻台儿庄,突破北门,再次占领东北角。此役守军的战防炮大显神威,击毁日军 6 辆战车。同时第 185 团在刘家湖向日军出击,营长高鸿立率士兵赤膊上阵,挥舞着大刀冲入日军的炮兵阵地,其勇猛的气势一度使日军大批士兵弃炮而逃。同一天,日军得到增援后又对台儿庄发动第三次较大的攻击,双方在城内展开惨烈的巷战。守军第 31 师原来的四个团 8000 多人已死伤近 3000人,剩余部队缩编为 3 个团 7 个营,坚持顽强抗击。城内阵地上每天落下数千发炮弹,北面城墙大部分被毁,城内阵线呈犬牙交错之势。城外第 30 师及独立第 44 旅在左翼、第 27 师在右翼,不断向三里庄和刘家湖发动进攻,以缓解日军对台儿庄城内的压力。

3 月 28 日,日军进攻台儿庄城的主力部队开始南下,会合台儿庄派遣队一起对台儿庄发动规模更大的攻击,最终占领城西北角。城内守军由东面发起反击,城外炮兵团也展开激烈的炮战。与此同时,守城的第 31 师主力以及直属部队和第 30师的一个团全部投入城内,并划分为北站守备队、中央守备队和台儿庄守备队,实施分区防守。第二集团军第 30 军军长田镇南,第 42 军军长冯安邦也分赴左右两翼督战。

3 月 30 日,矶谷支队执行矶谷的命令,主力从峄县南撤回,以保证台儿庄攻坚部队的后方和两翼,并与第 27、第 30 师发生激战。第 27 师一度反击刘家湖,截击了日军的炮兵部队,并击毁日军战车 5 辆,但中国军队的战防炮也被击毁。

这一天,日军对台儿庄的攻击达到顶点,傍晚日军又占据台儿庄城的东半部,抵达大运河。福荣大佐的第 63 联队也从东南门攻入城内百余米,同时投掷催瓦斯弹,中国守军死伤惨重,只剩下西北一角的军队仍在坚守,大部分市街已经丢失,形势十分危急。在庄内督战的孙连仲命令池峰城死命坚守。池峰城便组织数百人的敢死队,分组向敌反击,各自为战,士兵们异常英勇,部分官兵手持大刀,向敌人砍杀。日军已血战数日,疲惫不堪,想不到中国守军能深夜出击,仓皇应战,乱作一团。激战通宵,日军被迫退守北门,台儿庄四分之三的街市被中国守军夺回。

早在日军准备南下攻击台儿庄时,第 20 军团的第 52 军已经到达枣庄以东的郭里集附近,24 日在郭里集包围了一小部分日军。25 日,当日军沂州支队到达郭里集时,第 52 军主力随即在郭里集以东展开,并与日军开始接触。与此同时,第 85军第 4 师也已到达枣庄以北的山地,并于 24 日午夜从三面向枣庄发起进攻,次日攻入城西,焚烧日军战车 8 辆,夺占了日军在枣庄的三个碉堡及中兴煤矿公司的水塔。这时,在峄县东北山区的第五战区主力汤恩伯的第 20 军团,下一步的作战面临两种选择,一是继续攻打枣庄和郭里集,二是以主力南下,从峄县南下的日军侧背攻击,以支援台儿庄守军。但汤恩伯为保实力,避重就轻,在枣庄、峄县一带游动,不愿脱离山区。3 月 27 日以后,第 85 军撤回抱犊山,随后第 52 军也撤向这一带山区。

3 月 14 至 19 日的临沂大捷后,张自忠的第 59 军除留一个旅的兵力协助庞炳勋守卫临沂外,剩余主力全部转向费县,准备袭击第 10 师团的后方。但坂垣师团再度增兵南下,使临沂形势又趋危急。3 月 25 日,张自忠率部重返临沂,向日军发起反击,战斗十分激烈。3 月 27 日,日军移动到临沂西北方向向张自忠部猛攻,张部一面抵抗,一面缓缓向临沂后退。等待援军的到来。3 月 30 日,由苏北海州北上增援的东北军第 111 师第 333 旅开到临沂附近,使临沂形势得到稳定。日军因对临沂久攻不下,而台儿庄又陷于苦战,所以只好转移进攻方向,命令在临沂的坂垣支队停止进攻临沂,主力星夜南下,向台儿庄前进,企图夹击台儿庄附近的中国军队,以扭转战局。

在台儿庄战事吃紧时,第五战区司令长官李宗仁曾三令五申让汤恩伯南下对日军实施夹击,但汤恩伯消极怠战,留在山区不愿按指定的方向前进。至 3 月 29 日,李宗仁再次严令汤恩伯迅速南进,侧击矶谷支队,并明确训诫说:"如再不听军令,致误战机,当照韩复榘的前例严办。"蒋介石也亲自致电汤恩伯:"严令所属作最大努力,为战略上适切之协同,促成绝对胜利,以利全局。"在如此重压之下,汤恩伯才不得不指挥部队南下,到台儿庄的东北方向夹击日军矶谷支队。

3 月 29 日,日军第二军令坂垣支队前往救援矶谷支队,坂垣支队将两个步兵大队留在临沂,其主力步兵四个大队及炮兵两个大队于当日夜晚开拔,3 月 31 日到达向城、爱曲附近,袭击第 52 军侧背。汤恩伯遂调第 85 军主力在爱曲、作字沟一带阻击日军。4 月 1 日,日军坂垣支队占领兰陵镇,汤恩伯便顺势让开大路,放坂垣支队顺利进入台儿庄以东地区,而后以第 52 军在南,第 85 军在北并列向矶谷、坂垣支队背后攻击。恰在这时,第 75 军的先头部队也已开到,在台儿庄的外线参与对日军的包围。

4 月 1 日前后,战役的局势开始比较明朗,日军坂垣支队和矶谷支队虽然在台儿庄紧紧包围着第 31 师,但在外线,在西、南、东南、东北的几个方向上却又受着第 20 军团、第 2 集团军的反包围。同时,山东第 2 集团军的部分主力也已东跨大运河,在津浦路和沂蒙山区袭击日军的后方补给线,日军开始陷入被动的境地。同一天,守城部队司令池峰城以死守台儿庄的决心召开军事会议,表示决定坚守城寨和既得的阵地,并命令军队对日军广泛开展小部队夜袭。日军也将西北角的兵力撤出,调到城东,攻入东南部地区。

4 月 2 日,日军与第 27 师的阵地战场面空前惨烈。中国军队在有进无退的情况下表现出了视死如归的战斗精神。据日军《步兵第 10 联队战斗详报》记载:"研究敌第 27 师第 80 旅自昨日以来之战斗精神,其决心勇战气概,无愧于蒋介石的极大信任。凭借散兵壕,全部守军顽强抵抗直到最后。宜哉,以至于狭窄的散兵壕内,重叠相枕,力战而死之状,虽为敌人,睹其壮烈,将为之感叹。曾使翻译劝其投降,应者绝无,尸山血海,非独日军所特有。"

4 月 3 日,坂垣支队与矶谷支队会合后,在台儿庄东南的火石埠向肖汪方面军攻击,守卫肖汪的第 75 军、第 139 师和新开到的第 6 师与敌展开激烈的战斗,但持续作战的日军已经丧失了原有的锐气。4 月 4 日,台儿庄城内的日军又发动了第八次总攻,也是最后的一次攻击。中午时分,日军猛烈轰击守军阵地,并且使用了燃烧弹,城内的断垣残壁又燃起大火,为中国军队造成很大困难。火势稍小时,日军便从东南角、北门和西北角发起攻击。为顶住疯狂的反扑，城内各部分守军利用有利地形和房屋修筑的工事与敌军周旋，入夜后各敢死队又纷纷出击，有力的打击和袭扰日军，并攻占制高点大庙。日军的阵地逐一被攻克，在城内外的夹击之下，余下的部队也只有招架之功，没有还手之力了。

至此，城内日军的攻势减弱，城外对日军的大包围态势已经形成。日军已经陷入中国军队的重重包围之中。

4月4日前后，汤恩伯在第五战区的连续电令下，开始以较多的兵力投入攻击日军侧背作战。这时在战场东北部的曹福林第55军开始向台儿庄移动，李仙洲第92军、周磊第75军已逐次投入台儿庄以东前线，对日军的包围圈正在逐渐缩小。

4月5日，第一战区司令长官程潜到徐州参与台儿庄督战，并下令要在4月6日至4月8日之间围歼台儿庄以北日军。4月5日，蒋介石给汤恩伯发电责问，为何"以十师之众对师半之敌焉然不能取胜？"前线各部队开始加紧对日军的攻击。此时，肖汪附近的日军坂垣支队虽与矶谷支队会合，但在北、东、南三面受到第20军团第75军的猛烈攻击，加之与第5师团的后方补给线被切断，处境十分困难。坂垣支队损失惨重，并且只能从矶谷支队得到部分的粮食和弹药，第5师团命令坂垣回撤临沂。矶谷支队得知坂垣准备回撤后，也向第10师团要求后撤，但未获得批准。在这种情况下，矶谷支队攻城不下，进退两难，损失惨重，不得不烧毁大批物资，枪杀军马，丢弃了大量的武器和装备向北撤退。4月6日夜，矶谷支队撤至北洛一线。随后，坂垣支队与矶谷支队的联络中断，陷入孤立无援的境地，被迫于4月7日连夜向北撤退。

4月6日，第20军团以及台儿庄正面第2集团军的部队已经发现日军准备撤退的迹象，先后组织了追击。第20军团的第52军、第85军和第75军先后追击到甘露寺、红瓦屋屯一带。左翼第13军第110师开始向峄县南面的獐山一线攻击。台儿庄内的第31师发现日军撤退后也奋起追击，在将城内残余的日军歼灭后占领了各个城门和城外的园上村。台儿庄左右翼的第30师和第27师先后追击到泥沟附近，缴获许多战车和物资。此时，原在鲁西的曹福林第55军渡过微山湖和大运河后已到达临城、枣庄以北地区。日军在后路被断的情况下，慌忙窜入峄县附近的獐山、九山及税郭等坚固围寨死守待援。至4月7日凌晨，台儿庄会战已取得决定性的胜利。

这次战役，几乎使台儿庄变成一片焦土，日军的机动车辆多被击毁，日军士兵的尸体及自焚骨灰甚多。中国军队摧毁了日军第10和第5两个精锐师团的主力，歼灭敌军一万余人。缴获步枪一万多支，轻重机枪931挺，步兵炮77门，战车40辆，大炮50多门，中国军队以自己的血肉之躯和顽强不屈的精神，夺得了重要的胜利。

台儿庄战役的结局，是日军一次战役进攻中的败退。这是日军侵华战争中的第一次。在日军来说，这不仅是在兵力数量上的损失，更重要的是精神上的挫折。"大日本皇军不可战胜"的神话破灭了。日军《步兵第10联队战斗详报》载："不识他人，徒自安于自我陶醉，为国军计，更应以此为慎戒。"

台儿庄战役的胜利，在政治上增强了中国军民抗战必胜的信心，鼓舞了抗日军队的士气,用胜利的事实证明了"亡国论"是没有根据的。同时,这场胜利改变了国际上对中日战争前途的看法。抗战爆发以来,国际上对中国抗战的前途大多抱悲观的看法。台儿庄战役胜利的消息传出,有的国家甚至不敢相信。1938 年 4 月 9 日路透社电讯说:"英军事当局对于中国津浦线之战局极为注意,最初中国军队获胜之消息传来,各方面尚不十分相信,但现在证明日军溃败之讯确为事实。"显然,这次胜利提高了中国在国际上的地位,并为争取外援增强了有利条件。

(二)列宁格勒保卫战

　　1940 年 5 月 10 日,薄雾如同轻纱一般从静谧的塞纳河上向着碧绿的草地和鲜花盛开的果园弥漫开来,这预示着一个景色宜人的春天即将到来,希特勒的军团像钢铁洪流一样隆隆驶进法兰西的领土,西欧诸国自此被置于德国闪击战的狂飙之中。不可一世的德军从巴黎杀向巴尔干半岛、从日兰德半岛杀进斯堪的纳维亚,并将大不列颠军团困在英伦三岛不能动弹……可以说,希特勒几乎不费吹灰之力便征服了大半个欧洲。

　　1940 年 12 月 8 日,柏林帝国大厦,面对着墙壁上高悬的世界地图,自闪击波兰以来未尝败绩的希特勒把他锋利的目光投向了苏联广袤的领土,将他的那支在此之前无往而不胜的铁骑的前进目标指向了克里姆林宫……就在这一天,希特勒正式发布了进攻苏联的第 21 号指令,并以"巴巴罗萨"作为这份作战计划的代号。"巴巴罗萨"是 12 世纪神圣罗马帝国皇

列宁格勒保卫战

帝菲特烈大帝的名字。希特勒以这位 800 年前的伟大皇帝的绰号为他的侵苏战争计划命名,也许是他期待着这个名字能够为他的战争计划增添一丝神秘之光。

　　希特勒对自己的计划颇为得意。"当'巴巴罗萨'开始时,全世界都将会大惊失色,难置一言!"希特勒高傲地说,他的目光蔑视一切。按照"巴巴罗萨"计划的具体部署,辽阔的苏联战场被划分为北方、中央和南方三个战区,每个战区都配备一个强大的集团军群。"北方"集团军群的任务是:从东普鲁士的苏伐乌基出发,迅速驰越涅曼河,消灭波罗的海沿岸地区的苏联军队,最后直取列宁格勒,并切断它和摩尔曼斯克之间的交通线,迫使这座名城不战而降。

　　列宁格勒这座有着悠久历史的城市,政治上有"苏联第二首都"之称,经济上是苏联最大的工业中心,而且在军事上也有着十分重要的地位。它是苏联第二大运输枢纽,共有十条铁路线通过这里,特别是十月铁路线把列宁格勒与莫斯科和苏联的其他地区联结在一起,让城市之间形成一张巨大的网络,因此在国防上具有极为重要的意义。希特勒认为,只有在保证完成占领列宁格勒的情况下,才能继而打好占领莫斯科这个重要交通枢纽和国防工业中心这场进攻战。因此,希特勒认为

在对苏战争中,应把占领列宁格勒这一战略要地看作是一项"刻不容缓的任务"。

为了确保能够一举拿下列宁格勒,希特勒任命曾经指挥德军突破法国"马其诺防线"的陆军元帅冯·莱布为"北方"集团军群指挥官,统率的兵员达70万人,配备了1200架飞机、1500辆坦克、12000门火炮,并限令莱布务必须根据"巴巴罗萨"计划的规定日期,在1941年7月21日之前拿下列宁格勒。希特勒甚至为此描绘出了一幅"美好"的画面:到时候他不仅要前往列宁格勒"皇宫广场"检阅军队,而且还要在列宁格勒"阿斯托里亚"饭店举行盛大的"祝捷"宴会。

1941年6月22日拂晓,遥远的苏联西部天际,在经过了短暂的夏夜而逐渐变得暗淡无光的群星中,出现了一片异样的"星体"。这是一些亮得非同寻常的星星,它们色彩纷呈,并且快速地向东飘来。与此同时,还伴随着阵阵发动机的轰鸣声。不一会儿,发动机的噪声骤然加大。终于,五颜六色的星光越过无形的空中国境线——一千多架机翼上粉刷着纳粹标志的飞机闪电般地闯入苏联领空,对苏联腹地的机场、军事指挥部和交通中心投下暴雨般的炮弹。紧接着,七千多门各种口径的火炮同时对准早已瞄好的目标开火。一时之间,苏联西部边境炮声隆隆、硝烟弥漫、火光冲天。

整个西伯利亚平原都在炮火中颤抖,希特勒的"巴巴罗萨"计划开始了。

6月22日,莱布统率下的"北方"集团军群在大量航空兵的支援下,从东普鲁士的哥尼斯堡向苏联波罗的海沿岸地区发起进攻。战斗伊始,德军就轻而易举渡过涅曼河这一水上天堑,继而向苏联腹地长驱直入。

在辽阔的北方战线上,德军"北方"集团军群的先头部队第56摩托化军在开战后的24小时内就深入苏联境内40多公里。6月25日,德军坦克部队推进到离陶格夫匹尔斯只有70公里的乌提那。6月26日,德军装甲集团的先头部队离维尔纽斯和列宁格勒之间的主要铁路中心陶格夫匹尔斯只有不到8公里的路程了。

至此为止,在短短的4天内,德军装甲部队就翻山越岭、攻城占地,竟推进到苏联腹地300公里。

为了完好无损地一举拿下陶格夫匹尔斯市内的一座大型公路桥和一座铁路桥,便于后续部队能够迅速越过西德维纳河,德军"勃兰登堡800"特种部队一部,驾驶着缴获来的4辆苏制军用汽车,身穿苏军军服,说着流利的俄语,混进陶格夫匹尔斯市内,出其不意地占领了这两座桥梁,使德军的机械化部队顺利渡过了宽阔的西德维纳河。陶格夫匹尔斯的失守,使得奥斯特洛夫—普斯科夫—卢加—列宁格勒一线因为失去了天然屏障而完全暴露在德军面前。

7月1日,随着拉脱维亚苏维埃社会主义加盟共和国首都里加的失守,列宁格勒的形势越发危险了。7月4日,德军又突破奥斯特洛夫—普斯科夫防区内的防线。7月9日,防守普斯科夫的苏军在经过一场血战后不得不放弃该城,退往诺夫哥罗德。于是,德军的铁蹄终于在闯入俄罗斯大地之后正式踏上了列宁格勒州的地界。

就在"北方"集团军群向列宁格勒全力推进的时候,部署在列宁格勒北面芬兰一侧的两个芬兰集团军,为了配合德"北方"集团军群进攻列宁格勒,也于6月底分别在彼德罗扎沃茨克和维堡方向,对苏军"北方"方面军发起猛烈的进攻,企图从北、东两个方向与德军一起完成对列宁格勒的合围。

在这种情况下,进展顺利的德军第4装甲集团军司令赫普纳上将得意忘形地宣称:现在只要一举突破卢加河,他就拿到了打开通往列宁格勒大门的钥匙。

就在列宁格勒危机重重的时候,苏军统帅部于7月10日任命伏罗希洛夫元帅为"西北"方向指挥部最高军事负责人,日丹诺夫为军事委员会委员,并责成他们两人统一指挥"西北"方面军和"北方"方面军的作战行动。与此同时,指挥部紧急开始发动群众力量,他们动员百万列宁格勒居民夜以继日地沿着卢加河畔,构筑一条以卢加城为中心,南起希姆斯克,经卢加,北到金吉谢普的全长约300公里的卢加防线,并在这条防线上部署了由,4个步兵师和1个坦克师组成的卢加作战集群。其主要任务就是不惜代价阻滞德军的前进,以争取尽可能多的时间在列宁格勒周围再构筑第二、第三条防线,也就是为列宁格勒争取尽可能多的准备时间。

7月11日,德军坦克部队突破了卢加防线外围据点波尔霍夫,朝着希姆斯克方向猛扑过来。就在卢加作战集群与占据优势的德军拼死作战的同时,苏军统帅部为减轻卢加作战集群的压力,命令"西北"方面军所属的第11集团军从旧鲁萨开赴希姆斯克西南方向的索耳策地区,对德第4装甲集团军的翼侧实施强有力的反突击。这一行动使德军损失飞机400多架,坦克120多辆,伤亡一万余人,迫使德"北方"集团军群司令莱布于7月19日下令暂停进攻,并不得不在卢加河畔据守等待后援部队一个多月,从而为列宁格勒军民赢得了极为宝贵的准备时间。

在双方一番紧急的调兵遣将之后,8月8日上午10时,德军首先从卢加河下游向苏军发起猛攻,德军的大炮在滂沱大雨中一齐瞄准苏军阵地轰击,顿时卢加河上弹雨如注,恶浪排空。德第41摩托化军所属第1、第6两个坦克师不顾恶劣的天气,向着列宁格勒——金吉谢普——纳尔瓦铁路线以南的一片开阔地疾驰而来。

8月9日凌晨,在经过一天的激战之后,德第1坦克师占领了伊兹沃兹。10日,德军继续以第1坦克师为先导,推进到列宁格勒的莫洛斯科维策车站附近,这就使得德军随时都有可能切断加特契纳至纳尔瓦的铁路交通,使苏军在纳尔瓦、金吉谢普、爱沙尼亚的3个作战集群陷入极端困难的境地。为此,苏军"北方"方面军紧急命令新组建的列宁格勒第1近卫民兵师立即开赴这一地区投入战斗。8月12日凌晨,这支民兵部队经过长途跋涉之后尚未来得及休整即与德军展开激战。面对强大的德军,战士们并未表现出一丝怯懦,他们勇敢的投入战斗,但最后由于缺乏重装备,无法抵抗德军重型坦克的凌厉攻势,在成功地给德军以重大杀伤后撤往金吉谢普。8月13日,金吉谢普防区的激战继续进行,德军在遭受重大损失后,于当天下午3时突破第1近卫民兵师据守的防线,占领了莫洛斯科维策车站,彻底切断了金吉谢普至列宁格勒的铁路和公路线。

8月11日,在卢加河上游的苏军防线左侧,德军投入重兵向希姆斯克地区发起了猛烈的进攻。

12日,德军开始沿着伊尔门湖西岸猛攻苏军"西北"方面军指挥部的所在地——诺夫哥罗德。

经3天激战,已无力抵抗的苏军开始后撤,卢加至诺夫哥罗德的铁路线也被德军切断了。德军这时用肉眼就能隐隐约约地望见诺夫哥罗德市内的许多建筑物的屋顶了。8月15日下午6时左右，德步兵在坦克的掩护下突破苏军第一道防线，推进到该市市郊。16日清晨，苏军被迫从诺夫哥罗德撤出。诺夫哥罗德的失守，不仅使防守卢加弧形地带的苏军部队处于腹背受敌的困难境地，而且也使德军有可能前进到楚多沃，从而切断列宁格勒通往莫斯科的"十月铁路线"。

而事实上也确实如此，德军占领诺夫哥罗德后，就立即向东北方向的楚多沃挺进，直取"十月铁路线"。

在这同时，德军的部分兵力准备越过沃尔霍夫河，占领提赫文，切断列宁格勒同苏联内地的铁路交通联系。

在卢加河中游防区内，虽然德军用多达2个师的兵力于8月10日凌晨4时向卢加发起攻击，但在当地苏军的顽强抗击下，多次进攻均以失败而告终。曼施坦因在德军一再失利的情况下，建议把第3摩托化师调往卢加河下游，以增强那里的进攻能力，加快向列宁格勒方向的进军速度。这一建议被批准后，曼施坦因于15日挥师北上。与此同时，德军将第50摩托化军留在卢加继续牵制苏军。

就在德军向卢加防线发起全线进攻的时候，列宁格勒北面的芬兰军队也以3个师的兵力紧缩包围圈，直逼拉多加湖，并在西南方向的克克斯戈利姆地区向防守卡累利地峡的苏第23集团军的侧翼频频发起攻击。这时，列宁格勒可以说已经陷入了三面受敌的危急之中。就在这时，德第16集团军因主力北上，而在旧鲁萨和霍尔姆之间出现了一个宽达80多公里的真空地带，在这种情况下，为了减弱德军的攻势，苏军统帅部命令"西北"方面军所属第34集团军利用这个难得的机会，从旧鲁萨沿铁路线出发到德第16集团军司令部所在地德诺地区实施强有力的反突击。德"北方"集团军群司令莱布对苏军这一突如其来的凌厉攻势没有任何的心理准备，不得不命令正在北上的曼施坦因立即掉头南下，前往旧鲁萨地区为第16集团军的被围部队解围。

8月21日，德军终于占领了楚多沃，切断了列宁格勒通往莫斯科的十月铁路。22日，德第16集团军在曼施坦因第56摩托化军的增援下，不仅解除了几乎被苏军围歼的危险，而且还向前推进到旧鲁萨东南的洛瓦提河畔。8月25日，苏第34集团军终因力量悬殊而不得不退出洛瓦提河沿岸的战斗。8月底，德军在突破卢加防线的战斗中遭受重大损失之后，前进至距列宁格勒城南仅20公里的斯卢茨克——科尔平诺地区。

希特勒虽然对"北方"集团军群未能如期拿下列宁格勒心怀不满，但对莱布能在8月末挺进到列宁格勒城下还是暗自高兴的。为了加强"北方"集团军群的整体力量，使其能够一鼓作气攻下列宁格勒，他命令正在莫斯科方向作战的第39摩托化军北上支援莱布攻打列宁格勒。

德军"北方"集团军群在得到加强后，迅速以9个师的兵力向列宁格勒再次发动进攻，而这时盖世太保部队为了在德军占领列宁格勒后，能够"迅速恢复秩序"，也紧紧地尾随在大部队后面，他们甚至连供各种车辆进出列宁格勒用的特别通行证都印制好了，在他们看来，接管列宁格勒只是时间问题。9月8日，德军占领什利谢尔堡，这意味着他们完全切断了列宁格勒与苏联各地联系的所有交通线，列宁格勒城内军民的处境更加困难了，现在他们只能经过拉多加湖和空中与外地保持着有限的联系。

　　9月16日,位于列宁格勒以南18公里,当年曾是俄国沙皇避暑胜地的普希金落入德军之手;17日,位于列宁格勒亚历山大罗夫卡地区的一条电车线路的终点站失守。这时,德军离列宁格勒市中心的皇宫广场仅有14公里,这代表着德军的大炮已经能够直接轰击列宁格勒市区了。

　　形势已经迫在眉睫,但列宁格勒并没有屈服,"西北"方面军司令员伏罗希洛夫元帅和军事委员日丹诺夫向300万列宁格勒军民发出紧急动员令:"列宁格勒面临着危险,法西斯匪军正向我们光荣的城市——无产阶级革命的摇篮逼近。我们的神圣职责是:在列宁格勒大门口,用我们的胸膛挡住敌人前进的道路!""饥饿围困"列宁格勒的德军,在苏军的顽强抵抗下,渐渐成了强弩之末。1941年9月25日,遭受重大损失的德军,在列宁格勒军民顽强抗击下不得不转入防御,德军以武力占领列宁格勒的企图宣告落空。

　　希特勒看到自己的计划落空,他的旗帜迟迟不能挂到列宁格勒的城头,便决定严密封锁列宁格勒,妄图用饥饿和恐怖击垮列宁格勒。他咬牙切齿地说:"要把列宁格勒从地球上抹掉,即使列宁格勒要求投降,也绝不接受。应对列宁格勒实施大规模的空袭,特别是要炸毁那里的自来水工厂。"他想用密集的轰炸和炮击切断城市与外界的联系,将列宁格勒活活困死。希特勒的参谋长哈尔德在9月的日记中对这一饥饿战略作了形象的解释,他说:"列宁格勒周围的包围圈还没有收紧到期望的程度……敌人在列宁格勒集中了庞大的兵力和大量的物资,考虑到我们的力量在抵到列宁格勒前的消耗,局势将继续紧张,直到饥饿配合我们发挥作用的时候。"

　　1941年的9月和10月,德军对列宁格勒进行了猛烈的空袭,仅仅10月4日这一天,德军就持续空袭了9个多小时。11月8日德军占领了提赫文后,从苏联内地向列宁格勒运送粮食的运输线完全被切断,它使300万列宁格勒陷入了一场前所未有的"饥饿大灾难"之中。

　　列宁格勒遭到陆上封锁导致粮食供应急剧减少。9至11月,居民的面包定量先后降低5次,11月20日降至最低限量:高温车间的工人每人每天375克,一般工人和技术人员250克,职员和儿童仅125克。因为饥饿,列宁格勒付出了近百万人的宝贵生命。自从列宁格勒与苏联内地的铁路交通被完全切断后,拉多加湖成了列宁格勒唯一能从外界获得粮食和其他一切必需品的水上生命线,可现在就算是拉多加湖也仅仅剩下中间一段宽约65公里的水域不在德军炮火的射程之内。在强烈的求生欲望的驱使下,列宁格勒军民依靠着顽强的意志,在这段狭窄的水域上开辟出了一条"生命之路",从而粉碎了德军"困死列宁格勒"的计划。

　　自从1941年9月德军兵临城下之后,尽管希特勒能够从望远镜里看见城里圣伊萨克斯教堂的穹形屋顶和海军部大厦的尖顶,但德军却再也不能越雷池一步。经过战斗炮火洗礼的列宁格勒军民,正时刻以一种老战士那惯有的镇静神情,警惕地盯着蓝色阴霾之中的德军前沿阵地,时刻准备着击退敌人的进攻。

　　1943年1月12日清晨,一尊尊威武雄壮的"马兰特"炮和"喀秋莎"火箭炮正在瞄向涅瓦河对岸的德军前沿阵地。当阳光刚刚穿过薄薄的云层,2000多门火炮和迫击炮就一齐发出了震天的怒吼,打破了严冬的沉寂,向着敌人的阵地喷吐了万丈怒火。

这是为了突破德军围困,苏军所实施"火花"战役复仇的怒吼。

1943年1月18日夜晚,列宁格勒人从莫斯科电台播送的最后新闻节目中突然听到播音员以激动的声调大声宣告:"封锁线突破了!""列宁格勒解围了!"

继突破德军围困之后,1944年1月14日,列宁格勒人民盼望已久的大反攻又开始了。经过二周的激烈作战,苏军取得了重大胜利。1944年1月27日,列宁格勒方面军军事委员会在这一天晚上的祝捷大会上宣布:"列宁格勒城现在已经从敌人的包围中,从敌人的野蛮炮击中获得了彻底解放。"列宁格勒人民终于取得了保卫战的重大胜利。

历时长达900天之久的列宁格勒保卫战,在世界反法西斯战争中具有重大的政治和军事意义,虽因冻饿致死64万余人,被德军空袭和炮击致死2.1万人,但是这场保卫战不仅坚定了苏联人民抵抗德国法西斯的斗志,鼓舞了他们的胜利信心,而且还消耗了法西斯德军大量的有生力量,把兵力雄厚的"北方"集团军群始终紧紧地拖在西北战场上,从而为苏军取得莫斯科、斯大林格勒等地的辉煌胜利,为第二次世界大战的最终走向,起到了关键性的作用。甚至就连英国的《旗帜晚报》也发出这样的称颂:"列宁格勒的抵抗乃是人类在经受不可思议的考验中取得辉煌胜利的一个榜样。在世界历史上也许再也不能找到某种类似列宁格勒的抵抗。"

列宁格勒保卫战的胜利,不仅是"生命之路"的奇迹,更是20世纪人类战争史上的奇迹。

(三)基辅会战

1941年9月19日,德国柏林。

国防军统帅部,希特勒全身戎装,神采飞扬,嘴里哼着小调,显得异常亢奋。自6月22日以闪电式的突然袭击发动侵苏战争以来,是他最高兴的一天。苏联的45集团军将要被歼灭。总参谋长凯特尔元帅兴冲冲地从外屋走进来,向希特勒报告基辅合围战的发展情况。

凯特尔元帅显得有些激动地向希特勒报告攻克基辅城堡的战况。希特勒微笑着频频颔首。突然,他从座椅上站起来,对凯特尔元帅大声说:"向全世界宣布基辅合围战的消息。"

一条震惊欧洲,震惊全球的基辅合围战消息,通过无线电波,从柏林飞越千山万水,迅速传遍了世界各国:

冯·龙德施泰特元帅和冯·博克元帅的集团军实施的中心突击,已发展成为一场新的大规模包围战。戈梅利会战后,我强大兵力随即向杰斯纳河上游和下游实施突击,经过顽强战斗,强渡了杰斯纳河,而后从这里继续向南发起进攻,以求与自南向北进攻的兵力集群会合。该兵力集群已在极其困难的条件下,在120公里宽广正面上于克列顷提格两侧渡过第聂伯河。9月13日,上述兵力已在基辅东部200公里处会师。苏军4个集团军已被合围。现正处在被围歼中。

德军国防统帅部 19 日向全世界宣布的基辅会战消息,使世界舆论哗然,引起了许多国家的关注。这次空前绝后的大会战,使苏军"西南方面军"全军覆没,损失 50 个师,伤亡和被俘 60.5 万人,从而使德国打开了通往俄国腹地的道路。

1941 年 8 月 21 日,东普鲁士。

陆军总司令部作战室。希特勒伫立在大幅作战地图前已经整整两个小时了。

几天来,中央集团军群和南方集团军群大举向东突击,两军先头部队已形成齐头并进之势,几乎成了一条直线。8 月 20 日,南方集团军群在宽大正面上,占领了经第聂伯河河口到基辅南部的第聂伯河沿岸,与中央集团军群相距 550 公里,直线中心距后方也大约 550 公里,这样,德军的进攻态势几乎形成了一个等边三角形地区,而苏联的一个完整的方面军恰恰处在这个三角形地区内。这种自然形成的态势引起了希特勒的极大兴趣和注意。他犀利的目光紧紧地盯着两个红色的箭头。"这是千载难逢的时机呀!"希特勒扇动着唇上的小胡子自语道,"如果上述三角形地区的两支先头部队能够会合的话,就能一举将基辅附近的苏军歼灭,会震惊全世界。"希特勒脑海里跳出了一个超常的设想,他转过身,在室内踱开了步。

眼下,各集团军群都在按原计划行动:中央集团军群以进攻莫斯科为中心,正在继续向前推进。南方集团军群正在积极准备从已经夺取和准备夺取的桥头堡强渡第聂伯河。要改变整个战役企图,首先攻克乌克兰,靠开会统一思想调整战役部署是不可能的,因为刚愎自用的陆军总司令冯·布劳希奇元帅绝不会放弃进攻莫斯科的。两天前,他还向希特勒递交了一份备忘录,再次明确将莫斯科作为德军进攻的中心目标。

"只好以命令的形式,强行变更整个战役部署了。"希特勒收住步子,断然做出了决定。

8 月 21 日,希特勒签署了一项决定基辅合围战的命令。命令指出:

"陆军于 8 月 18 日提出的关于东方战局下一步作战的建议,与我的意图不符。我命令:

1.冬季到来之前必须达到的最重要目标,不是占领莫斯科,而是夺取克里木顿涅茨河畔的工业区和煤矿区,切断苏军来自高加索地区的石油补给……

2.南方集团军群和中央集团军群,必须毫不迟延地利用由于我军到达戈梅利一波切普一线而形成的极为罕见的有利态势,以其内翼兵力实施一次协同作战。此次作战的目的是,不仅通过第 6 集团军单独实施的进攻将苏第 5 集团军赶过第聂伯河,而且还要在该部敌军突破杰斯纳河——诺托普——苏拉河一线之前,将其歼灭……

3.中央集团军群不必顾及以后的作战问题,要派出较多兵力以达成歼灭第 5 集团军之目的……"

"元帅指令"将德军引上了"通向基辅会战的叉道"。中央集团军群和南方集团军群不得不根据这一指令全面变更兵务部署,以打一场前所未有的大会战。

希特勒也十分清楚,他的这个指令,使陆军总司令部有关进攻莫斯科的所有安排都化成了泡影。冯·布劳希奇元帅是极其不乐意的,也许会阳奉阴违,明从暗抗。为保证整个战役的顺利发展,希特勒又于 8 月 22 日,为刚刚下达的指令制订了一个附件,并送达陆军总司令部。

大局已定。德军停止了继续东进,而是挥戈南下了。

8月22日下午,陆军总司令部下达了基辅合围战的第一批预先命令。8月23日,陆军总司令部又下达了一个补充命令:

"歼灭苏第5集团军尽可能多的兵力,尽快为南方集团军群渡过第聂伯河扫清障碍。为此,应组成一个最好由古德里安大将指挥的兵力集群,并准备以其右翼越过切尔尼戈夫。"

古德里安大将对这个新的进攻计划不感兴趣,并强烈反对从他的装甲集群中抽调部分兵力去支援他认为使用在错误方向上的第2集团军。

自从战争爆发以来,古德里安大将的几个装甲军一直在连续作战,没有得到过一次休整,人员装备也没有及时地补充,战斗力已明显地下降。再要不间歇地战斗推进数百公里,部队战斗力有可能下降到十分危险的程度,这是古德里安极不满意的事情。他决定亲自去东普鲁士,面见希特勒,力促他改变主意。

8月24日上午,古德里安大将在陆军总司令部单独谒见了希特勒。希特勒坐在大圈椅上,耐心地听完古德里安的申述、抱怨和恳求,猛地站起来,滔滔不绝地讲述导致他做出放弃进攻莫斯科的理由,他一字一顿地说:"乌克兰有大量的粮食、石油、武器和弹药。将军们,你们对军事经济一窍不通呀!"说毕,希特勒扇动了几下唇上的小胡子,用咄咄逼人的目光直射古德里安,用不可抗拒的语调下达了一道严厉的命令:

"古德里安将军必须毫不迟延地向下一个战略目标基辅进攻!"

古德里安被泼了一盆冷水,快快不快地回到他设在舒姆亚奇的指挥所。下午,他违心地签署了参加基辅会战的第1号命令。

8月25日凌晨5时,第二装甲集群以第24摩托化军为右翼,第47摩托化军为左翼,由行进间向南发起进攻。

德军在第二装甲集群向南推进时,南方集团军群为了实现希特勒的计划,准备进行一场大规模的围歼战。8月27日,南方集团军群总司令冯·龙德施泰特元帅向陆军总司令部提交了一份详细的作战计划,建议统一使用第二集团军和原属中央集团军群的装甲集群,采取南北夹击的战术,合围并消灭基辅的苏军重兵集团。

8月31日,冯·龙德施泰特元帅命令第十七集团军所属第十一军、第二十五军强渡第聂伯河。虽然遭到了苏军强有力的抵抗,仍在9月1日渡过了第聂伯河,在克列缅楚格建立了桥头堡。

古德里安大将指挥第二装甲集群以突袭的方法不断向前推进,占领了沃罗涅日西南的高地等3个重要地点。第二和第六集团军也占领了可直捣东乌克兰心脏的出发地区。此时,德军又对基辅苏军的包围形成了大致趋势,包围态势已初露端倪。

与此同时,斯大林也敏锐地发现,德军似已放弃对莫斯科的突击,将进攻方向指向了乌克兰。这是希特勒出其不意的一着险棋,使斯大林吃惊不小。

乌克兰是苏联的重要农业区和工业区,是苏联经济的重要支柱,也是苏联反法西斯战争的物资补给中心。对于乌克兰,斯大林想得更多的是经济利益,而不是军事利益。这与希特勒可谓是英雄所见略同。这大概是斯大林执意要"不惜一切代价坚守乌克兰"的动因。然而,令人遗憾的是,历史嘲弄了这位伟人,他自觉不自觉地走进了希特勒的圈套。

8月31日,斯大林命令"西南方面军"立即停止撤退,部队返回原地,要不惜一切代价守住杰斯纳河、苏拉河和第聂伯河防线。正在撤向东部顿涅茨地区的物资,要坚决运回西部地区。同时,斯大林发布全国动员令,要求各级地方政府积极动员城市居民到前线支援修筑工事。为了加强对乌克兰地区的防守,斯大林迅速地从苏联各地抽调了28个兵团增援这一地区,他们将坚决地守住杰斯纳河和第聂伯河之间的大突出地区,保卫位于该地区突出部顶端的要塞城市——基辅。

至此,第二次世界大战中典型的歼灭战正式拉开了帷幕。德苏双方共投入了100多万兵力,可谓是百万大军会战乌克兰。斯大林始料不及的是,会战将使他的几十个兵团全军覆没,这是他做梦也不会想到的。

9月4日,德军各部队按照合围计划,全线出击。龙德施泰特元帅命令第十七集团军,在建立克列缅楚格桥头堡之后立即发起进攻,越过米尔戈罗德—卢布内一线;同时命令第一装甲集群沿克拉斯诺格勒—波尔塔瓦一线向北推进。同日,古德里安大将指挥第二装甲集群于拂晓发起进攻。第24摩托化军以急行军速度前进,封闭了与友邻第二集团军第45步兵师之间的缺口,并于当天下午突然强渡乌别德河,攻占了苏军的一个步兵师部。

9月6日,尽管阴雨连绵,道路泥泞,古德里安大将命令第二装甲集群继续进攻,翌日,占领了巴图林,强渡达谢伊河成功,并向纵深扩大到3公里。9月10日,攻克了历史名城罗姆内。

此时,苏军第五集团军年轻的司令官波塔波夫少将发现,德军的装甲部队已出现在他的背后,情势十分危险,他请示向东撤退。而西南战区司令官布琼尼元帅同意了他的请求,可是斯大林严厉禁止任何部队撤退,并把在德军第二装甲集群冲击下与"布良斯克方面军"失去联系的第二十一集团军交给布琼尼指挥。斯大林认为,这些部队足以阻止古德里安向前推进。

然而,战场的态势不以斯大林的意志为转移,朝着越来越不利于苏军的方向发展。9月12日,德军第一装甲集群由克列缅楚格桥头堡向北发起进攻,切断了卢布内至哈尔科夫之间的军用公路。装甲车辆像从地下钻出来一样突然出现在苏军第38集团军司令部面前,司令官费克连科少将和司令部的军官们跳窗夺路逃生。德军很快占领了38集团军指挥所。到日落时,第一装甲集群第16装甲师推进了70公里,到达克列缅楚格西北105公里处,楔入了苏第38集团军防线的纵深。第9装甲师开始横渡第聂伯河。9月13日,德军第17集团军以其主力向北发起总攻,以掩护德军的东翼。第9装甲师迅速向前调整,随第16装甲师跟进。第14摩托化军奉命插到第48摩托化军右侧,参加了北方的总攻。

9月13日黄昏,战场的态势已十分清楚地表明,苏"西南方面军"已到了生死攸关的时刻。"西南方面军"司令基尔波诺斯上将向布琼尼元帅报告说:"方面军两翼均已暴露,情况十分危险,而且已没有预备队。"布琼尼元帅无法否认这些理由,于是,与西部战区政治委员赫鲁晓夫商谈后,决定向莫斯科呈送一份"请求准备后撤"的报告。基尔波诺斯上将在征得布琼尼元帅同意后,亲自飞往莫斯科,谒见斯大林。

斯大林叼着烟斗,阴沉着脸,很不乐意地听着基尔波诺斯上将对战场形势的分析。当基尔波诺斯上将请求斯大林准予方面军向后方阵地撤退,避免更大损失时,斯大林拍案而起,打断了基尔波诺斯上将的话,十分严厉地说:"绝不允许任何人,以任何借口、任何形式后撤,否则军法重处。"

基尔波诺斯上将像被当头打了一棍,愣愣地站在斯大林的面前,不知所措。斯大林深深地吸了一口烟,用不可违抗的口吻继续说:"我命令你们:既要守住基辅,又要对古德里安的装甲集群进行反突击。"

斯大林的刚愎自用、独断专行,不仅立即解除了屡立战功的布琼尼元帅的职务,更主要的是把苏联4个方面军60多万官兵送向了"虎口"……

9月14日,乌克兰地区。阳光明媚,秋风习习。教堂里鸣响着阵阵钟声,信徒们虔诚地祈祷苏军能打退德寇的入侵。然而却事与愿违,这一天是苏"西南方面军"覆灭的开始。

当日天一亮,德军第一装甲集群的第16装甲师开始进攻卢布内,经过短时间炮火准备后,就向卢布内城发起了强攻。苏军放弃战斗,撤出卢布内。第二装甲集群第3装甲师以迅雷不及掩耳之势强攻路赫维察。中午时分,攻克该城,并立刻占领了环形防御阵地。至此,两师相距40公里,40公里本来不算什么重要的距离,然而对德苏两军而言,却非同一般,一旦40公里的距离被克服,德军两个装甲师会合,就意味着完成了对苏军的包围。在这关键时刻,古德里安大将来到了第3装甲师指挥所,他下令该师立即组建一支干练的侦察小分队,迅速向南突击,与第16装甲师联系,从而达到合围的目的。执行这次第二次世界大战中最大规模围歼战达成合围任务的,是第6装甲团9连连长瓦特曼中尉指挥的一支小分队。这支小分队在人类有史以来的最大合围歼灭战中小得简直令人难以置信:唯一的一辆 p-Ⅲ 型坦克,一辆载有无线电台的指挥坦克和几辆人员输送车,共有2名军官、45名士兵和2名随军记者。为封闭基辅合围圈,德军侦察小分队开始了大胆的坦克奔袭。

侦察小分队出师并不顺利,行驶两公里后就遭到苏军坦克拦截,一部分人员虽被俘虏,但瓦特曼中尉毫无惧色,勇往直前,一路拼杀。遇到苏军不是闯关,就是冲开一条通路,继续奔袭。傍晚,小分队越过了苏拉河,到达了达卢卡高地。

夕阳西下,霞光万道。瓦特曼中尉第一次让小分队停下来小憩。坦克和人员输送车开到粮垛后面隐蔽起来,他爬在田边举着望远镜观察着前边:对方出现了卢布内的紫罗兰色的城郭,房屋上面烟云缭绕。炮弹的爆炸声、子弹的呼啸声清晰入耳,毋庸置疑,侦察小分队已到达苏军北面很近的地方,离南方集团军群的先头部队仅有几公里了。

这时,一架德军侦察机出现在天空,两个盘旋后,开始下降高度,缓缓地落在指挥坦克旁边的田野上,一位空军少尉从飞机上跳下来,向瓦特曼中尉报告说:"我是古德里安上将派来的,目的是查明侦察小分队的位置,同时通知第16装甲师,第3装甲师的侦察小分队正向他们靠近。"

空军少尉报告完毕后又跳上飞机,随着发动机雷鸣般的轰响声飞机又腾空而起,向卢布内方向飞去。飞机在卢布内城上空盘旋,投下一颗深紫丁香花的烟幕弹。这是预先约定的信号,表示:"我们来了!"瓦特曼中尉摘下望远镜,兴奋地命令道:"坦克,前进!"

侦察小分队继续前进,穿过一条深谷,涉过两条河流,很快就驶进了卢布内城。几分钟后,瓦特曼中尉就来到了第16装甲师师长的面前,两支先头部队胜利会师了,标志着基辅合围圈正式封闭。瓦特曼中尉抬手看了一下表,对小分队的官兵们激动地说:"现在正好是1941年9月14日18时20分整。"他边说边激动地举双手高呼:"兄弟们,我们成功了!我们成功了!"

1941年9月15日,人类战争史上规模最大的一场合围战在基辅东部这块辽阔而富庶的土地上打响。德军的3个集团军、2个装甲集群将苏军5个集团军团团围住。

苏军的第五、第二十一集团军位于合围正面的北部。德军的突击异常猛烈,两个集团军被分割在普里卢基地两侧,几乎陷入了瓦解状态;坚守基辅的苏军第三十七集团军差不多三面被围,只能在半径25公里范围之内进行防御;苏军第二十六集团军损失严重,被割裂在克列缅楚格的西北。苏军整个的形势非常严峻、危险。铁木辛哥元帅(布琼尼的接替者)企图对东进德军实施反包围,从而挽救"西南方面军"。他命令第三十八和第四十集团军以及第二和第五独立骑兵军,从东面发起进攻,以求割裂德军的合围正面,击退德军的装甲集群,但遭到了在向东推进的德国陆军和空军部队的猛烈炮击,经过两天的奋战,这一企图成了泡影。

铁木辛哥元帅连续三次给斯大林发电报,请求准予部队突围。斯大林连夜召开了紧急军事会议,分析了基辅战场的态势,在多数高级将领的敦促下,无可奈何地同意了铁木辛哥元帅的意见。

9月17日1时30分,西南战区作战部长巴格扬少将乘飞机飞进包围圈,来到了普里卢基"西南方面军"指挥所,向基尔波诺斯上将传达苏联最高统帅部和铁木辛哥元帅的突围命令。

基尔波诺斯上将听毕巴格扬少将传达的口头命令,苦笑着摇了摇头,从椅子上站起来,心中像倒翻了五味瓶,说不出的滋味。因为此时突围为时已晚。他的两次建议均遭斥责,至今心有余悸,他甚至怀疑突围的命令是否真实。

基尔波诺斯上将缓步踱到大幅作战地图前,沉思良久后,转身对巴米扬少将说:"我必须与莫斯科取得联系后,才能向部队下达突围的命令。"

"我不能不反对你的做法。"巴格扬少将快快不快地说,"必须抓紧时间突围,否则后果更为严重。"

基尔波诺斯上将轻蔑地瞅了巴格扬少将一眼,转身走进发报室,命令发报员与莫斯科最高统帅部进行联系。3时40分,基尔波诺斯上将亲自与莫斯科进行了通话,听筒里传来了那位曾命令他坚决不许后退一步的沙波什尼科夫元帅的回答:"同意放弃基辅!"

17日清晨,基尔波诺斯上将下令实施总突围,并明确规定了各集团军的突围方向:第二十一集团军经罗姆内突围,第二骑兵军由东面向罗姆进攻;第五集团军向洛赫维察方向突围,第三十七集团军随后路并进;第二十六集团军以及第三十八集团军残部经卢布内突围。

当日下午，各集团军集中了强大的兵力和坦克，向德军发动了第一次突围。苏军战士高喊着"乌拉"冲向德军阵地。展开了近距离的肉搏战，英勇的苏军士兵很快在德军阵地上打开了一个缺口，但是德军的增援部队很快赶到，打退了苏军的冲锋，夺回了阵地。

9月18日，苏军发动了第二次突围。在德军第二装甲集群阵地上，双方开展了激烈的突围与反突围战斗，苏军出动1个骑兵师、2个坦克旅的优势兵力，向外突围。第二装甲集群抵挡不住，请求第一装甲集群增援。但苏军仍占据优势，在德军第二十五摩托化步兵师的阵地上杀开一条血路，突出重围。但德军第三装甲师又组成了新的包围圈，双方战斗更加激烈。战斗异常残酷，战场变成了杀人场，到处都是人和牲畜的尸体，各种武器、装备、火炮、坦克等横七竖八地遍布在战场上。

为了接应被围苏军向外突围，铁木辛哥先后出动了几个集团军的兵力，从外向内突围，以达到里应外合的目的。但由于方向的偏差，又遇到了德军第十七集团军的坚固防线，未能成功。被围苏军最后突围的希望彻底破灭。

9月19日，苏军放弃了城防的要塞和外围工事，炸毁了第聂伯河上的桥梁，撤向城区。正在这时，基辅城内的军政要员，放弃了基辅，率先乘飞机离开了基辅。要员们弃全城军民而不顾，抢先逃命，无异于为德军进城打开了绿灯。他们逃走后，全城人心涣散，彻底失去了抵抗能力，德军第六军团很快攻进了基辅城。这座有悠久历史的名城、苏联乌克兰共和国的首都（今为乌克兰共和国首都）落到了德军的手中。

9月19日，是希特勒最兴奋、激动的日子，也是德军最值得炫耀的日子，他们志满意得地将基辅大会战的消息公之于世。

9月19日，是斯大林最痛心疾首的日子，也是苏联红军最不幸和悲哀的日子。苏联红军"西南方面军"消失了，60多万人惨遭歼灭，其中在苏联红军内颇有影响的高级将领——"西南方面军"司令基尔波诺斯上将、参谋长图皮科夫少将、政治委员布尔米斯坚科在同一天阵亡。第五集团军司令波塔波夫少将被俘。

惨败的消息犹如晴天霹雳，震惊了苏联最高统帅部，曾被解职的布琼尼元帅也痛不欲生，在斯大林心平气和的劝慰下，才阻止了这位老将军的自杀。

一位曾参加过这场史无前例的大会战的人，对空前惨烈的战斗做了如下描述："留下一片凄荒杂乱。上千辆卡车、轿车凌乱地躺在野地里。车上人员下车时遭到火力袭击，被烧得像绿黑色的木乃伊一样，歪挂在车门口。车子周围躺着上万具尸体，田野里也到处是残缺不全的尸体……"

"西南方面军"遭到了军人完全不应该遭到的失败！

基辅会战结束了！

第二次世界大战中最大规模的合围战结束了！

人类战争史上最典型的歼灭战结束了！

（四）莫斯科保卫战

种种原因决定了德国与苏联之间终究会兵戈相向。希特勒一直认为德国人口密度过大，需要更多的土地来解决问题，而"东扩"计划能够为德国创造更多所谓的"生存空间"，而占领波兰和苏联领土则可以使"生存空间"从理论升格为现实。在《我的奋斗》中，希特勒写道："如果乌拉尔连同那里数不尽的原材料、西伯利亚连同那里富饶的森林，还有乌克兰连同那里不计其数的麦田都尽在德国的掌握之中，那么在纳粹政府的领导之下，德国将会畅游在繁荣富足的海洋之中。"

法国战败后不久，德国空军便陷入了同英国皇家空军的不列颠大空战之中，一时难以脱身。就在这种时刻，1940 年 7 月 21 日，希特勒却在一次会议中提出了进攻苏联的计划。出席这次会议的有陆军总司令冯·勃劳希契、空军元帅赫尔曼·戈林、海军元帅埃里希·雷德尔，还有来自最高统帅部的威廉·凯特尔元帅和阿尔弗雷德·约德尔将军。

希特勒认为，在大西洋上，德国海军的潜艇战正在有效地切断通往不列颠群岛的食品和燃料供应线，此举足以将英国困死。他还认为，放眼欧洲，英国只有说服苏联进攻曾与他们签订《苏德互不侵犯条约》的德国，才有可能存活下去。希特勒始终对于斯大林及其领导的苏联持怀疑态度，试图通过先发制人的手段彻底消除来自苏联的威胁。他认为，尽管美国截至此时一直保持中立，但其对于英国的处境还是表示出了同情和关切。希特勒确信，美国在适当时候一定会在这场战争中插一手。为此，他决意在 1941 年年底之前攻占苏联。因此德军统帅部制定出"巴巴罗萨"行动。

1941 年 6 月 22 日凌晨 3 时 15 分，德军航空兵和炮兵对于苏军前沿阵地的火力准备发起攻击，摧毁了作战计划中大部分的预定目标。

但苏联道路泥泞，给德军摩托化部队带来了困难。

在遭到突然袭击时，苏联红军尚处于和平时期的状态，没有采取任何伪装和防御措施，重要设施完全暴露在德军的眼皮底下。尽管如此，仍然有一些轰炸机和歼击机在德军的轰炸中幸存下来。此时，在边境线上，弹尽粮绝、寡不敌众的内务人民委员会边防部队正在掩体和哨所中进行着顽强的抵抗。在"巴巴罗萨"行动中，德军投入了近 2000 架战机，编组成 3 个航空队：第 1 航空队由阿尔弗雷德·克勒将军指挥，负责支援北方集团军群；阿尔伯特·凯塞林元帅指挥第 2 航空队，为中央集团军群提供支援；第 4 航空队在亚历山大·劳尔将军的指挥下，为南方集团军群提供支援。而远在北方的第 5 航空队在汉斯·朱尔根·施塔姆普夫将军的指挥下，支援从挪威出发的山地部队对摩尔曼斯克的进攻。

早在 1940 年，德军就强迫波兰和犹太劳工在波兰东部修建了 100 多处机场和 50 多条分散的跑道。让·斯捷帕尼克和多米尼克·施鲁格曾经是那批波兰劳工中的一员，他们在回忆起这些工程时说："所有人都知道，这一切都是为了对苏联开战所做的准备。"

确切地讲，德国空军在对苏联的进攻中名义上共投入了 1945 架战机，但其中真正能够使用的战机只有1280架，包括510架轰炸机、290架俯冲轰炸机、440架单发动机战斗机、40架双发动机战斗机以及120架远程侦察机。据德国空军情报官员估计，苏军的战机数量达到4000架以上。希特勒在获悉这个消息后也不免感到震惊。实际上，德军估计的数据比实际情况至少偏差了50%，他们仅仅探测到了苏联红军在欧洲30%的机场和部队。然而，德国空军认为自身在数量上的不足，完全可以凭借其飞行员的超强能力和战机的优良品质来弥补。在他们眼中，苏联空军的训练水平非常低劣。此外，很多战例表明，苏联飞行员采用的战术非常陈旧、刻板。

"巴巴罗萨"行动的第一天，德国空军就取得了空战史上最大的胜利。在苏联的66个前线机场上，至少有1811架战机被德军摧毁，相比之下，德军仅损失了35架战机。在这些损失的苏联飞机中，有322架是被德军战斗机和高射炮击毁的，而剩余的1489架则是尚未起飞就被炸毁。德军的进攻分为两个阶段进行，开始是由中型轰炸机对机场进行轰炸，接着由战斗机和俯冲轰炸机对地面指挥部、营房和炮兵阵地进行攻击。

这些空袭像一把把利剑刺入苏联境内纵深地带，沉重打击了列宁格勒附近的喀琅施塔得、比萨拉比亚的伊兹梅尔以及克里米亚的塞瓦斯托波尔等地的重要机场、火车编组站和港口。截至6月26日，遭到德军空袭的苏联机场已经攀升至123个。

由于原始落后的通信网络，驻扎在西部的苏联红军面对德军的迅猛攻势束手无策。当时，电话和陆路通信网络都是由人民通讯委员会这样一个民间组织负责管理的。内务人民委员会掌控一种保密高频通信网，用于传输语音和电报信号。战争爆发后不久，这一高频通信网便移交给军队高级指挥官使用。但截至6月22日10时，苏联西部的3个航空师的所有电话和电报通信都完全被德军切断。对于当时苏军几近崩溃的状况，可以从第3航空集团军指挥官对其下属的战区指挥官发的电报中窥见一斑："我命令你报告第122和第127歼击机团转移的位置，把他们的呼号和波长告诉我，我要求你们向我增援歼击机，与敌空军进行战斗。"

在取得了绝对空中优势后，德国空军的战术轰炸机进一步袭击了公路、铁路等交通网络，摧毁了一些苏军地面指挥部，还袭击了碉堡、工事、战壕等小型目标。正如1939—1940年间的战役一样，德军的进攻切断了苏军前方部队和后方指挥部的联系，造成了苏军机械化部队的瘫痪。后来，苏联将军费久宁斯基回忆了当时的混乱局面："我们的铁路、公路和交通枢纽被德国空军摧毁，我军指挥部里缺乏无线电通信装置，同时也没有人懂得如何使用它们……因此，来自上级的命令和指示总是姗姗来迟，有时根本就无法到达。"

第一轮突击开始后4小时，来自格罗德诺的苏联第3集团军司令部的第一份战况报告才送达西部特别军区参谋长的手里：从凌晨4时开始，每隔20—30分钟，就有一波由3—5架德机组成的航空突击编队袭击我们。格罗德诺、索波茨金，特别是一些军事指挥部遭到轰炸。7时15分，一支由16架战斗机组成的编队在1000米的高空对格罗德诺实施了空袭，栋布罗沃和新德罗贡陷入火海之中，格罗德诺同样也是硝烟弥漫。从4时30分到7时许，由13—15架轰炸机组成的机群对新德瓦尔发动了4轮空袭，6人轻伤，2人伤势严重。5时，索库尔卡机场在敌机的狂轰滥炸和机枪扫射中落入敌手。在战斗中,2人阵亡,8人受伤。

但并非所有苏军前方机场都受到了敌军的压制。帕布斯特是一名"斯图卡"77俯冲轰炸机飞行员,他目击了6架双发动机轰炸机对苏军机场进行的轰炸,这6架德机刚刚调头离去,3架苏军歼击机就靠近了它们:"随着第一架歼击机猛烈开火,子弹拖着白烟穿过机身,那架轰炸机笨重地歪向一边,这只大鸟的身上银光一闪,它的双翼忽然冒着白烟开始垂直下落,一大团火焰向上喷射。第二架轰炸机忽然变成火红的一团,一边坠落,一边爆炸,碎片像秋叶一样散落下来。第三架轰炸机中弹后急剧燃烧,向下翻滚着坠落。余下的轰炸机也没能逃脱同样的命运,最后一架轰炸机坠毁在一个村庄里,燃烧了将近一个小时。6道黑色烟柱从地面上升起。"

苏联红军的战地记者、诗人康斯坦丁·西蒙诺夫见证了空袭中的混乱不堪的景象:"我抵达阵地半小时后,德军就从空中发现了我们,开始用机枪扫射这片树林。战斗机一波接着一波地飞过,每次大约间隔20分钟。我们趴在地上,用脑袋紧紧地抵住枯瘦的树干底部。树林并不茂密,敌军很容易从空中对我们进行扫射……最后,一直等到3时许,一队'伊尔'15型歼击轰炸机从头顶飞过。我们兴高采烈地跳起来,因为我们的飞机最终占了上风。然而,他们却对我们一阵扫射,附近的几名战士不幸受伤——他们都是脚部负伤,躺在地上。这些战机掉过头来,用机枪猛烈扫射己方步兵,这些被惹恼了的步兵也开始朝它们开火。"据西蒙诺夫回忆,一具半身烧焦的飞行员尸体被苏军士兵发现,他们把他当成了德国人。这些传言反映出当时那种可怕而混乱的场面。

随着德国中央集团军群日益逼近苏联的心脏——莫斯科,德军赖以维持闪电战的燃料逐渐消耗殆尽。同时,苏联的冬天骤然降临,严寒不但威胁着人与马匹的生命,也造成了润滑油的冻结以及轮胎的硬化,间接导致了武器及机械设备的失灵。在这种情况下,苏联红军果断地展开了反攻。"巴巴罗萨"行动开始一个月后,越来越多地干预作战事务的德国元首希特勒在"狼穴"(位于东普鲁士拉斯滕堡的大本营)里下达了《第33号元首指令》,确定了德军如今的首要目标是列宁格勒和乌克兰。对于希特勒改变作战目标的做法,德国最高统帅部参谋班子提出了异议,但却遭到了希特勒的一通斥责,希特勒批评他们不懂得战争与经济的关系,并且强调了顿河盆地和乌克兰境内的煤矿、麦田、工厂是重要目标。为了实现这一目标,德国中央集团军群不得不将其装甲部队交给南方和北方集团军群使用。

根据希特勒的指令,德国空军负责对苏联首都莫斯科进行空袭。7月22日,德国空军第2航空队在阿尔伯特·凯塞林元帅的指挥下,出动127架战机对莫斯科进行了空中打击。在同年的剩余时间里,德国空军共对莫斯科发动了75次空袭,有59次轰炸出动了不少于60架的飞机。

7月3日,斯大林向全国发表广播讲话,命令苏联红军实行日俄战争期间曾经使用过的"焦土政策",不必考虑平民的伤亡。当时,这项原本是为了对付德国人的军事举措给乌克兰和白俄罗斯人民带来了无穷的灾难。斯大林这样说道:"一旦红军被迫撤退,所有能够运载的物资必须一同撤退,不能给敌人留下一台发动机、一节车厢、一粒粮食、一滴汽油……在敌占区,不能让法西斯德军及仆从国军队获得任何生存空间,力争通过这些措施使敌人举步维艰,不战自溃。"

8月5日，德军包围下的斯摩棱斯克沦陷，31万苏军被俘。然而，就在这次胜利一个月后，希特勒再次改变了主意，莫斯科又一次成为首要目标。

1941年9月21日午餐时分，腊斯登堡。

希特勒兴致高昂，就连说话的声音也似乎比平时柔和了许多，在餐桌旁开始了他那著名的"室内演说"："6月22日早晨，世界上最大的一次战役开始了。一切都按计划发展，我们在北翼围困了列宁格勒，在南翼占领了基铺，在中央攻占了斯摩棱斯克，通往莫斯科的门户已被我们打开了！"

9月30日，希特勒亲自签订了进攻莫斯科的军事行动计划，并给这个精心准备的计划取名为"台风"。

9月，是莫斯科最美的季节，莫斯科郊外的森林被镀上了一层金黄色，苍山翠松间的枫叶红了，山果黄了，就好像一幅色彩斑斓的美丽图画。然而，1941年的这一美好秋色却不能像往常那样给人们带来欢乐。

此时此刻，德国人的战车正在隆隆东进，一场猛烈的"台风"正向着莫斯科席卷而来，莫斯科危在旦夕。

莫斯科是苏联最大的城市和政治、经济、军事、文化和交通中心。它位于东欧平原的中部，莫斯科河两岸，同伏尔加河有河道相连接，战略地位极其重要。1812年，拿破仑占领莫斯科并焚烧了这座城市，名将库图佐夫率领的俄国军队和人民一举打败了拿破仑并最终迫使他仓皇撤退。十月革命后，苏联于1918年3月10日将首都由列宁格勒迁入莫斯科。

现在，希特勒的狼群正逼近莫斯科，这座伟大的城市将接受新的考验。

德军的准备可谓全面而周到，他们和往常一样，打算以坦克重兵集团的强大突击力突破苏军的防御体系，并同步兵协同，合围与消灭保卫莫斯科的苏军主要兵力于维亚兹马和布良斯克地区。然后各步兵师开始从正面进攻莫斯科，而坦克和摩托化集团则从南北两翼迂回包抄莫斯科。

9月30日，德军"中央"集团军群由古德里安统帅的坦克集群宛如一张弯弓，扣上了强劲的利箭，锋利的箭头直指布良斯克和维亚兹马。

从乌克兰到莫斯科，古德里安的部队进展神速。10月里的一天，他和他的部队竟然挺进了80公里。不到三天，他们就占领了布良斯克战线以东200公里的奥勒尔，以至于当德军坦克隆隆开入奥勒尔城时，电车上的乘客纷纷向他们招手致意，这些乘客误以为这是苏军的装甲部队。

占领奥勒尔后的德军迅速切断了布良斯克—奥勒尔公路，并一举攻占卡拉切夫，紧接着又向布良斯克迂回包抄前进。10月6日，布良斯克被德军攻占。

与此同时，德军第9和第4集团军分别以第3和第4装甲集群在杜霍夫希纳和罗斯拉夫利方向实施进攻，他们像一股破坏力极大的飓风，迅速突破了苏军的防御阵地，并从南北两面急速向维亚兹马冲击。古德里安的坦克第2集团军与南进的德第2集团军一起，10月7日在布良斯克以南包围了苏军第13集团军和第3集团军一部，在布良斯克以北包围了苏军第50集团军的部分兵力。10月13日，被围的苏3个集团军虽英勇抵抗，但大部被歼，一部分退守在莫扎伊斯克防线，另一些散在的在德军后方展开游击战。

　　至此,"台风"计划的第一阶段行动已告完成,莫斯科的第一道防线被德军的钢铁洪流冲开了一道可怕的缺口。

　　从10月13日起,几乎所有通往莫斯科的方向上都开始了激烈的战斗:莫斯科西南160公里的卡卢加于13日陷落;接着离首都仅150公里的加里宁也被德军占领;距离莫斯科仅100公里的鲍罗季诺也遭到了德军的致命一击。

　　第一阶段的顺利进展,使希特勒觉得东方战役的胜利已是板上钉钉了。他再也按捺不住激动的心情,他认为攻占莫斯科简直是探囊取物。于是,10月7日,希特勒专门签署了一项最高统帅部的命令:不准接受来自莫斯科方面的投降,即使主动投降也不予接受;德国军队也不需要进入莫斯科,只需用炮击和轰炸予以毁灭。希特勒觉得光用炮火还不够,还需要加上大量的燃烧弹,直到把莫斯科夷为平地才能解除内心深处对布尔什维克主义的仇恨。

　　莫斯科已成为最靠近前线的城市了。以斯大林为首的国防委员会做出在莫斯科近郊歼灭德军的决定,采取攻势防御的措施。根据斯大林的命令,苏联红军依靠前线防御工事系统,组织了坚强的攻势防御,以削弱和消耗德军的有生力量,赢得时间,准备集中后备力量,等待合适的时机转入反攻,给德军以歼灭性打击。

　　负责保卫莫斯科的西方面军军事委员会在10月发出了告全军书,其中写道:"同志们! 在我国面临严重危险的时刻,每个军人的生命应该属于祖国。祖国号召我们要成为坚不可摧的铜墙铁壁,堵住法西斯匪帮去亲爱的莫斯科的道路……"

　　当时的莫斯科有一句很流行的话:"俄罗斯虽大,但已无处可退却,因为后面就是莫斯科。"从这句话可以看出苏联当时的危险处境。

　　根据斯大林的命令,10月17日苏军建立了加里宁方面军,从莫斯科西北面阻击德军的进攻。10月19日,国防委员会号召首都人民要不惜一切代价,配合红军,誓死保卫莫斯科。20日,《真理报》发表题为《阻止敌人向莫斯科前进》的社论,动员莫斯科人民在德军到达首都之前,用自己的鲜血把他们埋葬。莫斯科召开全市积极分子大会,号召全市人民把首都变成一座攻不破的钢铁堡垒。这一号召得到了广大莫斯科市民的响应,他们积极投入到了保卫莫斯科的战斗之中。

　　在希特勒的面前就剩下一个莫斯科了,本来他认为苏军没什么了不起的,只要他的装甲铁蹄稍向前驱,克里姆林宫就会挂起"卐"字旗,斯大林就会向他低头。但是,随着苏军愈来愈强的抵抗和天气的变冷,希特勒的心头渐渐蒙上了一层阴影,很快他就意识到:斯大林是他真正的对手。

　　历史总会在适当的时候出现某种惊人的相似之处。1812年,拿破仑统帅着浩浩荡荡的法兰西大军横扫欧洲,但在莫斯科城下却大败而归。人们说,那是上帝拯救了俄罗斯,因为就在拿破仑胜利在望时,严寒突然降临。

　　1941年的冬天,上帝又一次站到了俄罗斯人的一边。10月1日,莫斯科下了一场罕见的大雨;10月6日,莫斯科周围的广大地区就洋洋洒洒地下起了第一场冬雪。越来越坏的天气使德军的"台风"计划被迫减速。连绵的秋雨使许多河流决堤,大片大片的地区变成粘如胶状的沼泽,道路上的稀泥经常没到膝盖,这让急于前进的德军步履艰难,乘车行进的大军不得不停下来,正在打仗的坦克也不得不撤下来,去拖拽陷在泥坑里的大炮和弹药车。步兵在泥泞中一步一滑,最后被弄得疲惫不堪。

然而,在大雪中的德军真可说是"雪上加霜"。11月3日,第一次寒潮袭来,气温一下子就降至零摄氏度以下,而且还在继续下降。11月13日,零下8摄氏度;27日,一场突如其来的凛冽寒风,在不到两个小时的时间里使莫斯科的气温骤降至零下40摄氏度。地面上结了一层厚厚的冰,之前陷于泥沼的德军机械化部队终于又可以重新开动了。但是,把坦克从泥泞中解救出来的严寒,却无情地摧残着那些驱车作战的士兵。冬天,使德军面临着更大的困难:后勤供应不足,缺乏防寒设施。许多士兵穿着单薄的夏衣,在凛冽的寒风中瑟瑟发抖,不少人严重冻伤,许多士兵染上了能够使人寒颤不止、全身无力的疟疾。寒冷的天气使得大炮上的瞄准镜失去了作用。燃料常常冻结,汽油也冻成了黏糊状,发动坦克时,得先在底下点火烘烤一阵才行。抱怨、沮丧情绪开始在德军部队中蔓延,许多人开始谈论起1812年拿破仑的失败,他们无可奈何地叹息道:上帝为什么总是偏袒俄罗斯呢? 然而,冬天的来临,却使希特勒愈加催促着自己的军队向莫斯科发起新的更加猛烈的攻击。形势紧迫,他要抓紧时间摧毁莫斯科。

严寒也同样给苏联带来了巨大的困难,他们不得不在寒冷彻骨的天气里挖防坦克壕、设置障碍物。但是,苏联人早已适应恶劣的气候,再加上供给及时,所以在德军面前他们占据了巨大的优势;苏军的机枪都披着枪套,以防止冻坏;武器上涂有冬季润滑油,使用起来非常灵活;士兵穿着严实的冬装,足以御寒……

但斯大林不仅要使自己的将士们穿得暖和,而且还要使他们在精神上更加饱满,为了排除自开战以来的晦暗气氛,他决定在德军的炮火声中举行传统的红场十月革命阅兵式。

1941年11月7日中午,灰色云层压得很低,雪片悄无声息地飘落下来。塔楼上的大钟敲了八下,斯大林等人登上列宁墓,没有掌声,没有欢呼声,整个红场一片寂静,甚至都能听得见雪片沙沙的落地声。"红军战士们,指挥员和工作人员们,所有劳动者们,虽然我们今天是在极其严重的情况下庆祝十月革命24周年的,不过,这并没有什么可怕,我们的国家曾经经历过比现在的处境更加危急的日子。想想1918年的情形吧……比起那时,我们现在要好得多。因此,我们一定能够而且一定会战胜德国侵略者,这是不用怀疑的!"斯大林讲到这里深深地吸了一口气,舒展开粗粗的眉毛,向着飞雪飘扬的红场,向着静静站在飞雪中的红军将士看了一眼,然后继续说道:"全世界都在注视着你们,处在德国侵略者压迫之下的欧洲各国人民都注视着你们,伟大的解放使命已经落在你们身上。你们不要辜负这一崇高使命! 你们进行的战争是解放战争,是正义战争。让米哈伊尔·库图佐夫的英勇形象鼓舞着我们! 让伟大的列宁胜利的旗帜引导我们!"斯大林抬起右臂向前方有力地一挥,结束了他的讲话。

阅兵式开始了:最先走过列宁墓接受检阅的是身穿呢大衣、头戴皮军帽的军校学员方队,接着是穿着白色带帽雪地伪装服的摩托化步兵分队,穿着深蓝色呢大衣的水兵方队……最后是坦克编队隆隆驶过红场,那马达的轰鸣和履带转动所产生的巨响,震撼了红场,并传向远方的前线。斯大林默默地伫立着,目送着从列宁墓前列队走过的队伍,他们大多数就这样带着莫斯科市民的期望,直接从红场开赴正在鏖战的前线。

　　与此同时,希特勒正在设于腊斯登堡的"狼穴"大本营里,满心欢喜地等着博克能够给他带来攻占莫斯科的好消息,令他万万没想到是,竟然等来斯大林在红场阅兵这样一个绝妙的"好消息"。

　　斯大林在红场阅兵的消息,传到希特勒的耳朵里时,已是当天傍晚了。闻听此言,希特勒大发雷霆:"简直令人难以置信,斯大林竟然能在德国空军的机翼底下检阅部队!这是对帝国空军的公然蔑视、蔑视!……"希特勒歇斯底里发作了一阵子,觉得还不足以消除心头之恨,于是大声喊道:"哈尔德,你马上与博克联系,问问他,为什么在今天放过了俄国人?难道他对俄国连最起码的常识都没有吗?不知道11月7日这一天对他们有多么重要,因而对我们来说也就十分重要吗?红场阅兵……这是一种挑衅,赤裸裸地挑衅!对这种挑衅,只能是加倍惩罚他们!告诉博克,今天晚上必须对莫斯科实施最猛烈的空袭!"盛怒之下的希特勒立即调兵遣将并敦促博克再次从地面进攻莫斯科。

　　按照希特勒的要求,在新的进攻莫斯科的计划中,德军将组成两大重兵突击集团,从莫斯科的西北和西南两翼实施突击。赫普纳的第4装甲集群与赖因哈特的第3装甲集群并拢,在施特劳斯第9集团军的配合下向沃洛科拉姆斯克、克林方向进攻,力争从西北接近并迂回包抄莫斯科,如有可能就从北面突破。古德里安的第2装甲集团军向高图拉、卡希拉、科洛姆纳进攻,从南面逼近莫斯科。而莫斯科以西宽大的正面,则由克鲁元帅的第4集团军实施攻击。这样,在战役打响后,力求形成这样一种态势:在莫斯科周围,兵力部署犹如一个半张开的巨掌,上边是并拢的食指、中指、无名指和小拇指,下面是最粗的大拇指,中间则是密不透风的手掌心儿。希特勒认为,这个"巨掌"对莫斯科既可以掐,又可以捏,直至将它死死地攥在手心里!希特勒对他的这份"杰作"极为满意,于是向部队下达了战斗指令:从11月13日起,中央集团军群全线开始进攻,目标:莫斯科。

　　莫斯科成千上万的军民在"坚决死守莫斯科"战斗口号的鼓舞下,几乎每一寸土地上都有人与德军拼死相争,使德军每前进半步都要付出血的代价。但德军在开始的几天总算还给希特勒争气,进攻频频得手,推进速度虽说不是太快,但却一步步地向莫斯科逼近。而随着德军的逼近,苏军的抵抗也越来越顽强,常常是打得整营、整团不剩一人为止。到12月3日,德军第4坦克集团军在遭受重大损失后攻占了红波利亚纳。红波利亚纳,今天已改名为梅季希,地处莫斯科西北郊,距莫斯科仅有27公里,从这里坦克最多一个小时便能抵达莫斯科城。闻讯赶来的"中央"集团军群司令、陆军元帅博克站在塔楼顶部,手拿望远镜,当克里姆林宫尖顶那颗闪闪发光的红星出现在他的视线里时,他嘴里低声自言自语:"看到了,红星……我总算看到莫斯科了……"

　　然而,博克无论如何也想不到,这不仅是他此生此世所能到达的距莫斯科最近的地点,而且也是德国军队第一次和最后一次看到莫斯科。他很快就发现,那颗红星是如此的可望而不可即,它虽然近在咫尺,却又像天空的星星一样是那样遥远……

　　12月初的俄罗斯已是寒冬季节。莫斯科郊外一片苍茫,昼夜不停地寒风裹着卷起的层层雪浪,阵阵呼啸,铺天盖地而来,就仿佛要把整个大地吞没似的。温度计的水银柱在急剧下降。在这零下四十多摄氏度的冰天雪地中,一些身着单衣,紧裹破毛毯的德国官兵在呼啸的北风中冻得瑟瑟发抖,他们一边哆嗦,一边捉身上的虱子。在田野上堑壕边,顿河冰水中,到处可见冻僵了的德国士兵的尸体,而那些已冻得奄奄一息的士兵们,望着越下越大的鹅毛大雪,都在绝望中痛苦地呻吟着。

1941 年 12 月 4 日,苏第 16 集团军在红波利亚纳地区发起反击。红波利亚纳镇几易其手,苏军与德军在镇外展开坦克战,镇内则进行巷战。战斗异常激烈,整整持续了一整天,直到天黑,苏军终于把德军逐出红波利亚纳。

与红波利亚纳地区相仿,莫斯科周围其他地区的战斗也是呈白热化状态,战斗的双方就如同进行着一场足球比赛,德军的前锋已将球带入禁区,正在寻找一切机会企图"破门",而苏军防守队员也在拼命扑救、补位,死死地保护着自己的大门。双方都是不遗余力,而且双方都知道这是最后关头,谁能坚持住,谁就能取胜。12月 5 日,对苏军来说是整个莫斯科保卫战最关键的一天,而德军将领们则称之为"最黑暗悲惨的一天"。这一天,德军在环绕莫斯科周围 320 多公里的半圆形阵地上被苏军全线扼制。不仅如此,古德里安自从他那支所向无敌的装甲部队踏平波兰以来,第一次被迫后撤,以便在坚硬的冰天雪地上组织起一道防线。然而,无论德国人做什么都已经来不及了,因为苏军的反攻开始了。

1941 年 12 月 6 日,大雪铺天盖地,整个战区一片银白。朱可夫的西方面军首先从莫斯科的西北发起了反攻,接着在莫斯科前沿北起加里宁,南至叶列茨长达1000 多公里的战线上,苏军 7 个军团和两队骑兵共计 100 个师全线出击。

反攻的第一天,科涅夫率领的加里宁方面军就突破了德军的防御前沿,越过封冰的伏尔加河上游之后,猛扑筋疲力尽的德军。他们进展神速,很快就插进到德军第 9 集团军的右翼,到达了德军后方大约 20 公里的图尔吉诺沃。

第 29、第 31 集团军在当天即渡过伏尔加河,对固守在加里宁的德军第 9 集团军的交通线构成严重威胁。第 30 集团军在骁勇善战的列柳申科将军率领下迅速突破德军在德米特罗夫西北的抵抗,冲向克林地区,威胁着德军第 3、第 4 坦克集群的后方。库兹涅佐夫率第 1 突击集团军在德米特罗夫以南进攻,并越过莫斯科和加里宁铁路。第 20 和第 16 集团军的进攻更是顺利。12 月 9 日第 20 集团军粉碎了德军的顽强抵抗,将德军驱逐出索尔奇诺戈尔斯克,12 月 8 日第 16 集团军解放了克留科沃,并开始向伊斯特拉水库发起进攻。此外,戈沃罗夫将军指挥的第 5 集团军也积极向前推进,从而有力地保证了第 16 集团军的进攻。

在参加反攻的部队中有新从内地及远东地区调来的,也有长期坚守莫斯科防线的;有新入伍的,也有久经沙场的。这样一支由步兵、炮兵、坦克兵、骑兵和空军组成的强大的反击兵力,是德军做梦也没有想到的。等到博克反应过来,苏军的攻势已无法阻止了。从 12 月 7 日起,反攻速度不断加快,反攻的前三天,苏军便推进了将近 50 公里,而且攻势一浪高过一浪,战争的天平越来越向苏联的那一面倾斜。

为在反击中扩大战果,斯大林特意将西方面军航空兵的飞机增加至一千多架,这大大超过了德中央集团军群的飞机数量。强大的反击部队在航空兵的有力支援下越战越勇,到 1942 年 1 月初,苏军完全击溃了先前突击至莫斯科城下的德中央集团军群的突击兵团,整条战线上的德军被迫后退 100 公里至 250 公里不等,从而消除了德军对莫斯科的直接威胁。当苏军发起反击时,正在受冻挨饿的德军不得不在没有足够冬季装备的条件下进行激烈的战斗,他们伤亡惨重,根本无力阻止苏军的攻势,防线到处出现危机并迫使德军不断撤退。就在几天前,博克元帅还准备乘坐第一辆坦克冲进莫斯科城,而现在连他自己也不得不承认"已到了山穷水尽的地步",并且准备将他的部队撤往库尔斯克—奥廖尔—勒尔一线作为德军的"冬季阵地"。

1942 年 1 月 5 日,斯大林向红军发出命令:不给德国人任何喘息的机会,不停顿地把他们向西驱赶。

随着红色信号弹飞上天空,威力巨大的"喀秋莎"首先发出了惊天动地的怒吼,一时之间从空中到地面雷声滚滚火光冲天,苏军的全线总攻开始了。总攻首先以加里宁方面军实施的瑟乔夫卡—维亚兹马战役开始,这一战役也是勒热夫—维亚兹马进攻战役的一部分。进攻的第一天,方面军的第 39 集团军就在勒热夫以西突破德军防御,至 1 月 21 日挺进 80 公里至 90 公里,前出至德军第 9 集团军勒热夫集团的后方。26 日清晨,方面军的第 22、第 29 集团军即在奥列日诺包围了德军约 7 个师。骑兵第 11 军从正面突至维亚兹马,并切断了维亚兹马—斯摩棱斯克公路。

西方面军以 9 个集团军和 2 个骑兵军实施的勒热夫—维亚兹马进攻战役,1 月 10 日开始发起攻击。方面军的右翼第 1 突击集团军第 20 和第 16 集团军在突破德军沃洛科拉姆斯克防线后,于 17 日切断了莫斯科—勒热夫铁路。方面军中线部队第 5、第 33 集团军于 1 月 20 日收复莫扎伊斯克;第 43 集团军则向尤赫诺夫方向进攻。方面军左翼的第 49、第 50 集团军和近卫第 1 军、第 10 集团军从北面和南面迂回包抄了由德军第 9 集团军约 9 个师组成的尤赫诺夫集团,这就使苏第 33 集团军和近卫骑兵第 1 军分别在尤赫诺夫以北及其以南突入德军后方,并开始向维亚兹马展开攻击。为配合正面部队围歼维亚兹马的德军,1 月中旬至 2 月中旬,苏军先后在维亚兹马东南地域,以空降第 201 旅、第 8 旅和第 4 军主力 1 万多人实施了空降。到 4 月 20 日左右,苏军又向西推进了 100 公里至 350 公里,收复了莫斯科州、加里宁州、图拉州等莫斯科以西大部地区。

希特勒占领莫斯科的企图完全化为了泡影。

1942 年 4 月,暖流融化了伏尔加河的坚冰,解冻的土地开始散发出浓郁醉人的春天气息,随着春季泥泞时期的到来,苏军开始转入防御。至此,莫斯科保卫战以苏军的全面胜利而告结束。在此战役中德军损失官兵 50 余万人(其中冻死冻伤 10 万余人),坦克 1300 辆,火炮 2500 门,汽车 1.5 万辆。

莫斯科保卫战的胜利,在 20 世纪世界战争史上具有重大的政治和军事意义,它打破了希特勒闪击速胜的希望,在第二次世界大战中使德军第一次遭到重大失败,为战争形势的根本扭转奠定了基础,从而成为 20 世纪"一个冬天的神话"。战争的胜利使德军"不可战胜"的神话破灭了,给苏联人民以极大的鼓舞,坚定了夺取最后胜利的信心,同时也给世界反法西斯斗争的各国人民以巨大鼓舞,促进了世界反法西斯统一战线的形成和发展,为最后战胜法西斯取得第二次世界大战的胜利奠定了基础。

世界经典文库

图文珍藏版

演绎军事传奇　再现战事风云

世界军事百科

王佳乐⊙主编

线装书局

(五) 西西里岛登陆战

1942 年中期。

盟军东进如矢，攻势如潮。

德、意、日法西斯轴心国如强弩之末，锐势顿减。

一个历史性的时刻——给法西斯的最后的、致命的打击，从而结束这场浩劫世界的大战——即将到来。

1943 年 1 月 14 日。摩洛哥。濒临大西洋的海港城市卡萨布兰卡。

丘吉尔和罗斯福为此坐到了一起。

目标或许只是一个，但"利益"却有两个。

罗斯福，羽翼已丰的美国总统，主张集中兵力，在法国西海岸登陆，由西向东，横扫欧洲，借以树立"美国解放者"的形象。

丘吉尔，老谋深算的英国首相，他不想在自己的"家门口"进行大决战，那样，英国将"责无旁贷"地承担战斗的大部

西西里岛登陆战

分任务，这对"大英帝国"并没有好处。他坚持主张在巴尔干开辟一个战场，这样，为以后在法国西海岸登陆建立一个"策应地"。

双方终于握手了。

盟军东进的下一个目标：西西里。

目的：迫使意大利退出战争，分散德军在东、西线的兵力。

1943 年 6 月。

盟军北非远征军总司令艾森豪威尔一声令下，盟军在 6 天时间里把 5000 吨炮弹和炸弹扔到了潘泰莱尼亚岛。盟军登岛后，意大利守军似乎早就在盼着这一天，1.1 万官兵没作抵抗就进了战俘营。

"他们厌战情绪空前高涨，部队毫无斗志。"这位司令官对自己的杰作不无得意。

潘泰莱尼亚岛是盟军在西西里清扫的最后一个门户。

就在一个月以前，历时 45 个月的大西洋之战以盟军最终消灭了北非所有德意军队的胜利而告终。艾森豪威尔统率的盟国数十万大军，浩浩荡荡与蒙哥马利将军的英国第 8 集团军会师于突尼斯。

被称作第三帝国的地中海，如今成了盟军随时准备痛击整个欧洲南部的桥头堡。

被希特勒视作"软腹"的西西里,也因此暴露在盟军的老拳之下。

"苏联方面认为这次军事行动是有重大意义的卓越事实,它表明盟国武装力量的实力正在增长,并展示了意德同盟不久将崩溃的前景。"苏联最高统帅斯大林在他的《论苏联伟大卫国战争》一书中,这样对美英军队在北非登陆的胜利给予高度评价。

英国首相丘吉尔此时在他的首相官邸情不自禁地喊道:"燃烧吧,'火炬'!"

他把盟军的胜利,看作是自己战略意图的实现。

1942年6月,丘吉尔就拟定了代号为"体育家"的进攻北非的作战计划,并说服罗斯福赞成了他的方案。

美国舍伍德在《罗斯福与霍普金斯》的英文版一书中说,罗斯福私下对霍普金斯交谈说:"'体育家'有很大的优点,它将纯粹是美国的事件,它将使我们获得北非……它将为最后控制地中海奠定基础……"

于是,美英双方把在北非登陆方案命名为"火炬"。

现在,这支火炬随着盟军在北非的胜利,已经燃烧到了西西里。

西西里岛位于意大利本土与北非之间,距意大利本土最短距离仅10公里,距突尼斯160公里,距马耳他80公里,是联系欧洲与北非的跳板,也是地中海航线的咽喉。

"当然,这是兵家必争之地!"艾森豪威尔引经据典对他的参谋人员说:"两千多年前,罗马人就因为这一点,和当时地中海的强国迦太基(本土在今天的突尼斯)血战西西里,将其变为自己的属地。之后,他们就以此为基地,攻陷迦太基城,彻底摧毁了这个地中海的霸主。"

艾森豪威尔的兴致很高。他已经接到报告,那个墨索里尼苦心经营的潘泰莱尼亚岛,已经落入盟军的囊中。这个小岛是盟军进攻的必经之地,但这个小岛峭壁垂叠,工事坚固,地势又完全不适于空降部队,很令盟军计划人员头痛。

"从地图上看,西西里岛就好像是意大利跷在地中海的一只恼人的'脚尖'。"艾森豪威尔指点着作战地图,转身面向他的参谋人员说,"现在,我们就可以放心大胆地在这只臭脚丫子上,狠狠地踹它一脚!"

与此同时,远在英国的丘吉尔也不无得意地说:"除了傻瓜,谁都会明白,盟军的下一步目标是西西里岛。"

地中海。

蒙哥马利带着他的第8集团军,作为东线特遣队,由795艘船舰运送,携带715艘刚刚发明的登陆艇,向西西里岛的东南角长达65公里的海滩进发。其中,第5师和第50师从地中海东端的苏伊士、亚历山大和海湾出发,将在锡拉库扎和帕塞罗角之间登陆;加拿大第1师从英国赶来,在岛的东南角以西登陆。

盟军第十五集团军群司令英国陆军上将哈罗德·亚历山大给他的最终任务是:夺取墨西拿。

与此同时,仅仅间隔32公里的西线,由巴顿指挥的特遣部队,由580艘舰船运送,携带124艘登陆舰,在西西里南部65公里的海岸登陆。其中,第45步兵师由突尼斯的比塞大起程,装有坦克登陆艇,作为右翼在斯科格利蒂登陆;第1步兵师和第2装甲师从阿尔及利亚的阿尔及尔和奥兰(瓦赫兰)上船,在杰拉登陆。

巴顿的任务是掩护蒙哥马利的左翼。

巴顿为此颇为沮丧,但军令如山:"我还得把他妈的这事做好。这是命令。"

事实上蒙哥马利此时锋芒正健。

丘吉尔本来是任命戈特为英国第8集团军司令的,但戈特在飞往开罗途中因飞机失事而丧命,结果蒙哥马利登上了司令的宝座。重整旗鼓的蒙哥马利,在阿拉曼战役中,居然打得素有"沙漠之狐"的隆美尔大败亏输。在决定胜利的12天战斗中,盟军毙伤和俘敌59000人,俘虏中包括了隆美尔的助手冯·托马和9名意大利将领,并缴获了坦克350辆,大炮400门,军用物资数千吨。

蒙哥马利因此次大捷而荣升上将,他的名字也因此名扬四海。

现在,他和巴顿率领的两支庞大的攻击舰队,正分两翼向西西里步步紧逼。然而,守岛驻军竟毫无察觉。

"伙计,我这次送给你的可是吃了要肚子疼的'铁疙瘩',而不是让你满口留香的'肉馅'了。"蒙哥马利站在指挥舰船头得意地向远方的西西里岛喊道。

他说的是一个秘密。一个用"肉馅"做的盟军用以欺骗希特勒的秘密。

对于西西里的军事价值,盟军当然不是傻瓜,但是希特勒也不是傻瓜。在盟军制订作战方案的时候,希特勒也正在他的西北大本营,两眼死死地盯在地图上的三个地方,脑袋快如轮转地分析着盟军可能进攻的目标。

盟军可能从西西里登陆,因为这样就打开了通往意大利本土的道路;

盟军也可能先占领撒丁岛,这样就等于拉开了在法国南部登陆的序幕,而且,美国人早就想这么干了;

盟军也有理由在希腊和巴尔干半岛登陆,这一地区从来就是东方民族入侵欧洲的通道,1915年,当时的英国海军大臣丘吉尔就想在这里开辟第二战场了,但以失败并被罢官而告终,想来,今天欲报一箭之仇也是情理中事。

对盟军来说,这三个目标,个个诱人,个个可能。

对希特勒来说,多少有点茫然了。

就在这时,西班牙元首佛朗哥大元帅给希特勒送来了从溺水而死的英国少校威廉·马丁身上发现的一个装有文件的公文包。

然而,不幸的是,这正是盟军设置的一个被称作"肉馅"的骗局。

这些文件表明,盟军将进攻西西里,但只是佯攻,仅仅是为进攻撒丁岛和希腊做掩护。

问题是这些文件的可靠性。

德国情报专家在西班牙的医生解剖了马丁少校的尸体,发现了他肺部的积水,溺水而亡是确实的,然而,盟军找到的这具尸体是因患肺癌,且肺部已经积水的病人的。

军官证当然不能是崭新的,于是,公文包里多了一份因遗失而补发的证件。一个与死者相像的空军机械师的照片贴在了证件上。只是人稍为瘦了些。但专家说，马丁少校在海水中泡了以后要变形，这点误差应该允许。

一个年轻的姑娘为这个不存在的亡者写下了情意绵绵的情书。后来，德国特工竟找到了这个姑娘，这位小姐为马丁的"突然狠心离去"，竟伤心地流了泪。这个特工说："马丁的母亲来信说了你们的婚事。"姑娘纠正说："不，是他父亲的信。"的确，这封信正在德情报总部。

公文包里有一张马丁的欠单。特工找到银行，说马丁已经牺牲，上司让他来还钱。行长翻出一个大账本，认真地说："不错，一共是 79 英镑 19 先令 2 便士。不过，他已为国捐躯了，这点钱就算了。"这个数字与欠单是相符的。

问题是：一个小小的少校，怎么可能带着英国副总参谋长的信件，并且透露了这个重要机密呢？盟军已经替希特勒准备好了答案。蒙巴顿公爵在信中说，马丁少校确实是个天才，他恳请前线指挥官坎宁安上将，"在进攻结束后，请立刻把他还给我。"

当盟军确信"肉馅"计划实施完毕时，《泰晤士报》公布了一批包括马丁少校在内的阵亡将士名单，并发了讣告。仔细的德国特工从一大堆的名单中找到了马丁的名字。

一切都是那么合情合理。于是希特勒下了最后的决心。

"对撒丁岛和伯罗奔尼撒的措施要优先于一切。"

根据他的命令，一个党卫队装甲旅被调到撒丁岛，驻在法国的一个装甲师整整装了 160 列火车，用了 7 天时间也开到了希腊。希特勒甚至亲自从苏德前线抽出 2 个装甲师，用了 320 列火车、9 天时间开到了希腊。他的宠将隆美尔元帅也奉命赶到雅典，他要在那里组建一个新的集团军群。

就在蒙哥马利站在指挥舰上得意的时候，又一支空军战机编队呼啸着从头顶如箭飞过。一连几天，盟军以 4∶1 的空中优势向敌军连续发起轰炸，地中海的制空权被牢牢地握在盟军的手里。

"没有制空权，舰船犹如浮动的靶子，自身难保，当然也就根本谈不上登陆。"这是英国人在战争中得到的教训。

"报告！"参谋人员刚刚接到通报，又有一艘船只遭到德国潜艇的袭击，但并未产生严重影响。

"这是第 4 艘遭到袭击的船只，而且，有惊无险。"蒙哥马利转身对作战参谋说："传我的命令，全速前进！"

"准备……"负责海军行动的英国海军上将坎宁安在马耳他瓦莱塔的办公室里，接到了两支特遣队已经在地中海集结待命的报告，正要发出"登陆"的命令，一场意外的风暴打乱了他的部署。

他担心的事情终于发生了。

他不担心德国和意大利的海军，对于英国皇家海军来说，他们已经统治世界海洋 300 年有余了，加上迅速崛起的美国海军，敌人的海军力量不足挂齿；空军已经在地中海取得了制空权，而德意空军早被打得失去了往日的威风。

"地中海风云莫测。"坎宁安说，他担心的就是天气。现在舰队已经集结，他必须决定,或是登陆,或是返航。

如果下令返航,他担心盟军苦心经营的作战意图将会暴露,即非如此,那么多的部队,谁也保证不了有的因接不到命令而按计划实施登陆,那么等于去送死。

他在办公室里眉头紧锁,一言不发。

此时,地中海风暴正狂,恶浪滔滔。万吨巨舰左右摇晃,数百吨的平底登陆舰则像一叶轻舟,时而被送上峰顶,时而又被推入谷底。船舱里挤满了准备登陆的官兵,在颠簸不已的风口浪尖上,纷纷呕吐不已,一片狼藉。

巴顿指挥的部队更是狼狈。这些大多刚刚入伍的新兵,被英国兵讥笑为"连海风的味儿都没闻过"。在5月份的演习中,美国兵洋相百出,气得巴顿把最难听的话都用上了,连艾森豪威尔都在一旁窘得一言不发。

不过,这个时候,英国兵的嘴巴已经软下来了,他们好不了哪去。

"这种鬼天气!"不仅舰船上的官兵在诅咒,就是指挥部的人,也觉得应该取消登陆计划。

然而,在地中海工作多年的坎宁安,也摸清了地中海的脾气,他觉得风暴在日落或日出时就会平息。他终于下达了命令:继续前进。

夜里23时,奇迹出现了。刚才还疯狂肆虐的风暴,突然消失得无踪无影,一轮明月高高挂在明朗的夜空。风平浪静,一切好极了。

这场突如其来的风暴在给盟军带来了一些麻烦的同时,也给即将到来的登陆行动造成了偷袭的最佳效果。守卫西西里岛的意大利军有23万人,德军4万人。但意大利编制的11个师,有7个师是海岸防卫队,即胡子兵,士兵沮丧,战斗力很低。但是,墨索里尼对德国人"协助"他防守地中海难以接受。

"我不愿意让世界和国人看出我是依靠德国人的帮助而生存的。"他这样说。

然而,他却闭眼不看自己的军队实在是不堪一击的事实。果然,当风暴骤起时,这些老爷兵由于连夜警戒,早已疲惫不堪。他们打着哈欠,伸着懒腰,在床上舒服地翻着身:"感谢上帝,今天夜里,他们无论如何来不了。"于是,放心睡大觉去了。

午夜,正当意大利守军进入甜蜜梦乡的时候,盟军登陆部队也准时、准确地到达了预定海滩。从风雨飘摇的困苦中振作起来的官兵,乘坐一艘艘平底登陆艇,随着扑岸的波涛,乘势奋力在滩头抛下锚链。借着夜幕,登陆部队迅速向指定目标移动,由西西里人组成的海岸师还未与盟军接火就崩溃了。战争已使他们厌倦了,而且他们发现,作战越卖力,德国人留给他们家园的东西就会越少。所以,当他们看到海滩上盟军舰艇铺天盖地而来,满载部队的登陆艇已布满滩头,他们最后一点的抵抗斗志也就消失了。

"成群结队的投降士兵,蜂拥到海滩上的战俘营,以致盟军被战俘践踏的危险比挨子弹的危险还大。"一位负责收审战俘的军官焦急地向上司报告说。的确,他们没料到,还未开火,敌人就心甘情愿地做了俘虏,还且人数又是那么多。

当黎明到来的时候,西西里海滩上的防线已经被摧毁了。剩下的留在腹地的德军试图用炮火还击盟军,但炮火稀少而且不准确,只给盟军造成极少的伤亡。

战报很快送到了坎宁安的指挥部。这位历经多次海战的海军上将立刻做出如下评价：

"这几乎是一个奇迹。那么庞大的舰队能在敌军的海岸抛锚停泊……而损失却微不足道。这的确是个奇迹。"

准确地说，守岛驻军首先发现的并不是来自海上的进攻，而是来自天上的天兵天将。

在夜幕的掩护下，盟军366架运输机和104架滑翔机，在战斗机、轰炸机的护航下，载着3400名美国伞兵和1500名英国伞兵，从突尼斯起飞，直扑西西里岛。庞大的机群，犹如黑压压的一片在夜间迁徙的蝙蝠群。为了避开敌人的雷达，机群在海上沿着一条复杂的航线飞行。很快，机群已掠过滩头，但这时岛上的炮火已骤然响起。一些没有夜间占领岛屿经验的飞行员，慌乱中过早地投下滑翔机，结果，只有54架滑翔机在西西里着陆，其中12架还远远地偏离了目标。有的飞行员把月光下亮闪闪的海水当作了沙滩，结果至少有50架滑翔机被扔到了海里，伞兵不明不白地被淹死了。也有的飞机迷了航，从此杳无音信。美国伞兵的运气略好一些，但为了躲避炮火，加上强劲的高空气流，伞兵被迫随风飘落在方圆80公里的地区。但是，这些无意中散开的空降兵，倒在敌后引起了普遍的惊慌和混乱。这些若干小股的伞兵，勇猛顽强，各自为战，并迅速向预定目标冲击。英国伞兵攻占了一座大桥，美国伞兵则控制了杰拉以北的高地，还有一些零星伞兵则占领了部分公路交叉点。

两天后，时运不济的美国伞兵又遭厄运。这天夜里，师长李奇微带领第82空降师504团2000名伞兵乘坐144架C-47运输机准备在滩头伞降。但刚刚遭到德国战机空袭的滩头部队，又有一群飞机从低空飞来，不问青红皂白，迎头一顿炮火，一架架运输机顿时成了夜空中的火炬。慌乱中，许多飞机相撞起火，伞兵更是惊恐万状，纷纷跳伞逃命。只几分钟，23架运输机葬身大海，37架受重创，伞兵伤亡318人，失踪68人。

盟军是因为要抢占岛上各路口，以阻击德军趁登陆部队立足未稳时反攻，才决定首次使用空降兵的，并已设想了许多不利因素。比如，登陆部队必须在大潮之日，还要求是黑夜；但空降兵则要求有光亮。指挥部为此已经把空降的时间安排在凌晨，以借月光着陆。但他们仍没料到竟会出现那么多失误。

再说登陆部队顺利廓清了海滩防线，但第二天天刚亮，德意军就向盟军滩头发起了疯狂的反击。驻守的德军虽然只有2个师，4万人，但这是以强悍著称的"戈林"师和第15装甲步兵师。这支部队的官兵训练有素，身经百战，斗志顽强。负责指挥的德军南线总司令凯塞林元帅嘱咐两个师长："无论意军怎么样，只要盟军上岸，德军就要立刻向滩头进攻，趁盟军立足未稳，把他们赶回大海。"

在空军的配合下，盟军停泊在海岸附近的舰船遭到狂轰滥炸，被引爆的炮弹、火箭四处横射，滩头一片混乱。这时，戈林师乘机发起攻击，其横冲直撞的装甲部队，差点就真的把由布莱德雷将军指挥的美军部队赶回了大海。

此时，美第7集团军司令巴顿正在杰拉的一座楼顶上指挥战斗。他眼睁睁地看着德国的坦克波涛般地冲向海滩的美军阵地而束手无策。他的部队在西线登陆遇到了麻烦,登陆场海涛拍岸,拥挤不堪,卸船十分困难,一些重武器根本不能全部上岸。

事实上,巴顿在出发前就大发牢骚,认为亚历山大偏袒英国人,把好港口和道路都划给了蒙哥马利,留给他的只是两个小港——杰拉利卡塔和海滩。

的确,如果不是盟军飞机不间断的突袭,再加上德国坦克兵还不熟悉这种新式坦克,结果因为机械故障而自己停止了攻击,不然,其结果确难预料。即便这样,美国滩头部队第45师的一个营仍躺在了德军坦克的履带下,并俘虏了它的营长。

7月11日清晨6时,戈林师在56吨的"虎"式坦克开道下,又向装备简陋的盟军发起了更具威胁的反击。坦克越过山地,开始在平原地带更快地向盟军的滩头阵地冲去,一部分坦克已经碾毁了美军的前哨阵地,甚至冲到了最后一块沙丘地带。

盟军危在旦夕!

第505团团长加文急红了眼,亲自架起"巴祖卡"反坦克火箭筒在不到3米的距离向"虎"式坦克射击。但是,红光闪处,坦克直哆嗦了一下,身上仅多了一个白点,坦克照样向前攻击。

"它的装甲太厚了!"对讲机愤怒地向巴顿报告说。

滩头阵地开始用刚缴获的意大利火炮射击,但作用仍不大。坦克群已经把盟军滩头部队逼到了离海滩不足1600米的地方。

然而,危急关头,一名年轻的海军少尉挽救了巴顿。

这个负责海陆联络的少尉军官,自登陆部队完成任务后就一直被冷落在一边。此时,他见情况危急,也不待巴顿发话,举起对讲机,要求停泊在岸边的美国巡洋舰"博伊西"号和"萨凡纳"号及其他驱逐舰实施炮火支援。顿时,停泊在滩头观战的美国巡洋舰上的8英寸大炮和驱逐舰上的5英寸大炮吐出阵阵火舌,成群的炮弹准确地落在凶猛攻击的坦克群中和紧随其后的德军头上,登时火光冲天,爆炸声不断,德军猝不及防,只得丢盔弃甲退回巢穴。美军迅速扩大战线,几个反冲锋,终于又夺回了阵地。

巴顿有惊无险,他感激地冲着那位年轻的海军少尉联络官点了点头。

收复了失地的布莱德雷将军对舰炮打坦克更是欢呼不已。

"战场上,就应该打破常规,灵活机动。"这位在大西洋战争中初露头角的将军兴奋地说。

事实上,在对隆美尔的最后一战中,德意军在朗格斯托粒峰和609高地据险顽抗,做困兽之斗。英美军屡攻10天不下。此时,就是这个布莱德雷,突发奇想,把坦克开上难以通行的山路,当作大炮使用。德意军猝不及防,阵脚大乱,只好乖乖地自己排好了队,整整齐齐地前往战俘营去了。

如今,海军的舰炮上起了"刺刀",居然打退了德军新式坦克的进攻,而且帮助他重新在阵地上站稳了脚跟。这怎么不令他激动万分呢!

东线的蒙哥马利在登陆之初遇到的麻烦要比巴顿少得多。在开头3天里,英军就肃清了岛的东西地带。随即,蒙哥马利根据预定方案,以极大的努力向北推进。但德军南线总司令凯塞林元帅在 11 日的反击失败后，知道岛将不守，随即改变战略，死死拖住盟军，以争取时间保证德军人员和装备安全撤到意大利本土。为此，他急令在巴勒莫地区的第 15 装甲步兵师回援。此时，德军又从科西嘉空降了一个伞兵分遣队。这样，岛上的德军和后援部队就在通往墨西拿的 95 公里长的埃特纳火山的东侧要道上据险固守。蒙哥马利虽然也得到了一个伞兵旅的援兵，但在德军的殊死抵抗下，迅速肃清西西里的希望落空了。这样，蒙哥马利被迫将主力西调，以配合巴顿的东进部队，企图迂回北进。

新的作战计划改变了巴顿的角色。原来只是作为东线部队的掩护和分散敌人注意的力量，此时成为一支主要的先锋部队。趁着德军与蒙哥马利厮杀之际，巴顿挥师西进，连克数城。7 月 22 日，德军重要据点巴勒莫也让给了巴顿的部队。

然而，部队越往前赶，受阻也就越大。这里的山路崎岖不平，易守难攻。守军越是后撤，战线就越短，守军的人数也就越少。并且，此时德军又得到了一个装甲榴弹师和一个装甲军的增援。他们一边掩护主力部队后撤，一边使出拿手好戏，在盟军必经之地埋地雷，炸桥梁。虽然此时巴顿也得到 2 个步兵师的增援，但占绝对优势的兵力反而舒展不开。

"我的部队行如蜗牛！"指挥部多次督促部队推进，但巴顿无可奈何。

为了尝试加速前进，巴顿发动了 3 次小规模的两栖跃进。第一次是 8 月 7 日至 8 日夜，在圣阿加塔登陆；第二次是 8 月 10 日至 11 日夜，在布罗洛登陆；第三次是 8 月 15 日至 16 日夜，在斯帕达福拉登陆。

这 3 次登陆行动无疑是正确的，但毕竟发动得迟了些，收效甚微。正如坎宁安上将所评价的："如果充分利用两栖作战部队包围敌军，那么收获可能会更多一些，从而扫清进军的道路。"

的确，当巴顿发动第 3 次登陆时，敌军的殿后部队已经北撤了。据统计，万名德军和 6 万名意军带着 47 辆坦克、1 万台车辆和 1 万吨补给品，逃出了盟军布下的罗网，渡过墨西拿海峡撤回本土去了。

事实上，德意军的撤退组织得很成功，差不多是在六七天中就完成了，且没有遭到盟军的海、空军任何严重截击，因而也就没有遭到严重的损失。

于是，8 月 17 日上午 6 时 30 分，巴顿的先头部队已经在墨西拿受到掌声和鲜花的欢迎了。巴顿终于在战争结束前，抢先于蒙哥马利而第一个进入了墨西拿。

亚历山大在这天给丘吉尔的电报中说："1943 年 8 月 17 日上午 10 时，最后一名德军已被逐出西西里。全岛现已在我们手中。"

然而，巴顿在墨西拿的荣誉，却因为他打了两个未受伤的士兵的耳光，而丧失殆尽，并差一点就断送了他的前程。

"耳光事件"是巴顿在视察医院时发生的。两个士兵因为"受不了"和"忍受不了炮击"而未伤住院，激起了他的愤怒，他一边骂他们是"胆小鬼""婊子养的"，一边挥手打了他们的耳光。

消息传到国内，舆论哗然。有人写道："如果要让我们的士兵受虐待，那就把希特勒请来让他干吧！"还有人建议撤了巴顿的司令官，让他去西海岸日本人收容所，去"打那些小日本的耳光"。

此事幸得艾森豪威尔的保证和陆军部长史汀生的帮助,巴顿才保住了现职。

毕竟,他们太了解这位手下干将了,果然,在一年后的诺曼底大战中,巴顿东山再起,大显身手,而且成为后人大书特书、仔细研究的熠熠生辉的名将、战将。

如果说盟军在实施两栖登陆时遇到一些麻烦的话,那么,这也是预料中事。尤其是作为一次大规模的两栖登陆,能取得战斗的最后胜利,已经是成功的了。

事实上,盟军也是把这场战斗作为检验登陆作战能力的一次"实战演习"。

"即使对于英国皇家海军来说,在其数百年辉煌的历史上,虽然也成功地进行过无数次登陆作战,但是,近几十年来却成功者寥寥。"丘吉尔首相也不得不这样承认。

就在去年8月,英国为了向美国证明登陆作战的复杂和难度,也借以获取一些经验,英国命令一个师的加拿大军队攻占了法国的第厄普港,坚守数日后再撤出来。结果,加军刚一出发,就被德国飞机一路跟踪,而岸上的德军早已严阵以待,加军刚一登陆,就被闻讯赶来的装甲部队摧垮了。加军死伤俘逾6000人,还未能深入到港口腹地。这一战更让1915年在加利波里丢官的丘吉尔胆战心惊。

从进攻者来说,似乎登陆的时间和地点的主动权在自己手里。但是,凡登陆者,必须海上无大浪,还必须大潮时分,而这个因素都是公开的,敌人可以据此做好准备。

其实,所幸美英两国工程师事先研制出了可以直接冲上海滩,把步兵和坦克送上岸的登陆艇和登陆舰。否则,这次能不能顺利登陆,也是说不好的事情。

事实上,即使有了这些准备,巴顿的西线部队仍因为港口陡峭,一些重型装备难以上岸,而失去了增援滩头部队的良机。而且,如果这些登陆部队能抢在敌人之前把墨西拿这个口袋封死,盟军的收获或许就会更多些。

据后来的文件记录推算,在西西里的德军有6万多一点,意军为31.5万人。被俘的德军为5500人,13500名德军伤兵被撤离,被击毙的德军不过几千名。而美、英等盟军兵力的损失总数约22.8万人。

但是,作为此次战役的巨大政治和战略成果,是它促使了墨索里尼政权的垮台和意大利的投降。

意大利人已经对德国法西斯满腹牢骚,怨声载道。丘吉尔在他的《第二次世界大战回忆录》中写道,意大利的地方官员曾对希特勒的前任外交部长牛赖特说:"人民的情绪就是那样,你们不得人心,那是你们自己造成的;你们征用了各种东西,并且吃光了小鸡。"

意大利国王埃曼努尔在他的私人日记中写道:"盟国无疑是了解意大利军队的可怜状况,除了几辆德国坦克外,没有装甲部队。"

德国人专横跋扈,横征暴敛,"领袖"墨索里尼更如赌棍,赤膊上阵。根据他的命令,14到70岁的男子和14到60岁的妇女都要为国家服役。人民厌倦了,军队士气涣散了。贫穷的意大利帝国再也无法继续进行战争了。

眼下,意军在西西里、北非及苏德战场上的惨败,进一步加深了意大利法西斯政权的军事、政治和经济危机。

事实上，就在盟军向西西里岛腹地推进的时候，墨索里尼就接到国王埃曼努尔的通知，要立即接见他。

等他在皇宫一坐定，国王开门见山地告诉他："最高委员会已经决定解除你的政府首脑职务。看来，只有我能对你担保并保护了。"

墨索里尼如雷轰顶，顿时呆若木鸡，跌跌撞撞出了宫门，向停在一边的自己那辆黑色专车走去。但肃立静候的皇宫卫队长拦住了他：

"我受国王之命保护您的安全。先生，请您上这辆车。"卫队长指着一辆挂有红十字的白色救护车。

"没有必要！"墨索里尼还是坚持走向自己的汽车。

"不。"卫队长坚决地说，"您必须乘那辆车。"

墨索里尼这才意识到自己的危险了。车上，一位中尉、两个卫兵和两个便衣警察正提着冲锋枪等着他。

就这样，这个以"恺撒大帝"自诩、执掌意大利政权21年的法西斯创始人，如今成了阶下之囚。

而他的继任巴多里奥元帅为首的意大利新政府，经与盟军多次秘密会谈，终于在西西里锡拉库扎的橄榄林里签订了投降书。

为此，评论家们把盟军在西西里的胜利，也叫作希特勒"流血的软腹"。

（六）松山攻坚战

1990年，滇缅边境，松山。

山高林密，风紧涛响。一位名叫木下的日本老者面山而跪，号啕痛哭。他一边把许多从岛国带来的精美祭物抛向山坡和深谷，一边做寻寻觅觅状，走走停停，几乎是从山下跪上山顶的。

45年前，中国远征军滇西反攻战中，历时120天的松山大战，3000余日本侵略者葬身此处。木下，中尉军衔，时任护旗官，在战斗的最后时刻，因奉命执行向上级汇报战斗经过的任务，成为松山战役的唯一幸存者。他如今住在东京市郊的下田町，为京都某商庄退休职员。

45年前，1945年的9月8日，重庆，黄山别墅。

在国民政府为欢迎美国总统特使赫尔利先生举行的盛大宴会开始前，一身戎装的蒋介石，以一种出人意料的沉重口吻说道："尊敬的女士们，先生们，朋友们：

就在几个小时以前，我军终以重大代价攻克怒江前线的重要据点松山……"

一阵掌声过后，蒋介石继续说道：

"我提议，让我们为前仆后继英勇阵亡的前线将士默哀一分钟。"

话毕，他躬身将一杯艳红的葡萄酒缓缓泼洒在墨绿色地毯上。

是役，我方牺牲3800余人，伤者亦大致相当。

木下，最终如愿以偿地取走了一包松山的泥土。

　　而松山战役，也作为中国远征军在滇缅反攻作战的重要组成部分写下的中国抗日军人壮烈的一笔而永载史册！

　　1945 年 5 月，以卫立煌为司令长官的中国远征军开始了对滇缅边境日军的反攻。

　　1941 年 12 月，蒋介石在重庆主持召开中、英、美军事联席会议后接见了中外记者，他发布了一条震动西方世界的消息：

　　"我国民政府已经做出决定：不日将出兵缅甸，与日寇决战。"

　　世界舆论迅速做出反应。美联社为此发表评论说："蒋介石委员长……决心要在大联盟中扮演大国角色，并在世界战略中进一步确立中国的大国地位……"

　　的确，这被认作是 20 世纪中国第一次出兵争夺势力范围。

　　1942 年年初，中国远征军入缅协助英军作战。5 月中旬，中英联军作战失利。日军占领缅甸，英军退入印度。中国远征军除孙立人阵前抗命，掉头杀敌反突围安全退至印度，其余主力则随杜聿明经野人山、原始森林，损兵折将退至滇西。年仅 38 岁的一代抗日名将陆军第 200 师少将师长戴安澜就是在这次撤退途中，被一枚机枪子弹击中腹部而以身殉国的。

　　日军占领了缅甸，实现了其作战计划：切断中国与西方联系的唯一交通线——滇缅公路，断绝英军的援华物资，并借此打开西进大门，伺机进犯印度，以便和德国法西斯在中东会师。

　　中美英三国为此就发动缅甸反攻作战已经进行了长时间的磋商。战役企图就是，歼灭缅北日军，打通中印公路，改善盟国对中国战区军需物资的运输。

　　丘吉尔在他的《第二次世界大战回忆录》中写道：1943 年 8 月，在美英政府首脑的魁北克会议上，决定成立东南亚司令部，任命英国海军中将路易斯·蒙马顿勋爵为总司令，史迪威任副总司令。10 月，蒙巴顿飞到重庆，向国民政府说明了这一计划的具体部署。

　　准确地说，松山战役只是怒江战役的一部分，而且，松山战斗也是敌前变更的结果。

　　当时，横渡怒江的作战训练已进行了十多天，但美军给卫立煌送来的一份缴获的紧急情报表明，日军似乎已明悉我军部署，正在有针对性地调整兵力、卫立煌当时认定重庆方面出了奸细。

　　其实，这个谜底直到 1973 年才被日本防卫厅战史室出版的《缅甸作战》揭开。原来，日军占领了滇西的芒市，就在这里架设了东南亚最大的无线电监听站"芒市一号"。它破译的重庆密码率约为五分之一。这已是相当惊人的成绩了。而 1944 年 2 月，一架迷航的盟军侦察机因为燃料耗尽而不得不在腾冲北郊简易机场迫降，机上的一名美军驾驶员和两名中国情报军官立即成了日本官兵的俘虏。而他们随身携带的最新编制密码本及怒江东岸中国军队编制表则让日军大喜过望。此后，这架飞机连同另外 3 个人"失事"坠毁后，"芒市一号"的破译率高达 70%。

　　卫立煌当机立断，责令参谋部变更作战计划。他亲自带着新起草的进攻方案直飞重庆面谒蒋介石。

"敌前变更部署,关系重大,谁能负责?"蒋介石问。

素享国民党"五虎上将"之一威名的卫立煌,此时挺身而出:"如果失败,卑职愿领罪责。"

卫立煌仍以原二十集团军继续摆出正面攻击姿态以迷惑敌人,余部则昼伏夜行,秘密运动。当这一重大军事行动已经完成时,"芒市一号"侦听电台发现松山一带通信信号突然增大才引起警觉。

但是,中国军队毕竟占了先机。潮水般的中国大军已经在松山完成集结任务。

松山,山高林密,地势险要。

松山是龙陵县境内第一高峰,海拔2690公尺,周围长达25公里。它突兀于怒江两岸,形如一座天然的桥头堡。

松山的战略地位尤其重要。

由于滇缅公路环绕期间,日军占据着松山,不仅完全切断了滇缅公路,而且控制着怒江战场的主动权:进可攻,退可守,还与腾冲、龙陵形成犄角之势,相互呼应。

松山对处于劣势的日本人来说,更是至关重要。

从兵力上讲,日军处于劣势,日军只能以一个能独立作战的加强团,依托长期修筑的既设阵地,死守待援。但松山却是日本人在这场战争中取胜的关键,它是内线,是钉子,是支撑胜利的据点。据说,登上主峰看高地,无须借助望远镜就能将东岸中国军队的阵地尽收眼底。而美军侦察机航测资料表明,日军居高临下设在松山阵地上的一一五榴弹群,至少可以将两岸100公里的路段完全置于炮火控制之下。

"滇缅路上的直布罗陀!"美国报纸这样形容松山之险。

而就在3年前的1942年2月,英国人在新加坡苦心经营20年的被称作"东方直布罗陀"、世界著名的第四大军港新加坡,在日军强大的攻势下,仅5天就陷入日军之手。据称,这一胜利是日军有史以来最大的陆地胜利。在日本国内,东条英机政府得意地宣布,每家每户都发啤酒两瓶、赤豆一包、酒三瓶。

只是现在,横扫东南亚的日本人,自己构筑了又一个"直布罗陀"!

为了构筑这一据点,深谋远虑的日本战略专家专门从缅甸调来一支工兵部队,并征集了泰国、缅甸的大批民工,昼夜施工、苦心经营始得完成。松山工事完全按照永久性作战需要构筑,极尽复杂坚固。据此,工程建成后,曾作过重炮轰击和飞机轰炸试验,结果,数枚500磅重型炸弹直接命中也不能使之受损。

据参加松山战役的幸存者回忆,松山工事不光牢固,轰不垮,而且很隐蔽,不容易发现。你冲锋时,他并不开枪,等你冲到跟前了,暗堡里的机枪就响了。而这些暗堡的火力又是交叉的,你想摸近这个,那边的枪响了,很难接近。即使接近了,也不好顺利搞掉它。据说有个四川兵七摸八摸到底摸到了敌人地堡跟前,不料地堡既没门,也没可作支撑的地方。只露出几个枪眼。这个四川兵掏出手榴弹就扔,谁知反被岩石挡了回来,炸断了自己一条腿。

对松山的攻势,是国民党军队的惯用的飞机加大炮。近30架的美军B-29飞机对松山的狂轰滥炸拉开了战斗序幕。

担任主攻的是第 71 军 28 师。中将军长钟彬确信，自己能够成功，因为根据侦察报告，松山守敌仅三四百人，火炮 5 门，机枪 10 挺。而按中国军队的人数，约为日军 30 倍。两个整编军还可随时增援，取胜当万无一失。

进攻之初是平静而顺利的，他们甚至是在等待敌人出现。

然而，已经被飞机和大炮炸成一片焦土的外围山头，根本就见不到一个敌人，连枪声也没有。进攻的士兵们警觉地蠕动着，只好自己不断鸣枪壮胆。

500 米，敌人阵地还是沉默着；200 米，敌人阵地仍然沉默着。71 军军长钟彬从望远镜中跟随着他的进攻部队已经进入了敌人核心山头。此时，他甚至有点释然了，毕竟，三四百人的小股部队，哪能经得起兴师动众的狂轰滥炸呢！

然而，不幸的事情发生了。

几乎是在一瞬间，山头上枪声大作，爆炸声震耳欲聋，惊得钟军长架在鼻梁上的望远镜差点从手上掉下来！

望远镜里，已看不见山头阵地士兵的身影，硝烟和黄土已经把山头裹住了。

能听见的是枪声，而且是机枪声。但不是 10 挺，而是 50 挺，100 挺，甚至还夹杂着小门炮。枪炮几乎是程序性的，而交叉的火力网更像是精心编织好的。

仅仅 15 分钟，首轮进攻的一个营只退下来一排。正副营长均陈尸山头。

身经百战的钟军长，不相信日本人眨眼工夫就能把他的部队赶下山头。于是第二次炮击之后，更大规模的进攻开始了。

然而，结果似乎简单得很，进攻依然失败。

钟军长不敢轻敌了。

他知道，司令长官卫立煌的指挥部已经从昆明附近推到距怒江前线不到 50 公里的保山县马王堂镇。而卫立煌是向蒋介石下了"愿领罪责"的军令状的！

他更知道，蒋介石也在注视着松山，虽然说蒋介石出兵缅甸，有点自唐明以来扬威国外之盛举，但也是他手中的最后一张王牌。更不幸的是，出师先就不利。现在实行反攻，如果在松山卡了壳，"老头子"是不会容忍他的失败的。

他只能继续组织冲锋！

在敌人密集的火网下，进攻部队艰难地推进着。有时白天打下一座山头，夜晚又被日本人夺回去，漫山遍野躺满了战死的士兵。

据战后资料表明，71 军第 28 团在初战的半个月中，先后组织了 5 次大规模的进攻，伤亡达 3000 人，战斗毫无进展。

"松山，难道你就注定要给第 71 军带来灭顶之灾？"钟军长悲愤地吼道。

也直到此时，71 军才算搞清了敌情：日军守备队共有兵力 1200 余人，火炮数十门，机枪百余挺，还有坦克若干。

大吃一惊的钟军长，在惨败之后，总算给自己找到了"适当"的借口。

司令部闻讯，急调第 6 军新编 39 师增援，但也遭很大伤亡。月底，两个师勉强攻占了外围腊勐寨，并随后一度挺进到龙陵城中。然而，日军的援军亦已突至，内外夹击，他们只好又退出城外，在公路沿线山头掘壕固守。

松山前线阵地出现了短暂的平静和对峙局面。

·军事战争·

图文珍藏版

日本守军师团长名叫松山佑三。这是一个典型的日本军人，五短身材，意志坚定。战争使他从上尉军官迅速晋升为将军。面对10倍于他的中国军队，他竟毫无怯意。他要证明日本皇军"以一当十"的武士道精神是战无不胜的。

当中国军队的主力从怒江正面转移，突然对松山、龙陵大举进攻时，他意识到了事态的严重。为此，他亲率师团主力驰援松山，并将已经攻入龙陵城的中国军队又赶出了城外。

"松山据点是插在中国军队心窝上的一把匕首。它把中国军队分割成彼此孤立的三块，使之首尾不能相顾，最终各个击破，使之全线崩溃。"松山佑三深知松山的战略作用。

中国军队当然也看破了日军的企图，即一旦日军驰援部队与松山会师，则中国军队出入国门的通道将被关闭。事实上，由于松山在日军手里，已经牢牢卡住了滇缅公路的咽喉要道，中国军队急需的粮食弹药不得不靠人力骡马经由山间小道运送。

松山，成为敌我双方拼死争夺的焦点！

卫立煌下令，远征军总预备队第8军接替71军继续攻打松山。

第8军第一师由于战功卓著，被授予荣誉第一师，由少将副军长李弥兼任第一师师长。

雨季的来临，使进攻更加艰苦异常。大雨造成山洪泥泞。7月5日，第8军的3个步兵师在炮火准备以后，从4个方向对松山进行首轮进攻。

山更陡，路更险。数以万计的中国士兵手和脚都用在了攀登上。而以逸待劳的日本守军，除了在开阔地带集中射杀外，还派出小分队，携带掷弹筒、手榴弹和迫击炮，隐蔽出击，一顿狂轰，就能把筋疲力尽的进攻部队赶下山去。接连几日，第8军进攻官兵伤亡600余人，自己收效甚微。

一日夜，荣一师荣三团一部约200人乘夜悄悄突入敌主峰高地，试图中心开花，打乱敌人阵脚。不料立足未稳就遭到包围。战至黎明，仅有2名伤兵爬下山来。但他们带回了高地的情况。

据伤兵称，高地中央乃一大地堡，四周簇拥无数小地堡，火力网四面交叉，密不透风。堡与堡之间还有掩蔽壕沟相通。

"难道中国军队除了死伤累累，果无计可施吗？"李弥将指挥所搬上前沿阵地，亲自督战三日，终于幡然醒悟。他在作战日记中写道：

"敌之强，强其工事、堡垒、火力。苦与敌争夺一山一地得失，中敌计也。须摧毁其工事，肃清其堡垒，斩杀强敌，余始克有济。"

这就是说，松山之战不应以占领山头为目的，而必须将敌人堡垒逐个予以摧毁，消灭敌人的依托，方能大功告成。

曾参加松山战役的现昆明市政协文史委员会委员、《昆明文史资料》编辑部编委、时第307团中校副团长陈伟回忆说："军部改变战术以后，一个地堡一个地堡地掏，将包围圈一点一点收拢。这样看上去进展缓慢，但很有效果。"

当时为第8军工兵营新兵的张羽富回忆说："打大垭口的时候，李弥又想出一个办法，凡炮兵消灭不了的死角，就由我们工兵用火焰喷射器解决。火焰喷射器在扫清松山外围暗堡和据点的战斗中发挥了很大作用。一般在三四十米外，瞄准了必定有效。每次射击过后，地堡立刻就冒出许多浓烟，里面的敌人被烧得哇哇乱叫，没烧死的钻出地堡逃命，马上就被机枪打倒了。"

就这样，第8军采用蚕食和火攻的办法，一直打到了松山主峰高地。但是，部队打到这里，就再也无法推进了。

松山主峰山头只有一两亩地大小，四周有十几个高高低低的小山包相连，互相依托。而这段山坡特别陡，至少有五六十度，连打枪都得仰起头，第8军虽然把山头里三层外三层包围了起来，但半个多月过去，什么办法都想过了，还毫无进展。连火焰喷射器也发挥不了作用，只能靠步兵扩大战果。

重庆的蒋介石再也按捺不住了，他下了一道死命令：限第8军在"九·一八"国耻日之前必须拿下松山，否则军长、副军长按军法从事！

据说，还是美国顾问给李弥出了个主意，建议从松山下面挖地道通到高地，然后用最新式的美国炸药将地堡炸掉。

8月4日开始，工兵营从阵地前沿开始崛起。4个班次昼夜不停地施工。头顶上，炮火照样天天打炮，步兵照样天天出击，以迷惑敌人，美国顾问则亲自测量计算。10多天以后，美国顾问说声"OK"，工兵营又分成2拨，呈"丫"字形竖着往上掘。几天以后，就开始挖出了两个弹药室，分别有房间大小。之后，部队花了一天一夜时间，在左药室填了120箱炸药，右药室填了160箱。

8月20日引爆这天，卫立煌和集团军司令宋希濂、第8军军长何绍周（何应钦的侄儿），还有几个美国将军和高级顾问都早早过了江，在掩蔽部观看。

这天，连续两个月的雨季突然晴天了。早晨的太阳把松山高地照得通红。一阵炮火过后，步兵又佯攻一阵，目的是把更多的敌人吸引到高地。大约9点钟，工兵营营长亲自摇动起爆器。几秒钟后，大地颤动了一下，接着又颤动了几下。

"就像地震。掩蔽部的木头支架嘎吱嘎吱晃动起来。我看见高地有一股浓浓的烟柱蹿起来，越来越高，烟柱上有一顶大帽子，就像原子弹爆炸一样。"张羽富回忆说。

爆破成功了，工兵营的士兵顾不得掩蔽，站起来欢呼着，想象着敌人是怎样被血淋淋地炸飞到空中，果然，荣三团的步兵几乎未费一枪一弹冲上了高地。

高地被炸出了两个大坑，都有几十米宽。几十米深，听说至少有七八十个日本兵被埋在坑里。然而，高地的敌人被炸蒙了，周围那些地堡的敌人仍在做拼死抵抗，并组织反扑，试图把高地重新夺回去。因此，到了9月1日，松山还没有最终拿下来。

蒋介石的限期越来越逼近了，急红了眼的副军长李弥抓起一项钢盔扣在头上，亲率特务营上了松山主峰。几天以后，山上的枪声渐渐稀落了。当李弥被人扶下来的时候，眼眶充血，呢服撕破，一双赤足，身上两处负伤。

"报告军座，松山攻克。"当作战参谋向他报告最后一次战报时，李弥僵直地坐在山头上，身子没有动，眼泪却一下子流了出来。

松山,此时早已成了尸山、血山!

松山战役整整打了 120 天。

但松山大战没能抓到一个日本俘虏。

当第 8 军靠火焰喷射器攻至松山主峰时,副军长李弥曾下令:凡活捉一个日本俘虏者,赏金 1000 元。但无人领功。

确凿资料表明,唯一一个被俘的日本伤兵途中醒来,竟然咬掉了一名中国士兵的耳朵,被当场击毙。

松山守将是 29 岁的炮兵少佐金光惠次郎。当他接到师团长下令死守的电报,当天即以守军名义致电师团长并向天皇宣誓:决心全体玉碎,誓死完成神圣使命。

本来,松山佑三师团长鉴于取胜无望,曾考虑主动撤退,但遭到缅甸方面的否决。毕竟,这是中国军队反攻缅甸的唯一通道。

因此,包括松山在内的怒江守敌,从战斗一开始,他们的命运只有一个:战至最后一兵一卒,与阵地共存亡。

日本军国主义以武士道精神培养起来的日本官兵,其军事素质和战斗精神起了关键作用。

据本多胜一所著《天皇的军队——"衣"师团侵华罪行录》透露,精神教育是"天皇的军队"教育新兵的重要内容,而初期教育,又是训练新兵如何痛快地杀人。书中写道——

1941 年(昭和十六年)6 月,第二中队的初年兵(新兵)们,终于看到了杀人的"样本"。

被拉上杀人实验台的,是 3 个中国农民,都是 30 岁左右。穿着布棉袄、布鞋的 3 个人,被带进离大队总部不远的广场。他们的手都在胸前被麻绳绑着。

第二中队 10 个老兵带着 3 个中国人走进来,与 60 名新兵相对而立。中间已经挖好一个圆形大坑。这时隐藏在老兵背后的军犬突然窜出来,向中国农民猛扑过去。开始,农民们还拼命抵抗,但是,一只军犬咬他们的背部,他们正要回转身驱赶,另一只军犬已经咬住了他们的脖子。这种虐待持续了五六分钟,3 个农民的衣服已经被撕得破烂不堪,身体到处都是伤,肉都露出来了。接着,老兵们拉起倒在地上的农民,把他们带到土坑旁边,让他们坐下。农民们明白自己即将被杀,都不肯坐。一个男人用尽全力抱住日本兵的腿,同时大声用中国话喊叫着。担任翻译的兵士毫无表情地说:"他说,他能做饭,什么都能干,不要杀他。"被抱住腿的日本兵,用力把枪刺刺向农民的背部,想把他甩开。正在这时,卫生兵广金军曹用刀从后面照农民的脖子砍下去,血从切口处喷出约一米多高。

"被狗咬过,心脏跳得厉害,血才喷出那么高,否则,猛然切下去不会喷出这么高的血。"一个老兵以可怕的冷漠,向新兵们讲解产生这种现象的原因。广金军曹砍第二刀之后,那男人扑通一声掉进大坑里。新兵们屏住呼吸,往坑里一看,但见那农民的头和脖子只连着一点皮,身子朝下趴着,脸却扭过来朝上怒目而视,样子十分可怕。广金军曹一边斜眼狞笑着一边说:"官造的刀还是不够快。"第二个中国农民也想抵抗,但是正在向坑里看的时候,他的脑袋很快被砍了下来。老兵们教导新兵说，活人一被日本刀砍下去，被砍的部分由于肌肉断开，皮肤就会翻转过来。

第三个中国人已经明白自己也将被斩首，他没有反抗，直直地坐在土坑边上，大声高呼："中国共产党万岁！"

在那一瞬间，他的头也滚到了坑里。一个日本兵嘟哝着说："果真是八路呀！"

青年们从故乡出发半年之后，至此，"杀人教育"算是结束了。每个人都吓得脸色发青。然而，他们极力故作镇静，似乎并未受到什么震动。按照他们所受的皇军的教育，即使看到这样的惨剧，也绝不应该为之动容。他们知道，面对面排队站着的老兵们，正在注视自己的表情。有嘟哝着说着没什么了不起的。但是，两三天之内，吃饭时觉得咽不下去。

抗战胜利后，一位名叫方诚的国民党将领写了一本《八年抗战小史》的小册子，列举了23条中日两军的比较。结果，除两条外，日军竟有21条优于中国军队。如第2条："敌中级以上官佐，其战术修养比我高一至二级，下级军官比我高二到三级；至于士兵素质，我简直不能与敌相比。"又如第13条："我军一连有时尚不能独立作战，敌兵一班甚至一名，担任搜索、掩护与狙击时，常能发生很大效用。"

据说，在南方作战中，国民党军队以数师兵力追击日军，只因受敌一个班兵力的掩护，而迟滞部队数小时。

7月28日，4架日机趁雨天偷偷飞临松山，这是怒江战役开始以来日本守军第一次也是唯一一次接受来自后方的空投补给，忘情的日本守军竟至饱含热泪一遍又一遍地高唱起日本国歌《君之代》，而当晚金光少佐在给师团司令部的感谢电中，还这样说：

"我军飞机为空投弹药进行勇敢低飞，竟为敌人炮火所伤。全体守军深感痛心，务请今后不必过于冒险。"

此后，面临弹尽粮绝的守军，数次趁夜偷袭，缴获十余箱弹药。8月20日，高地坑道爆破后，金光少佐不得不退至松山西北角死守，但此时，粮食、弹药、饮水已所剩无几。

日本防卫厅的《缅甸作战》中说："29日，断粮第3天，金光少佐下令吃人肉。这项命令被解释为只对敌人有效。"

9月5日，当第8军副军长李弥亲上山头之时，日军已被压缩到最后一块不到两百平方米的阵地上。金光少佐于当晚10时向松山师团长发出了诀别电报称：

"从5月10日以来，死守阵地已有118天，卒因卑职指挥不力，弹药罄尽，将士大部战死，所余73人无一不带伤者，所以未能做到支撑全军攻势，深感内疚。

承蒙总司令官、师团长阁下长期特别关怀，全体不胜感激。今后尚乞对阵亡官兵家属多加关照。我等将在九泉之下，遥祝大日本皇军取得胜利。"

发完电报，砸碎了电台，活着的日本兵坦然地等着玉碎的时刻到来。

金光少佐下令："焚毁军旗。"

于是所有的日本官兵都僵立着，轻伤员搀扶着重伤员，躺着的人被扶起来。他们麻木地望着那面象征大和民族胜利和征服精神的旗帜被一团鲜艳的火苗无情地吞噬着。

木下中尉在后来的回忆录中写道：

"我看见司令官的手在微微颤抖。军旗点燃了，火焰慢慢腾起来。司令官很平静，一直坚持让火焰在手上燃烧，我们都嗅到了皮肉烧焦的糊味。火焰熄灭时，司令官的手已经烧黑了。"

木下是松山战役的唯一幸存者。金光少佐命令他："突出重围，代表腊勐守军向上级详细汇报迄今为止发生的战斗经过，呈递有功将士事迹，并将官兵遗书、日记、信件转交其家属。"

9月5日下午5时，残阳如血。金光少佐组织起最后17名士兵，进行最后一次自杀性冲锋。

这时，一发迎面而来的迫击炮弹直接命中了金光少佐。当数以千计的中国士兵呐喊着冲上山头时，日军真正能够支撑起身体射击的只剩下了3个人。很快，几秒钟内他们就鲜血四溅地永远倒在了这片焦灼的异国土地上。

据说蒋介石当年提议为英勇阵亡的中国军队前线将士默哀一分钟后发表的讲话中，也同时这样说道：

"……我军官兵，须以日本军的松山守备队或者密支那守备队孤军奋战至最后一兵一卒，完成任务为榜样。"

当然，中国士兵为了民族的尊严，为了打败日本侵略者，也表现了视死如归的民族精神。张羽富在回忆时说：

"阵地前几百具中国士兵的尸体，你扶我，我压你，个个头朝敌人，没一个孬种。那场面才叫壮烈哩！"

是的，松山，让中国远征军浩气长存！

（七）阿莱曼烽火

1942年1月，希特勒开始向北部非洲增兵。

自第二次世界大战开战以来，希特勒的主要精力是在欧洲，但是，由于意大利军队在非洲节节失利，而德军著名将领隆美尔也在非洲连创败绩，令希特勒震怒不已。考虑到北非的战争形势将直接影响到欧洲战场，希特勒这才把注意力放到非洲战场，下令往非洲增兵和补充物资。

然而，与其相反，日军在缅甸重创英军第四集团军，并将其赶出缅甸，继而到威胁整个印度次大陆，远东局势日趋恶化，丘吉尔决定将原来准备增援非洲第八集团的坦克和大炮临时调往了远东。

隆美尔得到兵员和火力的补充后，向英军发动了反攻，在近半年时间内，连创英军，并在6月20日攻克了战略要地托卜鲁克要塞，锋芒直逼亚历山大港仅有160公里的阿莱曼城。

阿莱曼的战争烽火点燃了。

伦敦。唐宁街10号首相官邸。

丘吉尔截获来自北非的关于托卜鲁克要塞失守的战报，将沉重的身躯陷在沙发里，久久地沉默着。东南局势的恶化，占据了他太多的精力。5月份，第四集团军司令威廉·斯利姆中将带领他的残兵败将，好不容易才摆脱日军的紧追猛打，从缅甸逃到了东印度。内阁上下一片惊呼，认为这是大英帝国的奇耻大辱。迫于国内舆论的压力，丘吉尔一直在谋划对缅甸的反攻。对北非的形势，由于驻守开罗的奥金莱克将军已经给了隆美尔以重创，逼其退兵的黎波里，丘吉尔认为北非战局已趋于稳定，这才决定将增援第八集团军的大炮坦克调往东南战场。谁能料到，短短几个月，隆美尔竟然死灰复燃，一路大举反攻，甚至攻克了托卜鲁克要塞。

下一步，就是阿莱曼一线了。如果第八集团军守不住阿莱曼并导致全军覆没，那就等于把尼罗河三角洲和埃及让给了德国人，而德军一旦占领了埃及，就会以中东为跳板，横穿伊斯坦布尔海峡和恰纳卡莱海峡，从中东地区进入欧洲战场。

"不！"丘吉尔叫了起来，"立即给我要通奥金莱克！"

电话通了，丘吉尔抓起话筒。

"奥金莱克将军吗？我是丘吉尔。我不能容忍你们的现状！——你不用解释，立即离开罗马，赶到前线去。——是的，是的。你可以让装备精良的新西兰师出击，拖住隆美尔。然后，你把打散的部队重新集结起来，无论如何要坚守阿莱曼一线。"

"可是，亲爱的首相大人，"话筒里传来奥金莱克焦虑的声音，"隆美尔的突击部队已于6月30日早晨逼近阿莱曼了！这里离亚历山大港只有160公里！"

"要有信心"，丘吉尔沉着地说，"你别看隆美尔气势汹汹，但只要他的部队深入沙漠，其战线就是一条从的黎波里到马特鲁的漫长的战线。后方的遥远会给这位冒失将军带来意想不到的困难。奥金莱克将军，我会命令皇家空军加强对德军运输线的袭击，我们的后勤供给线将保障你有足够的后援。你一定要镇住部队，先将德国人顶住，然后伺机反攻。"

丘吉尔放下话筒后，仍显得忧心忡忡，他担心自己的士兵让德国人的暂时嚣张所吓倒，这才是致命的！

北非的现状证实了丘吉尔的担心。7月1日，星期三。这一天，驻守开罗的英军听到德军抵近阿莱曼的消息，一度产生了恐慌，指挥部里开始大批焚烧文件，焚烧产生的黑烟和灰白的纸灰飘散到天空，遮掩了一片蓝天，士兵们把这天称为"圣灰星期三"。开罗居民看到这一情景，误以为是英军开始溃退的信号，纷纷携老牵幼拥向火车站，准备外逃。一时间，开罗火车站人满为患，秩序大乱。

其实，隆美尔并没有继续进攻。丘吉尔的判断没有错，德军经过长期作战，远途奔袭，已疲惫不堪。更重要的是因战线过长和后方遥远，后勤补给无法跟上。隆美尔在受到新西兰师强有力的阻击时，立即意识到这一问题。但他万万没有料到英军中已经出现了恐慌情绪，如果一鼓作气来一个连续作战，很有可能一举突破阿莱曼防线。

隆美尔坐失了良机，奥金莱克却赢得了喘息的机会。他利用这千金难觅的一天一夜，迅速集结部队，调整部署，在阿莱曼前沿及附近的鲁瓦特伊岭高地布下了较强的防守力量，稳住了军心。

7月2日，隆美尔重新开始进攻，但仅有40辆坦克能投入战斗。大部分步兵仍未消除疲劳，进攻显得有气无力。奥金莱克亲自在前线指挥部队，投入大批坦克作战，击毁击伤德军坦克14辆，有效地阻住了敌人的进攻。次日，隆美尔用剩下的26辆坦克再度与英军交战，结果一败涂地。隆美尔不得不懊丧地承认："抵抗力量太强，而我们的兵力已经耗尽。"

整个7月上旬，德军的攻势一无进展。在此期间，皇家空军奉丘吉尔之命，连连袭击地中海上德、意开往北非的增援船只，击沉船队总数的30%至40%，给英军地面部队的作战提供了有力的支援。但是，奥金莱克这时在指挥上出了差错。7月21日，他在准备不足的情况下命令第八军团出击，打算拦腰截断德军部队，反而遭到隆美尔的沉重打击，损失了118辆坦克，而德军在整个战斗中只损失了3辆坦克。

作战双方的战斗力此消彼长，循环往复，在整个7月份进行的进攻与反进攻、冲锋与防守的拉锯战、消耗战中，双方死亡人数超过了一万，战线仍然停留在阿莱曼一带。

这段时间，丘吉尔向北非战场投入了大量后援，而阿莱曼的危险并未解除。一怒之下，丘吉尔亲自飞到开罗。

这一天是8月4日，热带沙漠气候中的开罗酷热异常。丘吉尔不顾旅途劳顿，鞍马未歇，立即召开了高级军事会议。

"你为什么还不进行大规模反攻？"丘吉尔盯着奥金莱克问。

"我还没有部署好！"

"那要等到什么时候？"

"9月。"奥金莱克坚持着自己的意见，一点也不想退让。

"那好，"丘吉尔说，"你就回伦敦去度过你的9月吧！"

丘吉尔十分不满意北非的战况，下决心更换指挥官。回到伦敦后，他立即下令撤掉奥金莱克，任命戈特担任英军第八军团司令。

戈特临危受命，雄心勃勃地赶赴北非战场。也许，历史注定了北非战争将推出另一位名将，让他扬名史册。就在戈特赴任途中，他的座机遭到德国空军的拦截，不幸被击中，折戟地中海。

陆军中将蒙哥马利的名字上了丘吉尔的任职簿。

个头不高的蒙哥马利是位性格专横傲慢的职业军人，但却具有出色的军事指挥才能，戈特出事以后，他被丘吉尔选中，来到北非战场。这一天是8月13日，沙漠上空的太阳像火一样灼烤着大地。蒙哥马利乘坐从机场开回来的吉普车，一路不停地咕噜着"热透了！热透了！"

司令部的将领、参谋们均等候在室内，准备聆听一番这位新上任的司令官从丘吉尔那儿带回来的新的作战精神。但蒙哥马利进门后，却一个劲嚷着："这鬼非洲，真像锅炉！"十八军团参谋长见他汗流浃背，沾着满头满脸的灰尘，好意地说了声"将军，先洗个澡怎么样？"

参谋长说完这话马上就后悔了，因为蒙哥马利竟不顾久候着的下属，极爽快地就答应道："好哇，先洗个澡吧！"

其实，蒙哥马利是想借洗澡清醒一下自己。但是第一次来到沙漠，在热带沙漠气候下如何打好这个仗，他没有任何经验。负责整个中东战场的亚历山大之师对他下达的命令简单而又明了，歼灭隆美尔和他的部队。他清楚隆美尔，临来前还研究过有关隆美尔的不少资料。这是一位久经北非战火考验的老将。

要想打败隆美尔，首先就得使部队有高涨的情绪。蒙哥马利一边洗澡一边思考着。论兵员、火力及后勤，英军样样强过德军，但英军连吃败仗后，士气成了最大的问题。"对，就从这里开始！"他这样想着，便这样决定了。

蒙哥马利没有向下属们传达什么新精神，他所说的也就是亚历山大之师对他说的那句话，随后，他很快就深入到前线去了。

英军在阿莱曼前线的指挥所残破不堪，没有时间来修复被炸塌的和弹穿的屋顶。蒙哥马利就在这幢破屋里召开了他到任后的第一次前线指挥官会议。不能否认的是，蒙哥马利除了指挥才能外，还有一口相当不错的口才，他对军官们发表了一番极具煽动力的演讲。之后，他又深入到部队当中，站在吉普车上或干脆爬到坦克顶上，向士兵们一次又一次地演讲大英帝国的永不战败，皇家军人的荣誉和献身精神。他的关于要和官兵们一道，同隆美尔决一死战的决心，果然感染了广大英军士兵。一股同仇敌忾、视死如归的气氛在英军部队中迅速膨胀起来。

对于作战计划，蒙哥马利不想玩什么新花招。他仔细研究了前任奥金莱克制订的作战计划，觉得大部分是切实可行的。隆美尔若要进攻，只能选择迈马特那段24公里长的战线作为突破口，蒙哥马利认为他应该做的，只是在奥金莱克原先的布雷计划中，再加重一些分量。只要咱们的士兵临战时顽强不惧，隆美尔是不会有什么作为的。

8月31日，隆美尔以200辆坦克开路，开始进攻。但蒙哥马利不待他的部队展开，便迅速召来皇家空军对这些坦克进行袭击。见到敌人坦克一辆辆被炸毁，战壕里的英军士兵信心大增，以密集的火力攻击德军的扫雷部队，隆美尔没有料到英军的布雷有如此之多。他的部队竟陷在雷区中无法自拔，遭受到英军空军和地面部队的双重打击。德军非洲军军长内林身负重伤，第二十一装甲师师长卡冯·俾斯麦阵亡，士兵伤亡更是不计其数。

隆美尔第一次进攻失败后，突然停顿下来。这时，蒙哥马利发挥了他杰出的判断能力，在阿拉姆哈勒法高地布下了大批坦克和装甲车。果然，隆美尔命令他的部队掉头，放弃了以开罗为目标的作战意图，于9月1日转而向阿拉姆哈勒法高地的主阵地132高地出击。隆美尔动用了两个装甲师、一个步兵师和一个意大利军的兵力猛攻132高地，又突然抽调100辆坦克继续攻击希迈马特。

隆美尔东击一枪西击一炮的战术没有难住蒙哥马利，对攻击希迈马特的德军坦克，他继续以地雷阵对付之；而对攻击132高地的装甲师和步兵，则以优势的坦克和装甲车予以迎头痛击。

随着战事的发展，德军渐渐陷入了被动挨打的境地，蒙哥马利命令部队将德军包围，然后~步步将包围圈收紧，飞机大炮则不停地轮番轰击德军的装甲部队。隆美尔在天黑前组织了三次突围,均以失败告终。

9月2日,德军被迫后撤。

蒙哥马利决定停止进攻,因为新补充的第八军团缺少协调作战能力。在德军于9月6日退回到原战线的阵地后,蒙哥马利来到了亚历山大港。在一次有军政要员参加的宴会上,他宣布:"埃及已经没有危险了,我将最终消灭隆美尔,这是确定无疑的!"

蒙哥马利的话赢来了一片掌声和欢呼声,响彻了整个宴会大厅。

阿拉姆哈勒法高地战役结束后,蒙哥马利开始制造种种假象迷惑隆美尔,让他以为英军进攻的重点在南面。10月23日晚9时40分,阿莱曼战线上,英军的1000多门大炮突然同时开火,对德军阵地进行了暴风雨般的轰击。宁静的大漠沸腾起来,英第十三军、第三十军的士兵以坦克和装甲车为前导,呐喊着扑向德军,受到炮火重创的德军阵地,德军拼死反抗着。

蒙哥马利设计了"粉碎性"战术为主的血战,以重炮连续轰击,以数量巨大的步兵投入,向德国人刮起了战争狂飙。他在兵员上,占着以23万人对8万人的优势,而在坦克数量上,更是以6比1的比例占压倒优势。此刻,他将大批部队连续不断地投入阿莱曼战场,只见战场上人山人海,爆炸声和呐喊声响成一片,战场上空笼罩着浓浓的硝烟。澳大利亚旅奉命承担这次行动的主攻任务,于9月25日晚间出击,很快便突破了德军的防线。

取得了短暂胜利的蒙哥马利,这时表现出一种职业军人的冷静和沉着,尽管他的言谈举止总表现出惯有的傲慢和专横,但面对卓有"沙漠之狐"美称的隆美尔,他总慎重而细心。通过情报和战场形势的判断,蒙哥马利看清隆美尔现在把他的装甲力量全部集中到了北面通道的正面。他坚决而果断地拒绝了有关人员在南北两个通道上同时发动攻击的建议,决定集中绝大部分兵力,在北面通道上出重拳,从地中海南部海岸附近一举突破敌军阵地。

而此时的隆美尔,正担心在狭长地带上的争夺会过早耗尽自己的实力。他十分清楚无法同蒙哥马利拼消耗,所以,只想保住阵地。然而,阵地一侧腰子岭上的英军对他威胁极大,他便不顾己方坦克所剩不多,以密集的投入,对腰子岭发动了进攻。

在腰子岭战斗中,英军的6磅炮发挥了巨大威力。这些炮依山势而架之,以准确的射击将德军坦克一辆辆击毁,隆美尔白白损兵折将,始终未能端掉腰子岭这个心腹之患。

战场形势变得越来越对英军有利。因为蒙哥马利正确估计到了隆美尔将防御重点放在与海岸线平行的公路和铁路沿线,他在战略部署和兵力调整上就显得极有针对性。10月28日晚,澳大利亚师在英军一个坦克团的支援下,一举挥向海岸公路;第二新西兰师也对意大利军队防守的北面发起攻势,突破了意军防线。这时,隆美尔几乎把手中所有的部队都调到了北部战场,并告知部下,准备血战到底。这位曾在沙漠中为希特勒取得过辉煌战绩的将军已经清楚地意识到了战争的结局,他在10月29日写给妻子的信中这样说道:"……我已不存在什么希望了……

如果这里出了毛病,那么会怎样呢? 如果真是这样,我将无法对付。"

为了最后给隆美尔以致命的打击,蒙哥马利发起了命名为"超级冲锋行动"的总攻势。首先,在 10 月 30 日晚上,澳大利亚师向北发起了进攻,像一把尖刀直插敌阵,一直打到地中海边。当德军全力去照顾北部战线的时候,蒙哥马利又在南面发起了攻击,使隆美尔首尾难顾。英军一举打掉了德军和意大利军的结合部,将德军和意军切开。11 月 2 日,英军出动了拥有 123 辆坦克的第九装甲旅,攻击德军配备有大量 88 毫米火炮在内的最后一道反坦克炮阵地。经过一场苦战,英军在付出了损失 114 辆坦克的惨重代价后,终于将敌反坦克炮阵地摧毁。

面对日益恶化的局势,隆美尔决定殊死一搏。11 月 1 日,隆美尔集中了所剩的坦克、装甲车和所有反坦克炮,以德军第二十一装甲师为主导,向蒙哥马利进行了反扑,阿莱曼战场上爆发了这次战役中最凶猛、最残酷的坦克战。经过两个小时的激战,双方伤亡重大,蒙哥马利急调皇家空军助战,打退了德军的猖狂反扑。当天下午,隆美尔又发动了一次攻势,结果还是没有成功。

经过最后一搏的隆美尔,只剩下 30 辆坦克了。而蒙哥马利手上,却仍握有一支拥有 600 辆坦克的强大攻击力量。

英军终于全线击败了德军,开始从德军后方进行包围。11 月 2 日晚,隆美尔见大势已去,为避免全军覆没,将残兵败将撤退到富卡。令人啼笑皆非的是,次日,他接到了希特勒的命令,要他不惜一切代价坚守阿莱曼,不得后退一步,可是,阿莱曼早已成了蒙哥马利的天下了。

为了避免受到希特勒的制裁,隆美尔仍然依照德军作战条例,将这个荒唐的命令传达了下去。就在命令传达不久,有人来报告说,非洲军司令冯·托马正在将他的部队向西撤退。隆美尔听后长长地叹了一口气,却没有发出任何指示。他默许了冯·托马将军这次公然违抗军令的行动(后来,冯·托马率部向英军投降)。

11 月 4 日,英军纵深推进 8 公里,马上就要完成对德军的包围。这时的隆美尔面对全军覆没的现实,再也顾不上元首的命令了,与其束手待毙,不如逃出去再说。他终于向部队下达了撤退的命令。一时间,官兵争先恐后,纷纷挤进各种运输车辆,以平均每天 100 公里的速度,一路尘埃向西逃窜而去。

可惜的是,蒙哥马利在这关键时刻犹豫了一下。他想到了隆美尔惯用的"杀回马枪"战术,以致防备过于谨慎。等到省悟过来,已失去了彻底围歼德军的大好良机。

从此,英军再也没有对德军形成包围的态势,只是一味穷追猛打,扫荡那些跑得慢的散兵游勇。偏在这时,北非沿海地区下起了大雨,到 11 月 6 日晚上,更成倾盆之势。大雨成全了隆美尔,将道路变得一片泥泞。英军追击部队的坦克、装甲车状如爬一行,而隆美尔所剩的 7000 余名官兵却扔掉了手中的武器和装备,以轻装的速度逃离了英军的追击。

蒙哥马利下令:部队停止追击。

阿莱曼烽火熄灭了。这天,是公元 1942 年 11 月 7 日。

阿莱曼战役一仗,德军伤亡 2 万,被俘 3 万;450 辆坦克被击毁,数以千计的各种火炮被击毁或丢弃。英军第八军以伤亡1.35万人、损失火炮400门、损失坦克500辆的代价,取得了阿莱曼战役的最后胜利。消息传到英国,丘吉尔下令敲响自德国袭击英国以来从未敲响的教堂钟声,以庆祝这次具有伟大历史意义的胜利。

(八)瓜岛浴血战

1942年4月。美国太平洋舰队司令尼米兹被任命为太平洋地区总司令(不包括西南太平洋)。

他被指示,其新职务的职责是:

(1)掩护并守住夏威夷—中途岛一线,维护他们同(美国)西海岸的交通。

(2)维护西海岸同澳大利亚的交通,主要是掩护、保障和守住夏威夷—萨摩亚一线,这条防线在实际可行的最早期间伸展到斐济岛。

"广义地说,美国的战略是反对日本进一步侵略,守住从荷兰港经中途岛到萨摩亚这条防线:从这里再到新喀里多尼亚和莫尔兹比,到新几内亚。"尼米兹和波特在他们后来合著的《大海战》一书中这样写道对当时任务的理解。

无独有偶。

几乎与此同时,日本大本营分析了战争第一阶段之后的形势认为,澳大利亚可能被美英用作反攻的基地,因此必须破坏它同美、英的联系,断绝它的海上交通。

陆军参谋本部作战部服部卓四郎在他的《大东亚战争全史》一书写道:

"6月29日,大本营发布命令,南方军改变它的基本任务,在牢牢确保南方地区各重要据点、在自给条件下建立必胜态势的同时,按照形势的需要准备作战。"

不谋而合的战略计划!

针锋相对的战斗行动!

于是,位于南太平洋的瓜达尔卡纳尔岛(以下简称瓜岛)就有了一场腥风血雨的争夺战。

历史学家后来考证说,瓜岛自1576年被一位名叫唐·阿尔瓦罗·德门达纳的西班牙探险家"发现"以后,数百年来仅发生过两次战斗。第一次是1896年,维也纳地理学会组织了一个由18人组成的远征队在瓜岛登陆后,与当地土著发生冲突,6人丧生。而这一次战斗,瓜岛最终留下了数万名军人的遗骨,这座原本默默无闻的小岛也从此名扬天下……

新不列颠岛。腊包尔。日本军以骁勇著称的第十七军司令部。

"我们的任务,就是占领新几内亚的重要海空军基地莫尔兹比港,以构成对澳大利亚的威胁,阻碍美澳交通。"司令百武晴吉中将受命指挥陆军在所罗门群岛方向作战。眼下,他正在继续为夺取这个港口而进行紧张的准备。

然而,他很快得到新的报告,日本海军部队发现南面的瓜岛北海岸文鲁河入海口处,地势平坦,更适于修建机场。于是,在他的命令下,一支工兵大队登上瓜岛,突击修建机场和一个基地。

其实,这个名字古怪的岛屿,除了在军事学家眼中的价值外,它实在是一座人间地狱。

准确地说，这是一座"绿色地狱"。

因为这座长92英里、宽33英里的小岛地处赤道南部，终年郁郁葱葱。从飞机上俯视，一如汪洋大海中一颗翡翠绿宝石，茂密的热带原始雨林显得绿意盎然。但是当你真正踏上这座小岛时，才发现它是那么令人恐怖，凶险、死亡几乎随时与你做伴。这座绿色的小岛布满了食人蚁、疟蚊、毒蜘蛛、毒蝎子、毒蚂蝗等。密不透风的原始森林，酷热难耐，腐味呕心。准备不足的第一批日本士兵，就有10多人不明不白地死于蚊虫之口，许多士兵患上了疟疾，丧失了战斗力。

情报很快传到华盛顿。

美国此时和英澳盟军已拟定了代号为"瞭望台"的作战计划。准备先占领所罗门群岛，保护美澳交通线，再以此为跳板，进攻腊包尔。

"显然，我们必须修改'瞭望台'反攻计划。"太平洋舰队司令尼米兹上将敲打着作战地图说，如果日本在瓜岛建成机场，日本战机就能以此为基地，轰炸半径可达新赫布里底群岛和新喀里多尼亚北部。

"那时，美澳交通线就有被切断之虞。"尼米兹严肃地警告说。

根据尼米兹的命令，罗伯特·戈姆利海军中将在8月7日必须把瓜岛和图拉吉岛从日军手中夺过来。因为再拖一个星期，日本的机场就可以竣工并投入使用了。

戈姆利是美军为实施"瞭望台"计划而组建的南太平洋战区司令，他的司令部设在新喀里多尼亚首府努美阿。只是这位小心谨慎、老实忠厚、勤勤恳恳的将军并不赞成"瞭望台"计划。

"太匆忙了。"他委婉地寻找着开脱自己的理由。作为战区司令，他当然知道这个小岛的恐怖和它的军事价值，但同时，他更对日本军队的优势心有余悸。现在要扩大进攻范围，他心里自然更没有底。于是，他借口自己的司令部距战场遥远，把指挥权交给了他的同学弗莱彻将军。

按说，弗兰克·弗莱彻倒是"威名"远播的人物。他指挥过珊瑚海海战和中途岛海战。而这两仗都是太平洋战争爆发后日本军队的首次失利。有人考证说，尤其是中途岛大海战中的失利，是日本海军350年来第一次海战失利。然而，弗莱彻和戈姆利一样，都还没能深刻认识到日本从此走上一蹶不振的穷途末路。他也没有走出"日军太强大"的阴影。

的确，此时日本还有8艘大小航空母舰，战列舰则一条未损，势力远胜于美国太平洋舰队。正如日军宇垣参谋长所说："日本海军虽遭（珊瑚海、中途岛）惨败，但尚未输掉战争！"

所以，当弗莱彻听说登陆的海军陆战队第1师需要5天时间才能让1.9万人上岸和卸下物资，他简直是跳了起来。这位在中途岛海战中连折两艘航空母舰的指挥官太清楚日本海军飞行员高超的攻舰技术了。当时，1927年服役的"列克星顿"号在左舷中了2枚鱼雷后引发两次大爆炸，这艘3.3万吨的巨舰伤心地沉入了大海。另一艘航母"约克敦"则被突破火网的6架日本战机扔下的炸弹击中，随后就像死了一样浮在海面上。

"瓜岛地区有敌人岸基飞机活动,我不能让我的航空母舰在那儿待那么久。"弗莱彻几乎是喊着对师长范弗德里特将军说。

"5天,已经是最少的了!"担负登陆指挥官的范弗德里特也大为光火。"我的部队担任进攻,当然需要海空军的掩护和支援。"但弗莱彻毫不让步,两人最终竟吵了起来。

兵贵神速。范弗德里特当然知道这个道理。按说,交给他的美国海军陆战队第1师也是美国历史最悠久的王牌部队。但此时大部分人都是年初才入伍的新兵,才刚刚结束基础训练。前几天,范弗德里特举行了一次演习,结果情况一团糟:不少登陆艇机件失灵,瘫在水里,有的甚至撞到了珊瑚礁上。而他的士兵则乱成了一锅粥。

"真他妈的窝囊!"范弗德里特不由骂起了自己。

的确,他虽然有着33年的军旅生涯,但面对这个令人生畏的小岛,他实在不敢肯定自己能不能登上这座前途未卜的小岛。心灰意懒的范弗德里特,于是给这次行动起了个不雅的外号——"小本经营"。

这其实也是此时包括他的上司在内的心理写照。

夜已经很深了。但范弗德里特将军仍无倦意。但他又实在不知道自己该从哪个方面设计登陆方案。对这个无名小岛,除了它的恐怖之外,别的,他一无所知。烦躁使他难以入睡。

在寝室踱来踱去的他,只是偶尔茫然地盯着一张发黄的航海图愣神,还有八张模模糊糊的旧照片。据说,这还是当年传教士们留下的。

他也会不耐烦地"哗哗"地翻着杰克·伦敦的一部短篇小说。这个美国著名的作家曾经去过瓜岛,并且把它写进了小说。

这是这位将军所能搜集到的有关瓜岛的全部资料。这也是他用以拟定作战方案的全部依据。

"我若是国王,惩罚敌人最严厉的方法就是把他们送到所罗门群岛。"杰克·伦敦在小说中这样写道。而范弗德里特此时感到受"惩罚"的正是他自己!

"报告!"他的参谋人员递上了根据他的命令拟制的名为"鞋带"的行动计划。

虽然他不知道自己这只"鞋"能不能把他的1.9万名海军陆战队员送上岛上,然而他知道,他必须尽快行动。否则一旦日军机场竣工,登陆计划就将更无指望。

他就是这样怀着一种凶多吉少、前途难卜的复杂心情,带领他的部队出发了。

准确地说,是在7月31日这一天,海军陆战队运输队特纳将军用23艘运输舰把他送上征程的。

为这23艘运输舰护航的,是英国海军少将克拉奇利指挥的8艘巡洋舰和一个驱逐舰群。弗莱彻率领的"萨拉托加""企业""黄蜂"号3艘航空母舰为他提供空中战机掩护。

浩瀚无垠的南太平洋,这几天竟出奇地风平浪静。只有庞大的舰群,在海上犁开了一条宽大的白带。提心吊胆的范弗德里特庆幸旋转不停的雷达并没有给他送来敌人的情报。这说明,他遇到的麻烦将会可能少一些。

出发前他被告知,当到达登陆地点后,海军的舰队就会马上撤走,这样他就得不到海上和空中的火力支援,只能孤军作战。因此,他不想敌人提前知道他的行动。

8月7日凌晨3时,舰队接近瓜岛西北部。乘着夜色,这支庞大的舰队悄悄逼近了瓜岛和马莱塔岛之间狭长的海峡。此时,尽管海面上平滑如镜,但从岛上飘过来的沼泽地散发的恶臭,已令人毛骨悚然。

"战斗准备!"范弗德里特一声令下,全副武装的陆战队员兵分二路,乘登陆艇扑向瓜岛和图拉吉岛。

6时13分,炮击开始了。舰只上凡是火力够得上的,几乎全部对准岛上的目标一齐开火。100多公里以外的航空母舰上的美军"无畏"式俯冲轰炸机也赶来助阵,对打击目标狂轰滥炸。炮火攻击30分钟后,登陆艇载着首批陆战员冲向海岸。登陆的美军士兵几乎没有遇到任何抵抗,顺利得如入无人之境。

"奇怪!"范弗德里特暗自庆幸之余,不敢大意,他大声命令道:"占领'红滩'!"

红滩是瓜岛的腹地,也是重地。已经被炮击打得措手不及的2000名日军工兵,哪里经得起上万人的锐势,纷纷向丛林深处逃走。

然而,陆战队的路却并不好走。这里的热带雨林,密密麻麻,遮天蔽日,能见度极差,闷热难当,到处充满着腐烂的臭味。刚刚打死的野兽在一两个小时之内就开始腐烂。密不透风的森林中,由亿万细小毒蚊组成的"瘴气",远看如烟,如霭。一遇惊动,便群起而攻之。热带雨林中的灾星——毒蚊,成群结队,连猛兽蛇蝎都避之唯恐不及。沼泽地里,体长盈尺的蚂蟥翻涌作浪。丛林的河流里静静地卧着最凶残动物——巨型鳄鱼。

好在这一段路不算长,但陆战队官兵已是历尽千辛,好不容易才算走出了可怕的丛林。第二天清晨,陆战队终于到达了指定地点,即将竣工的机场落入了美军之手。

太阳升起来了。美军海军陆战队第一师的旗帜在绿色的瓜岛上空飘扬。

心里一直七上八下的范弗德里特此时才确信,他的部队取得了登陆的成功。他迎着初升的太阳,情不自禁地深深松了口气。

然而,他也知道,等待着他的厮杀还在后头……

美军占领瓜岛的消息传到日本大本营。但指挥官们对此事的反应是"出乎意料"。

当时占主导的意见是,美国将在1943年下半年才有能力开始反攻。进攻瓜岛只是一次"侦察性"的,不必大惊小怪。负责南太平洋战区的第十七军军长百武晴吉甚至讥讽道:"胆小的美国人无非还是打了就跑的那一套。"

事实上,他的确没有把美国人对瓜岛的企图纳入自己的作战意图。以至于美国庞大的舰队行动,他们竟毫无知觉,而占领一个兵家必争之地的重岛,他也仅仅派了2000工兵。所以,此时没人知道,美军在岛上的兵力差不多超过了日军的10倍!而且还配有轻型坦克。当然,更没人知道,仓皇逃走的日军工兵遗留下来的大量军用物资、生活用品等,包括还没吃完的早餐,正在被美军的士兵所享用。而机场的地下掩体,一应俱全的发电机、氧气厂、无线电台,以及柴油、汽油、大米、茶叶、啤酒,甚至一个制冰厂,更让因为舰队匆匆离去而来不及卸完全部物资的美军陆战队喜出望外。

"如果这次登陆是反攻的开始,那么美国反正还没有充分准备,日本陆海军夺回瓜岛不会有什么困难。"服部卓四郎在他的《大东亚战争全史》一书中这样概括当时日本大本营指挥官们的想法。

但也有一个人却断定美军此举非同一般。这就是颇受山本五十六赏识的第八舰队司令三川一军。他亲自率领7艘军舰南下袭击。在萨沃岛,三川仅用半个小时,就将还在睡梦中的澳大利亚巡洋舰"堪培拉"号和美国巡洋舰"芝加哥"号打得火光冲天,翻身沉入海底。随即,又将还未清醒过来的美国巡洋舰"昆西"号和"文森斯"号,用暴雨般的鱼雷和炮火把它们化为熊熊火炉,直至沉入大海。而日舰却一舰未损。假如此时三川转身杀向盟军运输舰,则如囊中取物。但他记住了军令部长的话:"日本海军即使损失一条船,也需要许多年才能补上。"这样,盟军运输舰才算侥幸躲过了一场灭顶之灾。

"这是美国海军不亚于珍珠港的奇耻大辱。"史学家们这样评论"萨沃海战"。

然而,三川的胜利,又使百武晴吉犯了一个轻敌的错误。他认为,美国海军如此不堪一击,那么岛上的美军最多也就2000余人,于是,他派清野市木大佐带领一支2000人的精锐部队上岛支援。

"美军已成瓮中之鳖。"他这样告诉清野。其实,清野本就是残忍成性的人,他本来就不相信别人对美军的过高估计。

令他同样惊奇的是,与美军登陆时差不多,他也没有遇到任何抵抗。他拒绝了百武晴吉叫他"集结待命"的命令,带着他手下狂妄的日军向美军占领的机场逼近,并决定连夜发起进攻。

再说范弗德里特怒不可遏又无可奈何地看着弗莱彻迫不及待地撤离了瓜岛,知道以后的一切都要靠自己一个人了。他命令部队在机场周围建立了防御阵地,并修好飞机场跑道,等待自己人的飞机起落。然后又把坦克和炮队集中在防守区域的中央,以应付四周任何一个目标进行炮击。后来,美军一支侦察小队与日军一支巡逻队遭遇,并缴获了一张日军注好标志的军用地图,使得美军有针对性地加强了薄弱环节的防御。

所以,当清野600名士兵发起第一次偷袭时,美军陆战队员按兵不动,待日军接近时,各类轻重武器才一齐开火,日军横尸遍地,血流成河。凌晨,清野又派出400人的突击队,但均被美陆战队准确凶狠的炮火击退,甚至没有一个日本兵能够冲到美军阵地前的那道铁丝网前。

天亮以后,无计可施的清野,在美军阵地前的河对岸开始构筑工事。范弗德里特大惑不解。以为日军更强大的攻势还在后头。于是,美军出动侦察机反复搜索,结果并没发现日军的大部队。于是,范弗德里特抽调一个营的兵力,绕到日军背后,切断了日军的退路。本来就是虚张声势的日军,一看前有重兵,后无退路,纷纷跳海逃命，成了美军的活靶子。但残留的日本兵仍不肯投降，作拼命抵抗。战斗异常惨烈。到黄昏时分，受伤的日军发出的阵阵号叫声已压过了激烈的枪炮声。美医疗队见状起了怜悯之心，前去执行人道主义救护，但不是被伤兵暗算，就是成为狙击手的打击目标。

"坦克，给我上！"见状大怒的范弗德里特，不得不面对现实，命令坦克去杀尽日兵。5辆轻型坦克从一堆堆日军尸体上和伤员身上碾过，坦克上的火炮则对准日军狙击手猛轰，走投无路的日本兵被碾成了肉酱血沫，履带成了残杀日军的"绞肉机"。

"烧掉军旗！"绝望的清野命令旗手。火光使坦克发现了最后一小股日军。于是，坦克的轮下又多了一层"肉饼"。而那位骄横的清野大佐，则在坦克压死自己之前，拔出军刀切腹自杀了。

清野大佐全军覆没的消息传来，日本大本营在大为恼怒光火的同时，才知道美国已有大股部队登陆，由此也断定美国在瓜岛的企图也非同一般。于是，百武晴吉被指示：帝国大本营已做出重大决定，把瓜岛当作南太平洋上的头号目标务必尽速夺回。

这以后，双方都在不断地往岛上派出援兵。只是因为已经占领岛上机场的美军"仙人掌航空队"轰炸机群，频频出动轰炸，日军运送陆军的驱逐舰于是改用擅长的夜战，一到晚上就炮击机场，然后把陆军送上岸，再快速返航。这样，日军既躲过了白天美机轰炸，又骚扰得美军一天到晚不得安宁。不过，幽默的美军陆战队还是给偷偷摸摸、打了就跑的日军起了个"东京特快"的外号。

8月31日，川口少将率6200人的精锐旅团，兵分3路登上瓜岛。川口鉴于清野失败的教训，改道原始雨林，饱受折磨，9月12日终于走出密林，接近了那座俯视机场的无名山岭。

是夜21点，一枚红色信号弹突然划亮了黑森森的丛林，随即，挂在降落伞上的照明弹在美军阵地顶上爆炸。美军士兵被强光刺得睁不开眼，又遭到了迫击炮的一阵猛轰。几乎与此同时，2500多名端着刺刀的日军一边扔烟幕弹，一边用英语大喊："毒气进攻！毒气进攻！陆战队，你们去死吧！"慌乱之时，陆战队吓得扭头就跑，一些阵地丢失了。但是未等日军站住脚，美军的炮弹就一齐倾泻了下来。亲临火线的美军指挥官埃德森上校，危急之时抓起电话向炮兵喊话："向我开炮！近点！再近点！"结果，一发发准确而致命的炮弹，把没炸死的日军又赶回了丛林。到天亮时，美军又重新夺回了丢失的阵地。

川口不敢再贸然行事，在森林里蛰伏了一天，于晚上又组织了第二次滚动式进攻，整个山岭血肉横飞。美军凭着坚固的工事和凶猛的炮火，把一拨又一拨的日军打倒在阵地前。但狂妄的日本兵踩着同伴的尸体，步步逼近山顶，个别堑壕已经发现了日本兵。但在美军顽强的狙击下，阵地始终掌握在自己手里。这时，一轮红日跃出海面，天色大亮，美军的飞机出动了，炮火也打得更准了。日军在这座无名山岭丢下600具尸体，逃回了森林。

朝阳如血，山岭如血！从此，美军把这个山岭称为"血岭"，意为鲜血将山岭染成红色。

瓜岛几经浴血争夺,其重要地位也愈加显得突出。

"他妈的!没想到'小本经营'越玩越大了!"范弗德里特将军见自己的仗越打越大了,深感肩上的担子更重了。

作为美国王牌陆战师的指挥官,这几天下来,他对他的部队所表现出的勇敢精神甚感满意。他的部队本是一支突击部队,没有受过长期坚守阵地的训练,能坚持到这个份上,屡屡挫败精锐日军部队的进攻,士兵们确实表现出了英勇顽强的精神。

"作为一支王牌部队,我们无法甘心蒙受丢失瓜岛的耻辱。"在战斗最危急的关头,整个防线上的所有海军陆战员都得到了范弗德里特要坚守阵地的命令。他的命令,无疑鼓舞了部队的士气。

"我们拼死也要保住机场。实在不行,我们就带人上山打游击。"他这样对参谋人员说过。

最重要的是,瓜岛上发生的一切,使美军高级将领对瓜岛的看法终于有了根本的转变,虽然这时美军已准备在北非登陆,但还是把不少部队、飞机和给养送上瓜岛,并接走伤员。9月25日这一天,太平洋舰队司令尼米兹甚至冒雨到瓜岛视察,慰问了伤员,并向范弗德里特及有功人员授了勋章。

最令瓜岛守军倍感振奋的是,尼米兹撤换了缩手缩脚的戈姆利,决定由敢打敢拼有"蛮牛"之称的哈尔西海军中将接替指挥。

"上帝啊,这可是一块烫手的土豆!"深谙瓜岛局势的哈尔西接到命令,忍不住叫了起来。

"噢!哈尔西!"然而,瓜岛守军闻讯后却欢呼雀跃。戈姆利多少有点"抛弃"他们的做法,早令他们十分不满了。

"我永远不会忘记当时的情景。那时我们忍受着疟疾的折磨,吃力地爬出散兵坑,接着,我们高兴得像羚羊一样跑着、跳着。"一位参加过瓜岛战斗的美军军官这样回忆当时的兴奋心情。

果然,当范弗德里特表示,必须得到更积极的支援时,哈尔西向他大吼道:"只要你守得住,我把全部家底都给你!"

他的"全部家底"是"企业"号、"大黄蜂"号航空母舰、2艘战列舰和几艘巡洋舰、驱逐舰。这支舰队在金凯德海军少将的指挥下,在瓜岛东南800海里处寻找日本舰队。

事实后来证明,哈尔西把"全部家底"拿出来是对的。

因为此时,骄横狂妄的日军的侵略气焰还十分嚣张,他们并不准备改变自己的计划,而是决心夺回瓜岛。

"重新占领瓜达尔卡纳尔的成败……是敌胜或我胜道路上的转折点。"日军在一份对部队的指示中这样说。

这样,从10月份起,日军在岛上的兵力也经常保持在两三万人。波特·尼米兹在《大海战》一书中,曾对两军战斗最激烈的日子的兵力做过大致统计如下:

日期	美军	日军
（1942）10 月 23 日	23000	22000
11 月 12 日	29000	30000
12 月 9 日	40000	25000
（1943）2 月 1 日	60000	12000

百武晴吉见上岛的两支部队大败亏输,失败使他不得不正视现实。于是他从婆罗洲调来了大名鼎鼎的、据称从无败绩的仙台师团,同时从荷属东印度调来第38 师,并决定亲自指挥瓜岛战役。

然而,即使在此时,曾经参加过马来战役和菲律宾战役,目睹过英美军一触即溃,不堪一击的百武晴吉,还是从心眼里瞧不起美国军队。而仙台第二师师长丸山政男中将对美军的蔑视,丝毫不亚于百武,他根本不相信美军陆战队是自己的对手。

10 月 7 日,主动出击歼灭川口残军的美军两个营,在机场西边的奥斯汀山脚下与丸山的前锋不期而遇,但美军未见胜果。丸山以为美军软弱好欺,于是命令部队反击。孰知冤家路窄,反击日军与准备第二次进攻的美军在丛林和海滩第二次相遇。美军故意示弱,一边撤退,一边呼唤炮火轰击。炮兵猛烈而准确的炮火,将1000 日兵炸得血肉横飞,只有少数人逃进丛林。丸山进攻受挫,急电百武火速增援。

当百武率 6 艘驱逐舰和 2 艘水上飞机母舰,从肖特兰起航驶向瓜岛的时候,美国海军不甘示弱。专门受过夜战训练以对付"东京特快"的斯科特海军少将颇为自信地率领舰队迎敌。根本没想到美国海军敢同自己夜战的日军,在"铁底海峡"损失了巡洋舰、驱逐舰各一艘。旗舰"青叶"号也遭重创。

美舰虽然也有损失,但是,日本海军夜战百战不殆的神话却从此破灭了。

再说登上瓜岛的百武晴吉,虽然得到了海军的火力支援,美军的机场几乎被"犁"过好几遍,但岛上的路还得自己走。自己走才知道低估了形势。步兵在沼泽中只能缓缓蠕动,而许多座炮则因此被丢弃,总攻时间也因此 6 次被推迟。

24 日,丸山亲率主力强取血岭,各就各位,等待进攻。孰料,刚才还闷热难当的丛林,骤然间下起了冰凉的暴雨,部队秩序大乱,丸山只得再次推迟进攻。

此时,范弗德里特在血岭击退日军后,得到了一个团的兵力增援和大批铁丝网及 155 毫米远程榴弹炮。所以,当 24 日 20 时丸山发起攻击时,美军一直等到日军冲到铁丝网前受阻的瞬间才一齐开火,首批日兵几乎全部丧生。第二批日兵又踏着同伴的尸体继续猛攻,又被击毙。

"巴格!"狂热的仙台武士终于被吓得目瞪口呆。丸山暴怒之下,抽下军刀,在2 小时后又发起了猛攻。终于,美军防线上有几处被突破了。急不可待地丸山甚至向百武发出了"大功告成"的电报。

然而,美军战线并未崩溃,面对蜂拥上来的日军,美军陆战队展开了白刃肉搏战。美军的炮火仍准确地轰击着日军,反坦克炮甚至平射攻上来的日兵。这样,丸山从发起进攻到第二天黎明,居然还是寸土未进,寸功未立。

惨死的日军实在狰狞恐怖,整整一个纵队的日军被坦克炮平射击中,全部血肉模糊倒在地上,尸体还保持着行军的队形。而在连天炮火中,借丛林以隐蔽自己的日军,又被许多貌似枝叶茂盛实则内里虚空的巨树,因震动而倒下被砸死、砸伤。

25日晚,羞愧难当的丸山决定孤注一掷,全线出击,进行"最后的决死进攻"。日军高喊着:"陆战队的士兵们,今晚你们就要完蛋啦!"但是,那道铁丝网似乎成了日军的坟墓,一到那里,美军各种自动武器大发神威,日军成片被打倒。整整一个晚上,丸山一共组织了6次进攻,但都被美军击退了。其中一次,部分日军突破76号高地的一部分地段,但立足未稳,就被美军炮火炸得粉身碎骨,阵地成了死亡陷阱。只有再逃出铁丝网的才算捡回了命。

新的一天随着旭日东升又到来了,丸山丢下2500具仙台武士的尸体,只得垂头丧气地命令后退。

"这次失败,是我的师团作战史上的第一次。"丸山悲哀地说。但是,此时此刻,他不得不接受这个残酷的事实。

瓜岛,成了血岛,成了屠场。

血岭,也早已面目全非。炮火已经把茂密的丛林连根拔了起来,又用厚厚的岩石和浮土把它们掩埋起来。绿色不见了。焚烧过的黑色和新翻上来的灰色取代了生机盎然的本色。偶然,也能见到几根烧枯了的树干,然而,那上面正挂着战死士兵的肢体。

恐怖,也许已经不适用于这个洪荒孤岛。因为,战场上到处是横七竖八躺着的尸体,有的尸体残缺,有的内脏横流,有的白骨裸露。事实上,活着的人不得不在散发着尸臭的气味里呼吸着,战斗着。

甚至,海面上也一样。由于两国增兵和输送给养都靠海运,岛上的地面战斗也常以海空军的炮兵和轰炸来支援,因而,围绕着争夺瓜岛的战斗,日美两国海空军也多次进行了激烈的厮杀。据战后统计,日本为此损失了1艘轻型航空母舰,2艘战列舰,5艘巡洋舰和11艘驱逐舰,还有大量的运输舰和商船;飞机损失9000架,飞行员2362名。美国损失了2艘航空母舰,8艘巡洋舰,14艘驱逐舰,但总吨位小于日本。

作为胜利之师的美军陆战队,除了可以用打退敌人来说明自己的胜利之外,别的,怎么也不像一支胜利之师。

不分昼夜的4个多月的煎熬,美国守军被搞得精疲力竭。他们白天不断遭到日军小股残敌的骚扰,夜晚又被炮击和战斗弄得彻夜不宁,终日惶恐不安,睡眠不足。10月13日中午和晚上,日本两次大规模轰炸,美军士兵蜷缩在堑壕里,被震得头昏目眩,懵懵懂懂。特别是午夜,日本战列舰"金刚"号和"榛名"号在将近2小时之内,向岛上机场发射了918发320毫米炮弹。等昏头昏脑的美军钻出堑壕时,许多人已神志不清,吓得发愣,言语不清。

同时,他们还饱受疾病的折磨。由于酷暑炎热,蚊虫叮咬,疟疾、痢疾、海绵肿感染等流行病肆虐。官兵们个个面黄肌瘦,弱不禁风。

处境十分艰难的美军陆战队,每时每刻还得绷紧神经,每时每刻都得准备战斗,而且是应付来自海、陆、空不同方向的攻击。大自然的恶劣气候,也给美军保养武器带来了不便。在范弗德里特的口授下,岛上要求马上供给14400个避孕套的电报发回了太平洋舰队司令部。

"岛上并没有妓女,土著女人也不允许进入美军防区,要这么多避孕套干什么呢?"

但是,他们很快就明白了。原来此时西南太平洋上正值雨季,岛上阴湿潮霉,陆战员枪口上没有枪套,要这么多避孕套是为了套在枪口上防霉锈的。

"亏他们想得出!"值班军官不由得笑出了声。

不过,与美军相比,日本兵的遭遇就更加惨不堪言了。

一些被打得只剩下零星小股的散兵游勇,像没头苍蝇似的在热带雨林盲目地挣扎着,无衣、无药、无食、无水,伤者被遗弃待毙,生者吞食野草树叶,踉踉跄跄,苦苦支撑。

大失威风的川口部队在撤离战场后,在饥饿、疾病的折磨下,名副其实地"溃不成军"了。川口带领他的残兵败将,准备穿过丛林与另一支登陆日军会合,但是,第二天,几百名还能走动的伤员就倒下了。精疲力竭的担架员再也顾不得武士精神了,把几十名重伤员扔在了途中。队伍早已没队形了。为了苟延残喘,士兵们三个一群,五个一伙,到处找吃的,找出路。然而,岛上除了草根、苔藓和偶尔几个椰子外,实在找不出可吃的东西。

后来,当百武晴吉登陆后,发现灌木丛中走出了一伙衣衫褴褛、蓬头垢面的人,经仔细辨认才确定他们就是清野和川口手下的残兵。勉强活下来的这些人,黑发成了蜡黄色,眉毛脱落,牙床松动,骨瘦如柴,佝身偻腰,跌跌撞撞,神情木然。

"太可怜了!太可怕了!太悲惨了!"百武晴吉派使者向山本五十六这样描述了岛上残余部队的惨况。

然而,命运似乎注定和日本人过不去。瓜岛成了日军的死亡岛,又成了他们的饥饿岛。"瓜达尔卡纳尔岛的第一个音节为'瓜','瓜'音在日语中就有饥饿的意思。"语言学家在他们的书案上发表自己的"考证"。

日军并不是不想向岛上运输给养。问题是机场控制在美军手里,白天根本无法上岸。进入夜晚,其攻击能力也已疲软。滩头阵地又大多为美军占领。这样,卸在滩头的大米、弹药反倒为美军所得。作为权宜之计,日军一度把食品、药品装入大铁桶内,使其能漂游在海上,再由驱逐舰运到瓜岛。但这些铁桶成了美军的海上移动靶标,效果也不理想。12月3日这天,日军一共投放了1500只铁桶,体力耗尽的日军只得到了310个,其余的则被美军击沉。

这样,岛上的日兵饱尝了"绿色地狱"的摧残。到11月初,百武的部队已断粮2个月,平均每天饿死100人。由于食品缺乏,一切能吃的东西、野草、老鼠、蚂蚱、蝎子,甚至四脚蚊子都成了日军的美味佳肴。一条大鳄鱼被打死后,士兵们争着扒皮,抓着生肉就往嘴里塞。有的士兵吃下有毒的野菜、野草,马上一命呜呼,甚至纱布、皮带、药棉也都被煮着吃掉了。最后,同伴的尸体成了口中物。

"饥饿和疾病成了最凶恶的敌人。"偶然活着的士兵回到海上向他们的长官报告说,"他们连赶走身上苍蝇的力气都没有了。"

据说,日军为自己编排了一张死亡时间表:

"能站立的,可活 30 天;能坐着的可活 20 天;躺着小便的,可活 3 天;不能说话的,可活 2 天;不能眨眼的,凌晨即死。"

美军的一支特种搜索队,曾在一个满是白骨骷骸的军营发现两个披头散发、蓬头垢面的人,很像还在喘气的木乃伊,从破烂的军服里露出的两只干瘪的乳房看,她们是女人。原来是两名幸存的"慰安妇",靠吃一些小动物和死人肉才活下来的。

"饥饿岛""死亡岛",这是瓜岛在经过一番战火与鲜血的摧残后的真实写照。

败局已成定论的日军,仍不甘失败。"屡立战功"的今村中将接替了屡战屡败的百武晴吉,继续指挥夺取瓜岛的战斗。这样,日本陆海军最高统帅部又向政府要求增加军舰和进一步征用商船。而这个资源贫乏的岛国,再加上战争的消耗,已使它不堪重负。主战派的大本营和主撤派的企划院各不相让,争吵不休。

本来,日本侵略者南下就是为了实现"以战养战"的策略,不想现在成了赔本买卖。服部卓四郎在他的《大东亚战争全史》中承认:"争夺瓜岛的海空战如今已呈现消耗的状态。日本海军缺乏军工生产的后盾,海军战力与美国相比每况愈下,其烦恼日甚一日。"日本国内有人干脆把瓜岛称作"无底洞",说再多的东西也填不满它。而东京新闻媒体,则狠狠地把美军陆战队称作"瓜岛屠夫"。

1943 年 1 月 4 日,日军大本营一份"K 号作战协定"的密电终于取代了无数次进攻的指令——瓜岛的日军开始撤离了。

撤退是成功的,甚至是出色的。

从 2 月 1 日起,岛上日军逐步缩短战线,悄悄向滩头集结。此后,在 300 架飞机和 20 艘驱逐舰的掩护下,日军每天夜里派出驱逐舰抵达埃斯佩伦斯角,从那里将分批而来的日军救了出来。其中,先后组织了 3 次大规模营救行动,救出了陆军9800 人,海军 830 人。一直到 2 月 7 日撤退结束,美军竟没有察觉。这在美军严密封锁之下的行动不能不是出色的,甚至是一个奇迹。

然而,这次撤退不仅仅是战术意义上的,它表明日军南下的战略彻底破产了,它在一年前的锐势已荡然无存了,并从此一蹶不振。包括海军,它不仅无力再在太平洋上发起进攻,连防御也开始捉襟见肘了。就在撤离瓜岛的同时,日军还退出了新几内亚东北海岸的布纳和戈纳,并永远放弃了占领莫尔兹比港的企图。山本五十六在给他自己选定的继任古贺峰一海军大将的信中写道:

"不论是世界形势还是北方战局,均趋不利,我们所担心的局面终于出现了。"

据美国海军上将尼米兹统计,美国在瓜岛作战的陆军和海军陆战队先后累计约 6 万人,其中阵亡 1600 人,负伤 4200 人。日军约 36000 人,其中被击毙或失踪的15000 人,病死的 9000 人,另有 1000 人被俘。

更重要的是,美国通过瓜岛和此前的中途岛大海战,已彻底扭转了太平洋战场的被动局面,开始转入了局部反攻。

大概也正因为如此，人们至今仍然把这座曾经发生过惨烈战斗的小岛称作"绿色地狱"……

（九）斯大林格勒大会战

"二战"中的苏德战争进行到第 10 个月的时候，德军在莫斯科战场遭到惨败，希特勒以"闪电战"打败苏联的企图化为泡影。曾经横行西欧战场又在苏德战争中初次尝到甜头的德军似乎无法接受惨败的事实，士气急剧低落，日耳曼民族的高贵与蛮横不得不让位于残酷的战争现实。在这种形势下，为改变在苏德战场的不利地位，希特勒被迫放弃全面进攻的计划，将兵力集中到西南战场，重点进攻高加索和斯大林格勒，以夺取苏联重要的石油、煤炭和粮食生产基地，切断伏尔加河运输线，再度进军莫斯科。

在这样的背景下，斯大林格勒大会战便成为不可避免的一战。

莫斯科。克里姆林宫。1942 年 5 月。

在苏军最高统帅部的会议上，斯大林静静地听取着各军事部门负责人的汇报。一切情况表明，德军在进攻莫斯科失利后，正在调整他们的战略方针。在斯大林格勒的西南部，从库尔斯克到罗斯托夫的广阔草原上，德军活动异常。德第六集团军的数十万人马，正在向草原集中。鲍鲁斯频繁往返于柏林和基辅，肯定在同希特勒商定一个重大的作战计划。鲍鲁斯是希特勒手下的一名得力干将，指挥着德军第六集团军，拥有近 25 个师的强大兵力。在去年 9 月攻陷基辅的作战中，鲍鲁斯为希特勒立下了汗马功劳，很得希特勒赏识。这次，他重新亮相，表明一场新的大战又将不可避免，而这场大战的最终目的地，可以断定是斯大林格勒。

斯大林太忙了，他还没有从莫斯科大会战的疲劳中恢复过来。列宁格勒的被封锁使他忧心如焚，希特勒不想让他休息。他的双颊明显地消瘦下去，两眼布满血丝。听完汇报后，他默默地踱着步，思考着。希特勒的意图是明显的，在进攻莫斯科失败后，他改变了策略，在北面拿下列宁格勒，在南面拿下斯大林格勒，然后南北夹击莫斯科。这样，德军对莫斯科的进攻就不再是孤立的。反过来，除了东线以外，莫斯科将面临南北无援的局面。

"立即部署对斯大林格勒的防御，"斯大林做了决定，"不应该有任何的大意，应该判断希特勒进攻斯大林格勒的意图。虽然，时间对我们而言是紧迫的，但我们要争取把准备工作做得最好。可以学习莫斯科的经验和办法。"

苏军最高统帅部做出决定后，斯大林格勒的全体军民紧急行动起来，在城市周围修筑了 2250 公里长的防线，挖掘了 1170 公里长的战壕。城市在紧急疏散老人和儿童；居民中的中青年组织起来，领取枪支弹药，组建成了 82 个歼敌营和一个民兵营；所有的地下室被加固和改、扩建，变成了能容纳近 20 万人的各类防空掩体。针对德军机动能力强、火力强的特点，苏军的防御阵地成梯形结构，在所有的重要地段布下了重兵。

这段时间内，在斯大林格勒周边地带发生了一系列的局部战斗，德军发起这些战斗的意图是明显的,斯大林格勒的气氛越来越紧张,一场大厮杀即将到来的阴云密布在城市上空。

6月28日,德军在从库尔斯克到罗斯托夫之间的广阔战线上开始了大规模的进攻,鲍鲁斯投入他的25个师的兵力,一举突破了苏军防线。德军的坦克和装甲部队隆隆向前,卷起的尘烟遮天蔽日,在几十公里外都能看见。

7月17日,德军终于推进到斯大林格勒接近地,同苏军主力正面接触,斯大林格勒战役的序幕拉开了。一时间万炮齐鸣,成百架的飞机疯狂俯冲扫射。德军的突击集团军首先猛攻切尔河东岸,苏军守卫部队经过6天6夜的激战,被迫退出防御阵地。鲍鲁斯命令他的部队一刻也不要停顿,越过切尔河东岸地区的防御阵地,向顿河河曲地区发起了强大的攻势。鲍鲁斯打算趁热打铁,夺取顿河渡口,饮马顿河,直捣斯大林格勒。然而,他在顿河河曲的进攻遭到了苏军顽强的抵抗。经过5天激战,苏军于28日开始了强有力的反击,将进攻中的德军阻挡在防区之外。

时间进至7月的最后一天,德军仍在顿河西岸苏军防御阵地外徘徊。希特勒发火了,在无线电话筒前将鲍鲁斯狠狠地责骂了一通。希特勒不顾前线战况,一个劲地责问鲍鲁斯:"为什么还不攻打斯大林格勒?!"鲍鲁斯有苦难言,只好低声下气地要求元首增兵,终于得到了希特勒的同意,将在高加索方向作战的坦克第四军调来助战。

立了军令状的鲍鲁斯得到坦克第四军的助战,如疯狗一样不顾一切地向苏军发起连续攻击,顿河河曲地带成了一片火海。德军经过10天不停顿的苦战,在付出了重大伤亡之后,终于占领了顿河西岸。直到此时,鲍鲁斯才算松了口气,赶紧向他的元首报告了"辉煌的战绩"。但希特勒并未回以一句奖励的话,而是问他:"你打算什么时候进攻斯大林格勒?"

"我想调整一下兵力。"鲍鲁斯重又紧张起来,诚惶诚恐地答道。

"给你一天的时间。一天!知道吗?"希特勒对着话筒叫嚷着。

鲍鲁斯不敢怠慢,匆匆地对部队进行了一番调整,将伤亡过重的部队撤下,又急忙开始了进攻。

8月19日,德军对斯大林格勒发动了第一次进攻。鲍鲁斯选择了一段长不到130公里,纵深最宽不足80公里的"凸"形地段,投入了21万兵力以及7200门大炮、400辆坦克。从19日至22日,德军共出动了1000多架次的飞机,对苏军阵地进行狂轰滥炸。德军步兵在坦克集群的掩护下,渡过顿河,将苏军设在斯大林格勒的防线撕开了一个大缺口,把苏军分割成两部分。至此,斯大林格勒完全暴露在德军的炮火之下。

8月23日,德军开始了对斯大林格勒城区的轰炸。2000多架次的德机不分昼夜地轮番出击,市区被炸成了一片火海。建筑物燃烧的熊熊大火,映红整个天空,百里之外都能看见。在飞机轰炸的同时,德军的大炮也齐刷刷地对准了斯大林格勒,选择每一个必要的攻击点进行炮击。

"希特勒发疯了!"斯大林得悉德军轰炸的程度,知道这是希特勒在列宁格勒久攻不下、在莫斯科又遭到惨败之后的反常举动,预料到他还可能向德军下达更加残酷的命令,便果断地下令将全城平民全部撤出(在具体实施中实际撤出了百分之八十左右),工厂全部停工,所有能够拿起武器的人全部编入战斗系列。

果然,希特勒对斯大林格勒采取了与往常有所不同的战术。他公然叫嚣:要在地图上把这个城市抹掉!于是,德国空军制订了"地毯式"轰炸计划,从斯大林格勒的第一寸土地开始,像犁田似的用炸弹将整个城市犁了个遍。短短两天,德国空军便向斯大林格勒倾泻了100多万颗计重共达10万余吨的炸弹,整个城市变成了一片废墟。

8月25日,斯大林发布了227号命令。命令要求"全体军民必须死战,坚决抗击德军的进攻,以无畏的精神同敌人血战到底,不得后退一步,不惜一切代价保卫斯大林格勒!"

苏联军民筑起了血肉长城,他们凭借13万个掩体、散兵坑以及8万多个坚固的火力点,与德军进行着殊死的较量。

对于斯大林格勒战场的形势,苏军最高统帅部进行了认真的分析。由于敌集中优势兵力,累计已有71个师投入该战场,苏军很可能难以将敌军完全阻在城外。在节节抵抗中消耗敌军的有生力量,是必须也是唯一可取的办法。撤退是没有出路的。根据我防守部队的实力,能够而且必须坚持到10月底。"到那时,"斯大林含着烟斗说,"我们便可以集中起40万到60万的兵力,给德军以致命的打击。"

根据斯大林的意见,曾在莫斯科保卫战中荣立战功的朱可夫元帅及炮兵专家沃罗诺夫、空军司令科伊科夫等优秀将领均被调到斯大林格勒,亲临前线指挥战斗。

德国的空军元帅戈林犯了一个致命的错误,为了希特勒那句"把这个城市从地图上抹掉",他下令斯大林格勒前线的德军集中所有空中力量轰炸城区,却忽视了屯兵于伏尔加河东岸的苏军炮兵,一直未能给予有效打击。沃罗诺夫在抵达斯大林格勒之前,一直担心炮兵部队在德机如此密集的轰炸下是否能有完卵,待到前线后,不禁大喜过望。他马不停蹄,立即深入到炮兵部队,部署对德军即将开始的地面进攻的反击。

鲍鲁斯的地面部队在斯大林格勒城下展开战斗后,一开始便吃足了苏军炮兵的苦头。炮弹从伏尔加河东岸射出,越过斯大林格勒城区,一排排地在德军的坦克装甲纵队和步兵群中爆炸。鲍鲁斯原拟以机械化快速进攻战尽早结束这场战斗,在苏军猛烈的炮火打击下,他根本无法办到。加之斯大林格勒城外苏军主力部队凭借掩体和散兵坑进行的顽强阻击,德军推进的速度一下子就骤减下来。双方在城外的拉锯战进行了半个多月,双方的伤亡都十分惨重。

面对久攻不克的斯大林格勒,鲍鲁斯决定飞赴柏林,向希特勒面陈战况,请求增援。9月12日,鲍鲁斯来到柏林德军最高统帅部。

希特勒阴沉着脸问:"你究竟打算什么时候攻下斯大林格勒?"

鲍鲁斯一声不吭,肃立着。

"都是饭桶!"希特勒背着手急急地来回走着,"21万人打了半个月,打不下一个只有四十几万人的城市,你还有什么脸来见我?"

鲍鲁斯道："苏军的炮火太厉害了。"

希特勒转向戈林："你的空军不是已经将斯大林格勒夷为平地了吗?"

"事实的确是这样的,"戈林说,"鬼知道斯大林又从哪儿弄来那么多炮兵!"

鲍鲁斯见机会已到,忙说："元首,我保证在三天之内拿下斯大林格勒,但我请求你批准立即给我3个装甲师和8个步兵师。"

希特勒想了想道："好吧,我答应你。但你必须限期攻克斯大林格勒,否则,不要回来见我!"

鲍鲁斯得到增援,立即飞回前线,次日就向斯大林格勒发起了第三次,也是最猛烈的一次进攻。他选择了市区的南部和中部发起猛攻,以14个师的兵力在这两个方向同时进行突击。9月14日,德军6个师的步兵在数百架飞机掩护下,以坦克开始,突破了苏军第26军团的防线,旋即向马马耶夫高地和一号火车站发起攻击。进攻的德军遇到了苏军的顽强抵抗,双方死伤惨重,尸体布满了战场。黄昏时分,苏军接到命令,从马马耶夫高地撤退,德军乘胜前进。不久,鲍鲁斯立即电告柏林："亲爱的元首,我已踏进斯大林格勒,正在扩大战果!"一些德军士兵以为胜利已经在握,喝着抢来的白兰地和伏特加酒,一个个酩酊大醉。朱可夫出动了19辆KV型坦克,突然出击。鲍鲁斯笑容未敛,赶紧组织力量反击,战斗再次打响。

就在这时,一个异常危险的情况出现了。德军的一支坦克部队突然出现在朱可夫元帅的掩体不到200米的地方,坦克上机枪的枪弹打在掩体上"砰砰"直响,朱可夫身边的警卫人员及参谋人员顿时紧张万分,如果敌坦克认准方向扑来,要不了一分钟就会把掩体碾成平地!

警卫人员架了朱可夫就要跑,朱可夫狠狠一甩手,道："不能撤!"

幸好敌坦克尚未认准目标,塔身正在转动着寻找新的射击点。掩体内的参谋人员纷纷拿起武器,跑出掩体将敌坦克引开。朱可夫继续在掩体内下达着命令,苏军按照命令从各个方向狙击着敌军,战斗一直持续到深夜。

德军渗透进城区后,到处展开了巷战。苏军士兵埋伏在碎砖瓦砾中或躲在弹坑里,等敌坦克隆隆驶过后,便纷纷跃起猛烈扫射坦克后面的敌军步兵。待敌坦克回转身来,他们又找到新的隐蔽点躲藏起来。敌坦克在市区内瞎冲瞎撞,周转不灵,一辆接一辆被苏军反坦克手用反坦克炮或集束手榴弹击毁。苏军的T-34坦克再次发挥了它体积小、灵活、速度快的特点,到处穿梭着迎击德军的坦克部队,使敌付出了巨大代价。双方的步兵则在为争夺每一间房屋、每一块残垣断壁进行着一场又一场的肉搏战,到处是爆炸声和拼杀的呐喊声。

德军经过一天一夜的战斗,付出了巨大的伤亡,才在市区内前进了200米左右,而且时常受到苏军士兵从楼顶、烟囱等处射来的枪弹及投掷的手榴弹的袭击。德军指挥官暴跳如雷但又无可奈何,只好下令加强警戒,等待天明的到来。

然而,朱可夫不让德军安宁,他调动罗迪姆采夫近卫军在深夜投入战斗。近卫军渡过伏尔加河,整营整营地扑向敌军,使德军无法近岸作战。气急败坏的鲍鲁斯又一次派出坦克集群,用平射炮轰击近卫军阵地,把那些本已残存不堪的建筑物炸成了一堆堆烂瓦碎石。

天终于亮了，斯大林格勒战役进入了最激烈、最艰苦的阶段，到处都在拼杀，敌我双方的士兵大批陈尸街头巷尾。不久，伏尔加河的主要渡口几乎全部置于德军炮火的攻击之下，朱可夫的后方补给只能靠城北的几个码头，在此情况下，朱可夫被迫撤出设在斯大林格勒掩体内的司令部。

　　德军控制了斯大林格勒南部地区。

　　9月17日，柏林报纸刊登醒目的大字标题《斯大林格勒已经陷落》。

　　鲍鲁斯十分清楚，柏林报纸宣传的"攻陷斯大林格勒"只是一种虚假的表象。部队虽然攻进了城，但城内到处在发生战斗。从进城的那天起，他的部队每天平均要付出3000人的伤亡代价，到26日这天止，已有三万余人阵亡。但是，斯大林格勒究竟何时能完全攻克，仍是个未知数。从目前的战况看，通往伏尔加河的主要通道至今仍未打通，这说明苏军仍有相当的力量活跃在斯大林格勒城区。

　　更令鲍鲁斯担忧的是，时间很快将进入10月。德军在莫斯科战场惨败的前车之鉴，是不能忘却的，那就是战争经历了一个残酷可怕的冬天。鲍鲁斯不希望斯大林格勒的冬天仍有战斗发生，必须尽早扫清苏军部队。

　　为此，鲍鲁斯决定发动第四次强大的攻势，将苏军彻底打垮。他为这次具有"最后一搏"性质的攻势制订了一个时间表：10月4日开始进攻，预计激战3个星期，将苏军全部消灭或彻底赶到伏尔加河东岸。

　　9月28日，德军费尽力气攻入了斯大林格勒的西北部，这是鲍鲁斯为第四次攻势准备的跳板。他及时地将战况及他的计划电告希特勒，希特勒接电后兴奋异常，主观地断定鲍鲁斯将于10月4日开始的进攻必将大获全胜。于是，便在最高统帅部召开了新闻发布会。正式宣称："我们很快就能拿下斯大林格勒！"

　　为了帮助鲍鲁斯完成进攻计划，希特勒在国内大举征兵，将16岁的娃娃和四五十岁的中老年人都编入部队，送往斯大林格勒战场。然而，斯大林并未睡着，他及时地洞察了鲍鲁斯的动向，建议朱可夫采取反击措施，扰乱敌人的进攻计划。就在鲍鲁斯预定要发起进攻的10月4日，苏军突然在拖拉机厂地段对德军发起了猛烈的反击，这一击不但打死打伤大批德军，更使鲍鲁斯的整个进攻计划被完全打乱，不得不收缩兵力，重新做出调整部署。

　　希特勒在柏林总部兴奋地等待着鲍鲁斯的进攻战报，却迟迟不见动静。开始，希特勒以为前线战斗正酣，鲍鲁斯也许正忙得不可开交，或者是等有了确实的战绩再作汇报。可是，等了一天一夜，仍不见斯大林格勒前线有战报传来，不禁疑窦顿生。急忙发电催问，才知鲍鲁斯受到苏军重大干扰，原定进攻计划已无法按时实施。

　　希特勒大为光火，要鲍鲁斯排除一切干扰，立即发动攻势。然而，朱可夫化整为零的战术在此时大显身手，打得德军顾此失彼，首尾不能相顾，哪里还有机会发动攻势！苏军众多的小股突击队均配有反坦克炮、机关枪、冲锋枪等多种兵器，每名士兵还携带着专门用于肉搏战的刺刀和匕首。在德军可能进入的街道、井巷，苏军布置了一个又一个雷区，德军一旦进入，便有进无出，全部触雷身亡。加之此次鲍鲁斯所动用的部队，许多是从德国本土调来的新兵，而苏军前线士兵历经战火考验，成了战场上不可多得的有生力量。往往是这样，苏军两三名战士组成的小组，就能对付那些毫无实战经验的一个整排的德军。因此，德军虽然在兵员数量上占着优势，战斗力却是大打了折扣的。

鲍鲁斯比希特勒更了解战场的实际情况，对于希特勒的命令，他只好费尽口舌解释。但是，希特勒却认为鲍鲁斯是延误战机，"要以军法论处，"鲍鲁斯迫于无奈，只得置战场实况于不顾，于原定进攻日的10天之后——1942年10月14日，强行发动了第四次也是斯大林格勒战役中最后一次大规模的攻势。

这一天，德国空军对伏尔加河岸边仅有5公里纵深地带深度的苏军阵地进行了连续5个小时的轰炸，之后，德军出动了5个步兵师、两个装甲师向苏军猛扑过来。朱可夫元帅的司令部遭到炮击，司令部中的61名官兵壮烈牺牲。

德军的孤注一掷，在短时间里的确发生了效应。不久，德军占领了拖拉机厂，冲到了伏尔加河岸边，但是，在"红十月"工厂阵地上，德军遭到了训练有素、英勇善战的西伯利亚师的坚决抵抗。敌我双方在这里厮杀了两天两夜，西伯利亚师的一个团官兵全部阵亡，但德军始终未能前进一步。西伯利亚师在"红十月"工厂阵地上一直坚持到10月底，前后粉碎了德军117次的疯狂攻势。

前线将士的全力抵抗，为朱可夫赢得了宝贵的时间。根据斯大林的意图，整个斯大林格勒战役应该在大量消耗德军有生力量之中积蓄己方的反攻力量，而且是精锐的部队，用在对敌总反攻上。朱可夫完全贯彻了斯大林的意图，一边坚持着艰苦的抵抗，一边在伏尔加河东岸悄悄地集结了50万人的重兵，配备以空前强大的火力：900辆新型T-34坦克、230个炮团外加150个令德军闻之胆寒的"卡秋莎"火箭炮团。

鲍鲁斯对朱可夫的计划毫无觉察，仍然一厢情愿地一次又一次向伏尔加河西岸的苏军发动猛烈的正面进攻。可是，由于伤亡数字的积累，这些进攻一次比一次减弱。在整个对斯大林格勒的持续达4个月的进攻中，德军非但没能完全攻克斯大林格勒，反而伤亡了近70万人的官兵，以致元气大伤。

莫斯科。克里姆林宫。1942年11月18日晚。斯大林拿起了话筒。"朱可夫元帅吗？我是斯大林。我想知道，你们反攻的准备工作进行得怎么样了？"

听筒里传来朱可夫的声音："报告斯大林同志，按照你的部署，一切都准备好了。"

"你要掌握一个数字，"斯大林沉缓地说着，"用于反攻的总兵力，必须是德军的二至三倍，火力配置也是同样。朱可夫同志，希特勒就是我们最现实的反面教员啊！开始他总是气势汹汹，后来就不行了。无论在列宁格勒战场或是莫斯科战场，他都是这样。一定要一鼓作气，不允许敌人拖时间，给敌人以致命的打击。你们的总攻时间定在什么时候？"

"明天拂晓，怎么样？"

"好的，我同意。"斯大林说完，挂上了电话。

11月19日拂晓，斯大林格勒城的苏军炮兵阵地上，2000门大炮骤然间齐声怒吼起来，这突如其来的炮火是如此之猛烈，简直把鲍鲁斯给震呆了。"不可能！"鲍鲁斯冒着炮火冲到瞭望观察孔,他看到的情景使他说了这句话后再也无言。"卡秋莎"的排炮弹,掀起了一层又一层巨大的烟浪,像狂飙一样向阵地纵深延伸。多种火炮轰击激起的烟尘,直冲云霄,鲍鲁斯无法理解,在己方持续不断的进攻中,苏军如何集结了如此规模的炮群,这难道是在做梦?

不管是否在做梦,苏军炮击的现实是无法躲避的。鲍鲁斯想通过通信工具了解一下前沿各部队遭受炮击的情况,但所有的线路都在炮击中失灵了。他立即命令身边的参谋人员马上跑步通知各前沿部队,待苏军炮击一停,即行组织反击。

鲍鲁斯的确是在做梦。苏军一小时又二十分钟的猛烈炮击,几乎使他的部队丧失了抵抗力,紧接着,苏军的近千辆坦克碾过瓦砾,隆隆向德军冲来。德军的前沿部队已是一片混乱,狙击显得凌乱而又无力。很快,德军丧失了前沿阵地,任凭鲍鲁斯暴跳如雷,也无法改变德军溃退的大势。当天,苏军便向前推进了35公里。

自20日至22日,朱可夫命令苏军的6个军团,向顿河河曲80公里长的弧形阵地大举反攻,占领了德军阵地,德军的北翼被彻底打垮。与此同时,斯大林格勒方面军以势不可当的攻势,攻克了战略重镇卡拉奇。至23日傍晚,这两支苏军部队在德军第六军团背后约30公里的地方会合,完成了对鲍鲁斯第六集团军的包围。朱可夫在给斯大林的报告中兴奋地说:"……我们只用了5天时间,已经将德军22个师约33万人包围在直径40公里的范围内,随时准备予以歼击。为了防止敌人的反扑,我在斯大林格勒北面和西北面的阵地上集结了1100门反坦克炮。我向你保证,不让一个敌人逃掉!"

柏林。德军最高统帅部地下室。1942年12月8日。

已经是深夜了,地下室内仍灯火通明。希特勒还没有休息,正反剪着手站在地图前发呆。

空军元帅戈林和陆军总参谋长蔡茨勒将军走了进来。

"你们说,这是为什么?"希特勒突然转向立足未稳的两名亲信,突兀地问道,"鲍鲁斯来电,说他的22个师全部陷入了苏军的重重包围,他请求我批准他突围!"

戈林和蔡茨勒相互对望了一下,没有作声。熟知希特勒脾气的他们知道,元首的话还没有说完。

果然,希特勒在稍稍停顿后,语气更加激烈起来:"突围? 承认失败了吗? 难道我们攻打斯大林格勒的计划就这样结束了?"

蔡茨勒上前一步,小心翼翼地说:"元首,如果从保存有生力量的角度出发,我认为鲍鲁斯将军的意见是有可取之处的。"

"不!"戈林未等希特勒表态,急切地反对道,"元首说得对,突围就等于承认我们在斯大林格勒战役中的失败! 我认为鲍鲁斯应坚守待援,我的空军可以保证每天为他们空投至少50吨的军用物资和补给。"

"如果是这样,"蔡茨勒始终注意着希特勒的反应,他看出元首对戈林的提议有兴趣,立即改变了态度,"那鲍鲁斯是可以坚持到援兵到来的。"

"马上把曼斯坦因叫来!"希特勒开口了。

德国陆军元帅曼斯坦因赶到地下室后,蔡茨勒向他简要介绍了一下斯大林格勒战场的战况及鲍鲁斯面临的困境,然后,希特勒命令道:"曼斯坦因,我任命你为'顿河集团军司令',你马上带10个师,沿铁路北上,攻击苏军的包围部队,解救鲍鲁斯。"

蔡茨勒补充道:"这次行动代号为'冬季风暴'。解救鲍鲁斯并非最终目的,你们要在行动中借机歼灭苏军主力。"

曼斯坦因领命而去。

德军营救部队的主力,是霍特将军指挥的第四装甲军团。北上途中,他们一路遭到苏军的打击、阻截,费尽千辛万苦才于12月17日到达距斯大林格勒50多公里的阿克赛河边,同鲍鲁斯相隔着苏军的大包围而成遥相呼应之势。然而,由于苏军迅速分兵钳制,曼斯坦因发现霍特的装甲军团也陷入了另一种困境。如若使被围德军获得生路,只有建议鲍鲁斯的部队同霍特的部队在同一时间、同一个作战范围内,对苏军的包围部队实施里外夹击。然而,鲍鲁斯根本不同意曼斯坦因的建议,他诚挚地向曼斯坦因解释道:"如果是在4个月前,我会毫不犹豫地赞同你的提议。但是,我已同苏军较量过了,他们的顽强和潜力的无穷,是令人不可思议的!那样做,不但我将灭亡得更快,连霍特也难逃厄运。我唯一的要求,就是请求元首批准,从西线突围。"

12月21日,曼斯坦因亲自飞回柏林,向希特勒面陈战场情势,请他根据实际情况批准鲍鲁斯突围,但是,希特勒坚决拒绝了这一请求。

作为一名职业军人,鲍鲁斯只得服从,尽管他明知这样做的后果,将逐渐导致整个第十六集团军的伤亡。苏军经过12月份的战斗,一步步紧缩包围圈,并且加强了空中封锁,使戈林"每天空投50吨物资"的保证成为一纸空谈。随着时间的推移,被围德军已近弹尽粮绝之境,身处冰天雪地之中的德军官兵只得杀掉马匹充饥,在废墟中捕捉野猫和乌鸦来充当食物。他们在步步后退中,连挖掘新战壕的力气都没有了。

在德军困境益显严重的时候,苏军的实力却得到新的增强,除兵员人数超出德军两倍以上之外,火炮配备比德军多出了14倍!1943年1月8日,苏军顿河方面军向鲍鲁斯发出最后通牒,敦促德军投降。鲍鲁斯眼见大势已去,电告希特勒,要求元首准许他为保全德军士兵的性命相机行事,但遭拒绝。

鲍鲁斯只得拒绝了苏军的最后通牒,下令全体官兵抵抗到底。1943年1月10日,苏军对被围德军发起总攻,给德军以重创。两个星期后,苏军将德军所有能够提供给养的通道统统占领,德军完全陷入绝境。鲍鲁斯绝望地向柏林发电,请求元首准许他的部队投降。三个小时之后,鲍鲁斯在他的司令部里收到了希特勒的回电:战斗到最后一个人,绝对不许投降!看完电文,鲍鲁斯苦笑了一下,拿着电文稿纸问手下的军官们道:"我军现在只有南北长20公里、东西宽3.5公里的狭长地带和一个飞机场,我们怎么办?"

军官们皆面面相觑,无言以对。

1月25日,苏军继续向敌残部发动进攻,并夺回了马马耶夫高地。1月27日,苏军开始对包围圈进行大扫荡。

1943年1月10日,是希特勒登上元首宝座10周年的日子。在柏林为欢庆这一喜日而竭力做出表面上的繁荣景象的时刻,希特勒收到了来自斯大林格勒前线的电报:"尊敬的元首,我的部队将于24小时内崩溃。鲍鲁斯。"

　　"回电!"希特勒阴沉着脸命令道,"授予鲍鲁斯为元帅,他手下的一百一十七名将校级军官各晋升一级。要他们为了德意志的荣誉,战斗到最后一刻!"

　　在斯大林格勒前线,鲍鲁斯的司令部里,当鲍鲁斯的参谋长念完希特勒的回电时,鲍鲁斯怒不可遏地叫了起来,"烧掉,快给我烧掉!"接着,他下令回电:"元首,苏军主力已抵近我的掩体。我已命令各部原地放下武器,投降! 请不要联络,我正在破坏电台!"

　　1943年1月31日,鲍鲁斯和他手下的23名将军、2000多名校级以下军官以及数万名士兵,排成6路纵队,走向了战俘营。鲍鲁斯的参谋长在投降书上签了字。

　　1943年2月2日,苏军彻底打扫了战场,历时半年多的斯大林格勒战役胜利结束。德军遭到了有史以来最为惨重的失败,被歼66个师计150万余人。

　　希特勒下令,全国为在斯大林格勒前线丧生的德军官兵哀悼4天。

(十)鏖战因帕尔

　　第二次世界大战进行到1942年的时候,日本军国主义的铁蹄早已踏上东南亚的土地。该年5月,日军占领了缅甸大部。驻缅英军第四集团军司令威廉·斯利姆中将面对日军的凌利攻势,束手无策。经过一系列残酷的战斗之后,斯利姆眼见大势已去,为了保存仅存的一点实力,他带领手下的残兵败将,向缅甸西北部山区撤退。谁知日军竟穷追不舍,沿途拼命围追堵截,但英军经过顽强搏击,终于冲出了日军的包围圈,越过了钦敦江,进入了印缅边境上的因帕尔高原。

　　威廉·斯利姆非常沮丧,躺在驻地的房间里紧皱眉头想心事。他刚刚洗过澡,这是他亡命逃跑以来第一次洗澡,也是第一次能够舒舒服服地躺在一张正式的大床上。然而,此刻并非享受的时候,惨败使他负担极重。刚才,参谋长来报告损失情况,一系列数字使他如堕噩梦。军队损失了1.3万人,还有数千士兵因染上疟疾、痢疾住进了医院。数百辆机动车辆炸的炸掉、烧的烧掉,如今只剩下80辆,原有的150门大炮也只剩28门了。相比较而言,日军只损失了4600人,并在战场上一直保持着主动权。

　　这打的是什么仗呢? 斯利姆感到耻辱,作为一个军事指挥官,他将无法面对自己的国家。

　　事态的发展很快就证实了斯利姆的担忧。缅甸战败的消息传到伦敦,上下两院皆为震惊。丘吉尔首相龙颜大怒,下令英军驻印度总司令韦维尔全权接管对日作战。军方各路将领更是蠢蠢欲动,一致要求立即发动对日的进攻战,以挽回大英帝国的尊严,重振英军雄威。

　　在这种形势下,"打回缅甸"的呼声一时主宰了英伦三岛。

　　1942年12月,英军在梅宇半岛发动了进攻战。

从战略位置上看,因帕尔高原扼守着东印度的大门。它横亘在印缅边界印方长达65公里的地带上,自北向南形成了一道天然屏障。斯利姆残部驻足的因帕尔城,则处在曼尼普山的群山环抱之中。本来,以斯利姆的想法,是打算凭借群山的有利地势,来有效阻止日军越过边境的进攻,并在防守战中大量杀伤日军的有生力量。但韦维尔不相信斯利姆的解释,甚至认为他是"让日本人吓破了胆!"在英国军内外一致的舆论声中,韦维尔摒弃了斯利姆的正确主张,贸然做出了这个决定。

12月底,英军推进到距离半岛尖端地带的东拜只有10公里的地带。一时间,胜利在望的气氛使韦维尔得意忘形。其实,在这次的挺进中,他所面对的只是一小部因急于求战而过早进入边境地区的日军部队。而当他准备占领东拜时,日军的增援部队赶到了。

事后,韦维尔才得知,担负东拜守卫任务的日军,连同后来赶到的增援部队,总共只有一个大队的兵力。英军因进攻东拜一次次被打退,伤亡过重,在长达三个月的战事中,陆续从印度调来大批部队,总兵力共达9个旅,其中包括英印混成旅。日军凭借的是士兵顽强的战斗意志和他们占据的有利地形,一方面以坚固的工事抵御英军炮火的猛攻,一方面又巧妙利用地势,不断击退英军整营整营步兵的集团冲锋。

英军六攻东拜不下,日军终于有了时间组织大规模的反击。1943年3月,日军调集了大部队对英军侧翼发动了强大的攻势,使英军面临危境。日军的攻击力极强,且部队的独立作战能力十分出色。其中有一名叫棚桥的日军大佐,率领一个日军联队,猛攻英五十五旅,纠缠良久。英五十五旅经过一番苦战,才摆脱了日军的追袭。正当韦维尔为英五十五旅的脱险庆幸的时候,又传来了英四十七旅遭到袭击的消息,而敌方的突袭部队,竟然又是棚桥大佐率领的联队!至此,韦维尔才算真正领略了日军的厉害,因为他很快地又得悉英四十七旅已被棚桥打垮的不幸战报。

韦维尔震惊之余,赶紧对兵力进行重新部署,其中将第六旅调整到同棚桥相隔十几个小时路程的14号高地。此地同日军隔着连绵的群山,这些山地势险峻,丛林密布,英军称之为"无法逾越的屏障"。然而,就在第六旅趁着暮色匆匆安顿下来时,棚桥已获得情报。他果断而又威严地下令部队连续作战,在夜色下不顾艰难险阻,攀越群山,突兀地出现在英国人面前。

英军第六旅立即陷入了灭顶之灾。当枪炮声将他们惊醒时,才发现已被日军包围。旅长立即下令抵抗,可部队已被日军分割包围。棚桥用突然奔袭的手段,迅猛地瓦解了英军的抵抗力,英军士兵一个个成了被宰割的羔羊。日军毫不手软,用机枪疯狂地扫射着失去了抵抗力的英军士兵,用刺刀戳穿他们的躯体。一场可怕的大屠杀在14号高地上出现了,英军士兵痛苦的惨叫声和日军疯狂的呐喊声交织在一起,令人毛骨悚然。鲜血四溅中,英军第六旅的官兵们一个个地倒了下去,最后几乎全军覆灭,连他们的旅长也未能幸免逃过这场屠杀。

韦维尔终于明白了,威廉·斯利姆为何会在缅甸一败涂地。在损失了第六旅和14号高地之后,他再也无力继续计划中的梅宇半岛进攻战。4月10日,英军被迫撤退。

反守为攻的日军趁势发起了追击,狼狈不堪的英军惶惶不可终日。幸好,亚热带一年一度的雨季及时来临了,绵绵不绝的大雨帮了英军的忙。大雨严重地阻碍了日军的进攻态势,士兵拖着沾满泥水的皮靴,在泥泞的山道上几乎寸步难行。就这样,日军被迫停止了进攻。

梅宇半岛一仗,打得英军士兵谈虎色变。这些撤退到后方的败兵们一谈到日军在丛林中的神出鬼没,以及他们的顽强战斗,便心有余悸。一时间,谣言四起,传遍了驻印英军部队,甚而传到英国本土,说是日军如何可怕,根本无法战胜云云。

丘吉尔是沉着的。这次他没有责怪韦维尔,也根本不相信那些"日军不可战胜"的鬼话。他开始检讨英军本身的作战能力问题。"日本人的猖獗是暂时的,"他叼着他那著名的大烟斗对部属们说,"我们要研究一个办法,一个制敌必胜的办法。我想,首先要从我们的指挥官做起。是的,必须是一批优秀的英勇善战的指挥官!"

丘吉尔这样说了,而且很快地就这样做了。他的心中已经酝酿了一个计划,一个彻底打破"日军不可战胜"的神话的计划。

丘吉尔召开内阁会议,专项讨论对日作战问题。

"日本的国旗是太阳旗,"丘吉尔说,"我们英国是什么?是不落的太阳国!我们的属地遍布全球,阳光二十四小时照耀着我们的国土。日本人想改变这一历史现实,想同我们换一个位置,哼哼!"他猛吸了一口烟。"可能吗?"

"不可能!""这是绝不能允许的!"内阁成员们纷纷叫了起来。

然而,丘吉尔绝不是一位只知道沉浸在空虚的抗议声中的政治家。对于德日意疯狂的军国主义的强盗逻辑,再也不能使用张伯伦的办法。张伯伦在臭名昭著的《慕尼黑条约》上签字,出卖盟友,将希特勒的战火引向苏联,已激起东西方所有和平人士的愤慨。"妥协"一词对眼下的丘吉尔来说,就是耻辱的代名词。他坚决主张对抗。

如今,摆在丘吉尔面前的事实是:英军同日军在东南亚的两次较量,场场以失败告终。光靠呼喊是无济于事的。立即拿出克敌制胜的办法,再同日军打一场硬仗,粉碎日军不可战胜的神话,这才是一名伟大的政治家和军事家必须付诸实施的首要行动。

丘吉尔在内阁会议上详尽分析了东南亚的战争态势,提出了自己的主张:以奥金莱克接替韦维尔,出任驻印英军总司令。

对日战争前线部队的师一级指挥官,同时予以调整,立即将在非洲克仑战役中立下赫赫战功的梅塞维将军等人调往印缅前线。

内阁成员一致同意,会议通过了丘吉尔首相的提议。

梅塞维踌躇满志,走马上任。奥金莱克总司令在雨季即将结束之际,在印度首都新德里召开了军事会议。他以沉重而又激动的口吻道:"经过短暂的痛定思痛,我决定在雨季结束后,向日军发动新的进攻。我们必须放下包袱了,必须重整旗鼓!这一仗,是为我们的军队雪耻,更重要的,是要打掉日本人的嚣张气焰,让他们打开挺进印度的大门,进而夺取整个印度次大陆的梦想见鬼去吧!"

经过一番讨论,决定在雨季结束后,立即将第五、第七两个英印师秘密调往前线。

这时,梅塞维站了起来:"我主张,将坦克调入印缅边境。"

"这怎么行？"梅塞维的建议立即遭到副参谋长的反对，"在丘陵山区使用坦克，岂非事倍功半？我们已经拥有强大的火炮，这已经足够了。"

"不!"梅塞维坚持道，"上次梅宇半岛的失败，一个很重要的原因就是我们未能有效地摧毁敌方工事。正因为是在丘陵山区，日军才能充分利用地势进行顽强防守，在我们久攻不下的情况下一举反攻，扭转战局。我建议使用坦克，正是要让坦克去逼近工事，近距离摧毁他们的工事，这同样是有效发挥了坦克的功能，不是事倍功半，而是事半功倍。"

奥金莱克沉思了一会儿，表态说道："梅塞维的话有一定的道理，我们必须认真吸取上次战役失败的教训，坦克可以起到火炮起不到的作用。历次战争的经验说明，若有坦克部队的配合，步兵的伤亡必定大量减少，这无论对士气，还是对最后解决战斗，都非常重要。我决定，增援300辆坦克，赴梅宇山前线。"

就在英军秘密备战、准备向梅宇半岛发动第二次进攻的同时，日军也厉兵秣马，在缅甸西部的孟都到布迪当的区域内设置防线。日东南亚战区司令部从泰国、爪哇及太平洋战区抽调兵力，在防线上布下重兵，构筑了"梅宇山脉黄金要塞"，企图以逸待劳，消灭"来犯"的英军。

11月，英军部队行进在梅宇半岛的丛林之中。由于参战部队中仍有不少上次经历过半岛之战的士兵，他们的恐慌情绪无形中影响着整个部队，使得英军士兵大部分心情非常紧张，一路小心翼翼，行军时目光不时四下里扫望，生怕半途中从哪个山旮旯或哪一片密林中杀出一股日军，用机枪向他们疯狂扫射。

受命于危难之际的梅塞维将军当然不能允许这种状况的存在。他一反常例地放下架子，深入到行军部队当中。一路上，他谈笑风生，与士兵并肩行走，甚至帮助体弱的士兵扛枪前进。在先头部队的行列里，经常可见梅塞维将军的身影。他也知道日军完全有可能派出小股部队袭击先头部队，但他早已置生死于度外。因为他明白，只有这样，才能最有效地鼓舞士气，从而去夺取胜利。否则，他将重蹈威廉·斯利姆和韦维尔的覆辙。

果然，梅塞维将军身先士卒的举动和他那乐观豁达的精神感染了全军将士，官兵们从惧怕日军的阴影里解脱了出来，部队很快恢复了战斗力。

11月30日晚上，英军先头部队借助月光，悄然通过密布的丛林，进驻到日军阵地前沿，次日，开始发动进攻。这场进攻战一开始便惨烈异常，由于英军的突然出现，双方一交上火后，数千人在坡上坡下、林间草丛之中，你来我往，混战一场。尽管日军英勇骁战，但此番英军士气重鼓，一个个咬牙切齿，赛过拼命三郎。加之英军此战带有突袭性质，骄猛的日军未料到敌方如此迅速到来，不免应之草率。一战下来，英军占了上风。

梅塞维带来的坦克在战斗中发挥了极大的作用，他的第七师在12月中旬突破了日军的前沿阵地，占领了日军花费不小代价挖掘的坑道。不久，布迪当周围日军的堡垒被英军悉数占领，紧接着，英军趁热打铁，打通了通往雅基都山口的通路，与第五英印师胜利会合。

初战失利之后的日军迅速增兵，与此同时，日军司令部拟订了野心勃勃的"C计划"。"C计划"的实施要点，是在英军卷入梅宇山脉之后，以原驻守部队死命抵抗，拖住英军的第五、第七两个师，然后从以缅甸为大基地的日军中抽调大量兵力，围住英军,予以歼灭。之后,挥师北上,夺取英军在东印度的主要战略基地因帕尔,打开通向印度的大门。

1944 年 2 月 4 日,日军开始发动围歼战。他们以压倒的优势兵力,先将英印第七师团团围住,使之陷入重围。指挥这次围歼战的是日本陆军中将樱井将军。当时,日军在华战争已陷入进退维谷的地步,中国共产党领导的八路军、新四军和遍布东北、华北、华中、华东及山西、海南等地的游击队四处出击,大量地消耗着日军的有生力量,将他们拖得筋疲力尽。日军在袭击珍珠港之后,三年来,遭到美国连续的报复性打击,海军力量受到重创,已经无法恢复元气。战线过长使日军负担沉重,兵员及物资补给严重不足,整个战争形势已现颓势。在这种情形下,日军军方只能孤注一掷,将赌注压在东南亚,打击他们认为较之中国人和美国人容易对付些的英国军队,取得在东南亚的胜利,挽救整个残局。

然而,他们的算盘还是打错了。英军虽然在日军面前连吃败仗,但这并不表明英军就是一支不堪一击的部队。同仇敌忾之心主宰着英军,以打硬仗著称的梅塞维下决心同日军一拼到底。面对强敌,他向部队下达了这样的命令:决不撤出火线,坚决守住阵地,最大限度地给敌人以杀伤。我将同你们在一起,战斗到最后一把刺刀和最后一个人!

梅塞维破釜沉舟的决心鼓舞了英军士兵,全师官兵个个脸色严峻,做好了同日本人同归于尽的准备。

2 月 6 日清晨,天还未亮,日方的部队冲出丛林,从四面八方向英军发起了总攻。炮弹带着死亡的哨音撕裂了黎明前的黑暗,连续的爆炸使大地颤抖了。英军士兵将耳朵塞住,趴在掩体后顽强地阻击着。日军每前进一寸,都要付出极大的代价,英军阵地前布满了日本兵的尸体。到了上午 10 时左右,梅塞维见阻击的目的基本达到,日军不可能在短时间内迅速恢复进攻力量,便果断下令销毁文件,捣毁电台,将部队化整为零,分批从不同方向悄悄地撤离了战场。

日军的进攻又开始了,一阵猛烈的炮轰之后,日军士兵嗷叫着冲上了英军阵地。他们吃惊地发现,这次进攻没有遇到任何抵抗。

梅塞维被打败,其本人已捐躯沙场的消息传开了,对英军士兵产生了很大影响。日本的广播电台、报纸大肆渲染在印缅边境取得的胜利,声称 7 天内将全歼英印第七师,继而消灭英印第五师,夺取因帕尔,占领印度。由于无法同第七师进行电台联络,奥金莱克只好紧急命令英印第五师去接管原第七师的后防。统领第五师的指挥官叫埃文斯,他接到命令后不敢怠慢,立即调动一切所能调动的兵力,进行紧急部署,以防日军随时可能发起的进犯。正当各路官兵全力以赴构筑新工事的时候,梅塞维将军奇迹般地出现在阵地上。只见他满身泥泞,面容憔悴,但仍极力振作精神,向第五师的官兵们挥手致意。阵地上响起了一片欢呼声,埃文斯当即用电台向奥金莱克报告:我们的梅塞维仍然活着!

梅塞维继续留在前线,并把他的指挥部设在一辆装甲车里,将分散撤出的部队重新组织起来,投入战斗。

率领日军突击部队的指挥官,就是那位在第一次梅宇战役中袭击了英军第六旅,后又对该旅官兵进行大屠杀的棚桥大佐。他可不相信官方在电台里的吹牛。为夺取梅塞维的司令部,他的突击部队几乎打光了,何况,他们最终占领的是一块空无一人的阵地,他本人也未能见到梅塞维的尸体。

这一切说明了什么,作为身经百战的前线指挥官,棚桥心里再也明白不过了。他狠狠地咒骂着那些远在万里之外的本国官僚们,一边为即将到来的更为激烈的战斗做着准备。在樱井将军为他补充了新的兵员之后,他立即开始了新的进攻。

棚桥这次使用了正面进攻和小股突袭相结合的办法。就在进攻部队在正面阵地上留下了一具又一具尸体的时候,袭击部队却在一处山沟里发现了英军的包扎所。残忍的棚桥下令,将所有的英军伤病员及护理人员统统杀掉,以泄在正面阵地受挫之愤。

7天即将过去,英军阵地仍屹立不动。樱井被迫改变战术,将进攻重点转向英军后勤供给线,企图迫使英军在后勤保障被切断的情形下,不战自败。日军的轰炸机开始对英军后勤隐蔽部进行狂轰滥炸,使这里变成了一片火海。梅塞维和埃文斯紧急调动部队增援后勤隐蔽部,敌我双方又在这里进行了一场血战。由于狂妄的樱井过分相信"七天战胜英军"的神话,他的部队只携带了7天的给养,使自己的处境一下子变得艰难万分。然而,此时日本的宣传机器仍在大肆宣传日军在印缅边境山区的"胜利",并再次造谣说梅塞维师长已扔下自己的士兵,乘飞机逃遁。

到了2月13日,苦战中的英军终于盼来了援兵,梅塞维开始了反击。英军士兵冲出堑壕,勇猛地扑向敌军阵地。日军奋力抵抗了4天4夜,但无法抗击英军如山洪般爆发的攻势,樱井只好下令后撤。2月24日,英军第五师在埃文斯将军的率领下,终于突破了雅基都山口,日军遭到惨败。樱井手下的7000名日军官兵损失近90%,他不得不将残兵化整为零,分成小股部队从丛林中逃走。

英军在梅宇半岛大败日军的消息传到英国,英伦三岛一片欢腾。丘吉尔首相立即给前线打来了贺电,贺电称:你们的胜利维护了皇家军队的尊严,它证实了我曾经说过的话,日军不可战胜只是一种谎言!

1944年春季,盟军已在太平洋取得了优势,日军面临的形势越来越严峻。东南亚战场的成败,从某种意义上来说,将决定日军的命运及今后整个世界大战的走向。日本军部原定在1943年冬季和1944年春季的近半年内,避开亚热带地区的雨季,取得进攻印度的决定性胜利,却因为在梅宇半岛的惨败而化为泡影。为了彻底解决在东南亚的战争,日军孤注一掷,不顾其他战场形势的严峻,从太平洋和亚洲的其他战场上,抽调了一大批精锐部队,组成了东南亚战场上最为庞大的集团军,准备从南面和东面两个方向,攻击因帕尔,打开通向印度的大门。

英军自1942年5月被日军赶出缅甸,扎营因帕尔后,至今已近两年。两年内,英军投入了大量的人力和物力,将因帕尔苦心经营成一个大规模的军事基地。驻印英军最高司令部对此的长期规划是:俟时机成熟,将以因帕尔为根据地,向东边的日军发起反攻,夺回缅甸。

因帕尔成了英日两国军队势在必争的重要战略要地。

1944年3月17日,日军组织了三个师团的兵力,乘坐木筏、小船,渡过缅甸西部南北纵贯的钦敦江,以惊人的速度挺进因帕尔。也就是这一天,日本帝国的太阳旗第一次正式出现在印度国的领土上。

守卫因帕尔的英军部队,仍然是斯利姆将军率领的第四集团军,在获知日军突然来犯的消息后,斯利姆命令所有部队,包括后勤人员和空军的地勤人员,在因帕尔周围紧急抢修工事,铺设连绵重叠的铁丝网,做好抗击准备。

值得一提的是,在此之前的3月上旬,美军史迪威将军指挥3个由美军事顾问训练的中国师,在缅甸的东北部对日军发起了攻击,在一定程度上牵制了日军西进印度的力量。

日军的三个师团分西、北两路进军因帕尔,其北进师团首先夺取了因帕尔南面的铁定公路,切断了英军第十七英印师返援因帕尔的通道。3月18日晚,日军的另两个师团从当都、锡当以西的丛林中涌出,扑向因帕尔。其中,日第十五师团接到的命令是:"像一团烈火一样穿过群山前进!"该师团丢弃重辎,一律轻装行军,迅速赶到因帕尔战场。他们认为,只要拿下因帕尔,何愁给养呢?

英军的顽强抵抗给了进袭日军当头一棒。战斗一开始,便进入混战。由于天色灰暗、地形复杂,加之丛林地带蒿绊物、掩护物众多,交战双方很快便绞在一起,进攻与防守的态势均被打破,成了搅成一团的大厮杀。两军你来我往,互不相让。每当日军突破英军阵地,英军稍作喘息又立即予以夺回。而英军乘乱深入到日军阵地时,又遭到日军奋力反击。整个战场被分割成数十个小战场,敌我双方以连对连、排对排、班对班的形态进行对抗,甚至三五成群对杀的局面也随处可见。

天亮以后,日军的后续部队陆续到来,英军虽然使日军付出了惨重伤亡,但因第十七英印师被阻铁定公路以南,无法援助,英守军只好被迫后撤。

日军乘胜前进,但又受阻于因帕尔外围阵地,在这里苦战了六天六夜,待到英守军放弃外围,撤退到因帕尔主阵地时,日军的行动计划已被全然打乱,不得不暂停进攻,以便重新做出战略调整。

就在日军第十五师团等两个师团猛攻因帕尔的同时,被阻隔于铁定公路以南的英印十七师也遭到了日军的分割包围。奥金莱克派出第二十三英印师前往接应,经过苦战,英印十七师才突破了日军的包围,历尽艰险,于4月5日回到因帕尔阵地。

日军决心夺取因帕尔,同时柴指因帕尔北面的科希马,这样,在科希马又开辟了另一战场。日军在科希马投入了第三十一师团的全部兵力,而英军守卫部队只有500人不到。仓促间,英军将躺在医院里的500名轻伤员组织起来,编入部队投入战斗。在敌我力量悬殊的情况下,英军守兵顽强抵抗着,连文书、给养员也拿起了枪支。这是一次意志的较量,在日军一轮又一轮的疯狂攻击下,英守军浴血奋战,一直打到主阵地只剩下500平方米左右,等于是在一个小型网球场上同日军对抗。日军师团长无法相信这样的事实,咆哮着命令部队不惜一切代价迅速拿下阵地,然而,在英军顽强的抵抗面前,日军就是寸步难行。主阵地的小山头上,不时爆发血刃战。由于守军阵地太小,日军炮兵不敢贸然开炮,近距离的肉搏战一时成了这次战斗的主要形式。就这样,科希马守军坚守了16个日日夜夜,在科希马山顶留下了近千具日军士兵的尸体。科希马守军的顽强拼搏,为自己赢得了宝贵的时间,4月14日,增援的英军部队终于赶到了。4月15日,英军第二师与第五师一六一旅会合,接着在飞机大炮的掩护下,对日军发起了反攻。4月18日,科希马的包围被胜利解除。

在另一个战场上,日英两军的激战达到了这次战役的最高潮。这个战场位于铁定公路周围地区和锡尔哈尔到比申普尔小道一带。日军利用他们惯常使用的夜袭手段,首先炸毁了深涧上的一座吊桥,使英军与后方的联系被切断。之后,英军受到日军异常激烈的猛攻,奥金莱克急调回到因帕尔不久的第十七师南下增援。英军的援兵于4月19日及时赶到比申普尔,立即投入战斗,总算止住了日军进攻的狂潮。

在被日军切断的比申普尔南部地区,日军倾全力发动进攻,出动了包括"零式"战斗机在内的空中力量,对英军进行轰炸扫射。日军第三十三师的一个联队担任地面主攻,经过数十次的冲锋,仍然未能突破英军防守阵地。该联队的3000名士兵伤亡了2000多人,一无所获,不得不暂停进攻,等待后续部队的到来。

这一年,战役地区的雨季提前到来,暴雨不期而至。连日的瓢泼大雨使大地一片泥泞。日军在该地区发动的攻势已成强弩之末,他们再也难以组织起像模像样的攻势了。

5月15日,英军开始进入全面反攻。雨季虽然同样给英军造成了行动的困难,但他们士气高涨,又正处于反守为攻的重要战略阶段,各路人马兵强力壮,远非筋疲力尽的日军可比。加之英国皇家空军始终控制着战场上空的制空权,这次反攻很快就变得形势明朗。

然而,日军仍在进行垂死挣扎。他们的第十五师团同英军的第二十师在丛林中遭遇,展开了残酷的拉锯战。这支曾授命"像一团烈火一样穿过群山前进"的日军精锐部队,此刻虽经百战,也仍然难逃失败的命运。6月13日,第十五师团溃败。6月20日,英军彻底切断了日军的补给线,日军完全陷入绝境。

在科希马及乌鲁克,英军的反攻同样取得了胜利。他们利用坦克平射炮摧毁日军的地堡,同时使用当地山民介绍的办法,用长竹竿捆绑炸药炸毁日军的暗堡,逐个扫平了日军的阵地。从科希马乘胜追击的英军部队与从因帕尔进发的部队对日军形成了钳形攻势,日军回天乏力,纷纷向东溃逃。猖狂不可一世的日军在因帕尔、科希马、乌鲁克三大战场遭到英军致命的打击,到处横陈着日军官兵的尸体。残存的日军好不容易才逃到钦敦江边,但英军的精力充沛的两个师几乎同时到达。在经过紧张的准备之后,英军展开了猛烈的火炮射击,将残存的日军炸得血肉横飞。紧接着,英军的地面部队对日军进行了致命的最后一击,日军彻底失败了。

这一次被称之为"英日因帕尔争夺战"的战役,前后历经两年。日本军方从一开始就错误地估计了形势,以"日军不可战胜"论低估英军的战斗力,使其原拟短期内势在必得的印缅边境地带成了日军的坟墓。在这场残酷的战役中,日军共有近六万官兵陈尸沙场,英军则经过前线官兵的拼死苦战,由开始的劣势,逐步转化为优势,取得了对日作战的辉煌胜利。

因帕尔大血战最后奠定了日军在缅甸的败局。

(十一)喋血通道安齐奥

一道天然防线——古斯塔夫防线,终于迫使盟军停下了进军罗马的脚步。

此时是1943年的岁末冬季。

事实上,英、美两支部队兵分两路在意大利半岛萨勒诺海滩登陆至今,在4个月的时间里只向前推进了110多公里。

也就是说,盟军每天推进的路程只有1公里。

几个月的苦战,美军的伤亡已达几万人,而在崇山峻岭中作战因染病死亡的也多达数万人。

"这只倒霉的靴子!"负责指挥美军的将领马克·克拉克面对伤亡代价显然不成正比的事实,紧盯着靴形的意大利半岛作战地图大发牢骚。

小心翼翼的蒙哥马利将军率领的英军与克拉克终于会合了,改编为第十五集团军,由英国陆军上将亚历山大统一指挥。

与盟军对阵的是德国空军元帅凯塞林。这位飞行员出身的元帅,其军事才能得到希特勒赏识。而且他刚刚成功地把他的部队从西西里岛盟军的"口袋"里挽救了出来。鉴于西西里岛的教训,他这次对盟军在萨勒诺海滩登陆的时间、地点掐得分毫不差。所以,这几个月以来,他成功地让盟军付出了重大的伤亡代价。

但是,盟军还是把德军逼得一步一步向后撤退。

只是,当凯塞林到了古斯塔夫防线,他就停下了。而且,他也不打算走了。

"没必要。"他潇洒地指着脚底的卡西诺峰说,"难道还有人幻想从这里去罗马吗?"

他说的是实话。

自古以来,"条条大道通罗马",但今天对于盟军来说,古斯塔夫这条道似乎就行不通。

古斯塔夫防线从那不勒斯以北的60多公里的地中海沿岸到亚得里亚海滨的奥尔托纳,横贯意大利全境。防线由密集的混凝土工事和密布地雷的雷区组成。

"这条依天险而构筑的防线对盟军进军罗马,绝对是一个难以克服的障碍。"凯塞林有这个自信。

他脚底下的卡西诺峰,高耸入云,地势陡峭。德军居高临下,可以监视盟军的一举一动。盟军的必经之路——利里河谷和6号公路,德军只要往卡西诺峰一站,山下就一览无遗。"一夫当关,万夫莫开",而凯塞林在这条防线上却部署了德军第十军团的15个师,北面还有第十四军团的8个师,足以抵挡盟军的18个师。

会合后的英美军队,在抵达古斯塔夫防线时,曾尝试着组织了一次进攻,结果,"行家一出手,就知有没有",德军防线果然坚不可摧。

此路不能绕着走。

盟军知道,正面突破防线的确困难重重,还可能劳而无功。因而要进军罗马,只能从北面登陆,再发起进攻,从而突破这道防线。

然而,盟军此时的作战重点并不在意大利,为了集中力量在诺曼底准备登陆,一些威名赫赫的沙场老将如艾森豪威尔、蒙哥马利、巴顿等,包括屡立战功、经验丰富的部队,都在向英国集中,忙于被命名为"霸王"的行动计划去了。

"我们只主张在意大利进行'有限'行动,否则,盟军就会陷入意大利这只'靴子'而不能自拔。"美军马歇尔将军并不主张在意大利兴师动众,他担心那样会影响了"霸王"计划。

事实上,当巴多里奥要求盟军占领整个意大利时,就给无意于此的盟军出了个难题。只是由于谈判因此陷入僵局,艾森豪威尔才同意英美的两支军队在意大利登陆。

但是,有一个人却一直在惦记着意大利那座名城罗马。

这就是英国首相丘吉尔。

丘吉尔对自己的战略意图一直没能实现很不安心。现在他认为机会来了。英国的亨利·莫尔在《第二次世界大战的重大战役》一书中这样写道:"就在这个时候,温斯顿·丘吉尔插手干预了。他坚决主张把一只'野猫'投入古斯塔夫北面的海岸,"去抓碎德国佬的心脏"。

他真的干了起来,并且把自己的行动计划命名为"鹅卵石"。那只"野猫"则选定为美国第五集团军的第六军,放的地点是古斯塔夫防线以北 100 公里的安齐奥。

丘吉尔似乎设计了一个"一石二鸟"的完美方案。这就是继续对古斯塔夫防线实施正面猛攻,使其无暇顾及安齐奥,为登陆部队创造条件;或者,德军发现了盟军的意图而回头对付安齐奥时,盟军则可乘机从正面突破防线,然后两军会合。

奇就奇在登陆行动异常顺利。

1944 年 1 月 21 日下午,253 艘各类舰船载着 36000 名盟军官兵以及火炮、坦克等军用物资开始了登陆。凯塞林做梦也没想到盟军会绕到自己的背后捅一刀子,他只在安齐奥放了一个营的兵力,那座守海滩的阿尔班山甚至只有几个德军观察哨。

德国守军是在睡梦中当了俘虏的。英军取左路,美军取右翼,立刻占领了预定目标,并推进到了墨索里尼运河。

亚历山大将军批示卢卡斯迅速占领制高点阿尔班山。但是,"将在外,军令有所不受"。这位被选作"野猫"的"警长"记起了克拉克将军的忠告:

"可别像我在萨勒诺那样自讨苦吃。"

那是他们 4 个月前进入意大利的第一仗。

盟军采取偷袭作战登陆。但狡猾的凯塞林早已严阵以待,结果美军陆舰被打得碎片横飞。明知偷袭不成的克拉克此时还想"奇袭",使得好不容易上山的美军步兵又遭轻武器的屠杀。英美两军也因此被分割在两个滩头。被这次行动弄得心力交瘁的克拉克,关键时刻却又命令美军弃岸上船,连他的部下都为之骇然。只是因为艾森豪威尔和亚历山大没有批准才罢休。得到增援的克拉克最终站稳了脚跟。但未遇抵抗就登陆的蒙哥马利部队,却小心翼翼地一步一步向克拉克慢腾腾地挪。等他们这两支铁钳会合时,已成瓮中之鳖的德军 8 个师早已远走高飞。盟军伤亡 1.2 万人,却几乎一无所获。

54 岁的卢卡斯目睹了那场美军惨遭杀戮的情景。他打定主意,只要正面盟军没有突破古斯塔夫防线,他就不再前进。

"那样就是孤军深入,必遭灭顶之灾。因此,我首先要站稳脚跟。"卢卡斯解释说。

数天之后,正面攻击古斯塔夫防线的盟军并未有进展,南北会合夹击的意图也终于不能实现。

事实上,在安齐奥的盟军只能孤军奋战了。

卢卡斯部队的命运本不该如此。

按照亚历山大的意图,盟军登陆后,就应大胆向前推进,直逼罗马。那样,就不由凯塞林不心慌意乱。然而,在萨勒诺吃苦的卢卡斯,竟对兵家必争之要地阿尔班山也不敢越雷池一步。他命令他的部队在安齐奥这片平坦的沙质海岸边本是休假胜地的地方,构筑起了一条10多公里长的弧形阵地,把自己死死圈了起来。

卢卡斯愚蠢的举动连凯塞林也大惑不解:

"为什么?如果是这时迅速出击,德军就将面临全线崩溃的危险。"凯塞林胆战心惊地说。

的确,当凯塞林得知盟军在安齐奥登陆时,惊得目瞪口呆,脊梁上似乎已经被捅了一刀一阵冰凉。要不是卢卡斯登陆之后仍在滩头忙于构筑"土圈子",他就真的失去了最后的机会!

卢卡斯把反扑的时间留给了凯塞林。

其实,凯塞林也就只需要1天。德军第十四军火速占领了阿尔班山,另5个师的兵力也日夜兼程增援安齐奥。不到48小时,德军就在至关重要的战略要地阿尔班山建起了防线,盟军从滩头阵地能够进入意大利内陆的主要交通要道又被严密控制在德军的反坦克火炮之下。

现在,形势发生了逆转,德军反而在盟军的滩头阵地外围又构筑起了一道坚固的防卫圈。

远在伦敦的丘吉尔几次电询登陆部队何时占领阿尔班山。而此时,布置妥当的德军,已经开始用密集的炮火轰击登陆部队了。1月23日下午,德军飞机几个月来第一次大规模出动、袭击了盟军的滩头阵地和停泊在港口的舰船。

本来可以出其不意打敌人屁股的卢卡斯,现在反而成了挨打的份。

卢卡斯的英美两个师长见军长坐失良机,简直怒不可遏。在部下和亚历山大将军的催促下,卢卡斯才下令向阵地前的奇斯泰尔纳小镇和卡姆波莱奥火车站发起进攻。

然而,此时的德军已经先行一步,早有防范,盟军每前进一步,都有鲜血和牺牲。

美军在推进时,几乎和德军争夺一条水渠、一条田埂、一间房屋开始的,而德军在每一户农家房屋里,都设有一门火炮,美军伤亡惨重。

"别动队,上!"战斗持续到夜间,特拉斯科特动用了他手中的"秘密武器"。这支由676名美军组成的屡立奇功的别动队,企图再次出奇制胜,在快速穿插中夺取敌人阵地。然而狡猾的德军发现了别动队的行动意图,在一片开阔地带为他们设下了死亡陷阱。这支没有携带任何重武器的别动队,在密不透风的火网中血肉横飞,只剩下6个人生还。

英军在推进时,一支巡逻队遭到了一座大型家业居民点守军的阻击。这里地势高,可以控制四周紧邻的平原,是双方必争之地。随后,担任冲锋的爱尔兰禁卫营和苏格兰营,一拨又一拨地发起了猛攻。

入夜,英军两个营在德军照明弹的照射下,一举一动暴露无遗,士兵在德军四面八方的火网下,成排倒地。但是顽强的英军还是攻入了居民点,又和每个房间里的守军短兵相接,残酷恶战。

英军以沉重的代价,终于在德军阵地打入了一个细长的楔子。

但是,盟军此时再也无力继续进攻了,攻击陷于停顿。

楔入德军阵地的部队需要支援,但德军控制着制高点阿尔班山,处在两处都是峭壁悬崖的增援部队,成了德军随意射杀的活动靶标。作战勇敢的舍伍德林带领一个步兵营,只剩下了8名军官和250名士兵。

盟军现在被困在宽不足26公里,纵深不足25公里的工事里打起了坚守滩头的阵地战。

"用来抓碎德国佬心脏的'野猫',现在成了一头搁浅的'鲸鱼'。"丘吉尔沮丧地说。

原先在安齐奥只有一个营兵力的德军,如今已经增加到12万。他们占据着有利地形,不顾盟军的猛烈炮火,锲而不舍、攻势如潮。

事实上,凯塞林已经向部队规定了把盟军赶下海的具体时间。然而,由于盟军的奋力扶系,德军的企图才未能奏效。

但那根打入阵地的楔子,却成了德军必须拔除的"肉中刺"。2月3日午夜,一阵猛烈的炮火过后,德军向兵力稀少、防守疏落的英军第1师第3号阵地发起了进攻。阵地被突破了,英军被德军分割包围,指挥官彭尼要求卢卡斯增援,而他接到的却是要第3旅撤退的命令。差不多冲出包围的英军,关键时刻,在一支登陆部队坦克的支援下,冒着德军炮火和机枪的扫射,总算侥幸躲过了覆灭的危险。

盟军千辛万苦,浴血牺牲打进的一根楔子,终于被德军拔掉了。

2月8日,英军第1师损失了全部军官,也未能拿下滩头前的一个高地。当天夜里,至关重要的农业居民点也终于在德军的疯狂进攻下丢失了。

盟军已无险可守。12万军队拥挤在北头阵地,头上有飞机扔下的炸弹、火炮打来的炮弹,地面有敌人的轮番进攻,不祥之兆笼罩着盟军。

卢卡斯已经下令,在滩头阵地上建立一道最后防线同德军血战到底。

2月的安齐奥,正逢雨季,倾盆大雨冰冷刺骨。这块本是休闲度假的胜地,如今是炮声、枪声、惨叫声搅作一团,雨水、泥水、血水混为一统,一幅令人毛骨悚然的画面。

安齐奥的激烈战斗,引起了希特勒的注意。当盟军在他的"软腹"——西西里登陆成功后,他已经觉察出盟军又在酝酿更加可怕的进攻计划,他需要一个机会来牵制盟军主力的调集,而且近一年来德军在各个战场上接连失败后,他也需要有一个胜利去鼓舞士气。

"我们要在安齐奥创造第二个敦刻尔克奇迹!"希特勒认为机会来了。

其实这也正是盟军所担心的。

那是1940年,波兰战争的帷幕刚刚落下,希特勒便下令进攻法国。当时德国一支拥有7个坦克师的强大楔形队伍沿着索姆河向西疾驰,每昼夜前进20—40公里,先进的德军向被追上的法军士兵说:"我们没有时间俘虏你们! 赶紧放下武器。往南逃命,免得挡路。"

就这样,德军的82个师的兵力,其中以10个坦克师为先导,绕过了马其诺防线,把这条号称"死亡大峡谷"的防线轻易抛在了身后,40万英、法、比大军被逼到了法国叫作敦刻尔克的狭小三角形地带。

这是一个靠近比利时的重要港口,以跨越沿海峡最窄处仅33公里,是欧洲大陆去英国的最短海路。德军的装甲部队以大规模钳形攻势,进展神速地缩小着包围圈,所幸的是,最后关头,德军龙德施泰将军对于陆军大本营要求"扎口袋"的命令未予理睬,使得联军有了宝贵的喘息和加固防线的机会。与此同时,担心速度太快、战线太长的希特勒错误地下达了"停止前进"的命令。这道命令在最后时刻使这支联军免予全军覆没。

尔后,被英国桂冠诗人梅斯斐德称为"九日奇迹"的英国海军的救援行动,成功地撤出了33.8万余人。这些重新武装、再返欧陆的将士,才得以奔向新的战场。

显然,这一次德军不可能再犯同样的错误,不会在最后时刻留给盟军一条生路。

事实上,纳粹通过无线电广播和散发传单,让盟军士兵相信,他们的确已经穷途末路了。

"英国士兵们,你们在安齐奥浴血牺牲,可是,美国有钱的好色之徒正大批涌入你们的国家。你们的妻子此刻也许正在受到他们的污辱……"对英国士兵他们这样进行有意的挑拨。

"美国士兵们,你们知道发生在敦刻尔克那场灾难性的悲剧吗?你们正在成为第二次敦刻尔克灾难的牺牲品……"对美国士兵他们又这样进行恐吓。

每到夜间,德国阵地上的坦克成批出动,开来开去,让盟军从铿锵作响的履带声中相信他们的确就要成为任人揉捏的肉瘤。

"盟军绝不会退出安齐奥,安齐奥也绝对不会变成第二个敦刻尔克。"2月14日,亚历山大亲临安齐奥,并在这时举行的记者招待会上这样表示:

当然,前线之行,也更使他确信,缓解安齐奥滩头阵地的压力是当务之急。

事实上,这一段时间以来,盟军一直没有放松在卡西诺峰下面发动猛攻,希望能够撕开一条口子,以迫使德军从安齐奥抽调兵力,回到古斯塔夫,解安齐奥之围,但进攻一次次被德军击败。在一次集团冲锋中,美军的两个团竟全部丧生在拉线多河急流中。

亚历山大认为卡西诺峰的德军把那座修道院变成了工事,并下令摧毁。2月15日,142架B-17"空中堡垒"式重型轰炸机向这座千年古刹投下了350吨高爆炸弹和燃烧弹。修道院被夷为平地,却仍没能摧毁德军的防御阵地。据险易守的德军,甚至没有对盟军加大的攻势表现出太大的关注。

安齐奥成为敦刻尔克的阴影就像降临在这里的冷空气一样,越来越重……

"敌人又开始进攻了!"

2月15日上午6时,一阵更加猛烈的炮火燃烧着黎明前的天际,成群的炮弹呼啸着撕裂刚刚醒来的大地。密集的步兵群和坦克不等硝烟散去,已经向盟军阵地扑去。

这预示着一场生死决战的到来。

安齐奥的德军已经得到希特勒的命令:不惜一切代价,把盟军赶下海去。

盟军也已经得到亚历山大将军的鼓励,誓死不放弃阵地,绝不让敦刻尔克大溃退的悲剧重演。

敌人的主攻方向是阿尔马诺—安齐奥公路。这里是通向盟军的最后一道防线。

公路两侧由新的英第56师和美第45师防守。

原先驻守这一地区的英第 1 师因伤亡惨重而撤出战斗。

美军的正面阵地受到德军步兵呈密集队形的冲锋。一批接一批的德军被射倒在阵地前。然而,敌人潮水般的冲锋,美军的一些阵地也相继失守。被困在掩体内的数百名美国士兵仍然顽强地抗击敌人。这时,盟军滩头阵地火炮以十分精确的弹着点,把炮弹打到德军队伍中。已经接近海滩的德军前锋部队也是希特勒深为赏识的勒尔步兵团在密集的炮火中土崩瓦解,抱头鼠窜。一些丢失的阵地又回到了盟军手中。

夜幕降临了,德军又发起了夜袭。阿尔马诺—安齐奥公路终于被德军撕开了一个缺口。刚放天亮,德军的飞机就以超低空飞行对盟军阵地进行轰炸,密集的坦克群和步兵毫无喘息之机就扑了上来。很快,缺口被扩展到了 3 公里宽,德军坦克和步兵蜂拥而入,冲上公路,杀向海滩,当他们冲到离海岸不到 1000 米的一座天桥边时,遭到了英军反坦克炮火的袭击,才被迫止住了冲锋的脚步。

天桥,实际上是盟军最后一块防御阵地,冲过天桥,盟军的整个防御体系也就崩溃了。

在其他一些牵制性的进攻阵地,双方也都在进行惨烈的厮杀。一些阵地在德军疯狂的进攻下,被逐段地占领了,盟军也被一批一批地消灭了。一些没有丢失的阵地,盟军顽强地阻击着敌人的每一次进攻直到最后一个人倒下为止。

美军第 108 团战斗队也伤亡惨重。当德军大批坦克向阵地逼近时,幸有一座被炸毁的旧公路桥挡住了坦克的推进路线。但是步兵却不停地拥向美军阵地,美军官兵浴血奋战,终于打退了敌人的进攻,保住了阵地。

2 月 18 日,最后的决战时刻到来了。

德军把凡是能够集结到的部队都集中了起来,不惜一切代价冲击着这道最后的防线。虽然经过 3 天的疯狂进攻,但德军的攻势丝毫不见减弱。

坦克碾开了一条血路,步兵号叫着冲锋不止。担当第一道阻击任务的是美军第一五七团战斗队。当敌人坦克和步兵冲入掩体或战壕时,英勇不屈的官兵拼死搏斗,坚守着每一寸阵地。

悲壮惨烈的场面出现了:

许多士兵战死在掩体,手中仍然紧握着武器,保持着射击的姿势;

一个负伤了的士兵打倒了最后一个敌人后,被冲上来的德军用刺刀扎进心脏,圆目怒睁地躺在战壕里;

打红了眼的幸存者,手中握着通红发烫的机关枪、冲锋枪,跃出掩体,发狂地扫射着冲上来的敌军……

盟军滩头的火炮和舰炮又一次上起了"刺刀",大批炮弹落向了敌军头上,成百上千的德军被炸死,有的被撕成碎块,抛向空中。

阵地,一片腥风血雨,尸横满地。

盟军,终于坚持了一个白天,守住了这一至关重要的前沿阵地。

夜幕又降临了,殊死决战在此一举的德军没有丝毫放弃进攻的迹象。同样丝毫不敢大意的盟军炮火,不间断地袭击着德军进攻的必经之地。然而,德军不计伤亡,以前所未有的疯狂,不顾一切地扑向盟军阵地。很快,整个盟军防线进入了白刃战。

敌我双方都知道,生死存亡的紧急关头到了。谁坚持到最后,谁就是最后的赢家!

突然,又一支整建制的德军预备队冲上来了。这支生力军冒着盟军的炮火向前推进。这时,盟军中非战斗人员如厨师、司机、仓库保管员、开吊车的工人等也纷纷拿起了武器,同德军做最后的殊死搏斗。

2月19日,安齐奥迎来了一个阴冷的破晓。枪炮声渐渐稀落了,疲惫不堪、眼窝深陷的盟军士兵从掩体、从战壕中探出身来,他们简直不敢相信自己的眼睛:阵地前留下了数千具敌人的尸体,而进攻的德军已经在尚未退尽的硝烟中遁去。

盟军士兵们不知道,他们最后一次抵挡住的德军进攻,已经是敌人的最后一支预备队了。

他们可能也还不知道,自己付出的鲜血和生命,已经赢得了安齐奥战役的决定性胜利。

"打!"

已经接替卢卡斯指挥官职务的特拉斯科特面对德军新的进攻,命令部队迎头痛击。

德军在安齐奥受挫后退的消息使希特勒大为恼怒,命令发起新进攻。2月29日,在没有得到太多增援的情况下,德军动用了4个师的兵力发起进攻,试图夺取滩头阵地。

阴沉多日的雨季就要结束了,天空难得见到阳光,多日未出动的盟军飞机以数百架次的编队,对德军进行轰炸、扫射。本来就是强弩之末的乏力进攻,在天上、地下的火力网下,德军死伤累累,不得不再次败退。

盟军已经接受了刚登陆的教训,乘胜反击。在强大的炮火支援下,坦克率先开道,直接冲进了德军阵地。这支德军是攻打天桥幸存者拼凑组成的,还没恢复元气,面对乘胜追击的美军,顿时乱成一团,抱头鼠窜,向后退却。英军的反击也取得了成效,数百名一股的德军已经是徒劳的抵抗,打着白旗投降了。

凯塞林得知已不可能把盟军赶下海,终于说服了希特勒同意德军转攻为守。

经过几个月的浴血奋战,在安齐奥的盟军,第一次感到身上的压力放松了许多。

然而,攻打古斯塔夫防线的盟军仍无进展。

"500架轰炸机,19万发炮弹,1000多吨炸弹,居然动静不大。"身经百战的亚历山大将军都有点沉不住气了。

这是3月中旬的一次进攻,然而,狂轰滥炸并没给扼守卡西诺山峰的德军以摧毁性打击。盟军的一次次冲锋被打退。卡西诺峰仍在德军的有力控制之中。

古斯塔夫和安齐奥,就像没有过去的严冬一样,毫无生气。胶着状态的对垒两军,打起了阵地战。

转眼到了5月份,大地恢复了春天的生机,盟军经过两个月的休整,加紧准备着一场新的决战。

1944年5月10日23时,亚历山大命令部队由美、英、法、加等国部队组成的盟军向古斯塔夫防线发起决定性全面进攻。

还是空袭打头。梯次跟进的战机向卡西诺峰和敌人阵地扔下了密密麻麻的炸弹。

接着，2000 门大炮一齐开火，夜幕像火一样地燃烧，爆炸声震得山摇地动。

卡西诺峰，盟军志在必夺！

担任指挥的波兰将军安德森，指挥波军勇敢地冲击着卡西诺峰的山头阵地，但一次又一次地被德军击退了。

法国朱安将军指挥的一支骁勇善战、专门受过山地作战训练的摩洛哥骑兵，趁着正面进攻的白热化的当口，从侧翼冲上了一座不设防的山峰，终于从德军认为不可逾越的地方撕开了一条口子。这支骑兵从德军背后发起猛攻，经过两天的艰苦激战，终于攻上了俯瞰卡西诺峰的毛奥峰，打通了通往安齐奥的 7 号公路，并迂回到卡西诺峰后面的 6 号公路，切断了德军的退路。

德军终于从阵地开始后撤了，扼守 7 个月的古斯塔夫防线被盟军突破了。

美军乘胜由 7 号公路向北挺进。凯塞林慌乱之下急忙从安齐奥调来一个装甲师南下以阻挡盟军前进。

然而，为时已晚了。

在安齐奥与德军对峙的盟军 6 个师，乘凯塞林调兵之机，从滩头阵地开始向外突破。

5 月 22 日凌晨 2 点 15 分，盟军在滩头阵地的 500 门大炮发出震天的怒吼，狂轰德军的阵地。天明时分，60 架轻型轰炸机又向德军头上扔下了炸弹。英军第五师在炮火的配合下率先从滩头阵地向外进攻。美军紧随其后，向前推进。这两支部队的进攻，因受到德军的拼死抵抗，进展不大。但另几路突击的盟军却有较大进展。凯塞林被迫重新调整部署，命令部队撤往横穿意大利半岛的恺撒防线。

德军由第十军团在后卫部队的顽强掩护下，陆续后退。南线的盟军乘机向前挺进。在安齐奥的美军第二军在特拉斯科特将军的率领下，终于突破了德军的防御，踏上了 7 号公路，与顺此路打来的英军会师了。同时，美军第 1 装甲师的坦克先头部队也正越过了 7 号公路。

7 号公路至关重要，这是德军后撤的必经之路。如今，盟军占领了这条公路，等于将德军拦腰斩断，在后撤的德军第十军团和在恺撒防线上接应的德军第十四军团之间插入了一把钢刀。

进攻开始前，亚历山大和克拉克已经协商好，克拉克在安齐奥的美军突破德军防御后，将占领阿尔班山，并继续向前推进，切断 6 号公路，堵住卡西诺峰正面德军 2 个军的后路，然后与正面盟军配合，围歼德军主力。

现在凯塞林的第十集团军就要成为盟军的瓮中之鳖。

然而，克拉克却另有打算。他决心要让美军占领罗马，使自己作为这座世界名城的解放者而载入史册上。

根据他的命令，美军第二军只把第三师留下来封锁 6 号公路，其余的主力部队向左转弯，由 7 号公路直奔罗马。

第二军军长特拉斯科特对命令大吃一惊。

亚历山大更是目瞪口呆，甚至要求丘吉尔首相亲自干涉。但克拉克已经全然不顾了，命令他的部队继续冲向罗马。6 月 4 日，他终于受到了古罗马英雄凯旋般的欢迎。

只是，克拉克进入罗马太顺利了：据说，两天前撤离罗马的凯塞林，不愿意背上破坏圣城的恶名，已宣布罗马为"不设防城市"。

但是，留在6号公路的第三师，终因势单力薄，不能抵挡德军的冲击。德军第十军团终于撞开罗网，与第十四军团会合，并逐渐恢复了元气。

事实上，如果不是盟军6月6日在诺曼底登陆成功，希特勒因遭到东西两线夹击而顾不上意大利，而盟军又受到法国战场上先头部队胜利的鼓舞，那么，很难说，这支死里逃生的德军不会东山再起。

战争结束很多年后，亚历山大将军却没有原谅克拉克的行为。认为由于他的执意孤行，打乱了盟军原定的计划，从而给德军创造了逃跑的机会。他这样评论说："我一直向克拉克将军保证，一定让他的部队进占罗马；我只能这样认为，他的决定与其说是出于军事上的考虑，还不如说是受到沽名钓誉的动机所支配。"

安齐奥战役结束了。为了打开通向罗马之路，为了这场战役的胜利，盟军共牺牲4万多人，德军伤亡1万人，被俘2万人。

这是一条血染之路。

安齐奥战役的胜利，不仅打通了罗马之通路，也为盟军解放整个意大利奠定了基础。

然而，这也是一场从开始到结束直到现在都有争议的军事行动。英国著名军事历史学家、军事理论家富勒将军在他的《第二次世界大战》一书中这样评论从西西里登陆到安齐奥战役到整个意大利战役：

"……是一场作战手段不够、没有战略目的也没有政治基础的战役。意大利战争变得没有意义。"

（十二）库尔斯克大决战

库尔斯克位于苏联西南部，它的东面是中俄罗斯高地，北指莫斯科，面可俯视斯大林格勒，战略地位十分重要。为此，苏军在此布有重兵。

1943年对于希特勒来说，是决定命运的一年。德军接连在莫斯科、斯大林格勒以及北非失利，陷入开战以来从未有过的困境。英美盟军又在西线积极备战，随时可能发动对西欧战场的进攻。

库尔斯克大决战

希特勒决定孤注一掷，要抢在盟军进攻之前，对苏军发动一场空前规模的反扑，以期打败苏军，重新夺回苏德战场上的主动权。

希特勒将反扑的地点,选择在库尔斯克。

1943 年 3 月,希特勒拟订了一个名为"堡垒"的作战计划,该计划的主要内容,是从北面的奥廖尔和从南面的哈尔科夫向夹在中间的库尔斯克发起攻击,包抄消灭苏联红军在库尔斯克地区的主力,控制顿河、伏尔加河流域。如以上计划完成,则回兵莫斯科,进而夺之。

经过反复讨论、调整,该计划于 4 月上旬逐渐成熟。参谋总长哈尔德费尽心机,从各个战场和预备役部队中,拼凑了 65 个师的兵力,调往离库尔斯克外围约 200 公里的各屯兵点,这些兵力已占当时苏德战场德军总兵力的百分之二十五。

4 月 15 日,希特勒发出了秘密指令:"一旦气候条件允许,立刻实施今年的第一次进攻——'堡垒'进攻":

在苏军方面,一时还难以揣摩希特勒的意图。4 月 8 日,朱可夫元帅奉斯大林之命,亲往库尔斯克前线视察。中央方面军司令罗科索夫斯基陪同他视察了以库尔斯克为中心的长 240 公里、宽 160 公里的巨大战场,这个弧形战场的弧部正对着德军。朱可夫问罗科索夫斯基:"你认为德军可能在此发动攻击吗?"

"是的。"罗科索夫斯基答道,"我在给最高统帅部的报告中已经提到,德军在奥廖尔和哈尔科夫集结重兵,却又久久按兵不动,必定酝酿着一个重大的阴谋。从种种迹象分析,除了库尔斯克,他们不可能选择另一个进攻方向。"

"是这样,"朱可夫沉思道,"你认为德军有这个能力吗?"

"根据敌现有力量的部署,完全有这个可能取得突破性进展,因为他们集中了兵力。"

"可是,"朱可夫说,"我们可以调动 4 倍于德军的兵力来打这一仗。"

"那就要看最高统帅部的决心了。"罗科索夫斯基有点担忧地说。

果然,朱可夫回到克里姆林宫向斯大林汇报后,没能得到及时答复。4 月 12 日,斯大林召集高级军事会议。会中,有人对希特勒进攻库尔斯克的可能提出了不同看法,斯大林权衡整个苏德战场形势,一时也下不了在库尔斯克同敌决战的决心。直到 4 月下旬,苏联在德国的间谍网向莫斯科报告了希特勒的"堡垒计划",尽管不知细节,但时间、地点是确凿无疑的,这才使斯大林下了决心,开始部署库尔斯克战役。

拿破仑时代,沙俄将领库图佐夫曾以著名的坚固防守战略最终取得了对法军作战的胜利,并以此扬名世界军事史。这次,苏军便使用了这位将领的名字,将构筑库尔斯克防御阵地的计划命名为"库图佐夫计划"。为了保密起见,包括斯大林在内的高级将帅均使用化名联络,使德军觉察不到苏军高层已密切介入库尔斯克战场事务。当时,斯大林化名为伊凡诺夫,朱可夫化名为尤里绍夫,华西列夫斯基化名为亚历山德罗夫,等等。

在不到一个月的时间里,苏军修筑了 5 条既能防止坦克又可为步兵作战使用的漫长战壕,在防御阵地上集结了 17 个集团军加 13 个军,兵员总数达 130 万人:配备了两万门火炮、3000 辆坦克及自行火炮,并以空军第十六集团军提供空中火力支援;组建了一支由 9000 门火炮、1600 多辆坦克和自行火炮组成的强大预备部队。

苏军还在前沿阵地埋设了数额巨大的地雷,仅库尔斯克突出部位一处,就埋设了 40 万颗。到 5 月中旬,苏军严密的防御体系已全部部署完毕,纵深达 300 公里。

苏军严阵以待,却不见德军来犯。5 月下旬,库尔斯克地区天气晴好,非常有利于部队的进攻,可希特勒迟迟不动手。苏军最高统帅部里,有人怀疑有关库尔斯克战役的设想是否有错,但当着斯大林的面又不敢提出来。斯大林、朱可夫和华西列夫斯基也一时摸不着头脑。为此,朱可夫再次亲赴前线,召集了各路大军的司令及军、师长,一同研究。朱可夫得出的结论是:德军在 5 月底之前可能发动进攻。

其实,希特勒时刻都想动手,但坦克数量的严重不足,使他寸步难行。苏德战争刚开始时他投入了 3700 辆坦克,到斯大林格勒战役结束后,只剩下了 495 辆。为了"堡垒计划",德国动用了所有能动用的军工力量,加紧生产新型的"虎"式坦克,但又受到英美空袭的干扰。同时,去年年底德军在北非的失败及非洲军司令冯·托马向英军的投降,像一道巨大的阴影,始终萦绕着希特勒,使他久久不能摆脱一种强大的心理压力。他虽然做出了进攻库尔斯克的计划,却始终疑虑重重,举而又止,不像前两年那样干脆了。

时间拖至 6 月,苏军前线的官兵显得焦躁不安起来。他们每天都将神经绷得紧紧的,却日复一日地不见动静。这时,苏联在德国的情报网遭到破坏,最高统帅部无法确切知悉希特勒葫芦里究竟卖的什么药,只好命令中央方面军派遣大批侦察兵冒着生命危险去敌后侦察。侦察来的情报表明,德军仍在继续向库尔斯克前沿阵地移动,但到底何时进攻不得而知。

6 月下旬,德国空军开始加强对库尔斯克附近铁路枢纽的轰炸和袭击,为了争夺制空权,苏联空军第十六集团军的战机奉命迎敌,库尔斯克上空天天都有空战发生。7 月 2 日,朱可夫元帅和华西列夫斯基总参谋长提醒前方部队,德军极有可能在 7 月 3 日—6 日间发动进攻,大决战的形势一触即发。

1943 年 7 月 4 日暮色四合时分,库尔斯克前线呈现着一如往昔的平静,依稀可见四周的山庄、田野、军营在暮色中渐渐隐去:在满布着铁丝网的德军前沿阵地的旷野中,出现了一个正在悄悄蠕动的身影。由于身着伪装,他没有被哨兵发现。终于,夜幕彻底降临了,这名蠕动者加快了行进速度,爬出了哨兵的监视范围,然后迅速地消失在通往敌军驻地的路上。

苏军中央方面军司令罗科索夫斯基亲自提审了这名临阵叛逃者。这是一名德军所属奥地利军团的普通士兵,他的连队在吃晚饭的时候接到上级的命令,在明晨 3 点 30 分做好发起进攻的准备。他说他经历了同苏军对抗的多次血战,侥幸活了下来。他说自己并不愿为希特勒送命,家中还有妻子和老母。作为一名老兵,他能从一些迹象看出这点。他希望苏军能给他优待,最好能给点路费什么的。

"怎么才能让我相信你的话呢?"罗科索夫斯基问。

"不信?"士兵瞪大了双眼,"你马上派人到你们布的雷区去,德国人的工兵正在排雷哪!"

苏军前沿阵地立即派出小分队,果然发现了敌军工兵在排雷。他们打散了这些士兵,还活捉了一名。从这名德军士兵的供词中证实,那名叛逃士兵说的话是真的:德军的进攻时间定在明日凌晨 3 点 30 分!

这时,已经是 7 月 5 日的零点时分,罗科索夫斯基立即向朱可夫报告了这个消息,并提议提前对德军进行炮击。朱可夫同斯大林紧急磋商,同意了罗科索夫斯基的提议。1943 年 7 月 5 日凌晨 2 点 20 分,罗科索夫斯基向他的两个炮兵师下达了"开炮"的命令,库尔斯克大决战打响了。

德军正蠢蠢欲动,却突然遭到猛烈炮击,进攻出发阵地及观察所等前沿设施遭到破坏,数千名待命出击部队的官兵在炮火中丧生,坦克及重火器也被摧毁了不少。德军欲乘夜突袭的企图破灭,前线总指挥英德尔气得暴跳如雷,不明白自己的突袭计划是怎么泄露了出去。他立即调整部署,将进攻时间向后推迟了两个小时。5 时 30 分,德军的轰炸机在战斗机的掩护下,在苏军第十三、第四十八、第七十八 3 个集团军在 40 公里宽的战线上,由北向南对苏军第十三集团军及其左翼发动了猛烈的进攻。苏军凭借坚固的工事、四通八达的战壕和精心设计的反坦克火力点,在德军坦克行进到距工事 500 米左右时,才予以密集射击。德军新型的"虎"式坦克装甲厚、性能优良,英德尔满以为这一冲锋便能克敌制胜,未料苏军艺高胆大、准备充分,竟敢进行如此近距离的射击,第一批"虎"式坦克一下子被击毁不少,至于旧式"豹"式坦克更是损失过半。

德军的第一次冲锋被苏军击退。

8 点 30 分,德军又组织了第二次更疯狂的冲锋。如此这般,到当天黄昏时,已组织了 5 次冲锋。这第 5 次冲锋,德军动用了他们从不轻易动用的两个重型驱逐营。这两个营均由"虎"式重型坦克和先进的"斐迪南"自行火炮装备,这两样新式武器是希特勒投放战场的两张王牌,联合使用果然威力不凡,德军总算在这天晚上突破了苏军第一道防线,向纵深推进了 6 至 8 公里,但也付出了近万人的伤亡和损失 50 辆坦克的代价。

第二天,德军采用了立体攻势,天上飞机、地上坦克,遥相呼应。苏军针锋相对,也以飞机坦克应之。一场立体战争搏斗,将库尔斯克战场搅得天昏地暗。德军第九集团军损失惨重,继头天伤亡 1 万人之后又伤亡了 1.5 万人,损失 200 多辆坦克和 200 多架飞机。这天,苏军实施了反突击,但由于苏坦克第十九军耽误了出发时间,造成被动。当晚,苏军再施反突击,谁知天空星稀月明,德军空军利用这一天时之利,出动大批轰炸机,对苏军坦克纵队进行了大规模的轰炸,致使苏军坦克部队损失惨重。

第三天,英德尔出动了 500 辆坦克,并投入了预备队,向苏军发动了更疯狂猛烈的冲锋,战场上枪炮声震耳欲聋,弥漫的尘烟将阳光也遮住了。血战到下午,德军的两个营终于突进苏军阵地,推进到波内里西北边缘。苏军立即投入了一个预备师,将刚突破阵地的德军彻底打垮。

第四天和第五天,英德尔使尽了浑身解数,甚至投入了所有的预备队,仍无法取得突破性进展,兵力损失却以平均每天 1 万人和 100 辆坦克的速度向上递增。至 7 月 11 日,德军已筋疲力尽,进攻也成强弩之末。苏军不失时机,于 7 月 12 日展开全面反攻,对德军形成包围之势。苏军投入反攻的兵力多达 164 万人,希特勒急忙调兵遣将,但已为时晚矣。德军在北面对库尔斯克的攻势终以失败而告终。

然而,由德国陆军师冯·曼施坦因指挥的南方集团军群在库尔斯克南部发动的攻势却取得了一定的进展。曼施坦因进攻的重点是库尔斯克南东面的沃罗涅日。他在第一轮攻势中就投入了 8 个坦克师,一个机械化师和 5 个步兵师,出动坦克 700 多辆,兵力达 20 万人。德军使用大量坦克开路,采取楔形突击战术,首先打开一个缺口,然后扩大战果。由于对敌进攻力量估计不足,苏沃罗涅日第六集团军阵地被德军突破。7月7日,德军第四十八坦克军攻破了第二道防线,随后又击败了苏机械化第三军的反击。

在此期间,苏联空军曾为取得库尔斯克南部的制空权主动出击袭击德军第四航空军机场,由于德军配备了先进的雷达系统,苏空军偷袭未成,同德国大批战机在库尔斯克南部上空展开了激烈的空战,蒙受了巨大损失,制空权落入敌手。

7月10日,德军的第二坦克军迫使苏军退到第三道防线,第三坦克军打通了一条通往库尔斯克的公路。7月11日,德军的3个坦克军攻到奥博扬附近以及交通要道普罗霍罗夫卡的南面。苏军沃罗涅日方面军司令瓦图京面临阵地一再被德军突破的严峻异常的形势,一方面将手中所有的预备队投入战场,下令不惜一切代价顶住德军,一方面向莫斯科最高统帅部告急,请求支援。

正当瓦图京陷入极端困境的时候,由科涅夫将军率领的苏军草原方面军赶到了普罗霍罗夫卡。

普罗霍罗夫卡是一座古老的小城,由于地处要冲,其战略地位十分重要。在这座小城通往库尔斯克的路上,有一段山峦起伏的狭长地带。作战双方都看中了这个有利地形,势必攻占它。如果让德军取胜,库尔斯克必遭沦陷,这是苏军所决不允许的。因此,朱可夫下令南方集团军群投入最大限量的坦克,同敌决一死战。

苏军参加战斗的主力是新增援的近卫坦克第五集团军,该集团军共有850辆坦克,多数为先进的T-34型。指挥这支部队的是苏军著名将领罗特朱斯特洛夫中将,他身经百战,曾在莫斯科战役、斯大林格勒战役中立下战功。朱可夫直到普罗霍罗夫卡吃紧,才抛出了这支王牌预备队。而德军担任主攻的是"独眼将军"豪塞尔指挥的党卫军第二坦克师,拥有600多辆坦克,其中"虎"式坦克100多辆。

7月12日清晨,德军以"虎"式坦克开路,600多辆坦克排成数路纵队,卷起漫漫尘烟,轰隆隆地向古城压来。苏军暂时没有投入坦克,而是让防守部队以反坦克炮狙击,逐战逐退,形成梯次掩护。9点,德军坦克进入一片开阔地,罗特朱斯特洛夫一声令下,苏坦克第五集团军投入战斗。一时间,隆隆声大作,850辆苏军坦克赫然现身,古城的天空全被烟尘遮没。德军见排成长方阵的苏军坦克集群出现,立即改变战术,在双方相距1800米左右时,德军坦克停止了行进,排成横排,用密集的坦克火炮进行拦阻射击。罗特朱斯特洛夫下令突击队出击,25辆坦克以三角阵快速切进中间地带,一边开炮一边冲锋。在敌强大炮火的轰击下,突击队坦克一辆接一辆中弹起火,但其余坦克仍不顾一切地往敌阵地直冲。最后,突击队的21辆坦克被击毁,剩下的四辆终于冲入敌坦克群,打乱了德军的坦克阵形,苏军后续坦克得以一批接一批地冲入敌阵。

顿时,双方坦克纠缠在一起,开始了你追我逐的混战。苏军坦克手利用T-34型坦克灵活的性能,专门从侧面攻击德军"虎"式坦克。不时可见敌我双方的坦克在坡上坡下鱼跃行进,隆隆的炮声中,一辆辆坦克冒烟起火,灰尘、黑烟、火光搅和在一起,爆炸声震耳欲聋。这时,双方步兵也卷入了搏杀,由于敌我双方交错,几乎无法使用机枪,到处是面对面的肉搏战。不少苏军坦克手冲出被毁的坦克,用手枪和匕首同德军士兵肉搏。

作战双方1500辆坦克的鏖战,使普罗霍罗夫卡的大地颤抖不已。激战整整进行了一天,到黄昏时,双方都损失惨重。德军投入战场的 600 余辆坦克,到撤出战斗时只剩下了 200 辆。苏军虽也遭受同样损失,但坦克数量仍占着优势。

这场空前规模的坦克大战由于黑夜降临而被迫中止。豪塞尔忙了一天,什么也没有得到,不得不领着他的残兵败将退离普罗霍罗夫卡。

两天以后,苏军开始了全面反攻。苏联红军中央方面军,于 7 月 15 日发动攻势,17 日便将德军赶回到本次决战前的阵线。在奥廖尔屯兵场,德军集结了 29 个师的兵力,罗科索夫斯基向全军将士下达命令:"彻底打垮北线德军,解放奥廖尔!"从 7 月中旬至 8 月初,苏德双方围绕着奥廖尔屯兵场,展开了激烈的争夺。苏军将士奋勇拼搏,最终在 8 月 3 日夺取了奥廖尔城,取得了北线作战的全面胜利。

针对整个库尔斯克大决战的形势,朱可夫命令南部的沃罗日涅方面军,在北线奥廖尔战场作战过程中,制造种种假象迷惑敌人,暗中做好全面反击的准备。在中央方面军攻进奥廖尔城的当天,南线苏军突然对别尔哥德罗的德军防线发动了猛烈袭击,飞机、坦克同时出动,很快突破了敌军阵地,并对德军第四坦克军形成包围。德军急忙从顿巴斯抽调党卫军第三坦克军进行增援,双方进入胶着状态。

希特勒在柏林总部不断获悉有关德军进攻失利的战报,气急败坏。他十分清楚地知道,如果库尔斯克大决战再遭挫败的话,德国对苏联的作战将会出现何种结局。于是,他一再电令曼施坦因,应不惜一切代价夺取南线作战的胜利,"否则,后果将不堪设想"。

德军开始了殊死的反抗。从 8 月 1 日起,曼施坦因倾其全力进行反击,用最后的疯狂冲击着苏军阵地,至 8 月 15 日终于有了进展,苏军被迫后撤,转入防御。

然而,一个残酷的事实摆在了希特勒的面前:经过库尔斯克地区一系列的战役,德军损失巨大,元气大伤,已经无法再组织一次像样的进攻了。在整个战斗过程中,德军虽然也给苏军造成了一定的伤亡代价,但苏军是在本土作战,增援补给源源不断,德军再也不堪经受一次沉重的打击了。

果然,令希特勒万分担忧的情形终于出现了。苏军在对南线德军进行了几天的拉锯战后,再次消耗了德军的一批有生力量,然后对德军发动了最后一击:围攻哈尔科夫。

哈尔科夫是南线德军的大本营,朱可夫元帅调兵遣将,做出了誓将德军全歼于此,不使一个漏网的周密部署。从中俄罗斯高地推进而来的各路苏军部队,在肃清了哈尔科夫外围敌军之后,将该城团团围住。德军几次试图突围,均被苏军强大的反击所粉碎。面对着无路可逃的绝境,城内德军竟做出了丧心病狂的举动,在城内各处点燃了大火,顿时,火光冲天,整座城市成了一片火海。

"敌人企图用大火来阻止我们的进攻。"沃罗涅日方面军司令瓦图京向朱可夫电告。

"组织炮火轰击,坚决消灭每一个企图顽抗的敌人!"

8 月 22 日,苏军阵地上的数千门大炮对准哈尔科夫,进行了猛烈的轰击,紧接着,强大的坦克群和步兵群向据守顽抗的德军发动了库尔斯克战役中的最后冲击。至 8 月 23 日清晨,炮声渐稀,苏军步兵突破德军的最后一道防线,冲进了哈尔科夫城。至中午,城内残存德军被彻底肃清,南线反攻取得了最后胜利。

一场空前规模的大决战以苏军的胜利宣告结束。克里姆林宫得悉哈尔科夫解放的消息,斯大林下令 224 门礼炮齐鸣 220 响,以庆祝库尔斯克大决战的胜利。

在库尔斯克大决战中,苏军共歼敌 50 余万人,击毁敌飞机 3700 架、坦克 1500 辆及火炮 3000 门。该次战役胜利结束后,苏军完全把握了战争的主动权,在苏德战场上由战略防御转入战略进攻。

(十三)诺曼底登陆战

1994 年 6 月 6 日,法国诺曼底,盟军登陆纪念馆。雄壮的乐曲响起,艾森豪威尔——当年盟军最高统帅的半身铜像落成仪式典礼进入高潮。

鲜花丛中,天鹅绒布徐徐落下,艾森豪威尔威容一如当年。此刻,来自十几个国家的政要注目致意,4000 名记者的镁光灯闪成一片,全世界上亿人通过电视也看到了这一动人的时刻。

不远处,英吉利海峡仍然涛声阵阵,浪滔扑岸,似乎向这位统帅诉说着当年的伟烈和悲壮……

半个世纪前的艾森豪威尔,他并没想到盟军统帅的历史殊荣会降落在他的头上;当然,他在身后,也不曾料到,也不奢望人们在半个世纪以后,还会敬畏如初地为他树碑立传!

诺曼底——这位差不多 1000 年前的公爵威廉一世,就在此扬帆起航,率兵在英格兰南部登陆,在黑斯廷斯大败英军,打死英王哈罗德,征服了英伦。于是,他的名字也就成了英吉利海峡对面的地名。

如今,艾森豪威尔的雕像,使诺曼底再度生辉……

"霸王"就要出征!

时年 1944 年。

从生机盎然的春季开始,整个英伦就变成了大兵营,上百万的美国士兵源源不断登上这个岛国,加拿大、法国、挪威、卢森堡等被德国侵略国家也加入到了盟军的远征军行列。

博学多才的盟军最高统帅艾森豪威尔把此次行动也称为"十字军东征"。当然,他知道,他现在统率着的"十字军"远比中古西欧东征的"十字军"强大得多、壮观得多。而且,中古西欧的"十字军东征"总是基督教徒同异教徒之间的战争,而此次"东征"却是解放法国,消灭德国法西斯。

但是,如果不是罗斯福在最后一分钟改变决定,那么,1994 年在盟军登陆的诺曼底树起的就不是他——德怀特·艾森豪威尔的雕像,而是陆军参谋长乔治·马歇尔。罗斯福有意让他成为一位伟大的将军而名垂史册。

如今,这支远征军已经积聚了陆军 39 个师(美国还有 40 多个师在源源不断地运来),各类飞机 13000 多架,战列舰 6 艘,低舷重炮舰 2 艘,巡洋舰 22 艘,驱逐舰 93 艘,小型战斗舰艇 159 艘,扫雷艇 255 艘;各种类型的登陆舰艇 1400 多艘,连同运输舰只船舶共达 6000 多艘。

"战斗员和基地、后勤人员全部加起来盟军陆海空军三军官兵总数是 287 万多人,其中美军是 153 万多人。"艾森豪威尔在战役 4 年以后所著的《远征欧陆》一书中这样提到过他的兵员。

与此同时,盟军"霸王"行动的准备工作也进入最后阶段。经过连续 4 个月盟军的战略空军和战术空军对德国的铁路、公路系统猛烈轰炸,加莱、诺曼底周围 240 公里内 75% 的铁路不能使用,900 多个机车和 1.6 万节车皮被炸毁,整个法国西北部铁路系统一片混乱,德军的增援因此陷于瘫痪。

然而,已经晋升为 4 星上将的艾森豪威尔仍不敢断言此次东征必胜无疑,这倒并不是因为 4 年以前他还是中将指挥官,毕竟历史已经确定无疑地选择了他;也不是因为像有人说的他"在战场上连一个营都没指挥过",作为北非战役的统帅,他已经成熟多了,已经能把一场庞大的战争系统安排得井井有条。作为指挥官,他清楚地知道,这些军队中的 17.6 万人和一部分军车必须在 48 小时内在欧洲大陆的某登陆点上岸,而这绝对不是一件轻而易举的事情。

他所想的,是早已严阵以待、希特勒号称为"大西洋壁垒"的坚固防线。这条长达几十公里的防御体系,修筑了 15000 个钢筋水泥堡垒,潜艇基地和海军岸炮基地的墙壁和天棚用 4 米厚的钢筋水泥制成。这些堡垒还能防凝固汽油弹和毒气的袭击。沿着海岸线,德军还设下了许多反坦克陷阱、雷区、铁丝网,甚至在海岸后的沼泽地的低洼处,德军也灌入了大量海水,以对盟军的空降部队设置困难。总之,希特勒把他的军事才能和技术智慧都用上了,他要利用这个铁臂一般的壁垒,在盟军登陆部队立足未稳之时,就能把他们彻底歼灭掉。

此外,浪涛汹涌的英吉利海峡也是不能轻易逾越的天堑。数以百万计的盟军拥塞在 100 多公里宽的海峡,本来就像是一锅煮水饺,沸沸扬扬。盟军登陆可以利用的时机,是拂晓前 40 分钟到 1 个小时的潮水,借助潮水才能把登陆舰艇送上海滩。而在这一时间段里,又必须考虑月光,有月光,伞兵才更容易认清地面的识别目标。具备潮水、月光、天气这几个条件的,每个月中只有 3 天。而这些因素,希特勒也像盟军一样清楚。

但是,英美两国领导人和艾森豪威尔及他的将领们知道,这将是一场只能赢不能输的决定性大战。

1943 年 11 月 28 日,苏美英三国首脑在伊朗首都德黑兰举行了"德黑兰会议",通过了在欧洲开辟第二战场的决定。会后,美国总统罗斯福和英国首相丘吉尔又在埃及的开罗进行会晤,具体商讨了这一战场的计划,并将这次行动命名为"霸王"计划。为了这一行动的胜利,同德国苦战 5 年之久、已是人穷财尽的英国,进一步削减了居民的配给口粮,公共汽车和火车被削减到最低程度。英国人民默默地忍受着一切痛苦和灾难,纷纷排队购买配给食品,毫不犹豫地把儿子、丈夫送上前线。没有人敢想象,如果"霸王"计划失败,已经耗尽全国最后一点力量的英国公众,能否再忍受战争的煎熬。人们同样不敢想象,如果失败,会在美国、会在苏联引起何种反应,何种后果……

此时,具有外交家微笑风度的艾森豪威尔将军不能不慎之又慎,思来想去,以致眉头不展,心事重重。有人形容,这位最高统帅此时"肩章上的四颗星,每颗都有一吨重"。

当然,盟军的敌人希特勒也是如此心情。近一年来,德军在战场上呈全线颓势,他必须挫败盟军的登陆,才能集中兵力打败苏联,取得战争胜利。他在 1944 年

3月20日对西线德军将领这样说：

"我们目前在西线被拴住的59个师对东线是生死攸关的。一旦我们在西线获胜，就能把这些部队抽调到东线，彻底改变那里的局势。因此，这次战争的结果取决于西线每个人的战斗。这里的战斗关系到第三帝国的命运！"

据说，希特勒很敬重英国军人，称他们是"奇怪的、坚韧的岛民"，但他却打心眼里看不起美国人，称他们是"杂种"，没有军事传统和经验，不能吃苦耐劳，肯定是不堪一击的乌合之众。

的确，没有人怀疑上百万美国兵是来同自己一起并肩踏平恶浪翻滚的英吉利海峡，打败不共戴天的敌人，但他们平时两手插在裤袋里，嘴里嚼着口香糖，见了上司不敬礼，好像所有闲暇时间都在妓院同女人鬼混。

事实上，在安齐奥战场上，德国就开动宣传机器，"揭露"美国士兵的这些"丑行"，以挑拨英美两军的关系。

至于罗斯福和丘吉尔，没有人怀疑他们的才华，但同样也没有人怀疑他们的另一面。约翰逊就是这样用一句话来评价富兰克林·罗斯福的："自创世纪以来，此人提出最多的设想而没有做成一件。"而在F.E.史密斯尖刻的笔下，温斯顿·丘吉尔只是"将他一生中的锦绣年华投入到即兴演讲中"。显然，战争并不因为他们是伟人就给他们打保票。

据说，艾森豪威尔发出"行动"的命令后，他掏出铅笔在一张纸上写下了这样一行字："我决定在此时此地发起进攻，是根据所得的最好情报做出的。陆军、空军和海军都恪尽职守，表现出极为勇敢和献身精神。如谴责此次行动或追究责任，应由我一人承担。"

显然，这位最高统帅对这次进攻已做了最坏的打算。因为，他的确不能预料，自己的百万大军不会被希特勒的"大西洋壁垒"碰得头破血流。

盟军经过反复权衡比较，最后选择了英吉利海峡南岸的诺曼底作为登陆地点。诺曼底离英国较远，有140公里，也没有大港，但它那新月形的开阔海滩足以容纳二三十个师的登陆部队。重要的是，这里是德军在大西洋防线中相对薄弱的地区。

问题是，不能让德军知道盟军的登陆地点。

但是，希特勒并不是傻瓜。他至少替盟军圈画了两个登陆地点，一个就是诺曼底，另一个是加莱。理由很简单，加莱离英国近，最近点只有33公里。渡海登陆，距离当然越短越好，而且，以英国为基地的战斗机就可在决战半径内随时出动。事实上，德军的确是把加莱作为战略要地，派重兵把守的。希特勒自己虽然没有亲自视察过这条防线，但他让有"沙漠之狐"之称的隆美尔元帅视察过，结果，这条狡猾的狐狸认定盟军的登陆地点只能是加莱。

问题是，怎样让希特勒"坚信不疑"地认准加莱！

英国情报机关一改绅士风度，编织了一个庞大的欺骗之网，以诱使希特勒把在诺曼底的兵力减少到最低程度，至少要迟滞德军对诺曼底盟军做出反应。

伦敦监督处处长比万，是这起骗局的总设计师。他制订了一项非常接近实战的作战计划，以便让希特勒得出符合"实际"的错误结论。为此，他甚至出卖了匈牙利和罗马尼亚。

这两个国家有意改旗易帜，投靠英美。于是，英国广播公司有意无意、一点一滴地把它们秘密接触盟军的事情泄露给德国人。希特勒于是抽调了3个精锐的装甲师、1个精锐步兵师前去对付"反叛"。直到德军在法国全线溃退时，希特勒对这4个师在关键时刻不在诺曼底，才追悔莫及。

比万"骗走了"4个德国师，又跑到了苏联，摆出一副英苏联军攻打挪威和瑞典的架势。英国人虚张声势地建立起一个子虚乌有的"第四集团军群"，苏联人也煞有介事地一会儿下令部队进行滑雪训练，一会儿下发极地地区发动机保养手册。面对英苏两国咄咄逼人的劲头，希特勒也就"认真"地在挪威保留了13个师（其中一个装甲师），而且到死也没把这些精兵强将调到法国。

那么，怎样让加莱成为德军关注的焦点呢？

盟军宣布建立一个"第一集团军群"，并用木材、篷布、油漆等，制造了一大批坦克、舰船、火炮。英国电影厂的布景师则制造了假弹药库、假医院、假兵营，甚至用一大批充气坦克，制造了一个"坦克旅"。

"部队"和"装备"都有了，指挥官该出场了。他就是名头很响的巴顿。他先是神秘地"消失"了一段时间，然后藏头露尾地出现在加莱地区的正面，不时招摇过市，做些完全符合他爱出风头的习惯的事。在一次演说时，这位将军又夸夸其谈了。他说："既然命运注定要让英国和美国，当然还有俄国统治世界，因此，我们之间的理解越深，我们的工作就越好做。"本来，"霸王"行动在即，由于保密需要，英国的新闻检查极为严格，可是，巴顿的讲话全文却登在英国的主要报纸上，最要命的是，偏偏少了"俄国"二字，于是，伦敦、莫斯科、华盛顿一片哗然。

直到今天，人们仍无法解开其中的谜底。但巴顿却成功地成了中心人物，自然引起了德国方面的注意。他们认定，巴顿就是那个"第一集团军群"的司令。为了对付由巴顿率领的登陆部队，希特勒把精锐的第十五集团军集中部署在加莱地区，准备"迎击"巴顿的进攻。

除此之外，盟军飞机在为"霸王"行动做火力准备时，每向诺曼底地区投一吨炸弹，就向加莱投两吨，让德军确信加莱就是盟军登陆的地点。

希特勒的脑袋大了。他被英国人的迷魂阵搞得无所适从。他已察觉盟军在竭力分散他的兵力，但他的确不能判断哪里是盟军的登陆地点。以致盟军在诺曼底实施登陆了，希特勒还认为这只是佯攻，也不准备动用加莱地区的第十五集团军，因为那样，谁去对付巴顿的"第一集团军群"呢？隆美尔甚至提醒希特勒："我们必须估计到敌人将在别的地方发动重点进攻。"

据说，战后盟军缴获了一份准备呈交希特勒的盟军布防图，甚至十分准确地标定了巴顿那支"部队"的集结地。

德国确实中了圈套。

不过，美英两国战后对这些骗术讳莫如深，闭口不谈，给人们留下了许多至今都无法解开的疑团。

"OK，让我们干吧！"

艾森豪威尔终于下达了登陆的命令。

这是1944年6月5日4时15分。

此时，英吉利海峡乌云低沉，狂风呜咽，白浪翻滚。

事实上，艾森豪威尔的首席气象顾问、英国气象学教授斯塔格空军上校根据测算,6月4日晨7时,风力很强,云层低厚。为此艾森豪威尔已经将登陆时间推迟过一次。4日晚21时30分,在盟军一天中的第二次气象报告例会上,斯塔格带来了一个新的消息。即6月6日中午前后,天气将转晴,但只可持续12小时左右。

艾森豪威尔的命令,就是要抢在二次风暴之间的12小时发起进攻。

风高浪急,大雨滂沱。低气压横扫过大西洋向英吉利海峡扑来。大风暴使德军放松了警惕。气象站长恩斯特·温克勒尔少校已经向隆美尔报告:6月份的前15天将是恶劣天气。少校指着足有1米高的狂浪说:

"这样的天气,除非是疯子才会登陆。"

"老天帮忙!"这个把月来,隆美尔为对付盟军登陆被折腾得筋疲力尽。大约在2个月以前,希特勒似乎摆脱了英国的迷魂阵,说:"英国人为对付我们所做的一切都是假的。我不能不感到所有这一切不过是寡廉鲜耻的伪装罢了。"所以他命令把部队向诺曼底调集。但是,他仍没有把那支对付巴顿"影子"部队的精锐的第十五集团军调到诺曼底。因而,隆美尔觉得诺曼底防御过于薄弱,就命令德军和征用来的民工,日夜不停地修工事、埋地雷。其工事设计之巧妙、之坚固,种类之多,布雷面积之大,甚至超过了日本军队在太平洋岛屿的防御工事,为世界战争史上所罕见。

隆美尔根据自己同盟军作战的经验认为,除了在海岸线设置障碍,密布地雷,还应把所有的部队,特别是装甲部队前置,只要盟军登陆,就能立刻发起反击,把盟军消灭在海滩。

"成败关键在于登陆后的24小时。"他肯定地说。

现在老天爷让他终于可以松口气了。其实不需要两个星期,只要几天,盟军适合登陆的日子就已经过去。他知道,半个月后,就将进入变幻无常的暴风雨季了。这实际上预示着今冬以前盟军登陆都将成为不可能。

他要回到在赫尔林根的别墅。6月6日,是他妻子的生日。2天前他去巴黎时已经替妻子买了双瑞士产的皮鞋,他要把这份礼物送给她。

因而,就在盟军迎着狂风恶浪,浩浩荡荡驶向诺曼底,开始了重返欧洲大陆的伟大进军的历史时刻,隆美尔带着他的作战部长踏上了回家享受天伦之乐的路。

别墅,一片温馨,喜气洋洋。实际上,5日晚上,隆美尔就已经设了家宴,客人们谈笑风生,直到凌晨1时35分才散去。只是他们不知道,就在这同一时刻,盟军伞兵已经从天而降,开始在诺曼底防守海滩的德军背后着陆。

留在前线的官兵实际上已经发现了异常,但他们仍不相信盟军会在这样恶劣的条件下登陆。凌晨2时45分,值勤官兵已经听到东海岸传来的飞机引擎声,但他们却宁可相信雷达。殊不知雷达有的早被盟军摧毁,能使用的也受到了强烈干扰,根本无法报警。

事实上,当第一批伞兵空投以后和第一批进入海域的盟军战舰开始炮击诺曼底海岸的时候,隆美尔的前线司令部仍固执地认为,这是盟军的佯攻。的确,几个月来,这种轰炸、炮击压根就没断过。当然,他们也很快发现形势非同寻常。

隆美尔在别墅早早地起床了。客厅已经布置得美丽鲜亮,旁边就是那双隆美尔带来的鞋子。隆美尔心满意足地享受着远离战场的宁静和温馨。

然而,就在这时,女仆告诉他有电话。他以为是元首希特勒要召见他,但话筒传来的是参谋长斯派达尔的声音：

"盟军开始进攻了！"

顿时，隆美尔脸上血色全无，面如白纸。半晌才说："我马上回来！"

"我真愚蠢！我真愚蠢！"隆美尔放下话筒一个劲地嘟囔着。

隆美尔马不停蹄赶回了自己的司令部，又恢复了以前的镇定和自信，但他也发现，他已没有十分的把握把盟军赶回大海，他所说的"决定性的24小时"已经过去。

自1943年3月他败在蒙哥马利的手下，就泪别非洲军部下，从此再未与盟军交手。隆美尔心里一直惦记着北非之战的一箭之仇，指望在诺曼底一洗耻辱。没想到，战争刚开始，自己就陷入了进退两难的境地。

6000多艘各式军舰和运输船、商船，令人叹为观止地驶入波涛汹涌的英吉利海峡。

黎明时分，英国皇家空军的1136架飞机，对预先选定的德军阵地10个炮垒投下了5853吨炸弹。天亮以后，美国第8航空队的轰炸机开始出击，1083架飞机，在部队登陆前半个小时在德军阵地上扔下了1763吨炸弹。然后，盟军各类飞机同时出击，对海岸目标和内陆炮兵阵地狂轰滥炸。

凌晨开始，美英2395架运输机和847架滑翔机，已经从英国20个机场起飞，载着3个伞兵师向南疾飞，到法国诺曼底海岸后边的重要地区空降。

但是，此时风暴虽已平息，风力却仍很大，伞兵们被吹得七零八落。不过，这也造就了另一种出奇制胜的效果。英国的一架滑翔机竟然在距德军守卫的奥恩河桥梁仅45米处降落，守军惊慌失措，逃之夭夭。英伞军炸毁桥梁后冲进德军炮兵阵地，并全歼了敌军。

美国伞兵情况更糟。他们在空降空域，遭到了德军高炮的猛烈射击，升高以后的飞机，在强风和大雾之中，根本无法准确着陆，美第一〇一空降师6000名官兵散落在长32公里、宽24公里的地区，靠着从国内运来的电动蟋蟀玩具的叫声，互相寻找、联络、集结，第八十二空降师居然落在德国第九十一步兵师的阵地上，一落地就与敌人交上了手。这两个师实际上都没完成预定任务，只是拖住了德国的第九十一师。

接下来的戏，就是盟军登陆部队唱主角了。

英国第二集团军担负在金滩、朱诺滩、剑滩3个海滩登陆任务。为克服海滩的障碍物，英军专门研制了各种各样用途各异的坦克：压路坦克、喷火坦克、两栖坦克等，有的还具有扫雷、自己搭架过峭壁等功能。当德国士兵冲出掩体准备反击盟军登陆部队时，他们发现在惊涛骇浪之中，居然杀出一辆辆会"游泳"的坦克，而且这些坦克横冲直撞引爆了地雷却不受一点儿损伤，一时惊得目瞪口呆。而德军为打击登陆部队设计的火炮、反坦克重型武器全都失去了作用。这样，英军顺利地占领了海滩，以致原以为要遭受惨重损失的指挥员有点不知所措。本该乘势向前推进，却就地掘壕，等着敌人来反击自己。

但是，美军在"犹他滩"和"奥马哈滩"的登陆却遇到重重困难。

美军第七军第四师负责攻打"犹他滩"，但一股很强的潮汐把登陆艇冲离了原定海滩。却因祸得福，在这一大片洪水地段，德军没有设防。结果，偏离航向的美军从此撕开"铁臂"，向纵深推进。

惨不忍睹的是"奥马哈滩"。首批登陆的是美国第五军第二十九师的一个团和第一师的一个团,当部队在距海岸 3 海里分乘 32 辆水陆坦克,只几分钟,就有 27 辆被海浪吞没,沉入海底。当第一批 1450 名步兵和除障工兵在 1 米深的海水里跟跟跄跄向水际线挣扎时,就迎头遭到了德军的痛击,死伤累累。当第二批登陆部队发起冲击时,遭到了同样的命运。整整 6 个小时,美军只占了 10 码宽的滩涂。

危急关头,12 艘美国驱逐舰不顾搁浅、遭炮击和触雷的危险,开到火力范围内,用舰炮为岸上部队提供火力支援。在滩上的美军用曳光弹为舰炮指示目标,打得据崖而守的德国兵抱头鼠窜。

美军指挥官临危不惧,鼓舞士兵。第二十九师副师长科塔准将在枪弹横飞的海滩上大步行走,他喊道:"留在海滩上的有两种人,一种是死人,另一种是等死的人——现在,让我们冲出这个鬼地方吧!"第一师第十六团的团长泰勒上校也对部下喊道:"待在这里只有死!我们死也要向前冲!"

在这些英勇的指挥官带领下,视死如归的登陆队员,一步一步扩大着被鲜血染红的"奥马哈滩"。

美国海军的舰炮越打越准,战列舰上的 14 英寸火炮发出令德军丧胆的巨响,德军士兵举着双手从工事里走了出来。到夜间,美军以牺牲 2500 人的代价,换来了 3.5 万人上岸,登陆场地扩大到 8 公里。美第五军在岸上设立了指挥所,军长杰罗少将向集团司令布莱德雷发回的第一封电报是:

"感谢上帝为我们缔造了美国海军!"

事实上,美军这次吃了大亏,布莱德雷难脱干系。在奥马哈滩头海岸上,守军是隆美尔调来的德国精锐部队第三五二师。英国情报机关探明了敌情,并告知美军,但布莱德雷表示怀疑(亦说时间来不及通知),没有通知登陆部队,结果,美军损失最为惨重。

到 6 日夜晚,又有将近 10 个师的部队连同坦克、大炮和其他武器上岸了,后续部队源源而来,不断扩大着阵地范围,希特勒苦心经营的"大西洋壁垒",已经被撕开了一个 80 公里宽的大缺口,实际上为摧毁西线德军奠定了基础。

隆美尔既然不能阻止盟军登陆,那么他要做的第一件事,就是阻止盟军 5 个登陆场连成一片。

但是,隆美尔把对手低估了。数千架盟军飞机几乎不停地在战场上空巡逻、轰炸、扫射,盟军战列舰的炮火也对 25 公里之外的德军进行炮击,给德军造成了巨大的恐慌和震惊。不过,希特勒把西线装甲集群的 5 个装甲师的指挥权交给了隆美尔,这让他心花怒放。

6 月 7 日,德军勒尔装甲师的 260 辆坦克摆出咄咄逼人的气势,大有一举摆平滩头盟军之势。德国坦克专家、"飞毛腿海因茨"古德里安也夸下海口:"仅凭这个师就能把盟军扔进大海里。"

的确,没人怀疑德国坦克的厉害。坦克一直是德军的看家武器。据说希特勒非常迷信陆军和空军。据统计,1943 年,德国生产坦克达 11897 辆,飞机 22050 架,但他不知为什么不太关注海军,以致直到"二战"结束,强大的德国连一艘航空母舰也没造出来。所以,西线军总司令龙德斯泰特元帅背后称希特勒为"波希米亚下士",说他根本不懂高级指挥!

然而,不幸的是,盟军已经牢牢取得了制空权。这个装甲师在开赴前线途中,就被盟军的飞机采用紧逼式轰炸、密集型轰炸、火箭集束轰炸的战术,把这支骄横一时的坦克师打得溃不成军,没有丧命的德军只能躲进树林。

滩头盟军一次次打退了德军的反攻,并立刻巩固扩大战果,把孤立的滩头阵地联结起来。6月7日,英军出动"台风"式战斗机和战舰对英美两军阵地之间的小渔港贝辛进行炮击、轰炸,自知抵抗徒劳的守敌被迫举手投降,英美两军阵地连成一片了。6月12日,美军又占领了卡朗坦,把"犹他"和"奥马哈"又联结了起来。

总的来说,盟军还是旗开得胜的。但是,希特勒也下令德军"不得后退一步",并把驻守加莱的第十五集团军的一部调往诺曼底。

长达一个月之久的诺曼底滩头争夺战开始了。

诺曼底的地形很特别。当地农民在自家农田周围筑起大堤,土堤上栽种仙人掌或低矮的灌木丛。这些方方正正的树篱农田,成了德军的藏身之地,每一片树篱、土堤都成了一个阵地。盟军的飞机对蔚为壮观的绸缎般的农田绿格,难以发挥优势。而地面坦克、装甲车好不容易爬到土堆时,正好把装甲的"轮肚皮"暴露出来。于是等候在此的德军,神不知鬼不觉地把盟军坦克打成一把燃烧的火炬。盟军士兵最有效的武器,只能是冲锋枪、步枪、手枪,甚至刺刀、铁锹。曾经参加过瓜达尔卡纳尔战役的美军第七军军长乔·柯林斯少将凭着经验,以一码一码的速度向前推进。

进入7月,诺曼底阴雨连绵,乌云密布。盟军在这样恶劣的天气里,步步受阻,进展缓慢。7月份,布莱德雷将军用12个师向战略重镇圣洛发起猛攻。但无奈的灌木丛几乎折断了布莱德雷的剑。他的12个师用了17天时间才推进了7英里,等占领一片废墟的圣洛时,自己却损失了4万人,再也无力前进了。

从6月26日开始,英军开始了大规模冈城进攻战。2天后,当打到一个名叫"112高地"时,双方寸土必争,浴血拼杀,高地旁的奥恩河竟被尸体所阻塞,创下了诺曼底历史上的血腥纪录,英军久攻不克,开始对冈城进行大规模空袭,向这里扔下了2500多吨炸弹。然后,英军2个师和加拿大1个师以推土机开道,于7月10日占领冈城。但此时,英军也无力前进了。

其实,这段时间,隆美尔至少有2次反攻的好机会。

一次是6月19日,一场罕见的暴风雨袭击了整个英美联军阵地。大风暴刮了三天三夜,直刮得天昏地暗。盟军800艘舰船被狂风抛上了岸,数十只舰船葬身海底。大风暴同时切断了盟军海上补给,也打乱了盟军的战略部署。可惜,此时隆美尔眼睁睁地看着战机失去,因为他只有招架之功,无还手之力。

再一个机会就是冈城。隆美尔已有打算,一旦不能在海滩上消灭盟军,就把战场摆在这里,他在这一带构筑了坚固的工事,配备了强大的火力,其中有坦克、火炮和数以百计的6管火箭发射器、88毫米火炮等。可惜不巧的是,7月17日他在驱车返回总部途中,遭英军飞机袭击,车翻人伤,险些丧命。不省人事的隆美尔从此离开了诺曼底,再也未能返回前线,自然也就没有机会实施他的计划了。

盟军在一个多月的海滩争夺战中,伤亡惨重,损失了5.2万人。但德军也是遍体鳞伤,负隅顽抗。盟军将领艾森豪威尔、蒙哥马利和布莱德雷分析了战略形势,认为突破德军封锁时机已到。蒙哥马利精心组织了代号为"古德沃德塞马场"的攻势,动用 3 个装甲师、700 辆坦克,连续猛攻 72 小时,但只搠入德军阵地 7 英里,终于"马失前蹄"。但他把德军的注意力和部队吸引了过来。

与此同时,布莱德雷在右翼发起了代号为"眼镜蛇"的进攻。他要求空军以平行航线轰炸,为部队开路。谁知第一天攻击,许多炸弹就落在了自己人头上。7 月 25 日上午,2430 架飞机飞临目标,但轰炸机又违反了事先达成的协议,以同战线垂直的航线,投下 4000 吨炸弹和燃烧弹。美军死 111 人,伤 490 人,其中有刚刚"接替"巴顿的"第一集团军群"司令麦克莱尔中将。

"一颗炸弹正好落在麦克莱尔所在的战壕里,把他抛到 60 英尺以外,浑身血肉模糊,除了衣领上的三颗将星外,什么也认不出来。"一位军官这样记下了当时的情景。

但是,大轰炸给德军造成的破坏和震撼更是大得惊人。

"约有 1/3 的敌人有生力量被打死或打伤,幸存者如惊弓之鸟。只有十多辆坦克和自行火炮还能使用。装甲部队 3 个营的指挥所被摧毁。3 个配属的空降团实际上被消灭。"这是美国陆军官方的记载。

"目标地区 70% 的德国守兵失去了战斗力——不是被炸死、炸伤,就是被吓得神志不清,呆若木鸡。"德国守军第十七集团军参谋长拜尔莱因这样估计。

轰炸以后,被自己的炸弹炸得晕头转向的美军第七军的第九师、第四师和第三十师,小心翼翼地进入了被炸得如同月球表面的轰炸区。进攻很顺利,敌人就像他们脚下的土地一样没有了生机。

特别显眼的是,每一辆坦克前面都装有一个"人"字形大钢刀,刀下有一排耙齿,耙松土堤,砍断树根,开出通路,而砍断的树丛又成了坦克的隐蔽物。这一"发明"是一个士兵向布莱德雷建议的。美军凭着这种极为简单的装置,砍碎了躲在树篱后的德兵。让美军付出上万条生命的灌木树篱,终于成为德国士兵的丧身之地。而"坦克挂镰刀"也成了"二战"趣闻之一。

7 月 30 日,美军终于进入布列塔尼半岛,打开了进入法国腹地的大门。

巴顿的任务是率领新组建的第三集团军穿过突破口,冲向法国腹地,然后迂回到诺曼底的德国 B 集团军群后面。

问题是巴顿出场后,"第一集团军"的骗局怎样继续下去?

当然还得让巴顿再犯"错误"。

1944 年 7 月 6 日,巴顿秘密地飞行到"奥马哈滩"。然后,当然是"出风头"召见新闻记者了。他目中无人地阐述了他的作战理论:在密集炮火的掩护下,突破德军防线,深入法国中部,包围德国。这个想法其实和艾森豪威尔的作战计划一样。

很快,巴顿因为"胡说八道"而被"撤职"了,并被"发配"到了法国。

第三集团军一成立,巴顿立刻命令他的部队呈扇形展开。这支主力军像旋风一样,横扫诺曼底,朝克鲁格元帅 B 集团军群背后杀去。希特勒命令克鲁格集中全部装甲部队把突入法国中部的巴顿包围起来。然而,他们之间的来往电报被盟军破译了。艾森豪威尔、布莱德雷和蒙哥马利当即决定:由美军第 30 师从正面挡住德军;蒙哥马利则率军南进;巴顿则挥师北上。然后围歼 B 集团军群。

8 月 7 日,当德军推进到预定地域时,被美国装甲部队挡住。破晓后,美军第三十师居高临下,把德国坦克打得落花流水。中午时分,盟军又出动飞机一阵轰炸,60辆德国坦克和200辆卡车变成了废铁。当日夜,盟军又对钻入树林的德军发动了攻势。绝望中的克鲁格,偷偷瞒过希特勒,调来2个装甲师企图挡住盟军的进攻。

巴顿的第三集团军如脱缰之马,一路如入无人之境。推进速度之快,近乎离奇,以至于各个部队到底在什么地方他本人也搞不清楚。但他的部队正遵照他的命令:"以最快的速度,向一切可能推进的地方推进!"部队虽然各自为战,但并没有盲目乱冲乱撞。第六装甲师的一个战斗队甚至创造了打垮德军一个师的残部,自己仅仅损失2名士兵的奇迹。巴顿想用自己的快速推进,封锁住德军唯一的退路。但如果那样,美军将越过约定的分界线,他的计划未获同意;盟军失去了将德军一网打尽的大好时机。

8月15日,盟军80万大军在法国南部登陆并向北推进,与先期在诺曼底登陆的盟军相配合,对德军形成了南北夹击之势。

"这是我一生中最倒霉的一天!"据说,希特勒得知这一消息后这样悲哀地说。

次日,被困在法莱斯的德军从一条15公里的缺口开始突围。坦克、汽车、马车和人员拥塞不堪、乱作一团。一天下来,这个缺口只剩下10公里了。

17日,盟军飞机趁天气放晴蜂拥而上,飞机和大炮组成的火网下,成千成百的德军被打死。到8月19日,只有很少一部分德军得以逃脱。最惨的是德军第七集团军和第五装甲集团军的残部,被死死地扎在越来越小的口袋里,遭到飞机、大炮、机枪的轰击射杀,成为一口血肉沸腾的大锅。

"法莱斯开水壶。"德国人后来这样形容这一悲惨场面。

"我所见到的那幅景象,只有但丁能够加以描述。一口气走上几百码,而脚步全是踩在死人和腐烂的尸体上,这种情况确确实实是可能的。"艾森豪威尔也这样描述这场触目惊心的大屠杀。

"成百上千人正向我们走来,他们是德国人。他们浑身是土,蹒跚地走过来,一个个因疲劳而弯着身子。他们又绝望又萎靡。战斗使他们完全麻木了。"一个英国士兵这样记下了最后一部分向盟军投降的德军场面。

据统计,德军从包围圈向外逃窜的6天中,有1万多人被打死,5万多人被俘。有幸逃走的几万德军,没到塞纳河就被先期赶到那里的巴顿部队歼灭。其残部一直逃到900公里以外的德国边境,才惊魂未定地停住了脚。

8月25日,法军第二装甲师师长勒克莱奉艾森豪威尔之命,代表盟军接受巴黎德军投降,诺曼底登陆战宣告结束。

盟军的"十字军东征"也以胜利而告终。德军在此战役中损失40多万人,其中半数被盟军生俘,损失坦克1300辆,军车2万辆。盟军也损失21万人,其中战场上战死3.6万多人。

盟军的"十字军东征"成功地开辟了第二战场,使德国法西斯在欧洲大陆上受到两面夹击,对加速其灭亡起到了十分重要的作用。

斯大林对诺曼底登陆战役给予了很高的评价:

"这次行动按其计划的周密、规模的庞大和行动的巧妙来说,在战争史上还从未有过类似的先例。"

（十四）血刃硫黄岛

1972 年 1 月 24 日。关岛。

阿格纳·哈伊茨知事的官邸，传出一条爆炸性新闻：1944 年关岛血战幸存的最后一名日本士兵向美军投降。

这名日本士兵叫横井庄一。这位士兵的一口笨拙而难以理解的日本话，清楚地表明他尚不知道日本早就战败和战争早已结束。

事实上，此时离"二战"结束已经是第 27 个年头了。

日本历史学家户川猪佐武在后来的《战后日本纪实》一书中披露，当年关岛被美军攻占后，横井庄一与 8 位同伴逃进丛林，十几年中，在严酷的自然环境的煎熬下，8 位同伴陆续凄惨死去，幸存的横井一人孤寂凄绝，苦熬了几年，最终走出丛林投降。

关岛是马里亚纳群岛的一个重要岛屿，而马里亚纳群岛被视为日本在太平洋上的防波堤。美军突破这道防堤之后，就切断了日本同加罗林群岛的联系。加之此前攻克的马绍尔群岛，为美军海空军作战和直接轰炸日本本土创造了非常有利的条件。为此，1944 年 7 月 18 日，东条内阁被迫辞职，身任首相、陆相兼参谋总长的东条英机从此退出了军政舞台。

在这样的形势下，硫黄岛的战略地位受到了日军高度重视。

关岛战斗半年以后，作为盟军在太平洋上的最后攻势，美军第一个目标就是对硫黄岛发起进攻。

虽然关岛战败的日军散兵游勇的零星狙击持续了一年以上，横井庄一也令人难以置信地坚持到了 1972 年才举起双手，但他们却更难以想象发生在硫黄岛上那硫黄血红的惨象……

"亲爱的史密斯将军，你将负责攻打硫黄岛。这是盟军在太平洋发动最后攻势的第一仗。祝你好运！"美军太平洋舰队司令尼米兹这样说。

"是的，我的将军。"这个在太平洋战争中有"咆哮的疯子"之称的霍兰·史密斯中将，握着拳头咆哮道，"看我不把它给踏平了！"

这是 1944 年 10 月 9 日。

此前，美军已经攻占了马里亚纳群岛，强大的美国海军开始了在太平洋上的最后攻势，而硫黄岛则是攻击的第一个目标。

事实上，早在 1943 年 9 月，美国参谋长联席会议的计划人员就已经在研制攻打硫黄岛的初步计划。1944 年 7 月 14 日，美军战略空军司令阿诺德上将就曾向联合战略计划委员会提出建议，为了给 B-29"超级空中堡垒"或重型轰炸机提供紧急着陆和护航基地，必须夺取硫黄岛。美国太平洋第五舰队司令斯普鲁恩斯上将在攻打马里亚纳群岛时也提出，越过一些中间地带，大踏步前进，直取日本门前的台阶。

"太野心勃勃了！"美国海军总司令兼作战部长欧内斯特·金海军上将对这些意见未予采纳。

但在 2 个月后的 9 月 29 日，金海军和尼米兹、斯普鲁恩斯在旧金山会晤，一致同意把冲绳作为下一年度的主要进攻目标。为了给空军开辟一条"空中走廊"，他们还同意攻占硫黄岛作为辅助基地，以便 B-29 飞机可以紧急着陆。

于是，10 月 3 日，参谋长联席会议发出指令：1945 年 2 月攻占硫黄岛。随即，尼米兹把任务下达给了史密斯。而尼米兹本人也在 1945 年的 1 月底，佩戴着刚刚晋升为海军五星上将的衔服，把它的指挥部从珍珠港移到了攻占不久的关岛。

毫无疑问，硫黄岛的战略地位非常突出。

硫黄岛处于马里亚纳群岛与东京之间，距两地都约为 1200 公里。美军占领了马里亚纳群岛后，在塞班岛和关岛都建立了空军基地，而它们去空袭日本，硫黄岛是必经之地。岛上的雷达可以提前发现敌情，提前向日本本土发出警报。而且，美机这种远程轰炸，没有战斗机护航，美机经常受到由硫黄岛起飞的战机拦截，损失很大。再者，战斗机航程半径较短，不可能往返飞行 4480 公里。因而，硫黄岛的确是理想的空军基地。

对日本来说，硫黄岛的确是门户前的一块"石阶"，一旦失守，东京及日本东部地区就将暴露在美军轰炸机的打击之下。因而，硫黄岛和冲绳岛是构成日本本土南部海域上的屏障。

硫黄岛长约 8 公里，宽约 4 公里，从海上望去，它像条半浮半沉的鲸鱼；从空中望去则像一块肥猪排。在狭长的南端有座死火山——摺钵山，高 556 英尺。东北部是熔岩高地，海拔约 350 英尺。全岛地势很高，蒸气弥漫，到处是沸腾的硫黄坑。

1940 年开始，日本人在岛上修建了一个机场，翌年春又开始修建炮台。1944 年，当马绍尔群岛、马里亚纳群岛相继失守以后，硫黄岛更加受重视。很快，又修建起了第 2 个机场。东条英机在下台前的一个月，任命 53 岁的陆军中将栗林忠道为驻岛总指挥。

"军队和国家就靠你去守卫这个重要岛屿了。"东条"语重心长"地对上任前的栗林嘱咐道，他特别加重了"重要岛屿"的语气。

杀鸡也用牛刀！

美军参加过太平洋一系列战争的著名将领：斯普鲁恩斯、特纳、史密斯、米彻尔、希尔等，一起汇集到了硫黄岛。在这些著名将领的麾下，集结了美军第五陆战军中第三、第四、第五陆战师及一大批支援部队。参加这次战役的海军舰只总计达 800 多艘，飞机 2000 多架，总兵力约 22 万人。

"弹丸小岛，手到擒来。"负责担任登陆指挥的史密斯中将又"咆哮"了，显得信心十足。

的确，美军不但兴师动众，而且出手狠辣，确有"踏平"之势。

从 1944 年 12 月 8 日起，美国航空兵就开始出动 B-24 和 B-25 远程轰炸机对硫黄岛进行空袭。只要天气允许，美机的轰炸几乎从不间断，一直持续了 72 天。时间之长和轰炸之激烈，创下了整个太平洋战争中之最。

从 1944 年 11 月开始，美国海军也开始用舰炮对硫黄岛进行袭击，断断续续一直延续到正式攻击日。

据战后的统计资料表明，为了消灭岛上的 2 万多日军，美军共消耗了 4 万多吨的炮弹和炸弹，平均每个日军要承受将近 2 吨爆炸物！

但是，令美军预料不到的是，他们的狂轰滥炸，对岛上日军却有如隔靴搔痒，根本没有构成任何威胁。

栗林的工事，根本就很少有暴露在外的。

栗林担任驻岛总指挥之后，岛上的兵力已增加到 2.3 万人。计有火炮 120 门，高射机枪 300 挺，步枪和其他轻武器 2 万支，迫击炮 130 门，臼炮 20 门，火箭炮 70 门，反坦克炮 60 门，坦克 23 辆。

栗林不顾部下反对，主张纵深防御，不在海滩设防。

"海滩的碉堡修得再好，也经不住敌军舰炮的轰击，只能是白费材料和心思。"他对部下这样解释。

其实，岛上许多天然和人工洞穴组成的迷宫般的坑道，就是一座座坚固的防御工事。栗林正是依托这些，精心策划，把整个硫黄岛变成一座坚不可摧的堡垒。

根据他的命令，以岛屿中部的元山（实为一个高岗）为中心，计划修筑 28 公里的坑道阵地。为此，日军将大量的钢筋水泥运到岛上，将高炮和海防炮阵地设在凹入的地方，上面再覆盖一二米厚的混凝土。在无法构筑工事的地方，则就地掘穴，埋入坦克作为暗火力点。这样，栗林在岛上建立的据点、火力点有上千个，而且相互间构成火力网，几乎能同时对一个目标进行毁灭性打击。

栗林更利用天然岩洞构筑防御工事。在岛的南部，有的大山洞可容 2000 人，纵深 75 英尺，有十几个出入口。日军据此又挖掘了许多人工洞穴，使其彼此相连。日军可以从洞口自由向外射击，而洞口自身角度则甚至可以抵御火焰喷射器。海军的巨型海岸炮隐蔽其间，简直可以纵射海滩。以天然岩洞构筑的碉堡林立，就这样，碉堡外面还堆有 50 英尺的沙袋。岛上的制高点——摺钵山，更是差不多被掏空了，建成了一座由 9 层坑道组成的巨大堡垒。在海滩的纵深地带，栗林命令大量埋设地雷，设置反坦克炮，并特地配备了适合在岛上决战的大口径迫击炮和火箭。

栗林的防御计划，其实是一种自杀性的作战体系。他命令部队，不得射击登陆艇，也不得阻击敌人在海滩登陆。只有待敌人推进到纵深 500 码时，才允许一齐开火，务歼上岛之敌。

守岛的日军也被告知，一旦美军攻岛，生还的希望几乎没有。在地下工事内"决一死战"将是他们的唯一选择。

栗林更是这样对部队说："阵地就是自己的坟墓。每个士兵都必须抵抗到底。每个士兵至少要杀死 10 名美军。"

所以，几个月以来，美军开始炮击之后，日军只是象征性地还击几下，而重型海岸炮则始终"一言不发"，重要据点也"不动声色"，以免过早暴露目标。而美军更没想到如此重拳出击，对深藏地下的日军竟毫无威胁，防御体系也丝毫未受破坏，连暴露在外的机场也能使用。一拳打在了棉花上，连个印子也没起。

1945 年 2 月 16、17、18 日，连续 3 天，美军对硫黄岛的轰炸异乎寻常地加大了。

16 日这天，从清晨开始，美军出动大批军舰，对硫黄岛进行了摧毁性的炮击。

炮击一直持续到晚上，整个小岛被硝烟所吞没，被炮弹掀起的火山灰遮天蔽日。日军精心构筑的地下工事和海岸炮群也暴露了出来。

空前猛烈的轰击，使驻岛日军处于极度紧张状态。所以，当 17 日上午，美军派出 12 艘步兵登陆炮艇，掩护蛙人进行水下排雷和清除水下障碍时，日军以为美军实施正式登陆了,于是,隐蔽的重型海岸炮一齐开火,9艘炮艇被打坏,美军伤亡170人。

也幸亏日军的这次错误判断,以为小岛早已不堪一击的美军顿时醒悟,岛上的日军还有如此强大的火力!第二天,美军就出动战列舰,对那些新暴露的目标猛烈轰击。舰载飞机则从空中确定敌军炮位后投掷凝固汽油弹。这次轰炸,较之前2个月,才算有了点实质性打击。

2月19日,对硫黄岛的进攻正式开始了。

上午6时,美军首先进行了极为猛烈的炮火准备。45分钟后,联合远征军司令特纳海军中将一声令下,美军舰艇载着3万官兵向硫黄岛逼近。

这是一次太平洋战争前所未有的舰艇大汇集。第五舰队的450艘舰艇,汇集在总面积只有32平方公里的小岛水域,在其周围和中间,又有482艘坦克登陆艇,军舰密度之大,前所未有。如果不是栗林命令"纵深防御",日军此时集火射击,后果真不堪设想。

担任炮击的军舰待驶近海岸1000码处开始整体火炮射击,舰载飞机也开始凌空轰炸和扫射,这种由炮弹组成的幕墙式射击,在太平洋战争中还是第一次使用。

"登陆!"

随着特纳的命令,第一波68艘坦克登陆艇迅猛异常地冲向海滩。

9时许,第一波陆战队员集结队伍,第五师在左,第四师在右,开始了攻击。然而,最初几分钟的冲击,使他们开始怀疑,日军的防御是不是被夸大了?或者进攻前的弹幕射击真的奏效了?他们在登陆时几乎未遇任何抵抗,即便在海滩,原有的战斗预案也未派上用场,日军根本就未设防。冲击开始时,所遇到的抵抗也很微弱,谈不上叫狙击。倒是轻松柔软的火山灰,一脚踩下去能陷到膝部,很不便于跑步冲击。

然而,好景不长。20分钟后,陆战队员纵深推进500英尺的时候,驻岛日军根据栗林的决战方针,机场的自动武器以及摺钵山和元山地区的火炮、迫击炮一齐开火射击。这时,陆战人员才突然发现,他们被同样有如弹幕的猛烈射击压制住了。此时,最危险的是他们自己。

震耳欲聋的火炮射击,还没让美军清醒过来的时候,他们又突然发现,自己又遭到了不知来自何方的轻武器的射杀。他们只是觉得,刚才还看上去毫无异样的沙岗、岩沟,突然间变成了吐着火舌的毒蛇。3万名陆战员被迫拥挤在硫黄岛两侧一小块狭长地段,腹背受敌,伤亡惨重。

美军为了尽快摆脱困境,不顾一切地向前推进,但在那些数不清的、来自各个方向的火力点射击下,死伤累累。坦克根本发挥不了作用,它们被陷在火山灰中动弹不得,侥幸能走几步的也被日军反坦克炮火摧毁。美军只好用血肉之躯开道,靠炸药和火焰喷射器缓慢地摧毁日军的火力点,每前进一步都要付出沉重的代价。

幸好栗林的"纵深防御"给美军在海滩留下了间隙,这样,美军的后续部队不仅一波一波顺利上了岸,更把一些技术保障车和战车等需要的设备运到了岸上。这些车辆用钢板铺成道路,开山机则为战车开道,这样,美军的进攻部队才稍有好转。

"这是栗林的一大致命错误,也是最终导致日军失败的原因。"战后,一些军事史学家这样批评栗林的决战方针。

黄昏时分,美军勉强站住了脚,但损失极为惨重,3万人中有2.5万人被打死打伤,有的部队损兵折将一半以上。但第五师的一部已冲出那段狭窄的颈部,到达西海岸。余部的一部分开始向摺钵山逼近,另一部分则分攻岛北的一、二号两个机场。

夜幕降临了,激战了一天的双方都渐渐平息下来。登岛美军在艰难中度过了第一夜。据参加这场战斗的一位军官回忆说:"在硫黄岛度过的第一个夜晚只能称为一场地狱里的噩梦。黑沙滩上尸体遍布,我在太平洋其他任何战场都没有见过这样血肉模糊的尸体,有的躯体四肢分开远达50英尺。"

摺钵山,是岛上的最高点。摺钵山战斗,整整打了三天三夜。

摺钵山的岩洞、地堡等工事,显然构成了极大的威胁。这座巨大的堡垒,布有日军数以千计的火力点,在山头最高处,甚至可以俯视整个滩头,精确地指挥和校正岛上日军炮兵的射击。面对这些明碉暗堡,美军的重型武器根本无法使用。由于枪栓被火山灰塞住,美军甚至连轻武器也发挥不了作用。但顽强的美军陆战队带着手榴弹和刺刀扑向日军的地堡,有的则以枪托、镐头等可以使用的工具、武器,一步一个血印地同日军展开血战。有时,小股美军刚冲上山岗,山上的日军就从地堡里居高临下冲杀下来,幸存的美军一次又一次地同日军展开了血腥肉搏。

但是,美军的火焰喷射器还是发挥了威力。一遇到火力密集、易守难攻的据点,美军就把熊熊火焰射向洞内。就这样,美军才得以一寸一寸地向山头攀登。守山的指挥官厚地兼彦大佐不得不电告栗林说:

"目前,敌人正用火焰喷射器焚烧我军。我部伤亡甚重。如我们坚守阵地,必定被敌人消灭。我们想冲出去做最后攻击。"

栗林自然很恼火。摺钵山是他整个防御体系中的一个重点,甚至也是维系全岛命运的关键所在。所以,他只简单地答复说:

"我认为一号机场很快将被敌人占领。但是,究竟发生了什么情况,会使摺钵山在3天之内陷落?"

然而,信不信也不由你了。

23日上午,一支40人的美军陆战队队员绕过正面敌人的狙击,沿着陡峭的山坡,缓缓地向摺钵山顶攀登,领头的是上尉军官施里埃。奉营长约翰逊中校的命令,他们要把一面国旗插上这座已经攻了3天的山头。

升旗的美军还是遇到了狙击。但是日军的弹药已经用尽,只能用石头迎击美军。陆战队员手里攀着岩沟,嘴里叼着刀子,爬进小山洞,同敌人肉搏。

10时20分,激动人心的场面发生了!

施里埃上尉终于登上摺钵山头,他和另外5名士兵把美国国旗绑在一根管子上,然后把它竖立了起来。霎时,灰蒙蒙的小岛上空,出现了一面迎风招展、猎猎作响、生机盎然的旗帜。

"弟兄们,我们拿下摺钵山了!海军陆战队第五师把国旗插上摺钵山了,干得漂亮!"登陆指挥官通过扩音器把这个捷报迅速传开。

筋疲力尽的美军士兵忘记了危险,吃力地走出掩体,面对飘扬的星条旗,情不自禁地欢呼雀跃,顿时又恢复了生气。

也正在这时,美国海军部长詹姆斯·福雷斯特尔和史密斯一起上岸视察战况。这位部长抑制不住内心的喜悦说:"史密斯,摺钵山升起的那面旗帜,意味着海军陆战队名垂青史五百年。"

为什么只是"五百年"?反正没人问得那么细。

但是,这面国旗毕竟太小,从海滩望去,几乎看不见。中午,陆战队队员们又从登陆艇上拿来一面大得多的国旗,第二次把它插在摺钵山顶上。

"咔嚓!"历史性的时刻被定格了。

胖胖的随军摄影记者乔·罗森塔尔,在美军第二次在摺钵山升旗时按动了照相机的快门。这位著名的记者,之前曾为美联社拍摄过帛琉和关岛的登陆照片,颇有口碑。而当他这个胶卷送到关岛冲洗出来后,一时间成为战时最著名的照片之一。

栗林的判断的确很准。第五师的一路在进攻一号机场时,得到了第四师的配合,第五师很快攻占了这座机场。

在硫黄岛的战斗过程中,美军同时加紧了对日本本土的大规模空袭,使其减少对岛上的支援。同时,美军强大的海军舰炮和空中火力也连续不断地对硫黄岛实施轰炸。强大的炮击,对岛上日军构成了威胁。栗林中将在战斗刚开始时就这样向东京电告:

"舰炮和飞机的轰击使我们面临困境,否则,我丝毫无惧于3个陆战师的战斗力。"在以后的战斗中,美军炮火更是对日军造成了沉重的打击。

但是,日军凭借坚固的地下工事,顽强地狙击美军的进攻。岛上的许多防御坚强的据点,最终还是由步兵在坦克的近距离支持下,一个一个地摧毁的。

攻打二号机场时,美军遇到的抵抗更是步步充满了杀机。由于日军的掩体设在地下,以静制动,以逸待劳,而处于进攻态势的美军,往往不等付出牺牲就不知道敌人的火力点隐藏在哪。在日军猛烈、密集的火力阻击下,美军死伤累累,进展不大。

这天下午,军长哈里·施米特来到岛上。他和第四、第五师师长商定,由这2个师从左右两边同时向北推进。同时预备队第三师于2月21日起登陆,并从中路配合作战,拿下二号机场。在这支主力军的支援下,2月25日,第三师第十一团的两个营经过2天的激战,突破了日军的防线,摧毁了800座日军地堡,终于攻克了二号机场。

美军按预定作战计划全力向北推进。然而,陆战队越向北进,战斗就越激烈。有些地段大炮和坦克已无用武之地,火焰喷射器和手榴弹在短兵相接时大显身手。刺刀、白刃,更是常常在据点内发生。

二号机场被攻克后,美军发现机场的北面和东面有两座高地,于是立即分兵攻占,以掩护部队北上。然而,美军又像登陆时那样,一帆风顺地到达了山顶,原来日军在这两座高地上并没有重兵把守。正当美军由疑惑到情知不妙时,日军已经从四面八方向美军射击了,几乎是枪炮一齐开火,一顿暴风骤雨,美军死伤过半。

原来,这又是日军的一个诱饵,山头成了日军的伏击区。山头的美军后路被切断,无法得到支援,只得孤军奋战,勉强在山头坚持了8个小时。最后在烟幕的掩护下,带着伤员撤出了陷阱。

在另一座高地,日军同样故技重演,先把高地让给美军,等到美军到达高地,再用炮火切断其退路,然后从四面八方的据点里射杀冲上高地的美军。

事实上,在向北推进的整个战斗中,美军要占领任何一个制高点,往往要连续苦战几天,甚至几经反复,最终消灭掉一个个火力点,才能向前推进。因而,美军伤亡与日俱增,有的部队因伤亡和过度疲劳,竟减员 50%。

所以,在经历了两次高地的失败以后,美军也改变了战术。但凡要进攻某一高地,首先是廓清其周围的明碉暗堡,最后才夺取高地。并且,在进攻前,也不再盲目地发射一通炮火,敌人没打着,倒是等于通知敌人:我要进攻了,于是,美军开始在不进行炮火准备的情况下,突然发动袭击,打得日军措手不及,往往也能奏效。

史密斯"踏平"硫黄岛的咆哮,到现在终于发现这一脚"踏"下去是多么艰难!

本来,美军对这个弹丸小岛的作战计划,曾乐观地估计,4 至 5 天完全可以拿下硫黄岛,但没想到却碰上了一块硌牙的硬骨头。战斗已经整整打了一个月,美军的美梦被血淋淋的无情事实击碎了。

由于栗林的防御方针,本属攻岛战却逊无生色,阵地战、消耗战反唱起了主角。但是,疲惫不堪的美军官兵意志并未消沉,精神也没有垮掉,他们不分昼夜地与日军拼杀,一寸一寸地扩大阵地。而拼死一战的日军,也一个堡垒一个堡垒地顽强坚守抵抗,阻滞美军的北上步伐,为了对付美军坦克,日本兵竟自愿充当"人肉炸弹",抱着炸药钻到美军坦克车底下,然后拉响炸药,和坦克同归于尽。

由于几路进攻同时受阻,有的地段坦克和火炮又难以发挥作用,有时,甚至火焰喷射器也对迷宫般的据点无能为力,因而美军的伤亡人数越来越多。

"使用毒气! 在这个鬼地方,只有毒气进攻,才能制伏藏在地下的日军。"前方的指挥官打红了眼,向指挥部提出建议。

"我们不应该首先违反日内瓦公约。"尼米兹上将考虑再三,没有同意这个看来是"最有效"的进攻手段。

美军难,守岛日军更难。准备"决死一战"的栗林也不得不向国内求援。然而,美国海、空军的重兵封锁,增援根本无法实现。

孤岛,孤军,孤战。

3 月 3 日,栗林在给东京的电文中说:"我们已经丧失了大部分火炮、坦克和三分之二的军官。""我部下官兵与拥有许多坦克、占压倒优势的敌人进行寸土必争的血战,遭到难以形容的狂轰与滥炸,却死无怨言……"

美军在艰难中缓缓推进,日军阵地也在一寸一寸地后挪缩小。

3 月 9 日,美军第三师的巡逻队首先突破日军的最后防线,到达硫黄岛的东北海岸。这样,等于将最后的守军切成两段。但日军仍躲在洞穴里,负隅顽抗,有时还进行自杀性反扑,美军以凶猛的炮火予以痛击,打退了敌人的反扑。

美军开始逐步控制了岛上的战局,残余日军被分别困在几个零星的区域内,但日军的顽抗丝毫没有减弱的迹象。美陆战队第四师在一次歼灭战之后,竟发现洞内有 650 具日军尸体。而美军陆战队员有 7 名士兵为了掩护战友,竟也用身体扑向日军投出的集束手榴弹。

"这是迄今为止最为艰苦的一仗。"负责登陆作战指挥的史密斯将军感慨万千地评论说。

栗林中将带领的日军第一〇九师团的指挥部设在岛北部的沟谷内的地下工事里。这是两块袋形阵地,美军经过无数次反复争夺,第三师、第五师终于在岛的北端站住了脚。于是,美军宣布控制了整个硫黄岛。

但是,控制不等于占领。

事实上,残余日军的困兽之斗,表现出了比平时更加疯狂的抵抗。躲藏在地下的日军,甚至伤员,常常身上挂满炸药、手榴弹,等美军搜索至洞口时,突然冲出和美军同归于尽。

此情此景,又让尼米兹上将的眼前浮现出8个月以前攻占马里亚纳群岛的塞班岛的惨景:

当时,美军也是从岛的南面向北面推进,弹尽粮绝的日军龟缩在洞穴里和地下防御工事。走投无路的日本中太平洋舰队司令南云忠一海军中将和第四十三师团长斋藤义次中将只得自杀。斋藤在剖腹之前向残存的日军发布最后一道命令:全体官兵在临死前,每人要"结束7条(美军)性命来报效祖国!"

次日,残存的日军执行已故将军的最后一道命令。在一片歇斯底里的喊杀声中,漫山遍野的日本兵像一群受惊的牛群,扑向美军阵地。军官们挥舞着马刀,带头拼死向前冲,连伤病员也拄着拐棍,一跛一瘸地往前冲。最后,由伙夫、打字员和基地人员拼凑起来的几个排也冲过去送死。而在800英尺高的山崖上,妇女和小孩纵身跳入大海,母亲们怀抱婴儿从悬崖上跃入水中,士兵们则拉响了手中的手榴弹,宁死不当俘虏……一片惨不忍睹。

此时,栗林残剩的800名士兵仿效塞班岛的自杀行为,做垂死挣扎。

21日,栗林向东京报告说:"我们已经5天没有食物和饮水,但战斗意志旺盛,誓必战至最后。"

但是,栗林知道,死亡就在眼前。于是,24日,他在绝望中向东京大本营发出了最后的诀别电报:

"敌军进攻以来,以其难以想象的物质优势,由空、海、陆向我军进攻……在顽敌猛攻面前,将士们相继战死……当此弹尽粮绝,生存的全部将士拟作最后战斗时,痛感皇恩浩荡,虽粉身碎骨,亦在所不悔。兹告永诀。"

波特、尼米兹合著的《大海战》一书记录了硫黄岛上的最后一次战斗:3月25日夜,隐蔽的日军跑出洞穴进行了最后一次"敢死"攻击,当然,这已如飞蛾扑火,结果除200人被俘外,其余的全被击毙。

此前,守军总指挥栗林已经自杀身亡。

事实上,从3月上旬开始,美军已经开始了打扫战场,但即便肃清残敌的任务,也不是那么轻松。这样,直到3月26日,美军才正式宣布占领硫黄岛。历时一个多月的血刃之战终告结束。

美国约翰·托兰在他的《日本帝国的衰亡》一书中认为:硫黄岛战役是美军攻占太平洋诸岛中流血最多的一场恶仗,据他引用的数字,美国海军陆战员死亡4554人,海军死亡363人(波特、尼米兹在《大海战》中的统计的阵亡数字为约7000人)。此外,还有1.9万伤员。美国航空母舰"萨拉托加"号受重伤,退出战斗,300多人伤亡。护航航空母舰"俾斯麦海"号被击沉,损失舰员350人。

日方守军2.3万人,除1083人被俘,其余全部被击毙。

这样,实际上表明,此次战役,进攻部队的伤亡超过了守军。正因为如此,硫黄岛战役在美国各界曾引起不同观点的争议。有人认为花费如此巨大的代价夺取这么一个弹丸小岛不值得。

但无论如何,从战略进攻角度说,硫黄岛价值不菲。事实上,当岛上还在激战之时,3月4日,第一架B-29"空中飞行堡垒"战机已在岛上紧急着陆。4月7日,108架P-51野马式战机又从岛上起飞,为轰炸东京的B-29护航。之后,美军又很快在岛上修建了3个飞机场,并且在头3个月内,就有850架B-29战机在岛上紧急起降。

"到第二次世界大战结束时,美军B-29重型轰炸机在硫黄岛上共降落了2.4万架次。"持应该攻打此岛观点的人,细心地统计了这一很有说服力的数据。

的确,谁也不能否认,如果没有这个岛屿,美军的飞机就不会有更多的轰炸东京的机会,而且会因此白白损失掉。

更重要的是,此岛一失,日军所谓"内防御圈"的关键一环即告打破。事实上,它的最大意义,正是在于加速了日本法西斯的灭亡。

(十五)"冰山"直捣冲绳岛

1996年年底,日本玉野造船厂。

一艘名为"大隅"的军用舰船在指挥员的口令下,徐徐滑向深水港湾。

没有大事庆典的场面,事实上,甚至还多少带有几分神秘的气氛,这从几个军方人员写在脸上的踌躇满志的神色中可以看出来。

"这仅仅是一艘普通的军用运输舰船。"军方人员轻描淡写地对外界这样宣称。

但是,"大隅"号还是引起了日本国内甚至国际上的严重关注。

这艘建造编号为"4111"的舰船,实际上是一艘相当先进的大型两栖攻击舰。

该舰采用全通飞行甲板、舰岛偏在右侧的航母布局,长178米,宽25.8米,满载排水量为10900吨,其舰桥在外形设计上采取了隐身措施,它的飞行甲板可承受CH-53、CH-47等重型直升机的起降,后部坞舱内携带的2艘LCA气垫登陆艇可运送90式主战坦克掠海登陆。除135名船员外,该舰还可运载1000名登陆队员。

事实上,谁也不能否认,"大隅"号的作战能力并不比世界上最先进的两栖攻击舰逊色。

事情还远不止这些。"大隅"号在设计上实际上采取了灵活的变通手法。它的全通飞行甲板,其长、宽比例完全可以起降垂直起降战斗机,且部分船舱的结构也能轻易改造成带有升降设备的机库。

"军方可以利用英国宇航公司的部件,在48小时内将它改造成轻型航母。"《朝日新闻》肯定地说。所以,人们普遍认为,"大隅"号虽耗资近4.4亿美元,但其优良及潜在的作战效能,对日军确是一个很好的回报。

这意味着什么?

美日冲绳岛战役中,随着最后一艘超级战列舰的沉没,日本海军彻底覆没了。而在此前的50年,却是日本海军在太平洋作威作福的辉煌时期。

作为战败国,随着"大隅"号的下水,意味着50年后,日本海上自卫队正向不断增强其攻击力并重新拥有航母的目标迈进。虽然,它犹抱琵琶半遮面,但这正好说明它不敢以真面目示人。

的确,人们有理由引起警惕。

冲绳岛大战的硝烟似乎并未完全褪去……

"他们还要干什么?"

驻军冲绳岛的日军发现涂有美军标记的飞机在岛的上空做飞行侦察,狠狠地却也不解地嚷道。

这些飞机是美国第58特混舰队在做空中侦察照相,为美军进攻该岛作战前准备。

此时是1945年3月。

的确,此时美军进攻硫黄岛战斗正酣。日军怀疑美军的"胃口"怎么那么大。

但冲绳岛的守军不知道,"项庄舞剑,意在沛公",美军攻占硫黄岛,只是"附带"的,其真正本意是夺取冲绳岛。

冲绳岛是太平洋上琉球群岛中最大的一个。它形似一只大香蕉,南北全长不足100公里,平均宽度不足13公里。该岛位于日本和台湾的中间,距离两地都是567公里,距中国大陆海岸579公里。美军夺取了该

冲绳岛海战

岛,就可以直接轰炸日本本土,也就可以控制这三个地区的交通要道。这就是美军的作战意图。

美军还给这次军事行动计划起了名叫"冰山行动"。

美军最高决策机关的决心是志在必得,投入的海陆空军力量也是空前的。根据美军参谋长联席会议决定,两栖作战军司令奇蒙·特纳海军中将出任登陆部队的总指挥,太平洋各岛屿上的美军一律投入这次战役。美军投入的8个师的登陆部队,许多是在太平洋战争中各岛屿争夺战中战功赫赫的部队,总人数28万人。海军投入的舰船多达1500多艘,包括59艘航空母舰。空军投入的作战飞机达2500多架。为攻岛准备的弹药有6万吨,油料上百万吨,其他物资更是难以计数,仅香烟就多达300万包。这样,美军除了战斗部队外,再加上后勤保障人员,总兵力达到了45万人。

据说,美军为了准备这次空前规模的军事行动,进行了周密的筹划、研究,仅作战计划书就有几吨重!美军所以把行动命名为"冰山",大有人多势众,一举压碎只有10万守军的冲绳岛。

美军的作战意图,随着对冲绳岛轰炸力度的加大,其实已经昭然若揭。

但是,对美军在冲绳岛的举动,不仅守军大惑不解,就是日军大本营似乎也一时弄不清美军的意图。他们并不是不知道冲绳岛的战略地位,而是认为美军的实

力还不足以在日本本土发动战事。不能说此判断没有道理。事实上，美军在太平洋的一系列岛屿作战中，所付出的代价太高。美军参谋长联席会议就测算过，如果要在日本本土作战，美军至少还要付出 100 万人的代价，其实，这也是冲绳岛战后美军最终向日本投放原子弹而不是出兵作战的原因所在。

所以，3 月 23 日，美第五十八特混舰队对冲绳进行登陆前的猛烈空袭，日军大本营还轻率地判断这是美国快速航空母舰特混大队在"返航"途中的报复性袭击。

这指的是 3 月 18、19 日两天，第五十八特混舰队为进攻冲绳扫清道路，对九州的飞机场和日本内海的日本舰队，进行连续的大规模的空袭。但日本却以"自杀"性肉弹战法，使美军损失了包括富兰克林号在内的 3 艘航空母舰，800 多名舰员丧命，并损失飞机 116 架。因而，这就导致了日军判断的失误。

当然，即使如此，日本海军对冲绳的代号为"天号作战"的计划还是出台了。3 月 20 日，这个以海军大海令第 513 号下达的"当前的作战计划大纲"要求部队，"冲绳作战为当前作战的重点，应彻底地集中航空兵力，消灭前来进攻之美军主力。"日军大本营还决定，把陆、海军的航空部队统统划归联合舰队司令长官统一指挥。这些部队包括以日本本土为基地的第五航空舰队和第六航空军，以台湾为基地的第一航空队和第八飞行师团。它们总共拥有飞机七八千架。

"天号作战"命令下达后仅仅 3 天，美军就开始了对冲绳岛的进攻，反应迟钝的日军似乎这才开始恍然大悟起来……

冲绳岛外围的持续轰炸，基本上把冲绳岛孤立了起来。

3 月 23 日，第五十八特混舰队对冲绳进行了登陆前的空袭。次日，美第五舰队的几十艘战斗舰只也对冲绳发起炮击，然而，25 日黎明，美军出动 430 艘各类舰船，却首先将美军第七十七师登陆突击队送上了庆良间群岛。

庆良间群岛位于冲绳岛以西约 25 公里处，地形复杂，礁石密布。庆良间群岛的日军显然没有料到美军会突然袭击庆良间，他们甚至大感意外，占领这个小岛能有什么用？

然而，这却是美军从太平洋诸岛战役中总结出的夺人先机战术之一。美军把这里作为进攻冲绳岛的海军停泊地和补给基地。27 日，美军的第一批供应船、油船、修理船、弹药船和其他辅助船只便开进了庆良间锚地，开始为舰队服务。在战斗开始后，美军则在这里进行休整、补充。实际上，作为"冰山行动"的一部分，美军非常正确地在作战区域内建立了一个浮动的补给、修理、休整的基地。在整个战役中，庆良间岛为第五舰队立下了汗马功劳。

日军大本营现在已完全清楚了美军的进攻意图，日本联合舰队也立即着手实施"天号作战"计划。日军大本营命令冲绳岛加固工事，全力以赴守住冲绳，确保家门不失。据称，"天号"就有"命运关天"的意思。

然而，大本营的企图和守岛的作战计划却大相径庭。

按照"天号作战"计划，日军大本营的企图是把美军消灭在海上，并为此专门组织了 1000 多架自杀性特攻飞机。因此，冲绳岛的日军必须坚决阻止美军的登陆，以配合大本营的作战方针。

但是，守岛日军却不这样想。

冲绳岛守军是牛岛满中将指挥的第三十二军，辖有第六十二、二十四师团和第四十四独立混成旅团以及几千名海军陆战队,总兵力约 10 万人。但这些部队中,只有 7.5 万人是正规的作战部队,其余的有 2.2 万人的后勤部队和刚征集的新兵。牛岛满作为一名精明的指挥员,他清楚地看到,他无法守住海滩,也无法执行大本营"阻止美军登陆"的命令。他说:

"如果我的部队一味死守滩头,美军空军、海上的强大火力,就会彻底摧毁我的部队。而且,冲绳岛三分之二地势平坦,有利于坦克纵横驰骋,非常不利于防守。"

这样,牛岛满主动放弃滩头阵地,甚至主动放弃了岛上的两座机场,他把部队主力集中到了南部陡峭的山网和峡谷地带,让美军和他在岛的内地作战。根据他的命令,10 万名日军构筑了无数的地堡、碉堡、洞穴,并以壕沟和坑道贯通其间,构成一座地下防御体系。大炮、迎山炮以及坦克都隐蔽在山洞里。机枪连、迫击炮连和大批坦克,则被布置在山区的工事中,而在通往山区的所有通道上则布满了地雷。牛岛满则把自己的司令部就设在处于防御地带中间的一座古宅城堡的地下室里。

按照日军的总计划,竭尽可能长期坚持防御,主要用航空兵迫使陆上和海上的敌军进行持久的消耗战,因而牛岛满的战术并不为错。但是,日军许多将领认为他的计划过于保守,一时非议颇多。牛岛满不得不一次又一次地解释他的打法:

"我们就是让敌人的全部人马登陆,把他们一直引诱到海军大炮和空中火力都无法援助的地方。我们必须耐心、谨慎地使用我们的炮火,然后,突然行动起来,消灭入侵的所有美军!"

因此,战后有专家评论认为,日军的"天号作战"计划从一开始就已经预示着无法达到目的。

随着艇上士兵的冲锋枪一阵速射,深邃的大海深处传来了闷雷般的爆炸声。这是美军"蛙人"在清除水下铁丝障碍物。他们把一种特制炸药挂在这些障碍物上,只要子弹击中一块炸药,所有的炸药就会一齐爆炸,随着爆炸,铁丝网被抛出水面,2900 根水下木桩则随波逐流而去。冲绳岛附近的登陆通道被打开了。

登陆进攻前,美国的海军还是先打头阵。第五舰队的飞机出动 300 架次进行轰炸,炮舰发射了 5000 吨炮弹,扫雷艇则把岛的四周 4800 平方公里的水域"梳"了一遍。随即,伯纳德·罗林斯海军中将指挥的英国太平洋舰队泊在了岛的西南翼,以阻击日本海空军从台湾来支援;美军第五十八特混舰队则开进岛的东北翼,以抗击日本本土的海空军援军。

他们的进攻是真枪实弹,但却选择了愚人节这一天。

1945 年 4 月 1 日,经过 3 个小时的炮火准备以后,特纳将军一声令下,美国第 10 集团军的 4 个师从冲绳西海岸实施登陆,他们毛着腰,随时作卧倒准备。指挥员则不时借助隐蔽物,试图瞭望日军可能出现的火力点。因为,经验告诉他们:"滩头"阵地将是没有任何有利地形可以利用,只能用血肉之躯去换取的第一道必经之地。在指挥舰上用望远镜观察战况的特纳将军,他唯一的希望是刚才猛烈的炮火准备,能让登陆部队少一点伤亡。为此,他已准备了医疗船来接纳战场伤员。

但是,美军担心的情况并没有发生。登陆部队只遇到了轻武器和迫击炮的轻微抵抗。15 分钟后,4 个师的兵力就全部上了岛。由于日军在滩头没有设防,后续部队也就源源不断地开始登陆,当天就有 5 万人上了岸。大惑不解的特纳急令先头部队占领机场,上午 11 时半,美军就占领了一座机场,跑道上甚至还停有完好无损的日军飞机。其实,这也是日军主动放弃的一部分。

"我也许疯了,但是看上去日军好像放弃了战争,至少在这个区域。"特纳中将在给尼米兹的电报中这样说。

"把'疯了'以后的字全部删掉!"尼米兹严肃地提醒特纳说:"记住,今天是愚人节!"

尼米兹不相信岛上日军会放弃抵抗。

但是,接连几天,美军仍未遇到强有力的抵抗,登陆部队兵分两路,第二十四军的 2 个师向南部进军,海军陆战队的 2 个师则向东北推进。很快,日军的 2 座仍可以使用的机场归美军所有,而一部分登陆部队已与在东海岸实施佯攻的海军陆战部队第二师会合,冲绳岛实际上已经被切成了两段。

这个速度,比战斗预案提前了整整 10 天,也是自太平洋战争开战以来从未有过的顺利。

然而,从 4 月 12 日开始,向南推进的部队终于遇到了抵抗。

是日,美第二十四军的 3 个步兵师在霍奇斯少将的带领下,推进到牛岛满布设的第一道防线嘉数高地。这里地形开始复杂起来,而多日未遇日军主力的美军,早已放松了警惕,有人甚至悠闲地吹起了口哨。就在这时,突然一阵密集的枪炮声响起,猝不及防的美军前卫部队顿时被打倒一大片,呼啸而来的炮弹又把未及隐蔽的美军炸得血肉横飞。就在美军被打得晕头转向的时候,瓢泼大雨又从天而降,地面一片泥泞,坦克进攻受阻,部队终于被迫停止前进。为此,美军重新调整了兵力部署,向南进攻的兵力增加到了 7 个师。然而,由于日军死死苦战,双方陷入了可怕的僵持状态。

岛上无战事,海上空中却是一番搏杀。

当两座机场落入美军之手的消息传到日军大本营,日军首脑人物大为震惊。日军联合舰队司令部制订了名为"菊水"的连续性作战计划,对停在冲绳海域的美军舰实施攻击,使登陆部队失去后援,协助守岛的日军大举反攻,消灭美军,以阻止美军使用岛上机场。4 月 6 日和 7 日,日军 2 次攻击,美军 15 艘舰船先后被击沉。

美军在嘉数高地受阻的第二天,4 月 13 日,美国总统罗斯福不幸病逝的消息传到日本,日军首脑人物欣喜若狂,以为美军的末日来临,一再催促岛上的日军发起进攻。

牛岛满虽然在第一道防线成功地阻止了美军的进攻,但他并不想把嘉数作为最后一道防线,他坚持自己的防御思想。但军令如山,他只得听从命令。不过,他只拿出了部分兵力作象征性地反攻,他需要保存足够的后备力量。

事实上,战斗初期,大本营对牛岛满"滩头不设防"的计划就提出异议。牛岛满不得已,把 3500 名海军陆战队士兵放在了岛的北部,以此来搪塞来自各方面的责难。但他心中清楚,这 3500 人是白白送死的。同样,今天他也不愿意做无谓的牺牲。

一阵猛烈的炮击过后,日军以坦克开道,碾向美军的阵地。日军士兵则端着步枪跃出战壕,扑向进攻嘉数高地的美军。几个身上捆着炸药包的日本兵竟以自杀进攻的方式,钻到了美军坦克底下,炸毁了坦克。美军失去了掩护和依托,开始败退,疯狂的日军穷追不舍,拼命扫射败退的美军。

正在这时,美军增援部队赶到,坦克和重炮火力重新阻住了追杀的日军,舰炮和空中飞机也提供了火力支援。这样,刚才还是胜利之师的日军,反失去了隐蔽的依托,任凭美军的扫射和炮击,被迫回撤。

不过,日军的这些反攻,使美军死伤人数达5000多人。

而美军强大的后援部队到来,也迫使牛岛满更加坚定了自己制订的防御战略战术。

因为进攻受阻,美军动用各种炮火和飞机对岛的南部日军阵地进行了狂轰猛炸。日军的表面阵地被成千吨炸弹像犁地一样犁了一遍,但日军的地下工事仍很牢固。所以,虽然表面阵地荡然无存,但日军就像从地下钻出来似的,对进攻的美军予以还击。美军的伤亡在剧增,仅第二十七步兵师就有3000多人负伤。山坡上已经布满了来不及掩埋的美军尸体。

指挥过"绿色地狱"瓜岛之战和不久前的硫黄岛战役的特纳将军,开始变得暴躁起来。虽然此时美军的部队已大大超过了日军的兵力,但照这样打下去,冲绳岛就得又是一次血刃的硫黄岛,而此时负责岛上指挥作战的陆军中将巴克纳,宁愿在飞机大炮掩护下,一步步向前挪,而不习惯改变战法。大为光火的特纳将军,命令巴克纳绕过日军正面阵地,从右侧摧毁日军阵地。

4月18日,美军空中和海上炮火首先对日军西海岸主阵地进行炮火准备,守军是日本第六十二师团,在杀伤力极强的炮火下,伤亡惨重。牛岛满只得另抽调部队增援。

4月19日,霍奇斯将军指挥第二十四军的3个团对岛西部的日军阵地发起冲锋。但是,仍然遭到了敌军密集炮火的袭击。原来,牛岛满构筑的阵地,主要是依托山洞和钢筋混凝土浇筑的地下掩体,所以,即使美军海陆空炮火齐放,一次次覆盖日军阵地,仍未能从根本上摧毁这些工事。加之日军不惜一切代价坚守阵地,致使美军伤亡人数与日俱增。

相持几天之后,美军毫无进展。4月23日,尼米兹上将到战火熊熊的冲绳岛视察,并与前线将领重新研究,制订了新的作战计划。

次日,美军新的一轮攻势开始了。空中和海上舰炮在向日军阵地倾泻大量的炮弹、炸弹后,又出动了新型的喷火坦克和重型坦克,专门对付躲在山洞里、地下掩体里的日军。重型坦克犹如铁甲钢胄的怪物,披坚执锐,枪炮不入,一鼓作气冲进了日军阵地。紧跟其后的喷火坦克,只要发现有地堡、山洞,就向里面喷出凝固汽油,霎时间,这些黏糊糊的汽油产生能熔化钢铁的2000度高温,里面的日军不被烧死,也被活活烤死。

终于,在美军连续不断的猛攻之后,日军右侧防线被率先突破,不得不在坚守了12天以后,退出了嘉数。

日军第一道防线被突破以后,退到了环绕首里的以城堡为核心的防线。这道防线纵深更大,工事更加坚固。作为日军的核心阵地,守军依据密布的炮台、地堡,拼死抵挡美军的进攻。美军的攻势虽然难度越来越大,但其猛烈的程度也越来越强,一个山头,一条战壕,一座地堡地占领,一块阵地一块阵地逐步推进。

美军对冲绳岛的争夺志在必得。他们利用已占领庆良间群岛作为基地,集结、休整部队。5月1日这天,步兵第二十七师接替了北部的海军陆战队第六师;两栖作战第三军调到南部加入两翼作战;不久前占领伊江岛的步兵第七十七师接替伤亡很大、疲惫不堪的步兵第九十六师。这样,美军的战斗兵员不仅保持了生力军的状态,而且,攻打南部的兵力已增加到5个师。

但是,对美军的这些情况,岛上日军并没能充分掌握。自战斗打响以来,他们差不多是孤军作战,消息自然也很闭塞。因而,5月4日这天,牛岛满决定发动一场出其不意的反击战,以扭转固守山洞、地堡处处挨打的被动局面。

这天黄昏,正当美军士兵在尸横遍野的战场上吃晚饭时,日军突然冲出山洞,如雨般的子弹射向来不及放下饭碗的美军,炮弹呼呼地落在了乱作一团的美军人群中。

这些天来,美军都是取攻势,再也想不到日军会在这时候还能组织反攻击。慌乱中,美军扔下饭碗,抱着枪支躲到了岩石后面或工事掩体中,自己充当了一回守军的角色。被困在山洞、地下掩体的日军,变态似的疯狂怪叫着,端着刺刀扑向美军。

就在美军还未能有效地组织反击时,一队日军坦克又隆隆地碾压了过来。不过,这已是牛岛满手里的最后本钱了。为了更多地杀伤美军,以换取苟延残喘,牛岛满不惜孤注一掷。

的确,战争进行到这时,双方都已进入了紧要关头。即使美军,大有人多势众的架子,它的总兵力此时已达到了45万人,但要支持45万人打赢这场战争,美军动用了25万人组成的庞大的海上运输船队,从美国本土向太平洋的~端运送战场上所需要的一切。而美国军界越来越感到,长久坚持是十分困难的。他们在志在必得的同时,也期望尽快结束这场消耗战。

随着夜幕的降临,惊慌失措的美军逐渐稳定下来,借助亮如白昼的照明弹,美军开始组织反击。毕竟,美军在人数上占绝对优势,一旦稳住了阵脚,反击的力度就相当大。密集的炮火、枪弹射击反使暴露在山野上的日军吃了大亏。平日,美军的火力对深藏地下的日军没有机会很好地"发挥"一下,现在,他们把各种火力一齐组织起来,尤其是机关枪不停地怒吼,把日军成片打倒在山坡上。

天亮以后,暴露在光天化日之下的日军,更是遭到无情的屠杀。美军的舰队火炮和空军轰炸更加速了日军的灭亡。日军的坦克已经彻底被击毁,大量人员伤亡,满山遍野都是日军的尸体和被炮火撕碎的尸块。进攻的日军已无力组织新的攻势了。牛岛满只得下令部队退回山洞。

败下阵来的牛岛满这才发现,拼上老本的这次反冲锋,除了大批人员伤亡外,弹药的消耗也太多。这不由使他倒吸一口冷气。在没有办法补充的情况下,牛岛满命令部队节省弹药,并规定每门炮每天只能发射10发炮弹。

退回山洞的日军,重新转入了防御战。但此时,其防御能力已大大削弱了。事实上,这最后一次攻势的失败,是牛岛满以城堡为核心的首里战线崩溃的开端。但是,守岛日军在态势急剧恶化的情况下,仍和美军打起了消耗战。

5月31日,已经在冲绳岛浴血奋战两个月的美军,终于突破了日军首里城堡的防线。美军海军陆战队员激动万分地把星条旗插在了已成一片废墟的古城堡上。

两个月来,美军数千吨的炮弹差不多已将这座城堡夷为平地。城堡四周,日军精心构筑的防线、地堡、工事,有的被炸毁、有的被喷火坦克烧毁。而站在城堡,放眼回望,这块香蕉形的岛屿,已不见了葱翠的绿色,满眼是灰色的尘埃,褐色的新土,还有呛人的硝烟和腐臭的尸味。

巴克纳将军来到城堡,当他看到用毛毯裹着的美军阵亡官兵的尸体排满了整个山坡时,这位身经百战的将军缓缓把手举到了帽檐边向牺牲的官兵致敬。

人们发现,将军的两眼噙满了泪花……

困兽犹斗。

美日中途岛和此后的一系列太平洋海战,日本海军舰队由大伤元气到垂死挣扎。为了保存最后一点"血脉",日本海军中将大西泷次郎提出了惨无人道的自杀性"拼命"战术,即用特攻机、特攻艇携带炸弹炸药向美军军舰上硬撞,以炸毁美舰。为此,日本专门为"自杀攻击"而设计制造了一种飞机,并以法西斯手段培训了一批所谓"神风特攻队"队员。他们头扎白色丝围巾,携带可以由人操纵的大型机动炸弹——"樱花"自杀弹,径直冲向美军的航母。在冲绳岛海战中,日本就广泛采用了这种战术。

其实,美军第七十七师当初占领庆良间群岛时,就意外地缴获了停泊在港口的350艘自杀攻击潜艇。这种小艇的作用和性质与"神风特攻队"的飞机完全一样,不同的是它在水下攻击敌方舰船。这使得日本损失不小,而美军则消除了一大隐患。

在冲绳岛的两座机场被美军占领后,日军大本营又派出了大批战斗机,掩护自杀飞机攻击冲绳海域的美军军舰。尽管多数特攻队飞机还未来得及接近目标就被击落葬身海底,但美军还是有15艘舰船被击沉。

4月6日,日军组织了声势最大但也是最后一次海上特攻。孤注一掷的日军把最后一点血本——6.4万吨的"大和"号战列舰,在"矢矧"号巡洋舰和8艘驱逐舰护航下,驶出了日本内海,准备冲进美军舰阵,纵横轰击,尽量击毁美舰。

"光荣战斗到死! 全部消灭敌舰队!"他们出发时得到了这样的命令。而且,这支特攻舰队只装载到冲绳的单程燃料。他们并不作生还的准备。

但是,早已占领制海权、制空权的美军潜艇和一支巡逻机队很快发现了这支"拼命"舰队。负责警戒日本本土方向的美第五十八特混舰队立即派出约300架飞机,迎头轰炸这支舰队。

4月7日中午12时40分。日本九州西南50海里处。

数百架美军飞机没容"拼命"舰队到达冲绳,就用连续攻击的战法,使巨舰"大和"号身中鱼雷10枚,重磅炸弹5枚,小型炸弹无数。延至下午2时23分,这艘号称为"永不沉没"的超级巨舰终于不甘情愿地葬身海底,舰上3332名官兵,生还者只有269人,"矢矧"号巡洋舰和另4艘驱逐舰也在附近海域被击沉。

至此,从中日甲午战争(1895)年以来,在太平洋称霸50年的日本海军,终于寿终正寝,彻底覆灭了。

在特攻队的攻击下,美第五舰队也蒙受不少损失。登陆战斗开始前,日机就重创美大型航母"富兰克林"号,迫使其返回母港大修。此后,一架特攻机又炸伤了斯普鲁恩斯的旗舰、重巡洋舰"印第安纳波利斯"号,该舰也被迫撤出战斗回美国大修。最终，第五舰队司令也因此"转移"到"新墨西哥"号战列舰上指挥。

战斗期间，日机先后出动飞机攻击7852架次，其中包括特攻机2393架。总计炸沉舰船36艘、炸伤368艘、炸死海军官兵4907人、炸伤4824人。

日机没完没了的轰炸，尤其是特攻队的疯狂攻击，使美军舰只上战斗警报不停，官兵们神经高度紧张，得不到很好睡眠和休息，有的甚至得了歇斯底里或精神分裂症。士兵们比较好一些，每当军舰返回基地修理或大抢修，水兵和舰载飞机的飞行员就可以休息一下。但第五舰队的指挥官们则一直坚持岗位，过度紧张，终于难以支持。到5月底，尼米兹不得不采取非常措施，临阵换将，哈尔西接替斯普鲁恩斯，麦凯恩换下米彻尔，希尔替换特纳。

当胜利的旗帜插上城堡的时候，巴克纳将军以为战斗基本结束了，令他万万没想到的是，最后的一部分日军在牛岛满的率领下，比从前更加疯狂地做困兽之斗。

牛岛满把部队撤至岛的南端喜屋武半岛，在此部署了最后一道防线。虽然日军的抵抗只是时间问题，但日军仍然顽强地抗击着美军的一次次冲锋。

美军的海空炮火对牛岛满最后的几平方公里阵地，进行了更加猛烈的攻击，美军的喷火坦克也把日军阵地烧成一片火海。牛岛满不到万人的兵力，大炮也已损失了一大半，弹药早已告急，但残存的日军只要有可能，仍不时向美军射出密集的子弹。浑身是火的日军，更是亡命地冲出阵地，抱着美军同归于尽。

6月18日，巴克纳将军亲临火线视察，这位身经百战的将军，镇定地穿行在弹片横飞的战场。突然，一发炮弹呼啸而来，爆炸击碎的珊瑚礁石片四射而飞，不幸，一块石片击中了将军的头部，巴克纳倒在了前沿阵地，成为第二次世界大战中美军为数不多的前线阵亡的高级将领之一。

6月22日，日军残部的阵地被切成三段，抵抗势头大大衰弱。设在第89号山洞处的第32军司令部的隧道，马上就要被攻克。牛岛满知道末日已经来临了，他向东京发出了最后一封电报："我们的战略、战术、方法都已用到头了。"

枪炮声更加密集了，牛岛满命令卫生兵给每个伤员都注射了超量的吗啡，让这些效忠天皇的日军静静地死去。

22日傍晚，趁着战斗间隙，牛岛满中将理完了发，脱下军装，换上了一身白色和服。他知道，下轮美军的攻击将是毁灭性的。他拿出酒和酒杯，和他的部下一一碰杯，做最后诀别。之后，他与参谋长勇中将一起，跪在面对海岸的坑道入口处，唱起了辞世挽歌：

未及秋风度，岛上青草枯；
皇国春天里，犹望再复苏。
弹尽弓矢绝，鲜血天地涂；
魂其归来兮，守护皇国土。

挽歌声中，牛岛满用古老的武士自杀方式，切腹自杀。而长勇则让部下砍去脑袋。作战参谋们集体用手枪自杀，许多士兵用枪口顶住喉咙，开枪结束生命。

日军主力被消灭，残存日军还在继续抵抗，美军用了一个月的时间打扫战场，就这样，有的日军还坚持到了日本宣布投降那一天。

7月2日，美军太平洋舰队司令尼米兹上将宣布"冰山行动"计划结束。

自4月1日美军登陆，到6月22日日本主力被歼，陆上战斗整整打了83天。

据日本服部卓四郎所著《大东亚战争全史》记载,这次战役,包括由岛上居民组织的义勇军在内,日军约9万人被击毙,被俘者7800余人,其中一半是伤员。非战斗人员(其中大部分是居民)的牺牲超过10万人。

美军陆军和海军陆战队共伤亡4万多人,非战斗伤亡2.6万人,海军伤亡1万余人。这次战斗是美军太平洋战争中伤亡人数最多的一次,海军伤亡人数也是海军史上最惨重的。

鉴于美军为赢得这场战争的胜利而付出的巨大的流血牺牲,美军没有举行大规模庆祝活动。

(十六)柏林战役

攻克德国的权力中心柏林,无疑是第二次世界大战中无可替代的荣誉和功勋,日后也会给占领它的国家带来无法估量的政治利益。作为在欧洲反法西斯战场上付出的代价最为惨重,也是以铁腕著称的斯大林来说,柏林是他此次战争的终极目标,除了荣誉和雅尔塔会议的讨论结果外,战后重建欧洲政治版图时,苏军在这里的存在无疑是促使天平向苏联一端倾斜的重要砝码。早在1944年11月,苏军最高统帅部就基本上确定了柏林战役的企图,在维斯瓦河—奥得河战役、东普鲁士战役、东波美拉尼亚战役期间又进一步进行了明确。在美英盟军一方,此时对柏林问题发生了小小的分歧:向来对社会主义苏联持不信任态度的丘吉尔出于战后政治上的需要,强烈要求由美英军队占领柏林,而以军人角度看待问题的欧洲最高司令艾森豪威尔出于对巨大的伤亡畏惧,决定遵守与苏联业已达成的协议(该协议将柏林划入了苏军的作战区域内)。丘吉尔到底也没能说服美国人,欧洲战场最后决战的重任最终还是落到了苏军的肩上。

1945年4月初,苏军已经攻至距离柏林只有60公里的地方。朱可夫元帅的白俄罗斯第1方面军已抵达奥得河,并在屈斯特林地区夺占了数个登陆场;科涅夫元帅的乌克兰第1方面军在大加斯特罗泽至彭齐希之间逼近了尼斯河,并在某些地段逼近捷克斯洛伐克边境;罗科索夫斯元帅的白俄罗斯第2方面军肃清了格丁尼亚地区的德军集团,一部由但泽西北前出到波罗的海沿岸;白俄罗斯第3方面军肃清了德军东普鲁士集团。4月13日,乌克兰第2方面军攻占了维也纳。柏林此时已经成为一块风雨飘摇中的"孤岛",其东、南两面都直接暴露在苏军的威胁之下。

按照作战计划,自俄罗斯第2方面军实际上是担任白俄罗斯第1方面军的右侧翼保障任务,以防止白俄罗斯第1方面军受到来自北方的侧翼打击。乌克兰第1方面军只是执行助攻的任务:该方面军应以其右翼部队参加柏林战役,左翼在突入德军纵深后要左转去参加布拉格战役,其作战计划的第一方案只以近卫坦克第3集团军的1个坦克军由南面向柏林行动,其所属的2个坦克集团军(即近卫坦克第3、4集团军)的主力的行动方向是勃兰登堡、拉特诺和德绍方向。当然,该方面军也有一个以2个近卫坦克集团军向柏林行动的第二方案。苏军统帅部的最初计划将攻占柏林的任务基本上交由朱可夫元帅的白俄罗斯第1方面军来完成,白俄罗斯第1方面军与白俄罗斯第2方面军和乌克兰第1方面军的战斗分界线分别划在了柏林的北面和南面。

在准备柏林战役的时候，朱可夫曾经建议总攻应在 4 月 22 日或 23 日发起，但已经把目光放在了战后新欧洲的斯大林，为了防止英美联军抢先一步夺走自己的猎物，要求在 4 月中旬就必须开始向柏林做最后冲击。对于朱可夫向他呈报的作战计划，他在组织各方面军司令讨论确定了全线突击的作战方案后，于 4 月 1 日正式批准。根据斯大林亲自审定的战役部署，攻占柏林这一无尚的光荣理应归属于朱可夫——他的"胜利元帅"。

从实力上看，朱可夫的方面军也理应获得这样的荣誉：由近卫第 1、2 坦克集团军（其中近卫第 1 坦克集团军又加强了独立坦克第 11 军）、近卫第 8 集团军、突击第 3、5 集团军、第 3、69、47 集团军和波兰第 1 集团军及近卫骑兵第 7 军和最高统帅部炮兵部队组成的白俄罗斯第 1 方面军，在柏林正面集中了 77 个步兵师、3155 辆坦克和自行火炮、14628 门火炮和迫击炮以及 1531 门火箭炮——他的技术兵器相对于整个柏林地区的德国军队来说，已占有绝对优势。朱可夫 4 月 12 日的战役命令则再一次体现了他集中优势兵力实施纵深突破的习惯：每个集团军在预计的进攻中正面只有 7—10 公里；在 30 公里正面上，平均每公里部署了 76 毫米以上炮 270 门-300 门、坦克超过 40 辆。

德军在柏林方向的防御是重兵密集的纵深防御，包括奥得河—尼斯河地区及柏林防御地域：奥得河—尼斯河地区构筑三道防御地带，纵深 20—40 公里；柏林防御地域包括外层、内层和市区三道环形围郭。在屈斯特林登陆场之前和科特布斯方向，防御工事尤为坚固，这里集中了最强的军队集团。屈斯特林登陆场的德军每 3 公里正面 1 个师。每 1 公里正面 60 门火炮、17 辆坦克。德军统帅部采取了各种措施，阻止苏军夺取柏林。而盟国也想抢占柏林，尽管反希特勒同盟各大国就柏林划归苏军作战区已达成协议。为了拔掉苏军在奥得河西岸的屈斯特林桥头堡，德军在不影响防御稳定性的前提下已经尽了全力：空军甚至杀鸡取卵式的出动了"寄生飞机"——异想天开的德国工程师在战争后期把一架 ME109 或 FW-190 和一架 JU88 放在一起组成的怪物，在目标区上空分离后，在战斗机驾驶员操纵下，无人驾驶的 JU88 会像导弹一样携带 3800 公斤炸药撞向目标。但苏联红军历来在固守桥头堡方面颇有一套，无论是第聂伯河的渡口还是后来苏共总书记勃列日涅夫引以为豪的"小地"（这是有理由自豪的），德军都没能消除苏军的桥头堡，在苏军已经空前强大的 1945 年，德军这样做显然是徒劳的。

与身为政治家的丘吉尔一样，斯大林此时的眼光已经不仅仅局限于战场，为了保证日后与波兰的流亡政府在博弈中有更多资本，此计划中参加柏林战役的除了苏联红军，还包括波兰第 1 和第 2 集团军——这支由"流亡"苏联的波兰共产党员和 1939 年被俘的波军组成的队伍也是有相当战斗力的，他们分别被配属于白俄罗斯第 1 方面军和乌克兰第 1 方面军。1944 年底到 1945 年 3 月，苏军向他们提供了 1 个 SU-85 自行火炮团（第 13 团）和更多的 SU-76 火炮，除此之外，苏军还为波兰军队提供了 T-34/85 坦克 328 辆，并以 71 辆 IS-2 坦克组成了波兰第 7 和第 8 两个重型坦克团（不过柏林战役前，这两个团已经损失了 45 辆坦克，剩余的 IS-2 中有 21 辆又支援了在柏林以东损失较大的苏军）。

为了确保自己的计划能够顺利实施，苏军按照最高统帅部划定的进攻分界线，各方面军在 4 月 5 日-7 日进行了沙盘图上的演习。当然,在这最后一次攻势即将开始前,苏军虽然在兵力和兵器方面享有极大的优势,并且做出了周密的安排,但在德国腹地,如果想象斯大林格勒的"天王星"行动一样达成进攻的突然性是件非常困难的事——尽管苏军在战役前采取了很多隐蔽措施,但在随后的战斗中这些努力被证明基本上是徒劳的。在 1945 年 4 月 15 日,一个在屈斯特林桥头堡南部被俘虏的苏军士兵告诉德国人,第二天早上,得到新式坦克和强大榴弹炮加强的苏军将发动强大的攻势,他同时供称,由于红军此前在德国领土败坏的军纪,斯大林还要求前线部队必须军装齐整、梳洗干净,以"有教养的形象"出现在柏林。德国将军闻此消息后得出的结论是,俄国人准备在德国建立长期的共产主义制度,而其中心就是目前还在第三帝国手中的柏林。

直接参加柏林战役的苏军共计 3 个方面军和配属的空军(即白俄罗斯第 1、2 方面军和乌克兰第 1 方面军),波罗的海舰队一部,空军远程航空兵第 18 集团军(飞机 800 架),国土防空军和第聂伯河区舰队,再加上参战的波兰 2 个集团军,苏军总兵力达到了 162 个步兵师和骑兵师,21 个坦克军和机械化军,4 个空军集团军,总兵力 250 万人,火炮和迫击炮约 4.2 万门,坦克和自行火炮 6250 余辆,作战飞机 7500 架。

德军主力此时仍在集中对付苏军。至 4 月 16 日前,在苏德战场作战的共有 214 个师(其中 34 个坦克师,15 个摩托化师)外加 14 个旅。而当时对美、英军作战的只有 60 个人员装备不齐的德国师,包括 5 个坦克师,仅有约 200 辆坦克。防守柏林方向的是 G.海因里希上将指挥的"维斯瓦"集团军群(坦克第 3 集团军、第 9 集团军),舍尔纳元帅指挥的"中央"集团军群所属坦克第 4 集团军、第 17 集团军(总计 48 个步兵师,9 个摩托化师,6 个坦克师,以及许多其他部队和兵团,共约 100 万人、火炮和迫击炮 10400 门、坦克和强击火炮 1500 辆、作战飞机 3300 架)。陆军总部预备队有 8 个师。此外,在柏林市还组建了 200 多个国民突击队营,守军总兵力超过 20 万人。

4 月 16 日凌晨 5 时整,朱可夫下达了攻击命令,140 多个探照灯一下子全部亮了起来,把德军阵地照得通明,20 分钟后,苏军的炮弹呼啸着倾泻到德军的防御阵地上,轰炸机轰鸣着向德军头顶投掷下大量炸弹,整个大地都在可怕的颤抖之中。苏军乘机向对方阵地冲去。很快,朱可夫的白俄罗斯第 1 方面军突破了德军在柏林外围的第一道防御地带。与此同时,南面科涅夫的乌克兰第 1 方面军亦于 4 月 16 日晨在尼斯河畔发起进攻,并且迅速渡过了尼斯河。

朱可夫的白俄罗斯第 1 方面军突破了德军第一道防御地带后,当天中午即进抵到德军第二道防御地带,但是,当苏军推进到该防御地带的枢纽泽洛夫高地时,却遭到德军的顽强抵抗,德军凭借有利地形,顽强扼守每一条战壕,每一个散兵坑,使苏军损失惨重。朱可夫不断增加突击力量,并将 2 个坦克集团军投入战斗,但几次进攻都被德军打退。4 月 17 日晨,朱可夫集中了方面军的几乎所有火炮,在猛烈的炮火准备后,近千辆坦克排成一列纵队向前推进,前面的一批坦克被击中起火,后面的顶走它继续前进。苏军士兵高喊着口号向前冲击,前面的倒下了,后面的接着往上冲。此时防守在高地上的德军已是伤痕累累,最终经受不住苏军狂潮般的冲击,开始向柏林市区方向退却,4 月 18 日晨,苏军终于攻占了泽洛夫高地,歼灭守敌近 3 万人，并继续向柏林城挺进。20 日晨，白俄罗斯第 1 方面军先头部队第 3 突击集团军在库兹涅佐夫上将的率领下，抵达柏林近郊，使整个柏林城市区处于其榴弹炮和加农炮的射程之内。20 日下午 1 时 30 分，苏军的地面炮兵群首次向柏林城内轰击。

奥得河畔德防线彻底崩溃后，任何一个清醒的人都可以看出，第三帝国存在的日子已经屈指可数了。4 月 20 日，前一阶段尚未全面投入交战的罗科索夫斯基元帅指挥的白俄罗斯第 2 方面军渡过奥得河发起了总攻，以牵制并歼灭德军第 3 坦克集团军主要兵力，保障白俄罗斯第 1 方面军的右翼安全。得到步兵支持的乌克兰第 1 方面军，顺利攻占了措森后，向柏林以南攻击，并即将切断德军"中央"集团军群和"维斯瓦"集团军群的联系。进攻一直不太顺利的白俄罗斯第 1 方面军，在 20 日局面则终于有所改观：19 日日终完全控制泽劳高地后，部队半天之内就推进了 10 余公里，并攻占了明赫贝格等德军据守的要点。对于明赫贝格这样的小城镇，苏军则是以先遣小分队尾随溃退的德军冲进城区，然后在主力到来时再里应外合，瓦解了德军仓促间建立的防御。

为了迟滞苏军，德军不得已派出了一些坦克和强击火炮进行自杀式的伏击，尽管偶尔能略微打乱苏军进攻的节奏，但德军在柏林外围的防御土崩瓦解的事实谁也改变不了。"这一天，"德国第 56 装甲军军长魏德林后来回忆道，"这是德军最为困难的一天，各部队遭受了巨大损失，筋疲力尽，再也顶不住优势苏军的进攻"。

当天的 13 点 50 分，突击第 3 集团军步兵第 79 军远程炮兵的 152 毫米加农炮和第 47 集团军近卫第 30 加农炮旅 203 毫米加农炮开始炮击柏林——这是德国首都 20 世纪以来首次遭到敌军地面炮火的袭击。直到第二天，德国人才发现，他们受到的轰击不是来自空中，而是来自近在咫尺的攻城苏军。不久德国人从动物园防空掩蔽部上的观察所，发现红军炮群距离柏林只有 8 英里——从这一刻开始，将有 180 万发苏联炮弹——也就是 36000 吨钢铁被无情地倾泻在柏林城内。

整个柏林市，这时已经在所有居民和守军的努力下成了一座巨大的堡垒，德军把城市接近地分成了 3 道防御地区：外阻击区、外城廓和内城郭。柏林城内的防御，共分为 9 个防御区。市区构筑了交通壕并普遍地筑起了街垒，所有的临街建筑都被改造成为防御工事，高层建筑的窗户被加固后封死成为射击孔，以和地面上的街垒及地下射击工事构成交叉火力。在街道上，除街垒外还增设了防坦克障碍、鹿砦和混凝土工事。所有的火车站、桥梁和叉道口的接近地都被改造为坚固的支撑点，各条运河也是重要的防御地区。由于美英空军对柏林的空袭已经结束，为了不让保卫帝国首都天空的众多大小口径高炮"失业"，大量高炮被抽调去加强地面守军的火力，其中不乏威力巨大的 88 毫米高射炮。正在修理中的坦克，只要火炮还能射击就被拉去作为固定火力点使用，隐蔽在十字路口和铁路桥边。

有意思的是，4 月 20 日这天也是希特勒的生日。在炮声中，希特勒的情妇爱娃·勃劳恩精心设置了一个生日晚会，戈林、戈培尔、希姆莱等第三帝国的缔造者和邓尼茨、凯特尔、约德尔等尚在柏林的高级将领悉数出席了这最后的晚餐。除希特勒外所有在座的人，此时都已意识到柏林存在的日子已经不多了，但希特勒倒没显得特别沮丧，他对在座的人断言："俄国人在柏林城下要遭到最惨重的失败。"不过，晚会刚结束，不少人就开始准备逃跑。

4月21日，苏军在前一天全线突破的基础上，开始部署对柏林的进攻，柏林已被苏军团团围住。刚刚度过生日的希特勒到这天却还没有绝望，在3月6日被任命为柏林城防司令的原第11步兵师师长雷曼将军则摆脱了这个毫无前途的职务，希特勒要亲自掌握柏林防务——由于4月18日希特勒就下令："柏林划入第9集团军防区。柏林地区的所有武装部队，其中包括国民突击队，均应由第9集团军指挥。"这一天希特勒接管柏林防区后，亲自下令给党卫军的施坦因纳将军，叫他向柏林南郊的苏联红军乌克兰第1方面军的部队发动全面的反攻。柏林地区的所有一兵一卒。包括空军部队则也将全部投入战斗。

发布命令的当天和第二天，希特勒一直在焦急地等待着施坦因纳反攻的消息。然而施坦因纳并没有反攻，凭他手中的4个残缺不全的师去反击苏联的坦克集团军，无疑是以卵击石。巧合的是，这一天，已经与德军城防部队交火的崔可夫近卫第8集团军等部队，按朱可夫调整后的计划需要调往柏林南部和东南，因此也面临着阵前转向这样比较复杂的局面。如果德军此时有能力采取积极行动，很难说柏林战役的日期是否还会拖延几天。然而，朱可夫令近卫第4军继续佯攻等隐蔽措施也没发挥多大作用——因为柏林城内的德军高级将领已经完全失去了战斗的勇气，根本不愿意采取任何积极的行动。在柏林以南的第9集团军一部分部队，也已经处于即将被苏军合围的态势中，已难以挽救帝国的命运了。对于在科特布斯已经所剩无几的第4装甲集团军，希特勒的命令是向第9集团军靠拢。在与乌克兰第1方面军的交战中，该集团军南翼取得了一些进展，但面对源源不断的苏军，希特勒的期望很快也落空了。

4月22日，白俄罗斯第1方面军突击集团所有的集团军都基本完成了调整，开始在市区全线展开作战。从朱可夫手中获得分享柏林权力的科涅夫乌克兰第1方面军，也将实力最强的近卫坦克第3集团军前出至柏林南郊特尔托运河一带。同日，在柏林西南的易北河畔，温克将军的第12集团军按希特勒的命令，彻底放弃了对西线的防御，期望加入柏林城防中去，但此时苏军已经到达了柏林以南，第12集团军几乎寸步难行。当天晚间，奉希特勒的命令，德国国防军统帅部长官凯特尔元帅前往温克将军的司令部，督促该部向柏林进发。在苏军方面，情况开始分化：一部分仍处在柏林外围的苏军，在向柏林市区的进击中可谓一帆风顺，特别是近卫第29步兵军，当天就前进了15公里，而已经遭遇到巷战的苏军，则开始再一次寸步难行。按照朱可夫命令投入市区作战的卡图科夫近卫第1坦克集团军，在城市外围巷战的第1天付出了巨大的代价。

4月23日，白俄罗斯第1方面军第二梯队第3集团军连同近卫骑兵第2军投入交战，隔断了德军第9集团军与柏林的联系。在柏林市区外围，别尔加林将军的突击第5集团军经过从凌晨开始的激战，强渡施普雷河后终于攻克了德军坚固设防的西里西亚火车站，菲尔索夫将军的第26步兵军和列热宾将军的第32步兵军率先冲入环城路以内的市区。紧接着，第9步兵军也渡过施普雷河插入德军内城。

4月23日，原来部署在柏林郊区利希特非尔德士官学校兵营里的元首警卫队2000多名战斗人员在党卫军旅队长孟克指挥下，行军7英里，进驻希特勒所在的新总理府。与希特勒做出同样选择的，除了一些死忠的"粉丝"和迫于律令的德国人，党卫军"诺尔兰德"师的挪威人、瑞典人，也即将退入柏林，甘愿为即将灰飞烟灭的"千年帝国"殉葬。

战场总是以瞬息万变呈现在作战计划制定者面前的:在苏军面前出现意料外不利的同时,也有些意料外的惊喜。4月22日夜到4月23日凌晨,近卫第8集团军正在考虑如何强渡施普雷河时,苏军近卫第28、29军各部队已前出到河岸边。战士们在那里发现了很多供运动用的划艇和摩托艇,还有几艘载重量很大的驳船。各分队指挥员未等接到命令和指示,即在夜幕的掩护下渡过了施普雷河,然后,苏军又顺利强渡了达米河。渡河之后。近卫军营长谢马金和他的轻装步兵在没有重型火器支援的情况下,即通过环城公路,在森林的掩护下向市区进发,并且利用德军的疏忽和森林的隐蔽,以突袭方式歼灭了负责控制施普雷河渡口的德军。

4月23日之后,苏军的柏林巷战转入了以强击支队和强击群为主要方式的新阶段。苏军的进攻行动像正在收拢的绞索,在柏林市的周围越拉越紧。白俄罗斯第1方面军近卫第8集团军、突击第5集团军、突击第3集团军、第28集团军等部已经从西南、西、北、南方向深入市区,进展最快的近卫第8集团军部队与乌克兰第1方面军的部队在舍纳威德机场和特尔托夫运河会师。至此,柏林一带的德军被分割成两个部分:柏林集团和法兰克福—古本集团;德军在柏林东南作战的第9集团军和坦克第4集团军各一部组成的强大的古本集团,已被苏联两个更强大的方面军合围。同时,该近卫第8集团军将进攻方向由南转向西北,与近卫坦克第1集团军一起向市中心突击。在柏林城外,第47集团军和近卫第2坦克集团军则从城北绕过市区后开始转向南下,即将与乌克兰第1方面军近卫第3坦克军北上的部队会师。科涅夫的乌克兰第1方面军在以主力关注法兰克福—古本集团外,坦克第3集团军也开始以一部兵力从柏林以东北上合围柏林,集团军主力从柏林市的南郊杀入市区,傍晚,柏林通向外部的最后一条主要公路被苏军切断。

在柏林以南,乌克兰第1方面军所属雷巴尔科将军的近卫坦克第3集团军在马林多夫区与崔可夫的近卫第8集团军左翼会师,加强有卢钦斯基第28集团军3个师的近卫坦克第3集团军肃清了柏林西南郊的敌人,正在进行争夺施马尔根多夫的战斗。由于协同方面出现了问题,雷巴尔科的坦克兵遭到了苏军自己的航空兵的攻击而受到了损失。为了解决这个问题,苏军大本营下达了训令,确定了白俄罗斯第1方面军与乌克兰第1方面军的战斗分界线,这条分界线由腾瓦尔德通过马林多夫、腾珀尔霍夫直到波茨坦车站,线上各点均由乌克兰第1方面负责攻击。在4月25日日终时分,从柏林东北部南下的白俄罗斯第1方面军第47集团军和近卫坦克第2集团军的部队与乌克兰第1方面军近卫第3坦克军,在柏林以东的凯特坎地区会师,柏林市已经完全陷入了苏军的包围。但在市区的战斗中,尽管配属了步兵部队并根据斯大林格勒等城市作战经验组织了强击群,但近卫坦克第1集团军已经有点力不从心了。为了保证向市区挺进的速度,朱可夫将方面军预备队——戈尔巴托夫将军的第3集团军沿近卫坦克第1集团军的路线投入交战。

此时的围城中,不管德军的兵力是9万、12万还是20万,有一点是可以肯定的:在强大的苏联攻城部队面前,他们处于绝对劣势。到了4月26日,直接攻击柏林城的苏军共有464000人,装备12700门火炮和迫击炮,2100门火箭炮,1500辆坦克、自行火炮。天空已经成了苏联飞机的天下,他们扫射地面任何一个看不顺眼的目标——仅从兵力对比上来看,就能看出德军的失败近在眼前了。但是,苏军对胜利即将到来的憧憬又一次落空了。在柏林城高大的砖砌楼房,贴着巴伐利亚啤酒、巴黎美容膏的广告牌和各种宣传品的灯柱之间,残酷的最后战斗开始了。苏联人的坦克开进了柏林,在红军"像辛勤园丁在花园里洒水般"倾泻炮弹的时候,有经验的德军战斗人员则躲到地下室里。而炮击一停止,他们就爬到上面,依托每一条街道和每一座楼房向苏军射击。由老弱病残组成的国民突击队和"铁拳"再次发挥了意想不到的巨大作用,而德国空军的 88 毫米高射炮则成了苏联坦克的第 2 号杀手。在碎石成堆的柏林街道里,只要有一辆坦克被击中,其余的坦克就会被堵塞,然后德国人就可以用反坦克火箭弹逐个从侧面加以消灭。在市区建筑内,狭路相逢的两军官兵还展开了刺刀见红的白刃战,一个苏联士兵在把德国人掐死以后,才发现自己的肚子也被划开……柏林地下的下水道、地铁、地下管道和排水沟也变成了战场,德国人利用这些区域机动兵力,甚至往往能出现在苏军的背后。

4 月 26 日,白俄罗斯第 1 方面军和乌克兰第 1 方面军展开了大规模的强击柏林作战行动。初期进展较为顺利,但随着与市中心的距离越来越短,德军的抵抗越来越猛烈,苏军的推进速度也缓慢下来,为了支持强击群的战斗,苏军 1 万多门炮每隔一段时间就同时开火射击。此时,柏林上空已看不到美英轰炸机的影子,取而代之的是涂着红星机徽的苏军强击机和轰炸机。

白俄罗斯第 1 方面军负责从柏林的东面、北面和西北向柏林市区攻击,乌克兰第 1 方面军负责从柏林的西面和南面向柏林市区进攻。柏林市区被施普雷河一分为二,全长数十公里。崔可夫的近卫第 8 集团军沿着兰德维尔运河向着提尔加登攻击。近卫第 8 集团军即在斯大林格勒战役中坚守斯大林格勒,立下赫赫战功的第 62 集团军——这个集团军有着丰富的巷战经验,特别注意发挥自动火器的近战作用和大威力火炮、坦克炮直瞄射击的毁灭性火力。在 4 月 26 日这一天,近卫第 8 集团军向柏林市中心推进了 3 公里,在个别地段上推进 4 公里左右。要知道这是一个相当不错的成绩,市区作战一般情况下苏军每昼夜只能推进 2 公里左右。该集团军右翼部队已进至布里采尔—茨维格运河,该运河在特里普托夫公园附近注入施普雷河,集团军左翼以及在主要方向上作战的部队攻占了布里茨和马里恩多夫两市区,并继续沿帖尔托夫运河向前运动。

近卫第 8 集团军的近卫步兵第 39、79 师各团在强渡帖尔托夫运河后,立即对滕佩尔霍夫机场展开攻击。腾佩尔霍夫机场是当时柏林市能够使用的唯一"空中通道"。为了掐断这一"空中通道",防止德军将领们乘飞机逃走,苏军用两个师包围了机场。苏军炮兵奉命以火力控制起降场。由于不了解地下机库出口的具体位置,苏军强击支队只好以机枪火力封锁了通向飞机跑道的道路。到 4 月 26 日中午,整个腾佩尔霍夫航空港及飞机场,连同地下机库、通信枢纽都被苏军占领。此时,柏林通向外界的所有通道全部被封闭,德军被全部歼灭只是时间问题了。在苏军的强大攻势下,不但"国民突击队"的防线一步步后撤,4 月 26 日夜,尚有一些坦克的"明赫贝格"装甲师也抵挡不住苏军的压力,开始向 A、B 防御区内线。不过在选帝侯大街教堂前的广场上,武装党卫队则利用地雷,再一次阻止了苏军以独立重型坦克第 34 团为先导发起的攻势。

27 日,柏林的争夺战已经向市中心一带转移。根据东线战场的丰富经验,苏军在巷战攻坚中基本依靠强击支队和强击群。强击支队和强击群是指执行强行攻击坚固目标的战斗编组,强击支队通常下设若干个强击群。实际上,早在斯大林格勒战役时,苏军就编组并使用了强击群,这时使用自然也是轻车熟路。

为了对付苏军的强击群和空前强大的火力,德军的防御部队只能采取"打了就走"的战术,用手榴弹、铁拳、机枪和迫击炮对苏军进行灵活的狙击和偷袭。在街垒固守的部队,特别是庞大的88毫米高射炮,由于行动不便,往往在第一轮战斗后就会成为苏军重炮或强击机的牺牲品。城市作战同样影响德军坦克的机动性,其装甲车辆主要用于在有利地势下进行伏击。由于无法依托街垒或建筑物挡住苏军的去路,因此尽管德军的袭击可以给苏军造成较大伤亡,但对迟滞苏军行动的影响并不是特别大。在4月27日的日终时分,苏军已进至德军的最后防御地区——提尔加登,这里距离包括帝国办公厅、国会大厦等德国的核心权力机构已非常近;近卫第8集团军和近卫第1坦克集团军也进入了市中心区,在空军部一带与德军肉搏。在乌克兰第1方面军地段内,德军虽然也在逐步后退,但战斗同样极为紧张激烈。雷巴尔科的近卫坦克第3集团军已经攻占过很多城市,以往每次都是通过机动和迂回,迫使德军放弃城市。但这次完全不同,每一寸土地都必须一寸一寸地攻占,擅长机动作战的坦克军团陷入了城区作战的泥沼。此时,苏军进攻节奏暂时停顿了下来,整个德军柏林集团已被压缩到市区由东到西的一条狭长地带,这一地带长16公里,宽2—3公里,个别地方宽5公里。

即便在夜间,战斗也没有停歇,从空中飞行员们可以看见苏联士兵手中的火把在黑暗中挪动。不过在残酷战斗中,越来越多的德国人逐渐明白:战败不可避免。苏军开始尽量避免从街道上通过,而是在加强的坦克和火炮支援下,逐个房屋的清剿。越来越多的德军士兵被打死在窗户旁,或者和碎石一道被炸上天、被坦克履带碾成肉泥。笼罩在末日气氛中的德国人不仅士气瓦解,有时甚至连做人的尊严也开始丧失。过去道貌岸然的德国将军追逐半裸的女通信员;在希特勒总理府的角落里发生着集体淫乱;酗酒也成了摆脱灭亡恐惧的灵丹妙药。普通市民们对于驻扎的军队没有什么好感,因为他们会招来苏联人暴风雨般的炮击;而一些买卖人则用他们藏着的私货去讨好冲进来的东方征服者,某位德国老板就向红军提供了可口的白面包。柏林的工人阶级似乎多少有些指望,在他们中流行着某个德国女歌手的话:宁可让俄国人贴着我的肚皮,也不愿英国人的炸弹落到我的头顶。这种不怎么令人高兴的俏皮话背后另一个无情的事实是,不管斯大林是否打算让红军以"有教养的姿态"出现,事实上这是不可能的——强奸和掠夺到处发生。现在红军士兵感兴趣的是报复、是发泄,或者是为战后注定艰难的生活创造一点物资保障,而不是国际主义。目睹了柏林地狱般的景象,驻守柏林的炮兵上将魏德林早已对希特勒援军将至的保证失去了信心。事实上,他原来所隶属的第9集团军主力溃败,只有2—3万人(苏联人对这个数字异议很大,认为至多不过几千军人逃脱)得以逃到西方军队的阵地寻求庇护,而温克的"援军"也是自身难保。1945年4月28日早晨,已经另有打算的魏德林开始清点家当。他的第56装甲军还有40辆坦克和强击火炮可以使用,处在其指挥下的战斗部队大概有3万多人(大部分国民突击队看来没有包括在内)。魏德林和他的参谋长花了几乎一天的时间草拟突围计划。计划指出,德国人在柏林坚持的时间不会超过两天,弹药即将耗尽,粮食和医疗物资仓库也大都落入苏军之手。为此,魏德林打算把部队分成3个梯队突围。第1

梯队包括第 9 伞兵歼击师主力、"爱德尔"战斗群、第 18 装甲步兵师;第 2 梯队包括 2 个团和空投的海军人员,希特勒的卫队将掩护元首和其他官员在该梯队突围;第 3 梯队包括"明赫贝格"装甲师和年轻的贝伦芬戈尔将军的战斗群,党卫军"诺尔兰德"第 11 装甲步兵师,第 9 伞兵歼击师的部分兵力。突围部队将沿维尔格尔姆施塔特以南的安德尔·黑尔街向城西北冲击,夺取斯潘道南面哈韦尔运河上的桥梁,杀开一条血路突出苏军的包围圈。这些部队有 3 万人,40 多辆坦克强击火炮。当天夜间,德国飞机在柏林空投了 6 吨粮食,15 到 20 发反坦克火箭弹,这点对魏德林来说几乎和没投一样的物资当然改变不了他的突围设想。22 时,魏德林带着计划去见希特勒,可元首拒绝突围。他告诉魏德林,即使逃出柏林,也只不过是从一个"大锅"跳到另一个"大锅"。而且作为德国国家元首,他也不能容忍待在露天或者农舍里坐以待毙的命运。希特勒宁可在他的总理府去迎接最后的时刻。

4 月 27 日起,白俄罗斯第 1 方面军的 5 个集团军已把提尔加登沙洲团团围住,4 月 28 日,苏军大大压缩了对提尔加登的包围圈,几个集团军全部压在河岸上进行强渡的准备。在准备进攻的时候,苏军各部队接到了这样的命令:"不要心疼炮弹,也不需要节省子弹,迫击炮弹和手榴弹要尽可能使用。"苏军也要毕其功于一役,使出全部的本事来了。苏军"以强制胜"的作战特点表现得淋漓尽致。在近卫第 8 集团面前的兰德维尔运河上,只有一座拱形大桥完好地保留着。4 月 28 日夜间,苏军通过往河里扔装有刨花的麻袋的办法,制造了强行泅渡的假象,引诱德军开火,从而摸清了对面德军的火力配备情况。清晨,苏军炮兵将侦察到的德军火力点全部摧毁。但是有几辆德军"虎"式坦克,隐蔽在纵深防御工事中未被发现。当苏联坦克刚刚开上拱形大桥,立即遭到了"虎"式坦克的射击,两辆坦克当即被击毁。吃了亏的苏军坦克兵把被打坏在桥面上的坦克拖回来后,决定采取一种从未使用过的烟幕掩护法。他们在坦克上挂满发烟罐,点燃后直冲桥头。被搞得目瞪口呆的德国人还没缓过神来,苏军坦克已经冲过了大桥,在河对岸取得了一个立足点。

在提尔加登沙洲的北面,突击第 3 集团军的步兵第 79 军受命向施普雷河南岸的国会大厦地区进攻,这是一支刚刚投入战斗的新锐军。第 79 军军长佩列韦尔金将军把强渡施普雷河夺取国会大厦的任务交给了步兵第 171 师和第 150 师。此刻除了提尔加登一带外,柏林市区的德军的抵抗已基本失去了组织。4 月 29 日零时 30 分,苏军第 171 师和第 150 师开始强渡施普雷河。第 171 师经过 1 小时激战,渡过了施普雷河。第 150 师到凌晨的时候也强渡成功。这时,挡在苏军进攻部队和国会大厦之间的是昔日党卫队头子希姆莱掌握的内务部所在的吉姆勒宫。4 月 29 日白天和夜间,第 171 师和第 150 师的两个团为夺占内务部大楼展开了激烈战斗。苏军在这里遭到了顽强的抵抗,到 29 日午夜,苏军在又投入 1 个团的兵力之后才彻底占领了大楼。与此同时,东面的突击第 5 集团军在渡过施普雷河后,把在政府区顽抗的德军分割成了几部分;西面的第 47 集团军占领了哈韦尔河西岸的波茨坦、施潘道一线,彻底封死了德军向西突围的道路,提尔加登被彻底孤立起来了。就在朱可夫的白俄罗斯第 1 方面部队取得重大进展的 4 月 28 日 24 时,大本营传来的一纸命令却使先前心情愉快的乌克兰第 1 方面军司令员科涅夫心头布满了愁云。该命令划分了白俄罗斯第 1 方面军和乌克兰第 1 方面军之间最后的战斗分界线，它经腾珀尔霍夫车站、维克托——刘易斯练兵场至萨维尼亚车站，往下沿铁路经过沙尔洛腾堡、韦斯特克罗伊茨到鲁列本车站。这条"残酷"的战斗分界线将柏林市区几乎全部重要的德国首脑机关都划到了乌克兰第1方面军进攻地带以外。然而，科涅夫此时根本不敢向因进攻进度缓慢而早已不耐烦的斯大林申辩。看来，斯大林还是想把攻克柏林的最大桂冠戴到他的副手——朱可夫头上。

4月30日，希特勒自杀毙命。对于他的死亡方式，东西方将展开一场激烈的、至今也没有最终答案的，而且多少有些无聊的争论。就在希特勒享用最后一顿午餐的时候，苏军步兵第79军所属步兵第150师和第171师开始了夺取国会大厦的战斗。国会大厦位于提尔加登中央公园的东北角，靠近勃兰登堡门，是一座有圆顶的大楼，由于受到了多次轰炸，已变成了空荡荡的庞然大物。大厦内大约有1200—1800人左右的德军部队，主体是党卫军"诺尔兰德"师的一部分兵力和第18装甲步兵师余部防守。4月30日11点，苏军开始了进攻前的火力准备。炮火急袭后，第150师和第171师的强击支队发起了冲击，企图从三个方向冲进国会大厦。但是未得到可靠压制的德军火力点立刻喷射出猛烈的火力。苏军士兵纷纷中弹倒地，掩护出击的十几辆坦克也被反坦克炮击毁大半，第一次冲击失利。

下午1点，苏军89门火炮、自行火炮和火箭炮对国会大厦暴露的火力点进行了30分钟的直接瞄准射击。国会大厦的墙面顿时变得千疮百孔，用砖石堵住门窗构成的火力点连同后面的士兵都被炸碎，在大厦厚实的墙面也被炸开若干大洞。趁着德军火力被压制的时候，苏军各强击支队在坦克23旅十几辆坦克掩护下重新发起冲击。他们利用空地上的障碍物和兵器残骸作掩护交替前进，避开德军正面火力，缓慢地向大厦推进。终于在14点25分，步兵第171师由萨姆索诺夫上尉指挥的一个营和第150师达维多夫少校和涅乌斯科罗耶夫大尉指挥的两个营，冲进了国会大厦。突入的苏军立刻分成小组逐层肃清大厦各层的德军。双方在房间内、楼梯上、走廊里展开了激烈的近距离交战。几乎动用了所有类型的武器，从匕首、刺刀、手榴弹直到重机枪、火焰喷射器。自动武器像刮风一样狂扫，大厦的墙壁全都变成了蜂窝状。急红眼的德国士兵把本来是"坦克杀手"的长柄火箭弹也用来对付苏军步兵，向冲进来的苏军分队胡乱喷射，击中的地方不是一片血雾就是轰然一个大洞。由于面积太大，苏军攻进来后，也只能攻占一块地方巩固一块地方，不可能像别的建筑物那样一蹴而就。苏军甚至把原来室内战斗根本用不上的重机枪也抬进来，向对面德军猛扫。落到苏军手中的长柄火箭弹也成了德军的噩梦，苏军摸到一枚就不管三七二十一的向德军发射。在硝烟弥漫光线昏暗的大厦内部，不断有双方士兵从楼梯或楼板上的大洞跌下，摔在坚硬的地面上死去。苏军付出惨重代价后，终于肃清了大厦下面几层的德军。但据守大楼的德军拒不投降，要与苏军死战到底。

4月30日18点，苏军两个师的增援分队进入国会大厦。力量对比的天平开始向苏军倾斜。随着越来越多的德国士兵被打死，德军的抵抗开始减弱了。这时不想在即将胜利的时刻付出更大代价的苏军指挥官，召唤坦克向大厦尚在德军手中的楼层射击。停在大厦前面广场上的坦克立即开火，砖石夹杂着德国士兵的身体四处横飞。苏军的进展大大加快。在4月30日，红军战士叶戈罗夫中士和坎塔里亚下士在国会大厦主楼圆顶上升起了突击第3集团军军事委员会授予的第5号红旗。

30 日晚上,总理府里残剩下的人,包括鲍曼和孟克等人开始突围。党卫军"诺尔兰德"师为此动用了 5 辆坦克:党卫军第 503 坦克营的 2 辆"虎王"、2 辆"黑豹"、1 辆强击火炮、8 辆其他装甲车辆,被用于这次突围;参战者中不少于一半是非德国人。但 2 辆"虎王"据说在通过国会大厦附近的电车轨道时被干掉了;鲍曼死在了突围途中;而被打散的孟克等人则在通过贫民区时看见了工人从窗户里伸出的示威拳头。

苏军列队撤出满目疮痍的国会大厦战场,预示着战争即将结束。在国会大厦的战斗还在进行时,仅仅知道希特勒已死、自己继任为德国元首的邓尼茨,在通过电台"宣誓就职"的同时,向世人宣布:"元首在与布尔什维克的战斗中阵亡。"5 月 1 日凌晨 4 点,崔可夫在获得朱可夫的同意后,会见了德军最高指挥部的谈判代表克莱勃斯将军。克莱勃斯带来了希特勒自杀的消息,并要求停火。由于克莱勃斯在无条件投降问题上做不了主,只得返回向戈培尔请示。5 月 1 日,苏军步兵第 416 师与德军"明赫贝格"师激战,该师不足一营的剩余部队在勃兰登堡门附近的街垒和动物园的地堡里,进行着最后有组织的抵抗。有资料显示,来自波兰的 IS-2 坦克和坦克手,也参加了这里的战斗。中午,德军最后 1 辆虎 I 坦克被丢弃在距离勃兰登堡门只有几百米的地方,最后一门 PAK40 反坦克炮也被摧毁,失去了坦克的党卫军坦克手毫不犹豫地拿起了步兵武器,与步兵一起进行了最后的战斗。傍晚这里的德军被歼灭,一面红旗插在了勃兰登堡门上的青铜四驾马车上面。入夜,苏军用 1.8 吨炸药炸开了特拉特隧道顶部,用水淹没了这里仍在顽抗的德军。5 月 1 日 18 点,返回地下室的克莱勃斯有了回音,表示德军最高统帅部拒绝无条件投降。此时,柏林市内只剩下个别地方还有德军在凭借为数不多的弹药固守在孤零零的街垒或大楼中,成了红色海洋中的孤岛。18 点 30 分,苏军所有火炮一齐向德军阵地开火,明确警告德国人不投降只能自取灭亡。5 月 1 日晚,苏军最后肃清了国会大厦的残敌,乌克兰第 1 方面军与白俄罗斯第 1 方面军在市内很多地方会师。5 月 2 日零点 40 分,苏军电台收到了德军要求停火的呼叫。早上 7 点左右,柏林城防司令魏德林上将来到崔可夫的指挥所。他告诉崔可夫戈培尔已经自杀,然后向柏林城防部队下达了立即停止抵抗的命令。

5 月 2 日 15 点,柏林城防部队全部放下武器,柏林巷战和整个柏林战役宣告结束。

柏林战役是第二次世界大战末期的重要战役。粉碎了德军最高统帅部,纳粹德国元首希特勒在战役过程中自杀,战役结束时,德国最高统帅部代表德国无条件投降。这次战役的胜利结束,标志着德国法西斯的彻底灭亡,是第二次世界大战胜利进程的重要里程碑。

(十七)血战白山黑水

乐北平原的老北风,寒肃而又凛冽。漫天黄尘飞沙,卷飞起 1948 年冬天的最后一批枯枝败叶,呼啸着扑向山城,扑向山海关。

"天下第一关"的牌匾下，山海关城楼的门洞上，挂着一块比"天下第一关"的牌匾还要长的牌匾。

"欢迎大军入关"六个巨大红字。

城楼上、城垛上、城墙上、城墙旁的民房上，站满了手持小纸旗，欢呼雀跃的市民。

浩浩荡荡的东北野战军像声势浩大的滚滚铁流涌进山海关。

林彪的吉普车从"天下第一关"牌匾下，从"欢迎大军入关"的牌匾下，从山海关的城楼门洞中驶过，入关，停住。

林彪走下车，转身，抬头，望着"天下第一关"。

就在二十天前，杜聿明也从山海关经过，他不是走陆路，而是从天上。

他从天上下看山海关时，是泪眼迷蒙，腰背佝偻，肝肠寸断。

三年前，他率往关外的国军中精锐中的精锐新一军、新六军、七十一军、五十二军、九十四军，几乎全部烟灭灰飞；短短52天，60余万大军，逃出关外的不足5万。

难怪蒋介石憾极、哀极、恨极地咆哮怒骂："林彪是四期的，可你们全是一期的，全是一期的……"

1948年9月7日，哈尔滨双城，东北野战军指挥所。

林彪司令员伫立在《东北地区敌我态势图》前，犀利而深邃的目光在红色箭头与蓝色块状间来回扫视。罗荣桓政委坐在长条桌前，微蹙着双眉，咝咝地吸着烟，他正在思考着东北战局的有关重大问题。刘亚楼参谋长手持电报，推门进屋。

"林总、政委，军委来电了。"刘亚楼边叫边走到桌前。

林彪转身，迈步，落座在檀木椅里。

刘亚楼站在林彪、罗荣桓的对面，抑扬顿挫地读着军委的电报。

"你们同意我们五日电所提意见，甚好甚慰。我们准备五年左右（从1946年7月算起），根本上打倒国民党，这是具有可能性的。只要我们每年歼灭国民党正规军一百个旅左右，五年歼灭五百个旅左右，就能达到此项目的。……你们如能在九、十两月或再多一点时间内歼灭锦州至唐山一线之敌，并攻克锦州、榆关、唐山诸点，就可以达到歼敌十八个旅左右的目的。为了歼灭这些敌人，你们现在就应准备使用主力于该线，而置长春、沈阳两敌于不顾。于此，你们应确立攻占锦、榆、唐三点并全部控制该线的决心。确立打你们前所未有的大歼灭战的决心……"

罗荣桓离座，站起，踱步，像是对林彪，又像是自言自语地说："南下北宁线，首先攻克锦州，很可能演化成整个东北战局的最后决策。"

"这是掐脖子的办法，可以封闭卫立煌集团在东北，就地各个歼灭。"刘亚楼接着说。

林彪慢悠悠地嚼着炒黄豆，深思着整个战役的决心和部署。他嘴里的炒黄豆越嚼越慢，慢至停止。他倏然站起，走到"敌我态势图"前，凝视着北宁线。

北宁线是连接关内外的重要陆上通道。国民党军为确保对该线的控制，在该线咽喉城市——锦州设立了东北"剿匪"总司令部锦州指挥所，由东北"剿总"副总司令范汉杰兼任指挥所主任，指挥第六兵团所辖第九十三军2个师，新编第八军3个师及原属六十军的1个师，连同特种兵部队共13万人，对锦州实施坚守防御。还以第九十三军1个师位于义县，新八军1个师位于高桥，第五十四军3个师位于锦西、葫芦岛和兴城,新五军3个师位于绥中、山海关、秦皇岛和北戴河一线。另以华北"剿总"所属第六十二军等部4个师据守唐山到昌黎一线,以控制关内外通道。

攻打锦州是一步险棋。但要实现军委的战略意图,这个险应该冒,必须冒,值得冒。林彪薄薄的嘴唇抿起,又松开,又抿起。他转身看一眼罗、刘,胸有成竹地说:"北宁线作战,最主要的关键在能以奔袭动作将锦州以南和以北的敌人堵住切断,我军第一步就能歼灭五城之敌,第二步即能将兵力集中起来攻锦州和打增援。"

罗、刘完全同意林彪的意见。当日,即向各纵队、各师下达了北宁线作战政治动员令。

9月10日,明确了整个作战部署和各纵队的作战任务。

9月12日,各部队以奔袭动作向北宁线锦州外围诸点展开攻势。第二兵团司令员程子华指挥第十一纵队和冀察热辽军区3个独立师及炮兵旅出击昌黎至兴城一线之敌,拉开战役帷幕。当日,冀察热辽军区独立第四、第六、第八师和炮兵旅包围了绥中、兴城等地之敌。驻锦西的国民党第五十四军急速调兵向南增援。在给援敌以坚决打击后,主动撤兴城之围,集中攻击绥中之敌。13日,第十一纵队连克石门、安山、后封台等车站。14日晚又占领昌黎县城,接着继续东进,分别攻取留守营、烟筒山、北戴河、起云寺等地。第四、第九纵队于9月11日分别自台安、北镇地区出发,于16日包围义县,迅速切断了义县与锦州两地国民党军之联系。第八纵队由八面城出发,经彰武、北镇插至锦州以北,在第九纵队配合下,25日攻占了葛王牌、帽儿山等要地,歼国民党暂编第二十二师2个团级大队。自四平地区南下的第七纵队,在第九纵队一部配合下,27日攻占高桥和西海口。28日,第九纵队和炮兵纵队以猛烈的炮火突然袭击锦州机场,当即击毁飞机5架,控制了机场,切断了国民党军向锦州运送援兵的空运通道。10月1日,第三纵队、第二纵队第五师攻占了锦州以北的坚固屏障义县,全歼守军万余人。

10月1日,林、罗、刘、谭(政)向部队发出关于准备夺取锦州,全歼东北敌人的战斗动员令。

10月2日,正当东野将士按照既定的作战部署,乘胜进击的关键时刻,林彪在彰武车站却因接到国民党第五军及独立九十五师海运葫芦岛的情报,而开始动摇攻打锦州的决心,并擅自发报军委请示改打长春。

罗荣桓十分恼火,走进林彪的车厢,严肃地说:"部队已经摆开,回头打长春,军委是不会同意的。"

"锦州与锦西只有50公里,无险可守。我一个纵队要阻挡住敌人强大的兵团,你有把握吗?"林彪吃着炒黄豆问罗荣桓。"把围困长春和沈阳的主力抽调几个纵队过来,"刘亚楼插话说。

"那样的话,长春之敌势必乘机突破,沈阳廖耀湘兵团长驱西进,葫芦岛之敌向东攻击,如果锦州久攻不下,我们将受到东西夹击,重蹈四平的覆辙。太冒险了!"林彪加重语气说。

刘亚楼看一眼林彪,提醒说:"问题是军委指示我们打……"

"我准备了一桌菜,来了两桌客人怎么吃?"林彪霍地站起来,打断了刘亚楼的话。

罗荣桓推了推架在鼻梁上的眼镜,点燃一支烟,和缓地说:"敌人增兵葫芦岛,确有很大的冒险性。不过,毛主席早在今年二月就定下夺取锦州的决心。"罗荣桓瞅一眼林彪继续说,"要说冒险嘛,值得去冒!眼下,正处在紧要关头,应当义无反顾!"

林彪薄薄的嘴唇抿起缓慢地松开:"让我考虑考虑。"说毕,转身走出车厢。

彰武车站月台。北风呼啸,尘沙飞扬。林彪双手插进大衣口袋里,微眯双眼,低头来回踱步。

罗荣桓走下车,走到林彪身边,陪着他一块踱步。

林彪越踱越慢,步子越走越小,停住,转身,大声喊:"刘亚楼。"

"到。"刘亚楼应声,跑步来到林彪面前。

"我做如下部署调整。"林彪胸有成竹地说,"四纵、十一纵加2个独立师,强化锦西和塔山防线;二、三、七、八、九纵队加六纵十七师攻打锦州;十纵加1个师在黑山、大虎山一线阻击廖耀湘兵团;十二纵加9个独立师围困长春;五纵六纵对付沈阳增援之敌;一纵为总后备队。"

"炮纵加在锦州旁边。"罗荣桓补充道。

中央军委接到林、罗、刘决心仍攻锦州的电报后,十分高兴,当即复电:"你们决心攻锦州,甚好,甚慰。"调整后的部署"是完全正确的"。

1948年10月8日,葫芦岛。国民党"重庆号"军舰。

蒋介石身穿笔挺的军服,正在召开高级军事会议。他扫视一眼围坐在长条桌前的各位将军,自鸣得意地说:"林彪在350公里宽的正面摆开了架势,又亲自来到锦州,企图掐我们的脖子,来势不小呀!"蒋介石戛然而止,望了大家一眼继续说,"我看林彪太天真了一些!2日,我在沈阳已做出一个重要决定:廖耀湘兵团出沈阳向西打,葫芦岛增兵向东打,东西合击,一举歼灭林彪。"

蒋介石倏地站起,走到大幅地图前,指了指红蓝色箭头,振振有词地说:"东西合击林彪主力,这是个锁链式的整体构想。最关键的一个关口,能否如期攻占塔山。"

塔山是锦西至锦州的濒海走廊,是国民党侯镜如指挥的"东进兵团"增援锦州、东西夹击东北野战军的战略要地,举足轻重,非同一般。

侯镜如离座,站起,立正,挺有把握地说:"我东进兵团有11个师,拿下塔山没有问题,请委员长放心。"

蒋介石颔首,微笑,趾高气扬地说:"我们有空军优势,海军优势,在海空军的配合下,是完全可以赢得胜利的。我预祝你们成功!""我们空军一定全力以赴配合侯司令作战。"空军司令周至柔站起来表态。

"嗯!"蒋介石微微点了一下头,把火辣辣的目光移到海军司令桂永清身上,"桂司令,你们的舰炮能打到塔山吗?"

"能!"桂永清肯定地回答,"我们装备的所有舰炮都能打到塔山。"

"全部打出去!"蒋介石恶狠狠地说。

10月10日,侯镜如指挥的"东进兵团",在7架飞机、两艘军舰舰炮和数十门重炮掩护下,轮番向塔山阵地实施猛烈进攻。国民党暂编第六十二师、第八师向塔山正面解放军第四纵队十二师三十四团阵地进攻,并以1个营乘渔船袭击打渔山;第一五一师进攻白云头之泉眼沟解放军第三十六团阵地。解放军指战员顽强阻击,一次次击退了国民党军的进攻。13日清晨4时,侯镜如采取中间钳制、两翼突破战术,在东端高家滩铁路两侧和两端的白台山,以4个师发起大规模冲击。程子华兵团与敌展开激烈争夺,经浴血奋战,白刃相搏,阵地寸土未失。14日,侯镜如又以4个师沿8公里正面再次猛烈冲击,解放军以短促火力结合阵前反击杀伤敌人,坚守阵地。15日拂晓,侯镜如又展开5个师的兵力,企图乘阻援部队疲劳实施突袭。阻援部队紧急应战,与敌短兵相接,勇猛拼杀。扼守白台山以东塔山堡等主要阵地的第四纵队十二师三十四团,面对号称"赵子龙师"的国民党军独立第九十五师和"敢死队"的疯狂进攻,浴血奋战,英勇抵抗,坚守阵地,出色地完成了阻击任务,战后被授予"塔山英雄团"光荣称号。

10月8日,廖耀湘指挥的"西进兵团"开始由新民、辽中分路西进。中央军委对敌情做出正确判断,认为"西进兵团"进占彰武是想用取巧办法解锦州之围,但实际上却将增援主力置于无用之地,这对东北野战军主力攻锦并非不利。因而要求"东野"以积极动作拖住该援敌,在第六纵队司令员黄永胜、政委赖传珠的统一指挥下,对"西进兵团"采取纠缠扭打、滞留牵制的方针,不仅迟滞了"西进兵团"援锦行动,有力地配合了主力攻锦作战,也为下一步围歼廖耀湘兵团创造了有利态势。

10月14日,"东野"攻城部队向锦州发起总攻。500多门火炮以猛烈炮火集中向锦州城墙及守军工事连续轰击,很快在一些地段打开缺口,同时,有效地压制了敌人火力。上午11时,南北两个突击集团在炮火掩护和坦克支援下,全线发起猛烈冲击,迅速突破城垣之后,北集团第二纵队沿惠安街、良安街插入;第三纵队主力由伪省公署东侧越墙入城;第六纵队十七师也从康德街、大同街相继突入市区。南集团第七、第九纵队涉过小凌河,同时突破锦州南面城防,向市区纵深攻击。15日拂晓,各路攻城部队先后在白云公园、中内银行地带会师,摧毁了国民党东北"剿总"锦州指挥所及第六兵团部。当日下午,锦州新市区战斗结束,老城区万余名残敌困守,激战到18时,全歼老城残敌。历时31小时的锦州攻坚战胜利结束,共歼敌10万余人,俘获东北"剿总"副总司令兼锦州指挥所主任范汉杰,第六兵团司令官卢溶泉,第九十三军军长盛家兴。

锦州城破,长春濒临绝境,郑洞国惶惶不可终日,在蒋介石的催促下,企图实施先东后南的突围计划,但部队上下慑于解放军围城大军兵临城下之声威,丧失斗志,失去突围信心。10月18日,周恩来亲自撰信郑洞国,晓于民族大义,促他起义。围城部队抓住这一有利时机,加强政治攻势,策反国民党军上层人士,瓦解敌军。10月17日,六十军军长曾泽生率所部2.6万名官兵毅然起义。解放军于当日夜悄然入城,接管了长春东半城原六十军的防区。随后,新编第七军也不攻自溃,成瓦解趋势,许多官兵主动与解放军联系,谋求生路。19日,新七军军长李鸿率部向解放军投诚。21日4时,困守在伪中央银行大楼的郑洞国,也不得不放下武器投诚,长春宣告解放。

攻克锦州,挖了蒋介石心头的一块肉,他气得拍案骂娘。锦州,是蒋介石在东北的生命线。抗日战争胜利后,他"灵机"一动,决定收复锦州后不再推进。马歇尔一定要他接收全东北,才把所有精锐部队都调到了东北,现在招致一连串的失败。蒋介石既懊恼不已,挥着拳头骂马歇尔是害人精,又觉得自己三年前"灵机"的正确,有了锦州就有胜利。10月17日,他又同美国顾问团谈妥,只要保全锦州,美国可以提供大量援助。逼得蒋介石非收复锦州不可。翌日,他不得不在短短的半个月内,第3次飞抵沈阳。他刚刚走下飞机,还没同迎接的将军互致问候,就强令卫立煌将第五十二军、新六军全部调归廖耀湘指挥,继续向锦州攻击前进,协同葫芦岛、锦西间部队,实施南北夹击,企图一举收复锦州。

10月9日,廖耀湘兵团占领新立屯,并由彰武、新立屯地区继续南下。

林彪当机立断,毫不犹豫地放弃了"锦葫"(锦西、葫芦岛)作战计划,掉过头来,顺手牵羊,围歼廖耀湘兵团。他迅速调整作战部署:命令第十纵队死守黑山、大虎山,为主力部队到达争取时间;攻锦州部队二、三、七、八、九纵队和一纵主力10天休整取消,从东西两侧迂回包围敌人;独立二师日夜兼程,4天内到达营口,切断敌人的海上退路。

10月23日,廖耀湘指挥4个师,在200多门大炮和几十架飞机支援下,向黑山、大虎山25公里弧形正面的解放军阵地展开猛攻,企图夺取黑山、大虎山间约9公里的南下通道。"东野"第10纵队和第1纵队第3师、骑兵第1师,进行了顽强抗击,打退了敌人一次又一次进攻,守住了阵地,为"东野"主力回师围歼廖耀湘兵团赢得了时间。

廖耀湘连日出师不利,心中烦躁不安。他坐在红木太师椅里,拿起茶几上的战报,看了一遍,再看一遍,放回。又拿起从头至尾再看,额头上冒出了不易察觉的汗珠,掏出手帕,揩汗,揩一把又揩一把汗,又开始踱步。

他背着双手,越踱越慢,慢至停步,吩咐参谋长:"立即发报,调整兵力部署。"

参谋长杨琨掏出笔和纸记录:

"以四十九军、新三军十四师、新六军骑兵部队为先头,经大虎山以东向营口方向迅速撤退。以新六军、二〇七师三旅和七十一军继续攻黑山以作掩护。"廖耀湘改变了攻占黑山、大虎山的决心,准备实行大退却。

林彪坐在牛屯前线指挥所的板凳上,悠然自得地吃着炒黄豆。从昨天国民党第五十二军2个师从辽阳、鞍山南撤抢占了营口,后续部队也已占领鞍山、辽阳,打通了沈阳至营日的通道的情报看,他料定沈阳守军和廖耀湘兵团将从营口实行总退却。为此,他已命令第七、八、九纵队从右翼迂回至廖耀湘兵团侧后,与第五、六纵队从左翼对敌实行钳形夹击;以第一、二、三、十纵队从正面突击,采取边合围、边分割的手段,一口口地吃掉敌人;以独立第二师向台安以北地区急进,断敌后路。

廖耀湘西进不行,南撤受阻,只好又一次改变计划,急令各军分头向沈阳方向撤退。林彪早就看出廖耀湘的这着棋,他在25日凌晨,命令第六纵队于当日夜进至北宁线厉家窝棚、姚家窝棚一带,第五纵队于26日凌晨进至二道境子、郑家窝棚一线,截断了廖耀湘兵团向新民、沈阳的退路。

廖耀湘四面楚歌,走投无路。9个师被"东野"合围于黑山、半拉山以西的沿公路两侧地区,另3个师被合围于大虎山以东、义和屯、康家屯之间地区。

10月26日拂晓,林彪签发了展开对廖耀湘兵团大规模围歼的命令。

在黑山以东、大虎山东北、绕阳河以西、无浔殿以南、魏家窝棚以北纵横约120平方公里的辽西战场上,"东野"将士乘敌混乱之际展开向心突击,大胆穿插廖耀湘兵团各部队之间,打乱敌人的部署,实施分割围歼。林彪风趣地称之为"好比十几股中药放在一起煮,才出味呢!"

当日晚，第三纵队七师攻占了胡家窝棚西坡，在混战中一举摧毁廖兵团指挥所。接着，敌各军、师指挥机构也相继被摧毁。廖耀湘指挥失灵，部队失控，溃败如山倒。解放军左冲右杀，越战越勇，哪里有敌人就向哪里攻击，哪里有枪声就朝哪里追，奋不顾身，勇猛杀敌，战到28日拂晓，辽西围歼战胜利结束，全歼廖耀湘兵团5个军、12个师（旅）及特种兵部队共10余万人。其中包括被称为国民党军"五大主力"的新一军和新六军主力。俘获兵团司令官廖耀湘、新六军军长李涛、新七十一军军长向凤武、四十九军军长郑庭笈、新一军副军长文小山等高级将领。

11月1日，东北野战军对沈阳发起总攻。国民党守军最高指挥官、第八兵团司令官周福成投诚，被歼、起义、投诚国民党守军13.4万人。仅战一天，就解放了东北最大的工业城市沈阳。

11月2日，东北野战军解放营口，歼敌1.4万人。

11月3日，中共中央致电东北野战军，庆贺东北解放。

11月14日，毛泽东主席为辽沈战役的伟大胜利而激情难抑，通宵未眠，欣然命笔，以新华社评论员的名义，写下了具有重大时代意义和历史意义的评论《中国军事形势的重大变化》：

中国的军事形势现已进入一个新的转折点，即战争双方力量对比已经发生了根本的变化。人民解放军不但在质量上早已占优势，而且在数量上现在也已经占有优势。这是中国革命成功和中国和平的实现已经迫近的标志……

（十八）淮海大决战

淮海战役是一场决定中国命运的空前大搏斗。

中央军委的作战意图是，在淮海、徐州及徐州以南地区与国民党军队进行空前大决战，基本解决长江以北乃至全国的局面。

的确，此时作为标志中国革命的形势进入新的胜利的转折点的辽沈战役已经结束，中国人民解放军从此不但在质量上占有优势，而且数量上也占了优势。东北作为中国解放战争的战略后方，大大推动了全国解放的历史进程。

时年1948年11月。

是月底，刚刚取得辽沈战役大捷的百万东北野战军又挥师南下，如铁流一般通过喜峰口、冷口、山海关，直

淮海战役

奔平津战场。正是在这样的形势下，中央军委做出了举行淮海战役的决定。

事实上，早在两个月前，华东野战军代司令粟裕就向党中央建议，改变原来派部队进入江南作战的设想，举行淮海战役，歼灭淮阴、淮安和海州连云港地区的国民党军，为夺取徐州创造条件。

毛泽东等在9月份已经决定,接受粟裕的建议。

因此,11月中央军委的决定,其实是扩大了的淮海战役的设想。

中央决定,刘伯承、陈毅、邓小平、粟裕、谭震林组成总前委,邓小平为书记,统一指挥华东、中原两大野战军。

两个小战斗拉开了战役序幕;一个是国民党第一八一师米文和部在商丘以东马牧集附近被我中原野战军歼灭;一个是国民党的山东保安团王洪九部在郯城被我华东野战军歼灭。

障碍已经廓清。

"全线出击!"

1948年11月6日,华东野战军司令部发出命令,解放军各部队以迅雷不及掩耳之势,在短短几天内,迅速把蒋介石80万大军分割成互不联系的几块,基本完成了对徐州之敌的战略包围。

淮海战役从此开始决战。

在解放军各路大军的攻势面前,蒋介石把所有可能集中的兵力都蜷缩于徐州地区,全力与解放军主力决战。

蒋介石此时的作战意图,一直是摇摆不定的,其实质是对摇摇欲坠的反动政权还抱有幻想。就在10月下旬,他还亲飞北平指挥辽沈战役,而对全国性的战略却未做出决策。

倒是国防部长何应钦、参谋总长顾祝同认为辽沈战役败局已定,形势不利,为了妄图保持半壁江山,他们多次研究了中原作战计划。10月29日,何应钦于国防部召开作战会议,提出了"守江必守淮"的主张。但对如何守淮内部又有不同意见,犹疑于"将主力退守淮河作河川防御"和"主力集中于津浦路徐蚌段"两个方案之间。

此时中原地区的国民党军队由徐州"剿总"刘峙及华中"剿总"白崇禧分别掌握。刘峙被国民党军队讥讽为"福将",昏庸糊涂。有人这样说:

"徐州是南京的大门,应派一员虎将去守;不派一虎,也应派一狗去守大门;今派一只猪,眼看大门不守。"

蒋介石此时决定与解放军决战的另一个因素是,当时徐州战场蒋军在数量、装备上还优于我军。这样,它一旦把此处的解放军"吃掉",就可以稳住中原,支援津沽地区,以牵制东北野战军不能南下。

事实上,著名的三大战役中,淮海战役是唯一我军劣于敌军的一次战役。

根据蒋介石的命令,徐州以西邱清泉、孙元良两兵团放弃商丘、砀山,徐州以东的黄百韬、李弥两兵团放弃海州、新安镇,齐向徐州收缩。与此同时,黄维兵团入河南确山、驻马店一带,东进增援徐州。

固守徐州,巩固江淮,屏障南京——成了蒋介石的如意算盘。他在给黄百韬的亲笔信中"谆谆"以嘱:"徐蚌会战关系党国存亡成败","是个最大的关键","期在必胜"。

此时坐镇河北平山县西柏坡村的毛泽东及中央军委,立即针锋相对地发出指示,淮海战役第一个也是最主要的任务,是"拖住两个,吃掉一个",即钳制蒋介石游动于商丘一带的邱清泉兵团和活动在曹八集地区的李弥兵团;"吃掉一个","拖住两个"即首先消灭新安镇地区的黄百韬兵团。

黄百韬是在1948年夏天第七兵团司令官区寿年被俘后升任该兵团司令官的。黄出身于杂牌军,除自己所带的第二十五军外别无部队,这在派系纷杂的国民党军队中显得没"分量"。

"请委座将粤系的第六十三、六十四军编入第七兵团建制。"他曾这样建议过蒋介石。

蒋介石以黄原籍广东,为迎合黄的心理及利用乡土关系以便于领导,便将这两个军划归黄指挥。

黄部到达新安镇不久正逢中秋节。因农历八月十六日系黄的50寿辰,所以原第二十五军的僚属都为黄祝寿。为了体现团结,黄又于10月中旬宴请新调来的第六十三、第六十四军营长以上军官,并予训话。意思大概是说,敌人装备远逊于我,却越战越强;我军处处占优势,却转攻为守。此次战役"还需互相支援,团结一致"。黄百韬知道,自己的右边是东海,没有强邻掩护,是徐州蒋军诸集团中相对较为孤立薄弱的一个。他必须把部下们笼络好,善待好。

好在战役打响后,蒋介石因总体战略关系,非常关注黄兵团,每天都派大批飞机空投物资或支援作战。他幻想,黄百韬能退回徐州最好,不然就地固守,与来援主力内外夹攻,一举消灭华东解放军主力。

正因为如此,黄百韬成了国民党举足轻重的一颗棋子。为了给黄打气、鼓劲,南京《中央日报》《扫荡报》均在第一版印有黄百韬的半身像,吹嘘他是"常胜将军",他顶住了共军的"人海战术",他的阵地已让共军陈尸百万,血流成河。

然而,黄百韬面对一大堆"荣誉"却乐观不起来。

"吃掉黄百韬,我军在徐州战场就将转为完全的优势。"我军已经志在必"吃"!

11月11日。淮海战役开始后的第5天,解放军就追上了黄百韬兵团,将黄包围在陇海线以北以碾庄圩为中心的一个狭小地区,而一直处于朝徐州方向"撤退"的黄兵团,10日前突然接到一架飞机送来的蒋介石亲笔手令:"着该兵团就地抵抗……"一阵忙乱之后,黄百韬在碾庄圩东南西北方向各部署了一个军的兵力,并修起了三道很坚固的工事。

战斗很快打响了。黄百韬在最前沿隐蔽配置重兵,用机枪、火焰喷射器、冲锋枪等组成火网,给解放军先头部队以很大杀伤。同时,黄百韬运用以攻为守的战术,时常派队出击,间有俘获。于是,南京的舆论机器更把黄百韬吹嘘成"天将"。顾祝同还乘飞机在碾庄圩与黄讲话,勉以委座倚望至殷。

然而,深陷重围的黄百韬哪能高兴得起来!面庞一天天消瘦,脸色一天天憔悴,眼见周围村庄一个接一个落到解放军之手,而援军却望眼欲穿不见踪影。他当然知道,部队是主官升官发财的阶梯,危难之际,谁愿冒牺牲而解救别人之危?他不免伤感之中带有沮丧之情。

19日上午10时许,一架飞机被击中起火,一空军上校乘伞降落,他给黄百韬带来了一个"大好"消息:邱兵团进抵大许家一带,离此不过30里,预计明后日将可会师。然而还没等黄百韬收上笑容,当日黄昏,解放军就向他发起了全线总攻。

是日晚,解放军万炮齐发,排空而来。敌封锁线上的高层碉堡土崩瓦解。炮火开始延伸了,解放军阵地前沿立即响起了猛烈的机枪声,喊杀声。埋伏在前沿的蒋军轻重武器一齐开火,密集的火网把解放军必经之路封得死死的。然而,等他们抬头观望战果时,却发现阵地前竟空无一人。正当他们惊愕之际,延伸的炮火突然收了回来,瞄准刚刚暴露的敌军前沿阵地,铺天盖地猛轰10多分钟,才又向前延伸。

"冲啊!杀啊!"

解放军尖刀一般的突击部队这才跃出战壕,直插敌人阵地。解放军战士不顾寒冷刺骨,跃进齐腰深的水壕,架人梯,爬陡墙,恰如猛虎下山,前赴后继。当晚10时,我第九纵、八纵就分别攻入敌人的第一道防线。至20日凌晨,我军攻占了碾庄圩,全歼敌兵团司令部及二十五军军部。据当时第七兵团司令部机要秘书李世杰后来回忆,20日,译电组曾转来黄百韬电报手稿一份,大意说,19日夜敌向碾庄圩发动攻势,战斗至为惨烈,统计落弹不下两万发,通信设备均被摧毁,兵团部已无法指挥。

"无法指挥"的黄百韬,于是率残部逃入碾庄圩东北的大院上村第六十四军军部。据后来敌将领们回忆,当时黄面色如土,坐了好久说不出话来。接着吃了几口饭,才问及守军情况,指挥余部继续顽抗。

21日晚,解放军对大院上村黄百韬总部发起总攻。但见四面八方的信号弹此起彼伏升上天空,接着,我军密如雨点的枪弹落在掩蔽部周围。激战至22日晨4时左右,黄残部皆被歼灭,黄亦被击毙。

对于黄百韬之死还另一说。据战后化装逃回第二十五军副军长的杨廷宴这样说:

"当时黄百韬等见情势危急,决定多带一部分人向西突围。黄突出后走至一茅棚附近,只剩我们两人,见四面都有解放军包围,无法再走,即举枪自杀,但并未断气,我又加了一枪。黄死后我正在哭,解放军来盘问我,我说'我是伙夫,死的是伙夫头,是我的哥哥'。解放军未再追究,我将黄掩埋后,钻空子跑了出来。"

杨廷宴还说:"陈士章(第二十五军军长)不知下落,刘镇湘(第六十四军军长)佩上满身勋章向敌人冲锋时死了。"

据国民党第七兵团第二情报处上校处长廖铁军后来回忆,碾庄圩失守后,黄百韬让廖送一封信给刘镇湘,争取向西北突围,但刘坚决不同意,还打开皮箱,把将官大礼服穿起来,挂上勋章,穿上皮鞋,准备成仁。但杨说他"战死"却又不实。

时任国民党徐州"剿总"中将副司令兼"前进指挥部主任"的杜聿明说:"当时我听杨说得似乎非常真实生动,我对黄百韬、刘镇湘为蒋介石尽忠,感到十分敬佩。可是1956年刘镇湘从济南调来,同我一起学习改造,说明杨廷宴当时的'真实生动'的报告也是不真实的了。"

当时,在黄百韬被围之际,蒋介石确实派出了两支援兵,但都被解放军牢牢地"拖住"了。

接应黄百韬的,一路是邱清泉部,一路是李弥部,总共5个军,20余架飞机,百余辆坦克,沿陇海铁路两侧,李兵团在北,邱兵团在南。他们曾扬言,3天之内攻至碾庄,救出黄百韬。然而,令他们想不到的是,解放军的阻击部队把他们打得如潮水般撤退。从11日到19日,7天才向东爬行了2公里路,远远地虽能听到碾庄圩的枪炮声,可就是会不了师。

在黄百韬兵团将遭灭顶之灾时,蒋介石于11月10日午后在南京主持国防部会议，调黄维兵团和刘汝明兵团北上援徐，又调孙元良兵团进驻徐州。

黄维的第十二兵团组成时间不足4个月，它原是华中"剿总"的战斗序列。该兵团所辖第十八、十四、八十五军均是中央嫡系，编制、装备、训练、作战经验比较好。除第八十五军属汤恩伯人事系统外，其余三个军乃是以陈诚起家部队第十八军为基础扩展的。因此，这个兵团是陈诚最关心的兵团，而兵团司令黄维是陈诚的骨干分子。其第二兵团邱清泉部是可以称王牌兵团的，一向为蒋介石担负战场重要任务。所以，如今徐州吃紧，蒋介石又让它"用兵一时"了。

然而，此时黄维10万大军正被我解放军阻击在涡萱地区。接到驰援命令后，黄维兵团在南坪集同中原野战军阻击部队激烈交战，企图向徐州方向运动。

11月23日，黄维兵团主力部队第十八军首先发起进攻。成群的飞机遮天盖地，呼啸着俯冲轰炸射击，把一串串重磅炸弹投向我军阵地。空袭过后，火炮又开始了地毯式轰炸，随后，20余辆坦克开道，步兵以火焰喷射器、机枪为前导。但是，解放军指战员以炸药包和集束手榴弹打垮了敌人4次进攻，给敌人以重创。

正当黄维为寸步难行而大伤脑筋时，当天晚上，他突然接到报告："解放军不战而逃。"这使他终于松了口气。他相信，解放军已被自己"击退"，于是，他把自己的司令部安在了被"占领"的南坪集。

然而，黄维不知道，解放军是主动撤出阵地的，而在浍河以北5公里处设下了一个囊形阵地，引诱敌第十八军过河，以切断它和南岸3个军的联系。等到第二天下午黄维发现上了解放军圈套，已经为时太晚，我军趁敌混乱之际，全线出击，猛烈进攻，形成了对黄维兵团的包围。

对黄维兵团的成功包围是继碾庄圩之后徐州外围的第二个包围圈。

邓小平坐镇总前委司令部，调兵遣将，指挥若定。他要求以中原野战军为主，不惜任何代价，歼灭黄维兵团。

26日前，我军将黄维包围在以双堆集为中心，东西长不到10公里、南北不到7.5公里的包围圈里，这个距离表明，战斗一开始黄维兵团就被我军的炮火所控制。

身陷重围的黄维不甘心束手待毙，幻想趁解放军合围立足未稳，以第一一〇师打头，派出4个主力师迅猛突围。孰料，第一一〇师师长廖运国是中共秘密党员，决定立即举行战场起义。27日前，该师5000余人，按照与我军拟定的路线，顺利通过我军阵地。紧随其后的第十八军一个师，在毫无戒备的情况下，被我军一阵射击，乱成一团。黄维发现自己又一次上了当，急令另3个师向不同方向突围，但始终未能打开缺口。黄维无奈，只好以双堆集为中心固守待援。

黄维在淮北急，蒋介石在南京也急。

开始，蒋介石还打算调几个军支援黄维，不料，到处都受解放军牵制，调不动。28日，杜聿明到南京见到顾祝同说："目前挽救黄维的唯一办法，就是集中一切可集中的兵力与敌人决战。否则，黄维完了，徐州不保，南京亦完矣！"顾祝同也丧气地说："老头子(指蒋介石)也有困难，一切办法都想了，连一个军也调不动。"

"叫黄维不要走了，让他坚持。"蒋介石一看黄维去不了徐州，干脆叫他不走了，这等于也是叫他不要突围。所以，蒋介石急令杜聿明指挥邱清泉、刘汝明两个兵团由蚌埠北上，"三路"会师，挽回败局。

此时，我淮海前委根据毛泽东的指示，在徐州以南、津浦路以西布成东西长达百余公里的强大阻击阵地,顽强地抗击敌人的反扑。

25日开始,杜聿明以邱清泉的王牌第五军开路,向解放军进攻。当时还有数名美国记者来观战。战场上炮声隆隆,火光冲天,战斗甚为惨烈。

"双方火力及肉搏战,都发挥到最高度,逐村争夺,寸土不让。"杜聿明后来这样回忆说。

这一天,杜聿明总算攻下了白虎山、孤山集及纱帽山。但一连三天下来,敌人付出了惨重代价,仍未能突破解放军的坚固防线。杜聿明不得已,只好率部撤回徐州。

李延年兵团在浍河沿岸遭我军55000余人的顽强阻击,几乎寸步难行。蒋介石派次子装甲兵司令部参谋长蒋纬国带了两个战车营前来参战,每日也最多爬行几百米路。

黄维兵团被越围越紧。

蒋介石的决心又变了。11月28日,他决定:放弃徐州,退守淮南。

只是,此时,撤也难!

解放军淮海总前委刘伯承司令员抓住战机,明确提出"吃一个,围一个",即先打黄维,包围住杜聿明。

11月30日,杜聿明徐州"剿总"直属部队及留守的3个团30万大军,1万多辆卡车及各种辎重、装备乃至眷属,挤挤撞撞,叫骂厮打之声不绝。

他们更害怕自己也成为解放军的笼中之鸟。

然而,是难逃不过,怕也没用。就在他们的南面,跑步急行军赶至薛家湖地区的华中野战军,主力先头部队指挥员正兴奋地向粟裕代司令报告:

"我们切断了杜聿明通往永城的通路,他跑不了啦!"

现在该"吃"黄维了。

12月14日,我军已经把战壕沟挖到了敌阵地前数十米处。黄昏时分,总攻开始了,我军猛烈的炮火急如狂风迅雷,威如滚滚海涛,敌阵地陷入一片火海。随着炮火延伸,我军指战员一跃而起,冲入敌阵。但这支"中央嫡系"部队也果然了得,他们利用残存的工事,拼死阻击我冲击部队。据说有个解放军战士已掐住了敌炮手的脖子,但这个家伙还是把炮弹装进了弹膛。

然而,毕竟大势已去,敌人乱哄哄四散逃命。敌第十四军军长熊绶春被击毙,副司令官胡琏乘战车冲出重围,黄维所乘西逃的坦克被打坏而被俘,第十八军军长杨伯涛、第十军军长覃道善、第八十五军军长吴邵周等也均被俘。至15日黄昏,黄维兵团10余万人全部被歼。

杜聿明成了我军第三个包围圈里的囊中物。

杜聿明的30万大军被压缩在以陈官庄为中心,南北7.5公里的狭小范围。

黄维部被吃掉以后,我华东解放军主力及其他各兄弟部队共11个纵队,已经把杜聿明围个水泄不通,我军的前沿阵地也已推进到距敌不过几十米的地方。

事实上,杜聿明自己就曾这样说过:"徐州战场好像一个刑场",他是"以赴刑场的心情上战场的"。

1948年11月8日,杜聿明在葫芦岛指挥国民党撤退后回到北平,在傅作义请他吃饭的席间得知蒋介石的"徐蚌会战计划"破产,就不想到徐州,但又怕对蒋介石失信,也怕别人笑他胆怯避战,弄得全身不自在。

12月17日起,我解放军阵地的无线电广播反复地向敌阵地广播毛泽东亲自起草的《敦促杜聿明投降书》,晚上,战士们又向敌阵地喊话:"你们已经3天没饭吃了,不要为蒋介石卖命了,快过来吧!"临近新年,战士们还为敌人唱戏唱歌,用"风筝"送"贺年片"。

杜聿明真正处于四面楚歌之中。

杜聿明后来说,《敦促杜聿明投降书》他没"看"到,并说,就是看到,他也不会投降,甚至"侠义"地认为,"要办战犯只办我一个人好了"。

然而,解放军虽然停止了攻击,但被围的杜聿明却面临无法解决的问题:粮弹两缺。

据说,蒋介石对这支嫡系中的嫡系还是很忧心的,在最后的十几天中,他叮嘱侍从,杜的电报随时送阅,空投粮食情况要逐日送阅,显示其一片苦心。

但是,老天不帮忙,官兵目日祈求天晴,但偏不晴天,飞机又不敢飞低,投的粮食到处飘落,引得各部队到处乱跑,甚至互相械斗残杀。杯水车薪,不得一饱,加上风雪交加,该抢的村子抢了,该宰杀的牛马、鸡犬也宰光了,继而杀军马,最后将野草、树皮、麦苗、骡马皮都吃光了。自然,燃料也一无所有,老百姓的房子,能烧的都被拆掉了,最后连坟墓的棺木都被挖出来引火。前后算起来,杜聿明部被围将近40天,真正是饥寒交迫,内外困顿。而数以万计的伤兵更是到处乱爬,骂声、呻吟声到处可闻。特别是在解放军强大的政治攻势作用下,每天差不多至少有300人向解放军投降。据说,邱清泉在战前让兵团政治处油印了誓词,组织官兵宣誓。他又嫌誓词"文"了点,不够有力,于是又口授让当时的第二兵团少将参谋长李汉萍执笔加上"……不逃跑,受伤不退,被俘不屈。如有违背誓言,天诛地灭,雷打火烧……男盗女娼,红炮子穿心"等。这样一改,誓词不伦不类。邱清泉也知道,说"管不了那么多。反正当兵的最怕红炮子穿心,男盗女娼"。然而此时,邱清泉也顾不了许多,几次让杜聿明突围逃跑。

李弥拿他的部下也没有办法。因为解放军不时向蒋军空投馒头,有的蒋军士兵乘夜色摸到解放军阵地吃饱了再回来。有的干脆整连整排投奔解放军。无奈之下,李弥召集部分官兵讲话,说道:各位同生死、共患难的弟兄们,你们忍饥受寒已经一个多星期了。这叫忍人之所不能忍,为人之所不能为。现在补给虽然很少,但是吃得苦中苦,方为人上人。只要把这厄运挨过,你们的事业将来一定可以成功。"天生人,必养人",总有一天命运会好转的。大家求老天爷不下雨、不下雪,多晴几天,空投就多了,吃饱了肚子就好办。

李弥出身穷苦,硬是靠实干和才华才搏到现在这个位置,所以他对部下又这样说:"有人如果实在受不了,要投共军,我绝不阻拦,但希望不要带走武器,将来还要见面的,以后你们回来,我们还欢迎。"

杜聿明更是被部下吵得焦头烂额,有的要逃,有的要突,有的要降。弄得他六神无主,心力交瘁。

1949年1月5日,南京方面终于有了好消息:蒋介石决定大量投粮投弹3天,然后全力突围。

然而敌军气数已尽,还没等蒋介石准备好,1月6日下午,就在杜聿明军接受空投时，我军发起了总攻。这一次，我军从东、西、南、北各个方向同时猛扑，很快将敌人的体系打乱。当晚，我军就攻克了15个村落据点。9日，我军接近敌心脏陈官庄，战斗也达到最激烈程度。穷凶极恶的敌人使用了毒气和火焰喷射器。但由于敌人龟缩太集中，我军每一发炮弹都能致敌以伤亡。至10日，进攻敌人最后一个据点时，仅用了30分钟。

邱清泉是蒋介石的心腹，按杜聿明的说法是蒋介石派来"牵制"他的。在混乱中，他张皇失措，带着队伍向北边逃跑。据国民党第二兵团少将参谋长李汉萍后来回忆，1949年2月上旬，他在山东益都郭庄华东军区解放军官训练团学习时，听到一同被俘的原第五军高参李文衡及邱的随从副官说，当时邱清泉突出陈庄后，神经即已失常，时而跑到东，时而跑到西，高声大叫："共产党来了！"神色张皇。到10日晨天色已大明，他仍在张庙堂阵地附近乱转，始终未突出重围，最后死于战场。

李弥在最后时刻，令周藩向解放军接洽投降，又叫团长甫青云给他找来士兵的棉大衣和胶鞋，把自己化装成伤兵逃跑。临行前，他对准备投降解放军的部下说："你们走吧，如果我能回去，我会照顾你们的家属，你们放心吧！"后来，李弥同兵团部辎重团团长鞠明逃至济南，经潍县转逃青岛。

杜聿明始终认为突围是下策，而逃走更会落得万人唾骂，但大势已去，也只得逃走。他让副官给他剃了胡子，又觉得要逃命就不能跟大队走，于是带了副官卫士十来个人，先向西再转向东北，但到处都是解放军，根本跑不走，很快被俘。

被俘的杜聿明用了假名字，但几次问话下来，解放军已对他有所怀疑。开始，一位姓陈的主任对他说："你们只要坦白交代，我们一定宽大，除了战犯杜聿明。"杜聿明在肚子里说："我就是，你还未发现。"可是，杜聿明又被带到俘虏群中，让他们去"找老乡"。杜聿明想，迟早是死，不如自杀。一天，他抓一块小石头往脑袋上乱打，一时头破血流，不省人事，被救过来后，他来了个一不做，二不休，所以，当陈主任再次问他叫什么时，他不耐烦地说："你们已经知道了，何必再问呢？"

据说，当1月10日杜聿明部被歼失去联络时，蒋介石说："杜等历尽危难，战至最后不降敌。"表情悲喜交集。但1月13日，证实杜已被俘时，蒋介石又一天闷闷不乐。杜的妻子曹秀清知道后要求见蒋夫妇，蒋却不见，只批示："着速厚慰其家属。"曹不满，便到总统府闹了一场。次日，南京小报就有曹秀清大闹总统府的描写。

至此，国民党徐州集团55.5万人全部被歼。"剿总"司令刘峙，因蒋介石恨他无德无能，调任战略委员，并下令将徐州"剿总"撤销。

淮海战役之胜利，构成了解放军横渡长江、解放全国的有利态势，蒋介石被迫宣告隐退，南京国民党政权也随之陷入土崩瓦解的局面。

（十九）平津大战

1949年2月3日，北平。

上午10时，四颗照明弹升上天空，庄严隆重的北平解放入城式开始了。林彪伫立在高高的前门箭楼上，检阅着胜利之师。

蓟县八里庄,天津前线指挥部。

总前委正在召开紧急作战会议。林彪披着粗呢金黄大衣端坐在紫檀木大桌前,默想静思。

按照中央军委和毛主席的作战部署,东北野战军提前入关,主力10个纵队,于11月23日分别由锦州、营口、沈阳地区出发,经喜峰口、冷口、山海关,夜行晓宿,长驱疾进800公里,突然出现在天津大地,包围北平,隔断津塘。华北野战军按照"从西线开刀"的作战方针,华北第三兵团于12月8日完成了对张家口的严密包围;华北第二兵团完成了在新保安地区的对敌三十五军的包围。至12月20日,东北、华北野战军对傅作义90万国民党军队巧妙地实施战略包围和战役分割,切断了其南撤西退之路,将敌由"惊弓之鸟"变成"笼中之鸟"。眼下,敌人被分割包围于张家口、新保安、北平、天津、塘沽等几个孤立的据点。究竟是拔哪个钉子,啃哪块骨头,才能实现抑留华北国民党军就地歼灭的战役目的。根据刘亚楼参谋长会同前线指挥员对塘沽地形情况的侦察报告认为,应该缓攻塘沽,先取天津。然而,半小时前,西柏坡的电报十分明确:先打塘沽,后取天津。电报没有商量的余地。林彪作难了,犹豫了,心里像倒翻了五味瓶。他抬头、凝思、眺望,耳边又响起了浓重而深厚的湖南口音:

你们事先完全不估计到敌人以营口为退路之一,在我们数电指出之后,又根据五十二军西进的不确实消息,忽视对营口的抗制,致使五十二军于二十四日占领营口,是一个不小的失着。

他承认是失着,是没听毛泽东的话而导致的失着。这个失着使敌五十二军和五十四军的数万人从营口逃跑,又投入关内战场。

他接受毛泽东的批评,接受毛泽东的教导和告诫,要牢牢记下这个失着。这一次要打得敌人既不能西逃,也不能东窜,更不能从海上逃跑,这便取得了战略上的重大胜利。林彪想到这里,更增强了先打天津的信心。他解下披在肩上的军大衣,站起,离座,快步走到十万分之一大幅军用地图前,挥动着少气无力的疲拳,用坚定的语调说:"不能先打塘沽,现今塘沽守敌侯镜如把他的指挥部设在军舰上,只要我们一进兵,他的5个师随时可能下海逃跑,塘沽之敌全歼就会落空。"他停顿了一下,瞅一眼罗、刘两人后继续说,"我们攻打塘沽,平津之敌很可能会合突围。跑了一头,惊了一头,门关不住,这仗打得还有什么价值!"

刘亚楼作为参谋长,很了解他的司令员。林彪这番话是经过深思熟虑的。不然,公开违背军委电令,他绝不会放头一炮。刘亚楼看着林彪投来信赖和征询的目光,清了清嗓子,指着地图说:

"我认为林总的意见很有道理。塘沽背靠渤海,地形开阔,沼泽、河流纵横,因盐碱性大,冬季不结冻,不利我们兵力展开,特别是特种兵施展。弄不好会形成赶鸭子下河逃跑的局面,达不到就地歼灭的目的。为此,我同意林总的提议,还是先打天津之敌为好。"

林彪颔首,微笑,眸子里亮起了光。他也很了解自己的参谋长,在原则问题上,刘亚楼从不趋炎附势。他的这番话并非顺从自己,主要是出于对作战全局的考虑。

罗荣桓一向沉稳,柔中有刚,从不轻率地表态。他突然刹住步子,面向林彪,一字一顿地说:"我同意两位意见!"

三人一拍即合。立即发电军委和毛泽东：

"据我在塘沽附近各部队对地形侦察的报告，该地形不利作战，除西南外，皆为开阔宽广之盐田，且不能作战，涉水沟甚多，冬季亦无结冰把握（因海潮起落关系），不便接近亦不便构筑工事。且敌主要阵地在新港靠近海边码头，我军无法截断其退路。该处停有军舰，敌随时可逃入军舰退走，故而两沽战斗甚难达到歼敌目的。……我军拟以五个纵队的兵力包围天津，作进行攻打天津的准备。"

一份有悖于军委的电报发出去了。林彪虽然长长地吁了一口气，像是轻松了许多，但他心里还是揣着个小兔子，在怦怦地狂跳着。他烦躁不安地在屋里走来走去，步子放慢，加快，瘦小的身形有点前倾，不时发出一两声干咳。此时，他又为那块心病所苦恼：辽沈战役中，林彪因自作主张，放弃攻打锦州的计划，改打长春，曾遭到军委的严厉斥责。他每每想及，总是耿耿于怀，时而愤懑。那么这一次呢？军委能同意改变计划吗？

他苦思，冥想，翘首以待。

出乎意料，也应在意料之中，中央军委当日复电：

"放弃攻打两沽计划，集中五个纵队准备夺取天津是完全正确的。"

毛泽东从谏如流的博大胸怀和军委的顷刻复电，使林彪和总前委的同志即释重负。林彪浓黑的眉毛往上一扬，爽朗地指示道："一切按军委的电令行事！"

总前委当即决定成立天津前线指挥部，拟由刘亚楼为司令员，总前委也拟随天津前线指挥部移驻津西杨柳青镇。（军委复电同意）

刘亚楼走马上任，调兵遣将：一、二纵队向津西，七、八纵队扑津东，九纵队插津南；5个纵队，22个师，再加上2个炮兵师，共34万人，滚滚铁流，压向古老且工商业繁盛的天津城。

天津海光寺。天津防守指挥部。

一张黑色的长条桌前，围坐着天津市的军政要员，他们正在商议天津防守对策，津塘防守副司令兼天津防守司令陈长捷阴沉着脸，没有一丝笑意，与往日高傲狂妄自鸣得意的神情判若两人。他抬头看了大家一眼，用低沉的调门说："天津四面受敌，情况十分紧急，如何防守和部署兵力，才能最有效地防御，请大家各抒高见！"陈长捷说毕，用企盼的目光看看防守副司令兼六十二军军长林伟俦，又扫一眼防守副司令秋宗鼎、八十六军军长刘云瀚和天津市市长杜建时。时下，人民解放军已兵临城下，天津危在旦夕，陈长捷如坐针毡，焦忧不安。

自11月22日晨，华北第二兵团对新保安发起总攻，经过10小时激战，傅作义"王牌"三十五军1.6万人全部被歼，军长部景云毙命。华北第三兵团于23日拂晓，对向绥远撤退的张家口守军敌十一兵团发起攻击，到24日下午，歼敌6.5万人，夺取了张家口，至此，打掉了敌人两头，只剩下塘沽、天津、北平三个孤立的据点。东北野战军5个纵队，在刘亚楼指挥下，一路急进猛冲，于1949年1月2日对天津达成合围，不到10天，东北野战军把天津外围据点一扫而光，上万名国民党官兵毙命城外，给陈长捷当头一棍。

尽管天津地形复杂，被永定河、大清河、子牙河、海河、白河和运河诸水切割成片片块块，形成了广阔的绵平的沿海水网洼地，不利于大兵团运动作战，且易守难攻。陈长捷为了实现"大天津堡垒化"，挖掘一道10米宽的护城河，架设一道高压电网,一条绕城而筑长达八十几华里的碉堡工事防御线和市内几千个明碉暗堡,把天津的城防体系完善到无可挑剔的程度。

当东北野战军逼近天津时,陈长捷又马上采取了四条应急措施:一是为扫清射界,清除外围防御阵地前一千米以内的树木、房屋,造成天津城外10公里宽的真空无人地带,并在其中布下4万颗地雷;二是在市内各主要马路和中心,胡同巷口,赶筑临时堡垒,在高大建筑物上修筑强大火力点;三是将南运河水引入护城河,关闭护城河入海通道,使护城河水保持水深3米以上不能徒涉;四是为防止护城河水结冰封冻,每天派人砸冰荡水,致使河水横溢,造成天津至保定公路线10余平方公里范围内一片溜滑的薄冰覆盖。

正可谓固若金汤。陈长捷曾得意地吹嘘说:"来攻者非经很长时间构成攻城工事,步步逼近,付出很大的代价,是不可能攻破的,更不可能以强攻争袭摧毁的。"他甚至高傲地声称,"当年傅总司令以一师之兵,防守涿州3个月,创造战史的奇迹。我们现在傅总司令指挥下,也必须坚持胜利!"陈长捷吹嘘得并非全无道理,因为他有坚固的城防工事,还有装备精良的13万部队。然而,当解放军像天兵神将似的降临天津城外,风卷残云般扫平了外围据点,天津成了风雨飘摇中的危楼时,陈长捷也开始怀疑他的"固若金汤",不得不召集各方"要员"共商对策。

然而,这些"要员"殚精竭虑,苦无良策,只是你看看我,我望望你,拼命地抽烟,喷云吐雾。

沉默,长时间的沉默。天津市市长杜建时终于憋不住了,他瞟一眼大家,干咳了两声说:"一切还是听陈长官安排吧!"

"杜市长说得对,还是请陈长官调兵遣将吧!"刘云瀚附和道。

在座的各位"要员"你一言,我一语地表示赞同。陈长捷苦笑笑,接过大家踢回来的"球",命令作战参谋打开城防地图,似商讨,又似命令一样地下达任务。他把天津分为三个防区:

西北区,由六十二军防守,林伟俦为指挥官,所属主力一五一师守市中心金汤桥;六十七师守西营门。

东北区,由八十六军防守,刘云瀚为指挥官,所属二十六师守中纺七厂、何辛庄、王串杨,九十三师守火车站;二八四师守白家村、中纺五厂。

南区,由警备司令部直属部队防守,陈长捷兼任指挥官,所属四十三师守海光寺,三三三师守南关大街,一八四师守南开大学,三二六师守路马场,三〇五师守中纺六厂。

交警第十纵队等部队为总预防队,集结于南区耀华中学。各部队炮兵统一集中,由防守副司令秋宗鼎直接指挥。

任务下达后,"各位"都无表示异议和提出补充意见。陈长捷用凄楚的目光看了大家一眼,干咳了两声,极为伤感地说:"如果我战死,由副司令林伟俦接替我指挥。各级主官都要指定继承人员,坚决守住阵地,同阵地共存亡!"

陈长捷声调越来越高,像是表示决心,又像是安排后事。说完这些,他又朝林伟俦漠然地望了一眼,用商量的口吻继续说:"建议由我和林副司令署名,颁布一项严肃的军令,诸位以为如何?"

各位"要员"认同,领首,互视。多年的军旅生涯,使他们十分清楚:严酷的军令未必能够奏效,但这也不失为一项应付上边,威慑下边的措施呀!

军令早就撰写好了。陈长捷示意处长宣读。王处长从皮包内掏出军令,振振有词地念道:

　　1.全班士兵未奉命令如有擅自退却者,准由班长将该士兵就地枪决;

　　2.班长未奉命令擅自退却者,准由排长将班长就地枪决;

　　3.排长未奉命令擅自退却者,准由连长将排长就地枪决;

　　4.连长未奉命令擅自退却者,准由营长将连长就地枪决;

　　5.营长未奉命令擅自退却者,准由团长将营长就地枪决;

　　6.团长未奉命令擅自退却者,准由师长将团长就地枪决。

六条穷凶极恶的军令,依此类推到团长以下军官和士兵,面对于师以上高级军官就不知所云了。这就是国民党军刑不上大夫的例证,也是陈长捷所谓"誓死保卫天津"的最后绝招。

陈长捷的这根救命稻草挡不住滚滚铁流般的人民解放军,也拯救不了他惨败的命运。

人民解放军兵临城下,把天津包围得铁桶一般,引起天津各界人士的普遍关注,他们希望能在战争中寻求一条和平之路。天津市议长杨亦周召开紧急议员会议,通过四项决定,在征得陈长捷同意后,派4名代表出城向解放军请和。

人民解放军是仁义之师,早在东北野战军进关之后,就向平津之敌发出过"和平解决"的呼吁,但在当时,平津的有些人物还觉得不可一世,对此是不屑一顾的。现在他们主动请求和谈,人民解放军自然是举双手欢迎的。1月11日,刘亚楼司令员在指定地点亲自接见了天津"和谈"代表,向他们提出了五条要求。但陈长捷毫无"和谈"之诚意,企图利用"和谈"争取时间,借"和谈"探听解放军攻城虚实。为了应付刘亚楼司令员提出的条件,12日再次派人出城与解放军进行所谓的"和谈"。刘亚楼针对陈长捷的鬼把戏,将计就计,隐实扬虚,在津北宜兴埠开设"指挥所",专门接待"和谈"代表,演了一出"蒋干盗书"的戏,并义正词严地向他们下了最后通牒:"请你们告诉陈长捷,放下武器,没有研究的余地。限24小时之内答复,过期不放下武器,我们便开始攻城。"

刘亚楼言罢,挥手离开了"指挥所",驱车来到杨柳青指挥部。下午,刘亚楼召开师以上主官参加的作战会议,下达攻打天津各部队的具体任务。

会议开得非常热烈。大家献计献策,争抢战斗任务。刘亚楼仔细地听了众人的发言,胸有成竹地说:"据侦察,陈长捷已把主力一五一师调到了城北。现在,他们防御是北部兵力强,南部工事强,中部皆平常。为此,我们的作战方针是:东西对进,拦腰斩断,先南后北,先分割后围歼,先吃肉后啃骨头!"

刘亚楼停顿了一下,双眼盯着坐在一纵司令员李天佑身边的二师师长贺东生问道:"猛子,敌人的水淹地问题彻底解决了没有?"

"猛子",是贺东生的绰号。在一纵,贺东生打仗以猛打、猛冲、猛追闻名东北野战军,久而久之,大家都叫他"猛子"。猛子朝刘亚楼莞尔一笑说:"在当地群众帮助下,我们在几十里外的马厂附近,找到碱河水闸。闸门打开,南运河的水流入碱河。护城河就被切断了,水淹地经过渗透,冰冻已没多大问题。"

"干得好! 又斩断了陈长捷的一道屏障!"刘亚楼兴奋地扬起右手,做了个砍劈的手势。接着,他用坚定而有力的语气下达了作战命令。任务下达得简洁、准确,与会人员非常振奋。刘亚楼停了一下,用自信和企盼的目光扫视大家一眼,又补充道:"各部队主攻分队,都要授予'登城先锋'的红旗,红旗指到哪里,部队就要打到哪里,一定要把红旗插遍天津城!"刘亚楼说得斩钉截铁,最后,他颇为风趣地说:"诸位都有了任务,又啃骨头又吃肉,我这里略备薄酒,准备给大家庆功!"

与会人员大笑起来。林彪在里间听后也笑了,他笑得很开心,情不自禁地披着军大衣,从里间慢慢踱步出来。刘亚楼走上前,谦恭地问道:"林总还有什么指示?"

林彪摆手,微笑,迈步,站立在地图前上下打量起来。

刘亚楼和东北野战军的将领们都晓得,林彪话语如金,从来不愿多说一句,摆一下手,就是完全同意。

决定陈长捷13万官兵命运的会议结束了。

千军万马跃跃欲试,等待的只是那惊天动地的一声号令!

1月14日,是东北野战军官兵企盼的日子。

9时30分,刘亚楼激动地下达了总攻天津的命令。

上千门重炮高昂起炮口,对准天津守敌的所有重点防御工程,发出震天动地的怒吼,天津城头硝烟四起。

34万东野勇士,没等炮火延伸射击,便迫不及待地跃出战壕,冲向敌人阵地。

红旗飘飘,英勇的战士们从11个突破口涌向天津城头。

在城西,向东进攻的主攻部队,一纵二师四团"红三连"是由井冈山组建起来的红军连队,战斗发起前被确定为第一尖刀连。冲锋开始,三连勇士们连续爆破了敌人二道铁丝网。旗手王玉龙高举战旗,第一个冲向突破口,三分钟后,红旗插在了和平门上。

敌人的子弹像雨点般地射向红旗。旗杆打断了,王玉龙用双手擎起弹孔累累的红旗,巍然屹立。又一阵子弹射来,王玉龙周身布满弹孔,就在牺牲的刹那,他用血肉模糊的双手,把红旗死死地压在城头上。

在城东,向西进攻的主力部队,八纵尖刀连在激战中冲上城头。旗手钟银根挺立在城头,挥舞着写有"杀上民权门"5个大字的红旗,指引着八纵登城破敌,奋勇前进。

守城的敌人集中所有火力射向红旗。钟银根负伤了,双腿失去了知觉,血流汩汩,他和红旗倒在乱石碎瓦中。一阵枪炮声传来,把钟银根震醒。他感到下肢剧痛,用手一摸,双腿断了,但他头脑很清醒:红旗不能倒,旗在,雄风就在,战友、祖国和人民在仰望着红旗啊!

他慢慢爬向红旗,背靠在一块断面上,用双手把红旗又举了起来。子弹再次密集地射向红旗,红旗再次倒下。然而红旗的根基还在,钟银根还握着红旗的边角。他半躺着上身,用一只手把不到尺余的旗杆紧紧抵住肩膀,红旗第三次站了起来。

片刻,旗杆被打碎了,红旗落下,钟银根昏迷过去。剧痛使他最后一次醒来。尖刀连不能没有红旗!天津城头不能没有红旗!钟银根终于又用手把沾满血迹的战旗举过头顶。在这面红旗指引下,尖刀连打退了敌人20多次反扑,尔后又举着它冲向市区。

在城南,九纵二师尖刀连八班长吕树华高擎着"登城先锋"的大旗,冲过护城河,冲向津南城下。一阵密集的机枪扫射,旗手吕树华倒下了。战士于米福接过红旗又向前冲去。于米福的腿被铁丝网挂住了,副班长罗开云又抢过红旗。罗开云倒下了,于米福又跑上来,再次举起红旗。

红旗,指引前进的红旗,召唤胜利的红旗,浴满英雄鲜血的红旗,12时50分高高飘扬在津南城头。

15日凌晨2时,我东西夹攻的部队,终于在金汤桥、金刚桥胜利会师。敌人吹嘘的"大天津堡垒化",彻底土崩瓦解了。

15日3时,一纵三师七团五连,在解决了敌六十二军军部后,又包围了敌八十六军军部驻地小白楼。几经较量,五连俘敌600多人。在地下室里,活捉了刚开完紧急会议,还没来得及回到自己指挥部的防守副司令兼六十二军军长林伟俦,还有八十六军军长刘云瀚等90多人。

15日5时,一纵一师一团包围了海光寺核心工事。六连八排副排长邢春福带领战士李泽国、王义风用炸药将敌大楼大门炸开,冲进原日本神社"忠烈祠"的地下室,陈长捷、秋宗鼎等七个高级军官被迫举起了双手。

15日10时,被俘的陈长捷最后一次行使他作为天津防守最高指挥官的权力,命令全城官兵投降。下午3时,战斗全部结束,古老的天津又回到人民手中。

历经29小时,天津解放,全歼守敌3个军共13万人,活捉陈长捷等中将3人,少将27人,天津市伪市长杜建时也做了阶下囚。

天津解放,使塘沽守敌最高指挥官侯镜如像热锅上蚂蚁,惶惶不可终日,他接二连三地发报北平和南京,请求撤退。17日凌晨,接到可以撤退的电令,侯镜如如逢大赦一般,督令舰船载着5万余国民党官兵匆忙离开塘沽。还没来得及上船的3000余名官兵,被由津南赶来的十二纵先头部队包围歼灭。17日5时,塘沽解放。北平成为华北地区敌人的最后一个据点,成为没有任何逃脱出路的陆上孤岛。傅作义接到他的副司令邓宝珊天津发来的"天津失陷,陈长捷被俘"的电报,竟一下昏倒在地。

傅作义压根儿没有想到"固若金汤"的天津原认为至少要打30天,竟在29小时内就全部覆没,给了他当头一棍,险些不省人事。

17日,即天津解放的第三天,傅作义刚从床上爬起来,还没来得及喝一口长白山的人参汤,他的"和谈"代表副司令邓宝珊急匆匆地前来求见,递交了林彪亲书的以平津前线司令部司令员和政委的名义致傅作义的信。

傅作义坐在太师椅上,读着这封最有分量、最有力度、最无商量余地的信,心乱如麻,六神无主。尤其是信的最后一段充满了火药味,使他心惊肉跳:"本军将用攻陷战术,使最重的打击落在敢于顽抗的人身上。城破之日,贵将军及贵属诸反动首领,必将从严惩办,决不宽恕……"

这是林彪的最后通牒。傅作义咳一声,微闭双眼,仰躺在椅子上。他要镇定,静思、默想。20万官兵的生死簿掌在自己手里。如今,摆在面前的只有三条路:一是自动放下武器,向解放军投诚,则能保全官兵的生命和财产。二是离城接受改编。把部队开到对方指定地点,按人民解放军制度改编人民解放军。三是背水一战,不成功便成仁。

前两条是生路、出路,后一条是死路、绝路,这将是不可改变的现实,无法抗拒的历史潮流。傅作义早在 10 天前就意识到北平将面临严峻形势,于 1 月 9 日派华北"剿总"土地处长少将周北峰到平津前线司令部进行"和谈",后又派他的副总司令邓宝珊和周北峰等人再次与林彪、罗荣桓、聂荣臻进行会谈。他原指望用"谈"来拖延时日,以图良策,但解放军步步进逼,林彪向他亮出了黄牌:

"本军愿再一次给予贵将军及贵属以考虑准备之充分时间。此项时间,规定由 1949 年 1 月 17 日上午 1 时起,至 1 月 21 日下午 12 时止。如果贵将军及贵属竟悍然不顾本军的提议,欲以此文化古城及二百万市民生命财产为牺牲,坚决抵抗到底,则本军为挽救此古城免受贵将军及贵属毁灭起见,将实行攻城……"

"攻城!"这两个令人战栗的音符,在傅作义耳畔震响,他睁开双眼,站起,缓步走到大幅地图前,目光久久地停留在"天津"一地,耳畔又震响着枪声、炮声、杀声。

终于,枪声渐渐隐去,炮声渐渐隐去,杀声渐渐隐去。

他的目光随着枪声、炮声、杀声隐去而移动,移到了"北平"。他久久地伫立着,木然地伫立着……

经过两天两夜的苦思、斗争,傅作义终于做出了明智的选择,接受了平津前线司令部关于和平解放北平问题的协议。从 22 日起,北平守军以师为单位,陆续开到城外指定地点,接受人民解放军的改编。31 日,东北野战军第四纵队进入北平接管防务。至此,具有战略决战性的平津战役宣告胜利结束! 参加这次战役的,主要是东北野战军和华北军区等部队,共计 100 余万人。这次战役,歼灭与和平改编国民党军 1 个"剿匪"总部、3 个兵团部、1 个警备司令部、13 个军部,共 51 个师(旅),共计 52 万余人。

(二十)1973 年叙以战争

1967 年 6 月 9 日 9 时 40 分至 10 日 18 时整,以色列在第三次中东战争最后阶段的 36 小时内,侵占了叙利亚的戈兰高地和赫尔蒙山一带地区。自此以后,以色列便长期霸占着这块具有重要战略意义的高地,将它作为自己领土的一部分苦心经营,改善和加强了戈兰高地针对叙利亚方向的防御系统,并拨出大量资金,鼓励本国居民向高地移民。至 1973 年,戈兰高地上已建立了多达 17 个之多的以色列居民点。

然而,叙利亚人未忘国耻。"夺回领土,还我戈兰"成了每一个叙利亚人的奋斗目标,总统阿萨德更是将收复失地作为整个国家的战略目的,用来指导国防和军备工作。

叙以双方都在为随时可能爆发的战争做着积极的准备。时间,在孕育着又一场血腥屠杀……

叙利亚军方在总结第三次中东战争战败原因时,痛感过去的老式军队编制已无法适应现代化战争要求,对部队实行了大整编,将原本完全的步兵师编成具有机动能力的机械化步兵师,每个师配备坦克 170 辆,新编成的装甲师则配备坦克 260 辆。至战前,叙军坦克数量猛增了三倍,已达 1500 辆之多。同时,叙军强化坦克作战和反坦克作战能力训练,在提高坦克作战能力的同时,配备了种类繁多、数量巨大的反坦克武器准备。

整编后,叙军的机动能力、作战能力和运动半径都得到了大大的增强,具有了同以军在局部抗衡的能力。

苏联积极帮助叙利亚扩充军备,到 1973 年 5 月,已向叙利亚提供了 1.85 亿美元的军事援助,并派出了 2000 余人的军事顾问和技术专家。阿萨德总统为了加强叙利亚空军同以色列空军的抗衡,下令大量进口苏制"米格"飞机和"萨姆"防空导弹,在靠近戈兰高地正面 50 公里、纵深 30 公里的地域内,从地面至 2.3 万米高空的整个立体空域,布成了有效的防空火力网。

在重武器方面,叙军在苏联军方的帮助下,部署了大量多口径的包括 203 毫米口径在内的加农炮以及 120、240 毫米重迫击炮,还有 8 管至 36 管 120、240 毫米火箭炮。1973 年 7 月,苏联又向叙利亚提供了"弗洛格-7"地对地战术导弹,射程直达以色列腹地。

军备的急速扩充,使叙利亚人信心大增,报仇雪耻指日可待,而以色列高层领导中,尤其是总理梅厄夫人倒深感不安。她召开了专门的内阁会议,讨论叙军扩充军备问题。在会上,梅厄夫人直截了当地问国防部长达扬:"如果叙利亚配合埃及进攻戈兰高地,我们是否顶得住?"

达扬曾经成功地指挥他的部队,在 1967 年的"六·五"战争中,将埃及和叙利亚打得一败涂地,同样,今天的达扬仍然握有战争的胜券。"亲爱的夫人,"达扬这样回答道,"虽然叙利亚加强了他们的防空部队,加强了他们的坦克兵、炮兵,但是,请不要忘了,制空权还在我们手中!"他看了看在座的其他军方首脑人物,发现他的战友们有的面带微笑,用赞赏的目光注视着他,有的则干脆点头表态,示意他继续说下去。他清了清嗓门,继续发表自己的高见:"况且,叙利亚在短期内编成多兵种多建制的现代化部队,他们的指挥人员一定非常缺乏经验,步兵和炮兵、步兵和坦克协同合成作战意识差,这势必大大影响部队战斗力的正常发挥。再说,叙利亚的武器几乎完全靠进口,这需要很多钱,而事实上,他们不可能长期承担这么大的军费开支,这就必然限制了他们战斗的持续性。""亲爱的夫人,"达扬顿了一顿道,"我们又怎么样?我们可以同上次一样,充分利用空中优势,先发制人。在叙利亚人还没有进攻时,用我们优秀的战机摧毁他们的武器设备!"

达扬发言已毕,其他军方首脑纷纷表示赞同,这使梅厄夫人心神大定。7 年前"六·五战争"早已证明,埃及和叙利亚并非以色列的对手,这一点,连美国、苏联都承认了,还有什么可值得担心的呢?

尽管如此,以色列军方还是认真研究了防止叙利亚突然袭击的问题,毕竟,叙方大规模扩充军备不是用来儿戏的。

那么,叙军可能从什么方向进攻呢?

时任以色列工商部长的巴列夫中将,是一位在军界享有很高声望的将军,之前曾出任以色列国防军总参谋长,现任国内的几大军区司令及现任总参谋长埃拉扎尔,都曾是他的部下。在研究叙利亚可能从哪一个方向向以发动突然袭击的问题时,达扬专程去征求了他的意见。

"库奈特拉和拉菲德,"巴列夫经过深思熟虑,这样回答达扬,"而在这两个方向中,库奈特拉的可能性最大。"

"为什么?"达扬问。

巴列夫胸有成竹地答道:"我们首先必须研究叙利亚人的政治心理。库奈特拉是首都大马士革的门户,库奈特拉的失陷,一直威胁着叙利亚人的心脏,因为它距大马士革只有50公里。叙军一旦收复库奈特拉,首先就会造成一种对国家、对民众的震撼作用,其政治、心理效果是不言而喻的。""阿萨德花费了那么多精力和心血,"说到这里,巴列夫有点嘲弄似的笑了笑,继续说道,"又苦苦等待了六年,他难道不想一拳便击中要害? 难道还会去做另一些隔靴搔痒的不明智之举?"

"再从军事上说,"巴列夫边说边做起了手势,"库奈特拉位于戈兰高地中部东西顶端,其正面是宽广的曼斯勒丘陵,易于坦克、装甲车机动展开,一旦占领,自东向西,其势不可当,具有最好的桥梁——贝纳特亚右布桥可以利用。拉菲德方向虽然也便于坦克、装甲车机动,但其西面布迪亚峡谷和加利利湖,自东向西正面展开的机动辐向较窄,不利于大部队作战。因此,对赫尔蒙山,叙军只可能以小部队袭击,旅以上规模的进攻可能性不大。"

巴列夫一番详尽而中肯的分析,令达扬十分满意。他将这一结果带到了以军最高统帅部,在以色列军方首脑中形成了以巴列夫的分析为主导思维的作战指导思想。按照这一作战指导思想,以色列对部队的运用自然而然地将重点放在了库奈特拉方向,而在包括赫尔蒙山在内的拉菲德方向,只派了戈兰尼旅和巴拉克旅两个旅坦克担任防守任务。

10月3日,埃及总统萨达特秘密前往大马士革,同阿萨德总统敲定了两国部队于埃及时间10月6日14时5分(叙利亚时间15时5分)同时向以色列发起进攻。当时,叙利亚国内知道这一机密的,只有阿萨德总统本人及国防部长塔拉斯中将。晚些时候,阿萨德才将这一机密通知了第三人——叙利亚国防军总参谋长沙库尔,并命令总参谋长制订代号为"雷雨行动"的作战方案。

为了确保机密不泄露,叙军采取瞒天过海的手法调动部队。国防部长塔拉斯向各部队发布命令,称:"全军将士必须做好反侵略的防御准备,如果以军胆敢发动进攻,坚决予以回击!"同时,阿萨德总统要求前线部队的高级军官在行动时不佩戴军衔;旅长、副旅长、旅炮兵群指挥官、营长等各级指挥官必须亲自草拟作战命令,减少中间环节。10月5日,攻击命令下达到师长及独立旅旅长一级;10月6日早晨,传达到各营营长,直至开战前两小时,才传达到连长一级,至开战前一小时,传达到各排排长。

"雷雨行动"的作战要求是,乘以军不备,以压倒优势的坦克和炮兵,迅速收复戈兰高地及赫尔蒙山一带的领土。

1973年10月6日13时5分,叙军开始对敌阵地实施火力准备,炮击持续了55分钟。嗣后,在14时15分,叙空军进行了对以军阵地的航空突击。与此同时,隐蔽在第一线掩体内的近150辆T—34坦克也对敌前沿目标实施了持续不断的移动射击,第五、七、九3个步兵师在正面展开,发起进攻。

由于准备充分,在当天日落前的两个半小时内,叙军消灭并压制了以军第一线火力武器的发挥,当夜又架好桥梁,向以军阵地纵深实施渗透穿插作战。叙军坦克、装甲车均配备了夜视器材,射击精度大大提高,在以军阵地内大显神威。步兵携带的"萨格尔"式坦克导弹和"Pπr-7"火箭筒准确命中以色列坦克,迫使以色列装甲部队频频后撤。同时，叙军空降部队同进攻赫尔蒙山的步兵相配合，于当日18时占领了这座戈兰高地上的战略制高点。以军直至10月8日，才派出第一步兵旅，4000余兵员在航空兵的支援下，向赫尔蒙山发起反攻，但遭到守卫的摩洛哥旅的完全抵抗，未能夺回阵地。

戈兰高地南半部是叙军主攻的重点，叙军在此集中了3万余兵员、1400门各种火炮、800枚反坦克导弹及280辆坦克，由第五师沿塔普林路向贝特古布桥方向，第九师沿纳法克、阿里克桥方向进行突破，并在当日14时突破了以军的第一道防线。

巴列夫中将当初在视察以军戈兰高地防线时，曾对北部军区司令霍菲少将说："叙利亚想越过戈兰防线，简直是白日做梦。"霍菲少将当即以讽刺的口吻答道："那也许是他们下一辈子的事了，可怜的阿萨德总统！"

两位以色列将军的话言犹在耳，叙军便以民族的意志和顽强的战斗一举突破戈兰防线。

同样，在判断叙利亚军队有无可能发动突袭时，以色列人也犯了轻敌的严重错误。当时，正是开战前的一个月，以色列空军通过空中侦察及同美国交换情报，发现叙军在前沿的坦克激增到近1000辆，而炮兵连则发展到140个，美国的卫星还首次发现前沿叙军部署了防空导弹及大口径加农炮。这些情报报到特拉维夫总参谋部的例行会议上，北部军区司令霍菲少将认为事态严重，不排除近期爆发战争的可能，然而，以色列军事情报局局长埃拉法·扎伊拉准将却全然否定了这种推测，他将否定的基调定位在对叙利亚国力和军事力量的脆弱和不堪一击之上。可悲的是，这一基调迎合了以色列军方主要领导人的口味，国防部长达扬就首肯了埃拉法·扎伊拉的意见。扎伊拉当时的意见是："目前阿拉伯人仍处于空中劣势，而且短期内无法改变这一事实。一个没有空中优势的国家怎么可能发起进攻？"

以色列军方的错误决策，使以色列在第四次中东战争初期蒙受了巨大损失，付出了惨重的代价。幸亏霍菲谨慎小心，在他的坚持下以军适当进行了一些防御性的措施，才在迟滞叙军的进攻上起了一定的作用。

10月7日，叙军已经在南北各条战线上整体突破了以军防线，坦克、装甲车、步兵及空降兵程度不等地深入戈兰高地腹地。以色列方面见势不妙，决定发挥空中优势，以"鬼怪"式和"天鹰"式这两种美国提供的先进战斗机对叙军进行报复性攻击并袭击叙空军后方基地。谁知叙军吸取了1967年第三次中东战争的教训，早就将作战飞机疏散或隐蔽在水泥掩体内，使以色列空军无功而返。空袭结束后，叙空军利用混凝土高速公路作为应急跑道，迅速升空。叙军配备的苏制"萨姆-16""萨姆-7"导弹发挥了巨大威力，在不到两个小时内，击落以军先进的战斗歼击机46架。

以军暂时丧失了空中优势，使叙军地面部队得以迅速推进，锋芒直指约旦河，其先头部队距约旦河只有6英里了。以色列局势相当危急，因为，同在这一天，西奈战场上的埃及军队也已稳固地占领了苏伊士东岸的桥头阵地，摧毁了以军在西奈半岛的大部分空军和导弹基地及"巴列夫防线"的百分之八十的军事支撑点。

特拉维夫，以色列最高统帅部内。国防部长达扬召开了紧急的高级军事会议，鉴于战争形势的恶化，有人提出使用原子弹的问题。

"夫人是什么态度？"持怀疑态度的人巧妙地提出了反对意见。

夫人,指的是以色列国总理梅厄夫人,没有她的批准,是不能动用原子弹的。毕竟,这是一个将导致毁灭性的原子战争爆发的严重问题。如果在近东破开战后使用原子弹的先例,那么,我们这个世界将会变成什么模样?

达扬沉吟不语。这位素以沉着冷静闻名的以色列军界首脑,一时间考虑得很多很多。从军事上看,以色列已进入了自1948年5月始同阿拉伯国家交战四分之一世纪以来最为艰难的岁月。埃及方面的事不去说它了,仅戈兰高地方面,库奈特拉方向以军第一八八旅已经崩溃,仅剩下10辆坦克得以逃脱叙军的围歼。而南部军区的防区已全部敞开,叙军正将大量新式的"T-62"型坦克投入主攻战线,占领了战略重地拉马特马格西来姆,全歼了以军本·肖哈姆旅之后,正在全线插进约旦河……

他考虑防御线撤到约旦河西岸,他甚至向总理提出了辞职,但这些都被夫人否定了。如果——

达扬几乎不敢想象使用原子弹问题,这不仅是个军事手段问题。然而,如果以色列战败了,以色列会怎样?

"我们的秘密隧道里,集中了多少颗原子弹?"沉吟了许久的国防部长突然这样问道。

"13颗。"

会议厅里的空气,因为这突然间的一问一答,骤然紧张到了极点。至少有一半以上的人以为,要使用原子弹了!

达扬又陷入了沉思。夫人已在她的办公室内大哭了一场,夫人确认达扬想同阿拉伯人谈投降条件,夫人,夫人……他忽然站了起来,说:"先不要考虑原子弹的问题!夫人会有办法的!"

后来,就在10月7日日落以后,梅厄夫人召见了工商部长巴列夫,请这位前国防军总参谋长出马扭转败局,立即前往戈兰前线,并授权他在自认为必要时当场下达命令。

巴列夫能力挽狂澜吗?

10月7日当晚20时,巴列夫就赶到了戈兰前线北部军区司令部,对战事及现有的防御情况进行了视察。他听取了军区司令霍菲的汇报,又同司令部的参谋人员进行了交谈。之后,又亲往设于太巴列湖畔的兰纳师司令部,会见师部参谋军官和各旅旅长。情况的确是非常严重的,尽管达扬和霍菲将军、艾坦将军在10月6日22时召开的作战会议上做出了一系列抵抗的决定和措施,但因叙军的兵力和进展情况远远超出了以军预料的水平,以军战斗进展情况非常糟糕。巴列夫决定在第二天(10月8日)拂晓,以新动员的第十四师和二十一师投入战斗,在艾尔阿勒及伊埃希达方向对叙军进行反击。

这天深夜,巴列夫回到特拉维夫,穿过灯火管制的街道,来到梅厄总理的办公室,对她说道:"夫人,局势固然是十分严重的,但这并不是毫无希望。"

梅厄夫人终于有了一丝宽慰。

这样,在10月8日拂晓,以军集中力量在戈兰高地北部进行反攻。战斗中,双方展开了激烈的阵地争夺战。以军各级指挥官已得到命令,这场战斗关系到以色列的生死存亡,务求血战取胜。因此,尽管在反击中战斗减员严重,包括坦克和装甲车都损失严重，但以军仍不顾一切同叙军周旋。以军第十四旅和第十九旅在达特勒沙奇遭到叙军猛烈抵抗，损失坦克50辆；第十七旅经过一天苦战，兵力减半。至黄昏时刻，实际兵力只剩下一个坦克营和侦察队，损失坦克54辆，战斗伤亡2000余人，而第七装甲旅经过作战只剩下40辆坦克。

然而，巴列夫集中兵力出重拳的战术仍然取得了成功。尽管叙军步兵第五师乘以军主力无暇南顾的机会，在南路大举扩展战果，一举收复了菲格并逼近以军设于斯储巴的主要补给中心，但以军按照巴列夫的意图，仍不顾一切地争夺北部重要战略枢纽哈希尼亚、拉菲德公路，并在9日打到了公路，夺回了哈希尼亚。

战斗进行到10月10日，以军已在戈兰高地投入了3个师及7个装甲旅、两个空降旅，总兵力达到6万人，坦克近800辆。在此期间，以空军对叙利亚实施了战略轰炸，空袭首都大马士革及叙境内的炼油厂、港口、储油设施等重要目标，战火殃及平民及外交设施，一名挪威籍联合国工作人员和他的妻子也在空袭中遇难。

10月11日上午10时，以军开始全面反攻，艾坦师所属第7装甲旅在空军、炮兵及第二十一师炮火的支援下，于马萨德以北地区首先发起进攻，遭到叙军顽强抵抗和反击。先头部队第7营突破叙军阵地后，坚守在十字路口，遭到叙军的反冲锋突击，损失惨重，几乎接近战斗极限。眼看战略要地得手在即，只要叙军排除10辆坦克发起一次再冲锋，就可夺回阵地，补上整个方向的大缺口，恰在此时，叙军第六十八旅旅长拉弗克·希拉维上校突然下达了"部队停止进攻，立即后撤"的命令。以军及时抓住这一莫名其妙得来的良机，第七装甲旅后续部队迅速赶上，重新稳固了该阵地。此后，以军从这个缺口对叙军阵地大举突进，很快将叙军赶回到1967年"六·五"战争停火线以外。

事后，希拉维上校因在战争的紧急关头放弃阵地，导致叙军全面失利而被移交叙军军事法庭，判处了死刑。

以军反败为胜之后，围绕着要不要越过"六·五"战争停火线产生了两种不同的意见。巴列夫认为应在停火线附近就地停止进攻，而总参谋长埃拉扎尔则主张应乘胜前进。国防部长达扬考虑到越过停火线可能导致苏联出兵干涉，主意不定。巴列夫说："让总理来决定此事吧！"

不久，以军参谋部提交的报告送达梅厄总理，梅厄夫人立即同美国进行了热线联系，在得到美国的支持后，她批准按埃拉扎尔的意见办。

10月11日11时，以军越过停火线向叙军发动进攻。达扬在记者招待会上宣布："以军已越过停战线，正在向大马士革推进。对阿拉伯国家来说，一个严重的事态将到来，他们将再次蒙受耻辱。"

然而，以军的进攻遭到了叙军的猛烈抵抗，同时，阿拉伯兄弟国家于10月12日宣布参战，伊拉克、约旦、沙特、摩洛哥先后派出部队推进戈兰高地（摩洛哥在战前有一个旅派往叙利亚前线）。阿拉伯国家同仇敌忾，在关键时刻出兵支援，缓解了叙利亚的危急局势。

由于阿拉伯国家的介入，戈兰高地各条战线上的战斗，到10月19日下午3时才逐渐停止。10月20日以后，战局稳定下来。10月23日，叙利亚接受了联合国的停火决议。

在这场持续了半个月之久的叙以战争中，作战双方损失巨大，尤其是坦克，叙利亚损失了 980 辆，以色列损失了 600 辆。如包括伊拉克和约旦在内，参战各方共损失坦克 1800 辆及装甲车 1000 余辆，从某种意义上说，戈兰高地的这场战争，也可称为现代战争史上最大的坦克战。

（二十一）红毯行动——"六·五"战争

1967 年 6 月 5 日，第三次中东战争爆发。这天上午，以色列空军利用埃及军队戒备最为松懈的时刻——8 时 30 分至 9 时中的 8 点 45 分，突然袭击埃及的 14 个空军基地。3 个小时之后，埃及空军溃不成军。这对埃及来说无异为灾难性的打击，有人将之与"二战"中的"珍珠港事件"相提并论。战争一开始，埃及就彻底丧失了制空权。

几乎是同一时刻，以色列对埃及的地面进攻开始了。这场被称为"六·五"战争或"六天战争"的残酷战斗，就这样奏响了序曲。

6 月 5 日 8 时 10 分。以色列南部军区司令部。

军区司令加维什微闭双目，在他司令部办公室桌前正襟危坐。看上去，这位少将司令官似乎在默念什么经文之类，其实，他脑子转念的全是部队在西奈半岛展开以后的各种步骤。他知道，8 时 10 分，是空军飞机的起飞时间，经过半小时的飞行，它们就能到达埃及各空军基地的上空。按预定计划，他的地面部队将在 8 时 15 分开始行动。此刻，他正在静静等待着这个命令。

突然，无线电通话器里"吱"的一响，旋即，一个熟悉的声音响了起来："纳赫肖，行动。祝你顺利！"

加维什连一秒钟也没有停，俯身对着通往前线的塔勒师、约菲师和沙龙师的话筒，激动地连喊了两声："红毯！红毯！"

以色列进攻西奈半岛的红毯行动开始了。

8 时 15 分 30 秒，由伊斯雷尔·塔勒指挥的北路以军在西奈半岛沿地中海向敌推进。其中，戈南上校率领的戈南旅以"百人队长"式坦克营为先导，"巴顿"式坦克营随后跟进，成纵队扑向拉法东北的外围据点汉龙尼斯。在消灭了埃及守军一个坦克营并占领了汉龙尼斯后，它们奉塔勒师长之命，迅速绕过拉法，把拉法留给艾坦上校去处理，他则率部下（其中抽调出一个营协助艾坦旅攻取拉法）向西直奔地中海重镇阿里什。

艾坦上校率领的伞兵旅在戈南留下的一个坦克营的协助下，迅速击溃了守卫拉法的巴勒斯坦师，占领了拉法。之后，他们马不停蹄，翻过拉法南部的沙丘，迂回到埃及军队的后方，摧毁了埃军的炮兵阵地。

在北路军右侧发起进攻的阿维伦上校所率领的阿维伦族，是该师三个旅中唯一在突袭之初遇到顽强抵抗的部队。为此，上校决定从埃军阵地南侧实施迂回，岂料先头坦克营因判断错误，过早向北攻击，受到隐蔽在沙丘中的埃军南翼部队的袭击，陷入包围，一片混乱。塔勒少将接报后立即分出一个机步营前往救援，才重新扭转了局势。

在以色列南部军区司令部内，加维什将军同他的参谋人员被一种异常兴奋的情绪所左右。从前线报来的战况表明,这场战争的开端是非常良好的,而且好得出人意料。下午4时,以军王牌军——戈南上校率领的第7装甲旅已抵达西奈首府阿什里,这是埃及部队的前线指挥部所在地,其势恰如直捣黄龙。

但是,加维什在兴奋中又有点担心,不由问道:"戈南的后续部队在什么地方?"他担心七旅的先头部队孤军深入,极易受敌军反包围的威胁。参谋人员迅速查对了一下战报,答道:"在吉拉迪!"

吉拉迪的战况异常激烈。戈南的先头部队冲过去以后,埃军立即重新布置了防御。所以,当戈南的后续部队赶上来时,双方立即卷入一场激战。以军后续部队未料会遭到如此激烈的反抗,10多辆坦克被埃军击毁,伤亡惨重。以军营长古尔少校的指挥坦克也被击中,营长及其部下全部阵亡。

在加维尔将军焦急地等待吉拉迪的消息时,塔勒师长已派出机步营疾驰吉拉迪增援,敌我双方展开拉锯式的争持,阵地几次易手,戈南的友邻部队随后赶到,卷入拼杀,阵地上展开了刺刀见红的白刃战,最后,以军占领了吉拉迪。

加维尔将军大大地松了口气。这样,戈南的先头部队就没有后顾之忧了,等待他们的,将是在重新集结兵力以后,向西奈首府阿里什发动总攻。

6月6日凌晨,以军出动了飞机,对阿里什埃军阵地进行轰炸,这时,埃及空军早已被以军空军的突袭击溃,埃军丧失了制空权,只有听任以军飞机狂轰滥炸。这是一场异常艰苦的防守。经过数小时激战,以军于6日上午攻占了阿里什,之后,戈南率领他的部队,向苏伊士运河边的坎塔拉长驱直进。

与此同时,以军雷谢夫上校率领的特遣部队一个旅,奉命攻打西奈半岛东北边陲重镇加沙市,经过激烈的巷战,加沙市大部落入以军手中,埃及守军于6日12时45分向以军投降。

至此,以色列军队在北线第一阶段的任务已经完成。

阿布奥格拉是西奈半岛东北部的一个重要战略枢纽,由于在12年前的西奈战役中以军在此曾付出过惨重代价,以37旅旅长林达也捐躯于此,所以,以军总参谋部曾在战后向此地派出过专门的调查小组,研究过在此作战的各种战术和对策。这一次,负责指挥进攻阿布奥格拉的沙龙少将,就曾以陆军训练部长的身份,一直指导对此地作战的训练,可说是有备而来。

然而,我备敌也备。埃及军队也在这些年中研究在阿布奥格拉的防御,吸取1956年战争的教训,加强了阵地构筑和兵力的布防。

6月5日上午,在北线塔勒师向埃军发起突然袭击的同时,南线的沙龙师也从奥贾附近发起进攻。他们遇到了埃军顽强的抵抗,一直到下午3时,沙龙师才勉强推进到阿布奥格拉外围。这样一来,计划就有些走样。沙龙将军本拟在5日完成夺取阿布奥格拉的任务,谁知一路战事激烈,等到完成了对阿布奥格拉的三面包围之后,天已黑下来了。以军总参谋部通知沙龙,晚上空军无法出动,夺取阿布奥格拉的行动只能推迟到明日早晨进行。

沙龙在他的前线指挥部里接到总参谋部的通知,思考了很久。在现代战争中,缺少空中打击力量的战斗是难以想象的。然而,这位以"沙漠斗士"著称的将军却不愿改变已定的计划。他的大胆和冒险精神在此时主导整套的思维。他再次俯身到作战地图前,客观、冷静地分析了敌我态势的变化,以及明确进攻可能遭遇的抵抗。最后,他下了决心,即使没有空军的出动,也要在拂晓前拿下阿布奥格拉!

红毯行动中蔚为壮观的一幕开始了。1967年6月5日晚22时30分,沙龙向炮兵旅长下达命令:"全面炮击!"霎时,万炮齐鸣,地动山摇,以军的6个炮团同时展开炮击,以平均每分钟300发炮弹的速度向埃军阵地倾泻着死亡。火箭弹的闪光在夜的屏幕上投下无数道流动的光带,交织战网的弹道像一片璀璨的灯海,染红了沙漠的夜空。就在以军的炮兵发威的同时,坦克和步兵根本不按军事教条原则,而是按照沙龙将军的命令,在炮火尚未延伸时就悄悄地出击,逼近埃军阵地。所以,当炮击突然停止,埃军士兵正抖落着满身尘土从战壕中慢慢爬出,准备逼敌时,以军的坦克和步兵就像天兵降下一般,突兀出现在他们的面前。

残酷的肉搏战开始了。埃军首先在意志上就输给了以军。以军士兵个个如猛虎下山,扑向一条又一条堑壕。埃军士兵在仓促中应战,只能以巨大的伤亡代价换取暂时的抵抗。当拂晓到来前,阿布奥格拉阵地已被踩在以军士兵的脚下。

中路,突进的约菲师遭遇了从利布尼向北运动的埃军一个装甲旅和一个机械化步兵旅的抵抗。经过一整天激烈的战斗,埃军在遭受重大损失后被迫退走,约菲师迅速越过利夫尼山区埃军的环形阵地,同进攻拉赫师的部队胜利会合,然后向西奈中部推进。

以军在战略上的突袭和战术上的灵活运用,使埃军吃够了苦头。一位在后来的战斗中被俘的埃军团长曾向以军提出了这样的抗议:你们"为什么不堂堂正正地从正面进攻?"

看管这位埃军团长的以军军官听后哈哈大笑道:"我们的目的就是夺取这场战争的胜利,这就是我们的堂堂正正!"

以军发动突袭以后,在西奈半岛的埃及部队一直处于茫然无措的状态。总司令阿密尔元帅当时正好不在指挥位置上,最高统帅同前线各部队失去联系竟达一个半小时之久。阿密尔赶到统帅部时,又由于对前线形势难以判明,无法下达作战命令。埃及最高层怀疑此次战争系英美直接参与的结果,纳赛尔一怒之下,关闭了苏伊士运河。战争的第二天,埃及和叙利亚均宣布同英、美断绝外交关系,其他阿拉伯国家也宣布对英美实行石油禁运。

埃及部队总司令阿密尔元帅收到阿布奥格拉陷落和以军攻克阿里什的战场报告后,根本不相信凭以军的力量能在开战一天多的时间里取得如此神速的进展,更加坚信是美国插手了此次战争,难道美国军队要在苏伊士运河和尼罗河三角洲登陆?这位元帅经过如此一番思考和判断后,既不向总统纳赛尔报告,也没有征求司令部参谋们的意见,就武断地向驻防西奈的各部队下达了撤退的命令。

在前线的各军师单位,接到撤退命令之后,皆不问具体细节,便一窝蜂地向苏伊士运河西岸重镇伊斯梅利方向逃去,总参谋部的几位高级参谋见战局弄成这个样子,非常着急,要求同总司令面谈,但阿密尔却闭门不见。调查部长穆斯塔法·贾马尔少将,作战部副部长纳西哈少将和利哈德·候赛尼少将在一起商量了一阵,觉得这样下去于事无补,想方设法,终于让阿密尔同意接见。

三人走进总司令办公室,见阿密尔眉头紧锁,忧心忡忡地蜷缩在沙发里,纳西哈少将便说:"元帅阁下,我们研究了西奈战场的现状,由于以军的突然袭击,我们已经遭受了很大的损失。但是,我军在未特拉山口和吉夫贾法尔山口有坚固的工事,如果你能收回撤退的命令,将部队收拢到两个山口一带,我军完全有能力遏制以军进攻。"

"可是,"阿密尔站了起来,用红铅笔在军事地图上的尼罗河三角洲画了个大圈,"以色列是一回事,而美国呢? 他们是否有意要占领这块地方?"

阿密尔听不进部下的意见,埃及军队仓促撤退的现状使总统纳赛尔也很为不满。他终于亲自来到最高统帅部,对阿密尔说:"我不反对撤退,因为我们要保护苏伊士运河和尼罗河三角洲。但是,撤退应该分批分步骤进行,像这样,一窝蜂地溃退,成何体统!"

阿密尔见总统亲自干预,只好收回成命,让参谋立即拿出一个可行的撤退方案出来。然而,这时的战场现状是,埃军第三师和沙兹利师已撤退完毕,而第二、六、七、二〇师4个师也正在撤出防御地带,他们在撤退中突然接到停止后撤的命令,一时无所适从,部队更加混乱了。

以色列南部军区司令加维什少将惊喜地发现,埃军正在让出西奈半岛一个又一个重要的战略重地。总参谋部原先制订作战分四步走,到第4阶段方实施对埃军的全面追击,现在看来已无此必要了。在请示了耶路撒冷以后,他在6月6日晚将塔勒、约菲、沙龙三位师长召到司令部,立即部署追击埃军事宜。

于是,在第三次中东战争的第三天即1967年6月7日,从凌晨时分开始,以军对埃军实施迅猛追击。一望无垠的大沙漠中,黄沙漫天飞扬,只见埃军坦克在拼命逃窜,而以军坦克则拼命追赶。一旦接触,双方虽然发生交战,但多以埃军惨败告终。一路上,只见一辆又一辆埃军坦克在燃烧、冒烟,而以军士兵则大批地抓获埃军俘虏,并强迫他们脱掉鞋子,赤脚在滚烫的沙漠上行走。

不久,战略重地哈马、吉夫贾法相继沦陷,埃军第三步兵师,第六机步师,第四装甲师、沙兹利特遣装甲师都从萨马代和未特拉山口之间的公路仓皇撤退,相互争道,拥挤不堪。这时,以军又出动飞机对这支数万人的溃逃大军轮番扫射、轰炸,一时间,尸横遍野,到处是埃军坦克、装甲车的残骸。这些残骸在以军的不断进攻中越积越多,最后,甚至堵住了未特拉山口。

在未特拉山口这个通往运河苏伊士城的要道上,这时发生了这样令人啼笑皆非的一幕:一名以军坦克手正要驾车前进,在他的前面走来一位身材高大的埃及军官。这位军官向他打着手势,一边一瘸一拐地走了过来。坦克手好奇地探出身来,用英语问道:"先生,怎么回事?"

"我愿意投降。"军官用流利的英语回答。

坦克手点点头,正打算示意让这位军官自己走到俘虏队伍里去,忽然又生好奇地加问了一句:"你是什么人?"

"我是埃及炮兵部队总司令扎拉赫·西库特将军。"

坦克手几乎惊呆了,半晌才回过神来,说:"将军阁下,那就请你爬上来吧,我送你到我们的指挥部。"

然而,尽管埃军已悲惨到如此地步,但仍有不少将士不甘束手就擒,奋勇抵抗。一些溃散的部队在几位军官的指挥下,重新集结,向未特拉山口发起反击,准备夺回这座花费了他们无数心血构建的防御阵地,占领了山口的以军沙德尼坦克营未料到出现这一变故,仓促应战,至6月7日20时,情况竟变得万分紧急。他急忙用无线电向约菲师长求援,约菲急调赛拉指挥的装甲旅从萨马代南下增援,于黎明前赶到未特拉山口。反击的埃军前后受夹攻,只得丢弃了所有的坦克、装甲车和卡车,徒步翻山越岭,经沙漠向运河方向逃去。

就在这一天,苏联向联合国安理会施加压力,召开紧急会议,讨论促使阿以停火事宜。以色列国防部长达扬于7日晚得到消息,安理会可能立即出面调停,要求阿拉伯联合共和国和以色列在6月8日实现停火。达扬立即电令塔勒师和约菲师马不停蹄,连夜向运河推进,无论如何要堵住埃军向运河西岸撤退。

第三次中东战争的又一奇观出现了,作战双方的埃军和以军展开了一场急速运动的赛跑。塔勒师拼足了吃奶的劲,终于于8日拂晓前抵达离苏伊士运河仅26公里的东坎塔拉附近,在这里与埃军第四装甲师进行了一场激战。最终塔勒师攻占了运河东岸的东坎塔拉,随后又快速向南推进,于9日拂晓抵达伊斯梅利正对面的渡口,堵住了埃军撤往运河南岸的最关键的退路。

与此同时,约菲师从未特拉山口向西快速穿插,于9日凌晨2时到达运河地区,夺取了埃军9个完好的"萨姆-2"导弹基地。至此,除富路德港的沼泽地带之外,整个西奈半岛都落入了以军的控制之中。

在西奈半岛仍在战斗的过程中,联合国安理会于6月8日通过了阿以双方停火的决议。面对大部分埃及军队在西奈前线被歼的残酷现实,埃及总统纳赛尔不得不屈服了。因为,假如以色列强渡运河继续进攻的话,他手中已拿不出一支像样的军队来跟以军抗衡了。当天晚上,他便通知埃及驻联合国代表艾尔康尼,要他告诉秘书长吴丹,埃及接受安理会的停火决议。

翌日,艾尔康尼在联合国安理会上宣读了这样一份简短的声明:

我荣幸地通知你们,基于本国政府的指示,按照安理会的决议,只要另一方也停火,阿拉伯联合共和国亦决定停火。

埃以之间的战争停止了,由于以色列同叙利亚之间的战争直到6月10日18时30分才实施停火,所以第三次中东战争又被称为"六天战争"。埃及在6月5日后的4天内丢失了整个西奈半岛。以色列军队战果辉煌,在整个红毯行动中,共歼埃军7个师,击毁和缴获埃军坦克600余辆,击毁埃军飞机338架,俘虏了包括11名将军在内的5000余名埃军官兵,打死打伤埃军3万余人,占领了4个埃军机场和9个"萨姆-2"导弹基地。

红毯行动以以色列军队的全面胜利画上了句号。

(二十二)戈兰高地悲歌

第三次中东战争——六天战争的最后两天,即1967年的6月9日至6月10日,是在叙利亚的戈兰高地进行的。以色列国防部长达扬坚持不在三条战线上同时开火,一直等到同埃及、约旦的战事完全停歇,腾出了南线、东线的兵力,才决定向北线——叙利亚的戈兰高地全线出击。

叙利亚人的悲剧在于,当埃及同以色列开战的时候,他们不肯按照阿拉伯联盟的共同意志开辟第二战场,而是采取敷衍的态度,装模作样地出动了几架飞机和向以色列人打了几炮，之后便按兵不动，以致坐失良机。当时，以色列的军队绝大部分已调往南线和东线，在北线仅陈兵两个旅，等到叙利亚意识到战祸临头的时候，以色列已重兵压境了。

戈兰高地顿时成了血腥的战场。

1967年6月9日早晨约6时许，曾在1956年第二次中东战争中取得辉煌战绩并以主战著称的以色列国防部长达扬醒了过来，睁开眼，他发现自己已躺在作战室的行军床上，而他的助手已经站在作战室靠近行军床的一处位置上，显然已等了一会儿了。

"有什么消息?"达扬问。他指的是联合国那边。

"埃及同意停火了。"助手说着递给国防部长一份电报。

达扬精神为之一振，刚醒转时的一点迷糊之状一扫而光，他一跃而起，一边看电报一边说："快把伊扎克·拉宾叫来!"

助手走了出去，一会儿回来道："将军，总参谋长不在。"

达扬想了想，命令道："请给我接通达多。"

不一会儿，电话接通了。达扬控制着自己的兴奋，说道："达多，你可以行动了，占领戈兰高地!"

"是全部占领?"电话那头，以色列北部军区司令大卫·埃拉扎尔少将不无惊异地说。

"是的，达多，是全部占领!"

埃拉扎尔认为自己有必要澄清一下这个命令的真实性。因为，作为这次战争的指挥实权的掌握者，达扬在昨天还是不同意进攻叙利亚的，何况，叙利亚刚刚在8日下午宣布了同意接受联合国有关停火的决议。

"将军，我希望你再重复一次。"埃拉扎尔要求道。

"达多，"达扬面对话筒笑了起来，"我知道你的疑虑，同你一样，我也一直担心着世界舆论的谴责。但是，停火并没有生效啊，我们还有一天半的时间可以利用。达多，你认为一天半对你来说是足够了吗?"

埃拉扎尔明白了，国防部长是在钻时间的空子。本来，一切都可以息事宁人，同埃及及约旦方面的战争因埃约的战败已经停止，何必再生烽火呢?但以色列人并不满足于这些，他们要利用联合国调停在时间上的短暂差异，拔掉戈兰高地这个直接威胁着以色列的眼中钉。再说，叙利亚多年来一直以戈兰高地为基地，不断炮击以色列的集体农庄，还支持巴勒斯坦解放组织的法塔赫突击队袭扰以色列。达扬要利用南线、东线已经实行停火这一千载难逢的时机，给叙利亚人以狠狠的处罚。

一天半，36个小时，埃拉扎尔感到紧张起来。在完全接受了命令之后，他立即拟订了作战计划：集中兵力攻击戈兰高地防御阵地的一点，形成突破，然后从侧翼运动包抄叙军。

这时，埃拉扎尔手中有10个旅可供使用，其中有4个旅从约旦战场调来，1个旅刚从西奈战场调来。而叙利亚方面，则集结了12个旅共约6.5万人的兵力。

埃拉扎尔使用的，仍然是以色列人在这次战争中惯用的突然袭击的手段。

就在叙利亚人以为大战已经过去，叙利亚可以像前两次中东战争一样避免战火的损失的时候,1967年的6月9日上午9时40分,在戈兰高地的上空突然拥来成群结队的以色列战机。

"怎么回事?"叙军戈兰高地前线指挥官一时摸不着头脑,"不是已经停火了吗?这些飞机来干什么?"总指挥咕哝着,但作为一名军人,他知道事况有变,同时赶紧下达命令:"准备迎战!"

然而,这一命令似乎晚了一些。语音未落,成吨的炸弹已呼啸而至,以色列的地面炮火也开始了对叙军阵地的密集轰击。一时间,戈兰高地浓烟滚滚,爆炸卷起的巨大灰尘迅速弥漫开来,遮没了半个天空。

炮击和空中的轮番轰炸整整持续了110分钟。11时30分,以军前沿各部队开始了猛烈的地面进攻。

布防在战线北部的曼德勒装甲旅首先突破边界,但他们面对的是一处相当复杂的山地地形。由于地面凹凸间距过大,坦克和装甲车无法行进,以军只好以8辆笨重的推土机开路,这在人类战争史上恐怕也算上是一大奇观。枪林弹雨中,数十辆威力无比的坦克车成单行纵队排在后面,有劲无处使,只能慢腾腾地在新开的道路上爬行,而冲在前面顶风冒雨的却是毫无火力配备的民用推土机。

这时,叙军已紧急行动起来,他们用122毫米火炮、130毫米火炮和反坦克火箭炮,沉着地瞄准那些蠕动而来的推土机和战车,一辆一辆地予以摧毁。正当叙军士兵打得兴高采烈的时候,曼德勒旅所配备的一个戈兰尼步兵连发挥了极大作用。他们趁叙军全力以赴攻击己方坦克时,出其不意地徒步迂回,强行攀上陡壁,潜入叙军侧翼阵地,打了叙军一个措手不及,顺利攻克了此战的第一个目标——纳姆什阵地。

按照埃拉扎尔少将的作战计划,曼德勒旅在占领了纳姆什阵地后,应继续向北攻击扎奥拉,然后挺进马萨达,实施迂回战术。然而,该旅先头突击营营长忙中出乱,竟然向南发兵,攻击高地腹部的卡拉。旅长曼德勒上校得悉此况,没有责怪下属,因为该旅刚刚从西奈战场调来,下属们还来不及完全弄清新战场的地形和敌情,就匆匆投入了战斗。上校思索片刻,索性将错就错,让突击营继续朝卡拉进发,另调一坦克营进攻扎奥拉。

卡拉地势险峻,敌方工事非常坚固,且派有精悍部队在此防守,所以,埃拉扎尔的计划中避开了正面攻击这一着。如今,曼德勒的突击营却错走了这一着,果然吃了一亏。整个战斗中,以军一直处在被动挨打的地位。当他们企图扫除障碍开出一条路来时,坦克和半履带式装甲车便遭到叙军炮火的无情打击,有些战车则触雷被毁。营长一开始便受了重伤,继任指挥的副营长10分钟后也被击身亡,随之,第二位继任者又被叙军击毙。一位负了伤的年轻中尉带领着该突出营的残部,在绝望中挣扎着,紧急呼叫空军支援。直到以军飞机赶到,以猛烈的轰炸迫使叙军的装甲部队后撤。这时,已经占领了扎奥拉的坦克营接到曼德勒上校的命令,急速南下增援,以军才于当日18时30分左右拿下了卡拉。

卡拉一役,曼德勒的先头营损失惨重,坦克被击毁近94%,装甲车几乎一车不剩。

有"中东的眼睛"之称的特拉法赫尔,是戈兰高地的最高峰,海拔2000多米。在天气晴好的日子里,站在其主峰上,可以俯瞰整个中东地区。叙利亚派出了号称为"戈兰高地魔王"的最精锐部队驻守其上。他们在这里构筑了数道堑壕,以反坦克武器、火炮、迫击炮和机枪组成密集的火力网,并在阵地前沿设置大片的地雷场和铁丝网,以确切保护这"中东的眼睛"。

在埃拉扎尔的计划中,特拉法赫尔是他第三个也是难度最大的一个欲以攻克的叙军阵地,他派出了战斗力极强的戈兰尼旅,从达恩出发越过边界,沿巴尼亚斯公路向该阵地发起进攻,然而强烈受阻。9日上午,以军出动119架次飞机对该阵地进行轮番轰炸,以军弃车行进,才得以突入叙军阵地,在高峰上,叙军士兵拼死抵抗,双方展开了逐沟逐壕的争夺,战事十分惨烈。当双方的弹药全部耗尽之后,发生了近3个小时的激战,以军在付出惨重代价之后,才于日落时分建立了桥头阵地。日落后,以军不断增兵,终于当晚攻下了特拉法赫尔,打瞎了叙利亚在戈兰高地的"中东的眼睛"。

在以色列军队入侵叙利亚戈兰高地的过程中,除了三个主攻方向——纳姆什、卡拉(计划中应是扎奥拉)和特拉法赫尔遇到叙军的顽强抵抗外,其他助攻战场的战斗均进展得比较顺利。乌里·罗姆上校接到进击命令时,戈兰尼旅已在特法拉赫尔建立了桥头阵地,并正在增兵夺取该高地。罗姆上校率领他的装甲旅从达巴西亚北侧越过边界,同叙军进行正面接触。因为9日这一天北线三个战场的战斗都激烈,所以,罗姆上校也做好了同叙军拼死一战的准备。他命令坦克排成三角队形楔入敌阵,半履带式装甲车随后,而且以两个坦克营成相互排挤之态势,顺利前进。然而,出乎他意料的是,正面阵地的叙利亚守军早在当天下午就接到了大马士革来的命令,要他们根据战场情形相机行事,有效撤至首都附近,做好保卫首都的准备。所以,当炮击延伸时,他的先头部队发现正面只有一些零星的抵抗,叙军防御部队的主力早已从纲法赫至大马士革的公路向东撤退了。

同样,从约旦战场调来的古尔伞兵旅和阿弗农旅也是在日落时分开始进攻的。他们从太巴列湖南面越过边界,向陶菲克和雅穆克河谷的叙军发动了猛烈而谨慎的攻势,结果同罗姆旅一样,几乎没有遇到什么抵抗。

负责这次战役的北部军区司令大卫·埃拉扎尔少将得悉戈兰高地中部和南部两地的战况,觉得其中大有蹊跷,是不是同联合国有关呢?他想不透。但他最大的愿望就是代表以色列处罚叙利亚,至于联合国怎样而大马士革又是怎么想的,他管不了。于是,他向罗姆、古尔和阿弗农下令:以最快的速度追上叙军部队,予以歼灭!

以军采取蛙跳战术,伞兵旅搭乘直升机,跳跃式地追歼着叙军。据战后一位参加过该次战斗的以军士兵回忆:"……我们从起飞到降落只需用6分钟。这真是一次愉快的旅行,唯一遗憾的就是机上没有空中小姐。……我们在麦田里着陆,而且将他们(指被追上的叙军部队)消灭干净。"

以军神速进入戈兰高地纵深地带的消息,伎达扬振奋不已。他在作战室里对后来赶来的总参谋长拉宾说:"看来我们还得加快速度,赶在联合国表态之前,最大限度地给叙利亚以重创!"

第二天,以军各路部队均加快了进攻节奏,埃拉扎尔把预备队科赫瓦旅也投入了进去。这支生力军一投入战场,就协同戈兰尼旅迅速围歼黎巴嫩边境和马萨达的叙军残部,对叙军进行了"干干净净"的扫荡。与此同时,挺进到戈兰高地中部地区的曼德勒旅同罗姆旅分别从卡拉和纳法赫出发，像两把利刃齐崭崭地直逼战略要地库奈特拉。

以色列军队的凶猛来势，在大马士革引起了一片恐慌。库奈特拉距叙利亚首都仅65公里，是戈兰高地边缘最后一个重镇，有首都门户之称。以军一旦占领了库奈特拉，便可向北一跃而进入一马平川的叙利亚平原地带。到那时叙军便无险可守，以军的坦克、装甲车就可以横冲直撞了！

大马士革总参谋部内，围绕如何进行库奈特拉之战的争论激烈异常。强硬派认为，我军的库奈特拉布有一个师的重兵，加之从戈兰高地中南部撤回来的部队，已足够将以军阻挡在城外，只要坚持几天，联合国的维和部队赶到，一切便可迎刃而解。但是，多数高层人士已被以色列的气势汹汹所吓倒，更何况在此之前，阿拉伯联合共和国（即埃及）和约旦的部队均在以色列的重击之下溃不成军，我们又当奈何？这些人提出了一个主张：眼下最为要紧的，是迫使联合国迅速做出停火决定，只有这样才能有效阻止以色列军队的进攻。

可是，如何才能最快地达到这个目的呢？

于是，叙利亚领导人做了一件荒唐无比的蠢事：6月10日上午8时30分，大马士革电台向全球播发了一则重大新闻，叙利亚政府和军方同时宣布，以色列军队已于今晨占领了战略重镇库奈特拉。

其时，叙利亚的士兵们正在为保卫库奈特拉做着积极的备战，而在库奈特拉距该城尚有几十公里之距的弧形战线上，叙军各战斗部队正在奋力抵抗着从南北两路夹击而来的以色列军队。尽管他们在以军的猛烈冲击下节节后退，但抵抗仍然是有效的，以军必须付出代价，才能将战线一步步地向库奈特拉推进。

叙利亚领导人原指望播发这则假新闻，可以刺激联合国安理会就叙以停火立即做出决定，谁知，富兰克林·罗斯福大街（指联合国总部）上并无动静，而这则假新闻却在叙军前线作战部队里引起了巨大恐慌。因为，库奈特拉的失守将意味着关死了戈兰高地通往大马士革的大门，所谓"关起门来打狗"，谁愿意做那被关的狗呢？

从上午9时起，前线所有同以军接触的叙军士兵再也无心恋战，纷纷择路而逃，而库奈特拉的守军则更是莫名其妙，连以军的影子还未见着，索性一走了之。

战略重镇库奈特拉实际上已成了一座空城。

奇怪的是，以军这时也突然停止了前进，将部队驻扎在离库奈特拉尚有三四十公里之外的弧形战线上。他们也在等待着上方的进一步的命令。

6月9日，在以色列对戈兰高地发动进攻的同时，以国外交部长埃班曾向美国通报了对叙作战的意图："我方不打算进入大马士革，只是想把我们的迁居地（'二战'期间，迫害犹太人的高潮达巅峰状态，仅纳粹就屠杀了600多万犹太人，致使其他犹太人在世界各地流离失所。1947年11月29日，联合国大会议案决定，让犹太人迁居至现以色列境地定居，1948年5月14日成立了以色列国。故埃班将国称为"我们的迁居地"）置于叙利亚军炮火的射程之外。我方做好了互相停战的准备。"对此，美国表示理解和支持。

然而，苏联无法容忍以色列的扩张野心。6月10日凌晨4时30分，安理会召开特别会议，商讨叙以停火问题。苏联代表费多连科支持叙利亚代表图迈赫对以色列的谴责,并猛烈抨击以色列恰如当年的纳粹德国,施行非人道主义,提出叙以立即停火。可是,以外长埃班发言道:"我需要了解本国政府的意图。到目前为止,我还不清楚他们的打算。"企图拖延表决时间。

8点半过后,图迈赫的助手闯进了会议大厅,带来了以军占领库奈特拉的消息。之后,几乎每隔几分钟,便有新的消息从图迈赫的口中涌出:"库奈特拉已落入犹太复国主义者手中!""以军轰炸了我们的首都!""以军已经抵达大马士革——这颗东方明珠的郊区!""侵略者想占领我们整个国家!"……

气氛一刻比一刻紧张,苏联人再也忍受不住了。苏联总理柯西金通过热线发来了最后通牒:倘若以色列在数小时内不停止进攻,苏联将采取必要的措施,包括军事上的措施!

华盛顿。白宫。1967年6月10日上午。

约翰逊总统紧急召见国防部长麦克纳马拉,向他讲明了苏联对叙以战争的态度,然后问:"第六舰队现在哪里?"

麦克纳马拉起身拿起话筒,查询了一番,然后报告道:"第六舰队现在叙利亚海岸西面大约300海里的洋面上。"

"这些军舰通常的航速是多少?"

"每小时25海里。"麦克纳马拉答道。

"我要求你立即发布命令,第六舰队全速驶向叙利亚海岸。"

"好的,总统。"麦克纳马拉领命而去。

麦克纳马拉离去之后,约翰逊要通了克里姆林宫的电话,向焦急等待着的柯西金总理说:"我们认为事态应该到此为止。我们已对以色列施加了影响,要他们彻底有效地实现停火,并且我们已得到保证,以色列愿意这样做。"

柯西金感到稍稍松了口气。

在以色列时间10日12时30分,安理会终于通过了要求以色列和叙利亚停火的决议,规定其生效时间为当日18时30分。可这时,以色列军队还停留在库奈特拉几十公里外的弧形战线上。达扬一心要达到占领整个戈兰高地的目的,不由心急如焚,无法再在作战室待下去了。他拉上总理艾希科尔一齐驱车来到埃拉扎尔的前方指挥部,下令部队立即飞奔库奈特拉,一定要在18时30分之前拿下这座两万人口的战略重镇。考虑到安理会及美苏两个大国的压力,达扬当面指示埃拉扎尔:第一,以库奈特拉为部队推进的最终界限;第二,严令部下不得越过非军事区;第三,占领库奈特拉之后,全军立即转入防御态势。

戈兰高地上的战斗仍在继续进行,那是以军长驱直入,顺带收拾几个叙军的残兵败将为画面的战斗。然而,安理会会议大厅里,气氛仍然是万分紧张的。叙利亚代表不断报来战况惨烈的消息。美国驻联合国安理会代表戈德堡再也坐不住了,将以色列代表拉斐尔喊到会议大厅外面的一间小会客室里。

"你们必须立即停止前进!"戈德堡十分严肃地对拉斐尔说,"情况是极其严重的。苏联人将声明它的国家要对中东进行武装干涉。你知道,美国对这样的声明是不能无动于衷的。这样的声明发表后,你们还是必须结束战争,但让全世界都以为以色列和美国是在苏联的最后通牒面前让步的。因此,你马上回会议厅去,声明你们的国家同意停火。"

"可是我不能这样做!"拉斐尔反对道,"我没有接到任何这方面的指示。"

"请您以您本身所担负的职责去做!"戈德堡几乎是要喊起来了,"每秒钟都事关重大!"

就在这时,拉斐尔的助手跑出来告诉他:刚才,苏联代表费多连科已向会议主席要求发言!

"快,快去!"戈德堡连连摆手,"不能让苏联人发表声明!"

拉斐尔急步返回大厅。

十分具有戏剧性的是,达扬的部队在这可能改写历史的关键时刻已经占领了库奈特拉。假如,叙利亚军队在城内稍稍反抗一下,哪怕是胡乱地开几枪放几炮,阻一阻以军的推进速度呢?可惜的是,以军是以全速占领这座空城的。这就使达扬赢得了为美国也为以色列保全面子的宝贵的时间。就在费多连科要求发言但尚未开始发言的时候,拉斐尔接到了外交部来的电话指示:我军已占领库奈特拉,决定同意停火。

拉斐尔丢下话筒,急忙奔向会议主席台,一边喘一边对主席汉斯·泰伯说:"我请求您允许我讲话,我有一个很重要的消息要说!"

汉斯·泰伯看了看拉斐尔,决定破例允许他立即发言。

拉斐尔直了直身子,用一种不易描述的目光扫了会议大厅一眼,然后慢吞吞地宣读了他自己刚才记录的以色列关于停火的决定。

会议大厅里一片肃然,苏联代表费多连科手握着勒令以色列停火的最后通牒文本,满脸气得通红。

拉斐尔继续说道:"请原谅我读得慢,因为我是直接从阿拉伯文翻译过来的。鉴于我们刚才同意停火并与布尔将军达成了一项协议,我料想议事日程问题已得到满意的解决。"他说着顿了一顿,用稍带讥讽的口吻结束了他的发言:"我想,我有一种感觉,苏联代表在听到战争结束的消息时,一定特别失望。"

第三次中东战争结束了。叙利亚人丢了整个戈兰高地,而且在外交上也输给了以色列人。

(二十三)突破巴列夫防线

哈伊姆·巴列夫中将,前以色列国防军总参谋长。1968年春夏之交,曾亲自考察苏伊士运河战线,提出在运河东岸构筑要塞式坚固防御阵地的方案。1971年春,历时3年、耗资2.38亿美元的防御阵地全面竣工,该阵地正面长达175公里,纵深达10公里,设有水渠、火阵、沙阵、兵阵4道防线。水阵系天然屏障苏伊士运河,河岸有水泥墙,低潮时墙顶高出水面3米,足以阻止水陆两用车辆越障。火阵由若干个储存200吨汽油的油罐及管道等组成,一经点火,可在运河水面上燃起一道烈火熊熊的火墙。沙阵是沿运河东岸堆积的庞大沙堤,坡度向敌面倾斜45度至65度,坡高平均25英尺,最高处60英尺,相当于6—7层高的楼房高度,并配有火力控制的胶形铁丝网和防步兵、坦克的混合雷区。兵阵由沿岸35个要塞组成,要塞内筑有可抗1000磅炸弹直接命中的坚固碉堡及坦克、火炮掩体、效能壕、地雷场、铁丝网和网状车辆机动道路,部署了机械化预备力量。

阵地竣工后,巴列夫中将陪同国防部长达扬视察,并告知达扬:"如果埃及胆敢进攻,我们只要轻轻摁下电钮,整个苏伊士运河顷刻间便可变成火障,让进攻之敌葬身于火海之中!"

达扬惊喜地说道:"亲爱的将军,你干得太棒了!这条防线就用你的名字命名,叫作'巴列夫防线'吧!"

但是,这条固若金汤、不可逾越的巴列夫防线,却在巴列夫调任以色列工商部长之后,于1973年10月6日,被萨达特统领的埃及军队在一夜之间攻破了。

阿拉伯国家同以色列之间的矛盾、仇恨,经过第一、二、三次中东战争,变得越来越深了。尤其是1968年的第三次中东战争,以色列在短短六天时间内给埃及、约旦、叙利亚军队以极其巨大的创伤,并霸占了埃及的西奈半岛、约旦的约旦河西岸地区和叙利亚的戈兰高地。从此以后,阿拉伯国家摒弃前嫌,加强了团结,发誓要报一箭之仇。萨达特在纳赛尔病逝后继任埃及总统、不遗余力地为此目的做着努力。为了向以色列军队发动决定性的进攻,他足足准备了6年。今天,1973年的10月6日,万事俱备。下午1时整,萨达特总统身着埃及最高统帅服,在国防部长伊斯梅尔将军的陪同下,容光焕发地来到了埃军最高统帅部作战室。

这是一座隐蔽在沙丘下面的巨大建筑,称为"十号中心",一间具有坚固防震能力的大厅内,安装了当时世界最新式的自动化指挥系统及其他现代化设施。四周墙上挂满了作战地图,正面是一幅标示战场最新动态的巨幅荧光屏。

萨达特满意地环视了一会儿作战室,随后听取了埃军总参谋长沙兹利关于攻击前准备情况的简要汇报,然后看了看表说道:"我从小至今,凡是过斋月(斋月是阿拉伯国家的传统月份,为每年的10月,伊斯兰教徒在这个月的日出至日落一律行斋行戒,包括不许用兵打仗),从未开过斋。但是在今天,我要破例了。我们决不能由于封斋而发生哪怕是百分之一的差错。所以我要大家务必破例开斋,以免因为不吸烟不喝茶而影响军机大事。"说着,他便带头喝起茶抽起烟来。

这时,距总攻发动的时间越来越近了,大家虽然喝着茶抽着烟,心情却不由自主地紧张起来。

下午2时,萨达特总统下达了总攻命令,紧接着,空军司令穆巴拉克对着话筒喊了一声"出击!"顿时,200架埃军战机从黑洞洞的防冲击波机库滑行出来,随着一阵震耳欲聋的隆隆声,一队队闪光的战鹰射向蓝天。14时零5分,机群从低空掠过苏伊士运河,向西奈半岛敌纵深部飞去。这时,隐蔽在运河西岸的埃军大炮和"蛙-7"战术火箭一齐开火,以军前沿阵地顷刻间成了一片火海。

埃及空军的突袭非常成功,他们实施的第一次航空火力准备持续了约20分钟。以色列曾在巴列夫防线以东的西奈半岛胶地部署了"霍克"防空导弹基地,修建了野战机场,以及先进的雷达预报系统,按计算完全可以抵挡埃及空中力量的进攻。然而,此刻埃及起事突兀,战机多以超低空、多路攻击的方式进攻,以军措手不及,仓促间仅仅击落了埃军飞机5架,而埃军的战斗机群则成功地摧毁了西奈半岛上以军的指挥所、通信枢纽、防空导弹基地、飞机场及炮兵阵地等一系列重要军事目标。正因为此,穆巴拉克在战后很快就被提升为埃及副总统。

"十号中心"作战室内,所有的指挥人员、参谋人员都在紧张地关注着开战后每分每秒的战场态势。当空军指挥台传来参战飞行员频频报来的"目标已被摧毁!""我们击中了目标"之类的战况时,作战室内一片欢腾。萨达特总统兴奋地挥舞着双手,他终于等来了扬眉吐气、洗雪国耻的这一刻!他大声地对部属们说道:"打得好,打得以色列失去了平衡,不仅为埃及空军恢复了尊严(1967 年 6 月 5 日,以色列空军突袭西奈半岛和埃及的包括开罗国际机场在内的重要地区,在不到 3 个小时的时间内,摧毁了埃及 14 个防空导弹基地和 304 架战机,使埃及空军完全丧失了战斗力),而且恢复了武装部队、埃及人民和整个阿拉伯民族的尊严!"

埃及炮兵则在开战后的 53 分钟之内,用 2000 余门曲射火炮、1000 余辆坦克火炮和 1000 多件反坦克武器,向以军阵地倾泻了 3000 多吨炮弹。最初的 1 分钟时限内,便有 10500 发炮弹准确落在预先选定的军事目标上。以军军事情报部长哈伊姆·赫佐格惊呼:"埃军的炮火把苏伊士运河整个东岸变成恐怖的地狱达 53 分钟之久!"

14 时零 5 分,埃军炮火开始延伸,敢死队首批渡河。这批敢死队的首要任务,是快速赶到运河东岸,逐一检查以军布下的"火阵",其喷油嘴是否已完全失效。原来,在头一天夜间,埃军前线部队已派出潜水员用特制的胶水水泥封住了以军在运河中埋设的输油管喷油嘴,为防万一,敢死队在大部队渡河之前,再做一次检查。大约一刻钟后,前线指挥部接获敢死队报告:喷油嘴全部堵死!

此时,待在地下掩体中的以军士兵,正在紧张万分地等待埃军大部队渡河的这一刻。他们已将手指放在了启动开关的电钮上,只待一声令下,便可看一场"火葬埃军士兵"的好戏了。

14 时 20 分,4000 名埃及突击队员越过运河西侧沙堤,秩序井然地登上了 720 只橡皮舟,开始渡河。伴随着"真主伟大"的呼喊声,橡皮舟成横排涌向了河心。

"点火!"以军负责火阵的指挥官下达了命令,以军士兵立即扳开了喷油开关,撬下了点火开关,然而,运河上声息全无,瞭望孔内,只见埃军的橡皮舟在平静的水面上快速行进……

以军官兵全傻眼了。

14 分 27 分,埃军第一批突击部队顺利登上了运河东岸。

"十号中心"埃军总指挥部地下作战室内,当屏幕显示第一波突击队已顺利登陆的情景时,室内再次一片欢腾。总统萨达特和国防部长伊斯梅尔如释重负地站起身来,长长地舒了口气。稍后,他们离开作战室,来到休息室内。

趁总统休息时,总参谋长沙兹利向他汇报了下一步兵力展开的计划概况:以 5 个步兵师在宽大的运河正面强渡,每个师具体负责一个地段的进攻作战。第二师:伊斯梅利亚—塔萨轴线;第七师:沙卢法—吉迪山口轴线;第 16 师:德维斯瓦—塔萨轴线;第 18 师:坝塔拉—阿里什轴线;第 19 师:苏伊士城—米特拉山口轴线。另外,配以一个两栖旅和一个两栖连越过苦湖和提姆萨湖。

随着时间的推移,一切均在按计划顺利进行。两栖旅和两栖连已进入苦湖和提姆萨湖。至 15 时 15 分,第 4 波突击队已顺利登岸。这第 4 波突击队是专门对付沙阵的工兵部队,装备着事先准备的特制枪和高压水泵。这水泵高压喷射 1 立方米的河水,就可冲掉 1 立方米的沙土,这个方法是埃军工程兵的一名年轻的工程师发明的。埃及为此向英、德两国共订购了 450 台特制水泵,足以在 3 至 5 小时内冲刷以军庞大沙堤的 10 余万立方米的沙土,开通 60 至 80 条通往西奈纵深的道路。

为了确切掩护工兵部队破沙阵,埃军其他突击队员单兵携带重量高达 25 至 35 公斤,尽可能多地携带了"萨格尔"反坦克导弹、反坦克火箭筒,"萨姆-7"防空导弹等武器。至 15 时 30 分,工兵部队开始行动,总指挥部即下令各舟桥营由原集结地域移到运河西岸的装备场,准备强行架桥,输送坦克和装甲车部队进入运河东岸。

这时,已经是 10 月 6 日下午 4 点了,被打蒙了的以色列军队在开战两小时后终于苏醒了,从国内基地飞来的以色列战机开始对渡河的埃军进行空中袭击。埃及防空导弹部队早有准备,未等以军飞机接近目标,一发发导弹准确地射向天空,飞机中弹爆炸的火光和着烟雾,在空中犹如一团团"绽开笑容的花朵"煞是好看,地面阵地上的埃军士兵发出了一阵又一阵的欢呼声。

敌机的袭击被打退了以后,埃军的 10 个工兵舟桥营迅速开始作战,一座座重型桥、轻型桥和门桥横跨在苏伊士运河上,至 17 时 30 分,埃军的 5 个加强步兵师 3 万余官兵及 5 个反坦克导弹营全部过河并控制了沿运河宽 5 英里、纵深 2.5 英里的桥头阵地。17 时 50 分,夜幕降临,总参谋长沙兹利下令:直升机立即出动,向西奈纵深空投 4 个突击营:坦克、装甲车和重型火炮开至渡口,准备渡河!

对于埃军的高层指挥人员来说,战事开端顺利,而现在则是举足轻重的关键时刻。大量步兵已集结在运河东岸,大批重型战车、火炮则在西岸待命,只等沙堤上的通道打开。通道早开一分钟,则胜利的把握就多一分,若通道迟迟打不开,非但不能言胜,很可能还会招致难以预料的后果。

指挥部内,军官们紧张得额头直冒汗,总参谋长沙兹利直接要通了前线工兵部队指挥员,下令:"以最快速度打通通道! 道路一旦开通,立即报告,以便坦克部队立即渡河,一秒钟都不许浪费!"

18 时 30 分,指挥部话务员兴奋地喊了一声"报告,道路开通了!"沙兹利一把接过话筒,喊道:"我是沙兹利,我代表总司令祝贺你们,取得了一次辉煌的胜利!"旋即,他打开了另一个通话键,兴奋地命令道:"坦克、装甲车立即过河!"

20 时 30 分,埃军已在运河东岸开通了 60 条通道,坦克、装甲车、重型火炮源源不断挺进西奈半岛。这些"陆战之王"一旦进入战场,便立即给以军地面部队以重创。以军防守"巴列夫防线"的 3 个装甲旅和 1 个步兵旅几遭覆灭,835 辆坦克被击毁,数千士兵伤亡,而埃军仅仅付出了阵亡 208 人,损失坦克 20 辆的轻微代价。

与此同时,埃军的一批空降兵部队和若干特种突击部队在以军"柔软腹部"着陆,突袭了以军指挥部,破坏了以军重要的交通、通信设施。其中,几支特种突击队袭击了以色列的扎尼马、苏德尔和贝拉伊姆三大油田,随着几声爆炸的巨响,熊熊烈火冲天而起,迅速映红了半个天空,给以色列造成了巨大的经济损失和心理震撼。

开战以来,以军一直陷于巨大的混乱之中。以军南部军区司令戈南少将在他的司令部里,不断接到"变哑了!""报销了!"的来自前线各支撑点的报告,之后便是同出一辙的内容:"请求空军火速支援!""请求炮兵火速支援!""请求装甲部队火速支援!"

戈南急得团团转,面对四面八方的求援,他只好千篇一律地这样回答:"坚持!

增援部队已在途中!"

在战争爆发后的 24 小时之内,埃军完全掌握着战场的主动权,10 万人的兵员、1020 辆坦克和 1.35 万部各种车辆相继抵达运河东岸,一举突破了以军自诩固若金汤、不可逾越的巴列夫防线,打破了"以色列不可战胜"的神话。

面对这样的战场局面,以军总参谋长埃拉扎尔将军要通了南部军区司令戈南的电话,对他说道:"如果依托支撑点不仅无法挡住埃军的主要攻击,而且只会危害己方的话,总司令部授权你,可以把部队撤离支撑点。戈南将军,我想特别强调的一点是,我并不想依托这些支撑点来防守整个运河地区。坚守这些支撑点,只是为了迟滞埃军在主攻方向上迅速扩张战果!"

戈南听明白了,总参谋长似乎对扭转战局已经有了想法。他回答道:"好吧,埃拉扎尔将军,我就按照你的吩咐去做吧!"

10 月 7 日,西奈半岛上的战事相对平静,以军似乎隐藏了起来,但埃军总参谋长沙兹利却从这种不正常的平静中预感到,以军正在酝酿着大规模的反击。到底是明天反攻,还是后天反攻?沙兹利无法估计。第二天清晨,沙兹利驱车来到前线。战场的情况是令人欣慰的,5 个师的桥头阵地已连成了两个军团级桥头阵地。其中,第二集团军的桥头阵地北起坎塔拉,南至德维斯瓦;第三集团军则从苦湖一直布防到运河最南端的陶菲克港以东。每个桥头阵地的纵深已超过了 6 英里。但是,令沙兹利感到隐忧的是,两个集团军桥头阵地之间,尚有 20 至 25 英里的间隙,这一间隙地区大部分处在"萨姆"导弹的防护范围之外。

沙兹科赶紧返回指挥部,力图调动部队,弥合这个间隙,然而,这时以色列已经先动手了。

以军及时地利用了埃军布防所暴露的弱点。

10 月 8 日上午 8 时,阿丹师以两个旅由北向南实施突击,其中一个旅竟如入无人之境,一路不见一个埃军士兵,驱车直达菲尔丹地区,此时,是 8 日上午的 9 时 30 分。以军南部军区司令戈南就在这个时候截获了一个错误的情报,说是埃军内部惊慌失措,防守桥头阵地的部队正处于崩溃之中。戈南于是便做出了一个错误的决定,命令阿丹改变行军路线,去夺取巴拉赫岛北部及菲尔丹、伊斯梅利亚的三座桥梁,主力做好横渡苏伊士运河向埃及本土实施进攻的准备。

然而,埃军通过电子侦察,截获了以军进攻的路线信号,埃军第二师在萨德准将的指挥下,携带大量"萨格尔"反坦克导弹和 40 个火箭筒,在以军必经之路上进行了成功的伏击。当以军卷进到距运河只有 800 米的地域时,突然发现部队钻进了埃军的反坦克"火袋"之中。说时迟,那时快,埃军的各种反坦克火器喷射出密如飞沙的弹阵,首当其冲的以军第 190 旅顿时陷入了灭顶之灾。

"十号中心"内,萨达特总统获悉这一战报,高兴地赞扬道:"萨德了不起,他作战经验丰富,战术造诣很深,是一位具有新鲜知识、精通本行一切秘密的新型将领。"不久,萨德很快就被晋升为少将。

由于阿丹师的进攻屡屡受挫,戈南司令疲于应付。这时,他又同他的老上级而现在是他的部下的沙龙师师长沙龙少将发生了分歧。沙龙在按预定计划南下途中,已经将部队编成了长达 30 公里的纵队,可戈南因为阿丹师的失利,突然命令他停止前进,转头向中央地段的塔里亚——米苏里丘陵集结,并以一个旅掩护阿丹师左翼侧后的安全。

对于戈南的朝令夕改,沙龙感到无所适从,何况,他的前锋部队正在同埃军激战。他给戈南的回答是:"分散使用兵力达不到任何目的,而且消耗兵力。"并提出了重选渡河地段的建议。但戈南不仅拒绝了沙龙的建议,且三令五申:必须执行停止南下的命令!

以军总参谋长埃拉扎尔和国防部长达扬亲自来到南部军区司令部,这时,黑夜已经降临了。摆在他们面前的现状是:戈南指挥的 10 月 8 日反攻几乎一无所获,而且,戈南同沙龙之间的矛盾正在加深。

他俩为此感到深深的焦虑。

10 月 9 日,以军进入牵制性作战阶段。这天下午,沙龙指挥部队向南突击,但戈南认为这是得不偿失的事情,没有批准沙龙的行动,命令他停止攻击。沙龙因在进攻中损失了不少坦克,顽固地拒绝接受停止攻击的命令。戈南无奈,亲自乘上直升机抵沙龙的前线指挥所,要他立即执行停止进攻的命令。沙龙在指挥所内,口头上表示接受命令,可部队仍在继续进攻。戈南气急败坏,打电话到南部军区司令部他的办公室,对尚在那儿坐镇的总参谋长埃拉扎尔要求撤销沙龙的职务。

埃拉扎尔接电之后,感到非常头疼。不得已之下,他请出了他的前任、现正在国内担任工商部长的巴列夫中将,请他速来前线,接替戈南担任南部军区司令。

戈南未料到要求撤销沙龙的职务,自己反而被撤了职,非常气愤。幸喜巴列夫老谋深算,在答应赴前线之前,提出了要对戈南"妥善安排"的先决条件。埃拉扎尔权衡再三,决定名义上不动戈南,让巴列夫以总参谋长个人全权代表的身份,到南部军区行使"指挥南部军区作战行动的实际负责权力"。

不久,巴列夫风尘仆仆赶到南部军区司令部,戈南立即召集司令部全体成员和各师师长,正式宣布:"从此刻起,巴列夫中将是军区的'一号首长',在这场战争中,我这里来了一位不公开的总参谋长。"

然而,无论以色列高层怎样调兵遣将,西奈半岛的军事形势暂时是不会有什么转机了。埃军的战术仍在不断扩张,到 10 月 9 日晚间,埃军第二集团军抵达运河东岸的兵力已超过 9 万人,坦克约 800 辆,桥头阵地纵深已拓展到 7 至 9 公里,最大纵深处达 15 公里。而第三集团军也以强大兵力,在正面给予以军以毁灭性的打击。

由于西奈半岛前线局势的不断恶化,以色列国防部长达扬不得不向以色列全体国民宣布:"巴列夫防线已被完全攻破……"

以色列总理梅厄夫人面对日益严重的战争形势,忧心如焚,只好向她的靠山"山姆大叔"呼吁:"以色列快要完了,救救以色列吧!"

(二十四)贝鲁特惨案内幕

1982 年 9 月 15 日至 1982 年 9 月 18 日,在黎巴嫩首都贝鲁特,发生了一场惨绝人寰的大屠杀。这次大屠杀是在位于贝鲁特西南部的夏带拉和萨布拉的两个巴勒斯坦难民营中进行的。事后,有人将其比喻成是继希特勒在集中营内屠杀犹太人后的又一次相似的大屠杀,而具有讽刺意味的是,这次大屠杀的刽子手却是犹太人。

当然,以色列官方从事件揭露出来的那一刻起,就极力辩解,百般抵赖,企图逃避世界舆论的谴责。事件发生在 10 年后的 1991 年,以色列《国土报》的一名叫本齐曼的记者在本报发表文章,首次揭露当时的国防部长、现任以色列基础设施部长的沙龙将军误导以色列军队进攻黎巴嫩首都贝鲁特的情况,而大屠杀正是以军攻占贝鲁特后所产生的直接后果。《国土报》文章发表之后,沙龙控告本齐曼的诽谤罪,特拉维夫地方法院经过 6 年多的审理,终于在 1997 年 11 月 4 日驳回了审理的诉状。

本齐曼认为,法院的裁决意味着沙龙要为以军进攻贝鲁特承担责任,这是否说明以色列就是这场大屠杀的直接策划者和制造者呢?

让我们翻过沉重的历史案卷,回首贝鲁特惨案的前前后后吧!

1977 年 5 月,以色列举行大选,利库德集团击败执政多年的工党,组成以贝京为总理的新内阁。不久,贝京发表了一通引起国内宗教狂热的公开讲话,他在讲话中说:"……以色列要有足够的生存空间。仅仅是弹丸之地,绝对造就不了一个即将在中东和整个世界举足轻重的大以色列国……"

"大以色列国"对于以色列人来说,是个盼了近半个世纪的梦。40 年前,在联合国做出巴勒斯坦分治的决议之后,犹太人于 1948 年宣布成立以色列国。从那一天起,以色列没有一刻不在做着扩张领土的努力。通过 4 次中东战争,以色列已侵占了 8 倍于本土面积的土地,使领土面积达到近 10 万平方公里,人口增加到306 万。

但是,以色列仍不罢休。在以贝京为总理的强硬派上台之后,这种野心已到了公然嚣张的程度。1981 年,第二届利库德政府成立,同时强硬派的沙龙将军担任了新内阁的国防部长。他一上任,便将贝京的"大以色列国"梦具体化。沙龙在内阁会议上提出了一个野心勃勃的计划。这个计划不仅把从东起约旦、西至地中海的大片土地划入以色列版图,而且要把以色列的影响扩大到东面的伊朗、阿富汗、巴基斯坦及北面的土耳其和南面的南非这样一片纵横亚非两洲的广大土地。"这是以色列 80 年代的伟大战略,"沙龙在内阁会议上这样说,"今后我所做的一切都是为它服务!"

然而,沙龙的野心受到了以阿拉法特为首的巴勒斯坦解放组织的严重挑战。自 1970 年始,巴解就将其总部和主力迁驻紧靠以色列北部边境的黎巴嫩,利用有利地形,在以黎边境甚至深入以色列境内的北部加利地区,开展了广泛、积极、持久的游击战。阿拉法特从苏联和东欧大批购置武器,训练精悍的游击战士,在从纽约、华盛顿到巴黎、马赛的各种国际政治外交舞台上抨击以色列的扩张侵略行径,并准备在黎巴嫩建立正式的军事基地。

不清除巴解这个心腹之患,"大以色列国"梦终究只能是个梦。贝京、沙龙强硬派领导人是这样想的。沙龙军人甚至认为,只有在黎巴嫩打一场全面战争,才能有效摧毁巴解在黎巴嫩境内的基地,靠有限的局部行动是不能解决问题的。

沙龙很快向内阁提交了亲笔签署的国防部分析报告。他在报告中指出:必须以军事力量摧毁巴解游击基地,消灭巴解武装主力,打击驻黎巴嫩的叙利亚部队,迫使其撤离黎巴嫩。之后，扶助黎巴嫩右翼势力长枪党，建立一个由长枪党力量和什叶派联合控制的扩大的安全地带，改变黎巴嫩政府及其政策，使黎南部成为以色列支持、控制下的基督教政权。

沙龙的主张，令以色列国内的强硬派兴奋不已，但却引起了温和派的担忧。虽然，"拯救以色列、消灭巴解"的目标是一致的，但温和派不主张用激烈的军事对抗、用向黎巴嫩发动全面战争的形式来解决问题。在以色列国会上，两派展开了激烈的辩论，一时胜负难决。

1982年6月3日，以色列派驻伦敦的英国大使被暗杀，沙龙有了借口，向温和派发难。最后，国会通过了进攻黎巴嫩的提案。

以色列的企图，是在消灭巴解的过程中，彻底改变黎巴嫩的政治格局，使黎摆脱叙利亚的影响，把控制权交给基督教长枪党人，使黎变成以色列羽翼下的保护国。

1982年6月4日，在戒备森严的以色列前线指挥部内，国防部长沙龙站在长方形大厅的正前方位置，向他的属僚们以及政府内阁包括贝京总理在内的成员，介绍他亲手制订的对黎作战计划。十万分之一的军用地图上，各种色彩和形状的箭头指向黎巴嫩南部的各战略要点和重要军事目标，其中，3个宽宽的红色大箭头从南、南西、东南三个方向直指黎巴嫩首都贝鲁特。

10年之后，记者本齐曼披露沙龙误导以军进攻贝鲁特，其中，这就是一个主要情节。

在这次特别会议上，继沙龙发言之后，以军总参谋长艾坦将军向与会人员介绍了敌我双方兵力分布情况。就在他发言快结束时，一位军官进来报告："巴解正以猛烈炮火袭击我北部边境地区，判断巴解已发现我进攻企图，正进入全面动员和戒备状态。"

这位军官的报告，引起了内阁成员中本来就对沙龙的做法持怀疑态度的一些人的议论和指责，他们纷纷提出放弃全面军事对抗手段。一时间，会厅里吵嚷纷纷，战与非战重开辩论争吵之势。但沙龙仍坚持"不战不解决问题的立场"，进行了声嘶力竭的辩解。

沙龙认为，以色列通过归还西奈半岛，实现了埃以和解，以无后顾之忧。两年来，伊拉克和伊朗的战争使阿拉伯国家四分五裂，不可能结成共同抗以的联合战线。叙利亚由于在两伊战争中站在伊朗一边，已引起一些对伊朗革命存有戒心的阿拉伯国家的反感，何况目前国内经济正处在困难时期，与我军发生全面冲突的可能性极小。至于黎巴嫩，其境内派别林立，政见不一，国家处于无政府状态，我军在此时进攻黎巴嫩，正是千载良机。

沙龙终于说服了那些反对者，决定把发动战争的时间定在6月6日凌晨，利用夜幕的掩护，对黎发动突然袭击。

这时，总理贝京发话了。他表示同意沙龙关于实施闪电战、把完成军事目标的时限定在6天以内的意见，并强调以国国土小，人口少，资源有限，在人力物力上均经受不起长期战争的拖累。同时，对黎战争的爆发必然引起阿拉伯国家的共同声讨，不管它们相互之间如何不睦。这样，联合国一定会发出警告。从过去几次中东战争的经验来看，联大或安理会要做出停止使用武力的决议，一般需用6至7天的时间,所以,沙龙所言限定时间达成军事目标非常重要。

贝京表态以后,内阁成员中再无其他意见,纷纷表态,举手同意了沙龙的作战计划。

1982年6月6日凌晨,以色列军的一个机械化步兵旅和三个装甲旅两万余人,在北方宽53公里的正面战线,分3路迅速越过以黎边界,向巴解游击队发动闪电攻击。

炮火和航空兵火力准备达5个小时,巴解阵地上一片火海。无数炮弹和炸弹像犁地似的摧毁着巴解的一个个火力点,蒺藜和铁丝网被炸飞到半空中。巴解的部队已无法有效阻止敌人的正面攻击,节节败退。两路以军在中午时分强行越过联合国部队控制区,沿临海公路向北一路直插,在空降兵配合下,于日落后攻进沿海城市苏艾。巴解游击队利用城内地形,同以军展开激烈巷战,击毁了以军数十辆坦克。

在沿海公路上,成千上万的平民在炮火中向北仓皇撤离,但以军的炮弹仍然在逃亡者中不时爆炸,沿路布满了尸体,受伤后无法动弹的人眼睁睁地看着侵略者的坦克和装甲车隆隆驶过。

在中路和东路,以军遇到顽强抵抗,但以军仍以压倒优势迅速突破。至7日日出时分,以军的登陆舰和坦克登陆舰所载登陆部队在滩头阵地上稳住了脚跟,导弹舰的火力始终压制着巴解部队的阵地。待沿海公路的装甲部队赶到后,以军迅速完成了对西顿的包围。

6月7日,以军全线攻击了黎巴嫩的波弗特堡、纳已提亚、哈斯巴亚等城镇,但驻守在蒂尔师、西顿城和贝鲁特南郊12英里处的萨阿迪亚的巴解部队仍在顽强阻击以军。以军派出大量战斗机,分若干次轰炸和扫射贝鲁特南部地区,装甲部队袭击了发电厂,切断了贝鲁特的供电。

6月8日,驻黎巴嫩的联合国维和部队收到了黎官方通讯社发来的通报。通报称:"以色列已推进到距贝鲁特15英里处,蒂尔和西顿仍在激战;以军将100辆坦克调至巴解据点达穆尔以东山区,以军炮火击中了位于西顿近郊的一处红十字会中心;杰津地区爆发了坦克大战……以军炸毁了贝鲁特机场以南两英里处的公路,叙、以军在贝鲁特近郊展开激战,以军已攻占位于贝鲁特的黎巴嫩总统官邸。在黎巴嫩'全国阵线'的据点舒夫山区,叙以双方展开了大规模坦克大战。"

黎巴嫩局势的迅速恶化,使联合国同维和部队紧张起来。

舒夫地区的坦克大战,是苏制武器同以色列自制武器的一次较量。以色列军火工业公司研制了一种105毫米口径的L7A1型火炮,发射同是该公司研制生产的箭形尾翼稳定脱壳穿甲弹。该弹净重18.7公斤,发射初速为1458米/秒,纵向式横向误差仅为±0.02%。命中率几乎为百分之百。

在叙以坦克大战的对抗中,以色列首次击毁苏制最先进的T-72坦克9辆,打破了T-72不可战胜的神话,引起了世界各国军事专家的震撼。

为了有效摧毁巴解游击队的有生力量和从心理上慑服黎巴嫩,以军使用了先进的CBU-58型集束炸弹,该炸弹引爆后,体内的高爆炸药和预制片可在较大地域内形成无数弹片高速飞行的杀伤效果。以军将这些炸弹投向黎巴嫩居民区、医院和难民营,使大量平民伤亡。当时,贝鲁特大学医院的一位医生声称,该院一天之内就要做 1200 例截肢手术。

6 月 9 日,叙利亚向黎巴嫩紧急增援,叙军 16000 人开赴前线。由于叙军部队、巴解游击队和黎巴嫩"全国阵线"民兵的顽强抵抗,以军攻势受阻。西顿久攻不下,在贝鲁特郊外,以军又损失了坦克 100 余辆。沙龙闻讯大怒,亲自上阵地督战,并命令部队以直捣贝鲁特为目的,沿途攻不下的据点可暂时不攻。于是,以军绕过对方的防御,向贝鲁特长驱直入。

对于进攻贝鲁特,以军军方有一批高级军官曾经坚决反对,有的人甚至以辞职相威胁。毕竟,贝鲁特是黎巴嫩的首都啊!但沙龙铁了心,总参谋长艾坦也铁了心。至 6 月 13 日,也就是以军侵入黎巴嫩第 8 天,以军已摧毁了巴勒斯坦解放组织在黎巴嫩南部的全部基地,歼灭巴解武装 8000 余人,击毙叙军 1000 余人,击毁叙军坦克 300 辆,巴解坦克 100 辆,击落叙军飞机 90 架,控制了黎境内近 3000 平方公里的地区,并将巴解总部及所属部队共 7000 余人包围在贝鲁特西区和南部。

面对如此赫赫战果,沙龙彻底抛弃了曾经许下的"不进攻贝鲁特"的诺言,下令部队"全力进攻贝鲁特,彻底消灭巴解!"

6 月 14 日以军向贝鲁特发起了总攻。

巴解在生死攸关的时刻,巴勒斯坦解放组织执行委员会主席阿拉法特向坚守阵地的战士们宣布:"我们将战至最后一人!"

激烈的巷战在贝鲁特西区展开了,巴解战士前赴后继,死战不退。在巴解总部大楼附近的一条街上,以军的坦克遭到了一所小屋内发出的榴弹的袭击,在短短几分钟内接连损失了五六辆坦克。以军士兵以机枪和火焰喷射器猛攻小屋后,竟然发现射击者只是一名十三四岁的男孩,至死,他那双小手还紧紧握着发烫的榴弹发射器。

这就是使以军闻之色变的巴解"火箭童子军"。

巴解战士的拼命抵抗,使以军为占领贝鲁特西区付出了沉重的代价,许多以色列士兵倒在街头,再也爬不起来了。以国防军副总参谋长亚当少将也在这次战斗中丧生。他是四分之一世纪以来历次中东战争中战死的以色列最高军衔的指挥官。

贝鲁特西区的激战,一直持续到 8 月 9 日,巴解战士将这里的每一寸土地都变成了血战的战场,以军寸步难行,战斗人员伤亡数字急剧上升。

这时,美国总统里根派出特使哈比卜飞往贝鲁特,充当停火的调停人。沙龙和阿拉法特接受了停火决议,阿拉法特被迫接受巴解撤出黎巴嫩的条件。

1982 年 8 月下旬的一天早晨,在联合国维持和平部队的武装监护下,巴解总部和军队开始从贝鲁特撤离。他们将越过边境,去寻找新的栖生地。战士们最后一次向悬挂在总部大楼上的巴解旗帜行军礼,他们的亲属及市民们赶来送行。此一去,天涯海角,何时才能重逢?!

阿拉法特庄严地向世界宣告:"我们是作为军队离开贝鲁特的,我们终有一天要回来! 一定会回来!"

阿拉法特率领他的余部撤离以后,以色列内阁便决定要假黎巴嫩右翼民兵极端分子之手,来清洗巴勒斯坦人。他们得到情报,说尚有约 2000 人的巴解游击队战士隐藏在贝鲁特,为"恢复和维持贝鲁特的秩序",有必要对残存的游击分子进

·军事战争·

图文珍藏版

行清洗。然而,以方担心遭到世界舆论的进一步谴责,一直未能采取大规模行动。

9月14日下午,在贝鲁特长枪党总部大楼内,举行了一次重要会议,黎巴嫩新当选的年轻总统贝希尔·杰马耶勒出席了会议。

16时10分,一声巨响突然在会议大厅内爆炸,一颗200公斤的炸弹爆炸了。顿时,血肉横飞,杰马耶勒总统死于非命。

以方立即抓住这个机会,声称捉拿杀人凶手,与15日凌晨2时,派出大批部队开进贝鲁特西区,将夏蒂拉和萨布拉两个巴勒斯坦难民营团团包围。

午时刚过,以色列军队便开始用密集的炮火对难民营实施轰击,炮火持续了一整个下午。与此同时,由哈达德少校统领的黎巴嫩右翼民兵极端分子乘坐着一辆辆军用卡车,由东贝鲁特向西贝鲁特南端的国际机场驶去,并在那里完成集结。

行动之前,以色列指挥官同右翼极端分子在以军司令部召开了联席会议,就清洗问题进行了磋商。以军北部军区司令阿米尔·德鲁里少将及其他三名高级军官、黎右翼民兵组织参谋长及情报负责人参加了会议。会议讨论了对难民营采取"净化"行动,一场血洗难民营的计划准备就绪。以色列军队部署在难民营两边,沿夏蒙大街停驻着十数辆坦克和装甲车,并在一座被炸坏的联合国机场大楼的七层楼楼顶设立了指挥所,从上向下俯瞰整个难民营,进行指挥。

18时,警戒在难民营南门的以色列部队让开中间通道,黎巴嫩右翼极端分子手持武器冲进了难民营。这时,炮击再次开始,战斗机飞临难民营上空,以军用飞机大炮支援着刽子手,并施放了大量的照明弹照亮现场。大屠杀开始了。

随着炮声渐弱,枪声在难民营中鸣响。1200名右翼分子疯狂地向四处奔逃的巴勒斯坦平民开枪射击。惨叫声和着子弹的呼啸声,组成了一片死亡交响。孩子们在哭泣,妇女们厉声尖叫着到处乱跑。鲜血染红了街道,刽子手们踢开一户户家门,用枪扫射着屋内。他们见着男人就杀,包括尚未成年的男孩。在屠杀进行了半小时的时候,有一批巴勒斯坦妇女尖叫着跑出难民营。向那些把守着难民营通道两侧的以色列士兵求救,请他们出面制止右翼民兵杀害自己的丈夫和孩子,但以色列士兵漠然置之,任凭她们哭叫。

以军的纵容使右翼分子肆无忌惮,他们用刺刀逼迫男青年脱去裤子,然后将这些青年的生殖器割掉。稍有不从者,则被利刃割断喉管或索性砍去头颅。一些女青年在刽子手的淫威下被迫脱去衣服,右翼分子肆意调戏之后,又用刀割去她们的奶头……凶残的屠杀整整持续了一夜,这一切丧尽天良的暴行都是在以军发射的照明弹的雪亮光照下进行的。天明之后,一批又一批来不及被杀的男人被用绳索捆绑起来,拴在卡车上被残暴地拖走。到处是尖厉的惨叫声,血污溅满了大地。

9月17日上午,刽子手们冲进了阿卡医院。这时,有4名医生打着白旗从院内出来,刽子手迎面扔过去一颗手榴弹,当场炸死3人。女护士吓得到处乱跑,有一小队刽子手截住了一位年仅19岁的女护士,将她按在地上轮奸了,然后,又残忍地将她戳死。在院子里,一批右翼民兵身靠在围墙上,一边悠闲地吃着零食,吸着香烟,一边欣赏着他们的同伙在院子当中将捉来的巴勒斯坦难民,一个个变着花样殴打、折磨,然后杀掉。

17日下午,凶手们开始掩盖罪行。他们开来一辆辆推土机,将成堆成堆的尸体推进预先挖好的大坑内,然后盖上破砖和泥土,而距此地仅100米左右的以色列指挥所内,那些以色列军官一直在看着这一切。

掩盖行动一直持续到18日上午,而与此同时,零星的屠杀一直没有停止。因为,此时的难民营内,已没有可供大批屠杀的巴勒斯坦人了。

数以千计的巴勒斯坦人悲惨地死去了,贝鲁特大屠杀的消息震惊了全世界,连以色列国内也爆发了强大的抗议示威游行。在世界舆论的谴责下,贝京政府用矛盾百出的答辩,矢口否认自己的罪责,进行着抵赖和狡辩。

然而,血的事实是无法掩盖的,正如事后一位以色列士兵承认的:"屠杀就发生在我们的眼皮底下。"

不久,在强大的内外压力下,"大以色列国"梦的直接制造者沙龙,被迫辞去了国防部长的职务。

(二十五)海湾战争

关于科威特,历史上一直都存在一些争议。第一次世界大战前,科威特是隶属于奥斯曼土耳其帝国的伊拉克的一个自治省份。第一次世界大战期间,英国占领科威特并促使其独立,但是伊拉克始终没有承认科威特的独立。

海湾战争

二十世纪八十年代的两伊战争几乎摧毁了伊拉克在波斯湾的所有港口的对外输出能力。许多伊拉克人认为,两伊战争再次爆发是必然的,所以为了安全起见,伊拉克需要更广阔的土地,尤其是在离战场较远的比较安全的地区占据海港。因此科威特就成了一个目标。

1990年8月2日凌晨1时(科威特时间),在空军、海军、两栖作战部队和特种作战部队的密切支援和配合下,伊拉克共和国卫队的三个师越过科威特边境,向科威特发起了突然进攻。由1个机械化步兵师和1个装甲师编成的主攻部队,沿萨夫万—阿卜代利—科威特市之轴线实施进攻,在350余辆坦克的引导下,首先向南攻占贾赫腊山口,然后折向东进攻科威特市。由另1个装甲师编成的助攻部队,在主攻部队西侧向南进攻,在贾赫腊山口与主攻部队会合后,继续南下,在通往沙特边界的主要通道上建立阻击阵地。5时30分,主攻部队与特种作战部队在科威特市会合。经过约14小时的城市战斗,下午7时,伊军完全占领了科威特首都。随后继续发展进攻,后续部队源源不断地进入科威特。8月3日中午,伊军占领了科威特全境。至8月6日,进入科威特的伊军达到约20万人,坦克2,000

余辆。科威特势单力孤,加上对伊军的突然袭击毫无准备,只进行了微弱的抵抗。约20,000人的科军,只有5,000余人撤到了沙特阿拉伯,其余部队全部溃散或投降。科威特埃米尔贾比尔·萨巴赫及部分王室成员乘直升机逃往沙特阿拉伯。到8月8日,伊拉克总统萨达姆便宣布"收复"科威特,将其划为伊拉克的"第19个省",并称它"永远是伊拉克不可分割的一部分"。

伊拉克武装侵占科威特,引发了海湾危机,成为海湾战争的直接导火索。

海湾地区之所以牵动美国及其他许多国家的神经,主要是该地区拥有极丰富的石油和天然气资源。截至1990年1月,海湾地区已探明的石油储量为6,517亿桶,占世界已探明石油储量(10,015亿桶)的65%,天然气24兆立方米,占世界天然气资源总和的13.7%。日产石油约1450万桶,约占世界石油日产量(6360万桶)的23%;每天出口石油约1200万桶,约占世界石油日出口量(2800万桶)的43%。中东的五大产油国(沙特、科威特、伊拉克、伊朗和阿联酋)均在海湾地区。世界20个特大的油田,有11个在海湾地区。

海湾地区生产的石油主要供出口。美国、西欧、日本进口的石油,相当大的一部分来自海湾地区。据美国能源情报统计,1990年第一季度美国日净进口石油量为766.1万桶,其中206.4万桶来自海湾地区,占26.9%;西欧日进口石油823.5万桶,其中从海湾地区进口427.6万桶,占51.9%;日本日进口石油548万桶,其中从海湾地区进口354万桶,占64.6%。

可以说,一旦伊拉克控制了海湾地区,就等于控制了西方主要发达国家的生命线,这是这些国家绝对不能容忍的。

也许感觉到自己的利益受到了威胁,就在伊军侵入科威特的第一天,美国便做出了强烈的军事反应:2个航母战斗群在伊入侵科后不到1小时即受命驶向海湾。布什总统主持召开国家安全委员会全体会议,在会上他发表讲话,谴责伊拉克的行动是"赤裸裸的侵略",对美国的国家利益"构成了真正的威胁",并宣布冻结伊拉克和科威特在美国的所有资产。会议最终决定,采取大规模军事部署行动,以迫使伊拉克撤军,并为必要时采取军事打击行动做好准备。根据这一精神,负责中东地区防务的美军中央总部拟定了"沙漠盾牌"行动计划。"沙漠盾牌"行动计划拟分两个阶段向海湾地区部署部队。第一阶段用3至4个月时间(17周)部署24万人的部队及其建制装备,以使该地区美军和其他出兵国家部队兵力达到同伊军大致相抗衡的水平。第二阶段将视形势发展继续增兵,以使兵力达到足以将伊军赶出科威特的水平。第一阶段部署,又将根据伊军有可能在短期内向沙特发动进攻的形势,首先在沙特的朱拜勒和宰赫兰一线部署快速反应部队和空中打击力量,建立机动防御,采取"以空间换时间"战略,挡住伊军可能的进攻,保证后续部队陆续抵达和部署。8月7日凌晨2时(美国东部时间),布什总统正式批准了该计划。

在此有必要交代一下美国和伊拉克的恩怨。

在伊朗伊斯兰革命以前,美国和伊拉克的关系就已经十分恶劣。伊拉克是苏联在中东地区的主要盟国。1979年美国将伊拉克列入支持国际恐怖主义的国家名单。两伊战争期间美伊关系逐渐改善。随着革命后的伊朗在1982年深入伊拉克,为了防止伊朗获胜从而将革命思想输出到其他阿拉伯国家,美国开始对伊拉克进行援助,将其从支持国际恐怖主义的国家名单上撤除,并销售武器给伊拉克。除了公开渠道的援助,关于美国中央情报局秘密指导伊拉克军队的猜测也广泛流传。

两伊战争结束以后,美国议会内有在外交和贸易上孤立伊拉克的趋势。这样做的理由包括伊拉克国内的人权状态不佳、伊拉克对其军备的快速加强和它对以色列的敌对等。许多美国左派政治家和一些新保守派政治家如保罗·沃尔福威茨反对伊拉克政府。但美国一些有声望的议会政治家却错误地低估了这个改变。比如美国参议员罗伯特·多尔对伊拉克总统萨达姆·侯赛因说"议会并不代表美国总统乔治·H·W·布什和美国政府的意见,布什将否决所有对伊拉克采取制裁的行动。"

1990年7月末伊拉克入侵科威特之前,萨达姆·侯赛因与美国大使阿普里尔·格拉斯皮进行了一次谈话。在这次谈话中,萨达姆表达了他对科威特的气愤但表示在进行再一次谈判之前,他不会对科威特动武。格拉斯皮表示美国对伊拉克在伊科边境上的武装力量集中表示关注,但一些伊拉克人将格拉斯皮的言谈误解为美国允许伊拉克入侵科威特,格拉斯皮说美国"对阿拉伯内部的争执如伊科之间的边境争执表示中立"。为了强调这一点,她还说"詹姆斯·贝克(时任美国国务卿)指示我们的发言人强调这一点"。虽然格拉斯皮此后不久就离开了外交界,但美国声明她对一切按规则处理,她没有向萨达姆·侯赛因总统表示美国赞同伊拉克入侵科威特。但是萨达姆此时可能错误地理解了美国的观点。因为在此之前,美国也同意两德统一,对萨达姆来说,这同样是取消一个本来就是错误的国内边境。其他一些分析家则认为这种错觉并不存在。萨达姆只是低估了美国的实力,因此没有认真考虑美国的态度。

包括苏联在内的世界其他绝大多数国家或国际组织都对伊拉克的入侵做出了迅速的反应,普遍强烈抵制和谴责伊拉克的侵略行为。

联合国安理会和各成员国对海湾危机的反应前所未有的一致。8月2日,联合国安理会就以14票赞成,0票反对,1票弃权,通过了旨在谴责伊拉克违反联合国宪章,要求其撤军的第660号决议。之后,从8月2日至11月29日,联合国安理会先后通过了12个谴责和制裁伊拉克的决议。这些决议,使伊拉克处于极端孤立的地位。

美军在开始执行"沙漠盾牌"计划时,即已估计到伊拉克拒不撤军的情况,随后便拟定了代号为"沙漠风暴"的军事打击行动计划。12月20日,美国国防部长切尼和参谋长联席会议主席鲍威尔批准了这一计划。该计划的要点是,实施进攻作战,以达到:一、瘫痪伊拉克国家指挥当局;二、将伊拉克军队赶出科威特;三、消灭伊拉克共和国卫队;四、尽量摧毁伊拉克的弹道导弹和核生化武器;五、帮助恢复科威特合法政府。

美国为达到以上目的拟定了以下作战方案:实施协调一致的多国、多方向、空中、海上和地面攻击,首先以空中战局摧毁伊拉克重要军事目标,尔后逐步转移空中作战的重点,在科威特战区实施地面作战,消灭伊拉克共和国卫队,用阿拉伯部队解放科威特市。整个作战过程分为四个阶段,即战略空袭、夺取制空权、空袭地面部队、地面进攻作战。

11月29日,联合国安理会通过第678号决议,规定1991年1月15日为伊拉克撤军的最后期限。在"最后期限"到来之前,国际社会为化解这场危机作了极大的努力。许多国家的领导人从中斡旋,设计出多种调解方案,联合国秘书长亦亲抵巴格达做伊拉克的工作,希望伊从科撤军。但所有这些努力最终都未能使伊拉克改变立场。

西方国家决定将伊拉克逐出科威特还与他们害怕伊拉克会入侵沙特阿拉伯有关。对西方国家来说,沙特阿拉伯比科威特还要重要。伊拉克军队顺利地进驻科威特后,它就很容易攻击沙特阿拉伯最大、最重要的油田了。假如伊拉克控制这些油田,再加上伊拉克对其本土和科威特的油田的控制这样它便可以给予对全球石油供应形成前所未有的垄断。沙特阿拉伯的抵抗比科威特强不了多少,而西方国家认为萨达姆的野心不会在科威特停止。全世界——尤其依靠石油的美国、欧洲和日本——将这个石油垄断看作是一个巨大的威胁。

伊拉克与沙特阿拉伯有极大的矛盾。两伊战争中伊拉克欠沙特阿拉伯 260 亿美元。两国之间的长长的沙漠边界也有纠纷。萨达姆在占领科威特后就开始攻击沙特阿拉伯王室。他说美国所支持的沙特王室作为圣城麦加和麦地那的守护者是不合法的。萨达姆开始使用在阿富汗作战的极端伊斯兰主义者和伊朗一直用来攻击沙特阿拉伯的语言来攻击沙特。

在伊拉克的国旗上添加《古兰经》中"神是至高"一词和萨达姆在科威特祈祷的画面是吸引伊斯兰原教旨主义者和离间伊斯兰圣战者与沙特的计划的一部分。当西方国家的军队进驻沙特阿拉伯后这些攻击更加加强了。

美国国务卿詹姆斯·贝克组织了一个反伊拉克的 34 个国家的联盟:阿富汗、阿根廷、澳大利亚、巴林、孟加拉国、加拿大、捷克斯洛伐克、丹麦、埃及、法国、德国、希腊、匈牙利、洪都拉斯、意大利、科威特、摩洛哥、荷兰、尼日尔、挪威、阿曼、巴基斯坦、波兰、葡萄牙、卡塔尔、沙特阿拉伯、塞内加尔、韩国、西班牙、叙利亚、土耳其、阿拉伯联合酋长国、英国和美国。在这场战争中的 66 万人军队中美军占 74%。实际上许多联盟国并不愿参加。有些认为这场战争是阿拉伯内部的战争,有些害怕美国在科威特的影响加强。最后许多国家在得到经济援助、免债等优惠条件下才同意参加。

1991 年 1 月 9 日,美国国务卿贝克和伊拉克外长阿齐兹在日内瓦举行战前最后一次会晤,但是,双方都认为没有妥协余地,会谈没有取得结果。1 月 16 日美国东部时间上午 10 时 30 分,布什总统签署了给美军中央总部司令施瓦茨科普夫的国家安全指令文件,命令美军向伊拉克开战。

早在"沙漠盾牌"计划确定后,美军便制定了具体部署方案,最大限度出动了运输司令部所辖战略运输工具,动员了后备和民用运输力量,同时,进行了后备役征召和编组。其他出兵国家也展开了各自的部署行动。经过紧张行动,分别于 11 月 8 日和 11 月底完成了两个阶段的部署。是时,美军在海湾地区的总兵力达到 43 万人,其中陆军 26 万人、海军 5 万人、空军 4 万人、海军陆战队 8 万人。主要武器装备有:坦克 1200 辆、装甲车 2000 辆、作战飞机 1300 架、直升机 1500 架、军舰 100 余艘。

连同其他国家出动的总兵力达 50 万人。部分未出兵国家提供了武器装备、舰船、飞机和医疗队。随着各国部队的部署,建立统一、协调的指挥机构的必要性日益突出。8 月中旬,经协商在多国部队最高层成立了协调性作战指挥机构。原则是,战区内所有部队均接受沙特阿拉伯武装部队司令哈立德中将和美军中央总部司令施瓦茨科普夫上将的统一指挥,但各国部队又分别接受本国最高当局的命令和指示。

面对美国和其他国家的出兵行动以及国际社会的经济制裁,伊拉克采取了相应对策。总的战略指导思想是,拖延战争爆发,使海湾冲突长期化、复杂化,进而分化以美国为首的军事阵营,打破对伊拉克的各项制裁,保住既得利益,同时,做好军事上防御作战的准备。为此,它在外交上打出了"圣战"的旗号,并将撤军问题同以色列从阿拉伯被占领土撤军联系在一起,以转移阿拉伯国家的矛头指向;在经济上采取了内部紧缩,对外寻求突破口的政策;在军事上则加紧了扩军备战,恢复和新建 24 个师,使军队总兵力达到 77 个师、120 万人。同时加强了科战区的兵力部署,按三道防线共部署 42 个师,约 54 万人、坦克 4280 辆、火炮 2800 门、装甲输送车 2800 辆。

由于伊拉克未能在安理会第 678 号决议所规定的期限撤军,1991 年 1 月 17 日当地时间凌晨 2 时,多国部队航空兵空袭伊拉克,发起"沙漠风暴"行动,海湾战争由此爆发。

1991 年 1 月 17 日至 2 月 23 日,多国部队对伊拉克施行了大规模空袭,空中战役包括战略性空袭、夺取科威特战区制空权以及为地面进攻做好战场准备。1 月 28 日后,多国部队已完全掌握制空权。进入第三周后,空中行动的重点转入科威特战区。至 2 月 23 日,多国部队共出动飞机近 10 万架次,投弹 9 万吨,发射 288 枚战斧巡航导弹和 35 枚空射巡航导弹,并使用一系列最新式飞机和各种精确制导武器,对选定目标实施多方向、多波次、高强度的持续空袭,极大削弱了伊军的 C3I(指挥、控制、通信和情报)能力、战争潜力和战略反击能力,使科威特战场伊军前沿部队损失近 50%,后方部队损失约 25%,为发起地面进攻创造了条件。

地面战役发起前,多国部队成功实施了战役欺骗。美第 7 军和美第 18 空降军从沙特边界以南向西机动数百公里,进抵沙伊边境的进攻出发地域。

多国部队于 1991 年 2 月 24 日当地时间 4 时发起地面进攻,在沙科、沙伊边界约 500 公里正面上由东向西展开 5 个进攻集团:阿拉伯国家东线联合部队,沿海岸向北进攻,占领科威特城;美第 1 陆战远征部队从沙科边界"肘部"向北进攻,夺取穆特拉山口,切断科威特市通往科东北部的道路,将伊军主力吸引到科威特;阿拉伯国家北线联合部队从沙科边界西段向阿里塞米姆机场方向进攻,协同友邻部队消灭科威特境内伊军并占领科威特市;美第 7 军实施主要突击,从巴廷干河以西向北推进,直插伊拉克纵深,尔后挥师东进,与其左邻第 18 空降军协同作战,将伊拉克共和国卫队(约 8 个师)围歼在巴士拉以南地区;美第 18 空降军实施辅助突击,从沙伊边境突入伊境至幼发拉底河岸,控制塞马沃以东通往巴格达的 8 号公路,孤立科威特境内伊军部队,协同美第 7 军歼灭伊军共和国卫队。

地面战役首先由美第 1 陆战远征部队发起进攻,尔后阿拉伯国家东线联合部队在波斯湾多国部队海军和两栖部队配合下发起进攻,吸引伊国注意力,为西部主攻部队发展进攻创造条件。美第 7 军于 24 日午后发起攻击。美第 7 军和美第 18 空降军利用空中机动和装甲突击力强等优势,在海空军支援下实施"左勾拳"计划,将伊拉克共和国卫队合围于巴士拉以南地区。伊军遭受连续 38 天空袭后,损失惨重、指挥中断、补给告罄、战场情况不明,对多国部队主攻方向判断失误,防御体系迅速瓦解。在此期间,伊军继续向沙特、以色列和巴林发射导弹,使美军伤亡百余人;在海湾布设水雷1167枚,炸伤美海军两艘军舰,但未能扭转败局。1991年2月26日,萨达姆宣布接受停火,伊军迅即崩溃。28日晨8时,多国部队宣布停止进攻,历时100小时的地面战役至此结束。

1991年3月10日,"告别沙漠行动"开始,美军从波斯湾撤离54万军队。

据战后统计,在这场战争中,伊拉克方面在参战的43个师中共有38个师被重创或歼灭,6.2万人被俘,3847辆坦克、1450辆装甲输送车、2917门火炮被击毁或缴获,107架飞机被击落、击毁或缴获。多国部队方面共有126人阵亡,其中美军79人,300余人受伤,12人失踪。

关于海湾战争的伤亡数字有争议。盟军死亡人数可能是378人,其中美军因战事身亡的有148人,非战事身亡的145人。英军死亡47人,阿拉伯军队死亡40人,法军损失2人。盟军死亡最多的是在1991年2月25日,该日一颗伊拉克飞毛腿导弹击中一个美国兵营造成28个美军预备队员死亡。盟军受伤人数可能少于1000人。伊拉克伤亡人数的争议比较大。有些估计说少于1500人死亡,有些说约20万死亡。大多数学者认为死亡人数在2.5万到7.5万之间。受伤人数也不清楚。被美军俘虏的伊拉克人为7.1万。估计伊拉克平民死亡人数从100人到超过20万人不等。

此外战后的状态造成更多伊拉克人死亡。比如在炸弹中含有共300吨贫铀,铀是一种可能可以致癌的重金属(不过这一点也有争议)。战后伊拉克儿童的癌症率提高了四倍。战后对伊拉克的制裁可能也导致了约200万人死亡,其中半数是儿童。从海湾战争结束到美伊战争开始,美军和英军空军几乎每个月都对伊拉克境内禁飞地带及其附近进行攻击。

战役影响

海湾战争是第二次世界大战后世界上发生的最大的一场局部战争。这场战争是特定时代的产物。它深刻地反映了80年代末期世界的基本矛盾,是这些矛盾局部激化的必然结果;它体现了人类社会生产力特别是科学技术的发展所引起的战争特征的革命性变化;它展示了新的作战手段和作战思想运用于战争而产生的作战样式的诸多新特点。它体现了人类社会生产力特别是科学技术的发展所引起的战争特征的革命性变化,主要是:武器装备建立在高度密集的技术基础之上;打击方式已不再以大规模毁伤为主,而是在破坏力相对降低的基础上突出打击的精确性;整个战争的范围与过程被视为一个完整的系统,战争的协同性和时间性空前突出。它也展示了新的作战手段和作战思想运用于战争而产生的作战样式的诸多新特点,主要包括:空中作战已成为一种独立作战样式;机动作战是进攻作战的基本方式;远程火力战是主要的交战手段;电子战是伴随"硬杀伤"所不可缺少的作战方式;夜战是一种富有新内涵的战斗方式。

海湾战争是冷战结束后的第一场现代化局部战争,80年代末期,随着东欧和苏联的剧变以及苏联在全球范围内的战略收缩,世界形势开始发生战后最深刻的变化。东西方两大阵营长达40年的冷战局面被打破,作为战后世界战略格局支柱的雅尔塔体系开始瓦解,世界的主要矛盾即美苏争夺世界霸权的矛盾,在国际事务中的主导地位和作用逐渐下降。这种情况,使世界进入了一个新旧格局交替的过渡时期,它一方面给和平与发展创造了有利条件,另一方面也酝酿和产生着新的矛盾与不稳定因素。海湾战争正是在这样一个大背景下发生的。

(二十六)阿富汗战争

第一次阿富汗战争

据说在沙俄时期,彼得大帝曾经将一份秘密遗嘱保存在保险柜中,直到他死后50年,即1775年才公布于世。据说彼得大帝在这份遗嘱中说,不论谁继承他的王位,都应该向南推进到君士坦丁堡和印度。因为在他看来,"不管谁在那里统治,谁就将统治世界。"他甚至说:"当俄国可以自由进入印度洋的时候,它就能在全世界建立自己的军事和政治统治。"彼得为他的后代设想了俄国南下的三条路线:一条是从黑海经土耳其的博斯普鲁斯海峡到地中海;第二条是从南高加索经伊朗到波斯湾;第三条是从中亚经阿富汗到阿拉伯海。翻开地图就可以发现,在这三条路线中,经阿富汗这条通道是最近的。彼得大帝的后继者们没有辜负先皇的期望,他们拼命向印度洋方向扩张。在19世纪下半叶和20世纪初,沙皇俄国与老牌殖民帝国英国为争夺阿富汗险些爆发大战。50年代,阿富汗与巴基斯坦围绕着普什图尼斯坦问题发生了严重的争执,两国战火一触即发。苏联抓住这一有利时机,表示坚决支持阿富汗在这一问题上的立场,趁机打击亲美的巴基斯坦,从而一下子把阿富汗拉入了苏联的怀抱。由此可见,俄国人对于阿富汗的渴望由来已久。

到70年代末,苏阿关系闹到了要刀兵相见的地步。70年代,苏联在与美国的竞争中占据了上风。苏联继承彼得大帝南下战略的衣钵,企图以阿富汗为基地,进而打通陆上通道直捣印度洋,接近中东产油区并迂回包围欧洲,与其太平洋战略互相呼应,最终实现称霸世界的目的。阿富汗是苏联全球战略的关键所在。

1978年4月28日,阿富汗国内一批亲苏的人民民主党军官在苏联的策动下发动了政变。人民民主党总书记塔拉基在克格勃的支持下,成立了革命委员会,由他担任主席兼总理,改国名为阿富汗民主共和国。这就是阿富汗历史上所谓的1978年"四月革命"。1978年12月,苏阿又签署了重要的《友好睦邻合作条约》,双方开始在军事、经济、文化等方面展开了全面合作,从而使阿富汗进一步"苏化"。

1979年3月在阿富汗西部重镇赫拉特爆发了一次大规模的兵变,政府军一个师反戈一击,成千上万的市民也参加了战斗,6月份,在哈扎拉地区还爆发了大规模的民众起义。执政的人民民主党有两个派系,一个叫"人民派",另一个叫"旗帜派",两派之间的争斗一直很激烈。后来"旗帜派"被清洗,但人民派内部矛盾又随之爆发,最终阿明在与塔拉基的明争暗斗中取胜。苏联对阿富汗的精心规划宣告失败,无奈木已成舟,只好硬着头皮对阿明表示"祝贺",称阿明是"苏联的一个忠实朋友"。阿明知道苏联的真实意图,所以他不但不买苏联的账,还坚持要苏联召回大使,因为苏联大使曾经同塔拉基一道密谋策划迫害他。

阿明还不允许苏联操纵阿富汗的情报机关和秘密警察,不让苏联控制其军队。这大大影响了苏联在阿富汗地区的利益。苏联和阿明虽然表面上还维持着友好关系,实际上已是同床异梦。苏联几次"邀请"阿明访问莫斯科,全部被阿明拒绝。凡此种种,苏联感到既恼怒又惶恐,因为阿富汗是一块重要的战略要地,控制不了阿明就等于失去阿富汗。于是,一场大规模的入侵活动就这样开始悄悄地准备起来了。

苏军在苏阿边境地区建立了相当军一级的指挥机构,由国防部副部长索科洛夫元帅担任总指挥。为了加大入侵行动的突然性,苏军采用了就地动员、就地扩编、迅速展开、快速推进的办法。除空降部队外,苏军主要使用了中亚军区和土库曼斯坦军区靠近阿富汗边境的6个师。12月14—15日,苏军还以远程空运演习为名,将白俄罗斯军区第103空降师和南高加索军区第104空降师调至中亚,同时,将中亚军区第105空降师秘密推进至苏阿边境的铁尔梅兹。

到12月24日为止,入侵阿富汗的军事准备已基本完成。侵阿苏军共有6个摩托化步兵师、2个空降师、3个武装直升机团队和2个运输直升机团,共12.5万人;装备有坦克2000余辆、步兵战车1000辆、各种火炮2000门、汽车2.5万辆、各种固定翼飞机200架、直升机150架。作为策应,苏军总参谋部还命令在西线的苏军和东欧国家军队处于高度戒备状态,命令在蒙古的驻军进入全面戒备状态。

与此同时,一支苏联特种部队以"协助剿匪"为名,在贝洛诺夫上校的率领下,秘密进驻阿富汗首都喀布尔郊外的巴格拉姆空军基地。

1979年12月初,苏联以帮助阿明镇压反政府武装为由,将一支特种部队空运到阿富汗。但这支部队并没有开赴前线,而是分头占据了阿富汗首都喀布尔周围的巴格拉姆空军基地和另外几个战略要地。此次苏联特意挑选了有中亚血统的士兵,他们的长相跟阿富汗人十分相似,所以没有引起人们的怀疑。

12月24日至27日,苏联又打着军事援助的旗号,开始了紧急空运。一架架巨大的运输机降落在巴格拉姆空军基地和喀布尔机场,不仅运来了武器装备,也运来了大批全副武装的苏军士兵。机场上摆满了坦克、装甲车、大炮和弹药。

同时,在苏联的精心策划下,驻守喀布尔的阿富汗四个师"奉命"调往外地,留守的部队也接到了"清点弹药"的命令,纷纷上缴弹药,失去了作战能力。同时,苏联的顾问和专家以保养武器为名,把阿军的坦克、大炮拆得七零八落,根本无法使用。喀布尔成了一座不设防的城市。

12月27日夜晚,苏军发动了进攻,集结在机场的苏军士兵登上"援助"阿军的坦克和装甲车,直冲喀布尔。这时,喀布尔方向传来巨大的爆炸声,原来早已埋伏城内的苏联特种部队炸毁了电信大楼,切断了首都与外界的一切联系。紧接着,市区里响起了坦克的轰鸣声以及各种轻重武器的射击声。政府机关、电视台、广播电台、桥梁、交通要道的控制权不久便落入了苏军手中。

与此同时,一支特种部队包围了阿明的住所——达鲁拉曼宫。经过短暂的交火,阿明的卫队被击溃了,突击队员攻入了达鲁拉曼宫,一阵枪声之后,阿明和他的四个妻子、二十四个子女以及一些政府官员先后倒在了血泊之中。苏军仅用了三个多小时就控制了整个喀布尔。一时间,喀布尔街头全是手持武器、头戴皮帽的苏军士兵,路口停满了苏军坦克。

早已集结在苏阿边境上的苏联十万大军,在两千辆坦克、一千辆步兵战车、三千辆装甲输送车、几千门火炮、数百架飞机的支援下,以迅雷不及掩耳之势长驱直入,控制了阿富汗的交通要道和重要城市。

短短七天,阿富汗便告沦陷。不久,卡尔迈勒粉墨登场,在苏联扶植之下成立了傀儡政权。可是阿富汗人没有被冰冷的武器所征服,随后风起云涌的抵抗斗争使苏联陷入了战争的泥沼之中。

苏军完成对阿富汗的占领后,将进攻矛头指向以反政府武装为主体的抵抗力量,先后于1980年2月、4月和6月发动三次大规模攻势,对喀布尔、昆都士、巴格兰以及库纳尔哈、楠格哈尔、帕克蒂亚等省的抵抗力量游击队展开全面扫荡。但游击队利用熟悉地形等有利条件,广泛开展山地游击战,使苏军摩托化部队无法发挥其兵力、兵器优势,被迫停止扫荡。

全面清洗失败后,苏军改变战术,在确保主要城市和交通线的同时。集中优势兵力兵器对游击队主要根据地发动重点清剿,企图切断游击队的外援渠道,歼灭游击队的有生力量。清剿的重点地区有潘杰希尔谷地、库纳尔哈、霍斯特、坎大哈等,其中对潘杰希尔的大规模清剿达八次之多。1982年5月和1984年4月,苏阿军队出动一个师2万余人,采取全面封锁、饱和轰炸、分进合击、机降突袭等战术,在飞机、坦克、大炮掩护下,向潘杰希尔游击队根据地发起猛烈进攻,一度占领该谷地。苏军和阿政府军的重点"清剿"遭到游击队顽强抵抗,最终虽占领游击队一些根据地但伤亡惨重,并且未能重创游击队的有生力量。清剿结束后,游击队又回到根据地。经过几年战斗,游击队逐步发展壮大,武器装备得到改善,战斗力明显提高。至1985年底,侵阿苏军兵力达12万人,喀布尔政府军兵力为7万人,游击队则发展到10万人。在此期间,苏联在国际社会压力下,被迫于1982年6月同意在联合国主持下举行日内瓦间接会谈。至1985年底,喀布尔政权和巴基斯坦政府代表先后举行六轮日内瓦间接会谈,但未能在实质性问题上达成协议。

旷日持久、边打边谈的战争将苏联置于政治、外交、经济、军事等重重压力下。战场上的屡屡失利,阿富汗游击队的不断壮大,迫使苏联不得不改变对阿政策。1985年戈尔巴乔夫任苏共总书记后,决定逐步从阿富汗脱身。为实现这一目标,苏积极推进阿富汗问题的政治解决进程,将战争规模保持在较低水平;同时加紧武装并将清剿任务移交给阿政府军,苏军主要负责防守城市和交通线。阿游击队为了把苏军赶出国土,推翻喀布尔政权,对城市和交通线频繁发动攻势,先后对喀布尔、昆都士、坎大哈、贾拉拉巴德、赫拉特等重要城市发起多次进攻。其中对喀布尔的进攻曾出动兵力5万人,时间长达几个月,对苏军和阿富汗政府军造成严重威胁。但由于游击队内部政见不一,缺乏统一指挥,加上武器装备落后,进攻屡屡受挫。阿富汗战场出现了苏军控制主要城市与交通线、游击队控制广大乡村、双方均不可能取胜的僵持状态。在此情况下,苏联被迫接受1988年4月14日达成的日内瓦协议,并于同年5月15日—1989年2月15日分两个阶段撤出全部军队11.5万人。至此,第一次阿富汗战争结束。

阿富汗战争旷日持久,历时九年多,给阿、苏两国人民带来深重灾难。阿富汗有130多万人丧生,500多万人流亡国外沦为难民;苏联先后有150多万官兵在阿富汗作战,累计伤亡5万余人,耗资450亿卢布,削弱了国力,从而被迫改变其全球战略,对国际战略格局影响深远。

第二次阿富汗战争

美国东部时间 2001 年 9 月 11 日早晨 8：40，四架美国国内民航航班几乎在同一时间被劫持，其中两架撞击位于纽约曼哈顿的世界贸易中心，一架袭击了首都华盛顿美国国防部所在地五角大楼。而第四架被劫持飞机在宾夕法尼亚州坠毁，据事后调查，失事前机上乘客试图从劫机者手中重夺飞机控制权。这架被劫持飞机目标不明，但相信劫机者撞击目标是美国国会或白宫。

纽约世界贸易中心的两幢 110 层摩天大楼在遭到攻击后相继倒塌，除此之外，世贸中心附近 5 幢建筑物也受震而坍塌损毁；五角大楼遭到局部破坏，部分结构坍塌；袭击事件令曼哈顿岛上空布满尘烟。

在 9·11 事件中共有 2998 人遇难，其中 2974 人被官方证实死亡，另外还有 24 人下落不明。此外共有 411 名救援人员在此事件中殉职。

2001 年 9 月 11 日当天的恐怖袭击对美国及全球产生巨大的影响。这次事件是继第二次世界大战期间珍珠港事件后，历史上第二次对美国造成重大伤亡的袭击。这也是人类历史上迄今为止最严重的恐怖袭击事件。美国政府对此次事件的谴责和立场也受到大多数国家支持，事发现场的清理工作持续到次年年中。9·11 事件让美国以及全世界感到一种恐惧，所有人都担心类似的事件在自己的周围发生。

事件发生后，所有英国军事基地提高警戒状态。所有途经伦敦市区的航班改为绕过市区飞行。而前往美国和加拿大的航班全部停飞。欧洲议会与北约总部进行紧急疏散。北约宣布如果恐怖袭击事件受到任何国家的指示，将被视为是对美国的军事袭击，因此也被认为是对所有北约成员国的军事袭击。这是北约历史上首次启动共同防卫机制。

世界大多数国家都对美国在 9·11 事件中所遭受的巨大牺牲与损失表现出了巨大的同情，法国左翼报纸《世界报》宣称："我们都是美国人。"德国总理施罗德表示愿意向美国提供一切支持与无限声援。韩国小学生在首尔美国大使馆外进行祈祷。成千上万的伊朗民众秉持蜡烛为在"9·11 事件"中遇难的美国人守夜。联合国于 9 月 12 日通过一项决议，谴责"那些为这些恐怖行为的罪犯、组织者与支持者提供保护、支持与包庇的人"，授权采取一切必要措施对恐怖行为做出反应。

事件发生后，西方各国政府的民间支持度大幅度上升。在世界许多地方，很多媒体都刊登了评论文章，认为事件是由以色列人、犹太人、犹太复国主义者甚至美国人自己发动的，目的是挑起全球仇视阿拉伯的情绪。还有一些阿拉伯穆斯林则认为事件是由基地组织发起的，旨在报复美国的中东政策。

9·11 事件遭到国际社会的一致谴责，一些传统上采取与美国不太友好政策的国家领导人，如利比亚领袖卡扎菲、巴勒斯坦法塔赫领导人阿拉法特、伊朗总统哈塔米、古巴人民党时任主席卡斯特罗以及阿富汗塔利班政权都公开谴责事件并对美国人民表示同情。唯一的例外是伊拉克前总统萨达姆·侯赛因，他评论事件是"美国霸权主义的后果"。

美国政府的各级部门展开了对事件的调查。美国政府在事件发生后立即秘密拘留、逮捕、盘问了至少 1200 人，大多数是非美国公民的阿拉伯或穆斯林男子。美国司法部也查问了 5000 名来自中东的男子。政府后来承认，当中只有 10 到 15 人与基地组织有关，但是无人牵涉 9·11 事件。但在 10 月 10 日，联邦调查局还是公布了"FBI 恐怖分子通缉令"名单。

情报专家们开出一份可疑嫌犯的"简短列表"——所有有能力以及动机发动类似袭击的组织名单。非常肯定的是，所有劫机者都是阿拉伯人，没有一个有阿富汗背景；此外袭击的精心策划、规模以及事件后无人承认责任，这都与阿尔盖达组织以往的作风相近。值得注意的是，劫机者大多来自沙特阿拉伯，但是美国政府并没有对该国采取任何行动。

美国政府在事件发生后宣布将会对发动袭击的恐怖分子以及保护他们的国家发动军事报复。第一个打击目标就是阿富汗塔利班政权，理由是他们拒绝交出头号嫌犯乌萨马·本·拉登。

早在 2001 年 10 月 7 日，美英已组成联军进入阿富汗境内与当地的北方联盟接触。双方其后达成协议：合作推翻塔利班政权，并在当天晚上进行空袭，攻击塔利班和基地组织的多个据点。美国攻击塔利班真正用意是要报复塔利班没有答应美国交出拉登，而当天塔利班随即抨击美国的举动是向伊斯兰世界宣战。

美国在首轮空袭中采用了不同种类的武器，据美国军方公布，共动用了 50 支导弹、15 架战机和 25 枚炸弹。同时美国还在空袭时投下大量救援物资，据美国称这是为了赈济空袭中受伤的平民。

期间一段本·拉登的录音片段公开，片中拉登指责美国这次袭击。

卡塔尔的半岛电视台指称自己于攻击事件不久前就收到了这卷录音带。在录音带中，拉登宣称美国将会在阿富汗之战中失利，并且像苏联一样崩解。同时，拉登号召伊斯兰世界发起反抗非伊斯兰世界之战。

2001 年 11 月 9 日，马扎里沙里夫战役开始。马扎里沙里夫在阿富汗北方是一个大型城市。塔利班在马扎里沙里夫有较强的群众基础存在。美国轰炸机地毯式轰炸塔利班部队的阵地。下午 2 时，北方联盟部队攻下了城市的南部和西部，并且控制了城市的主要军事基地和机场。战斗在 4 个小时后结束。到日落时分，塔利班残余部队向南部和东部撤退。战斗结束后，大批塔利班支持者被处决，整个马扎里沙里夫开始出现抢劫。马扎里沙里夫战役后，北方联盟迅速拿下了北方地区的 5 个省份。塔利班在北方地区的势力开始瓦解。

11 月 12 日晚塔利班部队在夜色的掩护下逃离喀布尔市，11 月 13 日北方联盟部队抵达喀布尔市。一组大约 20 人的强硬阿拉伯武装分子被发现藏身于市内的公园，随后被消灭。

喀布尔的陷落标志着塔利班在阿富汗全国的瓦解。在 24 小时内，所有的阿富汗沿伊朗边境各省，包括关键的城市赫拉特，都被北方联盟攻下。当地普什图族指挥官和军阀接管整个阿富汗东北部，包括关键的城市贾拉拉巴德。近 1000 名塔利班的巴基斯坦志愿者部队死守北方战线。到 11 月 16 日，塔利班在阿富汗北部的最后一个据点被北方联盟围困。此时，塔利班主力已被迫撤回到阿富汗东南部坎大哈周围地区。

但此后，就像第一次阿富汗战争中的苏联，美国同样陷入了与武装反抗力量的缠斗之中,尽管"海豹突击队"在 2011 年 5 月 1 日击毙了拉登,但时至今日,第二次阿富汗战争阴影仍然笼罩着这个不幸的国家。

2001 年阿富汗战争是以美国为首的联军对阿富汗盖达组织和塔利班的一场战争,是美国对"9·11"事件的报复,同时也标志着反恐战争的开始。

(二十七)伊拉克战争

萨达姆称霸中东的野心由来已久,希望重现昔日巴比伦的辉煌。

为解决边界争端和宗教矛盾,控制整个中东地区,国力强盛的伊拉克趁伊朗国内局势不稳于 1980 年 9 月 22 日发动了对伊朗的侵略战争。1981 年 9 月 27 日伊朗发动全面反攻,1982 年 6 月 10 日伊拉克提出全面停火建议,并实施单方面停火。1982 年 6 月 29 日,伊拉克军队基本撤出伊朗。但是伊朗拒绝了伊拉克的停火建议,伊朗企图推翻萨达姆政权,建立伊拉克伊斯兰共和国。1982 年 7 月 31 日,伊朗12 万军队攻入伊拉克境内。1984 年 2 月,伊朗攻占了伊拉克南部和北部 1000 多平方公里的土地。此后,伊朗和伊拉克打起了消耗战,战争进入相持阶段。1986年,伊朗再次力图"速战速决",到 1988 年 3 月伊朗先后发动 50 多次战役。1988年上半年,伊朗国内经济危机加剧,国际压力加大,战场形势恶化。1988 年 4 月 17日,伊拉克发动全面反攻,占领伊朗 2000 多平方公里的土地。1988 年 8 月 20 日,两伊在联合国监督下实现停火。

两伊战争中,两国军费开支近 2000 亿美元,经济损失约 5400 亿美元。这场旷日持久的战争持续了 8 年,伊朗和伊拉克都欠下了巨额的战争债务。

两伊战争后,萨达姆向科威特提出了包括领土要求和免除巨额债务等一系列要求,遭到了科威特的拒绝。1990 年 8 月 2 日伊拉克发动了侵略科威特的战争。1990 年 8 月 3 日下午 4 时,伊军占领了科威特全境。国际社会要求伊拉克立即撤出科威特,并在海湾部署多国部队。1990 年 8 月 15 日,伊拉克从伊朗撤军,全力应对多国部队。联合国规定伊拉克从科威特撤军的最后期限为 1991 年 1 月 15 日,但伊拉克并未撤军。1991 年 1 月 16 日美军向伊拉克开战,海湾战争爆发。1991年 2 月 28 日,海湾战争结束。伊军损失坦克 3700 多辆,装甲车 2000 多辆。伊拉克遭受两伊战争和海湾战争的重创后,国力极度衰弱,人民生活水平倒退了几十年。美国总统老布什不愿美军背上占领伊拉克的包袱,因此美军没有攻占巴格达,并且还保留了萨达姆政权。

海湾战争后,伊拉克遭受了 12 年的制裁。美国通过设立"禁飞区"、空中打击、武器核查和经济制裁进一步削弱伊拉克。萨达姆政权的权威受到两伊战争、海湾战争和全面制裁的三重打击,萨达姆对国内反对派势力的担心日益加剧,担心部族武装壮大。在 1995 年举行的一次军事战略评估会上,伊拉克将领们曾提出效法历史上俄军击败法国拿破仑,以及后来苏军歼灭德国希特勒武装的战略来应对美国可能发动的进攻。根据这一战略,正规防御部队在战争初期边打边退,主要利用武器装备精良的部族武装去骚扰敌军。而包括共和国卫队在内的装甲师保持相对"低调",伺机对敌人进行致命打击。萨达姆拒绝了这一建议。因为他担心当地武装势力壮大后会对其政府构成严重威胁。

伊拉克正规军被部署到北方库尔德地区和伊朗边境地区，一方面是因为萨达姆担心库尔德人起义和来自伊朗的威胁，另一方面是因为萨达姆担心军队发动政变。萨达姆认为伊拉克正规军离首都越远越好，只有特别共和国卫队被允许驻防巴格达城内。

伊军一切重要决策由萨达姆本人做出，只有他的两个儿子——乌代和库赛才有资格和他商量。对于其他官员来说，最好什么都不知道。据说萨达姆在伊拉克战争前3个月才告知伊军高官，伊拉克确实没有大规模杀伤性武器。当时将领们全都惊呆了。因为他们在制定国家防御战略时是把生化武器的反击能力考虑进去的。萨达姆是想告诉他们：别指望那些不存在的武器了。

此外萨达姆还直接插手部队行动细节，不允许指挥官们未经允许从巴格达调兵应敌。为减少串通兵变的可能，萨达姆还切断指挥官们的直接通讯联络，这样伊军各部队根本无法协同作战。

12年来，在萨达姆的心中，最大的敌人便是伊朗，他认为伊朗一直在发展核生化武器。伊拉克军队每年都举行旨在防御伊朗入侵的演习。美国的威胁似乎尚比不上伊朗，因为萨达姆相信美国不能像伊朗人那样承受严重伤亡。即使在1991年海湾战争中惨败于美军，萨达姆仍然认为什叶派武装才是他的心腹大患。

在海湾战争中，美国总统老布什因不愿美军背上占领伊拉克的包袱，才下令美军不要拿下巴格达。萨达姆却想当然地认为，美国是害怕承受严重伤亡。萨达姆对美国的担心主要来自美国可能煽动什叶派反叛。萨达姆政府的核心成员认为即使美国进攻，他们也只不过是发动空袭，并且占领南方的油田了事。在伊拉克战争前数周，萨达姆还是认为美国会避免动用地面部队。

自1991年海湾战争后，美国就试图全面主导中东事务，控制海湾石油，实现符合美国利益的中东和平。但是以色列和巴勒斯坦的暴力冲突不断，而萨达姆政权又无视美国的权威破坏了美国的计划。美国通过12年的全面制裁也没有让萨达姆政权垮台，萨达姆政权的寿命比任何一届美国政府都长。更让美国政府烦恼的是，尽管美国在中东地区投入了庞大的政治、外交和经济资源，但针对美国的恐怖活动却总是来自这一地区。

2001年9月11日，基地恐怖分子劫持3架美国飞机，分别撞向纽约世贸中心和美国国防部的五角大楼，酿成了美国历史上最为严重的恐怖袭击事件。9·11后，美国打击恐怖主义和主导全球战略的心情更加迫切。美国发动阿富汗战争推翻了塔利班政权，又把矛头指向了萨达姆政权。9·11事件的发生表明，冷战后美国的中东政策遭到了失败。

经过一系列的失败之后，美国政府认为在中东地区最好的选择是建立新的秩序。伊拉克的石油储藏量达1200多亿桶，居世界第二位。美国打击伊拉克，可以控制能源、重组中东、维护自己的霸权地位。美国对伊动武既是海湾战争的继续，也是美国反恐战争的继续。美国再次出兵伊拉克不是实施惩罚式打击或从军事上打败萨达姆，而是要从根本上推翻萨达姆政权。这正是美国建立"中东新秩序"的开始。美国计划在美军的控制下，对伊拉克进行全面的改造，把威胁美国安全的潜在敌人改造为美国"大家庭"的一员。一旦对伊拉克的"民主改造"获得成功，就将

世界经典文库

世界军事百科

·军事战争·

图文珍藏版

在整个阿拉伯世界树立一个"西化"样板,并由此引起连锁反应,进而逐步实现对沙特阿拉伯、伊朗、叙利亚等国的改造。

因此,以推翻萨达姆政权,实施"政权改变"策略,重建伊拉克,建立"民主政治"的样板,建立"中东新秩序"为目的的伊拉克战争不可避免地爆发了。

美国认为伊拉克遭受两伊战争、海湾战争和12项全面制裁的三重打击,已经不堪一击了。从1980年起伊拉克的国力每况愈下,到2003年伊拉克的国力已经持续下滑了23年。在1980年就实现了全民免费教育和全民免费医疗的伊拉克到2003年时已经极贫极弱了。美国胜券在握,发动伊拉克战争完全符合"胜兵先胜而后求战"的战争指导思想。

2003年,美国和英国以萨达姆政权和恐怖组织基地有联系,并违反联合国决议,拥有大规模杀伤武器为由,向萨达姆和他的两个儿子下发了最后通牒,要求他们在3月20日之前离开伊拉克,否则将对伊拉克实施武力打击。

战前美军在海湾地区部署的兵力已达到22.5万人。美军101空降师和第六艘航母前往海湾,B-2轰炸机也已接到部署命令。另有将近100艘战舰部署在海湾和地中海。

美军在海湾地区陆军兵力部署的具体情况如下:

科威特:超过11.1万兵力。其中很多士兵都在伊拉克边境的沙漠地区接受过作战训练。其中第三步兵师和海军陆战队第一远征军将是美军从南部进攻伊拉克的主力。驻扎在科威特的还包括82空降师的作战旅。

沙特阿拉伯:约7000兵力。大部分空军都驻扎在位于利雅得南部的苏丹王子空军基地。据报道,由于沙特默许美军使用苏丹王子基地的空军行动中心,美军派往沙特的兵力显著增加。

卡塔尔:约7000名军事人员。大部分驻扎在多哈西南部的乌戴德空军基地和赛利亚军事基地。美军还在赛利亚建立了一个指挥总部。

巴林:5000兵力,大部分为海军。美国第五舰队总部设在巴林,是美军在红海、海湾和阿拉伯海地区所有军舰的指挥中心。

阿联酋:1200名军事人员。阿联酋是美国军舰的补给站。

土耳其:2000名士兵。美英飞机从土耳其南部的因斯里克空军基地起飞在伊拉克北部的"禁飞区"进行巡逻。过去大约有50架飞机曾驻扎在此。

约旦:战前约旦表示不允许美国利用其领土攻打伊拉克。但美军将在约旦部署"爱国者"反导弹系统,以防安曼遭受导弹袭击。

吉布提:1600名反恐特种部队官兵。一个特种部队指挥部设在"惠特尼山号"两栖登陆舰上。

阿曼:3000名美国军事人员。阿曼的港口和空军基地为美军进军海湾和阿富汗提供了重要的中转站。

阿富汗:1万美军,部分来自82空降师。

此外,另有大约4000名美军驻扎在中亚国家和巴基斯坦。

海军:

美军在海湾地区的舰队拥有大约4.6万名海军和海军陆战队官兵。"小鹰"号航母已抵达海湾,与"林肯"号航母和"星座"号航母会合。与此同时,"杜鲁门"号和"罗斯福"号航母在地中海待命。美国欧洲司令部的2-3万名海军官兵大部分都被部署在这两艘航母上。"尼米兹"号航母于3月3日从圣地亚哥出发,替换"林肯"号。由"硫黄岛"号直升机航母率领的两栖作战小组也将于4日离开弗吉尼亚。基地设在英国的美国第五舰队拥有24艘战舰、20艘两栖战舰和10艘供给舰。基地设在意大利那不勒斯的美国第六舰队拥有大约34艘军舰,其中包括两艘航母。

另外英国派兵约4.5万人。

2003年3月20日5时35分,离美国的最后通牒期限还差40分钟之际,美军发射的巡航导弹在伊拉克首都巴格达、南部城市巴士拉等城市爆炸,随后少量F-117隐形战斗机对巴格达的目标发动了代号为"斩首行动"的空袭,连续不断的爆炸声为伊拉克战争拉开了序幕。与此同时,美国特种部队潜入巴格达,为美英联军收集情报。

40分钟后,美国总统布什正式宣布美国解除伊拉克武装的战争打响。"斩首行动"开始三个半小时后,即巴格达时间2003年3月20日上午8时35分,伊拉克总统萨达姆身着军装在伊拉克国家电视台发表讲话,呼吁伊拉克人民抵抗美国发动的战争。

美方宣布有7名伊拉克高级领导人死于"斩首空袭"。而伊拉克电视台则宣布,美军的空袭中伊拉克领导人安然无恙,空袭导致伊拉克一名平民死亡,10多人受伤。随后,伊拉克总统萨达姆在伊拉克电视台发表了号召伊拉克人民抵抗美英入侵的电视讲话。一直坚信萨达姆已受重伤或已被炸死的美英认为电视上露面的"萨达姆"可能是萨达姆的替身。

直到3月21日,美英还把希望寄予萨达姆自动出逃或流亡、伊方高层政变以及伊拉克军队的大规模投降和倒戈上。因为美国认为萨达姆对正规军将领不信任,任人唯亲,镇压反对势力,伊方高层应该趁机发动政变,伊拉克军队应该哗变、投降或倒戈。

在战争爆发前美英就给萨达姆下了"48小时内流亡国外"的最后通牒,在战争已经爆发了48小时之后,美英又重提允许萨达姆"流亡国外"。在第一阶段的作战行动中,美英作战的主要目的是为了在心理上瓦解和涣散伊拉克抵抗的决心与斗志,而不是通过真正的战斗来消灭对手。

"斩首行动"不了了之后,美英联军对伊拉克发起了更大规模的军事行动。这次军事行动中,美英联军一反以往"先空袭,以空中火力打击为主,最后投入地面部队打扫战场"的常规战法,在空中对伊继续进行猛烈轰炸的同时,长期驻扎在伊科边境的美陆军第3机械化步兵师、101空中突击师一部、海军陆战队第1远征部队、英陆军第1装甲师、第7装甲旅、英海军陆战队第3突击旅从不同方向对伊拉克发动了地面进攻,全力向伊战略纵深内推进,以期达成速战速决的战略意图。

3月21日凌晨2时,美军机械化步兵第3师所属炮兵在科威特沙漠地区向伊南部目标猛烈开火。随即海军陆战队第1远征部队、英军装甲第7旅和英皇家海军陆战队第3突击旅开始向巴士拉方向发展进攻。起初,伊军的抵抗极为微弱,但在一座名叫乌姆盖斯尔的小城,美英联军第一次遭到伊军的顽强抵抗。虽然美军方发言人在21日就宣布已经完全攻占了乌姆盖斯尔,但在3月23日清晨,城内的驻防伊军部队却向已夺占部分城区的美英联军发起了反冲击，并取得了一定战果，夺回了部分失守城区。

此时，美英联军主力部队已绕过乌姆盖斯尔，分别向巴士拉和巴格达方向推进，仅以一部分兵力对付城内的抵抗力量。3 月 24 日，力图迅速结束乌姆盖斯尔战事的美英联军投入了大量兵力，在强大的空中火力支援下，向城内伊军展开猛烈攻击，但在城内伊拉克军队和准军事部队猛烈反击下，仍难以突破。在乌姆盖斯尔的巷战中，伊军士兵采取了灵活的游击战术，在纵横交错的街巷中反复与美英联军周旋，24 日的进攻并没有取得实质性进展。

25 日，美军被迫放弃迅速袭占乌姆盖斯尔的企图，采取较为稳妥的战术逐街逐巷地清剿城区，伊军殊死抵抗，双方在城内进行着猛烈的交火。直至 26 日，美英联军才彻底扫清伊拉克南部港口城市乌姆盖斯尔的伊军，并完全控制了乌姆盖斯尔。

世界军事百科

巴士拉是伊拉克的第二大城市，是伊拉克最大的港口城市。伊拉克战争地面作战开始后，美英联军东路部队，即美海军陆战队第 1 远征部队、英装甲第 7 旅和英皇家海军陆战队第 3 突击旅，首先向巴士拉方向推进，于 22 日凌晨陈兵巴士拉城外。

22 日，已宣布投降的伊军机械化步兵第 51 师一部向城外的美英部队展开反击，在巴士拉西部同入侵的美英军队进行了一场极为艰苦的殊死较量。当时，伊军开着 20 辆苏联生产的 T-55 坦克，聚集在位于巴士拉市西部咽喉要道的祖巴亚镇，希望能阻挡美英联军前进的步伐。

战斗打响了，面对比自己多一倍的美国坦克，伊军毫不示弱，双方展开了一场激烈的炮战，虽然伊军火力明显不足，但他们丝毫没有退却。当美军发现难以轻松吃掉对方后，立刻呼唤空中的 AH-1"超级眼镜蛇"武装直升机和英军的自行火炮予以支援。随后，在近乎一边倒的猛烈空地火力打击后，数百寡不敌众的伊军几乎全部阵亡。到巴格达时间 22 日傍晚为止，美英盟军已经控制了伊拉克第二大城市巴士拉外围地区，占领了巴士拉北部的机场和多座桥梁，但他们只控制住了巴士拉周边的公路、机场和油田，未曾进入巴士拉市区。而美海军陆战队第 1 远征部队主力调头西去，向巴格达方向前进，将巴士拉地区的作战行动交由英军单独进行，仅留下部分支援兵力保障英军作战。

· 军事战争 ·

随后，英军暂时将行动的重点放到乌姆盖斯尔的作战上，仅在 24 日炮击了巴士拉城内的伊拉克守军。25 日巴士拉城外围激战再起，英军在空地火力掩护下，从西、北、南三个方向向巴士拉城区内缓缓推进，战斗中局部地段发生了激烈的坦克战。开始美英联军曾寄希望于巴士拉守军的哗变、投降及城市民众的反叛，但伊拉克人在巴士拉城下的坚决抵抗令他们大感意外。

图文珍藏版

在经过 26 日一天的对巴士拉城内目标的火力打击后，27 日英军再次开始进攻。隶属英皇家海军陆战队第 3 突击旅的第 3 伞兵营在夜色的掩护下乘卡车跨过巴士拉运河桥潜入了伊军防御阵地的后方。经过整夜的战斗，70 到 120 辆伊拉克坦克和装甲运兵车开出巴士拉，但遭到联军战机和地面炮火的猛烈射击，其中大部分车辆被击溃和击毁。由于当时战场状况混乱，无法分清这支伊拉克军队是在向联军发起反攻还是在向巴士拉城外撤退。

直到 3 月 30 日负责攻打巴士拉的英军已从三个方向包围了该城,伊军方面1000 多名士兵和武装人员被迫退守城内。大约 600 名英海军陆战队官兵对巴士拉东南郊区发动了猛烈攻击。英军 3 个步兵连企图将伊拉克军队压向阿拉伯河,占据东西两侧阵地的英军则以侧射火力杀伤伊军。伊拉克军队随后发起反冲击,运河中的三艘伊军巡逻艇攻击了一艘英国海军陆战队登陆艇,这艘登陆艇被伊军火箭弹击中后起火燃烧,四名英军船员受伤。英军最后用两枚米兰式反坦克导弹击沉了伊军巡逻艇。至 4 月 1 日清晨英军攻占该城的西部城区。随后,英军调整部署,进行休整并巩固已占领的城区。

4 月 6 日,英军在围困巴士拉两周后发动了大规模的进攻,经过一天的激战,在日落时分,英军才在猛烈的空地火力掩护下攻入巴士拉城内。

攻占巴士拉后,美英联军迅速向巴格达推进。

2003 年 4 月 3 日,美军机械化步兵第 3 师部队渡过卡尔巴拉城北部的幼发拉底河,并控制了幼发拉底河东岸的一些区域,其先头部队出现在巴格达以南仅 30公里的地方。4 月 3 日晚,美军先头部队进至伊拉克萨达姆国际机场附近,距离巴格达城区仅有 10 公里。美军逼近伊拉克首都巴格达西南的萨达姆国际机场后,伊拉克军队炮轰了巴格达南郊的美军阵地,美军飞机则对巴格达郊区和市区进行了猛烈轰炸。

同一天,一名伊军中将驱车前往巴格达参加伊拉克领导人主持的重要会议。他在会上强烈请求上级加强首都的防御并且获准炸毁巴格达以南幼发拉底河上的桥梁,以阻止美军挺进。然而,萨达姆及其核心顾问对如何打这一仗却另有一番打算。

萨达姆认为对其政权最大的威胁来自内部,他需要伊拉克境内的桥梁保持完整通畅,以便在什叶派武装趁机反叛的情况下,能够迅速调集兵力南下平乱。这就是美军兵临巴格达,但萨达姆却没在美军入侵前炸毁幼发拉底河上的重要桥梁的原因。等到美军已经团团包围巴格达时,伊军将领终于得到一个连的特种部队去炸桥。然而,这点兵力根本不足以完成任务,而且已经太迟了。

4 月 3 日晚上起,美军在巴格达的萨达姆国际机场与伊军猛烈交火。战斗持续到 4 月 4 日拂晓,战斗中美军摧毁和缴获了伊军 31 门高射炮、3 辆装甲运兵车、23 辆卡车、1 门野战炮和 1 辆弹药车。大约有 320 名伊拉克士兵被打死。

4 月 4 日上午 11 时 30 分,美伊双方在萨达姆国际机场内外再次展开激烈的交火。4 月 4 日晚,美英联军占领位于巴格达郊外 20 公里的萨达姆国际机场,并将其改名为巴格达国际机场,至此萨达姆国际机场争夺战结束。

4 月 5 日,美军继续向巴格达推进。美机械化步兵第 3 师两个坦克连和一个步兵连 5 日占领了位于巴格达东南 50 公里处苏韦拉城的伊拉克"共和国卫队"麦地那师的总部。

4 月 5 日下午,美军机械化步兵第 3 师第 2 旅派出 20 辆 M-1A2"艾布拉姆斯"主战坦克和 10 辆 M-2A2"布拉德利"步兵战车沿巴格达南部高速公路突入了巴格达城内,执行侦察任务。美军的这支小分队从南进入巴格达,通过多拉区向北挺进,直到底格里斯河畔才掉头向西回到萨达姆国际机场。他们从机场深入 12 英里进入到巴格达中心的西南部,又继续深入到距离市中心只有 7 公里的地方。第 2

旅旅长大卫·珀金斯上校指出:"伊军在这次袭击中的死亡人数估计在 1000 人左右,目前伊军士兵的尸体堆满巴格达街道。"珀金斯表示,美军部队摧毁了伊军防空系统、坦克、火箭发射架和反坦克导弹在内的约 100 件武器装备。

4 月 5 日夜间(巴格达夏令时间 5 日下午),美国和伊拉克军队在距离巴格达市中心 10 公里左右地区展开激烈战斗。美国中央司令部证实,有大量的美军士兵和坦克、战车正在向巴格达中心地区行进。另据美国有线新闻网报道,美军已经摧毁了大约 40 辆伊拉克共和国卫队的坦克。据美联社报道,美军称其陆军第 3 步兵师已占领位于巴格达以南约 50 公里的伊拉克共和国卫队麦地那师司令部。美军两个坦克连和一个步兵连逼近伊军师部时未遇到抵抗,随后迅速占领了整个基地。报道称伊军共和国卫队防线显然已经崩溃。

4 月 6 日,美英联军几乎控制了所有通往巴格达的道路。4 月 9 日,美军突入巴格达市区。10 日,美军控制了许多伊拉克总统萨达姆的权力象征建筑,其中包括总统官邸、政府各部大楼和议会大厦等,这标志着萨达姆政权终于被彻底推翻。

4 月 14 日,美军攻占了伊拉克最后一个主要城镇提克里特市。14 日,美国少将斯坦利·迈克里斯汀在五角大楼说,在伊拉克的主要战斗"已经结束"。英国首相布莱尔也发表讲话说,战斗已经"接近尾声"。

2003 年 5 月 1 日晚,美国总统布什向全国发表讲话,宣布伊拉克战争中的"大规模作战行动"已经结束。但在此后的七年中,伊拉克却成了美国的绊脚石,尽管逮捕并处决了萨达姆,但美国却一直无法真正稳定伊拉克的局势,联军死伤惨重。直至 2010 年,美国新任总统奥巴马才宣布自该年 8 月 31 日起从伊拉克逐步撤军。

伊拉克战争对整个国际形势和世界格局产生了极为重大的影响。它不仅导致俄美矛盾的加剧,而且导致美欧关系的恶化、欧盟和北约内部矛盾的激化,导致俄法德三国联盟的建立,导致阿拉伯世界与美国的对立,还将导致中东格局的改变。这场战争之后,美国的"单边主义"将更加猖狂,"先发制人"的打击将针对更多的目标,世界和平和联合国的权威将受到更大的威胁,多极化与单极化两种趋势的斗争将更加尖锐,而双方力量的组成自然也将发生重大变化。

四、现代海战

(一)保卫长江

从格拉丹东雪山发源的长江,历经千山万壑,奔腾向东,一泻千里,到达下游入海时,已如一条被清风吹拂着的缎带,闪亮而又起伏不定,与浩瀚的大海浑然一体。象征着中华民族不屈不挠,一往无前的民族精神。

历史的车轮转到 1937 年 8 月 13 日凌晨,一支挂着太阳旗的日本舰队从黄海海域开进中国内河。载运日军第 3 师团的运输舰船首先强行闯进黄浦江,在吴淞铁路码头登陆。

　　8月25日，日本海军第3舰队宣布封锁长江口至汕头沿海，以配合淞沪作战。中国炮舰"永建"号奋起反击，被日军炮火炸沉。

　　长江在危急中，母亲河在哭泣。保卫长江，保卫长江。四万万中华儿女在怒吼。

　　"八·一三"事变，日军疯狂进攻上海，中国军队奋起还击，战斗异常惨烈。8月14日晨，中国空军机群首先出动，轰炸黄浦江中的日舰"出云"号及日本陆战队司令部、日商公大纱厂、汇山码头等，有力支援了中国地面守军。由于日军炮火拦截，轰炸"出云"号未能取得成功。当天晚上，驻守在江阴的鱼雷快艇大队接到命令——偷袭日舰"出云"号。

　　何以中国军队对"出云"号格外"青睐"，飞机轰炸不成，又用鱼雷快艇偷袭。原来，排水量9180吨的日军第3舰队"出云"号巡洋舰是日本海军入侵淞沪的指挥中心。擒贼先擒王，炸沉了"出云"号，日本侵华舰队群龙无首，水陆配合也就无从谈起。

　　夜幕笼罩着的长江江面，浊浪翻滚，伪装成民船的鱼雷快艇上，大队长安其邦身穿肥大的黑色香烟纱衬衫，头戴一顶礼帽，俨然一副船老板模样。8月16日中午，"文171"号和"史102"号相继到达指定集结地域。

　　"走，上岸看看去！"下午，安其邦叫上"史102"号艇长胡敬端到外滩。两人倚在江边铁栏杆上，装作欣赏风景的样子，侦察敌情。江面上停泊着许多外国军舰和商船，"出云"号停泊在南京东路对岸浦东邮电码头上。即便在白天，日军的炮艇在江面依然穿梭般往来，普通船只想靠过去几乎不可能。一队巡逻的日本兵走过来，安其邦若无其事地转过身，点起一支香烟，吐出一口烟圈。

　　难道放弃这个计划？安其邦和胡敬端都不甘心。回到艇上，两人又策划了老半天，决定还是干它一下，即使不成功，也起码吓唬它一下。当夜，胡敬端驾"史102"号艇从龙华出航，奔赴十六铺码头。根据白天侦察到的情况，从十六铺水域到"出云"号锚泊点，共有日军3道封锁线。好在他们白天侦察时已经测算了敌巡逻炮艇经过的具体时间，胡敬端巧妙抓住这个时间差，利用黑夜作掩护，钻到了距"出云"号300米处。黑乎乎的舰樯似乎近在咫尺，胡敬端抬腕看看夜光表，觉得没法再靠近了。"鱼雷两枚，放！"随着命令，两枚鱼雷呼啸奔腾，贴着水面直飞过去，没想到，日军在水面上设置了防雷网。两枚鱼雷均未达目标就触网爆炸，"出云"号仅受轻伤。

　　爆炸声惊动了岸上和舰上的日军，各种火器一齐对准"史102"号鱼雷艇射击，艇主机被击毁，舱底漏水沉没。水兵们弃船泅水撤出。好在江面上船舰密集，追寻过来的日军炮艇未能发现目标。这是中国海军在抗日战争中首次以小艇主动袭击敌海军大艇的攻击行动。

　　堂堂日军旗舰"出云"号，竟在戒备森严的营地遭中国海军袭击。日本海军省极为难堪，而后恼羞成怒。决意给中国海军点颜色瞧瞧。

　　日本海军作战指挥部，挂着一份中国海军力量对比图：日本海军总排水量120万吨，作战飞机640架，实力居世界第三。而中国海军总排水量仅6.8万吨，训练飞机10架。大概是无法在海上与日军抗衡的缘故，中国海军将占总兵力2/3的49艘军舰退守长江。为防止日军舰队从水上进攻南京，蒋介石亲自下令在长江江阴段炸沉部分老旧破舰和民船，切断水上通道。并由中国海军第 1 舰队司令陈季良率领轻巡洋舰"平海"号、"守海"号、"海筹"号、"海客"号、"逸仙"号等在江阴附近江面巡逻警戒。

"出云"号被炸伤的第二天，日军就派出航空兵到江阴要塞上空轰炸。长江航道被堵住，日本人更是急了眼。22 日上午，又有一批轰炸机飞临江阴。刚巧中国海军的巡逻舰队在江面上游弋，日本飞行员见有便宜可占，就拼命降低高度，一串串炮弹在江面上爆炸。坐镇"平海"号指挥的陈季良司令亲自指挥。有 3 架敌机俯冲下来，"瞄准 01 批，集火射击!"陈司令一声令下，高射舱炮和岸基炮兵同时猛烈开火。集火射击不同平时的各自为战，各个方向的炮弹射向同一个目标，俯冲在最前面的一架 94 式舰载轰炸机被击中，拖着长长的浓烟栽到江南的田野里，爆起一个巨大的火球。

"转移火力，消灭 02 批!"见第 1 架飞机被击落，炮兵精神大振，马上对准第 2 架飞机射击。见第 1 架飞机被击落，后面的 2 架飞机自知再冲下去没有好果子吃，胡乱扔了炸弹就溜了。

吃了亏的日本海军有 20 多天没派飞机轰炸江阴。暂时的平静，酝酿着更大的行动。中国海军第 1 舰队司令陈季良也在八方运筹，以应付突发事变。

果然，日本鬼子没有睡大觉。9 月 20 日，日军第 3 舰队司令官长谷川清搬来了航空母舰"加贺"号和岸基航空兵的 66 架飞机，联手轰击江阴要塞。

9 月 22 日，难得的一个好天气，天碧蓝碧蓝的。上午 8 时许，观察哨发现东南方向飞机来袭。江阴要塞阵地和中国海军军舰上响起了急促的警报声。第一波次 18 架敌机分 3 批突袭过来。陈季良舰长的集火射击和岸基炮兵的火力拦截，使敌人飞机没占上便宜。2 架飞机被炸伤。中午，"加贺"号航母上起飞的 7 架敌机来袭，中国海军官兵扔下饭碗，立即投入战斗。又有一架舰载机在集火射击中栽入长江。大概是白天攻击没捞到油水，日本人想趁夜间捞一把。晚饭后，日机跨昼夜飞行突入江阴要塞区。这时，海军探照灯亮了，敌轰炸机飞行员眼睛被照花了，在中国海军的火力网里左冲右突，1 架飞机被击落，有 2 架飞机相撞坠毁。这一天，中国海军击落敌机 5 架。

见零打碎敲难以奏效，9 月 23 日，日本侵华海军司令部改变战术，集中所有海军航空兵突袭江阴要塞。下午 2 时许，日军第 2 联合航空队的 12 架飞机专门压制江阴炮兵的对空火力，掩护 26 架舰载轰炸机集中攻击"平海"号和"守海"号。尽管失去了岸基炮兵的拦击，中国海军舰队在陈季良指挥下，打得十分顽强，拦阻火力网使敌机始终未能得逞，有 2 架轰炸机被击落。

这一次，敌人没有退却，依然玩命地往下俯冲。如果中国海军舰队有足够的弹药，如果枪炮不因发烫烧红而变形，日本海军飞机未必能突破防线。然而，偏偏在战斗最激烈的时刻，军舰上弹药来不及补充，加上部分高射炮和高射机枪发烫变形，无法继续对空射击。敌机乘虚而入，疯狂地向中国军舰扫射、投弹。"宁海"号两次中弹，燃着大火倾倒在江中。"平海"号也中弹负伤，但舰上官兵十分顽强，继续用剩余武器对空射击，并再次击落击伤敌机各 1 架。这时，日军"加贺"号航母上又起飞 8 架舰载攻击机，在 4 架战斗机的掩护下，追击轰炸正向上游转移的"平海"号。3 颗重型炸弹炸中"平海"号，不屈的"平海"号终于长眠在母亲河的怀抱。

连续 4 天激烈的舰空激战，中国海军第 1 舰队 2 艘战斗力最强的军舰被击沉，元气大伤。25 日，中国巡洋舰"逸仙"号又被敌机追袭。"逸仙"号一边对空射击，一边躲避敌机投弹。终因寡不敌众，被轮番轰炸的敌机击中 1 颗重型炸弹，重创后沉没，14 名水兵阵亡。

江阴激战，第 1 舰队被重创。海军部派遣第 2 舰队司令曾以鼎乘坐"楚有"号炮舰紧急前往江阴接防，以便两支舰队合击日本海军航空兵。谁知第二舰队的援救行动的情报被日军截获。日军连续两天 4 次派飞机轰炸先行开出的"楚有"号。尽管"楚有"号官兵奋力抗击，仍因伤势过重，在长江下游鸟梢港沉没。

在保卫江阴要塞的中日舰空大战中，中国海军受重大损失，但有力地阻挡了日本海军的溯江进攻。最后攻下江阴炮台的也不是日本海军，而是日军陆上部队。

"八·一三"中日淞沪大战后，自知海军力量难与日军抗衡的中国海军就开始琢磨在长江上大摆水雷阵的事儿。海军部长陈绍宽亲自挂帅，组织一帮科技人员夜以继日研制水雷。

9 月 3 日，第一批中国水雷在上海问世。水雷布哪儿呢？统帅部经磋商，决定把水雷布在董家渡一带水域。那儿岸上是中国守军的阵地，如果董家渡水域被日军占领，中国守军的侧后就全部暴露给了敌舰队。为迷惑日军，在布雷之前，上海一家晚报就刊出消息：国家在董家渡一带布雷百余枚，以滞缓日军舰队侵入长江。果然，消息见报的当天下午，就有两艘日军扫雷舰进入董家渡水域，敌舰拉网似的转了一圈，一个水雷也没发现。

"八格牙路，中国人空城计的吓唬人！"日军舰队司令官接到扫雷艇无雷可扫的报告后，判定是中国守军怕侧后遭到攻击，故意施放的烟幕。你越怕我就越要攻击你。阴险狡诈的日军舰队司令第二天下午就派出 4 艘舰艇，直扑董家渡水域，企图用舰炮轰击岸上中国守军阵地。正值涨潮时分，江面上波涛汹涌，刚刚进入董家渡水域，跑在前头的一艘日舰观察兵就发现水面上浮来一团黑乎乎的东西，上面还缠着一团水草，他还以为是江上的弃物。没想到一眨眼工夫，那团缠着水草的东西就撞在军舰上"轰"的一声，舰首被炸了个大口子，接着，侧后的一艘小舰也撞上了水雷，只一会儿就沉没了。落水的鬼子兵号叫着。这时，中国守军岸基炮兵也向敌舰射击。见偷鸡不着蚀把米，两艘敌舰拖着受了伤的驱逐舰逃跑了。

原来，在日军扫雷艇撤走后的当天黄昏，中国水雷队就悄悄在董家渡布下了 40 多枚水雷。不知什么原因，吃了亏的日军舰队，后来既没派扫雷舰来该水域扫雷，也没派军舰来该水域活动，从而使董家渡一带岸上守军的侧后始终是安全地带。

日军舰队不来寻衅，中国海军特工队却找上门去了。9 月 7 日夜，黄浦江上风急浪高，浦东的日商三井码头旁停泊着好几艘油船。因为该码头是日军作战部队上海登陆的重要地点，岸上日军控制很严。水上的巡逻炮艇也每隔半小时就在这儿出现。晚上 11 时许，5 名中国海军特工队员推着水雷，悄悄泅水进入三井码头。突然，传来"突突突"的轮机声，特工队员们一个个憋住呼吸，潜入水中。因特工队是从几个方向同时进入，炮舱探照灯除了发现一头死猪漂在江面上，没见什么可疑漂浮物。

巡逻炮舰走远了。中国海军特工队的官兵立即在水流上游，把水雷推向码头和油船。随着一阵惊天动地的爆炸，码头被炸塌，两艘油轮起火爆炸，三井码头烈焰腾空。巡逻炮艇上的日军不知道，那头漂浮的"死猪"，其实是一枚裹着猪皮的水雷。

仅仅相隔 1 小时后，中国海军的另一支特工队也潜入了日军海军码头。由于敌人加强了警戒，并对江面实施盲目机枪扫射。在这民族危亡的关键时刻，中国海军特工队员抱着必死的决心，冒着弹雨，泅渡进入港区。刚刚接到三井码头被炸，正在磋商防务对策的日本海军码头首脑们还没明白是怎么回事，码头就被炸了个底朝天，还搭上了停泊在那里的一艘汽艇，气得日本鬼子干瞪眼。

一个晚上。两处码头被炸，日军侵华海军司令部十分恼火，严令浦江沿岸部队24 小时高度警戒，巡逻炮艇的密度增大，任何漂浮物出现在军事禁区都将遭到攻击。那段时间，日本鬼子真是神经过敏，连死猪死狗乃至几片漂浮的菜叶也不放过，机枪声彻夜在江面上爆响。

你有你的千条计，我有我的老主意。中国海军特工队先是稳住不动。任你日军高度戒备，格杀勿论，中国海军特工队潜心研究进攻方案，拖住日军，让他们难以实施溯江而进的战略。这一回，中国海军特工队胃口更大了，他们盯上了上次鱼雷快艇未能袭击成功的日军巡洋舰"出云"号。9 月 28 日晚，已经 20 多天平安无事的江面敌舰队似乎松懈了许多。一群中国海军特工队员越过多道警戒，终于潜水进入港区。夜色中，"出云"号近在眼前，但日军在"出云"号四周围了一圈铁驳船。且驳船与驳船之间的空隙又加了防雷网：要炸沉"出云"号，必须保证水雷直接触舰。特工队员早有准备，他们拿出铁钳，准备破坏防雷网后再潜进去。不知是谁不小心，在剪断铁丝时弄出了点声响。一下子被敌艇上哨兵发觉。顿时，探照灯四射，枪声大作，敌汽艇也闻讯出动。见行动暴露，特工队员赶紧引爆水雷。"轰！轰！轰！"一连几声巨响，4 艘铁驳船和 1 艘货轮被炸沉，"出云"号因距离较远，只被炸伤了艇尾。战斗中，大部分特工队员返回，两名特工人员在江上失踪。

溯江战略是日本海军的既定方针。由于黄浦江上日军戒备森严，水雷战已难以进行。为了粉碎日军的溯江战略，水雷队开始在长江上大显身手。江阴阻塞线是中国军队在长江上构筑的一道最大的阻塞线，为预防万一，中国军队还在南京以下水域布置了大量水雷。隆冬时节，日军溯江战略开始实施。12 月 9 日，敌海军改装的"雄基"号等 4 艘扫雷艇犯我江阴要塞。巫山附近，"雄基"号扫雷舰雷未扫掉，反而触雷爆炸沉没。其余三艘扫雷艇在航空兵的掩护下，好不容易勉强通过江阴阻塞线，不想又闯入中国海军布置的水雷阵。当时江面上激流滚滚，习惯在海里扫雷的敌舰对滚滚向东的冲击江流一时难以适应，顺流而来的水雷却又无处不在。不到 2 个小时，日本海军的"金胜丸""喜久丸"和第 2 号扫雷舰全部被水雷炸沉。

1937 年 12 月 13 日，日军从陆上攻入南京。接着，日本海军派出第 11 战队控制了南京段江面。为继续实行溯江作战既定战略，日军 1934 年 4 月组建了海军长江部队，近藤英次郎海军少将被任命为司令官。

6 月 18 日，日军大本营决定攻打长江中游重镇九江，日本海军将此次攻击行动的代号定为"V"作战。纠集了 20 多艘各型舰艇，甚至把小型航空母舰"神威"号也搬了出来。战斗于 6 月 22 日在马当阻塞线接火打响。当时，日军舰队恶狠狠地扑过来，中国守军一直没有吭气。直到敌舰抵达马当阻塞线，一时难以再往里边突袭时,中国海军马当炮队瞅准时机,集中炮火射击日海军舰群,立马有 3 艘敌军小型汽艇被击沉。

舰队被阻,日本海军长江部队司令官近藤英次郎恼羞成怒。中国政府首都南京都攻下了,一个小小的九江还能挡住道。6 月 24 日,"神威"号航母上飞机起飞,先是对着马当炮队阵地狂轰滥炸一顿,接着,在飞机的掩护下,8 艘日本登陆舰运送 800 余人改道香口登陆。为拦截香口登陆日军,中国守军娘娘庙炮台连续炮击香口,敌首批登陆部队被打得抱头鼠窜。这时,江面上的日军第 1 小型驱逐艇大队用舰炮攻击娘娘庙炮台。中国炮兵当即予以还击。由于炮台火力被牵制分散,无法集中打击香口登陆之敌,香口失守,娘娘庙炮台也被日本海军占领。

7 月 9 日,日本海军"V"作战部队炮舰"势多"号一马当先,3 艘"大发"型登陆艇紧随其后,在飞机的掩护下,突破中国军队布设的水面封锁线,到达湖口下游 5 公里处。7 月 23 日,日军波田支队在海军飞机和舰艇支援下,强行在鄱阳的姑塘登陆。中国守军 11 师拼死抗击,激战 3 小时,击沉敌汽艇 10 余艘。7 月 25 日,日本海军"V"作战编队用舰炮开路,掩护日本陆军 106 师团在九江附近登陆,守卫九江的中国第 8 军苦战两天后退走,7 月 26 日晚,九江失陷。

九江陷落,中国海军保卫长江任务愈加艰巨。为扭转败局,中国海军特工队先在敌人控制的长江安徽、江西段布设水雷,分别在半壁山、岚头矶、黄石港和黄冈布设了 4 个雷区。9 月初,中国海军长江漂雷队成立,最新式的无坠漂雷投入作战。漂雷队得知日本海军驱逐舰"鹭"号和炮舰"嵯峨"号在九江一带活动。中国水雷队立即出动。他们分乘两艘渔船出航。第一分队在龙坪段江面发现敌舰,随即放出漂雷 21 枚,渔船装作在江面上打鱼,观察效果。1 小时后,"鹭"号驱逐舰中两枚漂雷,数十名日军和驱逐舰一起沉入江底。九江上游投放的 18 枚水雷,有一枚击中"嵯峨"号中部,负伤的敌舰勉强跑到浅水区,随即搁浅丧失战斗力。

尽管由于种种原因,中国军队未能挡住日军侵占武汉的溯江战略,但也不同程度地给日军以沉重的打击,据日本方面的资料记载:日本海军在溯江进攻作战中,共扫除水雷 2372 枚,日舰船触雷沉没 21 艘,被炸伤 10 艘,日海军官兵阵亡 337 人,战伤 446 人,海军飞机出动 4000 架次,消耗炸弹 13500 吨、机枪子弹 23 万发,被击落飞机 136 架,阵亡飞行人员 116 人。

(二)拉普拉塔河口烽火

第二次世界大战爆发前夕,尽管大战尚未打响,但欧洲上空却早已战云密布。1939 年 8 月 21 日深夜,德国威廉港,服役刚满 3 年的袖珍战列舰"施佩伯爵"号悄悄驶出军港。

没有欢送的人群,也没有烦琐的礼节,望着消失在海平线上的战舰,连德军港口的许多士兵也不知道它出航干什么。

这是一艘经希特勒批准秘密驶往南大西洋的战列舰,按照希特勒的构想,第二次世界大战的按钮在他手里,只要揿下按钮,战火就会蔓延到全世界。而英国一直是希特勒的凤敌。他把在"施佩伯爵"号开战前秘密派往南大西洋,犹如把地雷埋

图文珍藏版

在英军舰船出没的航线上,随时出来咬对手一口。

夜幕更黑了,威廉港很快恢复了平静,只有海浪拍打岸基发出的声音在不知疲倦地延续着。

天微明,朝霞为东边的洋面镶上了一条金色的亮带。刚刚在指定海域与"阿尔特马克"号补给舰会合,补充了给养和弹药后,"阿尔特马克"马上又消失在海平线。不过,它没有走远,按照约定,它像尾巴一样,紧紧跟随在"施佩伯爵"号后面。此刻,"施佩伯爵"号战列舰舰长朗斯多夫心情很好,在指挥舱里,他一边翻阅航海图,一边思考着下一步的行动方案。

"施佩伯爵"号离港 10 天后,战争爆发,欧洲大陆的空中、地面到处是飞机、坦克。希特勒一手制造的战争,涂炭了数以百万计的无辜生灵。作为元首的忠实追随者,朗斯多夫在为元首的高明决策叫好:"如今在海上就看我的了。"他急令各舱长官到指挥舱议事,拉开了海上袭击英国舰船的序幕。

似乎是送给朗斯多夫的见面礼。10 月 1 日,在巴西伯南哥附近海域,英国5000 吨级商船"克莱门特"号撞上了正在到处游弋的"施佩伯爵"号。本来,人家是商船,不在打击之列。但朗斯多夫像饿急了的狼似的,开足马力直扑过去。见德军军舰迎面开来,英国商船知道大祸将临,赶紧避让,并发出"本船是商务船只"的信号。但羊对狼的解释往往是多余的。"开炮!"朗斯多夫低声下令。炮口红光一闪,一排炮弹飞向英国商船。没有武装的英国商船,哪是德军战列舰的对手,没几分钟,"克莱门特"号商船就遭受了灭顶之灾。

仅仅一个星期后,10 月 7 日,在开普敦至弗里敦的航线上,载重量 4222 吨的英国商船"阿什利"号又落入朗斯多夫的虎口。在这之前,"阿什利"号已获悉"克莱门特"号的厄运。船长为安全起见,甚至改变了原定航线。没想到冤家路窄,越怕鬼越是碰上鬼。当德军战列舰的魔影出现在英国船长爱迪的视野内时,他惊叫起来:"我们完蛋啦!"爱迪船长不幸言中,"施佩伯爵"号放出两枚鱼雷,随着烈火浓烟,"阿什利"号沉入洋底。

英船"牛顿海滩"号本来是可以幸免的。在前方港口,"牛顿海滩"号船长伍德逊与爱迪的货船不期而遇。大概是老朋友的缘故,两人在港口的餐厅里还喝了几盅。谈到"克莱门特"号的遭遇,两人不由得长吁短叹。怕碰上灾星,伍德逊原打算绕道而行。爱迪则告诉伍德逊"阿什利"号也改变了航线。他认为这条航道水情复杂,德国人不会去冒险。爱迪是老船长,航海经验十分丰富。伍德逊马上改变了绕道的主意,决定跟爱迪走。这一结伴同行使伍德逊倒了大霉。爱迪的货船在前,伍德逊的船只在后,跑在前面的躲过去,伍德逊却遇上了"施佩伯爵"号。又是故技重演,"牛顿海滩"号中了一枚鱼雷和数十发炮弹,180 多名船员连同 4600 多吨货物一齐进了水晶宫。

"施佩伯爵"号实在太走运了,它游弋到哪里,哪里就有英国船只,而朗斯多夫像屠夫般的,动起手来毫不手软。在以后的一个多月里,他又先后击沉"猎人"号、"非洲贝"号、"多里克星"号等 6 艘英国商船、油船。

英国商船在南大西洋接二连三被袭击,惊动了英国政府。丘吉尔电令海军部查明情况,扫除后患。很快,英国海军部组建了一支搜索舰队,下辖 8 个搜索舰分队。亨利·哈伍德准将被任命为 G 搜索舰分队司令官,重点搜索南美洲东海岸一带。

11月7日,哈伍德准将率"埃克塞特"号、"坎伯兰"号、"阿贾克斯"号和"阿基里斯"号4艘巡洋舰,浩浩荡荡开赴南大西洋。大洋茫茫,漫无目的地去搜寻一艘神出鬼没的德国军舰,绝非易事。一连二十多天,哈伍德一无所获,心情不由得焦虑起来。尽管在马达加斯加海域曾出现过德舰,但赶过去却扑了空。是啊,德军是狡猾的,他知道英国海军不会袖手旁观。因而袭击英国船只后很快脱离战区,跑得无影无踪,气得哈伍德准将直骂娘。

哈伍德毕竟是颇有海上作战经验的指挥官。再这样盲目搜索可能会徒劳无功。一连几天,他在7100吨级的旗舰"阿贾克斯"号上筹划、分析。依据敌舰可能出现的方位,分析敌舰攻击后的撤退方位和G舰队追击的航线。

蛇终于又出洞了。12月2日,"施佩伯爵"号再度出现。在圣赫勒拿岛与南非之间击沉英货船"多里克星"号。据货船电台报告,具体沉舰位置在南大西洋东部塞拉勒窝内至好望角中途。哈伍德立即亢奋起来。仅仅15分钟后,他就做出了判断:"施佩伯爵"号袭击英船后,将迅速驶离现场,极有可能横渡大西洋,驶向南美洲沿岸。依据它28节的航速,大约在12月12日上午抵达里约热内卢海区,然后移师拉普拉塔河口。

作战计划一经制订,颇为自信的哈伍德立即命令部队起锚。除已赴福克兰群岛修理的"坎伯兰"号,其余3艘巡洋舰以战斗队形直驶距拉普拉塔河口150海里的Y海域集结。时间紧迫,作战方案在奔袭途中确定。哈伍德把三艘舰分成两个战术组,"埃克塞特"号为一组,另两舰为一组。考虑到德舰大炮射程远、威力大的特点,他要求两个战术小组采用迅速接敌,力求第一轮炮火命中目标,剥夺德舰射程上的优势。如果双方打起遭遇战,则用分进合击的战术迫使德舰同时对两个目标作战。哈伍德用双手做了一个掐脖子的动作,然后开心地笑了。

联合舰队到达哥尼亚海岸线后,哈伍德觉得编队前进固然有气势,但容易暴露目标。他灵机一动,将三艘军舰以间隔12海里的单纵队北进。虽然并非绝对把握"施佩伯爵"号一定在拉普拉塔河口海域,但哈伍德却似乎成竹在胸。他命令舰队全部进入作战状态,只要目标出现,所有大炮都能在2至3秒钟打出炮弹。

12月13日,拉普拉塔河口的清晨,天很蓝,太阳刚刚露出半截红脸。英巡洋舰以14节航速循东北偏东航向前进。哈伍德看看航海图,果断下令:进入敌舰活动区域,注意搜索海面,力争先敌发现。憋了一肚子气的英军士兵一个个圆睁双眼,使劲辨认着每一个可疑的海上目标。6时14分,观察哨在海天连接处隐隐约约发现有漂散了的白色烟迹。好哇,蛛丝马迹露出来了吧!哈伍德喜上眉梢,遂命令"埃克塞特"号靠前侦察。

"埃克塞特"号掉转舰头,朝着烟迹的上风包抄过去。也许是活该"施佩伯爵"号倒运了。仅仅两分钟后,德舰就露出了尾巴。双方几乎是同时发现对方的。英国巡洋舰"埃克塞特"号急剧转舵,"阿贾克斯"号和"阿基里斯"号闻讯从右侧靠拢。距离在缩短、缩短……

也许是大战前夕特有的宁静,当英德4艘战舰在洋面上调整队形,伺机攻击时,海面上一点声息也没有,哈伍德握紧了拳头,眼睛里冒着火花:靠近点,再靠近点……

6时18分，"施佩伯爵"号终于耐不住寂寞。舰上6门280毫米主炮在110链距离上首先开火射击。朗斯多夫盯上了靠得最近的"埃克塞特"号，不但一股脑儿把炮弹往它身上打，而且还开足马力靠上去。"打沉它！打沉它！"朗斯多夫歇斯底里地叫嚷着。

见"施佩伯爵"对"埃克塞特"狠下毒手，另外两艘英舰乘机从两侧包抄过来。两排炮弹在"施佩伯爵"右舷海面上炸开，溅起的浪花把在甲板上的德国兵浇得像落汤鸡。朗斯多夫吃了一惊，这不让人家包了饺子吗？他迅速命令向右转向，舰炮分两组方向射击。顷刻间，"埃克塞特"号从密集炮火中钻出来，并马上用4门203毫米主炮向德舰开火。很快，朗斯多夫看出了英军两艘小舰包抄的意图。你想分散我的火力，我偏要集中火力攻击"埃克塞特"。这下，"埃克塞特"可惨啦，德舰有两个连射击中目标，两门侧舷炮被击毁，舰尾冒起一股黑烟。

不过，"施佩伯爵"号也付出了代价。在它集中火力攻击"埃克塞特"号时，"阿基里斯"号和"阿贾克斯"号也开足马力冲上来攻击德舰，因为是抵近射击，两艘小巡洋舰攻势凌厉。一架舰载机被炮弹击中油箱，立即起火爆炸，把主炮上的炮手掀下大海。

战斗持续了15分钟，朗斯多夫见英军小舰也挺缠人，如再任其攻击，弄不好会酿成大祸。赶紧调出两部炮塔分别对两艘英军小巡洋舰作压制射击。"埃克塞特"见有机可乘，赶紧发射两条鱼雷。见海面上死神飞袭而来，朗斯多夫赶紧避让，而且取得成功。"埃克塞特"号马上转向，想再次发射舰尾鱼雷。没想到，"施佩伯爵"号狗急跳墙，近距离上又给了它一顿炮弹。三座主炮塔，两座被毁，甲板上燃起熊熊大火。有一个舱内海水箭一般喷射出来，一群水兵七手八脚，费了好大劲才堵住了漏洞。

虽重创"埃克塞特"号，但"施佩伯爵"号也伤痕累累，战斗减员严重。朗斯多夫明白以一比三的悬殊力量硬拼凶多吉少，还是见好就收，以求自保。不过撤退也并非易事，双方在打得难分难解之时，有一方想溜，另一方必然拼命阻拦追击。尤其是单舰与舰群的对抗战，更是如此。

不过，"施佩伯爵"号别无选择。

"施放烟幕！"朗斯多夫使出最后一招。只一会儿，"施佩伯爵"号就从英军水兵的视野中消失了，一团团白烟织成了一道宽数十米的烟幕带。

"跟踪追击！"哈伍德急速传令。几乎同一时间，"阿贾克斯"号和"阿基里斯"号英舰向北转向，追击航速增至31节。见德舰要溜，负伤的"埃克塞特"号稍做调整，也从另一侧夹击过来，尚能射击的舰炮也射出了复仇的炮弹。

海面上搅得到处是白烟黑雾，"施佩伯爵"号还在不停地施放烟幕，并不时地改变航向，躲避对方的炮弹和鱼雷。朗斯多夫犯了一个致命的错误。本来，德舰速度快于英舰，一旦突出重围，要追上它几乎不可能。施放烟幕虽能挡住对方视线，但在烟雾中作"之"字形航行，舰速大大下降。英舰死命咬住烟雾带，一旦烟幕弹告罄，烟雾屏障消失，"施佩伯爵"号不就暴露无遗了吗？

果然，当海上烟幕被海风吹散，德舰与英舰距离更近了。"阿贾克斯"号和"阿基里斯"号瞅准时机，马上以全炮射击，猛烈攻击"施佩伯爵"号，致使"旋佩伯爵"号指挥台炸毁，舰中部起火燃烧，舰首和舰舷有几处弹孔直径超过1.5米。好在伤口高出吃水线不少,军舰尚能继续航行。"我们遭到英军追击,我们遭到英军追击!"朗斯多夫捧着发报话筒,拼命呼叫。不知为什么,听筒里传出的只是嗡嗡的交流声,气得朗斯多夫把耳机扔在地上。

天不知什么时候黑了。炮塔浸水无法继续进攻的"埃克塞特"号率先撤出战斗,就近驶往福克兰群岛。

落日西沉,海面上依然炮声隆隆,硝烟弥漫。德舰全速撤退,英舰夹击追踪。尽管士气正旺,准将哈伍德还是下令停止追击。原来,英舰打了老半天,"X""Y"两座炮塔均被毁坏,加上弹药消耗巨大,再追下去未必讨得了多大便宜。他想等待夜幕降临,夜间发射鱼雷打击德舰。

午夜时分,英国海军统帅部发来电令:跟踪敌舰,晚上不必再战,其他舰队马上支援你们。哈伍德准将虽有点不甘,但能集中优势兵力,一鼓作气将这艘德舰炸沉,他心里还是乐滋滋的。

很快,南大西洋搜索区的英舰各搜索分队按统帅部指令,从四面八方向蒙得维的亚海区集中,以形成合围之势。刚刚修复完毕的"坎伯兰"号巡洋舰星夜兼程,从福克兰群岛赶赴拉普拉塔河口海区。

英国海军统帅部的联合攻击行动,敲响了"施佩伯爵"号的丧钟。

日历撕到12月13日,南大西洋上突然狂风大作,海浪卷起一人多高的浪峰,在大洋上顶风破浪,边退边打的"施佩伯爵"号突然改变航向,朝乌拉圭首都蒙得维的亚方向驶去。

"施佩伯爵"号并非贸然改变航向,而是德国海军部一手策划的阴谋。按当时的兵力态势,"施佩伯爵"号寡不敌众,如果拖下去迟早是死路一条。于是,他们打起了中立国乌拉圭的主意。下午2时10分,"施佩伯爵"号进入蒙得维的亚港,2时20分,德国驻蒙得维的亚领事馆领事紧急召见乌拉圭外交大臣,提出在港内避难的要求。

这可真难为了乌拉圭外交部,本来对南大西洋上的烽火,中立国乌拉圭尽可以不闻不问。眼下,德国军舰要求进港避难,同意吧,马上会得罪英国人,不同意吧,德国人脸上也过不去。对乌拉圭来说,无论是德国还是英国,他都得罪不起。可眼下,德舰已抛锚在港内,英国追兵集结在港外海面上。最终,乌拉圭政府发布了一项声明:出于人道主义的考虑,已经受到损伤的"施佩伯爵"号军舰可在港内停泊72小时,以进行必要的修理。英国军舰如需修理,也照此办理。

乌拉圭政府这一手还真行,德国人虽说不满意,可也说不出话来。英国人尽管不高兴,但也能够接受。夜幕降临了,德舰戒备森严,它怕英国人冲进内港袭击,英军舰队也严阵以待,它们担心德舰突破包围圈。海面上出现了暂时的平静。

15日上午,英国各大报纸几乎都在一版显要位置刊发一条消息:皇家海军在拉普拉塔河口集结了一支大型舰队,德舰"施佩伯爵"号已成瓮中之鳖。这条并不起眼的消息,却使德国人大为震惊。看来"施佩伯爵"号已凶多吉少。于是,柏林发出指令:如能突围,则全力以赴,倘突围无望,可凿沉军舰,绝对不可以使军舰让英国俘获。

其实,这是英国人使的一条诡计。当时,英国除了三艘负伤的军舰外,只有刚刚修复,连夜从福克兰群岛赶来的巡洋舰"坎伯兰"。其他搜索分队的舰船虽然也在往拉普拉塔河口集结,但远水救不了近火,如果"施佩伯爵"号修复后强行突围,分别扼守三条通向大洋水道的英舰未必能稳操胜券。更使英国人担心的是德国舰队倘若抢在英舰队到来之前抢先占领大洋通道,里应外合一夹击,英国舰队可就惨啦。

柏林上当了。朗斯多夫舰长见大势已去,舰员士气低落,斗志涣散,加上进港后,与补给船"阿尔特马克"号失去联系,舰上弹药所剩无几。于是决定凿沉军舰。

"施佩伯爵"号放弃突围,正中英国人的下怀。为防止德舰明修栈道,暗度陈仓。英舰队三艘军舰分别封锁三条水道。旗舰在中间巡逻,随时准备对企图出逃的"施佩伯爵"号突施合击。

朗斯多夫舰长绝望了。4月17日上午,他将伤员、俘虏和大部分舰员送上岸,由德国领事馆救援。17时30分,"施佩伯爵"号披着暮色起航。朗斯多夫站在甲板上,默默地和岸上的伤员、舰员挥手告别。

德舰起航的情报马上被英国舰队截获。旗舰立即命令舰队进入战斗状态。如果"施佩伯爵"号往外突围,四艘英舰就会把所有的炮弹和鱼雷全部倾泻在德舰上。

"施佩伯爵"号没有驶向英国舰队的包围圈,而是驶向蒙得维的亚西南6海里处的浅水区。20时,朗斯多夫舰长亲自点燃了"TNT"炸药的导火索。然后,全体舰员分别登上3条救生艇。救生艇停在不远处的海面上,眺望着即将沉没的"施佩伯爵"号,朗斯多夫眼睛里流出两行热泪。作为舰长,还有什么比亲手炸沉自己的军舰更令人感到残酷的呢?

20时34分,随着一阵惊天动地的爆炸声,"施佩伯爵"号中舱腾起一股巨大的烟柱,随即折断,从中间开始下沉。20时54分,汹涌的海水吞没了军舰。

也许是觉得无颜见江东父老,朗斯多夫舰长3天后自杀身亡。

"施佩伯爵"号沉没了,合围德舰的英国搜索分队终于松了一口气。几个月的苦苦搜索,跟踪追击,终于报了一箭之仇。随着海军部的命令,搜索舰队陆续撤出战区,南大西洋上一片祥和景象。

英国人疏忽了"施佩伯爵"号的一条尾巴。它出海作战那么长的时间,怎会有打不完的炮弹,吃不完的食品。靠的就是"阿尔特马克"号补给船。在整个南大西洋作战期间,"施佩伯爵"号在前面大打出手,补给船则在后面远距离跟踪。一旦"施佩伯爵"号某样作战物资短缺,它们便约定在某一海域相会,利用夜间秘密补给。"施佩伯爵"号同时将击沉英国商船后抓获的船员移交给它。双方配合得相当默契。

这一切都骗过了英国搜索舰队的眼睛,以至于当"施佩伯爵"号沉没后,得胜的英国舰队就打道回府了。

此刻,形单影只,惶惶如惊弓之鸟的"阿尔特马克"号在茫茫的大洋上漂荡着。它避开繁忙的商业航线,专寻船迹罕见的海域航行,它的桅杆上飘扬着阿根廷国旗。

这天上午10时许,一架英国巡逻飞机发现了这艘形迹可疑的船只,无线电发出询问:你们是阿根廷船吗?是的。你们来此海域目的?海洋考察。船长约尼尔中校的回答天衣无缝。

"阿根廷人吃饱了撑的,在这战火纷飞的辰光,竟然还派船在大西洋上考察。"

英国飞行员饭桌上的议论引起了空军巡逻队队长的重视,海军部闻讯后立即派出巡逻船前往该海域查询,但哪里还有考察船的影子。

原来,英国巡逻飞机一走,约尼尔船长立即改变航线,消失在茫茫大洋深处。他拔出原子笔,在航海记事簿上画下了第七个圆圈。这是"阿尔特马克"号第七次化险为夷了。

"阿尔特马克"号并非武装舰船,何以那么害怕。倒不是这条船值多少钱,而是船上的 299 名英国俘虏值钱。交战双方一旦停战,战俘就成了双方讨价还价的本钱。不过,想平安无事地返回德国,实在是难于上青天。南大西洋是英国海军的天下,不仅海面上有一道道军舰组成的封锁线,更令德国人头痛的是在头顶上飞翔的巡逻飞机。只要舰船在海面上航行,就绝难逃过它的眼睛。虽然已连续 7 次蒙混过关,但第 8 次,第 9 次,还有第 10 次,任何一次失手,都会前功尽弃。况且船上只有两门临时配备的小口径高炮,根本构不成火力防御。如果被对手发现,那只能束手就擒。唯一的办法是继续隐蔽。"阿尔特马克"号没有方向,没有目标,也不与任何外界联系,漫无边际地在大洋深处游弋。

两个月过去了。拉普拉塔河口激战的硝烟渐渐消失了,英国人的搜索分队也已解散。约尼尔船长寻思,脱身的机会到了。他和几名水手精心选择了一条僻静的航线,悄悄踏上了归程。

英国海军部没有忘记"施佩伯爵"的黑色尾巴。尤其从乌拉圭获释的英国战俘口中得知,"阿尔特马克"号上有 200 多名英军战俘,丘吉尔不敢大意了。德舰不可能长年泡在南大西洋。它要回国的话,航线选在哪里呢?丘吉尔又在北大西洋,特别是挪威沿海,斯卡格拉克海峡布下天罗地网,悄悄等待着猎物的到来。

北上的航线,英国人布下了五道封锁线。不知为什么,"阿尔特马克"号特别幸运,一路上竟没有碰到一艘军舰,也未遇上空军飞机纠缠。2 月 14 日,"阿尔特马克"号临近冰岛和法罗群岛之间英军最后一道封锁线时,一场特大的暴风雪袭来,漂来的流冰在船周围挤撞,发出巨大的断裂声,空中的冰雹也打得甲板上乒乒乓乓乱响。恶劣气象条件反而使约尼尔心花怒放。这样的天气,英军舰船、飞机都不会再出动了,只要再有一天时间,"阿尔特马克"号就可进入中立国挪威的海域了。

也活该"阿尔特马克"号不走运。因为天气突然变坏,一架在别的海域执行任务的英国水上侦察机紧急返航时,无意间发现了正在拼命逃窜的"阿尔特马克"号。飞机降低高度,不时在船上空盘旋。约尼尔想再一次行骗,无奈这架飞机不吃这一套,不断降低高度辨认。突然,飞行员眼睛亮了,在船的右侧,"阿尔特马克"五个字依稀可见。

英国飞行员立即把"阿尔特马克"的行踪报告英军统帅部,海军部命令菲利普·维安上校率驱逐舰前往堵截。

见英国飞机咬住不放,约尼尔知道大事不好,马上开足马力,向挪威海域逃命。但约尼尔未能逃脱,就在距挪威 12 海里领海的边缘,两艘专程赶来的驱逐舰封锁了德船的航线。约尼尔无可奈何地低下了脑袋。强行冲击,必然会遭到毁灭性打击。举手投降,那又何必在大洋上提心吊胆数月。

正在约尼尔举棋不定时,谁也没有料到的意外发生了。不知从哪里钻出两艘挪威巡逻舰,高音喇叭大声播放通告:这是挪威海区,任何外国船只不许进入。两艘舰上的炮口,分别对准英舰和德船。突如其来的变故,维安一时不知所措。就在这一刹那,"阿尔特马克"船长约尼尔突然转舵,冲进了挪威领海。这下,维安挠头皮了。强行闯进一个中立国的领海,如果引起国际纠纷,自己一个小小的上校舰长如何担当得起。任其逃跑吧,实在有损皇家海军的形象。怎么办?怎么办?一道急电飞向英国海军部。

闯入挪威海域的"阿尔特马克"号,在挪威军舰的押送下进入内港。约尼尔又打开了小算盘。乘挪威舰长上船检查的机会,约尼尔悄悄塞给对方一只瑞士名表和一叠德国马克。"我们德国商船,在大洋上遭到英国军舰追击,不得已才要求进港避难的!"拿了德国人礼物的挪威舰长脸上早已有了笑容。他随便在舱里转了转,就算例行公事,检查完毕。约尼尔心里暗暗高兴。

无线电波把挪威海域发生的一切告诉了英国政府。围绕要不要进入挪威海域追击"阿尔特马克"号,英国内阁发生了意见分歧。首相张伯伦请各位大臣发表高见。外交大臣俣利法克斯担心如果船上没有战俘,那英国在外交上就会陷于被动地位。海军大臣丘吉尔立即驳斥了外交大臣。"德国成为敌对国已成事实,挪威名义上是中立国,实际上它已不断向德国人献媚。在这种时候,我们还用所谓的中立法束缚自己的手脚实在是愚蠢至极。'阿尔特马克'号不是商船,舰上有武装,甚至还有我们的俘虏。挪威睁一只眼闭一只眼让它进入挪威内港,首先就违反了中立法。这是显而易见的事实。"

丘吉尔充分发挥了他的演讲才能,首相张伯伦被折服了。内阁决议把尚方宝剑交给维安。一切由维安见机行事。

维安心里有底了。虽然自己只是一个海军上校,但眼下是英国政府和军队的全权大使。尤其丘吉尔的电报更壮了他的胆。

"假如挪威炮舰干涉,应警告它离开。假如它向你开火,非形势严重不得还击。自卫还击时,其火力应控制在适当程度。"

2月16日晚,挪威海域寒风呼啸,维安决定夜闯禁区,来个敲山震虎之计,看看挪威海军的反应。晚10时许,维安下令其他船只严密监视德船动向,"哥萨克"号单刀赴会。随着刺耳的汽笛拉响,"哥萨克"号英舰径直闯进了约克峡湾。

"哥萨克"号来得正是时候,探照灯一下子照上了正在起锚的"阿尔特马克"号。德国船长慌了手脚,怎么偏偏在这个时候英舰闯进来了呢,连忙呼唤挪威巡逻艇解围。受政府影响,又得了德国人好处的挪威艇长指挥炮艇出面拦截。也许是心虚,或者是怕英国人翻脸,炮艇既没有抗议侵犯领海,也没有指责英舰进港,只是询问"哥萨克"号进港何干,维安上校心中暗喜,马上严正声明,英国舰队要对德国船只例行检查。挪威艇长却说:按照国际惯例,我们已检查了德国船只,未发现任何异常。但维安态度十分强硬,要挪威艇长陪同再检。挪威艇长有难言之隐,坚决拒绝英国舰队的搜查。双方僵持了15分钟。见软磨不行,维安舰长灵机一动,命令"哥萨克"号冲上去,强行登船检查。挪威炮艇见势不妙,赶紧退到一边"中立"去了。约尼尔自知厄运难逃,企图拼个鱼死网破。见铁锚已出水,立即命令"阿尔特马克"冲上去撞击比它小的"哥萨克"号。然而,船头还未及掉过来船底却搁上了岸边的浅滩。"哥萨克"号乘机靠上"阿尔特马克"号。德国船上乱成一团,一队全副武装的英国水兵疾速冲上德船。

面对黑洞洞的枪口，德国船员老实了。"谁是船长，站出来!"船上无人应答。混在船员中的约尼尔低下了头。

突然，后排一个大个儿德国船员猛也冲了上来，从背后扼住一名英国水兵的脖子，另一名英国水兵举起枪托，猛击大个儿德国船员的后背，又有两名德国人扑上来。说时迟，那时快，维安一个箭步跳上船首高处，拔出手枪，扣动扳机。一名德国船员倒在甲板上。还有两名德国船员被击中小腿，倒在船上大声呻吟。

"马上停止抵抗，否则死路一条!"英舰上的扩音机一遍又一遍地播放着早已准备好的德语录音。

约尼尔看出结局不妙，再对抗下去也不会有好果子吃，只好下令投降。

见英国人动了武器，挪威炮艇反而不动了。他们没有本钱参与这场海上争斗。只好充当麻木的看客。尽管这场争斗就发生在他们的领海上。

英国水兵们冲进船舱，舱内除了食物、淡水再没有别的东西。难道真的没有俘虏? 维安不信。如果没有问题，那德船干吗拼命逃跑? 他瞄了一眼约尼尔，亲自带领几名水兵再次入舱搜查。走到一间工具室门口，门上挂着铁锁，敲敲门，里边没有声响。维安拾起一把太平斧，用力劈掉挂锁。门被打开了，里面横七竖八地躺着七八名被捆着的英国战俘，嘴里塞着他们的内衣。由于突然的光亮，俘虏的眼睛都睁不开。直到被解开绳索，掏出嘴里的堵塞物。他们才看清是英国海军的救兵来了，一个个又惊又喜。很快，在船上的各个角落里，299 名英国战俘全部获救。至此，拉普拉塔河口的烽火才算真正熄灭了。

（三）大西洋海战——海上"屠狼记"

海面上，英国运输队平稳地航行着。突然，有人大喊道："德国人的潜艇来了!"顿时甲板上一片混乱，恐慌的英国人不知道该怎么办，尽管有人告诉过他们在运输物资回家的路上可能遭遇袭击，但是真碰上这种情况时，大部分人除了抱头鼠窜都没了主意。

"对方是潜艇啊，我们连反击的可能性都没有啊! 除非我们这种运输船上还能装备上鱼雷。唉，这下全完了!"大家纷纷发出绝望的呼喊。轰的一声，又一艘英国商业运输船沉入了大海。这样的消息，英国海军部每天都会接到，运输船队不断地请求他们给予护航保护，而且发出这种请求的船队越来越多。英国海军部忙得焦头烂额。

不得已，英国政府只能命令海军部承担了全部商业航运船只的管理，将航速低于 15 节的船只编入护航运输队中航行，其他一些航速较快的船只则独立航行，少量护航舰实施保护。到 1939 年底，这种情况也没有好转，皇家海军为将近 5800 艘船只提供了护航，只有 4 艘船被德国潜艇击沉了。但同一时期，有 102 艘独立航行在此航线上的商船被德国潜艇击沉。德国潜艇的嚣张行为令英国海军恼怒不已。

1939 年 9 月初，第二次世界大战爆发，英国对德国宣战。英国宣战后不到两个星期，德国就在大西洋上对英国展开了攻击。这天碧波万顷，英国"皇家方舟"号航空母舰在大西洋海面上巡逻,忽然,侦察兵发现了前方水域的异常,接着一些海军士兵发现水面上出现了鱼雷贴着水面滑行的轨迹。这时想要转向已经来不及了,幸运的是,这枚鱼雷擦着边儿掠过了航空母舰,没有击中目标。心有余悸的英国人在三天之后又受到了袭击,这一次德国人命中了目标,"勇敢"号航空母舰被"U-29"号德国潜艇击沉了。英国海军部召开了紧急会议,认为航空母舰不适合对抗德国潜艇,立刻取消了航空母舰在太平洋海域巡逻的任务。同时,丘吉尔宣布英国将武装英国商船,以此来对抗德国潜艇的滋扰。

得到消息的希特勒挥一挥手,进一步解除了对于德国潜艇的一些约束,并告知U型潜艇的指挥官邓尼兹加快在大西洋的活动。邓尼兹当时雄心勃勃,他和他的部下们都自信地认为,德国很可能会赢得大西洋战争。在这种斗志昂扬的情况下,他们在音乐声中出发去海洋,尽管当时能随时开往大西洋执行任务的只有23艘潜艇,但是邓尼兹和他的士兵们都准备好了。不管这场战争是多么残酷,他们都将坚强面对。

野蛮而刺激的大西洋海战就此拉开了序幕。所有潜水艇内的官兵时刻听从船长的指令,他们驾驶U型潜艇出发的目的是潜伏,而不是主动寻找战机。一旦他们看见海面上有猎物时就展开凶猛的鱼雷攻击,遇到捕杀者时就要发出警报,告知周围的其他潜艇。观察什么,瞄准什么,做什么决定,这些训练有素的士兵们非常清楚。

1939年的金秋,是德国潜艇战绩辉煌的时节。这段时间,U型潜艇击沉了许多英国运输商船,它们常常集结行动,集中火力攻击目标,就像"狼群"一样迅猛、残忍。京特·普里恩上尉指挥的"U-47"号潜艇在10月14日夜间,依靠优良的航海技能通过了曲折的海峡,克服水流湍急的困难,潜入到英国斯卡帕湾。在那里潜伏了一阵子之后,普里恩指挥士兵沉着冷静地发射了七枚鱼雷,击中了几艘战列舰,其中就有英国的老式战列舰"皇家橡树"号。这艘战列舰发生了爆炸,舰船的许多地方燃起了大火,船体受损而涌入大量海水,不过几分钟就带着约800名官兵沉入了海底。在英国皇家海军还没反应过来时,普里恩命令潜艇迅速转舵,越过封锁的船舶,全速撤离。

听说了这个消息的德国空军马上也进行了打击活动,派出一支飞行队袭击了英国的斯卡帕湾。斯卡帕湾顿时陷入一片火海,皇家舰队情况堪忧。皇家舰队接到海军部的命令立即后撤,行驶到苏格兰西海岸抛锚。这个消息令希特勒大声欢呼:"哈哈,英国被我们逐出北海啦!"

此后,为了进一步压制英国舰队,德国海军部派出布雷艇、德国空军、水面舰船和德国潜艇在港湾入口、河口和北海浅水区域进行了大规模的布雷。怒火攻心的英国海军为了报复,也在德国人经过的海域布设了复杂的雷区,许多德国的水面布雷艇触雷而亡。总之,两支舰队开始了你来我往的布雷攻击。为了发挥"狼群"的力量压制英国舰队,希特勒又取消了对潜艇更多的限制。

1939年10月17日这一天,京特·普里恩E尉红光满面,他欣喜地带领着船员返回德国,因为伏击英国斯卡帕湾成功而受到海军总司令的热烈欢迎。让他更加欢欣鼓舞的是,随后希特勒亲自接见了他,并给他颁发了十字勋章。这不仅鼓励了普里恩,也让全体U型潜艇上的官兵们感到了荣耀。

希特勒更加重视潜艇部队,命令邓尼兹着手负责多建造一些 U 型潜艇。1939年末到 1940 年初的这段时间,德国的 U 型潜艇数量不断增加,邓尼兹的工作量也越来越大了。

1940 年夏天到来时,德国已经有 30 艘 U 型潜艇可以随时出海执行任务了。这时,德国部队入侵法国,占领了法国的大西洋海岸,为 U 型潜艇建造了新的基地。看到时机比以往更加成熟的希特勒,认为邓尼兹可以由防守转为对同盟国的船队进行攻击了。

7 月,邓尼兹带领大部分的德国潜艇转移到法国大西洋沿岸的基地。每隔几天,不同的潜艇编队就会从这里出动,由于减少了用在抵达巡逻点的航行时间,邓尼兹增加了参战的潜艇数量,进一步增强了每支潜艇编队的实力。

"狼群"更加强大了,他们的胃口也越来越大。而他们之所以被称为"狼群"的一个更重要的原因是,邓尼兹带领的 U 型潜艇部队擅长使用一种"狼群"战术。

这一日,邓尼兹将他的潜艇部队集中在了苏格兰以西 260 海里的罗卡尔附近海区,在那里,他发现了一支运输队,第一次有效地采用了"狼群"战术。

刚刚发现这支运输船队时,邓尼兹没有急于攻击,只是命令大部分潜艇保持半潜状态尾随其后,让一艘潜艇进行稍微紧密一些的跟踪。在跟踪途中,他将运输船队的航向、航速和编队组成报告给在法国洛里昂基地新设立的潜艇指挥部。然后,邓尼兹命令其他潜艇同担任跟踪的潜艇取得联系,大家根据航速计算出会合时间,以其 17 节的水面航速,去追击这支运输船队。日落以后,邓尼兹的潜艇队伍追上了运输船队,借助黑夜的掩护,运输船队没能发现德国潜艇小小的黑影。因为遇到过多次突袭,担负运输船护航的英国舰队发射了一些照明弹,一瞬间将漆黑的海面照亮,但是德国潜艇像幽灵般隐藏在水面之下不远的地方,偷偷观望着护航舰队上的英国人。英国士兵们看了看照明弹下没有异常的海面后,回到了船舱。而此时,护航舰队的探测仪器也没能发现 U 型潜艇。

这时,邓尼兹下达其制订的计划,让"狼群"中的部分潜艇负责驱散护航舰,与此同时,其他潜艇要集中火力,迅速地发射鱼雷干掉运输船队。

"行动!"他一声令下,对各个潜艇发出了信号。

十几枚鱼雷悄无声息地在水面上快速滑过,冲向英国护航舰,在第一轮鱼雷攻击之后,大部分潜艇升上水面展开攻击,用炮火在护航舰和运输船队之间形成了一道火力网,逼迫护航舰转向,与攻击它们的潜艇纠缠。另一边,负责吃掉运输船队的潜艇压上来,发射出一枚枚的鱼雷,在成功击中船只之后迅速升上水面,进行猛烈的轰击。

就是凭借这样神出鬼没的"狼群"战术,德国 U 型潜艇部队摧毁了不少盟军战舰。在 1940 年 7 月到 10 月期间,德国人一共击沉了 217 艘同盟国船舰,令英法美三国感受到了巨大压力。

德国 U 型潜艇部队的举动引起了公愤。1941 年,英国首相丘吉尔在"威尔士亲王"号战舰上见到了美国总统罗斯福,两个人相互交换了一下对于希特勒的看法,谈论了一下德国军队的动向,说了说彼此的海军最近有何建树。

罗斯福告诉丘吉尔,对于英国愿意租借西印度群岛、百慕大以及纽芬兰的海空基地给美国这件事情,他表示十分感谢。丘吉尔笑了笑,说:"你们也提供给我们另

图文珍藏版

外 50 艘驱逐舰嘛,尽管那些驱逐舰有些旧了。"

一谈到战舰,他们的最后话题集中到了如何对付德国潜艇上来。丘吉尔倾诉了自己的烦恼,1940 年的时候英国还只有两支护航队,到了 1941 年,他们护航队的数量增加了,但是仍然不足以对抗德国的潜艇,德国潜艇已经成了他的心病。

罗斯福神情严肃地点点头:"的确如此,被动挨打终究是不行的。不过你放心,美国军队会全力支持盟军行动的。德国人得意不了多久的!"因为美国参战了。

在美国参战之后,英法盟军开始着手进行各方面的准备,一切为了对德国发起反击。这时,英国海军部传来好消息,由于有了潜艇探测器,英国护航船员能够在一定距离内对 U 型潜艇进行探测与定位。另外,他们还制造出了很多深水炸弹,也是给德国潜艇准备好的礼物。英国人准备将礼物送出去了。

1941 年的春天,英国海军部派出了全部护航舰队展开对 U 型潜艇的反击。3 月份的某一天,英国护航舰队发现了两艘年轻的 U 型潜艇正朝着他们的方向驶来,经过计算,他们得知了这两艘潜艇抵达的时间。英国战舰不动声色地等待着它们的到达,不久德国潜艇浮上水面,开始发动攻击。

英国士兵一边用炮火反击,一边奔向甲板,投掷出一枚枚分别在不同深度爆炸的深水炸弹。然后他们回到岗位等待,几分钟过后,海面下传来了闷闷的爆炸声,海浪被溅起,海面上的一个个水柱化为水花飞溅了出去。爆炸的振荡让德国人感到了极大的恐惧,他们赶紧深潜,可是英国人还在不停地投掷深海炸弹,躲得过一轮爆炸,却不可能躲过下一轮。在这种情况下 U 型潜艇只能选择逃走,或者能够迅速深潜,躲藏到深水炸弹的爆炸区以下,然而有时深水区的水压会让潜艇禁受不住,潜艇的某些地方很可能破裂。

由于深潜和逃脱都已经来不及,其中的一艘潜艇在半个小时后沉入了大西洋海底。由此,英国护航舰开始不断地击沉一些德国潜艇,这让希特勒大为焦虑。看到潜艇作战遭到挫折,希特勒命令德国军部派出大批大型水面舰参加战斗。1941 年 5 月中旬,德国新造的巨型战列舰"俾斯麦"号驶入了大西洋。

"俾斯麦"号与新巡洋舰"欧根亲王"号一同出发,当航行到大西洋北部时,遇到了英国战列巡洋舰"胡德"号和"威尔士亲王"号,双方立刻展开炮轰。"胡德"号在德国两艘战舰的集中火力下,不久爆炸起火沉入海底。

为了报复。英国人在当天晚上进行了突袭。9 架鱼雷轰炸机从英国航空母舰"胜利"号甲板上起飞,朝着"俾斯麦"号飞去。飞行员对着这艘德国巨舰投下了所有的鱼雷,但没有几枚命中目标。觉察到被包围的"俾斯麦"号感觉到了危险,立即加速企图突围返航。然而它后来被一架英国卡塔利纳式水上飞机发现了,紧接着遭受到了几架旗鱼式飞机的高密度炮火。随后,英国联合舰队追赶了上来,用鱼雷和重炮将"俾斯麦"号击沉了。到此,英国海军对德国海军的反击取得了不小的成功。德国人在大西洋上的幸福时光结束了。

1942 年末,美国所有船舶制造工厂的工人非常忙碌,他们不久前接到了命令,需要加快制造军舰的进程,因此每天忙得热火朝天。若不是他们引进了配件预先制造的方法,这些军舰怕是不能按时完工。工厂中生产最多的是标准万吨级的船只,它们都被冠以"自由轮"和"胜利轮"的美名,进行批量生产。这一时期,美国造船厂的效率惊人,到战争结束前,一个船厂就生产出了 1500 艘货轮和 50 艘护航舰。

　　盟军这般迅速地制造战舰，是为了和德国人比赛。自从这场战争开始，德国海军和盟军海军都投入了大量的金钱和技术支持，各个参战国的舰队都遭受了不同程度的打击，战舰损失的速度也非常快。如果其制造战舰的速度快于其损失战舰的速度，那么还有获得最后胜利的可能。很显然，盟军在速度上比德国更加具有优势。

　　尽管如此，德国海军将领邓尼兹仍乐观地认为，只要再坚持一段时间，胜利就不远了。希特勒对邓尼兹很是信任，他经常召见他询问德国海军部队的进展情况，给予了这位海军统帅很大的权力和鼓励，同时也希望能够看到更大的战果。

　　被希特勒钦点的邓尼兹承受着巨大的精神压力。为了将无限制潜艇战继续进行下去，邓尼兹命令潜艇队伍转移到距离较近的北大西洋，寻找时机不断地对英国护航舰队进行打击。

　　1942年2月，邓尼兹决定策划一次大的海军军事行动。他派出了"沙恩霍斯特"号和"格奈森诺"号等几艘战列舰，前去和U型潜艇部队会合，这支舰队随后进行了一次奇迹般的冒险。西里埃克斯指挥官率领着"欧根亲王"号战舰、8艘驱逐舰、16艘鱼雷舰展开火力配合，帮助"沙恩霍斯特"号和"格奈森诺"号战列舰穿过了英吉利海峡。随后这两艘战列舰和另外几艘战舰通过了多佛海峡，遭遇盟军舰队和英国的鱼雷舰。

　　此时，附近基地的德国战机赶来支援。盟军舰队发动了强大的炮轰，又有6架剑鱼式鱼雷机从曼斯顿机场紧急起飞，前来实施火力攻击，但由于德国舰队拥有密集的对空火力，以及德军战斗机在旁进行配合，这几艘战列舰没有遭受到很大创伤。"沙恩霍斯特"号和"格奈森诺"号战列舰成功突破了英军封锁，回到德国。这次行动，让邓尼兹对击败英国护航舰队又产生了幻想。

　　10个月后，"沙恩霍斯特"号在挪威海岸与负责护航的英国皇家海军舰队相遇，展开了激战。"约克公爵"号战列舰、4艘巡洋舰和多数驱逐舰都对它发起了炮轰，密集的炮火星星点点地从天空散落下来，巨大的爆炸声、轰鸣声让士兵们的头脑发晕。数十枚炮弹准确地击中了这艘战列舰，把坚固的上甲板都打出了窟窿，然后4枚鱼雷从水面上飞驰了过来，击中"沙恩霍斯特"号，它的铁甲再也抵抗不住了。然后又一枚鱼雷发射了过来，一阵巨响，"沙恩霍斯特"号开始迅速下沉。甲板上有2000人，大多数人都随船一起沉入水中，只有30多人幸存了下来。

　　邓尼兹愤怒了，他发了疯地想要击沉盟军船只。造船厂在他的指令下制造出一批鱼雷快艇，这些快艇速度很快，其引擎的功率为2000马力，能自如地在英国海岸穿梭。船员驾驶着鱼雷快艇，行驶到护航舰活动海域的英国船只旁边，迅速地扔下鱼雷，然后以105千米的时速逃离。这的确给一些英国船只造成了损伤，但是也只有作为袭扰战术来采用。邓尼兹还是寄希望于他的潜艇部队，但是现在它们对于英国舰队的杀伤力已经大不如前。

　　更重要的是，邓尼兹的时间不多了。1943年初，华盛顿举行了一次护航队会议，会后英国和加拿大负责北大西洋的护航任务。同时，大西洋中部的护航任务由美国承担。另外，盟军准备了大批长距离飞行的战斗机，专门用来对付德国海军。

　　U型潜艇部队迎来了最悲惨的日子，在空中和海上双重护航的情况下，它们无

世界军事百科

·军事战争·

图文珍藏版

法实现"狼群"战术了,不断地折损潜艇。5月份一个月的时间内,就有 25 艘潜艇被击沉。邓尼兹不得不下令潜艇撤离北大西洋。

退出北大西洋之后,不甘心的邓尼兹把目光转向了其他海域,例如北冰洋。北冰洋由于天气寒冷,很多船只难以航行,但是这里有一些携带着物品和装备的俄罗斯运输船队经过,它们身边也有海面舰队和空中飞机进行联合护航。不过这里的气候条件对护航系统有所干扰,因此邓尼兹派遣一些 U 型潜艇潜伏在这里,伏击这些船只。然而也只是取得了一些短暂的胜利,U 型潜艇对护航舰队造成的损伤十分有限。

接连的打击让邓尼兹开始思考如何加强 U 型潜艇的战斗力和技术优势。他这个时候才想到依靠科学,似乎有点晚了。邓尼兹让技术人员着手发明一种音响自导鱼雷。这种定名为"鹪鹩"的音响自导鱼雷能够追寻护航舰艇螺旋桨发出的音响,从而准确地命中目标,的确很有技术含量。如果"鹪鹩"在实战中能被广泛应用,那么它的出现便能撕开护航舰队的防线,然后再使用普通鱼雷攻击商船就容易多了。"鹪鹩"音响自导鱼雷研制成功后,立刻被装在了德国潜艇上。此时的邓尼兹大胆地选择了北大西洋海域进行试验,当然他是有必胜的把握的。

1943 年 11 月的某一日,一支德国潜艇部队携带着"鹪鹩"音响自导鱼雷行驶在北大西洋水下,他们先后袭击了两支护航运输队。不出所料,每枚鱼雷都准确地击中目标,引起了敌舰螺旋桨内发生大爆炸,与以往鱼雷对于水线以下侧舷造成的创伤不同,这种鱼雷的威力更为强大,其爆炸后火势会蔓延到战船内部,从而能够迅速造成战舰主要结构的崩溃。震天的爆炸声让突然遭遇袭击的盟军士兵们惊诧不已,他们望着附近战舰被炸成了碎片,还没能缓过神来,自己身下便传来了巨大的震动,随后耳朵听到一声巨响,就再也没有知觉了。

就这样,在这次突袭中,3 艘护航舰艇被德国潜艇击沉,1 艘身负重伤,还有 6 艘商船被炸成了碎片,消失在了海面上。针对"鹪鹩"音响自导鱼雷,美国和英国立刻拿出了方案,他们将一种噪音发生器,名叫"福克斯"(音响鱼雷干扰装置)放在战斗舰艇后面,成功地误导了音响自导鱼雷,将它们吸引到了非目标所在区域。

邓尼兹再次蔫了,但仍然坚持派出潜艇展开攻击,直到 1944 年 2 月遭受了重创,他终于开始醒悟:在水面护航、岸基航空兵护航和航空母舰的配合支持下,北大西洋护航运输队实际上已如钢铁堡垒般难以摧毁了。

紧接着,盟军诺曼底登陆的成功,使得德国潜艇无法再使用法国港口,又随着苏联军队的向西推进,德国潜艇在波罗的海也待不下去了。这场海战即将进入尾声。

北大西洋海面上的风向开始改变了,对于这片海域,德国人感到既熟悉又有些陌生。他们的潜艇每日还在这里不停地游弋,试图抓住一些失去的景象。然而,邓尼兹看到的终究只是一些幻象罢了。

一种"沃尔特"潜艇获得了邓尼兹的青睐,加入了德国潜艇的大家族中,姗姗来迟的它能够有所作为吗? 这种潜艇承载了邓尼兹的希望,它的与众不同在于柴油机由过氧化氢提供氧气而不是用空气,因而它不需要浮出水面就可以一直前行,而且还能在水下进行很长距离的高速航行。这种潜艇的设计早就被提出来了,但因为遇到了建造方面的问题和技术上的困难,直到 1944 年德国船厂才开始生产

1600 吨和 300 吨的"沃尔特"潜艇,仅从时间上来看,它的出现已经太晚了:在第二次世界大战结束以前,仅有 5 艘可真正投入战场的"沃尔特"潜艇参加了战争,它对盟军舰队造成的打击已经不可能很大。邓尼兹和他的潜艇部队已经迎来了黑色的五月。

五月的比斯开湾死气沉沉,大部分日子里充斥着炮火和浓烟,水面上的人们看不清岸上的情况,岸上的军队也无力对海面上燃烧的潜艇施加援手。与战舰不同的是,潜艇一旦遭受致命打击,任何船员想要逃脱都难于登天。

在这个月里,大多数德国潜艇都会经过比斯开湾进出基地,因而港湾内常常停泊着大量潜艇。从英国西南部起飞的皇家空军海岸司令部的轰炸机,在这段时间,不停地盘旋在上空,对这里的德国潜艇进行轰击。英国人的轰炸机火力非常猛烈,一架一架轰炸机列队飞过发射炮弹,然后转向回来再次射击,循环往复,往往在一天时间里能进行十几轮的轰炸,隔天休整过后再次出现。浮上水面的潜艇都被打出了无数个窟窿,那些事先没有从潜艇内出来登岸的士兵,因为想要逃命强行冲上甲板,却倒在了枪林弹雨之下。在港湾里,靠近岸边的潜艇更加容易被击沉,因为它们毫无下潜的空间,也没有对空的强力武器。

于是,在这一个月里,英国人击沉了 7 艘德国潜艇。后来,还有 36 架 B-24S 轰炸机和 12 架"卡特林娜"式水上飞机被派到这里协助,在 7 月 28 日之后的这个星期里对德国潜艇展开更强大的轰炸,6 天中就有 9 艘潜艇被击沉。从这年的 5 月一直到年底,32 艘德国潜艇在比斯开湾被击沉。在这样惨烈的战况下,邓尼兹依然找到了一些志愿者参与潜艇战,但这些人多半都是白白送死了。

另一边,盟军的护航运输队胜利地将大批物资运往英国,盟军的胜利就快到来。邓尼兹终于绝望了,他给 U 型潜艇下达了投降的命令。他最后沮丧地说道:"你们已经尽力了,现在我要给你们下达最难的一道命令,那就是浮到水面上,升起那面黑色的大旗,向敌人投降。"U 型潜艇的指挥官难以置信地接受了这个结果,却有 200 多艘德国潜艇在浮出水面之后自沉,总数 700 艘的 U 型潜艇中只留下了156 艘。

英国海军吁了口气,他们俘虏了这支给大西洋造成了巨大威胁的"狼群"。这支"狼群"用炮弹和鱼雷,在此次战争中一共击沉了约 2770 艘盟军舰船,这真是一个令人惊叹的数字! 曾令盟军感到无比恐惧的 U 型潜艇的时代宣告结束。

(四)卢夫腾岛海战——战列巡洋舰的交锋

当希特勒将目光集中在西线战场时,他的视线从来不会转移到地图上的另一角——挪威。挪威是个小国,丝毫不起眼,它位于北欧斯堪的纳维亚半岛西部,东邻瑞典,东北与芬兰和俄罗斯接壤,南与丹麦隔海相望,西临挪威海。可就是这样一个风景秀丽的国家,却拥有绵长的海岸线和诸多优良的港口,其地理位置十分微妙。

在 1940 年之前,希特勒是不会想到要去争夺挪威的。但在一次军事会议上,海军元帅雷德尔的发言引起了这位元首的注意。

"您要知道,挪威的海岸线很长,它的位置恰好能够扼守住波罗的海入北大西洋的丹麦海峡,地理位置十分重要。自从英法两国对我们宣战后,在西线战场,英国皇家海军常常倾巢出动,对我们的战舰发出挑衅,想要引出海军和他们决战,企图彻底摧毁我们德国海军。但是他们的计划落空了,最近英国人则将目标转到了挪威。"雷德尔起身,指了指地图上面的挪威海域。

"噢,英国人对挪威感兴趣?照你的意思,如果英国攻占挪威,会对我们的海军构成多大的威胁?"希特勒神色一紧。

雷德尔表情更加严肃地回答道:"我估计,英国人的计划是占领挪威的基地,在挪威的优良港口建立若干个可供4万吨级战列舰进驻的大型军港。"

此话一出,希特勒顿时就明白到了问题的严重性。如果英国抢先占领了挪威基地,的确会给德国海军和空军带来严重威胁。因为控制了挪威的军港就等于控制了波罗的海入口,到时英国人可以在挪威的港口聚集战舰,从翼侧挟制北海德国海军的行动,并且监视德国空军空袭英国的行动,一旦德国出动兵力,他们可以及时反应。如此一来,这片海域里,德国舰队就更加不敢轻易出击了,那么像第一次世界大战时期那样,把德国战舰困死在海港里的情形有可能再次发生。希特勒陷入了沉思,他说自己要考虑考虑,再决定是否攻占挪威。

不久,雷德尔再次进见了希特勒,他这一次更加直白地表明了自己主张争夺挪威的想法,"您也许顾虑到目前在挪威附近海域活动的英国皇家海军,但是,即使冒着一些风险,我们仍然有可能抢先占领这些基地。那样一来,我们就能打开通往北大西洋的大门,这对我们的下一步计划有利,更何况还能防止英国在那里设置水雷障碍。"

在雷德尔的反复劝说下,希特勒点了头,同意了雷德尔将德军1940年上半年的作战重点转移到与英法联军争夺挪威上。这时强大的英国皇家海军正频繁出现在挪威附近的海域,一艘艘大吨位、强火力的战列舰与战列巡洋舰上飘扬着鲜亮的旗帜,士兵们齐整地排列在甲板上,每个人脸上都是一副傲然自信的神情,仿佛就算德国人突然出现在他们面前,他们也能够果断地发射炮弹,将德国战舰迅速击沉在浩瀚的大海中。"我们即将征服挪威了,德国人是不敢来的吧,要知道以他们现在的海军实力,比我们差得远呢!"将领们如此议论着,没人想到德国人会冒险出动大型水面战舰,准备与他们在挪威附近进行一场大战。这正是德军希望看到的。

为了与英国皇家海军抗衡,德国海军部决定派出"希佩尔"号重型巡洋舰率领驱逐舰编队,前往特隆赫姆,同时命令"沙恩霍斯特"与"格奈森诺"号组成单独编队对德国陆军实施掩护,帮助他们顺利进攻纳尔维克和特隆赫姆。

1940年4月7日,"沙恩霍斯特"与"格奈森诺"号以及数艘护航军舰会合,在威廉港进行了物资补充和修整后,驶离威廉港,护送德国陆军前往目的地。而"希佩尔"号所率领的舰队也已经出发,高高的烟囱冒着黑烟,渐渐消失在海天分界处。

1940年4月8日风急浪高,"希佩尔"号所率领的舰队航线正确,他们正在向挪威的特隆赫姆靠近。突然,前面的侦察船只发出了信号:"前方发现英国战舰!"整个舰队立刻进入紧急作战状态。

向他们驶来的,的确是皇家海军中的一艘驱逐舰——"萤火虫"号。这时"萤火虫"号也发现了德国海军的旗帜,作为一艘驱逐舰面对眼前的战列巡洋舰,它的胜算实在不大。但是"萤火虫"号上所有英国官兵都做出一致反应,那就是开炮迎战。一瞬间,炮火声打破了海面的寂静,炮弹挂着刺刺的火星在天空中划过,朝"希佩尔"号砸过去。但是一连几枚炮弹发射出去,都没有击中"希佩尔"号的要害。紧接着,德国人反攻了,密集而威力强大的炮火如璀璨的星光降落在"萤火虫"号上,将它变成了名副其实的"萤火虫"。一阵激战过后,"希佩尔"号没有受到分毫损伤。最后,在一片炮火的洗礼下,势单力孤的"萤火虫"号舰体倾斜,舰身多处进水。在即将沉没的前一刻,"萤火虫"号对主力舰队发出了敌情通报。

坐镇"声望"号战列巡洋舰的怀特沃斯少将闻听消息,立刻命令"声望"号战列巡洋舰从维斯特弗德外海转向,带领着一艘名为"灰猎犬"号的驱逐舰前往出事水域。原本还有3艘驱逐舰为"声望"号护航,但是另外两艘H级驱逐舰正在挪威港口加油,此时没有办法及时赶到。

"我们有'声望'号,还怕什么?"怀特沃斯少将自信地说道,他已经做好了为"萤火虫"号报仇的准备。二战中英德双方战列巡洋舰之间第一次正面交锋,即将开始。行驶途中,为了力求将德国舰队一举歼灭,怀特沃斯命令附近为布雷行动提供掩护的8艘驱逐舰尽快赶来,加入他的编队。但是当"声望"号编队赶到指定海域时,德军战舰连一个影子都没有了,"萤火虫"号幸存者也不见一个。怀特沃斯少将遗憾地叹了口气,以为就此错过了和德国海军交战的机会,下令舰队返回维斯特弗德外海,继续执行原先的警戒任务。

渐渐地,海上的风浪越来越高,海浪声变得凄厉起来,怀特沃斯少将凝望着深蓝色的大海觉察到了不对劲,果然"声望"号偏离了原定航线,为其护航的驱逐舰也和它失散了。他完全没有想到,"沙恩霍斯特"号和"格奈森诺"号正往这一水域驶来。"沙恩霍斯特"与"格奈森诺"号首先发现了"声望"号的行踪,舰队指挥官卢金斯讪笑了几声,命令舰队立刻变换航线,躲避英国海军。但是极为凑巧的,也令德国官兵跌掉眼镜的是,他们沿着卢金斯少将选择的航线前进,正好与"声望"号相遇!

1940年4月9日凌晨,怀特沃斯少将正盯着闪烁着幽暗光芒的雷达系统,就在他一眨眼的工夫,身边的海军军官叫喊起来:"卢夫腾岛西南方向,发现德国战舰!"

这正是弄巧成拙向他驶来的"沙恩霍斯特"与"格奈森诺"号。而此刻的卢金斯少将还未从自己的雷达上发现"声望"号。怀特沃斯少将高兴地牵起嘴角,命令所有官兵进入各自岗位,准备迎击德国人。直到4时30分时,雷达系统较差的"格奈森诺"号发现了前方有敌舰,所不同的是,由于德国人雷达技术远不及英国人,"格奈森诺"号误把"声望"号当作不明船只,延误了作战前准备的时间。这个消息随后报告给了舰队司令卢金斯。卢金斯少将噌地一下站起来,"不会这么巧吧! 但是,我们极有可能遭遇到了英国三大战列巡洋舰之一的'声望'号啊!"

"全员戒备,全员戒备!"他焦虑地下令,但是英国人已经来了。

已经到了凌晨5时,此刻北大西洋的黑夜仍然阴冷幽寂,"沙恩霍斯特"与"格奈森诺"号在卢金斯的指挥下悄悄向"不明船只"靠近,准备试探。

突然,23000米外一束光芒闪过,瞬间,一束巨大的水柱在"格奈森诺"号附近高高溅起。

"糟了,那一定是英国人,肯定是拥有先进火炮的'声望'号!"卢金斯少将叫嚷着，没有丝毫的犹豫，他没有下令舰队立刻开火，而是大声喊道："撤退！赶快撤退！"

会如此果断地命令舰队撤退，是因为他觉察到了英国三大战列巡洋舰之一的"声望"号的猛烈火力。就在他怀疑对方是"声望"号的同时，他头脑中就将双方的实力对比了一下。英国的"声望"号安装有 6 门双联装 380 毫米口径主炮；自己手中的"沙恩霍斯特"号装备全面，安装有 9 门三联装 283 毫米主炮，"格奈森诺"号的装备与其几乎一样，算起来两艘战舰一共有 18 门主炮。看起来，似乎德国人拥有 3 比 1 的火力优势，但是卢金斯少将仍然选择了撤退。这是为什么？

尽管"声望"号、"沙恩霍斯特"与"格奈森诺"号都是战列巡洋舰，但是它们仍旧是全大口径舰炮战舰。作为战列巡洋舰，最大口径的舰炮就是决定胜负的标准，即使卢金斯在数量上比对方多，也是不够的！

仿佛屁股着火一般的"沙恩霍斯特"与"格奈森诺"号快速转向离开这里，但是"声望"号不依不饶地追了上来。在距离德舰还有约 10 千米的时候，"声望"号凭借先进的射控雷达锁定了目标，开始发射炮弹。

一束束巨大的水柱在"格奈森诺"号周围涌起，炮弹强劲的威力在波涛汹涌的海浪下又增一层，甲板上的炮手被震得摇摇晃晃。"声望"号这样的轰击持续了近 10 分钟，本想还击的德国人无奈地看着那不如英国人的雷达系统，它无法锁定目标。而在天气越来越恶劣的情况下，德国人一向引以为傲的光学射击火控系统也发挥不了应有的效用了。渐渐地，双方缩短了距离。

"格奈森诺"号和"沙恩霍斯特"号开始还击，两艘战舰的炮手拼命地加快速度，发射出一轮轮密集的炮火，然而更多的水花在"声望"号附近飞溅，浓重的黑烟则来自其自己的舰身，它们又中弹了。卢金斯命令舰队边打边撤，试图甩掉死咬着不放的怀特沃斯，但"声望"号的速度很快，双方的交火无法间断。

这场交火直到早 6 时多还未停息，反而变得更加激烈了。"声望"号集中火力向"格奈森诺"号轰击，震耳的轰鸣声仿佛雷鸣。"沙恩霍斯特"号的雷达发生了故障，因此发射的炮弹都失去了准头，根本无法对"声望"号造成打击。"格奈森诺"号也不断发射炮弹反击，幸运的是，它在 5 分钟内先后命中"声望"号两次。嗖的一声，第一枚炮弹砸中了"声望"号前主桅的下部，却没能引起爆炸。随之，第二枚炮弹飞了过来，击中了"声望"号后部 Y 炮塔区域，却穿过"声望"号另一侧的船壳落入水中，依然没有爆炸。"声望"号的主装甲依然完好无缺，战斗力没有受到任何影响。

"哼，打吧，让你们打却打不中！"怀特沃斯少将自语着，而后抿嘴一笑，"现在，该我们反击了！"

无数个环状的光圈从"声望"号上方升起，它们携带着冷艳的火光向德国舰队飞去。相较于德国人炮弹极低的命中率，"声望"号的炮弹依循的轨道要准确很多。即使是在空中看起来也比德国炮弹划出的弧线要大出一轮的炮弹，眼看就要一个接着一个砸入"格奈森诺"号和"沙恩霍斯特"号了。英国人就是要还以颜色！

蓦地一声巨响，"格奈森诺"号中弹了，士兵们惊恐地看到一枚 380 毫米炮弹击中了"格奈森诺"号的舰上指挥中心，一时间，因为炮弹强大的冲撞力而碎裂的金属飞溅了出去,随后哭喊声骤起。1名德军军官和2名水兵被碎片击中,瞬间就失去了生命。指挥中心里面的供电和通信用电缆冒出了吱吱的火花,已经断裂,无法再正常工作。负责检查损失的士兵再抬头往前面看,脸色更加不好,原来他们的光学测距仪也被这一枚炮弹损坏了。英国人的炮弹的确威力非常。

供电中断,对"格奈森诺"号的影响很大,其火控系统的指挥权不得不交付给后部辅助火控站。被激怒的德国人用炮火全力反击,不管能不能击中"声望"号,好歹也阻挡一下对方的火力。然而没过多久,"格奈森诺"号上的士兵感觉到舰身猛然一震,甚至有些微微倾斜。他们的确又被击中了!"声望"号发射的又一枚炮弹从天而降,准确地击中了"格奈森诺"号的舰体后部,这一下"格奈森诺"号的后炮塔彻底报销了。"格奈森诺"号的战斗力更加无法保障了。

另一边,"沙恩霍斯特"号没有像"格奈森诺"号那般遭受集中的炮火攻击,但是由于雷达失效,光学射击系统也完全指望不上了,它发射出去的炮弹没有一个能找对轨道的,简直成了找不清北的盲人,即使不断地对"声望"号射击,也无法对它构成任何威胁。

卢金斯叹息地摇了摇头,幸好现在两艘战舰的主体甲板没有受损,不然才是真的玩完了。他还保持着非常冷静的头脑,没有慌乱。他唯一担心的就是"声望"号会叫其他战舰赶来支援,到时就真的无力抵抗了,因此他命令舰队即刻向北撤退,全速行驶,无论如何也要从"声望"号的炮火中逃脱。不然,他们就输得太难看了。

原本肩负了攻占挪威这个重要使命的"沙恩霍斯特"和"格奈森诺"号,此时狼狈地在海面上行驶,甲板上的炮手们沮丧地相互靠在一起,心有余悸。英国"声望"号给他们造成的阴影,只怕在战后也难以消除。卢金斯拿着望远镜注视着身后波澜起伏的海面,心中依然忐忑,因为即使一路狂奔,他也不敢保证能够成功脱离"声望"号的追击。

9日上午,卢金斯终于对官兵宣布,他们脱离了和"声望"号的接触。然而"声望"号带领着英国皇家舰队其他战舰包抄而来的可能性极大,为了躲避追赶,并且迷惑随时可能得到消息出现在他们面前的盟军舰队,卢金斯下令:"接下来的几天,我们要往西在北海兜一个大圈,不要将航线固定,你们随时听我的指令行动。"于是,被"声望"号打得全身是伤的"沙恩霍斯特"和"格奈森诺"号开始高速行驶在北海的狂风巨浪中。也许是天公不作美,偏巧这几天海上天气恶劣,每日高高掀起的海浪都会重重地拍打在船身上,官兵都被淋湿了衣衫,体力不断下降。雪上加霜的是,不断有海水涌入两艘战列巡洋舰的前炮塔,电线电缆大范围短路,扬弹机所使用的马达也出现了故障。如果这个时候遭遇到英国战舰,那就只有举手投降的份儿了。后来,"沙恩霍斯特"号的右舷主机又因为海水涌入发生了故障,航速降低到25节,只能慢吞吞地跟着"格奈森诺"号前进。

在经历了数日的艰苦跋涉之后,卢金斯带领着这两艘德国战舰终于避开了盟军舰队的搜索,狼狈不堪地回航。4月12日,受到重创的"沙恩霍斯特"和"格奈森诺"号总算回到德国北部的威廉港,所有的官兵都长吁了一口气。"沙恩霍斯特"号主机和火炮系统遭到严重损坏,必须进行一次大规模的检修,而"格奈森诺"号受伤的火控系统和后部炮塔也需要花上一段时间来维修。经此一战,卢金斯预感到,德军进攻挪威必将受到更大阻碍。

世界军事百科

·军事战争·

图文珍藏版

（五）奇袭塔兰托——航母时代的开端

1940 年，当英国皇家海军在大西洋上遭到邓尼茨的"狼群"的四处袭扰时，德国潜艇早已吞噬了上百万吨为英国运送物资的商船。为了保障海上运输线，英国海军部不得不抽调大批舰艇为船队护航，防范德国潜艇的攻击，制订反攻的计划。在建立护航舰队的同时，英国皇家海军的主力舰队正严密监视德国主力舰队的动向，决心继续贯彻将德国水面大型舰艇封锁在港湾内的计划。但正因为如此，英国海军无暇顾及地中海地区的制海权。在意大利向英、法宣战，法国投降并同德、意签署了停战协定后，英国海军迅速意识到，英法两国在地中海上形成的共同防线也崩溃了。

"如此一来，英国地中海舰队将会受到意大利海军的巨大威胁啊！"英国地中海舰队司令坎宁安摸了摸两鬓的白发，眉头紧蹙。

"阁下，我们的护航运输队又遭到袭击了。"这样的报告，最近坎宁安经常听到。由于意大利舰队的主力有塔兰托港作为基地，他们的战舰处于岸基飞机的保护下，常常袭击英国在地中海的运输船队，然而即使英国军舰在地中海上疲于奔命护送运输船队，护航运输队仍不断遭到袭击，意大利舰队时不时地骚扰已经严重影响了英国军方给埃及作战的英军运送后勤补给。

坎宁安在作战会议上用沉闷的语调说道："眼下，夺取地中海的制海权，保障运输船队的航行安全，是我们的当务之急。但是意大利舰队喜欢袭扰，不喜欢和我们正面交战，那么我们就主动找上门去好了！"

1940 年 7 月 9 日，在加拉布利亚附近，坎宁安发现了意大利海军的踪影。他悠然地乘坐在"厌战"号旗舰上，指挥着 2 艘战列舰、5 艘巡洋舰和几艘驱逐舰以及"鹰"号小型航空母舰迅速向敌舰靠拢，对意大利安杰洛·坎皮奥尼上将带领的舰队发动了攻击。

凭借着强大的炮火，坎宁安命令"厌战"号集中火力轰击意大利旗舰"朱利奥·恺撒"号战列舰。一声巨响，一颗炮弹挂着凄厉的风声而来，差点砸中"朱利奥·恺撒"号的烟囱，惊得周围的意大利官兵四处躲藏，接着炮弹一枚枚划过他们的头顶，大部分擦着船舷而过落入海中，在海中掀起高高的水柱。

受到惊吓的坎皮奥尼急忙命令旗舰撤离，一艘驱逐舰在其身后对英国舰队实施鱼雷攻击。坎宁安命令英舰全速追击，但是意大利战舰的速度很快，为了避免遭受潜艇伏击，他最后下令舰队停止了追击。10 天以后，英国舰队和意大利舰队再次在斯帕达角相遇，这一次意大利仍然不愿投入兵力和英国舰队一决胜负。激战一阵后，2 艘意大利巡洋舰在看到英国舰队得到澳大利亚巡洋舰"悉尼"号和另一艘舰艇的支援后，赶紧拍拍屁股溜掉了。胆小的意大利海军，让坎宁安预见到了得胜的希望。

于是，坎宁安决定在与意大利舰队决战之前，对意大利舰队实施不间断的袭扰。到了这一年的 8 月底和 9 月初，他接收了 4 艘"伊丽莎白女王"级战列舰和"卓越"号航空母舰，立刻将这些战舰投入到阻止意大利向利比亚港口运送军火和补给的任务中去。

1940年整个一年当中，意大利舰队护送运输队向利比亚港口运送了70万吨的补给和军火，但最终这些物品没能抵达最前线，因为这些船只不断地遭到坎宁安舰队的袭击，一点一点被消耗着实力。坎宁安非常乐于看到意大利舰队不堪其扰的样子，这两支舰队迟早要决一雌雄，了结积怨。

英国地中海舰队司令安德鲁·坎宁安海军上将最近一直很烦恼，他在亚历山大港英国地中海舰队司令部里来回踱步，似乎在思考着什么难题。虽然他此刻精神抖擞，但是已然鬓发斑白，眉头像小山丘一样高高隆起，深陷的眼眶表明他已经好多天没能睡个安稳觉了。

"阁下，我已经将我军和意大利舰队的实力对比图做出来了。"一个部下上前来，把手中的文件往前一递。坎宁安静默地看着这张表格。

本方实力：航空母舰2艘、战列舰4艘、巡洋舰9艘、驱逐舰26艘、潜艇10艘、其他舰艇8艘。意大利海军实力：战列舰6艘、巡洋舰19艘、驱逐舰61艘、潜艇105艘、其他舰艇69艘。

坎宁安沉默了一会儿，对在座的各舰舰长说道："除了航母外，我们的其他舰艇都处于明显劣势啊！这种状况实在不妙，可是……"

可是作为一个在15岁时就加入了英国皇家海军，已经在海军服役了40多年的老将领来说，他不想在强敌面前轻易畏缩。

"阁下，现在看来以我们的实力的确还不足以将意大利舰队一网打尽，不如等一等，向皇家海军舰队总部请求支援，等他们多派几艘战斗力强的战舰过来，到时再……"

"不，我认为没有那个必要！"坎宁安又恢复了他平素沉着、果断的形象，毕竟他一生南征北战，为英国立下了汗马功劳，海上的什么风浪他没有见过？他是一名坚定顽强的海军领导人，他拥有丰富的战斗经验，面对意大利安杰洛·坎皮奥尼上将，他并不一定没有胜算。只听他朗声道："各位，虽然就整体战舰的数量而言，我们不如这支意大利海军舰队，但是战争不仅在于双方实力的决斗，更取决于谋略和智慧的较量。在海战中，以少胜多、智取巧胜的战例也不少，只要我们的战术高人一等，拿下他们也不是不可能的！"闻听此言，舰长们纷纷挺直了脊梁，等待着坎宁安的训示。

"我们目前最大的也是唯一的优势，便是拥有2艘航空母舰，既然有了航母，我们就能进行海空协同作战。虽然意大利空军给他们提供空中保护，并且实施远程侦察，但是没有航母的他们不方便实现海空协同作战。你们知道这意味着什么吗？意大利人并没有拥有这片海域的制空权！"坎宁安神采奕奕地说着，"诸位，从某种意义上说，在地中海上真正掌握制空权的是我们啊！"

这时舰长们顿时露出恍然大悟的表情。没错，只要坎宁安一声令下，航母上的舰载机能立刻起飞前往附近的任何海域。此外，意大利战舰虽然航速快，但是它们的大炮射程远，装甲防护也很薄弱，曾经有人称呼它们为"纸板舰队"，和实力扎实的英国战舰拼起来，不一定能以多胜少呢。坎宁安上将的眉宇舒展，渐渐胸有成竹起来。

但是，安杰洛·坎皮奥尼上将似乎并不想和坎宁安一决高下，他一向都是采取保守战术,长期隐蔽在塔兰托港内,除了偶尔前往北非护航,一有风吹草动就扯着旗子返航。一连几个月,坎宁安连意大利舰队的尾巴都抓不着。坎皮奥尼似乎知道坎宁安要引诱他出港一举歼灭似的,任凭英国的商船在海上自由游弋,也不出门袭击。不过没有多久,坎宁安就发现了一个攻击胆小的意大利舰队的办法——空袭塔兰托!

既然意大利人不肯出来,那么我们就直接轰击他们的基地好了!这是看起来简单冒险却蕴涵着深刻作战理论知识的突袭战术。坎宁安是位个性沉稳的统帅,不会做冒进的事情,空袭塔兰托是他在和空军部队商量过后做出的决定。毋庸置疑的是,即使有一点冒险,塔兰托值得他这么做。曾经有人说过:如果把意大利海军比作一柄剑,那么瘫痪了塔兰托,这柄剑也就卷了刃。这句话明确地说明了塔兰托的战略地位。

塔兰托军事地位的重要,是因为它正处于一个特殊地理位置。如果将意大利半岛形容为踏进地中海的一只靴子,塔兰托湾就是深藏于意大利靴子底部的一弯鞋弓弧。它面对着浩瀚的东地中海,和西西里岛共同扼住了地中海的咽喉通道。意大利舰队当初选择在塔兰托建筑基地,就是看中了它进可攻退可守的重要地理位置。塔兰托湾有内港和外港之分,皮克洛内港被陆地所包围,仅留有一条狭长的水道和外港相通;格兰德外港则比较广阔,水比较深,适合停泊大型战舰。圣皮埃特罗岛和圣保罗岛分两边守在港口处,数千米长的防洪堤从两座岛屿延伸到岸上,像一双羽毛丰盈的翅膀庇护着塔兰托港。

在外港唯一的入口处,意大利部队设置了防止潜艇入侵的铁网,并在岸边设置了一尊尊大炮面对外海,从港内往外看去,易守难攻,绝对是一处没有漏洞的基地。

塔兰托基地司令阿图罗·里卡迪将军经常站在高高的堤岸上欣赏塔兰托城的景象。塔兰托狭窄的青石小街像意大利美貌的少女一样安静恬适,不远处有古希腊时代神庙的残垣断壁在阳光中散发着珍珠般的光芒,附近哥特式的屋顶与巴洛克风格的台阶相互辉映着,形成了一副美妙的图景。他对于基地的防御措施还是十分满意的,每次接待视察的意大利海军官员时,他都会拍着胸脯保证:"我的塔兰托基地固若金汤!火力、照明、拦阻组成了立体的封锁网,谁想攻入这里根本就是难于登天!"没有人奉劝他,话不要说得太大,不过几天后他便闪到舌头了。

11月6日,坎宁安将军乘坐旗舰"沃斯派特"号,率领着声势浩大的地中海舰队从亚历山大港起航,不疾不徐地向西开进。此后的几天,里卡迪将军曾派出3架意大利侦察机巡逻附近海域,这3架飞机没能探明英国航母编队的企图,"光辉"号上紧急起飞的战斗机就像打鸟一样将它们击落了。里卡迪几天都没有等到急盼的情报,虽然心中存有疑虑,但这种疑虑只停留了几秒钟,就烟消云散了。

10日傍晚,"大量军舰停在塔兰托港内,没有丝毫离港的迹象,而且又有一艘战列舰驶入港内"的情报送到了坎宁安手里,他紧锁的眉头顿时舒展开来,命令部队随时待命,准备对塔兰托港发动攻击。

11月11日傍晚的夕阳逐渐被夜幕吞噬,朦胧的月光洒在官兵们的肩头,坎宁安命令巡洋舰和驱逐舰护送着"卓越"号航空母舰悄悄驶向塔兰托港附近海域。马上,整装待发的战斗机将从航空母舰上起飞,降临塔兰托,亲身验证一下这座基地是否真的坚不可摧。

按照坎宁安的计划，原本是要出动30架箭鱼式飞机，分别布置在"光辉"号和"鹰"号航空母舰上。但是出战前夕，"鹰"号航母因为内部老损需要留在亚历山大港检修，"光辉"号只有搭载着21架飞机随舰队出行。

天已经完全黑透了，被月光笼罩的海面微波起伏，舰尾的航迹在月光的映照下闪烁着一层银白色的光亮，整个航母像被银白的光束覆盖着的庞然大物，散发着冷冽的气势。担任第一拨空袭的12架箭鱼式飞机整齐威严地排列在飞行甲板上，宛如一行骁勇善战的战士，整装待发，只等着指挥员的一声令下，就振翅高飞。这时，大约20时35分，每架战斗机的螺旋桨都在飞速旋转着，闪着氤氲的光圈。飞行员们看到舰桥上方的信号台上发出一道淡绿色的光束，随即抬起手，做好了起飞的准备。此刻飞行甲板灯大开，航母上灯火通明，飞行长下令抽去轮挡，飞行员们纷纷加大油门，驾驶飞机隆隆地滑过飞行甲板，驶入了茫茫夜色中。

21架飞机被分为两个攻击波，第一拨飞机12架，当飞机接近目标时，4架轰炸机负责攻击港内，另2架飞机负责投照明弹，为其余的6架鱼雷轰炸机进行照明。

小心飞入塔兰托湾入口的12架英国战斗机出动警报的同时，对准港湾内的战舰发射出炮弹。巨大的爆炸声一处接着一处地响起，让整个港湾都随之颤抖起来，此刻塔兰托湾的海水像一面银白色的镜子，将海面上不断炸开的火团全部包裹了进去，从天空上往下看去，仿佛海底有另外一个世界，那里同样硝烟弥漫，火光冲天。

反应过来的意大利海军慌忙进入战斗岗位，发现一架英国鱼雷机正要飞过的"加富尔"号战列舰亮起了灯光。"加富尔"号战列舰特有的上层建筑在英国飞行员的眼中逐渐清晰起来。他轻巧地躲避着岸炮的攻击，一转身，看见"加富尔"号战列舰和另外两艘驱逐舰正在转动炮口，对准了他的飞机。炮口火花闪烁，射出一团炽烈耀眼的炮火。这架鱼雷机不顾危险地冲着"加富尔"号直冲了过去，飞行员瞄准环里的舰影瞬间变大，简直就像一座钢铁城堡，似乎难以摧毁。然而这架鱼雷机飞行员的飞行技术实在高超，眼看飞机就要撞上战列舰的那一刻，飞行员立即按下了按钮，投下鱼雷，然后马上将飞机拉高，向更高处驶去。

轰轰！"加富尔"号无法躲避，被鱼雷击中了。紧接着意大利海军舰队中的"利托里奥"号也被鱼雷击中，爆炸声震耳欲聋。此前还宁静无声的塔兰托港，此时充斥着漫天火光和剧烈的爆炸声，军港内一片狼藉，大部分舰船被轰炸得碎片乱飞、东倒西歪，有的孤零零的舰船在经受了第一拨英国战斗机的轰炸后，只剩下桅杆露出水面，即将沉入海底。

看到意大利战舰无法组织有效的反击的英国飞行员继续盘旋，他们竟然大胆地在高空气球和钢索间来回穿梭，并且灵巧地躲避着塔兰托地面高射炮的射击。尽管意大利在地面设置的21门高射炮连续不停地发射炮弹，但是这些士兵大多没有接受过夜战训练，面对着黑暗的夜空，他们连英国战斗机在哪里都不知道，只能凭感觉和听力朝空中一通乱射，能不能射中目标全凭运气。而当英国的第一拨飞机从容撤走之后，这些高射炮仍在盲目射击，浪费了不少炮弹。

看到塔兰托瞬间变成一片火海的里卡迪愤怒极了，他咬牙切齿地目送着英国的战斗机终于飞走，还以为袭击已经结束，命令部队赶紧整顿装备检查损失，然后操起电话准备向罗马的海军最高指挥部报告。可就在这时，塔兰托警报第4次响起,英国人的第二拨攻击开始了！

里卡迪高声命令还能动的战舰都赶紧行动起来,转动起舰炮对空中出现的黑影展开炮击。尽管看得不是十分清楚,但在英国飞机下降时实施攻击,就是反击的最佳时刻。

第二拨从"卓越"号上起飞的9架飞机的确不如第一拨的走运,黑尔海军少校率领的这批飞机在21时20分就起飞了,但是刚刚升空,就有2架飞机的两翼相撞,幸运的是两架飞机都没有损坏。飞行了20分钟,其中的一架飞机发生了故障,只能返航。因此,只有8架飞机按预定计划飞临塔兰托港上空,采用了和第一拨飞行队同样的战术对其发起了轰击。

塔兰托港再次变成了一片火海,被炸沉入海里的那些战舰的残骸漂浮在海面上,阻碍着其他战舰的移动。不过这些意大利的战舰也不需要移动,那样反而会成为英国战斗机的移动靶子。在浓重的黑烟中,里卡迪不再惊慌,他果断地命令战列舰、巡洋舰和陆上炮群听从他的指挥,集中火力,组成了密集的交叉火力网,对着空中翻飞的英国轰炸机和鱼雷机发射炮弹。一时间,炮声隆隆,英国飞机扔下的炮弹和鱼雷引起的爆炸,还有意大利各个炮台嘈杂的轰鸣声,在海面上交杂,士兵们都分不清前一刻是哪里在开火。

英国的箭鱼式飞机小心翼翼地穿梭在炮火中,它们瞄准距离最近的意大利战舰,持续开火,意大利士兵看到周围都是炮火发射的火光,从四面八方射来的刺眼火光,无论哪一道都具有巨大的杀伤力。这时,有一架箭鱼式飞机不幸被击中,机身狠狠抖动了一下,随后坠入海里。看来,意大利人被轰击得还不够惨!

黑尔海军少校命令5架携挂鱼雷的箭鱼式飞机下降入掠水飞行,向水面上还具有战斗力的战列舰飞去。一架飞机的轮子着水,像打水漂似的在风口浪尖上滑行,差一点扎入海里,但是技艺高超的飞行员在一瞬间拉高了飞机,它在空中打了个圈,再次向目标袭去。

此时,萨顿上尉的目光紧紧锁定在受伤的"利托里奥"号战列舰上,他轻巧地驾驶着飞机贴着海面飞行,在距离利"托里奥"号640米时立刻按下了投雷按钮。"怎么回事? 怎么没有动? 怎么回事? 再来一次! 还是没有反应!"萨顿眼看距离战列舰越来越近,就要撞上去了,开始发狂般地按动投雷按钮。终于在他就要放弃攻击拉高飞机的那一刻,鱼雷发射下去了,并且准确无误地冲向"利托里奥"号的侧舷。

接着,其余的几架鱼雷机也投掷鱼雷击中了两艘受伤的意大利战列舰。幸存的7架飞机巧妙地穿过密集的弹幕和遮天蔽日的浓烟,消失在塔兰托港的上空。

经过此轮空袭,意大利港内的战列舰只剩下"朱利奥·恺撒"号、"维托里奥·韦内托"号和"加富尔"号还能勉强支撑,"利托里奥"号和"杜里奥"号身受重伤,需要几个月的时间进行修补,从一开始就深受打击的"加富尔"号也无法再出海了。里卡迪手握着话筒,都不知道该如何向总部报告战况了。

自从派出了21架飞机,坎宁安上将就在焦急地等待着"光辉"号舰长博伊德的报告。

此时已经到了午夜,深沉的夜色倾泻在每位将士的头顶,他们周围万籁俱寂,除了拍打在船舰上的海浪声,他们迫切想要听到的是飞机螺旋桨的嗡嗡声。

博伊德急切地注视着海面,不断地安慰自己道:"尽管这次突袭不是一种毫无希望的冒险,但确实是蕴涵着极大危险,极有可能付出巨大的伤亡代价啊!难道说……"

就在这时,雷达兵看见"光辉"号的雷达荧光屏上相继出现了一个个闪烁的信号。他立刻大喊道:"他们回来了!他们回来了!"不一会儿,飞行甲板上亮起了灯,将士听到了震耳的飞机轰鸣声,除了威廉森和第二拨的一架飞机没有回来,其余的飞机都顺利返航,且没有遭受损伤。

坎宁安上将终于能够面带欣喜地宣布:"毋庸置疑,我们这次的袭击取得了巨大的成功!意大利舰队遭受到了沉重的打击,只怕今后都不敢在地中海上航行了!"

次日清晨,当第一缕阳光照射在昔日宁静秀美的塔兰托港上时,沮丧的意大利人发现,自己面前那碧波万顷的海面如今已是满目疮痍,水上漂浮着战舰破损的残骸和大片大片的油迹,有不少战舰仍然冒着黑烟,士兵们忙碌了一晚上在战舰上救火,总算阻止了更多战舰的下沉。一艘艘小巧的救援艇在焦黑的碎片间往来穿梭,搜寻着海面上的幸存者,港岸堤聚集着一群群前来帮忙的意大利居民,整个塔兰托港内隐隐约约传来一阵阵的哭嚎声。

里卡迪将军一晚上都是气急败坏的,他召开了一个紧急会议,命令部下去查明他们遭到袭击的原因,以及遭到多少架战斗机的袭击。不久之后,确认了消息的官员将报告呈上,看清报告上那些数据的里卡迪脸色一片煞白。

"英国人只出动了 21 架飞机,耗用 8 条鱼雷和少量炸弹,就在短短 65 分钟内,击沉、击伤了我们 3 艘战列舰、2 艘巡洋舰和 2 艘驱逐舰?"他简直难以置信。

要知道,除此之外,意大利舰队一半的海军官兵都在这次袭击中丧生了。坎皮奥尼颤抖着瘫坐在椅子里,即刻命令意大利舰队放弃塔兰托港向北撤退,将各个战舰分散在不同的基地中,就这样把地中海中部的制海权拱手让给了坎宁安。

获得了塔兰托一战胜利之后,仿佛将过去的霉气一扫而空,坎宁安率领着他的地中海舰队开始顺风顺水。此后的一个月内,坎宁安的舰队屡次攻击意大利运送补给的船只,没有哪一次不是满载着意大利的军需物资回到港湾的。英国地中海舰队护送运输队顺利地抵达埃及,让埃及的英军得到了充足的给养,将意大利军队打得节节败退。经此一战,意大利在地中海的舰队形同虚设,无法再对英国舰队构成威胁。

(六)偷袭珍珠港——日本人最后的疯狂

日本人的胃口是一口一口吃大的,原本不赞成陆军在大陆冒险的日本帝国海军在 1940 年春季到来之后一反常态,表示愿意支持陆军向东印度群岛扩张,以夺取石油、锡、橡胶和奎宁这些重要的战略物资。

这一股阴寒的冷风是随着法国和荷兰的陷落吹起来的。由于德军在欧洲战场的迅猛推进,原本的法国殖民地印度支那和荷兰殖民地东印度群岛现在已经失去主人。同时,英国的地位被严重削弱,只好顺应日本的要求关闭了滇缅公路。法国失陷后,印度支那当局就同意日本占领法属印度支那的北部,1941 年 7 月 24 日,日军顺利进驻印度领地。

而在此之前,为了警告美国不要干涉欧洲和亚洲的事务,日本于 1940 年 9 月和轴心国结成同盟,摆出一副"我方之事谁也不许插手"的姿态。

"这简直太荒唐了,日本人将触手伸到了印度,真是越来越嚣张了!"美国外交部内惊起一片愤怒的叫喊,他们立刻上报国会,准备采取一些行动。

7 月 26 日这一天,日本内阁被一股低气压所笼罩着,他们刚刚得到消息,美国宣布中止美日贸易,并且冻结了日本在美国的所有资产。

偷袭珍珠港

"看起来美国人对我们占领印度感到十分不满啊,这下我们同美国的关系紧张了,要不要……"一位个性谨慎的内阁成员显得有些无措。

"不可以妥协!美国这是在对我们施压,如果我们这个时候不强硬一些,美国人终将骑到我们头上来。"更多的人发出的是这种声音,都认为应当再观望一下美国的态度。结果 8 月 1 日,美国再次发表声明,宣布对日本实施全面石油禁运。日本内阁这下炸开了锅,谁都知道日本的资源极为匮乏,没有了石油,这对于陷入战争中无法在短期内抽身的日本简直是致命的一击。

"我们不能失去石油!""但是,我们也不可能对美国妥协!"两方争论的声音越来越大,让一直默不作声的东条英机额头上的青筋逐一显露出来。迫于这件事的巨大压力,近卫内阁总理辞职,以东条英机为首相的一派军事将领开始掌权。11 月,日本派出特使到达华盛顿和美国人进行恢复石油输出的谈判。

在美日双方的谈判中,美国人一直在监视日本外交部的行动。此时美国已经破译了日本的无线电通信内容,并且制造出了专门破译日本外交密码的机器——"紫色"。他们时刻掌握着日本人的动向,并且在破译电文的同时认识到,日本人的态度依然很强硬。

11 月 26 日,日本最高统帅部收到了美国发来的一份备忘录,其内容无非是要求日本从中国撤军。美国人用极为优雅的口吻说道:"诸位,我们所呈上的这份材料不是最后通牒也不是战争威胁,只是想提醒你们注意,如果贵国军队不放弃对中国的占领,我方只好不再向贵国输出石油或其他的物资。"

罗斯福总统和他的顾问本以为下了这一剂猛药,日本人肯定会妥协。然而,他们没有看到日本军国主义领袖体内沸腾的血液,以及他们凡事解决不了就会依靠武力的思维模式。

"既然我们得不到需要的石油,就依靠武力去夺取它好了。"东条英机语气淡淡地说着,即刻命令部下制订攻占荷属东印度群岛的计划。那里是距离日本最近的石油丰产地区,却几乎是毫无设防的。但是如果日本要夺取东印度群岛,就必须要占领那些日本油船在返回的航道上可能受到盟军攻击的地区,例如新加坡、菲律宾、中国香港(彼时英国租借),甚至包括关岛。

美国人无法预料日本人接下来会怎么干,真的和美国人翻脸吗? 他们料定日本人还没有这个胆子,但是谈判的确破裂了,并且此次谈判的破裂确实勾起了日本军方对美国开火的欲望。

从一开始,日本军方就有一个人不支持和美国交战,他就是山本五十六。

从1940年9月开始,日本政府已经决定要对美国发动战争。忧虑的山本对战争的前景并不看好,他多次与一些政府官员展开激烈的争论,并以忧国忧民的态度说道:"如果对美国发动战争,日本帝国将为自己树立新的更强大的敌人,如此一来,我国必须耗费更多的人力财力去抗衡美国,必然大伤元气,这样的战争有多大的意义呢?"

山本五十六所说有理,但是日本政府的高级官员置之不理,仍然没有改变对美开战的初衷。焦虑不已的山本后来进见了海军大臣及川古志郎,把一叠资料扔了过去,面色阴沉地说道:"请您看看这些资料! 我们的物资来源大部分在英法的控制范围,现在还要对美国开战,石油怎么办? 一旦与德、意缔结了同盟条约,这些物资就更加没有保障了,我们的军队要靠什么来运转?"

及川古志郎第一次看到山本大将情绪这样激动,他心里也明白,山本所考虑的问题很重要,但是他只能微笑着说:"山本君,有些事情,一旦政府和天皇已做出了决定,你我都左右不了,除了执行命令,你认为还能做些什么呢。"

山本顿时有些气短,他对于日本现在的局势认识得很清楚,认为目前日本给自己树立新的更强大的敌人是很不明智的。与其他高层的决策人相比,他还算是较为清醒的一个,但是正如及川古志郎所说,他作为军人的首要职责是执行天皇的命令。既然天皇都决心要和美国开战,他还别扭什么呢? 没过多久,随着形势的发展,美国越来越向同盟国靠拢,山本明白日美之间的战争的确已经不可避免了。

"既然美日战争迟早都要爆发,"山本想,"不如就让我做那个发动太平洋战争的急先锋吧!"他的想法还真是能适应局势的发展,几乎在一夜之间就转变了过来。

山本用他那双如秃鹫般锐利的眼睛扫视着地图,最后将手中的笔停在了美国太平洋舰队的大本营珍珠港那一点上。

珍珠港位于太平洋中北部夏威夷群岛中的瓦胡岛,东距美国西海岸约3800千米,距日本约6000千米,距菲律宾约7000千米,战略地位十分重要,被称为"太平洋的心脏"。它不仅是美国海军的基地和造船基地,还是北太平洋岛屿中最大最好的安全停泊港口之一。

"如果攻打珍珠港,美国人只怕要气晕了头吧!"山本五十六喃喃自语着,丝毫不觉得自己此刻的想法有多么的大胆和狂妄。不过山本会这么想不是没有缘由的,早在他在海军大学学习期间,就遇到过袭击珍珠港的兵棋演习课目。当时的日本海军大学的教员都认为,如果将来发生日美海军大战,美太平洋海军基地珍珠港是一个很好的夺取目标,如日军能够出其不意地轰击珍珠港,削弱美国海军实力,将对日本海军称霸太平洋战场非常有利。海军大学教员还在课堂上向学员们演示袭击珍珠港的一些战法,只是演习用的舰炮射击单元无人计算。那时只有山本五十六一个人站起来,接下了这个任务,并用了整整一个暑假的时间,完成了计算。

从那时候起,山本五十六就将珍珠港牢牢刻在了脑海里。说干就干,山本五十六拟订出了袭击珍珠港的完备的作战计划,听着他说明计划的官员无一不瞠目结舌,全都惊呆了。

"这太冒险了!""山本君,你简直就是一个赌徒!""我们的对美作战思想不是这样的啊!"在座的人没有一个愿意支持山本攻打珍珠港的计划。

遭到否定的山本五十六却毫不气馁,数次进见及川古志郎,热情洋溢地阐述了他袭击珍珠港的计划:"我预备申请使用2个航空母舰编队的全部舰载机兵力突然袭击珍珠港,出其不意,对停泊在珍珠港内的美太平洋舰队的主力展开轰炸,同时派出潜艇在珍珠港进出口海域设伏,拦截那些试图逃走的舰艇,给他们造成沉重打击。"

及川古志郎没有像那些官员一样直接拒绝他的提议,而是缓慢地说道:"那么,你先交给我一份详细的计划书看看吧!"

1941年1月7日,山本五十六凝望着风平浪静的日本丰后海峡佐伯湾,内心却波涛汹涌,热血沸腾,他第一次以书面的形式正式向及川古志郎上呈了有关袭击珍珠港的《关于战备的意见书》。这份野心勃勃的战争计划即将酝酿成熟,在太平洋上空即将掀起一场腥风血雨。

在提交了正式的作战计划书后,山本五十六开始寻觅合作伙伴和他一同完成袭击珍珠港的壮举,他立刻想到了当时日本海军有名的"航空专家"大西泷治郎。山本将自己袭击珍珠港计划的要旨封在信中,寄给了时任第十一航空队参谋长的大西泷治郎少将,并期望由他来拟订具体的作战计划。

大西泷治郎和山本五十六可谓一丘之貉,也是个具有创新精神和大胆实践的野心家,他一直主张扩大和改善日本海军空中力量,在很多方面都和山本不谋而合。接到山本五十六命令后的大西泷治郎十分高兴,他立即赶赴联合舰队的旗舰"长门"号和山本会面。听说大西要来,山本五十六亲自走上舰桥迎接。

"你来得正是时候,正好帮我出谋划策!"山本五十六兴奋地把大西拉进了指挥舱,随即向他详细地阐述了自己对袭击珍珠港的作战构想,随后两人对作战部署进行了探讨。他们拟订了整个作战框架,而后大西泷治郎接受了拟订具体作战计划的任务。

在鹿儿岛第十一航空队司令部内,大西泷治郎急不可待地研究起作战部署,随后挑选出一位制订计划的参谋——源田实。源田实是个务实派,看到山本五十六的这份计划书也没有像其他人那样感到惊讶胆怯,他对于山本提出的"力求歼灭敌舰队主力,使其丧失作战能力,摧垮其士气"的战略思想表示赞同并能够深刻的理解,因此得到了大西泷治郎的青睐。

源田实和大西泷治郎不分昼夜地研究方案,辛苦了两周后,终于拿出了这份袭击珍珠港的具体计划。源田实粗略地阐述了一遍方案:"第一步,我军出动全部航空母舰,在夜间秘密接近瓦胡岛第二步,在清晨出动所有舰载机,突袭珍珠港,对港内停泊的敌舰主力展开轰击;同时,派出潜艇在港口进出口进行封锁。我们需要注意的细节是:舰载机攻击编队需要由俯冲轰炸机、水平轰炸机、鱼雷攻击机和战斗机组成,保证强大的战斗力;由于珍珠港内水浅,我们要尽快解决鱼雷不能在浅水水域使用的问题;航空母舰编队必须接近瓦胡岛但确保不会被敌舰发现,以保证完成攻击任务的舰载机能够顺利返舰。"

大西泷治郎点点头,随后确定了舰载机编队攻击目标的先后顺序,先轰炸美国的航空母舰,接着攻击战列舰、巡洋舰和驱逐舰,如果火力分配不够,集中火力打击敌人的航空母舰。就这样,一份即将震惊世界的军事计划新鲜出炉了。

4月初,大西泷治郎将计划交给山本五十六审阅。

这份作战计划获得了山本五十六的认可,他立即将计划呈给了日本军部。但是许久过去了也没有得到日本军部的批准,因为大多数高级将领仍然不同意山本五十六偷袭珍珠港的计划,认为这是一场非常冒险的赌博,更有人大骂山本五十六将豪赌的不良习气带到了带兵打仗上。不过,随着事态的发展,对美国开战一事迫在眉睫,经过山本五十六的多次争取和纸上演习,偷袭珍珠港的计划在1941年10月19日终于获得日本军部的批准。

山本五十六的面色红润起来,他马上命令部下进行战前准备,首要的任务就是让飞行员进行低空投掷鱼雷的训练。

参加此次训练的鱼雷机飞行员每日都胆战心惊,因为他们被要求在20米的高度上发射鱼雷,如果技术不过关,一不留神,驾驶的飞机就有可能扎进海里,机毁人亡。这种近乎自杀式的低空飞行训练是由山本提出来的,因为珍珠港的水浅,只有12米,如果从通常的高度投放鱼雷,鱼雷会一头扎进珍珠港的水底,无法对珍珠港的战舰造成沉重打击。所以,他要求这一批鱼雷机的飞行员掌握低空飞行的技能。可就算是在20米的高度投放,鱼雷也不一定就能顺利地击中目标,为此,源田实一天到晚跟随着横须贺海军基地的鱼雷专家,请求他们务必研制出浅水鱼雷。

另外,为了做到知己知彼,山本五十六忙于收集美军情报。据说,从1941年5月开始,他就派出多达200人的日本间谍潜入珍珠港,负责收集珍珠港的天气、水文、地形和美军基地、飞机、舰艇部署等相关信息,对每个情报都仔细研究。太平洋海面上波涛翻滚,一片不祥的乌云正向珍珠港移动。

山本五十六的阴谋有没有可能被美军发现呢? 其实就在山本将计划书提交给及川不久,华盛顿当局收到了一份从美国驻日大使馆发来的绝密电报:"根据我们在日本收集的信息来看,此刻日美关系十分紧张,日本有可能正在计划袭击我方珍珠港的事宜。诸多使馆官员认为,日方绝无可能执行这个异想天开的计划,然而我们已经察觉到各种迹象,因此希望将此消息报告给海军部。"

当时提出发送这封电报的是美国驻日大使约瑟夫·格鲁,他是一位警惕性很高的大使,是经过深思熟虑才发出这封电报希望引起美国军方警惕的,但是华盛顿决策当局当即断定这是谣言,没有给予足够的重视。到了2月1日,美国海军作战部长还特意给太平洋舰队司令官发了一份电报强调:"最近听闻日本计划袭击珍珠港,这只是流言,不足以采信。"

华盛顿当局不相信这一消息的原因还在于,美国政府正在太平洋地区推行绥靖政策,希望能延缓日本战争机器的行动速度。就他们与日本外交部的接触而言,他们不认为日本在这个时候会冒险对美国开战。然而事实证明,美国人被日本人虚伪的嘴脸欺骗了。

在美国人已经遗忘了日本计划袭击珍珠港的流言后,山本五十六已经做好了出兵的准备。11月20日,南云忠一率领着由31艘军舰组成的庞大攻击编队,秘密地向千岛群岛的单冠湾聚集。这是自日俄战争以来,日本联合舰队最大规模的一次军事行动,派出的战舰和航空兵都是精挑细选出来的。为了保密,保证此次突袭珍珠港的计划不外泄,山本五十六严令各队舰长不许谈论战略部署,连副舰长都不知道这次出海是要执行什么任务,更不用说一般的官兵了。在整个航行过程中,这支以航母为核心的舰队实行了严格的无线电静默,尤其当舰队进入单冠湾后,海防部队24小时监视珍珠港同外界的一切联系,生怕走漏了消息。

另外,在这支舰队出发后,日本联合舰队的其余军舰则频繁地在其他海域活动,实施无线电佯动,做出一副日本的主力航母停泊在他处的假象。与此同时,山本五十六命令先遣队的27艘潜艇分别从佐伯湾和横须贺出发,伪装成日常巡逻,沿着中、南航线慢慢开往夏威夷。

从11月17日开始,碧波荡漾的单冠湾渐渐热闹起来,因为这里聚集了日本海军有史以来最庞大的一支舰队。甲板上的士兵抬头仰望就能看到岛正中央南侧矗立着的白雪覆盖的单冠山,心里生出了更多的疑虑。但是他们已经觉察到,这有可能是一次了不得的军事行动。

11月26日,天还未亮,各艘战舰上的士兵就被叫醒,他们站在各自的岗位上,眺望着远处海面上低沉的乌云,听着耳畔的海风在怒吼。早晨6时,各舰上的信号兵看到"赤城"号旗舰升起了信号旗,马上向本舰舰长报告:"旗舰发出信号,起锚,准备出港!"他们的目标是夏威夷,珍珠港。

作为整个偷袭珍珠港计划的总指挥,山本五十六比任何人都清楚此次行动的危险性,实施途中也会遭遇各种问题和困难,但是正如诸多与他共事的海军军官对他的评价一样,他的确将他的赌徒习性显露在这一次的军事行动中。

在舰队出行之前,山本五十六于1941年8月10日,在"长门"号上会见了吉田善吾海军大将,寒暄的同时将偷袭珍珠港的计划告诉了他。吉田善吾海军大将正是上一任的联合舰队司令长官,在海军大臣任期结束后担任枢密院的军事顾问。作为一名个性严谨的海军将军,他没有掩盖自己脸上质疑的表情。

"你的计划的确有些太过大胆了,山本君,你认为决胜的把握在哪里呢?"吉田善吾直视着山本的眼睛。

山本微笑着,那是一种赌徒才会有的特有的笑容。"我军必须在开战之前就给美国海军致命的一击,攻击珍珠港能极大地削弱美国海军的力量,这样日本就能腾出一只手来用于南方作战了。按照我的计划,美国不会察觉到我们的行动,烟幕弹和假消息会使美国人产生麻痹心理。一旦突袭成功,太平洋舰队就被我方歼灭于珍珠港内。"

吉田善吾沉思了一会儿,道:"但是,你如何保证让特遣舰队渡过这么漫长的行程抵达珍珠港呢?更关键的是,你如何保证我方舰队抵达时美舰恰好都停泊在港内呢?"

山本一愣,心说我的这位同学真是一针见血。

但他仍然不紧不慢地回答道:"现在正在进行海上加油的训练,特遣舰队将在海上完成加油,成功的概率是很高的。至于我们是否能够将美国海军的主力战舰捕捉在港湾中,这就要看运气了,不过我相信,这一次幸运之神是站在日本海军这边的。"

"瞧瞧，你还是没有足够的把握啊！"这句话，吉田善吾留在了心里。

突袭珍珠港的日本舰队一路上都比较顺利，到了12月7日，浩浩荡荡的舰队抵达中途岛以东600海里的位置，已经进入美军飞机的巡逻范围。为防止被美军提前发现，南云忠一命令各战舰将航速增至24节，高速行驶。

闻听舰队顺利抵达指定区域的山本有些兴奋了，他在得到吉田善吾提点之后就在思考如何更好地扔出手中的这枚惊雷。早了或晚了都不行，他要保证舰载机在美军毫无防备的情况下顺利飞入珍珠港，将冲天的炮火在美国人的眼皮子底下点燃。

开战前一刻，他神情严肃地对部队下达了必须于12月7日在攻击前30分钟递交对美宣战的最后通牒的命令。因为他深知美国人崇尚面对面决斗的性格，因此想要通过事先宣战来打击美国的士气，再迅速对珍珠港展开突袭，把被打懵了的美国人逼回到谈判桌前，而后就可以顺利地签署互不侵犯的条约。

可是令人感到费解的是，日本联合舰队准备发起袭击的当天，日本宣战的最后通牒莫名其妙地推迟了一个多小时才送到美国人手中，那时日本的空袭行动已经进行到最高潮的阶段。在美国人看来，日本舰队的突袭就是卑鄙无耻的偷袭。但是，无论如何，山本五十六扔下的这枚惊雷，真切地让美国人吓白了脸。

这天清晨，珍珠港附近的海面平静如镜，反射着柔美的霞光，迎接着从远处驶来的飞机。南云忠一下达了出击的命令，一艘艘舰载机轰隆隆地从航母上起飞，向珍珠港驶去。

清晨7时2分，瓦胡岛最北面的雷达管制员看到北面飞来了一大群飞机，他将这个消息报告给了值班的泰勒中尉，想当然的泰勒中尉没有提高一点儿警惕地回答说："啊，那一定是从西海岸飞来的B-17机群。"

珍珠港内的战舰没有收到任何警告。

7时35分，日本航空编队的第一架飞机抵达珍珠港上空。这里云卷云舒，海面平静，舰队群整齐地停泊在港内，在温煦的阳光照射下显得光彩熠熠；机场上的军用飞机整齐地排放着，像一只只振翅待飞的雄鹰。

不过，这些雄鹰马上就要被折断翅膀了！第一架飞机发出了信号弹，随后它身后的机群迅速按照奇袭队形开始展开，向地面俯冲下去。7时55分，巨大的爆炸声在瓦胡岛的三个机场响起，惊起了附近美国守军的注意。率先冲到门外的士兵看到了熊熊燃起的火焰，几架日本俯冲式轰炸机像大雕一般盘旋在空中，轻巧地滑过，扔下炸弹。不久，鱼雷机也开始展开攻击，第一架鱼雷机将机炮对准了排列在舰队最后的"内华达"号，一阵猛烈的扫射之后，它降低高度低空飞行，动作快速地投下了鱼雷。

轰！轰！咚！接连不断的爆炸声在港内响起，停在舰队最外侧的"西弗吉尼亚"号和"俄克拉何马"号各中了两枚鱼雷，引发了爆炸和大火。转眼间，"俄克拉何马"号又中了5枚炸弹，携带着船上来不及奔逃的约400名官兵倾斜了船身，瞬间沉下海面。"西弗吉尼亚"号及时打开注水阀，给官兵们赢得了一点儿逃命的时间，也慢慢地沉入水下。

美丽的珍珠港在此刻被刺眼的炮火污染了，海岛上颜色各异的屋顶微微颤抖着，有的已经被炮火波及，被炸成了碎片，或者燃起了大火。日本第一轮轰炸机投

图文珍藏版

下的炸弹爆炸后形成无数个烟柱,直冲云霄。

突然,福特岛东侧的海面震动起来,战列舰队中发生了震耳欲聋的大爆炸。浓烟滚滚伴随着高达 1000 多米的火柱蹿入天空,这是"亚利桑纳"号被鱼雷击中时引发弹药库所引起的爆炸。在红黑烟雾以及零星的高射炮火中,日本轰炸机上下穿梭,随时一个俯冲,就又扔下炸弹,溅起的巨浪逼迫着弃舰的官兵拼命地游向岸边。

这时珍珠港已经完全被浓烟笼罩,遮蔽了俯冲轰炸机飞行员的视线。这些飞行员只好往高射炮最猛烈的地方俯冲,不断地进行轰炸。有多架飞机发现了"内华达"号战列舰居然开始移动,于是集中火力,对准这艘唯一能够移动的战舰扔下了更多的炸弹。日军的第二拨袭击即将接近尾声,此时轰炸机队已经摧毁了"靶船犹他"号和其他几艘辅助舰艇。不少士兵和飞行员奔跑在岸边,拿起机枪就架在栏杆上、椅子上,以及其他任何可以支撑的地方,对着日本轰炸机疯狂开火。

许多营地的士兵没有来得及组织反攻。第一轮袭击来临时,在黑卡姆营地吃早饭的士兵甚至没有时间跑出去看看,一架日本俯冲式轰炸机就撞上了他们的食堂,因为爆炸死亡和被碎片击中的士兵有 35 人,很多人受伤,其中一人竟被一瓶一加仑重的蛋黄酱打中。

由于黑卡姆营地和 40 千米外的惠勒营地没有任何防御措施,因此在这两个营地中成排地密集排列的轰炸机和战斗机成了日军首先轰炸的目标。因为飞机整齐的行列之间只有很小的空隙,在冲天的火焰中,它们被日军成批地炸掉,焦黑的残骸四处飞溅,根本无法挽救。

珍珠港上空腾起黑色烟幕,简直就像日本人带来的死亡预告。死亡和毁坏一直持续着,在日本飞机一轮轮的轰炸中,美军官兵忙着扑火,有一些目标较小的小艇绕着火海在半水半油的水面上搜寻幸存者。瓦胡岛军队医院被数百名烧伤和肢体残缺的水兵塞满,护士和医生忙得焦头烂额。虽然遭受到了巨大的损失,值得庆幸的是太平洋舰队的两艘航空母舰"企业"号和"列克星顿"号分别于 11 月 28 日和 12 月 5 日出海执行任务去了,另一艘航母"萨拉托加"号在西海岸修理。另有 9 艘重型巡洋舰和附属舰艇在港外演习,幸运地逃过了这一劫。

原定的空袭任务顺利完成,为免被美国附近的航母发现赶来追击,南云忠一命令舰队起锚返航,回国向天皇陛下请功。

1941 年 12 月 8 日,美国总统以极为悲愤的神情在国会发表了演说,"不论在不在港内,我们每个人都将永远记住这一时刻。"而后美国正式对日宣战。此后,中国、法国、澳大利亚、加拿大陆续对日宣战。

(七)珊瑚海海战——远距离舰载机首次交锋

时钟刚刚转过 1941 年,美国太平洋舰队就在 1942 年初迎来了初春的暖风,幸运女神似乎从日本人那边离开就走到了美国人这边,温柔地依靠在美国大兵的肩膀上,看着他们的战舰一艘艘英勇无敌的行驶在碧波荡漾的太平洋上,不断破浪前进。2 月 1 日,哈尔西率领着航母编队袭击了吉尔伯特群岛和马绍尔群岛,战绩颇丰。

与此同时，日本联合舰队没有停下脚步，派出了南云忠一带领航母编队在东部反攻。观察了几次哈尔西舰队的行动，南云忠一渐渐发现，哈尔西舰队每次攻击之后就迅速闪人，打了就跑，似乎不太不容易发现他的行踪。胆子一向很大的南云忠一这次依然发挥起他的长项，命令舰队向南突击，派出轰炸机和战舰支援拉包尔的日军，帮助他们夺取在新不列颠岛上拉包尔的澳大利亚基地。随后，他带领舰队没袭击了澳大利亚的达尔文港。看着美国舰队没什么反应的南云更加大胆，他率领舰队进入印度洋，援助日军在东印度群岛登陆。此后，日军顺利地在马来半岛进军，不断向南推进，于2月15日就成功逼迫新加坡对其投降。

这时，日本舰队已经抵达婆罗洲海岸，占领了那一片海域，并在那里修建了机场，为陆基飞机对爪哇发动攻击做好了准备。随后爪哇海战爆发，2月27日这一天对于美英荷澳联合编队来说不是个幸运的日子，甚至可以说是个黑暗的日子。美英荷澳的5艘巡洋舰和9艘驱逐舰当时正在全速追赶一支驶向爪哇岛的日本运输船队，它们与运输护航队的4艘巡洋舰和13艘驱逐舰遭遇，随后展开激战。

双方的炮火都很强劲，几轮炮轰过去，海面被呛人的浓烟笼罩。直到深夜，震耳的炮火声才稍稍停息了片刻，这时4艘美国驱逐舰的鱼雷全部发射完毕，杜尔曼少将命令它们赶紧撤退。伴随着日本战舰发射炮弹的轰隆声，这4艘美国驱逐舰迅速地从烟雾中脱离，消失在漂浮着焦黑残骸的海面上。这些残骸来自美英荷澳联合编队的其他军舰：荷兰的巡洋舰"德鲁伊特尔"号、"爪哇"号和3艘驱逐舰，美国的巡洋舰"休斯敦"号，澳大利亚的巡洋舰"珀思"号，英国的巡洋舰"埃克塞特"号和2艘驱逐舰。这些战舰都被日本战舰的炮弹击中，沉入了大海。

此战之后，爪哇于3月底被日军完全占领，除了菲律宾还没有被完全征服外，日本人在南太平洋想要做的事一件不少地做到了。日本人在婆罗洲、苏门答腊和爪哇的高产油井得到了他们所需要的原油，还有锡、橡胶、奎宁这些重要的战略物资。此时的日本高层志得意满，他们纷纷认为美国在1943年夏季才可能组织起反攻，就目前状况而言，日军完全有时间进一步推进战线，比如说控制澳大利亚。

山本五十六容光焕发地坐在日本最高统帅部内，听着几位高层将领阐述着日本对于攻占澳大利亚的战略计划。他时而点头时而摇头，认真地听着陆海军决策人的发言。

"澳大利亚将会成为英美借以反攻的最大据点，不能不防！""的确如此，但是我们现在的兵力大部分都调往了中国，现在的陆军根本无力出兵占领澳大利亚。""也许，我们可以切断澳大利亚与珍珠港的联系。""那么，就向西南太平洋推进吧！"海陆军大臣们这次的意见出奇地一致。

"嗯，如果我们夺取了新几内亚岛的莫尔兹比港和所罗门群岛的图拉吉岛，就能掌握该地区的制海制空权。这样一来，就能顺利切断美国通往澳大利亚的海上交通线了！"最后一个人发表了总结式的言论。

听到这里，山本五十六重重地点了点头，"只是，目前美国航母活动频繁，只怕我们进攻图拉吉和莫尔兹比港的计划需要推迟。"

"是的，那就等'翔鹤'号和'瑞鹤'号，还有'妙高'号和'羽黑'号回来以后再说吧！总之，这个计划就这样定下来了，大家都没有意见了吧？"此声音一出，在座的日本高层都点了头。于是，进攻图拉吉和莫尔兹比港的计划就这样确定了下来。

世界经典文库

世界军事百科

· 军事战争 ·

1942 年 4 月底，第五航空战队的"翔鹤"号和"瑞鹤"号，第五巡洋舰队的"妙高"号和"羽黑"号终于从印度洋回到了特鲁克。山本五十六立即申请，开始实施进攻图拉吉和莫尔兹比港的计划。

由于珍珠港一战的胜利助长了山本五十六狂妄的个性，他一改在袭击珍珠港时不允许使用无线电传送计划的举动，开始使用无线电传发作战的命令。不幸的是，他的许多命令以及作战电报都使用了 JN25 密码，而这个密码正是美国情报部正在研究破译的。

尼米兹将军早早地就收到了日本正在计划进攻新几内亚东部的消息，他冷笑着握着报告，预测着山本五十六这次的行动部署。因为美军破译密码工作的出色，尼米兹不久后便已经确认日本要在 5 月的第一个星期在图拉吉登陆了，连他们随后要进攻莫尔兹比港的事情也一清二楚。

知己知彼，当然能百战不殆。得知了日本舰队行动时间的尼米兹开始行动，他准备集结他所能够使用的全部兵力。首先，他命令奥布里·W·奇少将率领"列克星敦"号航母舰队加入东南太平洋的"约克城"号航母大队。然后，尼米兹向麦克阿瑟的西南太平洋舰队借调了一支支援舰队，这支舰队由 3 艘巡洋舰和几艘驱逐舰组成，给航母大队增强了护卫力量。他估计，这些战舰大概能够抗衡日本舰队的 6 艘重型航母和 5 艘轻型航母。

4 月 25 日，哈尔西接到任命，率领着他的"企业"号和"大黄蜂"号航母大队返回了珍珠港，进行了 5 天休整后立即赶赴珊瑚海。可从时间上来看，除非日本人推迟行动，否则哈尔西舰队极有可能赶不上这场大战。

日本人的行动力是毋庸置疑的，谁让他们总希望自己像台风一样快呢。

1942 年 4 月 30 日，海军部向第五航空战队、第五巡洋舰队和 6 艘驱逐舰下达了出发的命令，这支部队作为机动部队从特鲁克出发往南方行驶，将在夏威夷和新几内亚群岛之间一带行动，负责消灭盟军从这里通过的水面舰只。另一边，"祥凤"号轻型航母、8 艘巡洋舰、6 艘驱逐舰组成了登陆掩护编队，这支部队是攻占莫尔兹比港的先头部队，于 4 月 28 日从拉包尔护送先遣登陆部队出发。

"祥凤"号舰载机在碧蓝的天空上驰骋着，它们宛如一只只羽翼丰满的雄鹰翱翔在日本先遣登陆部队的上方，"祥凤"号轻型航母从容地行驶在后面，两侧是巡洋舰和驱逐舰排列的护航队伍，浩浩荡荡地乘风破浪，直指目的地——小岛图拉吉。

5 月 3 日，这支先遣登陆部队顺利地抵达了小岛图拉吉，岛上几乎没有敌军布防，在没有遭遇任何抵抗的情况下，日军占领了这座岛屿，将太阳旗插在了一处高地上，昭示着日本人在这片领土和海域上的所有权。

第二次，日本登陆部队主力从拉包尔出发了，他们分批登上了 14 艘运兵船，由 6 艘驱逐舰和 1 艘巡洋舰护送他们驶向莫尔兹比港。与此同时，完成了图拉吉登陆掩护的"祥凤"号航母舰队从图拉吉起航，向西行驶，朝着登陆部队主力舰队驶来，不久将和这支舰队会合。另外，机动部队第五航空战队接到命令，迅速飞往珊瑚海。

当日军顺利占领了图拉吉并在一路上没有遭遇任何盟军舰队时，他们还一直认为珊瑚海处于没有多少美军防守的状态，战舰上高高飘扬的太阳旗在日光下无比鲜亮,将日本士兵的眸子映照得熠熠发光。

但事实总是比较残酷的,这时美国舰队的第十七和第八特混舰队已经先于日机动编队进入了珊瑚海,一场大战不可避免,即将爆发。

"列克星敦"号和"约克城"号两支航母大队来早了一些,这两支大队的指挥官弗莱彻正焦急地凝望着珊瑚海的东南海域,迫切希望听到日本舰队出现的消息。5月3日,他终于收到了日军在图拉吉登陆的报告。

"既然日本人如此之慢,我们不如主动出击好了!"弗莱彻欢欣鼓舞地对官兵说道。于是,他命令留下"列克星敦"号航母大队等待出击命令,先去补充燃料,自己则率领"约克城"号航母编队向北方行驶。第二天,他的编队慢慢接近目标地点。舰载机在他的命令下飞越瓜达尔卡纳尔岛的群山,对图拉吉地区展开了连续几拨的空袭。尽管作战经验不足,但是这些飞行员努力瞄准出现在他们眼前的日本潜艇,发射出了炸弹,一时间警铃大作的日本海军匆忙迎战,炮火却始终无法对准在空中灵活翻飞的美军战斗机,不一会儿,美国人的炸弹击中了几艘日本海军的小型舰艇,把它们送入了大海。当天晚上,弗莱彻率领着"约克城"号航母编队返航,回到珊瑚海附近海域。

这时的美国舰队和日本舰队都不清楚对方的方位。双方舰队都驶入了珊瑚海附近海域,小心翼翼地进行着搜索。

高木武雄率领着以"翔鹤"号和"瑞鹤"号组成的日本先遣突击编队已经通过所罗门群岛的东端,慢慢驶入了珊瑚海。而在所罗门群岛的西端,"祥凤"号航母编队护送着攻打莫尔兹比港的日军登陆部队主力正准备通过乔马德水道,进入新几内亚岛的顶端一带的水域。

6日,弗莱彻将手中的两支航母大队编为一支航母编队——十七特混编队。这一天弗莱彻的心情很不好,他在甲板上来回踱步。因为他刚刚得到消息:麦克阿瑟将军在离开菲律宾时,将他在巴丹被围困的部队转交给陆军少将乔约森·温赖特,但现在温赖特已经投降了。这个消息无疑打击了美国士兵的士气,但是弗莱彻希望珊瑚海一战能沉重打击日本人的气焰,挽回美国人丢失的面子。他大声地对侦察兵喊叫着:"快去,看看那该死的日本人究竟到了哪里!"其实他不知道的是,就在这天晚上,他的航母编队和高木武雄编队都被厚厚的云层笼罩住了,两支编队实际上相距不到70海里,但是奇怪的是谁也没有发现谁。

次日清晨,弗莱彻一醒来就发布了命令,让克雷斯的护航编队起航,到乔马德水道一带进行空中封锁,防止敌机在航母不知情的情况下进入这片水域。然而,凑巧的是,这支护航编队没有发现敌情,弗莱彻航母编队的舰载机却在中午时发现日本航母"祥凤"号的踪影。当机立断的舰载机指挥员下令飞行员集中火力扔下炸弹,在"祥凤"号上砸出一个个的巨坑,引起了一连串的爆炸,他们一共使用了13枚炸弹和7枚鱼雷,击中了这艘倒霉的航母,看着它消失在宽阔的海面上。

而这时,原本担负着消灭美国航母任务的高木武雄编队的舰载机正在南部区域,一架架地盘旋在空中投掷炸弹,目标是美国舰队的一艘油船"尼奥肖"号和一艘护航驱逐舰"西姆斯"号。舰载机是根据日军侦察机的报告来的,但是侦察机很显然将这两艘船误认为了一艘航母和一艘巡洋舰。不想白来一趟的日军飞机毫不吝啬炮弹,不消一会儿,就将"西姆斯"号送入了海底,"尼奥肖"号则被轰炸成了一个满是弹坑的漏斗。

经过了5号和6号两天的搜索和那两次小的交战，双方舰队都越加紧张起来，宛如放在绷紧了弦上的箭，随时都可以发射出去。

1942年5月7日上午，珊瑚海海域美日双方舰队的4艘航母都派出了舰载机在附近海域寻找敌人的踪迹。当这日暖烘烘的太阳贴近海平面时，日军的12架轰炸机和15架鱼雷机结束了一天的搜索返航，结果却在返航途中遭遇了美军舰队。刚刚向航母发回了报告，这支战斗机编队就看到了从四周飞来的美军舰载机。短暂的交火过后，为免被敌舰的炮火围歼，这批日本战斗机迅速撤退，四散而逃，返回了母舰。弗莱彻和高木武雄都深知，他们彼此近在咫尺了。

5月8日晨曦的微光透过云层放射出来，将美军航母上的飞行甲板笼罩在一片柔美的朝霞之中。机务人员正在清理甲板，高扬着脖子对飞机进行最后的检查，后勤人员正在给飞行员一一分发早餐和巧克力，医疗队的医护兵早早就准备好了外用包扎品和吗啡。每艘战舰上的高射炮手都到自己的岗位上，密切注视着被朝霞映红的天空，脸上的表情越来越严肃。而在另一边，日本的航母也在进行战前准备工作，后勤人员在早餐后给飞行员每人发了一块米糕。

随着清晨第一缕温暖的海风吹起，弗莱彻命令"列克星顿"号掉头，侦察机准备起飞。接着，几分钟后，飞行甲板上的18架侦察机慢慢地启动滑行，然后直冲云霄，钻入了北方天际的云层之中，这时太阳正从东方的海面上冉冉升起，给所有的士兵带来了一份好心情。

上帝这一次没有偏袒任何一方，双方的飞机几乎同时发现了目标。

8时15分，弗莱彻放下了手边的咖啡，仔细聆听着部下的报告。"刚刚我军飞行在最北边的侦察机发回报告：发现日军的航空母舰特遣舰队，敌方正在'列克星顿'号东北约152海里的海面上行驶，它们的速度是每小时25海里，航向往南。"

弗莱彻微微扬起了眉毛，命令道："所有战斗机准备起飞，任务是将所有炸弹一颗不差地扔到日军的航母上！"

几分钟之后，日本航母上也收到了侦察机的报告，显然他们也发现了美国舰队的行踪和方位。

在弗莱彻坚毅目光的注视下，15架战斗机、46架轰炸机和21架鱼雷机从"约克城"号和"列克星顿"号上缓缓起飞，组成一支密密麻麻的战斗机队伍向日本舰队扑去，它们的两翼划过云层，留下淡淡的白色轨迹。

大约1小时以后，日军舰队的"翔鹤"号和"瑞鹤"号映入了美军战斗机群的眼帘，它们正向东南方向行驶，彼此相距8英里，身边都有2艘重型巡洋舰和驱逐舰。如雷雨般落下的炸弹向下坠落，首先朝着"翔鹤"号直直袭来，这时发现了它们的"翔鹤"号上的战斗机已经升空了，瞬时和美军战斗机纠缠在一起。

与此同时，发现"翔鹤"号情况不对的"瑞鹤"号趁机改变航线，躲进下着暴雨的附近海域。

海面上硝烟腾空，这是一场激战。首先赶到的这一批跟随着航母出击的美国飞行员战斗经验不足，他们都是第一次向严密防卫着的航空母舰发起进攻，难免会乱了阵脚。

各个战机在勉强投下了第一枚炸弹之后，驾驶着鱼雷机和轰炸机的飞行员看到了传说中的日本零式战斗机,他们握着操作杆的手指有些微微颤抖,机身开始摇摆,面对零式战斗机极快的速度,它们一瞬间就被冲散了。鱼雷机失散飞开,由于飞行员之间缺乏配合,不少人将鱼雷射进了海里,而且严重偏离目标;轰炸机的飞行员在投掷炸弹时,常常没有瞄准就慌张地摁下了发射键。在一团混战中,总算有2枚炸弹击中了"翔鹤"号,"翔鹤"号霎时燃起了大火,飞行甲板上因为油燃料泄漏而引发了更大的火灾。

这一轮的进攻显然没有达到美军战斗机以往的水准。这些菜鸟飞行员和零式战斗机周旋了10多分钟以后,等来了"列克星顿"号上的战斗机。但是这时有厚厚的云层遮挡住了底下的敌舰,焦躁地盘旋了片刻后,有15架轰炸机发现了一个攻击目标,但是它们的队伍中只有6架"野猫式"战斗机护航,遭遇零式战斗机时很容易被冲散。在短暂的投掷炸弹过后,这一批队伍中的鱼雷机也只好暂时退却,和其他剩余的战斗机一起返航。

趁此机会,日军舰队开始组织反击。此时,"列克星顿"号上的战斗机指挥官紧盯着雷达屏幕,发现了敌机,这群日本战斗机在东北方向70多英里的空中飞行,正向"列克星顿"号飞来。战斗机指挥官立刻命令航母上的战斗机起飞,对这批日本战斗机实施截击。但日本第五航空战队的69架舰载机早已分成了3个攻击队,在遭遇美国战斗机阻击时能从容躲避,许多架飞机都灵巧地绕开了它们,继续向"列克星顿"号飞去。

不久,日本的鱼雷机编队首先抵达美国舰队的上方,它们在"约克城"号上方来回盘旋,试图寻找战机准确地投掷鱼雷。但是,在舰长的指挥下,"约克城"号灵活地进行规避,躲避着敌机,日本鱼雷机发射的鱼雷没能顺利击中此舰的要害部位。

这时,为了躲避日本战斗机的轰击,原本处在环形警戒序列中的两艘航空母舰不停地自行规避,结果不知不觉当中,它们之间的距离越拉越大,身边的警戒舰只因此分离开来,分别保护着两艘航母。

从空中看到这个漏洞的日本战斗机编队指挥官立刻下令,让各个战斗机寻找可乘之机,对两艘航母发射鱼雷,务必成功。

上下翻飞的日本鱼雷机冲着"约克城"号而来,先后向这艘航母的左舷投射了8枚鱼雷,但是幸运的是,没有一枚鱼雷击中它。随后,日本轰炸机队俯冲了下来,以极为刁钻的飞行姿势向"约克城"号投弹,忽然一声巨响,有一枚800磅的炸弹砸中了目标,该舰舰桥附近的飞行甲板被砸出了一个大坑。但是这枚炮弹没有引起更大的伤亡,坚韧的"约克城"号的战斗力没有被削弱多少。

"列克星顿"号不像"约克城"号那般灵活,因此遭受了更多的炮弹。日本鱼雷机编队的队长命令部队实施夹击战术,几架鱼雷机分别从该舰舰首的两舷投射鱼雷。眼看着鱼雷就要到眼前,"列克星顿"号慢吞吞地移动着,但由于它吨位较大,回圈半径大,实在是难以规避了。最终,有2枚鱼雷击中了它的左舷,炸穿的大洞使得锅炉舱,有3处进水,"列克星顿"号面临着下沉的危险。就在这时,日本轰炸机编队也开始对"列克星顿"号展开攻击,从天而降的2枚炸弹狠狠砸在了它的主要装甲上。

轰炸持续了13分钟后,日本战斗机飞走了,看到"列克星顿"号和"约克城"号冒着黑烟的凄惨模样，日本飞行员在返航途中兴奋地报告说："我们替'祥凤'号报仇了！这次出击，一共击沉了敌人一艘'大型航母'和一艘'中型航母'。"

在炮火中勉强支撑的"列克星顿"号上的船员还在救火，但由于燃油泄漏，突然舰内发生大爆炸，火光冲天，已经无法控制，舰长不得不下令全体船员弃舰。到了下午5时左右，日本舰队中的"费尔普斯"号驱逐舰追赶了上来，对这艘无法挽救的航母发射了5枚鱼雷，"列克星顿"号带着该舰上的36架飞机，于17时56分沉入大海。

经此一战，美第十七特混舰队损失了一艘航母，剩下的"约克城"号受到重创，但它仍然载有39架战斗机。逃离日军舰队火力线的"约克城"号回到了大部队中，此时夜幕已经降临，对夜战并无把握的弗莱彻命令舰队迅速撤离战场。

虽然有所损失，但美国舰队成功挫败了日本舰队切断美国海上生命线的企图。

(八) 中途岛海战——联合舰队的丧钟敲响

日本偷袭珍珠港一事曝光后，国际社会舆论的矛头都指向了日本军部，但是即使被指责偷袭，日本最高统帅部也非常乐于享受这种唇枪舌剑，毕竟美国太平洋舰队遭受了沉重打击，这对于日本夺取太平洋的制海权非常有利。在这些神情愉悦的日本海军大臣中间，有一个人可谓是最春风得意的，那就是山本五十六。

"但我非常可惜地看到，在珍珠港事件后，太平洋舰队仍然是对我们在太平洋南部行动的一个威胁。"山本五十六对其他海军大臣说道。

"您是担心，在某一天太平洋舰队可能会对日本的本土展开强大的攻击吗？"一位官衔稍低的海军将领问道。

山本五十六带着高傲的表情微微点头，说道："我的确有这种忧虑，因此我认为，我国海军必须主动寻找机会把太平洋舰队消灭。"

但是没有人告诉山本大将，他对于一些情况没有深入了解。最关键的一个情况是，日军对珍珠港的打击并不是毁灭性的，当时实施轰炸的日本战斗机对于珍珠港的轰炸并不彻底，尤其是他们忽略了美国在基地中修建的维护设施，以及附近重要的石油储备基地。珍珠港的石油储备基地储藏有450万桶石油，却幸运地逃过了日军的炮火。如果当时的日本飞行员注意到了这些设施和储备，扔下了炸弹，那么太平洋舰队根本无法在短时间内重整旗鼓。另外，美军的航空母舰当时全都出海巡航了，躲过了珍珠港的灾难，使得美军完全有可能重建以航母为核心的舰队，对日本海军构成威胁。

不过按照山本五十六赌徒的个性，即使他得知了这些情况，也不一定会改变接下来的战斗计划——组建一支比突袭珍珠港时更强大的舰队。

"这支舰队要由8艘航空母舰、11艘战列舰、20艘巡洋舰、60艘驱逐舰、15艘潜艇，还有大约30艘辅助船只和16艘运输船来组成。"山本五十六这样对海军部的官员说道。

如果不是有突袭珍珠港这件事在前，海军部一定消化不了这样的要求，但是提出要求的人是山本大将呀！自从珍珠港一朝得胜，连东条英机都要对他刮目相看。

没有说的，全部都给！

另外，山本五十六对空中打击力量也提出了要求，需要超过 700 架的战斗机，这里面包括了舰载机，也有海岛上基地的战斗机。这样的阵仗，几乎需要出动全部的日本海军和海军航空兵。没有关系，海军部相信山本能赌赢。

既然得到了海军部的大力支持，山本就开始着手制订精密详细的计划。他这一次给美国人下的套，在中国人的兵法里被称为声东击西。

首先，他计划在夏威夷和中途岛之间，用潜艇组成一道警戒线，执行的任务是侦察所有从珍珠港开往西方船只的行动。然后，日本联合舰队会派出一支舰队，负责袭击阿留申群岛上荷兰港的美军基地，从而夺取吉斯卡岛和阿图岛，将美军防御链条上最西边的一环打破。接下来就是他计谋的关键环节了。

当美国人闻听阿留申群岛被袭，定会派兵来救援，这时山本五十六就会命令第一艘航空母舰上的舰载机出动，冲破美军设置在中途岛的防线，趁机运送至少 5000 名士兵登陆。这一下，得知中途岛遭到日军袭击的太平洋舰队就一定会在珍珠港起航，前去支援。这个时候，山本五十六将派出舰队主力，潜伏在几百海里之外，联合靠近中途岛的舰队，集中火力攻击行驶在中途的美国舰队。

山本五十六将亲自指挥当时世界上最大的战列舰"大和"号，这艘庞大的钢铁怪物可以在 25 海里之外，用 18.1 英寸口径的大炮，发射出 13 吨的弹药。他还任命参加过珍珠港一战的南云忠一海军中将为舰队副司令，指挥第一批航空母舰上的舰载机。重达 34000 吨的"赤城"号航空母舰则由柳本柳担任指挥，这位战将是山本五十六特意从日本驻伦敦使馆召回的军事专家。

五月和煦的春风即将离去，迎来初夏的炎热。山本五十六信心十足地率领舰队出航了，他在心里美滋滋地盘算着美国太平洋舰队的实力：3 艘航母对抗他的 8 艘航母，8 艘巡洋舰对抗他的 20 艘巡洋舰，14 艘驱逐舰对抗他的 60 艘驱逐舰，100 架战斗机对抗他的约 650 架战斗机，没有一艘战列舰在珍珠港事件后还能使用。但是，他所不知道的是，有关敌方航母的最新情报不准确。他以为"约克城"号和"列克星顿"号航母在近期的珊瑚海海战中被击沉了，实际上"约克城"号航母幸存了下来；他以为"大黄蜂"号和"企业"号航母正在所罗门群岛附近航行，然而这个消息有误。

就这样，山本五十六再次怀揣着击溃美国太平洋舰队的梦想，出发了。

山本大将从来不知道自己也会钻入敌人的套子，但是这次一位叫约瑟夫·罗谢福特的美国人，给他创造了这样一次深切体验的机会。

第十四海军战区作战参谋部内，约瑟夫·罗谢福特少校是一个特别的人，他为人低调，性格孤僻，常年穿着一件陈旧的、红色的、好像被烟熏过的夹克，脚下套着一双绒毡拖鞋，看起来更像是个普通的工作人员。他对待工作十分勤奋而且充满了热忱，基本上每天工作 20 小时，废寝忘食。

1942 年 5 月中旬，他已经好几天待在办公室里不出来了，这让他的上司既感到欣喜又觉得担忧。欣喜的是，他一定又在研究什么重要信息了，担忧的是这位天才密码专家的身体是否还能撑得住。他的办公室很简陋，是一间没有窗户的地下室，还安装着铁门，他的办公桌、椅子和地板上都堆满了文件，一般人是不愿进入这里的。但是，在这间屋子里，约瑟夫·罗谢福特破译出了很多绝密密码。正是他帮助破解了日本海军的行动代码 JN-25，得到了日军企图攻占莫尔兹比港口的情报，美国海军才得以及时派遣第十七特遣舰队赶往珊瑚海。

现在又到了他大显身手的时候了，罗谢福特发现最近日军的无线电波发射频繁，他断定日军定然在谋划大规模的军事行动。他开始没日没夜地截获电报，研究密码，试图从中寻找一些蛛丝马迹。很快，罗谢福特注意到日军反复使用到"AF"这两个字母，无论 AF 代表什么，罗谢福特认为那是日军攻击目标的代号。可是 AF 到底指的是哪里呢？

他怀疑是中途岛。为了谨慎，他将这个信息报告给了上司，情报部门的官员开始就此进行分析。原本在进攻珍珠港之前，日本人无线电通信静默，这一次会在大行动之前发射大量信号吗？会不会是虚假信号，用来迷惑他们的呢？另外，最近他们还截获了一些新密码，其中有一些已经破解的字母，代表的是阿留申群岛附近的某些位置。日本人完全可以将阿留申群岛当作跳板，攻占它之后直指阿拉斯加州或是加利福尼亚州。

但是罗谢福特认为，中途岛的战略位置对于日本来说很重要。就当前的形势而言，日本夺取中途岛的概率是最大的。中途岛这个很小的环礁是太平洋最西部地区，却位于亚洲与北美洲之间的太平洋航线中央地带，它距离美国旧金山和日本横滨约 2800 海里，距离珍珠港约 1135 海里，不仅是美国在中太平洋地区的重要军事基地和交通枢纽，还是夏威夷的门户。一旦中途岛失守，后果难以设想。

为了证实自己的猜测，罗谢福特决定检验一下他的想法。尼米兹上将准许他密令中途岛发送一个伪造的情报：报告岛上的蒸馏厂已经倒闭。两天后，罗谢福特兴奋地截获到一个新的日军电报：AF 缺少淡水。如此一来，他肯定地得出结论：AF 一定是中途岛！

尼米兹将军看到罗谢福特的报告，脸上露出了平日里难以看到的舒畅笑容。他随即召集部下开始制订计划，决定在中途岛设防迎击日本人。

5 月 26 日，两艘飘扬着美国旗帜的航母乘风破浪，在碧波万顷的水面上快速行驶。这正是山本五十六认为还停留在南太平洋的航母"大黄蜂"号和"企业"号。这两艘航母一接到尼米兹的命令，就向珍珠港基地回航，现在不远处珍珠港外的哨岗已经能看见它们的身影，在阳光下闪烁着华美的柔光。在它们身后。出现在珍珠港附近地平线上的，还有第十六特遣舰队的其他舰船。

这支舰队，也就是第十七特遣舰队正在加速返回基地。遭受重创的"约克城"号也正艰难地行驶在海面上，向珍珠港前进，它得到命令的时间要稍稍早一点，此时舰尾后面正拖着长达 8 海里的浮油，看起来就像一个漏了油的大铁罐。

回到基地后，"约克城"号的舰长就赶紧向尼米兹报告这艘航母的修复时间，大约需要 90 天。尼米兹将军却摇摇头，说道："我只给你 72 小时，即使是废铁你也要让它动起来，不管怎么样，它还是能有些用处的！"

就这样，在尼米兹的监督下，珍珠港内的各个战舰有的忙着检修，有的在进行修复，大批的工人趴在战舰上如火如荼地工作着，汗水顺着他们的脸颊流淌，滴入清澈的海水中。与此同时，在西面约 1000 海里处的中途岛上，美国大兵正在进行战前准备。

按照尼米兹的指示，岛上的工兵在珊瑚礁的沙滩上修筑起了碉堡，一部分人正在挖掘防空地道,还有一些士兵拉好了数海里长的铁丝线,有几吨的地雷被埋在了沙滩上。除此之外,炮手们已经架设好了从夏威夷岛上急忙运来的防空火炮。原本中途岛上只有37架陈旧的战斗机,如今尼米兹调来了30架远程巡航轰炸机和32架战斗机,其中有"野猫"战斗机、中程鱼雷战斗机和战斗力极强的俯冲式轰炸机。在尼米兹的要求下,陆军还贡献出了4架装备着鱼雷的B-26"掠夺者"轰炸机和15架高空飞行的B-17轰炸机。这些飞机整齐地排列在跑道上,等待着出击的命令。

不久,技术优良的飞行员们驾驶着几架"掠夺者"轰炸机升空,他们担负着侦察任务,608海里以外的地方也是巡逻范围。一旦侦察到敌舰,他们将第一时间报告给航母。

"但是,"尼米兹将军对中途岛上的守军说道:"不要指望航母会支援你们,这一战日本人是有备而来,中途岛需要你们自己来守卫!就算你们面临失败,我的这些航母都必须隐藏起来,等着南云忠一带领第一批航母驶入我的包围圈。"

尼米兹所设计的包围圈十分简单,只要等到南云忠一的战斗机离开航空母舰,前去攻击中途岛,他就会命令3艘航空母舰上的战斗机全部起飞,集中火力去轰炸南云忠一的航母,那将是一次毁灭性的攻击。

几天后,尼米兹一声令下,"大黄蜂"号、"企业"号、第十六特遣舰队的6艘巡洋舰和9艘驱逐舰,从珍珠港出发前往中途岛附近海域。航行途中,尼米兹将军的副官爱德华·来顿中将向舰队的部分军官提供了一些绝密文件,文件里预测了日本进攻中途岛的计划,以及南云忠一的航空母舰即将出发的精确方位。军官们惊诧不已地感叹道:"我们的情报人员何其优秀啊!"

6月2日,美国太平洋舰队的所有战舰抵达"幸运角",这里处于中途岛的东北方,距离中途岛只有282海里。尼米兹命令第十六、十七特遣舰队保持警惕,耐心等待南云忠一的航母进入舰载机的攻击范围,与此同时,罗伯特·西奥博尔德少将率领的第三支美军舰队,此刻正行驶在阿拉斯加海峡的水面上,试图在阿留申群岛给日本人一个意外惊喜。现在就等日本人出现了。

阿留申群岛在6月3日的清晨显得格外妩媚,珊瑚礁周围浮动着一群群艳丽的小鱼,海面在朝阳的映照下晕染开甜美的红晕,一片祥和安宁的景象。忽然,阿留申东部荷兰港的美军基地传来一声震天的巨响,随后是一连串的爆炸声,惊得海鸟四处飞蹿。原来,山本五十六的北部分队已经开始行动了,有12架战斗机从"龙骧"号航空母舰上起飞,对这个美军基地展开了猛烈轰炸。焦黑的浓烟在基地的上空飘拂,一转眼,基地的军营变成了一堆废墟,25名守卫士兵在炮火中丧生。第二天,日本飞机再次出动,空袭了阿留申群岛的荷兰港,这一次美国人有所防备,用防空火炮向敌机轰击,成功击落了几架。此次轰击,除了对美军的营房、仓库造成了打击,没有额外的战绩。

山本五十六本以为这两次空袭能引去一部分的美国战舰,然而尼米兹不为所动,知道那是日本人放下的鱼饵。日军对于阿留申牵制攻击,似乎成了画蛇添足的一笔。

尼米兹将军在收到日军攻击阿留申群岛的消息后,嘱咐负责伏击的舰队提高警惕,他估计日本舰队就快来了。果然几小时后,驾驶着一架远程轰炸机的约维尔

·里德海军少尉发回报告："在中途岛西南方向 608 海里的方位，发现一大群敌舰！"随后，他驾驶着轰炸机在云层中小心穿梭，再次发回报告："我已看到敌人的第 11 艘战舰。"

到了太阳快要落入水平面的时候，9 架执行任务的 B-17"空中堡垒"飞机也遭遇日本舰队，飞行员迅速向这支舰队投掷了炮弹，并未击中目标。夜幕降临后，基地命令 4 架远程轰炸机携带着鱼雷出海寻找这支舰队并实施攻击，成功击毁了一艘油轮。

中途岛将这一消息报告给了珍珠港的尼米兹将军。他们说道："我们攻击了日军主力舰队，一艘油轮被我方摧毁！"

"不对，那不可能是南云忠一的舰队！"尼米兹焦虑地站起来，经过分析，他预计中途岛派出的战斗机攻击到的日军舰队，只是日军从塞班岛出发的一支舰队，那并不是"主力"，因为这支舰队暴露得太明显，而且没有航空母舰。"糟糕，我们真正的猎物，南云忠一的第一轮攻击舰队应该还没出现！"

担心负责伏击的舰队可能收到中途岛发出的消息，尼米兹立刻向指挥官发出急电："那不是，重复一遍，不是日军的主力！"接到消息的第十六、十七特遣舰队当晚驶出"幸运角"，行驶到中途岛北面 174 海里之处。

此时，南云忠一的舰队正从西北方向加速开往中途岛，他派出了侦察机提供情报。他并没有得到那支从塞班岛出发的舰队遭到袭击的情报，因为这支舰队为了避免美军的无线电监测站发现自己的位置，只报告给了山本五十六。此外，他已经派出潜艇在夏威夷和中途岛之间侦察，但已经太晚了。

南云忠一喜欢在清晨发动空袭，或许他认为地平线上亮起的第一道曙光能给他带来好运，珍珠港那一次的确如此，然而这一次……在飞机返航之前，他只能悠悠地感叹一句："希望一切顺利啊！"

此时"赤城"号上铃声大作，随着飞行长一声令下："飞行员，出发！"108 架飞机轰鸣着从飞行甲板上起飞，其中包括了日军最精良的俯冲式轰炸机、鱼雷轰炸机和零式战斗机。这些银白色的飞机一架接着一架倾斜着向前方飞去，消失在了晨曦的微亮光圈里。

另一边，中途岛基地也早早地出动了轰炸机出海侦察。

霍华德·艾迪上尉驾驶着一架远程轰炸机，离开中途岛飞行已经 1 个小时了，基地的官员都在等待他的报告。不久，他的声音传了回来："日军航空母舰就在前方，现在正有一群日军飞机向我方靠近，请拉响警报，请拉响警报！"

瞬时，中途岛上的美国官兵行动了起来，进入了各自的作战岗位。

5 时 53 分，中途岛的雷达系统确定了日军飞机的方位和距离。动作迅速的美军飞行员在 20 分钟内驾驶全部飞机升空，密密麻麻的轰炸机开始飞向日军的航空母舰——"赤城"号、"飞龙"号、"加贺"号和"苍龙"号。有 4 架"野猫"战斗机和 20 架"美洲野牛"战斗机不停地盘旋在中途岛上空，等待着敌机的到来。

日本战斗机像凶猛的台风一样席卷而来。

一时间，一架架美军轰炸机从高处俯冲下来，对准日军轰炸机进行射击。双方飞行员驾驶着飞机你追我赶，在云层中来回穿梭，灵巧地转身、拔高、降低高度，美国飞行员击中了 3 架敌机。忽然，敏捷快速的日本零式战斗机冲了过来。日本的战斗机实在是数量太多，中途岛基地命令防空火炮全部开火，顿时，一些日本轰炸机被炮弹击中，引起爆炸，变成一团火球坠落至海中。即使如此，大部分的日军战斗机仍然扔下了重磅炸弹，雨点般密集的炮火砸向岛上的 3000 名守军，美国士兵拼命奔跑以躲避炮火。轰！咚！岛上的水上飞机棚和一个废油处理站被炸弹击中发生了爆炸，紧接着，弹药库、诊疗所和淡水加工厂也被炮火覆盖。但是，中途岛上守军的反击也并不是没有效果，直到日本战斗机都发射完了炮弹，岛上的飞机跑道和防空火炮依然完好无损，并且日军飞行员发现岛上的轰炸机都不见了。

南云忠一立刻意识到，他们需要进行第二次攻击。7 时 28 分，南云忠一收到侦察机发回的情报："前方不远处，出现 10 艘敌人的战舰！"

"太好了，太平洋舰队终于出现了！"南云忠一一阵兴奋，他以为自己成功地将敌舰引诱出来了，但是心中也存有忧虑，害怕情报不准确。8 时 9 分，飞行员再一次向他报告，美国舰队有 5 艘巡洋舰、5 艘驱逐舰。他吁了口气。但是 8 时 20 分，飞行员第三次向他报告："敌军的航空母舰紧跟在后面出现了！"

南云忠一仿佛被闪电击中了，呆愣了几秒。

要知道，他的全部零式战斗机现在都在中途岛上空，现在所有的鱼雷轰炸机都改装了炸弹。南云忠一无奈地下令："让鱼雷机全部再换回鱼雷！"这又要耗费很长一段时间，而且更加糟糕的是，日本船员在匆忙之中将炸弹留在了甲板上。

南云忠一着急得不得了，但是他现在没有办法发动对美军航母的袭击。眼看着美军航母搭载着舰载机越来越近，他不知如何是好，最后还是源田实帮他做出了决定："迅速召回中途岛上的轰炸机和零式战斗机，重新组织分散的战舰迎击敌舰，最后再出动所有的战斗机，攻击太平洋舰队。"就在斯普鲁恩斯带领着以"企业"号航空母舰为首的第十六舰队向南云舰队靠近时，南云忠一的战斗机飞回来了一部分。这时，从美国"大黄蜂"号起飞的第八鱼雷轰炸机中队靠近了南云忠一的航空母舰。这一支没有护航的鱼雷轰炸机，瞬时遭遇到日军一群零式战斗机的轰击，接连中弹。紧接着，从美国"约克城"号上起飞的第三鱼雷轰炸机中队也接近了南云舰队，在吉姆·撒奇上尉的率领下，这支中队和 6 架日本"野猫"战斗机纠缠在一起，上下翻飞，火光四溅。战况愈演愈烈。

南云忠一感受到了自己身体里沸腾的血液越来越热，他惊喜地发现，在遭遇到美国舰队的 3 个小时里，自己的战舰除了一些轻微的损伤之外，没有一艘被鱼雷击中。他现在有理由相信源田实的话，只要等着他的所有战斗机都飞回来，最终能将太平洋舰队彻底歼灭。

然而就在这时，"赤城"和"飞龙"两艘航空母舰上发生了一阵骚动，有人惊慌地喊叫着："看哪，那是美国人的俯冲式轰炸机！"

不敢相信的南云忠一抬头望去，在一片湛蓝色的天幕下，一架架机翼上印着白色五角星的灰色飞机从云层中渐渐显露出来，正在向下进行标准的战斗俯冲。它们打击的目标是日本的零式战斗机，这些零式战斗机虽然速度快且凶猛，但没有一架能够飞那么高。在美军俯冲式飞机下面，零式战斗机只能在较低的高度上盘旋着，企图充当航母的"空中盾牌"。

经过几次盘旋并击落几架零式战斗机后，美国飞行员驾驶着俯冲式轰炸机统统向航母俯冲下来。

蓦地，黑色的炸弹突然从这些飞机的机翼下方掉落下来，在空中留下一道道阴森森的痕迹，向"赤城"号航母飞去，直接向"赤城"号上的日军飞去！

"赤城"号航母的指挥官站在飞机甲板上注视着这一切的发生，他在混乱中躲避炸弹和炮火，从一块甲板跳向另一块甲板，狼狈地在炮火中扭伤了脚踝。炸弹一枚枚地落下，"赤城"号飞行甲板的中部被炸开了花，留下一个巨大的弹坑。被炮火波及的升降飞机的电梯突兀地暴露在外面，像麻花般扭曲着，如被熔化的玻璃一样低垂着。轰炸稍稍停息了片刻，指挥官赶紧命令"赤城"号航母掉转方向，让仅剩的几架战机起飞，但是就在飞行员登机的那一刻，一束旋涡形火焰在舰尾抛起，霎时点燃了木质的飞行甲板，轰然，大火蔓延，下一秒就吞噬了那些排列在一起的飞机。飞行员们惊叫着逃离，因为他们已经预见到了接下来发生的事情：火点燃了飞机的燃油箱，以及挂在机翼下面的鱼雷！

嘭！轰！剧烈的爆炸摧毁了整个飞行甲板上的所有飞机，不少飞行员被爆炸产生的冲击波甩了出去，不知道摔倒在哪一处碎片上。

然后，那些在更换鱼雷时被堆放在甲板上的炸弹被引燃了。爆炸声此起彼伏，不绝于耳。随后，一位军官突然跑上船桥，激动地呼喊："下面所有的通道都着火了！快逃吧，现在只能通过绳子，从船桥的窗户滑下去了。"就这样，"赤城"号航母在爆炸中报销了。

另两艘航母"苍龙"号和"加贺"号的情况可能更糟。有34架美国轰炸机把全部的炸弹都扔向了"加贺"号，其中有4枚炸弹直接击中了它的鱼雷储藏库，一瞬间引发的爆炸炸毁了大部分的舰身，没有几个船员没被炸飞，它就像一个被击碎了的头脑，化成几万个碎片和残骸沉入了海底。马克斯·莱斯利上尉率领的第三轰炸中队负责轰炸"苍龙"导航母，所有飞行员都不遗余力地投掷炸弹，准确而迅速。有4枚炸弹命中"苍龙"号航母，巨大的火焰覆盖着整座舰身。到了15时10分，南云忠一的第4艘航空母舰"飞龙"号也在爆炸声中变成了一片火海，无可挽回地被美军驱逐舰发射的鱼雷击沉。此后，虽然日军的潜艇发现了美军"约克城"号航空母舰，发射的鱼雷中有2枚都击中了目标，但已无法挽回南云舰队的失败。

这一战，对于整个日本联合舰队来说，就是一场悲剧。闻听南云忠一的4艘航母都被击沉的尼米兹高兴地扬起眉毛，情难自禁地对华盛顿报告说："各位先生，请欢呼吧，我们今日已报珍珠港之仇！"

（九）瓜达尔卡纳尔岛海战——太平洋上的绞肉机

中途岛上凄厉的海风还吹拂在日本人的脸上，尤其是吹拂在日本最高统帅部和参谋本部的各位大臣的脸上，他们的脸色不如珍珠港事件刚刚发生时那般红润了，所有的人看上去都那么意气消沉，不想开口说话。

"很久没听到海军的积极论了，真是感到有些寂寞啊！"参谋本部的一名官员如此说道，瞅了瞅海军大臣们的眼睛，然后闭上了嘴巴。

海军大臣们继续沉默，他们知道现在应以某一场胜利来挽回在中途岛上失去的威严，不然今后在陆军大臣面前讲话都没有底气了，何来合作可言。沉寂了片刻，一位海军大臣提起了今后的作战计划，"目前我们的海军进攻目标是南太平洋，不日将计划夺取新几内亚的莫尔兹比港和所罗门群岛。另外，我们将把瓜岛打造成为南太平洋上不沉的航空母舰！这样一来，大日本帝国海军在南太平洋的作战区域将大大扩大。"

陆军部大臣们赞同地点了下头，道："这个想法是不错，可是海军部有把握能守住瓜岛吗？据我们掌握的情况所知，美国人也看中了瓜岛吧！"

瓜岛岛上地势崎岖，森林密布，位于太平洋上所罗门群岛的东南端，陆地面积约6500平方千米，是所罗门群岛中一个较大的岛屿。第一次世界大战时隶属于美国，后来太平洋战争爆发，日军占领了瓜岛。由于它是澳大利亚的门户，并且地理位置靠近日本，对于美国来说，它是攻打日本的一个绝佳跳板。

"的确如此，瓜岛的战略地位很重要，因此我们必须要严守瓜岛，这还需要陆军部的大力支持才行。目前，海军部迫切需要和你们合作。"海军大臣的语气诚恳，这话也讲得很有道理。

会议结束后，海军部和陆军部坐在一起商量修建防御工事的计划。

他们首先计算了一下自己在南太平洋的兵力，"陆军方面有第十七军，下辖着13个大队；海军方面有第八舰队，由三川军一中将指挥，有轻型和重型巡洋舰7艘，还有若干驱逐舰和潜艇。在瓜岛上还有警备部队约240人。"一位陆军军官念着报告书。

商量了片刻，由一位大臣总结了决议："瓜岛的防御力量不够，应马上派遣施工部队进驻瓜岛，主要是修建机场，毕竟空军是比较方便调动的，命令他们在8月初完工。"

于是，1942年6月底日军派出了约2700人的施工部队到瓜岛上修建机场，这支部队以惊人的速度进行着施工，如期完成了任务。

与此同时，美国人正打算派一支部队登陆瓜岛，主要目的是遏制日军南侵，还能将那里作为攻打日本本土的反攻起点。当时美军已经制订了一个代号为"瞭望台"的反攻计划，计划中的攻占目标包括了新不列颠、新爱尔兰、新几内亚等地。为了实现这个目标，美军参谋部的长官对海军部提出要求："如果放任日军利用瓜岛机场为基地，将威胁美澳交通线，我们要执行'瞭望台'作战首先就必须夺下瓜岛，请你们看着办吧！"美国海军部笑呵呵地接受了这个任务。

因为这一年，美国在南太平洋部署的兵力很多，仅仅陆军和陆军航空兵就有35万人。如果以仅存的4艘大型航空母舰为核心建立突击队，太平洋有10艘战列舰可用，而海军陆战队的2个师和15支航空中队也可以迅速调集过来。由此，南太平洋舰队快速地行动了起来，他们组建的这支攻占瓜岛的部队由航空母舰3艘、战列舰1艘、巡洋舰6艘、驱逐舰16艘组成，将护送海军第一陆战师和第二陆战师中的一部分登陆瓜岛。瓜岛的日本守军再也没有好觉睡了。

1942年7月31日，鲜艳的国旗在一艘艘战舰的桅杆上飘扬着，倒映在波光粼粼的海面上，勾勒出一幅和谐的海军出航图。只见旗舰上亮起了起锚出发的信号灯，特纳海军少将率领着南太平洋登陆舰队，搭载了美国海军第一陆战师约1.6万人，在弗莱彻海军中将航母编队的护航下，从斐济岛出发了。他们的目的地正是瓜岛。

一路上风平浪静，瓜岛上的守军居然没有发觉美国舰队已经越来越近。

8月7日清晨6时40分，海鸟成群地从瓜岛上空飞过，鸣叫着。突然，一阵震天的炮声震动了整个瓜岛。弗莱彻一声令下，美国舰队对瓜岛发起了惊天动地的轰击。

被第一声炮响惊醒的日本兵从睡梦中缓过神来，惊慌失措地奔赴战斗岗位。有一些士兵运气很差，在睡梦中就被美军的第一轮炮弹击中，军营垮塌，他们一个个血肉横飞，残缺的肢体到处飞溅。美军的炮火如此猛烈，以致岛上日军的许多重要目标都在一瞬间被摧毁了。这样的炮轰持续了大约2小时才慢慢减弱，海军陆战第一师师长范德格里夫特少将接到海军的信号，指挥部队开始登陆。日军几乎没有在岸边设防，没有遭遇到什么抵抗的美军部队很快就登上瓜岛，扛着机枪和迫击炮快速地向岛内纵深推进。

瓜岛基地中的日军不停地向日军司令部发出急电求援，他们在炮火中东躲西藏，还要阻击刚刚上岸的美国海军陆战队。

得到消息的日本司令部立刻命令拉包尔地区的日本战斗机赶往瓜岛，对铁底湾的美国舰船实施轰炸。一时间，美国舰船四周水柱翻滚，飞机的轰鸣声冲入云霄，但是美国人用防空火炮展开了反击，瓜岛以南的3艘美国航空母舰派出了舰载机前来拦截，迅速和日本战斗机周旋起来，这使得日本战斗机没有击中什么目标。

陆地上的美军进展迅速，他们在当日下午就占领了一处高地，将机场内的日本工兵逼退出去，往西逃窜至丛林，随后美军轻而易举夺占了机场，将其更名为"亨德森机场"。到了夕阳西下，夜色朦胧时，瓜岛以北的图拉吉岛也被美军控制住了。

不过，日本的战斗机还是发挥了一些效用，他们的袭击打乱了美军的后勤供应，大部分运输船在日本战斗机轰炸时就陷入了混乱。直到这天夜间，这些运输船只卸了不到四分之一的物资，完全不足以满足岛上登陆部队的需要。

此外，除了这支日本战斗机支队，日军第二十五航空队司令官在白天还派出了24架"贝蒂式"鱼雷轰炸机和27架零式战斗机，赶赴瓜岛支援。但是非常不走运的是，这些飞机在距离瓜岛还有1个多小时航程的地方遭遇了美军机群，一瞬间两队战斗机纠缠在一起，在空中展开异常激烈的混战，各展神通的双方战斗机上下交错飞腾着，看不清谁更胜一筹。最后，6架"野猫式"战斗机将零式战斗机打得七零八落，日本的鱼雷轰炸机只好快速返航。

当夜幕降临之后，三川军一带领着8艘战舰进入了海峡，正好与斯科特少将的舰队相遇。双方展开了激烈的夜战，彼此炮轰了大约40分钟，有4艘美军巡洋舰被击沉。紧接着，美军的1艘巡洋舰、2艘驱逐舰都遭受重创，很难在夜间组织反攻。在这种情况下，美军的运输船队面临着巨大威胁。本以为三川军一会立刻命令舰队对运输船发动袭击的斯科特少将沮丧地盯着幽暗的海面，但几分钟后，他惊讶地看到日本舰队正在慢慢撤离。原来，三川军一担心天亮以后遭遇舰载机的追击，于是没有下令攻击瓜岛海岸的美国运输船。

见此情形，斯科特少将立刻带着剩余的战舰和运输船队撤离瓜岛地区。

登陆部队第二天清晨看到海面上一艘日军舰艇都没了，感到无比惊异。但他们立即反应过来，开始积极地建筑防御工事，自力更生，并且节省食物和淡水。

他们用脚指头想想都知道，日本人马上就要来重新夺回瓜岛了。

8月9日到12日,日军派出了一拨又一拨的战斗机对瓜岛的美军实施轰炸,他们几天内一共投下了重达500磅的炸弹,美国海军陆战队在灌木丛中四处躲避,身边的弹片乱飞,不走运的士兵都被弹片击中了要害部位,躺倒在血泊中。岛上升起了冲天的浓烟,呛得人睁不开眼。接着,日军的巡洋舰和驱逐舰又发动了炮轰,给美军造成了极大威胁。岛上的日军趁机发动反攻,但是美军展开了积极的防御,一次又一次挡住了日军的进攻。现在对于美军登陆部队来说,坚持就是胜利!

岛上的登陆部队坚持得很艰难,他们中的许多人得了疟疾,受伤和生病的士兵越来越多,但是他们深信海军还会回来的,咬牙坚持着。

这时的日军准备疯狂反扑,开始不断往瓜岛派兵,由于害怕白天遭遇美军舰队,日军只在夜间通过高速舰运送增援部队,这种夜间偷偷摸摸的增兵方式被称为"老鼠运输",又被叫作"东京快车"。从8月24日开始直到9月4日,日军在夜间将山口支队和清野市木部队顺利送到了岛上,使得岛上的日军增加到6200多人。

但是这点兵力仍然不足以击退强壮的美国人。

得知战况的尼米兹将军焦虑不已,他急令美国南太平洋司令部从新喀里多尼亚的守军中抽调一个团,出兵增援瓜岛。10月11日夜间,美军护航舰队即将抵达瓜岛,恰好与日军"东京快车"在瓜岛西北部埃斯帕恩斯角相遇。双方毫不留情地进行了炮轰,许多新的陆战队员第一次听到这么巨大的炮声,纷纷抱住了自己的脑袋,死死地抓住手中的武器。几轮炮轰过后,略胜一筹的美军护航舰队击沉了日军的1艘巡洋舰和1艘驱逐舰,相应地付出了1艘驱逐舰的代价。

经此一战,日军的夜间增兵活动减缓了步伐。13日,美军护航舰队保护着增援部队安全抵达瓜岛,顺利地将陆战队员送上了岛。

这边,接到报告的山本五十六大将在司令部大发脾气,叫喊道:"我们必须对美军进行报复,要让美国人知道日本军人的厉害!"他立刻带领着联合舰队中的5艘航空母舰、5艘战列舰、14艘巡洋舰和44艘驱逐舰起航,加速奔赴瓜岛战场。

山本大将一来,日军的战斗力顿时不同凡响。连续三天三夜,不断有日本舰载机对瓜岛机场进行狂轰滥炸,瓜岛上一片狼藉,逼迫得登陆的美军部队不停地逃窜,连日本的巡洋舰都全力开火,对准机场发射了数百枚重磅炸弹。美军机场的跑道被炸得面目全非,油料库在爆炸声中燃起了冲天大火,无可挽救。在这次轰击中,美军有31架"无畏式"轰炸机、16架"野猫式"战斗机和全部的"复仇者"鱼雷轰炸机被日本人的炮火摧毁。

美军登陆部队的日子越来越不好过了,他们吃不上足够的米饭,也没有时间睡觉,除了磨牙咒骂日本人,就是端起机枪对攻上来的日本兵进行疯狂扫射。这座岛上,每个人都杀红了眼,成了名副其实的刽子手。

几乎在同一时间,日本陆军第二师团的主力和第三十八师团一部登陆瓜岛,美国陆军一个师也登陆了瓜岛。双方的战争进入了白热化阶段。

被山本五十六逼急了的尼米兹也愤怒了,他任命骁勇善战的哈尔西即刻出任美南太平洋战区司令,负责对瓜岛作战。哈尔西立即将"大黄蜂"号航空母舰和刚修复的"企业"号航空母舰,还有诸多巡洋舰、护卫舰、驱逐舰调集在一起,命令舰队全力奔赴瓜岛战场,并护送更多的陆战队员登陆。

10月24日至25日的两个晚上,日本陆军第二师师长丸山少将指挥岛上的日军向美军发起了不间断的进攻,在他们最后的决死进攻中,成群的日本兵高喊着口号冲出了丛林,一个接着一个扑向美军的火力线。然而,美军的子弹非常密集,也足够充足,冲上来的日本兵成群成群地倒在水泊里,而后漂浮在水洼里。少数日本兵冲进了美军阵营,抢起刺刀、战刀或者直接用拳头和美国兵厮杀起来,这疯狂的肉搏战持续了不一会儿就结束了,他们都死在了美军的枪口下。这批日军最后撤退了,留下了2500多具尸体堆积在美军阵地前,不久之后开始散发恶臭。事实再一次证明,在陆地上的日本兵还是实力欠缺。

"陆军这一次真叫人失望了,但是还有我们海军。"山本五十六器宇轩昂地对部下说着,命令南云忠一带领着"翔鹤"号、"瑞鹤"号航空母舰和"瑞凤"号轻型航空母舰,以及"隼鹰"号航空母舰和其他战舰迅速往南行驶,寻找美国舰队的踪影,主动发起进攻。

一向胆大的南云忠一这次面对的对手是胆大心细的哈尔西将军。在发现自己即将和日本航母交战后,哈尔西紧锁着眉头,他命令所有战舰警戒,派出了多艘侦察机,不停地在附近海域巡逻。"我们的实力虽然有些弱,但是只要能先发现敌人,就还有一些胜算。"他如此对战斗机指挥官说道。

10月26日凌晨的海风带来了一丝寒意,哈尔西从睡梦中醒来,在指挥舱内来回踱步。就在他忍不住想要询问侦察机方位时,派出去的一架侦察机发回了报告:"在圣克鲁斯岛海域发现敌舰,请警惕!"哈尔西兴奋地大喊道:"告诉先头舰队,马上攻击,狠狠地攻击日本航母。"随即,"企业"号上的舰载机纷纷起飞,以迅雷不及掩耳之势向日军"瑞凤"号航母冲去,稍稍调整了队形就发动了攻击,轰炸机不断投掷炸弹,"瑞凤"号飞行甲板被炮弹砸中引起爆炸起火,碎片残骸滚成火球坠入海中,不久被美军鱼雷机击沉。

上午9时50分,太阳已经高挂在幽蓝的天幕上,日本轰炸机报告母舰发现了美军的"大黄蜂"号航母。不久,"大黄蜂"号遭受到了日本战斗机群疯狂的轰击,震耳欲聋的炮火声接连不断地响起,日本轰炸机射出的5枚炸弹击中了"大黄蜂"号的飞行甲板,一个个巨大的弹坑冒着隐隐的火苗,紧接着锅炉舱也被炮弹贯穿,多处涌入海水。十几分钟后,"大黄蜂"号的船体开始倾斜,丧失了战斗力,最后只能由一艘巡洋舰拖着,以3节的速度龟速前行。但是,值得庆幸的是,从"大黄蜂"号上起飞的轰炸机群此时已经突破了日军的空中防线,给日军航母"翔鹤"号一顿痛击。

10时左右,"企业"号航母也被日本轰炸机发现,遭到一场轰炸,3枚炸弹命中了飞行甲板,渐渐在敌机的炮火下不堪重负,不得不向东南方向撤退。到了下午3时多,颤巍巍的"大黄蜂"号再次遭到6架日军鱼雷机的袭击,终于被鱼雷击沉。至此,双方两败俱伤。

经过了10月26日那一场海上大战,山本大将企图一次歼灭美军舰队的梦想再次成了泡影。他开始集中精力,加紧实施夜间"东京快车"的行动。

几日之后,日军在瓜岛的兵力已经超过了美军。但日军最高统帅部的决策者们仍然不满地说:"这样的增援速度还是慢了!干脆,让海军护航舰队一次性将肖特兰群岛基地的增援部队全部运到瓜岛上去!"看起来,他们的胆子比山本五十六还大,一点儿都不担心运送增兵的途中会遇到美军舰队的伏击。

无论如何，这支增援部队在护航舰队的保护下起航了。那是 11 月 12 日的黄昏，太阳还有一半的脸蛋露在海面上，将海面晕染成红彤彤的一片。阿部少将率领着 11 艘运输船和 12 艘驱逐舰搭载了 1.1 万名日军，连夜驶往瓜岛。

与此同时，由"比睿"号和"雾岛"号战列舰和其他战舰组成的一支炮击编队，接到海军部的命令已从特鲁克岛出发，正向瓜岛靠近。这支炮击编队的任务是，对亨德森机场实施夜间袭击。美国人也在迅速行动着。

就在这一天，特纳将军指挥着美国护航舰队又护送了 6000 多名陆军和海军陆战队士兵登陆瓜岛，完成任务的特纳护航舰队在傍晚的夕阳中向东南方向回航。特纳将军正铺开地图，研究附近海域内日本舰队的动向，这时传来了巡逻飞机的报告，"前方发现日本炮击舰队，这批敌舰正在接近瓜岛。"

"看起来是要进行夜袭吗？"特纳立刻反应过来，马上命令 5 艘巡洋舰和 8 艘驱逐舰组成一支舰队，由海军少将卡拉汉带领，即刻重返铁底湾，痛击这支日本炮击舰队。

夜幕被羞涩的星星点缀着，闪烁着淡淡的柔光，给铁底湾披上了一层银白的外衣。几乎在同一时间，美日两支编队擦着边儿驶进了铁底湾，瞬时间两条蟒蛇绞在了一起。双方的炮弹到处飞射，轰隆的炮声震得人耳朵生疼，双方的队形都在混乱中被对方打乱，原本应当是交错展开的火力网被戳破，单只的战舰面对面地进行着轰击，一对一地单挑。炮轰一阵后，美国人心有余悸地发现，幸好日战列舰射出的只是 356 毫米的轰击阵地用的杀伤弹，并非穿甲弹，否则他们不一定能坚持下去。

混战断断续续持续到第二天清晨，清透的目光穿过云层照射下来时，两军才开始清点损失。日军炮击舰队损失了 2 艘驱逐舰、1 艘巡洋舰，以及旗舰"比睿"号。美军则付出了 4 艘驱逐舰、1 艘巡洋舰，卡拉汉将军、斯科特将军及大部分参谋人员阵亡的代价。

由于炮击舰队遭到了袭击，受惊的阿部不敢继续前进，只好带领着增援舰队原路返回了肖特兰岛基地。

瓜岛上，美国登陆部队和日本守军继续激战，日军的防线开始松动，有被突破的趋势。为了给岛上的守军增加士气，三川军一海军中将率领着日巡洋舰编队，于 11 月 14 日凌晨从肖特兰岛出发南下，急速驶向瓜岛海岸，准备对亨德森机场发动轰击。

当清晨明媚的阳光照射到银白的战舰上，三川军一站立在指挥舱内，关注着另一支舰队也就是阿部增援编队的情况，这是自上一次遭受打击以来，他们第二次前往瓜岛，如果再发生什么岔子可就不好了。

忽然，雷达屏幕上出现了一群闪烁的符号，三川军一郁闷地说道："难道我们又遭遇美军舰队了，这次不会是航母吧？"

他还真是猜对了，这是金凯德将军率领的"企业"号编队正从南面行驶过来，许多机械人员仍然趴在"企业"号航母上进行整修，加固曾经被打坏的部分。金凯德将军派出去的侦察机也发回了报告，说明了三川军一舰群的行踪，以及阿部增援编队的方位。

"给我狠狠地打！"金凯德将军呐喊道，他无须做任何战前动员，将士们都是士气高昂，毕竟这场战争拖得太久，他们都想早点帮助陆战部队解决掉瓜岛上的日本人。

轰！一组炮弹发射了出去，美军舰队率先开火。

金凯德将军命令"企业"号航母上的全部舰载机起飞，与从亨德森机场起飞的轰炸机一起，摆开阵势，先对三川军一的舰队进行轰击。灵活轻巧的美军轰炸机不停地扔下一枚又一枚阴森森的炸弹，压制着三川舰队的防空火力，不久之后，1 艘巡洋舰被击沉。随后，阿部舰队中的运输船只遭到了美国轰炸机的狂轰滥炸，轰炸持续到傍晚，美军投掷的炸弹击沉了 6 艘运输舰，只有 4 艘挣扎着逃离了战场。阿部舰队坚持不懈地向瓜岛前进，这 4 艘运输舰在美军战斗机炸弹的洗礼下艰难地移动着，这时，接到救援信号的近藤将军率领着日本"雾岛"号战列舰、4 艘巡洋舰和 9 艘驱逐舰匆匆赶来，进行支援。

日军有援兵，美军同样也有，要知道双方的主力舰队一直潜伏在这附近的海域。海面上渐渐显露出"华盛顿"号和"南达科他"号战列舰的身影，在它们长长的影子后面，还有 4 艘驱逐舰。如此一来，美军舰队和日军舰队又将陷入一场苦战。

偏偏，近藤的舰队首先发现了美军舰队，他命令战舰隐藏在萨沃岛背后，当看到美军舰队经过时突然冲了出来，出其不意地发射出炮弹、鱼雷，好一顿痛击，来不及还击的战舰瞬间被一片火光覆盖，有 2 艘美驱逐舰在熊熊大火中沉入了海底。另外有 1 艘战列舰和 2 艘驱逐舰被打得失去了战斗力。

"华盛顿"号战列舰的防御能力要好一些，它利用雷达的优势，集中火力锁定"雾岛"号实施炮轰，一阵狂风暴雨般的炮弹落下之后，7 分钟内"雾岛"号就被打得无法动弹了。近藤眼看形势不好，只能命令船员立刻弃船并放弃另一艘被打得惨不忍睹的驱逐舰，带领着其他战舰迅速撤退。另一边，阿部少将带领着仅剩的 4 艘运输舰继续向瓜岛前进，趁着近藤舰队和美军舰队激烈交战的工夫，他勉强地将幸存下来的日本兵送上了岸。但是这 4 艘运输舰的命运依然悲惨，第二天天亮之后就被发现，被美军的炸弹送入了海底。

自中途岛海战以来，山本五十六再次遭遇惨败。日军的尸体成群地漂浮在海岸边，鲜血早已被海水冲刷干净，只留下死人的苍白面孔随着波浪来回起伏，没有人为这些死去的士兵收殓，这些死去的人最后会被海浪吞没，消失在茫茫海洋中，甚至是被成群的鱼和海鸟分食。如此的惨剧，终于摧毁了山本五十六坚硬的心，他决定不再冒险将主力舰投入瓜岛战役，不再派遣部队增援瓜岛。没有了海军运送物资，岛上的日军渐渐没了食物和淡水，连生存都开始变得十分艰难。

苦战到 1943 年 1 月 4 日，日军军部终于下达了从瓜岛撤退的"K 号作战"命令，命令联合舰队频繁活动引开美军的视线，帮助登陆日军花费数周时间，计划、准备撤离瓜岛。快要饿死的日军被瓜岛上的热带雨林折磨得面容憔悴，他们静悄悄地在与美军交火的空隙中撤出阵地，分批在三个夜晚登上了 20 艘驱逐舰。直到 2 月 1 日，瓜岛上因为交战而剩下的 1.2 万名日军幸存者迅速逃离，心有余悸地开始返航。

就在他们顺利撤离时，登陆到瓜岛上的美军已经达到 5 万人，可当他们向日军阵地推进并形成钳形态势后，他们才发现日军阵地上空无一人，看样子是刚刚离开不久。

美国大兵搜索了所有的日本营地，随后欢呼起来。他们历时半年的瓜岛战争就此结束,日本人灰溜溜地逃走了。这些曾经遭受瓜岛疟疾侵害的士兵松了一口气,"我们总算可以回家了。"

(十)马绍尔群岛战役——盟军的反攻开始了

中太平洋战区兼太平洋舰队总司令尼米兹海军上将不是第一次和参谋人员讨论进攻马绍尔群岛的计划了,早在 1943 年 7 月 20 日,他就接到了美军参谋长联席会议向他发布的命令,要求他进攻马绍尔群岛。但是,如何打好这一仗呢? 他需要好好制订计划。

马绍尔群岛位于东经 162 度至 173 度,北纬 5 度至 12 度之间,海区面积达127.5 万平方千米,陆地面积约 190 平方千米,东北毗邻威克岛和夏威夷群岛,向西面对的是加罗林群岛和马里亚纳群岛,南面则是吉尔伯特群岛。它由 33 个环礁组成,主要的环礁包括夸贾林、埃内韦塔克、马朱罗、米利、马洛拉普、沃特杰、贾卢伊特和比基尼,最大的环礁是位于西侧的夸贾林,这座环礁的战略位置也是最重要的。

"马绍尔群岛有 33 个环礁,你们认为先攻击哪个环礁比较好呢?"尼米兹在会议上再次提到了马绍尔群岛的问题,他知道,这一仗迟早要打,现在必须要制订好作战计划了,不然等到上层决策人逼紧了,他们到时候连个详细方案都拿不出来。参谋人员聚在一起反复研究后说道:"我们一致认为,应当先攻占夸贾林、沃特杰和马洛拉普三个环礁。夸贾林是日军在马绍尔群岛指挥部所在地,是其指挥中枢,需要尽快攻占,另外它距离其他两个环礁和夏威夷群岛都比较近,夺得了这里,能够缓解我军海上交通线的压力。"

"嗯,的确如此,你们的决定和我的一样。"尼米兹微笑着拿过计划书,决定即日上报。他还选定了攻击马绍尔群岛的时间,1943 年 8 月。

可一直到了 9 月上旬,参谋长联席会议才给尼米兹回了话,相关决策人如此说道:"我们认为该方案所要攻击的地区过于狭小了,你需要注意的是,除了攻击马绍尔群岛的三个环礁外,我军还应占领威克岛、库赛埃岛、波纳佩岛和包括特鲁克在内的加罗林群岛中部地区。"

尼米兹无奈地找来参谋人员商量,大家都认为参谋长联席会议的要求太高了,他无奈地回复说:"请原谅,按照我军目前的实力,如此计划根本无法达到!"

这个计划就这样被搁置下来,直到 1943 年 11 月美军成功攻占了吉尔伯特群岛,进攻马绍尔群岛的计划被顺利提上议程。因为吉尔伯特群岛已经成为美军进攻马绍尔群岛理想的海空基地,此时攻打马绍尔群岛势必能事半功倍。参谋长联席会议决定还是按照尼米兹的计划来执行。

1943 年底,一片黑色的硝烟即将笼罩上马绍尔群岛美丽的珊瑚岛礁,震耳欲聋的炮击声,雷鸣般的爆炸声马上会不停地回荡在士兵们的耳畔,那种浓密烟团遮天蔽日的场面,也将被美军士兵带到这里。

从 12 月开始,马绍尔群岛几乎每天都被硝烟覆盖,那些美丽的珊瑚礁石有的被炮火熏黑,变成了焦炭。尼米兹不想破坏环境,但是这时的他远远设想不了那么多,除了授意从吉尔伯特群岛起飞的美军 B-24 轰炸机每天对马绍尔群岛进行轰炸、侦察,他还需要考虑很多事情,比如是先攻占夸贾林环礁,还是先攻占沃特杰和马洛拉普。

他用低沉的语调喃喃自语着:"根据侦察所得的资料显示,日军在夸贾林环礁南北两个岛屿上都建了机场,最近却正巧把夸贾林岛的部队调到外围岛屿上去……"

"另外,夸贾林环礁的礁湖,是很理想的深水锚地呢。"新任航母编队司令米切尔海军少将在旁边接话道,说完后他看了看尼米兹的神色。

尼米兹微笑地拍了拍他的肩膀,说道:"你说得很对,这么说你也赞成首先攻占夸贾林了?"

米切尔点着头,道:"日军在夸贾林减少了守军,这正是个绝佳的机会,我认为完全可以派出舰载机和岸基飞机将日军附近机场炸开花,首先在夸贾林登陆,来个单刀直入。"

闻听此话,尼米兹以其过人的军事素养和直觉认同了他的看法,随即将这个计划告诉给斯普鲁恩斯、特纳和史密斯三位将军。他们都很担心进攻夸贾林时会遭到日军从外围岛屿机场起飞的飞机围攻。

"一旦我方伤亡过大或进展缓慢,逼迫日军联合舰队再出动的话,就会陷入极其被动的局面。"斯普鲁恩斯忧虑地说。

特纳显然站在反对的一边,"而且即使我们能迅速攻占夸贾林,夸贾林将立即成为日军战斗机集中攻击的目标,我方的海上交通线势必会受到严重威胁!"

最后这三位将军都一致劝说尼米兹道:"还是先打沃特杰和马洛拉普环礁吧,夸贾林放在后面攻占就好。"可是,尼米兹决心已定,就是不肯改变计划。

见此情形,斯普鲁恩斯沉思片刻后说:"那么,就请您在攻击夸贾林之前,先派兵夺取马绍尔群岛东部的马朱罗吧!那里有礁湖可以停泊舰队,岛上地势平坦可以用来建造机场,得到那里有利于让岸基航空兵进驻,这样一来,航空兵可以支援对夸贾林的作战。"

这一次,尼米兹诚恳地表示了同意,随后派兵攻占马朱罗,并派出空中力量对夸贾林进行轰击。按照他的计划,在登陆之前,最好将夸贾林上日军的机场、机库、炮兵阵地全部炸毁。于是自 1 月 29 日开始,谢尔曼少将出动了 230 架舰载机,对马绍尔群岛日军的主要航空基地进行了轰炸,并顺手向夸贾林岛机场扔了不少炸弹,排列整齐的 100 多架日机一瞬间被炸得七零八落,燃烧起来的碎片四处崩裂。

同时,里夫斯少将带领着第一特混大队和蒙哥马利少将带领的第二特混大队,展开了轰炸比赛,对马绍尔群岛上的日军各机场实施了突袭,日军的跑道无一不被炸得面目全非。

经过了美军炸弹洗礼的夸贾林岛,昔日陆海辉映的秀丽美景遭到了玷污,海面上卷起的耀眼白浪被一层浮油覆盖着,浓密葱绿的椰子树变成了一团焦黑,几乎在一夜之间变成了弹片横飞、硝烟滚滚的可怕战场。

夸贾林岛现在成了一座爆炸燃烧中的火药库,完全达到了尼米兹所要求的那种境况。随处浓烟滚滚、大火肆虐,岛上日本守军中有一大半遇上万吨炸弹倾倒而丧生,这为接下来的美军登陆部队创造了良好的条件。史密斯少将登陆后,不禁如此称赞道："航空兵干得漂亮！"

1944 年 1 月时的夸贾林岛上，并没有多少日本守军。大部分日本兵是工程兵部队和司令部的行政、通信人员，真正具有作战能力的只有日本海军第六十一警备队约 1500 人，以及陆军海上机动旅团中的约 1000 人，而如今这些人当中的一半都没能禁受住美军的轰炸。第六巡防区司令秋山少将从未想到会遭遇这样猛烈的轰击，他原本根据美军攻占吉尔伯特群岛的情况，认为美军应该会在北部面向礁湖的那一侧登陆，因此不断派兵在靠近礁湖的海滩连日加修工事，防范美军登陆。但是事实证明，他没有揣测到美军的登陆意图。

为了减少阻碍，美军在发动空袭时也对夸贾林岛附近的日军扫雷艇和猎潜艇进行了攻击，这些船只在爆炸中失去了战斗力，没有一艘能够出海。

夸贾林岛的日本守军如果没有支援，很可能遭遇美军登陆部队的围歼。就在夸贾林岛上的日军拼命地修建防御工事时，由特纳指挥的南部登陆编队，正在夏威夷群岛的毛伊岛和卡拉胡韦岛进行近似实战的登陆演习，这支部队从 1944 年 1 月 12 日至 17 日一直在进行这种登陆训练。

1 月 22 日，特纳将军率领着南部登陆编队出发，于 1 月 30 日深夜到达马绍尔群岛附近海域。准备登陆之前，指挥部就针对在哪侧海滩登陆，展开了一番争论。

由于从面向礁湖一侧海滩登陆会遭遇北、西两头日军的交叉火力，濒临大海的海滩上日军防御更为严密且风高浪急。指挥部最终决定，让登陆部队从岛西端较为平坦的海滩登陆。登陆舰队靠近海滩时，美军军舰实施炮火支援，并且在邻近的埃努布基岛设置地面火炮，确保火力支援充足。

第二日凌晨时分，特纳将军命令两艘快速运输舰"奥弗顿"号和"曼利"号驶抵夸贾林岛西北的吉亚岛附近海域，美军陆战队员们换乘橡皮艇抵达吉亚岛，没有遭到太大抵抗占领该岛，随后登上吉亚岛西北的宁尼岛，完成了控制吉亚水道的任务。这支队伍死伤仅 2 人，共击毙日军 125 人。同一时间，登陆部队的主力到达吉亚水道以西海域，和搭载着履带两栖登陆车的 4 艘坦克登陆舰会合，驶往夸贾林岛西北的恩尼贝根岛和埃努布基岛。

晨曦温柔地将美国大兵笼罩在一片灿烂的金黄中，他们纷纷从 68 辆履带两栖登陆车上跳下来，分为 8 个攻击编队向两个小岛的内陆前进。他们一路迅速地突击上岸，借助着 4 艘驱逐舰的火力掩护，顺利登岸，像扫射靶子一样解决了部分日军的轻微抵抗，到了中午就已完全占领两岛。跟随陆军步兵登陆的炮兵部队忙碌起来，将运载船上 105 毫米和 155 毫米榴弹炮全部搬上了埃努布基岛，随后，科利特将师指挥部也转移到岛上。

夸贾林环礁诸岛上都燃起了硝烟，炮声和机枪声断断续续地传来，惊飞了一群又一群的海鸟。

2 月 2 日，美军陆战二十四团占领了罗伊岛和那慕尔岛，清除了日军所有有组织的抵抗，一阵激战过后，只有少数的日本人放弃了抵抗，其余的日军全部被歼。到了 2 月 7 日，美军陆战部队成功占领了夸贾林环礁诸岛礁，并趁热打铁攻占了附近的岛礁。至此，美军占领了除沃特杰、米利、马洛拉普和贾卢伊特四个环礁以外的所有岛礁。

此次攻占夸贾林环礁的任务执行得十分出色，美军几乎没有受到多少损失。

·军事战争·

图文珍藏版

得到战报的斯普鲁恩斯将军很高兴，批示道："乘胜攻占埃内韦塔克环礁。"

埃内韦塔克环礁登陆作战的枪声即将打响了。2月5日，尼米兹乘坐"卡塔林那"式水上飞机抵达达塔拉瓦，在进行了短暂的视察后于第二天抵达夸贾林环礁指挥部，会见了斯普鲁恩斯、特纳等将领，他微笑地伸出手来和他们握在一块，赞叹道："这次的行动很成功，你们都功不可没。"

随后，尼米兹被让进了指挥部，和将领们一起研究进攻埃内韦塔克的有关事宜。尼米兹让各个将领发表意见，有人立刻提出了反对意见，说道："夸贾林作战尚未完全结束，此时就发动新的战役比较冒险。"

斯普鲁恩斯不疾不徐地回答道："我不认为这是冒险，夸贾林战事已经告一段落，这时登陆部队的士气正高，此次出击胜算更大。"

一旁的尼米兹点点头，"我全力支持斯普鲁恩斯的意见，就这样定了，各个部门尽一切力量给攻占埃内韦塔克环礁提供支援吧！"

他信任地再次和斯普鲁恩斯握了握手，然后乘坐飞机离开了。指挥部内的官员立刻找来了埃内韦塔克的所有相关资料。埃内韦塔克环礁位于马绍尔群岛中位置比较偏远的地带，它距离马里亚纳群岛、特鲁克和波纳佩都比较近。"我方如果登陆，肯定会遭到这三个地区飞机的攻击，这是个严重的问题啊！"又有人开始蹙眉头了。

斯普鲁恩斯也想到了这一点，和参谋人员商量之后决定，先派出航母编队的舰载机组成突击部队，负责阻击马里亚纳群岛和特鲁克的日军战斗机，并命令岸基飞机和火炮负责阻击波纳佩的日军战斗机。

按照计划，等一切准备妥当后，海军准将沃森指挥着第五十一特混编队的两个加强团约8000人，在希尔海军少将率领的70余艘舰船的护送下，将于1944年2月17日发动对埃内韦塔克岛的登陆作战。到时，米切尔将军将指挥第五十八特混编队协同岸基航空兵，率先夺取战区制空权，掩护登陆部队登陆。这一次登陆行动的作战保密代号为"法警"。

"在此次登陆之前，和上次夸贾林作战一样，我们先要清楚日军在空中设置的阻碍，我命令全军现在集中空中力量，对特鲁克发起空袭，并同时对埃内韦塔克岛及周围岛屿进行空中轰炸。"斯普鲁恩斯补充道。

于是，从2月12日开始，胡佛少将指挥岸基战斗机出击，对波纳佩和库赛埃两地的日军不断地进行空袭。包括B-24重型轰炸机在内，这些美军战斗机共投下了约118吨的炸弹，6000余枚燃烧弹，制造出了一片又一片的火海，被燃烧弹烧焦的丛林里蹿出了不少日军，他们哭喊着在炮火中穿梭，但是无论往哪儿走都是火海，一阵阵爆炸逼迫得他们往海里跳，却被海面上漂浮的滚烫的油所灼烧，仍然没能逃过一死。

到了26日，波纳佩和库赛埃两地的日军飞机被美军战斗机击落了至少一半，诸多日军机场也被轰炸得一塌糊涂，除了一些混凝土工事外，所有的日本军事设施基本都不存在了。

埃内韦塔克的日军对空防御力量被狠狠削弱，不堪一击了。

在攻占埃内韦塔克之前，有一个地方斯普鲁恩斯非常不放心，那就是特鲁克。"特鲁克是对埃内韦塔克登陆威胁最大的日军基地，不把它端掉，我心里始终不安啊!"他对参谋人员这样说道,随后决定要占领这座岛屿。

特鲁克位于马绍尔群岛西南方,在第一次世界大战后成了日本的委任统治地,日军已经在那里苦心经营了10多年,那里已经成为日本在中太平洋上最重要的海空基地,被日本人称为"太平洋上的直布罗陀",甚至是"日本的珍珠港"。就冲这个名号,即使这是一块多么难啃的硬骨头,斯普鲁恩斯也下定决心要将它吞入腹中。

1944年2月4日,一架PB4Y"解放者"式水上飞机接到命令,从布尔维干起飞,经过了1500千米的超远程飞行,抵达特鲁克海域,开始执行航空侦察任务。这架飞机灵巧地盘旋在日军基地上空,飞行在云层密布的低空之上,成功拍摄到停泊在礁湖里的日军联合舰队主力和机场上的飞机,但由于天气原因没能拍摄下岛礁的全景。尽管如此,这是美军第一次了解到布防严密的特鲁克日军基地的大致情况。斯普鲁恩斯看过这些航空照片后,决定组织战斗机在合适的机会发动突袭——轰炸特鲁克的飞机场。这时,特鲁克基地的日军已经觉察到美军的侦察活动,因为有了夸贾林的前车之鉴,日军官员极度紧张起来。联合舰队司令古贺判定,特鲁克现在已经暴露在美军的攻击之下,随时可能遭到空袭。"为确保联合舰队主力的安全,我下令舰队即刻撤离,进行转移。"古贺在2月7日下达了这样的命令。三天内,古贺带领着联合舰队主力顺利离开特鲁克,抵达帕琉群岛。他给特鲁克守军留下了约50艘战舰,约300架飞机。

2月12日,斯普鲁恩斯亲自率领第五十八特混编队的3个大队和从其他部队抽调的部分战舰从马朱罗出发,向西北航行,准备从埃内韦塔克北面绕到西面,再转向靠近特鲁克。这支庞大的舰队由9艘航母、6艘战列舰、10艘巡洋舰、30艘驱逐舰以及约570架舰载机组成,声势浩大,战斗力惊人。

2月17日凌晨,斯普鲁恩斯指挥航母编队到达特鲁克以东约160千米海域。随后一分为二,分别由斯普鲁恩斯和米切尔指挥。前者负责截击在空袭后可能向外海逃窜的日舰,后者负责指挥其余舰载机发动对特鲁克的空袭。另外,尼米兹还早早派出了10艘潜艇在特鲁克周围海域机动,准备消灭随时可能从特鲁克基地中逃出的日舰。

清晨的早饭时间,70架F6F"恶妇"式战斗机从5艘航母上起飞,向特鲁克扑去。不一会儿,美军战斗机受到77架日本战斗机的"欢迎",在旭日初升的背景下展开了激战,飞行技术高超的美军飞行员忽而拔高忽而降低,灵活地穿梭在日本战斗机之间,躲避它们的攻击,蓦地一个转身,俯冲下来,瞄准日军开火。啪啪啪啪,战斗机性能不如美机、飞行技术也不如美军的日本战斗机一个接着一个被击中,冒着黑烟坠落下去,约有30余架日本战斗机被击毁,随后战斗机群开始溃散。

到了第二天,斯普鲁恩斯命令战列舰和巡洋舰绕着特鲁克进行轰击,米切尔则派出所有舰载机对特鲁克展开了轰炸。遭到空袭后的特鲁克一片狼藉,被炸弹击中的地面设施变成了焦黑的废墟,如同当年陷入火海的珍珠港一样,失去了应有的战斗力。

特鲁克已经无法对美军在埃内韦塔克的登陆作战构成任何威胁了。

2月21日,美军出动大批舰载机,对埃内韦塔克实施猛烈轰炸,登陆部队在舰载机的掩护下一路突进,钻入了日军防线,一个个遇鬼杀鬼,遇神杀神。次日,斯普鲁恩斯命令陆战二十二团第一营、第二营、第三营在帕里岛北部登陆,快速向内陆推进。岛上的日军顽强抵抗,连续三个昼夜不间断地遭遇美军陆战部队的攻击,防御工事被炸成了碎片,数不清的日本兵倒毙在美军的炮火下。美军的爆破小组上前,在坦克掩护下使用火焰喷射器和炸药包,将那些负隅顽抗的日军火力点逐一瓦解。到了中午,这支部队迅速占领帕里岛北部地区,晚上19时30分整个帕里岛被完全占领。埃内韦塔克环礁顺利落入了美军的手里。

马绍尔群岛战役在轰轰烈烈的炮火声中结束了。

此一战,美军击毙日军约1.1万,在登陆作战中海陆空军配合默契,令人惊叹。此役称得上是美军历史上最漂亮的一次两栖登陆战,让美军引以为傲。

如果说马里亚纳群岛是日军在日本本土外张开的一双翅膀的中心地带,那么马绍尔群岛就是这个致命点的前沿保护阵地。如今美军攻占了马绍尔群岛,便使得日军将战略防御的核心马里亚纳群岛直接暴露在美军攻击矛头之下。可见,获得马绍尔群岛是美军在中太平洋战场上实施战略大反攻的一个壮举,具有重要的战略意义。

美国人在马绍尔群岛上燃放的硝烟,成功地将日军的高层气红了眼。日军最高统帅部得到报告后,惊起了一片激烈的争论。

"这下好了,原本想凭借马绍尔群岛消耗美军实力,迟滞美军战略进攻的希望彻底落空了!接下来该怎么办才好,我们海军此次的损失非常惨重啊!"永野修身面色焦虑地嚷嚷着。

陆军部的人白了他一眼,道:"不知道当初是谁一再保证不会出问题的,结果由于海军的失败,陆军的行动也将受到影响,目前的战局已经越来越不好了。"

"好了,你们都住嘴吧!"突然,东条英机一拍桌子,所有人都闭上了嘴。

东条英机看了看在座的所有人,心里也觉得憋闷,他非常清楚马绍尔群岛一战的失败,使得日本的战局进一步恶化,并且引发了日本陆海军之间更深的矛盾。如果再这样下去,陆海军无法通力合作,那么日军的优势会继续遭到严重削弱。

不久,特鲁克遭到袭击,以此为契机的日本首相东条英机解除了永野修身海军大将海军部部长的职务,提拔更为顺服的海军大臣岛田繁太郎兼任这个职位,同时解除了杉山元陆军参谋总长的职务,将陆军的指挥权攥在了自己手中。

"现在指挥权几乎全部集中在我手中了,情况应该有所好转吧!"东条英机喃喃自语着,但是他很快发现,美国人正在威胁马里亚纳群岛,战局仍然日渐恶劣。夺得了马绍尔群岛的美军,将马绍尔群岛建设成了实施战略大反攻的前沿基地,他们在岛上建筑飞机场、战舰基地,使其飞机的活动范围一下子就扩展了2000海里,这对于打乱日军的战略防御计划,并为下一步攻击马里亚纳群岛创造了极为有利的条件。失去了马绍尔群岛,拥有羽翼的日本也无法顺利腾空飞翔了。

(十一) 马里亚纳海战——航空母舰在穿梭

美国大兵在1943年下半年的日子稍稍好过一点儿,他们吃上了想念已久的罐头,在经过一年半的艰苦奋战后,终于得到了一点儿休息的时间。此时美军已经扭转了战争初期的被动局面,步入了战略进攻阶段。

接下来就是商讨将哪里作为攻入日本的主攻方向了,这是美军发动战略进攻最重要的问题,对此美军上层产生了尖锐的分歧。

由于北太平洋天气寒冷,风大浪急,不利于大部队作战,这条战线对日本与东南亚的海上交通线没有什么影响,因此美军自 1943 年 5 月收复阿留申群岛后,就不再往这条线路上投入兵力。剩下来的,进攻日本的路线还有两条,一是中太平洋,二是西南太平洋。

麦克阿瑟陆军上将首先发言道:"我认为,应当在占领或封锁拉包尔之后,沿着新几内亚—菲律宾轴线向西南太平洋发动进攻,因为

马里亚纳海战

从这里进攻可以充分利用我军在西南太平洋和南太平洋建立好的海空基地,能够得到岸基航空兵不断地支援,还可以绕过日军重兵守备的地区,直接攻击日军防御最薄弱的地带。"

此言一出,得到了一批官员的赞同和支持。

这时,尼米兹海军上将慢悠悠地提出了不同意见,"麦克阿瑟将军说得很有道理。但是,我坚持认为,应选择中太平洋这条进攻路线。因为西南太平洋那条路线上的主要岛屿面积都比较大,日军部署的兵力也很多,我们所付出的伤亡肯定会更大。相反,如果我们从中太平洋发动攻击,能够斩断日军在太平洋上的部署,更重要的是能切断日本本土与东南亚之间的海上交通线,这对于日本而言是致命的!"

停顿了片刻,看了看各位将军的脸色,尼米兹继续说:"中太平洋上大多是一些面积较小的珊瑚礁和岛屿,即使日军在这些岛屿上的防御比较坚固,也比较容易被我们逐一击破,因为这些岛屿之间距离比较远,难以相互支援。另外这条路线距离我军的后方基地较近,还能节省部队与运输船只,能让我们迅速结束战争。"

尼米兹的建议也吸引了一大批支持者,其数量与麦克阿瑟的支持者不相上下。公平起见,他们将两种意见上报给了美军参谋长联席会议,然后各自回家等消息。

几天后,美军参谋长联席会议在经过了慎重和细致的研究后决定采取以中太平洋为主,西南太平洋为辅的双管齐下的攻击方案。

决议文件上是这样说明的:如此两条路线兼顾,可避免单线进攻易遭日军集中全力抗击的危险,并可迷惑日军,使其难以判断我军的主攻方向,从而达到分散日军兵力和注意力的目的,有利于进行最后的战略反攻;所谓以中太平洋为主,是因为现在我国军事工业发展迅速,大批航空母舰和登陆舰艇即将建成投入战场,中太平洋的海军部队可以被打造为一支以航母为核心的机动舰队,有利于我军尽快掌握制空权和制海权。

于是,在瓜达尔卡纳尔岛战役获胜后,美国太平洋舰队总司令尼米兹海军上将负责率领舰队在中太平洋推进,麦克阿瑟陆军上将则以澳大利亚为基地,向印度尼西亚、菲律宾发动攻势,到了 1944 年上半年,这两条战线都进展迅速,直逼日本。

这时,对于盟军来说战略地位重要的、处于日本"绝对国防圈"上的马里亚纳群岛进入了尼米兹的视线,他衡量了多方面利益后决定攻占这个群岛,以它作为盟军 B-29 远程轰炸机的基地,且这一行动有利于为进攻日本本土扫清障碍。

至于派谁担当此任,尼米兹选择了中途岛战役的英雄雷蒙德·斯普鲁恩斯上将。6 月 15 日,斯普鲁恩斯上将率领的第五舰队在塞班岛成功登陆,做好了向马里亚纳群岛进攻的准备。

日本内阁自 1944 年 4 月听到日本海军联合舰队在马绍尔群岛战役中失败的消息后,就对海军部产生了强烈的不信任,甚至连陆军也对联合舰队发出了诘难之词。如今美国企图夺取马里亚纳群岛的计划被日本内阁觉察到了,他们和陆军、海军就应该如何应对又引发了争论。

陆军部有些人放出了这样的话:"以海军现在的状况怎么和美国人打,即使我们陆军愿意配合他们,联合舰队也不一定能够得胜吧!不如放弃马里亚纳群岛算了!"

"你这是什么话,海军是失败过,但是陆军就没有撤退过吗? 马里亚纳群岛是什么地方,说放弃就能放弃的吗?"海军部大臣立刻反击道。

"够了! 两边都少说一句。"一位资深的内阁大臣拍了桌子,摸了摸胡须道:"现在是什么时候了,你们两边应当亲密合作才对,马里亚纳群岛的确不能丢,既然海军上次在马绍尔群岛失利了,这一次就抓住机会攻击美国人吧!"

马里亚纳群岛呈南北走向,是座绵延长达 425 海里的火山群岛,位于琉球、中国台湾和菲律宾以东,硫磺列岛以南,加罗林群岛以北,正扼中太平洋航道的咽喉,它由大小近百个岛屿组成,自北向南主要有第二大岛塞班岛、第三大岛提尼安岛、罗塔岛和最大的岛屿关岛。

它正好处于亚洲与美洲的海上交通要冲,是美军进攻日本本土的必经之路,因此战略地位极其重要。如果马里亚纳群岛被美军占领,日本本土与东南亚的海上生命线势必会被切断,美军攻打中国台湾(彼时被日军控制)和菲律宾也将非常容易,更严重的是一旦美军占领马里亚纳群岛,将会在上面建立 B-29 轰炸机基地,到时日本本土将被纳进美军的轰炸半径,这是极其恐怖的一件事。

深知马里亚纳群岛重要性的日本内阁在和军部商量后决定,沿着千岛群岛、小笠原群岛、马里亚纳群岛、加罗林群岛和新几内亚群岛西部建立一条"绝对国防圈",马里亚纳则是此防线的核心。于是,自 1944 年 4 月起,日军军部命令部队加强该地区的防御。当时部署在马里亚纳群岛的日军兵力有两个师团和两个旅团,6 万多人,岛上正在修建防御工事,已经完成一半,估计 11 月能够全部完工。岛上还没有任何火炮掩体,地雷和铁丝网也基本上没铺设,总体防御存在着很多漏洞,的确迫切需要巩固。

就在马里亚纳群岛上的日军正在如火如荼地修筑各类防御工事的同时,丰田副武接替殉职的古贺蜂一担任了日本联合舰队总司令,他开始着手制订一个迎击美国第五舰队的计划。按照他的计划,日军于 5 月 20 日制订了"阿"号作战方案,决定当美军攻击马里亚纳之时,命令小泽治三郎中将带领着 9 艘航空母舰组成的机动部队出击,对美军第五舰队发动突袭。

小泽治三郎中将为了更好地完成任务,对于如何进行舰队部署思考良多。他将自己想到的战术阐明给丰田副武听，"我打算利用我方在关岛、罗塔岛等地设有航空基地的便利，让我方舰队主力始终行驶在美国舰载机打击半径以外。与此同时，派出我们的舰载机通过远程飞行去攻击美国舰队，随后飞至罗塔岛与关岛等地加油、补充炮弹，准备下一拨攻击，实施'穿梭轰炸'。如此一来，我方舰载机的打击范围将被延长了，但是美国舰队却无法攻击到我方舰队。"

闻听此言，丰田副武微微点了下头，问道："听起来可行，但是你手上的都是新兵飞行员呀，只怕他们的飞行技术有限……"

"那么，角田的岸基飞机能助我一臂之力呀！他派出的飞机只要能帮助我对抗美国舰载机的数量优势，我的计划就能顺利实施了。"小泽红光满面地说。

可惜的是，后来当小泽接到命令带领着战斗机执行任务时，马里亚纳群岛上的绝大部分岸基航空兵已经被美军歼灭，而岛上的日军为了保全面子，没有如实将情况通报给小泽，结果小泽没有及时调整战略，如意算盘成了空。

1944年6月初，美军参战各部在马朱罗环礁集结完毕，各航空编队和舰艇对马里亚纳群岛和邻近岛屿开始进行炮轰了。

6月6日，斯普鲁恩斯乘坐"印第安纳波利斯"号重型巡洋舰，跟随着米切尔率领第五十八特混编队从马朱罗环礁出发，向马里亚纳驶去。他们身后，是由特纳指挥的登陆编队。与此同时，胡佛中将命令岸基战机和西南太平洋战区所属的战机，对加罗林群岛的日军机场展开了频繁轰炸。那里的日本守军被炮火逼得到处逃窜，机场被炸成了一片废墟，不少飞机的残骸在炮火中烧成了焦黑的碎片。如此一来，加罗林群岛上的日军无力支援马里亚纳群岛的守军，登陆部队在轰炸机的掩护下安全驶入指定海域。

6月11日，美军第五十八特混编队出动舰载机开始空袭马里亚纳群岛，一阵阵巨大的炮声响彻云霄过后，这些岛屿上的日军航空兵力几乎全部被消灭。同时，米切尔命令威利斯·李海军中将率领着7艘战列舰和11艘驱逐舰，对塞班岛和提尼安岛实施直接舰炮射击。但这些军舰未接受过对岸精确射击训练，在炮击距离达4000米的情况下，炮手们无法准确瞄准，随后炮弹爆炸的硝烟弥漫在海面上，正巧遮盖了目标，此次炮击没有获得应有的效果。

然而米切尔坚持不懈地实施火力轰击。

过了两天，他又派出7艘战列舰、6艘重型巡洋舰、5艘轻型巡洋舰和26艘驱逐舰组成火力支援群，对塞班岛和提尼安岛实施慢速精确射击，没有犯下和威利斯·李海军中将同样的错误，炮弹一枚枚被抛射至日军防御工事附近，爆炸引发了大火，将被炸飞的建筑物残骸烧成了焦黑的碎片。同时，米切尔派遣美军潜艇部队对日军联合舰队主力所在地进行了严密的封锁和监视。6月13日，斯普鲁恩斯收到了潜艇发回的报告："日军舰队主力已从塔威塔威出发。"

根据潜艇的报告时间，斯普鲁恩斯计算出日军舰队进入马里亚纳海域的时间——不会在17日前。他随即命令第五十八特混编队在6月14日兵分两路，由克拉克海军少将率领着7艘航母、8艘巡洋舰和28艘驱逐舰北上，对硫磺岛的日军发动空袭，阻止日军从北面支援；由米切尔率领着8艘航母、8艘巡洋舰和25艘驱逐舰，进入马里亚纳群岛以西海域，严阵以待，准备截击日军舰队。

6月11日，日军收到了美军航母编队开始袭击马里亚纳群岛的报告，还以为这只是美军的牵制性行动。到了 6 月 13 日，丰田副武闻听美军登陆编队突然出现在塞班岛海域并炮击塞班岛，这才明确了美军的行动目标。丰田副武立即下令马上实施"阿"号作战，并命令第一机动舰队和第五岸基航空部队迅速从新几内亚群岛比阿岛返航。然而，第五岸基航空部队中的许多飞行员得了"登革热"病，无法执行任务，他不得不从横须贺海军中抽调 120 架飞机，由松永贞市中将率领，急速赶赴马里亚纳群岛。

小泽的机动舰队也接到命令，他带领着 9 艘航母、439 架舰载机、5 艘战列舰、14 艘巡洋舰和 31 艘驱逐舰于 17 日 15 时左右完成了海上加油，向东行驶。随后，他接到丰田发来的电报："帝国兴衰，在此一战，全体将士应当全力奋战！"并将这份电报在全部战舰上通报。他命令旗舰"大凤"号航母升起了"Z"字旗，这面"Z"字旗是东乡平八郎在对马海战中，在他的旗舰上升起的战旗，从那时起一直就是日本海军胜利的象征。如今，小泽效仿东乡平八郎挂"Z"字旗，是想借这面旗帜鼓舞士气，让官兵从失败的阴影中走出来。

行进途中，小泽开始盘算如何利用日本战斗机作战半径大于美国战斗机的优势，实施他的"穿梭轰炸"战术。表面上这是个不错的战术，让航母舰队与美军舰队保持一定距离，先派出马里亚纳群岛的岸基飞机攻击美军，再派出航母舰载机从超远距离起飞，攻击美军后在马里亚纳群岛机场降落。但是这个计划必须建立在马里亚纳群岛的岸基飞机健在的情况下，不为他所知的是，在美军的几轮轰炸下，马里亚纳群岛的岸基飞机被炸了个一干二净。

19 日的太阳还没有从海平面上爬出来，小泽就派出 44 架水上飞机出海侦察，很快他收到侦察队发回的报告："前方发现美军舰队，美军舰队在本部舰队 400 海里外。"显得有些兴奋的小泽思虑道：日机的作战半径达 300 海里，现在正是实施穿梭攻击的时候呀！他随即命令中本道次郎大尉带领 64 架战斗机出发。

9 时，这支日本飞行编队中的战斗机、鱼雷机、轰炸机被美军雷达发现。米切尔即刻命令其航母甲板上所有的战斗机前去拦截日机。250 架 F6F"恶妇"战斗机直冲云霄，爬升到 7600 米高度，在距航母 70 海里的上空发现了敌机。这些"恶妇"战斗机居高临下，像一群肆虐的蝗虫朝日本轰炸机俯冲而下，密密麻麻的子弹如雨点落下，将它们围了个水泄不通，四面八方几乎都是"恶妇"战斗机快速掠过的影子，无处躲避。美国飞行员以绝对的优势冲散了日军轰炸机的队伍，像打火鸡似的一下子击落了 25 架日机，冒着黑烟的日机直直地坠入海中，噗的一声，消失不见。激战中，还是有几艘日机穿过美机拦截，对美军的战列舰发动了轰击，所幸只有"南达科他"号战列舰被一枚炸弹击中。这时美舰的高射炮纷纷高扬起脖子，向日机齐射，又有 16 架日机接连不断地被击落，最后只有 23 架日机躲过了炮火及时返航。

这时，深川静夫大尉率领着 128 架飞机组成第二轮攻击波，快速接近美国舰队。看着战斗机升空的小泽心中忐忑，他不知道这次出发的飞机最后能有几架飞回来，就在他独自感怀的时候，他听到了"大凤"号航母传来的警铃。

"大凤"号航母遭受到猛烈的鱼雷攻击！原来美军"大青花鱼"号潜艇刚刚突破了日舰的警戒圈，向"大凤"号航母发射出六枚鱼雷。有一枚鱼雷命中了这艘航母的右舷前部升降机，这枚鱼雷引发的爆炸撕裂了输油管道，油蒸气慢慢在通风性极差的封闭机库里积聚，6 小时后，这些油蒸气接触到了火花，瞬间发生大爆炸。

熊熊火焰将"大凤"号烧成了巨大的火球，飞行甲板已经严重变形扭曲，火势继续蔓延，紧接着弹药舱爆了，一连串的爆炸跟随而来，让人胆战心惊。16时28分，"大凤"号航母载着未能逃走的1650名舰员沉入大海。

就在"大青花鱼"号潜艇攻击"大凤"号的同时，"刺鳍"号潜艇紧接着钻到了日本"翔鹤"号航母跟前。"刺鳍"号利用日军驱逐舰护卫舰声呐系统较差的弱点，行驶到"翔鹤"号右舷前方1100米处齐射了六枚鱼雷，不过十几秒的工夫，有三枚鱼雷直接命中"翔鹤"号。顿时三次爆炸声响起，然后海水呼啦啦地从炸开的破口涌入，航母内部也被引发了一连串的爆炸，"翔鹤"号很快就沉没了。

至此，小泽已经损失了两艘航母。

小泽派出的第一攻击波机群正在返航途中，这时，他派出的第二攻击波机群正在同一航线上快速飞行，两支飞行编队的方向正好相反，马上就要相遇。

结果令人纳闷的事情发生了，第二攻击波机群被第一攻击波机群误认为美机，结果遭到射击，有2架战斗机被自己人击落。郁闷的第二攻击波机群没有时间检讨这个误会是如何发生的，赶紧飞走，向美军舰队飞去。

不久后，成功击溃日军第一攻击波机群的美军战斗机群飞了过来，对日军第二攻击波机群实施拦截，双方同时开火，瞬时纠缠在一起，天空中火光飞溅。作战经验丰富的美军飞行员驾驶着飞机在日机周围盘旋，忽上忽下，忽左忽右，寻找时机大开杀戒。

"埃塞克斯"号航母的战斗机大队长麦坎贝尔中校率队向日机发动猛烈的攻击，一举击落4架日机。最神奇的是"列克星顿"号航母的弗雷西尔中尉，他驾驶着战斗机一头扎进日机机群中，艺高人胆大，敢于在60米的近距不断开火，他发射了360发子弹，便有6架日机从他的眼前坠落了下去。他居然一下子击中了6架日机！

美军战斗机群越战越猛，不断用猛烈的火力将日机赶到一起，再集中火力射杀这些拥挤在一块儿的日机，只看见一架架日机不停地中弹坠落，同时有15架日机坠毁在海面上，火焰腾空，那个场面令人叹为观止。美军飞行员纷纷兴奋地在无线电里大叫："哈，我们就像是在猎火鸡一样啊！打得太过瘾了！"

经过这场激战，约有20架日机勉强突破了美机的拦截，当它们好不容易飞临美军舰队上空时，却又陷入了美舰高射炮的炮火陷阱之下。这些美军高射炮命中率奇高，又有10余架日机被击落，只剩下6架飞机向美舰扔下了炸弹。美军"邦克山"号航母被两枚炸弹击中，升降机和机库供油管道都被炸坏，幸好火势被控制住了。紧接着，"大黄蜂"号航母被一枚炸弹击中，李海军中将的旗舰"印第安纳"号负了轻伤。这一攻击，日军共损失了90多架飞机，最后返回母舰的只有29架。

刚送走了日本第二攻击波机群，小泽派出的第三攻击波机群又来了。只不过这支飞行编队中有16架轰炸机和4架战斗机失散，偏离了航向没有找到美军，只得返航。剩下的29架飞机在途中接到母舰通报美军舰队新位置，但到达新位置后却没发现美军舰队。于是这些飞机转向旧目标位置，结果和美军约40架战斗机撞个正着，陷入激战。美军飞行员再一次过了猎火鸡的瘾，击落了日军5架轰炸机、1架鱼雷机和1架战斗机。七零八落的第三攻击波机群顿时丧失了攻击美军舰队的能力，只能赶紧夹着尾巴消失在云层中。

日军报告的情况时常有误。返回母舰的第一和第二攻击波机群飞行员,向小泽报告说一共击伤美军 5 艘航母和 1 艘巡洋舰,夸大了事实。小泽倒还相信了,认为攻击波机群的攻击效果不错,随即决定出动所有飞机追击美军舰队。

10 时 15 分,小泽派出了 27 架轰炸机、20 架战斗机、3 架鱼雷机去寻找美军舰队的踪迹,这支编队没有在目标海域发现美舰,于是想飞往关岛降落,就在这时遭遇美军轰炸机,双方陷入纠缠。美军飞行员仍然技高一筹,并且轰炸机数量众多,瞬时击落了日军 14 架战斗机、9 架轰炸机和 3 架鱼雷机。幸存的日机准备在关岛降落,但由于关岛的机场跑道被炸得面目全非,它们在艰难着陆之后都无法再起飞。

10 时 20 分,还不清楚前一批飞机情况的小泽又派出 18 架飞机,依然倒霉地在途中遭遇美军飞机,损失惨重。10 分钟之后,又有 9 架轰炸机和 6 架战斗机从日本航母上起飞,这支飞行编队运气不错,几经搜索之后找到了美军的第二航母大队,战斗机机长立即下令展开轰炸,尤其集中火力向美军"邦克山"号航母投掷炸弹。日本飞行员惊喜地看到一枚炸弹击中了这艘航母,但旋即失望地拉高飞机。这枚炸弹没能引起大爆炸,对"邦克山"号造成的损伤很微小。这时,美舰的高射炮开始发挥威力,向日机猛烈地炮击,顺利地击中日军 5 架轰炸机和 4 架战斗机。

小泽在甲板上翘首企盼,希望看到返航的日机,他来回踱步,脸上的神情焦急。原本他是这样打算的,如果飞行编队战果不错,他就率领舰队在第二天靠近马里亚纳群岛继续实施攻击。如果飞行编队损失较大,他就命令舰队暂时向西退避。然而令他恼怒的是,直到傍晚他还没有收到一个确切的报告,也不清楚有飞机在关岛着陆,思考片刻的小泽命令舰队向北航行,后来又转向西北。他计划在海上加油,休整之后第二天再战。

19 日夜间,斯普鲁恩斯命令米切尔在晚上组织一批侦察机出海搜索,确认小泽航母舰队的方位,然后悄悄地率领舰队在深夜占据攻击日军舰队的有利位置,准备天亮之后就发动攻击。

海平面上微微露出了太阳害羞的脸庞,晨曦的云彩像棉花糖一样柔软,迎着第一缕阳光起飞的美军侦察机在空中滑行,搜索附近的海域。米切尔指挥舰队向西航行,一直到了中午,他还没有收到发现日军舰队的报告。米切尔坐在指挥舱内闭上眼睛深思了一会儿,忽然站起来,冲进驾驶室喊道:"立即改变航向,向西北追击!"他怎么知道方向不对呢?原来美军舰队航速为 24 节,日军舰队航速只有 18 节,他们却一直没有追上日军,一定是因为追击的方向不对。下午 4 点,米切尔终于等到了侦察机的报告:"在西北约 220 海里发现日军舰队!"

米切尔命令部队立即出击。美军航母转向逆风,10 分钟里 216 架美军飞机快速升空,像一群猎鹰朝着小泽航母舰队扑去。

美军飞行员看到日机在前方空中盘旋,一齐俯冲了过去,沿着日机之间的缝隙钻了过去,数量不多、火力欠佳的日机不久被冲散,在空中形成的火力网出现了几个大漏洞,让美军飞机一架接着一架通过。行驶到日军舰队上方的美军轰炸机毫不留情地扔下重磅炸弹,灵巧地躲避着日本舰炮的射击,嗖嗖嗖地上下穿梭。炮弹的爆炸声持续了一会儿,日本"飞鹰"号航母因为船体多处爆炸而一头扎入了大海,紧接着"瑞鹤"号、"隼鹰"号、"千代田"号航母也被击中负伤,另外日军"榛名"

号战列舰和"摩耶"号巡洋舰也受到了不同程度的损害。

炽热的火焰在日本战舰上舞动,刺痛了小泽的眼睛,他沮丧地命令舰队赶紧向西北撤退,尽快摆脱美军轰炸机和鱼雷机的追捕。

20日夜间到21日上午,本想追击的斯普鲁恩斯命令战列舰追击了一会儿,但是随后便发现日军航母舰队已经撤退了很远,为了救援落水飞行员,他和米切尔放弃了追击小泽。在给予了日本航母舰队以重创之后,有史以来规模最大的航母间海战,以美军的胜利而告终。

航空母舰是海上的移动城堡,也是海上最坚固的堡垒,但航母本身的战斗力不在其超出一般战舰的庞大身躯和装甲,而是它承载的那些战斗机中的精英——舰载机。

在此次马里亚纳海战,也被称为菲律宾海海战的战役中,美国海军和日本海军再次展开了航母大战。为了扭转战局,日本海军可谓倾巢而出,联合舰队全部主力舰艇和大部分岸基航空兵都被投入了战场,试图一雪前耻,有点儿孤注一掷的意味。然而,联合舰队虽然根据前几次战败的教训进行了改组,将以战列舰为核心的第一机动舰队改组为以航母为核心的舰队,并为所有航母配置了基本满额的舰载机,但日军求胜心切,对于飞行员的要求逐渐降低。由于太平洋战场上战况的惨烈,日军在战争初期培养的那一批训练有素的飞行员几乎所剩无几,为了弥补巨大的人员亏损,日军强行将青年飞行员推上战场,仅仅经过了短暂的培训,只完成了基本的陆上科目演练,在飞行技术上根本难以与美国飞行员相比。战前,小泽原本想要进行海上边合练边备战,却遭遇美军潜艇在附近海域活动,因此无法率领队伍出海训练。在中断了将近一个月时间的训练后,小泽率领舰队前往吉马拉斯岛,希望能让舰载机飞行员在这个适宜训练的场所中进行必要的训练,增强战斗力,可是这支飞行队在途中就接到了出征的命令,其投入战场的后果不难想象。

于是,在舰载机飞行员原本就人员不足的情况下,日军派出的青年驾驶员多数无法抗衡美军飞行员的飞行技术,最终以惨败告终。此战中,美军付出了2艘航母、2艘战列舰和1艘巡洋舰受轻伤,损失舰载机117架的代价,获得了日军损失3艘航母、2艘油船、1艘战列舰、1艘巡洋舰,航母3艘受伤,舰载机损失404架,岸基飞机损失247架的结果。有高达92%的舰载机飞行员失去了生命,使得日军航母应有的战斗力急剧下降。此外,日军出动的36艘潜艇中有20艘被击沉,其他潜艇不同程度受伤。这种程度的损失,尤其是舰载机的损失对于日本海军来说堪称致命,以至在此后半年甚至十个月的时间内,日本海军都无法恢复元气,重新组建一支现代化的飞行队。由此,在短时期里,日军的航母部队都无法再次卷土重来,成了暴露在美军轰炸机炮火下的孤独舰队。

由此可见,从那时候开始,海空战的决定性力量就在于航母及其舰载机,失去了几乎所有舰载机的日本航母,无力再和美军争夺中太平洋上的制空权、制海权。美军彻底掌握了中太平洋反攻线路的控制权,为战略进攻获取了更充裕的条件。

(十二)莱特湾海战——联合舰队徒劳的挣扎

日本最高统帅部内的气压越来越低,高层决策者的面容都黯然无光,他们如今经常听到同盟军在各大战场获胜的消息,以及美军船舰又逼近了一些的报告,还有日本陆军在中国遭受挫败的消息。尽管他们不愿承认,尤其不愿在裕仁天皇面前承认,但是他们感受到了恐惧:第二次世界大战就快结束,日本帝国的时日也不多了。

"现在我军应该破釜沉舟,誓与敌人决一死战!"海军部大臣们高喊着口号,命令参谋人员制订了一套"胜利"计划,即如果美国舰队侵入日本的内圈据点,包括菲律宾群岛、中国台湾、琉球群岛和日本本土,日本海军将使出最后一点儿力量和美军决战到底。

海军部制订的"胜利"计划中设定了四种方案,用来应付不同的情况。一开始日本情报部门认为美军下一步会攻占菲律宾群岛,但由于侦获的情报很少,日本军部不敢确定。10月6日,从苏联传出了一点儿消息,据称苏联外交部曾有官员告诉日本驻苏大使,说他们得知当时驻中国的美国第十四和第二十陆军航空队已经奉命出发了,目标就是菲律宾群岛。

尽管日本人没有想到美军会先进攻莱特岛,但是总算没有错得太离谱。

与日本人情报的短缺相比,美军的情报就更少了。以过去的几场战役来看,盟军在整个太平洋战争中,都低估了各岛日本驻军的实力。美军算是和日军在太平洋交战次数最多的国家,海军部已经确定了要攻打莱特岛,而正像西南太平洋盟军空军司令肯尼中将认为的那样,很多美军将领在一开始都认为莱特岛"几乎没有日军的防御力量",有的人还认为根本无须出动航母。

8月31日到9月24日,哈尔西上将率领着第三舰队的快速航空母舰和战列舰频繁活动,不断袭击棉兰老至吕宋岛区域的日军基地。美军在菲律宾群岛上几乎没有遭遇日军的抵抗,海军轰炸过后,这片岛屿就更好占领了。尼米兹上将接到了哈尔西的报告判定这一片区域的日军无力还击,随即决定取消先攻雅浦岛、逐步向菲律宾南部棉兰老推进而后北上的计划。他决定提前两个月,在1944年10月20日这天,派出一支舰队登陆菲律宾中部的莱特岛。

自山本五十六之后,又有日本人继承了他在战场上豪赌的衣钵。

10月20日清晨的海面平静如镜,碧波微微荡漾,成群的白色海鸟在朝阳的笼罩下显得异常美丽,它们瞪着溜圆的眼睛注视着700多艘美舰浩浩荡荡开进莱特湾。只遭遇到日军微弱抵抗的美军舰队顺利地靠近莱特岛,直到第二天,顺利护送成千上万的美军陆战部队登陆,在登陆过程中遇到了日军的火力反击,不过只有3艘军舰受了轻伤。

此时的日本联合舰队总司令丰田副武大将已经命令所辖部队开始执行"胜利"计划,孤注一掷把握这最后的机会,歼灭物资供应源源不绝的美军。他此时苦恼的是,手中虽然有航空母舰,但却没有足够的飞机,也缺少经验丰富的飞行员。若想依靠刚刚组建的飞行队里那些年轻的飞行员保护航母,实在困难。"在这种情况下,若要成功实施'胜利'计划,我们的部队只能狡猾作战,选择在夜间发动攻势。菲律宾各基地的日机要与我们的舰队紧密合作,给我们提供空中掩护。"丰田副武此时的模样,很像山本五十六屡遭败绩之前的样子。

但是,丰田副武的舰队分散各处,这对他大大不利,他要在美军舰队到来之前把这支舰队集结起来很有难度。小泽治三郎把以航空母舰"瑞鹤"号为首的舰队停泊在濑户内海,栗田健男中将带领的第一攻击舰队则驻在新加坡附近的林加群岛。但是无论如何,丰田副武要在开战前把这些分散的单位都召集回来,迎击实力强大的美国舰队。

丰田副武制订了一个诱敌计划,他决定将整个行动的关键押在小泽率领的那几艘残破航空母舰上。虽然一度称雄海上的日本航空母舰舰队已经破败,如今只剩下1艘重型航空母舰和3艘轻型航空母舰,还有约116架舰载机,但它们还是具有不小的战斗力。"由你负责指挥这些舰只南下吕宋岛,去把强大的美国第三舰队引开。"他对小泽发出这样的命令,为了增强诱敌的成功率,他还把一架战机也没有的战列航空母舰"伊势"号和"日向"号、3艘巡洋舰、8艘驱逐舰拨给了小泽。

小泽是个具有高度责任心的人,他听见丰田副武把整个战争胜负的关键押在了他这里,感到无比荣耀的同时也备感压力。他明白了丰田大将的完整意图,立刻命令舰队准备出航,他的任务就是把哈尔西的第三舰队诱到北面,争取让它们离开莱特岛,以便能让栗田和西村的舰队趁此机会闯入莱特湾。

剩下的问题就是如何抵抗美国航母的第一拨攻击。没有足够飞机的丰田副武找来了山本大将曾经最为信任的战将之一——大西泷治郎中将。对在战场上豪赌一把已经见怪不怪的大西泷治郎于10月17日接管了第一空军大队。他计算了一下,当时日本在整个菲律宾群岛也只有100多架飞机可用,虽然后来得到了增援,但是这点儿数量的飞机很难应付附近海域中至少两艘的美国航母。

他开动脑筋奋力思考,想出来一个点子,成立"神风"特攻队。

这位在山本大将的教导下终于青出于蓝而胜于蓝的大西君,在向各空军大队队长训话时阐明了他的意图:"帝国的命运就在此一举……第一空军大队的任务是掩护栗田中将的舰队推进……我们必须击中敌方航空母舰,使它们至少瘫痪一个星期。如果要使我们薄弱的军力发挥最大效能,只有一个方法,那就是驾驶着满载炸弹的战机撞到美军航母的甲板上去。"

自杀式袭击战术,正式被大西泷治郎提到了台面上。

堪称日本海战史上最冒险、最匪夷所思的大胆赌博即将开始了。有了"神风"特攻队的日本海军这次把残余的海空军力全部投入了进去。丰田副武将依靠4艘航空母舰、2艘战列航空母舰、7艘战列舰、19艘巡洋舰、33艘驱逐舰和500多架飞机,对美军舰队发起攻击。

10月22日黎明,美国潜艇"射水鱼"号和"雅罗鱼"号在巴拉望航道与栗田中将的舰队遭遇。"射水鱼"号迅速向栗田的旗舰"爱宕"号发射出5枚鱼雷,全部都准确地命中了,致使"爱宕"号在20分钟后沉入海中。随后"射水鱼"号对日本巡洋舰"高雄"号发射鱼雷,致使它在爆炸后着火焚烧,舰体开始倾斜。"雅罗鱼"号发射的4枚鱼雷则击中了日本巡洋舰"摩耶"号,一瞬间,大爆炸将这艘战舰震得一颤,由于火势太凶猛,"摩耶"号仅仅支持了4分钟便沉没了。看着战舰一艘艘下沉的栗田极为愤怒,却不得不把司令旗转移到了战列舰"大和"号上,然后带着半沉的"高雄"号和2艘驱逐舰撤离。

两日后,哈尔西站立在旗舰战列舰"新泽西"号上,随着航空母舰在海波中起起伏伏,他聆听着飞行甲板上的播音器传出"飞行员就位"的命令,目送第三舰队的侦察机从航母上起飞,前去搜索圣伯纳底奴海峡和苏里高海峡附近的海域。

早上8点多钟，美军一架A-25型俯冲轰炸机正在飞越菲律宾群岛壮丽的火山崖、植满棕榈树的岛屿，忽然雷达屏上信号闪烁。几分钟之后，这架轰炸机发现了栗田带领的第一攻击舰队，立刻向"新泽西"号旗舰发回了报告。哈尔西立即召回轰炸机，命令第三舰队迅速在圣伯纳底奴海峡外集合，做好迎击敌舰的准备。

大约过了一个钟头，美军侦察机又在南面远处发现了敌踪，那是正向苏里高海峡驶去的西村中将的战列舰"扶桑"号和"山城"号、重型巡洋舰"最上"号和4艘驱逐舰。美军轰炸机对这支舰队实施了猛烈轰炸，"扶桑"号战列舰和驱逐舰"时雨"号受了重伤。西村命令舰队冒着密集的炮火继续向东行驶。

美军侦察机恰好忽略了北面和东北面，这下出问题了。他们没有发现小泽的诱敌航空母舰舰队。小泽派出舰载机联合驻菲律宾的日机，向第七和第三舰队发动了凶狠的攻击。在吕宋岛以北的航空母舰"兰利"号、"普林斯顿"号、"艾塞克斯"号陆续遭到"神风"特攻队的攻击。之后，7架美军A-25型俯冲轰炸机到来，击落了至少25架日机，这时的战况才渐渐好转。

上午9时38分左右，第三舰队的战舰在圣伯纳底奴海峡齐集，突然一架日机把一枚250千克的炸弹扔在了"普林斯顿"号的飞行甲板上，顿时引发爆炸，这枚炸弹直穿到机库甲板，引燃了六架鱼雷轰炸机内的汽油，一瞬间发生连串爆炸，飞行甲板被炸得一塌糊涂，浓烈的黑烟直冲云霄，数百名舰员被炸飞掉入海中。

经过了这次惊险的事件后，几艘航母上的美机纷纷起飞，向日本第一攻击舰队发动猛烈攻击。美军飞行员想法一致，全部集中火力轰炸当时世界上最大的战列舰航母"大和"号和"武藏"号。这两艘航母体积庞大，行动缓慢，突然一枚鱼雷击中了"武藏"号，舰侧被炸出大洞，燃油从破裂的地方泄漏出来。

这时，栗田的10艘重型巡洋舰中已有4艘身负重伤，他正想喘口气，结果美机又转头飞过来了！密密麻麻的炮弹又落了下来，"武藏"号在美军的第二次空袭中被4枚炸弹、3枚鱼雷击中，干舷被炸飞，舰首差点沉入海中，它慢慢减速，渐渐脱离了大部队。此后，美军轰炸机抛出的2枚炸弹击中了"大和"号的第一台炮塔，引起了大火，幸好"大和"号的舰身坚固，舰员奋力扑灭了大火。在美军的第四次空袭中，"大和"号再度中弹，摇摇欲坠。与此同时，正当"武藏"号转身想逃的时刻，美军鱼雷机发出的10枚鱼雷击中了它，"武藏"号航速减至最低，舰身的一半几乎都没入了海中。

至此，日本的中央舰队基本上被美军歼灭。

在10月24日遭到空袭后，西村的南路舰队战战兢兢地进入了苏里高海峡。因为南路舰队和中路舰队严守无线电静默，西村无法与栗田和志摩的舰队统一步骤。当南路舰队刚刚驶过帕纳翁岛时，栗田和志摩的舰队还在他的身后不知道有多远，而西村并不清楚，前方正有美国第七舰队设置的圈套在等待他们。

金凯德将军坐在指挥舱内，和作战指挥奥尔登多夫少将轻松地聊着天，顺便等待前方的战报。"我相信，日军一定会在今晚杀进来。"金凯德将军笑着说。

"您放心吧，他们逃不出我们的手掌心。"奥尔登多夫少将自信地翘起嘴角。

此前，他们已经在海峡南端派出鱼雷巡逻艇，把守住南面的入口，中段布置着3个驱逐舰中队，有6艘陈旧的战列舰和8艘巡洋舰驻守在海峡至莱特湾的入口。

晚上10时30分左右，美军鱼雷巡逻艇雷达上的信号闪动起来。39艘鱼雷艇立即出击，海上正是雷电交加，驾驶员在夜幕之下直接向西村舰队冲去，一队接着一队向日本战舰靠近。忽然，日本驱逐舰也发现了敌情，打开了探射灯，美军鱼雷艇还没驶入适当的鱼雷射程就被亮如白昼的灯光照得无所遁形。西村命令舰队立刻对美军鱼雷艇开火，美军驾驶员在灯光下看不清哪里发射出炮弹，一眨眼，153号鱼雷艇被击中了，爆炸引起了火灾。这时正好一枚炮弹砸入旁边的海中，溅起的水柱呼啦一下把火扑灭了。接着，美军鱼雷艇130号和132号也相继中弹。

不过这时西村舰队的航向、速度和阵形已经完全被美国人掌握了。

金凯德将军命令鱼雷艇继续攻击日军战列舰。菲亚拉中校在旗舰"里米"号上向舰员说道："现在，日本舰队企图阻止我军登陆莱特岛，我们先用鱼雷攻击他们，接下来驱逐舰将对日军战列舰进行夹击，请各位舰员提高警惕。"

现在的海面漆黑如墨，美军驱逐舰沿着海峡的两边向日舰移动，形成夹击态势。此时的日舰雷达屏上一片模糊，日军完全看不清身边是舰影还是山影。这时时钟已经转向了10月25日凌晨，美军驱逐舰立刻发射出第一批鱼雷，击中了日军笨重的旗舰"山城"号，击沉了驱逐舰"山云"号，还将另两艘驱逐舰打成了重伤。不久之后，"山城"号的弹药库因为鱼雷引起的大火被引燃，发生了爆炸，坚持了几十分钟后扎入了海中。渐渐地，日军舰队和美军舰队在行动中改变着航向，日舰排成一路纵队驶来，让美军舰队正好对其形成了抢占T字横头的态势，各艘美舰纷纷转向，将舷炮对准了日舰队伍中为首的那一艘战列舰，集中火力展开炮轰。颤巍巍的日舰勉强发炮抵抗，这场海战已呈白热化状态。接着，日军"扶桑"号被多枚炮弹击中，发生连串爆炸，整艘战舰陷入了一片火海，摇摇晃晃坚持到黎明，"扶桑"号终于断成两截沉入海底。此外，"最上"号也燃起冲天大火。最后只有驱逐舰"时雨"号跟跄着从美军炮火下逃脱，灰溜溜地从战场撤离。

就在这时，肥胖的志摩中将带领着舰队驶进了这片布满了残骸和浮油的海面，看着战舰周围的残骸惊诧不已，他迟钝得没有觉察到发生了什么事。行驶在最前方的轻型巡洋舰"阿武隈"号突然起火，它被美军发射的鱼雷击中了！居然没有命令舰队退后的志摩中将带领着2艘重型巡洋舰和4艘驱逐舰继续前行，冲入了火光冲天的海域。接下来，志摩中将的舰队深入到海峡中，忽然发现面前出现了一堆黑影，他急忙命令部下发射鱼雷，就在这时，他的旗舰"那智"号一头撞上了正在猛烈焚烧的"最上"号。"最上"号就这样稀里糊涂地沉没了。

志摩中将立即命令舰队撤离，掉头返航，开往民答那峨海。至此，美军已经将日军钳形攻势的南臂彻底折断。

10月25日天亮之后，小泽中将率领着他的诱敌部队行驶到恩加诺角东面，等待着美军侦察机的经过。

上午7时刚过，小泽发现美机出现在东南方向，他立刻命令舰队做好迎击的准备。"美军已经上钩了，也许我们都要为天皇陛下效忠了。"他对部下们轻声说道，脸上的表情却很轻松。小泽多看了几眼他手下的那4艘航母——"瑞鹤"号、"瑞凤"号、"千岁"号和"千代田"号，然后郑重地命令航母上那群数量不到30架的飞机马上起飞。不久，哈尔西派出的第一批舰载机到了！

美军飞行员斗志昂扬地驾驶战机向日机飞去，身轻如燕地穿梭在想要发动夹击的日机之间，在和日机近在咫尺的那一刻摁下子弹发射键。密集的子弹击中了

·军事战争·

图文珍藏版

这些日机,致使它们迅速坠落。看着日机一架架燃起火焰掉下的美军舰载机飞行员纷纷兴高采烈地喊道:"嘿,那边的兄弟,拣一个打落它吧!这滋味可是非常不错。"小泽中将重重叹了口气,命令每艘战舰的高射炮全力对美机进行轰击。

一个色彩绚烂的高射炮火网在日本舰队之间展开,一道道火光射入天际,试图贯穿美军轰炸机的机体。美军飞行员凭借着高超的技术,在高射炮火之中左闪右避,一看到空隙就扔下炸弹和鱼雷,准确地击中海面上的日本战舰。中午刚过,日本战舰上的士兵发出了叫喊声:"美军的飞机又来了一批!"

此时,盘旋在日本舰队上空的美军战机已经达到 150 多架,日本战舰逐一被击中起火,火光冲天。航空母舰"千岁"号的要害部位被鱼雷击中,顿时冒出滚滚浓烟,舰身严重倾斜;驱逐舰"秋月"号几次中弹,已经被炸得四分五裂;轻型航空母舰"瑞凤"号也吃了炸弹,一瞬间爆炸起火;小泽的旗舰"瑞鹤"号舰尾被一枚鱼雷击中,舵机受损,还能坚持战斗。

接近 10 时的时候,美机第二轮攻击波到了,密集的炮火和炸弹从天而降,不一会儿,日本航空母舰"千代田"号遭受了重创,轻型巡洋舰"多摩"号也多次中弹。紧跟着,美机的第三轮攻击波又来了,最后一艘参与偷袭珍珠港的日本航空母舰"瑞鹤"号在轰炸中慢慢倾覆沉没,当时这艘航母上还飘扬着一面巨大的战旗。而后,"瑞凤"号也在爆炸声中沉没了。最后,日军战列舰"日向"号和"伊势"号变成了美军轰炸机最后的靶子,几乎被打成了筛子,但这两艘战列舰竟然还能大难不死。

小泽中将眼看着局势大大超出了自己的控制,立即带领着巡洋舰"大淀"号和其余残余的战舰逃走。但是美军轰炸机不愿放过他,一整日都跟着他不断进行袭击,到了 10 月 25 日晚上,这支舰队被消灭殆尽。

小泽中将付出了 4 艘航空母舰全部报销、3 艘巡洋舰损失了 1 艘、9 艘驱逐舰损失了 2 艘的代价,总算完成了诱敌任务。就在他们和哈尔西舰队交战的时候,圣伯纳底奴海峡没有任何舰只防守,栗田率领着舰队冲了过去。

莱特湾警铃大作,闻听消息的舰队将领无不惊诧。

金凯德中将和第七舰队的大部分人员一直认为日本的中路舰队仍在菲律宾以西,而哈尔西的快速战列舰正在守卫圣伯纳底奴海峡。"什么,哈尔西这时远在北面的恩加诺角与日本航空母舰交战?"金凯德中将大叫道,他之前完全没有收到这方面的报告。但是栗田即将到来了。

现在,莱特湾内的运输舰、供应舰、两栖舰艇,以及沙滩上的陆军总部、供应品积集所都面临着日军舰队炮口的威胁。除了一些护航航空母舰、驱逐舰和护航驱逐舰,再也找不到具有战斗力的船只了。发现敌舰 5 分钟后,美军就听见"大和"号发射出的 460 毫米口径巨型炮弹已从头顶呼啸而过,擦着舰船侧舷坠入海中,溅起一束高高的水柱。

7 时左右,金凯德中将在莱特湾自己的旗舰"瓦塞赤"号上听到消息:日本舰队离莱特岛滩头只有 3 小时的航程了。

已经来不及思考太多的金凯德中将命令港内舰只转向,全速逆风向东后撤,并命令所有飞机紧急起飞。5 分钟后,又有几枚炮弹嗖嗖飞了过来,击中了护航航空母舰"白普兰"号,水柱哗啦哗啦地落在甲板上,震得整艘舰不停摇晃,这艘战舰的右舷的机舱受损,其他地方也开始因为爆炸起火。

这时向东后撤的美国护航航空母舰立即发报请求支援,焦急的发报员甚至使用明码发报。那些美国驱逐舰没有退缩,它们等待着日本舰队渐渐靠近,然后自杀般地对其发射鱼雷,不怕被日舰的炮火射穿,即使吃了多枚炸弹也仍旧坚持,目的正是为了吸引日舰的火力。"大和"号为了躲避两枚平行的鱼雷,想要转身却难以转身,拖拖拉拉地浪费了10分钟左右的时间,没有在这时将面前的美军驱逐舰一举击沉。最终,没有火力支援的4艘美国驱逐舰被炸弹击沉,但它们的牺牲为护航航空母舰争取到让舰载机起飞的时间。飞机起飞后,美军护航航空母舰一艘艘地往南撤离,身边不断有日军射出的炮弹落下来,爆炸声此起彼伏。在日军猛烈的炮火下,一艘护航航空母舰终于被击沉。

此后,美军舰队和日军舰队展开了追逐战,渐渐向拥挤的莱特湾靠拢。还未到9时,美军的护航航空母舰北面分队已被日本战舰团团包围,好一顿炮轰,震耳欲聋的爆炸声在耳畔不间断地响起,16艘护航航空母舰一下子损失了105架飞机。

就在这时,美军施放的烟雾升腾起来。日本人的视线渐渐不清晰了,同时他们看到天空出现了许多美军战机,对他们实施攻击。从中路和南面分队护航航空母舰上起飞的飞机全部在日本舰队上空盘旋,一部分支援登陆行动的飞机也赶来了。这些愤怒的美舰飞行员向日舰疯狂扫射,一次俯冲过去就投掷一枚深水炸弹或杀伤炸弹。有的轰炸机弹药用尽了也仍然在日舰的桅顶之间穿来穿去,扰乱日军的注意力。

栗田中将本来已经胜券在握,此刻却惊觉,不过一会儿的工夫,他的巡洋舰"熊野"号中了鱼雷,巡洋舰"筑摩"号和"鸟海"号居然被击沉了。他开始有些心慌了,"难道第三舰队的快速航空母舰来了吗?如果是的话就糟糕了,那边小泽也一直不给我发消息,不知他是否诱敌成功了啊!"其实,那只不过是第七舰队的护航航空母舰。另外,他在这时接到了莱特岛的机场可以使用了的报告。

9时11分左右,栗田中将命令舰队停止作战,立即转向北方驶去。

可怜的栗田中将并不知道此刻自己已经胜券在握了,他错以为哈尔西庞大的舰队就在附近,就此错过了歼灭美军更多战舰的良机。也许上帝真的特别眷佑这支美军舰队吧!

日本军人在二战期间,将传统的武士道精神发展成了以"切腹自杀"效忠天皇、"神风"特攻队自杀式袭击为特征的极端思想。原本倡导忠诚、信义、廉耻、尚武、名誉的武士道精神,成了当时日本军国主义穷兵黩武的道具。

然而,武士道无法挽救日本军国主义走向灭亡的危局,他们在二战后期采用的极端泯灭人性的自杀式攻击,虽然对同盟国的海军造成了不小打击,但已无法改变局面。

以"神风"特攻队的命运为例。

所谓"神风"特攻队,是一个自杀性质的敢死队,全部由十六七岁的青少年组成,背后的始作俑者是1944年10月马里亚纳海战中担任海军航空兵第一航空舰队司令的大西泷治郎中将。"神风"的称呼来自一个13世纪末的典故,当时中国元朝皇帝忽必烈两次派遣远征军出征日本,军队却两次在航行途中遭遇强台风而全军覆没,幸运地避免了一场大战的日本从此就将日本的强台风称为"神风"。给这种特攻队取名为"神风",一方面是希望给日本带来好运,另一方面是寓意这支队伍像强台风一样强烈,势不可挡。"特攻"则指的是,这支部队出击时只携带单程燃料,将飞机空余的载重量全部携带炸弹,由飞行员驾驶,直接向敌军军舰的要害部位,如烟囱、机舱、弹药舱等地方撞上去,进行自杀式袭击,达到"一机一弹换一舰"的目的。凡是加入"神风"特攻队的人都是抱着为天皇效忠的必死决心而去的,不少在战争中幸存下来的"神风"特攻队队员居然还为自己得以存活而感到愧疚。

其实,在"神风"特攻队之前,就有不少日军飞行员在飞机受伤无法返回的情况下,选择撞击敌机或敌舰与之同归于尽,但大西泷治郎却把这种自杀式袭击当作一种战术进行了发展,足以说明当时日本军国主义对于人性的极端无视。

1944年秋,莱特湾海战即将爆发,驻菲的日本第一航空队受命参战,但是当时航空队仅有40架军机配备有飞行员,这样的战斗力根本无法完成任务。日军指挥部召开了军事会议商量对策,大西泷治郎中将便起身说道:"难今之计,只有把军机装填炸药用以撞击美军航母,让其丧失战斗力,为我军赢得时间。"闻听此言,日军的高级将领一开始都不同意,但随着战局的恶化,他们点头答应了大西泷治郎的建议,授意他全权负责此事。于是,大西泷治郎在10月底就从军事学校招募了一批十六七岁的青少年,一共23名,对他们进行了短暂的飞行训练,就将"神风"特攻队推上了战场。

1944年10月25日,关行男海军上尉率领了24架经由轰炸机或战斗机改装而成的"神风"飞机,开往了马里亚纳群岛。此战中,"神风"特攻队携带着大量炸弹击沉、击伤多艘美军舰只,让美国海军大为惊惧。等美国人了解到这批自杀队伍的真相后,更感恐惧。随后,大西泷治郎继续组建"神风"特攻队,在莱特湾海战中给予了美国海军以重创。随着日本技术熟练飞行员的严重短缺,这种极其野蛮的战术愈演愈烈,在冲绳战役期间达到了顶峰!

自1944年10月开始,日本海军先后组建了8个"神风"特攻队,除了将几千名日本青少年送上死亡的道路,大西泷治郎没能阻止日本联合舰队走向灭亡。现代战争不是由这种泯灭人性的自杀式战术来左右胜负的。

莱特湾海战刚刚爆发时,日本陆军参谋总长梅津美治郎和海军军令总长及川古志郎一起进见天皇,一再表示天皇无须忧虑,只管听捷报频传吧!然而,天皇陛下并不清楚,这一次大日本帝国联合舰队将一去不复返了。

此战中,美国派出参战海军部队共有170艘军舰,总吨位达150万吨。由于之前几场海战的失败,日本联合舰队这次投入了包括战列舰"大和"号、"武藏"号在内的所有家当,总吨位也只有66万吨。双方出动的飞机加起来超过2000架,其中日本的大部分飞机被用来进行自杀式袭击,大部分都是有去无回。结果,日本海军战败,26艘日本海军的主力舰长眠海底,日本联合舰队几乎全军覆没。

尽管遭受到日本"神风"特攻队的打击,美军于1944年12月末已经完全控制了莱特岛,保证了美国第六军的登陆点,为美军在太平洋地区展开全力反攻提供了有利条件。莱特湾海战是太平洋战争中最后一次大海战,经此一战,日本的海军力量除了陆上基地的飞机外,几乎已经全部沉入了海底。从此,日本的海面兵力变成了绝对性的辅助部队。

（十三）冲绳登陆战——撬开日本的海上"国门"

当第二次世界大战的硝烟即将消散的时候，裕仁天皇还在日本最高统帅部的侍奉下安然地做着扩张版图的美梦，他十分相信他的将军们。但是自从中途岛一役，他接到的战败的消息呈现出上升的趋势，即使再迟钝，他也隐约感觉到了太平洋战场上气氛的不寻常。他无法再接受失败了，"日本最后的桥头堡——冲绳岛，你们一定要给我守住！"

提起冲绳岛，要先说到琉球群岛。这座群岛是由140多个火山岛组成的，总面积约4792平方千米，在中世纪时期曾是中国的附属领地，在那段日本闭关自守的年代里，它成了中日两国之间贸易、交往的重要桥梁，此后日本一直支持琉球群岛独立，到了1879年日本正式将琉球纳入版图。琉球群岛又可分为三个群岛，从北到南依次是奄美群岛、冲绳群岛和先岛群岛，是日本本土在东海的天然屏障。冲绳群岛位于琉球群岛的中央地带，距离中国大陆、台湾和日本本土的距离都比较近。冲绳群岛主岛就是冲绳岛，它也是琉球群岛中的最大岛屿，面积约为1220平方千米。

随着美军占领菲律宾湾，冲绳岛的战略地位越来越明显。"于日本来说，如果冲绳岛失守，日本本土、朝鲜以及中国沿海地区的制海权、制空权都会化为泡影，日本通往东南亚的海上交通线也将被彻底切断。"海军大臣们在议事厅里议论着，预测美军的下一步作战计划，并商讨如何加强冲绳岛的防御。

"美军早就想要进攻我们本土了，但在此之前，他们肯定会选择在冲绳岛登陆。"参谋人员复议道，"我们已经在冲绳岛加强防守兵力和防御工事了。"

"但这还不够，我们必须制订更详细的防御计划。"另一位海军大臣说道，他向在座的人分析了一下1945年1月日军在琉球群岛的兵力，"我方在琉球群岛的守备军是第三十二军，有4个师团和5个旅团；冲绳岛上驻守着由第三十二军军长牛岛满中将率领的第九、第二十四、第六十二师团和独立第四十四旅团，共约10万人。"

"牛岛满的计划是什么？"有人问道。

"根据他所说，他把主力部队集中防守在岛中部的两个机场一带，准备以海上和空中的特攻部队去攻击美军的登陆部队，并且会集中优势兵力力求将登陆之敌歼灭在登陆海滩上。"这番解析的话音刚落，海军部大臣们纷纷表示赞同。牛岛满是他们特意从中国战场上调至冲绳岛的，他作战一向凶狠，这个防御计划也还比较完善。

然而，不久后美军开始对冲绳岛发动攻击，冲绳岛守备部队中最具战斗力的第九师团被军部调往了台湾。牛岛满着急到跳脚，他只好放弃了歼敌于滩头的计划，将防线从中部地区收缩到南部，将80%的兵力配置在以首里为中心的南部地区，并且立刻开始修筑防御工事准备打一场艰苦的防御战。

他所设想的战术是诱敌深入，将美军引诱到海空火力无法支援的纵深地带，进行阵地防御，慢慢消耗美军的实力。

1945年3月，为了巩固冲绳岛的防御体系，日军最高统帅部制订了"天号作战"航空兵决战计划，从陆海军中一共调集了约2990架作战飞机，其中1230架都是自杀式飞机，这些自杀式飞机组成的"神风"特攻队被分别派往台湾、琉球和九州。他们接到的命令是：一旦美军登陆冲绳岛，立刻对美军舰队和运输船只实施猛烈攻击，不惜一切代价阻止美军登陆。除此之外，日本海军还在冲绳岛及其附近岛屿频繁活动，布置了数百艘自杀摩托艇和人操鱼雷，准备对美军登陆部队实施水面和水下的自杀式袭击。

名存实亡的联合舰队的残余军舰也将在港湾内进行整修，准备随时响应天皇的号召，只要形势需要，这些战舰就立刻出海，在冲绳岛进行生命中的最后一击。

冲绳岛已经进入了草木皆兵的状态，给美军设下了一个个陷阱。

1944年10月，太平洋战区总司令尼米兹、第五舰队司令斯普鲁恩斯海军上将、太平洋战区两栖部队司令特纳海军中将、陆军第十集团军司令巴克纳中将等美国海军高级将领齐聚一堂，在会议厅内进行商议。尼米兹刚刚接到美军参谋长联席会议向太平洋战区下达的攻占冲绳岛的指令，他扬了扬手中的文件，对在座的将军们说道："先生们，我们要面临的可能是美国海军史上最残酷的一场战争，但是，这一仗我们必须胜利。"

随后，尼米兹开始和将军们筹划作战计划。1945年1月3日，美军参谋长联席会议批准了冲绳岛作战计划，2月9日批准了尼米兹呈交的具体登陆计划。

"这一次我们将投入约54.8万人的总兵力，各种舰艇1500余艘，飞机2000余架，铲除可能遇到的一切困难，务必将冲绳岛上的日军一举消灭！"尼米兹神情激动地做着战前动员，他用信任的眼光看着斯普鲁恩斯，宣布道："此次的作战总指挥是第五舰队司令斯普鲁恩斯海军上将，战役的代号为'冰山'，将军们，接下来就看你们的了。我将尽一切力量协助你们，如果没有罐头和饼干就尽管来找我好了！"

所谓"冰山"，指的是这样庞大的参战兵力，也不过是冰山露出水面的一角而已，宛如冰山水下部分的更大的部队将在冲绳岛一战之后，也就是登陆日本本土时浮出水面。这一代号正昭示着美国人攻打日本本土的强大决心。

最后，美国军部确定了登陆冲绳岛的日期：1945年4月1日。

正好是愚人节的这一天。

感觉到肩上的担子格外沉重的斯普鲁恩斯召集参谋人员进行兵力部署。"冲绳岛距离日本本土很近，我军登陆时，一定会遭到日军自杀式飞机的袭击，尽管这些自杀式飞机不足以让日本人扭转战局，但是会对我军造成沉重打击，不得不防。"斯普鲁恩斯忧虑地喝着咖啡，然后放下杯子指着地图上的几个地点继续说，"在登陆前我们还是要进行轰炸，像日本本土、琉球群岛和台湾这些地方的日军航空基地，都必须一个不剩地进行大规模的轰炸，尽可能多击毁一些他们的战斗机，尤其是自杀式飞机。"

参谋人员纷纷仔细记录着这些指令，随后他们听到斯普鲁恩斯又说道："同时在登陆部队实施登陆前一周，让陆军第七十七师在庆良间列岛登陆，扰乱日军的视线，并且在那里建立前沿基地，方便我们在战役中进行后勤补给，或者还能完成一些抢修工作。"

至此，美军的作战部署全部跃然纸上。

3月1日，斯普鲁恩斯和米切尔率领着第五十八特混编队，出动轰炸机对冲绳岛进行了猛烈空袭，与此同时派出了侦察机在冲绳岛、庆良间列岛和奄美大岛一带盘旋，执行侦察任务并且拍摄了许多照片。看到了照片的斯普鲁恩斯对冲绳岛上日军防御工事的情况有了一个大概的了解。

此后，为了提高对日本本土的轰炸效果，第二十一航空队司令李梅少将命令所有战机实施夜间低空轰炸，拆除了 B-29 轰炸机上除尾炮以外所有武器，使其载弹量增至 7 吨，全部用于装载燃烧弹。燃烧弹的威力不在于爆炸冲击力，而在于能够迅速引发火灾，这个被称为"李梅赌注"或"李梅火攻"的战术开始发挥威力，无数个燃烧弹在地面上炸成绚烂的花朵，犹如地狱之火般恐怖。334 架 B-29 轰炸机掠过东京上空，一夜之间便扔下了近 2000 吨的燃烧弹，东京顿时陷入了一片火海，到处都是熊熊燃烧的烈火，火光冲天，居民们被巨大的火势逼得四处逃窜，无家可归。天亮后，东京市民们看到 42 平方千米城区成了一片废墟，因这次燃烧弹袭击丧生的日本平民约 8.3 万人，约 10 万人受伤并且流离失所。

3月27日到31日，尼米兹命令第二十一航空队对日军在九州的各机场实施密集轰炸，摧毁了不少日军机场和战斗机。不间断的空袭，使得日军海空军对冲绳岛的增援力量受损，美军达到了他们削弱日本空中火力的目的。

这时，日本最高统帅部接到了美军攻打庆良间列岛的报告。这批美军是在 3月 26 日早上开始实施登陆的，他们在第五十一特混编队第一大队的 11 艘战列舰、11 艘巡洋舰、24 艘驱逐舰和 8 艘护航舰对冲绳岛实施炮轰的掩护下，兵分四路，顺利登陆，于 3 月 27 日就占领了整个庆良间列岛。日军一直认为庆良间列岛对冲绳岛的登陆没有多大作用，所以没有布置多少防御力量。

然而，斯普鲁恩斯看到了庆良间列岛的战略价值。这个位于冲绳岛西南，距那霸约 15 海里，约由 10 余个岛屿组成的岛群到处悬崖峭壁，礁石林立。但是这个地方非常适合用来做后勤补给基地。美军占领庆良间列岛的当天晚上，就将成群的供应舰、油船、修理船、补给舰等后勤辅助舰只引入了这片海域，以惊人的速度建立起补给和维修基地。到了 31 日，庆良间列锚地已经粗具规模，成了美军在冲绳战役期间的前沿基地。同时，美军在攻占庆良间列岛时得到了意外收获，他们居然发现了日军部署在这里的 250 余艘自杀摩托艇和 100 余枚人操鱼雷。这些自杀艇被美军迅速销毁，全部消失在海面上。

也就在这一天，美军七十七师攻占了庆良间列岛与冲绳岛之间的庆伊濑岛。随后派出两个 155 毫米炮兵营在岛上修建阵地，为第二天即将开始的冲绳岛登陆战做好炮火掩护的准备。一切就绪，美军的登陆部队浩浩荡荡向冲绳岛靠近。

3月26日4时开始，直到 3 月 30 日，冲绳岛已经遭到几日的炮轰了，烟雾弥漫的岛屿在稀薄的阳光中显得森然恐怖。

首先一批实施炮轰的是德约少将带领的第五十一特混编队第一大队，他们在凌晨发动了攻击，将装载的炸弹和燃烧弹一股脑地扔在了日军的阵地上。等到天亮后，美军第五十八特混编队的航母舰载机和第五十二特混编队第一大队的护航航母舰载机出动，这些数量庞大的舰载机扔下了更多的炸弹，将冲绳岛融入了一阵阵的血光之中，有的炸弹被投入到日军机场，有的炸弹将日军的防御工事炸开了一个个豁口。随之而来的是从马里亚纳、菲律宾甚至从中国大陆基地起飞的陆军航

·军事战争·

图文珍藏版

空兵。这支部队的火力同样猛烈,很多战斗机在冲绳岛上空盘旋了几次,才扔光了所有的炸弹和燃烧弹,其中有的战斗机在为舰炮火力进行校正,有的专门负责空中警戒和护卫,各自分工明确,使得整个轰炸过程快速而高效。

由于接连不断实施轰击的战斗机数量太多,美军还专门成立了空中支援控制分队,由帕克海军上校为队长统一指挥和协调所有参战的飞机。但令美军感到诧异的是,轰炸攻势进行了5天,冲绳岛上的日军居然没有任何反应。连一点几反击的迹象都没有。

"冲绳岛上的10万日军,好像不存在一样,到现在也没有任何动静。"侦察机在冲绳岛上空进行侦察,向指挥部报告了这样的消息。斯普鲁恩斯也觉得奇怪,但是这个信息并未影响他发布登陆命令。

4月1日这天的天空很蓝,万里无云。斯普鲁恩斯一声令下,美军登陆部队开始行动了,从旧金山、西雅图、夏威夷、新喀里多尼亚岛、圣埃斯皮里图岛、瓜达尔卡纳尔岛、塞班岛和莱特岛等地调来的美军陆战部队集合在一起,于拂晓时分抵达冲绳岛海域,分批进行换乘。随后,陆战队员们听到了特纳将军的号令:"开始登陆!"

轰轰! 美军炮火支援编队的军舰对登陆地附近区域发炮,在强烈的火光下,陆战二师登陆部队一队接着一队跳下船,在冲绳岛东南海岸蹚着浅水登上沙滩。他们这批登陆部队其实在实施佯动,目的是为了吸引日军的注意,为真正的登陆部队主力做好掩护。

又一阵炮声过后,时针指到8点,美军登陆的主攻部队开始登陆。陆战队员们从登陆舰上沿舷侧的绳网滑到登陆艇上,乘坐着登陆艇分为5个登陆小队,在海浪中向着岸上冲去。在冲绳岛西海岸从北到南正面约9千米地段登陆的,是美军陆战一师、陆战六师和陆军第七师、第九十六师。

20分钟之后,正当美军战斗机完成了最后一次扫射,舰炮渐渐停止了炮轰,第一批登陆艇瞬时抵达海滩。12分钟后,第一批登陆部队顺利上岸。美军海陆空部队的协作亲密无间,非常完美。

之后,初升的太阳放射出耀眼的光芒,绚烂的阳光映照在整齐划一的美军陆战队队员脸上,将他们严肃的脸庞勾勒出清晰的轮廓,他们手持着机枪或重型武器,陆陆续续登岸。在整个登陆过程中,美军的行动非常顺利,奇怪地没有遭遇到日军的任何抵抗。一个上午,陆战部队约5万人全部登陆完毕,下午,美军开始卸载战略物资。

登岸的美军侧耳听着附近丛林的动静,但是没有听见一架日军飞机出动的声音,除了少数几声枪响和迫击炮的零星射击声,美军没有发现日军的大部分,他们诧异地小心前进,却几乎没有遇到日本人的攻击。日落时分,美军的火炮、坦克以及军需物资也都搬上了岸。特纳将军察看了各处登陆点的情况,随后向斯普鲁恩斯报告说:"今日登陆顺利,几乎未遇抵抗,非常奇怪。"

"日本人到哪里去了? 难道他们也会开愚人节玩笑?"斯普鲁恩斯和特纳一样感到迷惑不解。他向陆战部队发出警告,提醒他们注意日军很可能埋下陷阱,等着伏击他们。但是直到这天夜间,美军也只是看到几个日本人的影子而已。

第二天,美军陆战部队一部开始向东部前进,试图切断日军防线。

4月4日,美军陆战部队的推进依然顺利,两个陆战师迅速推进,已经横跨整个岛屿到达东海岸的中城湾，他们立刻占领冲绳岛的中部地区，成功地将日军防线从中间切断。

"原计划15天完成的任务，只4天就顺利达成了，这有点儿不对劲啊！"斯普鲁恩斯坐在指挥舱内，陷入了沉思。这时有报告传来，日军有少量战斗机在海上出现了。

日本人不是不想早日发动反击，原本他们就计划在美军登陆冲绳岛时发动代号为"天号作战"的航空兵决战，将所有可用的陆海军飞机都调集过来，对美军登陆舰艇发动轰击。但是，作为"天号作战"主力的海军驻九州地区第五航空舰队的岸基战斗机，都被用来在3月18日、19日反击美军对九州地区的空袭了，战斗中这支部队损失惨重。因此，当海军联合舰队司令丰田副武大将准备下令实施"天号作战"时，他们手中已经没有足够的战斗机保证能够完成作战任务了。这时，日本海军的其他航空兵部队还在进行训练，那些新兵飞行员得过几天才能被推上战场，而陆军的航空兵还没有来得及抵达，在这种糟糕的情况下，日军只得出动少量飞机。

丰田副武着急地在办公室里走来走去，他看着桌上报告里的数据，不禁感到压抑。"从3月26日至31日，包括侦察机在内，我方出动的飞机只有100架次，其中自杀式飞机约20架次。"他开始不停地打电话给各个航空支队，命令空军部和陆军部把能借给他的飞机全部拿出来，"还不够，还不够，还有没有更多的飞机？面对美军数以千计的舰船，你们难道认为少量飞机的出击能起作用吗？我除了'神风'特攻队，还组建了更厉害和数量更多的空中攻击部队！"他对着话筒不断叫嚷着。

显然他决定背水一战，只不过豁出去的不是他自己的性命，而是数千名日本青少年的生命。丰田副武决定，从4月6日开始对美军在冲绳海域的舰艇实施大规模的轰击，他抽调了海军岸基航空兵中的第一、第三、第五和第十航空舰队，以及陆军第八飞行师团和第六航空军奔赴冲绳岛支援，飞帆总数大约有4000架。

"这次作战的代号为'菊水'，"他在命令中这样说道，"此次的行动十分危险，但是我相信各位日本帝国的勇士们都愿意为天皇效忠，这是极为荣耀的事情，天皇陛下会为你们感到骄傲。"听听他的语气，已经表明了这将是一次以自杀式袭击为主的行动。

所谓"菊水"指的就是水中的菊花，源于日本14世纪著名武士楠木正成的纹章图案，当年楠木在寡不敌众的情况下发出"七生报国"的誓言，意思是即使死去七次也要转生为君主尽忠。他这种立志在战斗中与敌同归于尽的精神被日本人大为推崇，丰田副武以此为代号，就是明确向日本飞行员说明了行动的目的，用自杀性的特攻作战给美国舰队以沉重的打击，成仁了便是成功！

接下来的两天，丰田副武命令第五航空舰队和第六航空军出击，联合台湾和先岛群岛的第一航空舰队和第八飞行师团展开行动。这一次日本一共出动了海军飞机462架，陆军飞机237架，总数699架飞机中有一半以上是自杀式飞机。

海面上响起了日军自杀式飞机沉闷的轰鸣声，只见它们一架跟着一架俯冲过来，直直地撞上美军战舰的烟囱或是飞行甲板，因撞击而引发的爆炸引燃了机身上携带的重磅炸药，瞬时，震天的爆炸声将美国人吓得脸色煞白。他们不敢去扑火，因为又一架自杀式飞机到了，机毁人亡之后，更大的震动使得战舰抖了几抖，有不少来不及躲避的美国士兵被炸飞，或者被飞机的碎片砸中，一旦倒下就很难再爬起来。

第一轮"菊水"行动,日本自杀式飞机成功地摧毁了 3 艘美军驱逐舰、1 艘坦克登陆舰和 2 艘万吨级军火船,击伤战列舰、航母、护卫舰和布雷舰各 1 艘、驱逐舰 8 艘。数百美军因为受到波及而死伤,战舰上幸存的美军无不胆战心惊地对着天空叫骂:"日本人太疯狂了! 怎么会有这样的民族,用这样的方式来进攻!"

看到自杀式袭击有所成效的丰田副武在 4 月 12 日、13 日再次发动了"菊水二号"作战,出动作战飞机共 392 架,其中有 202 架自杀式飞机。同时他还派出了"樱花弹"协同这些战斗机一起行动,实际上这种武器就是火箭助推的载人航空炸弹,经攻击机携带到达战区后脱离载机,由敢死飞行员驾驶着机体冲向目标。通常樱花弹上装有一吨的烈性炸药,威力非常惊人。这两日,遭受到樱花弹和自杀式飞机攻击的美国战舰统统沉入海底。

4 月 16 日,"菊水三号"作战开始。轰轰轰! 美国的"拉菲"号驱逐舰一开始就被 3 架自杀飞机撞中,127 毫米尾主炮的炮塔上发生剧烈爆炸,炮塔一瞬间被炸飞,喷涌出的火焰和浓烟直冲天际,甲板上四处着火,冲天的火焰熏得船员们睁不开眼睛。随后,一架日本轰炸机投下的炸弹命中了它 20 毫米高射炮的弹药舱,更大的爆炸声顿时响彻云霄,一时间爆炸的火花迸溅到已经支离破碎的甲板上,火势蔓延得更快了。但是这艘"拉菲"号驱逐舰十分坚强,它先后遭到了共 22 架自杀式飞机的袭击,虽然击落了 9 架,但仍然有 5 架撞中了它,还被 4 枚炸弹击中,伤痕累累,摇摇欲坠。但是即使受到如此重的创伤,"拉菲"号在全体舰员的努力扑救下,最终也没有沉没。

此后一直到 6 月 22 日,丰田副武一共发动了十次"菊水"作战,除此之外他还有零星的飞机出击,给美军造成了巨大损失,共击沉美军军舰 33 艘,击伤 360 余艘。但是随着自杀式攻击效果的减弱,加之日本飞机和飞行员只有损失却无法补充,丰田副武能够派出的飞机越来越少,"菊水"作战宣告结束。

日本的自杀式反击没有对整个战局产生重大影响。美军第三陆战军在冲绳北部顺利推进,到 4 月 21 日已经占领了冲绳岛的北半部和伊江岛。尼米兹对于陆军按部就班的战术感到不满,他认为陆军缓慢推进是为了减少伤亡,却根本不顾及为他们实施炮火掩护的海军编队的安危。因此他对陆军第十集团军司令巴克纳发出急电:"请你们加快向前推进的速度,海军支援编队目前继续从日军恐怖的自杀特攻中脱身,希望你们也考虑到海军士兵的生命!"

但巴克纳淡淡地说道:"尊敬的尼米兹上将,您要清楚这是一次地面作战。"他言下之意是说,冲绳岛上的战斗是陆军的事,海军不可干涉。

尼米兹立刻回击道:"您说得没错,这的确是一次地面作战,但海军现在每天损失一艘半的军舰,如果你们在 5 天里不能取得突破,我将了解你们的作战能力,我会马上抽调别的部队来帮助你们打败日本人。"他也严肃地表示了自己的不满,以及对陆军第十集团军能力的不信任。

仔细考虑过后,巴克纳不得不在海军的强烈要求下妥协,他告诉尼米兹,自己会将陆战一师和陆战六师调到南线加强正面进攻,争取尽快推进战线。尼米兹这才停止了对他的骚扰。

这时美军正好推进到日军主要防线约 4500 米前,双方陷入僵持战。照自己所承诺的那样，巴克纳将北部的陆战一师和陆战六师调到了南线，把南线的第二十七师调到了北半岛，接替两个陆战师的防务。他还命令攻占伊江岛的第七十七师马上接替九十六师，在南线展开进攻，趁此机会九十六师则休整10天，10天之后再去替换第七师。

"现在我军的四个师将采取两翼包抄战术，迂回夹击日军主要防线，请您支持。"巴克纳将自己的作战部署告诉了尼米兹，这一次尼米兹很高兴地答应了陆军的要求，全力在炮火上支援他们的行动。

4月24日，美军终于突破了牧港防线。惨败的日本兵丢下同伴们血肉模糊的尸体往后撤，他们手中的子弹渐渐打光，有的人拔出刺刀和日本刀扑向美国兵，他们叫喊着、号叫着给自己鼓劲，但是在美国人强劲的炮火和密集的子弹面前，这一切举动都是无用的。

5月8日，纳粹德国宣布战败投降的消息传来，冲绳岛的美国人高兴得手舞足蹈，他们更加有信心打败日本人。这天海面的每一艘军舰都向日军阵地发射了3枚炮弹，祝贺德国战败。随后，美军将新型的喷火坦克和重型坦克开上了日军阵地，迎着日军的枪林弹雨冲了过去，将日军的战壕碾压在身下，把逃离不出的日本人压成了肉酱，喷火坦克还将凝固汽油射入日军隐藏的山洞和坑道，然后发射炮弹引发更大的爆炸和火势。日军节节败退，好几处防线被突破。5月27日美军攻占了那霸，开始向冲绳岛的首府首里大踏步前进。

5月31日，美军冲破日军核心防御地带首里防线，攻入了首里城。巴克纳满心喜悦地向尼米兹炫耀道："看，我们马上就要结束这场战斗了！"冲绳岛注定要成为日本人的噩梦，然而战争狂人牛岛满依然没有认识到这点，他带领着日军更加疯狂地负隅顽抗。

牛岛满命令部队往后撤退。他们一直向后退了约10千米，到达了他们事先在岛的南端精心准备的最后一道防线，这里有两座山峰形成的天然屏障，道路崎岖，易守难攻。牛岛满早就看好了这里的地形，命令工兵在这里修筑了坚固而隐蔽的炮位和坑道工事，命令仅剩的士兵躲避在这些掩体下面，灵活机动，听从他的指令行事，不要鲁莽，不要浪费子弹。

"日本帝国的勇士们，跟随我！美国人还没有消灭我们，就算战至最后一兵一卒，我们也决不向美国人投降！"牛岛满高高举起武士刀，向他的士兵发出最后的战斗宣言。往高尚了说是要他们为国捐躯，往平凡了说是要他们跟着他一起死。

这些日军抵死反抗。在牛岛满的指挥下，依靠着最后一道防线的日军的抵抗仍然疯狂。他们看见美国的喷火坦克越来越近，一团团火焰从炮口发射出来，将他们的阵地燃起了大火，狭小坑道里无法躲避火焰，这些日军就浑身着火地冲出来，扑向美军，一人抱住一个美军士兵，决心同归于尽。被这样的日军吓到了的美军前进得十分艰难，这激怒了并不想赶尽杀绝的巴克纳。他和尼米兹达成一致的意见，命令美军海陆空部队的所有空中力量对日军据守的岛南部仅仅几平方千米地区发动最猛烈的轰击。

比雷声还巨大的炮声降临在日本人的身边，将他们的阵地轰炸得面目全非。但这些弹药所剩无几的日本兵依然死战不退。6月3日，想要尽快解决战斗的哈尔西从菲律宾调来了部分海军陆战队航空兵的战斗机部队支援冲绳岛，随后他亲率第三十八特混编队北进,袭击九州地区的日军航空基地。他争取要将日本的战斗机打到一架不剩。

牛岛满带着他的死士们终于坚持不下去了,看着身边的日本兵整队整队地被炸死,他终于觉悟到自己的末日到了。6月19日,牛岛满向东京发出了最后的诀别电,然后命令部下进行最后的决死进攻。

6月22日,势如破竹的美军突破日军的最后防线,将日军逼到了绝地。坑道里,日本的卫生兵纷纷给伤员们注射大剂量的吗啡,让他们安然死去。第二日凌晨,牛岛满听到了坑道外美军的踏步声,他冷静地脱下军装,换上和服,喝下了最后的诀别酒,然后高高举起自己的武士刀,对准了自己的腹部。

至此,日军在冲绳岛惨败。美军在岛上清剿残余日军,一直到了7月2日,尼米兹才正式宣布冲绳战役结束。

(十四) 马岛战役——阿根廷别为谁哭泣

马尔维纳斯群岛(英国称福克兰群岛),位于阿根廷东南的南大西洋中,距阿根廷海岸最近处约 510 公里,距英国本土约 1.3 万公里。马岛虽然人烟稀少,但战略地位非常重要。它位于大西洋通往太平洋的海上交通要道,在两次世界大战期间都是英国去南美的重要立足地和它在大西洋南部的唯一海军基地。战后,马岛又成为英国开发南极的前进基地和补给点。

马岛战役

英国和阿根廷两国关于马岛主权的争议由来已久。在联合国的敦促下,英阿两国多次谈判解决争端,但终未获结果。1982 年 2 月英阿谈判破裂后,阿根廷政府决定用武力收复马岛,而英国则为了维护其对马岛的殖民统治,也随即付诸武力。

于是,第二次世界大战结束以来一次规模较大、持续时间较长的现代化海空作战——英阿马岛之战爆发了。

1982 年 4 月 2 日凌晨,马尔维纳斯群岛与往常一样,夜色的天幕徐徐褪去,东方洋面上空渐渐泛白,任凭南大西洋上由微风鼓起的轻浪拍打着它的岸边。黎明前的夜空是宁静的,人们都还沉浸在甜蜜的睡梦中……

突然,一阵清脆的枪声,打破了黎明前的沉寂。人们纷纷从温暖的被窝里爬出来,揉着惺忪的双眼,有的披着衣服,有的裹着毯子,来到阳台上,走出大门外,用惊奇的眼光注视着四周。"天哪,斯坦利港的大街小巷,怎么到处是荷枪实弹的阿根廷士兵?"人们疑虑顿生。

原来,英阿谈判破裂后,阿根廷军政府采取果断行动,派出军队 4000 人,由航空母舰"文的兴柯"号率领 2 艘导弹驱逐舰和 1 艘潜水艇护航,于 4 月 2 日凌晨在斯坦利港一举登陆成功,守岛英军 198 人进行轻微抵抗后被迫投降。

天亮时,阿根廷部队已经控制了全岛。在几百名全副武装的海军陆战队士兵护卫下,一面约 5 米长、3 米宽的阿根廷国旗在斯坦利港徐徐升起。被降下的"米字旗",由阿根廷政府正式送还了英国大使馆。

当晚,英国宣布与阿根廷断绝外交关系。

3 日,英国首相撒切尔夫人决定派遣特混舰队去南大西洋,以武力夺取马岛。

5 日,由 36 艘舰艇组成的特混舰队,从英吉利海峡北岸的朴次茅斯港起航,浩浩荡荡地驶往南大西洋。

这支舰队包括 2 艘航空母舰、20 多艘驱逐舰、护卫舰、运输舰和几艘临时征用的运输船,配备了"鹞"式飞机 20 架,各种直升机 45 架,以及 3000 多名海军陆战队士兵。与此同时,已在中、南大西洋活动的 4 艘英国核潜艇也奉令驶往马岛附近水域。

4 月 16 日,英舰队在阿森松岛做短暂停留后,继续南下。在"无敌"号航空母舰的率领下,英军开始了紧张的战斗演习。"鹞"式战斗机从飞行甲板上腾空而起,一架接一架地在舰队周围演练实弹攻击;"竞技神"号航空母舰上的海军陆战队员在甲板上反复练习乘直升机强行登陆的战术动作;大批小型冲锋艇载着突击队员在海面上破浪疾驰;深水炸弹激起的水柱在阳光下闪烁着耀眼的白光。舰队所经海域,飞机轰鸣,炮声隆隆,一派炽烈的战斗气氛。

就在英国特混舰队气势汹汹地从 7000 多海里之外杀奔而来时,以"5 月 25 日"号航空母舰为首的阿根廷舰队也起锚出航,准备迎击英国特混舰队。

从双方兵力情况来看:准备参战的舰只数量不相上下;英国的舰载机比阿根廷的飞机先进,但速度比阿根廷的"幻影"慢;阿根廷海军的主要作战舰只虽说大都比较陈旧,但经过改装,武器装备并不逊色;双方都有 7 艘携带"飞鱼"导弹的驱逐舰,导弹数量也都是 28 枚。

大西洋上战云密布,一场大战迫在眉睫。

战幕于 4 月 25 日拉开之后,英军攻占了马岛以东约 800 海里的南乔治亚群岛。29 日下午 8 点,英国舰队开始对马岛周围 200 海里水域实行全面封锁。当天,阿根廷也做出了强硬的回答。阿方宣布,凡是进入阿领空和领海的英国飞机、军舰,都是敌对的。同时,驻守马岛的阿根廷部队已完成防卫部署,储存了大量的食品和弹药,修建和扩大了几处简易机场,时刻准备抗击英军进攻。但是,为了避免不必要的损失,阿根廷海军没有进入英国宣布的 200 海里封锁区。英国舰队也没有首先对付阿海军,而是把注意力放在摧毁马岛机场和其他军事设施上,以断绝马岛的外援,有效地实行封锁。

马岛由东西两大岛屿和 100 多个小岛组成,面积 11700 平方公里。英国特混舰队 3000 多名海军陆战队士兵很难对阿军发动有效的地面进攻,于是,他们决定通过海空袭击,首先削弱对方的实力。

5 月 1 日,一场登陆准备战打响了。这天清晨,英国出动飞机对马岛机场和港口进行轰炸,军舰也参加了袭击。阿根廷守岛部队进行了顽强的抵抗,从大陆起飞的"幻影"战斗机与英国飞机展开了激烈的空战,双方互有损失,战斗一直持续到天黑。

5月2日,阿根廷海军配备有"海猫"舰对空导弹的"贝尔格奈诺将军"号巡洋舰,在2艘驱逐舰的护卫下,正在马岛以南、英国宣布的200海里封锁区以外的地方观察敌舰队的动静。

"贝尔格奈诺将军"号巡洋舰是一艘已有43年舰龄的老舰了。在1941年珍珠港事件时,它在美军中服役,在日本飞机的攻击下劫后余生。1943年,它曾运送美国国务卿赫尔参加卡萨布兰卡会晤。后来,它由美国转卖给了阿根廷。

下午4时,海面风浪不大,"贝尔格奈诺将军"号没有发现异常情况,正以10节的航速返航。舰上官兵有的在战位值班,有的在小卖部里挑选雪茄和糖果,有的在休息室下棋,还有的躺在铺位上睡大觉。然而,他们万万没有想到,英国的"征服者"号核潜艇就隐藏在他们附近,它的指挥官正在紧张地筹划着,该向哪一艘阿根廷军舰发射鱼雷。

原来,"征服者"号核潜艇受领的作战命令是,在采取军事行动时,应遵循两条原则:一条,运用一切可能的手段保证全面封锁;另一条,首要任务是保护特混舰队免受阿根廷的攻击。

此刻,"征服者"号艇长只能依靠自己的判断来采取行动了。为了不暴露目标,潜艇始终不敢浮出水面。这位艇长通过分析判断认为:阿根廷军舰试图突破封锁,为了保证封锁的有效实施,应予击沉;同时,阿根廷军舰的出现,威胁着英国特混舰队其他舰只的安全,应予击沉。于是,艇长决定,攻击"贝尔格奈诺将军"号巡洋舰。

"射击!"指挥官一声令下,长6.7米、重1.5吨的"虎鱼"自导鱼雷从"征服者"号向"贝尔格奈诺将军"号射来,击中舰首左舷,270公斤高爆炸药在轮机舱里爆炸了。

"轰隆隆!"随着一声惊天动地的巨响,"贝尔格奈诺将军"号陷入一片黑暗。几秒钟之后,又一枚鱼雷击中它的船尾,海水立刻涌进船舱,军舰开始左倾。猛烈的爆炸,使船上食堂的舱壁烧得通红,油燃烧着飞溅到甲板上,许多士兵当场葬身火海。舰被击中10分钟后,船体倾斜15°;25分钟后,倾斜20°又过了5分钟,面对无可挽回的境势,舰长邦索下令弃舰。

此刻,集中在甲板上的大部分人都表现得十分镇静。一些勇敢的水兵奋不顾身地在甲板上抢救伤员,冲到甲板下的医务室撤退伤员。另一些水兵忙着放下塑料救生艇,拼命划离险区。这时,邦索舰长带领大家唱起了阿根廷国歌。坐在50只救生艇上的1000多名水兵,望着自己的军舰慢慢地向水下沉去,一个个都抑制不住痛苦的心情,许多人流下了热泪。

下午5时,在被英国核潜艇的鱼雷击中一个小时之后,"贝尔格奈诺将军"号在洋面上永远消失了。

夜幕降临,天气开始变坏。晚上8时,海面上的风速达到每小时100公里,巨浪掀起6米高。狂风巨浪很快打散了50只救生艇。漆黑的夜幕下,在救生艇上的水兵只知道自己只能随波逐流,谁也无法知道同伴漂向何方。

从这天夜晚起,由数十艘舰只和飞机参加的救援工作整整进行了10天。据阿根廷政府公布的数字,到5月14日为止,有770人被救,有321人丧生或失踪。

英国核潜艇击沉"贝尔格奈诺将军"号后，英国政府的态度越来越强硬，内阁认为此举完全正确，是预料之中的事。在撒切尔夫人主持的战时内阁会议上，内阁成员们都认为英国掌握着事件发展的进程。在过去的三天里，英国舰队成功地轰炸了马岛上的机场，击落了2架"幻影"战斗机和1架"堪培拉"轰炸机，击伤和击沉了阿根廷的巡洋舰各一艘，英国直升机发射的导弹还重伤了阿根廷一艘潜艇。而英国的主要损失只是被阿根廷地面炮火击落了一架"鹞"式战斗机。

正当伦敦沉浸在胜利的喜悦中时，阿根廷海军强硬派领导人豪尔赫·安纳亚上将精心制订了一项作战计划。阿根廷人要反击了。

5月4日上午10时45分，阿海军第三飞行中队的3架"超军旗"战斗轰炸机从基地起飞了。与英国舰队的飞机相比，"超军旗"没有什么特别优越的地方；但这次它携带的是法制"飞鱼"空对舰导弹。"飞鱼"导弹分为机载和舰载两种，英国人只知道阿根廷的军舰装备了这种导弹，没想到它会从空中实施攻击。

此刻，英"谢菲尔德"号驱逐舰正在特混舰队其他舰只前方20海里处担任警戒任务。它的武器装备特别是电子干扰系统比较先进，是英国海军的主力战舰之一，自1975年服役以来，一直受到海军的宠爱，被亲切地称为"闪光的谢菲"。

阿根廷3架"超军旗"飞机迅速飞向目标，未等英国舰队的警报拉响，飞行员在离"谢菲尔德"号约26海里的地方发射了2枚导弹后，立即返舰。借助于飞机的速度和高度，"飞鱼"导弹以每小时1000公里的速度紧贴海面飞行，在最后13公里时，导弹自身的雷达开机捕捉目标，向"谢菲尔德"号直扑而去。

"谢菲尔德"号丝毫没有发觉危险正在降临。11时23分，舰长萨姆·索尔特突然发现了来袭的导弹，他只来得及向身旁的人们大喊了一声："隐蔽！"

一枚导弹失去目标。另一枚斜射而来，在"谢菲尔德"号的右舷戳开一个大洞，猛烈爆炸。烈火迅速烧焦了船上的要害部位，迫使船员弃舰投海。"谢菲尔德"号在继续燃烧，但仍漂浮在海面上。直到5天之后，英国国防部才宣布，由于气候恶劣，它在拖航过程中下沉了。

"谢菲尔德"号驱逐舰造价高达2亿多美元，一出战就被击沉，使英军十分震惊，在伦敦也引起了一片哗然。"谢菲尔德"号的基地朴次茅斯港和用来为这艘驱逐舰命名的谢菲尔德市海员工会下半旗志哀。

同时，人们也纷纷质问政府：为什么不对"飞鱼"导弹采取防卫措施呢？

"谢菲尔德"号的沉没也引起了西方海军界的极大关注。一枚价值20万美元的导弹轻而易举地将英国最现代化的造价2亿多美元的驱逐舰击沉，不能不使各国海军对未来的海战特点进行认真的研究探索。

为了及早发现阿根廷飞机的来袭，不让"谢菲尔德"号的悲剧重演，英国国防部5月7日宣布：将封锁区扩大到阿根廷沿海12海里以外。

联合国秘书长为平息马岛战火，竭力促使英阿在决战之前达成停火协议。但双方坚持不下，英国继续向南大西洋海域增派援军。

5月13日，英军"格拉斯哥"号42型驱逐舰由"华美"号和"大刀"号护卫舰护航，对斯坦利港附近的阿军阵地进行猛烈炮击。

两天之后，天气转好。阿根廷8架"天鹰"式攻击机由"幻影"战斗机护航，分两批对"格拉斯哥"号发起了攻击。英舰上的"海狼"防空导弹在实战中第一次发射,2架"天鹰"式凌空爆炸。阿根廷飞行员勇敢地发动第二次进攻,一架"天鹰"式成功地突破英舰火网,向"格拉斯哥"号投下一枚重磅炸弹,使其受到创伤。

在这以后的几天里,英特混舰队继续为大规模登陆进行准备,不断轰炸阿军阵地,扫除水雷,并派出突击队员潜入岛上侦察。

马岛在继续燃烧,更激烈的战斗正在孕育之中……

事实上,英国无意与阿根廷认真谈判,它未等联合国秘书长的调停活动结束,战时内阁就做出了全面进攻马岛的决定。5月18日,撒切尔首相将这一决定通知了女王。

到5月20日,英军基本上达到了封锁目的,并且做好了登陆作战的准备。

当天午夜,特混舰队司令桑迪·伍德沃德海军少将在旗舰"竞技神"号航空母舰上,向汇集在马岛北面由60艘舰只组成的两栖攻击部队发出了进攻命令。

按照作战计划,英特混舰队分为两路,一路由各载700名海军陆战队员和伞兵的大型两栖登陆舰"无畏"号和"勇猛"号率领,分别在20艘驱逐舰和护卫舰的护卫下,向西驶去。大型运兵船"堪培拉"号满载2500名士兵也随同前往。它们沿马岛北部海岸行驶了约2小时,抵达群岛最北端的多尔芬角,随后又向南驶入仅15海里宽的福克兰海峡,向预定的登陆地点——圣洛斯湾进发。在进发途中,舰队始终保持无线电静默,阿根廷人丝毫未能发觉。

与此同时,两艘航空母舰率大批军舰南下,担任伴攻任务。他们虚张声势地穿过斯坦利港入口处,向马岛南部多路出击。"鹞"式飞机向斯坦利、吉斯格林和福克斯湾的阿军阵地发射了大量的火箭,投下了许多重磅炸弹,各舰主炮一齐向沿岸阿军轰击,大有大举登陆之势。还有2艘军舰溜进了伯克利海峡,炮轰路易斯港,并派突击队员登陆。这些突击队员们一上岸,便迅速冲向阿军阵地,与守卫的阿军展开激战,甚至进行肉搏。

其实,伴攻部队的目的只是迷惑阿军,使他们相信主要危险来自群岛南部,而不是福克兰海峡。

阿根廷人果然上当了。

英主攻部队和40艘舰只神不知鬼不觉地通过布满礁石的海峡,来到圣卡洛斯湾入口处。在这里,舰队分成两部分,大部分留在海峡内,构成登陆部队的保护屏障,以防阿军飞机反攻。5艘登陆舰驶入港湾,运兵船紧跟其后。

这圣卡洛斯湾长约4海里,是个天然的深水泊地,但它深入群岛,舰队回旋余地小。在这里登陆,要冒很大的风险。阿根廷人怎么也没有想到英军会从这里进攻,因此,他们只派了百来个士兵把守港湾。

凌晨4时,英登陆舰上的士兵转乘中型登陆艇,运兵船上的士兵也沿着吊在船舷旁的绳梯,爬进排列在船旁的小型登陆艇上,等待发起进攻。

6时30分,英舰大炮开始向港湾两侧高地上的阿军阵地轰击,大批登陆艇载着英军突击队员向滩头冲去。他们一上岸,便迅速抢占高地。后续部队拥着"蝎"式坦克,在整个海滩上呈扇形展开,很快占领了全部制高点。

港湾内,英军更多的舰艇向码头靠拢,卸下了大批武器装备。直升机载着士兵和大炮降落在沙滩上。第二梯队的导弹部队迅速在滩头阵地架设起防空导弹。

仅仅4小时,4000多名英军全部登陆,他们所需的武器弹药和食品等物资,也全部从供应船上卸到岸上。滩头阵地上,工兵部队正在紧张地铺设供"鹞"式飞机起降的金属跑道……

正当英军登陆进入高潮时,阿根廷飞机开始了空袭。

上午9时,从马岛腹地机场起飞的几架战斗机低空飞来,对地面的英伞兵部队和港湾里的英舰进行轰炸扫射。英舰和滩头阵地上的导弹猛烈还击,击落一架飞机,打退了阿军的第一次空袭。

10时,2架"幻影"和12架"天鹰"式飞机从阿根廷大陆飞来。英"鹞"式战斗机立即从航空母舰上起飞拦截,击落几架敌机。其余的阿飞机仍不顾一切地扑向英登陆部队,遭到英舰炮火的猛击。2架"幻影"尚未飞临目标,就被导弹击中,飞机随同自身携带的炸弹一起发出震天的爆炸声。据守滩头阵地的英伞兵也用准确度很高的肩携式导弹迎战阿机。

在21日的整个白天,阿根廷飞机的空袭都未间断。他们共命中5艘英国舰只。其中,1977年服役的"热心"号护卫舰尽管装备了"飞鱼"和"海狼"导弹,但仍未逃脱被击沉的命运。阿根廷飞机发射的14枚火箭和一枚重磅炸弹命中"热心"号,使全舰烧成一团熊熊大火。舰上170多名水兵与大火奋力搏斗,有五六十人受伤,其中20多人死亡。在英军的无可奈何之中,一团大火的"热心"号很快沉没。

这一天,英军还损失了"鹞"式和"小羚羊"直升机各2架。而阿根廷却损失了16架飞机,其中有一半是被"鹞"式战斗机击落的。

下午5时,阿机停止了袭击。圣卡洛斯湾内的大部分英舰也都退到了福克兰海峡。4000多名登陆的英军按计划从南北两个方向对斯坦利港发动钳形攻势。

23日,阿根廷对圣卡洛斯湾水域英舰的轰炸进入了第三天。下午2时,大批阿机从西福克兰岛的山后飞来,从不同角度对英舰实施攻击。它们迎着英军密集的对空炮火,勇猛地冲向英舰。

只见一架"天鹰"攻击机在离水面只有15米的高度,逼近了英"小羚羊"号护卫舰,机身差点擦到舰上的雷达天线。就在这架"天鹰"投弹的一刹那间,"小羚羊"号发射的导弹也击中了它。一颗450公斤的炸弹与飞机几乎同时在甲板上爆炸,把军舰的后半部炸开了一个大洞。而另一颗炸弹却落入舰上的机舱,没有爆炸。其他军舰上的直升机载来一个排险小组,试图拔去炸弹的引信。同时,舰上100多名水兵与大火搏斗了整整4小时,终于控制住了火势。然而,就在这时,掉在机舱里的炸弹却突然爆炸了。一位排险专家当场被炸得粉身碎骨,一些士兵被炸伤。

"小羚羊"号重新被大火吞噬,舰尾开始慢慢下沉。一阵接一阵的爆炸将燃烧着的碎片猛烈地抛向夜空,周围水域被火光映得如同白昼。

当东方慢慢现出鱼肚色时,"小羚羊"号船体已被烧得通红。几小时后,它终于被淹没在大海之中。

阿根廷为击沉"小羚羊"号付出的代价是:6架飞机被击落,3架飞机被击伤。

双方的空袭与反空袭仍在持续着。

5月25日,是阿根廷独立172周年纪念日。阿根廷人以特殊的方式来纪念自己的国庆,他们发动了"国庆攻势"。

这一天,阿军出动所有的一线飞机,连停泊在港口内的"5月25日"号航空母舰也首次派机参战。战斗由总统加尔铁里亲自指挥,72架飞机向英国舰队发动了规模空前的袭击。

为了使这次袭击取得重大战果,阿军动用了已经隐蔽了20多天的"超军旗"攻击机和"飞鱼"导弹。

上午9时多,3个中队的"天鹰"、2个中队的"幻影"和"短剑"战斗机,绕过西福克兰岛的群山,在雷达盲区内飞临圣卡洛斯湾上空。其他战斗机负责对付"鹞"式飞机的拦截。

英舰队担任警戒任务的是"考文垂"号驱逐舰。他们吸取了上次"谢菲尔德"号的教训,派配备有"海狼"导弹的"大刀"号护卫舰为"考文垂"号护航。

9时30分,"考文垂"号的雷达在前方20多海里处发现一架"天鹰"飞机,立即发射导弹将其击落。至此,这是它打掉的第6架阿根廷飞机。

阿根廷人决心为"天鹰"复仇!

11时30分,大批"天鹰"在"幻影"的护卫下,发动了一次最凶猛的攻击。6架飞机从正面一齐扑向"考文垂"号和"大刀"号。这样一来,英舰不但没有还手之力,就连招架也来不及了。

原来,"考文垂"号舰上只装有一座导弹发射架,一次只能攻击一个低空目标。"大刀"号上虽然装有两座发射架,但它也同时遭到敌机猛攻,自身难保,哪里还顾得上"考文垂"号?

"轰隆隆!"随着一阵猛烈的爆炸,"考文垂"号命中4枚重磅炸弹,很快沉入海底。280名舰员中死伤各20多人。"大刀"号也严重受损。

阿根廷人在自己的国庆日发动的"国庆攻势"取得了重大战果。

拔掉了英舰队的"钉子"后,阿2架"超军旗"立即挂弹起飞,在空中加油后,继续向位于马岛东北100海里的"无敌"号航空母舰飞去。

飞行不久,机上雷达屏幕显示前方出现一个"大信号",周围还有几个小亮点。飞行员立即判定:这一定是"无敌"号及其护卫舰。于是,他们迅速瞄准目标,按下发射按钮,然后掉头返回基地。

然而,这一次,"超军旗"却中了对方的圈套。

原来,他们发现的并不是"无敌"号,而是作为诱饵摆在那里的"大西洋运送者"号集装箱运输船。英国人利用阿飞行员只能靠雷达显示发射导弹的弱点,精心布置了一个大骗局:让已经完成运输任务的"大西洋运送者"号作为"无敌"号的替身,还煞有介事地派出一些护航舰只,吸引"飞鱼"导弹。

古老的欺骗术在现代海战中发挥了神奇的作用。由于"大西洋运送者"号与"无敌"号大小相仿,靠雷达是难以分辨清楚的。

2架"超军旗"发射的一枚"飞鱼"因发射距离过远,燃料耗尽后掉进了大海;另一枚击中了"大西洋运送者"号的船舷,炸开了一个比导弹本身的直径大4倍的洞后钻进船体,猛烈的爆炸使全船大火熊熊。船上水手马上弃船,有9人葬身火海。

离自己的替身很近的"无敌"号死里逃生了,船上的人肉眼都可以看到替身"大西洋运送者"号上那熊熊的火光。

"大西洋运送者"号仍在海上漂浮,护卫舰也没有撤离。5天后,阿根廷人宣布:"飞鱼"导弹重创"无敌"号航空母舰,这艘英国的战舰正在下沉。然而,英国国防部却平静地声称:下沉的不是"无敌"号,而是空船"大西洋运送者"号。这使充满了胜利喜悦的阿根廷人目瞪口呆!

话分两头。正当阿根廷空军重点打击英特混舰队时,英军乘机迅速向斯坦利港挺进。

在马岛地面部队司令穆尔少将指挥下,北路英军连克道格拉斯和蒂尔湾,于月底前抵达斯坦利港以西 25 公里的肯特山区,经过激烈的战斗,在这一战略高地上建立了巩固的前进基地。

南路英军以精锐的皇家伞兵团第二营为先导,包围了位于东福克兰岛中部的古斯格林和达尔文港,扫清了阿军这两个重要据点的外围阵地。

27 日,英军发动了最后攻击。在直升机、"蝎"式坦克和 105 毫米大炮的支援下,600 名伞兵向阿军展开了凶猛的进攻。被一个多星期的连续轰炸搞得疲惫不堪的阿军终于放弃了战斗。阿军 1400 人被俘,100 多人受伤;有 250 人阵亡,其中大多是"鹞"式飞机投下的子母弹的牺牲品。

南路英军在取得胜利之后,又继续东进与北路军会合,截住了斯坦利港阿军的退路。英阿双方在肯特山和两姐妹山一带展开了激烈的争夺。

同时,双方也都加强了在马岛首府的兵力部署。包括大型扫雷舰在内的 10 艘英国增援舰只驶抵战区,使英特混舰队的舰船总数达到 100 艘。5 月 31 日至 6 月 1 日,英"伊丽莎白女王二世"号载来的 3500 名士兵在斯坦利港以北的海滩安全登陆,既完成了对阿根廷军队的马蹄形包围圈,又使英军在马岛的地面部队增至 9000 人,超过了守军。而阿根廷也冒着风险,通过空运调来 2000 名士兵增援斯坦利港。双方兵员数量又趋于相等。

6 月 2 日,英国首相撒切尔夫人对阿根廷发出了最后通牒,要求岛上阿军在 10 至 14 天内无条件撤军。

然而,英国的这一要求,遭到阿根廷总统加尔铁里和守军司令的拒绝。

于是,英阿双方又摆出了进行决战的架势。

8 日,阿军出动飞机,在阿格拉布湾击沉英军"普利茅斯"号护卫舰,重创 3 艘登陆舰。连日来,双方在斯坦利港附近进行着规模不大的炮战和空袭。

12 日,英军对马岛首府斯坦利港发起进攻,经过激战,英军突破阿军在该港的第一道防线。13 日,英军发起总攻。至 14 日中午,英军先后攻占了无线岭、欲坠山和威廉山等地,进抵距市区约 4 公里的地方。阿军放弃阵地,丢弃了大量的重武器退向市区。14 日午后,英军地面部队司令穆尔将军和阿根廷驻马岛军事长官梅嫩德斯将军在前线达成停火协议。

至此,历时 2 个多月的英阿马岛战争以英军获胜而告结束。

"米字旗"又重新升起在马岛首府斯坦利港。

五、现代空战

（一）一战天空——空战走上历史的前台

飞机在第一次世界大战中开始发挥着自己巨大的作用,翱翔在天空中的飞行员们也希望自己能像中世纪的骑士那样,驾驶着自己的飞机,在天空中纵横驰骋。于是,飞机在勇士们的努力下开始成为进攻的利器,从此以后,天空也成了战斗的战场。飞行员们付出自己的青春、勇敢和智慧,用汗水、鲜血和生命提升着空战的发展和战斗机的改进,创造了眼花缭乱的空战战术,也为后来的飞行员们树立了简洁高速、勇猛顽强、精益求精的战斗精神。

其实在第一次世界大战刚刚爆发之际,对于这些用木头和布料制成的空中怪物,长期主宰战场的欧洲各国的陆军和海军提不起什么兴趣,加上当时的飞机确实也不是专为军用设计的,所以用起来不是非常方便。对于军人来说,没有配备着武器的装备,在战场上不仅毫无作用,而且还会成为累赘。

1914 年 8 月 5 日,俄国飞行员涅斯捷罗夫突然想到了一个特别的办法,他在自己的机身后部装了一把刀子,在随后的飞行过程中,他用这把刀子劈开了一艘飞艇的蒙皮。他发现了飞机可以用于战争中的办法,后来他还准备在飞机尾部装一条带着重锤的钢索,这样当他驾驶的飞机从敌机上面飞过时,就能够用钢索缠住敌机的螺旋桨。

涅斯捷罗夫的这些"发明创造"启发了另一位俄国飞行员卡扎科夫上尉,卡扎科夫上尉在自己的飞机上悬挂了一条带"抓钩"的钢索,把一个雷管连在了抓钩上。这样当他驾驶着飞机从敌机上方飞过时,抓钩就能将敌机钩住,并靠钩住敌机时的撞击引爆雷管,从而将敌机消灭掉。

从这时开始,世界各国的飞行员都开始为升级自己的战斗机而绞尽脑汁,在这段时间里,各种新奇的武器开始被搬上飞机。就在 1915 年 2 月的一天,四架德国战斗机正在空中巡逻,一架法国战斗机突然迎面冲来。德国飞行员轻蔑地望了一眼这架扑过来的飞机,想等它飞到自己侧面时再进行射击。万万没有想到的是,这架法国飞机突然从螺旋桨里射出一条黄色的火焰,德国飞行员们还没有明白发生了什么事情,一架德机已经被击中,拖着浓烟烈火向地面坠落下去。

见到这样的场景,其余三架德机上的飞行员都吓得目瞪口呆,一时不知道如何是好。就在这时,法国飞机已经直冲向了另一架德国飞机,又是一条火焰从螺旋桨中冒出,这架德国飞机立刻就在空中爆炸了。剩下的两架德国飞机见势不妙,掉转头就逃之夭夭了。

这样的空中遭遇战在随后的日子里发生了多次,不少德国战斗机都在这种新式的法国战斗机面前吃了亏。以至于后来德国飞行员只要一看到这种新式的飞机,立刻就会落荒而逃。

为此德国派出了许多情报人员深入到法国想尽办法去刺探有关这种新式飞机的一切秘密。可是,因为法国对制造这种新式飞机的技术严格保密,使得德国情报人员没有得到任何的消息。无可奈何的德国人只知道这是一种被命名为"莫拉纳—桑尼埃"的战斗机,它的机枪是安装在飞机头部的。这种机枪发射子弹的速度是每分钟 600 发,但是当时的飞机大多都是装着双叶螺旋桨的,而螺旋桨的转速是每分钟 1200 转,问题就是机枪子弹是怎样穿过旋转的螺旋桨的呢? 德国人始终都无法找到这个问题的答案。

1915 年 4 月 28 日,法国飞行员罗兰加洛斯驾驶着一架新式战斗机与德军发生空战,在战斗中他被德军的地面炮火击中,飞机不得不被迫降落在德国境内。当罗兰加洛斯准备烧毁飞机的时候,他被火速冲上来的德国兵抓住了。

法国报纸曾对罗兰加洛斯和他的飞机进行过大肆宣传,所以德国人对这名俘虏和他的飞机的价值非常了解。能够得到罗兰加洛斯和他的飞机让德国人大喜过望,他们马上把罗兰加洛斯的飞机机身的前部送往了飞机设计师福克那里。

在得到罗兰加洛斯飞机机身的前部之后,福克及手下的工程师们很快就投入研究,不久他们就制造出了断续器。他将这种断续器配备到了帕拉贝吕姆式机枪上,并且将它们安置在 M.5 型拉进式双翼机上试验,最终获得了成功。从而,一种称为 EI 型的改进型单翼机就此被生产了出来。这种断续器的结构本身其实并不复杂:他们先在机械联动装置的末端安装了一个凸轮,该凸轮在桨叶转到枪口之前时会受到螺旋桨的撞击,从而让机枪停止击发,等到桨叶通过枪口之后,凸轮就能回到原来的位置,这样机枪就得以继续射击。

但是 EI 型飞机在 1915 年刚刚投入使用之初,也有其自身的弊病,当时在飞机上安装的是 80 马力的汽缸旋转式发动机,所以飞机的动力并不是很充足。随后设计师和制造商针对 EI 型机进行了改进,该机到 1915 年 9 月服役时终于开始使用100 马力的发动机。很快德国人又进一步改进了新式飞机,到 EⅢ 型机时机身上安装的则是两挺施潘道式机枪。1915 年 11 月,又制造出了 EIV 型机,这种型号的飞机上装有一台 160 马力的汽缸旋转式发动机。空战史上赫赫有名的德国飞行员奥斯瓦尔德·伯尔克上尉,正是驾驶着这种飞机于 1916 年 1 月 5 日首次击落了一架敌机。

福克的 E 系列歼击机出现在历史上之后,驾驶着这种飞机的奥斯瓦尔德·伯尔克上尉和他的伙伴马克斯·殷麦曼就此开启了人类历史上真正的空战时代。第一次世界大战的天空开始成为德国人纵横捭阖的舞台,无情的"福克的鞭笞"抽打在毫无准备的协约国身上,天空在那个已经久远的年代曾完全为日耳曼人展开胸怀。

德国的空中力量在 E 系列福克式飞机问世之后得到了巨大的加强。驾驶着这种飞机的德国飞行员既能很快瞄准目标,又能进行迅速地俯冲攻击。面对这种飞机恐怖的战斗力,协约国飞行员几乎毫无还手的余地,在仅仅半年的时间里,协约国飞行员的伤亡率急剧上升。

伯尔克和殷麦曼在此期间成了当时战功显赫的"尖子飞行员"。伯尔克创造了在飞行中采取小角度俯冲近距离攻击的战术;殷麦曼则创造了至今仍然被世界上很多飞行员使用的"殷麦曼翻转",也就是半筋斗翻转。就他们二人对世界空战做出的影响和贡献,战史专家克里斯托弗·钱特曾经这样评价:"空战史上的真正作战是从伯尔克和他伟大的竞争者马克斯·殷麦曼中尉开始的。"

伯尔克作为久经战事的功勋飞行员,早就因为在空战中立下的赫赫战功和卓越的驾驶技术而在当时享有盛誉,福克飞机的出现让这位英雄如虎添翼。他专心致志地研究着这种飞机,思考着如何利用它在空中格斗中能够创造出更加新奇的战术。他一直都非常清楚在空战中"谁获得高度,谁就掌握着主动权"这个道理。所以在历次空战中,他总是率先升高到 1500 米,以云层或阳光来掩藏自己的飞机,然后再瞄准战机,以快速而又准确的进攻方式取得胜利。大部分协约国的飞机是无法飞到 1500 米的高度的,所以协约国飞行员只要稍不注意,伯尔克就可以采用远距离小角度俯冲,从高处接近低处的敌机,在近距离使用连续而又短促的点射进行射击,直到对方与自己的距离只剩下几米远的时候,他再次升到高处,慢慢等待下一次进攻的机会。

然而这种战术在空战中并非万无一失,有几次,伯尔克发现,在他进行俯冲进攻时,在不远处有另外一架敌机正在悄悄地接近他,这让他惊出了一身冷汗。这样的情况实在是太危险了,他必须想办法解决这种战术中的弊病。

于是,殷麦曼就在这时出现在了他的脑海里,他找来了这位飞行英雄,他们两个人就此组成了飞行史上的第一对双机。殷麦曼被人们称为"里尔之鹰",早在1914 年 9 月德军攻入法国北部、进逼巴黎时,殷麦曼就曾独自完成了一次惊人的任务:他驾驶着自己的飞机低空掠过巴黎上空,将炸弹投了下去,使城区居民陷入混乱,防空系统受到了严重的干扰,然后他又撒下大量传单,逼迫巴黎当局向德军投降。殷麦曼的战术素养非常高,并创造出了许多独一无二的空战战术。

伯尔克和殷麦曼这对搭档在经过一段时间的磨合之后,逐渐形成了默契的配合。他们确定了一套在空战中用于联络的暗号,为彼此提供视界盲区的掩护,并借此对尾随身后的敌机进行监视。

殷麦曼在和伯尔克一起组成双机编队后的飞行中,他进一步完善了由自己独创的"殷麦曼翻转"。

殷麦曼在最初的时候跟伯尔克一样,经常使用抢占高度、俯冲攻击的战术。但是当这种战术开始被广泛使用,很多国家的飞行员就开始研究并创造出对应的战术,法国飞行员拉弗伯雷就创造了一种类似于跃升倒转的动作,就是在遭到德机从后上方攻击的时候,首先将飞机急速升高,待飞机失速进入螺旋状态,就在旋转半圈后向原航向俯冲,从而使自己反而转到敌机的尾后,反过来对敌机进行攻击。

拉弗伯雷的战术使得伯尔克的战术根本不能达到理想的效果,因此殷麦曼开始考虑创造新的战术动作来应付敌机的变招。他开始寻找怎样在被动的情况下"变被动为主动"的战术,在训练和作战中反复试验自己的想法。殷麦曼依然秉承着占有高度就是获得空战主动权的观点,据此他在 1915 年秋天终于创造出了使飞机在急速升高的同时,改变飞机航向并做出半滚动作的战术。这个战术动作既可以摆脱敌机,又可以获得高度优势,从而夺回失去的优势,对敌机展开再次的攻击。

1915 年秋的一天,天空非常晴朗,殷麦曼选择在这一天当众表演了这种由他最新创造出的战术动作。飞机在急速飞行的过程中,机头突然拉起从而向上跃升,近乎垂直地升高到顶点，忽然一个滚动从而飞向相反的方向。在此后一直到1916年6月，他使用这种战术一共击落了15架敌机，成了德国空军最功勋卓著的飞行员之一。

但是在这个世界上，并没有一种战术是完全没有缺陷的。1916年6月18日，躲在高空的殷麦曼盯上了一架英国双翼战斗机，随后他驾驶战机闪电般地俯冲下去。然而，这一次他的战术盲点完全暴露，另一架英国战斗机早已经藏身云中，他尾随在殷麦曼的身后，趁其不备一个点射就将他的飞机击落了。

殷麦曼坠机身亡后，作为敌对方的英国皇家飞行队专门做了花圈和挽联，由队长、王牌飞行员葛利楚驾机飞到德军战线上空用降落伞投下，衷心表达了对这位杰出飞行员的敬意和缅怀。

殷德曼牺牲后没有多久，伯尔克也遭遇了厄运。1916年10月28日，伯尔克在跟一架英国飞机缠斗时，与本方飞行员伯梅的飞机不幸相撞，他的飞机蒙皮从支撑上翼的木结构上剥落，这位被称为"空战之父"的英雄飞行员就此命丧黄泉。

"红色男爵"是德国"超一流"飞行员曼弗雷德·冯·里希特霍芬上尉的称号，他在一战中给英国人在天空留下了惨痛的回忆。而这其中最为惨痛的就是他们的王牌飞行员霍克被击落。

1916年9月，里希特霍芬在成为飞行员之后首次击落敌机，从此就开始了他征战天空的传奇生涯。而在里希特霍芬的空战履历中，最为人称道的当数他击落英国的王牌飞行员霍克的战斗，这是一场真正意义上的王牌之间的厮杀。

1916年11月23日，里希特霍芬正驾驶着他的战斗机在3000米的高空进行巡逻，突然发现有3架飞机出现在眼前。这个由3架战斗机组成的飞行编队，驾驶者是英国王牌飞行员拉诺·霍克和另两名飞行员。在里希特霍芬发现英国飞机的同时，霍克也发现了面前的这架德国飞机。他随即下达命令，3架飞机同时冲上了高空。处于下方的里希特霍芬无法展开攻击，所以只能先避开锋芒等待战机。

在云端做好准备后，霍克的飞机急速俯冲下来，同时向里希特霍芬的飞机展开猛烈的攻势，里希特霍芬急忙向左转弯改变方向，但是霍克尾随在后，紧咬着不放。

两架飞机在空中兜起了圈子，两位飞行员都在思考着怎样进入对方后面，从而占据有利的攻击位置取得胜利。两架战斗机都开足了马力，但是在绕了40圈之后也没有能够找到对方的破绽。里希特霍芬在此时忽然意识到，对方并非一个泛泛之辈，在技战术方面如果无法找到突破，那么就必须在飞机性能上寻求胜利的关键。里希特霍芬心里明白，霍克所驾驶的英国飞机在机动性和速度上非常好，而他驾驶的德国飞机则拥有出色的爬高性能。

此时的两架飞机仍然在兜圈子，高度也在不停地下降，从3000米一直下降到了1800米。就在这个时候，忽然吹来了一股疾风，他们因此被吹向了德国的方向。霍克知道自己已深入对方纵深过于远了，此时最好的选择应该是退出战斗。但是他并不想就此放弃，纠缠了这么久他深信自己能够击落这架德国飞机。他们的圈子已经变得越来越小，里希特霍芬有几次还清楚地看到了霍克在座舱里的动作。

飞机的高度仍然在不断下降，圈子仍然在缩小，霍克知道决战的时机就在眼前，他忽然做了一连串的高空动作。但是当他完成动作，快速往回飞时，里希特霍芬忽然攀高后俯冲过来，并且率先开火。

此时飞机与地面的距离已经不到 90 米了。霍克终于发现自己的战术并没有起到预想的效果,所以急忙掉头向己方战线方向飞去,但紧随在身后的里希特霍芬仍然不懈地在瞄准他射击。霍克只能不停地左右摆动,做出各种曲线飞行动作,使敌人无法瞄准自己。但是里希特霍芬在两架飞机相距 30 米时又射出了一串子弹,其中一发恰好击中霍克的头部,使他当场毙命,霍克的飞机在跳动了一下之后就坠毁了。

1917 年 4 月,英国皇家飞行队为配合联军实现法军总司令尼维尔所制订的进攻计划,与德国空军在法国北部阿拉斯上空进行了争夺制空权的殊死搏杀。德国空军在当时久负盛名,皇家飞行队正是出于忌惮决定在地面战役发起前 5 天就先进行空中的攻击,企图将德机驱赶出该地区,以方便协约国的侦察机和炮兵校射机能够自由活动。

在战役开始之后没有多久,就遇到了糟糕的天气,当时阴云密布,伴随着狂风的是倾盆大雨。飞机在天空飞行过程中,不得不接受暴戾天气的考验,因此爆发了第一次世界大战中最惨烈的一次空战。

而因为与英国王牌飞行员拉诺·霍克空战的胜利,使当时年纪轻轻的里希特霍芬名声大噪,迅速成为德军中的王牌飞行员。在击落拉诺·霍克的战斗机之后不久,里希特霍芬荣获了普鲁士最高荣誉——"功勋奖章"。

1917 年 1 月,他升任德国第 11 狩猎中队中队长,已经成为继伯尔克和殷麦曼之后,德国最为出色的飞行员之一。这一年的 4 月,发生在法国北部的阿拉斯空战上演了,这是一次真正意义上的惨烈空战,英军与德军为了争取在这一地区的制空权,展开了前所未有的激烈战斗。里希特霍芬率领他所在的第 11 狩猎中队参加了此次战斗,并迅速成为阿拉斯空战中德军的王牌力量。

4 月 4 日,联军侦察机和轰炸机在战斗机的掩护下,对德军战役纵深目标实施侦察和突击。随后,联军的战斗机开始根据侦察所得到的情报,对德军进行攻击。在遭受了先期的轰炸之后,德军随即派遣空中部队投入战斗,于是,从 4 月上旬开始,德军飞机与联军飞机不停地在阿拉斯上空缠斗,但很快,拥有出色驾驶技术并且在空战中具有绝对优势的德国空军给联军飞机带来了灾难性的进攻。尤其是参战的英国皇家空军,这支被称为联军中空战实力最强的军队在阿拉斯遭受了前所未有的重创。在战役刚刚开始的 5 天时间里,英国飞机发生了 56 起飞行事故,75架飞机在战斗中被敌方击落,有 105 名飞行员在战斗中伤亡。

在这些发生在阿拉斯上空的战斗中,里希特霍芬的第 11 狩猎中队战功显赫,他们总共击落联军飞机 89 架,其中仅里希特霍芬一人就击落了 21 架。在里希特霍芬纵横欧陆天空的岁月里,他是每一个敌方飞行员都害怕见到的噩梦,正是在阿拉斯的战斗中,里希特霍芬将他击落飞机的数量提高到了 52 架,使其前辈、德国"空战之父"伯尔克所创造的击落 40 架飞机的纪录悄然作古。

但不管里希特霍芬怎样骁勇,最终还是步上了和他的前辈们一样的命运。1918 年 4 月 21 日,同样的 4 月,曾经以一己之力击落协约国 80 架飞机的王牌飞行员里希特霍芬在与加拿大飞行员布朗缠斗时,遭到协约国地面炮火的攻击,在上午10 时 35 分,与他驾驶的 Dr-1 型战斗机一起坠毁了。

噩耗传到德国,举国哀痛。德国人后来建造了一个专门纪念这位王牌飞行员的纪念馆,在第一次世界大战之后德国重建军队时,当时第一个喷气式战斗机联队——第71联队就以里希特霍芬的名字来命名。

(二)诺门坎空战——日寇永远的痛

日本自进行了明治维新以后,在一连串的对外侵略战争中接连得手。这使其野心日益膨胀,终于做起了其挑战世界霸权的美梦。日俄战争之后,日本人逐渐消除了来自北方的威胁。"九一八"事变之后,日本帝国主义进一步侵占我国东北,苏联的国防线直接与日本势力区域接触,这使得苏联人的神经变得极为紧张,这样的局势自然使苏日两国难以避免地发生摩擦。

1935年,日本关东军驻海拉尔的部队以及兴安骑兵部队就边境问题不断向苏联方面挑衅,边界冲突开始频繁起来。

1937年2月,日军登上干岔子岛和大别基切夫岛,将其视作自己的势力范围,苏联虽然多次提出抗议,但是日方并没有做出回应。到了5月,苏联认为抗议无济于事,于是派出少量兵力在干岔子岛和大别基切夫岛登陆。

日本关东军听说后,立刻调集来了一个师团的兵力,苏联随即也调集了炮舰、炮艇。两军就此形成了对峙的局面。日本参谋本部认为,对于这样一个偏远的小岛,没必要倾注太多兵力,所以采取了不扩大的佑战方针。日本参谋本部的这一方针招致了关东军方面的不满。6月30日,日本关东军竟然擅自向苏联舰艇开火,并且击沉了其中一艘炮艇,日苏冲突于是就此加剧。

1938年7月1日,在西伯利亚与"东满"、朝鲜北部接壤的张鼓峰,日苏两国先后发生了多起军事冲突,也就是历史上有名的"张鼓峰事件"。

张鼓峰位于苏、中边界附近,是一座标高150米的大丘陵,除去"满汉"铁路从旁边经过之外,其实在战略上并没有太大价值。"九一八"事变之后,日苏两国军队都在这里设立了国境守备队,围绕着因为历史遗留问题而无法明确的国境线,日苏的少量军队在这里开始对峙,两国军队在从张鼓峰到沙草峰一带一直维持着轮流占领的局面。

7月11日,约40名苏联士兵在张鼓峰山顶构筑阵地,日本陆军总部得到这个情报之后,却一时无法做出有效的回应,因为当时的日本陆军正集中中国派遣军的全部兵力进行武汉会战,胶着的战事让日军无力抽调兵力参与张鼓峰事件。所以,日本陆军总部对于在张鼓峰同苏联交战多数并不支持。在经过御前会议的多次商议之后,日本天皇终于下令当地的日军马上撤出战斗。但这样的命令对于早已做好进攻准备的关东军士兵来说,是难以心悦诚服的,他们太渴望在真正的世界大国面前展现军人的风范与锐利了,所以迟迟不想离开张鼓峰。29日,当他们不得不服从上司的命令,做出真正的撤退时,在张鼓峰地区又发生了第二次冲突,这一次,真正的战争终于不可避免。

从1938年到1939年初,在诺门坎的战斗中,苏、日双方几乎是各有胜负。此时的斯大林有些坐不住了,他知道日本人的意图,他们是在试探苏联人的耐心和战斗力,他意识到自己必须当机立断,挫败日本人的野心,从而稳固苏联的远东防线。

1939 年 5 月 21 日，斯大林在克里姆林宫召见了朱可夫。

伏罗希洛夫元帅告诉朱可夫，此次之所以调他来莫斯科，是要他前往蒙古了解在蒙古的第 57 特别军的战地情况，因为自从战事开始以来，苏蒙联军在战争中所取得的成果一直都让苏联统帅部感到非常不满意。当时的苏联军队在兵力和火力方面都占据着绝对优势，虽然在与日本军队的交火中也取得了胜利，但是付出的代价却非常惨重，在飞机、坦克、人员上均损失巨大。

苏联统帅部希望朱可夫能够尽快前往前线，了解前线的状况，找出解决问题的关键。朱可夫接受了命令之后立刻出发，于 1939 年 6 月 5 日上午到达了第 57 特别军的指挥部。一到达指挥部，朱可夫就发现了大问题：第 57 特别军的指挥部居然和前线相距了 120 公里，更为关键的是，作为军长的费克连科中将从战事开始之后，居然没有到前沿阵地去过一次。对于朱可夫的质问，中将辩解称是因为在前线找不到可以构筑指挥部的木料。

朱可夫没有耐心再去听费克连科中将苍白的辩解，愤怒地打断了他的话，他说道："在距离战斗地点 120 公里以外的地方指挥部队，你不会觉得有困难吗？"

离开指挥部的朱可夫驱车前往前线，在前沿阵地上，他闻到了尚未散尽的火药味，对于战场朱可夫终于有了自己的认识。他将这些真实情况报告给了莫斯科的苏联统帅部，并请求加强驻蒙古一线的军事力量，他要求增派三个以上的步兵师、一个坦克旅、足够的炮兵部队及航空兵部队到前线来。在朱可夫看来，要在诺门坎重创日军，夺得制空权是非常重要的，一旦拥有了天空，日军的威胁就会降到最低。

莫斯科在 6 月 8 日收到了朱可夫递交的前线调查报告，随即命令朱可夫接替费克连科兼任第 57 特别军军长职务，并答应会尽量满足朱可夫将军所提出的要求。

6 月中旬，西伯利亚军事铁路的运输量开始增加，大批的军用物资运抵前线。朱可夫将军所需的第一批优秀飞行员先行来到前线，共计 21 名，都是苏联最出色的飞行员，同来的还有苏联最新研制的"伊尔 16"战机。6 月下旬，苏联空军随即与此前不可一世的日本空军展开了一场争夺制空权的战斗，但双方都只是试探性地交火，最终打成了平手。

而朱可夫将军在接管了第 57 特别军之后，就命令苏军火速控制哈拉哈河东岸的所有高地，并在那里修筑永久性工事。同时，朱可夫调动了几乎所有的汽车（甚至包括火炮的牵引车），采用人歇车不歇的方法将各种补给物资日夜不停地抢运上去。距离诺门坎前线最近的火车站是博尔基亚火车站，但是诺门坎前线与博尔基亚火车站之间的距离超过了 650 公里，而且还只有一条土路，交通并不是很方便，汽车来往一趟就需要五天时间，但是朱可夫做出的抢运决定使运输物资的来往周期缩短，使得苏军拥有了充足的物资储备。

另一方面，苏联空军则神出鬼没地对日军的地面设施进行轰炸，6 月中旬，苏联空军的飞机对日军区域的温泉一带和甘珠尔庙进行了轰炸，使日军伤亡惨重。日军第 23 师团是当时与苏军正面作战的主要部队，该师团以好战和擅长进攻而著名，师团长小松原曾长时间担任日本驻苏联大使馆的武官，可以说是日本陆军中为数不多的"苏联通"之一。遭受苏联空军打击的小松原随即向关东军总部发去电报，在认真研究过电报之后，关东军总部在 20 日发出电令，让第 23 师团全部、由第

1坦克团和第7师团一部组成的安冈支队及第二飞行集团,火速向诺门坎集结。此时的关东军已经不惜与苏军进行正面对抗,其气焰可以说是非常嚣张。

在得到前线报告发现大量日军集结的情况后,朱可夫即刻下令坦克部队主动迎上去进行攻击,以干扰日军的行动,达到滞缓敌军的目的,为本方的集结和应对争取出更多的时间。第11坦克旅在接到朱可夫的命令之后,迅速向日军的步兵集结地发动进攻,在多次的袭扰中,甚至有一次逼近了日军第23师团司令部所在地将军庙一带,幸好日军的一队速射炮恰巧赶到,急忙把炮口架了起来,向着冲过来的坦克瞄准之后开炮,苏军的坦克在日军的反坦克装备面前无法前进,就只能知难而退了。事后史学家们才发现,假如不是日军的这一支反坦克部队及时赶到,这场战斗恐怕就会提前结束了。

朱可夫将军卓越的指挥能力在此得到了展现,苏军的坦克部队在他的指挥下经常会趁着日军毫无防备的时候进行攻击,等到日军把反坦克武器调来,苏联坦克早已经消失得无影无踪。苏联军队的袭扰总是神出鬼没,让日本士兵防不胜防,日本士兵每天都担心苏联坦克会忽然出现,过得提心吊胆。真正的战斗还没有开打,朱可夫就已经走在了敌人的前面。

虽然在地面上日军陷入被动,但是日本空军却在天空中为日本军人挽回了颜面。虽然此前的战事陷于胶着,但是日本关东军的战斗机却在苏联军队的上空如入无人之境,这一度让苏联的地面部队非常头疼。而正是凭借制空权,日本军队虽然没有像苏联那样强大的补给能力,但还是解决了自己的后勤问题。朱可夫在地面进攻取得突破的同时,也开始着手加强对制空权的把握。

1939年6月22日,苏日双方进行了一场试探性的小规模空战。在这一次战斗中,日方飞机与苏联飞机在天空中打了个平分秋色,虽然如此,依然让日寇第二飞行集团感到了开战以来从未有过的压力。日军指挥官这才意识到,就在开战以来的这段时间里,苏联飞机已经进行了更新换代,而日方的飞机再也无法在苏联军队的上空予取予求了,这也就意味着日方的空中优势已经不再像开战之初那么明显,而这也为朱可夫随后展开的总攻铺平了道路。

趁夜偷袭:气焰嚣张的关东军

但是日本方面并不甘心就此失去掌握已久的空中霸权,为了解除来自苏联方面的空中威胁,日军第二飞行集团的司令部拟订计划,准备空袭蒙古塔木斯克机场。

6月27日清晨4点,57架九七式重型轰炸机和80架中岛式陆攻机从海拉尔机场和甘珠尔庙机场一架接一架地起飞了,它们在空中完成编队后,就向着蒙古境内的塔木斯克机场飞去。早上6点左右,日军机群按照预定的时间抵达了塔木斯克机场的上空。这个时候的苏军正在出晨操,注视着远方天空的只有防空哨兵的被困意纠缠的眼睛。可以说,这时的塔木斯克机场是一天中警戒最为薄弱的时刻,从这里就可以看出,关东军对攻击时刻的选择实在是费了不少心思。

空袭警报声响彻大地,当人们从晨光中反应过来的时候,日军轰炸机已经开始了它们的俯冲投弹,爆炸声和弥漫的硝烟吞没了清晨的宁静,停机坪上的飞机被火焰包裹着,机场的弹药库轰然爆炸,被击中的油库升起滚滚的黑烟。苏军的防空炮火随即向俯冲下来的敌机进行反击，4架值班的"伊尔16"战机也强行起飞冲进日军的轰炸机群与之缠斗在一起，6架日方的战斗机随即被击落，但日军的轰炸机还是完成了既定的任务，将所带的炸弹都投放到了苏军的机场上，整个机场面临瘫痪，地面上随处可见被炸毁的飞机残骸，油库里冒起的滚滚黑烟很久也不曾散去。

根据日军在此次空战之后公布的战果，日军共击落了苏军飞机99架，击毁了地面的苏军飞机25架，炸毁了苏军的机库、营房和油库。不过，根据当时负责带队的关东军第2飞行集团第7飞行旅团指挥官机宝藏寺少将后来回忆："由于地面的炮火异常猛烈，加上苏军战斗机的袭扰，轰炸被迫采用了高空水平投弹方式，无法精确命中目标，至少有一半的炸弹投到了空地上，关东军宣传的战果明显被夸大了。"

但不管怎样，日军通过这一次的轰炸，确实让苏军的机场一度处于瘫痪。但是日本空军方面的损失也颇为严重，因为遭受到苏军的顽强抵抗，关东军第2飞行集团数架王牌飞机在激战中坠毁。但是日本关东军认为通过这一次轰炸，已经足够摧毁苏军的防空体系，夺取苏军的制空权，所以在结束空袭之后不久，就电令第23师团尽快发动地面攻势，以防止苏军经过调整之后重新具备作战能力。7月1日，日军集结了3.6万人的兵力、182辆坦克、112门火炮、180架飞机和400辆汽车，在第23师团小林少佐的率领下向哈拉哈河发动进攻，中午时他们率先攻占了河东岸的谢尔陶拉盖高地。面对来势汹汹的日军，朱可夫将军使用了"空地一体"的多方位战术，他组织了150辆坦克、154辆装甲车、90门大炮和全部飞机及其他部队，分三路进行反攻。

双方在巴音查岗高地展开了激战。巴音查岗高地位于哈拉哈河附近，四周都是空旷的开阔地，非常便于飞机和战场作战，可以说是能够发挥"空地一体"战术最大能量的地方，日军完全裸露在了苏军炮火的面前。

7月3日上午7时，日军和苏军的战斗机群飞上天空，进行了惨烈的射击和轰炸。让日本空军士兵百思不得其解的是，一个星期前刚刚遭受日本关东军第2飞行集团重创的苏联空军，竟然在短短的时间内就恢复了战斗力。

由此可见，日本关东军对于轰炸苏军机场的报告，是有着很大水分的，虽然苏联空军机场受到重创，但显然苏联空军的主力并未受到真正的"毁灭性打击"。

在空中激战的同时，朱可夫指挥下的苏蒙军队的火炮也组成密集火力，向着日军进行猛烈攻击。因为苏军的炮火过于密集和强大，使得日军根本无法展开反击，手足无措的日军士兵只能匆忙地在沙地上挖掘个人掩体。上午9时，苏军的坦克开始发动攻击，同时，高射炮配合空军对日军飞机进行攻击。日军地面部队被压制之后，根本无法向空中提供足够的援助。而日方的制空权一旦丧失，苏军的飞机则可以配合坦克向龟缩在沙丘掩体中的日军士兵进行攻击。在这场激烈而又经典的战斗中，关东军损失了3000名士兵，40名军官战死，尤其是日方的空军部队遭受重创，而苏军则一战确定了自己的优势，并在此后牢牢掌握着制空权，最终漂亮地赢得了诺门坎战役的胜利。

(三)敦刻尔克撤退大空战——生死时速大角逐

作为法国东北部一个普通的港口城市,敦刻尔克却因为在二战期间的重要历史事件而闻名于世。在 1940 年 5 月 27 日至 6 月 4 日这短短 9 天的时间里,就是在敦刻尔克,33.8 万英法联军奇迹般地逃脱了德军的三面重围,逃回英国本土,从而为日后的大反攻保存了实力。

英德双方兵员在这场血与火的生死较量中都损失惨重,风景优美的敦刻尔克港在眨眼之间就变成了一座炼狱。敦刻尔克被浓浓的硝烟笼罩,子弹如风雨般呼啸而来,海滩、堤道、港口里随处可见血肉模糊的尸体。对于敦刻尔克来说,这是前所未有的灾难,而对于盟军来说,这则是他们最后的机会,大西洋的海水扑打着穿过风浪的舰只,欧洲最后的火种在敦刻尔克的岸边闪烁着微弱的光亮。

在敦刻尔克大撤退的整个过程中,英国皇家空军为掩护地面部队成功撤退,与占据着绝对优势的德国空军在空中展开了殊死拼杀,当若干年后,那些曾经参加过这场激战的老兵再次来到敦刻尔克的岸边,他们依然能在那海风中听到昨天的悲鸣。

希特勒闪击波兰之后,迅速侵略东欧,加上苏联采取观望态度,更让德国人有恃无恐。但是,东欧根本不可能满足希特勒的野心和欲望,在他的眼中,西欧才是块真正的肥肉。在 1939 年 10 月 9 日,急于对西欧采取行动的希特勒指示陆军总司令部尽快制订入侵西欧的"黄色方案"。

1940 年 5 月,从北海到瑞士边境 800 公里长的西部防线上,希特勒集中了包括拥有 3000 辆坦克的 10 个坦克师,7 个摩托化师在内的 136 个师,在大批重型轰炸机、战斗机、伞兵运输机和满载突击队的滑翔机的配合下,以德国固有的"闪电战"攻占了丹麦、挪威两国。

一直都对希特勒和他的法西斯帝国采取绥靖政策的英、法两国这才意识到,野心勃勃的希特勒早已经不满足于占领东欧,只好仓促对德宣战。一直支持对德国采用绥靖政策的英国首相内维尔·张伯伦此时站了出来,他断言希特勒已经错过了进攻西欧的最佳时机。可就在张伯伦首相发表这番令人宽慰的发言之后 5 个星期,德国随即又闪击了荷兰、比利时、卢森堡三国,同时以 10 个装甲师为先头部队越过阿登山区,逼近法国腹地,法军苦心经营多年的马其诺防线在德国军队面前几乎毫无用武之地。

德国装甲部队在冯·龙德施泰特将军的率领下简直势不可当,他们先是切断了法国北部战线英法联军与李姆河以南法军主力的联系,随后就挥师南下,英法联军在德军的闪电战面前毫无还手之力,被打得节节败退。在败退的过程中,英法联军虽然也设法实施过多次的反突击,但终究因兵力不足、行动迟缓而导致失败。德军仅用了短短 10 天时间,就将约 34 万英法联军(含部分比利时军队)围困在了敦刻尔克至比利时边境海滨的狭小地域内,他们的命运已经是岌岌可危。

盟军在敦刻尔克备受煎熬,德国统帅部里的希特勒看着面前的世界地图时,更为得意,如今巴黎已经成为他的囊中之物,整个西欧都已经被他吞并,可以称霸世界的日耳曼帝国已经初见端倪。

此时,阿道夫·希特勒胸中那狂热的日耳曼民族自豪感又再度开始升腾,他为强大的德意志军队如此迅速地攻克西欧而欣喜若狂。他兴奋地将电话打到前线,热血沸腾地将赞誉送给德国的士兵们,但他同时吼叫着让他们不能松懈,必须要发动更猛烈的攻击,将英法联军一举歼灭在敦刻尔克。

德国元帅、纳粹空军头子赫尔曼·戈林在这个时候却怎么也坐不住了,他自然有自己的一番打算。敦刻尔克的盟军如今显然已经只剩下束手就擒的分儿了,他不能容忍强大的德国空军在这样的战斗中毫无作为,而只看着装甲部队在敦刻尔克耀武扬威,占据此次战斗的所有功劳。

"元首阁下,我认为与其将装甲部队放在敦刻尔克那泥泞之地,不如让空军果断出击,用炸弹消灭掉苟延残喘的敌人。"戈林迫不及待地拨通了希特勒的电话。

希特勒与作战局长约德尔少将对戈林的方案进行了商议,对戈林的建议约德尔非常赞同,他认为与其将装甲部队放置于敦刻尔克周围的沼泽地带追击已经毫无还手之力的落败之师,不如将这股强大的力量运用于进攻巴黎。古德里安等前方装甲部队指挥官在得知这一建议之后,都纷纷表示强烈反对。

前方将领们一致认为:虽然德军已经对敦刻尔克形成了三面包围的态势,但英法联军的海上退路尚未被切断,而在这种关键的时刻,给予敌人任何喘息的机会都有可能导致所有计划功亏一篑。

参谋本部在收到前线将领的意见之后进行了讨论,认为前线将领所反映的情况非常值得考虑。

得知这一消息后,戈林非常恼火,在他看来,古德里安等前方将领根本没有把强大的德国空军放在眼里,这样的羞辱对作为空军头子的他本人来说简直是难以忍受的。

戈林在纳粹党内有着不可动摇的副领袖地位,参谋本部对于戈林的意见也不得不做出特殊考虑,这使得参谋本部不得不妥协,最终与空军达成了"共识"。

5月24日,正在围攻敦刻尔克的德国坦克突击兵团接到了希特勒的命令:"停止攻击行动,消灭敦刻尔克敌军的任务改由地面炮兵和步兵配合空军完成。"

其实早在德军向法国西北部火速挺进的时候,英国人就已经摸透了德军的心思:德军进攻的主要目标是英吉利海峡一线,而并非巴黎。非常明显,德军的意图是把英国远征军包围在法国,使之陷于孤立无援的绝境。

英国远征军最高指挥官戈特勋爵在了解到德军的目的之后焦急不安,他火速向英国战时内阁发去了报告,为了保证英国远征军能够顺利撤退,他必须在德军截断后路前脱身。然而,最终传达给戈特勋爵的命令却是要求他向西南方向的亚眠进发,从而与法军主力取得会师。

5月20日,德军装甲部队比英军抢先攻占亚眠,并且很快抵达海滨。此时的形势已经到了危急关头,德军已经将英法联军彻底分割,英法联军南北两军根本不可能穿过德军的重重封锁最终会师,南部英军的命运危在旦夕。

英国战时内阁在这时接到了新任首相丘吉尔的命令:"作为必要的预防措施,海军部队在此时应当征调大量运输船只,时刻做好驶向法国沿海港口和海湾的准备。"海军中将伯特伦·拉姆奇爵士按照战时内阁的命令,负责制订一项代号为

"发电机"的撤退计划。该计划的主要内容是在法国沿海的加来、布伦、敦刻尔克3个港口，每天各渡送1万士兵回到英国，保存实力，坐观其变；在有可能的情况下，也要利用起泽布腊赫、奥斯坦和纽波特港口。海军没用多久就筹集到了30艘渡船、12艘海军扫雷船和其他一些能够使用的船只，其中包括一些能够横渡海峡的一日游游艇、6艘小型沿海商船以及部分前来英国港口避难的荷兰渔船。

拉姆奇爵士与此同时还向战时内阁提出建议，希望为英国远征军适当加强空中力量用以护航，身陷敦刻尔克的英国远征军所配备的老式飞机不仅数量有限，而且攻击力也不是很强，如此庞大的撤退掩护任务根本难以胜任。但是空军战斗机司令部司令休·道丁上将对拉姆奇爵士的建议坚决反对。在休·道丁看来，在国内的作战飞机都担负着保卫本土的任务，而这些飞机的数量是绝对不能减少的，在必要的时候才可以派遣飞机去支援远征军的撤退行动。

德军装甲兵先头部队在5月23日突破了英军临时设置的最后一道防线，英国远征军的形势已经万分紧急。远征军指挥官戈特忙间下令打开敦刻尔克至加来一线的水闸，让大水将周围的低地淹没掉，这样就能够暂时挡住德国人的攻势；与此同时，戈特命令全体将士誓死固守阵地，哪怕是战至一兵一卒、一枪一弹。

5月25日，戈特向战时内阁发出了一封电报，在这封电报里，戈特的措辞非常强硬："如果政府不想让英国远征军在此地全军覆没，现在唯一能做的就是利用尚被我们占据的敦刻尔克港，将所有远征军官兵撤回国内。"

丘吉尔5月26日下午6时57分紧急命令拉姆奇中将火速实施已制订完成的"发电机"计划，并特别说明，同时也要将被困于敦刻尔克的法国官兵跟英国官兵一起撤回。但是，此时局势已经急转直下，"发电机"计划中的3个港口只剩下了敦刻尔克一处尚可利用，况且英军的空中掩护、地面运输等多种设施均非常薄弱。就英国方面现有的力量来说，要在短时间内营救30余万大军离开法国简直比登天还难。

海军部急忙派出了能够出动的所有官兵奔赴英国的各大造船厂筹措船只，焦急万分的英国人已经顾不了太多了，战时内阁在无线电广播里向全国大声呼吁，号召所有拥有船只的人都加入这支将可能挽救欧洲的"舰队"里来。驾驶着各式船只的数千业余水手和游艇主听到消息以后飞驰而来，这些船里既有大到数千吨位的货轮，也有小到只能搭载数人的游艇。很快，一支奇形怪状的"舰队"就在英国东南部的港口集合了起来。

共有3条航线通往敦刻尔克，航程最短的是仅需两个半小时的Z航线，但因为它处在德国大炮的射程之内，所以根本无法启用；第二条是航程较短的X航线，但它被英国布满了水雷，几乎已经全部封锁，单是扫清这些路障就至少得花费一个星期时间；这个时候Y航线成了唯一的选择。Y航线是从奥斯德港出发，绕过克温特的水雷浮标折向西南方向，最后抵达敦刻尔克港，全程耗时将近6个小时。走这条航线可以完全避开德军大炮的射击，但无疑却延长了暴露在德军轰炸机下的时间。

第一批救援船在当晚就悄然驶向敦刻尔克港，出于德国空军尚没有把敦刻尔克当作主要攻击目标的考虑，英国空军这一次并没有派出飞机为船队护航。

5月25日晚，戈林在空军司令部召开了作战会议，对敦刻尔克的空中作战做最后的部署和安排。

"在座的各位将军",戈林环视了一下在场的每一个人,用他特有的声音说道,"尊敬的元首阁下已经将最后的决战交给我们来完成。在接下来的几天里,我们必须用实际行动证明空军是势不可当的,丝毫不逊色于地面装甲部队,完全能够将英国佬消灭在大西洋的岸边。"他的手臂有力地挥动着,每句话都铿锵有力,在大厅里久久回荡着。在场的德国空军的军官们都挺直了腰板坐着,他们注视着指挥者的语言,等待着下达命令,然后前往前线去建立功勋,开创属于他们的日耳曼英雄时代。

参谋长开始向在场的军官讲述轰炸敦刻尔克的具体作战计划,他的讲话不时会被戈林打断,对计划中仅仅使用5个航空团的兵力戈林感到非常不满,他要求必须用炸弹将大西洋的海岸点燃,要把德国西部和驻守荷兰的第2航空队的兵力也带到敦刻尔克的上空去,他不止一次地告诉他的参谋长,他要实施的是一场真正庞大的轰炸计划。

5月27日的清晨,太阳还未升起,天空依然漆黑而又低沉,此时万籁俱寂。德军的两个轰炸航空团和两个歼击航空团从德国西部起飞了,他们正是负责执行第1波次轰炸任务的德国空军,这些飞机穿过夜幕直扑敦刻尔克,此次攻击的目标是敦刻尔克港口和主要码头。在飞行途中,这些飞机几乎没有遇到英法飞机的任何阻拦。

当德军的两个轰炸航空团和两个歼击航空团已经抵达敦刻尔克的上空时,天空才逐渐发亮,从睡梦中醒来的人们看到天空中出现的飞机感到非常恐慌,通向港口的街道上挤满了无数的车辆和人。随着负责指挥此次空袭的施瓦茨下达空袭命令,一架架俯冲轰炸机向毫无防备的英法士兵凶猛地冲了过去。雨点般的炸弹在转瞬之间倾泻在了挤满士兵的码头和堤道上,冲天的火光顿时将大地笼罩,到处是凄厉的惨叫声和支离破碎的肢体。炸弹落在大海里,不时掀起数米高的巨浪,码头边上惊慌失措的人们被巨浪卷入汪洋之中,惨叫和求助此时都是毫无意义的。

紧接着,德军的机群像乌云一般黑压压地将敦刻尔克的天空遮住了,它们争先恐后地扑向已经惊慌失措的敦刻尔克。它们有的时候会向下俯冲,进行低空的扫射和轰炸;有的时候会直接投下威力巨大的高爆弹。纵然是英法联军中经验丰富的老兵也从未见识过如此恐怖的地狱式袭击,那些德军飞机在低空扫射时,就如同是向着自己的胸膛冲了过来,穿过这座港口的大街小巷,似乎要把这片大地翻转过来一样。

英军指挥官在硝烟中缓过神来,急忙大叫着指挥自己的士兵跳入战壕,拿起各种轻重武器对上空的德国飞机予以还击。在混战之中,一架德国飞机被击中,拖着一长串的浓烟掉进了海里,码头上顿时发出一片欢呼。

到这个时候,接到报告的英国空军才急忙出动了两个中队的"喷火"式战斗机和"飓风"式战斗机升空迎击德军飞机。但是当英军飞机赶到敦刻尔克的上空时,德军战机早就已经消失得无影无踪。英军飞机找不到可以用来发泄怒火的对手,只能漫无目的地在敦刻尔克上空盘旋,直到将飞机上的油料耗尽也没有能够发现哪怕一架德军飞机的影子,指挥部只好下达命令,让所有的飞机回到本土加油,并随时待命。

然而,英国战斗机刚刚离开敦刻尔克几分钟,负责第2波次轰炸的德军机群就出现了。因为在空中没遭遇到任何抵抗，它们再次如入无人之境，对着海面上毫无保护的英军舰船进行肆无忌惮的密集轰炸。几艘紧靠着码头的大型运输船几乎在同时冒起了浓烟，开始缓缓下沉，船上绝望的士兵们纷纷跳入漂满死尸的水里。而那些企图驶离岸边的小船，则受到了德军穷追不舍的射击和轰炸，小船被落到船边的炸弹一艘一艘地掀翻，原本进行顺利的撤退工作就此陷入混乱，只能先暂时停止。已经开到海上的运兵船为了躲避德军飞机的轰炸，不得不采取忽左忽右的曲线航行方式前进，高速穿过德军飞机布下火力封锁线，在巨浪滔天的海面上，英军军舰上的大炮不停地开火，对着德军飞机进行猛烈回击。英军比·希金上校在约一个小时之后，率领两个中队的40余架"飓风"战斗机再度穿过海岸，向敦刻尔克急速飞来。英国机群刚刚飞抵敦刻尔克上空，便遇上了正在逼近敦刻尔克的负责新一轮轰炸的德军轰炸机群。几乎就在同时，负责护航的德军战斗机也发现了飞来的英国机群。一场空中恶战就此拉开了帷幕，一架架战机在敦刻尔克上空盘旋翻转，密集的炮火穿透云雾，发动机尖锐的呼啸声响彻天际。

遭受戏耍的英国皇家空军此刻完全被激怒了，他们围着德军的机群一阵猛烈扫射，德军飞机遭遇到英国飞机的拼死冲击，德军轰炸机在仓皇投下炸弹之后，迅速逃离了敦刻尔克上空。

虽然扔下了无数炸弹，但是德军的这次轰炸没有达到预定的效果，他们所投下的大部分炸弹都落在了海里或者沙滩上。但此役英国军队的损失更为惨重，无数官兵在德国空军的射击和轰炸下牺牲，舰只也受到了一定程度上的毁坏，在战斗中更是有11架飓风式战斗机被德军击落。

虽然进行完这一波次的轰炸之后，德军飞机就返回了基地，但不久新一批的德军飞机又飞抵敦刻尔克上空，轰炸就这样几乎持续了一整天，在此次空袭中，德军共投下了1.5万枚高爆炸弹和3万枚燃烧弹。当天色已晚，德机的轰炸才终于停止下来，但敦刻尔克地面的火光和浓烟却久久难以熄灭和消敌。英军在这一天只输送了7669人回到本土，有40余艘船只在战斗中被德军击沉。但是，表面的风光并不能掩饰戈林作战计划的失误，这一天德军有23架飞机被击落，比过去10天以来德军损失飞机的总数还要多。

但是，好大喜功的戈林在接到了轰炸报告的当天晚上，就急不可待地将"捷报"报告给了希特勒，而对于德军此役的损失他却只字未提。

5月27日的深夜，位于德国东部和荷兰境内的各个德军机场依然是灯火通明，各种车辆不停歇地往来穿梭着，机场的技术人员都在忙着给机场上停放的飞机进行加油挂弹和临时维修，他们都在为几个小时后即将开始的新一轮轰炸做着最后的准备。这一夜的天空如此喧闹，又是如此宁静。

一切似乎准备得非常顺利，但是在28日凌晨一切都发生了变化，德国空军参谋长耶顺内克少将接到了发自侦察飞机和前线地面部队的急电：此刻敦刻尔克上空忽然出现大雾，加之前一天轰炸留下的浓烟还未消散，在空中根本无法看清楚地面目标，空袭恐怕无法继续进行。看到这个报告之后，耶顺内克急忙把它交给了戈林。

戈林一看到这份报告，顿时非常恼火，他不由分说地挂了一个电话到前沿阵地："不行，我要的是轰炸！轰炸！再轰炸！你明白吗？决不能让英国佬从海上跑掉,你不能以天气来掩盖你的无能。"戈林疯狂的吼叫声从话筒里传出,耶顺内克虽然百般无奈,也只好命令飞机继续照常出击。

可是 28 日上午的雾实在是太大了,德军派出的两个轰炸机大队在敦刻尔克上空逡巡良久,但是苦于能见度实在太低,根本无法投放炸弹,只好带弹返回基地。

而盟军此时正在按照原定计划紧张地进行着撤退,他们已经动用了所有可以动用的船只,甚至连驱逐舰也被当作了运兵船使用。除了将仅剩的几处码头充分利用起来以外,连海滩也被利用了起来,渡过海峡的小船被他们用绳索牵着,等候在海滩的士兵就可以乘坐小船渡到海上的大船旁边尽快登船。敦刻尔克岸上的士兵被分成几个组,每 50 人一组,每组由一名军官和一名海员指挥。每当有新的救援船穿过海峡来到岸边,他们便一组一组地被带到海边,然后排好顺序蹚过深到可以齐胸的冰冷海水,在这过程中,他们还必须要小心避开不断漂到身边的战友的尸体才能艰难地爬上小船。

下午的天气状况仍然很糟糕,耶顺内克少将在办公室里焦急地来回踱着步,戈林的电话一次次地打来,不停催问着轰炸何时开始,这让他感到一阵阵耳鸣。其实他早已经命令轰炸机群挂弹待发,但是再好的飞行员面对敦刻尔克恶劣的天气也没有任何办法。

参谋此时为他送来了气象报告,预计在最近几天里法国东南部一直都将会维持阴雨大雾天气。一看到这些,耶顺内克顿时感到紧张,他非常清楚一旦错过这几天,就将失去最重要的机会,英军很有可能就会把被围困的部队全部都撤回本土。他知道自己的机会已经不多了,命令气象部门拿出更详细气象报告的同时,他焦急地接通了作战室的电话。

"各机场待战飞机,立即以 3 至 5 架小型编队对敦刻尔克实施连续轰炸。不管目标上空能见度如何,炸弹必须投下去。"无奈的耶顺内克少将现在只能出此下策,一来可以扰乱英军的部署,二来希望这些扔下去的炸弹会命中一些紧要的目标。

轰炸机发出的轰鸣声再次响起在敦刻尔克上空,漫天的大雾同样挡住了英军的视线,新集中起来的几支高炮部队也只能漫无目的地对着天空射击,士兵们则纷纷跳进附近的战壕里。德军飞行员则只能胡乱投下几颗炸弹,投下来的炸弹几乎没有造成什么大的伤害,要么掉进了和海滩距离很远的海里,要么就是掉在了无人的空旷地,偶尔有几颗落在士兵聚集的沙滩上,大部分爆炸力也被像柔软坐垫一般的沙子给吸收掉了,所以就算是炸弹在英军士兵的身旁爆炸了,产生的结果也不过是一脸泥沙而已。

德军一直不间断地进行着这种漫无目的的零星轰炸,但撤退中的英法士兵没有多久就对这种轰炸习以为常了,他们纷纷从战壕里爬了出来,继续紧张而又轻松地做他们最该完成的工作。

29 日早上,负责指挥此次撤退行动的拉姆奇海军中将收到了来自本土的电报:28 日已共有 6.5 万人安全返回本土。但是这消息并没有给拉姆奇带来丝毫的轻松感,因为就在敦刻尔克的岸边还有更多部队在等待着撤离,德军地面部队在敦刻尔克西部和北部已经再度加强了攻势,英法联军的防御圈正在不断缩小,他现在只能向上帝祈求让这种大雾天气能够多持续几天。但遗憾的是天并没有遂人愿,大约在下午 2 时,大雾就逐渐散去,敦刻尔克的海滩上又洒满了阳光。

在随后不到一个小时的时间里，德军3个大队的施图卡大型轰炸机编队就赶到了。炼狱般的一幕再度上演，一架架的德军轰炸机凶猛地扑向地面，将数不清的炸弹疯狂地投落到英法联军的阵地上，仿佛要用这一次进攻就夺回这几天的损失。在这次空袭中德机的目标开始更加集中，它们将主要的轰炸对象瞄准那些大型运输船只。轰炸机对着停靠在岸边的大型渡船俯冲过去，在机身即将触及船上的烟囱时将弹舱迅速打开，弹舱里所有的炸弹就这样全都落在了船只的甲板上，顷刻之间就是地动山摇的轰鸣，在经过德军的几轮轰炸之后，海面上的运输船很快就完全失去了队形，而且还乱作一团，很多船只都冒起了火光和浓烟，船员们和士兵们都忙着扑灭刚刚燃起的火焰。此时敦刻尔克的海岸上到处都是惨叫和轰鸣，德军的飞机在天空中发出一阵一阵让人绝望和胆寒的呼啸声，大西洋的海水里浸泡着战争和死亡的味道。

就在下午5时27分，德军的一轮攻击刚刚结束没有多久，德军第2航空队的两个轰炸机团又从远空飞来，沙滩上的英法联军官兵还没有来得及歇口气，新一轮的猛烈轰炸已经开始了。

英国海军在这天的下午损失掉了3艘驱逐舰，7艘驱逐舰遭受重创，除此以外，奥洛国王号、海峡皇后号、洛琳娜号、芬内拉号和诺尔曼尼亚号等5艘大型渡船被德军的轰炸机击沉。在关键时刻，拉姆奇将军不得不把8艘最现代化的驱逐舰从激烈的战斗中撤出，他必须为日后德军入侵英国做准备，而这些性能优良的战舰在未来将直接关系到英德之间战争的胜负，他不能拿它们来进行冒险。尽管遭受到了前所未有的巨大损失，但是英军在这一天仍然从港口撤走了3.35万人，从海滩撤走了1.4万人，其中还包括近1万名的法军士兵。

5月31日凌晨，天空再度下起了小雨，空中的能见度又一次急速下降。敦刻尔克港的平静又暂时回到了英法联军官兵们的身边，此时从英国本土新筹集来的大量民船也加入帮助英法联军撤退的行列里来，撤退的速度因此得以明显加快。同时，面对德军多次的凶猛进攻，地面防御部队也不甘示弱。但随后英国方面决定将防御圈缩小到33公里，这是为了方便收缩兵力进行最后的抵抗，更是为海上的撤退赢得更多的宝贵时间。

5月31日这天，德国空军作战室里的气氛显得异常沉闷。因为在整整两天的时间里都没有能够对敦刻尔克发动行之有效的轰炸，使得希特勒非常不满。眼看着一批一批的英法士兵从他的眼皮子底下溜走，这怎么能让他不发火？气象报告在这个时候打破了室内死一般的沉静：敦刻尔克上空预计在24小时内将出现晴朗天气，这也就意味着可以继续进行轰炸。戈林总算长出了一口气，空军的各位军官赶紧忙碌了起来。

而英军几乎在同时也得到了相同的气象报告，为了保障撤退部队能够安全回到本土，战时内阁决定出动大量先进的"飓风"式战斗机和"喷火"式战斗机在敦刻尔克上空进行不间断巡逻，以阻击空袭敦刻尔克的德军飞机。

于是，一场空中激战不可避免地拉开了帷幕。

6月1日拂晓，英吉利海峡上空吹起了阵阵轻风，将水面上的晨雾吹散，东方的旭日从海面上升起，海面上几天来难得一见地风平浪静。

担任警戒任务的首批28架"飓风"式战斗机自英国南部的机场升空，它们飞速穿过英吉利海峡,按照预定计划飞向敦刻尔克以西30公里的巡逻空域。当英国机群刚到达敦刻尔克的上空时,领航飞机就发现了德国机群正在逼近,驾驶"飓风"式战斗机的飞行员们急忙加大飞行高度,向德国飞机扑了过去。但是当他们穿过云层逼近敌机时,却骇然发现此次德机出动了前所未有的强大阵容:德国飞机此次使用的是立体编队,分为上、中、下三层,下层是40余架轰炸机,中层则是担任近距离支援任务的战斗机,上层是主要负责高空支援的战斗机。

"飓风"战斗机不得已再次钻入高空云层,意图在躲过敌人强大的掩护机群之后,绕到背后再采取进攻,但已经没有机会了,这个意图早已经被敌机洞悉。大批的德国战斗机已经急冲了过来,将英国飞机死死咬住。英国飞机万般无奈,只好将编队一分为二,一部分扑向德国的轰炸机群,另一部分则向德国的战斗机宣战。

在这场发生在空中的肉搏战中,毫无疑问,德国空军占据着绝对的优势。

英国飞机首先击中了一架德国轰炸机,这架德国轰炸机拖着一串浓烟坠落下去。德国飞机看到这样的情景,马上将剩余的轰炸机群组成圆形防阵,这样可以掩护彼此的尾翼,从而避免英国飞机从背后攻击。而英国飞机这个时候只好迅速拔高,企图从高空中打开击毁德国轰炸机的突破口。

但这个时候的高空也是激战正酣,到处都是乱飞的子弹。英国方面的一架"飓风"战斗机绕到一架德国战斗机的背后发起进攻,德国飞机向左一拐,巧妙地躲开了"飓风"的攻击,子弹从德国飞机的右侧擦着飞了过去,英国飞机就这样扑了个空。可恰巧就在这个时候,另一架德国飞机斜插过来,因为躲闪不及正好被英国飞机射出的子弹击中,稍微晃了一下就拖着黑烟坠落了下去。

德军发现形势不妙,立刻改变了战术。一架德国战斗机迅速地向下滑行,看起来似乎是准备要离开战场,紧追不舍的一架英国飞机立刻死死将它咬住,正当英国飞机就要将这架德国飞机击落的时候,突然,一束急促的子弹从高空射了下来,紧追着德国飞机的英国飞机随即就被击落。这种由德国空军创造出来的"诱饵战术"在空战中使得英国飞机多次中计,不过短短几分钟时间就先后有3架英国飞机被击落。

残酷的战斗仍然在进行着,英国飞行员以顽强的毅力与是己方数倍的德国战机艰难周旋着。没过多长时间,第2批两个中队的战斗机也从英国升空,迅速穿过英吉利海峡,加入了这次空战。敦刻尔克西部的天空顿时充斥着无数的厮杀和爆炸,空中开始弥漫着浓厚的火药味,大西洋上空那晴朗的天空此时完全已经被密集的子弹覆盖,不时就会有拖着黑烟的战机从云端坠落下来。

在这次空战中,英国空军共击毁击伤德军飞机21架,最终以其顽强的意志击退了德军,也打乱了德国空军空袭敦刻尔克的计划,使得不可一世的德国空军第一次尝到了英国空军的厉害。

但是战争并未到此为止,德国空军并没有丝毫停歇,他们随即又派出了更加强大的战斗机群,为轰炸敦刻尔克提供空中掩护。上一轮的激战刚刚停息片刻,新一轮的激战马上又上演。英、德两国的飞机在敦刻尔克的空中再次交手,而且规模还在不断扩大,在6月1日这天的整个上午,敦刻尔克上空的战斗都从未停止过。而英国空军此次几乎倾其所有,出动了一切可以动用的飞机——"飓风"式飞机、"喷火"式飞机,还有装着炮塔的双座"无畏"式飞机,甚至连赫德森轰炸机、双翼箭鱼式鱼雷轰炸机及笨重的安森侦察机都从英国本土赶来参加空战。但尽管是这样，英国空军仍然不能阻止蜂拥而来的德国飞机的攻势，一些躲过英国飞机拦截的德国轰炸机在敦刻尔克港扔下了一排一排的炸弹。大肆进行轰炸。

狡猾的德国人在下午突然改变了战术，他们开始利用大编队的英国战斗机离开战场去加油的机会，发动更为猛烈的进攻。他们使用部分战斗机牵制住负责警戒的小股英国飞机，轰炸机则趁着这个机会火速飞到敦刻尔克的上空，从比较高的高度对地面进行轰炸，在投弹之后会迅速返回，使得英国飞机鞭长莫及，叫苦不迭。

英军在这一天有 31 艘舰船被击沉，11 艘遭受了重创，这也是为时 9 天的撤退中损失最为惨重的一天。

拉姆奇将军在晚上向英军总部报告了当天英国方面的损失情况，在报告的最后，他说道：“痛苦的经验在今天已经告诉我们，我们根本无法阻止德国空军的空袭，选择在白天撤退无异于自取灭亡，我建议撤退应该改在夜间进行。”英国空军确实已经倾其所有，在这次敦刻尔克空战中英国的歼击机中队轮番出动，有的飞机一天竟然出动了 35 次。英军总部考虑到要为以后的作战保存必要的空中力量，通过了拉姆奇将军夜间撤退的建议。

英军从 6 月 2 日开始，将撤退完全改到了在夜间进行，德国空军对此毫无办法，只好将空袭目标转移到巴黎等地去，德国的地面部队重新接手了对敦刻尔克的攻击。

但这个时候已经错过了战机，被围困在敦刻尔克的英法联军大部分其实已经撤到了英国本土。到 6 月 4 日，英军终于完成了由敦刻尔克撤出 33.8 万人的军事奇迹。虽然英国为此损失了 110 余架飞机，但德国空军同样付出了巨大的损失，有 150 余架德国飞机毁于这场空战，而且虽然付出了如此高昂的代价。德军最终也没有能够完成阻止英军撤退的任务，使盟军为日后的反击保存了有生力量。

（四）不列颠空战——留住胜利的希望

1939 年 9 月 1 日，德国闪击波兰，第二次世界大战全面爆发。1940 年初，荷兰、比利时、卢森堡、挪威等国相继沦陷。5 月，德军翻越阿登山脉，绕过马其诺防线深入法国领土。在德国的铁蹄面前，法兰西的抵抗显得绵软无力，“欧洲军事大国”颜面扫地。6 月 22 日，法国投降。然而，英国却成功地用军舰、商船、渔船等一切可利用的渡海工具从敦刻尔克撤回了远征军以及法国抵抗力量达 30 余万人，从而使英国拥有了令希特勒感到不安的抵抗实力。

轻而易举的胜利使希特勒的欲望无限膨胀起来，他开始把注意力转向东方，准备向苏联发动进攻。为了避免两线作战，希特勒希望能暂时与英国和睦相处。他相信，英国人在法国已经吓坏了，只要他一进行战争恐吓，敌人就会不战而降，到那时和谈当然是英国人求之不得的。因此，在 1940 年 5 月至 7 月这两个月里，希特勒并没有定下进攻英国的具体计划，而是在草拟对英国的“和约”。他通过当时保持中立的瑞典国王和罗马教皇，向伦敦试探和谈的可能性。纳粹党徒还企图绑架取道西班牙和葡萄牙前往巴哈马就任总督的英王的兄嫂温莎公爵夫妇，妄图以重金收买，为其打开和谈渠道。

然而，此时担任英国首相的已不是软弱无能的张伯伦，而是以"好战"闻名的原海军大臣丘吉尔。英国民众对政府过去执行的绥靖政策已深恶痛绝，他们不能容忍政府一错再错。5月13日，丘吉尔在首相就职典礼上代表内阁全体成员演讲："你们问：我们的政策是什么？我说，我们的政策就是用上帝赋予我们的全部力量在海上、陆地和空中发动战争，向黑暗可悲的、人类罪恶史上没有先例的兽性暴政发动战争。这就是我们的政策！"这个演讲无疑是在对希特勒宣战。

英国人的抵抗决心使德国的诱降计划彻底破产。于是，恼羞成怒的希特勒决心以武力征服。因此，德国制订了针对英国的"海狮计划"，务求对英国进行登陆作战。作战拟定以步兵登陆英国南部，向纵深方向进攻直至攻占伦敦，并切断其与外部的联系，从而一举占领英国。但此次作战需要首先歼灭英国的空中力量，以保障登陆行动的顺利。因此，德意志帝国元帅戈林便受命歼灭英国的空军。希特勒及德国最高统帅部把此次行动的最早日期定于8月5日，代号为"鹰袭"。在8月6日，戈林才把进攻日期正式定于8月12日，并将当天命名为"鹰日"。然而，因为英国南部天气不稳定，因此德国空军才于8月13日发动对英国的空中攻势。

其实早在1940年5月，英国就已预见到德国空军会对英国本土进行大规模轰炸，所以在当年的5月19日，英军参谋长联席会议提出了在法国退出战争的情况下的防御报告，要求切实加强各项防御措施，尤其是防空措施。该报告于5月27日获得战时内阁的批准，并立即开始了必要准备：首先战时内阁组建了飞机制造部，由比弗布鲁克任部长，大力加强飞机制造，使飞机月产量由原来的700架在两个月内迅速增加到1600架，其中战斗机为470架；其次在全国范围里统一调整部署防空力量，重点加强伦敦地区的防空；随后，空军部成立作战训练部队，建立了多个训练学校，加紧培训空勤、地勤人员，这样每月可以有200名新飞行员补充部队，还动员英联邦成员国代为培训空勤人员，以组建新的作战部队。不列颠空战前夕，英国空军部成立了防空指挥部，司令是爱德华·比尔上将，统一指挥全国所有的战斗机、高射炮、雷达和观通警报部队。战斗机部队共计56个中队，战斗机980架，其中性能优秀的"飓风"和"喷火"战斗机688架；高射炮部队共计7个师，高射炮4000余门，但其中大口径高射炮不足2000门，而且由于大口径高射炮月产量仅40门，短时期里数量难以增加，因此英军调整了部署，将约700门大口径高射炮配置在飞机制造厂；防空拦阻气球5个大队，拦阻气球1500余个，这些拦阻气球都系在汽车上，可以迅速转移；探照灯2700架。最重要的是英军已经拥有了在当时还鲜为人知的雷达部队，英国是最早将雷达投入实战的国家，至1940年7月全国共建成雷达站51座，其中东南沿海地区有38座，约占总数的75%，形成了严密的雷达警戒体系，分为两个层次，第一层是中高空防空雷达系统，能有效发现飞行高度在4500米以下的飞机，第二层是低空防空雷达系统，能有效发现飞行高度在750米以下的飞机。这样英军就能通过雷达测出德军飞机来袭的大致方位和时间，指挥己方战斗机在有利方位和时间迎击。而在雷达使用之前，通常都是派出战斗机在空中巡逻，由战斗机发现来袭敌机，使用雷达后，英军战斗机的每次起飞，都是有目的的迎战，极大减少了飞机、燃料和人员体力的消耗，很大程度上弥补了飞机数量不足的缺陷。因此雷达无疑是英军取得胜利的最重要的王牌！此外，英国还有一支人数达 50 万的国民自卫军,他们在沿海地区设置了无数防空监视哨,使用双筒望远镜和简易的方位测向仪,担负对空监视、警戒、救护等任务,是英军正规部队不可或缺的辅助力量。

当时英军战斗机司令部设在本特利修道院,担任司令的是休·道丁上将,他是参加过一次世界大战的老飞行员,在他的主持下,成立了司令部情报室,并组建了由雷达、防空监视哨和指挥部作战室、情报室所构成的空中情报体系,能非常迅速地获知情报,极其有效地指挥作战。

道丁上将比较谨慎持重,他始终保留了一支具有 280 架飞机规模的后备力量,不到德军登陆编队进入海峡的最后关头是绝不动用的。他清醒地意识到大规模空战将不可避免,所以一直采取尽量保存实力的战略,甚至敢于抗拒丘吉尔首相的命令,不向法国派出更多的飞机。这些努力都为即将爆发的空战奠定了坚实的物质基础。

事实上,德国早在 6 月初就以一小部分兵力开始了对英国的试探性轰炸,企图通过轰炸诱使英国战斗机暴露实力和驻地,以查明英国空军的兵力与部署情况,消耗英国空军的战斗力及试探英国防空体系的范围和有效程度。德国空军所选择的轰炸目标主要有空军基地、城市和运输商船。尽管在两个多月的试探性轰炸中,德国差不多攻击了英国所有的空军基地,炸沉船只 45 万余吨,在很大程度上干扰了英国的战争准备,但英国空军的顽强抵抗使"海狮计划"尚未付诸实施即遭到挫折。

"海狮计划"实施前空战的失败并未能打消希特勒吞并英国的野心。相反,他希望"德国空军对英国的伟大空战"立刻开始实施。8 月 2 日,德国空军总司令部发布了发动"不列颠战役"的命令。戈林当即夸下海口:英国南部的空中防御将在 4 天内土崩瓦解,而英国空军则将在 4 周之内被逐出英国上空。8 月 6 日,戈林命令下级指挥官在 10 日开始全面出击。这次进攻计划被称为"鹰目"计划。许多德国飞行员一想到这项能使他们赢得战争胜利的"鹰目"计划就得意非凡,他们把不列颠岛的地图画在机身上,并在上面写着:伦敦 8 月 15 日完蛋。

但是,由于天气原因,计划被迫推迟。8 月 12 日,戈林下令于次日实施"鹰目"计划。

作为大空袭的前奏,德国空军 12 日对英军的沿岸雷达站进行了猛烈的突袭。英国有 6 个雷达站被击中并遭严重破坏,1 个雷达站被完全摧毁。但德国人此时还不了解雷达对英国防空的重要性,他们在发展和运用这种电子装置方面远远落在英国人后面。德国王牌飞行员阿道夫·加兰德后来说:"我们意识到皇家战斗机中队一定受地面某种新装置的控制,因为我们听到指挥'喷火'式和'飓风'式飞机同德国机群作战的命令是非常熟练和准确的。这种雷达及其对战斗机的控制使我们感到意外,而且是非常惨痛的意外。可是我们却拿它没有办法,怎么也炸不烂它。"

从 8 月 13 日开始至 8 月 23 日是"不列颠空战"的第一阶段,在历时 10 天的战斗中,德国对英国进行了 5 次大规模轰炸,企图摧毁英国空军。德国空军采取的战术手段是集中优势兵力,空袭英国的政治、经济中心和空军主力配置地区,采取大机群出航,小编队进入目标分波次连续突击,使英国防空力量不能实施集中抗击。

8 月 13 日,天空阴云密布,能见度极差,特别是在苏塞克斯和肯特上空,密布的浓云距离地面仅 4000 英尺,天气比以前更不适合空战。但戈林已经不能再等了,因为他的元首已急不可耐,甚至有点愤怒了。于是,德国轰炸机队按原计划出发了。

但是,护航的战斗机队却没有按计划同时起飞,只有少数战斗机跟随而出,德国轰炸机只好在几乎没有战斗机掩护的情况下单独出击。由 80 架"道尼尔"—17 飞机组成的庞大机群前去轰炸东彻奇机场和希尔内斯港口,数量差不多的"容克"—88 飞机,从海岸上空轰鸣而过,飞向奥迪汉和法恩巴勒,一大群"施图卡"飞机则沿着汉普郡海岸线飞行。

由于部署了警戒雷达,英国战斗机司令部很快得到了德军即将来空袭的情报。第 8 战斗机大队司令派克将军命令两个"喷火"式飞行中队和两个"旋风"式飞行中队前去保护泰晤士河口的一支船队以及霍金吉、罗斯汤两地的前进机场,并派出一个机群在坎特伯雷上空巡逻。他把 2/3 的"喷火"式飞机和一半的"旋风"式飞机留在手头,以便对敌机实施集中攻击。第 10 战斗机大队司令布兰德也派出了两个中队的"旋风"飞机到多塞特上空巡逻。

德国最先出击的是第 1 飞行训练团第 5 驱逐机大队。23 架双引擎驱逐机在大队长林斯贝尔格上尉的率领下,进入苏格兰南岸地区。

当林斯贝尔格上尉越过英国海岸线时,处在编队最后的一架飞机发出警报:"后方发现'喷火'式飞机。"

这一声警报使德国飞行员们像遭到电击一样,神经顿时紧张起来。他们明白:多少显得有些笨拙的双发"梅塞施米特"飞机的飞行性能不如英国的"喷火"式。"梅塞施米特"—110 飞机于 1936 年编入现役,最高速度为 545 公里/小时,航程 1400 公里,机载 20 毫米航炮 2 门,7.92 毫米机枪 6 挺;"喷火"式飞机 1937 年底开始服役,时速 500 公里/小时,机载 8 挺伯郎宁机枪,射速高达 1260 发/分。尽管"喷火"式飞机的速度和爬升率要稍慢于梅塞施米特—110,但其转弯半径小,操纵方便,战斗中显得机动灵活。

林斯贝尔格立即命令全队排成圆形防御阵式,互相掩护尾部。林斯贝尔格率先按编队部署开始转弯。在他还没有完全转过来的时候,飞在高空的英国歼击机突然高速从后方追了上来。

林斯贝尔格的飞机马上向右一拐,巧妙地避开了"喷火"式飞机的火力。子弹从他的左侧擦身而过,"喷火"式战斗机扑了个空。另一架德机想用俯冲动作躲避,但却没有林斯贝尔格走运,这架德机的速度没能一下子提起来,因而被英国飞机紧紧咬住,遭到攻击。

"喷火"式飞机的机翼下喷吐着火舌,竭尽全力向圆形方阵俯冲而来。水平飞行的驱逐机在射程之内能够捕捉战机的时间只有短暂的一瞬,因此,"喷火"式飞机的 8 挺机枪一起向德国飞机喷射。一会儿,就有两架德机被击落了。

林斯贝尔格上尉的驱逐机大队返回基地时损伤过半,有 5 架被击毁,10 多架中弹受伤。这次出击引起的余波两天后还在德军中回荡。戈林大发脾气,他怎么也不能容忍他的空军出现这种情况。这个战果给戈林一记响亮的耳光。他夸下的海口看来不可能实现了。

德军在其他方向的情况也同样不妙,以东彻奇机场为目标的德国轰炸机群显然成功地实施了轰炸,但也付出了惨重的代价;以希尔内斯港为目的地的轰炸机群更不走运,被英国"旋风"式飞机紧紧咬住,只好胡乱扔出炸弹,偷鸡不成反蚀把米。"鹰目"行动结束时,德国空军共损失飞机 47 架,另有 80 余架被击伤,而英国空军仅损失飞机 13 架。"进攻失败了"——德国空军里希特霍芬将军在日记里沉痛而又无可奈何地写道。

8 月 15 日,天气开始出人意料的好转,云雾逐渐散去,持续了好几天的阴暗天气豁然晴朗,这是实施大规模空袭的大好天气。德国空军统帅部根本没有估计到天气的变化,各航空队的指挥官都被戈林召到卡琳山庄开会去了。

留在加来博宁格斯司令部值班的德国空军第 2 航空队参谋如保罗·戴希曼上校长时间地仰望天空。他在考虑到底该怎么办。最后,戴希曼以一个军人的责任感承担了风险。他立即向各部队发出了出击的命令。谁能料到,这一天竟会成为对英本土空战中最激烈最壮观的一天。

根据戴希曼的命令,德国空军倾巢而出,庞大的机群由 1800 余架飞机组成,其中轰炸机 600 余架,战斗机 1200 余架。整个英格兰南部上空顿时充满了战斗的喧嚣:轰炸机隆隆轰鸣,战斗机腾升俯冲,穿梭交织,机枪疯狂地扫射,机炮连续喷射着冒火的弹头……这是世界空战史上空前绝后的一大奇观。

德国空军在英格兰南部投入如此强大的兵力有着很深的用意。因为德国空军从基地到作战目标距离约 650—750 公里,再加上全程 20% 左右的"战术备份"航程,这样攻击英国本土的飞机就必须具有 1800 公里左右的续航力。但当时"梅塞施米特"—109 战斗机的航程只有 750 公里,刚飞至英国海岸就会因燃油耗尽而坠入海中。这样,德国"亨克尔"—111 及"容克"轰炸机就不得不在没有战斗机护航的情况下出击。这无异于飞蛾扑火,非常危险。因此,德国空军企图通过猛攻南部来钳制英国战斗机,以便在对英格兰中部实施突击时遭到尽可能少的敌机阻截。

然而,德国空军的这个阴谋被英国道丁元帅识破了。道丁把原来部署在英格兰南部双方争夺焦点以外的第 11 战斗机大队北调苏格兰,与一直没有参战的第 12、13 战斗机大队合兵一处,这样德军的企图又破产了。

正当英格兰南部上空空战正酣时,英格兰北部上空也展开了激烈的厮杀,这又是一场针锋相对的恶战。13 时 45 分,德军第一攻击波共 63 架"亨克尔"—111 飞机飞往纽卡斯尔北部地区。当机群离英格兰海岸大约还有 40 公里时,机上的无线电设备突然喧嚣起来,敌情报告一个接一个:

"左侧发现'喷火'式战斗机!"

"敌战斗机正从太阳方向飞来!"

"我机遭到敌机攻击!"

为该机群护航的是驻斯塔万格福斯基地的第 76 驱逐机团第 1 大队的 21 架驱逐机。这个大队战斗力强,历史上战果辉煌,在 1939 年 12 月德意志湾空战中曾击落过当时参战的英"惠灵顿"式飞机的大半。在占领挪威时,也是该大队冒着对方绵密的防空火网,最先降落在奥斯陆的福内布机场。在德国空军中,这个大队名声显赫。

但是,今天的任务似乎非常棘手。英国空军不但比他们更为顽强,而且占有数量上的绝对优势。

飞在这个驱逐机掩护编队最前面的是大队长雷斯特曼上尉,他的任务是配合负责侦听的中队长哈特维希监听英国战斗机之间的通信联络。他想以此为突破口掌握英国空军的防御体系,从而制定德国轰炸机部队相应的战术及飞行航线等。可是,还没等他们侦听清楚什么内容,英国的一架"喷火"式飞机就顺着阳光向德指挥机扑来。雷斯特曼还没来得及调头进入迎战状态就被对方密集射击的子弹击中,飞机尖叫着一头栽进大海,大队长雷斯特曼上尉与飞机一起葬身英吉利海峡。

击落这架指挥机的是英国第 72 飞行中队的"喷火"式战斗机。15 分钟后,前来阻击的英国飞机从四面向德机发起了立体攻势,又 1 架德机被击伤。面对强大的对手,双方展开了一场你死我活的起杀,英国也有数架飞机被击毁或因伤退出战斗。

16 时 45 分,英格兰南部空域的格斗仍在进行。这时,德国 200 多架飞机组成的编队越过海峡向北飞去。

在 1 小时前刚刚结束战斗的英国空军"喷火"式和"飓风"式飞机已在地面待命。不一会儿,几乎所有中队都发出了"起飞准备完毕"的信号。一声令下,170 余架飞机同时升空,前去迎击从南部入侵的德国飞机。

德国飞行员切身体验到了英军顽强抵抗的滋味。当英国海岸刚刚出现在领航员黑尔比希上尉眼前时,这种体验随即又开始了。各中队编队最后的所有"容克"88 式飞机几乎同时发出警报:"后面发现敌战斗机。"

从德机后方飞来的是英国的"喷火"式飞机,它们所有的机枪都吐着复仇的火舌,从德机编队上方向下俯冲,其速度之快令人惊讶。这些飞机刚冲过有效发射阵位便又重新拉起,迅速上升转弯,占领有利位置,准备再次攻击。天空中顿时出现一道道优美的弧形尾迹。

黑尔比希看到为轰炸机护航的战斗机群。正在数千米上空穷于应战,已无暇他顾。看来依赖它们的保护已是不可能了,只好依靠自己了。德机没有改变原来的航线,继续朝目标飞行。为了做到尾部射手能彼此掩护,德机采取了密集队形。

英国"喷火"式战斗机又开始了新一轮攻击。针对德机的新队形,英机采用了分别夹击殿后轰炸机的战术。这样一来,德军飞机无计可施,只得转弯躲避,编队被打乱了。英国战斗机乘机追击四处逃窜的"容克"飞机,天空顿时出现了一幅追逐的画面,英军的"猎兔战"开始了。德国轰炸机陷入了一片混乱的逃亡之中。

其后几天,由于天气恶劣,空战中断。至 23 日,不列颠之战的第一阶段结束。在这一阶段中,英国有 12 个空军基地被摧毁,6 个雷达站失去工作能力,1 个指挥中心被炸,7 个飞机制造厂遭到不同程度的损坏,另外还有 1 座弹药库、10 座储油库被炸毁。但是,由于德国选择的目标太多,活动的地区过于广阔,从而分散了兵力,降低了轰炸效果。同时,德国空军本身也损失惨重,轰炸机几乎消耗了 1/3,因此,它的预期目的没有实现。最令德国飞行员感到莫名其妙的是,他们明明是根据地面指令飞行、轰炸,可偏偏有 4/5 的炸弹没有命中目标,却投在了荒山旷野;而英国战斗机日复一日,甚至每时每刻都非常及时地使自己处于最有利的位置。英国的飞机好像预先计算好了将与越过英吉利海峡的德机的遭遇时间而从机场起飞的。德国飞行员对此非常疑惑且百思不得其解。其实,他们怎能想到将在半个世纪以后把整个世界都闹得沸沸扬扬的"电子战"此时已拉开了序幕。

当时德国飞机还没有独立的机载导航设备,主要靠地面无线电定向信标导航。对此,英国很快研制出了一系列"梅康"电台,专门用于截获德军电台发出的信号,然后加以放大再从别处发射出去,从而把德国飞机引入歧途。时隔不久,这种对抗又有了新发展。当德军使用一种无线电射束相当准确地把轰炸机引向目标上空时,英国也相应建立起一批电台,利用"分裂射束"法干扰德军的无线电射束,使德军飞机投掷的炸弹远离目标。正是通过这种对抗,英国有效地减小了德国空袭造成的损失。德军主持无线电射束研究的马蒂尼战后承认,他没有及早觉察到一场高频率战争已经开始,过低估计了英国进行电子对抗的能力。

戈林对德国空军的战绩非常不满。19日,他在卡琳庄园回顾了局势后命令:等天气好转,空军立即集中力量攻击英国皇家空军。

从8月24日开始,德军吸取了前一阶段的教训,集中全力轰炸英国第11战斗机大队所部署的区域。为了实现这一目标,德国从8月24日至9月6日,平均每天出动飞机1000多架次。不列颠战役已经进入了决定性阶段,英国皇家空军驾驶员一个月以来一直处于高度戒备状态之中,每天要出动好几次,他们已经太疲劳了。尽管他们坚持着进行最后的艰苦努力,但德军方面的数量优势开始发挥效力。英国南部的5个前进机场遭到严重破坏。更糟糕的是,沿海7个关键性扇形雷达站中的6个遭到十分猛烈的轰炸,整个通讯与指挥控制系统濒于彻底瘫痪的边缘。同时,皇家空军战斗机的防御力量开始削弱了,短短10天内,就有446架战斗机被毁或遭破坏。此外,103名驾驶员阵亡,128名重伤,这两个数字之和几乎是当时全部驾驶员的1/4。英国面临着灾难性的危险,整个国家也陷入了一片恐慌之中。丘吉尔首相焦虑地说:"如果敌人再坚持下去,整个战斗机指挥部的全部组织就可能垮台,国家就有沦陷的危险。"

然而,偏偏在这个时候,戈林犯了一个与希特勒在5月24日停止使用坦克进攻敦刻尔克相似的错误。为了报复英国人8月25日对柏林的空袭,戈林转而命令德军从9月7日开始大规模空袭伦敦。精疲力竭的英国空军飞行员终于得到了一次宝贵的喘息机会,他们在很短的时间内又重新恢复了战斗力。

在纳粹德国空军总司令戈林的私人档案资料中,有这样一幅带有战场背景的宣传照片:戈林站在法国加来海岸的一个高山顶上,对面多佛尔的白色峭壁在远处闪闪发光,一批批德国轰炸机正向英吉利海峡对岸猛扑过去;机场上,密集排列的"施图卡"轰炸机已做好出发准备,随时可以升空。这张照片的拍摄时间是1940年9月7日下午5时,德国大规模空袭伦敦的前一刻。

希特勒认为轰炸伦敦能造成英国国民的恐慌情绪,德国或许不需陆军劳师远征就能迫使英国举手投降。其实,戈林和希特勒在1940年初就曾设想出伦敦被炸的情景。在一次总理府晚餐会上,希特勒简直陶醉在自己的梦幻之中,大谈如何轰炸伦敦。他说:"你看过伦敦的地图吗? 城市这么拥挤,一把火即可烧毁全城,就像200多年前发生过的那样。戈林想用无数具有新威力的燃烧弹,在伦敦的各区播下火种,使伦敦到处都是火源,成千个火源将汇成一片火海。戈林的想法完全正确。炸弹可能不起作用,但是,用燃烧弹就可以把伦敦烧毁。"

9月7日下午7时50分,由625架轰炸机、648架战斗机和驱逐机组成的声势浩大的机群从不同航向、不同高度越过英吉利海峡直扑伦敦。英国战斗机部队仍然估计德军要再次袭击他们的战斗机前进基地，因此主动让出了飞往伦敦的通道。但是，这一回他们上当了，德军已经改变了攻击目标。当英国飞行员发觉大事不好时，已经来不及在敌人轰炸机飞临目标上空之前对其进行拦截了。第一波次德机对泰晤士港、人口稠密的伦敦东区、伍尔威奇工厂等目标准确地投下了高爆炸弹。英国23个飞行中队全部怒吼着向德国轰炸机群横冲过来，在伦敦上空展开了激战。但他们来晚了一步，短短一个小时内，德军就成功地将300多吨高爆炸弹、燃烧弹泻入伦敦。伦敦顿时成为一片火海。大大小小的工业设施、交通枢纽、电力网络、平民住宅相继被毁，爆炸声、坍塌声、呼救声、惨叫声以及警车、消防车的呼啸声伴着黑烟直冲云霄，城市瞬间化为瓦砾。据不完全统计，那一晚仅轰炸引起的大火就达1300多处。

当太阳再次在伦敦上空升起的时候，伦敦依旧被一片浓浓的黑烟笼罩着，阳光几乎无法透过这层厚厚的烟幕，更无法抹去伦敦市民对恐怖的灰暗记忆。

从纯军事角度讲，德国首次大规模空袭伦敦获得了成功。

9月9日下午5时，德国空军200余架轰炸机在强大护航机群的掩护下，第二次前去轰炸伦敦。不过这一回它们不再那么幸运了。英国空军早就做好了复仇准备，严阵以待敌人的再次入侵。就在德国机群刚刚飞越英吉利海峡时，英国"喷火"式和"旋风"式飞行中队就立即奉命起飞。当德军第一批几乎被护航战斗机簇拥着的轰炸机编队飞入多佛尔上空时，已在空中待战多时的两个英国飞行中队迅速猛扑过去，"旋风"式战斗机中队专门袭击敌人轰炸机，"喷火"式战斗机中队则全力拦截敌战斗机。双方飞机在天空中你追我赶，展开了一场殊死搏斗。蔚蓝的晴空顿时出现了一道道白色的飞行尾迹。尽管德军最后还是进行了轰炸，但他们也得到了有力的警告：再也别想在不受攻击的情况下到达伦敦上空了。其后几天，德国又不惜代价地继续闯入伦敦地区上空并给伦敦造成了巨大的破坏。撕心裂肺的空袭警报整日叫嚣，严重干扰了正常的工作秩序，伦敦工业区的生产能力急剧下降。

英国战斗机司令部改变了拦截战术，"喷火"式和"旋风"式战斗机不再以零星分散的中队投入战斗，它们将统一组庞大的机群，以一争高下的形式和德国空军抗争。另外，伦敦的民防体系也开始发挥作用了，5万多居民自愿参加了对空监视工作，他们携带望远镜及手提电话机日夜巡逻，不知疲倦地对空中进行着严密的监视，及时发出空袭警报。伦敦还组织了庞大的全民防护组织，义务消防队和紧急医疗所遍布大街小巷，为减轻空袭造成的损失做出了不可磨灭的贡献。

9月15日，德国空军再次出动。第2航空队第3轰炸航空团在坎特伯雷上空首先遇到英机拦截。这是英国空军第72、第92中队的"喷火"式战斗机。这两个中队曾在英国北部及敦刻尔克上空抗击敌机的战斗中建立过功勋。这些英国战斗机还没等占据有利位置就迫不及待地从前方直接冲入德轰炸机编队。飞行员们猛按射击按钮，使自己的满腔怒火化成了条条复仇的火焰向德国轰炸机群射击。几分钟之内，德国轰炸机就接二连三地拖着浓烟，哀号着坠入大海。

当空战正在激烈进行的时候，丘吉尔首相来到指挥空战的帕克将军司令部。他一言不发地走进地下室，两眼紧紧盯着随时都在变化的作战形势图。这场殊死的战斗对大英帝国来说生死攸关。

英国人终于赢得了胜利。在这个具有特殊意义的日子之后,德国空军再也不敢与英国空军进行大规模的拼杀了,它再也损失不起了。仅此一天,德军就被击落飞机 185 架。丘吉尔激动地说:这一天是世界空战史上前所未有的、最为激烈的一天。后来,英国把 9 月 15 日定为"不列颠空战节",以表达对胜利的庆贺。

在德军还沉浸在失利的沮丧之中时,英国皇家空军借胜利的余威发起了反击。9 月 16 日和 17 日,英军持续猛烈地轰炸了准备发动入侵的德军舰停泊港,使德国海军遭到严重打击。海军将领纷纷向元首报告:"在安特卫普,运输船队遭受重大损失,港内的 5 艘运输轮受重伤,一艘驳船沉没,一列军火列车被炸毁,仓库多处着火。"在敦刻尔克,共有 84 艘德国大小驳船被击沉或受损。从瑟堡传来的消息更令希特勒沮丧:一座大型军火库被炸毁,一所大型军粮仓库被焚烧,多艘轮船和鱼雷艇被炸沉,人员伤亡惨重。有人甚至这样斗胆直截了当地对希特勒说:"如果再下令继续集结登陆部队,还不如直接把我的士兵送到绞肉机里。"

英国空军如此快的复苏使德国惊恐不已。戈林终于看到,他的自负以及无能已使他在希特勒面前失宠,其他各军种也对他怨气冲天。为了尽可能减小损失,戈林下令:从 10 月 1 日开始,对伦敦的空袭改为夜间进行。

2 日傍晚,由 1000 多架飞机组成的德国庞大机群又起飞了,它要再次把死神带进伦敦。尽管英国空军全力拦截,但效果不甚理想。英军对夜间城市防空还缺乏足够的经验,大批德国轰炸机成功地飞抵伦敦上空。顿时,整个城市响彻了刺耳的空袭警报,灯火管制使街区陷入一团黑暗中。探照灯光束像一把把锋利的宝剑在空中扫来扫去,为地面防空部队和战斗机搜寻目标。只见各种飞机时而俯冲,时而拉升,一股股冲天烟火随之而起,一架架飞机拖着浓浓的黑烟栽向大地,整个伦敦街区看上去好像正承受一场空前的大劫难。

德国空军的夜袭使英国防空陷入了很大的被动,至 1941 年 2 月,德军共出动飞机 24000 余架次,被击落 156 架;而伦敦则遭受了惨重损失,市民死亡近万人,市区 1/5 的房屋被炸毁,交通和公共设施遭到严重破坏,每天从伦敦开出的火车由轰炸前的 60 次减至 4 次。附近其他城市也受到不同程度的破坏,其中最为严重的是航空工业中心考文垂,德军向那里投了 16000 余吨炸弹,整个城市几乎被毁,12 家飞机零件工厂也遭到严重毁坏。

英国空军面对这种被动局面想出了各种办法:一方面,他们用飞机装载探照灯配合地面探照灯部队为战斗机照明,并在德机来袭方向大量施放阻拦气球;另一方面,以无线电干扰德国空军的夜间导航设备,破坏德机投弹命中率。他们还及时研制出了炮瞄雷达、战斗机夜航设备和机载雷达系统等一批全新武器装备。所有这些措施有效地遏制了纳粹空军的猖獗进犯,从而减小了伦敦的损失。

直至希特勒下决心入侵苏联后,轰炸仍在持续,但已主要作为掩盖进攻苏联企图的烟幕,空袭规模也逐渐减小。5 月,当进攻苏联的准备一切就绪时,德国空军开始大规模转向东线战场,不列颠空战结束。

在整个"不列颠空战"期间,英国损失作战飞机近千架,被炸死炸伤各类人员14.7 万余人,被毁房屋达 100 多万幢。但英勇善战的英国飞行员也给纳粹造成了无法承受的损失,使德国损失飞机 2400 余架,"海狮计划"不得不无限期推迟,并最终化为泡影。

由于德国空军无法完成夺取制空权的计划,登陆英国,迫使英国政府投降或者是与德国合作的意图也就无法执行。德国空军损失超过两千名空勤人员和两千多架各类飞机,虽然不至于影响到整体的实力,但是对于资源非常有限的德国来说,这些损失在对苏联开战之前也无法完全恢复。

德国丧失在政治上与英国和谈的机会,也无法解决英国在大西洋与地中海战场可能的威胁,虽然短时间之内英国只能以战略轰炸的形式对德国本土施加压力,借由美国的协助,英国能够阻止意大利与德国在北非的计划,也保留反攻欧洲本土最大的基地。

同时,在心理因素上,英国暂时挡下德国进攻的锐气,也打破德国空军在开战初期全胜的战绩,让英国的士气得以在欧洲大陆连番挫败之后有稍微恢复的机会。

(五)杜立特空袭东京——让日本感受到美国的愤怒

自从美国宣布参战,太平洋战争爆发的最初几个月以来,在各条战线上日本军队所取得的战绩都相当不错,但是日本当局的某些冷静的首脑人物,并未完全迷失于这些眼前的现象。尤其是联合舰队司令长官山本五十六,他心中的不安和忧虑始终都不曾远去,他一直都在担心美国人会出于报复日军轰炸珍珠港的目的而冒险选择空袭日本本土和帝国首都东京。

广播电台和官方的报纸一直都在向日本民众进行宣传:自从日本在1281年借助于那场被后世称之为"神风"的飓风将强大的蒙古舰队打败之后,日本本土在此后数百年的历史中从未遭受到敌国的攻击,在激烈的战争中这片土地也根本没有空袭之患。

毫无疑问,军国主义控制下的媒体在向民众灌输着盲目自大的战争思想,但是山本五十六心里清楚,只有妄自尊大的人才会忽略掉真实战场的情况。虽然在珍珠港一战中,日军重创美国太平洋舰队,但是并没有完全将美国太平洋舰队的航空母舰和重巡洋舰消灭掉,这些舰只完全有能力将美国飞机输送到日本的天空中。

山本五十六自认为是一个"美国通",因为他在美国学习过,之后又担任日本驻华盛顿海军武官。对于美国人天生的勇敢和好斗精神,山本五十六心里再清楚不过,他深恐美国人会在这种精神的驱使下,为了振奋美国军队及民众,从而选择这种冒着生命危险的报复性攻击。

而对于日本军政界头面人物来说,日本军人那种无法用理智来说明的对天皇宗教般的忠诚,可以说是一把双刃剑,它为日本创造出了无数无视生死的机器战士,同时也将天皇在日本军人心中的地位放置得过于崇高。而日本军政界头面人物之所以对美国的空中威胁感到非常恐惧,主要原因也正是在此。一旦美军空袭东京,天皇的安全必会因为空袭而受到威胁,那些将天皇奉若神明的日本士兵必将因为这个而诚惶诚恐,天皇既能够赐予他们力量,同时他们也会因为天皇而失去力量。

对山本五十六来说,他必须保证天皇所在的东京处于绝对安全的境地,而这件事的难度显然毫不逊色于将中国战场的战事完全解决,因为天天担心美军飞机会出现在日本的上空,山本五十六甚至显露出病态的敏感。

哪怕是山本五十六身处西南太平洋指挥作战,整天都要被繁重的军机大事折磨得头昏脑涨,但他仍然坚持每天都不厌其烦地关心东京的天气状况。一旦他得知这一天东京的天气非常晴朗,他就开始担惊受怕,暗自为东京的安全捏一把汗。关于山本五十六在这段时间里的焦虑情绪,他的参谋长宇恒海军少将曾在自己的日记里进行过较为详细的描述,显示出在珍珠港事件过后半个月左右的时间里,山本五十六一直都心情焦虑:"长官经常提道:几乎可以肯定,美国经过整顿肯定会对我们进行报复,应当保护东京免遭空袭,这是必须记住的头等大事。"

从1942年2月1日开始,美国海军的舰载机接连对马绍尔群岛、吉尔伯特群岛和威克岛等展开了一连串的空袭,正是美国海军这一系列的大胆举动,让山本五十六的焦虑更为加深。

为了防止美国飞机突袭日本本土,山本五十六专门设立了一条舰艇瞭望线,这条瞭望线被布置在距离日本本土东岸600到700海里的地方,每天还派出日本海军的飞机进行远程巡逻。

在获悉马绍尔群岛遭到美军飞机的空袭之后,山本五十六旋即从西南太平洋调回了南云忠一海军中将所指挥的"瑞鹤号"和"翔鹤号"两艘航空母舰,用以加强日本本土东面的空中防御力量,同时也能通过航空母舰夜以继日的海上巡逻增强戒备,以防止美军的舰载机对日本本土实施突然袭击。

作为日军中为数不多的"美国通",山本五十六对于美军将要对日本本土实施空袭的预感无疑是准确的。自从珍珠港事件爆发以来,美国军官都将此次事件视为极大的耻辱,美军官兵需要给予日军报复,民众也急切希望能够将战火烧到遥远的日本本土上,以此抚慰那些在珍珠港战死的美国人。因此,出于政治上的需要,罗斯福总统不止一次向陆、海军的参谋长提出:"一定要回击日本!"

对于总统的这项议案,虽然明知非常冒险,但是白宫上下并没有一个人站出来表示反对。而美军的将领们也深知,要打击日军的嚣张气焰,提升己方的士气,虽然必须冒着很大的危险,但是对日本本土的空袭是必须进行的。美国太平洋舰队司令欧内斯特·金上将在得到总统的命令之后,随即开始策划对日本发动一次大范围的空袭,对于这一次空袭将要攻击的目标,日本的首都东京毫无疑问是第一选择。

这毫无疑问将是一项非常艰巨的任务,它的困难摆在所有人的面前。首先,当时的美国在太平洋上没有可以支持美军飞机空袭日本本土的空军基地;其次,美国距离日本本土最近的空军基地建在夏威夷,而当时美国最远程的轰炸机也没有能从夏威夷直接飞抵日本本土的航空能力。要是使用舰载机实施空袭的话,因为舰载机的作战半径很小,要完成空袭,航空母舰就必须行驶到日本本土附近才能成功。而这样做却很可能让美军航空母舰驶入日本陆上轰炸机的攻击范围之内,这样就会严重威胁到美国航空母舰的安全。要知道,在经过珍珠港事件之后,现有的几艘航空母舰已经成为美国海军的支柱,一旦它们遭受损失就意味着失去对太平洋的控制。但是,负责策划此次空袭的美国空军指挥官们认为,虽然摆在面前的困难很多,但并不见得空袭日本本土的计划就是无法完成的。身处战争中的人们,他们的智慧总是能够在紧要关头展露出来。

美国海军的上校洛在基地上观看新型双发轰炸机从航空母舰上起飞作模拟攻击演习时,脑海中忽然浮现出一个由航空母舰上出动双发轰炸机轰炸东京的设想,随后他制订出了轰炸东京的最初方案。这个方案经过空军指挥部细致的评估之后,最终成了正式的作战方案,后由空战专家、天才飞行员詹姆斯·哈罗德·杜立特加以具体化。杜立特完善了洛的方案,他认为主要轰炸的目标应该是东京的工业中心,这样可以使得日方的制造工业出现混乱,导致其生产停滞,而在心理上可以让日本感到后方空虚,从而被迫由海外战线回调兵力,这样就能减轻日方对盟国的军事压力。

在详细的作战方案出台之后,美国开始根据这个作战方案进行准备。首先,美国空军必须选出最适合对日本本土实施空袭的飞机,于是他们开始从"B-18""B-23""B-25"与"B-26"等机种中选择最佳机型。1942 年 2 月 1 日,两位飞行员驾驶着"B-25"轰炸机从"大黄蜂"号航空母舰甲板上成功起飞,军方最终选定了"B-25"轰炸机担当此次空袭任务。

在选定了该机型之后,根据当时对日本本土实施空袭的特殊性,军方又对该机的一些设备进行了必要的改造。接着,就是挑选自愿执行这次危险任务的机组成员,第 17 轰炸机大队中的很多美国士兵都踊跃报名,杜立特最终从中精选出部分优秀飞行员并对他们进行战前的强化训练。训练的内容包括短距离起飞(300 英尺以内)、低空投弹、在缺乏地面无线电和地标导航的情况下精确定位、超重飞行、夜间飞行以及超越国际界线飞行等。在不足两个月的短期训练里,杜立特从报名的士兵中又选择组成了 22 个机组,在之后,又进行了更为严格的筛选,到 4 月初"B-25"轰炸机登上"大黄蜂"号航空母舰的时候,最终确定的是 16 个机组共 80 名机组人员。

当然,上述这些准备工作都是在非常保密的状态下进行的,为了防止日本人觉察,甚至连美国军方的很多领导和负责中间环节的中国政府首脑对其中细节也并不清楚。除去负责指挥此次空袭的杜立特等少数指挥官,参与此次空袭的大部分机组成员在登上航空母舰之前都不知道目的地和将要攻击的对象。美国空军的指挥官们最后确定的方案是:航空母舰向西南开到距离东京四百海里处,随后,让机群于 4 月 19 日下午 6 时起飞,杜立特的座机会先行飞抵东京上空投下燃烧弹,以帮助后面的轰炸机将投弹目标照亮,在完成对东京、横滨、名古屋、大阪与神户等地的轰炸之后,于 4 月 20 日早晨 4 时飞到中国,降落在浙江省西部的衢县(今属衢州市)机场,在那里进行休息和加油之后,再飞回重庆。

此次被选中承担空袭日本本土任务的"B-25"式中型轰炸机,机身全长 16.48 米,翼展 20.6 米,总重量有 12.992 吨,时速则达到了 507 公里,续航能力约为 2170 公里,可以说是美国当时最先进的轰炸机之一。1942 年 4 月 2 日,"维森斯"号重巡洋舰和"纳希维尔"号轻巡洋舰等 6 艘舰只护卫着"大黄蜂"号,驶过了旧金山巍峨的金门大桥,进入波涛汹涌的太平洋向西急速行驶。在阳光下,"大黄蜂"号的甲板上整齐地停列着 16 架"B-25"飞机,杜立特呼吸了一口太平洋的海风,深知决战的时刻随时都在临近。

在航行的过程中,"大黄蜂"号航空母舰的舰长米切尔将军依照空军指挥层的指示,打开了印有"绝密"字样的密封信袋,了解到了此次出行的真正任务,难掩激动之情的他向全舰宣布："本舰队驶向东京！"

随后，米切尔将军继续说道："我想，在我们的军旅生涯中，这将是我们所接受的最伟大的任务，是的，'大黄蜂'号将运载杜立特中校及飞行员们横渡太平洋，一直到距离日本海岸几百海里的地方，而后，美利坚合众国最勇敢而又最出色的小伙子们将驾驶着轰炸机从我们脚下的航空母舰上起飞，去轰炸东京！"

听到这个消息之后，"大黄蜂"号航空母舰上的美国官兵都欣喜若狂，他们难掩激动之情，为珍珠港报仇的机会终于到来！

但米切尔将军此刻的心中却是百感交集，对于眼下整个太平洋地区的战况他最清楚不过，随着珍珠港事件的发生和日军的步步紧逼，西方盟国正在节节败退，现在，要实施反击，从而挽救败局的唯一希望，或许就寄托在他的航空母舰和舰上的这 16 架轰炸机身上。

在"大黄蜂"号出发之前，4 月 1 日，远在夏威夷的哈尔西将军也率领着他的"企业"号航空母舰出发，为保障"大黄蜂"号如期抵达日本近海，"企业"号也将随行担负此次行动的护航和掩护任务。

为了等待"大黄蜂"号到来，"企业"号编队在到达中途岛海区后，就开始进行回旋航行。船上的美国官兵们对此都迷惑不解，他们不知道为什么要这样做。到 4 月 14 日，"企业"号和"大黄蜂"号会合，虽然"大黄蜂"号上的人员已经知道了空袭东京的计划，但"企业"号上的官兵们大多都还并不知情。对于停列在"大黄蜂"号上的轰炸机，他们并不知道会派上什么用途。因为在他们的印象当中，如此大的轰炸机在满载的情况下，是既无法在航空母舰上起飞，也没有办法降落的，"企业"号上的很多美国官兵认为，这些飞机肯定是要去支援某个基地的。在经过猜测和推断之后，他们认为这支特混编队很有可能会开赴阿留申群岛，这些轰炸机很有可能是被送给西伯利亚某个"秘密基地"的。

直到 4 月 18 日的早晨，哈尔西将军才向"企业"号上的所有官兵宣布了轰炸东京的消息，和"大黄蜂"号上当时的情景一样，"企业"号上的所有官兵为能执行这次的任务激动而又兴奋。

杜立特中校和他的飞行员们这个时候都已经在做着最后的准备。虽然山本五十六对于美军将空袭日本本土早有预感，并且他随后做出了周密的防御，但这并未能阻挡住美军的脚步，空袭的日子已经临近。

1942 年 4 月 18 日清晨，太阳从海平面上刚刚升起不久，"日本丸"号渔船受日本海军第 5 舰队征用，正在东京以东 720 海里的警戒线上承担值勤的任务。这条武装渔船的船员们突然发现，在前方不远处，有一支舰队急速驶向日本本土，船长急忙用望远镜进行观察，他发现驶来的是美国的航空母舰。

几乎就在同时，美方巡洋舰"维森斯"号上的雷达手和瞭望哨也同时发现了"日本丸"号，舰长马上将日本船只所在的位置报告给了哈尔西。

哈尔西听说之后非常恼火，因为美国人最担心的事情终于还是发生了，但此时的哈尔西在心里仍然抱着一线希望，他希望日方的船只还没有发现己方的舰队。所以他立刻发布命令：在真正证实被日军的船只发现之前，舰队将继续向预定海域全速行驶。因为在哈尔西眼里，这次的空袭本身其实跟一次带着悲壮色彩的自杀性攻击并无太大区别，他把杜立特和飞行员们运载到距离日本海岸越近的地方，杜立特和飞行员们在空袭完成后到达中国的机会就会越大,从而也就有生还的希望。

然而,就在几分钟之后,哈尔西仅存的一线希望破灭了。"大黄蜂"号无线电报务员截获了日船发往大本营的电报。电文中提到日方船只在犬吠以东650海里处发现了美国的航空母舰。

在得到日军船只的电报之后,日本联合舰队司令部立即采取紧急措施,决心要借助这个机会,将美军在太平洋的主力部队彻底消灭。

在经过仔细研究之后,山本五十六决定实施"对美舰队作战第3号战术方法",首先派出先遣部队(指潜艇部队)、机动部队、南方部队和北方部队对美国的特混舰队发起进攻;而日方的主力部队则根据需要施以支援;同时电令第11航空舰队派一部分兵力到本土东部参战,必须要消灭美国的航空母舰。

但即便如此,山本五十六依然恐怕局势会出现变化,他随即又给刚刚从南线回到本土的第2舰队司令长官近藤海军中将发去电报,命令他立刻率领横须贺地区的所有水面部队向美国舰队发起攻击,同时给高须海军中将的第1战列舰战队发去急电,命令他们火速从广岛湾驰援近藤参战。海面部队出动的同时,山本五十六也向空军部队发去了电令,连位于台湾南端巴士海峡的南云海军中将的机动部队也被要求出动飞机参与作战。同时,山县正乡海军少将指挥的第26航空舰队在收到电报之后,马上出动32架中型轰炸机,在12架"零"式战斗机的掩护下,从东京的木更津空军基地起飞,它们向东掠过太平洋,径直向美军的舰队飞了过来。

无数急促的电报从日军统帅部发出,哈尔西将军明白自己所指挥的这支特混编队现在正面临着巨大的挑战。但最让哈尔西惊骇不已的是,日本海军中最为强大的第1航空舰队居然就在日本海域附近。美军方面不断截获日军的电令,电令中明白无疑地写着,日军的航母及其他海军舰只已向美军的舰队围拢过来。

情况瞬息万变,倘若不当机立断,一旦遭到日军的围攻,后果必然不堪设想。哈尔西的心里虽然清楚,如果航空母舰上的飞机提前起飞,那么驾驶着飞机的飞行员生还的可能性就会进一步减少,就算是轰炸机能够成功抵达日本本土上空,袭击怕也只能在白天进行了。依现在的情形来看,敌人早已经有了预警,杜立特和他的飞行员们必须冒着可能还未开始空袭就被敌人战斗机击落的危险。这样,此次空袭的突然性就失去了,同时飞行距离也被迫延长,他们安全到达中国机场的机会几乎已经不复存在。

但此时的哈尔西已经没有别的选择,他的航空母舰代表着美国海军50%的航母作战力量,一旦有所损失,美国海军必然会遭受重创,他没有权利拿着国家的未来去冒险。即便飞机距离预定海域尚有150海里,他也不得不命令杜立特和他的轰炸机起飞。

4月18日上午8时,哈尔西签署了命令:"放飞轰炸机,致杜立特中校及英勇的飞行员,祝好运。"在末尾,哈尔西补了一句:"愿上帝保佑你们。"

在接到了哈尔西的命令之后,"大黄蜂"号舰长米切尔面色严峻地对身边的杜立特说:"中校,我想你明白我们不得已做出这个决定的原因。"

杜立特点了点头,说道:"我们马上就能起飞。"然后他满怀信心地走出舰桥,进入飞行员休息室,对待命的飞行员们说道:"我的朋友们,出发吧!"

于是,从扬声器里传出了急促刺耳的声音,没过多久,甲板上就响起了发动机的轰鸣声,飞行员们已经各就各位。8时15分,杜立特率先起飞。因为海浪翻滚,所以起飞相当困难,"大黄蜂"号在波浪里上下起伏。杜立特瞅准了舰首抬起的刹那,将飞机升到了空中,满载着两吨重炸弹的飞机迎着狂风颤巍巍地飞了起来。杜立特在"大黄蜂"号的上空绕了一周,校正了罗盘,检查航向后便冲入浓雾向东京方向飞去。接着美军飞机一架一架地飞离航空母舰,到上午9时20分,16架"B-25"飞机已经全部升空。当最后一架飞机离开航空母舰之后,日本的各支舰队仍然在赶来的路上,哈尔西将军最后眺望一眼天空,祈祷那些勇士最后能够安然飞到中国,然后率领舰队急速返航。

为了节约油料和隐蔽,"B-25"机群在掠过太平洋时采用超低空慢速飞行,在3个小时以后,机群穿过淡淡的薄雾,遥遥看到了日本的海岸。已经略有些疲倦的飞行员们,此时难掩兴奋与紧张,当轰炸机与海岸边无数渔船的桅杆擦身而过时,他们非常担心会遭到地面火力的射击。但是让他们疑惑不解的是,他们不仅没有遭受到袭击,渔船上的很多男人和女人还热烈地向美军飞机挥手欢呼,原来,此次执行任务的美军飞机的机身上还涂着老式的星徽,这种星徽的图案是蓝圆中有一颗白星,星的中间是一个红球,日本人粗略一看都以为是己方的飞机。

就在这时,突然有两批日军战斗机在高出美机约500米的高度上迎面飞了过来,杜立特和飞行员们顿时非常紧张。中校甚至让飞行员随时做好战斗的准备。但是日军飞机根本没有发现在超低空飞行的美军飞机,它们从美军飞机的头上一掠而过,杜立特和飞行员们却为此惊出了一身冷汗。

在超低空飞行了近20分钟后,东京已经近在眼前。这样又飞行了5分钟后,杜立特终于望见了这场战争的策源地和大本营,也是日本帝国的心脏,拥有800万人口的东京市。

杜立特驾驶着飞机掠向东京上空,空袭正式开始了。

随着"B-25"飞机上的投弹指示灯不断闪烁起红光,一枚枚500磅的炸弹呼啸着从空中坠下,顷刻之间,东京的工厂、电站、船厂一片火光,恐慌的人们四处乱跑,一直在战争中狂热的东京市,自开战以来,第一次充满了绝望和惊骇的声音。

美军飞机迅速向预定目标超低空飞去,然后在掠过目标上空时将一枚枚炸弹无情地投放下去,东京的大地上霎时浓烟滚滚。两架"B-25"飞机奉命轰炸东京湾海军造船厂,一艘刚建成三分之二的新巡洋舰正巧被炸弹击中,美军飞机投下的炸弹还将船坞中的潜艇母舰"大鲸"号炸开了一个大洞。

对于东京的这次轰炸,从投下第1枚炸弹开始,到全部空袭结束,总共只用了短短的30秒钟时间。

但日本人很快就予以还击,密集的高射炮火喷射,日军飞机很快就相继升空,美国飞机因而受到了严重威胁,但这并没有让杜立特和他的伙伴们退缩,他们凭借着高超的驾驶技术,灵活地运用超低空飞行,一次又一次成功避开日军飞机和地面火力的拦截。

美军飞机按照预定计划实施空袭,除东京外,日本的其他城市也相继遭到轰炸。

而此时的山本五十六还在忙着调集海军舰只对付已经发现的美特混舰队。"赤城""飞龙""苍龙""加贺"号航空母舰上的舰载机都已经待命起飞。东京地区的岸基飞机在起飞之后就直奔大海扑去,但是一直飞到航程的尽头,仍然没有发现美军舰只。就在山本五十六和他手下的将领们认定敌特混舰队在得知自己已经暴露的情况下放弃进攻撤走的时候,午后13时,"赤城"号收到了来自东京的报告:"东京遭到空袭!"紧接着,一个又一个的报告不断传来,横滨、川崎和横须贺也相继遭到美军飞机的轰炸。没过多久,又有一连串报告传来:美军飞机轰炸了更南面的名古屋、歌山以及神户。因为摸不清楚敌人的真实意图,面对如此大范围的攻击面,联合舰队司令部和山本五十六一时都不知道如何应对,有点儿手忙脚乱。

完成空袭以后,杜立特率领机群从正南方撤退,飞往中国的南昌机场。但是在经过13个小时的艰苦飞行之后,他们到18日晚已经耗尽了所有燃料,不得不以跳伞逃生,部分飞行员被迫落在了浙江西部某地。20日早晨,杜立特找到了4名同伴,随后他找到当地中国军队请求他们协助援救飞行员,并且通过美国驻重庆大使馆电告阿诺德将军:"轰炸东京成功。"

当成功轰炸东京的消息传回之后,这个消息迅速地传遍了美国,得到这个消息之后人心大为振奋。之后杜立特回到美国,立即得到了英雄式的欢迎,国会将国会勋章授予了他,随后将他由中校越级升为准将。杜立特之后曾出任空军驻英国第8航空队司令,并升任空军中将。

在飞抵日本上空承担空袭任务的80名飞行员中,有1人跳伞时牺牲,两人失踪,有8人被日军俘虏,其中3名被枪决,1人死在狱中,4人在战后得以生还。有1架飞机因为迷失航程飞到了苏联,5名机组成员被苏联政府扣留,在滞留苏联境内13个月后被释放。其余的64人均在中国着陆,并且随后陆续返回美国。

(六)杜库班大空战——苏德争夺制空权的殊死拼杀

在斯大林格勒战役中,苏军成功歼灭了德军的保卢斯集团,随后德军统帅部为了挽救德军在苏联的被动态势,决定在苏德战场酝酿新的进攻计划。在德军新的进攻计划中,防守塔曼半岛的德军集团占有着特殊的地位,因为他们所在的地理位置,决定了他们必须承担的任务是保住向高加索地区进攻的登陆场,并且要在西线吸引尽可能多的苏联部队,从而为德军展开新的攻势创造条件。

对于德军的战略意图,苏联最高统帅部早就已经有所准备,于是立刻向北高加索方面军下达了在库班河粉碎敌集团军的任务。当时的库班河下游和塔曼半岛被拥有16个师的德军第17集团军防守着,早在1943年1月德军统帅部就担心库班集团会被苏联军队赶下海去,所以用武力强迫当地居民在这些地区构筑了堑壕、防坦克壕、掩体,德军的工兵、特种部队和野战部队构筑了支撑点和抵抗枢纽部。经过了4个多月的时间,德军在这里构筑了无数前后距离为5到25公里的防御地区,这片防御地带也被称为"蔚蓝色防线"。

"蔚蓝色防线"的纵深达到了6公里,在它的后面30到40公里的地方还有几道更为坚固的防线。"蔚蓝色防线"顺着左皮维尔比亚纳亚沙嘴延伸出去,途经亚速海沿岸的许多溺谷,而后从库尔卡河逆流而上,随后就向东折去,沿着阿达古姆河沼泽一直延伸到克雷姆斯卡亚镇,到最后防御前沿又向南折去。在这条"蔚蓝色防线"上,安置着德军最重要的防御枢纽部,它就设在克雷姆斯卡亚镇。

虽然此地在德军看来非常紧要,但是布置在这里的德军与苏军相比却处于劣势,只能凭借着险要的据点扼守。苏联方面北高加索部队的步兵和坦克兵的兵力是德军的1.5倍,只有炮兵数量略少于德军。身处高加索地区的德军深知自己在地面部队数量上处于劣势,所以就寄希望于航空兵的身上。德军希望凭借自己强大的空中火力能够对苏军进行强而有力的打击,从而掌握制空权,在空中对苏军进行猛烈进攻的同时,地面部队可以配合作战,这样就能弥补地面部队的不足。德军的第4航空队主力担当起了参与高加索地区空战的任务,该航空队有轰炸机510架,歼击机250架,德军将这些飞机调到了克里米亚和塔曼半岛。

德军妄图通过掌握制空权来攻击苏军,而苏军也开始调集航空部队到高加索地区。到4月份,苏军在北高加索方面军的空军开始迅速集结,其中包括空军第4集团军约250架飞机,空军第5集团军约200架飞机,黑海舰队空军大队约70架飞机和远程航空兵大队60架飞机。空军第4集团军和第5集团军都是苏德战场上赫赫有名的空战部队,为了能够对这两个空军集团军进行有效和集中指挥,在苏联最高统帅部指示下,成立了北高加索方面军空军司令部,并任命维尔希宁将军为司令员。

为了能够更好地阻击德军,苏联最高统帅部代表、红军空军司令员诺维科夫元帅决定亲临北高加索前线,由他本人统一领导和协调北高加索方面军航空兵和友邻的南方方面军航空兵的作战行动。

此时,整个世界的目光都集中到了这片位于欧亚大陆交界处的区域上。

库班河源自大高加索山主峰厄尔布鲁士山,流经斯塔夫罗波尔,注入亚速海,全长870公里,是俄罗斯北高加索的最大河流。库班河沿岸以丘陵地貌为主,是连接亚欧之间的重要区域,在库班河流域的梅斯哈科地区,苏联军方在这里占有一个面积约30平方公里的登陆场。

2月5日夜,苏军海军陆战队借助梅斯哈科登陆场的有利地形,在新罗西斯克以南登陆并占领了一个正面宽4公里、纵深约2.5公里的登陆场,黑海舰队随后就向这个被苏军称之为"小地"的登陆场运送了两个海军陆战旅、1个步兵旅和1个独立空降兵团共计17000余人,德军约5个师的兵力就此在这个位置被苏军牵制住。

对德军来说,"小地"所带来的威胁是毋庸置疑的,它就如同是一把钳子,正扼住了德军的要害。这就意味着苏军将德军在高加索的登陆场的门户关闭了,德军要想如愿启动新的作战计划,必须要保障自己的登陆场。德军统帅部在经过研究之后,决定于4月中旬把"小地"清除掉。

为了清除"小地",德军建立了由4个步兵师、500门火炮和迫击炮以及约1200架飞机组成的集群,因为负责指挥该集群的是韦策尔将军,所以该集群又被称为韦策尔集群。4月17日早6时30分,德军在450架轰炸机和200架战斗机的直接支援下,向着"小地"以及该区域以东的苏军阵地发动了猛烈的冲击,企图一举将苏军的登陆部队全部消灭掉。面对德军的猛烈进攻,固守"小地"的苏军部队进行了顽强的抵抗,但是德军来势汹汹,苏军所处的形势非常不利。苏军航空兵的主要机场都在距离梅斯哈科地区达150至200公里的克拉斯诺达尔西部和东北部,而且

·军事战争·

图文珍藏版

空军第 4 集团军的飞机要赶来支援,就必须经过经常有云雾遮盖的高加索山脉。德军航空兵的主要机场则在塔曼半岛距梅斯哈科仅 50 至 100 公里的平原地带。

另外,德国空军在很多方面都处于优势,德军航空兵拥有德空军中最精锐的部队,如乌杰特战斗机联队和麦利德斯第 5 战斗机联队,这些联队中不但拥有德国最出色的王牌飞行员,而且联队中装备着经过新改装的"M-109"飞机。

具有优势的德军航空兵对苏军展开了铺天盖地的轰炸,以 30 到 40 架飞机编队轰炸苏军的战斗队形和登陆场地区的码头。兵力不足的苏军航空兵根本无力阻止德军航空兵的袭击,虽然地面部队通过顽强抵抗给德军造成了较大的杀伤,但德军还是在 4 月 18 日成功突破了苏军的防御前沿,在梅斯哈科东南两公里处的树林中占领了一小块空地。

4 月 20 日,苏德双方航空兵针锋相对地展开了激战,在梅斯哈科地区的战斗至此到了最紧张的时刻。为了实施总攻击一举击败苏军,德军调来了预备队,准备把"小地"中的苏军分割成两个孤立的部分,然后进行逐个消灭。也就在这一天,苏军也开始准备着进行战略反攻,首次将从苏联统帅部大本营预备队中调来的轰炸航空兵第 2 军、歼击航空兵第 3 军、航空兵第 2 混成军和歼击航空兵第 282 师等兵力投入战斗,苏军在这一天就对登陆集群正面的德军步兵和炮兵战斗队形进行了两次密集突击。

苏远程航空兵、北高加索方面军的航空兵和黑海舰队的航空兵在夜幕降临之后联合行动,对德军在阿纳帕的机场和德军的战斗队形进行了突然袭击,夜空下德军基地顿时浓烟滚滚,天上的月亮都被烟雾遮挡,对此毫无防备的德军乱作一团,慌忙进行还击,就在德军战斗机起飞的时候,苏军的联合作战行动已经结束,苏军飞机借着茫茫夜色撤退,此役使德军遭受重创。

此前曾在不列颠空战中被英国空军打得败下阵来的德国空军,在库班再次面对强大的对手,此次在苏联阵内的王牌是苏联空军中赫赫有名的战斗英雄波克雷什金大尉。波克雷什金被德国空军认为是飞翔在蓝天上的魔鬼,每当他所在的编队起飞,紧张的德国人都会在无线通话机中互相大声提醒:"小心!小心!波克雷什金在天上!"

在 4 月 23 日的作战会议上,德军第 17 集团军司令官鲁奥夫上将在谈及 4 月 20 日夜间苏军的空袭时也不得不承认:"4 月 20 日的进攻,我们把全部兵力都用上了,可是碰上苏联人 100 多架飞机的袭击,部队受到很大损失。结果,连这次进攻也被压下去了。"

随着战斗的不断深入,苏军统帅部总预备队的 3 支航空兵部队也投入了库班地区的战斗中,苏军航空兵的力量在这段时间中因此得以不断加强,从而使得梅斯哈科地区苏德航空兵的总兵力对比发生了变化,苏军逐渐取得了空中优势。

在随后几天的空战中,苏军飞行员表现出了精湛的驾驶技术和顽强的作战精神。4 月 21 日,强击航空兵第 805 团由雷赫林少尉和空中射手叶弗列莫夫中士组成的一个"伊尔-2"飞机机组,在对地面目标进行攻击后,遭到了 4 架德国战斗机的阻击。这是一次力量悬殊的空中格斗,但是雷赫林少尉和空中射手叶弗列莫夫中士毫无惧意,通过紧密的配合,最终将两架德军战斗机击落。在战斗中,雷赫林和叶弗列莫夫的飞机也被德军飞机击穿了好几个洞,雷赫林少尉还负了伤,但他依然顽强驾驶着受伤的飞机,安全返回了苏军控制区。当时正在前沿指挥所里的空军元帅诺维科夫,目睹了此次空战的全部过程,为了表彰雷赫林和叶弗列莫夫英勇顽强的战斗精神,诺维科夫元帅在前沿指挥所亲自签发命令,越级晋升雷赫林为上尉,叶弗列莫夫为少尉。

从4月17日到24日这8天的激战中,德军共损失182架飞机,其中有152架被歼击机击落,30架被高炮击落。在经历了这段时间的被动之后,德国空军不得不被迫转入防御作战,德军负责地面进攻的部队也退回到了从前发动进攻的位置。

在谈到此次作战时,苏联元帅格列奇科在他的回忆录中写道:"在反击敌军对梅斯哈科的各次冲击的战斗中,我方空军起了重要作用。它以密集袭击的方法牵制了敌人的进攻,迫使敌空军降低了活动的积极性。"

在经过连续数天的"小地"激战之后,整个高加索战线出现了暂时的平静。就在这个时候,苏军最高统帅部代表会同在库班地区方面军的各集团军首长共同制订了一个新的作战计划,苏军希望通过对克雷姆斯卡亚和阿纳帕的突击,从而将塔曼半岛的德军集团分割开来,从而加以消灭。

经过苏军最高统帅部代表与各集团军首长的共同讨论商议,确定了最终的具体部署。苏军准备以第56集团军为方面军的主要突击部队,主要负责突破敌军在克雷姆斯卡亚地域的防御并占领这一抵抗枢纽部的任务,然后,该方面军会继续向德军新罗西斯克集团后方的格拉德科夫斯卡亚和上巴坎斯基发动进攻。在该方面军发动进攻的同时,苏军的航空兵主要兵力也会主要集中攻击这个方向。为了配合对这个方向进行进攻,最高统帅部指示第9集团军组成方面军的右翼,从沙伯尔斯基东北地域发动攻击,渡过库班河后迅速占领瓦列尼科夫斯卡亚,接着就继续向塔曼半岛的纵深推进。第37集团军会从普里库班斯基和列麦霍夫斯基直接向西推进,主攻的方向也是第9集团军将会进攻的瓦列尼科夫斯卡亚。同时,第37集团军会恢复其早先曾经被德军破坏了的在梅斯哈科的进攻态势。这就意味着,苏军将会在库班河畔发起一次大规模的作战。

就在苏军的作战计划已经确定,准备在克雷姆斯卡亚地区转入进攻的时候,德军在4月28日早晨抢先出动轰炸机对在克雷姆斯卡亚地区的苏军进行了轰炸。但是德军的率先发难并没有打乱苏军的作战部署,在德军发动空中突击的同时,苏军迅速出动了310架歼击机以拦截德军的轰炸机,因此德军轰炸机在这一次的交火中并没有占到太多便宜。

酣战一天之后,到了晚些时候,苏军北高加索方面军空军和配属给它的最高统帅部预备队航空兵借着夜色升上天空,一切依然按照最高统帅部代表、苏联元帅朱可夫和空军元帅诺维科夫预先制订并通过的计划进行着,航空兵飞抵第56集团军的前沿阵地,准备为该集团军进行航空火力准备。

黄昏时分,两个9机编队的苏军轰炸机群突然出现在了克雷姆斯卡亚地区德军驻地的上空,它们迅速在德军驻地投下了几颗燃烧弹,只听得一阵轰鸣,德军驻地顿时腾起火光,燃起了几堆大火,其他的苏军机组在这几堆大火的引导下开始逐渐进入目标。随着夜幕降临,苏联空军第4集团军和远程航空兵的轰炸机开始对德军的炮兵阵地发动突然袭击。

这注定是德军无法入眠的一夜,甚至连远在柏林的希特勒都一直在最高统帅部里等待着前线的消息。在这一夜之间,苏军飞机共出动了 379 架次,投弹 210 吨,平均每平方公里的德军阵地就落下了 21 吨的苏军炸弹,因为大规模轰炸共引起了 160 多处大火,25 处地面目标因为遭受苏军的进攻而发生大爆炸。

但是苏军的进攻并没有结束,在 4 月 29 日 7 时苏军再次进行了 40 分钟的航空火力准备。苏军第 56 集团军所属部队于 7 时 40 分在方面军主要进攻方向上发起进攻。准备就绪的航空兵立刻予以航空火力支援,在 3 个小时内就有 144 架轰炸机、82 架强击机和 256 架歼击机到战场上空活动。

苏联空军积极而有效地配合着苏军地面部队的进攻,为苏军最终取得战役的胜利提供了强有力的保证。

空战中的苏军歼击机总是神出鬼没,这让德军防不胜防,波克雷什金大尉的名字更是响彻库班前线。苏军之所以能够如此出其不意地对德军实施打击,与强大而又准确的地面电台的指挥不无关系。为了能够引导和指挥苏军歼击机在空战中以最快的速度找到敌机,并且给予及时性的致命打击,苏军在前线附近设立了 5 部电台,单是第 56 集团军的进攻地带内就有 3 部。在第 56 集团军的进攻地带内的这 3 部电台中,有 1 部是引导主台,与前线的距离只有 4 公里。后来,这部主导电台最后实际上成了苏联空军第 4 集团军指挥整个歼击航空兵的指挥所。

4 月 29 日,波克雷什金再次被委以重任,负责率领一个 8 机编队掩护地面部队的进攻。当波克雷什金和他率领的编队到达新罗西斯克以西的时候,与由 10 架歼击机掩护的 81 架德军轰炸机所组成的 3 个德军大机群狭路相逢。

波克雷什金果断做出决定,他命令 4 架飞机去缠住德军的歼击机,而他则亲率其他飞机向德军的轰炸机群发起进攻。经过波克雷什金对德军机群的观察,发现了德军先头机群的带队长机,在首次的攻击中,他毫不迟疑地对其发起了猛烈攻势,在波克雷什金的穷追猛打下,德军先头机群的带队长机被击落,只见这架长机在空中起伏了一下,就拖着一串长长的浓烟坠落下去,失去了长机的德军机群编队立即陷入混乱。

波克雷什金趁着这个机会对己方机群进行了调整,随后带领其他飞机展开了第 2 次攻击,在这一次的攻击中,波克雷什金再次击落了敌军的一架飞机。这时的德军完全陷入被动,找不到攻击的头绪和方向,轰炸机胡乱向地面丢下一些炸弹,就准备俯冲到超低空去尽快逃命。波克雷什金对于敌机的意图早已经非常清楚,所以他马上启动战机向着敌军的第 2 个机群扑了过去,其他的苏军飞机也迅速加入战团,德军轰炸机纷纷被苏军的火力命中,正在这个时候,波克雷什金的耳机里突然传来呼叫:"波克雷什金,波克雷什金,我是老虎,敌机就在我们头顶上,你迅速赶来攻击!"

原来。有 12 架德军歼击机正在扑向苏军的阵地,在"引导主台"的歼击航空兵第 216 师师长鲍尔曼将军接到空情哨的报告之后,马上给波克雷什金发出急令,要求他赶往前线进行攻击。得到消息的波克雷什金迅速将 8 架飞机集合到了一起,然后向着东面飞去。在"引导主台"的引导下,波克雷什金编队在克雷姆斯卡亚镇上空与德军 12 架歼击机遭遇。

与之前的战术类似,波克雷什金迅速率领编队上升,然后从高空向敌机扑了过去,不过这一次,德军飞机并没有与波克雷什金和他编队发生正面冲突,而是立刻

图文珍藏版

转头向着阿纳帕机场方向逃走了。

波克雷什金和他的战友们刚刚歇了口气，就发现在他们的右侧又出现了两个敌轰炸机机群，这次负责掩护的德军歼击机有 8 架。虽然此时波克雷什金和他的同伴们的弹药已经所剩无几，但他们还是勇敢地冲了上去。波克雷什金准确地打出一个连射，先击落了德军先头部队的带队长机。但是这样一来，波克雷什金的弹药箱里就没有什么弹药了，经过初次交火之后，其他苏军飞机上的弹药箱里也是空空如也。而此时德军飞机仍然在向着苏军前线方向行驶。

急中生智的波克雷什金果断命令所有的苏军飞机靠拢过来，义无反顾地向着德军飞机撞了过去。德军看着苏军飞机的架势，以为它们都准备要跟自己同归于尽，立刻被苏军飞机这种齐心协力的气势吓得慌不择路，在胡乱丢下一些炸弹之后，所有的德军飞机掉头就逃跑了。而事后的波克雷什金则擦了一把汗，这样的方式实在是赌博式的。

在这一次的空中遭遇中，波克雷什金所率领的编队总共消灭了 8 架德国飞机，而光是波克雷什金一个人就击落了 4 架。

苏军第 56 集团军南部突击集群于 5 月 3 日早晨 7 时 50 分转入进攻，很快便突破了敌人的重重防御，进发到了克雷姆斯卡亚—涅别尔扎耶夫斯卡亚公路上，并为切断克雷姆斯卡亚德军的退路，而开始从东南方向向克雷姆斯卡亚进行迂回。苏军轰炸航空兵第 2 军 162 架飞机每隔 10 到 20 分钟时间就有一批飞机起飞，一批一批的苏军飞机对上阿达古姆西郊和涅别尔扎耶夫斯卡亚西郊的德军炮兵通过空中火力进行压制，从而保证苏军地面部队顺利突破克雷姆斯卡亚以南德军的防御，同时也保证了坦克集群顺利进入突破口。为了阻止苏军推进，德军紧急从克雷姆斯卡亚地区调来了预备队，除此以外，克雷姆斯卡亚以北的轻步兵第 97 师和第 101 师部分兵力也被调往南面支援作战，但是这样一来，德军在克雷姆斯卡亚地区北面的防御就被削弱了。苏军当然不可能放过这样千载难逢的机会，马上利用这个机会加紧对德军进行攻击。德军的防御很快被苏军攻破，5 月 4 日，苏军如愿将克雷姆斯卡亚镇夺了回来。

在重新占领了克雷姆斯卡亚之后，苏军的航空兵主力立刻转入执行消灭德军纵深目标的任务，开始不分昼夜地突击德军的后方目标及交通线，同时，苏军航空兵的部分兵力也马上出发，继续去支援地面部队的进攻。

苏联空军第 4 集团军、黑海舰队航空兵和远程航空兵在 4 月 29 日到 5 月 10 日这段时间里，共出动了飞机 10000 多架次，其中半数以上的飞机都主要负责对战场上德军地面部队和技术兵器进行打击。苏联空军同时消灭了 368 架德机，完全掌握了库班河上空的制空权。

失去了克雷姆斯卡亚镇，也就意味着德军从而失去了一道有利的防御阵地。为彻底改善自己的战略态势，利用占据了克雷姆斯卡亚镇的地理优势，苏军北高加索方面军所属部队乘机在继续战斗的同时，开始着手准备新的进攻战役，这一次苏军的视线终于瞄准了德军的"蔚蓝色防线"，苏联军方决定消灭德军第 17 集团军，并且将整个库班地区和塔曼半岛的德军完全肃清。但是在准备新的战役期间，苏军轰炸航空兵并没有放松对塔曼半岛及敌机场的轰炸。

远程航空兵从 5 月 11 日至 26 日共出动了飞机 152 架次用以袭击克里米亚的

德军机场。黑海舰队的飞机和军舰火炮则多次突击阿纳帕机场。

5月26日早晨,在经过了40分钟猛烈的炮火准备和338架飞机所构筑的航空火力准备后,苏军强击机在突破地段先行施放了烟幕,随后苏军北高加索方面军第56集团军和第37集团军在基辅村和莫尔达维亚村的方向上转入进攻。

因为前期的准备到位,苏军仅花费了6个小时就攻占了德军的几个支撑点,并且占据了第1阵地和第2阵地,突入敌人防御纵深达到了3~5公里。万不得已的德军统帅部把所有的航空兵都集中到战场上空,以求能够阻止苏军的进攻或放缓苏军攻击的速度。进攻刚开始的3个小时,德军航空兵就出动了飞机1500架次。从中午开始,一批又一批的敌轰炸机出现在了苏军进攻部队的上空。

苏军歼击机火速出动以对抗德军航空兵的攻击,在天空中发生了激烈的空战,但是德军从其战线上不断调来大批飞机,使得德军的空军兵力比苏军高出了1.5倍,苏军歼击机根本无法完全制止德军飞机的活动,只能尽可能地使德军轰炸机没有办法进行准确轰炸,以至于德军最终还是重新夺取了制空权。

但是苏联空军第4集团军并没有准备就此放弃,他们尽可能地争取把握空战的主动权,于是开始在提高歼击航空兵活动效果方面采取了一些措施。为了避免强击机和轰炸机的损失,苏军方面组成50~60架飞机的编队;但是这样一来,轰炸机和强击机机组则增加了自卫的责任,强击机保留弹药的基数至少要达到15%,这样当德军战斗机攻击时,才能够予以还击。

激烈的空战在5月27日早晨再度开始。双方在7时30分几乎同时发起了冲击。为了支援地面部队,德军则出动了每批50~100架飞机的大编队机群。

为了保持掌握制空权,在这一天里德军出动飞机达到了2658架次。因为德军航空兵的袭击几乎没有间断,苏军白天的进攻和机动行动都很困难。为了扰乱德军航空兵的活动能力,苏军在5月26日到6月7日这段时间里加强了对德军机场的夜间突击。苏军的这个措施可以说是立竿见影,因为机场和跑道受到打击,德军航空兵的活动能力明显下降,苏军歼击机再度夺取了库班河的天空。

在库班空战的两个多月时间里,苏军出动飞机约35000架次,方面军航空兵的飞机占77%,远程航空兵飞机占9%,黑海舰队航空兵的飞机占14%。德军方面则损失了1100余架飞机,其中有超过800架的飞机在空中被苏军击落。德军的空中实力因为在库班河空中交战中被苏军航空兵大大削弱,所以始终无法完全掌握战争中的制空权,使得德军地面部队的优势无法完全体现。虽然有空中火力的保障,但是苏军北高加索方面军部队始终都没有能够突破德军防御的全纵深,此后苏军根据最高统帅部大本营的指示,暂时停止了在库班地区的进攻。

(七)东线空中大决战——库尔斯克大会战中的空中战役

到1943年夏天的时候,苏德战争的重心已经转到了战线的中央地段。在经过斯大林格勒的激烈战斗之后,战线被苏军向西推进了600余公里,一个深入德军控制地域很大的突出部分,就此在库尔斯克附近形成了。

在成功占领了这个突出的部分之后,苏军就能够顺利对德军奥廖尔集团和别尔哥罗德集团的侧翼发动深远突击，进而解放乌克兰、顿巴斯和白俄罗斯。但是，如果让德军占据了这个库尔斯克附近的突出部，就可以从南北突击库尔斯克方向上苏军的侧翼和后方，从而得到再次向莫斯科方向发展的契机，掌握战略上的主动权。正是这种情况，决定了处于库尔斯克的这个突出部在战略上的重要性，从而使得苏德双方都不得不将视线集中在库尔斯克这个突出部上来。

库尔斯克会战

希特勒发誓必须夺回地面作战的战略主动权，德国统帅部根据希特勒的指示，制订了代号为"堡垒"的进攻计划，决定在库尔斯克地区发动一次大规模的作战。

德军发动此次大规模作战的意图非常明显，就是想通过奥廖尔和别尔哥罗德两个地域相向着对库尔斯克地区发动突击，将库尔斯克突出部的所有苏军一举消灭。为了顺利完成此次突击任务，德军集中了50个师约90万人的强大兵力。

但德军的企图很快就被苏联方面的情报部门获悉，苏军统帅部在得到情报部门的消息之后，迅速做出了安排，决定先通过防御来削弱和拖住德军的突击集团，然后适时进行反击。

当时中央方面军和沃罗涅日方面军共130万人的部队正在库尔斯克突出部负责防御，统一编入草原方面军的战略预备队很快就在这两个方面军的后方完成集结。

为了准备"堡垒"计划，德军统帅部曾经尝试对航空兵的战斗力予以加强，从而重新夺回逐渐被苏联空军掌握的制空权。为了加强在库尔斯克地区活动的第4和第6航空队的战斗力，德军仅仅在从3月15日至7月1日的这段时间里，就从本土以及法国、挪威等地向苏德战场调集了13个航空大队，这样德军在库尔斯克附近就拥有了2050架飞机，这个数量几乎是当时在苏德战场作战的所有德国空军飞机总数的70%。

苏军方面的航空兵集团则主要是由中央方面军空军第16集团军、沃罗涅日方面军空军第2集团军、邻近的西南方面军空军第17集团军和远程航空兵基本兵力编成，这些航空兵集团主要承担的任务是支援和掩护防御部队。

到库尔斯克会战开始之前，苏军出于加强各空军集团军的考虑，再度调来了预备队航空兵兵团，此时苏联飞机的数量达到了2900架。人们往往一提起库尔斯克会战，总会说到它是第二次世界大战期间规模最大的一次坦克战，但其实它也是一次规模空前的空战。

在会战前夕乃至会战过程中，就发生在库尔斯克附近空战的范围、参战航空兵的数量、激烈程度和作战成果而言，它都超过了以往的历次空战，单是双方投入作战的飞机数量就达到了5000架。

苏军深知一旦开始对库尔斯克地区的战斗，首先要做的就必须是夺得制空权，只有夺得了制空权，才能在战争中取得有利的位置，配合地面部队快速推进的同时,还能够有力地打击和扰乱德军地面部队的作战。于是,苏军方面在库尔斯克战役的准备阶段就率先从空中对德军实施攻击,在1943年5月和6月间,苏军先后进行了多次空袭,这些空袭的主要目的就是为了削弱德军航空兵的力量,力求把德军航空兵消灭在机场上。

经过研究,苏军决定首先集中第1、第2、第8、第15、第16、第17共6个空军集团军向德军部署在布良斯克、奥廖尔和哈尔科夫地区的26个德军机场发起进攻,因为在这26个机场上驻有德军第6航空队和第4航空队约60%的飞机,一旦能够成功地突击这些机场,就意味着有可能削弱德军一半的空中火力。

苏军在5月6日至8日进行了第1次空中战役。苏军在5月6日5时30分出动了112架轰炸机、156架强击机和166架歼击机,在1200公里长的战线上苏军飞机同时对德军的17个机场发起了密集突击,并对驻有德军战斗机的部分机场实施了严密的空中封锁。此举使得德军手忙脚乱,短时间无法组织起有效的抵抗,结果有194架飞机在机场上被苏军炸毁,另有21架飞机在空战中被苏军消灭,而苏军方面则只损失了21架飞机。

苏军的第2次突击是在5月6日15时发起的,在这一次的突击中,苏军共出动飞机372架,突击了德军20个机场。但是这一次德军并没有坐以待毙,接受了上一次空袭的教训,德军的防空设施一直都处在高度警戒的状态,战斗机经常在空中巡逻,机场的高射炮也随时做好实施拦截的准备,当苏军飞机飞抵机场上空的时候,早已经准备多时的德军对苏军发起了猛烈的反击。

但苏军统帅部对此也并不是全无防备,所有的苏军飞行员早已经为面对德军的猛烈抵抗做好了充分的准备,他们充分合理地使用技战术,最终还是击毁击伤了德军机场上的134架飞机,在空战中则击落德军飞机24架,苏军方面则只是付出了46架飞机的损失。

但是苏军并未想就此作罢,在5月7日凌晨,苏军的第3次突击再度逼近德军机场。这一次苏军出动了飞机共405架,突击了德军的22个机场,93架德军飞机在机场上被击毁,29架德军飞机在空战中被击落,而苏军则只付出了48架飞机的损失。

经过苏军接二连三的突击之后,德军在5月8日将大量航空兵部队转移到了后方,疏散和伪装了留在战线附近的飞机,随后又调来了大量的战斗机准备跟苏军航空兵决一死战。但德军对苏军的神出鬼没仍然心有余悸,于是为了对苏军飞机进行远程警戒,从而向自己的航空兵部队及时报知险情,德军不仅使用了雷达站,而且还经常使用一些小型战斗机编队沿着前线一带去巡逻,为了防备苏军突击可谓是煞费苦心。

果然,苏军随后在5月8日的空袭中没有太多的收获,苏军在这天出动了181架飞机进行第4次突击,但是却只消灭了德军飞机6架,而己方损失的飞机数量则达到了8架,因为德军早已经有了防范措施,而苏军早先空袭德军时所拥有的突然性已经失去,所以苏军统帅部立刻发出了指示,命令空军暂时停止对德军机场的突击行动。

就在苏军统帅部命令空军暂时停止突击德军机场的时候,德军统帅部则给德国空军下达了对苏军机场和铁路设施实施空袭的命令。6月2日,在德军战斗机的掩护下,德军轰炸机分成几批向着库尔斯克城飞了过来,对库尔斯克铁路枢纽发起了密集的袭击。在发现德国飞机的踪迹之后,苏军方面马上出动了386架歼击机升空截击。苏军飞机迅速与编有轰炸机137架、战斗机30架的德国空军第1梯队相遇,在这一次的战斗中,苏军击落了58架德军轰炸机。虽然初战告捷,但随后德军后续的287架轰炸机中约有160架突进了库尔斯克,正是它们的轰炸使得库尔斯克的铁路枢纽被迫中断了12个小时。苏军面对德军的疯狂轰炸,果断地调整了战术,拼死与德军飞机缠斗搏杀,到这一天德军的轰炸停止时,共有145架德军飞机在空战中损失。

随着库尔斯克会战日益临近,苏军统帅部要求前线必须确保能够夺得制空权。在几经权衡之后,苏军于1943年6月8日到10日再度发起针对德国空军机场及战斗机的空中战役,苏联空军第1、第2、第15集团军和远程航空兵兵团参加了这次战役。苏军此次空袭主要针对的是德军在布良斯克、卡拉齐夫、奥廖尔、哈尔科夫、斯大林诺、扎波罗热的机场上所停放的飞机,因为通过侦察发现,这些机场上集中的多为轰炸机,而苏联方面必须要粉碎曾对苏联重要工业中心发起过夜袭的德军轰炸航空兵集团。

考虑到经过此前的多次空中激战,德军对苏军以往的进攻规律已经多少有所掌握,所以这一次苏军准备把进攻的时间改为傍晚。苏军在6月8日的天黑前发动了攻击,但此时德军的防空力量并未有大幅度减退,苏军为应对德军的炮火,加强了突击编队的掩护兵力,每个突击编队中有60%以上几乎都是歼击机兵力。在这一天的空袭中,苏军击毁击伤了德军飞机141架。在随后两天,苏军再度对德军进行了行之有效的攻击,6月9日击毁击伤了92架,6月10日则击毁击伤了16架。在这一轮的空袭作战中,苏军共出动飞机3360架次,德军机场上的飞机168架被击毁,81架德军飞机在空战中被击落,苏军则损失了各种飞机106架。

这一阶段的空战尚属于库尔斯克战役的准备阶段,在这个阶段苏军航空兵特别注意了对德军铁路和公路运输方面的破坏,苏军航空兵在3个月的时间里几乎从未停止对宽大正面交通线和距前线200—250公里纵深的德军主要交通线实施突击。除此以外,苏军还利用声东击西的战术,穿过火线,对集中地域的德军部队司令部、通信枢纽和仓库也进行了攻击。

在苏德军队交火过后,苏军仍然对德军进行着详细周密的侦察,同时,对战争中抓获的俘虏也进行了及时的审讯,苏军正是基于在这类工作中所取得的突破性进展,从而判明了德军再次发动进攻的准确时间,经过苏军统帅部对已经取得的情报和信息的收集整理,最终确定德军开始进攻的时刻将会是在7月5日的凌晨3点30分。所以,苏联陆空军在德军进攻之前就已经严阵以待,做好了充分的准备。根据苏联元帅朱可夫的命令,中央方面军和沃罗涅日方面军于7月5日拂晓,在德军炮火准备开始进攻之前的5分钟进行了强大的反准备炮火。417架强击机和歼击机从苏联空军第2和第17集团军所属兵团的机场起飞,突击了德军的7个机场,有60架德军飞机在此次突击中被消灭。苏军的突击让德军的方寸大乱,德军不得不将进攻时间推迟了两个小时,直到早晨5点30分才发动进攻。

但是因为德军的航空兵在与苏军的5月和6月空战中受到了沉重打击,兵力已经略显不足,所以根本没有力量去夺取整个战区的制空权,德军就把轰炸航空兵和歼击航空兵的所有力量都集中到了坦克部队和摩托化部队突破防御的区域上空。从 7 月 5 日德军发动进攻开始,德军就同时向战场上空派出了 300 余架轰炸机和 100 余架歼击机。面对德军如此大规模的空中兵力,苏联方面也不得不提高了自己在空中战斗行动的规模,随着双方都投入了大量飞机,此次战斗的规模气势已经超过了莫斯科战役和斯大林格勒战役。

德军先是以主力部队从奥廖尔登陆场向奥和霍瓦特卡发起突击,直捣苏军中央方面军地带,与此同时对马洛-阿尔汉格里斯克和格尼列兹展开了辅助性突击。德军第 6 航空队将本队的所有兵力都集中在宽 25~30 公里、纵深不超过 10~15 公里的战场上空,全力支援德军在奥廖尔-库尔斯克方向上的地面部队突击苏军阵地。德军方面每次突击苏军阵地时,都会出动 100 到 150 架轰炸机,负责掩护的战斗机每次则出动 60 架。

苏联空军第 16 集团军所属歼击航空兵第 6 军和近卫歼击航空兵第 1 师的飞行员们率先挡在了德军第 6 航空队轰炸机的面前。德军飞机一出现在空中,接到命令的苏军战机马上就会起飞作战。在确定了德军主力准备进攻奥利霍瓦特卡时,苏军随即将轰炸机和强击机改以小编队活动,全天候对德军的坦克、火炮和有生力量进行突击。

这是一场突击与反突击之间的拼杀,苏军和德军在战场上空上演了残酷的空中格斗。但是伴随着苏联空军第 16 集团军的基本兵力赶来支援,苏军航空兵的兵力迅速得到提升,活动强度也马上增强。轰炸航空兵第 3 军、航空兵混威第 6 军、近卫强击航空兵第 2 师和强击航空兵第 299 师的飞机编队随即突击了德军在雅斯纳雅波梁纳、奥泽罗克、阿尔汉格里斯克地区的地面部队。苏军强击机还在 7 月 5 日首次使用了新式反坦克聚能炸弹,这种重 1.5 到 2.5 公斤的炸弹,能够直接将德军"虎"式和"豹"式等新式坦克炸穿。在使用了这种炸弹之后,苏军航空兵对己方地面火力的支援愈加显著,单是强击航空兵第 291 师的飞行员就在一天之内摧毁了 30 辆活跃于沃罗涅日附近的德军坦克。

苏军地面部队因为得到空军的有效支援,所以非常顺利地抗击了敌人的冲击。德军经过一天的苦战,到 7 月 5 日夜却只在奥利霍瓦特卡方向取得了推进 6 到 8 公里的微小收获。但是通过这一天的交战,苏联空军为了压制和消灭德军目标而大量分散了兵力。尤其是苏联歼击机的飞行员,他们经常会迷恋于同德国战斗机的交火,有的时候竟然会出现对德国轰炸机置之不理的情况,对德国轰炸机的情况因此无法做出准确的报告。歼击机巡逻队有的时候甚至只在己方上空进行巡逻,根本没有按照高度作梯次配置。苏军航空兵的问题在此次大规模空战中被完全暴露了出来,这让空军指挥部痛下决心在战术上进行整顿。

7 月 6 日的拂晓,苏军侦察机先是对德军坦克、摩托化步兵和炮兵集结地域进行了详细的侦察。苏军已经准备好了在这一天恢复原来的态势,将在奥利霍瓦特卡方向推进的德军消灭掉,清晨 5 时,随着统帅部一声令下,轰炸机和强击机共 140 架立即起飞,发动对德军主要集团的集中突击。顷刻之间,晨曦被滚滚的浓烟遮盖,苏的反坦克炸弹、杀伤弹和爆破弹呼啸着飞向德军的阵地,十几辆德军坦克随即就被炸毁,苏的地面部队马上就发起冲锋,杀入德军的阵地。

在这一天,苏军完全克服了之前空战中的缺点,歼击航空兵第 6 军军长和近卫歼击航空兵第1师师长更是亲临前线的前进指挥所,组织指挥歼击机作战。在这次战役中,日后威震德国空军的苏联空军英雄、飞行员阔日杜布声名鹊起,他所驾驶的"猎鹰13"成为每一个德军飞行员的噩梦。此时苏军的巡逻空域已经跨过了前线,所以德军飞机经常还没有来得及到达战场就已经受到了截击。

在遇到顽强的抵抗之后,德国航空兵的攻势严重受挫,而苏联航空兵在这一天出动的架次则比7月5日多了一倍,突击还随着战争的深入不断加强,在92次空战中就消灭了113架德军战机。

因此苏军从7月7日开始,就牢牢掌握了空中的主动权,德军的大部分轰炸机均是还没有抵达战场就受到了拦截,德军的空中火力根本无法展开,德军地面部队几乎失去了空中火力的支援。德军于7月7日到8日在奥廖尔登陆场增调兵力,试图由波内里突入库尔斯克,但是德军的这一计划并未成功,苏军的猛烈火力让德军的攻势无功而返。7月10日,在奥廖尔—库尔斯克方向上的德军几乎已经没有什么进攻能力,只能转入了战略防御。

在奥廖尔—库尔斯克方向的防御战役期间,苏联空军第16集团军共出动7600架次飞机,远程航空兵出动了飞机800架次,共有517架德军飞机被消灭,为苏军地面部队粉碎德军的进攻给予了有力的支援。

在奥廖尔—库尔斯克方向的防御战役打响的同时,7月5日早晨,德军也对苏联沃罗涅日方面军发动了进攻。德军为了能够直插库尔斯克,集中了近700辆坦克以及步兵和炮兵的主要兵力发动了突击。同时为了迷惑苏军,从而将苏军的兵力转移到其他方向,德军还将部分兵力用去进攻科罗恰。德军这一路的突击集团由德军的第4航空队负责支援。

沃罗涅日方面军根据德军的进攻态势,几乎将其所属空军第2集团军的全部兵力都集中在奥博扬一线,而派出了空军第17集团军负责对科罗恰方向地面部队的支援。

德军的进攻刚刚打响,苏军与德军的飞机就为了争夺别尔哥罗德—库尔斯克方向的制空权而发生了激烈的空战。在方圆1200平方公里地区的空中,苏德双方的2000多架飞机在这里多次发生交火,交火的飞机常常一次就能够达到100到150架。仅苏联空军第2集团军的歼击机在7月5日到10日这几天里,就先后进行了205次空战,德军在空战中损失了330架飞机,苏军则损失了153架飞机。

德军坦克集团在苏军近卫第6集团军地带内意图实施突击,德军强大的地面部队火速推进,苏联方面的强击航空兵和轰炸航空兵的主要兵力迅速赶来支援。防御战开始的两天时间里,苏军的强击机和轰炸机几乎都是以6到8机的编队进行活动。

后来,苏军考虑到大编队歼击机和轰炸机的防御能力会更强一些,而歼击机在大编队中也较为容易提供掩护,突击效率也就能因此提高,而飞机的损失则会相应减少,所以都以30到40机的大编队对德军实施集中突击。苏军的这种大编队突袭取得了成功,德军面对苏军配合有序的大编队机群往往束手无策,因而德军的进攻就此产生了极大的麻烦。7月7日,德军在塞尔采沃、亚科夫列地区以坦克和步兵进行重兵冲击,但是苏军强击航空兵第1军火速以两次集中突击粉碎了德军的猛烈进攻。

正是这次成功的阻击，让苏军很多将领认识到了空军的重要性和巨大威力，苏联空军参谋长胡佳科夫将军在 7 月 8 日向苏联空军司令员递交的报告中说："前段时间通过的关于把我航空兵战术改为集中使用大编队活动的决定是完全正确的。沃罗涅日方面军首长认为航空兵作战较以前更加有效。"

德军在前 5 天的紧张战斗中损失惨重，尤其是地面部队的很多坦克都被摧毁。而苏军部队则在空军的积极支援下成功抗击了德军的进攻，到 7 月 10 日时彻底粉碎了德军通过奥博扬向库尔斯克突进的计划。得知前线的战事再次陷于胶着，希特勒非常生气，但是他从来不是善罢甘休的人，因此在柏林最高统帅部进行了重新的部署，希特勒命令将坦克师、机械化师和航空兵的主力调往普罗霍罗夫卡方向，这样，德军就可以采取迂回战术从东南方向攻向库尔斯克。

在获悉德军的突击方向已经发生了改变之后，苏军沃罗涅日方面军立刻召开了紧急会议，并迅速将情报告知苏联最高统帅部。在经过认真的研究之后，统帅部命令沃罗涅日方面军先以顽强的防御拖垮德军，然后在 7 月 12 日早晨发起全面的猛烈反击，从而将普罗霍罗夫卡方向上进攻的德军彻底消灭掉。

为了及时阻滞德军预备队开进交战地区，苏军远程航空兵和空军第 2 和第 17 集团军的轰炸机于 7 月 11 日先对战场上的德军部队进行了突击。与此同时，苏军轰炸机还轰炸了德军车站上的军运列车，将沿公路和土路行进的德军纵队尽数击溃。苏联空军的突击确实给德军带来了麻烦，德军预备队因此不得不放慢前进速度，同时还得想尽办法对付神出鬼没的苏军飞机。

7 月 12 日，就在苏军突击前一小时，苏联空军第 2 集团军派出了 200 多架飞机，突击了德军集结的坦克和发射阵地上的火炮，进行了 40 分钟的航空火力准备。随后，苏军地面部队全面出击，与德军冲击中的坦克集群在普罗霍罗夫卡地区相遇，于是苏德战争开始以来规模最大的坦克大会战就此开始，双方参战的坦克达到了约 1500 辆。地面部队的激烈搏杀也带动了空中的激战，苏军飞机在此次激战中表现优异，完全压制了德军的飞机，并且很好地给予了地面部队火力支援，苏军最终赢得了这次惨烈的战斗，德军意图攻入库尔斯克的计划再次遭受失败。

沃罗涅日方面军的部队在 7 月 23 日终于完全恢复了 7 月 5 日前所处的态势，苏军在整个别尔哥罗德—库尔斯克方向防御战役期间共出动了 19263 架次飞机，共击落了 899 架德军飞机。这样，别尔哥罗德—库尔斯克方向的防御战役就此胜利结束，在航空兵的积极支援之下，苏军只用了几天时间就挫败了德军的进攻，彻底粉碎了希特勒攻占库尔斯克的"堡垒"计划。

在成功获得了库尔斯克防御战的胜利之后，苏军随即决定马上对德军奥廖尔集团和别尔哥罗德-哈尔科夫集团发动反攻。苏军的意图是将这两个集团彻底消灭掉，将它们所占领的突出部夺回来，从而为苏军即将到来的总攻创造有利条件。

苏军方面计划由西方面军、布良斯克方面军和中央方面军负责在奥廖尔—库尔斯克方向上的反攻，苏军准备先行从 4 个地段上同时对德军的防御发起突击，从而将奥廖尔的德军集团分割，然后逐个歼灭。其实早在 5 月份苏军就已经制订好了这个反攻计划，它的代号为"库图佐夫"。

德国空军的第 6 航空队仍然活跃在奥廖尔一线。而苏联空军则由西南方面军空军第 1 集团军、布良斯克方面军空军第 15 集团军和中央方面军空军第 16 集团军编成航空兵集群,同时,苏联统帅部预备队航空兵前往各空军集团军进行支援,得到加强的苏军航空兵数量几乎是德军航空兵的 3 倍。

为了能够促成"库图佐夫"作战计划的最终完成,处于奥廖尔一线的苏军航空兵的任务非常艰巨。他们首先要保持掌握制空权并对地面部队的突击集团进行可靠的掩护,其次要积极支援地面部队突破德军的防御,并阻挡德军进驻中间防线,对德军预备队的机动行动要有所阻挠,并尽可能破坏敌军的指挥。

奥廖尔方向上的反攻在 7 月 12 日正式开始了。在苏联西方面军近卫第 11 集团军发起冲击前 15 分钟,空军第 1 集团军以 70 架"佩-2"型轰炸机和 48 架强击机向德军炮兵阵地和支撑点进行了突击,在此次突击中,苏军共出动飞机 362 架次,向德军投下了 210 吨炸弹。而在布良斯克方面军第 61 集团军即将发起冲击的区域,为了压制德军的火炮和迫击炮,远程航空兵和夜间轰炸航空兵第 313 师在夜间就进行了航空火力准备,德军抵抗枢纽部被摧毁,德军集中地域的部队也遭到了苏军的突击。各方面军突击集团在航空兵支援和强击机施放的烟幕掩护下在当日拂晓正式转入反攻,以 10 到 12 机编队的强击机在歼击机的掩护下不断到达战场上空,强击机随后开始对德军的炮火发射点进行火力压制,并积极消灭德军的坦克和有生力量。

德军轰炸机群在苏军发起进攻 1 小时后开始出现在战场上空,以期对苏军部队发动突击,但是苏军近卫歼击航空兵第 1 军的歼击机早已经在空中和机场上备战多时,德军飞机刚刚出现,它们就奋起迎击,并很快通过猛烈的炮火打乱了德军轰炸机的队形,使得德军轰炸机根本没有办法对苏军部队进行瞄准轰炸。

苏军航空兵在这一天共出动了 2174 架次飞机,参与空战 72 次,有 86 架德军飞机被消灭,苏军方面则付出了 59 架飞机的损失。这里值得一提的是,参与此次战斗的不仅有苏军飞行员,还有法国"诺曼底"航空兵中队的飞行员。1943 年 5 月,这些法国志愿人员抵达了苏德战争的前线,随后他们就被编入了空军第 1 集团军,在与德军飞机的空中搏斗中,他们表现出了高超的技术与无畏的精神,法国飞行员到 1943 年 7 月底共在战争中击落了德军飞机 30 架。

苏联西方面军部队在 8 天之内推进了 70 公里,苏联布良斯克方面军部队则推进了 20 公里,苏军的顺利推进可以说是为合围博尔霍夫集团创造了有利条件。为了守住博尔霍夫,德军则火速增调来了 10 个师的兵力,对苏军阵地发动了强大的反冲击。为了全力冲击德军的反冲击部队,苏军空军第 1 和第 15 集团军的兵力几乎全部都被调走了,光是 7 月 25 日一天,德军大约 25 辆坦克、150 辆汽车、5 个炮兵连和大量步兵都被苏联空军第 1 集团军消灭。而博尔霍夫的德军集团也终于在 7 月 29 日被完全粉碎。

就在诺沃西利以西地区发起进攻之前,苏联布良斯克方面军对博尔霍夫方向的德军发动了更为强大的航空火力准备。7 月 11 日夜,远程航空兵和空军第 15 集团军出动了 600 多架次轰炸机,德军主要防御地带的目标受到了大概 550 吨炸弹的狂轰滥炸。强击航空兵第 3 军在 7 月 12 日晨以大编队向德军发动了猛烈的攻势,对突破地段上德军的炮火和部队进行了压制和消灭。89 架轰炸机在苏军发起冲击前 5 分钟,再次对德军一些重要的抵抗枢纽部和炮兵阵地投下了 500 枚爆破弹和 3000 多枚杀伤弹。

德军被苏军方面轰炸机、强击机和炮兵的集中突击打得士气涣散，根本没有办法再发动有效的抵抗，苏军向前推进得非常顺利。德军残存的发射点和抵抗枢纽部不断受到苏军强击机的摧毁，在航空兵的火力支援下，苏军的地面部队对敌人步步紧逼，到 7 月 16 日已前进到奥列什尼亚河。

为了对付苏军的坦克部队，德军于 7 月 19 日调来了大批航空兵，在战斗机的掩护下，德军轰炸机编队企图对苏军的进攻加以阻止。但是苏军早已经做好了准备，在与德军飞机的激烈空战中，苏军歼击机击落了 23 架德军战机，并迫使德军的大部分轰炸机掉头撤退。苏军在 8 月 4 日拂晓进入了奥廖尔城，于 8 月 5 日早晨肃清了城内的所有德军。

苏军西方面军和布良斯克方面军对奥廖尔方向上的进攻，使得德军不得不从奥廖尔突出部正南面抽调兵力进行增援。这样一来，使得苏军中央方面军方向的进攻压力锐减，随即马上转入反攻，中央方面军只用了 3 天时间就恢复了 7 月 5 日前的态势，随着西方面军和布良斯克方面军于 8 月 4 日进入奥廖尔城，中央方面军也在 8 月 6 日即解放了克罗梅城。在苏军解放克罗梅城的过程中，空军第 16 集团军每天出动 1000 多架次飞机，给德军的有生力量和技术兵器带来了沉重的打击，有力地向苏军地面部队提供了空中的火力支援。

在苏军相继解放了博尔霍夫、奥廖尔、克罗梅城之后，就开始追击溃败的德军残部。苏联最高统帅部此时发出命令，指示空军第 15、第 16 集团军和远程航空兵将主要兵力用于消灭德军残部。随后根据空中侦察机得到的信息，苏军的强击机和轰炸机对克罗梅—卡拉齐夫公路上的敌汽车纵队和奥廖尔—霍蒂涅茨—卡拉齐夫—布良斯克铁路干线发动了大规模突击。从 8 月 6 日到 10 日的这段时间里，歼击机经常会攻击这些目标，而前线航空兵和远程航空兵则会在夜间接替歼击机出动，德军的 60 列列车和许多坦克车辆在苏军的突击下被消灭。

奥廖尔方向的战役到 8 月 18 日已经结束，但苏军前线航空兵和远程航空兵出于顺利实施"库图佐夫"作战计划的需要，先后出动 60995 架次飞机，向德军目标投下了 15000 吨炸弹，有 1400 余架德军飞机被击毁。至此，苏军完全掌握了制空权，苏军地面部队趁机长驱直入，消灭了德军 21 个师，最终夺回了奥廖尔突出部。

战争的视角在这时转移到库尔斯克战场的另一面，苏军沃罗涅日方面军、草原方面军、西南方面军和第 57 集团军正计划着在别尔哥罗德—哈尔科夫方向上发动反攻，他们准备对德军防御的全纵深进行分割，随后采取分别围而歼之的方法。

德国空军的第 4 航空队和匈牙利第 2 航空兵军在这一线活动，苏联航空兵集群则主要由沃罗涅日方面军空军第 2 集团军、草原方面军空军第 5 集团军和远程航空兵部分兵力编成。苏联最高统帅部预备队航空兵也给予这两个空军集团军在兵力和装备上的支援，在数量上超过德军航空兵兵力大概有一倍。8 月 2 日夜，远程航空兵飞机对突破地段发动了突击，8 月 3 日早晨，在歼击机的掩护下，苏联空军第 2 集团军的轰炸机和强击机再次针对突破地段上的敌支撑点进行了火力压制，随后，两个空军集团军又出动了 200 多架飞机突击了德军的主要防御地带内的目标。

在苏军的空中火力对德军的主要防御地带进行了压制之后，沃罗涅日方面军和草原方面军正式发动攻势，转入了反攻。但是在苏军反攻开始的 30 分钟里面，德军并没有进行太多的抵抗,原来德军支撑点的很多火炮在苏军航空兵和炮兵的有效打击下,有的被击毁,有的被压制,根本已经没有什么攻击性。有的德军士兵曾冒险进入阵地试图开炮,但战场上空的苏军强击机很快就发现了这些目标,马上将其消灭。几乎没有受到太多抵抗的沃罗涅日方面军长驱直入,在当日上午就占领了德军的主要防御地带。

为了尽可能地阻止苏军的进攻,德军马上就把大量航空兵投入被突破地段。因为重点突击的目标是苏军进攻的步兵和坦克,所以德军轰炸机主要都是以小编队活动,每当遇上苏军歼击机的猛烈攻势,这些小编队机群立刻就会被击退。苏军航空兵此后一直牢牢占据着制空权,积极协助苏军地面部队的推进,掌握着空中优势的沃罗涅日方面军的坦克集团军很快将德军的防御阵地突破,到 8 月 3 日夜间时,苏军已经向前推进了 26 公里,同时,草原方面军也进入德军防线 7 到 9 公里。

苏军前线航空兵在反攻第 1 天就出动了飞机 2670 架次,有效地配合了地面部队的推进,步兵第 48 军军长就在电报中高度赞扬:"地面部队所以能够迅速向前推进,是由于强击机飞行员直接有组织的协同和密集突击。"

在突破了德军的防御之后,沃罗涅日方面军和草原方面军部队迅速扩大战果。草原方面军部队随后于 8 月 5 日解放了别尔哥罗德,并逼近哈尔科夫防线外围。到 8 月 11 日,德军别尔哥罗德—哈尔科夫集团则被苏军沃罗涅日方面军分割成了两部分,哈尔科夫—波尔塔瓦铁路也被苏军切断了。

为了能够尽快集结两个重兵集团对苏军沃罗涅日方面军翼侧发动强大的反突击,德军急忙向哈尔科夫和阿赫蒂尔卡地区调派预备队。但苏军的空中侦察机及时发现了德军的这一调动,在得到侦察机的报告之后,苏军果断出击,从前线航空兵和远程航空兵调来大量兵力,先炸毁了铁路和公路,随后对德军预备队展开毁灭性的打击。

率先投入对德军预备队战斗的是西南方面军空军第 8 集团军,该集团军的轰炸机和强击机对调往哈尔科夫地区的德军坦克兵团和摩托化兵团发动了猛烈攻击。苏军空军第 17、第 5 和第 2 集团军的轰炸机和强击机随着德军预备队的不断推进,也投入到了这场战斗中来。苏军航空兵对沿线许多铁路车站进行了成功的袭击,并且消灭了德军的许多军列和汽车纵队。前来实施反突击的德军因为受到苏军猛烈炮火的攻击,损失惨重。

狼狈不堪的德军预备队一赶到地点,不等完全准备好就仓促开始了反突击,苏军随即与德军在空中和地面发生了激烈的战斗。因为苏联陆军和空军的行动协调一致,到 8 月 21 日,德军的反突击最终没有能够成功。德军的数十辆坦克在几天时间里被苏军空军第 2 集团军的飞行员消灭,同时苏军航空兵还破坏了德军数百辆汽车以及数个火炮和迫击炮连。遭受重大失败的德军不得不选择后撤。

当德军的反突击被沃罗涅日方面军粉碎之后,草原方面军解放哈尔科夫的战斗也已经开始。草原方面军到 8 月 18 日已经突破了德军的外围防线,形成了三面迂回的态势,准备对城内的德军采取合围。德军为了避免遭遇全军覆灭的命运,开始将城内的坦克师和摩托化师逐渐撤出,并将抢劫来的物资沿哈尔科夫—波尔塔瓦公路运走。在得知了情况之后,苏军在随后就几乎派出了空军第 5 集团军的全部兵力,前去阻截德军纵队。苏军仅在 8 月 21 日到 22 日就出动了 1300 架次飞机,击毁、击伤多辆德军坦克和上百辆汽车。在经过了惨烈的巷战之后,苏军终于在 8 月 22 日夜间解放了哈尔科夫城。

8 月 23 日 21 时,为了庆祝草原方面军在沃罗涅日方面军和西南方面军协助下成功解放了哈尔科夫,莫斯科以 224 门礼炮齐鸣 20 响。

别尔哥罗德—哈尔科夫方向的反攻至此结束,苏联航空兵在此次战役中共出动了 28265 架次飞机,在空战和地面战斗中共歼灭德军飞机 800 架,成功地配合并支援了苏军地面部队的推进,从而赢得了最终的胜利。

(八) 霸王行动——盟军诺曼底登陆前后的空中作战

1943 年 1 月,美国总统罗斯福和英国首相丘吉尔就在摩洛哥的卡萨布兰卡再次举行会晤,在这次会晤上,美英两国领导人决定成立一个专门的联合参谋部,负责制订一份向德国占领下的欧洲发动登陆的计划。在美英双方领导人结束会晤没有多久,以英国摩根中将为首的计划小组就完成了最初的"霸王"作战计划。同年 8 月,美国总统、英国首相和同盟国参谋长联席会议成员在第 1 次魁北克会议上,审议了这份由英国人起草的"霸王"计划。在经过了详细的审议之后,会议在原则上批准了这个非常重要的作战计划,并决定将此次登陆作战定为 1944 年同盟国的主要作战,必须保障对现有的作战物资进行优先使用,并同意将登陆作战的开始时间定在 1944 年 5 月 1 日。

盟军最高司令部于 1943 年底进驻英国首都伦敦格罗夫广场边的一座老式红砖大楼内,12 月 3 日,根据美、苏、英在"德黑兰会议"上达成的协议,美国总统罗斯福任命艾森豪威尔为盟军最高司令官,前往伦敦负责在欧洲开辟消灭法西斯的第二战场。

艾森豪威尔于 1944 年初正式出任盟军最高司令官,在到任之后,艾森豪威尔就和盟军最高司令部的军官们开始一起研究魁北克会议所通过的"霸王计划",经过认真研究之后艾森豪威尔指出,在这个计划中所提出的狭窄正面和 3 个师的登陆部队是不够的,他坚决要求同盟国参谋长联席会议对正面加宽,并且将原本的 3 个师登陆增加到 5 个师。

计划军官在收到艾森豪威尔的指示之后,提议将登陆正面从 40 公里加宽到 80 公里,也就是从法国北部科坦丁半岛东海岸的一点到奥恩河口。同时,把登陆的第 1 梯队增加到 2 至 3 个空降师和 5 个步兵师,另外,还需要两个师作为在海上跟进的预备队。计划军官的提议得到了各方的首肯,因此为了将登陆正面加宽,除了美军原定的奥马哈地段和英军登陆地段之外,新的计划又增加了一个犹他登陆地段。除此以外,各方领导人通过协商后决定,为了能够将诺曼底登陆作战中的运输和舰炮支援能力提高一倍,将原定于法国北部登陆的日期推迟了一个月,改到 1944 年 6 月 1 日后再开始。

经过同盟国各方的认真研讨,最后的"霸王"作战计划终于出炉。最后的计划是在海上登陆开始前不久先空投 2 到 3 个空降师在海滩的内陆着陆,随后用舰艇运送 5 个步兵师在诺曼底海滩登陆,第 2 梯队的部分官兵将会在登陆日第 2 次涨潮时火速完成登陆,其余的第2梯队官兵则必须在第2天完成登陆,盟军此后将竭尽全力以每天1到3个师的速度向地面部队增援。而盟军在将牢固的联合登陆场建立起来之后,应该尽早攻取瑟堡港,力争在5到6个星期的时间里占领布列塔尼半岛各港。此战的主要目的是粉碎德军的西线防御,从而完成攻占巴黎并解放法国南部的目标。

登陆部队为了能将这个计划顺利完成,编成了第21集团军群,下辖美军第1集团军、英军第2集团军和加拿大军第1集团军,并且决定将建立东部特混舰队(英军)和西部特混舰队(美军)两个特混舰队。其中,英军维安海军少将负责指挥东部特混舰队,主要任务是运送英国第2集团军的3个师和加拿大的第3步兵师,在奥恩河和贝辛港之间正面约48公里的"黄金滩""朱诺滩""剑滩"这3个地区完成登陆。英国战术空军第2航空队将负责此次登陆作战中的空中支援。而美军柯克海军少将负责指挥西部特混舰队,主要任务是运送美国第1集团军的3个师在紧挨英军登陆地域以西的32公里正面的"奥马哈"和"犹他"这两个地区完成登陆。美国战术空军第9航空队将负责此次登陆作战中的空中支援。

这份经过修订之后的"霸王"计划于1944年1月23日呈送到同盟国联合参谋部,随后不久就得到了批准。在拟订好了对欧洲的登陆作战计划之后,艾森豪威尔就开始着手准备组建"霸王"作战的指挥机构。在艾森豪威尔的司令部里,英国政府为他找来了一位非常得力的助手,他尤其在空战方面经验丰富,他就是英国空军上将马绍尔·阿瑟·特德爵士,他将担任此次登陆作战的副司令。特德爵士曾经担任英国皇家空军部长,是一位久经沙场的名将。他于1942年曾担任英国驻中东地区的空军司令,帮助阻击了隆美尔进军埃及。在阿拉曼战役之后,他率领的部队还为英军随后成功进军突尼斯立下了功勋。另一方面,特德爵士也是艾森豪威尔的老搭档了,从1943年2月一直到这一年年底,他都在艾森豪威尔手下担任地中海盟国空军总司令,包括英国驻中东的空军、英国驻马耳他的空军和西北非空军部队都由他来指挥。特德爵士不仅是一位能征善战的名将、空战的大行家,还能够很好地处理盟军各部队和各兵种之间的关系,可以说是艾森豪威尔最得力的助手。

一切都已经到位以后,盟军就开始按照已经制订好的"霸王"计划,开始积极准备发动诺曼底登陆了。

虽然1943年的纳粹德国早不复当年以"闪电战"横扫欧洲时的雄风,但是希特勒为了防止英国跨过海峡进攻欧洲,在沿海地区都设立了森严的防御地带。英美等国虽然早就已经想要进攻欧洲大陆,但面对德国重兵把守的防御地带,依然有所忌惮。其实早在1943年1月的卡萨布兰卡会议上,美国总统罗斯福和英国首相丘吉尔在讨论登陆欧洲大陆时,就讨论到了对德国发动联合轰炸,在破坏德国防御设施的同时,对德国进行武装抵抗的意志进行破坏。

此后,伴随着欧洲登陆计划渐渐被提上日程,美英双方领导人都觉得对德国发动联合轰炸已经是势在必行。于是,在双方领导人的示意下,美国和英国空军的统帅部成员开始认真地研究,在经过商讨之后,决定于1943年夏天对德国发动联合轰炸,双方将这次行动的代号命名为"直射"。

其实在"直射"行动开始之前,英国皇家轰炸机司令部从1940年就已经开始了对德国的空袭行动,美国第8航空队也随后在1942年夏天发起了多次对德国的轰炸，"直射"行动则是双方空军第一次联合执行轰炸任务。之前双方各自为战，对德国轰炸的力度毕竟还是有限的，加上德国空军的反击，都略有伤亡。而发动"直射"作战的联合轰炸攻势，就是要以大兵力、大火力进行大规模的轰炸，以"逐渐破坏和打乱德国的军事、工业和经济体系，并打击德国的士气，使他们进行武装抵抗的能力遭到致命的削弱"。

经过周密计划，盟军空军准备首先对德军的潜艇船舶基地、航空工业、滚珠轴承和石油基地发动空袭，然后通过空中交火打击并削弱德军的战斗机实力，在同时兼顾轰炸合成橡胶、轮胎以及军用运输汽车等工业基地。空军的计划得到了盟军最高司令部的支持。

此次负责联合实施"直射"作战的是英国空军轰炸机司令部和美国战略空军第8航空队，分别由英国空军轰炸机司令部哈里斯空军上将和美国战略空军第8航空队斯帕茨空军中将负责指挥。与此同时，包括美军第9航空队、第2战术空军航空队以及英国的相应空军部队在内的空军则负责此次空袭行动的战术支援。

1943年6月10日，盟军最高司令部发出了对德国发动空中攻势的命令，美英空军开始联合实施"直射"行动。

此时正在德军最高统帅部观望着欧洲地图的希特勒，忽然听到了从遥远空际传来的巨大马达声，还不等他缓过神来，巨大的爆炸声开始在柏林以及德国的诸多城市里响起。希特勒在警卫员的保护下退入地下室，日耳曼人曾施加于世界的恐怖，被世界无情地还了回来。那一刻浓烟将整个德国都掩盖在了千疮百孔之下，骄傲的日耳曼人在英美飞机的狂轰滥炸下毫无还手之力。防空炮火迅速被密集的炸弹压制德国，德国飞行员们冒着粉身碎骨的危险冲入机场，架着飞机冲上云端。

等候多时的英美战斗机从高空蜂拥而下，冲着德军战机发射出猛烈的炮火，这并不是一场胶着的激战，从一开始就呈现出了一边倒的态势。英美飞机在空中占据了绝对优势，一架一架的德军飞机拖着长长的浓烟从空中坠落。德国人把这一天形容为像身临炼狱一般恐怖，四周都是让人绝望的爆炸，空袭警报更是为这一幕一幕的残酷添加了一抹绝望的重彩。直到夜幕低垂，英美飞机才撤离德国的上空。

但这并不是最可怕的一天，第二天的太阳还没有升起在地平线上，马达声已经再次吞没了欧洲大陆的上空。希特勒在地下室里狂躁不已，但是他再气愤也无济于事，因为他的帝国此时已经奄奄一息。似乎是在一夕之间就崛起于欧洲的德意志第三帝国，几乎也是在一夕之间走到了坍塌的前夜。

德国的各主要工业城市和军工生产基地从1943年6月开始，都先后遭到了盟军的轰炸，盟军联合发动的"直射"行动正在一天天地将德国的战争机器推向油尽灯枯的境地，在盟军的猛烈火力面前，德国空军和防空火力的反击显得毫无意义，此时的戈林早已经辞去了军职，但是继任的空军司令员对英美空军的轰炸依然束手无策。当年在英国疯狂轰炸的德军曾突然转头去攻击苏联，可眼下的英美空军似乎并没有转头去对付日军的迹象，希特勒这一次只能眼睁睁看着敌人将自己逼入绝境，并且大有要赶尽杀绝的态势。

可是，只对德国进行轰炸对于即将到来的诺曼底登陆来说是远远不够的。于是盟军空军司令利·马洛里和他的司令部在1944年1月，对"霸王"作战中预先作战的空军总计划做了进一步的扩大，准备对法国、比利时和德国的铁路枢纽和列车编组站实施大规模轰炸,从而通过轰炸使敌人的运输系统陷于瘫痪,阻止德军增援部队向诺曼底调动,在实施登陆之前孤立诺曼底战场。他们将此次作战的代号定为"运输",并将这次作战附属于"直射"作战。

"运输"作战计划规定,为了打击对西线德军提供补给的铁路系统,英美联合航空兵需要对德国境内的 39 个目标以及比利时和法国境内的 33 个目标进行为期 90 天的轰炸。于是从 1944 年 3 月开始,盟军的轰炸范围不再局限于德国,而是包括法国、比利时在内的欧洲大陆,在盟军飞机的猛烈轰炸之下,整个欧洲大陆都被浓烟笼罩。

根据战后盟国远征军最高司令部轰炸分析分队关于轰炸行动的报告表明,在 1944 年 3 月 6 日至 6 月 6 日期间,盟军航空兵共投掷约 76200 吨炸弹,有 71000 吨用于攻击铁路中心,有 4400 吨用于攻击桥梁,有 800 吨用于攻击开阔线路。截至登陆日之前,盟军空军共摧毁了 50 个重要铁路枢纽,破坏了 74 座桥梁,其中塞纳河上从鲁昂经芒特至加西固尔一段的桥梁均被破坏,巴黎以北塞纳河上所有的铁路运输到 5 月 26 日时全部被封锁。德军在法国境内共有 2000 个火车头可以使用,其中的 1500 个在此次作战中被盟军炸毁,另外,盟军还炸毁了 1.6 万节火车车厢。

德军铁路运输在 5 月 19 日至 6 月 9 日期间急剧下降,约有 1600 列火车在到达法国后却不得不后退,在这 1600 列火车中,就有 600 列装载着德国陆军的补给品。

从巴黎到海边的所有跨越塞纳河的铁路到 5 月 26 日都停止了运输,德国人曾试图集中汽车来运送关键性的军需用品,以此替代被炸毁的铁路,但是问题再次摆在了德军面前:一是所需的汽车数量庞大,根本不够;二是公路上的桥梁已经被严重毁坏,纵使有足够的汽车,也没有办法跨越塞纳河。

盟军发动"运输"作战计划以后,便针对德国的工厂进行了轰炸,使得德军因为缺少钢筋和水泥而影响到岸防工事的浇筑工作,为了抢修法国的铁路,德军还被迫调出了死亡营中的 2.8 万名劳工。因为盟军的"运输"作战行动,使得德军在交通线和岸防工事上疲于奔命,却为日后盟军顺利实施"霸王"行动起到了关键作用。

而就在盟军发动对欧洲大陆空袭的同时,盟国空军从 1944 年 4 月 1 日到 6 月 6 日期间,派出 3000 多架次飞机对欧洲海岸进行了照相侦察,在从荷兰到西班牙边境的欧洲海岸拍摄了大量的航空照片,对德军海岸防御工事、桥梁、机场、水淹地域以及德军的临时堆集场和兵站等作了充分的了解,并且在地图上做了可能性的标定。在这段时间里盟军所收集到的航空照片,如果堆起来足有 3 层楼那么高。

除了利用侦察机在空中拍照以外,盟军还积极利用英国潜艇以及英国、美国的鱼雷艇进行侦察,这些舰艇经常在夜间悄悄来到登陆地域,尽其可能地搜集关于水文、地质、气象、地形、植被以及敌人兵力部署、防御工事等各种相关情报。

一切的准备似乎都已经就绪了,"霸王"行动已经是箭在弦上。凭窗远眺着伦敦城雾气缭绕的天空,艾森豪威尔知道决战的时刻即将到来,激动人心的那一天已经进入了倒计时。但是他不能坐在指挥室里等待着那一天的到来,他告诉他的助手马绍尔·阿瑟·特德爵士,他需要轰炸,需要盟军的飞机继续对德国及其统治下的欧洲大陆进行轰炸,他要让腾起的浓烟挡住希特勒那双狡黠的眼睛,这样,他那浩浩荡荡的军队才能跨越汪洋,将刺刀横到希特勒的眼皮子底下去。马绍尔·阿瑟·特德爵士依照艾森豪威尔的指示电令盟军空军指挥部,在拿起电话时,特德爵士只有一句话:"继续轰炸!"

盟军在登陆战役前3周再次出动3915架次轰炸机,突击了登陆点200公里以内的40个德军空军机场,在这段时间的空袭中,盟军共投掷了6711吨炸弹,德军因此损失惨重,完全失去了诺曼底地区的制空权。除此以外,从1944年4月中旬开始,盟军空军发动了摧毁德军海岸防御工事的特别行动,随后从5月初开始,盟军又对德军的雷达设施与无线电设备、弹药库与燃料堆集所、军事营地与司令部、机场等进行了猛烈攻击。为防止德军的轰炸机和侦察机在盟军登陆部队集结的关键时刻来骚扰和破坏,盟军空军还从空中对盟军的海军和地面部队进行了火力保护。

在进攻发起日前的6周内,因为盟军空军牢牢掌握了制空权,同时不间断地使用猛烈火力压制德军,使得德军只向海峡地区出动了125架次的侦察机,只向泰晤士河入海口和东海岸出动了侦察机400架次,而且在这些侦察机中只有数量很少的几架能够接近陆地。凡是冒险飞到英伦诸岛上空的德军飞机,通常都会遭到盟军飞机行之有效的截击,德军因此根本没有办法掌握盟军大批部队和船只集结的情况。

同时,出于阻拦德军海上支援,以及防止德军舰艇潜入英吉利海峡进行侦察的需要,盟军从1941年开始就一直在德国控制的沿岸实施攻势布雷,布雷速度在1944年4月17日以后更是得到加快。在轰炸机司令部飞机的掩护下,在4月17日到登陆日之间,两艘英国布雷舰、4支英国巡逻艇支队以及6支英国鱼雷艇支队共布设了6859枚水雷,其中大部分水雷都被布设在了荷兰的艾英伊登和布勒斯特之间的德军占领港口附近。

1944年6月6日的早晨,一身戎装的艾森豪威尔穿过英国的浓浓夜色,带着他的战友们踏上了盟军最重要的一段征程。此时与英伦群岛一衣带水的诺曼底海岸早已经被无穷无尽的爆炸声笼罩,数不清的飞机引擎在天空中轰鸣,大西洋奔腾的海浪和海面上的雾气都被这些轰鸣声与浓烟穿透。

当东方的地平线开始慢慢现出鱼肚白的时候,一艘微型潜水艇浮起在离诺曼底海岸线约几百米的海面上,它用灯光不断向后面的舰船传递着信息。这艘微型潜水艇在水下已经行进了48个小时,它的任务是为盟军登陆艇发起最后攻击指示精确的登陆地点。随着微型潜水艇上的灯光不断闪动,成千上万的舰船,大小不一,如同幽灵一般从英吉利海峡的蒙蒙雾气里显现了出来。艾森豪威尔看了看表,聆听着海峡对面的轰炸——于午夜开始的火力准备正是登陆之前的序曲。

此时,成百上千架重型轰炸机和中型轰炸机正在对德军的海岸炮阵地发动着一轮又一轮的攻击,德军10个最重要的海岸炮连以及登陆点附近的通信设施成了英军轰炸机的主要攻击目标,英军在凌晨5时前这段时间内出动了1056架重型轰炸机,在德军的阵地上投下了5000多吨炸弹。德军在滩头上的海岸炮阵地遭到轰炸之后,都纷纷起火。

美军第8和第9航空队的1630架"解放者"式和"堡垒"式轰炸机紧接着对德军防御工事发动了猛烈的空中攻击,美军的这次轰炸一直到盟军部队开始抢滩登陆前10分钟才停止。

在盟军登陆之前，在直接航空火力准备中，美英空军共出动各型轰炸机 2775 架，投掷炸弹 9276 吨。随着美英空军的任务一完成，早已抵达指定航道的火力支援舰就将炮口对准了诺曼底的海岸，接着成吨的炮弹飞了出来，纳粹德国自诩为"大西洋壁垒"的海防要塞顷刻之间就土崩瓦解。

在强大的火力准备结束之后，大西洋开始了最波澜壮阔的一天，无数的登陆舰闪电一样冲向诺曼底的岸边，当第一批盟军士兵踏上诺曼底海岸之际，法西斯德国的世界之梦就此被踏得粉碎。

不知是基于什么原因，德军最高统帅部对盟军在诺曼底的登陆反应非常缓慢，德军最高统帅部直到登陆日的 14 点 30 分才命令党卫军第 12 装甲师加入第 7 集团军作战，随后在 15 点 07 分，又发布命令让党卫军第 12 装甲师和"利尔"装甲师归党卫军第 1 装甲军指挥，前往诺曼底阻击盟军的登陆部队。

但是德军装甲部队距离战场实在是太过遥远了，根本就没有办法在当天就投入到战斗中去，加之盟军在之前的轰炸中，炸毁了许多的道路和桥梁，使得德军在开往盟军登陆场的过程中遇到了重重障碍。同时，盟军空军出动了大量战斗机对赶来登陆场的德军发动了攻击，德军在行进的过程中还不得不经常停下来反击盟军的飞机，这样既付出了相当大的伤亡，行军的时间也被一再耽搁。

在 6 月 7 日很晚的时候，德军党卫军第 12 装甲师的部队终于才到达了指定的战斗位置，但是因为仓促行军，虽然到达了战斗位置，部队却一时无法展开，在 6 月 9 日以前根本无力发动反攻，盟军因此赢得了充足的时间。

在登陆日，德军能够投入战斗的只有第 21 装甲师，在来到奥恩河东边的阵地上以后，第 21 装甲师起初准备对那里的空降部队展开进攻，却突然接到了第 84 军军长的命令，军长要求他们马上向奥恩河以西发动攻势。不过虽然耗费了不少时间，第 21 装甲师还是在傍晚得以展开进攻，可就在他们开始进攻不久，英军的滑翔机部队就在奥恩河的两岸着陆了，第 21 装甲师不得不撤回，因此，就这样轻易将一个重要的交通要道让给了盟军。

盖伊尔·冯·施韦彭格上将在此时与德军元帅隆美尔达成了一致的意见，他们都主张重新调集 3 个装甲师，然后与第 2 伞兵军一起发动一次大规模的反攻，从而将盟军的登陆场分割开来。但是在完成了诺曼底登陆之后，盟军空军经过短暂的休整，重新投入到了战场上，盟军空军指挥部选择了几个重要的目标进行集中火力的进攻，对德军的重要阵地都进行了地毯式的轰炸。在 6 月 10 日，英国空军的轰炸机将施韦彭格上将的司令部彻底摧毁，并且击毙了上将的参谋长及多名幕僚，施韦彭格上将本人也负了伤，因此不得不将反攻行动一再推迟。

面对盟军空军的大规模空袭行动，也是出于阻止盟军进行大规模登陆，德军空军马上从德国和意大利赶来增援，出动了各型飞机约 1000 架，其中多数是战斗机，还有 45 架携带鱼雷的"容克-88"式飞机。在拥有了空中火力之后，德军迅速从 6 月 7 日午夜开始对盟军阵地进行空袭，对岸上的部队实施扫射，并且对盟军海上的舰船进行轰炸。德军在一个星期之内就对盟军舰艇共出动轰炸机和鱼雷机 1683 架次，盟军的不少舰船都因此受伤，"梅雷迪思"号军舰更是被德军击沉。

德军的袭击在取得了初步的成效之后，德军空军甚至还曾试图空袭英国本土。但是盟军空军怎么能够眼看着德军飞机在空中肆虐，盟军空军迅速做出反应，开始

图文珍藏版

对德军飞机进行拦截，此时德军空军与盟军空军的实力对比大约为1∶10，德军完全处于下风。所以每当一批德军飞机升到空中，总是要面对十几倍于自己的盟军飞机。在数量和火力上都处于下风的德军飞机根本不是盟军飞机的对手，总是一下子就被击溃，不断遭到截击的德军飞机被迫在途中丢弃携带的炸弹，不仅飞机的损失惨重，落下的炸弹也根本没有炸到关键的地方。

8月9日，盟军成功渡过了塞纳-马恩河，诺曼底登陆正式宣布成功。但盟军空军与德军空军的殊死搏斗并未就此结束，德军空军依然在拼死抵抗，但饶是如此，德军飞机必须面对盟军空军的火力，根本无法对盟军的地面部队构成任何威胁，也无力遏制盟军的前进和攻势。

在完成了诺曼底登陆之后，盟军空军又轰炸了登陆点200公里至470公里范围内的59个机场，正是这一番大规模的空中攻击行动，使得德军完全失去了盟军登陆地区的制空权，德国空军残存的飞机只能进行一些骚扰性的活动而已了。

（九）北非空战——战鹰在沙漠中盘旋

有5个北非国家分布在地中海南岸，它们分别是：埃及、利比亚、突尼斯、阿尔及利亚和摩洛哥。在第二次世界大战之前，它们都曾属于英法势力范围之内。但是随着法西斯轴心国集团的崛起，希特勒和墨索里尼都盯上了这片地区。对于这两个法西斯轴心国的魁首而言，地中海及北非都是他们建立欧非大帝国霸业中最不可或缺的侧翼，一旦占有了这片地区，甚至可以将他们的势力扩展至印度洋。

1940年，在相继将东欧、北欧和西欧攻陷之后，希特勒和墨索里尼几乎同时将目光瞄准了北非。但是轴心国集团既然意识到了这块地区的重要性，那英国人自然也非常清楚北非的战略意义，他们必然不会将这么重要的地区拱手相让，于是，一场不可避免的大厮杀就在这里迅速展开。

墨索里尼一直都想重温罗马帝国的旧梦，日日都渴望着重新让地中海成为他的花园，于是他先于希特勒对北非发动了攻势。在1940年7月，墨索里尼示意意大利军队从埃塞俄比亚出发，进攻东部非洲。另一支意大利军队也在两个月以后，从利比亚向埃及发动了进攻。意大利在北非共投入了23万兵力，拥有包括菲亚特"CR.42"双翼战斗机、三发动机的"SM.79"中型轰炸机以及后来才加入的"马基MC200"型战斗机在内的400架飞机，妄图用疯狂的进攻在最短时间内占领非洲。

对比之下，驻扎在当地的英国军队就有些"寒酸"了，英军的兵力在开始阶段只有5万人左右，而当时英国驻北非航空队仅仅有200架飞机，更为重要的是，在这200架飞机中，型号还多是老式的"斗士"式双翼战斗机和"布兰海姆"1F型轻轰炸机，这样的兵力和武器装备在虎狼一般的意大利军队面前，完全就像是一副空架子。果然，意大利军队没有碰到什么麻烦就占据了埃及西部边镇西迪巴拉尼。墨索里尼对军队的表现非常满意，亲自发去嘉奖的电报，他面对着摊开在桌子上的地图，继续催促着前线的军队尽快前进，他的思绪已经一度回到了恺撒大帝纵横欧洲大陆的岁月，那时候的亚平宁王族坐拥地中海，驰骋欧洲大陆，开创了震古烁今的帝国时代。

时代已经久远,但墨索里尼一直相信旧的时代虽然已经远去,但是新的时代正在被孕育,而他就将是开创崭新时代的人。作为罗马帝国的后裔,他深谙地中海的战略意义何其重要,所以当希特勒忙于进攻东欧、北欧和西欧的时候,他一直在养精蓄锐,他等待的就是这一天,他要兵出亚平宁,扫荡北非,占据地中海这个真正的欧非大陆心脏。

墨索里尼还在自己的梦境中逡巡,但是英国人不准备让他睡得这么舒服,虽然手上只有一些似乎已经该进入博物馆的老型号飞机,但是皇家空军血液中的战斗意志让他们不能坐视意大利人如此长驱直入。英国驻北非航空队的将领们很快召开了一次作战会议,他们认真分析了意大利军队的特点,出于多年来对北非地形及气候特征的了解,他们决定将手中的这 200 架飞机善加利用,采取先发制人的战术。

对于当时在人员及配备上都处于劣势的英国人来说,这个决定是大胆而又非常冒险的,但是航空队的将领们深知,越是冒险才越是能够攻其不备。于是,他们在深夜对意大利在利比亚的军用机场进行了偷袭,意大利人根本没想到装备简陋的英国人竟然敢这样铤而走险,利比亚的军用机场因此遭受重创,给意大利空军的行动带来很多不便。12 月,韦维尔将军指挥的英国机械化部队对意大利军队发动了猛烈进攻,就在同时,英国国防部为在北非处于困境的英国驻北非航空队运送了更为先进的"飓风"式战斗机,英国人的态势迅即发生了天翻地覆的变化。

英军随即将西迪巴拉尼的意大利军队赶了出去,并很快占据了战争的主导权。意大利军队损兵折将,到 1941 年 2 月,有 10 万意大利士兵在北非战死。英国地面部队在皇家空军全力支援下,推进得非常神速,而不堪一击的意大利军队则一溃千里。到后来,已经变得草木皆兵的意大利人经常是还没有修建好阵地,听到英国人的枪炮声,马上掉头就跑。而此时,开战之初无往不利的意大利空军也完全雄风不再,拱手将制空权交给了英国空军,英国空军的"飓风"式战斗机很快就成了北非天空的主人,而有了制空权之后,英国地面部队的推进更为迅疾,很快就占领了原先由意大利人控制的东非地盘。

或许是因为战事进展得有些过于顺利了,对北非局势非常放心的丘吉尔首相干脆将驻北非空军大部分兵力调往希腊战线,只在埃及留下了一支飞行中队。但是丘吉尔万万没有想到,就在非洲的另一端,一支更为可怕的军队正在迅速向这个地区开来,他们的强悍要远远超出脆弱的意大利军队。

是的,德国人来了!

德军从 1941 年 2 月开始依靠武力填补原意大利在北非的势力空间,意大利人正式成为了配角甚至看客,北非战争成了英德之间的搏杀。而指挥着这支沙漠军队的主帅,就是德国陆军非洲军团的司令,人称"沙漠之狐"的埃尔温·隆美尔将军。隆美尔的声名威赫欧非,是德国军中真正的战神级将领。而随同隆美尔将军前来北非的,则是曾经在不列颠空战中给英国空军留下过深刻印象的德国空军第27 战斗联队第一大队的"BF-109E"型战斗机。到当年的 9 月,第 27 战斗联队第 2大队也抵达北非;11 月,第 27 战斗联队第 3 大队和第 53 联队的一部分航空兵也飞抵北非。德军此时配备的主力机种是梅塞施米特"BF-109G"和"BF-110"型战斗机,以及"容克 Ju87 斯图卡"攻击机,英国方面所配备的"飓风""战斧"以及一小部

·军事战争·

图文珍藏版

分性能优异的"喷火"式战斗机在这些"明星战机"面前就相形见绌了。

在作战部队逐渐结集完毕之后,隆美尔指挥的非洲军团对昔兰尼加的英国守军阵地发动了一轮又一轮的密集攻势,德军战机对英军阵地进行了地毯式的轰炸,而那一个中队的英军"飓风"战斗机则只能疲于奔命,面对空中和地面的德军根本无法做出有力的还击。英军飞机虽然也对的黎波里的德军机场和车库进行了数次空袭,但随着德国人重新夺走制空权,这支小得可怜的英国空军中队就此完全失去了与德军抗衡的能力。隆美尔乘势向兵力严重不足的英军阵地发起新一轮进攻,英军飞机被德军战机压制,对地面的攻击无能为力,德国空军就此在北非占尽优势。

英军在同年4月不得不撤出埃及,死守住昔兰尼加的托卜鲁克这最后的一个据点。德军因为在开战之初的进攻过于迅疾,损耗也在渐渐加剧,于是在5月选择暂缓发动大规模的地面战事。此时德国空军与英国空军在空中的交火并未结束,但因为地面部队处于僵持阶段,空中的战线暂时稳定在西迪巴拉尼一带。5月20日,驻东非的原意大利总督奥斯塔公爵向英国投降,这标志着在非洲大陆的意大利势力就此终结。

而在与英国空军的交战中,战功最为显赫的当数德国空军第27战斗联队的王牌飞行员、日后被誉为"非洲之星"的汉斯·约阿希姆·马尔塞尤准尉。

马尔塞尤祖籍柏林,父亲是第一次世界大战期间的王牌飞行员,军衔为少将。在21岁的时候,马尔塞尤已自称是空军中"最老的准尉"。马尔塞尤喜欢我行我素,因此在执行任务时经常会违反飞行规章,以至于上司对他屡屡做出"品行不端"的评价,所以后来虽然他战功赫赫,但是没有一任领导喜欢过他。

1938年11月,马尔塞尤开始接受飞行训练,并于1940年8月参加了不列颠空战。因为在不列颠空战中击落过10架英军飞机而荣获铁十字勋章。他后来于1941年随第27联队第1大队进入北非战场,从此,他军旅生涯中最辉煌的时期到来了。

与其他的德军飞行员不同,他对传统的"后尾攻击法"不屑一顾,为了在空战中赢得主动权,他几乎每天都在研究全新的瞄准方式和战斗动作。他一贯蔑视"学院派空战法则",他笃信只有在真正的战场上才能找到最迅猛和直接的方法干掉敌机。在日复一日的探索中,他找到了一种直接而且非常有效的方法。正是通过运用自己所创造的新式战术,他于1941年9月24日清晨在北非首开杀戒,击落了一架英军飞机。同日下午,他于30分钟内在西迪巴拉尼再次击落了4架英军的"飓风"式战斗机,他的声名迅速在飞行员之间传开,甚至连当地人都开始谈论起他的名字和逸闻。

虽然面对德军的猛烈炮火,但是英国军队并不准备就此放弃,他们冒着生命危险冲入阵地,坚守着每一寸的土地。经过英国空军和步兵的浴血奋战,英军终于占领了由法国维希政权控制下的叙利亚。

东非援军在关键时刻赶来,并为驻北非的英国空军带来了一批美国飞机。这些飞机主要包括"战斧"式战斗机以及"马里兰"轻轰炸机。英国空军在及时得到补给和武器更新之后,再次寻找到了扭转战局的契机,飞行员驾驶着新的战斗机迅速投入了与德国空军的对决,在6月份的战斗中,这些新式的武器发挥了重要作用。而这支俗称"西部沙漠空军"的北非英国空军部队，则因为在装备上可以不断地得到补充，所以兵力并未减弱，反而渐渐得到了增强。

经过一段时间的养精蓄锐之后，英国第 8 集团军于 11 月 8 日在西北部非洲发动了"十字军战士"战役。在这次战役中，一直被德国飞机压制的英国飞机，第一次以 1072 架对 340 架的绝对优势面对北非德军。对于英国人来说，这实在是报仇雪耻的最好时机，他们要用自己的实际行动挽回皇家空军此前丢失掉的名誉。

白天，英国人出动"布兰海姆""马里兰"轰炸机和"飓风""战斧"式战斗机，在晚上则出动"惠灵顿"式战略轰炸机。英国人不分昼夜地对德军阵地进行轰炸和攻击，夺取和保持空中优势成为英国皇家空军在此役中的头号作战任务。就在同时，利用建制内的高射炮，英国步兵还进行了反空袭作战，从而做到了在根本上让德国空军无法影响到盟国地面部队的战斗进程。

但是就飞机性能来说，面对德国的"梅塞施米特 BF-109"，英国飞机暂时还有不小的差距，但英国空军通过运用多变的战术，还是击落了多架"BF-110"双发重型战斗机、"Ju87 斯图卡"俯冲攻击机以及意大利相对笨拙的飞机。拥有先进的飞机、出色的飞行员，以及足够的地面炮火，却无法在制空权的争夺中占据上风，让德军的指挥官们懊恼不已。随着德军飞机的数量不断减少，轴心国的飞行部队甚至不敢与盟军飞机发生正面的交锋，只能到英军编队的侧面进行偷袭。也正是因为这个原因，北非英国飞机的战损率一度居二战全战场整个英国皇家空军之最。

没有过多久，德军飞机的数量依然在下降，而英军的军需补给则很快得以跟上，损坏的飞机及飞行员很快就通过军需补给得到填充，所以英国军队最终还是掌握了北非战场的制空权。

此时的形势已经非常严峻，在经过了分析之后，德军决定将以中队为单位的空战方式废弃掉，改为推广全自由式的空战战术。因为以中队为单位的空战方式是根据"BF-109"的特点量身打造的，这种"高速接近、打了就跑"的战术能充分发挥"BF-109"在速度和数量上的优势。

但随着英军正面交锋能力的提升，德军飞机数量的减少，德军方面不得已选择的避开正面交锋，采取自由式进攻的策略，则有利于打乱英军的部署，同时也更适合像马尔塞尤这样的尖子飞行员的口味。他素来都崇尚父辈年代所推崇的"自由猎取，自由开火"战法，对于生性喜欢杀戮的马尔塞尤来说，这种战法更便于他在空中狩猎到更多的猎物。

果不其然，这个后来在空中阻击战中出尽风头的传奇人物，仅仅在 18 个月里就累计击落 151 架英军飞机，创造了第二次世界大战北非战场各国飞行员击落飞机最快的辉煌纪录。而他所驾驶的"黄色 14 号"，对于盟军空军来说，则成为北非天空中一个凶残而又恐怖的代号。

英国军队经过艰苦奋战，在两个月后将战线推进到了利比亚的中部地区。因为后援不利，德国的"非洲兵团"则不得不向西退却。但是对于狡猾的"沙漠之狐"来说，这样的退却未尝不是在为自己创造反扑的机会。

而在此过程中，英军始终坚持要为地面提供不间断的空中巡视和火力掩护，加之英军飞机几乎每天都要对德国机场进行袭击，所以"西部沙漠空军"成为盟军中赫赫有名的空战英雄部队。在北非上空的皇家空军积极介入每一天的战斗，北非

·军事战争·

图文珍藏版

战场的英国地面部队在行动中因此得到了最大限度的空中保护,得以毫无顾虑地全速向前推进,避免了遭遇德军空中力量的骚扰和破坏。

出于对远东战场进行增援的考虑,英国1942年初从北非的飞行部队中抽调了一部分前往亚洲的印缅战场,隆美尔因此得到了一个反扑的机会。德军突然发动的进攻让英美联军一时无法招架,再次撤退到昔兰尼加附近,并在那里与德军对峙将近数月。幸运的是,一批新装备及时运到,西部沙漠空军迅速补充了"波士顿"和"巴尔的摩"式两种轻型轰炸机以及更先进一些的"小鹰"A-20浩劫式攻击机。

虽然英国空军及时得到了补给,但是英国装甲部队却在奈茨布里奇惨遭重创,被隆美尔所指挥的德国装甲部队打得一败涂地,英军被迫全面撤出埃及,并将托卜鲁克港丢失。这对于盟军而言,无异于一场灭顶之灾。

英国第8集团军在整个初夏时节都死守在阵地上,英国飞机则竭尽所能从空中进行反攻。就在1942年8月间,第一批"喷火"式战斗机终于降落在大漠的英军机场上,为了等这一批新式战斗机,英军的航空兵已经望眼欲穿。同时到来的还有在机翼下加装了反坦克炮的"飓风"新改型战斗机和可加装250磅或500磅炸弹的"小鹰"式战斗机,以及"英俊战士"式重型双发战斗轰炸机,当然,随同这些武器一起空降北非的,还有那看起来如同绅士而不像将军的英国人伯纳德·劳·蒙哥马利。

美国陆军航空兵的一支增援部队也在同时赶到英军的营地,他们驾驶的是寇蒂斯P-40F型"战鹰"式战斗机、B-24"解放者"式四发战略轰炸机、B-25"米切尔"式双发战术轰炸机等。西部沙漠空军中的"澳大利亚中队""英国中队"和"南非中队"从此又多了得力的伙伴。

隆美尔企图在9月初击溃盟军的最后防线,从而取得北非战场的最后胜利。但是他的新对手蒙哥马利却并不这么认为,在拥有了强大的空中火力支援之后,这位来自伦敦牧师家庭的坏小子已经稳操胜券。

西部沙漠空军在10月份进入了鼎盛时期,尽管德国BF-109战斗机群仍然通过"游猎作战"不时对英军方面进行骚扰,但是英国空军将不少前来骚扰的德军飞机都击落了,至少在天上,盟军已经攻破了轴心国的防线,随着盟军空军将制空权收回,盟军其实已经再度将战火烧到了德国人的一边。

蒙哥马利接手第8集团军之后,对军队进行了一段时间的整顿,一切就绪之后于10月末发动了对阿拉曼的攻势,在这次战役中西部沙漠空军的飞行员表现不俗,他们英勇无畏地贴着公路来回飞行,德国人的装甲车队和残兵败将被他们投放的炸弹攻击得七零八落,轴心国部队因此不得不向西溃逃,隆美尔的传奇就此告一段落。而此时的德国大本营深陷于苏德战场的战争泥潭中,急切地调集飞机去欧洲战场,北非战场上的德军飞机只剩下了350架,而此消彼长,同期在北非的盟军飞机却达到了1500架,德军的空中火力全面处于下风。

英国飞机一方面对德军的机场进行轰炸,使德军飞机在起飞之前就被炸毁;另一方面则派出数以百计的大型轰炸机封锁敌海上运输线,仅10月9日一天就有数百架飞机出动。德军在逃入昔兰尼加沙漠的西部地带后,北非盟军首次与美国海军和英国皇家海军的航空母舰协同作战,在摩洛哥和阿尔及利亚进行强行登陆。盟军空中力量这个时候所要做的事情,就剩下跟法国维希政权领导下的一支伪空军进行一些轻微的空战,并协同盟军地面部队继续向东推进,直奔突尼斯了。

为了能够保住所剩无多的空中优势,轴心国决心在突尼斯上空进行最后的殊死抵抗。但盟国的物资供应源源不断,这是当时在苏德战场根本无暇分身的德国没有办法比的。尽管德军从欧洲调来第 77 和第 53 航空联队以代替溃不成军的原第 27 航空联队,但是到了 1943 年初,驻北非德国空军已经和它的地面部队一样,都失去了对非洲大陆局势的控制。

而此时盟军在北非的飞机已经达到了 3000 余架,大后方同时还在不断地派遣B-17"飞行堡垒"式大型四发动机远程轰炸机、"B-25"和"B-26"中型轰炸机,以及全新的"喷火"Ⅸ型战斗机加入战斗,从而使得北非上空激战连连。蒙哥马利将军在 3 月份将进攻矛头指向马雷斯防线,至此轴心国非洲军团的两翼完全陷入困境,轴心国军队不得不再次后撤。

德国第 27 航空联队到这个时候已经完全失去了战斗力。根据战后统计显示,德国第 27 航空联队在北非参战过程中,累计击落了 1188 架英美飞机,单是马尔塞尤所在的第一大队就击落了 588 架,共有 89 名飞行员在北非战场战死。

在北非战场上,马尔塞尤毫无疑问是轴心国空军的头号王牌,而英国皇家空军里北非战区的头号王牌,则是第 112 中队的杜克少校。在他总共参与的 486 次出击中,他驾驶着"战斧"式战斗机取得了击落 268 架的累计战果。

轴心国军队到 1943 年 4 月份的时候,已经龟缩到了突尼斯的北部,因为盟军飞机的反复打击,轴心国在海面上也遭受了重创,有 330 艘开往北非的运输船在 1 月到 4 月间被击沉海底。到了 5 月份,德国在海上的军事运输损失率已经达到了 50%。

为此德军专门从西西里岛调来了大批为前线实施空中后勤支援的"Ju52"运输机,但是因为缺少必要的空中火力护航,这种飞机几乎成了盟国空军的活靶子。盟国飞行员称呼这些笨重的"Ju52"运输机为"钢铁安妮",他们最喜欢做的事情就是驾驶着飞机在这些运输机航线的两侧徘徊,然后从容地瞄准"Ju52"运输机进行射击,德国因此又额外损失掉了一二百架运输机。

在空中拥有了坚强的火力庇护之后,盟军的"B-17"和"B-24"型巨型轰炸机即便是大白天也能够大摇大摆地来到轴心国部队上空对地面目标进行轰炸。此时轴心国军队被迫从东线和西线战场调集来轴心国最优秀的战斗机飞行员,企图孤注一掷,但是一切为时已晚,再挣扎也只是徒劳。德国人虽然拼死坚持,但是到 5 月初的时候,还是不得不陆续撤出北非大地,而越战越勇的盟军飞机则乘机发起了全线追击,德军地面部队和空中力量在盟军飞机巨大的火力面前根本已经不堪一击。

1943 年 5 月 13 日的邦角半岛,轴心国在这里作了最后的挣扎,但是战争并没有在这里出现转折,轴心国最后还是必须要面对失败的命运,在北非进行了将近三年的战争之后,只得带着失败的结果完成撤退。

然而,盟军航空兵的攻击和轰炸还没有结束,穷途末路的轴心国部队发现,他们此时连顺利撤往西西里岛都成了奢望。在这场一溃千里的撤退中,有很多轴心国士兵成了俘虏,据统计共有 25 万人之多。

而英国皇家空军和后来加入进来的美国陆军航空队的将士们,他们在北非不但要跟狡猾顽强的敌人作战,还要面对炎热、沙尘、风暴、疾病,甚至无处不在的苍蝇。必须要提到的是,那里还缺少食物和水,但是他们最终坚持了下来,并且赢得了战争的最终胜利。经过了三年的浴血奋战,北非盟国空军从一支并不引人注目的飞行小分队,发展壮大成了对陆军来说不可或缺的空中保护伞和强大的火力支援力量。正是在此次战争中,盟国空军积累了和陆军协同作战的宝贵经验,盟军后来的战术空军建制就是根据"西部沙漠空军"的经验和模式完成组建的。

(十)克里特岛空降战役——纳粹空降兵的掘墓之战

地处欧亚非三大洲交通要冲的巴尔干半岛,历来都是兵家必争之地,被人们称为"欧洲的火药桶"。对于轴心国来说,占领巴尔干半岛既意味着可有效控制东地中海,进而威胁英国在近东、中东和北非的殖民地;又能够封锁苏联的黑海出海口,从而得到由南翼进攻苏联的通道;最重要的是还能够切实保护罗马尼亚的普洛耶什蒂油田。

墨索里尼于1940年确定了侵占南斯拉夫或希腊的计划。但当时的希特勒因为正全力进行西欧的战争和秘密进行大举入侵苏联的准备,所以对墨索里尼提出了不要轻举妄动的建议。在9月底,墨索里尼不得已停止了出兵的计划。

但是墨索里尼并没有因此就放弃,他相信凭自己的力量也足以完成侵占巴尔干的计划。于是意大利军队在10月28日由阿尔巴尼亚跨越边界,从三个方向入侵希腊。面对来势汹汹的意大利军队,希腊军队奋起反击,结果在几乎不到一个月的时间里,意大利军队全线溃败,不得不撤回罗马。墨索里尼草率的行动打乱了希特勒原本已经制订好的征服巴尔干的计划,于是在12月,德国不得不制订了在次年春实施的"马里塔"计划。

希特勒原本有着一个完整的计划,他准备一方面加紧筹备在翌年将会发动的"东方战局";一方面在西班牙和意大利支持下夺取直布罗陀海峡到苏伊士运河的整个地中海区域以及中东,从而通过所谓的"外围"力量来解决与英国之间的冲突。除此以外,"巴巴罗萨"计划也要求德国在东南欧地区,尤其是巴尔干南翼有一个稳定的战略区域,这样罗马尼亚普洛耶什蒂油田就能够在石油供应方面充分满足德国航空兵和装甲兵作战的需要。于是,希特勒经过反复斟酌,决定加快征服巴尔干的步伐。

为了能够尽快征服巴尔干半岛,希特勒甚至推迟了"巴巴罗萨"计划的实施。陈兵东线的德国装甲部队,就这样一等就是4周的时间。希特勒在这个时候没有犯下他在英伦曾犯下的错误,他停下了手头的工作,专心致志地着力于对南斯拉夫的入侵。战后,在纽伦堡接受审判的德军将领冯·伦斯特陆军元帅在谈及希特勒决定出兵巴尔干时,谈到了他们在东线面对苏联国境等待的日子,他认为希特勒将出兵苏联的时间拖后"是一次代价非常昂贵的推迟",正是这段时间,让日后的德军不得不在苏联面对寒冷的冬日。德军统帅部对"马里塔"计划进行了修改和补充,决定把对南斯拉夫和希腊的入侵作为轴心国集团统一的战役行动,他们向意大利和匈牙利军队发出了从辅助方向协同德军作战的号召。

德国于 1941 年 4 月 6 日对南斯拉夫和希腊同时发起突然袭击。第 12 集团军在陆军元帅李斯特的指挥下,沿着斯鲁特马河顺流而下,在鲁佩尔山口突破了希腊的防线。与此同时,德国的装甲部队则由老塞尔维亚进入莫纳斯提尔隘口的一些山口,之后攻入了希腊北部。与意大利军队在这里的一败涂地不同,德国军队再次实施他们的"闪电"战术,很快就在 4 月 27 日攻陷了雅典。

在进入了希腊南部以后,希特勒在这时本来准备停止对巴尔干继续作战,但是德国空军的将领们认为不能放过克里特岛上的英国人,他们认为,如果让英国人继续留驻在克里特岛上,无疑是在自己的背后留下了一颗钉子,他们计划通过空降作战的方式夺取克里特岛,从而在真正意义上结束巴尔干战争,这样才能安心地抽身去面对苏联。

位于东地中海的克里特岛,身处爱琴海与地中海的交汇处,是地中海中的第五大岛,也是爱琴海域最大的岛屿。它西距马耳他岛约 810 千米,东距塞浦路斯岛约520 千米,西北距伯罗奔尼撒半岛 90 千米,南端则与北非重镇托卜鲁克隔海相望,距离约 360 千米,东南距埃及的亚力山大港约 560 千米,从这些就能够看出,它的战略地位极其重要。德军一旦占领克里特岛,既能够控制东地中海,威胁到英国在地中海区域和中东的阵地,保卫罗马尼亚的油田免遭到英军空军的破坏,又可以将克里特岛作为入侵中东的军事基地。但是对于英国而言,克里特岛的重要性也不言而喻,克里特岛的特殊位置决定了拥有它其实就拥有了可以保卫埃及和苏伊士运河的前哨阵地。

克里特岛东西长 260 余千米,南北宽 12 到 55 千米,总面积约 8300 平方千米。全岛地形崎岖不平,山地连绵起伏,陡峭难行,岛上的河流众多,而且水流湍急,均为南北流向,如果部队要在岛上作东西方向运动,这些河流将成为天然的障碍。岛上的通信联络设施非常落后,进行通信联络时往往非常困难,交通也相当不便利,对于英军发动抗登陆作战来说,这些都会给他们造成麻烦。而对于已经充分掌握了制空权的德军来说,4 月至 5 月间的克里特岛气候通常晴朗少雨,非常有利于实施空降作战。

全岛唯一的一条狭长的平原地带处于克里特岛北部首府干尼亚附近,地势较为平坦,在这片平原上有着岛上主要的港口和锚地苏达湾、雷西姆农和伊腊克林,其中位于这片平原的苏达湾可以停泊大型军舰。

岛上共有三个机场。其中伊腊克林机场能起降各型飞机,马拉马机场只能起降战斗机,而雷西姆农机场还没有能够彻底完工。但正是这些机场,却对德军空降登陆作战起了重要作用。

德军第 11 航空军军长库特·施图登特中将被称为德国空降兵的创始人,他向第 4 航空队司令亚力山大·勒尔提出建议,为了证明空降部队的战略价值,希望能够在克里特岛实施一次真正大规模的空降作战行动。

库特·施图登特中将的建议得到了戈林的首肯,4 月 21 日,施图登特和空军参谋长耶顺内克则将这个空降作战计划当面向希特勒做了汇报。

在听取施图登特报告的时候,凯特尔提出在执行空降作战之前,空降部队应该先行攻占马耳他岛。希特勒则认为,马耳他岛作为英国基地比克里特岛更重要、更危险,一旦控制了该岛,势必会威胁到英国在地中海区域和中东的布防,英国方面必然会做出激烈的反应。而克里特岛则不同，在掌握了克里特岛之后，既可以保护罗马尼亚的普洛耶什蒂石油基地免遭英国空袭，还可以将克里特岛作为进入中东各国的跳板。不过，虽然最终希特勒同意了克里特岛空降作战的方案，还是担心会影响到即将开始的"巴巴罗萨"行动，所以要求"陆军总司令部和空军总司令部应将必需的载重汽车提供给国防军运输勤务主任支配。不可因进行这次行动而延误了'巴巴罗萨'行动的准备工作"。

希特勒于 4 月 25 日下达了代号为"水星"的第 289 号作战指令，指示以空降部队为主发动攻占克里特岛的战斗。在当时，德军已经取得了在克里特岛的制空权，而且克里特岛与在欧洲大陆和附近岛屿上的德空军基地距离很近，倒是与在埃及、马耳他和马特鲁的英国空军基地比较远，所以德军一旦发动对克里特岛的进攻，英国空军根本没有办法抽调和部署大量的空军兵力赶来救援。而德军之所以选择以空降的方式作战，其实也有他们的难言之隐，当时在地中海，德国海军除去潜艇以外并没有部署任何兵力，意大利海军更是在塔兰托和马塔潘角两次被英国海军击败，德军如果对克里特岛发动登陆作战，那么意大利海军根本无力完成护航的任务。

但是在作战计划上，亚力山大·勒尔同施图登特却发生了分歧。勒尔想以绝对优势兵力全力以赴夺取克里特岛西部，然后将西部作为基地夺取整个克里特岛。而施图登特则认为应该在岛上约 7 个地点同时空降，在对方猝不及防的情况下占领岛上的所有要地，进而攻占整个岛屿。但是因为当时空降兵兵力不足、空军有限，所以戈林最后采取了折中的方式，即首先夺占 4 个最关键地点，保证占领全岛。按照戈林最终提出的作战方案，整个战役大致上共分为四个阶段：夺取制空权，占领登陆场，集结兵力，歼灭岛上防守部队。为了保证空降部队能够得到空军的全面支援，最初的空降分为两次实施：第一次突击西部的马利姆和苏达港地域，待运载第一批部队的飞机飞返后，第二次突击雷西姆农和伊腊克林地域。这两次突击都将得到伞兵部队的加强和机降部队的支援，然后海上登陆部队也会前往支援，直到占领整个克里特岛。

在 1940 年 10 月 28 日，英军曾经向克里特岛派驻了 6000 人的部队。之后。包括希腊军队、英联邦军队，共有 1 个师、1 个旅、两个团、11 个营、5 个连，总数约 4.4 万人撤退到了克里特岛上，其中希腊军队约 1.4 万，英联邦军队约 3 万。克里特岛守军的司令员是新西兰师师长弗赖伯格少将，他负责统一指挥岛上的部队。

而德国方面则准备以第 4 航空队所属第 8 航空军、第 11 航空军、1 个独立空降团、第 5 山地师以及登陆部队发动对克里特岛的进攻。其中第 11 航空军有轰炸机 433 架、歼击机 233 架、运输机 500 架、侦察机 50 架、运输滑翔机 72 架以及隶属于它的第 7 空降师，登陆部队则包括约 7000 名登陆作战的士兵和各种舰船约 70 艘。

德国方面计划以第 7 空降师和空降兵独立团组成空降突击集群，以第 5 山地师作为预备队，实施机降或登陆增援，第 8 航空军则承担空中掩护和火力支援的任务，海军东南舰队负责海上支援。分为 3 个集群的空中突击机群将会分别在 4 个地点空降：西部集群由空降独立团组成，空降突击马拉马地域；中央集群由第 7 空降师第 2 团一部、第 3 团组成，突击苏达港和雷西姆农地域；东部集群由第 7 空降师的第 1 团以及第 2 团主力组成，负责夺占伊腊克林机场地域。按照预定计划，意大利军队将会在克里特岛东南岸登陆,并且给予在克里特岛空降的德军必要的支援。

但是很快,英国情报机关在 1941 年 5 月 6 日就掌握了德军的空降作战细节和可能的攻击日期,立即将这些消息通报给守军。弗赖伯格认为,英军的空降突击只不过是为了夺取机场和港口,其主力仍然会选择从海上登陆。他因此将苏达湾和马拉马机场作为重点防御,以这两个地方为核心构成支撑点式防御体系,并将克里特岛划分为四个独立防区:马拉马防区、苏达湾防区、雷西姆农防区和伊腊克林防区。他将新西兰军 1 个旅和英军 1 个营为预备队,分别布置在了马拉马防区和苏达湾防区。而把仅有的 6 辆坦克,分别部署在了 3 个机场。负责防空的是 3 个轻型高射炮连和两个重型高射炮连。除此以外,英军还对支撑点进行了伪装,设置了很多假阵地和假目标,并最大限度利用复杂地形部署火力。但是英军防御准备中的最大问题是补给,港口最初每天能够卸载的物资是 700 吨,随后就一直下降,到了每天仅有 100 吨。

弗赖伯格研究了德国空降兵的特点,他主要的依据是德军入侵荷兰时在公路、海滩等开阔地带进行的空降战例,在研究之后他认为德军对机场的依赖性并不强,而英军还将使用机场,所以并没有对机场进行破坏。

英军于 5 月 16 日击落了一架德军侦察机。被俘的德军飞行员供称,对克里特岛的进攻将会在未来 48 小时里开始。英军于 5 月 17 日全面进入了最高戒备状态。

从 5 月 18、19 日开始,德军的空袭日趋频繁、猛烈,英军侦察机随后发现德军在希腊南部机场集结了大量空降部队和飞机。英军也曾经发动了几次针对该地区的空袭,但是因为克里特岛的英军航空兵太过薄弱,并没有取得太显著的效果。

德军空降引导小组于 5 月 20 日凌晨 2 时在克里特岛正式着陆,在完成着陆之后,德军空降引导小组立刻展开阵形,并接应后续部队空降。到凌晨 4 时 30 分,德军第一攻击波起飞了。德国第 8 航空军在凌晨 5 时向马拉马、伊腊克林机场和干尼亚市区进行了猛烈的航空火力准备。迈恩德尔上校指挥的由空降独立团组成的西部战斗群在 7 时许飞抵马拉马机场。

迈恩德尔上校因为在着陆时身负重伤,加之第 3 营完全丧失了战斗力,原作战计划只得做出调整,改为先对机场附近的制高点 107 高地发动进攻,然后再夺取机场。但是德国空降部队虽然发动了猛烈进攻,并且付出了惨重的代价,但是一直激战了很久,却并没有得到任何进展。

第一批空降部队中,由第 7 空降师师长萨斯曼少将亲自率领中部战斗群伞兵第 3 团,他们准备在干尼亚附近的加拉图斯地区着陆,但是在起飞 20 分钟之后,因为所乘坐的滑翔机忽然失事,萨斯曼和师部成员全部丧生。但是伞兵第 3 团还是完成了空降,不过在着陆之后因为散布过大,而且在降落中就遭到了密集火力的攻击,遭受了巨大损失。

其中,第 1 营完成着陆之后,主力随即从西面向机场发起攻击,另一部分空降部队则对连接该岛东西海岸唯一的塔威拉尼蒂斯河大桥发起攻击,并于 7 时 30 分成功夺下大桥。德军第 3 营则正巧着陆在了新西兰军第 22、第 23 营的预设阵地里,从而遭到了新西兰军的猛烈进攻,全营所有军官和将近三分之二的士兵战死,至此完全失去了战斗力。第2、第4营虽然空降在了机场附近,但是着陆后因为没有办法迅速集合为成建制单位,所以立刻处于被动的局势。

因为信讯不便,所以施图登特根本不知道第一攻击波已经严重受挫,所以仍然按照原计划组织第二攻击波,向雷西姆农和伊腊克林发动了空降攻击。但是很快负责运送第一次攻击的空降兵的运输机陆续回到了出发机场,因为降落的时候秩序混乱,有几架飞机坠毁在了跑道上,因此将跑道堵塞,也影响了后续飞机的着陆,因此降落中损失的飞机数量甚至大大超过了在空战中损失的飞机数量。

施图登特在中午才得知马拉马机场居然还在英军的手中,没有过多久又收到干尼亚地区空降部队的报告,中部战斗群已经因为伤亡惨重而停止了进攻。施图登特心知不妙,马上组织第二次攻击前往克里特岛实施增援。

但正是因为这个原因,仓促出击的第二次攻击组织混乱,只有零零落落的飞机到达克里特岛上空,而大部分飞机直到16时还在出发机场,就这样,空降断断续续地持续了达3个多小时,因为延误了起飞时间,空降部队并没有得到战斗机足够的空中保护,加上空降的人数稀稀落落,在战斗中长时间处于劣势,所以第二次攻击付出的损失更为惨重。

斯利姆上校指挥的中部战斗群空降雷西姆农,原计划是伞兵第2团的第1、第3营分别在机场的东西两侧着陆,然后对机场发动进攻。但是因为伞兵着陆以后散布过大,只有第1营的1个连着陆在了预定的地点。而团长斯利姆上校和团部及直属的两个连,居然降落在了澳大利亚军的阵地上,结果遭受重创,伤亡过半。伞兵第2团一直激战到黄昏,也没有能够夺取机场。

布劳尔上校指挥的东部战斗群由伞兵第1团的3个营和第2团第2营组成,原计划是夺取伊腊克林市区和机场。布劳尔准备在着陆后各使用1个营攻击市区和机场,而将剩下的两个营分别在东西两翼进行侧翼掩护。但是因为飞机时间的延误,有600人因为飞机坠毁而不得不滞留在了出发机场。加上空降持续了两个多小时,着陆分散,建制混乱,在完成着陆之后,布劳尔甚至还得去结集部队,随后布劳尔根据现有情况决定采取集中攻击机场的策略,结果一直打到天黑,也没有取得什么进展。

三个机场没有一个握在手里,施图登特终于意识到战事已经非常不利,已经在克里特岛着陆的德军部队因为通信障碍,没有办法得到统一的指挥,所以付出了惨重的伤亡代价,而且有可能面临全军覆没的结局。

此时的西部战斗群正在全力发动对马拉马机场及其南部制高点107高地的进攻,负责防守机场和107高地的是新西兰军第22营,辖4个步兵连,营部就设在107高地上,第22营将兵力作了平均配置。但是机场与高地两处守军很快因为激战而失去联系,高地守军于下午撤向山顶,在无法得到增援的情况下,指挥官向上方请示,他已经失去继续坚守的信心,随后得到了撤离的批准。

但当时的德军也已经面临着非常困难的局势,不得不暂时放弃了进攻。不足600人的德军在午夜竭尽全力向107高地发动了最后一击,从西、南两翼展开偷袭。不曾想到等德军冲上高地,发现英军早已经撤离。于是德军的局势立刻好转,在天亮之后居高临下一举将马拉马机场攻克。可以说,正是107高地的得失直接影响了马拉马机场的得失,而马拉马机场的得失对于克里特岛之战,起着至关重要的影响。

施图登特于 21 日清晨将滞留机场的 600 名伞兵空降马拉马机场。16 时,第 5 山地师乘飞机陆续到达,到日落时分,第 5 山地师已经有一个团的兵力机降着陆。至此,德军的实力得到了明显增强,克里特岛上的战局开始向着有利于德军的方向转变,英军在战斗力及数量上都开始处于劣势。

在德军的猛烈空袭下,英军通信系统遭到了严重破坏,因此弗赖伯格并没有及时获得马拉马机场失守的消息,失去了夺回机场的最佳时机。当他得知马拉马机场失守的情况之后,随即命令英军连夜实施反击。可惜因为通信系统被破坏,命令也没有能够及时传达到,英军在 22 日天亮以后才发起反击。而此时的德军早已经兵强马壮,德军航空兵在机场附近的公路上对英军发动了猛烈攻击,伤亡惨重的英军不得不放弃了反击。

尽管如此,德军在雷西姆农和伊腊克林依然没有能够得到转机,指挥作战的伞兵第 2 团团长斯利姆上校甚至还在雷西姆农的战斗中被英军俘虏。

但是在 23 日天亮以后,克里特岛上的战局出现了重要的变化,德国空军通过强大的空中火力对英国海军发动了空中的攻势,英国海军不得不撤回亚力山大港。德军至此占据了海岸上的空中优势,开始从海上向克里特岛运送重装备和部队,大批德军在克里特岛登陆,德军的优势进一步得到巩固。

得到了支援的德军迅速在 24 日占领了马拉马地区,随即向干尼亚发起进攻。第 5 山地师师长林格尔少将在这一天登上了克里特岛,他接过了西部战斗群的指挥权。从此,德军部队长驱直入,英军根本无法再阻止德军前进的步伐,德军的西部战斗群与中部战斗群在当天会师。

林格尔指挥第 5 山地师的一个团和空降独立团、第 3 伞兵团的余部全力于 25 日对干尼亚发动了全面进攻,并于第二天突破了干尼亚防线,第三天攻占了干尼亚市区,英军至此不得不连续撤退,德军在 28 日成功占领了苏达湾。与此同时,意大利军一个加强团也在克里特岛的东岸登陆。

德军于 29 日占领了雷西姆农之后,就与伊腊克林附近的空降部队会合。至此,克里特岛的英军已经完全失去了抵抗能力,德军于是在 6 月 2 日完全占领了克里特岛。

在历时 12 天之后,德军最终赢得了克里特岛空降战役的胜利,成功占领了克里特岛。但是德军也在此次空降战役中付出了惨重的代价,德军在此次战役中阵亡、失踪约 4000 人,其中就包括第 7 空降师师长萨斯曼少将。

另外,德军有 10000 人受伤,伤亡总数达到了 1.4 万人,有 220 架飞机损失,其中就包括 179 架运输机。第 7 空降师作为德军中唯一的空降师,在此次战役中损失惨重,伤亡总数超过了 5000 人,几乎占全师的四分之三,参战的空降兵伤亡总数为 6500 人,占总数的三分之一。德国空降部队因为在此次战役中遭受了巨大损失,所以克里特岛因此被称为"德国伞兵的坟墓"。

而克里特岛上的英联邦军队则阵亡 1700 人,伤 1.5 万人。海军伤亡约 2000 人,合计约 1.8 万人。希腊军队方面有 6000 人被俘,伤亡总数约为 3000 人,合计近万人。英国海军 3 艘巡洋舰、6 艘驱逐舰被击沉,1 艘航母、3 艘战列舰、6 艘巡洋舰和 7 艘驱逐舰被击伤。虽然英军在克里特岛空降战役中损失惨重,甚至丢掉了战略意义非常重要的克里特岛,但是却挽救了更为重要的马耳他岛,因为在经过克里特岛的战斗之后,德军其实已经没有可以参战的空降部队了。

(十一)柏林大轰炸——燃烧的柏林

1942年的冬天,柏林迎来了前所未有的寒冷,在亚洲、非洲和欧洲,盟军都处于战略反击的时期,曾经纵横欧洲大陆的德国军队在伏尔加河折戟沉沙,希特勒不可一世的装甲部队遭遇了前所未有的失败。与此同时,他的盟友们的日子过得也不太舒服,墨索里尼在苟延残喘,日本深陷在中国战场的战争泥沼之中,又在印缅战场一溃千里。

柏林大轰炸

曾经对着整个世界挥斥方遒的希特勒,此时只能躲在柏林这座巨大的碉堡之中,满面愁容地凝望着灰蒙蒙的天空。在这个冬天,让他苦恼的事情一件接着一件。先是装甲部队在东线作战中被苏联军队打得人仰马翻。可是朱可夫看起来并没有放弃对希特勒的穷追猛打,苏军已经染指东欧,希特勒明白,苏军这一次是剑指柏林,一定杀到他的面前,否则不会罢休的。

与此同时,老谋深算的"沙漠之狐"隆美尔率领的军团在北非遇到了强劲对手蒙哥马利,老狐狸在"沙漠跳鼠"面前败下阵来,不得已退守突尼斯,龟缩在暗堡之中,每天都向柏林发出一封接着一封的增兵电报。纳粹德国那些曾经征战欧洲大陆,攻无不克、战无不胜的名将,古德里安、隆美尔、施图登特……此时全都没有了办法。希特勒感觉到前所未有的无助和孤独,他躲在铜墙铁壁的柏林城内,像是一只在冬天蛰伏的野兽,等待着命运给他带来转机的曙光。

可他的对手们,已经不能让他过完这个冬天了。英国首相丘吉尔深知,一旦给这个野兽喘息的机会,他依然会带着那帮亡命之徒一般的纳粹将领卷土重来,不要忘记,丘吉尔就是顶着德国人的炸弹,才熬到了柏林的冬天。于是,丘吉尔邀请美国总统罗斯福在卡萨布兰卡进行会晤,这一次,丘吉尔的态度很明确,他要把战火烧到欧洲大陆上去,要烧到希特勒的眼皮子底下去。

这个时候不能再去考虑消灭希特勒之后,他们与苏联的问题了,这种私人恩怨可以在战后的政治博弈中去解决。眼下最紧要的事情,是干掉希特勒,像英国前首相张伯伦那样,只能养虎为患,更何况,希特勒并不只是一只虎那么简单。通过会晤,双方决定尽快在欧洲大陆开辟第二战场,实现在法国的登陆作战计划。

在确定开辟第二战场之后,两国首脑首先对空军下达了命令,要求盟军空军尽快将战火烧到德国本土,即对德国本土发动全面空袭,要"消灭和瓦解德国的军事工业和经济体系,摧毁德国的民心、士气,使其武装部队的抵抗能力下降到最低程度,为地面部队登陆作战创造必要条件"。

欧洲的冬天过去了,但是柏林则开始步入隆冬,在1943年的夏天,柏林人感觉到的不是炎炎盛夏,而是暴风雪般的攻击。盟军空军开始对德国本土的重要目标进行猛烈轰炸,而工业重镇汉堡成为在炮火中首当其冲被重点打击的地方。德国政要戈林当初说轰炸柏林是不可能发生的事情,而如今汉堡的毁灭让德国人清醒地认识到,柏林早已不再是一座无懈可击的钢铁壁垒。

面对着盟军的狂轰滥炸,整个德国似乎都要燃烧起来了。随着时间的推进,盟军的轰炸日渐频繁,而德国空军的表现则让希特勒大加失望,戈林曾鼓吹的言论在真实的战争面前是那么脆弱和无力,德国空军在盟军的炮火下几乎毫无还手之力。曾经夸口"英国不会有能力轰炸德国"的空军总司令戈林,不再是希特勒最亲密的战友和伙伴,而成了希特勒发泄和责难的对象。想到敦刻尔克空战,想到不列颠空战,想到北非和克里特岛,希特勒怒气难平,骄傲的德国空军统帅并没有为他锻造一支真正的空中雄鹰部队,只是在用他的孤傲遮盖他的无能。

德军当时的溃败是全方位的,不只是空军遭到了盟军的压制,但是戈林知道,希特勒是不容犯错的,他必须找到一个能担当替罪羊的人代替他站到希特勒的面前。所以戈林识趣地选择了退居二线,而将空军总参谋长耶顺内克推上了前台。而自从不列颠空战以来,耶顺内克一直都郁郁不得志,他是戈林身边的跟屁虫,作为帝国二号领导人的副手,他一直都在忍受着戈林的颐指气使。在戈林适时退出之后,他直接指挥的日耳曼空军依然难挽颓势,在英国的"喷火"式战斗机面前,"BF-109"再也难复昨日的雄风。在上任之后,耶顺内克立刻成了希特勒秘密会议室的常客,但是他对空战的局面束手无策,对于德国空军的未来满怀忧虑,对于战争的结局难掩失落,希特勒对他的态度更加气急败坏。

盟军于1943年8月17日再次派出"空中堡垒"轰炸机对雷根斯堡的梅塞施米特飞机制造厂进行了定点轰炸,在此次空袭中,"空中堡垒"轰炸机在雷根斯堡上空投下了百余颗炸弹,汹涌的气浪几乎席卷了整个雷根斯堡,400多名熟练工人在气浪和冲击波中丧生,梅塞施米特飞机制造厂几乎在这次轰炸中损失殆尽。在空袭之后,梅塞施米特飞机制造厂的大部分机械都遭到损坏无法继续使用,而劫后余生的工人们也不愿意再冒着生命危险继续工作,制造厂处于停滞状态。听到消息的希特勒恼羞成怒,他马上给耶顺内克打了一个电话过去,拿着话筒的希特勒向着耶顺内克大骂不止。

耶顺内克又一次遭到了希特勒的痛斥,在他人生的最后一段时光里,他在与部下军官的谈话中经常会流露出心乱如麻的无助与无奈。现在耶顺内克唯一能够寄予期望的,就是盟军能够尽快结束对柏林的轰炸。但盟军并没有打算让耶顺内克的美梦成真,当天晚上11点,为了排遣心情,耶顺内克到多瑙河旁观看野鸡,正在这时,柏林的上空再次响起防空警报。接着,几架英国产的"蚊"式轰炸机开始在柏林的上空盘旋,但是这次盟军并未投下炸弹,而是在柏林上空施放了照明弹,柏林城一时间亮如白昼,盟军随后就施放了目标指示标志。耶顺内克知道,这一切都是大规模空袭到来之前的表现。耶顺内克再也顾不得欣赏野鸡了,他焦急地回到了指挥所,然后打电话给空军司令部,命令德军所有的夜航战斗机全部出动,一定要将今夜来到柏林上空的所有盟军轰炸机尽数歼灭,他拿着电话像野兽一样地咆哮着。

德国空军148架双发和55架单发夜航战斗机得到命令之后马上起飞,但是等到这些飞行员升上空中才发现,柏林上空此时只有几架英国的"蚊"式飞机,英国人驾驶着飞机做着各种各样的高难度动作,面对蜂拥而来的德国飞机毫无畏惧。空中的飞行员马上把这个消息向地面指挥所通报,在得知这个消息之后,耶顺内克果断下达命令,要求将英国飞机全数歼灭。随后耶顺内克下令地面高炮部队全部参加战斗。于是,就是为了空中这几架"蚊"式飞机,耶顺内克几乎动用了所有的防空力量,在两个小时的战斗中,德军的地面高炮部队一直没有停止射击。

但是,想要击落英国飞机想得快发疯的耶顺内克上当了,盟军为耶顺内克的生命画上了一个悲惨的句号,在柏林上空的大规模空袭前奏不过是一个烟幕弹,盟军空军真正的攻击目标是德国陆军导弹基地佩讷明德。因为德国防空部队的注意力全部被吸引到了柏林,英国皇家空军600余架轰炸机几乎没有碰到什么阻碍就飞抵佩讷明德上空。当耶顺内克被佩讷明德传来的轰炸声惊呆时,德国V型导弹基地已经被彻底摧毁,700余名火箭专家和工程师死于此次空袭。第2天上午8时,灰头土脸的耶顺内克在指挥所办公室接到了希特勒的电话,希特勒这一次并没有对耶顺内克破口大骂,他只是狠狠地说了一句:"你知道该怎么做。"

1943年8月18日上午,耶顺内克拖着疲惫的身体回到了自己的家中,戎马一生的他将自己关进了卧室里,家人了解他此时的疲惫和难过,所以谁也没有去打扰他。10时,忽然从卧室里传来了一声枪响,当耶顺内克的家人打开卧室房门的时候,看到的是一只手握着手枪,已经倒在血泊中死去的耶顺内克。

在耶顺内克死去之后,戈林面前没有了其他人选,他只好硬着头皮再次接过了空军的最高指挥权。但不管是耶顺内克的死,还是戈林的再度来到前台,都没有能够挽救德国空军的失败命运。

盟军飞机的轰炸并没有因此而停息,德国的军用设施和工厂接连遭受盟军空军的重点照顾,希特勒清楚再这样轰炸下去,德国的战争机器就会濒临瘫痪,到时候面对盟军的进攻,如果后方的武器和生产无法跟进的话,就毫无办法了。但是德国空军的问题积重难返,面对盟军飞机毫无办法,其实德国上空的制空权已经被盟军所掌握。

就在这个时候,盟军开始了对德国的心理攻击计划。美国第8航空队和英国皇家空军从英格兰空军基地起飞,所有飞行员开足了马力,风驰电掣地扑向柏林的天空,但他们此行的目的不只是要对柏林发动轰炸。为了保护柏林,希特勒火速命令德国战斗机进行了大规模集结。

尽管有里外两层的高射炮保护柏林,但盟军轰炸机仍然在云层上进行了3个小时的飞行,而德军的高射炮虽然使尽了浑身解数,居然仍是连一架盟军飞机也没有能够击落下来。

气急败坏的希特勒命令高射炮必须将所有的炮弹都打出去,于是柏林用以防空的高射炮火力不断,但就是没有一架盟军战机从空中坠落下来。希特勒百思不得其解,他向空军元帅戈林问道:"这是为什么?"而戈林的回答则充分体现了这位元帅的圆滑,他说:"这估计是美国佬的先进战机!"

这以后,每隔几天盟军空军的飞机就会到柏林上空骚扰几个小时,尽管盟军再没有对柏林发动如前几天一样的猛烈攻击,但是却经常会撒下很多的传单,传单上写着:"希特勒发动的这场战争将继续下去,希特勒要打多久就打多久!"这些虽然不是真真实实的炸弹,但是它给柏林人的打击却毫不逊色于重磅炸弹。

丘吉尔在两个星期之后命令英国皇家空军派出了更多的飞机袭击柏林,在此次空袭中,有 14 人被炸死,有 50 人被炸伤。这次的轰炸让纳粹的政要们大为震怒,但是宣传部长戈培尔却找到了反击盟军的方法,他命令纳粹的宣传机器开足马力抓住英军的轰炸开始做文章,运用各种宣传渠道,大肆宣传英国飞行员对柏林手无寸铁的妇女、儿童进行的野蛮屠杀。为了把德国人对盟军的恐惧转化为仇恨,柏林的大部分报纸都是用了《柏林上空的英国强盗》为标题。纳粹的头面人物们到处宣称:"即使德国的每一座城市都被夷为平地,德意志民族也能生存下去。即使我们不得不在洞穴中生活也在所不惜。"

但是,盟军的飞机和炸弹并未因为德国的恐吓而有所收敛。大批的盟军轰炸机于 1943 年 11 月 22 日上午再次飞抵柏林上空,在柏林市区和工厂区投下了数千吨炸弹,给这些区域造成了非常严重的破坏。近 600 架英国轰炸机又在晚上对柏林进行了连续突击。连续不断的巨大爆炸声一直持续了一个小时。德国高炮阵地的水泥墙壁因为剧烈的爆炸一块块被震落下来。

在一片枪林弹雨之后,柏林已经成了一片火海。

当时参与轰炸柏林的英国轰炸机主要是"兰开斯特"式轰炸机、"哈里法克斯"式轰炸机、"斯特林"式轰炸机以及"惠灵顿"式轰炸机。这些飞机的共同特点是自我防护能力比较弱,而且受到航程的限制,它们必须大幅度减少载弹量才能顺利飞抵柏林上空去执行任务,因此,参战的英国轰炸机的战斗力不是很强。而参战的美国轰炸机则比较先进,比如号称"空中堡垒"的"B-29"型轰炸机,这种飞机的特点是装甲厚实、自卫能力强,而且装备有 11 门重机关炮,可以独立与敌战斗机进行必要的缠斗。而且这些飞机的载弹量可以达到数吨,并且配备了陀螺式瞄准装置,即便是在高炮射程之外也可以进行准确投弹。

但是连续 8 次空战证明,低速的轰炸机在白天并不是德国战斗机的对手,即便是拥有强大防御火力的"空中堡垒"也不能例外。因此,盟军虽然获得了巨大战果,却也付出了惨重的伤亡代价:轰炸机的战损率一度高达 9%,这样的战损率对于长时间大编队执行连续轰炸任务的空军来说是难以承受的。加上盟军飞行员担心遭到德国飞机的阻截,投弹的效果也不是特别理想。因为德军的防空炮火非常密集,所以很多飞机甚至只是刚进入德国领空,就草草扔下炸弹返航。

直到 1944 年,P-38"闪电"、P-51"野马"式等远程战斗机开始负责为盟军轰炸机护航,盟军轰炸机的形势才有了明显改观。德国的"福克符夫"式战斗机和"梅塞施米特"式战斗机根本不是 P-38"闪电"、P-51"野马"式等远程战斗机的对手,盟军轰炸机的战损率由此下降到了 3.5%。

P-38"闪电"式歼击机由洛克希德公司生产,最高时速为 414 英里,最大载荷航程 2260 英里,爬升率为 12 分钟 2.5 万英尺,升限 3.9 万英尺,装备 1 门 20 毫米航炮,4 挺 0.5 英寸机枪;P-51"野马"式歼击机最高时速为 443 英里,最大载荷航程 2080 英里,爬升率 7.5 分钟两万英尺,升限 4.19 万英尺,装备 6 挺 0.5 英寸机枪,也会配备两枚 1000 磅炸弹或是 10 枚 5 英寸火箭弹。相比之下,德国的"福克符夫"

战斗机时速只有 395 英里,最大载荷航程 380 英里,爬升率 6 分钟 1.5 万英尺,装备两挺 7.9 毫米机枪,4 门 20 毫米航炮。与盟军的战斗机相比,德军的战斗机无论是在火力还是在机动性方面都要略逊一筹,此后德国战斗机对于盟军飞机完全没有办法了。

面对盟国空军接连不断的空袭,德国空军越来越显得没有办法,而纳粹统治集团的政要们逐渐对本国空军的能力越来越缺乏信心。在这种时候,戈林自然再次成了希特勒宣泄不满的"出气筒"。即便很多时候,希特勒会当着很多下级军官的面指责戈林,但是戈林此时除了恭听希特勒对他的指责侮辱外别无他法。两年之后,当戈林回忆这段时期的处境时,不无感慨地说:"元首与我越来越疏远,每当我向他汇报情况时,都看得出他很不耐烦。他常常粗暴地打断我的话,并且开始越来越多地介入空军事务。"

因为已经再也找不到替罪羊了,戈林只能尝试着自己去摆脱窘境,为自己赢回指定继承人的地位。戈林在这过程中对很多武器进行了改进,给德军战斗机配备了性能优良的 SN2"利希腾施泰因"机枪雷达、红外线探测器以及能自动搜寻敌人轰炸机载"HS2"雷达的电子装置。戈林的工程师们在德军占领区的上千个湖泊中安装了雷达反射器,以此迷惑盟军轰炸机雷达操作人员,并在德国本土架起了代号为"罗德里希"的无线电干扰机。为了保障大城市的安全,戈林更是绞尽脑汁,甚至在农村建立了多个伪装地域。当然,众所周知的是,戈林的这些雕虫小技并没有解决太多问题,柏林依旧要面对盟军飞机的狂轰滥炸。

虽然之前柏林就遭受了盟军严重的轰炸,但对于以后的轰炸来说,那不过是一段序曲。1944 年 3 月 6 日,美国第 8 航空队 3 个轰炸师 29 个轰炸大队的 812 架轰炸机在美英近 700 架歼击机掩护下又出发了,这些飞机预定对柏林的埃尔克纳轴承厂、戴姆勒-本茨航空发动机厂以及位于南郊的军用电子设备厂发动新一轮的空袭。

全部的美军轰炸机于上午 8 时 30 分在英吉利海峡上空组成一字长蛇阵,整个编队长达 170 多公里。于是,德军的前沿雷达站捕捉到了大批轰炸机集结的信号,从而拉响了前所未有的空袭警报,各防空战斗机管制中心得到讯号之后马上开始调集飞机,德军部署在德国本土、荷兰、比利时、法国北部的 911 架战斗机,准备对盟军机群进行截击。

美国轰炸机群的先导机群于 11 时 30 分飞抵汉诺威以北的一个检查点,与目标相距已经不是很远。但是因为机群之间的距离拉得太远,担任护航的战斗机多半配置在先头梯队四周,从而使机群后部的防护力量看起来过于薄弱。这个弱点迅速被德国的军控中心发现,于是负责截击的德军机群马上起飞,600 多架的德军战斗机组成了"狼群"环形战斗队形,在地面指挥中心的引导下,德军飞机向美军机群防护薄弱的后部冲了过去。

率先冲进美国机群的是德国飞行员豪普特曼上尉所率领的机群,100 多架德机与盟军机群在 8000 米高空缠斗到了一起。这时为美国机群护航的是 8 架"P-47"歼击机,盟军飞行员与德军进行了激烈的交火,试图先行分隔开德军战机的战斗队形,但是多数德国飞机根本不顾美国歼击机猛烈的火力,直接向轰炸机猛扑了过去。德国战斗机随后又分成 2 到 4 机编队,从不同的方向猛攻美军轰炸机。整个作战区域延伸近 200 公里,德军飞机时而从后方进攻,时而迂回到战机的前面。

正在美国轰炸机万分危急的关头,80 架 P-51"野马"式歼击机火速赶来增援。德国的"梅塞施米特"性能根本无法与"野马"相比,但是德国飞行员根本不顾在飞机上的差距,而是发疯似的继续猛扑向美国轰炸机。P-51"野马"式歼击机面对德军飞机猛烈开火,两架德军飞机就此被击落,不久,曾击落盟军 92 架飞机的德国王牌飞行员罗斯中尉也被击落了,但德军飞机依然没有放弃对轰炸机的进攻。在此次空战中,美军也付出惨重的代价,有 6 架"P-47"歼击机被击落。

虽然付出了如此高的代价,但是在数量上拥有绝对优势的盟军飞机很快就占据了优势,轰炸机在到达制定目标地点之后,就开始了大规模轰炸,从汉诺威到柏林的大片土地都燃起了熊熊战火。在美国加紧对柏林进行白日轰炸的同时,英国人则选择在夜间对德国进行大规模的轰炸。在这场空袭的前夜,英国轰炸机司令哈里森曾经狠狠地说:"要把柏林从里到外炸个稀巴烂!"

这是一个万籁俱寂的夜晚,皎洁的月光倾洒在被战火蹂躏的大地之上。忽然间,空袭警报打破了德国寂静的天空。德军所有的夜航战斗机都接到了代号为"野鸡"的作战指令,柏林附近几乎所有的机场都进入了紧急备战的状态,第 1 航空队队长施密特将军于 23 时下令歼击机升空。

从海峡方向飞来的英国飞机在一开始并不是很多,只有几架"蚊"式飞机对荷兰境内的夜航战斗机机场进行了攻击。德国人认为这是英国人又在复制空袭佩讷明德时的花招,他们猜测有大批轰炸机已经在英格兰做好了攻击的准备。这一次德国人果然没有上当,英国第一批轰炸机没有过多久就越过海峡向比利时方向飞来。

这一次,德国人则为英国人设下了陷阱。德国空军第 1 夜战航空团第 3 大队大队长德雷维斯上尉率领着自己的机群悄悄潜入了英国轰炸机的编队里,在雷达回波引导下,他们一点一点接近英国轰炸机。在贴近到 500 米之后,德雷维斯上尉调整了飞机的速度,开始进行爬升,当跟英国轰炸机相距只剩下 100 米左右的时候,德雷维斯瞄准英国轰炸机的发动机,并且猛按下了射击按钮,英国轰炸机拖着浓烟一头栽了下去。但德雷维斯上尉及机群也就此暴露了目标,于是英国的夜航战斗机迅速向德军飞机集结过来,与德军飞机展开了一场罕见的空中角逐战。

盟军在此次夜袭柏林的行动中共出动了 672 架轰炸机,轰炸了预定或备份目标,但在空战中也付出了 69 架"B-17"和"B-24"飞机的损失,另外还有 4 架飞到瑞典后被扣留。在此战中德军实际出动了 463 架战斗机,其中 332 架发射了炮弹,结果有 64 架被盟军飞机击落,有 44 名飞行员被击毙。但是因为在行动时天气不好,盟军轰炸机并未给军事目标造成重大损失,但柏林市的建筑物却广遭破坏,人员伤亡达到了 707 人。虽然并未彻底摧毁预定的目标,但它毕竟体现了盟军战略航空兵的实力。

盟军的空袭行动成功达到了破坏德军后勤补给,打击德军战争士气的目的,为纳粹德国的最终覆灭吹响了冲锋号。

·军事战争·

图文珍藏版

（十二）越南空战——铝与火的教训

1964 年 8 月 2 日，越南沿海的北部湾地区看起来非常平静，和煦的亚热带阳光铺洒在波光粼粼的海面上，如果只是从这个角度看去，此时的北部湾正沉浸在安静祥和之中。但是，在海岸边的树丛里，那些不停旋转的北越海军监视雷达和荷枪实弹的哨兵足以告诉人们看似宁静的北部湾其实暗潮汹涌。这几天，美国攻击型航空母舰"提康德罗加"号曾多次搭载着满载炸弹的攻击机在北纬 17 度线海域出现，一些美国驱逐舰甚至游弋到了越南的近海，北越海军迅速进入了战备状态，北部湾地区的局势骤然紧张。

美国驱逐舰"马多克斯"号在当天下午，赫然大摇大摆地闯入了清化以东的北越领海，"马多克斯"号的炮口甚至直接对准了北越海岸。在北越海军向"马多克斯"号发出警告后，"马多克斯"号军舰不仅没有后撤，而且在北越领海内摆开了"Z"字形航行，舰上的美国水兵甚至对着北越海岸开始挑衅。看到美国军舰居然敢在自己家门口如此放肆，忍无可忍的北越海军统帅部一声令下，早已等待多时的 4 艘鱼雷快艇飞速向美国军舰冲了过去。看见越军如此来势汹汹，"马多克斯"号赶忙掉转头逃往公海。这件事就是曾轰动一时的所谓"北部湾事件"。美国人对北越发动如此公然的挑衅，其目的就是为了扩大在越南的军事行动而寻找借口。

在发生了"北部湾事件"之后，美国人开始在全世界大造舆论，声称美国军舰遭到了北越海军的攻击，遭受损失的美国将不得不对北越展开报复。1964 年恰好是美国的大选之年，为了能够迎合国内的强硬派支持，约翰逊总统命令驻南越美空军对北越进行大规模的"报复性"空袭。美国驱逐舰"马多克斯"号和"特纳·乔埃"号于 8 月 3 日深夜再度闯入北越领海进行挑衅活动，隐蔽出航的北越鱼雷艇向美国军舰发出了警告。但是，美国海军需要的效果已经达到，他们就这样又一次找到了发动战争的借口，在第二天一早，美国领导人就迫不及待地对外宣布这次异常"严峻"的情况，北部湾地区一时间战云密布。

美国在海外进行军事行动的时候，美国海军航空母舰编队向来都作为先头部队出发，这次当然也不会例外。美国海军航空母舰"星座"号于 8 月 5 日上午到达岘港附近海域，与"提康德罗加"号会合。两艘航空母舰与数艘驱逐舰在第 7 舰队第 77 特混舰队司令汤姆逊的指挥下，一起飞速驶往预定攻击阵位。与此同时，美国太平洋海军司令部和空军司令部发出命令，指示所属部队马上进入三级戒备状态，准备应付突发事件。

一架攻击机被从机库里提到了航空母舰的甲板上，异常忙碌的地勤人员在给每一架飞机加油挂弹，指挥工作的哨子声此起彼伏。共有 64 架飞机将会参加这次的空袭行动，其中就包括"A-3""A-4""A-6"型攻击机，它们都是第二次世界大战之后美国最新研制的喷气式攻击机，载弹量大，武器性能先进，其中 A-6"入侵者"式重型攻击机更是美国海军最新型的舰载机，最大载弹量可以达到 6804 公斤。开战在即，但是即将出发的美军飞行员们并没有把弱小的北越空军看在眼里，他们甚至在坐上飞机之前，还聚在一起轻松地谈笑风生，他们似乎是要去散步，而不是作战。

13时15分，喷气式发动机特有的巨大轰鸣声同时在两艘航空母舰上响起，随着指挥官一声令下，在蒸汽弹射器的强大助推下，第1架"A-3"型攻击机风驰电掣般地弹出了甲板，只见它的机头一昂，就飞入了云端。64架攻击机紧接着依次起飞，一架一架呼啸着升空，不消片刻就消失在了天际。

美军此次攻击行动的主要目标是北越海军的巡逻艇基地。攻击机机群在升空以后，按照预定计划在空中编成了5个攻击群，分别向北越的鸿基、清化、宜安、荣市、广溪猛扑过去。北越当时的防空力量确实非常薄弱，空军当时也并没有多少可以作战的飞机，当美军飞机突然以超低空出现在目标上空时，北越的防空部队几乎毫无办法，只能使用地面上为数不多的小口径高射炮向空中零乱地开火，稀疏的炮弹根本无法对美军飞机造成什么威胁。这些美军攻击机在不慌不忙地投光了机载的炸弹以后，又用20毫米机炮对着地面目标进行了一番疯狂扫射，爆炸声不时从北越军港内传出来，随着美军飞机的炮火击中了一座油库，被烈焰包裹着的浓烟直冲云霄。64架美军飞机在14时45分停止了攻击，随后全部安然无恙地回到了航空母舰上。

但是美军的此次空袭并没有改变越南的形势，而对美军来说，这次空袭反而起到了反面的作用。在空袭之后，越南南方的战火依然不曾间断，民族解放阵线反而开始了更加灵活多样的报复性活动，他们四处出击，和美国人开始了游击战。这让美国人非常恼火，他们认为越南南方之所以战火不断，就是因为越南北方的渗透和支援。美军决定不能对越南北方的行动坐视不管，于是美军参谋长联席会议经过商议，最终通过了一项对北越实施战略空袭的作战计划，通过国防部长将这个作战计划转交给了总统。约翰逊总统于8月6日批准了代号为"滚雷"的轰炸计划。但是当约翰逊总统将自己的名字签在这份计划书上的时候，他并不曾想到，一场历时3年之久的马拉松式空袭就此拉开了序幕。

美国空军于1965年3月2日出动了包括"F-105""RF-101""F-100"等型号在内的共112架飞机，首次对越南邦村弹药库发动了突击。这天清晨，太阳才刚升起来，7架"RF-101"型超音速战术侦察机就呼啸着掠过邦村上空，它们都装有高速航空摄影机，只用了短短十几秒时间就把目标及附近的高炮阵地拍了下来，"F-105"轰炸机飞行员很快就拿到了这些航空照片。

美军编成11个小队的44架"F-105"轰炸机，没有多长时间就在40架F-100"超级佩刀"战斗机的掩护下飞向邦村。飞在最前面的两个"F-105"小队在临近目标上空时散开成双机跟进队形，从高空俯冲了下来，将一枚枚炸弹投放在了已经发现的北越高射炮阵地上，随后拖着长长尾烟的火箭弹也射向了北越阵地，硝烟很快就将地面几处高射炮阵地吞没了。

毫不示弱地北越防空部队也用一阵密集炮火对美军飞机进行了射击，3架"F-105"轰炸机拖着浓烟坠毁在了稻田里。其余的"F-105"分散成了双机，向着邦村弹药库俯冲，顷刻之间邦村就被浓烟和烈火所笼罩。

"滚雷"战役突击的重点目标是北越的交通运输系统，而杜梅铁路大桥和清化铁路大桥则成了美军必须要攻破的地方。位于河内市郊的杜梅桥建在红河低洼的淤积平原上，是联结5条铁路的19孔钢架桥。桥长1677米，宽11.6米，加上引桥总长 2582 米,是北越最长的大桥。而清化桥则坐落在清化市以北不到 3 公里处的马江上。清化桥最早是由入侵越南的法国人所建造的,曾遭受了严重破坏。在中国技术人员的援助下,北越于 1957 年开始对清化桥进行重建,重建工程历经 7 年,最后于 1964 年顺利竣工,胡志明主席曾亲自主持了大桥的落成仪式。新建成的清化桥,长 500 米,宽 11 米,桥身距江面 25 米,铺设了轨距为 1 米的单轨铁道,两侧则分别为水泥桥面的行车道。

美军方面认为,只要将清化桥炸毁,就可以使河内至越南南方的铁路交通瘫痪,这样北方就没有办法对南方进行支援。美军因此首先开始对清化桥发动了大规模的攻击,为了能炸毁清化桥,美军几乎不惜任何代价。

负责执行"滚雷"战役"9-A"计划的,是由 79 架飞机组成的突击部队,这支多机种混合编队包括 46 架"F-105"、21 架"F-100"、两架"RF-101"以及 10 架"KC-135"加油机,除了对突击效果进行航空拍照检查的"RF-101"以外,其他飞机所配备的武器真是五花八门,负责攻击任务的 46 架"F-105"中有 16 架携载两枚"小斗犬"式空对地导弹,还有 15 架负责突击清化桥的则各带了 8 枚普通炸弹,其余的 15 架负责压制高射炮火的飞机所携带的也是普通炸弹。"F-100"中则有 7 架用来压制高射炮火,每架携挂了两个 19 管火箭发射器,另有两架负责侦察天气,其余负责空中巡逻,对米格飞机进行拦截,在负责空中巡逻的飞机中,有 4 架携挂着"响尾蛇"空对空导弹。

这些参战飞机于 1965 年 4 月 3 日中午时分升空,在经过了空中加油之后,于下午 2 时准时到达了目标上空。这些飞机刚刚到达目标上空,北越方面的高射炮就开始了射击,无数深褐色的烟团在空中绽开,承担着掩护任务的美军机群急忙散开,随即向越军的高炮阵地发射了密集的火箭弹。里斯奈尔中校率领着第 1 个携带"小斗犬"导弹的"F-105"小队,趁着混乱从南面向清化桥猛扑过去。里斯奈尔中校准确瞄准了清化桥的中部,确认之后发射了一枚 250 磅级"小斗犬"导弹,只听得一声巨响,他看到清化桥的桥身中部果然闪出了一团火光,导弹击中了目标。但是如果要发射这种导弹,一次只能完成一枚导弹的导航,所以中校在完成射击之后只能先退出目标区,经过准备之后才能再次进入。

紧接着美军向清化桥发射了所有导弹,结果全部命中目标,可即便是美军这样的攻击依然没有能够摧毁清化桥。"F-105"飞机再次俯冲下来向目标投炸弹,有些飞行员甚至要到达 1000 米的高度上才将炸弹投下,但此时的地面上风力开始加大,所以美军投下的大部分炸弹都偏离了目标,只是把河堤炸得坑坑洼洼。在哈里斯上尉的带领下,他的小队对瞄准点进行了调整,有几枚炸弹直接命中了清化桥上的公路和上层结构。这时候,清化桥已经完全被浓烟覆盖,乌烟瘴气的,美军飞机认为清化桥经此重击必然已经损毁,于是转身飞回了基地。但是让美军飞机始料未及的是,当那片滚滚的浓烟散去,清化桥依然安然无恙地屹立在那里。

里斯奈尔中校于第二天下午率突击机群再次飞抵清化桥上空,48 架挂装着 8 枚 750 磅级普通炸弹的"F-105"将负责此次的攻击。这一次越军依然对飞抵清化桥上空的美军飞机给予了猛烈攻击,越军的 57 毫米高射炮全部投入了战斗。在密集的高射炮火的掩护下,北越空军一个"米格-17"歼击机飞行小队,悄无声息地避开了在空中进行战斗巡逻的"F-100"战斗机,猛扑向在目标空盘旋、准备待机突击的美军"F-105"飞机,美军飞机还没有反应过来,已经有两架"F-105"飞机被"米格-17"的航炮所击落。在完成此次偷袭之后,北越军飞机火速撤出了美军的火力射程。

气急败坏的里斯奈尔中校命令机群必须不顾一切地向目标投弹,在中校的命令之下,300余枚炸弹击中了清化桥,只见清化桥的桥面上布满弹痕,满目疮痍,东面一处桥身已经明显有向下弯曲的现象。但是,清化桥仍然在马江之上坚强的挺立着。

到1965年5月中旬的时候,越南北方一共有26座桥梁被美国空军炸毁,但是唯独这座清化桥虽然屡经战火,但是依然屹立不倒,美军自信,以他们的炸弹绝对能摧毁任何一座由法国人制造的桥梁,但是面对眼前这座由中国工程技术人员帮助重建的大桥,他们引以为豪的"小斗犬"导弹和750磅级炸弹根本毫无用处。美军飞机每次对清化桥进行过大规模轰炸之后,也只能使得这座桥在短时间内无法通车,但只要经过越南人简单维修,这座大桥马上就能够恢复使用。美国空军从1965年5月底到1967年初又对清化桥进行了多次轰炸,甚至还用运输机投放了水雷,但无论美国人用什么方法,就是没有办法炸毁它。

就在美国空军对清化桥毫无办法的时候,美国的武器研究人员为越南战场送来了一批"白星眼"滑翔炸弹。"白星眼"滑翔炸弹又被称为灵巧炸弹,是美国的武器研究人员最新研发的新型武器,这种炸弹的威力要远远高于美国的其他炸弹。一艘美国航空母舰于1967年初驶离加利福尼亚的圣迭戈,载着一批"白星眼"滑翔炸弹开往北部湾。

在拥有了这种新型武器之后,美国空军马上就用兵营、电厂和一些桥梁来试验新武器的威力,在"白星眼"滑翔炸弹所到之处,几乎无不是一片废墟,而且在命中率上,"白星眼"滑翔炸弹也远远高于其他炸弹。但饶是如此,这种炸弹到了清化桥面前依然毫无作用,当美国空军将这个消息报告回美国,连美国的武器研究人员都惊呆了,从此以后,美军就将清化桥称之为"炸不倒"的桥梁,甚至还有些美军飞行员认为清化桥有着"上帝保佑",而不愿意驾机去轰炸清化桥。

美国人在后来不得不承认:清化桥和杜梅桥是最难轰炸的战略目标。所以在"滚雷"战役此后持续的三年多时间里,美军飞机虽然多次从这两座桥的上空掠过,但始终都没有再对这两座桥发动攻击。

在清化桥上空,美军曾于1965年4月4日遭到北越"米格-17"战斗机的突击,美国人不曾想到,北越空军在1964年底不过有64架"米格-17"战斗机,他们居然敢就此向美国空军挑战。但随后通过各种侦察手段,美国人获得了一个惊人的消息:到1965年3月底,北越其实已经拥有了31部早期预警雷达,两部测高雷达和9部高炮火控雷达;北越飞行员也已接受过了地面引导截击训练。

这一下,美国人必须得认真考虑米格机带来的威胁了。美军防空司令部的EC-121"大眼睛"预警机于1965年4月飞赴战区,在美国空军实施突击时于北部湾上空进行空中巡逻,通过雷达对北越飞机实施监控。

驻泰国乌汶基地的美国空军第2师第45战术战斗机中队的4架"F-4C"战斗机于1965年7月10日起飞,机翼下分别挂载着4枚"麻雀"导弹和4枚"响尾蛇"导弹,直奔北越的安沛军械弹药库而去,途中与米格飞机遭遇。霍尔少校和2号机率先接近米格机,3号机和4号机则拉大与他们的距离在后面负责掩护。

2号机机长安德森上尉在几秒钟后先发现了两架"米格"战斗机,这两架"米格"战斗机当时正在拐弯,霍尔和安德森急忙甩掉副油箱,将加力全部打开,向左转弯后猛扑向米格机,但是米格机非常灵巧,它们随即也转到了3号机和4号机的后下方,这一下米格机占据了最有利的位置。

安德森急忙通过无线电向3号机机长大声呼叫,告诉他米格机已经到了他的后面。三号机机长霍尔库姆听到安德森的呼叫之后,急忙和4号机的罗伯茨打开了加力,意图摆脱米格机,但是因为米格机的转弯半径比"F-4C"要小,所以他们仍然被米格机紧紧地咬着,而且之间的距离越来越近,米格机开始使用航炮对"F-4C"展开射击,在千钧一发的时候,霍尔库姆急中生智,他驾驶着飞机在空中连续做了几个剪刀动作,将米格机放到了前面。

缓过神来的米格机已经冲到了霍尔库姆的前面,霍尔库姆当然不会放过这个绝好的机会。他果断按下了导弹发射的按钮,米格机虽然躲过了第1枚"响尾蛇"导弹,但却被霍尔库姆发射的第2枚"响尾蛇"红外制导导弹命中,只见空中燃起了一团巨大火焰,米格机在空中爆炸了。4号机的罗伯茨上尉在同时也对另一架米格机发起了攻击,罗伯茨一口气对着米格机发射了4枚"响尾蛇"导弹,最终将这架米格机成功击落。在此次空战中,美军飞机共击落了两架米格机,在越南战场上首开纪录。

但没有过多久,北越的防空系统中又增加了新的武器。美军一个4机"F-4C"小队于1965年7月20日在河内外围空域执行掩护任务时,忽然从地面上飞来了两枚银白色的苏制"萨姆-2"导弹,美国飞行员还没有反应过来发生了什么事,两架"F-4C"已经被炸得粉碎,一架"F-4C"因为被锋利的弹片削去了机翼,坠向地面,另外一架也受到了损伤。于是,此时对丛林上空的美军飞机造成威胁的不只有"米格"飞机和高射炮,还有了威力更为惊人的"萨姆"导弹。

为了对付"萨姆"导弹,美国空军专门组织了"铁拳"飞行小队,每个小队由4架"F-105"飞机组成,其中一架"F-105"是"野鼬鼠"型飞机。这种飞机上携挂有"百舌鸟"导弹,这种导弹是美国最新研制的武器,在对方雷达发射的波束指导下,能够飞到雷达所在的地方将雷达摧毁。

美军第355联队的16架"F-105"战斗机于1966年6月29日向河内油库发起袭击,而在行动之前,指挥官凯斯勒上校已经向参战的各位飞行员介绍了航线、突防战术、河内防御、战区气象等情况。美军飞行员对河内的防空体系都有所忌惮,因为那里高炮密布、导弹林立,仅河内附近就有约30个导弹营。

按预定的时间和航线,美机编队在越过红河之后开始向东飞行。为了能够有效地避开雷达,美机采用超低空突防战术,飞行高度降到了100米。沿着北越东西走向的大山北侧,美军飞机隐蔽着飞行,随后在大山东部作90度拐弯,改向南飞行直扑河内。北越的高炮突然在此时对着美军飞机开火,因为此时的高度过低,美军飞机的形势不容乐观。为了能够扰乱炮手的视线,飞机开始进行不规则的"S"形飞行,机群最终于12时10分飞抵目标地区上空。在爬高到3600米以后,飞机做好了俯冲轰炸的准备。

"EB-66"电子侦察干扰机冲杀在最前面,它不停地投放能反射电磁波的金属箔片;同时它还在不停搜索地面的雷达电波,一经发现,马上施放压制性杂波干扰或进行偏性干扰。紧随其后的是 4 机"铁拳"编队,它们携挂着"百舌鸟"导弹准备随时摧毁北越的雷达。虽然北越军的高炮和导弹炮火非常猛烈,但是因为雷达受到干扰,没有办法瞄准,所以命中率并不是很高。

"F-105"对地面的北越军防空设施展开轮番轰炸,一枚枚炸弹向着两个大油罐飞了过去。大油罐随即爆炸起火,火球伴着烟柱直冲向天。在越南战场上,这是美军发动的最成功的一次空袭,河内油库 90% 的设施遭到破坏,而美军只有 1 架飞机被击落,有 3 架飞机虽然受伤,但还是挣扎着飞回了美军在泰国的基地。

4 个"铁拳"小队利用"百舌鸟"号弹、2.57 英寸火箭和 20 毫米机炮,于 1966 年 7 月 3 日对北越的 3 个防御严密的"萨姆-2"导弹阵地发动了突击。但是没有用太长时间,北越方面就找到了对付"百舌鸟"导弹的方法。通过对萨姆导弹的发射程序进行调整,萨姆导弹的制导雷达可以在开始的时候处于加温状态,等到美军飞机临近,导弹操纵员就将制导雷达从加温状态迅速转换到发射状态,而等到发射以后,再将导弹制导雷达转入加温状态,这样,萨姆导弹就会让美军的反雷达武器没有用武之地。

美军在一次空袭作战中使用了一种新式电子干扰机,当北越防空部队在聚精会神地对空射击时,北越阵地上悄悄落下了一件很像电视机的东西。阵地上的导弹营此后接连发射了 60 枚导弹却无一命中,就连"萨姆-2"也失去了效力。

那就是美军"F-105"所投放的一台投掷式干扰机,也被称为一次使用干扰机。在着地之后,干扰机就会自动弹出两米长的天线,向正在空中飞行的萨姆导弹发出假指令,萨姆导弹就会根据这些假的指令射偏到一边去。萨姆导弹的命中率因为美军采用了电子对抗手段和各种新技术而逐渐降低,1965 年需要 15 枚导弹击落 1 架美军飞机,到 1966 年成了 33 枚,1967 年则成了 55 枚,到 1968 年 1~4 月则增加到 67 枚。此后,哪怕是在北越已经配置了萨姆导弹的地区上空,美军战斗机也能够进行一定程度的自由飞行。

为了能够摆脱泥足深陷的越南战争,美国总统约翰逊从 1968 年 10 月末下令停止对越南北方的一切空袭。从此以后,美越双方开始了马拉松式的巴黎会谈。尼克松于 1968 年 11 月当选为美国总统,从而开始调整美国的全球政策。从这个时候开始,美军已经从越南南方撤出了 47 万人,虽然还剩下大约 7 万人,但是北越的运输系统已经基本恢复正常。

但是在《巴黎停战协定》签订后,南越西贡政权不断挑衅北越的解放区,越南南方民族解放阵线就此转入全面反攻,解放了大片土地,并于 1969 年 6 月宣布成立越南南方共和临时革命政府。美国人于 1972 年 3 月 30 日以北方地面部队越过非军事区为理由,又将本来已经撤回本土的空军部队再度调往东南亚。大量的"F-4"战斗机、"F-105"战斗轰炸机、"F-66B"电子干扰机、"KC-135"空中加油机以及"B-52"战略轰炸机再度出现在美国驻东南亚的空军基地上,美国海军的航空母舰也再度返回南中国海。

尼克松总统于 5 月 8 日命令对北越港口布雷,以此来配合封锁通往北越的通道和恢复海空军的空袭活动。不久,美军就发动了以摧毁北越后勤系统为目标的"后卫"战役。

北越自从 1968 年 11 月美国停止轰炸以来,已经补充了大量由雷达控制的高炮、萨姆导弹和米格飞机,加强了自身的防空系统。美国则积极改善电子对抗武器,研制成了高精度激光制导炸弹。

美军于 1972 年 5 月 10 日出动了 52 架飞机的战斗编队,开始实施"后卫"作战。机群在飞临河内市郊的时候,北越的高炮和导弹进行了拦截,但是因为北越军的命中率很低,并没有能够完全阻止美军的进攻。美机则趁机兵分两路,以 16 架携带普通炸弹的"F-4"为主的一路直扑安贞铁路调车场;而以 16 架携带着制导炸弹的"F-4"为主的一路则杀向杜梅大桥。在此次轰炸中,安贞铁路调车场损失惨重,而杜梅大桥则被摧毁。5 月 13 日,号称"炸不倒"的清化桥也遭遇了同样的厄运,在"后卫"作战开始仅仅 3 天,在 3 年的"滚雷"战役中都安然屹立的大桥,就此被摧毁。

为了使越南北方尽快在停战协定上签字,以回应美国国内公众要求在圣诞节前遣返战俘回国的呼声,尼克松决定对越南北方再次进行大规模的战略空袭。尼克松将这次空袭命名为"后卫Ⅱ"空中战役,这次空袭也是越战结束前的最后一次决战。

美军在东南亚集中了空前的空中力量,以期尽快达到轰炸目的。美军在泰国部署了 432 架战斗轰炸机和战斗机,连驻泰国的海军陆战队航空联队的 48 架"F-4"也将参战。除此以外,"KC-135"空中加油机约 200 架,空中预警指挥机数架则分别部署于泰国和关岛。

美军将"后卫Ⅱ"战役轰炸的目标选定为河内、海防以及其他对北越经济和国家声誉有重大影响的重要目标。为了显示尽快结束战争的决心,过去基于政治因素而不能进行突击的目标这次也解除了禁令,尼克松还首次动用了载弹近 30 吨的"B-52"战略轰炸机,这种战略轰炸机的火力比过去袭击北越的战斗轰炸机的火力要强出很多。

美军从 12 月 1 日开始派出"SR-71"和"U-2"型战略侦察机加强了对河内、海防地区的空中侦察,情报专家在经过对侦察所得材料的分析后发现,北越在河内地区已经大约部署了 27 个"萨姆-2"地空导弹团,大概有 500 部发射架、2100 门各型高炮、180 架各型歼击机。地空导弹和高炮更是交错配置,在河内周围 50 公里半径范围内已经形成了高、中、低空配套,内外圈结合并具有纵深梯次配置的对空火力体系。北越的歼击机则分散配置在河内的外围,用以配合高炮和导弹部队的联合作战。

北越的防空力量如此强大,在"后卫Ⅱ"战役实施之前,美军的首要任务就成了必须要组建一支结构合理、能攻善守的多机种突击队。美军根据以往跟北越防空部队作战的经验,对每一批次"B-52"轰炸机群都派出数量几乎相同的战术飞机,用以对地面的防空兵器实施火力压制,同时对越方机场实施突击和封锁,施放电子干扰,并给予"B-52"足够的护航兵力。在"滚雷"战役中表现不俗的 F-105"野鼬鼠"飞机成为此次"B-52"护航编队中的主力,"F-4"战斗机则用以对付"米格"战斗机,"F-66B"负责在远处实施电子干扰。

美军参谋人员出于最大限度地减少美机损失的考虑,计划让新型的"F-111"战斗轰炸机在"B—52"机群到达目标之前,从低空先行偷袭北越的机场和导弹阵地。除此以外，为了保证突击部队能够顺利抵达目标和完成返航，美军配备了多架"KC—135"加油机，还专门准备了救护飞机以营救落入越南北方领土的己方飞行人员。

1972年12月18日夜，"B—52"从万米高空一批接一批编队飞抵河内上空。根据统一命令，美军"B—52"打开了弹舱，各机几乎是在同一时间按下了投弹的按钮，一枚枚高爆弹、燃烧弹、菠萝弹、凝固汽油弹骤雨一般落下，转眼之间，河内就成了一片火海。

但是北越的防空火力马上给予了还击，就在"B—52"进入河内上空以及随后返航的路上，北越的防空高射炮火形成了一道道弹幕，大口径高炮的炮弹密密麻麻地飞上半空。虽然这些高炮对能够在高空飞行的B—52构不威什么威胁，但是12米长的萨姆导弹可就不能同日而语了。这种银白色的导弹迅速从美军机群中穿过，"B—52"轰炸机急忙从目标区域撤出。同时，F—105"野鼬鼠"小队则开始拼命向着北越的导弹阵地进行攻击，顿时，爆炸声、飞机俯冲的呼啸声、高射武器的发射声响成了一片。

北越防空部队在这一天晚上共发射了200余枚地对空导弹，击落"B—52"飞机3架，击伤两架。北越的"米格—21"歼击机同时也对美军飞机给予了坚决的回击。美军"F—111"战斗机于12月19日在"B—52"轰炸机飞抵目标之前，对越南北方机场再次进行了轰炸。河内防空部队在这一天发射了180余枚地对空导弹，但是只击伤了数架"B—52"轰炸机。

但是在第3天，北越的防空炮火击落了3架"B—52"，这使得美军不得不尝试改变战术了。"B—52"轰炸机从第4天起，在进入和退出目标的航向上都开始变得多样化，变换了起点和目标之间的飞行高度，各批飞机之间的起飞间隔也是不等的，整个飞机突击的时间都因此压缩，从而加强了对北越制导雷达的干扰，"B—52"轰炸机的损失因此锐减。

在发动"后卫Ⅱ"作战的十几天时间里，美军共出动了740架次"B—52"轰炸机，1800余架次战斗机，对河内、海防、太原等城市及附近的铁路调车场、码头、发电厂、军火库和油库等发动了突击。东英车站是3条铁路的会合点，美军的"B—52"编队在对这里进行突击时，竟然反复轰炸达6次，总投弹量高达2250到4500吨，这个数量相当于第二次世界大战时1000架轰炸机的投弹量，由此可以看出当时美军对北越方面的轰炸程度。

北越的防空力量同时也对美军飞机进行了猛烈还击，共击落了27架"B—52"轰炸机。但是在长达9年的越南战争里，这也不过是美军损失飞机极小的一部分。在越南战争结束以后，根据美国五角大楼的统计数字显示，美军官兵在越南战争中的伤亡总数已经达到了36万人，损失飞机达到了4125架。数千名美军飞行员因为这场侵略战争，将自己的生命留在了丛林上空。

尽管美军在"后卫"作战中取得了一些胜利，但是美国国会还是在1973年初做出了最后的决定："禁止再次卷入越南战争，停止给越战拨款。"

《巴黎停战协定》于1973年1月27日正式签字生效，美军不得不从越南撤出，越南战争至此才得以结束。

（十三）贝卡谷地空战——新时代的揭幕之战

位于黎巴嫩东部靠近叙利亚边境地区的贝卡谷地,土地肥沃,气候温和,是黎巴嫩最大的农业区。公元前1400年,贝卡谷地被居住在这里的腓尼基人称为"上帝之所"。罗马人于公元前1世纪大举入侵,贝卡谷地就此进入罗马帝国的版图之内。历经了漫长的沧海更迭,这块土地上保留了许多历史遗迹。所以,贝卡谷地又被称为"通向文明的走廊"。

阿拉伯人于公元7世纪来到这里,从此以后,阿拉伯人就一直在贝卡谷地上繁衍生息,他们在这里修建清真寺,也尊重其他民族的宗教信仰,这里的经济得到了较快发展。

但是好景不长,法国殖民者将这里占领了,当地的阿拉伯人经过不断反抗,最终才赶走了法国殖民者。不久之后,黎巴嫩宣布独立,贝卡谷地就此被划入黎巴嫩境内。

在1982年的4、5月间,两伊战争已经进入了最紧张的阶段,就在这个时候,英国和阿根廷在南大西洋爆发了马岛战争。以色列马上抓住了这一有利时机,以驻英国大使遇刺为借口,突然对黎巴嫩发动侵略。黎巴嫩境内因此燃起战火,这一事件让整个世界为之震惊,更使黎巴嫩的邻国叙利亚感到非常不安。以色列和叙利亚积怨已久,叙利亚担心老对手最终会将战火烧到自己的境内。

一切果然不出叙利亚方面的预料,就在战争刚刚开始3天以后,以色列突然出动了近百架飞机,对叙利亚部署在贝卡谷地的"萨姆-6"导弹阵地发动了一次闪电般的空袭,阵地内的叙利亚军方几乎还没有来得及做出任何反应,铺天盖地的炸弹已经落了下来,因为此次空袭之前并无任何预兆,叙利亚军方几乎没有做出任何的准备。

这是一次地狱般的进攻,在阵地内的叙利亚军队经历了灭顶之灾,虽然以色列的炮火只持续了6分钟,却足以将这片导弹阵地变为一片废墟。几乎是眨眼之间,这里已经化为焦土,当以色列飞机离开上空的时候,只剩下了升起的滚滚浓烟和满目疮痍。

此次以色列悍然对叙利亚的导弹阵地发动空袭,在名义上打着消灭在黎巴嫩境内的巴勒斯坦游击队的旗号,但是明眼人都清楚,以色列此次的打击目标就是让他们恨之入骨的贝卡谷地的"萨姆-6"导弹阵地。

说到部署在该导弹阵地内的"萨姆-6"防空导弹,就不得不说起20世纪70年代爆发的第4次中东战争。"萨姆-6"防空导弹在那次战争中真是出尽了风头,大多数参与那场战争的以色列飞机都是被"萨姆-6"防空导弹击落的,也正是那次战争,使得"萨姆-6"防空导弹名扬世界。叙利亚是对"萨姆-6"防空导弹最为推崇的国家之一,他们在叙利亚及周边部署了很多"萨姆-6"防空导弹阵地,以此对付来自别国的空中威胁。

但是,叙利亚忽略了一件非常重要的事情,那就是,在世界上从来没有过一样武器是可以在战场上保持永远的"绝对优势"的,千百年来,从冷兵器时代到信息武器时代,多少被称之为神兵利器的高尖端武器都曾出现在历史上,但无不是过眼云烟,很快就会被新的武器替代,没有什么武器是可以一直立于不败之地的。而叙利亚对于萨姆导弹的这种过分的迷信和依赖,也为日后的贝卡谷地悲剧埋下了伏笔。

其实早在贝卡谷地空袭之前,叙利亚空军已经发现己方的"米格-21MF"与以色列的"F-4"根本无法相提并论,于是开始更新设备,并从苏联进口了"米格-23S"的简化版"米格-23MS"以及"米格-23BN""苏-22"和"米格-25P/PD"。而以色列方面也在积极进行军备升级,以方从美国购买了"F-15A"和"F-16A"。从战斗机的质量来说,以色列从美国购置的"F-15A"和"F-16A"战斗机都是当时世界上最先进的战斗机型号,其性能的各方面都远远要好于叙利亚从苏联进口的"米格-23MS"战斗机,但是在飞机所配备的武器方面,叙利亚战斗机上所配备的空空导弹包括"R-23R/T""R-40R/T"和"R-60M",而以色列战斗机装备的则是AIM-7F"麻雀"和AIM-9L"响尾蛇",以军飞机在导弹方面的优势却并不明显。

但是叙利亚飞行员却在改装训练中遇上了麻烦,原来,他们此前所驾驶的"米格-21"是一种轻型的前线战斗机,擅长的是近距离缠斗,而"米格-23"和"米格-25"更多强调的是其高速性能,况且"米格-23"是一种变后掠翼截击机,在操纵上比较复杂。虽然为了能够全力支援训练工作,叙利亚专门成立了专家组,但是直到贝卡谷底空袭发生之后,叙利亚飞行员的水平总体而言还是偏低的,很多飞行员还根本没有办法灵活操纵"米格-23"和"米格-25",他们更多还是像从前驾驶"米格-21"一样地对待"米格-23"和"米格-25"。

关于以色列的"F-15A"和"F-16A"战斗机与叙利亚的"米格-23"和"米格-25"的初次交手,还要追溯到第四次中东战争的时候,第四次中东战争又被称为"赎罪日战争",叙利亚和以色列爆发的第一场空战就是在"赎罪日战争"期间。那天是1974年4月19日,叙利亚空军的马斯利少校当天正在试飞"米格-23MS",正在这时,他突然发现正上方出现了一个由十余架"F-4""A-4"组成的以色列空军编队。马斯利少校马上与基地指挥部联络,但是他的无线电通信受到了强力电磁波的干扰。无奈之下,马斯利少校只好用一个公用频率发出警报,随后驾驶着"米格-23MS"独自杀入以色列机群,并且向一架"F-4E"发射了一枚R-13S"环礁"导弹。这架"F-4E"被马斯利少校的导弹击中,立刻就变成了一团火球,幸运的领航员基利阿提中尉跳伞生还,而飞行员斯塔维上尉则当场阵亡。

紧接着,马斯利少校掉转机头,对着以色列战斗机又发出了两枚"R-13S",以色列战斗机马上放出曳光弹干扰马斯利的攻击,并随即做出规避动作,躲过了第2枚导弹,但是第3枚"R-13S"正好命中了一架"A-4",这架"A-4"当场就被击落了。但是,马斯利少校的攻击也就到此为止了,他随后就被以色列飞机发射的导弹命中,在弹射跳伞时已经身负重伤。着陆后的马斯利少校很快得到了叙利亚军方医护人员的抢救,一个月后终于生还,并获得了叙利亚军队的最高荣誉——"叙利亚共和国英雄"。就在同一地区,叙利亚空军宣称用"萨姆6"防空导弹击落了几架以色列飞机。

而以色列军方则声称:以军两架"幻影"ⅢCJ的飞行员于4月19日击落了一架叙利亚方面的"米格-21",但是拒绝承认己方的任何飞机被叙利亚空军所击落,只承认叙利亚的防空导弹确实击落了一架"A-4"，该战斗机的飞行员在此次交火中阵亡。而"赎罪日战争"之后，叙利亚空军与以色列空军的首次交火，则是在1981年2月13日，当时两架以色列的"RF-4E"侦察机飞抵叙利亚上空，一架叙利亚"米格-25P"奉命起飞追击。但是就在这架"米格-25P"起飞后不久，一架"F-15A"就出现在了它的后面，结果，这架"米格-25P"被"F-15A"发射的"麻雀"导弹击落了。就在当天晚些时候，叙利亚空军借用此役中以色列空军的战术，对以色列空军进行了还击。这一次是叙利亚飞机飞抵以色列上空，以色列两架"F-15A"奉命起飞追击，结果就在这两架"F-15A"起飞后不久，两架"米格-25P"从夜幕里飞出，跟在了两架"F-15A"的后面。先是一架"米格-25P"发射了两枚"R-40"，将一架"F-15A"击毁，而另外一架"米格-25P"则将与之交火的另一架"F-15A"击落。

以色列在7月29日故技重施，单独派出一架"F-15A"充做诱饵飞往叙利亚上空，而另外派出两架"F-15A"埋伏在山后等待伏击。没有多久，两架"米格-21"就尾随着"F-15A"来到了预想的空域。但是这一次叙利亚空军并没有中计，而是"将计就计"，其实叙利亚空军早就成功干扰了3架"F-15A"与以色列空军基地之间的通信。就在以色列飞行员以为大功告成的时候，两架"米格-25PD"忽然出现，对两架"F-15A"进行了拦截。虽然"F-15A"的性能确实优越，一架"米格-25PD"难逃厄运。但是另一架"米格-25PD"用一枚"R-40R"和1枚"R-40T"击落了一架"F-15A"。"F-15A"的残骸落入了地中海里，飞行员则跳伞逃生。

在发生此次事件之后，以色列军方声称击落了一架"米格-25PD"，但拒绝承认己方有任何损失。

叙利亚人早就感觉到，以色列对贝卡谷地虎视眈眈由来已久。叙利亚方面的军官明白，在贝卡谷地迟早都会爆发一场恶战。因此，自从以色列入侵黎巴嫩以来，部署在贝卡谷地的叙利亚军队就已经进入了高度戒备状态，所有的军人都坚守自己的岗位上，随时防备以色列军队来袭。

1982年6月9日，贝卡谷地万里晴空，下午2时14分，以色列的飞机从埃其翁空军基地起飞了。率先起飞的是"F-15"和"F-16"战机，它们承担着此次空袭的空中掩护任务，接着就是载着沉重的激光制导炸弹的"F-4"和"A-4"飞机，它们主要负责的任务是实施低空轰炸。随着一架又一架的飞机冲上云端，以色列对叙利亚的空袭作战开始了。

不一会儿工夫，贝卡谷地叙利亚军队的空袭警报就拉响了，宁静的贝卡谷地顿时人声鼎沸，到处是急促的脚步声和呼喊声，指挥官和士兵们都飞速找到自己的战斗岗位，此时，以色列空军飞机的引擎声已经从遥远的天际传来。

叙利亚指挥官下达了雷达开机的作战命令，布置在贝卡谷地的叙利亚空军雷达系统随即开始运转。对于"萨姆-6"导弹来说，雷达就是它的眼睛，闯入领空的任何目标，一旦被雷达盯上，就算是有天大的本事也在劫难逃。

然而，以色列人这一次是有备而来的。精神过于紧张的叙利亚人根本没有发觉，此时闯入领空的根本不是以色列军方的战斗机，而是以色列放出来当诱饵的无人驾驶飞机，以色列放出这些飞机的目的就是要引诱叙利亚军方发射导弹。

叙利亚人果然中计，一枚枚"萨姆-6"导弹从阵地中射出，巨大的光亮将四周完全掩盖。"萨姆-6"导弹接连击中了空中以色列的无人飞机，它们纷纷拖着浓烟坠向地面,叙利亚官兵因为自己取得的"胜利"感到欢欣鼓舞。就在指挥者们为胜利欢呼之际,负责收缴"战利品"的叙利亚士兵发现,他们所击落的飞机竟然是塑胶制作的。他们在飞机的残骸里四处寻找,可是并没有发现哪怕是一具以色列飞行员的尸体。叙利亚指挥官恍然大悟,知道自己是中了以色列空军的诡计。

叙利亚军方的指挥官下达了雷达关机的作战命令,他认为以色列人之所以出动这些侦察机,肯定是为了侦察情报,但显然,以色列人大概已经得到了他们需要的东西。

但一切并不像叙利亚军方所想的那么简单,此次以色列空军使用的无人驾驶飞机,是以色列自行研制的"侦察员"和"猛犬"无人驾驶飞机。它们先行飞抵叙利亚军方的导弹阵地上空,诱使叙利亚军方将"萨姆-6"导弹的制导雷达打开。而制导雷达一旦打开,它所发出的无线电信号立刻就会被"侦察员"和"猛犬"截获,"侦察员"和"猛犬"截获到信号之后,马上就会将它发给埋伏在贝卡谷地山脚下的大量"狼"式地对地导弹,以及早已等候在空中的"E-2C 鹰眼"预警机,预警机再将这些信息准确地传递给"F-4 鬼怪"式战斗机。

于是,当载着沉重的激光制导炸弹的"F-4"和"A-4"飞机飞抵贝卡谷地上空实施低空轰炸时,它们就能准确地摧毁"萨姆-6"导弹的制导雷达,除了"F-4"和"A-4",埋伏在贝卡谷地山脚下的"狼"式地对地导弹也跟以色列空军的飞机一起对制导雷达发动轰炸。在空中和地面的双重打击下,叙利亚军方的雷达系统很快就瘫痪了,这样一来,就等于是打瞎了"萨姆-6"导弹的眼睛。

在打瞎了"萨姆-6"导弹的"眼睛"之后,几十架"F-16"战斗机凶猛地扑向了导弹阵地。已经毫无还手之力的"萨姆-6"导弹就此成为以色列空军的靶子,只见导弹阵地上到处都是爆炸声和惨烈的哭号,以色列空军的飞机肆无忌惮地在贝卡谷地上空游弋和投弹。不过是眨眼之间,贝卡谷地就已经被团团烟雾笼罩。

以色列空军的第 1 攻击波刚刚过去,第 2 攻击波随后就来了,根本不给叙利亚军方稍稍喘息的机会,紧随其后的就是第 3 攻击波。叙利亚人苦心孤诣经营 10 年、耗资 20 亿美元才建立起来的 19 个"萨姆-6"导弹连、228 枚导弹,几乎就是在短短 6 分钟时间里化作了一股青烟。

此次的贝卡谷地空袭进行得非常顺利,甚至大大出乎了以色列人的预料,只用了 6 分钟时间,叙利亚人经营了 10 年的导弹阵地就成了一片废墟。消息从贝卡谷地传来,整个叙利亚为之震惊,叙利亚空军在得知情况之后,马上派遣 62 架"米格-23"和"米格-21"战机飞赴贝卡谷地,向贝卡谷地上空的以色列空军飞机实施突击。然而,以色列空军对叙利亚空军的反扑早有防范,由"F-15""F-16""E-2C"和"波音—707"改装的电子战飞机组成了一个混合作战机群,早已经在叙利亚飞机可能来袭的方向建立了一道空中屏障。叙利亚空军的战斗机刚刚划出跑道,就已经被以色列军方的"鹰眼"牢牢地"抓"住了。电子计算机在几秒钟内就把叙利亚飞机的航迹诸元计算了出来,并且将飞机的距离、高度、方位、速度和其他资料迅速传给了所有参战的以色列飞机。

飞抵贝卡谷地上空的叙利亚飞机,首先遭到了以色列军方电子战飞机的强电磁干扰。于是在叙利亚飞机的机载雷达荧光屏上并不能看到以色列的飞机,飞机上的半自动引导装置也完全失去了效用,耳机里也无法听清楚地面指挥的口令,就是说,叙利亚空军从空战开始的一刻,就处于被动的局面。

一名叙利亚的飞行员看见一架"F-15"正迎面飞过来,于是赶快猛拉机头,准备绕到以色列飞机的后面去用"尖顶"寻热空空导弹对敌机尾喷管发射,可是他刚刚爬了一半,以色列飞机就向着这架叙利亚飞机发射了一枚以色列自制的红外寻的导弹,叙利亚飞行员只觉得自己的飞机猛然一抖,然后就燃烧了起来。

这是一场让人窒息的空战,只见 150 多架飞机以超音速的速度在空中来回穿梭,看得人眼花缭乱。这是空战的新纪元,人类对速度的不断提升让战争的变化更加细密,从前要几个小时几分钟才能决定的战争,现在哪怕是一秒钟都有可能发生迥然不同的结果。而这场在高精尖武之间器进行的战争中,谁能够掌握更先进的武器和战术,谁无疑就会获得战争最终的胜利。巨大的爆炸声不时响起在半空中,引擎的轰鸣震慑着山川和田地,以色列人从战争一开始就掌握了完全的主导权。最终,他们以己方未损失一架飞机,而击落 30 架叙利亚飞机的战绩结束了此次空战。

在经过了一天激烈的战斗之后,叙利亚宣布进入"高度戒备状态",在夜晚迅速向贝卡谷地派去增援部队,4 个"萨姆-6"导弹连和 3 个"萨姆-8"导弹连绕过弹坑和飞机残骸进入了贝卡谷地,叙利亚军方表示将尽一切努力粉碎以色列军方发动的进攻。然而一切并未向叙利亚军方所说的方向发展,故事根本没有呈现出那么多的悬念,6 月 10 日天一亮,以色列空军的 92 架飞机就将叙利亚新部署的 7 个导弹连又轰炸得荡然无存。

奉命出击的 52 架叙利亚飞机则同样遭遇了悲惨的命运,不仅没有取得任何的战果,而且也没有一架最终能够突破以色列的空中屏障飞回基地。以色列飞机所布下的空中屏障就如同一个硕大的迷宫,所有飞进去的叙利亚飞机几乎都如同泥牛入海,飞进去以后就再也没有出来过。就这样,以色列再次未折损一架飞机,却取得了击落叙利亚空军 52 架飞机的骄人战绩。

在贝卡谷地的空战中,以色列空军大量运用了高新电子战技术,尤其是在对贝卡谷地的导弹阵地进行空袭时,通过对高新电子战技术的运用,以色列仅付出了损失数架无人机的微小代价,却取得了击毁 80 多架叙利亚飞机的战绩。

由于空军的损失过于惨重,叙利亚再也无法承受,所以此后停止了空军的出击。叙利亚于 1982 年 6 月 11 日宣布停战。

但是以色列空军并没有准备就此罢休,他们在 6 月 13 日再次出动了 200 多架次飞机,摧毁了"萨姆-8"导弹连 6 个和"萨姆-9"导弹连 3 个,直到叙利亚方面的防空导弹体系几近崩溃才算停手。

曾经不可一世的"萨姆-6"导弹,就此在以色列空军的连连打击之下,变得不堪一击,而苏制"米格"飞机在美制"F-15""F-16"战斗机面前也显得难有作为,这在全世界立刻掀起了一次巨大震动。因此,贝卡谷地空战被认为是现代空战史上最为重要的空战战役之一,也是世界军事史上的一次经典战役。

(十四)马岛空战——飞鱼和海鹞的舞台

1982 年 4 月 2 日黎明,南大西洋的太阳还没有从海平面上升起,伴随着一声打破了黑暗的枪声,4000名阿根廷军人突然在马尔维纳斯群岛登陆,决定以武力占领这片和英国争议了长达一个多世纪的土地。阿根廷军人迅速向马尔维纳斯群岛首府发动了进攻,岛上的英国总督亨特因为寡不敌众,宣布投降。

消息很快就传回英国国内,举国哗然,英国的大小媒体马上开始为出兵远征大造舆论。

但是阿根廷军队的行动非常迅疾,到4月3日,阿根廷军队已经进占南乔治亚岛。英国国会急忙召开紧急会议,首相撒切尔夫人组成战时内阁,并授权组建特混舰队。英国空军率先做出回应,就在当天,英国空军第一架"C—130"运输机飞抵阿森松岛。

撒切尔夫人于4月5日在国会宣布:政府决定立即派遣舰队"远征南大西洋去收复失地"。对撒切尔夫人的建议,英国国会下议院一致通过,英国特混舰队在当天由朴茨茅斯和直布罗陀起航。

英国军队浩浩荡荡扑向马尔维纳斯群岛,而阿根廷军队则继续在岛上巩固自己的实力,尽快肃清岛上的英军力量。此时的南大西洋上空,气氛变得非常压抑和紧张,一场大战在所难免。

但是在战争开始的初期,当时英国的状况并不是很乐观。在20世纪60年代到20世纪70年代,英国国内出现了严重的经济衰退,军力受经济因素影响开始大幅萎缩,过长的防务战线与有限的经济和军事实力间的矛盾越来越突出,因此,这段时间的英军开始陆续退出全球各地的领地和殖民地。这在阿根廷政府看来,实在是个千载难逢的机会,时任阿根廷总统的加尔铁里认为,现在的英国早已经无力去打一场远在万里之外的长期战争,只要阿根廷军队能够拖住英军,英国最终将不得不接受现实,从而放弃马尔维纳斯群岛。于是,加尔铁里总统决定:以武力夺取马尔维纳斯群岛。可撒切尔夫人和英国人都没有忍气吞声,还是一句话,瘦死的骆驼毕竟比马大。

不过,当时英国军队的状况确实不容乐观,因为国防开支锐减,空军更是处在了被削减的前列,本来与美苏比肩的航空工业连与法国都无法相比了,多个先进武器的研制项目更是遭到了搁浅或者被取消,英国空军几乎已经退化成了一支战术打击力量。

因为要远渡大西洋,到南美洲作战,所以此次组建的远征军是以英国海军为主,战场处于7000海里之外,而且缺少前进机场,英国空军在前期只能承担一些辅助性的任务。但第一个做出反应的正是英国皇家空军,他们勇敢地承担起了战略侦察、战略运输的重任,很快,英国空军投送的特种空勤团(SAS)就成了第一支与阿根廷军队交火的部队,英国空军的"火神"轰炸机成了第一支对马岛发动突袭的空中编队。

那条"马岛不再属于英国"的消息,就如同是地震一样,让英伦三岛为之震动。唐宁街10号英国首相官邸中的人们,面对着纷至沓来的各种消息,更是陷入了长久的沉默,全世界的目光此时已经汇集到了英国。英国首相撒切尔夫人在当天就召开了紧急内阁会议,在这次紧急召开的会议上,内阁成员们没有别的工作,他们唯一关注的就是位于南大西洋上的马尔维纳斯群岛。半个小时以后,议会两院以第二次世界大战以后没有先例的全票,通过了撒切尔夫人的动议:向阿根廷宣战,

·军事战争·

图文珍藏版

夺回马尔维纳斯群岛。

在紧急会议结束之后,战时内阁马上就成立了,国家的战争机器此时紧张而又有序地开始运转。

英国海军受命之后马上出动,一支由数艘舰只组成的海军编队随即开赴南美洲,在"无敌"号航空母舰的带领下,"竞技神"号航空母舰、"热心"号护卫舰、"考文垂"号驱逐舰等悉数出动。

英国于 4 月 7 日宣布,马尔维纳斯群岛周围 200 海里为海上禁区。

从阿森松岛起飞的英国空军"猎迷"巡逻机于 4 月 15 日起开始对马尔维纳斯群岛周边海域进行空中巡逻。从这天开始,一直到此后阿根廷和英国在马尔维纳斯群岛作战期间,每日对马尔维纳斯群岛上空及周边海域进行巡逻侦察,几乎成为"猎迷"巡逻机例行的固定工作。据后来统计,在整个马尔维纳斯群岛战役期间,"猎迷"巡逻机共出动了约 150 架次,平均每天就会出动 2 架次。

毫无疑问,战略侦察是战争前期最重要的任务。如果在战争前期没有英国空军"猎迷"巡逻机的不间断侦察,难以想象英国海军的特混舰队是否能够及时到达马尔维纳斯群岛战区,更不要说取得战争的胜利了。

但是这种不间断侦察耗费也相当巨大,阿森松岛与马尔维纳斯群岛战区相距 3180 海里,"猎迷"巡逻机每次侦察巡逻都必须进行 3 到 4 次的空中加油,"猎迷"巡逻机在整个马尔维纳斯群岛战役期间就共计耗油 8100 吨。加上马尔维纳斯群岛开战之后,频繁爆发空战以及海战,战争期间消耗了大量的油料、弹药以及淡水等物资,因此,马尔维纳斯群岛战役给后勤运输提出了很高的要求,而强大的战略运输能力是战争胜利的有力保证之一。英国空军空运能力严重不足的问题在此战中完全暴露了出来,英国空军的运输机甚至无法承担基本战略运输的任务,经过马尔维纳斯群岛战役后,英国甚至不得不采购了美军的"C—17"运输机来实施弥补。

为了能节省油料,英国空军在"胜利"加油机内部加装侦察装备,增加加油机的灵活性。而作为攻击机的"鹞",也在这一周之内被改装为了配备 AIM-9L"响尾蛇"导弹的战斗机,从而开始承担防空任务。而"猎迷"巡逻机的水面搜索雷达也被技术人员装在"海王"直升机上,仅仅用 11 天就完成调试,英国的空中预警力量因此得以加强。而"火神"轰炸机在安装了"海盗"攻击机上的有源干扰装置之后,在轰炸斯坦利机场时,这些装置对机场上的防空导弹雷达进行了有效的压制和干扰。

英军特种空勤团(SAS)和特别舟艇团(SBS)的特种部队成员,组成了联合侦察分队,于 4 月 21 日在南乔治亚岛准备实施空降作战,但是因为当夜碰上暴风雨,英国空军在损失了两架直升机之后,侦察队并没有取得预计的进展。

但是英国军方并未就此放弃,皇家空军的一架"C—130"运输机于 4 月 22 日从阿森松岛起飞,把 12 名 SAS 突击队员空降到了南乔治亚岛以北的海面上,他们随后成功潜上岛去,白天隐蔽起来,晚上则出来执行侦察任务,将岛上阿根廷军队的兵力、火力配置和阵地位置等情况都及时发回舰队。

随后,特种空勤团于 4 月 25 日配合特别舟艇团,成功夺取了南乔治亚岛。

虽然特种空勤团(SAS)和特别舟艇团(SBS)分别隶属于英国的陆军和海军,但他们大部分时间都要依赖于空军战机进行远程机动或者配合作战,从根本上说,他们的任务能够顺利完成,空军在整个过程中起着举足轻重的作用。

夺取南乔治亚岛从表面上看似乎只有政治意义,而实际上英国军方则是夺取了一处非常重要的战略支点,从此以后,英军就具备了跟阿根廷军队进行长期作战的可能性。在南乔治亚岛上虽然没有办法起降大型飞机,但是英国空军的"鹞"式战机却可以将这里作为基地,从这里起飞对阿根廷军队实施打击。而从政治角度来看,那夺取南乔治亚岛的意义就更为重要,正是通过对南乔治亚岛的攻陷,表明了英国夺回马尔维纳斯群岛的决心。

南大西洋的海浪翻滚,作为军人当权者的加尔铁里此时踌躇满志,虽然英国舰队开赴大西洋的消息早已经传到了他的耳朵里,但是他并不认为英国人这一次稳操胜券。首先,英国与马尔维纳斯群岛相距 13000 公里,舰队日夜兼程,也需要在波涛汹涌的海上颠簸两周时间,而阿根廷和马尔维纳斯群岛相距不过 500 多公里,况且为了对付英国军方的反击,阿根廷军队早就已经严阵以待多时,英国人就算是来到马尔维纳斯群岛,也只能无功而返,承认既定的事实。阿根廷现在需要做的事情,只是要说服负责充当调停人的秘鲁总统与美国的黑格将军而已。

但加尔铁里自认是一个谨慎的人,所以他又向马尔维纳斯群岛增派了几千人的部队,使岛上的守军达到了 1 万人。然而,这种看似人数不少的军队,却根本没有做好在高寒岛屿作战的训练和准备,进驻马尔维纳斯群岛的阿根廷士兵也没有配备必需的御寒装备,以至于在后来的战斗中,很多士兵因为严重冻伤而截肢。

一位将军在这时曾向加尔铁里提议:"应该马上在马尔维纳斯群岛修建大型的空军基地,要不然的话很多作战飞机就不得不从大陆起飞,而只能在战区上空停留两分钟。"但自信满满的加尔铁里对此不以为然。

就在加尔铁里筹划着如何享受战争胜利的欢呼时,庞大的英国特遣舰队已经昼夜兼程,逼近了马尔维纳斯群岛。英国皇家空军一个大队于 4 月 9 日向距离马尔维纳斯群岛 5600 公里的阿森松岛转场,并将此处作为中转站,向途经这里的舰只进行装备补给。英军核潜艇于 4 月 12 日进入战区,开始对阿根廷实施海上封锁,从而威胁阿根廷本土与马尔维纳斯群岛之间的阿根廷海军。英国空军飞机于 4 月 15 日开始在马尔维纳斯群岛周围的空中进行巡逻。4 月 19 日,英军在阿森松岛部署好了远程战略轰炸机,英军的"火神"式轰炸机航程可以达到 6000 公里,从阿森松出发正好能够袭击马尔维纳斯群岛。尤其重要的是,"火神"式轰炸机不仅能够实施大面积空袭,还可以携带原子弹,此时,英国的核威慑意图已经表露无遗。

英国特遣舰队先遣队于 4 月 24 日驶抵与马尔维纳斯群岛相距 716 海里的南乔治亚岛水域,10 余艘军舰一起向着目标全速前进。此时,英国军方早就已经通过特别空勤团探知南乔治亚岛上只有 191 名阿根廷士兵。

但是英军为了保证万无一失,于当天晚上再次派出了一架 C-130 飞机飞抵南乔治亚岛上空,将在第二次世界大战期间屡立奇功的"特别舟艇中队"的 14 名队员空降到了岛上,随后,一批海军陆战队特遣人员也顺利登上该岛,这样,南乔治亚岛的战斗就基本上一切就绪。

第二天一早,阿根廷的"圣菲"号潜艇率先开始向南靠近南乔治亚岛的首府格利特维肯,英国空军的"山猫"反潜直升机马上就发现了它,随后就发射了深水炸弹和反潜导弹,一阵狂轰滥炸之后,"圣菲"号潜艇就此搁浅在了海岸边。前来增援的 40 名阿根廷士兵和潜艇人员在滚滚浓烟中仓皇逃到岸上。

英军"安特里姆"号驱逐舰上的先遣队指挥官布赖恩一声令下,英国军舰和战斗机上的炮火一齐向着阿根廷军队发动攻击,"海王"直升机将 30 名突击队员送到了岸上,英军的炮火非常猛烈,让防守一方的阿根廷军队毫无还手之力。接着原先登陆的陆战队配合突击队从侧面发动了进攻,阿根廷守军一时间手忙脚乱,在英军的攻击下,阿根廷军队坚守的要地接连丢失。阿根廷的抵抗此时已经没有什么意义,守岛的阿根廷军队在中午时分终于亮出了白旗。

英国空军的"火神"远程轰炸机于 4 月 30 日从阿森松岛起飞,携挂高爆炸弹飞行 5000 多公里对马尔维纳斯群岛阿根廷军队的阵地发动了轰炸,使得阿根廷守军损失惨重。

英国核动力潜艇"征服者"号于 5 月 2 日向马尔维纳斯群岛以西 230 海里的地方发射了一枚"虎鱼"式鱼雷,将阿根廷海军唯一的一艘万吨级巡洋舰"贝尔格拉诺将军"号击沉,从此,阿根廷海军再也没有办法从自己的领海驶出。

英国舰队的主力部队于 4 月 28 日以后全部进入马尔维纳斯群岛海域,从而完成了对马尔维纳斯群岛海域的封锁部署。

面对如此危急的境况,加尔铁里才如梦方醒,但是此时局势的发展已经由不得他了,此时英国人对马尔维纳斯群岛的环形立体封锁已经非常严密,以至于阿根廷军舰从布兰卡港开出几小时后,又不得不无奈地返航。加尔铁里此时知道自己正面对一个他最不愿意面对的局势:马岛实际上已成孤岛,岛上守军实际已成孤军。加尔铁里在与自己的助手进行了紧急磋商之后,急忙召见了阿根廷空军司令多索。

"我们眼下只有一条路可走,"加尔铁里目光如炬地看着他的将军,"全体空军紧急待命,从空中开始打击敌人。"

1982 年 5 月 4 日,英国皇家海军的"谢菲尔德"号导弹驱逐舰正缓缓驶向马尔维纳斯群岛北部水域,它在今天负责的是警戒任务。

"谢菲尔德"号导弹驱逐舰 1975 年才建成服役,舰上装备着"海标枪"导弹系统以及"山猫"式直升机、114 毫米舰炮。舰载电子设备除了通信声呐、导航仪以外,还装备着远程警戒雷达和敌我识别器。除此以外,舰上还有一套"乌鸦座"火箭干扰装置。可以看出,"谢菲尔德"号导弹驱逐舰是一艘集侦察、通信、攻击、干扰、防空于一体的现代化军舰。

特遣舰队司令伍德沃德于上午 10 时拨通了"谢菲尔德"号导弹驱逐舰舰长索尔特的电话,询问情况并不忘叮嘱索尔特:"情报显示,阿根廷空军活动频繁,他们有可能近期会在空中采取行动。"最后,伍德沃德还不忘再三叮咛:"自'贝尔格拉诺将军'号被我军击沉以后,阿根廷人肯定不会轻易罢休,所以我们必须高度戒备!"

"明白了,但是……"索尔特抬头望了一眼舰首那"零秒待发"的对空导弹,不以为然地说,"请将军务必放心,以'谢菲尔德'的战斗力,阿根廷的飞行员势必没有胆量来找我们的麻烦!"

索尔特万万不曾料到,就在他与伍德沃德通话的时候,"谢菲尔德"的灾难就在眼前。

当天上午 11 点,索尔特再次收到了旗舰发出的防空警报,但这并没有引起他的太多注意。他知道,任何敌机一旦进入"谢菲尔德"400公里范围以内,就会被"谢菲尔德"舰上的"眼睛"锁定。索尔特坚信,只要阿根廷的飞机出现在"谢菲尔德"的上空,他就可以让它葬身大海。

但是索尔特不曾料到的是:阿根廷的军中也有两艘"谢菲尔德"型的驱逐舰,所以他们早已经对这种类型军舰的优缺点了如指掌。

现在,他们已经做好了充分的准备,要利用所掌握的该舰缺点,对"谢菲尔德"实施毁灭性的打击。

在与"谢菲尔德"号相距300公里以外的阿根廷"5月25日"号航空母舰上,一架阿根廷的"超级军旗"式飞机起飞了,这架"超级军旗"的机腹下面挂着一枚红色弹身、白色弹头的"飞鱼"导弹。为了能够取得胜利,阿根廷人投入了最强的空中力量。

"超级军旗"式攻击机是由法国制造的舰载机,配备有高性能的电子设备和多用途雷达,在低空飞行时的时速可以达到1.3马赫,拥有良好的突防和对舰攻击能力。而"超级军旗"所携挂时"飞鱼"式空舰导弹也是由法国制造的,这种导弹的体积比较小,弹头威力大,雷达反射面仅为0.1平方米,射程为5到45公里,发射后可在与海面相距2到3米的高度以接近音速飞行。另外,这种"飞鱼"导弹虽然在发射之后为惯性制导,但是在接近目标以后则转化为电子自动定向仪操纵制导。命中率高达95%。

而在这架"超级军旗"式飞机起飞之前,就已经有一架"海王星"海军侦察机先行升空,"超级军旗"刚刚起飞,"海王星"侦察机就将已经掌握的目标指数传送了过去,所以"超级军旗"并非是在孤军作战,而这些攻击方式都是按照阿根廷飞行员在法国受训时所掌握的战术进行的。为了能够充分利用地球曲线的掩护效果,躲开英军远程警戒雷达,"超级军旗"在升空后突然从几千米的高空下降到与海面相距20到30米的高度上。

机载测高设备在距海面20到30米的高度上几乎没有什么作用,因此如果飞行员稍有不慎,就有可能会葬身海底。而再先进的雷达在这个高度上也会处于盲区,飞行员关闭了自己的机载雷达之后,就凭借着多年飞行的经验向着目标飞速驶去。

飞行员在11时10分时估计已经进入了"飞鱼"的攻击范围之内,所以忽然将飞机急速拉升,"超级军旗"就此一跃而起,爬升到了150米的高度,飞行员同时短暂打开了机载雷达,指示器荧光屏上马上就显示出了"谢菲尔德"的信号。"飞鱼"的计算机在瞬间就获得了所需数据,飞行员没有作过多思考,按下了发射电钮。飞行员只觉得"超级军旗"发出一阵轻微的战栗,"飞鱼"已经飞了出去,在高出海浪2到3米的地方,如同一道闪电般直向"谢菲尔德"扑了过去。

飞行员并没有理会导弹是否能击中目标,"飞鱼"刚一飞出,飞机就马上返航,至于目标是否能被击中,那要等回到基地以后才能知道。

而此时的"谢菲尔德"还在海面上悠然自得地航行着,迎着海风站在高处的索尔特舰长仍然在注视着天海之间的景色。突然,一片红光向着"谢菲尔德"及他自己冲了过来,他的头脑中只是在这电光火石之间闪过了一个想法,他认出了那种一直冲至面前的导弹,那是"飞鱼"式空舰导弹,皇家海军的仓库里也有这种型号的导弹。在这闪念之间,他只是喊出了一声"隐蔽",但是他的话音未了,导弹已经准确击中了水线以上1.8米的舰舷,并且随后穿透钢甲在舱体内爆炸。舰上的电缆和油漆一下子都被导弹燃料引燃,"谢菲尔德"上一时间浓烟滚滚,毒气四溢。

面对突如其来的灾难,此时在"谢菲尔德"号上的英国水兵们体现出了勇敢和沉着,他们开始想尽各种方法试图自救。但是这次打击对"谢菲尔德"来说非常致命,"飞鱼"导弹直接摧毁了"谢菲尔德"号的控制舱,将舰上的动力、电力和消防系统全部破坏,也就是说"谢菲尔德"的控制系统其实已经全部瘫痪。经过了5个小时的自救尝试,索尔特最终沉痛地下令所有人员弃舰逃生。

于是,这艘价值两亿美元的庞然大物,就这样徐徐沉入了海底。

"我们刚刚接近马岛,便遭到阿根廷飞机的袭击,它们编队而来,且飞得很低,我们发现它们时距离已经很近,无法有效迎战。阿根廷飞机一边发射火箭,一边丢下炸弹,只见甲板上火星四溅,周围滔天的水柱把军舰颠簸得东摇西晃。忽然'轰'的一声,几个同伴满身是血地被抛到海中。'完了!'我心里叫了一声……"这篇文字,引自一位参与了马尔维纳斯群岛战役的英军士兵的日记,他在日记里所描写的,是在阿根廷国庆日当天发生于马尔维纳斯群岛的一场激烈空战。

5月4日将"谢菲尔德"击沉之后所带来的胜利,像是给布宜诺斯艾利斯打了一针强心剂,阿根廷偏激的好战分子们一度有些情绪消沉,如今他们的狂热随着"谢菲尔德"的沉没再度被唤醒,他们聚集到了总统府外,冲着总统府邸的里面一遍遍地高呼着:"加尔铁里,决战!"

5月25日是阿根廷国庆节,加尔铁里在24日晚将所有文武官员召集到了阿根廷总统府邸,并且向他们宣布了他的决定:他希望在第二天能够将英军置于死地,以这样的方式来庆祝阿根廷最不寻常的节日。

在阿根廷国庆日当天,一场最激烈的空战在南大西洋上空开始了。

在即将出发之前,阿根廷的飞行员们都做好了死战到底的准备。他们写好了交给家人的遗书,并将妻子和儿女的照片揣进贴身口袋,有的人还对着录音机,将自己为祖国而死的最后誓言倾诉出来。在一切就绪之后,他们拿起飞行皮囊,头也不回地走向各自的战机。

各式各样的阿根廷飞机竞相从本土的几个机场起飞,在转瞬之间扑到英国军舰的上空,呼啸的炸弹疾风骤雨一般落向英国军舰。英国军队的上空开始被空袭警报的声音笼罩,英军士兵们纷纷跑向自己的岗位,用各种防空武器在天空中交织出一道道火力网。但是,阿根廷飞行员们运用熟练的规避动作一次一次穿过这些火力网,有的甚至是紧贴着军舰的桅杆俯冲下来,英军的军舰上顿时被浓烟覆盖。

在马尔维纳斯群岛东侧的海域,阿根廷空军的两个4机编队的"天鹰"攻击机,以超低空方式对英国两艘"大刀"型护卫舰发动了超低空攻击。英国军舰随即做出反应,以自己强大的防空火力对阿根廷飞机发动反击。舰空导弹呼啸着冲上半空,击落了两架"天鹰"攻击机。但其余的飞机并未因此就显示出怯弱,它们对英国军舰发动了更大规模的攻击,一艘军舰的舰尾很快就被450公斤的炸弹击穿了,随后,"天鹰"攻击机从一艘军舰的直升机甲板上空掠过,一架"山猫"式直升机当场就被击毁。

一架阿根廷军方的"其卡拉"式攻击机本来已经被炮火击伤,眼看着就要坠入大海,但是飞机的机头突然再度抬起,径直向一艘英同军舰撞了过去,顿时撞得碎片四裂,而这艘英国军舰就此变做一团火球。

但是英国人的灾难还远远没有结束,阿根廷人很快就把目标对准了特遣舰队的旗舰——"无敌"号航空母舰。

一架"超级军旗"在 8 架"天鹰"的掩护下以密集队形直奔"无敌"号航空母舰而来,在与"无敌"号相距 50 公里的时候,"天鹰"飞机突然散开,分为两组,引开了前来拦截的英军"鹞"式飞机和"海标枪"防空导弹,而与此同时,"超级军旗"则向着"无敌"号航空母舰发射了两枚"飞鱼"导弹。

负责护卫任务的英军"考文垂"号驱逐舰舰长在危急时刻及时发现了这个情况,急忙下令"考文垂"号驱逐舰开足马力迎了上去,他要用自己的军舰挡住"飞鱼"的攻击,同时他命令向空中发射金属箔,从而扰乱"飞鱼"的飞行方向。结果,一枚"飞鱼"还是准确击中了"考文垂"号驱逐舰的侧舷,另一枚则因为金属箔的作用而偏离了方向,击中了停泊在不远处的"大西洋运送者"号大型运输舰,只听得一片轰鸣,"考文垂"号驱逐舰和"大西洋运送者"号大型运输舰很快就被熊熊大火所吞噬,这两艘军舰大概在几分钟以后一起沉入了几千米深的洋底。

报告很快被发回了伦敦,英国国防大臣诺特在接到报告后久久没有说出话来,他过了很久才叹了口气说:"皇家海军经受了前所未有的沉重打击。"

但此战所产生的更为深远的影响是让战争的愁云笼罩在了每一个英国民众的头上。英国的一家报纸就不无悲伤地写道:"英国也许将迎来一个阴森森的葬礼的季节。"阿根廷这种博命的打法让很多英国人忧心忡忡,一位阵亡水兵的父亲就泪如雨下,他沉痛地质问当局:"大英帝国难道非得让孩子们死在那个遥远的岛屿上不可吗?"

撒切尔夫人在她当天的日记上写道:"5 月 25 日,黑色的一天。"

大英帝国战时内阁的成员们原本以为只要大英帝国的庞大舰队一到,马尔维纳斯群岛上的阿根廷人必定就会望风而逃,但此时他们发现,眼前的这个对手远远没有那么屡弱。于是,在经过商议之后,内阁的大臣们一致决定,命令前线的英国军队在马尔维纳斯群岛实施登陆作战。

其实,登陆作战的计划在几天之前就已经在前线舰队司令伍德沃德将军的心里酝酿成熟,他已经准备好了用自己手上这为数不多的部队在马尔维纳斯创造一个奇迹。当时马尔维纳斯群岛上的阿根廷守军有 10000 人,而伍德沃德手上只有 6000 士兵,要想出奇制胜,就必须选择一个阿根廷人意想不到的登陆地点。

伍德沃德将军选中的登陆地点是地形复杂、航道狭窄,而且舰艇难以接近的圣·卡洛斯港。而这个海港看起来非常不适合英军登陆,因为这里面向阿根廷本土,在这里很容易受到从阿根廷本土起飞的飞机进攻。

但是,在圣·卡洛斯登陆也有好处,这里的守军只有 40 余人,加上近日来的战斗,已经将阿根廷军队驻岛上的兵力大部分吸引到了马尔维纳斯首府斯坦利港附近。如果在圣·卡洛斯登陆,阿根廷驻岛的主力部队必然难以驰援,可以说圣·卡洛斯其实是阿根廷军队防守最为薄弱的地方。

伍德沃德最终选择了圣·卡洛斯。

5 月 26 日凌晨 3 点 30 分,两艘英军登陆舰悄悄驶临圣·卡洛斯,之后由 3 个突击营组成的登陆分队，划着橡皮艇飞快地靠近海滩。与此同时，两个伞兵营也由"海王"式、"小羚羊"式和"支奴干"式直升机空降到了敌后。

接着，英军的登陆兵发动了前后夹击，40名阿根廷士兵随后就逃跑了。到天亮的时候，英军在滩头已经建立了一条宽4英里并有足够纵深的阵地，随后，英军的坦克、装甲车不断地开到岸上来，"吹管"式防空导弹和"轻剑"式防空导弹没过多久就竖立起来，建立了防空阵地。

加尔铁里在得知英军登陆的消息之后，马上召见了空军司令多索，要求空军不惜任何代价，也必须将登陆的英国军队赶回到海里去。多索离开总统办公室的时候已经深深清楚，如今整个马尔维纳斯群岛战争的最终命运已经落在了他的肩上。

第二天天刚蒙蒙亮，一架架阿根廷飞机飞向了圣·卡洛斯的英军登陆阵地。阿根廷方面的"天鹰"攻击机、"其卡拉"攻击机以及"幻影"战斗机对英军的阵地发动了一轮又一轮的猛烈攻击，英军在登陆之后的部署几乎都被阿根廷的飞机破坏掉了，阵地工事更是被炸得七零八落，在向西面推进的英军突击队也受到了阿根廷空军的猛烈攻击，指挥官琼斯中校在此次空袭中阵亡，突击队在阿根廷飞机的轰炸下几乎完全失去了作战能力。

但是，因为加尔铁里没有在马尔维纳斯群岛修建机场，阿根廷空军的战斗力很快就难以为继，需要加油的阿根廷飞机不得不进行简单轰炸之后就马上返航。而在阿根廷空军掌握了战争主动权之后，驻扎在马尔维纳斯群岛上的阿根廷地面部队也没有及时跟进，这些，都给了英国军队喘息的机会。

当英国军队发现了阿根廷人的软肋之后，就开始拼命反击，因为急于回到本土加油，很多阿根廷飞机不得不狼狈返航，这时候就成了英国防空火力攻击的最好契机，几十架飞机就这样被英国战斗机和防空导弹击毁。在拥有了空间之后，英国飞机展开了全面反击，从本土起飞的阿根廷轰炸机还没有飞抵圣·卡洛斯上空，就遭遇了英国飞机的拦截。而飞抵圣·卡洛斯上空的阿根廷飞机，一旦面临英国战斗机的缠斗，就会因为油量不足而后继乏力，从而轻易被击落。

阿根廷飞机的密集轰炸经常出现断流，因此阿根廷空军的攻击渐渐被英国空军的火力所压制，英国空军也渐渐能够从容不迫地发动反击。战斗一直持续到黄昏时分，英军方面虽然付出了惨重的代价，但是他们最终守住了看似已经非常脆弱的滩头阵地。而阿根廷空军在此役中虽然勇敢作战，但是因为损失逾半，仅有的9枚"飞鱼"导弹也已经发射完毕，加上欧共体国家及北约已经联合对阿根廷实施武器禁运，阿根廷人至此已经再也无力发动强大的攻势了。

5月27日，英军从圣·卡洛斯分兵两路迅速南下。

5月28日，英军攻克达尔文港。

5月31日，英军逼近马岛首府斯坦利港。

到这个时候，马尔维纳斯群岛的天空中再也没有出现过阿根廷空军的飞机，英军的"支奴干"式和"海王"式直升机负责向前方运送部队和装备，"鹞"式战斗机则在空中巡航待战，从阿森松远程奔袭来的"火神"战略轰炸机对斯坦利守军发动着一遍又一遍的地毯式轰炸。

6月13日，阿根廷的马尔维纳斯群岛守军鉴于己方的损失过于惨重，已经无力再抵抗英军的进攻，守岛司令梅内斯将军于是在下午2时，被迫同英军地面部队司令穆尔少将举行了谈判。晚上9时,梅内斯长叹一声,在投降书上签下了自己的名字。

(十五)海湾战争——超视距时代的空中对抗

1988年8月,弥漫在波斯湾地区的硝烟逐渐散去,长达8年之久的两伊战争终于宣告结束。经历了多年战火灼烧的两河流域重新回归平静,印度洋的海风徐徐吹来,将吹去所有的血腥和杀戮。

但是,战争远远没有结束,阿拉伯半岛和伊朗高原的人们并不知道,好战分子的血不会冷却,他们总是在等待着任何可以挑起战端的契机,刚刚驱散了阴云的波斯湾,再次暗潮涌动。

海湾战争

伊拉克总统萨达姆·侯赛因从1990年初开始,就授意伊拉克的官员经常对其邻邦科威特进行刁难。开始,伊拉克方面提出"以阿拉伯团结的名义"将两伊战争期间欠下的140亿美元债务一笔勾销,科威特方面自然没有答应。随后,伊拉克方面居然又进一步提出了领土要求,科威特当局断然予以回绝。萨达姆·侯赛因就以此作为理由,下令向科伊边境调集军队,随即向科威特发出了最后通牒。此时的波斯湾再度波涛涌动,科伊边境的战事也是一触即发。

西亚的8月正是烈日炎炎,那段时间白天的温度可以达到摄氏40度,只有晚上能稍微好些。8月2日凌晨2时,当科威特人正在熟睡之际,伊拉克总统萨达姆·侯赛因却在他的官邸里下达了对科威特发动大规模进攻的命令。于是,30万伊拉克军队以共和国卫队作为主力,在350辆"T-72"坦克的引导下,迅速越过125公里长的科伊边境,向科威特首都科威特城进发。

于是,漆黑的夜空被提前点亮了,科威特人惊慌地从梦境中惊醒,他们蓦然发现四周已经不再是万籁俱寂的天地,而是一片焦土。天空中,大批的伊拉克轰炸机、歼击机、强击机和武装直升机将天空遮蔽,无数的炸弹和火箭命中目标,浓烟滚滚,战火蔓延。随后,伊拉克1个坦克师和8个机械化师在地面上一字排开,在猛烈炮火的掩护下长驱直入,一直攻入科威特城。

对于号称阿拉伯世界头号军事强国的伊拉克来说,国土面积只有1.78万平方公里的科威特实在是太小了。而且,伊拉克在之前刚刚经过8年两伊战争的战火洗礼,拥有着丰富的实战经验和精良的武器,而只有两万军队的科威特在伊拉克面前,就如同是一只柔弱的兔子在面对凶狠的虎豹,伊拉克军队几乎没有花费太多的力气,仅仅用了10个小时就占领了科威特全境。

当萨达姆享受着巴格达的午后阳光时,攻克科威特的战报已经由国防部的高官送到他的桌子上,他此时的心里非常高兴,不忘邀请送来报告的官员尝一尝他女儿亲自制作的库巴。然而,萨达姆并不知道,胜利不过是短暂的,真正的战争才刚刚拉开序幕。

伊拉克入侵科威特,美国人首先坐不住了。美国人在海湾地区有着巨大的经济利益,历来极为关注这一地区的形势,美国的侦察卫星几乎是时时刻刻地盯着这里。萨达姆向科伊边境调集重兵,侦察卫星当然把这些情况都看在了眼里,但是美国人并不觉得伊拉克会对科威特动武,毕竟,当时的伊拉克刚刚经过"两伊战争",不大可能有在近期再度挑起战事,萨达姆大概只是想威胁一下科威特。但是,事实证明,美国人的判断错了。

8月2日凌晨,美国总统布什在得到伊拉克军队突然进攻的消息以后,非常震惊,国防部五角大楼指挥中心也显得有些手忙脚乱。参谋长联席会议主席鲍威尔更是忙个不停:命令停泊在巴林麦纳麦港的6艘美国军舰立即起锚驶离港口,以防伊拉克空军突然袭击,造成"第二次珍珠港事件";命令正在印度洋游弋的"独立号"航空母舰向阿曼湾靠拢待命;命令印度洋迪戈加西亚岛美军基地处于一级战备状态,基地上的"B-52"轰炸机随时准备出击;命令美军驻希腊苏扎湾海军基地处于高度战备状态。

美国军政要人于8月4日清晨齐聚戴维营,召开了紧急会议。在经过一整天的讨论之后,在这次会上最终敲定了一项代号为"沙漠盾牌"的行动计划。该计划的主旨是向海湾地区紧急增兵,阻止伊拉克进一步入侵沙特,并通过军事打击迫使伊拉克从科威特撤军。同时,在会上做出了决定,将"沙漠盾牌"行动的指挥权交由美军中央司令部司令施瓦茨科普夫上将全权组织实施。

布什总统于8月7日凌晨2时,正式批准了"沙漠盾牌"行动计划。下达命令之后,五角大楼迅速开始行动。早晨6点,国防部长切尼主持会议,对"沙漠盾牌"的实施方案做出了详细部署。

在"沙漠盾牌"实施方案中,空中力量以其特有的机动速度快、机动距离远的特点而受到了重点关注。

美军第82空降师的2300人作为"沙漠盾牌"行动的先头部队于7时30分完成登机,运载这批伞兵的飞机在5分钟后起飞,奉命从北卡罗来纳州的布拉格堡基地飞往沙特。

与此同时,两个中队共计48架"F-15"战斗机从弗吉尼亚州的兰利空军基地起飞,它们作为首批派往沙特的空军部队,将飞赴沙特指定机场。

经过3个月紧张的海空运输之后,到11月初,到达海湾地区的美军总兵力已经达到了24.5万人。其中,地面部队有17万人,坦克800辆;空军部队有3万人,各型飞机444架;海军部队有4万人,各型舰船85艘,舰载机553架。

在这紧张的3个月里,按照美国总统布什的意见,美国一直在对伊拉克进行禁运、封锁和经济制裁,美国方面认为,对伊拉克的封锁,加上20多万大军压境,完全能够让萨达姆从科威特撤兵了。但是,布什的判断再一次出错,萨达姆非但没有从科威特撤走军队,反而开始加紧备战,并且向科沙边境又增调了20个师的兵力。在完成兵力部署的同时,萨达姆还展开了宣传攻势,宣布扣留西方人质,同时号召阿拉伯人开展"圣战",打击美国并且"推翻阿拉伯的统治者"。

布什完全被萨达姆的这些言行激怒了，于是在 11 月 8 日宣布，在两个月内再向海湾增兵 20 万，他宣布美国已经决定主动出击，要让美军"拥有在必要情况下采取适当的进攻性军事行动的选择"。

　　美军因为在兵力总数上无法超过伊军，所以，美国不仅派去了所有的精锐之师，而且还将武器库中几乎所有的新式武器都拿了出来，以获得在技战术上的优势。在美国所亮出的高精尖武器中，其佼佼者当首推"F-117"隐形战斗轰炸机。

　　"F-117"由美国著名的洛克希德公司制造，是美国空军最新式的主战飞机之一，也是美国空军第一种高亚音速隐形战斗轰炸机。1981 年 6 月，该机的原型机首次试飞成功，随后于 1983 年 10 月正式投入生产，并且开始装备驻内华达州内利斯空军基地的第 4450 战术战斗机大队。美国空军共采购了 59 架"F-117"，到 1990 年 7 月 21 日全部交付完毕，总费用为 62 亿美元，单架价格达到了 1 亿多美元。

　　尽管早在 1981 年"F-117"就已经试飞成功，并在 1983 年正式投入使用，但是美国空军对它的所有情况一直讳莫如深，直到 1989 年 4 月 21 日，才在内利斯空军基地正式向外界展示了"F-117"。

　　"F-117"外观呈黑色，头部像个楔子，后缘呈锯齿状，机尾很像燕尾。但是更为令人惊奇的是，在它的全身找不到一丝曲线和曲面的痕迹，整架飞机几乎全部由直线及平面组成。至于设计成这个样子的原因，主要是为了让它具备前所未有的"隐身"本领。因为这种外形能够大大减少它被雷达捕捉到的概率。除此以外，在它的发动机进气口、尾喷口、座舱盖接缝、起落架、舱门等部位，也都添加了有益于"隐身"的特别设计，就连机身上的涂料，也有吸收雷达波束的功能，从而增强它的"隐身"本领。据说，在"F-117"身上添加了这些设计之后，它在雷达屏幕上显示的信号比一只小鸟在雷达屏幕上显示的信号还小，使用人的肉眼根本识别不出来，就如同是披上了一件"隐身衣"。

　　除了拥有隐身本领，"F-117"还具备强大的突击能力。在它的腹部，有一个长 4.7 米、宽 1.75 米的大弹舱，里面可以装载两枚 2000 磅激光制导炸弹或数枚空地导弹。但是，"F-117"也并非尽善尽美，设计师们为了增强它的隐身性能，不得不在其他一些性能上做出了牺牲。比如，它的最大速度并没有超过音速，众所周知的是，当时世界上的一流战斗机都已经达到了超音速；另外，它的空战能力非常薄弱。

　　当然，除了"F-117"以外，美军还有其他先进的装备，比如"F-15""F-16"战斗机，"A-10"攻击机，"F-111"战斗轰炸机，海军的舰载机"甲 HA-18""A-6""A-7"，陆军航空兵的 AH-64"阿帕奇"攻击直升机和 AH-1"眼镜蛇"攻击直升机等等，这些都是当时世界上最为先进的兵器。

　　美国人开始积极对中东增兵，更是拉出多国部队的旗号。但是萨达姆也并非等闲之辈，他并没有被美国的阵势吓倒。当布什总统在电视上发表讲话，让萨达姆滚出科威特的时候，萨达姆的回答是："一旦美国人卷入战争，我们将使他们血流成河。"萨达姆的话并非言过其实。萨达姆下令在全国实行战时体制，以对付多国部队的进攻，他将全国划分为 5 个战区。同时，萨达姆也加紧进行扩军备战，将正规军在原有的 53 个师的基础上，恢复了 13 个师，并新组建了 11 个师，从而达到了 77 个师，更是将总兵力增至 120 万人，装备坦克 5600 辆、装甲车 6000 辆、火炮 4000 余门、飞机 770 余架、"飞毛腿"导弹 800 余枚。

与多国部队相比,伊拉克在兵力总数上处于绝对优势,虽然在兵器的质量上稍显逊色,但其中也不乏当时世界上的一流兵器。比如,在空战兵器当中,"米格-29支点"式歼击机,就完全能够与美国空军的"F-15""F-16"相提并论。

"米格-29"是在20世纪80年代初,由苏联著名的米高扬设计局推出的一种全天候歼击机。"米格-29"从外观上看,更像是美国几种飞机的混合体。比如,它的机翼和头部跟"F-16"和"F-18"很相像,它的双垂尾则类似美国的"F-15",而它的后半身则与"F-14"相近。"米格-29"配置有两台"R-33"型涡喷发动机,机内装有具备下视、下射能力的脉冲多普勒雷达,探测距离达100公里,另外还装有红外搜索装置、红外跟踪装置、敌我识别器和全向雷达报警系统。在"米格-29"的两个机翼上,各有3个武器挂架,可以挂载空空导弹、航空炸弹、火箭弹等,在它的机身左侧边条根部还装有一门30毫米机炮。"米格-29"的最大速度能达到2.3倍音速,作战半径为900公里。

除去以上讲到的性能外,"米格-29"还能完成"皮加切夫眼镜蛇机动"。这个动作的要领是在飞机处于低空平飞时,机头突然拉起,使飞机腹部向前平飞出数秒钟。在当时世界的一流战机中,除"米格-29"和"苏-27"以外,还没有其他任何一种飞机能做出这个动作,哪怕是美国的"F-15"和"F-16"战斗机。

多国部队虽然来势汹汹,但是与多国部队相比,伊拉克地面部队所占有的巨大优势让萨达姆对最后的胜利信心大增。所以,萨达姆决定与多国部队展开陆上决战,他甚至为此特别在南部战区设置了3道防线。

而美国对自己的短板更是心知肚明,知道自己的地面兵力有限,如果与伊拉克直接展开陆上决战,必然占不到太多便宜,于是,美国就把进攻主力集中在了空中力量上。从"沙漠盾牌"行动一开始,美国就先着手制订以空中力量摧垮萨达姆战争机器的作战计划。

在伊拉克入侵科威特的第3天,也就是1990年8月5日,正在外地休假的美国空军主管计划与作战的副参谋长特别助理沃登上校被紧急召回了华盛顿,白宫要求他立刻召集一个由计划和作战参谋军官组成的特别小组,制订出一个保卫沙特阿拉伯的战略空中战役计划。

沃登上校将小组成员集中到了空军参谋部的决胜处办公室,经过两天的商议之后,计划初具轮廓。应空军副参谋长约翰·洛将军的要求,沃登上校于8月7日下午提交了一份长达12页的对伊战略空中战役计划梗概。为了能够有别于越南战争中的"滚雷"计划,该计划被命名为"霹雳"。

这个计划得到了当时美国空军高层的欣赏和认可,于是在8月9日,沃登上校及其小组随着空军计划主任亚历山大少将一起,到麦克迪尔空军基地向施瓦茨科普夫将军进行汇报。

沃登上校想通过空中攻势打击伊拉克,从而迫使伊拉克从科威特撤军。因为施瓦茨科普夫将军没有办法在短期内集结起足够打一场进攻战役的地面部队,因此无法完成总统要求的在短时间内将伊拉克军队赶出科威特的任务,而只有空中力量能够通过迅速集结而发动猛烈攻势,所以沃登上校的这个计划和施瓦茨科普夫将军的想法不谋而合。

施瓦茨科普夫让沃登上校先将"霹雳"计划呈交参谋长联席会议主席鲍威尔

将军,这个计划随即也得到了鲍威尔的支持,并得到了进一步的要求:"我的目的不是让他们撤退,而是要消灭他们,摧毁他们所有的坦克。"鲍威尔希望沃登上校能在计划小组中增加陆军、海军和海军陆战队的代表。这样,计划小组的成员就增加到了 100 多人,在一个星期之后,"霹雳"计划正式出笼。

随后,又经过了精心策划,计划小组制订出了更为详尽的空中进攻计划。并且,他们还为这个计划确定了 5 个基本目的:首先是孤立萨达姆政权,并且最终使之垮掉;其次是要夺取并保持制空权;然后是将伊拉克大规模杀伤性武器系统完全摧毁;还要摧毁伊拉克军队的军事进攻能力;并且将部署在科威特战区的伊拉克陆军的进攻能力完全摧毁。

为了能够达到上述目的,计划小组提出了 12 个要突击的目标群,其中包括伊拉克的作战指挥系统、战略防空网、机场、化学武器、"飞毛腿"导弹、共和国卫队、能源设施、交通枢纽等。

在整个计划制订的过程中,计划小组的负责人之一格洛森将军还反复征求了参战的各联队长的意见,从而使得计划更加完善。

在还没有正式开战之前,美军就已经制订出了完善的作战方案,做好了充足的作战准备,无论是在软件设施还是硬件设施上,美国制订出的计划都是严密而又周详的。与美国形成对照的是伊拉克,萨达姆虽然布置好了地面部队的防线,但是在进攻中并没有一套全面缜密的方案出台。在进攻与防守之间,美国人首先想到的是如何更为高效有力地进攻,而萨达姆想到的是怎样顽强而又持续地抵抗,而在战争中,其实只有进攻才是最好的防守。

更为关键的是,美军作战依靠的是多名指挥官之间的协调和配合,而伊拉克则是总统下令,其他官兵负责将工作执行到位即可,这样的作战是团队与个人之间的对抗。伊拉克即便是拥有再多的高精尖武器,在战略战术上的认知仍然处于落后的"一言堂"状态,必然会招致失败的命运。

1991 年 1 月 15 日,这是在联合国安理会第 678 号决议中所规定的伊拉克从科威特撤军的最后期限。

战斗还没有开始,作为多国部队总司令的施瓦茨科普夫将军仍然在仔细研究着作战计划,为了保证第一阶段的"沙漠风暴"行动能够顺利,他吸取了以往战争的教训,把海军、陆军所属的作战飞机统一集中起来,将指挥权交给了驻海湾地区美空军司令霍纳中将。

1 月 15 日,萨达姆并没有从科威特撤军。

1 月 16 日上午 10 时 30 分,布什总统签署了给驻海湾多国部队总司令施瓦茨科普夫的作战命令。此后,先是携带着"AGM-86C"巡航导弹的"B-52"轰炸机从美国本土路易斯安那州巴克斯戴尔空军基地起飞。接着,驻扎在印度洋迪戈加西亚岛的"B-52"也奉命升空。驻扎在沙特各基地的"F-117""F-15""F-16"等飞机随后也相继起飞,列队飞向伊拉克。

1 月 17 日凌晨 1 时,在红海上游弋的美海军巡洋舰上发射了一批"战斧"式巡航导弹。随后,美军 4 架 AH-64"阿帕奇"攻击直升机和两架 MH-53J"低空气路"特种作战直升机,率先从紧靠伊科边境的阿尔朱夫基地起飞向北而去。6 分钟以后,同样编队的另一个"红色小组"也跟着起飞。两支直升机小分队随后以每小时

222 公里的速度在 15 米的高度上一直向北飞去,对伊拉克军方的雷达阵地发起了猛烈进攻。

几乎在伊拉克军方雷达阵地被攻击的同时,一架绰号为"黑色幽灵"的"F-117"隐形战斗轰炸机已悄悄突入伊拉克首都巴格达上空,然后把一枚 2000 磅的精确制导炸弹准确地投到位于巴格达闹市区的电话电报公司大楼屋顶的正中,此时恰好是凌晨 3 时整。

随着萨达姆一声令下,整个巴格达的所有防空武器一起向着空中开火,高射机枪、高射炮射出的弹道轨道与空中投下的炸弹火力交织在一起,防空警报声和炸弹爆炸声很快就将整个巴格达吞没。但是,多国部队的空袭太过猛烈,加上强烈的电子干扰,伊拉克的防空雷达和地空导弹没有多久就被压制住了,余下的高射炮和高射机枪,因为指挥通信设施和目标指示雷达受到强烈干扰而失去了指挥,只能盲目地对空中进行射击。

从 17 日开始,多国部队加大了空袭的密度。到当天午夜,多国部队对伊拉克和科威特境内的目标从空中共进行 3 轮高强度轰炸,其间出动飞机 2000 多架次,投弹 1 万多吨。除此以外,停泊在海上的美国军舰也向伊拉克腹地的指挥通信中心、雷达和防空导弹阵地以及部分机场发射了"战斧"式巡航导弹 100 多枚。

经过这一天的轰炸之后,萨达姆的总统府、巴格达电信电报大楼、空军和防空指挥部被摧毁,巴格达附近的两个机场陷于瘫痪,一些工业设施、巴格达电厂、电视台大楼也被炸坏。其实在伊拉克空军部队里,还装备着数量相当可观的"米格-29""米格-25"等先进飞机,但是因为伊拉克飞行员的素质和训练水平一般,并未给多国部队带来太大麻烦,多国部队随后不久就成功夺取了制空权。

在萨达姆所拥有的武器中,真正给多国部队带来麻烦的是伊拉克装备的 800 余枚"飞毛腿"导弹。萨达姆于 1 月 18 日决定用"飞毛腿"攻击沙特和以色列境内的目标,施瓦茨科普夫急令多国部队空军专门派飞机去搜寻并消灭"飞毛腿"导弹。但是因为"飞毛腿"导弹的机动性太强,多国部队空军攻击的效果并没有预想那么明显。但是美军的"爱国者"导弹却在拦截"飞毛腿"导弹时发挥了巨大功效,因为战绩突出,甚至赢得了"'飞毛腿'克星"的美誉。

18 日早晨,太阳还没有升起来,一架架挂满穿甲集束炸弹的"B-52"轰炸机从土耳其和印度洋迪戈加西亚基地起飞,在空中完成编队之后,向科威特西北部地区萨达姆的共和国卫队的阵地猛扑过去。美军开始了对萨达姆共和国卫队的轰炸,其实早在战争开始之初,施瓦茨科普夫将军就深知,如果不能尽快消灭掉萨达姆的这支精锐之师,这将会给以后的地面进攻带来非常大的麻烦。在以后的十几天时间里,"B-52"几乎每天都会去轰炸萨达姆的共和国卫队,使得这支"军中之军"伤亡惨重。

在进行了 14 个昼夜的战略空袭之后,施瓦茨科普夫将军于 1 月 31 日下达命令,指示多国部队空军转入战术空袭阶段,开始转向轰炸科威特和伊拉克南部的伊军地面部队和防御阵地、坦克和装甲车集群、交通枢纽、桥梁、铁路和公路运输线、燃料和弹药库以及后勤补给基地等目标。

在这一次的轰炸中,萨达姆的共和国卫队仍然是被重点"照顾"的对象。而且,此次飞抵共和国卫队阵地上空轰炸的,除了"B-52"之外,还增加了美国空军的

A-10"雷电"攻击机和陆军航空兵的 AH-64"阿帕奇"攻击直升机,这两种飞机都有着很强的反坦克火力,因此也被人称为"坦克的克星"。

经过第 1 轮 38 天的作战,伊拉克南线战区的 54 万大军,在多国部队空军的空袭下损失达 25%以上,重装备损失更是高达 30%到 45%。伊拉克的 4000 多辆坦克有 1600 多辆因遭到了多国部队空军的猛烈轰炸而受损甚至报废,2800 辆装甲车中有 840 多辆报废。而萨达姆的王牌部队共和国卫队更是得到了多国部队的重点照顾,到 2 月 23 日第 2 阶段空袭结束时,共和国卫队已经死伤过半。

2 月 24 日凌晨时分,设在沙特首都利雅得的美军司令部此时却灯火通明,作为多国部队总司令的施瓦茨科普夫将军此时在决战之前稍显不安。此时,从前方传来了无数的消息:各路部队都已经按照预定时间抵达出击地点;装满炸弹的飞机正一批批地轮番轰炸指定目标;载有 1.8 万名海军陆战队队员的两栖登陆舰队已逼近科威特海岸;空降师也已经完成登机,随时准备起飞。

但是,就在攻击时刻即将到来时,这位被人称为"敢冒险的军人"的施瓦茨科普夫将军却显得有些不安,基于他对中东地区进行的多年研究,他深知这场战争存在着多么大的风险。尽管经过一个多月的大规模空袭之后,萨达姆的地面部队已经遭受了很大削弱,而且施瓦茨科普夫和他的将军们也对"沙漠军刀"计划进行了反复的推敲,并对所设想到的每个细节和应变措施都进行了讨论,但是对于萨达姆精心部署的地面防御,仍然没有迅速取胜的把握。如果真像外界所说的那样,萨达姆将此次战争变成又一次的"越南战争",那对于美国来说和失败并无差别。

于是,施瓦茨科普夫下了一个充满风险的决定,他将 30 万美国地面部队和数万盟国部队一字排开,后面只留下一个美军师和部分沙特的部队,准备尽量利用前一阶段的空袭成果,一举将伊拉克的防线冲垮。这个部署后来被人们称为"胆大包天",因为这样的行动一旦成功,多国部队就能够实现速战速决的目的,但是如果受挫,不但会失去前一阶段通过空袭所获得的主动权,甚至还会发生更加严重的事情。但是,施瓦茨科普夫认为既然事情已经到了这种局面,已经无从选择,只能选择"毕其功于一役"了。

根据"沙漠军刀"计划,此时的空中火力并没有丝毫减弱,而且除了要继续对伊拉克腹地的战略目标保持强大压力之外,还要通过强大的空中火力支援多国地面部队对伊拉克军队展开进攻。

2 月 24 日凌晨 4 时,施瓦茨科普夫下达了进攻的命令,多国部队的先头部队相继跨过科沙边界和沙伊边界。几十分钟之后,华盛顿五角大楼向全世界宣布:现在,海湾战争的"最后决战"已经开始了!

在远离科威特主战场的西部拉夫哈地区,美国第 101 空中突击师的 300 多架直升机悉数出动,阿帕奇、眼镜蛇、黑鹰式、休伊式和奇努克式直升机排成了 6 路纵队,开始了大规模的空中运输。到 24 日傍晚,2000 名士兵、50 辆运输车、大批榴弹炮、弹药以及大批贫铀弹被这些直升机运抵伊拉克纵深 80 公里的地带。

多国部队的先头部队并没有遇到太强有力的抵抗,这足以说明前一阶段的空袭取得了非常好的效果。施瓦茨科普夫将军在仔细审视了战局之后决定,提前 14 个小时将担任主攻任务的美国第 7 军 5 个师和英军第 1 装甲师投入战斗,正式发动总攻。

于是,在500公里的战线上,这一次多国部队全线出击了。到24日下午,11路大军相继突破伊军防线,开进伊拉克和科威特境内。

与美军指挥所形成鲜明对比的是巴格达萨达姆的地下指挥所作战室里的情形,因为前线不断传来伊拉克军队阵地被攻陷的战报,终于使萨达姆预感到形势已经颇为不妙,但是他天生就性格倔犟,仍然下令伊拉克军队对多国部队发动反击。但是制空权早已掌握在了多国部队手中,此时伊拉克和科威特境内都已经处在了多国部队空军的监视下,伊拉克军队根本没有办法组织起有效的攻势。

伊拉克军队的零星炮火根本无力阻止多国部队的前进,美国第101空中突击师在建立了前进基地之后,多次使用了"蛙跳"战术,在伊拉克纵深200多公里的纳西里耶和巴士拉以北地区成功实施机降,在两天之内前进了160公里,配合地面部队突入到了幼发拉底河畔,将10万伊拉克共和国卫队北撤的退路完全切断。

26日,为了能够消灭伊拉克共和国卫队,攻占军事重地巴士拉,美军第7军开始向伊科北部边界发动进攻。

但共和国卫队毕竟是萨达姆麾下最精锐的部队,尽管在前一阶段的38天空袭中付出了惨重的伤亡代价,但面对多国部队的上千辆坦克,他们仍然顽强地固守阵地。多国部队在这里,遇到了自开展地面进攻以来最强硬的抵抗。

在几次冲击都受阻以后,第7军紧急召唤空军前来支援。一群"阿帕奇"攻击直升机和"A-10"攻击机没一会儿就从远处天际迅速赶来,"阿帕奇"从5公里远的地方向伊拉克军队坦克发射出一枚枚"海尔法"反坦克导弹,"A-10"则从更远的距离上向伊拉克军队的阵地发射"小牛"导弹。在空中火力的掩护下,多国部队的地面部队再次发起猛烈攻势,共和国卫队的抵抗虽然依旧顽强,但面对多国部队的立体打击明显不支,防线很快就被撕开。为了避免被围歼,共和国卫队及时做出丢弃阵地的决定,退往巴士拉。

面对多国部队一浪高过一浪的猛烈攻势,萨达姆终于意识到,此时对他而言败局已定,如果再继续强撑下去,只怕会把自己所有的兵力都消耗掉。于是,萨达姆在2月26日急忙下达了在科威特境内的所有伊拉克军队全线撤退的命令,这已经等于是向多国部队摇起了白旗。

然而,布什总统并不想就此放过伊拉克军队,他命令多国部队继续进攻,直到将所有伊拉克士兵驱逐回伊拉克境内。而这也正合施瓦茨科普夫的意,他指挥着11路大军展开了一场追逐战。

因为路面和桥梁均遭到严重破坏,交通系统瘫痪,成千上万的伊拉克车辆拥挤在了一起,完全暴露在多国部队空军的火力之下。在通往伊拉克腹地的各条公路上,霎时间爆炸声连连,无数的伊拉克车辆被多国部队的炮火摧毁。

面对多国部队的围攻,越来越多的伊拉克士兵选择缴械投降,在多国部队空军一个多月的狂轰滥炸里,伊拉克军队的后勤补给线早已经被切断,伊拉克士兵一个个蓬头垢面,衣衫褴褛。他们在战争的大部分时间里每天只能吃到一顿饭,每顿饭也只有1个4两重的面包。很多人在生病之后,因为缺医少药而没有办法得到及时医治。

美国海军陆战队于27日凌晨兵不血刃地占领了科威特城。

布什总统于当天在白宫召集他的战时委员会举行最后一次会议,此时前线传回战报,表明伊拉克军队已经全部撤出科威特,布什总统决定于当晚宣布停火。当布什在午夜宣布停火的时候,地面进攻战整整打了 100 个小时,就在此时,海湾的枪炮声逐渐停了下来。

六、现代谍战

(一)"诺曼底登陆"的秘密档案

1942 年隆冬,正是第二次世界大战盟国由被动转入主动的关键时刻。伟大的苏联红军在斯大林格勒会战中已取得决定性的胜利,开始准备反攻;轴心国中的日本在太平洋战区惨遭失败;德国隆美尔军团在北非遭到沉重打击,整个世界战局对美英联军在欧洲开辟第二战场极为有利。

1943 年春天,当第一缕春风掠过摩洛哥滨海城市卡萨布兰卡时,美英最高级军事会议悄悄达成协议,选择适当时机在意大利和法国实施登陆作战,开辟第二战场。为了实现这个宏伟计划,美英两巨头罗斯福和丘吉尔亲自批准成立了代号"考沙克"的联俘计划参谋部。随着战斗序幕的拉开,参谋部情报官的保密柜里,有了一份份鲜为人知的秘密档案。

1943 年 4 月 30 日,东方刚刚破晓,加的斯海上罩着一层薄薄的雾。谁也没有想到,在摩尔渔韦尔附近的西班牙沿海,英国的"天使"号潜艇神秘地浮出水面。舱门打开了,一群士兵打开一个铝质圆桶,抬出一具挂着少校军衔的尸体,并把一个皮质公文包牢牢拴在尸体上。随即尸体被抛入海中,汹涌的波涛把尸体向着不远处的海岸线推去。

一具普通的军官尸体,何以用潜艇运送,又为什么抛入海中?原来,这是英军实施的"肉馅"行动。

1943 年 4 月,北非战役即将结束,盟军在欧洲的下一个目标是什么呢?联合计划参谋部的作战指挥官们眼睛几乎都盯住了地中海上的最大岛屿——西西里岛。

呈三角形的西西里岛,像一艘巨大的航空母舰,漂浮在波涛汹涌的地中海上。由于它地处要冲,战略地位十分重要。德、意军队在这个面积仅 2.5 万平方公里的小岛上,修筑了 10 个飞机场,部署了 13 个主战师和 1400 多架飞机,总兵力达 36 万多人。尽管如此,盟军对西西里岛依然志在必得。因为攻占西西里岛可使地中海运输线更为安全;分散德国对苏联前线的压力;增强对意大利的压力。

面对德、意庞大的守军,盟军将领们一时也束手无策。辽阔的海峡、坚固的工事和精良的装备,如果全凭武力攻占,那将是一场十分残酷的战斗,即使盟军攻下西西里岛,付出的代价必将是惨重的。变强攻为智取,联合计划参谋部的高参们侃出了一条妙计:炮制一个重大的战略欺骗,让希特勒认为,盟军攻占西西里岛已不是什么秘密。而且因其太明显反而失去了意义;盟军的进攻目标是撒丁岛或者希腊。因为,依据战略局势分析,盟军登陆,除去西西里岛之外,不外乎要么攻占希腊以便向巴尔干推进，要么在撒丁岛登陆，以作为进攻法国南部的跳板。根据这种设想，联合计划参谋部的情报官们抛出了"肉馅"行动的重大战略欺骗。

随着"天使"号缓缓沉入深海，那具穿着救生衣的少校尸体被海浪涌动着，不断靠近海岸。终于，一排海浪把他抛上了沙滩。

西班牙沿海的一座小镇，连年的战火使渔民都躲藏了起来。这天早晨，渔民胡里昂因为小孩发烧，想到海边捞点小虾，当他驾着小舟从港口驶向海边时，沙滩上一团橘黄色的东西吸引了他的视线。开始他以为是外国商船上掉到海里的货物，可走近一看，他吓了一跳，原来是一具军官的尸体。

真他妈的不吉利，大清早遇到一具尸体。他正想返回小船时，心底又生出一丝怜悯。这个倒霉的家伙，没有死在疆场，偏偏淹死在大海里。他自言自语着，把尸体拴在小船上，拖到了港口，并马上报告了驻守在小镇上的西班牙海军办事处。

一群西班牙海军军官赶到港口，他们马上认出，这是一位淹死在大海中的英国少校军官。很快，他们又发现了那个与尸体紧拴在一起的公文包。战时特有的警惕，使他们疑窦顿生，他是谁？为何淹海而亡，怎么又会出现在这里？

按照惯例，他们立即搜查了尸体的衣物和皮包，初步认定：死者系英军联合计划司令部参谋、皇家海军上尉（代理少校）威廉·马丁，代号09560。在他的上衣口袋中有一张银行的透支单和一封寄自劳埃德银行的催款信。马丁少校似乎刚刚订婚，随身带着一张向邦德街的国际珠宝商菲普斯赊购订婚戒指的账单。有两封情书已被海水浸湿，但署名处依然可见"爱你的妮莎"等字样。

平心而论，西班牙海军办事处人员对马丁的身份没什么怀疑，但马丁文件包里的一份文件却使他们大为震惊。文件透露：盟军准备进攻西西里岛，但那是一个假象，是一次战略佯攻，目的是为进攻撒丁岛和希腊作掩护。

当时，西班牙表面是中立国，实际上暗地里与纳粹德国关系密切。如果发现情报，西班牙人肯定会先告诉德国人。这就是英国人选择西班牙海岸抛尸的原因。果然，在有关部门的授意下，他们先向德国在西班牙的间谍部门做了汇报。无孔不入的德国间谍马上拍摄了马丁身上的全部文件和物品。而西班牙海军办事处和德国间谍都没有想到，这是盟军布下的一个陷阱。

德国间谍比西班牙海军办事处的人狡猾得多。他们除对上面提到的信件物品一一核对外，甚至还找出了马丁父亲和家庭律师的信件。从信的寄发地点、日期到收信地点的邮戳，都反复论证。这一切当然都是无懈可击的。要知道，为了这一套材料，英国谍报部门费了整整四个月时间才搞出来的，几乎每一个细节都做了反复的推敲。

在马丁的公文包内，德国间谍还发现了蒙巴顿写给美国艾森豪威尔将军的信，还有英国总参谋部副参谋长阿契巴尔德·奈将军致英军指挥官哈罗德·亚历山大将军的信。信上都说到了为了迷惑德军，打算以佯攻意大利的西西里岛掩护对希腊的登陆作战。

面对称得上"绝密"的军事情报，德国间谍既兴奋又迷惘，如此重要情报居然"踏破铁鞋无觅处，得来全不费功夫"。可这样的机密又怎会出现在一个少校军官的身上，上司又怎么如此信任他？德国人的疑心，英国人早就考虑到了。一封由蒙巴顿写给地中海舰队司令、海军元帅安德鲁·卡宁汉的一封信中说：马丁少校是应用登陆艇的专家,是不可多得的人才,"他起初总是沉默腼腆,但他确实有两下子。他在迪埃普对事态的可能趋势比我们当中一些人预料的更为准确,而且对在苏格兰搞的新式大船和设备做试验时,他也一直表现得很好。恳请一待攻击结束,就立即把他还给我"。信末,蒙巴顿还附了一句:"待他回来时给我捎一些新鲜的马丁鱼来,因为马丁鱼在英国是配给的。"德国间谍马上意识到,马丁鱼是撒丁岛的特产。看来,英国人下面的登陆在撒丁岛是确定无疑了。

不仅如此,为了防止德国人对尸体进行解剖,他们专门选择了一具死于肺炎、肺中有积水的男尸。这样,如果解剖尸体,就会觉得这是一个在海上溺死的人。

当英国驻韦尔瓦的领事被告知有一具溺死的英国军官尸体需要认领时,德国驻西班牙间谍已接到柏林总部指令,着手对马丁少校提供更详尽的细节。很快,德国情报网络频频出击:先是藏身伦敦的间谍出动了,按照纳粹情报条例,驻伦敦的间谍不到万不得已是不会出动的。可这一回事关重大,谍报机构不惜代价。派出的间谍很快搞到了4月29日英国海军公布的阵亡将士名单,代理少校威廉·马丁名列其中,身份、姓名与西班牙发现的尸体情况完全一致。接着,潜入西班牙的德国间谍也向柏林报告:马丁少校的尸体已按正式军礼安葬在韦尔瓦。此前,为了进一步迷惑德国人,英国情报部门还安排马丁在英国的"未婚妻"为葬礼送来一个花圈和一张悲恸欲绝的明信片。这一切,德国间谍自然没有放过。他们甚至连英国副领事在马丁墓前设立的碑文内容也向柏林做了报告。而这正是英国人所企求的。

德国情报局为了辨别这些情报的真伪,专门指令由西线德军情报分析科科长冯·罗恩纳上校负责鉴定工作。也许是英国人设计的圈套太逼真了,颇为精明的罗恩纳竟然找不到一丝破绽,对文件的真实性深信不疑。罗恩纳的结论是:情报完全属实,盟军的主攻方向在撒丁岛和伯罗奔尼撒,同时对西西里岛采取佯攻。

对此结论,德国统帅部也有人担心,英国人丢失了这些文件以后,会不会改变计划。但谍报机构认为,英国人并不知道德国人截获了这些文件,英国副领事领回马丁少校尸体时,所有文件及书信"完璧归赵"。

正当希特勒和德国统帅部在做最后论证时,在撒丁岛的一座海滨城市的海岸线上,海潮又冲来一具尸体,死者身穿英国突击队制服,身上的证件和笔录证明,他属于一支正在侦察撒丁岛的小分队。其实,这是英国潜水艇的又一篇"杰作"。

这一切,更坚定了德国情报局的判断。德国统帅部不得不采取行动了。希特勒于1943年5月12日下达了调动部队的命令:

"在即将结束的突尼斯战斗之后,可以预料,英美联军将试图继续在地中海迅速行动……我要求所有与地中海防御有关的德国指挥机关迅速地密切合作,利用全部兵力和装备,在所余不多的时间内,尽可能加强特别危险的地区。对撒丁岛和伯罗奔尼撒采取的措施要先于一切。"

德军根据这一命令,神速地向希腊和撒丁岛调动兵力。当陆军元帅隆美尔把他的大本营搬到希腊时,国家元首党卫旅被调到撒丁岛,又从驻法德军中抽出一个装甲师增援驻岛的四个意大利师。希特勒甚至还批准从苏联前线撤出两个装甲师,准备用320列火车,9天时间赶到希腊。

希特勒彻底中计了,"肉馅"计划取得了空前的成功,以至盟军主力于1943年

7月9日夜在西西里岛登陆时,德军还以为是佯攻。没想到英美联军进攻神速,一举攻占了西西里岛。德意军队伤亡及被俘22.7万余人,从而为盟军向欧洲大陆全线进攻创造了良好的条件。

"肉馅"行动使盟军在西西里岛登陆成功,被传为佳话,倘若能重演第二个"肉馅"行动该有多好。于是,联军指挥部和情报机构又绞尽脑汁炮制了一项称之为"坚忍"计划的多项欺骗活动。

1944年1月14日傍晚,伦敦沉浸在一片战争气氛中,艾森豪威尔来到这里走马上任。罗斯福和丘吉尔把他们最王牌的干将组成盟军中坚。英国著名战将蒙哥马利任英军地面部队司令。随时准备横跨英吉利海峡,给德军以毁灭性的打击。

战争使精明的英国人和吝啬的美国人都前所未有地慷慨大方起来,他们动员了强大的军事力量来保证登陆成功,投入这次战斗的有6500余艘战斗舰艇和运输船只,约1.1万架作战飞机,2300架运输机以及近2600架滑翔机。由于盟军舰队控制了大西洋、北海和地中海,盟国空军也完全掌握了英吉利海峡的控制权,加上美英之间的有利地理条件,美英和加拿大三国的主力部队顺利地在英伦三岛实现了集结,犹如一柄锋利无比的尖刀,随时准备插入敌人的心脏。

万事俱备,只欠东风。联军指挥部经反复研究,决定把登陆的日期代号定为"D日"。然而,从什么地方突破,登陆时间选在什么时候,以及登陆的突然性,都是事关全局和盟军官兵命运的大事,一着不慎,全盘皆输,盟军的战将们深谙此理。

巨幅军用地图前,将军们在苦苦思索:横隔在法国和大不列颠之间的英吉利和多佛尔海峡,总长约560公里,西部宽达220公里,最窄处在东部的加来,只有33公里宽。登陆点选在什么地方呢?多佛尔海峡深度为36至54米,而英吉利海峡西端深达105米,且风强浪猛,暗礁林立。从地理上看,多佛尔海峡明显占着优势。

然而,兵不厌诈,熟谙海峡地理的艾森豪威尔及其幕僚,却出乎意料地把登陆地点选在法国西北部塞纳海湾的诺曼底地区,横渡英吉利海峡。至于登陆日期,艾森豪威尔认为6月5、6、7日潮水和月色均为适当。

"D日"方案一经敲定,"坚忍"计划随即出笼。英国政府采取了有史以来规模最大,不同寻常的保密安全措施。

4月1日,英政府发布命令,集结登陆的海峡地区10英里地带内,禁止外人进入。4月17日,英国限制外交人员特权,任何外交人员及其随员进出英国国境以及信件,必须接受检查,5月25日,从英国寄出的信件,被勒令延期10天发出,美方人员不得使用大西洋电话、电报及海底各项通信设备,美军人员的信件从4月1日起一律进行严格检查。

为了把德军部署在丹麦、挪威、芬兰和法国、荷兰、比利时、卢森堡的将近90个师的兵力牵制在远离诺曼底的地区,"坚忍"计划把大量由电影制片厂制作的"登陆舰艇"调运到泰晤士河和梅德韦河上,大量"坦克"出现在德国飞机能够拍摄到的地区,多佛尔附近已经人去营空的英军军营依然炊烟袅袅,车辆来回奔跑。在这号称美第一集团军司令部,巴顿将军频频露面,制造即将对加来地区实施大规模登陆的假象。他们在多佛海岸和港口设置了大量假登陆艇、假物资器材,树立明显的上船和登陆准备标志;在已知的德国特务机关周围,建立假无线电网,适时发出各种假情报;战场侦察、战略轰炸也围绕加来进行。登陆前夜,在佯攻方向布伦地区施放模拟登陆的舰队,用飞机投放铝箔片,造成有护航机群掩护登陆的假象。联军的欺骗不仅使敌人对登陆日期捉摸不定,而且对登陆地点的判断也完全错误。

不过,英国情报部门精心策划的"坚忍"计划的最得意之作,还要数詹姆士中尉冒名顶替英国指挥登陆作战的总司令官蒙哥马利元帅。因为在德国人的眼里,蒙哥马利是英军的象征,只要他不在前线,英军就不可能马上进行登陆作战。应该说,德国人的判断没有错,问题的关键是他们错认了"元帅",把陆军中尉詹姆士当成了蒙哥马利。

詹姆士中尉长相酷似蒙哥马利元帅,由于连年征战,使他略显苍老,而这为他扮演"元帅"创造了条件。战前,詹姆士是一家剧团的职业演员,由于他的天赋,无论扮高层人物还是演黎民百姓,都演得活灵活现。参军后,战友们都戏称他"将军",后来蒙哥马利升任元帅,詹姆士也被大伙"升"为元帅。有一次,一家晚报的记者拍摄了一张詹姆士戴着贝雷帽的照片,解说词写道:"你错了,他不是蒙哥马利元帅,而是詹姆士中尉。"虽是一则轻松的花边新闻,却也说明他与真的蒙哥马利元帅有惊人的相似之处。

由于詹姆士得天独厚的自然条件,他被英国情报部门瞄上了。他们精心构思了一个天衣无缝的"骗局",在开战之前,把詹姆士当"元帅",抛头露面地跑到远离战场的地方,使德国人造成错觉。当然,这并不容易,因为德国人肯定会十分重视蒙哥马利的行动的,如果露馅,吃亏的将是盟军。从某种意义上说,这是一次只准成功不许失败的赌博。为了保证万无一失,在两名军官的具体指导下,他一遍又一遍地琢磨报上的蒙哥马利照片和新闻影片中的一举一动。还熟记了"元帅"生活中成千上万的细节,以至连蒙哥马利吃饭时麦片粥要不要放牛奶和糖等都了如指掌。最后,还特意安排詹姆士到元帅身边生活几天,进行实地模仿。也许是当过演员的缘故,詹姆士扮"元帅"特别投入,进步也很快,以致最后连警卫员也难辨真伪。

1994年5月14日,詹姆士接到命令,明天晚上6点30分,以蒙哥马利元帅的身份前往机场,执行到西班牙直布罗陀市访问的任务。

早在此命令下达前的好几天,英国情报部门已到处放风,扬言蒙哥马利元帅将到直布罗陀执行重要任务。明眼人一看就可以分析出此时元帅赴西班牙,肯定部队要在法国南部海岸登陆。否则,作为陆军主要指挥官的元帅怎么能临阵出访直布罗陀呢?德国陆军统帅部对此十分敏感,但一直半信半疑。倒不是他们优柔寡断,实在是"肉馅"行动让德军吃够了苦头。眼下,他们不得不谨慎一点。

不管你信不信,反正"元帅"像往常出征一样戴着他那顶黑色贝雷帽,佩着装甲军团的军徽,在海伍德准将等一大群僚属的陪同下,在作战司令部大楼前,微笑着行了一个人人都熟悉的蒙哥马利式的敬礼,然后跨进挂着三角旗的专车。送行的高级军官一个个毕端毕正地站着,这些常年与元帅打交道的官员们谁也没有识别出这是个冒牌的假元帅。

别看詹姆士潇洒地坐着专车,一会儿还要登上首相的专机,可这是一趟十分危险的旅行。也许,他并不知道,德国情报机构正在为如何处理蒙哥马利直布罗陀之行争执不休。开始,德军统帅部下令不惜一切代价,炸毁蒙哥马利的专机,或者派人到直布罗陀机场暗杀蒙哥马利。但此举受到希特勒的否决。"谁知道是不是又是个骗局。在没有弄清真假之前,不要盲目动手,否则,连我们自己也搞不清楚。"

希特勒对统帅部的属下说。

希特勒之举并非愚蠢。他想证实如果蒙哥马利真的此时出访直布罗陀，说明盟军登陆作战暂时还不会实施。另外，因蒙哥马利对加来地区的情况了如指掌，此时外访若真，那么盟军的登陆地点必在加来。倘若蒙哥马利外访是假的，那么，推测的结果正好相反。

弄清真假蒙哥马利成了德国情报部门的当务之急，一批又一批男女间谍被派到直布罗陀和蒙哥马利沿途访问的其他地区。因为蒙哥马利的座机要在这些地方降落。

翌日清晨，飞机徐徐降落在直布罗陀机场。透过机舱玻璃，"元帅"看见停机坪上站立着迎接他的官员，还有一些工人模样的人。他当然知道里边有不少德国的谍报人员。海伍德准将轻轻地在他耳边说："要镇静，要尽可能让更多的人看到你。包括德国间谍，只要蒙住他们，成功就有把握。""元帅"点点头，似乎在深思着什么。

欢迎仪式结束后，"元帅"的汽车直驶直布罗陀城的大街。在市政府大门口，"元帅"一眼就认出了在照片和电影中见过的蒙哥马利的老朋友、直布罗陀总督罗夫·伊斯伍德将军。自然，将军也认出了老朋友。"喂，蒙迪，再次见到你真高兴！"将军伸出双手。"罗斯蒂，你好吗？你看来长得挺健壮。""元帅"亲热地挎起他的胳臂，俩人热烈拥抱起来。

"元帅"此时可谓旁若无人。其实，在不远处的围墙边，一堆粉刷工人中，有两双眼睛一直盯着"元帅"，还不时掏出身边的一个小东西对照着。

根据直布罗陀政府的安排，"元帅"会见了两个西班牙银行家。10分钟的会谈时间，客人的目光一直没有离开这位神奇的英国元帅。"元帅"时而用蒙哥马利特有的快活语调询问西班牙金融界的现状，时而又以元帅的军事家风度回答了客人关于战争和时局的估量。会见结束，两名为德国人工作的"间谍"确认来访的是千真万确的蒙哥马利元帅。

德国人似乎还不放心，希特勒亲自选定了两名据说是经过盖世太保特别训练、最有才能且一直隐藏在直布罗陀的间谍。

很快，罗夫·伊斯伍德将军的住宅来了两位总督熟悉的客人，而且刚巧又是在罗夫宴请"元帅"的时刻。罗夫心里真不痛快，但碍于都是熟人，只好出面应付，但他隐隐感到不大对劲。

"元帅"却十分坦然。在后花园，"元帅"和罗夫肩并肩地散步。这时，两名不速之客也从另一侧转过来。"元帅"装作没有看见，大谈特谈英国战时内阁和"303计划"的情况。见对面有人，罗夫用手碰碰"元帅"，示意"元帅"有外人打扰。"元帅"突然煞住了话头，对不速之客的出现表示十分惊讶。罗夫按西班牙礼节，把"元帅"介绍给两名"客人"。两名客人眼光直勾勾地盯着"元帅"，"元帅"则用蒙哥马利那种典型的样子，把手放在背后。然后，抬头看看天，以漫不经意的口吻说："今天天气不错，我希望天气一直这样好，下面还有很多飞行任务呢！"

"不速之客"离开总督府不到两小时，希特勒在马德里的代表已经得到报告："蒙哥马利已抵达直布罗陀，将乘坐飞机到非洲……"

接着，在非洲的阿尔及尔，一位"法国少校"强烈要求见"元帅"一面，一位身穿美国陆军妇女制服的金发碧眼女司机要求"元帅"签名,还有一位自称萨尔瓦多的教授拜访"元帅"。"元帅"一概没有拒绝,十分潇洒地满足了他们的要求。而这些情况,都很快反馈到德军情报局官员的办公桌上。

也许,对冒名顶替产生的作用,詹姆士当时还不十分清楚。可事实上,他的成功扮演,使英军成千上万士兵的命运发生了变化。

希特勒终于相信了蒙哥马利出访直布罗陀的消息。他放心了,既然英国指挥登陆作战的指挥官不在前线,短时间内就不可能有大仗。于是,德军许多高级军官都纷纷休假、养病。为加强加来地区的防御,希特勒又把布置在诺曼底地区德军的两个坦克师和6个步兵师调往加来,从而大大削弱了诺曼底地区的力量。

事实上蒙哥马利元帅一刻也没有离开过英国。"D日"的几天前,詹姆士扮演的元帅结束访问,返回伦敦,走进他的司令部。接着,他换上得体的中尉服,悄悄飞往开罗,直到"D日"来临。

6月6日凌晨,英吉利海峡狂风怒号,波涛汹涌,英国皇家空军轰炸机队1136架飞机对塞纳湾德军炮兵阵地投掷了近6万吨炸弹。拂晓前,美国陆军第八航空队又出动1083架轰炸机,再次把1763吨炸药倾泻在德军阵地上。尔后,盟军各种飞机,轮番出击,对各个预定目标实施了毁灭性打击。凌晨6时30分,英军第一批登陆部队踏上塞纳湾海岸,突破了希特勒狂妄吹嘘的"大西洋壁垒"。

正当英军突破防线之时,担负防守任务的德军B集团军司令官隆美尔,正在为他夫人生日做准备呢。当他被急电告知"盟军在诺曼底登陆"时,不由大惊失色,一束准备献给妻子的鲜花失落在地毯上……

迟了,一切都迟了。詹姆士以他成功的冒名顶替为诺曼底登陆成功立下了赫赫奇功。

(二)国际谍枭夏德·佐尔格

1944年11月7日,正是苏联十月革命胜利纪念日。这一天,成千上万苏联人聚集在红场,纪念这一伟大的节日。而在遥远的日本东京,阴森森的巢鸭监狱院内,秋风瑟瑟,那片荒草萋萋的刑场周围,荷枪实弹的卫兵三步一岗,五步一哨,草地中间临时搭起的黑色绞刑架平添了几许恐怖气氛,一位身材魁伟、皮肤黝黑、双腿微跛的中年男子,在几个刑兵的押解下走向绞刑架……

第二天,世界各国报纸、电台均在显著位置和黄金时间争相发出一则消息:国际谍枭夏德·佐尔格昨天在东京巢鸭监狱被处以绞刑,日本政府近卫内阁因此而被迫辞职。

生于1895年的佐尔格有着正统的日耳曼血统,因参加第一次世界大战左腿被打断,治愈后左腿短去近3厘米,走起路来略显跛脚。战后不久,佐尔格就加入了德国共产党,后来又被派到苏联情报机关接受克格勃式的系统训练。这个意志顽强、不苟言笑的"外来户",很快赢得了苏联谍报机关的赏识。尽管他生性好色且行为不羁,但苏联人并不在乎这些,因为佐尔格具有把事业和感情分得很开的个性,因此,第二次世界大战迫在眉睫,国际关系错综复杂,苏联人决定在日本建立高层战略间谍网时,克格勃总部一眼就挑中了具有德国国籍的他。

1933年初夏的一天,佐尔格寂寞难耐,来到柏林繁华商业区的一个酒吧里,他找到新结识的招待女郎弗里格尔小姐一起喝酒。"佐尔格先生,有您的电话。"酒吧女郎的声音很甜。佐尔格来到柜台拿起话筒,一个陌生的女人在电话里告诉他:下午3点在家等候,有人来洽谈生意。凭直觉,佐尔格知道一定有重要任务来了。他无心再与弗里格尔小姐调情,匆匆离开了酒吧!

时针刚刚指向3时,门铃就响了起来。佐尔格开门,来人竟是佐尔格的老师达娃夫人。让座、沏茶。其间,达娃用一口流利的德语同佐尔格大声谈论着生意场上的事宜,等佣人送茶离开后,她看看左右无人,悄悄递给佐尔格一本名叫《我的奋斗》的书,便匆匆告辞了。佐尔格一惊,他明白,这种接头方式除非迫不得已,一般是不用的,他赶紧把自己锁进密室,用特种药水把第90页刷匀,1分钟后,莫斯科最高情报部的指令便跃然纸上。看完指令,佐尔格兴奋起来,他倒了一杯白兰地,一仰脖子,一饮而尽。自从回到柏林,他除了每天到报社编稿子或采访外,几乎全部泡在酒吧里,莫斯科一直没有跟他联系,这与他总想一鸣惊人露一手的想法背道而驰,使他产生一种怀才不遇的感觉,他在心里不止一次地埋怨莫斯科是不是把他忘了。达娃夫人带来的指令,顿时让他精神一振,甚至有点沾沾自喜,"机会终于来了。"他脸上掠过一丝笑容。

一个月后的一天,佐尔格来到柏林的一家大酒店里,选了一个靠窗的位子坐了下来,他要了一杯咖啡,慢悠悠地品尝着,不时抬头看一眼门口,像是在等什么人。坐在他对面的一位商人打扮的顾客,正在专心地看报,并未理他。5分钟后,那位商人抽出一支香烟,可摸了摸口袋,竟没有打火机。

"打扰,麻烦用一下您的打火机?"商人边说边把头上的礼帽摘下来。

"没关系,请便!"佐尔格拿起桌上的打火机。机身上一个裸体女郎在微笑。商人点上烟,递过一支555牌烟笑着说:"尝尝这来自英国的香烟。"暗号对上,佐尔格接过香烟,只见上面写着:10分钟后到楼上402房间来——路德维希。

佐尔格点上香烟,继续在那里一边品尝咖啡一边观赏窗外的景色。10分钟后,他敲响了402房间的门,房门打开,路德维希把佐尔格让进屋里,自己探头看看走道两边无人跟踪,这才关上门。"佐尔格同志,莫斯科的战友们都很想念你!"路德维希激动地紧紧握住了佐尔格的手。

其实,路德维希来柏林的目的,是向佐尔格交代去东京的详细计划安排,并敦促他早日动身。但后一个目的纯粹是多余的,因为佐尔格早就等得不耐烦了。"我决定后天起程,从汉堡上船绕道加拿大去东京。我将以《法兰克福》报驻日记者的身份出现。但参加纳粹党的手续尚未办理。"佐尔格掏出一张名片递给路德维希说道。

"你到东京办理这个手续更好,这样,就不会留下任何痕迹,这也是总部的意思。"路德维希道。

"请转告总部,我一定不负众望,坚决完成任务。"佐尔格踌躇满志,雄心勃勃。

1933年9月6日,佐尔格向柏林投去最后一瞥,踏上了他长达8年的谍海生涯。

佐尔格到东京后,很快就混进德侨团体,并结识了德国驻日武官欧根·奥特将军,继而成为密友。为了站稳脚跟,他确实下了一番苦功夫,给《法兰克福》报发回不少高质量的稿件,这使他的声誉大振,为《法兰克福》报创下了牌子。"创牌子"之外,他依旧习性难改,他有的是钱,经常出入东京有名的银座酒吧,日本女人特有的东方美,确实让这位风月场上的老手沉醉,一个叫石井花子的艺妓,竟然和他倾心相爱,直到佐尔格死后。

这天,佐尔格又像往常一样手持一份当日晚报步行到附近一家酒店,门口一名手持报纸的中年人不经意地撞了他一下,把他的报纸撞落在地上。"对不起! 先生。"中年人一边道歉一边从地上捡起报纸递给了佐尔格。

佐尔格心中一动,接过报纸,见是份印着红色报头的《现代戏剧报》,顿时心里有数了。

联络暗号对上,俩人一前一后走进一家佐尔格常去的酒吧,拣了一个不显眼的位子坐下来。法国记者自称叫勃朗科·布克利奇,公开身份是巴黎哈瓦斯通讯社驻东京记者。"总部一直在关注着你的行动。命令你首先组织一个精悍的谍报行动小组,代号'拉姆扎',但暂时只是地下潜伏,熟悉情况,具体行动时间另作安排。"布克利奇一边说一边随意地端起酒杯观察四周的动静。真是应了那句"最危险的地方也最安全"的话,人们都在狂饮滥喝,几个妖娆的酒吧女郎扭来扭去,向客人卖弄着风骚,酒吧里弥漫着阵阵浪笑,根本没有人注意他们。布克利奇放下杯子接着说:"您担任组长,组员有我、《日本广告人》杂志美术编辑宫城宇德、无线电师马克斯·克劳森。克劳森是德国人,负责小组收发报工作。"布置完工作,二人走出酒吧分手,布克利奇迅速消失在夜幕之中。

佐尔格回到房间。在精心策划了整整一个晚上后,他找到奥特武官,很爽快地答应了奥特先前让自己参加德国间谍组织的请求,为了便于在东京开展工作,佐尔格自作主张地发展了一位名叫尾崎秀实的《朝日新闻》社的日本记者加入"拉姆扎",因为尾崎秀实与日本一些内阁成员交往甚密,他把这一情况报告给总部,总部很快就批准了他的做法。

一个月后,五脏俱全代号"拉姆扎"的谍报小组建立起来了。

1936年初春的一天,佐尔格突然接到克劳森的电话。10分钟后,佐尔格赶回东京郊区的寓所,克劳森已经坐在客厅里等他了。"莫斯科指示迅速搜集'2·26'政变内情。"克劳森简捷交代完指令后便消失了。

原来,这年2月26日,日本陆军部栗原安秀、村中孝次、安藤辉三等部分激进派军官,率1400余名士兵发动叛乱,企图通过陆军大臣,实行"国家改造",建立军人独裁政权。叛军袭击了一些内阁大臣的官邸,内务大臣斋藤实、大藏大臣高桥是清、教育总监渡边锭太郎先后被杀。尽管政变很快被平息,但日本当局还是严格封锁了消息。所以"2·26"政变虽然在国际上引起关注,但没有一个国家弄清了这起政变的来龙去脉。

事不宜迟,佐尔格接到指令后,立即驱车直奔德国驻日大使馆。纳粹盖世太保奥特武官见他来了,连忙把他引入一间密室。"我正要找你,柏林指示让尽快摸清'2·26'政变内情,并对局势变化做出评估。"奥特边说边打开保险柜,取出一堆资料说,"这是我收集的一些零碎情报,你看看吧!"

"我想把资料带回去仔细研究,可以吗?"佐尔格拿起情报,随意翻翻,不动声

·军事战争·

图文珍藏版

色地说。

"这——"奥特武官显然有些犹豫,按规定,这间密室里的任何只字片纸都不允许带走的。但他对佐尔格的信任已非同一般,最后还是点了点头说:"好吧,但你必须尽快送回,要千万小心不要泄露出去。这项任务就交给你了。"

很快,佐尔格同时把一份内容相同的情报分别密送到了莫斯科和柏林,情报的中心论点是:日本政局不会因此发生大的变化,保守派仍将执掌大权。

莫斯科克格勃总部仔细研究了佐尔格的情报后,十分满意,命令"拉姆扎"小组正式开始工作。同时,柏林也给奥特武官发来了嘉奖电。奥特兴奋地一把抱住佐尔格说:"我已命令下属为您提供一切方便,您可以随时到这里来查阅任何您所需要的材料。"从此,奥特对佐尔格倍加赏识。

1937年7月7日,日本发动大规模侵华战争。日本究竟对中国意欲何为?战争前景如何?苏联最高统帅部如入云里雾里,一筹莫展。一纸调查侵华战争真相的电令传到佐尔格手里,他便打着采访的旗子到中国考察。尔后又在日本征询各界人士意见,最后综合分析做出战争将是长期的,日本难以取胜的结论。报告直接传到了斯大林的手中。斯大林重点参考了这份洋洋万言的陈述,做出援华抗日的战略决策,不仅向中国派遣军事顾问和飞行志愿人员,还援助了中国大量的战备物资。

1938年5月,苏联远东军留希科夫将军,因不堪忍受内务委员会制造的恐怖气氛,越过中苏边境向日本关东军投降,日本人欣喜若狂,立即把留希科夫送到东京,企图从这位掌握着大量机密的苏军高级将领口中掏出尽可能多的情报。

莫斯科焦急万分,电令佐尔格:不惜一切代价得到留希科夫的口供情况。

佐尔格心里也十分着急,因为留希科夫手中握有苏联远东间谍的通信密码,一旦被日本人得到,后果将不堪设想。怎么办?佐尔格急得在房间里来回踱步,他猛然间停下来:只有去找奥特碰碰运气了。

"明天日本人要审讯一个苏联叛逃过来的将军。为表示日德友好关系,日本特高部邀请柏林派个特别调查组参加审讯,总部决定指派你和我去,你不会有异议吧!"一见面,奥特武官就开门见山地征求他的意见。

真是踏破铁鞋无觅处,得来全不费功夫。佐尔格高兴得简直有点控制不住地想跳起来。他抑制着内心的激动,平静地回答:"我将一如既往地忠实履行元首的一切命令,效忠大日耳曼帝国。"

参加完审讯,佐尔格立即打电话约克劳森一起到海滨疗养院乘小艇出海"捕鱼",用藏在艇上的发报机发出密电:熊的结构已被兽医弄清。

莫斯科接到情报,迅速采取补救措施。日本人竹篮打水一场空,直气得暴跳如雷。

……

一次次重大情报的获取,使莫斯科情报总部对佐尔格刮目相看,佐尔格凭借自己过硬的本领和天赋,当之无愧地成为这一时期的谍枭!

1939年9月1日,德国大举进攻波兰,这个不堪一击的中欧小国仅仅抵挡了一天,就全线溃败。第二次世界大战全面爆发。

远在两个月前,佐尔格就敏锐地将德国侵波的征兆情报发回了莫斯科,但莫斯科方面却无动于衷,反应冷淡,他还一直以为这个事件可能与苏联关系不太大才未引起重视。他哪里知道,希特勒和斯大林早就达成了共同瓜分波兰的协议。9月17日,苏联闪电般出兵攻入波兰,与德国一起把这个可怜的中欧小国一分为二。这一切让佐尔格目瞪口呆,原来如此,他总算回过点味来了。不过,他替斯大林为一时的利益而把德国当作盟友深深忧虑,他清楚,希特勒一向把苏联当作心腹大患,时机一到,就会对苏联下手的。

果然不出佐尔格所料。1941年5月末的一天,佐尔格从来东京游玩的德国驻泰国大使馆武官肖尔中校那里得知,希特勒准备在6月20日左右进攻苏联,计划在秋末与日军在西伯利亚会师。

这个消息让佐尔格大吃一惊。他一反常规急令克劳森立即发报莫斯科。同时,他也给"拉姆扎"小组所有成员布置任务:不惜一切代价获取日德与苏联有关的情报。在佐尔格的心目中,苏联才是他真正的祖国。

1941年7月至8月间,苏军在苏德战场上连连失利,面对恶化的战局,斯大林忧心忡忡,能否将远东军西调与德军作战呢?斯大林顾忌着一直虎视眈眈的日本,一时难以决定。克里姆林宫已几次急电令佐尔格摸清日本人的作战意图。

9月4日,尾崎来电话告诉佐尔格,马上到帝国咖啡店见面。佐尔格驾车来到咖啡店,尾崎已坐在桌边等他了。两人大声谈论了一阵新闻纸的生意和女人的事。佐尔格抽出一支烟,尾崎掏出打火机给佐尔格点烟时小声说:"御前会议决定南下战略不变,如果10月份美日谈判失败,日本将对美宣战。"

太及时了!佐尔格火速赶回家里,和报务员克劳森照例登上小艇出海"捕鱼",把情报发回莫斯科。

克格勃的负责人接到情报,如释重负地长长嘘了口气。连日来,一向温和的斯大林已把他训斥了好几次。他如获至宝似的赶紧亲自把情报送到了斯大林的案头。斯大林的脸上终于露出了一丝笑容,他立即签署了将80%的远东军西调作战的命令,为最后的莫斯科保卫战筑起一道钢铁防线。战后,苏联情报总部曾这样评价这份情报:从某种意义上说,它挽救了苏维埃共和国!然而正当佐尔格大显身手时,厄运也正在悄悄向他袭来。

尽管佐尔格做事几乎是滴水不漏,但他在东京一住就是8年不动窝的事实引起日本宪兵和特高部的警觉。碍于他是友邦德国盖世太保的身份,日本人才不敢轻举妄动,但佐尔格的周围已布满暗探。其实他自己也早有察觉,间谍本身就是与风险相伴的,他很清楚这一点。

几乎在日本人察觉的同时,柏林保安局也似乎感觉到有些不太对劲,由于秘密调查结果并未发现佐尔格的共产党背景,只是让奥特武官盯着点。

听到德国人也开始注意佐尔格的消息,日本宪兵就像一条嗅到味的狼狗一样,加快了追踪侦察的节奏。东京警视厅厅长亲自传讯了佐尔格的情人石井花子。

"佐尔格每次下海乘游艇为什么都要带纸?"警视厅厅长的目光像两道利剑,直刺花子的眼睛。

"这些都是胡说,我从来没看他下海带什么纸。"石井花子有恃无恐。其实她确实是不知道,因为每次佐尔格带她出海时,都把她留在海边一家咖啡馆等他。

警视厅厅长碍于佐尔格的身份,不敢对石井花子造次,问不出结果就把她放了。佐尔格听说警视厅厅长传讯石井花子的消息，是又心疼又生气。他不动声色地邀请警视厅厅长来家里参加宴会，在宴会上，当众指出他的做法伤害了盟国朋友的感情，弄得警视厅厅长十分难堪，只有赔礼道歉的份了。

1941年10月4日，是佐尔格46岁的生日，他同石井花子到一座大酒店共享烛光晚宴，敏感的佐尔格发现邻近的几桌尽是些便衣警察，直觉告诉他，事情可能不妙。他低声对石井花子说："吃过饭，你先走，到你妈妈家避一避。""不，我要留下来陪你。"石井花子虽然不知道佐尔格到底是干什么的，但她对佐尔格确实是一往情深。"不要耍小孩子脾气，危险一过去，我就会去找你。"佐尔格拉着她的手，眼里充满爱意。俩人最终还是依依不舍地吻别了。

10月13日至18日，包括佐尔格在内的"拉姆扎"小组的成员，在东京先后被日本特高部特别行动小组逮捕。

原来，事情出在报务员克劳森的女佣人身上。克劳森的邻居青山是名警察，也是克劳森的好友。一天，青山过来找克劳森闲聊，碰巧克劳森不在家，青山便与女佣人闲扯起来，女佣人无意说了一句："克劳森君很怪，常常喜欢半夜起来修收音机。"这句话顿时引起了青山的警觉，他马上将此事报告给了上司。警方最初逮捕了克劳森的朋友伊藤，严刑拷打之下，伊藤供出伯母北林夫人是日本共产党党员。特高部门喜出望外，他们使尽残忍手段逼她招出了宫城宇德。宫城宇德跟着也倒了霉，日本警察的大刑十分狠毒，宫城宇德两次自杀未遂，求死求活都不能，最后只得将一切都供了出来。

真是奇耻大辱！日本军部看完宫城宇德的供词先是惊呆了，继而暴跳如雷，气得哇哇直叫。他们怎么也未想到这件牵扯了9个国家数十人的案子，就在自己的眼皮底下活动了近10年而未被发觉，更可气的是，甚至近卫首相的顾问和秘书也是共产党员。

日本朝野顿时一片哗然，近卫内阁被迫集体辞职。新任首相东条英机上任后做的第一件事，就是签署逮捕佐尔格的命令。

1944年11月7日，经过长达三年多的审讯、监禁，日本军事法庭判处佐尔格死刑，佐尔格十分坦然，这个结果他早就料到，只是时间迟早的问题，他只要求在11月7日也就是苏联十月革命胜利纪念日这天执行死刑。

二战谍枭佐尔格像一颗闪亮的流星，最终还是无法逃脱陨落天际的命运。出于政治需要，当时苏联政府矢口否认与此案有任何关系，直到战后，佐尔格才被授予苏联英雄称号，苏联发行了佐尔格特种纪念邮票来缅怀这位挽救了苏联的英雄。

（三）卓别林男仆的反间兴趣

银幕上。

鼻子底下圆圆的、大大的一个黑点，头上是一顶黑色的礼帽，身上是一套紧身、滑稽的黑色礼服，手上摆弄着一根黑色的文明棍，尤其是那双刻意夸张的外八字脚，把百看不厌的观众逗得前仰后合。

银幕上的喜剧大师卓别林，永远只是一个模样。

事实上,本世纪二三十年代,卓别林在银幕上正风光十足。

偶尔,镜头会出现在大师的卧室或厨房,这时,一个仆人也会不经意地进入镜头。要是在平时,艾尔·布莱克准会开心地对身边的人说:

"那就是我!"

可是今天,他已经全然没有了兴趣……

1941年6月23日。

天刚麻麻亮。一轮鲜红的太阳,在加利福尼亚湾的海洋中浸泡了一个晚上,浑身湿漉漉地跳出了海面。

美国旧金山。

车水马龙,人头攒动。喧杂的一天开始了。

"看报!看报!《泰晤士报》有惊人的报道:著名影星布莱克充当日本间谍!布莱克是间谍。"

卖报纸的贩子们,一边张大嗓门招徕生意,一边粗鲁地把报纸直往过路人的脸前挥舞。幸好有"间谍"吸引了人们的好奇心,要是在平时,准有人会一把抢过报纸再砸在报贩子们的脸上。

事实上,奔驰的地铁里、疾驶的公交车和甲壳虫似的"的士"里,许多人手里都捏着一张当天的《泰晤士报》。

"上星期,联邦调查局逮捕了两名日本人和一名叫艾尔·布莱克的美国公民。实际上,艾尔不是特务,而是英雄。因为,他仅凭自己的兴趣爱好便把这件反间谍工作做得十分出色。"

这则消息,直叫好奇心极强的美国人读得津津有味,也有人狠狠地责骂报贩子玷污了布莱克的名誉。

"啪!"

美国海军情报署办公室里,情报处长怒不可遏地把手中的《泰晤士报》一掌拍在那宽大的办公桌上。

"一群猪猡!"情报处长狠狠地骂道!

情报处长骂的是联邦调查局,恨的是他们稀里糊涂地逮捕了"线人"布莱克,生生搅浑了一个美妙的计划。

客观地说,情报处长的震怒是有几分道理的。早在30年代初期,日本人就派出了大批间谍,刺探美国海军的秘密。但此时,包括1939年才被授权侦察有关国家安全案件的联邦调查局,还非常缺乏反间谍的经验。甚至已经受到觊觎、威胁的海军,其机关情报署的经费竟被冻结起来。即便在人力上,联邦调查局和海军情报署,也无法对付如此之多的特务们,自然,他们也就很难掌握这些间谍的行踪和动向。

"如今,好不容易才有了一个放长线钓大鱼的机会,想不到却叫他们给搅了!"无可奈何的情报处长用明显带有悲哀的腔调这样说道。

事实上,也的确有人洞察了这一难堪的遗憾。英国的理查德·迪肯在他的《间谍秘史——日本间谍惊人成功的奥秘》一书中就提出了这样的判断:如果让布莱克把为日本人充当间谍这一职业继续到日本偷袭珍珠港的话,美国海军也许会避免在珍珠港的灾难中蒙受如此惨重的损失。

当然,情报处长的愤恨和激怒,还含有对联邦调查局急功近利、贪天之功为己有的不满和牢骚。毕竟,这使得海军情报署失去了一个立大功、出风头的机会。

很难说情报处长有什么勃勃野心,因为事实上,海军情报署的工作,还是相当出色的。J.R.格林在他的《海军情报署前60年》一书中就这样写道:"1936年左右,(美国)反间谍活动大大加强了。自1936年至1940年间,在美国就有两起间谍判决案,其中有4人是美国海军情报署发现的;海军同陆军及空军相比,其作用显而易见。"

日本海军在美国西海岸情报网上的成员之一、日本海军中最年轻的少校宫崎敏夫,就是由海军情报署提供情报,由联邦调查局抓住的第一个日本特务。宫崎敏夫收买了一个原在美国海军中任文书的名叫哈里·托马斯·汤普森的军士做日本间谍。但汤普森因为宫崎在旧金山银行给他开的户头上得到了一点钱,一时得意忘形,竟把自己的活动向他的同屋"舍友"詹姆斯·特恩廷透露了。那是1935年1月底,汤普森对特恩廷说,他将离开几天,去圣迭戈的宾夕法尼亚号美国军舰上找一个老同事。特恩廷想,他去找的朋友可能就是那日本人,但他吃惊的是,早已不在海军工作的汤普森何以能够登上美国舰艇呢?于是便决定报告海军情报署。宫崎很快就被跟踪了。

此后,海军情报署又发现了一个名叫约翰·塞默·法恩斯沃恩的海军少校曾把一部关于海军安全和情报方面的著作,经照相复制后,卖给了日本驻华盛顿大使馆的人。其后果是,美国的舰队不得不做全面的战略调整。

这接二连三的间谍案,导致了美国海军情报署经费的解冻以对付日本的威胁,因为他们发现了日本在美国西海岸建立起来的庞大间谍网。

而艾尔·布莱克,正是他们放长线钓大鱼的一个诱饵,是海军情报署用于扩大战果的一个秘密武器!因为,刚刚意识到来日日本威胁的美国,太需要能够提供日本间谍活动的线索了!要知道布莱克刚刚进入角色,他的工作才准备开始。

当然,联邦调查局也掌握了一些日本间谍的活动情况。30年代末,联邦调查局收到了一位名叫金威汉的韩国人的报告,据他说,立花致正筹划拟一张沿海地图,在上面标出美国主要海军基地和军事设施、发电站和引水工程等,以便一旦战争爆发,就可以很快地制订出一个对这些目标进行破坏的计划。

当时美国情报机构已经知道:大谷稻夫、深泽医生和别名"立花致司令官"的山本等人,是美国西海岸情报网上的主要人物。

这使联邦调查局吃惊不小。因为美国的主要海军基地,都建立在美国太平洋沿岸,主要分布在长达1000多公里、宽150多公里的加利福尼亚湾附近,这是一条航道又深又没有暗礁的水域,对美国来说,是性命攸关的军事重地。如果日本能找出某种办法对该海湾进行监视,并占领起自圣卢卡斯角的加利福尼亚航道,那么,就可以在这一带发动一次战争了。事实上也确实如此,早在30年代初,由日本政府支援的一场针对加利福尼亚和中美洲的规模巨大的间谍战,便在自墨西哥到巴拿马运河这条漫长的战线上发动起来了。

还有一条消息令联邦调查局的神经更加紧张了。1938年,一个美国渔民出于极端的好奇心,想知道日本"渔民"为什么把一些黄颜色的桶堆放在渔船的甲板上。结果他发现,桶里装的竟是用酸性物质对沉船进行腐蚀的试验品。这使联邦调查局推断出,这些试验品将用于破坏美国的军舰,使之不能航行而陷于瘫痪。

因而,联邦调查局有理由相信,自己对立花致的"破坏"计划的判断是正确的。于是,他们刻意安排破获立花致的特务组织,以"阻止"他们业已进行的破坏行动。

1940年,旧金山举行一次世界博览会,熙熙攘攘的展览大厅热闹非凡。其中一个展览厅正在组织一个叫"无形摄影机艺术的摄影活动"。这一次活动是由一名叫艾尔·布莱克的美国人负责组织的。他原是一名老海军,当过文书军士,他称自己是"基诺,遥控器安装大王"。他的工作很简单,向摄影爱好者提供漂亮的裸体模特,只收取廉价的门票,不要其他费用。

一个名叫河野虎一的中年日本摄影家进去拍了几张照片,见没几个人光顾,自己遛了一会儿,便向布莱克走去,他主动打招呼说:

"先生,我们曾经见过面,您还记得起来吗?"

布莱克打量了他一下,摇摇头。

"很抱歉,年轻人,我一点也想不起您是谁了。"

"这已经是20年前的事了,当时您曾在查理·卓别林的影片中扮演过一个角色。"

"是的,那是1917年。"

在这部电影中,布莱克只是一个小角色,串演过卓别林的男仆。但他仍然想不起这个"熟人"是谁。

"一点不错。"河野一字一顿地说,"那时,我正给卓别林当贴身男仆。"

原来这是大名鼎鼎的卓别林的男仆——一个生活中的真实角色。关于他的消息,也时常见诸报端,有的说他为卓别林当仆人时,就积累了一笔巨款,把自己赎了出去。有的消息说,他后来经营了一个小商店过日子,但实际上他非常富有,因为东京还有一大批他的财产。

虽然遇见了"名人",也使布莱克激动了几分钟,但他对此没兴趣。临别时,河野虎一像是有点漫不经心地对他说:"很遗憾,您不在海军工作了,不然的话,您会挣到一笔可观的款子。"这句话倒使布莱克产生了几分兴趣。

很快,他们又在一个"偶然"的机会见面了。这时,布莱克试探着对河野说,他想重返海军工作。听了这话,河野表现了异乎寻常的兴趣,马上热情地揽着布莱克的臂膀,非要请他在一家日本俱乐部里共进晚餐。

面对河野虎一对"海军"表现出的过度"热情",布莱克似乎觉察到其中隐含着什么秘密。这时的布莱克,充分发挥了当年他当演员时的表演天才,毫无拘束也十分投入地和河野交谈着,说笑着。

"我一定要看看河野的葫芦里卖的究竟是什么药!"布莱克眯着眼睛盯着河野,心里对自己这样说。

"嘎!"森斯特马和威尔顿大街交叉口,一辆汽车悄然停在那块醒目的广告牌下。

布莱克如约而至。

昨天晚饭结束后,河野和他约定,第二天在这里和他再见。

汽车里,河野做着手势请布莱克上车。车上,还坐着一个人。一阵寒暄,布莱克知道这个人叫"立花致"。当然他不知道这就是联邦调查局到处寻找的大名鼎鼎的"立花致司令官",一个海军少校。否则,布莱克定会大吃一惊的。而且,河野也没有说将有一个重要人物和他会面。

汽车一个右转,便向郊区驶去,一番交谈,布莱克终于明白了,他们是想让他当间谍。其实,他虽然有"兴趣"陪他们"玩玩",但对重返海军工作半点兴趣也没有。但为了稳住河野,布莱克嘴上却说着"愿意"的话。他还告诉他们,他在海军中有一个专管秘密文件的朋友。他看得出,他们此时的兴趣中更多地流露了一种急切的期盼。

就在这次汽车会见后不久,他便被告知,他将定期拿到一笔酬金,其条件是,他要向他们提供美国海军的情报。不久有人又告诉他,如果他替日本人去檀香山和珍珠港工作的话,他将得到2500美元的活动费,情报的报酬还可以加码到5000元美金。

"应该立即把情况向海军情报署报告!"布莱克一看事情玩大了,他的第一个反应就是:赶紧报告当局,甚至还可以报告给华盛顿。但此时布莱克的聪明就在于,他断定有日本特务跟踪他,自己的任何一件小事或小动作都会让十分敏感的间谍们产生怀疑。他不敢轻举妄动,甚至不敢使用住宅电话,他担心电话里有窃听器。

尽管他不是一个反间谍的技术专家,但布莱克作为一个反间谍爱好者,尤其凭借他那天赋的表演才能,他表现得沉着冷静,而且足智多谋。他走进距海军情报署不远的一家电影院,乘着放映刚开始时的黑暗和人多走动的当口,偷偷地溜进了电影院的经理办公室,要通了海军情报署的电话,报告了事件的全部经过和他现在所处形势。随后,他又神不知鬼不觉地溜回了放映大厅,特务们根本不知道他曾经出去过。海军情报署得到报告后,立即行动了起来,他们首先把窃听线路接在布莱克的电话机上,录下了日本间谍和他说话的全部内容。为了摸清立花致的全部情况和他的下一步行动方案,他们要布莱克接受到檀香山去工作的任务。

"呜……"开往夏威夷的船启动了,布莱克漫不经心地转了一圈眼珠子。"有人监视!"他立刻发现有两个人轮流跟踪他。但不是日本人,而是德国人。他知道这是怕他认出日本人而引起怀疑,他装着若无其事的样子,巧妙地避开了他们射过来的目光。但他的心里却充满了紧张。因为,一名海军情报署的人将和他接头,假如这人贸然出现,就会被监视自己的德国人发现。

巨大的船身随波逐流,向南行驶着,船舱里人来人往,川流不息,有服务员忙着给客人送茶水的,有小贩子兜售香烟和土产的,也有客人坐在桌边吹牛侃大山的,情侣们则手挽手相依走上甲板,欣赏着湖光山色。特别令人犯嫌、厌恶的有两个人,其中一个是醉鬼,一手拎着酒瓶,一手捏着高脚杯,醉醺醺、摇晃晃到处晃荡,见人就要跟人干一杯;另一人,矮胖短粗,形象丑陋,肯定是有碍"观瞻",因为人家一见就马上有意躲开了。可他全然不顾,还没个停息的时候,一会儿从客厅走到甲板,一会儿又从甲板回到客厅,只要看到人,就涎着脸皮跟人家纠缠不休。

布莱克也时时有意躲着这两个人。他实在担心这两个家伙妨碍他和来人接头。

监视布莱克的特务也在有意避开这两个人。他们担心这两个人妨碍他们执行监视任务或者把他们的注意力从布莱克身上引开。惹不起,躲得起。所以,他们干脆在离开布莱克很远的地方监视他。

这时,醉眼斜睨的酒鬼突然一个趔趄,差点没倒在布莱克的脚下。布莱克刚想抬腿离开这个讨厌的家伙,突然,口中叽里咕噜的酒鬼非常清晰地对布莱克说:

"听好,下面是对你的命令:到达檀香山后,便在你下榻的旅馆给宾夕法尼亚号美国军舰打电话,找坎贝尔。懂了吗?并请他到你的房间里去同你会面。当你看到来人军衣上的左衣袋里有一道轻微的裂口的就是。要看清楚屋里放窃听器的地方。你们的会面一定要小心谨慎,不要让日本人产生怀疑,因为他们会窃听的。"

十分巧妙的接头,一场精彩的演出,作为喜剧演员的布莱克不禁为之叫绝。而布莱克又是何等聪明,他装得面无表情,甚至还带点颇不耐烦的样子。他侧着脸把杯中的酒一饮而尽,不客气地声称他非常之忙,不能和他闲聊。这时"接头人"又成了一个酒鬼,晃晃悠悠地高举酒杯,向他提议,他俩再干一杯。也不等回答,自顾自地一边仰起脖子把酒倒进喉咙,一边高一脚低一脚地找别人干杯去了。

檀香山,一家事先由立花致安排好的旅馆。

布莱克打开预订好的房间,仔细一看,果然到处都装了窃听器。他发现,不管在房间里的哪个位置讲话,都能够被窃听器的探头最大限度地吸收过去。现在他不得不承认,日本人对他的考察多么慎重!

"啊!我真的有这么重要吗?我怎么从来没发现过自己竟然如此伟大!"这个老牌喜剧演员此时还不失幽默。

然而,布莱克知道,"打电话"这个节目并不那么好演。他镇定了一下情绪,重把腹稿翻出来过了过,然后,他拨通了宾夕法尼亚号军舰的电话,和他从未见过面的"老朋友"联系上了。

"坎贝尔吗?老朋友,这年混得怎么样?"

电话那头的坎贝尔,以老朋友的身份,大大咧咧地聊起了家常:

"不行啊!你知道的,薪水就那么多,又变不出'钱儿子'来。还是你老兄发财、过得滋润啊!"

布莱克接过话头:"老朋友了,我发财还能忘了你哥们儿吗?否则,我干吗大老远地跑来找你啊?"

坎贝尔像是抓住钱罐子似的,迫不及待地喊道:"怎么?你老兄成了我的财神爷了?怪不得今天早上一群海鸥围着我叫唤呢!"

这边,布莱克突然神秘地压低了嗓音,对坎贝尔说:"喂,你身边有人吗?"在得到否定的回答后,布莱克说:"老朋友,你只要把海军总署交给宾夕法尼亚号的作战计划复印一份给我,我保证让你得块大肥肉。"

这时,电话那头的坎贝尔似乎被激怒了,表现得十分生气,大骂布莱克是卖国贼,是叛徒。

这边的布莱克似乎也不耐烦,提高嗓门反驳道:"美国最高法庭刚刚审判过的俄国人萨利赫,把人家日本人在大洋彼岸搞间谍活动的情报送往苏联,结果怎么样?法庭不认为是军事秘密!因为那是不可辩驳的事实。你以为你怎么样,谁还不知道你那条船上有几颗铆钉?你拿了一张废纸去糊弄一下外国人,好处却是大大的。我想,你总不该生了个榆木脑袋吧?"

那边,坎贝尔似乎沉默了,泄气了,声音也低下来了。他问:"那我能得多少钱?"

布莱克马上表现出很贪婪的样子,颇有苦衷又像是推心置腹地对坎贝尔说:"人家只答应给我3000块。咱们是老朋友,你拿大头,给你2000块。够意思了吧?"他有意隐瞒了2000块,让他的"听众"感到他的确是因为钱才干上这一行的。

就这样,在布莱克的"劝导"和"物质利诱"下,坎贝尔"胆战心惊"地接受了布莱克的要求。他们约定,明天周末,到旅馆来见面。

放下话筒,布莱克深深地吸了口气,他对刚才的这场"对白"表演,"自我感觉"良好。"这也是我当年做演员的全部看家本事了。演得不好,我也没办法了。"布莱克对自己说。

事实上,日本人对他们的谈话很满意。他们不仅一清二楚地全部听到了他们的谈话,而且也了解到他们为了钱竟也那么"贪婪"。这种"动机",让他们很放心。

"一个可以信赖的人。"立花致和河野为自己成功地发展了一个成员而暗自高兴。

第二天,布莱克按照接头暗号,巧妙地当着两个德国间谍的面,又好像是竭力避开所有人似的,偷偷摸摸、掩掩藏藏地从坎贝尔手中取到了一些假文件,布莱克立即把这些情报资料交给了日本人,日本人很大方地买下了那些资料。不久,布莱克又接到命令,让他返回旧金山。美国海军情报署决定,让布莱克把假戏继续演下去。但半路杀出个程咬金,他们的努力因联邦调查局的急功近利、缺乏远见而受到破坏。联邦调查局更感兴趣的是日本人的破坏活动。而且他们坚信,这一破坏计划已由立花致在美国的西海岸布置起来了,并且他们也知道日本间谍曾经受过桥梁和发电厂实施爆破的技术训练。他们想马上把这几个间谍一网打尽,这样就可以把一切功劳划在自己的账上。因此,他们不向海军情报署通报,就开始行动了……

海军情报署根据日本人的要求,在布莱克回到旧金山后,就安排他与立花致、河野虎一接头。这时,跟踪多时的联邦调查局的特工将他们在现场逮捕了。

于是,也就发生了本文开头所描写的那些事情……

(四)春潮楼上的"浪荡公子"

一张半个多世纪以前出版的报纸,至今仍在不断地印刷出版,这就是1941年12月7日(当地时间)出版的《檀香山明星报》。

是日,这家当地报纸用触目惊心的半个版的大字印着:

WAR! WAHUBOMBEDBYJAPANESEPLANES!

战争! 日机轰炸瓦胡岛!

尽管今天这张报纸是作为纪念品出售给旅游者的,但是人们仍然能从漆黑的油墨中嗅出当年那惨烈的硝烟的味道。是的,它的用意在警醒后人:千万不要忘记过去!

是的,珍珠港——造物主在太平洋上洒下的一颗璀璨美丽的珍珠,在那场突如其来的战火摧残下,它成了战神的俘虏,成了战争的牺牲品,成了一座可怕的、可怜的死亡之港。

——"珍珠港事件",这一写入历史教科书的事件,已经成为人们无法遗忘的往事。

——其实,人们还无法遗忘一个人……

当年,当涂有"旭日"标志的战机在珍珠港扔下第一枚震耳欲聋的重磅炸弹时,作为美国政府已本能地猜测到,日本驻檀香山的领事馆内,一定潜伏着一个或几个神通广大的谍报员!遗憾的是,他们不能判定他是谁。事实上,日本之所以能够成功地偷袭珍珠港,依据的正是不仅准确而且丰富的情报资源。

其实,这个谍报员,神通固然广大,但他的身份实在低微,只是日本总领事馆内一名小小的普通职员。战后,他自知罪恶深重,生怕被当作战犯受审,于是改名换姓,四处流浪,直至遁入深山,自称"碧舟居士",历访各地禅林,或沿门托钵,或寄居古刹,洒扫山门,坐禅采薪。直到 1951 年 9 月 8 日,美、英、法等国与日本在旧金山宣布不再追究一切战犯时,他才得以返回松山市的家中。从此,他握管伏案,出版了一本叫作《珍珠港间谍的回忆》的书。

他说,他就是那个日本传递情报的"神通广大"的珍珠港间谍。

他还说,他的身份不仅低微,准确地说,他还是被联邦调查局称作"下流坯子"的"浪荡公子"——当年珍珠港阿兰高地山坳一家日本菜馆的"春潮楼"上的"浪荡公子"。

他说,他的真名叫吉川猛夫,一个日本海军少尉——当年在总领事馆用的是"森村正"的假名,职务是书记生。所以用这个名字,是因为它对外国人来说,这几个字既不易发音,又不易记住,不易引人注意。

战后,各国报刊有关这个珍珠港间谍之谜的零星报道,终于由这条"见首不见尾"的神龙自己拨云见日,撩开了这一神秘的面纱。

1940 年,吉川猛夫 29 岁。这个有着细长身材、英俊漂亮的小伙子,看起来比实际年龄还要年轻。1933 年,他曾在日本江田岛的海军学校学习,1934 年毕业分配到巡洋舰"由良"号任海军少尉密码官,后因饮酒过度,把胃烧坏了,只得退伍。1937 年,以"嘱托"——一种临时性雇员或特聘人员的名义在海军情报部任预备军官。开始,他在第八课(负责英国情报搜集)工作,不久调到第五课,这是负责搜集美国情报的部门。在堆积如山的情报中,他很快熟悉了美舰调动情况,熟记了各种海军装备。

这年 5 月,课长山口大佐召见了吉川。

"吉川君,准备派你去夏威夷,你看怎么样?"

"夏威夷?"他知道这是日本海军的一个战略情报重点。就在年初,海军情报部还传达了海军联合舰队司令山本五十六的指示。山本说,日本如果同美国开战,除非战争一开始就把美国的太平洋舰队全部击沉,否则日本就没有半点打赢的希望。吉川虽然不知道此时日本海军已经秘密制订了偷袭珍珠港的作战计划,但职业的敏感告诉他,自己此行的使命非同寻常。因为,他研究的情报表明,夏威夷是美国海军的最大集结地。

在日本,与其他国家的观念相反,他们一向把间谍活动视为一种光明正大和爱国的行为。吉川也不例外——他甚至喜欢这种富有刺激和挑战性的工作。

"你要以外务省的身份去。为了不引起外务省一般人员的怀疑,你下周去参加书记生考试,同时强化英语训练,随时准备赴珍珠港。"

吉川欣然受命。他脱去了军装,留起了长发,成了东京新桥大学的学生。这期间,他上午以"森村正"的假名到外务省工作,下午又以真名在海军司令部工作。之所以这样做,当然是为了在外交界先露露面,取得公开的身份,便于日后开展工作。

很快,外务省的书记生公开招考开始了,吉川以大学生的身份参加了考试。遗憾的是,吉川不仅喜欢杯中物,而且"海量无边",对于男女私情、风流韵事,他也是天生的无师自通,而脱下了军装,更让他解除了束缚。所以,这些日子,他的外交知识长进不大,可是"放荡鬼森村"的名头却响得很。自然,他是被"破格"录取的——以"森村正"的名字。

1941年3月27日的上午,日本客轮"新田丸"泊在了檀香山的码头。一辆小汽车把前来赴任履职的书记生森村正径直拉进了日本总领事馆。总领事喜多长雄一本正经地召见了森村正,勉励他好好干。当手下人都离开了办公室后,喜多关上房门,换上一副亲切的笑脸,走到森村正身边:

"森村先生,你是海军情报部的吉川猛夫少尉吧?我已经得到通知,一定配合你的工作。"

喜多是领事馆唯一知道吉川底细的人。

从此,吉川把他的"放荡鬼森村"的名头也带进了领事馆,只是,伴随着他放浪形骸的身影,日本偷袭珍珠港前的情报战也正式拉开了序幕。

吉川由于干间谍经验不足,便以近乎疯狂的成功欲来补偿。他发现檀香山所在的瓦胡岛的舰队又集中在珍珠港,于是,他充分利用外交人员的身份,想方设法接近珍珠港。他甚至对港内的垃圾箱进行检查,并能以垃圾箱的多少来判断出在某一时期停泊在港口内船只的数目,甚至由此还能判断出那些舰艇航行的路线。此外,他还有一种无所不用其极的本领。有时他能够毫不迟疑地改扮成仆人或正在劳动的菲律宾佣人,有时他是口若悬河的夜总会解说员,有时他又蒙着毛巾,像模像样地在东海岸垂钓……

很快,吉川对珍珠港外围的一些情报已经了如指掌。

然而,他的运气似乎离不开"风流韵事"。

珍珠港作为美国海军重要的军事禁区,吉川只能远远地对它垂涎,许多情报只能靠猜测和推理,因而影响了情报的质量。这使得吉川很着急。一天下午,吉川开着车在港外盲目瞎闯时,意外地发现阿兰高地山坳滨海的一片草坪上,居然有一家名叫"春潮楼"的日本菜馆。

"天无绝人之路!"吉川兴奋极了,他装着一副富家公子哥的模样,风流倜傥地走进了"春潮楼"。老板娘名叫芳江秀枝,生得柳眉凤目,纤纤巧巧,虽已30出头,却依然风姿绰约,光彩照人。看来了个花花公子,老板娘媚态百生,一手牵着吉川,一边对楼上喊道:

"姑娘们,来客啦!快带这位公子上楼,安排一个干净房间。对,就去那间面向大海的。"

几个艺妓从楼上袅袅婷婷走下来,吉川一看就知道这是些"二世"姑娘(即在美国出生的日本人）。她们簇拥着吉川上了楼上一个单间，凭窗俯视，吉川的呼吸都要停止了。他不敢相信，站在这间房子里，珍珠港几乎一览无余，大批的战列舰、航空母舰、巡洋舰静静地横弋在水面，夕阳的余晖把巨大的舰身染得金黄透明。

正在他看得出神的当口，一只纤细的小手勾住了吉川的脖子。"您发现了什么呀？"秀枝香唇启处，细语嘤嘤。

吉川猛地一激灵，以为让她"发现"了什么，然而，出口的话却变成了这样：

"啊！我'发现'夏威夷真不愧是个迷人的地方！"

他也说"发现"，但却不是发现"珍珠港"。此言一出，连他自己也感觉很满意。他见老板娘只是一副温香软玉的样儿，知道并没被怀疑，于是，惯于调情的看家本领一下子施展了出来，接着话茬，他色眯眯地说："当然，我还'发现'这儿的老板娘更漂亮、更迷人！"

秀枝告诉他，她5岁随父亲漂洋过海到檀香山经商，18岁那年刚嫁给一个美国海军的下级士官，父亲便在一次海洋飓风中翻船喂了鲨鱼；然而祸不单行，前年丈夫又在一次海上演习时被一枚臭弹炸死。可怜的香枝就在珍珠港湾开了这爿菜馆以求生计。每到晚上，美军舰艇一靠岸，被批准上岸的海军下级官兵就来光顾这个日本风味的小菜馆。他们中有的还是她丈夫生前的同事，也有的是对老板娘不怀好意的。但是，"垒起七星灶"，来的都是客，为了生意，香枝和他们周旋得还算相安无事。

正说着，又有一批吹着口哨的海军士兵吆吆喝喝地进店来了，秀枝忙从吉川的臂弯里抽身下楼招呼客人了。这边，吉川在最后一抹夕阳的照射下，将港内舰只的型号、数量和吨位迅速地定格在脑海里。

这以后，吉川成了春潮楼的常客。他与艺妓们厮混得很熟，他那双勾人的色眼很快就征服了这些野蜂浪蝶。他更能够一个人躲进秀枝的闺房，再换上一双不可告人的目光，独自倚窗视察，记录着美军舰船的秘密。

1941年5月12日，吉川向日本发回了第一份有关美国海军的情报，由于这些情报是他第一手得来的，所以完全准确可靠。

日本海军司令部对吉川的情报，如获至宝，他们要求吉川，今后每隔10天就要报告一次港内军舰的活动情况。

吉川是一个乐天而随和的人，于是他便充分发挥他喜欢喝酒和寻欢作乐的个性。事实上，他一直不失时机地扮演"浪荡公子"的角色。他认为，有时候亮亮这种"形象"倒是最好的掩护。实际上，吉川一到任就已经被美国联邦调查局的人给盯上了。因为，吉川是在两个海军武官被美国驱逐回国时"补缺"来的。只是日本的谍报机关早已预料到以外交官或武官的身份驻在大使馆内做情报工作是十分危险、十分靠不住的，因此在几年以前就改变路径，秘密物色人才，由外务省以卑微的小职员身份派驻国外。因此，美国人虽然窃听了吉川的电话，也对他挟妓冶游、不务正业的风流韵事了如指掌，但他们无论如何也没有想到，与之打交道的这个不起眼的人，他的第一职业就是刺探他们机密的间谍。

有一次，一个艺妓打电话给吉川，从音量的骤然波动中，吉川发觉又被人窃听了。他灵机一动，故意抓住电话不放，和她有一句没一句地东扯西拉，甚至只有在床上调情的话他也毫不顾忌。联邦调查局的人听厌了，拔下了窃听插头。

"这个不要脸的下流坏子！"对他的调查到此结束。

其实，吉川巴不得落下这个名头。他曾这样说过"一个没有浪情的间谍，就像一个被判了刑的间谍"。"浪荡公子"的形象的确可以减少别人对他间谍身份的怀疑。

一天，珍珠港基地职业情报官墨菲少校刚到春潮楼就被请上了二楼。

"少校阁下，要来点什么？"秀枝问。

墨菲一把拉过秀枝，嘴里吧嗒着："我就想要你！"一边两只手开始不老实。

正在这时，只听一声吆喝："谁敢和我的美人儿胡言乱语。"——吉川，又恰到好处地"亮相"了。

这些日子，吉川早已成了春潮楼的常客，也和常来饮酒作乐的基地官兵混熟了。所以，当他和墨菲一打照面，便装得一本正经：

"啊，是墨菲少校，失敬，失敬。"墨菲同样认识这位日本领事馆的书记员。这个花花公子早就臭名在耳：他平时不仅有漂亮的艺妓作陪，而且经常出入于脱衣舞会，甚至下等酒吧——哪里有漂亮女人，哪里就有他。

"一个轻浮下贱的家伙！"情报官心里骂道。

于是，吉川成了"浪荡公子"。一个出了名的却又令人厌恶的，一个人人似乎都认识的却又不放在心上注意的家伙，这为他的间谍活动大开了方便之门。一次他风流潇洒地搂着一名情意绵绵的"二世"艺妓，坐上了夏威夷的观光飞机，作为一个优秀的摄影家，他能够在把镜头对准艺妓的同时，把停泊在附近山丘边上的舰船都拍了下来，连几个过去不曾发现的隐蔽很好的停机坪也进了他的长镜头。

吉川到檀香山的 3 个月后，明显感到情报本部对情报要求的密度加大了，要求也越来越细了，过去每 10 天报告一次情报早已改成了一星期一次，最近又改为一星期三次。为此，吉川不得不冒着暴露的危险，出入春潮楼更勤了。

1941 年 11 月 1 日下午，来往于美日之间的"新田丸"号客轮又一次靠上了檀香山码头。只有极少数人知道，这可能是"新田丸"号战前的最后一次航行。

喜多派人从船上的事务长那里秘密带回了一个指名交给吉川的写满了急需提供答案的 97 个问题。吉川明白，某种行动迫在眉睫了。

问：港内近期停泊舰船的总数和类别、舰名？

对此，吉川有现成的日记笔录。

问：在一周之内，哪天停泊在港内的舰艇最多？

答：星期日。

问：港内舰只抛锚的方式是什么？

答：最常见的是抛双锚。

问：大型飞机出入港内巡逻的方式和架次？

答：拂晓和黄昏各一次，每次均为 10 架。

问：美舰艇进出港口的规律是什么？

答：一早一晚。（这是吉川一连几天住在春潮楼与艺妓鬼混得来的情报。天刚放亮，艺妓还在沉睡，他却悄悄起床拉开了帘布。他后来在回忆录中写道："舰艇编队正在出港之中，港外则驱逐舰已经扇形展开，重巡洋舰与轻巡洋舰正在布成作战序列。而战舰编队，正从港口驶出。檀香山市街还在沉睡之中。庞大的舰队从寂静无声的瓦胡岛悄然远去,沉没于南方的地平线下。")

问:港内有无安装防雷网?

答:无。(这是吉川与混熟了的基地水兵嘴里随意套出来的。据说,一向视日本发动太平洋战争为"神经过敏"的基地基梅尔上将,拒绝在港内安装防雷网。他认为这样将使海道变窄,妨碍海上运输。这一愚蠢的决定,后来使大批美国军舰白白葬身鱼腹。)

问:夏威夷气象怎样?

答:常年晴好。(这是很令吉川头痛的问题。因为当时还没有"天气预报"这门学科,他不知道该从哪些方面做出准确的技术回答。为此,吉川走访了许多人,最后让他找到了一个日本籍的业余天文学家。出于个人爱好,此人在檀香山观测流星已有30多年。据他说,夏威夷群岛一带,从来就没有发生过暴风雨,特别是珍珠港,因为其北面有一条东西向的山脉横亘,所以常年天气晴好。飞机一年四季都可以起落。)

12月2日,喜多告诉吉川,东京命令:即日起,每天报告港内舰队的集结情况。吉川隐隐意识到,战争已经进入读秒阶段了。

12月6日,一个随着日历自然来临的星期六。这天傍晚,美国太平洋舰队90艘出海训练的舰船像往常一样鱼贯泊在了珍珠港内。一向讲究生活节奏的美国官兵当然不会放过一个轻松的周末。他们脱去军装,重整衣冠,各自上岸寻找"老地方"去了。

就在这天晚上,刚在春潮楼上风流过的吉川匆匆返回领事馆,向东京发出了第254号特急电报:

本日内,港内共有9艘装甲舰、3艘扫雷艇、3艘轻型巡洋舰和17艘驱逐舰。船坞里还有3艘轻型巡洋舰和2艘驱逐舰。重型巡洋舰均未在港内。

上面的报告,只有两个地方搞错了:一个是搞错了一艘装甲舰的名字,一个是忘记了港内还停泊两艘今天未出港的重型巡洋舰。

当然,吉川不知道,这是他在珍珠港8个月的情报活动中发回的最后一份情报。

此时,离日本舰队突袭珍珠港只有12个小时了!

连续几天的紧张活动,使吉川感到很疲乏。发完报以后,他喝了几杯威士忌,冲了个热水澡,又用电话召来了一个刚认识的艺妓,早早就上床睡觉了。

不知不觉中,吉川被连续不断的震耳欲聋的爆炸声惊醒了,他一下从艺妓的怀里挣出来,急步来到院内,此时,领事馆的人差不多都来到了草坪。剧烈的爆炸声是从西北的珍珠港方向传来的,一股股冲天而起的滚滚浓烟,已经把它身后的山脉裹了个严严实实。

吉川抬眼看了看领事馆钟楼,时针指向当地时间12月7日早晨7时55分。

吉川和不远处站着的喜多激动地对视了一眼,他们知道:这场战争包含了他们一份特殊的贡献!

"戏"该收场了,吉川想。于是,他又悄悄溜回寝室,开始焚烧那些凝聚自己大半年心血而积累起来的资料。

直到这时,联邦调查局的人,包括日本领事馆的人,仍然不知道这位已经完成了一项历史使命的"花花公子"的"花花肚肠"的秘密……

（五）拯救了伦敦的法国间谍

希特勒今天太激动了，激动得以至于他的鼻翼下的胡子一跳一跳的。他刚刚接到报告，德国科学家苦心经营 10 年，终于研制出了世界上第一枚能够用于实战的新型导弹——一种能像飞机一样会飞行的神秘武器！

当然，德国并不是这种武器的始作俑者。早在 1915 年，美国人就研制出了一架名为"空中鱼雷"的双翼飞行器，它靠一台 40 马力的发动机作动力，当飞行器飞抵预定的目标上空时，发动机即行关闭，弹体随即迅速着陆。但这种武器命中率低，而且并未投入战争使用。

但是，德国今天将拥有这种新型武器，而且将广泛用于战争。难怪希特勒就像拥抱胜利那样被激动了。

不过，确切地说，希特勒更寄希望于这种武器能够挽救他的败局。

时年，1943 年。

此时，第二次世界大战正处于白热化阶段，德国在战场上的败迹已接踵而来。为了改变失败命运，希特勒不得不动用刚刚研制出来的秘密武器。他把它命名为"V-1 绝密工程"。

不过，希特勒很清楚地知道，这将是他手中最后的一张王牌。

只是，此时，他的"绝密工程"的命运已经捏在了一个法国间谍手里……

1943 年，秋天，一个黎明前的短暂黑夜。白蒙蒙的雾气轻轻地笼罩着还在沉睡的山林。

一道铁丝网把法国和瑞士就这么简单地分开了。

法国边境一侧。

浓密的树林和比肩的不知名的秋草中，神秘地隐蔽着迈克尔·霍拉特的高大身躯。他的手上，紧紧拎着一袋土豆。整整一个晚上，虽然边境安静得连只狼都没出现，有的只是嗡声成片的蚊虫，就这样他也没有松开那袋土豆——里面藏着他冒着自家性命的危险，弄到的一份价值连城的德军情报。今天，他要把它送到英国情报机关。

他的身边还放着一把斧子。必要时，那是他成为樵夫的一个道具。

远处，德国的巡逻哨兵正懒散地踏着步子。霍拉特心中记着这是第 4 班夜间流动哨了。雾气越来越轻了，一丝黎明的光芒已经射出天际。霍拉特知道，此时正是流动哨兵瞌睡难耐、漫不经心的时刻。

"不能再等了！"霍拉特敏捷得就像一只猫，迅速而隐蔽地向边界移动着，这是他当间谍后的第 50 次穿越边界了。他熟悉这里的地形。临近边境线了。他机警地瞭望了一下值勤的德国士兵，他们正好背着他走进了一片看不见身影的树林。"天赐良机！"他一下毛起腰用百米冲刺的速度冲到了铁丝网边，借着奔跑的余力，顺手把那袋土豆和斧子轻松地扔过了铁丝网。

"哧！"正当他抬腿翻越铁丝网的一刹那，他的左腿肚被一个"铁钳"夹住了——一条牛犊般的德国军犬牢牢地咬住了他，它的喉管开始发出凶狠的"呜……呜……"的低吼。

"这个该死的家伙！"霍拉特低声诅咒着。他躲过了敌人的眼睛，却没能躲过警犬的鼻子！剧痛使他动弹不得。然而，相持就意味着死亡，德国士兵很快就会返回来巡察。他想找一件什么东西自卫，唯一的斧子已经躺在了瑞士的国土。上帝保佑，他发现脚下有一根结实的树棍，他弯腰拾起木棍，一头拄在地上，一头对着狗嘴和自己小腿间的间隙，一个跃身，使尽浑身力气把棍子捅入了军犬的喉管。军犬松开了他，他腿上的肉也被撕掉了一块。插在喉管的木棍使军犬叫不出声来，拖着负伤的腿，霍拉特拼命地一跃，翻过了铁丝网。

他从地上拾起土豆袋和斧子，刚直起腰，不禁愣住了——两个瑞士边防军的士兵黑洞洞的枪口正对着他，他下意识地扔掉了土豆袋举起了双手。

然而，卫兵朝他微笑了。

霍拉特很快就明白了。他朝后一望，铁丝网那边两个德国哨兵的枪口才准准地对着他，而瑞士士兵的枪口对准的则是德国哨兵。看到已在瑞士土地上的霍拉特和瑞士军人的警告，德国哨兵无可奈何地放下了枪，去救护他们的警犬了。

霍拉特终于带着他价值连城的情报，又一次死里逃生越过了封锁线。

这时，山色如黛的天际，太阳正好射出了它光辉灿烂的第一缕光芒。

1940年5月10日，拂晓。

德国法西斯军队又一次背信弃义，向具有重要战略意义的中立国家荷兰、比利时、卢森堡发动了闪电式侵略战争，仅仅用了5天时间，德军就完全占领了比利时、荷兰、卢森堡。德军乘胜挥师南下，从北海到马其诺防线之间175公里的战线上向法国境内压来。希特勒策划的诡计——假途灭虢之计得逞了。

法国花了2亿法郎修筑的抵挡德军的马其诺防线，根本就没派上用场。

6月11日，法国政府被迫迁离巴黎。

6月20日，以贝当为首的法国政府向德国宣布停战投降。

随后，希特勒异常顺利地占领了西欧、北欧6个国家——其结果是将英法军队从欧洲大陆赶回了英国本土。

此时希特勒开始了策划摧毁伦敦的如意算盘。

他计划，从1943年底开始，将从被占领的法国沿漫长的带状海岸线，建筑一批绝密工程，向伦敦发射新型的"V-1"飞弹，把伦敦夷为平地，迫使英国向他俯首称臣。

"我要在伦敦扔下5万枚'V-1'飞弹！"希特勒对着他的将领们狂妄地叫嚣着——法国被侵占以后，英国是他在欧洲的最后一个劲敌。

眼下，德国最优秀的工程师正在被派往法国，发射飞弹的绝密工程正在极为保密的情况下紧锣密鼓地进行着。

伦敦，正悄悄地被一场毁灭性的灾难笼罩着……

德国征服了法国，使希特勒加快了称霸欧洲的作战步伐。1941年6月22日，他又采取了不宣而战的强盗惯技，突然对苏联发动了战争。希特勒妄图在两个月内，彻底打败苏联，回头收拾英国，实现独霸欧洲的图谋。

然而，德国同时也因此把它的战线拉得更长了。尤其令希特勒忧虑的是，英国人利用德军忙于斯大林格勒战役而无暇旁顾的有利时机,于1942年10月在埃及的阿拉曼地域开始反攻对峙在那里的德军。11月8日,英美援军在北非实施登陆,经过半年的作战,全歼了德国军队,实现了丘吉尔的战略意图。紧接着,1943年,苏联人民经过艰苦卓绝的战争磨难,取得了斯大林格勒保卫战和库尔斯克会战的重大胜利,夺取了苏德战场的主动权。这实际上意味着凶狠残暴的德国法西斯终于转处战争的劣势。

也正因为这样,希特勒加紧了他在法国的绝密工程的步伐。这几天,英国首相温斯顿·丘吉尔和盟军总司令艾森豪威尔将军对越传越紧的风声倍感警惕。他们知道希特勒这个战争狂人什么事都能干得出来,尤其是他在苏德战场的失利,他很可能狗急跳墙、孤注一掷。

但是,他们却不知道希特勒究竟在干什么。有一天,在波罗霍姆海峡,一个丹麦人发现有一种神奇的武器残骸从空中落下。另外,从佩内明德得到的情报,似乎表明希特勒正在加快研制一种"无人飞机"——一种新的闪电式武器。这使得他们对希特勒夸口的那种可怕的飞弹更加忧心忡忡。

这时,霍拉特出现了。

霍拉特是法国人。在德国人侵巴黎以前,他是一家科技研究所的一名普通职员。德国人占领巴黎后,他的老板转而为德国人效劳。而血气方刚的霍拉特,则以辞职表示了对老板的鄙夷。后来,他成了一家为制造电瓶供应木炭的代理商。这样一个职业,使得他可以经常外出,特别是靠近瑞法边境的森林地区伐木,因而能了解到许多军事动向。

法西斯的惨无人道和法国当局的投降,使他下决心要当一名为英国人服务的间谍。他曾两次偷越边境,企图与英国设在瑞士的情报机关取得联系,但德国人抓住了他。好在随机应变的口才使他逃脱了厄运。第三次,他成功了,英国情报局最终录用他为活动在法国的间谍。

从此,霍拉特全力以赴为自己的神圣使命而奔波着。他在铁路工人中、卡车司机中、酒吧间伙计中、旅馆老板中,发展和扩大着他的谍报网,最多的时候,他拥有120多名成员。

1943年8月的一天,一个谍报员报告说,他们模模糊糊地听说德国人正在卢昂附近修建两处不平常的建筑,奇怪的是,德国人对此采取了极为严格的保密措施,所有的工人都是从波兰抓来的劳工。

为了弄清这些建筑的真相,第二天,霍拉特就来到了卢昂。他把自己打扮成一个波兰人,并取得了一个波兰劳工的信任,他换上了蓝布工装,混进了劳动队伍。他发现,工地上到处都是水泥,几百名工人正在浇灌混凝土。

"他们说,这是修建汽车库。"工人们回答着霍拉特。

然而,霍拉特觉得事实显然不对。他干的活就是给汽车制造电瓶,汽车库他见得多了。

"这些建筑物用作车库显然太矮小。"霍拉特心里说,"而且,哪有把汽车库建在远离城市几十公里外的地方?除非是炸弹库!"

"对,炸弹!"霍拉特灵感闪现,这些矮小的建筑只能用作某种大型武器的弹药库!

突然，一条刚刚铺好的长约 50 码的光秃秃的水泥平台引起了他的注意，在平台的水泥斜坡上，有一条用蓝色油漆描成的笔直的指示线。于是，他取出随身携带的罗盘进行观察，他发现平台的斜坡正好直接对着大海对面的伦敦！

当晚，他就潜入瑞士，把这神秘基地的重要情报向英国做了报告，盟军的高级将领们很快得出了这是一批火箭发射平台的结论。按照希特勒吹嘘的"5 万枚"弹头计算，希特勒至少要在法国建造 100 个这样的平台。于是，英国情报机关立即命令这个积极的法国人放下手中的所有工作，集中力量，彻底摸清这些神秘建筑的每一个基地。

受到鼓励的霍拉特，在穿过边界回国时，得意忘形地燃起了一支雪茄烟，大摇大摆地边走边抽，直到德国哨兵喝令他站住时，他才想起了自己的危险。他立即俯身贴地，又机智地把仍燃烧着的雪茄烟架在一个树枝杈上，表明他的"站"住，其实，他已毛着腰溜之大吉了……

事不宜迟！霍拉特知道，建造这些发射平台所用的时间并不长。他必须抢在这些建筑完工之前摸清它，否则，就将阻止不了一桩罪恶。

他把他的最得力的助手分别派往不同方向进行侦察。霍拉特自己则和 4 个助手带着地图骑着自行车，开始了由北而南的全国大旅行。每到一处，他们就和当地的群众交谈，了解外国劳工最集中的地方，以此发现德国神秘基地的线索。在 3 个星期的自行车跋涉中，他们的地图上也标上了几十个标记。

然而，霍拉特发觉时间越来越紧了。这些秘密基地，大都建在森林中、山头上，道路崎岖，费时费力，有时还不得不应付德国人的盘查，有几次差点出了纰漏。形势逼迫他必须另辟蹊径。

此前，霍拉特并不是专业间谍，但他却可能继承了法国人把间谍当作迷宫般游戏的基因，他表现得非常灵活。尤其是他的英国主人喜欢将情报工作描绘得像绅士般高雅，富于智慧，微妙深奥，充满计策，甚至浪漫，他们告诉霍拉特，谍报与其他一些人类活动一样，是一种竞赛，这种竞争在更大程度上是一种智力的斗争，这更使霍拉特跃跃欲试，乐此不疲。

一天，霍拉特赶到一个叫卡利的地方，建在森林的基地已经竣工了，来了 4 个德国工程师验收工程。霍拉特立即搞了一辆小汽车，事先在德国人返回时必经的路边"修"起了车。

中午，德国人收起图纸，宣布验收完毕。当他们路过森林边的交叉路口不久，一辆刚刚"修"好的车远远地跟在了他们的后边。大约 1 小时后，他们看着德国人在一座灰色的二层楼的小花园门口下了车，走了进去。这些脑神经十分缜密的知识分子，对保守秘密显然十分不在行。

更妙的是，一连串的巧合把希特勒苦心经营的尖端秘密简直是拱手送给了霍拉特。他的一位助手居然发现他的朋友就在这栋小楼里工作。但这个朋友告诉他们，因为他在德国人的保密协定上签了字，宣誓不得泄露机密，而且也不能随便离开办公室。

霍拉特本是个极和善的人，所以才赢得了人们的合作。但这次，强烈的爱国热情驱使他大发雷霆，他以命令的口吻对朋友说，必须无条件地、不惜一切代价地搞到德军在法国基地的分布资料，如果抗命不遵，他会像惩罚战场上的逃兵那样，毫不留情地处死你。

几天以后,按照霍拉特的事先安排,那个在德国基地工作的法国人,把复印的一份"V-1火箭发射台分布简图"送了出来。

接下来,霍拉特他们把自己关在一间小房子里,对照这份复制的简图,和其他几路侦探到的情报,分析了这些神秘建筑的布局特点。结果,他们发现,这样的基地在法国大约有上百个,它们都集中在一条长约200公里、宽30公里,大致与海岸线平行的带状地区。而且,所有这些基地的平台,对准的方向只有一个:英国伦敦!

霍拉特终于成功了! 他由此成了盟军唯一知道这一秘密武器细节的人物,也铸就了他充当间谍生涯中的最大功绩。

最后的成果,就是前边讲到的霍拉特第50次穿越边界时藏在土豆袋里的那份价值连城的情报。

"土豆"很快送到了英国情报机关,盟军总部从伦敦发来了贺电:"缴获品安全收到,致以祝贺。"

1943年10月,盟军连续5个星期出动轰炸机,频频飞抵法国上空,把数万枚炸弹投下,准确地摧毁了73个"V-1"火箭发射基地。希特勒苦心营造的企图挽救败局的火箭发射台,在盟军的狂轰滥炸下,那些刚建好的和即将建好的基地,连同那些已经运到阵地的巨型火箭,一个一个被炸成了废墟。绝望的希特勒悲哀地号叫道:"是谁泄露了我的绝密工程?"

与此同时,皇家空军的一架专机把功臣霍拉特接到伦敦,丘吉尔首相亲自授予他一枚"功勋勋章"。

——这是外国人在英国获得的最高军事勋章。

在授勋词中,丘吉尔首相热烈地称霍拉特是"拯救了伦敦的勇敢的法国人!"

(六)不了了之的间谍案

"不能再等了!"

联邦调查局的特工们跟踪的柯普朗和格比彻夫,一会儿大街,一会儿小巷,一会儿公交车,一会儿地铁,有几个特工被他们"甩"掉了。所幸,这次志在必得的纽约行动,联邦特工布下了一个庞大的天罗地网,才使几次失去的目标又进入了视线。

特工们期盼的是,柯普朗会把她的手提包或手提包里面的东西递给格比彻夫,这样,特工们就可以在现场抓到他们交"货"的罪证。"这一点很重要。"那个凶神恶煞般的胡佛局长就曾这样反复交代过。

但是,这样的情景并没有出现,虽然,这两个狡猾的家伙曾经擦肩而过,但却形同路人。至少,不敢靠得太近的特工们,不能肯定他们没有用眼神示意某种危险。

但这一次,在第36号地铁站的售票口,已经奔波了两个小时的柯普朗和格比彻夫,终于面对面地站在一起说了话。然而,他们今天似乎故意和特工们"过不去",就是没有实质性的情景发生。

特工们按捺不住了。再等下去,只怕计划就要落空。而这次机会对于联邦调查局来说,却是最后的一次机会。

为了符合法律程序,负责指挥这次行动的联邦调查局谍报处负责侦听工作的兰菲尔,亲自拜访了助理司法部长皮顿·福特,就能否得到柯普朗和格比彻夫的逮捕证向他咨询。福特谨慎地回答说:"逮捕证不能给你们,因为你们并没有掌握足够的罪证。"但这位法学专家建议说:"如果跟踪的特工看到柯普朗将文件一类的东西交给格比彻夫,或者,如果特工们有'大概确实的理由',相信他们正在目击一场严重的间谍活动,那么,没有逮捕证也可以逮捕他们。"

现在,只能以"大概确实的理由"当机立断了!

特工们发现,格比彻夫钻进了一个电话间打起了电话。天知道他是不是给苏联领事馆打电话!如是,只要挂有外交牌照的汽车一到,他们就可以抛下特工扬长而去。

机遇稍纵即逝!特工们同时用步话机急切地呼叫着总部。命令终于下来了:"立即逮捕。"

早已被这两个讨厌的家伙挑逗得火急火燎的特工,一接到命令,即如饿虎扑食般扑了上去。转眼间,柯普朗和格比彻夫就被塞进了汽车。

然而,联邦调查局的特工们绝没想到,尽管这起间谍案有一个耸人听闻的开端,最后却得到了一个出乎意料的结局:不了了之。

命运论者有句话:该是你的东西跑不掉。

柯普朗是那么踌躇满志地渴望为中情局服务,但却被拒之门外。

原因很简单,在例行的安全检查中,她没能"过关"。

在中央情报局工作的朋友向推荐她的巴理森社会关系学院教授金斯顿私下透露说:

"只要发表过一点儿激进言论的人,不管出于什么动机,我们都不要。"

这个标榜"言论自由"的国度,其实也是很讲"政治立场"的。

当然,这得"归咎"于柯普朗那充满火药味的"激进言论"了。

柯普朗1922年出生于纽约一个犹太人家庭,她的祖先在南北战争之前移居到美国。她的父亲是一位玩具商,属于中等收入阶层。案发时,她的父母住在布鲁克林区。

从外表上看,柯普朗是一个娇小、机智但却泼辣的金发女郎。她在学院出版的周刊《号角》上发表的文章,就用了"小刺猬"这个笔名。

"她是一个天生的斗士。"世界政治学科的哈利教授心悦诚服地说。因为当他在讲台上大贬斯大林时,柯普朗虎气生生地站了起来:

"教授,您说95%的俄国人对斯大林政权心怀不满,但又怎样解释他们正如此顽强地抵抗着德国人呢?"

"那是因为出于他们的一种民族生存感。"哈利教授苍白无力地解释说。

"可是,您刚才还说,只要有一点点外部势力进入俄国,那么,他们整个社会的基础就会立即崩溃。现在,德国人进去了,可是,看起来失败的不是俄国,却是入侵者。"

"这个……柯普朗小姐,为了使我的授课计划得以顺利进行,我建议,我们课后再讨论这个问题。行吗?"教授退让了。

当然,问题倒并不在于她那泼辣的个性,而在于人们认为她"亲苏"。那本还散发着油墨香味的最新一期的《号角》周刊上,在署名"小刺猬"的文章里,似乎就有这方面的"证明"。

"请问丘吉尔,第二战场迟迟不开,到底何故?"

"俄国人并非孬种,斯大林格勒保卫战便是证明。"

这位纵论世界风云的不凡"斗士",以她那鲜明的笔触,热情地赞赏苏联人民在抵抗德国侵略者时所表现出的勇气和决心。面对不信守开辟第二战场诺言的丘吉尔则直言不讳地斥之为"小人""伪君子"。

"即使从最狭隘的民族利益出发,美国人也应该给苏联人更多的援助。有人说,我们宁愿把飞机大炮扔到海里也不能送给苏联人。理由是,说不定某一天,强大起来的苏联人会拿着我们送给他们的武器,从加利福尼亚的海滩上冲上来。但是,这些'可爱的爱国者'先生们忘记了这样一个事实:如果苏联人完了,那西方世界的末日也就指日可数了。"

柯普朗这一番言论的矛头指向,正是罗斯福政府制订的对苏联的有限租借法案。她认为,这固然是件令人宽慰的好事,但还远远不够。

"苏联那巨大的资源一旦落入希特勒手里,他会把包括美国在内的整个世界吞掉的。"柯普朗那犀利的笔锋,直刺要害,一针见血。

于是,学生时代的柯普朗就落了一个"同情赤色分子""皈依共产主义"的名声。

联邦调查局在后来对她的背景调查中还发现,柯普朗在毕业前,还在一次苏美青年互访活动的接待工作中,第一次接触了那些在战场上与纳粹进行生死搏斗的苏联英雄。据柯普朗自己说,她对他们"崇拜不已",以至于"顶礼膜拜"。而且,从那以后,柯普朗收锋敛刺,不再慷慨激昂,一下子似乎变得"成熟"多了。她在那篇名为《东欧战场上的局势展望以及美国所应采取的对策》的毕业论文里居然一反常态,否定了自己以前的论点,指出随着苏联在军事上取得优势后,美国就应减少、最终停止对苏联的援助。

"理由很简单,我们向苏联提供援助只是为了拯救一个濒于灭亡的民族而不是为了助长共产主义。所以,当苏联强大到能抵抗纳粹德国时,我们就必须重新考虑援助计划了……"

然而,对柯普朗"很简单"的"理由",联邦调查局却不这样认为,他们在复杂的分析报告中写道:"显然,她在那时便与俄国人开始了非一般的接触关系。"

柯普朗案发后,一家三流的《纽约明星报》这样断言:

"柯普朗是从什么时候开始醉心于激进主义的理论,我们不得而知。但是,有一点是肯定的,她确实信奉这套理论。"

所以,当柯普朗在毕业前的几个月"皈依归正"并不能改变人们业已对她形成的泼辣的印象。虽然她赢得了校方近乎完美的毕业评语,荣获了该学院优等生的称号,并有德高望重的教授的推荐,柯普朗填报的第一志愿——中央情报局,仍毫不客气地将她拒于门外。

但是,命运似乎注定她和中央情报局"过不去"。

"我觉得在那儿的工作更能适合我的特点。而且,我渴望能在第一线的岗位上为国家的安全而出力。"柯普朗执着地说。于是,她又填报了第二志愿——司法部。

据说,联邦调查局已经把对柯普朗的调查结果通报了司法部,但不知为什么,司法部却在短短的 5 天之内,就对柯普朗发出了录用通知书。

是年,1944 年 6 月。柯普朗正式进入美国司法部纽约办事处的军务局经济作战科。而且,仅仅隔了半年,由于她的勤奋工作,赢得了上司的好评,1945 年 1 月,司法部又批准她做一次横向调动,将她调到华盛顿,充任外国代理人登记科的政治分析员。

柯普朗的历史掀开了新的一页,然而中央情报局却开始了倒霉的日子。

当初被中央情报局拒之门外的柯普朗,阴差阳错地从此获得了大量调阅中央情报局机密文件的便利。她最终还是得到了本该属于自己的东西。

大战期间,美国法律规定,任何一家在美国营业的外国公司、企业代理人都必须到美国司法部去报到、登记,并接受司法部审查。其本意是协助中央情报局刺探外国公司、企业的情况;协助联邦调查局查清外国公司、企业及代理人的背景。当然它还负有对纳粹德国、日本和意大利进行谍报工作的特殊任务。正因为这样,中央情报局的《国外活动动态》、联邦调查局的《每日简报》《本周摘要》等大量机密和绝密资料,都成了柯普朗这个"政治分析员"可以调阅的资料。

好在联邦调查局从来没有放松过对柯普朗的注意。他们这样自信地说:

"我们相信自己的调查结论。"

"嘿! 瞧这性感的小妞。"事实上,当柯普朗一走进司法部那栋大楼,就让这块严肃的办公区域充满了不正经的气氛。

其实,不好说柯普朗有多么漂亮,至少她的脸庞不算很美,个儿也不高。但她有两个地方很能吸引那班男人不怀好意的目光。一是她长得结实匀称,腿肌很发达,那是她在学校经常参加体育活动的结果。这使得她浑身散发着令人难以按捺的青春女性的气息。二是她苗条的身材上生着一双硕大的丰乳,婀娜的腰肢、令人炫目的酥胸,勾引着一帮人对她极尽恭维奉承之能事。案发后,《纽约周末新闻报》就这样写道:

"事实证明,这个有着一对大奶子的司法部官员是征服赤色俄国的绝妙武器。既然经过严格考核的外交官都不能抵御她的魅力,那么在那个国家里大概就没有人能抵挡得住她了。让我们设想一下,假如我们有一千个、一万个长着像柯普朗小姐一样令人心醉的大奶子的女人向俄国人发动进攻,那将会出现一个怎么样的局面? 很遗憾这样的人我们现在还太少……"

这家报纸有点儿"自由发挥"了。事实上,至少在刚开始,柯普朗并不像有些漂亮的女秘书那样靠卖弄自己的胸脯和大腿来取悦上司。

"我讨厌那种谨小慎微、卖弄色情的小职员习气。"每当这时,柯普朗总是在心里对自己这样说。因为,这时她的"外表"是"成熟"的,而不是"激进"的。

确切地说,柯普朗靠的是才华和勤奋。

西海岸有一家颇有名望的航海救生用品公司,历来是美国海军的一个老主顾。但是,负责审查与政府和军方有军火合伙关系的厂商和公司的柯普朗发现,它与著名的电影导演卓别林和其他一些"不那么听话"的人有某种"密切"的关系——它出资捐助他们拍摄过一两部政府不太喜欢的片子。

"这样的公司还想从政府那儿得到订货合同？"她大笔一挥,把它打入"绿册"——予以控制的厂商和公司的登记簿。

"到底是什么使得她在一个如此短的时期内由一个好斗的激进学生转变成一个保守的政府官员的呢？"若干年后,在审理她的案件时,自认为对她"了如指掌"的联邦调查局官员对此仍是一头雾水。

然而,眼下,柯普朗却深得上司的欣赏。

应该说,柯普朗"直升机"似的"升迁",至少也是上司对她的赏识。

"在这儿,你的能量远远没有发挥出来。在那儿,将有一个更重要、更有意思的工作在等着你。好好干吧！我相信你是不会让我失望的。"她的上司麦克法兰在为她饯行时就这样热切地对她说。

反正,不管是柯普朗对新工作的"敏感性"十分感兴趣,还是她的确有了"天高任鸟飞"的一方新天地,总之,她的工作更出色,更有效率。很快,她又由最初负责西欧几个无关紧要国家的工作,被调到负责苏联和其他几个被称作"铁幕"国家的工作了。

由于工作范围的不断扩展,更是为了"更好地了解情况",柯普朗的工作更加勤奋了。她经常去阅文室调阅各种机要文件,尤其对联邦调查局关于记载苏联及其卫星国驻美外交官的监视和策反活动的《国家安全备忘录》感兴趣,每期必读。工作之余,她还去大学听课,攻读国际关系硕士学位,同时在撰写关于苏联计划经济的论文。由于她成了"精通"共产主义事务的"专家",1948 年,她又正式接替了复审联邦调查局呈送给司法部的有关国家安全案子的侦查资料。

事实上,就在这一年,政府各部都裁减了一批工作人员,而柯普朗则是科里唯一没有被裁掉的政治分析员。

柯普朗的确想着为她的上司"排忧解难"。科里有几个大型档案柜被历年积下来的材料塞得满满的,整个办公室显得又脏又乱。柯普朗自告奋勇,要求清理这些资料。科长为此大喜过望。柯普朗也为此窃窃自喜。她知道这些材料的价值。

在司法部工作期间,柯普朗每隔两三周就要去一趟纽约,极有规律。这也是非常正常的。她的父母住在那里。她对科长请假时还这样说："我的男朋友在纽约。我们约好了每个月要见上一两次。"

但是,大概也就从那时候起,一桩"外交邮袋事件"让柯普朗成为怀疑对象。那是 1947 年 8 月中旬,联邦调查局的特工们在苏联人的外交邮袋里发现了他们自己对苏联外交官的监视记录文件。

靠偷拆邮袋这些"小动作",知道苏联和东欧国家这些重点"铁幕"的外交秘密,联邦调查局自己称之为"阿里巴巴计划"。

即便时至今日,人们仍对这一类行径颇有微词。1997 年 9 月 14 日戴维·怀斯在美国《华盛顿邮报》发表题为《中央情报局的中年危机》一文,在肯定了中情局成立 50 周年的成绩以后,他这样写道：

"参加庆祝活动的人也不会着重提及中央情报局最近一些年非法拆阅一类邮件、在越战期间监视美国公民或者在没加提防的美国人身上进行臭名昭著的药品试验。"

由此可见,他们的拆阅"小动作"一直延续到今天！

当然,即使在 50 年前,他们的"小动作"是玩得"得心应手"的。

这当然需要各行各业的专家、能手,比如印章伪装专家、摄影专家、开锁专家等。邮袋一到,先由鉴别专家观察邮袋的封口。要知道,各国外交邮袋上都有只有自己才能辨认的暗号和印记。而摄影师则将封口摄下,并冲出照片,以便在复原时加以核对。比较复杂的是拆封口上的火漆印章。因为各国的火漆配方都不一样,对方的专家们也会在上面要些小花招。所以,特工们有时会把火漆刮下来并保留起来,以备对付那些有特殊记号的印章。而信件开启专家则专心致志对付铅印和各种各样的大小信封。摄影师把展露出来的信件和文件高速拍摄下来。

联邦调查局的特工们就是用这种方法发现自己的秘密泄露了。

在 8 月 15 日的那份记录材料中,联邦调查局写道:苏联驻美使馆商务处三秘古斯塔夫·鲍尔在 4 月份的头三个星期中酗酒 8 次,其中 6 次在公共场所,最严重的一次酒后开车,并将车的前灯撞坏。

令特工们犯傻的是,即便苏联人自己也在跟踪自己的外交官,也不可想象居然能得出与联邦调查局一模一样的监视记录。因此,答案只有一个:自己的记录泄密了!

但特工们对此泄密无能为力,因为无从下手。原因是,这样的记录通常是通过《每日机要》散发的。上至总统办公室、内阁部长,下到部一级的中级官员,有权阅读这份文件的不下千人。这还不包括这些人的秘书、副官、机要人员等。

"只能等待下一次机会了。"联邦调查局进一步加紧了对苏联外交邮袋的"阿里巴巴计划",希望能从中发现新的线索。

这一天让他们等来了。

1948 年 12 月 14 日,特工们在苏联的外交邮袋中终于有了新发现,而且是重大发现:一张联邦调查局开列的"不受信任"的公司和个人的黑名单,居然出现在苏联人的邮袋里!

线索很快查清了。因为这份名单属 AAA 级绝密文件,只供联邦调查局、中央情报局和司法部这三家机构的负责人"参考"传阅。而且,调查重点事实上只有司法部一家。

差不多与此同时,联邦调查局谍报处负责侦听工作的罗勃特·丁·兰菲尔收到一份刚破译的电文,电文提到,司法部驻纽约办事处的一位女工作人员在 1944年被收买成为克格勃间谍,并且已奉命调往华盛顿司法部工作。这样,几乎不用半个来小时,他们就调出了柯普朗的全部资料。

于是,柯普朗的末日就来临了。

但如何侦破这个案子仍然很棘手。

被联邦调查局称为"魔鬼"的局长胡佛,长期以来坚持他的"一贯主张",即嫌疑人不能继续留在位置上。

"那样,对美国的利益将是极大的危害!"他总是这样不耐烦地对部下吼道,他认为这是部下的懒惰,只是为了"便于侦查"。"可恶!"他在说话的最后总忘不了用这个字眼表示他对此举的不满。

当然,揭露柯普朗已经易如反掌。问题是如果要挖出她周围的间谍网,就必须"便于侦查"地放长线钓大鱼,即首先要设法稳住柯普朗。但"让一个嫌疑分子继续留在危害极大的位置上",就必须首先过胡佛这一关。

负责此案的是主管反间谍工作的助理局长霍华德·弗莱彻和兰菲尔。弗莱彻具有非凡的组织才能和超群的智慧,被公认为是联邦调查局特工和督察员的典范。他在给局长的请示备忘录中论证说:

"尽管让柯普朗继续留在她的位置上对美国的利益确实是个不小的威胁,不过,她已经在这个位置上干了许多年,也就不妨再让她干一段时间。当然,应该设法将她可能造成的危害缩减到最低限度。最重要的是,不将她马上撵走,是为了以她为诱饵,将她周围的间谍一网打尽。"

胡佛最终对他的"一贯主张"做了让步。当然,促使他做出这一决定的也是他最关心的,他希望有尽可能多的间谍被他抓获,那样,他就可以拿出新的业绩,自豪地向总统和美国人民做出令人满意的交代。

要知道,就在几年以前的1942年,美国联邦调查局一举破获了一个由8人组成的德国间谍组织。正是由于这一"辉煌业绩",原来并不为人所知的胡佛,一夜之间成了世界瞩目的知名人物。美国国会一致通过决议,予以特别嘉勉,赐予一块铜质金字奖牌,由总统罗斯福亲自授予,高悬在联邦调查局大门之上。胡佛从此戴上了第二次世界大战英雄的桂冠。虽然,38年之后,一个记者偶然发现了这桩间谍案竟是胡佛沽名钓誉的一场大骗局,但在那时,罩在胡佛头上的光环并未消退。这就是说胡佛还需要继续他的"辉煌",而柯普朗案可能是一次新的机会。

接下来,就是游说司法部长汤姆·克拉克,请求他允许联邦调查局在柯普朗办公室和家里的电话上安装窃听器。

根据美国宪法,公民有隐私权,因而使用窃听器是违犯宪法的。但如果涉及国家安全的事务,则又可另当别论。1940年5月21日,富兰克林·D.罗斯福总统在给当时的司法部长罗伯特·杰克逊的信中这样写道:

"我授权并命令您处理这类案子时,只要确有必要,就可以准许特工人员在侦察过程中使用各种监听手段,可以准许他们直接监听那些涉嫌颠覆美利坚合众国的嫌疑分子(包括涉嫌从事间谍活动的嫌疑分子)的谈话或别的通信,以取得罪证。"

当然,话虽这么说,毕竟还不那么"硬气"。所以,司法部的一位长年律师不得不反复声明他的观点,即联邦调查局只要在自己的工作权限内从事情报的窃听传播,那么,使用窃听手段就并不违反宪法。

杰克逊的继任克拉克也在1946年写信建议杜鲁门总统准许他继续执行已故总统罗斯福的指令,他在信中坚持认为,运用窃听技术来"打击颠覆国家安全的犯罪活动是绝对必需的"。

事实上,这种"温吞水"般的政策一直延续到了1962年。当时的总统肯尼迪很关心古巴问题。为了让联邦调查局更好地利用国家安全局截获的古巴情报,联邦调查局国内情报处民族情报科科长沃纳尔和安全局的官员在5月份举行了一次会议。沃纳尔在会后的一份备忘录中这样写道:

"现有的原始电报中,对我们帮助最大的是定期开列的同古巴政府及个人做买卖的美国公司的名单……至于私人电报,我们感到美国和古巴之间,常来常往的人的电报最为重要……我们将给国家安全局提供一份名单,列出我们认为有调查价值和有情报价值的人。"

这一观点显然得到了肯尼迪总统的许可。通常认为,从此以后,国家安全局第一次将它巨大的耳朵转向了国内,对着自己的公民。而且,由于没有立法和法律的阻挠,这只巨大的耳朵一直继续转动。

但是,在当时情况下,联邦调查局每次使用窃听器以前,一般都要征求司法部长的意见并得到他的批准。据说,司法部长在授权使用以前,还必须得到总统的同意,包括征求一些高级律师的意见。但不管怎么说,联邦调查局这份备忘录经胡佛签字后递交给了克拉克,几天后,联邦调查局就得到了许可的通知。

这样,柯普朗被24小时昼夜跟踪。她的信件被拆阅,她的电话被窃听,同她有来往的人也受到了监视。联邦调查局甚至设法从陆军情报部调来一辆电波测向车,停在柯普朗寓所不远的一个旧车库里,以侦听她用无线电发报。罗网,已经严严实实地罩在了柯普朗的头上。

1949年1月14日的晚上,柯普朗又要北上纽约去看她的父母亲和男朋友。自然,特工们也要与她同行了。

"目标向曼哈顿行动。"负责指挥这一次跟踪行动的联邦调查局高级特工斯科蒂·米勒亲自带人,尾随柯普朗到了纽约,并随时向坐镇家里的弗莱彻汇报。

"盯住她!"

老牌特工弗莱彻预感到"好戏"开始了。因为柯普朗在纽约宾夕法尼亚火车站下车后,应该乘地铁去布鲁克林区,她的父母住在那里。可是现在她却正好背道而驰。

米勒当然不敢大意。在百老汇大街和第193号大街的交界处,他发现柯普朗脚步慢了下来。几乎与此同时,一个黑头发的矮个子男人出现了。

接下来,柯普朗和这个男人进了一家意大利的餐馆用餐。之后,他们又一起走进了地铁站。他们一直在交谈着。但米勒他们不敢靠得太近,始终无法听到他们的讲话。在地铁等车时,他们似乎在争吵,柯普朗用卷成圆筒的报纸打了那男人一下。

地铁呼啸而至,柯普朗和那个男人上了车。车到第125号大街时,就在车上乘客走得只剩下最后一个的一瞬间,那个刚才还似乎毫无下车意思的男人,却箭一般地从已经开始关闭的门缝蹿了出去。

目标眼睁睁地消失了。第一次跟踪毫无结果。

但这个黑发男人自然成为特工们调查的重点对象,他们把苏联侨民的档案卷宗翻了个底朝天,最后确信这个男人是瓦伦丁·亚历克西维奇·格比彻夫。

各方的资料以最快的速度在汇总。资料显示:格比彻夫1916年出生于奥罗夫斯基,建筑师。1946年以苏联常驻联合国代表团秘书的身份进入美国。刚开始他使用外交护照,但随着工作的多次变动,他现在被委派到曼哈顿为联合国建造新的综合大楼,因此他已经不能算作外交官了。

"格比彻夫没有外交豁免权,我们就可以逮捕他,判他的刑。"特工们总算找到了一个"兴奋点"。

然而,他们高兴得早了点。

胡佛变卦了。

　　"让柯普朗继续留在司法部已经够危险了,现在又牵涉到一个苏联嫌疑人,这就更危险了。"他又高高地擎起了自己的那个"一贯主张"的利剑。

　　司法部的官员也声言马上要撤柯普朗的职。

　　正在煞费苦心地考虑如何"人赃俱获"地逮捕柯普朗的兰菲尔,听此消息犹如迎头一桶冷水泼来,急得大叫起来:

　　"我没法接受! 案情已经有了很大的进展,离胜利几乎只有一步之遥。我们为什么要干功亏一篑的傻事?"

　　的确,根据美国宪法,此时的柯普朗最多是被撵出司法部,要想作为间谍案审理就不可能了。

　　在局长助理弗莱彻的疏通下,胡佛局长允诺在他做出正式决定之前,再留一段时间来侦破此案。

　　显然,这种让步是暂时的,更是短促的。兰菲尔眼下只有一条路,就是加快案子的进程,来和自己的局长抢时间。

　　不幸的是,这种人为的操之过急的办案过程,为日后此案"不了了之"种下了祸根。

　　眼下,兰菲尔最急迫的是制造加速这种过程的"催化剂"。

　　兰菲尔的计划是,设下圈套,诱敌上钩。

　　他花了几个小时研究了一番卷宗,然后起草了一份关于联邦调查局早就知道是苏联谍报活动的前哨组织的安托格贸易公司的备忘录。文件在真实地提供了该公司的情况后,像煞有介事地称,联邦调查局几经周折,已经成功地在其公司内部安插了一名情报员。兰菲尔设想,柯普朗看了这份十万火急的情报,肯定会迅速地通报跟她联系的格比彻夫。

　　果如所料,这份由胡佛和司法部官员签字的文件一到"政治分析员"柯普朗手上,她就再次动身到纽约去了。

　　时间是1949年2月18日。

　　联邦调查局特工已经兵分几路在等着她了。柯普朗急匆匆地下了火车后,因为一只鞋子的搭扣断了,直到7点5分才赶到第193号大街的接头地点。另一路特工则发现,格比彻夫出了联合国办公大楼,极其准确地在7点整到达了接头地点。但由于柯普朗的迟到,旋即又离开了。

　　按照约定,他们将在一个小时后在老地点进行"后备约会"。果然,7点58分,特工们发现柯普朗和格比彻夫从不同方向朝接头处走去,就在他俩擦肩而过的一刹那,柯普朗闪电般地把一张纸条给了格比彻夫。

　　时间太短暂了,以至于特工们还不能肯定他们已经完成了情报交接,那两个人已经迅速地分手了,而且那个晚上再也没有发生任何可疑的事。

　　柯普朗平静地回到了华盛顿,兰菲尔的第一块钓饵被"鱼儿"白吃了。

　　兰菲尔能够利用的时间越来越少了。

　　柯普朗的手却越伸越长了。2月24日,窃听器传来了她和国务院一个官员的谈话。后者告诉她,她要的"那份资料"实在"非常复杂,非常难弄"。她最后说,那就由她自己再想办法。

　　这就证明,柯普朗的"威胁"越来越大,胡佛的"主张"也有道理。兰菲尔当然还不能让司法部知道柯普朗的下一步打算,否则,他们会立即赶走她。

再下一份诱饵,而且分量要重!重得必须在时间上促使柯普朗采取火速行动!

兰菲尔连夜拜访了原子能委员会的高级官员,请他们提供一些有关国防的机密情报。当然,这些情报必须符合这样的要求:并不会因为落入苏联人之手而对美国造成太大的威胁。

兰菲尔得到了一些地音探测器的资料。只要开发原子能的国家都得要研制它。"当然,苏联人迄今为止还没有研制出这种仪器。"专家们肯定地告诉兰菲尔。

"托儿"还是那个安托格公司。兰菲尔在备忘录中写道,这家公司正把眼睛盯在美国的地音探测器上,并列举了联邦调查局这两年掌握的公开的事实。然后,兰菲尔又开始了虚构:

"我们通过中间人和安托格公司的美方全权代表艾西多尔·吉比·尼德尔曼保持联系。但是,我们对他并不完全相信,所以想对他的诚意做进一步考验,看看他能否为我们提供更多的、更有价值的情报。"

兰菲尔透露的这个所谓"情报员",其实是忠心耿耿的苏联爱国者。但是这样的情报,无论哪个苏联间谍得到它,都会感到情报的严重性。

柯普朗果然又吞钩了。3月4日她再次动身去纽约。

这一次兰菲尔动用了30名特工,凡是可能的接头地点都有人跟踪。甚至兰菲尔还专门请教了助理司法部长皮顿·福特关于没有逮捕证如何实施逮捕的法律问题。

成败荣辱,在此一举!

但是,"目标"并不配合他们。柯普朗在晚上7点准时到达纽约第190号大街的接头地点,但不知为什么,准时出发的格比彻夫却没有露面。在8点钟的"后备约会"时,特工们终于发现柯普朗和格比彻夫正从不同方向朝接头地点走去。

但是,令人失望的是,特工们企盼的一幕似乎并未发生。就在钟楼敲出最后一响的那一刻,柯普朗和格比彻夫走到了一起,但他们并没有停下来,相反却装作互不认识的样子擦肩而过。但毫无疑问,他们中的一个,至少已经警觉到有人跟踪,并发出了不为人注意的暗号。因为,此时他们至少显得有些慌张。

特工们企盼他俩能再来一次"后备约会"。

捉迷藏开始了。

格比彻夫极敏捷地跳上了随后而来的一辆公共汽车。第四站到了,就在车门刚要关闭的一瞬间,格比彻夫突然从人缝中窜出了车门。随即,硬闯红灯,以最快的速度跳上了因躲避他而紧急刹车的一辆出租车。透过反光镜,马路上除了车流,再也见不到人影,他不禁有点得意地笑了。

苏联内务部出版的《海外活动指导手册》上那段"技术性"的文字,他今天运用得非常成功:

"利用公共交通工具来摆脱对方,无疑是一种可取的方法。具体的做法是:被跟踪的一方若无其事地站着或坐着,看点报刊什么的,神态应该是专注的,仿佛对汽车或火车的到来一点也不在意。然而,就当车门即将关闭的瞬间须迅速冲进去。同样,在下车的时候也是如此,先是装出一副不想下车的样子,然后在车门关闭的半秒钟跳下去……"

的确,有两个联邦调查局的特工被他甩在了那辆继续开往相反方向的公共汽车上。

程序似乎是事先约好的。

柯普朗首先跳上了与格比彻夫相反方向的一辆有轨电车,也是在第四站上,她倏地跳下了车,进入地铁道口,乘上了朝下城方向行驶的地铁。在第 42 号大街她又下了地铁,在开往下城方向的公共汽车站排起了队。

奇迹出现了!

她在排队上车的最后一个乘客刚刚抬脚踏上车门的时刻,格比彻夫就像从地下钻出来似的,在前后门和柯普朗挤上了同一辆汽车。

然而,唯一盯住柯普朗的那个特工也终于被甩掉了。但他很机智,迅速用电话报告了指挥部。几分钟后,联邦调查局的两辆小汽车沿着西部高速公路以每小时 120 公里的速度向下城方向飞驰而去。半道上,其中一辆突然爆胎,另一辆小车在第 14 号大街幸运地赶上了那辆公共汽车。更幸运的是,柯普朗和格比彻夫就在这里下了车,并转乘穿域地铁。

一名特工几乎是小跑着从另一个道口进入了地铁,而且和他俩上了同一节车厢。不巧的是,车厢里几乎没有其他人,以至这个特工没法太靠近他们。为了不让他们产生怀疑,这个特工只好闭上眼睛装作养神,并当他俩在第 36 号地铁站下车时还不敢随着下车。不过,他把情况用对讲机向指挥部做了汇报。

也幸亏兰菲尔的先见之明,在可能的接头地点都安排好了人。所以,当柯普朗和格比彻夫一出地铁,就被守候在那里的特工盯上了。

然而,几个小时的捉迷藏过去了,柯普朗和格比彻夫似乎意识到危险并没过去。他们都装作互不认识的陌路人,因而也就没来得及交接情报。

坐镇指挥、等候消息的兰菲尔和弗莱彻却如坐针毡,备受煎熬。因为,这最后一个诱饵如果钓不到那条"鱼",他们那受人尊敬和爱戴的"典范"形象受损还在其次,最重要的是,几年来,他们为挖出像柯普朗这样的潜伏特务并争取以此为突破口来反击苏联间谍的颠覆活动所花费的无数心血将付诸东流。甚至,他们请教过法律专家,如果他们拿不出有力的罪证,柯普朗最多也只是离开司法部,仍然可以自由自在,逍遥法外。

但是,多年的特工经验告诉他们,还有一线希望在等待着他们创造奇迹。

"既然柯普朗和格比彻夫还在一起,证明情报还在柯普朗手里。因为,如果格比彻夫已经拿到情报,他就绝不会再冒险地和她在一起了。"兰菲尔和弗莱彻这样做了分析。他们知道苏联特工接头的一般规律。那本《海外活动指导手册》他们也看过。

但是,迅速消逝的时间似乎又和特工们作梗。"后备约会"随着机会的多次失去,柯普朗和格比彻夫不可能再耐着性子等待,而且,他们这次所花费的时间,已经违背了《指导手册》中的一些训条。"后备约会"随时可能被取消。

现在,特工们只能自己这样认定:他们至今目击的一切已经具备了能证明这两个嫌疑人正在进行罪恶的间谍活动。所以就在格比彻夫打电话的当口,特工们得到了允许逮捕他们的指令。

然而,从法律上讲,他们依据的只是"大概确实的理由"。

不过,在特工们当时能做的各种动作中,这仍然是下策中的上策。

特工们逮捕的"理由"是存在的,甚至也是"确实的"。

从柯普朗随身带着的包里,特工们发现了兰菲尔虚构的第二份备忘录的副本。这样的文件当然还不应该到她这一级人员的手里。只能认定,是她落入圈套吞食了诱饵。

这份备忘录已经被柯普朗很"职业"地折叠成跟邮票一样大小的一个正方形,四周用了一种薄而易粘的胶带粘住。其中的一个角上,还用墨水做了记号,而那正是如何拆封的标志。这足以被看作是为了传递的需要。

此外,柯普朗的包内还有一封她给格比彻夫的重要文件,30 份含有机密情报的联邦调查局的资料以及 3 个人的简历。通常,克格勃要收买的对象,总是要先提供他们的简历。这些东西,也可以证明她是间谍。

1949 年 4 月 25 日,华盛顿对柯普朗案开庭初审。

政府方面在对柯普朗间谍罪的指控时,向法庭出示了逮捕她时从她的手提包里搜出来的那些机密文件。诉讼人用肯定的语气说:

"这些资料,是柯普朗准备送交给格比彻夫的。"

联邦调查局为了让陪审团清楚地了解 3 月 4 日晚上发生的一切,两个制图专家将两个嫌疑人的活动轨迹绘在一幅示意图上,有力地证明了他们秘密接头的情况。此外,起诉书还把联邦调查局侦查到的两个嫌疑人 3 次秘密约会作为他们间谍罪的证据。

然而,法庭上的柯普朗却上演了一幕"爱情故事"的闹剧。她声称"近乎狂热地爱着格比彻夫"。她说,联邦调查局第一次看到他俩的吵架,是因为格比彻夫告诉她已经结婚了,但她此时已经爱得不能自拔。

"正像弗洛伊德所说的那样:感情自有一些理智所不理解的地方。难道不是这样吗?"她目光咄咄逼人地盯着法官。

至于他们为什么约会时东躲西藏,柯普朗解释说:"因为我们相信,醋意大发的格比彻夫的夫人雇用了私人侦探在跟踪我们。"

她反问道:"不错,我是和格比彻夫在一起,但那是我们男女之间的私情。正如联邦调查局的先生们所看到的那样,我没有向他交任何东西。"

"那你为什么把机密材料放在手提包里,带到公共场所?"诉讼人紧追不舍。

"这是我的疏忽,这不是犯罪。你们指控我犯有出卖国家机密罪,请问,我在什么时候,什么地方,向谁出卖了国家机密?"

柯普朗的辩护律师阿基博尔德·帕尔默则对法庭陈述说:"我的当事人 3 次秘密约会,纯粹是情人间的私下幽会。至于她包里的那些材料则是她写小说的素材。"

"可惜,那篇小说已经被她销毁了,所以无法提交给法庭。"他补充说。

"而且,联邦调查局的先生们认定,格比彻夫包里的 125 美元是给柯普朗的报酬。试问,你们兴师动众地认为那样重要的文件,就仅仅价值 125 美元?"阿基博尔德·帕尔默近乎开始反击了。

好事的新闻记者找到了好题材。一些猎艳的三流小报更是连篇累牍地炮制出一篇又一篇的轰动之作。称柯普朗是"40 年代的玛塔·哈丽(一战时期著名的色情女谍)","俄国人打入司法部的一颗肉弹"。

兰菲尔出庭作证了。他出示了那份由自己炮制的作为诱饵的备忘录,并解释说,其中一部分是真实的机密情报,一部分是虚构的情报,目的是诱惑向苏联人出卖情报的间谍。

兰菲尔指着柯普朗从备忘录中摘取的有关情报的影印件,说:"难道这不是柯普朗作为间谍的罪证吗?"

法官里夫表示赞同:"指控成立。"

帕尔默于是迫使兰菲尔承认是他蓄意将柯普朗"诱入"陷阱的,但他不知道兰菲尔也是律师出身,他的企图当然没有成功。

但是,帕尔默在引用了有关法律条文后坚持说:

"柯普朗的资料或者备忘录的部分内容,都不能证明任何问题。如果要用这些材料来证明柯普朗有罪,就必须向法庭提交有关的全部备忘录。"

黔驴技穷的帕尔默这一讹诈,的确使法庭调查陷入僵局。联邦调查局实在不愿意公开那些肯定会给美国带来损失的全部备忘录。但是,不如此,就得撤回对柯普朗的指控。这就意味着联邦调查局受辱败北。

其实包括司法部官员在内,也宁愿放弃对柯普朗的审判。他们当然不愿意这一旦成立的间谍案而败坏了自己的名声。

帕尔默早已摸透了联邦调查局和司法部的心理,所以更加强硬地坚持要法庭公开全部备忘录。

法庭被迫休庭。

一小时后,里夫法官在重新开庭时宣读了一份措辞谨慎的裁决书:他认识到联邦调查局的备忘录一旦公之于众,可能会暴露一些机密情报员和一些特殊的侦查手段。但本庭考虑公正起见,特许辩护人调阅与柯普朗手提包中的"资料"有关的联邦调查局的备忘录。

无奈的联邦调查局不得不把备忘录拱手送给帕尔默。不出所料,里面的情报很快就被新闻界捅了出去。联邦调查局安插在各地的10多名情报员一夜之间暴露了身份。

"惨重的代价!"兰菲尔含着眼泪狠狠地骂道。毕竟,柯普朗没被扳倒,自己倒先损兵折将。

柯普朗坚持重复着她的"爱情故事"。

负责政府方面主诉的很有才干的助理司法部长约翰·凯利在柯普朗说到动情之处潸然泪下时,不动声色地用甚至有点同情的语调问道:

"柯普朗小姐,您能肯定格比彻夫是您迄今为止委身过的唯一男人吗?"

还沉浸在"爱情"泪水中的柯普朗不假思索地答道:

"当然,千真万确。"

她刚说完,凯利突然提高嗓门诘问:"如果格比彻夫是你迄今为止委身过的唯一男人,那么,1949年1月7日在巴尔的摩一家旅馆,第二天又在费城的另一家旅馆,你以哈罗德·夏皮罗先生的夫人身份与夏皮罗同室共寝又是怎么回事?"

这是刚刚对柯普朗实行监控的头几天特工们发现的情况。当时,特工们以为那个名叫哈罗德·夏皮罗的司法部律师也参与了间谍活动,经过彻夜监视,才证明他们不过是为了填补自己的性饥渴,这才停止了对夏皮罗的监视。

凯利没等柯普朗回过神来,就向法庭出示了那天早餐账单和房间服务等级证明的副本,证明了他们的确是一起在床上用的早餐。

柯普朗遭此迎头痛击,一改出庭以来温文尔雅的淑女形象,像一只受了伤的母老虎似的向帕尔默恼羞成怒地吼道:"你这个婊子养的!我早就说说这件事会败露,可你偏不相信。"接着便号啕大哭起来。

听众席上顿时嘘声四起。搞爱情故事"连续报道"的记者们争先恐后跑出法庭,抓起电话向编辑部口授这一最新消息。

凯利乘胜追击。他向法官这样陈述说:

"如果柯普朗和夏皮罗的事情是真实的,那么柯普朗和格比彻夫的爱情故事,就是故意捏造出来的。因此,柯普朗和格比彻夫的约会,根本就不是情人之间的幽会,而是与间谍勾当有关的秘密接头。"

柯普朗绝望地号叫着。

帕尔默语无伦次地抗议着。

法庭经过 20 多个小时的几轮辩论,陪审团最后裁决柯普朗犯有窃取并企图出卖国防情报间谍罪和盗窃政府机关文件罪。里夫法官宣读判决:

"判决柯普朗 40 个月至 10 年有期徒刑。"

1950 年初,柯普朗案进行第二次审判。这一次,格比彻夫也站到了被告席上。陪审团最后一致裁定两人有罪,分别判处柯普朗和格比彻夫 15 年有期徒刑。

事实上,格比彻夫被逮捕的第二天,苏联人就做出了强烈反应。他们声称格比彻夫享有外交豁免权,因而对美国逮捕他国"外交官"表示"震惊"。但美国反驳说,根据联合国宪章,格比彻夫自从在联合国雇佣誓言上签字的那一刻起,就不再享有外交豁免权了。在美方二审判决后的 7 个星期后,苏联大使馆承认了联邦法院的司法权,向美国政府交纳了 10 万美金,将格比彻夫保释出来。

二审判决后,柯普朗冲破重重难关,上诉到联邦巡回上诉法院。1950 年 12 月,利尔德·汉德大法官为柯普朗翻了案。他认为,联邦调查局在采取行动之前,有足够的时间和证据去申请逮捕证。而仅靠"大概的确实的理由"实施逮捕则是非法的;而以当场缴获的材料作为罪证也就是不合法的和不能容许的。所以,他宣告释放柯普朗。

据说,在最后上诉阶段,帕尔默律师为柯普朗解除了牢狱之罪。他在一切努力失败以后,紧紧抓住两点不放:一是联邦调查局不应对公民使用窃听器,二是逮捕手续不完备。

联邦调查局彻底沮丧了——他们没有任何理由要求再审柯普朗,也不可能打赢这场官司。

当然,受人尊敬的汉德大法官并没糊涂到家。他知道,虽然指控柯普朗的证据是通过非法手段取得的,但毕竟柯普朗的问题十分严重。于是,他同时裁定:"原定罪应以推翻,但原起诉不驳回,因为被告显然有罪。"

这样,柯普朗在交了 4 万美元的保释金后,大模大样地走出了拘留所。

一时间,柯普朗的新闻又占据了报纸的大量版面。《纽约时报》的一篇文章写道:

"她没有坐牢并不是因为她无罪,而是因为她钻了美国法律的空子。哦,多么令人莫名其妙的美国法律！它使美国公民失望,它使美国公民悲伤！"

但柯普朗却以胜利者的姿态活得自由自在,她在上诉期间,嫁给了41岁的律师苏科洛夫。因为联邦调查局命令她不准离开东海岸,她就在纽约市郊买了一幢房子,一辆汽车,并生育了4个孩子。

据说,后来,她再也没有受到新的审判,她的案子也就不了了之。不过,因为她也像家庭主妇一样生活着,所以,人们也这样说她:

"一个间谍之花默默无闻地凋谢了。"

（七）英国最杰出的女间谍——辛西娅

辛西娅,第二次世界大战中英国最杰出的女间谍。

"辛西娅",原意为月亮女神。事实上,辛西娅的确就是一位美丽如月亮的人间女神。

辛西娅的原名叫艾米·索普·帕克。美国人。

在间谍生涯中,辛西娅凭着自己美貌绝伦的天生丽质,编织出古老但不乏魅力的活生生的"美人计",诱骗了一份又一份被称为价值"无法估量"的军事情报,为反法西斯战争立下了不动枪弹却能给敌人以致命打击的赫赫战功。

这位名扬四海的女间谍,在西方的荣誉,一如战场上的英雄。

英国安全协调局（ABC）的档案中有这样一段文字:"她的成就对英国乃至她的故乡美国的价值都是无法估量的。仅就勇敢而言,这在第二次世界大战的情报史上也是无与伦比的……"

辛西娅

"她",说的就是辛西娅。

事实上,人们包括权威人士普遍用这样的话来评价她:

一个改变了战争进程的女人！

辛西娅,当之无愧！

辛西娅"出道"应该不算早,普遍认为那是在1937年。她的生日是1910年11月22日,算起来,应该是27岁了。此时她是一个名叫阿瑟·帕克的英国外交官的妻子。她和她的丈夫正在波兰的华沙。

准确地说,艾米此时还没有使用辛西娅这一化名。

发现这颗光芒四射的明珠的是英国情报协调局局长、丘吉尔首相的顾问斯蒂芬森。他派人把她拉入了英国谍报机关,而且,此后辛西娅一直在他的直接指挥下工作。情报局长慧眼识珠,首先是惊异于她的美艳。

"毋庸置疑,美,是她获取情报的一大资本。"斯蒂芬森肯定地说。有足够的材料证明,在第二次世界大战中,英国情报机构是使用女间谍施展"美人计"的最多国家之一。

的确,辛西娅的美与生俱来。14岁那年,她便完全发育成为一个成熟的少女了。一次,她去海边游泳,碰上了一位21岁的、靠卖画为生的男青年,天真无邪的她,把散发着诱人体香的柔软的腹部抵在男青年抓画板的大手上。小伙子享受般地久久注视着这个像从天上掉下来的粉雕玉琢般的美人儿。而她,好像是了结情缘似的,毫无羞涩地脱光了衣服,把少女白皙如羊脂玉一般温润而富有光泽的香肌玉体,坦陈在他面前做了他的人体模特儿。朦胧中,她第一次投入了男人的怀抱。

随着年龄的渐渐增大,辛西娅出落得越发楚楚动人,棕色的长发,妩媚的碧眼,性感的樱桃小口,身段苗条而妖娆。艳光四射的辛西娅对男人有着不可抗拒的撩人魅力,她的周围总是围满了趋之若鹜的追求者。本来,她钟情的是对她刻骨铭心的画家小伙子,但小伙子由于服兵役而和她失之交臂。她在心里对画家小伙子祈祷:"今生你我,来生了缘。"然后出人意料,她和比她大20多岁的英国驻美国大使馆商务处的二等秘书阿瑟·帕克结了婚。

随后,辛西娅随丈夫到西班牙工作。1937年,阿瑟·帕克又调到波兰华沙任职,辛西娅也跟着到了波兰。由于她的美丽动人,每到一地,她都是上流社会社交场上引人注目的明星。而这些国际旅行,也越发铸就了她热衷国际事务、热衷挑战冒险而且极具胆识和敏锐老练的突出个性。

"她的个性就像她的美貌一样,犹如一闪一亮的探照灯,使人迷惘而不知所措。"

考察她的英国特工这样向斯蒂芬森汇报说。

斯蒂芬森以职业情报家的锐利眼光,认定辛西娅是一块杰出间谍的璞玉!

辛西娅果然不负众望。

当时,英国在波兰的情报力量很薄弱,正式成为英国秘密情报机关特工的辛西娅,以极大的热情投入了扣人心弦的冒险活动,在历史的关键时刻,帮助了人手不足的英国情报系统。

更令英国情报部门难以置信的是,辛西娅初次出道,即以中国三国时关云长温酒斩华雄的神奇速度,轻而易举地弄到了英国人朝思暮想的德国"哑谜"密码情报。

这种名为"恩尼格码"的密码机,其工作原理是先将信息转换为一种非常难懂的扰频,然后再用一种以点和线表示某种符号、可用灯光或无线电发送的摩尔电码。由这种密码机发送的信息,即使被对方截获也无法破译。为此,希特勒欣喜若狂地将之命名为"哑谜"。

"哑谜",的确是一个难解的谜——欧洲各国情报部门为破译此谜底而大伤脑筋。

其时,英国情报机关费尽心思,找到了一个为逃避纳粹迫害而出逃的名叫理查德·莱温斯基的犹太人工程师,仿制了一台"恩尼格码"密码机。但这种机器使用的密码仍然是一个难解之谜。英国人终于明白,他们还必须弄到德国的密码索引。

而这时,辛西娅送来情报说,三个波兰数学家不仅研制出了可以使用的这种密码机,而且他们已经搞到了这个索引。于是,辛西娅受命去完成这项并不为英国谍报机关"看好"的窃密任务。

然而,辛西娅却是幸运的宠儿。因为,她总是男人的宠儿。

此时,辛西娅已经把波兰外交部长约瑟夫·贝克上校最信赖的机要副官迪卡尔俘虏在自己的石榴裙下。迪卡尔和辛西娅"火热"得一日不见也就如隔三秋,连外长让他去布拉格和柏林执行机密使命,竟也悄悄带上辛西娅同行。事实上,波兰密码局已经掌握了"哑谜"的某些要领就是辛西娅在那次旅行中获得的情报。这次,她也确信,她有绝对把握从迪卡尔那里弄到这套索引的全部资料。

"当时,我一听说他的职务,就去拼命勾引他。"辛西娅对自己的远见之明信心十足。

果然,迪卡尔挡不住辛西娅迷人的诱惑,终于在色胆包天的驱使下,把她带进了机要室。

然而,辛西娅却表现出不愿意进入机要室和迪卡尔调情,这使迪卡尔仅有的一层防线彻底消失得无影无踪。

而且,辛西娅总是被动的,温顺得像一只羊羔。不过,她决不答应与他发生性关系的要求。

"亲爱的,"在机要室这样绝对安全的密室,迪卡尔多日积聚的性欲之火使他肆无忌惮。他抓住辛西娅圆润、柔软的香肩,色眯眯地暗示说:"艾米,难道你不是属于我的吗?"

辛西娅做出听懂"弦外之音"的样子,一副姣美妩媚的神态,就像一个初恋中的痴情而天真烂漫的纯情少女。她娇喘吁吁地顾左右而言他:"亲爱的,有酒吗?"

迪卡尔也听懂了话中之音,他亢奋得就像接到命令一样,口里应道:"有。"一边恋恋不舍地把双手从辛西娅肩上收回来,起身就去食品框取出了一瓶烈性威士忌。

就当他再回过头来的时候,他惊呆了:

此时的辛西娅,已经解开了披在肩上的金丝绒斗篷,脱下了墨绿色的春衫和法兰绒长裙,一尊白玉无瑕的美神维纳斯出现在眼前。

迪卡尔只觉两眼发直,血往上涌。他不相信幸福降临得这么快。他张开强有力的臂膀,狂热地抱起辛西娅转起了圈,然后就势把她放在沙发上。

辛西娅也顺手打开了酒瓶,搂着迪卡尔的脖子,把酒瓶对准他的嘴,一口一口地灌将下去。有时辛西娅也装模作样地自己喝一小口,再猛撮一大口,扳过迪卡尔的头,嘴对嘴又把酒送到了迪卡尔的肚子里,等到迪卡尔不知不觉醉意朦胧了,辛西娅从他怀里挣出来,说:"亲爱的,我不喜欢这个监狱一样的地方,我们找个旅馆多好。"

"那不行,我必须守在这里,这是我的任务。"迪卡尔心里还明白。

"我知道你是舍不得花钱。难道你还有什么比我更重要的东西吗?"

迪卡尔知道到嘴的天鹅又要飞了,情急之下,迷迷糊糊地打开了沙发边上的黑色保险柜,从里面拿出一沓文件,僵着舌头含混不清地说:"这比我的命还重要! 我不骗你……"

辛西娅何等乖觉！文件刚出柜门，封皮上醒目的"德国国防军密码索引"几个大字，就已经让她知道宝物近在咫尺。哪里容得上迪卡尔关上保险柜！辛西娅激动万分地扑了上去，紧紧地抱住了他，狂热地亲吻起来，她呼吸急促，眼里还闪着水汪汪的泪光："迪卡尔，我爱你！"

迪卡尔哪里经得起这般折腾，借着酒劲，一下把辛西娅掀翻在了地毯上……

等到迪卡尔呼呼进入梦乡的时候，那份密码索引已经装进了辛西娅的微型相机。

辛西娅一击得手，马到成功。尽管她或许还不知道，这些情报对于解开"哑谜"谜底，在今后的战场上将起到多么重大的作用。然而，她确实已经确立了在情报史上的历史地位。

有个电子学和密码学专家对她给予了很高的评价，认为辛西娅并非密码专家，甚至对这个相当复杂的领域一无所知，但她居然能发现波兰秘密情报局在这一方面的研究成果。由此他断言，辛西娅是个"有价值的、可胜任更重要工作"的人物。

就这样，辛西娅凭着自己的美色，充分利用一些善于表现自己的波兰年轻人，轻而易举地获得源源不断的情报，而她只是不由自主地以极大的热情投入了这一激动人心的间谍角色，因而，她并不大在乎自己的成就和价值。

战后，美国的一位记者这样评价辛西娅："英国某些最重要的通信系统的情报，绝对不是来自沉默寡言的密码分析员的冥思苦想，而是来自在美国的一个英国秘密情报员的具有爆炸性的魅力。她打开了几个男人的心，使英国走进了浩瀚的情报宝库……"

1941年3月28日，地中海。

这一天，墨索里尼的意大利海军舰队遭到了大伤元气的重创。英国海军上将坎宁汉根据破译的密码，在希腊马塔潘海角成功地伏击了意大利舰队，阜姆号、波拉号、扎拉号等巡洋舰被一举击毁。从此，意大利海军一蹶不振，实力顿减。

英国丘吉尔首相评价这次海战的重大意义时这样说："这一仗清除了在战争关键时刻对地中海东部英国海军制海权的一切障碍和挑战。"

而这一战绩的取得，又是依靠辛西娅刚刚踏上她故土美国就取得的情报。

此时的美国还是一个中立国，辛西娅虽然远离战火纷飞的反法西斯战场，她的活动却始终与战争息息相关。

而这，又是斯蒂芬森高瞻远瞩的一个战略性计划。

当辛西娅辉煌地获取了"哑谜"情报后，她的丈夫又被派到智利工作。这是一个很受德国影响的国家。英国情报局的一些人认为，能说一口流利西班牙语、法语的辛西娅在那儿将大派用场。但斯蒂芬森力排众议，他派她回到故土美国，以发挥她对付敌国和中立国外交官的才能。

"那才是最需要她的地方！"斯蒂芬森向反对这一计划的人解释说。

准确地说，艾米从现在开始才叫"辛西娅"。

临行前，她给丈夫留下了一封忏悔的信，自云不忠，从此劳燕分飞。

事实上，在她生下了第一个孩子时，他们之间就已经有了致命的裂痕。当时，帕克因为担心孩子会影响自己的升迁，执意把孩子送给了别人。这使20岁的辛西娅心碎欲裂。

·军事战争·

图文珍藏版

　　对他们的分手,帕克未做评论,他只是这样说:"如果那个年代,英国外交官的夫人都像辛西娅那样放荡不羁,英国就可能没有什么秘密可保了。"事实上,他并不知道辛西娅的秘密使命。

　　辛西娅现在使用自己的真实姓名:伊丽莎白·索普。

　　英国情报局为她在上流社会居住区租了一栋两层楼房。她的公开职业是新闻记者。

　　时间不长,辛西娅又以她那爆炸性的魅力活跃于华盛顿的上流社会中。一次她与意大利驻美大使馆海军武官艾伯托·莱斯海军上将意外地重逢了。在西班牙时他们曾经有过一段销魂的经历。

　　依然月亮般美丽的辛西娅的突然出现,令莱斯上将的精神为之一振。

　　有种种迹象表明,世界反法西斯阵营在一天天壮大,而希特勒已到了强弩之末,墨索里尼更是败象频现。这一切,使这位韬略在胸的老军人不无忧虑。而连日来日常琐碎的使馆工作搅得他心烦意躁,人口很多的家庭生活也让他倍感心神交瘁。

　　"艾米,您怎么到美国来了?"情人相见,平添几分亲热,莱斯按捺不住地关切地询问道。

　　"将军,一言难尽。"于是,辛西娅哀婉地给他讲述了一段漂泊伶仃的遭遇。自然,只有和帕克分手这一节才是真的。

　　然而,这一节又是莱斯最感高兴的。因为不必要像在西班牙时那样偷偷摸摸了。

　　"您不应该悲观。"莱斯此时已把自己的烦恼忘得一干二净,一副"护花使者"的英雄气概。他抚摸着她的纤纤玉手,用温暖而可信的腔调告诉他,他可以帮助她。

　　接着,辛西娅"犹抱琵琶半遮面"地告诉他,她在美国情报局的朋友有意和她合作做一笔"生意"。她说,英美正积极筹划解放欧洲的计划。而他则吐露说,他掌管着一整套意大利海军密码,但他对意大利在轴心国的命运抱有怀疑。

　　不可思议的是,这位虽然有厌战情绪的上将,居然在享用了辛西娅身体的第二天,就把密码和译电本交给"需要他帮助"的辛西娅,他也得到保证和鼓励:美国海军对此将永远感激不尽。

　　从此,意大利海军交上了厄运。

　　有人评论辛西娅此时的间谍成就认为:"她对掌握秘密的老于世故的聪明人施展强有力的控制靠的是性,不过,使她的对手下水的首先是她的才智。对手销魂地得手后会发现她肉体的诱惑力。"

　　的确,此时辛西娅已经有了相当丰富的对付男人的经验,这也说明她的间谍手腕达到了炉火纯青的境界。

　　"这实际上是一种床上和头脑的游戏。"辛西娅像谈体会似的说,某些男人特别是见了漂亮女人就如饥似渴的男人,就可以先陪他上床,然后再趁他迷迷糊糊时猛攻其头脑。而对另一种男人则相反,得耐心地引诱其上钩,慢慢地让他成为供自己驱使的奴隶。

　　辛西娅在自传中写道:

“我发现,在床上是多么容易使训练有素、守口如瓶的爱国者泄露机密。调情做爱会使郁积在内心深处的秘密统统倾吐出来,在这种猝然感情奔放中,什么都会说出来,一点不留,吐尽为快。”

　　可怜的莱斯,就是辛西娅在斩风劈浪、所向披靡的谍海生涯中,不幸被轻轻掀翻的一叶小舟。不过,当这段隐情在战后被揭露后,这位海军上将已经去世了。意大利国防部长愤怒地否认了这个“流言蜚语”,他赞美他是意大利一个最完美的最值得尊敬的不容肆意玷污的军人。

　　其实,美国海军既没有得利,更不会感谢莱斯。辛西娅的情报是送往伦敦的。当莱斯的作用就像一壶快被烧干的水,很快就可能危及辛西娅和英国情报局的工作时,他们把他甩了。莱斯曾告诉过辛西娅,德国和意大利在美国港口实施联手破坏计划。而英国把这条对他们毫无用处的情报转告了美国联邦调查局。于是,莱斯很快被宣布为“不受欢迎的人”并逐回罗马。

　　但可笑的是,莱斯在码头上亲昵地与导致他如此下场的辛西娅依依吻别,而辛西娅则没有忘记最后一次向他索取继任者的姓名、住址和电话号码的秘密。

　　1942 年,对英国来说,是灾难重重的一年,英国和德国的军队在北非战场相持不下,进退两难。而英国除了面对强大的德国军队外,还有德国的傀儡——法国的贝当军队,因而尤感支撑艰难。

　　“我们需要美国出兵北非。”丘吉尔亲自向罗斯福求援,“当我考虑我多么渴望和企望美国参战时,你很难理解我们英国的境况已恶化到如此的地步。”

　　但美国认为,法国海军是中立的,他们不愿向法国海军固守的北非派出部队。

　　显然,要说服美国出兵,就要揭开法国所谓中立的假面具。

　　于是,辛西娅又一次派上了用场。

　　这又一次证明了斯蒂芬森当初的决定是多么正确!

　　1942 年 3 月,斯蒂芬森局长不惜屈尊下就,千里迢迢来到美国,亲自向辛西娅布置新任务:“我们迫切需要获取解读法国维希政府密码的索引。”

　　在此之前,辛西娅已经从法国驻美大使馆新闻发布官夏尔·布鲁斯上尉身上打开了缺口,坠入情网的布鲁斯对辛西娅俯首听命,成了辛西娅最勤奋的情报提供者。而对辛西娅来说,和布鲁斯的爱情才是一种真正的享受,与此相比,她以前的爱情经历,特别是逢场作戏的床上生活真是黯然失色。事实上,他们的关系已经不能自拔了。但是,当她把这个要求告诉布鲁斯时,他大吃一惊,嘴里嚷道:

　　“不是你疯了,就是你的上司疯了,或者你和你的上司都疯了!”他重复道,“这不可能!”

　　的确,作为使馆机要室,防守向来很严,有专人看管,保安人员荷枪实弹,几乎寸步不离机要室大门。

　　这些情况辛西娅非常清楚。但她还是要求道:

　　“也许是,但我们必须试一试。”

　　一天夜里,这对情人携带几瓶香槟酒来到了大使馆,辛西娅请看守人喝酒——一种掺入查不出来的醋睡剂的酒,并红着脸请求能允许他们在大使馆的沙发上过夜,还塞给警卫一些钱。警卫喝了酒后倒下呼呼大睡。辛西娅打开窗口,放进了事先请来的锁匠。折腾了几个小时,终于赶在警卫醒来的一刻,那个锁匠找到了打开机要室保险箱的办法。

但是,也许这种字码锁太古老了,一连几天,辛西娅都以过夜为名,伺机打开保险箱,却一次次地失望而归。不得已,辛西娅紧急飞往纽约,找到那个锁匠,在锁匠的指导下,又在一个仿制品上反复练习了许多次。她决定再去冒一次险。

可是,布鲁斯实在紧张得受不了,他抗议道:"警卫会怀疑上我们的。"然而,当辛西娅用她的甜蜜的吻堵住了布鲁斯的嘴,他也就不再说什么了。

两天后,辛西娅又到大使馆找布鲁斯"约会"。但是,她如法炮制的香槟酒"推销"不出去了。显然,那个警卫小心了许多。

于是,辛西娅又拿出了她的看家本领。夜深人静时,辛西娅赤身裸体,和布鲁斯两人赤条条地躺在沙发上,明目张胆地做起龌龊的勾当。警卫人员偷偷地从门缝向里窥视,见此情景,顿感尴尬窘迫,赶紧悄悄地退了回去,再也不来打搅这对偷情者了。

这次,辛西娅幸运地打开了保险箱。眨眼工夫,密码本被逐册逐页地拍了照,然后又原封不动地把它们放回了原处。一切天衣无缝。

贝当、维希政府的傀儡面目很快暴露了,美军终于同意在北非登陆,并与维希法国政府断交。同年11月,盟军几乎在没有遇到维希政府军队的任何抵抗情况下,完成了北非登陆计划。战后权威人士评价辛西娅这一卓越贡献时说:"作为英国情报工作的产物,后来说明了她的成就给盟国带来的好处是无法估量的。"

自从完成这一历史性任务后,辛西娅也为自己的谍报史画上了个休止符。

战后,英国作为同盟国胜利者,曾授予在大战期间功绩显赫的间谍人员以最高荣誉——乔治勋章,名单中自然有辛西娅。但有消息说,她并没有去领属于她的那份光荣,她的行踪,随着胜利的到来,反而销声匿迹了。

1946年,辛西娅随已经离了婚的布鲁斯回到了法国南部。他们过了几年平静的幸福日子。1963年10月,辛西娅得了嘴癌,与世长辞。布鲁斯跟她生活了10年,但他是被烧死在自己床上的。

于是有人认为,辛西娅的间谍生涯,对整个战争所做出的特殊贡献,也许在她离开这个世界时也没搞清楚。

(八)山本五十六——败在"死亡密码"

石破天惊!

1994年11月,《上海小说》第6期发表了一篇题为《大墙忆旧》的纪实文学,其中在"中统特务池步洲"的小标题下,首次有名有姓地指出"破译日军偷袭珍珠港密电者为池步洲"。

可惜,当年这份密电由蒋介石交给了美国总统罗斯福后,美国人不相信中国特工的水平,于是导致了一场灾难的发生。

不仅如此!

池步洲还是把珍珠港事件的罪魁祸首——山本五十六送上西天的幕后英雄!

池步洲——胜在破译密码;

山本五十六——败在"死亡密码"。

今天仍然健在的、已侨居日本的池步洲这样说："天才与白痴之间，往往只有一纸之隔。君不见：历史上多少英明、伟大的人物，倾其全力去做的，却是一件'自断其手'的傻事、蠢事。这样的事情，是连略知人事的小孩子都不会干的。"

日本军国主义对他们"密码"的过于自信，不能不是一种悲哀……

1942年4月18日。波涛汹涌的太平洋战区。

距日本海岸500海里的大洋深处，20架B-25轰炸机雷鸣般从美军航空母舰升入云层，然后，直扑东京等日本大城市。

是日，美军实施的这次成功的轰炸，距日本成功地偷袭珍珠港仅仅隔了5个月！日本朝野震惊了，他们担心的事情终于发生了。

在日本袭击珍珠港时，美军的航空母舰并没有完全进港，因而避免了全军覆没。这样，美军太平洋舰队航空母舰的存在，对日本太平洋战争仍然构成威胁。日本海军高级将领为此惶惶不安，他们不停地思考、研究着与美军太平洋舰队的再次作战计划。日本联合舰队参谋长宇恒海军少将于1942年1月中旬就主张对夏威夷展开攻势，然后夺取中途岛，寻找战机同美国舰队决战。

中途岛位于檀香山西北约1900公里处，地处太平洋东西两岸的中途，战略地位十分重要。很显然，中途岛在美国人手里，就是美国海军、空军重要的前进基地；如果中途岛掌握在日本人手里，就是日本海空军巡逻的前进基地，也就等于扼住了整个太平洋。

但是，日本海军司令部对宇恒少将的计划未予重视。因为战争越是继续，日本越要急于实施南下计划，以解决这个弹丸之国的资源匮乏。眼下日本将领们关注的是实施侵占澳大利亚作战方案，而中途岛作战计划则被搁在了一边。

"4·18"轰炸虽然造成的损失并不大，但恼怒的东条英机已深感美军航空母舰的威胁。"庆父不死，鲁难未已"，此患不除，南下焉安？

在东条英机的命令下，日本开始了攻占中途岛的作战计划。5月27日，由8艘航空母舰、8艘战列舰、22艘巡洋舰、65艘驱逐舰、21艘潜艇，计200多艘舰船和大约700架战机，浩浩荡荡地从广岛向中途岛战区进发。

刚刚取得了偷袭珍珠港辉煌胜利的山本五十六将军，在他的司令部正做着重演珍珠港胜利的美梦。

然而，他怎么也没想到，他正在把他的舰队一步步推向死亡的深渊……

就在几个月以前，1942年1月，日本一艘名为"伊-124"的潜艇完成了海上布雷任务后，在南太平洋澳大利亚的达尔文港外遇到了台风，几经左冲右突，却未能脱离险境，偏偏此时潜艇的发动舱又发生了机械故障，在内外交迫的无奈下，它竟稀里糊涂地闯进了一片浅水区。美军的海上巡逻舰发现后，一阵穷追猛轰，"伊-124"潜艇终于葬身海底。

美军很快报道了日军一潜艇被击沉的事件。也许是日本海军舰队太庞大了，一艘布雷艇算不得什么。结果，日方并未作反应。

这在美军来说，似乎"击沉"也就意味着"结束"了。若在刚发生的珍珠港事件之前，兴许更会是这样。然而，这次美军却似乎意犹未尽。那艘胜利的巡逻舰非但不急于离去，而且不停地在沉舰水域来回巡逻。3天以后，美军一艘名叫"霍兰"号的潜水母舰秘密开进了达尔文港。麦克舰长一声令下,第一批9名潜水员很快查遍了艇舱,一批文件资料和大量的个人物品堆满了"霍兰"号的甲板。

麦克舰长只看中了一本"伊-124"构造分布图,其他的则很不感兴趣。在对潜艇分布图资料进行了一番研究后,第二批7名潜水员又下海了。他们按照麦克舰长指示的路线,把指挥舱内底朝天地"筛"了一遍,却一无所获。就在准备返回时,一名潜水员在一条狭窄的过道无意间被一具日军尸体绊了一下,觉得脚尖有点异样,返身一摸,从死者紧抱的怀中掏出了一个小铁盒,便随手带了上来。

小铁盒装的是日本海军正在使用的红色"JN-25"密码本——这也是"霍兰"号千里迢迢赶来的唯一使命。

"红色钥匙已经找到。"一串电波飞向太平洋舰队司令部,随即,一架海军专机从达尔文港直飞珍珠港。

从此,厄运降临到了日本海军的头上。他们自己制订的对付敌人的秘密,却成了葬送自己的死亡密码!

而这本红色的密码,对美国来说,则是他们在密码战中"觉醒"的一个重要标志。

如果说偷袭珍珠港是日本海军情报的一次辉煌胜利,那么美国人则痛定思痛,从此开始了在密码战中的反败为胜。

以研究日本间谍秘史著称的英国理查德·迪肯在他的著述中这样写道:在珍珠港事件前夜,英国情报局有一个名叫达斯科·波波夫的双重间谍,掌握了日本人的偷袭计划。但当他把这一重要情报通知了联邦调查局局长埃德加·胡佛时,这位局长大人注意的不是情报,而是波波夫的人品,说他是一个"不道德的堕落分子"。当有人请他对此做出解释时,他喊道:

"请您看看他电文上的那个神圣的署名吧:三轮车!这就是说,他喜欢同时和两个姑娘睡觉!"

就这样,一个如此重要的情报,竟被专管情报的局长随手扔进了废纸篓!

而珍珠港事件后,美国国会专门委员会的一个小组在报告中这样说:"破译日本的密码电报,远比从正常渠道了解他们的消息来得重要。"这种近乎幼稚的"发现",被时人讥讽为"奇怪的断言"。

但不管怎么说,美国人正在纠正自己的这一失误。事实上,1942年,美国就成立了由麦克阿瑟将军领导的情报协调局,英国人又在密码破译方面给予了美国许多帮助,很快,美国人在这一技术上有了长足的进步。

"亡羊补牢,犹为未晚"。中国的这句古话,用在此时美国人的身上,再恰当不过了。

中途岛,有备无虞。

美军太平洋舰队司令尼米兹海军上将首先给岛上增调了作战飞机,还派了鱼雷艇担负岛岸沿海巡逻并随时准备投入夜袭,还在沿岛布置了3条弧形潜艇巡逻警戒线。

在海上,尼米兹上将则摆开了海上伏击的阵势:组编两支特混舰队,都以航空母舰、巡洋舰为主,赶在日军到达以前,进入中途岛东北方海域等待战机,准备对毫无察觉的日本航空母舰编队侧翼进行突击。

这其实是一个反偷袭的阵势——一个复仇珍珠港耻辱的阵势。

准确地说,美军是按照日本人的方案不慌不忙展开厮杀布局的。

如果说,破译密码使美国人一天一天变得聪明起来的话,那么,不相信对手竟能破译自己密码的日本人,正一天一天变得愚蠢起来。他们对自己的"密码"十分保密的想法过于天真了。

研究日本情报的专家戴维·卡恩曾指出:"日本人对他们译出的那种晦涩难懂的密码文字过于自信,以为是天书难懂,并没有任何一个外国人能够准确地翻译出来,这在开始是对的,并且说明后来成了首相的东条英机将军何以那么安心。"

时至今日连日本人自己也承认这一点。历史学家伊藤正就这样说:

"美军最高司令部对于中途岛作战计划的情报和日本参谋本部掌握的几乎一样多,但他们却放松了防务措施。海军被通过中途岛发出的无线电报、雷达干扰,以及各种情报搅昏了头脑。"

事实正是如此严酷。

美军搜寻到的"伊-124"艇上的"JN-25"密码,约有四五万个5位数的数码组。这是日本的密码"正本",使用周期长;同时配有一本经常更换的也有四五万组的乱码。发报员发报时要随便加上几组乱码,其中一组告诉对方所用密码本的页数、段数和行数。也就是说,如果不是拿到密码本,仅靠破译技术的确是很难译的。

美军太平洋舰队的特别情报组组长是罗彻斯特上校。最近一段时间他们从截获破译的日军情报中察觉了日本海军正在准备一场大战役,但是作战的确切进攻地点尚未搞清,只知道许多电报中都出现"AF"两个字母。显然,"AF"在电文中是指作进攻地点的代号,但代表何处却是个谜。

罗彻斯特从堆积如山的情报中,把关于"AF"的电文全部调出来进行彻夜研究。他发现,"AF"有时是作为目的地,有时又作为需要特定装备的地点,特别是3月份的一份电报称,日本水上飞机攻击珍珠港时也曾使用过"AF",这就意味着阿留申群岛、夏威夷或者中途岛这几个地方有一处就可能是"AF"。

思维之网一张开,罗彻斯特的脑海里电击似的来了灵感,他立即派人找来一份刚刚缴获的日军太平洋海图,眼光集中在了中途岛上。

终于,罗彻斯特发现了一个秘密,在中途岛的交叉点上有两条坐标线,横线的一端标明"A",纵线的一端标明"F"。"就是它!"罗彻福特为自己的发现情不自禁地欢呼起来。

尼米兹上将亲自听取了罗彻斯特的研究报告。面对喜形于色的属下,尼米兹不动声色,他站在窗前沉思良久,突然转身对罗彻斯特命令道:

"发报:命令中途岛守军司令部,用明码向舰队司令部发出岛内严重缺水的电报。"

正在紧张待命的罗彻斯特立即明白了司令长官的意图,这也等于是对他的研究成果的一种鼓励。他"啪"的一个立正:"是!"

第二天,中途岛守军向太平洋海军舰队司令部发报:"此处淡水设备发生故障,供水困难。"两天后,全神贯注侦听日方通信的情报人员,终于收到了一份向日本海军总部报告"AF"淡水供应短缺的电报。

日本人上当了。"一桶淡水换来了无价的'AF'的作战秘密。"尼米兹上将也不无开心地说。

现在"鱼儿"正冲着钩不知死活地冲过来了。

6月4日,清晨。

日军在中途岛西北200海里水域发起攻击,108架舰载飞机编队突袭中途岛。然而,这与日本半年前偷袭珍珠港的场面大不一样,甚至完全出乎日军的意料。空袭来临时,中途岛美机已全部升空待敌,分成几个梯队拦截日机。而5批美军岸上基地飞机和美舰载飞机近200架,则径直扑向日舰上空实施轰炸。战斗打得异常惨烈。美军41架打头阵的鱼雷机,遭到日军舰炮和战斗机组织的密集火网的阻击,损失惨重。正当日军"击败"美机得意忘形之际,50架由轰炸机组成的美军突袭机群从云层中电射而出,几乎是垂直地向日军航空母舰俯冲投弹,"赤诚"号、"加贺"号、"苍龙"号先后在烈火和爆炸中葬身海底。遭受重创的"飞龙"号也于次日沉没。

珍珠港劫难半年之后,美军终于在中途岛报了一箭之仇。而这次战役的胜利,也被美国军界称为"情报的胜利"。

这一胜利的意义,不仅使美军夺回了海上作战的主动权,而且也扭转了太平洋战场的局势。

虽然日本海军遭到接二连三的失利,却"奇怪"得没有一丝反思的迹象。相反,他们对"死亡密码"似乎愈来愈漫不经心了。

1943年4月17日上午。美国海军部长诺克斯宽大的办公桌上,一份来自珍珠港的电报静静地躺在那里:

"GF长官定于4月18日前往视察巴莱尔岛、肖特兰岛和布因基地。具体日程安排是:06:00乘中型轰炸机从腊包尔出发;08:00到达巴莱尔,然后转乘猎潜艇;08:40到达肖特兰……14:00离开布因;15:40返回腊包尔。若遇恶劣天气,视察顺延1日。"

海军情报机关手中有了"JN-25"红色密码,早已知道"GF"指日本联合舰队司令长官山本五十六上将。对于敌国司令长官在战时的日常事务安排的电报,属于"例行公事",诺克斯草草看过之后,随手把电报往桌上一扔,就去参加罗斯福总统的中午聚餐了。

罗斯福总统举行这种"工作餐"的意图,无非是为高级将领们提供一个交流情况的机会。席间,将领们自然还是谈论太平洋战争局势的话题。诺克斯想起刚刚看过的那份电报,随口说道:"明天早晨山本要去肖特兰视察。"谁知刚才还有点漫不经心的诺克斯,此刻话一出口,大脑随之电光石火般地产生了一个奇想。他放下刀叉,伸出宽大的右手,一掌击在餐桌上:"对!拦截山本,干掉他!"

山本是制造珍珠港惨案的始作俑者,雪耻报仇,成了众将领的共同心声。此时的罗斯福总统一边静静地听着将领们的谈论,一边也在快如轮转地思考着这一计划的可行性,见将领们的意见如此一致,便点头表示同意。于是,代号为"复仇"的战斗计划就在总统的餐桌上敲定了。

山本的僚属们对司令长官的冒险出巡,都不赞成。第十一航空舰队司令官城岛高次海军少将专程从他的防区肖特兰岛赶来劝阻,他一见山本,开口就说:

"一看见那份荒唐的电报,我就对参谋说,在这样风云变幻的前线,怎能把长官的行动计划用如此冗长详细的电文发出来呢？只有傻瓜才会这样干。这太愚蠢了,太愚蠢了,这简直是在公开邀请敌人！我决不允许在我的司令部里出现这种不计后果的事。"

但是刚愎自用的山本,办事一向运用赌博精神,讲究的是出手无悔,对他自己所决定的事,绝不肯轻易更改。

4月18日,日本时间早晨6点,山本五十六的座机准时从腊包尔的拉库纳机场起飞。他只是接受了僚属的一条建议,没穿雪白的海军制服,而是一套绿色的军便服,戴着白手套,挎着山月军刀,从容地走上了座机。

美方把"复仇"任务交给了第339闪电式战斗机中队,中队长约翰·米歇尔少校经过精密的图上作业,把时间精确到恰到好处。是日,正当山本在腊包尔享用早餐的时候,米歇尔率领的16架战机已悄无声息地飞行在布干维尔岛的绿色海岸线。两小时后,即9点33分,机群到达了预定空域,此时比预定时间提前了1分钟。他们隐蔽在厚厚的云层中,急切地在空中搜索他们的猎物。9点34分,山本的机队如期而至,米歇尔一声令下,16架飞机犹如饿虎扑食般冲了过去……

太平洋战争时期这一戏剧性的历史一幕,前后只用了短短的3分钟时间。

"复仇"机群胜利凯旋,米歇尔少校收到了总部的贺电:"在猎获的家鸭中,似乎夹带着一只'孔雀'。"

当然,美军的这一报告,是在东京广播正式宣布山本死讯时才得到最后证实的。

山本五十六的覆灭,似乎才让日本回过一点"味"来。他们百思不得其解:山本出巡的日程何以泄露出去的？他们开始怀疑自己的密码出了某种问题。为证实他们的猜测,日本情报人员又草拟了一份草陆任一司令官要到前线视察的电报,以试探美国海军的反应,但狡猾的美国人并没有上当,一副麻木不仁、不予理睬的架势。与此同时,米歇尔和他的中队,照例在布干维尔岛附近巡逻,一副偶尔为之、天助我也的假象。

于是,日本人又一次犯下了自欺欺人的错误——他们相信自己的密码还是可靠的。

美国的这一机密一直严守到战后。所有与行动有关的人员都被严肃地告知不得走漏半点风声,就连击落山本五十六的兰菲尔特的立功勋章、晋升军衔的仪式,都是秘密进行的。

后来,尼米兹上将在他的《大海战》一书中,再次肯定了这一事实:"对日本不幸的是,美国通过破译日本的无线电密码,掌握了山本长官乘飞机到布干维尔岛的详细计划。考虑到山本长官一丝不苟的性格,我们从亨德逊机场派出了一个续航距离长的战斗机队,在山本座机飞近着陆机场时,按计划准确地将它击落了。"

此时的日本军方,才恍然大悟。尽管他们无论如何难以接受这一难堪的事实,但也只能把他们自己亲手酿造的苦酒,和着悔之不及的泪水囫囵地强咽在自己的肚子里。

而被称作"情报的胜利"的历史,将被载入史册,昭示后人……

(九)"迷"人谍魔川岛芳子

在日本对华侵略史上,有一个最成功,也最臭名远扬的女间谍,她就是川岛芳子。她以女扮男装、放荡不羁、美艳绝伦而闻名于世,在日本谍报史上,取得了从未有过的成绩,为日寇侵华立下了"汗马功劳"。在当时的满洲报纸上,新闻界称她是满洲的"贞德"——这当然玷污了这个法国的女英雄,但她那惊世骇俗的"男子形象"和她那富有传奇色彩的故事,倒也沾染了几分"英雄"气息。

不过,"对于那些著名的大间谍,往往很难区分哪些是他们的起初业绩,哪些是传说的逸闻"。——英国学者理查德·迪肯在他的《间谍秘史——日本间谍惊人成功的奥秘》一书中写到川岛芳子时,这样表述了他对这个"传奇英雄"的怀疑。

的确,迷人的川岛芳子留给人们的"迷"也实在太多、太多……

1906 年,北京。清王朝第十代肃亲王府。

"报!恭喜王爷,侧妃娘娘生下一名格格。"

这个公主,是肃亲王的第四侧妃所生,在排序上列第 14 位。

肃亲王除正妃外,还有 4 个侧妃。她们共为他生了 21 个王子和 17 个格格。这刚刚生产的侧妃正是他最宠爱的。

他给这个刚落地的格格取了个好听的名字:显玗。

只是他并不知道,他的这个女儿日后竟是一个显赫一时的日本间谍!

但是,肃亲王也肯定在这个格格的身上寄托着自己的某种企图。

肃亲王当时任中国首都巡警局的头头。这样一个微职,表明他实际上被排斥在清王朝朝廷的圈子之外。他当然心有不甘。

不过,这并不妨碍他仍然是一个举足轻重的人物。1901 年,他就曾代表中国政府参加了英国爱德华七世的加冕礼。而这时,出身于日本东京间谍世家的川岛浪速出现了。

川岛浪速年轻时就到过中国,1904 年日俄战争以后,他被调到北京任日本警察局局长,这样,他和肃亲王自然拉上了关系。富有政治头脑的川岛浪速设想,日本应该首先控制整个满洲和华北。为实现这一设想,他准备采取让执政的满洲王朝统治者扮演一名傀儡的角色。而肃亲王就是满洲国的积极支持者。于是,他们的合作关系更加密切了。

后来,肃亲王在辽东半岛的大连,还创建了一个名叫"汗山所"的秘密团体,准备一旦机会到来便同日本人合作,由自己出任国家元首。为此,他毫不犹豫地卖掉了他珍藏的古玩玉器和个人的财宝,筹措了一笔巨款给"汗山所"做活动经费。

由于肃亲王和川岛浪速的特殊关系,所以,这个名叫"显玗"的格格自然就做了川岛浪速的养女。他按照中国的习惯,给养女起了个字,叫她"东珍"。

川岛浪速对他的养女说:"'东珍'的意思就是,你以后要去东洋日本,希望你作为东洋日本的珍宝,并能成为一个出类拔萃的人物。"他还给她入了日本籍。这样,她实际上有了双重国籍。

1913 年,在显玗 7 岁的时候,随着清王朝的灭亡,她随养父川岛浪速到了日本。

具有强烈武士道精神的川岛浪速,出生在一个"萨木拉依"(武士)家庭,也就是今天中国连小孩子都知道的"忍者"。养父有实现"满蒙独立"的梦想,于是,川岛浪速给显玗规定的日课,是向她灌输分裂中国和亲日的反动思想。

过了一段时间,川岛浪速又给她起了个"良子"的日本名字。但无意中,人们把"良子"叫成了"芳子"。于是,川岛芳子这个名字就叫起来了。

芳子在日本生活到第九个年头的时候,即在她16岁时生父肃亲王去世。此后,川岛浪速便成了她唯一依靠的亲人。生父的死,并没有给这个7岁就离开父母、远渡重洋,在异国他乡的家庭教师和几个佣人的伺候下长大的芳子带来多少悲痛和寂寞。芳子先是在丰岛师范附属小学读书,后来又成为松本高女校的插班生。这个学校后来改名为蚁崎高等女子学校。但这个学校的学籍中并没有川岛芳子的名字,也没有记载有关她的情况的记录,据说这是因为她当时只是一个旁听生。

这样,一个清朝皇室的公主,其身世就抹上了一层朦胧的色彩。

川岛芳子天生丽质,美艳清秀。在她就读松本高女校时,更是出落得如花似玉,风华绝代。每到星期日,一批批青年军官都蜂拥着到川岛家做客,名义上是仰慕川岛先生并聆听他的"教诲",实际上醉翁之意不在酒,他们的视线和心思,都在这个魅力四射的清皇室格格身上。事实上,芳子曾和一个年轻日本少尉热恋过,但由于那个军官优柔寡断,在关键时刻退却了,初次失恋的芳子为此伤心地度过了许多个不眠之夜。

但兴许是祖辈的遗传基因,抑或是川岛浪速刻意把她当作一个男孩子培养的结果,芳子的性格奔放不羁。在高女校读书时,她居然骑马到学校上课,颇有满族先辈的遗风。有时她的马没拴好,满校园乱跑,把学堂闹得西洋景似的。学校当局为此十分恼火,但碍着川岛的面子,只好睁只眼闭只眼。

芳子的穿着打扮也总是与其他女学生不一样,她不爱"红装",却爱男装,连头发也理成小分头。为此,也给她带来了一些麻烦。一次她去一个温泉沐浴,一身男装、男相的她,把澡池里的女人们吓得哇哇乱叫。芳子这时才把胸前的浴巾猛地一下甩开,露出自己丰满的乳房,才平息了女人们的大惊小怪。每每这时,芳子的心里总会产生一种"胜利"感和"征服"感。她从自己的行为中,得到了某种说不清楚的心理满足。

1927年11月,芳龄21的川岛芳子,按照养父的政治意图,和蒙古独立运动领袖巴布扎布之子、日本陆军士官学校毕业的甘珠尔扎布在旅顺举行了婚礼。

川岛浪速在中国的时候,巧妙地迷惑了蒙古人。他曾同两个参与肃亲王计划的蒙古王公喀喇沁和巴林签订了一个条约,规定日本向蒙古派出农业顾问和提供粮食,以换取日本对蒙古的行政监督权。1916年6月,蒙古骑兵队首领巴布扎布在察哈尔挑起了"勤王师扶国军"的旗帜,发起了战事,但由于计划不周,举兵很快失败,巴布扎布也死于流弹。巴布扎布死后,他的遗族就投靠了旅顺的肃亲王。

川岛浪速如今把芳子下嫁给甘珠尔扎布,其实是想把他拉拢过来,以使自己掌握"满蒙独立"运动的实权。而芳子成了甘珠尔扎布的妻子,则肃亲王与巴布扎布的遗志也就都能得到继承了。说穿了,芳子的幸福成了川岛浪速政治阴谋的牺牲品。

甘珠尔扎布意外地娶得了貌若天仙的芳子,不禁心花怒放。然而他高兴得未免为时过早。虽然芳子在日本长大成人,而日本这个国家,妇女是要绝对服从男子的,但这却没有使芳子的魄力和男子的性格受到丝毫羁绊,这注定了芳子不可能去做一个贤妻良母,何况这根本就是一桩政治婚姻,毫无爱情基础可言。即便甘珠尔扎布有着蒙古人的强悍,但在川岛芳子面前,却如小巫见大巫自叹弗如。新婚之夜她这样对甘珠尔扎布说:

"我有我的自由。我是说无论干什么,到哪里,都是我的自由。我不允许有人干涉我的自由。"

一席话,直把甘珠尔扎布说得瞠目结舌。第二年,芳子干脆替甘珠尔扎布找了一个继室,并亲自参加了他们的婚礼,然后,又返回了东京。

从此,川岛芳子更加放荡了,她使出浑身解数,彻底扮演着一个地道男人的角色。当然,即便如此,她那无与伦比的娇艳妖媚,也并不因此逊色毫厘。相反,对她垂涎三尺的男人们还送给她一个雅号——"男装丽人"。

"她具有不可抗拒的魅力,不可侵犯的性格,她几乎可以说是一个传奇式的人物。其举止言谈一半像男子,一半像个女豪杰。尤其喜欢穿男人的服装,一套西装在身,能倾倒所有的男性,倘若混入男子群中,又绝不会有人认出她是个妙龄女郎。"一个和她很熟悉的人如是说。

1930年10月,川岛芳子从日本飘然现身于上海。在这里,她结识了上海日本特务机关长田中隆吉少佐,官军们私下评论田中,认为他的卑鄙,把虚伪、奸诈、邪恶、狡猾、诡诈等所有贬义词加其一身也不过分,是日本间谍机构的得力干将。但作为前清皇室遗属,又有日本养父的川岛芳子与田中却是一见如故,气味相投。川岛芳子也从此开始了罪恶的间谍生涯。

一天晚上,在一个豪华的舞厅内,川岛芳子把国民党立法院长孙科"迷"住了,从此,成了孙科的女秘书。孙科案头上的文件、密码电报,也从此经常不翼而飞。这一切孙科浑然不知,但有一天,国民党政府突然逮捕了她。在狱中,川岛芳子写了一封求情信,转到了行政院院长汪精卫手中。原来,汪精卫当年曾因企图暗杀清政府摄政王而被捕,是肃清王看他少年气盛,免了他砍头之罪。于是,汪精卫通过种种关系,把川岛芳子保释出来,算是报了十几年前她父亲的救命之恩。

1931年,任奉天和哈尔滨特务机关长的土肥原贤二到达天津,图谋把清朝废帝溥仪秘密接送到"满洲国"。

土肥原贤二这个名字,在第一次世界大战以后,他在北京武官任上就被叫响了。世界新闻界称他为"满洲的劳伦斯",但有人认为,他比托马斯·爱德华·劳伦斯上校在阿拉伯的所作所为还要残忍得多!

原英国驻东京大使罗伯特·克雷吉爵士对土肥原贤二的评论是:"……当他悄悄地、不动声色地到达某个地区时,可以肯定地说,这就是那个地区将发生动乱的先兆。"

土肥原和溥仪在1924年就是朋友了,因为冯玉祥将军把溥仪赶出紫禁城后,溥仪想去英国大使馆避难,但令这位前皇帝惊诧的是,英国人拒绝了对他庇护的要求。要知道,溥仪曾聘请过英国人当他的教师,他本人也是亲英的。不过,英国此举却正中土肥原的下怀,他紧紧抓住了这个机会,连夜让这个废帝离开了北京,不久便搬进了天津日租界内的张园。

土肥原把来意向溥仪一说，没想到这位前皇帝无意于东山再起，再登大宝。于是，有一天，溥仪在收到的两筐水果中也同时收到了两枚手榴弹，弄得溥仪胆战心惊。不几天，日本军队又与"来路不明"的所谓中国军队在住宅旁发生枪战。溥仪终于觉得天津是待不下去了，于是这位被罢黜的皇帝，同意前往满洲帝国登上傀儡皇帝的宝座。

溥仪在他 1964 年出版的自传中说，他借助土肥原的帮助，乘坐一条日本的小艇到了大连附近的一个海水浴疗养院，就这样跑出来了。

而此前，土肥原的一封密信，把在上海的川岛芳子接到了满洲。从此这两个人的"名号"在东北就叫响了。

但不知何种原因，溥仪却把皇后留在了天津。对此，人们至今仍众说纷纭。溥仪后来的自传也是含糊其辞，语焉不详。但事实上，皇后一旦落入张学良手中，那对日本人是不利的。于是，关东军参谋长坂垣征四郎命蛰伏一段时间的川岛芳子：千方百计把溥仪的皇后婉容从天津接往东北长春。

于是，天津日租界张园旁出现了一位年轻貌美的女人，身穿烟红色绣有金丝大龙花纹的旗袍，高跟鞋，搽胭脂，抹口红。这就是川岛芳子。以她的身世，她很轻松地闯过多道关口，拜见了这位废帝的皇后。但皇后对川岛芳子的品行早有耳闻，言辞中颇不信任。川岛芳子全然不以为意，一番苦口婆心，花言巧语，终于说服了皇后跟她去满洲找溥仪。于是，她又说服皇后女扮男装，她自己却改扮成一个汽车司机，在机枪的扫射声中，从容不迫地驾车行驶在天津的大街上。路上，她们曾几次被拦住盘查，但川岛芳子沉着冷静，应付自如。最后，皇后被安排到一艘日本反鱼雷艇上，乘水路来到了东北。

1932 年 3 月 1 日，溥仪开始在"满洲国""执政"了。川岛芳子仗着"皇上堂妹"的身份，到处招摇撞骗。她还暗中准备好陆军将军服、三星肩章、豪华的佩刀和金黄色刀带，二号新型毛瑟枪、柯尔特自动手枪。放荡不羁的川岛芳子，此时又要想过过"将军"瘾了。

这时，她认识了日本军政部最高顾问多田骏少将，川岛芳子一会儿撒娇似的搂着多田的脖子，一会儿又像一只猫似的坐在多田的膝盖上，满口"爸爸"甜蜜地叫个不停。多田哪里经得住这个征服男人的天才的缠绵，于是任命川岛芳子为安国军总司令。这样，川岛芳子网罗了一股土匪，拼凑了一支号称 5000 兵力的部队。其时，她又给自己起了个中国名字——"金璧辉"。

于是，在她的传奇生涯中，又有了"金司令"这一头衔。

于是，摇身一变的金司令，肩缀三星肩章，腰佩玲珑手枪，胯下一匹战马，更是一番男子气概，威风凛凛，不可一世。实际上，她成了当时满洲的一个女魔头。旧军阀张宗昌手下的一些人也投奔她当了参谋长、军长。

跻身军界，的确为她的传奇故事增添了不少魅力。当时一份美国出版的《文摘》，在介绍了这位漂亮的女间谍各式各样的传奇时写道："每当日本的某一个作战分队遇到困难时，川岛芳子就好似从天而降前来相助。只要她一报出自己的名字，就能唤来胜利，并重振部队的士气。"

尽管这支乌合之众的部队，只是昙花一现，风过云散，很快就被关东军嫌它"惹事""添乱"而解散了。但那段时期，的确是川岛芳子最走运的时期，她被称作"满洲的贞德",与土肥原的"大名"并驾齐驱,还被称作金司令、男装丽人。无论在中国,还是在日本,都流传着她的种种神奇的间谍传闻和风流韵事。她把自己的"肉身"本钱发挥得淋漓尽致,出尽了风头。当时,日本上层社会出现了大批"芳子迷",特别是在军队中,不少人崇拜她达到了疯狂的地步,言必谈芳子,珍藏她的照片,甚至把她的名字刻在身体上。

司令官宝座还没坐热就被赶下台的川岛芳子,只得跑到天津,当上了她的"爸爸"多田骏给她的"东兴楼"饭店的女老板。1937 年 1 月,她重回日本治病。日本战败的前一年,川岛芳子搬进了北京东城九条 38 号公寓。此时的她,已经疾病缠身,花容不再。自身难保的日本主子,也无暇顾及她了。衰老、孤独、无所事事,哀怨悲叹,川岛芳子陷入了凄凉的困境之中。

她曾经用不太熟练的中文,写下了她的片段回忆:"我曾经多次化装成男性或者仆人,充当三等船客,横渡中国海,来往于日中之间。我自认为这样做是多少实现了我的理想。可是结果,只不过是被一部分日本军人所利用。现在我是病魔缠身,形同废人。"

1945 年 10 月 10 日,几个全副武装的军警闯进了她的公馆,不由分说,就给她戴上了手铐,还用一块大黑布,把她的眼睛蒙得严严实实。然后,她被塞进了一辆警车。

次日,一份新闻公报报道说:"一位漂亮的少妇,在经过长时间的搜寻之后,被中国反间谍机关的军官捕获。"不久,川岛芳子听说,她一直使唤的中国仆人,竟是戴笠、郑介民派去的国民党军统特务。

就这样,这个名噪一时的"男装丽人",结束了她曾经辉煌过的历史,成了一个形容猥琐的阶下之囚。

据后来一些零星资料透露,在两年多的监狱生活中,她还曾几次从北平解送到南京受审。在牢房,她经常唱日本歌曲,聊以度日;有时,她也追忆往事,写下些片言只语,得意处竟能独自笑起来。但这些并不能掩饰和消除她内心的苦闷和惶恐。

1947 年 10 月 22 日,面黄肌瘦、神色黯淡的川岛芳子,被押到北平法庭,接受对她的最后宣判。法官根据检察官的起诉,列举了川岛芳子的 5 大罪状后宣布:

"根据各方面提供的证据,判处被告犯有汉奸罪、间谍罪。根据国际间谍处罚条令第四条第一款,宣判被告金璧辉死刑。"

虽然川岛芳子自被捕那天起,就知道自己罪不可赦,难逃死罪,所以宣判死刑的一瞬间,她看上去仍泰然处之,仿佛在意料之中。但一回到单间牢房时,她终于觉得眼前一黑。毕竟,她留恋这个生的世界。

1948 年 3 月 25 日凌晨 5 时,平时壁垒森严、阴森恐怖的北平第一监狱的大铁门,此刻却人声嘈杂。几十名中外记者早早就赶到这里,准备向华北、华东,向整个中国,甚至全世界报道川岛芳子今天被执行枪决的头号新闻。

然而,不管记者们如何要求,只有两名外国记者被获准进入监狱。就在被拒之门外的记者们开始骚动的时候,从监狱深处传来一声沉闷而神秘的枪声。记者们更加按捺不住了。但直至中午时分,监狱的大门才被打开。几个看守抬出一具女尸,只见那女尸蓬头散发,满身血污和泥土,让人看了感到恐怖和恶心。

第二天,"女间谍金璧辉终于处以死刑"这一消息,刊登在北平出版的各家报纸的头版头条。

然而，以川岛芳子的名字开始辉煌，以金璧辉的名字悲惨告终的这个女魔头的"迷"人故事，到此并未结束。事实上，就在法庭宣判时，她的辩护律师就提出："川岛芳子是日本人，金司令是另一个人"，但是被法庭驳回了。

川岛芳子被处死后，人们又有了许多疑问：为什么不准新闻记者进入刑场采访？为什么死者的面部会有那么多的血污和泥土，以致让人难辨其面目？川岛芳子生前一副男装，头发并不长，为什么女尸头发能盘绕在脖子上？

转眼到了4月。一天，北平的大街小巷，突然响起了一阵阵报童们急促而清亮的叫卖声："看报。看报！爆炸性新闻，女奸贼金璧辉的替死者是刘小姐！"

这真是晴天一声霹雳，震得人们目瞪口呆。各家报纸很快被抢购一空。据报纸披露：顶替川岛芳子行刑的是同监女囚刘凤玲。刘凤玲在狱中得了重病，将不久于人世。于是国民党政府派人逼迫刘母以10根金条代价出卖女儿身子。刘母迫于压力，含泪应允。双方约定，行刑前，刘母先取走4根金条，行刑后再补给6根，但行刑后刘母再去索要时，不但没拿到，反遭一场毒打。刘第二次上门讨要时，竟一去不返。刘凤玲胞妹眼见一家连失两条人命，悲愤交集，于是披露了这一阴谋。

从一开始，法院就公布了处死川岛芳子的一些情况，以图解除人们的疑云。此次，司法当局对"替身"说，自然持坚决否定态度。但是，人们从这些扑朔迷离的事件中，似乎更加相信川岛芳子确实没被处死。

川岛芳子是生？是死？对此一直有相左的看法。有人说她被带到了美国，也有人说她去了苏联。但是无论哪种说法，都缺乏准确可靠的根据——其结果仍然是个谜。

但是，有一点可以肯定，就从那时候起，川岛芳子的名字就永远销声匿迹了——至少，直到今天还是这样。

(十)炸弹，即将在斯大林脚下引爆

1939年5月1日上午10时，全世界都听到了斯大林在红场发表的激昂的演讲。只是柏林和东京的参与制订"熊计划"的那些人，仇恨中带有明显的沮丧。他们明白，他们半年多来煞费苦心制订的暗杀斯大林的计划，终于可悲地彻底失败了。

1938年5月12日深夜。苏联和中国东北珲春地区交界处。群山绵延，月色朦胧。夜，静谧得近乎诡秘。

"嘎"，苏联国境一侧，一辆军用吉普车悄然停住。车门打开，从右边走下两位身材魁梧的苏联军人。站在车头的军人向前急走几步，然后用鹰隼般的眼睛迅速对四周搜索了一遍；另一位军人则快步绕过车尾，来到吉普车左边，拉开车门，略略欠了欠高大的身躯，对端坐在司机背后的一个身影说："将军，请！"

"谢谢！"随着说话声，一位中等身材的人跨出了车门。一身合体的戎装，裹着他那不胖不瘦的身躯，倒也现出几分英武之气。只是，他那鼻子底下留着的一撮希特勒式的仁丹胡子，让人总感到有点滑稽。

一束朦胧的月光穿过乌云，正巧射在将军身上。月光下，他衣领两边钉缀的五角星，不失时机地迸射出点点光芒。

他，就是苏联内务人民委员部（克格勃的前身）远东地区部长、格利希·萨莫伊洛维奇·留希科夫，38 岁，一位年轻的将军。

突然，一束月光射进将军的眼帘，他下意识地却也不失威严地侧过身，对着目视他的司机，伸出右手，向下轻轻按了两下。机敏的司机立即关掉了吉普车的所有车灯。不知什么时候，乌云浮动，夜，又把一切给吞噬了。

留希科夫此行的名义是视察边境。这里驻扎着远东军区司令部的第五十九边防部队。此时的苏联统帅斯大林，把注意力集中在西线的德国，但也不无担心日本会不会突然从背后捅来一刀。而珲春边境则是防守薄弱区域之一。

斯大林

这一番论点也是留希科夫临行前所做的作战形势报告中的主要观点。只是，此时此刻他对毫无反应的边防部队似乎并没有流露出什么不满，相反，在夜幕的掩饰下，他的脸上竟有好几次显现出让人难以察觉的一丝微笑。

"少校同志，"留希科夫对一左一右站着的两位军官说，"你们再分头去检查一下部队的防务。然后，我们就到那里去集中。"他指了指身后的那片桦树林，并让司机也把车开到那里去待命。

两位军人迟疑了一下，显然是不情愿地执行了他的命令："是的。将军同志！"

本来，这两位军人就是"格别乌"——苏联国家情报总局的人。他们的使命，既是"陪同"，更多的却是"监视"。

几分钟后，远去的脚步声听不见了。凭着职业的老到深沉，留希科夫又镇静地站了几分钟。当他确信危险已经消失时，他把双手伸进衣袋，紧紧握住了弹匣满满的手枪，偷偷地疾步向南走去……

很快，留希科夫越过了国境线……

"站住，什么人的干活！"不知什么时候，在中国边境的两名日本警察发现了浑身沾满泥土、草叶，却又一身戎装的留希科夫。"哗啦"一声，上了扳机的两支冲锋枪同时对准了他。

留希科夫这才发现东边天际已露出了鱼肚白。此时，他也实在跑得太累了，也没那个精神和两名小小的警察纠缠，他只是迅速地从口袋里掏出那两支手枪扔在地下，然后懒懒地举起了双手。两名警察似乎明白了什么，小心翼翼地靠近他，给他戴上了手铐。

很快，留希科夫由满洲里押往东京。日军参谋本部像得到宝贝似的，严密保护着留希科夫的安全。他们希望能从这位将军的嘴里挖出苏联红军的高层机密。

同样，留希科夫的叛逃不仅加剧了斯大林的恼怒，而且更使苏联红军高级军官

提心吊胆。因为,两年前希特勒实施的对苏联军队的"斩首行动",已经使斯大林确信在苏联红军中有一个反对他的"反革命军事法西斯组织"。1935 年被首批授予苏联红军元帅 5 人之一的图哈切夫斯基等 8 名高级军事将领已被相继被捕,并交付军事法庭审判。无疑,留希科夫的叛逃,更加使他们确信会突然地在某一个早晨或晚上,莫名其妙地成为牺牲品。

不过,莫斯科眼下更焦虑的是远在东京的留希科夫。毕竟,留希科夫是格别乌的高级官员,而格别乌的军事任务之一就是保卫苏联边境,他的手里直接掌握着苏联远东谍报通信密码等大量机密。这些情报一旦被日本人获得,对苏联的打击将是不堪设想的。于是,一封密电飞向日本刚刚建立起来的间谍组织"拉姆扎":

尽一切可能得到"Y"(留希科夫的代号)的口供情况。

"拉姆扎"的负责人叫理查德·佐尔格,是一个具有德国共产党和苏联共产党双重党籍,既为德国服务,更为苏联服务的双重间谍。此前,他所收集的 1936 年 2月 26 日日本年轻军官政变的情报、日本入侵中国后的战况,以及他所得出的"战争将是长期的,日本难以取胜"的报告,都直接送到斯大林手上的。然而,这次要想得到留希科夫的口供,首要的问题是怎样才能接近他。

正当佐尔格为难之际,德国驻日本使馆的武官奥特的一个电话替他解了难。

"你知道吗?苏联一个将军投奔了日本人。"奥特向匆匆赶来的佐尔格说。佐尔格给德国的情报,就是通过奥特发出的。

"听说了,还是个情报官呢。"

"不错。明天日本人要正式审问他。为了表示德日友好关系,日本特高课同意柏林方面提出的派一个特别调查组参加审讯的要求。柏林指示我和你作为调查组,你觉得如何?"

"如何?"佐尔格心里一阵狂喜,"巴不得的好事啊!"但他在脸上却毫无窃喜之状,而是虔诚地回答道:"作为第三帝国的公民,我无条件服从元首的命令!"

第二天,他们二人顺利地进入了特高课临时设置的特别审讯室,见到了留希科夫。这位苏联将军平静地叙述了他叛逃的原因。他说,由于斯大林对党内右派的清洗,引起了红军内部接近右派的军官的反抗,所以斯大林计划要揭露他们。去年8 月底以前,他担任内务人民委员部边防局局长时,因为接受了监视红军远东司令部动向的任务而到远东上任。然而,他没有能够发现以勃柳贺元帅为司令的红军远东司令部的"造反"证据,因而也就无法向莫斯科报告,以至斯大林也认为他是不满分子的同情者,而被列入清洗的花名册。

佐尔格回到寓所后,立即向莫斯科发回了第一份密电:

熊已被解剖,医生掌握了它的神经脉络和五脏器官位置。

拉姆扎

留希科夫的供词也惊动了柏林,苏联问题专家、军事反间谍局雷林上校火速飞到东京,开始了对留希科夫的第二轮讯问,结果整理出了长达 100 页的备忘录。德国大使馆极信任地把这份文件借给了佐尔格,他立即挑选了其中最重要的章节照了相,采用无线电发报和交通员护送胶卷的方式,源源不断地把情报发往莫斯科。

留希科夫供出的情报实在太惊人了,他不仅使日本和德国掌握了苏联红军中高级将领的不满情绪,而且还供出了红军在西伯利亚和乌克兰的驻军编制、番号和正在使用中的军用无线电密码。特别是他所辖的红军部队,细到每个连队的驻地、组织和装备,都一一加以描述。

然而,留希科夫的几乎所有供词,都通过佐尔格之手全部发回了莫斯科,也才使得莫斯科"亡羊补牢",避免了新的损失。

日本人把留希科夫的"嘴巴"掏干净后,又在琢磨起怎样利用他的"手"干点什么别的事情。

就在留希科夫叛逃的一个星期后,即1938年6月20日,日本东京《朝日新闻》刊登了一篇题为《超过侦探小说》的消息,文中说有4名"格别乌"军官在地下广播中发出了"打倒斯大林"的呼吁,结果被当场打死。就在同一版还报道了另一则消息,说一个苏联红军军官集团曾计划过暗杀斯大林。这两则消息和留希科夫提供的情报极相吻合。

这则报道引起了日本驻关东军的斯波行雄少校的注意。这个少壮派军官此前曾对日苏战争形势进行过一番研究,他得出的结论是:要牵制苏联,最好的办法就是杀掉斯大林。此刻,这则报道又一次撩起了他那狂妄的念头:何不利用留希科夫去暗杀斯大林?亢奋使得他又把这篇报道反复研究了几遍,最后干脆把报道剪了下来,夹进了那本随身的作战日记中。斯波行雄经过一番设计,暗杀计划得到了特高课第二部部长山口喜三郎和第八课谋略课长唐山安夫的支持。驻关东军东条英机手下的宇多川达经过精心挑选,很快组成了一支8人暗杀队:日本特务长谷部太郎、留希科夫(化名瓦尔斯基)、别济曼斯基,哈尔滨"俄国爱国主义同盟"的列别坚科、马尔哈库、斯米尔诺夫、泽列宁和斯尔科夫。

很快,日本陆军部、参谋本部正式批准了这个代号为"熊计划"的暗杀斯大林的行动。

"熊"出笼了,一步一步把死亡逼近了苏联共产党总书记——斯大林。

当再次踏上中国满洲的地界,留希科夫朝北眺望着曾经使自己辉煌过的苏联边境线,一种莫名的骚动也撩拨着他。

在这里,他不再担心自己的安全。根据他的情报,日本关东军谍报队逮捕了100多名苏联情报人员,使苏联在"满洲国"的情报网基本瓦解了。虽然其中叫"莱欧"的主要头目逃脱了,但似乎还构不成对自己的威胁。此行,他作为暗杀斯大林的成员,他把妻子的死算在了斯大林的账上。冲动,促使他恨不得掏出手枪对天狂射,发泄他积聚在胸中的怨恨!

留希科夫叛逃的前一天,收到了妻子从莫斯科发来的电报:"我吻你!"这是他们事先约定的出逃暗号。留希科夫逃出后不久的一天,他听说逃到芬兰的妻子被"格别乌"抓住枪决了。悲愤使他暴跳如雷。妻子伊娜是纯犹太人,才27岁,是一位漂亮美丽的女子。留希科夫从贴身口袋掏出那份"我吻你"的电报,一片一片,撕得粉碎,他要让斯大林偿还这条人命。

然而,多年从军的职业敏感告诉他,暗杀斯大林,谈何容易!自己的叛逃,莫斯科不可能不采取补救措施。事实上,年初的诺门坎战斗的失利已证明了这一点。这次战斗就是根据留希科夫的情报来估算苏军实力的,结果却遭到了惨败。所以,当暗杀队确定从"满洲国"向苏联的赤塔地区潜入的最初方案时,留希科夫坚决表示反对,认为即使潜入成功,当乘火车通过西伯利亚到达莫斯科之前,就会被检查出来。即使能够到达莫斯科，也很难有袭击斯大林的机会。

留希科夫的意见，得到了重视。

然而，更令留希科夫震惊的是，暗杀队员下榻的大连大和饭店，他和另外6名俄国人的行动，就受到了日本人的严密控制和监视。一天，一个中国人走进饭店，进入餐厅旁的洗手间，当他把纸篓里的一个纸团装进口袋时，两名担任监视的日本特工抓住了他，从他身上搜出的那个纸团上写着："请监视我们。莱欧。"这正是从满洲情报网逃脱的那个人！可惜，"莱欧"和另一逃脱的"高"，都在留希科夫到远东就职前就在满洲活动，所以连留希科夫也不知道他们的真实姓名。然而，"莱欧"却在暗杀队准备出发的时候神秘地出现了！

日本情报部门断定："莱欧"就混在这7个俄国人暗杀成员中。但是在经过一番特别详细的调查之后，却又并未发现可疑证据。而抓获的那个中国人，几次审问，结果一无所获。几天后，那个中国人还逃走了。于是，日本情报机关决定，让留希科夫暗中监视其余6个人，并派情报人员长谷部太郎与他们同吃同住同行，不允许任何人与外界有接触。宇多川达还指示留希科夫，一旦发现可疑的人，格杀勿论。

但是，"莱欧"的神秘出现，总让留希科夫有一种不祥之感。

留希科夫提供了一个关于斯大林行踪的最新情报：斯大林的父亲1890年1月25日去世，葬在格鲁吉亚的哥里。从1939年起，每隔3年的忌辰，斯大林也一定会回去。按惯例，每次扫墓后，斯大林都要到索契的马采斯塔温泉静养几天。所以，暗杀队采取的第一次行动，就是在马采斯塔温泉杀掉正在疗养的斯大林。

由于留希科夫的反对，暗杀队取道意大利，尽管这里天气不热，暗杀队队员别济曼斯基还是常常穿着短袖衬衫。他手腕上刺着的狮子图案，也显得格外醒目。几天后，暗杀队从那不勒斯港辗转到了与苏联高加索地区毗邻的土耳其，又从伊斯坦布尔乘船到达阿尔比码头。这时，一个左臂上刺有狮子图案、手拿照相机的游客，一边不时地取景拍照，一边有意无意凑到暗杀队跟前，他身旁放着的一只英国制造的皮箱，上面也贴着一个狮子图案。有一个土耳其人，还把有狮子皮制的椅垫、褥垫等货物摆在甲板上，大声吆喝，任人选购。只是，一路上高度警惕的日本情报人员既不允许游客接近，也不允许暗杀队随便走动，当然也不允许他们购买什么东西。

索契市到了，这是和雅尔塔齐名的苏联两大疗养胜地之一。

而且，斯大林果然就在马采斯塔温泉疗养！

此时，前来协助和指挥暗杀队的日本驻土耳其陆军武官仓道雄，被称为满洲"深夜帝王"的日本外务省秘书竹中广一少校，都已会聚在这里，而且，他们已经把斯大林的生活规律和温泉地形全部掌握了。每天午后两点到五点，斯大林在温泉的专用浴室洗澡和午睡。此时，浴室门前站着两名贴身警卫。不长的过道上，也有两名武警警卫。他们的任务是：不允许任何人通过。

不过，进入浴室的通道倒不是十分困难。暗杀队发现，由于斯大林在浴室期间，其他并排的12个浴室被全部关闭停止使用了。所以流入河道的下水道，一到晚上，水才没至膝盖，暗杀队员完全可以通过下水道，然后爬出来，藏在浴室边上的锅炉房里。

行动的时间也应该是充裕的。他们可以先用匕首干掉通道上的卫士，等浴室门口的警卫发现了，暗杀队也应该能进逼到距浴室三五米的地方了。此时，留下的一组作掩护，另一组冲进浴室，完全可以从容地打死还未穿上衣服、光着身子的斯大林……

但是，暗杀队首次出师即遭失利。事实上，还没等他们接近浴室，就在刚刚越境的地方即中了苏联边防军突如其来的伏击。第一组暗杀队员3人刚冲过土苏边境，苏联边防军就发射了照明弹，一阵猛烈扫射，3人顿成蜂窝状。由留希科夫率领的第二组，只好撤退，无功而返。

对土苏边境了如指掌的留希科夫知道，过去，苏联边防军绝对在这一地段上防守稀松。显然，这是苏边防部队获得了情报。

第一次暗杀计划失败了，暗杀队立即返回了伊斯坦布尔，住进了诺博托尼饭店。就在他们张罗着订房间时，紧跟着进来一个怀里抱着一个狮子的女人。但此时暗杀队员意志消沉，谁也没在意这个女人在身边转悠。而仓道雄则到邮局给柏林武官发了一封表示行动失败的"樱花已谢"的电报。日本驻德国大使大岛和冈边气得暴跳如雷。他们经过一番密谋，决定联合德国党卫军谍报人员，利用"五一"节斯大林在红场发表演讲的机会，再搞一次暗杀斯大林的计划。日本陆军参谋部又批准了第二次暗杀计划。

1939年4月，暗杀队潜入苏联境内。4月25日，他们到达了设在萨拉托夫东站附近、代号为"发牢骚的人"的盖世太保的秘密据点。在这里，暗杀队得到了苏内务部卫队的制服和身份证、内务部军官使用的小汽车和一道内务部高级官员检查列宁墓地的命令。

按照暗杀方案，5月1日清晨5时，他们将乘那辆汽车去列宁墓，用伪造的证件进入列宁墓内，然后，伺机把定时炸弹藏在列宁的水晶棺旁，引爆时间定为上午10时，即斯大林登上列宁墓发表演说的时候。

为了模拟这一行动方案，德国的保安部门在东普鲁士的一个演习场搭设了同列宁墓极相似的模型，进行爆炸实验。结果，只用了20包普通炸药，就把坚硬的列宁墓炸上了天，斯大林模型木偶像也被炸得无踪无影。而他们准备的定时炸弹，威力还要大得多。加上一切服饰、证件，毫无疏漏，暗杀队相信此次行动，成功在即。

在向莫斯科进发的途中，盖世太保一站接一站地接应他们。4月30日，暗杀队终于抵达莫斯科，躲进了一间早已准备好的哥特式小教堂里。

然而，就当暗杀队准备出发时，苏内务部突然发动了一次快速围剿战。一番激战，暗杀队有3人自杀，包括留希科夫，他见大势已去，自己给了自己一枪，自杀身亡。其余的则被抓获。

原来，这又是"莱欧"——暗杀队员别济曼斯基提供的情报。本来，暗杀队第一次失败后即撤出苏联，以致一段时间内苏联情报机关不知道暗杀队的去向。当暗杀队第二次潜入苏联后，辗转途中，"莱欧"伺机把抽空的一个烟纸盒扔在一个警察面前，机警的警察把写有密码的烟盒捡起，交给了内务部官员。这样，他们又与"莱欧"联系上了，并严密监视起暗杀队。当内务部官员包围了暗杀队时，"莱欧"事先已知道了内务部的突袭计划，因此，交火后便佯装反攻，逐渐接近预先选定的东侧窗口，外边的保安人员将虚掩的窗户打开，内务部长官亲自迎接跃窗而出的自己人。

　　暗杀队终于没能等到上午10时这一时刻,就遭到了全军覆没的下场。与此同时,苏联内务部总部得到报告,设在苏联的盖世太保的秘密据点也全被破获。

　　一场惊心动魄的暗杀斯大林的"熊计划",就这样可悲地失败了。

(十一)"黑衣女谍"之谜

　　镜头之一:1997年7月28日,一架涂有俄罗斯国家军队徽记的俄国飞机,按照事先约定的飞行路线,从容不迫地飞往美国和加拿大上空并拍摄侦察照片。

　　画外音:这是根据1992年3月由欧安会24个成员国在赫尔辛基签署的《开放天空条约》而进行的首次飞行。事实上美国早在1955年就提出了这一建议,遭到了当时的苏联的断然拒绝,因而,这个新的条约被认为是冷战后第一个军备控制条约。条约规定,某一缔约国可以在其他缔约国上空进行一定次数的侦察飞行;侦察飞机不得携带武器,但可以装备一定的照相设备和雷达及红外线仪器;侦察所得情报由所有缔约国共享。

　　镜头之二:"呜……"一阵凄厉的战斗警报,撕破了拂晓前的宁静。顷刻,3架米格-25战斗机腾空而起。当它们攀升到15000米高度极限时,只好无可奈何地贴着头顶上那架冷艳高傲的飞机肚皮作水平飞行。

　　"他妈的! 可恶的'黑衣女谍'!"已经数次执行这种劳而无功警戒任务的该编队中队长愤愤地骂道。

　　"返航! 让外交部这帮老爷们去和美国佬打嘴仗去吧!"他命令道……

　　画外音:这是1960年年初苏联空军部队的一次战斗起飞行动。而在这以后发生的故事里,充满了无赖般的挑衅和浓烈的火药味,甚至还有游戏般的欺诈和谈不清道不明的外交战……

　　1955年8月。美国佐治亚州奥尔巴尼的特纳空军基地。这一天,机场气氛突然变得异乎寻常,中央情报局的特工人员一反常态地全副武装,在机场四周戒备森严。

　　宽阔而漫长的水泥跑道一头,一架机身修长、尾巴高、翅膀宽的飞机,孤立但却傲慢地昂首待命。机场上的其他飞机好像一夜之间都去亚马孙河原始森林度假似的,突然神秘地无影无踪了。

　　湛蓝的天幕,飘过几朵浅浅的浮云。能见度极佳——这是一个非常适合飞行的好日子。

　　"感谢上帝的恩赐!"坐在宽大的塔楼指挥中心大厅一侧的L.约翰逊,对美国全国航空咨询委员会提供的气象预报满意极了。但是,此刻他的脸上看不出丝毫的轻松。透过指挥大厅敞亮的落地玻璃幕墙,L.约翰逊的那双明亮的眼睛,始终定格在跑道尽头的那架神秘的大型飞机上。

　　"0001,0001,准备起飞! 准备起飞!"

　　"0001,明白! 0001,明白!"

　　"砰!"一颗蓝色的信号弹打破了让人压抑般的寂静,只见它划着优美的弧线,融入了相同色彩的天空。

随即,停机坪上的这架庞然大物,发出了闷雷般的轰鸣。起步,转弯,加速,机身昂起,刹那间箭一般地射向了蓝天……

"0001,报告高度;0001,报告高度!"

"我是0001,我是0001,我现在的高度是12000公尺……16000公尺……19000公尺……21000公尺……"

飞行员的报告被高倍扬声器放大出来,整个大厅人人都听得清清楚楚。当飞行员报到"21000公尺"的数字时,L.约逊翰终于掩饰不住内心的激动,他猛地站了起来,两只手攥成拳头,举过耳际,从体内发出一声低吼:"我成功了!"

指挥中心大厅凡是有头有脸的人物,都热情地和L.约逊翰握手,向他表示祝贺。

这架神秘的飞机,就是五六十年代不可一世的美国U-2超高空侦察机。它的设计者就是L.约逊翰。他是美国著名的洛克希德航空公司的设计师。50年代初期,他同美国国防部的工程师开始研制设计。他们的企图是,制造出一种能避开苏联雷达、不被苏联导弹击中的超高空飞机。最初设计的飞行高度是21000公尺。这在当时无异于天方夜谭,令人难以置信。事实上,一些技术专家经过计算,对U-2的设计已经提出了质疑。他们认为这种类型的飞机机身太轻,极可能发生空中解体的悲剧。然而,试飞的结果表明,U-2飞机的最大升限可以高达25000公尺,这才使那些持怀疑态度的人改变了看法。

U-2飞机虽然试飞成功了,但整个计划还处于绝对机密。U-2飞机的使用权更由美国中央情报局全权掌握。它的飞行计划,事实上都要经过总统"钦定"。因为,如果U-2飞机真的开始定期飞行,那就无法再守住秘密了。中央情报局对外宣称:U-2飞机将用于美国全国航空咨询委员会进行高空气象分析。U-2飞机也的确搞过一些气象分析,但那是为了遮人耳目。因为真要如此,U-2飞机就真有点大材小用了。

当然,U-2飞机绝不是战斗机。用"U"作为飞机名字的前缀,在美国表示是"实用飞机"。从它瘦长的侧影看,它也更像一架滑翔机。飞机上也的确没有武器装置。但是,这种飞机载有巨型的但却非常精密的航空摄影设备,在25000公尺的高空,其拍摄面积可达12000平方公里;若在250平方公里范围内以实体镜头拍摄,照片则完全具有立体效果,影像十分清晰。

在超高空区域,把对方的机场、舰只、导弹基地等一些与军事有关的重要地区和设施侦拍下来,这才是U-2飞机本来的使命。美中央情报局前局长艾伦·杜勒斯就曾这样说过:U-2飞机就是中央情报局的一只眼睛。通过它,可以把苏联境内的一切军事设施"看"得一清二楚,甚至地面上的一棵小草也逃不过它的监视。

U-2飞机的超高空飞行特点,决定了它成为"天之骄子"的地位和"天马行空、独来独往"的骄横。在这样的高度上,地空导弹只能成为欢迎它的礼炮,而当时苏联最先进的米格飞机,也只能在它的机翼下面无可奈何地"护送"着它。因此,它被认为是根本不可能被击落的。此外,这种飞机还可以解体运输,便于隐蔽地运往世界各地的美军基地起飞。虽然美国中央情报局估计苏联在一年左右的时间,就可以培养出把U-2飞机驱逐出境的防空能力,但实际上U-2飞机连续4年在苏联领空飞来飞去，甚至做过定期飞行，却从未受到过威胁。后来，以至 U-2 飞机侦拍的苏联的空军基地、导弹发射场、潜艇船坞、工厂、核试验场等成堆的胶卷，中央情报局都懒得去冲洗了。

纸，终究包不住火。无孔不入的新闻记者挖空心思地搜寻一切有关 U-2 的新闻。于是，国内外的新闻界不断地暗示：U-2 飞机不仅仅是单纯用于科学研究的，还有其他"某种用途"。但在国内，美国坚持说，U-2 飞机只用于"气象分析"，与"航空间谍"活动无关。虽然也有 U-2 飞行员因飞机失事而丧生，但都是夹杂在其他失事飞机中的，美国公众也因此无人知晓个中秘密。在苏联，对包括 U-2 飞机在内的入侵活动，苏联政府多次提出抗议，但由于鞭"短"莫及，没抓住什么真凭实据，"抗议"成了一种外交辞令。而美国政府则是抓贼不见赃，抵死不认账，根本不予理睬。

然而，苏联人的无可奈何，只能加剧它对 U-2 飞机的敌意和警惕。苏联新闻界就直言不讳地称机身为黑色的 U-2 飞机是"黑衣女谍"。自然，克里姆林宫也无时无刻不在急于揭开 U-2 飞机的神秘面纱。

——只是，一时技不如人的苏联，U-2 飞机对他们来说，现在还只能是"梦中情人"……

1960 年 5 月 1 日 7 时 30 分，一架没有国籍标志的黑色飞机从巴基斯坦白沙瓦空军基地腾空而起——U-2 飞机又起飞了。

担任此次飞行的是弗朗西斯·加里·鲍尔斯。他是弗吉尼亚州人，少年时代就对飞机具有浓厚兴趣。1950 年，他参加了美国空军，接受过空中摄影训练。1956 年，在佐治亚州奥尔巴尼的特纳空军基地时，被中央情报局看中。他们认为，鲍尔斯那特殊的身份很适合执行 U-2 计划。1956 年 4 月，鲍尔斯辞掉了月薪 700 美元的空军工作，成为洛克希德航空公司的工作人员，月薪 2500 美元，而实际上他是在为中央情报局工作。

此次飞行，鲍尔斯的任务是前往苏联斯维尔德洛夫工业区，侦拍设置在那里的巨大的火箭。据说它比美国最大的火箭还要大一倍。然后，他就直接飞往挪威的博德，航程大约 6400 英里，几乎全是在苏联领空飞行。

"U-2 飞机的整个航程都在苏联领空，这还是第一次。"鲍尔斯后来回忆起这次飞行，似乎对有机会成为"第一人"还颇有点自得。他说，以前从没搞过横穿苏联的飞行，因为很难找到恰当的飞行出发地点和降落地点。这是由于没有哪个国家愿意因为给从事间谍活动的 U-2 飞机提供基地而卷入国际纠纷。

事实上，这次飞行计划已经有过两次变更，最后敲定在 5 月 1 日国际劳动节，是因为苏联特别重视这一节日，其防守可能会出现疏松；这一天，也是苏联进行新型火箭试验的日子；气象预报也表明这一天天气晴朗，便于拍摄清晰的照片。

鲍尔斯说，本来预定 6 点钟起飞的，他也早已坐进了驾驶舱，像往常一样系上了安全带。但计划被推迟了。谢尔顿上校对他说，他们在等待白宫的同意。虽然这是常有的事，但鲍尔斯认为这次飞行肯定会被取消。"因为我整整等了一个半小时，这在以前，从没有过。"但偏偏就在最后一分钟，白宫还是同意了这次飞行。

此时，当地时间是 7 点 30 分，华盛顿时间是晚上 9 点 30 分，莫斯科时间是凌晨 4 点 30 分。

1 小时后，飞机开始进入苏联领空。仪表的数据显示，此时飞机正在 25000 米的超高空飞行着。按照约定，他最后一次向基地指挥塔发出"一切正常"的讯号后便关掉了电台发射机。根据总部通过最精密计算制订的飞行航线，鲍尔斯很快进入了第一个目标——丘拉坦人造卫星和宇宙飞船发射场。这里也是苏联第一颗人造地球卫星和其他卫星升入太空的地方。鲍尔斯打开侦察相机，红外线夜视照相仪器进入自动工作状态。

接着，飞机穿过威海，沿着通往车里雅宾斯克的铁路线向北继续飞行。前面就是象牙似的乌拉尔山脉，这是欧亚两洲的分界线。此时，东方已现出鱼肚白，鲍尔斯觉得体内生物钟把他拨正到了一个轻松、亢奋的清晨。

飞机继续北飞，仪表显示，鲍尔斯已经深入苏联境内 1300 英里。他此行的重要使命区——斯维尔德洛夫斯克也到了。"这个倒霉的城市！"鲍尔斯心里骂道。因为他知道，尼古拉·沙皇二世和他的全家就是在这里被布尔什维克送上绞刑架的。

接近目标了，鲍尔斯已经把手放在了照相机开关的按钮上。这个目标侦拍完，他的任务就基本完成了。"上帝保佑我！"鲍尔斯祈祷着，再过几个小时，他就能和妻子团聚了。就在上个星期三，他还在土耳其阿达纳基地和妻子吃了一顿美味的午餐。后来，他和基地飞行员、教官和技术人员一起飞到了白沙瓦，而他的妻子则提前从土耳其飞到了挪威。她在那里等他。

突然——就在这一刹那间，机舱内的预警红灯像死神降临时狰狞般闪亮起来，警报器发出了挣扎般刺耳的叫声，一团团火球从飞机的周围电射而来。他本能地揿动电子干扰的按钮，但似乎并不济事，而且一切为时已晚。欲晓还夜的天空就像突显雷击电闪一样，顿时满天通红。机身一阵剧烈抖动，随之倾斜、下降，密封舱里一片浓烟弥漫。鲍尔斯仓皇的神经崩溃了。"天哪！我被击中了！"他绝望地惨叫了一声。

当然，此时没有人能够告诉鲍尔斯，他是被苏联的导弹击中的，还是被飞机的火炮击中的？他只是不明白：一个多么美好的节日！怎么倒霉的事竟叫自己给撞上了呢？

其实，不仅鲍尔斯不解，消息传到美国，中央情报局的官员们也大惑不解：若说是飞机的火炮，只能爬上万米高度的米格飞机怎么可能围歼飞行高度在 25000 米上方的 U-2 飞机呢？难道苏联真的生产出了比美国最大的火箭还要大一倍的火箭？

不管怎么说，此时最倒霉的的确是鲍尔斯。在他的训练中，根本就没有提到过如果飞机在苏联领土内被击落应如何妥善处理这一课目。据飞行教官说："纯属多余！"因为几乎没有人认为 U-2 飞机会被击落。

"这简直是一个蠢猪式的错误！"鲍尔斯后来狠狠地骂道。

1960 年 5 月 1 日上午 10 时。莫斯科红场。一年一度的五一阅兵正在有序而热烈地进行着。此时，站在列宁墓上的赫鲁晓夫，像他的前任斯大林当时一样，面带笑容然而也不失威严地频频向从检阅台前缓缓通过的士兵、学生、农民、运动员组成的方队招手致意，同时也没忘记抚摸着应邀和领袖们站在一起检阅游行队伍的少年儿童们的头发。这是他表现"关心孩子、联系群众"的最好时机。

突然，国土防空军总司令比留佐夫元帅急步穿过好几层人群，来到赫鲁晓夫身后，在他的耳边报告说：U-2飞机已经被击落了。比留佐夫离开后，人们发现赫鲁晓夫脸上的笑容似乎更灿烂了，招手致意的频率也更高了。但敏感的新闻记者和外交官们却断定：一定出了什么重大事件！因为这位元帅没有穿礼服就上了检阅台——而且来去匆匆。

要知道，就在5个小时以前，赫鲁晓夫还躺在床上，为上午的演讲打着腹稿，这时国防部长马利诺夫斯基元帅通过红色专用电话向他报告，一架不明国籍的飞机越过阿富汗边境，已进入苏联领空，而且有向腹地深入的迹象。无疑，"黑衣女谍"又行动了！他没有犹豫就向国防部长下达了命令："把它给我打下来！"

但这样的命令，又好像例行公事似的。毕竟，他已经不止一次地下过了这样的命令。

"现在，"赫鲁晓夫想，"该好好出出这口恶气了。"他后来在回忆录中写道："美国佬已经不知羞耻地把屁股撅了过来，那么就狠狠地踢他一脚吧！"

从检阅台一走下来，赫鲁晓夫立即主持召开了政治局常委扩大会议，国防部汇报了击落U-2飞机和活捉飞行员的经过。会议决定：不仅通过外交途径向美国国会提出强烈抗议，而且向全世界公布U-2飞机入侵苏联事件——他们已经有了捉贼见赃的证据！

"但是，我们回避了飞行员存活一事。"赫鲁晓夫后来回忆这一动机时说，"当时，我们的意图是迷惑美国政府，只要他们认为飞行员已经死了，就会不停地编造托词。最后，苏联再拿出'撒手锏'，给艾森豪威尔当头一棒。"

事实上，由于要保守机密，鲍尔斯进入领空直至被击落，与基地再没有进行过任何联系。所以，中央情报局只知道他没有按原计划到达指定地点。如今苏联人只抗议"入侵"，只字未提飞行员，大概是飞机自己"坠落"了，如果是这样，飞行员应当已经"机毁人亡"。于是中央情报局开始了事前策划好的掩饰工作。5月3日，艾森豪威尔总统批准了由国家航空与航天局发表的声明：

"国家航空与航天局的一架气象飞机，于5月1日上午9时左右（本土时间上午3时左右），在土耳其执行航空与航天局和美国空军的联合气象侦察任务时，坠落在土耳其凡湖地区。在土耳其东部空域飞行时，飞行员曾用应急频率报告，机上氧气设备出现故障……"

这一声明实际上表明美国人已经进了苏联布下的圈套。所以，当"气象侦察机"事件见报的次日，赫鲁晓夫在克里姆林宫大厅举行听众演说，打出了他的第二根闷棍。他说，5月1日的入侵美机是被苏联防空军"击落"的。赫鲁晓夫用眼睛死死盯住美国驻苏大使汤姆森，用他那惯用的讥讽口吻问道："这是什么呀？是美国人送给苏联'五一'节的礼物吗？"

在美国国内，新闻记者又一次热炒了"气象飞机"去向不明的报道。美方说，飞机是在土耳其因缺氧而"坠落"的，而赫鲁晓夫却说，是入侵苏联被"击落"的。面对记者穷追不舍的发问，美国务院发言人林肯·怀特含糊其词地说："完全有可能由于氧气设备故障，飞行员因缺氧失去知觉，飞机自动控制并连续飞行相当长的一段距离后，无意中侵犯了苏联领空。"

怀特的这一番讲话，似乎承认了"误入"苏联领空的这一事实，但仍然坚持飞机是因为在进行科学研究时，由于供氧系统的故障而发生这一事件的。随即，美国报纸又出现了更详细的"供氧故障"的报道。5月5日，美各大报纸开始大量刊登"人民"呼声，要求政府谴责苏联击落"民用"飞机事件。

美国参议院也暗示，在没有得到这架飞机为什么被击落的确凿证据之前，艾森豪威尔总统将拒绝出席两个礼拜后在巴黎举行的美苏首脑会谈。

5月6日，美国驻莫斯科大使馆根据国内指示宣布：失踪的"非武装气象侦察机"上的飞行员叫弗朗西斯·加里·鲍尔斯，并请求苏联外交部就飞机和飞行员的下落提供"全部事实"。

美国人的天真想法是：机毁人亡了，死无对证了，口说无凭，怎奈我何？就像怀特在"最后声明"中信誓旦旦说的那样："我们绝不想'故意'侵犯苏联领空。绝对、绝对不想。这种事迄今为止并未发生过。"

正当美国人还在挖空心思编造谎言自圆其说时，5月7日，莫斯科最高苏维埃会议结束了。下午，赫鲁晓夫致完闭幕词后，优雅地摘下眼镜，然后，威严而且不无调侃地面对台下数千名苏维埃代表和特邀的数百名国内外记者以及驻莫斯科的各国使节，扔出了他计划中的"撒手锏"。他这样开始了他演说的开头：

"同志们，我必须让你们知道一个秘密。我们不仅击落了美国人侵的U-2间谍飞机，而且还活捉了飞行员，他已经被送到了莫斯科。他的名字正是鲍尔斯，今年30岁。他说他是美国空军的一个中尉，在空军服役到1965年——也就是说他去中央情报局之前。"

"飞行员还活着。"无疑又是一颗重磅炸弹。汤姆森大使只觉眼前一黑，台下已是一阵骚动。赫鲁晓夫补充说，"制造谎言的人认为，如果飞机坠毁，飞行员就一定会死亡。在这种情况下，就无人能吐露真情，就再也不可能辨明飞机的性质和机载设备的类型了……"

接着赫鲁晓夫又拿出大张大张的U-2飞机拍摄的照片，向美国外交官和记者座席方向挥舞着："你们看！你们看！这是军用机场，这是导弹基地，还有……"紧接着，苏联政府把完整的U-2飞机残骸连同从飞机和鲍尔斯身上搜出的物品一起，在莫斯科的高尔基公园展出，其中包括鲍尔斯签名供认进行间谍活动的自首书。这终于使得美国政府惊慌失态，狼狈不堪。

在事实面前，美国政府终于闭上了说谎的嘴巴。美国防部和中央情报局在对赫鲁晓夫的讲话研究了24个小时后，5月8日下午3时50分，怀特再次走进了白宫新闻发布厅，面对频频闪亮的镁光灯，他掏出了事先准备好的国务院声明，大声朗读了起来：

"国务院收到了赫鲁晓夫先生关于在苏联境内打下一架没有武装的飞机的进一步讲话全文。正如以前所宣布的，我们知道一架U-2飞机失踪了。……无可讳言，在当今世界里，所有国家都在进行情报搜集活动……美国政府在1955年还提出了'开放天空'的建议，但这个建议遭到了苏联的反对。由于存在着遭到突然袭击的危险，因此，在过去4年中，没有武装的民用U-2飞机一直沿着自由世界的边境飞行……"

怀特的这次发言措辞虽然仍含糊不清，甚至还有点强词夺理。但他的这份声明，却具有深刻的历史意义——由"气象侦察机失踪"的小道消息到演变成震惊世界的间谍丑闻,从不着边际的谎言到直率地承认间谍活动的事实,而且公开声称在过去4年中一直进行着这种活动,并且还暗示今后也不会停止这种行动。

这份强硬的声明无疑使得赫鲁晓夫又重温了一次被人耍弄了4年的难堪境地。所以,当5月14日巴黎会议一开始,赫鲁晓夫就猛烈抨击美国侵犯苏联领空的行为,要求美方对此道歉,但曾经在"二战"时期担任盟军最高司令的艾森豪威尔总统却坚决予以拒绝。结果,这次会议不欢而散。

当然外界也不得不承认,莫斯科卓有成效地利用了手中的猎物,用"演戏"回敬了一下美方的不敬。

1962年2月1日。星期六。东西柏林交界处。格利尼克尔铁桥——一座为纪念1945年苏军与盟军在此胜利会师而易名的"团结桥"。

8时30分,桥西侧一辆乳白色的奔驰牌轿车无声地停在了桥头;与此同时,桥东侧也驶过来一辆黑色小轿车。两边车门启处,分别下来3个人,双方对视一下以后,缓缓地向桥中央的东西分界线走去。

桥东侧走来的3个人中,一个头戴皮帽,身穿一件很厚外衣的人,正是美国U-2飞行员鲍尔斯。

对于鲍尔斯的活着,特别是他的自首悔罪书,使得国内一部分政治上右倾的人大为不快。他们赞赏海尔(美国独立战争时期的间谍,被英军处以绞刑),讨厌低头认罪的做法。他们甚至期待着鲍尔斯以身殉国。所以当鲍尔斯的自首书公布于众时,这些人的最初反应是,鲍尔斯也许是受到刑讯,或是被迫服用药物,或是慑于某种方式被迫写的。

而实际上,鲍尔斯受到了远比他本人和其他人想象的还要好的照顾。他有时也受到审问,也曾被搞得很疲劳,但从未受过皮肉之苦。1960年8月,鲍尔斯被苏联法庭判处10年徒刑。其实,他即便被判处死刑也不足为怪,如果在其他时代就可能会这样。判决以后,鲍尔斯作了简要的陈述,表示自己"罪有应得"。他说的最后一句话是:"对我参加这次事件,谨表歉意。"

美国政府说了些对鲍尔斯表示同情的话,但没有把这位运气不佳的U-2飞行员当作被"击落"的英雄来称赞。鲍尔斯没有在监狱里服满刑期,他被当作一件商品被苏联换回了间谍头子鲁道夫·艾贝尔大校。艾贝尔1957年被美国逮捕,按判决,他将在美国服30年的徒刑。

交换仪式开始了。艾贝尔由一名克格勃官员认领;鲍尔斯由他的老朋友墨菲确认。双方验明正身后互相点了一下头,然后两个间谍面无表情地对视了一下,缓缓地擦肩而过……

第二天,美国的《华盛顿邮报》抢先发表了这样一则消息:

"昨天当地时间8时30分,在通往东柏林的格利尼克尔铁桥上,U-2飞行员鲍尔斯跨过了东西方分界线,终于回到了自由世界的怀抱。这标志着一场一年零9个月的U-2飞机事件的终结……"

后来,又有报道说,鲍尔斯接受了中央情报局的最高勋章——谍报金星章。

时至今日,U-2飞机的技术已远远落后于时代。但U-2飞机事件是美国历史上政府第一次承认自己进行间谍活动,也是历史上公开最彻底的、被人们热心研究的间谍事件。尽管如此,还有一些令人迷惑不解的谜。而其中,苏联究竟用了什么技术击落 U-2 飞机的,则又是谍报人员颇感兴趣的谜。

其实,谜底就在一颗小小的螺丝钉上。

为了尽快弄到一架 U-2 飞机,克里姆林宫给克格勃下了死命令。于是,一个名叫穆罕默德·嘉兹尼·汗的间谍潜入了 U-2 飞机所在的巴基斯坦某美军空军基地。很快,他假冒了一名因病无法上班的清洁工混进了机场。为了能接近飞机,他又收买了机场空军食堂的一名服务员,终于侦察到了 U-2 飞机近期将做一次远程侦察的飞行。

接下来,连续几个晚上,穆罕默德潜至停机坪附近,用红外望远镜窥视,他终于发现了美军防范中的漏洞。

这天,穆罕默德开始执行预定计划。时近凌晨 2 点,一群在外恣意妄为的美军士兵前来换岗,他们照例在飞机右舷,兴致勃勃地高谈阔论,吹嘘他们刚才在外行乐的趣事。这时,已潜伏多时的穆罕默德趁机赤脚躬身,敏捷地避开了士兵的视线,悄悄钻进了飞机驾驶舱。他在驾驶舱的仪表板上用手迅速摸到了高度仪的外罩,然后飞快拧下右上角的一颗螺丝钉,随即把随身携带的一颗非同寻常的螺丝钉又拧了上去。

就是这颗小小的螺丝钉,使苏联克格勃终于圆了请下"梦中情人"的梦。原来,这是一颗由克格勃专门研制的具有极强磁性的螺丝钉,当飞机上升到几千米高空后,高度仪的指针接近磁力场,便会被这颗磁性螺丝钉吸引过去,而显示出已达到 2 万米高度的数字。美国人考虑到了对该机资料的保密措施,也想到了苏联会用新型导弹对飞机进行拦截,却没有想到克格勃会用有悖于常规思维的不寻常方式下手,搞到了用炮火轰击、飞机拦截得不到的 U-2 型高空侦察机。

因此,苏联究竟是用导弹,还是米格飞机请下了尊贵的"黑衣女谍",已经都无关紧要,因为那颗神奇的小小螺丝钉,才是那辉煌的大功告成的真正谜底。

(十二)狂称"一个阵营"的间谍

"我是朱利案,想找瓦戈。"

"您弄错了,先生,这里是苏联领事馆。"

每当帕克要和他的接头人会面前,他便预先给苏联领事馆打这样的电话。而一个"知情"的总机接线员也总会这样回答他。

这天是星期一,下午 6 时半。

帕克打过电话,走出北大西洋公约组织的办公室大楼,很快在拐弯的那条人行道上就会碰见他的接头人。按照约定,他若是抹鼻涕,那就说明一切都顺利。

正当他就要在"王妃门"前拐弯时,等候在这里的警察逮捕了他。在笔记本里,他用"M3"的符号记着那次在费什罗列没有实现的约会。

"我们知道你在为俄国人搞情报。"警察对帕克说,"现在你的阵营瓦解了。"

乔治·帕克居然不失风度地甚至还带点幽默地说道:"是的,我已经接到了'M3'的通知:从今天起,我们停止营业。"

只是帕克不知道,"M3"——瓦西里·费拉索夫——一个驻巴黎的外交官,当他发现那次在费什罗列的约会有些不正常时,就已经甩下了他,匆忙回到他的国家去了。

"法庭上见!"警官把帕克押上警车。

时年,1963年。

"苏联人在实行公开性政策之前,一名情报系统的成员算不了什么,他只是一个集体的一分子,是一个等级森严、控制严密的官僚集团唯命是从的工具——尤其是对于帕克这样一名外国的情报人员。"后来有人这样替他打抱不平。

"不,我是属于西方阵营的。我面对的是一个国家。"帕克并不领情。

帕克是索恩河畔夏龙地区的一位理发师的儿子。他身材矮胖,和蔼可亲,文质彬彬,擅长辞令,话锋犀利,风趣幽默。

青年的帕克,以他杰出的才智,考入了巴黎高等师范学院。他的同届同学让·索瓦尼亚格,后来成了这个国家的外交部长。他结识的朋友还有皮埃尔·布朗格和莫里斯·克拉韦尔,他们后来都成了政府要员。他们也都很喜欢帕克这个虔诚的基督教徒。

聪明过人的帕克,在学校时并不比他后来飞黄腾达的朋友们逊色,相反,他的吸引力常常使他成为活跃的核心人物。他能极准确地背诵几千句诗句,喜欢开玩笑,还能唱几十首本世纪初的流行歌曲。正因为这样,他被一片羡慕和赞美的海洋所包围,他也因此而颇为自负。

但是,在他自己看来,他年青时代的黄金般的梦想并没有得到真正地实现。虽然,他也曾在勒内·科蒂、乔治·皮杜尔、约瑟夫·拉尼埃和皮埃尔·孟戴斯·弗朗斯这些要人的办公室里任过职,但他总有一种怀才不遇、寄人篱下的心有不甘的感觉。然而,在他的故乡——索恩河畔丰龙市的市政选举中,他却波澜不兴,榜上无名。这样就渐渐地铸就了他对政界和政界人士的某种鄙视的感情。他后来这样说过:"政治家和政府官员的职业对我来说几乎都是令人生厌的苦差事。"

乔治·帕克的命运是在1943年开始转变的。

当时,法国海军上将达尔朗在阿尔及尔市被暗杀,而吉罗将军则想接替戴高乐成立自由法国的头头。吉罗将军的朋友皮埃尔·布朗格——也是帕克的同学,力荐帕克做了广播电台的政治部主任。在他25岁的时候,在没有任何准备的情况下,帕克又当上了海军部长办公室主任。可惜,此时的帕克已经对政界抱有一种厌恶性情感。然而,法国驻外大使发回的电报尤其是有关海军的秘密情报都要例行公事地经过他的手。起初,他对生活在这种"政治阴谋"的气氛里很反感,但后来他开始对情报工作与秘密谈判发生了浓厚兴趣。

帕克的医生艾梅克·伯恩斯坦是西班牙内战时期的国际纵队成员,曾进过集中营。一天晚上,伯恩斯坦把苏联驻阿尔及尔大使馆的随员亚历山大·库佐夫斯基介绍给帕克。当时苏联是西方的一个盟国,是反对德国纳粹主义斗争的象征,这天,他们谈得十分投机。

这个初入政界的和平主义者,从他接触到的大量机密文件中,敏锐地觉察到,德国被打败后,西方盟国会因自己的利益转而反对苏联。这样,将可能爆发新一轮战争。他认为他不能接受这个现实。

他对驻扎在阿尔及尔的美国人也深为不满。"美国人看不起我们,因为我们战败了。"他对美国人的粗俗和不文明态度极为藐视。"美国人不理解欧洲政治的微妙性。我们的政策不是通敌,而是为了生存。假如你的车子掉到沟里,你就要求别人帮助你把车子弄到路上来。"帕克指的是美国人对法国维希政府亲德政策的指责。

帕克认为西方盟国将背信弃义,而美国人则居心叵测。这种"危机感"使帕克的心情十分沉重。他以圣·保罗为榜样,认为自己有责任、有义务,也有能力把西方从另一场灾难中拯救出来。一想到这种"责无旁贷"的"历史使命",帕克就觉得体内有一股汹涌澎湃的难以抑制的激情。他真诚地向他的朋友库佐夫斯基倾吐衷肠,诉说抱负。

"这并非为了叛卖,而是为了使反法西斯的最大阵营苏联人有所警惕。"他强调说,"我这是为了保卫和平。"

苏联人严肃而诚恳地"接受"了帕克的独创性见解。库佐夫斯基真挚地夸奖他说:"我已向我国政府做了汇报。这些情报很重要……我受权向你表示热烈的感谢。希望你继续这样为和平事业服务。"苏联人抓住了帕克易于冲动和狂妄的特点,故意这样玄而乎之地把他吹捧了一通。

此时,帕克一口咬住了克格勃这只"镰刀状"的鱼钩,他的命运也就开始转变了。

帕克天才的智慧在"阳光灿烂的日子"黯然失色,但在"看不见的战线"却发挥得淋漓尽致,如鱼得水。由于他的卑微出身,这位高才生在同政客和权贵们一起时,总是显得局促不安、谦恭拘谨。只有在暗中,当他一个人独立地为"和平"事业作"贡献"的时候,他才感到舒心、惬意。

"看啊,我同样可以毫无顾忌地作弄他们,而且在他们的赞扬声中卖掉他们。"他那畸形的心理似乎得到了某种慰藉。

他几乎向苏联人提供了自己掌握的一切情报,其中有北大西洋公约组织估计东方军事实力的文件,北大西洋公约组织部队装备计划,盟国联合军事演习的汇报,甚至还有法国驻莫斯科军事使团发回的报告。每当这个时候,克格勃真诚地鼓励他、赞扬他。他们使帕克相信,他代表了一个西方阵营;而他们的国家是和西方阵营在对话。西方阵营的命运就操纵在帕克的手里。

每当这个时候,帕克的使命感总是让他觉得自己是多么伟大而崇高——或许,苏联人倒真是说了真话,毕竟,那些核心情报真的反映了一个西方阵营的秘密。

帕克的活动一直受到克格勃专家的操纵,其中包括克格勃在欧洲谍报网中的头目伊凡·阿瓦洛夫。他们有着极为隐蔽的接头方法。比如他被捕的当月20日或21日早上9点钟,帕克应该腋下夹一份《费加罗报》,在罗马的圣玛丽亚教堂前出现,以同前来联络的苏联人接头。

有着一颗聪颖头脑的帕克,并不只是偷窃文件,他还游刃有余地为苏联人起了顾问的作用。他擅长归纳分析,撰写了一批介绍法国各机构以及法国有影响人物的材料,包括200余份有关一些部长、议员、官员、外交家、军人和记者的传记,他的材料精辟独到,细致入微,这足以使他成为克格勃专家们的一个可贵的助手。

1960年,柏林处于危机之中:经济萧条,工人罢工,治安恶化,还发生了多起爆炸惨案。这时,帕克作为政府官员,成为负责研究西方采取何种反击行动的小组成员。这使他有机会更加系统地研究了西方统治者的思想和他们正在考虑中的敌对措施的严重性和冒险性，由此，他对自己早年的正确"预见"更加坚信不疑。

"为了和平，"他再次向苏联人发出了警报。

"好，但是怎样才能使我们的领导人相信这些都是真的呢？"诡计多端的克格勃接头人，每一次都把胃口张得大大的。他们装得一副跟着焦急，但又为难，却又巧妙地自言自语道："最好能有证据。"帕克最不甘于被人小觑，他的狂妄，很大程度上就是为了满足于卖弄自己"能力"的心底深处的虚荣心。于是，帕克又把自己向前推进了一步，他直接把那些能够证明自己"言之不虚"的柏林防御计划的文件交给了苏联人。几天后，作为超级大国的首领赫鲁晓夫"英明"地避开了某种正面交锋。

"全亏了你。"与帕克接头的克格勃军官重复着满足帕克虚荣心理的廉价的鼓励。

但帕克却信以为真。他确信自己行为的伟大和纯洁，以至于后来担任巴黎重罪法庭庭长的预审法官布朗舍韦格也不得不相信帕克动机的"纯洁性"。他派人查阅了帕克的银行账户，发现这个高级官员确实得到了苏联人的资助，但是数目很小，微乎其微——"也就是请'情报员'吃顿晚饭的费用。"他无可奈何地说。

一个大国的首脑根据帕克的情报调整了方针步骤——这更加使帕克相信，他的确能够扭转乾坤，靠他一个人的确可以避免一场战争。

苏联人唯一感到遗憾和不可理解的是，帕克这个才华出众的人竟不会使用他们交给他的一些新鲜玩意儿。他对一架乌拉尔产的电子仪器感到手足无措，总是把机件弄乱。

参加审讯帕克的警察勒维尔格瓦在他写的题为《我选择了法国本土警戒局》一书中带着不可思议的笔调这样写道：克格勃曾交给帕克一架橘红色的烟盒式微型电影摄影机，只要把这个灵敏而又不引人注意的摄影机在文件上一按动，就会自动产生光源；只要把机器来回移动三次便能把文件拍摄下来。"简直像小孩玩游戏一样简单，可是帕克却对付不了它。后来他把摄影机还给了苏联人，并说：'太复杂了'。"格瓦带着不可思议的笔调写道。

后来，与他接头的那些心灵手巧的克格勃人员又教给他一种连幼儿园的儿童都能掌握的一种复制方法。他们给他一张感光纸，告诉他只要将它放在文件上面，再用手一压就把文件复制了。但帕克又失败了。他把纸都揉破了，就是没能成功。

只有一种方法，帕克接受使用了，那就是米诺克斯牌缩微胶卷照相机。但他也只是出于诚意才同意试用这种微缩技术的。它可以避免同接头人频繁会面。据说这种技术能把文件缩小到直径仅为一毫米的微点，然后把它隐藏在一张明信片的边角上寄出去。

然而，作了几次尝试之后，帕克就表示不想再使用这种技术了。这使克格勃接头人大惑不解。原因也很简单，他们只把帕克看作情报员，他们所以教给他这些技术，目的也是要他提供尽量多的情报。

只有一个叫阿瓦洛夫的接头人理解这个"热情"的知识分子这一"怪癖"。"他喜欢进行商讨和口头介绍情况的方式，这样能使他强烈地感觉到他不是窃取国家机密的叛徒，而是受人重视的顾问。"阿瓦洛夫解释说。

其实，阿瓦洛夫也只说对了一半。帕克所以不喜欢"简单"的技术，是因为他更需要表现自己的才华。而商讨和口头介绍，正是他那擅长辞令的表现方式。同时，帕克那青年时代受到压抑的狂妄本性，驱使他把每一次接头会谈看作是单枪匹马地主持着一次决定世界命运的雅尔塔会议式的伟业。

他在自己写的一本书中这样高傲地写道："由于我属于西方阵营，所以我力图使另一个阵营准确了解西方的意图和动机，以避免某种误解而爆发战争。"

他就是这样神经质地目空一切，把自己看作是这个世界的救世主。

就这样，帕克总是和他的接头人高谈阔论，纵横捭阖。的确，他也每每妙语连珠，见解独特。每当这时，就连接头人也不得不频频点头赞许。于是，帕克每当有了新的情报，他就在电话中用暗语通知接头人见面。警察勒维尔格瓦在审讯记录上这样写道，帕克每隔半个月即在一个地铁车站附近同接头人会面，时间是早上9点或晚上8点。自1958年起，为安全起见，会面改在郊区进行。在紧急情况下，帕克会见接头人，把文件交给他，文件很快被摄制下来，在3小时后就退还给帕克。

看来，这就是帕克为了卖弄"学问"而带来的不必要的也是很危险的麻烦。

1963年，一名叫弋利岑的苏联空军少校带着情妇跑到了西方，这是战后苏联叛逃者中最重要的一个。由于他供出了大批西方情报机构中担任高级职务的苏联间谍，一时间涉嫌者有的辞职，有的叛逃，有的坐牢，有的惨死，美、英、法三国情报机构更是一片混乱。这个苏联军官把第一枚重磅炸弹首先抛向了法国。

"在巴黎，克格勃有个高级间谍。他已把北大西洋公约组织的各项决策透露给了克格勃。"他说，"我不知道那个人的名字，但20年来他的确一直在出卖法国……"

法国本土警戒局愕然了，他们经过紧张的调查发现，大量列为"绝密""国防机密"的文件的确已经转手易主了。

苏联叛逃者肯定地说："从1943年以来，法国方面就有人叛变了。"

于是，凡是能接触到这些文件的人都毫无例外地受到了怀疑。搜索圈最后集中在了情报处。警方又从200多人中筛选出16名可疑分子。最后确定了其中4个人。他们肯定，其中必有一人是他们要找的人。

这4个人中，3人是军官，几乎都有不清不白的问题，疑点很多。另一人是个文职人员，就是乔治·帕克。然而他完善得无懈可击。但理所当然，他们都受到了自己毫不知情的监视。

狐狸露出了尾巴。

一天，帕克带着公文包，登上了一辆去圣·拉扎尔的公交车。下车后，他乘火车直抵凡尔赛，然后又改乘公交车来到小城费什罗列。

天下雨了，帕克独自踯躅在大街上，而他的雨衣却搭在胳膊上。跟踪他的特工们更加警惕了。

一辆车牌不明的403型汽车缓缓驶来。一名特工几乎惊呆了，开车人正是他在情报处档案室见过千百次的克列霍夫——这个克格勃在巴黎的老牌特务。

汽车徐徐驶远了。帕克又重新出现。他现在被淋得像落汤鸡一样，但雨衣仍挎在胳膊上。他显然失望地四处张望了一下，然后走进了路边一家小咖啡馆。

这时，克列霍夫的汽车又缓缓开了回来。帕克也已发现了汽车。然而就在这时,凡尔赛司法警察局的三个警察从一辆改装的警车上走了下来。他们是来调查一件支票案件的。很快克列霍夫消失了。对着轮胎气门吹气的警探意识到现场逮捕的计划告吹了,但几乎可以确认,帕克就是作案人。

第二天,在索赛街警戒局的总部,经过一番讨论,侦讯此案的负责人做出决定:"逮捕帕克。"

后来,弋利岑在美国把他那些曾使西方情报机构陷入一片混乱的供词汇编成册,起名《旧谎新说》,但他的供词到底是愚弄了西方情报机构的假情报,还是西方因患偏执狂而自食恶果?书中没有正面回答。但是,有一点可以肯定,帕克的的确确是他"挖"出来的。

当时,如果帕克拒不认罪,他显然就不会被判以重刑。毕竟,警方没有在"现场"逮住他。但奇怪的是,帕克从一开始就像平时那样滔滔不绝地谈了起来,擅长辞令的专长并未因被捕而变得迟钝。他只是提了一个要求:"在招供前,我想先领回圣体。"于是,警官们头一次看到这样一个奇特的场面:帕克在院子里侧着身子,在陌生的神甫耳旁轻声述说着他的罪孽。他不愿在警署的房子里赎罪,他说,那里,甚至连墙缝里都藏着耳朵。

然后,据说他无一处涂改地写了十几张纸的交代。

帕克还给自己充当了检察官,他细心地把警察从档案室调来的大批文件分成两堆,告诉检察官说,这就是他曾经出卖过的情报。

后来,鉴于大量机密被帕克泄露,西方国家不得不花了 3 年时间来重新调整它们的军事部署。

此时,帕克唯一牵挂的是他的妻子和女儿伊莎贝尔。

妻子维维娜,意大利人,她是人类博物馆的人种学教员,研究撒哈拉地区人民信仰的专家。她和她的女儿也十分喜欢帕克,并为他的案子惶惶不安。

直到现在,帕克还坚持认为自己是在为和平事业服务。他说:"我虽然为此败坏了自己的名声,但我毫无遗憾。"他还在他的狱中著作《像小偷一样》中写道:"根据刑法,我犯有叛国罪,而事实上,叛国的念头从未在我脑海里出现过。有的人出于贪婪或憎恨而叛卖,然而,金钱丝毫不能使我动心。我对世上所有的人都持友好、热情的态度……所以,我认为应该保护他们的生命,因而要保卫和平。""我是出于信仰。"帕克反复用这句话为自己辩护。

前来法庭作证的许多巴黎高等师范学校的毕业生也认为,帕克提供的一些人物传记等材料,不应该属于"重要情报",那些东西无非是把报刊上可见到的一些消息加以综合而已。但专家们认为并非如此。

帕克的辩护律师则对他的行为作了另一种解释:"我的委托人经常独自一人举行最高级首脑会议。"同样。法庭认为,这里毕竟不是精神病院的病理分析会。

在最后一次自我辩护时,帕克说:"力图解救人类的努力应受到鼓励,而不应招致死刑。"这个虔诚的教徒,最终还是扯掉了泰然自若的面纱。

法庭最后宣布,以叛国罪、间谍罪判乔治·帕克无期徒刑。

或许是考虑到他的这种诚挚的信仰,当时亲自布置审查的戴高乐将军,后来把他的刑期减为 20 年。7 年后,乔治·蓬皮杜总统又特赦了这个高等师范学校的毕业生。

（十三）谍船蒙难地中海

他说："你必须记住，在这次作战行动中，既没有犯错误的时候，也没有犯错误的余地。"这句话是想要含糊地表明，以色列部队知道"自由"号挂的是什么旗帜，并且也确切知道该船在沿海干什么。（这个人士）暗示说，至少在袭击开始前 6 小时，就查明了该船的身份，但是，以军总部不清楚有多少人可能看到"自由"号正在侦听的情报。他暗示说，这种情报的去向不能确定，也不能加以控制。他再次说明以色列部队在这次作战行动中并没有犯错误。他向我强调说，他们知道美国的"自由"号是一艘什么船，也知道在沿海干什么。

这是 1967 年 7 月 27 日，美国中央情报局的一份报告中的话。文中的"他"，是一位以色列军方高级官员。这是一位大概在以色列政府中工作的秘密人士向中央情报局提供的消息。

文中的"自由"号，就是本文中罹难的谍船。

东部夏季时间 5 月 23 日下午 8 点 20 分，五角大楼动用一种平时极少使用的最快的电报，发出了刚刚在 1 分钟以前由参谋长联席会议联合侦察中心签署的命令："自由"号立即驶往西班牙的罗塔，在那里补给待命。

这是一种非同寻常的动作。

这座白色的独特的五角形建筑物，为美国军方所拥有。五角大楼并不高，仅高 21.73 米，但建筑面积却有 31.4195 万平方米，是纽约帝国大厦的 3 倍。楼内共有楼梯 150 座，电梯 32 部，挂钟 4200 个，还有 7748 个窗及 10 多万盏灯，楼内的走廊加起来竟有 27 公里长，因而它拥有一项世界纪录——现今世界上最大的办公室。五角大楼的工作人员多达 2.9 万名，其中半数为军职，半数为文职。饮食店每天在这里出售的咖啡超过 3 万杯。大楼内设有国防部、总参谋部、导弹部队和北约司令部。它们各占有一层。陆军、海军、空军、海军陆战队、边防军 5 种武装力量，在大楼内则各占有一个区域。

"五角大楼这个军事中心的触角差不多伸向世界的每个角落。"有人这样评论说。

这并非妄言。事实上，"二战"期间，美国向日本广岛投放第一颗原子弹的命令就是从这里发出的。

此时，"自由"号已经在 4 天以前离开母港诺福克港的 4 号码头，正沿着西非海岸执行它的第 4 次任务。

其时是公元 1967 年。

就在五角大楼给"自由"号发布命令的前一天，埃及总统纳赛尔已命令联合国维持和平部队离开埃及和加沙地带，并且宣布封锁亚喀巴湾。与此同时，以色列也拒绝维和部队调到自己的境内。事实上，它自己的坦克部队正出现在西奈边境上。它还宣布，埃及对亚喀巴湾的封锁"是侵略以色列的行动"。

一场新的中东战争一触即发。

正如 5 月 19 日联合国秘书长吴丹在安理会上警告的那样："我不愿做大惊小

怪的人。但是我不能不警告安理会,在我看来,近东目前的形势比 1956 年秋季以来的任何时候都更为动荡,或者说隐藏着更大的危险。"

"自由"号忠实地执行着命令,以 17 节马力的全速向指定地点驶去。

"自由"号是美国第二代侦听船中仍在服役的最后两艘中的一艘,它是由"胜利"级船体改装而成的,船体长约 455 英尺,马力也大于先前下水的船只。

侦听船队是在 1960 年弗兰克·雷文接管新成立的 G 组时,为了弥补在非洲和南美侦听的"真空",而模仿苏联人建立起来的。这种船本身的性能并不先进,这只要从"改装而来"就可知道。事实上,它的第一代侦听船就是从已经封存的锈迹斑驳的船坞中拯救出来的。

雷文当时这样说:"我们想要得到的是一种低速民用船,这种船可以不慌不忙地沿海岸缓慢行驶,把时间消磨在海上,而又不致招人怀疑它是在故意磨蹭。"

这个秘密是公开的。美国人对非洲国家解释说,它的任务是监视苏联的导弹试验。这显然只是一个借口,因为它的"兴趣"远不止这些。

事实上,雷文领导的 G 组的视线早已盯上了中东这一被人们称作"火药桶"的"事故多发地带"。根据几个月以前制订的应急计划,雷文已经把在几内亚湾内零度经纬线相交的海域监听的"自由"号,尽可能地向北部署。果不其然,在华盛顿认为"自由"号到了该去地中海的时候,一声令下,它就以最小的转弯半径,火速赶往中东了。

与此同时,美国第一代侦听船"瓦文德斯号"在非洲东海岸的热带海洋中已巡逻了 4 年之久,它的船底附着了大量海洋生物,船速下降到只有 3—5 节。本来,它就慢得以至有人提出是否在它的船头上画上几朵浪花,好让人觉得它还在动,此时,更像是吃力地在爬行,因此需要返回诺福克港休整。于是,雷文命令它返航时从苏伊士运河通过,在缓缓驶过中东和地中海时绘制当地的无线电频谱图,然后在途中移交给"自由"号。

雷文坦率地说:"这样做危险太大。但是如果大肆宣扬它是一艘因船底锈蚀而返航的民用船。不是来捞什么油水的,那么,也许有可能掩人耳目。"

6 月 1 日,"自由"号驶进罗塔港,加了 38 万加仑燃料,补充了食物和其他物资。而阿拉伯语专家和"瓦文德斯号"关于中东无线电通信的全部重要情报——包括什么人在使用什么通信线路,以及电传打字、电报、电话、微波等等,已经先行到达在等待它了。

对于这次任务急需阿拉伯语言专家,雷文耸着肩膀认真地说:"老天爷作证,如果你会讲阿拉伯语,又在国家安全局工作,那你准得上飞机。"

就在雷文坐在办公室焦急地等待"自由"号什么时候抵达克里特岛的时候,国家安全局一名分析员急匆匆地赶来,用怀疑的口气问道:"看在上帝的面上,你告诉我,你知道'自由号'现在在哪?"

按照国家安全局最初的计划,"自由"号将在 6 月 1 日起程,驶向克里特岛的东端,并停留在那里。根据"瓦文德斯号"进行的一次侦听,他们研究认为,由于空中好像有一条"隧道",克里特岛沿海的某一位置对于侦听整个中东的无线电通信是非常理想的。雷文对这一研究成果极为满意。

"你可以在克里特岛上收看开罗的电视节目。"雷文说道,"如果你在基本上风平浪静的海上,信号传播的情况好极了。"

雷文此时认为,"自由"号当然是驶向克里特岛。他刚要回答,这位情报分析员就迫不及待地说道:"他们让它直朝海滩开去了!"

"他们",雷文知道,这是指海军。在国家安全局,工作人员都以这样的口吻表示对海军的不满。

原来,在国家安全局开始为它的侦听船队制订计划之后不久,海军也对这项活动产生了兴趣,于是很快就爆发了争夺船队归属的激烈局面。之后,在增添的第二代间谍船队上,开始由海军配备人员和指挥,船上的侦听活动由海军安全大队负责。这就意味着,海军可对自己选定的目标进行侦听,但是不得干扰国家安全局的工作。

"可是,"雷文不满地嘟哝道,"他们只会对外国海军的电信感兴趣。而我们,则是对整个国家目标和战略目标负责。外交和政治情报才是我们感兴趣的重点。"

他当时曾担心这种"一仆二主"的状况在遇到重大行动时将导致对某种国家利益的损害。所以,这次"自由"号远航中东,他日夜监视着它的航向。本来,"自由"号未能在罗塔按时起航,已让他稍感不安。经过询问,才知道船上的"老毛病"又犯了。

"老毛病"是指船上独特的通信系统。这个系统中有一架装在活动平台上的直径达 16 英尺的盘状天线,它能将 1 万瓦的微波信号发射到月球上的一个特定点,然后,再反射给设在马里兰州切尔滕汉接收站,或者海军的其他信号情报船。这是这个系统的优点:既能迅速传送情报,又不把船舶位置暴露给敌方测向设备,也不会受到外来信号干扰。缺点是很少能够正常工作。

一个是"靠天吃饭",只有当"自由"号和接收站都能清楚地看到月亮时,才能进行通信;一个是"娇宠的液压系统",由精密传感器和高级计算机驱动的液压系统装置,并不能保证庞大的盘状天线正常转动。一旦紫色的液体从下面的扩建卷里喷出来,天线就很难对准月球了。

这次的毛病又是出在液压系统。

经过一整夜的抢修,这个系统总算又可以工作了。次日。"自由"号通过直布罗陀海峡,全速驶向作业区。即便这样,在它 6 天的航程中,以色列已经对埃及、约旦和叙利亚发动了突然空袭,并将这些国家的空军歼灭在地面上。与此同时,它的坦克也在向西奈半岛腹地推进。为此,参谋长联席会议已不止一次地提出索要"自由"号的情报。

然而,"自由"号根据在到达罗塔时收到的绝密行动命令,它将不驶往克里特岛,而是驶往距埃及西奈半岛东海岸 13 海里处,在那里转向西南,并开始以 5 节的航速沿以塞得港为终点的 90 英里长的曲尺形海岸巡逻。然后,除非收到新的命令,它将沿原航线返回。

雷文接到报告,大吃一惊,他转身面对地中海海图,找到了"自由"号所在的位置。然后,他以严厉的口吻命令,上告参谋长联席会议,要求把"自由"号赶快调离那个危险的地方!

"这个时候,"雷文后来回忆说,"对我们国家安全局来说,让它靠得那么近,不会获得什么东西。它在那里所干的事情,在我们要它去的地方也能做到。它(在克里特岛海岸）可以完成国家需要它完成的所有任务。而且,它的安全将得到可靠保证。"

但是,海军显然对"自由"号又打起了"小算盘"。"有人想要侦听附近的某些战术计划或战术通信。"雷文讥讽道,"或者一些谁也不需要的毫无用处的东西……可是,我们需要侦听的是来自国家上层的情报。"

"船长,这是一批以色列战机!"担负瞭望的信号兵急忙把这一异常情况报告给了船长麦克戈纳格尔海军中校。船长也不明白,这天上午的大部分时间,"自由"号头项上为什么总有以色列侦察机在低空嗡嗡地飞来飞去。这种盒状的法国北方公司 2501 型"诺拉特拉斯"式运输机,通常是用于运送货物和部队的,然而这几架已改装成了信号情报侦察机,并且开了几个镜头孔,用于照相侦察。但这几批双尾翼飞机也只是在该船上空盘旋几圈后,便向特拉维夫方向飞去了,而这次来的却是以色列高空喷气式战斗机。麦克戈纳格尔不免又紧张了几分。

"这是为什么?"他隐约感到了某种威胁。但是根据命令,他自己不能随意撤出作业区。他已几次去过电台,但华盛顿总部没有新的指令。

其实,这是一场悲剧,至少是一次"事故"。

由于雷文的反对,海军勉强同意把船撤回来。东部夏季时间 6 月 8 日下午 6 时 30 分,参谋长联席会议联合侦察中心已经发出急电:命令"自由"号不得驶入距埃及 20 英里以内的海域和距以色列 15 英里以内的海域。为了慎重起见,1 小时 10 分钟后,联合侦察中心的一位官员又打电话给美国驻欧洲海军总司令部指挥中心的值班军官,指示该船不得驶入距海岸 100 海里以内的海域。华盛顿 21 时 10 分又用电报发出了一份书面命令,此时距"自由"号到达克里特岛还有 5 个半小时。

但奇怪的是,这些警告和命令都没有传到"自由"号上。国会的一个委员会后来把这次事故称为"国防部有史以来最不可思议的通信失灵事故之一"。的确,在这座迷宫一样的办公楼内装有巨型电脑及各种现代化通信设备,有电话 4.4 万部,由长达 257.5 公里的线路连接,220 名职员一天要接听 28 万次电话。因此,这样的"事故",的确让人难以置信。

就这样,"自由"号并没有在克里特岛停下,而是沿西奈海岸缓缓地向塞得港和苏伊士运河口驶去。

"呜……"麦克戈纳格尔中校毫不犹豫地又一次拉响了警报。"各就各位! 执行第二套预案!"他对着船上的广播大声发布着命令。

此时岸上的战争已经变成了单方的行动——几乎所有的抵抗都被以色列粉碎了。麦克戈纳格尔指着阿里什西面 20 英里的海岸上熊熊燃烧的大火和滚滚上升的浓烟,要求船员们睁大双眼,保持警惕。

当然,"自由"号不知道,以色列在这次战争计划中对下述细节是绝对需要保密的:以军深入阿拉伯领土有多远,以及它取得的军事胜利有多大。因为,根据推论,战争持续得越长,以色列夺占的领土就会越多。

"以色列拥有世界上最有效的情报机关之一——摩萨德。它不可能不知道'自由'号是一艘美国信号情报船。"事后有人这样分析。这就是说,它不能容忍"自由"号如此之近地窥视它的秘密——虽然"自由"号航行在公海。

事实上,以色列原定 6 月 8 日发起的最后行动——入侵叙利亚,就因为"自由"

号不合时宜地驶进了地中海,而使得以这次行动决定推迟了。而当"自由"号遭到毁灭性的攻击以后,不到 24 小时,以色列被推迟的入侵行动就开始了。

"可能是巧合。但是,也许并不都是巧合。"舆论这样认为。

的确,"自由"号上奇形怪状的天线——套管单极天线、抛物面天线、八木天线和对数周期天线,以及戴着圆鼓鼓耳机的侦听员。对以色列来说,比一船步兵的威胁还要大。因而,很快就要发生的残忍暗算的一种可能性就是:"自由"号正透过以色列人施放的烟幕,用磁带录下了一场力量悬殊的战争中暴露真相的无线电通话。

"自由"号船上时间 6 月 8 日下午 1 时 50 分,麦克戈纳格尔海军中校满意地使全船完成了战斗准备。他正要下令解除这次演习警报,这时瞭望哨兵又发出急报:右舷 5 英里处发现一架喷气式飞机在大约 5000 英尺上空同该船航向平行飞行。

麦克戈纳格尔一颗紧提的心终于没等到放到肚里去,就被一场海上灾难证实了。

这一次,飞机不再是看风景的观光客。而且,从云层深处晴空霹雳般地一下钻出来更多的喷气式战机。它们从船尾方向俯冲下来,然后又紧贴着桅杆拉起。机群过处,火红的炸弹掷在了"自由"号的船上和周围,震耳欲聋的爆炸声和爆炸掀起的小山似的狂浪摇撼着船身,橘黄色的火球和滚滚黑烟,就像刚才船员们看到的阿里什西海岸一样,严严地裹挟着"自由"号。

几秒钟后,以色列的"幻影"式和"神秘"式战斗轰炸机又折了回来。这次它们投下的是火箭和燃炸弹,船员们被炸得血肉横飞。如此,飞机几乎每隔 45 秒钟就往返穿梭船顶一次。以色列制造的炸弹是专用于击穿最厚的坦克装甲的,它们就像子弹打穿硬纸板那样击穿了"自由"号的钢板,把它们炸成了大大小小的锋利破片,把船员们杀死在船体深部的生活舱里。接着,更多的装有凝固汽油的银白色燃烧弹把这艘船只变成了一座焚尸炉。

"自由"号变成了海上地狱!

"自由"号上装备有 4 门 50 毫米的机关炮,此时既不能自卫,也构不成对敌机的火力威胁,只是摆摆样子而已——它所需要的,只是先进的侦听设备而不是战斗的武器。

空袭只有 3 分钟。"自由"号的甲板和舷梯上已经躺着 8 个牺牲者和 100 多名受伤者。麦克戈纳格尔的右腿也被弹片撕开了一条很宽的血口子。最糟的是,雷达和大部分无线电设备随着天线一起被炸飞了,电罗盘也遭到了破坏,挂在"自由"号上的美国星条旗也随着桅杆不见了。

麦克戈纳格尔指挥船员们用铁管和方格铁丝网制成临时担架运送伤员,旗手在打断的桅杆上又升起了一面 7 英尺宽、13 英尺长的巨幅节日船旗,负责防空工作的船员在呛人的浓烟和炙人的热浪中到处检查,其他船员则忙着修补被炸坏的舱壁和甲板——其中 800 多处弹孔大得能伸进一只拳头。

"千疮百孔的'自由号',就像一块灰色的瑞士奶酪。"事后,麦克戈纳格尔凄凉地描述说。

然而,灾难并未结束。空袭过后的几分钟,恐怖再次出现。3 艘以色列鱼雷快艇排成战斗队形急速冲向"自由"号,中间的快艇发出信号,但被仍在升腾的浓烟遮住了。即非如此，"自由"号的信号灯已被空袭摧毁，回答对方的信号无论如何是不可能了。

这时，鱼雷快艇上的20毫米和40毫米机关炮开火了。一枚穿甲弹穿过海图舱进入驾驶室，最后打在一名年轻舵手的脖子上，他当即身亡。紧接着，一颗鱼雷击中了"自由"号右舷前部，弹着点正好是信号情报设备舱，25名海军安全队的情报人员被炸成了碎块。

"准备弃船！""自由"号已经停止动弹，船身开始向右倾斜并在下沉，麦克戈纳格尔痛苦地下达了他的最后一道命令。这时，那几艘法国制造的63吨鱼雷快艇围着"自由"号转圈子，重火器已停止射击，但机枪手仍向船上的人影开火。"自由"号刚向海中扔出了最后3只救生橡皮艇，就被以色列军人无情地开火打漏了两只，而将另一只拖上了自己的鱼雷快艇。

"他们就像是接收一件报答他们残酷屠杀的古怪礼品。"劫后余生的"自由"号队员愤恨地控诉说。

几分钟后，这几艘航速42节的鱼雷快艇掉转船头，昂扬地向阿什杜德基地疾驶而去，撇下了孤苦伶仃的"自由"号任其缓慢地沉入水下坟墓。

倔犟的"自由"号不想就这么完蛋。在攻击进行得最激烈的时候，无线电报务员们将打坏的几部电台拼凑起来，向第6舰队发出"危急"呼救。电波顽强地穿过以色列的强烈干扰，达到了它的目的地。4架携带核武器的F-4"鬼怪"式喷气战斗机从航空母舰上弹射升空。但不一会儿它们又按照国防部长麦克纳马拉的命令返航，换上了常规炸弹和火箭发射架。飞行员被告知："必要时使用武力，包括实施摧毁。"

就在这相当费时的空儿，以色列电信分析人员已经轻而易举地发现了第6舰队突然增加的电信联络和频繁起降的战斗机。于是，换了一副面孔的以色列飞机和鱼雷快艇又返了回来。正当"自由"号临时建立起来的医务所一片恐慌、伤员纷纷拔掉静脉输液管争相逃生的时候，头顶上的飞机没有开火，204吨的"塔马斯"号鱼雷艇甚至打起灯语进行联络，可是谁也弄不清它发的信号是什么意思。

"你们需要援助吗？"以色列艇长用英语对着手提式扩音器喊道。

麦克戈纳格尔中校气得发抖："强盗！"他命令航信士官用灯语回答——在以色列人词汇手册中也查不到的字眼。

尽管"自由"号身上有一个40英尺宽的大洞，船体严重右倾并在下沉，大部分设备被打坏，33名船员死亡，活着的人三分之二受伤，但是，"自由"号却顽强地拖着沉重的身躯，竟奇迹般地死而复生，缓慢地驶向了比较安全的海域。

英雄的船长麦克戈纳格尔海军中校因为腿部受伤，就躺在驾驶室前左舷的一把椅子上，靠着北极星和船尾的航迹指示方向，指挥着他的"自由"号一寸一寸地逃离死亡。

漫漫长夜终于过去了。黎明时分，"自由"号和前来接应的美军驱逐舰"戴维斯"号、"梅西"号会合。很快，直升机将伤员送往陆地医院。但忠于职守的麦克戈纳格尔中校，却始终没有离开他的船只。

5个星期后，"自由"号在马耳他港进行临时修理之后，麦克戈纳格尔中校又把这艘船只开过大西洋，终于又回到了母港诺福克基地17号码头。

其时是 7 月 29 日。

（十四）"鼹鼠"传奇

波恩。乌比大街。

这是 1974 年 4 月 24 日一个静悄悄、人们尚在沉睡的凌晨。

两辆警车悄无声息地停在了 107 号的门前，警官敲开了那扇沉重的大门。

"纪尧姆先生吗？奉联邦法院的拘捕令，您被逮捕了。"

对于突如其来的逮捕，纪尧姆似乎早有思想准备，他以平静而又带有挑衅性的口吻说：

"是的，先生们，我是德意志民主共和国的人民军上尉军官，我提请你们尊重我的军衔。"

新闻界迅速做出了反应。

路透社波恩 4 月 25 日电：勃兰特总理最亲近的政治助手之一今天被捕，官方的一项声明指责他多年来为东德进行间谍活动。

德新社波恩 4 月 25 日电：西德政府发言人韦希马尔今天上午证实，纪尧姆已于星期三下午被捕。据未经证实的消息说，纪尧姆是一个间谍集团的一部分，这个集团由包括他的夫人在内的 6 个人组成。

几乎所有的人，都对一名间谍能够成为对方权力中心的最大"鼹鼠"感到惊讶不已——冷战时期，西方把苏联集团的间谍形象地称为"鼹鼠"。

同一天，东德。

统一社会党第一书记的讲话，通过电波传遍了这个国家的每一个角落，而且穿透了那堵用钢筋混凝土构筑的冰冷的高墙。这位第一书记公开地向那些从事东西方无形战争的人们表示衷心的敬意。他在讲话结束时语调庄严地说：

"敬礼！无形战线上的尖兵！"

外界普遍认为，这是东德大本营对纪尧姆事件的最高层反应。

两个星期以后的 5 月 7 日，心力交瘁的联邦德国总理维利·勃兰特在一片指责声中，向海涅曼总统正式提交了辞呈。几天以后，他就从辉煌的波恩回到了他崛起时的城市西柏林。一届内阁政府由此倒台了。

但观察家们还是把声名显赫的勃兰特同已经下台的英国首相希思、已故的法国总统蓬皮杜并列称为"西欧三大政治家"，尽管他的归宿是不光彩地栽在一个间谍的手里。

纪尧姆的全名叫京特·卡尔·海因茨·纪尧姆，1927 年 2 月 1 日出生于柏林市郊的一个小镇上。他是个独生子。父亲是个音乐家，母亲是名理发师。据后来他的一个不愿透露姓名的同学对西德《明镜》周刊记者说，纪尧姆从小就十分聪明，上学时他是班上成绩最好的学生，深得老师的赏识。

由于战争，纪尧姆 14 岁开始在照相馆当学徒挣钱糊口。1944 年 4 月 20 日，他 17 岁那年学着 10 年前投靠纳粹的父亲的样子，也加入了纳粹党。他的党证编号是 970880。

"今天也是伟大的元首希特勒 55 岁的生日。"他以此经常在朋友面前炫耀。

1944 年底,纪尧姆参加了陆军,直接投入了西部战争。1945 年 5 月,德国法西斯战败投降,纪尧姆成了英国人的俘虏。但他很快就逃脱了牢笼,回到了柏林的法国占领区,与他的朋友汉斯·迪特尔·扎莱因一起搞起了海底摄影。现在,还能从当时的报纸上找到他们的报道。

扎莱因事后说,纪尧姆虽然是个很会享受的人,尤其喜欢女人,但对他为什么去做间谍仍感到不可理解,尤其是做梦也想不到他居然能跻身于高层重要人物中间。事实上,这的确是一个谜。

1948 年,他以为已经战死的父亲突然回来了。纪尧姆于是搬到苏联占领区肖里尔大街与父亲同住。但很快,他的父亲因对生活绝望而跳楼自杀了。一年后,纪尧姆成为德—苏友好协会成员。此时,他的工作是在德国一家最大的出版社任摄影师。

一般认为,这就是他参加谍报工作的开始。位于诺尔大街 22 号的东德国家保安局对他的家庭背景、个人品质、性格特征、身世经历做了全面调查——当然,他肯定隐瞒了加入纳粹组织的经历。间谍机关大约觉得他是一个难得的间谍人选而吸收了他。

1950 年,他突然销声匿迹。实际上,他是被秘密送到苏联基辅接受严格正规的谍报训练。这段空白,恰好造成了日后两家人的怀疑。

在基辅,他学会了作为间谍传递情报的秘密方法,学会了无线电、显微照相等技巧。特别是他掌握了心理分析方法,也就是如何利用别人的弱点来施展自己的优势和本领,进而使自己获得成功。学成后,他又回到了东柏林。

也是在这一年,他奉命和同为间谍的机关职员克里斯蒂·博姆结了婚。

"接受这个妻子就像接受任务一样,来不得个人情感的自由发挥。"纪尧姆无奈但不乏幽默地说。

从这时开始,纪尧姆的采访任务多了起来,其中有一些很特殊的任务。比如让他把共产党的宣传材料定期送到西柏林的书社,再"采访"那里的书刊市场情况。这是他的上司有意安排的,目的是让他多接触西方世界——他们对纪尧姆另有用场。

1954 年底,纪尧姆被召到国家安全部。他被告知,他将去西德工作。他的任务很明确:设法打入当时还处于在野地位的社会民主党,尽量往上爬,笼络党员,并帮助该党在竞选中获胜。

事后,人们不得不对东德间谍机关这一具有战略性远见的计划刮目相看。首先他们居然以极长的时间忍耐克制,而换取最终的大丰收;其次,社会民主党果如所料,日后成为权倾一时的执政党。也正因为这样,一谈到成功的间谍范例,纪尧姆总是一定会被反复提到的。

有意思的是,派遣纪尧姆的东德的间谍机关负责人马库斯·沃尔夫,是出生在西德的斯图加特人;而此时西德的反间谍机关的负责人,又恰巧是出生于东德的莱比锡人。"只要这个世界上的人们还彼此有着敌意,人类的利益还要服从于各式政治原则的时候,秘密战争就不会消亡,某种阴差阳错也就不会成为奇闻逸事。"时事观察家们这样肯定地说。

领受了任务的纪尧姆开始了紧张的准备工作。他详细研究了西德一些党派的代表会议,特别是社会民主党的章程、主张等。为了涉足政界,他熟记了一些重要政治家的名字、他们的思想甚至他们的嗜好。他还以公务为由先到西德转了一圈,又实地观察了慕尼黑冶金工人罢工。

为了顺利进入西德,纪尧姆利用有荷兰国籍的岳母费拉·博姆作担保人向有关部门提出了入境申请。他自己则在申请信中称:"在那个布尔什维克国家里感到不自由,同时又很难掩饰自己的资产阶级思想。"

最终,他们被获准在西德的法兰克福居住下来。开始,纪尧姆办了一个照相复制和胶片复印所,后来,又到一家杂货店工作。他工作勤奋,为人又和善,显得很有教养,深得老板的好评。

一年以后,纪尧姆感到自己已经在社会上站稳了脚跟,就开始向政坛挺进。他们夫妇同时申请加入所在街道的社会民主党支部。在接受审查时,他们根本不提自己来自东德,从而顺利进入社会民主党内。纪尧姆一直注意藏锋掩芒,工作勤奋但并不过分,他在地方分部只做些日常杂务,或者向《社会民主党人报》提供照片。而他的妻子则比较活跃,先是毛遂自荐,当了法兰克福总部的一名速记打字员,后来,又当上了社会民主党南思森分部主任,以后又成了斯特拉斯堡欧洲议会议员维利·比克尔巴赫的私人助手。

"一个在老婆石榴裙下过着默默无闻生活的小资产阶级分子。"人们有时这样取笑纪尧姆。其实,纪尧姆不抛头露面,为的是待在家里按时收听广播里发给他的电报。而他妻子的工作,更使纪尧姆多了一条重要情报的来源渠道。

经过4年多的兢兢业业的工作,就在柏林墙建成后不久的1961年,他小试锋芒,当上了社会民主党北法兰克福分部副书记。3年后,他又当上了这个分部的书记。1966年,社会民主党开始时来运转,民众对它的信任度日益提高,纪尧姆开始策划帮助这个党竞选的计划了。但他所在的北法兰克福选区,现任财政部长流斯·马特赫费尔看不惯他,认为他思想狭隘、反动,小资产阶级气味十足。议员先生的成见对他不利,弄不好会前功尽弃。经过认真选择,他搬到了泥水匠出身的议员格奥尔格·勒伯尔所在的南法兰克福选区。很快,纪尧姆博得了勒伯尔的绝对信任,成为勒伯尔竞选活动的有力组织者。他不仅表现出色,而且精力旺盛,一个人能顶上5个人,他几乎跑遍了选区的每一条街。在他的卓有成效的鼓动下,选民倒向勒伯尔,勒伯尔大获全胜。

而纪尧姆的此番卖力,为他日后进入高层社会做了最厚实的铺垫。

随着社会民主党较温和的执政方针为民众所接受,已执政20年的右翼的基督教民主联盟,也越来越不受欢迎。精疲力竭的基督教民主联盟,开始有意识地把反对党人士结合进政府。来自西柏林的社会民主党领导人维利·勃兰特就是在这个时候出任联邦政府的外交部长的。勃兰特出色的政治家才华使他声誉日盛,社会民主党人战后第一次看到了夺取执政党地位的曙光。

1969年10月,社会民主党终于在大选中获胜,取得了执政党的地位。维利·勃兰特当上了政府总理,勒伯尔被任命为国防部长。

此时的纪尧姆,也跃跃欲试了。也就在这个时候,东德敦促纪尧姆跻身高层,挺进权力中心。

勒伯尔显然没有忘记为他竞选效过犬马之劳的纪尧姆。新的政府缺少社会民主党的官员,纪尧姆瞅准时机毛遂自荐,而勒伯尔也向勃兰特推荐说:"我一向器重他的直率和为自由、民主而工作的积极性。"

同进入总理府的所有官员一样,纪尧姆接受了严格的安全检查。结果,联邦德国安全部门对他提出了几个质疑,总理府人事处也提出他"没有任何大学文凭",他们都反对纪尧姆进入总理府。

但是,这些反对意见最终都被否定了。纪尧姆多年苦心塑造的脚踏实地、忠于职守的形象发挥了作用,何况还有受人尊敬的国防部长的热情推荐。于是,他终于迈进了寿堡宫总理府的大门。

1973年1月,社会民主党再次以压倒多数取得竞选胜利。这时,勃兰特要任命一位党务顾问。勒伯尔再一次力荐纪尧姆,而此时的纪尧姆又几乎是一个无以匹敌的人。于是,作为重点考察对象,他再一次被提交安全检查部门进行更高一级的安全审查。

事实上,安全部门这几年一直没有放弃他们对纪尧姆的疑点,他们这次更是明确地提出,完全有理由怀疑纪尧姆是一个非常危险的可疑分子。

但勒伯尔先生的观点是:无论可能还是可疑,但毕竟还不是事实。纪尧姆从入党到进入总理府,漫漫17年,与民主党风雨同舟。实践证明,他是一个出类拔萃的人才。

"我不以为这样的人是一个间谍。"勒伯尔下了结论。于是,反对他的人明智地闭上了嘴巴。

纪尧姆当初在勒伯尔身上下的功夫的确没有白费。

最后,勃兰特总理亲自出面,指名请纪尧姆先生出任他的私人政治助理。于是,一切障碍冰消瓦解了。

纪尧姆经过艰难地挺进,终于大踏步地靠近了他孜孜追求的政治权力中心。

此时,最为得意的另一个人也许要算是东德情报部门的负责人沃尔夫了,因为纪尧姆是他派往西德的几千名间谍中最为成功的顶尖人物。1993年,以叛国罪接受审讯的沃尔夫还说,纪尧姆和他的妻子克里斯蒂遵照我们的命令被派往西德,原计划,他们被安插在社会民主党内从事间谍活动。结果,他们工作勤奋,干得比我们预计的更为出色。

事实上,1966年,纪尧姆有幸10年来第一次随游览团去柏林作二日游,他以"看望亲戚"为由,前往东柏林去听上司面授机宜。而这次晤面,决定了纪尧姆日后的命运。也许谈话很重要,因而拖的时间过久引起了同伴们的疑惑。后来,纪尧姆神态自若地把"错误"推到了东德边防检查站的身上——他们对向西走的人的检查一向苛刻——这个解释当然令人信服。

而此时,纪尧姆已是一个不容怀疑的人物。他担任总理的私人助理之后,尽心尽职,形影不离地跟随在总理身旁,或长时间地等候在客厅里,以便随时接受总理的吩咐。

"每天,他是第一个向总理道早安的人,也是最后一个向总理道晚安的人。"他的过于殷勤的表现,连一些工作人员都觉得他阿谀逢迎得令人讨厌。但这时谁也扳不动他了。特别是总理对他的工作非常满意。

此时,纪尧姆已经可以通过他的努力,悄无声息地用东德方面的思想意志去影响西德的政治了;同时,他也可以"水涨船高"地直至把执政党的决策机密送向大本营。

"鼹鼠"终于攀升到了权力的高峰。

尽管纪尧姆很注意自己的言行举止,但"老虎也有打盹时",他还是免不了出现一些失误甚至破绽。

他在北法兰克福分部工作时,在一次会议上,曾提着一架价格昂贵的瑞典制造的"林霍夫"牌高级相机在会场上走来走去。显然,以他这样一个收入不高的党的小干部来说,这部相机在当时是过于奢侈了。所幸他有一个摄影师的身份掩护他,没有强烈地引人注意研究这种不协调意味着什么。

当纪尧姆在西德的儿子出生时,反间谍机关曾截获了一份发自东方的奇怪电报:"祝贺你有了第二代人";后来,他们又截获到一封给缩写为"J"的人的生日贺电。虽然不能肯定这就是东德间谍与纪尧姆接头的标志,但至少他们开始怀疑他了。

事实上,在纪尧姆进入政界的十几年中,至少有3起间谍案都提到了纪尧姆的名字。

1957年,充当间谍的女秘书英格博格·西贝尔格被捕,她是在纪尧姆的帮助下安排工作的。这个女人紧紧咬住他不放,举出一些事实证明纪尧姆已经成为他们的同伙。但纪尧姆坦然自若地反驳了那个女人编造的谎言,他只承认与这个女人"有一点友谊",接着,他提请法庭注意,他说:"按照一般常识,'铁幕'那边的间谍是不会轻易出卖自己的'同志'的,而这个女人的反常,证明是对我的诬陷。"结果,法庭推翻了对纪尧姆的指控。

1972年初,工会活动分子格罗瑙和他的东方接头人在传递情报时一同被抓获,在他的记事本里有纪尧姆的名字。

1972年2月,以记者身份做掩护的间谍格斯多夫被捕时,他自称是纪尧姆的朋友。

随着疑点增多,安全局把他列入了审查对象。宪法保卫局局长京特·诺劳向内务部长根舍做了汇报。根舍又婉转地告诉勃兰特总理。但毕竟指控"含糊不清",证据不足,以致没能引起总理的注意。在此期间,纪尧姆甚至还陪同总理及夫人到挪威度假,并负责宿营地同波恩之间的通信联系,导致了纪尧姆接触了大量北约的绝密文件,其中有美国总统尼克松给勃兰特的信件。

从挪威回来后,安全局加紧了对纪尧姆的监视。但纪尧姆很快就觉察了。1974年3月,纪尧姆突然决定去法国南方度假,安全局以为他要逃跑,连忙请求法国反间谍机构帮忙,于是形成了美国中央情报局、法国本土警戒局、西德联邦情报局近百人共同对付纪尧姆一人的滑稽场面。但纪尧姆大概以为还没到最紧要关头,所以像什么也没发生似的,驾驶着他的"奥佩尔"轿车又回到了波恩。

这回轮到有关当局紧张了,他们再不敢拖延下去了。令他们万幸的是,纪尧姆的主动招认,省却了他们许多麻烦。事后诺劳局长心有余悸地承认,如果纪尧姆矢口否认,而又拿不出足够的证据,那他的饭碗就保不住了。

结果,当局在纪尧姆的住处发现了东方发来的密码电报。仅从1956年6月21

日到 1959 年 1 月 17 日,他就收到 90 份密码电报。从他的住处搜到的一种特殊胶卷,证明他至少拍了 900 份文件送到了东方。还有一套显微照相设备,它可以把文件缩成一个小点,隐藏在邮票背面邮寄到东方。这些文件涉及的面相当广,有军事的、经济的,有领导人之间的信件和党内的重要指示,有谈判桌上的方针,也有总理本人的健康情况,甚至总理的私生活……

勃兰特政府在经过了一番苍白无力的辩解之后,终于不能平息民众对政府的不满。富有幽默感的德国人还编出了政治笑话:有人问谁是勃兰特最好的继承人。回答是纪尧姆,因为他最"了解"总理的工作。这位以魄力著称的领导人,其闪闪发光的政治盔甲终于显得破烂不堪和失去光泽了。支撑不住的勃兰特终于决定打道回府。

1975 年 12 月 15 日。波恩。联邦德国法院。

法官威廉缓缓地站了起来。他先用那双威严像箭矢一样的双眼扫射了一下座无虚席的大厅,顿时,嘈杂的大厅平静了,连最不安分的记者也老老实实停下了脚步。

"现在,我宣布法庭最后判决。"威廉洪亮的声音在大厅震荡。

"被告纪尧姆犯有间谍罪,窃取重要机密罪,处有期徒刑 13 年。"

"被告克里斯蒂犯有间谍罪,处有期徒刑 8 年。"

纪尧姆夫妇没有为自己发表辩护。一切都是白费,他们心里明白。

1981 年 3 月,纪尧姆的妻子克里斯蒂首先获释放,纪尧姆当年秋天也被释放。

10 月 1 日这天,他被民主德国用被关押的 30 名西方间谍换回了他。回到民主德国后,据说,他受到了嘉奖和晋级。

1986 年,纪尧姆和一位记者合作,出版了名为《证言》的回忆录,向公众述说了他那一段鲜为人知的传奇经历。这本书 1988 年在西方出版,也引起了西方读者的很大反响。

这以后,由于柏林墙的推倒和东西德国的统一,纪尧姆因为他当年的上司又在法庭上露过一次面。

1997 年,74 岁的马库斯·沃尔夫回忆说,1989 年 11 月 9 日的晚上,当所有电视台都在播放柏林墙被推倒的镜头时,他清楚地知道,自己为之奋斗的事业垮了,他将会被逮捕受审。为此,在 1990 年 9 月 28 日,就是东西德国统一前 6 天,他和妻子安德莉取道奥地利,转入莫斯科避难。当克格勃发起的政变宣告失败的时候,他最后的依赖失去了。于是,他重新回到了德国。

1993 年 5 月 4 日,沃尔夫以叛国罪接受审讯。在法庭上,他又看到了许多熟悉的面孔,许多过去的间谍和"鼹鼠",其中意想不到的证人竟是纪尧姆!

"没有人认识他就是赫赫有名的、当年西德勃兰特总理的心腹顾问纪尧姆。"沃尔夫说,纪尧姆坐了 7 年牢,又得了心脏病,牢狱之灾和缠身病魔已经完全改变了他的外表。事实上,他并不宜到法庭这样对心脏刺激强烈的地方。但是他被告知,如果拒绝出庭作证,他将要接受第二次审讯。

"纪尧姆出庭作证,完全是被迫的。"此时的沃尔夫,颇有点同病相怜了。

当法官问纪尧姆对长时间欺骗勃兰特有何想法时,他回答说:

"我一生只尊重两个人,并全心全意为他们工作,一个是沃尔夫,另一个是勃

兰特。"

纪尧姆的回答是真诚的。人们发现此时的沃尔夫眼眶盈满了热泪。

事实上，1974年5月，被迫辞职回到西柏林的勃兰特，面对1000多人经久不息的欢呼，这位诺贝尔奖奖金获得者向他们说："我不是泥塑圣人，我从未声称我没有人类弱点。"就纪尧姆对他的忠诚而言，的确是无可挑剔的。

1995年，具有传奇色彩的"鼹鼠"纪尧姆凄凉地告别了他曾经冒险过的土地。

"纪尧姆的妻子和儿子，都没有参加他的葬礼。"他还活着的上司以同样凄凉的笔调写道。

现在，这位原东德安全部外国情报局局长已经发表了他的回忆录，当年因为保密的需要，他的照片从未在西方报刊上露过面，人们因之称他为"无脸人"。这位从事情报工作近30年的"间谍王"，在说到他一生从事的情报生涯时，以夹杂着一种十分复杂的情感写道：

"情报工作是荣誉、悲痛和平庸的大杂烩。"

或许，这也正是他当年最得力的干将，而到晚年又是如此凄凉的纪尧姆的写照……

世界经典文库

演绎军事传奇 再现战事风云

世界军事百科

王佳乐⊙主编

线装书局

（十五）"狐蝠"的威力

1976 年,苏联一架当时的最新型战斗机米格-25（绰号"狐蝠"）神秘地飞离苏联领空,借道日本,西飞美国,在苏、美、日三国乃至全世界掀起轩然大波。

是谁如此大胆,把克里姆林宫的最高机密泄露给与其同时争霸世界的美国和老对手日本,"狐蝠"的真正威力如何? 时至今日,在大洋彼岸定居的"狐蝠"飞行员别连科道出了这个神秘事件的前因后果,尽管时过境迁,但其惊心动魄的经历,依然令人们耳目一新。

狐蝠战斗机

1967 年 7 月 17 日,苏联莫斯科机场,天高云淡,彩旗飞舞,布置豪华的观礼台上,端坐着一排苏联党政军最高决策者。位于正中的勃列日涅夫不时摆弄着桌上的望远镜,遥望着起飞线上一架即将翱翔的飞机。

这是一次称得上绝密的航空展览会。机场周围 10 公里内全线戒严,没有空军统一颁发的特别通行证,任何车辆都不得入内。每个交叉路口,几乎都有便衣克格勃监视。与会者均是苏联部长以上级干部。展出一架飞机,何以搞得如此神秘。倒不是苏联人胆小,实在是这几年与美国人的军备竞赛太激烈了。每每一件新装备问世,用不了多久,美国人就截获了秘密。这一回,苏联人变得小心谨慎了。

展出的是一架苏联研制成功的最新型歼击战斗机,代号米格-25,大概双翼有点像蝙蝠的翅膀,空中截击时又具有狐狸的敏捷和狡猾,所以,苏联飞行员称其为"狐蝠"。此刻,体重 22 吨的"狐蝠"静静地卧伏在起飞线上,双垂尾,双发动机,一个长似火箭的机首,外加结实短小的后掠机翼,外形恰似一只凶猛的秃雕。

塔台上升起了绿色的放飞旗,观礼台上的目光一齐射向起飞线上的"狐蝠"。突然,"狐蝠"咆哮了。旋即它轻快地滑上跑道,一昂头,直插云霄。

也许,为了让观展的领导人更好地领略"狐蝠"的威力,地面指挥员与空中飞行员的通话,通过观礼台上的喇叭,向参观者直播。

"狐蝠 1 号,请报告时速。"指挥员喊话。

"1 号明白,现在时速 2979.8 公里。已到极限!"飞行员报告。

哇,时速达 2979.8 公里。勃列日涅夫的眼睛亮了,他一改平时那种严峻的面容,微笑着在为消失在视野尽头的飞机鼓掌。

"爬高,继续爬高!"指挥员的口令十分清晰。

"1 号爬高飞机已升至 36239 米!"狐蝠飞行员报告。

苏空军司令员在勃列日涅夫耳边提示:这是目前世界上飞得最高的飞机。

"如果拿它与美国的 F-4 鬼怪式飞机较量怎么样?"勃氏最关心的是飞机的实战性能。

"那当然'狐蝠'厉害得多。F-4即使装备优良的导弹,也无法截击狐蝠!"空军司令员似乎胸有成竹。

勃列日涅夫又一次笑了。"马上投产,尽快装备部队。"勃氏对坐在一旁的柯西金耳语。柯西金点点头。

很快,米格-25投入生产。一架架新"狐蝠"陆续装备部队。

美国人在侦察卫星的照片上发现了"狐蝠",但对它的性能和操作却一点也不知道。中央情报局费了九牛二虎之力,却怎么也弄不到"狐蝠"的一点材料。

的确,"狐蝠"飞机是苏联武库中最可怕而又防范最严密的武器之一,在官方文件中仅用产品第84号来表示,一般的苏联空军人员也不知道这种飞机究竟是怎么一回事。

越是保密程度高,美国人越是想得到它。美国人将"狐蝠"称为"当今世界上最好的歼击机,是可怕的潜在力量,是苏联取得空中优势的法宝。影响着美国的空中战略。"

美国人费尽心机没有弄到的秘密,却在一个偶然的机会中,没费吹灰之力竟然如愿以偿了。

1976年9月6日,苏联远东海参崴东北约200公里的丘古耶夫卡的萨哈罗夫空军基地,苏联空军防空师513团正在组织飞行训练。

起飞线上,别连科飞行中尉登上一架褐黑色的战机。在机械师的协助下,他钻进机舱,熟练地操纵着一排排仪器,荧光显示屏上,不时跳出一组组数据。

一切正常!别连科在放飞单上签上了自己的名字。

"068请求起飞!"别连科在无线电里报告。

"可以起飞!"塔台指挥员发出命令。

中午12时30分,随着一阵炸雷般的轰鸣,"狐蝠"跃上万仞云间。翼下,一排排整齐的营房,还有熟悉的操场、健身房和那幢造型别致的飞行员灶。即便生活最艰苦的时候,普通人连黑面包都不能保证的时候,在飞行员灶,小伙子照样可以吃到白面包、香肠、牛肉等旁人连想也不敢想的东西。而此刻,别连科的心情却是复杂的。让"狐蝠"飞离苏联或重回基地,他必须在不长的时间内做出抉择。平心而论,他并不憎恨他的祖国,十月革命的故乡,曾诞生过列宁、斯大林等伟人。但他实在不喜欢他的家庭。他的妻子柳德米拉花钱大手大脚,时常出入于高级宾馆和影剧院,穿高级时装,吃山珍海味,这对一个普通家庭来说是难以承担的,尽管别连科薪金不低,但也经不起柳德米拉的折腾。不仅如此,他和她的兴趣爱好也截然不同。别连科爱好的体育、文学及他的飞行职业,柳德米拉毫无兴趣。但鬼使神差般地他俩走到了一起。然而生活又迫使别连科向家庭告别。

突然,机舱里响起了一个女人的声响:"068注意,燃料已降到危险点!"已经关掉与地面联络信号的别连科吓了一跳。注意一听,才知道是飞机上安装的录音带。

时针指向12点40分。座舱高度表指示6000米。

已没有时间犹豫了。别连科猛地推杆,"狐蝠"像老鹰扑食般飞速俯冲,直至离地面35米的高度才改平。

"狐蝠"突然从苏联监控雷达的荧光屏上消失。"068丢失!068丢失!"测报员报告。

"068，听到请回答！068，听到请回答！"塔台指挥员拼命呼唤。

没有听到任何预警，天空湛蓝湛蓝的，指挥官似乎有一种不祥的预感。他当然知道"狐蝠"的分量。如果意外失事，倒也罢了。但如果……

"狐蝠"失去联络的信息传到苏军最高决策层，"马上拦截！"几乎没有任何考虑，最高决策者就发出命令。

很快，4架执行拦截任务的米格跃上云天。

中午1点10分，别连科已在日本海上空。日本雷达发现了这位空中"不速之客"。北海道千岁空军基地的指挥官下令鬼怪式飞机起飞拦截。

也许是别连科的运气。恰恰在苏联和日本飞机同时升空拦截时，气候发生了变化，厚厚的云层不仅干扰了雷达，也使拦截飞机无法发现目标。

500米的空中，别连科好不容易穿出云层。他已清晰地看到了机翼下绵绵的海岸线。可他不知道，苏军和日本的飞机就在他的上空搜索。

1点40分，油警信号灯亮了。经验告诉他，飞机顶多只能再飞6分钟，否则就得跳伞。可他不想选择后者，因为他清楚地知道，对日本或美国而言，自身的价值远远不及手中这架神秘的"狐蝠"。

管它呢，事到如今，一切听天由命。别连科一咬牙，机头一沉，向着薄雾笼罩着的日本北海道呼啸而下。

500、400、300……高度表指针在急速回旋。

啊，机场跑道。别连科眼睛突然亮了。他看见了一座民用机场，有两架日本客机停在停机坪，有一架飞机正在起飞。

刚刚对准跑道，坡度很大。可别连科顾不得了。他明白，一旦空中熄火，笨重的"狐蝠"会像秤砣似的直线下坠，连跳伞的机会也会失去。只有孤注一掷了。

别连科双目圆睁，紧紧盯着机翼下这块陌生的土地。

打开着陆阻力伞，踏住刹车。眼前一片葱绿。别连科一惊，他担心飞机落不到跑道上，而掉在坎坷不平的原野上坠毁。说时迟，那时快，他轻轻一拉杆，机头稍稍一抬。"狐蝠"充分显示了它优越的性能。

几乎就在这一瞬间，飞机落到了跑道上。"嘎吱"，机轮卡在跑道上，发出一阵刺耳的摩擦声。然而，刹车却没有达到预期的效果。飞机带着黄褐色的灰尘，发疯似的冲出跑道，一连撞倒两根电线杆，前轮爆破，才斜倒在草地上……

9月日本，正是一年中最好的旅游季节。函馆机场，不同肤色不同语言的各国宾客熙熙攘攘，他们有的扛着摄像机，有的挎着照相机，一辆辆小汽车流水般地淌过马路。

"狐蝠"从天而降，吸引了人们的视线，首先是几名外国记者，苏联飞机上的镰刀斧头图案使他们意识到，这是一架共产党国家的军用飞机。他们马上连蹦带跳地往"狐蝠"奔过去。还有一些游客，也拿着照相机往前挤。

函馆机场顿时开了锅。

一看这阵势，别连科急了。他知道这架飞机的价值。如果让别的什么人随随便便把照片拍走，那等于是掉了自己的价。"不许拍照！不许拍照！"他用俄语呼喊着。可没有人理睬他。许多人把镜头对准他，对准飞机，一个劲地按快门。"砰！"急红了眼的别连科掏出手枪，朝天扣动扳机。

见飞行员动真格的了，许多人被吓住了。因为距离太近了，近得别连科想收拾谁就收拾谁。他们实在不知道眼前这名黄头发的苏联飞行员下一步把枪口对准谁。

黑洞洞的枪口下，拍照的人大多把胶卷抽了出来，有的随手扔在地上，还把相机后背打开让别连科过目。

"吱——"，几辆挂军事牌号的伏尔加轿车停了下来。几名荷枪实弹的军人跳下来，游客马上被驱散了。

别连科被请上了汽车。车上，一个会俄语的日本外务省官员询问别连科："你是苏联飞行员吧!""是的，我是苏军中尉飞行员别连科。"他自报门户。"是迷失方向吗?"日本人问。"不，我是有意飞到这儿的。请把飞机隐藏起来，马上派守卫。弄不好，我国的克格勃会动手的。"别连科直言不讳。

不知出于什么原因，日本人请他把所说的话写下来，签上自己的名字。别连科照办了。

汽车在一所军营内停下。似乎是一个军官疗养院。四周树木葱郁，宫殿般的大门前，两个椭圆形喷水池正喷出环状宫灯水花，两棵种在大花缸里的铁树叶子绿得油光油光的。只不过门口多了两个持枪的警卫。

9月7日黄昏，保镖人员把别连科领进厨房，似乎是去用餐。可他并没有被领进餐厅，而是七拐八弯地穿到了一个小胡同内，有一辆公爵王轿车正等候在那里。小车把他送到一个园林式的公园内，绿茵茵的草坪上，一架直升机已经发动。一小时后，别连科被秘密送到千岁空军基地。在千岁基地，他又搭上了另一架军用飞机。别连科被送到了东京。

在东京，别连科明确表态：他要求到美国政治避难。仅仅两小时后，他被通知，美国总统已经批准了别连科去美国政治避难的要求。各项手续正在办理，不日将飞赴太平洋西岸。

"狐蝠"失踪的消息传到莫斯科。军事当局不敢怠慢，马上报告苏共中央委员会。勃列日涅夫闻讯后立即拉长了脸。钦定外交部火速采取措施，最大限度地减少损失。尤其是米格-25飞机，不能让美国人得手。

当天下午，日本新闻媒介就报道了别连科同"狐蝠"降落函馆机场的消息。

几乎在同一时间，苏联驻东京大使馆就发表声明：苏联一架军用飞机因飞行员迷失航向，迫降在日本机场。苏联为保护它的军事秘密有着不容侵犯的权利，日本方面必须禁止一切人员参观米格-25，并把飞机和飞行员无条件地立即归还苏联。

日本方面没有理睬苏联的强硬要求。事实上，此时日本也已无能为力了。因为美国人已经插手，日本毕竟还不愿意得罪它的贸易伙伴。

很快，苏联人把强硬态度变成行动。

9月7日，苏联空军的战斗机接二连三地轮番起飞，在日本海附近上空游弋。日本飞机不得不一次次起飞拦截。

海面上，成群结队的苏联舰艇开始拦截日本渔船。几艘日本渔船不堪忍受苏联人的欺侮，反抗的结果是渔船被扣押，船员被抓走……

苏日两国矛盾迅速激化。日本内阁不得不召开会议，研究妥善处理"狐蝠"的办法。研究结果是把皮球踢给美国人，以减轻日本的压力。

9月8日上午，一辆持着苏联塔斯社驻东京代表团招牌的小车开到"狐蝠"栖身的机场。一名西装革履，自称团长的中年人掏出证件，要求去验证一下误落日本机场的飞机。当然，他被客气地挡在警戒区域外。

日本人知道苏联克格勃的无孔不入和残酷手段。不得不加大护卫飞机的兵力，并对别连科进行特级保卫。

日本政府通过新闻媒介，有限制地公布出别连科在日本的有关情况，委婉地说出了别连科要求赴西方某国政治避难的要求。

9月8日，白宫发表声明，对别连科的行动大加赞赏，对日本政府为别连科提供方便表示欣慰，并宣布别连科是美国所欢迎的人。

苏联人被惊住了。看来，别连科十有八九要去美国。如果这样，米格—25的秘密将不复存在，苏联人经过千辛万苦，研究成功的尖端飞机将毁于一旦。

苏、美、日三国就别连科驾"狐蝠"出逃一事展开了错综复杂的斗争。军事的、政治的、外交的，甚至不惜动用特工人员，刺探各种可能获得的情报。当然，这一切，别连科是全然不知的，他作为一个出逃的飞行员。没有也不可能完全理解这件事对苏、美、日三国起了多大的影响。他唯一担心的是日本人顶不住苏联的压力，把他及其"狐蝠"交还苏联，那自己就惨了，他简直不敢想象送回去后将是一个什么样的下场。

别连科的忐忑不安，陪同他的日本外务省的官员全看在眼里，尽管他们曾向他做过送往美国，不交还苏联的担保。但夜长梦多，万一日本屈服于苏联，前头的担保岂不等于一纸空文。

这天上午，日本外务省的一名年轻官员告诉别连科，今天，苏联的一名外交官员要求看望。如果你说你是自愿要求到美国政治避难的，我们就好办了。否则，我们也爱莫能助。

此时的别连科，还能说什么呢？如果拒绝，日本人在外交上就不好推托了。那么，苏联报纸上刊登的"别连科中尉迷航""被人迫降日本""关在监狱中"、"给他吃麻醉药"等也就从另一方面得到证实。

下午3点，一名苏联克格勃官员披着霏霏细雨，出现在别连科的住所。他瞄了一眼别连科住所的彩电和高级地毯，眼睛里流露出一种复杂的情感，不过，这只是一瞬间，他马上恢复了先前的神态。并先入为主地开始了他预先准备好的台词："别连科同志，祖国政府和人民都十分关心你，知道你不慎迷航，又被人家用飞机挟持迫降。飞机落在日本，不是你的过错。即使真的有什么过错，党和政府都不会追究你的责任。只要你愿意回到祖国怀抱去。"见别连科反应冷淡，克格勃官员马上拿出别连科儿子和妻子及父母的照片，换了一种口吻说："你的出走，使你的家人非常挂念，你的妻子终日在悲伤之中，你的儿子也因见不到爸爸而哭泣……"克格勃官员眼角竟然挤出了两滴泪珠。

此刻的别连科反而冷静了。乘对方掏出手帕擦眼睛的空隙，别连科对克格勃官员说："我是自愿飞到日本来的，也是自愿要求到美国政治避难的，请你不必再枉费口舌了。"

"叛徒！"克格勃终于露出了本来的嘴脸。"你知道叛徒的下场吗？还有你的家人、你的儿子要为你背一辈子黑锅。你等着瞧吧！"克格勃官员一甩手，气呼呼地走了。

9月9日晚,东京下着毛毛细雨,闪烁的霓虹灯在雨雾中显得更加迷人。8时20分,三辆黑色的轿车疾驰在通往机场的公路上。中间一辆车的后座上,坐着身穿便装的别连科。今晚,他将被秘密送往太平洋彼岸。

8时50分,一架波音-747客机飞离日本。机舱里,别连科旁边和周围,几乎全部是美国中央情报局的官员。尽管路线和日期是绝对秘密的。但克格勃的冷酷和无孔不入仍使他们处于高度紧张状态。七八名保镖如临大敌般地护卫着这位人高马大的"狐蝠"飞行员。

别连科西飞美国,苏联人伤透了心。但飞机还在日本。苏联政府丝毫没有减轻对日本的压力。其实,无论是苏联,还是日本和美国,它们斗争的焦点无非是米格-25的秘密。别连科只不过是一个飞行员,关键是西方人并不了解"狐蝠",他们都千方百计要得到"狐蝠";如此多情也就不足为奇了。

关注"狐蝠"事件的人们清楚地记得,当别连科驾机在函馆机场降落仅仅半小时,法新社记者就向全世界发出了第一条电讯:一架苏制米格-25飞机,俗称"狐蝠",今天中午突然落在日本函馆机场。飞行员跳出飞机,用手枪向围上来的人们开枪。估计是飞机由于迷失方向或机械故障而被迫降陆。

两小时后,日本通讯社则报道说:别连科是有意降落日本,并要求到西方某国避难。

然而,苏联塔斯社则声称:爱国主义的英雄别连科在一次飞行训练中,迷失航向,燃料用尽,被迫降日本机场。面对敌人的袭击,别连科中尉英勇抗击,不幸被俘。

9月20日,苏联外交部在莫斯科举行记者招待会,别连科的妻子柳德米拉作了淋漓尽致的表演。她只字未提那段破裂了的婚姻,而是在摄像机面前泪流满面地宣读了给亲爱的丈夫别连科的信。还有别连科的母亲,也被人从高加索的一个小村庄弄到了莫斯科亮相。

与此同时,苏联外长葛罗米柯飞抵纽约,他在会晤基辛格时,一再阐明,勃列日涅夫对此事十分关注,是否归还别连科,对苏美关系有着极微妙的关系。

一星期后,在联合国驻地,葛罗米柯又会见了日本新任外相,要求马上归还"狐蝠",措辞相当激烈。然而,日本人却推托说:由于整个事件尚在调查之中,所以飞机必须保留在日本作为证据。末了,这位新外相话锋一转,对葛罗米柯说:外长的抗议听了好几回,但我国政府至今未收到苏联关于飞机粗暴侵入日本领空的道歉。

"这……"葛罗米柯一时语塞。

正当苏、美、日三国政界在为"狐蝠"西飞闹得沸沸扬扬之时,美国和日本的科技界却没有闲着,米格-25的秘密在吸引着大家。如何处置"狐蝠",日本和美国之间也有着分歧。美国人想把飞机弄到美国去,先行搞清它的性能和结构。然后把资料送给日本。东京则不同意。既然飞机已在日本,何苦再冒风险把它弄到大洋彼岸去呢?不如留在日本,两国共同拆装这架飞机。

美国人让步了,日本人高兴了。

据别连科告知,"狐蝠"上装有自毁装置。但安装位置却不知道。日本和美国的科研人员小心翼翼地检查着。可能隐藏杀机的雷达、火控、计算机、自动驾驶仪等。突然,火控系统的仪表下冒出一丝青烟,"不好!"工作人员赶紧撤离,大家匍匐在离飞机老远的地方,却不见飞机爆炸。老半天,大家又轻轻爬进机舱,方知是虚惊一场。原来是火控系统的一块电池短路引发的。

检测持续了两天两夜,那枚足以毁掉这架飞机的炸弹也被查了出来。隐患既除,大家动手也就大胆了。很快,专家们把"狐蝠"肢解了。机身和各种零部件被装进了一架巨大的运输机。

巨大的运输机在一个深夜,悄悄飞抵东京以北 100 余公里的百里空军基地。"狐蝠"被彻底分解了,检测结果却使美日专家们震惊。

美国《新闻周刊》刊登的一篇报道评价"狐蝠"说:分解开这架飞机,机身和机翼上竟然有褐色的锈斑。原来,米格飞机不是用美国人造拦截战斗机所用的那种重量轻的高强度钛合金制造的。一个日本专家出于好奇,拿一块磁铁往飞机上一放,"咔嚓"一声就吸住了。原来"狐蝠"的蒙皮用的是过时的钢板。焊接和铆接也不整齐。看来,这架飞机作小半径盘旋时是难以操纵的;在最高速度下,机翼下面挂的导弹有可能自行脱落。

美国国会议员罗伯特卡尔到现场实地考察后,发表了作为专家兼议员的颇有见地的评介:"狐蝠"仅相当于我们 15 年前的 F-4"鬼怪"式飞机。它远远落后于我们新一代的战斗机 F-15 或 F-16。无论是在爬升率、加速度、急转弯、远距离发现目标和躲避敌方攻击的能力方面,"狐蝠"与我们的新式战斗机相比,简直是一个在天上,一个在地下。

那么,"狐蝠"到底怎么样呢?它在未来空战中的地位如何?经过反复检查验证,美日飞行专家联名签发了一份备忘录,对"狐蝠"作了实事求是的评价。

"狐蝠"飞机没有美国原先设想的那样可怕,但仍不失为一种优秀的战斗机。它飞得高、飞得快,有效载荷优于同类飞机。但过去,西方对米格-25 的性能、目的、威慑力量及含义等方面都有严重的误解。

倒不是美国人胡乱猜测,而是美国的侦察卫星探测到米格-25 在以色列上空25000 米高度上,创造了马赫数 3.2 的速度,令美国人大吃一惊,苏联人是怎么造出这种飞机的?因为问号没有被拉直,美国人片面认定了那次飞行反映了米格-25的实际性能。事实上,这种飞机速度超过马赫数 2.8 就有可能发生事故了。因为那架马赫数达到 3.2 的米格-25 飞机降落后就发现发动机已被彻底毁坏。只不过美国人那个时候没有掌握这个情报。别连科的供词消除了美国人的疑虑。

在美国和日本专家的解剖下,"狐蝠"的秘密暴露无遗。它的缺点与它的优点同样明显。《备忘录》中有这样几段文字:

——"狐蝠"飞机有极强的高速爬高性能,可以在一两分钟内飞到 24000 米的高度,但只能带两枚导弹和一半燃料。如果带四枚导弹,最大升限就只有 21000米。它所带的导弹,也是一种较简单的老式导弹,在 27000 米以上米格-25 并不具有拦截美国先进的高空高速侦察机 SR-71 的能力。

——"狐蝠"有很好的抗干扰能力,尤其在中高空,一般的电子干扰对它不起作用。但是在 500 米以下,由于地面回波干扰,机载雷达不能分辨目标,所以在 500米以下,它不具备拦截功能。而且,它在油箱装满油的时候,机翼重量很大,如果飞机的转弯过载超过 2.2,机翼就可能会折断。幸运的是,苏联当时拥有推力强大的图曼斯基发动机。它是大而壮实的钢质发动机,耗油量惊人。但在高空它还是风头十足的。以这样的重量和这样的燃油消耗量,"狐蝠"只能像火箭一样以极大的速度冲向目标,迅速发射导弹,然后马上返回。

——"狐蝠"也有它的独到之处。俄国人聪明地设计了新的电子管,当飞机从地面迅速升到高空时,它们能适应从高温到超低温的急剧变化。可以说,他们在没有花费多少研究资金,便把旧技术发展到了一个新水平。机载雷达功率极其强大,能够把对方轰炸机的干扰信号给"吃掉"。这架飞机的脉冲波极其厉害,能够杀死900米以外的小动物。

秘密一旦被揭穿,就不成其为秘密,或者叫作昨天的秘密。在美国和日本人心目中,曾经显赫一时的"狐蝠"也成了昨日秘密。于是,苏联人的抗议和喊叫有了回音。11月12日,美国和日本同意了苏联的请求,归还"狐蝠"飞机。不过,归还的不是完整的飞机,而是一堆分散的零部件,整整装了八辆带拖斗的大卡车。11月15日,运载"狐蝠"的轮船起航。"狐蝠"回到了苏联,别连科却留在了美国。至此,吵吵嚷嚷了67天的"狐蝠"之争终于落下了帷幕。

(十六)一个间谍加速苏联解体

费韦尔,一个近年来在新闻媒介频繁出现的苏联克格勃间谍的名字。

1986年,一名法国记者在他的《KGB在法国》一文中,首次揭露了这一神秘的名字;

1990年,法国反间谍机构的一个负责人在他的名为《来自阴间的访问》一书中,以现身说法描述了这个间谍的变节过程;

1997年1月,俄罗斯记者谢尔盖·廉斯丁经过数年艰苦调查,撰写了一本有关此案的长篇报告文学,详尽地叙述了这个六七十年代苏联克格勃特工生死沉沦的来龙去脉——尽管许多关键细节仍被笼罩在云山雾水之中。

事实上,西方观察家普遍这样认为,由于这位克格勃官员的倒戈,从而大大加速了苏联解体的历史步伐。

此话虽有吹嘘之嫌,但美国前总统里根却有如下判断:"这可能要算是20世纪最大的一桩间谍案了!"

不过,费韦尔大概无意成为名人,更非蓄意要成为20世纪国际间谍舞台上最重要的角色之一。他的初衷只是出于对克格勃进行"个人"报复。诚如他在他的政治遗嘱中所说:"我唯一的遗憾,是没能给克格勃造成更大的损失!"

因此,我们至少可以这样判断:费韦尔至死也没有想到他的行为竟加速了苏联的解体。

1981年7月14日,法国,爱丽舍宫后花园。

此时,新当选的法国总统弗朗索瓦·密特朗正在这里举行盛大的庆祝宴会。

"女士们,先生们,我再次荣幸地恭祝各位度过一个美好、愉快的夜晚!"密特朗以爱丽舍宫新主人的身份,举起盛满法国红葡萄酒的高脚杯,又一次兴高采烈地邀请来宾们和他"干杯"。

晚会进入了高潮。

正在这时,内政部长加斯东·德费尔和国家领土监护局局长马塞·夏莱迈着急促的脚步来到密特朗面前。

"总统先生,有一名以莫斯科为基地的克格勃高级特工有意向法国提供一大批极为重要的机密情报,其中包括苏联人窃取西方最尖端技术的系统及网络问题。"

"这是一个好消息!"密特朗从侍卫的杯盘中取过两只满满的酒杯,向给他履任新职报头功的部下表示"祝贺"。

当然,此时密特朗总统还不能准确判断出这个间谍日后的重要作用,但他的潜意识告诉他:"被服务"肯定比"被出卖"要光彩。

那是整整 20 年前,也是一个叛逃的克格勃少校军官,他供出了潜伏在戴高乐总统身边的为苏联人服务的法国叛徒。虽然说这个"心腹"之患被除掉了,但"一箭之仇"似乎并未得报,密特朗隐约地感到,在他的任上,机会终于来了!

就像 20 年前戴高乐总统独自处理那个潜伏的间谍一样,密特朗总统指示他的部下:"此案事关重大,不得泄露半点风声,只限于我们 3 人知道。"

内政部长加斯东·德费尔庆幸自己的老谋深算得到了肯定。此前,他警告马塞·夏莱局长说:"千万别告诉多嘴的埃尔尼(法国当时的国防部长),否则,全巴黎的人都会知道!"

法国情报机关的工作方法就是这样的令人不可思议。

《每个间谍都是王子》的美国作者丹·拉维夫和以色列作者约希·梅尔曼在研究法国情报机构的特点时揶揄地写道,他们在"玩着一场游戏。在这场游戏中,政府追求的目标与其所言大相径庭。他们的情报机关对于命令不屑一顾,甚至设法破坏政界领导人的决策"。他们说,间谍们的理由是:官方的观点永远在变化中,政策不成其为政策,一切都是未知数。

然而,不管怎么说,这一次却让他们歪打正着,事实证明了他们此举的"英明"。1996 年,法国一家杂志披露,当年的国防部长埃尔尼曾经为苏联和东欧的情报部门效力。

乐曲绵绵,灯红酒绿。作为政治家的密特朗敏锐地感到,目下,成为超级大国的苏联在西方风头日下,有消息说,苏联国内的经济也处于某种"不稳定"状态。这 20 年来,又接连发生克格勃高级军官叛逃法国事件。这是命运之神对法兰西的偏爱,还是苏联运数当尽,败象频现?

"但愿如此。"密特朗仰起脖子,将剩下的半杯葡萄酒一饮而尽。

为法国本土警戒局提供这一消息的是法国著名的汤姆逊电子设备公司的高级职员雅克·佩沃斯特。他带来一封寄自莫斯科的信,写信人名叫弗拉基米尔·伊勃利托维奇·韦特罗夫,是佩沃斯特的老朋友。韦特罗夫在信中表示,愿为法国情报部门效力。

"我已陷入了或生或死的交叉路口,除此似乎别无选择……"这封信的最后这样痛苦地强调。

这个名字虽然并不重要,但在本土警察局的档案里,还是能够调出有关他的材料。因为韦特罗夫曾在巴黎供过职。资料显示:

韦特罗夫 1932 年 10 月 10 日出生于莫斯科,大学毕业之际便被克格勃作为"优秀人才"招进了克格勃工作,他的才华和实绩也曾受到克格勃的赏识和重用,这使得他有机会接触和了解苏联情报机构的核心机密,其中包括涉及"国家重大利益"的机密文件。

1965 年,韦特罗夫被克格勃派往法国首都巴黎。他的公开身份是苏联贸易使团工程师,专门负责电子器材的进出口项目谈判。当然,在冷战时期,这种"商务代表"的身份其实都负有其他秘密使命。因此,他的名字就进了法国情报机构的数据库。

根据克格勃的指令,韦特罗夫的任务,一是搜集法国有关的民用和军用方面的科技情报,二是物色和发展情报人员。韦特罗夫巧妙地周旋于工程师和生意人中间,从他们口中捞取情报,进而拉拢他们为莫斯科效力。他出手不凡,没用多久,就在一些大公司发展了几名情报员。

然而不幸的是,这位谍报人员也渐渐地受到了西方生活的腐蚀,他对巴黎纸醉金迷的奢华生活产生了无限眷念之情。

"生活啊,多么美好!"这位东方世界的克格勃军官向资本主义的巴黎发出了藏在心底的呼唤。

所以,韦特罗夫给人留下的印象是,他在法国的生活远比国内奢华,尤其是他的妻子斯韦特拉娜更是沉湎其中,难以自拔。对巴黎的时装和香水,她尤为钟情,一见到这两样东西,她便会情不自禁,挪不动脚步。这样,他们的收入远远满足不了追求享受的欲望,于是他们就开动脑筋捞钱。韦特罗夫利用结识的法国商人,通过他们搞些便宜的珠宝首饰和鱼子酱等,再转手高价卖给当地的苏联侨民。

当时,韦特罗夫的这些变化还没有引起克格勃的警觉。况且他不辱使命,搞到了令上级满意的情报,他的任务也就算完成了。1970 年 7 月,韦特罗夫奉命回国,接到这一通知,他不禁心烦意躁,叫苦不迭。他实在还没有"充分"享受自由世界的生活。最后,他让妻子斯韦特拉娜先按时回国,自己却在巴黎多留了 10 天。他要弥补一下损失。

然而,也就是这短短的 10 天内,一场"车祸"使他今后的生活彻底地改变了。

法国反间谍机关通过对这位打着外交官旗号的克格勃间谍进行严密监视后,对他大脑深处对资本主义的迷恋和向往了解得一清二楚。在韦特罗夫独自一人逗留巴黎的几天里,他在生意场上认识的朋友佩沃斯特,对他更是殷勤周到,下餐馆,上剧院,逛"红灯区",好不惬意。但是韦特罗夫不知道佩沃斯特本人就是法国的谍报人员。他把从总部那里得到的经费,在这个有"希望"的克格勃身上猛下功夫。

就在这位苏联"外交官"返国之前的一个晚上,法国反间谍机关安排了一次小小的车祸。这天晚上,韦特罗夫驾车朝巴黎市郊的住所疾驰,不知道是刚才和佩沃斯特在馆子里酒喝多了,还是这几天"红灯区"把他的身子"淘"虚了,反正,他把车子撞坏了。这对于一名克格勃官员来说,此事非同小可,如果发现他是酒后驾车,处罚会更重。克格勃有这方面的明文禁令。

"佩沃斯特先生,老朋友,"万般无奈之下,韦特罗夫拨通了佩沃斯特的电话,"我需要您的帮助。我的车子被撞坏了。您知道,这对于我来说,是一件非常麻烦的事。"韦特罗夫在电话里几乎恳求地说。

佩沃斯特不愧是两肋插刀的"朋友",很快就赶到了现场。"啊,小问题,修理一下不就好了?"他用轻松的语调说道。

这却使得韦特罗夫更加着急。因为他口袋里早就没钱了。再说,不在天亮之前把车修好,嗅觉极灵的克格勃就会发现他的秘密。

佩沃斯特准确地把握着火候,在韦特罗夫虚汗直冒的时候,自己慷慨地掏腰包替他付足了修理费。事情干得既义气冲天,又干净利落。

"笛笛……"佩沃斯特用暗号告诉不远处的法国反间谍特工人员,一切顺利。

而韦特罗夫对于佩沃斯特的鼎力相助,早已感激涕零,铭记在心。

一次小小的"车祸",使韦特罗夫与佩沃斯特的关系更进了一层,已不亚于"生死之交"——法国反间谍机关巧妙地达到了目的。

对于韦特罗夫,法国本土警戒局已经预料到他的投靠可能具有巨大作用及价值。但即使这样,他们仍本着职业的习惯,显得谨小慎微。毕竟,他们吃不准,韦特罗夫是否出于真心? 这会不会是克格勃的圈套? 这在冷战时期,的确是谁也搞不准的事。为了摸清韦特罗夫的虚实,他们迅速派出了一名资历极深的"007"式法国谍报人员——60岁的扎维埃·阿迈耶,赴莫斯科与韦特罗夫联系。

阿迈耶曾是法国著名的国际综合科技大学的高才生,他赴苏时的公开身份是佩沃斯特设在莫斯科的汤姆森电子公司的工程师。后来,阿迈耶由于在处理这件间谍案的过程中,表现出过人的大胆、冷静及果断,并因功绩卓著,获得了法国最高荣誉勋章。

1982年3月初的一天,莫斯科一家供外宾消费的商场门前,阿迈耶与韦特罗夫按照约定的暗号在熙熙攘攘的人流里各自认出了对方。这是他们的第一次接触,似乎也是水平很"业余"的做法。因为,这个地方通常是克格勃监视的重点,但事后证明,正是由于这一有意违背常理的做法,他们才得以在克格勃的眼皮底下安然无恙地进行了一番详谈。

毕竟,韦特罗夫曾在克格勃的间谍学校受过6年的严格训练。

在接触了几次之后,阿迈耶基本上弄清了韦特罗夫这些年的思想变化过程。

原来,1970年韦特罗夫奉召回国后,"身在曹营心在汉",那颗不安分的心再也静不下来。虽然他一回来就被安排在负责科技情报的T处,这是个热门去处,可他却心不在焉。他和妻子怎么也无法忘记那长达5年的"富裕""自由"的生活,更难以摆脱对这种生活的热切向往和渴盼。在他们眼里,美丽的"莫斯科郊外的夜晚"与巴黎五光十色、自由自在的日子相比,简直单调乏味至极,沉闷压抑至极。他一门心思只想出国,重温旧梦。

"我强烈要求承担更重要的任务。"韦特罗夫不止一次地用尽心机在领导面前表白这种要求。通常,克格勃的"重要任务"就是出国窃取情报。

度日如年的韦特罗夫,在1974年4月终于如愿以偿,他被派到加拿大,公开身份是苏联驻蒙特利尔领事馆商务处的工程师。但是好景不长,他甚至连一年都没待满就被急召回国,原因一是他妻子见钱眼开,贪得无厌,被卷入了一桩不光彩的珠宝失窃案;另一个是美国人和加拿大人通过法国情报部门,弄清了他的底细,他们都想利用他的这一弱点,拉拢他为自己服务。克格勃发现苗头不对,于是一封紧急电令把他又召了回来。这年是1975年3月,韦特罗夫当时42岁。

韦特罗夫回国后依然受到重用,他被派到T处的信息和分析中心,主要是根据苏联间谍搜集来的情报撰写综合报告。显然这仍是一项机密性极高的工作,而且他被提拔为 T 处的总工程师，并被授予上校军衔。

晋升之后，韦特罗夫一家的生活环境也大大改善了，他们住在一条全是苏联特权阶层居住的漂亮大街上，拥有一所设施较齐全的住房。但是，韦特罗夫始终魂牵梦绕、难以忘怀的仍是巴黎。他认为与豪华的巴黎住宅相比，现在自己住的只能是普通人的一所公寓。他还是不满足。

尤其让韦特罗夫情绪异常消沉的是：现在这个部门看似重要，其实自己已被打入另册——因为出国的大门从此永远地关闭了。这同时表明，自己的事业已经达到了顶峰，好运再也不会降临到自己头上了。

韦特罗夫对这类技术性工作，早已毫无兴趣，在他的眼里，新的工作是那样枯燥、乏味，甚至是一种炼狱、痛苦。起初，他还提一些改进建议，但没有人理睬他，久而久之，他也变得心灰意冷。这时他身边的一些高干子女明明表现平平，却能连连得宠，青云直上，让他很是愤愤不平，无法忍受，大有怀才不遇，有志难酬之感。

"这是制度的腐败！"渐渐地，韦特罗夫的不满情绪愈加强烈，并扩展到对国家和社会，包括对特权阶层拥有一切物质利益的怨恨。

就在这时，他的家庭生活也亮起了红灯。他那爱慕虚荣的妻子，眼见丈夫前途暗淡，开始移情别恋，与一些前途看好的人频频偷情。其实，韦特罗夫自己也找了一个情妇，名叫柳德米拉·奥切基娜，是 T 处的文件档案室主任。无聊空虚、心烦意乱的韦特罗夫，不是泡情妇，就是借酒消愁，一醉方休。

上司的冷落，同僚的轻视，妻子的背叛，朋友的疏远，极大地刺伤了韦特罗夫的自尊心。他认为，所有这一切，都是克格勃造成的。他不甘心就这样窝窝囊囊地混下去，他想出人头地，想一鸣惊人。思量再三，他终于打定主意：对克格勃进行报复！1981 年初，他大脑深处的潜意识就像酝酿多年的火山一样喷发了。在这种意识的支配下，他发出了给佩沃斯特的信。

4 年以后，当韦特罗夫被处以死刑时，人们在他的遗物中发现了他的"表白"，字里行间仍然充满了他对苏联共产党的深恶痛绝，甚至为不能对苏联造成更大的伤害而"遗憾"。

韦特罗夫之所以选中法国本土警戒局，首先是出于安全方面的考虑。他很清楚，克格勃已打入西方所有重要的情报机关，其中，美国中央情报局首当其冲，法国国外安全总部也未能幸免。相对而言，法国本土警戒局因为是反间谍机构，活动范围限于法国本土，所以不易受到渗透。况且，苏联并未把法国视为真正的敌人，因此，在莫斯科的法国人同英国人和美国人相比，受到的监视要松得多，韦特罗夫冒的风险也小一些。其次，佩沃斯特和韦特罗夫有老交情，可以为他牵线搭桥。

"并不只是投奔西方的思想在起作用，他的真正目的是想从内部将克格勃整垮。"阿迈耶向巴黎总部发回了他的秘密报告。

这一准确的判断，终于使法国人相信了韦特罗夫的诚意。

韦特罗夫首先供出了他在法国时发展的 2 名间谍，就像 20 年前戈利岑揭露潜伏在戴高乐身边的克格勃一样。不同的是，这是由他亲手招募的情报官。换句话说，他本人可以背叛祖国，出卖情报，提供其他情报来源……但是，出卖一个对他万分信赖的部下，简直令人难以置信。

"无耻至极！"若干年后，当他的同僚们得知此事时，无不气愤至极。

世界经典文库

世界军事百科

·军事战争·

图文珍藏版

事实上,根据他提供的情报,导致了分布在15个国家中的70名被克格勃发展的当地特工及450名在西方工作的克格勃情报人员,纷纷暴露、被抓获。

此外,最令西方国家震惊的是,韦特罗夫提供的几份绝密文件披露,苏联人正在大肆窃取西方的先进技术,为自己的军工企业服务。直到此时,西方最高权力层才如梦初醒。

"亡羊补牢,犹为未晚"。法国人曾断言:"由于这些间谍网的破获,使苏联经济遭受到了重大创伤。"

本土警戒局这才如获至宝地意识到,对于整个西方情报部门来说,韦特罗夫是他们迄今在克格勃心脏里的最重要的"鼹鼠"。为此,局长马塞·夏莱亲自为他取了"费韦尔"(Farewell)这个英文代号,这个词有"万事如意""一帆风顺"和"再见""永别"的双重意思。

"用英文代号可以起到混淆视听的作用,使苏联情报机构误以为,与这名'鼹鼠'联系的是美国或英国人,而很难想到竟是法国人。"夏莱这样解释说。

1981年5月,来自社会党"左翼"人物的密特朗就任法国总统后第一次就出人意料地任命了4名共产党人士担任部长职务,这使得它的盟国美国大感不解也大为不悦。西方首脑们也是各怀心思,有的满怀好奇,有的心存疑虑,不知道密特朗这位新总统新官上任烧的是什么"火"。

转眼到了1981年7月19日,一年度的西方七国首脑会议在加拿大首都渥太华举行,这也是密特朗与各盟友首脑首次会晤。不过,初来乍到的密特朗却成竹在胸,他深信,自己准备的见面礼,足以令里根对他刮目相看。会议召开之前,法美首脑举行了一次秘密会晤。密特朗透露说,对于美国人酝酿已久的星球大战计划和载有M4核弹头的战略导弹的特点及其设计原理,苏联已经了如指掌,美苏一旦开战,苏联军队有能力进行毁灭性攻击。

果不其然,里根总统闻言,不由得惊出一身冷汗。

密特朗却得意地盯着这位来自"情报王国"的总统,心里在说:"现在扯平了,谁也不欠谁的情了。"

他说的还是20年前克格勃少校戈利岑叛逃美国后,供出了戴高乐总统内圈的核心人物之一是克格勃,肯尼迪总统闻此即以"亲阅信"的方式通报了法国。

美国的那次通报,导致了西方国家不得不花3年时间来重新调整他们的军事部署。而密特朗的这次"回情",促成了美国加快发展"星球大战"的国防计划。1983年3月23日晚,里根向全国发表电视演讲,宣布美国要实施"战略防御计划",加紧研制空间时代的超级武器,声称一旦爆发核战争,这种超级武器能在苏联的导弹打到美国之前,就在空中予以截获摧毁。

在"七国首脑会议"期间,密特朗没有忘记解释他任用了共产党人士当部长给西方带来的猜疑。他卖着关子透露了苏联克格勃特工"费韦尔"叛逃法国的"超级间谍事件"的内幕,以说明某些"变质"的共产党人对西方世界的价值。

事实上,密特朗等于公开提醒了西方世界最高当局,他手里的这张"王牌",不仅对法国政府起着巨大作用,而且也与盟友国家的经济、科技发展战略密切攸关。

新总统密特朗赢得了同盟国的赞赏。

根据密特朗的特批,本土警戒局"独家"负责指挥远在莫斯科的"费韦尔"。

这时,法国驻苏联使馆副武官巴悌克·费朗奉命充当费韦尔的正式联络人,并向他提供了一架微型相机。费朗不是职业间谍,所以一切以费韦尔为主,见面时间、地点都由他定,因为他知道如何躲开克格勃的监视。

费韦尔提供的情报数量十分惊人,情报密级也不断升级。前后10个月的时间,他提供的文件多达3000余份,平均每天就有10份,而且均标有"绝密"字样且极具价值。其中,许多文件上有克格勃头目安德罗波夫的亲笔批注和签字,有一份材料上甚至还有苏共总书记和国家元首勃列日涅夫的亲笔批示。

这些情报包括:苏联在西方国家中盗取科技情报的手段与方式;被盗的先进的科技成果如何解决苏联的需求并应用于苏联的军工、民用企业;北约"阿丽亚纳"火箭的燃料室技术机密;英国旋风轰炸机的图纸、雷达射击控制系统、电子炮系统、战略和战术导弹等尖端情报。西方分析家据此认定:苏联正在与西方进行一场没有硝烟的战争。以美国科学家威廉·贝尔为例:他参与了美国雷达系统、空对空导弹和地对地导弹领域里最前沿的研究工作,他从1978年到1981年提供的情报,使苏联人至少节省了数千万卢布,并使他们在上述领域的研究时间缩短了5年。

看到自己尖端情报的泄露,西方国家第一次透心彻骨地感到了自己的军事安全受到了迫在眉睫的威胁。

不过,由于费韦尔的倒戈,使苏联在国外的科技间谍网陷入瘫痪,科技情报来源枯竭,为此,苏联不得不投入成百上千倍的物力同美国进行军备竞赛,此举直接加速了80年代苏联经济的崩溃。

西方国家反间谍机构毫不掩饰地吹嘘说,费韦尔案件是"导致两大阵营力量平衡发生急剧变化的重要因素,也是导致10年后一大强国——苏联解体的重要原因之一"。

只是出于报复克格勃的个人行为,费韦尔不经意间把"火"玩大了。

1982年2月至9月,法国情报部门突然之间不明原委地与费韦尔失去了联系。

其实,此时费韦尔正陷入一桩刑事案。

作为情妇柳德米拉·奥切基娜近来一直要求费韦尔与妻子离婚并终身追随于她,但这一请求被费韦尔拒绝了。2月22日这天晚上,费韦尔开车送他的情妇回家。途中,他们在一家停车场停下,打开一瓶香槟酒喝了起来。突然,费韦尔像疯了一般,拼命殴打柳德米拉,接着又抽出一把匕首,朝她身上连捅数刀。浑身是血的柳德米拉挣扎着跳下车来,高喊救命。一名退休老警察闻声过来救她,费韦尔赶上前去将他杀死。然后,他回到车上,想用车将柳德米拉轧死灭口,但没有得逞,随后驾车逃逸。当晚,费韦尔被捕。

费韦尔如何与柳德米拉反目为仇,没人说得清楚。有人猜测说,柳德米拉知道了他和法国人的关系,想借此敲他一笔钱,结果险些引来杀身之祸。但是,据柳德米拉后来讲,当时她提出和费韦尔一刀两断,但费韦尔坚决不同意,在绝望之中动了杀机。

也有人分析认为,克格勃已经对费韦尔的变节有所察觉,因而故意制造事由将他收监。

费韦尔被捕后,被关在专门关押克格勃叛徒的列福尔托沃监狱,之后,在1982年10月,他以过失杀人罪被判处15年徒刑。

费韦尔的被捕,使得苏联历史上最大的泄密行动无意中中止了。但是,此时法国方面对此似乎仍然一无而知,或许这就导致了法国人一项决定的失策:1983年4月短短几个小时之内,法国一口气驱逐了47名苏联"外交官",其中包括法国外交部长的助手希尔。为了证明此举行之有据,法方向苏联使馆出示了一份由费韦尔提供的文件。不幸的是,法国方面弄巧成拙了!

显然,苏联人起初并不知道费韦尔的变节行为,只是把他当作了一般的刑事犯。直到法国人开始了"驱逐"行动,克格勃才发现了费韦尔的秘密。

不过,包括谢尔盖·康斯丁的长篇调查报告在内,对此都没有定论。有的说,法国人的确不知内情,才出此"臭棋"的。但据美国中央情报局称,他们在1982年9月已经把费韦尔的下落通报了法国方面,这使得法国万分惋惜。

也有的说,法国此举表明费韦尔已不再具有使用价值,是"有意"将他抛出的。因为事后发现,费韦尔在西伯利亚的伊尔库茨克服刑事罪期间,曾通过妻子向法国间谍机关写信求援。总之不论是有意还是失误,反正无疑是送给了苏联一条追查泄密者的重要线索。

当然,也不排除这种可能性:费韦尔被捕后,他的妻子为了免受牵连,出卖了自己的丈夫,也正好公开投入他人的怀抱。

另外,还有一种假设,身受重伤的柳德米拉为了报复,向克格勃告发了费韦尔的秘密。

这些,也许永远是一个谜。

但有一点肯定的是,费韦尔的秘密被发现后,他个人的命运就开始急转直下。

仅仅几个月以后,被判了15年刑事犯的费韦尔,1983年夏天被改判叛国罪,改判处死缓。

1984年12月14日,苏联最高法院军事法庭又改判费韦尔死刑。

1985年1月23日,费韦尔被枪决。

1991年12月,苏联宣告解体。虽然法国人为他写了《来自阴间的访问》,但毕竟费韦尔至死也没有想到他的行为,不仅断送了自己的性命,更加速了他的国家——苏联的解体。

(十七)强奸案扯出大谍枭

1982年11月10日。英国伦敦。中央刑事法庭。

被告席上,一个神情沮丧、相貌英俊的男子,耷拉着脑袋等待法官对他的最后判决。

旁听席上,坐着一排政府官员,有人认出他们是英国政府通信总部的要人和美国国家安全局的高级官员。

执法大法官缓缓站了起来,座无虚席的大厅顿时静得连记者的闪光灯也停止了晃动。

"现在,我宣布法庭最终判决。被告杰弗里·亚瑟·普赖姆,犯有间谍罪、强奸少女罪,判处有期徒刑38年。"

这其中35年是对他从1967年至1981年间所犯间谍罪的判决。

在强奸案几乎每分钟就要发生几十起的西方社会中,普赖姆只能算得上一条小毛毛虫,溅不起多大的浪花。作为"孤军作战"的间谍,似乎也不足为奇。然而,西方社会为之惊叹、恐慌的是,普赖姆作为超级大国苏联的间谍,他提供的正是西方社会最担心的情报。在相当一段时间里,英、美两国情报机关互相指责,埋怨之声不绝于耳。

英国朝野更不亚于经历了一次强烈的地震。执政的保守党政府受到了舆论的强烈抨击,余震影响之大波及其他北约国家。为平息这场风波,甚至连撒切尔夫人也不得不出面发表谈话。

一直沉默不语的普赖姆,直到被两名警察带出法庭时,才不解恨地嘟哝一句:"女人坏的事!"

普赖姆出生于英国伯明翰市近郊斯塔弗郡的一个村庄里,父亲是一个一贫如洗的拉钢丝工人,家境很不好。童年时,普赖姆曾被一位成年亲戚搞鸡奸,身心受到严重摧残,从此变得性格孤僻,胆怯软弱。18 岁那年,普赖姆的母亲去世了,20岁时,父亲也去世了。孤立无助的他,越发变得胆小怕事。后来,他的第一个妻子在结婚不到一年就因讨厌他的软弱离他而去。

也许,这又把他孤僻的性格推向了另一个极端,从此,他拼命追逐女人,玩命似的去做别人不敢做的事。

1956 年,普赖姆加入了英国皇家空军,当机场仓库管理员。尽管这份工作枯燥无味,但却很适合沉默寡言的他。两年服役期满后,普赖姆又主动签约 10 年。尽管整天和不会说话的工具、燃油打交道,他的语言方面的天赋并没有因此而被埋没。

一天,英国空军情报处长把普赖姆叫到了办公室。"听说你有点与众不同。你告诉我,你有什么特别之处?"

"报告长官,我的特别之处就是别人不干的事我却无论如何想试一试。"这时的普赖姆已不再惧怕晋见长官了。

"好,我欣赏你的坦率。不过,你讲讲到底干过一些什么事?"其实,情报处长对普赖姆早已了如指掌。

"我发现许多空军士兵不学俄语,认为英国人到苏联去玩姑娘的机会不多。嘻,嘻……"

"放肆!"处长生气了,"你给我站好,好好回答我的问题!"

"是! 长官! 别人不学俄语,我就偏要学俄语。"普赖姆绷着脸,立正回答。

突然,情报处长在叽里呱啦说了一大通俄语之后,命令道:"重复一遍!"

普赖姆居然只字不漏地复述了一遍。

"把它写下来!"情报处长又命令道。

几分钟后,一份字迹工整的俄文呈现在情报处长的面前。

"果然与众不同。"他满意地笑了。

几天后,普赖姆便调离空军。

普赖姆成了监听苏联通信联络的监听部队成员,随后进入赤夏郡赤得尔监听站,不久又到肯尼亚,负责收听莫斯科发给它所支持的游击队的无线电广播。这些非常枯燥乏味的工作,普赖姆却干得有滋有味。1964 年,他因表现出众,又被派往当时东西方冷战的最前线——西柏林加多皇家空军基地。然而不幸的是,他那古怪的性格又对他产生了影响,他对东方世界由陌生到熟悉,由熟悉到赞同、喜欢、向往了。

"莫斯科广播电台,现在开始播音。"当女播音员圆润甜美的声音出现时,普赖姆认为这是一种享受。

"他们给我带来了我渴望已久的东西。"冲动终于促使他做了一个异乎寻常的决定。

1967年1月,普赖姆将一张纸条悄悄塞到在柏林墙关卡站岗的苏联卫兵手里。数星期后,他在他的车门把手上发现了一个金属圈。按照约定,他和伊戈尔和瓦尔亚两个克格勃特工在弗德里布斯车站接上了关系。

"普赖姆,英国空军翻译官,内心向往苏联,可以成为敌人心脏内部的绝好人选。"一份密电随后发回了莫斯科总部。

从此,普赖姆越发显得沉默寡言了。这并不奇怪,甚至是一种良好的职业习惯。他开始千方百计搜集情报,通过他的接头人再传到莫斯科,而且,长达14年!

"他妈的,天晓得从一开始,普赖姆的心就被北极熊吃掉了。"

皇家空军首先遭了厄运。

普赖姆几乎把他所知道的皇家空军在加多的行动全盘端给了克格勃,甚至包括基地内部的电话簿。

一段时间以来,北约专家对苏联不断推出全新的雷达频率一筹莫展。而那台神奇的"沼泽"监视装置仿佛就在一夜间由白雪公主变成了一文不值的丑小鸭。他们实在不明白,自己究竟在什么技术上不如人家。其实,这正是因为普赖姆将这一最重要的机密告诉了苏联人。这样,苏联雷达发射的电波转换成图像显示在电子屏幕上的再不是监视敌人的眼睛,而只是聋子的耳朵——摆设了。

1968年秋天,普赖姆从空军转业,他的新工作是外交部的一名翻译——他的语言天赋又一次发挥了作用。

很快,他随团第一次到东柏林旅游观光。就在这段时间里,他被克格勃接到了一个秘密地点,开始了紧张、严格的特殊训练。他学会了密码书写、袖珍照相、快速发报等许多技巧。当然,在训练之余,普赖姆饱尝了主人提供的美味佳肴,包括每晚有一两个金发女郎陪他共度良宵。

于是,国家外交部又交上了厄运。

普赖姆利用翻译的身份,集中精力搜取最核心的机密。在这里,未经翻译、整理和分析截获的东欧国家电文,又通过普赖姆的手返回它们的本部。这样,就使苏联可以准确掌握对方对自己的了解程度,声东而击西,让敌方摸不着头脑。而且,苏联还可以用已经被破译的密码发送假情报,以假乱真,虚虚实实,致使北约成员之间摩擦不断,耗费了难以数计的金钱和物力去制造错误的武器以对付那些根本就不存在的苏联武器。

"如果苏联在普赖姆得意时入侵西欧的话,北约将不堪一击。"事后,一位北约负责人心有余悸却又不无侥幸地如是说。

切尔滕纳姆小镇,坐落在英格兰西部。一条清澈见底的小河,穿过绿树环抱的小镇,缓缓地流向远方。这里的人都以牧羊为生,雪白的羊群在林边山坡草地上低头吃草。

这是一个美丽如画的地方。

普赖姆现在是这个小镇上的出租车司机。

在外交部,他知道了这个小镇的秘密——英国政府的电子情报中心。实际上,它属于英国政府通信总部和美国国家安全局共同控制的监听通信、破译密码的专门机构。

这是普赖姆后来事发被捕的地方,也是所以在法庭出现美国人的原因。

普赖姆是带着攻破这座堡垒的雄心来到这个小镇的。

从此,在英国情报部门的心脏里生出了一颗恶性毒瘤。

苏联人告诉他,他们想得到美国发射的飞行在婆罗洲及非洲上空的间谍卫星的信号数据。很快,一批这颗卫星的资料就送到了克格勃手中。苏联人于是发射出假信号,使这颗卫星错误地计算出了苏联部署在东欧的远程导弹的数量,其结果是,苏联在1972年《限制战略武器条约》签署后的核导弹赛中后来居上,节节领先。

70年代初,美、英等北约国家动用了最高级的卫星专家、密码专家,耗资上亿美元,进行了雄心勃勃的"百眼巨人工程",这种卫星能监听苏联境内所有微波通信。普赖姆通过安插在电子中心的助手,开始窃取这个机密。后来,这个情报秘密写在一件衬衣上通过小镇的洗染店传到了普赖姆手里。当密显药水显现出"百眼巨人"字样时,普赖姆不禁大喜过望。

"这太重要了!我得马上亲自送出去!"他一改往日邮寄情报的方式,向公司请了假,来到了奥地利的多瑙河。接头人大大地夸赞了他一番,同时把5万美元的奖金送给了他。

克格勃欣喜若狂。他们就像了解自己一样,清楚地知道英美对他们的哪些目标感兴趣。而英美则遭受了又一次沉重打击。

普赖姆事发后,《纽约时报》在报道了普赖姆其人其事之后惊呼:"这是战后给西方带来最大损害的间谍案件。"

间谍经验的不断丰富,并没有冲淡普赖姆身上的恶习。相反,由于金钱的刺激,他离不开妙龄女郎的欲望越来越强烈。1980年,他因为猥亵少女被法庭传讯,受到罚款。普赖姆不仅没有悬崖勒马,相反变本加厉,越走越远。

他在当地警署的案宗上,留有"专门对少女和年轻的独身妇女施暴"的记录。

1982年4月,普赖姆又一次作案。但被他强暴的少女把事情告诉了她的妈妈,于是,他被告发了。

这是一个民风淳朴的小镇。当人们听说普赖姆在车上强奸一名少女时,气愤地挥着拳头要打死他。

但是,警察没有从普赖姆的口中得到认罪的记录。

后来,他的妻子罗娜被传到警署时,语无伦次地说,普赖姆喜欢把床第之事用一部微型摄像机录在磁带上。

万幸的是,警察似乎嗅出了什么,于是,他们搜查了他的住所,这才发现,这个出租车司机竟比开银行还有钱。在他们的睡床下,搜出了无线电通信用的俄语密码,两部红外线微型摄像机,一台发报机,三支消音手枪以及大量的美元、英镑、日元。

当天晚上,普赖姆事件的报告就被送到了伦敦。

就这样,一起强奸案,偶然地扯出了一个大谍枭。普赖姆终于栽在了自己的手上!

(十八)一个飞碟的奇异经历

1964 年 10 月 16 日,我国在西部地区成功地爆炸了第 1 颗原子弹。巨大的蘑菇云升腾在浩瀚的天宇间。

中国有了自己的核武器,帝国主义的核讹诈彻底破产了,五角大楼的老板们连夜召开紧急会议,磋商对策,并给在大陆西南一隅的那座孤岛发去了绝密指令。

11 月 6 日凌晨 2 时 37 分,台湾桃园机场,一架高空侦察机凭借夜幕屏障,悄悄从福建连江入陆,长驱直入,向我西北方向猛窜。妄图偷拍我核试验区的绝密情报资料。没想到,我英勇的空军航空兵奋勇拦截,敌机负伤后猖狂逃窜……

偷鸡不成蚀把米,台湾当局恼羞成怒。蒋介石气急败坏,把空军司令徐焕升喊到府上,既没责怪,也没鼓励,给他的只是一纸手令:美国人要大陆核试验情报。我们也需要。要不惜代价,务必成功。否则,严惩不贷。

面对蒋介石的钦令,徐焕升暗暗叫苦。回到总部,他匆忙召开联席会议,商议侦察大陆情报之事。正当有关各部要员陆续集中到会议室,等待徐司令训话之时,特工部少将处长徐自道递给他一张纸条。一筹莫展的徐焕升展开那窄窄的纸条,顿时眼睛一亮。

"散会!"从屏风后过来的徐焕升对毕恭毕敬站着等待他的部属发令。大伙面面相觑,不知司令葫芦里卖的什么药。

是那张神秘的纸条使徐焕升改变了主意。

小纸条上只有四个字:U-2、张立义。何以这四个字对徐焕升有如此之大的诱惑力? 因为 U-2 是美制高空高速侦察机,可在 2.2 万米高空飞行。而大陆空军当时最先进的米格-19 战斗机也鞭长莫及,高射炮就更不在话下了。尤其使徐焕升兴奋的是,那个刚从美利坚高级间谍学校集训回来的 U-2 飞行员张立义,一年前,曾三次赴大陆侦察成功,被授予"克难英雄"称号。现在又经美国人培训,势必如虎添翼。

于是,一个被台湾当局称为"黑色蘑菇云"的计划在悄悄酝酿、出笼。

1965 年 1 月 9 日,西伯利亚的冷空气呼啸南下,席卷了台湾岛,温暖的宝岛骤然收缩起来。桃园机场里,光秃秃的树枝被压得低着头,弯着腰,枯黄野草趴在地上发出"呜、呜"的哀鸣。

这是台湾入冬以来最冷的一天。

"这鬼天气说变就变,昨天还好好的。"飞行员们紧抱着飞行夹克怨天尤人。

"王西爵这小子真有命,上次去大陆侦察竟然死里逃生,回来了。"

"要不徐焕升司令还能亲临桃园欢迎吗?"

"唉,这事说怪真怪,你们想想,咱们的'高空骑士'陈怀身 1962 年 10 月 2 日被共军飞弹击落,1963 年 11 月 1 日叶常棣也被共军揍下来了,不久,李南屏这个老油子又被共军干掉了。后来,王西爵去西北,大家都为他捏一把汗,以为十有八九是回不来了！嘿，可他真回来了，而且据说在兰州，共军的炮弹把他的机翅膀穿了孔，他还飞回来了。富贵在命，生死由天，都是命中注定的呀！"

"要说命，张立义的命最大，他先后3次去大陆，最远到新疆，可每次安然无恙。他连飞弹的影子都没见过，白白捞了一个'克难英雄'和一万元奖金，还被派到美国集训一年。真他妈的划得来。"

飞行员们哈哈笑了起来。

"你们讲得不对！"一个飞行员一本正经地说。

"那为什么？"

"他是个虔诚的基督教徒，万灵的主与他同在！"此人说完长长地呼了一句"阿——门"画了个十字架。

哈哈哈，笑声像要把房顶冲破一般。

"张立义在吗？"苑队长的吼声使整个房间的闹声如一辆疾驶的巴士来了个紧急刹车，戛然而止。

"干什么？"

"有任务！"

蓦地，整个房间像死一样静了下来。

天，冷极了。

1965年1月10日16点。

领航员将飞行计划交给了张立义。

"又是去西北。"他骇然了。想到王西爵险些葬身兰州，不禁毛骨悚然。

"这是命中注定，只好听天由命。"领航员讲解了飞行中的一般规定和特殊规定以后，张立义开始了紧张的飞行准备，穿抗G（压力）衣，换氧气，心却早已飞到了东港共和街104-6号。与妻子张慧慧最后几次见面如叠印镜头般地闪现在脑海里。

1964年12月18日从南朝鲜返回以后，23日回东港过圣诞节，24日全家人在家中小教堂做礼拜。岳父母在教堂里的祈祷又在耳边响起："我小婿张立义飞U-2，工作危险，愿主保佑他，愿主和他同在，小婿为人本分，幼稚无知，如果冒犯了主，请主宽恕他。我们全家人都真诚地信奉主，愿主与我们同在。他的妻子、孩子也真诚地信奉主，愿主保佑他们，平安无事。阿门！"

1月3日，张立义就要返回桃园，张慧慧这个文静内向的妇女再也压抑不住内心的痛苦，她对张立义说："张立义，你能不能不飞U-2，我害怕！"说完就泪汪汪地低下了头。

"慧慧，我是身不由己！"这是张立义与妻子说的最后一句话。

1月10日上午10点，张立义被请进了徐总司令办公室。平心而论，张立义是位出色的飞行员，但不是一名优秀的间谍。然而，由于U-2飞行员这一特殊的身份，逼使他接受了为期一年的航空特工训练。这倒不是让他如何学会暗杀之类的勾当，而是训练他空中用红外线拍摄地面景物的技术和空中遇险时如何脱险，还有野外生存训练，等等，他无心当间谍，却被推上了空中间谍的位置，而且马上就要踏上大陆的西北之行。

"啊，是张少校。"徐焕升握住张立义的手，使劲地摇晃着，脸上堆满了笑。

"这条航路可靠吗?"张立义不知怎么冒出了这么一句。

"张少校,请尽管放心,U-2飞机上有新式电子干扰设备,共军的雷达全成了瞎子,你就大胆拍摄吧!"徐焕升说完递过一个剥开了皮的香蕉。

1月10日18点整。

张立义又驾驶着3512号U-2型高空侦察机在凛冽的朔风中腾空而起,他默默地祈祷着:"上帝保佑。"

张立义像一个机器人一样,按部就班地进行操作。现在正在海峡上空飞行。

天空苍茫,一片死寂。张立义脑子里却静不下来。他从美国训练回台到三十五中队报到的那一天,正是飞行员李南屏命丧大陆的同一天。一个美国顾问将一杯盛满香槟酒的酒杯摔在地板上。张立义忘不了李南屏,也忘不了发怒的美国顾问那凶狠的蓝眼睛。

按照领航员制订的航线,从山东半岛进入天津上空时,他的心霎时紧张起来,尽管上司告诉他这条航线是根据空军情报中心获得的最新情报制订的,途中不可能有飞弹部队,但他还是提心吊胆,总感到一座座导弹发射架开了机,弹头对准他。他心中惴惴不安。有几次看到地面火光,以为是导弹尾部喷出的火焰,吓得他毛发倒竖,背脊如泼了一盆冷水,从头凉到脚,一阵阵虚惊之后,不知怎么,他又想起了另一个与他极要好的伙伴陈怀身。

陈怀身是官校28期最优学员,首批被派往美国亚利桑那州战略空军基地进行训练。回台湾后于1962年10月2日到大陆高空侦察,在江西被我空军部队击落死亡。陈怀身的死,顿使台湾空军一片沮丧,蒋介石为了给空军鼓气,亲自到教堂为陈怀身做礼拜,并将陈怀身的名字改为"陈怀生",为陈怀身修建"怀生祠",台湾空军还为陈怀身出书,命名为"高空骑士"。

自从陈怀身死以后,蒋介石都要亲自接见从美受训回来的飞行员。

张立义是1964年7月的一天受到接见的。

这是一个风和日丽的日子,虽然已进入暑期,台湾的气温却并不太高。

在空军司令徐焕升的陪同下,张立义和被召见的伙伴王西爵来到了西门町总统府。

他们在蒋介石办公室外面的候客室静候着,心中忐忑不安。

突然门开了,蒋介石衣冠整齐,俨然像一个皇帝高坐着。

骤然间,张立义的心剧烈地怦怦跳动起来,好像要从喉咙口跳出来。未等呼唤,几乎在同一秒钟,张立义和王西爵呼地立起。

蒋介石的空军随从副官唱名:"张立义、王西爵进见!"

张立义听到唱名,竭力使自己镇静下来,他和王西爵穿着笔挺的少校空军服进屋,首先向蒋介石鞠躬。早有人向他们交代,蒋介石不喜欢人们向他行军礼。他是老头子,是至尊,鞠躬才算表示对他的尊敬。

鞠躬以后,他们俩像钉子钉在地板上一样直挺挺地站在一旁,等待这个使他们敬仰又使他们害怕的领袖的训话。

蒋介石看到他们精神抖擞的军人姿态,满意地点着头,微笑着:"好,好!"

"去美国受训的情况怎么样?"蒋介石每次都像放录音机一样,重复着提出第一个问题。

"不错,可以,他们对我们训练很认真!"张立义、王西爵按照上司和同事的关照,简单干脆地回答。

"照张相,留个影。"蒋介石面带笑容地说。

"与蒋总统照相,这是多么荣誉的事。"张立义心里想着,马上与王西爵站立两旁,蒋介石理所当然坐在中间的椅子上。

摄影师听到蒋介石的声音,赶快抱着相机来到蒋介石面前鞠个躬,然后倒退两步,举起相机,只听"咔嚓"一声,三人的形象便立即被感光在胶卷上。

"怎么给总统照相一点不认真,简直有点像摄影师抢镜头一样。"张立义想。

后来他才知道,蒋介石有一个怪脾气,他认为照相不利索,指手画脚摆弄他,是对他不尊的表现。有一回,摄影师动作迟缓了一点,险些被处罚治罪。他的摄影师私下有一句话:天不怕,地不怕,只怕给蒋光头照相。

这是一次令人害怕的接见,但张立义感到这是一个军人莫大的荣誉,想着想着,他空虚的心似乎充实了一点。

张立义做梦也没有想到,就在他刚刚接到赴大陆侦察任务时,我情报部门已获得信息。

中国人民解放军空军一支神秘的地空导弹部队已悄悄转移至内蒙古萨拉齐一个叫二十四顷地的小村子设伏。这些神秘的导弹兵没穿军装,蓝色的工作服上印着"地质勘探队"字样。

神秘的"勘探队"把自己与外界的一切全部隔断。只有隆隆的油机声在旷野上传得很远很远。

10日18时,当张立义的飞机刚刚起飞,人民空军指挥所的电话就打到了萨拉齐那个小村的一辆草绿色的指挥车上。

"U-2飞机一架已经起飞,请做好战斗准备!"

间谍飞机就要飞临导弹发射阵地上空,全营官兵同仇敌忾。荧光屏前,一双双警惕的眼睛牢牢盯住那闪烁着长短不一脉冲信号的目标。

2万米高空,张立义扭了扭酸痛的腰。他看了一眼夜光航空表。已经飞了整整三个小时。他看了一下航线,知道机翼下已是内蒙古了。

"我今天又交上好运气了,果然航线上没有什么飞弹,再过半个多小时,只要稍稍降低高度,撤下照相机按钮,一切就大功告成。"他想着,紧锁的双眉也开始舒展开来。"这种荒凉的沙漠地带肯定不会有飞弹部队。"这时,上司的话在耳边响起:"U-2任务飞满10次就可以脱离三十五特遣中队。"

"这玩命的任务还有六次,愿上帝保佑我!"他想。

U-2距二十四顷地××公里。导弹部队制导天线开机,强烈的电磁回波把目标清晰地显印在制导车的荧光屏上。21时15分,指挥员发出了发射三枚导弹的命令。随着一阵惊天动地的轰鸣,三发导弹喷吐着巨大的火柱,腾空而起。机舱内的预警装置,突然亮起了红灯。

"妈呀!"他一见红灯,就像见到死神狰狞可怕的面孔一样,吓得抖了起来,浑身直打哆嗦。经验告诉他地面的导弹已经朝自己飞来。他本能地打开电子干扰系统,但是晚了,只觉得机身剧烈地震动一下,猛然间天空像雷电一闪,顿时满天通红,刹那间,密封的座舱里一片漆黑,浓烟弥漫,他意识到飞机被击中了。他来不及有任何考虑,在脑子里闪出"逃生"二字的同时,右手像抓住救命稻草一样紧紧捏住 SWITCH(跳伞开关)一拉,便什么也不知道了。

在张立义拉响弹射座椅下的引信的同时,天空中发出"轰"的一声爆炸,响彻寂静的内蒙古夜空,随之一切又安静下来。

张立义连同座椅飞出机舱,当人体与座椅自动分离之后,他还一直在空中飞速翻滚,他昏迷了。

一直到一万英尺,降落伞自动开伞,寒风将他吹醒过来时,他才逐渐明白了刚才发生的一切。

"万灵的主,您与我同在!"他默默地呼喊着。

这是一个寒冷而又明亮的夜晚,一轮明亮的月亮悬挂在空中,银色柔和的光芒洒在大地上,他在天空和大地的怀抱中,此时仿佛又听到岳父母在为他祈祷:"我小婿张立义飞 U-2,工作危险,愿主保佑他,和他同在……"

"张立义,你能不能不飞 U-2,我害怕!"这是妻子与他分别的最后一句话。

陡然,他的心宛如被飞行匕首刺了一下,痛极了。

降落伞在缓缓地下飘,他感到眼前模模糊糊的,明亮的月光变得朦朦胧胧的,灰暗而又阴淡。眼前仿佛出现了一个人。那是谁,他睁大眼睛,可就是看不清楚。哦,是慧慧,他终于认出了她。可一伸手却什么也没抓到。他知道是幻觉。

张立义首次邂逅慧慧还是 1952 年在东港的时候。东港是空军参谋大学和空军幼校所在地。慧慧的父亲是空军参谋大学的一个空军军官,当时她才 15 岁,是高中一年级的学生。她天生长得美丽,苗条丰满的身材,细腻白嫩的皮肤,一双善良明亮的眼睛,一头乌黑发亮的秀发。她腼腆,怕见生人,脸上时时飘着两朵红云。给张立义第一个直觉就是:稳重、秀丽、娴静,他对她一见钟情,她对他一见倾心。当他们知道自己都是流落异乡的南京人时,都有"分明是他乡遇知音"之感,激动得如痴如狂。

爱情的火焰在他们心中燃烧,他们私订了终身。

他们开始了频繁的接触,他们爱得越来越深。

张立义在当时的日记里曾这样写道:"最近,我不断看到我的同事们战死在大陆或飞行失事,其结果带来的是飞行员的妻子承受莫大的精神打击,成了孤苦伶仃的寡妇遗孀。要是我与慧慧结了婚,万一有一天我像他们一样,岂不是害了她的一生。不,不,我不能这样,我不能害慧慧!我要疏远她,我要控制住自己的感情,我要编出一个理由……我不能害她!"

他疏远她了,有一个多月的时间他一直没有去东港看她。其结果使双方都陷入了极度痛苦之中。终于感情战胜了理智,他们结婚了,而且有了孩子。

谁知结婚 9 年之后,果真发生了预料中的悲剧。

他后悔极了。

离地面只有几十米了,突然一阵恐惧感向他袭来:"下面有共军,他们会不会杀我!"顿时他犹如看到台湾电影中那样的解放军战士像凶神恶煞一样持着刺刀步步向他逼近。"啊,上帝保佑我!"他惊叫起来。

正在他喊着"主啊,保佑我吧"时,"噔"的一声,落地了。一阵紧张之后,他迅速从腰间拔出手枪,毛着身向四周张望。

大地静悄悄地沉睡着,四周是白茫茫的一片,一切被白雪覆盖着。皎洁的皓月向他投来一缕寒光,似乎在嘲笑他:你完了,在美国训练过又有什么用。

他整整站了五分钟左右,仍不见动静,才慢慢将一颗吊起的心放了下来,看了看飞行表,是1月10日21时30分。

防线解除后,他浑身感到像散了架一样,腰部、踝关节一阵阵剧烈的疼痛,右臂大肌麻木得提不起来。左手一摸,啊,血,殷红的血!他受伤了。

天,越来越冷,气温已降到零下23℃以下。张立义穿着一身单薄的只能抗G而不能抗寒的衣服,浑身战栗,直打哆嗦。自从1937年8月逃难离开南京,已经有28年没有经受过如此酷寒,他几乎要冻僵了。开始他把降落伞裹在身上,但无济于事,逐渐地他明显感到四肢麻木起来,想用跑步来增加热量,加快血液流通,怎奈腰部和踝关节疼痛难熬。

"怎么办?难道我就这样束手待毙吗?不,我要求生!"想到这里他又回忆起了在美国经受的"逃跑与求生"训练。

那是1964年6月间,为期四个月的U-2机训练结束了。张立义和王西爵正准备返回台湾时,突然被单独召走了。

"你将接受3周的'逃跑与求生'的训练!"美国中央情报局的一个训练官告诉他。

"我?"

"对!作为一个U-2飞行员必须随时准备被敌人击落,只有在极其艰苦的环境中学会逃跑和求生,才能保全自己!这次负责你训练的是威力姆先生,你要一切听从他的指挥!"

威力姆是由美国中央情报局雇用的专门负责逃跑和求生训练的教员。他是一个典型的印第安人,黑红的皮肤,粗糙的面孔,又长又黑的眉毛,棕色的卷发。由于额部突出,那双淡黄色的眼睛凹得更深了。眼睛里射出凶狠的光,看了叫人害怕,他浑身是肉,长满了又长又黑的汗毛,简直像一头野猪。

紧接着,威力姆就将张立义引进一辆早已停在那里的STATIONWAGON(类似旅行车)中,引擎一开,车子便飞速向凤凰城北部驰去。

"WHEREAREWEGOING?(我们上哪儿去?)"张立义不解地问。

印第安人没有理睬。

"不该问的不要问,一切听从指挥。"美国中央情报局的警告又在耳边响起。

张立义默然了。

车子风驰电掣般地出城以后,进入了山区,围绕一座高山盘旋而上,越爬越高,张立义明显地感到呼吸困难,威力姆已经出现了高山反应。大约在8000英尺的半山腰,车子停下了。随后就进入了茂密的丛林之中,他们背着近20公斤的大包袱,在鬼哭狼嚎、野兽横行的原始森林中攀登穿插,威力姆开始大口大口地喘气,不时伴随着呕吐,张立义感到一阵阵头昏,双腿也越来越重……

夜幕降临了。

他们开始生火,但是怎么也点不着,于是他们就用罐头来填肚子。

晚上他们露宿在森林里,过着原始人般的生活……

两天的森林生活结束以后,他又被带到亚利桑那州土桑城和凤凰城之间的沙漠丘陵地带。炎热的夏天,没有水喝,整天徒步翻越沙丘峡谷,两三米高的仙人掌中不时蹿出吐着长舌的恶狼,好几次他累得倒下了,但是印第安人没有停下,他知道停下就是死亡。

火辣辣的太阳下山了,马蜂般的蚊子蜂拥而来,他们钻进了系在树干上的吊床上,眼睁睁等待黎明的到来……

休整消除疲劳以后,他突然登上飞机到了佛罗里达州,被带到了神奇般的沼泽地时,他惊呆了,"怎么有这么大的沼泽,水草为什么长得那么高,要是伞落到沼泽地岂不是死路一条?"

他们登上了一艘汽艇,向茫茫沼泽中心驶去。

不知道开了几个小时,远远看见了一个小岛。

"WEWILLLIVETHISISLAND.(我们住在这个岛上。)"威力姆大着嗓子嚷嚷。

"住在这里?这里怎么住呀?要是落在这里哪里还能逃生?"张立义简直难以想象。"熬吧,熬过这一关!"

钓鱼、野餐、扯帐篷。

蚊子叮,虫子咬,他在文明的时代里过着原始人的生活。

……

张立义想着"逃跑和求生"训练,忽然感到"要是当时有雪地训练,或许今天不会在这里困死!难道真的命运是前世注定的吗?难道命运注定我要跳伞在内蒙古吗?如果真的如此,那么,在美时的'逃跑和求生'训练是为了我今天的逃生,那样我就不会死在这里了!"顿时一股无形的力量像强心剂注进身体,他开始到处寻找树枝,他想生火取暖渡过难关,然而沙漠中哪有树枝,即使有也埋在厚厚的雪地里。他的心又冷下去了,绝望、暗淡。

起风了,凛冽的寒风像要撕去他的皮一样"呜,呜——"忽然他想起求救信号。那是在空军特工部领受任务时,特工处长告诉他:大陆上到处都有国军的内线。如果遇到意外情况,只要跳伞成功,一落地就会有人接应。联络信号是对空发射红色信号弹。

"要是我打出信号弹,他们一定会发现我这个目标!"没有考虑,他便从腰间拔出手枪,拉开枪膛,取出子弹,换进信号弹。

"吧、吧、吧"随着三声清脆的响音,三道红光划破了沉静的夜空。

一小时过去了,没有动静。

两小时过去了,没有动静。

三小时、四小时……

他感到无比愤慨:"我受骗了,狗贼的特工处长,如果还能活着回去,非揍他个半死,再到总统那里告他一状。"

他拉拉皮衣领子,手触到了腰间那只袋上。原来是一架可在夜间照相的高级照相机。突然,他想起了此行的任务。如果自己被俘了,吃尽苦头不说,说不准远在东港的慧慧一家也会受到株连。如果继续西行,利用国军的内线人物,重新拍摄到核试验场地的照片,再悄悄返回台湾,那该会引起多大的轰动。那几个小子一个个命归黄泉,我张立义要创个奇迹。他仿佛烟鬼吸了几口海洛因似的来了精神。

他掏出指北针,对了一下方向,向那白茫茫的西北方向艰难地挪动了脚步。一路走,他一路在想,他还残存着一点希望,那就是接应他的内线。尽管潜意识告诉他受骗了,可他还希望梦想成真。

东方吐出鱼肚白的时候,他突然看到不远处闪耀着一丝微弱的光芒,"灯光"犹如是生命的火花,顿时一股强烈的热流涌遍了全身,双腿来了力量,向灯光闪烁的方向前进。

走近了,"原来是一个蒙古包!"灯光就是从窗缝里透出来的。

张立义举起右手去敲门,刚想敲下去,手在半空中蓦地停住了,"莫非这是共军设的陷阱,让我自投罗网!"

他全身的血都快要凝住了。"是生是死在此一举! 或许还是个内线呢?"咬了咬牙,"砰、砰、砰"敲响了门。

没有声音。

又敲了三下,略重了一点。他把耳朵紧贴在门上,憋住气细听里面的动静。

还是没有声音。

风越吹越猛,他佝偻着将身体紧缩一团,像个乞丐哀求在门外,一种凄凉的酸楚涌上心头,"人生是多么坎坷,昨天我还是个高人一等的天之骄子,今天却沦落在举目无亲的雪地里。"他痛苦地低下了头。

"吱嘎"一声,门突然开了,一个头裹毛巾的农妇出现在眼前。农妇一见张立义头戴飞行盔,身穿抗压飞行服,太空人般的打扮,外加一支乌黑的手枪,吓得瞠目结舌,"啊"地惊叫一声,"砰"地把门关上了。

"大婶,别害怕。"张立义看到农妇惊恐万状的神态,知道她一定被自己的装束吓坏了。

"我是台湾飞行员,想在这里取点暖。"说完不顾一切地破门而入,一头栽倒在地上。顿时,他被暖流包围了。

他第一次如此强烈地感到温暖的舒适和可贵。

农妇把他扶在炕上,给他泡了一杯热奶茶。

张立义一口气把它喝了下去,顿时全身寒气消散。"大陆人还是很有感情的嘛,并不像台湾报纸上宣传的那样可怕!"这是他进入大陆后的第一个感觉。

农妇这时明白了,"他就是那个民兵通知的油儿(U-2)飞行员!"她想起几个钟头前村里民兵曾来关照过,有一个U-2飞行员被打下了。

原来,张立义跳伞以后,解放军和民兵全力进行搜索。由于天寒地冻,夜色茫茫,范围宽广,人烟稀少,所以失去了目标,甚至张立义发射的信号弹也没有被发觉。根据当时情况,部队和驻地政府立即组织民兵进行大范围寻找,同时通知各村各户一有情况立即报告。

"你在炕上暖和暖和,吃的东西在桌上,开水在暖水瓶里,我出去办点事,"农妇借故出去了。

张立义似乎知道农妇去报告了,但他没有一点想逃跑的意思。他大概知道,在这茫茫的雪地里,单枪匹马逃跑无异于自取灭亡。

他躲进了内房的立柜后,推上了子弹。心想,如果解放军开枪,就拼个鱼死网破。

20分钟后,四五个持枪的年轻人进了屋。桌上的茶还冒着热气,人却不见了。

"糟了，台湾飞行员在热带生活，这大冷天跑外面不被冻僵才怪呢？"一个戴皮帽的人说。另一个抱着新棉袄和皮帽的，把衣帽往炕上一丢，"我白忙乎了，人家还不领情呢？"

张立义明白了，这些大陆人并无恶意，他们是来救自己的。去你的，什么不成功便成仁。"我在这！"

他把一支烧蓝的手枪扔了出来。年轻人和农妇又惊又喜，赶紧为他换上新棉袄。

当张立义在公社火炕上吃鸡蛋面条时，在台湾东港张立义家中，国民党空军司令徐焕升上将送来了噩耗。

据台湾中央日报1965年1月12日报道：空军少校张立义不幸于10日夜驾机到大陆执行任务时遇难。空军总司令徐焕升上将于11日午间专程前来向张少校夫人张慧慧女士及其子女和岳父母等慰问。

张立义在大陆上一待就是17年。1969年，他经周恩来总理批准获释，定居南京，与母亲团聚。他在大陆当过农民、工人，后来成了一名工程师。

17年后的8月，我国政府批准张立义回台与亲人团聚。

张立义未能完成他的"黑色蘑菇云"计划，然而，他那传奇般的经历和那逝去了的难以忘怀的岁月，着实令人们惊叹不已。

(十九) 一个古里古怪的间谍——波拉德

1985年12月21日。华盛顿西北部康涅狄格大街和范内斯大街附近的以色列使馆。

这是一栋新盖的楼房，那些风格独特的石头一看就知来自耶路撒冷，窗户是典型的犹太拱形式，整体建筑的造型古朴典雅。

这是一个星期四的早晨。

使馆沉重的铁门打开了，为的是放进一辆外交官的轿车。但是，紧随其后的一辆福特—野马牌轿车却毫无礼貌、迫不及待地超过那辆车，真如"野马"般地向使馆楼冲去。

"啪！"一名神情紧张的以色列卫兵打开那支新型冲锋枪的保险，毫不留情地把"野马"逼在了禁区红线之外。

大汗淋漓的杰伊·波拉德顾不得调整因急刹车带来的惯性，面对黑森森的枪口大喊了一声，声明自己是寻求避难的犹太人。"联邦调查局在追捕我，我需要帮助。"他对那个迷惑不解的卫兵急急解释着。车内还坐着他的妻子安妮·亨德森·波拉德。

此时，跟踪波拉德的联邦调查局特工人员已经通过门口的内部电话与以色列卫队长通了话，他们礼貌地请以色列人协助缉拿刚才乘野马车进入院子的那个男人。不然，卫队长被告知：那将会造成一场"破坏性的外交纠纷"。

卫队长立即与这栋6层楼的顶层通了电话。这里有一个叫"拉卡姆"的神秘的情报机构。事后不久，由于它陷入丑闻被宣布解散。但是，此机构自1950年以来的秘密活动的历史，至今仍是一个未公开的谜。

美国人的警告是多余的,因为拥有外交豁免权的以色列人,此时几乎可以做任何事情。但电视监视屏上显示,联邦调查局人员就跟在波拉德夫妇的后边。他们采取了另一套方案。

"对不起。"以色列安全人员将因惊异而神情显得更加古怪莫测的波拉德送出门外。联邦调查局人员在波拉德跨出使馆禁区的第一步时就给他戴上了手铐。

宣称保护全世界犹太人并帮助他们返回到神圣的故乡,这使以色列的"犹太谍报"系统自成一家,独树一帜。接替阿米特担任摩萨德领导人的兹维·扎米尔回忆说:

"在我负责的所有工作中,最令人兴奋和激动的是将我们的犹太同胞从对他们实行压迫的国家营救出来,并把他们带回这里。这是一种伟大的人道主义行动。"

然而今天,美国犹太人乔纳森·杰伊·波拉德在代表以色列国的大使馆被呼啸的警车带进了终身监禁的道路。

自始至终,没有人站出来对波拉德事件负责。其实,这名古怪的美国犹太人,从一开始进行的就是一场古怪的间谍游戏……

波拉德1954年8月7日出生于得克萨斯州加尔维斯顿的一个犹太家庭。青年时代的他,性格孤僻乖张,他一方面是狂热的以色列支持者,另一方面又是一名忠诚的美国人。

波拉德曾在美国最优秀的大学之一斯坦福大学读书,他的国际关系学教授发现,波拉德拥有过于离奇的想象力。他声称自己是一名以色列陆军上校,有时又说是一名上尉,与波拉德同住一个宿舍楼的人认为他"十分忧郁,举止神秘"。他甚至告诉熟人,说摩萨德想让他在美国政府充当间谍。

而波拉德最大的本事,是把这些子虚乌有的故事讲得让人难以相信它们都是假的。

1977年,获得学士学位的波拉德,申请加入中央情报局,但遭到了拒绝。他们对他的评估结果是:波拉德是个"奇异的说谎者、善于空谈的间谍、狂热的犹太爱国主义信徒和吸毒者"。但两年后,波拉德获准从事海军情报工作——中央情报局没有向五角大楼国防调查局提供他们的调查报告。

现在,波拉德的办公桌上放有一台几乎可以调出美国巨大情报网络所搜集和储存的全部秘密情报的电脑,他的上衣口袋里还装有华盛顿特区被称作"信使卡"的借阅证,这使他能够进入机密档案馆并将文件带回办公室。

1984年5月,波拉德荒诞的生活似乎找到了归宿,他通过一位经商的朋友认识了正在纽约大学学习计算机专业的名叫阿维姆·塞勒的以色列空军上校。

"我有充分的证据可以说明美国并没有让以色列分享应该与其分享的情报数据。"初次谋面,波拉德就这样告诉这位上校。波拉德表示,他可以在这方面帮助以色列。

塞勒的报告转到了拉菲·艾坦手中,艾坦此时正是前面提到的设在美国的技术谍报机构拉卡姆的负责人。

然而,艾坦对波拉德这位自动找上门来的志愿者却表示了怀疑。"这有可能是美国当局的一项刺探行动,或者根本就是一种阴谋。"像艾坦这样的间谍专家,他知道对那些过于心切的人应该小心应付。

艾坦的怀疑不无道理。1981年担任美国总统的罗纳德·里根明确表示过，以色列不需要再为它的所作所为付出代价。这使得美以之间的同盟关系在黄金时期结出了硕果。一位美国间谍甚至对摩萨德联络官开玩笑地说，以色列幸好没有成为美国的第51个州。"为什么？"这位以色列情报人员疑惑不解地问。

"因为如果那样，"那位中央情报局的间谍说，"你们就只能有2名美国参议员，而现在你们至少有60个。"

正因为这样，波拉德事件发生后，刚在日内瓦与苏联领导人米哈伊尔·戈尔巴乔夫举行首次首脑会晤后刚刚返回华盛顿的里根，遗憾中带有不解地说："我不理解他们为什么这么干。"

令人费解的问题还不仅仅是这些，一位很有地位的情报官员就这样说："我始终难以理解，以色列人为什么要雇用波拉德。他们在美国可以免费得到一切。他们并不需要去偷，因为他们想得到的，90%是友好合作的美国人有意赠送的。"

但艾坦当然知道，美国人的确没有把"所有"的东西都让以色列人分享。而波拉德就可以填补这个空白。

戈尔巴乔夫

"只有在美国内部安插一名密探，以色列人才能弄清他们缺少什么。"艾坦此时的决心已经超过了他的怀疑。

但是，波拉德本人是不是就是一个密探？艾坦毕竟不敢十分放心。的确，美以两家情报机构都公开许诺：不在对方情报部门直接进行暗中欺骗性的间谍活动。但各自狡猾的谍报谋划者都不会那么老实。间谍总是有，技巧各不同。比如要在对方招募密探，重要的是不能让他知道是谁雇用了他。他应该打一面"假旗"，告诉他，付给他钱的是另一个第三国。

这些技术性的细节对于艾坦这样的间谍大师并非难事，最重要的，能接触各种文件的波拉德，太具有无法抗拒的诱惑力了。

"犹太国准备让他试一试。"艾坦命令塞勒这样告诉波拉德。

从此，古怪的波拉德在冒险的拉卡姆找到了归宿。

1984年6月，美国海军调查局总部在马里兰州的苏特兰新建了一个"反恐怖主义警备中心"。这是美国对1983年10月发生在贝鲁特的那起造成241名美国现役军人死亡的卡车爆炸事件做出的反应。波拉德是为数不多的中选者之一。很快，他在计算机终端上打印出了提供给以色列的第一份情报。波拉德第一次就出手不凡，其情报价值令人震惊。如叙利亚发展化学武器、伊拉克设法重建核工程等，竟然填补了以色列数据库中的空白。

"现在，我们有了窥视它们的窗口。"艾坦心中窃喜。

一天。波拉德"借"给塞勒一叠卫星照片。内行的塞勒惊呆了。他是以色列最优秀的飞行员之一，1981年，他带领战斗轰炸机中队袭击巴格达核反应堆之前，就依靠了美国卫星拍摄的照片，照片上指出了轰炸的确切目标。他太懂得"空中间

谍"的重要价值了。

老牌特工艾坦也为这批卫星照片拆舌不下。在美以两家情报部门的合作中，卫星照片一直是一个难以"合作"的特殊问题。只有在进行一些特殊合作时，美国才偶然让以色列分享一下此类珍品。原因很简单，美国人担心自己的"技术"侦察方法和能力会被泄露出去。但以色列照样厚着脸皮要求获得自己的地面站和卫星接收天线，以接收并解读卫星拍摄的照片，美国人更是理所当然地无限期推迟答复。

现在，艾坦手中的卫星照片成了特拉维夫的"独家新闻"。

或是出于对拉卡姆的感激之情，1984 年 11 月，由他们支付费用，波拉德和未婚妻安妮·亨德森前往巴黎旅游。在法国首都最华丽的珠宝商店，拉卡姆又用 1 万美元为波拉德夫妇购买了一枚硕大的蓝宝石戒指。此外，又给了他 1 万美元现金供他花销。他们告诉波拉德，瑞士银行已经有了一个他的个人账户，并且，今后每月还有 1500 美元现金的额外费用。

如果说，此前波拉德因为是自愿的，他觉得可以随时洗手不干；而当通过戒指和现金建立起某种契约后，波拉德就成了以色列雇用的一名忠诚的间谍。

或许是异国他乡的旅行和秘密酬金增强了波拉德充当一名间谍的冲动，他从欧洲一回来就马上上了班。他带着一个装满文件和中东地区卫星照片的箱子交给了他的新接头人。

拉卡姆的情报来源渠道更加巩固了。

1985 年 10 月 1 日，来自以色列的 8 架 F-15 战斗机在长途奔袭 2400 公里以后，神奇般地出现在突尼斯临海的 5 座小楼上空——这里是巴勒斯坦解放组织的总部。在 4 架战斗机的掩护下，另 4 架实施了猛烈的轰炸和攻击，仅仅 3 分钟，这里被夷为平地。国防部长拉宾的"斩首"计划获得成功——阿拉法特因临时去北郊会客，才幸免"斩首"。

"这全亏了您，是您提供的照片帮助以色列采取了一次成功的行动。"拉卡姆这样对波拉德说。

肯定言过其实了。但以色列人知道，只有撩拨起波拉德那古怪性格中的自我表现意识，才能保持他对工作的兴趣。而波拉德作为从事情报分析的专家，他不满足于慷慨而抽象的赞扬，他时常要求拉卡姆把"价值极大"的话，具体说出来是哪条情报、在哪些方面发挥了哪些作用。拉卡姆"满足"了他。反正这又不是法庭上的证词，不过这些廉价的鼓励，仍使波拉德非常得意。

不过，为了安全起见，拉卡姆还是提醒波拉德："在进行联络或取消约会的时候，使用秘密口令是完全必要的。"这样，他们每个星期五就在华盛顿的一栋公寓楼见面，在一间装有特殊电子防护系统的房间，这些情报被一套特殊的高速影印设备"留"了下来。

后来，作为惯例，拉卡姆事先选定文件，就像从菜谱上点菜一样，给波拉德开具目录。但波拉德认为，只要与中东问题有关，以色列就应该知道。所以，这位性格古怪的间谍，他把自己搞得过于紧张。他拼命工作，干得筋疲力尽，以致艾坦及几位由他调遣的拉卡姆情报分析专家简直难以跟上他的速度。

"他总想超额完成任务。如果你分派他写一份论文，他会完成得很漂亮，但会写得很长很长。"波拉德在斯坦福大学的一位教授如是说。

后来在狱中的波拉德解释艾坦认为他的"价值"的意义所在时说,他发现以色列所以需要他的帮助,是因为它"并不是一个雄踞中东地区的无所不知的巨人",以色列人过于从"生存"的角度,将其最优秀的人员和技术用来对付威胁最大的叙利亚,而他则把注意力放在以色列的"外围敌人"身上。

因此,波拉德吹嘘自己"简直是以色列在大西洋到印度洋之间这片广阔区域的耳目"。他甚至认为,以色列的政府领导人肯定知道一个美国人在为他们服务,他说:

"以色列人给他的任务可以看出,空军、陆军、海军情报机构之间正在高度协调地结合。"

这可能也是驱使他最大限度地发挥自己"价值"的动力之一。

杰里·艾吉对波拉德越来越不满了,因为他为一些鸡毛蒜皮的事情撒谎。作为上司和一个特殊部门,艾吉对波拉德产生了怀疑。

1981年,由于波拉德对其"古怪行为"未加解释,海军曾一度取消了他接触机密的权利。但他们同样也不能证明这位奇特雇员确有问题,因而只好撤回了对他的处理决定。

波拉德几次撒谎后,艾吉对他多了个心眼,一个星期五的下午,有人向他报告,波拉德下班时从计算机中心带走了"一大捆"材料。

事实上,海军反恐怖主义警备中心已经发现他的工作成绩明显退步了。他不仅要为海军整天进行数据和计算机存储情报资料的分析,又要随时为以色列的雇主搜集更多的文件。他太累了。

经文件检索发现,波拉德带走的是有关中东的情报材料。而他的研究课题,至少不需要那么多的文件。

艾吉在此后的两个星期五,检查并发现了波拉德的确在收集一些与他的工作无关的机密文件。凌晨4点钟,难以入睡的艾吉又来到办公室,发现波拉德的办公桌堆着更多的关于中东问题的材料,这位海军军官不由得狠狠地骂道:"我他妈的用了个奸细。"

于是,一架秘密摄像机的镜头对准了波拉德。艾吉知道联邦调查局不会理会这种"小"案子。他们监视的结果是,终于确认了波拉德在建立自己的私人情报库,于是海军反间谍机构拘留了他。

然而,疏忽的特工人员并没有对波拉德实行封闭式审讯,而波拉德镇静地告诉他们:

"我将帮助你们揭穿一起我所了解的多国谍报阴谋。"他们不知道,在说谎、编故事方面,波拉德太富于经验了。

这也使波拉德能有机会打电话给他的妻子,他告诉她,他要晚点回去,要她"把仙人掌给朋友送去"。这其实是约定的暗号,表明他有了麻烦,"仙人掌"即文件必须马上转移。

惶恐不安的安妮觉得,此时手提箱里的文件,再不像提钻戒和现金那样轻松,而像是一枚要爆炸的炸弹。安妮请邻居替她保管手提箱,这使得邻居感到莫名其妙。于是邻居向海军调查局做了汇报。

返回家中的波拉德挂通电话,找到了他的接头人,要求避难并转移到以色列。谁知,职业间谍却犯了个素质低下的错误。他提醒波拉德:

"你可能已经被跟踪。如果你能够摆脱跟踪的话,就到大使馆来,我们会设法帮助你。"

其实,他应该清楚,既然波拉德"已经"被跟踪,那么,他的电话当然也"已经"被人装上了窃听器!

也许正因为如此,波拉德与联邦调查局的车子几乎是前后脚到了以色列大使馆。起诉波拉德的检察官说:"被告向以色列出卖了大量秘密文件。如果把它们摞在一起,有 10 英尺长、6 英尺宽、6 英尺高。"

国防部长卡斯珀·温伯格私下说,波拉德应该被绞死或枪毙。因为,为了弥补他所造成的损失,美国需要花 10 亿美元。

1987 年 3 月 4 日,法庭判处波拉德无期徒刑。显然,温伯格的意见对法官的判决产生了作用。

身陷囹圄的波拉德此时才感到沮丧。他对以色列人对他被判处无期徒刑采取不闻不问、麻木不仁的态度很不满意。

其实,此时以色列的许多官员私下认为,监狱才是波拉德的最好归宿。否则,那将会使人们不时想起这一件不光彩的事件。

波拉德这个古里古怪却又功绩卓著的间谍,终于被知道他和不知道他的人们无情地抛弃了,忘却了……

(二十)跨国捕谍谜案

一位身材修长、秃顶的男人,在霓虹灯的映照下,漫无目的地徘徊在伦敦市中心的莱斯特广场。

这是 1989 年 9 月 24 日,星期三。

就在几分钟前,几天来一直陪着他的人还极力劝慰他:少安毋躁。并且不同意他到莱斯特广场这样游人密集、多生事端之地。但他却是那么烦躁,那么执拗,他知道自己需要什么。连日来禁闭般的生活,憋得他快要发疯了。

此刻,这个男人还是那么烦躁急火,甚至很惶恐不安。但他相信,再过几天,他就要出手一颗轰动全球的"原子弹",他就要成为世界名人,就要拥有美金、美女……

这个叫莫迪凯·瓦努努的男人,是以色列设在内格夫沙漠的迪莫纳核工程的一名技术员,他在那里干了整整 10 年。他知道,这是一所核炸弹工厂,以色列拥有令人生畏的核武库。瓦努努已将这一秘密透露给了伦敦的一家报纸,下周就要独家发表。"这还不是全球轰动的新闻吗?"瓦努努用那双因烦躁而布满血丝的双眼注视着广场上来来往往的人群,特别是一对对揽腰牵手的情意绵绵的情侣,心里向他们吼道:如果你们知道了下次中东战争会导致世界末日这一事实,你们还能这么悠闲,那么尊贵吗?

疯狂的乐曲让瓦努努感到周身肌肉发紧,同样疯狂变幻的灯光让他感到热血奔涌——这是广场边上的一家迪斯科舞厅。但瓦努努注意的是门外站着的一位高高的、身材窈窕的金发女郎。女郎那美丽、艳媚的眼睛，似乎不经意地接住了瓦努努射来的目光，瓦努努感到自己寻找的"感觉"找到了。他立刻心潮荡漾，随即走上前去。

现年32岁未婚的瓦努努作了自我介绍。说他叫"迪莫"。他说他在澳大利亚的朋友就这么称呼他的，但在以色列他叫莫迪凯。她说她叫"辛迪"，是一位独身旅行的美国人，一名化妆师。与她跳完了舞，又漫步在莱斯特广场，那天晚上是瓦努努最好的消遣。

他们分手时，瓦努努把旅馆的电话号码给了她。他们相约不久再见面。

几天后，他给他的秘密买主、英国星期日时报打电话，说他要"出城"，并保证几天后也就是发稿前赶回来。这家报社从此再也没听到他的音信了。

40天以后的10月9日，以色列。

内阁秘书埃利亚金·鲁宾斯坦在新闻发布会宣布："经过召开有律师参加的听证会，法庭传令正式在以色列逮捕了莫迪凯·瓦努努。"

当然，鲁宾斯坦隐瞒了一个事实：即瓦努努谍案，其实是一宗跨国绑架案！

1986年初的一天。以色列。

一张刚刚出版的英国《星期日明镜报》呈现在总理佩雷斯那宽大的办公桌上——过去，他并不看这类"不正经"的杂报。

佩雷斯在以色列享有"原子弹之父"的美誉。50年代中期，他作为国际部办公厅主任，为以色列从法国引进核技术立下了汗马功劳。因此，他对核工程爱护备至。当然，生活用的"核工程"有没有变成军事上的"核武器"，外人就不得而知了。

美国的丹·拉维夫和以色列的约希·梅尔曼在他们合著的书中这样写道，"在以色列，'真相'和'原子'这两个词永远不会搁在一起"。

1963年4月，美国总统肯尼迪将西蒙·佩雷斯召到椭圆形的办公室，逼他讲出事实。"你知道，我们一直怀着极大的兴趣注视该地区的核潜力的发展情况。因此，我们非常关心你们在核领域的研究成果。你能给我谈谈这方面的情况吗？"

肯尼迪的"敲山震虎"是有所指的。1960年，在一次高空侦察任务中，美国一架U-2飞机拍下了以色列核设施的照片，而且美国情报分析人员毫不费力地弄清了设在迪莫纳这一设施的用处。

但佩雷斯用以色列政治作曲家几十年来反复弹奏的调子做了回答。"我们决不会将核武器引入该地区。"他对总统说，"我们决不会率先这么做。"

然而，中央情报局驻特拉维夫分站站长约翰·哈登相信以色列人没有说实话。一次，这位美国人——名义上的外交官——正在离核设施不远的公路上行驶。突然，一架军用直升机降落在他的汽车附近。辛贝特的保安人员要求查看他的身份证，他出示了外交护照后，驱车离去了。他此刻仍然坚信这样一点：他所知道的远比以色列人承认的多！

佩雷斯越想越坐不住了，他用红色电话召来了摩萨德局长内厄姆·艾德莫尼——这是我们所知道的以色列最后一任有名有姓的局长。从他的下任起，以色列法律禁止公开他们的姓名。

艾德莫尼显然知道得更早——几周以前，他就收到了澳大利亚安全情报局发给他的一份电报。这份简单的材料说，一位以色列人正在实施一项特殊的诱惑计划:企图引诱新闻媒介购买一则"秘密"消息。澳大利亚情报局认为摩萨德或许想了解此事。

当艾德莫尼赶到总理办公室时,外交部长拉宾和国防部长沙米尔已经坐在那里了。佩雷斯对他们说:"既然我们已经无法控制机密泄露,那么",他指着《镜报》刊登的出卖机密的瓦努努的照片,一字一顿地命令道:"我们就逮捕他。"

佩雷斯十分清楚,玛格丽特·撒切尔首相对英国的尊严十分敏感,所以他又命令摩萨德不要触犯英国的法律。佩雷斯知道,"铁娘子"的愤怒会给他的以英合作的外交努力带来不利。

然而,这就苦了摩萨德。在他国抓获一名有防备、受保护、频频更换秘密住处的人就已经相当困难,而总理的命令又无异于束缚了绑架者的双手,从而使得这项任务几乎无法执行。

不过,作为世界上最优秀的情报机构之一的摩萨德,似乎还没有不可能做到的事。正如他们最初告知被训练的间谍的一个有效方法那样:"如果你被扔出了门,那就再从窗户钻进去。"

事实上,人们在分析了包括以色列在内的各国的情报工作特点后发现:以色列的情报工作,旨在不惜一切代价使以色列国保存下来——这是它何以如此卓有成效的原因。

以色列情报机构拥有1万多名男女雇员。他们有句名言:"每个间谍都是王子。"他们当中固非所有人都能成为王子或公主,但他们人人都在争取。所以,他们虽然是地球上最小的国家之一,但却建立了一个世界级最优秀的间谍机关。1979年,占领美国驻德黑兰大使馆的伊斯兰革命战士发现并公开了一份中央情报局的研究报告,这份秘密报告的结论是:

"以色列情报和安全机构属于全世界最佳之列,优秀的人才和先进的技术使它们具备了很强的战斗力;它们显示了非凡的综合、甄别和评估由其遍布全球的谍报人员、犹太团体等搜集的情报的能力。"

有人干脆这样说,以色列在情报世界绝不是另一个第三世界,而是一个超级大国。

这的确不是溢美之词。几十年来,摩萨德确实导演了一幕幕惊世骇俗的"神话"。

1967年,由于第一流的情报工作,以色列在史称"六天战争"中取得了辉煌的胜利,此时的间谍王子们骄傲地认为,他们是最优秀的人;

1976年,以色列武装突击队从遥远的乌干达恩德培机场营救了被劫持的旅客,赢得了近乎神话的声誉;

此外,它还策划了空中远程袭击轰炸突尼斯的巴解组织总部,万里追杀艾希曼,甚至从赫鲁晓夫的办公桌上窃取了他的苏共二十大的秘密报告……

当然,此时的艾德莫尼不无担心。1973年,情报局未能预见到"赎罪日战争"(埃及和叙利亚在犹太人欢度其最神圣的节日的时候对以色列发动了突然进攻),而导致了梅厄总理和国防部长摩西·达扬的辞职。这是一束阴影,加之情报世界虽然寻找到了一批勇敢、智慧之士,却也得到了腐败、自负之辈,因而"国王"和"朝廷"几乎无法保证所有的间谍都能表现为"王子"了。"这次追捕瓦努努,摩萨德能再现辉煌吗?"艾德莫尼在心里这样问自己。

但是,命令不允许他退却。他能做的,就是怎样把瓦努努捉拿归案。好在他已经知道了两个情报:一是英国情报机关愿意协助寻找瓦努努——至少不会对他采取"保护"的措施;二是瓦努努好色。"任何人身上都能找到可以利用的弱点。"——这是情报机关所希望的。

接下来,艾德莫尼亲自挑选了由摩萨德男女人员组成的行动小组直赴伦敦。尔后,辛贝特特工在一家木器厂找到了在那里工作的瓦努努的哥哥阿尔伯特,他们不加解释地以命令的口吻对阿尔伯特说:若收到你弟弟的来信,就把它交给我们。艾德莫尼知道,他的上司佩雷斯,1956—1963年,曾经为了这批秘密工程而频繁前往巴黎活动;沙米尔当时则是驻巴黎的一名摩萨德高级特工——他们都继承了迷宫般的法国情报机构的欺骗手法,并将它们引进了以色列。如今,上司的这道命令,迫使他必须一击得手,全身而退,辉煌再现!

"求万能的真主保佑——阿门!"他别无选择。

1986年5月。澳大利亚悉尼。一个星期五的晚上——犹太教的安息日。瓦努努推开了圣·约翰的安利坎教堂的大门。两个月后,他成了天主教的新教徒——这意味着他与犹太国家的彻底离异。

就在1985年的晚些时候,在以色列迪莫纳核基地工作了10年的瓦努努,因为参加了要求释放一名因拒绝去阿拉伯被占领土地服役而遭监禁的教师的运动,他收到了让他收敛的警告。但瓦努努却一意孤行,甚至在一次校园晚会上跳起了脱衣舞,并给艺术专业的学生做起了裸体模特,于是核中心决定开除他。

一个月之内,瓦努努卖掉了他的旧汽车和小公寓,长途跋涉到了远东。只是,他的兜里装着工作时的秘密。当他把这一秘密告诉了哥伦比亚人格雷罗——一个不安分守己的自由派记者时,瓦努努被格雷罗看成了一只即将生出金蛋的母鸡。

格雷罗将自己指定为瓦努努的"文字代理人"。他与数家国际出版机构联系,表示愿意提供一条耸人听闻的内幕消息。但是,没有人愿意出钱购买这个故事——无人相信这是真的。但是远在英国的星期日时报却派出了调研记者彼得·霍纳姆等前往悉尼。结果这位获得过物理学学位的记者大受震动。他出价5万美元从瓦努努手中购买了独家刊登这个故事和那些照片的权力。然后,他们把格雷罗甩了,于9月11日飞到了伦敦。

他们没想到,格雷罗——显示了一名记者特有的那种近乎狂热的欲望——乘坐另一架班机跟着他们也到了伦敦。这位哥伦比亚人对被抛弃十分不满,他找到了《时报》的对手《星期日明镜报》。《镜报》并不相信他提供的故事和照片,但是,它却可以成为嘲笑《时报》的武器。于是,《镜报》发表了格雷罗提供的材料,讥讽《时报》居然会轻信这"一派胡言"。

只是他们谁也没想到,《镜报》无意中帮了摩萨德的忙——他们轻而易举地掌握了瓦努努的行踪。摩萨德张下的大网正悄悄地向他们罩来……

东伦敦码头。瓦平。《时报》所在地。

这几天,劳工组织抗议活动正进入高潮,《时报》门口坐满了请求舆论支持的工人,许多电视新闻节目的摄制组不失时机地把镜头对准这次活动。这天,戒备森严的《时报》大门口又多了两名带着专用摄像机的人员,保安警卫们对此习以为常——这个时刻,谁还会在意多一个人少一个人呢?

只是,两个扛摄像机的人,正是摩萨德派出的。他们的镜头更多的是对准《时报》的大门,目的是监视瓦努努。因为此时恼怒的英国出版家联盟在默多克的出版社外边设置了一条长期警戒线,他们很难接近《时报》的内部。而且,这个特殊的电视摄制组自己也被人拍摄了下来。《星期日时报》报道说他们的保安拍摄到一位身高 6 英尺的男子,他声称自己在为一个学生联合会搜集罢工情况,而他那位留有胡须的伙伴却一声不吭。

很快,这个监视小组发现,猎物正乘坐一辆出租车离开瓦平,于是他们向同伴发出暗号,另一个小组使用汽车、摩托车继续跟踪。他们发现,瓦努努的住处几乎每天更换一次,接送他的汽车,有时把他从旅馆带到乡村住宅,有时又把他从郊区带到森林,再拐七弯八回到市区。但是,一旦他进入摩萨德的视线,无论走到哪里,以色列特工都能轻而易举地跟随着他——就像他自己的影子一样。

9 月 24 日,当他来到莱斯特广场时,"辛迪"在一个绝妙的时刻出现了。

对瓦努努来说,"辛迪"如天赐礼物。好色的瓦努努,早就显示出强烈的性饥渴,以至报道小组的女成员接二连三地被他不知羞耻地调戏过。

一个孤男,一个寡女,瓦努努相信"辛迪"和自己一样需要对方。那天晚上分手后,他就急于再次见到这位美国金发女郎。

仿佛心有灵犀一点通,第二天,辛迪就主动打来电话,请他到泰晤士河北岸的泰特美术馆见面。瓦努努刚要动身,又接到了报社安排新一轮提问的电话。瓦努努不免一脸怨愤,接他的记者只好送他去约会。因而,他是除了瓦努努之外唯一一次面对面地见到"辛迪"的人。欲火中烧的瓦努努告诉他,辛迪拒绝同他睡觉。

"亲爱的,我发现《星期日时报》在要你,他们并不那么需要你。"在经过几次约会以后,辛迪抓住瓦努努的心理,开始了"策反"工作。

瓦努努本来就对《时报》的犹豫态度非常不满,而占了先机的《镜报》不仅不给钱,反而加剧了他的惊恐。《时报》吞吞吐吐地说,他们所以不急于发表那些材料,是想看看以色列的"反应"。"他们的确不相信我。"瓦努努想。

"亲爱的,我们彻底离开《星期日时报》,彻底离开伦敦。"辛迪看准火候这样建议他。为了不"触犯"英国法律,摩萨德使用了"美人计",来"软"的而且"调虎离山",换个地方再下手。

辛迪告诉他,她的姐姐在意大利,她想让他陪着去见姐姐。为了满足自己的性欲,瓦努努忘记了报界好友们的千叮咛万嘱咐:不要出国,不要乘飞机,也不要住任何要求他出示护照以证明身份的旅馆。此时,他已经被辛迪迷了心窍。

9 月 30 日,辛迪买了两张去罗马的公务机舱票。在希思罗机场,瓦努努又像当初在悉尼甩掉格雷罗那样,也打电话告诉《时报》,说他"出城"去了。

"去他妈的《时报》,见鬼去吧!"瓦努努心里想道。从此这家报纸失去了一个制造爆炸性新闻的秘密武器。为此,他们真心实意反省、内疚了许久。

当然,这次,不是瓦努努不要回去,而是摩萨德不让他回去了。

10 月 9 日,新闻发布会宣布在以色列依法逮捕了瓦努努的消息后,坚持"爱国主义"的耶路撒冷官方舆论,开始刊登了显然经过加工了的消息,即在英国境内没有发生绑架,他是自愿离开英国的,并且透露了各种有关这位核机密出走者是如何被捕的说法。有的称,他是在法国南部同一位摩萨德女特工一起登上一艘游艇,在驶入公海后被捕的。也有的说,他"兴高采烈"地来到巴黎,接受麻醉后,被送上由法国飞往以色列的航班飞机的。

所有这些,都是为了掩盖这次欧洲秘密行动的痕迹,特别是避免和英国交恶。佩雷斯甚至亲自打电话给撒切尔首相,保证没有触犯英国的法律。两人的寒暄是在"友好的气氛中"进行的。

但是,处于拘留和审讯中的瓦努努却意外地突破了辛贝特的严密防范,在囚车上,他将手掌贴在车窗上,通过记者的眼睛和镜头道出了真情。他写道:"我是于1986年9月30日晚上9点钟在意大利的罗马被劫持的。"

这一秘密被警方发现了。以后警车的车窗就涂成了黑色,但记者们已经认定这是罪犯本人挑明的实情。而且,瓦努努又更加神秘地把自己被捕的经过告诉了来探望他的哥哥阿尔伯特。

阿尔伯特出来之后就"补充"瓦努努被捕的其余情况:504航班在罗马菲乌米奇诺机场着陆后,辛迪叫了一辆出租车。汽车很快将他们送到了她说的姐姐的家里。

他们一进房门,瓦努努就被两名以色列特工击倒了,辛迪给他注射了一支强力麻醉剂。阿尔伯特说,他弟弟随后被捆绑起来,用汽车运到了一个港口,在地中海漂泊了一周,于10月7日抵达以色列。他被绑在一副担架上上了岸,后来他被扔进了一间密不透风的小屋。

于是,意大利又成了记者们关注的目标——摩萨德是不是"触犯"了意大利的法律和尊严?

1988年9月,意大利反恐怖主义法官多米尼科·西卡公布了他那令人吃惊的结论:瓦努努根本未遭绑架。

这位德高望重的法官说,写在这名以色列人手掌上的英文字显得过于完美,完美得令人难以相信;而那些迪莫纳炸弹工厂的照片(他从《星期日时报》借来了那些照片),只有在官方的协助下才能拍摄下来;那些应该昼夜有人监护的实验室的仪器仪表,竟然空无一人。西卡认为这实在奇怪得令人费解。

事实上,以色列国内也有人提出质疑:无所不能的辛贝特居然准许一个跳脱衣舞的人到迪莫纳工作,又未能阻止他拍摄照片,并且让他在出国前保存胶卷达一年之久,最后又眼睁睁地看他泄露了更多的秘密。

疑点还在增加。瓦努努在看到辛迪的照片时断然否认:这不是我认识的辛迪。

1988年3月24日,瓦努努被判处有期徒刑18年,但瓦努努陈述说:"我不是一个卖国贼,并没有企图毁灭以色列国。"而外界则议论说,从来对叛国者毫不留情的以色列,何以对几十年来讳莫如深的核秘密的泄露者,量刑如此之轻?

因此,西卡对新闻界说,这是一次"组织严密的提供假情报的活动"。理所当然,意大利司法部据此宣布:既然"没有在意大利发生绑架",那么就意味着无须调查。于是,事情不了了之。

然而,西卡的推断却再次在国际新闻界引起轩然大波。人们开始觉得这场由以色列人一手策划的骗局是异常精明的而不是傻得不可饶恕。一些报纸、杂志甚至推测以色列的特工们根本就是利用瓦努努泄露以色列拥有核武库,以提醒世界注意它在中东的巨大核优势,从而威吓阿拉伯人,达到不战而屈人之兵的目的。而且,也只有像以色列这样具备高度谋略头脑的情报机构,才能够组织和执行这样一次长期而复杂的行动。

事实上,瓦努努事件的最终结果是:以色列从未在超过 10 人的场合讨论过核心机密,突然之间有悖政府之意愿,详详细细地登在了世界各家报纸的头版上,任由人们评头论足……

"也许,总有一天,这宗扑朔迷离的跨国捕谍案会有真相大白的一天。"人们只能这样去等待明天。

第十二章　军事将帅

一、古代将帅

（一）亚历山大

亚历山大（公元前356年！公元前323年），是古希腊罗马时期的马其顿军事统帅、国王，杰出的政治家、军事家。他自幼受到严格的宫廷教育，思想敏锐，才智出众。他酷爱兵法，很小就跟随父亲四处征战。公元前336年，其父腓力二世遇刺身亡，他年仅20岁便继承王位。继位后，他以严厉手段平定宫廷内乱，从事军事改革，发展了古希腊的方阵战术，创建了既能乘马又能徒步作战的"龙骑兵"；对外，他继续其父的扩张行动，大规模地对亚洲、北非进行侵略性远征，史称"亚历山大东征"。以马其顿军队为核心，他于公元前334年率领着庞大的海陆军发动东征，对实力强大的波斯军队实行一次又一次的沉重打击，先后取得伊苏斯战役、高加米拉战役的胜利，攻占了埃及、巴比伦、波斯、米底等国的大片土地，创建了一个横跨欧亚非的庞大帝国。公元前330年，他又马不停蹄地沿着里海南岸继续东进中亚，途经安息、大夏和粟特，直到印度河上游的旁遮普地区才班师。公元前324年春，这位征战多年的大军统帅终于回到巴比伦。但这时他的病情已相当严重，于次年6月病死。他死后，他用武力建立起来的横跨欧亚非三洲的大帝国很快分裂瓦解。

公元前336年，腓力二世遇刺身亡，亚历山大继位，时年20岁。因腓力二世猝死，宫廷骚乱，北方部落起义，希腊反马其顿派领袖乘机重新组织反马其顿同盟，意欲将年轻的亚历山大政权扼杀在摇篮中。马其顿王国内忧外患，形势十分严峻。亚历山大果断地采取行动，迅速予以还击。在希腊同盟还未组织起来时，他已兵临希腊，犹如从天而降。他效仿腓力二世当年的做法，在科林斯召开全希腊大会，名正言顺地成为马其顿、希腊联军的最高统帅。

对希腊的制服，是亚历山大所采取的一个极为重要的措施，也是他东征能够取得胜利的可靠保证。公元前334年春，他以马其顿、希腊联军最高统帅的身份，巧妙地利用希腊人的力量，组织起强大的东征军，以波斯人曾蹂躏过希腊圣地，参与谋杀腓力二世为借口，向波斯帝国宣战，大规模地对亚洲、北非的侵略性远征由此拉开战幕。

亚历山大率军渡过赫勒斯滂海峡，进入亚洲，在马尔马拉海南岸的格拉尼科斯河附近与波斯军队首次交锋。波斯大军在河流的右岸高地上严阵以待，以逸待劳，占地利之势,而马其顿军长途跋涉,疲惫不堪。亚历山大为鼓舞士气,亲自率领一支骁勇善战的骑兵,强行渡河,迅猛进攻。波斯军队死伤累累,很快败北。亚历山大首战告捷,打开了向小亚细亚进军的道路。此后,在小亚细亚他没有遇到大规模的抵抗。

公元前333年秋,亚历山大在叙利亚的伊苏斯附近与波斯军队发生了第一次激战。亚历山大以重装方阵和重装骑兵迅猛异常地向波斯中军发起进攻。双方激战正酣,大流士三世首先动摇,弃阵而逃。波斯大军随即崩溃。

公元前332年春,亚历山大继续向南推进。许多腓尼基城市不战自降。对被征服地区,亚历山大采用恩威并施、宽猛相济的政策。攻下腓尼基各地不久,他就率军进入埃及。他利用波斯统治下人民的不满情绪,以解放者自居,同时,审时度势,随机应变。他特别注意拉拢埃及的祭祀阶级,因为他深知,埃及的阿蒙祭祀集团在埃及政治上具有举足轻重的作用,经济实力雄厚,在民众中影响较大。因而慷慨馈赠,甚至在沙漠中艰难跋涉,饱受煎熬,亲自去西瓦绿洲祭祀阿蒙神庙。因而,亚历山大得到了埃及祭祀集团的支持,被宣布为阿蒙神之子,从而成为埃及法老的合法继承人。

公元前331年春,亚历山大由埃及出发,经巴勒斯坦、叙利亚,侵入美索不达米亚。在尼尼徽附近的高加美拉村外与波斯军队进行了一场具有历史意义的、决定命运的大战。

高加美拉一役,亚历山大消灭了波斯的有生力量。之后,亚历山大几乎未遇抵抗占领了波斯行都巴比伦、波斯首都苏萨和波斯古都波斯波利斯,进行了惊人的掳掠和洗劫。不久,亚历山大追踪大流士到帕提亚和巴克特里亚,大流士三世已被杀。亚历山大追擒大流士三世的当地总督比索斯,以其背叛君主罪处以死刑。波斯的阿黑门尼德王朝遂亡,亚历山大取代了波斯帝国的统治。

其后,亚历山大进军中亚,虽遭中亚人民抵抗,但仍占领了中亚的一些地方。公元前327年,亚历山大又进军印度,利用印度诸国的矛盾,占领了印度河流域的一些国家。他还企图征服恒河流域,但因士兵厌战和畏怯印度摩羯陀国的强大,被迫退兵,公元前325年回到巴比伦城。历时10年的东征就此结束。经过大规模的军事征服,亚历山大建立起一个前所未有的大帝国。它的版图西起希腊、马其顿,东到印度河流域,南临尼罗河第一瀑布,北至药杀水,首都巴比伦。

亚历山大是著名的军事统帅,可以说战无不胜,攻无不克。他发动的侵略战争虽给欧、亚、非人民带来了很大的不幸。但在客观上,东征为东西方文化、政治和经济交流创造了条件。在帝国广阔的领域中,西亚、中亚、埃及甚至印度等地的各民族与希腊各城邦间的经济、贸易、文化的联系普遍加强,其规模之大,内容之丰富都是前无古人的。

(二)汉尼拔

汉尼拔(公元前247年~前183年)是迦太基(今北非突尼斯东北部)将领哈米卡·巴卡的长子,自9岁起随父远征西班牙,从父亲那里学会了指挥作战的本领。他有良好的文化素养,通晓希腊、拉丁等多种语言,对希腊战史造诣颇深。公元前

221 年任西班牙地区迦太基军统帅时,才 25 岁,汉尼拔的一生,几乎全部在迦太基与罗马争夺西地中海霸权的战争中度过。

当西庇阿率罗马军攻入迦太基本土后,奉命回国救援。在扎马战役(公元前202 年)中被罗马人击败。战后,继续统领迦太基军队。公元前 196 年当选为最高行政官员之一。由于积极革新政府,引起国内政敌和罗马权贵的畏忌,被迫于公元前 195 年亡命叙利亚,协助叙王安提柯三世同罗马作战。失败后隐居于小亚细亚,又遭罗马人迫害,由于惧落敌手而服毒自杀。

公元 219 年春,当汉尼拔完成了对罗马人作战的一切准备后,便率军越过希伯鲁斯河,进攻罗马在西班牙的同盟者萨贡托城。萨贡托人遭到汉尼拔突袭后,匆忙派遣了一个使团到罗马去。罗马元老院警告汉尼拔不要侵犯萨贡托城。汉尼拔不但拒不接受罗马的最后通牒,而且责备罗马人干涉萨贡托内政。公元前 218 年春,罗马正式对迦太基宣战,第二次布匿战争从此开始,汉尼拔梦寐以求、以战雪耻的时刻终于到来。

公元前 218 年 9 月初,汉尼拔率军来到阿尔卑斯山麓,当时经过 33 天艰难行军,汉尼拔率军终于翻越阿尔卑斯山,进入意大利境内。

汉尼拔以史无前例的壮举,如此神速地出现在意大利,犹如兵从天降,使罗马人毫无思想准备,无不惊慌失措。经过短暂休整后,汉尼拔率军进至波河左岸,在这里他第一次遇到了罗马军队的阻击。

公元前 217 年早春,汉尼拔选择皮斯托里亚和佛罗伦萨之间的托斯坎纳沼泽作为前进的道路,开始秘密进军意大利中部地区,迦太基军队 4 天 3 夜不间断地在齐腰深的水里行军,出其不意地绕过罗马重兵设防的阵地,踏上了通往罗马的大道。罗马执政官万万没想到汉尼拔会选择这条进军路线,被迫仓促改换自己的阵地,连夜尾追至特拉西美诺湖。特拉西美诺湖北岸是一个三面环山、一面临湖的谷地,只有一条十分狭窄的隘路从这里通过。善于利用地形的汉尼拔选择此地设下伏兵。

战斗实际上变成一场可怕的屠杀,不到 3 个小时便结束了。夫雷密尼阿斯及其部属 2 万人当场阵亡,数千人被俘,只有 6000 人冲出谷地,逃入附近一个村庄。在汉尼拔官兵重重包围和一片"缴械留命"的呼喊声中,完全丧失抵抗能力的罗马人全部举手投降。

公元前 216 年 8 月 2 日,汉尼拔在意大利东南沿海的坎尼地区,与罗马军激战,战至天黑,罗马军被歼 7 万余人,被俘约 1 万人,只有 300 多人逃走。亲临前线指挥的罗马执政官伊米里亚斯阵亡。汉尼拔军伤亡仅 6000 人左右。从此,汉尼拔威名大震,致使继起的罗马执政官和军事统帅都不敢同汉尼拔正面交锋。

汉尼拔是著名军事统帅,世界古代史上杰出军事家、战略家、谋略家。汉尼拔的一生,几乎全部在迦太基与罗马争夺西地中海霸权的战争中度过。他具有战略眼光,足智多谋,用兵不拘陈规,经常以出人意料的行动实现其战略意图,曾孤军深入敌国,横扫意大利,威震罗马,取得了攻克大小城池 400 余座的辉煌战绩。

(三)斯巴达克

公元前 1 世纪初,罗马已是一个领土相当广袤的奴隶制大国。在连绵不断的对外战争中,数以万计的战俘变成了奴隶,罗马到处都建立起大规模使用奴隶劳动的大庄园。

在罗马元老贵族的暴虐统治之下,奴隶的命运悲惨之极。法律规定,奴隶主对奴隶有生杀予夺的大权。奴隶主为了尽快收回买奴隶所花费的成本,便挥舞着皮鞭强迫奴隶一刻不停地劳动。在他们眼里,奴隶只是会说话的工具。为防止奴隶逃跑,奴隶主给奴隶戴上沉重的脚镣,套上坚固的项圈,圈上还写着:"抓住我,不要让我逃跑。"奴隶没有婚姻权,只有少数人才有这个机会,奴隶所生的子女。也被看作奴隶主的财产。老弱病残的奴隶,不是被卖掉,就是被送到台伯河中的一个荒岛上活活地冻饿而死。年轻力壮的奴隶也只有在监工的鞭笞下,一刻不息地劳动,直到死了为止。

斯巴达克

处境最为悲惨的奴隶是角斗士。角斗是罗马统治者的一种最野蛮、最残酷的娱乐。罗马政府还专门建造了巨大的角斗场,如弗拉维半圆形角斗场,可同时容纳 50000 人观看角斗。经过专门训练的角斗士,被奴隶主强迫着手握利剑、匕首,两两相斗,或者是与饥饿的野兽格斗,以此让奴隶主观赏取乐。一场角斗的人数,起先只有几对,后来增至几十对,最多达到 300 多对,奴隶主在血流成河的搏杀中得到变态的娱悦。当角斗快要结束时,奴隶主以手势决定角斗士的命运:如果大拇指朝上,则打胜的角斗奴可以留下性命;如果大拇指朝下,则被残忍地杀死。角斗场上还设有专门的人员检查被打死的角斗奴,用烧红的铁猛刺死者,看他是否真正死去,倘若还有动静,就用沉重的大锤把他活活打死,扔掉。

血腥的统治使奴隶们忍无可忍,起义的火种一触即发。

斯巴达克,这个"具有高贵的品格,为古代无产阶级的真正代表"的英雄人物就在这个时候应运而生了。他本是色雷斯人。色雷斯位于巴尔干半岛东南部,濒临爱琴海和黑海。当罗马进兵北希腊时,色雷斯人奋起反击。斯巴达克参加了战斗,不幸被俘,最初在罗马辅助部队中服役,因不甘驱使,多次逃亡,而被卖为奴隶。他有魁伟的身材,健康的体魄,英俊的面貌,而且臂力过人,卡普亚的一所角斗士学校将其买下做了角斗士。

角斗士非人的待遇令斯巴达克忍无可忍,他决计率领同伴逃出牢笼。他说:"宁可为自由而战死于沙场,决不为敌人取乐而丧生于角斗场。"在他的激励之下,200 多名角斗士串联起来,秘密商议起义计划。

不幸的是,由于叛徒告密,斯巴达克不得不果断采取行动,即刻提前率领七八十名角斗士以厨房里的刀叉、棍棒为武器,杀死卫兵,逃出了城市,一直奔到几十里以外的维苏威火山。在路上,他们截获了好几辆运载角斗武器的大车,装备了自己。就这样,公元前 73 年夏,震撼历史的斯巴达克大起义爆发了。

在意大利西南部的维苏威火山上,起义军安营扎寨,他们选出了三位领袖:斯巴达克为首领,高卢人克利苏克斯和日耳曼人恩诺马乌斯为副将。维苏威火山濒临那不勒斯湾,地势险峻,除一条崎岖小路可通山顶外,到处都是悬崖峭壁,易守难攻。起义军在这里积蓄着力量,并且不时走下山来,在附近的坎佩尼亚平原惩罚奴隶主,解放奴隶。

很快,许多奴隶和农民闻讯从四面八方投奔而来,起义队伍迅速扩大到1万多人。他们不仅在短短几个月内缴获了当地驻军的大量武器,而且从附近庄园里获得了大批给养。起义军纪律严明,作风良好,深得奴隶和平民的支持和欢迎。

这革命之火震撼了奴隶主阶级,他们开始惶恐不安。元老院急忙于公元前72年春派遣克罗狄率领3000名官兵包围维苏威火山。唯一的一条山路被封锁了,他们以为这样起义军会被困死山上。

斯巴达克临危不惧,他发出响亮的号令:"宁可战死,不愿饿毙。"形势十分严峻。起义军却出奇制胜,他们用山上的野葡萄藤编成绳梯,一直垂到谷底,顺着这绳梯到达了山底。趁着夜黑风高,起义军在斯巴达克率领下悄悄绕到敌人背后,一声令下,发起猛攻。敌人丢盔弃甲,溃不成军。克罗狄败逃而走。

斯巴达克起义军经过维苏威一战,声名大震,更多的人投奔而来。斯巴达克把扩大的军队整编为投枪兵、主力兵、后备兵和骑兵四大部分。随后,他们逐步控制了坎佩尼亚平原。在分析了敌我力量对比之后,斯巴达克认为,要在罗马国家的心脏地区建立巩固的奴隶政权,是比较困难的。因此,他计划把起义军带出意大利,摆脱罗马的奴役。进军路线设置为:穿越坎佩尼亚平原,抵达亚得里亚海岸,然后沿着海岸线北上,再翻越横亘在意大利北部的阿尔卑斯山,进入罗马势力尚未达到的高卢地区,在那里建立起奴隶的乐园。

公元前72年秋,斯巴达克大军浩浩荡荡地出发了。元老院急忙派遣行政长官瓦里尼乌斯率领两个军团共12000人前去阻截。起义军针对瓦里尼乌斯的分进合围战术,制定出选择敌人薄弱环节,集中精兵逐个击破的方针。

交战开始了,斯巴达克精兵杀向瓦里尼乌斯副将博利乌斯带领的2000人马,并且迅速取胜。继而,起义军把矛头转向前来增援的科辛纽斯副将。科辛纽斯不仅全军溃败,而且命丧沙场。起义军节节胜利,但由于连日作战,需要适当休整。瓦里尼乌斯便借此时机,把起义军逼到一处荒无人烟、道路崎岖的山区角落里,并筑垒挖堑,妄图置起义军于死地。

此时的起义军缺粮少兵,精疲力尽,再加上天气寒冷,形势非常危急。然而斯巴达克召开紧急军事会议,策划出了一个巧妙突围的计策:夜里,起义军在营寨门前钉上一些木桩,把敌人丢下的一具具尸体绑在上面,旁边点起篝火,远远看去就像哨兵在站岗放哨,并且留下一名号兵按时吹号。在神不知鬼不觉的情况下,悄悄地撤离了营寨,他们沿着瓦里尼乌斯认为无法通行的山路迅速冲出了敌人的包围圈。

天亮之后,瓦里尼乌斯方知中计。他气急败坏地率军追击,不料起义军早已选择有利地势,设下埋伏,沉重打击了敌人。

起义军威震四方,又有大批奴隶带着马匹投奔而来。斯巴达克日夜督造武器,实行严格的军纪,平均分配战利品,保护人民生命财产,禁止军队抢劫,在征集军需物资和武器时,都给以十足的偿付。正当起义军风头正劲之时,领导层发生了意见分歧。克利克苏斯不同意斯巴达克主张的翻越阿尔卑斯山出境,他坚持让起义军留在意大利同统治者斗争到底。最终他们分道扬镳,克利克苏斯率领3万人马离开了斯巴达克。

公元前72年冬天,克利克苏斯率领的起义军在阿普里亚的加尔干诺山附近同罗马元老院派出的格里乌斯军队相遭遇。一场血战之后,终因寡不敌众,克利克苏斯英勇牺牲,军队损失大半。余下的人又重归了前来救援的斯巴达克义军。

由斯巴达克率领的一支起义军经过辗转奋战,历经艰难终于冲破了敌人的围追堵截,胜利到达了阿尔卑斯山下。队伍发展到了12万人。此刻,再也没有敌人的围追堵截了,只要翻过山去,胜利就实现了。然而,阿尔卑斯山高耸入云,山顶终年积雪,气候恶劣异常,起义军辎重繁多,要想翻越大山,绝非易事。而且此时的起义军斗志昂扬,信心倍增,他们认为自己有足够的力量战胜罗马的奴隶主。因此,斯巴达克又改变了进驻山北高卢的计划,掉转头来,挥师南下,直捣罗马。

惶恐的奴隶主得知消息后,慌忙召开了元老会,他们推来推去,谁也不敢担当重任。最后,手段强硬、狠毒无比的大奴隶主克拉苏出任了新执政官,他被委以"狄克推多"(意为独裁者)的大权。为整饬军纪,扭转败局,他实行了残忍的"什一抽杀律",即把临阵脱逃的士兵分成10人一组,以抽签的方式每组处死一人,顿时有4000名士兵丧生。同时,克拉苏把兵力增至10万人。

克拉苏以为起义军会进攻罗马城,因此在相关大道上设下重兵,妄图歼灭起义军。然而,斯巴达克绕过罗马城,指挥义军纵穿意大利半岛,准备渡过摩萨纳海峡,占领富于战斗传统的西西里岛,以便与罗马统治者作长期的斗争。但是,这个计划却失败了。原来,为了解决渡海问题,起义军曾与西西里海盗达成协议,租用船只,但由于西西里总督维里斯收买了海盗,结果起义军上当受骗,船只落空。斯巴达克不得不再次率军北上。

而此时,狡猾阴险的克拉苏为了将起义军困死在半岛南端,命令士兵在布鲁提伊半岛的最狭窄地带挖出深、宽各四五米的一条深沟,长达50余公里,还用挖出来的土筑成一道又高又厚的土墙。起义军三面临海,一面受敌,处境相当危险。

一个风雪交加的夜晚,斯巴达克一面命令士兵们点起篝火,又唱又跳麻痹敌人,一面又率领1/3的步兵巧妙地利用树枝、柴草、泥土和敌人的尸体填平了一段壕堑,并且火速地通过了封锁线,敌人的阴谋又破产了。

脱险后,斯巴达克决定将军队带到布林的西港,从那里东渡亚得里亚海到希腊去。然而队伍内又出现分歧,两员部将公然率领12000人脱离主力,单独行动,结果被克拉苏消灭在鲁干湖畔。正当起义军急速向布林的西进发时,一支罗马军队已抢先占领了那里。起义军又一次腹背受敌。

斯巴达克深知东渡的计划已不可能,于是便果断地回迎战克拉苏。公元前71年春,阿普里亚境内,一场鏖战开始了。起义军奋勇厮杀,顽强不屈,但付出了惨重的代价,6万名奴隶壮烈牺牲了。斯巴达克身先士卒,冲在阵线最前沿。最后只剩下1万人了,他们宁死不屈。突然,斯巴达克被一名罗马军官从背后猛刺了一枪,接着,他的大腿也被刺中,跌下马来。战士们冲上前去,救出斯巴达克,并让他骑一匹快马赶快突出重围,以图大计。可是,斯巴达克毅然刺杀了那匹战马,他要与生死与共的战友一起流尽最后一滴血。他站立不稳,便屈下一只膝,手持武器,坚持到了生命最后一刻,壮烈地牺牲了。

6000名起义军俘虏被凶残的克拉苏钉死在从卡普亚至罗马沿途的十字架上。一场气壮山河的奴隶大起义就这样不幸失败了。

但是,斯巴达克起义声势之大、力量之雄厚、影响之广泛,都是史无前例的,它给予罗马奴隶主阶级以沉重的打击,震撼了罗马奴隶制的基础。这次起义代表了罗马奴隶起义的最高水平。

斯巴达克作为起义军的组织者和领导者,是历史上一位杰出的领袖和统帅,表现出无比英勇的斗争精神和卓越的军事才能。他的光辉形象一直激励着世代热爱光明和自由的人类勇敢地奋斗。

(四)奥古斯都

奥古斯都·恺撒,原名盖乌斯·屋大维,生在一个骑士家庭,古罗马杰出的政治家,罗马帝国的创造者。

屋大维的祖父曾担任过地方官吏,父亲是元老院元老,母亲阿提娅是恺撒的姐姐尤利娅的女儿。屋大维15岁时被选入大祭司团。屋大维被选入这个团和恺撒有关,因为恺撒是当时罗马的独裁者。公元前45年秋,恺撒计划出征帕亚提时,屋大维被恺撒送到伊利里亚的阿波罗尼亚学习。公元前44年3月15日,恺撒在元老院被刺杀,挑起了罗马内战。当时的执政官安东尼,是恺撒的旧将,自命继承人。恺撒去世前不久,收屋大维为养子。自此他更名为盖乌斯·尤里乌斯·恺撒·屋大维,时年18岁。

屋大维听到恺撒被刺的消息,立即赶回罗马。屋大维作为恺撒的"养子",赢得了一些恺撒军队的支持。但是,大部分恺撒的军队都倒向了马克·安东尼。公元前43年秋,屋大维与安东尼、雷必达在北意大利的波伦亚附近共同协商缔结了协定。这个协定是在军队的支持下定的,历史上称为"后三头"同盟。这个同盟打着"安定国家的三头政治"的旗号,在五年之内夺取了国家最高权力。后三头率领军队占领了罗马,解散了原来的政府,掌握了国家大权,在罗马实施恐怖统治,大肆搜杀,把没收的财产和土地分配给士兵。公元前42年,贵族共和派在希腊的腓力比被安东尼和屋大维的军队最后击溃。腓力比战役之后,屋大维和安东尼之间的矛盾日益尖锐。公元前36年,安东尼和屋大维平分了罗马的领土。此时,安东尼和埃及女王克里奥佩特拉已坠入爱河,与此同时,屋大维不断巩固自己的地位。公元前31年,屋大维在希腊西部海岸的阿克提乌姆海战中击败了安东尼和克里奥佩特拉。次年,屋大维获得全局性的胜利,安东尼和克里奥佩特拉相继自杀。公元前29年秋,罗马重新又统一了,屋大维成为罗马国家的唯一统治者。

公元前27年1月13日,屋大维召开元老院会议,并宣布交卸他作为三巨头之一的权利和"恢复"共和国。由于他并未仿效恺撒恢复公开的军事独裁,而是决定把国家交给元老院和人民去管理,公元前27年1月16日,心存感激的元老院授给他"奥古斯都"(意为神圣、庄严、伟大)的称号。

根据"奥古斯都"这个称号,屋大维死后将被奉为罗马的神。军权是他的一切权利的关键,是奥古斯都政权的强大支柱。作为最高统帅,屋大维有任命一切军事长官的权利。在政治方面,从公元前 32 至公元前 23 年,奥古斯都不仅连任执政官,而且在公元前 19 年获得了终身执政官的荣誉职务。在宗教方面,他被选为大祭司长,成为宗教的首脑。屋大维总揽了军事、政治、宗教等诸多方面的大权。元老院也受到屋大维的控制,公民大会除了形式上选举指定的高级官员外,没有任何作用。屋大维上任后,还修改了罗马的税务结构和金融制度,改编了罗马军队,建立起一支永久的海军,并组建了一支贴身护卫队——罗马皇帝侍卫队。这支侍卫队,对以后挑选和废黜皇帝起到了重要的作用。所以奥古斯都创立的元首制,实际上仍是君主制。

公元前 30 年起,在奥古斯都的领导下,罗马政治稳定、经济繁荣昌盛、文艺百花盛开。罗马最伟大的作家霍里斯和里维等人就生活在这个时代,有人称之为罗马文学的"黄金时代"。罗马帝国是古代文明的摇篮,是古代世界各民族的思想和文化融入西欧的桥梁。奥古斯都的安抚政策有效地抚平了战争给罗马带来的创伤。由此可见,奥古斯都是一位出类拔萃的政治家,他使罗马帝国成为古代最负盛名的帝国。公元 14 年,奥古斯都巡视南意大利时,在路上因病逝世,享年 77 岁。

(五)查理大帝

公元 800 年的圣诞节之夜,罗马圣彼得大教堂灯火辉煌,装饰一新。在庄严的音乐声中,一位高大魁梧、仪态威严的国王开始在圣坛前作祈祷。

突然,站在一旁的教皇把一顶金冠戴在了他头上,并带头高呼:"上帝为查理皇帝加冕,敬祝他万寿无疆和永远胜利!"其他教士和人们跟着欢呼起来。

这位查理是何许人? 教皇为什么要给他加冕,称他为皇帝呢?

原来,他就是当时开始称霸西欧的法兰克国王查理。

法兰克王国的中心在今天法国的东北部,后来扩展到法国全境和周围地区。6 世纪到 8 世纪,法兰克王国的封建制度已经比较巩固。查理的父亲最初是法兰克王国的大臣,在教皇和教会的支持下,篡夺了王位。为报答教皇,他进军意大利,把抢到的罗马附近一大片地盘献给教皇,形成了一个"教皇国"。

查理继承父位统治法兰克王国时期,更开始了大规模地扩张领土行动。查理是个典型的中世纪骑士,身材魁梧,精力过人,从不知疲劳和疾病。他一生的大部分时间都用在了战争上,据说,他曾经亲自参加了 30 次远征。后世流传的歌谣中把他形容成为一个神话般的人物。

公元 778 年,查理率大军顺利地翻越高峻的比利牛斯山脉,南侵西班牙。当时,那里是由一支从北非来的阿拉伯人建立的哥尔多瓦王国。

哥尔多瓦的军队遭到了重创,而查理的大军也损失惨重。哥尔多瓦国王提议讲和,查理军中一些将官也主张和解撤军。查理的侄子罗兰侯爵表示反对,更不同意派主和派人物盖内隆去进行和谈。但是,鉴于形势并不十分有利,查理最终没有接受罗兰的意见,派盖内隆前去同哥尔多瓦人议和。心怀怨恨的盖内隆,谈妥了议和条件,也和敌方订下密谋,暗害罗兰。

查理看到议和成功,就率大军回国,罗兰担任后卫。得悉盖内隆送来的情报,哥尔多瓦国王集结起了一支强大的部队,埋伏在险要的比利牛斯山朗塞瓦尔峡谷两侧。

夜幕降临,当罗兰的后卫部队排成长列通过隘口时,哥尔多瓦人借着夜色的掩护,居高临下,冲下山谷,包围了罗兰的部队。

最后,查理听到了那微弱的求援号音,率大军赶回峡谷。他发现,罗兰和所有的同伴都已英勇战死。

这次战事,后来被文学家加工成为一部著名的史诗,即法兰西最早的民族史诗《罗兰之歌》。它以悲壮的情节,感动了中世纪的欧洲人。

23 年后,查理又一次越过比利牛斯山远征西班牙,终于吞并了山南广大地域,并任命一个儿子为该地总督。

查理一生发动侵略战争时间最长的一次,是对北方撒克逊人的征服。他以传播基督教为借口,从公元 772 年起,先后发动 8 次进攻,时间长达 33 年,最终征服了撒克逊人,使之成为法兰克国的臣民。

在几十年的征战之后,查理的王国已经扩大到了相当于今天的法国、瑞士、荷兰、比利时、奥地利以及德国、意大利的大部分地区,成为当时西欧空前强大的国家。而随着版图的日益扩张,查理对国王的称号已经不再满足了。

教皇立奥三世看到查理势力强大,也为便于和查理共同控制西欧,于是,就为查理举行了加冕,称他为"罗马人皇帝"。查理欣然接受,并正式称为皇帝。从此,法兰克王国成为"查理帝国",查理国王成了"查理大帝"。他把自己的帝国当作了古代罗马帝国的继续。

查理统治时期,曾下令教会和寺院办学,并在宫中成立学院,广泛招聘僧侣学者前来讲学。他还从中等人家和低微门第人家中挑选子弟,与富贵子弟共同接受教育。甚至任命出身贫穷,学习优异的青年教士为主教。当然,这一时代的文化教育仍然是由教会垄断的,教育的目的也是为宗教神学服务。

查理对基督教极为热诚和虔信。他定都阿亨后,大兴土木,修建了许多金碧辉煌的宫殿和教堂。所有的大理石柱,是从遥远的罗马等地拆除古代建筑运来的,随着建筑的兴盛,绘画、雕刻等艺术也有所发展。阿亨的宫廷礼拜堂一直保存至今。

查理还派人搜集和抄写了许多拉丁文和希腊文手稿,虽然对抄本内容一无所知,但也为后代保留了许多古典作家的著作。

因为查理大帝统治的王朝叫加洛林王朝,所以后来的历史学家又把查理时代的文化称为"加洛林文化"。

查理死后不久,帝国就出现了分裂。到了公元 843 年,他的三个孙子各自为王,帝国一分为三。以后的西欧各国就是在此基础上逐渐发展起来的:东法兰克王国成了以后的德国,西法兰克成了以后的法国,东、西部之间的地区成了以后的意大利。法兰克人的语言也出现明显的分化,形成了法语、德语和其他西欧国家的民族语言。

(六)李成桂

李成桂,出身新罗贵族。父李子春为地方豪族,任双城总管府千户。1356 年,高丽攻其地,李子春投降,任东北面兵马使。1362 年,李成桂袭父职,在图们江、鸭绿江方面参与抵御女真族和蒙古残余势力入侵的军事行动。不久调京任职,后到南方抵御倭寇。1371年,任知门下府事。1392年废原国王,即位登基,改国号为朝鲜。

朝鲜位于亚洲大陆东部,东面是日本海,西面是黄海,南面与日本隔海相望,北面是中国东北和俄罗斯的远东地区。

朝鲜半岛多山,地势由东北向西南逐渐降低。河流多向西、向南流。半岛上有丰富的矿产、森林、水利资源。

朝鲜的居民是从北面大陆移来的。公元前11世纪中期,中国的周武王伐纣后,商朝的贵族箕子不肯降周,便率领一批商的移民来到朝鲜。周武王后来把箕子封为朝鲜侯。箕子于是回国接受封号。待他回到朝鲜后,便以自己的封号为名建立了政权,首都在王俭城(今平壤)。所以也有人称之为"箕氏朝鲜"。

公元前195年,西汉一个叫卫满的燕人亡命到朝鲜。他依靠内地来此避难的数万移民的力量推翻了箕氏朝鲜,自立为朝鲜王,史称"卫氏朝鲜"。

公元前109年,汉武帝遣使招抚卫氏朝鲜,但卫氏朝鲜不仅没有奉诏,反而出兵攻打辽东。于是汉武帝派大军一举灭掉了卫氏朝鲜。第二年,汉王朝在这一地区设置了乐浪、临屯、真番、玄菟四郡,全称为"汉四郡"。朝鲜人不服,反抗斗争不断。汉朝政府只得在20年后将这些设置撤销。朝鲜半岛处于散乱无主状态。

公元37年,朝鲜半岛北部的高句丽王公朱蒙统一附近诸部落,建立起高句丽国。公元前后,半岛南部的马韩部落建立起百济国。公元3世纪时,半岛庆州一带建立起新罗国。从而形成三国鼎立的局面,史称"三国时代"。

三国为了扩张并吞,不断发生战争。公元4—5世纪时,高句丽最强,百济、新罗不断受到攻击。百济害怕打击,都城一再南迁,领土也日益缩小。到公元6世纪时,高句丽因为内乱和受到中国隋朝的打击,日益衰落,新罗逐渐成为三国中的强国。

公元7世纪时,新罗与中国唐朝联盟,于公元660年消灭百济,公元668年消灭高句丽。唐朝在平壤设立安东都护府直接统辖高句丽和百济旧地,并在百济扶立傀儡政权。

新罗不满唐朝的独霸,支持唐朝辖区的朝鲜人反抗,并直接出兵袭扰。迫使唐朝步步后退。公元767年,唐朝都护府迁移到辽东,新罗占据了百济、高句丽的属地。公元735年,唐朝与新罗达成边界协议,以大同江为界,以南地区归朝鲜统辖。新罗统一了整个半岛。

后来由于内乱,新罗中央政权已无力控制整个半岛,统治范围仅限于半岛东南一隅。在原属于百济和高句丽的地区,又兴起两个政权,即后百济和后高句丽。这样,朝鲜半岛形成了新罗、后百济、后高句丽三足鼎立的局面,史称后三国。

公元918年,后高丽大将王建夺位,建立高丽政权,并很快吞并新罗和后百济,使朝鲜半岛再次统一。

13世纪初,蒙古在中国北方兴起,他们先联合高丽消灭了契丹,随后又出兵攻占高丽,将其变成蒙古的一个行省。高丽国名存实亡。

14世纪中叶,元朝统治日渐衰弱。1356年,高丽乘机遣军分东西两路进攻元朝,占领我国东北的一些地方。明朝建立后,便着手收复被朝鲜所占的土地。1388

年派兵到辽东。高丽国王辛祸急派大将李成桂统兵前去应战。

李成桂出身新罗贵族。他的父亲李子春为地方豪族,曾任双城总管府千户。1356年,高丽出兵进攻,李子春自知不敌,率部投降,被任命为东北面兵马使。1362年,李子春死,李成桂袭父职,在图们江、鸭绿江方面参与抵御女真族和蒙古残余势力入侵的军事行动,不久调京任职,后到南方抵御倭寇。1371年任知门下府事,参与政治活动。这次又被派往辽东前线。

明军与朝鲜军接触不久,双方议和,划定边界。从此,鸭绿江和图们江开始成为中朝两国的边界。

李成桂从鸭绿江威化岛回师开京后,发动政变,废国王辛祸,立辛昌为王。翌年又废辛昌,立恭让为王,自掌军政大权。1392年,李成桂再废恭让王,自即王位,次年改国号朝鲜,1394年迁都汉城,建立起李氏王朝。

李成桂掌握政权后,首先进行田制改革。1390年3月下令烧毁公私田籍,没收一切庄园,重新丈量全国土地。1391年颁布"科田法",把文武百官分为18科(即等级),按科把京畿道的土地授给官僚。科田可以世袭,但不准买卖。京畿以外的土地作为"军田",授予当地中小封建主,狩田者必须服兵役。凡得科田和军田者,以地租代替俸禄。此外,还有赏赐功臣的"功臣田""别赐田",也世袭使用。其他未分配的土地为国家控制的公田,由农民耕种,农民直接向国家交纳租税和服徭役。

1401年,李成桂又颁布《经国大典》,加强中央集权统治:中央最高国家机关为议政府,下设六曹(六部);中枢机构有承宣院;军事机构轩三军府(后改设五卫都总府);废私兵,行府兵制,设"军保",征收"军布"或"保布",以为军事开支的财源。

李氏朝鲜的封建等级森严而又复杂。最高等级是拥有特权的统治阶级,其下是"中人"和"胥吏"两个等级,他们是属于统治阶级中的不同阶层。被统治阶级中的一般平民称良人或是常人,这两个等级的人虽然都具有人身自由,但都不得为官。再次是奴婢,他们的地位近于农奴,是社会最下层的贱民。

后来,李氏王朝又推行号牌法。即由政府颁给16至70岁的居民每人一块牌子,上面烙有官府印记,类似于今天的身份证。这样做的目的是控制户口,保证封建国家的收入和兵源。

在对外关系上,李成桂一直遵循亲明抗倭的政策。他十分注意与中国明朝的关系,在保护一定的独立性的同时,百般讨好、结纳,将明朝作为自己的依仗。与此同时,对待日本人则坚决抵制。他在任将军时,便多次出兵抗击倭寇。

李成桂英明一世,到晚年也不免犯些过错。1398年,因他迟迟不能做出传位决定,引发王位继承人之争,差一点酿成大乱。虽然最后被李成桂摆平了,但他的权威也受到极大的损害。万般无奈之下,他将王位传与次子李芳果,李芳果就是后来的定宗。李成桂自称太上皇,又过了近10年的清闲日子后,染病去世。

在这以后,李氏朝鲜政权日益衰弱。

(七)斯特凡大公

斯特凡接连打败匈牙利国王和鞑靼的入侵,声威大震。这两次战争都以漂亮的歼灭战结束,充分显示出斯特凡杰出的军事指挥才能。这两次胜利大大增强了摩尔多瓦人民抗击侵略、捍卫民族独立的勇气和信心。斯特凡觉得时机已成熟了,他开始实施设想已久的计划,像他钦佩的扬库·洪尼阿德大公那样,建立罗马尼亚三国的反奥斯曼同盟,团结整个罗马尼亚民族的力量来抗击土耳其人的入侵,为基督教世界牢牢守住门户。

这时,南方的蒙特尼亚控制在亲土耳其的拉杜大公手里。蒙特尼亚位于喀尔巴阡山南侧和多瑙河以北,战略地位十分重要,是往西通往匈牙利和西欧、往北通往摩尔多瓦、波兰和立陶宛的门户,土耳其人通过傀儡控制了蒙特尼亚,等于掌握了通往欧洲大门的钥匙,随时可以发动侵略。必须把蒙特尼亚从土耳其人手里夺过来。

从1470年起,斯特凡趁土耳其人忙着在亚洲同土库曼人打仗的机会,多次出兵蒙特尼亚,要把拉杜大公赶下台。1473年底,斯特凡终于在一次战役中击溃拉杜的军队,乘胜攻占了蒙特尼亚首都登博维察堡(布加勒斯特),扶立拉约特·巴萨拉布为君。巴萨拉布答应参加反奥斯曼同盟。

精明的穆罕默德苏丹觉察到斯特凡所追求的目的,决定组织一次紧急讨伐。奥斯曼帝国的希腊总督,土耳其军队最出色、最凶恶的统帅,宦官苏里曼接到苏丹的诏令,要他率领他的全部兵力进攻摩尔多瓦,把那个胆大妄为的大公押到伊斯坦布尔去接受惩罚。

斯特凡大公一听到消息,立即派人分头向波兰国王卡西米尔和匈牙利国王马特伊求援。马特伊虽然是他的冤家对头,但这人在反抗土耳其侵略方面还是一条好汉,而且保卫摩尔多瓦也就是保卫波兰和匈牙利,土耳其人是决不会只停留在摩尔多瓦境内的。斯特凡还同时派人给教皇和威尼斯送去了求援信。

基督教盟友的援军迟迟不见来,土耳其的大军却已经出动了。公元1474年初冬,苏里曼从阿尔巴尼亚的斯库台堡出发,率领12万木军横穿希腊北部,经色雷斯、保加利亚向多瑙河挺进。船只满载着粮草和服装从黑海驶向多瑙河口。斯特凡花了不少力气扶上台的巴萨拉布大公这时已投降了土耳其,而且为虎作伥,为侵略军大效犬马之劳。

摩尔多瓦面临独立以来最严峻的考验。斯特凡大公立即发出全国紧急动员令,并在瓦斯卢伊宫建立大营,指挥抗击土耳其入侵的战争。他再次派出使者向基督教各国君主和教皇庇护紧急求援。正在欢度圣诞节的各国君主依旧只是口头上许诺,只有波兰派来了两千援军,特兰西瓦尼亚的塞克列人佩服斯特凡大公是个英雄,倒呼啦啦来了五千人自愿参战。

由于时间紧迫,斯特凡只集结起四万军队,而且大部分是刚放下犁杖的农民,加上援军也不到五万人。斯特凡清醒地估量了敌强我弱的形势,决定再次采用诱敌深入、坚壁清野、沿途袭扰、伺机决战的策略。

圣诞节时,土军前锋侵入了摩尔多瓦国境。摩尔多瓦的农民战士们遵照统帅的命令,掩藏粮食和牲畜,填塞水井或往井里下毒,躲在森林里袭击敌人,夜里摸进敌营放火。另外一些人数较多的部队则在每一处险要关口阻击敌军,他们熟悉地形,一旦遇险就及时转移到下一处隘口继续抵抗。天公似乎也来帮忙,接连数天阴雨绵绵,河谷里洪水泛滥,道路堵塞。土耳其大军追踪着斯特凡的军队,在山谷里艰难而缓慢地跋涉,尝尽苦头,疲惫不堪。他们一路骂声不断,恨不得抓住斯特凡生吞活剥了他。

土耳其大军终于还是逼近了瓦斯卢伊,决战的时候到了。斯侍凡大公把大臣和将领们召到瓦斯卢伊宫的议事厅,带领他们吻着十字架向基督起誓,决心与入侵的异教徒决一死战。随后,大公对战斗进行了周密部署。大臣和将领们喝过誓师酒后,都匆匆赶回自己的部队去了。

斯特凡精心选择的战场就是瓦斯卢伊城南的沼泽地,这里是拉科瓦河与伯尔拉德河的汇合处,沼泽两岸只有一座高桥相通,是土军的必经之地。这种地形使土军不能发挥大兵团作战的优势,其重甲骑兵也不易涉越,但却有利于摩尔多瓦轻骑兵的袭击。

公元 1475 年 1 月上旬的最后两天,斯特凡大公看见浓雾笼罩着大地、森林和沼泽,他在胸前虔诚地画了个十字,说:"这是上帝在帮助我。"随即,迅速下达了作战命令。10 日拂晓,摩尔多瓦的轻装部队在当地向导的带领下,运动到沼泽另一边的小树丛里,向正在前进的土耳其军队突然发起虚张声势的攻击,他们擂鼓吹号,大声呐喊,并纷纷放箭。

搜寻已久的敌人终于出现了。土耳其将军们立即做出反应,把部队转向一侧,向沼泽冲去,并督促后队跟上,以便包围和歼灭敌人。土军艰难地涉越过沼泽,冲到树丛跟前。浓雾挡住了视线,他们以为树丛后面就是开阔地带,敌军正摆好了阵势等他们去决战。兴奋的土军将领下令夷平树丛,整队进攻。正当他们朝假想的敌人冲去时,斯特凡大公的主力部队从侧翼和背后分三路杀了出来,这个打击突然,迅速而有力,造成了土军的恐慌。炮车和牲畜陷进了沼泽,乱作一团的士兵你冲我撞,在雾中自相残杀。后退也是死路一条,只有奋力前进才是生路。前锋部队砍倒树丛后,绝望地发现前面是另一片沼泽。但他们别无选择,只能继续跋涉,这样正好落入了摩尔多瓦人的伏击圈。

土耳其大军整个被驱赶进了沼泽,弩箭、标枪和霰弹暴雨般落到他们头上,摩尔多瓦的轻骑兵到处截杀爬出沼泽的土军士兵。战斗持续了三天三夜,奥斯曼帝国的 12 万大军全军覆没,土军统帅、副王和八名著名的总督当场就擒,沼泽里死尸枕藉,血腥扑鼻,惨不忍睹。

瓦斯卢伊战役(也称高桥战役)的胜利震动了世界,这是奥斯曼帝国开始扩张以来,基督徒对土耳其人所取得的最大一次胜利。基督教国家的人民欢欣鼓舞,斯特凡也因之成了轰动一时的传奇英雄,人们称颂他是喀尔巴阡山的雄鹰,伟大的战士和统帅。

斯特凡并未陶醉于胜利和荣誉而忘乎所以,他清醒地看到,更大的危险和更严峻的考验将不可避免地很快到来。他在胜利后不久写给基督教各国君主的信中说:"那个邪教徒皇帝听到这一切,必定图谋报复,将在五月亲率大军,倾巢出动,扑向我们。我们的国家,基督教世界的这座大门一旦失守,整个基督教世界就将处于危险之中。因此,我请求诸位派遣你们的勇士前来援助我们打击基督教世界的共同敌人……"为此,他还派出使者,携带缴获的奥斯曼军旗,去献给波兰国王和匈牙利国王,请求他们援助。两位国王都信誓旦旦地满口答应。斯特凡还向教皇庇护和其他基督教君主派去求援的使者。

斯特凡断定奥斯曼苏丹会倾尽全力来报复,下一次战争将是一场极其艰苦激烈的大战,同时也是一次机会。他如果能像扬库·洪尼阿德大公那样,组织起一支强大的多国联军,一举击溃奥斯曼军队,也许将从此解除土耳其异教徒对基督教世界的威胁。由于基督教各国君主心胸狭隘,目光短浅,他们已经觉得这个强悍的摩尔多瓦大公对他们是一个威胁,巴不得他同土耳其人拼个两败俱伤。因此,斯特凡的雄心壮志将注定成为泡影,他本人也将注定成为一个孤军奋战,备尝艰辛和屈辱的英雄。

正如斯特凡所预料的那样,穆罕默德苏丹对高桥惨败大为震怒。他处罚了有关大臣,自己绝食三天,以示报仇雪耻的决心。这一年五月中,讨伐开始了。苏丹亲自挂帅,驻跸奥德里。如云的舰队将向北方集结,阿纳托利亚,希腊、阿尔巴尼亚和保加利亚的奥斯曼军队将分12路向多瑙河沿岸城堡和渡口进发,每尊大炮用十对牛牵引,小炮用六对牛,数千辆大车满载粮草和用具,各式各样的兵种混杂在一起。奥斯曼帝国的庞大战争机器开动了。

可是,一种普通的疾病——风湿痛,使运转的机器嘎嘎地缓慢停下来。穆罕默德虽然还不满50岁,但是操劳、战争——他每年都要打仗,和没有节制的肉欲,使他的健康受到损害。这一年夏天潮湿多雨,风湿痛发作得更加厉害,使他行动困难。病一时治不好,他又不愿把惩罚摩尔多瓦人的胜利让给别人去享受,战争于是一天天拖下来,直到第二年春天。

穆罕默德的风湿痛为斯特凡争取到近一年的时间,可是不断的外交努力仍然没能争取到任何具体的援助,只有一大堆许诺和一纸令他屈辱的条约:那是他1475年7月同匈牙利国王马特伊签订的,他承认马特伊的宗主权,马特伊则答应给予他政治和军事援助。这时,发生了威尼斯人的叛变行为,他们同土耳其苏丹缔结了停战协定,出卖了黑海沿岸同摩尔多瓦大公有着友好和亲戚关系的卡法和曼谷普城堡。斯特凡怀着悲愤的心情,决心独自抗击奥斯曼侵略军。

1476年春天,穆罕默德出征的消息一传来,斯特凡就命令摩尔多瓦的所有教堂和修道院进行祈祷,全体战士斋戒一日。然后告别了家人,带着长子亚历山德鲁和部队起程南下。五月末,他在雅西接见了穆罕默德的来使,断然拒绝了土耳其苏丹要他投降、纳贡、交出城堡和送儿子做人质的要求。战争已不可避免。

就在20万奥斯曼大军一浪接一浪从南涌来的时候,土耳其人的帮凶鞑靼人也侵入摩尔多瓦北部,与奥斯曼军队相呼应,对摩尔多瓦形成南北夹攻之势。斯特凡只好把来自北方的民军派回去保卫家园,自己亲率一万二千精兵抗击奥斯曼侵略军。面对十几倍于己的强大敌人,斯特凡仍然采用行之有效的老战术。他下令实行彻底的焦土抗战,无法带走的粮食和器物一概烧毁,并烧掉大路附近的青苗和草堆,用煮熟的毛茛往水井里投毒。他亲自指挥军队据险防守,步步阻击,并派出游击队袭扰敌营,使侵略军无法安睡。斯特凡的战术使敌军吃够了苦头。土耳其编年史家西亚德丁在记述这次战争时,写道:"军队一连数天不知往何处行进,找不到粮秣,也无法安眠。"

7月26日,在战地村附近的白谷一带的森林里,发生了摩尔多瓦有史以来最激烈残酷的战斗。斯特凡亲率主力部队在这里袭击挺进的奥斯曼军队,他期待重演高桥之战的胜利。虽然摩尔多瓦战士们又一次表现出伟大的英雄气概,但敌人实在过于强大了,经过一天的殊死战斗,摩尔多瓦勇士们大部分倒在了他们热爱的土地上,其中有许多著名的大臣和将领。斯特凡带领剩余的部队,借助防御工事和夜幕的掩护撤进了深山。

获胜的奥斯曼军队趾高气扬,一路抢掠烧杀,占领了摩尔多瓦首都苏恰瓦。后宫眷属、政府和人民早已疏散,土耳其人得到的只是一座空城,他们愤而将这座名城付之一炬。

但是战争并不像侵略者所想象的那样已经结束。不屈不挠的斯特凡又从山上的牧羊人和农民中集结起一万六千名战士,开展了一场全面的游击战争。时值酷暑干旱,粮草缺乏,土耳其的军需部队到处受到袭击,马匹被砍死,牛被扎破肚子,大车被烧毁。上帝也终于来帮忙了,鼠疫开始流行,大量土军感染了这种可怕的疾病,浑身乌黑地死在异国的土地上。匈牙利国王大概觉得双方都拼得差不多了,于是也派来了援军。穆罕默德见势不好,下令撤军。土军在8月末掉头南下,急欲逃离这个可怕的国家,沿途又遭到摩尔多瓦军队的袭击,损失惨重。与此同时,鞑靼人在北方的入侵也被击退,余部流窜到沿海一带后被歼。

摩尔多瓦人民在斯特凡大公的领导下,以同仇敌忾、英勇牺牲的精神,又一次捍卫了祖国的独立和自由。但这次胜利的代价也十分惨重,经过蝗阵般的奥斯曼大军的蹂躏,整个国家已经奄奄一息和一片荒凉。斯特凡在战争结束后立即带领大臣们到南方各地视察,慰勉百姓,偿还他们的牲口,重新修缮烧毁的寺院和房屋,并亲自在战火燃烧过的土地上下种。他要尽快使国家和人民从毁灭中恢复元气和信心,以迎接今后的挑战。

(八)苏莱曼一世

被土耳其人称为"立法者"、被西方人称为"最棒的人"的苏莱曼一世(1494~1566年)赢得了16世纪最具影响力的军事领导家之一的荣誉。在他四十余年间的十三场重大战役中,苏莱曼一世扩大了奥斯曼帝国的版图,直到16世纪中叶奥斯曼帝国成为世界上最具军事威力的国家。

1494年11月6日,苏莱曼出生在特拉布宗(Trabzon),成为众多土耳其苏丹成员中的第十位苏丹。苏莱曼的青少年时代第一次入伍的军队是由祖父领导的,后来又参加了父亲的军队,当时的战斗主要是保卫奥斯曼帝国进行有限的领土扩张。1520年,父亲塞利姆一世[第73位]去世,苏莱曼继承了王位,立即开始了他扩张帝国领土和扩大帝国影响的作战计划。对于这位新苏丹来讲,最幸运的是他有一位能干的维齐尔(vizier)(注:伊斯兰教高官)易卜拉欣·帕夏(Ibrahim Pasha),他为苏莱曼监管内政事务,得以使苏莱曼可以从这些宫廷职责中解脱出来,带领军队决战疆场。

苏莱曼从父亲那里继承的是一支世界上最为庞大和训练有素的军队,这支军队由步兵团、骑兵团、炮兵团和工兵团组成。他指挥的第一场战役是借口为其受到怠慢的外交使节报仇而出兵的匈牙利战争。事实上,在苏莱曼大部分的战役中,保护领土和扩张版图才是他发动战争的真正动机。

1521年,苏莱曼的军队占领了贝尔格莱德,1522年。移师罗得斯岛,在那里遇到了圣约翰武士团保卫者的抵抗,这些骑士构成了土耳其控制海岸线交通和征服地中海的首要障碍。经过了六个月的围攻,土耳其军队没能攻破岛上坚固的防御工事。战争陷入僵局之后,苏莱曼建议罗得斯岛投降,交换条件是土耳其军队将保证圣约翰武士团的骑士安全撤回。他熟练的谈判技巧,加上他强大的军队做后盾,苏莱曼在未伤一兵一卒的情况下达到了他的目的,这种谈判技巧在苏莱曼未来的战争中还被再次利用过。

苏莱曼在处理国内威胁到他统治的派系斗争中也显示出了他杰出的才能。他迫使所有的反对派,尤其是那些雇佣的土耳其苏丹近卫军几乎时刻都处于战争的状态,这尽管并没有改变他们对这位苏丹的态度,可这毕竟逐步耗尽了他们绝大多数反对势力的反叛劲头。

1526 年,匈牙利再次威胁奥斯曼帝国边境,苏莱曼首先使邻近国家波兰签订了其保证中立态度的协约,随后率领八千人的军队展开了对抗匈牙利的战争,8 月 29 日,苏莱曼的军队在莫哈奇平原(Mo-hacs)进攻匈牙利主力部队。经过了一系列的正面进攻和大量炮火掩护下的侧翼攻击之后,土耳其军队杀死匈牙利军队一万五千余人,包括国王路易斯和匈牙利大多数的宫廷大臣。随后苏莱曼占领了布达王宫,并安置自己的亲信登上了匈牙利王座。

1529 年,苏莱曼率领军队进攻奥地利的哈布斯王朝。尽管他没有取得这次战争的完全胜利,可他最后还是设法与奥地利谈判签署了和平协议,使他巩固了与他在匈牙利取得的同样的权力。

西部边境稳定之后,苏莱曼开始将目光转向了东部边境的敌人。1534 至 1535 年,他出兵入侵波斯,并占领了大不里士和巴格达。与此同时,他与法国缔结盟约共同反对神圣罗马帝国,并为土耳其与法国建立了持续几个世纪的友好关系。

就在进行波斯战争和与法国谈判的时期,苏莱曼派巴巴罗萨(曾是海盗)带领海军乘大型战船前往地中海并在那里建立了霸权地位。1538 年 9 月 27 日,巴巴罗萨在普利维扎战役中战胜了威尼斯与神圣罗马帝国的军队,从而奠定了土耳其在地中海长达三十年的统治地位。普利维扎战役之后,土耳其海军开始了一系列针对南欧国家和北非沿岸国家的奇袭战争,这些战争持续了将近二十年之久。在由巴巴罗萨掌握制海权的同时,苏莱曼继续进行着他对波斯的战争,最终在 1555 年以阿米沙协约的签订结束了这场激烈的战争,随之而来的是埃尔斯伦(Erzerum)、爱瑞瓦恩(Erivan)、梵(Van)、大不里士和格鲁吉亚都并入了奥斯曼帝国的版图。

在苏莱曼戎马生涯的后期,他采用发动间歇性的战争来保证奥斯曼帝国的安全。1566 年,七十二岁高龄的苏莱曼率领十万大军再次入侵奥地利,然而 9 月 5 日,他却死在了军队的阵营里。三天后,他的军队就战胜了奥地利的最后一支反抗力量,成功地结束了这场战争。

苏莱曼自己在战场厮杀和扩大领土的期间,他明智地选用能力突出和值得信赖的管理官员来掌管政府。他在指挥协调骑兵、步兵、炮兵和工兵共同作战方面具有卓越的才干,这为他带来了持久的胜利,并且使土耳其成为 16 世纪最具军事威力的帝国之一。

苏莱曼的盟友与敌人都称他为"最棒的人",是因为他在军事和外交方面都很有造诣。在国内他也同样取得了卓著的成绩,他任人唯贤,选用合适的人才来管理他出征时的帝国。苏莱曼的统治正当公平,人民都称他为"立法者"(Qanuni),这位伟大的苏丹还在国民中鼓励艺术与教育事业的发展。

苏莱曼在众多有影响力的土耳其苏丹中是最成功的一位苏丹,也是最后一位成功的苏丹。他的儿子们缺乏统治者必备的才能,大多数还互相残杀来争夺继承权,迫使苏莱曼不得已处死了其中的两个儿子。其后果就是在苏莱曼死后,帝国统治阶层中那些懦弱、放荡和愚蠢的领导者们比那些真正具有领袖特征的人要多得多。这个由苏莱曼统治的控制范围包括大半个巴尔干半岛、非洲北部、中东和地中海的奥斯曼帝国,就这样在以后几代人的统治下逐渐没落了。

(九)克伦威尔

1599 年 4 月 25 日,克伦威尔出生在英国亨丁顿郡一个乡绅世家。他的童年鲜为人知。17 岁时,克伦威尔去剑桥锡德尼·苏萨克斯学院学习。1617 年,父亲突然去世,他不得不放弃学业,回家照料。两年后他又到伦敦学习法律。21 岁时,克伦威尔与商人的女儿伊丽莎白·波琪结婚,从此在亨丁顿定居务农。1628 年,他被选为亨丁顿自治镇代表,出席查理一世的第 3 届国会,开始登上政治舞台。

当时斯图亚特王朝的统治已经危机重重。克伦威尔和国王的反对派站在一起,抨击宠臣白金汉公爵,和专制王权进行坚决的斗争。1629 年 2 月,他在两次会议上发言,揭露"君权神授"的拥护者曼沃林被提升为主教一事,并检举温彻斯特主教尼尔蓄意散布天主教影响的罪行,引起国会的重视。

克伦威尔

1630 年,亨丁顿市议会获得国王查理一世的新令状,改建亨丁顿市府。因为有关规定给市府委员以剥夺农民在公田上放牧以及对不服从市府领导的人处以罚金的权利,所以令状公布时,群众怨声载道。克伦威尔有感于公愤,为农民争权益。之后,他卖掉在亨丁顿的财产,带了 1800 英镑迁居到圣伊维斯小镇,后又迁居到剑桥附近的伊莱。

1640 年 4 月,查理一世为筹集战争经费不得不重新召开国会。反对派首领皮姆、汉普顿等再度当选。克伦威尔也从剑桥郡当选为议员。这届国会史称"短期国会",揭开了英国资产阶级革命的序幕。11 月,"短期国会"召开,标志着革命的开始。克伦威尔的活动进一步引人瞩目。他参加了国会的 18 个委员会,提出了一系列议案。国会开会后两周,他呈上请愿书,要求释放李尔本。12 月 30 日,他动议《例年国会》提案的二读,结果"三年法规"得以制定。他还参加了《大抗议书》的起草,提出保证工商业自由、建立大臣对国会负责制、限制主教权力等要求。

查理一世拒绝《大抗议书》,并亲自带卫队到国会搜捕皮姆、汉普顿等 5 名反对派首领。行动失败后,他便前往英国北部,于 1642 年 8 月宣布讨伐国会。英国进入内战。

在历时 4 年的首次内战中,克伦威尔功勋卓著。他在亨丁顿、剑桥等郡招募了

一支主要由自耕农组成的千人骑兵队,在 1644 年 7 月的马斯顿草原一役中大胜,扭转了局面。1645 年 1 月,国会授权他建立"新模范军"。6 月,"新模范军"在纳斯比战役中摧毁王军主力,次年 6 月,克伦威尔攻克王党大本营牛津。不久,查理一世作了阶下囚。国会为了表彰克伦威尔的军功,授予他年收入 2500 英镑的庄园,他的家也从伊莱迁到伦敦。

首次内战结束后,长老派独占了胜利果实。克伦威尔属于独立派,他对长老派独揽政权非常不满,更不愿失去自己的力量支柱——军队。他建议成立了全军大会,吸收鼓动军人参加。会上通过了《庄严协约》和《军队声明》,表达平等派的主权思想。1647 年 8 月 6 日,军队开进伦敦,长老派重要议员仓皇出逃,独立派从此掌握了国会实权。

克伦威尔加紧和查理一世谈判,希望就此实现他的政治主张。但是查理一世逃跑,并和苏格兰使者签订秘密协约,准备引苏格兰军队入境,配合王党叛乱,再次挑起内战。克伦威尔立即转变态度,于 12 月 29 日在温德莎召开军官会议,吸收平等派军官和以前的鼓动军人到会,决定把查理一世交付审判。8 月,克伦威尔在普雷斯顿战役中击溃苏格兰军队。9 月,他占领苏格兰首都爱丁堡,取得了第二次内战的胜利。

克伦威尔坚决主张处决国王。1649 年 1 月 30 日,查理一世以暴君、叛徒、杀人犯和国家敌人的罪名被处决。2 月 6 日,废除上院。次日,取消王位。13 日,通过把政权交给国务会议的法案。5 月 19 日,英国宣布为共和国。

共和国成立后,克伦威尔掉过头来镇压民主革命运动。3 月底,他下令逮捕李尔本。4、5 月间,又镇压了伦敦和福德的起义士兵,驱散了在圣乔治山上垦荒的掘地派。9 月,率军侵入爱尔兰,镇压当地的民族起义。战争结束后,爱尔兰三分之二的土地被掠夺。在侵略爱尔兰期间,克伦威尔挥师北上苏格兰,于 1651 年 9 月 3 日彻底消灭了查理一世儿子的军队,并掠走了爱丁堡的国徽。

1653 年 4 月 20 日,克伦威尔率领一支火枪队闯入长期议会,宣布解散议会。随后建立了自己的御用国会,成立护国主政府等。同年 12 月 16 日,克伦威尔就任英格兰、苏格兰、爱尔兰的护国主。《政府约法》规定:护国主任职终身,兼任陆海军总司令;立法权属于护国主和国会;行政权属于护国主和国务会议。克伦威尔独揽大权,成了军事独裁者,共和国名存实亡。

二、近代将帅

(一)华盛顿

1.童年

1732 年 2 月 22 日早晨 10 时左右,"哇"的一声,一个婴儿在弗吉尼亚布里奇斯溪畔的庄园里降生了。父母为了纪念其母玛丽的监护人乔治·埃斯克里奇律师,给儿子取名为乔治·华盛顿。

乔治的出生地风光秀丽幽雅,充满迷人的魅力。不久,他们举家迁入了附近的新居——弗雷农庄。这是一座老式的3层楼房,坐落在一个高地上。不远处,湍急的腊帕赫诺克河像一条玉带伸向远方,船只在河面穿梭往来,艄公的号子声不绝于耳。庄园周围是一片绿油油的草地,一到春夏季节,各种不知名的野花竞相开放,还有野葡萄等浆果点缀其间,姹紫嫣红,争芳斗艳。这里是乔治和他的3个弟弟蹒跚学步和娱乐的地方,也是他们的运动场所和玩军事游戏的"战场"。

一切似乎都那样平淡无奇,但历史告诉我们:一代伟人就是从这里走向世界的。

乔治的母亲玛丽是个美丽端庄的女性,仪态优雅大方,喜欢穿华丽精美的服装。但同时,她又具有刚强的毅力,深明事理,治家有方,办事果断认真。正是母亲的这种特殊性格,使乔治从小就养成了自信、自立、自强的信念和待人公道、处事严谨的作风。尽管她也疼爱儿子,但由于管束过严,态度粗暴,乔治与她的关系一直不和睦。特别是在子女的教育问题上,玛丽没有尽到母亲的职责,她未能使乔治受到殖民地最好的教育。在丈夫去世后,她还拒绝像丈夫为前几个子女所做的那样,送乔治去英国求学,因此,乔治在学术和理论等方面的修养是无法与那一时代的一些伟人(如托马斯·杰斐逊和本杰明·富兰克林等人)相比的,这一缺陷不能不使他抱憾终生。

正是因为缺乏母爱,幼小的乔治过早地成熟了。由于得不到母亲的关心,幼年时的乔治便把依恋的目光转向父亲。奥古斯丁不仅受过较好的教育,而且智力超群,品行高尚。他对小乔治十分疼爱,尽管生意很忙,他还是尽量在生活上给小乔治以关心和爱抚,还抽出时间陪他到大自然中去漫游,给他讲历史故事和童话传说,教他读书识字,在智力和道德上给他以熏陶。因此,父亲不仅是乔治的文化启蒙老师,而且还使他懂得了不少做人的基本道理。

一个广为流传的故事记述了这位慈父教子的苦心和小乔治金子一般纯净的品格:乔治幼年时曾不小心砍倒了一棵父亲心爱的樱桃树,当父亲追问时,小乔治坦率地承认了自己的过失。他诚实地说:"我不能撒谎,爸爸,我不能撒谎!是我用斧子砍了樱桃树。"而父亲则激动地向他呼唤:"快到我的身边来,我的宝贝!你砍坏了我的树,我真高兴,你已经千倍地把这棵树偿还给我了⋯⋯你的勇敢行为比一千棵树更为宝贵!"

为了使儿子受到正规系统的教育,当乔治刚刚懂事的时候,父亲就把他送入附近的一所学校里就读。据说,这是当地最好的学校之一,但实际上学校的条件十分简陋,凄凉的钟声和低矮阴暗的教室陪伴着乔治度过了几年的学习生活。乔治的第一位老师是一个叫霍比的农民,他所教的都是一些最简单的科目,如识字、算术等,这些远远满足不了乔治旺盛的求知欲。他的第二位老师是威廉斯先生,也颇具"学者"风度,擅长数学和语法。受这位老师的影响,乔治11岁时已经学会了读、写和计算等基本技能,其中学得最好的课程是数学,并养成了精打细算、一丝不苟和有条有理等好习惯,这使得他终身受益匪浅。

1743年4月12日,乔治的父亲突然患急症去世了,年仅49岁。奥古斯丁为子女们留下了一大笔遗产:1万英亩土地和49名奴隶。其中长子劳伦斯分得了波托马克河两岸的庄园以及翻砂厂的部分股份;乔治成年后可获得腊帕赫诺克河畔的土地,共计4400英亩土地和10名奴隶以及一些不动产。但乔治却认为父亲留下的教诲要比这些遗产更为重要。

没有母爱,又失去了慈父,对于年幼的乔治来说简直是雪上加霜,他悲痛欲绝。然而,在这灰暗忧伤的日子里,另一个人激发了他继续生活下去的勇气和奋斗进取的希望,这就是他同父异母的长兄劳伦斯·华盛顿。在乔治的早年生涯中,没有任何一个人能像劳伦斯那样在生活和学识上给他以巨大的帮助和关怀。劳伦斯对乔治表现出真正慈父般的关心体贴,而乔治则对劳伦斯怀有崇敬心理。两个人感情融洽,趣味相投,这种亲密的手足之情不仅愈合了乔治心灵上的创伤,而且对他性格的形成和日后的生涯都产生了极其深远的影响。

劳伦斯比乔治大14岁,他从小就聪明伶俐,显示出过人的禀赋和才华,被奥古斯丁看作家族未来的希望。劳伦斯15岁那年,奥古斯丁就把他送到英国去深造,期望他学有所成,光耀门庭。在乔治大约七八岁的时候,劳伦斯学成回国。在小乔治看来,劳伦斯满腹经纶,风度翩翩,是一个极富教养的真正的男子汉,在学识和风度等方面都值得自己崇拜和效仿。而劳伦斯对这个弟弟也似乎有一种特殊的好感,对他爱护备至。

不久,由于英国与西班牙之间爆发了战争,劳伦斯应征参加了英国海军,在弗农海军上将的率领下赴加勒比海作战。战争给了劳伦斯展示勇气和才智的机会,他在战斗中的表现十分出众。他勇敢机敏,屡立战功,因此赢得了弗农等军事要员们的信任和友谊。乔治目睹了亲爱的哥哥披挂戎装、奔赴战场的英姿,并听到了不少关于他英勇作战的故事,深受感染和激励。

这一时期,乔治经常与小伙伴们在草坪林地之间搞军事操练,进行假想的战斗和模拟军事演习。他还自觉地加强了体育方面的锻炼,以增强体魄。他所进行的体育项目十分广泛:长跑、跳跃、拳击和投掷,等等。由于他生来就强壮有力,又能自觉刻苦地进行锻炼,使他成为体育竞赛中的佼佼者。再加上他少年老成,为人厚道,处理问题果断,因此在学生中享有很高的威望,被一致推举为学生军的"总司令"。

1742年秋,战争结束,劳伦斯回到家中。不久,弗农上将被召回英国,他希望劳伦斯随他同去,以便在海军中发挥才智,谋取功名。这正中劳伦斯下怀。但此时发生了两件事,使他不得不放弃这一计划,并改变了他一生的轨迹。

这一年冬天,他爱上了费尔法克斯县的威廉·费尔法克斯先生的女儿安妮小姐,并且很快就订了婚。第二年春天,父亲奥古斯丁突然病逝。从此,劳伦斯便在波托马克河岸边的庄园里定居下来,并于这一年7月结婚成家。为了纪念海军上将弗农先生,也出于对未竟事业的留恋,劳伦斯将庄园改名为弗农山庄。

弗农山庄在波托马克河畔的小山上,那里绿树环绕,鸟语花香,似一个人间天堂,它留住了劳伦斯那颗高傲的心,也深深地吸引了小乔治。父亲去世后,小乔治索性搬到了劳伦斯的弗农山庄小住。

父亲去世后,劳伦斯对乔治更加关怀体贴了。他不仅十分欢迎常常不期而至的乔治,而且还经常主动接乔治来庄园做客。他那威武的军人气质和绅士般的言谈举止对乔治来说具有迷人的魅力;他那渊博的知识和动人心魄的战斗故事更使乔治入迷至深,流连忘返。此时,劳伦斯已成为当地一位颇有名望的头面人物,他是当地议会的议员和少校副官长,领有定期的薪饷。他已经成了小乔治精神上的依托和崇拜的偶像,一言一行、一举一动都对乔治产生着不可估量的影响。1747年夏秋之交,乔治正式搬到弗农山庄,与劳伦斯同住。

在弗农山庄居住期间,乔治一方面领受兄长的教诲和熏陶,另一方面继续在学校就读。这时期,他仍然对数学十分钟爱,同时又对一门新的学科——土地测量学,产生了浓厚的兴趣。此时,北美的经济还处在初期发展阶段,土地的开发使用在经济生活中占有十分重要的地位,因此土地测量便成了当时最热门的应用学科之一,当一名土地测量员不仅待遇优厚,而且颇受人尊重。乔治有很好的数学功底,学习又十分认真刻苦,很快就精通了这门技能,掌握了当时最先进的土地测量法。同时,在艰苦的土地测量工作中,他还养成了一种认真细致、吃苦耐劳和持之以恒的工作作风,不论任务多么艰巨,环境多么险恶,他都能从容不迫、有条不紊地把工作做好。对此,劳伦斯惊喜地称赞道:"仅仅这种精神本身就能够创造出奇迹!"

在这一时期,由于劳伦斯的关系,乔治还与劳伦斯的岳父威廉·费尔法克斯先生的堂兄费尔法克斯勋爵一家相识,并结下了深厚的友谊。

费尔法克斯勋爵居住在距弗农山庄不远处一个叫"贝尔沃"的庄园里。那是一座欧式结构的2层砖楼,坐落在林木葱茏的山岭上,四周是修整精美的花园,园中盛开着郁金香、紫罗兰和牡丹等名贵花木。费尔法克斯勋爵出身于英国望族,在牛津大学读过书,具有广博的知识和经验,阅历十分丰富:曾做过多次探险旅行,从过军,当了几年地方官吏,有时还为《旁观者》等著名杂志撰稿。此时他已年近花甲,几年前在这里定居下来,过起了隐居式的乡绅生活。家中儿孙成群,三世同堂,生活充满了祥和恬静的气氛。这是北美荒野之中一个具有优雅的欧洲生活气息的家庭。

虽然乔治是一个在北美旷野中长大的略带几分野性的青年,但他对这个充满欧洲上流社会气息的家庭却非常感兴趣。而费尔法克斯勋爵也很喜爱这个聪明睿智的小伙子,曾多次主动邀请乔治到贝尔沃小住,二人结下了忘年之交。他们在一起读书游乐,谈古论今,共同出入社交场所,还常常骑马外出猎狐、野餐。乔治还常常一人躲进小屋,津津有味地浏览勋爵从英国带来的历史、文学书籍和《旁观者》、杂志上的文章。通过交往,费尔法克斯勋爵发现乔治品行高尚、谈吐不凡,并且胆识过人,骑术高超,在追击猎物时有一股穷追不舍、不达目的誓不罢休的韧劲。在与费尔法克斯一家的接触中,乔治增长了知识才华,陶冶了性格,学到了英国上层社会的品行礼仪、道德观念和温文尔雅的风度,同时还结识了不少当地的名流,这对于他后来从事政治活动是大有裨益的。

这一时期,为了约束自己的言行举止,使之能与上流社会的气氛相吻合,乔治曾亲手编写了一本题名为《接人待物行为准则》的小册子。其内容虽然过于周详琐细,甚至有几分幼稚可笑,但说明乔治从这时起已能注意自觉地塑造自己的形象,开始养成了彬彬有礼、尊重他人和严于律己等优秀品格。

2.大陆会议

1749年的夏天,华盛顿被任命为政府测量员。

1753 年 11 月 15 日,华盛顿奉命出使法控北美据点维纳吉,并圆满完成任务。1754 年 4 月,华盛顿首次参战。7 月战败,回归家乡弗农山庄。

从 17 世纪初叶英国在詹姆斯敦建立第一个永久性的居民点起,英国先后在北美洲建立起 13 个殖民地。从那时起,世界各地的人们纷纷漂洋过海来到这块新大陆,在这里共同劳动、生息、繁衍。经过 100 多年的辛勤耕耘,大片荒无人烟的处女地被开垦出来,北美各地的经济有了长足的发展,北部的资本主义工商业和南部的种植园农业经济蒸蒸日上,呈现出空前的繁荣景象。

随着生产贸易的发展和交通邮政事业的进步,原来彼此隔绝的各殖民地之间的经济联系大大加强,费城、波士顿和纽约等大城市相继出现,成了北美的政治经济中心,统一的北美民族市场已经形成。与此同时,北美的文化教育事业也蓬勃发展起来,哈佛大学、耶鲁大学、普林斯顿大学和宾夕法尼亚大学纷纷建立。在此基础上,北美人民的民族意识觉醒了。

由于北美殖民地 2/3 的人口来自英伦三岛,因此,北美人始终对英国怀有一种天然的依恋之情。但是,英国政府对此却从未给予应有的关注和珍惜。他们认为,建立殖民地的唯一目的是索取而不是给予,殖民地是英国的商品销售市场和原料产地,它应该为宗主国源源不断地奉献上它所有的财富和忠诚,而决不能有丝毫讨价还价和抱怨的情绪。为了达到这一目的,英国政府总是千方百计阻碍北美经济的正常发展,采取了一系列措施,禁止北美与别国直接通商,严格限制在北美发展工业,以保证英国商品在北美市场的倾销。久而久之,在对母国依恋的感情下,一股分离主义情绪的暗流在北美悄然滋生起来。

在 1763 年以前,由于英国要利用北美殖民地打击法国在北美的势力,并没有严格执行上述限制性措施。因此,北美殖民地的经济仍然保持着一定程度的繁荣,它与宗主国之间还维系着比较稳定的领属关系。

但在 1763 年,情况发生了突变。英法战争结束,英国在殖民争霸战争中取得了决定性的胜利,于是,它便腾出手来,开始执行严厉限制殖民地经济的政策,大肆对北美进行压榨。

1763 年,英国加强了制裁北美走私业的措施,派出大量军舰到北美海岸游弋,缉查走私,从而使北美的对外贸易受到沉重打击,沿海港口城市的经济迅速陷于萧条。

同年,英国政府又颁布法令,禁止殖民地居民向阿巴拉契亚山脉以西移民,以保护英国毛皮商人的利益。这一措施使殖民地的各个阶层都受到了打击,因为,农民们期望到西部去谋生,种植园主和资产阶级则希望去西部发展种植园经济和进行土地投机。华盛顿早年当测量员时就对西部土地的状况有所了解,深知西部土地的巨大潜在价值,渴望去西部发展自己的事业,因此,这一法令对他也是一个不小的打击。

英国当局似乎仍嫌不足,1764 年以后又接连颁布了一系列新税法,例如,1764 年的《糖税法》、1765 年的《印花税法》和 1767 年的《唐森德税法》等,强行向北美人民征税,巧取豪夺,以满足英国国内的需要。

英国当局的行为严重损害了殖民地各阶层人民的利益,引起了他们的强烈不满。由此爆发了声势浩大的反英运动。其中《印花税法》规定:殖民地所有的印刷品都必须贴上"税资付讫"的印花是英国政府在殖民地征收的第一个直接税,不仅税额很高,而且涉及面广,直接影响了北美每一个人的生活,因此,北美人民反抗英国殖民当局的斗争首先是以反印花税法为中心展开的,而反对印花税法的第一次浪潮则发生在华盛顿的家乡弗吉尼亚。

1765 年 5 月 29 日,市民院在威廉斯堡开会讨论《印花税法》问题。年轻的律师帕特里克·亨利发表了演说。他以火一样的激情和雄辩的口吻论述了印花税的罪过,义正词严地指出:只有弗吉尼亚议会才有权利和权力向当地居民征税,反对此项意见者均为弗吉尼亚的敌人。他在会议上大声疾呼:"恺撒有他的布鲁图,查理一世有他的克伦威尔,乔治三世应从前车之鉴中吸取教训。"

就在亨利发表这篇使他享誉全美的著名演说时,华盛顿也在座。他虽然没有发言,人们也很难从他的表情上看出他的思想倾向,但他坚定地投票支持亨利的提案。在许多场合,华盛顿一直公开表示热爱英国,忠于王室。但是,他是一个地地道道、土生土长的弗吉尼亚人,他的根本利益牢牢地根植于北美的沃土之中,他的心脏时刻都与殖民地同胞们的脉搏一起跳动着。

此时,华盛顿虽然在感情上站在北美殖民地一边,反对英国在北美实施的各种压迫性政策,但他的观点和行动并不像帕特里克·亨利等人那样激进。他只是认为:实施《印花税法》是一个错误的举动,它不仅行不通,而且会给英国和北美都带来灾祸,英国政府应该审时度势,改弦更张,与北美殖民地和睦相处。事后,他在给亲友的一封信中表明了自己对这件事的看法,他说:"大不列颠议会强加于殖民地的《印花税法》已成为殖民地日常议论的唯一话题。他们认为这种违宪的征税法是对于他们自由的卑劣的进攻,而且大声疾呼地反对这种侵犯人民权利的行为。这一税法及其远非明智的措施所引起的结果如何,我不愿妄加断言,但它为母国带来的利益将大大小于内阁的估计却是我敢于肯定的,我们的全部财富从某种意义上说已在源源流向英国,任何促使我们的进口有所减少的措施,都必定有害于英国的制造业……在目前情况下,即便我们愿意执行英国议会的这一法令,要让人人遵守也是不可能的,或接近不可能。除了我们没有钱买印花税以外,还有许多别的有力的原因,足以证明这个法令行不通。"

与华盛顿等殖民地上层人士的温和态度截然不同,北美殖民地人民早已不愿再忍受英国当局的殖民压迫和歧视了。帕特里克·亨利的呼声如同长鸣的警钟和战斗的号角,轰动了市民院,传遍了全国,唤醒了许许多多北美人的民族意识,人们的爱国激情像熊熊燃烧的火山熔岩一样猛烈地喷发出来。

8 月,波士顿社会俱乐部和两个劳工协会联合举行了反《印花税法》示威游行。游行者乘势捣毁了副总统托马斯·哈钦森的官邸,把印花税局征用的房屋拆毁烧掉,并迫使印花税经销商们公开表示不再销售印花。

11 月,愤怒的纽约群众在船主艾萨克·西尔斯的率领下袭击了总督官邸。他们把总督的模拟像吊起来,当众烧毁,并强迫兼管印花税票的官员把所有的票据付之一炬。

在人民运动的感召和冲击之下,各殖民地的上层人士和议会也纷纷行动起来,支持反英斗争的正义事业。

在弗吉利亚,被任命为印花税局局长的乔治·默塞尔在威廉斯堡公开宣布拒绝执行使命。波士顿印花税局局长的模拟像被群众处以绞刑,该局长知难而退。广大人民爆发出阵阵欢呼声。

1765 年 10 月,在马萨诸塞殖民地的倡议下,来自 9 个殖民地的代表集中在纽约,召开了第一次由美利坚人倡议召开的各殖民地之间的会议,专门讨论《印花税法》的威胁问题。会议通过了《殖民地人民的权利及其不满原因的宣言》,重申了"无代表即不纳税"的原则,指出:不得人民同意,或不经人民代表的同意,就不能向人民征税,英国当局的法令侵犯了北美人民的权利和自由。这次会议表明,北美人民的民族意识已经成熟了。

1770 年 3 月 5 日,驻波士顿的英军与群众发生冲突,英军残忍地向手无寸铁的和平居民开枪射击,当场打死打伤多人,酿成了流血的波士顿惨案。这是殖民地与英国当局矛盾日益尖锐的结果。

波士顿惨案激起了北美人民更大的义愤,群众的反抗斗争一浪高过一浪,大有爆发革命之势。为了缓和矛盾,解除殖民统治的危机,英国当局被迫做出让步,宣布废除一切商品税。但是,为了维护宗主国的尊严,表示英国有权向殖民地征税,茶叶进口税(每磅茶叶纳进口税 3 便士)被保留下来。于是,在北美人民眼中,茶税便成了暴政的象征,各地人民纷纷发起不饮茶运动,以此进行抵制。1773 年 12 月的一个夜晚,一群波士顿人化装成印第安人闯入东印度公司的茶船,把价值 1.5 万英镑的 300 多箱茶叶倒入了大海。这一事件大大鼓舞了北美人民的斗争士气,同时,也深深地激怒了英国国王和他的政府。

这样,一方面是英国的暴政,另一方面是反抗英国暴政的美利坚民族,一场急风暴雨式的革命已经不可避免了。

"波士顿倾茶事件"深深地激怒了英国国王及其政府,使他们暴跳如雷。因为在他们看来,与"波士顿惨案"相比,倾茶事件的性质要更为严重,前者是愤怒的英国士兵与失去理智的波士顿暴民之间的冲突,而后者毁灭的是财产,而且是茶叶。要知道,当初英国之所以决定在废除一切商品税的同时仅仅保留了茶税,是因为他们把茶税作为一种象征,即:它象征着宗主国的尊严,表明宗主国享有在殖民地征税等特权。因此英国政府认为:倾茶事件是反对英国统治的有计划的行动,必须进行严惩,遂蛮横地颁布了一系列惩罚性的法令:关闭波士顿港直至东印度公司被毁茶叶得到赔偿;取消马萨诸塞的自治权,由英王直接任命议会议员,加强皇家总督的权力,被控在北美犯罪的英国官吏不受殖民地法院审讯,授权英军可以在北美旅馆或无人居住的建筑物中驻扎,等等。同时,任命北美殖民地英军总司令盖奇将军为马萨诸塞总督,并调集军队前往波士顿进行镇压。

上述法令明显地剥夺了北美人民的政治和司法权力,并造成了波士顿等地的经济严重萧条,因此激起了殖民地人民的更大义愤和联合反抗,也成了第一次大陆会议召开的直接原因。

在反英斗争浪潮汹涌澎湃之际,弗吉尼亚议会于 1774 年 5 月 16 日在威廉斯堡开幕。会议的中心议题是讨论援助波士顿人民的正义斗争。会议通过了针对英国议会高压法令的抗议书,并指定 6 月 1 日为斋戒日,号召全体人民进行祈祷,恳求上帝促使英国及其议会回心转意,对北美采取公正的态度,使人民免遭战争的灾祸。

这届会议虽然被新任总督邓莫尔强行解散,但包括华盛顿在内的爱国议员们自动聚集到雷利旅馆的长形会议室继续开会。他们愤怒谴责英国的高压法令是破坏北美自由权利的危险行为,并号召全体人民继续深入地开展抵制英货运动。值得提出的是,这次会议期间代表们还签署了一份通告,建议:由各个殖民地指派代表每年在被认为是最方便的地方召开大陆会议,在会议上商讨美利坚联合的利益所需要的那些措施。据史料记载:这是第一次由一个殖民地的议会正式建议召开大陆会议。

6月1日,英国封锁波士顿港的法令生效,波士顿港立即陷于瘫痪。整个北美洲都把这一天当作斋戒和祈祷的日子。华盛顿也严格执行了斋戒日的规定,并专程来到教堂,怀着虔诚的心情祈求上苍大发慈悲,赐福于多灾多难的波士顿人民。

6月底,华盛顿以主席的身份主持了费尔法克斯县的市民会议,会议通过了一份由他和梅森共同草拟的旨在对英实行贸易抵制的议案。这一议案后来被7月中旬召开的费尔法克斯县全体代表大会通过。

8月1日,华盛顿代表费尔法克斯县出席了弗吉尼亚第一届全省代表大会。在这次重要的会议上,代表们表现出了高昂的爱国热情和革命精神,帕特里克·亨利大胆地宣布:"不自由,毋宁死。"就连一向沉默寡言的华盛顿也异乎寻常地发表了激动人心的演说,坚决支持亨利的激烈议案,并当众表示:愿意出资招募1000名士兵,率领他们去支援波士顿。会议最后通过了对英进行经济抵制的决议案,并推举出7名代表去费城参加第一届大陆会议。华盛顿也光荣当选,得票数居第三位。

1774年8月最后一天的早上,晨雾散去,旭日东升,天气格外清新晴朗。帕特里克·亨利和埃德蒙·彭德尔顿来到弗农山庄与华盛顿会合。早餐后,他们在玛莎依依不舍的目光中策马上路,前去参加在费城举行的大陆会议。此时此刻,3个人的心情都格外兴奋,他们仿佛并不是去参加会议,而是在神圣使命感的驱使下,去投身一个伟大而永恒的事业。"春风得意马蹄疾",本来需要走一个星期的路程,他们仅仅用了4天时间就完成了。望着费城那带有西欧中世纪城镇风格的建筑群和街道,他们心底不禁产生出一种异样的感觉,就像虔诚的朝圣者终于到达了他们朝思暮想的圣地那样。

这是一座貌似古老其实仍很年轻的城市,它庄重朴实,但又带有几分神秘的色彩。这次会议将会取得什么结果?北美殖民地的命运如何?大西洋两岸的人们都在拭目以待。

1774年9月5日,大陆会议在费城木匠厅开幕。大陆会议的召开是北美殖民地向建立全国性政权的方向发展的第一步,它本身具有殖民地最高权力机关的性质。这是殖民地人民长期团结斗争的产物,也是北美社会经济发展成熟的一个必然结果。

13个英属北美殖民地中有12个派代表出席了大陆会议,共有代表55人。他们大都是殖民地上最具政治头脑、组织才干和远见卓识的领袖人物,其中既有激进派分子如缪萨尔·亚当斯、约翰·亚当斯、理查德·亨利·李和帕特里克·亨利等,也有温和派的代表如乔治·华盛顿、佩顿·伦道夫、约翰·迪金森等,另外还有一些保守派分子如詹姆斯·杜安和约瑟夫·盖洛米等。只有那些极端的效忠派没有代表出席。北美人民及其子孙后代的命运和前途完全寄托在了他们身上。这次

·军事将帅·

图文珍藏版

大会是一个人才济济、代表性很强的大会。

虽然代表们来自不同的地区,在政治上代表了不同的派别,但有一点是一致的:他们都充满了爱国的激情。对此,弗吉尼亚代表帕特里克·亨利看得一清二楚。为了使全体代表在这一基础上团结起来,抛弃狭隘的地域观念,共商民族大计,他发表了脍炙人口的演说:"整个美洲现已融为一体,你们的界——你们殖民地的边界在哪里? 全都不复存在。弗吉尼亚、宾夕法尼亚、新泽西和纽约之间的区别已不复存在了。我不是弗吉尼亚人,而是美利坚人。"这段话虽未提及"独立"一词,但它消除了各殖民地人之间在心理和地域上的障碍和隔膜,使他们比较清醒地意识到他们在民族利益上的一致性。亨利的主张很快便被与会者所领会并欣然接受。在此基础上,大会决定不论各殖民地的人口有多少,每个殖民地只有 1 票表决权。弗吉尼亚的佩顿·伦道夫当选为大会主席。

第一届大陆会议讨论的中心问题是:北美人民的宪法权利以及北美与英国在宪法上的关系问题。这是一个触动了要害的重大理论问题,由此引起了激烈的争论。保守派坚持主张,英国议会对殖民地拥有至高无上的权力,并有权管理北美的商业。而激进派则全面否定了英国议会的这种权力,主张北美殖民地应由自己的议会管理,英王仅仅是一种"象征性的元首",应受到人民的监督。最后,大会本着求同存异的精神实行了妥协,在此基础上通过了一系列决议案。

9 月 17 日,会议通过了《塞福克决议案》。该决议宣称:英国的高压法令是违宪的,拒绝执行,号召殖民地人民团结起来,建立武装,准备反抗驻波士顿的英军,呼吁加强殖民地合作,各地成立自己的政府,自行征税,中断与英国的一切贸易。该文件字里行间都充满了强烈的反抗精神,很显然,它反映了激进派的要求。

为了安抚保守派,后来议会又通过了《权利宣言和怨由陈情书》以及致英王的请愿书。在请愿书中仍称英王为"最仁慈的主宰",谋求双方实现和解。

10 月 20 日,大陆会议还做了一件非常重要的工作:成立了"大陆协会"。该组织的职责是负责在各个地区成立"安全和视察委员会",对英进行全面的经济抵制。这些委员会后来倒很快掌握了各地的地方政权。

大陆协会的成立使大陆会议的性质发生了质的转变:它由原来的咨询机构转变成为事实上的革命政权,开始领导整个北美殖民地的反英运动。这标志着北美人民的革命斗争又进入了一个新阶段。

在做完上述工作之后,大陆会议在 1774 年 10 月 22 日宣布闭会,并宣布于下一年 5 月重新开会。

会议的召开是秘密的,在会上,华盛顿坚决地维护美利坚民族的利益,给会议的召开发挥了主导作用。

首先,从会议通过的重大决议和措施来看,其精神实质与华盛顿早些时候的主张几乎是完全一致的,例如:坚决维护北美人民的自由民主权利;主张现阶段对英实行经济抵制;把武装斗争作为最后的手段以及还不主张独立,等等。这些主张华盛顿早在费尔法克斯市民会议和弗吉尼亚议会开会期间就已经提出,并通过了相应的决议。据记载:在开会的日日夜夜里,华盛顿充分利用一切机会和场合,广交四方精英和有识之士,传递信息,发表自己的政治见解,从不懈怠。在 50 多天的时间里,他在自己的住处只用过 7 次餐。

其次，从一些当事人事后的评论来看，华盛顿在会议中确实扮演了十分重要的角色，给人留下了极深的印象。开会期间，人们发现这位年轻人虽言语不多，却显得刚毅威武，颇有大将风度。而且，他谈吐冷静果断，虽然不像亨利等人那样慷慨陈词，却字斟句酌，切中要害，表现出了一个政治家的真知灼见，使许多人都获益匪浅，产生了重要而广泛的影响。所以，当会后有人问帕特里克·亨利谁是会议中最伟大的人时，他回答说："如果论口才，南卡罗来纳的拉特利奇先生是最伟大的演说家，但是，如果谈到广博的见闻和正确的判断力，那么华盛顿上校无疑是会议上最伟大的人物。"

大陆会议结束后不久，华盛顿便匆匆赶回弗农山庄。

1775 年 5 月 10 日，第二届大陆会议在费城召开，华盛顿当选大陆军总司令。

3.独立宣言

从列克星敦打响了武装反抗的第一枪以来，尤其是第二次大陆会议以来，北美人民的反英武装斗争的热情日益高涨起来。就在波士顿战役进行期间，北美其他地区的人民群众也纷纷拿起武器，与英国军队和亲英分子展开了殊死的战斗。在南部战场，南卡罗来纳民兵在莫尔桥战役中痛歼效忠派武装，并把企图攻占查尔斯顿港口的英国舰队赶走。在加拿大战场，由理查德·蒙哥马利和本尼狄克特·阿诺德率领的北美军队孤军奋战，给英军以重创，虽然最终因寡不敌众而严重受挫，蒙哥马利将军也英勇阵亡，但他们的行动牵制住了相当一部分英军主力，有力地援助了其他地区的反英战争。

随着武装斗争热情的高涨，战争席卷了北美，但是北美人民的抗战目的是什么，被明确地摆到了北美人民面前。

北美大多数革命领袖当时认为，北美采取种种经济和军事的手段与英国当局做斗争，其目的仅仅是迫使他们放弃对殖民地的压迫性政策。而一旦达到了这一目的，北美就应放下武器，与英国破镜重圆。北美各地的群众也抱大致相同的看法，他们仍然认为英国是自己的祖国。自己是大英帝国的臣民。他们积极参加了反英武装斗争，只是希望以这种方式迫使英国做出让步，使北美恢复到1763年以前的小康局面。

因此，在当时北美大多数人的眼中，独立与"叛国"和"大逆不道"几乎没有什么两样。即使个别激进分子有独立的思想，他们也不得不三缄其口，否则便会使自己处于尴尬的境地。就连激进派领袖约翰·亚当斯当时也认为："在人们眼中，独立是一个可怕的妖魔，它会使温厚的人变得发狂，使社会滋生出罪恶、欲念和混乱。"

在这一问题上，华盛顿当时的观点也未能超越他的同代人。他主张北美人民应为"正义"而战，迫使英国当局改弦更张，尊重北美人民的权利和自由。他还认为，英王是一个宽厚仁慈的君主，应该由他出面，纠正英国内阁所犯下的罪行。因此，直至1776年初，在每次晚餐之前，华盛顿总是虔诚地为英国国王的健康而干杯。

但是从1776年初起，形势发生了急剧的变化。

英国国王乔治三世既昏聩无能又刚愎自用，他三番五次地拒绝了北美人民要求和解的请愿书,并蛮横地宣布:北美处于叛乱状态。他还一再扬言:要绞死殖民地的每一个叛乱首领!秉承英王的旨意,英国政府调兵遣将,把几万精锐部队运往北美洲,对人民抗英运动进行残酷的镇压。英军的铁蹄践踏了北美的广大城乡地区,造成了人民生命财产的巨大损失。事实证明:英国国王决心要用屠刀把北美人民的斗争扼杀在血泊中。北美人民开始越来越清楚地认识到了这一点。

英军的血腥镇压必将激起更大规模的反抗。华盛顿统率的大陆军和各路民兵武装浴血抗敌,愈战愈勇。各个地区的爱国者也纷纷行动起来,他们推翻了顽固反动的总督及其地方议会,建立起新的革命议会和地方政权,并开始有效地履行职责。到1776年1月,这种革命议会和地方政权已经牢牢地控制了11个殖民地。英国在北美殖民统治的根基彻底动摇了,北美人民的独立意识已经越来越强烈。

在一片要求独立的呼声中,大陆会议于1776年6月10日召开,选举产生了一个5人委员会,负责起草关于宣布独立的文件。7月4日,大陆会议正式批准了由托马斯·杰斐逊起草的《独立宣言》。顷刻,弗吉尼亚议会大厦上响起了悠扬而庄严的钟声,它向全世界郑重宣告:一个伟大的国家从此独立了!

在《独立宣言》中,杰斐逊以气势磅礴的手笔高度地总结了欧洲启蒙运动的政治哲学,阐明了资产阶级民主主义的重要原则,他写道:

"我们认为下面这些真理是不言而喻的:人人生而平等,他们都被造物主赋予了某些不可转让的权利,其中包括生命权、自由权和追求幸福的权利。为了保障这些权利,人类才在他们之间建立政府,而政府之正当权力则来自被统治者的同意。如果遇有任何一种形式的政府损害了这些目的,那么,人民就有权利改变它或废除它,以建立新的政府。"

这段话虽然不长,却包含着博大精深的理论,体现了自然权利学说和人民主权学说等重要革命原则。它言简意赅,振聋发聩,为美利坚人民打破殖民枷锁、争取民族独立的斗争提供了锐利的理论武器和强大的精神动力。

接下来,《独立宣言》以确凿的事实列举了英王乔治三世压迫北美人民的28条严重罪行,并一针见血地指出,乔治三世的目的是想把北美人民置于他的绝对专制的暴政之下,英王政府已经变成了人民的压迫者,因为它侵犯了北美人民的基本权利。

基于上述分析,《独立宣言》最后向全世界宣告:"这些联合一致的殖民地从此成为、并依照公理也应该成为自由独立的合众国。"《宣言》宣布取消对英王效忠的义务,全部断绝与英国的一切政治关系。

在大陆会议讨论宣布独立这一大事的日子里,华盛顿怀着一种急切的心情密切地注视着会议的进展情况。

他是多么地渴望早日发表有关独立的文件来争取有利的形势。7月9日,华盛顿接到《独立宣言》的正式文本后仍显得异常激动。根据他的命令,当天晚间便向全军宣读了这一伟大的历史性文件。兴奋之余,华盛顿以一种预言家的口吻告诉将士们:"《独立宣言》将进一步推动每一位军官和士兵以忠诚和勇敢来行动,领悟到现在在上帝的统辖下,他们的国家的和平与安全将完全取决于他们手中武器的胜利。"

1777年9月26日,费城陷落。

费城失陷后,华盛顿发挥其聪明才智,把军队整理得井然有序,与敌人周旋,也付出了较大损失,但从整个战场上,却配合了其他地区的战斗,因为他有力地牵制了柏高英部队。

自从6月初柏高英率部从加拿大侵入美国北部以来,其攻势可谓无坚不摧,一帆风顺:7月6日,夺取北部重镇提康德罗加。7月7日,攻入哈巴特顿。7月29日,又攻占了哈得孙河上游的军事要塞爱德华堡。

但是,柏高英不久就发现,自己日益陷入了进退两难的窘境:兵员损失严重,战线却越拉越长,既很难得到后方基地的补给,又迟迟见不到郝将军的援军,柏高英的英军就像一只断了线的风筝,四处飘零,无依无靠,同时又受到美国正规军和地方民兵的重重围困,每行动一步都要付出巨大代价。面对这种情况,柏高英只好停止进攻,在原地等候补给和援军,与美军迎面对峙。

时至8月中旬,柏高英部队的军用物资已消耗得差不多了,粮草也严重不足,军中开始出现恐慌情绪,广大将士怨声载道。为了劫掠美军的物资和粮食,显示一下英军的威力,柏高英派出一支700人的部队向本宁顿方向扑来。骄横惯了的英军本以为不会遇到美军的激烈抵抗,再加上地理环境不熟等原因,行动非常迟缓。当他们于8月16日到达本宁顿时,落入了约翰·斯塔克的民兵部队早已埋伏好的包围圈。霎时间,杀声遍野,枪声震天,英军被打得丢盔弃甲,溃不成军,绝大部分被当场击毙或俘虏,连指挥官皮姆也重伤身亡。

本宁顿战役显示了民众参战的巨大威力,也激发了广大民兵的作战热情,他们纷纷组织起来,前来助战。此时,华盛顿从中部地区调来的一支援军也赶到了,从而使美军的人数超过了英军一倍以上。几乎与此同时,一支赶来援助柏高英的英军在斯坦威克斯堡遭到了阿诺德部队的重创,狼狈地返回了加拿大。英军欲进不能,后退无路,已经深深地陷入了战争的泥沼,只能穷于应付,一筹莫展。为了抢劫粮草以补军中急需,同时探测美军的虚实,寻找一条生路,柏高英绞尽脑汁做最后的挣扎。9月中旬和10月上旬,他两度亲自率军对美军左翼发动突然袭击。

9月19日,柏高英率一支精锐部队偷偷地渡过哈得孙河,直奔奥尔巴尼而来。但阿诺德将军早已获得情报,在弗里曼农庄附近设下了埋伏。英军刚刚走到这里,阿诺德率领美军便从密林深处突然杀出,把英军团团围住,一顿痛打。英军死伤过半,四下逃散,柏高英在几名卫士的保护下慌忙择路而逃,才算捡了一条性命。

但柏高英并不甘心失败,又于10月7日卷土重来。这一次他做了精心安排,在两名少将和一名准将的协助下,挑选了1500名精悍的士兵,携带10余门大炮,悄悄地来到美军左翼。柏高英把一支精锐的狙击部队和炮兵布置在距美军不足1英里处,命令其余将士全部到麦田中抢收麦子。

盖茨得到报告后,决定立即进行两翼包抄予以痛击。他命令摩根和普尔两位将军分别从左右两翼迅速包围敌军,自己率领主力部队从正面推进。两军在弗里曼农庄再次展开激战。战斗打得异常紧张,扣人心弦。

英军有备而来,负隅顽抗,美军则三面出击,冒死相争,双方杀作一团,呈犬牙交错状,一时胜负难分。正在这时,骁勇的阿诺德将军一马当先冲入敌阵,左杀右砍。在他的激励下,美军将士个个奋勇争先,拼力向前,一举夺取了敌人的炮兵阵地,随即冒着猛烈的炮火向英军杀过来。这时,阿诺德腿部突然中弹,血流如注,但他仍坚持在前沿指挥战斗,极大地鼓舞了美军的士气。至当日晚间,英军全线溃败。

此役英军死伤过半,大炮全部被丢弃,弗雷泽准将重伤身亡。事后,盖茨将军重新部署了兵力,开始收缩对英军的包围,切断敌人的一切补给线。英军在相继失去了一些重要据点后,被迫退入萨拉托加,尾随而来的美军和民兵趁势将这座孤城团团围住。

经历了一系列失败,英军精疲力竭,士气大衰,粮草弹药也几乎消耗殆尽。据10月11日军需处的一份报告称:全部粮食只能维持部队3天的需要。沮丧悲观的情绪在军中蔓延开来,士兵们纷纷开小差,全体印第安人不辞而别,悄悄地返回自己的家园,英军的兵力从9000余人迅速下降到5000余人。而美军则得到了各地民兵的增援,实力大增,总人数达到1.2万余人。他们占据了哈得孙河沿岸的各重要据点,对英军四面合围,把萨拉托加城如铁桶一般团团围住。

此时,柏高英的唯一出路就是指望亨利·克林顿将军的援军尽快开到。但是,克林顿的部队受到美军的层层阻截,进展极为缓慢。在这种悲观绝望的气氛中,走投无路的柏高英召集了一次高级军官会议,与会者一致同意向美军投降。

10月17日,柏高英在投降书上签字,英军正式缴械投降。

两军主将见面时的情景颇有些戏剧色彩,被广为传诵。柏高英虽身为战败者,却不愿放弃贵族的体面和尊严,他身着笔挺华丽的皇家军礼服,衣冠整洁,面色威严,在几名雍容华贵的将领和仆从的簇拥下来到美军营地。盖茨身为受降者,却毫无骄横之色,他刚刚从前沿归来,穿着粗呢军大衣,一身征尘。二人彬彬有礼,举手致意。柏高英不失风度地对盖茨说:"将军,命运使我做了您的战俘。"而盖茨也摆出大家风范,幽默地答道:"上苍作证,这并不完全是您的过错。"

此役,英军将士共计5752人缴械投降,美方获得了一大批最先进的武器装备和各种军用物品。不久后,英军被迫撤出了提康德罗加和独立山阵地,亨利·克林顿在哈得孙河流域的部队也乘船顺流而下,灰溜溜地返回纽约。北部地区的战事基本结束,美军从此摆脱了军事上的劣势,开始从战略防御转入战略进攻。

在国际上,萨拉托加大捷还促进了国际形势向着有利于美国的方向转变,特别是,它大大加速了美法之间正在进行的结盟谈判,法国开始认真考虑承认美国参加对英作战的问题。

1778年2月,法国外交大臣韦尔热讷与富兰克林签订了《美法友好商务条约》和《美法同盟条约》,法国承认美国独立,承担了保卫美国"自由、主权和独立"的义务,同时约定:一方不经另一方的同意,不得与英国讲和。

4.约克镇战役

1780年7月,在久经沙场的著名将领罗尚博的统率下,一支6000人的法军协同舰队一道驶抵北美。1781年5月,另一支强大的法国舰队在最负盛名的海军上将德格拉塞的率领下开到了北美海岸。美国人民的战斗力量空前地壮大。

1780年下半年至1781年上半年,美军在战场上取得的胜利以及法国远征军的到来,大大增强了美军的实力,同时也鼓舞了美国人民取胜的信心,使战场上的力量对比发生了巨大的转变,进行战略决战的形势已经成熟。

一个时期以来，华盛顿一直在反复思考这次战略决战的地点。经过深思熟虑和认真协商，他主张把战略决战的地点定在纽约。他认为：纽约是美国屈指可数的大都市，又是英军主力部队的驻扎地，而且非常适合进行陆海军协同作战。只要法国海军和陆军驶抵纽约，美法联军协同作战，水陆夹击，就能稳操胜券，从而毕其功于一役，结束整个北美的战事。但他也知道，事态的发展往往不能以人的意志为转移，因此他主张，如果在纽约决战的构想不能实现，也可以在南方的某个城市寻找战机。

1781年5月下旬，华盛顿与罗尚博在瑟斯菲尔德举行军事会议。会上，华盛顿正式向法方提出了这一战略构想，并要求美法联军尽早在纽约附近集结，完成对纽约的合围。事后不久，华盛顿又写信给法军舰队司令德格拉塞将军，要求他向纽约湾方向挺进，以便协同作战。

但是，法军主将罗尚博在选择决战地点问题上却显得疑神疑鬼，举棋不定。其原因之一是：他必须首先考虑法军的利益。他认为，法国舰队如果驶入纽约湾水域，很可能会与英主力舰队相遇，即使不被打败，也会损失惨重，这对于法军来讲是得不偿失的。原因之二是他对美军的作战能力持怀疑态度，因此对美法联军能否吃掉纽约地区的英军主力感到心中无底。出于上述考虑，罗尚博认为纽约并不是一个理想的决战场所。他主张：应该把攻击的矛头指向南方的弗吉尼亚，在那里，英军的海军力量很有限，康沃利斯的陆军也比纽约地区克林顿爵士的部队薄弱得多，因此，联合作战取胜的把握要更大一些。

罗尚博生性多疑，他主观认为华盛顿行事不够谨慎，同时也认为他固执，难以说服。因此，他表面上赞同也签了字，暗中却让陆海军开往弗吉尼亚。

但是，罗尚博的这一部署被华盛顿觉察到了，他立即向罗尚博提出质问，对此，罗尚博回答道：部队此行的目的是要到哈得孙河畔与美军会师。罗尚博的意图十分明确：这样做一方面可以搪塞华盛顿，另一方面则可以使法军到达距切萨皮克湾不远的地方，以最终实现他的战略意图。罗尚博真是一个城府颇深的沙场老将。

确切的消息终于在8月中旬传到了华盛顿的耳中：德格拉塞将军率领的法国舰队和法军部队将于9月3日到达北美，但他们并不是驶向纽约，而是直抵切萨皮克海湾。

此时，华盛顿心中有一种受到欺骗和愚弄的感觉，他对罗尚博的狡诈伎俩感到愤怒，同时，更为美利坚民族的命运而忧心如焚。但是，这已经不是争吵的时候了。华盛顿十分清楚，如果没有法军的大力配合，特别是法国海军的有效援助，美军将一事无成。于是，他决定按原计划的第二步行动，选择弗吉尼亚的约克镇为决战的战场，因为他已经从拉法耶特那里得到了确切的情报，康沃利斯的军队此时正驻守在这里。

但华盛顿心里仍然很不踏实。他知道，这一战略计划目前仍存在一些明显的漏洞，保障战役顺利实施的某些必要因素尚在未定之中。比如，由于可能受到气候恶劣和英国舰队海上拦截等情况的影响，德格拉塞的舰队不一定能准时开赴预定海区。如果这种情况真的发生，整个作战计划只能是一纸空文。另外，法军的重炮远在纽波特地区，从陆路无法把它们运抵弗吉尼亚，而从海路运输又要冒巨大的风险。最为重要的是，美法主力部队目前大多驻扎在距约克镇很远的地方，让这样一支庞大的军队向弗吉尼亚方向行进,很容易使英军看清楚联军的战略意图而实行战略转移,这将会使联军所付出的一切努力化为泡影。

华盛顿考虑再三,于是写信给罗尚博和德格拉塞将军,要求此行应谨慎务必按指定时间到达指定地点,则胜无疑。

考虑到很可能这是决定战争胜负的关键性战役,而且南下途中美军必须隐蔽巧妙、灵活机动地行进,以避免使英军掌握美军的战略进攻方向,华盛顿决定亲自率军出征。

南进行动是在绝对保密的状态下进行的,绝大多数美军官兵都不知道此行的目的地到底在哪里,而华盛顿仍一再扬言要去攻打纽约。为此,他制造了许多假象,在乐新泽西起炉火土建营地,伪造机密文件,清理通往纽约的通道等等。与此同时,华盛顿则悄悄地率军出发,于8月19日抵达金斯渡口。20日,全军顺利渡过哈得孙河,而后兵分几路迅速南下。罗尚博也于同一时期率领法军撤离营地,取道白原、北堡、克伦庞德和石角等地,向南挺进。

华盛顿的巧妙部署果然收到了奇效,在美法联军南进的过程中,英军始终被蒙在鼓里。由于惧怕联军对纽约发动进攻,克林顿爵士的英军主力部队不仅不敢越雷池一步,而且还向康沃利斯求援,使康沃利斯派出2000人前来纽约助战。而康沃利斯的这一举动则使他彻底放弃了征服弗吉尼亚的计划,把几乎所有部队都撤入了约克镇。这样一来,他们便落入了华盛顿早已设好的陷阱中。

9月1日,德格拉塞将军率法国舰队驶抵切萨皮克湾,封锁了约克河的出海口。几天过后,英国匆匆调集兵马在海湾作战,由于法军做了充分准备,再加上风向优势,结果打得英军大败。这一海战的胜利使联军掌握了约克镇地区的制海权,为未来的决战提供了有利的条件。

9月5日。美法军队在特拉华河畔的切斯特胜利会师,从这里到切萨皮克湾只有很短的一段路途。同时,一支法国分舰队冲破了英军的重重封锁,从纽波特开到切萨皮克湾,为法军运来了重炮和大量物资装备。

直到此时,英军才大梦初醒,意识到华盛顿的战略进攻方向在约克镇。康沃利斯如坐针毡,他知道自己的处境十分不妙,企图立即撤退到卡罗来纳去,但为时已晚。在海上,法国舰队已牢牢控制了约克河河口和切萨皮克湾的制海权。在陆地上,美法联军大军压境,通往各个方向的通道已全部被封闭,此时的英军真可谓上天无路,入地无门。在万般无奈的情况下,康沃利斯只好把军队全部撤至约克镇地区,坚守不出。

情急之中,英军又一次暴露了它凶残野蛮的真实面目。为解约克镇之围,救助处于绝境的康沃利斯部队,黔驴技穷的克林顿爵士使出了最卑鄙的一着:命令叛将阿诺德出兵东征,对康涅狄格州进行残酷血腥的蹂躏,以期转移华盛顿的视线。

9月6日,阿诺德率5000人马(其中大多数是美国的效忠派分子和黑森雇佣军)乘军舰直奔康涅狄格的海港城市新伦敦而来。面对强敌突袭,守城军队和民兵毫无惧色,奋起顽强抵抗,打死打伤大量敌军。后因寡不敌众,城防要塞终被攻破。

入城后,丧心病狂的英军野蛮地屠杀已经放下武器的战俘,并对城市和平居民进行血腥的报复,把这座美丽繁华的海滨城市付之一炬,使之化作一片灰烬。随后,这群乌合之众又继续沿海岸线大肆蹂躏。在这场空前的浩劫中,阿诺德及其手下的效忠派分子扮演了极其丑恶的角色。他们怀着对自己同胞的刻骨仇恨,在康涅狄格广大地区穷凶极恶地烧杀抢劫,奸淫掳掠,干尽了令人发指的坏事。

康涅狄格,阿诺德曾出生在这里,也是他的故乡。昔日为之骄傲的人们变得异常地愤怒,但这一切都未改变华盛顿的总的作战计划。

在向约克镇进军的途中,华盛顿回到了阔别6年之久的弗农山庄。在这里,他幸福地见到了夫人玛莎、继子和3个在战争中出生的孙儿,三世同堂,其乐融融。望着缠绕在膝旁的3个稚嫩活泼的小家伙,华盛顿似乎忘却了人世间的一切纷争和烦恼,一种超凡脱俗、重返田园的理想不禁油然而生。第二天,罗尚博、德夏特吕等联军高级将领相继来到这里,大家纵情宴饮,欢聚一堂,沉寂了6年多的弗农山庄又一次高朋满座,充满了欢声笑语。

虽然家乡和田园生活对华盛顿充满了不可抗拒的诱惑力,但此次返乡他只小住了两天,便匆匆踏上了征程。6年前的那一天,他为了民族的命运毅然抛家舍业,投入到一场扑朔迷离、前途未卜的革命风暴之中。6年后的今天,他再一次告别家园,此时他已胸有成竹,志在必得,他要为胜利地结束这场伟大的战争而进行最后的搏击。

约克镇位于约克河河口地带南岸的一个突出部位上,它的东面是切萨皮克湾,西面距威廉斯堡不远。为了加强该城的防务,康沃利斯突击修筑了一大批棱形堡和炮兵阵地,把所有兵力5000余人全部集中起来,配置在城内外的防御工事之中,并在城防工事的外围修筑了纵横交错的壕沟和密集的鹿砦,真可谓关隘险要,固若金汤。但此时,他们所面临的对手已经今非昔比。为了打好这一仗,美法联军做了精心的准备,共集中了1.8万多名战斗人员和数百门火炮,海面还有一支庞大的法军舰队日夜游弋,随时可以提供强大的火力支援,联军的攻坚力量已经达到了相当高的水平。

华盛顿看围歼约克镇之敌时机成熟,为了防止英舰援军到来,他决定马上作战。

9月17~18日,华盛顿与法军主要将领罗尚博、德格拉塞等人举行军事会议,制定联合作战计划。经过充分的讨论和协商,会议最后决定:由美军组成战线的右翼,法军组成左翼,于9月28日清晨向约克镇进发。

随后,联军指挥机构又制定了具体的作战方案。鉴于约克镇地域狭小、敌人兵力密集等具体情况,罗尚博建议:此次战役应充分发挥联军炮火力量强大这一优势,用猛烈炮火重创恫吓敌军,以迫其投降。这一建议得到了采纳。根据最后确定的作战方案,整个战役大致分为两个阶段进行。第一步是挖掘一道平行堑壕。这道堑壕长约2英里,入口处要设在敌人炮火射程之外,以便部队能安全进入。当堑壕挖到预定位置后,便修建潜伏的炮兵阵地,联军炮兵从这里猛烈轰击,直至摧毁敌人的要塞和炮兵阵地为止。此后,战役转入第二阶段:挖掘第二道平行堑壕。这道堑壕应直抵敌人防线,在这里设置炮位,以使敌人的营地完全暴露在联军的火力范围之内。罗尚博认为:如不发生意外,凭借联军炮火的力量足以摧毁英军的战斗力,使其缴械投降,否则便予以痛歼。

9月28日清晨,美法联军从四面开始向约克镇进逼,包围圈日益缩小。在联军的强大压力下,康沃利斯被迫放弃了城市外围的阵地,把军队全部撤入城内。到

10月1日,联军已经完成了包围,对英军形成了关门打狗之势。

10月6日夜晚,联军开始挖掘第一道平行堑壕。在林肯将军的亲自指挥下,广大联军将士夜以继日地工作。结果只用了3天时间,第一道平行堑壕和3个炮兵阵地就全部竣工了。

10月9日下午5点钟,华盛顿作为总司令被邀请去点燃总攻击的第一炮。那是一门新型的法式大炮,黄铜色的炮身被擦得锃明瓦亮,一尘不染,长长的炮筒上还挂着五颜六色的美丽彩带。华盛顿饶有兴趣地把导火线引入炮膛,并目睹了炮弹准确地在英军塞墙上爆炸的情景。刹那间,联军数百门火炮同时发出了震耳欲聋的吼声,炮弹像雨点般铺天盖地飞向敌人的城防工事,使小小的约克镇笼罩在浓浓的烟幕和火海之中。

这场炮击整整持续了3天,给敌人造成了难以想象的损失。敌军的塞墙成片地倒塌,大片阵地和工事被夷为平地,许多弹药库被摧毁,火炮和车辆被炸成一堆堆废物,英舰"夏隆"号和3艘大型运输船也被击毁,并燃起熊熊大火。望着那冲天的硝烟和火光,华盛顿不禁兴奋地感叹道:"上帝保佑,美国人民此战必胜!"

在这场战役中,弗吉尼亚人民表现出了高尚的爱国精神和参战热情。他们不仅积极捐钱捐物,参加修筑工事,帮助运输物资装备,而且还忍受了巨大的物质损失和人员牺牲。弗吉尼亚州州长纳尔逊先生是一位极富献身精神的爱国者,自这场战役开始筹划以来,他派出了大批民兵前来助战,并号召全州人民为战争做奉献,他本人更是身体力行。为了给美军提供军费,他以个人财产作为担保,筹得了一大笔贷款。炮击开始后,当炮兵指挥官问他轰击约克镇的哪一部分最为有效时,他毫不犹豫地指着一座高地上的建筑物说:"那是敌人的指挥部,应该集中火力轰击。"结果这座建筑被彻底摧毁了。事后人们才知道,这正是纳尔逊先生本人的住宅。为了赢得这场关键性的战役,不论付出什么样的代价,弗吉尼亚人民也在所不惜。

第一道平行堑壕完成使命之后,11日夜晚,联军开始挖掘第二道平行堑壕。起初,工程进展十分顺利,但不久便滞缓下来,原因是英军在前方修筑了两座棱形堡垒,不断用猛烈的火力从侧翼袭击筑壕士兵。华盛顿命令:立即消灭这两个拦路虎!

14日夜晚,联军兵分两路向两座堡垒发起了猛攻。左翼美军在汉密尔顿上校的率领下乘夜色悄悄潜入敌阵,用刺刀和枪托与敌人展开了激烈的肉搏战,一枪未放便攻克了这座堡垒,美军仅牺牲9人。右翼的法军部队在拉法耶特的率领下同时出击,打得颇有章法。先由工兵排除鹿砦,扫清通道,而后部队迅速出击,在稍晚些时候也拿下了敌人的堡垒。

敌人的拦截火力被排除之后,筑壕工作的进度便大大加快了。15日夜晚,联军已在壕中架起了大炮,约克镇的敌军阵地完全暴露在联军炮火的有效射程之内,康沃利斯已经陷入了绝境。

但是,英军是不会轻易放下武器的,康沃利斯使出了浑身解数,做困兽之斗。他认为,联军第二道堑壕中的炮兵阵地对他是最致命的威胁,于是命令部队袭击并夺取联军大炮。16日凌晨,艾伯克龙比中校率领350名突击队员对联军最前面的两个炮兵阵地进行了突然袭击,并一度取得了成功,抢占了炮位,'塞住了几门大炮的火门。但联军很快就发动了反击,将英军逐走,炮位又重新回到联军手中。这天晚上,联军的平行堑壕和炮兵阵地已全部落成,准备对敌人实施毁灭性的打击。

康沃利斯不甘坐以待毙,于是使出最后一招:三十六计,走为上策。他决定让伤病员留下来投降,主力部队在夜间乘船到达格洛斯特角,偷袭德舒瓦齐兵营,夺路向内地逃窜。

在16日午夜,康沃利斯开始实施他的撤退计划。谁想部队在渡河途中突然遇到了暴风雨,河面上狂风骤起,浊浪排空,船只无法行驶,撤退计划只得放弃,康沃利斯的最后一线希望也破灭了。联军随即对英军实施猛烈的炮击,约克镇的城防工事顿时变成一片火海,英军伤亡惨重,士气跌落到了最低点。

在走投无路的情况下,康沃利斯终于在10月17日,即4年前柏高英在萨拉托加投降的同一天,给华盛顿送去一封信,要求双方休战,谈判投降条件。

经过谈判,约克镇地区的英军宣布无条件投降。投降仪式定于10月19日在约克镇中心广场举行。应华盛顿的要求,投降仪式完全按照查尔斯顿战役失利时美军所享受的"礼遇"进行,并由当时的美军司令林肯将军接受英军的投降,以示雪耻。

19日中午时分,美法联军在广场上排出整齐的队列,华盛顿身着庄重笔挺的军服,在罗尚博等高级将领和参谋人员的陪同下骑马站在队列的前方,他们的两侧是数十面迎风招展的彩旗,军乐队高奏雄壮的进行曲和欢快的《扬基小调》。下午2时左右,英军将士们拖着沉重缓慢的步伐来到广场。康沃利斯害怕受到羞辱托病未出,由奥哈拉将军代他向指定的受降将军林肯交出了指挥刀。随后,英军士兵走向指定地点,交出武器装备。

目睹此情此景,华盛顿感慨万千,他不禁回忆起几年来艰苦战斗的岁月和身边倒下去的无数战友。美国人民流了多少鲜血,才换来今天的成功。他在当天写给国会议长的一封信中指出:"此次战役中联军将士的英勇战斗,是促成这一伟大胜利的主要原因。即使我最乐观的估计,也未料到胜利会出现得如此早。战役开始时,全军充满你追我赶、力争胜利的激情,使我不胜欣慰和满意,也使我对即将取得的胜利充满信心!"

第二天,华盛顿向全军发出一道命令,高度赞扬了联军将士们在约克镇战役中创下的英雄业绩,对有突出贡献者进行了嘉奖。同时还宣布,赦免军中所有被拘禁的人,并举行隆重的感恩仪式,以感谢上帝对美利坚民族的赐福。

约克镇战役是美国人民在独立战争中取得的最辉煌的一次胜利。经战后清点,联军共俘敌8000余人,其中包括海军人员840人,缴获大炮250门,各式武器上万件以及若干艘舰船。这次战役是美法联军在战略反攻阶段取得的一次决定性胜利,它意味着英军主力在北美战场上已开始全面瓦解。自此以后,英军一蹶不振,几乎停止了重大的军事行动。

虽然从战争史的角度来说,这次战役的规模并不算大,但它却足以使英国相信,用军事手段是无法征服一个团结起来反抗他们的民族的。而美国人民却欣欣鼓舞,因为他们已经从中看到了独立战争胜利结束的曙光,人们载歌载舞,喜气洋洋,全国上下呈现出一派节日的景象。

5.首任总统

1788年11月,《联邦宪法》终于被批准,翻开了美国历史新的一页,也在华盛顿的生活中掀起巨大的波澜。

华盛顿,他是一位久经考验的革命领袖,在独立战争和制宪运动中立下了不朽的功勋,创下了惊天动地的伟业,因此,全国人民几乎异口同声地拥戴他出任美国历史上的第一任总统。这既是一项至高无上的殊荣,又是一个责无旁贷的重任,无论放在谁的头上都会令他无比自豪,不胜惶恐。但华盛顿对此却没有公开表态,甚至没有流露出一点要参加竞选的迹象。

华盛顿此时的心情并不平静,他在为是否出任这一重要职务而反复思索,一时竟拿不定主意。从他本人的性格和兴趣来说,他并不愿接受这一推举,因为赋闲山林、享受田园之乐是他多年的愿望,这已是众所周知的事情了。况且他知道,出任美国的首任总

华盛顿

统是一件体面但却并不轻松的事情,既需要付出超出常人数倍的精力,又要以高度的灵活机敏应付各种突如其来的新问题和新考验,还要忍受一个习惯于高度民主的国家的人民毫无顾忌地品头论足。

他心里十分清楚,自己已日益步入老年,身体一日不如一日,而自尊和孤傲却与日俱增,他时常扪心自问:我还能胜任这一"尊贵的苦役"吗?所以,当许多友人来信试图劝说他接受这一职位时都被他婉言谢绝了。他在给拉法耶特的信中指出:"总统一职对我并无迷人的魅力……由于日渐年老体衰并酷爱清静,我已没有别的追求,只希望在自己的庄园里老老实实做人,生于斯老于斯。让那些有雄心抱负、仰慕虚名和年富力强有志于此的人去显示身手吧!"

但是,由于人民拥戴的呼声日渐高涨,亲朋好友们也一而再、再而三地竭力劝说他为了美利坚民族的利益再度出山,勇挑重担,他那已经隐藏到内心深处的勇气和雄心又一次被激发了出来。经过一番严肃认真的思考,他决定为了国家的利益做出自己毕生中最大的一次"个人牺牲",用自己的威望和力量,使美利坚合众国经济繁荣,政治稳定,全国团结一致,早日成为一个强大、富裕、文明的世界强国。

当然,从个人利益的角度来看,出任总统一职也能使他从长期的经济困境中解脱出来,虽然他已经打算拒绝接受薪金,但他的生活和接待费用全都可以由国家来报销。于是,他开始安排家务,清理账目,准备行装,而对于总统选举一事他似乎早已胸有成竹了。

在等待选举结果的日子里,有几件事使华盛顿的心境变得十分烦乱。

一是他的经济状况已经窘迫到令他难堪的程度,以致他竟然一下子拿不出去临时首都纽约的路费,最后东拼西凑了100英镑才算勉强有了这笔川资。

二是他利用这一空隙时间前往亚历山德里亚探视自己年逾八旬的老母亲,发

现她已身患重病,缠绵病榻,这使他悲伤地意识到这很可能是他们的最后一次见面了。老人家虽仍保持着当年的那种固执和尊严,但她为自己有这样一个英雄的儿子而无比欣慰满足,并为儿子又要踏上新的征途而依依不舍。

三是玛莎实在不希望丈夫重返政坛,为华盛顿又要长时间远离家乡而心绪不宁,茶饭不思,这更增添了华盛顿的忧虑和烦恼。随着公布选举结果的日期日益临近,华盛顿的心情也变得越发抑郁和不安了。十几年前离家奔赴抗英战场时,他把那次前途未卜的远行比喻为"驶向一个难以找到安全港湾的大海"。而如今他的心情显得更绝望了,他在给老友亨利·诺克斯的信中写道:"对阁下说句心里话,当我就任政府首脑之时,将有罪犯走向刑场之感。我的一生已为公务消耗殆尽,而在此风烛残年,又须舍去恬静生活,投身于困难的海洋,而我本人又不具备掌舵所不可或缺的政治手腕、能力和兴趣,出任此职,殊非所愿。"

4月中旬,选举消息终于传来了:华盛顿以全体选举人票当选为美国第一任总统。这是民意的真正体现,是华盛顿十余年来殚精竭虑、鞠躬尽瘁为国为民日夜操劳所得到的丰厚回报,也是美国人民的幸运。在他的英明领导下,美利坚民族这艘巨大的航船必能绕过暗礁险滩,顶住急风恶浪,飞速向前疾驶,汇入波澜壮阔的时代大潮。

1789年4月16日上午10时,华盛顿告别了春意醉人的弗农山庄,告别了5年多恬静祥和的平民生活,告别了妻子孙儿,怀着无以言状的复杂心情踏上了前往纽约的旅途。

起初,华盛顿还在为自己违背诺言重返政坛可能会引起反感而有所担忧,但是在赴任途中他遇到的却是一幕又一幕热烈欢迎的场面。一路上,兴高采烈的人群骑马簇拥着他前进,一批人还未散去,另一批人马又接踵而至。所到之处,群众的情绪始终是那样高昂兴奋,他们张灯结彩,奏响鼓乐,嘹亮的歌声、雷鸣般的欢呼声和隆隆的礼炮声响彻云霄。每到一个城镇都有盛大的欢迎宴会在等待着他,人们向他举杯致敬,成千上万的人争着与他握手,向他欢呼,以致他的手臂被握得麻木红肿,耳膜也震得生疼。

4月23日,华盛顿一行到达了纽约,受到了更为隆重热烈的欢迎。这些热烈的场面是他所始料未及的,令他感到惶恐不安。他知道,人民对他寄予了很高的期望,而他却不知自己到底能在多大程度上满足人民的需求。

事实证明,期望值愈高,而如果一旦落空,失落感就会愈大。到时候,人民会不会以这种狂热情绪来反对自己呢?此时,他觉得自己仿佛是一个初出茅庐的演员,尚未做好准备就冷不丁地被人推到了前台,而他面对的却是一批鉴赏力很高、秉性各异又极爱挑剔的观众。他知道自己已经没有退路了,只有尽自己最大的努力奋力挣扎向前。

令世人瞩目的美国第一任总统的就职典礼于1789年4月30日在纽约隆重举行。

上午9时,各教堂钟声齐鸣,人们虔诚地祈祷上帝赐福于美利坚民族。12时左右,各部门首长和受检阅部队在华盛顿的门前集合完毕,浩浩荡荡的队伍在繁华的大街上向联邦大厦列队前进。沿途挤满了围观的群众,他们载歌载舞,欢呼雀跃,到处是人群、鲜花和彩带,汇成了一片欢腾的海洋。

华盛顿乘坐一辆豪华的四轮马车跟随在部队和各部门首长的身后,在他的后面是各国驻美使节以及成千上万的市民群众。游行队伍在联邦大厦前不远处停了下来,华盛顿等人下车,步行穿过一队队排列整齐、军容威武的卫兵,进入大厦议事厅,向早已恭候在那里的参众两院议员们挥手致意。在副总统约翰·亚当斯的引导下,华盛顿来到议事厅正面的中间座椅上就座,他的右边是亚当斯,左边是政府发言人默莱伯格。

首先举行总统宣誓仪式。宣誓地点安排在议事厅前面的一个大阳台上,这里摆着一张铺着深红色天鹅绒布的桌子,上面放着一部装帧精美古朴的《圣经》,站在阳台便可以俯瞰纽约最繁华的市区。华盛顿健步走上阳台,他身穿一身庄重的棕色制服,佩戴着一把钢柄军刀,脚穿一双白色长筒丝袜和有银色扣子的皮鞋,头发整齐地拢向脑后,显得庄重大方,干练潇洒。在这里,华盛顿受到了数以万计的市民的热烈欢呼和赞叹,为了能一睹华盛顿的风采,他们已经在这里翘首等待若干时辰了。华盛顿的身旁簇拥着一群军政界要人:副总统约翰·亚当斯,纽约州大法官罗伯特·利文斯顿以及罗杰·谢尔曼、亚历山大·汉密尔顿和亨利·诺克斯等人。

宣誓仪式由利文斯顿大法官主持。华盛顿用手抚摸着《圣经》,用庄重严肃的语气宣读了誓词:"忠实执行合众国总统职务,竭尽全力遵守、维护并保卫联邦宪法。我庄严宣誓——愿上帝助我。"念罢,华盛顿恭恭敬敬地弯下腰深吻了《圣经》。总统宣誓刚毕,街道上的市民便在利文斯顿的带领下振臂高呼:"合众国总统乔治·华盛顿万岁!"

接下来是由总统本人发表就职演说。在演说中,华盛顿对同胞们给予他的"高度信任"表示了感谢,虔诚地祈求上帝"保佑美国民众的自由与幸福,及为此目的而组成的政府,并保佑他们的政府在行政管理中顺利地完成其应尽的职责"。

华盛顿的演说没有任何虚饰客套和做作,全是发自内心深处的肺腑之言,显得质朴坦诚,深沉敦厚,充分表露了他对国家和人民绵绵不尽的赤子之情。

在演说的最后一段话里,华盛顿还用充满深情的语言表达了对祖国未来的美好希望与憧憬,他说:

"我对祖国的热爱激励我以满腔的愉悦展望未来。这是由于在我国的体制和发展趋势中,出现了又有道德又有幸福、又尽义务又享利益、又有公正和宽仁的方针政策作为切实准则、又有社会繁荣昌盛作为丰硕成果的不可分割的统一,这已是无可争辩的事实。这也是因为,我们已充分认识到上帝决不会将幸福赐给那些把他所规定的秩序和权利的永恒准则弃之如粪土的国家。这还是因为,人们已将维护神圣的自由火炬和维护共和政体命运的希望理所应当地、意义深远地、也许是最后一次地寄托在美国民众所进行的这次实验上。"

由于华盛顿德高望重,能秉公办事,所以在他的任期内,出于对他本人的尊重和爱戴(而不是基于原则),议会对他提出的任命从未提出异议,由此产生了另一个惯例:在一般情况下,总统有权选择自己的内阁人选。

1793年2月13日,选举团一致推选华盛顿连任美国第二届总统,不过,此时的总统声望已大不如前了。

1799年12月13日午夜,乔治·华盛顿永世长辞,但美国人民却永远地记住了他。

（二）拿破仑

著名的法国将军和皇帝拿破仑一世 1769 年生于科西嘉岛上的阿雅克肖城。他的原名叫拿破仑·波拿巴。在他出生前仅 15 个月时,法国占领了科西嘉岛。拿破仑原本是一名科西嘉民族主义者,他将法国人看成压迫者。然而,拿破仑被送入法国的军事学校学习,1785 年他 16 岁时从那里毕业,成了一名法国军队中的少尉。4 年后法国大革命爆发了,在其后几年中,新的法国政府陷入数场对外战争中。拿破仑第一次展示自己的才能是在 1793 年的土伦包围战中(在这次战争中,法国重新从英国人手中夺回了该城),在那里他负责炮兵(那时他已放弃了他的科西嘉民族主义思想而将自己看成是一个法国人)。他在土伦获得的成功使他被提升为准将。1796 年他受命指挥法国驻意大利的军队。在 1796 到 1797 年间,他在意大利赢得了一系列精彩的胜利。等到他返回巴黎时,他已是一位英雄。

1798 年,他率领一支法国军队入侵埃及。整个战役是一场灾难。在陆地上,拿破仑的军队总的说来是成功的。但由纳尔逊领导的英国海军粉碎了法国舰队。1799 年,拿破仑放弃了他在埃及的军队回到法国。

回到法国后,拿破仑发现人们还记得他在意大利战役中的胜利而不是埃及历险的溃败。以此为资本,在回来一个月后,拿破仑同西哀士教士和其他人一起参加了政变。政变产生了新政府,即执政府,拿破仑担任了政府首脑。尽管精心制定的宪法被采纳,也得到了广大群众的拥护,但这都不过是掩盖拿破仑军事独裁的假面具。他很快战胜其他阴谋者赢得优势。

拿破仑以不可思议的速度掌握了权力。1793 年 8 月土伦包围战之前,拿破仑还只是个不是在法国出生的、默默无闻的 24 岁的小军官。不到 6 年以后,年仅 30 岁的拿破仑已是法国无可争议的统治者。这是他在未来 14 年多的时间里要占据的交椅。

在他当政期间,拿破仑对法国的行政制度和法律制度进行了重大变革。例如,他改革了财政结构和司法体制;他创建了法兰西银行和法兰西大学;对法国行政部门施行中央集权。尽管这些变革对法国产生了显著的影响,其中有些变革影响甚久,但它们对法国以外世界的影响却微乎其微。

拿破仑的一贯政策是支持他就是法国大革命的维护者。尽管如此,他在 1804 年宣布自己为法国皇帝。另外,拿破仑将他的 3 个兄弟任命为其他欧洲国家的国王。这些行为无疑激起了某些法国共和党人的不满,他们认为这是一种彻底背叛法国大革命的行为。但拿破仑唯一的严重困难来自他的对外战争。

1802 年拿破仑在亚眠同英国签订了和平协定。在经过了十多年几乎连续不断的战争之后,这给了法国一个喘息的机会。但是第二年和平协定便被撕毁,接踵而至的是同英国及其盟国间的一系列长期的战争。虽然拿破仑的军队在陆路上屡屡获胜,但除非击败英国海军,否则英国是不可能被征服的。但很不幸,1805 年在具有决定意义的特拉法加尔海战中,英国海军赢得了压倒性的胜利。从此,英国无可争议地控制了制海权。尽管在特拉法加尔海战之后 6 个星期拿破仑取得了最伟大的胜利(在奥斯特里茨对抗奥地利与俄国联军),但它却无助于消弭海军的灾难。

拿破仑于1808年愚蠢地让法国卷入了伊比利亚半岛上一场长期和毫无意义的战争中。有好几年法国军队在此陷入困境,进退两难。但是拿破仑的致命错误是他对俄国发动的战争。拿破仑于1807年会见了沙皇,在《提尔西特和约》中双方发誓保持友好。但这一联盟渐渐被破坏,1812年6月,拿破仑率领他的大军进入俄国。结果大败而归。

其他的欧洲国家,如奥地利和普鲁士,认为这是他们摆脱法国统治的一次良机。他们联合起来反抗法国。1813年10月在莱比锡战役中,拿破仑尝到了另一次惨败的苦果。次年他放弃皇位,并被流放到靠近意大利海边的厄尔巴岛。

1815年他从厄尔巴岛逃跑并重返法国。他受到欢迎并恢复了权力。但其他欧洲列强迅速对法宣战。在他恢复权力100天后,拿破仑在滑铁卢遭遇了他最后的失败。滑铁卢战役后,拿破仑被英国囚禁在南大西洋的一个小岛圣赫勒拿岛上。1821年他在那里死于癌症。

拿破仑在欧洲近代历史上,是一位叱咤风云的军事统帅,凭借自己杰出的军事才能打败了英、奥、俄等军事强国,在战争舞台上掀起了一场革命,为近代欧洲资产阶级军事思想的形成奠定了基础。

(三)拉法叶特

美国第一任总统华盛顿之所以能够成就其伟业,除了他本人的天赋、努力奋斗之外,还得力一大批同仁的辅佐。法国的热血青年拉法叶特便是他的得力助手之一。

正当华盛顿领导的大陆军和民兵同英国殖民军浴血奋战之时,法国陆军年仅20岁的青年军官、自由派贵族拉法叶特为了支援美国人民的独立战争,不顾凡尔赛宫廷的反对,告别了年轻的妻子,乘着自己装备的"胜利号"船于1777年7月来到了美国费城。

7月的费城,烈日炎炎,暑气逼人。拉法叶特急于上前线,冒着高温酷暑匆匆赶到大陆会议外交事务委员会办公室正式申请参加大陆军。拉法叶特直接给大陆会议主席写信,要求以志愿兵的身份参加大陆军,不取军饷和报酬,为美国独立事业服务。这种高尚的精神使大陆会议主席感动万分。7月31日,大陆会议决定给拉法叶特授予美国少将军衔。

拉法叶特渴望会见正在费城的华盛顿将军,华盛顿也十分钦佩这位来自法国的热血青年,从他的身上看到了各国有志之士对美国自由事业的有力支持。

在费城的一次宴会上,华盛顿和拉法叶特第一次会面。拉法叶特凭着华盛顿的不同凡响的风度和外貌,马上就从簇拥着他的众多将领中认出了他。同高大的华盛顿在一起,拉法叶特显得格外瘦小纤细,头上长着微红色的头发,一对明亮的眼睛呈淡褐色,华盛顿一见面就对拉法叶特产生了好感。宴会结束以后,两人又留下来继续进行了有趣的交谈。

华盛顿邀请拉法叶特到司令部任他的副官,拉法叶特欣然应允。华盛顿还告诉他,在美国无法得到法国宫廷那种豪华舒适的生活条件,因为他已是一名美国士兵,必须尽快适应美国军队的习惯和生活方式。拉法叶特满口答应,说他对艰苦的生活条件早有思想准备。

一周以后,拉法叶特满怀喜悦地随同华盛顿骑马从费城来到郊外的大陆军军营,开始了他在美国的战斗生活。在军营生活了一段时间,拉法叶特写信给在法国的朋友说:"他们有11000人,武器装备很差,衣着更差,给人以一种光怪陆离的印象。他们穿着颜色斑驳的服装,有的还赤身裸体,棕色亚麻布做的猎人衫要算是最好的衣服了。他们的战术同样不正规。除了最矮的人站在前列以外,其他人混合编队。尽管这样,他们仍然是一群有热情的军官指挥的英俊的士兵。"由此可以看出,美国大陆军的生活条件尽管很艰苦,但拉法叶特仍然充满着乐观,并对大陆军官兵怀着敬佩之情。

拉法叶特来到大陆军营地以后,与华盛顿形影不离,结下了深厚的战斗友谊。华盛顿还曾因为在拉法叶特面前列队检阅大陆军而感到有些不好意思,似有出乖露丑之嫌。而拉法叶特则很有礼貌地表示他是来向美国军队学习的,而不是来当教练的。这样的话,华盛顿及其他大陆军官兵很乐意听。

华盛顿为了长大陆军的志气,灭敌人的威风,组织大陆军在费城市区进行游行示威,沿着河滨路——栗树街路线绕城一周。为了使这次示威尽可能威武雄壮,事先煞费苦心做了充分准备。全体官兵都保持着整齐的队列,拿好武器,随着每一个旅中间传来的军鼓声和军笛声,步伐一致地向前行进。华盛顿骑着马,在许多参谋人员的伴随下,走在队伍的最前头,拉法叶特与他并肩而行。革命党人和人民群众从这一景象中获得新的希望和鼓舞。他们在华盛顿的队伍经过时,拼命鼓掌欢呼。

华盛顿和拉法叶特在战场上结下了牢固的友谊。在炮火连天的战斗中,他们生死与共,在独立战争最后决战的时刻,他们共商大计,运筹帷幄。战后,华盛顿解甲归田,拉法叶特告别了华盛顿返回自己的祖国,他们又书信来往于大西洋两岸,互通音讯,共叙友情。这是一种神圣、高尚而又奇特的友谊。一位是法国封建宫廷里的贵族,一位是北美革命军的总司令;一位是血气方刚的青年,一位是正当壮年的将军;一位热情奔放、感情冲动,一位沉着冷静,不露声色。是什么力量把出身、经历、性格、气质、年龄如此不同的两位英雄联结在一起呢?是为正义、自由、独立而斗争的共同理想,是战争的烈焰把具有相同英雄本色的人熔铸成一块不可分割的钢铁,也是华盛顿和拉法叶特珍视友谊的结果。华盛顿虽然外表严肃,但内心充满感情;他不轻信别人,却十分珍视友情。后来拉法叶特身处逆境,他仍一如既往地加以关怀。

得道多助,失道寡助。美国人民反对英国殖民统治的斗争得到了世界各国人民的支持。许多有志之士,热爱自由的人民,不惜远离家乡来到艰苦的美国战场,同苦难中的美国人民并肩作战,有的甚至献出了生命。

年轻气盛的拉法叶特除了给华盛顿出谋划策以外,还经常请缨出战,要求华盛顿允许他亲率部队上前线去同英国殖民军作战。有一次,华盛顿派拉法叶特率领2000名士兵去前线参战,以切断费城同外界的联络并监视敌人的动向。拉法叶特在极其困难的情况下,出色地完成了任务。拉法叶特作战非常勇敢,经常冲在部队前面,有一次在战场上腿上中了一颗滑膛枪弹丸,仍然坚持指挥部队战斗。

1779年圣诞节前一天,拉法叶特的夫人生了一个儿子。拉法叶特赶回了

·军事将帅·

图文珍藏版

法国。

当时，美法同盟条约已经签订，法国宫廷虽然已向英国宣战，并从物资上公开支援美国，但在选择同英国决战的地点问题上瞻前顾后。因此，派遣远征军去美国的事久拖不决。正在此时，重返巴黎的拉法叶特为促进法军援美做出了很大贡献。

几个月来，美国著名的社会活动家、科学家富兰克林在巴黎积极活动赢得了凡尔赛方面的好感，获得了一笔 300 万利维尔的贷款，但是后来法国政府变了卦，只同意将贷款中的四分之一用于供应军需品。拉法叶特获悉此信息以后，就利用自己的地位和社会关系同政府要员商谈，提出从王室的军需库里拨出 15000 人的全副武装和一定数量的火药运往美国。他还建议国王向美国提供资金为美国士兵购置布匹。这位年轻的贵族还告诉法国外交大臣，美国的独立"对我们自己国家的荣誉和福祉"很重要，因此法国必须重视"下一次战役"。

对于拉法叶特为促进法军援美所做出的努力，华盛顿和美国人民深为感激。华盛顿从西点给拉法叶特发出的信中说："您对自由事业的无限热心，您对这新生世界的深情厚谊，您在美国及返法后为合众国所做的不懈努力，您对美国人民无微不至的关心，以及您对我要求严格而又始终如一的友谊，已经把我最初见到您的感觉——尊敬与喜欢，转变为完完全全的热爱和感激，而这种感情不会由于时间与距离的变化有所减损。不论您以何种身份——以英勇无比的法军统帅的身份（如果情况有此需要），或者作为美军的少将师长或干戈平息解甲归田后作为私人朋友与伴侣——我都将以热情的友谊欢迎您到哥伦布的土地上来，并欢迎您光临寒舍，但无山珍海味和豪华的享受，只有家常便饭和亲切的款待。"

外表威严，有时甚至火气挺大的华盛顿将军从不轻易吐露内心的感情，然而他在这封信中却洋溢着一种真切、诚挚的情感。

美国朋友的感谢和赞扬更鼓舞了拉法叶特的斗志。在组织远征军的问题上，他针对别人对他的误解而强调指出："如果我纯粹被争当指挥官的欲望所驱使，那么他们在美国给予我的已比我在此乞求的多得多！"

最后，法国宫廷决定让拉法叶特重返美国在大陆军中继续任职，并指派一位沙场老将出任法国远征军司令。这位将军就是罗尚博，他在拉法叶特出生以前就已经是一位准将，19 岁时他的军衔已同拉法叶特在美军中的军衔相同。拉法叶特孩提时已闻知罗尚博的大名。对这一人选，拉法叶特认为是适合的，因为"他确实是一位出色的军官"。

拉法叶特根据在美国的实践深知处理好美军和法军的关系至关重要，因此他再三向宫廷建议：法国远征军应受华盛顿的指挥，以免引起纠葛与不和。法国宫廷根据拉法叶特的建议，决定法国远征军司令是华盛顿的第一副手，为此授予罗尚博以中将军衔，使他的军衔仅仅低于华盛顿，而高于华盛顿以外的所有美国军官。战役计划则由华盛顿同拉法叶特合作决定。法国政府这些决定不仅给华盛顿增加了一支全副武装的军队——几乎是他直接指挥的部队的两倍而且也使这位美军总司令置于不受其他力量制约的独立地位，既无需同大陆会议商量，也不必向法国国王在美国的代表汇报而动用这支部队，成了一名真正的、名副其实的总司令。

1780 年春，拉法叶特准备重返美国前线。出发前，他频繁参加社交活动，同亲朋好友辞别。2 月 29 日清晨，拉法叶特身穿蓝、白、金相间的美国少将制服去凡尔赛宫向国王和皇后辞行,皇后对他能够推进法美共同事业抱有信心。下午,拉法叶特穿着同样的制服出席了前法国路易十五的外交大臣舒瓦瑟尔公爵举行的宴会。会上,英国前首相沃波尔的侄孙对拉法叶特的少将制服表现出轻率的惊讶,还对美国军队衣不蔽体的状况评头论足。拉法叶特虽然无名火起,勃然变色,但仍然冷静机智的回答他说,美国人有许多各不相同的制服,不是所有美国军队都穿得同样好,但是俘获英国军队的美国人几乎全是赤身裸体的。话音刚落,沃波尔的侄孙尴尬不堪。

拉法叶特于 3 月 20 日登舟返美。他远眺一望无垠的大海,心中憧憬着未来的战斗。他的口袋里装着一封富兰克林写给华盛顿的信,在信中,富兰克林赞扬了这位年轻军官为了"我们祖国荣誉"而表现出来的热情以及他"对我们的事业"和对华盛顿的牢固感情。后来,华盛顿在给富兰克林的回函中也说:"来函已由我们的青年朋友、蔼然可亲的拉法叶特侯爵带到,获悉一切,至以为感。侯爵在法国为我国所做的一切努力,进一步证明了他对我们这场伟大事业的激情,也使我们加深了对他的敬爱。"

经过 38 天的航行,拉法叶特乘坐的"埃尔米诺"号船于 4 月 27 日到达美国马萨诸塞州东北部的马布尔里德港。翌日,他由水路到达波士顿。拉法叶特重返美国的消息不胫而走,他受到了美国人民的热烈欢迎。一位法国人情不自禁地评论,拉法叶特在波士顿受到了比两年前更为热烈的欢迎。

7 月 10 日,罗尚博率领 6000 名法国远征军也顺利抵达美国罗得艾兰的纽波特。法军抵美之日,正是英军在美国南部暂时猖獗之时。驻守在南卡罗来纳查尔斯顿的英军将领康华里被一时的胜利冲昏了头脑,在坎宁击败盖茨将军指挥的一支美国军队以后,他便想把美军逼到弗吉尼亚聚而歼之,一口吞掉美国的南方军团。但是,康华里低估了美国军民的实际力量。因此,他的一厢情愿的计划连连遭受挫折。

华盛顿获悉南方连连胜利以及法国海军即将抵美的消息以后,他确信同英军决战已为时不远。然而最重要的是正确选择决战地点,这是关系美军成败的关键性的一着棋。

拉法叶特返美不久,便同华盛顿讨论了如何选择同英军决战的地点问题。当时,拉法叶特向华盛顿建议三个决战地点可供选择:一是美国南方,二是纽约,三是加拿大的哈利法克斯。华盛顿反复考虑,认为在纽约决战是上策。后来,情况发生了变化,一是法国海军不便进入纽约湾,二是英军已经察觉了美法联军准备围攻纽约的战略意图。为此,华盛顿又同拉法叶特、罗尚博等人会合在他的家乡芒特弗农山庄,经过反复研讨,他们正式决定,一方面严格保密,故作继续进攻纽约的姿态欺骗英军,另一方面采取声东击西的策略,选择在约克敦聚歼英军。

1781 年 10 月 14 日,美法联军开始向英军发起总攻。美军连续几天的炮击,英军岌岌可危。17 日英军将领康华里率 8000 名英军无条件投降。19 日举行了庄重的受降仪式。

约克敦胜利的消息像春雷震撼北美大陆,美国举国上下一片欢腾。约克敦的胜利是值得美国人民大庆一番的。因为它是独立战争过程中最大的一次胜利,它标志着美军的战略反攻取得了决定性的胜利。自此以后,美英双方几乎停止了重大的军事行动,正如拉法叶特所说的一样,"戏已经演完"。

华盛顿与拉法叶特的友谊是牢不可破的。美国独立战争结束以后,拉法叶特于1782年回国。此后,他们一直通信,始终保持着常青的友谊。在华盛顿辞去总司令职务,退居芒特弗农山庄不久,拉法叶特曾于1784年8月怀着对华盛顿的崇敬和热爱之情,再次远渡重洋,来美国专程看望华盛顿,他们在山庄里度过了一段最愉快的时光。1789年法国大革命时,拉法叶特任巴黎革命军总指挥。他为了让华盛顿分享法国革命者的胜利喜悦,特意把打开巴士底监狱的钥匙寄给华盛顿作纪念。法国大革命失败后,拉法叶特在逃往荷兰途中被奥军俘虏入狱,他15岁的长子只身逃到美国,华盛顿立即设法安排照料,后来又亲自将孩子接到芒特弗农山庄,把孩子置于自己的精心照料和爱抚之下。后来,得知拉法叶特获释后,华盛顿悲喜交集,把啜泣的小拉法叶特紧紧搂在自己的怀里,并让孩子捎信给他爸爸,说他们之间的友谊是永恒的。

(四)圣马丁

圣马丁于1778年出生在阿根廷,卒于1850年。1786年随父母迁至西班牙,入马德里贵族学校学习。1789年开始在西班牙军队中学习,当过步兵、骑兵和海军;曾随军转战北非、法国和葡萄牙,参加过1796年英西海战和1808年开始的西班牙人民抗法战争,由一名士官晋升为中校指挥官。1808年加入以解放美洲为宗旨的秘密组织"劳塔罗社"。1811年脱离西班牙军队,回阿根廷投身拉丁美洲民族解放战争。1813年,奉命转赴图库曼,接任北方军司令。他根据敌对双方特点制定了解放南美洲的新战略方案,变北上为西进,即停止进攻西班牙在南美洲的殖民地统治堡垒秘鲁。改由阿根廷西部越过安第斯山脉,先解放智利,然后再从海上进攻秘鲁。他的主张得到了阿根廷政府领导人的赞同和支持。1814年8月,受命赴库约省任省长,组织"安第斯山军"。1817年年中,率军攀越安第斯山脉,攻进智利。

圣马丁率领由4000多人组成的安第斯山军,分别通过四道相隔甚远的隘路前进,最后终于通过了安第斯山。智利保王军听说圣马丁的军队从安第斯山多路进入智利,皆胆战心惊。他们企图在圣地亚哥附近阻止安第斯山军,但为时已晚。

被击溃的智利保王军,在智利中部各地秘密流窜,并在南部康塞普西翁附近重新集结。沃伊金斯遂指挥军队将智利保王军残余包围起来。西班牙的秘鲁保王军决定重新征服智利,于1817年12月9日派遣一支远征军,增援被包围的智利保王军。西班牙人的意图是击败沃伊金斯,然后把陆军主力经海路运往瓦尔帕来索,引诱圣马丁南下增援沃伊金斯,接着一举进入没有防御的圣地亚哥;即使失败了,也可以从海上撤退。

圣马丁从他派往利马的情报人员那里得知敌人这一意图,便提前进行了军事部署:一面派兵支援沃伊金斯,一面准备在瓦尔帕来索或圣地亚哥以南制止敌人的进攻。1818年2月12日,正值查卡武科之战一周年,圣马丁在政治上争取主动,正式宣布智利独立。根据敌我情况,他决定采取避敌锐气,以守为攻的战术,诱使敌军司令奥索里奥进入内地,在爱国军能施展其骑兵优势的地方与敌决战。3月19日,奥索里奥于坎查拉亚达发动了一次夜袭,爱国军失利。圣马丁指挥军队有计划地退却,于 4 月初撤至圣地亚哥南侧的迈普平原列阵以待,奥索里奥于 4 月 4 日夜在爱国军南侧列阵,左翼部署了骑兵,但没有纵深和预备队。

4 月 5 日晨,圣马丁策马阵前,观察敌人的部署情况,他满怀信心地说:"奥索里奥比我想象的还要愚蠢,胜利是属于我们的了!"上午十一时,爱国军突然以猛烈的炮火准确地袭击了敌人,获得大胜。迈普战役的胜利,使智利获得完全解放,进一步巩固阿根廷的独立,在军事上为圣马丁大陆战略计划的最后实现扫清了道路。

圣马丁是一位充满传奇色彩的军事家,他的军事策略使他战无不胜,攻无不克,备受世人推崇。

(五)玻利瓦尔

玻利瓦尔,19 世纪初,南美洲北部为反对西班牙殖民统治而进行独立战争的领袖,著名政治家和军事家,委内瑞拉的民族英雄。

1783 年玻利瓦尔出生于委内瑞拉加拉加斯一个土生白人贵族世家,父亲及祖辈都在当地极有权势。但玻利瓦尔并不愿在家人的呵护下生活。1797 年 1 月,玻利瓦尔以士官生的身份参加了委内瑞拉民卫部队,第二年 7 月他被晋升为少尉。1799 年玻利瓦尔结束了部队生活,前往欧洲学习和旅游,在此期间,他接受了资产阶级启蒙思想,此后他的一生都在为委内瑞拉和南美洲的独立事业而奋斗。

1807 年玻利瓦尔从欧洲回到委内瑞拉,积极投身于争取民族解放的革命事业。1810 年他参加了委内瑞拉人民发动的武装起义,并作为新政权的代表出使英国,以寻求英国对他们的支持与援助。1811 年委内瑞拉议会通过《独立宣言》,正式宣告独立,并成立了第一共和国,玻利瓦尔被任命为卡贝略港要塞司令,带领共和部队与外来侵略势力及国内反动分子进行斗争。但是一年之后,第一共和国就遭到颠覆,共和政府被推翻。

为了重建共和,玻利瓦尔组建了一支一千余人的部队从新各拉纳达打回委内瑞拉,收复了加拉加斯,建立了第二共和国。因此他被人民誉为"解放者",并出任委内瑞拉共和军总司令。1814 年,在国内外反革命势力联手进攻下,第二共和国也被颠覆,玻利瓦尔出走牙买加和海地。在海地,玻利瓦尔总结出了没有发动广大人民的巨大失误。

1816 年,玻利瓦尔在海地革命者的支持下,又组成一支军队回到委内瑞拉。这次他没有首先攻打大城市,而是建立农村武装,宣布解放黑人奴隶,并从奴隶中招募士兵,组建部队,并答应给革命的战士分配土地。1817 年和 1818 年,玻利瓦尔的部队渡过了接连失利的困难时期,终于抵住西班牙军队的进攻,平定了内部叛乱,并联合平原地区的游击力量,在委内瑞拉东部建立了以安格拉图斯城为中心的基地。1818 年,玻利瓦尔主持召开了国民议会,并宣布委内瑞拉第三共和国成立。1819 年,玻利瓦尔率军出征新格拉纳达,在一年之中解放 12 个省,1820 年 8 月 7 日波哥大也得到了解放。同年 12 月 17 日,安格拉图斯国会决定将原委内瑞拉都督区和新格拉纳达总督区合并为大哥伦比亚共和国,玻利瓦尔当选为总统,并统率三军。1821 年初,玻利瓦尔挥师东进,在 6 月 24 日取得了卡拉沃沃会战的全面胜利。

他认为,"此次辉煌胜利确认了哥伦比亚共和国在政治上的诞生"。1822年5月,统一的六哥伦比亚共和国成立,这标志着南美洲北部独立战争取得完全的胜利,玻利瓦尔不仅是一个民族英雄,同时还是一个极为高尚的国际主义者。在把委内瑞拉从西班牙的殖民统治中解放出来以后,他又开始投身于全美洲的民族解放事业中。1822年,玻利瓦尔率领哥伦比亚军队开始南征,同年4月在邦博纳之战中他率领部队重创西班牙军。1822年中期,玻利瓦尔同北上解放基多的苏克雷部队胜利会师。1824年8月,玻利瓦尔指挥的胡宁之战获胜,为解放利马奠定了基础。由于哥伦比亚国会牵制,玻利瓦尔不得不于1824年10月交出全部军权。但苏克雷遵照玻利瓦尔的指示,于同年12月以不足6000人的兵力和约一万人的西班牙殖民军主力在阿亚库乔高原进行决战,在实力对比悬殊的情况下大获全胜。这是一场决定性的战争,它标志着西班牙在南美洲统治的终结,秘鲁总督殖民军的四个元帅、十大将军全部投降。1825年,秘鲁解放。为了纪念玻利瓦尔,该地独立后,定国名为玻利维亚。1826年1月,卡亚俄港的西班牙驻军投降,拉丁美洲独立战争宣告结束。

玻利瓦尔以毕生精力反对西班牙的殖民统治,他领导的独立战争解放了南美洲相当于今天委内瑞拉、哥伦比亚、巴拿马、厄瓜多尔、秘鲁和玻利维亚的500万平方公里的领土,对拉丁美洲建立共和制度和促进美洲团结做出了重要贡献。

(六)尤利塞斯·格兰特

在美国内战联邦军队打败联盟军的过程中,尤利塞斯·格兰特发挥了主要的作用,他的战略战术谋划能力证明了他优于他的主要对手,罗伯特·李。尽管因为有重大人员伤亡的经历,格兰特常被描述成醉鬼和屠夫,但是他理解将全部军事和经济资源投入整体战争的重要性。格兰特取得胜利维护了美国的统一。

无论格兰特的平民生活还是军事生涯都不是一开始就引人注目的。他在1822年4月27日出生于俄亥俄州快乐镇的一个制革厂主家庭,是六个孩子中最大的,格兰特在1839年接到美国陆军军官学校的入学通知。在向西点军校报到时,格兰特决定将他的名字从海勒姆·尤利塞斯改为尤利塞斯·海勒姆以避免首字母缩写"HUG(拥抱)"带来的尴尬。一次国会议员提名他竞争学院奖犯了行政上的错误,误将他的名字报成尤利塞斯·辛普森。为了避免以后的混淆和繁琐,格兰特没有费力去修正这个错误,欣然变成了U.S.格兰特(双关语:美国的格兰特)。

格兰特在西点军校并没显示有很大的潜力,他在1843年那届毕业的三十九名军校学生中排在第二十一名。虽然在学校格兰特的马术是最出色的,但是这位新的陆军中尉被分在了步兵团,并在毕业后,到密苏里州的杰弗逊兵营第四团报到。

1846年墨西哥战争爆发,格兰特和随他所在的团在格兰德河边界加入了圣扎迦利·泰勒的队伍。格兰特参与了这场战争早期的几场战役,在蒙特雷战役(Monterrey)因为勇猛善战而受到了表彰。1847年他所在的军队转到南方加入由温菲尔德·斯科特领导的一场入侵韦拉克鲁斯的战争。这场战争中格兰特在四月参加了塞罗戈多战役,八月参加了丘鲁布什科(Churubusco)战役,九月参加了梅林诺—德拉—雷和查布尔特佩克战役。攻陷墨西哥城时,格兰特已名誉晋升到上尉,正规军晋升到中尉。

格兰特在 1848 年回到密苏里州,娶了当地一个种植园主的女儿朱莉娅·登特(JuliaDent),他是在早前分配到杰弗逊兵营时认识她的。频繁的换防把格兰特带到·了密西西比州,纽约州,密歇根州和太平洋西北部。1854 年,已经是正规军上尉的格兰特到加利福尼亚的福特洪堡报到,因为他的妻子不能随他去赴任,格兰特开始——据一些记录说是继续——酗酒,其后很快他就放弃了他的职务。

在接下来的六年里格兰特回到密苏里州尝试过农业和各式的商业冒险。但是一样都没有成功。1860 年他把家搬到了伊利诺伊州的加利纳,并在他父亲的皮革店里做职员。

内战爆发时,格兰特试图在常规军中重新获得一个职务,但是尽管大规模的动员,军界还是没有对他表示太大兴趣。最后,格兰特终于获得一个上校职位担任伊利诺斯第二十一志愿步兵团的指挥官,不到两个月时间,他就被提升为准将指挥密苏里州东南区。

格兰特的第一次在内战战场赢得有限的胜利是在密苏里州的贝尔蒙(Belmont)。他并没引起林肯总统和正规军的注意,直到他极其漂亮地将海军和陆军相配合于 1862 年 2 月占领了联盟军的亨利和达那逊(Donelson)堡。格兰特在达那逊堡战役时要求叛军指挥官的话成了他的昵称:"无条件投降"格兰特。

1862 年春,格兰特被提升为少将,并掌管田纳西州的军队。4 月 6 日,艾伯特·西德尼·约翰斯顿将军(Albert Sidney Johnston)率领联盟军队突袭了田纳西州夏伊洛的联邦军队,但是,格兰特重整他的队伍对叛军进行了反击。

在夏伊洛之后,格兰特指挥了几次机动作战,展示了他对战场战术的掌握。运用快速行军和攻击性行动,格兰特在他的军队向维克斯堡行进过程中,在密西西比州对超过己方人数的敌军五战五捷。格兰特再次用美军海上舰队在密西西比河上配合他的进攻,并在六月从陆上和海上包围了维克斯堡(Vicksburg)。这座城市在 7 月 4 号向格兰特投降,使联邦军完全控制了密西西比河,并成功地将联盟军从地理上切断为两个部分。

在维克斯堡一役后,格兰特终于在美国正规军中获得任职,被提升为少将,并任新成立的密西西比师的指挥官。他迅速地控制了查塔努加(Chattanooga),冲破了叛军的围城攻势,在鲁克奥特山赢得了关键性的胜利。胜利后格兰特并未休整,而是乘胜追击撤退的叛军。

林肯总统三年来一直在寻找可以结束这场战争和维护国家统一的将军。1864 年他认定格兰特就是他在寻找的那个统帅,9 月他提升格兰特为中将任命其为联邦军的总指挥。正规军的军官们对格兰特没有好的印象,普通的市民听到的都是他酗酒的故事,对此,林肯只是简单的回应,"我需要这个人,他作战英勇"。

那也正是格兰特所做的。他很快就接管了统帅权,在战场上用电报指挥了整个联邦军取得成功。意识到南方比不上北方的人力和其他资源,格兰特开始把一连串的行动建立在损耗资源上(对温菲尔德,斯科特早年蟒蛇计划的继续与延伸)。他一面命令威廉·T·谢尔曼向亚特兰大推进,菲利普·谢里丹压制申南多亚谷的叛军,一面自己同波拖马可河(Potomac)乔治·米德(George Mead)的军队一道抗击瑞奇蒙德(Richmond)和李在弗吉尼亚的部队。虽然经历了一系列血腥的荒原战役、斯巴萨维利亚战役（Spotsylvania）和冷港战役，结果格兰特并没在这场战争中获取必需的胜利。事实上，李足以与他匹敌，并在某些情况下领导才能胜过他。但是联盟军继续损失人员，又不能得到补给，他们只能被迫应付格兰特的进攻而不能自己主动发起进攻。

1864年6月，格兰特在弗吉尼亚的彼得斯堡包围了李的部队。此时1865年4月1日，格兰特在五岔口战役中取得胜利威胁到李的右翼防守迫使他撤退才告结束。格兰特与李的西撤军队平行，并命令谢里丹切断他们的撤退路线。4月9日在阿波马托克郡府，李认识到他已经无力再战，于是向格兰特投降。剩余的南方叛军在接下来的几周内也跟着投降了。

格兰特在战后一直留在军中，1866年，国会批准将他提升为四星上将，这是自1799年来唯一一次这样的提升，1868年格兰特赢得了他两次竞选中的第一次，成为美国总统。但是被一系列的丑闻摧毁，用人不善，卷入欺诈的丑闻，虽然不是格兰特本人这样做，他的总统生涯证明了他是个更好的将军而非政治家。

在经过1879年不成功的第三次竞选活动后，格兰特搬到了纽约。他很快证明了他的商业技巧并没有随着时间的推移而有所长进，他在一次银行业投资中损失了自己的全部财产。在被诊断出患有喉癌后，格兰特用生命的最后时间来写自传，并在他去世前四天才完成。他于1885年7月23日在纽约的蒙特葛瑞格尔去世，享年六十三岁，这本自传很成功，版税足够支持他家庭未来的生活需要。

格兰特矮壮、结实、肩膀浑圆，他的军人风度从未给任何人留下过深刻印象。尽管几乎别的尝试都失败了，他仍然是历史上最有影响力的军事领导人之一。他的人员伤亡名单很长，也确实常常饮酒过量。不管怎样，他赢得了美国历史上最大、最关键的一场内战，保证了联邦的存在和奴隶制度的废除。

虽然不像李一样受人爱戴，不像J·E·B斯图尔特或菲利普·H·谢里丹一样炫耀，格兰特向世人证明了林肯对他的军事任命是正确的，他就是在那个适当的时间里的正确人选。现代的"总体战"和美国的统一是他留给世人的遗产。没有他的领导，美国很可能会陷入分裂，不会上升到今天的超级大国地位。

（七）加里波第

具有卓越军事天才的加里波第，在政治上却过于浪漫天真，对于身边的种种阴谋诡计，权力欲望、党派纷争，他感到厌烦无奈。他那高贵无私的纯洁的心灵中，只有一个想法：统一意大利，一切为了祖国。他宣布两西西里王国并入撒丁王国，把一切权力移交给埃马努埃莱国王。

至此，除罗马和威尼斯之外，意大利全国基本统一。国王派人送来一份礼单：给他一处王宫古堡，一艘汽艇，给他的长子梅诺蒂一座庄园，委任他的次子里乔蒂为御前侍从武官，给他的女儿泰雷西一份丰厚嫁妆。"我奋战南方，既非为了沽名钓誉，也不是为了牟取私利。我急欲回去过我的孤独生活。"他不仅谢绝了礼单，而且辞去正规军中的官阶，带着未能进军罗马的遗憾和仅有的50法郎及一口袋菜豆种子，回到卡普雷拉岛。

1861年3月14日，维托里奥·埃马努埃莱正式登基，意大利王国成立了。此后 20 年,内阁的权力斗争此起彼伏,国际矛盾风云变幻。这段时间,加里波第以为自由而战的传奇将军和耕种渔猎、造福于孙的一家之长的双重角色,有时活跃在欧洲大陆,有时幽居在海上小岛。

只要祖国需要,他会立即不计前嫌,二话不说,立刻组织志愿军奔赴前线。他带兵参加 1866 年的普奥战争,意大利作为普鲁士的盟友收回威尼斯,他再次为彻底统一祖国立下汗马功劳。1867 年,他远征罗马失败,又于 1870 年委托助手组织志愿军进军罗马,和正规军一起推翻教皇国,收回罗马,最后统一了意大利。

叱咤风云、驰骋疆场的加里波第不仅成为解放祖国的元勋,意大利的民族英雄,而且也成了世界人民争取自由解放的一面旗帜。1861 年,美国大使代表林肯总统正式邀请他去美国统率部队。1863 年,当他因向罗马宣战而被捕时,全欧洲掀起了愤怒的浪潮,英国爆发抗议游行,德国募捐铸造金冠赠给他,瑞典举行群众示威,法国派出慰问团。在 1870—1871 的普法战争中,当得知法国推翻了拿破仑三世建立共和国时,他主动请缨,指挥八千沃捷兹军队,打败了普鲁士名将维尔德的二万大军。1871 年巴黎公社起义时,他接到担任国民自卫军总司令的邀请。但是他已百病缠身,不能成行。日愈剧烈的风湿病和原因不明的发烧、疼痛,无情地折磨着这位戎马一生的传奇英雄。

卡普雷拉岛上,天气好的时候,经常可以看到一位坐轮椅的老人。有时他在女儿的墓地一坐半天,有时他扶着一块碑石喃喃自语,那下面埋着他的战马。晴朗的夜晚,他会用望远镜观看划破夜空的彗星,沉闷的下午,他多半呆在房间里,与镶在紫檀木镜框中,那条阿妮塔留下的乌黑发辫做伴。一天,他让人抬着来到海上,望着碧波万顷的大海,他轻轻抚着刚刚几岁的小儿子说:"小家伙,我希望你当海军。"

1882 年 6 月 2 日,被恩格斯誉为意大利最后一位具有古风的英雄与世长辞了,他安息在小岛家庭墓地的几棵松树下。意大利永远不会忘记他的名字:朱塞佩·马力亚·加里波第。

(八)毛奇

普奥战争以后,毛奇立即着手制订对法国作战的宏大计划和进行战争准备。北德意志各邦虽然统一了,但是南德还有四个邦国处于法国的卵翼之下。要完全统一德国,势必要与法国一战。而且作为一个军人,他个人的成就因为法国的干涉而打了折扣,心里一直忿忿然。所以于公于私,这一箭之仇都非报不可。

毛奇是一个知识全面、头脑冷静、目光锐利的军事家,就在普奥战争进行之中他已经发现了普军不少弱点。普军上下对骑兵的作用都认识和发挥不够,在普军翻越苏台德山脉时,他和下级指挥官都未派骑兵在前面警戒和侦察,行军处于一种盲目状态,结果在冲出山垭口时与奥军发生了遭遇战。如果奥军在山中或山垭口设伏,普军将吃大亏。此外,对骑兵屏护主力、阻滞敌军行进、反侦察等作用也未能发挥。

毛奇还发现普军炮兵武器和战术上都存在严重缺点。普军使用的大炮,很多还是前膛装填的滑膛炮,这种炮被证明比奥军普遍使用的后膛装填的线膛炮,在发射速率和准确度上都差得多。在战术上,普军习惯把炮兵放在行军纵队的尾部。

所以当普军第二军团前卫部队从山垭口冲出与奥军遭遇时，就完全失去了炮火的保护。更为严重的是，当第一军团在萨多瓦向奥军正面发起进攻时，出现炮火支援迟缓的问题，普军步兵完全暴露在奥军火力之下，受创严重。

针对这两大弱点，毛奇在战后立即着手改革，将普军火炮全部更新为钢质、后膛装填的线膛炮，并对炮兵和骑兵指挥官进行新编队和新战术意识的培训。毛奇率先提出了一个具有现代意义的概念，即炮兵的预备队就是弹药。从此，普军在战斗中总是将所有能用上的炮兵都及早投入战斗。

经过毛奇几年的努力，普军在1870年投入普法战争时，无论在编制、装备、指挥、战术思想等方面，都远比法军准备充分。

在普鲁士人忙乎的时候，法国人也没有闲着。普奥战争一结束，拿破仑三世就眼巴巴地盼着俾斯麦答应给他领土"赔偿"的诺言兑现。谁知望穿秋水，俾斯麦一声不吭，就像压根儿没有这回事。拿破仑三世知道受了骗，心中极为不满。普鲁士人得寸进尺，又搞起了一个北德意志联邦，赫然一个大国屹立，法国要想再次称霸欧洲，可就遇到强硬对手了。拿破仑三世痛下决心，决不再姑息遗患，尽快以战争削弱普鲁士，阻止德国统一。

双方都在大规模地扩充军备，同时展开秘密的外交活动，孤立敌人，争取盟友。俾斯麦竭力想争取英、俄中立，拿破仑三世则力图拉拢奥地利、丹麦和意大利，组成反普同盟。老奸巨猾、巧舌如簧的俾斯麦显然比公子哥儿出身的法国皇帝技高一筹。俾斯麦颇有成就，拿破仑三世却接连碰壁，搞得臣民怨他无能，颇有要闹事的架势，逼得他只好尽早动武。

到1870年，普鲁士首先做好战争准备。可一时没有借口。按照俾斯麦的信条：只要需要，没有就去制造。俾斯麦眼睛滴溜溜一转，发现西班牙是个空子。原来的女王伊莎贝拉被1868年的革命推翻后，王位至今空着。俾斯麦派人秘密去马德里，收买西班牙临时政府，让他们邀请普王威廉的堂兄利奥波德亲王去当国王。这事俾斯麦、毛奇、罗昂一伙人事先没有告诉普王，他们怕威廉反对，阴谋就搞不成了。

果然，7月3日西班牙《回声报》披露利奥波德出任西班牙国王的消息后，正在埃姆斯温泉疗养的威廉国王闻讯大为惊讶，并立即表示反对。但反应最强烈的还是拿破仑三世，他简直跳了起来，一面向普鲁士提出抗议，一面扬言：谁敢派人去西班牙当国王，就同谁开战。事情明摆着，他要让那个普鲁士人去做了国王，岂不是让人家两面夹攻吗？

7月9日，法国驻柏林大使奉命赶往埃姆斯谒见普王，要求制止利奥波德继承西班牙王位。威廉表示他将劝阻亲王接受邀请。利奥波德也随即发表声明，不去西班牙做国王。事情到此本就可以了结了，但是拿破仑三世还不放心，竟命令大使去向普王逼索永远不同意利奥波德继承西班牙王位的书面保证。这就做得太过分了，威廉毕竟是一国之君，岂能做这种丢脸面的事。他拒绝了大使的要求，并将会谈结果电告首相俾斯麦。

俾斯麦收到电文时，正同总参谋长毛奇和军政大臣罗昂共进晚餐。俾斯麦看了电文，诡谲地笑了笑，问："对法国的战争早打好还是晚打好？"毛奇以他一贯的简洁语言回答："如果真要打，晚打对我们不利。"俾斯麦于是提笔在电报上改了几个字,将原来比较温和的语气改成带有侮辱法国皇帝的意味,他一面将改过的电文递给毛奇和罗昂,一面说:"那头高卢牛看见这块红布会立刻激怒起来。"三人大笑。他们虽然知道这会引得国王龙颜大怒,但一个统一的德国足以平息他的怒气。这三个战争贩子对于德国的统一,实在比国王本人还要热切。

经过删改的电文在报上一发表,法国舆论大哗。拿破仑三世气急败坏,觉得受了侮辱,但也高兴有了发动战争的借口。1870年7月19日,法国对普鲁士宣战。普法战争爆发。拿破仑三世正中了俾斯麦、毛奇等人的圈套,他们正是要法国先进攻,这样普鲁士便处于民族防卫战的地位,有利于争得德意志民族的支持和国际舆论的同情。

法国为这次战争也进行了多年的准备,陆军大臣向皇帝一再吹嘘说,完全准备就绪。拿破仑三世信以为真,急忙调兵遣将,想迅速集中优势兵力,越过莱茵河,向法兰克福方向突袭,切断南北德意志的联系,强迫各邦国中立,然后联合奥地利和意大利直攻柏林。同时,舰队在波罗的海和易北河配合陆军行动。

皇帝的战略计划本也不错,可他的军队实在不争气,平时训练差,装备落后且不齐全,参谋指挥系统效率低。部队接到集中命令时,到处乱成一片,有的将军甚至找不到自己的部队。地图没有,军需品不足,索要粮草、弹药、帐篷的电报纷纷飞向巴黎总部。7月28日,对此一无所知的皇帝兴冲冲跑到梅斯前线,准备发动进攻,这才发现没有一支部队完成战争准备。又耽误了一个星期,法军才于8月2日开始进攻。

普军却利用这段时间迅速动员和集中起来。在毛奇效率很高的总参谋部的指挥协调下,普军三个主力军团,连同预备队和机动部队共40万人,在十天之内便全部集结于西南边境一带。毛奇侦知法军在梅斯和斯特拉斯堡分别集中兵力,便将三个军团配置在法军两部之间、孚日山后面从北到南一线,这样三个军团既可以互相支援,也可以集中力量攻击敌军一部。

8月2日,法军主力莱茵军团的三个军从梅斯向德国境内的萨尔布吕肯突进,普军一部受冲击,被迫后撤。毛奇立即命令第一军团向第二军团靠近,第三军团向南突击,阻止斯特拉斯堡一线法军北上增援。8月4日,普军开始全面反攻。

弗里德里希·威廉亲王率领第三军团共13万人向南前进,在维桑布尔附近越过国境,歼灭了一个埋伏在那里的法国师。8月6日与麦克马洪元帅统率的法军南线军团六个师接战,将其击退,同一天,普军一、二军团在福巴克击溃法军第二军一部。

普军这一系列攻势迅猛而凌厉,尤其是改进后的炮兵,双方步兵尚未靠近便以猛烈的火力向敌军轰击,给法军造成大量死伤,严重打击了法军士气,在普军步兵进攻时又提供连续不断的炮火支援。战斗中,普军无论在炮兵火力、步兵火力的配合上,都明显强于对方。法军被这一连串的打击弄得手忙脚乱,梅斯的大本营里一片惊恐气氛。拿破仑三世见形势不妙,立即把帅印交给巴赞元帅,自己坐上马车慌忙往西逃往夏龙。8月9日,麦克马洪留下一部坚守斯特拉斯堡,自己带领其余南线部队乘火车撤往夏龙。

毛奇从骑兵侦察队那儿及时掌握了法军动向,命令第一军团直趋梅斯;第二军团插向梅斯与南锡之间;第三军团从南锡向西前进,从侧翼包围法军。8月中,向

·军事将帅·

图文珍藏版

西挺进的第一、二军团以骑兵为先头部队进行快速迁回,在格拉夫洛特以西截住了从梅斯往凡尔登退却的法军。8月16日,普军挫败法军往马斯河方向突围的计划,迫其在格拉夫洛特设防。8月18日,两军在格拉夫洛特交战,双方都投入了十几万军队,战斗进行得异常激烈。到傍晚,普军击败法军,攻入格拉夫洛特,迫使巴赞率领18万法军撤回梅斯要塞。普军乘势围城。

毛奇原计划没有设想法军主力会退守梅斯。法国人拙劣的战术使他喜出望外,他立即集中第一、二军团大部共15万人,由弗里德里希·查理士王子指挥围攻梅斯,将巴赞钉死在这里。其余部队另组一个缪斯军团,配合第三军团向巴黎进发,迫使法军在巴黎以东地区会战。

此时,麦克马洪元帅在夏龙又重新组成了一个新军团,共13万余人,他决定退守巴黎。8月21日,部队出发不久,麦克马洪接到大本营电报,要他火速驰援正在突围的巴赞部队。麦克马洪被迫回师东进。8月26日,麦克马洪向北绕道迁回到色当以南地区,避开从南锡往西北前进的普军缪斯军团。

毛奇从骑兵侦察队那儿得知麦克马洪正向梅斯开进,一时颇为疑惑,难道法国人连首都都弃之不顾了吗?因为巴黎方面已经没有防卫部队了。8月29日,他从被俘的法军参谋人员口中得知确切消息,立即命令缪斯军团和第三军团向北疾进,阻止麦克马洪渡过马斯河。

麦克马洪在途中得知巴赞仍被围在梅斯,普军两个军团又渐渐逼近,知道救援巴赞已无可能,为免全军被困,唯一出路是向北撤退。但拿破仑三世不甘心放弃梅斯的法军主力,命令麦克马洪继续东进。法军指挥混乱,命令反反复复,搞得部队疲劳而沮丧,而且也错过了战机。

8月30日,普军前锋部队赶到,随即发起袭击。法军正在进食,措手不及,受到重创。当晚,麦克马洪命令部队进驻与比利时接壤的色当要塞。拿破仑三世也进入色当。

毛奇命令缪斯军团越过马斯河,抢占通往比利时的阿登山口,从北面和东面包围法军,第三军团截断法军往巴黎的退路,从南面和西面发起进攻。8月31日,普军从四面向色当附近的法军发起猛攻。毛奇对普王威廉说:"近卫师开始进攻了,我祝贺陛下取得本世纪最伟大的胜利。"经过一天激战,法军被压缩在要塞周围一片狭小的地域内。黄昏时分,毛奇观察着地图,见合围已经完成,不禁得意地说:"现在我们把他们关在一个老鼠笼子里了。"

色当城周围小山环绕,法军驻扎城内,位置极为不利。麦克马洪当初退至色当,并不打算在这里组织防守,不过想休息两天,然后往西南撤退。没料到普军进军如此神速,两夜之间便使他成了瓮中之鳖。

9月1日凌晨,大雾弥漫,法军迅速占领阵地,准备抗击普军进攻。普军155000人已进抵前沿,占领了周围几乎所有高地,七百门火炮一齐对准色当城。俾斯麦和普王站在一个离色当只有三公里的小山上,用望远镜俯瞰着雾气笼罩的色当城,等待着欣赏胜利的全过程。

不久,雾气开始消散,色当要塞的轮廓渐渐显现出来。毛奇下令总攻,七百门大炮一齐怒吼,炮弹像雨点般落在法军的阵地上和城内的房屋上,到处是一片震耳欲聋的爆炸和熊熊大火,法军士兵争先恐后往堡垒里乱钻。上午七时,法军总指挥麦克马洪元帅在视察前沿阵地时被炸成重伤,被迫交出指挥权。当时法军还控制着城北一处高地,这是法军唯一可能的退路。可是法军将领们却在是否突围的问题上发生争吵,普军趁机攻占北部高地,将十余万法军全部装入袋中。此后,普军采取联合火力,集中炮火进行压制性射击,猛烈的炮火时而转向东侧,时而移向西部,轰得法军士兵不知所措,惊恐乱窜,互相践踏,死伤累累。色当成了名副其实的地狱。

拿破仑三世绝望地躲在地堡内,称霸欧洲的雄心壮志已然灰飞烟灭。他反复考虑,实在不愿意享受一个皇帝战死的罕见的光荣。下午三时,他下令在中央塔楼上升起白旗,并派人向普王递交了求降书。9月2日上午,拿破仑三世在童雪里村会见俾斯麦,法军正式投降。

至此,色当战役结束。此役法军死伤一万七千余人,被俘十万三千人,其中包括法国皇帝、元帅和39名将军。此外还交出各种火炮550余门,车辆一千余辆,战马六千匹。色当战役是一个典型的完全的包围战,在世界战争史上具有重要的意义,影响十分深远。

随后,毛奇指挥普军长驱直入,继续向巴黎推进。这次他决心贯彻他的信条:政治不得妨碍战争的进程,直至战争结束。他决心不让任何人使他的胜利再打折扣。

法军战败投降和普军继续入侵的消息传到巴黎,人民群众异常愤怒。以革命推翻法兰西第二帝国,成立法兰西第三共和国,从此结束了法国历史上的王朝统治时代。

9月19日,普军进围巴黎。9月28日,被围在斯特拉斯堡的法军投降。10月28日,被围在梅斯的巴赞元帅投降。普法战争结束。

普法战争是十九世纪最大的战争之一,双方共投入兵力70多万人,火炮近三千门。这次战争是毛奇最成功的军事杰作。他在战前进行了充分的准备,了解了法军的组织、装备、训练和运输能力等所有情况,领导总参谋部制订了周密的作战计划,并吸取了普奥战争的教训,对炮兵武器、战术及骑兵战术进行了革新,使炮兵和骑兵在整个战争尤其是色当战役中发挥了重要的作用。由于他的远见卓识和切实不懈的努力,使普军无论在兵力、火力、机动能力和战术上都明显优于法军,从战争一开始便占据了压倒优势。毛奇的指挥巧妙果断,随机应变,几乎无懈可击。由于他在普奥战争中树立了威信,指挥官们信任和服从他的指挥,也使得他的战术意图得到完全的实现。

普鲁士对法战争的胜利,把南德意志几个独立的邦国吓坏了,赶忙于1870年底发表声明,宣布加入德意志联邦。1871年1月18日,普王威廉一世在法国凡尔赛王宫正式宣布德意志帝国成立,并自封为第一任皇帝。德意志经过近六百年分崩离析的时代,终于统一成为一个现代的资产阶级国家。

1月28日,巴黎"国防政府"同德国签订停战协定,解散全部法国正规军。2月26日在凡尔赛签订了初步和约,5月10日在法兰克福签订了正式和约,法国割让阿尔萨斯和东洛林给德国,并赔款50亿金法郎。

威廉坐上了德意志皇帝的宝座,眉开眼笑,踌躇满志,对俾斯麦、毛奇一伙愚弄他的恼恨早已烟消云散。他在庆功宴会上说:"您,罗昂将军,磨亮了宝剑,您,毛奇将军,使用了宝剑,您,俾斯麦伯爵,多年来如此卓越地掌管我的政策,每当我感谢军队时,就特别地想到你们三位。"

当然,这完全是颠倒主次的胡说八道。真正导致德国统一战争胜利的,是历史发展的要求,是德国的民族运动,是德意志人民英勇奋战的结果。毛奇,俾斯麦等人不过是历史偶然选中的工具而已。

普法战争的胜利,使毛奇的声誉大增,他被公认为当时欧洲最杰出的军事家。1871 年,他因功晋升元帅,赐封伯爵,并得到议院的大笔金钱奖赏。1872 年,他成为上议院议员。1876 年,在他的出生地举行毛奇纪念碑揭幕典礼。他担任德意志帝国的总参谋长一直到 1888 年,当时,他已是高龄,为照顾他,还特设了总军需官协助他处理日常事务。这期间,他主要致力于研究德国东西两线同时作战的问题,他从青年时起就坚持认为德国有一天将不可避免地同时对俄国和法国作战。

毛奇的最后几年是平静,勤奋和忙碌的,他完成了《论 1870—1871 年战争》的大型论文。1888 年,他退役后还担任国家保卫委员会会长,他的军国主义热情并未因高龄而有所衰退,依然在议会里起劲地鼓吹战争不可避免,要求进一步扩军备战。

1891 年 4 月 24 日,毛奇病逝于柏林。依照他军事地理学家一贯准确的算法,享年九十岁。他算不上十九世纪最伟大的军事家,但却是最具现代意识的军事家,他对后世的影响是巨大的。他创建的总参谋部的现代指挥体系,至今仍为许多国家所沿用,他的东西两线作战,分进合击,速决战等战略战术思想,对第一次世界大战和第二次世界大战都具有明显的影响。

(九)阿尔弗雷德·马汉

1805 年 12 月 2 日,在捷克斯洛伐克一个名叫奥斯特里茨的地方,爆发了一场有 16 万军队参加的战略性会战。经过这一仗,拿破仑彻底粉碎了俄奥联军的进攻,法兰西帝国依然巍然屹立着。

90 年后,在美国罗德岛海军学院的讲台上,一个名叫阿尔弗雷德·马汉的海军战略讲师正侃侃而谈:

"拿破仑战争证明,大规模会战是决定陆上战争胜负的最有效手段。那么海战呢?同样需要这种倾其军力的会战,唯有如此,才能夺取制海权!我相信,总有一天,会出现一个'海上的奥斯特里茨'!"

马汉的声音不高,但却震动了世界。"海上的奥斯特里茨"成为穿着不同国家军服的海军元帅、海军上将们矢志不渝的追求目标。又过了 21 年,在人类有史以来的第一次世界大战中,马汉的愿望终于变成了现实。不过,这壮观的会战不是发生在其理论的诞生地美国海域,而是在欧洲北海的一角,一个名声并不十分响亮的地点——日德兰。就是因为这场会战,使日德兰的名字永垂史册,也使马汉的理论开始广为人知。

起源于海洋文明的西方国家很早就重视海洋的意义,2000 多年前的古罗马哲学家西塞罗就说:"谁控制了海洋,谁就控制了世界。"几百年来,葡萄牙、西班牙、荷兰、英国乃至今天的美国在世界上的优势力量都是以海权为基础的。

阿尔弗雷德·马汉（1840—1914年）是美国历史学家、海军军官。他发现，人类在海上的机动性超过了陆地。他在研究了英帝国长期称霸世界的历史后，于1890年出版了《制海权对历史的影响》一书，提出了"海洋中心"说。马汉认为，商船队是海上军事力量的基础；海上力量决定国家力量，谁能有效控制海洋，谁就能成为世界强国；要控制海洋，就要有强大的海军和足够的海军基地，以确保对世界重要战略海道的控制；对美国来说，最重要的是夏威夷群岛和巴拿马海峡，海军必须以"集中"为战略法则，同时要重视"海上交通线""中央位置"和"内线"；海军必须积极出击，不能消极防御。马汉的《制海权对历史的影响》一书在美国再版了30多次，并在全世界广泛流传。马汉也被后人公认为是海权论的鼻祖。他的突出贡献尤其在于对海权这一概念的创建和廓清，经受了时间的考验，体现了巨大的理论价值，对当时的世界和后世历史均发挥了重要的作用。可以说，马汉是一个顺应时代而起又推动了时代发展的伟人。

马汉的有关海权的理论著作有20多部。马汉认为，不可能再有哪一个国家能像过去那样独霸海洋，美国应与有共同血缘关系的英国合作，确立同一种族对海洋的支配。马汉明确表示，他的海权论是要为美国的外交和军事战略提供理论基础，并公开称"强权即公理"。马汉曾任美国总统西奥多·罗斯福的海军顾问，他的理论成了美国海军发展和海上扩张的理论根据。1890年，美国国会通过了《海军法案》，美国开始大规模发展海军。19世纪最后10年，美国的海军实力由世界第12位跃升为第3位，仅次于英、法两国。第一次世界大战后，美国成为世界上最强的海权国家。第二次世界大战结束时，美国完全控制了太平洋，把太平洋当作自己的"内湖"。冷战结束后，美国在海外仍有700多个军事基地，4个作战舰队，13个航空母舰战斗群，各型舰艇468艘。

鉴于马汉对美国海军战略的重要影响，富兰克林·罗斯福总统说：马汉是"美国生活中最伟大、最有影响的人物之一"。直至今天，强大的海权仍是美国全球战略的基础，马汉的海权思想仍然深深影响着美国和世界许多政治家和军事家。20世纪90年代末，西方大国用于海军建设的开支占国防开支的比例很大，美国为30%，日本23%，法国14%，意大利13%，德国12%。海军如此被重视，归根结底，不得不归功于马汉海权论的开山之功。

三、现代将帅

（一）约翰·潘兴

约翰·潘兴（1860~1948年），美国著名军事家、五星上将。1882年进入西点军校学习，是一位出色的班长和学员大队长。1886年毕业后当过骑兵，在新墨西哥和南达科他边陲服役，参加了最后一次讨伐印第安人暴动（所谓"幽灵舞叛乱"）的战争。1891—1895年间，他在内布拉斯加大学任军事学教授。后来又回到西点军校任战术教官。1898年，参加了美西战争，英勇无畏地在古巴作战。战后，他被派往菲律宾服役,与棉兰老地区凶猛、尚武的摩洛人艰难地生活在一起,并成功地建立起美国人的统治。1916—1917年,潘兴亲率1.2万名美军对墨西哥进行武装干涉,追捕弗朗西斯科·维拉,扼杀墨西哥兴起的革命运动。虽然追击徒劳无功,但对潘兴来说,却是一次难得的锻炼机会,因为这是他第一次指挥如此庞大的部队进行实地作战。战争期间,他被授予少将军衔。1917年,美国参加了第一次世界大战,潘兴担任了美国欧洲远征军司令。由于对部属要求严格,这种严格有时甚至达到残酷的程度,因而得了个"凶恶的杰克"的绰号,1921年,他出任美国陆军参谋长。1924年退役。晚年任美国纪念战争委员会主席,负责管理美国的纪念馆、纪念碑以及欧洲的基地。1948年7月15日,病死于华盛顿瓦尔特里德医院。

约翰·潘兴

在潘兴的一生中,最值得他炫耀的就是在第一次世界大战中的经历,所以,他专门写了一本回忆录——《我在世界大战中的经历》。的确,一战时期是他军事生涯的顶峰,他的指挥艺术和谋略思想在此时得到充分的发挥,对第一次世界大战的结局产生了较大的影响。正如英国军事理论家利得尔·哈特在他《十年后的声望》一书中所说的:"可能不会有第二个人能像他那样把美军建成如此规模的部队。没有这支部队,第一次世界大战几乎不可能出现转机,更谈不上取胜。"可见,正是有着如此重要的地位,才促使人们对他的军事思想产生浓厚的兴趣。

1917年,潘兴携少量的参谋骨干,乘丘纳德班船"波罗的"号离开美利坚,赴欧洲走马上任。到达法国后,协约国军队狼狈的处境尽入眼底,于是他急切希望用美军来扭转战局。然而,此时正陆续运往欧洲的美军大多是素质较差的新兵,又缺少军官。英、法等协约国对这样一支军队嗤之以鼻,尤其对它的指挥能力不敢相信,因此,他们要求把美军编入英、法军队中去,并说这对美军利多弊少。协约国的要求使潘兴很恼火,他极力维持美军的"独立"状态,并明确指出:"凡是有一点民族自尊心的人都不愿为其他国家军队的建立提供兵员。"他坚持自己的立场,直至战争形势十分危急时,才形式上接受了协约国的要求,但依然不愿放弃美军的独立性和自己对美军的直接控制权。

潘兴之所以如此固执己见,原因是很多的,而最主要的原因是在战略战术上的分歧。协约国热心于堑壕战、阵地战,而潘兴则强调野战、运动战。潘兴认为野战是一种灵活性极大的战法,部队可以在地面上伺机运动,迂回攻击,"迫使敌人走出堑壕,并用运动战的形式将其消灭",而协约国那种固守堑壕、不求强攻的打法是得不偿失的。事实证明潘兴的分析是有道理的。从1914年年底以来,交战双方拘于阵地、来回拉锯,未能向前推进几英里的距离,却付出了数百万将士的生命。潘兴明确认识到,"这样的账是付不起的",要改变窘局,只有先改变作战方法。

同时,在野战中,步枪的作用也可以大大发挥,因为步枪在运动战中歼敌是有效的,是步兵的主要武器。相反,堑壕战是用炮兵开路,用手榴弹和炸药结束战斗,而步枪冷落一旁,甚至协约国军队战士在与敌人短兵相接时,往往忘记朝敌人开枪,而把手榴弹扔出,结果与敌人同归于尽。潘兴极力强调步枪的作用,反对协约国的作战与训练方法,更反对协约国到他的军队中指指点点。

潘兴的态度使协约国很为不满。法国总理克里孟梭郑重地告诫道:"如果美国人不让法国人教他们,德国人会'教他们的'。"然而,潘兴却用实际行动"回敬"了协约国的"好意"。1918 年 5 月底,美军在坎蒂格尼的战斗中顽强拼杀,获得大胜,与此同时,协约国军队却在节节败退。美军的得势使潘兴激动不已,他致电美国国防部说:"我坚信,我们的部队在欧洲首屈一指,我们的参谋人员不比任何军队逊色。"他甚至拍案怒斥:"谁胆敢再问我美国人会不会打仗,我就对他不客气!"潘兴的举动让人无可奈何,协约国军队大元帅福煦也只得急呼:"战斗! 战斗! 这是当务之急!"

在形势紧急的情况下,美军顶住了德军,他们牢牢地守在横跨巴黎公路的地带,挡住了德军的前进。据哈博德回忆:"中路的协约国军队没有一支部队能顶住德军的进攻。当德军以排山倒海之势滚滚而来时,能站稳脚跟的第一支协约国部队是美国的第二师。他们不但稳住了阵脚,而且还开始向前推进了。"6 月 6 日,美军又向贝洛林苑的德军展开了一场攻势,他们英勇战斗,伤亡较重。6 月 25 日,在一整天的炮火准备后,冲进了贝洛林苑。这次战斗使德国人再一次领教了美军的分量。此后,德军大多只有了招架之势。9 月中旬,潘兴发起圣米耶尔战役,这是美军在第一次世界大战中首次独立实施的战役,尽管它本身也暴露了一些不足,但总体上说,取得了很大的胜利。9 月 26 日,美军又发动了马斯阿尔贡战役,取得决定性胜利。整个战事也于 11 月份宣告结束。

潘兴是一位精细、勤勉又很有谋略思想的指挥员。他始终强调现代战争需要充足的准备,不能靠临阵磨枪。他决意打破依托深沟高垒的作战方法,冲破阵地的局限,主张根据战场形势的变化灵活用兵。他的一个重要的谋略思想就是在运动中争取主动,消耗敌人,而不是蜷缩在阵地上,被动挨打。这个思想不仅在美军中发挥了极大的作用,对其他国家的军队也产生了一定的影响。

(二) 鲁登道夫

随着人类历史上第一次世界大战的结束,德国军国主义分子树立起来的一座所谓的军事丰碑在一夜之间发生了倾斜,那个一向被德意志民族殖民扩张分子们狂热崇拜的偶像——当时的德军最高统帅部第一军需总监鲁登道夫,面对兵败如山倒的黯淡局势,终于低下了他那颗曾是不可一世的头颅。自此,一战时期德国军国主义"不可战胜"的神话被抛进了英吉利海峡。

鲁登道夫生于 1865 年 4 月 9 日,自幼受当过预备役军官的父亲影响,他希望自己长大后当一名威武的军官,去指挥千军万马。在这种思想驱使下,他十二岁进入陆军幼年学校读书,后又进入陆军士官学校。1890 年,他又考入柏林军事学院深造。1908 年至 1913 年,鲁登道夫在德军总参谋部任职,曾担任第二处处长,主管军队的训练、装备、动员等事宜。这时,整个欧洲大地战云密布,德国周边各帝国主义国家磨刀霍霍,加紧备战,眼看一场世界规模的残酷战争一触即发。面对这种紧张局势,鲁登道夫及时向最高统帅部提出了"最大限度地加强陆军实力"、和"配合军火工业,把宣传鼓动作为武器,用于最广泛的扩军备战之中去"的主张,使德国在一个时期内又迅速增加了 30 万军队。由于他扩军屯兵有功,因而他的军阶不断升迁,一度担任德军第三十九联队司令员等职务。

鲁登道夫作为资产阶级军事家,他的"大德意志民族"观念在早期就有所显现。也正是由于他身上害有这种痼疾,才使得他甘愿为帝国主义侵略扩张效命沙场。他鼓吹、宣传实行大规模的"总体战略",积极推行对外军事扩张和对内实行扩军备战政策,是德国"彻底消灭"理论的狂妄的支持者和叫嚣者。随着第一次世界大战的爆发,他的军事野心也逐渐膨胀起来。

1914 年 8 月,第一次世界大战拉开帷幕,各帝国主义势力兵刃相向,粉墨登场。8 月 3 日,德国军队为了实现长驱直入比利时,向法国腹地实施大纵深迂回,从背后狠狠打击法军主力的目的,在必经之路列日镇展开了一场恶战。战事刚起,德军自恃有新式大炮和优势兵力,原设想比利时守军会不堪一击,一触即溃,孰料,他们面对的是列日花了二十年时间构筑起来的坚固工事,再加上比军将士英勇顽强,拼死抵抗,德军一次次冲锋都溃败下来。残酷的攻坚战斗连续进行了两天,德军伤亡惨重,尸体堆积如山,作为先头部队的第十四步兵旅指挥官"出师未捷身先死",战局明显对德军不利。这时,鲁登道夫主动接替了第十四步兵旅的指挥职务。是夜,他巧妙地利用地形地物,带领部队从比军防御阵地侧翼暴露出来的夹缝地带大胆实施穿插,像一把尖刀直刺守军心脏,尔后配合外围部队内外夹击,终于取得了这场战斗的胜利。"列日之战"对实现德军最高统帅部速战计划意义重大,立下首功的鲁登道夫因此赢得殊荣,受到了德皇威廉二世的嘉奖。不久,任命他担任第二集团军军需总监的职务。

鲁登道夫在一战期间曾指挥过许多重要战役,其中最著名的是"东普鲁士战役"。1914 年 8 月中下旬,正当德军主力在西线向法国边境推进之际,俄国军队乘德国东线空虚,分兵两路向东普鲁士进犯。在突如其来的打击下,德军仓促应战,连连失利。危急之时,鲁登道夫奉召奔赴东线出任第八集团军参谋长,同司令兴登堡联袂负责东线战事。最高统帅部在给他的电文中这样说:"你或许能挽救东线战事。我们不知道哪一个人曾得到我们这样完全的信赖。德皇也完全信任你。"

到任以后,鲁登道夫果然不负厚望。他根据敌强己弱和俄军指挥不利等情况,及时调整部署,制定了故意示弱,诱敌深入,集中兵力兵器歼敌一部等作战方案,将俄军先遣部队装进预先设置的"口袋里"。经鏖战五昼夜,全歼俄国一个集团军,打死打伤和俘虏俄军共达十四万五千余人,从而扭转了东普鲁士的局势,取得了以少胜多的胜利。"东普鲁士战役"被称颂为"到第一次世界大战结束为止,有史以来最大的一次围歼战"。鲁登道夫以此被狂热的德国军国主义分子奉为不可战胜的偶像,顶礼膜拜,他的职位也于 1914 年 11 月擢升为东线方面军参谋长,再次与出任总司令的兴登堡合作。鲁登道夫虽然每次都以副手的身份出现,但他始终发挥着独立的、举足轻重的作用,正如他在《总体战》一书中说的"东线作战的领袖不是司令官,而是参谋长,作战意图取决于参谋长"。1916 年 8 月,鲁登道夫靠自己卓越的军事指挥才略,爬上了德国统帅部第一总监的位置,权力达到了势倾朝野的顶峰。这次,尽管他仍然和担任总长的兴登堡合作一起指挥全国部队,但实际上,军事上的指挥权多半落到了他的手里。1918年,德国经过几年战争的消耗,内外交困,财竭力衰,陷入了极度艰难的境地。在俄国十月革命的影响下,德国人民掀起了反战和革命的浪潮。面对现实,大权在握的鲁登道夫非但没有收敛军事扩张的野心,反而认为只有军事上的胜利才能使德国得到繁荣和发展。他扬言,为了胜利,就必须在军事上发动进攻,要进攻就必须进行大的决战。1918年,对于鲁登道夫来说是决定性的一年。他不顾国内朝野上下的一片反对,倾军事上几乎全部实力破釜沉舟,先后炮制和发动了"米夏埃尔行动计划"和"埃纳攻势",虽然在开始阶段进展顺利,取得了一些战果,但后来由于美国介入,德军终于在8月8日以彻底的失败而告终。鲁登道夫后来回忆说:"8月8日乃是世界大战史上德国最黑暗的日子","8月8日这一天确定了我们战斗力衰亡的命运,并把我在战略上为我们的处境寻找亡羊补牢之计的希望破灭了。"1918年9月29日,鲁登道夫下达了和平停战的命令,不久,他迫于国内舆论压力只身逃到瑞典。

1919年春,鲁登道夫从瑞典回国。这时,德国经过所谓"自由与民主"选举,建立了魏玛共和国。1920年3月,鲁登道夫参加了以推翻共和国、建立君主体制为目的的卡普暴动。暴动破产后,他又贼心不死,和法西斯头子希特勒勾结,企图在德国建立起法西斯统治,结果又以失败而告终。1925年,鲁登道夫的军事论著代表作《总体战》出版,阐述了他"战争和政治都是以民族生存为目的,而战争则是为民族生存而奋斗的最高体现,所以政治是从属于战争的"这一战略思想。这一理论后来被希特勒继承下来,导致了第二次世界大战的爆发。

1937年12月20日,鲁登道夫结束了自己罪恶的一生。

(三)卡尔·冯·曼纳海姆

卡尔·曼纳海姆在第一次世界大战期间领导了芬兰脱离俄国的独立运动,并且确保了他的国家在第二次世界大战期间和战后都是独立的民族。他对有利地形和气候的明智综合利用使得他得以战胜比他强大的武力。曼纳海姆被称为芬兰的乔治·华盛顿,是他的国家最受尊敬的军事领导人。

1867年6月4日,曼纳海姆出生在土尔库附近的洛乌希萨里(Villnas)一个贵族家庭,这时他的祖国芬兰还是俄国的一部分。1889年被任命为俄国轻骑兵的陆军中尉,曼纳海姆参加了1895年5月26日沙皇尼古拉斯二世和沙皇皇后亚历山德拉加冕礼的仪仗队。在1904-1905日俄战争期间,曼纳海姆学习了自己战争的主要课程。第一次世界大战爆发时,曼纳海姆中将指挥一个兵团抗击德国人。

随着1917年大革命中俄国军队的瓦解,曼纳海姆回到祖国加入了一场于1917年12月6日宣告芬兰独立的运动。1918年1月16日曼纳海姆在芬兰西部接受了反共产主义白军事武装的指挥权,挥军向南驱赶赞成共产主义的红军。在瓦萨,曼纳海姆夺取了一个俄国的要塞和一批急需的武器弹药。有了这些战利品和装备,曼纳海姆继续对抗红军的行动直到3月16日在坦佩雷外遇到一支装备优良的军队。

曼纳海姆的进攻暂停了,但是稍后德国军队加入了战斗并于4月18日占领了赫尔辛基,将布尔什维克的武装分割为两个部分。曼纳海姆利用德国人的胜利向东前进切断了源自俄国的卡累利地峡。随着俄国战败,德国人根据结束第一次世界大战的停战协定被迫撤退,芬兰保住了其独立地位。曼纳海姆于 1918 年 12 月 2 日宣布为芬兰的摄政者,继续率军击败最后几支红军。随着战争的结束和 1919 年 7 月 17 日芬兰共和国宣告成立,曼纳海姆隐退了。

1931 年六十多岁的曼纳海姆被芬兰政府召回,任命为国防部主席准备抵抗新兴的苏联的威胁。在接下来的八年时间里,曼纳海姆监督指导卡累利地峡崎岖地带由相互联结的战略要塞组成的防御工程建设。

曼纳海姆防线变得知名是在其快完工时,苏联投入了将近一百万兵力于 1939 年 11 月 30 日对其进攻。曼纳海姆被任命为总司令率领只包含五万正规军总数不足三十万的士兵面对苏联的武装力量。虽然芬兰兵力弱很多,但是曼纳海姆把他的士兵训练得跟他的防御工程一样强大。每位芬兰士兵都有足够的冬衣,包括与雪景协调的白色外套,还有一副滑雪板以方便行动。

与之相反,苏联的军队训练素质低、装备贫乏。这些侵略者大多来自乌克兰,对在零下四十摄氏度的环境下如何生存都没有准备,更不用说战斗了。索姆斯萨尔米战役在 1939 年 12 月至 1940 年 1 月间进行,曼纳海姆利用天气和地形来拖延苏军的前进,设伏兵切断他们的补给线,然后用狙击兵和炮兵配合消灭被隔离开的部队。在侵略期间,苏联因被敌剿灭或被冻死损失了 2 万 7500 名士兵而芬兰只损失了 900 名士兵。俄国人还有两个完整的兵团放弃了武器和装备。

虽然芬兰获得了巨大的胜利,但是更多的俄军补充进来,无论曼纳海姆的士兵还是恶劣的天气都不再能压制住他们。2 月 1 日苏联聚集了五十四个兵团冲破了曼纳海姆防线。芬兰人作战勇猛,但是苏军强大的兵力还是在苏玛击败了他们的防守。1940 年 3 月 12 日芬兰投降,但是苏联允许这个国家维持一定程度的自治,条件是他的人民不能组织游击战争反对占领者。芬兰总的伤亡人数是二万五千,估计苏联的伤亡是这个数据的十倍,还有四十万人负伤。

苏联和芬兰之间的和平并没有维持很长时间。当 1941 年 6 月 22 日德国人侵俄国时,芬兰与德国结盟,曼纳海姆再次担任军队指挥官,重振士气将俄国人赶出他们的国土。曼纳海姆的首次进攻就成功地迫使俄国人撤退。虽然德国要求曼纳海姆向列宁格勒追击俄国人,但是他拒绝将他的部队带人苏联。在随后短暂的和平时期,芬兰政府将曼纳海姆提升为陆军元帅。

1944 年,当苏联最终取得对抗德国的优势时,他们重振士气进攻芬兰。曼纳海姆的部队表现很好但是再次寡不敌众,芬兰再次被迫于 1944 年 9 月 4 日与苏联签订和平条约。作为条约的一部分,曼纳海姆指挥了他的最后一场战役将他从前的德国盟友赶出了他们占领的拉普兰。

根据新条约,曼纳海姆还接任了芬兰共和国总统一职。他专横的政治手腕堪与他出色的军事才能相媲美,曼纳海姆在战后保持芬兰的独立平衡了东西方的关系。他一直是政府首脑直到年纪渐大身体变差才被迫在 1946 年退休。他于 1951 年 1 月 27 日在瑞士的洛桑逝世,享年八十三岁。

没有曼纳海姆也许就没有芬兰。毫无疑问,他的军事和政治领导挽救了一个国家,否则这个国家不可能在两次世界大战和战后的政治格局中生存。他对修筑大型防御工程的专业意见和他善于在崎岖地形和恶劣天气下利用运动战来抗击强大的部队为他赢得了最受尊敬的芬兰战士的声望。

他的表现也使他成为苏联最尊敬和惧怕的对手。在后来的四十年里，对世界其他国家的人来说曼纳海姆是可以阻止和打败自吹自擂、天下无敌的苏联军队的证据。曼纳海姆在本名单中相对较低的捧名不是他个人领导能力和影响力的反映，而是因为芬兰对世界其他国家的影响力不大。

（四）伦德施泰特

在纳粹德国的高级将领中，声望像伦德施泰特这样高的人为数不多，这一方面是因为他的军事指挥能力强，英国人认为他是第二次世界大战期间德国最能干的指挥官；另一方面则是因为他的资历深，其资历在纳粹将领中是首屈一指的，人们把他视为德国陆军的元老。旧日德国军人的典型。

1875 年，伦德施泰特出生在一个军人世家，据说，其家族的军人生涯已经延续850 年之久。他的父亲出身贵族，青年时当过骑兵少尉，后来升到少将。1892 年，17 岁的伦德旌泰特从格罗斯利希费尔德的高级军校毕业，被派到驻卡塞尔的步兵第 83 团任见习军官，一年后晋升为少尉，开始了正式的职业军官生涯，在第一次世界大战之前以及大战期间，由于没有特殊的机遇和优异的表现，他提升得相当慢，大战开始时，他任预备第 22 师的上尉参谋，1916 年晋升少校，任喀尔巴阡山某军首席参谋官。第一次世界大战后，于 1920 年以中校军阶加入共和国陆军，任骑兵第 3师参谋长。1923 年晋升上校，1926 年任第二集团军参谋长，1927 年晋升少将，1928年任骑兵第二师师长，一年后升为中将，1932 年任第 3 师师长及柏林第 3 军区司令，半年后又任下辖六个师的柏林第 1 集团军司令，这时候他已经是上将了。

伦德施泰特是一个性格复杂、难以揣摩的人，他谦虚而又清高，缺乏自信而又多疑；有时沉默寡言，有时议论风生；有时感情冲动，有时又格外镇静和沉着。他的家庭生活倒没有什么特别之处，27 岁结婚，只有一个后来成为历史学家的独生子。在军事思想上，他既不是一个勇于创新的人，也不是一个守旧的人，比如在对待装甲兵的问题上，他虽不赞同古德里安的装甲集群体制和战术，但又主张部队技术装备的更新，尤其是装甲部队的发展。

伦德施泰特是个纯粹的职业军人，对政治缺乏兴趣，希特勒夺取政权后，在军队建设问题上常同他所在的陆军总部发生意见分歧。1938 年元月，陆军总司令弗里奇突然被免职，伦德施泰特因此同希特勒进行过一次激烈的争辩。

这年夏天，当奥地利和捷克苏台德地区发生危机时，他指挥的第 2 集团军被内定为入侵捷克的主力。当慕尼黑会议解除了苏台德地区的危机后，厌倦官场生活的伦德施泰特主动呈请辞职。据德国一些人说，在这之前，他一再警告要避免发生第二次世界大战；

1939 年 8 月下旬，德军入侵波兰的前夕，伦德施泰特被重新征召服役，希特勒任命他为南方集团军群总司令。这时，他遇到了一个得力助手——德国陆军中的干才曼施泰因出任南方集团军群的参谋长。在入侵波兰的行动中，他们没有完全按照最高统帅部的计划执行，而是根据实际战况，毅然把第 10 集团军调到华沙北面阻止波军主力向东撤退,使波军大部遭到围歼。为表彰其卓越的指挥,希特勒授予他武士十字勋章,并任命他为东线总司令。10月18日,他又调任新职,任西线"A"集团军群总司令。

1940年5月10日,德军在西线对法国、比利时、荷兰、卢森堡以及英国远征军发动了大规模的进攻。这次代号为"黄色方案"的作战行动的实施,是按曼施泰因提出的"镰割"计划进行的。伦德施泰特指挥的"A"集团军群作为攻击主力,越过阿登山脉,直趋英吉利海峡沿岸,从马奇诺防线后进至瑞士边界,完成大包围态势。而"B"集团军群以古德里安的装甲部队开路,在航空兵协同下向阿登地区急进。"镰割"计划获得惊人的成功。英、法、比、荷、卢都溃不成军。卢森堡、荷兰、比利时先后投降,英国远征军侥幸从敦刻尔克撤回本土,法国也被迫于6月22日投降。7月19日,伦德施泰特被希特勒提升为元帅。

1941年3月,希特勒在布雷斯劳召集会议,部署对苏联的入侵、伦德施泰特又被调到东线,出任南方集团军群总司令,他指挥的部队除德军外,还有罗马尼亚、匈牙利、意大利等国的部队。6月22日,德军发起全线进攻,苏军节节败退,伦德施泰特指挥的南方集团军群,围歼了东面苏联元帅布琼尼部队的主力,于8月24日进至第聂伯河河口,突人苏联国土纵深达500多公里。8月到9月下旬,德国南方集团军群又在其中央集团军群的支援下,攻占了基辅,俘虏苏联红军60余万人。

11月,伦德施泰特又指挥第1装甲集团军和第17装甲集团军沿亚速海北岸继续东犯,一度曾攻占了罗斯托夫。伦德施泰特由于积劳过度,在其指挥部因心脏病突发而昏倒,后经抢救才脱离了危险。此时严冬来临,他意识到后勤补给线过长,缺乏冬季装备的德军难以在当地长期坚守,于是建议将部队后撤100公里,希特勒没有批准,于是他以心脏病为理由要求辞职。伦德施泰特以为希特勒会表示挽留并接受其意见。不料希特勒却立即答复道:"我批准你的请求,请你马上交出指挥权,伦德施泰特把指挥权交给了德国陆军元帅赖歇瑙,但防线并没有守住,不久就被苏军赶到了米亚斯河一线。"

1942年3月15日,希特勒再次起用伦德施泰特,任命他为西线总司令。1942至1943年,西线无大战事,伦德施泰特主要是在其总部所在地巴黎,与德国的傀儡贝当保持接触。由于希特勒认为他对构筑沿海要塞工事态度消极,遂将此事交给了"B"集团军群总司令隆美尔。

斯大林格勒战役之后,战争形势急转直下。伦德施泰特此时已看到德国在军事上是必败无疑了。1944年6月6日,盟军在强大的海空军支援下,出动大量地面部队在诺曼底登陆。盟国的空军夺取了从沿海到内陆纵深地区的制空权。切断了德军所有交通线,使德军在白天无法采取作战行动。在这种情况下,伦德施泰特主张的"机动防御"已毫无意义。

7月2日,希特勒授予伦德施泰特一枚栎树叶骑士十字勋章,同时任命克卢格接替了他的职务。伦德施泰特回到德国休养,希特勒送他一张25万马克的支票,他把这笔钱如数存入银行,一直不曾动用。7月20日,暗杀希特勒的事件败露后,伦德施泰特认为这是一种叛逆行为,他说:"作为一个军人,要受宣誓效忠的约束。"正因为如此,他才奉希特勒之命担任了"德国荣誉军人法庭"的主席,负责审理反抗希特勒的案件。

希特勒为了利用伦德施泰特的影响鼓舞士气,于1944年9月1日请他三度出山,再次担任西线总司令之职。10月18日,伦德施泰特代表希特勒主持了隆美尔的国葬仪式,当然他并不知道隆美尔是被迫服毒自杀的。1944年12月16日,德军在西线发动了所谓"伦德施泰特攻势",但实际上伦德施泰特并不同意这次反攻,甚至根本不管,只是让他的部下们尽力而为之。他把自己的司令部仅仅作为传达希特勒指示的通讯站。虽然德军在反攻初期取得了较大进展,但由于后续力量不足等原因,在损失了大量兵力、兵器之后,至1945年1月底又被盟军赶回原出发阵地。1945年3月9日,在美军渡过莱茵河之后,他又一次被解除了西线总司令职务,奉命永久退休。

1945年5月1日,伦德施泰特在他的休养地巴特特尔茨被美军俘获,后来被引渡给英国人。他在英国度过了数年监狱生活,1949年因健康状况不佳而获释。从那以后,他在一所养老院里度过余生,1953年3月24日死于心脏病。

(五)约翰·富勒

通过发展装甲作战以及前瞻性理论,约翰·富勒为自己建立了20世纪首席军事理论家的地位。他的著作中包括有关战争的战术、政治、社会等方面的问题,还包括军事历史,这些著作对第二次世界大战乃至战后时期的军事领导家们产生了意义深远的影响。

1878年9月1日,富勒出生在英格兰南部的奇切斯特(Itche-nor),父亲是一个牧师,母亲则是在德国受过教育的法国女人,1898年,富勒获准毕业于桑赫斯特皇家军事学院,短期驻扎爱尔兰之后,1899年率军乘船开往南非,领导英国步兵团和土著黑人士兵参加抵抗布尔人的战争。

战争结束后,富勒回到了英国。在接下来的十五年里和他的军队一直驻扎在印度,并往返于各个军事院校之间。富勒在这段时期中渐渐对战争原理产生了兴趣,他发展了有关战术突破胜于军事包围的理论,并阐述这一理论将成为未来战争胜利的关键。为了让所有人都知道他的想法,富勒开始写作,在杂志和小册子上发表文章,并将他的想法应用在了军队集合、训练和军事部署等方面。富勒的这些著作以及他对充满神秘魔力事物的着迷,引起了批评家与反对者们的注意,使富勒的军事生涯变得荆棘密布。

第一次世界大战初期,富勒在法国军队里担任了许多不同的职务,得以证实了他突破就是取得胜利的关键的理论。然而,在充满机枪扫射、带刺铁丝网以及重炮轰击的堑壕战中,还没有一种现有的武器能够成功地突破敌军前线。1916年,富勒首次在战争中使用坦克,并认识到最终只有坦克才是可以成功突破的武器。

1916年12月,英国建立了坦克军团,富勒稳坐军团参谋部总参谋长之位,并升任为陆军中校。随后开展了他第一次大规模的坦克袭击战。

1917年11月20日,富勒率领坦克军团突破德国战线,取得了康布雷(Cambrai)战役大捷。这次战役标志着装甲战争时代的到来,并使坦克在战场上成为武器中的重中之重。

之后富勒继续担任坦克作战的总设计师,并制订了"1919年计划"作为结束战争的最后总攻。他在"1919年计划"中提议使用超过四千辆具备远程作战能力的新型坦克发起进攻,突破敌军战线之后,另外的一千辆坦克穿过打开的缺口,向德国领土纵深进攻,瘫痪其指挥体系,空中则利用飞机进行轰炸扫射后勤基地和德国增援部队来配合地面进攻。

虽然第一次世界大战结束使得富勒没有来得及实施"1919年计划",可却为下一次世界大战中支配早期战局的"闪电战"(深入战)提供了可资借鉴的内容。

大战结束后,富勒回到英国,并成功地建立起皇家坦克军团。此时,除了战前的反对者之外,富勒的敌人中又加入了英国骑兵团,他们反对把战马换成金属机械。富勒是一个从来不会忍受愚蠢的人,也从不会放弃争辩,他回应那些反对者道:"没有什么再比科学更神奇的了。我们这些为战争服务的人必须抓住这个魔棒,以迫使未来听我们指挥。"

在参谋部供职的同时,富勒写出了许多的军事理论著作。《大战中的坦克》与《战争改革》两本书中包含了他许多提倡进行装甲战的提议,这与当时的军事思想与作战实践有些矛盾,世界范围内的军事领导人们都认为富勒作品中的理论有些极端和不切实际。1926年,富勒担任参谋学院院长,并出版了他名为《战争的科学基础》的演讲集。在这段时期里,富勒还成为同是军事理论家的巴西尔·李德尔·哈特的良师益友,他们除了有一些政治观点上的小分歧外,余下在生活里一直都是一对伙伴。

1926年,富勒在皇家总参谋部任职,继续他军事理论的创作。他坚持提倡突破战理论,并对上级和同盟军强调并依靠毫无攻击力的保守战而感到愤怒。他还中肯地表明了"马其诺防线"将会成为"法国军队的墓碑",1927年和1930年,富勒两次谢绝了指挥作战的委任,并于1933年以少将军衔退役。他现役出版的结论性书籍《野战条令Ⅲ》进一步阐述了他一直未曾改变的观点,那就是坦克战将会构成未来的战争世界,这个结论在大不列颠岛以外极容易地就被人们接受了,就连德国与苏联军队的总参谋部也在采用并研究着这个结论。

退役之后,富勒曾进入政界一小段时间,还被选为法西斯派议会候选人,他这个时期的著作中包含了些许模糊的反犹太主义思想。同时他还作为《每日邮报》的随军记者报道了意大利人侵埃塞俄比亚的战争与西班牙内战。在英国加入第二次世界大战之后,富勒提出转服现役,然而即使战争中的盟军与敌军都在研究并执行着他的理论,可他再没被召回英国军队。

在战争结束后的和平时期里,富勒转向军史,他的《武器与历史》一书是一部研究武器发展与历史事件之间关系的辉煌著述,而他出版的《西洋世界军事史(三卷本)》则阐述了从远古直至第二次世界大战的军事发展史。1966年2月10日,富勒在英国的法耳默斯逝世,享年八十七岁。富勒截止到临终前已经出版了共四十多部作品,在报纸和杂志上发表了上百篇文章。

富勒有一个"多骨"的绰号,不只因为他身材瘦弱,还有他盛气凌人的个性。他是一位才华横溢的战术战略思想家,他的理论,尤其是机动的装甲作战理论影响了当时欧洲大部分的军事领导者。他是一位不寻常的军人,极其聪明并坦率直言;他还是一位名副其实的创造性思想家,留下的作品中包括李德尔·哈特为他保存的作品,至今都非常具有影响力。虽然富勒强调突破战的重要性和开发装甲部队潜在能力的思想至今都极具价值,可相比于卡尔·冯·克劳塞维茨、安东万·亨利·约米尼、孙子这些军事理论家的理论来说,富勒的战争艺术不如他们的更具普遍意义。

(六)伏罗希洛夫

克列缅特·叶夫列莫维奇·伏罗希洛夫在他的回忆录《生活的故事》的前言中写道:"我不信上帝,但我感激自己的命运。因为降临我头上的那条道路,正是我有幸走过来的道路。再也没有比工人和革命士兵的事业更崇高的了。"因此,苏联人称他是"军队的统帅"和"人民的儿子"。

伏罗希洛夫在其一生的军事活动中,曾荣获 8 枚列宁勋章,6 枚红旗勋章,以及苏沃洛夫一级勋章和许多苏联奖章。1935 年 11 月 20 日,苏联首次授予五名苏军将领元帅军衔。伏罗希洛夫是这五名元帅之一。1920 年,他获得革命荣誉武器——带镀金刀柄的、刻有红旗勋章的军刀,1968 年,又获得镀有金色苏联国徽的革命荣誉武器。

1881 年 2 月 4 日(公历 1 月 23 日),伏罗希洛夫出生在一个铁路工人家庭里。父亲叶费列姆·安德列耶维奇,当过兵、打过仗,后来做铁路巡道工,母亲玛丽姬·瓦西里耶夫娜是个农家女子,比丈夫小 13 岁,常以打短工的繁重劳动来补贴贫寒的家庭生活。

伏罗希洛夫童年时期生活贫困。直到 13 岁,他才进入一所乡村学校读了两年冬季补习班。1895 年从这所学校毕业后,他还渴望继续读书,但在当时这只是一个梦想。

1896 年,他进入尤里耶夫卡冶金公司的一家工厂,当上了钳工学徒。1903 年到卢甘斯克的加尔特曼机车制造厂做工。在加尔特曼机车制造厂,他加入了俄国社会民主工党。这个共产主义组织是与列宁分不开的,从此,伏罗希洛夫就把自己的命运同列宁领导的党永远联系在一起了。

1905 年 1 月 9 日,彼得堡 14 万受尽剥削和压迫的工人及其家属举行示威,遭到沙皇军队镇压,死伤工人 3000 多名。这一事件成为第一次俄国革命的开端。卢甘斯克地区的工人和农民都积极参加了这次革命。2 月 16 日,伏罗希洛夫参与领导了卢甘斯克机车制造厂工人罢工,并发表了演讲。罢工以工人的胜利而结束。

此后,伏罗希洛夫秘密地在工人中开展革命活动。曾多次被捕,遭到监禁和流放。在霍尔莫戈雷被监禁的时候,他结识了女政治流放犯叶卡捷琳娜·达维多芙娜·戈尔勃曼。两人彼此相爱。

第一次世界大战爆发时,伏罗希洛夫正在察里津(后改为斯大林格勒,现为伏尔加格勒)的一座大炮工厂做工。他在工人中进行反战宣传。在 1917 年二月革命的日子里,他来到彼得格勒。发动了伊兹麦洛夫禁卫团起义。起义进行得极为顺利,最后士兵们选举伏罗希洛夫为彼得堡工人代表和布尔什维克党团委员会委员。十月革命前夜,他按照列宁的指示,加强了矿区工人的工作,在工人中建立了赤卫队。积极参加十月革命。11 月被任命为彼得格勒市人民委员。

1918 年 3 月 6 日,基辅陷落于德奥军队之手,哈尔科夫和彼得格勒都处于危险之中。伏罗希洛夫组织和领导了第一支卢干斯克社会主义游击队,开始对德奥军队作战。伏罗希洛夫自己把这件事看作是做军事工作的开端。3月下旬,他率领游击队从卢干斯克出发,向科诺托普前进。在科诺托普,游击队与德奥军队展开了激烈的战斗。他率领的游击队在哈尔科夫工人游击队的配合下,击退了德国第27预备兵团的多次进攻。但终因力量悬殊,哈尔科夫于4月8日被德军占领。

不久,卢甘斯克也面临着被德奥军包围的形势。他率领部队掩护80列火车由顿河草原向察里津撤退。此时,他已被任命为第5集团军司令,指挥两个军和由莫罗佐夫军区与顿涅茨克军区居民组编的部队。在这里,他指挥的部队不仅对入侵乌克兰的德奥军队进行了有组织的抵抗,而且与顿河哥萨克白匪军苦战了三个月,到达察里津与苏军主力会合。

1918年的察里津保卫战,成为保卫新生苏维埃政权的最重要战役之一。伏罗希洛夫率部从顿巴斯突破封锁来到察里津之后,大大加强了察里津市的防御力量。7月19日,伏罗希洛夫到刚建立的北高加索军区军事委员会任副主席,同时担任了察里津前线司令、南方方面军副司令。为了有充足的兵员,他派人到农村动员可靠分子参军,并加强了对部队的训练。为了适应大兵团作战,他把零散的游击部队编成正规兵团;为了对付机动性强的哥萨克骑兵,他组建了几个用大量机枪和火炮装备的加强师;为了支持步兵和骑兵作战,他组建了装甲纵队。所有这些措施,进一步加强了察里津的防卫。苏军在伏罗希洛夫的指挥下,打退了敌人的数次进攻,显示了他卓越的指挥才能。

1918年11月,他当选为乌克兰工农政府委员、乌克兰共和国内务人民委员、哈尔科夫军区司令。1919年5月,他领导了格里戈里耶夫的剿匪作战。6月,出任第14集团军司令。不久,指挥了卡捷林诺斯拉保卫战。后任乌克兰内线司令,指挥了基辅保卫战。

伏罗希洛夫和布琼尼一样认为,大批骑兵部队机动灵活而且威力巨大,苏联红军必须组建一支相当规模的骑兵集团军。于是,当布琼尼向中央提出这一建议时,他表示完全赞同。1919年11月,伏罗希洛夫便被任命为第一骑兵军的军事委员。布琼尼在回忆中说道,伏罗希洛夫"是领导全军作战的核心人物之一"。"骑兵部队的特殊组成要求任命不仅具有一般政治声望,而且要多少以自己的军事生涯闻名于众,享有一定威信的人。"伏罗希洛夫率领这支部队粉碎了邓尼金军队的进攻。从波兰白军手中解放了乌克兰,消灭了弗兰格尔的部队。

此后,伏罗希洛夫在苏联红军中做了相当长一段时间的党政工作。从1924年起任莫斯科军区司令。与伏龙芝等人一起参与领导了军事改革。1925年至1934年,他升任陆海军人民委员和苏联革命军事委员会主席。此后又担任了6年苏联国防人民委员,为加强苏军建设花费了大量心血。

卫国战争一开始,他就直接参加了粉碎德军进攻的组织工作,先后担任国防委员会委员、最高统帅部大本营成员、西北方面军总司令和列宁格勒前线司令、游击队总司令等职。但由于他对战争的认识在一些方面仍停留在骑兵时代,对当代战争中的新情况认识不足,所以在第二次世界大战中战绩一般,未能像在国内战争中那样得到人们的高度赞誉。

第二次世界大战结束后,他于1945—1947年出任盟国对匈牙利管制委员会主席。1952—1960 年为苏共中央委员会主席团委员,1953—1960 年任苏联最高苏维埃主席团主席。1961 年 10 月在苏共二十二大上,因被指责为支持反党集团而未进入新的中央委员会。1966 年 4 月苏共二十三大后,重新当选为中央委员。1969 年 12 月 2 日病逝。

(七)乔治·马歇尔

1880 年 12 月 31 日,乔治·马歇尔出生在美国宾夕法尼亚州万尼敦镇的一个商人家庭。1897 年 9 月,17 岁的马歇尔进入美国著名的弗吉尼亚军事学院。在校学习期间,由于他为人笃诚,才干突出,一年级就当了学员分队长,两年后被任命为全院学员队长、全院学员大型集会指挥。除了弗吉尼亚军校,马歇尔还上过利文沃思堡步骑兵学校、陆军参谋学校,打下了坚实的理论基础。

1901 年 9 月,马歇尔参加军官委任考试,次年 2 月宣誓就任美国陆军少尉。2 个月后,他被派往菲律宾,在麦克阿瑟将军的司令部供职。马歇尔第二次带兵执行任务时,就遇到了士兵们粗野无礼的捉弄。当他们蹚过鳄鱼出没的一条小河时,忽然有人大喊一声:"鳄鱼!"士兵们争先恐后把马歇尔挤倒在泥水里。马歇尔借此机会严肃军纪;他把士兵们集合起来,在这条河上来回蹚了两次。他的严格、镇静,使士兵们肃然起敬。

1917 年 6 月,马歇尔随陆军第 1 师到法国参加第一次世界大战。不久,他被晋升为临时中校,并担任师代理参谋长。有一天,美国欧洲远征军总司令潘兴将军来 1 师观摩军事演习,马歇尔设计的一套运用新方法猛攻敌人战壕的演习,引起潘兴的注意。不久他又被提升为临时上校,并被调到驻肖蒙的美国远征军总参谋部工作。在那里,他取得了令人羡慕的战果。第一次世界大战结束后,马歇尔调任第 8 军参谋长。1919 年 9 月马歇尔回国,他的临时上校军衔被取消。直到 1936 年 8 月。56 岁的马歇尔才晋升为准将。

1938 年夏,马歇尔被任命为陆军部作战计划处处长,接着又改任陆军副参谋长。这一年,慕尼黑协定签订,战争的阴影在美国上空徘徊。但作为经济强国的美国,其军事力量竟排在包括西班牙、葡萄牙在内的 16 个国家之后。对此,马歇尔认为必须立刻采取措施,重整军备。1939 年 9 月 1 日,马歇尔出任美国陆军参谋长,同时晋升为四星上将。他站在全球的战略高度,分析了美国卷入世界战争的必然性。他的精辟见解,驳斥了美国国内孤立主义者和不干涉主义者反对美国介入战争的论调。他还直率地向总统进言,给总统分析国际局势、美国军事现状以及它所面临的威胁。总统心悦诚服,两天后便把这项计划提交国会批准,为美国的军事发展开了绿灯。至此,美国的军队建设和军备发展迅速展开。一支不到 20 万人马的陆军部队发展到 537 万,美国一跃成为世界军事强国。

作为参谋长,马歇尔十分重视优秀军官的挖掘和提拔工作,他查阅了手下高级军官的档案,向总统提交了一份需立即退役的将官名单,并建议提拔一批年轻的、具有现代战争思维的人才。艾森豪威尔当时是个年轻的上校,是马歇尔建议予以提升的人选之一。巴顿能领导部队赴汤蹈火,马歇尔建议一有装甲部队就交给巴顿指挥。更难能可贵的是,马歇尔在用人上敢于承担责任。魏特迈是个有才干、有学识的人才、他曾在德国军事学院读过二年半书,他参加拟定的一项有关与德国作战的计划被泄露了,于是他成了头号嫌疑犯。但马歇尔对他信任不疑,指示陆军部长不能撤换他。正是在马歇尔的努力之下,美国陆军得到了飞跃的发展。

1943 年,世界反法西斯战争出现了转机,盟军决心在 1944 年渡过英吉利海峡,开辟第二战场。那么谁来执掌帅印呢?人们不约而同地把目光投向马歇尔。在魁北克会议上,同盟国首脑们一致同意由马歇尔担任此职。但罗斯福总统认为,一旦马歇尔出任欧洲最高司令,无人能接替他担当美国在全球性军事行动的指挥。马歇尔体谅总统之心,自觉放弃了这次千古扬名的机会,而把它转让给了艾森豪威尔。

1945 年 8 月 20 日,第二次世界大战结束不到一个星期,马歇尔致信杜鲁门总统,请求辞职,退隐还乡。同年 12 月作为总统特使赴华调解国共关系,参与国共谈判。

1947 年 1 月,他被任命为国务卿,掌管美国外交事务,他拥护推行"冷战"政策的杜鲁门主义。在此期间制定和推行了旨在复兴欧洲的"马歇尔计划"。

1959 年 10 月 16 日,马歇尔病逝于沃尔特里德医院。终年 79 岁。

(八)切斯特·尼米兹

作为第二次世界大战中最有影响力的美国海军统帅,切斯特·尼米兹策划、协调和执行了在太平洋战场打败日本天皇海军的行动。尼米兹在与美国陆军指挥官道格拉斯·麦克阿瑟的合作上,展现了自己的交际能力,而在利用有限的资源取得出人意料的胜利方面,则显示出他的战略战术技巧。尼米兹在航空母舰和水上舰队的军事行动和之前在潜水艇舰队服役的经历使他能率领混成的太平洋海军取得完美的胜利。

1885 年 2 月 24 日,尼米兹出生在离大海很远的德克萨斯州弗雷德里克(Prederkksburg),最初希望进入美国陆军军官学校,但是在得知西点军校没有剩余的名额时就接受了美国海军军官学校的录取。毕业后,尼米兹加入了美国亚洲舰队,加官晋爵为驱逐舰迪卡特号(Decatur)的舰长。1908 年 7 月 7 日,他让迪卡特号搁浅几乎终止了他的军事生涯。尽管他因渎职被送军事法庭,但是他受到的惩罚仅仅是谴责。

回到美国后,尼米兹被分配到几个潜水艇上任职,一直到 1913 年去欧洲学习德国和比利时柴油机的技术发展。在他回到祖国后,他运用这些情报监督指导柴油机推动的美国军舰莫米号并且 1916 年起航后留在军舰上担任执行船长和总工程师。

1917 年 4 月美国加入第一次世界大战后,尼米兹和莫米号加入了大西洋舰队。8 月,在被提升为少校后,尼米兹成为潜水艇部队指挥官辅助决策塞缪尔·S·罗宾逊的助手。这位海军上将与他的导师的友谊很好地保持到了下一个十年。

战后,尼米兹在华盛顿的海军参谋部任职,1920 年转到了珍珠港视察新的潜水艇基地的建设情况。在接下来的二十年里,他在各式潜水艇和战舰、驱逐舰上服役。他还几次返回华盛顿协助在美国大学里成立第一批海军预备军官训练团计划。

1938 年被提升为海军少将,尼米兹在圣地亚哥担任一支巡洋舰团的指挥,在夏威夷担任一支包括美国军舰亚利桑那号在内的战舰团的指挥,随后在 1939 年回到华盛顿担任航海局的局长。1941 年当日本人轰炸珍珠港时,尼米兹主管海军人事,负责在这场大战中组织人力资源。

1941 年 12 月 31 日,在海军部长弗兰克·诺克斯的推荐下,富兰克林·罗斯福总统任命尼米兹为太平洋舰队的总司令,并将他提升为海军四星上将。尽管在太平洋战区由一个美国指挥官统一指挥比较有利,但是无论是陆军还是麦克阿瑟将军都不愿在一个海军军官手下做事。结果,两个指挥官共同主事,尼米兹和麦克阿瑟一起负责指挥太平洋战区,幸运的事,首先是因为尼米兹的交际能力,两个指挥官相处得很好,他们都认为有太多的日本人需要他们对付而无暇相互争斗。

尽管盟军认为对付日本人的战场次要于"欧洲第一"计划,尼米兹并没有推迟阻止日本扩张,收复他们的失地,将战火推向日军本土的策略。利用美军密码破译人员提供的日军的作战计划,尼米兹于 1942 年在珊瑚海歼灭战中第一次打破僵局。

6 月,再次利用数据情报,尼米兹确定了由袭击过珍珠港的日本海军上将山本五十六率领的敌军的位置,在中途岛附近海域。在日本的飞机还在航空母舰的甲板上补充燃料和更换弹药时,尼米兹赢得了在这场战争中美国海军的第一次胜利,这也是日本海军在 350 年来的第一次战败。在这场战役中日本损失了整个舰队中 9 支航空母舰中的 4 支,超过 300 架的飞机和很多日本最优秀的飞行员。

在关键的中途岛战役中,战争的主动权转到了美国人手中,尼米兹和麦克阿瑟在一系列的越岛作战战场中成功合作,越来越逼近日本本土。尼米兹在 1943 年 11 月占领了吉尔伯特岛,1944 年 2 月占领了马歇尔岛,1944 年 8 月占领了马里亚纳群岛。10 月,他加入了麦克阿瑟的队伍收复菲律宾群岛。美国的领导阶层公认尼米兹的成就,将他提升为新设立的海军五星上将。

1945 年初,尼米兹指挥对关岛、艾渥吉马和冲绳的进攻。当日本在经受两粒原子弹轰炸后投降之时,尼米兹正在准备入侵日本。1945 年 8 月 29 日,尼米兹乘坐美国军舰南达科塔号旗舰开进东京湾。9 月 2 日在密苏里号上的投降仪式上,尼米兹作为美国的代表在条约上签了名。

10 月 5 号,海军上将回到华盛顿受到热烈欢迎,这一天被誉为"尼米兹之日"。在欢庆后不久,尼米兹接任了海军总司令的职务,在接下来的两年里管理士兵和军舰的复员,同时为核潜艇的发展提供资金。他在 1947 年 12 月 15 日退休。第二年,他短暂地做了一段时间的海军部长顾问,随后做了两年联合国驻克什米尔专员。尼米兹在 1966 年 2 月 20 日他八十一岁生日的前几天死于一场手术后的并发症,安葬在旧金山的金门国家公墓。

尼米兹是第二次世界大战中最有影响力的美国海军领导人,他善于鼓舞士兵的士气并与各方合作。他丰富多彩的经历使得他能执行大胆的行动取得一场又一场的胜利。在一场最具深远意义的战役中,尼米兹在中途岛打败了日本最优秀的海军统帅山本五十六。

（九）乔治·巴顿

在人类的战争历史中，时常涌现出一些能征善战、所向披靡的天才人物。他们似乎具有与生俱来的斗志和勇气，又不乏浑然天成的指挥才能，所以能在广阔的疆场上建立不朽的功勋。美国陆军上将乔治·史密斯·巴顿就是这样一位光彩夺目的璀璨将星。

1940年6月的一天，一列火车徐徐驶入美国西点镇的火车站，著名的西点军校就在这里。在下车的新学员中，有一位身材高大、体格健壮、碧眼金发、神色坚毅的青年，他就是日后在第二次世界大战中威名赫赫的乔治·巴顿。

1885年11月，巴顿出生在美国加利福尼亚州的一个军人世家。他的曾祖父是美国独立战争时期的一位准将，祖父和父亲都毕业于弗吉尼亚军事学院。巴顿19岁进入西点军校。一年级时，因数学不好，留了一次级，但他对橄榄球、田径、剑术等都很擅长，特别是剑术方面颇有造诣。巴顿雄心勃勃，相信自己是命中注定的伟大人物，他奋发努力，从不懈怠。他曾在写给父母的信中说："只要今天我能伟大，则明天受苦而死我也甘心。"

巴顿从步入军界起，就把杰克逊的一句名言作为自己的基本格言："不让恐惧左右自己"。他认为这是军人能够勇猛无畏的根本因素。巴顿发现自己虽然勇敢，但在危险面前并非毫无顾虑。于是他决心要进行锻炼，克服恐惧心理。骑术练习和比赛，他总是挑最难越过的障碍和最高的跨栏；在西点军校的最后一年里，有几次狙击训练，他突然站起来把头伸进火线区之内，为这件事父亲责备了他，他却满不在乎地说："我只是想看看我会多么害怕，我想锻炼自己，使自己不胆怯。"

从军校毕业后，巴顿被调往美国第一集团军任骑兵少尉。

第一次世界大战中，巴顿随约翰·潘兴将军深入墨西哥镇压农民起义军，1917年初以中尉的身份胜利归来。当美国加入第一次世界大战后，他被派往法国，在圣米歇尔会战中表现非凡，被提升为上校，同时因为作战英勇和训练坦克部队有功获得嘉奖。

经过4年鏖战，第一次世界大战终于结束。参战国人民同庆和平的降临，而将自己与战争融为一体的巴顿却感到生活失去意义。第二次世界大战爆发时，年过半百的巴顿好像又回到了年轻时代，他那好战的心被欧洲的炮火激荡起来，密切注视着战局。1940年他实现了多年的梦想，奉命到本宁堡组建一个坦克旅，不久晋升为准将，并很快成为美军的战车专家，后又升为少将。

1942年11月，在突尼斯境内的美军被德军打得节节败退，士气低落。为鼓舞士气，艾森豪威尔把巴顿调去接管军队。巴顿在短短十几天时间里，就使美军的精神面貌振奋起来。在他的指挥下，美军开始收复失地，而且每战必捷。使巴顿名声大震的是攻占西西里的战役，他指挥部队沿西西里北岸向麦西纳前进，以惊人的速度先于蒙哥马利进入麦西纳并赢得了这一战役。这一战役使同盟国和德军对美军刮目相看。

正当巴顿在事业上如日中天之际，却因两次殴打士兵引起美国军内和国内的舆论反对，在马歇尔、艾森豪威尔等人的保护下才幸免撤职。1944年1月，巴顿前往英国参加诺曼底登陆。盟军登陆后,为了结束缓慢迟滞的推进情况,决定开始发动"眼镜蛇"行动。巴顿又以其惊人的进军速度和勇气把局部性的突破变成了全面的运动战,使盟军终于冲出诺曼底,迫使德军全面撤退。接着,巴顿又率领部队转战欧洲大陆,于 1945 年 3 月 22 日到达莱茵河畔,他当夜就强行渡河,直捣希特勒老巢。巴顿外表豪迈直爽,看似做决定不假思索,实际上他决断前都经过深思熟虑,甚至精确的计算,正是这种精神才使他无往而不胜。

巴顿是一位举世闻名的美国传奇将军。巴顿与在战争中英勇牺牲的苏联名将瓦杜丁不同,他是在战争胜利结束后的一次车祸中受重伤不治而逝世的。他未曾听到凯旋时的欢呼,未能接受少女的鲜花,命运却让他与之擦肩而过。

在二战的将军中,巴顿是少有的战争狂热分子,他简直就是为战争而活的。他曾说过一段著名的话:"与战争相比,人类的一切奋斗都相形见绌!上帝啊!我是多么热爱战争!"另一句著名的话是:"一个职业军人的适当归宿是在最后一战被最后一颗子弹击中而干净利索地死去。"按他自己的说法,他的死是不干净利索的,是一种非军人的死法。但是,对一个只为战争而活的人来说,仗打完后死去,却也是一种不错的解脱。

(十) 蒙哥马利

1976 年 3 月 24 日,英国著名的军事家、元帅,第二次世界大战间英国武装部队杰出的领导人之一,伯纳德·劳·蒙哥马利在他的家中去世,享年 88 岁。

1887 年 11 月 17 日,蒙哥马利出生在伦敦肯宁登区圣马克教区的一个牧师家庭。少年时他十分顽皮,14 岁才正式上学,20 岁时考入桑赫斯特英国皇家军官学校,1908 年毕业,被分配到驻印度的部队中服役,任少尉排长。他参加了第一次世界大战,大战即将结束时任司令部上尉参谋。这段经历对他一生产生了巨大影响。他回忆说:"到第一次大战结束时,我已经认清军事职业是一种终身的研究。"他潜心研究战争的科学和实践,终于在反法西斯战争中大展雄才。

第一次大战结束后,蒙哥马利体会到军事完全是一种需要毕生精力去探讨的学问,但真正理解这种道理的军官不多。他决心献身于这种行业。1920 年,他正式跨进了参谋大学之门,毕业后参加了爱尔兰战争。几年的实践,为蒙哥马利日后任高级指挥官打下了坚实的基础。

蒙哥马利

第二次世界大战初期,蒙哥马利任第三师师长,率部队赴法国和比利时抗击德军,1942 年上半年,英军在远东战场上节节败退,在中东战场上丢城失地。在这危急关头,蒙哥马利被派往北非,出任英国驻北非第 8 集团军司令。

蒙哥马利是一位谨慎从事，善于把战略、战术联系起来考虑的军事家，他亲自制订了全歼"非洲军团"的计划，并认真检查每项准备工作。这次作战计划是要骗过德国将领隆美尔，不让他发现英军主动进攻的企图，具体行动就是在阿拉曼南面佯攻，在北面准备真正的进攻。激战前夕，隆美尔加强了对英军阵地的空中侦察，蒙哥马利指挥第8集团军的坦克部队，在一夜之间将所有的战车转移出集结地，换上了逼真的假目标，英军的保密工作做得十分出色，骗过了有"沙漠之狐"之称的隆美尔。阿拉曼决战始于1942年10月23日深夜，蒙哥马利指挥的英军锐不可当，势如破竹，用十几天时间，迫使隆美尔的部队连续后退600多公里，伤亡惨重。德意军死伤和被俘5.9万人，隆美尔的助手冯·托马将军和4名意大利将军也当了俘虏。一度纵横驰骋于北非的"沙漠之狐"隆美尔遭到了他军事生涯中第一次惨败。消息传到英国，首相丘吉尔下令敲响报捷的钟声，阿拉曼大捷扭转了北非战场的危急局势，给英国人民一剂强心剂，蒙哥马利也随之升迁，翌年荣升英国元帅，并受封阿拉曼子爵。正是因为这场战役，这位"沙漠之狐"的征服者蒙哥马利成为举世闻名的将领。

　　蒙哥马利是阵地战的高手，有点像"拿破仑的终结者"英国惠灵顿公爵。他对作战的目的、步调有极清晰的概念，但也容易固守这个概念不知变通。巴顿在西西里战役中改变计划，冲向巴勒莫，再回身取墨西拿的即兴行动，蒙哥马利和巴顿易地而处是决做不出来的。因为在他看来，墨西拿才是整个战役的关键。

　　蒙哥马利在诺曼底登陆后没有及时占领卡昂城，而是改为"在卡昂附近回旋"，吸引德军主力，以便美军在南翼达成突破。包括巴顿、布莱德雷在内的盟军将领都说，这是蒙哥马利为他无力攻占卡昂所找的借口。在当时，即使蒙哥马利真想占领卡昂，他可能也没有这个能力。但后来的事实证明，那是他的借口也好，应变计划也好，确实不失为上乘的变招：德军主力和全部的装甲部队都集中在英军周围，从而使美军在7月份发动"眼镜蛇"作战，突破德军防线，达成了突进。蒙哥马利是战略上和阵地战的高手，连隆美尔也承认这一点。

　　蒙哥马利的问题在于他缺乏把突破变为突进的魄力，在这个问题上总是过于谨慎。有时即使有了巨大的优势，他能突破敌人防线，但不能决定性地消灭敌人，而是把敌人向后推。像阿拉曼战役以后，和"市场—花园"作战就是如此。在这一点上，他与朱可夫无法相比。蒙哥马利长期与巴顿一起作战，巴顿很看不起蒙哥马利，还经常骂娘。不过蒙哥马利对巴顿本人倒没什么恶意，只是把他们之间的竞争看作是事业上的竞争。

　　战后，蒙哥马利先出任英军总参谋长，后任北大西洋公约组织欧洲盟军最高司令部最高副统帅。他退休之后继续参加国际国内政治活动达10年之久，出访了许多国家，广结政界要人。他于1960年和1961年两次访华，受到毛泽东主席和周恩来总理的接见。

（十一）华西列夫斯基

　　1942年11月19日晨，浓雾笼罩着斯大林格勒，突然万炮齐鸣，集结在斯大林格勒南北两面的苏军出敌不意地发起了钳形攻势，迅速将33万德军合围，而后至

1943 年 2 月 2 日又将其全歼。斯大林格勒战役被公认为第二次世界大战的转折点。为这一战役计划的制定和执行，苏军总参谋长亚历山大·米哈伊洛维奇·华西列夫斯基付出了大量心血。

华西列夫斯基与朱可夫是同时代的苏军高级指挥员。在第二次世界大战中，他们一起指挥了许多重大战役。但是两人的性格却截然不同。朱可夫豪爽开朗，大胆果敢，魄力强，华西列夫斯基老练稳重，平易近人。有一次，华西列夫斯基从前线回到大本营，斯大林开玩笑地说，"瞧您指挥这么一大批部队，而且您干得不坏，但您自己也许连苍蝇都没有欺侮过"。华西列夫斯基一向认为，善于在下属面前保持自重是军事首长不可少的品质。

1895 年，华西列夫斯基出生在新戈列奇哈村的一个神甫家庭。母亲共生下八个孩子，华西列夫斯基排行第四。父亲收入微薄，母亲常到临近工场作坊里做些零活补贴家用。华西列夫斯基也常常到菜园和田地里从事力所能及的劳动。他先是在诺沃波克罗夫斯科耶村教会办的一所小学读书，后来进入基涅什马神学校，1909 年秋天又进入科斯特罗马神学校读书。这个学校出了许多出类拔萃的人物。

华西列夫斯基童年时并没有梦想做一个军人，更没有想借此机会飞黄腾达，是战争使他进入军队，成长为著名的军事家、统帅。1914 年，第一次世界大战爆发了。战争打破了他学生时代曾有过的当一个农学家的梦想。1915 年，他进入阿列克谢耶夫军事学校速成班，毕业后获准尉军衔，被分配到一个县城的预备营，不久，即率一个连开赴前线，被编入第 9 集团军步兵第 103 师诺沃赫皮奥尔斯克团。

1916 年春，华西列夫斯基所在的第 9 集团军，驻扎在从德涅斯特河畔的拉塔奇到普鲁特河上的鲍扬一线。他作为第一连连长，参加了勃鲁西洛夫战役。同年 8 月，罗马尼亚对奥宣战，却连吃败仗，11 月布加勒斯特沦陷。华西列夫斯基随第 9 集团军开到罗马尼亚，阻止德国人通过罗马尼亚进攻俄国。

1917 年 3 月，国内传出彼得格勒爆发革命的消息，华西列夫斯基所在团的军官开始分化，一部分人更趋于保守，一部分向士兵群众靠拢。他一向很接近士兵群众，自然走了第二条路。十月革命爆发后，俄军军官层的分裂加深了，保守分子暂时占了上风。华西列夫斯基因承认苏维埃政权，接触布尔什维克，出席士兵代表会议而遭到一部分军官的冷遇。为此，他决定结束军事生涯，去做一名农学家。

1917 年 12 月，他退伍回到了家乡。

三个星期之后，华西列夫斯基接受了县军事部的建议，担任了基涅什马思乌格列茨克乡的军训处教官。1919 年 5 月，他参加了工农红军，当上了一名真正的红军指挥官。此后，他担任过排长、连长、营长、团长、教导队长等职。1931 年 5 月，华西列夫斯基被调至工农红军军训部工作。在此期间，他参加了许多军事演习的准备和实施，同时参加了司令部勤务条令和大纵深战斗实施细则的编写，使他学会了参谋业务，积累了工作经验。1934 年，他升任伏尔加河沿岸军区军训部长。1935 年 9 月苏军实行军衔制时，他获得上校军衔。1936 年秋，改任司令部作战部长。11 月，进入总参军事学院深造，一年后以优异成绩结业，到总参谋部任训练处长。

1939 年 9 月 1 日，德军入侵波兰，第二次世界大战爆发。1941 年 6 月，德军向苏联发动了突然袭击。仅三个月就推进到列宁格勒、莫斯科和罗斯托夫一线。形势十分危险。这时，已升任副总参谋长兼作战部长的华西列夫斯基，为稳定战局进行了许多具体的组织计划工作。1942年5月,他被任命为苏军总参谋长。当时,他正在西南方面军协助工作。最高统帅要求他至迟于7月4日返回大本营。刚刚就任总参谋长的华西列夫斯基,根据统帅部的意图,主持总参谋部拟制了一系列重大战役的计划和方案,领导解决了各方面军作战中的许多具体问题。7月23日,他作为大本营的代表来到对战局起决定性作用的斯大林格勒方面军。为解除德军对苏第62集团军合围的威胁,他建议使用坦克第1和第4集团军的剩余兵力,对敌实施反突击。这不仅打破了敌人的围歼计划,而且阻止了敌人一举拿下斯大林格勒的企图。随后,他协调其他战场,解决了一系列重大问题,保证了斯大林格勒会战的胜利,显示了他统率大军的才能。

斯大林格勒会战结束后,华西列夫斯基作为大本营派出的代表,先后协助各方面军领导进行了奥斯特罗戈日斯克——罗索什进攻战役、库尔斯克会战、解放顿巴斯战役、克里木的作战行动和白俄罗斯进攻战役等。白俄罗斯战役是苏联卫国战争中规模最大的进攻战役之一。在战役准备阶段,华西列夫斯基根据斯大林的设想,一方面详尽审阅了被命名为"巴格拉季昂"的作战计划,另一方面帮助大本营完成了各方面军的调动和集中,提出了他认为适合担任新编组各方面军司令的人选,供最高统帅选择。一切准备就绪之后,他又深入各部队检查战役准备情况,实施最直接的战役指挥。这次战役,基本上歼灭了德军中央集团军群,解放了白俄罗斯全境,为以后的战略进攻创造了条件。

1945年4月,华西列夫斯基受最高统帅之命,与总参谋部的人员一起拟制了远东作战计划,并采取极严格的保密和伪装措施,将三个方面军调到中苏边境的三个主要突击方向上。7月,他被任命为远东苏军总司令,指挥对日本关东军作战。8月8日,苏联政府对日宣战。华西列夫斯基指挥150多万苏军发起进攻,进入中国东北等地。仅仅10天,苏军就在三个作战方向上分别挺进了200——800公里,将日军分割成许多孤立的集团。8月15日,日本宣布无条件投降。8月下旬,关东军陆续被解除武装。华西列夫斯基对这次战役的指挥,再次显示了他卓越的军事才能。

战后,他先后担任总参谋长、武装力量部部长、国防部第一副部长、国防部总监等职,为苏联武装力量的建设做出了重大贡献。1977年逝世。

(十二)朱可夫

1.寒门出英才

1896年12月2日,格奥尔基·康斯坦丁诺维奇·朱可夫出生在离莫斯科不远的一个贫穷的小村庄里。他的父母都是贫苦的下层人,家境凄苦,但自古寒门出英才,正是这种贫困的生活养育了朱可夫勤奋、朴实、坚毅的性格。

8岁时,朱可夫进了一所教会小学。他背着用粗麻布缝的书包,和附近几个村里背着洋书包的小朋友一起去读书,刚开始他有些自卑。但不久,这种自卑感便烟消云散了,因为朱可夫聪明且勤奋,所以在同龄人中显得出众。朱可夫学习成绩拔尖,另外由于他的嗓音很好,于是被吸收到了学校的合唱队。他的老师名叫谢尔盖

·尼古拉耶维奇·雷米佐夫，教书很有些经验，从不无缘无故惩罚学生，也从不提高嗓门训学生，为人很好，同学们都很尊重他。朱可夫在成人之后，常常以十分感激的心情怀念这位老师，因为正是这位老师引导自己热爱读书的。

1908 年夏天，朱可夫小学毕业了。为了谋生，他告别了父母，离开家乡去莫斯科，到他舅舅米哈依尔·皮利欣开的毛皮作坊里当了一名学徒工。

朱可夫心灵手巧、聪明过人，1 年之后就成了徒工里技术最好的一个。同时，他和与他年龄差不多的老板的儿子亚历山大关系不错，亚历山大借书给他看，还常常帮助他学习俄语、数学、地理，有时他俩还在一起读科学读物。

1914 年，第一次世界大战开始了。当时在沙俄的大力宣传下，许多青年，特别是有钱人家的子弟，都志愿上前线打仗。老板的儿子亚历山大·别利欣也决定去，并极力劝朱可夫去。朱可夫一开始的确动心了，就找他最尊重的好朋友桑多尔·伊万诺维奇商量。伊万诺维奇说："有钱的子弟是为了保住家中的财产去的。而你呢，你为什么要去打仗？是不是因为你父亲被赶出了莫斯科？你母亲被饿得发肿？如果你打仗后，变成残废回来，谁还要你呢？"这些话把朱可夫说服了。他把这些话告诉了亚历山大，结果招来亚历山大一顿痛骂。无奈亚历山大只好独自一人上前线去了。

朱可夫继续在作坊干活。这时，他与房东的女儿玛丽亚正在恋爱，并开始商量结婚的事情，但战争的急剧变化，使他们的希望和打算化为了泡影。1915 年 7 月，沙皇政府决定提前征召 1896 年出生的青年。1915 年 8 月 7 日，朱可夫从卡卢加省小亚罗斯拉韦次县应征入伍。这下轮到朱可夫上战场了，但他的热情并不高，因为他离开莫斯科时，只见一面是从前线运回来的伤兵，一面是阔少爷仍和从前一样过着豪华骄奢的生活。这两种鲜明的对比，使他茫然。可他还是想，既然叫我入伍，我就要忠诚地为俄罗斯打仗。

2.军旅生涯

当兵第一天，朱可夫和同伴就被装上闷罐车。每个车厢 40 个人。新兵们一路上都只能站着，或者坐在肮脏而冰凉的地板上。车厢里气味难闻，臭气、汗味、烟雾，加上车厢里原来不知什么东西留下的霉味。交织在一起，使新兵们连饭都吃不下。有的人在悄悄落泪，还有的人呆呆地坐着，想象未来的士兵生活。尽管此时朱可夫对自己军事方面的天赋还一无所知，但他相信，自己经过生活的锻炼，一定能当个好士兵。这就是朱可夫的个性，干什么就要干好，并且坚信自己一定能干好。

军营对朱可夫来说就像一张白纸，一切都是陌生的，一切都是新鲜的，连最习惯的走路、吃饭、睡觉，都有了新的约束和规定。第一次体验军营生活，他既感到新奇，又觉得那么不可思议。

1915 年 9 月，朱可夫他们被派到了乌克兰境内的后备骑兵第五团，该团驻扎在哈尔科夫省巴拉克列亚城内。骑兵当时分为骠骑兵、枪骑兵、龙骑兵 3 种。朱可夫被分到枪骑兵连。他为自己没有被分到骠骑兵连而遗憾，一方面是因为骠骑兵的军服漂亮，年轻人爱美心切，另一方面，也是更主要的，是因为那个连队比较讲人道，打骂士兵的现象不多。这时的朱可夫已清楚地看到，在沙皇军队里，士兵只是一个木偶，命运完全掌握在各级长官手里。

到了枪骑兵连里，朱可夫不仅领到了军服，还牵到了一匹深灰色的烈性马，名叫"哈谢奇娜娅"。

那匹烈马不知把他从马背上摔下来有多少次，但越摔这个年轻人训练时间越长，仅仅两个星期，"哈谢奇娜娅"终于被驯服了。于是朱可夫就在1916年春天，以优秀的成绩被选进教导队。1916年8月，朱可夫从教导队毕业了，被分回骑兵第十师。当时第十师正驻扎在德涅斯特河岸，其任务是担任西南战线的预备队。朱可夫是乘火车前往部队的。

很快，朱可夫经受了生平第一次战斗的洗礼。那是他们到达一个车站下车时，天空突然响起了空袭警报，大家迅速隐蔽起来。接着敌人来了一架侦察机，扔了几颗炸弹就飞走了，结果炸死了1名士兵和5匹马。

不久，在一次战斗中朱可夫俘虏了一名德军军官，因而获得了他军事生涯中的第一枚勋章。

1917年2月中旬，彼得格勒部分工人开始罢工。几天后，罢工浪潮席卷全城和邻近的城市，罢工人员达20万人，并且势如潮涌，不可阻挡。朱可夫也置身到革命的浪潮之中，参加了"二月起义"，并被选为连士兵委员会主席，出席苏维埃代表大会。

但是，当时的国内形势瞬息万变，朱可夫那里的情况也发生了变化。5月初，共产党负责人雅科夫列夫调到别的地方去了。他走后，社会民主党人趁机在团里掌了权，宣称拥护资产阶级临时政府的方针。不久，连士兵委员会决定解散朱可夫领导的这个连，于是，朱可夫和其他委员只好给士兵们发了退伍说明书，并让他们带上了马枪和子弹。由于朱可夫是该连负责人，所以，投奔到乌克兰民族主义分子方面去的一些军官在到处搜捕他，他一连几个星期不得不躲起来。

1917年11月7日，在列宁等人领导下，爆发了震惊世界的"十月革命"。"阿芙乐尔"号巡洋舰向临时政府盘踞的冬宫进行炮击，标志着起义的开始。在布尔什维克党的率领下，成千上万的革命军队和赤卫队包围了冬宫及政府各部门。反动军队兵败如山倒，起义很快获得胜利。

当晚10点45分，第二次全俄苏维埃代表大会宣布：由于工人和士兵的胜利起义，代表大会已经把政权掌握在自己手里了。11月30日，朱可夫终于平安地回到了莫斯科。

1918年1月份，朱可夫准备报名参加赤卫队。当时，各地忠于革命事业的工人武装都被称作赤卫队，这是苏维埃政权的一支重要武装力量，由布尔什维克中央委员会军事组织统一领导。由于赤卫队在十月革命中所起的重要作用，所以当时名声很响，青年工人十分踊跃地报名参加。但朱可夫这一愿望落空了，因为不久他得了斑疹伤寒，4月份，又得了"回归热"。整整几个月，朱可夫是躺在病床上度过的，这是他一生中在病床上躺的时间最长的一次。

到1918年夏季，红军扩大到了20万人。这时的朱可夫经过几个月的调治，已渐渐恢复了健康。他殷切地希望加入红军。1918年8月，朱可夫终于加入了红军，编入了莫斯科骑兵第一师第四团。团长是铁木辛哥，师长就是大名鼎鼎的布琼尼将军。

朱可夫所在的骑兵第一师，是红军的创始人之一和优秀的元帅伏龙芝部队的一部分,他亲身感受到了伏龙芝上任后战场及红军士气的变化,伏龙芝成为他心目中的偶像。朱可夫认为,伏龙芝的统帅才能主要表现在3个方面:一是伏龙芝富有远见;二是伏龙芝讲究知己知彼,用己之长对敌之短,牢牢把握战场主动权;三是伏龙芝和军亲众、关心士兵。

朱可夫在1919年3月1日加入了布尔什维克党,这是他政治生涯的开始,也正是因为这个开始,他才得以在苏联红军中一步步成长起来,以致成就了他辉煌的军事伟业。

1920年1月,朱可夫被派到第一骑兵训练班学习。学员都是从各部队中挑选出来的在战斗中表现突出的骑兵,军事技术比较过硬,但多数文化水平不高,有不少人根本就没有文化。由于朱可夫在原来的军队中干过军士,又有文化,训练班便让他兼任司务长,并委托他教学员掌握冷兵器。半年后朱可夫被分配到独立骑兵第十四旅第一团,担任了一名排长。

朱可夫由于在内战中表现出色,所以经过大规模裁军后,他仍然留在军中,并且被提升为萨巴拉骑兵第七师第四十团副团长。1923年春天,朱可夫接到师司令部的通知,说师长要见他。不明所以的朱可夫一开始还以为是他在工作中出了错。没想到师长很热情地接待了他,并向他询问了有关当时国内形势以及如何训练部队的问题,朱可夫做了认真回答,他的回答颇得师长的赏识,最后师长决定任命他为骑兵第三十九团团长。因为在此之前有很多同志向师长推荐朱可夫担任这个职务。

朱可夫刚任团长就碰到了一道难题:该团正准备出去野营,而且这是国内战争以后,红军骑兵部队第一次进行野营训练。如何根据新的形势和任务搞好这次训练,上下官兵都很关注,许多指挥员对此感到无从下手。

朱可夫接任团长后,立即深入到连队调查研究,他发现部队纪律比较松懈,战斗准备不足,而且射击训练、战术训练特别差。所以,他在布置野营基地建设时,要求各分队特别注意野营的训练设备和器材的准备工作。

1924年7月,朱可夫被师长推荐到列宁格勒高等骑兵学校深造。朱可夫把全部精力都投入到军事科学的研究上。这一年系统而扎实的学习对他后来成为叱咤风云的元帅,具有十分重要的作用。

此后的几年里,朱可夫先后到莫斯科高干深造班学习,接着担任了骑兵第二旅旅长,不久又改任红军骑兵监察部助理。新的工作岗位使朱可夫学习到了更多的军事理论,于是他常常从更高的层次上去研究战役战术的问题。

1933年,朱可夫又一次被提升,担任了骑兵第四师师长,年仅37岁的他跨入了红军高级军官的行列。

骑兵第四师是一支有着光荣传统的部队,首任师长是人民委员伏罗希洛夫,第二任师长是骑兵监察部部长布琼尼。

朱可夫到任之后,一方面大力解决部队的营房设施建设问题;另一方面严肃军纪,重点抓了部队的训练工作。朱可夫铁腕式的管理风格也就是在这时形成的。

早在1929年,苏联革命军事委员会就已通过了一项决议,决定在两年之内组成常备试验的机械化部队,机械化军编制的出现,标志着军事理论上的一大突破,这意味着坦克将作为一支独立的打击力量出现在现代战场上。

朱可夫是机械化军队建设的最初参与者，1929年他担任团长的新编三十九团就是机械化团。他重视坦克部队的建设，并在以后的战役中取得了许多胜利。

朱可夫发挥自己的才能，很快使这个机械化团训练有素、作风优良，出现了勃勃生机，同时也为机械化部队的大规模建立做出了很好的榜样。

就在西班牙内战期间，苏联国内爆发了前所未有的"大清洗"。斯大林发动的"肃反"运动扩大化，最终伸进了军队内部，成千上万名官兵被指控为叛国和反党，因而遭到判刑和杀害，其中一大半高级军事指挥官遇难。

值得庆幸的是，朱可夫成为大清洗中的幸存者。一方面由于他的军事经验和工作能力突出，更重要的原因是得益于他的骑兵出身。斯大林对骑兵出身的领导人特别信任，因此大清洗中骑兵领导人很少受到株连。

朱可夫在大清洗中不仅没有被解职或遇害，反而得到了提升，担任了骑兵军长。

由于政治环境的变化，朱可夫逐渐保持沉默了，他不再大声疾呼有关机械化部队建设的建议和设想，只把这些建议和设想默默地记在本子上，但是，朱可夫关注坦克部队建设的思想丝毫没有改变。

1939年6月，日军突然侵犯苏联友邻蒙古的边界。根据1936年3月12日的苏蒙条约，苏联政府有责任保卫蒙古不受任何外敌侵犯。朱可夫被紧急召赴国防委员会。在那里，伏罗希洛夫给他介绍了当时的形势，并委派他带几个专业军官立即飞赴远东亲临督战。

当天下午，朱可夫和随行人员离开莫斯科，飞往远东。第二天早晨，他们就到达了前敌指挥所的五十七军司令部所在地。

来到司令部所在地，朱可夫对前敌指挥所设在距前线相当远的地方和糟糕的战备颇不满意，他要求军长费克连科和他一起立即到前线去，到那里仔细研究一下情况，但费克连科却借口莫斯科随时可能来电话找他，让政委陪朱可夫去。朱可夫实在看不起这样的军官，便由政委尼基谢夫陪同前往前线了。

尼基谢夫是个十分称职的政委，他对全军人员的情况很熟悉。朱可夫在他的陪同下，在前线地域进行了深入的了解。通过对发生冲突地域内的地形观察，加上与苏蒙部队指战员谈话，朱可夫对已发生的战事的性质和规模有了进一步的了解，对日军的作战能力心中也有了数。同时，他发现自己一方军队存在着对日军缺乏周密侦察的缺点。

通过对各种情况的分析，朱可夫敏锐地意识到，这不是一般的边境冲突，日本一直怀着侵略苏联远东地区和蒙古领土的野心。他预测，不久就会发生大规模的战役。

他给伏罗希洛夫写了份报告，详细汇报了冲突地区的情况及对敌我双方情况考察后的结论，并提出了苏蒙军队的行动计划：坚守哈勒欣河东岸阵地，同时准备从纵深方向进行反袭击，击溃来犯日军。

报告发出后的第一天，朱可夫就接到了莫斯科那边的回答，完全同意朱可夫对情况的判断和下一步的行动计划，并解除费克连科军长职务，任命朱可夫接任军长。

朱可夫的判断准确无误，仅仅十几天之后，日军就展开了大规模的进攻，他们乘着夜色偷渡了哈勒欣河,并以优势兵力占领了战略高地巴英查岗以及附近地区。这种情况对苏军十分不利,如果日军从这个地域展开进攻,可以毫不受阻地对苏军主力部队的侧翼和后方进行突击。

面对眼前的战态,朱可夫经过冷静地分析,决定立即组织一支机械化部队从3路进行反攻。他的分析是:虽然敌军在人数、火炮方面具有绝对优势,但是装甲坦克是苏军的"杀手锏",必须立即用这些坦克歼灭刚刚渡河的日军,不给日军留下构筑工事和组织对坦克防御的机会,因此对敌人的反击绝不能拖延。如果等敌人采取防御措施后再反击,坦克不但不能充分发挥作用,而且还会遭到敌空军的袭击,那么这时坦克将会完全暴露在连灌木丛都没有的开阔地上,后果将不堪设想。

兵贵神速,如同神兵天降的苏军坦克打得日军措手不及,日军抵抗了两天后,丝毫不见效果,只得仓皇向渡口撤退,企图渡过哈勒欣河,可是河这边的日军士兵由于害怕苏军坦克突破后继续长驱直入,于是把唯一的浮桥给炸掉了。日军只好跳入水中以求脱身,结果被淹死的不计其数,朱可夫指挥的坦克兵大获全胜。

这一仗是苏军积极防御的典范,体现了朱可夫的作战风格。日军不甘心失败,又新调重兵汇集于哈勒欣河沿岸,企图与苏联红军决一死战。为了加强突然性效果,苏军对下一次行动绝对保密,朱可夫精心拟定了一套迷惑敌人的计划。他命令部队的一切运动、集结、变换部署都只能在夜间进行。

苏军料到日军会进行无线侦察和电话窃听,他们便将计就计,制造假情报传给敌人。通话涉及建立防御和秋冬战役的防御准备,无线电通话主要使用易于被破译的密码,有意识让敌人获得"重大情况"。

更为绝妙的是,朱可夫还印制了几千张传单,内容是《苏联红军战士防御须知》,然后一一发给战士们,使敌人看到,一向重视思想教育的苏联红军,现在已经把防御作为思想教育的重点,进而对红军正在组织防御深信不疑。

为了掩护部队的行动,朱可夫又命令苏军使用了各种音响器材,逼真地模拟打桩、飞机起飞、坦克运行的声音,在突击集团开始调动前的12至15天,苏军就开始模拟这些声音,使敌人对此习以为常。起初日军把这些音响里发出的声音都当成了部队真正行动的声音,于是向发出声音的地方进行射击,可到后来,日军真的习以为常了,便对任何声音不再注意,而这一点对苏军真正变更部署和进行集中训练具有极为重要的意义。

一切准备就绪,苏军于1939年8月20日凌晨发动了进攻,比日军的计划进攻时间提前了4天。

这天恰逢星期日,天气暖和。日军指挥部深信苏蒙军队无意进攻,只想防御,加之日军自己还没有做好进攻的准备,因而准许其将官和校官星期日休假。对于苏联红军而言,这可是一个稍纵即逝的绝好机会!

凌晨5点45分,战役打响了。一时间万炮齐鸣,惊天动地,苏联红军猛烈的炮火对日军高炮及机枪阵地进行了轰击,同时部分火炮对苏空军将要轰炸的目标发射了雾幕弹。

在哈勒欣河地域上空,到处是苏空军飞机马达的轰鸣声。150架轰炸机和近100架歼灭机牢牢掌握着制空权,飞机的突击非常迅速而凶猛,战士和指挥员的情绪极为高涨。

8点45分,在空军震耳欲聋的轰炸声中,3颗红色信号弹升上天空,总攻开始了! 冲击部队以排山倒海之势,奋力向前涌去。

尽管日军进行了顽强的抵抗,宁愿战死也不投降,但强大的苏联红军仍然仅用了10天,就将侵入蒙古边界的日本第六集团军全部歼灭了。

哈勒欣河战役大大提高了朱可夫的声誉。苏联报刊评论认为:"朱可夫在他指挥的这次大战役中,表现出了他杰出的领导才能和组织才能。"

3.远见卓识

1940年,朱可夫被派到基辅,担任大军区司令员。朱可夫到任后仅仅几个月,由国防人民委员铁木辛哥和总参谋长梅列茨科夫组织策划了一次大型军事演习。

演习的总题目是:以苏联遭到法西斯德国突然袭击为背景,组织"红""蓝"两军的防御和进攻的战役战略总演习。苏联为"红军",德国为"蓝军"。西部特别军区司令巴甫洛夫上将指挥"红军",朱可夫大将指挥"蓝军"。双方各自准备,进行大规模的战役战略演习,设想在苏联遭到德国突然进攻时,西部边界可能发生变化的情况,为未来的战争积累一些经验和宝贵资料。斯大林十分重视这次演习,要求各军区和各集团军司令员等所有重要政治、军事官员自始至终参加这次演习。他还多次召见演习的总导演铁木辛哥,详细询问了演习的准备情况。

在这次演习中,朱可夫率领的"蓝军"获胜,根据斯大林的建议,总讲评在克里姆宫里进行,总参谋长梅列茨科夫报告了演习的经过,当他谈到双方力量对比的数字和"蓝"军在演习开始阶段的优势、特别是坦克和空军的优势时,斯大林不禁打断他的话说:"参谋长同志,不要忘记,决定战争胜负的因素除了数量上的优劣,还有指挥员和军队的作战艺术。"

演习讲评的第二天,斯大林召见了朱可夫。斯大林对朱可夫在这次演习的表现很满意,又加上他先前对朱可夫的印象良好,于是他以政治局的名义认命朱可夫接替梅列茨科夫,担任总参谋长的职务。

朱可夫上任后,形势已经岌岌可危,德国军队进攻苏联的战略意图已经被苏联识破了。但是斯大林错误地估计了形势。他认为:德军在对苏战争中首先是力图占领乌克兰和顿涅茨克河域,以夺取苏联最重要的经济地区,掠夺乌克兰的粮食、顿涅茨克的煤,以及高加索的石油,因为这些重要的战略物资是德军进行长期、大规模战争的基础。由于他错误地判断了德军的进攻方向,使苏联红军在战争初期遭受了惨重的损失。

斯大林忽略了德军赖以称霸欧洲的"闪电战",所以1941年6月,希特勒统帅部选定的主攻方向恰恰在西部方向,在白俄罗斯方向集中使用了最强大的陆军和空军集团,企图在最短的时间内攻破莫斯科。

朱可夫通过详细的侦察得知,德国法西斯军队已经在苏联西部边境集结了大量军队,形势十分危机,朱可夫决定调动部队,针锋相对。但是斯大林仍然犹豫不决,害怕因此触犯德国,影响两国关系,又怕给德国抓住把柄以发动战争,斯大林为了延缓战争发生、保持国内和平费尽了心思,但战争还是来了。

1941年6月20日深夜,基辅军区参谋长向朱可夫报告,从一个德军投诚司务长口中得知,德军已经进入出发阵地,禧军将在6月22日凌晨全面发动进攻。

6月22日凌晨3时零7分,黑海舰队司令奥克恰布里海军上将报告,有大量来历不明的飞机正向苏联海岸接近。3时30分,西部军区报告,德军空袭白俄罗斯的城市。3分钟后,基辅军区报告,乌克兰的城市遭到空袭。3点40分,波罗的海沿岸军区报告,敌机空袭考那斯和其他城市。

战争终于爆发了。德国政府已正式向苏联宣战。直到此时还犹豫不决的斯大林在朱可夫和铁木辛哥的力劝下,才勉强下了命令任命朱可夫担任西南方面军统帅部代表,立即动用各边境军区所有的兵力猛烈还击敌人的进攻,制止其继续前进。

朱可夫雷厉风行,在与斯大林谈话后40分钟就已经乘上飞机起飞了。他于22日黄昏时分,就赶到了位于基辅市中心的乌克兰共产党中央委员会大楼。赫鲁晓夫正在等他。两位老朋友此时相见,倍感亲切。赫鲁晓夫关切地说:"不要再往前飞了,否则有危险。德军飞机总是追逐我们的运输机,应当坐车去。"朱可夫听从了赫鲁晓夫的安排。

随后,朱可夫乘车到塔尔诺波尔去,那里是西南方面军司令员基尔波塔斯上将的指挥所。深夜时分,朱可夫赶到目的地。一下车,他顾不上和高级军官们寒暄,立刻要通了瓦杜丁的电话。

瓦杜丁报告说:"到6月22日此刻,尽管采取了有力措施,总参谋部仍无法从各方面军和空军司令部获得我军和敌人的准确情报。"

朱可夫亲自赶到担任主攻任务的机械化第八军(军长利亚贝舍夫)的指挥所。这位军长是朱可夫的老部下。利亚贝舍夫拿着地图向朱可夫报告了部署,安排干净利索,句句击中要害。

这时周围传来一阵飞机俯冲的尖叫声和炸弹的爆炸声。朱可夫看到利亚贝舍夫和在场的军官们都在有条不紊地工作,就像在野外演习时一样。朱可夫心中暖融融的,心想:真是好样的,到底还是老部队过硬,有了这些人,我们是不会打输的!

6月24日,按照统一部署,机械化第八军在别烈斯贴奇科方向转入进攻,机械化第十五军在腊迭霍夫以东进攻。这两个军的出色战斗,使德军第一装甲集团群的第四十八摩托化军陷入十分危急的境地。德军统帅部调动了全部空军到这一地域抗击苏军的反突击,才使第四十八摩托化军免遭全军覆没。

在朱可夫的指挥下,西南方面军胜利实施了最初的一次反突击。德国陆军总参谋长在这一天的日记里写道:"敌人不断地从纵深增调生力军来对付我们的坦克。不出所料,敌人以大量坦克兵力在第一坦克集群的侧翼转入进攻。"

对这次战斗,朱可夫并不甚满意,他认为,如果他手中有更多的航空兵用来与机械化军协同作战,可能会取得更好的效果。

朱可夫是杰出的总参谋长,他临危不惧,头脑清晰,思维敏捷,判断准确,又是出色的战略家,哪里有险情,斯大林就把他派到哪里,他曾几度临危受命,几度力挽狂澜,在人民心目中,他就是胜利的象征。

朱可夫分析:莫斯科方面的德军,由于损失太大,短期内不可能实施战略进攻;列宁格勒方面的德军,在得到兵源补充之前,也不可能夺取列宁格勒;乌克兰的德军正在与苏军对峙,朱可夫认为,苏联最薄弱的是中央方面军,德军很可能利用这个弱点向西南方向军的侧翼实施攻击。

当斯大林召见朱可夫时,朱可夫根据当前敌我形势的分析,建议首先加强中央方面军,至少还要增加3个集团军。西南方面军必须全部撤过第聂伯河,把兵力集中起来,避免被敌军包围。

放弃基辅,在西部方向马上组织兵力夺取叶利尼亚的突出部。

这对于当时的苏联人来说,基辅意味着生命,他们对这个地方倾注了太多的感情,自然朱可夫这个建议无异于在斯大林头上丢了个炸弹,不明形势所迫的斯大林生气地指责朱可夫完全在乱弹琴。实在无法再忍耐下去的朱可夫只好提出辞去其总参谋长的职务。

半小时后,斯大林板着脸宣布,解除朱可夫的总参谋长职务,任命他为预备队方面军司令。

以后的事实证明朱可夫是完全正确的。基辅会战历时一个半月,最后以苏军惨败告终,65万苏军官兵被俘,大量物资装备落入了敌人手中。

朱可夫的逆耳忠言换来了不公正的撤职,但他带着满腹委屈上阵后,立即全身心投入了工作。

8月中旬,朱可夫率部向叶利尼亚地区的德军发起进攻。战斗异常激烈,双方在所有地段同时展开激战,德军企图以密集的大炮和迫击炮火力阻止苏军进攻,朱可夫则成竹在胸,沉着应战,下令动用所有的飞机、坦克、大炮和新研制的"喀秋莎"火箭炮猛烈还击。

9月6日,苏军最终攻占了叶利尼亚,歼敌近5个师,共5万余人,这是苏德战争开始以来苏军取得的第一次重大的胜利,苏军的士气空前高涨,坚定了战胜德军的信心。

朱可夫又被斯大林召回莫斯科,即将派往形势危急的列宁格勒。

3.保卫列宁格勒

列宁格勒原叫彼得堡,是彼得大帝在1703年建立的"西方的窗户",此后一直作为俄罗斯帝国的首都。

正是在这里,俄国的共产党于1917年11月夺取了政权。列宁格勒是苏联第二大城市,有300多万居民,是苏联最重要的海港和重要的工业、文化中心。

列宁格勒的重大意义,苏德双方都十分清楚,1941年7月,希特勒就决定将列宁格勒和莫斯科夷为平地。8月底,西北方面的德军进逼列宁格勒。9月8日,德军完成了对列宁格勒的包围,并开始收紧夹攻的铁钳。

负责驻防此城的苏军统帅伏罗希洛夫彻底感到绝望,他甚至跑到火线上,希望被德国人打死,苏军士兵的士气也极为低落。斯大林不得不重新启用朱可夫,交给他死守住列宁格勒这一千斤重担。

朱可夫上任后立即着手整顿士气和纪律问题。他一到前线,就发现第八集团军纪律松懈,如同一盘散沙,有些师长没有接到命令就擅自退出战斗,不少战士一听到枪声就跑,朱可夫认为对于这些必须采取最严厉的措施。

于是他颁布命令,凡是失职者都要处决。为了使命令具有威力,他逮捕并处决了一批投敌叛国和擅离职守的军官和士兵,并将一些不良风气弥漫的连队解散,士兵重新分配。对军队机关中不负责任、形式主义严重的不良作风,朱可夫也大力整顿。

　　经过整顿,部队的战斗力大大提高了,朱可夫精心制定了一个加强城防的计划。苏军在最危险地段和战略要地集中了大量的高炮、舰船,并调集兵力建立了纵深梯次防御。

　　朱可夫和高级将领们面临着巨大的压力,在高度紧张的气氛中,朱可夫显得态度生硬、烦躁。但他对士兵们仍旧保持友好的态度,对于那些没有高度责任感的军官特别是中高级军官则大声训斥。

　　朱可夫的精心防御有效地阻止了法西斯德军的进攻步伐,这使希特勒大为恼怒,他下达命令猛攻列宁格勒,即使不能用武力取胜,也要用封锁的办法把城里的人饿死,然后将城市摧毁。

　　朱可夫面临的形势更加严峻了,他手下的军队不但要进行残酷的防御战斗,还要应付空袭、炮轰,而且还要应付更严重的饥饿。

　　为了加强防御,朱可夫把全城分为 6 个防御地段。每个地段都建立了以营防御区为基础的坚强阵地。此外,又组织了所有的妇女在全城修建路障,在城周围挖防坦克堑壕。

　　朱可夫在进行地面防空建设之后,还做了最坏的打算,就是德军突入列宁格勒后的应变措施。朱可夫命令在工厂、桥梁和公共设施内部安装了地雷,如果敌人进入了城市,就把这些建筑物连同敌人一同炸掉,朱可夫还给居民们发放了武器弹药,做了大量的组织发动工作,使列宁格勒变成了一座攻不破的堡垒。

　　由于固守列宁格勒的苏军做了充分的准备,所以尽管苏军在城市周围某些地段发起的反攻未获成功,但他们得以与进攻的德军对峙达 50 天之久,打破了德军从南北两个方向夹攻以夺取列宁格勒的计划。到 9 月底,列宁格勒几个方面的战线都处于稳定状态。

　　德军为了"彻底摧毁"列宁格勒,除了陆地上封锁外,还进行了系统的炮轰和飞机轰炸。

　　第一次轰炸是在 9 月 8 日,但规模最大的则是 9 月 21 日至 23 日的轰炸,约有400 架轰炸机参加了他们选定的主要轰炸目标,企图摧毁喀琅施塔得要塞和红旗波罗的海舰队。

　　据统计,9 月至 10 月,德军在空袭中进行了数次袭击。虽然,这些轰炸未达到目的,但毕竟给朱可夫及守军带来极其困难的局面。后勤供应基本中断,只剩下的唯一途径就是被称为"生命之路"的拉多加湖水道。通过这一水道运进的食品和弹药只能最低限度地满足官兵们的需要,特别是粮食的需求状况更加恶化。9 月至 10 月,居民的面包定量先后降了 5 次,10 月 20 日降到最低限量,即高温车间的工人每人 375 克,一般工人和技术人员 250 克,职员和儿童 125 克。可以想象,这么点粮食会出现什么情况呢? 不少妇女在挖工事时,饿得一头扎在地上再也起不来了;工人安装机器时,一下子倒在机器上再也唤不醒了。为了节省体力,对路旁的尸体,人们也懒得去进行安葬。

　　在这种困难的情况下,红军在朱可夫的指挥下仍然英勇作战,一次又一次把红了眼的德军打退到他们的进攻出发地。到 9 月底,敌人终于相信,列宁格勒的防御十分坚固,依靠现有兵力是无法摧毁它的。剩下的办法只有一个,那就是围困列宁格勒,企图使苏军丧失战斗力,不战而胜。

可德国的企图最终还是失败了。1943年3月初,苏军开始全线反攻,终于结束了长达1年多的列宁格勒保卫战。

列宁格勒保卫战的胜利,其意义是空前的,它不仅坚定了苏联人民必胜的信心,打击了德军的气焰,而且牵制了德军大量的兵力,对其他方面战场形势的转变起了重要作用。而朱可夫对于这个战役的胜利,做出了巨大的贡献,的确是功不可没。

5.莫斯科会战

1941年10月上旬,德军知道列宁格勒是攻不下的。于是,集中了100多万人、1700多辆坦克和1900门大炮,在空军掩护下,又对莫斯科发动了猛攻。

斯大林又一次将这场关系苏联生死存亡大战的指挥棒交给了朱可夫。

莫斯科是苏联的首都,是全国政治、经济、文化和军事中心。莫斯科的战略意义,苏德两军再清楚不过了。

1941年10月30日,德军发起了对莫斯科的总攻,企图通过占领苏联的心脏而使这个社会主义国家一举崩溃。

为加强对莫斯科的防御,朱

莫斯科会战

可夫被任命为预备队方面军的最高统帅代表。接受命令后,朱可夫马不停蹄地奔赴西方方面军司令部勘察情况,才知战争态势的进展比他想象的还要糟糕。

战争态势已经十分明显地显示,必须把西方方面军和预备队方面军合并起来,统一指挥。在西方方面军司令部里,莫洛托夫、伏罗希洛夫、华西列夫斯基、布尔加宁和科涅夫正在召开国防委员会讨论局势。大家对莫斯科附近出现的困难而危险的局势极为忧虑。会议认为这两支部队应立即重新改编为西方方面军,并建议斯大林任命朱可夫为司令员。

10月10日,斯大林给朱可夫打来电话,正式通知他,最高统帅部决定任命他为西方方面军司令员。最后,斯大林以命令的口吻在电话中大声说:"赶快把一切都抓紧干吧!"

很快,朱可夫就接到最高统帅部于1941年10月10日17时发布的命令:

1、西方方面军和预备队方面军合并为西方方面军。

2、任命朱可夫同志为西方方面军司令员。

3、任命科涅夫同志为西方方面军副司令员。

4、任命布尔加宁同志、霍赫洛夫同志和克鲁格洛夫同志为西方方面军军事委员会委员。

5、朱可夫同志于1941年10月11日18时开始指挥西方方面军。

6、撤销预备队方面军指挥机关，用以补充西方方面军和莫斯科战线的预备队。

接到命令后，朱可夫立即出发去西方方面军司令部。方面军司令部临时设在几个帐篷里，朱可夫走进帐篷后立即投入了战役的组织工作。

熟悉朱可夫的人都知道，他是一个意志坚强、处事果断、具有杰出才干和天赋的人，也是一个要求严格、持之以恒、目标明确的人，所有这些品质对于一个精明强干的军事首长来说，是必不可少的。

在莫斯科会战最激烈的日子里，朱可夫的严厉粗暴几乎达到了无法让人容忍的程度。可正是由于他的个性品质，他不去考虑迁就个人的感情因素，才使他在国家与民族的危难时刻，能够挑起挽救莫斯科和整个国家的千斤重担，能够组织保卫莫斯科的有效防御。

朱可夫以他特有的充沛精力和工作效率，开始实施这新的使命。他通过实地考察军情，制定了一系列战略方针：在莫斯科正西方面组织了一条牢固的防御带；加大纵深防御，建立第二梯队和方面军预备队，随时听候调动；组织有效的地面和空中侦察，以加强对方面军各部队的指挥；安排好军队的物资保障；增强战士们的必胜信心。

最让朱可夫头疼的问题是兵力不足，现在的部队根本无法有效地守住 136 公里长的防线。最高统帅部竭尽全力从其他地方调集了 14 个步兵师，16 个坦克旅，40 个炮兵团，以解燃眉之急。

与此同时，莫斯科几十万居民不分昼夜地构筑保卫首都的防御工事。他们修筑了 7.2 万米长的防坦克壕、近 8 万米长的峭壁和断崖，设置了 5 万多米长的障碍物地带，挖掘了近 13 万米的战壕和交通壕。这些用居民双手挖出的 300 万多立方米土壤，建立起一个颇为壮观的环形防御圈。

前线的苏军官兵知道，全国人民都在为保卫莫斯科做最大的支援，这种军民同仇敌忾的团结精神，是苏军取得莫斯科保卫战胜利的鼓舞力量和坚强支柱。

11 月上半月，苏德军队双方都做了新的调整和补充，莫斯科附近一场更大规模的生死决斗即将开始。

11 月 15 日清晨，德军从北面、南面、西面对莫斯科发起了猛攻。

德军的总的战役计划是：第九集团军牵制加里宁方面军并进攻克林，从北面包围莫斯科；第二集团军牵制西南方面军并占领图拉，从南面包围莫斯科；第四集团军在西面消灭莫斯科附近的苏军。然后从南、北包抄，在莫斯科以东会师并完成包围，最后几个集团军同时配合，正面进攻，一举占领莫斯科。

在 11 月 16 日以后的几天里，形势对苏军极其危险，德军不顾一切动用强大进攻力量，用坦克开路，对苏军实施沉重的打击，苏军的兵力显得非常薄弱。

虽然在前几天残酷的战斗中，苏军损失惨重，但他们却以顽强的防守阻止了德军向莫斯科的推进。在德军方面，虽然战线向前推进了，但是种种不祥之兆却弥漫在军队中。连续作战的疲惫和日渐寒冷的天气成为德军面临的两个大敌。最让德国士兵不安的是，由于战线过长，使得补给品奇缺，尤其是冬装非常缺少。在零下20 多度的冰天雪地里，德军士兵只穿单薄的军服，冻得瑟瑟发抖，怨声载道。

从 11 月中旬起，其他战区的苏军相继展开了一些反攻，牵制了德军的兵力，支援了莫斯科方面的防御战。

然而,虽然德军进攻受阻,但是对莫斯科的威胁仍未减轻。德军继续缓慢地向前推进,日益逼近莫斯科。

最高统帅部经过仔细的分析,通过了朱可夫的反攻计划。

在苏军大反攻前夕,苏德双方在莫斯附近的兵力情况表明并不利于苏军:苏军有110万人、7652门大炮、274辆坦克、1000架飞机;德军共有170万人、1.3万门大炮、1170辆坦克、615架飞机。

但朱可夫分析,德军人数虽多,可战线拉得过长(长达1000公里),两翼的突击部队相距200公里,兵力分散。而苏军则比较集中,可以集中局部地区的优势兵力打击敌人。

1941年12月6日早晨,朱可夫的西方方面军从莫斯科南、北两面开始了反攻,几乎在同一时期,友邻方面军积极配合,苏德双方展开了大规模的战斗。经过10天的激烈较量,使已经削弱和极度疲惫的德军遭受了重大损失,在苏军压力下节节后退。

希特勒得知德军撤退的消息后大发雷霆,歇斯底里地禁止前线部队继续后退,并答应补充部队。

然而在苏军英勇无畏的进攻下,到12月底,德军已经山穷水尽、走投无路了。

在莫斯科会战中,朱可夫指挥的西方方面军歼敌50余万人,击毁或俘获1100辆坦克、2500门大炮、1.5万多辆汽车和其他装备。德军被击退了150～300公里,红军解放了1.1万多个居民点,赢得了战役的全面胜利。

德军在莫斯科战役中的失败,是德国法西斯发动第二次世界大战以来所遭到的第一次大失败,它打破了希特勒"闪电战"不可战胜的神话,大大鼓舞了世界反法西斯主义的斗争。在此之后,德军的有生力量大大削弱,开始走下坡路了。而苏军却得以进一步发展壮大,士气高昂。

朱可夫作为拯救莫斯科的英雄,在这场举世闻名的战役中名声大振,被斯大林称为"胜利的象征"。

6.争夺斯大林格勒

"闪电战"美梦的破灭,使德军无力在苏德战场上发动全面进攻,希特勒被迫采取重点进攻的战略,他把眼光盯上了斯大林格勒。

希特勒的如意算盘是先夺取斯大林格勒,占据这个重要战略要地和战略物资基地,然后由此北进莫斯科,对莫斯科形成夹击之势。

德军在苏德战场的南部部署了150万以上的兵力,其中"南方"集团军群共97个师,90万人,又分为A、B两个集团军群,动用了1200辆坦克和强击火炮,1640架战斗机,于1942年6月28日发动了对斯大林格勒的总攻。

朱可夫再一次临危受命,被任命为最高副统帅,指挥会战。在朱可夫的指挥下,斯大林格勒军民团结奋战,经反复较量,终于阻止了德军的进攻。

为减轻斯大林格勒方面的压力,9月3日早晨,经过炮火准备,苏联第一集团军发起了反攻,但是只前进了几公里就受到德军的有力阻击而被迫停了下来。

9月5日拂晓以前,如同朱可夫所估计的那样,斯大林格勒附近并没有发生特殊事件。按照预先计划,9月5日早晨,苏军炮兵和航空兵开始火力准备,随之发起了攻击。但德军的阻击仍很顽强，经过 1 天的交战，苏军进展甚微。

由于苏军这次大规模的反击，迫使德军把大量坦克、炮兵和摩托化部队从斯大林格勒附近向北调动，从而延缓了攻击斯大林格勒的速度。

德军用在斯大林格勒方向的兵力有 50 多个师，其中用来直接攻市区的有 13 个师，共 17 万人。他们拥有 500 辆坦克、1700 门大炮和迫击炮。

苏军斯大林格勒方面军和东南方面军虽然合起来有 120 个师，但是人员编制严重缺额，许多师只有编制人数的 20% 到 25%，有的师仅有 800 人。实际上负责防守市区和西南一带的主力第六十二和六十四集团军总共只有 9 万人、1000 门大炮和迫击炮、120 辆坦克。在市区争夺战中，德军在兵力和武器上是占优势的。

争夺市区的激战达到白热化的程度，全市的街道和广场都变成了激烈的战场，有些重要据点被反复地争夺，第一火车站的争夺战持续了 1 周之久，曾 13 次易手。

德军不顾一切，一步步向市中心逼近。苏军似乎有些支持不住了，兵力每时每刻在减少。但是由于苏军在斯大林格勒人民群众的支援和配合下，战斗意志无比坚强，只要德军一向前推进，就要受到顽强的阻击并付出沉重的代价。

在这场殊死的战斗中，值得一提的是苏军战士为保卫祖国的每一寸土地，表现出视死如归、英勇顽强的英雄主义精神。苏军的顽强使得德军精疲力竭，一筹莫展。

战前，德军十分蔑视苏军在斯大林格勒的力量，但受到意想不到的痛击之后，他们就逐渐感到恐惧和悲观起来。

经过连续 13 天的战斗，德军在 9 月 25 日占领了市南和市中心的部分地区，并且前进到伏尔加河河南，几乎每一个渡口都被德军强大的火力控制着，斯大林格勒变成了一个大战场，历史上规模最大的巷战在这里展开了。

朱可夫命令红军战士在任何情况下都要坚守城市，每 1 幢房屋，只要有苏联军人，哪怕只剩下 1 个人，也要成为敌人攻不破的堡垒。

为了适应战争形势，朱可夫下令在部队中组织新的战斗单位——突击小组。

尽管炮火连天、弹片横飞，被炸毁的工厂却成了苏联人的抵抗中心。朱可夫在纷乱复杂的战争形势中，再次显示了他惊人的预见性。

他分析后认为：尽管敌人暂时处于进攻优势，但苏联红军的顽强防守使他们很难完成既定目标，而随着时间的拖延，敌人的补给将越来越困难，恶劣的天气也将给他们造成极大的困难。

德军攻打斯大林格勒市区的战斗从 9 月 13 日开始，到 11 月 18 日结束，历时两个月。

朱可夫制定了"天王星"反攻计划：苏军从斯大林格勒西北部和南部两线向中心反攻，合围在那里的德军第六集团军和第四集团军。为了迷惑敌人，朱可夫又实施了一系列漂亮的伪装措施。10 月中旬，当德军的进攻陷于停顿之时，斯大林格勒前线各方面军接到命令，停止一切具有攻势的作战行动，命令中详细地讲述了如何安排冬季的防御，如何构筑工事、如何在支撑点储备粮食、弹药等。与此同时，苏军正在秘密地把部队不断调往准备实施突击的方向。

德军情报机关上当了，坚信苏联军队不会发动反击。朱可夫以其高超的指挥艺术，为红军赢得了难得的战略主动。

1942年11月19日7时30分,隆隆的炮声宣告了西南方面军和顿河方面军开始进攻德军,从此揭开了苏军大反攻的序幕。

在斯大林格勒西北部,苏军西南方面军的3500门大炮直射德军阵地,然后以坦克和机械化部队为先导,突击德军的薄弱阵地。

面对苏军强大的攻击压力,德军陆军参谋长建议从斯大林格勒撤军,加强后方,巩固新前方,然后进攻发动突击的苏军。

但刚愎自用的希特勒听到撤军的建议暴跳如雷,驳回了德军陆军参谋长的建议。德国纳粹元首的顽固,给了朱可夫实施其战略计划的机会。

经过十余天的激战,到11月30日,苏军已完成了对德军共22个师33万人的合围,将其压缩在1500平方公里的范围内。

面对合围数量如此之大的德军,斯大林十分担心德军发起突围反攻,苏军会支持不住。

朱可夫再次分析了战争态势。他认为以德军目前现状,是不会轻易冒险突围的。但是如果有其他军团的辅助突击,情况就不好说了。当前最紧迫的是防止其他地域德军的支援,主要是防止德军顿河集团军前来解围。

就在苏军分析怎样消灭德军的同时,德军也在积极想办法解围。曼斯坦因元帅计划由德顿河集团军群的主要兵力发动进攻,支援第六集团军和第四集团军,另外,秘密派坦克师来支援。

曼斯坦因元帅得意地把这一作战计划命名为"冬季风暴",妄图以此摧毁苏军的包围。可惜他的计划与朱可夫的分析如出一辙,朱可夫已经对此做了精心的准备,设计了整套"包围打援"方案,不仅打退了前来支援的德军,还将包围的德军压缩在了更小的范围之内。

德第六集团军对于自己的处境非常清楚,一再请求希特勒准许他们突围。但不甘心失败的希特勒却要求他们继续死守,只要坚守到明年春天,德军就可以展开新的攻势。

希特勒的固执为朱可夫实现战役目的创造了条件,也正是希特勒的固执最后葬送了德国第六集团军。

苏军于1943年1月10日以5000门大炮轰击包围圈内的德军,随后坦克和步兵发起迅猛的冲锋。德军由退却变成了无命令的逃跑,沿途丢下成千上万的尸体被风雪和炮灰所掩埋。不到6天,德军的阵地又缩小了一半。1月24日,德军元帅保卢斯再次电请希特勒允许立即投降,但是他得到的答复仍然是"不许投降",要死守阵地,"直到最后一兵、一卒、一枪、一弹"。

到1月25日,德军被击毙、击伤和被俘者已超过了10万人。苏军又把包围圈缩小到南北长20公里、东西宽3.5公里的地段上。

2月2日,被围德军全部投降和被歼灭,历时200天的斯大林格勒大会战以苏联红军的英勇胜利而告终。斯大林格勒会战标志着苏德战争的转折,也标志着第二次世界大战的转折。从此,苏军开始进入战略反攻阶段,德军则逐步走向灭亡。

朱可夫因为立下了不朽功勋被授予苏沃洛夫一级勋章,勋章后面,标有"第一号"的字样。朱可夫这个伟大的胜利之神,扭转了苏德战争的局面。

斯大林格勒会战的胜利吹响了苏军战略进攻的号角。在1942年至1943年之交的冬季战役中,苏军共消灭了德军 100 多个师,迫使德军在整条战线上后退了 600 多公里。

7.全面胜利

苏联红军经过了 1943 年的反攻和 1944 年的总攻后,已经挺进到了希特勒的老巢柏林。

1945 年 4 月 5 日,朱可夫向所有的集团军司令等各级军队的指挥员宣布了斯大林的命令:从 1945 年 4 月 16 日凌晨发动总攻,包围法西斯德国的老巢——柏林,粉碎、消灭敌人的有生力量,在柏林上空升起胜利的旗帜。

当时在柏林地区,敌人还有 214 个师,其中有 34 个坦克师和 15 个摩托化师,共有 100 万以上的军队、1.04 万门大炮、1500 辆坦克、3300 架飞机,除此之外陆军总司令部预备队有 8 个师,柏林市民还组建了 200 多个人民冲锋队营,守备部队超过 20 万人。

苏联红军也调集了所有的有生力量,与德军相比,在兵力和装备上都占有优势。

1945 年 4 月 16 日凌晨 3 点时,苏军向柏林发起了总攻。

首先是炮兵开火,万炮齐鸣,第一白俄罗斯方面军在战役的第一天,就向敌人阵地发射了 80 多万发炮弹和迫击炮弹,其中 50 万发是在头 25 分钟发射的。朱可夫精心策划了这种前所未有的猛烈和短促的炮火准备,使敌人惊慌失措,德军为此遭受了极大的损失,调集到前沿阵地的德军处于毁灭性打击之下。

德军一发炮弹都没有打,只有几挺机枪响了一阵儿,朱可夫当机立断,命令地面部队进攻。

立刻,苏军几千枚五彩缤纷的信号弹升入天空,接着 140 部功率强大的探照灯一下子都打亮了。这又是朱可夫创造性的一个好主意,强烈的电光把德军阵地照得通明,德军士兵被突如其来的强烈光柱照得目眩眼花,心惊胆战,他们认为这又是苏军的什么新式武器,在探照灯的照耀下,原来掩藏在黑暗中的德军目标暴露无遗,苏军的炮兵趁势猛烈射击,步兵和坦克也协同一致地冲了出去。

苏军的攻势越来越猛,德军前沿部队完全被掩埋在一片炮火的海洋之中。在两军之间,掀起的烟尘就像一道厚厚的烟墙矗立在空中,有的地方连探照灯也照射不透。

在交战的第一昼夜,苏军出动轰炸机达 6550 架次以上,发射炮弹 123.6 万发,也就是说 2450 车皮的炮弹,近 98000 吨钢,都落到了德军的头上。纵深 8 公里范围内德军的防御基本被摧毁或受到强大压制。德军部队受到苏军如此凶猛的攻击后,被迫退到泽劳弗以东的高地。

泽劳弗高地处在苏军向柏林进攻的途中,高居四周地势之上,向东的坡面陡峭,它的后面是一片高原。

在战役发动之前,朱可夫和他的部属对泽劳弗高地一带地形的复杂性估计不足,他没有料到德军在高地的反面斜坡上隐蔽的兵力和武器很不容易被苏军的炮火所损伤,所以德军可以凭借这一地势组织起苏军难以克服的防御。

在泽劳弗高地前,苏军的坦克滚滚而来,前面的一批坦克燃烧起来,后面的仍在继续前进。苏军士兵从浓密的大火中大声喊叫着向高地上爬,前面的一群倒下,后面的继续喊叫着往上冲。在德军士兵看来,苏军士兵好像发了疯一样。

这种无畏的进攻气势,对德军来说无疑是一种最可怕的心理震慑。此时的德军已经经受不住朱可夫部队狂潮般的攻击,开始从泽劳弗高地向柏林退却。到4月18日早晨,这个被称为。"柏林之锁"的高地终于被朱可夫的部队打开了。

4月20日,在四面楚歌声中,希特勒迎来了自己56岁的生日。在这之前他的情人爱娃·勃劳恩,也从阿尔卑斯山的别墅里公开地来到了他的身旁。她是一位身材苗条、容貌秀丽的金发女人。平时她很少露面,由于她性情随和,寡言少语,更赢得希特勒的喜爱。此时,她已经下定决心要同希特勒死在一起。希特勒的生日纪念活动是在地下室里举行的。

希特勒原以为他可以留在柏林,以身坚守,鼓舞士气,以图东山再起,可是朱可夫部队的迅猛进攻彻底粉碎了他最后的美梦。

走投无路的希特勒呆在地下室里踱来踱去,手里摇晃着被手汗浸湿得快要破碎的地图,焦急地等待着援兵的消息。可怜的希特勒不但没有等到什么好消息,却收到了给他和所有在场的人致命打击的报告:第三帝国的第二号人物戈林和最"忠诚"的党卫队全国总队长希姆莱背叛了希特勒。

这个消息标志着第三帝国的末日真正来临了。此时,希特勒做出了他一生中最后的决定:他要在黎明时与他的情妇爱娃·勃劳恩结婚。

结婚仪式是在地下室的一间小会议室里举行的。

4月30日,希特勒的生命走到了尽头。

下午3点30分,戈培尔、鲍曼和其他几个人听到元首寝室一声枪响,他们等待第二声枪响,但是却没有声音。等了一会儿,他们轻轻地走进元首的房间,看到希特勒的尸体趴在沙发上,还在淌血,他是对着自己的嘴放的枪。爱娃躺在他的身旁,她是服毒自尽的。

希特勒自杀的当天清晨,朱可夫的大炮向德国国会大厦开了火。由库兹涅佐夫上将指挥的第三突击集团军攻占了大厦的主要部分。

为了争夺这座象征第三帝国政权的庞大建筑物,朱可夫的部队和装备精良的德国党卫军部队进行了一场近距离的血战。即使在苏军占领了大厦下面各层楼以后,在上面楼层守备的德军仍不肯投降。苏军只好一层楼又一层楼地与德军搏斗。直到夜间,苏军才终于在大厦的主楼圆顶上升起了苏联的旗帜。此时亲自指挥这一历史性战斗的库兹涅佐夫将军抑制不住自己激动的心情,朱可夫此时也是激动不已,因为他在4年的卫国战争中,一直盼望着这一历史性时刻的到来。

8.胜利的象征

攻克柏林后,斯大林即把朱可夫急召回莫斯科。斯大林很不满朱可夫和美国盟军统帅艾森豪威尔的亲密关系,并擅自做主与盟军搞易河北会师,把柏林最后划分东西两部分,等待朱可夫的将是命运无情的挑战。

朱可夫本人敢于坚持真理,性格豁达、坦诚,做事大胆果敢,再加上他富有创造性的独特工作方式,使他与斯大林本人惯有的武断专横、沉醉于个人崇拜的作风,难以相融,而且他在二战中有突出的功绩,难免会令斯大林动心中不快。

斯大林终于在 7 月份采取了行动,将朱可夫调到了偏远的敖德萨军区,担任了一个无关紧要的职务。朱可夫的突然被贬,究其原因有三:

一是以专横武断著称的斯大林,不能容忍他周围的人因名望太高而喧宾夺主。

二是朱可夫对于斯大林坚持把战争的胜利归功于他自己的天才,越来越轻蔑,以至到了十分反感的程度。在一些场合,他公开表示了这种不满情绪。秘密警察把朱可夫的言论报告了斯大林,斯大林好像看见曾经被他杀害的许多红军领袖们的幽灵都集合在朱可夫的身后。

三是朱可夫历来轻视党的政治工作在军队中的地位和作用。在战争时期,斯大林曾对坚持搞一长制的朱可夫做了让步,在军队中取消了政治委员。现在仗已经打完了,斯大林再也不能容忍朱可夫那种对党的工作人员的排斥态度。从更广泛的意义来看,或许斯大林还有一个用意,即撤去朱可夫的重要职务,可以起到“杀鸡儆猴”的作用,从而吓住那些大权在握、不听召唤的军队将领们,使他们始终与自己保持绝对一致。

事实证明,斯大林的这一手是成功的,在之后的多年中,苏联的高级将领始终是一种安分守己、无所作为的状态。

朱可夫万万没有想到,1946 年的失意还不是他走下坡路的终点,他在敖德萨住了两三年后,又被调到乌拉尔军区更为低下的工作岗位上,这无疑是雪上加霜。

朝鲜战争爆发后,朱可夫这才回到了莫斯科,他被通知出席最高苏维埃的一次会议,但这与其过去的显赫地位相比,变化仍是微不足道的。朱可夫仍然被斯大林严密地控制着,生怕他冲淡了斯大林的荣誉。

1953 年 3 月 5 日,斯大林突然病故,这也意味着斯大林专制时代的结束。就在莫斯科电台宣布斯大林逝世的同一天,朱可夫被任命为国防部副部长,同时负责苏联陆军部队。朱可夫的重新崛起与斯大林的猝死两件事发生在同一天绝非巧合,这是继任者赫鲁晓夫为拉拢军界泰斗为其所用而精心安排的。

朱可夫回到莫斯科,不仅使苏联军界获得了巨大力量,而且对当时稳定军心和民心也起了良好的作用。

朱可夫当然也要回报赫鲁晓夫的“知遇之恩”,他执行了赫鲁晓夫策划的逮捕内务部长、秘密警察头子贝利亚的任务。

贝利亚事件后,朱可夫被提升为党中央委员会的正式委员,在军队中的地位彻底恢复。1955 年 2 月,朱可夫又出任了国防部长。

朱可夫根据现代战争的发展趋势,决定加速发展远程航空兵,加强空军远程攻击力量和核武器力量。与此同时,他也强调大规模陆上作战的重要性。他说:“空军和核武器本身并不能决定武装冲突的成败。尽管原子弹和氢弹具有极大的破坏力,但在战役中不可避免地还要使用大量陆军部队和大量的常规武器与之相配合。”

1956 年,苏联历史又进入了一个值得关注的年代。这一年,赫鲁晓夫在苏联共产党第二十次代表大会上作了秘密报告,彻底揭露斯大林搞肃反扩大化造成的严重后果,攻击斯大林的个人崇拜与独裁专断,赫鲁晓夫不仅否认斯大林在军事上的天才神话,还把许多荣誉归还给了那些著名的军事将领,当然,赫鲁晓夫的这些做法更多的是为了他本人捞取政治资本。

赫鲁晓夫像一个实用主义的政客一样,别有用心地拉拢朱可夫。他拍着胸脯大呼:"我自始至终都在反对斯大林对朱可夫的谴责和迫害,我始终把朱可夫当作忠实的朋友。"

于是,朱可夫知恩图报,在好几次反对赫鲁晓夫的政治风浪中,他都站在赫鲁晓夫一边,粉碎了这些反对集团,巩固了赫鲁晓夫的权力。

然而,随着个人权力的巩固,赫鲁晓夫也对这位功高盖主的老元帅不放心了,特别是朱可夫不断地在报纸杂志上发表文章,表白他在卫国战争历次战役胜利中的重要作用,更引起了赫鲁晓夫的反感和猜忌。朱可夫想干什么?赫鲁晓夫的头脑中划了一个大大的问号。

1957年10月,朱可夫正在按计划在国外进行访问,赫鲁晓夫的秘书突然打电话说:"赫鲁晓夫同志要您直接飞回莫斯科,因为11月7日要举行庆祝十月革命40周年大型军事检阅,有许多事情等着您去处理。"

朱可夫哪里会想到这会是赫鲁晓夫挖掘的一个陷阱:赫鲁晓夫自认为没有足够的理由和实力把这位老元帅拉下马,便决定用明升暗降的策略,把朱可夫提升为部长会议副主席,从而夺取他的军权。

朱可夫在机场被直接接到主席团会议室。赫鲁晓夫宣告了这一任命,朱可夫一下子惊呆了,继而是愤怒,他没有料到赫鲁晓夫会来这一手。

赫鲁晓夫早有预谋,在朱可夫返回莫斯科6小时以后,就由塔斯社发表了一项会议公报,公报说:"苏联最高苏维埃主席团任命苏联元帅罗季翁·雅科夫列维奇·马林诺夫斯基为苏联国防部长。苏联最高苏维埃主席团免去苏联元帅格奥尔基·康斯坦丁诺维奇·朱可夫的苏联国防部长的职务。"不到1小时,莫斯科电台在晚间新闻节目中广播了这一消息。第二天,《真理报》在一个不显眼的角落里刊登了这则消息。很快,这一新闻传遍了世界各地。一切都按赫鲁晓夫他们的策划在进行。于是朱可夫又突然从社会和政治生活中消失了。

这种有组织、大范围的批判,对朱可夫元帅的自尊和心灵是一次十分深重的摧残。他已经彻底心灰意冷了。

在中央委员会全体会议上,他竟然自己投票赞成把自己从主席团中清除出去。大会投票表决的结果是一致同意取消他的主席团成员和中央委员的资格,国防部长的职务也被取消,只保留了他的党籍。

1964年,朱可夫68岁的时候,他与前妻离了婚,第二任妻子格林娜比他小25岁。他们是在一次外出途中偶然相识的,两人融洽。婚后不久,朱可夫又喜添千金玛莎,朱可夫那颗早已心灰意冷的心似乎又从幸福的小家庭中得到了新的温暖和慰藉。

但历史的乌云只能遮蔽一时的天空,不可能永远蒙蔽人民的双眼。

就在这一年,赫鲁晓夫下台,新上任的勃列日涅夫在克里姆林宫发表重要演说,当他提到战争中著名的指挥官时,首先提到了朱可夫的名字,听众席上立即爆发了长时间的雷鸣般的掌声。第二天,人们又在大规模的军事检阅中看到了他的身影。

德高望重的朱可夫重新回到了历史舞台。检阅那天,当他穿着元帅服走在街上时,许多行人都激动得流下了热泪。在晚间的招待会上,苏联军官争先恐后地与他握手致意。

不管朱可夫元帅在政界如何沉浮,人们都忘记不了他在战场上一次次力挽狂澜的风采。在人们心目中,他永远是"胜利的象征"。

要论苏军历史,甚至是世界军史,谁荣获勋章、奖章和光荣称号最多,那恐怕非朱可夫元帅莫属。

他胸前佩戴的一大片辉煌夺目的勋章和奖章,每个勋章上都记录着他的赫赫战功,这些勋章和奖章都体现了他的文韬武略和聪明才智,都代表了他对祖国、对苏联人民和全人类的杰出贡献,都表达了人民对他的尊敬和爱戴。

他的每一枚勋章都受之无愧。他在国内战争中,1922 年在肃清安东诺夫反革命匪军的战斗中,屡立奇功,荣获第一枚红旗勋章;1936 年,在西班牙前线出色地完成特殊使命,荣获第一枚列宁勋章;1939 年,在哈勒欣河战役中,大败日军关东军,荣获第一枚英雄勋章;1943 年,由于组织计划第三大战役和 10 次打击德军有特殊贡献,两次荣获苏沃洛夫一级勋章;1944 年 4 月,荣获"胜利"勋章;1944 年 8 月,荣获第二枚红旗勋章和第二枚英雄勋章;1945 年 3 月荣获第二枚列宁勋章;1945 年,攻克柏林,打败法西斯德国,荣获第三枚英雄勋章;1949 年 6 月,荣获第三枚红旗勋章;1956 年 12 月,由于支持赫鲁晓夫挫败马林科夫集团有功,在他 60 岁寿辰时,授予他第四枚英雄勋章;1966 年,在他 70 岁诞辰时,荣获第三枚列宁勋章;1968 年纪念苏联建军 50 周年时,授予他十月革命勋章;在他 75 岁诞辰时,又授予他第四枚列宁勋章;朱可夫一生中荣获 15 枚苏军最高级勋章,这是破纪录的。

苏军有史以来,除他以外任何人也没有能够获得如此多的殊荣。

除此之外,他还荣获了 11 枚奖章。

世界各国政府授予朱可夫元帅的勋章和奖章又有 15 枚。

在朱可夫元帅胸前佩戴的勋章和奖章多达 41 枚,枚枚都折射出了他一生的伟大与辉煌。

1974 年,朱可夫元帅在家中平静地闭上了双眼,告别了人世,一颗帅星陨落了,但是,朱可夫作为"胜利的象征",人们将永远铭记他的丰功伟绩。

朱可夫是一位天才的、伟大的军事统帅,他多次临危受命,挽救败局,谱写了军事史上的神话,他为苏联的卫国战争、反法西斯战争立下了赫赫战功。

他一生经历坎坷,三起三落。但是,他无论是处于巅峰,还是处于低谷,都表现出大将风度和统帅的胸怀。成功时不居功自傲,失败时也不气馁,他始终淡泊名利,严于律己,受到广大人民的深深爱戴和敬仰。

1995 年 5 月 9 日二战胜利 50 周年前夕,塑有朱可夫元帅的纪念碑在莫斯科市中心红场革命博物馆前落成。整个塑像由最负盛名的雕塑家精心设计,外加青铜铸就。世界人民纷纷来此瞻仰,以怀念名垂青史的朱可夫元帅。

(十三)麦克阿瑟

在二战中,获得过美国五星上将军衔的只有 3 个人:马歇尔、艾森豪威尔和麦克阿瑟。在他们之中,马歇尔没有实战指挥经历,艾森豪威尔直接指挥的战役也不太多,唯有麦克阿瑟可说是久经沙场。

麦克阿瑟出身将门，父亲老麦克阿瑟是1898年美西战争中的名将，曾任驻菲律宾军事总督。一战前后好几任美国陆军参谋长都是他的门生，这让小麦克阿瑟在仕途上得益不少。麦克阿瑟本人少年早慧，在西点军校的4年里有3年名列第一，毕业的时候还是学员队长。据说西点军校校史上毕业时既是第一名，又是学员队长的，只有3人而已，一个是麦克阿瑟，还有一位没有在军界闯出名堂，再一位就是南北战争时的南方军总司令罗伯特·李将军。李也是被美国人视为军事天才的人。大多数名将早年在军校的成绩都不怎么样，少年早慧的也不多，这也使麦克阿瑟成了一个异数。

军校毕业后，麦克阿瑟被派往菲律宾服役。但不久，便被调回华盛顿，先后在罗斯福手下和作战部任职。第一次世界大战期间，麦克阿瑟率"彩虹"师赴法参战，因作战勇敢、屡建战功而不断升迁，一战结束时他已是一名准将。战后麦克阿瑟回西点军校担任校长，成为西点有史以来最年轻的校长。1930~1935年，麦克阿瑟任美国陆军参谋长，届满后被派往菲律宾任陆军元帅。珍珠港事件爆发后，他率军与澳大利亚准备战略性反攻，担任太平洋西南地区总指挥。后来率军攻入日本，接受日本投降，被任命为盟国最高统帅，全权统辖和改造日本。1950年6月朝鲜战争爆发，麦克阿瑟又被任命为"联合国军"总司令，组织了大胆的仁川登陆计划。后因与杜鲁门总统在侵朝战争问题上意见分歧，于1951年被解职，后来他任过兰德公司的董事长，1964年病逝。

第二次世界大战中，麦克阿瑟担任太平洋西南地区总司令。他对太平洋地区的战略概念是，应该使用由舰队支援的空、地打击力量出其不意地对几个主要目标实施大规模攻击。麦克阿瑟的战略是，应该把灵活与节约兵力结合起来，在他的部队不脱离己方的空中掩护之下，沿着前进的轴心线，向几个重要目标外围做跳跃进攻。从广义上讲，他谋求用突破敌人内部防线的方法来割裂并摧毁所谓的"大东亚——南海日本帝国"。正是由于缺乏同日本正面作战的设施，他建议对日本的坚强据点不做正面攻击。对每一次战斗，他所谋求的是获得时机迂回到敌人后方，打击其侧翼，切断敌人的补给线。麦克阿瑟的整个作战理论是抛弃第一次世界大战的那种消耗人力的正面攻击，回到拿破仑时代的机动作战。麦克阿瑟采用这一战略，借助海空军力量，运载陆军和海军陆战队，越过不重要的岛屿，向深远纵深的主要目标实施"蛙跳"攻击，从澳大利亚经菲律宾一直打到日本国土，创造了无数个大步跨越岛屿的胜利战例。麦克阿瑟的这一战略是美军在太平洋地区取得胜利的关键原因之一，避强击弱的规避战术使美军重创日军，而自己的损失却不大。

朝鲜战争爆发后，麦克阿瑟被任命为联合国侵朝军总司令，负责援救朝鲜李承晚政权事宜。南朝鲜的美韩残军希望迅速得到麦克阿瑟的增援，麦克阿瑟则考虑得更远，他计划率领军队在汉城附近的港口城市仁川登陆，以拦腰切断北朝鲜军队的供给线，给北朝鲜军队以致命打击。美军中陆军和海军的作战军官及参谋人员都反对这一计划，当地的驻军司令也表示反对。但是麦克阿瑟凭借其超常思维拒绝了将领们的反对意见，并且将进攻日选择在英法七年战争时期魁北克战役191周年纪念日，即1950年9月13日这一天。他声称，当年英军将领沃尔夫认为，既然陆、海将军们都认定他的计划不可行，那么蒙卡姆（法军将领）也一定认为他不会那么干。现在，既然美军军官都认为仁川登陆不可行，毫无疑问，北朝鲜人也一定会那么想。为了达成登陆的突然性,麦克阿瑟指挥航母分别对南朝鲜东海岸的三陟和平壤外港镇南浦及清川江口的达阳岛进行佯攻,在群山方向实施佯动登陆,同时利用报刊、广播散布假情报,造成在东海岸登陆的假象。他自己则率 10 艘军舰驶进仁川港,稍费力气便登了陆,然后长驱直入,扑向汉城,粉碎了北朝鲜军队对釜山的包围,迫使其重兵撤回三八线以北。麦克阿瑟又赢得了美军史上一次罕见的胜利。

麦克阿瑟的军事才华集中体现在一个"奇"字,出奇制胜是他成功战例的特点。太平洋战争中,"跳岛作战"是他的拿手好戏,这反映了他在战略概念上的冒险和创新。"跳岛作战"能充分发挥己方的海空机动优势,既减少伤亡,又让大批日军无用武之地,加速战争胜利的进程,可以说是不战而屈人之兵。而朝鲜战争中的仁川登陆,则是麦克阿瑟在战役层次上指挥艺术的巅峰之作。

除了军事指挥艺术,麦克阿瑟还是出色的教育家和军人政治家。他在 20 年代是西点军校历史上最年轻的校长。他担任校长时正是西点军校经历大变革的时代,他给军校带来的活力和进行的教育改革到现在还有深远影响。日本投降以后,麦克阿瑟作为盟国占领军最高司令,实际是日本的太上皇。他对日本进行彻底的现代化改造,从政治制度到经济制度,从选举权到新宪法。虽然此人反共而且改造的是中国的世仇日本,单就他的工作而言,必须承认他是个出色的政治家。

麦克阿瑟的弱点也和他的天才一样明显。他打过不少本可以避免的败仗,像太平洋战争爆发时他的空军被日军奇袭毁在地面上,像朝鲜战争第一和第二次战役。麦克阿瑟过于自信,自信到狂妄的地步。所以往往轻视对手,所有这些败战只有一个原因,那就是轻敌。反过来,他开始重视对手时,往往又有天外飞仙似的妙手出现。他的出身、教育、经历决定了他的优越感和自信,他对荣誉有中世纪骑士式的渴望。麦克阿瑟是美军将领中获得勋章最多的一人,也不吝惜给手下的人以荣誉。在他的回忆录中每次作战之后都有长长的注解"我按以下的顺序嘉奖我的部下",这在所有将领的回忆录中绝无仅有。以上这些都造成了他的个性弱点,进而影响他的判断力。

(十四)阿特拉希

1.傀儡王国君主

阿特拉希,1886 年出生于叙利亚德鲁兹山区的卡里亚村,小时进私塾念书。善于骑术,自幼受到本族尚武精神的熏陶。

19 世纪末 20 世纪初,奥斯曼帝国逐渐走向衰落,阿卜杜·米德苏丹的统治更加暴虐。为了摆脱奥斯曼统治,叙利亚人民爆发了多次武装起义。

1904 年,18 岁的阿特拉希就跟随父亲加入了起义队伍,并坚持了多年斗争。由于当时奥曼帝国还具备一定的军事力量,而且敌我力量悬殊,起义军终被包围德鲁兹山的土耳其军队打败。1910 年阿特拉希的父亲和其他参加起义的部族领袖,被土耳其人捕获,并被押解到大马士革,处以绞刑。而阿特拉希本人则被编入土耳其军队,遣往罗马尼亚前线服役。

1914 年,第一次世界大战爆发。统治叙利亚的土耳其将领企图遏制阿拉伯民族运动的发展,采取了恐怖手段。1916 年 6 月 16 日,汉志的谢里夫侯赛因在麦加发动了阿拉伯民族革命,呼吁叙利亚和其他阿拉伯地区人民起来为争取独立而斗争。此时的阿特拉希也脱离土耳其部队返回家乡,于是他迅速组建了一支队伍响应革命。

德鲁兹山区是汉志和大马士革之间的军事要冲,阿特拉希率部先切断这条重要的交通线。然后,他随费萨尔部队北上追击土耳其占领军,直把他们逐出国境,从而奥斯曼在叙利亚的暴虐统治宣告结束。从这以后,阿特拉希成了德鲁兹族公认的领袖。

一战后,法国根据 1916 年英法两国为瓜分阿拉伯世界而缔结的萨克斯皮何协定,取得了对叙利亚和黎巴嫩的委任统治权。法国采取分而治之的殖民政策,把叙利亚分割成几个部分,组成联邦,德鲁兹山区则被划为联邦中的独立部分,即杰贝尔·德鲁兹王国。由阿特拉希任王国的君主,法国派官员直接参政。

2.为民族独立而战

在法国殖民者的控制下,阿特拉希名义上是德鲁兹王国的社主,但实际上却成了法国殖民者的傀儡。1922 年,法国殖民者趁阿特拉希外出的时候,竟然不顾叙利亚的习俗闯进国王住地,并逮捕了阿特拉希的朋友——另一位德鲁兹族领袖——阿丹·汗佳。法国当局指控他以图谋危害法军司令的莫须有的罪名判处他死刑并立即执行。阿特拉希闻讯后提出严正抗议,然而法国殖民者却无动于衷。这就是叙利亚历史上有名的"阿丹·汗佳事件"。

也就是这一事件激怒了阿特拉希,他于 1922 年 7 月领导德鲁兹山区人民举起义旗,以反抗法国统治。虽然这次起义很快就被法军镇压下去,但法国殖民者慑于阿特拉希在德鲁兹族中的威望,不敢随意杀害他。只是从此以后对他的防范监视更加严密了。

1924 年初,叙利亚成立了民族主义政党人民党。这个党组织是支持德鲁兹教派的,同时该党还与阿特拉希达成协议,共同起来斗争以争取叙利亚的独立。

1925 年 6 月,阿特拉希以叙利亚全国起义部队总司令的身份率部打回德鲁兹山,准备收复家园。同年 7 月,起义军占领了德鲁兹首府苏韦达。此时,法国当局派出 4000 名讨伐军镇压起义。然而,起义军还是于 8 月 2 日大败敌军,取得胜利。

1925 年 8 月,起义军乘胜向大马士革挺进,准备与该市民族主义政党里应外合攻下这座中心城市时,由于未能很好配合,斗争没能取得胜利。

1925 年 9 月末至 10 月初,法军对德鲁兹山区进行两次进攻。都以失败而告终。就在此时,大马士革市内又爆发了反对法国统治的总罢工。1925 年 10 月 18 日,阿特拉希乘胜第 2 次率军攻打人马上革。起义军在市内群众全力配合下,很快就控制了大马士革市的绝大部分地区,阿特拉希在自己实际管辖地内,建立了民族自治机构,行使地方政权的职权。各地区也建立了隶属于临时的革命政府的民族自治机构。

3.两度流亡国外

叙利亚人民起义军所取得的胜利,迫使法国政府不得不撤换驻叙殖民军政头目,改变统治手法,甚至企图通过谈判手段来收买阿特拉希等起义领导人,扑灭起义烈火。当这一策略遭到失败后,法国当局便想方设法阻止英国出售武器给起义队伍,同时从摩洛哥调来重兵镇压起义。增援部队到达后,法国殖民军兵分3路向起义军反扑。其中一路在1926年4月攻打德鲁兹山区,占领了苏韦达城。另一路于同年5月5日与阿特拉在大马士革近郊展开激战,并且争得了对大马士革市的控制权。起义军只得撤回到德鲁兹山根据地。第三路殖民军在同年8月向沙漠地带绿洲的游击队阵地进军。阿特拉希派兵驰援,但由于敌人火力强大,遭到严重损失,只得撤出绿洲,退向德鲁兹山。直到1927年初,由于处境日益恶化,临时革命政府不得不停止活动。阿特拉希和一部分游击队员及其家属离开祖国撤到约旦东部。但在那里,他们遭到英国殖民当局的刁难和迫害,无法立足,只得又辗转到沙特阿拉伯境内锡尔汉谷地盐村定居,从而开始了10多年的流亡生活。

虽然阿特拉希身在异国,但他时刻关注着叙利亚局势的变化。在起义的影响下,法国虽然改变了某些统治形式,做了一些表面上的让步,但总的说来,仍然在继续推行分而治之的政策,他们把德鲁兹山区划为特区,由法国顾问掌握实权进行统治。

根据这一新形势,阿特拉希于1930年和流亡在国外的民族主义领袖举行了会议,揭露法国殖民当局的新阴谋,呼吁人民坚持斗争直到取得最后胜利。第二次世界大战爆发后,法国维希政府投靠纳粹德国,自由法国派卡特鲁将军前往叙利亚。卡特鲁为了争取叙利亚站到自由法国方面,1941年9月27日他正式宣布叙利亚获得独立。同时卡特鲁特意约见阿特拉希,向他承诺,法国当局已决定恢复他的自由,并给予他1000里拉的金币以弥补他所受的损失。被阿特拉希拒绝了。

二战结束后,法国不承认自己曾经宣布叙利亚独立这一事实,不仅拒不撤军,反而还增派大军入侵叙利亚,法国的这一举措激起了叙利亚人民的愤慨,全国各地纷纷组织游击队准备抗敌。阿特拉希在德鲁兹山区带领当时的军政人员举兵起义,一举铲除了法国在德鲁兹山区的统治。

而此时英国以"维护秩序"为名,派兵进入叙利亚,企图取法国而代之,并与叙利亚人民发生冲突。由于叙利亚人民的起义斗争方兴未艾,示威罢工日趋扩大,加上国际舆论都是谴责英法的侵略行径,英法军队迫于国际舆论压力,不得不于1946年4月17日从叙利亚撤军。但是,帝国主义势力仍在不断采取各种手段,干涉叙利亚内政。

1949年3月到1951年11月两年多时间里,叙利亚的军政头领在英美的操纵下先后发动四次政变。最后,总参谋长施舍克里在美国支持下攫取了军政大权,实行独裁统治,残酷镇压爱国志士。阿特拉希毅然宣布反对施舍克里的反动统治,并于1954年1月在德鲁兹山区举行起义。施舍克里在采取安抚手段未能奏效后,便派出"讨伐军"进攻德鲁兹山区。阿特拉希被迫再度流亡国外。

虽然暂时遭到挫折,但阿特拉希发起的反对施舍克里的正义斗争却得到广泛的响应,甚至连"讨伐军"中的一些队伍也开始转到起义者方面。

1954年2月,叙利亚北部的正规部队举行大规模起义,并占领了阿勒颇的政府机关和广播电台,这给了施舍克里沉重的打击。随后,起义烽火迅速扩展到拉塔基亚、霍姆斯和哈马。形势急剧转变,施舍克里独裁统治在群众运动和起义斗争的强大压力下垮台了。

1954 年 2 月下旬，起义军官和政治活动家在霍姆斯举行著名的代表大会，选举新的总统，成立新政府，废除施舍克里颁布的各种命令和决议。霍姆斯代表大会后，阿特拉希返回祖国，回到德鲁兹山区。叙利亚各地群众为他举行了盛况空前的欢迎仪式。

阿特拉希结束第 2 次流亡生活回到祖国后，便辞去公职定居在德鲁山区的苏韦达城。1982 年 3 月 26 日，阿特拉希因长期患病医治无效与世长辞，终年 96 岁。

（十五）艾森豪威尔

1.投身军校

德怀特·戴维·艾森豪威尔，1890 年 10 月 14 日出生于美国得克萨斯州的丹尼森，1892 年随全家迁往堪萨斯州的阿比林。

1911 年，艾森豪威尔考取美国海军学院，却因超龄而未被录取；后经该州参议员推荐，考入美国军事学院，即西点军校。艾森豪威尔在校期间并非模范学员，学习成绩中等，但他注重交际，热衷于橄榄球运动。可以说，正是军校运动培养和发挥了他的组织领导才能。因西点军校 1915 届毕业班在第二次世界大战中有 58 人晋升为将军，故人们称之为"将星云集之班"。

1915 年，艾森豪威尔从西点学校毕业并获得少尉军衔，旋即赴得克萨斯州圣安东尼奥任职。1916 年 7 月 1 日，艾森豪威尔与玛米·杜德结婚，同年晋升为中尉。1917 年 4 月，美国对德国宣战之时，又晋升为上尉。战争时期留在国内任训练教官。1918 年 6 月，艾森豪威尔晋升为少校临时军衔。

1921 年艾森豪威尔从陆军坦克学校毕业，1922 年调往驻巴拿马的第 20 步兵旅任参谋。旅长福克斯·康纳将军认为他很有发展前途，遂不惜时间和精力加以培养：讲授军事理论和军事历史，指导战术制定。

1923 年，经康纳帮助而进入陆军指挥与参谋学校学习。1926 年，以第 1 名的成绩毕业后又经康纳介绍赴法国进行战场考察。1927～1928 年，艾森豪威尔在陆军军事学院深造。1929 年，赴陆军部助理部长办公室任职。1933 年，改任陆军参谋长麦克阿瑟的助理。1935～1940 年，担任菲律宾军事顾问麦克阿瑟的高级助理。1936 年，晋升为中校。

1940 年 2 月艾森豪威尔调到驻加利尼亚的第 15 步兵团任职，11 月升任第 3 师参谋长。1941 年 3 月，升为第 9 军参谋长。1941 年 6 月出任第 3 集团军参谋长，晋升为准将。在任职集团军参谋长期间，因成功组织实施了大规模军事学习，而受到陆军参谋长马歇尔的重视。

1941 年 12 月，珍珠港事件发生之后，艾森豪威尔调任陆军参谋部任陆军参谋部作战计划部副部长，1942 年 2 月，升任作战计划部部长。就在此月，马歇尔将作战计划部改组为美国陆军最高指挥机构作战部，并于 3 月任命艾森豪威尔为作战部部长。

此后不久，艾森豪威尔奉马歇尔之命拟制欧洲盟军联合作战计划。艾森豪威尔认为,美军应以欧洲与大西洋战场为主要战略方向,先将美军的主要兵力兵器向英国集中,再横渡海峡突向欧陆。

1942年5月,艾森豪威尔奉命赴伦敦考察军事形势和未来驻欧美军的编制问题。6月,在呈交考察报告《给欧洲战区司令的指令》后被任命为欧洲战场美军司令,重返伦敦。7月,晋升为中将。

2.挺进北非战场

1942年7月,鉴于北美英军及远东美军接连受挫和丘吉尔的极力支持英美发动北非战争,8月,艾森豪威尔被任命为实施北非登陆的盟军最高司令。盟军司令部设在伦敦,根据美英联合参谋长会议的指示指定作战计划。

作战计划要点是:盟军特遣部队在法属北非的阿尔及尔、奥兰和萨布兰卡实施登陆,占领沿海主要港口,然后由阿尔极登陆部队向东抢占突尼斯,再待机与北非英军协同作战,消灭北非的德意军队。攻击发起日定为11月8日。艾森豪威尔任命克拉克为副司令,史密斯为参谋长,坎宁安为海军司令。11月4日,盟军在巴顿、弗雷登道格尔和安德森的指挥下,在卡萨布兰卡、奥兰和阿尔及尔登陆,与此同时,无线电台向北非广播罗斯福总统的友好声明。

从10月起,美军副司令克拉克和墨菲开始与法军将官接触,要求合作,但盟军仍遭到法军不同程度的抵抗。艾森豪威尔设法与因故滞留北非的维希法国武装部队总司令达尔郎达成合作协议。盟军在北非登陆成功,艾森豪威尔则被舆论攻击为与维希干将勾结而险些被迫辞职。北非登陆使法属北非及其军队归属盟国。

盟军登陆前后,蒙哥马利的英国第8集团军与隆美尔的德国"非洲军"正在埃及的阿拉曼激战。11月,隆美尔部退抵突尼斯。艾森豪威尔命令安德森部抢占突尼斯,但抢占行为因指挥系统混乱、蒙哥马利行动迟缓和气候恶劣而告失败,盟军只得就地转入防御。艾森豪威尔因此陷入极度苦恼之中。大批德意志援军趁机开进北非。

1943年1月,卡萨布兰会议决定,盟军将在北非战役之后实施西西里战役,以改善盟军的军事失势;任命艾森豪威尔为北非战区盟军最高司令,亚历山大为副司令兼地面部队司令,特德为空军司令。与此同时,艾森豪威尔晋升为上将。会后,北非盟军整编为第18团军群,由亚历山大任集团军群司令,在艾森豪威尔之下负责直接指挥。

1943年1月底至2月,隆美尔部经费德、加夫萨向卡塞林发动钳式攻势,费雷登道尔的美国第2军在塞林蒙受重大损失。艾森豪威尔急调巴顿任第2军军长。在盟军的强烈攻势下,钳形攻势结束。隆美尔部向梅德宁进攻失败之后,隆美尔认为再战无益,于3月9日抱病回国,由阿尼姆代替指挥。

根据艾森豪威尔批准的突尼斯作战计划,英国第1集团军从北部和中部进入突尼斯前沿阵地;美国第2军则沿山地向东实施有限佯攻,把敌军从第8集团军的前线吸引过来威胁敌军的右翼。3月17日,美国第8集团军对马雷特防线的正面突击失败。北非战役破坏了纳粹德国的威信,为开辟欧洲第2战场创造了前提条件,北非战役对艾森豪威尔的指挥能力和领导地位都是严峻的考验。

3.扫荡地中海

北非战役之后,北非战区盟军司令部即改组为地中海战区盟军司令部。1943年6月,艾森豪威尔亲自指挥盟军攻占潘特莱里亚岛作为空军基地。

因为根据美英联合参谋会议,攻克西西里战役是以空战为先导的。6月12日,艾森豪威尔在记者招待会上透露大致的作战计划,以此防止新闻记者通过推测性报道泄露作战机密,结果获得成功。6月下旬,特德指挥空军对战区内的德意志空军基地及其他军事目标实施战略突击,并于7月获得控空权。

根据作战计划,两栖登陆作战部队为第15集团军群,担任主攻的蒙哥马利部将在诺托登陆,沿东部海岸向默西拿突击;担任助攻的巴顿部队将在杰拉湾登陆,先向北面和西北挺进并攻占巴勒莫,再沿北部海岸向墨西拿突击,与英军会师墨西拿,围歼西西里守敌。9月9日晚盟国空降部队实施空降,地面部队则于10日凌晨在恶劣的气候条件下实施登陆,随后得到空军和海军的火力掩护。

面对铺天盖地的盟军部队,意军毫无斗志。英军登陆之后,先后攻占杰拉、利卡塔、安佩多克列港、卡尔塔尼塞塔、马顿莫和马尔萨拉,但后来受到德国4个师的顽强抵抗。英军的攻势受阻之后,美军成为突向墨西哥主攻部队。得到增援的德意军开始通过墨西拿向意大利本土撤退。8月17日,盟军进占墨西拿。

西西里战役为盟军的两栖登陆作战提供了有益的经验,最终导致墨索里尼政府的垮台和法西斯意大利的无条件投降。

9月8日,艾森豪威尔进军意大利本土,经过一场激烈的战斗,最终于10月1日进占那不勒斯。此后,盟军与德军处于僵持状态。

1943年11月,在德黑兰举行了由罗斯福、丘吉尔和斯大林参加的"三巨头"会议。会议广泛讨论了国际局势,美国和英国明确表明了1944年开辟欧洲第2战场的决心,苏联则希望尽快决定此次作战的盟军最高司令人选。艾森豪威尔在会后被任命为指挥"霸王"行动的盟军最高司令。

1944年1月中旬,艾森豪威尔抵达伦敦组建盟国远征军,自为副司令,史密斯为参谋长,布莱轩为美国地面部队司令,蒙哥马利为在国地面部队司令,拉姆齐为海军司令,利马洛里为空军司令。

按照艾森豪威尔设计的体制,上述军种司令担负着双重角色:一方面,军种司令是最高司令部成员,参与最高司令部制订计划的工作;另一方面,这种司令是整个军事行动中指挥具体作战的司令,拥有各自的司令部。为了获得诺曼底地区的制空权,艾森豪威尔将朝鲜在英国的战术与战略完全置于其控制之下。

早在1943年3月,盟军就在伦敦成立联合参谋机构,研究和拟制欧陆作战计划。艾森豪威尔在计划的基础上主持制订的"霸王"作战纲要包括:在诺曼底海岸登陆并破敌军的防御阵地;用两个集团军群实施正面追击,重点是在左翼取得必需的港口,进逼德国边境并威胁鲁尔,右民办要同从南面进攻法国的兵力相连接;取得比利时、布列塔尼以及地中海的港口,以便沿着德国占领区的西界建立新的基地;按照两民办包围鲁尔的方式发动最后的进攻,重点再次放在左翼,随后朝着当时决定的特定方向直接突入德国;攻击发起日定为1944年6月5日。

与此同时,集中于英国的盟军加紧进行以两栖登陆作战为重点的协同作战演练,相当数量的登陆艇、特种坦克等逐步装备部队;空军频繁出动,以重创德国空军,掌握制空权,孤立突击地带;情报部门通过"超级"和"魔术"破译机构获取德军情报,气象部门则密切注视气候变化;开始制造人工港和防波堤,敷设通过海峡的输油管道;采取军事欺骗措施,使德国最高统帅都判断失误。"霸王"行动实施前夕,盟国在英国共集兵力38个师——计287万人,坦克5000余辆,舰艇9000余艘,飞机1.3万余架。

处于防御地位的伦德施泰特的德军西线部队共59个师;施佩勒的空军第3航空队和克兰克指挥的西线海军集群,力量明显薄弱。令人费解的是,伦德施泰特和隆美尔颇受限制;无权向施佩勒或克兰克下达命令;未经最高统帅部批准,无权调动任何装甲师;战斗行动地域及防守沿海地区的所有陆军部队管辖的范围,纵深不得超过20英里。

此外,伦德施泰特、隆美尔和最高统帅部之间在防御计方面亦有较大分歧。

6月4日,在盟军作战会议上,艾森豪威尔根据气候形势的变化,果断决定将攻击发起日改为6月6日。

1944年6月6日凌晨,"霸王"作战计划开始实施。空降部队在诺曼底地区的要害地域降落。空军和海军对沿海目标实施火力突击和扫雷。盟军5个师在海空的火力掩护和特种坦克的引导下向诺曼底海滩发起冲击,登陆成功。

滩头争夺战时期,盟军主要通过激战来巩固和扩大登陆场。7月,盟军在攻占瑟堡和冈城之后,登陆场扩大为正面宽100公里、纵深50公里的地带。7月25日至30日,美军的"眼镜蛇"战役实现了对德军防线的突破。8月1日,布莱德雷指挥的第12集团军群组成。

随后,美军横扫布列塔尼。盟军挫败莫尔坦反攻后,发现可在法莱斯形成对德军的包围圈。艾森豪威尔命令实施围歼德军的作战计划。自8月8日起,盟军通过机动兵力从北、西、南对法莱斯形成包围态势。直至20日,德国被俘5万,死亡1万。诺曼底战役至此结束,德军损失约40万人,盟军损失约21万人。

8月25日,盟军解放巴黎。8月,盟军"铁砧—龙骑兵"作战开始。9月,实施"霸王"和"铁砧—龙兵"作战的盟军胜利会师。德弗斯的第6集团军群开始归属艾森豪威尔。

9月1日,艾森豪威尔将司令部移驻法国并从蒙哥马利手中正式接管地面部队的指挥权。在此前后,美军解放夏隆、兰斯、凡尔登等地,强渡马斯河,英军则解放亚眠、里尔和布鲁塞尔。艾森豪威尔决定盟军采取"宽大正面战略",使德军首尾不能相顾而加速崩溃。

4日,艾森豪威尔命令阿登以北部队必须占领安特卫普,突破各菲防线,然后夺取鲁尔区;阿登以南部队必须突破各菲防线,然后夺取法兰克福。英军攻克安特卫普后,盟军在齐格菲防线前受阻。12日,艾森豪威尔晋升为五星上将。

1944年12月16日,德军在阿登地区发动反攻,企图攻占列日和安特卫普,迫使美英同意和谈。德军从圣维特地区出发,向西攻至美国第1集团军的南部,最后进抵马斯河畔的迪兰特。

与此同时,德军实施"格赖夫计划",组成能讲英语的连队,换穿制服,突入阵区制造混乱。17日,艾森豪威尔对形势正确判断并采取相应措施。19日,艾森豪威尔召开作战会议,决定:北侧盟军先取势,待机转入进攻;南侧盟军侧应尽早向北进攻。南侧盟军于22日发动进攻,迫使德军由进攻转入防御;北侧盟军直到次年1月才发起进攻。

1945年1月,盟军在乌法利兹会师,将德军赶过初始防线。在突出部战役中,盟军伤亡7.7万,德军伤亡12万。在突破齐格菲防线之后,盟军攻占萨尔,将德军赶过莱茵河,并抢占雷马根地区的鲁登道夫大桥,继而控制莱茵河东岸,对鲁尔实施两翼合围。

4月18日,德国B集团军群32万余人投降。1945后3月,艾森豪威尔与蒙可马利就盟军主要突击方向发生分歧。

蒙哥马利主张向柏林快速突击,先于苏军攻占柏林;艾森豪威尔则认为主要突击方向为莱比锡和德累斯顿,因而据此以配合苏联协调行动。5月2日,苏军攻克柏林。德国代表到驻法国兰斯的盟军司令部治降。5月7日和8日,德国代表在兰斯和柏林签署德国无条件投降书。

德国投降之后,艾森豪威尔出任美国驻德占领军司令。1945年12月,艾森豪威尔出任美国陆军参谋长。1948年,艾森豪威尔退出现役,出任哥伦比亚大学校长。1950年,艾森豪威尔出任北约组织欧洲盟军最高司令。1953~1961年,艾森豪威尔连任两届美国总统。

为了使白宫办公厅成为有效的总统行政机构,艾森豪威尔仿参谋长制度而设办公厅主任。艾森豪威尔在任内被迫签订朝鲜停战协定,但继续奉行冷战政策,并先后提出艾森豪威尔主义、大规模报复战略和战争边缘政策。

1969年3月28日,艾森豪威尔在华盛顿病逝,终年79岁。著作有《远征欧陆》《白宫岁月》《艾森豪威尔的战争经历》等。

（十六）蒙巴顿

1. 年轻的海军军官

1900年6月25日,路易斯·蒙巴顿出生在英国温莎的王室家庭,是巴登堡的路易斯亲王与维多利亚公主的第四子。他的曾祖母是英国女王维多利亚。父亲原系德国王室成员,后放弃德国国籍,参加英国皇家海军,曾任海军参谋长兼第一海务大臣。

皇室成员的出身给蒙巴顿带来了难以想象的机会,这一身份也给他带来了一种天然的阻力,他的每一步晋升都要招致各种各样的猜测和议论。但是蒙巴顿一向为自己的皇家血缘感到荣耀,他为英国皇室带来了更大的光荣。

1913年9月,蒙巴顿人奥斯本皇家海军学校学习。次年10月,其父因原籍为德国,于第一次世界大战爆发和英德宣战后,被迫辞去在英国海军内的职务。

1914年末,因达特茅斯皇家海军学院的高年级学员提前毕业参战,蒙巴顿和他的海校同学转入该院学习。

1916年7月,海军军候补生蒙巴顿奉命前往贝蒂上将的旗舰"雄狮"号报到。"雄狮"号是当时皇家海军中第一流的军舰,也许是由于皇室背景,也可能是因为海军对路易亲王的尊敬促成了这个对蒙巴顿非常有利的分配。1917年2月,乔治和蒙巴顿被调往贝蒂将军的旗舰服役。

1917年4月,美国进入战争,当美国海军加入皇家海军这一边后,德国水军舰队就更不敢出来挑战了。不过,蒙巴顿还是干了些苦差事。1918年,蒙巴顿转役 K-6潜艇。无论与现代潜艇,还是与敌手德国 U 型潜艇相比,K-6潜艇都显得低劣,但在北海下巡逻要比在无畏战舰上服役更激动人心,更能给他一种参与战争的感觉。

时隔不久,蒙巴顿晋升为海军中尉,奉命指挥皇家海军舰艇 P-31 号。P-31号是海军的最快艇之一,专门用来对付德国潜艇,为开到法国去的运输船护航。蒙巴顿爱上了这只小艇,当艇长不在时,18岁的他就负起指挥全艇的责任。

几个月后,蒙巴顿离开心爱的舰艇,奉命进入剑桥大学切斯特学院补习大学课程。其间,他曾以学生会辩论委员会委员的身份领导剑桥大学队力克牛津大学队,以能言善辩蜚声全校。

第2年,也就是1920年3月,蒙巴顿晋升为海军上尉,随即陪同威尔士亲王远航出访。在7个月的时间里,蒙巴顿随威尔士亲王先后访问了美国、加拿大、新西兰、澳大利亚,以及太平洋里的许多岛屿。通过这次旅行,蒙巴顿不仅熟悉了他以后将要生活和战斗的那些地方,更重要的是与他的皇室表兄威尔士亲王建立了牢固的友谊,并利用出访机会组织拍摄出了英国第一部军事教育片。

1921年仲夏,在一次舞会上,蒙巴顿与富家小姐埃德维娜·阿什莱相识相恋。1922年7月,二人在威斯繁斯特举行了婚礼。

新婚5个月后,蒙巴顿奉命前往"复仇"号无畏战舰服役。随着洛桑公约的签订,土耳其危机得以解决,于是"复仇"号返回马耳他。

1924年7、8月间,蒙巴顿又随威尔士亲王到美国作了短暂的出访。9月,经请求,蒙巴顿奉命前往朴次茅斯皇家海军通讯学校学习远程联络方面的课程。1925年进入格林尼治皇家海军学院深造。结业后,任地中海舰队通讯军官。1931年,被任命为地中海舰队无线电联络官。1931年,被任命为地中海舰队无线电联络官。1932年晋升为海军中校。

1934年,蒙巴顿就任新建造的"勇敢"号驱逐舰舰长。"勇敢"号的设计航速是36节,但他设法使它开到了38.2节。

不久,"勇敢"号与整个驱逐舰队远航至新加坡。蒙巴顿将任"威斯哈特"号舰长。在此期间,蒙巴顿完成了一项重大的发明即一种能使舰队保持队形的仪器。1936年,蒙巴顿离开了"威斯哈特"号,前往海军部任职。蒙巴顿离开时,"威斯哈特"号上的水兵们没有让他乘摩托艇走,而是按皇家海军对舰长表示尊重和敬爱的传统方式,由六名海军军官划船为他送行。

当时,白厅内军种之间争执的焦点即是对舰队航空兵的领导权。海军部希望能全权领导舰队航空兵,因此他们想到了蒙巴顿,指望着借助蒙巴顿的交际能力和他那些显赫的关系来加强海军部在竞争中的分量。海军部任命蒙巴顿为舰队航空兵驻白厅参谋,蒙巴顿没有让海军失望——除了海岸侦察航空兵和护航航空兵,其他的舰队航空兵都由海军部全部控制。

蒙巴顿为皇家海军所做的另一个极其重要的贡献鲜为人知。1936年,纳粹德国正在研制俯冲炸弹,可是英国人几乎没有相应的反措施。

奥地利工程师甘兹达通过在德国的关系,了解到了德国人的新型俯冲炸弹,并找到了对待它的办法。但是,英国海军部除了蒙巴顿以外,没有人对此感兴趣。不得已之下,蒙巴顿以个人名义买下了此发明。

1939年4月,蒙巴顿的朋友贝克豪斯上将入主海军部,实战证明,甘兹达式机关炮是海军里最好的防空武器。

2.遭遇德军鱼雷

1937年,蒙巴顿晋升为海军上校,1939年初被任命为"凯利"号舰长。1939年8月23日,蒙巴顿以舰长的身份正式接收"凯利"号,并亲自在舰上升起了皇家海军军旗。

蒙巴顿早就断定欧洲大战会再度爆发。而且,在英国,除了蒙巴顿之外,几乎再没有别人注意到丘吉尔。在整个30年代,丘吉尔被三个政党的领导人所厌恶和疏远。

1939年9、10月间,"凯利"号与德国潜艇进行了残酷的战斗,共击中了9艘德国潜艇,其中确定击沉一艘,其他几艘的毁伤情况不明。

1929年11月下旬,"凯利"号奉命出海搜寻一艘U型潜艇。蒙巴顿提出港口可能已被德国人布下了水雷,但他的意见未被重视。当"凯利"全速驶向一艘正在燃烧的油轮时,一枚水雷撞上了螺旋桨爆炸。

在"凯利"号维修期间,蒙巴顿带着参谋人员到第5驱逐舰队的"卡尔文"号上继续战斗,直到1940年2月"凯利"号修复完毕。

1940年5月,"凯利"号奉命与"伯明翰"号巡洋舰一起出航,在靠近海岸的北海水域搜捕德国布雷艇和一些E型艇,途中"肯达华"号等新型驱逐舰加入搜捕编队。5月14日夜,"凯利"号被德国鱼雷击中了。

8月8日,不列颠之战开始。虽然"凯利"号此时正在维修,因而没经历英国这段黑暗的时刻,但蒙巴顿却在此期间打了一场他一生中受批评最多的海上战斗。

9月,蒙巴顿临时受命指挥第5驱逐舰队的"标枪"号等三艘驱逐舰,此时第5驱逐舰队驻泊在朴次茅斯,处于英国防线的最前沿。11月29日5点40分,"标枪"号驱逐舰的雷达屏幕上出现了5艘德国军舰,蒙巴顿立即率领"标枪"号等3艘战舰出海迎敌。在距敌舰约900码时,"标枪"号进行边舷侧炮火齐射,这次未命中。紧接着蒙巴顿亲自校正位置,又组织一次炮火齐射,命中德军旗舰。但就在蒙巴顿下令发射鱼雷的话音未落之时,两枚德国鱼雷先后击中了"标枪"号,使它失去了战斗力,随即德舰便释放烟幕撤出了战斗。

战斗结束后,蒙巴顿受到了各种各样的指责,心里特别难受。但这次挫折并没有影响到他的功绩。1941年元旦,蒙巴顿被授予优异服务勋章,除了维多利亚十字勋章之外,这是对军人勇敢的最高奖励。

1940年12月15日,"凯利"号重返第5驱逐舰队。1941年4月,"凯利"号第5驱逐舰队离开朴次茅斯,前往地中海。"凯利"号所驻泊的港口距西丁里半岛上的德国空军机场只有100英里。

5月初,"凯利"号奉命袭击驻泊在本华兹内的德国舰船。在夜暗的掩护下,

"凯利"号悄悄驶到港内防波堤的出口处,由于事先已将舰炮的方位设置好,因此几次突然齐射便击沉了港内大部分德国舰船,然后在德军岸防部队做出反应之前,迅速撤出。

1941 年 5 月 20 日,德军对克里特岛发起了海空协同进攻。21 日晚,蒙巴顿率"凯利"号随第 5 驱逐舰队出航迎战。23 日上午,"凯利"号遭到德军大批飞机轰炸并被击中沉没。1941 年 10 月,蒙巴顿晋升为海军准将,负责指挥英军两栖联合部队。此时的蒙巴顿刚刚 40 岁出头,军衔也不高,突然提拔到白厅,很显然,让白厅的当权者无法接受。这也让蒙巴顿吃过不少苦头。

1942 年 3 月 4 日,蒙巴顿担任联合作战部队最高指挥官,并兼任参谋长委员会里的第四参谋长,被授予海军中将、陆军中将和空军中将的军衔,成为英军历史上第一个同时获得 3 个军种军衔的将军。

1942 年 8 月,蒙巴顿指挥联合作战部队对法国北端濒临拉芒什海峡的迪耶普展开进攻,从结果看毋庸置疑是一次失败的军事行动。参加迪耶普行动的 6086 人中,被消灭、负伤和失踪者共有 3623 人,占 59.5%,而行动前的预计是 10%～20%。更糟糕的是,参战的加拿大官兵总共 4865 人,而伤亡、失踪人员达 3367 人,占其总人数 2/3 以上。对这次失败,蒙巴顿在当时和后来都没公开指责任何人,也没逃避自己应负的责任。

3.加盟太平洋战役

1942 年 11 月 8 日,也就是迪耶普之战的两个多月后,"火炬"行动拉开了帷幕。"火炬"行动要求英美部队同时在阿尔及尔和摩洛哥登陆。蒙巴顿是制订该作战计划的关键人员,因为人们认为他是关于登陆作战的首席专家。"火炬"行动取得了巨大的成功,几天之后,英美军队便控制了阿尔及利亚和摩洛哥的一些战略要地。西西里岛战役于次年 7 月 9 日打响。盟军在马耳他岛东西两侧集结部队。海滩防线很快就被冲破摧毁,防守海岸的意大利部队几乎一枪未放就瓦解了。11 日,蒙巴顿与蒙哥马利一道随后续部队踏进了西西里岛。

从 1943 年 8 月 14 日开始,英美首脑在加拿大魁北克会谈。经过一番激烈争论,会谈通过了代号为"霸王"的战略计划,规定盟军于次年 5 月 1 日在诺曼底登陆。另外,还计划了一次在法劝南方土伦和赛附近登陆的辅助性战役,代号为"铁砧"。

会谈结束后,8 月 31 日,蒙巴顿出任东南亚战区最高司令官一职,晋升为战时海军上将。

作为东南亚战区总司令,蒙巴顿自然想要在这里建功立业,而丘吉尔则从"欧洲第一"的观点出发缚住了他的手脚。他感到与首相的关系疏远了,自己已渐渐失去了丘吉尔全心全意的支持。尽管"海盗"行动最终未能进行,但蒙巴顿没有气馁,又开始着手筹划适合于他的人力物力代号为"猎猪"的行动,目的仅是在梅宇半岛登陆,以切断驻实况日军的交通线。1943 年岁末,白厅电告蒙巴顿,在编停泊的 5 艘大型坦克登陆舰,其中有 3 艘不准他动用。1944 年 1 月 7 日,参谋长委员会来电命令他取消在东南亚战区所有的两栖攻击行动,并将所有的登陆器材转运至欧洲。稍后,蒙巴顿甚至接到了将大部分 25 磅以上的炮弹也运往欧洲战区的指示。他的"猎猪"计划变成了"被猎之猪"。

1942 年初，驻缅日军刚刚完成了改组。其中，为实施在西南沿海地区的攻势作战，于 1944 年 1 月专门编组了第 28 军。军司令官由樱井省三中将担任，下辖第 2、第 54 和第 55 师团。这三个师团，只有第 2 师团是在瓜岛作战遭美军重创，后又在菲律宾重建的部队；第 54 师团是于上一年在国内仓促新组建的所谓"特设师团"。

若开前线的英第 15 军由 3 个师组成：即英国第 5、英印第 7 师和第 81 西亚师。军长为克里斯蒂森中将。为了加强这个军的指挥力量，蒙巴顿调换了几名师级指挥官，其中经伦敦同意，将英军与意大利军队在埃塞俄比亚多洛戈罗要塞之役的英雄弗兰克·梅塞维少将，调来任第 7 英印师的师长。若开地区的战火刚刚平息 10 余天，3 月 8 日，日军第 15 军所属的 3 个师团及配署部队的近 10 万法西斯官兵开始越过亲敦江攻入缅境内，揭开了英帕尔战役的战幕。当 3 月 8 日牟田口中将的先头部队渡过亲敦江向英帕尔打来时，蒙巴顿由于意外，左眼严重内出血，正在医院住院。但是，来自英帕尔的消息使他心急如焚。他不顾医生的劝阻，毅然离开医院，飞抵卡米拉的斯利姆指挥部。

听了斯利姆的汇报，蒙巴顿把在亲敦江以西沿边境进行防御的部队，撤至英帕尔附近高地上来组织防御。据战后日本防卫厅的战史专家称："这一政策正中日军要害，而牟田口中将恰恰没有看出这一点。"

通常所说的英帕尔战役，除围绕英帕尔一地进行的一系列战斗外，还包括在英帕尔以北的科希马和乌科鲁尔地区英日双方展开的激烈战斗。3 月 8 日，佐藤幸德中将率领第 31 师团乘木筏和小船陆续渡过亲敦江。在唐都和霍马林一带休整后，即分成 3 个纵队向科希马挺进，进攻乌科鲁尔，夺取这个通往科希马的交通要道。

斯利姆将这一危急情况报告给蒙巴顿，蒙巴顿立即从第 5 和第 7 英印师中抽调部队前去增援，并命令直辖的第 3 特种突击旅做好空支准备。另外，命令此时尚驻在缅境内的"饮迪"第 23 无数程突破旅前去掩护利多，令英第 2 师从印度内地火速赶来。

5 月 13 日，在贾伊尔山上残余的日军阵地也被英印士兵占领。日军佐藤幸德中将率部向补给地撤退。蒙巴顿接到科希马战线的日军有撤退迹象的报告后，命英第 2 师和第 7 英印师陆续向马奥集中，然后进而夺取乌科鲁尔。

6 月 22 日，两支队伍好比钢钳的两只钳牙，在科希马公路的 109 里程碑处将日军钳住。乌科鲁尔这场堵截仗结束后，直接指挥战斗的第 33 方旅旅长第 15 方面军司令河边正三向此时已迁到马尼拉的日本南方军总司令部和东京大本营提出了请求停止"乌"号作战的报告。

南方军总司令官内寿一大将接到河边正三的报告，随即与东京联系，大本营经几次磋商后同意了他们的请求。7 月 2 日午夜，内大将即成威作命甲第 101 号发布了停止"乌"号作战的命令，由驻缅方面军向第 15 军进行传达。

盟军情报人员获悉日本南方军总部下达的全线撤退命令后，立即报告给战区总部，蒙巴顿当即指示斯利姆的第 14 集团军 7 个师开始全面追击作战。虽然日第 15 军渡过了亲敦江，但损失惨重。

英帕尔战役日军惨败后，驻缅日军首脑十分清楚，随着日本在太平洋战场上塞班、关岛、提尼安等战役中的失利，此时，"缅甸的战略地位，对大本营来说，已失去了政治战略指导上的积极意义,只不过是泰国、马来、印度支那半岛西面的防壁而已。然而,防守缅甸的价值并未失去,因为它占有能够扼制盟军企图沿孟加拉湾向马来半岛的头部和新加坡方向进攻了英印军锋芒的地位。"

于是,新上任的日本驻缅甸方面军司令官木村兵太郎中将,根据南方军总司令部的指示,于1944年9月底拟出守缅甸的作战设想,针对蒙巴顿的英印军队,实施"盘作战"和"完成战"。对向曼德勒附近及该地以南伊洛瓦底江畔下正面来攻之敌的作战称为"盘作战";对向印度洋沿岸正面来攻之敌的作战称为"完成战"。

10月下旬,日本情报机关已侦知盟军将放弃蒙巴顿的"德拉卡拉"计划,并确立了由陆路载入缅甸的战略,于是,木村中将立即召集第15军、第28军、第33军各参谋长及作战主任到仰光,就方面军今后作的战构想,特别是"盘作战"指导要领,进行了研究。

蒙巴顿制定了"卡皮特尔"计划——英印部队首先强渡亲敦江,并在那里建立桥头,然后在南下进攻仰光。

11月10日,斯托普福德将军指挥的第33军在亲敦江西岸完成攻击部署。阿萨姆团的一个突击营向江对岸的莫七发起冲锋,顺利登上了东岸。接着,该军的第20师主力也陆续渡过了亲敦江,并占领了莫莱。与此同时,第11东非师在皇家空军准确无误的空袭支持下,沿着亲敦江西岸幽暗的加包山谷向加里瓦打去。

12月10日,印度工兵在亲敦江上迅速架起了桥梁,使第14集团军的各主力师得以开过对岸。

梅塞维的第4军包括第19英印师和第17英印师,后来,集团军直辖的第5英印师也归梅塞维指挥。蒙巴顿给梅塞维的命令是:跨过亲敦江后进入瑞波平原,与日本第15军驻守在那里的师团进行决战,并夺取日本人在耶乌—瑞波地区的各重要机场。这一战要打得既快又狠。

梅塞维部队渡过亲敦江后,遵命向东冲击。4天之后,他们又占领了英多西北部的班毛,并同从北部挥戈南下的英第36师会合,向瑞波平原逼近。

可是木村兵太郎中将并不想在这块宽阔的平原上决战=蒙巴顿便与斯利姆研究制定了一个新方案——斯托普福德的第33军从北面向曼德勒施加压力,去占领伊洛瓦底江上的渡口;这时。梅塞维的3个师要从吉灵庙向正南进发,尽可能悄悄地直插密沙河流域,然后从甘高向东南推进,在本各附近的伊洛瓦底江下游占领一个渡口,目的是越过日军卫曼德勒部队的后方,在敏铁拉附近建立一个战略性屏障,从而封锁他们径南向仰光的退路,并截断来自仰光的补给,最终将日本第15军歼击于曼德勒—塔泽—稍埠—敏建地区。

新方案开始实施。梅塞维的部队在深入的侧翼包抄行动时,秘密穿过丛林密布的甘高山谷,并在帕科库出其不意地强渡伊洛瓦底江,然后利用装甲部队和空降部队风驰电掣般挺进,直逼东南面敏铁拉日军重要基地。

许多高级军官乘坐的指挥车仍在假军部里进进出出,使日军谍报人员仍以为梅塞维和他的军司令部逗留在达木。

一切就绪,即将行动。但就在这时,75架美国运输机却被猝然抽调到云南去,因为中国军队在广西面临着日军猖狂进攻。蒙巴顿为此向美国方面提出抗议,说这些飞机都已装满了运给先头部队的补给品,而梅塞维这次向敏铁拉的远距离穿插是以空运补给为基础的。但抗议没有奏效,大部分飞机还是被调走了。现在,梅塞维必须沿着一条雨季无法通行的坎坷不平的土路,从达木到帕科库冒险行军700公里。这条土路本是供老百姓的牛车通行的,而现在要通过的部队却达3个师之多,还有重型坦克、大炮和其他车辆。好在工兵部队于15天之内,紧急加宽、加固了这条土路的2/3路段,使上述重型装备得以勉强通行。

然而,由于美国的运输机被猝然抽调走,直至1945年1月底前后,梅塞维的部队终于陆续抵达了伊洛瓦底江岸地区。这条江是缅甸的主要河流,虽然江水当时处于最低水位,但是开阔松软的沙洲却又形成了另一道险障。尽管地势对第41军非常不利,梅塞维还是采取伪装渡色漂偷渡成功。3月1日,蒙巴顿得知敏铁拉还未拿下,非常气恼,便要斯利姆亲自飞抵前线指挥。斯利姆到现场后,在该城北面集中兵力发起攻势,最终占领敏铁拉。

蒙巴顿麾下的部队在敏铁拉打赢了,下一步就是夺取曼德勒。其实,就在木村兵太郎中将调兵力反扑敏铁拉的时候,蒙巴顿将尚能调用的兵力统统投入到了曼德勒外围,伺机拿下曼德勒。接下来的目标是攻占仰光城。

3月20日,英军完全占领了曼德勒。

蒙巴顿虽然打开了仰光的大门,但雨季即将来临,必须迅速攻克仰光。

梅塞维的第4军在和时间的赛跑中,还是输给了雨季。于是在1945年5月1日,蒙巴顿对仰光实施两栖登陆计划。其实,在此之前,蒙巴顿就已经考虑梅塞维部队被雨季阻挡的可能性,因此他从驻吉大港至若开一带的克里斯带森的第15军中,抽出一个师的兵力执行两栖登陆任务,这个师将配署一个中型坦克团和一个伞兵营,并紧急搜寻了一些登陆艇集结待命。

5月1日,英军在发动两栖登陆之前的几个小时,蒙巴顿令空军飞越仰光上空进行侦察,发现日军已经逃之夭夭了。然而,登陆计划继续实施。2日,他们合为一路在未遇任何抵抗的情况下进入仰光城。5月6日晨,从勃固南下的梅塞维的第4军先头部队,也终于开进了仰光。

4."缅甸蒙巴顿伯爵"

夺取缅甸之后的下一个重大步骤是进攻马来半岛及其新加坡。为此,热衷于制订计划的蒙巴顿又推出了取名为"拉链行动"的作战计划。他本打算在7月份实施,但还是由于拨给他的舰艇、飞机和兵力不足,而被束之高阁起来。

7月中旬,蒙巴顿被丘吉尔叫往柏林参加波茨坦会议。波茨坦会议主要研究对日作战问题,所以需要蒙巴顿代表东南亚战区总部前来参加。

8月7日,蒙巴顿乘坐大型轰炸机回到战区司令部。8月15日,日本宣布无条件投降。同时,他从英美联合参谋长会议接到命令,接管菲律宾以南的整个西南太平洋地区,目的是使麦克阿瑟的美军部队能从这些地区脱出身来去占领日本本土。

次日,英国参谋长委员会又给他下达了新任务:(1)重新占领已光复地区中的关键地域,确保对已投降的日军进行有效控制,解除日军武装;(2)努力尽可能早地释放英国和盟军的被俘人员和其他被日军监禁者。

蒙巴顿立即行动起来,他命令即刻实施"拉链"计划,以任何可能得到部队向马来亚和新加坡进军。同时,他指示沃克中将率令包括扫雷艇在内的各类军舰所组成的混合舰队,立即冒着雨季时节的风暴出海;命令其他部队迅即出动,前往香港、西贡等地接收日军司令部。

然而,几天以后,麦克阿瑟给了蒙巴顿当头一棒。此时麦氏已担任了盟军对日事务的最高负责人,他命令蒙巴顿在 8 月 31 日东京受降仪式正式举行之前,不要采取任何军事行动。后来由于台风袭击日本列岛等原因,受降仪式推迟到 9 月 2 日在美国的"密苏里"号战列舰上举行。

尽管如此,9 月 9 日,蒙巴顿仍下令英军在马来亚的波德申和巴生港附近的莫里布登陆。不出蒙巴顿所料,虽然日本天皇早已宣布了投降,但这里的日军还是进行了抵抗。12 日,东南亚盟军司令部的正式受降仪式在新加坡举行。由于日本南方军司令内寿一元帅事先被告知了仪式的程序,忍受不了这种格外的侮辱而称病不去,由板垣大将代表他参加仪式。

板垣等几位日军将领,想走上前去与身着笔挺的白色皇军海军上将制服的蒙巴顿握手被断然拒绝了。

为了奖赏蒙巴顿在整个战争期间的功劳,特别是他指挥英印军队击败缅甸日军的辉煌业绩,封他为"缅甸蒙巴顿伯爵"。1946 年底,蒙巴顿被预任为英国地中海舰队第一巡洋舰队司令。转年 1 月 6 日,他被送往朴次茅斯海军学院高级将领班进修,为担任这个新职务接受岗位培训。

然而不久,即 1947 年 2 月 1 日,蒙巴顿在伦敦被授予大英帝国驻印度总督的职务。3 月 22 日,蒙巴顿偕夫人抵达德里。两天以后,英印当局举行了新总督的就职典礼。1948 年 6 月 23 日,蒙巴顿偕夫人乘专机返回伦敦。回国后的第 3 天,蒙巴顿就向海军首脑提出了申请重返海军。第一海务大臣约翰·坎宁安经过长达 3 个多月的痛苦考虑,于 10 月份决定,让蒙巴顿担任地中海舰队第 1 巡洋舰队司令。

1950 年 6 月,蒙巴顿被调离地中海舰队,回海军部担任第四海务大臣。1952 年 5 月,蒙巴顿先被任命为地中海舰队总司令。次年 2 月,晋升为正式的海军上将,这样,就为蒙马顿一步步地获得自己理想的职务铺平了道路。

1955 年 3 月,蒙巴顿出任第一海务大臣。1956 年,蒙巴顿登上了皇家海军的顶峰——被晋升为海军元帅,1959 年 5 月 22 日,麦克米伦首相正式任命蒙巴顿为国防参谋长,并建议这个职务的任期将由 3 年延长到 5 年。从地位上说,国防参谋长仅低于国防大臣,但由于后者属于文官并受党派竞选的影响,所以,国防参谋长实际上是整个英国陆海空三军武装力量的专职首长。

1960 年 2 月 20 日,蒙巴顿的妻子埃德维娜去世,终年 59 岁。

1965 年 7 月 1 日,蒙巴顿告别 49 年的戎马生涯离开了国防部。

1979 年 8 月 27 日,蒙巴顿在"阴影"号游艇上被爱尔兰共和军的恐怖分子炸死,享年 79 岁。

(十七)崔可夫

1.乱世从军,两度出使中国

1900 年 2 月 12 日,瓦西里·伊万诺维奇·崔可夫出生于沙皇俄国图拉省奥谢特尔河谷的谢列布里亚内普鲁德村的一个贫寒家庭。1912年，由于家庭贫困，12岁的崔可夫辍学到首都彼得堡谋生。

1917年的"二月革命"迫使沙皇尼古拉二世退位，罗曼诺夫王朝就此覆灭。同年的7月4日，俄国资产阶级临时政府派兵镇压反政府的示威游行，崔可夫亲眼看见了这一血腥屠杀的场面。此后许多工厂倒闭，崔可夫所在的工厂也难逃噩运。崔可夫失业了。

无计可施之下，1917年崔可夫投奔了在波罗的海舰队服役的哥哥，在喀琅施塔德成为海军水雷教导队的一名水兵。

不久，俄国爆发"十月革命"，崔可夫随波罗的海舰队加入了红色政权的行列。1918年春，崔可夫去了莫斯科，并在那里参加了红军军事教官短训班，成为步兵第二班的学员。同年7月2日，崔可夫和其他学员受到列宁亲切接见。

崔可夫

第一次世界大战后，协约国对苏维埃俄国进行武装干涉。苏俄军勇敢抗击来犯之敌。崔可夫被任命为副连长，不久，由于表现出色，被提升为连长。

返回莫斯科，崔可夫参加了军事教官短训班，获得了"红军军官"证书后，旋即被派往伏尔加河沿岸军区，在喀山参加步兵第40团的组建工作。此时，年仅18岁的崔可夫被任命为步兵第40团负责队列的副团长。

1919年红军统帅部将步兵第40团编入北部战役集群第2集团军第28师，移驻维亚特省的波梁内地区。第28师的师长阿津是一位具有传奇色彩的红军指挥官，19岁的崔可夫处处都在模仿阿津师长。当时，正值原沙俄海军上将高尔察克在外国干涉军的支持下准备推翻红色政权，崔可夫率领部队转战东西。

1920年，在苏波战争中，崔可夫任第43团团长，英勇战斗，取得杰出的战绩。

1922年，战事已基本停息。8月，崔可夫到工农红军军事学院院去深造。1925年8月，崔可夫以优异成绩随第五期学员们如期毕业。在3年的时间里，崔可夫得以系统地学习了军事理论，使自己的军事理论素养在丰富的实战经验基础上得到很大的提升。

由于学业优异，崔可夫被学院决定留在东方系的中国部继续深造一年。

1926年秋，崔可夫以外交随员的身份，随资深外交官克罗日科前往中国。

1927年秋，崔可夫正式完成在伏龙芝军事学院东方系的学业，再度前往中国，担任军事顾问。

1929年，中苏双方在中东铁路问题上出现纠纷。7月13日，苏联宣布与中国断绝外交关系，崔可夫奉命随苏方外交人员撤回国内。

20世纪30年代初，苏军开始大力培养各级指挥官。具有实战经验、系统军事理论素养和外交官履历的崔可夫被苏联军事委员会选派担任首长进修班主任职务。1936年初，崔可夫被选送入红军机械化和摩托化学院的速成班学习；年底，他从速成班毕业后被分配担任机械化旅的旅长。

1938 年 4 月,崔可夫被任命为步兵第 5 军的少将军长,这时他才 38 岁;3 个月之后,他又升任白俄罗斯特别军区博布鲁伊斯克集群司令官。1939 年初,纳粹德国疯狂扩军备战致使国际形势急剧恶化,位于苏联西部前哨的白俄罗斯特别军区进行重大改组,在原博布鲁伊斯克集群的基础上组建了第 4 集团军,崔可夫出任集团军司令官。

1939 年 9 月 1 日,德国军队入侵波兰。9 月 17 日,苏联政府宣布:鉴于波兰局势已对苏联安全构成威胁,苏军将越过苏波边界,"解放"西乌克兰和西白俄罗斯。随后,苏联政府组建了白俄罗斯方面军和乌克兰方面军。崔可夫指挥的第 4 集团军被编入白俄罗斯方面军,参加了入侵波兰的行动。

侵略战争结束后,崔可夫被调至第 9 集团军,任集团军司令官;指挥该集团军所辖的 4 个师承担了对芬战争中切断芬兰"腰部"的任务。12 月底,崔可夫的第 9 集团军虽然楔入芬军防御区 40 多公里,但在随后的战斗中,他的两个主力师由于当地的严寒,被芬军歼灭过半。因此,统帅部下令解除崔可夫第 9 集团军司令官的职务。

1940 年,法国败降,欧洲局势更加紧张。而远东地区的形势也对苏联不利:日军此前先后在张鼓峰、诺门罕发起对苏的武装挑衅,使苏联远东地区面临严重威胁。

鉴于严峻的形势,苏共中央委员会经过慎重的酝酿和审慎的筛选,决定让崔可夫担任苏联军事使团团长前往中国,指导中国政府的抗日战争,协调中国国共两党的关系,以此束缚住日本侵略者的手脚,避免苏联两线作战。

1940 年 12 月,崔可夫带着军事顾问和军事专家从苏联出发,于 1941 年 1 月 1 日抵达陪都重庆。在当晚的新年晚宴上,崔可夫与蒋介石进行了短暂的礼节性会晤,双方有一段精辟的对话。

蒋介石说:"今天,世界上有 3 股力量没有卷入战争,即苏联、美国和某种程度上的中国。中国可以抗战。未来取决于它们和它们的行动。换言之,3 个人物将决定世界的命运。日本不可能战胜中国,中国根本不可能战败。战争对中国只不过是生病。而一切病都会好的……。"

崔可夫则表示了不同的看法:"但是,疾病会导致死亡。"

蒋介石又坚持表示说:"不,我们不认为疾病会导致死亡。死亡并不是疾病。没有疾病也会导致死亡。"

崔可夫将军担任蒋介石的总军事顾问后,除了参加一周由参谋总长兼国防部长何应钦主持的军事委员会会议之外,还与美国驻华代表、法国维希政府的代表等建立了良好的信任关系,获得很多有价值的资料,为苏联政府与日本签订《苏日中立条约》以避免两线作战做出了自己应有的贡献。

1941 年 12 月 7 日,日本海军偷袭珍珠港,挑起了对美国的太平洋战争。1942 年 1 月,美国政府任命陆军第 3 兵团司令官约瑟夫·华伦·史迪威将军为中缅印战区美军总司令兼中国战区总参谋长;1942 年 2 月上旬,史迪威赴华任事。

此时身处重庆的崔可夫认为自己已经完成了来华的任务,便向莫斯科提出:"我认为,在这种局面下,我作为总军事顾问在中国已无事可做。和史迪威将军作顾问竞争是不适当的,甚至是荒唐的。我不能介入,也就是说,不能建议蒋介石或中国军队参谋总部怎样帮助美国和英国打日本……我想回国投入我国人民抗击希特勒的战斗。"

2.为斯大林格勒勇敢战斗

1942年3月,崔可夫将军结束了在中国的使命,奉召返回莫斯科。崔可夫汇报了在中国的工作之后,便要求上前线,迫切地希望马上参加抗击法西斯侵者的战斗。

1942年5月,崔可夫被任命为配置在图拉地区的后备军的副司令员。由于司令员还没任命,崔可夫负责指挥部队。

7月初,统帅部将崔可夫所在的后备军改编为第64集团军,戈尔多夫中将任集团军司令;并在顿河或伏尔加河一带迎敌。

7月23日,戈尔多夫被任命为斯大林格勒方面军司令官,崔可夫开始代行第64集团军指挥权。

7月25日,崔可夫在卫国战争第一次参加了战斗。当日,德军以2个步兵师和1个战车师的强大兵力对第64集团军右翼阵地发起攻击,企图在卡拉奇附近强渡顿河,直扑斯大林格勒。3天过后,第64集团军的右翼撤过了奇尔河,但德军从下奇尔斯卡亚地区突袭斯大林格勒的企图落空了。斯大林格勒方面军司令官戈尔多夫中将对崔可夫后撤部队的做法不满意,指派舒米洛夫少将担任第64集团军司令。

8月1日,德战车第4集团军在突破了苏第51集团军的防线后,攻占列蒙特纳亚并逼近了科捷尔尼科沃;第64集团军和整个斯大林格勒方面军的左翼受到德军从南面的包围。崔可夫迅速赶赴形势最糟的南部地段,于8月3日组成了拥有4个师又2个旅(后又增加了1个师)的"崔可夫战役集群",并迅速与方面军司令部取得了联系(与第64集团军联系不通)。

5日,斯大林格勒方面军命令第64集团军在科捷尔尼科沃方向迎击德战车第4集团军,"崔可夫集群"则奉命从南面掩护第64集团军的行动。

在接下来的几天时间里,崔可夫率部将德军赶回了阿克赛河,取得了反击的胜利。

8月中旬,希特勒调整部署,要从西北和南部两个方向对斯大林格勒发起"钳形攻势"。

8月23日,德军向斯大林格勒派出了大量的轰炸机,进行了近2000架次的轰炸飞行。形势万分危急。

1942年9月12日,方面军军事委员会任命崔可夫为第62集团军司令,该集团军的任务是防御斯大林格勒城的中部和工厂区。

崔可夫表示:"斯大林格勒对我们全体苏联人民至关重要,这个城市的失守将挫伤人民的斗志。我发誓决不离开这座城市,我将采取一切办法坚守。我决心要么守住城市,要么就战死在那里!"

为鼓舞士气,崔可夫在到任伊始就发布命令:"斯大林格勒是我们最后的战场;未经我和参谋长同意,任何部队严禁擅自撤离现有阵地;集团军司令部在任何情况下不向后撤。"

崔可夫在作战会议上指出:"我们不能仅限于防守,而应该抓住一个有利战机去打反击,把我们的意志强加给敌人,并用我们的积极行动破坏敌人的计划"。

14 日凌晨 3 时,崔可夫指挥第 62 集团军从马马耶夫岗向德军发起了攻击;但遭到德军的强力抵抗和反击,进展极不顺利。15 日,德军对第 62 集团军实施强攻,双方在马马耶夫岗等城郊地区展开激烈的城区街巷战斗。

9 月 16 日、17 日两天的战斗更加激烈,尤为残酷。崔可夫说:"我们的部队在这里经受了从残酷和顽强程度来说都是历史上绝无仅有的恶战。"

经过一个多星期的巷战,崔可夫摸索出了一些规律。他告诫属下的各级指挥官,不要束缚于既定的战斗条例条令,要相信士兵们并给他们充分的战斗自由,要多化整为零地组织突击小组,甚至可将"单人堡垒"作为新的战术单位。这些措施都收到了明显的成效。

在接下来的残酷战斗中,崔可夫及其司令部一直坚守着自己的防御阵地,从未撤离到伏尔加河的对岸。

在 10 月中旬,德军甚至攻至第 62 集团军司令部仅 400 公尺之处,而崔可夫和参谋长克雷洛夫都镇定自若地表示:"我们将一起清洗好自己的手枪,把最后一粒子弹留给自己的脑袋"。

10 月底的战斗中,在对斯大林格勒的保卫者来说是更为艰苦的日子,但胜利的曙光已冉冉升起。

1942 年 11 月 13 日,苏联最高统帅部决定于 11 月 19 日在斯大林格勒发动全面反攻行动以围歼该地域的德军部队。

12 月 17 日,第 62 集团军从一块块漂来的巨大浮冰上步行渡过了伏尔加河,与德军展开激战。

1943 年 1 月 10 日,苏军部队对被围德军发起攻击行动。顿河方面军司令罗科索夫斯基中将在视察第 62 集团军时告诉崔可夫的任务是:"以积极的行动,从东边将更多的敌人吸引过来。如果敌人企图越过结冰的伏尔加河突围,就坚决地把它堵住。"

崔可夫向罗科索夫斯基保证:坚决完成任务,在顿河方面军主力发起主攻之前,第 62 集团军决不让保卢斯的德军部队撤走一兵一卒。

随后,崔可夫指挥部队由东向西推进,对德军发起了强劲的攻势;1 月 26 日,第 62 集团军与自西向东进攻的第 21 集团军在马马耶夫岗胜利会师。

1 月 31 日,刚刚被希特勒授予元帅军阶的第 6 集团军司令官保卢斯及其手下的步兵第 4 军军长普费尔中将、第 51 军军长库尔茨巴赫中将、第 295 师师长科尔费斯少将等德军高级将领都成了第 62 集团军的战俘。

2 月 2 日,崔可夫的第 62 集团军向最后负隅顽抗的德军部队实施最后的攻击,俘获德第 11 军军长施特雷克尔中将。当天 16 时整,顿河方面军终于彻底完成了歼灭斯大林格勒被围德军集团的使命,历时 200 余天的斯大林格勒会战终于以苏军的彻底胜利宣告结束;希特勒宣布德国全境为此哀悼 3 天。

在斯大林格勒会战中,崔可夫指挥的第 62 集团军在市区防御作战中,一次又一次地击退了数倍于己的德军部队,完成了苏联最高统帅部"不许后退一步"的任务。

苏军的《红星报》在社论中说:"第 62 集团军的震惊世界的顽强精神,使我统帅部有可能集结兵力,转入反攻,重创庞大的德国法西斯部队。"

为表彰第 62 集团军的战功,苏联最高统帅部将第 62 集团军改为近卫军,而崔可夫则获得了苏联最高荣誉称号——"苏联英雄"。

3.得之不易的库尔斯克之战果

1943 年 3 月底,苏联最高统帅部将第 62 集团军调入西南方面军编成队,从斯大林格勒附近换防到北顿涅茨河的库皮扬斯克和斯瓦托沃地域。

1943 年 4 月 16 日,最高统帅部大本营把第 62 集团军改编为近卫第 8 集团军。

1943 年 4 月中旬,最高统帅部命令崔可夫利用休整时机,使所属部队做好实施进攻和突破敌防御地带的准备,并深入研究诸兵种协同作战、近战、夜战、反战车战等进攻作战中的常见作战样式。崔可夫在与沃罗涅日方面军司令瓦杜丁大将、近卫第 1 集团军司令库兹涅佐夫上将、战车第 3 集团军司令雷巴尔科夫将军、战车第 6 集团军司令哈里托诺夫将军等著名战将进行了广泛的交流与切磋之后,获得了诸多宝贵的教益。

为了报斯大林格勒城下惨败之仇以及重新夺取战略主动权,德军统帅部又拟定了代号为"堡垒"的进攻计划;希特勒于 1943 年 4 月 15 日发布了第 6 号命令,其战役企图是:从北面奥廖尔和南面别尔哥罗德向库尔斯克突出部的根部实施向心突击,围歼苏中央方面军和沃罗涅日方面军,攻占库尔斯克,继而再向苏西南方面军后方实施突击。

苏联最高统帅部在察觉了德军的这一企图后,计划在库尔斯克弧形地带交战,并立即部署了这次交战的兵器和兵力。

7 月 4 日,苏军掌握了德军将于次日凌晨发起进攻的准确情报。

7 月 5 日 2 时 20 分,苏中央方面军和沃罗涅日方面军抢在德军之前发起了先发制人的强大炮火反击行动;德军阵脚大乱,被迫在原计划两小时后发起进攻。

7 月 7 日,崔可夫和近卫第 1 集团军司令员库兹涅佐夫应召到西南方面军的司令部,方面军司令员马利诺夫斯基向他们传达了苏最高统帅部的意图——利用德军主力部队被牵制在库尔斯克方向的时机,向顿巴斯发动攻击行动——强渡北顿涅茨河,协同正由米乌斯河向斯大林诺进攻的南方方面军,突破巴尔文科沃地域之敌的防线;歼灭敌顿巴斯集团并前出至第聂伯河。

这是崔可夫第一次参加指挥大规模的进攻行动。在进攻前的最后几个小时里,崔可夫一遍又一遍地审订着整个进攻作战计划,给各兵团指挥员下指示。

7 月 17 日 4 时 50 分,在长达 90 分钟的炮火准备之后,近卫第 8、第 1 集团军在北顿涅茨河右岸对德军发起了强劲的进攻;西南方面军司令官马利诺夫斯基亲临崔可夫的集团军观察所督战。

第一波攻击部队及其战车和火炮迅速从先遣工兵营临时架设的舟桥上渡过了北顿涅茨河;但在扩大登陆场时,不仅德军的抵抗越来越强,而且,德国航空兵也加紧了行动。对渡口实施了猛烈的航空轰炸,使崔可夫部队的进攻行动受到严重阻滞,其原定的进攻计划全部落了空。

这是斯大林格勒保卫战之后集团军实施的第一次进攻。受领的任务,没有一项得以完成。对崔可夫来讲,这是相当困难的时期。

可是,苏军牵制德军的目的已受到了明显的成效。在接下来几天的激烈战斗中,近卫第 8 集团军虽顽强作战,但进展不大;西南方面军司令官马利诺夫斯基命令损失较大的近卫第 8 集团军暂时撤为第二梯队,改由第 6、第 12 集团军接替之,准备在北顿涅茨河右岸的登陆场发动新的攻势。

鉴于首轮进攻的失利,崔可夫向上级请求以观察员的身份参与第 6、第 12 集团军组织实施进攻的全过程;最高统帅部大本营代表华西列夫斯基批准了他的这一请求。

8 月 17 日,新一轮进攻开始,崔可夫来到第 6 集团军进攻地带的中心,观察进攻的发展情况。但此次进攻也未达到既定的目的。在 8 小时激战之后,第 6 集团军只向前推进了不足两公里;此后就难以继续向前推进。方面军司令官马利诺夫斯基只得再命令崔可夫的近卫第 8 集团军进入第 6、第 12 集团军之间的结合部,准备参加进攻行动。

崔可夫对 3 个集团军进攻行动的连续失利进行了仔细的分析,他认为失利的最大原因是苏军的进攻行动没有达成突然性。于是。他拟订了一份实施机动、改变突击方向以达成进攻突然性的新作战计划——将突击集中在一个狭窄地段上,楔入德军防御纵深 8~10 公里,为机械化部队投入战斗创造条件;同时请求允许自己的集团军进行适度的休整。

8 月 22 日清晨,崔可夫指挥近卫第 8 集团军向德军发起了猛烈攻势,强大的航空轰炸和炮火准备使德军阵地立即陷入一片火海之中;德军万万没有料到苏军会在两次连续失利后再度发起第三次强大的进攻行动,德军部队被打得措手不及,纷纷溃退。

崔可夫的近卫第 8 集团军此次终于为西南方面军在浴血奋战一个多月后赢得了首次胜利。紧接着,崔可夫指挥部队加强攻势;但德军也进行了顽强的抵抗,他们首次使用了防战车地雷,使苏军的战车部队受到很大损失。

尽管如此,西南方面军的进攻还是取得了突破性的进展;而草原方面军则在沃罗涅日方面军的协同下,攻占了哈尔科夫城,从而为下一步收复左岸乌克兰并前出到第聂伯河奠定了基础。

至此,库尔斯克会战以苏军的最后胜利宣告结束;之后,德军统帅部不得不放弃进攻战略,转而采取防御战略。大兵团夜战的大胆杰作在取得库尔斯克会战胜利后,苏军在从大卢基至黑海长达 1500 公里的战线上对德军展开攻击行动,以歼灭德南方集团军群的主力,并解放顿巴斯工业区和乌克兰的农业区。

而德国陆军总部则于 1943 年 8 月中旬发布了希特勒的第 10 号命令,企图在苏德战场构筑起一道代号为"东方壁垒"的新防线来阻挡苏军的进攻行动。

通过 8、9 两个月的浩大攻势,苏军几乎收复了第聂伯河左岸乌克兰的全部领土;而德军则撤到第聂伯河右岸的"东方壁垒"后面继续坚守。

苏最高统帅部命令西南方面军不迟于 10 月 3 日全部肃清位于第聂伯河左岸的扎波罗热登陆场的德军,并在该方向上前出到第聂伯河。

9 月 16 日,根据大本营的命令,准备将近卫第 8 集团军调到中央方向上,而朱可夫坚持要将其转隶于草原方面军,以便支援科涅夫实施的大规模战役,但是,西南方面军司令官马利诺夫斯基认为,没有近卫第 8 集团军,他无法占领扎波罗热登陆场。

9 月 23 日,西南方面军司令部命令崔可夫率他的近卫第 8 集团军立即在第 12 集团军和近卫第 3 集团军的集合部集结并替换这两个方面军的部队。

德军统帅部苦心经营了一年的扎波罗热登陆场,建有防御外廓和防御内廓及大量中间支撑点的纵深梯次防御阵地系统,其整个外围前沿均筑设有一道深 4 公尺、宽 6 公尺的梯形截面防战车堑壕,堑壕内灌有 1 公尺深的水以阻挡苏军步兵的进攻;还建有 4 排防战车雷场。德军用于防守扎波罗热登陆场的部队为步兵第 125 师、第 304 师、第 123 师、战车第 40 军。为取得进攻的胜利,崔可夫亲临前线观察敌情,并利用航空侦察获得了大量情报。

10 月 1 日,崔可夫的近卫第 8 集团军与其左翼的近卫第 3 集团军、右翼的第 12 集团军一同发起了猛烈的进攻。崔可夫指挥炮兵对德军部队实施了巧妙的推进式打击,近卫第 8 集团军在当天上午就突破了德军的第一道防战车堑壕。但德军利用苏军炮兵因弹药锐减而不能对步兵和战车提供支援的时机,迅速用精良的"虎"式战车部队实施反击,挡住了苏军的攻势。

2 日夜,苏军暂停进攻行动。西南方面军司令官马利诺夫斯基在近卫第 8 集团军司令部召开指挥会议,决定由崔可夫指挥近卫第 8 集团军承担主要突击任务。

10 月 10 日晨,崔可夫命令近卫第 8 集团军的部队发起了又一次强攻行动,到中午就在德军的防线上撕开了一个口子,使整个方面军的进攻战线全面推进了 3 公里,德国士兵已纷纷丢弃战壕逃到各支撑点。苏军在这一天战斗中,防坦克歼击手取得了杰出的成就。鉴于此种原因,崔可夫决心对德军实施夜间攻击行动。

10 月 11 日苏军进攻的任务仍未改变——在预定的各个方向上突破敌人防御,继续开展歼灭敌坦克的斗争。

12 日夜 23 时,崔可夫指挥近卫第 8 集团军发起了夜间进攻,猝不及防的德军被击溃了。在战斗过程中,崔可夫不顾个人安危,带领自己的司令部人员亲赴前线各处督察战况。

13 日上午,马利诺夫斯基来到崔可夫指挥所,决定集中整个方面军的部队暂停攻击,准备对扎波罗热实施夜袭行动。

13 日夜,西南方面军集中全部炮火对德军实施了毁灭性的轰击,进攻部队随即发起攻击行动,德军一触即溃,纷纷败逃。

次日 13 时,苏军终于攻占了扎波罗热。在这一夜的进攻战斗中,崔可夫指挥的近卫第 8 集团军取得了骄人的战绩。苏联最高统帅部在广播中对崔可夫近卫第 8 集团军的辉煌战绩表示了祝贺。崔可夫在大兵团夜战方面大胆而成功的杰作,被载入了苏军作战的史册。

攻占了扎波罗热后,西南方面军利用战场的短暂间歇进行休整。此时的崔可夫由于连续征战,已身心疲惫,便被方面军司令员马利诺夫斯基和大本营代表华西列夫斯基勒令返回莫斯科住院休养,由马斯连尼科夫上将临时代任近卫第 8 集团军司令一职。随即,原属于第 12 集团军的近卫步兵第 4 军就近被编入近卫第 8 集团军。

尽管崔可夫在莫斯科,但无时无刻不牵挂第 8 集团军。十月革命节过后没多久,崔可夫便急不可耐地返回前线,重新指挥近卫第 8 集团军,领受的任务是进攻阿波斯托洛沃。最高统帅部大本营代表华西列夫斯基告诉崔可夫"进攻阿波斯托洛沃保留大本营将根据向阿波斯托洛沃进军的情况来判断近卫第 8 集团军的作战行动,哪怕一天前进 5~10 公里,也是在前进"。

以前,乌克兰几乎无人知道,但阿波斯托洛沃小城对于西南方面军攻打尼科波尔具有重要的战役价值,可以切断尼科波尔德军的退路。

为使部队减少伤亡,崔可夫对阿波斯托洛沃发起了避实就虚的攻击。崔可夫规定各部队绕过敌人要构筑在各大车站的强大支撑点,沿第聂伯罗彼得罗夫斯克——尼古拉耶夫卡——波斯托洛前进。

德军投入大量战车实施连续有效的反冲击,使缺乏反战车武器的崔可夫部队损失严重,在秋雨连绵的泥泞道路上的进攻行动受挫,6 天才向前推进了 10 公里。

在此作战的紧要关头,崔可夫向所属部队发出命令指出:此刻决战斗胜负的关键已非兵力和兵器,而是部队的意志、耐力和决心;各部队要坚决对疲惫不堪的德军实施连续不断的攻击。

崔可夫的果断指挥收到了明显的成效:26 日,近卫第 8 集团军攻占科什卡诺夫卡;27 日向前推进了 12 公里。为守住尼科波尔和锰矿区,德军收缩防线,用主力部队抗击近卫第 8 集团军;崔可夫部队的进攻受到了遏制,战事陷入暂时的相持状态。

1944 年初,苏德战场两军之间的战线,从北往南自拉多加湖南岸经斯摩棱斯克南下,沿第聂伯河为界,德军在西,苏军在东。但苏军的实力已明显高于德军的。苏联最高统帅部决定在西南战区实施主攻突击,收复乌克兰和克里米亚。

1 月 10 日,在冰雪严寒之中,崔可夫指挥近卫第 8 集团军所属近卫步兵第 4 军在肖洛霍沃方向发起攻击,几乎没有遭受任何损失便前进到索菲耶夫卡——尼古拉耶夫卡公路。

15 日,最高统帅部大本营代表华西列夫斯基在西南方面军司令部召开作战会议,要求该方面军各集团军加紧攻击行动,尽快拿下尼科波尔。

崔可夫针对战场情况,向方面军司令官马利诺夫斯基提出了一份集中优势兵力实施局部突破的作战计划,获得了采纳。根据这一计划,苏军兵力做了调整,近卫第 8 集团军的进攻正面缩短了整整 60 公里。

2 月 1 日,近卫第 8 集团军向德军阵地发起了进攻,突破了德军的防线。2 日中午,崔可夫带领集团军司令部人员亲临前线了解敌情,要求部队继续加强攻势。2 月 5 日,近卫第 8 集团军和第 46 集团军会合,开始集中兵力猛攻阿波斯托洛沃。

到了 3 月 10 日崔可夫的近卫第 8 集团军完成了对因古茨河当面德军部队的合围。

德军为了解除困境,向崔可夫的部队发起了激烈的反击。对此,崔可夫镇定自若,指挥自己的近卫第 8 集团军调整兵力部署,坚决挫败了德军的反冲击企图。

3 月 19 日,崔可夫的近卫第 8 集团军强渡了南布格河,将克里米亚半岛上的德军从陆路完全孤立起来,并打开了通向德涅斯特和敖德萨的道路。为表彰崔可夫指挥近卫第 8 集团军取得的辉煌战绩,苏联最高统帅部大本营于 3 月 21 日再次授予他"苏联英雄"称号。

1944 年 6 月 5 日,近卫第 8 集团军被调为乌克兰第 3 方面军的预备队,随后根据大本营的决定,被编为白俄罗斯第 1 方面军。

此时的德军已根据苏军的进攻特点,采取了一套全新的"弹性防御"战术:一旦受到苏军的进攻威胁,德军即撤离受威胁地带以保存实力;待苏军突入后再发起突然反击给苏军以大量杀伤。

针对德军的这一新战术,崔可夫是道高一尺、魔高一丈,他决定将通常在进攻前一两天实施的战斗侦察改在进攻前两三小时内进行,以使德军无法及时判明苏军的进攻企图。为防止德军脱身,崔可夫决定以不断投入新的攻击兵力来实施突击的"添油"战术,使德军无法及时躲避苏军的打击,丧失其防御的"弹性"。崔可夫的上述想法受到方面军司令部一些人的质疑,却得到了最高统帅部大本营代表朱可夫元帅和方面军司令官罗科索夫斯基元帅的大力支持。

7月20日,崔可夫的部队和友邻部队越过苏联与波兰的国境线。

23日,近卫第8集团军攻克卢布林。7月27日,苏最高统帅部决定下一步进攻计划。崔可夫奉命率近卫第8集团军在华沙以南强渡维斯瓦河并夺取登陆场。崔可夫向方面军司令部大胆提出了自己独特的攻击地点和攻击发起时间,并向有些犹豫的罗科索夫斯基元帅立下军令状:如果进攻失败,自己甘愿被革职送交军事法庭论处。

8月1日,崔可夫指挥近卫第8集团军沿用由战斗侦察迅速转为主力进攻的战术,在自己亲临一线选定的攻击地段发起了攻击行动。

8月2日,崔可夫的部队在德军猛烈的航空轰炸下源源不断地强渡了维斯瓦河,占领并扩大了登陆场。在紧接着的几天时间里,崔可夫指挥近卫第8集团军对德军的疯狂反扑,实施了坚决而顽强的抗击;在艰难的时刻,崔可夫亲自率领集团军司令部指挥人员渡过河去,在战事最激烈的马格努舍夫实施战地指挥。

最终,在集团军全体官兵们的浴血奋战下,崔可夫终于实现了自己许下的军令状,牢牢地将维斯瓦河登陆场控制在自己的手中。崔可夫的近卫第8集团军在维斯瓦河登陆场之战的胜利,为苏军下一步实施维斯瓦河——奥得河战役起到了重要的作用。最高统帅部大本营代表朱可夫元帅盛赞崔可夫"以高度的指挥艺术和决心,赢得了在维斯瓦河上夺取和扼守登陆场的交战";方面军司令官罗科索夫斯基元帅则明确指出"崔可夫的斯大林格勒保卫者们善于保卫维斯瓦河登陆场的一小块土地"。

尽管取得如此骄人战绩,崔可夫本人却谦虚地表示说:"这些指挥官善于鼓舞和引导士兵们去建立功勋,他们的主动精神和大无畏精神,在相当大的程度上促使战役取得了成功";他努力为近卫第8集团军的各级勇士们向上司争取到了包括"苏联英雄""一级光荣勋章""一级卫国战争勋章""列宁勋章"等在内的各种大量的荣誉表彰,并亲自前往近卫第8集团军所属各部队,向获得奖励的英雄们授勋。

4.攻打战争的最终目标——柏林

到1945年初,苏军已将德军全部赶出苏联国土,并攻入东普鲁士境内。已陷入四面楚歌境地的希特勒妄想与节节进逼的苏军进行破釜沉舟的决战,他在维斯瓦河与奥得河之间构筑了纵深达500公里的7道防御阵地。

为突破德军的最后防线,苏联最高统帅部调集了庞大的部队,配备了大量武器。准备在华沙——柏林方向上实施新一轮强劲攻势。白俄罗斯第1方面军领受的作战任务是从崔可夫所部驻守的维斯瓦河马格努舍夫登陆场向库特诺、波兹南方向实施主要突击。

后来,由于英美联军在阿登战役中严重受挫,为了缓解西线盟军的压力,苏联最高统帅部决定将原定 1 月 20 日的进攻行动提前到 1 月 14 日进行。崔可夫在接到提前进攻的命令之后,立即组织集团军司令部制订了相应的进攻战役计划。

到 2 月 22 日,经过苏军 30 多个昼夜的浴血奋战,苏军胜利攻占波兹南。

当波兹南城激战正酣时,崔可夫近卫第 8 集团军和卡图科夫的近卫战车第 1 集团军的主力部队也不断向西挺进。

1 月 28 日,近卫第 8 集团军攻入德国境内;方面军司令官朱可夫元帅命令崔可夫近卫第 8 集团军及其友邻部队由奥得河向西继续进攻。

此时,崔可夫将近卫第 8 集团军的司令部西迁至普涅维,他本人则在普涅维与正在激战的波兹南城两地之间往返穿梭实施指挥。

1 月 31 日,仅用一天时间,近卫第 8 集团军几乎就彻底攻克了梅塞里茨筑垒地域。自 2 月 1 日起,近卫第 8 集团军开始进入森林地带,逼近了奥得河。奥得河可以说是德国首都柏林的大门。为守住这一生死之地,德军在此调集了重兵进行防守,并出动航空兵对苏军实施了疯狂的轰炸,使崔可夫的部队遭受了较大损失。崔可夫亲临作战第一线指挥部队实施强攻,于 2 月 3 日攻占了渡河的登陆场;近卫第 8 集团军的攻击部队随即强渡了奥得河。但随着战线的不断拉长,苏军攻击部队的弹药补给出现了严重问题,使得部队的攻击力受到削弱。

鉴于形势的变化,苏联最高统帅部决定暂缓对柏林的不间断攻击行动,命令各集团军扩大奥得河的各个登陆场并使之连成一体,以便下一步对柏林实施大规模的进攻。崔可夫近卫第 8 集团军的任务是与别尔扎林将军的突击第 5 集团军一同攻占德军的科斯钦要塞。经过一系列的联合攻击行动,近卫第 8 集团军和突击第 5 集团军于 3 月 29 日攻克了科斯钦要塞核心堡,使两个集团军的登陆场完全连成了一片,于是,围攻德国柏林已是指日可待。

到 1945 年 4 月中旬,在德国东线战场,苏军已在宽大正面上前出到奥得河和尼斯河并占领了登陆场,攻占了维也纳,从东、南两面包围了柏林。在西线战场,盟军合围了鲁尔德军集团,进抵易北河,并向汉堡、莱比锡和布拉格方向发展攻势,距柏林也只有百余公里的距离。

但是,希特勒并不甘心失败,他又纠集了大量德军和国民突击营精心设置了防务:在奥得河——尼斯河地区,构筑了纵深达 20 至 40 公里的三道防御地带;在柏林地区,又精心构筑了三层防御阵地体系;在柏林城内还设置了大量的街垒防御阵地,甚至在临街的房屋的窗户上都修筑了坚固的射击孔,使整个柏林城变成了一座巨型掩体和射击阵地。为给守军打气,希特勒声称:"我们在任何情况下都要战斗下去,正如腓特烈大帝所说,要一直打到那该死的敌人中有一个精疲力竭不能再战为止"。

为尽快攻克柏林以结束战争,苏联最高统帅部决定从 1945 年 4 月中旬对柏林德军发起总攻。由朱可夫元帅指挥的白俄罗斯第 1 集团军群承担突击并攻占柏林的任务。朱可夫决定由崔可夫指挥的近卫第 8 集团军和第 47、第 3 集团军及突击第 5 集团军从科斯钦登陆场实施主要突击行动。

4 月 12 日,朱可夫元帅向崔可夫发布作战命令,要求近卫第 8 集团军在霍尔措夫铁路车站和萨克森多夫村之间实施突击行动,突破德军的防线。

4月16日莫斯科时间5时整,崔可夫下达了攻击命令。苏军的炮弹呼啸着倾泻到德军的防御阵地上,整个大地都在可怕的颤抖之中,苏军进攻部队随即发起了强大的攻势。但泥泞的道路和纵横交错的沟渠以及德军的顽强抵抗,大大减缓了苏军的进攻速度,使崔可夫当天攻占泽洛夫高地的计划落了空。

针对战场的不利情况,崔可夫当即决定利用夜色掩护来秘密转移炮兵阵地,变更兵力部署,以便对德军实施出其不意的突袭。此一战术果然收到了奇效,近卫第8集团军于4月17日就突破了德军的第二道防线,夺取了泽洛夫高地;此后,苏军部队就有了将所有战车部队投入攻击行动的便利条件。

到20日晚,崔可夫的近卫第8集团军已突破了德军的第四道防线,前出到加尔岑、金巴姆、爱尼肯多夫一线;其友邻进攻部队也取得了较大的进展。21日,近卫第8集团军迅速向柏林的东南郊和南郊,从南面收住了对柏林的合围圈,并于次日开辟了通向柏林东郊的进攻道路。

4月23日,崔可夫近卫第8集团军的进攻部队开始在达米河以西的柏林城区与德军守城部队展开激战;24日,近卫第8集团军以强劲的攻势向柏林市中心地带发起了攻击。此时,正视现实的德军柏林城防司令官魏德林将军心里明白,柏林城的失陷已是几天内无法避免的事情了。

但疯狂的希特勒还不死心,他命令负责指挥作战的约德尔上将将西线德军全部撤回柏林,命令海军总司令邓尼兹元帅立即放弃海军的战斗任务而迅速调运部队回柏林,仍然妄想战局出现戏剧性的转机。但此时强大的苏军部队已开始对柏林德军发起了势不可挡的向心突击,希特勒的幻想逃脱不了破灭的命运。

在强击柏林的作战中,亲临一线的崔可夫将军命令战车部队改变过去单兵作战的战术,以步兵、战车、炮兵和工兵的密切协同,全力弥补战车在巷战中容易暴露翼侧的弱点;这样一来,近卫第8集团军减少了战车的损失,大大加快了在巷战中的推进速度。

4月27日,崔可夫的部队逼近希特勒的最后一个堡垒——集中了帝国办公厅、国会大厦和希特勒大本营的蒂尔花园区;困守在此的德军仍然在进行最后垂死的抵抗。

5月1日凌晨3时55分,德国陆军总参谋长克莱勃斯将军打着白旗钻出帝国办公厅的地下掩蔽部,前往苏近卫第8集团军的前线指挥所来谈判;崔可夫在此接见了他。克莱勃斯故作神秘地对崔可夫说:"我想告诉您一件绝对机密的事,您是我通报此事的第一位外国人:希特勒已于4月30日上午自杀了。"

听到这个令人吃惊的消息,拥有丰富外交经验的崔可夫以一副早已知情的模样,淡淡地回答说:"这消息我们已经知道了。"崔可夫立即到另一间房子里,用电话将情况向朱可夫做了报告。根据苏联最高统帅部的指示,崔可夫立即向克莱勃斯将军严正指出:"我要直截了当地问你,你们的抵抗有什么意义呢?你们的军队已经在投降,你们的官兵成千上万地做了俘虏,而此时此刻你还在提什么停战和谈判?"

5月1日9时45分,苏联政府发出最后通牒:德军必须彻底投降,否则苏军将在10时40分对德军实施最后的猛烈炮击。在未得到回应的情况下,苏军按时发起了最后的强攻行动。

5月2日早晨,德军柏林城防司令官魏德林上将前往崔可夫的前沿指挥所,签署了投降令；至中午时分,柏林守军全部投降。

1945 年 5 月 9 日,德军最高统帅部代表凯特尔元帅、什图姆普弗上将、弗雷德堡海军上将在无条件投降书上签上了各自的名字;崔可夫作为历史见证人,参加了德国无条件投降的签字仪式。

旷日持久的苏德战争终于落下了庞大的战幕。崔可夫以自己出色的指挥才能,为战争的胜利做出了宝贵的贡献;为此,苏联最高苏维埃主席团决定授予崔可夫"苏联英雄"称号,向他颁发"金星勋章",使他成为在此次战争中 98 名两获此项殊荣的功臣之一。而崔可夫所统率的近卫第 8 集团军也一同成为一支伟大的英雄部队,有 233 人荣获"苏联英雄"称号,十余万人次获得各种勋章和奖章,145 个作战单位获得集体勋章。

1945 年 6 月 10 日,驻德苏军部队统编为苏驻德占领军集群,朱可夫元帅出任总司令,崔可夫上将任副总司令;

11 月,索科洛夫斯基元帅接替了朱可夫的职务,崔可夫升任第一副总司令。

在此期间,崔可夫协助总司令采取各种措施对苏占区实施管制,为后来的德意志民主共和国的建立与发展奠定了政治及经济的基础。

1949 年 3 月,崔可夫上将继任苏驻德占领军集群总司令,兼任驻德军管局总指挥官。5 月,崔可夫宣布取消自上年 3 月起对柏林与西占区及德国东占区与西占区之间的交通及贸易封锁。此后,崔可夫致大力于东德的筹建工作。

9 月 21 日,德意志联邦共和国政府成立。

11 月 6 日,苏联部长会议任命崔可夫上将出任新成立的德境管制委员会主席,将原来苏联军政府的行政权力移交给东德政府。

1952 年,崔可夫上将在苏共十九大上当选为苏共中央候补委员。

1953 年 5 月底,苏联政府取消了德境管制委员会,崔可夫被调回国,担任基辅军区司令。

1955 年,时年 55 岁的崔可夫获晋元帅军阶。

1960 年 4 月,崔可夫调任国防部副部长兼陆军总司令;同年 7 月,兼任苏联民防司令。

1961 年,崔可夫元帅当选为苏共中央委员,成为苏联武装力量的高层中坚人物。

1972 年,72 岁高龄的崔可夫元帅改任国防部总监小组组长,仍然着力研究军事理论问题,总结第二次世界大战的经验。在自己的晚年中,崔可夫勤于笔耕,以自己丰富的人生经历和非凡的军事指挥生涯,撰写了《在战火中锤炼青春》和《在华使命》两部回忆录;出版了《集体英雄主义的集团军》《斯大林格勒:经验与教训》《战火中的 180 天》《空前的功绩》《从斯大林格勒到柏林》《斯大林格勒近卫军西进》《在乌克兰的战斗》《本世纪之战》等 8 部很有分量的战史著作。

1982 年 3 月 18 日,戎马一生的崔可夫安详地闭上了自己的眼睛,享年 82 岁。他在自己漫长的军事生涯中,以其大胆的独创精神屡建战功,先后荣获了 9 枚列宁勋章、1 枚十月革命勋章、4 枚红旗勋章、3 枚一级苏沃洛夫勋章、1 枚红星勋章。

第十三章　军事名著

一、以史为鉴，堪称典范——《谋略》

古罗马军事名著。一译《谋略例说》。成书于公元 1 世纪下半叶。作者弗龙蒂努斯（约公元 35~103），古罗马军事著作家，先后任罗马执政官、不列颠行省总督、亚细亚行省总督等职，写过一些军事理论著作，大部分已散失。该书除拉丁文本外，还有多种文字译本。中译本由袁坚翻译，解放军出版社 1991 年出版。

全书共 4 卷。前 3 卷为弗龙蒂努斯所撰，后 1 卷由后人补写。

第 1 卷主要论述进入交战前使用谋略的各种实例，计 12 类。依次为：隐蔽己方计划，刺探敌方计划，选定作战方式，率领军队通过受敌威胁地方，摆脱困境，行军途中设伏和遭埋伏，如何掩饰物资匮乏或怎样补足，分散敌人精力，平息兵变，遏制不合时宜的求战欲望，激励军队的作战热情，消弭因不利的先兆而在士兵中产生的恐惧心理。

第 2 卷列举了与交战本身有关以及对制伏敌人有影响的实例，计 13 类。依次为：选择交战时机，选择交战地点，交战之兵力部署，在敌人队伍中制造混乱，设伏，欲擒故纵、力避出现困兽犹斗之势，不露败绩，倾全力、振士气，若战斗顺利结局、如何了结未竟之战，见兔顾犬、亡羊补牢，坚定动摇分子的信心，为将者对自己的部队失去信心时为稳住阵脚应做些什么，退却。

第 3 卷的内容涉及围困和解除围困的谋略，计 18 类。依次为：出敌不意，示假隐真，策反用间，饥敌，因势制宜、因情措法，声东击西、调动敌人，断河毁水，惊敌，攻其无备，诱敌入瓮，佯撤，提高警觉，传送情报，调用增援和供应粮秣，明示充裕之形、暗隐短缺之实，反间，出击，临危镇定、以虚充实。

第 4 卷属于补遗性质，其中有些实例已不在谋略之列，但却有一定军事价值，计 7 类。依次为：纪律，纪律的作用，自制，正义性，坚定性，善意与机巧，其他。书中用以说明各类谋略的实例，多少不一，多者 40 多例，少者仅 3~5 例。

《谋略》通过引证史例着意阐明以下思想：

（1）注重战前周密的战争准备。作者在第 1 卷中所叙述的是交战方在战前使用谋略的各种实例，共计有 12 类，其内容涉及交战方战前在物质、精神方面所应做的各种准备，从而构成了作者较为周密完备的战争准备思想体系。具体而言，又可细化为作战计划、作战方式的选择，安全行军和战前士气激励四个方面：

一是隐蔽自己的作战计划和刺探敌方的作战计划。作战计划是战前敌对双方根据情况所制定的克敌制胜的军事行动指南，事关战争的成败得失。所以，每一方都力争在战前能够保住己作战计划的秘密而想尽一切办法刺探对方的作战计划。比如弗龙蒂努斯在《谋略》中所列举的成功隐蔽自己作战计划的战例：公元前195年，罗马的马尔斯·波尔奇乌斯·加图在平定西班牙各城邦后，认为臣服于他的西班牙各城邦总有一天会依托各自的工事，重新操起武器来抗争的。因之，他给每个城邦单独下了一表，让他们平掉工事。如若命令不迅速予以执行，将有战祸临头。他下令此表须同一天下发所有城邦。如是，每个城邦都会以为此表是专门下达给他的。要是得知所有城邦都接到同样的命令，难免发生串通起来实行抵制的情形。依靠这隐蔽了自己的作战计划的方式，他达到了消除一定会发生的战争隐患。此外，恺撒·多米蒂阿努斯·奥古斯都·日耳曼尼库斯皇帝镇压已经武装起来的日耳曼人，也是借出巡的名号掩饰，突然挑起战火镇压了剽悍的野蛮部落。在刺探敌方的作战计划的谋略方面，弗龙蒂努斯也列举了许多战例，如西庇阿·阿非利加努斯在刺探西法克斯的兵力和军情时，曾派人故意放了一匹骏马，他们借助去追赶那匹骏马的机会，跑遍了对方的大部分筑垒营地。当他们把侦察结果回报之后，战争也就以火烧军营而很快结束了。

二是正确选择作战方式。弗龙蒂努斯认为，战前作战方式的选择，不仅能够扬长避短，夺取作战的主动权，往往也是决定战役甚至整个战争胜负的重要因素。如他在《谋略》中列举到，"拜占庭人在与腓力争战时力避决战之险，甚至放弃领土防御，只退守城堡；终因腓力失去持久围困的耐心而撤走。"这是一个根据己方作战条件限制扬长避短，力避决战，采取依靠坚固城堡顽强固守的作战方式终于成功退敌的战例。在罗马与迦太基之间爆发的第二次布匿战争中，弗龙蒂努斯列举了罗马杰出的军事将领西庇阿在国内战争极为严峻的条件下，利用作战方式的转变夺取战略主动权的例子："当汉尼拔还逗留在意大利时，西庇阿就把军队运到了阿非利加。这就迫使迦太基人把汉尼拔召回。如是，西庇阿就把战争从自己的领土上转到了敌方的领土上。"西庇阿的这一作战方式，收到了两个功效：一是为罗马长期遭受汉尼拔蹂躏的国土解除了痛苦；二是迫使汉尼拔被迫撤回迦太基找着自己交战。从而，西庇阿使汉尼拔完全陷入了被动的作战局势之中，为最终战胜汉尼拔打下了基础。

三是行军中灵活克服不利因素和对敌设置不利因素。在行军中最重要的是能够保证自己的行军安全，进一步讲就是如何使自己的军队避免自己存在的安全隐患以及敌方所制造的危险，同时注意给敌人设置重重障碍和陷阱。在克服对己不利因素时，弗龙蒂努斯在《谋略》中列举了几种情况。如军事统帅如何率军通过受敌威胁的地区，作者列举了军队将领用俘虏来掩护行进中的队伍，结果导致了已设伏的敌人为了不伤害俘虏而停止射击的事例；亚历山大在印度利用夜暗、大雨、"暗度陈仓"之计巧渡敌重兵严阵以待的河障，等等。在遇到困境时，如何设计摆脱，正如作者所叙述的事例，"克罗埃苏斯无法渡过哈利斯河，他既无船只，也无钱财营造一座桥梁。他逆流而上，在他们的军营后侧开挖一条水渠，这样一来河床就跑到他的部队的背后去了。"在掩饰物质匮乏时，作者列举了亚历山大从印度沿阿非利加沙漠行军的例子。当时，他们都为极度的干渴所折磨。这时一个士兵弄了一点用头盔盛着的水，而亚历山大当着大家的面把水洒在了地上，从而以同甘共苦的精神激励大家走下去。以上是作者所列举的在不利因素条件下，如何克服困难顺利行军的众多事例。在行军过程中如何给敌人设置危险情况,弗龙蒂努斯也辩证地列举了设伏和使敌人遭埋伏的事例。如有一次福尔维乌斯·诺比利奥正率领他的队伍行军,突然从逃兵口中得知敌人准备袭击他的后卫。于是,他立即设计故意把辎重队留在后面,把精锐部队埋伏在大路的两侧以待敌。结果在敌人以为有机可乘而抢辎重时,伏兵四起对追击之敌围而歼之。

四是注重激发军队的作战热情。弗龙蒂努斯很重视部队在战前的作战热情、士气的高低。他认为,激励军队的作战热情,是保持部队高昂的士气,得以战胜敌人的重要因素,并在卷一第十一章中列举了大量成功激励士气而提高战斗力、得以战胜敌人的事例。如作者在书中所列举的事例:公元前 371 年底比斯的将军埃帕米农达斯同斯巴达人交战,为了激励士气和提高部队战斗力,充分发挥部队的作战实力,他的激励措施是:"把他的部下召集在一起,当众宣布,斯巴达人决意在获胜后就杀尽所有的男人,把他们的妻子和孩子掳去充当奴隶,还要把整个底比斯夷为平地。底比斯人听到这个消息后群情激奋,首战就击败了斯巴达人。"罗马内战期间马略在作战时随身带着一个叙利亚女巫,他在战前常常借助女巫之口来预卜战斗的结局。而他所列举的在公元前 558 年波斯国王居鲁士攻打米底人时激励部下的措施更为独特:他派将士从早到晚干一整天砍伐树木的劳累活,然后在第二天摆盛宴宴请他们,问他们喜欢过哪种日子。然后说,只有经过了前一天的苦,才会有后一天的甜;这就是说,要是你们不能征服米底人,你们就谈不上自由和幸福。这样,他就极大地激起了部队的求战欲望,达到了提高了士气的目的。

(2)建立系统科学的作战指导。弗龙蒂努斯在第 2 卷中所列举的是与作战密切相关,关于如何完胜敌人的作战指导方面有影响的事例,共计有 13 类。在这一部分,弗龙蒂努斯就战前如何选择交战的时机、地点,战时如何部署兵力,战中如何镇静自己而扰乱敌人,战争结束后如何安全退却等问题列举了大量的事例,较为系统地阐述了他的战争全程的作战指导思想。具体而言,又可分为以下几个方面:

一是正确选择作战时机和地点。弗龙蒂努斯认为,在作战过程中战前对作战时机和作战地点的选择,对战争的胜负也具有重要意义,它在特定的条件下往往成为决定性的因素。如他所列举的公元前 58 年,恺撒在高卢作战时,针对强壮剽悍的日耳曼人,曾经一筹莫展。但是他偶然知道日耳曼人的国王阿谬维斯图斯定下了一条规则:月亏时节不开战,就专门找这样的时候出战,最终打败了这位受迷信思想束缚的对手。这是一个典型的因作战时机的选择而终于获胜的事例。在作战地点的选择上,利用地形的优势而取胜的事例也有很多。如他所列举的发生在公元前 281~前 275 年古罗马共和国战争时期,马尼乌斯·库留斯打败皮洛斯的方阵,就是尽力设法在狭窄的地形上作战,使皮洛斯的方阵无法展开而最终击败了它。

二是避实击虚的兵力部署。弗龙蒂努斯认为,在作战过程中,根据敌人的兵力配置调整自己的兵力部署,注意做到避实击虚,往往能够取得意外的胜利。如他所列举的发生在公元前 359 年马其顿国王腓力和伊利里亚人的战争,战前腓力"发现正面的敌人全是从全军中挑选出来的,而敌的两翼却弱多了。因此,他把部下最强壮的士兵部署在右翼,去攻击敌人的左翼。如是,他使敌人的整个战线陷于一片混乱,从而大获全胜"。此外,像这样因情措兵、避实击虚而取胜的例子举不胜举。

三是战中控制自己和扰乱敌人。弗龙蒂努斯认为，在作战中有效地做到控制自己和扰乱敌人，把握住战争的进程和节奏，也是战争获得最后胜利的重要因素。其中控制自己是一项更为机智和困难的事情，所遇到的情况也更多。如他所列举的事例中有根据作战情况需要适当设伏以打击敌人；在战争开始前和进程中，对已经战败的敌人欲擒故纵、力避出现困兽犹斗使敌人反败为胜的局势，同时对自己所出现的不利局面甚至是败绩到不动声色等，都对军队的统帅有很强的要求。如弗龙蒂努斯所列举的一个不露败绩的例子：在罗马共和国后期，苏拉在指挥作战时，战斗刚一开始，他的部下就有一支人数相当多的骑兵队伍跑到敌人那里去了。"苏拉即时宣布，这是按照他的命令干的。如是，他不仅使他的部下避免了惊慌失措，而且还使大家对这一安排会产生何等结果寄予某种期望而受到鼓舞。"在扰乱敌人方面，往往采用欺骗的手段使敌人产生混乱。如他在列举公元前 280 年，罗马的皮洛斯作战中，他的对手借助杀了一个普通的士兵而扬言杀了他，结果造成了他的队伍的混乱而自溃。

　　四是重视战后的决策与军事行动。弗龙蒂努斯认为，在战斗结束后如何处理，也要分为几种不同的情况，这对于指挥作战的将帅也是一个很严峻的考验，因为这也常常决定了胜利的一方是否能够全胜，不利的一方如何避免完败和顺利的撤离自己的部队。他在书中列举了几种情况：在作战中如果己方的部队打败了敌人但是没有完全的击溃对方，如何结束这种未竟之战；在双方的损失相当时，如何亡羊补牢式的欺骗敌人来占据再战的优势；在作战失败后如何安全地撤退而不会导致全军覆灭的危险，等等。如发生在公元前 134 年，叙利亚国王特赖丰战败后安全撤离的史例：他"在他撤退的一路上撒满了钱物。安条克的骑兵因忙于抢夺这些钱财而迟误了战机，他也就成功地退走了"。从而，成功地避免了因敌人的骑兵的快速追击而导致自己军队完败的结局。

　　（3）注重城堡的攻守谋略。第 3 卷的内容涉及城堡的围困和解除围困的谋略，共计 18 类。这是《谋略》中所占比例最重的部分，从某种意义上讲，《谋略》的书名也正源于此。在古代，除了大规模的野战决胜负之外，因为科学技术发展的限制，城堡的攻守战是最难的，是将帅们所最愿意或最不愿意做的事情。但是，城堡的攻守战也是在古代一场战役或战争取得完胜的最后环节，一般是不可或缺的。弗龙蒂努斯在这部分列举了非常精彩而又富于辩证意义的使用谋略的事例，具有重要的启示意义。具体而言，可以分为以下两个方面：

　　一是围城破城的谋略。弗龙蒂努斯在这部分列举了大量的事例，因为这也是在战争中最难和军事思想表现最丰富、精彩的部分，富有深刻的辩证法思想。由于古代大多数攻城器械并没有摧毁坚固城堡的能力，所以运用谋略常成了攻破城堡的主要手段。如弗龙蒂努斯所列举的围城破城的事例中，在谋略思想的运用方面就展现了"出敌不意，攻其不备；策反用间；饥敌、惊敌；因势制宜，因情措法；声东击西，调动敌人；断河毁水；诱敌入瓮"等颇具高超智慧的奇谋妙策。这些攻城策略的实施曾使那些高大坚固，甚至是储粮充足的敌人很快地丧失抵抗意志而束手就擒。如公元前 195 年罗马的马尔库斯·加图在西班牙作战时，他发现只要"出敌不意"，就能攻克一座城池。所以，"他在冈峦起伏和荒芜人迹的地方以两天时间穿行了一般需要四天走完的路程，终于歼灭了对此毫无戒备的敌人。"在因势制宜，因情措法的事例中,弗龙蒂努斯列举了公元前178年罗马的蒂贝留斯·格拉古在围攻卢西塔尼亚人时,针对卢西塔尼亚人声称他们的粮食能够吃十年的说法,他就说:"好呀,那我就等到第十一个年头再收拾你们。"结果,卢西塔尼亚人慑于他这样的说法,虽然还有充裕的粮食,还是很快就投降了。

二是被围和解围的谋略。弗龙蒂努斯认为,在城堡被围的情况下如何解围是一种比攻城破城更为困难的局势,因为它是一种被动的局面,如果没有及时的外援,或充足的粮食供应、或突围战略战术等,绝大多数都是以城破而告终。关于如何在被动的围困中突围或解围,弗龙蒂努斯也通过一些事例来阐释解围之策,如:"明示充裕之形,暗隐短缺之实;利用反间计;适时出击等。"如公元前390年,罗马人所驻地卡皮托遭高卢人围困时,他们就采取了"明示充裕之形,暗隐短缺之实"的计策:当时,"罗马人陷于极端的饥饿之中,但还是往敌人堆里扔食物。这就造成一种假象:似乎他们的粮食供应还相当充实,从而顶住了围困,直到卡米卢斯前来解围。"此外,反间、出击等事例中所采用的措施,也有效地解决了被围者的被动局面。

(4)将帅素质及其治军统军观念。第4卷在作者看来属于补遗的性质,因为其中有些实例已不在谋略之列,共计7类。但是,这一部分可以归结为对将帅的治军与统军观念,将帅的个人修养和素质方面的要求,也是关于一个国家的军队是否具有战斗力,在战争能否取得胜利的基本因素,具有重要的军事价值和指导意义。

一是严格的军纪事关战争的胜负。关于将帅的治军与统军思想,弗龙蒂努斯有充分的认识,并归结为纪律和战争的关系,在书中列举了许多著名将帅从严治军的方法。同时他指出,使军队具有严厉的纪律,并通过艰苦的训练培养将士具备吃苦耐劳的精神,是诸多将领治军的普遍法则,也是战争中克敌制胜的一个基本保证。如斯巴达在治军的纪律方面提出在战斗中怕死未必会死,可是临阵脱逃的违纪者则必遭死刑。对于纪律的作用,弗龙蒂努斯强调指出,一支纪律严明的军队,可以"在总的作战方面比敌人占上风",可以以少胜多,甚至像亚历山大那样,依靠那支"久惯于恪守纪律的四万队伍"征服世界。他还列举了在危机时刻,人数很少,但是仅仅因为整顿了军纪而击败敌人进犯的事例,等等。

二是将帅的优秀品德也是致胜的重要因素。弗龙蒂努斯认为,一个领兵的杰出将帅,同时也必会是一位高尚的人,在战争中依靠着这点也能帮助他们赢得战争。如发生在公元前394年卡米卢斯围困法利希人,作者通过叙述"以仁义赢得战争"的事例,说明"通过欺诈手段取得胜利"为高尚的人所瞧不起,而卡米卢斯的仁义和正义之举也使法利希人自愿归顺于他。接着他又列举了以"高尚的行为"获得"友谊"的例子:伊庇鲁斯国王皮洛斯的医生来找罗马统帅,表示如果他的效劳罗马人能给相当丰厚的报酬的话,他可以给皮洛斯服毒药。罗马统帅"不想用此等罪恶的手段攫取胜利",向国王揭发了这个阴谋,"这一高尚的行为终使皮洛斯得到了罗马的友谊"。在将帅的自制方面,他还列举了一些将领对自身严格要求,洁身自好,身先士卒,生活清苦,克己奉公等,所以他们所带领的队伍秋毫无犯,士气高昂,从而使许多城邦愿意归顺,不战而胜。

《谋略》是较早运用史例阐发军事理论的代表作之一,是研究古代罗马军事思想的重要文献,颇受欧美军事学术界重视。由于时代的局限性,该书带有宿命论和弱肉强食的思想烙印。

【点评】古罗马军事名著,一译《谋略例说》,成书于公元 1 世纪下半叶,古罗马军事著作家弗龙蒂努斯(约公元 35~103)著。全书共 4 卷。前 3 卷为弗龙蒂努斯所撰,后 1 卷由后人补写。第 1 卷主要论述进入交战前使用谋略的各种实例,计 12 类;第 2 卷列举了与交战本身有关以及对制伏敌人有影响的实例,计 13 类;第 3 卷的内容涉及围困和解除围困的谋略,计 18 类;第 4 卷属于补遗性质,其中有些实例已不在谋略之列,但却有一定军事价值,计 7 类。

二、古典世界,享有盛誉——《论军事》

古罗马军事名著。一译《军事原理简述》,旧译《罗马军制》,中文本译为《兵法简述》。作者韦格蒂乌斯(约活动于公元 4 世纪末~5 世纪),古罗马军事著作家,贵族出身,因著有《论军事》这一文艺复兴前探讨军事问题的重要理论专著,在欧洲军事学术界享有一定声誉。仅 10~15 世纪就有 150 多种不同的抄本,在印刷术传人欧洲之前便被翻译成英、法、保加利亚等国文字,在几个世纪内曾被欧洲军界奉为经典,他本人也被后人誉为"古典世界最伟大的军事理论家"。

全书共 4 卷,118 章,是作者根据罗马作家大加图及皇帝奥古斯都、图拉真等留存的资料,在认真研究古希腊特别是古罗马丰富军事历史经验的基础上写成的。书中着重探讨兵员的征召、训练、军队的编成、战斗队形、作战基本原则、防守和围攻要塞的方法,以及海战的基本原则等问题。其基本思想体现在以下几个方面:

(1)强调"只有武艺精湛,熟谙兵法,训练有素,才能确保胜利"

韦格蒂乌斯认为,一支武艺精湛、熟谙兵法、训练有素的军队,往往是战争取胜的基础。他在正文的第一句话就精辟地指出:"战争的胜利并不完全取决于人多势众,或者说作战凶猛;只有武艺精湛,熟谙兵法,训练有素,才能确保胜利。"他接着强调指出:"熟悉整军经武之道使人在战斗中勇气倍增。一个人要坚信对自己的事业完全在行,他就会无所畏惧。实际上,一个人数较少,但训练有素的队伍在作战时往往更易于夺取胜利,而庞大臃肿、缺乏训练的乌合之众是注定会大败溃输的。"为此,他系统阐述了如何造就一支武艺精湛,熟谙兵法,训练有素的军队。

首先,总结战争史阐明军事训练的重要性。思想上的认识是付诸行动的先决条件。韦格蒂乌斯通过总结战争史上的经验教训,深刻地阐释了军事训练的重要性。如他在总结罗马与迦太基布匿战争第二阶段,因忽视军事训练而带来屡战屡败的恶果时指出:第一次布匿战争之前,罗马人曾一路风光,无往而不胜。其后,和平年景竟延续达 20 年之久,由于贪图安逸自在,疏急军事训练,使当时罗马人的国力受到很大削弱。到第二次布匿战争时,他们却无论怎样也无法同汉尼拔相匹敌。只是在他们丧失了很多执政官、军事将领及其军队之后,才悟清要学习军事实践和操练使用武器,并在重新学会这一切之后才又开始打胜仗。所以说,必须重视募选和训练新兵的工作。他还生动地阐述说:"一个国家是否强大、是否幸福、是否光荣,要看它有没有足够数量的经过训练的军人。"

其次,精心募选军队成员。在选兵的问题上,韦格蒂乌斯主张应招募那些精力充沛,不怕负伤,甚至视死如归而又有理智的人来当兵。在选择农村兵还是城市兵的问题上,韦格蒂乌斯认为:一般说来,农村出来的人对于搞武事要合适得多。因为"他们头顶辽阔的蓝天,是在劳动中成长起来的;他们能忍受阳光曝晒,对于夜间的湿度也不在意……他们心地纯良,有一副能承受各种劳动的身躯,并养成了操持铁器、挖壕掘沟、肩挑背扛的习惯"。与此同时,仍有必要吸收一些城里人参军。但首先要让他们学习干活,跑步,负重,经受阳光曝晒,风尘吹打,能习惯于粗茶淡饭,能在露天或简易帐篷里留宿。还要教他们使用兵器,在远距离行军时,要让他们到边缘的兵营,多派他们去巡逻放哨,从此加强并发展他们的体力和精神力量。同时,韦格蒂乌斯认为,募选的新兵应在身体方面和精神方面都是最优秀的,在出身门第和个人德行方面都必须是无可挑剔的,荣誉感使军人成为优秀分子,责任感使他们知难而进成为胜利者。招募新兵时,应将不合格的人淘汰掉,并挑选强有力的人替代他们。因为一旦发生冲突,真正起作用的并不是军人的数量,而是他们的勇敢精神。

最后,对新兵进行系统的军事训练。韦格蒂乌斯认为,良好素质的新兵必须经过系统、完备的军事训练,才能打造出在战争中无往而不胜的军队。系统的军事训练的第一堂课应是走步伐,以便于无论是行军还是在兵阵中,全体军士能够在运动时保持正确的队形。其次是勤练跑步,并通过坚持不懈的训练学会跳跃,学会跃沟壕,翻越任何足以成为障碍的高地等,便于战士在战斗进程中能以跑步、跃进的运动中杀伤敌人,并在其还没做好准备进行自卫或击退对手之前,即使之受到沉重打击。新兵还应学会游泳术,以便于在没有桥或突然下雨、遇上积雪融化而暴发山洪时,部队不会因此而陷入险境。新兵还应深入而认真地做好战术演练。这要由专家传授。因为在所有的交战中,那些长于部署兵阵的人总要比不会的人更善战,懂战术的人在作战方面总要超过其同伴。新兵还应不断加强马术训练。开始可徒手练骑术,力求先掌握技巧。随后再持械操练,即训练手持马刀或矛从左右两侧上下马,便于使受训者在一旦战斗突发时能毫不迟误地跃身上马。新兵还应进行在负重60磅的情况下健步行军,学会构筑营地。因为在战争中,负重行军是常有的事,而构筑营地则是没有比这种本事更加重要和不可或缺了。在构筑营地时,应注意将营地建在安全地带,包括注意附近能否充分保障柴薪、草料和水的供应;避开周围的山冈或高地,否则这些制高点一旦被敌人控制,后患无穷;营地规模应与部队人数、辎重的多少相适应,防止大量部队拥挤在较小的空间里,或少量部队展开在面积过大的土地上。从而,韦格蒂乌斯阐述了根据当时的实战需要,士兵所具备的系统科学的军事训练项目。

(2)注重创建组织精良、克敌制胜的军团

首先,建立健全的军兵种。在韦格蒂乌斯看来,组织精良的军团通常能够战胜任何兵力的敌人,是战争取胜的根本保证。而"军团自身则有若干个重装的全建制大队,也就是主力兵、剑矛兵、后备兵以及类似于轻步兵的先头部队,即投标枪手、弓箭手、投石手、弩炮手的队伍;还有属于自己编制的军团骑兵。他们执行同样的命令,团结友爱,协调一致地构筑营地,操练兵阵,实施交战,在各方面都是完整一体的,不需要任何外部的支援——这样的军团通常能够战胜任何兵力的敌人"。而当时的军队分为三大部分:骑兵、步兵和海军,实际上的兵团是三军种全备,在战时彼此相互协同作战。骑兵分为两类：一类称作侧翼，从左右两面掩护着步兵兵阵；另一类骑兵因隶属军团编制而叫军团骑兵。海军也由两部分组成：一部分是按省份舰船模型取名的利尔布纳舰船；另一部分是武装帆船。骑兵守卫平原，海军保卫海洋和江河，步兵则坚守高地、城市、平坦地和悬崖峭壁。韦格蒂乌斯认为，这三兵种在各自的范围内，有效地协同作战，从而组成能战胜任何兵力的敌人的精良兵团。

其次，合理的编制体制。韦格蒂乌斯认为，一个军团应该有 10 个大队。第 1 大队在人员数额和素质上都优于其他大队。这个大队有 1150 名步兵，32 名穿铠甲的骑兵，素有"千人大队"之称，它是军团的主体。第 2 大队由 555 名步兵和 66 名骑兵组成，称作"五百人大队"。第 3 至第 8 大队，也均由 555 名步兵和 66 名骑兵组成。第 9 至第 10 大队，则分别由 555 名步兵和 62 名骑兵组成。整个军团就由这样 10 个大队合成，总人数为步兵 6100 名和骑兵 730 名。同时，作为编制体制内的军团人员素质也有具体的要求。作为"千人大队"的第 1 大队，应由出身门第、教育程度、外表仪容、勇敢无畏诸方面均无可挑剔的成员组成。其首领必须是具备精通军事、有强健的体魄、英勇无比、道德品质高尚等条件的保民官。其余大队的首领或由军事保民官，或由别的高级将领担任。这些保民官和高级将领对军事训练应该抓紧，不仅强制他们的部下天天坚持操练，而且要通过亲身示范，以此激励将士仿效。

再次，战前的攻防兵阵部署。韦格蒂乌斯认为，精良军团的会在战前的兵阵部署应是：骑兵配置在两翼；整个兵阵应从右翼的第 1 大队开始部署，继而是第 2 大队，第 3 大队居中央位置，它旁边是第 4 大队，第 5 大队在左翼。在兵阵前和各方旗帜周围作战的称主力兵，即重装兵。韦格蒂乌斯基于此指出："组织精良的军团宛若一座真正的城池，固若金汤。它随时随地具备着为交战所不可或缺的一切条件，对敌人的突然出现毫不畏惧；即使在旷野里也能迅捷地挖沟掘壕，为自己设防；在其编成中有操持各种行当和使用各种武器的人才。"此外，他还指出，军团夺取胜利还与装备有关。军团中的矛和标枪是非常重要的，它们应该是任何铠甲盾牌都无法抵御的。此外，军团、大队还应该有弩炮、舟船、扒城钩等，总之，军团应该携带在任何形式的战争中所不可缺少的一切装备。

最后，"要训练有素的精兵"。韦格蒂乌斯认为，军队是军团、辅助部队以及骑兵的集合体，它是为实施战争而建立的，其规模不宜过大。"实际上过于庞大的军队之所以溃败与其说是由于敌人的英勇，倒不如说是出于自身的臃肿。"有时人数越多，出现偶然的机会就越多。比如，在转移时因军队人多，行动就比较缓慢。因为队伍距离拉得过长，通常易受敌军的袭击；在穿越复杂地形或涉水渡河时，往往会因辎重转移迟缓而引起混乱。此外，在任何一次征战中，备足粮草绝非轻而易举，且又必须先行，否则势必会拖住庞大军队的后腿。人员过多又往往会造成缺水现象等。"古人宁愿不要庞大的军队，而要训练有素的精兵，其道理就在于此。"

（3）认为优秀的统帅是保家卫国的关键

韦格蒂乌斯在书中曾对统帅在战争中的作用予以较大的关注，他说："兵经之艺对于准备争战的人（将帅）来说至关重要，它能帮助你保全生命，赢得胜利。""既然将帅被授予如此巨大的权力和高位，那么国人的命运、捍卫城邦的责任、军士的生命、国家的荣誉等都维系于他的忠诚和勇敢；他就不仅应当关注整个军队，而且应当关注到每一个具体的士兵。因为一旦士兵们真的在战争中发生什么不幸，那便是他作为将帅的过失，也是国家的损失。"所以，他认为优秀的统帅要善于知己知彼，事先对一切都考虑周全，而且应在战争开始前就把一切都安排妥当，他的作战计划及指挥关系到作战中能否克敌制胜和保家卫国。

首先，知己知彼，把握主动。韦格蒂乌斯在论述知己知彼方面时说："他（将帅）应当尽可能地熟知他的助手、保民官，他的随从，以至普通士兵，要叫出他们的姓名，摸透他们的脾性，了解他们，在战争中能发挥怎样的作用。"同时，他又指出，"对于统帅来说，最有效、最高明的招数是从全军中挑选懂得兵法而又是大智大勇的人；一定要革除一切阿谀奉承之风，在战时此风危害至极。"还应了解我方辅助部队的实力如何，敌军的士兵怎样，我军的士兵又怎样，哪一方在期待胜利方面更具信心等。其中，还应注意了解敌军的统帅是怎样的人，了解其身边的随从和高级指挥人员的情况。他们的特点是轻率冒进还是谨慎稳重，是英勇无畏还是贪生怕死，是精于武事抑或只凭狭隘的经验进行厮杀，等等。他还提出，优秀的统帅应为提高部队的作战能力，委派经过精选的富有经验的保民官，让他们去训练部队使用武器的各种方法，并亲自对之实施教练，就如同他们已面临实战那样，还应不断使他们感受到自己掌握兵事技艺的程度，体力是否增强，能否按命令以及口头指令等去行动。从而，在了解敌我一切情况的基础上，把握主动权，制定出有的放矢作战计划以克敌制胜。

其次，当机立断和激励士气。针对作战指挥和如何激励士气，韦格蒂乌斯指出："一个警觉的、镇定自若的、聪明的将帅由于能密切注意自己的部队和对方部队的一切情况，他就会像法官处理发生民事案件的双方之间的矛盾那样做出判断。假若他能够断定，在许多方面他确已超过敌人，那就应立即投入于他有利的交战。一旦发现敌人强于自己，就要力避正面战斗。要知道即使部队人数较少，实力较差，在突然袭击和设伏时，由于统帅指挥得当通常也是能够赢得胜利的。"而会战较量的结果维系着全局的胜利，为此，将帅应全神贯注，集中精力，以巨大的荣誉激励勤勉奋进者，以严重的惩罚威胁怠惰懒散者。韦格蒂乌斯认为，在临战之前，将帅应通过信心和激励，大大振奋部队英勇杀敌的精神。要指明敌人的弱点和失误，并讲一些能激起我军官兵对敌人的仇恨心和使大家义愤填膺的故事。还应通过了解敌人的特点及武器等，消除在与敌正面交锋时的恐惧心理，并在自己的计划中考虑好一旦战败的措施。因为，"一个聪明的、洞察力强的将帅，在投入正面会战时，总是应该预见到存在失败的可能，总是应当去考虑怎样才能既不承受巨大的损失，又能使那些败军得到救援的问题。"不管交战结局如何，将帅应聚集自己军队的残部，给他们以鼓舞，设法使他们重新弄到武器装备，激励他们树立起继续作战的决心。同时，可重新积蓄力量，物色新的盟友。还应注意捕捉有利时机，借助隐蔽的伏兵对获胜者一方发起突然袭击，进而恢复军队的斗志。

再次，善于利用战时的地利。韦格蒂乌斯认为："优秀的将帅应知道，胜利在很大程度上取决于战斗所在地的地形条件。"因此，当准备实施白刃格斗时，一定要先争得地利之助。而要取得地利之助，首先又要通过侦察来弄清地形条件。"最好派出最忠诚、最精灵、最细致的人骑上上等的马匹去察看前方的地形，探明前后左右的整个地势,要躲开敌人可能设伏的地块。"一般说,所占地势越高就越有利,居高一方能更勇猛地击退敌人。但若想用步兵战胜敌人的骑兵,则应选择坑坑洼洼的多山的地形;而若想用骑兵战胜敌人的步兵,则应选择较平坦的、开阔的地形。

（4）主张一切交战、征战都应遵循作战规则

韦格蒂乌斯曾精辟概括了33条被其称为作战共同规则或一切交战和征战的主要规则,对后世的将帅治军、率军作战具有直接的指导作用:

——于己有利的,于敌应有害;于敌有助的,于己必有害。因之,我们不应当做或者不去做符合敌人意愿的事,而只应当做或者去做我们认为于自己有利的事。如果你去效尤敌人为自己的利益而做的事,那你就是反对你自己了。反之亦然:如果敌人想效法你那样去行动,结果一样,因为你期盼为自己所做的事恰巧正是反对他们的。

——战时更多地关注夜间巡逻和巡查哨,平时严格要求所属人员加强训练的将领,陷落险境的可能就少。

——决不要让你从未实地考察过的人去面对敌阵。

——使对方粮秣不敷,对其实施突然袭击或威吓是克敌制胜的上策,交战则属下策;交战中通常更起作用的与其说是勇气,不如说是运气。

——最好的计划是直到你付诸实施之前敌人对此一无所知者。

——在战争中,有利的时机通常较之胆量更值得依凭。

——如果你能激励敌军向你投诚或他们自己投诚过来,而且这样做实出于真心,那就会大大增强我们对成功的信心,敌营中有人逃跑比之有人战死,对敌人的打击沉重得多。

——在兵阵后部保持较多的预备队,比之加宽或拉长兵阵更为有利。

——善于正确判断敌我双方实情的将领将立于不败之地。

——人多势众不如骁勇善战。

——得地利之便较之勇敢无畏尤益。

——天生的勇士少有,许多人是通过实践,通过良好训练的体验变成无畏者的。

——勤劳刻苦使军队欣欣向荣,懒散怠惰令其颓衰羸弱。

——切莫让一支你认为对胜利缺乏信心的队伍投入交战。

——突然性能使人惊恐,循规蹈矩作用平平。

——轻率追击会混乱自己的队伍,将领如是做无异于将自己到手的胜利拱手奉送敌人。

——对粮草和一切必需品事先未做好充分准备的军队,不用动武便能战而胜之。

——若兵力和士气均胜过敌方,可使用正方形兵阵交战之。此阵法之一。

——若不如敌方,可以右翼攻敌之左翼。此阵法之二。

——若确认敌之左翼实力很强,可攻击敌之右翼。此阵法之三。

——若部队训练有素,应在两翼开启战斗。此阵法之四。

——若轻装部队精锐,可在阵前部署标枪投手和弓箭手,对敌两翼实施攻击。此阵法之五。

——若部队之兵力和士气皆不足信,而又必须投入战斗,可以用我之右翼攻敌之左翼,而将余部犹如铁扦一般拉开距离。此阵法之六。

——若你的部队的兵力不足,士气亦不高,就采用第七种阵法,但一般应由山冈,或城池、或海洋、或江河、或其他无法逾越之障碍依托之。

——若确信自己的骑兵兵力较强,可寻找合宜于骑兵作战之地形,战斗中多多凭借骑兵取胜。

——若你的步兵足以信赖,可选择合宜于步兵作战之地形,以步兵部队作战。

——如有敌奸潜入营地,可于白昼下令所有人员各归营帐,敌奸当即暴露。

——一旦获悉你的计划已由变节者泄露于敌人,自然应当变更你的意图。

——应该怎样做,可以找许多人商议;准备怎样做只能同最可靠的少数人商议,最好还是自己与自己商议。

——在驻地,恐吓和惩罚使士兵守规矩;作战时使他们成为英雄的则是鼓励和奖赏。

——优秀的统帅只有情况有利或十分必要时才下决心投入正面交战。

——兵不血刃而以饥馑屈人之兵者,乃为上。

——要使敌人无法知晓你将用什么方式与之交战,以免他们有的放矢地构思出某种足以对付你的办法。

《论军事》试图通过总结古代军队作战和建军的经验为处于衰落时期的罗马帝国找到恢复军队战斗力的办法,因此较系统地阐发了古希腊、古罗马的战争艺术。但由于时代的局限,作者未能看到奴隶制的解体是当时罗马军事机器急剧衰退的根本原因,因而书中不少议论缺乏应有的深度。尽管如此,该书对中世纪和文艺复兴时期的军事思想有较大影响。

【点评】古罗马军事名著,一译《军事原理简述》,旧译《罗马军制》,中文本译为《兵法简述》,古罗马军事著作家韦格蒂乌斯(约活动于公元4世纪末。5世纪)撰。全书共4卷,118章,着重探讨兵员的征召、训练、军队的编成、战斗队形、作战基本原则、防守和围攻要塞的方法,以及海战的基本原则等问题。该书在欧洲军事学术界享有一定声誉,在几个世纪内曾被欧洲军界奉为经典,作者也被后人誉为"古典世界最伟大的军事理论家"。

三、治军作战,多有论述——《将略》

拜占庭帝国军事名著,一译《战略法》,公元6~7世纪初,拜占庭帝国一佚名作者假托皇帝莫里斯(约539~602)之名,在总结6世纪拜占庭帝国军队作战经验的基础上,吸收韦格蒂乌斯《论军事》一书中所总结的古罗马军队的经验而写成的。除希腊文本外,有多种文字译本,中译本尚未问世。全书共12卷,重点论述军队的编制、武器装备、训练、队形编成、作战方法、战斗保障以及其他民族进行战争的特点等问题。

该书的内容较为丰富,其基本思想体现在以下几个方面:

(1)认为战争胜负关系到国家的存亡,军人是"国家的柱石"

在长期的战争中,拜占庭统治者形成了战争胜负关系到国家存亡的战争观,强调军人是"国家的柱石"。《将略》提醒统治者,为了国家的生存,要重视军事和国防,坚持同国内"叛乱"和外敌入侵做斗争。为了赢得战争,拜占庭统治者强调既要使用武力也要使用外交手段,适时与邻国结盟,以减轻国家安全承受的压力。为了赢得战争,要熟练使用反间计,贿赂敌对部落酋长,颠覆敌国政府。要尽可能不诉诸武力就迫使对方放弃目标。

(2)强调要突出重点,有针对性地加强军队建设

《将略》提出军队建设要突出重点,有针对性地进行。针对拜占庭的敌国主要依靠骑兵突袭的特点,把骑兵尤其是重装骑兵作为军队建设的重点。同时,主张骑兵与步兵联合编组,以便协同作战。特别主张建设庞大舰队,夺取地中海霸权,增强滨海城防,以对付强大的阿拉伯海军。重视建立军区制,强调农民和士兵对国家长治久安的重要性。

(3)主张通过严格训练和激励士气提高战斗力

《将略》主张严格训练,特别指出要讲究训练方法。认为任何军队必须重视军事训练,不经过训练的军队是不可能有强大的战斗力的。训练包括单兵训练、分队(中队)训练和部队合练。训练的目的是熟悉战斗队形、实施协同进攻和各种地形条件下的战斗机动,同时培养军人精准的战斗技能和顽强的战斗毅力。军队战斗力的提高除了严格的训练外,还要加强对士兵的激励以提高士气。《将略》提出的用以激励士兵士气的是宗教信仰,极力把拜占庭士兵塑造成基督教的卫士,使其把维护基督教视为自己的使命,在发动进攻时也总是从宗教和历史上寻找理由。但《将略》也指出用金钱刺激战斗热情的重要性。

(4)重视将帅的个人素质和指挥才能

《将略》十分重视军事将帅的个人素质和指挥才能,认为这是建军的关键,对将帅提出了较高要求。指出将帅在统帅军队的日常工作中,首先要关注武器,注重合理的武器配备,通过训练使每一位士兵熟练地掌握武器的性能。同时能敏感地认识并运用最新武器,并在作战中力争产生强大的杀伤力。其次,将帅要关注军队指挥,一旦宣战,将帅要把军队组织好,以最快的速度进入作战状态。一位优秀的将帅须懂得如何根据不同路线和敌情编组行军队形,保障粮秣供应和军队行动与驻址的安全。

(5)提倡灵活多变、推崇军事行动的突然性

《将略》大量论述了各种作战方法,集中体现了拜占庭帝国的作战思想。提出在战略进攻时,应长驱直入夺取敌首都或战略要地,分割敌军,夺占要道,各个歼敌。《将略》十分推崇突然性的军事行动,认为突然性是军事艺术的要谛,一位优秀的将帅要能利用各种条件对敌发动突然性的进攻,置敌于不备,以获取战斗的胜利。作战要善于用计谋,在战争中不必忌讳使用诡计,选择有利的时间、地点进行军事行动。认为伏击和围困优于白刃格斗。在战略防御时,强调立足长期分区防御,在每个防区(军区)修筑数个坚固要塞、军用道路和烽火报警系统,集中兵力将敌压迫至设防坚固的山口或渡口,然后再发起向心攻击将敌击溃。《将略》重视战前和战中的队形编成,指出战前应做好周密侦察,强调一切行动都要依据正确的情报,以判明敌方的企图。但同时要采取积极行动,隐真示假,隐蔽自己的部署,干扰

敌军的判断。在具体的作战中,主张骑兵战斗队形由两线组成,每线 3~4 列,二线骑兵隐蔽在纵深内,关键时节才投入战斗。两线骑兵可以变换队形,交替使用。要妥善处理战斗和增援的关系。强调骑兵和步兵联合编组,突击和投射密切配合,以便发挥步兵的作用。十分重视将帅对预备队的掌握和使用技巧。

《将略》主要概括了拜占庭帝国有关军队建设和作战使用等方面的问题,是一部代表当时欧洲军事学术水平的著作。书中提出的有些观点带有迷信色彩。

【点评】拜占庭帝国军事名著,一译《战略法》,公元 6~7 世纪初,拜占庭帝国一佚名作者假托皇帝莫里斯(约 539~602)之名而作。全书共 12 卷,重点论述军队的编制、武器装备、训练、队形编成、作战方法、战斗保障以及其他民族进行战争的特点等问题。该书主要概括了拜占庭帝国有关军队建设和作战使用等方面的问题,是一部代表当时欧洲军事学术水平的著作。

四、复兴之作,催生变革——《战争艺术》

欧洲文艺复兴时期意大利军事名著。一译《论战争艺术》。作者马基雅维利(1469~1527),意大利政治思想家、历史学家、军事理论家,生于佛罗伦萨,曾任佛罗伦萨共和国"十人委员会"负责外交和军政事务的秘书。撰有《君主论》《佛罗伦萨史》等多本政治、历史和军事理论著作。《战争艺术》一书以对话体裁写于 1519~1520 年,除意大利文本外,还有多种文字译本,中译本尚未问世。

马基雅维利

全书共 7 卷。第 1、第 2 卷着重论述军队兵役制度和训练,第 3 卷集中论述会战,以后各卷探讨宿营、行军、筑城等问题。其基本思想体现在以下几个方面:

(1)认为军事是君主的唯一"专业"、立国兴邦的重要支柱。马基雅维利在总结古罗马和中世纪意大利历史经验的基础上提出,君主要巩固自己的权势,必须专心致力于战争,切实掌握军事力量。君主的唯一"专业"就是军事,除了战争、军事制度和训练之外,不应该有其他目标和其他考虑。统治者建立新的秩序,如果没有自己的武装作后盾,就难免遭到毁灭。军队和法律是立国的两大支柱,没有良好的军队,就不可能有良好的法律,而有了良好的军队,就一定有良好的法律。

(2)主张由本国国民组成常备国民军,反对雇佣外国军队。马基雅维利认为,军队关系到国家的兴衰存亡,佛罗伦萨多年来之所以难御外侮、长期分裂,原因在于没有自身统一的武装力量。仰仗外国雇佣军或外国援军,是一切灾难的根源。这些外国军队尽管领取巨额军饷,却不能做到真心实意为君主效命。相反,他们往往作战不力,甚至叛变。因此,一国君主必须建立由本国国民组成的常备军,以保卫国家的疆土和独立。

(3)强调建立编制合理、装备精良、严格训练、纪律严明的军队。马基雅维利认为,军队的组织编制必须合理,以适应实战的需要;武器装备应力求精良,以有效地对付强敌。他同时强调,训练和纪律对于提高部队战斗力具有重要意义。他认为,很少有人生性勇敢,良好的秩序和经验能够锻造出勇士。军队中,秩序和纪律比勇气更可靠。士兵必须按军事要领行动,无条件执行长官命令,以形成统一意志。他主张国民军的军官和骑兵从市民中招募,而步兵则由来自农村的志愿者充任。

(4)强调积极主动寻找战机,与敌实施有利决战。马基雅维利批判外国雇佣军惯于采用的回避战场直接交锋的落后战法,主张积极主动寻找战机,与敌实施有利决战。作战中,军队应分成若干群,呈梯次配置,以便随时机动和增强突击力,认为预备队对夺取胜利具有重要意义。他注重初战,强调只有在确有把握的情况下方可开战。因此,战前必须严格保守军事机密,并做好充分的物质储备。统帅作为作战行动的谋划组织者,必须具备坚决果断、精于指挥、善于激励部属以及通晓历史和地理知识等素质。

马基雅维利的军事思想,是欧洲文艺复兴时期社会进步思想在军事上的反映,体现了当时军事变革中的创新精神,受到后世军事理论界普遍注意,对于欧洲近代军事思想的形成和发展具有重要影响。马基雅维利被恩格斯誉为第一位值得一提的近代军事著作家。著名军事战略家钮先钟认为,马基雅维利一生中留下了两本主要著作,即《战争艺术》和《君主论》,前者所代表的是将道(军事战略)的复兴,后者所代表的是君道(国家战略)的开创。但由于时代的局限,马基雅维利对火器和骑兵的作用认识不够。

【点评】欧洲文艺复兴时期意大利军事名著,一译《论战争艺术》。意大利政治思想家、历史学家、军事理论家马基雅维利撰。《战争艺术》一书以对话体裁写于1519~1520年,除意大利文本外,还有多种文字译本,中译本尚未问世。

五、经久不衰,"永远制胜"——《制胜的科学》

俄国著名军事著作,苏沃洛夫著。该书写于1795~1796年,发表于1806年,曾多次再版。

作者苏沃洛夫(1730~1800)出生于俄国的一个军人家庭,从小酷爱军事,在父亲(俄国上将枢密官,曾编纂了第一部俄国军事词典)的指导下研究炮兵学,筑城学和军事史。苏沃洛夫17岁就开始了军旅生涯。曾当过参谋、团长、旅长、师长,直至俄军的战区司令和远征军总司令。在他近50年的戎马生涯中,转战疆场,曾亲自指挥过60多次战役和战斗,屡战屡胜。因战绩显赫,1799年被提升为大元帅。苏沃洛夫学识渊博,曾编写过《团规》等军事著作。1795~1796年他指挥驻乌克兰的军队,设行营于图利钦,在此期间,他根据自己雄厚的军事理论和丰富的作战经验,写成了这部《制胜的科学》。

为什么《制胜的科学》能得到"永远是'制胜的科学'"这一美誉？这还得从该书所论述的军事思想和提出的作战原则说起。

该书是阐述苏沃洛夫战术原则和军队训练及教育原则的教令，它以创新的理论、结论和原则丰富了整个 18 世纪的军事学术领域，其军事学术内容、治军思想及影响作用远远超出了国家的界限，在俄国和世界军事历史上都占有重要的位置，成为各国军事家关注的世界军事名著。本书共分两大部分，另加引言和注释。第一部分"分队对抗演习或演习前的训练"，是专供军官使用的，阐述了苏沃洛夫的军队训练方法，这一方法在于实施野外对抗演习时要近似于实战的贯穿与冲击，被当作部队指挥人员的指南；第二部分"向士兵口授必须的知识"（或"用士兵的语言对士兵讲话"），是供士兵用的手册，内容包括苏沃洛夫关于战术和战斗勤务的基本原则：按实战需要训练军队，培养每个军人履行职责的自觉性、勇敢主动性和服从命令的精神。

《制胜的科学》一书简易明了、目的明确和富有科学性，它给苏沃洛夫军队训练和教育的原则和方法以完整的概念，该书集中阐述了三项最重要的战术原则：观察、快速、猛攻。

"观察"的概念包括计算，要求指挥员要根据亲临实地侦察的结果，冷静考虑所处环境的一切条件，对情况做出准确判断，强调各级指挥员的独立性和主动性；善于利用地形采取行动。明确如何安营，如何行进，向何处冲击、追击和打击敌人。

"快速"的原则是指对运动（机动）的要求，强调快速性应与行动的突然性相结合，要求部队尽最大努力，不惜任何行军损失，哪怕让一部分兵力首先及时赶到并投入战斗也好，以实现快速突然的目的，书中说："不要停顿，要活动、娱乐、唱歌、击鼓、奏乐，让鼓乐齐鸣！""照此速度行军，军人不感到疲乏。敌人没有预料到我们，以为我们还在一百俄里以外，如果我们是从远处赶来，则以为我们还在二三百俄里以外，或者更远的地方。突然，我们如神兵天降，敌人就会晕头转向。冲击，各种兵器一齐上！骑兵，开始冲击！劈、刺、追、截，勿使漏网！乌拉！弟兄们创造了奇迹！"

"猛攻"这项原则也是苏沃洛夫指挥战争和训练军队的一句经常使用的格言：猛攻就是力量。他认为，机动性是胜利的准备，而战斗则是胜利的保障。强调部队在交战的决定时刻要最大限度地发挥力量，以突然性的打击，决定战斗的结局。书中强调，"手足相济，同心协办！战斗中会有许多人死亡。敌人也有两只手，但他不知道怎样对付俄国的刺刀。""展开横队，立即用冷兵器冲击！没有时间展开横队时就从遮蔽狭窄的地方冲出来刺杀，步兵，上刺刀！骑兵亦如此。——在一俄里宽内不留空隙，霰弹飞过头顶，大炮就为你所有。"

苏沃洛夫发展了他的前辈彼得一世、鲁缅采夫的先进思想，摒弃了当时被推崇的封锁线式战略和线式战术，创造、发展和运用了新的作战样式和方法，它所体现的战略思想以进取和果敢见长，主张在主要方向集中兵力兵器，在野战中粉碎和歼灭敌人。该书认为，军事行动的主要目标是敌人的军队，而不是补给基地，这就彻底否决了当时欧洲大部分军事统帅及军事理论家们关于军事行动的目标是地理基点的观点。在作战方法上，《制胜的科学》排除了陈旧、不宜实战的线式作战阵形，完善了同散开队形相结合的纵队战术，并将战术火力与白刃突击进行了恰到好处的结合。它创造的"贯穿冲击",将士兵置于近战、实战环境中训练,以敢打敢冲、白刃格斗制伏敌人的做法,重视发挥刺刀的作用,强调白刃突击的重要性。"射击要少而准;刺刀要刺得狠。子弹会上当,刺刀不会上当。子弹是笨蛋,刺刀是好汉。猛刺一次! 把异教徒从刺刀上甩开!""一有机会就用冷兵器战斗。"在此之前,从未有人使用过。《制胜的科学》还创立了一整套教育和管理部队的先进方法,使战斗的两种基本因素——人与武器的对比关系得到了正确的解决,将人的因素置于首位。它认为人是制胜的决定因素,士兵是胜利的创造者,要爱护士兵,书中强调,"士兵是宝贵的,谁不爱护人,是当官的,要抓起来,是军士和上等兵,要打棍子,谁自己不爱护自己,也要挨军棍。"他要求军官必须以科学的头脑和科学的方法带兵打仗,苏沃洛夫说:"勇士们,敌人被你们吓得发抖! 但是还有比残废收容所更可怕的敌人,就是那些该死的昏庸无知、暗示耍滑、故弄玄虚、撒谎虚伪、滑头滑脑、夸夸其谈、语无伦次、虚情假意、思路不清的人,有这种毛病的人总喜欢说什么'界限'、'命令'、'往前'、'靠边'、'命运'、'地狱'等等。说来真叫人害臊! 无知之徒越多,祸患愈大。""昏庸无知,是军官的要逮捕,是校官的要从上校起关禁闭。"他强调军人要通过努力学习而提高素质,他说:"学则明,不学则愚。事怕行家。农民不会掌犁,庄稼就长不出来。让我们拿三个没有学问的人换一个有学问的人。三个还嫌少,就六个、十个换一个吧! 我们能打败一切敌人,将他们摔倒在地,将他们俘虏!"苏沃洛夫极力主张和倡导要培养自觉执行任务的士兵,而不是把他们当作受操纵的机器,强调依靠士兵的民族感情,教育他们意识到军人的职责,力求在下属的士兵和军官中培养诸如主动、机智、灵活、个人首创精神这些品质。他说:"士兵应当身体健康、勇敢、坚定、果决、有正义感,笃信宗教。要向上帝祈祷! 上帝给我们胜利。神奇的勇士! 上帝指引着我们,上帝就是我们的将军!"这是俄国进步的军事思想的一个特征,它与普鲁士式的棍棒秩序毫无共同之处。

《制胜的科学》是苏沃洛夫一生军事理论研究的代表作,它集中反映了苏沃洛夫的治军思想、军事战略和作战原则,该书 1806 年发表后,在俄国同土耳其及拿破仑法国作战期间先后再版了 8 次。1870 年德拉戈米罗夫把《制胜的科学》的基本原则引入自己的《战术教材》。它对俄国的军事学术,曾经起过奠基作用;1918 年,由列宁批准的红军战士手册,曾把《制胜的科学》中的基本原则作为军人须知。后来该书在苏联又多次再版。在第二次世界大战苏联卫国战争中,《制胜的科学》的思想、原则在苏军中得到充分体现并广为传播。

《制胜的科学》对于苏联军事学术的形成及苏军建设有着重要的影响作用,直到今天,俄罗斯军队仍然把它列为军官的必修教科书之一。苏联和当代俄罗斯所强调的在最大限度接近实战条件下训练部队的方法、原则和口号等,都可以在《制胜的科学》中找到渊源。这本书,在世界军事领域中历经几个世纪而不衰,被世界很多国家的军事实践家和理论家们称为是永远制胜的科学。因此,认真阅读这部著作,对于了解苏俄军事学术的演变与发展,研究苏俄的军事战略思想和战役战术原则,具有一定的参考价值。1986 年,解放军出版社根据莫斯科军事出版社 1980 年版翻译的中译本,也深受中国军事界的喜欢。该书的许多军事思想,也具有重要的借鉴作用。当然,现在的时代已经不同于苏沃洛夫的那个时代。不同的技术装备决定着不同的作战样式和作战形态,不同的作战形态要求不同的战略战术和不同的技能和精神素质,我们不能死搬教条,我们应从中得到一种更加新鲜的启示,从而为我所用。

　　【点评】俄国著名军事著作,苏沃洛夫著。该书写于 1795～1796 年,发表于 1806 年,曾多次再版。中译本由李让根据莫斯科军事出版社 1980 年俄文版翻译,任俊卿校对,解放军出版社 1986 年出版。该书在世界上具有广泛影响,有人称这部著作"永远是制胜科学"。

六、传奇人物,传奇思想——《拿破仑文选》

　　拿破仑·波拿巴(1769～1821)是法国杰出的资产阶级政治家和军事家。一个半世纪以来,这位传奇式的历史人物,一直是各国史学家、军事家和政治家们着重研究和论述的历史人物。有关介绍和研究拿破仑的著作,诸如《拿破仑传》《拿破仑一世传》《拿破仑时代》等也层出不穷,《拿破仑文选》就是其中比较重要的一部,它真实地再现了拿破仑这位传奇人物的传奇思想。

　　拿破仑(Napoleon I,即拿破仑·波拿巴或拿破仑一世,1769～1821),法国杰出的资产阶级政治家和军事家。他出生于科西嘉岛一个破落贵族家庭,毕业于布列纳堡预备军校和巴黎高等军事学校。1785 年 10 月任法国陆军炮兵少尉。法国大革命爆发后,加入雅各宾俱乐部,成为参加资产阶级革命活动的极少数军官之一。1793 年在土伦会战中立功,获准将衔。1795 年在镇压葡月 13 日王党叛乱时表现果断,晋升少将,并被任命为巴黎卫戍部队司令。1796 年统兵到意大利作战,以出色的指挥和依靠反奥、反封建力量,打败皮埃蒙特和奥地利联军。1798 年率军远征埃及。1799 年 10 月返巴黎,发动雾月 18 日政变,推翻督政府,组成执政府,任第一执政。1804 年建立法兰西第一帝国,称拿破仑一世皇帝。他指挥了一系列对英、俄、奥等国的战争,沉重打击了欧洲封建制度。但他所发动和进行的战争逐渐丧失其进步性,转化为侵略性,遭到被压迫国家人民的反抗,受到欧洲反法联军的围攻,加上后期战争指导上的失误,遂由胜利走向挫折和失败。1814 年,他被第六次反法联盟的军队击败,被迫退位。1815 年重返巴黎,恢复短期统治,同年 6 月在滑铁卢会战后再次退位。1821 年死于流放地圣赫勒拿岛。拿破仑是新兴资产阶级的代表,一生的主要活动是统兵作战和治理国家,曾亲自指挥大小 50 多次会战。他以卓越的军事才能,往往以少胜多,赢得了大约 35 次会战的胜利,打败了欧洲前 5 次反法联盟军队的进攻。在长期的戎马生涯中,拿破仑继承和发展了法国大革命所创立的军事学术和作战原则,对资产阶级军事科学的形成和发展有深远影响。他一生中没有留下什么完整的军事理论著作,只是晚年口述的战争回忆和有关军事学术的一些见解被后人编为《拿破仑文选》。

　　综观《拿破仑文选》,拿破仑军事思想的基本内容体现在以下几个方面:

　　(1)把战争作为实现政治主张的工具

　　首先,拿破仑始终把战争作为实践自己政治主张的重要工具。在拿破仑看来,冲击、远征、进攻,都有其深刻的政治动因,他从来不需要徒劳无益的即不会带来直接政治利益的胜利。然而,拿破仑战争尤其是后期的战争,兼有保卫资产阶级革命成果、反对封建专制制度和掠夺、奴役其他国家及民族、谋求地区霸权四种政治目的。因此，战争实际上是拿破仑实现自己政治主张的"双刃剑"。即一方面，他把战争作为保卫资产阶级革命成果、反对封建专制制度的政治工具（这正是拿破仑成功的主要原因）；另一方面，他又把战争作为掠夺奴役其他国家及民族、谋求地区霸权的政治工具（这则是拿破仑失败的根本原因）。在这个意义上可以认为，拿破仑并非败于他的军事力量运用，而是败于他的霸权主义政治。

同时，拿破仑又十分注重运用政治手段来实现自己的战略目标。一方面，他十分注重外交手段的运用。他认为，在战争过程中，外交是军事的辅助，可弥补军事力量的不足，隐蔽军事行动的真实意图，避免不利于己的作战时间和地点，巩固和扩大军事上的胜利。另一方面，他还十分注重法律手段的运用。例如，雾月政变之后，拿破仑在彻底粉碎第二次反法联盟的同时，命令和敦促法国政府制定和颁布了一系列的法律。这些立法活动使革命和战争的胜利成果制度化、规范化，以法律的形式固定下来。其中，1804年通过的《法国民法典》（1807年改称《拿破仑法典》），是在拿破仑亲自主持下制定的。它不仅巩固了拿破仑战争为法国资产阶级所取得的胜利成果，而且巩固了拿破仑战争在国外反对封建专制制度的胜利成果。拿破仑本人也十分欣赏这部法典及其该法典在巩固胜利成果方面的作用。他说："我真正的光荣并非打了40次胜仗，滑铁卢之战抹去了这一切的记忆。但是有一样东西是不会被人忘记的，它将永垂不朽，那就是我的民法典。"

（2）战争要靠经济支撑，并能发挥"经济职能"

拿破仑十分注重经济对战争的支撑作用。为支持长期战争和保证战争胜利，一方面，他非常重视国内经济的发展和繁荣，以便为战争活动提供必需的物质力量；另一方面，拿破仑还非常重视"以战养战"问题，以此为其远距离机动作战解决军队给养问题。如在与第一次反法联盟的战争中，拿破仑接管的意大利军团是一支没有军饷，没有军粮，没有饲料，没有被服，没有营帐的部队（人员实数为7万人），而当时国库十分空虚。尽管政府想尽办法，但它发给出征军队的经费仅仅是2000金路易多尔和100万期票，而期票中还有一部分不能兑现。军队中一切都感到缺乏，而想从法国获得任何东西又不可能。鉴于这种情况，拿破仑制定了"以战养战"的战略，即"在意大利平原上组织自己的运输，寻找拖大炮的马匹，使士兵有衣穿，使骑兵有马骑"，从而在蒙特诺特、洛迪、卡斯特莱奥内、巴萨诺一德尔格拉帕、阿科莱、里沃利等会战中接连获胜。在此后的作战中，拿破仑经常是通过这种"以战养战"的战略为其远距离机动作战提供物质保障。

拿破仑还非常注重战争的"经济职能"。一方面，拿破仑把战争作为维护法国经济利益和增加法国物质财富的重要工具；另一方面，拿破仑又把战争作为破坏对方经济利益和扼杀对方经济发展的重要手段。拿破仑于1806、1807年多次签署命令，严禁英国及其殖民地的货物进入大陆，在法国及其同盟国的领土上，一旦发现英国货物，一概没收。这就是所谓的"大陆封锁令"。而英国立即宣布从海上封锁大陆，即派其军舰拦截法国及中立国的一切商船，封锁法国港口，同时采取种种办法，把英货偷运到欧洲大陆及法国，破坏拿破仑的"大陆封锁令"。由于英国有强大的海军，易于封锁大陆，而大陆各国虽被拿破仑征服，但其领土面积大，内部复杂，拿破仑难以控制。因此，"大陆封锁令"虽然在一定程度上打击了英国经济，促进了大陆各国经济的发展(免除了英国工业品的冲击),但法国及大陆各国的经济发展也受到一定损失,法国与大陆各国产生了新的矛盾。

(3)从实际出发的战争指导原则

拿破仑深刻地认识到法国大革命对军队性质和军队成分的影响,以及当时生产力的增长对军队武器装备发展的影响,据此提出了一整套战争指导原则,使法国大革命和当时生产力增长所产生的新的作战方法和原则达到了比较完善的程度。拿破仑从实际出发的战争指导原则主要表现在以下几个方面:

①歼敌比略地更重要。在法国大革命之前的欧洲战场上,攻占敌人的要塞和领土通常是战役战术行动的主要目标。拿破仑则与此相反。他认为,首要和基本的作战指导原则不是力图占领敌人的土地,而应力图歼灭敌人的军队。他说:我只看到一点,那就是敌人的大量军队。我力图消灭它们,因为我相信,只要把军队一消灭,其他一切就会随之而土崩瓦解。

②军队的力量"等于人数乘速度"。拿破仑认为,消灭敌军兵力所必需的"军队的力量就像力学中运动的数量一样,等于人数乘速度。"其中,人员数量的不足,可用进军的速度来弥补;炮兵的缺乏,应以适当的机动来抵偿。这就是说,"走"是"打"的辅助,能增强"打"的力量。他还认为:行军就是战争,战争的才能就是运动的才能,善于运动的军队必能获得胜利。为了切实发挥运动的功能,拿破仑认为,迅速是一种必要的和基本的因素,在战争中,时间的损失是无可弥补的,对此提出的各种理由都是不妥的,因为拖延只能使行动失败,所以军队的机动必须迅速;同时,因为军事学术是一门实干的艺术,一切复杂的机动都必须抛弃。简便是良好机动的首要条件。

③强调进攻但不放弃防御。拿破仑十分注重进攻,而且强调先敌进攻。他认为,如果允许别人进攻自己,那是一个极大的错误。但进攻不应该是鲁莽的,而应该是慎重的,应该充分估计到具体情况和敌我双方的兵力兵器,即在一场战役开始时,一个人应该慎重考虑,他是否应该前进。但是,当他决定实行进攻以后,就应该把它推进到最后极限为止。然而,拿破仑并不是唯进攻论者。他认为战争中没有绝对的事情,并非毫无例外,在自己防御壁垒阵里等候敌人,不能认为都是错误的方法。整个战争的艺术,就是先作合理周密的防御,然后再进行快速、大胆的进攻。不仅如此,拿破仑还坚持把进攻和防御直接而有机地统一起来,即攻中有防,防中有攻,攻防互寓。在拿破仑看来,防御战争不能排斥进攻,就像进攻战争中不能没有防御一样。

④兵力能否集中使用可以改变战场上的优劣态势。拿破仑认为,军队必须集结,而且必须把最大可能的兵力集中在战场之上,战争中的第一原则。就是要求所有的部队在战场上集中好了之后才进行会战。与此同时,拿破仑还认为,军事指挥的艺术,就在于当自己的兵力数量居于劣势时,反而能在战场上化劣势为优势。而一支劣势的部队,如能正确地进行集结,那么,通常都能战胜一支数量虽然居于优势但却不能正确集结的部队。拿破仑在集中兵力的同时,还十分注意节约兵力。即当看到自己不得不在两个不同的战场上作战时,必须立即把自己的最大部分兵力集中在有决定意义的作战线上,而把较少的兵力留在次要的战场上。有时,为了在主要方向上最大可能地集中兵力,拿破仑则主张把次要方向上的兵力减到最低

限度。

⑤"步兵、骑兵与炮兵三者相倚为用"。拿破仑强调:步兵、骑兵与炮兵,三者相倚为用,均须相互协作。在作战中,骑兵主要用于袭击、扩张战果与阻击溃败敌军的集结,以充分发挥骑兵的长处——冲力;骑兵出击,翼侧暴露,并由于它不能使用枪炮,仅能以刀矛作战而火力不足,所以骑兵需要步兵和炮兵的支援。但是这些支援必须以保证骑兵发挥特长为前提,决不能以限制骑兵的冲力为条件,不能因步兵牵累骑兵。为此,他主要通过以增强炮兵机动性的方法(建立骑炮兵部队)解决骑、炮兵的矛盾。由上可见,拿破仑把兵种之间的扬长补短和各兵种本身的克短补长辩证统一起来,从而力求兵种之间的最优化协同,避免某兵种之短对他兵种之长的有害制约。

⑥虚实变换与实行奇袭。拿破仑十分重视作战中对敌实行奇袭。他认为,要战胜敌人,就必须出其不意地行动。他还强调,在战争中,有一条最显而易见的原则,就是不要做敌人希望你做的事。理由很简单,就因为敌人希望你这样做。

⑦关于主要方向与次要方向的区分与转换。在主要方向与次要方向的关系中,拿破仑完全以主要方向上的胜利为根本原则。他相信,即使他的军队在次要战场上打了败仗,他自己在主要作战线上的胜利也能比任何直接的抵抗更可靠地阻挡敌军的前进。同时,拿破仑也很重视发挥次要方向的作用。他认为,次要方向的正确行动,通常可以牵制敌军,以分散其兵力,赢得时间,以保证主要方向上的兵力优势及准备、兵力展开和作战所必需的时间。拿破仑还认为,主要作战线和次要作战线之间的转换是一种最技巧的运动,在一般情况下不应实施这种转换。但是,只要情况需要,就必须迅速果敢地实施主、次方向变换。其中,军队具有较强的机动性,是实施转换的重要保证。

(4)关于军队建设的辩证观点

拿破仑对于军队建设问题,继承了法国大革命创立的建设新型军队的基本原则,并在长期战争实践中创造性地提出了许多辩证的观点:

①诸兵种应协调发展。拿破仑认为,一支完善的军队必须拥有强大的陆军和海军(当时尚未出现空军等军种)。其中,陆军主要由步兵、骑兵和炮兵等兵种组成,陆军的作战力量是步兵、骑兵和炮兵三种力量的合成。骑兵的长处在其冲击力,炮兵的优势在其火力,步兵则兼而有之,其作战能力更为全面,但分别来看,冲击力不及骑兵,火力不如炮兵。因此,"步兵、骑兵和炮兵在数量上应当成一定的比例关系,这个兵种不能代替另一个兵种。"他甚至认为,"步兵、骑兵、炮兵三个兵种的合理的比例关系永远是所有伟大的统帅必须深思熟虑的课题。"而如果兵种之间比例失调,虽然可以通过灵活妥善的兵力运用在战争初期获得若干成就,但必定会在最后的决定性关头受到残酷的惩罚。对于海军建设问题,拿破仑也很重视,但在其军种建设的思想中,海军建设尚未摆在足够的位置上。

②精神力量比物质力量更重要。拿破仑既重视军队的物质建设,同时更注重军队的精神建设,以及二者的有机结合。他认为,世界上只有两种强大的力量,即刀枪和思想;从长远来看,刀枪总是被思想战胜的。好的将领,好的军官,好的组织,好的训练,可以形成一个好的部队。这与为何而战无关。不过,狂热的信仰,爱国的情绪,民族的兴荣等等,亦能感召青年参加部队,并能增强部队的战斗力。即

在可能的战斗力(物质形态的)向现实的战斗力(物质和精神相统一的)转化的过程中,精神力量的作用具有决定性的意义,"精神与物质的力量是三与一之比。"在军队的精神建设方面,拿破仑强调:最为理想的是,一个人的机智和才能,能与性格或勇气相互均衡。果能如此,也就与众不同。若勇气过人而才智不足,则易于鲁莽从事而缺乏深谋远虑;反之,若才智虽优而勇气不够,那他又会不敢毅然实行其计划。

③"每个士兵的背囊里都有一根元帅的指挥杖"。在建军及治军的实践中,拿破仑十分重视士兵的地位与作用,关注军官与士兵的关系。一方面,他要求军官必须了解和关心士兵。在拿破仑看来,与士兵保持良好的关系,是各级军官"成功地进行领导的一个秘密"。为此。他要求初、中级指挥官在指挥作战6个月以后,必须了解该部队所有官兵的姓名和能力;同时,他还要求军官们"深切关怀"士兵们的生活及健康状况。宁可打一场流血很多的战斗,也不要把部队安置在不卫生的地方。另一方面,他提出要从士兵中选拔军官。用这种方式,进一步调整军官与士兵的关系。拿破仑常说的一句话是:每个士兵的背囊里都有一根元帅的指挥杖。在选拔军官时,他彻底摒弃了讲究门第的陈腐观念,十分重视从士兵中发现英武之才。甚至有许多将帅,也是从士兵或下级军官中逐步提拔起来的。例如,在他们的元帅中奈伊和拉纳也都来自下层。这种从士兵中选拔军官的方式,大大强化了法军官兵的关系,增强了法军的战斗力。

资产阶级著名军事理论家若米尼和克劳塞维茨在他们的军事理论著作中,都大量引用并深入研究过拿破仑的军事言论和战史战例。资产阶级军事科学的形成和发展,在很大程度上是同总结拿破仑战争的经验和探讨拿破仑的统帅艺术分不开的。但由于时代的局限性,其中也有不少唯意志论的成分。例如,他把战争艺术看成是天才的产物和统帅灵魂的表现,强调统帅要以自己的经验和天才来指导作战等。

【点评】真实地再现了拿破仑这位传奇人物的传奇思想。拿破仑的军事思想继承了法国大革命的优良传统,在许多方面适应了时代的需要,代表了新兴资产阶级的利益,在一定程度上具有进步性。

七、西方"兵圣",传世经典——《战争论》

19世纪资产阶级经典军事理论著作。作者克劳塞维茨(1780~1831),普鲁士将军、军事理论家和军事历史学家。生前致力于军事理论和战争史研究,著书立说。死后,其遗孀玛丽整理出版了《卡尔·冯·克劳塞维茨将军遗著》,共10卷。《战争论》是其中的前3卷,后7卷为战史著作。此书问世以来,再版20多次,译成多种译本,广为流传,被推崇为资产阶级军事理论的代表作,西方国家奉为军事经典、军事院校的教科书、军人的必读书。克劳塞维茨被公认为资产阶级军事理论的奠基人,被誉为"兵学大师"、西方"兵圣"。

无产阶级革命导师们对《战争论》非常重视,对克劳塞维茨以及其著作都给予了高度的评价。恩格斯认为,克劳塞维茨在军事方面是"世界公认的权威人士",

是普鲁士军事学术界的"第一流人物";《战争论》的"哲理推究方法很奇特,但书本身是很好的"。列宁在 1915 年读了《战争论》,并做了长达一万多字的摘录和批注。列宁称赞克劳塞维茨是"造诣极高的军事问题著作家","熟谙军事问题的作家","伟大的军事著作家","非常有名的战争哲学和战争史的著作家"。认为克劳塞维茨"战争无非是政治通过另一种手段(即暴力)的继续"的观点,是将辩证法的基本原理运用于战争得出的科学结论,是"至理名言"。列宁在第一次世界大战期间广泛地运用克劳塞维茨的观点分析战争,指导无产阶级革命。

20 世纪初,随着西学东渐的浪潮,《战争论》传入我国。1903 年我国开始研究《战争论》,并作为某些学校的军事教材印发。在我国民主革命时期及和平时期,《战争论》被许多著名军事人物作为重要的军事理论书籍进行研究和借鉴。据初步统计,迄今为止《战争论》的中文译本已有 11 种之多,对《战争论》的研究著述则不计其数。

毛泽东在 1938 年 3 月读了《战争论》,还组织过一个"克劳塞维茨《战争论》研究会"。从毛泽东著作中可以看出,毛泽东赞同和肯定了《战争论》的许多观点,并运用其中的一些观点指导中国革命战争。自 1984 年起,中国人民解放军总参谋部就把《战争论》列入我军高级干部加强军事理论学习的书目。

那么,克劳塞维茨和他的《战争论》为什么能得到如此高的赞誉呢?对这一问题的回答,还从克劳塞维茨的军事理论造诣和《战争论》所蕴含的军事思想谈起。

克劳塞维茨出生于普鲁士马格德附近布尔格镇一个退役军官的家庭,他从小受到军旅生活的熏陶,12 岁就投身军营,接受传统军事教育和严格训练。克劳塞维茨的前期军事生涯,正是在"战神"拿破仑几乎踏平整个欧洲的年月。他以犀利的军事眼光,目睹了这位军事巨人的兴衰。从 1793 年至 1795 年的几年间,克劳塞维茨经历了大大小小的几十次战斗,领略了当时战争的各种现象。进攻和防御、胜利和失利的实践和体验,使他认清了老式横队战术的落后性,炮兵的巨大威力,积极防御的坚强有力以及军队的武德在战争中的重大作用等等。从而为这位军事理论大师的成长垫铺了肥壤沃土。自 1795 年普鲁士与法国媾和以后,克劳塞维茨和他所在的军队度过了十多年的和平生活。在这期间,他如饥似渴地博览群书,读了大量的战史和其他军事著作。他广泛的学识和敏锐的思维,开始引起了有关人士的注意。1801 年,团指挥官荐送克劳塞维茨到柏林普通军校深造,他比周围的人都善于利用时间,不仅潜心钻研军事理论,而且孜孜不倦地攻读数学、逻辑学、地理和历史等学科。在军校上学的三年,使他不仅有了潜心钻研军事理论的良好知识环境,而且结识了当时出色的军事理论家——该校校长沙恩霍斯特。在沙恩霍斯特的帮助、提携和影响下,他很快成长为最优秀的军官。毕业后,经沙恩霍斯特荐举,克劳塞维茨担任了普鲁士奥古斯特亲王的副官。不久,又得到了国王的赏识,并给予正式的任命。这样,克劳塞维茨便跻身于上层社会。他是一位颇为能干的副官,既充当亲王的总督,又是随从官,处处表现得彬彬有礼,才智出众,办事干练,深得上下人心。同时,他在这样的环境中,发愤从事军事科学的研究,并进一步丰富了其他方面的知识,尤其改善了文学方面的素养。

1806 年 10 月,普法战争失败后,克劳塞维茨成了拿破仑的俘虏。在法国,克劳塞维茨一边过着高贵的战俘生活,一边饱餐了巴黎的文化艺术,并研究了拿破仑的用兵方略。十个月后，重新回到普鲁士。从1807年11月至1808年3月，克劳塞维茨根据自己的这段实践和所见所闻，写了一份长达14页的备忘录《关于普鲁士未来反法战争行动》，对以后战争做了新的预测和探索。1808年，普鲁士军队实行大改组，克劳塞维茨被聘任军事改革委员会主席办公室主任。在对部队体制进行研究的同时，也参加了一些重大的军事演习，使他对部队的体制、编制、作战等一系列问题有了更加深入的认识。1810年，克劳塞维茨被晋升为少校，并担任了柏林军官学校的战略学和战术学教官。这样，他又有机会把自己积累的知识和经验做理论上的概括。

1812年6月，拿破仑发动了大规模的侵俄战争。战争前夕，克劳塞维茨因反对普鲁士与拿破仑结成同盟而辞去军职。之后投奔俄国，参加反抗拿破仑的战争，在俄军任军参谋长等职，参加了斯摩棱斯克争夺战和博罗季诺会战等。1814年春随着拿破仑被击败和欧洲军事形势的改变，他重新回到普鲁士军队。1815年调任为布吕歇尔军团第3军参谋长，参加了林尼会战，同年秋升任莱茵军团参谋长，开始从事总结对拿破仑作战的经验，着手战争理论的研究。1815年3月，被调任有职无权的柏林军官学校校长，9月晋升为将军。从此，在任职的12年当中，他致力于军事理论、军事历史的研究，撰写了许多军事著作，后来由他的夫人整理出版了共10卷的《卡尔·冯·克劳塞维茨将军遗著》，其中的1~3卷，就是有名的《战争论》。

克劳塞维茨聪颖过人，经历丰富，善于思考和总结经验教训，他先后经历过两个国家的军队领导工作，既具有最基层的士兵感受，也具有在皇室高官身边工作的经验，他既当过战略战术教员，也当过军事院校校长，使其看问题既具有宏观的气吞山河之战略气势，也具微观的下层官兵之眼力，这些主客观原因，使他能够写出极具有科学价值及实用价值的军事巨著。

克劳塞维茨的名著《战争论》，是世界军事思想发展史上一个光辉的里程碑。

(1)"从绝对战争到现实战争"的思维路线

"从绝对战争到现实战争"，这是克劳塞维茨在《战争论》一书中研究战争的基本路线。他在该书中强调指出："要使人在全书中到处都能清楚地看到两种不同的战争"。"理论的任务是把战争的绝对形态提到首要的地位，并且把它看作是研究问题的基本出发点。"所谓绝对战争，克劳塞维茨有时也称"抽象战争""纸上的战争"、战争的"原始概念"。研究《战争论》的人，有时称它为概念战争、理想战争、桌上战争、完美战争等。它没有具体时间、地点和敌对双方，是按其自然属性所表现出的形态。或者说，是按其原始概念所固有的形态。所谓现实战争，克劳塞维茨有时也称"实际的战争"，它是实际存在过的有具体时间、地点和敌对双方的战争，是由于受到自然原始以外因素的影响而表现出来的、区别于其本来面貌的形态，或者说，是一种经过了现实生活"修正"的形态。

克劳塞维茨认为，在绝对战争中，由于敌对双方"三种相互作用"的推动，将导致"三种极端"，即"暴力最大限度的使用""目标是使敌人无力抵抗"和"最大限度地使用力量"。但在现实战争中，这些"极端"现象往往得到了修正。即战争的现实"往往同它的原始概念是相距很远的"，"如果要坚持这种追求绝对的态度，不考虑一切困难，并且一定要按严格的逻辑公式，认为无论何时都必须准备应付极端，每一次都必须最大限度地使用力量，那么这种做法无非是纸上谈兵，一点也不适用于现实世界"。因此,研究战争理论的人必须同时考察"绝对战争"和"现实战争"这两种不同形态的战争。"只有这样,一切思想才会获得更精确的含义、更明确的内容和更具体的运用",才能对战争现象获得全面而深刻的认识。

正是通过对"绝对战争"和"现实战争"的深入考察和分析比较,克劳塞维茨发现了"三种极端"在现实中得以修正的基本因素(或原因),亦即战争领域中的一些基本规律:第一,战争绝不是孤立的行为,它同战前的国家生活密切联系,是由一定时期内各种错综复杂的社会关系引起的;第二,战争绝不是短促的一击,而是一系列连续的军事行动,战争的力量诸如军队、国土(包括土地和居民)和盟国在战争中是逐渐发挥作用的,要同时发挥作用是不可能的,同时使用一切力量也是违背战争性质的;第三,战争的结局也绝不是绝对的,战败国往往把失败只看成是在将来的政治关系中还可以得到补救的暂时不幸。这样,整个战争行为就摆脱了力量的使用总是向极端发展的严格法则,使一直被战争的目标所掩盖着的政治目的得以显露。其中,在决定战争中使用力量的紧张程度的诸因素中,作为战争最初动机的政治目的是最重要的因素。

如何评价克劳塞维茨"从绝对战争到现实战争"这一研究战争的思维路线?在这个问题上,一直存在着两种截然不同的观点。

一种观点对此持怀疑、批判的态度。例如,有人说,克劳塞维茨研究战争特性之所以不从历史现实出发,而从战争的概念开始,重要原因之一就在于它的唯心主义世界观;在阶级社会中,不反映阶级关系的抽象战争从来就不存在,而克劳塞维茨却把这种从来不存在的东西视为自己"研究问题的基本出发点",这除了恰好说明他认识能力的时代局限以外,还能有什么其他解释呢? 还有人说,克劳塞维茨的暴力论,就是无限制理论,他不想限制战争而且反对限制战争,这丝毫也不奇怪,因为属于他的那个军事时代并没有提出限制战争的要求,而他所服务的那些帝国无一不希望从强化战争中得到好处。就连有些世界著名的军事理论家,也做了类似的理解和评价。例如,利德尔·哈特认为,由于克劳塞维茨采取了"从绝对战争到现实战争"的研究方法,《战争论》简直成了一个"充满哲学理论的迷宫","读者当中很少能够真正把握其逻辑路线,或者深入其理论境界而不致迷失方向"。富勒甚至由此断定,《战争论》是"一种对战争的伪哲学性的研究",他说,克劳塞维茨"把他的绝对战争概念作为一种尺度,用他来衡量所有的军事行动。他不断地运用它,以致使度量标准完全陷于混乱。于是,他又不得不放弃这种尺度而迁就常识。《战争论》的读者一定要特别记住这点,否则,他大概也会像克劳塞维茨本人那样感到迷惑,而且更糟的是,会被引入迷途"。他还说,"虽然克劳塞维茨有二十年参加拿破仑战争的亲身经历,但他对战争的理解仍然是模糊不清的。由于误解了拿破仑的进攻原则,他竟把自己的绝对战争概念强加给了拿破仑,这样,不仅把他许多未来的弟子引入了歧途,而且对于二十世纪无限制战争的广泛扩展,也负有大部分的间接责任。"

另一种观点,对此则持肯定、褒奖的态度。他们认为,在自然科学研究中,指称理想客体的概念是十分普遍的,如"绝对刚体""理想流体""质点""点电荷"等等。物理学家就是在自然过程表现得最确实、最少受干扰的地方考察自然过程的。不仅自然科学研究如此,这种研究方法也同样适用于社会科学研究。马克思研究资本主义生产方式就是以"典型地点"英国作为例证的。战争是一种远比机械、物力、化学、生物运动以及其他社会运动更为复杂的社会现象，它涉及政治、经济、军事、自然、心理等诸因素，研究战争更需要首先创立一个高度抽象的、理想化的标准"模型"即"绝对战争"。曾经专门负责讲授克劳塞维茨著作的辛普森先生，对于这种理想化研究方法的优越性做过更为具体的评价。他说："克劳塞维茨的绝对战争的理论是《战争论》一书中的衡量标准。"然而他又说："战争是以'可能性、概然性、幸运和不幸运的赌博为基础的，严格的逻辑推理在这种赌博中常常会完全不起作用'。克劳塞维茨这样说并没有自相矛盾。绝对战争就是纯粹战争，它不会受现实生活中各种因素的影响，在研究具体的战争时，重要的是弄清这些战争与抽象的绝对战争有什么不同之处，和为什么会出现这些不同之处。有了这样一种易懂易记的标准，就能从扑朔迷离、千变万化的种种事件中理出一些头绪。了解了绝对战争，有明确了具体的战争不同于绝对战争的地方和原因，就能懂得这些具体的战争。这样，绝对战争这种理论上的抽象概念，就起到了理论的作用，使人们能够从错综复杂情况中找出一些规律。"

（2）"战争无非是政治通过另一种手段的继续"的论断

早在克劳塞维茨之前，就曾有一些军事理论家在不同程度上认识并论述了战争与政治的关系。但他们的认识和论述都还是不自觉的和肤浅的。而克劳塞维茨在《战争论》中通过考察战争与政治的内在联系，则明确地提出了"战争无非是政治通过另一种手段的继续"的论断，并对战争与政治的关系做了全面、深刻的阐述，其主要观点是：

①"战争是由政治产生的"。克劳塞维茨认为："社会共同体（整个民族）的战争。特别是文明民族的战争，总是在某种政治形势下产生的。而且只能是某种政治动机引起的。"也正是由于战争的政治动机不同，战争才会是各不相同的。他还形象地比喻说，政治"是孕育战争的母体，战争的轮廓在政治中就已经隐隐形成，就好像生物的属性在胚胎中就已形成一样"。基于这种认识，克劳塞维茨进一步强调指出："既然我们认为战争是政治目的引起的，那么很自然，这个引起战争的最初的动机在指导战争时应该首先受到极大的重视。"

②"政治意图是目的，战争是手段"。从目的和手段的层面来考察战争与政治的关系，克劳塞维茨得出的结论是：政治意图是目的，战争是手段，没有目的的手段永远是不可想象的。为了进一步说明这种关系，克劳塞维茨还从政治支配、使用和操纵战争的角度，把它们比喻为头脑（手）和工具的关系，并多次强调指出："政治是头脑，战争只不过是工具，不可能是相反的。""我们在任何情况下，都不应该把战争看作是独立的东西，而应该把它看作是政治的工具，只有从这种观点出发，才有可能不致和全部战史发生矛盾，才有可能对它有深刻的理解。"他在1827年12月22日给罗德尔少校的信中又写道：战争"是一种真正的政治工具，工具本身不能活动，要靠手来操纵，而操纵这一工具的手就是政治"。他还说，政治可以把战争这个摧毁一切的要素变成一种单纯的工具，既可以把它作为一把用双手和全身气力才能举起作致命一击的可怕的战刀，也可以把它变成一把轻巧地进行冲刺、虚刺和防刺的佩剑或比赛用剑。鉴于战争与政治的这种关系，克劳塞维茨进一步强调指出，战争必须服从并服务于政治，"军事观点从属于政治观点"。具体说来，第一，

政治目的,既应"成为衡量战争行为应达到何种目标的尺度",又应"成为衡量应使用多少力量的尺度";第二,在战争中,应"根据政治因素和政治关系产生的战争的特点和主要轮廓的概然性来认识每次战争";第三,"借以确定战争主要路线和指导战争的最高观点不能是别的,只能是政治观点"。

③"政治贯穿在整个战争行为中"。克劳塞维茨批评了这样一种看法,即认为战争仅仅由政府与政府、人民与人民之间的政治交往引起的,战争一爆发,政治交往即告中断,而出现了一种只受本身规律支配的完全不同的状态。在他看来,"政治交往并不因战争而中断,也不因战争而变成某种完全不同的东西,无论使用怎么样的手段,政治交往实质上总是继续存在的;而且,战争事件所遵循并受其约束的主要路线,只能是贯穿整个战争直到媾和为止的政治交往的轮廓。难道还可以作其他的设想吗?难道随着外交文书的中断,人民之间和政府之间的政治关系也就中断了吗?难道战争是表达它们的思想的另一种文学和语言吗?当然,战争有它自己的语法,但是它并没有自己的逻辑。"之所以说"战争无非是政治通过用另一种手段的继续",其含义正在于此。总之,"政治贯穿在整个战争行为中,在战争中起作用的各种力量所允许的范围内对战争不断发生影响。"有鉴于此,克劳塞维茨进一步指出,在任何时候,都决不能离开政治因素去考察、认识和指导战争,否则,"就会割断构成关系的一切线索,而且会得到一种毫无意义和毫无目的的东西。"

④"一切战争都可看作是政治行为"。克劳塞维茨在深入探讨战争对政治的从属性的同时,还进一步指出了战争与政治的高度一致性。他写道:"即使政治真的在某一种战争中好像完全消失了,而在另一种战争中却表现得很明显,我们仍然可以肯定地说,前一种战争和后一种战争都同样是政治的。因为,如果一个国家的政治可以比作一个人的头脑,那么,产生前一种战争的各种条件必然包括在政治要考虑的范围之内。只有不把政治理解为全面的智慧,而是按习惯的概念把它理解为一种避免使用暴力的、谨慎的、狡猾的甚至阴险的计谋,才可以认为后一种战争比前一种战争更是政治的。""战争就其主要方面来说就是政治本身。"当然,必须把战争"看作是另一个整体的一部分,而这个整体就是政治。"

⑤政治必须适应战争手段的性质。克劳塞维茨认为,尽管战争从属于政治,但战争也有其自身的"语法";尽管政治决定着战争,但战争手段也影响着政治目的的确定和实现。因此,政治目的不可以"任意地决定一切,它必须适应手段的性质";"如果政治向战争提出所不能实现的要求,那么政治就违背了政治应该了解它想使用的工具这一前提。"据此他得出结论说,在从事战争指导活动时,政治家和统帅需要首先做出的最重大的最有决定意义的判断就是,"不应该把那种不符合当时情况的战争看作是他应该从事的战争,也不应该想使他从事的战争成为那样的战争。这是所有战略问题中首要的、涉及面最广的问题。"克劳塞维茨在 1827 年12 月 12 日写给罗德尔少校的信中还特别指出:"军事艺术的任务和权利主要在于不使政治提出违背战争性质的要求,在于防止政治使用这一工具时因不了解工具的效能而产生错误。"

克劳塞维茨关于战争与政治的辩证思考,尤其是他提出的"战争无非是政治通过另一种手段的继续"的论断,空前深刻地揭示了战争的本质,使人类对战争的认识大大前进了一步。这些见解,曾得到了众多军事理论家包括马克思主义军事理论家的充分肯定和高度评价。列宁把克劳塞维茨关于"战争无非是政治通过另一种手段的继续"的论断称之为"至理名言"。他说："马克思主义者始终把这一原理公正地看作考察每一战争的意义的理论基础。马克思和恩格斯一向就是从这个观点出发来考察各种战争的。"然而,由于时代和阶段的局限,克劳塞维茨关于战争与政治的学说仍有一些不足之处。例如,他把政治理解为超阶段的"整个社会的一切利益的代表";他只是揭示了战争产生于政治,但对于政治与经济的关系及其战争的根本动因(经济利益矛盾没有提及);他只是强调了政治目的对于战争方式的影响,但对政治目的与战争性质(正义与非正义)的关系也只字未提。所有这些,客观上影响了他对战争与政治相互关系,尤其是战争本质的更深刻的揭示。

（3）战争中目的与手段相互关系的阐述

战争领域中的一切事物和现象,几乎都和军事目的、军事手段相关,都必须通过军事目的、军事手段及其相互关系才能得到理解和说明。科学地规定军事目的和运用军事手段,是战争指导的核心问题。正是基于这一缘由,克劳塞维茨在《战争论》第一篇第二章及其他篇章的部分内容中,专门论述了战争中的目的和手段问题(这里主要指的是战争的军事目的和基本军事手段)。其内容概括起来有：

①"使敌人无力抵抗"是战争的最高军事目的。克劳塞维茨认为,"使敌人无力抵抗"(或"打垮敌人")乃是战争的最高军事目的。为了确有把握地实现"把自己的意志强加于敌人"的战争的政治目的,"必须使敌人无力抵抗"。"使敌人无力抵抗"包括三个要素:敌人的军队必须消灭,敌人的国土必须占领,敌人的意志必须征服。其中"按自然的顺序应该是先消灭敌人的军队,然后占领敌人的国土,通过这两方面的胜利以及我们在当时所处的态势,才有可能迫使敌人媾和。"然而,通过深入考察,克劳塞维茨发现,在现实战争中,战争的军事目的如同战争的政治目的和战争的具体条件一样,也是多变的,"使敌人无力抵抗这个抽象战争的目的,即实现政治目的的、包括其他一切手段的最后手段,在现实中绝不是到处都有它的地位的,也不是达到媾和的必要条件,因此,决不能在理论上把它当作一个定则。"那么,战争的军事目的的演变有无规律可循呢？克劳塞维茨认为,主要应遵循三条规律：第一,战争的政治目的是决定战争的军事目的的主要因素。其特点是,"有时政治目的本身就可以作为战争的目标,例如占领某一地区","有时政治目的本身不适于作为战争行为的目标,这时就需要另外选定一个目标作为政治目的的对等物,并在媾和时代替政治目的。但是即使在这种场合,也始终要首先考虑有关国家的特点。""有时,当政治目的需要通过对等物来达到时,这个对等物要比政治目的大得多。"第二,"只有根据对各种关系总的观察(包括了解当时的具体特点),才能判断即将来临的战争、战争可以追求的目标和必要的手段。"具体地说,"必须考虑敌我双方的政治目的;必须考虑敌国和我国的力量和各种关系;必须考虑敌国政府和人民的特性,它们的能力,以及我方在这些方面的情况;还必须考虑其他国家的政治结合关系和战争可能对它们发生的影响"等等。第三,"战争目标本身内在的原因",也将影响"战争目标的变化"。战争的军事目的并不是在任何情况下都只限于打垮敌人。消灭敌人军队、占领敌人地区、单纯占领敌人地区、单纯入侵敌人地区、采取直接同政治有关的措施和单纯等待敌人的进攻等都可以作为具体的军事目的。"但哪一种比较有效,则要根据具体情况来确定。"

②战争中实现军事目的的最有效手段是战斗。在克劳塞维茨看来,战争中实现军事目的的方法是多种多样的。但用"流血方式"即进行战斗则是最为有效的手段(克劳塞维茨有时则把它称之为"唯一的手段")。"当政治目的小,动机弱,紧张程度不高时,慎重的统帅在战场上和政府中可以巧妙地运用各种方法,避免大的冲突和流血的方式,利用敌人本身的弱点来达到媾和的目的。"写到这里,克劳塞维茨特别地强调说:"如果他的打算既有充分的根据,又有成功的把握,那我们没有权利责难他。但是,我们还必须提醒他要经常记住,他走的是曲折的小道,随时都可能遭到战神的突然袭击,他必须始终注视着敌人,以免敌人一旦操起利剑,自己却只能用装饰的佩剑去应战。"

③消灭敌人军队与保存自己军队是"相辅相成"的。在《战争论》中,克劳塞维茨还以相当的篇幅专门论述了消灭敌人军队与保存自己军队问题。他认为:"消灭敌人军队和保存自己军队这两种企图是相辅相成的,因为它们是相互影响的,它们是同一意图的不可缺少的两个方面。"其中,"消灭敌人军队这一企图具有积极的目的,能产生积极的结果,这些结果最后可以导致打垮敌人"。与此同时,他还强调指出,消灭敌人军队,"并不是仅仅指消灭敌人的物质力量,而是还包括摧毁敌人的精神力量,因为这两者是紧密地交织在一起而不可分割的。"关于保存自己军队问题,克劳塞维茨指出:"保存自己军队这一企图具有消极的目的,能粉碎敌人的意图,也就是说可以导致单纯抵抗,这种抵抗最后只能是延长军事行动的时间以消耗敌人。"即与消灭敌人军队之积极目的的"企图引起歼灭性行动"不同,保存自己军队之消极目的的"企图则等待歼灭性行动。"那么,如何"等待"呢? 克劳塞维茨的基本观点是:"等待不应该成为绝对的忍受,而且在等待时所采取的行动中,消灭正在同我们作战的敌人军队,同其他任何对象一样,也可以作为我们的目标。……如果认为有了消极意图就只能寻求不流血的方法,就一定不把消灭敌人军队作为目的,那么,他就在根本观念上大错特错了。固然,当消极企图占主要地位时,他会促使人们采用不流血的方法。但是采用不流血的方法也不一定合适,因为是否合适,这不是由我们的条件而是由敌人的条件决定的。因此,这种不流血的另一种方法,绝不是迫切希望保存自己军队时的当然手段。如果这种方法不适合当时情况,那么反而会使自己的军队遭到覆灭。"

(4)精神要素与物质要素辩证统一的揭示

战争中精神要素与物质要素的地位作用及其二者的关系问题,是军事思想的一个重大问题。对此,克劳塞维茨进行了比较全面和深入的研究,较之先前的资产阶级军事理论家大大前进了一步。

①精神因素对"军事力量具有决定性的影响"。克劳塞维茨在《战争论》一书中以很大的篇幅(该书第三篇的第三、四、五、六、七章)专门论述了精神要素问题,并把精神要素列在战略五要素之首。他认为,精神要素"是战争中最重要的问题之一",它"贯穿在整个战争领域",对"军事力量具有决定性的影响。"在战斗过程中,"精神力量的损失是决定胜负的主要原因",特别是在双方物质力量损失相等的情况下,起决定作用的就只是精神的力量。同时,他进一步把主要的精神要素或精神力量归纳为统帅的才能、军队的武德和军队的民族精神。他认为,这三种主要的精神要素或精神力量,在战争中都起着重要的作用,不应笼统地确定它们之中哪一种

价值较大,"最好的办法是对它们中间的任何一种都不要轻视。"另外,他还专门论述了精神力量尤其是军队武德的来源,他认为,军队武德"这种精神力量只能从两个来源产生,而且只有两者结合在一起才能产生这种精神力量。第一个来源是军队经历一系列战争并取得很多胜利,另一来源是军队经常经受极度的劳累和困苦。"

②战争是交战双方"通过物质力量进行的一种较量"。在克劳塞维茨看来,所谓物质要素主要指的是军队的数量、编成、各兵种的比例等,它们在战争中同样具有重要作用。他认为,战争就是交战双方的"精神力量和物质力量通过物质力量进行的一种较量","只有在摧毁对方物质力量方面得到的利益才是确实可靠的"。战斗的胜利者在精神方面取得的优势,在大多数情况下,只有一小部分可以保留下来。有时甚至连极小一部分也不能保留下来;而失败者的精神能逐渐恢复起来,有时由于失败者抱有复仇心和强烈的敌忾心,反而对胜利者不利。"与此相反,在杀伤敌人、俘获敌人和缴获敌人火炮等方面,胜利者所获得的利益却永远不会从账本中勾销。"因此,"缴获的火炮和俘获的人员在任何时候都被看作是真正的战利品,同时又被当作是衡量胜利的尺度。因为根据这一切可以确实无误地看出胜利的大小。"

③"胜利通常产生于各种物质力量与精神力量的总优势"。尤为可贵的是,克劳塞维茨坚持把战争中的精神要素和物质要素联系起来考察,并进一步论述了在战争中二者的相互关系。首先,他认为,战争中精神要素和物质要素的作用是完全融合不可分割的。即"物质力量的作用和精神力量的作用是完全融合在一起的,不可能像用化学方法分析合金那样把它们分解开。"任何一切战争,都是双方物质力量和精神力量以流血的方式和破坏的方式进行的较量,在这里,"起决定性作用的,当然是物质力量和精神力量的总和","胜利通常产生于各种物质力量和精神力量的总优势。"消灭敌人军队,也并不仅仅是指消灭敌人的物质力量,而是应包括摧毁敌人精神力量。其次,他认为,战争中的精神要素是相互作用,相互助长的。即在战斗过程中,一方面,使敌人精神力量遭受损失,可以看作是摧毁敌人物质力量从而获得利益的一种手段;另一方面,"缴获的火炮和俘获人员的数量也是产生精神效果的一种新的力量。"换言之,"一场大规模战斗的结局给失败者和胜利者带来的精神影响都是比较大的。这种影响会使物质力量受到更大的损失,而物质力量的损失又反过来影响精神力量,这两者是相互作用,相互助长的。"

(5)进攻与防御相互依存、作用及转化的分析

进攻和防御,作为战争运动的基本形式,一直为军事理论家所关注。然而,在克劳塞维茨之前,许多军事理论家虽然不同程度地涉猎到了,但不像克劳塞维茨在《战争论》中用那么大的篇幅集中地阐述了进攻和防御问题,尤其是辩证地论述了二者的相互关系。其主要观点是:

①进攻和防御是相互依存的。克劳塞维茨说:"防御的规则以进攻的规则为根据,而进攻的规则又以防御的规则为根据,这是十分自然和必要的。"因此,在进攻和防御的目标、地点的选择上,如果说最有利于进攻的目标和地点,是进攻者决定自己进攻方向的依据的话。那么这个依据反过来对防御者也必然有用。如果进攻者没能选定最有利的方向,它就得放弃本来可以得到的一部分利益,而防御者恰好

在有利于自己的方向上防御,就会迫使进攻者必须付出代价和做出某种牺牲,才能避开或从防御者的侧旁通过。换言之,作为进攻者,如果防御者配置在有利于自己的方向,进攻者就应该向它挑战以引开它,如果防御者没有配置在正确的地点,进攻者就应向这个方向前进,以便击败防御者。

②进攻和防御是相互作用的。克劳塞维茨确指出,在战争史上,"每一种防御手段都会引起一种进攻手段",同样,"一种进攻手段是随着一种防御手段的出现而自然地出现的。"也就是说,当防御的方法"一经确定,进攻就针对它们采取对策;防御研究了进攻所使用的手段,于是又产生了新的防御原则。"进攻和防御,总是这样相互作用并得到相互促进的。

③进攻和防御是相互渗透的。克劳塞维茨曾明确指出:"战争中的防御……绝不是绝对的等待和抵御,也就是说,绝不是完全的忍受。而只是一种相对的等待和抵御,因而多少带有一些进攻因素。同样,进攻也不是单一的整体,而是不断同防御交错着的。""正如没有一个防御战局是纯粹由防御因素组成的一样,也没有一个进攻的战局是纯粹由进攻因素组成的"。其中,他还更多地专门论述了防御中的进攻及反攻问题。他说:"防御这种作战形式绝不是单纯的盾牌,而是由巧妙的打击组成的盾牌。""迅速而猛烈地转入进攻(这是闪闪发光的复仇利剑)是防御的最光彩的部分……不把它看作是防御的一部分,他就永远不会理解防御的优越性。"他还说:"应该把转入反攻看作是防御发展的必然趋势,是防御的一个基本组成部分。"

④"防御是比进攻强的一种作战形式"。在《战争论》一书中,克劳塞维茨对进攻和防御这两种作战形式进行了"战术范围"和"战略范围"内的比较。通过比较,他认为,防御这种作战形式有许多为进攻所不具备的有利因素和优越性,如待敌之利、地形之利、赢得时间、捕捉战机、获得民众的支持等,因此,"防御是比进攻强的一种作战形式。"同时,他还认为,在战争中采取何种形式,主要取决于交战双方各自追求的目的和为达此目的所具有的力量。如果追求的是较高的积极的目的,并且又有足够强大的力量时,就应采取进攻这种较弱的作战形式;如果追求的是较低的消极的目的,并且力量又比较弱小时,就应采取防御这种较强的作战形式。也正因防御是一种较强的作战形式,因此力量弱小的军队才能在运用它时增强力量,并从中获得利益。

⑤进攻和防御可以相互转化。克劳塞维茨认为:"在现实中,进攻活动,也就是进攻的企图和措施,常常不知不觉地以防御为其终点,正如防御计划以进攻为其终点一样。""如果说成功的防御可以不知不觉地转为进攻,那么进攻也可以不知不觉地转为防御。"不过,他对进攻转入防御和防御转入进攻持有不同的态度。其中,他把进攻转向防御看作是一种迫不得已的下策。他认为,没有还击的防御是根本不可设想的,还击是防御的一个必要的组成部分。而进攻则与此不同,进攻本身是一个完整的概念,它本来不需要防御,只是由于时间和空间的限制,才不得不把防御作为一种不得已的下策加以采用。进攻行动中的防御非但不是进攻的有效准备和加强,反倒是一种妨碍前进的阻力,是进攻的原罪,是进攻的致命伤。所以说防御是阻力,是因为它不但不能对进攻产生有利的影响,反倒会削弱进攻的效果。而防御转向进攻,"以防御开始而以进攻结束,是战争的自然进程"。因为防御虽然

是一种较强的作战形式,但又是带有消极目的的作战形式,因此,"只有在力量弱小而需要运用这种形式时,才不得不运用它。一旦力量强大到足以达到积极的目的时,就应该立即放弃它。"

除此之外,克劳塞维茨还在《战争论》中阐述了战争的理论与实践、战争与民众的辩证关系,以及集中兵力,打敌重心,速战速决,包围迂回等作战指导原则。

克劳塞维茨的军事思想反映了资产阶级上升时期的进步倾向和革新精神,对资产阶级军事思想体系的确立起了极其重要的作用。但由于时代的局限性,克劳塞维茨的一些观点是有缺陷的。例如,他所说的战争是政治的继续,只是指一国对外政策的继续;在分析精神因素与物质因素的关系时,某些地方过分夸大了精神因素的作用。

【点评】19世纪资产阶级经典军事理论著作,普鲁士将军、军事理论家和军事历史学家克劳塞维茨著。全书共8篇124章,约69万字。第1卷为第1至第4篇,题为"论战争的性质""论战争理论""战略概论""战斗";第2卷为第5、第6篇,题为"军队""防御";第3卷为第7、第8篇,题为"进攻(草稿)""战争计划(草稿)"。书中,作者运用辩证的方法对战争的定义、目的、手段,军事艺术的划分,战略要素,战争中的攻防和会战的地位、特点等做了系统阐述,提出了许多正确的见解,蕴涵了非常丰富而又深刻的军事思想。

八、博大精深,备受推崇——《战争艺术概论》

提起若米尼,人们可能会迅速想起他的一句名言:"假如在一个国家里,那些牺牲了生命、健康和幸福去保卫国家的勇士,其社会地位反而不如大腹便便的商贾,那么这个国家的灭亡就一点都不冤枉。"其实,这仅仅是他在《战争艺术概论》中的一个小小的思想亮点而已。

若米尼(1779~1869),又译约米尼,生于瑞士帕耶讷市市长之家。19岁参加瑞士军队,曾任陆军部长的副官、秘书长及营长等职。25岁转入法军服务,曾任M.内伊元帅的副官、参谋长。在拿破仑一世远征俄国期间,先后任维尔诺城防司令和斯摩棱斯克总督。1813年转投俄军供职,任俄皇亚历山大一世和尼古拉一世的军事战略顾问达20年之久,为俄罗斯帝国军事学院奠基人之一,被授予步兵上将军衔。晚年定居法国,靠俄国养老金生活,经俄国同意应聘为拿破仑三世的军事战略顾问。

若米尼自幼向往军旅生涯,酷爱军事。1796年在巴黎一家银行当办事员期间,为拿破仑·波拿巴远征意大利取得的胜利所鼓舞,开始自学并潜心研究军事,大量阅读军事著作尤其是军事历史著作,汇集整理当时拿破仑军队与反法联盟军队的战况,撰写军事行动日志,记载各参战国战况,并对战局发展进行评论。1798年进瑞士军队服役后,通过战争实践逐步走上军事理论研究的道路,1804年出版第一部军事著作《大战术理论和应用教程》。若米尼在该书中运用数学理论论述战斗队形、行军和作战线等问题,被视为是其军事思想的萌芽。1805年若米尼到法军内伊元帅部队供职后多次参加远征,在战火中继续深入研究战争。同年出版

《论大规模军事行动》。1824 年撰成《革命战争批判军事史，1792~1801》。1827 年出版《拿破仑的政治和军事生涯》。1830 年应俄罗斯帝国皇帝要求将其有关战争原则方面的著述汇集成册，取名《战争艺术概要分析》，后经修订增补改名为《战争艺术概论》，1838 年出版。该书出版后，不少国家竞相翻译出版，定为军官必修教材，从而成为若米尼最有影响的代表作。若米尼在书中总结了法国革命战争和拿破仑战争的经验，创立了 19 世纪初期的战争艺术理论，提出了不少具有普遍指导意义的作战原则。

《战争艺术概论》全书共 7 章，依次题为："战争政策""军事政策或战争哲学""战略""大战术与交战""战略战术性混合作战""战争勤务或调动军队的实用艺术""军队的战斗部署和三个兵种的单独使用或联合使用"。其军事思想的主要观点有：

（1）战争确有原理和规律可循

若米尼根据自己亲身的战争实践以及对战史的深入研究，坚信战争确有原理和规律可循。要取得战争的胜利，就必须遵循这些原理和规律。他写道："战争的确有几条为数不多的基本原理，若是违反了它们，就一定会发生危险，若是能好好地运用它们，则差不多总是可以成功的。从这些原理所引出来的应用规则，也只有为数不多的几条。尽管根据不同的情况，有时需要加以修改，但是一般说来，在混乱和动荡的战争中，却可以当作是一个指南针，指导军队的统帅去完成困难而复杂的任务。这类规律若被一位指挥着一支英勇部队的将领所掌握，那么它们就能成为夺取胜利的可靠保证。"若米尼还借用弗里德里希的一句名言，讥讽那些否认战争的原理和规律，只知道盲目作战的军人，如同"一头在欧根亲王麾下服役的骡子，即使经历了 20 个战局，也不会由此而成为一位优秀的战术家"。

若米尼还认为，不应该用战争中出现的少数例外事件或偶然因素来否认战争规律的存在。他指出，有一些人为了否认战争的原理和规律的存在，常常用某些比较重要然而又似乎与战争的原理和规律不大相符的战例，作为其反驳的根据。但是，他们都不愿意对此去做进一步的考察，看看当时的情况是否特殊，对于战争原理和规律的应用，是否应酌情加以修正。他说："即使他们提出的办法是正确的，但也是一次偶然的例外，他们仍然不能推翻根据多世纪经验归纳出来的、以自然法则为基础的规则。"

若米尼对于战争原理和规律的不平衡性问题也进行了一定的分析。他认为，在战争的某些部分，尤其是战略方面的一些原理和规律是相对稳定的。但就整个战争而言，则并非全部如此。其中，战术方面的原理和规律则是随着武器装备的发展而不断变化的。他说："最近 20 年来的新发明，显然使军队已有可能在组织、武器，甚至战术上进行一场大革命。"

若米尼

·军事名著·

图文珍藏版

若米尼在强调战争确有原理和规律可循,只有按原理和规律作战方能制胜的同时,又极力反对把战争理论绝对化。他主张,对于战争的原理和规律,应善于依照不同的环境加以修改,并根据当时的环境予以活用,万不可以过分地受着原理和规律的束缚。尽管在19世纪战争理论已经有了很大的丰富和发展,"但是,决不能由此得出结论说,兵法已达到一步也不需要向前发展的程度了。在太阳底下,尽善尽美的东西是没有的!就是组成一个由卡尔大公或惠灵顿领导的委员会,让我们这个世纪的所有在战略战术方面的名流,以及最高明的工兵和炮兵将军都参加这个委员会,也不能使这个委员会创造出一套对所有军事领域,尤其对战术是完美、绝对和不变的理论。"

但同时若米尼又认为:"唯一不变的东西只有战略,从西庇阿和恺撒,直至腓特烈、彼得大帝和拿破仑时代,战略原则都是一样的,因为它们不受自然条件、武器性质和军队编制的影响。"其实,战略、战略原则也是随着科学技术、武器装备的新发明而发生变化的;拿破仑的战略原则与腓特烈的战略原则就截然不同,更不用说与更早的恺撒、西庇阿的战略原则相比了。

(2)战争受多种因素的影响和制约

若米尼认为,政治因素是影响和制约战争的首要因素。"判断战争是否适合时机,是否正当,甚至或者是否需要,并决定究应采取哪些行动",都应首先从政治因素着眼。据此,他提出了一个很值得注意的见解,即战争的发动者并不是都能成功地进行进攻战,而被进攻的一方却能够先机制敌,夺取主动权并转入进攻。与此同时,他还指出:"不同的战争类型,对于为达到既定目的所要采取的作战行动的性质、所需投入兵力的数量,以及可能将展开战斗行动的范围,都可能发生某种程度的影响。"

若米尼认为,民众在战争中也将起到十分重要的作用,民族抗战对战争的影响极大。他说,一个民族全体自动奋起抗战的景象实在是非常的壮观。在一个侵入性战争中,侵略者若是碰到一个准备不惜一切牺牲、愤激如狂的民族起来抵抗,其后果是非常危险的。任何精锐的军队,若是碰到一个奋起抵抗的大民族,就一定会被击败。这是因为:"入侵者所有的不过只是一支军队,而他的敌方却不仅只有一支军队,而且还有一个整个的民族。这个民族普遍或至少多数都奋起进行抵抗,他们利用各种武器个个致力杀敌,甚至非战斗人员也参加战争,积极杀敌。而入侵者却只能控制其所占据的地区,一离开这个地区就会遇到敌人,敌人千方百计给制造困难,使入侵者寸步难行。"对此,若米尼还做了生动而具体的描述:武装的人民都熟悉当地的地形,并通过多种途径很快了解到敌人的情况,并采取最恰当的方法击败他们。至于侵入军方面则完全不同,他们得不到情报。又不敢派小队的人员去侦察;他们不用刺刀,就很难得到物质的供应;他们不采用密集的纵队,就无法保障安全;他们的一切行动都有盲人瞎马之感,当他们一再扑空,进退两难的时候,其对手则切断他们的交通线,歼灭他们的留守部队,袭击他们的运输队和仓库,使其四面受敌,以致被彻底击败。与此同时,若米尼还指出,抵抗的民族应以纪律严明和相当数量的正规军作为抵抗的核心,否则只能是一盘散沙,难以持久。

若米尼认为,精神因素同样是取得战争胜利的重要因素之一。他设问说:"假使军队及其指挥官的士气对于夺取胜利也同样具有重要的影响,那么从根本上说,难道不是因为精神力量能产生物质效应吗？"又说："当军队士气不振时,任何战术体系都不能够保证其胜利。"他还举例说,假如有两万人的精兵,全军的士气旺盛,那么在猛烈攻击敌阵时,其攻效之大将远胜于4万个士气颓废、不愿作战的士兵。因此。他主张"军队统帅应尽全力使自己的战士振奋,激起他们的激情。"

若米尼还认为,优良的将帅是保证战争胜利的又一个重要因素。他说："一个统帅的高超指挥艺术,无疑是胜利的最可靠的保证之一,尤其是在交战双方的其他条件都完全相等时,更是如此。"为此,他在《战争艺术概论》一书中专门辟有"军队统帅和高级作战领率机关"的一节。同时,他还特别强调将帅选拔问题,认为"对统帅的选择,是国家管理科学中最复杂的问题之一,也是国家军事政策中最重要的部分之一。"另外,他对将帅应具备的条件也进行了一定的论述。他认为,一个合格的将帅。至少应做到以下四点:精通战争理论、具有决策能力、具有实际作战能力、具有较好的品性。

(3)精锐的军队"能够创造出奇迹"

若米尼认为,一个国家需要一支精锐的军队。有了精锐的军队,才能使国家获得成功,创造奇迹。他甚至说："一支精锐的军队,在才能平庸的司令官指挥之下,能够创造出奇迹。"如何建立一支精锐的军队? 若米尼从不同的层面和角度具体地论述了这一问题。其主要观点是:

首先,"军队总应该成为政府经常关注的对象。"他强调指出："一个政府,不论用什么借口轻视军队,总是要受到后人的谴责,因为由于它轻视军队,不仅不会使国家和军队获得成功,反而会给国家和军队带来耻辱。我们当然不主张政府应为军事牺牲一切,因为这种主张是荒谬的。不过军队总应该成为政府经常关注的对象。"为此,一方面,"不论国家实行什么制度,作为一个英明的政府,其一贯的宗旨应该是:提高军职的地位,以培养居民的光荣感和英勇精神","假如在一个国家里,那些牺牲生命、健康和财产去保卫祖国的勇士们,还不如那些包税者和交易所的生意人受到尊重,那么这个国家就一定是非常可悲的!"另一方面,政府应大力提倡民族的尚武精神,"如果政府不采取措施培养人民的尚武精神,那么它为建设军队而采取的一切最好的措施也都将是徒劳的。"

其次,"要使军队达到完善的程度,必须具备以下12个条件:良好的兵员补充体制;良好的军事组织;组织良好的国民后备军体制;部队和军官在机动、内务和野战勤务方面,都有良好的训练;严厉但不带屈辱性的军纪,以信念为基础,而不是靠形式主义的队列勤务培养起来的服从和执行命令的精神;有效的奖励和竞赛制度;特种兵(工兵和炮兵)有充分良好的训练;尽可能在武器装备方面,包括在进攻性武器和防御性武器方面,保持着对敌人的优势;一个总参谋部,既善于利用上述一切因素,又善于很好地组织军官的理论和实践训练;一个良好的仓库、医院和一般行政管理体系;统帅部和高级领率机关都有健全的组织体制;善于提高士气。"

另外,"在一个长期的和平阶段中,保持军队的战斗力特别重要,因为军队的战斗力在和平时期最容易退化。"同时,若米尼还指出："我决不主张国家要从早到晚剑拔弩张,天天准备打仗。这种情况对人类来说,简直是一种祸害,而且从现在的国家情况来看,也是不可能出现的。我只是想说明,一个文明国家的政府应该常备不懈,以便能随时开始有利的战争。"为加强和平时期军队建设,使部队保持常备不懈。若米尼指出,其一,政府当局一定要有远见,要有良好的军事制度和完善的军事政策;其二,要保持军队的士气,举行大规模演习训练军队。尽管这种演习对真正的战争还模拟得很不完善,但却不可否认这是训练军队准备战争的最有效方法;其三,使军队养成吃苦耐劳的风气,使他们经常参加一些有益于国防的劳动。

(4)要实施灵活的战争指导

强调主动进攻,积极防御。若米尼认为,在通常情况下,进攻比防御居于优越的地位。这主要是因为,进攻可以把战祸带到敌人的国土上去,使本国不至于受到战争的破坏,并以此增加自己的资源和减少敌方的资源,提高己方的士气而打击敌方的士气。因此,要寻求机会主动实施进攻。然而,进攻也有诸多弊端。其主要表现是:进攻敌国国土,容易激起对方的抵抗精神,尤其是对方感到国家的独立受到威胁的时候;而且深入敌方境内时己方作战线会受到威胁。与此同时,若米尼还认为,一个守势的战争,如果进行得巧妙,也并非是完全不利的。"防御通常可分两种:一种是惰性防御,或称消极防御;另一种是积极防御,即同时也要实施突然进攻的防御。消极防御总是极为有害的,而积极防御则能取得巨大成功。"因此,进攻和防御应适时适情运用,"一个将领的最大才智,就是善于交替运用这两种作战体系,特别是善于在防御交战最激烈的时刻重新夺取主动权",集中主力"攻击敌人的一翼"。若米尼通过对战史的研究,得出一个结论:一些军事名将在战争中屡屡获胜的秘密就在于他们善于"集中他的主力攻击敌人的一翼"。由此他还指出:"分散兵力是兵家的大忌",而"只要兵力集中,就能取胜"。按照若米尼的理解,拿破仑所惯用的方法就是:首先区别每一个作战地区的相对利害。然后把主力集中用于成功希望最大的地区中,或者说用于战场的决定点上。如果敌军的兵力过于分散,就猛烈地突入它的中心点;若是便于迂回,或是便于切断敌人的交通线,就应迅即趋向敌军的翼侧。不仅如此,若米尼还把集中兵力、重点打击看作是战争的基本原理(有时则称之为"最好的方法")。他说:"战争的基本原理要求,攻者应把较大的兵力集中用于决定点上,而若一支军队处于劣势,却要对一支集中的优势之敌从两点同时发起攻击,那就违背了这条基本原理。"

注重预备队的运用。若米尼对预备队问题做了比较广泛、比较深入的研究。他认为,预备队在近代战争中占有极其重要的地位,国家要有全国性的预备队兵役制度,战场上每一级的指挥官都要控制预备队。预备队分为准备征召入伍和战场上的预备队两种。战场上的预备队是很重要的,拿破仑每一次会战中,总不会忘记组织这种预备队。他还提出,预备队虽然重要,但是却要随时注意,不可以过分地分散己方的兵力以免招致危险。预备队是否可以省去不用,这全要看当时的环境而定。

若米尼的军事思想有较强的生命力和深远的影响,为不少国家所重视。恩格斯认为,若米尼在军事理论方面同克劳塞维茨一样是"全世界公认的权威人士"。据说,美国内战时期,南北两军几乎人人手头都有一本《战争艺术概论》。但由于时代的局限性,它带有某些形而上学和机械论的色彩。例如,认为战争艺术的规律是永恒不变的,夸大统帅在战争中的作用,低估政治、经济因素对战争的影响等。

【点评】19世纪资产阶级军事名著,欧洲资产阶级军事理论家若米尼撰。该书是作者在《战争艺术概要分析》一书的基础上经修订增补后以法文写成的,于1838

年出版,有多种文字译本,中译本由刘聪、袁坚翻译,解放军出版社 1986 年出版,1988 年、1991 年两度重印(90 年代初译者对该书重新审校,将书名改译为《兵法概论》,于 1994 年由军事科学出版社出版)。全书共 7 章,依次题为:"战争政策""军事政策或战争哲学""战略""大战术与交战""战略战术性混合作战""战争勤务或调动军队的实用艺术""军队的战斗部署和三个兵种的单独使用或联合使用"。恩格斯认为,若米尼在军事理论方面同克劳塞维茨一样是"全世界公认的权威人士"。

九、内涵丰富,蕴意深刻——《马克思恩格斯军事文集》

马克思恩格斯重要军事著作的中译文集。中国人民解放军军事科学院编辑,战士出版社 1981~1982 年出版。选收马克思和恩格斯的军事著作 459 篇,编为 5 卷,正文约 199 万字。文集第 1、第 2 卷为专题军事著作和散见于政治、经济著作中有关军事问题的论述,第 3、第 4、第 5 卷是战争评论和关于军事问题的书信。文集所选收的著作大部分为全文,少量为节录。文集各卷的著作一般按写作或发表时间顺序编排,少数著作为便于阅读,编排上根据内容略有调整。每卷卷末都附有注释和人名索引等参考资料。

文集收录的著作,包含无产阶级战争观、军队理论、暴力革命理论、武装起义理论、作战指导理论、军事学术史、军事技术史、研究军事问题的方法论等多方面的内容。

文集第 1 卷选收马克思和恩格斯在 19 世纪 40 年代后期至 50 年代末的专题军事著作和有关军事论述,共 23 篇。作为开宗明义置于卷首的,是马克思和恩格斯阐述科学共产主义基本原理和暴力革命理论的名篇《共产党宣言》。恩格斯在 19 世纪 70 年代撰写的《反杜林论》中关于"暴力论"的 3 章及其有关准备材料,属于马克思主义军事理论的奠基性文献,被提前编排在《共产党宣言》之后,以显示其理论上的重要性。选入本卷的其他重要著作还有:论述不断革命和建立工人武装组织基本理论的《共产主义者同盟中央委员会告同盟书》,总结德国革命时期阶级斗争和武装斗争经验教训的《德国农民战争》,以论证军队及其作战方法同社会生产、政治制度间关系为主要内容的《1852 年神圣同盟对法战争的可能性与展望》,论述中国革命对欧洲革命影响的《中国革命和欧洲革命》,考察和比较欧洲各国军队特点的《欧洲军队》,论述山地战特点和积极防御思想的《山地战的今昔》,以及为《美国新百科全书》撰写的、系统阐述军队及其主要军种、兵种发展史的《军队》《步兵》《炮兵》《骑兵》《筑城》《海军》等条目。

文集第 2 卷选收马克思和恩格斯在 19 世纪 50 年代末至 90 年代中期的专题军事著作和有关军事论述,共 83 篇。马克思和恩格斯在 50 年代后期为《美国新百科全书》撰写的 50 个军事条目,在本卷占据较大篇幅。这些条目有阐释军事术语和武器名称的,有介绍军事人物和军事要地的,也有论述历史上著名战例的,内容十分丰富。其中的《攻击》《会战》《刺刀》《布吕歇尔》《博罗迪诺》《布伦海姆》等,更具有较高的学术价值。《论线膛炮》和《步枪史》是选入本卷的两篇重要的兵器发展史文献。恩格斯从 1860 年 6 月至 1862 年 8 月为英国志愿兵运动撰写的一组文章,反映了作者对不脱产的军队的组织、训练和管理等问题的重要看法。马克思的《纪念国际成立七周年》和恩格斯的《论权威》,是两篇总结巴黎公社经验的重要著作。此外,选入本卷的重要军事著作还有:论及战争和军队起源的《家庭、私有制和国家的起源》,论述世界战争规模及其后果的《波克罕〈纪念1806年至1807年德意志极端爱国主义者〉一书引言》和阐发无产阶级裁军思想的《欧洲能否裁军?》等。

文集第3卷选收马克思和恩格斯在19世纪40年代后期至50年代中期的战争评论,共105篇,涉及两个大的历史事件,即1848~1849年欧洲革命和1853~1856年克里木战争。在评论前一个事件的22篇著作里,有详细分析1848年巴黎二月革命和六月革命中起义队伍和政府军各自战术的《巴黎的革命》和《六月革命》等,有通过剖析1849年春意大利撒丁王国抗奥斗争受挫过程和阐发民族战争、人民战争理论的《皮蒙特军队的失败》,还有总结1848~1849年德国革命经验、论述人民武装起义理论的《德国的革命和反革命》。在评论克里木战争的83篇著作里,有深刻揭示战争起因的,如《国际述评(一)》和《在土耳其的真正争论点》;有详细分析参战双方战略意图的,如《俄军在土耳其》;有具体剖析各个战场战事进程的,如《土耳其战争的进程》《对锡利斯特里亚的围攻》;有评析参战各方将帅指挥能力的,如《因克尔芒会战》《法国作战方法的批判》;有论述参战军队的领导机构设置不合理而影响部队行动的,如《英军在克里木的灾难》;还有介绍有关国家军队制度弊端的,如《俄国军队》等。

文集第4卷选收马克思和恩格斯在19世纪50年代中期至60年代初的战争评论,共82篇,涉及六个历史事件,即西班牙革命、英国殖民战争、印度民族大起义(1857~1859)、意大利独立战争(1859)、摩洛哥战争(1859~1860)、加里波第运动(1860)。论述弱小民族人民运用游击战手段同侵略者进行不懈斗争,是本卷所收著作的显著特点。其中突出反映马克思主义人民战争理论的代表性著作有:《革命的西班牙》《波斯和中国》《勒克瑙的解救》《对摩尔人的战争》(1860年1月18日左右稿)等。34篇评论1859年意大利独立战争的著作也具有明显特色,其中不少篇章集中探讨了战场地理位置同攻防作战成败的密切关系,在肯定坚固设防的战略要点在国土防御中重要作用的同时,阐发了积极防御理论,如《奥地利如何控制意大利》《在即将爆发的战争中双方取胜的可能性》和《波河与莱茵河》等。在这一组著作中,不少短评还分析了参战各方在各次会战中成败得失的原因,批评了作战指挥上的庸碌保守思想,这方面代表性的著作有《奥军的失败》《马振塔会战》《奥军向明乔河的退却》和《索尔费里诺会战》等。

文集的第5卷选收了马克思和恩格斯在19世纪60年代初至90年代中期的战争评论和其他著作,共80篇。另有1849~1894年间的军事书信86件。该卷所收著作,反映的是关于美国内战(1861~1865)、普奥战争(1866)、普法战争(1870~1871)和巴黎公社四个历史事件的情况。这四个事件在近代军事史上都极为重要,受到马克思和恩格斯的很大关注。他们对这些事件的透彻剖析,反映了他们的军事理论研究所达到的新水平。关于普法战争的两篇宣言和59篇短评是这一时期最有代表性的著作。这些著作结合具体战争事例全面阐述了马克思主义的战争观、军队理论和作战指导理论,具有很高的理论价值;运用辩证唯物主义和历史唯物主义的原理对战况发展所做的科学分析和准确预测,具有重要的方法论意义,《战争短评(十二)》和《战争短评(十三)》是这方面的代表性文献。该卷收入的军事书信是帮助读者全面了解马克思恩格斯军事理论的最好资料。这部分文献涉及面广,内容极其丰富,是文集其他文章的重要补充。

《马克思恩格斯军事文集》系统、全面地反映了马克思和恩格斯的军事理论,内涵丰富,蕴意深刻,完整系统地回答了军事领域中的一系列重大理论和现实问题,具有极高的理论价值和现实指导意义。其基本思想主要体现在以下几个方面:

(1)历史唯物主义的战争观

马克思和恩格斯运用他们所创立的辩证唯物主义和历史唯物主义的世界观去观察战争,深刻揭示了战争的起源、本质、作用,战争与政治、经济、和平等一系列重大战争理论问题,从而创立了唯物辩证的战争观。

①关于战争的起源、本质、作用。在人类社会发展过程中为什么会产生战争这种社会现象? 在马克思和恩格斯之前,这个重大的军事理论一直没有得到科学的解释和回答。马克思和恩格斯在创立唯物史观之后,运用科学的世界观和方法论考察战争问题,深刻地揭示战争的真正起源。马克思和恩格斯认为,战争并不是从来就有的,而是人类社会发展到一定历史阶段的产物,是随着私有财产和阶级的产生而产生的。其中,在人类原始社会早期和中期,由于生产力极不发达,生产资料原始公有,劳动产品平均分配,因此,"没有统治和奴役存在的余地,部落和氏族分为不同的阶级也是不可能的,"那时即使出现了原始的武装冲突或战争,也不是后来意义上的战争。只有当人类社会发展到了原始社会末期,由于生产工具的不断改进和生产力的不断发展,产品有了剩余,私有财产和阶级也遂逐渐出现,在这种情况下,冲突"已经开始蜕变为在陆上和海上为攫夺家畜、奴隶和财宝而不断进行的抢劫,变为一种正常的营生",从此战争才"成为经常的职业了"。以往的许多军事理论家试图揭示战争的本质,但未得到圆满的解释。直到 19 世纪初,克劳塞维茨通过分析战争与政治的关系,才开始接触到战争的社会本质问题。然而,由于克劳塞维茨不了解政治的真正内涵,因而仍然不可能彻底揭示战争的真正本质。马克思和恩格斯批判地继承了克劳塞维茨关于战争本质的思想,运用历史唯物主义的基本观点考察战争与政治的关系,从而对战争本质做出了进一步的说明。他们认为,在阶级社会里,政治主要是指阶级之间的相互关系和斗争,"任何政治斗争都是阶级斗争",同样,"一切阶级斗争都是政治斗争";同时,政治又是经济集中的表现,所以它又是基于物质利益的对立冲突和"围绕着经济解放而进行的"阶级斗争。因此,在阶级社会中的战争"根本是为着十分明确的物质的阶级利益而进行的",阶级社会的战争是阶级矛盾尖锐到一定程度而爆发的暴力斗争,而这就是战争的真正本质。另外,在历史唯物主义创立之前,人们对战争的历史作用问题,同样也一直未做出科学的解释。许多人把战争仅仅看成是残杀、掠夺、抢劫、破坏的手段,是绝对的坏事。尤其"在杜林先生看来,暴力是一种绝对的恶事","按他的意见,第一次的暴力行动是原罪",它"玷污了全部历史"。然而,马克思和恩格斯从历史唯物主义的基本原理出发,认为对战争的历史作用不能一概否定。他们提出区别正义战争和非正义战争的思想,对反侵略战争、民族解放战争、农民起义战争、无产阶级革命战争等正义战争,总是以极大的热情、积极的态度,予以热烈的赞

扬和坚决的支持。正是基于这种认识,马克思和恩格斯从理论上对战争即暴力的历史作用做出了全面的分析,指出:"暴力在历史中还起着另一种作用,革命的作用;暴力……是每一个孕育着新社会的旧社会的助产婆;它是社会运动借以为自己开辟道路并摧毁僵化的垂死的政治形式的工具。"同时,他们还进一步阐明,革命暴力是人类社会发展的直接动力,是建立和维持一切国家的重要手段,是在一定条件下是加速社会经济发展的重要因素,是无产阶级革命的必要手段。

②关于战争与政治、经济、和平。马克思和恩格斯关于战争与政治的辩证观点,是无产阶级战争观的重要组成部分和本质的体现。这一辩证观点包括两个基本方面:其一,政治决定着战争。马克思和恩格斯认为,"军事原因在某种程度上是和它的政治原因联系着的",政治是产生战争的原因,政治目的决定战争的性质,政治因素规定和影响着战争的进程和结局。其二,战争对政治起反作用。在马克思和恩格斯看来,战争不仅受制于政治,同时它又反过来对政治产生巨大的作用。其中,马克思和恩格斯特别重视战争与革命的关系,即战争可以引起革命,革命的战争将推动政治的进行,促进政治的进步。马克思和恩格斯在考察18世纪中叶以来英国侵略印度和中国民族解放革命运动以及中英第一次鸦片战争的过程中,发现无论是殖民国家人民的革命,还是资本国家人民的革命,都是和战争连在一起的,从而做出了战争"最后肯定会引起革命"的著名论断。与此同时,马克思和恩格斯还深刻地指出:"革命就是一部分人用枪杆、刺刀、大炮,即用非常权威的手段强迫另一部分人接受自己的意志。"马克思和恩格斯根据"物质生活的生产方式制约着整个社会生活、政治生活和精神生活的过程"这一历史唯物主义的基本原理,还深刻地阐述了战争与经济的辩证关系。一方面,马克思和恩格斯明确指出:暴力本身的"本原的东西是经济力量",暴力关系根源于经济条件,即经济利益是战争活动的根本目的,经济条件是战争活动的根本支撑,经济发展是战争发展的根本动力;另一方面,马克思和恩格斯又强调指出:暴力和战争对经济的发展有着巨大的反作用,即"可以朝两个方向起作用。或者按照合乎规律的经济发展的精神和方向去起作用,在这种情况下,它和经济发展之间就没有任何冲突,经济发展就加速了。或者违反经济发展而起作用,在这种情况下……不言而喻地都阻碍了经济的发展,摧毁了大批的生产力。"关于战争与和平的关系问题,马克思和恩格斯也是十分关注的。尤其是19世纪末期,为了指导蓬勃发展的国际工人运动,消除日益严重的战争危机,争取和维护世界和平,恩格斯以极大的精力研究了战争与和平问题,得出了关于战争与和平的一系列结论。首先,恩格斯对19世纪末期维持和平、制约战争的因素进行了深刻的分析。恩格斯认为,当时尽管各资本主义大国扩军备战日趋激烈,大战大有一触即发之势,但制约战争、维持和平的因素也在增长。其主要因素包括:科学技术的高度发展,使武器威力空前增大,各国的统治者都惧怕战争的严重后果;企图发动战争的国家自身存在着严重困难;欧洲两大军事集团所形成的力量势均力敌,使各成员国相互制约,任何一国难以独立地支撑战争;社会主义政党的影响日益增大,人民反对战争,士兵中不少是社会主义者或社会主义运动的同情者。另外,恩格斯还针对当时的情势提出了关于争取和平、防止战争的一些主张。其主要内容包括:要不断揭露战争策划者的阴谋,消除战争隐患;要严格禁止军备竞赛,大力呼吁裁减军备;要统一各国社会党人及广大工人群众的思想,采取

协调一致的行动;要争取士兵和军官的觉醒,使其在决定的时机与人民站在一起;要制定防止侵略战争的共同国际政策,等等。

(2)对战争力量的科学分析

马克思和恩格斯在汲取前人对战争力量研究成果的基础上,就战争力量的核心要素——人与武器以及士兵与将帅、战争与民众之间的关系,做了系统的辩证的分析,并得出了科学的结论。

①军队组织、作战方式与有关胜负"取决于人和武器这两种材料"。马克思和恩格斯认为,军队的全部组织和作战方式以及与之有关的胜负,"取决于人和武器这两种材料"。在他们看来,人和武器是统一的,两者的有机结合决定着战争的胜负和作战方式的变化。但是,人和武器在战争中的地位与作用又是有差异的。其中,武器装备的优劣对战争胜负起着重要作用,在一般情况下,"手枪战胜利剑","只有创造新的、更有威力的手段,才能达到新的、更伟大的结果。"而人是战争胜负的决定因素,因为"枪自己是不会动的,需要有勇敢的心和强有力的手来使用它们",所以"赢得战斗胜利的是人而不是枪"。当然,战争中的人是物质力量和精神力量的统一体,应具备强健的体魄、勇敢的精神、必胜的信念和较高的智能等素质。马克思和恩格斯在此基础上还进一步指出,在人与武器的相互关系上,人要适应武器的发展变化,唯此才能充分发挥武器的战斗效能;人对武器发展变化的适应不是消极的而是积极的,要善于根据变化了的条件,对武器的改进和发展提出自己的要求。

②将帅在战争中起着重要的作用,但士兵是军队的基础。在马克思和恩格斯看来,杰出的将帅在战争中起着不容忽视的重要作用,因为战争是由一系列高度集中统一指挥下的作战行动组成的,战争的胜负与战争的指导有着极为密切的关系;将帅作为战争的组织者和指挥者,他们的军事素质和指挥才能往往对战争胜负产生很大影响。拿破仑一世是"能够实现这个革命的唯一人物",而他的侄子路易·波拿巴则是一个仅仅承袭了这个唯一人物的名字,到处做和拿破仑所做的相反的事情的"自命不凡的平庸"。然而,杰出将帅的高明之处决不取决于他们的"任意幻想"和"悟性的自由创造","每个在战史上因采用新的办法而创造了新纪元的伟大的将领,不是新的物质手段的发明者,便是以正确的方法运用他以前所发明的新手段的第一人。"天才统帅的影响最多只限于使战斗的方式适合于新的武器和新的战士。与此同时,马克思和恩格斯还强调指出,士兵是军队的基础。一切战争的胜利,最终取决于战场上士兵的数量和质量;一切关于战争的计划和方案,最终都要依靠士兵去完成;任何一种新的作战方法的产生和运用都离不开广大士兵的亲身实践和创造性活动。在法国大革命中,"正是士兵本能地找到了在后装线膛枪火力下至今仍然有效的唯一的战斗形式,而且不管长官如何反对,还是成功地坚持了这种战斗形式"。因此,杰出的将帅在战争中的重要作用是以广大士兵群众的作用为前提和基础的。

③人民群众是"战争胜负的决定力量"。在马克思和恩格斯看来,人民群众作为历史发展的主体和决定力量,同时也是革命战争的主体以及战争胜负的决定力量。因此,在对战争力量的辩证分析中,他们高度重视人民群众在革命战争中的作用,高度重视人民战争问题。例如,恩格斯在评述 1848~1849 年的意大利革命及

意奥战争时指出,只有"把规规矩矩的战略规模的军队间战争变为1793年法国人所进行的那种人民战争",才能取得正义战争的最后胜利。"群众起义,革命战争,到处组织游击队——这才是小民族制胜大民族,不够强大的军队抵抗比较强大和组织良好的军队的唯一手段。"在关于1870~1871年普法战争的短评中,他又一次强调,法国"人民战争的浪潮不断消耗着敌人兵力,将把一支最大的军队逐渐地损坏和零敲碎打地摧毁"。这种由广大人民群众参加的战争是"真正的战争"。与此同时,马克思和恩格斯还从组织领导、组织体制等方面对充分发挥民众在战争中的作用提出了极有价值的设想,这就是要由无产阶级领导和发动,要实行常备军和民军制度的有机结合。

(3)研究与预见战争的方法论

马克思和恩格斯把辩证唯物主义和历史唯物主义原理应用于军事领域的研究,不仅得出了关于战争问题的一系列科学结论,而且创立了关于分析和研究战争现象的一系列科学方法,即研究战争的方法论。恩格斯在这方面做出了突出的贡献。这些分析研究战争现象的科学方法,在一定意义上说,比科学的结论更为重要,因为它提供了认识以及指导战争的钥匙。其中,恩格斯关于普法战争的评述(从1870年的7月29日到次年的2月18日,恩格斯为英国伦敦一家著名报纸——《派尔一麦尔新闻》,以《战争短评》为总标题,陆续撰写了59篇文章)为人们提供了运用科学方法分析、预测战争现象的范例,具有普遍性意义。其主要方法是:

①从战争与政治等社会生活的广泛联系上分析与预测战争的发展进程。首先,恩格斯把这次战争看作是普法两国统治集团平时政治的产物和继续。普法战争一开始,恩格斯就从两国各自的社会政治状况和阶级斗争实际出发来考察整个事态的发展。战争前夕,欧洲的许多人都寄希望于通过和平途径解决两国的外交争端。恩格斯则认为,这种可能性是不存在的。宣战不久,一些资产阶级军事专家又纷纷断言,准备充分的法军将在战争中获胜。恩格斯却指出,战争对拿破仑三世"不可能有美满的结局",德国人一定能击溃他的全部军队。依据何在呢?恩格斯指出,法国统治集团经过20年的经营,已经把行政机关、政府、陆军、海军,实际上把整个法国都变成了他们牟取暴利的源泉。果然,在普法战争一开始,法军就出现了人员不齐、装备不足、给养状况极差等很不正常的情况,从而使本来处于进攻地位的法军在战争最紧要的关头丢掉了几乎一星期的时间,丧失了战场上的一切主动权,以致尔后的一败再败。恩格斯在分析法军在战争触发之初很快便陷入被动挨打境地的原因时再次指出:"第二帝国的军队在此以前已经于第二帝国本身而遭受了失败。"马克思在《国际工人协会总委员会关于普法战争的第一篇宣言》中也指出:不管路易·波拿巴同普鲁士的战争的结局如何,第二帝国的丧钟已经在巴黎敲响了。其次,恩格斯认为,作战双方在战场上的每一重大行动,每次会战的成败也都与参战国政府各自推行的政治密切相关。在普法战争中,法军的作战军团一个跟着一个遭到歼灭,投降活动接二连三地出现,这在法国战史上是罕见的。何以如此?恩格斯在分析法军初战受挫的直接原因时指出:法军已丧失了一切主动权,它的行动与其说是决定于军事上的考虑,不如说是出于政治上的必需。一支30万人的军队几乎都在敌人的视野之内。如果不根据敌人营垒中所发生的情况,而根

据巴黎所发生的或者可能发生的情况来决定自己的行动,那么它就已经失败一半了。如果拿破仑三世把星期四(指8月4日——作者注)以来所实行的那种战略再实行一个星期,那么,仅仅这一点就足以使世界上最好的最大的军队覆灭。事实上。除了法军前线指挥将领的庸碌无能外,巴黎政府对战场行动的无理干预,实是战争失利的一个直接的、重要的原因。此外,恩格斯还在一系列的《战争短评》中,对法军莱茵军团在战争中所走过的一段坎坷道路,进行了政治上的准确而深刻的剖析。

②必须用发展变化的眼光观察战争中的一切现象。战争作为一种特殊的社会现象,同其他社会现象相比,处于一种更加剧烈的运动、发展和变化之中,即具有更大的流动性。因此,恩格斯在观察战争现象时,不仅从它同其他事物之间的相互联系和相互制约方面去观察,而且从它的运动、发展、变化方面去观察。恩格斯之所以对普法战争整个过程做出精辟分析和准确判断,其中一个重要原因,正在于他时时着眼于战场形势的发展变化。例如,当法国对普鲁士宣战时,拿破仑三世盲目乐观,欧洲舆论界也普遍认为,法军胜利在望,普军前景不妙。但是,恩格斯并不这样看。他通过对交战双方的作战意图和战争准备情况(尤其是双方兵力)的透彻分析,认为随着时间的推移,战场优势将很快转向普军一方。结果,事实正是如此。而此时,恩格斯又预见到普鲁士会把防御战争变成掠夺性战争,而随着战争性质的转变,一旦法国的国民人人奋起直接参战,那么防御将更加坚强,而进攻将更为困难。这一预见也得到了尔后战争进程的完全证实。恩格斯运用上述方法分析战争给后人最重要的启示在于:观察战争现象不能只看交战双方一时的优劣状况,而是要考虑到整个战争事态的发展,随时注意双方作战力量在战争过程中的发展变化,即必须是发展地、辩证地,而不是静止地形而上学地去看待战争中的一切现象。

③要着力揭示战争现象的内部规律。恩格斯认为,战争不是不可知的现象,它的奥秘不仅能够被揭示,而且用自己被揭示的规律可以预见战争的发展,从而能动地进行战争。他说:"在表面上是偶然性在起作用的地方,这种偶然性始终是受内部的隐蔽着的规律支配的,而问题在于发现这些规律。"在普法战争中,许多被当时舆论界视为偶然事件的重大军事行动,恩格斯都曾一次又一次地对其做出了准确的判断。其奥秘所在,很重要的一点,就是因为恩格斯善于透过扑朔迷离的战争现象,发现隐蔽在其内部的规律。例如,早在交战双方展开实际战斗行动之前,恩格斯就曾通过对战前普军部署的全面深刻了解和对普军部队频繁调动目的的辩证分析,准确地判断出普军的作战计划。尤其值得提及的是,在战争中恩格斯对法军麦克马洪军团覆灭命运的准确判断。当时,他不仅宣布了该军团可能被歼的确切时间,而且还指明了将要发生不幸事件的大致地点,而欧洲军界和舆论界则做出了完全与此相反的判断。所以如此,就在于他机智地识破了普军统帅部所精心布置的战役伪装。在普法战争期间,由于恩格斯运用科学方法对重大军事行动和战争进程屡屡做出准确判断和预测,因而他获得了"伦敦头号军事权威""将军""小毛奇"等称号。

(4)战争指导的辩证法。

由于历史条件的限制,马克思和恩格斯亲身参加战争实践的机会不多。但是,他们通过认真总结当时以及历史上的战争和起义的经验,深入研究战争史、军事史和重要的军事著作,仍然深刻地揭示了战争指导的某些规律,创立了战争指导的辩证法。

①起义是"一种艺术",但"它要遵循一定的规则"。恩格斯在《德国的革命和反革命》这部著作中,系统地阐述了武装起义的指导艺术(或主要原则)。他指出:"起义也正如战争或其他各种艺术一样,是一种艺术,它要遵循一定的规则,这些规则如果被忽视,那么忽视它们的政党就会遭到灭亡。"这些原则是:第一,"不要玩弄起义",要做好充分准备,以应付起义带来的各种变化。因为"起义是一种带有若干极不确定的数的方程式,这些不确定的数的值每天都可能变化。"在敌强我弱的形势下,起义者必须"集中强大的优势力量对付敌人。"第二,"起义一旦开始,就必须以最大的决心行动起来并采取进攻。防御是任何武装起义的死路。""必须在敌军还分散的时候,出其不意地袭击他们;每天都必须力求获得新的胜利,即令是不大的胜利;必须保持起义者第一次胜利的行动所造成的精神上的优势;必须把那些总是尾随强者而且总是站在较安全的一边的动摇分子争取过来;必须在敌人还没有能集中自己的军队来攻击你以前就迫使他们退却;总之,要按照至今人们所知道的一位最伟大的革命策略家丹东的'勇敢,勇敢,再勇敢!'这句话去行动。武装起义胜利以后怎么办?"恩格斯认为,"要迅速而坚决地利用一切可能的方法来巩固自己的阵地,削弱敌人的阵地。"这包括废除旧的政权机关而代之以新的政权机关,组织和联合一切战斗力量,等等。

②进攻是"夺取主动权的行动",防御应该是"积极的攻势防御"。马克思和恩格斯认为,进攻是一种"夺取主动权的行动",这种行动"能获得更大的胜利。"因此,他们把进攻视为武装起义和革命战争的一项重要原则。但同时又认为,进攻绝不是单纯的、孤立的、绝对的一味进攻,进攻与防御应相互依存、适时转换。劣势军队的进攻,应当先通过防御创造条件。他们曾生动地描述了由防御到进攻的转化过程,即"被攻击的军队具有坚定沉着的精神,足以进行不断的抵抗,直到攻击者的火力开始减弱,兵力行将耗尽,然后转为进攻,进行攻击"。在他们看来,进攻与防御是相辅相成的,进攻不能一味地进攻,防御也不应是消极的。他们认为,消极防御是排斥反攻和进攻的防御,这样的防御终究是要失败的。防御应该是"积极的攻势防御",是"要利用反击来进行防御",这样的防御最终能转化为进攻,取得胜利。即"防御不应当只是消极的,而应当从机动中吸取力量,并且只要一有机会,防御者就应当采取进攻行动。"

③"战略的奥妙就在于集中兵力"。马克思和恩格斯十分重视集中兵力问题。他们在评论1857~1859年印度民族起义时,明确提出了"战略的奥妙就在于集中兵力"的著名论断,并强调,兵力远居劣势的军队更应"设法集中自己分散的队伍",否则就会被敌人轻而易举地消灭掉。他们在《法国作战方法的批判》这篇文章又强调指出:"拿破仑的秘诀在于集中",在于设法创建"多兵之旅"。与此同时,马克思和恩格斯认为,集中兵力不是对所有的作战方向或战场而言,而是"把兵力集中在决定性地段进行主攻"。这样,在次要的作战方向和战场上兵力则应相对分散,以保证主要的作战方向和战场上兵力的相对集中。

(5)军队起源与发展的学说

马克思和恩格斯不仅认真考察了战争的起源、本质、作用、发展和指导问题,而且还对军队的起源、本质、发展条件等进行了分析研究,形成了独创的无产阶级军队学说。

①军队同样是人类社会发展到一定历史阶段的产物。马克思和恩格斯认为,军队和阶级社会的战争一样,也是在私有制、阶级以及国家的形成与发展过程中产生的。在人类原始社会早期和中期,"没有军队、宪兵和警察,没有贵族、国王、总督、地方官和法官、没有监狱,没有诉讼,而一切都是有条有理的。"同时,军队和阶级社会的战争一样,也必然随着私有制、阶级和国家的消亡而退出历史舞台。"而在共产主义的社会里,谁也不会想到什么常备军。"

②军队是国家和阶级有组织的暴力工具。马克思和恩格斯对军队的本质问题则进行了多方位、多层面的考察。其基本观点是:军队是附属和服从于一定的国家和阶级的暴力工具;是国家和阶级为了进攻和防御而维持的有组织的武装集团;无产阶级专政的首要条件是无产阶级的大军。概言之,军队是国家和阶级的有组织的暴力工具。

③经济是军队的物质基础,军队在经济发展中起着重要作用。经济是军队物质基础,这是马克思和恩格斯运用辩证唯物主义和历史唯物主义考察军队得出的一个重要的科学结论。这个结论包含着丰富的实际内容:其一,"生产关系决定政治暴力关系""暴力关系根源于经济条件",军队的阶级性质取决于一定的生产方式;其二,"暴力的胜利是以武器的生产为基础的,而武器的生产又是以整个生产为基础",军队的武器和装备直接依赖于经济条件;其三,"随着新作战工具即射击火器的发明,军队的整个内部组织就必然改变了,各个人借以组成军队并能作为军队行动的那些关系就改变了,各个军队相互间的关系也发生了变化",军队的全部组织和作战方式取决于经济前提。与此同时,马克思和恩格斯还指出,军队对经济也有一定的反作用。马克思在读了恩格斯《军队》一文之后,于1857年9月25日给恩格斯写了一封信,其中讲到"军队在经济的发展中起着重要的作用","军队的历史非常明显地概括了市民社会的全部历史"。

④按照实战要求训练的军队才有战斗力。马克思和恩格斯在许多著作中反复阐述了加强军队训练的重要性:他们认为,缺乏训练、不结合实际的军队是不能打胜仗的,只有按照实战要求训练出来的军队才有较强的战斗力。为此,他们强调训练必须严格要求,除训练熟练使用武器外,还要在其他军事技术和体力方面进行全面训练。对于军官的训练,马克思和恩格斯更为重视,认为"军事不懂本行业务在参谋部门造成的害处比在其他任何部门都大"。为此军官必须着力掌握科学文化和军事知识。此外,他们还认为,决定军队战斗力的不仅是武器、装备和军事训练状况,还有两个关键要素——士气和纪律,在训练中要增加与此有关的内容。

【点评】马克思恩格斯重要军事著作的中译文集。中国人民解放军军事科学院编辑,战士出版社1981~1982年出版。选收马克思和恩格斯的军事著作459篇,编为5卷,正文约199万字。文集第1、第2卷为专题军事著作和散见于政治、经济著作中有关军事问题的论述,第3、第4、第5卷是战争评论和关于军事问题的书信。文集收录的著作,包含无产阶级战争观、军队理论、暴力革命理论、武装起义理论、作战指导理论、军事学术史、军事技术史、研究。文集系统、全面地反映了马克思和恩格斯的军事理论,内涵丰富,蕴意深刻,完整系统地回答了军事领域中的一系列重大理论和现实问题,具有极高的理论价值和现实指导意义。

十、传世名作,影响深远——《海权论》

《海权论》是被美国《军事百科全书》称为"海军历史学家,第一流的海军战略理论家和海上力量哲学家"的马汉所撰写的传世名著,它对世界历史产生了直接、广泛而深远的影响。

A.T.马汉(1840~1914),出生于美国陆军军官学校一教授家庭。1856年入安纳波利斯海军学校。1859年毕业后在美国海军服役,曾任炮舰舰长。1885年任美国海军学院教授,讲授海军史和海军战略。1886~1888年和1892~1893年两度出任海军学院院长。1893~1895年任美国驻欧洲舰队旗舰"芝加哥"号巡洋舰舰长。1896年以海军上校军衔退役。1898年美西战争中任美国海军战略委员会委员。1906年晋升海军少将(非现役)。马汉自幼受其父熏陶,博览群书,攻读军事历史名著,思想上深受古希腊雅典海军统帅地米斯托克利和政治家伯里克利的影响。1885年开始从事军事理论研究和著述,发表专著和论文100余部、篇,其中关于海权论的著作有20多部,主要有:《海权对历史的影响,1660~1783》(1890),《海权对法国革命和帝国的影响,1793~1812》(1892),《海权的影响与1812年战争的关系》(1905)等,从而形成了"海权论"。后来,这些著作被纳为一体,称为《海权论》。

马汉主要围绕以下几个方面的问题论述了海权的基本理论:

(1)关于海洋的极端重要性。马汉指出,占地球表面四分之三的海洋是大自然赋予人类通往四面八方的交通媒介和各大陆相互交往的交通要道。任何时候海上贸易都能致富,而财富是国家的生命活力、物质和思想的具体表现。谁控制海洋,谁就能控制世界贸易并进而控制世界财富,因此,海洋必然成为渴望获得财富和拥有实力的国家进行竞争和发生冲突的主要领域。国家要在海上自由活动,必须具备4个条件:一是作为一个商品输出国家,必须生产足够的产品供出口并进行商品交换。二是必须拥有作为交通工具的运输船只。三是必须拥有能够保护和发展海上贸易的殖民地和基地。四是必须拥有强大的海军,以保护海外领地与本国基地之间的交通线。

(2)关于海权构成的基本因素。马汉科学地分析了构成海权的基本要素,并将这些基本因素概括为以下六点:一是地理位置。一个不必通过陆路保卫自己和扩张领土的国家,其一贯目的就是向海洋发展。同大陆国家相比,它所处的地理位置十分有利,便于海军力量集中或分散。二是自然构造。海岸线是构成国家边境的重要组成部分,具有通向海洋的便利通道。国家从海上与世界各国交往,其海上贸易、海运和海军就会不断发展。三是领土范围。不仅指国家的领土面积,更重要的是海岸线和港口特点。四是人口。马汉站在军事的角度,对人口的概念进行了独到的解释,指出,人口不仅指国家的人口总数,重要的是人口质量,尤其是可以构成海上力量的人口,即可以充当水手、舰艇兵员以及生产海军物资的人员。国家拥有能够从事海洋事业的众多人口,是海权的主要因素。五是民族特点。依靠海洋强大起来的民族,其显著特点是具有从事海上贸易的才能,这样的民族必须具有能够生产用于交换的产品和在海外建立殖民地的能力。六是政府的特点。政府应了解海洋对于国家和民族发展的重要性,认识海权的重要意义,并竭尽全力为国家建立一支海军。这支海军应保证海上主要航道畅通并能够在远洋活动。为了使人们科学地理解海权的概念和构成海权的诸要素价值与相互关系,马汉明确指出,上述因素的价值是相对的,随着时间的推移和环境的变化而变化。但是,如果国家具备这些有利条件,对其海权的形成必将产生巨大的推动作用。海军战略的关键就是平时和战时建立和发展国家的海上力量。

(3)关于海上力量优势。马汉指出,国家海上力量包括海上力量和海上武力两部分。海上力量指运输船只、基地以及负责提供支援的附属设施;海上武力即海军。在海军建设问题上,马汉既反对俄国的"要塞舰队"观点,也反对英国的"存在舰队"观点;认为,这两种观点本质上是相互对立,各走极端。前者认为,舰队是要塞的辅助力量,除协助要塞防御作战外没有其他意义。这种观点导致俄国在日俄战争中彻底失败。后者认为,海军是国家命运之所在,应独立于其他因素之外;要塞只是暂为舰队提供燃料、修理或休息的设施,除此别无价值。马汉认为,海军应成为海上野战军,要塞、基地应成为保障舰队在海上实施进攻作战的根据地。

(4)关于海上作战的主要目标。马汉认为,夺取制海权是海上作战的主要目标,舰队决战和海上封锁则是夺取制海权的基本方法。因此,海军在海战中的主要任务是积极进攻和摧毁敌方主力舰队,并进而夺取制海权。如果敌方舰队被歼,敌人必将遭到彻底失败,己方海军便可控制海洋。马汉认为,舰队的特点是具有良好的机动性,因此不能作为单纯防御的工具。海军战略的要素是:集中、中央位置、内线和海上交通线。海战中,应集中使用兵力,避免同时在两个方向上作战。这是海军的基本作战原则和实现战略目的的主要手段。

马汉的海权著作一经出版发行,立即销售一空,在世界许多国家尤其是西方国家产生了空前的影响。

最先接受"海权论"的是英国人,因为当时英国正在辩论扩充海军的问题,马汉的理论被认为"是一个伟大的发现",他的书受到百般推崇,而且被当作最大的权威著作加以引用。在法国,由于这部著作中对法国海军的失败多处进行了评论,触到了法国海军建设的要害,虽然遭到了一些人的攻击,但大多数人拥护马汉的观点,因而《海权论》在法国被称赞为最客观公正的著述。在日本,马汉的著作出版后,即刻便被译成日文,而且均被列为日本海军军官的必读书。当时,日本正在跃跃欲试,企图赶上西方,因此日本政府便开始与马汉进行频繁的通信联系,就日本海军的规模、舰炮的型号等问题征求马汉的意见。在俄国,海权论早期著作的俄译本被年轻的海军军官奉为"经典",克拉多曾企图把海权论应用于俄国海军和海上力量建设并因此受到沙皇的赞赏。

尤其需要提出的是此书在德国产生的巨大影响。当时的德国海军大臣提尔皮茨元帅及其皇帝威廉二世在《海权论》中找到了扩充海军的理论依据,也都成了马汉理论的狂热崇拜者,威廉二世说:"我现在不是在阅读马汉上校的著作,而是想吞食它,并且牢记在心灵之中,这是一本第一流的著作,所以在各点上都是经典化的。在我所有的军舰上都备有此书,并经常为我们的将领和军官们所引述。"德国还规定将马汉的著作为海军学校的教材。

在美国,马汉的《海上力量对历史的影响》一书刚出版,当时担任文官委员会委员,后来出任总统的西奥多·罗斯福就写信给马汉,称赞这本书是"非常好的书",是"绝妙的书",是一部"经典著作",美国海军和陆军当局也先后下令大量订购马汉的著作,甚至连美国政府的议员们也以引证马汉的词句为荣。根据马汉的理论,美国迅速建立了一支与世界海军强国相抗衡的海军舰艇部队——"大白色舰队",于1898年进行了美西战争,夺取了西班牙的殖民地古巴和新加坡,不久又开凿巴拿马运河,"建立了美国对运河的绝对控制",还相继占领了关岛、菲律宾和夏威夷。自此美国海军把势力范围扩展到了世界各大洋,以一个海军强国的面目称雄于世。

马汉的海权论适应19世纪末20世纪初美国垄断资本向海外发展的需要,是当时历届美国政府制定对外政策和海洋战略的重要依据,对美国军事思想和其他许多国家的海军理论都产生了重要影响:但由于时代的局限性,作者过分夸大了海上力量和舰队决战的作用。

【点评】美国军事历史学家、军事理论家马汉先后撰写了《海权对历史的影响,1660~1783》(1890),《海权对法国革命和帝国的影响,1793~1812》(1892),《海权的影响与1812年战争的关系》(1905)等多部著作,从而形成了"海权论"。后来,这些著作被纳为一体,称为《海权论》。《海权论》一经出版发行,立即销售一空,在世界许多国家尤其是西方国家产生了空前的影响。

十一、建设海军,掌控海权——《海军战略》

《海军战略》是美国著名的军事历史学家、军事理论家马汉继《海权对历史的影响,1660~1783》(1890),《海权对法国革命和帝国的影响,1793~1812》(1892),《海权的影响与1812年战争的关系》(1905)这三部海权论名著后,又一部影响较大的系统阐述其海权思想的理论著作。

该书是马汉在美国为海军学员讲授海军战略理论的讲稿,经整理后于1911年出版,有多种文字译本,商务印书馆1990年出版了中译本。该书以海权论为中心,通过对历史上海上战争及战例的分析,概括出系统的海军战略理论。这是世界上出版的第一部海军战略专著,在世界范围内产生了较为深远的影响,尤其对于研究美国的海军战略思想有重要的参考价值。20世纪80年代,前美国图书馆协会主席罗伯特·唐斯甚至把马汉的《海军战略》列入"影响世界历史的16本书"之中。

该书共15章。第1章"绪论",概略叙述了作者对"海军战略"内涵和原则的认识。其他各章在整体内容上可分为三大主题。一是讲史例的评述,二是讲基本的原理,三是讲原理的运用。从第2章至第5章皆题为"史例与批判",分别结合战例说明位置的控制力,集中的法则,集中的方式及作战根据地问题。从第6章至第10章皆题为"基础与原理",分别论述了军事战略与政治战略的关系,战略位置及军事强度,战略线,远洋作战和一般性海上作战。第11章"墨西哥湾与加勒比海之战略形势研究"。第12章"墨西哥湾和加勒比海(续)",具体运用前面所确立的原理分析墨西哥湾和加勒比海的战略形势。第13章和第14章皆题为"日俄战争之研究"，指出俄国海军在战略上的一系列失误，主要是俄国海军作战思想摇摆不定，结果在旅顺，既无要塞舰队之实，更无存在舰队之用。第15章"海岸设防与海军战略之关系"，认为海岸要塞的主要功能是庇护己方舰队、支持其力量，以对抗敌人入侵。纵观全书，马汉海军战略思想的基本观点有：

（1）海军战略的目标是保证国家获得平时和战时的海权。马汉认为，海上作战最重要的任务是掌握制海权，而掌握制海权有赖于强大的海军。他主张美国突破传统的近岸防御思想的束缚，建设一支具有进攻能力的强大海军，首先控制加勒比海和中美地峡，进而向太平洋扩张，在大西洋上则与海上强国英国相互协调，以左右欧洲形势。

（2）海军战略的基本要素是集中、中央位置、内线、海上交通线。马汉认为，集中的法则是海军战略的基础；威力的方程式是力量加位置（即占据便于随时向主要战略战役方向机动的中央位置），以便于舰队实施内线机动；海上交通线在战争中居于"统制战争"的地位，凌驾于其他要素之上。马汉在书中说："目标专一的意义就是集中信念于一个目的，于是才有信念的集中、决策的集中和军力的集中"。作者反复申论，"海军战略也和海军战术一样，以获取制胜之道为目的，其战争艺术就在于争取位置和部署军力"。"要以最大的兵力首先到达假想的位置。这就是集中，具有时效的集中"。集中法则，是全部战争效果之源，即在决定点上造成对敌优势。同时，他还特别强调后备部队的作用，认为"后备兵力具有决定因素的价值。后备兵力，如在数量和位置上预有正确部署，就可在胜败的紧要关头，拥有最大的兵力，制敌机先，且可在决定的战役中收获集中之效果，此为保持数量优势的许多方法之一"。假如正确部署后备力量的数量和位置。就可以在胜败的紧要关头获得主动权以保证胜利。

（3）海军的存在是为了进攻，防御只是进攻的准备。马汉指出，即使全局处于防御态势，海军舰队也必须积极出击，通过海上交战达到一定的结局。马汉始终主张在一个方向上作战，反对同时在两个方向上作战，以保证在决定性的时间和海区集中优势兵力摧毁敌方舰队。海上作战的主要手段是舰队决战，必要时可通过海上封锁实现上述目的。

（4）海军战略的关键是平时和战时建立并发展国家的海上力量。马汉指出，海军舰队是海上野战军，机动性和进攻性是其特征。海军基地、要塞是舰队的根据地，是海上进攻力量的依赖和组成部分。

如同"海权论"，马汉的海军战略思想是适应19世纪末20世纪初美国垄断资本向海外发展的需要而问世的，它是当时历届美国政府制定对外政策和海洋战略的重要依据，并对许多国家海军理论的产生重要影响。但马汉的海军战略思想同样具有时代和阶级的局限性，如认为原理是"永恒不变"的，轻视新技术新装备对军事实践的影响，过分夸大海上力量和舰队决战的作用等。

【点评】美国著名的军事历史学家、军事理论家马汉继《海权对历史的影响，1660～1783》（1890）、《海权对法国革命和帝国的影响，1793～1812》（1892）、《海权的影响与1812年战争的关系》（1905）这三部海权论名著后，又一部影响较大的系统阐述其海权思想的理论著作。该书是世界上出版的第一部海军战略专著，在世界范围内产生了较为深远的影响。

十二、会战理论，影响久远——《作战原则》

《作战原则》是 19 世纪法国主要的军事理论著作，由福煦这位"继拿破仑之后法国最有代表性的军事思想家"撰写。

福煦于 1851 年出生于法国西南部的一个边远小镇，他自幼聪明绝顶，不类常童，有过目成诵之才，深受老师的赞赏和同学的垂慕。福煦 12 岁入中学，除学习规定的课程外，他大量阅读了法国历代伟人传记和法国史。其数学老师曾经预言，该生自负不凡，学业精深，将来必成大器。由于受家庭的影响，福煦对军事颇感兴趣。1873 年巴黎综合工科学校毕业后入炮兵学校。1887 年毕业于军事学院，1896～1900 年被聘该院教授，1908 年任该院院长。1911 年起任师长、军长。第一次世界大战爆发后率部参战，先后升任集团军司令、集团军群司令、法军总参谋长和协约国军队总司令等职，对协约国战胜同盟国做出重大贡献。1918 年 8 月晋升为法国元帅。战后相继受领英国元帅和波兰元帅军衔，并被选为法兰西学院院士和协约国最高军事委员会主席。著有《作战原则》(1903)、《战争指导》(1904)、《1914～1918 年战争回忆录》(1931) 等。代表作《作战原则》，是他在陆军大学任教时所用讲义的汇编。

全书 12 章，约 27 万字。第 1 章"论教授战争"；第 2 章"现代战争的基本特点"；第 3 章"节约兵力"；第 4 章"智力纪律——作为服从的一种机制的行动自由"；第 5 章"警戒勤务"；第 6 章"前卫"；第 7 章"纳霍德会战中的前卫"；第 8 章"战略奇袭"；第 9 章"战略警戒"；第 10 章"会战：决定性攻击"；第 11 章"会战：一个历史上的战例"；第 12 章"现代会战"。

从该书的内容看，作者显然受到拿破仑战争和克劳塞维茨军事理论的影响。作者认为，应当承认存在着一种具有永久价值的战争原则，当然在具体应用时，要根据当时的特殊情况加以调整和节制。他强调指出，战争同人类其他活动一样变化无常，但也无例外地遵循进化的原则。现代战争要着眼于歼灭敌人，即实施会战，以决定性的进攻击败敌人。战争艺术同其他任何艺术一样具有自身的理论和原则，而其中那些"永恒不变"的原则是战争理论的基础。实际运用战争原则比理性认识战争原则更重要，必须根据具体情况灵活运用战争原则，因为在战争中实践重于理论。

在该书中，作者不仅描写了"现代战争"的景象，而且敏锐地分析了战争的本源以及战争的精神动力等一系列问题。他指出："民族利己主义产生只考虑本身利益的政治和战争，使战争变成满足一些国家日益滋长的贪欲的工具。为此，这些国家越来越把人民的热情引向战斗，越来越过分地'喂养'战争，包括使用这个国家的人才和全部资源。这就是现代战争的景象。哥尔兹说得对，'国家同个人一样，宁可牺牲生命，也不愿毁损名誉，宁可孤注一掷，也不愿承认失败。战败则一切随之毁灭。'这就是现代战争的本源。"他还指出，战争中，精神因素具有决定性的作用。战争主要是精神力量的较量。胜利是由于战胜者具有精神优势，失败是由于战败者陷入精神崩溃。

作者认为现代战争是全民性的战争,参加战争的人数众多,人的因素就显得越来越重要。战争结局取决于战争指导的质量,高质量的战争指导具有加强战备和激发斗志的特点。这种由有限战争向民族战争的演变,是由法国大革命所引起的。法国本来是民族战争的创立者,但在整个欧洲都走上全民皆兵的道路时,第二帝国的法国却落伍了,导致1870年普法战争的失败。他说:"我们首创国民战争,然而今天却成了受害者,其原因是我们忽视了邻国的剧烈变革及其必然带来的后果。面对一个以侵略、征服为目的的并殊死战斗而武装起来的民族,我们用以对抗的却是一支武器窳败、编制缩小、人员征自贫困落后的地区、并沿用18世纪战法(相互紧随前进)的军队,这支军队只能用作外交性战争——一场目的有限的战争。"他主张回到拿破仑时代,不以据守良好阵地为目的,而是力求以流血为胜利的代价,用会战来解决问题。他强调,"问题已经非常明确,一个新的时代已经开始,这是一个全民战争的时代,这类战争迈着巨大的步伐前进,它吸收国家的全部资源投入战斗。它的目的,不是为了王朝利益而战,不是为了征服一州一府,而是首先为了维护和推广一种哲学概念,其次是维护和推广独立、统一和各种非物质利益。它把每个个人的利益和命运都押在革命的结局上。由此产生了热情,构成了力量,这是前人从未开拓过的领域。"

作者在书中对战争的特点和指挥战争的方法做了精辟的论述,他说:19世纪末战争的特点是:越来越成为举国参加的战争;越来越集团和集中;人的因素的首要性越来越突出了;由此需要运用新的指挥军队作战的方法。这种方法把会战当作解决胜利的手段,以机动来达成会战。这种方法的特点有三——准备、集中和冲力。这三个特点影响极深,无论战争规模如何之小都留下它们的印记。除非满足这三个条件,否则任何作战行动都指挥不好。所谓准备,就是心中必须有一个行动计划,其基础是详细研究受领任务,同时要详尽地勘察地形。做出可靠的计划,当然,计划要根据情况变更。部队应当恰当地部署和调整,使其能够准备与实际执行计划,使其充分发挥作用,特别是前卫和侧卫。所谓集中,就是尽可能集结强大的主力,牢牢掌握,能够随时用来执行计划。所谓冲力,指的是作战集团最初多少有些分散,然而带着它所有的兵器(枪炮刀剑)变更部署,最后合成为一个整体,猛攻一个目标。

作者根据自己对现代战争的理解,确立了几条战争原则:一是节约兵力的原则。即在主要方向上使用全部兵力或至少是主要兵力以夺取胜利,在次要方向由尽可能少的兵力保障安全。先集中兵力歼灭敌人一部,然后再打击其他敌人。二是行动自由的原则。即保持主动和不受敌人意志控制,他曾引用色诺芬的话说:"战争艺术从根本上说是一门保持自己行动自由的艺术。"三是安全的原则。包括物质的安全和战术的安全,即能够有效避免受到敌人的打击,不受敌人的影响,而采取安全的和确实的行动,并能确保自己的行动自由。

该书的后3章集中论述了会战问题。他强调,没有会战就没有胜负,任何事都没有做成。在会战中,应尽一切努力,求得在最有利的机会中发起攻击。进攻是战争的基本原则。没有进攻便不能战胜敌人,只有进攻才能达成战争的目的。现代战争要着眼于歼灭敌人,即实施会战,以决定性的进攻击败敌人。防御如果仅限于扼守阵地而不转入进攻,最终必将导致失败。同时他还强调,会战虽然可能以运动战和阵地战的不同方式表现出来,也会出现双方拼? 消耗的"静态战争",但机动无疑是一种更好的战争形式。他说,战争中,唯一应关心的事应是战术成果。唯有武力的裁决才是真正的裁决,因为只有它的裁决才能分出胜者和败者,改变敌对双方的地位,使一方得以确保行动的自由,而另一方则屈从于敌人的意志。

该书的主要内容曾被法国陆军大学作为教材使用,1903 年公开出版发行,后多次再版并被译成多国文字,影响广泛,是法国军事思想的代表作之一。1991 年由军事科学院外国军事研究部将其译成中文,军事科学出版社出版发行。

福煦的军事思想对法国在第一次世界大战中的战争指导影响很大,但由于时代的局限,对某些问题的认识存在一定片面性,导致法军在战争初期片面强调战略进攻,面对德军的强大攻势猝不及防,最终被迫放弃速战速决的进攻战略。

【点评】19 世纪法国主要的军事理论著作,继拿破仑之后近代法国最具影响的军事家福煦撰写。全书 12 章,约 27 万字,依次为"论教授战争""现代战争的基本特点""节约兵力""智力纪律"——作为服从的一种机制的行动自由,"警戒勤务""前卫""纳霍德会战中的前卫""战略奇袭""战略警戒""会战:决定性攻击""会战:一个历史上的战例""现代会战"。该书的主要内容曾被法国陆军大学作为教材使用,1903 年公开出版发行,后多次再版并被译成多国文字,影响广泛,是法国军事思想的代表作之一。

十三、地缘政治,奠基之作——《历史的地理枢纽》

"谁统治东欧,谁就控制了心脏地区;谁统治心脏地区,谁就控制了世界岛;谁统治世界岛,谁就控制了全世界。"这是世界地理学家哈尔福德·麦金德在他的著作《历史的地理枢纽》中对地缘政治学尤其是"心脏地带"理论的集中概括。

《历史的地理枢纽》是西方地缘政治学的奠基之作。前美国图书馆协会主席罗伯特·唐斯认为此书也是改变世界历史的 16 本书之一。本书作者哈·J.麦金德被认为是第一个以全球战略观念来分析世界政治力量的人。

哈·J.麦金德于 1861 年出生于英国林肯郡。早年毕业于牛津大学,1887 年为牛津大学第一个地理讲师。由于他的努力和英国皇家地理学会的支持,牛津大学于 1899 年创立了英国第一个地理系,由哈·J.麦金德担任系主任。麦金德同时还在伦敦大学担任教师职务,并从 1903 年到 1908 年担任伦敦经济学院院长。1919~1920 年,任英国驻南俄的高级专员,并在回国时获得爵士称号;1920~1945 年,担任帝国航运委员会主席。1926~1931 年,担任英国枢密院顾问官兼帝国经济委员会主席。1886 年被选为英国皇家地理学会会员,1932~1936 年担任这个学会的副主席,并获得过美国地理学会颁发的金质奖章。1947 年 3 月 6 日逝世于多塞特郡的家中。

1904 年 1 月,麦金德在英国皇家地理学会宣读了《历史的地理枢纽》这篇著名的论文。论文纵横比较,旁征博引,剖析了地理与战略之间的相互关系,引起了与会者的广泛兴趣。会后,这篇论文正式出版,广泛传播开来,称为"地缘政治论",对世界的进程产生了影响:西方学者认为,麦金德的研究成果对理解战后各种政治力量的变化和分析战略形势,比马汉的学说更为重要。

麦金德认为,当遥远的未来的历史学家回顾我们目前正在经历的这些世纪,并像我们现在研究埃及历代王朝那样把它缩短来看时,他们很可能把最近的这400年描述为哥伦布时代,并且说这个时代1900年以后很快就结束了。哥伦布时代的地理探险已经过去,20世纪的世界又进入了封闭式政治体系时代,而这仍将是世界范围内的问题。世界上某一处出现动荡都会影响到世界的其他地方,所以世界上的政治家已把他们的注意力从领土扩张转到更生动的斗争上来。地理与历史之间有着密切的联系,人们第一次能够了解整个世界舞台上各种特征和事件与地理之间的因果关系,而且从中可寻找到公式并能透视当时国际斗争中的对抗势力。他认为人类与自然之间的关系是:起主动作用的是人类而不是自然,但是自然在很大程度上占支配地位,也就是说自然影响到世界的历史。

麦金德认为,粗看一下欧洲"政治地图",就会发现自然环境与政治组织之间存在着一种明显的联系。明显的是由俄国占据半个大陆的广阔地域和由一群西欧国家占有较小的领土的对比,自然条件存在着显著差异。而欧洲与亚洲联成一块大陆,所以欧洲的历史与亚洲的历史紧密相关,可以认为欧洲文明是反对亚洲人入侵的长期斗争的成果。欧洲在中世纪是经常受到来自东方亚洲人的威胁,游牧民族从亚洲的内地,穿过草原,通过乌拉尔山与黑海之间的通道,令人吃惊地进入欧洲中部。他们适应草原条件的机动性,遇到欧洲中部的森林与山脉就明显受阻。然而,亚洲人对欧洲影响的全部意义,在15世纪蒙古入侵之前是没有认识的。所以麦金德认为在分析这些事实时,需要把地理视野从欧洲移开,要整体地考虑一下旧大陆,就会看得清楚。

麦金德认为,连续广阔的欧亚大陆面积几乎占地球全部陆地的一半,大陆的中央部分是一条几乎连续不断的草原地带,气候相对干燥,也有不少由河流哺育的绿洲,但全是不能从海洋经河流进入的地区,在这块广阔的区域里活动着骑马或骑骆驼的游牧民族。而在这广阔地域的边缘地带居住着全球三分之二的人口,在大西洋、印度洋和太平洋沿岸这个巨大的新月形的边缘地区由海路可以到达。海洋上的机动性是位于欧亚大陆核心地带的马和骆驼的机动性的天然敌手。当考虑到核心区域的游牧民族对边缘地区的侵略扩张的原因时,不是明显的存在着地理关系的持续性吗?麦金德发出了疑问,他在进一步的分析后得出的结论是:欧亚大陆上那一片广大的,船舶不能到达,但在古代却任凭骑马的游牧民驰骋,而今天又即将布满铁路的地区,就是世界政治的枢纽地区。这个地区从古到今,一直拥有适合一种具有深远影响而又局限性质的军事和经济大国实施机动的条件。俄罗斯取代了蒙古帝国。它对芬兰、斯堪的纳维亚、波兰、土耳其、波斯、印度以及中国的压力,取代了草原骑士向四面八方的袭击:

麦金德

麦金德认为,占领枢纽地区的国家向欧亚大陆边缘地区的扩张,使力量对比转过来对它有利。它将利用巨大的大陆资源建立舰队,那时这个帝国也就有望了。如果德国和俄国结盟,这种情况就可能发生。因此这种形势和威胁将推动边缘地区的国家与强国结盟,来对付这种威胁。近东、中东和远东的问题与占据枢纽地区的大国与外部的海洋大国的不稳定的均势有关。麦金德强调指出:我是以一个地理学家的身份来讲这番话的。在任何特定时间里政治力量的实际对比,当然一方面是地理条件——既有经济的又有战略的,另一方面也是对抗双方国民的相对数量、活力、装备和组织的乘积。随着对这些数量正确估计程度的提高,我们可能不必诉诸武力去调整差异。在计算时,地理的数量比起人文数量来可以更好地测定,更接近于稳定不变。因此,我们应当期望能找到既可用于过去历史,也可用于当前政策的公式。各个时代的社会运动,基本上都是围绕着相同的自然特征进行的,因为我怀疑亚洲的逐渐干燥——即使已被证明——是否在历史时期内已经重大地改变了人类的环境。在我看来,"帝国向西进军"一语是边缘强国围绕着枢纽地区的西南和西部边缘的一次短暂的旋转。近东、中东和远东的问题,与在边缘新月形这些部分的内部和外部强国的不稳定平衡有关,目前,那一带的当地力量是或多或少地无足轻重的。

麦金德在全书的结尾提出,如果有新的力量代替俄国控制了枢纽地区,将不会降低枢纽地区的政治军事意义。例如,假如中国被日本组织起来去推翻俄罗斯帝国,并征服它的领土,那时就会因为他们面临海洋的优越地位,并拥有巨大的陆地资源,而这是俄国人所还没有的有利条件,那时就会构成对世界自由的威胁。

通观全书,麦金德的核心思想就是:随着哥伦布时代的过去,海权占支配地位的时代一去不复返了,陆权时代已经来临。陆权时代的自然中心就是西从伏尔加河流域,东至贝加尔湖,北从北冰洋,南至喜马拉雅山这一大片广阔无际的草原。这个区域是世界政治的真正支柱,在世界事务中将起着更大的作用。美国的一位国际政治学者曾这样概括过麦金德的地缘政治论:"麦金德爵士认为,不管是哪个国家,谁控制了欧洲大陆的核心地带,谁就将控制世界政治。麦金德称这一地区为'心脏地区',这块地区反过来又被称之为'边缘地带'所包围。麦金德相信,统治'心脏地区'的国家能够对'边缘地带'的国家施加威慑力量,而且,由于前者占据着中心位置,便始终是稳操胜券。麦金德的结论是,一部欧洲历史就是不同国家企图攫取'心脏地区',而其他国家努力抑制这一攫取反复进行斗争的历史。"同时,他认为,地理与历史之间有着密切的联系,人们第一次能够了解整个世界舞台上各种特征和事件与地理之间的因果关系,而且从中可寻到公式并能透视当时国际斗争中的对抗势力。人类与自然之间的关系是:其主动作用的是人类而不是自然,但是自然在很大程度上占支配地位,也就是说自然影响到世界历史。

如何看待地理环境与人类的关系,是地理学中的重大问题。麦金德从全球的角度分析世界的方法是新颖独到的,但他过分强调地理环境的支配地位,并且简单地把世界历史的发展与地理环境直接对应起来,陷入了地理环境决定论的误区。另外,麦金德由于时代的局限未能认识到空权的巨大潜力,不能不说是其理论的一大缺陷。

【点评】西方地缘政治学的奠基之作,英国近代地理学鼻祖麦金德著,前美国图书馆协会主席罗伯特·唐斯也把它列入改变世界历史的 16 本书之中。麦金德的核心思想是:随着哥伦布时代的过去,海权占支配地位的时代一去不复返了,陆权时代已经来临;地理与历史之间有着密切的联系。

十四、现代战争,不失启示——《总体战》

第一次世界大战之后,各列强围绕着如何充实和改革本国的战争指导机构,以便适应总体战的要求问题,对战争指导与政治的关系议论纷纷,莫衷一是。在这一历史背景下,鲁登道夫提出的"总体战"理论引起了一场轩然大波。尤其是对德国和日本的军事理论产生了重大影响,成为他们发动侵略战争的理论依据。这是日本学者浅野佑吾对鲁登道夫的"总体战"理论地位和作用的评价。

鲁登道夫是一个典型的民族沙文主义者,是第一次世界大战期间与兴登堡齐名的德军著名将领。他出生在一个商人家庭。他的幼年正处在战争环境中,普鲁士在战争中的接连获胜,极大地调动了一些青少年的军国主义狂热和黩武精神,鲁登道夫从小就深受佩剑执戈精神的熏染,立志做一名叱咤风云的雄武军人。他 12 岁入军校幼年班,后转入中等武备学校。1881 年毕业授少尉军衔。1890 年,鲁登道夫又考入柏林军事学院。这两次入校,不仅使他获得了丰富的军事知识,而且也初步显露了他在军事方面的天资,学业成绩一直名列前茅。1893 年毕业后不久,因头脑清晰、学识丰富、组织能力强,具有良好的军人风度,被选调德军总参谋部供职,至 1908 年,鲁登道夫即被提拔为总参谋部作战处处长,掌握全军的作战、训练和军务事宜,为他以后指挥数百万德军积累了知识和经验。

鲁登道夫熟谙将道,意志坚强,不畏压力,有超群的指挥才能。他说:"一位将军是要能够负重的,而且需要坚强的神经。文人们常常有这样一种想法,以为战争好像算数学题一样,由已知来求未知。实际上完全不是如此。在这种斗争中,物质的力量和心理的力量是交织在一起,而数量居于劣势的方面尤为困难。在这种工作中,包括许多人员,其个性和观点都是各有不同的,其中唯一已知的常数即为将帅的意志。"为此,他很快赢得了德国当局的器重与信任。第一次世界大战中,他曾任西线第 2 集团军参谋处长、军需总监,东线第 8、第 9 集团军参谋长,东线德军参谋长等职。

1918 年德国战败后,他主要从事政治和写作。1924~1928 年充当纳粹党国会议员,成为右翼代表人物。主要著作有:《我对 1914~1918 年战争的回忆》(1919)、《我的军事生涯》(1933)、《总体战》(1935)以及回忆录等。《总体战》是他的代表作,有多种文字译本。解放军出版社 1988 年出版中译本。

"总体战"这一术语来自法文"TOTAL",其原意是总体的、全体的、全面的。因此,"总体战"这个术语的字面意思是指全体的、全面的战争。"总体战"是帝国主义准备和进行侵略战争的理论,它规定社会物质和精神生活的一切方面均须服从战争利益,并规定可以使用任何最残酷的斗争手段进行战争,以便侵略者大规模地消灭遭受进攻的国家的武装力量与和平居民。德国纳粹党军事专家希尔于 1929 年最早提出了"总体战"的基本原则,鲁登道夫的《总体战》一书是在希尔的基础上系统地阐述"总体战"理论的。

鲁登道夫撰写该书的主要目的,是想证明德国有可能实现自己夺取世界霸权的计划。它阐述了所谓"总体战"的实质和原则。鲁登道夫认为,现代战争是全面的战争,因为交战国的全部领土将变成战场;现代战争又是全体的战争,因为参加战争不仅有军队,而且还有全体人民。他曾写道:"军队植根于人民,军队是人民的不可分割的组成部分;在总体战中,军队的状况决定于人民的体力、经济力量和精神面貌。精神上的联系归根到底决定生存斗争的结局,只有具备这种精神联系的人民,才是进行总体战的军队的支柱。"他还强调,"总体战"是唯一能保证德国夺取世界霸权的战争形式。

鲁登道夫的《总体战》,既是总结过去,又是着眼未来。从总结过去的角度看,它是从帝国主义的立场出发,总结以往战争的经验教训,特别是德国在第一次世界大战中失败的教训,有许多深刻的反思。从着眼未来的角度看,它是从法西斯主义立场出发,为了发动新的侵略战争,作军事理论上的准备。通过鼓吹民族复仇主义,主张加紧进行扩军备战,使国家高度军事化,以期东山再起。

从《总体战》的内容上看,全书共7章,约8.5万字。第1章"总体战的本质",第2章"民族的精神团结是总体战的基础",第3章"经济与总体战",第4章"军队的兵力及其内涵",第5章"军队的编成及其使用",第6章"总体战的实施",第7章"统帅"。该书系统阐述了总体战理论,要求国家生活的各个方面在平时就服从战争准备的需要,主张采取一切手段甚至极端野蛮的手段进行战争。其军事思想的主要观点有:

(1)现代战争是总体战争。鲁登道夫认为,克劳塞维茨时代那种由政府及其军队进行的"内阁战争"已成为过去。第一次世界大战显示出与以往战争完全不同的特性。现代战争是一种全面的战争,战场已扩展到各参战国的全部领土;现代战争又是一种全体的战争,不仅双方军队相互厮杀,而且人民也同样遭受苦难并直接为战争效力。政治的本质已发生变化,像总体战争那样具有总体特性,政治与战争的关系也随之变化,克劳塞维茨在这方面的理论已不能成立。战争和政治都应服务于民族生存,而战争则是民族生存意志的最高体现,因此政治必须服务于战争。只有民族的精诚团结,才能最终决定总体战争的结局。

(2)实行国民经济军事化。鲁登道夫主张,为适应总体战争的需要,国家应干预经济,实现平时经济战时化。农业、工业和劳动力是战争的支柱。农业必须自给自足。战时,国家依靠本国资源提供的补给品、饲料和原料越多,对于民众和军队以及总体战争的领导来说越是幸事,总体政治也越易实施。粮食、服装、燃料维系着军队和民众的生活,和平时期就应大量储备。在总体战争中,军事装备的生产、补充和维修,其范围之广、数量之大难于想象,因此,不仅要重建被《凡尔赛和约》破坏了的军事工业,而且要扩大规模。这一切都需要财力的支持。财力对于战争的意义显而易见,应努力为总体战争建立坚实的财政基础。因此,应限制中央银行和发挥银行的独立性,将它们置于国家权力之下。

(3)建设一支平时就做好战争准备的军队。鲁登道夫强调实行普遍义务兵役制,凡年满20周岁身体健康的男子均应服兵役,编入战斗部队或后备军,并服役至最高年限。要对军队进行严格的训练和教育,重点训练军人的独立作战能力和责任感,同时要重视体魄和意志的锻炼;军事教育必须具有种族特色,焕发民族精神。要依靠军纪而不是誓言将军队凝聚为一个整体,在军队尤其是后备军中严格维护军纪。在维持民族生存的斗争中,必须依据法规对违反军纪者给以严厉、无情的制裁。军队没有等级和服从,就无军纪可言。军纪的基础是对种族遗产以及与其相适应的宗教生活和宗教意识的尊重。维护军纪的主要目的在于增强军队的精神力量,保证部队在紧张的战斗中坚韧不拔、果敢无畏。以军事为职业的士官和军官维系着新老兵的衔接,应成为性格突出的表率,具备出众的武德。人和技术是构成军队实力的两大因素。平时要给部队装备各种利于战胜敌人、保存自己和保护民众的技术器材。无论武器的作用如何巨大,人是决定战斗胜负的主要因素。军队由陆海空三军编成,各军种的价值因国家的不同而异。应建立后备部队,以便各军种战时不断获得新锐力量。

(4)重视统帅在总体战争中的地位和作用。鲁登道夫所谓的统帅系指以其头脑、意志和心灵为维持民族生存而领导总体战争的人。统帅的决断和意志必须在生活的各个领域具有权威性,其主要职责是研究与战争有关的方针;采取措施使财政和经济符合总体战争的要求,以维持民众生活、保障经济发展以及民众和军队的供给;决定军队编制;统率全军,处理军队平时的训练和装备问题;发布战时动员令、军队展开指令和最初行动命令,统一军队行动;规定战时总体政治工作方针;关注军队装备和作战思想是否符合现实要求;关注并检查陆军作战部队以及兵站、后方部队、空军、海军和后备部队的军纪和精神状态;了解军队和民众各方面的生活及其内心世界,观察民众是否为军队和民族生存效力,是否与军队精诚团结,为维持民族生存而奋斗;将一切有害于军队和民众的现象消灭在萌芽状态;阅读有关敌军和敌国人民精神状态的报告。统帅应具备下述基本素质:受过严格的教育和训练,具有充沛的精力、高尚的品格、坚强的意志、高度的责任感、广泛的军事知识、难以估量的创造力和意志力、使民众心悦诚服的伟人魅力;遇事沉着稳健,勇于负责,能做出对总体战争结局具有重大影响的决定;知人善任,识人长短,熟知人的心灵,洞察人的动机;迅速果断、机动灵活地指导战争。

(5)战争的突然性具有巨大意义。鲁登道夫认为,总体战争应当突然开始;德国由于所处的地理条件,不可避免地要进行多线作战。进攻是具有决定意义的作战类型,必须选定"最危险的敌人"为主攻方向,在寻求决战的地区投入最大兵力;依托工事和阵地进行的防御肩负着重大使命,能使己方在其他地区实施的决战较易取得胜利,但只有从防御转入进攻,才能取得决战的胜利;在战线的后方应保留预备队,以应付可能出现的危险;为了使战争不至于出现经济崩溃和民族分裂的结局,总体战争应力争速战速决。

鲁登道夫的军事思想中,不少观点是依据第一次世界大战的经验教训和20世纪初工业生产、科学技术和武器装备的发展水平得出的。鲁登道夫仇视和反对社会主义革命,宣扬种族主义和民族沙文主义,其军事思想适应当时德国复仇主义重新瓜分世界的需要,是纳粹德国侵略扩张政策的重要理论基础。事实上,在第二次世界大战中,希特勒和纳粹军方全盘接受了鲁登道夫的"总体战"理论。1939年纳粹德国的《国防政策和国防科学年鉴》把总体战概括为:"各阶层居民参加战争的总体性,包罗人民一切生活领域的总体性,以及利用一切斗争手段的总体性。"纳粹德国国防军统帅部,在《战争领导的组织问题》这个官方文件中,把准备和进行未来战争的原因看作"总体战的原则",它指出:"使用一切手段进行战争,不仅应用武器,而且借助于宣传和经济……必要时一切都是好的,这就是战争的指导原则。"希特勒从他上台的第一天始,就在准备实行总体战,他把战争说成是"民族生存的手段",把争夺欧洲和世界说成是德意志民族"生存意志"的最高体现。并且通过1933年的授权法和193,4年的"国家元首法",建立了适用总体战需要的法西斯极权政治体制;通过1934年的"德国经济有机建设条例"和"全国劳工管理法",建立起了一套适应总体战需要的国家经济管理体制;通过进行疯狂的民族主义和军国主义教育以及极力向青年灌输纳粹思想、盲目服从"元首"的精神,从而在社会生活上基本完成了适应总体战需要的精神改造。鲁登道夫闪击敌国的思想也被德国法西斯军队加以发展,德国武装力量的指导思想是"总体战"的学说:"闪击战"这一战略概念就是源于这一学说的。德国在第二次世界大战中,一般都是在本国做好了动员、集中、展开等一切准备后,一旦时机成熟,便不宣而战,选择出敌不意的时间、地点突然发起进攻,都是采用这种突然袭击、背信弃义手法来开始的。所以有人说,"看懂了鲁登道夫的《总体战》,就明白了希特勒的作战路线"。

细读此书,对于研究世界军事思想史和第二次世界大战中德国的战争理论及希特勒的军事战略,都有极高的参考价值。同时,对于我们认识和把握未来战争,也不失其理论上的启发作用和指导意义。

【点评】德国军事家鲁登道夫1935年著。全书共7章,约8.5万字。该书系统阐述了总体战理论,要求国家生活的各个方面在平时就服从战争准备的需要,主张采取一切手段甚至极端野蛮的手段进行战争。鲁登道夫的军事思想中,不少观点是依据第一次世界大战的经验教训和20世纪初工业生产、科学技术和武器装备的发展水平得出的。鲁登道夫仇视和反对社会主义革命,宣扬种族主义和民族沙文主义,其军事思想适应当时德国复仇主义重新瓜分世界的需要,是纳粹德国侵略扩张政策的重要理论基础。

十五、空军战略,开山鼻祖——《制空权》

意大利将军朱里奥·杜黑,是"制空权"理论的创始人。早在1909年,当飞机还处在气球和飞艇的时代,他就在"航空问题"一文中独具慧眼地提出了"天空将成为重要性不次于陆地和海洋的另一个战场"的著名论断。他用了十年时间构造其理论体系,并于1921年出版(1927年修订)《制空权》一书。

《制空权》是一部专门论述空军战略理论的著名军事著作,也是地缘政治理论中空权理论的代表作。该书从战略的高度来研究空军的建设与运用,勾画出了战争形态演变的曲线和崭新战争样式的概貌,冲破了传统军事思想的模式,曾在世界范围内引起巨大的反响。但当时看法差异颇大,褒贬不一,而且围绕着他的学术思想的争论,一直持续到今天。有的称杜黑是"空军理论的奠基人",有的则把《制空权》称为"空军制胜论"而全盘否定;有的认为第二次世界大战的实践与杜黑理论"完全相符",有的则认为第二次世界大战的实践"完全推翻了杜黑的学说"。然而，不管怎么说，该书中阐述的军事学术观点，在军事学术史上所占有的重要地位是不可动摇的，对现代军事理论所产生的深刻影响是不可否定的。把杜黑看作是制空权理论的倡导者和空军学术理论的先驱者，把他的《制空权》誉为西方空军军事理论的奠基之作是有一定道理的。

杜黑于1896年5月30日出生在意大利的卡塞塔=童年时期，受到良好的家庭教育。少年时期，以他肯钻研的精神，在学业方面取得了良好成绩。后来，他又以对军旅生活的热爱，步入都灵军事工程学校，毕业不久，他又进入陆军大学深造，学习指挥艺术和参谋业务。

1903年，飞机在美国诞生。不久，它便在战争中充当了刺探对方军事情报的"间谍"和传递统帅命令的"天使"。1909年，杜黑以他锐敏的军事眼光，认识到"飞机具备成为一种独特的军事手段的潜能，武装飞机可以在战场内外到处出现，在目标区内不易遭到对方防御手段的毁伤，并且具有攻击和摧毁地面及海上所有目标的能力"。他预言，飞机用于军事必将引起战争样式的革命，战争将从平面发展为立体，他形象地指出，战争演变曲线由这点开始中断了连续性，突然转向了一个完全不同的方向，它不再是革新，而是革命。据此，杜黑认为，战争舞台将出现新的武装力量——空军，新的战争领域——空中战场，新的战争样式——空中战争。他进而做出预测：空军的出现"将改变整个战争，也将改变陆战和海战的面貌"；未来"战争将从空中开始……甚至在宣战之前，就将进行大规模的空中行动"；过去"如果不首先突破敌人的防线，就不可能侵入敌人的领土"，而空中力量提供了"新的可能"，即"有可能不用首先突破坚固防线就能进入它的远后方"，直接打击敌人的心脏，"战场已扩大到交战国的整个国境"，"空军正在引起战争样式的革命"。他在一篇文章中写道："天空即将成为战场。现在所有的人都认识到了制海权的重要性，但在不久的将来，制空权的获得将是更为重要的。"并强调指出，空中战场将是未来战争中的决定性战场。在未来战争中，哪个国家控制了天空并取得空战的胜利，哪个国家就能赢得战争的胜利。"掌握制空权就是胜利，没有制空权就注定要失败"，这就是杜黑所谓"夺取制空权就是胜利"的公理。他的这些见解和公理，引起了人们的很大关注。

1912年，杜黑被任命为意大利第一个也是唯一的航空营营长，主持编写第一本航空兵作战使用教令，支持飞机设计师G.B.卡普罗尼研制重型轰炸机。他对航空的爱好许多人都认为是"太过分了"，所以给他取了个"飞行狂"的绰号，飞机的运用和飞行的实践，使杜黑进一步印证了自己1909年提出的思想，同时，使他鼓足了勇气，大胆地向他的上级说明夺取制空权的理论。他认为，陆军和海军最好用于防御，而空中力量则可以全力发动进攻，摧毁敌方的物力资源和人民的意志，迫使敌人投降。因此，在未来的作战中，空中力量将是决定的因素。这一理论的提出，立刻引起了当时各国军事家的注目。但是，由于当时飞机的技术性能和使用方法还很不完善，飞机的作战威力还没有显露出来，因此，那些患有"战略近视症"的人嘲笑杜黑是乌托邦，是梦想家。意大利总参谋部也因此撤了杜黑的职。为了彻底贯彻自己认为是正确的主张，杜黑不但不顾及他人的误解，而且就是受到毁损名誉的危险，他也无所畏惧。

1915年5月意大利参加第一次世界大战后，杜黑出任米兰步兵师参谋长，他曾

·军事名著·

图文珍藏版

建议组建一支由 500 架轰炸机组成的航空队,轰炸奥地利军队后方,但未被采纳。1916 年因批评陆军当局战略指导错误,杜黑被军事法庭判处一年监禁。1917 年 11 月,意大利军队与奥地利军队在卡波雷特区举行了会战,结果意军大败。意大利新政府和军法会议在总结这次会战失败的教训时,忽然想起了杜黑以前的建议书,便对他提出的意见重新做了调查。结果表明,杜黑的许多观点是正确的,而且此次作战的败北,完全印证了杜黑的看法的正确。1918 年初,杜黑被任命为陆军部航空处主任,因工作难以开展,不久辞职。1920 年 11 月,经过陆、海军最高军事会议的再次审议,正式承认了杜黑的制空权理论。从此,杜黑便成为意大利显赫一时的人物。1921 年陆军部出版他的第一部著作《制空权》,同年晋升少将。1922 年法西斯党上台后,出任航空部部长。1923 年辞职,专事著述。

杜黑早在 1909 年就提出,天空将成为重要性不次于陆地和海洋的另一个战场,制空权将变得和制海权同等重要;航空兵的重要性将日益提高,它不仅是一种辅助力量,而且是军事大家庭中的第三位兄弟。第一次世界大战结束后,杜黑全面研究此次战争的经验和军事航空技术的发展,同时研究未来欧洲战争及意大利的地理环境和国防态势,并撰写一系列著作:其军事思想由初期强调空军的重要性,发展为系统完整的空中战争论。

杜黑的军事思想主要观点包括:①飞机用于战争,彻底改变了战争面貌,是战争发展史上的转折点。从此,战争将成为全民的、总体的、不分前方和后方、不分战斗人员和非战斗人员的战争。②未来战争中,夺取制空权的斗争极端重要。只有阻碍敌人飞行,才能保证自己飞行。掌握制空权就是胜利,丧失制空权就是战败。③夺取制空权只能靠空军。因此,建立与陆军、海军并列的独立空军是绝对必要的。陆海空三军是构成国家武装力量不可分割的整体,但三军的发展应有所侧重。未来战争中,空中战场是决定性战场,空军的重要性将进一步提高,陆军、海军的重要性将相应降低。④空军是一支进攻性力量,不适用于防御。空中力量应当集中使用。未来战争中,集中空军最大力量对敌后方城市和居民中心实施战略轰炸,即可摧毁其物质和精神的抵抗,迅速赢得战争胜利。未来战争是激烈的,也是速决的。⑤建设强大的商业航空,作为空军的后备。发展民用航空,吸引民众关心航空建设。建立产品供出口的航空工业,以便使航空技术保持先进水平。

杜黑是空中战争论的主要创始人,有较强的预见性和创新精神。他的军事思想对空军理论的发展起了先驱作用,在近代军事思想史上占有重要地位。有人把《制空权》一书与美国海军理论家 A.T. 马汉的名著《海权对历史的影响,1660 ~ 1783》并列,称他为“空军的马汉”。巴尔波在《制空权》序言中写道:这些著作在军事研究方面是表现意大利人智慧的珍贵文献,有极大的现实意义。但也有人反对杜黑的论点,称之为“武断和空想”。尽管各国对杜黑的军事思想评价不一,但它对许多国家的国防建设尤其是空军建设都产生过不同程度的影响。

杜黑关于建立独立空军、夺取制空权、集中使用空中力量、空中进攻等思想,经过第二次世界大战的检验,已为许多国家所公认。但由于时代的局限,他夸大空军和战略轰炸的作用,如认为空中力量是决定性力量,空中战场是决定性战场,掌握制空权并进行战略轰炸就能赢得胜利等,都带有明显的片面性。

【点评】意大利军事理论家社黑著。杜黑的主要著作有四部:1921 年出版、

1927 年修订的全面阐述其理论观点的《制空权》；1928 年出版的强调新兵器在未来战争中作用的《未来战争的可能面貌》；1929 年出版的论战性著作《扼要的重述》；1930 年出版的预测未来欧洲大战可能面貌的《19××年的战争》。1932 年，这四部著作合编成《制空权》在罗马出版，由当时意大利航空部长巴尔波作序。该书奠定了制空权理论的基础，被译成多种文字出版。解放军出版社 1986 年出版曹毅风、华人杰翻译的中译本。杜黑是空中战争论的主要创始人，有较强酌预见性和创新精神，他的军事思想对空军理论的发展起了先驱作用，在近代军事思想史土占有重要地位。

十六、空中国防，奠基之作——《空中国防论》

20 世纪 20 年代，当杜黑在欧洲发表制空权理论的时候，威廉·米切尔在美国提出了空中国防思想，由此在美国军界乃至国会引起了一场历时多年的激烈论战，并最终以米切尔被军事法庭判决有罪而告结束。具有讽刺意味的是，在米切尔逝世 10 周年之后，米切尔又被誉为"美国空军之父"。从对米切尔个人名誉贬褒的戏剧性变化中，我们就可以看出他的空中国防思想对美国的国防政策和空中力量建设曾产生了不同寻常的影响。

《空中国防论》，原名《有翼的国防》，是西方空权理论的主要著作之一。作者威廉-米切尔曾是美国陆军航空勤务部队的一位高级指挥官。他与意大利的杜黑、英国的特伦查德，共同被称为"世界空军学术思想发展早期的最著名的三位思想家"。

米切尔出身于贵族家庭，其父是一位美国参议员。米切尔自幼刚毅，喜欢冒险。1898 年美西战争中，他从哥伦比亚学院（后改为乔治·华盛顿大学）中途投笔从戎，不久就被委任为通信兵少尉，并随队开赴古巴驻扎，后又换防菲律宾。1899 年奉命回国，被任命为陆军通信兵中尉，1903 年成为美国陆军中最年轻的上尉。同年，到"美国陆军知识中心"莱文沃思堡，在通信学校任助理教官。1916 年奉命到新组建的陆军航空处，负责振兴陆军航空兵工作。同年升为少校。1917 年美陆军部派他到欧洲作航空观察员。当时，由于战争的压力，欧洲的空军发展很快，已经有了时速 120 英里的战斗机和时速 85 英里的轰炸机组成的大型航空队。米切尔在法国全面研究了法国的飞机、作战方法、机场和编制情况，调查了法军侦察和空中照相情况，了解了法国关于空军轰炸的观点，随即，他又访问了英国皇家海军航空兵驻敦刻尔克的联队。这个联队担负着轰炸德国境内目标的特殊任务。他对英国当时最好的轰炸机进行了研究。第一次世界大战期间，米切尔作为美国远征军的航空勤务队高级指挥官，被任命为第 1 集团军空军指挥官，同年 9 月，他成功地指挥部队使用近 1500 架飞机对圣米希尔突出部进行了大规模轰炸。10 月，他在默兹阿尔贡进攻战斗中领导一支大型轰炸机部队进行纵深空中攻击。连续的胜利，不仅提出了组建"战术航空兵"和"战略航空兵"的计划，而且还多次成功地组织实施空战。到战争结束时升为准将。战后，他出任航空勤务队的副司令，他利用地位和声望，不断地宣传其空战理论，强调航空兵的独特地位、制空权的重要价值，抨击当时的陆军部和海军部所奉行的政策,先后出版了《我们的空军》《空中国防论》。结果,他的言论触犯了当权者,在1925年9月受到军法审判,第二年被迫从陆军退役。其后直到去世前的10年间,大多数时间用来讲课、写作,先后写成《大战始末》《阿拉斯加的开辟》《美国、空中力量及太平洋》和《空中之路》。其中,《空中国防论》是米切尔的主要军事著作。

纵观全书,米切尔的主要观点可概括为以下几个方面:

(1)"空中力量"关系到国家的安全、繁荣和发展。他认为:"空中力量已经带来一种新的战争学说,这种学说已导致现存国防体系的全部重新安排,也提出了和平时期使用空中力量的新的原则"。他强调:"空中力量已经剧烈地推翻了老式军种的传统,这种崭新的和支配的成分已经以最艰难的步伐朝着它自己的道路前进。未来,一个国家没有完善组织和装备的空中力量就不可被称为强国,因为空中力量不论从军事或经济的观点看,不仅控制了陆地,而且也控制了海洋",航空一定要按照其自身的目标而不是作为其他现存的军种的辅助工具去发展,"这种发展不仅能保证整个国家的和平与安全,一旦发生紧急情况,一支经过很好发展的空中力量,就能阻止任何敌人空军寻机飞越国界和袭击我们的国家,而且也能阻止任何敌人舰船寻机跨越海洋威胁我们的海岸。与此同时,我们的空中力量在平时还能被用于某些有用的目的"。

(2)航空兵的出现改变了战争面貌。他认为,航空兵的出现不仅仅是炮火的延伸,而是改变了战争的面貌,导致作战方法的变革。他说,"由于空中力量可以进行远距离的打击,在它控制天空并击败了对方空中力量之后,就能够飞到敌国领空的任何地方。这种威胁如此之大,以致使一个国家在是否参与战争上犹豫不决,或者是已经参加战争,但战争更加激烈,更带决定性和更快地结束","未来渡海作战将是飞机掩护下由此岸对彼岸的方式进行。像第一次世界大战那样的渡海远征将不再可能","必须制定指导战争的一套新规则,负责指导战争的人必须学习一整套新的战略思想:进行战争已不再仅限于用陆军和海军部队来衡量了":

(3)拥有空中力量优势和夺取制空权是取得战争胜利的先决条件。他指出,"一个国家与另一个国家发生武装冲突时,在将己方意志强加给另一方的能力中,空中力量的影响是起决定作用的"。"为夺取制空权而进行大规模作战将是未来战争的一条规律。一旦制空权被建立起来,飞机就能在敌国国土上随心所欲地飞行"。他强调,"不论是陆军还是海军,如果不控制它们上面的天空,它们就不能存在。而且,空军是今日唯一能独立作战的部队"。

(4)空军的任务是进攻而不是防御。米切尔认为,空军的任务应该是进攻性的。他说,"飞机必须采取进攻性行动。飞机不可能像步兵在地面所做的那样,在空中挖个壕沟进行防御。"他还说,"欧洲战争已经证明,对空中攻击最有效的防御方法是在空战中打击敌人空军部队……迫使敌人在本国领土上进行防御。待在自己的国土上等待别人来,会在作战还没有开始就挨打。"同时,他从德国对法国沙隆的空袭中还看到了空中轰炸的另一种更新的作战效能。他指出:"不仅要看到轰炸的物质影响,这种影响还在不断增加,而且要看到轰炸对民心的影响,这种影响更大,使妇女和儿童吓呆了。这是一种全新的威胁。"

(5)主张攻击敌方心脏地区。米切尔认为攻击敌方心脏地区是赢得战争的关键。他说,战争的目标是使对方屈服于己方的意志。要做到这一点只能靠夺取、控制敌方生死攸关的中心区或使其瘫痪,也要靠控制敌人的大城市、原材料来源、工厂、食物、产品、运输手段以及它的铁路线和水上航线。"空中力量可以直接攻击敌国生死攸关的中心区,完全摧毁它们或者使它们彻底瘫痪。"他认为,现代城市中的现代工业经济和民众士气极端脆弱,两者都将在飞机轰炸下迅速瓦解,从而使握有制空权的一方迅速取胜。

(6)在使用空军力量方面,强调集中兵力和歼灭空中敌机。他指出,"欧洲战争证明,要有效地防御敌人的空袭,只有在空中战役中把敌空军部队击败"。"空中是如此之大,要在地面上用火炮将飞机从天空击落,几乎是不可能做到的。尤其是敌机总是借云层、阳光或夜暗作掩护的。一旦己方飞机在空战中将敌机击败,则没有东西能阻止我们战斗"。

在提出了以上观点的同时,米切尔还提出了"把航空队分为战术和战略两大类""把制空权引入海战领域"等学术观点。

鉴于对空中国防理论的深入研究和深刻认识,米切尔还企图敦促美国政府充分认识到空中力量对国家军事和外交政策的重要影响。他最早指出,空中力量的出现将会动摇自美国建国以来依靠地理上的隔离状态作为防御手段的国防政策。呼吁美国必须在国家军事和外交政策上把大力发展空中力量放在优先地位。他在1924年就预见到空中力量将彻底改变太平洋地区美国和日本军事力量的对比,认为美国在太平洋的领地和利益的主要希望在于阿拉斯加,强调将阿拉斯加作为一个对付日本的空中作战基地的战略价值。他不仅正确地预见到日本总有一天要向美国开战,而且还具体地描绘了开战的方式和地点:日本将用舰载飞机在某个早晨天刚破晓的时候向珍珠港、斯科菲尔德军营及美国有关舰空基地发动突然袭击。十几年后珍珠港事件的爆发简直就是他的这一预言的写照。不仅如此,他在二十年代关于空中力量对美国太平洋的防御和进攻行动的影响所做的一些评价,也是基本正确的。在第二次世界大战中,制空权确实是历次太平洋战役中的重要因素,没有制空权,任何一个岛上阵地的防御都很难维持下去。

米切尔还对航空技术的未来发展和战术运用提出过大量的预测和建议。如:关于建立独立空军的主张、关于海军应配有一支航空兵的思想、关于制空权的重要性、关于集中统一使用空中力量的原则等等,后来都为美军所采纳。他在1930年还预见到:他自己的下一辈将会看到航空成为国防和世界上快速运输最重要和主要的手段,并且可能超越我们所处的世界进入外层空间。他还预言,随着轰炸机的发展,将使防空系统面临的任务异常艰巨,并提出使用一套未来的预警与防御系统,使之既能对空袭提供预警,又能引导驱逐机与来犯之敌交战。米切尔的这些非凡的预言也都先后在几十年后成为现实,世界军事界和美国各界对米切尔的才华佩服不已,视他的《空中国防论》为经典。他的"空中国防理论"对美国的军事思想和空中力量建设产生了深刻的影响。今天,我们仍能从美国空军建设和空中国防战略中看到米切尔理论的影子。米切尔被视为美国空军的奠基人,《空中国防论》被视为美国空中国防战略的奠基之作,是当之无愧的。

总之,米切尔对空中力量发展的见解,在一定程度上反映了带有普遍性的战争规律。但书中对空中力量过分夸大,对夺取制空权的艰苦性和现代战争中制空权的相对性认识不足。

【点评】美国空军奠基人之一米切尔著。全书共分 11 章,另有作者简介、自序、绪言和附录(美国政府有关航空的部门及其工作)。各章的内容是:"航空时代";"航空的领导地位应属于美国";"美国空军证明飞机能制伏海上舰船";"民用和商业航空";"如何组织我国空中力量,让其成为一支主要力量或仍是一支附属力量?";"空中力量对国际军备限制的影响";"现代航空学一瞥";"空军人员队伍建设";"为飞行人员获取飞机扣设备";"防空作战";"结论"。米切尔对空中力量发展的见解,在一定程度上反映了带有普遍性的战争规律。

十七、机械化战,扛鼎之作——《装甲战》

19 世纪末 20 世纪初,是军事思想十分活跃的时期。伴随着坦克、潜艇和飞机等新型作战武器的出现,陆、海、空三大军种的建设和作战理论相继问世,逐步形成各自的理论体系。与意大利杜黑的"制空权论"、美国马汉的"海权论"齐名的,是富勒率先提出的"机械化战争论"。

富勒(1878~1966)是英国著名的军事理论家、军事史学家。少年时期,他对自然科学有浓厚的兴趣,五体投地崇拜牛顿。中学毕业后,进入皇家军官学校。1898年,20 岁的富勒于桑德赫斯特皇家陆军军官学校毕业后任初级军官,曾参加英布战争。1902 年战争结束后,又随军驻屯印度。在那里,开始研究军事学术,出版了几本有关步兵训练的小册子。同伴们对他涉猎广泛、孜孜以写作感到不解,他说:"军人光有发达的肌肉不行,还要有丰富的大脑。"1911 年,富勒利用军官休假之机,赴德国北部考察。当时,英法与德奥两大帝国主义集团之间瓜分世界的争赃矛盾日趋尖锐,一场世界大战已属山雨欲来。这种形势使富勒强烈地感到研究军事艺术的重要,从此,他决心"像哥白尼研究天文、牛顿研究物理、达尔文研究自然界那样,用科学的方法研究战争"(富勒语)。当年秋天,富勒从德国返回英国,入参谋学院深造。他从研究拿破仑战争史入手,探索军事科学的奥秘。经过一年废寝忘食的博览与思考,提出了被认为有普遍意义的六项军事原则(1915 年又补充了两条),从 1920 年起,他总结的这些作战指挥原则,相继被英、美等国军队列入训练和作战的条令。

第一次世界大战爆发后,富勒主动请缨上前线,被分配到在法国作战的一支重型机枪部队当了一名指挥官。这场席卷整个欧洲的大战,本来是以机动战开始的,可是很快陷入了持久的阵地僵持战。尽管双方均力求速战速决,但因囿于传统的作战方式,仍无法扭转这种局面。根据战争需要,英国的温斯登发明了坦克,在首先投入战场之时,这种前所未有的战场怪物虽然取得了一些战绩,但也出了不少洋相,就连法军元帅福煦也不无讥讽地说:"这种发明,当当玩具还可以。"然而富勒慧眼独具,认为这种崭新的兵器虽然眼下性能尚差,但它把火力、机动力、防护力三者融为一体,无疑是军事技术领域的一个飞跃;只要积极地加以改进和完善,它的前途是无量的。他由此预见,以后的战争,应该是以坦克战为主的大规模机械化战争;为适应这种转变,军队的编制体制和整个作战理论必须来一番重大的变革。

1916年12月，富勒被任命为英军坦克部队参谋长；他根据索姆河战役中英军首次使用坦克的经验，提出使用坦克的新思想。次年11月，英军在比利时境内首次大量使用坦克，发起康布雷战役。富勒是这场战役计划的制订人。他改变惯例，不经炮火准备，就以坦克集群为前导发起冲击。此战取得了战术上的成功，一天内突入德军防线纵深6公里。只是由于那时尚无利用坦克突击效果，把战术突破发展为战役突破的经验，战局恢复到原来的僵持状态。不过，富勒却从这次被看作"平淡无奇"的战役中，坚定了对坦克战的信念。

战后，他继续在坦克部队任职。1923~1925年初，富勒于英国坎伯利参谋学院任主任教官。当时，西方各国军队都大量装备了坦克和其他装甲战斗车辆。但如何运用这种新式兵器，还没有成型的理论做指导。连当时的英国陆军的《野战条令（二）》也没有着重论述机械化部队作战问题，所以想在下一本条令《野战条令（三）》中反映机械化部队的特点与战术。富勒的这本《关于〈野战勤务条令（三）〉的讲义》实际上是《野战条令（三）》的蓝本。用他本人的话说，这本书是以《野战条令（二）》作为基本材料写成的，"是第一本完整地写机械化部队作战的书"。在这本书中，他系统地阐述了机械化军队及其作战在现代战争中的地位、作用和使用原则。他的理论虽然过分夸大了坦克等新式兵器的地位、作用，但他却尖锐地指出了大工业时代的战争方式不能停留于蒸汽机时代的水平，以及今后战争中应集中使用坦克实施深远纵深的快速突击等观点。这在军事上无疑是正确的。遗憾的是，响应的人寥若晨星，无论在英国还是在法兰西等盟国，那些执掌军界权柄的年迈将帅们，却一味迷恋于在第一次世界大战中给他们带来过胜利荣誉的传统作战方法。他们指责富勒的这些观点是"战车狂热"，是"异想天开的梦说"，并且对其本人开始压制、排斥。然而，他没有因坎坷而丧志，仍继续宣传机械化战争理论。历经千辛万苦，该书终于1932年在英国出版。受到西方各国军界的普遍重视，不少国家争相翻译，并作为一些军事院校的基本教材。然而此书在它的祖国军界上层却无人问津。据说，德国是最先接受这本书的西方国家，一次就出版了3万册，被当成坦克兵的"圣经"在军官中广为流传。原来，德国军界早就开始密切注视并大胆吸取富勒的机械化战争理论的思想营养，在此基础上涌现出古德里安、隆美尔、曼施坦因等一大批坦克战专家。古德里安读了此书后非常兴奋地说：从富勒的书上，"我学会了装甲兵的集中使用……我对这些观念发生了极深刻的印象，于是我企图将它加以发展，以期适用于我们的陆军"。1936年德军大演习时，希特勒就曾亲自邀请富勒观看指导，当面征求意见。1939年，第二次世界大战爆发了，纳粹德军在战争初期运用富勒的机械化作战理论，取得了27天灭亡波兰，23天占领挪威，18天迫降比利时，39天征服法兰西等一连串的胜利。苏军对《装甲战》给予了相当重视，在抗击德国法西斯入侵时，也把此书作为每个军官的日常读物。铁木辛哥元帅甚至说，只有克劳塞维茨的《战争论》和杜黑的《制空权》才能与它相提并论。直至此时，英国军界的上层元老们才真正认识到了富勒多年来所呼吁的"机械化作战理论"和他的《装甲战》的真正价值。

《装甲战》是第一本完整地叙述机械化部队作战的书。全书共分16讲，从第1讲到第16讲，标题分别是"武装部队、部队指挥与军事原则"，"战斗部队及其特点和武器装备"，"参战的战略准备"，"作战"，"情报"，"防护"，"防护（续）"，"进攻"，"进攻(续)"，"防御"，"防御(续)"，"夜间战斗"，"不发达国家和半开化国家中的战争"，"海运，陆运和空运"，"命令、指示、报告和电函"以及"内部通信联络"：(1943年美国出版此书时，富勒根据当时正在进行的第二次世界大战的经验.对原书的一些内容以注释的方式作了补充说明)

在该书中，富勒对军队指挥和一些军事原则以及装甲部队在各种战斗中的运用都有精辟的论述。他概要地分析了汽车、坦克、飞机、毒气等现代武器的出现，对战争性质、武装部队的编制体制、战术、后勤、指挥、计划、纪律、军事原则的影响，并提出了一些重要观点。富勒认为：工业是机械化的基础，是战争的决定性因素，将来只有工业国家才能成功地进行有组织的战争；由于组建费用大，机械化部队的规模将受到限制；游击战这种初级作战形式可能再次被广泛采用；应组建受严格训练的职业部队；装甲战要求将军们亲临前线指挥作战；作战计划的核心应是在不失去控制的情况下充分发挥积极主动性，拟定各种备用方案。富勒认为，为了适应机械化战争的需要，英国应组建一支小型机械化部队。应重视战争初期用飞机进行战略侦察，应发展两栖坦克以执行海外作战任务。根据对战争本质和战争手段的分析研究，富勒指出，"战争的目的是用武力来维护一种政治主张，这通常以作战来实现。作战的真正目的不在于摧毁物质力量，而是要在精神上压倒敌人。'作战的最终目标在于歼灭敌人'是一种有害的观点，它否定了战争的真正目的——建立更加美好的和平生活。因此，战争必须由武力争斗发展到谋略与士气斗争的阶段，必须用指挥艺术取代暴力，用瓦解士气或精神上的打击代替武力争斗或肉体攻击。为此，部队必须高度机械化、小型化。部队的摩托化与机械化有助于改变部队的编制体制，充分发挥指挥艺术的作用"。在本书中，富勒还根据机械化战争的特点，对战争中的情报原则、侦察原则、保密原则等进行了更加精辟的论述。

富勒的坦克制胜论(亦称为机械化战争论)的主要特点是，强调坦克、机械化军队在作战行动中的主导作用，主张建立少而精的机械化军队，在陆地战场上以装甲坦克为决定性力量，在其他军兵种配合下，赢得战争胜利。其主要观点是：

(1)强调机械化军队的地位和作用。兵器技术的发展，必将引起战争形态乃至军事体制的全面变革。富勒认为，由于文明国家的主要产业已不是农业，而是机器工业，因此可以断定，军队将逐渐以当时出现的民用发动机改变军队的编制装备。今后的战争将是一种纯粹的机械化活动。工业是机械的基础，将来只有工业国家才能成功地进行有组织的战争。缺乏工业、制造能力和机动车辆的国家将无力抗击外国的入侵。富勒还指出，战争是武器的争斗，冷兵器时代因一人即一武器，所以能用于战场的人员愈多，即指挥官能集中于重点的武器愈多。而工业革命后诞生的坦克战车则能以同等人力得到较大的效果，机械化军队比原来传统的步、骑兵将起到以一当十的巨大作用。

(2)强调军队的机械化建设。第一次世界大战后期，新型坦克越来越多，装甲兵的使命也发生了变化。富勒在总结装甲兵建设经验的基础上，提出了建立"少而精"的机械化军队的主张。他认为，工业革命就是速度革命。现代化军队要适应工业革命的发展，就必须实现整个军队的机械化。由此，富勒提出："部队必须高度机动化，并须尽可能小型化。具有一支编配均衡、机动灵活的小型军队，一支能适应紧张激烈运动且不经常在固定的交通线上活动的军队，指挥官的指挥才能就可得到高度发挥,就能运用智谋指挥作战,而不只是把作战当成一种流血的行动"。为了适应作战的需要,必须组建职业部队,取代由短期服役的应征士兵组成的部队,并在平时对机械化军队进行严格训练。

(3)强调从机械化军队的特点入手指挥机械化军队作战。富勒在对机械化军队的特点进行了全面分析之后,提出了"集中使用、高速突破;以机动实现奇袭;破坏敌人的组织,除去敌人的'头脑';注重协同作战,发挥整体威力。"等作战指挥原则。

不论从该书的内容来看,还是从该书的观点来说,富勒对机械化军队建设和机械化军队作战方针、原则、方法的论述,都是非常全面和精确的。在此书问世之前,没有哪本书能够达到如此全面、透彻的程度。因而我们可以说,《装甲战》是"第一本完整地叙述机械化部队作战的书"。但书中明显存在片面强调机械化战争的倾向。

【点评】英国著名的军事理论家、军事史学家、装甲战理论创始人之一富勒著。全书共分 15 讲,标题分别是"武装部队、部队指挥与军事原则","战斗部队及其特点和武器装备","参战的战略准备","作战","情报","防护","防护(续)","进攻","进攻(续)","防御","防御(续)","夜间战斗","不发达国家和半开化国家中的战争","海运,陆运和空运","命令、指示、报告争电函"以及"内部通信联络"。在该书中,富勒对军队指挥和一些军事原则以及装甲部队在各种战斗中的运用都有精辟的论述。该书受到西方各国军界的普遍重视,不少国家争相翻译,并作为一些军事院校的基本教材。据说,德国陆军曾把它视为坦克兵的"圣经",按照它的原则指导了第二次世界大战中在法国和比利时的作战。苏军在抗击德国法西斯入侵时,也把此书作为每个军官的日常读物。铁木辛哥元帅甚至说,只有克劳塞维茨的《战争论》和杜黑的《制空权》才能与它相提并论。

十八、俄苏革命,军事指南——《列宁军事文集》

列宁重要军事著作的中译文集。中国人民解放军军事科学院编辑,战士出版社 1981 年 10 月出版。共选收列宁的军事著作和涉及军事问题的著作 125 篇,约56.5 万字,编为 1 卷。其中,全文 64 篇,节选 61 篇。文集所收著作按写作或发表时间的顺序编排,书末附有注释和人名索引。

文集选收了 1905~1907 年第一次俄国革命高潮前后至十月社会主义革命时期的著作 70 篇,十月社会主义革命胜利后苏俄内战和外国武装干涉时期及和平时期的著作 55 篇。代表性著作有:《旅顺口的陷落》《革命军队和革命政府》《莫斯科起义的教训》《社会主义与战争》《无产阶级革命的军事纲领》《战争与革命》《大难临头,出路何在?》《沉痛的但是必要的教训》《无产阶级革命和叛徒考茨基》《大家都去同邓尼金做斗争!》和《为战胜高尔察克告工农书》等。

文集较系统、全面地反映了列宁关于战争的产生与消亡、战争与经济、战争与政治、战争与革命、暴力革命和武装起义、建设革命军队的原则与要求,以及有关人民战争及其战略战术等方面的基本理论观点,具有极高的理论价值和现实指导意义。其基本思想主要体现在以下几个方面：

（1）唯物辩证的战争观

列宁在继承了马克思、恩格斯战争观的基础上，对战争的起源、本质、功能以及战争同其他因素的关系等基本问题做了科学的阐述，形成了唯物辩证的战争观。

①"现实的战争产生于帝国主义"。十九世纪末至二十世纪初，资本主义发展到了帝国主义阶段。列宁通过对新的历史条件的全面分析，明确提出了"现时的战争产生于帝国主义"的科学论断，深刻揭示了帝国主义时代战争发生、发展的客观规律。列宁指出："目前的帝国主义战争是由帝国主义时代的种种条件造成的。"这就是说，它不是偶然的现象，不是例外的现象，不是违背一般常规的现象。在列宁看来，帝国主义战争的发生和不可避免性，有其客观的历史条件和深刻的社会根源，由此决定了帝国主义战争是一种合乎规律的社会历史现象。

②"战争总是同一定阶级的政治有不可分割的联系"。列宁军事思想的最为重要的贡献之一，是在同第二次国际机会主义者的斗争中，以阶级分析的方法，批判地改造了克劳塞维茨关于战争是政治通过另一种手段的继续的观点。首先，他深刻揭示了"政治"的概念，认为政治是经济的集中表现，是阶级之间的相互关系。他指出："战争总是同一定阶级的政治有不可分割的联系"，因此必须把战争看作是各有关国家、民族及其内部各阶级的政治的继续。在此基础上，列宁进一步强调指出："战争不仅是政治的继续，而且是政治的集中"，"一切战争都不过是各交战国及其统治阶级在战前几年或几十年内所推行的那一政治通过暴力手段的继续"，"应该研究战前的政治，研究正在导致和已经导致战争的政治。"

③"弄清战争的性质是马克思主义者决定自己对战争的态度的必要前提。"在对待战争的态度上，列宁曾明确指出："弄清战争的性质是马克思主义者决定自己对战争的态度的必要前提。"在这里，列宁把战争的性质视为决定战争态度的首要和基本的依据，也就是说，在表明对待战争的态度时，必须首先弄清战争的性质。与此同时，他还明确地指出："永远一概拒绝参加战争是荒谬的"，"永远一概赞成、拥护和参加战争也是荒谬的"。列宁根据战争的不同性质，认为存在着各种不同的战争，归纳起来，有两种基本的类型："正义的、非掠夺性的、解放性的战争，其目的或者是保卫人民抵御外来的侵犯和奴役人民的企图，或者是把人民从资本主义奴隶制度下解放出来，或者把殖民地和附属国从帝国主义者压迫下解放出来；非正义的、掠夺性的战争，其目的是掠夺和奴役别的国家和别国人民"。列宁明确主张拥护第一种类型的战争，而坚决反对第二种类型的战争，对当时非正义的帝国主义战争，列宁更是主张一贯明确的、彻底的、坚决的和毫不妥协的反对。

④"战争是对每个民族全部经济力量和组织力量的考验"。列宁根据马克思恩格斯关于决定战争进程和结局要靠多种因素的论述，具体地提出了决定战争胜负的因素，即"战争是对每个民族全部经济力量和组织力量的考验"；谁在经济、政治、科学、技术、精神和军事方面占有优势，谁就能在战争中获取胜利。同时指出，经济因素不但是政治的基础，也是其他一切因素的基础，"在现代战争中，经济组织是有决定意义的"。就战争实际依赖的人力、物力因素而言，谁的后备多，谁的兵源多，谁的群众基础厚而能长久地支持下去，谁就能在战争中取得胜利。

⑤消灭私有制和阶级是消灭战争的根本。列宁始终坚持把战争同私有制和阶

级相联系,分析消灭战争的社会历史条件和途径方法,认为要想彻底消灭战争,就必须从根本上消除战争赖以产生和存在的社会历史条件。但是,他同时指出,无产阶级要想在全世界彻底消灭战争,还有很长的路要走,要等到具备无产阶级在政治、军事、经济等方面取得对消灭私有制和阶级的成熟条件。

（2）暴力革命和武装起义的理论

列宁在继承马克思和恩格斯关于暴力革命和武装起义革命学说的基础上,深刻分析和系统总结了当时帝国主义时代的战争规律和革命特点,并在与俄国的具体革命相结合的实践中取得了伟大胜利。

①暴力革命是无产阶级革命的一般规律。列宁认为,无产阶级夺取政权的方法有两种:一是"和平地取得政权";二是"用革命的方法夺取政权",即用暴力手段夺取政权。他认为,用和平的方式夺取政权,只是在极特殊的情况下才能实现,而采取暴力方式夺取政权才是较为普遍的方式。

②变帝国主义战争为国内战争。俄国第一次大革命时期,列宁针对沙皇俄国参加镇压中国义和团运动的侵略战争,提出要利用战争造成的形势,以和平的方式进行革命。当战争暴露出沙皇专制制度腐败无能的时候,列宁指出:"只有人民自己才能够解脱这种绝境,而且只有以摧毁沙皇制度作为代价"。其中,已经包含有依靠人民反对帝国主义战争、进行革命的思想。随着革命的日益发展,列宁以革命反对帝国主义战争的策略思想更加明确。他不仅提出了以武装的人民和武装斗争反对帝国主义战争的问题,而且还做出了"革命就是战争"的论断,认为革命"是历史上一切战争中唯一合理的、正当的、正义的、真正伟大的战争"。同时,他还强调说:"帝国主义战争向国内战争的转变,也不能'制造',这种转变是从帝国主义战争的各种各样的现象、方面、特征、特点和结果中产生出来的。"归纳起来,这些条件主要是:第一,实现无产阶级革命的条件已经完全成熟;第二,交战国军事上的多次失败;第三,群众革命情绪的产生和革命形势的形成。要实现这种转变,还须加上主观方面的条件,这就是:革命阶级能够发动足以打倒（或严重削弱）旧政府的强大的群众革命行动:

③集中力量进攻是武装起义的基本指导原则。列宁在俄国总结武装起义指导原则时,多次强调,在革命形势到来之际,必须立即发动起义,因为拖延起义就等于死亡。列宁把起义的艺术概括为几条主要原则:任何时候都不要玩弄起义,在开始起义时就要切实懂得,必须干到底;必须在决定性的地点,在决定性的关头,集中强大的优势力量,否则,更有准备、更有组织的敌人就会把起义者消灭;起义一开始,就必须以最大的决心行动并且一定要坚决地采取进攻,防御是武装起义的死路;必须在敌军还分散的时候抓住时机,出其不意地袭击他们;每天都必须取得胜利,即令是不大的胜利,无论如何要保持精神上的优势。这几条原则所阐释的思想,集中到一点,就是集中力量勇敢地进攻。

（3）无产阶级军队建设思想

列宁在领导俄国革命和军队建设的实践中,把马克思恩格斯关于军队建设的基本思想同俄国革命和军队建设的实际相结合,提出并形成了系统的无产阶级建军学说,丰富和发展了马克思恩格斯的建军思想。

①革命军队是革命的必要前提。列宁从俄国革命开始时,就非常重视革命军

队的创立问题,多次肯定和强调建立革命军队的重要性。他在总结历史经验时说:"革命军队所以必要,是因为只有强力才能解决伟大的历史问题,而在现代斗争中,强力的组织就是军事组织。"他认为,革命军队是进行革命和保卫革命政权的支柱,而无产阶级如果不学会使用武器,拥有武器和建立自己的革命军队,那它只能被资产阶级当作奴隶;在任何时候和任何情况下,要战胜和消灭剥削阶级,没有别的办法,只有用革命的军队去战胜反革命的军队。

②建立以工农为主的强大正规军。早在二月革命之前,列宁就把军事问题和革命军队视为决定革命成败的基本条件,认为军事问题和革命军队"如果不是提到首位,至少也是提到首位之一"。十月革命胜利后不久,面对白卫分子的颠覆和国外帝国主义武装干涉的威胁,列宁命令"实行劳动者武装,建立社会主义工农红军,解除有产阶级的全部武装"。在随后召开的全俄中央执行委员会,莫斯科苏维埃、工厂委员会和工会联席会议上,列宁向全党全国和各级组织提出把军队问题放在首位的任务。1918年底,针对第二国际机会主义者们散布的种种谬论,列宁进一步阐述了建立革命军队的重要性和必要性。列宁还认为,随着新型军队的诞生,军队的社会基础和阶级成分必然地要起变化;新的工农武装,应该而且必须由优秀的分子组成,必须由有觉悟的工人和农民来组成。

③确立建军的基本原则。列宁建设新型革命军队的基本原则,是俄国无产阶级武装起义和国内战争的经验总结,是根据社会发展规律和战争规律制定出来的。其具体内容是:党领导军队的原则;军队政治工作的原则;加强军队纪律建设的原则。在苏维埃工农红军创建初期,列宁就非常尖锐地提出了军队的纪律建设问题。

④强调军队建设中科技因素的重要作用。列宁认为,革命军队只有实际运用军事知识和军事手段,才能取得战争的胜利,才能解决民族和阶级今后的整个命运。因此他主张,当进行武装斗争和发动国内战争的条件具备的时候,无产阶级及其政党,不仅应当把军事问题"提到首位"或"提到首位之一",而且还应当"把研究军事问题和使人民群众了解军事问题当作当前的任务"。与此同时,他一再强调革命武装要经常进行军事训练和军事教育,学会军事斗争的艺术,领会起义的军事技能。

(4)科学性与艺术性相统一的战争指导

列宁认为,无产阶级在进行现代武装斗争的实践中,必须懂得现代的作战原则和现代的军事学术,尤其需要坚持战争指导的科学性与艺术性的辩证统一。

①坚持正确的战争指导原则。在领导和指挥工农红军武装保卫苏维埃的斗争中,列宁多次强调,要取得胜利,首先必须坚持正确的战争指导原则。其中,尤应坚持和把握以下基本原则:必须坚持对武装力量实行政治领导和军事领导的统一,必须针对作战实际情况果断而及时地做出战略决策,必须全面考察并利用战争的客观规律和国家的政治、经济、军事等条件,必须建立巩固的有组织的后方基地和集中管理国家的一切力量及资源,必须采用革命的武装斗争方法来夺取政权,必须重视人民群众在战争中的决定性作用,必须注重军队战略行动的计划性和目的性。

②正确的决策和谋略是战争制胜的关键。列宁认为,有效的作战指挥大都与正确的决策和谋略是分不开的,正确的决策和谋略是战争制胜的关键。为此,在革命斗争和战争实践中,要善于利用敌人的矛盾,争取一切可以争取的同盟力量,各

个击破敌人；要科学判断所遇到的主要危险，正确确定主要突击方向；要力求掌握敌人已经拥有或可能拥有的一切斗争武器、一切斗争方法和手段；要在实际作战中根据不同的情况采取不同的作战方式与方法……

③灵活运用战略战术。列宁认为，任何战略战术的运用，虽然要靠军队本身的客观基础，但是指挥人员的主观条件起着重要作用；为此，他制定了许多具有方法论意义的行之有效的战略战术原则。诸如，他强调，必须在决定时机和决定地点拥有压倒优势；必须在战争中始终努力争取并保持作战的主动权，积极主动地进攻；必须要善于避免同绝对优势的敌人公开作战，又要善于利用敌人的迟钝，在敌人最难料到的地方和时间攻其不备；必须在作战过程中及时地向主要战线派出战略预备队，既要勇敢坚决地采取进攻行动，实施突然袭击，又要在学会进攻的同时学会正确地退却，要及时巩固并不断扩大业已取得的胜利，灵活机动地变换战略战术。

【点评】列宁重要军事著作的中译文集。中国人民解放军军事科学院编辑，战士出版社 1981 年 10 月出版。共选收列宁的军事著作和涉及军事问题的著作 125 篇，约 56.5 万字，缡为 1 卷。其中，全文 64 篇，节选 61 葛。文集所收著作按写作或发表时间的顺序编排，书末附有注释和人名索引。其中，选收了 1905～1907 年第一次俄国革命高潮前后至十月社会主义革命时期的著作 70 篇，十月社会主义革命胜利后苏俄内战和外国武装干涉时期及和平时期的著作 55 篇。文集较系统、全面地反映了列宁关于战争的产生与消亡、战争与经济、战争与政治、战争与革命、暴力革命和武装起义、建设革命军队的原则与要求，以及有关人民战争及其战略战术等方面的基本理论观点，具有极高的理论价值和现实指导意义。

十九、领率机关，参谋必读——《军队大脑》

《军队大脑》是苏联元帅、著名军事家沙波什尼科夫的军事理论力作。该书集中反映了沙波什尼科夫的军事思想，特别是关于总参谋部职能与建设一系列重要问题的看法，对于推动苏联红军参谋工作质量和指挥艺术的提高发挥了重大的作用，同时也为后人留下了关于军队参谋工作的传世财富。直至今日，很多国家的参谋教科书中，仍然引用了他的很多理论观点。可以毫不夸张地说，《军队大脑》一书现在仍在"为军队大脑充电"。

1882 年 10 月 2 日，沙波什尼科夫出生在兹拉托乌斯特（今属车里雅宾斯克）。不知是一种天性使然，还是他所生活的那个充满战争的时代对其影响所致，沙波什尼科夫自幼对战争表现出了极大的兴趣，他几乎是痴迷般地研读军事著述。凡是他所读过的兵书，都密密麻麻地在上面画记着许多别人看不明白的符号，平时沉着有余的沙波什尼科夫一旦谈起战争，就滔滔不绝，眉飞色舞。平时冷静得有些过分的沙波什尼科夫一旦听说俄军在前方打了败仗，就顿时激动得不能控制。1901 年不足 20 岁的沙波什尼科夫加入了俄军，他非凡的军事言论和在军事上所表现出的灵活，很快得到上司的赏识，被作为俄军中的潜力人才送到军事院校生长和深造。1903 年和 1910 年先后毕业于莫斯科军事学校和总参军事学院。在校期间，沙波什尼科夫更加如鱼得水，他把所有的精力都倾注在军事学习和研究之中，他不仅很善于思考，而且非常认真地向教官请教教学中疑难之点，有时把教官问得不知所云。毕业后，他曾在土耳其斯坦军区和华沙军区担任过指挥和参谋职务，他的出色工作深得上司欣赏。

俄国十月社会主义革命后，沙波什尼科夫受革命真理的感化，看到了新兴的苏维埃政权的生机和活力，于是转向苏维埃政权，1918 年参加苏联红军。此时，他对改进和强化部队的训练及作战提出了很多合理化建议，并在自己所领导的师里进行大胆试验，取得很大成功。沙波什尼科夫的理论和实践，对促进苏军战斗力的提高和军事理论的发展起到了一定的作用，得到列宁的亲自接见和表彰鼓励。苏俄内战和外国武装干涉时期，沙波什尼科夫曾任最高军事委员会司令部作战部长、军区司令、红军参谋长、总参谋长、副国防人民委员、总参军事学院院长等职。在这些重要的智囊位置上，沙波什尼科夫的才能得到了淋漓尽致的发挥，他对战场情报掌握之全面，对战情判断之准确，都使最高参谋部的同仁及上司们感到惊奇不已。在作战计划制定中，他胆大心细，既不迎合权威也不墨守成规，有时，为了使计划更加科学，他干脆亲临前线实地考察和验证，对于军事上的不同观点，他从来不作简单的否定和肯定，总是细心地听取别人讲明白"为什么"。当然，当他自己确信是正确的时候，也从来不予让步。正因为如此，苏军取得了更大的作战主动权，减少了伤亡。正是由于他在制定作战计划中所表现出的聪明才智和军事天才，而被誉为"苏联红军的大脑"。斯大林曾经说：如果没有沙波什尼科夫在我的周围，我真不知道这仗该怎么打：

沙波什尼科夫戎马生涯 40 多年，具有丰富的司令部工作和军队指挥经验，在巩固和发展苏联武装力量、培养军事干部、进行国内战争和卫国战争等方面，都做出了自己的贡献，并为发展苏联军事科学和总结国内战争作战经验做了大量的工作。《军队大脑》正是他根据自身的作战经验与司令部工作经验写成的一部军事力作。

《军队大脑》一书是在 1927—1929 年期间陆续完成和出版的，当时几个帝国主义大国已开始着手为新的世界大战做准备。为了备战，它们十分注重总结第一次世界大战经验，加紧从理论上研究现代战争和军队建设问题。改革德国式的总参谋部，成为当时各国军队面临的一项紧迫任务。苏联红军不仅同样面临这个问题，而且要更彻底地消除旧沙皇军队残余，建立无产阶级的新型军事统帅机关。正是针对这一现实任务，沙波什尼科夫研究和撰写了这部 80 余万字的军事理论巨著。

本书共分 8 章，即关于总参谋长的几点想法、一切质量取决于它、对内政策与总参谋部、经济与战争、对外政策与战争、战争计划与对外政策、动员是战争的序幕、联盟战争，另有一篇前言。书中论述的主要观点是：①无产阶级"要创立新的、能与当今世界上形成的社会关系相适应的军事体系形式"，其中之一就是建立新型"军队大脑"；②德国式的统帅体制已彻底破产，现代战争要在"国家首脑集体"和"集体指挥机构"的领导下准备和实施；③必须把总参谋部建设成为政治素质高，工作能力过硬，意志和性格坚强，对一切问题经常进行深入细致研究的健全指挥机构；④现代军队不能脱离国内政策而存在，总参谋部必须"随时熟悉国内政策并在制定一切预案时将其估价进去"；⑤总参谋部要关注战争经济问题，"对其中每一个问题都加以考虑并予以支持"；⑥战争是政治的继续，军事必须服从于政治，战略计划要与战争的政治性质和目的相适应；⑦现代战争具有联盟性，必须在政治和军事上解决好联盟的统一战略与共同作战计划问题。

沙波什尼科夫在撰写这部著作时，首先悉心研读了马列主义关于战争和政治的论述，并以马列主义的思想、立场、方法认真研究和深刻分析了第一次世界大战的经验教训和参战军队的翔实资料，特别认真阅读了奥匈军队总参谋长奥地利元帅康拉德·冯·赫岑多夫撰写的回忆录。在这个基础上提出了几个重大的课题：科学预测未来战争，正确评估第一次世界大战的经验教训，苏军总参谋部平时和战时的工作职能，它在国家指挥体系和军事体系中应占有的地位，怎样开展工作才能取得"大脑"应有的成果。为有效解决这些重大课题，他从宏观决策的层面，深入探讨了"战争与政治""战争与经济"以及"战争与综合国力"的关系等问题。在该书中，沙波什尼科夫深刻指出："唯有正确评估本国和敌对国的经济实力，弄清其发展经济的各种因素，才能正确预测未来战争的性质"，"未来战争不可避免地要引起一场经济斗争……生产力的发展必将给交战双方提供比平时改型换代更具有杀伤破坏力的兵器。""我们将利用最先进的技术兵器来取得胜利，同时，由于使用新武器必将产生新的战法"。沙波什尼科夫还强调指出，"未来的战争将涉及社会生活的各个领域，它要求动员全国的人力、物力。由此可见，战争只能由整个国家进行，绝非单一武装力量所能胜任"。

作为一部完成于20年代的军事著作，《军队大脑》一书确实是非常富有创见的。与当时研究总参谋部问题的其他著作相比，《军队大脑》的突出特点是既批判了流行于西方各国的军国主义思想，又吸取了这些国家军队建设与作战的经验教训，在一些重大军事理论与实践问题上提出了新颖深刻的见解，为苏联建立和完善无产阶级军队的新型统帅机关提供了比较系统的理论根据和专门知识。尽管书中部分内容受限于当时战争与军队的实际发展状况，对一些问题的认识和研究也有浅显之处，但其基本思想和主要观点至今仍不失参考价值。正因为如此，《军队大脑》一书出版后，引起了强烈反响。《苏联军事百科全书》在谈及本书时给予高度评价，认为"这部具有重大价值的著作，阐述了关于未来战争性质的基本观点，深刻揭示了指导现代化战争的特征，提供了作为最高统帅部指挥武装力量机关的总参谋部的作用、职能和机构的广泛知识。伟大的卫国战争年代总参谋部的活动，证明了这部著作中所提出的基本思想和观点的正确性"。苏联元帅华西列夫斯基和扎哈罗夫在谈及这部著作的现实意义时指出："这部著作问世至今虽已过去四十余年之久，……但沙波什尼科夫当时在该书中提出的基本论点和理论原则至今仍未失去其现实指导意义"。苏联《真理报》称赞"沙波什尼科夫在这部巨著中充分表现了他作为最杰出的军事家的全部特征：学识渊博、胸怀大略、明察秋毫、远见卓识，具有大将风度"。

【点评】苏联元帅、著名军事家沙波什尼科夫撰写。该书集中反映了沙波什尼科夫的军事思想，特别是关于总参谋部职能与建设一系列重要问题的看法，对于推动苏联红军参谋工作质量和指挥艺术的提高发挥了重大的作用，同时也为后人留下了关于军队参谋工作的传世财富。本书共分8章，印关于总参谋长的几点想法、一切质量取决于它、对内政策与总参谋部、经济与战争、对外政策与战争、战争计划与对外政策、动员是战争的序幕、联盟战争，另有一篇前言。

二十、闪击作战，应运而生——《坦克——前进!》

随着科学技术的发展，20世纪初期飞机、坦克这两项新式武器装备相继问世，并以新的姿态在第一次世界大战中大出风头。战后，伴随着这两项新式武器装备战术技术性能的不断改进和完善，以及西方国家军事理论界经过对第一次世界大战实战运用的经验教训的总结和概括，先后确立了"制空权"理论和"机械化战争"。古德里安的"闪击战"理论也应运而生。它的形成和发展，对第二次世界大战作战方式方法的变革产生了极其深远的影响。

《坦克——前进!》正是古德里安在对第二次世界大战中德国坦克部队作战经验进行全面总结的基础上，深入阐发他的"闪击战"理论的一部重要著作。

古德里安

海因茨·威廉·古德里安（1888～1954）是德国装甲兵和"闪击战"理论的创始人，第二次世界大战中曾任德国装甲兵总监和陆军参谋总长。

古德里安生于东普鲁士维斯瓦河畔库尔姆市的一个职业军人家庭，曾就读于柏林军事学院等军事院校，1908年起在部队服役，官至德军陆军大将。

古德里安军事生涯的大部分与坦克为伍，他与坦克有特殊的感情，运用坦克创造了很多作战奇迹。他认为，坦克武器有三大特征：装甲、运动和火力。不论是在普通官兵还是在高层将帅以至于在希特勒面前，他都不失时机地宣扬自己的坦克作战理论——凡是要准备进行激烈战斗的一切坦克，都应当具有相当强度的装甲，能够不为对方的防御火力所击毁；要想取得胜利，尽量使用坦克，运动迅速，不顾敌火的阻挠，一直向前运动，使敌人无法建立一个新的防线，最后把攻势深入敌人的后方；火力是坦克武器的最重要特征，它的火炮在坦克静止和运动时，都可以开炮射击，坦克前进时，可以把它的火力携带着一起行走……他还主持改进和试制新型坦克，如"虎"型、"豹"型坦克。正是由于古德里安对坦克武器的过于宣扬，无形中贬低了其他武器的作用，有意无意地得罪了其他兵种的将领。因而连同他的军事理论、建议和实践，经常遭到其他高级将领们的故意反对。但古德里安就是不屈不挠不信邪地与别人拼命争论，有时甚至到动手打人的程度。但由于希特勒看中了古德里安的这一性格，同时由于古德里安训练的摩托化部队确实具有强大的作战能力，因而得到了希特勒的赏识。希特勒曾多次说："这就是我所希望的东西!"1934年，德国成立装甲兵司令部，希特勒任命古德里安为参谋长。在古德里安的苦心经营下，德国装甲兵得到了迅速发展。第二次世界大战爆发后，古德里安曾先后担任装甲师师长、军长、集团军司令、装甲兵总监等职务。他作为希特勒侵略扩张的急先锋,几乎参加了纳粹德国在欧洲战场上所有重大行动,并一直指挥坦克师、坦克集团军作战,创造了坦克群作战战术。正因为他亲自指挥坦克作战,所以对坦克在战争中的地位和作用有直观的认识,并总结提出以坦克群作为进攻主要兵器的"闪击战"理论。1944年,古德里安升任德国陆军总参谋长,但不到一年就被革职。他一生著述很多,如《装甲兵及其与其他兵种的协同》(1937)、《注意!坦克!》(1937)、《西欧可以防御吗?》(1950)、《一个士兵的回忆》(1950)和遗著《坦克——前进!》(1956)等。《坦克——前进!》是古德里安的最后一部著作,是由德军少将奥斯卡·门泽尔帮助整理、编辑的,作者死后才正式出版。

本书以坦克兵常用的口令"坦克——前进!"命名有两个原因:一是为了更好地表明坦克适用于进攻的特点,二是为了表达对古德里安这位与坦克有不解之缘的"德国装甲兵之父"的怀念。

本书共4章。第1章"坦克战斗运用的一般原则",第二章"坦克在特种条件下的行动",第3章"坦克与其他兵种的协同",第4章"坦克的今天和明天"。此外,还有展望坦克兵前景的"结束语"和附录等。

古德里安虽然称不上是西方高速机械化战争理论的创始人,但他将第一次世界大战中出现的新技术与利德尔·哈特和约翰·富勒等人的军事思想结合起来,创造了一种与以往不同的作战战略,并付诸实践。本书集中反映了他的上述思想,其主要观点有:

(1)认为大量而且集中使用坦克对进攻战役和整个战争的胜利起着重大作用。装甲兵的任务是进攻,即便在防御过程中也是如此。装甲兵运用的基本原则是任何情况下都要尽可能地集中,其力量越分散就越容易遭到敌人的攻击。

(2)主张在狭窄正面集中大量坦克,迅速突破并不停顿地向纵深发展胜利。为此,则要求组建诸兵种合成部队,该编成内的所有单位都要具备相同的越野机动能力,并且要求指挥官在前线指挥,根据战局的变化积极扩大战果。

(3)根据现代战争的新特点,展望了坦克兵的未来。他指出,今后军队的机动性和指挥的灵活性开始起到决定性的作用,各兵种需要保持更加密切的协同,特别是航空兵的支援,是取得重大胜利的必不可少的条件。

在本书中,古德里安特别论述和强调了协同作战的重要性。他指出:第一、二次世界大战都证明,各兵种必须密切协同动作。协同就像一个乐队的演奏,根据作品的格调,有时是以这种乐器为主,有时又必须以另外一种乐器为主。有时还要有独奏。不过,只要是合奏,就必须有一种乐器领奏,其他乐器配合。作战的乐队又何尝不是如此呢!无论是音乐会还是战斗,它是否成功,都要看指挥人员是否能得心应手地掌握全面,是否能使各种乐器及时起到作用。一个乐队的乐器越多,种类越杂,越能弥补某些乐器的不足之处。兵团指挥拥有的技术兵器越多,越容易克服作战中的困难,但是指挥官的任务却更加繁重了,因为他没有像乐队指挥所掌握的那样的现成的乐谱。指挥官只能依据上级的指示和个人的经验,并考虑到不断变化的情况、地形性质和所属部队的变动情况,来正确选择开始战斗的时机。指挥官往往不能一眼看清他的整个"乐队"。指挥官常常要在敌人威胁之下和恶劣天候中指挥自己疲惫不堪的军队。同时,他还往往难以得知,他所选定的"乐器"此时此刻是否已做好"演出"的准备。一个乐队演奏的机会越多,队员们的音乐造诣越

·军事名著·

图文珍藏版

深,乐队的演出水平也就越高。诸兵种合成兵团也是如此,每个兵种的运用越熟练,完成受领的任务越快,战果也就越好。

在本书中,古德里安还根据实战的经验,规定了"战前装甲兵条令的基本原则":①长官应以自己的素养、要求和信念使部队服从于自己。长官应与部属共同生活,同甘共苦;应摸清部属的心理,争取他们的信任,了解他们的思想、感情并经常给予关怀。只有受到部属的信任和爱戴的长官才能向部属提出更高的要求。纵容姑息的态度对指挥军队危害极大。②随时准备承担责任是长官的优良品质。但是,长官不得不顾全面情况而擅自定下决心。自信判断情况正确,也不能不服从上级的调遣;机断行事不等于自行其是。③战时士兵可贵之处,除体力和军事训练好以外,还在于士气和意志。训练士兵的任务也正在于提高士气和锻炼意志。④发扬弟兄之间的互助精神,以使部队在任何情况下都是团结的集体。每个士兵不仅要对自己负责,而且要对队友负责。强者和能者应帮助经验不足的弱者,并率领他们去战斗。这样才能产生真正的战友之情,上下级之间和同级之间都要有这样的感情。⑤参战的军人应能独立思考,坚决、勇敢而合理地利用战机,并应确信,为取得胜利,各自都要出力。要求全体军人,从新兵开始,在战斗中都要付出最大的精力和体力。⑥永远要左右敌人。必须专门训练部队,使其具有较高的机动能力并能高速运动,包括在难以通行的地形高速运动,还要善于伪装、善于利用地形和夜暗条件、善于对敌实施突然袭击和将其诱入歧途。⑦战时行动坚决果断,是军人的第一戒条。不管是高级长官还是普通士兵都应懂得,疏漏和渎职的错误要比为执行命令而错误使用兵力严重得多。

本书 1956 年在慕尼黑首次出版,引起世界上许多国家的注意,苏联于 1957 年译出了俄文版。1982 年中国人民解放军战士出版社出版了刘名于根据俄文版转译的中文本。

【点评】德国装甲兵和"闪击战"理论的锚始人,第二次世界大战中曾任德国装甲兵总监和陆军参谋总长的古德里安撰写。该书是古德里安在对第二次世界大战中德国坦克部队作战经验进行全面总结的基础上。深入阐发他的"闪击战"理论的一部重要著作,引起世界上许多国家的注意。本书共 4 章,包括"坦克战斗运用的一般原则""坦克在特种条件下的行动""与其他兵种的协同""坦克的今天和明天",此外还有展望坦克兵前景的"结束语"和附录等。

二十一、精简部队,强军固防——《建立职业军队》

《建立职业军队》是法国著名军事家、政治家,被誉为"自由法国旗手"的戴高乐的一部代表作。

夏尔·戴高乐于 1890 年 11 月 22 日出生在法国北部里尔市的一个具有强烈民族意识的教师家庭。童年时代的戴高乐经历了 1870 年的普法战争的惨败,民众心里有一股重振军威,洗雪耻辱的精神,戴高乐深受这种民众意识的影响。1909年,不满 19 岁的戴高乐考入了著名的圣西尔军校。毕业后分配到步兵第 33 团,该团团长正是在此后不久的第一次世界大战中驰名于世的贝当将军。戴高乐的干劲、抱负，真才实学和办事效率，深受贝当的赏识和器重。阅历深广、经验丰富的贝当，对青年戴高乐的成长给予了积极的影响。

第一次世界大战爆发后，时任中尉排长的戴高乐随所在部队赴比利时阻击德军。他作战英勇，三次负伤。第三次负伤后被德军俘虏，经受了两年零八个月的战俘生活。他曾五次越狱失败，一直到战争结束才获释。1919年被调往波兰军事学院任战术教官，此时，他敏锐地觉察到坦克的出现所具有的革命性意义，提出了步兵和坦克在空军配合下协同作战的思想。1922年又以优异成绩考入军事学院。两年毕业后，到一个部队司令部任职，其后又调最高军事委员会副主席贝当元帅办公室任参谋。这期间，戴高乐犀利的文笔开始露峥嵘，撰写了大量的军事学术著述。1927年，戴高乐晋升为少校，被派去指挥精锐的第19轻型步兵营。1932年在国防委员会秘书处任职，进行了为期五年的战略研究工作。在这段没有烽火的岁月里，戴高乐不间断地进行军事学术研究，连续出版了《剑刃》《建立职业军队》《法国和它的军队》等著作。1937年被晋升为第507坦克团团长。第二次世界大战爆发后，他受命组建第四装甲师，抵抗德军入侵，一度战果显著，受总部嘉奖。然而，由于法国军备落后、最高统帅部战略指导错误，只知固守马其诺防线，被德军钻了空子。德军绕道比利时，从法国西北部攻入腹地，打得法军一败涂地。当时戴高乐人微言轻，对战局的发展无能为力。6月5日，在法军面临崩溃，德军兵临城下之际，戴高乐被提升为国防部副部长。6月14日，德军进入巴黎，贝当政府投降，当了德国的傀儡。主张抗战的戴高乐旋即赴英，6月18日，在伦敦广播电台向法国人民发出抗击法西斯侵略的呼吁，发起"自由法国运动"，成立了国民委员会，组建了武装力量。贝当对戴高乐的出走和"反叛"十分恼怒，指控戴高乐犯了叛国罪，由法国第17军区军事法庭缺席判决他死刑。但戴高乐正义的行动，得到法国人民的响应，不少人从法国逃出来投奔他。1940年11月，他领导的部队发展到35000人，并开赴近东和非洲对德国有意大利的部队作战。1943年，4个师的"自由法国"部队参加了在意大利的战斗行动，1944年参加了解放西欧的关键一役——诺曼底登陆战役。1945年，戴高乐当选为法兰西政府总理，翌年辞职。1946年至1958年，法国政界陷入无休止的党派争斗，内阁平均半年改组一次，先后换了23任内阁。这期间，戴高乐出访过法国的大多数海外殖民地，领导"法兰西人民联盟"活动。1958年，戴高乐当选为法兰西第五共和国总统，期满后获连任。1969年因内政问题辞职。1970年11月9日逝世。法国人民对戴高乐怀有崇高的敬意，认为他在1940年拯救了法国的荣誉，在1944年领导法国走向了胜利，在1958年使法国避免了内战，他在战后一直维护着法国的尊严，提高了法国的国际地位。

《建立职业军队》是作者为了维护法国的安全，针对当时法国最高当局采用消极防御的作战思想，保持一支规模庞大但效能低下的军队的弊端而写成的，于1934年出版。

全书分为六章，分别为防卫需求、技术需求、政治需求、编制体制、作战运用、高层指挥。主要论述了以下观点：①法国无险可守，物质和精神条件又无法和对手抗衡，只有建立一支职业军队，实施进攻防御，靠打赢小战来制止大战，才能确保法国的安全。他指出，"我国门户洞开，没有任何隐身避难之所，毫无防备的躯体暴露在攻击之下，那么，除了军队之外，到哪儿还能找到保护它的方法？在争端中，剑不仅是最后的论证手段,而且是弥补虚弱的仅有的办法。诸如边界、政体不合理等任何问题的解决,最终要靠战争的艺术、军队的威力及其战士遭受的磨难。"他强调:后备队和征兵是我国国防的主力,但却不易召集,运用起来也不灵活,只有在危机达到最高程度时才运用其巨大的力量。现在已经是时候了,我们必须另外再加上一支可以立即调遣的机动力量;也就是说,我们必须有一支常备的、团结的、所向披靡的部队。没有一支职业军队,就没有法国的国防。②以坦克为代表的技术兵器的数量和性能的提高,必然要对兵员的素质、战备训练水平和时间保障等问题提出新的要求,必须建立一支体制编制、兵役制度与之相适应的职业军队,才能充分发挥技术兵器和装备的威力提高军队的作战效能。他指出:由于武器装备被充分地利用,士兵必然受其制约。除非综合利用操纵装备的功能的一部分,无论是其勇敢还是其技能都不再能完成任何任务。作战已不再是使人感到手臂力量的问题,而是一个操纵管子、箱子和轮子的问题。以前,军队是由人彼此相连、严密组织而结成的一个有机体,以最大限度地确保肌肉和心脏的协调一致;当今,它是由行动一体化的机器以及工作于其中的成员组成的。如果相关的设备功能降低,引起装备的运作缓慢,军事力量就会立即失去协调;就像一个工厂会因电流中断而瘫痪,一个炮兵连会因观察站被摧毁而变哑;现代军事行动的物质条件要求不断提高作战人员的技术水平。武器装备,其力量已无所不在,需要有天赋、有经验、有擅于使用它的人来操纵,这是变革的结果。精选士兵和各种专业工作人员的时代已经到来。③军队建设模式要和未来政治斗争的需求以及可能的战争形态相一致,建设职业军队和具有突发性、速决性的有限局部战争的形态的需求相一致。④职业军队应是一支与现代化、社会化的生产方式相适应的兵员高度专业化的军队,是一支整体素质较高的质量效能型军队,是一支由志愿兵组成、兼顾后备的常备军队。⑤建立职业军队的方法包括,采用募兵制度精选兵员,军事训练引入竞争机制,采取多种措施加强军队的团队精神等。⑥职业军队的作战方式是在空军配合下,进行快速突击,深远迂回,同时利用其强大的震撼力瓦解敌军。⑦职业军队的指挥要贯彻快捷高效的思想,与之相适应,指挥员要有深厚的文化底蕴。指挥员的培养要注重创新能力的提高。

第一次世界大战后,随着武器装备的发展,作战方式也发生了重大变革,并进而对军队建设的各个方面提出了新的要求,这是戴高乐提出"建立职业军队"的直接动因,也是全书的主线。戴高乐"建立职业军队"的理论,深刻反映了军事运动的客观规律,对当时及战后各国军队建设产生了深远影响,尤其是当时的德国,其参谋部在一本论述机械化战争的机密手册中,竟原原本本地引用了《建立职业军队》一书的观点。

【点评】法国总统、将军戴高乐撰写。该书是作者为了维护法国的安全,针对当时法国最高当局采用消极防御的作战思想,保持一支规模庞大但效能低下的军队的弊端而写成的,于1934年出版;全书分为六章,分别为防卫需求、技术需求、政治需求、编制体制、作战运用、高层指挥。该书深刻反映了军事运动的客观规律,对当时及战后各国军队建设产生了深远影响。

二十二、"间接路线",战略创新——《战略论》

从 19 世纪下半叶到 20 世纪上半叶,是军事理论发生巨大变革的时代。在这一时期,由于科学技术的飞速发展,不仅带来了社会生产力的巨大进步,而且使武器装备的发展出现了一系列革命性的变化,一大批现代武器如飞机、军舰、坦克以至导弹、核武器先后投入战场,使得战争领域不断扩大,战争面貌大为改观。这就促使人们从更高的层次和更广阔的背景上去思考战略问题,从而导致了以使用新式武器为基础的战略理论的相继问世。其中影响较大的有马汉的"海权论"、施利芬的"速决和歼灭战略"、杜黑的"制空权理论"、富勒的"机械化战争论"、鲁登道夫的"总体战论"等。利德尔·哈特的"间接路线"战略思想,也是这一时期具有重要影响的战略理论流派之一。

利德尔·哈特祖籍英格兰,出生在法国巴黎。自少年时起,他就对军事历史、特别是对战术史产生了浓厚的兴趣。中国古代的精妙战争艺术,尤其是在东方国家享有"兵家万世师表"之誉的《孙子兵法》,使他格外仰慕。从那时起,他就立志"致力于战争研究"。18 岁时,利德尔·哈特考入剑桥大学。第一次世界大战爆发后,他终止学业,毅然入伍,随部队赴欧洲西线参加对德作战。在索姆河战役中,遭德军毒气杀伤。就医期间开始研究军事。战后,参与修订《英国步兵训练手册》,提出"洪水泛滥"式进攻战术,强调在进攻中坚决插入敌人阵地,以渗透性进攻扩大战果。20 年代出版《步兵战术学》等专著。1927 年因健康原因以陆军上尉军衔退役后,先后任伦敦《每日电讯报》军事记者、《泰晤士报》军事专栏评论员和《不列颠百科全书》军事编辑。1937 年任陆军大臣 L.霍尔一贝利沙的军事顾问,致力于军事改革,因与某些英军将领意见分歧而辞职。从此,专心从事军事理论、军事历史的研究和著述。著有 30 多部军事著作和大量论文。主要代表作是以论述"间接路线战略"为主要内容的《战略论》。该书 1929 年出版,原名《历史上的决定性战争》,1941 年增订本改名为《间接路线战略》,1954 年修订本改为《战略论》。中译本 1981 年由战士出版社出版。

在《战略论》中,利德尔·哈特通过对两千多年间西方战争史上的 30 场战争、280 多个战役的全面研究,发现其中只有 6 个战役是凭借直接路线而获得了决定性战果,而那些直接路线中仍不乏若干潜在的间接因素。所以他得出结论认为,间接路线实为最有希望和最经济的战略形式,"最完美的战略也就是那种不必经过严重战斗而能达到目的的战略","间接路线比直接路线优越得多"。由于他首先将"间接路线"引入战略领域并进行了深入的研究,所以他以为他的《战略论》是"最完美"的战略论。

为了全面论述间接路线战略,利德尔-哈特在《战略论》一书中明确提出要在"新的基础上面建立一座战略思想的'新大厦'"。利德尔·哈特所构造的战略思想新大厦,其内容是极为丰富的,涉及战略理论的各个方面。纵观全书,它所阐述的主要观点有:①战争的根本目的是获得巩固的和平,而不是追求绝对的胜利,战争的实行要用理智来控制;②战略是一种分配和运用军事工具以达到政治目的的艺术,一个成功的战略必须把目的与手段正确地协调起来;③战略的目的在于造成一种最有利的战略形势,即破坏敌人的稳定性,使之在心理上和物理上失去平衡,这样只要继之以会战,就一定可以获得决定性战果;④在战争中,使敌人丧失稳定性的最有效方法就是采取间接路线,主要是结合运用四种战略行动,即破坏敌人的部署、分割敌人的兵力、危害敌人的补给系统、威胁敌人的交通线;⑤作战指导要遵循8条原则,即根据手段来选择目标、时刻记住既定的目标、选择敌人期待性最小的行动路线、沿着抵抗力量最小的路线采取行动、选择可以同时威胁敌人几个目标的作战线、坟墓和部署要具有灵活性、不要全力进攻已有所戒备的敌人、进攻失利后不要再按照原来的路线和部署发动进攻。

利德尔·哈特指出,"间接路线"这种战略的目的,就是要使战斗行动尽量减少到最低限度,其主要原则,是避免正面强攻直撞的作战方式。在战略上,最漫长的迂回道路常常又是达到目的地的最短途径,因此,在战争和战役中,应避免同敌人作直接的硬拼,而要使用各种手段,力求出其不意地震撼敌人,使其受到奇袭,在物质上遭受损失,在精神上丧失平衡,然后再视情况实施进攻。他还指出,在大多数战争中,使敌人在心理上和物质上丧失平衡,常常是最后打败敌人的一个重要前提。

作者认为,在人类历史的发展过程中,保障优秀统帅夺取胜利的最有效的间接路线,大致有以下几种:一是避免采取断然的行动,避免进行坚决的会战,等待敌人的失算,利用敌人的失算来促使他的失败,而使自己不必花费最大的力量,不致遭受重大的牺牲;二是不要从正面进行突击,如果达到突然性的因素不能获得保证的话,而要从期待性最小的方向实施进攻;三是承认战区范围内机动具有决定性的意义;四是突击敌军的接合部和薄弱地段,攻击其基地、交通线和政治经济中心,进行海上封锁;五是采取政治措施,以破坏敌人后方的稳定性,涣散敌人的士气和纪律,散布虚假情报迷惑蒙蔽敌人,运用军事计谋;六是使用新的武器装备。据作者考证,历史上许多具有决定意义的战争和战役,差不多都是采取这种间接接敌方法取胜的。

《战略论》中所阐发的理论观点,对于第二次世界大战前后整个西方世界的军事思想和战争实践产生了重大的影响。第二次世界大战时期许多声名显赫的欧美名将,都公开宣布自己是利德尔·哈特的信徒,并引以为荣。巴顿曾说过:"我长期从利德尔·哈特著作中汲取营养,受益匪浅"。隆美尔曾说,"如果英国在战前就重视利德尔·哈特所揭示的现代战争理论,那它就不至于遭到如此多的失败"。以色列前参谋长亚丁自称是利德尔·哈特的学生,他认为,像以色列这样一个与周边众多阿拉伯国家抗争的小国,之所以每每获胜,究其原因是采用了"间接战略"。英国军队在北非战场上击败了由"沙漠之狐"隆美尔指挥的德国——意大利轴心国联军之后,前线将领甚至特意向利德尔·哈特写信致谢,把北非战局的胜利归功于他的理论指导。

《战略论》在现代的资产阶级军事科学中占有一定地位,曾被广为翻译出版,一直受到西方军界的重视。一些著名将领把它奉为经典,西方国家还把《战略论》一书列为必读的军事名著和教科书。

总的来看,利德尔·哈特的间接路线理论主要是对西方的战争经验,特别是英国军事传统的总结,也在一定程度上反映了带有普遍性的战争规律。但他将间接路线推崇为至高无上甚至唯一的战争法则,以"间接路线"完全否定"直接路线",这又是简单机械的。

【点评】英国军事理论家利德尔·哈特的主要代表作,以论述"间接路线战略"为主要内容。在现代的资产阶级军事科学中占有一定地位,曾被广为翻译出版。一直受到西方军界的重视。全书22章.约38万字。分为从公元前5世纪到公元20世纪这段历史中的战略、第一次世界大战的战略、第二次世界大战的战略、军事战略和大战略的基础等四编,包括历史是实际经验、希腊时代的战争、罗马时代的战争、中世纪的战争、十七世纪的战争、十八世纪的战争、法国革命与拿破仑·波拿巴、二十五个世纪以来的结论、一九一四年的西战场、一九一八年的战略、希特勒的战略、希特勒的败亡、战略的理论、战略和战术的实质、国家目的与军事目标、大战略等22章,另有一个前言和三篇附录。

二十三、军事宝库,重要文献——《斯大林军事文集》

斯大林重要军事著作的中译文集。中国人民解放军军事科学院编辑,战士出版社1981年7月出版。文集共收入著作93篇,编为1卷,约38万字。收入文集的著作大部分为全文,少量为节录,按写作或发表时间顺序编排,卷末附有注释和人名索引等。

文集收录了俄国1905年革命至1917年俄国十月社会主义革命时期斯大林发表的著作共8篇。其中代表性的著作有《武装起义和我们的策略》《两次搏斗》《论俄国革命胜利的条件》等。主要阐发了无产阶级政党应成为起义的领袖,注意加强武装工作和组织红色队伍,按照统一计划组织武装起义,并在起义中采取进攻策略等理论观点。

文集收录了苏俄内战和外国武装干涉时期,以及和平建设时期斯大林发表的著作35篇。其中代表性的著作有《关于建立共和国的战斗预备队》《论俄国共产党人的战略和策略问题》《在党的第十八次代表大会上关于联共(布)中央工作的总结报告》等。主要阐发了必须建立一支正规军,加强国防建设,战略和策略,现代战争根源等理论观点。

文集收录了苏德战争时期斯大林发表的著作41篇。其中代表性的著作有《广播演说》《国防人民委员命令》(第五十五号)、《伟大的十月社会主义革命二十七周年》等。主要对第二次世界大战的形势,夺取战略主动权,适时转入战略反攻和进攻,争取战略同盟军,决定战争命运的主要因素等进行了分析和论述。

文集收录了第二次世界大战结束后斯大林发表的著作9篇。其中代表性的著作有《在莫斯科市斯大林选区选举前的选民大会上的演说》《给拉辛同志的复信》《苏联社会主义经济问题》等。主要对第二次世界大战的根源和性质,苏联在卫国战争中获胜的原因,第二次世界大战结束后的形势,总结战争经验,发展苏联的军事科学等问题进行了分析和论述。

《斯大林军事文集》较充分地反映了斯大林关于战争观、无产阶级军队建设、社会主义国防建设、战略战术以及作战指导等方面的理论,内容丰富,具有较高的理论价值,是无产阶级军事理论宝库中的重要文献。其基本思想主要体现在以下几个方面:

(1)马克思主义战争观

斯大林全面继承和发展了马克思主义的战争观,并根据列宁对帝国主义战争的有关论断与科学分析,进一步阐述了现代战争的深刻根源,提出了制约战争的基本因素,揭示了现代战争的某些规律。

①帝国主义争夺世界霸权是现代战争根源。斯大林认为,现代战争根源于帝国主义争夺世界霸权,首先是由帝国主义时期发展不平衡的规律决定的。他认为,在整个帝国主义时期,各个帝国主义国家的发展是不平衡的,"一些国家通过跳跃式的发展超过另一些国家,一些国家很快地被另一些国家从世界市场上排挤出去,以军事冲突和战争灾祸的方式周期性地重新瓜分已被瓜分的世界。"在对帝国主义时期历史发展的实际情况进行考察的基础上,他明确指出:"帝国主义时期发展的不平衡是在加强和加剧起来",帝国主义阵营内的冲突是不可避免的,这种冲突"是不可能用和平方式解决的",必然发展成为军事冲突而爆发战争。其次,斯大林认为,帝国主义争夺世界霸权,必然使帝国主义的各种矛盾尖锐化,从而导致帝国主义战争和民族解放战争。这些矛盾,斯大林概括为:"各主要帝国主义国家之间的矛盾";"帝国主义国家同殖民地和附属国之间的矛盾";帝国主义国家同社会主义国家之间的矛盾;"资本主义国家资产阶级和无产阶级之间的矛盾"。斯大林认为,上面提到的前三种矛盾"必然会引起一个基本的危险——新的帝国主义战争和干涉的危险"。

②暴力革命是完成社会制度更替的必需手段。斯大林十分明确提出:"一种社会制度被另一种社会制度所替代的过程,在共产党人看来,并不简单地是自发的和平的过程,而是复杂的、长期的和暴力的过程"。他认为旧的社会制度不会自行崩溃,旧的阶级力量也不会自行退出历史舞台,必须采取革命的暴力的方式来实现。同时他还指出,暴力革命必须具备一定的客观条件才能顺利实现,这种客观条件就是:必须有党的坚强领导;必须有足够的武装力量;必须实施严密的组织指挥;必须采取坚决的进攻政策。在这些客观条件已经具备的条件下,进行革命还需要付出一定的代价才能获得成功。

③综合的战争致胜观。斯大林认为,决定战争命运的基本因素主要有经济、政治、军事和主观指导等方面。他在1942年2月23日发布的命令中指出:"现代战争的命运不会由突然性这种偶然因素来决定,而是由那些经常起作用的因素——后方的巩固性,军队的士气,师的数量和质量,军队的装备,军队指挥人员的组织能力来决定。"关于经济,他指出:"除了我国军队的无比英勇精神以外,还必须有完全现代化并且数量充足的武装,有很好的而且也是数量充足的供给。"关于政治因素,他强调:"不能把战争问题同政治问题分开","战争是政治的表现"。关于军事和主观指导方面的因素,他认为:"军事在不断地、迅速地发展着。红军应当不仅跟上军事的发展,而且推动它前进"。"人才,干部是世界上所有宝贵的资本中最宝贵最有决定意义的资本。……'干部决定一切。'"

(2)无产阶级的建军学说

斯大林和列宁一起创立了世界上第一支无产阶级的军队,但由于列宁逝世过早,系统地创立无产阶级军队的建军思想,是斯大林在指导苏维埃红军逐步建设成为一支强大的现代化、正规化的革命军队的军事实践中完成的。

①重视军队的政治领导。斯大林认为,政治觉悟和纪律是军队的力量源泉,政治素质是军队战斗力的思想基础。鉴于此,他明确提出要把红军建设成为"一支充满纪律精神、又组织得很好的政治部、并且一接到命令就能奋起杀敌的正规军"。他认为,军队必须具有三个基本特征:一是"解放了的工农的军队""无产阶级专政的军队";二是"巩固我国各民族间兄弟关系的军队""解放各国被压迫民族的军队""保卫我国各民族自由和独立的军队";三是培养、巩固和充满国际主义精神的军队。这三个特征集中体现和高度概括了无产阶级军队的政治性、阶级性和革命性。除此之外,斯大林还注意以采取颁发各种勋章、奖章和授予英雄称号等手段鼓励部队,提高部队战斗力;建立政治工作机构,后来成为政治部制度,设立政治委员等措施,有力地保证了部队政治工作的开展,使部队的政治工作逐步走向普遍化、经常化、制度化。

②强调按实战需要进行军事训练。针对如何进行军事训练,斯大林在总结红军建设和作战实践经验的基础上,提出了"战争中需要什么,军队就训练什么"的重要指导原则。不仅为苏联红军的训练指明了方向,而且也为马克思列宁主义的建军学说补充了一项极为重要的内容。卫国战争开始后,斯大林鉴于红军缺少实战锻炼,缺乏丰富作战经验的情况,要求部队及时总结积累实战经验,并结合实战经验加紧训练部队。他说,要经常地、深入地研究卫国战争的经验并迅速地在军队中推广这种经验。

③重视武器装备对战斗力的作用:斯大林认为,军队的战斗力不仅仅取决于人员本身的能力素质,还在于武器装备及其他必备物资的数量、质量和供应,他指出:"军队没有现代化的武器,是不能作战和胜利的"。并强调,"红军拥有头等的武器装备,这是它的战斗实力的基础"。同时,他还强调在提高现代化武器装备水平时,加强各兵种、军种建设,使人与武器完善并协调地发展,共同致力于部队战斗力的提高。

(3)灵活的战略战术思想

斯大林指出,战略不是一成不变的,是随着历史的变动而改变的。战略的任务是规定基本打击方向。关于战略与策略二者之间的关系,斯大林认为策略是战略的一部分,它服从并服务于战略;评价策略作用与效果,不应着眼于它本身和它的直接效果,而应着眼于战略的任务和可能性。

①战略的任务是规定基本打击方向。关于战略的基本任务,斯大林明确而肯定地说:战略的任务是正确地规定基本打击方向,"规定无产阶级革命运动应当遵循的总的道路,总的方向"。关于如何正确规定基本打击方向,斯大林曾指出:"要在每个一定的时机找出事变过程中的特殊环节,抓住了这个环节,就能掌握整个链条,为取得战略胜利准备条件。"他认为,这个"特殊环节"就是基本的打击方向。斯大林还认为,科学规定基本的打击方向,必须客观地全面地考察敌我双方的政治、经济、军事、地理、民情等等各方面的情况,进行综合分析,权衡利弊,择优而从。

②策略和战术服从于战略。斯大林认为,战略问题的解决,"预先决定整个战

争十分之九的命运",战略的任务,就是从全局上正确地指导战争,规定各次战役、战斗的性质,并制定相应的策略和战术。因此,他把战略看作是军事学术中最高层次的东西,看作是决定战役原则、战术原则的一个最高范畴。他说:"策略是战略的一部分,它是服从于战略,服务于战略的";"策略最重要的任务是规定最适合于某一时期具体情况的并能最有把握地准备战略胜利的斗争方法和手段,斗争形式和方式。"关于战略和策略的关系,斯大林从三个方面做了分析:第一,策略的胜利有时可以促成战略任务的完成。第二,策略胜利的直接效果十分辉煌,但这种胜利和战略的可能性不相适应,因而会造成了对整个战局有致命危险的"意外"局势。第三,不得不放弃策略胜利,有意识地承受策略劣势和失败,以便保证以后取得战略优势。

③主张组织和实施战略性战役。组织和实施一系列战略性战役,是斯大林军事战略思想的重要组成部分。斯大林认为,在强大的敌人面前,只靠零敲碎打,小部突击是不能从根本上解决问题的,必须集中兵力兵器发动一系列带有战略性的战役才能战胜敌人。1943年2月23日,斯大林在其命令中指出:"红军统帅部不只是从敌人手中解放苏联国土,而且通过实施堪称军事学术典范的围歼敌军的重大战役而不让敌人活着逃出我们的国土。"在战略防御性战役中,斯大林强调建立宽正面、全纵深的梯次防御,以反冲击和反突击来打乱敌人的进攻,配备和正确使用战略预备队,力求稳定局势,并适时地转人反攻和进攻。在战略性进攻战役中,斯大林认为,必须正确选择主要突击方向,集中压倒敌人的优势兵力兵器,采取一翼突破或两翼突破的方法,向纵深发展或向心突击,建立对外正面和对内正面,对敌实施围歼。

④重视灵活用兵。灵活用兵,是斯大林坚持的一个基本的军事原则。他一向主张实行灵活机动的战术,反对墨守成规和拘泥于一般的原则。另外,斯大林还非常注重提高指挥员的指挥艺术,要求指挥员在组织战役战斗过程中,一旦情况与战前的预想不一致时,计划和战术也要随之变化。

⑤主张通过积极防御赢得优势。在强敌面前,斯大林一向是主张积极防御的。在俄国两次大革命时期,斯大林和列宁一起,创造武装起义的各项必备条件,然后"从武装斗争的防御形式过渡到进攻形式"。他坚决反对不经过积极防御阶段,在不具备武装起义胜利的条件下轻率地发动起义。谈到实行积极防御的必要性时,斯大林援引列宁的话说:"不学会正确的进攻和正确的退却,就不能取得胜利",并说积极防御的目的"就是要赢得时间,瓦解敌人,养精蓄锐,以便后来转为进攻"。

(4)社会主义国防建设思想

斯大林认为,苏联由于时刻面临帝国主义国家政治攻伐和军事入侵的危险,加上经济落后,为积极应对外来威胁,就应该以发展经济为基础,迅速、全面地加强国防建设。

①推迟战争、积极备战的"慎战"思想。苏联建国后,其建设事业的成败取决于帝国主义国家发动战争时间的早晚。面对国内薄弱的经济基础,斯大林认为,苏联重要战略任务之一是尽量推迟战争发生的时间,以便积累同帝国主义国家作战的强大物质基础。为此,要尽量利用帝国主义阵营内部的矛盾,推迟战争,采取一切办法保持同帝国主义国家暂时的和平关系。同时,为了赢得足够的经济建设、国

防建设时间,在对外关系上尽量保持谨慎的态度,不让战争的灾难轻易地落到苏联的头上。同时,斯大林主张,苏联争取和平的国际环境必须依靠自己日益增长的经济、政治和文化实力;苏维埃社会在道义上和政治上的一致;苏联境内各族人民的团结;属于苏联人民自己的强大的红军和所奉行的和平的政策;国际上维护和平的各国劳动者在道义上的支持以及帝国主义内部一些不愿破坏和平的国家和人民的态度。

②优先发展国防经济。斯大林认为,苏联的和平时间是短暂的,经济力量是进行反侵略的基础。面对时刻存在的帝国主义战争的威胁,必须实行国防经济建设为先的经济建设策略,优先发展重工业和军事工业,尽快建立国防经济基础。为了在未来反侵略战争中立于不败之地,斯大林克服种种阻力,高速度地实现了国家工业化和农业集体化,采取了优先发展重工业,降低轻工业和消费品生产的措施,这样虽然给人民生活带来了损失,也产生了一些弊病,但历史最终证明,没有这些强而有力的措施,就不可能在短时间内创立强大的军事经济基础。另外,他还认为,必须迅速地发展国民经济,创造一切技术上和经济上的必要前提来最大限度地提高国防力量。同时,斯大林还积极寻求与西方资本主义国家建立各种形式的经济合作,引进先进技术和设备,加强国防建设。

③致力于建设巩固的后方。斯大林认为,后方的巩固是决定战争命运的经常起作用的因素之一,没有稳固的、不断提供各种人力物力支援的战略后方,任何一支军队都不可能将战争顺利进行,更谈不上能够取得战争的胜利。苏联要建立巩固的后方,就要巩固社会主义制度,增强各族人民的友谊,教育人民和军队提高警惕性并坚定保卫社会主义祖国的意志,运用无产阶级专政惩办敌对分子,同时还要开发苏联广阔的并且资源丰富的东部地区,建设战略后方基地。

④加强常备军建设和全民国防教育。斯大林非常重视武装力量在夺取、巩固政权的激烈斗争中所起的作用。他强调指出,要使全党和全国人民像爱护眼睛一样爱护武装力量和国防力量,切实加强常备军建设。坚决克服在常备军建设问题上的取消主义情绪,坚定不移地满足军事部门的要求,改进军队供给,改进武器装备,加强军队训练,不断提高部队战斗力,以保卫社会主义建设成果免受外来侵犯。同时,他还强调要使全党认识到巩固国防的事业是全体劳动人民的事业,要使全体人民在帝国主义武装进攻面前做好动员准备,切实加强对全民的国防教育。他认为,民众因素是从事军事活动、支持战争的根本力量,明确提出,决定战争命运的归根到底不是技术装备,而是正确的政策和千百万人民群众的同情和支持。

【点评】斯大林重要军事著作的中译文集。中国人民解放军军事科学院编辑,战士出版社 1981 年 7 月出版。文集共收入著作 93 篇,编为 1 卷,约 38 万字。收入文集的著作大部分为全文,少量为节录,按写作或发表的时间顺序编排,卷末附有注释和人名索引等。其中,收录俄国 1905 年革命至 1917 年俄国十月社会主义革命时期斯大林发表的著作共 8 篇;收录苏俄内战和外国武装干涉时期,以及和平建设时期斯大林发表的著作 35 篇;收录苏德战争时期斯大林发表的著作 41 篇;收录第二次世界大战结束后斯大林发表的著作 9 篇。文集较充分地反映了斯大林关于战争观、军队建设、国防建设、战略战术以及作战指导等方面的理论,内容丰富,具有较高的理论价值,是无产阶级军事理论宝库中的重要文献。

二十四、灵活反应，快速机动——《音调不定的号角》

　　《音调不定的号角》是美国"灵活反应战略"的创始人马克斯威尔·泰勒的代表作。原书1960年由美国纽约哈珀兄弟出版公司出版。书名源自圣经上的一句话："若吹不定的号声，谁能准备打仗呢?"该书的主旨是抨击艾森豪威尔政府奉行的"大规模报复"战略，指出美国国防体制的弊端，并提出"灵活反应"的战略主张。

　　泰勒于1910年8月26日生于密苏里州的基特斯维尔。曾先后毕业于西点军校和陆军军事学院。1937年任美国驻华副武官。1942年任步兵第82师(后改为空降师)参谋长。这是一个美国陆军组建最早、训练有素，经验最为丰富的空降师，能到这个师里担任参谋长的人，都是被美军重点挑选的重点人才。1943年5月，根据战争的需要，这支王牌部队被从美国本土调往摩洛哥的卡萨布兰卡，6月底进驻突尼斯。泰勒以冷静的头脑和准确的方案保证了第82空降师在西西里岛登陆战役和萨莱诺登陆战役的胜利。在意大利南部战役、意大利中部战役中该师表现也相当出色。1944年泰勒在临危之时被任命为空降兵第101师师长，率部参加过西西里岛登陆战役、诺曼底登陆战役、"市场——花园"战役和阿登战役，泰勒与他组织指挥的空降兵第82师、第101师一样因战绩卓著在美国亨有崇高声誉。很多美国官兵称他为"飞天泰勒"。

　　战后，泰勒于1945年被任命为西点军校校长。在这期间，他虽然已是一位既具有丰富的作战经验，又具有扎实的理论造诣的军事理论家，但他并没有因此而放松学习和研究，他工作作风扎实，治校严肃认真，注重军事理论的研究和军事人才的选拔使用。泰勒发起组建了一个实力雄厚的军事战略理论科研组织，在泰勒的领导下，这个科研组织始终站在世界军事科学的前沿，对未来的军事战略进行深入研究，出了一大批理论成果。泰勒的"快速反应"军事战略理论也于此初始成形。

　　1949年，泰勒担任美国驻欧军队参谋长，1951年又任陆军副参谋长。1953年被任命为侵朝美国第8集团军司令，并晋升为上将。自1954年担任美国驻远东军队总司令起，他根据国际政治经济和军事斗争形势的发展及对未来的预测，为美国决策层提供了很多建设性意见，对调整美国的亚太战略起了很大作用。丰富的驻外军事工作经历，使泰勒对世界军事发展和未来战争的认识更加系统和全面，他的"灵活反应"和"特种作战"军事战略理论也在此期间得到了极大的丰富和发展。

　　1955~1959年，泰勒出任美陆军参谋长。在此期间，他集中精力对国际政治经济尤其是军事形势及发展态势作了战略的分析和宏观的研究，将他的研究成果和战略思想进行了系统的整理，出版了《音调不定的号角》一书，首次完整地提出了"灵活反应"这一新的战略理论，极力主张以"灵活反应"代替"大规模报复战略"。这一成果在当时引起了军事界的轰动，各路人士，褒贬不一，虽然一些颇有声望的军事理论专家对此进行了大力的赞誉和宣传。但在一些习惯了传统作战思路的将帅来说，他们采取了极度藐视的态度和极力反对的行为。在拉锯式的争论中，颇具战略眼光的当时的美国总统肯尼迪充分认识到了这一理论的战略价值。因而，于1961年任命泰勒为肯尼迪总统的军事顾问，并赋予他很大的权力负责策划"特种战争"的规划和实施。随着战后世界军事斗争形势的发展和局部战争的此起彼伏，手持霸权执杖的美国军队采取"灵活反应"和"快速机动"战略取得了一系列的胜利。泰勒的理论也逐渐被更多的人们所接受。1962年，泰勒又被任命为美军参谋长联席会议主席。1964～1980年任美国驻越南大使、总统特别顾问、国防分析研究所所长等职。

泰勒的军事战略理论，对美国的战略调整一直起着基础性的指导作用。据有关战略问题专家分析，美军之所以能迅速超越世界各老牌军事强国而成为今日的世界军事霸主，一个重要原因，就是由于他们尽早地接受了泰勒的新的军事战略理论，在其他军事强国尚未认识到灵活反应和快速机动理论的价值的时候，美军已经开始了这项战略工程，美军逐步建立起了"灵活反应""快速机动"的军队编制体制。而且从陆军到海军、空军，都走上了快速机动和灵活反应的轨道。尤其是近年来美军特种部队的建设，几乎完全是按照泰勒的设想展开的。在其后的对巴拿马作战，袭击利比亚，海湾战争、科索沃战争中，都以美军的灵活反应和迅速机动性的胜利而印证了泰勒的战略理论的正确。

《音调不定的号角》全书共9章，前4章主要是批评艾森豪威尔政府奉行的"大规模报复"战略。作者指出，大规模报复政策来源于意大利杜黑将军的空权论和美空军的战略轰炸决胜思想。这种政策在1953年为艾森豪威尔政府正式接受后，立即引起三军内部的争论。空军在当时的国防部长和参谋长联席会议的支持下，竭力主张贯彻此种政策：认为美国只要在"战略打击能力方面，经常远远超过苏联"，就不仅可以"遏制大战的爆发"，而且由于苏联害怕因局部战争而导致世界大战，也可以"遏制小战的爆发"。因此，空军主张大力发展战略空军，削减常规部队。以泰勒为首的陆军认为，战略轰炸调查局的报告说明，第二次世界大战期间对德国军火工业的轰炸并不是"赢得胜利的决定因素"；朝鲜战争再次证明，"地面战线的变化是衡量战争胜负的标准"。而且自大规模报复政策被正式接受以来，世界形势已经发生了变化，"相互威慑时期"已经出现＝目前最可能发生的冲突，首先是"冷战"，其次是"大战以外的军事冲突"，最后才是"大战"。因此，"原子威慑力量已经变成击退敌人原子攻击威胁的盾牌"，"只起消极作用"；而"进行有限战争的部队则是一把用来进行刺杀和攻击的灵活的宝剑"，"是积极的因素"。根据这一论点，作者主张采取"全面的灵活反应的战略"；反对"短暂战争"的思想，主张在使原子报复力量现代化的同时，加强进行有限战争的能力；主张各军种、特别是陆战队，能在有限战争中起一定作用，但不能代替陆军；主张建立实施有限战争的统一的司令部；建立足够的战略空运和海运力量；反对"美国堡垒"思想，主张保持海外驻军和通过军援加强"主要盟国"的地面部队。

在第5～7章中，作者着重指出了美国国防体制存在的缺点。他认为，规定国防方针的"基本的国家安全政策"是一份"内容广泛、措辞笼统"的文件，可以做许多不同的解释，而参谋长联席会议的内容又一直未能就这样一些基本问题做出决定：①"大规模报复"和"灵活反应"战略的冲突；②对原子武器的依靠程度；③大战和有限战争的定义；④各种"专职部队"的编成和数量。

在最后两章中，作者归纳了前7章中的论点，根据他对当时形势的看法，提出了美国应当采取的战略方针以及据此而来的建设武装部队的方向。他说，目前已经出现了一些新的因素:一是美国"已经丧失了在许多武器方面所具有的对苏联的技术优势","导弹差距"已经出现;二是在"整个或大部分导弹差距时期",美国"没有有效的导弹防御";三是在常规部队方面也处于劣势;四是美国不能"继续信赖遏制大战的能力",而必须作好在大战中求生的准备。为了适应这种形势的变化,他要求采取如下"应急措施":一是改进有限战争的计划和措施;二是充分利用中程弹道导弹;三是改善对战略空军司令部的保护;四是有限度的防微粒掩蔽部计划。总之,泰勒认为,在相互威慑时代,"大规模报复政策已经走进了死胡同"。因此,他反对片面发展空军和过分依靠原子武器,主张三军平衡发展,鼓吹在准备原子大战的同时,强调打有限战争,也即以所谓的"灵活反应的战略"代替"大规模报复政策"。这些战略主张为肯尼迪所重视和采纳,成为美国军事战略的主要趋势。

综上所述,该书的主要观点是:①在"相互威慑"的时代,"大规模报复"战略必须被"灵活反应"战略所取代;②应区分战争样式,重点是打赢有限战争;③必须根据进行有限战争的需要确定武装部队的建设方向;④应采用适应"灵活反应"战略的新的国家军事计划。

《音调不定的号角》虽然已经出版近30年的时间,美国军政首脑1971年已宣称"灵活反应战略"已为新的"现实遏制(威慑)"战略所取代,但它的基本原则则并未过时,而且从冷战结束后的美国军事发展战略中,我们仍然能够看到它的影子。这部著作,对于我们研究美国军事战略思想有一定的帮助。

【点评】美国陆军上将泰勒的代表作。该书的主旨是抨击艾森豪威尔政府奉行的"大规模报复"战略,指出美国国防体制的弊端,并提出"灵活反应"的战略主张。全书共9章,前4章主要是批评艾森豪威尔政府奉行的"大规模报复"战略;第5~7章中,作者着重指出了美国国防体制存在的缺点;最后两章,提出了美国应当采取的战略方针以及据此而来的建设武装部队的方向。该书的内容和观点,对20世纪60年代以来美军军事思想特别是有限战争理论的形成和发展,有着重大影响。

二十五、战略创新,观点独特——《战略入门》

《战略入门》是现代西方军事界有关战略学的一部基础理论专著。作者安德烈·博弗尔(1902—1975)是法国著名军事理论家,曾任法国陆军上将。他1921年入法国圣西尔军校,结识了当时任教官的戴高乐。后又就学于政治学院和军事学院。1935年在法国陆军参谋部工作。第二次世界大战末期,任"自由法国"第1集团军作战处长。战后,历任法国第2摩托化步兵师师长、赴苏伊士作战的法军地面部队总指挥、驻德法军副司令、欧洲盟军最高司令部主管行政和后勤的副参谋长、北约驻华盛顿常设小组法国首席代表。1961年退出现役后,专门从事战略研究。著有《战略入门》(1963)、《1940年法国的陷落》(1965)、《北约与欧洲》(1966)、《1920~1940~1945年回忆录》(1969)、《历史的本质》(1974)等。多数著作有英译本,在西方有一定影响。他的战略观点集中体现在《战略入门》一书中。该书由英国军事理论家利德尔·哈特作序。中译本1989年由军事科学出版社出版。

《战略入门》全书共5章,约8万字,各章分别为"战略概述""传统军事战略""核战略""间接战略"和"总结论"。

本书的第1章主要阐述了战略的定义、目的、手段、样式、分类、原则与应用。主要观点是:①利德尔·哈特1929年给战略下的定义太局限于军事,战略的定义应是:"两个对立意志使用力量解决其争执时所用的辩证法艺术。"②战略的目的是"对于所能动用的资源作最好的利用,以达到政策所拟定的目标"。③战略的手段"包括从核轰炸到宣传鼓动或贸易协定这个范围的所有物质和精神手段"。④战略的样式依据双方所能运用的相对资源及目标的重要程度可分为"直接威胁""间接压迫""蚕食""长期斗争"和"军事胜利"这5种。⑤战略的类型可分为"总体战略""全面战略"和"分支战略"。⑥战略的原则可简化为:"必须合理地节约兵力,才能获得行动自由,然后才能达到决定点。"⑦战略的样式可分为两种,一是直接战略与间接战略,其中"直接威胁"和"军事胜利"属于直接战略。其基本思想是军事力量为主要武器,实现胜利或威慑靠军事力量的使用或维持。"间接压迫"和"长期斗争"属于间接战略。其基本思想是,不直接利用军事力量之间的冲突,而只用不太直接的方法来决定斗争的胜负:"蚕食"既可归入直接战略,也可归入间接战略。在核时代,由于直接战略可能引起的全面战争将会导致相互毁灭,所以间接战略越来越受人重视。

第2章着重阐述了传统军事战略,尤其是陆战战略的演进情况。他指出:从本质上说,会战的战略是简单的。其所以会变得复杂起来,是因为其工具是人而不是机器,尽管有时人也许是为机器服务的。一支军队就是一群有组织的人,而维系其内在团结的因素是纪律和相信任。所以与一切以物质因素为基础的计划不同,会战的艺术更多地强调维持和加强我方部队的心理团结,同时破坏敌人的心理团结。陆上战略的目的是瓦解敌人的组织,所以它凭借计划和谋略来实现决定。空中战略则纯粹以物质性的毁灭为目的,所以在很大程度上以工业潜力作为计算的基础。在我们对于现代战争的思考中,这两个观念既互相冲突,又互相结合。

第3章重点探讨了核战略,其中包括核战略的演进情况。他说,在核时代,武力的使用通常只限于两种不同类型的战争:一是在要害地区内,行动可能只限于速战速决的形式,其目的是首先造成一个既成事实,然后立即继之以谈判。二是在外围地区内,斗争则可能采取长期消耗的形式,紧张程度较低,并采取常规作战或游击战的方法。随着核威慑战略的发展,有行动自由、可在其中使用部队的区域越来越小。为了相互威慑,已经消耗了国家很大一部分精力和资源,所以今后实际的、公开的冲突将只会限于范围非常有节制的外围行动。这种外围行动的目的,也许就是让一方能估量一方的资源储备和士气。所以即使战争爆发,也应该有良好的机会,使战争控制在有限范围内,并能取胜。

第4章专门探讨了间接战略。其主要观点是:所谓间接战略,就是使用军事胜利以外的方式取得某一结果,在一种"非常特殊的幌子"下实现行动自由。当今,核武器的威慑作用使我们在有限的范围内获得了行动自由。间接战略可以最好地利用这个范围。在间接战略中,第一件事是确定行动自由的范围有多大,然后维持甚至扩大这个范围,同时尽量缩小敌人的行动自由。实现行动自由主要依靠在有争议的地理区域外的行动,即"外部动作";而不依靠这个地区内的军事行动。下一步是制定在希望达到一定结果的地理区域内的行动方案,即"内部动作"。行动方式主要包括"蚕食法"和"腐蚀法"。与此同时,还要采取一定的对策,对付敌人的"外部动作"和"内部动作"。他指出,尽管间接战略在外表上具有一种特殊的色彩,但间接战略并不是特殊形式的战略,而且也并未和直接战略完全分家。其主要的概念,还是像所有的战略一样,就是行动自由,唯一不同的是获得这种自由的方法。要想获得行动自由,则必须发挥主动性并注意安全。间接战略之所以有这样的不同点因为行动自由范围(也就是安全的极限)决定于这个冲突地区之外的行动,而不是该地区之内的行动。这是其最大的特征,也正是这一特征赋予它以间接的性质。他指出:武力本身并无善恶之分。它是善是恶,要看为什么原因使用它而定,换句话说,要看政策本身是因善还是因恶而定。在人类的历史上,武力在斗争中一向都居于重要的地位。这个客观事实是回避不了的。

在最后的总结论中,安德烈·博弗尔更加明确地阐明了自己的思想观点与主张。他说,我主张水平划分:画一条横线,把政策放在线的上面,把总体战略放在线的下面。这样可以正确地区分不同层次的责任,同时每个层次所包含的思想方法就都可以看成一个统一体。不过在政策这个层次之下,当然还有各种不同层次的战略,它们构成一座完整的金字塔:顶点是总体战略,其任务是协调每一个领域的全面战略;而这些全面战略又负责协调在其领域内的作战战略。在整个战略金字塔下面才是战术和技术。军事战略仅仅是全面战略中的一种形式而已。战略如同音乐一样,可以按两种不同的调式演奏。大调式就是直接战略,其中兵力是主要因素。小调式就是间接战略,其中兵力退居幕后,取而代之的是心理与计划。自然,任何战略都可以使用这两种不同的调式,而在音阶上加以变化,结果就形成了许多战略的"样式"。在书的最后,安德烈·博弗尔强调:运用战略和下棋不同,战略的棋子并无永久的、固定的价值。战略倒是很像烹调之道,必须把各种不同的配料混合一起,才能做出菜来,配料是根据菜的不同而经常改变的。战争必须使用物质力量,其能力由那个时代中可能利用的物质装备来决定;它同时又使用精神力量,而精神力量是与统治当时文明的思想分不开的。因此,战略必然是一个连续不断的有创造性的思想过程。其基础是一些假定,而这些假定究竟是正确的还是错误的,则又必须等到实际行动时才能知道。在这样一个思想过程中,任何判断的错误,必将收到失败的苦果。这就是战略运用的巨大困难所在,在我们这个迅速演进的时代尤其是如此。

该书虽然名曰"战略入门",实际上着重阐述了总体战略思想,并提出了许多独特的观点。利德尔·哈特评价说:"事实上,他(博弗尔)的书是迄今所出版的一本内容最丰富、写得最严谨的战略专著,在许多方面都超过了过去的任何著作。这本书可能成为这门学问方面最优秀的一本教科书","读懂了《战略入门》,你不仅可以在战略领域'入门',还可能成为一个战略理论家"。

【点评】法国陆军上将、著名军事理论家安德烈·博弗尔著。全书共5章,约8万字,各章分别为"战略概述""传统军事战略""核战略""间接战略"和"总结论"。该书着重阐述了总体战略思想,并提出了许多独特的观点,是西方研究战略问题的重要著作之一。

二十六、推崇武器，核弹制胜——《军事战略》

《军事战略》由苏联著名的军事家索科洛夫斯基元帅主编，15名将校级军官集体编写。该书于1962年由苏联国防部军事出版社出版，1963年修订再版，1968年出版增订第3版。1963年中国人民解放军军事科学院出版了第1个中译本，1965年世界知识出版社根据俄文第2版出版了第2个中译本，1980战士出版社根据俄文第3版出版了第3个中译本。

该书主编索科洛夫斯基1897年出生于沙皇俄国的格罗德诺省（今波兰比亚韦斯托克）。1918年加入苏军，毕业于工农红军军事学院和高级速成班。国内战争时期，随东方面军、南方面军和高加索方面军参加作战，历任连长、团长、旅长、师长。1938年4月任莫斯科军区参谋长。1941年2月任副总参谋长。卫国战争时期，历任西方面军参谋长，西方面军司令，乌克兰第一方面军参谋长、白俄罗斯第一方面军副司令。1943年初指挥西方面军部队，与加里宁方面军协同，胜利进行了肃清勒热夫—维亚济马希特勒匪徒基地的战役。1943年夏又率部参加了奥廖尔战役和斯摩棱斯克战役，突破了敌人的强大防御，后参加了维斯河—奥得河和柏林诸战役的准备和实施工作。因在柏林战役中指挥有方，被授予苏联英雄称号。战后索科洛夫斯基曾任前苏军驻德军队集群副总司令，1946年3月起任总司令。1960~1968年任苏联国防部总监组总监。

1953年斯大林逝世后，苏联加速发展火箭核武器。1954年核武器开始装备部队，1957年成功发射洲际弹道导弹，1960年建立战略火箭军。60年代初，苏军基本形成较完整的火箭核战略理论。索科洛夫斯基正是在这种背景下主编了《军事战略》一书。

该书第1章"绪论"，重点阐述了战略学概论，战略与政治，战略与经济，战略与

索科洛夫斯基

精神政治因素、战略与军事学说，资产阶级战略学的阶级本质和苏联战略学的阶级本质等问题。第2章"帝国主义国家的战略及其对新战争的准备"，重点论述了两次世界大战期间各主要帝国主义国家的战略，美国和北大西洋公约组织现代的战略，以及帝国主义国家对新战争的准备状况和主要方向。第3章"苏联军事战略学的发展"，重点阐述了国内战争和外国武装干涉时期的苏联军事战略学，苏联和平时期战略学理论的状况，以及卫国战争时期的苏联军事战略学。第4章"现代战争的性质"，重点论述了现代战争及其产生的条件和原因，现代武器及其对战争性质的影响，未来世界大战的战略特点。第5章"军队的建设问题"，重点论述了军队建

设的决定因素和基本方向。第6章"作战方法",重点阐述了以往战争的作战方法,帝国主义国家的战略计划及其可能采取的发动新战争的方法,并对战略行动进行了分类:①火箭核突击,目的是破坏和消灭敌国军事经济潜力、国家机关和军事领导机关、战略核武器和敌军主要集团。②陆战场的军事行动,目的是彻底消灭敌军。③保卫国家后方和军队免遭核突击。④海战场的军事行动,目的在于消灭敌海军。第7章"国家对反侵略的准备",重点从军队、国家经济、居民、民防等方面论述了国家对反侵略的准备。第8章"军队的领导",重点阐述了各主要资本主义国家、苏联武装力量的军队领导问题,论述了统帅在领导军队中的作用。

可以说,读懂了《军事战略》,就基本上了解了苏联的"火箭核战略"。但该书反映的20世纪60年代的苏联军事战略具有很大的片面性。例如,强调未来战争必然是火箭核大战,否定有限战争和常规战争;强调战略进攻,否定战略防御;强调火箭核突击,贬低诸军种协同作战;主张争夺火箭核优势,贬低常规军备等。

【点评】苏联著名的军事家索科洛夫斯基元帅主编,15名将校级军官集体编写。全书8章,中心思想是强调未来世界大战必然具有火箭核战争性质,使用的主要武器将是核武器及其授射工具火箭,火箭核武器将决定军队建设和作战方法的发展方向。该书系统地论述了苏联各个历史时期的军事战略,对了解苏联战略思想的变化以及苏联对现代战争尤其是全面核战争条件下的战争指导思想具有重要参考价值。

二十七、"常胜将军",回首战争——《回忆与思考》

《回忆与思考》又名《朱可夫元帅回忆录》,是苏联元帅朱可夫写的一部自传体战争回忆录。此书于1969年出版,在苏联国内外引起了强烈的反响,博得了读者的广泛赞誉,被称为"是一部优秀的苏联军事回忆录","是直接参加者描写这次人类历史上最大的战争(指第二次世界大战)的战役和战斗的900多部书中最好的一部"。

朱可夫是第二次世界大战苏联卫国战争期间的著名将帅,曾被他的顶头上司约瑟夫·斯大林称为"常胜将军"。斯大林说:"朱可夫是我的麦克莱伦(美国南北战争时期的著名将领),和麦克莱伦一样,他总是要求多给些人,多给些枪炮,还多给点飞机。他总觉得不够。但他从来没有打过败仗"。在战争中不论是哪个战役出现危机还是遇上军事失利,在危难时刻,斯大林就把朱可夫派到哪里,只要朱可夫一到,就会出现转机,就能反败为胜。因此,朱可夫被称为战场上的"消防队长"和"救火英雄",也有人称他为"战场救星"。

朱可夫1896年11月生于卡卢加州斯特列尔科夫卡村一贫苦家庭。1915年应征加入俄国军队,参加第一次世界大战,获乔治十字勋章2枚。1918年参加红军。1919年加入俄共(布)。国内战争时期历任骑兵排长、连长,参加平息白卫军叛乱的战斗。内战结束后曾进骑兵指挥人员进修班和红军高级首长进修班深造,历任骑兵团长、旅长、工农红军骑兵监助理、骑兵师长、驻西班牙军事顾问、骑兵军长、驻华军事顾问和军区副司令等职。1939年夏调任驻外蒙(今蒙古国)苏军第1集团军级集群司令,在诺门坎事件中组织指挥苏蒙联军反击日军,围歼日军重兵集团。1940 年 6 月任基辅特别军区司令,晋升为大将。1941 年 1~7 月任苏联副国防人民委员兼总参谋长。苏德战争初期,作为大本营代表,同西南方面军首长一起组织数个机械化军在布罗德市地域实施反突击,把德军坦克兵团阻滞在罗夫诺和杜布诺地区。1941 年 8~9 月任预备队方面军司令,指导实施叶利尼亚战役,击溃德军突击集团。这是苏军自开战以来实施反击和进攻的第一个成功战例。9 月 11 日在列宁格勒(今圣彼得堡)处境危急之际,任列宁格勒方面军司令,率方面军与波罗的海舰队共同作战,并组织劳动人民积极支援,粉碎德军夺取该城的企图;10 月调任西方面军司令,参与指挥莫斯科会战,经过艰苦奋战阻滞了德军向莫斯科接近地的进攻;尔后转入坚决反攻,与加里宁方面军和西南方面军协同作战,将德军击退100~250 公里。1942 年 8 月起任第一副国防人民委员和最高统帅部副最高统帅,积极参与制订最高统帅部的战略计划,并在前线直接组织实施了一系列重大战役。先后协调了参加斯大林格勒会战、突破对列宁格勒的封锁作战、库尔斯克会战和第聂伯河会战的各方面军行动,指导、参与制订并监督实施这些战役的计划。因功绩卓著于 1943 年 1 月晋升为苏联元帅;1944 年 3~5 月任乌克兰第 1 方面军司令。同年在组织实施白俄罗斯战役时,负责协调白俄罗斯第 2 和第 1 方面军的作战行动,与负责协调白俄罗斯第 3 方面军和波罗的海沿岸第 1、第 2 方面军作战行动的大本营另一代表 A.M.华西列夫斯基一起,为粉碎德军中央集团军群和解放白俄罗斯做出重大贡献。1944 年 11 月起任白俄罗斯第 1 方面军司令,翌年初指挥该方面军与乌克兰第 1 方面军协同作战,共同实施维斯瓦河—奥得河战役,歼灭德军"A"(中央)集团军群,解放波兰大部地区,攻入法西斯德国境内。1945 年 4~5 月指挥该方面军与乌克兰第 1 方面军和白俄罗斯第 2 方面军协同作战,胜利实施柏林战役,歼灭法西斯德军重兵集团,攻克柏林。5 月 8 日夜代表苏军最高统帅部接受法西斯德国投降。战后,1945 年 6 月任苏军驻德军队集群总司令兼苏联军管局总指挥.1946 年 3~7 月任武装力量部副部长兼陆军总司令。1953 年 3 月任苏联国防部第一副部长。1955 年 2 月~1957 年 10 月任国防部部长。1957 年 10 月,被免除党内外一切职务。1958 年 3 月被迫退休。1966 年恢复名誉。

《回忆与思考》是朱可夫被解除一切职务之后,赋闲在家时所做的回忆录,1969年由苏联出版社出版。全书共76 万余字。30 多年来已被翻译成几十种文字,在世界各国具有广泛影响。苏联元帅、朱可夫的亲密战友华西列夫斯基在为该书作的序言中写道:"直接参加者描写这次人类历史上规模最大的战争的战役和战斗的书,有九百多部。但朱可夫的回忆录是其中最好的一部。这部书最充分、最全面地展现了战争的全景,以及战争的政治、社会和军事侧面。"

在《回忆与思考》一书中,朱可夫从他的童年生活、在沙俄军队服役的生活,一直写到第二次世界大战结束,其中重点写他在参加苏联红军到苏德战争期间的亲身经历。书中全面、系统地介绍了战争期间最高统帅部的组成、职能和领导各方面军事活动的情况,对人们了解苏联卫国战争的决策的制定和实施提供了宝贵的资料,也为研究苏联军事战略提供了丰富的素材。书中还涉及苏联军事学术的许多领域,如阐述了作者对于战争和政治的观点、对部队训练重要性的认识、对集中指挥军队原则的理解、对制定作战计划要点看法,从一个侧面反映了苏联的军事学术

·军事名著·

图文珍藏版

成就。

难能可贵的是,在书中朱可夫并没有回避最高统帅部活动中的失误和苏军在战争初期失败的原因,而是坦率地承认错误并分析其原因,从而使本书更具客观性。此外,作者在很多地方叙述了自己担任方面军司令员的经验。因此,读者可以从中学到一些有益的知识。

【点评】苏联元帅、军事家朱可夫撰写的一部自传体战争回忆录。作者以战争的直接参与者的权威身份,站在战略家的高度,以翔实的材料、生动的笔触,向读者描述了苏德战争中列宁格勒战役、莫斯科战役、斯大林格勒战役、库尔斯克战役、维斯瓦河—奥得河战役、柏林战役等著名战役的全景,是了解第二次世界大战尤其是苏联卫国战争不可多得的教材。全书共 76 万余字,30 多年来已被翻译成几十种文字,在世界各国具有广泛影响。

二十八、现代战争,重视初战——《战争初期》

《战争初期》一书是 20 世纪 70 年代苏联出版的一部专门研究战争初期问题的军事理论著作,由原苏军著名将领、总参军事学院院长谢·帕·伊万诺夫大将主编。此书一问世,即在世界军事界引起了关注。该书共 25.6 万字,附有战例图,比较全面地总结了 19 世纪到 20 世纪 40 年代期间几次主要战争(重点是第二次世界大战)的历史经验,研究了战争初期的一般规律。

谢·帕·伊万诺夫,是苏联军界一位较有影响的人物。他生于 1907 年,1926 年参加苏联红军。曾参加过苏芬战争。在第二次世界大战中,参加过斯大林格勒会战,库尔斯克会战,解放乌克兰、匈牙利、奥地利、布达佩斯、维也纳等战争和远东战役。曾担任过排长、连长、营长、团长和集团军、方面军的参谋长。1945 年苏军对日作战时,任远东苏军总部参谋长。第二次世界大战后,一直在苏军最高指挥机构总参谋部工作,1968 年起调往总参军事学院任院长。他的军事思想,特别是关于闪击战、战争初期和首次突击的论述,在苏联军事学术界有一定的代表性。自1970 年,他发表了大量的军事理论著作,如《伟大卫国战争期间苏联的战略思想》《库尔斯克会战的经验对战略学和战役学发展的影响》等。其中,《战争初期》是伊万诺夫军事著作中影响最大的一部,也是他的代表作。

《战争初期》全书共分 3 篇、14 章,外加前言和结束语。第 1 篇"从十九世纪到二十世纪四十年代关于战争初期观点的形成后发展",包括第 1 至第 3 章。第 2 篇"第二次世界大战前夕和战争初期各国战略计划的制定和武装力量的展开",包括第 4 至第 8 章。第 3 篇"战争初期战略性战役的经验",包括第 9 至第 14 章。其中,着重阐述了各资本主义国家的军队在初期战局和初期战役中的目的和企图,资本主义国家武装力量战略展开的方法、在欧洲和太平洋地区发动侵略战争时的伪装,法西斯德国在反苏战争中的企图和计划;苏联抗击法西斯侵略的准备,欧洲战场战争初期进攻战役的特点,波兰和西欧战略防御的崩溃,卫国战争初期苏军战略防御的特点、准备并实施首次突然突击,太平洋战争初期诸战役的特点,战争初期夺取制空权的问题和国家对空防御的组织等。

在该书中,伊万诺夫以大量的史实材料阐述了第二次世界大战前各主要资本主义国家和苏联关于战争初期的理论及实践。指出,在两次世界大战间隙时期,基于科学技术的进步和第一次世界大战的经验教训,正在形成新的军事理论和战略原则,产生于 20 世纪初的力求在战争初期采取积极行动达成战争目的的思想在德、意、日统治集团中又获得了热心的拥护者,这实际上就是在这些国家风行一时的总体战和"闪击"战理论的核心思想。坦克和飞机这些具有良好机动性能的兵器的蓬勃发展,为这种在"一战"时期尚难奏效的理论的实施创造了可靠的前提。这种理论表现在战略上就是,还在战前就实行过去作为战争初期主要内容的那些准备措施,而战争一开始,就最大限度地集中兵力兵器实施首次突击.使敌人遭到毁灭性的失败。

在该书中,伊万诺夫以大量篇幅,列举了许多战例,证明闪击战是入侵别国最有效的手段,并且详细地总结了德国在第二次世界大战中进行闪击战的经验,以及有关国家在德军的闪击战面前节节失利的教训。他还引用德国将军鲁登道夫的观点,说明闪击战的理论实质是"利用攻击的突然性、兵力兵器的优势等因素,从战争刚开始起就给敌战略第一梯队以决定性杀伤,然后向敌国腹地迅猛进攻,在敌人动员和使用其军事和经济潜力之前将其粉碎"。并且认为,对别国进行闪击战的好处是,既可缓和本国人民群众的不满情绪,又可弥补国内经济力量不足的缺陷。为了取得闪击战的胜利,伊万诺夫十分重视战争初期的进攻战役,认为它对战争的进程和结局具有决定性的作用。

在该书中,伊万诺夫根据自己对战争的观察,认为德国和日本在第二次世界大战的初期战役中之所以取得重大战果,首次突击起了决定性作用;苏军在 1945 年进行的远东战役之所以能够迅速取胜,也是强大而突然的首次突击起了决定性的作用。他还认为,要使首次突击发挥震撼敌人整个防御体系、瘫痪敌人国家和军队指挥的强大威力,除了集中强大的兵力兵器外,"决定性因素是首次突击的突然性"。

在该书中,伊万诺夫还整理归纳了各主要资本主义国家和苏联加入第二次世界大战的资料,研究了"准备和实施战争初期战役的一般趋势"。他认为,透过第二次世界大战的实践可以看出,帝国主义者为了达到战争初期的军事及政治目的,准备和实施"闪击战"的方法(也是他们的主要战略观点)有如下 10 个方面:一是实施突然而强大的首次突击;二是最大限度地集中兵力兵器;三是实施宽正面、大纵深、高速度进攻;四是进行深远的迂回机动,达到对敌合围;五是夺取与掌握制空权;六是详细制定作战计划;七是严密伪装,隐蔽企图;八是秘密动员,提前集中和展开;九是在敌后搞破坏活动;十是加强经济力,保障"闪击战"顺利实施。

纵观全书,其主要观点是:①在第二次世界大战中,战争初期通常是一个特定、较短的阶段。在这个阶段里,为达到当前战略目的而在战争爆发前展开的所有兵团和军团,进行着大规模的进攻战役和防御战役。与此同时,交战国一面采取各种紧急措施动员国内资源用于战争;一方面对敌国、盟国和中立国进行一系列外交活动,巩固自己的国际地位。②战争初期的主要内容是诸军种联合实施的战斗行动,战争初期的有机内容是加速实现军事经济的动员计划。③初期战役的经验表明,战役的成败取决于能否从战争之初起就夺得制空权。④战争初期证明,战略防御这种战略行动和战略进攻同样存在是完全合乎规律的。而且战争初期还为战略防御增添了不少新的内容。⑤战争初期揭示出，侵略国往往竭力在首次突击中最大即席地使用兵力兵器，以便达到当前的战略目的，其中包括夺取制空权在海洋战区夺取制海权。⑥战争初期还表明，对初期战役的进程和结局来说，精神政治因素的作用，尤其是军队心理训练的作用大大提高了。

【点评】20世纪70年代苏联出版的一部专门研究战争初期问题的军事理论著作，由原苏军著名将领、总参军事学院院长谢·帕·伊万诺夫大将主编。全书共分3篇，14章，25.6万字，注重研究了"从十九世纪到二十世纪四十年代关于战争初期观点的形成后发展""第二次世界大战前夕和战争初期各国战略计划的制定和武装力量的展开""战争初期战略性战役的经验"。

二十九、富勒将军，"压卷之作"——《战争指导》

《战争指导》是英国著名军事理论家富勒晚年的一部重要军事理论著作，于1961年出版，被称为富勒的"压卷之作"。全书共分14章，从三十年战争（1618~1648）、拿破仑战争、美国内战、苏俄革命战争，直到第二次世界大战，作者深入探讨了战争指导的得失，总结了战争指导的原理、原则。

在第1章"专制国王的有限战争"中，作者认为，15世纪意大利的战争是仁道的有限战争。与此相反，1618~1648年的三十年战争是野蛮的无限战争。16、17世纪的一些思想家，如格劳秀斯、霍布斯和伏尔泰等人纷纷著书立说，攻击了无限战争的破坏性，主张战争中的暴力与破坏行为应有所节制。在宗教改革的冲击下，罗马教皇的权力受到削弱，专制国家的权力得到加强，常备军制度也建立起来了。18世纪是有限战争的年代。有限战争的主要特点是：一是迂回作战之风十分盛行。二是围城战术风行一时。三是平民生活与战争是完全脱离的：四是战略的手段是消耗敌人，而不是歼灭敌人；战略打击的目标主要是敌人的补给线与要塞，而不是敌人的军队。

在第2章"无限战争的再生"中，作者分析了卢梭的民主思想对法国大革命的影响。认为法国大革命的到来结束了有限战争年代，把"战争的拍卖场变成了屠宰场"，把"国王的战争"变成了"人民的战争"。实行征兵制后，军队与平民的分化消失了，进入了全民皆兵的时代，总体战代替了有限战争。征兵使军队的战场、后勤、战术发生了一系列变化。富勒认为，以征兵制为基础的革命军队同以雇佣兵制为基础的皇家军队相比，在战略战术方面拥有压倒优势，但在政治方面有一个严重的缺点。在一个全民皆兵的国家，无法维持长久的和平，因为失败者是强迫接受和约的，这种和约是不合理的。失败者一旦有了机会，就会企图推翻和约，所以休战是不稳定的。

在第3章"拿破仑战争"中，作者总结了拿破仑战争的特点、经验与教训。认为拿破仑战争的成功主要取决于三个要素：第一，拿破仑有实施统一指挥的权力。第二，拿破仑有卓越的指挥才能与军事才能。第三，拿破仑在每次战役之前，都要预先制定周密的计划。拿破仑的主要作战原则是：①重视进攻。②依靠高速机动。

③实施有效的战略奇袭。④在战场上,尤其是在决定性的进攻点上集中优势兵力。⑤注意建立保护系统。同时,富勒也对拿破仑最后失败的原因进行了深入的分析,他指出,拿破仑之所以最后失败,主要是由于他在战争指导上犯了三个错误:第一,在指挥上过于集中,没有一个组织良好的参谋部。第二,在政治上采取了不现实的政策,没有处理好同英国及其他国家的关系。第三,在大战略上犯了错误,赖以实现其政策的方法不妥,最多只能导致暂时的休战。

在第4章"克劳塞维茨的理论"中,作者重点分析了克劳塞维茨的理论。认为克劳塞维茨主要贡献在于:回答了什么是战争这个问题;区分了绝对战争与现实战争;论述了战争与政治的关系;提出了大战略与重心理论;总结了战争的一些基本原则;认为攻势防御是一种较强的作战形式;肯定了决定性会战的作用;阐述了人民战争理论。而克劳塞维茨的最大错误在于,他从来没有认识到,战争的真正目的是和平而不是胜利,和平应该是政策中的主要思想。胜利只不过是达到这个目的之手段。

在第5章"工业革命的影响"中,作者主要论述了始于18世纪后期的工业革命对人类文明、社会、军事的影响,并介绍了马克思、恩格斯的一些军事思想。

在第6章"1861~1865年的美国内战"中,作者专门探讨了工业革命对美国的影响、美国内战的性质、南北双方的战略、美国内战中战术技术的发展、战争的残酷性与野蛮性以及战争的结果。

在第7章"毛奇、福煦和布洛克"中,作介绍了毛奇、福煦和布洛克等人的军事思想。认为毛奇的主要贡献在于:他认识到了铁路的战略意义;善于处理战争同政治、外交的关系;最先认识到前装式步枪的防御威力,并由此推论,正面进攻成本太大,要寻求胜利,就要采取包围方式;认识到由于军队规模与活动范围的扩大,运动工具的改进与运动速度的加快,要求指挥分散化。他在战争指导上的成功主要表现在1866年的普奥战争与后来1870~1871年的普法战争。这两次战争之所以能迅速结束,原因主要是:战争目的有限,普鲁士参谋部占优势,普军运动速度快,普军战术胜过敌军。这两次战争不同于美国内战,不是征服战争,更不是歼灭性战争,战争的有限目的一旦实现,就能以和平方式结束战争。关于福煦的军事思想,作者批评了他过分重视进攻和强调精神优势的观点,肯定了他对战争原因的分析。富勒还指出:布洛克对战争的看法与福煦完全不同,他认识到了防御作为一种作战形式的重要意义。在此章中,富勒还对未来战争做了十分准确的预见。

在第8章"浩劫的根源"中,作者着重分析了19世纪末西欧一些国家以及俄国、日本的对外殖民扩张,论述了1870~1903年的军事发展情况:一是普遍采用了使用无烟火药的小口径弹仓式步枪;二是改进了机关枪。三是使用了速射炮。总结了美西、英布战争和日俄战争的得失,分析了第一次世界大战前夕的欧洲局势。

在第9章"第一次世界大战的指导"中,作者主要探讨了第一次世界大战中协约国与同盟国双方在战争指导上的得失,其中包括双方的政治目标、作战计划、战略战术和战争结果等问题。

在第10章"列宁和俄国革命"中,作者主要分析了列宁在二月革命和十月革命中的思想、政策与实践。

在第11章"苏联的革命战争"中,作者比较了列宁与克劳塞维茨的观点,介绍了第三国际的建立,攻击了苏联的和平政策。

在第 12 章"二十年战争"中,作者首先批评了第一次世界大战后战胜国的错误政策。认为它们的目的是要征服对方,它们采用的手段是强迫。这样,战争的手段垄断了战争的目的,结果战争便以另一种方法进行,这样当然不会有持久的和平。德国是被迫接受和约的,一直没有放弃复仇的:努力。战胜国用经济封锁的办法围攻德国,更加激起了德国的反抗。富勒接着叙述了希特勒的对内对外政策及德国的战争准备情况。最后,作者一一分析了第二次世界大战前夕德国、英国、法国和俄国的战术理论,指出了英、法、俄等国忽视坦克、飞机的错误。

在第 13 章"第二次世界大战的指导"中,作者分析了第二次世界大战中同盟国和轴心国双方在战争指导上的经验教训。

在第 14 章"和平问题"中,作者回顾了自拿破仑战争到第二次世界大战期间的一些情况,分析了核武器对战争的影响,论述了美、苏在核时代的政策,并对第三次世界大战做了展望。

综观全书,我们可以明显看出,富勒把战争指导看成是一个历史的、动态的过程,分析了政治、经济、军事、社会诸因素在不同历史时期对战争指导的影响,强调从综合的、变化的角度研究战争指导问题;把军事理论同军事实践有机地结合起来研究战争指导问题,既评介了克劳塞维茨等人的军事思想,又分析了拿破仑等人的军事实践,从而做到了理论与实践的有机结合;利用战例分析,对战争指导问题进行了具体研究,对历次战争中战争指导的经验教训进行了思考和研究,以史为鉴,得出了自己的一些看法。

《战争指导》是近代资产阶级战争理论的代表作之一,它有相当丰富的内涵和某些独到的见解,特别是在战争指导的问题上做出了比较详尽的叙述。该书不仅从军事角度来观察战争的指导,而且同时从政治、经济和社会的发展来考察它们对战争的影响;不仅从正面论述了战争的指导,而且更多的是考察论述了错误的指导,很有启迪教育的作用。特别是富勒关于战争的理论和指导战争的观点,都是经过反复探索和深思熟虑的,虽然其中有些看法或结论未必完全正确,但是毕竟能够自成一家之说,是值得读者认真加以思考的。这部著作对于研究西方的军事思想和战争指导原则,具有较大的参考价值。美国前总统肯尼迪就曾将其作为自己案头常备的 8 本书之一,对其外交和军事政策也产生了重大影响。

【点评】英国著名军事理论家富勒晚年的一部重要军事理论著作,于 1961 年出版,被称为富勒的"压卷之作"。全书共分 14 章,从三十年战争(1618~1648)、拿破仑战争、美国内战、苏俄革命战争,直到第二次世界大战,作者深入探讨了战争指导的得失,总结了战争指导的原理、原则。

三十、核弹时代,战略应对——《有限战争》

罗伯特·奥斯古德是美国的著名学者,美国有限战争理论倡导者之一。1921年出生于美国圣路易斯,1952 年毕业于美国哈佛大学,曾在芝加哥大学、华盛顿外交政策研究中心等从事教学与研究工作,是美国著名的外交政策学者和专家。著有《美国对外关系中的理想与自身利益》《力量、正义与秩序》《联盟和美国的外交政策》《有限战争》《重温有限战争》《日本与美国在亚洲的地位》等，其中《有限战争》是奥斯古德的代表作。

《有限战争》是就核时代的常规战争问题进行研究的早期作品之一。20世纪50年代，美国拥有绝对核优势，奉行"大规模报复"战略，企图利用强大的核优势进行讹诈，由于苏联相继爆炸原子弹和氢弹并在投掷工具方面超过美国，呈现美苏"相互威慑"的局面，从而使"大规模报复"战略走进了死胡同，美国处于既不敢打核大战，又无力应付局部冲突的两难境地。在这种情况下，美国政治理论界开始纷纷探讨核时代下如何使用军事力量来保证国家安全的问题。《有限战争》就是这种探索的产物之一。它系统地论证了核时代常规有限战争发生、发展的各种条件，进行常规有限战争的必要性等问题，奠定了美国有限战争理论的基础。他强调，在工业革命巨大的经济与技术发展中，由于受战争物质手段的限制，有限战争可以说是有限目标的自然产品。但是现代国家拥有巨大破坏力，要对战争进行限制，就不仅需要限制战争进行的区域，还必须要对战争使用的武器以及针对的目标进行限制。如果对所拥有的手段不加控制，即使是一开始只运用于一个较小的地区，那么不论敌对各方如何精确地计划限制它们的目标，要想有效控制政治企图是颇令人怀疑的。

《有限战争》共分3个部分10章。其主要观点包括：①战略对军事力量的合理运用应能达到两个目的，其一是慑止类似于能引发全面战争的重大侵略的发生；其二是慑止或击败只能使用全面战争以外的手段应付的较小规模侵略。②美国必须制定有限战争的战略，这主要是由于存在着"扩张主义"的共产党国家集团和核武器、生物、化学等大规模杀伤性武器，美苏都拥有摧毁对方的能力等因素。③有限战争的基本问题是军事力量与国家政策间的关系问题。这主要取决于三个方面的原因：战争本身不是目的，而只是实现目的的手段；有限战争提出了道义与作为权宜之计的问题，这一问题必须在一个人对于力量与国家政策关系的正确理解基础上加以回答；可行的有限战争战略必须建立在可为美国和共产党领导人共同接受的限制条件基础之上。④纯粹的军事上的胜利不仅可能会有助于国家政策的实现，甚至可能会危害国家政策目标的实现；为使军事力量成为推行国家政策的有效工具，必须"经济地使用"军事力量，就是使投入的军事力量与要达到的政策目标相适应；为使军事和战争行为与国家政策相一致，必须要将战争的整个过程严格地置于政治的控制之下。⑤战争不仅是物质和技术手段的较量，也是意志的对抗。要确保将战争限制在一定范围内，则必须作政治上的努力。⑥战争的目的与手段之间存在着必然的联系。战争的手段与战争的规模、强度等息息相关。战争物质手段的不断提高使对战争进行有效政治控制变得日益艰难。⑦"二战"后实际上就是有限战争的时期，美国和苏联形成了核"恐怖平衡"的僵局，这一局面使发生全面战争的可能性变得极小。美国应制定有限战争战略，使美国同时具备应付全面战争和有限战争的能力。

在这部著作中，奥斯古德对有限战争和全面战争的概念进行了科学的界定。他指出，所谓有限战争，就是敌对双方在冲突中对他们的目标进行严格和明确的限定，而不是使用他们拥有的最大力量，从而使冲突最终能通过谈判得到解决。有限

·军事名著·

图文珍藏版

战争一般只有两个敌对势力,作战限定在一定的地区,目标也是严格限定的,主要是直接针对重要的军事目标。它只需敌对各方运用有限的部分人力和物质资源,他们的经济、社会和政治生活仍能照常进行而不受严重的影响。而全面战争是特指二十世纪的无限战争,敌对各方动员和使用各自拥有的所有人力和物质资源,目标是针对对方的全体国民。在战争史中,极端的手段与极端的结果是相伴的,一场强度、范围和破坏力极大的战争会刺激过度的目的,加上其他因素,战争的全面性就会抵消限制和控制的有效性,当然这并不是说一场全面战争一定不受任何限制。人们必须认识到,即使是在一场全面战争中,也必须留有一定余地,指导政治策略和军事行动达到有限的和合理的战争结果。当然,进行类似控制的一个必要条件是,在制定和追求的政治目标方面进行有意识的考虑,允许敌对各方能在免遭全面失败或灭亡的情况下结束战争。

奥斯古德在这部著作中明确地指出了军事力量与政治策略的关系和依据。指出,战争并不是目的,它只是达成目的的一种手段,所以,从理论上讲,战争结局的性质应该对进行战争的方法产生一种富于控制力的影响。同时,也必须依据可获得的手段来规划战争的结局。所以决定战争手段实际上就是在一个更高层次,即在"国家战略"的高度上平衡目的与手段的问题。当然,国家战略的主要目的不是进行战争,而是在可能的情况下不用战争就实现国家战略目标。一个国家成功地达到这一目标,在很大程度上取决于它准备打的战争的类型、准备进行战争的环境、准备达到的战争目的和准备进行战争的方式,也即取决于这个国家关于战争与国家政策关系的总体认识,而这一认识将会以国家战略使用军事力量、并将之与其他力量要素结合起来以实现国家目标的形式反映出来。在谈到有限战争与道义的关系时,奥斯古德认为。有限战争也提出了道义和它作为权宜之计这类基本问题,而且必须要在一个人对于力量与政策关系的正确认识的基础上来做出回答。一方面,一个人不可能认为战争会与道义无关,那么他们就必须相信任何战略都是建立在道义基础上的,是把军事力量作为国家政策相信任何战略都是建立在道义基础上的,是把军事力量作为国家政策的工具来使用的;另一方面,他们又不能无视战争与军事力量对国家利益的影响,那么他们还必须将国家战略建立在能有效地运用军事力量的坚实基础之上。力量与政策结合中有关道义和作为权宜之计的一般问题已超越了有限战争战略的现实问题,但也不能将现实问题与它们割裂开,认为它是孤立起作用的。他指出,可行的有限战争战略必须要建立在能为美国和共产主义国家领导人都接受的限制条件的基础上,因为除非冷战中的主要对手能遵守这些限制战争的条件,否则美国的有限战争战略就不能实现,这一事实具有非常重要的意义,因为对战争有意加以限制是建立在一种对力量与政策关系的认识上的,而这种认识又在许多方面有悖于美国对外关系的观念和主张,事实上,有限战争战略就是对美国战争的传统方法要进行根本的修正。

奥斯古德认为,有限战争和国家战略政治目标的问题不能与限制军事手段的问题相分离,如果没有军事政策、武器、技术和战术共同支持有限目标,则不可能有有效的有限战争战略,因为遏制战略取决于你们怎么去做而不是我们说些什么。成功的战略需要的不仅是简单地制定目标方案,它还要求达到目标与手段间的平衡,这样才能将目标置于手段的范围内,同时也使手段与目标相结合。否则的话,

世界经典文库

世界军事百科

·军事名著·

图文珍藏版

我们只能将安全系于恐吓、临阵磨枪和纯粹的运气。在可预见的未来的军事和政治条件下，敌对各方在军事行动中可以做出限制的最为关键的方面是：作战目标、使用的武器和目标。没有在这三个方面的限制，很难想象一场战争会是有限的。而有了它们，则可以在其他方面进行限制，那么有限战争战略的核心问题其实就是制定出一种军事行动的方针，它既符合这三个方面，又能保证美国的安全目标。

"有限战争"理论对"二战"后的战争理论产生了深远的影响，成为美国国家军事战略转变和重新设计的理论依据，透过美国冷战结束以来的战略思想和战略目标以及作战手段的变化，尤其是在现代高技术局部战争中所表现出的新的战略和战术原则，都可以看出奥斯古德理论的影响之大，《有限战争》一书，对于研究美国的军事战略转变和在现代高技术条件下的战略战术使用，都具有重大的理论指导意义。所以，认真阅读和研究这部专著，是很有必要的。

【点评】美国的著名学者，有限战争理论倡导者之一罗伯特·奥期古德撰写。该书共3个部分、10章，系统论证了核时代常规有限战争发生、发展的各种条件，进行常规有限战争的必要性等问题，奠定了美国有限战争理论的基础。

三十一、博士高见，影响深远——《核武器与对外政策》

《核武器与对外政策》，是美国前国务卿、世界著名政治活动家和知名学者基辛格博士的早期著作，是当代美国核战略与有限战争理论的代表作之一。

基辛格于1923年出生于德国巴伐利亚州费尔特市的一个犹太人家庭。1938年迁居美国。1943年加入美国国籍，并于当年参加了美国陆军，赴欧洲作战。1947年退役。1950年毕业于哈佛大学。1952年在该校获文学硕士学位。1954年获哲学博士学位，后在哈佛大学任教至1969年。1969~1974年任尼克松总统的国家安全事务助理，1973~1977年任美国国务卿。曾先后于1973年和1977年分别获得诺贝尔和平奖和自由勋章。

作为美国及世界政治舞台上的风云人物，基辛格撰写了一系列关于美国对外战略的论著并产生了深远的影响。这些著作有：《核武器与对外政策》《选择的必要：美国对外政策展望》《麻烦的伙伴关系：对大西洋联盟的重新估价》《美国外交政策》《白宫岁月》《动乱年月》等。其中《核武器与对外政策》是基辛格的代表作之一。尽管《核武器与对外政策》一书从维护美国国家利益的角度来分析问题，并为美国政府出谋划策，但该书对核武器、战略、外交政策三者之间关系的探讨还是较为深刻的。该书1957年6月在美国首次出版之时，即受到美国政府的重视，并引起了各国学术界的关注，曾被美国国务院和国防部指定为所属官员的必读书之一，对美国外交政策产生过很大影响。

该书共分三大部分，12章，这三部分分别为：有关生死存亡的问题（包括核时代的课题，难以解决的美国安全问题）；科学技术与战略（包括普罗米修斯的火，神秘莫测的战略——全面战争的原则，威慑的代价、有限战争的问题、有限核战争问题，外交、裁军和对战争的限制）；战略与政策（包括战略对各盟国和不承担义务的国家的影响，美国的战略与北大西洋公约组织——一场考验，不可捉摸的战略一中苏的战略思想,苏联和原子,理论的需要)。

基辛格在书中着重论述了美国在核时代应采取的战略和外交政策,其基本点是:①面对核困境,美国政府的任务是争取一种能给予美国外交以最大的行动自由的战略理论,使美国的力量和所追求的目标平衡起来。②核武器的巨大毁灭性,使全面战争的胜利推动了其历史的意义;核僵局可能防止全面战争;在核僵局时代,最好的战略也只能追求相对安全。③有限战争将成为核时代推行政策对外的可能手段,成为美国从其工业潜力中得到最大战略利益的一种战争形式。④战略理论比选择武器系统的问题更为重要。美国安全的基本要求是要有一种理论,以使美国能在挑战面前有目的地采取行动。

在该书中,基辛格还具体地指出:现代武器的极端残酷,使人们一想到战争便发生厌恶之感;但是,不愿冒任何危险的做法,无异于给苏维埃统治者一张空白支票。正当我们空前强大的时候,我们不得不认识到,与所服务的目的没有明显关联的力量,只能使意志陷于瘫痪,使我们的力量和看来我们最需要坚持的问题平衡起来。这是美国政策所面临的最为紧急的任务。为此,他强调:"战略理论的任务是把力量转化为政策。"在一个"主权"国家的社会里,一个国家只有甘愿最后诉诸武力,才能支持它对正义的见解,或者维护其"重大的利益"。人人都知道,即便是在看来极端和谐的时期,当谈判失败后,并不是再从头谈起,而是可能施加其他压力。解决国际争端的背后动力,总不外乎对和谐的好处的信心和对顽固到底的后果的戒心这两种东西的结合。通过对不妥协不加制裁的做法来摒弃武力,国际秩序势必受到国际社会中最冷酷或者最缺乏责任感的成员的蹂躏。基辛格分析道:拥有原子弹并没有能够使我们阻止一个敌对的国家扩张其势力范围,阻止它发展足以给予美国致命的一击的能力。这是怎么回事呢?基本上是因为我们把原子弹列入了军械库,而没有把它所含的意义同我们的思想联系起来。因为我们只把它看作这样一种战争概念中的一种工具,即除了全面胜利以外不接受其他目的,除了全面战争以外不承认其他作战方式。认为战争与和平、军事目的和政治目的是彼此隔离而相对立的这种见解,在第二次世界大战末期我们的战略理论中颇为普遍,这使世界上最大的强国发觉,由于自己没有能力按照核时代的冒险程度来调整政治目的而使本身陷于疲弱无力。我们不能使军事和国家政策脱节,我们的军事理论必须为新武器寻找中间性的用途。从今以后,我们必须根据任何战争都可能成为核战争这个不幸的假定来规划战略。基辛格强调指出,一场使用现代武器的全面战争将产生远远超过以前任何经验的后果。热核爆炸所产生的暴风和热力的效应能使现代城市生活的紧密的相互关系陷于瘫痪。近期沾染能使广大地区居民的生活降低到勉强度日的水平。遗传的效应能对整个人类造成威胁。在这种情况下,空谈"纯"军事的理由是无益的。从纯军事的观点看来,轰炸飞机场、破坏港口设备或消灭交通中心,最有效的莫过于使用一枚百万吨级的武器。不过战略上的难题是力量和使用力量的意愿之间的关系,是国家政策的物质的和心理的组成部分之间的关系。认识到热核战争的这种后果,决策人对于制定战略将感到空前的踌躇,因为这种战略很可能造成社会崩溃的恶果。因此,恰恰是在我们承担的义务最大的时候,新的科学技术加大了我们的危机。有史以来我们第一次面临遭受敌人直接攻击的危险。在工业和技术的优越条件方面,没有任何余裕足以从决策人的头脑中排除他们所意识到的我们日益容易遭受攻击的事实。这些决策人必须在和平与战争之间加以抉择。可是我们的危机能同时也给我们指出一条走出窘境的道路。只要我们的对方也像我们一样真正看出全面的热核战争的后果，他们可能避开灾难，不是通过利益的调和，而是通过相互的恐惧。我们把威慑和报复力量视为一事，无论这在历史的类似情况中如何错误，或许终于能够成为获得持久和平的基础吧。他指出：军事力量决定着实力的斗争，可是政治目的却决定着应付的代价和斗争的强度。全面战争远不是一种"正常"形式的战争，它构成一种特殊情况。全面战争的发生是由于政治领导人放弃职责，或是由于敌对双方裂痕过深，似乎只有将敌人全面毁灭才是值得斗争的唯一目标。这样战争只是在较短的时间里才是以"单纯的"军事理由为根据的；例如在十六和十七世纪历次的宗教战争期间，当时宗教分裂使得双方都企图毁灭对方；在法国革命的战争期间，当时在思想上发生分裂，双方都企图用武力将他们对于正义的见解强加于对方；以及在第一次世界大战以来的战争循环期间，这是从政治领导人放弃职责开始，而从那时以后，便转入了一种革命的斗争。两次世界大战的战略都是以两个互相关联的因素为基础：国民经济除维持最低生活以外还能生产很多剩余物资；武器的毁灭性较小，因而一方的力量有任何程度的增加，就能在战略上具有重大意义。使现代战争的总体动员成为可能的，是产业革命以及因而产生的职能的专门化。即使在那时候，如果不是因为目前所谓的常规技术毁灭性较小，寻求全面胜利也会是自取失败。因为只有在战争结束后，胜利者还保持充分的物资资源足以使敌人屈服，全面胜利才具有意义。总之，有限战争的战略不能被用来作为要强迫对方无条件投降的低廉的手段。不能把武力和外交的关系作为全面战争的另一种面目而建立起来。全面安全的可能性已经随着我国的原子独立的消失而告终了。有限战争以及与它相适应的外交政策为避免以下两种情况提供了出路，那就是：徒劳无益地追求绝对和平，它之所以不能是由于希望的渺茫；徒劳无益地追求绝对胜利，它之所以不能是由于后果的无限严重。

【点评】美国前国务卿、世界著名政治活动家和知名学者基辛格博士的早期著作，当代美国核战略与有限战争理论的代表作之一；全书共分三大部分，分别为"有关生死存亡的问题""科学技术与战略""战略与政策"。尽管该书从维护美国国家利益的角度来分析问题，并为美国政府出谋划策，但该书对核武器、战略、外交政策三者之间关系的探讨还是较为深刻的。该书一出版，即受到美国政府的重视，并引起了各国学术界的关注，曾被美国国务院和国防部指定为所属官员的必读书之一，对美国外交政策产生过很大影响。

三十二、游击大师，经验结晶——《游击战》

《游击战》是一部在拉丁美洲具有广泛影响的军事著作，其作者切·格瓦拉是拉丁美洲著名的革命活动家，游击战理论家，现代拉丁美洲游击战理论"游击中心主义"的倡导者。

格瓦拉于1928年出生在阿根廷罗萨里奥市一个资本家兼庄园主的家庭。青少年时期深受资产阶级民主主义思想的影响,同时也初步涉猎马列主义著作,具有资产阶级民主革命思想。1953 年,格瓦拉毕业于布宜诺斯艾利斯大学医学系,自动丢掉被当时青年视为神圣的医生职业。在拉丁美洲各地四处游荡,深入进行社会调查,他对社会的不公及低层民众的艰辛生活有了更加深刻的感受,对民众革命的历史进行了深入的调查和研究,对武装革命的价值有了更加清楚的认识。同时,他研读了大量的社会主义革命的论述,接收了革命理论,吸取了国际社会无产阶级革命运动的经验教训,从而逐步确立起了暴力革命的信念。

1954 年,格瓦拉在危地马拉进行社会调查,宣传暴力革命理论,参加了危地马拉阿本斯领导的农民政府,同年 6 月,由于新政府内部分歧和外部武装力量的打击,阿本斯政府被推翻。格瓦拉作为原新政府的主要人物而被列入重点抓捕对象,在这种情况下,他不得不转赴墨西哥,努力寻找革命武装组织。1955 年,格瓦拉在墨西哥与正在过着流亡生活的古巴革命领导人卡斯特罗一见如故,参加了卡斯特罗领导的游击队,成为卡斯特罗的得力助手。1957 年,任起义军第 2 纵队司令。1958 年,率军配合卡斯特罗等解放了圣克拉等重要城镇。1959 年,乘胜挥师西进,于 1 月 4 日一举攻克首都哈瓦那,推翻了巴蒂斯塔的反动统治,参与缔造了古巴共和国。他被称为起义军中"最强劲的游击司令和游击大师"。

古巴革命胜利后,格瓦拉历任土改委员会主任、国家银行行长、工业部部长等职,1962~1965 年任古巴社会主义革命统一党(古巴共产党前身)全国领导委员会书记处书记。1960 年起,提出"游击中心"论、"大陆革命"论,主张输出革命和输出游击战争,这些理论通称为"格瓦拉主义"。1965 年 4 月,辞去古巴官职,放弃古巴国籍,试图到其他不发达地区组织革命游击战争高潮,他先后到非洲的刚果、拉丁美洲的玻利维亚建立和领导游击组织,发动游击战争。但因种种原因而失败,格瓦拉本人也于 1967 年 10 月被玻利维亚政府杀害。

格瓦拉一生从事革命斗争,努力组织革命游击力量,领导所到之处的游击队进行了大量的游击战,他的革命之坚定与卓越的组织领导才能深受民众敬佩,他的游击队思想和战略战术也为经济不发达地区革命武装力量建设提供了丰富的财富,人们赞誉他是"游击大师"。格瓦拉不仅对革命游击战争的实践做出了世人瞩目的贡献,他还结合自己的斗争实践,努力研究革命游击战争的规律,形成了具有格瓦拉特色的革命游击战争理论。其主要著作有《游击战》《论游击战问题》《格瓦拉在玻利维亚日记》《古巴革命战争回忆录》等。《游击战》是格瓦拉的代表作。该书于 1960 年由古巴革命武装部训练处委托古巴全国土地改革委员会印刷所出版发行,作为士兵培训的读物之一。1974 年复旦大学将其译为中文,并于 1975 年 2 月出版。

由于《游击战》一书不仅是格瓦拉组织领导游击战的亲身经历的写照,又是他对游击战经验教训的科学总结,所以它比较具体、生动、准确地反映了游击战的特点。该书共分 4 章,从"游击战的一般原则""游击队员""游击组织"三个层面对游击战问题进行了论述。

作者以古巴武装斗争为基础,提出"游击中心"的理论。作者认为,游击战要由城市中少数青年学生和知识分子作为"领导核心",在人烟稀少、居民分散的边远地区发动游击战争,采用"打了就跑"的战术,通过最初的胜利把群众吸引到自己方面来，像蜜蜂分群一般不断开创新的游击中心从而最终取得革命的胜利。

在该书中，格瓦拉还阐述了作为后进国家即所谓不发达国家组织游击战争的两点基本想法：其一，为革命成功，并夺取政权，与其依靠城市武装起来的劳动人民反体制运动，不如依靠没有土地的贫农所开展的游击战；其二，虽说通过游击战争能够动摇统治者，但仅靠这一点，不能获得最后胜利，革命不能成功。因此，必须在游击战争中，使人民武装发展为正规军队，使游击战发展为正规战，同统治者的军队进行决战，从而取得胜利。格瓦拉还强调指出，为夺取这一胜利，重要的是，要彻底摧毁敌人的武力，以占领一山、一林或一座城市等局部地区为目标是没有意义的。

格瓦拉在《游击战》中，把"从敌人那里夺取武器，武装自己，并壮大自己"作为游击队的重要战略。并认为，这一战略的进一步发展，就是积极地奇袭敌人基地，补充自己的武器和弹药。他强调，必须珍惜武器，当自己的游击队员牺牲的时候，强调要想尽一切办法收回武器和弹药，不让敌人抢去。他提出，游击战的最大特点在于"不断地发动进攻"。因此，游击队要时刻保持机动能力，依靠机动保存自己，消灭敌人。他强调，要反复进攻敌人的前哨据点，直到彻底摧毁；要不失时机地攻击敌人的基地，对战区内的敌人，不断发动攻击，使敌人造成被包围的感觉。为了实行这种不间断的进攻，他提出，游击队要编成以五、六个人组成的小分队，在各种场所袭击敌人的巡逻队。敌人如果反击就实行退却，采取"经常保持一定距离"的战术。敌人如果返回原来的位置，游击队再次发动进攻，给敌人经常遭到袭击的精神压力，从而使敌人的士气和战斗力衰退下去。这种小分队的反复进攻，对于游击队来说，危险最小，而给敌人造成的损失是很大的。为了使游击队能够生存和战斗下去，他还提出了建立一些永久性的根据地的主张，并认为，永久性的根据地"应该是这样一个区域，它可以向游击队提供各种支援，设有为游击队服务的工业、补给、训练、医疗、交通和邮政等设施。格瓦拉还认为，不应该机械地按照操典规定去作战。应该培养不管出现任何情况，都能抓住时机，随机应变地采取措施的能力。格瓦拉强调：游击队必须通过每一次战斗或战斗的每一个瞬间，针对具体情况，研究出"自己的战术"，同敌人相比，游击队经常处于优势地位，必须进行奇袭作战。他以自己切身的经验反复强调："面对着日益进步的反游击战术，必须以胜过以往的游击战略来对付它"。

《游击战》一书不仅在古巴和拉美其他国家产生了重要的影响，成为其游击队员必读之物和训练教材，而且在战后世界军事著作中也占有一席之地。日本著名军事理论家小山内宏在《现代战略论》一书中，对《游击战》这部著作给予了很高的评价，认为《游击战》"从实际出发，讲解了具体的游击战术，它最准确地反映了游击战的特点"。认为"《游击战》一书，同毛泽东的《军事论文集》、武元甲的《人民战争论》，对于后进国家的游击队来说，同样是重要的教科书"。但由于格瓦拉对战后国际关系新格局下的阶级矛盾没作具体的分析，单纯强调游击战的军事影响，从而不可避免地带有军事冒险主义和流寇主义倾向，他领导的游击斗争的失败也说明了这一点。读者在读该书时，要明辨其中道理，取其精华，剔除瑕疵。

【点评】拉丁美洲著名的革命活动家、游击战理论家格瓦拉著。该书从"游击战的一般原则""游击队员""游击组织"三个层面对游击战问题进行了论述。《游

·军事名著·

图文珍藏版

击战》不仅在古巴和拉美其他国家产生了重要的影响,成为其游击队员必读之物和训练教材,而且在战后世界军事著作中也占有一席之地。

三十三、造诣颇深,"雅俗共赏"——《现代战略论》

《现代战略论》是日本军事评论家小山内宏撰写的一部战略问题专著,主要论述了战略的含义和分类,世界著名军事家的战略观,第二次世界大战以后美国的军事战略,并详细分析了日本的专守防御战略。该书 1972 年由日本产报出版发行,之后多次重印。1975 年吉林人民出版社出版了由吉林省哲学社会科学研究所翻译的中文本。

作者小山内宏,于 1924 年出生于日本东京,是日本著名的军事评论家。第二次世界大战以后曾在美国从事军事研究,1971 年作为日中文化交流协会成员访问中国,并同周恩来总理就军事问题进行了交谈。小山内宏在军事理论研究方面造诣较深,撰有《越南战争》《第三次世界大战》《都市游击战》等许多著作。《现代战略论》是小山内宏的一部比较有代表性的著作。

《现代战略论》一书首先用很大篇幅论述了战略的含义。为了更加准确地阐明战略的含义,作者首先论述了战略与战术的区别,通过对东方的战略——孙子兵法、日本的战略——武田信玄和《甲阳军鉴》、克劳塞维茨的《战争论》、毛泽东的战略——《论持久战》、武元甲的《军事艺术论》、格瓦拉和马利格拉的游击战略以及拿破仑和希特勒的战略的剖析和论述,给人们拉开了一个总体的战略场景,和形形色色的战略"超市"。最后作者阐明了自己对战略的认识。他说,应该明确地认识到,所谓战略不论怎么说都是同军事力量的运用相联系的,是为了达到战争和军事作战的目的,高瞻远瞩地执行战争计划,有规模地运用军事力量的基本方针和策略。如果从更高的立脚点解释,战略可以分为"国家战略"和"军事战略"两种。"国家战略"是为了实现国家的目标,在平时和战时为在发展和运用国家力量的同时,发展和运用政治、经济、社会等各方面的实力而采取的方针和策略。在国家战略中,最为重要的就是"军事战略"。军事战略是为推行国家对外关系而运用军事力量的方针和策略。上述国家战略、军事战略可以称为"广义"的战略。在军事上所说的战略,即"设想、计划、准备、指导作战的方针、策略"是"狭义"的战略。通俗地讲,指挥全部"战斗"或战场的就是"战略"。

作者认为,第二次世界大战末期开始的美苏对立,导致了美国对苏联的敌视政策。在这种形势下,美国国务院作为国家的方针曾提出三个新的战略设想,即:关于"遏制力量"的设想,"战略军"的设想,还有以平时临战体制的战略代替原来的紧急动员战略的设想。此后,美国还相继提出了大规模报复战略、灵活反应战略、核战略等。

大规模报复战略是根据"全面战争或者大规模的局部战争都用核武器"的基本思想而制定的。根据这种战略,美国三军不论在全面战争还是在局部战争中,都进入了使用核武器的战争状态。

作者认为,美国在推行灵活反应战略的时期,开始了对民族解放战争的镇压,例如，先是进攻古巴而后介入了越南战争。

对于第二次世界大战后的"冷战"的实质，作者进行了剖析。他认为，麦克阿瑟刻画了冷战的实质——"政府以时局严重为借口，煽动疯狂的爱国热情，使我们经常处于不安的状态中，政府认为，假如国民不盲目地承认政府提出的庞大预算，我们的国家将被可怕的外国势力或者隐藏在国内的危险势力所灭亡。但是，我们回过头来看看，这种非常的局势似乎根本没有出现，甚至令人感到那只不过是一种妄想而已。"威尔逊揭开了冷战面纱的一角——"实际上整个美国正在成为追逐冷战的获利者，……在军需工业方面一个不容忽视的事实，就是有许多美国人正在通过它而获得利益。这种利益涉及一切领域，如财产、交易、就业、选举、提升的好机会、科学家所得报酬的多寡等等。要想急剧改变这种状态，就将引起摩擦，这是一个麻烦的问题……若是立即停止冷战，则将使拥有巨大航空工业的加利福尼亚州，陷于一片混乱。"哈佛大学斯利克特教授说得更加明确——"只要继续进行冷战，就不能发生严重的经济萧条，——如果冷战能使需要增加，保持高度的就业率，促使技术进步，有助于国家生活水平提高，那么我们就应该向使美国的资本主义充分发挥作用的苏联，表示感谢。"作者认为，从现象上看，冷战可以看作是对外战略的国防设想，但是实质上它是根据国内战略和经济结构的需要而进行的。

该书对核战争也进行了详细的分析，认为通过核战争很难形成遏制力量，这是因为尽管谋划用庞大的核遏制力量来遏制战争，期望使对方产生恐怖，以求达到遏制的目的，但实际上自己却感到了核战争的恐怖，因此，实行这种战略似乎遏制了对方，但也遏制了自己，导致了难解难分的"核僵局"。

该书还对日本的"专守防御"战略进行了系统的分析和研究。作者历数了日本从专守防御走向自主防御进而发展成为攻势防御的经过，指出了日本军事战略的基本思想及其演变过程。作者认为：日本国土狭小，南北细长，防御正面广阔。世界一流的战斗轰炸机不到20分钟就可以从南端或北端侵入首都地区。在这样的地理条件下，执行"专守防御"的战略是很困难的。因为所谓"专守防御"战略是以"本土决战"型战争为目标的战略。也就是说，必然要同登陆的敌方大军在日本的土地上展开决战。这样，以登陆点为中心，将出现一个可怕的破坏和杀戮的战场。而且日本海岸地区布满城市，人口稠密，日本国民必然蒙受极大损失。此外，日本海岸线很长，有许多适于登陆作战的海滨。由此看来，所谓本土决战型战争绝不是只加强武器装备和军队就可以取胜的。因此，日本必须采取先发制人的进攻或采取马上就能进行报复性攻击的攻势战略。现在日本在演习和其他方面也正在向着这个方向前进。当然，即使用攻势防御的战略进行战争，若对方是军事大国，结果还要遭到巨大报复。基于上面的分析，作者认为：日本国不具备进行现代战争的条件。

作者在书中分析指出：现在，日本已经发展成为高度发达的先进国家，众多的国民追求着和平的生活。生活在今天的日本人恐怕很难还能像过去日本军队那样经受住艰难困苦而进行战争。现在，文明国家的国民除了依靠机械力量进行战争以外，用别的办法是很困难的。因此，作者认为日本人已经不能进行战争，对于老早就从内心厌恶战争的现代日本人来讲，即使是使用加强国防的口号声去大声恫吓他们，也很难把他们驱赶到战争中去。日本只靠通过建设强大的军事力量来建立国防和从事防御战争是不行的。作者认为,现在正是需要切实研究什么是日本的真正的战略的时候了。在书中,作者明确指出,"有人认为现代战略的特点是:'为了抑制战争,在战争爆发时,防止其扩大'。但是,现代的战略是否抑制了战争呢? 从过去著名的战略论,特别是从近代到现代具有代表性的战略论来看,很明显,除少数以外,都是'为了战争的战略论'。所谓为了防止战争的战略,只不过是政治辞令而已。在谋求民族解放和独立的战争中,执行人民战争战略的人们,甚至明确而坦率地指出:'革命要依靠枪杆子','解放战争是为了消灭战争的战争'。所谓现代的'战略'与其说是尽快地消灭战争,莫如说是准备战争。"

该书的写作方法和文字表述,比较通俗、简明,但其内容和思想蕴涵,则比较丰富和深刻,可以说这是一部"雅俗共赏"的战略著作。阅读该书,对于了解美国、苏联和日本的军事战略思想有一定的参考价值。

【点评】日本军事评论家小山内宏撰写的一部战略问题专著,主要论述了战略的含义和分类,世界著名军事家的战略观,第二次世界大战以后美国的军事战略,并详细分析了日本的专守防御战略。该书包括前言、序章"战争——惨无人道的竞赛"、第一章"什么是战略"、第二章"现代战略——核大国的军事思想"、第三章"日本的战略——日本的军事思想"、尾章"生的战略和死的战略"以及结束语。该书写作方法和文字表述比较通俗、简明,但内容和思想蕴涵则比较丰富和深刻,是一部"雅俗共赏"的战略著作。

三十四、美国战略,系统总结——《大战略》

《大战略》全名《大战略:原则与实践》,是美国在 1973 年出版的一部比较系统、全面地论述战略问题的理论著作,是现代西方大战略理论的代表作。作者约翰·柯林斯是美国国会研究防务问题的高级专家,美国国防大学战略研究所所长,著名的战略理论家和"书斋战略家"。该书由美国海军学会出版社于 1973 年出版。中译本由战士出版社于 1978 年出版。

全书共 6 部分,29 章,另含前言及代序:"战略思想的演变"。这 6 部分分别是:大战略的结构(包括目的与手段,对威胁的估计问题,战略的实际,作战原则);战略环境(包括全面战争的性质,有限战争的性质,革命战争的性质,冷战的性质);当代美国各派军事思想(包括对美国安全的外来威胁,美国大战略的概貌,威慑的概念,战略报复的概念,战略防御的概念,灵活反应——美国战略的一个组成部分,美国关于集体安全的概念,美国对欧洲的战略,美国对东亚和西太平洋的战略,反暴乱的战略思想);特殊考虑事项(包括地理的影响,武装部队的特点,军备控制的影响,经济与财政方面的制约,科学、技术与战略,民族特性及其态度);通往战略优势的道路(包括成功的战略家的特征,培养创造性的思想,怎么办?);战略的运用(包括越南战争:对大战略的一个实例研究)。

该书是美国在越南战争败局已定的历史背景下,从大战略的角度对失败的教训进行总结的产物。作者认为,多年来美国人没有很好研究大战略,在越南战场上尽管美国的军事技术"出类拔萃",但由于多数决策人过分热衷于使用武力,忽视了《孙子》"上兵伐谋"这一名言,结果输掉了战争。作者强调,如果没有深谋远虑的政治战、经济战、社会战和心理战的配合,军队是不能取胜的。美国今后必须从大战略的角度指导战争。该书提出,大战略是在各种情况下运用国家力量的一门艺术和科学,目的在于通过威胁、武力、间接压力、外交、诡计以及其他可以设想的手段,对敌方实施所需要的各种程度和各种样式的控制,以实现国家的安全利益和目标。大战略的结构包括目的与手段两部分:目的是国家的安全利益和目标,手段是国家现有的各种力量。目的必须与手段相适应。如果目的与手段脱节,就会遇到难以估计的风险。具体说来,该书6大部分主要研究了下述问题:

该书的第1部分,作者主要探讨了大战略整个领域与国家安全利益、目标、政策以及国家力量各组成部分之间的相互关系,并对国家战略、大战略和军事战略的区别、基本战略方法、主要战略思想学派、作战原则等问题进行了评述。在论及大战略和军事战略的关系时,他强调指出,"军事战略"和"大战略"有联系,但绝对不是同义词。军事战略是以暴力相威胁为基础的。它力求通过武力来取得胜利。大战略是在各种情况下运用国家力量的一门艺术和科学,以便通过威胁、武力、间接压力、外交、诡计以及其他可以想到的一切手段,对敌方实施所需要的各种程度和各种样式的控制,以实现国家安全的利益和目标。大战略如果运用成功的话,将减少使用暴力的必要性。同样重要的是,大战略所寻求的远不是战争的胜利,而是持久的和平。军事战略主要是将军们的事,而大战略则主要是政治家们的事。大战略支配着军事战略,而军事战略只是大战略的一个组成部分。

该书的第2部分,作者集中论述了当代的战略环境以及由这种环境引起的各种战略问题,如全面战争、有限战争、革命战争和冷战的性质、原因、目标、方法、计划、需求、定义、战略战术等。作者认为,全面战争是"指美国和苏联之间一次灭绝种族的摊牌,由于广泛使用大规模毁灭性武器,它可能危及整个地球的安全";有限战争是指"在全面战争与冷战这两个极端之间存在着一系列常规战争,笼统地称为有限战争";冷战"是冲突光谱下端的国际紧张局势的一种活跃状态。"关于革命战争,作者鲜明地站在帝国主义和反动势力的立场上,不仅论述了革命战争的目的、发展阶段,并提出了防止革命发展的极为反动的议论。

该书的第3部分,作者概述了第二次世界大战后美国朝野对外威胁、大战略、威慑、战略报复、战略防御、灵活反应、集体安全、在欧洲的战略、在亚太的战略、在中东的战略、反暴乱战略等一系列战略问题的不同看法与反应。

该书的第4部分,作者分析了一些需要特殊考虑的与大战略相关的问题,如地缘政治理论、军备控制、国防经济、科学技术、民族特性等。

该书的第5部分,作者介绍了发现、动员、鼓励和指导军内外有才干的人的方法,并特别论述了成功的战略家的12个特征:多智慧,有理性,敢怀疑,有耐心,博学多才,擅长分析,虚心好学,有自信心,能够钻研,富于想象,尊重客观,善于表达。

该书的第6部分,作者运用以前各章的理论和分析方法评价越南战争中双方使用的战略。同时,对战略的本质内涵做出了进一步的阐述:"战略可以是一种谁都能玩的游戏,但是,它不是一种谁都能玩好的游戏。只有最有天赋的人,才能有较多的机会取胜",为了充分说明这一问题,作者引用了博弗尔将军的一段话作为佐证——"战略是一种任何人都可以参加的、引人入胜的、有教育意义的并在智力方面能使人振奋的游戏。业余爱好者是出于兴趣,而专业人员则是为了牟利(包括国家的利益),只要他们机敏就行。不论是理论家还是实际家,是专家还是一般实际工作者,在这个领域里都可以大显身手。"在第6部分中,作者用以前各章提供的分析方法,对越南战争中双方使用的战略做以研究和评价,运用越南战争的一些实例,说明了美国在战略决策方面失败的原因,并以此结束全书。该书除概述了当代美国各派的军事战略思想外,还叙述了美国的对外政策以及与军事战略有关的地理、经济和科学技术等问题。作者在书中引用了孙子、约米尼、克劳塞维茨、马汉、杜黑等许多世界著名军事人物对战略问题的言论,使读者能够领略到一些权威性著作对待战略的观点。

综观全书,柯林斯主要论述了如下观点:①大战略是各种情况下运用国家力量的一门艺术和科学,以使通过威胁、武力、间接压力、外交、诡计以及其他可以想到的手段,对敌方实施所需要的各种程度和各种样式的控制。以实现国家安全的利益和目标。②应根据不同的战争实施不同的战略,如边疆战略和积累战略,直接战略和间接战略,威慑战略和实战战略,打击军事力量战略和打击社会财富战略。③没有一条作战原则是永恒不变的,应通过正确运用作战原则实施战略指导,常见的12条作战原则有:目的,主动权,灵活性,集中,节约,机动,突然性,扩张成果,安全,简明,统一指挥,士气等。④全面战争是美苏之间的核大战;冷战是"冲突光谱下端的国际紧张局势的一种活跃状态";有限战争是在全面战争与冷战之间存在着的一系列正规战争的统称;革命战争是"用自觉的努力,通过非法的强制手段去夺取政权"。⑤大战略受各种因素的制约,如地理的影响,武装部队的特点,军备控制的影响,经济和财政方面的制约,科学和技术方面的影响,民族特性及其态度的影响。⑥成功的战略家均具有如下共同特征,即才智,智力的主动性,敏锐的分析能力,坚韧性,能言善辩,开阔的眼界,有预见性。

柯林斯编写《大战略》这部著作的目的,是为当局制订战略献计献策,并向公众鼓吹其战略思想。但由于作者对国家战略、大战略和军事战略等基本概念做了较为明确的界定,从国家安全、利益、目标、政策及国家力量各组成部分,以及地理、经济和科学技术等方面,较系统地论述了大战略理论,为认识和理解美国各派军事思想及军事战略提供了新的视角,较其他同类著作更为系统、全面。另外,作者较为客观地肯定了中国古代兵家孙子的历史地位,并承认马克思、恩格斯、列宁、斯大林和毛泽东是"公认的战略创新者",因此可以说《大战略》一书是目前西方国家中"最好"的一部战略著作。不过,作者对当代世界某些问题的看法是错误的,如否定战争有正义非正义之分,在很多方面对革命战争理论持否定态度等=

【点评】一部比较系统、全面地论述战略问题的理论著作,美国国会研究防务问题的高级专家,美国国防大学战略研究所所长,著名的战略理论家和"书斋战略家"柯林斯著。全书共6部分,分别是:大战略的结构、战略环境、当代美国各派军事思想、特殊考虑事项、通往战略优势的道路、战略的运用。作者对国家战略、大战略和军事战略等基本概念做了较为明确的界定,从国家安全、利益、目标、政策及国家力量各组成部分,以及地理、经济和科学技术等方面,较系统地论述了大战略理论,为认识和理解美国各派军事思想及军事战略提供了新的视角,较其他同类著作更为系统、全面。

三十五、"现代马汉",觊觎远洋——《国家的海上威力》

第二次世界大战结束后,出现了美苏两个超级大国争夺全球霸权的世界战略格局,爆发新的世界大战尤其是核大战的危险性不断增大,冷战与对峙成为时代的特征。至70年代中期,世界大洋水域出现了一支与美国全球性海军并驾齐驱的远洋导弹核舰队。谢·格·戈尔什科夫就是这支舰队的组织领导者。作为一位担任苏联海军总司令长达30年之久的海军领导人,戈尔什科夫为苏联海军由近海防御型发展成为远洋进攻型的海上作战力量做出了杰出的贡献。同时,作为一位造诣颇深的核时代的海军理论家,他写下了能与马汉《海军战略》和科贝特《海上战略的若干原则》相提并论的《国家的海上威力》,并被世界海军学术界誉为"现代马汉"。戈尔什科夫在领导建设苏联远洋导弹核舰队的实践中形成了独具特色的海军战略思想。这一思想不仅促进了核时代世界海军战略理论的发展,而且对冷战期间美苏全球军事对抗的格局产生了深刻的影响。今天,我们仍然能从俄罗斯核战略部队的建设与运用中看到戈尔什科夫"核海军制胜论"的影响。

戈尔什科夫于1910年2月26日出生于乌克兰。戈尔什科夫的青少年时代,正值国际国内军事斗争十分激烈、战争不断之际,在英雄主义和爱国主义精神的驱使下,立志成为一个建功于国家的优秀军官和军事家。1927年,戈尔什科夫参加了苏联海军,直到1985年辞去苏联海军总司令,度过了长达58年的海军生涯。作为一名将苏联海军建设作为自己毕生事业的海军军官,戈尔什科夫受到过正规的各级专业培训,曾先后毕业于伏龙芝海军学校,雷击舰舰长训练班和海军学院高级首长进修班。

戈尔什科夫迈出初级海军军官学校大门时,正赶上苏联经济开始好转和军事实力逐步增强,特别是苏联最高当局提高了海军在整个武装力量中的作用地位。他先后在黑海

戈尔什科夫

舰队、太平洋舰队任职。由于工作努力和成绩显著,戈尔什科夫很快脱颖而出,成为青年军官中的佼佼者而得到上级的提拔,历任护卫舰舰长、驱逐舰舰长和驱逐舰支队长,不到30岁就晋升为黑海舰队巡洋舰支队支队长。

苏联卫国战争爆发后,戈尔什科夫参加了黑海舰队进行的重大战役战斗,经受了战争的严峻考验。自1944年4月起,戈尔什科夫任多瑙河区舰队司令,指挥舰队保障了乌克兰第3方面军成功地强渡德涅斯特湾,还率领舰队参加了解放南斯拉夫和匈牙利首都的作战,出色地完成遣送部队突击登陆、舰炮火力支援和占领港口等任务。

第二次世界大战结束以后,戈尔什科夫继续留在黑海舰队,先后担任过分舰队司令、黑海舰队参谋长,1951年8月被任命为黑海舰队司令。1955年7月,戈尔什科夫被赫鲁晓夫看中,调入莫斯科任海军第一副总司令,晋升为海军上将,1956年接替库兹涅夫担任苏联国防部副部长兼海军总司令。也正是从这时起,苏联海军踏上了通往远洋攻击型导弹核舰队的征程。戈尔什科夫1967年晋升为苏联海军元帅。

戈尔什科夫步入苏联海军最高领导层时,正值美苏两个超级大国展开一场不待遏止、规模空前和以战略核打击手段为中心的军备竞赛时期。面对美国海军的严峻挑战,如何找到一条便捷的途径,在短时间内迅速增强海军实力和采取正确的海军战略运用方针,对于苏联国家军事战略及海军战略至关重要。戈尔什科夫敏锐地捕捉到核技术及其应用为苏联海军带来的千载难逢的历史机遇,组织领导了这一时期的苏联海军建设和在世界大洋上与美国海军进行全面核对抗的全过程,并形成了独具特色的"核海军制胜论"。这一思想的实质是,以弹道导弹核潜艇为主体的核海军是国家战略核武器的主要携带者和未来战争的主角,能够直接对核战争的进程与结局产生决定性的影响,而优先发展弹道导弹核潜艇和采用以海军对陆地核突击为主的战略运用方针,就能够在短时间内对美国构成致命的核威胁和打赢全面核战争,使苏联在核时代获得极大的战略效益。

戈尔什科夫在任职期间,科学地观察并分析研究了当时的世界形势,对苏联的国防事业进行了深入的思考。根据自己的作战经验以及对世界政治军事斗争的研究,进行了大量的军事理论研究工作,发表了许多颇具价值的学术著作,其中《国家的海上威力》是他的代表作。

《国家的海上威力》于1976年由苏联国防部军事出版社出版,1979年修订再版。中译本由生活·读书·新知三联书店于1977年出版,海洋出版社于1985年出版修订本中译本。全书共4章。第1章"海洋和国家的海上威力",主要论述国家海上威力的概念、构成和海洋的地位、作用等。第2章"各国海军史片段",主要通过介绍16世纪到第二次世界大战期间,英、美、法、德、意、荷、苏等国海军的发展及战争经验,论述海军的重要作用。第3章"第二次世界大战后各国海军的发展",简要介绍帝国主义国家和苏联海军的发展进程,以及海军的力量和手段的完善等问题。第4章"海军艺术问题",主要论述海军建设和海军使用的有关理论。全书强调海洋、海战场和海军的作用,主张拥有并运用国家的海上力量去开发和控制海洋,以实现国家的战略目的。书中指出,国家海上威力的实质是为了国家的利益有效地利用世界大洋的能力,并认为海洋是另一个有前途的开发领域,它不仅是交通联系的通道,也是资源的宝库。在军事上,海洋是核武器的广泛发射基地。战时,海战场与陆战场紧密配合,在一定条件下可能成为主要战场,影响陆战场武装斗争的进程和结局。海军的强弱是国家兴衰的因素之一。一个强大的国家必须拥有一支强大的海军。该文主张建设一支强大的远洋导弹核舰队,重点发展弹道导弹核潜艇和海军航空兵。此外,作者在书中还对苏联海军的战略方针和海军均衡发展理论等也做了论述。

该书的主要观点包括:①国家的海上威力是开发世界海洋的手段与保护国家利益的手段这二者的合理结合。海上威力既包含着经济也包含着军事因素,海上威力和海洋这个环境有着不可分离的联系。②国家海上威力的最基本因素是海军。尽管因历史条件的不同构成海上威力的各组成部分的作用也有所不同,但海军却始终起着主导作用。③大规模技术发明尤其是导弹核技术在海军的应用大大提高了海军的作战能力,同时也相应地使海洋方面斗争的作用大大提高了。与此相适应,海军的任务也不仅限于消灭敌人的舰艇,还包括从海上直接影响敌人中心,摧毁其军事经济潜力。④海军兵力应保持平衡。在重视发展潜艇和海军航空兵的同时,也应协调发展海军其他兵种,海军的胜利和在专门使用这支海军的战争中使用海军的艺术,很大程度上取决于海军平衡问题的正确解决。

《国家的海上威力》的问世正处于苏联推行全球战略和霸权主义的高峰时期,是苏联建成远洋导弹核舰队的经验总结,反映了苏联 20 世纪 60~70 年代海军建设的指导思想,因而受到世界各国的普遍重视。书中关于海军建设和海军战略运用的观点,特别是海军均衡发展的理论,具有一定的参考价值。

【点评】苏联海军理论著作,苏联海军元帅、国防部副部长兼海军总司令戈尔什科夫(1910~1988)撰写。全书共 4 章。第 1 章"海洋和国家的海上威力",主要论述国家海上威力的概念、构成和海洋的地位、作用等。第 2 章"各国海军史片段",主要通过介绍 16 世纪到第二次世界大战期间,英、美、法、德、意、荷、苏等国海军的发展及战争经验,论述海军的重要作用。第 3 章"第二次世界大战后各国海军的发展",简要介绍帝国主义国家和苏联海军的发展进程,以及海军的力量和手段的完善等问题。第 4 章"海军艺术问题",主要论述海军建设和海军使用的有关理论。该书的问世正处于苏联推行全球战略和霸权主义的高峰时期,是苏联建成远洋导弹核舰队的经验总结,反映了苏联 20 世纪 60~70 年代海军建设的指导思想,因而受到世界各国的普遍重视。书中关于海军建设和海军战略运用的观点,特别是海军均衡发展的理论,具有一定的参考价值。

三十六、"星球大战",角逐太空
——《高边疆——新的国家战略》

《高边疆——新的国家战略》一书,是探讨美国"星球大战"计划和空间战争战略的重要著作。

该书的作者丹尼尔·格雷厄姆曾任美国国家安全委员会特种计划室主任,里根政府的国家安全顾问。1976 年从国防情报局局长职位上退休后,历任迈阿密大学国际研究所教授、研究员等职。

早在 20 世纪 50 年代,美苏争夺太空的角逐就已开始。60 年代后,双方从以发展军用卫星为主,转向以发展太空武器为主,太空的军事竞赛日趋激烈。这种激烈的竞赛,不仅是双方军事科技实力的较量,同时也是双方太空战略理论思想的较量,美国政府急需找到一种指导太空战的军事理论。就是在这种情况下,格雷厄姆于 1980 年初首先提出了"高边疆"概念,这一概念的实际,就是"太空领域"。1981 年里根上台后不久,格雷厄姆就在里根总统的支持和美国传统基金会的资助下,组建了由 30 多位科学家、经济学家、空间工程师和军事战略家组成的"高边疆"研小组。经过 7 个月的精心研究,全面系统地提供了开拓和利用宇宙空间的总构想,形成了"高边疆"理论,这一理论的实质,就是"使美国开拓和利用空间领域发展经济和加强军事实力,在美苏的全面竞争中占据战略优势"。并将这一理论以研究报告的形式,撰写了《高边疆——新的国家战略》一书。书中明确指出:太空为迈向经济腾飞的新时代提供了希望。太空这一独一无二的环境——零重力、近理想真空、无限吸热能力和无菌以及取之不尽的矿源和太阳能——为工业和商业的发展开辟了广阔天地。随着航天器、定向能及动能武器的发展,太空将成为除陆、海、空以外的第四战场,太空已被视为未来战争中必争的"新高地",谁能首先控制这个"新高地",谁就能威胁和压制对方,从而在未来战争中取得优势的战略地位。

《高边疆——新的国家战略》论述的主要观点有:①美国奉行的"相互确保摧毁"战略并不能为美国提供有效的核保护。它束缚了美国进行军备控制的能力,导致了美国及其盟国在核攻击和核讹诈面前无所作为。②为了消除苏联军事力量对美国及其盟国现有的和日益增长的威胁,美国需要彻底摒弃"相互确保摧毁"战略,实行新的"高边疆"战略。③美国要充分利用空间技术优势,把防御系统有效地部署在空间,摆脱不稳定的"恐怖平衡"走向"确保生存"的世界环境,并有效地促进美国经济。④要使美国和盟国的战略思想体系从"相互确保摧毁"理论有效地转向。"确保生存",唯一的出路就是部署全球弹道导弹防御系统。⑤"高边疆"战略拥护大力加强美国的进攻性战略力量,强调战略防御并不排斥替换过时的战略轰炸机、导弹和导弹发射潜艇的有关要求。⑥"高边疆"战略的主要军事影响是能以最快的速度、最经济的方式达到美国所要求的"安全感",恢复美军传统的军事伦理道德。⑦"高边疆"战略可使苏联面临其最害怕的那种武器竞赛,加重苏联的技术和工业负担,动摇苏联在过去 20 年里花费巨资建造起来的战略结构的根基。

"高边疆"报告中明确指出:苏联在战略核力量方面确已领先,且有与日俱增之势,不设防的美国是招架不住的,除非用报复相威胁,但那意味着民族自杀。苏联为了争夺当代战略优势……已经控制了近地太空,苏联是美苏双方中唯一试验过反卫星系统这种太空武器的一方。它已经把核反应堆送入轨道,在太空轨道上设有一个载人太空站,并且正在扩大载人太空站。苏联的太空活动几乎都带有明显的军事色彩。苏联太空系统中 70% 具有纯军事性质,15% 具有军事和民用双重性质,仅 15% 是纯民用性质。有鉴于此,主张美国建立以太空定向能武器为主的多层综合反弹道导弹系统,即包括地面、空中和太空基地的多种拦截手段的综合防御体系,对来袭弹道导弹飞行的各个阶段——助推段、后助推段、中段和再入末段(再入段)逐层加以拦截。在此领域,速度快、射程远的高能激光、粒子束、工功率微波、X 射线等定向能武器和动能武器,先进的太空监视、探测和跟踪系统,全球范围的指挥、控制和通信系统等都是未来太空战争所必需的手段。作者认为,为了消除由苏联军事力量所形成的对美国及其盟国的现有的和日益增长的威胁,应当用"确保生存"战略代替"相互确保摧毁"这种危险的理论。为此,迫切需要在两三年内建成洲际导弹地下井的点防御系统,费用比超级加固要少,能使苏联丧失对美国威慑力量实施第一次打击的信心;五六年后可部署第一代天基弹道导弹防御系统,以便在弹道起始阶段大量消耗苏联的战略进攻导弹;在 10~12 年内可部署第二代天基防御系统,能用技术先进的武器攻击近地球空间内任何地方的敌对目标;在下一个6~8年内部署实用的载人军用空间控制飞行器,能在卫星所到之处完成检查、轨道维修以及空间拖船的任务;利用拟议中的积极战略防御系统,制定一项有足够的规模和经费的民防计划,从而增强美国的威慑力量。作者将这样一个战略计划看成是既不需要在量储存武器装备,也不必花那么多钱部署核武器的安全方案,它将使美国从一个不稳定的恐怖平衡的世界走向一个"确保生存"的世界,进入更加稳定的状态。当然,作者也认为,在建立战略防御体系的同时不能放松改造战略核进攻力量,这实际上肯定了"确保生存"战略仍然不能完全取代"相互确保摧毁"战略。①采用部署地太空轨道上的定向能武器,拦截在助推器段飞行的来袭导弹;②采用部署在太空的粒子束武器和部署在地面的激光武器,拦截在后助推段飞行的导弹;③采用部署在太空的红外寻的非核动能拦截弹和电磁轨道炮拦截处于飞行中段的漏防弹头;④主要采用雷达寻的非核动能拦截弹拦截飞人末端的弹头。此种反导弹系统还将具有反卫星等太空作战能力。定向能武器和动能武器可用于主动攻击敌方的卫星太空站。作为太空基地的太空站和作为天地穿梭工具的航天飞机,是理想的太空武器发射平台和轨道轰炸器,可以顺利地遂行各种攻击性任务。对于攻击内层空间、陆地、海上的各种战略性目标,太空武器系统的高效率、低风险性是核武器所不可企及的。因此,根据不同的目的、条件和时间,太空战争不仅可采取"太空对太空"的作战形式,而且可采取"太空对地面","地面对太空"等形式的作战行动。美国前空军航天司令部司令赫雷斯将军指出,"如果爆发战争,我们也可以利用太空军事系统成倍地增长我们所有军队的战斗力;我们可以利用太空武器来抵消敌方在数量上的优势"。他认为,利用太空武器系统能在"正确的时间、地点,使用数量得当的火力"支援作战部队。认为"星球大战系统"可充当协调"国家总的战争计划的监控站"和"一种力量增强器",可有效地为各军兵种提供准确可靠的情报侦察、战略预警、武器导航和作战支援。

从《高边疆——新的国家战略》一书中我们可以清楚地看到,格雷厄姆和他的"高边疆"研究小组对战争问题的考虑和研究是多方面的。从冷战到热战,从核战争到常规战争,从全面战争到局部战争,从联盟战争到双边战争,从正规战争到非正规战争,从高强度战争到低强度战争,从地球战到太空,设想了各种情况。尤其是他对太空作战系统的地位与作用的全面认识以及科学求实的设计,里根总统和美国的一些军事、政治、科技界人士普遍认为这一战略"在军事上是可靠的,在技术上是可行的,在财政上是负责的,在政治上是现实的"。《高边疆新的国家战略》一书,为里根总统提出"星球大战"计划提供了充分的理论和技术上的论证性依据。该书1982年由美国高边疆学会出版,问世后立即受到美国政府、军方和公众的关注,对美国当时的经济、政治、军事和高技术发展以及世界局势均产生了重大影响。

【点评】探讨美国"星球大战"计划和空间战争战略的重要著作,美国国家安全委员会特种计划室主任、里根政府的国家安全顾问丹尼尔·格雷厄姆撰写。全书分为战略、军事方面、非军事方面、间接行动、紧急要求和费用、影响、实施、条约方面的考虑共8章,系统地论证了分阶段、分步骤研制、部署以天基为主,陆基、海基、天基结合多层弹道导弹防御系统的必要性,在大多数章节后面还附有大量的附录和附件,分别从财政、政治、法律和技术上论证了每一个观点的可行性。该书1982

年由美国高边疆学会出版,问世后立即受到美国政府、军方和公众的关注,对美国当时的经济、政治、军事和高技术发展以及世界局势均产生了重大影响。

三十七、丰富想象,大胆预测——《未来的战争》

《未来的战争》是探讨第三次浪潮文明、战争发展趋势的军事未来学的代表作之一。其作者是美国著名的未来学家阿尔文·托夫勒。

托夫勒有着丰富的生活阅历。他曾在汽车厂、铸钢厂工作过5年,后到华盛顿当记者、《幸福》杂志副主编,他还担任过拉塞尔·塞奇基金会的访问学者、康奈尔大学客座教授、社会研究学院的教师,以及国际战略研究院研究员。托夫勒于1950年与海迪·托夫勒结为伉俪。他们夫妇俩都是美中关系全国委员会会员和联合国妇女基金会会员。托夫勒写下了大量著作,比较主要的有《未来的冲击》《第三次浪潮》《力量转移》和《未来的战争》等,其中《未来的战争》一书是托夫勒影响最大的一部名著,受到世界的广泛关注,被译成30多种文字在全球50多个国家和地区出版发行。

托夫勒的著作,以其引人注目的洞察力和对社会思潮巨大的影响力受到许多国家的领导人、企业家、教育家以及评论家的赞誉。为此,他被吸收为美国科学进步协会研究员,并被授予美国"麦金西基金会图书奖"、中国图书"金钥匙奖"等。此外,托夫勒夫妇还被授予许多其他荣誉称号,其中包括"意大利共和国总统勋章",以及科学、文学、法学等多项荣誉博士学位。

《未来的战争》是托夫勒夫妇于1994年创作的,原书名直译应为《战争与反战争》。作者把对未来的关注转向了战争与和平这一重大主题。

书中所阐述的主要观点有:

(1)自古以来,战争的形式一直都在不断地变化。农业时代,战争的形式是锄头加刀剑;工业时代,战争的形式是大规模生产加毁灭性武器;而未来,随着信息和知识在经济体系中的作用越来越大,我们将目睹到"软件战胜钢铁"时代的到来。他认识到,"我们制造战争的道路正反映了我们创造财富的道路,而我们制造反对战争的道路也必须反映我们制造战争的道路。"他断言:是科技驱动战争,而不是战争决定科技。未来的世界局面,基本上应由经济,而非军事、战争来决定。在此书中,托夫勒还明确地提出了"精巧战争"的概念。他认为,今天的这样一个世界,就是需要第三次浪潮文明的"精巧战争"。而不是第二次浪潮时代的那种大规模的全面战争。与投入大规模的常规军队比起来,"精巧战争"不仅可以用于战术目的,也可以用于战略目的;不仅适用于国家政府使用,也适用于国际组织使用,甚至也许还适用于国际舞台上的以非国家面貌出现的单位或人(从聘用雇佣兵的跨国公司到狂热的宗教信徒)使用。在本书中,托夫勒站在科学技术与政治的结合点上,以战略的眼光,看到了一股不可忽视的政治势力以及与之相伴生的战争资源的存在,他说,随着人们从体力劳动经济体系向脑力劳动经济体系的转换,大量的失业和混乱伴随着新的政治力量的崛起——即高技术水平的"知识阶级"正在取代低技术水平的无产阶级。随着知识成为经济的中心资源,电子网络与媒体就成了关键性的基础设施,掌握知识和传播工具的人就抓住了强化了的政治力量。如果把武器的民间化和扩散与上面的事实结合起来看,这类问题将相继给我们带来的不是一个地缘经济的和平时代,也不是一个稳定的新世界秩序,更不是一个民主的和平地区,而是一个战争风险日益增长的世界。他还指出,在战争和财富的创造中,知识密集化既能迅速地强化人们的力量,又能迅速地消除人们的力量。武力和财富都是强者和富人的财产。知识却可以为弱者和穷人所掌握,这是知识的真正革命性的特点。知识是力量的也是民族的源泉。核武器不是农业社会的产物,也不是第一次浪潮文明战争形式的组成部分。核武器是在蒸蒸日上的工业社会的最后阶段才出现的。它们是在追求大规模生产的同时又追求大规模破坏的最高形式。由于设计的目的是追求不加区别的死亡,因此,核武器事实上成了第二次浪潮文明的最高军事表现形式。今天,最先进的武器和核武器正好相反。正如我们所看到的,它们所追求的是分量毁灭,而不是大规模毁灭。一种新的战争形式的崛起,绝不是排除人们就不再使用以前的战争形式——包括对最剧毒的武器的使用。

(2)人们创造财富的途径也是发动战争的途径,今天商业活动中发生的革命性变化也会在世界各国军队和未来战争中有所反映。"知识战略"将在军事思想中占有越来越重要的地位。他指出,"随着我们从体力经济向脑力经济过渡之时,我们还需要发明创造一种称之为'脑力战争'的战争"。他认为,在过去的第二次浪潮文明的经济体制中,土地、劳动力、原材料、资金等均被视为主要的"生产要素",而知识则被视为是第三次浪潮文明的经济体制中的中心资源。知识,从广义的角度说,包括资料、信息、影像、象征、文化、思想、价值等。他提醒人们,如果认为未来战争的主要形式,将完全被卫星、机器人和非致命性武器所限定和控制,那将是十分错误的。因为联结所有这些因素为一体的一个共同因素并非是硬件设备——不是坦克、飞机、导弹,也不是卫星、超微型武器或激光枪。这一共同的因素是无形的,它也是今后界定财富创造体系和未来社会的同一源泉——知识。知识就像是生产力的核心要素一样,它同时也是摧毁力的核心要素。经济体制的智能型工具为战争能生产出智能型的武器。他强调,智能型武器需要有聪明的士兵。教育水平落后的军队,在第一次浪潮战争有代表性的徒手搏斗中,能勇猛善战;在第二次浪潮战争中,也能战胜敌人;但在第三次浪潮的军队中,他们犹如是堆废物,就和第三次浪潮文明的工业中没有文化知识的工人一样。劳动力和战斗力的变化也是相互呼应的。面临第三次浪潮文明的战争,没有头脑的战士,就和面临第三次浪潮文明的经济没有技术的体力劳动者一样,都将被淘汰。战争本质的变化,使得军队的教育程度和专业技术水平越来越重要,而传统的军人男子气概和蛮力却越来越没有价值。第三次文明的战争,要求战士懂得的知识远远超过扣扳机的原理。

(3)在未来的高精尖知识战争中,将会出现机器人制定关键的军事决策,大量使用迷惑敌人的"虚拟真实"武器,渗入敌人商业和情报计算机网络的"电子蚂蚁",甚至还会出现取代外交手段的数字媒体等等。他认为,未来某些最重要的战争将发生在媒体战场上。过去,入侵国家往往会制造一些挑衅事件,为他们的入侵军事行动找口实;未来,他们只需要模拟一些事件即可。在未来科技迅猛发展的世界,不仅是真理,就连现实本身都有可能成为战争的受害者。一个专制的国家,通过严格控制媒体所能得到的任何优势,都抵挡不住一个开放的社会在创造发明、主观能动性和丰富想象力上所爆发出来的力量。媒体,包括至今还未曾想象到的各种宣传渠道和科学技术,都将成为未来战争和反战争中第三次浪潮文明战士最主要的武器和知识战略的重要组成部分。他断言,未来的军队将"在浩瀚的民用技术的汪洋大海中遨游"。

(4)当务之急是在进行变革时,我们需要缔造和平。反战争并不完全是靠呼吁和平的演讲祈祷、示威游行、宣传画来进行的,更重要的是,反战争还包括政治家们,甚至是军人采取行动,来创造条件阻止战争的爆发或限制战争的规模。在本书中,他阐明了"战争的本身就是一种用来避免更大、更恐怖的战争发生的手段,战争本身就是反战争。"这一哲学观点。他认为,反战争的最高水平包括运用军事、经济和信息的力量以减少暴力行动。

正如作者在书中说,"所有希望世界更充满和平的人们,都必须从现在开始,把昔日'核战争的梦魇'抛在一边,以其丰富的想象力,来思考 21 世纪'精巧'战争的政治、道德、军事的现实意义吧。"由于这部著作恰如其分地研究和回答了人们所关心的问题,所以,此书一出版,就受到了爱好和平的人们的广泛关注,同时得以被译成 30 多种文字在全球 50 多个国家和地区出版发行。更为重要的是,《未来的战争》一书将对世界各国的政治家、军事领导人,以及和平组织的官员们在有关未来世界战争与和平等重大问题上产生新的启迪,必将对 21 世纪的世界政治、经济、军事发展产生深远的影响。

【点评】探讨第三次浪潮文明、战争发展趋势的军事未来学的代表作之一,美国著名的未来学家阿尔文·托夫勒撰写。全书分为冲突、轨迹、探索、知识、危机、和平等 6 部分,共 25 章。在回顾历史上两次浪潮文明战争的发展轨迹的基础上,着重探讨了以第三次浪潮文明为背景的未来战争的特点、发展趋势与和平的形式。

第十四章 军事秘闻

一、长眠在紫金山下的异国英灵

盛夏，我们顶着如火烈日，来到紫金山北麓的国民党"航空烈士公墓"。在这静静的山冈上，安葬着160多位在抗日战争中血洒长空的飞将的英灵。

墓地笼罩在薄薄的雾中，银灰色的墓碑，横成排，竖成行，仿佛还像当年空中的飞行编队。墓碑上镌刻着烈士的事迹和不朽的名字。长眠在这里的不仅有炎黄子孙，还有许多来自异国的英雄。肖特，美国人；库里申科，苏联人；史托维，苏联人……我们默默地念叨着他们的名字。不知谁，在他们的墓碑前摆上了一束洁白的花和几支燃着的香烟。是的，为中国人民的解放事业做出贡献的人，中国人民是永远不会忘记他们的，他们的名字将永远铭记在中国人民的心中。

肃立在异国英灵的墓碑前，眺望着遥远的异国英烈的故乡，我们陷入了对往事的追忆之中……

1932年2月20日，上海。

天，湛蓝湛蓝的，日本海军航空队所茂八郎大尉，气势汹汹地率领三架"3式"舰战机从"凤翔"号航空母舰上起飞，在黄浦江上空展示帝国武士的威风。他要飞到这个东方大都市的中心，用"3式"飞机身上悬挂的几十枚炸弹来证明日本天皇航空队的威力和他自己的辉煌战绩。

突然，他的目光呆住了。透过机舱玻璃，他发现了一架飞机。顿时，这位"空中霸王"的攻击意识亢奋起来。他仔细地观察着，从颜色看，不像中国空军的飞机，倒像一位闲逛的"花花公子"。私人飞机？商业飞机？军用飞机？这使得所茂八郎不敢轻举妄动。

这，就是南京政府花巨款买来的"独生子"波音战斗机。此机的驾驶员，是美国飞行员肖特。

20多岁的肖特，年轻英俊，是美国华盛顿州科玛人。1930年，他受公司派遣来华推销飞机，曾短期受聘南京政府军政部航空署开办的航空班任飞行教官。当中日军队血战闸北，日军攻击机肆虐淞沪天空时，肖特正在上海虹口机场装配这架波音战斗机。

"一·二八"淞沪事变的第二天上午10时许，吴淞口外海上的水上飞机母舰"能登"号上又起飞4架"14式"水上侦察机。这些横行霸道的飞贼，俯冲而下，将携带的炸弹一股脑儿倾泻在这座世界上著名城市密集的建筑群落中。炽热的弹片吞噬着中国人民的血肉，也震撼着肖特这位来自大洋彼岸的美国人。

2月11日,日军海军航空队再次对上海实施空袭,炸弹呼啸着落到了虹桥机场门口,离南京政府新购的波音218战斗机仅几百米远。年轻的肖特坐立不安,焦虑重重,如果飞机遭到不测,怎么向老板交代?怎么向中国空军交代?更不能容忍的是,一位飞行员守着一架崭新的战斗机,眼睁睁地看到它被敌机炸得腹肚朝天,这是飞行员的耻辱。肖特瞄了一眼这架刚刚装配起来的漂亮的飞机,主翼、副翼和尾翼涂成金黄色,流线型的机身则呈蔚蓝色,一派风流模样。肖特决定把这个"未穿军装的新兵"进行美国式的处理,独身飞过战云密布的空域,把波音转移到南京去。哪料想,升空后正遇所茂八郎率领3架"3式"舰战机,竟引起一场惊心动魄的空战来,弥补了近日来中日空战中中国飞行员的冷场。

3架敌机威风凛凛而来,肖特亦杀气腾腾,针锋相对。他利用座机的优越性能急速爬升,占据上空攻击位置,眨眼间超过"3式"舰战机五六百米,旋即翻身俯冲扑向敌人的领队所茂八郎的座机……

肖特这番娴熟攻击动作,使不可一世的所茂八郎大吃一惊。尤其使他不安的是,对方并不理睬他两侧的僚机,单刀直入,迎面向他这架长机逼近。还没等所茂八郎反应过来,对方机头一沉,居高临下,向左侧下方一架"3式"飞机开火,顿时空中暴起一团火球。"3式"飞机飞行员们头一回遇到这种老辣的对手。十多个回合后,那架花花公子似的飞机毫毛未损,轻松地跳出格斗圈,扬长而去。所茂茫然地降落在"凤翔"号后,发现自己的座机被戳穿十几个弹孔,不觉倒吸一口凉气。

所茂八郎和他的编队的遭遇,在日本海军航空队中引起了震动。更使他们恐慌的是,两天后,小谷大尉又成了"花花公子"枪炮下的活靶。

那是22日下午4时许,日本空军小谷大尉率3架"3式"舰战机飞临苏州上空。夕阳斜照在太湖上,波光粼粼,白帆点点。如果不是这场战争,该是多么美丽的画面。小谷大尉降低高度寻着地面目标。哦,他发现了一列长龙般的火车,正蠕动着驶向前方,蒸汽机吐着一道长长的白烟。他正欲俯冲攻击,突然,同机后舱操纵旋转机枪的佐佐木报告:"发现中国飞机,正快速接近我机。"小谷刚转过头来,视线中就出现了他和他的同僚们望而生畏的"花花公子"。可这架飞机的机身上分明涂着中国的国徽,他当然没有想到,肖特这几天已经对波音进行了"改装"。

两天前,当肖特的波音与中国空军的机队在南京上空编队飞行时,却突然"迷失",中国飞行员们一时感到疑惑,是他怕以外国人的身份卷入这场空战?还是临阵胆怯脱逃呢?直到今天,肖特为什么擅自离开编队仍然是个谜。但是,肖特并未远走他乡,而是突然驾着波音战机出现在苏州上空,只是飞机已面目全非了。全身被涂成草绿色,主翼上醒目地涂着当时中国的青天白日徽。此刻,他又单机孤行,神秘地出现在小谷大尉的编队前。

正在小谷前方上空担任掩护任务的生田大尉也发现了那架神秘的波音战机。生田立即发出信号,用手指示敌机方位,可波音战机来了个漂亮的跃升,早已脱离了"3式"战机的射程。黑岩刘雄不甘心波音战机滑掉,猛一拉杆,机头朝上,对上方的肖特攻击。对方一个侧滑,把黑岩甩在一边。生田只好"望机兴叹",远远地掉在这个"不速之客"的尾后。

空中,硝烟不断,枪声阵阵,你追我杀,异常激烈。终于,生田等到了机会,3架"3式"飞机将正在爬高的波音战机团团围住,正欲"包饺子"。只是见波音战机翻上覆下,声东击西,勇若游龙,它时而左滚右扫,时而前飞后转,像个捣蛋的蟋蟀,弄得"3式"们一次次扑空,险些自我相撞。肖特闯出险境后,又直朝小谷的座机扑来,这是第四次攻击,肖特已不顾一切,尽量逼近,意在肉搏。

100米、50米、20米……相撞在即。

"哒——"就在波音战机即将撞上"3式"飞机的瞬间,肖特猛地扣动了扳机,随着一阵清脆的枪声,只见小谷座机木屑纷飞,蒙布片片撕裂。在剧烈的颤抖中,"3式"飞机后舱的佐佐木视线中的尾翼已经破损,机身也开始颠簸摇晃。他转过头来刚准备用传话管与小谷大尉联系,突然,他发现自己的护目镜上被一片殷红色蒙住了。"血!"他惊叫一声,神智顿时恍惚起来,失去了知觉,瘫痪在后舱中。当驾驶员骑长中尉挣扎着把这架受了重伤的"3式"飞机迫降回基地时,佐佐木才知道,他满头满脸殷红的鲜血,是被风刮来的前舱小谷大尉中弹后涌出的鲜血。小谷的身躯被肖特射中三弹,当场在空中死亡。

肖特攻击得胜后,欲掉转机头脱离小谷的座机,可这时,一直盯着他的生田正在上空等着他。肖特忙蹬左舵。可已占据有利攻击位置的生田朝他开火了。一串子弹射中了这架中国战斗机的机身。"花花公子"直向地面坠去。坠落在吴县车坊乡高店芜湖港口水中,激起了冲天的水柱。他的遗体当日被我同胞从湖中捞起,用一具中国式的楠木棺材成殓。运回上海后,又改装入银灰色的美国式钢质灵柩中。

同年7月,吴县人民在肖特的遇难处竖起了一个近3米高的华表式花岗岩的纪念柱。后来,又有人集资在苏州大公园北部建起了"肖特义士纪念亭"。

夜色苍茫。龟蛇锁住了长江,武汉三镇进入了梦乡。只有电线杆上的路灯发着昏黄的光。

突然,王家墩机场震天动地的呼啸,撕裂了夜空的宁静。"达莎"欢快地歌唱着滑向跑道,一架接一架冲向那深邃的夜空。

1938年8月14日凌晨。苏联空军志愿队的轰炸机大队在武汉王家墩机场起飞了。9架"达莎"远程轰炸机编成V字形机群,朝预定的目标奋飞。带队长机是大队长库里申科。

刚飞出武汉上空不久,飞机遇到了恶劣的天气,浓重的乌云在夜空中升腾着、滚沸着,像凶狠的巨鲸吞食了9条小鱼儿,然后翻肠倒肚地搅动起来。9架"达莎"像9匹野马在起伏不平的山地狂奔、跳跃。库里申科紧紧地握着驾驶杆,与巨鲸搏斗。手酸了、臂麻了,平素英俊的面庞此刻被一种内外的合力扭曲了,拉出一道道变形的、不规则的肌肉线条。按规定,遇到这种恶劣的天气,作为大队长、长机,库里申科可以下令返航。但是,他知道,这次轰炸任务对打击日本法西斯空军的嚣张气焰该有多重要。执行这样艰巨的任务,对库里申科和他的大队来说,已不是第一次了。

1938年2月21日,这个大队的10架CB轰炸机与中国空军混合编队,由汉口起飞,首次远征台湾,成功地轰炸台北松山机场的30多架日机。台北松山机场是日本侵略中国的重要基地。自开战以来,对中国大陆空袭的日机,大部分是从这里起飞的。它欠下了中国人民一笔笔血债!

作为苏联志愿航空队队员的库里申科,对兄弟的中国人民有着深厚的情谊。

他不会忘记,为了苏联革命的胜利,有多少中华儿女,血洒俄罗斯大地。而日本帝国主义,又是中国人民和苏联人民共同的敌人。十几架轰炸机犹如晴天霹雳。从高空鱼贯俯冲而下,对准松山机场甩下冰雹般的炸弹。顿时,整个机场火光冲天,爆炸声震耳欲聋。松山机场停放的30多架飞机顷刻化为灰烬,库里申科和他的混合编队从容地从台北市上空环绕一圈,安然返航……

6月,苏联航空志愿队又出动СВ共61架次,轰炸安徽长江江面敌舰艇11次,炸伤敌艇2艘,命中敌大型舰3艘,炸着火敌舰10艘,炸沉敌舰6艘。轰炸敌占之芜湖、安庆机场,出动СВ6架,炸弹命中场内。

……

这次在库里申科的指挥下,轰炸机群改变队形,进入投弹前准备。正在这时,库里申科突然发现,前方上空一群敌机越来越接近。

原来,这是日本空军20架轰炸机在9架驱逐机的掩护下,准备轰炸武汉市的。仓促之间,日本飞机也顾不得机翼下的军营了,稀里糊涂投下了炸弹,投入空中格斗。一时间,天空一场混战,无目标的投弹激起了地面上数百处烟云冒上天空。

库里申科猛然拉杆,努力爬高,占据有利攻击位置。可这时,日军3架梅式驱逐机迎面直取他的机头,他急忙侧身,躲开敌机。敌机扑了个空,正好冲到雅科夫正侧面有效射程内,一排子弹洞穿头一架梅式机的油箱,空中腾起一团火球。库里申科趁敌人未反应过来之机,急转机头,咬住另一架敌机的尾巴狠狠攻击,敌机翼间支柱被打断,飞机摇摇晃晃向地面沉去。

开战几个回合,敌机吃了大亏。他们不得不改变战术,利用飞机多的优势,采取分割战术,将9架"达莎"分别包围起来。库里申科的飞机被6架敌机包围着。他明白,再拖下去,油尽弹绝,飞回去已是不可能了。陡然,一个大胆的念头升腾而起。说时迟,那时快,只见他的飞机饿虎扑羊,向一架敌机直撞过去。自以为稳操胜券的敌机见对手要以死相拼,慌忙掉转机头逃跑,正好给库里申科一个尾巴。"哒——"师卡斯航空机枪怒吼了,敌机应声坠落,可就在这时,他自己的座机完全暴露在敌机的火力下,四机同时开火,只打得"达莎"浓烟滚滚,向右下方坠落。

冷风推着强大的气流从机首压来,发动机上熊熊火焰顺势扑过低矮的挡风玻璃,烤上了他的头顶。咳嗽,窒息,双目昏黑。

"跳伞",一个念头从他的脑际滑过。可机上还有轰炸员和射手,他们没有降落伞。不,不能扔下生死与共的战友。再说,在库里申科的天平上,飞机与生命有着同等的价值,他明白手中的飞机是祖国人民心血和汗水的结晶。只有迫降,但机翼下是一个热闹的小镇,他甚至看见了一群天真的孩子。自然,他也想起了遥远祖国的妹妹,一个正在念小学的俄罗斯小姑娘。他一拉杆,蹬左舵,操纵着不太灵便的飞机向左迂回。他要保护中国人民,他已与中国人民结下了深厚的感情。

待绕过小镇,迫降已失去了时机,眼前是波涛汹涌的长江。他决定将飞机迫降在长江水面上,他本能地关闭了油门,用膝夹住驾驶杆,随手摸到灭火器。

滚滚的江水,深情地抱着遍体鳞伤的飞机和苏联人民优秀的儿子。也许,正是他娴熟的驾驶技术,飞机入水时几乎没有什么震动,轰炸员和射手安然无恙地从机舱脱身,游到了岸边,然而,库里申科却再也没有浮出水面……

此刻,在武汉王家墩机场,中国的同志在仰望着天空,库里申科大队的飞行员也在仰望着天空,盼着英雄胜利归来。

库里申科大队长的飞机再也没有回来。

一个月后,一架完整的"达莎"从扬子江里打捞出来了。不知为什么,人们却没有发现库里申科大队长的尸体。滚滚的扬子江留下了这位苏联人民最忠实的儿子,留下了这位中国人民的生死朋友……

1938年6月20日清晨,初夏的细雨飘飘忽忽地下着,像从空中飘下来的细粉,洒落在南昌青云浦机场上。此刻,那幢普通的平房里,驻扎着一群来自苏联远东的飞虎——苏联航空志愿队队员。

他,3号房间里的史托维,也许正在睡梦中与恋人相会吧。来中国前,他正准备与家乡列宁格勒市的一位漂亮的姑娘完婚。他俩已商量好了去莫斯科旅行度蜜月的计划,可是,1937年12月,苏联元帅伏罗希洛夫根据斯大林同志的命令宣布:苏联政府决定再次向中国提供20个师的武器装备,并继续派遣空军志愿队援华作战。史托维所在的E-16大队也被编入援华空军志愿队的序列里。

正值青春期的史托维,固然留恋心上的姑娘,但他更懂得作为一个军人,在祖国需要的时候应挺身而出。他告别了心爱的未婚妻。列车在沉重的车轮撞击声中驶出很远了,可姑娘却仍然立在站台上,手里高高地举着未婚夫送给她的那块黄色头巾,不停地摇晃着。史托维探头伸出窗外,眼眶湿润了。"放心吧,我一定会回来的!"他心里喊着。

中国,美丽的文明古国。南昌,东方都市,史托维曾在世界地理课上认识过。可眼前的情景却使他难过。日本鬼子的飞机将炸弹随心所欲地扔在繁华的都市,凶残的鬼子飞行员甚至在空中向地面无辜的老人、儿童开枪扫射。为了世界的永久和平,为了毗邻的苏联人民不受豺狼蹂躏,兄弟的中国人民承受了多么巨大的牺牲。沉重的民族责任感使他的心沉甸甸的。

上海、南京相继陷落后,青云浦成了第一线的前沿机场。枪痕斑斑的机窝和弹坑累累的跑道上都是空荡荡的。在这之前,这里是真正的"空"军,一架日本九六式重型轰炸机做了个漂亮的下滑动作,亮出耀眼的红膏药机徽,对着机场俯冲下来,竟然在国军把守的机场降落。飞行员走出机舱,拔了一面飞行信号旗,而后又神气十足地飞走了。

今天,E-15、E-16、TF-3战机都飞来了,苏联志愿航空队飞来了。他们的到来,给一度沉寂的青云浦注入了新的血液,带来了勃勃生机。

青云浦又活了。试车声、试枪声响成一片。天上飞的、地上跑的、来往穿梭。初来的史托维觉得生活有意思极了。他们与中国飞行员一起战斗、生活、训练;一起下棋、打扑克、包饺子;一起开晚会,高唱《喀秋莎》和《我的家乡在东北松花江上》,中苏飞行员在生活中已成为亲密的朋友,他也经常把远方未婚妻的照片拿给中国飞行员看。"一个漂亮的'小姐'!"中国飞行员伸出了大拇指,史托维笑了。

"呜——呜——"一阵尖利的警报声震醒了正在甜睡的机场。史托维连忙翻身下床穿好飞行服,向飞机跑去。

苏联空军志愿队和中国空军的33架飞机立刻在雨中轰鸣起来,螺旋桨切断连绵的雨丝,搅动团团粉雾,一架接着一架冲上垂云之中。

二月初,日寇侦知中国空军第三大队及苏联空军志愿队驻守在青云浦机场,于二月二十日派九六式驱逐机 20 架、轰炸机 36 架,由海军第十三航空队指挥官南乡茂章大尉率领,进袭南昌。

日机在空中分成三层,犹如饿狼扑食,黑压压地飞来了。

南乡茂章,这个号称海军航空队"四大天王"之一的"空中霸王",扫视了一下自己手下的强大阵容,望着越来越近的南昌城,想着前不久同伴从青云浦拔回的小旗,不由得翘起仁丹胡子,咧开黄牙大嘴笑了。可他没想到,此一笑却是他生命中的最后一笑。

青云浦早已等得不耐烦了。第三大队的小伙子们在大队长罗英德的率领下,驾驶 E-16 首先腾空,占领有利高度。紧接着,苏联志愿空军大队长勃尔盖维森斯带队紧急起飞。19 架 E-15 直冲云霄。一时间,天空布满了雄鹰,展开了一场激烈的鏖战。

战斗结束后,中苏空军击落敌机 8 架,其中号称日本海军航空队"四大天王"之一的"空中霸王"南乡茂章的座机被击中,冒着浓烟栽进了鄱阳湖。日机失去指挥,如双目失明的瞎子,只好仓皇逃命。

又是一次短兵相接的战斗。日机带队的是新任指挥官木里崎山,此时,这位年仅 22 岁的大尉,不想走他前任的那条路,显得特别小心谨慎。他要用他的火炮和炸弹将青云浦机场、飞机炸为灰烬,他要用浓烟和烈火向天皇陛下报告他的战绩。

已在空中占领有利位置的中国空军和苏联志愿队的飞机正张网以待,当木里崎山进入袋口后,愤怒的 E-15、E-16 一齐向敌机群猛烈开火,当即,两架敌机中弹坠落。躲过了中苏空军第一次合击的木里崎山,迅速爬入高空,准备重新编队。一直紧跟在他后面的苏联飞行员史托维突然出现在木里的三机编队右侧。"哒——"史托维身后也响起了一阵枪声。他转过头发现一架紧跟在自己尾后的日机起火坠落。当他看到为自己解围的中国飞机也同时受伤起火时,胸中突然涌起无限的感慨。

史托维拉起机头,正欲重新抢占制高点,忽然发现 3 架敌机从不同方向由高空直向自己的 E-16 压来。他环顾左右,又见刚才救自己的中国飞行员驾着负伤的飞机,被几架敌机纠缠住。史托维加大油门,不顾一切冲出重围,直取那架正欲向中国飞行员开火的敌机。敌机眼看自己受敌,慌忙掉头迎战。可已经太晚,史托维的枪声响了,日机被击中数枪,机翼撕裂,一头栽向地面起伏的山峦之中。史托维一阵兴奋,可他哪里知道,他自己的飞机也遭到了重创。当他再度拉杆爬高时,突然发现飞机不听使唤。"破釜沉舟",他想起了刚刚学会的一句中国成语。他扫视了一下空中,准备寻找撞机的机会。但是,狡猾的木里崎山仿佛看出了 E-16 的心思,他操纵灵便的飞机,猛地拉杆跃升,又狠狠地俯冲下去,大胆逼近……他已经看得清苏联飞行员那张黝黑的脸庞和高高的鼻子了。扳机扣下了,一串罪恶的子弹击中了 E-16,滚烫的热血染红了机舱玻璃。

当人们在南昌东北高嵩史托维殉难处清理他的遗物时,从他上衣的口袋里掏出了一张带血的照片。照片上的姑娘清秀、美丽,两只俄罗斯人的大眼睛用力张望着,她就是史托维的未婚妻。

呵!远方的姑娘,请不要悲伤,为了中国人民的解放事业,史托维把一腔热血献给了中国,长眠在中国的大地上,他和许多为抗击日本法西斯而英勇牺牲的异国英烈一样,将永远铭记在中国人民心中。

二、中日笕桥空战揭秘

　　1937年8月14日,风光秀丽的杭州西子湖上空,著名的笕桥"八·一四"上空战拉开战幕。中国空军驻笕桥第四飞行大队在大队长高志航率领下,奋起抗击,并以六比零大胜日本空军,打碎了日寇叫嚣的"帝国空军不可战胜"的神话。

　　那么,中国空军是怎样一举获胜的呢? 消极抗战的蒋介石又是怎样的姿态呢? 透过历史的烟云,展现在我们面前的史实,竟是那样惊心动魄,令人回味不已。

　　1937年7月,已在中国建立了"满洲国"的日本军国主义,又在续做"建立华北国"的美梦。

　　7月7日晚上,日军驻丰台的步兵第二联队第三大队,在宛平城以北的龙王庙附近进行小规模的军事演习。随着一阵激烈的枪声之后,日本守军发现少了一名参加演习的名叫石三的士兵。在所谓寻找无下落之后,竟提出要到中国守军管辖的宛平城搜寻。当即遭到中国守军的拒绝。于是,日军首先开枪开炮,向中国守军发动了大规模的进攻,制造了震惊中外的卢沟桥事变。

　　侵华战争一经打响,日本政府立即把局部战争扩大成为全面侵华战争,闪耀着血红太阳徽的日军轰炸机,肆无忌惮地把成吨的炸弹倾泻在中国的城市、乡村。

　　日本帝国主义像一只贪得无厌的恶狼,它的目标不仅仅是东北、华北,还有华中、华东、华南,还有印度支那,大东亚共荣圈的迷梦令最高当局像吸足了鸦片的烟鬼。

　　7月8日,中国共产党通电全国。

　　实行全民族抗战,武装保卫天津,保卫华北,为保卫祖国流尽最后一滴血。

　　7月9日,中共红军将领致电国军首领蒋介石。

　　御侮抗战之旨,实行全国总动员,保卫华北,保卫失地。

　　面对960万平方公里国土上风起云涌的抗日浪潮,蒋介石坐卧不安。尽管他不大愿意把手中的军队与气势汹汹的日军对抗,但不抵抗政策毕竟不得人心。手下的许多高级将领对此也有异议。况且他手头还有一张没有打出去的王牌——空军。

　　"娘稀匹,日本人太不够意思了,我就不信小小日本有多大能耐,得想法治它一下。"蒋介石在心里嘀咕。他想起了一份情报,驻台湾的日本空军有可能对杭州笕桥的空军官校发动突袭,以绝后患。他要把重担交给周至柔好好露一手。

蒋介石

　　燥热的7月,江西庐山上却凉风习习,全副戎装的蒋介石静候在美龄楼。

高级军事会议召开在即,各路将领纷至沓来云集庐山。

烟云缭绕的庐山盘山公路上,一辆高级轿车呼啸而上。车内,航空委员会主任周至柔无心欣赏庐山风光,他在盘算如何应付委员长可能的责问。高级军事会议议题,他或多或少知道了一点。老头子要对日本人动真格了,而且要动用他的王牌。正因为要动用王牌,周至柔心里才七上八下。

周至柔后座上的那只黑色公文包里,躺着一份中国空军的实力统计表,上面的几个数据,周至柔早已背得滚瓜烂熟:拥有各类飞机 600 余架,作战飞机 300 余架。其中歼击战斗机 179 架,侦察机 148 架,轻轰炸机 77 架,重轰炸机 22 架。这点飞机,无论从数量上还是从作战性能上,与日本空军相比,实在是小巫见大巫。想到这里,他额头上冒出一层汗珠。

戒备森严的庐山会议室,铺着丝绒台布的长条形桌子两旁,肃立着两排高级军官,静候蒋委员长大驾。

"委员长到!"副官一声断喝,"啪"的一声,全体立正。屏风后走出穿着笔挺军装的蒋介石。

"值此党国危难之际,我请诸位来庐山,不是游山玩水的,是要商议一下给日本人点颜色瞧瞧。日本人的飞机到处在轰炸,我们空军也不是吃素的。"说到这里,蒋介石瞄了周至柔一眼,脸上露出了一副得意之色。

"周主任,你把空军的作战能力给大伙说说!"蒋介石的目光定在与他面和心不和的白崇禧、冯玉祥脸上。仿佛在说,你们放明白点,我蒋某人手里有的是实力。

"这……这……"周至柔支支吾吾,随即从公文包里抽出实力部署图,递到蒋介石面前。

蒋介石不看则已,一看脸色大变。许久,又厉声问道:"怎么只有这几架飞机,你把空军经费搞到哪里去了?"

蒋介石发火,情有可原。连年来,政府拨给空军的经费称得上巨额。1931 年,"九·一八"事变以后,全国民众"航空救国"募的钱就有 100 多亿元。况且当时搞得轰轰烈烈的"一县一机"激荡了多少人的心,四川一个称得上穷乡僻壤的小县,一下子捐出了 3 架战斗机的钱。

在蒋介石的心目中,中国空军至少应该有 1000 架的飞机,足以对抗日本空军用以侵华战争的 900 余架飞机。

蒋介石发怒,周至柔自然心惊肉跳。可他手里也握有一张"王牌"。

当时周至柔升任航空委员会主任,经高参指点,他亲自登门,请蒋夫人宋美龄出任秘书长,代行航空委员长之职,统管空军一切大小事务。宋美龄不懂空军,但她却喜欢出头露面。当时飞机全靠进口,围绕中国空军购买什么样的飞机,宋美龄也出面献计:飞机更新换代太快,不如把钱存起来,等以后统一买,空军就可以一夜之间强大起来。

蒋夫人的献计,实际上就是最高决定。因为有宋美龄掌管,连蒋介石也不问不闻,所以对空军实力他也闹不清楚。

"七·七"事变之后,面对杀气腾腾的日本飞机,全国上下都在呼唤中国空军。周至柔赶紧向外国订购战斗机。但却运不回来。日本人已经全面封锁了中国的海岸线。

此时此刻,周至柔全然没了退路,只好和盘托出"夫人妙计"。蒋介石也只好把火气压了下去。

"娘稀匹,搞的什么名堂。抗日是一定的,没有空军也要抗战!"蒋介石一拍桌子,桌子上的茶杯盖跳了起来。

8月,华东形势骤然紧张。华北的失守,日军矛头直指上海。从台湾起飞的日军飞机不时在空中盘旋,大战迫在眉睫。原计划北上的中国空军只好改变战略,集结华东,保卫上海和首都南京。

8月9日,上海依然是热浪滚滚。虹桥机场内,已换成保安队服装的士兵荷枪实弹,戒备森严,任何人进出,都要出示特别通行证。

下午5时,一辆挂着太阳旗的日本海军陆战队的小汽车沿虹桥路直向机场冲去。

"停车!"见日本车子如此猖狂,中国士兵气得脸色发青,哗啦一声推上了子弹。

车上的日军上尉大山勇夫和另一名日本兵负有到机场里边实地侦察的任务。同时又是日本特务机关挑起中国争端的诱饵。他们根本没把中国士兵放在眼里。小汽车不但没有停,反而撞倒了路障,直往机场里头闯去。

守门的中国士兵忍无可忍,终于扣动了手中的扳机。一名日本兵应声倒在车上。

大山勇夫见中国士兵动了真格,只好弃车夺路逃跑,还用手枪向中国士兵射击。被激怒了的中国士兵红了眼,端起武器还击。只听一声惨叫,大山勇夫也趴倒在杂草丛中,一命呜呼。

中国士兵这一招,正中日本人下怀。虹桥机场事件,成了日本人大量增兵上海的借口,也成了淞沪大战的导火索。

8月13日清晨,日本海军陆战队同中国守军在上海闸北交火。上午8时,10辆日军坦克闯入闸北横滨路,数千名日本海军陆战队士兵紧随在坦克之后,向前推进。黄浦江中的日本军舰也向岸上猛烈开火。驻守闸北的中国守军奋起还击,淞沪大战拉开战幕。

享有东方巴黎之称的美丽城市,到处是硝烟、断垣、呻吟,悲愤、凄怆的气氛笼罩着外滩。

13日下午2时,空军总指挥周至柔在南京小营总部下达了《空军作战命令第一号》,命令各部队在14日黄昏以前秘密到达准备出击位置,完成一切攻击准备。

8月14日清晨,河南周家口机场云雾弥漫,第四飞行大队二十一中队中队长李桂丹望着灰蒙蒙的天,心里直嘀咕,大队长高志航昨晚冒雨搭机去了南京,怎么到现在还没有消息。早晨的新闻广播里,全大队飞行员都听到了日寇大举进攻上海的消息,作为中国空军飞行员,他们心里憋得慌。

南京小营空军总部,第四大队大队长高志航已经领受了一项重要任务:淞沪战役爆发,日军最大的威胁是由"出云舰"为旗舰的第三舰,他们不仅用舰炮支援日本陆军在虹口作战,同时还运送后续的日军在上海登陆。必须不惜代价,歼灭日军舰队。周至柔把这副重担交给了中国空军的骨干力量——第四飞行大队。

司令部飞机楼下,高志航亲笔拟定电文。

上午9时零7分,李桂丹收到印有十万火急字样的电报:"限令全大队飞机于

14 日飞抵笕桥,并将我之座机派专人随同飞往。切切,高志航,1937.8.13"。

高志航和李桂丹同是东北老乡,面对故乡落入敌手,他们一个个义愤填膺立志救亡图存,打回老家去,为中国人争口气。

"起飞!"三个中队的"霍克Ⅱ"飞机呼啸着跃上云天。偏偏天不作美,航路上乌云密布,雷雨阵阵,能见度不足两公里。开弓没有回头箭,更何况,十万火急的任务在等待着他们。一阵高空气流袭来,编队机群犹如一片片小舟,一会儿被抛上浪峰,一会儿被送入谷底。幸而李桂丹熟悉这段航线。他命令各中队改成纵队,用超低空跟踪飞行,后面的飞机盯住前面飞机的翼灯,一架咬住一架,在呼啸的风雨中强行突破,直指杭州。

杭州笕桥机场,此时也是阴云翻滚,细雨霏霏。早已等候在跑道尽头的高志航不时仰望天空,眉宇间结起了一个疙瘩。天气如此恶劣,他在为战友的安全担忧,更为未来的战事担忧。

海上观察站送来情报:云上有隆隆的机声,来自台湾方向,似向杭州飞来。

"呜——呜——"一阵凄厉的防空警报突然响起。高志航脸色顿时变了。如果此时四大队的飞机落地,极有可能遭到敌机袭击。

真是无巧不成书。危急时刻,四大队的机群到达笕桥上空。李桂丹的飞机率先落地。在积水飞溅的跑道上,他一眼望见了大队长。

飞机刚到停车线,奔过来的高志航就大声喊叫:"不要关机,敌机就要到达杭州上空,一边起飞警戒,一边加油待命出击。"

李桂丹一听敌情,顿时忘记了两个多小时颠簸的劳累,马上掉转机头率领中队飞机起飞迎战。

风雨中,高志航发现了自己的座机落地。他招呼飞行员下来,跳上去,一踩油门,螺旋桨飞转起来。

"大队长,油不多了!"随机的飞行员大叫。

"没关系,我得先上去!"高志航头也不回地喊了一声,飞机一仰机头,闪电般率领大队跃入云层。

15 点 10 分,中国航空史上著名的笕桥空战拉开帷幕。

日本海军木更津、鹿屋航空联队涂着膏药徽的"三零"96 重型轰炸机飞临杭州上空。不可一世的日本侵略者,根本没把中国空军放在眼里。他们满以为,轰炸笕桥机场,犹如囊中之物,可信手拈来。到达杭州上空为首的一架"三零"忽地一个俯冲,大概想浏览一下西子湖的美景。可由于云低,他未能如愿,又一拉机头,重新跃了上来。

被羞辱、激怒的中国飞行员,面对凶恶的空中豺狼,脑海中只有四个字:报仇雪恨。几乎没有什么战术,也谈不上谁指挥谁。钢铁的雄鹰呼啦一下就冲入了太阳旗编织的敌阵。

第一批到达杭州的 11 架日本轰炸机飞行员怔住了。从没见过这样的阵势和战法。中国飞机根本不考虑后果,就径直撞了上来,不得不赶紧避让,可就在这一瞬间,中国飞机机头上冒出一条条赤链,空中滚过一阵阵惊雷……

高志航一下子就咬住了一架涂着迷彩的轰炸机。双尾翼,双发动机,机翼和机身上印着太阳徽。后边双尾翼间的大圆包里,坐着个小鬼子,正操纵着炮塔,慌乱地转动着。

此刻,飞机在 6000 米高空。敌机见被高志航咬住,连忙俯冲摆脱。"哪里跑!"高志航紧随其后,愤怒的眼睛始终没有离开瞄准镜中的十字线。5000 米、4000 米、3000 米、2000 米⋯⋯

敌机降到了 1000 米的低空。烟雨中,西子湖的碧波,撩拨起了高志航对松花江的情思。十字线几乎压在了那个鬼子机枪手的后脑勺了,满腔的民族恨凝聚到了他的食指上,扳机被重重地压下了。

哒——哒——

"霍克"飞机上的 4 挺 0.5 英寸口径的机枪一齐怒吼,电光弹在空中画出一个漂亮的弧形线,火蛇立即吻上了日本飞机。

敌机副油箱被击中,顿时火光四溅,映红了云海。敌机像个滚动的火球,一头栽了下去。飞机坠地,尚未来得及扔出去的炸弹爆炸,伴随着惊天动地的巨响,一股烈焰冲上云天。

高志航首战告捷,宣告了中国空军对日空战史上零的突破。

见大队长立了头功。李桂丹等飞行员也不示弱,居高临下,轮番向敌机发起攻击。钱塘江畔上空,到处是枪声、炮声,到处是硝烟、火光。中国空军四大队的飞行员越战越勇。飞翔在祖国的领空,翼下是养育了自己的大地。还有笕桥,是把他们送上蓝天的摇篮。今天,他们驾驭着祖国人民捐赠的飞机,为捍卫祖国的尊严战斗。生死早已置之度外,只有一颗颗滚烫的心在为祖国跳动。

李桂丹眼睛里冒着火,一架被追得走投无路的敌机躲进一块黑云中,李桂丹一个跃升,紧盯着云块,真是天遂人愿,黑云突然裂开一道云缝,敌机无处藏身。李桂丹的机枪吼了起来。随后赶来的战友也朝敌机开火,日本飞行员惨叫着,栽向钱塘江,激起一股冲天的水柱。

日本飞机慌了神。他们没有料到中国空军如此顽强。30 多分钟的空中激战,已被击落 6 架。剩下 5 架飞机无心恋战,只有一架飞机在笕桥机场铁路线上扔下一串炸弹,其余的想夺路逃走,可中国飞机又死缠着不放。

突然,高志航飞机上的警告灯亮了。李桂丹的灯也亮,几乎所有的霍克飞机的灯都亮了。然而战斗尚未结束。李桂丹想再最后拼一下。可没一会,飞机发动机突然熄火,他痛苦地摇摇头,目睹着一架敌机逃遁。他掉转机头利用高度向机场滑去。

紧接着,高志航的飞机也落地了。刚一接地,飞机就停车了。

中国空军六比零大胜,戳穿了日本空军不可战胜的神话。对于正在掀起全民抗战高潮的中国军民是一个极大的鼓舞,高志航、李桂丹等成了当时家喻户晓的空军英雄。

杭州城沸腾了。报童高举着油墨未干的报纸,像举着胜利的旗帜,在车水马龙的大街上叫喊:"号外、号外,中国空军大胜日本鬼子,六比零威名震杭城!"不时有人从报童手中接过报纸,欣喜之情溢于言表。

笕桥机场门口更是围满了赶来慰劳的中国人,一篮篮煮熟的鸡蛋、糖果、小核桃,堆放在营门口。没有人拥挤,没有人叫喊,大家盼望飞将军能与他们见上一面。一位年逾七旬的白发老奶奶,提着一竹篮熟得发亮的紫葡萄,昏花的老眼里噙着泪珠,用颤抖的双手,把篮子捧给荷枪而立的哨兵。她觉得日本人的飞机就是他们这些拿枪的人打下来的。"孩子,吃吧,我孙子要不是被日本鬼子炸死,也该有你这么大了!"老人抽泣着,再也说不下去。

年轻的哨兵流泪了。他握着老人的手,代飞将军收下了老人的一片心意。

四大队的飞行员们并没有被胜利陶醉。他们知道日本人不会罢休的。稍事休息后,他们又投入了飞行前的准备。准备迎接一场更残酷的战斗。

8月15日凌晨,中国空军航空委员会发出指令,轰炸日本军舰和进攻上海的海军陆战队。

战斗在黎明前打响,各大队按照分工,兵分8路,向各自的目标发起了攻击。这是中国空军首次大规模的出击。

老天爷似乎与飞行员作对。来势猛烈的强台风在东南沿海登陆,天上乱云飞渡,长江上风急浪高。第五大队的3批飞机起飞后,终因风狂雨猛,被迫返航。第六大队的5架轻型轰炸机强行突破雨幕,飞抵上海。他们的任务是轰炸日本海军上海特别陆战队司令部。狂猛的风雨,低垂的云帘,给发现目标带来了困难。中国空军的官兵们怀着对敌寇的深仇大恨,拼命降低高度,寻找攻击目标。

8时55分,带队长机发现目标,几乎在同一瞬间,5架飞机鱼贯而下,把一枚枚复仇的炸弹投向目标。日军海上陆战队司令部房顶被炸穿,大院内浓烟滚滚,日本兵四散奔逃。

9时25分,从长江北岸飞来的中国空军第七大队的6架"可塞"式侦察机也来助战。机枪吐着火舌,扫射着没头苍蝇一样的日本兵。飞行员聂盛友俯冲时,发现敌方阵地上的几名日本兵正在摇动高射炮炮身,准备对空射击。他掉转枪口,一个长长的点射,三名鬼子兵倒在血泊中。这时,阵地右侧的敌人高射炮开始还击,聂盛友头部被弹片击中,英勇牺牲。后舱战友范汉淹冒着如蝗的弹片,到前舱驾驶,并再次俯冲,将两枚18公斤的炸弹扔在敌人的高炮阵地上,两门高炮被炸翻。

按照指令,驻笕桥的第四大队飞行员在高志航的率领下,油满箱,弹上膛,准备迎击敌人的反扑,誓死保卫笕桥空军基地。

笕桥是中国空军飞行员的摇篮。云集着中国空军的精华,还有援华的美国航空军事顾问和高级教官。蒋介石历来把笕桥当作中国空军发展的根据地,周至柔当然不敢掉以轻心。

中国空军兵分数路攻击日本舰队和海上陆战队的消息传到日本大本营。大本营马上电令驻台北松山机场的木更津航空队报复。

报复对象——杭州笕桥机场。炸毁笕桥机场,中国空军就失去了发展的依托。日军大本营的决策凶狠至极。

接到大本营的指令,日本航空联队长石井义大佐顿时来了精神。昨天笕桥一战,日本栽掉6架飞机,使他这个联队长丢尽面子。他实在难以想象,中国空军的飞机是怎样击落日本飞机的。尤其是他自己的联队,在日本也称得上王牌部队,平时演习模拟的作战对象也一直是强大的苏联空军。在他的心目中,中国空军是不堪一击的。

石井义大佐参加过6年前的"一·二八"淞沪空战。中国飞机由于性能落后,飞行员缺乏训练,没几分钟,就有4架中国飞机被日军击落。今天,他要好好露一手给上司看看。

台湾海峡上空，遮着一层厚厚的云。木更津航空队的30多架飞机，依仗浓云的掩护，悄悄朝杭州方向袭来。

机翼下，2米多长的重磅炸弹闪着寒光，咬牙切齿的日军联队长石井义发誓要炸平笕桥，以雪杭州湾空战之耻。

此刻，长江口外的东海海面上，两艘日本航空母舰遵照大本营的命令，也向海岸靠拢。甲板上一排排战斗机也相继起飞。一批飞向杭州，配合木更津航空队对笕桥的攻击。另外几批分别飞向南昌、广德、南京等地。他们惧怕中国空军互相支援，他们要牵止住中国空军，确保在笕桥旗开得胜。

笕桥机场早已森严壁垒，四大队的飞行员们众志成城。大队长高志航一会转到这，一会转到那，看看这架飞机油是否加足，问问那架飞机枪弹是否换好。天，还是灰蒙蒙的，他不时地仰头看看，不知为什么，竟然有点担心日本飞机不来。昨天的胜仗，把大家的求战情绪调得高高的。

跑道上，有一架飞机发动了，坐在机舱里的却是五大队的飞行员董明德。昨天，董明德和弟兄们轰炸日本舰队，因燃油用尽迫降笕桥。四大队六比零的战绩，把小伙子的心撩拨得痒痒的。他起了个早，想早点赶回去，以免耽误了战机。

突然，空袭警报拉响了。

"准备出击！"高志航一声令下，顿时，马达轰鸣，机场上刮起一股股旋风。

先于四大队机群上天的董明德正在云海上飞翔，空中比地面亮多了。穿过一块块云的缝隙，他真盼望此时有一架敌机，好为五大队创下杀敌的纪录。

真是天遂人愿。他的视线里突然出现了几个黑点。"飞机，日本飞机！"他顿时亢奋起来。他知道，四大队的飞机待命在起飞线上，如果敌人编队机群压住机场上空，四大队的弟兄可就糟啦！

董明德轻轻拉杆，机头一抬，闪进了云海之中，他要靠近点，给鬼子一个措手不及。

离敌机越来越近了，连鬼子的黄褐色衣服也看清楚了。两个鬼子飞行员正探头探脑，想透过云缝看看究竟到什么位置了。对压在头顶上的董明德，敌机一点也不知道。

瞄准镜的十字线压住了飞在头里的那架敌机。董明德一加油门，飞机箭一般从云海中射出来。

敌机发现了头顶上的中国飞机，刚想躲避，可惜晚了。一串炽热的子弹击中了日机，飞行员当场毙命，飞机翻了一个跟斗往下坠落。董明德怕敌机耍手段，又跟踪着下滚的敌机，打了一个长长的点射。敌机终于凌空爆炸。

空中的枪炮声，惊动了四大队刚刚起飞的飞机。高志航看到董明德首开纪录，心里一阵兴奋。

本想偷袭的敌机暴露了目标，只好仗着机多势众，每3架编成一个品字形，互相掩护着拼命往笕桥突袭。

一架日机闯过封锁线，刚好与冲在最头里的高志航碰个对面。"操你奶奶的，老子今天非掀你个底朝天。"高志航骂了一声，猛的一个跃升，一下子把高度抢了过来。说时迟，那时快，高志航机头一沉，"咚咚咚"，一串炮弹一股脑儿倾泻在这小子头上。顿时，机翼断裂，飞机一侧身，冒起了一股黑烟，骨碌碌地直向地面坠落。

见大队长又旗开得胜，四大队的飞行员顿时亢奋起来。机枪吐出一串串火舌，日机整齐的品字形编队一刹那被冲得七零八落。

杭州人目睹了空中惊心动魄的一幕。

炮弹发出一团团火球，机枪子弹像一条条疾驰的火蛇。突然，一架敌机撞在火蛇口中，顿时，青烟直冒，火花四溅。

"击中了，鬼子飞机被击中了！"地面上一群孩子喊了起来。果然，机翼上闪着一轮血红的太阳徽。很快，燃烧的烈火把太阳熔化了，变成一团耀眼的火球。

高志航杀红了眼，他在空中左冲右突，寻找攻击目标。这时，一架躲在低空的日军飞机跃入高志航眼帘。他一推杆，直向下压去。高志航的技术实在高超，他一点一点地压着敌机，想逼敌机降落，活捉鬼子飞行员。鬼子飞行员看出了高志航的用意，但他在空中格斗的技术又实在不是高志航对手。两架飞机靠得很近很近，几乎一伸手就可以把鬼子飞行员从座舱内揪出来。凶恶的日本鬼子眼看就要被擒，突然从身上拔出手枪，向平行而飞的高志航射击。子弹打伤了高志航的右臂。殷红的血从飞行服上渗出来，高志航忍住疼痛，瞄准敌机，狠狠给了鬼子一梭子，打得敌机凌空开花。

李桂丹在云下低飞搜索。敌人炸平笕桥的计划已经破产，有 3 架敌机胡乱把炸弹扔掉就跑。"哪里跑！"李桂丹加速追了上去。400 米、300 米、200 米、100 米……瞄准具套住敌机，紧扣扳机，四挺机枪齐发，敌机中弹，歪歪斜斜地飞了一会，一头扎入波涛滚滚的钱塘江中。

李桂丹掉过头来，只见又有一架日本飞机被战友击中，燃烧的飞机中蹦出一个小黑点，很快又变成白色的蘑菇，在空中缓缓下降。

"鬼子跳伞喽，快抓住他！"地面上观战的人们激动起来，人们向降落伞飘落的地方蜂拥而去。

在人们愤怒的吼叫声中，日本一等航空兵川田胜次郎被抓获。可他心里却似乎不服气，用日本话嘟囔着："要不是美国人帮你们忙，我还能被你们打下来？"此话刚巧被高志航听到。"你来看看，是谁把你击落的。"高志航用日语对他说。并招呼不远处一名年轻的中国飞行员过来。他就是四大队 2204 号战机飞行员乐以琴。

日本飞行员怔住了。一个脸上稚气未脱的青年。他无可奈何地低下了头。

四大队笕桥空战大胜日本空军的消息，令中国空军飞行员激奋不已。8 月 17 日，中国空军奉命再次攻击日军上海吴淞陆战队司令部。全大队飞行员同仇敌忾，纷纷请求打头阵。

突击队名单公布了。有一名飞行员却哭了起来。他叫阎海文，辽宁北镇道台子村人。他一把拉住中队长："突击队中不能没有我，鬼子侵占了我的家乡，我不打头阵谁打头阵？"中队长不得已只好同意他当空中突击队员。

突击队 6 架霍克 3 型飞机把敌陆战队司令部搅得天翻地覆，鬼子兵死伤累累。不一会，敌司令部东侧的炮兵开火了。为掩护战友飞机脱离，他俯冲着向敌高炮阵地开火。就在这时，一发炮弹击中了阎海文的机翼，飞机失去平衡。危急之际，他从机舱内跳了出来。

白色的降落伞在飘落,可恶的侧风,把阎海文吹到了日本鬼子守卫的阵地上。鬼子兵狂叫着,从田埂上、竹林中、屋檐下蹿了出来。

他们看见了,一个年轻的中国飞行员趴倒在一个略高的土丘后面。见他一动也不动,日本兵以为已摔死,有三个鬼子冲上去抢头功。没想到趴倒的支那飞行员突然昂起头,一抬手,一支左轮手枪露出黑洞洞的枪口。

砰!砰!砰!

三个跑在前面的鬼子应声而倒。剩下的赶紧卧倒。胡乱地朝小土丘开火,飞蝗般的子弹打得小土丘尘土飞扬。

见没了动静,小鬼子们又胆大起来。一名鬼子军官用生硬的中国话喊叫着:"你的被包围了,皇军大大的优待优待!"几名鬼子端着大盖枪,毛着腰,向士兵发起冲锋。

阎海文探出身子,又是一阵清脆的枪声,又有4个鬼子回了老家。

鬼子发狠了,一窝蜂似的围了上来。阎海文只剩一颗子弹了。他把枪口对准了自己的太阳穴,瞄了一眼空中,战友的飞机已经返航。还有遥远的故乡,故乡正在遭受着日寇铁蹄的蹂躏。再见吧,战友,再见吧,故乡……

砰!枪声响了。不屈的飞将阎海文倒下了,仇恨的眼睛睁得好大好大,令围上来的日本鬼子吓得不敢靠近。

9月1日,日本大阪《每日新闻》刊登了特派记者木村毅从上海发回的电讯,他在文章中感叹:"中国已非昔日支那。"

烟波浩渺的太湖西岸,有一个神秘的中国空军机场。一架架用伪装网罩住的诺斯罗普轻型轰炸机像一群调皮的孩子,任你盖得严严实实,头却依然倔犟地昂得老高。

淞沪血战,笕桥肉搏,战斗如此激烈,南京方面一直没有惊动这儿。好像中国空军压根就没有这支部队。驻守在这里的中国空军飞行员一个个急红了眼。人家吃肉,我们只好喝汤了。飞行员们一次次叩开大队长张廷孟的房门。可大队长也在干着急。

南京有南京的算盘。空军总指挥周至柔把这支部队作为秘密武器,不到关键时刻不轻易拿出来。他要在蒋委员长面前露一手。

8月19日,南京方面得到密报:日本军舰集中在上海白龙港附近的海面上,其中有一艘航空母舰上停有多架轰炸机。

"炸毁日本人的军舰,要舍得投入本钱!"蒋介石的指令,周至柔岂敢违背。他想到了他的秘密武器。

一声令下,太湖上空,7架轰炸机在6架歼击机的掩护下,杀气腾腾地向长江口扑去。江心沙、崇明岛、黄浦江在机翼下一闪而过。前面是碧波万顷的东海。

奈山附近,敌舰被飞机发现了。机身一侧,5000多公斤炸弹呼啸而下。敌舰顿时乱了起来,慌乱中,一艘二等巡洋舰被炸弹击中,舰身倾斜,许多鬼子跳下海去。紧接着,一阵轰隆隆的爆炸中,军舰被巨浪吞没了。

面对倾泻而下的炸弹,敌舰耍花招了。它左右摇摆着,用之字形前进。炸弹落空了,激起一道道白色的水柱。

见中国空军飞机来势凶猛,好几艘敌舰开足马力,向海上逃遁。

这时,分队长沈崇海驾驶的 904 号座机突然发生故障,机尾冒出一缕黑烟。

此时,机翼下的南汇还在中国军队手中,如果迫降,完全有成功的希望。

可就在这一瞬间,沈崇海和轰炸手陈锡纯却用青春和生命,在祖国上空演出了极其英勇悲壮的一幕。

904 号飞机机头一沉,开足马力,呼啸着直向一艘述窜的敌舰撞去。"轰"的一声巨响,飞机和军舰的碎片飞溅,汹涌的海面上旋转着一个巨大的旋涡。

空中的战友目睹了这壮烈的场面。他们在弥漫着硝烟的空中盘旋,向长眠在大海中的勇士致哀。

日本空军在杭州、上海等战场一再败北,大本营迁怒于驻台湾的木更津和鹿屋航空队的首战失利,甚至扬言要对联队长石井义军法制裁。

台湾松山机场,已是落日西沉。石井义肃立在跑道的尽头。明知空中已不可能再有飞机回来了,可他还是目不转睛地盯着渐渐暗下来的天幕。

"完了,全完了!"他在心里感叹着,步履艰难地返回联队部办公室。

石井义大佐觉得无脸向上司汇报。联队 60 架作战飞机,出动轰炸数次,一次也没有达到预期效果,如今只剩下 12 架飞机,有几架还是遍体鳞伤。

联队部办公室大门被沉重地关上了,昏黄的灯光下,石井义把一柄闪亮的军刀切入腹部。随着一声惨叫,肠子、污血一齐涌了出来,军刀"哐当"一声跌落在水泥地上。

三、中国空军首次轰炸日本

1938 年 5 月 19 日深夜,中国空军两架"马丁"B-10B 型轰炸机从浙上江宁波机场呼啸升空,在茫茫的云海中穿行两个多小时,于 20 日凌晨 2 时飞抵日本九州长崎、福冈等地上空,投下了"炸弹"。这些"炸弹"并不爆炸,而是仙女散花一般地变成了无数的传单,在空中飘飘扬扬,慢慢散落到地上。

中国空军的飞机怎样飞到日本本土的?为何扔下的又是"纸弹"?历史的真相怎样?

1938 年 2 月,雪后初晴,日本国首都东京街头,张灯结彩,热闹异常。侵华战争出乎意料地顺利,令做着"大东亚共荣圈"美梦的日本当局欣喜若狂,好战情绪到了无以复加的地步。

是啊,"七·七"卢沟桥事变才半年多,蒋介石的不抵抗主义使侵略者得以长驱直入。攻华北,克上海,继而占领中国首都南京。长达 6 个星期的南京大屠杀,30 多万无辜同胞惨遭杀戮。东京街道的报栏里,就刊登着两个日本士兵在南京杀人竞赛的消息和照片。强盗的兽行,被日本报刊吹得神乎其神。

然而,此刻,东京日军参谋总部却接到一份来自中国大陆的绝密情报,告知:据"黑马"报告,中国空军近期可能对日本本土实施空袭。这份绝密情报未能引起日军参谋总部官员足够的重视。"情报大大的不可靠,中国军队连首都都保不住,还能攻击日本,简直是异想天开""中国的轰炸机飞到日本本土就没油了,飞行员只好跳海喽!"参谋总部的一群次长围着军用地图,戏谑着在他们看来不堪一击的中国空军。

其实，"黑马"的情报千真万确。

春节刚过，江城武汉冷得出奇。兵荒马乱的岁月，街道上没有一点过节的景象，一张张"买一送一，不惜血本"的广告被寒风一点点剥落，飘挂在枯黄的树枝上。一队巡逻摩托车在柏油马路上呼啸而过，车身后卷起一道褐色尘埃。

黄鹤楼下一所戒备森严的官邸，身穿长袍的蒋介石反剪双手，步履急促地在客厅里徘徊。侍卫官端了一碗制作考究的桂花元宵和几碟小菜进来。"委座，吃点元宵吧！"蒋介石挥了挥手，没有言语。侍卫官知趣地退了出去。他知道委员长的心情不好。

蒋介石的心情实在好不起来。中国守军屡战屡败，最后连首都也丢了。在金陵古城这虎踞龙盘之地，他毕竟已经做了好几年的"皇帝"。虽说丢失南京是在他预料之中的，但毕竟丢了首都，于他蒋委员长不是件光彩的事。"娘稀匹，日本人真不够意思。我把东三省让给它，它还不满足，占了上海又占南京，还跟着屁股把炸弹扔到武汉来。"他一屁股坐在转椅上，眼前浮现出昨天的一幕……

"呜——呜——呜——"凄厉的空袭警报声，在武汉三镇上空一阵紧似一阵。

10个小时前，中共方面根据打入日本空军的内线报告，日本空军即将对武汉实施空袭。蒋介石脸色铁青，把那份情报扔在空军司令周至柔面前，严令周至柔领兵抵抗。

此刻，正东方向传来了沉重的轰鸣声，30多架敌机直扑武汉。

汉口机场，50多架印着青天白日徽的中国飞机扶摇直上。空战在武昌、黄冈、襄河一线展开。日军飞机一边与中国飞机周旋，一边玩命往市区闯。有几架飞机突破防线，飞入武汉上空。虽街上行人早已躲起来，可敌机依然把成吨的炸弹倾泻下来。黑乎乎的重磅炸弹带着毁灭的激情，在市区大街小巷爆炸，激起一股股黑色烟柱。

蒋介石偕夫人宋美龄刚刚离开官邸，就有两颗炸弹在庭院中间爆炸。把大门前几盆蒋介石心爱的兰花炸得无影无踪。蒋介石从防空洞回来，见大院被翻个底朝天，气得暴跳如雷。拿起桌上的红色电话机，要空军马上拿出对策。

咔嚓！咔嚓！走廊上清晰的皮鞋声把蒋介石从昨天的恼怒中拉回。"报告！"进来的是空军司令周至柔。他笔挺地站在蒋介石面前，一字一句地背诵着他的报告词："委员长，鉴于目前战局和国际舆论的需要，空军准备派两架飞机轰炸日本本土。此举虽不能扭转战局，但却能给日本一个警告，对国民也是一个鼓舞。当否，请委座训示。"

蒋介石眼睛一亮，心里掠过一阵惊喜。

周至柔夜闯总统府，实在也是出于万般无奈，硬着头皮做出的决策。他与蒋介石无深厚渊源，全凭陈诚力荐，才在空军谋得了第一把交椅。可对眼前这位喜怒无常的委座，他实在心有余悸。昨天蒋介石电话中狠狠骂他一顿，他不知如何是好，跟人家日本拼，空军总共没有几架飞机，无异于以卵击石。可日本飞机撅着屁股轰炸，委座那里又难交差，昨天他召集了军、政各部部长研究对策。有人出了这个点子，说此举必能博得委座欢心。

"报告！"门口毕恭毕敬站着一名上校军官。

"哦,是司马教官,请进!"周至柔笑脸相迎。

"司马教官,你知道我请你来干什么吗?"周至柔微笑着问刚刚坐下的司马戡。

"部下不知,请司令明示。"司马啪地起立回答。

"我请你训练一个机组,准备去轰炸日本本土!这也是总裁的旨意!"周至柔神情严肃地说。

"轰炸日本!"他不敢相信自己的耳朵。

毛邦初将呆若木鸡的司马戡按在沙发上,严肃地问道:"你是航校轰炸科的高才生,又学过领航。你说说,远渡重洋,轰炸日本,有多少成功的把握?"

司马戡盯着副司令的眼睛,疑信参半地问道:"真的要我去轰炸日本?"

毛邦初点点头,回答是肯定的。

"有多少成功的把握?"毛邦初重复问道。

司马戡跳将起来,胡乱地在脸上抹了两把泪,从牙缝里挤出一句话:"不成功便成仁。"他走到地图前,精神变得振作起来,用手指点着地图,声音微微在颤抖:"请长官容部下陈词。从我国现有的沿海空军机场来看,到日本本土的最近距离不足1000公里。我们的'马丁'轰炸机航程为960公里,CB-2型轰炸机为980公里。相比之下,苏制CB-2型轰炸机航程较远。从理论上讲,以上两种轰炸机都可以到日本,只是无法返回。可是,航程不能只从理论上计算,因为飞机可以改装。如果经过精心计算,加大储油量,选择好出击基地,完全可能轰炸日本。"

听着听着,周至柔皱起了眉头,自言自语道:"困难重重啊。看样子没那么简单,航程是最大的障碍。"

司马戡想了想说:"今年2月23日,苏联空军志愿队的CB-Ⅱ型轰炸机,由汉口直飞台北,轰炸任务完成后,返回浙江丽水机场。整个航程为1400公里,已经大大超过了该机型980公里的理论航程。有轰炸台北的成功先例,加之苏联朋友的辅佐,可以实现长官东征日本的决心。"

周至柔不高兴地摇摇头道:"别张口闭口地讲什么苏联朋友。上峰要我们自己干,苏制飞机原则不使用,最好用美制飞机。"

"为什么?"从周至柔的口气里,司马戡已猜出"上峰"是什么人物,但还是忍不住问了一句。

毛邦初在一旁闪烁其词地说:"事关国际视听,你就不必多问了。"

司马戡看看两位空军首脑,停顿片刻,生怕失掉机会,便快速地说道:"以部下之见,如果使用美制飞机,'马丁'B-10B型轰炸机最为合适。该型机起飞重量7730公斤,可携带500公斤炸弹。除了时速不如苏制飞机外,以上两项参数,'马丁'飞机均优越于CB-Ⅱ。为了增加储油量,增大航程,可以把飞机舱内不必要的设备拆除。如有必要,部分座椅、自卫机枪也可以拆除。"

司马戡反应敏捷,记忆力极强,一串串繁杂的数据毫不费力地脱口而出。所有的论证根据充分,很有说服力,使周至柔大为满意。

周至柔用询问的口气对毛邦初说:"就用'马丁'轰炸机吧。"

随后,他用命令的口吻说道:"司马戡上校,此次行动,关系到党国声望、空军名誉、抗战大事,属于最高级机密。你需要什么东西,可以通过电话告诉值日军官,他们会给你送来。从现在起,你不得离开这间屋子,直至拿出全部作战计划为止。"

"是!"司马戟双足并拢,一个标准的立正。

听完周至柔的详细汇报,蒋介石脸露喜色。他在心里沉思:眼下全国都骂我老蒋不抗日,丢了南京,朝野震动。如果能给日本人来一下子,也好平平民愤,说明我蒋介石也是打日本的。他慢条斯理地坐到那把跟随了他十几年的红木转椅上,拿起那把磨得锃亮的镇纸尺,慢慢地抚摸着。突然,他猛地站起,"啪"地把镇纸尺重重地压案上。"应该教训教训他们,不要以为我们中国就没人!"

严格训练,志在必得,报效党国。一道蒋介石亲自签发的命令下达了。然而他做梦也没想到,就在他身边的侍从人员中,竟有一个代号"黑马"的日军间谍,用这份绝密情报换取了丰厚的奖金。同样令他没有想到的是,这份至关重要的情报,被日军参谋总部人员扔进了办公室的废纸篓。

江北四月,绿树婆娑,一丛丛迎春花开得鲜丽夺目。

一辆草绿色的美式中吉普奔驰在崇山峻岭间,车上坐着中国空军的 8 名空勤人员。职务最高的是空军十四队飞行队队长徐焕升。他浓眉大眼,眉宇间隐隐流露出重任在肩的焦灼。紧挨着他的是一位精瘦精瘦的飞行员,那是他的僚机 1404号驾驶员佟彦博。另外,还有 6 名年轻的领航员。

昨天,他们刚刚接到紧急驻训的命令。今天上午才知道,他们要去执行一项非同寻常的轰炸任务——轰炸日本本土。一个月的模拟训练,没有半点讨价还价的余地。作为蒋介石的天之骄子,他们常常有一种超人一等的优越感,而作为中国空军飞行员,他们也常常为自己的指挥员窝囊而恼火。丢东北、丢华北、丢上海,眼下连南京也丢了。他心里憋了一肚子气。可有什么办法呢,军人以服从命令为天职。不知为什么,他脑海中浮现出这样一幅画面。

——1937 年 8 月 14 日,西子湖畔笕桥机场,中国空军第四飞行大队在大队长高志航率领下,冒雨起飞抗击日本"木更津"航空队。30 分钟的空中角逐,中国空军以六比零的战绩,首战告捷,戳穿了日本空军不可战胜的神话。

——1938 年 2 月 23 日,中苏空军混合编队使用 CB-2 型轰炸机首次出击台湾日军松山机场,炸毁日机 18 架。

——1938 年 3 月 12 日,中国飞行员汤卜生驾驶印有青天白日徽的单翼式侦察机,低空飞入已被日军占领的南京上空,在空中拜谒了位于东郊的孙中山先生的陵墓,使日本驻军惶惶不可终日。

"咔吱——"中吉普戛然停下,徐焕升记忆的长绳被迫收回。他瞄了一眼处于深山峡谷中的机场,明白了这次轰炸任务的光荣和艰巨。

几乎没有休息,严格的模拟训练便开始了。平心而论,中国空军当时的装备实在令人心酸。中国大西南仅有的两架"马丁"B-10B 型轰炸机被转场到这山沟机场。长机 1403 号,由徐焕升驾驶,僚机由佟彦博驾驶。6 名年轻的领航员,还没有经过严格的长途奔袭训练。他们深知,没有攻击机的掩护,轰炸机偷袭,就如虎口拔牙,而这些飞机的性能,着实令人担忧。

呵,灾难深重的中华民族,面对外敌的侵袭,难道只能俯首就擒吗? 不,中华民族从来就不屈服于外族的压迫。然而,边海无防,装备落后,成了被动挨打的代名词。一个民族对这惨痛教训的领会,莫过于他的军队。

担任他们这次空袭模拟训练的教官,是年轻英俊的飞行教员司马戟。从接到任务的那天起,他就豁出去了。

中国空军轰炸日本本土,这是他想都没有想过的事,而且这教练任务竟落到了自己身上,更是他始料未及的。他知道,凭眼下飞机的续航能力和性能,飞行员可谓九死一生。而且任何一个环节上的疏忽都有可能前功尽弃。

"背水一战。不成功便成仁。"想起了周至柔司令斩钉截铁的话和那副铁青的脸,司马戬反而定了神。他想起了还在日本沦陷区南京的妻子。他们结婚时间不长,"八一三"事变爆发后就没见过面。日本人占领南京后,中外报纸相继刊出日军屠杀、强奸、轮奸南京妇女的报道。他不知爱妻命运如何?儿女情长,英雄气短。堂堂一位国军上校,竟连自己的妻子也保不住。他不禁又悲伤起来。

紧张的模拟训练拉开帷幕。

目标——鹿岛、福冈、长崎……漆黑的夜空中,徐焕升率领特遣队机组跃上云天。夜间仪表飞行,也叫盲目飞行。飞行员全凭机舱内仪表指示操纵飞机,判断飞行状态,测定飞机方位,这是海上飞行和夜间飞行技术的基础。教官司马戬管得凶,飞行员甘愿管。因为大家目标是一致的。

"04号,前面是雷雨区,绕过去!"

"04号明白!"

"03号,下面灯火是'长崎',准备投弹!"

"明白,准备投弹!"

"投弹!"

……

训练是在极为秘密的情况下进行的。除了飞行员,连机场许多保障人员也不知道这两架飞机天天晚上飞来飞去干什么。

那天晚上,因天气原因,原先的飞行计划取消了。他们几个在餐厅里呷着德国黑啤酒,议论着训练难题。唯有领航员苏光华愁眉苦脸,原来,他正在念中学的妹妹在一次空袭中,被日本鬼子的飞机炸死。他把从南京几经辗转送来的家书,送给徐焕升。血气方刚的徐焕升一拳砸在桌子上,眼睛里喷出两道仇恨的火焰。

苏光华一口喝了杯里的啤酒。"娘的这次轰炸日本,我非要……"

话没说完,徐焕升打断了他的话,"快,他喝醉了,扶他回宿舍。"隔墙有耳,秘密一旦泄露,将会带来难以设想的严重后果。

不过,徐焕升已经晚了。餐厅的屏风后面,一直有一对耳朵在竖着。一个被日军谍报机关收买的伙夫,无意中听到了这一绝密的情报。

众人簇拥着苏光华拥出餐厅。多了个心眼的徐焕升回身进去查看究竟有没有旁人。按当时的规定,炊事人员是不准接近飞行员的。他轻手轻脚地跨进餐厅,只见一个身影一闪,溜进了另一道门的过道。可徐焕升还是记住了他——一个留着小平头、胖乎乎的伙夫。

仅仅10分钟后,军统有关部门就获悉了这个信息。也活该这小子倒霉。因为当时并未怀疑他是特务。只怀疑他听到了什么,没想到长官找他一谈,他竟竹筒倒豆子,全说了。还把领到的一百个银圆也交了出来,以为这样可以从轻发落。当然,最后还是落了个一枪崩了的结局。

究竟何时出击为好?用什么炸弹轰炸日本?周至柔虽为空军司令,可他实在不敢做主,也做不了这个主。去面示委座吧,又怕挨训。他深知老蒋脾气。不请示他,他把你骂得狗血喷头,请示他,有时他会斥责你没有主见。亏高参指点,他想起了任航空委员会秘书长、主宰空军一切的宋美龄。

经宋美龄同意,周至柔的轿车直抵蒋介石官邸。

在那间摆设豪华的客厅里,周至柔喝着宋美龄亲自动手泡的一杯龙井茶,颇有点受宠若惊。"根据委座指示,我空军司令部已拟订轰炸计划,飞行队集训完毕,待命轰炸日本本土。"有夫人在场,周至柔似乎胆壮了点,一口气报告完了计划。

"好好好。"蒋介石连连点头说,"此事宜早不宜迟,你们还是快点行动吧!"

"请委座钦定时机,我们一定把炸弹扔在日本人头上!"周至柔唰地站起。在这之前,围绕扔什么炸弹,空军内部也主张不一,有人主张挂杀伤弹,炸炸不可一世的日本鬼子,也有人主张投定时炸弹,说可以延长惊吓日本的时间,还有人主张扔凝固汽油弹,在日本城市烧几场大火……

"请坐!请坐!"蒋介石态度格外和蔼。

这时坐在一旁的宋美龄发话了:"把炸弹扔到日本人头上,固然会在全世界引起轰动,对日本也是一次小小的告诫,只不过……"

"不过什么?"蒋介石不知夫人葫芦里卖的什么药,连连追问。

"日本人野心大得很,进攻中国仅仅是开始。他的空海军主力尚留本土,以对付英美苏等盟国。如果真用炸弹轰炸日本,一旦激怒了他们,会不会引发别的什么呢?再说,把炸弹扔到无辜的平民头上,似乎有点不够人道。"

听完夫人的高见,周至柔搞糊涂了。原来夫人是不主张轰炸日本的。看来几个月的心血白费了。这倒不是周至柔庸人自扰。他深知夫人在委座心中的地位。当年"西安事变",她亲飞西安,周旋于张学良、杨虎城之间。最后在中共的帮助下,使蒋介石转危为安。委座对夫人向来言听计从的。

周至柔不知所措地点头,"夫人高见!夫人高见!"

蒋介石咧开大嘴,露出满口假牙,"对对,是有点不够人道,是有点不够人道!"

宋美龄没有理会蒋介石的话,她转身对周至柔妩媚一笑。"依我之见,不扔炸弹,可以扔传单嘛!"

未等蒋介石表态,她就说:"周司令,你就去准备吧,委座选定的时间是19号或者20号。而且最好不要用苏联的飞机。"

周至柔倒吸了一口冷气。飞行员拼着九死一生,只是为扔几张纸片,值得吗?他自己也说不清楚。而在这个场合,他只配说:"是!"

出击时间一定,空军司令部乱翻了锅。随着滴滴答答急促的电键声,一道道指令,通过无线电波,射向浩瀚的太空。

宁波栎社机场,成为这次行动的首选机场,荷枪实弹的宪兵把住了通向机场的每一条小道,连只小鸟飞进去也会被注目。

黄浦江畔,潜伏的军统、中统人员纷纷接到主子旨令,不惜一切代价,搞清长江中下游日军的一举一动。

为了迷惑日军。通信部门故意把一些空军出动飞机支援津浦线作战的情报让日军破译。而各轰炸机大队也昼夜频频出动……

历史将永远记住这一天——1938年5月19日。

下午3时23分,随着3发绿色的信号弹划破天际。武汉机场,大地在颤抖。两架银白色的"马丁"B-10B重型轰炸机怒吼着,一前一后,在跑道上腾空而起。

飞在前面的是长机03号飞机徐焕升,肩负着如此光荣的使命,他的心情异常激动。机翼下,巍然屹立的龟蛇二山,美丽的黄鹤楼,玉带般的长江。再见吧,武汉,等待我们凯旋的喜讯吧!

多么神圣的飞行!这是中国领土被日寇蹂躏以来,第一次发起对日本本土的攻击。也是亘古以来,中国军队第一次跨海东征!

徐焕升手握操纵杆,两行热泪夺眶而出。四万万五千万同胞的期望,中华民族的重托。他掂出了驾驶杆的沉重。

教官司马戬一会儿跑到前舱,一会儿转到后舱。炸弹投掷口设在中间,四周堆着一捆捆传单,轰炸员们正忙着把一捆捆传单塞进弹舱。他瞄了一眼舱外,如絮的白云一团团滚过来,那熟悉的山川、原野、袅袅的炊烟、负重的耕牛,如果没有这场战争,那该有多好。前方就是宁波机场了,按上峰指定,司马戬已完成历史使命,飞机降落后他不再前飞,东征日本的重任落在了徐焕升等人的肩上。九死一生的拼搏,他却只能当个旁观者。说不清是什么心情。他转到前舱,拍拍徐焕升的肩膀,嘴唇嚅动着,大概想说点什么,可他终于什么也没有说。

时针指向5点20分。日军袭扰的飞机由于受航程和燃油的限制,此刻大都已悄然返航。这支神秘的远航轰炸队,正是利用这个战术上的时间差,神不知鬼不觉地降落在出击基地——宁波栎社机场。

南方的夏夜,太阳落得晚。已是7点钟了,夕阳最后一抹霞光把浩瀚的大海染得血红血红。

晚饭后,徐焕升带着轰炸分队队员聚集在起飞线一侧的飞行员休息室。他一会儿踱到门口,一会儿看看身边的怀表。时针在不紧不慢地跳动着。他和他的机组在急切地盼望着总部的电令。也许是为了稳定一下狂跳的心,他们在机场展开大地图,再一次校对航线,红色的箭头,沿着舟山群岛南端,向东急速延伸,直指日本的鹿儿岛……

11时,电务科长送来汉口急电:可以出击,祝一切顺利!

漆黑的夜幕掩住了波涛汹涌的东海,银白色的跑道也笼罩在夜色之中。也许是出征前的平静,机场上没有一丝灯光,只有起飞线上两架黑色的巨鹰旁,不时传来巡逻兵沉重的皮鞋声。

11时20分,徐焕升等8名壮士来到起飞线。黑暗中,没有谁发出指令,8人齐刷刷地排成一列,遥对西方,发出庄严的宣誓:"为吾中华,抗日救国。飞渡重洋,远征三岛。以吾神鹰,警告日寇,唤醒人民,制止战争。效忠领袖,虽死无怨。"

夜幕中,谁也看不清谁的脸,8个人紧紧地拥抱在一起,8颗炽热的心和着同一个节拍跳动。

23时48分,跑道两旁的草丛中,突然亮起了杏黄色的跑道灯。

"起飞!"随着耳机里响起指挥员的命令,两架巨鹰呼啸着扶摇直上,消失在遥远的夜空。

夜幕下的江城武汉,由于实行战时灯火管制,几乎看不到几盏灯。汉口空军临时总指挥部的大门口,黑暗中陡然增加了一个班的岗哨,一辆辆进出的小车被严格盘查。

深夜 11 时 50 分,三辆黑色的小轿车,悄无声息地停在空军总指挥部门口。中间一辆车里,走下全身戎装的蒋介石。等候在门口的周至柔啪的一个立正:"委座好!"

蒋介石点点头,沿台阶步入正厅。

二楼会议室里灯火通明,只是由于战时灯火管制,窗户上蒙上了一厚厚的布帘。长方形的会议桌上,中央党部的各处要员全部驾到。深夜被召来开会,大家不知出了什么事,一个个议论纷纷。以为津浦线战场又有不测。

"蒋委员长到!"大厅外响起了一个长长的口令。会议室里顿时鸦雀无声,军政要员一个个站起来,目光注视着那扇打开的侧门。

身穿军用披风的蒋介石健步走进会场,笑嘻嘻地招呼大家坐下。"打搅了诸位的好梦,对不住啦!"说着,蒋介石先笑了起来。

隔壁房间里响起了电话铃声。一会儿,周至柔疾步跑到蒋介石身边,弯腰凑在他耳边嘀咕着什么。

"好!好!大概需要多少时间?"蒋介石高兴地问周至柔。

"按航速计算,大概需要 2 小时 40 分钟。"周至柔小声回答。

蒋介石转过脸,神色凝重地朝大伙望了一眼,慢慢站了起来,颇有风度地把双手撑在桌面上。操着浓重的浙江话,"诸位,我要向大家宣布一个振奋人心的消息。今晚,我国空军将对日本本土投放精神炸弹。"听众中一阵骚动。蒋介石卖关子似的停顿了一下,抬腕看了看表。"现在是零点 19 分,我军的两架轰炸机已经起飞 31 分钟,让我们一起恭候胜利的喜讯!"

西太平洋上空,夜色昏暗,海风呼啸。徐焕升和他的战友关掉了通话器,在云海深处作静默飞行。老天似乎故意为难出征的勇士,刚刚还好端端的天,一会儿变了脸,一团团浓云涌向飞机前的航道。尽管这样的天气,他们已飞过多次,可这次毕竟不同于平日的夜训。不能有一丝一毫的偏差。徐焕升暗暗告诫自己。他瞄了一眼仪表,"航向:3027,高度 7000。"他报出了一串数据。

"正确。"守着磁罗盘的领航员在大声报告,徐焕升脸上掠过一丝不易察觉的微笑。

"咚咚咚!咚咚咚!"翼下响起了猛烈的高射炮声,拖着血红色尾巴的炮弹流光四泄地飞向夜空。

海面上,5 艘日本海军军舰一齐打开了探照灯。旗舰指挥室,海军大佐左腾一郎正指挥炮兵作盲目射击。

徐焕升他们怎么也没有想到,自秘密驻训机场那个充当特务的"火夫"被杀以后,日方情况部门因突然失去联络,而盯上了那个山沟机场。接二连三地派出谍报人员搜集空军情报。无奈防守太严,谍报人员一直未能得手。但他们也隐隐感到中国空军似在筹备什么重大行动。联想到早些日子,那个代号"黑马"的情报,侵华日军情报部门又有点坐立不安。使他们不解的,发回去的情报竟杳无音讯,那天主管支那空军情报的次长大津三郎通过绝密电话询问,竟遭到了上司的斥责,称他们发回的情报大多是"不着边际的胡乱猜测,干扰了总部的计划!"吓得大津三郎半晌不敢回话。

　　大概是天气的缘故,日军舰无法分辨出空中的目标,只是云层深处隐隐传来的轰鸣声,夹杂着滔天的涛声,左腾一郎也分不清究竟是什么声音。"打开探照灯!"刹那间,10道雪白的灯光刺破夜空,遗憾的是云层太厚,任凭观察兵望花了眼,也没看出什么名堂。左腾一郎长叹一声:"返航!"

　　凌晨零点35分,蒋介石精神抖擞地喝着龙井茶。颇有运筹帷幄之中,决胜千里之外的神采。不一会,周至柔又满面春风地递给蒋介石一份电报。是徐焕升发给空军总部转最高统帅部的电报。全文如下:

　　职谨率全体出征人员,向最高领袖蒋委员长及诸位长官行最高敬礼,以示参与此项工作之荣幸,并誓以最大之努力,以完成此非常之使命。

徐焕升

　　"委员长万岁!""蒋总裁英明!"会议室里一片欢腾。

　　蒋介石摆摆手,示意大家安静。转过身来问站在身旁的周至柔:"飞机现在到什么地方啦?"周至柔赶紧向隔壁跑去。空军总部指挥所转来了徐焕升刚刚发来的电报:"云太高,不见月光,完全用盲目飞行。"

　　会议室里的空气顿时紧张起来。许多人连大气也不敢出。大家一齐把目光投向蒋介石。

　　20日凌晨2时20分,轰炸机群飞临日本本土上空。从空中鸟瞰,夜幕下的日本列岛,犹如一条张牙舞爪的鳄鱼。

　　九州,位于鳄鱼的尾巴处。也是这次轰炸的重点目标。徐焕升往翼下望了望。黑乎乎的鱼尾上,稀稀疏疏地亮着几盏灯。

　　"到了,是九州的重要城市长崎。"机舱里欢呼起来。作为空军飞行队长,徐焕升当然知道长崎的分量。这座距中国大陆最近的城市,是侵华日军空军的重要出击基地。聚集着军火工厂、海军基地。多少次,他们曾发誓,总有一天要把这罪恶的侵略跳板砸烂。如今,机会终于到了。

　　"准备投弹!"徐焕升发出指令。

　　黎明前的长崎街头,行人稀疏。只有几家通宵开张的点心店亮着灯。街上的广告栏内,张贴着一条条写在红纸上的宣传标语,"为建立大东亚共荣圈奋斗!""到支那去,为圣战成功献身光荣!"

　　海军基地的大院内,一批即将奔向支那战场的新兵无法入睡。就要离开祖国,他们不知等待着他们的是什么,他们周围的许多人去了支那,却没见回来的。可战时兵役法又迫使他们背井离乡。几名士兵围坐在门前的台阶上,望着满天繁星出神。

　　轰隆隆,空中掠过一阵惊雷。两架黑色的巨鹰呼啸而下。

　　"飞机!飞机!"不知谁喊了一声,许多新兵拥出房间。

　　"统统地回去睡觉,这是皇军夜训的飞机!"一名少佐大声吆喝着。

　　一阵狂风掠过,天空中飘动着成千上万张白色的纸蝶,许多新兵顺手捞住一张。"支那飞机!支那飞机!"突然有人惊叫起来。

　　少佐捡起一张传单,嘴巴惊得再也合不拢了。这是在日本长崎,不是在支那的华北平原。他怎么能不惊恐万分呢?宣传品上明明白白地印着《中华民国全国民众告日本国民书》《中华民国总工会告日本工人书》,"尔再不驯,则百万传单一变而为万吨炸药矣。尔其戒之!"

"不准抢传单!统统地上缴!"少佐声嘶力竭地叫喊着。

轰炸机编队披着夜色,呼啸着飞过长崎、飞过福冈、飞过熊本……

飞机围着鳄鱼尾巴转了一圈,撒下难以计数的传单。而后迅速爬高,加大油门,向祖国飞去。

40分钟后,日军才如梦初醒。九州岛全线停电。地面炮火在漫无边际地轰鸣,漆黑的夜空闪起一道道耀眼的火光,似乎在为东征的勇士送行。

四、"海狮"计划的破产

1940年7月5日傍晚,一个天空浸透血色的日子,纳粹德国头子希特勒,在他元首府的那张长方形的办公桌上,亲笔签署了侵占大不列颠帝国的第16号指令,代号"海狮"计划。希特勒把贪婪的目光瞅上了英伦三岛。

7月6日中午,急促的电话铃声惊醒了正在睡午觉的纳粹德国空军司令戈林。"元首召见!"戈林顿时精神为之一振。可他纳闷,元首为何正中午召见,看来元首又有什么新招了。

元首作战指挥室,军装笔挺的戈林啪地双脚并拢,一个标准的纳粹军礼。希特勒嘿嘿地笑着示意戈林坐到他的身边,递给他一份刚刚签发的作战计划。"海狮?"戈林自言自语道。翻着翻着,戈林来了精神。"元首高见,卑职一定竭尽全力为帝国效劳!"

戈林此时可谓狂妄至极,他当时手头有230架双引擎ME-110飞机,还有760架ME-109飞机。虽然它们尚不具备飞越英吉利海峡到伦敦空战的条件,但实在也是一支称得上雄厚的空中力量。

7月8日,刚刚接受"海狮"计划任务的戈林被希特勒晋升为第三帝国元帅。新官上任三把火,穿着戴上元帅军衔新军服的戈林,极其兴奋地把手下的将军召来开会,商谈具体实施"海狮"计划的步骤。

空军作战司令部会议室,各航空队的司令们因连战皆捷而喜形于色。戈林更是精神焕发,得意非凡。他操着一根铝质指挥棒,对着墙上的作战地图,亮开了大嗓子:"诸位,元首的意图很明确,我们要从拉姆斯格特延伸到怀特岛以西的广阔战线上进行一次奇袭性军事行动。打头阵的是我的空军,我的飞机。海军那一帮浑蛋,让他们喝汤吧!"戈林挥舞着拳头,似乎胜券在握。

戈林的狂妄自有他的原委。在欧洲大陆,他的空军赢得实在太轻松了。

希特勒

5月10日清晨4时许,德国空军数百架轰炸机以迅雷不及掩耳之势,猛烈轰炸荷兰、比利时、卢森堡三国,肆无忌惮地将中立的荷、比、卢推入战火之中。

5月14日,德军攻入法国,一批弯翼的施图卡俯冲轰炸机咆哮着低空轰炸。法国轰炸机队被消灭在地面。连续十余天的狂轰滥炸,到处是硝烟和爆炸。一座座断壁残垣,一片片瓦砾焦土,美丽的法兰西在燃烧,在流血,在呻吟……

6月14日,巴黎落入德军之手。英军失去了最后一个同盟军。

希特勒有他的如意算盘,凭借空军的力量,给法国点颜色瞧瞧,对英国也是一个警告。迫使它举手投降。

然而,德军的如意算盘落空了。英国首相丘吉尔及其政府并未被德国飞机的淫威所征服,而是采取了坚决抵抗的政策。于是,希特勒企图靠空军炸出一条入侵英国的道路。

然而,入侵英国谈何容易,白浪滔滔的英吉利海峡,成了阻拦德军入侵阴谋的天然屏障。英国人民也广泛动员起来,200万人加入战时军事编制,5万多名群众报名担负对空监视任务,全国上下同仇敌忾。

1940年7月10日,英格兰南部和多佛尔海峡一带空中乌云翻腾,阴雨绵绵。恶劣的气象条件几乎使交战双方所有的飞机都撤回了基地。对空监视雷达屏幕上灰蒙蒙一片空白。

机会难得。英国一支沿海护卫船队悄悄驶离福克斯顿港口。

一架冒雨出来侦察的德国侦察机发现了驶往多佛尔的船队,"发现目标!"飞行员漫不经心地报告,忙坏了德国"海峡轰炸机队司令"约翰内斯·芬克上校。

"海狮"行动拉开战幕。

"马上出击,炸沉英国船队!"随着指挥部的命令,DO-17轰炸机大队的飞机呼啸着扶摇直上。紧接着一个ME-109护航机大队和一个ME-110驱逐机大队也相继跃上云天,钻入厚厚的云层中。德空军的装备可谓首屈一指。轰炸机可携带500公斤炸弹,最大速度每小时390公里,航程550公里,机上还装备有3挺机枪。ME-109型护航歼击机更是凶狠。其翼展9.95米,机长8.84米,起飞重量3386公斤,最大时速727公里,升限12500米,装1台2000马力的活塞式发动机,载有3门机炮。这是第二次世界大战时飞得最快的战斗机,它在战场上表现十分凶狠,因此闻名全球。

好家伙,70架飞机,分三个梯队,杀气腾腾地直飞集结空域。芬克上校这回可是下了本钱了,他要在上司面前露一手。

德国编队机群很快被英军雷达发现。迎战敌机。憋足了劲的英国飞行小伙一个个求战心切,6架旋风式战斗机从拉姆斯格特附近的曼斯汤机场腾空而上。

比金·希尔率领的英国6架旋风式战斗机借云层作掩护悄悄逼近敌机群,不由吃了一惊。德国飞机分三层,在DO-17轰炸机上面是一层近距离支援的ME-110战斗机,更高的一层是ME-109战斗机。敌众我寡,希尔略一思索,命令战友立即隐蔽在云层中,让过德军的掩护飞机,然后揪住轰炸机群的尾巴,给它狠狠一刀。

德空军编队机群呼啸而过。也许是轰炸机数量比较多的缘故,护航机群的侧下方,滞后的轰炸机群像一条长长的尾巴。

"出击!"3架旋风式战斗机从云层中呼啸而出,直扑 DO-17 轰炸机群。为拦截护航机反扑,另外 3 架旋风式飞机稍稍跃升,枪口直指德空军护航机群。这种被英国皇家空军称为"超级海上喷火"式的歼击机,装 1 台功率 1030 马力的活塞发动机,最大时速 571 公里,升限 10360 米,航程 805 公里,有密封座舱,高空飞行时飞行员能吸氧。机上装有 8 挺机枪。

一场力量悬殊的空中较量。英国空军 6 架飞机对付德国空军的 70 架飞机。也许是没有料到英军飞机在云中设伏,抑或是力量绝对优势导致的不可一世。仓促应战的德军飞机竟有点惊慌失措。旋风式飞机射出一串串仇恨的子弹,笨拙的轰炸机连忙投掉炸弹,海面上激起一股股冲天的水柱。

满天的枪声,满天的硝烟。旋风式飞机终究比轰炸机灵活机动得多。一转眼,希尔咬住一架德军轰炸机。近点,再近点!几乎能看清德军机上的纳粹图徽了。扳机扣动了,飞机被击中油箱,机头一沉,拖着黑烟栽向波涛汹涌的大海。

见伙伴被击落,另外两架德军轰炸机自知不是旋风式的对手,想赶紧溜走。不巧,一架飞机的转向系统发生了故障,飞行员想右拐弯脱离,飞机偏偏向左机动。这一偏不要紧,正好和另一架逃跑的德机对上了。"轰"的一声,两架德机相撞爆炸,残骸碎片纷纷扬扬地落入大海。

船队闯过了海峡,旋风式 3 比 0 获胜,戈林气得暴跳如雷,可已无济于事。

英国空军的顽强抵抗,不仅打击了德国空军的士气,也使希特勒异常恼怒。攻占英伦三岛,飞机是成功的桥梁。他要速战速决,只有飞机才能奏效。对慢悠悠的船舰攻击,他已没有足够的耐心。

"戈林元帅!"希特勒在指挥所吼叫。

很快,穿着新军服的戈林站在他的面前,"集中所有的空军力量,包括海军航空兵对英国实施毁灭性的打击。要快,快!"希特勒几乎是咬牙切齿,全然没了元首的风度。

戈林不敢有半点怠慢,一道道指令发出,轰炸机、歼击机、强击机频频调动。两天后,戈林手下竟纠集起 2669 架作战飞机。他要对英伦三岛下手了,力量上的绝对优势,使他觉得有必胜的把握。

战争的胜败从来不取决于个人的意志。天时、地利、人和对战争有着至关重要的作用。德军飞机数量和性能上的优势,足以对英伦三岛构成威胁。但有一点戈林忘了。飞机,是需要人去掌握的。一个民族企图以武力去征服另一个民族,失败那是毫无疑义的。

日历撕到了 8 月 13 日,英吉利海峡依然阴沉沉的,大片大片的积云奔腾翻滚,与汹涌的海浪相映成趣。戈林在空军作战指挥室里踱来踱去。他有他的如意算盘。就在昨天,他已派出他的王牌飞行部队,对沿途英国空军的雷达阵地进行了毁灭性的打击。如果天气好,今天将是自己在元首面前露一手的日子。可他失望了。天更昏阴了,还夹着几条雨丝,能见度只有几百米。

夜幕笼罩了海峡,只有震天的涛声依旧轰鸣。天,似乎露出了一道云缝,偶尔有一两颗星星在眨眼。戈林的眼睛亮了。

"全线出击!"戈林发出命令,凶狠的目光注视着地图上的英伦三岛,恨不得一口把它吞下去。

顿时,英吉利海峡上空沸腾了。480多架挂满了炸弹的轰炸机,在1000多架歼击战斗机的掩护下,向英国境内的9个机场发动了空前的攻击。

照明弹把英伦三岛照得通亮。德军的飞机像乌鸦般在夜空中扑腾,成百吨的炸弹倾泻在英国人的头上。战争是残酷的,许多无辜的人民惨遭杀害。然而,德国人炸毁英空军机场,消灭英空军有生力量的目的却没有达到。原来,戈林得到的情报有伪,他花大本钱轰炸的9个机场,竟没有一个机场驻有英军的轰炸机和战斗机。空中看到被炸翻燃烧爆炸的飞机,全是经过伪装的退役飞机和模型。

8月15日,德国空军再次发动对英伦三岛的攻击。这一回,英国空军不再躲藏了。面对连续攻击2000多架次的德军,英国人常常出其不意地"咬"上一口,又匆匆脱离,弄得德国人毫无办法。这天下午,袭击英国东北沿海的第五航空队134架飞机,飞临太恩河时,云端突然冒出英国7个中队的飓风式和喷火式机群。混战一场,德军30架重型轰炸机被击落,英方几近没有损失。

尽管如此,德军的连续空袭,还是给了英国空军以沉重打击。两个星期内损失飞机446架,飞行员战死103名,受重伤128人。南部的5个机场遭严重破坏,更糟的是7个关键的扇形雷达站有6个被炸,整个通信系统已濒临被摧毁的边缘。如果德国空军再持续几星期的空中打击,英国空军有可能被击溃。

战役的成败,有时就取决于指挥员一个当时看来似乎无足轻重的决策。"海狮"计划的破产在于德国人犯了一个战略性的错误。

9月7日夜晚,一直对英国空军基地实施狂轰滥炸的德军轰炸机群,突然转为大规模地夜袭伦敦。1200多架飞机,飞到泰晤士河上空,向兵工厂、码头及居民投下大量炸弹。第一批200架飞机扔完炸弹,第二批、第三批再如法炮制,伦敦变成一片火海。

轰炸目标的转移,给伦敦居民带来了灾难,却给了皇家空军一个喘气的机会。

原来,8月23日晚有12名德国轰炸机飞行员迷航,炸弹误投到伦敦市中心,炸死多名无辜居民。为回击希特勒飞机对大不列颠帝国首都的袭击,丘吉尔便命令皇家空军出动飞机轰炸德国首府柏林。并撒下许多传单,向德国人民宣传,希特勒是给德国人民带来灾难的罪魁祸首,气得希特勒暴跳如雷。

目睹希特勒发火的戈林元帅为讨好元首,把毁灭性的轰炸伦敦作为对轰炸柏林的报复。恰恰是这一"报复"拯救了被打得元气大伤的英国皇家空军。被炸毁的跑道迅速修复,受伤的飞机很快复原……

被"胜利"冲昏头脑的戈林此时有点忘乎所以了,对夜间轰炸伦敦已经不满足了。9月15日中午,在他的一手策划下,200架重型轰炸机在600架战斗机的掩护下,大模大样地横渡英吉利海峡。他认为英国空军此时已无力回击。他怎么也没有想到英国皇家空军在一个星期的休整之后已经缓过气来。

此刻,英吉利海峡上空,德军杀气腾腾而来。英国空军战斗机司令部,雷达荧屏上显示出这群不速之客的回波信号。起飞线上的皇家空军战斗机昂首云天,待命出击。

"起飞!"随着指令,皇家空军300多架"喷火"式和"飓风"式飞机分6个波次升空拦截。如入无人之境的德军飞机根本未料到皇家空军飞机还敢迎战。

火光闪闪,弹片横飞。20分钟的拦截,德国编队轰炸机群被打散,有的还未来得及扔下炸弹就被击落。

战斗结束：德国飞机被击落185架，英国皇家空军仅丧失26架。

9月17日，希特勒宣布：无限期推迟"海狮"行动。

五、奇袭珍珠港内幕

1941年12月8日早上，星期天。美国太平洋舰队基地珍珠港，一片祥和气氛。饭厅里，许多官兵正在用餐，收音机里播放着檀香山电台的音乐节目，谁也没有想到，一场灾难正悄悄袭来。

7时53分，一名晒衣服的海军士兵发现了呼啸而来的"零"式飞机。他惊奇地睁大眼睛。还没等他明白是怎么回事，黑压压的飞机就呼啸着俯冲而下，雨点般的炸弹，铺天盖地而来。震耳欲聋的爆炸声撕碎了港湾的宁静。待命的美国飞机被炸得七零八落，停泊的美舰东倒西歪，一片狼藉。

日本偷袭珍珠港，用了79架"零"式战斗机为轰炸机护航，一路上威风凛凛，出尽风头。直到今天，人们一说起珍珠港事件，就会联想起为日本空军屡建奇功的"零"式飞机。

是谁导演了珍珠港事件？"零"式飞机又是如何被选为开路先锋的？半个世纪后的今天，人们仍在寻找答案。

早在偷袭珍珠港之前许多年，日本便已把美国当作了自己的头号敌人。1939年9月，法西斯德国闪电般袭击波兰，第二次世界大战爆发。面对风云突变的国际局势，刚刚就任日本联合舰队司令长官的山本五十六感到日美在太平洋上交锋已不可避免，如何先声夺人，出奇制胜，给美国太平洋舰队一个沉重的打击，成了他的一块心病。

旗舰"长门"号，是山本五十六的指挥所在舰。1940年3月，他站在"长门"号甲板上眺望着海天连接处的奇观。突然，一队日本战斗机出现在他的视线内。这是海军航空兵正在训练的飞机。只见两架"零"式飞机在空中追逐着。蓦地，山本五十六的眼睛闪了一下光。原来，是空中的那架"零"式飞机做了一个潇洒的攻击动作。

"大大的好，大大的好！"山本无心观看训练，又钻进了他的指挥室。"应在与美军开战之前，用零式护航机，突袭珍珠港，消灭美国太平洋舰队，扫清日本南下作战的障碍。"山本五十六在"长门"号上用书面形式提出了偷袭珍珠港的设想。

如果说山本五十六设想偷袭珍珠港是日本海军既定的方针，那么选用"零"式飞机护航则是山本最明智的选择。作为联合舰队司令官的山本五十六，对日军的军用飞机性能自然是了如指掌。第二次世界大战期间，交战双方为在战争中取得上风，都非常重视飞机的作用，尤其是战斗机变得越来越重要。它被用来为轰炸机护航，与敌方的战斗机格斗，攻击对方的设施和基地等。当时各国都研制出一些速度快、武器精良、机动性能较好的战斗机，其中日本的三菱"零"式战斗机就是有代表性的一种。"零"式战斗机是日本"九六"式舰载战斗机的基础上发展起来的。它是一种单翼单座的轻型战斗机，装一台活塞式发动机，最大速度为每小时560

千米。

由于"零"式战斗机采用了轻型结构,机身的气动性能也较好,所以它的续航能力强。但它最大的特点还是机动性能较好,就连和它打过仗的飞行员也不得不夸奖说:它很怪,似乎有一种神秘的性能,当你快追上它时,它会突然一个跟头翻转过来,意想不到地从背后将你咬住。所以当时有人讲,在战争初期,没有一种战斗机是它的对手。撇开战争的性质不谈,山本五十六在军事战术上的聪明才智似乎是无懈可击的。

1941 年春,正是樱花盛开的季节,鹿屋航空基地到处飘逸着樱花的芬芳。

一辆小轿车停在作战指挥室门口,山本五十六径直走进会议室。一名年轻的飞行军官向他敬礼。"坐下谈,坐下谈!"对部下一向严肃的山本破例亲自为部下倒上一杯开水。

这位年轻飞行军官叫渊田美津雄,是日本空军数得着的飞行尖子,后升任为飞行中队长。这次紧急应召干什么,他还蒙在鼓里。

"渊田队长,帝国已决定空袭珍珠港,由你担任指挥官。战前模拟训练也由你担任!"山本直截了当地下达了任务。

"哈依!"渊田"啪"的一个立正。山本满意地笑了。

一纸命令,渊田少佐晋升中佐指挥官。年近不惑之年的他,对晋升自然是欣喜的,但对接下来的任务实在不敢说有什么把握。

一支支飞行大队被分配调到八代海岸和鹿儿岛训练基地。战斗机集中在佐伯基地,因偷袭珍珠港属高级机密,知情者甚少。一个中佐,掌握如此之多的飞机,许多人觉得反常,渊田自己心里也不是滋味。他实在不知道,等待自己和自己所率领的航空队的结局是什么。

6 月,纳粹德国以数百万兵力,用闪电战袭击了苏联。日本因此时同苏联缔结了互不侵犯条约而陷入窘境。7 月 18 日,日本内阁召开会议,确定了新的外交政策。26 日,美英两国同时冻结了日本海外资产,28 日,日军侵入法属的印度支那。

金秋,鹿儿岛湾风景如画。蓝蓝的天,蓝蓝的海。如果不是这场战争,那该多好啊!

偷袭珍珠港的模拟演练就在这儿进行。渊田拿出的训练方案令他的飞行员半晌喘不过气来。可渊田的口气没有任何商量余地。

一幅巨幅军用地图上标着模拟训练飞机的航线和各拐弯点高度:以 2000 米高度,飞到樱岛东侧,绕过山腰,进入峡谷,飞机之间间隔 500 米,穿出峡角作 180 度转弯,飞行高度降到 50 米,飞到鹿儿岛市,避开高层建筑后,再俯冲至 20 米,对准前方 500 米处的海上浮标实施攻击!

渊田自有渊田的苦衷。袭击珍珠港谈何容易。太平洋舰队的空中力量并不弱,地面防空也自成体系。且作战环境复杂,珍珠港属浅海区,水深只有 12 米。倘若鱼雷机在高于 40 米的空中发射鱼雷,沉重的鱼雷就会一头栽进淤泥中,难以达到预定的目的。

"背水一战,不惜一切代价!"日本大本营不妥协。

鹿儿岛海湾,四面环山,港口狭窄,地势和太平洋上的珍珠港差不多。9 月初,一架又一架的鱼雷轰炸机从山谷里飞出来,低低地掠过海滩,冲向海面,这些飞机飞得实在是太低了,把晒衣服用的竹竿都给冲倒了,吓得鹿儿岛的居民不停咒骂,但是这些超低空攻击训练的飞机根本不理会,还是来来去去反反复复地练习发射鱼雷和攻击舰船的规定动作。那些水平轰炸机也把一枚枚训练弹投向地面特定的标志上,在3000米的高度,投弹误差不超过3米。

在海湾的另一端。一批又一批的"零"式飞机也不停地起飞降落。有时,两队飞机在空中厮杀,有好几回,飞机与飞机几乎相撞。山本考虑得很周到。编队机群在太平洋上空飞行,想瞒过美军的雷达,几乎是不可能的。载满了炸弹的轰炸机是无法格斗的,只有"零"式飞机做开路先锋。

模拟演习进入了最后阶段,强化训练使飞行员的超低空突袭水平大大提高,攻击点也越炸越准。

袭击珍珠港飞机起飞选择点悄悄选定:胡瓦岛以北200海里。飞行编队时速230公里,2小时飞抵目标。山本对渊田的选择颇为满意。倘若太近,容易被对方发现,而再远的话,飞行时间长,增加飞行员疲劳,影响鱼雷攻击和轰炸的命中率。更何况"零"式飞机的燃料有限,不宜远距奔袭。

一切都在悄悄进行。

11月25日,一封绝密电令发到山本五十六手中,拆开《大本洋海军部第一号命令》,山本脸上露出一丝旁人不易察觉的笑容。

兹命令:山本联合舰队司令官

一、为帝国之自存自己,恐不得不对美、英、荷开战,有鉴于此,务于12月上旬完成各项作战任务。

二、所需之作战准备,由联合舰队司令官实施。

三、有关具体事项,由军令部总长下达指示。

奉敕,军令部总长永野修身

昭和16年11月5日

一触即发的战争乌云笼罩着太平洋上空,火药味越来越浓。但为了掩人耳目,日本政府还假惺惺地与美国进行"和谈"。山本五十六偷袭珍珠港方案已提出半个月,日本报纸还在宣传:"日本政府不放弃和平希望。"11月5日,日本特命全权大使来栖三郎,飞往美国,假充恢复太平洋和平的使者。

11月26日清晨,担任突袭的庞大舰队,载着300多架飞机,悄悄离开了港口。

保密!绝对地保密!没有人向自己的家属说一句告别的话,也没有亲人来送别。原来战斗机所在的基地,调来了另一批战斗机来进行伪装,每天仍然不间断地发送没有任何意义的假电报。在美国华盛顿,日本大使正在同美国进行最后的谈判,日本报纸大肆渲染,把此时此刻称之为"日美关系新纪元的前夕"。美国各报随即响应,纷纷在头版通栏标题刊登消息。

日本"和平"使者施放的烟幕,确实蒙住了不少人。但美国政界军界毕竟不乏有识之士。首先嗅出谈判味道有异的是美国国务卿赫尔,为试真伪,他于11月26日会晤三郎时,提交了一份《赫尔备忘录》。赫尔出价奇高,要求日本放弃日德意三国同盟条约,从占领地撤兵并缔结多国多边互不侵略条约。

《赫尔备忘录》三郎自然难以接受。但他知道,帝国的远征军已经出发,这十几天无论如何不能露马脚。为稳住赫尔,他又煞费苦心地炮制了一个"绝对最后方对此，赫尔不屑一顾。

不屑一顾解救了三郎，也为日本偷袭珍珠港成功赢得了时间。

自然，日本庞大的联合舰队在太平洋上行驶，不露一点蛛丝马迹是不可能的。就在日军袭击珍珠港的当天，美国参谋长联席会议主席马歇尔将军收到了一份破译的日军电码，电文称：×日，"萨拉托加"号航空母舰正在圣地亚哥，"约克敦"和"大黄蜂"返回珍珠港的可能性不大。

几乎在同一时间，夏威夷上空，日本机群正呼啸着扑向珍珠港。

马歇尔似乎有一种不祥的预感，马上电告太平洋舰队司令，做好战争准备。然而，电报却被手下的参谋人员耽误了。烦琐的加密发放，中途转换了3次，送到太平洋舰队司令金梅尔手里时，珍珠港已成废墟。

披上"和平"使者外衣的三郎在华盛顿时间上午1时整，即日本偷袭珍珠港之前30分钟，才奉命向美国政府最后通牒。可等到三郎进到赫尔办公室门时，已是下午2点20分了，日军的第二次冲击波已经席卷珍珠港了。

面对如此虚伪的"和平"使者，赫尔也没了外交家的风度，义愤填膺地指着大门，大声喝道："请你立即出去！"

三郎狼狈地溜了。但麻痹却给美国造成了难以弥补的损失。

在辽阔的北太平洋上，波涛汹涌，乌云密布，舰队排成一个巨大的环形队列，悄悄地向前行驶着，这就是在海上航行了12天的日本舰队，这时候，他们距离珍珠港只有200多海里了。

位于胡瓦岛南部的珍珠港，是美国太平洋舰队的主要基地，也是美国和远东、西太平洋之间的海上交通枢纽。此时此刻，港里停泊着8艘战列舰，岛上有387架作战飞机。

日本舰队全速行驶，恶狠狠地扑向沉睡中的珍珠港。每一艘航空母舰的飞行甲板上，排满了双翼展开的飞机，引擎隆隆地转动着。挂在机身下的鱼雷，银灰色的弹壳闪着寒光，犹如一头头睡狮，弄不清什么时候，它会突然咆哮，在海天制造一起凶杀案。

5时30分，东方刚刚露出鱼肚白。

震耳的涛声几乎盖住了飞机的轰鸣。"筑摩"号和"利根"号巡洋舰分别起飞了一架"零"式水上飞机，对珍珠港实施空中侦察。

"零"式飞机消失在遥远的天际，担任这次空中战斗的指挥官渊田美津雄中佐穿着飞行服，做好了出击前的一切准备。

"一切正常"，空中的"零"式侦察机发来信号。东方的洋面上，水天连接处已是一片火红。

飞行甲板上，一盏绿灯画着圈圈，发出了可以起飞的信号。飞机的轰鸣声打破了黎明前的寂静。率先起飞的是开路先锋"零"式战斗机，接着是轰炸机、鱼雷机，紧接着，又是一批"零"式战斗机……

渊田美津雄起飞后在机舱内看了一眼航表，时针正指在6时零2分。

夏威夷的报时钟沉重地敲响了7下，天已大亮。胡瓦岛最高处的那个小山包上，美军雷达站的天线在疾速旋转，屏幕显示，警戒区域平安无事。

两名值勤雷达兵像往常一样哼着小调，一个在洗漱，一个在雷达屏幕前监视。7时零2分，一组明亮的飞机回波信号闪现在荧光屏上。"方位003，距离180，发现编队机群！"他们马上把情报报给了指挥所的值班军官泰勒中尉。泰勒断然没有想到会是日本飞机。他想起航空母舰正在外面执行任务，猜测大概是自己的训练飞机。

"不要大惊小怪，这是航母上起飞的飞机。"他不耐烦地挂断了电话。

两名雷达兵吃早餐去了，飞机越来越近……

美军的雷达"认错"了目标，自然也就没有遇到飞机拦截。出奇的平静，倒使渊田美津雄心里有点七上八下。

7时40分，机群飞临胡瓦岛北部上空。透过云隙，珍珠港尽收眼底。太平洋舰队竟然毫无防备。港湾内，大大小小16艘舰艇静悄悄地停泊在水面上。

没有发生空战，也没有遇到高射炮火。"零"式飞机的飞行员似乎有点失望。渊田长舒了一口气，命令："用甲种电波向舰队发报：我已奇袭成功。"

奇袭成功的密码是："虎"字。顷刻间，"虎、虎、虎"的电波在太平洋上空辐射，传到了250海里外的特遣舰队，传到广岛湾的联合舰队司令部，传到了遥远的东京大本营。

太平洋战争拉开序幕。

日本空袭飞行队总指挥渊田大声发布命令："向全队发攻击令！"密令发出去了，只是一个简单的字："托、托、托……"这时是7点50分。

接到攻击命令，机群分散开，扑向各自的进攻目标。轰炸机奔向福特岛、希卡姆机场和惠勒机场，对准刚从机库里拖出作业的一架架重型轰炸机和歼击机，俯冲下去，顿时，爆炸声响成一片。两分钟后，鱼雷机队直攻战列舰，有的日本飞行员不顾一切地驾机直撞军舰和陆战队航空站，拼死命要摧垮防御。战斗越发激烈起来，到处硝烟弥漫。

轰炸机在珍珠港上空狂轰溢炸。护航的"零"式飞机清闲起来。但好战的日军飞行员又不甘寂寞，他们拼命地俯冲，用尖利呼啸威胁奔跑的美军士兵，机枪也吐出一串串火舌……

5分钟，惊慌失措的美军开始组织反击。20多架美军歼击机冲破炮火的封锁，强行起飞，在空中拼死搏斗。"零"式飞机寻到了对手，顿时来劲了。

也许是空中飞机太多了，几乎分不清是日机还是美机。好在机身上都印有各自的军徽，交战双方尚能分辨。

空战超乎寻常的激烈。两架被炸弹炸伤的飞机勉强冲出来。那个美国飞行员着实勇敢，他操纵着并不灵敏的飞机，拼死把一串子弹射向那架日本轰炸机。日军轰炸机栽下去了，他自己的飞机却被占位攻击的"零"式飞机打折了翅膀，骨碌碌坠毁。

"零"式飞机有备而来，美军战斗机仓促上阵。没有几个回合，几乎都成了"零"式飞机的"枪"下之鬼。

偷袭珍珠港是日本人的一次巨大胜利。日军以29架飞机，55名官兵的代价，击沉击伤美国太平洋舰队全部8艘战列舰，其他舰船10艘，击毁飞机400多架，伤亡官兵4500余人。而担任开路先锋的"零"式飞机也名声大振，成了日军的功臣战斗机。

六、"魔鬼"出世前的角逐

1945年8月6日晨,日本广岛上空腾起一个巨大的火球。这火球温度高达30万度,比太阳还要亮100倍。随着时间的推移,一朵高达数千米的蘑菇云冉冉升腾。

这是美国扔在日本的当时世界还鲜为人知的原子弹。就在这一历史瞬间,人类跨入了核时代。

1992年,联合国一份报告透露:目前世界上有约5万枚原子弹、氢弹,相当于100多万枚在广岛使用的原子弹,总当量约为13亿吨梯恩梯。

1994年,世界有核国家《核不扩散条约》的签订,给世界带来一丝希望。然而,纸上的东西毕竟只在纸上,人类的无核武器时代远未到来。

核武器,20世纪最可怕的杀人武器,它是历史,又是现实,更像"魔鬼"一样威胁着人类未来的命运。

1895年隆冬,一个风雨交加的夜晚,德国维尔茨堡大学的实验室里,年过半百的老教授伦琴忽然被一种从未见过的奇异现象惊呆了:涂着铂氰化钡的屏幕上,不知为什么竟闪烁着一片黄绿色的荧光。他简直不敢相信自己的眼睛。惊喜之余,他切断电源,荧光消失了,再接通电源,光亮又重现了。

伦琴作为科学家,工作历来十分严谨。他当然知道,阴极射线管被盖得严严实实,绝不会透光的。那么,这是一种什么光呢? 无意之中,他把自己的手伸向管子与荧光屏之间。伦琴又一次惊呆,屏幕上竟然出现了手指骨骼的黑影……

又是接连半个月的苦战,伦琴终于向全世界科学界宣布发现了一种新型的光——不可见光,称作x光或x射线。

放射线的发现,引导人类走进了原子世界的大门。1906年,英国科学家卢瑟福在原子中心找到了一个被称之为"原子核"的东西,并用α粒子第一次击碎了原子核。他敏锐地意识到,"潜藏在原子里边的能量,必是巨大无比的……"此时,伟大的科学巨匠,年仅26岁的爱因斯坦提出了他的相对论,从理论上证明了卢瑟福的科学猜想。据测算,如果一张纸是纯粹由原子核做成的话,则需要200辆火车头的拉力才能把它撕破。可见"核力"是多么强大。也正是由于这种强大的凝聚力,才使原子核蕴涵了巨大的能量。

1938年,第二次世界大战爆发的前夜,一种从未被人注意的天然存在的铀元素被发掘出来了。德国科学家哈恩,利用中子做炮弹轰击铀原子核获得成功,一举震动了世界科学界。

1939年4月,德国6名出色的原子物理学家被召集在柏林举行秘密会议,决定制造能将铀控制利用的装置。

德国最高当局试图把原子裂变运用到武器上。很快,德国下令禁止从所占领的捷克出口铀矿石,有关铀的新闻也从报纸上消失了。不久,一项被称之为"U计划"的工程在苏黎世悄悄出笼。"U计划"明确要求研制者直接对柏林陆军武器部负责。

"U 计划"是一个极其危险的信号！美国哥伦比亚大学物理学家西拉德被震惊了。德国人的"U 计划"可能导致一种威力巨大的杀人武器的诞生。出于对人类命运的担忧，西拉德心急如焚，如果战争疯子希特勒手里有了原子弹，后果不堪设想。反法西斯国家必须在法西斯国家之前造出原子弹。

1939 年 7 月，哥伦比亚大学的一间实验室里，西拉德冒着酷热，和另外两人写了一份有关核能的战时利用以及原子弹的设计和制造的研究报告，建议美国要在德国之前，尽快地制造原子弹。不料却遭到军方冷遇，甚至被斥之为"怪人"。对科学的无知，使美国差一点与原子弹技术失之交臂。

满腔热情遇到一盆凉水，但西拉德等科学家没有放弃，他们在考虑如何绕过这些官僚们，直接面呈罗斯福总统。

怎样才能见到日理万机的美国总统呢？几乎是不约而同，他们想起了已在美国定居的、享有最高威望的科学家爱因斯坦。8 月 2 日，爱因斯坦在报告上签了字，亲笔给罗斯福总统写了一封信，又委托给一位对罗斯福非常有影响的经济学家萨克斯转递。但是，由于总统忙于紧张的战事，直到 10 月 11 日萨克斯才把自己写的致总统的长篇备忘录和爱因斯坦的信、科学家的报告送交罗斯福。罗斯福很受感动，约萨克斯次日共进早餐。

这是一个雾气腾腾的早晨，白宫内鸟语花香。在那间摆设豪华的小餐厅里，准时到达的萨克斯紧紧握着总统罗斯福的手。也许是第二次世界大战爆发后难得闲暇的缘故，总统显得有点憔悴。他们俩是老熟人，说话也很随便。总统抬腕看了看表，笑着问："你要讲多长时间，我的亚历克？""我只向你讲一段历史，总统阁下。"萨克斯呷了一口奶茶，讲述了一段总统也许早就熟知了故事：19 世纪，拿破仑的铁蹄践踏了整个欧洲大陆，唯独没有征服英伦三岛。这是因为有海峡的汹涌波涛阻隔，还有英国的舰队抵抗。当时有个美国发明家富尔敦向拿破仑建议，用蒸汽机作军舰的动力，建造一支汽轮船队，就可以征服英国。但是拿破仑没有接受这一新事物，而把这个建议看成是怪诞。所以，拿破仑一直未能征服英国，最后还是被英国打败了。如果那时拿破仑采纳了这一建议，那么 19 世纪英国的历史就要重写。

萨克斯侃侃而谈，罗斯福洗耳恭听，还不时地点着头。萨克斯讲完了，总统似乎还沉浸在久久的思考之中。望着沉默不语的总统，真担心他对此不屑一顾。

萨克斯多虑了。罗斯福是个很有政治头脑的总统。此刻，他已完全被西拉德的那份报告和爱因斯坦的信所折服。

难熬的 3 分钟过去了。突然，总统喊了一声："拿酒来！"侍卫立即送来"拿破仑"白兰地酒。总统亲自为萨克斯倒了一杯酒。"让美国人民一起记住拿破仑的教训吧！"两只酒杯碰在了一起。

萨克斯笑了，罗斯福也笑了。

1941 年 12 月 6 日，罗斯福总统批准了一项被称之为"曼哈顿工程"的研制核弹的计划。美国陆军工程兵团建筑部副主任格罗夫将军以马歇尔和陆军部长史汀生的全权代表的名义主持了"S-11"委员会成员会议，将分散在军队各系统实验室独自进行的工作统一起来。"曼哈顿工程"直属总统，任何人不得干预。当时还是议员的哈里·杜鲁门不知从哪里得悉政府正在搞一项耗资巨大的秘密工程，出于议员的责任,他想了解一下纳税人的钱是否用得其所,结果被白宫冷冰冰地拒绝了。

美国人的"曼哈顿工程"在悄悄进行。但科学家们的发现却震惊了世界,燃烧着的第二次世界大战的战火,使许多国家对原子弹研究表示极大的关注,并展开了一场神秘而激烈的核子武器研制角逐。

跑在最前面的是德国人。德国科学家们已弄清了研制原子弹的重要工序是分离出铀235。因为真正能引起核裂变的不是普通的铀,而是铀中包含的一种含量极微的轻同位素铀235,并成功地分离出了所需的铀235。

希特勒得知制造原子弹成功在即,不由得兴奋异常,电令马上投入实弹试制。没想到麻烦接踵而来。建立原子反应堆需要一种减速剂来控制中子的撞击速度,以使核裂变既能大量产生而又不至于超过极限形成核爆炸。德国人率先发现了最理想的减速剂石墨。没想到,他们从国外订购的一批石墨在运输途中,遭到了一支不明身份的队伍的袭击,石墨质地被破坏了,使实验归于失败。

后来,德国人又发现重水也可当作减速剂。但当时德国没有重水资源,以前每年所需的3000磅重水是从挪威进口的。1942年,德国人在挪威建起了一座重水工厂,年需要量31万磅。英国和美国的谍报部门马上获得了这一情报。

必须中止德国人的重水源泉。被英吉利海峡隔开的英国战时内阁和美国政府出于对国家安全的考虑,决心联手攻击诺尔斯克电气化工厂,把积存的重水炸掉。

诺尔斯克电气化工厂坐落在崇山峻岭中的一个300多米高的峡谷悬崖上,通往峡谷的每条关卡上,都有德国精锐部队把守。联军司令部拟订了一个"燕作战"计划。用两架滑翔机载着34名突击人员进行突袭,然而,行动暴露了,德国守备军飞蝗般的子弹使"燕作战"计划夭折。

突袭失败,英美联军司令部很快又拟出了新的突袭方案,空投特遣分队,智炸重水工厂。

联军司令部严格地挑选了6名挪威人担任突击队员。根据情报资料,联合作战司令部绘制出了工厂的立体模型,还让突击队员们按照艾纳提供的情报记熟了德国警卫人员的位置和换岗的时间,掌握了每一扇门开关的方法和工厂的所有情况。

正当英国人紧锣密鼓地作进攻准备之时,德国人也得到了情报。联军作战司令部为了转移德国人的视线,将计就计把一份盟军要炸毁工厂附近堤坝的假情报暴露给德军,于是,德国人把大部分守卫人员都调去看守堤坝了,只剩下了12个德军看守诺尔斯克工厂。

1943年2月17日,突击队员们坐着英国的轰炸机空降到了离诺尔斯克工厂30公里的斯库利凯湖上。悄悄地穿过了5000米冰封雪冻的森林区,又渡过了一条汹涌澎湃的急流,攀登了300米高的冰墙,一直来到了工厂的大门口。由于突击队员们事先记熟了工厂的一切,所以仅用了3分钟时间,就找到了与浓缩室相通的电缆道和预定要爆破的水槽、水管等,很快地把炸药放在了最佳位置。这一切,都完全出乎德国人意料,把守工厂的12名德国士兵一点也没察觉特遣队的混入。突击队员悄悄进,悄悄撤。没走多远,就听到一声惊天动地的爆炸声,诺尔斯克工厂被炸毁了。珍贵的重水流入了山间的小溪。

英国人的袭击,令希特勒暴跳如雷。可他又不死心,原子梦对他称霸世界的野心诱惑力太大了。1943 年年底,德国又修复了诺尔斯克工厂的一部分。英国人当然不会袖手旁观。联军一边派出轰炸机对工厂实施轰炸,一边派出特工队潜入破坏。气急败坏的希特勒赶紧命令:"不惜一切代价,把已造好的重水运回国内。"

1944 年 2 月的一天清晨,装着全部重水的"开特罗"号火轮渡船,慢慢地离开了岸边,正准备横渡挪威的廷斯佐的时候,突然,"轰"的一声从甲板底下传来,船身马上倾斜了,5 分钟后,火轮渡船沉到了海底。原来,英国特工人员已经掌握了火轮渡船上的秘密。一枚定时炸弹夹在货物中装进了船舱。正义的爆炸声又一次粉碎了希特勒的原子梦。

消息传到华盛顿,罗斯福高兴得简直要跳起来。

但是,德国人的试验工作还在紧锣密鼓地进行。美国情报部门向总统建议,组织一次特别行动,到敌占区去搜捕德国科学家,搜集类似铀和重水等重要战略物资,刺探科技情报。当时的美国总统罗斯福立即批准了这个名叫"阿尔索斯"行动的计划。

1943 年秋,美军在意大利登陆,"阿尔索斯"突击队随军行动,通过分析德、意科学家的通信,分析出德国研制原子弹的地点、人员和时间表。第二年,盟军在诺曼底登陆,"阿尔索斯"突击队进入巴黎,分析了德国利用唯一的原子加速器的使用情况。9 月他们到了比利时首都布鲁塞尔,查获了德国曾从比利时获得 98 吨铀等重要情况。11 月 29 日,突击队俘获德国研制原子弹的 7 名重要科学家。1945年 2 月,"阿尔索斯"突击队又侦得德国阿亨附近的一个专门从事铀加工的工厂,美军当即派出 612 架 B-29 轰炸机,投下 1906 吨炸弹,将其彻底摧毁。3 月,突击队进入海登堡,找到了德方重要的实验室,将其科学家全部俘获。4 月,他们又在法兰克福获得 11 吨铀产品。当月,德国研制核武器的计划在一个污水池里被搜寻出来。5 月,在美军整整一个军团的配合下,"阿尔索斯"突击队采取最后行动,将最著名的科学家海森堡抓获……

如果没这些行动,也许德国人会在美国人之前造出原子弹,那历史将改写。

精明的美国人为"曼哈顿工程"赢得了时间。

英国人粉碎了希特勒的原子之梦,高兴的不仅是美国人,暗暗叫好的还有日本和苏联。

当时,与美国人的"曼哈顿工程"竞争的还有日本的"二号研究"。

日本人从事原子弹研究的历史比一般人想象的要早得多。早在 1934 年,日本理化研究所和科学家就进行过人工轰击原子核的实验。第二次世界大战爆发后,日本军方拨出巨款,在东京空军大楼建立了核弹研究所。日本最高当局企望靠原子弹威胁世界,以实现建立"大东亚共荣圈"的黄粱美梦。

1942 年年底,一个潜伏在美国的西班牙间谍,向日本军方密报了美国制造原子弹的秘密。日本军方既为这个情报的珍贵欣喜万分,又对这个事实惊恐万分。岁末年初,日本大本营密召"二号研究"科技人员,透露了绝密情报的内容。

太平洋西岸的核情报震惊了东洋岛国"二号研究"的策划者。可当时他们又面临巨大的困难。侵华战争中庞大的军费开支,也影响着"二号研究"的进程。不过,日本当时最大的困难莫过于资源缺乏的岛国,压根就没有原子铀的矿藏。可制造原子弹又离不开铀。报告送到东条英机首相案头,这个狡猾的家伙灵机一动。想到了盟友希特勒。共同的利益已经使日本和纳粹德国、意大利建立起了法西斯联盟,把战火从地球的这一端烧到地球的那一端。

"速支援铀材料,以抑制美国人的计划!"东条英机的电报连同美国的核研究情况一齐送到希特勒手中。希特勒大笔一挥:"派潜艇秘密运输,不得延误!"

希特勒出奇的慷慨大方,不仅东条英机疑惑不解,就连希特勒手下的将领也不明原委。只是因为是元首的决定,他们不敢过问。其实,希特勒小气得很,对日本人大方,他有他的如意算盘。当时的国际格局已是显而易见,与美国人决裂不可避免,如果美国先造出原子弹,对希特勒实在是极大的威胁。倘若日本人捷足先登,闯进核大门,那对美、苏也是一种武力上的威胁。

那是一个月黑风疾的夜晚,一艘载着核原料的潜水艇悄悄出航。当晚 21 点,日本大东营接到潜水艇出航的密电。

这是一趟称得上长途的航行。漆黑的大洋深处,鲸鱼般的潜艇关掉了无线电,悄无声息地行驶着。德国人的行动未能逃过美国谍报人员的眼睛,太平洋舰队获得了德潜艇远航日本的消息。

1941 年 12 月,日本人偷袭珍珠港,重创美军太平洋舰队。珍珠港的炮火震醒了美国人,对日本人产生了一种本能的厌恶感。尤其是日本人研制原子弹的情报,极大地刺激了罗斯福总统。太平洋舰队奉命加强警戒,拦截这艘往日本运送核资源的德国潜艇。

在潜水艇驶往日本必经的马来西亚近岸,美国海军布下了天罗地网,静候"客人"到来。

"客人"终于来了。这天上午 9 时 27 分,尽管德潜艇关掉了一切能关的系统,但动力系统无法关闭。美国海军的声呐兵测出了潜水艇的方位。很快,一个个深水炸弹沉入海底,爆炸激起的水柱足有 3 层楼高。一枚深水炸弹落在潜艇上,潜艇连同铀一起葬身大洋深处。

德国援助的后路被美国人无情地切断了。无可奈何的日本人只好自认倒霉。转而,他们又把掠夺的魔爪伸向中国。然而,由于种种原因,从中国东北、内蒙古等地运回的铀原料依然是杯水车薪,"二号研究"进展迟缓。

1945 年,美国航空队轰炸东京,空军总部作为军事目标遭到持续的大规模轰炸,"二号研究"所在的 49 号楼陷入火海之中,研究资料被付之一炬……

精明的美国人赢得了时间。"曼哈顿工程"进入了实质性阶段。

1945 年 7 月 16 日早晨,美国新墨西哥沙漠,东方微微发白的光线,衬托着巨大钢塔顶上的第一颗原子弹。被誉为"原子弹之父"的西拉德站在观察站内,等待那惊心动魄的时刻。

5 时 30 分,自动操作器开启,数秒钟后,两支绿光信号火箭跃上云天。计时器上的数字显示又跳了两下。突然,令人目眩的白光一闪,一个比太阳还亮的火球升腾而上。先是雪白,继而橘黄,接着深紫,然后火球膨胀,烈焰腾空。震耳欲聋的爆炸声使数 10 公里外的锡耳佛城居民住房的玻璃窗震坏。高大的蘑菇云升到万米高空……

呵!沉重的蘑菇云。

七、杜立特尔轰炸机中队的中国历险

这是一篇血与泪的记载,这是一段不该忘怀的历史。为了反对共同的敌人——日本法西斯,为了世界永久的和平,半个世纪前,浙西乡村的一群渔民为营救遇险的美国飞行员,舍生忘死,血溅荒野,谱写了一曲气吞山河的国际悲歌。

1942年春天,正是抗日战争最艰苦的第五个年头。中国人民在中国共产党的领导下,前仆后继,浴血奋战,打碎了日本帝国主义建立"大东亚共荣圈"的迷梦。

此刻,位于太平洋彼岸的美国首都,罗斯福总统和他的将领们正在悄悄酝酿轰炸日本本土的计划——东京上空30秒。

珍珠港事件改变了美国政府在中日战争中所扮演的角色。每每回忆起那个黑色的星期天,这位潇洒的美国总统常常压抑不住内心的愤怒。不讲信用的日本人,在美国毫无防备的情况下,轰炸机群以迅雷不及掩耳之势,偷袭美国在太平洋的主要海军基地——珍珠港。

美国人被惊醒了。

1941年12月8日。美国对日宣战。英国、荷兰、印度、澳大利亚、加拿大也随即对日宣战。太平洋战争爆发。

12月9日,中国对日、德、意三国宣战。世界反法西斯统一战线初步形成。

罗斯福总统做出轰炸日本本土的决策固然令美国人为之振奋。但这对战争主体的军队来说,无疑是一大难题。如果步日本人后尘,使用航空母舰直驶日本,高度警觉的日本军队肯定会奋起反击,劳师远征的舰队说不定吃不到鱼还惹一身腥。而当时又没有一架飞机能在满载炸弹的情况下从太平洋飞向它的另一端,更何况还要打一个来回。

勇敢好斗不甘罢休的美国将领们绞尽脑汁,寻思着为国人讨伐日本的战机。一名叫弗西斯·劳的海军上校怀揣"将航空母舰停泊在距日本陆上轰炸机作战半径之外,用陆军的中远程轰炸机从航空母舰起飞,穿越日军海上防线,轰炸日本本土,然后飞到中国或俄国的空军基地"的计划,叩响了海军作战部的大门,一向古板的作战部长欧内斯·金上将,心中的灵感被撩拨,明亮的蓝眼睛里射出兴奋的光芒。立即召见他的飞行官邓肯与劳上校,再次论证计划的可行性。两天后,金上将让飞行官向陆军航空兵司令阿诺德汇报。阿诺德一见方案,顿时拍案叫绝。因为前不久,他从白宫开会回来,在起草一份备忘录,提出"我们应当试试用轰炸机从航空母舰起飞,看看效果如何"不谋而合。阿诺德腾地从椅子上站起来,当即指示召见他的参谋官詹姆斯·杜立特尔。

"我们现在的飞机中哪一种能载弹2000磅,以500英尺滑跑距离起飞,飞行2000英里!"杜立特尔被上司突如其来的问话怔住了,他似乎预感到将要发生些什么。杜立特尔故作镇静地停了一会儿:"这得让我考虑一下。"次日,他报告阿诺德"B-23轰炸机和B-25轰炸机能做到"。阿诺德又补充道:"起飞跑道宽度不能超过75英尺。""那只有B-25了,它翼展67英尺。"杜立特尔的回答,使阿诺德极为满意,他命令杜立特尔立即挑选和训练人员,一旦时机成熟立即轰炸日本。

在顺利地完成了在"大黄蜂"号航空母舰上试验起飞的任务后,杜立特尔挑选了 80 名"B-25"轰炸机飞行员,于 3 月初集结训练基地,当众宣布:

我的名字叫杜立特尔,被委派负责你们这次志愿参加的作战行动。这是一次艰难的行动,也将是你们所经历的最危险的一次行动。但现在我不能宣布行动内容。必须绝对保密,绝对服从。不愿干的人,现在可以退出,但不许再提这件事。

4 月 2 日,"大黄蜂"航空母舰载着 16 架轰炸机,在巡洋舰和驱逐舰的护卫下驶出港口,还蒙在鼓里的飞行员突然听到扩音器里传出的声音:开往东京。顿时,舰艇上欢呼雀跃,欢声震动。雪耻报仇的机会到了!

杜立特尔看到,他的精兵强将们一个个情绪高昂,与其继续保密作战计划,不如让大家心里有数为好,浩瀚的洋面,即使有人想泄密也只是天方夜谭。他把机群分成 5 组,每组 3 架,另一架作备份,每机带 3 枚爆破弹,1 枚燃烧弹,由他驾驶 1 号机于 4 月 19 日黎明轰炸东京。其余各机随领队机分头轰炸东京、横滨、名古屋、神户、长崎。

天有不测风云,4 月 18 日凌晨,舰队刚距日本 650 海里时遇见日本"东丸"号巡逻船,日本侦察船发出的:"0630 在犬吠崎以东 650 海里发现 3 艘美国航空母舰"情报被美方截获。担任舰队指挥的海赛尔当机立断:打沉侦察船,轰炸机紧急起飞。这比预定起飞点远 200 英里。而这对长途奔袭又无法返回航空母舰上的轰炸机飞行员意味着什么,大家都心照不宣,望了望甲板上全身戎装的飞行员,海赛尔发出了起飞的命令。

白浪滔天,航母像一条黑色的鲸鱼,缓缓前进。早晨 8 点 20 分,杜立特尔驾 1 号飞机第一个飞离甲板。目标——东京。杜立特尔拨正航向,飞机带着尖利的呼啸,消失在遥远的天际。

9 点 20 分,16 架 B-25 轰炸机全部升空。

杜立特尔率领机群,贴近海面超低空飞行,12 点 30 分,他绕开日本人防空演习场,从东京北面直插东京上空,按下了发射按钮,顷刻间,东京的机场、城市上空如倾盆大雨,一枚枚炸弹带着深仇大恨一齐炸响在日本国土,东京、名古屋,刹那间浓烟滚滚,烈焰腾空……趁着敌人慌乱之际,轰炸机群迅速低空入海,飞向中国。

杜立特尔中队轰炸日本本土成功的消息传到美国,美国人欢欣鼓舞,举国欢呼:杜立特尔,英雄! 杜立特尔,英雄!

正当罗斯福总统在白宫举杯庆贺时,杜立特尔和他的轰炸机中队正在浩瀚的大海上空穿云破雾,经历着一场生与死的搏击。

"1 号,15 号油耗尽!"

"1 号,16 号油耗尽!"

还有 7 号、8 号、9 号……

提前出击,使战鹰油料提前耗尽。

豆大的汗珠顺着杜立特尔的额头,沿着高高的鼻梁,钻进了他的口中,杜立特尔用嘴抿了抿,一股苦涩的咸味逼着他使劲地往下咽了进去。他瞪大双眼透过机舱向外面眺望,大雨如注,机身下冲天的浊浪波涛汹涌,时隐时现的大机群正贴着邻近中国的海面飞翔……

已经没有时间了。忧伤的泪珠在杜立特尔的眼睛里滚动,他并不怕死,从飞机起飞时开始,他就没有打算活着回去。可与他一道出征的还有 79 位曾经朝夕相处的战友和堪称世界王牌的飞机。唯一能使我杜立特尔做到的是尽可能保全战友的生命,我杜立特尔已无颜向自己的国人汇报。"他使劲地挺了挺脖子,右手用力按下无线电发射按钮:

"弃机跳伞! 弃机跳伞!"

钻出云层的 15 号飞机飞行员爱德华·赛勒一眼望见了机舱外不远处那黑乎乎的山头、海滩。突然,发动机油尽熄火,他深情地瞄了一眼急剧下降的高度表,鼻子一酸。右手猛地拉动了跳伞把手。

"轰、轰、轰……"一阵阵巨响震遍了我国东南沿海的渔村、小镇。

渔民们纷纷躲进了后山和青纱帐内。因为这里的爆炸声几乎都是日本侵略者制造的。小镇的人民吃尽了苦头。请看县志上的记载:

1939 年 8 月 6 日,日机 3 架轮番轰炸石浦火炉头一带,毁民房 50 间,炸死炸伤 3 人;1940 年 4 月 16 日至 18 日,日机 36 架,轰炸石浦镇,投弹 200 余枚,烧毁 380 间民房,死伤 15 人。

5 年间,日本人在这里强奸妇女 200 多人,上至六旬老妪,下到 2 岁幼女。现在几乎每天都有日本鬼子来这里抢劫……

"怎么不见东洋人?"一个时辰过去,躲在石浦港大王宫村山头后的赵小宝轻轻地对父亲说:"是不是小鬼子走了",赵小宝丈夫麻良水贴着后山腰慢慢地往前蠕动,探着头隐约看到家里点的那盏油灯还亮着。"莫非日本人摔死在海里了",麻良水返身告诉了赵小宝的父亲。

"我先去看看",说完,老人整了整自己的上衣,用手捋了捋满脸的雨水,蹑手蹑脚地向家里走去。

"谁?"猪圈里晃动的光柱立刻引起了老人的警觉。他操起门口的木棍朝猪圈走去。"要死死我一个人",老人寻思着如果碰上东洋人,就和他拼了。"谁!"他加大嗓门使劲向猪圈吆喝,里面仍无反应,老汉壮了壮胆,大步向猪圈冲去。

猪圈的角落里,蜷着 4 个人,穿着皮衣服,戴着长耳朵皮帽,浑身上下湿漉漉的。

"这是些什么人?"老人左手提灯,右手紧握着木棍慢慢地向他们靠近,借着微弱的灯光看到四个人都长着高高的鼻子,脸特白,脚又特别大,他越往四人身边靠近,他们挤得越紧,老汉思忖着,这种模样的外国人,他到上海运盐时见过。而这几个又是驾飞机的外国人,前段时间,老人从镇上的私塾先生那里听说了太平洋战争爆发,美英等国对日本人宣战。莫非他们就是英国或美国的飞行员。可语言不通,一时半刻又无法弄清。他转身跑回山背后把全家人都叫了回来。

一家人拥进了猪圈,"出来,出来"麻良水一连喊了几声见仍无动静,上去一把扯住一个人的衣服,使劲地往外拉,那人用膝盖往后退了退,嘴里叽里咕噜地说个不停,又从口袋里取出几枚银圆样的东西递给麻良水。

父亲的判断使赵小宝明白了他们是好人,她以东方少妇特有的温柔,笑吟吟地把四个外国人招呼了出来。

四个外国人围坐在赵家微弱的小油灯前,脸上显得憔悴而又苍白。

还是女人心细。赵小宝跑进内室,翻出几套父亲和丈夫的衣服。她捧起衣服递到爱德华·赛勒面前时，四双眼睛一齐射向赵小宝，尽管他们听不懂赵小宝在说些什么，但他们似乎从她堆满笑容的脸上感觉到她是对他们友好。高个子指着门外的大海，在赵小宝面前画了一条弧线又向她点了点头，双手接过衣服，每人分了两件，把身上的湿衣服换下。

听说赵家来了几个高鼻子的外国人，村上私塾先生俞茂金提着马灯急急忙忙赶到赵家。外国人见俞先生身穿长袍，戴着一副圆边棕红色眼镜，猜测那个准是做学问的，四人不约而同地哇啦哇啦说了一通，只见俞先生扶了扶镜架，摇摇头，转身从赵小宝烤衣服的柴火中找了一块炭，从口袋里掏出一张马粪纸，画了一面日本国旗。

"NO！NO!"外国人惨白的脸一下子变得铁青，一个个挥动着拳头。吓得俞先生慌忙后退了几步，急忙蹲在地上画了一面中国国旗，又透过镜片偷看他们的表情，他看到外国人倏地从凳子上站起来，一起向他过来，4双大手几乎同时把他的双手握住，最矮的一个不停地喊着："咕得，咕得。"站在一旁的赵小宝父亲心里突然想起了什么，进屋取出自己在上海运盐时捡到的地图，摊在桌子上让他们辨认。四个美国人比画着，把美机轰炸日本的经历讲给这几个似懂非懂的中国人听。

"盟军，他们是盟军，是打日本人的。"俞先生从4人所指的方位和手势断定他们是美国飞行员时，一把攥住麻良水的手说，"快备好菜好饭，慰劳他们。"

穷苦渔民没有知识，但是他们知道什么是善、什么是恶，他们痛恨日本人，憎恨战争，当他们得知素昧平生的外国人是为打日本鬼子才坠海时，恨不得把自己的心掏出来。

"好人！好人!"一家人忙成一团，麻良水取出家里用来招待贵宾的咸虾皮、熟鸡蛋，赵小宝把家里新做的竹榻让出来给美国人睡。

雨，不知什么时候停了，一轮弯月悬挂在天空。大海入睡了。四位疲惫不堪的美国飞行员在浙西海边山村草房的夹墙里进入了梦乡。

几乎在同一时间，石浦港的另一头——爵溪镇，渔民们同样在为自己的好人备茶弄饭，延续着中国渔民营救美国飞行员的动人故事。

在渔民叶阿桂家，一位身着黑色中长袍的美国飞行员正狼吞虎咽地吃着主人给他做的鸡蛋，他用充满感激的目光向叶阿桂的父亲叶和团频频点头。

飞机爆炸时，叶阿桂等3人正摇着舢板从罗其湾运肥料回来，一声巨响，巨浪把小船抛向空中，叶阿桂用尽全身的力气拼命地握着摇橹。

飞机斜插着掉在距他们不远处的牛门洋海面，大半截翅膀露出水面。

"有人。"叶阿桂首先看到有两个人躺在海面任海水把他们往沙滩上冲去，使劲地摇着舢板追上去。

"不像是日本人。"受尽了凌辱的渔民用他们的直觉一眼就断定这漂上来的人不是东洋人，叶阿桂点亮小马灯把他们引进了家门。

外国人比画着手势，一会儿抡拳向大海的对岸捶去，仿佛在告诉他们，他们恨对岸的日本人。一会儿，他们又同时张开双臂，脸上堆满了笑容。叶和团好像一下子明白了许多，他想到前些日子，乡长杨世淼说过，世界上有很多国家准备和日本人干上一仗，莫非他们就是去和日本人干仗的外国人？叶和团用竹棍子在地上画了一个圆圈，又在上面打了个大"×"，只见两个外国人竖起大拇指，一个劲地点头。

"是的,是的,他们肯定是来和日本人干仗的。"叶阿桂高兴地从地上蹦了起来。

在这静静的春夜,在这遥远偏僻的小镇,正在日寇铁蹄蹂躏下的中国人民义无反顾地担起了救护盟军飞行员的重任。他们用火热的心,用滚烫的血,把情愫抛向太平洋的彼岸。

夜幕低垂,喧闹了一天的海浪稍稍平静,刚把四个美国人安排好,挤在一屋的赵小宝一家人却怎么也睡不着,他们总感到还有些什么事没做好。

"爸,人家可是为我们打东洋人的,日本人会不会来抓他们……"没等赵小宝把话说完,突然,一阵急促的脚步声,把一家人吓得慌成一团。

"来了,来了。"麻良水腾地从床上爬起来,拿起一把锁,从后门跑出去,把美国人住的里屋锁上。

哗啦一声,大门被撞开了,冲进一群荷枪实弹的鬼子兵。"你的,看到美国飞行员的有?"一名留着仁丹胡子的日本军官盯着赵小宝,厉声吆喝着。赵小宝摇摇头,装出一副十分害怕的样子躲到丈夫身后,"里屋搜!"日本兵冲进里屋,可屋里除了几条破渔网和浓烈的鱼腥味,再也没有别的东西了。"如果看到的报告,否则死啦死啦的!"扑了空的日本兵走了,藏在夹墙里的美国飞行员心怦怦直跳。

第二天天蒙蒙亮,赵小宝父亲从后屋找来渔网,蹑手蹑脚走出门外,想在海里捞些鱼虾给飞行员吃,出门不远,礁石旁的呻吟声冷不丁使他打了个寒战,老人提起玻璃方灯往前走了过去。

"啊"老人睁大眼睛看着眼前的惨状,全身起了鸡皮疙瘩,一种负疚感袭上心头。

"好人,好人,我真对不起你。"老人自言自语,上前扶起那个满脸是血,皮肤已被海水泡白的美国飞行员,扔下渔网,抱起他直往家里跑。

当年才19岁,新婚不久的赵小宝顾不上少妇的羞涩,没等父亲把飞行员放下,上去把美国人的外衣脱掉,用盐水轻轻地擦拭伤口,撕了几块布条把伤口扎好,又让他把自己男人的衣服换上。

危难之中,战友重逢,5个美国飞行员紧紧地抱在一起,激动得使站在他们身旁的赵小宝一家流泪。

19日清晨,爵溪镇的叶阿桂家好热闹,听说有两个轰炸日本的美国飞行员在他们家过夜,乡亲们送来海鱼、地瓜、鸡蛋等食品,摆满叶家的桌子。

"灰窑还有一个死的,一个活的。"在离叶阿桂家不远处的小路上,当年才12岁的夏丙贤气喘吁吁地跑来告诉大人。

"活着那个站在死人旁,直打哆嗦……"没等夏丙贤把话说完,叶阿桂、周根土一行五人径直向灰窑跑去。

海边人最忌讳早晨见到死人,按当地的说法,出海时先看到死人这一天准是凶多吉少,可这个时候,这些靠打鱼谋生的百姓似乎忘了一切。

紧随他们后面的人从家里带来破网、白布到灰窑,渔民周根土上去解下飞行员身上的降落伞保险锁扣,用布包好带回家里,交给妻子吴姣娣珍藏,想着有一天,如果美国来找人,这锁扣可以作证。他们小心地把布盖住尸体的面孔,其中一个又护送活的飞行员到乡长杨世淼家。

"先把他藏到里屋。"杨世淼朝天空看了看,估摸着驻扎在这里的日本兵马上就要到村里来,他让飞行员换上衣服,自己拉着三个老百姓坐在客堂里。

正当中国渔民千方百计营救美国飞行员时,日军驻浙江总部也获悉有一批美国飞行员和飞机在象山一带失事。上峰密令他们一定要截获飞行员和飞机残骸。顷刻间,一支支日伪军迅速出动,路口设卡,港口封锁。

两座小镇上的气氛顿时紧张起来。可在团结起来的人民面前,凶残的敌人仍然是聋子和瞎子。美国飞行员躲在镇上几乎家喻户晓,可据点里的日伪军却一点也不知晓。

中午时分,夏阿水、周根土两人按乡长的吩咐刚出门,迎面碰上三个日本兵正要往杨世淼家进。

"太君,乡长不在家。"夏阿水低着头毕恭毕敬地给日本人作揖,周根土忙着从兜里掏出烟给他们点上。日本兵信以为真,抽了几口烟,叽里咕噜几句,返回据点了。

这一切,躲在里屋的杨世淼看得一清二楚,他倒吸一口冷气,急忙从后院溜到了隔壁周根土家。

"你们把美国死人赶快埋掉。"周根土让老婆吴姣娣作掩护,喊上了邻居杨三星和夏阿水等人,带着铁锹急急忙忙把已经放进棺材的两个尸体分坑埋在了北门沙头的沙滩里,悄悄地做上了记号。

日本鬼子疯狂地搜寻失踪的美国飞行员,给小镇渔民的营救工作带来了极大的困难。然而,受尽日本鬼子欺凌的中国渔民已经明白了这场救护的意义。

勤劳善良的中国人民觉醒了,而觉醒了的中国人民是不可战胜的。营救、转移美国飞行员的工作在有条不紊地进行着。为了预防不测,渔民们兵分数路,水陆并进。

20日清晨,赵小宝父亲从甲长俞支桂家里借来一条小船,让5个飞行员穿上渔民衣服,用炭把每个人的脸涂黑,沿岛礁岸边划行。

小船必经的一个港口有10多个日军把守。麻良水、林阿芳、魏福弟、卢老狗一起动手,让飞行员躺在舱底。船过闸门,两个日本兵哇啦哇啦地吆喝着靠岸检查,船上码头,卢老狗故意把底舱一侧的舱盖打开,拎出两条大鱼,笑吟吟地说:"鱼大大的有,慰劳太君的有。"见靠岸的渔民并不慌张,日本兵放松了警惕。加上船沿上尽是又腥又滑的鱼鳞。日本人捂着鼻子吆喝着:"开路、开路!"就这样五名飞行员被安全送至三门,后又转送临海。21日国民党航空委员会奉蒋介石之令,颁发奖金国币5200元。

陆地护送3名美国飞行员的爵溪镇渔民却遇到了意外的麻烦。

上午10时许,在乡长杨世淼的策划下,3个飞行员一副渔民打扮,混在10个村民中向爵溪镇东门口走去。

"这是什么人?"渔民被突如其来的问话呆住了,门口的日伪军哨兵抬头看着比他高出一截的"渔民",转身跑回村里。日伪军第二连连长何宗武正愁着找不到美国飞行员没法向他的主子日本人报功,一听哨兵报告美国飞行员模样的人刚出东门,抖了抖上衣,带上驳壳枪向日军营地跑去。

"跑!"13人中带队的刘成本催着大伙赶紧绕开日军驻扎的茅洋,往县城方向跑,不料未到白沙湾,一大堆日本人已荷枪实弹站在那里。

"死也不能让日本人把飞行员抓走!"刘成本迅速将3名飞行员藏到路边的苇草丛中。10名壮汉义无反顾地迎着日本兵走了过去。围上来的日本兵见没了飞行员。当即暴跳如雷。"快说,美国飞行员在什么地方。不说统统地枪毙!"

"我们中国的渔民,哪知道美国的飞行员?"刘成本镇静地回答。"我们不知道!"大家几乎异口同声。

"八格牙鲁,统统的死啦死啦!"日本军官声嘶力竭地号叫着。10双仇恨的眼睛紧盯着那些充满杀气的侵略者。10个人站在前面做成人墙。

"嗒、嗒、嗒"一阵扫射,10个淳朴的中国人为了3名美国飞行员而齐刷刷地倒在了故乡的土地上,殷红的鲜血被海浪带进了大海。

半个世纪多过去了,杜立特尔轰炸机中队写就的世纪杰作,一直被美国人作为民族历史的辉煌载入了史册。可同时留给他们的遗憾也成了美国几代人的夙愿,当年的16架飞机没有一架能完整地回到故土,他们多么想通过实物让后代永远记住杜立特尔和他的轰炸机中队,记住当年不惜流血牺牲营救美国飞行员的中国公民,记住这段中美两国人民用鲜血写就的历史。

1992年3月20日,当年营救美国飞行员的赵小宝、陈慎言、曾建培、朱学三、刘芳桥应美方邀请,参加美国杜立特尔轰炸日本本土50周年纪念活动。

1994年4月27日,由美国西北航空公司副总裁、航空艺术家布莱恩·穆恩先生,杜立特尔轰炸机队飞行员亨利·波特、比尔·鲍沃和水下探险家一行19人组成的探险队来到位于我国东南沿海的石浦港。

浙东的海面依然是那样深情。把也许是唯一一架完好的15号飞机珍藏在硕大无比的怀抱里。52年过去了,当年的15号飞机的具体方位究竟在那里,一直是探险队关注的热点。在两天没有进展的情况下,29日,声呐指示仪里发出的一阵尖叫声使在场的中美双方人员兴奋不已。负责水下作业的总指挥杰里·普罗佛斯特穿上潜水衣第一个潜入40米深的海水中,半小时后,他钻出水面,风趣地对着岸上的人说:"下面是块质量极好的岩石。"

接连几次相同的打捞,总是希望和失望相伴。穆恩先生只好带着几分遗憾提前"收兵"。沉睡了52年的15号飞机,今在何处? 成了中美双方的不解之谜。

也许是为了弥补探险队员的失望。年逾七旬且双目失明的吴姣娣老人赶来了。她颤抖着从衣袋里掏出一个小布包,一层一层地展开。包里珍藏着当年在北门沙头安葬遇难飞行员时,从他身上留下的降落伞保险锁扣。整整50多年,老人历尽沧桑,却一直珍藏着这件特殊的"遗物"。穆恩先生拉住老人的手再也说不出话来!

在当年10位渔民洒血的白沙湾,鲍尔率领探险队员默默地致哀。安息吧,不曾见过面的中国弟兄,大洋彼岸的美利坚会记住你们。他俯身捧起一把红色的细沙,装进随身的小包。他要把这浸透着中国人民鲜血的红沙带回美利坚。告诉美利坚的子孙后代,在遥远的东方,长眠着10位为美利坚献身的勇士。终于,他按捺不住内心的激动,两行热泪夺眶而出……

站在礁石旁的波特先生紧盯着眼前这熟悉的大海,那感人的场面。他深深地吸了一口气,转身看着鲍尔,两人相视无语,像是用心在说话。这趟遥远的东方之行没有白来。他们寻到了那段曾被遗忘的历史,寻到了那血肉交织的故事,寻到了那永难忘怀的记忆。

八、"神风"特攻队的覆灭

1945 年 8 月 15 日上午,日本天皇裕仁通过广播向全世界宣布投降诏书。

当天晚上,暮色掩映下的东京市郊一幢别墅里,一个留着仁丹胡的矮胖子,跪在客厅的地板上,面前放着两架"零"式战斗机模型。几页留着遗言的信笺飘落在周围,首页上一行"致特攻队员的英灵"的字迹依稀可见。

此人就是日军神风特攻队的创始人,海军中将大西泷治郎。白天,当他听完天皇的投降诏书,觉得一切都绝望了。此刻,他取出那柄象征帝国武士精神的军刀,两行热泪夺眶而出。他捧起了"零"式飞机的模型,想起了他的神风特攻队,眼前浮现出载满炸药的"零"式飞机撞向美军航空母舰的场面,还有那 3500 余名以己身作"肉弹"的年轻飞行员。

终于,他放下飞机模型,托起闪着寒光的军刀,猛然间,他把军刀切入腹内。剧烈的疼痛使他的面孔扭曲了,鲜血从伤口涌出来,像小蝌蚪似的在地板上游动……

大西泷治郎

大西一命呜呼,他率领的曾使盟国舰队恐怖一时的"神风特攻队"也随之覆灭。

1944 年 10 月,美国第三舰队在哈尔西将军的指挥下,对日军占领地实施毁灭性的空中打击。

10 月 10 日,飘着膏药旗的马尼拉,成千上万的炸弹倾泻到日军基地和港口,飞机被炸毁,舰船被击沉。

10 月 12 日,美军 600 余架舰载机,又对日军占领的台湾高雄、马公等港实施空袭。230 余日机升空迎战,被实战经验丰富的美机打得落花流水。

10 月 22 日,美军又以迅雷不及掩耳之势,在菲律宾群岛中南部那个面积不大、不为常人注目的莱特岛大举登陆。

美军的登陆,点燃美日莱特湾大海战的导火索。

当日晚,东京的战略家们又集聚在一起。尽管他们谁也拿不出扭转败局的高招,但他们都知道菲律宾的战略地位。失掉菲律宾就意味着切断了日本从东南亚供应石油和橡胶的生命线,意味着这场战争的彻底失败。

日本海军的决策者们更是如坐针毡,万般无奈之间,只好实施大本营下达的"奏捷一号作战"命令。

代号"奏捷"即决战胜利之意。日军大本营在命令中直言不讳地说:本作战的指导方针在于向这一道防线进攻的敌人进行决战,以望借此扭转战局,用以寻觅光荣结束战争的途径。

于是，各兵种纷纷据此制订作战方案，企图做困兽之斗。

这是一个月黑风疾的夜晚，海军中将大西泷治郎辗转反侧，难以入眠。由于实行作战时间灯火控制，整座大楼停电，到处一片漆黑。只有办公桌上的一盏煤油灯发出昏黄的光。"喵、喵"，一团白乎乎的东西爬过来，那是大西最爱的波斯猫。可此刻，他的心情实在太烦了。可波斯猫不知主人的心态，不识相地在他身上抓来抓去。"八格！"他一伸手，把波斯猫拨得老远，受惊的波斯猫就地一个翻滚，慌忙逃走，忙乱之中，又把桌上的煤油灯打翻了，盛满煤油的玻璃瓶砸得粉碎，水泥地板上顿时腾起一团火苗。

卫士们循声冲了进来，火马上被扑灭了，又一盏煤油灯点上了。

望着刚刚重新点亮的煤油灯，一个近乎荒唐的念头在大西头脑中萌生。小小的煤油灯砸在地板上会燃起大火，如果装满炸药的飞机撞在航空母舰上，航空母舰又会怎样呢？蓦地，他脑海中又闪现出饭田房太郎飞行中尉的影子。就是他，在偷袭珍珠港的战斗中，炸弹扔光了，又发现了美军的飞机库。凭着对天皇陛下的忠诚，中尉驾机一头撞下机库，引起连锁爆炸。这叫特别攻击！他嘿嘿地笑了起来。

或许是法西斯军人的穷途末路，大西的这一自杀作战的罪恶计划竟然得到了许多日军将领的支持，驻守在马尼拉的第二航空战斗队司令官有马正文海军少将听说后，大加赞赏，积极筹备招募敢死队员。有马自己身先士卒，亲自参加特攻队。

"神风特别攻击队"一夜之间在日军大本营广为流传。下辖"敷岛""大和""朝日""山樱""新高"等数支分队。大西在召见特攻队第一批飞行员时，歇斯底里地叫嚷，"在这非凡的时代，不能不掀起一阵神风"。

"神风"一词在日本颇有点传奇色彩。据说元世祖忽必烈两次率舰攻打日本九州，皆遭台风袭击，船毁人亡，以失败而告终。历来崇尚神灵的日本人把巧遇的暴风称之为"神风"。此时此刻，面对即将败北的侵略战争，法西斯分子只有乞求神灵相助了。然而，神风也挽救不了他们必然覆灭的命运，"神风特攻队"充其量也只能是日本法西斯侵略战争的殉葬品。

1944 年 10 月 25 日上午，菲律宾莱特湾雾气弥漫，但激烈的大海战不时把天空撕开一道道口子。呼啸的炮弹，巨大的水柱，还有被炮火击中冒着浓烟的军舰，把平静的莱特湾搞得乱七八糟。空中，不时掠过交战双方的飞机和下蛋般落下的炸弹。惨烈的场面令人不寒而栗。

激烈的大海战已到了关键时刻，双方都在不断地增派兵力，想尽一切办法把对手置于死地。

上午 7 时 25 分，驻守在菲律宾马巴拉卡特飞机场指挥官接到指令，美国航空母舰机动队在菲律宾西方海面上行动，估计是增援莱特湾海战，宜立即对美军航母实施毁灭性打击！

机场指挥官立即明白了大本营的意图。很快，9 架"雷"式战斗机跃上云天。机场上的地勤兵看到，其中 5 架飞机刚离地，着陆轮胎就自行飞掉了。

这 5 架飞机就是神风特别攻击队"敷岛队"的特攻机。座舱里，这些一去不复返的"壮士"们头上扎着白色的缠头。在他们身边的空隙里，塞了整整 1000 余公斤的烈性炸药。一旦发现美舰，就连人带机撞下去，以实现对天皇的精忠。

飞在头里的长机驾驶员关行男上尉,是个狂热的好战分子。起飞之前,他和他的同伴们早已写好了遗书,并把自己的"遗物"捆在一个大箱内,以期带回日本,留给在九州的姐姐。说到姐姐,关上尉眼圈红红的,因为姐姐给他的童年留下了许多美好的回忆。说不清是绝望的哀鸣,还是亡命之徒的狂嗥,关上尉一声"八格牙鲁",把床前的一座女神石膏雕像打得粉碎。

按照规定,神风特攻队的5架飞机在机场上空绕场3周,关上尉左右摇摆机翼,表示向送行的人们告别。地面上全体军人肃立在起飞线,目送帝国勇士永远地离去。

10时40分左右,特攻队飞临雷伊特湾上空。晨雾早已散去,海面上的一切看得清清楚楚。

美军护卫航空母舰"姗鲁"等舰船,刚刚经历了一场恶战。好不容易才赶跑了日本海军栗田舰队。还没有来得及歇一口气,又被神风特攻队盯上了。

对深藏在云端的特攻机,美舰竟毫无防备。尽管舰载雷达天线在转动,但观察员却趴在荧光屏前睡着了。水兵们实在太疲劳了。

10时50分,关上尉率领的5架特攻飞机到达美舰队上空。说时迟,那时快,5架日机带着毁灭的激情,分头不顾一切地朝舰队俯冲下来。

"敌机!敌机!"一名在甲板上担任瞭望任务的美军水兵望着直扑下来的日本飞机,情不自禁地大喊起来。

话音未落,关上尉的那架装满烈性炸药的飞机就撞上了"姗鲁"号的甲板。轰的一声巨响,航空母舰上燃起大火。2分钟后,下部汽油引火爆炸,巨大的火柱喷上空中300多米……

这时"姗鲁"周围也相继响起了巨大的爆炸声。其余特攻队的飞机也以同样的方法,撞向"吉堪贝"、撞向"卡利宁贝"、撞向"白王子"……

5架特攻机,击中4艘美军航空母舰。21分钟后,"姗鲁"号慢慢沉没,另外3艘受到重创。

4架护卫飞机的飞行员目睹了神风特攻队自杀攻击的"悲壮"一幕。

当天晚上,东京广播电台向全世界播发了神风特攻队首战告捷的头条新闻。

第二天,步着"敷岛队"后尘的"大和队"也想露一手,尝一回当勇士的滋味。然而这一回,他们拥抱死神是成功了,但攻击美舰却不像"敷岛队"那样走运。

5架特攻机,分两个批次出击。当时美航空母舰正在收容追击栗田舰队后回来的飞机,甲板上,有的飞机刚刚降落,有的正在加油,还有的飞机正准备起飞。

当"大和队"的特攻机呼啸而下时,雷达兵发现了日机的魔影。也许有了前一天的教训,各舰队马上组织火力封锁空中航线。由于以死相拼,特攻队员们几乎是无所顾虑,飞机冲向炽热的火网,笔直撞向护卫母舰"姗帝"。飞机贯穿了甲板,撞了一个大洞,有43名官兵受重伤。但燃起的大火很快被扑灭了。

另两架特攻机未能闯进火网,被护卫母舰"斯瓦尼"和"贝多拉贝"炮火和机枪击落,撞入大海后爆炸。不过仍然有一架特攻机,被枪炮击中后,拖着黑烟栽下来时,飞行员居然能把行即爆炸的飞机驾到"斯瓦尼"上空,并击中机库甲板。

神风特攻队自杀式的攻击震惊了美军舰队,许多人谈"神"色变。许多官兵一听到空中飞机的轰鸣,就以为是神风特攻队又来了。

"奏捷一号"作战,"神风"初露锋芒。日本大本营犹如捞到一根救命稻草,想以此挽回败局。东京的战略家们接二连三地电令大西加快步伐,全力以赴实施"神风"攻击。

然而,"神风"毕竟是需要人去充当"肉弹"的,而且是要会驾驶飞机的飞行员。怕引起国内和国际的舆论谴责,有关当局曾打算募集亡命之徒,予以特殊待遇。但此举难以推行,只得重找门路。为掩人耳目,决定称:凡志愿特攻之义烈将士,以个人资格配属于作战队,临时编为特攻队,以攻击美军舰船。

尽管日军崇尚武士道精神,但真正甘当亡命之徒的却也有限。随着战役的推进,志愿赴死的特攻队员越来越少。1944 年 11 月,大西将军回东京,向海军部请求增加特攻机和驾机人员。刚巧有一批被称之为有人滑空炸弹(代号樱花)的飞行员训练结束。这些"樱花"一旦发现目标,就驾着装满炸药的滑翔机从机舱内滑出,向目标作决死撞击。残酷的法西斯式的教育训练,使其中的许多人已经变态。他们几乎不知道为什么活着,只求为天皇陛下速死而无怨。

大西中将争取到了 50 朵"樱花"。想到"樱花"就要在美军舰艇上"盛开",给美军以沉重打击,大西不由得喜形于色。

这群被日本大本营叫作"神雷"的特攻队员,一个个抱着必死的信念。从入队的那一天起,他们就对着天皇的肖像宣誓。接下来,是近乎残酷的训练,尤其是直线俯冲课目,要求飞行到百米以下低空才拉起来。面对机舱外扑面而来的大海或原野,本能会使作为特别攻击队的飞行员在最后的一瞬间闭上眼睛,但闭眼就会影响命中目标的准确度。模拟训练不允许飞行员闭眼。

极其艰苦的训练之后,就是最后的享受。被选作特攻队员的,大多是 18 岁至25 岁的年轻人。他们中的许多人甚至还没有谈过恋爱。在最后时刻,军方给他们安排了一批慰安妇。那个时候,他们可以没日没夜地放纵情欲。

11 月下旬,日本一艘刚刚造好的当时是世界上最大的航空母舰——"信浓"号,作处女航。大西选上的 50 名"樱花"也搭舰奔赴火线。大概是日本军方的疏忽,"信浓"号刚刚驶离横须贺军港,美国海军就获得了情报。两艘潜水艇悄悄埋伏在"信浓"号必经的路途上。

"信浓"号机舱一角,50 名樱花在镇静地打扑克、下棋,有几个还在用飞机模型作俯冲动作。似乎前方等待着他们的不是死亡,而是某一个约会。11 月 29 日,"信浓"号航行到大孤南方 30 公里处时,猛地舰身一阵剧震,随即就燃起了火。

原来,设伏的美潜艇"亚杰费雪"号早就通过声呐发现了航空母舰,而"信浓"号竟然一无所知。短短的几分钟,美潜艇发射的 6 枚鱼雷全部命中目标,冰凉的海水从泄漏处喷射。数小时后,"信浓"号沉没,50 朵樱花尚未绽放就早早凋零了。

"樱花"凋零的消息令大西沮丧,可他还想做垂死挣扎,起用仅存的神风特攻队对美军舰船进行报复,并冠之以"玉碎"行动的美称。

1945 年 1 月 5 日,"玉碎"行动拉开序幕。清晨,东方刚露出鱼肚白,马巴卡拉特机场就忙开了,115 架装满炸药的特攻机齐刷刷地停在起飞线上。机舱内,全身戎装的特攻队员待命起飞。

7 点 15 分,两架奉命侦察的飞机发回电报:在民多罗岛西方海面发现大批美军舰船。大西中将马上明白了,这是运载美军登陆作战部队的,只有完全阻止其行

·军事秘闻·

图文珍藏版

动,才能为扭转战局争取时间。

大西决心孤注一掷,把全部40架神风特攻飞机用在"玉碎"行动上。

披着太平洋的晨雾,15架日军特攻机从马巴卡拉特机场相继起飞。接着,又有8架特攻机飞离易杰克机场。最后5架特攻机是从安赫洛机场起飞的。

望着渐渐消失在天际的飞机,大西中将心中竟生出一丝悲哀。可马上他又露出了凶残的本性,拿起对空话筒狂喊"神风队员们,勇敢地出击,天皇陛下在注视着你们。"

第一批飞机发现了海面上的目标,但美军的舰载飞机同时起飞迎战。"神风"队的拼命精神,令美军飞行员丧胆。小田次郎驾驶的特攻机与一架美机相遇,准备格斗的美机还没转过神来,就与特攻机迎头相撞,空中暴起一个火球,随即又变成两团火球,一上一下地坠入大海。

几架突袭到美军舰队上空的特攻机遇到了猛烈的舰载炮火的攻击。舰船上,许多准备登陆作战的海军陆战队也操起轻武器对空射击。一时间隆隆的炮声和嗒嗒嗒的冲锋枪、轻机枪声响成一片,海面上到处是弥漫的硝烟。大田津子上尉的特攻机终于冲破高射炮织成的火网,向一艘航空母舰飞驰而下,眼看撞上目标已不可避免。好家伙,美军的陆军陆战队也不含糊,各种轻重武器齐开火,大概大田津子被飞蝗般的弹雨击中了,在离航空母舰不远的空中,飞机突然失去控制,一头栽在距航空母舰50米左右的海面上,激起了一股冲天的水柱。艇上的陆战队一片欢呼!

这一天,大西的"玉碎"行动没有阻挡住美军的舰队,美军的舰船只沉没两艘,有7艘受伤。随着美军在菲律宾的登陆,日军大本营在菲律宾的"神风"特攻作战宣告失败。

1945年早春,当和煦的春风撩开了日本海薄薄的晨雾,呈现在人们面前的却是战火与血。

波涛汹涌的海面上,美军舰队摆开阵势,航空母舰"泰堪狄洛嘉""朗克列"威风凛凛,驱逐舰"马克多斯"紧随其后。

日本神风特攻队的"新高队"奉命出击。11架特攻机,全由舰载轰炸机充当。分成了3个编队,飞向战区。

厚厚的云层,为特攻队创造了条件。但还是在距舰队数十公里被雷达发现了。特攻机不顾一切地向舰队猛冲,美军克拉曼"巫婆"战斗机出战拦截。轰炸机炸药装得多,但碰上拦截就很难脱身。这时,"神风"第一编队已冲进美舰队警戒区,灵巧的"巫婆"不时吐出火舌。不一会,两架特攻机被击落。特攻机编队队形立时乱了套。这一乱套给美军拦截带来了困难。特攻机纷纷奔逃,寻找攻击目标,"巫婆"穷追乱打,闹不好击中自己的飞机。稍一迟疑,"神风"的第二攻击编队却乘隙突破了防线。空中响起一阵阵尖利的呼啸,一架架特攻机撞向美军舰艇。马上,两艘航空母舰上冒起一股股黑色的烟柱。

突破"神风"队的一次次死亡攻击,庞大的美军舰队还是如期攻到硫黄岛,叩响了东京的前门。

日本大本营慌了手脚,可他们已拿不出足够的兵力来抵抗美军的精锐之师。唯一被他们作为最后王牌的只有全力展开特攻攻击。

东京近郊的海军基地,海军第三航空舰队寺网谨平中将担任神风特攻队的总指挥。尽管当时的神风特攻队也已日落西山,气息奄奄,但日本皇家式的武士道精神仍像鸦片一样刺激着他的灵魂,他要为天皇尽忠。

1945年2月中旬起,美军的舰载飞机频频向硫黄岛发动攻势,守岛部队连连告急。

"神风"特攻队又一次出击。

那是2月21日早晨,32架特攻机黑压压地飞离基地。硫黄岛海面,特攻机与美军展开激战。部分特攻机葬身大海,只有少许飞机特攻成功。这天美军一艘军舰、4艘运输船被击沉,还有3艘舰船受创。

然而,"神风"队未能保住硫黄岛。3月初,美军海军陆战队员在硫黄岛强行登陆成功。

硫黄岛失守,东京前门洞开。扭转败局已经不可能了。但日本军界仍然把希望寄托在本土作战上。

3月21日,美军3艘航空母舰游弋于日本本土南方约4000公里的海面上。隐藏在云海深处的日军侦察机反复观察,竟没有发现舰队所配备的护航飞机。

情报传到大本营,像输急了的赌徒突然摸到一张救命牌。

"樱花出动!"日军神风特攻队配属的"樱花"部队指挥官宇垣缠觉得机会来了。

机舱内"樱花"们一个个头缠白布,搭乘在"滑行炸弹"上,等待着他们自以为荣的时刻。

11时35分,野中少校指挥的18架飞机腾空而起。没想到,新的情报送来了,美军航空母舰上的护航力量远远超出日军的估计,特攻作战难以成功。

然而,晚了。美军的50架克拉曼战斗机向特攻队机群发起了攻击。护卫的"云"式战斗机左冲右突,迎战克拉曼,但终因寡不敌众,只好听天由命。

为了与克拉曼飞机对抗,为减轻机载重量,只好舍弃了搭乘的"樱花"。在一阵阵"天皇陛下万岁"的喊叫声中,一朵朵"樱花"跃出机舱,消失在浩瀚的云海中。即便如此,仍有14架特攻机被击落,有两架企图撞美机自杀未遂,就再也没有返航。

"樱花"又一次被扼杀在摇篮之中。

冲绳,一个美丽的长形岛屿。千百万年的风风雨雨,岛的四周有许多陡峭的山岩,高耸入云的断崖,还有无数天然的溶洞,挂着一串串神态各异的钟乳石。

1945年4月1日,美军向冲绳发起攻击,日军动用一切力量死守冲绳。这自然不是因为冲绳的美丽,而是它极其重要的战略地位。这个长达95公里的岛屿,是通往荷属东印度石油地带的必经之路。对盟军来说,冲绳则是攻向日本的最后跳板。

如此重要的战略地位,大本营已下死命令,不惜一切代价,誓死守住冲绳。

"神风"特攻队又一次首当其冲,充当侵略战争的炮灰。

4月12日,日军出动了80架神风特攻机,8个"樱花"搭机前往。为避免遭到美军拦截,攻击编队采取四条航路,分头向冲绳冲击。

装载"樱花"的陆军攻击队8架飞机杀在最前头,机翼下出现了盟军舰队。

"樱花"们纷纷滑出机舱,漂向大海中的目标。

搭乘 2792 号飞机的土肥三郎中尉开始一直躺在机舱蒙布里睡觉。攻击队飞到冲绳海面时,他被隆隆的爆炸声惊醒了。透过机舱,他看到距飞机 7 公里处的一艘美军战舰。

"准备出击!"他喊了一声。随机人员立即拉出炸弹飞机"樱花",他坐进了装有驾驶仪的控制舱。

弹舱门洞开,载着土肥中尉的"樱花"飞向目标。数分钟后,土肥中尉的"樱花"在美军驱逐舰"马纳多·L.亚华尔"上"盛开",50 分钟后,该舰沉没。

美国海军"大事业"航空母舰,是一条老牌舰,它几乎参加了每一场海战,先后击沉了 70 艘敌舰,击落了千余架飞机。日本人将"大事业"视为眼中钉,千方百计地想把它拔掉。

1945 年 5 月 15 日早晨,日军侦察机发现了"大事业"的行踪。很快,25 架"神风"特攻机迅速从西南方飞来,直往航空母舰冲去。

美军的拦截异常勇猛,且格斗战术远远超出日军刚刚训练完毕的"神风"飞行员。一架架"神风"机被击落,被汹涌的大海吞没。只有一架特攻机完成了真正的使命,撞入了"大事业"的正中央,穿透了三层甲板。由于早做防备,抢修分队动作灵敏,进水口被堵住,"大事业"始终没有沉没。

日本的冲绳岛终于失守。

九、斯大林何以失算

1939 年 9 月,第二次世界大战爆发,当希特勒的坦克喷着火舌,碾过波兰、捷克等国;当第三帝国的飞机在荷兰、挪威、冰岛上空轰炸扫射;当德意志士兵穿越巴黎凯旋门,虎视眈眈盯着英伦三岛时,连瞎子都嗅到了战争的火药味,难道苏军最高统帅斯大林真的天真到相信希特勒会放过苏联? 面对法西斯的闪电袭击,难道强大的苏联红军真的不堪一击吗?

这是一个令全世界为之震惊的时刻。

1939 年 9 月 1 日拂晓 4 时 45 分,随着德国元首希特勒的命令,150 万装备精良的德国军队突袭波兰,尽管波兰人拼死反抗,终因寡不敌众,18 天后,波兰被希特勒从地图上抹掉了。

继波兰之后,希特勒把枪口对准丹麦和挪威。丹麦国王马上举手投降了。挪威人进行了英勇的抵抗。哈康国王逃到一个小村庄向德国宣战,德国空军立即把这座村庄化为灰烬。

丹麦和挪威灭亡后,荷兰、比利时也在劫难逃,虽然他们也是中立国。德国空军将鹿特丹炸成一火海,荷兰要塞随之崩溃。荷兰军队宣布投降,女王威廉·敏娜出逃英国。固若金汤的比利时埃马尔炮台被 78 名乘滑翔机的德国兵攻占。比利时军队英勇抵抗了 18 天。利奥波德国王宣布投降。

比利时的投降对落入希特勒陷阱的英法联军犹如雪上加霜。英国远征军侥幸地由敦刻尔克从海上逃回英伦三岛。剩下法国独自奋战。此时他的精锐部队已丧失殆尽,马其诺防线也完全失去了作用。1940 年 6 月 16 日,法国政府放弃巴黎,埃菲尔铁塔上高悬起卐字旗。6 月 22 日法国代表在贡比臬森林中的一小块空地上屈辱地在停战协议上签了字。

法国屈服后,希特勒制订了登陆作战、消灭英国的"海狮计划"。英国奋起反击,与德国展开了前所未有的大空战。德国轰炸机夜夜轰炸伦敦,伦敦夜夜是一片火海。但英国人不屈服,不列颠岛成为欧洲最后的希望。

日历撕到 1941 年夏季,莫斯科情报机构不时收到境外谍报人员的绝密情报:希特勒正在苏联境外集结重兵。英国首相丘吉尔依据他破译的德国电报,警告斯大林,德国将在 3 个月之内向苏联发起攻击。

几乎在同一时间,德国侦察机竟然大摇大摆在乌克兰和白俄罗斯上空飞来飞去,照相侦察,苏军高炮和火箭部队因未得到最高统帅部批准,眼睁睁看着敌机在眼皮底下溜掉。

火药味越来越浓,苏军最高统帅部的将领们坐不住了,人民外交委员莫洛托夫、国防委员铁木辛哥、总参谋长朱可夫等人,一次次聚集在克里姆林宫,向最高统帅斯大林进言,希望最高统帅尽快决策。对斯大林,他们有一种本能的敬畏,坚信最高统帅成竹在胸。

其实,此时的斯大林内心也很不平静。苏德之间必有一战,这是没有疑问的,但什么时候开战,斯大林心里还没有底。他还有许多准备工作要做。他暗自得意的是在 1939 年与德国政府签署的《苏德互不侵犯条约》,他当然知道不可能长期掩盖自己的战争意图,但他至少希望保守苏联进攻日期的秘密。当莫洛托夫与里宾特洛甫在克里姆林宫的条约上签字时,站在他们身后的斯大林暗暗高兴。因为他通过分割波兰获得了与德国的共同边界。苏军可以在德军被另一条战线纠缠时发起突然袭击。难怪,德国外交部长一走,斯大林情不自禁地欢呼起来,"好啊,太好了,我骗了希特勒,这个倒霉的家伙!"

确实,斯大林迷惑了希特勒,条约签订 10 天以后,希特勒开始在两条战线作战。整整 10 个月后,希特勒才发现自己上了苏联的当。尽管当时希特勒已取得了极辉煌的胜利,但他知道这种胜利是经不起折腾的。眼下的处境明显受到两面夹击,一方是无法靠近的英伦三岛,另一方面是控制着德国工业的罗马尼亚石油供应动脉。要跳出这个已经形成的夹击圈,就必须向苏联进攻。

事情已经十分明白了。双方都想进攻对方。这样一来,选择时间就显得十分重要,战争需要做大量的准备工作,倘若贸然进攻,弄不好会弄巧成拙。何去何从,这也许正是战争魅力。

斯大林正处在犹豫不决的十字路口。但他总还寄希望于那一纸条约,认为希特勒至少不会马上翻脸,因为那样德国人就陷入两条战线作战的尴尬境地。

无风的雨夜,斯大林毫无倦意。在那长条形的办公桌上,斯大林咬着他的大烟斗,批阅着一份份文件。海军人民委员会的一份报告上秘书打上了着重号。报告说:德国卖给苏联的"吕佐夫"号巡洋舰,因推迟了供应零部件的日期,巡洋舰难以准时服役。各沿海港口,还显示了这样一个事实,德国的商船数目急剧减少,似乎是德国准备进攻苏联的前兆。斯大林很欣赏部属的这种分析,但他又怕落入希特勒的圈套。如果德国人的一系列动作仅仅是一种挑逗,一旦你对此做出反应,他正好有借口对你发动进攻了。想到这里,他狡黠地笑了。我斯大林偏不上你希特勒的当,他提笔在总参谋部一份请示是否可以还击入侵者的挑衅报告上批道:严禁边防部队向入侵的德国飞机开火。

批示归批示,斯大林内心还是担心的。为了防止后院失火,他抢在希特勒之前,于4月13日接见了日本外务相松冈,商定了一个中立条约。5月5日,他批准了朱可夫组织起草的一项重要指令:要求各军区、各舰队首长把德国视为未来战争中最可能的敌人,"各集团军要做好一切准备,按照最高司令部的命令,发起毁灭性进攻,歼灭一切来犯之敌,把战场推向敌国领土并占领最重要的边界……"其实,这项指令早在2月份就送到了斯大林的案头,但最高统帅一直没有批复。直到此时,斯大林又萌生了一个新的念头,以最快的时间做好战争准备,在夏日的某一天,向德国发动进攻。为了保证战斗的胜利,斯大林给各军区和各舰队发了一份密封的绝密文件,规定只有在接到人民委员会主席的命令时才能打开。

苏联军队最高统帅部1941年5月5日的指令立即在部队引起反响。各边防军区司令员当然明白最高统帅的意图。为了即将发动的进攻,苏军大批部队在边境地区集结,数百公里的铁丝网被拆除,与敌接触区内地雷全部扫除,数10万吨弹药直接堆积在地面上。

6月15日,各集团军和野战师的指挥官收到详细作战计划,但进攻日期不详。与此同时,苏联塔斯社发表一项声明,声称近阶段世界舆论都在指责德国违背了苏德互不侵犯条约。但苏联方面认为,关于德国打算破坏条约和进攻苏联的谣传是没有任何根据的。并一再表明苏联没有针对德国做任何军事准备,苏军的调动只不过是正常的军事演习。

对莫斯科的故作姿态,希特勒当然不会轻易相信。对苏联,这个小个子德国人始终存着戒心。早在1939年8月,希特勒就迎合斯大林的领土要求,与苏联签订了互不侵犯条约,故意让斯大林在瓜分波兰中得到好处,以欺骗迷惑莫斯科。从今天的角度来看,条约签订双方,都不是真心实意的,都想以此达到自己的目的。而在当时,双方都觉得欺骗了对方。

1940年6月,苏军数10艘江防艇游弋在第聂伯河三角洲,舰艇之间还展开了近似实战的模拟攻防,三角洲笼罩在弥漫的硝烟之中。希特勒对此大为震惊,石油是战争的血液,三角洲与德国在罗马尼亚的输油管道近在咫尺,如果舰队对毫无防御的罗马尼亚输油管实施攻击,德国战争机器将被卡住。假如调动部队守卫石油运输线,那么波兰西部、德国东部和柏林将兵力空虚。瞻前顾后,希特勒在巨幅军用地图前咆哮:必须把苏联这颗眼中钉拔掉。

1940年秋天,也就是苏德互不侵犯条约签订一周年之际,希特勒下令在普鲁士的拉斯滕堡附近修筑了一座大本营,把一批工程专家送到靠近苏联的地方安营扎寨。是年12月18日,希特勒正式下达了他酝酿已久的"巴巴罗萨"计划。巴巴罗萨是12世纪神圣罗马帝国皇帝的名字,希特勒用他的名字为侵苏计划命名,无非是想给这次战争涂上圣战的色彩。

"巴巴罗萨"计划的总目的是:在对英战争结束以前,以坦克、摩托化部队以及航空兵部队实施"闪电"式的突然袭击,分割围歼苏联西部苏军主力,而后向战略纵深发展进攻,攻占列宁格勒、莫斯科和顿巴斯,于1941年入冬前结束战争。一份由希特勒亲自签发的作战部署这样规定：

"北方"集团军群，辖第十六、第十八集团军和坦克第四集群，共29个师，由莱布元帅指挥，在东普鲁士的哥尼斯堡以东向列宁格勒总方向实施进攻，消灭波罗的海沿岸地区的苏军，占领苏军港口，使苏联舰队失去基地。

"中央"集团军群，辖第六、第十七、第十一集团军，罗马尼亚第三、第四集团军，坦克第一集群和匈牙利1个快速军，共57个师又13个旅，由龙德施泰特元帅指挥，自波兰的赫尔姆向基辅方向进攻，夺占基辅以南地区的第聂伯河右岸乌克兰的苏军阵地，然后向顿巴斯发展进攻。

德军的挪威集团军以及芬兰的东南集团军、卡累利阿集团军，共21个师又3个旅，在挪威和芬兰境内展开，配合"北方"集团军群攻占列宁格勒。

"巴巴罗萨"计划制订后，德国为隐蔽进攻苏联的战略意图，对各项战争准备工作，特别是对军队的集中和展开，采取了一系列政治欺骗和战略战役伪装措施。在外交上，德国通过各种形式表示要与苏联友好。希特勒甚至一反常态，批准向苏联出售新式飞机和一些先进的技术兵器，摆出一副对苏的"信任"姿态。因为他很清楚，在德即将进攻苏联这短时期内，苏联根本来不及利用德国的新技术，而这种做法倒可以将苏迷惑。在军事上，德统帅部故意制造准备执行"海狮"计划的舆论。在英吉利海峡东岸的港口，张贴了"打到英国去，活捉丘吉尔"的标语，并给部队大量印发英国地图，配备英语翻译，在海峡沿岸大量集结渡海、登陆器材，频频进行登陆演习，以掩饰"巴巴罗萨"计划的准备。此外，为了避免苏联对德军东调产生疑虑，希特勒还指定德国驻苏大使向苏联进行解释：向波兰调兵是为了接替退伍的老兵；部队进驻罗马尼亚是派一些教官去协助该国进行军事训练，等等，以保障德隐蔽地向东线集结。

1941年5月25日起，在德国通往苏联西部边境的几条铁路线上，几乎所有的列车都被军方征用。到6月初，约550万军队，47000门火炮，3500辆坦克，4900架飞机和数以万吨的装备，全部运抵苏德边境，德军三个强大的集团军群全线做好出击准备。

希特勒狂妄叫嚣，只要"巴巴罗萨"计划开始实施，全世界都将为之震惊！

六月的莫斯科，依然一派歌舞升平的景象。尽管斯大林也采取了一系列紧急措施，但他还是不相信希特勒会马上开战。斯大林的如意算盘是打算在7月6日凌晨，给德军一个措手不及。这个时间是斯大林经过反复推算后选定的。或者可以说，斯大林已没有办法把进攻时间再提前。作为军事家，斯大林当然明白时间对战争的意义。如果斯大林计划成功，集结待命、准备进攻的德军将会被打垮，欧洲战场的历史将是另一种面目。

斯大林深知希特勒的为人，强盗加流氓，是希特勒的真实写照。对这样的人，不能不有所防备。集结在苏德边界的百万大军毕竟不是仪仗队。他严令苏联情报部门密切注视德军动静，不能有丝毫的懈怠。

苏联情报总局局长戈利科夫自然不是吃干饭的，他手下多如牛毛的情报人员几乎渗透到世界各国。最高统帅的指令，情报人员当然不敢怠慢。很快，各种情报反馈莫斯科，情报总局不仅掌握了德军在东部边境集结兵力的总数，连各师的番号和指挥员的名字也搞得清清楚楚。甚至还掌握了德军进攻的代号为"巴巴罗萨"。

唯一不清楚的是德军的进攻日期。

6月18日，苏军边防监察哨逮住了一名偷越国境的德军士兵，他喝醉了酒，说话也含混不清。第二天早晨，酒醒的德军士兵供出了一条骇人听闻的消息：6月22日凌晨4时，德军将向苏联发起全线攻击。然而苏军边防官兵都没有当回事。一个小小的士兵，还能供出如此绝密情报来，不可能。见人家不相信，德国士兵哭丧着脸说："如果到6月22日凌晨5时，战争还没有打响，你们枪毙我好了！"俘虏的供词送到苏军第五集团军司令员案头时，司令员竟一笑了之。

苏军边防司令官的麻痹绝不是偶然的。苏联情报总局局长戈利科夫在政治局会议上曾用脑袋担保，德军入侵准备工作尚未完成，马上进攻苏联绝不可能。这种消息，集团军司令员自然有所耳闻，既然如此，岂能轻信一个德军士兵的口供呢？

不过，戈利科夫的担保绝不是信口开河，这位深谙战争之道的高级情报官自有他手中的王牌。对苏作战需要细致的准备，苏联气候寒冷，如果德军入侵，需要制作600万件军用皮上衣，还必须配备防冻擦枪油。

戈利科夫不愧为情报专家，他下令驻欧洲的间谍严密监视养羊业和羊皮销售。已经有好几个月了，他一直在注视着欧洲养羊业的情报，每日两次了解欧洲的羊肉价格变化。此外，苏联情报部门还大量搜集德军擦拭武器用过的布头和纸片。并把这些纸片塞进装机器的箱内运回苏联。

莫斯科情报总局，数百名专家一次又一次分析情报，检验运回的碎布烂纸，结论令戈利科夫满意：欧洲羊肉市场未见异常，德军没有更换擦枪油。于是，他向斯大林报告：希特勒尚未做好入侵准备，不必过分注意德军集结和德军参谋部的文件。

听完戈利科夫的分析报告，斯大林托着大烟斗笑了。他握着戈利科夫的手，说："谢谢你的情报。我已经为希特勒准备了丰盛的夜餐，到时得好好招待他一下。"

戈利科夫的分析完全准确。希特勒确实没有做好入侵苏联的准备。这也许正是后来导致"巴巴罗萨"计划破产的重要原因。但希特勒的不备而战，也确实给了正处于攻势而不是守势的苏军以措手不及。

6月21日晚上，黑夜笼罩着苏德边境。时针指向22点整，一条黑影越过拆除不久的铁丝网地段，进入苏联国境。苏军哨兵竟没有发现。当这位在德军中服役的捷克共产党员紧急向苏联方面报告：德军计划在明日凌晨3时发动对苏联的进攻。

莫斯科这时才如梦初醒，斯大林紧急召集军事会议，统帅部几乎陷入混乱。

6月22日零时30分，苏联政府才发布命令，警告各军区司令部和各舰队司令部注意迫在眉睫的危险，马上进入战斗准备。

克里姆林宫苏军统帅部，斯大林伏在军用地图上琢磨，他在估算德军投入的兵力和可能发起进攻的地段。放大镜在斯大林的手中移动着，依据他的分析，德军不会把其苏德战场上的全部兵力一举投入战争。德国主力进攻方向不是在西部，而是在西南。斯大林的目光凝聚在西南部那片苏联最富庶的工农业区和原料产地。

"朱可夫同志，马上修改作战计划，把主要集团军集中在这儿。"斯大林手中的红铅笔指向了西南部边境军区。

战争机器急速运转,西南部边境防御部署迅即展开,170 个师进入阵地,还有 1540 架新式飞机、36400 门火炮、1800 辆重型坦克、369 艘水面舰艇和 127 艘潜艇。

一切努力显得太晚了。

因为斯大林先前的计划是进攻,不是防御。所以,在斯大林做出防御部署之时,还有数十万部队正在向边境运行的列车上。况且,斯大林紧急布防的西南方向,并非是希特勒的突击地段。在德军选定的进攻正面上,苏军各部队分散在一条很长的战线上,许多部队还未来得及进入阵地,空军部队的许多飞行员正在休假,突击面上的兵力对峙是二点五比一。德军一旦撕开缺口,就无法堵住,而调动中的苏军又不可能按时进入作战地域,实施有效防御。

阴差阳错,导致了苏军在战争初期的悲剧。

希特勒并没有轻估苏军。他知道,如果强大的苏军全线做好防御准备,想用"闪电战"取胜是难以办到的,使他庆幸的是,苏军也想进攻,这就给了希特勒成功的机会。就在德军对苏联发起大规模进攻的前一天,德军坦克集群司令官古德里安将军从望远镜里发现布洛河苏军一侧各个支撑点无人防守,而且在过去的几周时间里,只见苏军在拆除障碍,未见其在加固工事方面有什么进展,不由得心花怒放,他甚至打电话给希特勒"这次进攻没有必要进行预定的炮火准备"。

即便如此,希特勒还在耍花招。6 月 22 日凌晨,就在德军向苏军发动进攻的同时,德国驻苏联大使紧急会见苏联外交人民委员莫洛托夫,冷冰冰地告诉他:"我奉德国政府之命,向苏联政府通报:苏军在德国边界附近的集结已经到了柏林无法容忍的地步了,德国政府不得不采取适当对策。"在柏林,德国外交部长也在装腔作势。把德国的所谓"防御措施"通报了苏联驻德使节。

6 月 22 日凌晨 1 时 30 分,苏联人民永远记住了这个时间。德军 170 个师的庞大兵力,分成三路,不是在斯大林估计的西南方,而是在沿波罗的海到喀尔巴阡山的 1800 多公里的战线上,发动了猛烈的攻击。

火光映红了苏联西部边境的夜空,数以万计的炮弹在苏联土地上爆炸,甲虫般的坦克横冲直撞。犹如一群凶猛的野兽,闯进了毫无防备的大草原。尽管在战斗打响前,苏军最高统帅部已下达了准备作战的命令,但很不通畅的通信联络,使许多部队的司令部在战争打响后才收到命令。基辅特别军区在战争进行了五小时还不知道怎么回事,波罗的海特别军区所属的第四十八步兵师,正在从里加前往边境途中,在边境约 18 公里处,突然遭到空袭和突破边界防御的德国地面部队的进攻,几乎全师覆灭。

在战斗最激烈的时刻,几名边防军区司令员想起了保险柜里的那个"红色信封"。尽管规定只有接到人民委员会主席的命令才能打开,但此刻德军已突破防线,还没有接到斯大林拆开信封的命令。有几位司令员冒着风险拆开了信封,里面却没有任何关于防御的命令,只有一套套进攻德军的计划。大概正因为如此,战争爆发后,苏联领导人没有下令打开信封,而是匆忙起草新命令。

在德军机械化部队突击的同时,1000 多架德国飞机,对苏联西部工业中心、港口、铁路枢纽和军事设施进行了狂轰滥炸。苏军边境军区各飞机场更是千疮百孔,弹雨如注。瞬间,苏联 66 个飞机场损失了 1200 架飞机,其中有 900 架是在地面上被击毁的。苏军许多飞行员根本来不及去启动飞机,制空权完全掌握在德军手中。

· 军事秘闻 ·

图文珍藏版

　　由于德军的空袭和炮击,苏联红军的通信线路大部分被毁坏,这又进一步加剧了守军的困难和混乱状况,各级指挥官不能把命令下达到它统辖的陷入惊慌失措的部队,防守边境各部队告急的消息,也无法传送到上级司令部。

　　苏军试图在几个主要方向上组织反攻,苏军广大官兵也英勇抵抗,但不能收到预期效果,参加反击作战的几十万部队被德军机械化部队后属步兵迅速分割包围,陷入深深的困境,丢失了大量武器装备。苏军只得且战且退,节节撤往内地。

　　柏林,纳粹元首府,希特勒兴奋地阅读着来自前线的电报:"巴巴罗萨"计划取得空前成功,先头部队已突破苏军防线。"太妙了,太妙了!"希特勒挥舞着拳头,顺手把桌上的一个茶杯摔得粉碎。

　　苏军战场,随着苏军大踏步后撤,德军乘胜追击,很快兵临苏联两个最大的城市:彼得大帝在波罗的海沿岸建立的都城列宁格勒(旧称彼得堡)和首都莫斯科。在希特勒看来,苏联已经完蛋了。9月18日,希特勒亲自签发命令:"对敌人必须毫不留情,列宁格勒或莫斯科方面即使提出投降,也不得予以接受,要把这两座城市从地球上抹掉。"

　　列宁格勒是十月革命的摇篮,是苏联的第二大城市,也是最重要的海港和工业、文化中心,人口有300多万。斯大林和苏共中央号召当地军民不惜一切代价,保卫列宁格勒。8月底,德军占领了列宁格勒东南方向的托斯纳、姆加等地,妄图从东面包围列宁格勒,沿涅瓦河左岸向拉多加湖推进。9月8日,德军到达拉多加湖南岸,占领了什利谢尔堡,从陆上封锁了列宁格勒。从此,苏联红军开始了长达900天的保卫列宁格勒的英勇战斗。列宁格勒军民面临着极其严重的困难。全城被封锁,从陆上没有一条出路,只有被誉为"生命之路"的拉多加湖是通往内地的唯一道路。斯大林和苏共中央派人从湖上给列宁格勒军民运送给养。可是,这仍然不能满足列宁格勒军民的全部需要。列宁格勒很快就发生了饥荒,工人每人每天只能分到七两九钱的面包,儿童、病人和一般公务人员每天只能分到三两九钱的面包。

　　但是,英雄的列宁格勒军民没有被希特勒的封锁、轰炸所吓倒,也没有因饥饿而屈服。他们在苏共的领导下,一致奋起,同德寇展开了英勇顽强的斗争。他们在全城加强了各种防御措施。工人们在德军的炮火下,仍然坚守岗位,继续生产。全城军民人自为战,步步为营,筑起一道攻不破、打不烂的钢铁长城。德国法西斯军队,始终没有能够攻进这座英雄的城市。

　　列宁格勒人民用胜利打乱了希特勒的如意算盘,迫使德军不得不暂时放弃占领列宁格勒的计划,转而向莫斯科进攻。

　　9月30日,希特勒的中央集团军群以"台风"为代号,集中了74个师、180万人、1700辆坦克、1390架飞机、14000多门大炮和迫击炮,从南翼向莫斯科发起进攻。10月2日,德军从中部突破了苏军防线,形势万分危急!

　　面对巨大的威胁,苏军统帅斯大林任命朱可夫将军赶赴前线,组织莫斯科外围的第二道防线。首都人民也被动员起来了。短短的3天之内,莫斯科所有能拿起武器的工人、居民组成了25个工人营,12万人的民兵师,169个巷战小组和数百个摧毁坦克班。武装起来的人民决心为保卫祖国流尽最后一滴血。

　　德军在各个方向的进攻都遇到了殊死抵抗,进展极其缓慢。天下雨了,一夜之间田野就变得泥泞不堪,坦克陷在泥潭之中动弹不得。希特勒焦躁不安,他要赶在冰雪和严寒到来之前结束这个战役,又纠集了 5 个集团军、51 个师的兵力,准备发动第二次进攻。

1941 年 11 月 6 日,在兵临城下、炮声隆隆、敌军围困万千重的莫斯科,苏联人民迎来了"十月革命"节。

莫斯科红场上照例举行了庆祝游行活动和阅兵式。当苏联人民的伟大领袖斯大林出现在红场检阅台的时候,广场上响起了雷鸣般的欢呼声与"乌拉"声。在祖国最危急的时刻,领袖和人民生死相依。炮火声中,斯大林留了下来,指挥着这场对苏维埃政权生死攸关的重大战斗。"斯大林还在莫斯科!"这已经成了鼓舞首都人民的巨大精神力量。现在,当斯大林威严地屹立在检阅台上的时候,人民怎么能不高兴、不欢呼呢!

斯大林发表演说:"同志们! 你们进行的战争是解放战争,正义战争,让伟大的列宁的胜利旗帜引导我们,彻底粉碎法西斯侵略者,胜利一定属于我们!"

11 月 15 日,德军的第二次大规模进攻开始了。在德军的疯狂突击下,一支德国部队渡过了伏尔加运河,莫斯科已处在德军大炮的射程之内。希特勒像输急了的赌徒捞到了一根救命稻草,快步走到地图前,狂叫道:"最后再用一点力,就要胜利啦!"斯大林此时却运筹帷幄,他捏着大烟斗命令:"空军出动,掩护快速反突击部队,坚决把敌人打回运河西岸!"

战斗在继续。苏军飞机呼啸着掠过德军阵地,一颗颗炸弹落在阵地上。快速突击部队踏着硝烟,一串串仇恨的子弹射向敌人。经过 5 天的激战,德军惨败,被迫退到运河西岸。

严寒的季节来到了,气温零下 30 摄氏度至零下 20 摄氏度,德军根本没有冬季作战的准备,身着夏装的官兵一个个冻得瑟瑟发抖。11 月 27 日,气温在 2 小时内骤然降到零下 40 摄氏度,数以千计的德军士兵被冻伤致残,更多的人染上了疟疾,寒战不止。更加让德国将军烦恼的是,武器失灵,飞机与装甲车的马达无法发动。坦克上的反窥镜失去作用,连机枪和步枪的枪栓也被冻油卡死。希特勒尝到了不备而战的苦果。

大反攻的时机已经成熟。

1941 年 12 月 6 日,苏军最高统帅斯大林发布命令:向德军发动大反攻! 苏军集中 110 万人、7652 门火炮、774 辆坦克、1000 架飞机,出其不意,猛然进攻,把德军打得晕头转向。短短几天,德军就被苏军赶到了莫斯科的西部地区。斯大林乘胜前进,一举夺回 60 多座城市,击溃德军约 50 个师,伤亡 83 万多人。

莫斯科保卫战胜利了! 这是德国法西斯在第二次世界大战中所遭到的第一次大失败,它宣告了德军"闪电战"的失败,也宣告了"巴巴罗萨"计划的破产。

十、升腾在岛国的蘑菇云

这是一个令全世界为之震惊的时刻。

1945 年 8 月 6 日 8 时 16 分,被战火燃烧得发烫的日本广岛上空,随着 3 架美国飞机掠过的炸雷般的轰鸣声,半空中爆起一个直径约 150 米的巨大火球。顷刻间,黑色的蘑菇云冉冉升腾,飓风般的冲击波,将一排排高大的建筑物扫平,坚不可摧的高压线铁塔被掀倒,20 多万生灵惨遭涂炭,美丽的广岛瞬间成了一片火海。

广岛被从地图上抹掉后的第 3 天,悲剧又在长崎重演。无辜的人民成了战争的牺牲品。

这就是美国投向日本的两颗代号分别为"小男孩"和"胖子"的原子弹所造成的恶果。

也许人们会问,刚刚掌握原子弹制造技术,且库存仅有两枚原子弹的美国何以如此匆匆地将其投向日本? 拨开时光的云雾,历史的真相竟是如此错综复杂,令人叹为观止。

1945 年初夏,中国人民的抗日战争取得了决定性的胜利。八路军、新四军继春季攻势之后,又对日寇发动了夏季攻势。攻克城池 53 座,毙伤日伪军 12 万多。

欧洲战场,苏联红军和世界反法西斯同盟军向法西斯德国发动强大攻势,4 月 30 日,苏联红军向柏林发起总攻,希特勒在自己指挥所的地下室里自杀身亡。5 月 8 日,在柏林近郊的卡尔斯霍斯特,德军最高统帅部代表签署了无条件投降书。

世界反法西斯联盟就要胜利了,这一点,连他们的敌人也不怀疑了。但是,已经陷入亚太人民,特别是中国人民重重包围之中的日本帝国主义却不甘心于自己的灭亡,还在垂死挣扎,做困兽之斗。在国内,他们疯狂地进行战争动员,征集兵员,6 月 22 日和 23 日,日本发布了《义勇兵役法》和《国民义勇战斗队统帅令》,规定 15 岁至 60 岁的男性公民和 17 岁至 40 岁的女性公民均需服役,适龄人员都要编入"国民义勇战斗队",7 月,日本又一次扩军,使总兵力达到 720 万。一批批尚未中学毕业的孩子和早为人父的中年人被推向战场,妄图利用中国被占领土和在日本本土做最后决战。

日本军国主义当权者这一招失算了。他们怎么也没有料到,此时此刻,美国人已造出了世界最尖端的核武器——原子弹。

也许是日军情报部门的疏忽。早在 6 年前,美国总统罗斯福就接受了爱因斯坦的建议,组建了一个代号"S-11"的特别委员会,并制订了命名为"曼哈顿"的计划,开始秘密研制原子弹。

当时,据美国科学家预测,德国也具备研制核武器的条件。美国人、英国人当然不愿意看到德国人先得手。他们千方百计地阻挠、破坏德国人的研究活动。1942 年,美英得知德国人在挪威建立了一个重水加工厂,就拟订了一个"燕作战"的计划,用两架滑翔机载着 34 名突击人员去进行突袭,但失败了。第二年 2 月,英军又派出爆破小组,忍受着难以想象的痛苦,滑雪数百公里,抵达德国人的秘密工厂,将库存的重水全部炸毁。

但是,德国人的试验工作还是紧锣密鼓地进行。美国情报部门向总统建议,组织一次特别行动,到敌占区去搜捕德国科学家,搜集类似铀和重水等重要战略物资,刺探科技情报。当时的美国总统罗斯福立即批准了这个名叫"阿尔索斯"行动的计划。

1943 年秋,美军在意大利登陆,"阿尔索斯"突击队随军行动,通过分析德、意科学家的通信,分析出德国研制原子弹的地点、人员和时间表。第二年,盟军在诺曼底登陆，"阿尔索斯"突击队进入巴黎，分析了德国利用法国唯一的原子加速器的使用情况。9月他们到了比利时首都布鲁塞尔，查获了德国曾从比利时获得 98 吨铀等重要情况。11 月 29 日，突击队俘获德国研制原子弹的 7 名重要科学家。1945 年 2 月，"阿尔索斯"突击队又侦得德国阿亨附近的一个专门从事铀加工的工厂，美军当即派出 612 架 B-29 轰炸机，投下 1906 吨炸弹，将其彻底摧毁。3 月，突击队进入海登堡，找到了德方重要的实验室，将其科学家全部俘获。4 月，他们又在法兰克福获得 11 吨铀产品。当月，德国研制核武器的计划在一个污水池里被搜寻出来。5 月，在美军整整一个军团的配合下，"阿尔索斯"突击队采取最后行动，将最著名的科学家海森堡抓获……

如果没有这些行动，也许德国人会在美国人以前造出原子弹，那历史就将改写。

精明的美国人赢得了时间。

其实，日本也很早开始了原子弹研究。1941 年日本制订了神秘的"HU"计划和"F"计划。但是，他们面临的困难太大。首先，是铀资源缺乏问题。当时在整个日本、朝鲜、中国台湾和中国沦陷区，竟还没有找到一处铀矿。后来，科学家在中国辽宁省、内蒙古和日本福岛等地找到可提炼铀的矿石，但含量极低。日本的经济能力相对较低，如果要把这些矿石提炼出铀 235，要耗去 10% 的日本电力，这对于一心扩大战争的日本政府来说，当然是不能接受的。

于是，日本把眼光投向盟友希特勒德国。希特勒答应了日本的请求，给日本运去一些原料和重水。1943 年底，一艘潜艇秘密起航，将一吨氧化铀运往日本。但天有不测风云，潜艇行至马六甲海峡附近，竟被在那里游弋的美国舰队击沉。

"HU"计划和"F"计划一连串的失败，并不能使日本军国主义者头脑清醒。

建立"大东亚共荣圈"的军国主义迷梦不仅给亚洲人民，也给日本人民带来了巨大的灾难。1945 年初夏，在天皇府，一份日本本土遭中美英等国飞机轰炸的情况摆在裕仁天皇的案头：

4 月 13 日，美国之音广播了罗斯福总统逝世的消息。当天，美国远程轰炸机轰炸东京。这次轰炸恰巧炸飞了日本进行"HU"计划的空军科研大楼，他们的研究成果化为灰烬。

5 月 23 日上午。盟军 562 架 B-29 型轰炸机轰炸东京，34.2 平方英里的城区被夷为平地；36 小时后，502 架"超级空中堡垒"又来轰炸东京的心脏地区，一个多小时内，又有 3262 吨烧夷弹倾泻在市内，16.8 平方英里的金融商业和政府部门的建筑设施被烧毁。

罗斯福

5 月 27 日，美国的 517 架轰炸机又大摇大摆地光临横滨市上空。随着黑压压的炸弹飞速倾泻，横滨市 85% 的地方成为火海。

· 军事秘闻 ·

图文珍藏版

5月29日,神户和大阪又遭此厄运,两座漂亮的城市被削平。

翻着这恼人的战报,裕仁天皇的眉头越皱越紧。可他总还抱有一丝幻想。日本在中国战场虽受重创,但还有数十万强大的关东军,且还有大片的中国领土控制在日军手中,还与苏联订有互不侵犯条约……

6月29日,日本政府发了一封密电给远在莫斯科的斯大林:

"天皇陛下极其渴望尽早结束战争。如果敌对行动继续延长,只能加深交战国国内亿万无辜人民的无比痛苦。天皇对此深为关怀。然而,如英美坚持要求无条件投降,为维护帝国名誉及祖国生存,日本将被迫全力战斗到底,这只能引起继续流血,使日本遗憾万分。因此,帝国政府出于对人类幸福的真诚关怀,希望早日谈判,使和平得以恢复。为此,近卫公将携陛下亲笔信前往莫斯科,请苏联政府为此行提供方便。"

对日本抛出的"绣球",斯大林的态度极为冷淡。苏联政府发回的电报令日本人难堪:"为了尚无把握的问题而派遣代表前来,不能欢迎。"

没想到,日本人反面文章正面看。对斯大林的回电作了一厢情愿的乐观估计。以为苏联的冷淡是做给英美看的,况且他并没有拒绝,艰难与希望同在。

正是对形势的错误估量,日本政府亲手导演了自己的悲剧。

正当日本政府频频向苏联政府献媚以谋取自身的利益之时,美国政府却并不理会这一点。他们根据当时的形势和格局,拟定出《对日宣言》(即波茨坦公告),宣言第十二条中有这样一段文字:

"一旦这些目标达到,一旦根据日本人民自由表达的愿望建立起和平倾向和负责的政府,盟国占领军就从日本撤出。如果爱好和平的国家确信这样一个政府真正决心奉行和平政策,使日本将来不可能发展成侵略成性的帝国主义,这个政府可以包括现在天皇统治下的君主立宪制。"

也许是出于对战局的考虑,或者是希望尽快结束战争,美国总统杜鲁门同意公布这个宣言,没想到国务卿詹姆斯·贝尔纳斯不同意对日本人过分姑息迁就。而这也正是美国公众一致的舆论要求。于是,在飞往波茨坦的途中,杜鲁门总统把第十二条的最后一句删去了,即删掉了保留天皇的可能性的一句,而这一句又正是日本人最计较的。

当然,杜鲁门总统的果断绝非偶然。当时,"曼哈顿"总部研制的原子弹已现雏形,由于是在极端秘密状态下进行的,连当时正在指挥大兵团作战的艾森豪威尔将军和麦克阿瑟对此也一无所知。他们制订的进攻日本本土作战计划,仍然用常规作战方式。作战计划拟在日本进行两场登陆作战,估计伤亡人数是:九州25000人;关东平原40000人;作战展开后战死46000人,加上伤员,总计20余万人。其代价是十分沉重的。

正当杜鲁门总统在审阅作战计划时,负责原子弹研制的陆军部长史汀生向总统报告了一个振奋人心的消息:原子弹已经试制成功,这种杀伤力极强的新式武器,如果投入对日作战,完全有可能缩短这场战争时间。

1945年7月16日5时29分45秒,美国新墨西哥州阿拉默果尔多附近的戈壁滩的"三一"试验场上,腾起一股黑色的蘑菇云,美国研制的世界上第一颗原子弹爆炸成功,这颗原子弹虽然以钚为原料,但威力仍然相当两万吨"TNT"当量。

事情很巧，第二天，即 7 月 17 日，同盟国"三巨头"杜鲁门、斯大林和丘吉尔，正在波茨坦举行会议，讨论战后瓜分德国及其他问题。杜鲁门收到原子弹试验成功的电报后十分高兴。史汀生坐专机到达波茨坦，7 月 23 日向总统详细汇报了试验情况，并告知总统，另外两枚原子弹，"小男孩"将于 8 月 1 日左右制成。"胖子"将于 8 月 6 日制成。他还和总统研究了使用原子弹的具体问题。

杜鲁门把原子弹试验成功的消息告诉丘吉尔，丘吉尔高兴地说，一定要叫日本人知道它的厉害。杜鲁门征询丘吉尔是否同意将这消息告诉斯大林，丘吉尔沉吟片刻，终于同意了。

不料，杜鲁门将美国已经试制成功一种"毁灭力量极不寻常的武器"的消息告诉斯大林时，令杜鲁门惊讶的是，斯大林只是淡淡地说了一句："我很高兴，希望将它全都投在日本。"

对斯大林这句话，美国情报部门有两种猜测：一是斯大林已经得到美国试验原子弹的情报，早有思想准备，所以很有分寸地这样说；二是斯大林根本不知杜鲁门说的是什么，他灵机一动，用貌似答其所问的方式答非所问。

7 月 26 日，英国伦敦爆出大选新闻，丘吉尔落选，克莱门特·艾德礼担任了新首相。也就在这一天，中国、美国、英国三国发表波茨坦公告，就敦促日本无条件投降做出最后通牒：不投降就毁灭。

这是一个略带暑意的季节，火辣辣的太阳照得东京街头的一切都是懒洋洋的。由于战争，街上行人稀疏，偶尔有一辆有轨电车驶过。发出一阵沉重的金属撞击声。

波茨坦公告发表的第二天凌晨，铃木首相迅即召开内阁会议，研究对策。

此刻，在太平洋彼岸的美国，两枚准备投掷在日本的原子弹。"小男孩"和"胖子"已悄悄运抵准备起飞的空军基地。杜鲁门总统亲笔签发了这纸毁灭日本的命令。

在这之前的 20 多个小时，围绕怎样在日本本土投掷原子弹的问题，美国政府也意见不一。当时曾有一种设想，先进行一次示威性演习，敦促日本无条件投降，如日本执意拒绝，再扔原子弹。但考虑再三，觉得如果暴露了原子弹的威力，一旦正式实施时，日本空军会玩命地拦截美国飞机，甚至会派出敢死谍工队不惜一切代价阻止这次行动。最后决定：为最大限度地减少牺牲，以突然袭击形式，把原子弹投到日本本土的某一工业区或军事目标，使用之前不把原子弹的性能通知日本。

然而，日本军政界对美国即将采取的行动却一无所知。使他们感到欣慰的是强大的苏联仍然保持着中立。

军方言辞激烈，要求公开拒绝波茨坦公告。海军省军令部总长丰田大将主张立刻发表声明："日本政府认为这个宣言是荒谬的，不予考虑。"经内阁会议反复磋商，达成妥协：报界删节发表盟国公告，但不予评论。

27 日上午，日本各家报纸发表了盟国的文件，但几乎都违反了政府的决定，刊发各自的社论。《每日新闻》的社论题目为《可笑的事件》。其实，报纸是绝无这个胆量的，实在是军方的力量在作祟。于是军方和外相之间闹得不可开交。因为在战时，军方的态度政府有时也无奈。于是，内阁又一次达成妥协。用婉转的态度拒绝宣言。27 日下午，铃木首相发表谈话："我认为，波茨坦宣言只不过是开罗宣言的翻版,日本政府毫无关心之必要。我们必须'默杀'。"

英语中没有"默杀"一词,很难加以理解。而日文中"默杀"一词有两种解释:一是"暂时不做评论";二是"不予理睬"。后人分析铃木首相这个"默杀"的意思是第一含义,而盟国的译员翻译时又恰恰选择了"不予理睬"的解释。

7月30日,美国《纽约日报》用大号字刊登标题新闻:日本政府正式拒绝盟国要求日本投降的最后通牒。

消息传到东京,日本军方某些人竟然兴高采烈。狂热好战的日本军阀全然不顾日本人民的死活。他们只想着"本土决战",并制订了代号为"决号行动"的决战计划。他们集中了一万多架飞机,53个步兵师团和25个旅团,共计235万人。还有近40万海陆两用的文职人员,25万特种卫戍部队和2800万民兵。这是他们决一死战的全部本钱。

"决号行动"是极其狠毒残忍的。

第一阶段:撤退中国华中、华南日军,毁灭江南。包括毁灭广州、武汉,毁灭南京、上海、杭州三角洲内的一切建筑物。

第二阶段:退守中国黄河以北,凭借黄河天堑打一场防御战。为日本本土决战积聚力量。

第三阶段:全力保卫东京,以自杀战术阻抗盟军,如果东京陷落,即无条件投降。但中国华北、东北及朝鲜的日军仍需继续作战,直至全军覆没。

日本军方的强硬态度正中美国人的下怀。他们要把原子弹作为取得战争胜利成果的筹码。

也就在这一天。美国关岛第二十航空队司令部召开特别会议。战略空军司令官斯帕思宣读了一道命令:"第五〇九混成大队要在1945年8月3日以后,在气象条件允许时,尽早对下列目标之一目视投掷特别炸弹。目标是:广岛、小仓、新潟、长崎。为带领陆军部派遣人员和非军事的科学人员进行观察和记录炸弹的爆炸威力,应另派飞机随同运载特种炸弹的飞机飞行。观察机应离开炸弹爆炸点数英里距离之外……"

日本人的"决号行动"和美国人的核攻击计划都在紧锣密鼓地进行着。

波茨坦之夜,尽管战争使都市显得萧条,但大概战争就要胜利的消息使市民兴奋不已,大街上人头攒动,五颜六色的霓虹灯闪闪烁烁。市郊一片绿树掩映下的国宾馆,一间极为考究的宴会厅内,美、英、中、苏四国首脑在这里举行晚宴。平心而论,四国首脑在反对日本法西斯这一点上具有共识,但在各自的利益分配上,各自都有自己的小算盘。美国总统杜鲁门心情也很矛盾,他一方面希望苏联对日宣战,一方面又怕苏联人要价太高。斯大林碍于苏日互不侵犯条约有效期还有一年,怕单方面撕毁条约令人耻笑。充当旁观者吧,一旦日本无条件投降,苏联就没有理由瓜分胜利果实。想来想去,还是决定对日宣战,但要求美英中三国提出邀请。晚宴上,当斯大林举杯向美、英、中三国代表敬酒时,说了一句:为下次在东京见面干杯!他是想表露心迹,可其他人听了心里却不舒服。后来,碍于斯大林的情面,杜鲁门作了极为含蓄的邀请。

斯大林这一招也是日本人始料未及的。想当年,苏联与德国也签订了互不侵犯条约,但希特勒德国却以闪电战侵占了苏联大片国土。对德国人撕毁条约行为,苏联人深恶痛绝,斥之为"骗子和强盗"。时隔不久,苏联人也搞一回划时代的"毁约",给日本人以狠狠一击。

1945年8月1日,执行轰炸任务的美军特种飞行队第五〇九混成大队进行最后一次演习。大队长齐伯茨上校跨出机舱,吸了一口潮湿的空气,心却沉甸甸的。对原子弹的性能,他略有耳闻,但究竟有多大威力,他并不十分清楚。但上司要求投掷后必须以最快的速度脱离,并警告他,如果稍有迟疑,后果不堪设想。

在这之前,这位参加过欧洲作战,有着3000多小时空中飞行时间的优秀轰炸机驾驶员和他的投弹手菲阿比少校、领航员温卡克上尉、机械师道真伯利、副驾驶易斯、射手卡伦,在偏僻的犹他州温多弗基地进行了秘密驻训。这里气候条件很差,但却享受着极优厚的待遇。5个月后,齐伯茨率第五〇九混成大队神不知鬼不觉地飞离美国,转场到太平洋马里亚纳群岛的提尼安岛北机场。这是一个几乎与世隔绝的秘密基地,四周围着带刺的铁丝网,除了荷枪实弹的警卫队,还有一大群秘密警察在机场内外游弋。别说岛上无人,就连一只野猫也难以混进去。

白天飞、夜间飞、编队飞、分散队,一次次模拟投掷,一趟趟飞行合练,他们的目视投弹命中率大大提高。在万米高空,他们能把炸弹扔在直径100米的圆圈内。

时间终于成熟。

8月2日,航空队司令下达作战命令,确定用7架B-29飞机轰炸广岛,其中一架飞机载运原子弹,由齐伯茨上校亲自驾驶。

8月5日下午,技术人员对原子弹进行了最后的测试和准备。一块原子铀被固定在弹壳内。重达5吨的"小男孩"被牢牢地固定在弹舱内。

夜幕降临了,机舱内的"小男孩"静静地睡着了。明天,它要在日本上空为日本军国主义唱一首震惊世界的哀歌。

1945年8月6日凌晨,日本国还在睡梦中,昼夜警戒的雷达兵在搜索着空情。

笼罩在晨雾中的提尼安岛没有一丝灯光。周围轰响着太平洋震天的涛声。也许是临战前的激动,齐伯茨怎么也睡不着。2时47分,齐伯茨驾着82号飞机滑至A跑道的起飞线上。机头上写着他母亲的名字——埃诺拉·盖伊。

2点49分,橘黄色的跑道灯突然亮了。

"82号可以起飞!"耳机里响起了塔台指挥员熟悉的声音。

大地在颤抖。黑色的战鹰呼啸着全速滑行。齐伯茨双眼一动不动地注视着仪表。可仪表指示却令齐伯茨冒了一头冷汗,滑跑速度怎么也达不到要求。

不是发动机转速达不到要求,实在是飞机负载太重了。5吨重的原子弹,26500升的汽油。

油门早已踩到最大,飞机以每秒80米的速度全速滑行,眼看就要滑到跑道的尽头,可飞机仍然拉不起来。如果飞机滑出跑道,后果难以设想。千钧一发之际,齐伯茨没有慌张,就在即将冲出跑道的一刹那,他把驾驶杆猛地一拉。沉重的机头贴着跑道的尽头昂了起来,缓缓上升。

硫黄岛,是机群飞向日本的第一个会合点。两小时后,机群编成"V"字队形,在晴朗的太平洋上空沿着324度航向直飞日本。

不知什么时候开始,太平洋上空的云彩多了起来。一团团,一块块,直向飞机扑来。大家不免担心,怕目视投弹受到影响。很快,气象侦察机发来预报,广岛天气晴朗。

"轰炸广岛"。齐伯茨做出决定,并向美国发回电报。

广岛时间7点零9分,数架美机飞临上空,凄厉的空袭警报一阵紧似一阵。也许是广岛人已习惯了美军飞机骚扰,也许是天气酷热人们懒得动。广岛的居民并没有往防空洞钻。报童们依然在大街上叫卖,一切像什么事也没有发生过一样。

麻痹注定广岛人要遭受一次空前的灭顶之灾。

50分钟后,又有3架飞机穿越四国岛,飞临广岛上空。呜呜的空袭警报声又一次回响在广岛上空。

快看!快看!又有3架美国飞机。一群中学生在大街上指指点点。怎么飞得那么高。广岛驻军高炮部队目睹盘旋的飞机,一副无可奈何的神态。天空晴朗得令人出乎意料,从万米高空鸟瞰,东边是一排排高大的建筑物,西侧是人口稠密的居民区,一所中学的操场上,一群孩子在绿草地上追逐着。这一切,为美国人投掷原子弹创造了极好的条件。

时针指向8点13分,飞机通过西条上空。

"发现目标!"8点14分17秒,投弹手菲阿比大声报告。齐伯茨抬头瞄了一眼航空表,脸上掠过一丝旁人不易察觉的笑容。因为他到达指定位置时间仅比规定晚了17秒。不过很快,他的另一种悲哀又袭上心头。再过几分钟,机翼下这座城市将成为一片废墟。而世界轰炸史上这凄惨的一幕是他齐伯茨亲手制造的。

已经没有时间犹豫了。"投弹!"齐伯茨一咬牙,喉咙里挤出了冰冷的两个字。

菲阿比揿动电门,底部的弹舱哗啦一声打开,沉甸甸的"小男孩"翻滚着跃出机舱,扑向大地……

"投弹成功!"几乎在一瞬间,齐伯茨猛地拉杆,加油门,机头一跃,呼啸着脱离。他知道,让飞机脱离危险区的时间只有43秒。求生的本能使他拿出了特种训练的全部技能,向广岛东北方向飞驰而去。

蒙在鼓里的广岛人丝毫不知道灭顶之灾已经降临。NHK广播电台的播音员古田正在广播防空警报:"国民注意,敌3架大型机通过西条上空继续西飞,要严加……"古田的播音在这一瞬间消失了。空中的"小男孩"在相生桥东南150米的外科医院上空爆炸。

原子弹在离舱后50秒炸响。先是令人眼花目眩的强烈白光,接着是震耳欲聋的大爆炸。一团巨大的黑色蘑菇云慢慢腾起。强大的冲击波,犹如一双力大无比的巨手,以迅雷不及掩耳之势,把广岛的一切都抹平了。十数万广岛人顷刻间命归黄泉。

东京被震惊了!全世界被震惊了!

几乎在同时,华盛顿迅即发表早已准备好的杜鲁门声明:

"7月26日之所以要在波茨坦发表最后通牒,其目的在于使日本人民免遭全部毁灭。日本的领导人立即拒绝了那项最后通牒。现在,如果他们仍拒不接受我方条件,他们可以预期,毁灭性的打击将如雨点般从空中打来。地球上从未出现过类似的毁灭。"

在东京,东乡外相建议接受波茨坦宣言。可陆相阿南则不以为然。甚至怀疑在广岛上空爆炸的不是原子弹。

一场马拉松式的争论，又在酝酿新的恶果。

面对强硬的美国人，日本当局仍把希望寄托在态度未明朗的苏联身上。只要苏联继续保持中立，日本即使不能卷土重来，至少也还能决一死战。

日本人又一次失策了。

8月8日下午，日本驻苏联大使佐藤奉命要求会见苏外长莫洛托夫，以做最后的努力。晚上8点，在克里姆林宫那张古色古香的长条桌上，佐藤大使干坐着，连一杯茶水也没有端给他。当屏风后面走出面色严峻的莫洛托夫时，佐藤隐隐感到一种被抛弃的冷落感。

佐藤猜对了。苏联外长向他宣读的文件，犹如三九寒天当头浇下的一盆冷水。他脑子里乱成一锅粥。他好像没有听懂文件的内容，但却记住了一句话："苏联政府宣布，自明日，即8月9日起，苏联认为自己处于对日战争状态。"

还没有等佐藤把苏联对日宣战的电报发出去，苏联塔斯社就向全世界播发了苏联政府对日宣战的消息。

此时此刻，无论是日本内阁还是军方，心头都笼罩着绝望的阴云。

陆相阿南拿不出什么高招来，但他仍然要求在日本本土再打一场大决战。

会议开了3个小时，仍然毫无结果。

日本人丢失了宝贵的时间。至死不悟的军国主义导致了他们的人民又一次惨遭涂炭。

正当日本人在会议桌上喋喋不休争论的时候，机舱内躺卧着原子弹"胖子"的飞机又一次飞越太平洋，出现在日本上空。

还是82号飞机，还是齐伯茨上校驾机。投掷地点日本小仓。当飞机飞临日本上空后，小仓天气突然变坏，翻滚的雷雨云和火蛇般闪烁的闪电，阻挡了飞机的航线。齐伯茨使出浑身解数，依然无法冲破大自然的障碍。

小仓人意外地得救了。灾难却降到了长崎。当编队机群转到长崎时，长崎上空云量也大于飞行条件，目测无法发现地面目标。齐伯茨决定改用雷达轰炸。10点58分，当投弹手打开雷达搜索的一刹那，奇迹出现了，刚刚还翻涌奔腾的浓云突然裂开了一条缝。

"目标！目标！"投弹手惊呼起来。随即"胖子"呼啸而下。

一分钟后，"胖子"在长崎爆炸，巨大的气浪不仅摧毁了地面的建筑物，也使逃离的飞机受到冲击，飞机像被炮弹击中似的颤抖了数十秒钟，一名忘系安全带的机械师被掀出了座椅。

两颗原子弹接连在日本本土爆炸，彻底摧毁了日本军国主义的战略和精神防线，日本内阁被迫无条件接受波茨坦宣言，向盟国投降。

1945年8月15日上午，乳白色的日本广播协会大楼四周，站满了荷枪实弹的卫兵。

12点整，日本向全国、全世界播放了天皇的录音——耻辱的终战书。

此刻，在整个日本，几乎都肃然站立，只有44岁的裕仁天皇坐着。他哭丧着脸，仿佛在细细品味日本当局者们种下的苦果。

日本，作为法西斯联盟的最后一个堡垒被攻克，宣告了第二次世界大战的结束。然而，美国投下的原子弹给广岛和长崎人民带来的灾难和精神上的创伤却远远没有完结。时光之舟跨越了半个世纪,当人们再一次踏上广岛、长崎时,面对那成千上万无辜的受害者和他们的后代,留给人们的不仅仅是对昨天的追忆,更多的是对明天的祈祷,对未来的希冀。祈祷历史的悲剧不再重演,希冀世界永久和平!

十一、未遂的宫廷政变

1945 年 8 月,中国人民的抗日战争已取得了决定性的胜利,日本帝国主义这头"野牛"已完全落入中国人民的"火阵"。尤其是同盟国发表的波茨坦宣言,在日本军政界掀起轩然大波。为民族免遭覆灭,日本裕仁天皇不得不接受波茨坦宣言,向盟国无条件投降。

为了阻止天皇的行动,军界狂热的暴徒们在宫廷内部发动了一场政变,甚至把枪口对准了他们最"忠诚"的天皇陛下……

1945 年 8 月 15 日,日本接受波茨坦公告,宣布无条件投降。根据有关条文规定,侵华日军向中国投降,并决定在湖南芷江洽降,从而拉开了南京受降的序幕。

9 月 9 日,受降仪式在古城南京举行。成千上万的南京人民自发地走上街头,燃放鞭炮,庆祝胜利。然而,人们也许还不知道,此前,在日本内部还发生了一场惊心动魄的宫廷政变,叛乱者甚至把枪口对准了裕仁天皇。由于种种原因,政变归于失败,本文叙述的正是这次政变的内幕。

1945 年夏,日本帝国主义发动的侵略战争已经彻底失败。但穷凶极恶的军方领导人却不甘心缴械投降,一而再,再而三地拖延接受波茨坦宣言。败军的拖延惹火了已经看到胜利曙光的盟国,前所未有的军事打击在日本本土降临了。

8 月 6 日 9 点 15 分,美国空军一架 B-29 轰炸机在日本投下了第一颗原子弹,摧枯拉朽的冲击波、令人胆寒的光辐射,几乎在几分钟内就把广岛夷为平地,20 余万人死于非命,日军驻广岛总军司令藤井被炸死在司令部内。

8 月 9 日,苏联政府对日宣战,数十万苏联红军越过边界,向日本最后的王牌——关东军发动了迅雷不及掩耳的攻击。

几乎在同一时间,美军的第二颗原子弹在长崎爆炸……

是否接受波茨坦公告,成为日本内阁政府军政两方争执不下的焦点。在这事关日本民族存亡的关键时刻,日本国 44 岁的裕仁天皇做出了明智的抉择。

8 月 10 日凌晨,天皇召集军政首脑,流着眼泪做出了一番推心置腹的表述:

"朕已认真考虑了国内外局势,并得出结论认为,继续战争意味着民族的毁灭,延长世界上人类的流血和残酷行为。我不忍目睹无辜国民再受苦受难。恢复世界和平、解除国家之可怕苦难的唯一办法就是结束战争。"

望着一个个洗耳恭听的军政头目,天皇哽咽了。他几乎是抽泣着说下去的。

"我不忍看到忠勇将士被解除武装。我同样不忍看到曾献身于我的人反被作为战争煽动者受到惩罚。然而,现在是我们忍不住也得忍的时候了……我只能咽下眼泪按外相所概述的批准接受波茨坦宣言。"

内阁总理铃木、陆相阿南、海军军令部总长丰田、陆军总参谋长梅津一个个泪流满面……

天亮了,火辣辣的太阳像往常一样升起,东京依然是那么闷热。这是 8 月 10 日上午,在那个临时搭起的防空洞内,50 多个陆军军官苦苦地等着他们的陆相。他们知道昨晚的内阁会议将决定着日本的命运。

阿南来了,他全身戎装,夹着一个文件包,彻夜不眠,使他的眼睛红红的。他是日本 600 万陆军的最高统帅,是武士道精神和大和魂的象征。他常对他的部下说:在日本民族的字典里,没有"投降"这两个字。可他又难抗圣命。他知道部下在等待他的消息,而他即将宣布的消息将是许多军官不愿听到的。可这是天皇陛下的命令,阿南唯有服从。

这是决定日本命运的消息,大家都憋住气,潮湿的防空洞内静得连根针掉在地上也能听得见。阿南接过一名部下递过来的茶水,呷了一口,清了清嗓子,大声宣布:尊敬的天皇陛下已经决定接受波茨坦宣言。

仿佛是一把盐扔进了烧热的油锅,防空洞内顿时炸开了,许多军官都失声号叫起来。

"请从国家总体利益考虑,不要有个人情绪。"阿南苦苦地劝说着自己的部下。也许阿南平时十分温和,他的部下都尊敬他,但都不畏惧他。"陆军不是有保卫国家的义务吗?"有一个年轻的少佐站出来大声煽动。"对,我们有义务保卫国家!"马上有好些人随声附和。

阿南脸色突然严肃起来。他知道个人情绪的激动将会引发什么:"谁要反对天皇的命令,除非先把我砍了。"他摘下挎在身上的指挥刀,"啪"地扔在桌子上,冒火的眼睛盯着部下。

大伙惊呆了。他们跟随阿南多年,从没发现他发那么大的火。

陆军省的情绪被陆相阿南控制住了。

日历撕到了 8 月 15 日。天还没亮,东京街头一片静寂,几乎没有行人,只有巡夜的警车时而在昏黄的路灯下驶过,卷起一道尘埃。

时针指向凌晨 4 时,在横滨通向东京的国家 2 号公路上,一辆卡车风驰电掣般地向东京飞来。

夜幕下,依稀可见两挺机枪架在驾驶室顶上,车厢内坐着 30 多名全副武装的军人。一个被称之为佐佐木大尉的人是他们的头目。

在这内阁已决定接受波茨坦宣言的非常时刻,他们全副武装奔向东京干什么?

原来,卡车上坐着的是日本"国家神风团"的敢死队,担任横滨警备司令的佐佐木大尉是一名疯狂的军国主义侵略有理论的叫嚣者。因为他的职务偏低,军政内阁在落实天皇的命令时,他一直还被蒙在鼓里。当然,对日本在中国和太平洋战场上的惨败,他是略知一二的,尤其是美军攻克硫黄岛后,东京大门就暴露在盟军的炮口前。几天前,美国人又把两枚据说是最新型的炸弹扔在了广岛和长崎。他为此感到震惊、悲哀和绝望。不过,他知道军方有一个规模宏大的"决死计划"。他不知道这个"计划"为何迟迟未能实行。

然而,昨天,他的妹夫,一名在日本新闻通讯社做译电员的向他透露了一项机密。日本决定无条件接受波茨坦公告。起初,他还不相信,直到他的妹夫把一系列有关投降的内幕告诉他时,他才长长地叹了一口气。

原来,8 月 9 日的内阁会议结束,为避免日本本土再次遭到打击,东乡外长想尽快把帝国政府准备波茨坦宣言的正式照会发往盟国。但他知道,对这样的照会,军方肯定十分反感,弄不好还会惹出事来。最后他决定不用电报拍发,通过新闻形式用莫尔斯电码发出去。新闻通讯社同盟社国际新闻主编长谷川是东乡的同乡,东乡把电文交给他时,又在他耳边咬了好一阵子。

8月10日上午,长谷川亲自督阵,向同盟国新闻机构发出了这份未经军方审查的新闻稿。而具体操作的译电员正是佐佐木大尉的妹夫。

一串电波穿越太空:

"日本天皇,切望促进世界和平,早日停止战争,俾天下生灵,得免因战争之持续而沦于浩劫。日本政府为服从天皇陛下之圣旨起见,已于数星期前,请当时仍居中立地位之苏联政府出面斡旋,俾对诸敌国得以恢复和平,不幸此等为促致和平之努力,业已失败,日本政府为遵从天皇陛下恢复全面和平,希望战争造成之不可言状之痛苦,能尽速终结起见,乃作下列决定:

日本政府准备接受中美英三国政府领袖于1945年7月26日在波茨坦所发表、其后经苏联政府赞成之联合宣言所列举之条款,而附以一项谅解曰:上述宣言,并不含有任何要求有损天皇陛下为至高统治者之皇权,日本政府竭诚希望此一谅解能获保证,且切望关于此事之明白表明,能迅速获致。"

大洋彼岸的美国在10日上午7点33分收到长谷川的莫尔斯电码。杜鲁门总统把政府要员召集到办公室,研究对策。日本投降,杜鲁门当然高兴,但他对使用原子弹越来越感到后怕。本来,他还会坚持要日本废掉天皇。现在他又生出一丝怜悯来。他还怕投降条件太苛刻,把日本人逼上梁山,决一死战。鉴于投降正式照会未到,美国在做最后的等待。

此刻,在日本东京,东乡外相依然在煞费苦心。对外的问题解决了,对内怎么讲呢?尽管天皇已决定投降,可军方却不肯马上宣布。他们的理由很充足,如果国民知道圣战失败,帝国军队要投降,那还不闹翻了天。几经周折,最后勉强决定先发表一个含糊其辞的声明,让国民对投降稍稍有点思想准备。1945年8月10日下午4时30分,日本政府情报局总裁发表了一个谈话:

"大敌当前,美国、英国疯狂空袭,大有在我本土登陆之势。大日本帝国危急之中。可以欣慰的是我陆、海、空三军精锐已完成迎击部署,全军将士斗志昂扬,待命歼敌。

"诚然,由于敌机轰炸,我日本国民惨遭涂炭,但国民不畏牺牲,义勇奉公,继续迈进,着实令人感动。尤其是美国人用新型炸弹,将人类历史上前所未见的惨无人道的惨祸加之于无辜的老弱妇孺。实属惨无人道。

"形势严峻,雪上加霜,昨日原保持中立的苏联突然向我发动攻击。我军当然予以全力反击。但不能不承认,我们已经到了进退维谷的地步,为维护国体,保持民族的荣誉和尊严,守卫最后的一线,政府当尽其最善之努力,同时期待一亿国民为维护国体,战胜一切困难而同舟共济。"

这篇谈话也好,关于时局声明也罢,似乎只通报了日本政府和军队正面临巨大困难,丝毫没有表露出半点投降的意思。即便如此,军方还是十分担心。陆相阿南的小舅子竹下正彦找到军务局中佐稻叶正夫,建议抢在政府声明之前,以阿南的名义,先给陆军官兵发一条指令。

开始,稻叶正夫中佐对未经陆相同意,就以陆相的名义下发指令,有点害怕。可在竹下正彦的软硬兼施之下,稻叶正夫也只好顺水推舟同意了。

第二天,几乎所有报纸和电台都播发了以阿南名义下达的指令。这份指令不但没有透露一点投降的意思,连日本面临空前困难的句子也删去了,通篇是血战到底的军国主义叫嚣。

值得一提的是在播放"指令"的同时,还播发了侵华派遣军总司令官冈村宁次力主作战的报告。

正因为如此,镇守横滨的警备司令官佐佐木大尉一直以为政府是在为"决死计划"积蓄力量,而眼下,妹夫向他透露的一切怎能不使他感到愤怒。他几乎是歇斯底里地冲进军营,把留守的30多名"国家神风团"士兵全部拉上,还装了两桶汽油和两箱手榴弹。他要在东京制造一个惊天动地的大新闻,火烧总理府,杀死铃木首相,然后,用枪口逼迫天皇改变决定。

东方露出鱼肚白,佐佐木像一条饿极了的狼,带着他的狼群急速驶进东京市区⋯⋯

日本天皇皇宫,可谓固若金汤。装备精良的近卫师团里三层外三层将皇宫围得水泄不通,谁要想擅闯皇宫,无异于飞蛾扑火。

但准备不成功便成仁的佐佐木怎么也没想到,在他的卡车急速驶往东京时,有人在他前面先下了手。他就是近卫师团参谋古贺秀正。

古贺秀正何许人也,他又为何能如此准确地抢在天皇发布无条件投降之前动手呢?

翻开他的历史档案,人们顿时恍然大悟。古贺秀正乃日本前首相、第二次世界大战的罪魁祸首之一的东条英机大将的女婿,又是近卫师团的参谋,一般军机大事他都知晓。

8月11日,美国人就把对日本天皇乞降照会的复文通过瑞士转交日本政府。令日本人感到不安的是复文中既没有断然拒绝日本关于保留天皇的要求,也没有明确表示可以保留。首先看到复文的铃木首相担心军方会乘机捣乱,就抢先一步送给裕仁天皇过目。没想到天皇十分坦然。外相东乡来见天皇时,天皇说,他对四国的复文很满意。

果然,军方对四国复文表示了异常的沮丧。先是陆军参谋总长梅津面呈天皇,声称坚决不能接受四国复文。接着海军军令部总长丰田也赶到天皇府,再次力陈最后一战见分晓。

再次召开的军政内阁会议,也没有达成协议。万般无奈之际,铃木以首相身份表态,我们必须结束战争,请天皇陛下圣断。

此刻,陆相阿南也被逼到了山穷水尽的地步,他的部下甚至逼他切腹以谢罪。

8月13日晚,一批策划宫廷政变的组织者聚集在阿南家里,为首的是烟中健二少佐、阿南的小舅子竹下正彦中佐、上原重太郎大尉、参谋古贺秀正等。他们瞒着阿南在这里开会,是想拖阿南下水,因为阿南的态度直接关系到政变的成败。然而,当竹下把监禁木户、铃木、东乡、米内,宣布戒严,孤立皇宫的政变计划告诉阿南时,阿南却未置可否。

"如果现在停战,可以留下将来发展的基础。解除武装,是难受的,但为了国家与国民的幸福，必须以明治天皇对待三国干涉的心情来干。"

不仅如此，天皇还决定亲自录音，用自己的声音广播投降诏书，以使全国军民信服。

天皇的态度，使大部分忠于天皇的高级军官放弃了政变的打算。但烟中少佐、古贺少佐等少壮派军官却依然想血战到底。第一个目标自然是近卫师团。不把近卫师团争取到手，攻克皇宫、截获天皇录音简直就是一句空话。

8月14日晚，天皇皇宫像往常一样寂静，只有巡逻哨兵的大皮鞋在水泥地上发出有节奏的声响。

近卫师团师团长森猛纠中将坐在燥热的办公室里，冥冥之中似乎感到有某种不祥之兆。他不放心皇宫的警卫。尽管他对自己的部下是放心的，但在这多事之秋，说不准又会冒出些什么事情。尤其今晚，天皇陛下有极其重要的行动。

"白石君，我们出去转转！"森中将喊了一声。

"是！"近卫师团参谋白石为森中将披上军衣，挎上指挥刀，向皇宫的哨位走去。

11时20分，裕仁天皇身穿陆军元帅服走进录音室。尽管面对一只麦克风，可天皇还是像对着亿万双望着他的眼睛说话：

"朕深鉴于世界大势与帝国之现状，欲以措施收拾时局，兹告尔等忠良臣民：朕已敕令帝国政府通告美、英、中、苏四国，接受其联合公告……"裕仁天皇几乎是流着泪念完诏书的。

此刻，时针指向了11时50分。

夜色中，有几名全副武装的人闯进了森中将的办公室。为首的正是政变主谋烟中和古贺。见办公室内空无一人，他们胡乱地翻着抽屉，想从中得到点什么秘密。可惜一无所有。

约午夜零点，森中将和白石参谋回到办公室。见有一群武装分子，他已明白了什么。

烟中叫嚣道："现在我们非以决战到底的行动来推翻皇上的决议不可。希望森中将支持！"

森中将笑了笑，劝阻说："我理解你们的心情，但近卫师团不能采取反叛圣断的行动，你们也不要轻举妄动！"

"不，你必须支持我们！"一个政变者举着军刀扑向森中将。白石中佐见状扑过去，他怕森中将有意外。

见有人过来救护，丧心病狂的政变者竟一刀砍下。顿时，血流如注，白石倒在血泊中。

森中将不禁勃然大怒，他刚想拉开抽屉，去抓他的手枪，烟中手中的枪响了，一颗子弹射中了森中将的心脏。

"近卫师团是我们的了！"古贺兴奋地呼喊着。他熟练地起草了一道命令，指示部队占领皇宫，"保护"天皇和国体。

盖着森猛纠将军印章的命令传到近卫师团所属的各联队，顷刻间，所有大门被关闭，皇宫与外界的一切联系隔断了。

8月15日黎明前的东京，暑意已消退了许多，晨露竟然还带有丝丝凉意。

在丸山铃木总理的私人住宅，几乎所有的人都已睡着，厢房内的哨兵也因为大门紧闭而趴在桌上打呼噜。

突然，首相床头的直线电话急促地响了起来。

铃木从睡梦中惊醒。他知道没有十万火急的事情，这部红色电话不会在这个时候响起。他顾不得穿衣，一把抓起听筒。

话筒里传来首相官邸警官山口的声音："快！赶快离开，政变者的汽车正朝你那里开来。危险，危险！"

铃木吃了一惊，火速唤起妻子和儿子，急速向楼下的车库奔去。

大约在30分钟前，佐佐木率领的"国家神风团"的敢死队冲进了首相府。他们里里外外搜查了3遍之后，确认铃木不在。佐佐木大吼一声："给我烧，烧掉狗贼的首相府。"

汽油在地上流淌，烈焰在首相府升腾。

见载着敢死队员的卡车向丸山方向驶去，山口警官赶紧拨通了首相的应急电话。

东京城乱了套，昔日戒备森严的政府官员住宅，此刻都成了攻击的目标。

主和派核心人物内务大臣木户幸一的官邸也遭到了一伙武装分子的袭击。好在警卫分队早有准备。听到政变分子的枪声和砸门声，警卫分队立即打开了院内的所有灯光，顿时，政变分子乱了队形，胡乱地朝楼上开枪。警卫分队在暗处依托屏障，打得政变分子狼狈不堪。

铃木首相和儿子坐上轿车快速驶出私宅，在公路上与佐佐木的卡车擦身而过。可他们没有注意，他们想不到首相会在这个时候坐车外出。

首相私宅的大门被砸开了，佐佐木冲进首相卧室，却是空空如也，整个住宅内只有一位保姆和一个小男孩。

小男孩是首相的孙子，因为情况紧急，他们甚至没有来得及带走小孙子，就匆匆开车逃走了。

佐佐木两次扑空，气得哇哇乱叫。士兵们冲进房间，用刺刀到处乱捅。

"烧掉它！"在佐佐木的命令下，首相私宅也成为一片火海。

此刻，皇宫内更是乱成一片，古贺下令："天亮以前一定要找到天皇的录音带，皇宫的每一个角落都要搜索到。"

刚刚制作完天皇宣读诏书录音的情报局总裁下村宏等5人乘车驶出皇宫大门时，被守门的士兵截获。"说，快说，天皇陛下的录音在什么地方，否则就杀掉你们。"审讯他们的军官怒吼着。"录音由宫内省保管，我们不知道。"下村宏回答。

"到宫内省去！"不知谁喊了一声，叛乱的军人们仿佛疯了似的冲进内宫。

嘈杂的脚步声和吵闹声惊醒了宫内省大臣木户，他马上意识到军人们肯定会来抢夺天皇的录音带，如果录音带被抢走，后果不堪设想。于是，他赶紧躲进了地下室。

叛军在宫内折腾了大半宿，却一直没有找到录音带。其实，录音带就放在侍从武官隔壁的皇后宫职事务官室内。不知什么缘故，叛军的手未能伸到那里。

烟中、古贺在内宫搜寻天皇录音时一个个肆无忌惮，但他们内心却十分紧张。虽然近卫师团被他们蒙住了，但负责整个东京防务的东部军管区却不在他们手中。如果东部军管区动手镇压叛乱，近卫师团绝不是他们的对手。

几乎在同一时刻,陆相阿南在寓所里写完了遗嘱。这时,阿南的小舅子竹下敲门进来。他是来做最后的努力,劝阿南入伙。但他听姐夫表示要以死谢罪时,就再也没提政变的事。凌晨4时,阿南在走廊上坐下,大概是为了显示一下武士道精神,他嘴里咬着一柄锋快的匕首,用双手把又宽又厚的牛皮腰带解开,露出毛茸茸的腹部。他几乎是不假思索地把匕首切入腹内,剧烈的疼痛使他的脸有点扭曲。也许是为了加速死亡,他向右割了一刀,又向上割了一刀,然后端坐在那里,任热血从腹部流出,流到走廊的地板上。

竹下最后望了一眼姐夫,头也不回地冲进黑暗中,明知前面是无底的深渊,可此时,他也只有闭着眼往深渊里跳了。

启明星高悬在东京的上空。

东部军管区司令部,田中大将被吵醒。参谋告诉他,近卫师团及陆军有人叛变,皇宫被包围,天皇生命在危急之中。

"什么,有人敢违抗圣命。"田中怒吼着,抓起手枪,就要冲出司令部。

这时,桌上的电话响了。他抓起电话,竟是近卫师团参谋古贺的声音。

"田中大将,你我都是军人,我们难道能坐视国家被灭亡吗?我们无论如何要阻止天皇的录音向全国播放!"古贺在慷慨陈词。

"浑蛋,你竟敢对抗天皇陛下,你小子是活够了。请森猛纠师团长讲话!"田中大声喊着。

"对不起,森猛纠中将已经为国捐躯了。"古贺口气十分冷淡。

"是你杀了他,你们是凶手。看我怎么收拾你们!"田中大将几乎是吼出来的。电话机被他扔掉了。

"警卫队马上出发!"田中在吼。"去哪里?"副官问。"近卫师团,我要看看那个私自下令的军官究竟有几个脑袋。"迎着朝霞,田中的车队直驶皇宫。

汽车停在近卫师团门口,联队长若松中将见大将驾到,吃了一惊。

"是谁下令封锁了皇宫,是谁下达作战命令的?"田中大将脸色铁青,愤怒到了极点。

"是石原贞吉少佐。我已将他禁闭了。"若松中将回答。

不一会儿,石原被带了进来。他望了一眼大将,自知政变已经彻底失败,只好低下了头。

"好一个石原少佐,你狗胆包天,竟敢违抗圣命。送军事法庭!"随着将军的怒吼,马上有警卫给石原手腕上加上铐子,拖进了门外的一辆汽车。

很快,近卫师团第二联队的指挥权也被田中大将剥夺。

裕仁天皇还在睡梦之中,对于皇宫内发生的一切,他一点也不知道,他原先住在宫内的豪华住所,由于空袭,他的就寝点改在了御文库内。天亮了,侍从叫醒他,并被告知正在危险之中。

裕仁似乎有点不太相信,对自己如此忠诚的皇宫卫队难道会把枪口对准天皇?可当他掀开窗帘一角,对面那座楼口的一挺机枪正对着御文库大门,两名荷枪实弹的近卫士兵站在那里。

日本真的完了。天皇真正伤心了。尤其当他听说近卫师团的人正在搜查他的那盘录音,心里更是没了底。

就在这时,田中大将敲门进来,向天皇报告了叛乱已经结束。

天皇流着泪,连连说道:"谢谢你们,谢谢你们!"

叛乱就这样收场了。烟中知道不会有什么好下场了。追随他的只有椎崎,其他叛乱分子有的被逮捕,有的逃散,有的自杀。

烟中还想做垂死的挣扎。他闯进了广播协会大楼,撞开了播音室的大门。见冲进两个拿着手枪的军人,正要开始播音的播音员停止了工作。"这里是天皇陛下亲管的广播大楼,你们不能进来!"播音员很强硬。"我们是近卫师团的,我们要向国民转达我们的感情。"因为烟中等人不懂广播技术,还得依靠播音员,所以他们没有动武。可他还是被告知,不经东部军管区许可,不能对外广播。

椎崎把手枪对准播音员脑袋。这时,电话响了,是东部军管区打来的。原来,就在他们争执的时候,控制室技术员已将此事报告了东部军管区司令部。

烟中拿起了电话,对方以田中大将的名义命令他停止活动,听候处理。烟中说,我们并无恶意,只是请求给他一个向国民做解释的机会。"对不起,你必须立即离开播音室,这是命令!"电话里响起田中大将的声音。

烟中绝望地放下了电话。他扫了一眼桌上的一个通知,今天中午,天皇将向全体臣民广播诏书! 他和椎崎跌跌撞撞地跑出了广播大楼。

在皇宫广场上,他俩从衣兜里掏出大把大把的反对投降的宣传品,塞给一个个过往的行人。可行人大多没有领他们的情,有人拿在手里看了几眼,有的连看也没看就扔掉了……

时针指向了中午 11 点 20 分,离天皇广播诏书只有 40 分钟了。回天无力,只有以死相谏了。两个法西斯暴徒在皇宫广场上,一个把军刀切入了腹内,一个把子弹射进了自己的太阳穴,匆匆而过的行人向他俩望了几眼,没有谁停下,也没有人报警,只有几只苍蝇在他们尸体上空盘旋。

中午 12 时整,广播喇叭里响起了天皇裕仁那苍白无力的声音。

十二、纳粹血腥大屠杀

50 多年前,希特勒指挥党卫军和秘密警察在纳粹集中营制造了骇人听闻的恐怖事件,触目惊心的毒气集体屠杀、惨无人道的活体解剖、灭绝人性的绝育试验,杀害了数百万犹太人和盟军战俘。

这一切,就像一场噩梦。50 年后的今天,人们回忆往事,依然不寒而栗。

1941 年 9 月,第二次世界大战达到白热化的阶段。德国大军横扫欧洲大陆,又向苏联腹地挺进,德国柏林到处是党卫军、冲锋队和国防军队伍。高昂的战斗歌曲、军队的行进声、暴徒们的喊声混成一片。人们关注着战争,因为它决定着德国人的命运;但许多人并不知晓,一项决定着犹太人命运的、举世震惊的罪恶计划,正在元首办公室里拟订。

元首希特勒在宽敞的办公室里来回走动,他正在思考着一个高级将领呼声很高,又非常"棘手"的问题。分管波兰总辖区的国务秘书约瑟夫·贝勒博士专程前来请示,他提出,目前波兰共有 250 万犹太人,他们都是乞丐、酒徒、游民、传染病患者、投机商、懒汉、精神病人、妓女、小偷、抢劫犯、心理变态者、同性恋者、反叛者……目前,这些人的存在正严重地阻碍着第三帝国的神圣事业。

早在 1930 年,希特勒就决心消灭全欧洲的犹太人。按照德国法西斯原来的计划,处理犹太人要大致经过三个步骤:第一,先进行登记,标识,监视居住,禁止自由迁移,把他们控制起来;第二,集中起来到一处,进行强制性劳动;第三,让体弱者在残酷的劳役中"自然死亡",体格强壮者则另行处死。

至于波兰的犹太人,本来准备驱使他们修建通往苏联的战略公路,修筑这些战略公路十分艰苦,平均每修一公里,就要死 30 人。这样大约用三四年时间,就可以将全部 250 万犹太人消耗干净。

这个计划已经够惨无人道的了,但纳粹头领仍然觉得这个计划执行起来太慢太费事。在他们看来,"劣等民族"消灭得越快越早越好,而公路则可以逼迫俄罗斯人来干。

贝勒焦急地说:"元首,这是我唯一的要求,就是尽快把这 250 万人解决掉。"

希特勒笑着看了看眼前这位忠诚的日耳曼民族卫士,突然神经质地说:"我们德国人,是世界上唯一能正确对待动物的人,动物是分类的,有优等的,也有劣等的。人也是一种动物,我们德国人是世界上最优等的民族。我们的责任就是正确处理优等民族与那些人类畜生之间的关系。如果给他们以优厚的待遇,是对我们种族的犯罪,在后代面前将无地自容。我们用不着考虑那些人类畜生是否受苦,是否死去,只要考虑日耳曼民族的兴旺。我们要为此而奋斗!"

希特勒只顾自己说下去,似乎忘记了身边请示工作的贝勒。

贝勒连连点头称是,他扫了一眼元首的办公桌,那里放着一叠报告,详细记载了德国军队进攻苏联以后对苏联境内犹太人的处置:

——白俄罗斯。在明斯克的犹太区,一天内杀死了 1.6 万名犹太人。为方便行动,成立了特别行动队,每队 100 人左右,每天"处理"不少于 1000 名犹太人。实际上每位特别行动队的官员都特别尽心尽责,日工作量经常超额完成 5~10 倍。

——乌克兰。7 月 13 日晚发起总行动,党卫军和他们合作的乌克兰民团,包围了基辅的犹太人居住区。在强烈的探照灯照射下,用枪托砸门。如果房主不开门,就抛进一颗手榴弹。马路上,早已等好了卡车。人们被驱赶出来后,立即用卡车运往郊外。那里已挖好了长长的壕沟。这是先期抓来的人挖的。那些人已被埋在沟底。后来的人来到后,强壮的男人被挑选出来,开始挖新的沟,稍有不从者立即被射杀。其他的不分男女,分 50 人或 100 人为一组,带到沟边,脱光身上的衣服,跳入沟里射杀;然后由第二组将前面一组人脱下的衣服整理归类,加以掩埋,干完以后再脱下衣服,跳入沟内……就这样一层压着一层,直到大沟被填满。几日之内,就高效率地"处理"了 6 万人。

——波罗的海沿岸国家。拉脱维亚、立陶宛和爱沙尼亚的犹太男人、女人和儿童享受了以拼死抵抗的共产党一样的待遇。一个人,只要被人指控有犹太人血统,不管他是否与德国人合作,一律囚禁起来等待枪杀。一位党卫军突然"发现"一支从地中海迁来的说土耳其语的克兰特查泰斯人是犹太血统,这个种族的人就立即列入屠杀的名单。

——俄罗斯。在一些城市,为了防止犹太人逃跑,采用了欺骗手法,诡称要将犹太人集中到安全区,要所有的犹太人到指定的地点报到。结果报到的人数是原先登记的 6 倍,这些人中的大多数立即被送往天国。

……

"犹太人是布尔什维克的后备军,而布尔什维克就是犹太人的组织,欧洲和世界各地的犹太人、布尔什维克必须最终被消灭!"希特勒还在那里滔滔不绝:"那些罪恶的犹太人,到处都有。在我们德国本土有 25 万,苏联有 550 万,法国有 76 万,英国有 30 万,通通都要最后解决。"

"最后解决。"贝勒重复元首的话。他当然知道"最后解决"是个什么意思。在希特勒刚上台时,他就听元首讲过这样的话。他很明白,这意思是可以随意杀戮那些"下等民族",永远使日耳曼的高等白人统治世界。

希特勒意犹未尽:"我们的行动要非常迅速,懂吗?好像我们帝国军队的闪击战。好在帝国已经制订了详细计划。一般来说,可以采取两种方法:一种由特别行动队就地大规模枪杀,就像这些报告里说的那样;另一种,就要广泛地建立死亡集中营。死亡集中营,你懂得死亡集中营吗?哈哈,这个办法,足以使那些劣等民族胆寒。"

贝勒得到元首的指令,如获至宝。"这样,那些该死的犹太人就可以全部解决了。"他觉得似乎应该讲些什么。但在兴致勃勃的希特勒面前不敢乱讲。当希特勒挥挥手示意他可以走了的时候,他才如释重负,高兴地走出元首的办公室。

他觉得今天收获很大。"元首真英明",这是他发自心底的感受。

1941 年 12 月 8 日,在波兰建立的海乌诺姆死亡集中营是贝勒落实希特勒指示的一个具体行动。

德意志民族在历史上有许多伟大的发明。在近代,其哲学和社会科学尤为发达,影响了社会发展进程。但自从纳粹上台后,许多"发明"实在是对人类文明的亵渎,其中最重大的就是集中营。

实际上,从 1933 年开始,德国法西斯就开始着手准备建立集中营。自 1933 年希姆莱领导的党卫队得势后,就开始把他们看不上的人,包括政敌、敢说真话的大学教授、发牢骚者、街头流浪汉、吸毒者、精神病人等等五花八门的人,搞个地方集中看管起来,用苦役迫害,或处以私刑。这是集中营的雏形。

1933 年 3 月 20 日,第一个专门关押男性犯人的集中营在巴伐利亚荒郊的达豪成立;几天后,在腾堡建立了第一个关押女性犯人的集中营。

在短短几个月内,集中营就像瘟疫一样传遍了德国全境。冲锋队和党卫军到处画地为牢,建立新的集中营。到年底,集中营数量达到 60 个左右。

维尔特是个老实的东普鲁士农民,他有 2.5 公顷土地。养了几头奶牛,家境殷实,两个儿子,一个在柏林大学,一个在军队服役,1935 年的一天祸从天降。一群冲锋队到了他的家,说根据当局的命令,为了国家利益,这片土地被征用了,他被指定到另一个地方定居。推土机突突开来,将他祖辈留下的田地夷平。他的家舍被暂时改为办公室,牛圈被改建,成为关押犯人的地方。他的几间小库房,成了行刑室,当他无可奈何地看着这一些,被迫带着他的家产迁移的时候,突然发现冲锋队队伍里竟有他在柏林上大学的儿子。他戴着袖标,兴致勃勃地干着毁坏自己家园的工作。

维尔特有幸活到战争结束。1946年他回到原先的家园,几乎不相信自己的眼睛,所有的老房子被烧毁了,夷平的土地中,建起了几个奇怪的建筑,后来他才知道这是焚尸炉,里面焚烧过2.5万具尸体!

可怜的维尔特的两个儿子,在军队的那个死在苏联伏尔加河畔的一次不起眼的小小战斗。当冲锋队的那个死在希特勒1933年6月对冲锋队的镇压中。

然而,维尔特还是幸运的,凭着他"高贵"的日耳曼民族血统,他毕竟活到最后。成千上万的人远不如他……

第一所设在德国境外的集中营成立于1938年7月,这就是著名的毛特豪森集中营。1939年以后,集中营计划在德军占领地大规模地实施起来。

"在未来的几年内,我们要为彻底地消灭与德国人为敌的下等人而奋斗! 这就是我们的时代——阿道夫·希特勒的时代!"这是党卫队全国领袖希姆莱的叫嚣。

弗·安德烈是一个幸运者,他在集中营里活到了战争结束。作为苏联红军的一名上等兵,他在作战中被俘。受重伤的战友当即被处决,他被送到离华沙不远的一个集中营。因为他体格强壮,德国人让他参加一个特别劳役队。从而也获得了比其他人好一些的伙食。

他在特别劳役队的任务就是收埋尸体,每天早晨,特别劳役队的人们被驱赶起来,坐车到离集中营约2公里的野外,这里有铁丝网紧紧围住的一片空地,中间原先有四五个深浅不一的湖泊。纳粹用抽水机把其中一个湖泊的水抽干了,当特别劳役队人员到来后,就紧接着开来十几辆卡车,卸下刚从毒气室毒死的尸体。纳粹分子自己是不动手的,他们握着枪,远远地看守着。由几个"工头"——他们是些老关押犯,领着劳役队人员把尸体一具一具投进湖里,然后撒上石灰,盖上一层从湖里挖出的湿土。

这真是一个不堪忍受的工作。纳粹将受害者投进毒气室以前,进行最后的剥夺。所有的尸体,不分男女老少都一丝不挂。他们口角、鼻孔流着污血,由于临死前的拼命挣扎,他们一般是痉挛的样子,有的还互相拉扯在一起,分也分不开。初到劳役队的人看到这些,会忍不住大口呕吐。安德烈亲眼看到一个匈牙利人因止不住呕吐,不能干活,被德国人用冲锋枪打死,尸体被扔进湖里。

此时此地,求得生存是第一位的,安德烈十分清楚,如果有一点差错,他就会像蚂蚁似的被纳粹人员踩死。必须努力干活,使得德国人满意;但又不能干得太起劲,才能保持自己的体力和起码的健康。

每天工作时间是6个小时,几乎是每半个小时到40分钟,就有十几辆卡车拉来一批死尸。特别劳役队的人员在枪口下抢着把死尸处理完,然后可以休息片刻。

特别劳役队共有120人,几乎每天都有人被更替。

一旦体质差的人坚持不住,就立即成了充填湖底的物质。

安德烈有一个过去在一个连队的老朋友,一天干着活突然晕倒了。安德烈害怕德国人看见,就使劲拍他的脸,让他站起来。但第二天,他再没看见这位老朋友。一个星期后,他突然在掩埋尸体时看到老朋友熟悉的面庞。

安德烈真想大哭一场,但他忍住了,他知道此时此刻流泪对自己来说意味着什么,他能给朋友做的只是在他赤裸裸的遗体上多盖一些土……

一个月以后,抽干了水的湖被填满了。德国人又拉来抽水机,将另一个更大一点的湖抽干。

安德烈以他超人的毅力,总算坚持了下来。

每当他拖着疲惫不堪的身体收工时,他总是想,他今天又在地球上埋下了多少对法西斯仇恨的种子。

春天来了,夏天到了。那几个被死尸填平、现在已经是平地的湖上,茂盛地长起了芦苇,秆子格外地租,叶子绿得发黑。看守集中营的党卫军不知出于什么动机,一天用火焰喷射器将芦苇烧毁。20多天后,这里又长出了无名的小黄花,黄得发艳、发惨。

无论是德国士兵还是集中营劳役们,谁也不去动那小黄花。黄花越开越多,越开越密。

就在黄花未谢之时,安德烈隐隐听到东方传来的炮声。他并没有想到,这是苏军的反攻。这天他照旧来到湖边,正在作业,突然背后响起枪声。安德烈以士兵特有的敏捷,迅速卧倒,滚到一旁的土坑中。枪声响了一阵,德国人跑了。天边隆隆开来了坦克。安德烈看到了苏联红军的标志,是自己的坦克!他真想爬起来欢呼,但理智让他继续卧倒着,一直等到坦克开到他身边。

苏联战友把他救了起来,这时安德烈突然看到有几个红军战士因不知底细在那黄花边汲水喝。他再也忍不住了,大叫一声,哭诉起来,苏联战士听后,惊得丢下水缸就跑。

这就是德国法西斯的集中营!它一个比一个恐怖。

纳粹究竟搞了多少集中营?有的资料说,有 921 个,但也有的资料说,数量 3 倍于此。直到目前为止,历史学家还未统计出完全精确的数字。

就是采取各种杀人办法,设备还是不够用。德国法西斯处心积虑地想设计新的杀人办法。其要求是:快速、隐蔽、经济、高效。

一辈子都想出人头地的贝尔克博士,充分发挥了聪明才智,他是党卫军的中队长。这个职务在他心目中实在是太低了。他在大学里,各项功课都是名列前茅。可是现在,许多他看不上的同学都比他强,有的甚至指挥了一个师。怎么才能给帝国以突出的贡献,使自己得到更快的晋升呢?

他决定发明一种新的杀人工具。为此,他找来许多资料,发现纳粹杀人办法已接近登峰造极,似乎可以想到的办法都想到了:

用废旧火车厢杀人。在苏联战场上,纳粹把成百个苏联战俘押进货车车厢,关上大门。过一会儿,预先在车厢顶部的小孔中放置的氰化氢微粒和空气一结合,马上成为致命的毒气。半小时以后,战俘全部。"解决"了。剩下的事就是如何埋葬他们。

用旧轮船杀人。在波罗的海,纳粹将数千人装在废弃的大轮船中,等到人上满以后,他们用皮划艇包围大船,用火焰喷射器向它喷射。顿时,海面上升起浓浓的烟雾,夹杂着人肉烧焦的难闻气味。纳粹用这种方法杀人以后,感到这艘大船还未得到充分利用。于是,第二次又将数千人赶上船,这次一沉了之。

用压路机杀人。在南斯拉夫,犹太人被集中在野地里露宿,半夜两个纳粹突然开着压路机在人们身上乱碾,起身逃跑的立即被射杀。第二天,这块土地到处都是血浆、泥浆和断肢的混合物。然后,纳粹分子又开来推土机,将场地清理一下,以便晚上继续作业。

用浴池杀人，在贝可集中营，囚犯们被骗去洗澡。当人们看到澡堂里的清水时，个个都兴高采烈。他们已有好几个月没有洗澡了。他们脱了衣服，以最快的速度洗去身上的污泥和血污。人们不断被放进来，越来越多，水温不知怎么越来越高，不多久，到了人不堪忍受的程度。这时，人们发现浴室的门已经关死。半小时后，体质不是太强健的人全部昏死过去，只剩下极少数身体素质特别高的，正好被送去做特别繁重的劳役。

……

经过调查，贝尔克博士发现，上述办法确实不错，但都有一个缺点，就是要做许多准备工作。而且在杀人过程中，其他事都得停下来。

一天，他突发奇想，难道不可以发明一种活动的杀人车？这样，可以把需处死的人装上车，直接送到尸体处理场。也就是，活人上车，死人下车，减少了中间环节，提高了杀人效率。

经过苦思冥想，一种杀人汽车终于设计成功了。

从外表上看，它很普通，就像一辆大客车或者一辆运货车。如果在城市里行走，它一点也不会引起注意。甚至在车身上还故意喷涂了孩子喜欢的图案，吸引无知的儿童去玩。

然而，这种车的特殊之点是，车厢是完全密封的，上部有一些管道，直接接到发动机的排气口上。汽车发动起来，发动机的废气就可以直接进入车厢内。如果需要的话，还可以用特殊装置加一些毒药，加快这一进程。当人们被骗上车或被赶上车以后，随着发动机的开启，车内的氧气越来越少，人们很快就会窒息死亡。

贝尔克博士先进行了试验。他将25个人装进这种特制的车子，开着它大模大样地经过市内的主要干道。这些干道过去都是繁华的商业区，由于德国纳粹的占领，早已萧条万分，但还有一些商店和妓院亮着彩灯。因为是战争年代，这里经常会有纳粹的军用汽车开过，谁都没有对它引起特别的注意。谁也不会想到，当那些高等白人在商店里挑选货物，德国士兵在找下等妓女寻欢作乐时，这部汽车内有25个实验品正在为一点点氧气而挣扎。到了目的地，25个试验品全部按设计要求断了气。贝尔克博士高兴地记录下他的"科学实验"结果，向总部报告。

马上，纳粹当局决定生产这种汽车，并把任务下达给绍雷尔公司，德国公司一贯以高效率著称。不久，一批毒气车就成了党卫军的新装备。所有这些产品出厂后在车身上都有S记号。

纳粹用这S车杀人，开始时非常得心应手。一批批人被骗上车，他们被告知转移地方、去治疗或干脆说是释放他们。这些人就在高兴之余去接见了死神。纳粹分子认为自己做得非常人道。

但好景不长。不久，党卫军发现人们都知道了它的秘密，把它叫作"死亡车"。连孩子见了都吓得赶紧跑开，纳粹想把人骗上车已经不容易了。只好用武力驱赶，这比过去要费时费力多了。

党卫军感到自己内部出了问题。

很快他们发现，事情出在一位开S车的司机身上。这个人在无意中泄露了这个机密。他是一个嗜酒如命的人。一次喝醉了酒，他躺在地上吹牛，说谁要是上了他的车,百分之一百要进天国,不信可以打赌。

没人敢跟他打赌,因为这种打赌会产生什么结果是再清楚不过的了。

不过,消息很快传开了。每当 S 车到达时,人们就发生骚动,党卫军很难把他们赶上车。

军事法庭提审了那位司机。他们马上发现,他有同情犹太人的倾向。经过再次调查,他的身上有八分之一的犹太人血统。毫无疑问,他被立即处死。

但处死没按常规执行,纳粹分子还有点小幽默,司机被拖进原先他自己开的 S 车内。

贝尔克最终还是没有得到重用。原因是,党卫军对这种 S 车并不喜欢。因为每次使用时,一打开车门,毒气和有害气体就会蔓延开来,不少党卫军因此自己也闹个轻微中毒,搞得头晕眼花;另外,把车上的尸体一条一条拖下来,也是一件苦差事。他们很不愿意使用这种毒气车,而宁愿用枪来解决问题。

那是在 1942 年,党卫军首领希姆莱觉得过去的杀人办法还是不够快,他到处搜罗专家。"重赏之下必有勇夫",于是,纳粹队伍里成长出一批杀人技术专家。

维耳特尔就是其中一个。他原来只是党卫军的一个普通医师。当有一次听说希姆莱念叨用什么方法才能消灭几百万犹太人时,他陷入苦思。

他是一个爱读书的人,一天,一则历史资料启发了他。

……1915 年,第一次世界大战的第二个年头,德军在西部战场的比利时伊伯尔地区与英、法联军对峙,战争十分残酷。有时,为了占领几平方公里的地区,得付出几万人的代价。德国人在想新的办法。一天下午 6 时,随着 3 发红色火箭弹的爆炸,德军阵地前沿突然升起 2 米高的黄色烟雾,浓烟滚滚有 6 公里长,在季风的吹动下,缓缓地向英法联军阵地袭来。面对这突如其来的奇怪烟团,英国人、法国人惊慌失措。当他们闻到一种难以忍受的怪味时,不由地把手伸向空中乱抓,或揪住喉咙。他们喘息、打喷嚏、咳嗽、流泪,许多人窒息倒地而死……几分钟后,英法联军就有 1.5 万人中毒,5000 人死亡。德军紧跟在黄色烟雾后进攻,没有遇到强烈的抵抗,轻而易举地占领了宽 6 公里、纵深 4 公里的地带。

英国人花了很大工夫,才弄清德国人原来施放了氯气。

这是人类历史上第一次将毒气用于战争。德国人开了一个罪恶的先河。后来,他们又发明了光气、芥子气、塔崩和沙林等致命毒气。1939 年 9 月,正当德军对波兰发动袭击,挑起第二次世界大战的时候,希特勒公开发表演说,宣传德军已经掌握了一种令人恐惧的化学武器,敌人无可防御。

然而,奇怪的是,希特勒在战争中并没有大规模使用化学武器。无论是东方与苏联的战场、西方与美英法盟军的战场,以及非洲战场、巴尔干战场,大规模的化学战始终没有发生。希特勒给人们留下了一个谜。

也许,希特勒过分迷恋于他的闪击战;也许,他害怕敌人的报复。因为苏联、美国、英国都有发动大规模化学战的能力。苏联幅员辽阔,英国隔着英吉利海峡,美国更在大西洋彼岸。德国占领区则集中在欧洲大陆,发动化学战争显然于己不利。

元首不在战场上使用,不等于不能在集中营里使用。维耳特尔经过昼夜设计,终于将一种适合大规模杀人的毒气室图纸送到党卫军首脑那里。这个设计是建造一排密封的房子,在房子后面安装一些大功率的柴油机。当党卫军把犯人押进房子后,柴油机随即开动将毒气排入密封的房子里。大约半个小时后,所有的人便中毒窒息致死。

希姆莱看了图纸,虽然对机械图纸不太在行,但也马上看懂了设计意图。他大为赞赏,立即下达命令,要求工兵部队立即施工。

1942年3月,第一座以毒气室为主的现代化杀人工厂正式开工了。6间毒气室满负荷工作,一天可以杀死1.5万人。

从此,集中营营地里变得宁静了。以往常常可以听到的枪声不太听到了,代替枪声的是柴油机的启动声。在一排排平房后面,耸立起几个高大的烟囱,每天散布着莫名其妙的怪味……集中营官员原来一直有的人满为患的抱怨也顿时减轻了。

成功鼓舞着维耳特尔,他进一步改进设计,造出了第二个、第三个杀人工厂。从此,维耳特尔红运高照,希姆莱任命他为波兰地区杀人工厂的最高技术指导。

但是,没过多久,维耳特尔的冠军地位受到了挑战。

一天,维耳特尔接待了一批特殊的客人,其中有个人叫格施泰因。格施泰因要求参观维耳特尔的设施,他手里拿着秒表。

维耳特尔看来者不善,就想露一手。他让人赶来一群犯人,逼他们脱了衣服,进入毒气室。

"开机!"维耳特尔命令道。

格施泰因的秒表开始计时。

但不知什么原因,柴油机没有发动起来。技师赶来报告:机器出了故障。

毒气室里的犯人已经知道了自己的命运。刚开始,他们哭泣、吵嚷、喊叫,后来不知什么人起头,杂乱的叫声变成了整齐的波兰爱国歌曲。这是他们唯一能做的最后抗争。

维耳特尔气急败坏,他打了技师两个耳光,亲自去检查机器。

格施泰因冷笑着。

柴油机终于修好了。随着突突的发动声,毒气室内的歌曲声逐渐变成了哭泣声、吵嚷声和喊叫声,最后一切都变得无声无息。

经过检验,室内人员全部死亡。维耳特尔的脸上又露出了自负的笑容。

格施泰因让维耳特尔看他的秒表,从维耳特尔下命令让发动机启动到人员全部死亡,总共用了3小时22分钟,扣除发动机故障的时间,实际使用29分钟。而犯人在毒气室内整整唱了两个小时的反德歌曲!

维耳特尔心里一阵紧张,他解释发动机开启不了的原因是因为好的发动机都用在前线了;而对付劣等民族,毫无必要用新的机器。而且他不相信格施泰因能超过他。面对带着嘲讽表情的格施泰因,他反问道:"那么,请问格施泰因先生,您需要多少时间?"

"我,只要10分钟。"格施泰因傲慢地说。他的傲慢使维耳特尔感到难受,他的话又让维耳特尔不敢相信,但陪同格施泰因来的官员证实了他的话。

格施泰因赢得胜利的秘诀在于他利用了德国化学工业的最先进技术,正像德国人一个众人皆知的广告:谁拥有梅赛德斯汽车,谁就走在前面。

德国是化学工业最发达的国家,它也有制造毒气的历史传统。德国有一家有名的杀虫剂公司,从20世纪30年代起,就研制了一种名字叫"旋风-B"的化合物。

它由吸附在粉末上的氢氰酸组成。无色透明,有苦杏仁气味,主要通过呼吸道对生物体进行伤害。当氢氰酸进入人体后,立即能与细胞中的一种酶结合,使其失去传递血液中氧气的功能,造成细胞内呼吸机能的损坏,使人缺氧窒息。它是全身中毒性毒剂。杀死一个人最少只要 3 分钟。格施泰因设计的毒气室,从水泥地到天花板立着几根铁管,铁管上有一排小孔,"旋风-B"粉末就从小孔内撒落下来,很快与室内空气产生化学反应,所以只要 8~10 分钟就能杀死一屋人。

格施泰因在奥斯威辛集中营已经建造了许多这样的毒气室,日夜发挥着效能。

维耳特尔从此失去了他的垄断地位,他也因此失宠了。

德国杀虫剂公司得到了合同:每月提供 2 吨"旋风-B"的结晶体。另外一家公司也得到每月提供 0.75 吨的合同。这样这两家公司总共提供过足够杀死 200 万人的化学毒物!希姆莱因发现更有效的杀人方法而高兴。1942 年 7 月,他下达命令:"所有犹太人的易地安置工作,应于 1942 年 12 月 31 日前结束……"

根据统计,在许多集中营中,大部分受害者是在毒气室里被毒气杀死的。

格施泰因最著名的设计是在奥斯威辛集中营。奥斯威辛集中营是纳粹德国最大的一个杀人场,也是世界上最臭名昭著的杀人工厂。

1941 年 9 月 3 日,在这里进行了第一次使用"旋风-B"的杀人试验。这次使用的试验品全是经挑选的男性苏联战俘和犹太人,个个体格强健。

德国纳粹有自己的思维方式,为了更方便地杀人,他们往往把毒气室装扮一番。在奥斯威辛集中营,毒气室建造得像浴室一样。这些措施目的只有一个,就是有秩序地将犯人引向死亡。

试验是在第二毒气室进行的。这个毒气室原来是个地下弹药库,现被改为"淋浴室"。

从外观来看,这里的环境优美,一块平整的草地,绿茵茵的地上长着嫩草,一条碎石路通往"淋浴室"的门。门外还专门放置了鲜花,受试的男人们被告知,他们可以安排洗一次澡。

他们当中的许多人,已经好几个月没有洗澡了,身上满是血污、汗臭和泥尘。他们真有点大喜过望。不用纳粹人员的指挥,一个个自己进入"淋浴室"前的更衣室,党卫军要他们脱衣服,还假惺惺地要他们记住挂钩和衣箱的号码,以便洗完后容易找到。

可是他们不会想到,自己永远也不会需要这些衣服了。

在开始洗澡以前,纳粹还搬来一架手摇式留声机,放起了优美的圆舞曲。

苏军俘虏和犹太人脱光了衣服,在音乐声中走进浴室。突然,大门紧闭,氢氰酸从淋浴器中喷出。片刻,人们骚动起来,经过一阵喊叫和挣扎,他们在几分钟内全部死亡。死者有的张着嘴巴,有的紧咬嘴唇,个个眼球突出,更惨的是四肢和躯干向后扭曲,成了麻花状。

试验圆满成功。死者留下的衣服被送到消毒室以便于进一步利用。因为战争,德国的物资也极其紧张,这些衣物都是可贵的。

第二次试验,是混合试验。

这次试验没有第一次那么"温存"。一火车男女老少运来了。他们已经四天四夜没有吃一点东西。

站台上有一排水龙头。囚犯们一下火车,立即奔向水龙头,抢着喝水。

这时纳粹们表现得非常"仁慈",他们没有管。

当人们喝足凉水以后,纳粹命令他们站在原地,10分钟内必须脱光所有的衣服。

众人愕然,预感着有什么事要发生。

运来的犯人中有不少是年轻的姑娘,她们羞红了脸。但在纳粹枪口的逼迫下,不得不一件一件地脱下自己的衣服。

这时发生一个小插曲,一个劳役人员突然说:"你们有面包吗? 快留下来给我吧,反正你们也没用了。"

所有的人都愣住了。人群骚动起来。

党卫军迅速赶来,将那个劳役人员强行拖走。

枪上了膛,直对着所有的囚徒。

这时,不用任何解释,人们都知道等待自己的是什么了。大家停止了喊叫,只将仇恨的目光直射纳粹匪徒。姑娘们也变得坚强起来,她们脱了衣服坦然地走在前面。

依然是幽静的小道、摆着鲜花的浴室、优美的圆舞曲,一切都像第一次试验一样。

几分钟后,第二次试验结束了。巨大的鼓风机将毒气吹走后,纳粹党卫军看到的是:室内所有的人不是分散站着或者在原地死的,而是堆成一个尖堆。儿童和老人全压在最低层,中间是女子和体弱者,上层则是强壮的男人。

为什么会出现这样的情况呢? 纳粹百思不得其解。他们叫来科研人员进行分析。结论是:由于求生欲望的驱使,人们在生命的最后一刻,还在争夺最后一点空气,而毒气的比重重于空气,所以造成强壮男子会在最上层的原因。

毫无例外的是,每个死者最后都是大小便失禁,室内臭气熏天。

这真是惨绝人寰的一幕!

为了处理尸体方便,纳粹把"淋浴室"地面搞成四边高中间低,并有排水口,这样血水和粪便可以方便冲洗掉。在毒气室一头设计了一个斜坡,直接连接焚尸室。

从此以后,试验变成了正常作业。几乎每天都有火车或者汽车满载纳粹认为需要消灭的人来到这里,杀人工厂有效率地运作着。

每次车队来到时,都有一辆涂着红十字标记的国际红十字会救护车跟在后面。开始人们不知道它跟来干什么。后来才弄清楚,它是用来运送"旋风-B"毒药的。"旋风-B"是剧毒药,为了安全,纳粹绝对不允许它放在集中营,而是每次使用多少,就从秘密仓库提取多少。红十字是救死扶伤的符号,而纳粹却把它变成了杀人符号。

但只要走进这面包房,到处都有油熏的痕迹,这不是别的,而是千万具尸体油熏而成的。

每个焚尸炉都安装有15台巨大的鼓风机。每天早晨,这里的225台鼓风机就会一齐工作,巨大的响声传到几公里之外。

奥斯威辛集中营到底杀害了多少人,根本没有准确的数字。据历史学家后来估算,在100万到110万人之间,其中30万人有文字记载。

1955年10月,联邦德国新闻媒介出现了一个不小的波澜。有一位刚从国外归来的妇科医师克劳贝格宣称:经过多年潜心研究,他已经发明了一种无须动手术的绝育办法。他建议召开一次国际会议来推广他的发明。

报纸、电台轰动了,他们称克劳贝格是"英雄"。有的甚至鼓吹他可以获得诺贝尔奖。

但时隔一个月,这位克劳贝格锒铛入狱。有充分的证据表明,他曾是法西斯集中营里的一个罪行累累的军医。他的绝育办法正是他的罪证……

希特勒上台后,纳粹对如何在世界上消灭"劣等民族"处心积虑。除了研究大规模的杀人方法外,还对如何大规模施行绝育手术进行研究,以使"劣等民族"自然消亡。他们利用集中营人犯多的优势,抓紧进行研究,以便在控制欧洲后,尽快大面积推广。

1941年,克劳贝格和一批医生、科学家领受了这个任务。他们分头开始了研究和试验工作。

德林特医生采用的是快速卵巢切除法。他找来600名16岁至43岁的妇女,把她们分批送上手术台,先切除一侧的卵巢。两周后,再切除另一侧卵巢。同伴们笑他这种办法太笨,太费时间。他非常生气,发誓要在半天内做10个人的手术。为了赶时间,他居然不进行任何消毒,在手术过程中有时器械不够就用上一例手术用过的、尚未处理的手术刀和钳子。由于手术草草了事,他手术的死亡率竟达30%。但德林特还是坚持到底,以至这600名妇女全部成了牺牲品。对此德林特无动于衷,因为集中营里找试验用人比试验用大白鼠或大白兔容易得多,而且受试者如果拒绝手术就马上把她送进毒气室。

维尔格医生则采用药物血液回输法。他把受试者的血液抽出大约100毫升,然后用一种特殊的药品混合摇匀,反输回受试者身上。他用的药严格保密,实际上是从英国进口的一种激素。他宣称受试者一个月后就会完全丧失生育能力。党卫军不相信他的话,为了证明自己的正确,一个月后,他挑来10名经过血液回输的年轻妇女,在她们最容易受孕的几天里,让党卫军反复强奸她们。结果,10人中竟有2个怀孕了。当党卫军把这些挺着大肚子的妇女送进毒气室的时候,维尔格成了集中营的笑料。他不服气,不久,他试验用的药物没有了来源,他只好停止这种试验。

布拉克博士用的方法是X光照射。他将受试者排队引入一个小房间,这个小房间与他的房间之间有一个小小的窗口。受试者被叫到小窗口前,布拉克就问一些问题,问完以后又让受试者填写一个表格,以便让他(她)在窗前滞留足够的时间。受试者根本不知道。就在小窗口下面,安装了一台大功率的X光机,就在回答问题和填写表格的时候,X光机对受试者的生殖器发出强大的射线。这些不知情的人回去以后,男性两天内就会出现下部红肿、糜烂,不能走路,进而丧失劳动力,女性会不断呕吐,皮肤大面积烧伤,内分泌严重紊乱。大部分受试者后来被纳粹当作废物,还是送进了毒气室或者被枪杀。

史威医生的思路与众不同,他发明两种口服药,一种供男性服用,一种供女性服用。他自己搞了一个药品加工厂生产药品,给2000个受试者服用。但效果一直得不到证实。因为在集中营生活了1个月以上的人,身体都遭到不同程度的摧残,人们很难判定是受试者自身的原因还是药物作用使受试者绝育,更不知道一旦这些人得到较好的营养和生活条件,会不会恢复生育。加上史威医生的药物成本太高,制作困难,搞了一段时间也就拉倒了。

所有这些方法都不能让纳粹满意。因为这些方法或是不可靠,或是费用多,或是不隐蔽,或是不便于推广。党卫军首领希姆莱心里非常焦急,委托他的秘书给克劳贝格写了一封信,明确了以下5点:

第一,绝育实验任务非常重要,它关系世界的未来,必须以高度的责任心投入工作。

第二,研究成果必须是高效的。要向元首报告,做一例所需要的时间,以及每天可以做多少例。

第三,绝育必须是非常隐蔽的,即在对方毫无觉察的情况下,工作实际上就完成了。这样就可以大量推广。

第四,绝育方法要简便易行,使得普通医士甚至护士都很容易掌握。

第五,为了验证绝育效果,要给部分受试者安排有生育能力的性伙伴,让他们同房,测试他们是否还能不能怀孕,从而确定方法的有效性。

克劳贝格接到信后,受宠若惊。但他考虑再三,没有马上回信,一年后,他确信基本有把握了,才写了封"报喜"信:

"我的方法基本上获得成功。绝育的方法是向妇女的生殖系统注射一种普通的药物,任何一个医生可以用妇科检查的方式不动声色地进行。准确的数据还要一段时间。我的试验必须建立在严格的科学统计的基础上……"

克劳贝格研究的新方法是,向妇女的子宫里注射福尔马林的混合液,使得输卵管堵塞。后来,他又试验出一种新的药物,取得了较好的效果。

他的手术每例只要10分钟。

为了提高技术,他让集中营每天给他提供100名以上的妇女供他试验。实际上,他的手术极其粗陋,有好几次竟把针头穿过子宫。经他手术的人,许多引起不良后果。有一位19岁的姑娘,痛死在手术台上。

他向希姆莱报告道:"现在我确信,只要一个医生,一套设备,10个护士助手,一天之内就可以使几百个甚至上千的妇女绝育……"

好在战争的进程没有像德国法西斯希望的那样进展,不然的话,全欧洲占领区的非日耳曼民族的妇女都要经受克劳贝格发明的手术的摧残。

克劳贝格关进监狱以后,报刊上不断披露当年纳粹"科学试验"的内幕。连当年他与希姆莱的来往信件都被人找到并详细刊出。就凭这些罪证的三分之一,克劳贝格也就够判死刑了。

人们翘首以待……

但是,不知什么原因,对克劳贝格的审判迟迟没有进行。

1957年,克劳贝格死在德国监狱中,结束了他罪恶的一生。

1942年开始,在奥斯威辛集中营专门划出了一个区,建起了简易的木板房,用以堆放从被杀害的囚犯身上剥夺下来的东西。

木板房盖好了,马上就被堆满了,必须再建。虽然有卡车不停地把物资运出。

1945年,这里突然起了大火,大部分木板房被烧毁了,这时苏军的坦克奔驰而来,集中营解放了。

人们在残存的木板房及其周围找到了触目惊心的物品:女装800万件、男西服350万套、鞋40.4万双、地毯1.4万张;还有7000公斤女人头发,分成293捆。这些头发是从14万名妇女的头上剪下来的。

这些头发是干什么的呢? 原来,人的头发具有在任何空气湿度下都能均匀收缩膨胀的特性,把它用在定时炸弹上是再好不过的了。

鲍德曼战前是爱沙尼亚的牙科医生。他万万没想到,被抓进集中营后,他的牙科技术被纳粹充分地"利用"。

他每天的任务是站在焚尸炉边,用撬棍撬开每个死者的嘴巴,看看有没有金牙,若有的话就用钳子伸进嘴里,毫不犹豫地将他们拔下,放入旁边的硫酸杯时,强硫酸会把残留的肉杂质融化,留下金子。

被杀死的囚犯中有富人也有穷人,其多寡根据地区不同而不同。有时,一批人中有许多镶有金牙,鲍德曼累得直喘气,不过那时党卫军人的眼睛发亮了,他们会主动地端来吃的,送给鲍德曼,但有时,成百个人中间没一颗金牙,党卫军的脸色就不好看了。

有时,党卫军人负责在一旁监工,如果发现因疏忽而漏网的金牙,他们就会用皮鞭狠狠抽打鲍德曼。

如果有其他贵重的饰物,如项链、钻石等,就放在专门的桶内。有的死者生前把贵重物品吞进肚子里,或者塞到什么地方,有专门的队伍对骨灰进行筛选,将它们分拣出来。

在另外一个地方有一个工厂,专门负责处理金牙和其他首饰。宝石被选出放在一起,金子、银子则放在熔炉里熔化,制成重5盎司左右的金块、银块。每天从集中营里可以获得30~50公斤纯金,一个星期运往柏林一次。

30~50公斤纯金,这要从多少人身上攫取! 而这只是一天的数字。

一天,鲍德曼遇到麻烦。当他撬开一位女尸的嘴巴时,他看到一颗熟悉的金牙,这颗金牙上刻有他自己的名字。

这具女尸是他的母亲,母亲经过多日的折磨,已经消瘦得不像人样了,加上刚才在毒气室里的挣扎,她的模样连儿子都难以认出来。

他清楚地记得,母亲5年前一颗牙齿就开始松动。3年前,他亲自给她拔了牙。又过了半年,他又亲自给母亲镶了金牙。

为了母亲这颗金牙,鲍德曼花了半年的积蓄,在镶上之前,特意刻上自己的名字。

看到这颗金牙,看到母亲的遗体,他的手颤抖了,工具掉在地上,他号啕大哭起来。不管党卫军怎样向他抢起皮鞭,他全然不顾。

这时,一个党卫军徒拿起钳子,狠狠地拔下金牙。他示意其他人替换鲍德曼。

鲍德曼被活活地扔进焚尸炉。世界上从此少了一位牙科医生,纳粹少了一个拔牙匠。

如果说,纳粹掠夺金子、钻石还可以理解的话,那么,那么多衣服、鞋子,甚至还有婴儿的围兜、内衣,妇女的胸罩以至牙刷、假牙、眼镜等等,难道有人愿意穿,愿意用吗?

图文珍藏版

根据战后的调查,德国境内的许多居民都通过"国家社会主义社会教学法集训组织"分到过从集中营运来的物资。他们明明知道东西的来历,但还是照穿照用不误。

实际上,纳粹对死人的掠夺何止如此。

据统计,仅奥斯威辛一个集中营,就向纳粹总部提供了60吨女人头发。

这个集中营焚尸炉烧出大量骨灰,开始时用卡车运到河里扔掉。后来,他们发现这些骨灰可以当作肥料出售,就大肆做起人体肥料的生意,大发其财。

有一所德军专门用来研究细菌战的研究所,定期从集中营提取新鲜人肉,作为培养细菌的原料,3年间竟用去了780吨人肉。

还有一家化工厂,正缺少原料,就和集中营签订合同,将即将被害的人中间较胖的集中在一起,使用他们的人体脂肪。在焚尸以前,将他们身上的脂肪剥离出来,放到一个用电加热的大池里,配以水、烧碱和香料,制成高质量的肥皂,大量供应在前线作战的德国军队使用,一部分还供应给普通平民。

1945年,苏军占领柏林。许多苏军战士看到商店里有肥皂购买,这是战时非常难找到的物品。他们争相购买,用它们洗澡,还有的带回国去给他们的女朋友。但有一天,一位刚从集中营里解放出来的苏军战俘告诉他们,这些肥皂来自一家专门用人体脂肪制肥皂的化工厂。那些身经百战的苏军战士全都愣了,他们感到浑身发痒,像是有不知名的小虫在爬。他们梦见自己钻进了尸体堆里,浑身沾满了恶臭。

十三、希特勒的死亡档案

希特勒是第二次世界大战的元凶,是德国法西斯进行侵略战争的罪魁祸首。对于他的死,外界曾有着许多传闻。有人说他是死在苏军的炮火之下,也有人说他是死于叛变的纳粹军官枪下,还有人说他在苏军攻击柏林前携情妇爱娃远走高飞了……甚至在"二战"胜利以后许多年,仍有希特勒尚活着的传闻。希特勒究竟死了没有,又是怎样死的,死后又是怎样毁尸灭迹的。前几年,西方一些国家的记者又刮起了一股"希特勒日记新发现"的旋风,甚至声称对希特勒之死找到了新的资料。然而曾几何时,旋风悄悄平息了,谜却依然没有解开。直到20世纪80年代末,曾跟随希特勒十年之久的卫队长海因兹·林格才道出了谜底。因为他是看着希特勒夫妇双双倒在内室,又亲手按照元首的遗嘱,焚烧了希特勒夫妇的尸体。

1945年4月20日,希特勒在柏林帝国总理府地下50英尺的地下室,度过了他56岁生日。仅仅10天后,就在他接受祝寿的地方,结束了他罪恶的一生。

希特勒没有想到自己的末日来得那么快。按照他原来的设想,参加完生日庆典后,就离开柏林前往上萨尔斯堡,在风光秀丽的巴巴罗沙山丛林中的地下指挥所内,指挥第三帝国与苏联和英美联军进行最后的决战。然而,命运已经注定他再也无法指挥他期待中的决战和阿尔卑斯山上那幢属于他和情妇爱娃的别墅了。

战争有时很奇特,已经准备长期苦战的却在很短时间内轻而易举得手了。有时满以为不费吹灰之力的却难以如愿。曾经骄横不可一世的希特勒尽管对柏林陷落已有思想准备,但他没有想到失败竟来得如此之快。

此刻,1945年4月15日,柏林帝国总理府地下室。那张标着双方作战态势的军用地图令希特勒十分恼怒。苏军和美军的机械化部队进展神速,已会师于易北河上。英军已兵临汉堡和不来梅城下,德军占领的丹麦有被切断后路的危险。在意大利,博洛尼亚已经失守,亚历山大率领的盟军正向波河流域开进。4月13日,维也纳被攻克,苏军沿着多瑙河乘胜前进。且不说希特勒的奥地利家乡林嗣行将落入敌手,就是希特勒梦寐以求作纳粹党首府的纽伦堡也已被围得水泄不通,而美军第七军团正向慕尼黑挺进,柏林已隐隐听到苏军隆隆的炮声。

日历撕到了4月19日,苏军已经突破柏林的外围防线,密集的炮弹把昔日富丽堂皇的总理府炸得面目全非,到处是弹坑、破碎的大理石碎片和水晶吊灯渣子。偌大的院子里只有一幢钢筋水泥结构的平房没有被炸塌,成了临时的作战司令部。许多电话线从这里分别通向各城防部队和地下50英尺处的地下室。

按照惯例,希特勒的生日庆典是极隆重的。前几年他春风得意之际,庆典都是从前一天夜间就开始,帝国的要员和参谋部的官员轮番向元首致贺词,送贺礼,极尽阿谀奉承之能事。对此,希特勒一律以笑脸相迎,设筵款待每一位来宾。然而今天,时过境迁,总理府早已不复存在,俄国人的炮声震耳欲聋。地下室里的人们只能静静地等候着那个最后时刻的到来。

终于,19日的白天在隆隆的炮声中消失了,夜色罩住了柏林城,炮声也稀疏了许多。希特勒似乎忘记了自己的生日,他没有给任何人布置庆贺生日的事,但卫队长海因兹·林格却没有忘记。提醒总理府的官员和参谋部的人,别忘了为元首祝寿。他们自然没有敢忘记元首的生日。只是白天忙于战事,不敢在这非常时刻擅离岗位。在这事关日耳曼民族生死存亡的多事之秋,希特勒喜怒无常,弄得不好拍马屁不成还落个杀身之祸。

希特勒当然也没有忘记自己的生日,20日凌晨,爱娃就把一束养了好几天的鲜花送到了希特勒的手中,祝阿道夫生日快乐,她轻启朱唇,美目流盼,脉脉含情。望着眼前这位他十分喜爱的女人,这个称得上杀人魔王的纳粹头子,竟然双眼中也流露出无限柔情。他在爱娃的额头上亲了一下。轻轻说了一声:谢谢您的祝贺。也许是怕部下再来祝贺,他喊来卫队长,以不容置疑的口气交代:"我决不允许大家像往常那样向我祝寿。请转告诸位来宾,确实没有什么值得给我祝贺的。"

对元首的沮丧神情,卫队长自然十分理解。失败既然不可避免,那么这个生日将是元首的最后一个生日。他了解元首的脾气,他决不愿作为败军之将向俄国人举手投降,或者被作为战犯送上国际军事法庭。他甚至清楚元首和爱娃身上都有氰化钾的胶囊。

清晨,东方微微露出一点鱼肚白,总理府的7位要员静候在接待室,他们等着元首接见。其实,与其说接见,不如说等着向元首祝寿。尽管元首有言在先,但礼多人不怪,希特勒再凶残,也不至于朝向他祝寿的人发火吧。何况这些人中有爱娃的妹夫、党卫军头子赫尔曼·菲格莱因和希特勒的私人副官尤利乌斯·夏勃。卫队长海因兹·林格拗不过众人的目光,只好硬着头皮进去通报,可希特勒却不假思索地拒绝了:"告诉他们,我没有时间接见!"他望了一眼卫队长,嘴巴往外努了努。

"对不起,元首正忙着呢,没有时间接见,各位请回吧!"卫队长无奈,只好下了逐客令。可菲格莱却不死心，仗着是爱娃的妹夫，他叩开了爱娃的房间，请她去说服元首出来接见。迫于无奈，爱娃只好推开了希特勒的房门，不知她用什么办法，反正爱娃成功了。希特勒总算跨出了房门，来到了接待室门口。大概他是不太情愿的缘故，候见的 7 位来宾刚说了句："向元首祝贺生日！"元首匆匆望了他们一眼，未置一词就转身走了。弄得前来祝寿的人十分扫兴。

下午 3 时，又有一批祝寿者拥进了地下室。这些人官阶并不高，却是希特勒十分喜欢的几个近卫组织，如中央集团军的军官代表、希特勒青年团代表、警卫队和党卫军成员。也许是睡了一觉的缘故，尽管眼皮有点肿，但希特勒精神却很好。他身穿陆军军服，向大家招手致意。"啪"的一声，在场的每一个人都立正，伸出右臂，致以纳粹式的敬礼。

没有和他们闲谈，祝寿活动就草草收场了。下午 4 点钟，希特勒又在地下室召开了前线战况汇报会。从那时起，希特勒再也没有离开过他的地下室。

炮声中的祝寿典礼显得十分凄凉。也许此刻希特勒已意识到了什么，可又不便说出来。面对决定他命运的最后 10 天，希特勒既有人之将死的本能上的恐惧，又有纳粹党徒不甘心灭亡、欲做最后一搏的死硬。

在那段可称之为最后时刻的日子里，希特勒疑心特重，除了他的亲信邓尼茨、戈培尔、鲍曼和卫队长海因兹·林格外，他不再接近任何人。

4 月 21 日，希特勒在阴暗的地下室里发出了一道死命令，命令党卫军将军菲里克斯·施坦因纳向柏林南郊的苏军发动反攻。要不惜一切代价把俄国人赶出首都。凡是按兵不动的司令官，都要在 5 小时内被处决。希特勒在地下室的电台旁等了一天，得到的是施坦因纳并未组织反攻。事实上，当时空军已没有飞机投入战斗，地面部队已没有斗志，根本不可能组织起有效的反攻。

希特勒的意志防线彻底垮了，他尖叫一声："一切都完了，我的第三帝国！"随即昏迷过去。

见元首昏倒，爱娃慌了神，卫队长林格赶紧喊来医生，一番抢救之后，希特勒重新苏醒过来。众叛亲离，只有爱娃和卫队长忠诚地守护在自己身边，希特勒心里掠过一丝欣慰。不知为什么，此刻，他的脑海中竟出现了被他处决的曾经是宠将的施道芬堡和陆军元帅维茨勒。

如果他们暗杀成功，我希特勒早已命归黄泉了。面对即将来临又难以逃脱的末日，希特勒似乎得到了一丝慰藉。

在战争进入第五个年头的时候，纳粹内部有许多人看到希特勒败局已定，就在考虑反叛的问题，他们认为要使德国取得和平，使祖国体面地生存下去，就必须把希特勒搞掉。

1943 年 2 月，持不同政见者炮制了一个称之为"闪电计划"的暗杀行动。为首的是曾在苏联作战的中央集团军参谋长冯·特莱斯科夫将军和陆军办公厅主任弗雷德里希·奥尔布里希特将军。3 月初，他们在中央集团军总部所在地斯摩棱斯克举行最后一次会议。谍报局局长卡纳里斯海军上将虽然没有参加行动，但他是知道这件事情的，而且还为这次会议做了安排。他同他手下的汉斯·冯·杜那尼和埃尔温·拉豪森将军一起飞到斯摩棱斯克，表面上是召开一次武装部队谍报军官会议。拉豪森随身带了几颗炸弹，交给执行谋杀任务的突击队员做试验。使行动小组感到遗憾的是这些德国炸弹不适合他们行动的要求。因为这些德国炸弹要用一根信管引发，信管点燃时发出一种不大的咝咝的声音。元首身边高手众多，哪怕只有万分之一的疏忽都有可能露了马脚。他们发现英国炸弹好一些。试验结果告诉行动小组，英国人造的炸弹在爆炸之前，没有任何声响。当年为了配合军队作战，英国皇家空军曾在欧洲的德国占领区投过许多这样的武器，供盟国特工人员进行破坏之用。想不到这种早被人们遗忘的炸弹如今又派上了用场。谍报局很快把收集到的无声炸弹转到行动小组成员手中。

计划归计划，能否成功却没有把握。尤其希特勒对绝大多数将领都有戒心，所以要诱使他进入圈套不是一件易事。几经周折，还是特莱斯科夫说服了一个老朋友——希特勒的一个副官施蒙特，要他劝希特勒来视察工作。这一招还真灵，希特勒居然同意在 1943 年 3 月 13 日到斯摩棱斯克来。不过，施蒙特对这个阴谋是完全不知情的。

行动小组先后设计了好几套行动方案，都因这样或那样的原因告吹。万般无奈之际，特莱斯科夫和旌拉勃伦道夫只得决定亲自动手。按照新的行动计划，他们打算在希特勒回去的飞机里放一个英国制的炸弹。如果暗杀成功，把事情弄得像飞机失事，神不知鬼不觉，可以避免暗杀行动带来的麻烦和不利后果。

按照预定计划，3 月 13 日，希特勒坐专机抵达斯摩棱斯克。在此活动一天，晚上即离开。时间紧迫，行动小组曾设想在希特勒同集团军高级将领开会的克鲁格私人寓所里让炸弹爆炸；后来又想在这群人吃晚饭的军官食堂里爆炸。但是，这样做将会炸死一些将领，而密谋分子正是指望着这些将领，在他们一旦摆脱个人对"元首"效忠誓言的约束之后，帮助德意志帝国重振雄风。

晚上 8 点，希特勒回归的飞机起飞。望着消失在夜空的飞机，施拉勃伦道夫松了一口气。早在下午他就把炸弹扎在一起，像是两瓶白兰地酒。在进餐的时候，特莱斯科夫做出很自然的样子，问希特勒随行人员之一、陆军参谋总部一个叫海因兹·勃兰特的上校，能不能帮忙把他的一份礼物——两瓶白兰地酒带给他的老朋友、陆军总司令部组织处处长赫尔莫特·斯蒂夫将军。朋友之间，捎带个礼物，这是很平常的事，勃兰特二话没说就收下了"礼物"。

也许是战时，飞机场上光线很弱，送行的人面孔都看不大清楚。就在这一刹那，施拉勃伦道夫紧张地从那个包裹的一个小小的开口处伸进去，开动了定时炸弹的装置，然后在勃兰特走上"元首"座机的时候，把这个包裹交给了他。此时，定时装置进入工作状态，里边一个小瓶子被打破，流出一种腐蚀性的化学品，把一根拉信弹簧的金属线慢慢腐蚀掉。这根线蚀尽之后，弹簧就把撞针一推，打着雷管，使炸弹爆炸。

如果一切顺利，希特勒的飞机从斯摩棱斯克起飞后约 30 分钟就会出事。他兴奋地打电话给柏林，用密码通知那里的密谋分子，"闪电"已经开始。他同特莱斯科夫怀着怦怦跳动的心，等待着惊人的消息。时间一分一秒地过去，两个多小时后，希特勒的座机已在腊斯登堡降落了。

究竟是什么导致这次行动失败？当天夜里，特莱斯科夫打电话给勃兰特上校，漫不经心地问起他是否已经把包裹送给斯蒂夫将军。勃兰特说，他还没有来得及送去。两瓶酒反正不急等着喝。特莱斯科夫连忙说，没来得及送就别送了，因为瓶子弄错了,施拉勃伦道夫明天顺道去那里,把弄错的酒换回来。

第二天一大早,施拉勃伦道夫以非凡的勇气跑到希特勒的大本营,用两瓶白兰地酒换出了那个炸弹。然后他从那里搭夜车去柏林。在卧车厢里,他关起门来把炸弹拆开。发现炸弹的装置是灵的,小瓶子破了,腐蚀性的液体蚀尽了金属线,撞针也向前撞过了;但是,雷管却意外地没有发火。从而失去了一次不可多得的绝好机会。

无意的失手并未使行动小组气馁,很快他们又拿出了新的刺杀方案。他们得知希特勒将由戈林、希姆莱和凯特尔陪同,出席 3 月 21 日在柏林举行的阵亡将士纪念日的纪念仪式。这是一个不仅可以搞掉希特勒而且可以搞掉他的主要伙伴的机会。特莱斯科夫选定格斯道夫男爵来掌握炸弹。并明确告知,这是一次要同归于尽的任务。计划是这样:上校把两颗炸弹放在上衣口袋里,点上信管,在仪式中尽量靠近希特勒站着,把"元首"和他的随从一起炸死。

动手前夜,在柏林艾登饭店的房间里施拉勃伦道夫会见了甘愿牺牲自己生命的格斯道夫。施拉勃伦道夫带来了两颗炸弹,用的都是点燃十分钟的信管。但因为军械库内玻璃顶的院子里气温接近零度,这些武器爆炸之前需要 15 分钟到 20 分钟的时间。按照掌握的情报,希特勒在发表演讲之后,还要在这个院子里参观缴获的苏军战利品。而要看完这些战利品,大约需要半小时。

一切都在悄悄地进行着。第二天一大早,格斯道夫就穿上了那件新大衣,两边口袋里各装了一个带 10 分钟引信的炸弹。没想到希特勒走进展览厅时临时改变主意,准备只用 8 分钟时间参观展览。无奈,格斯道夫只好放弃了这次暗杀。因为即使在正常温度下,信管至少也需要 10 钟。又一次尝试失败了。

这样的未遂谋杀,前后共有 6 次,而希特勒却一概不晓。真正令希特勒胆战心惊的是施道芬堡制定实施的那次"狼穴"大爆炸。这个计划总的代号是"伐尔克里"。这是一个很恰当的名称,因为"伐尔克里"是北欧日耳曼神话中一群美丽而可怕的少女,据说她们飞翔在古战场上,寻找那些该杀死的人。这一次,要杀死的是阿道夫·希特勒。十分含有讽刺意味的是,卡纳里斯海军上将在垮台之前,使"元首"同意了这个"伐尔克里"计划。原来他把"伐尔克里"伪装成这样一个计划:一旦在柏林或其他大城市服劳役的千百万外国劳工暴动时,国内驻防军就接管这些城市的治安工作。这样,"伐尔克里"计划便成了军中密谋分子的一个绝好的掩护,使他们可以相当公开地拟订希特勒被暗杀以后,国内驻防军接管柏林和维也纳、慕尼黑、科隆等城市的计划。

这个计划的侧面是行刺成功后的安排。其中包括切断元首大本营同各地的通信联系,封锁消息,防止戈林和希姆莱等动用军队和警察镇压;夺取柏林的电台、电报局、总理府;解除党卫军和秘密警察的武装:再通电全国,宣布希特勒死亡,陆军接管政府,建立新的反纳粹政府。

施道芬堡 1907 年诞生于德国南部的一个著名世家,他的母亲是乌克斯库尔——吉伦勃兰德女伯爵。他的外曾祖父是抵抗拿破仑战争中的军事英雄,父亲曾做过符腾堡末代国王的枢密大臣。他 1926 年参军,在著名的第 17 班堡骑兵团当见习军官。战争爆发后,他看到德国正一步步走向深渊,从而对希特勒产生了怀疑。

"伐尔克里"计划付诸实施后,进展却不大,首先是秘密警察盯得很紧,参加密谋的许多人被逮捕,被处决的人也很多。而且军事形势发展也很快,这一切都迫使密谋分子必须及早动手。

六月间,密谋分子交上了一个好运。施道芬堡被提升为上校,而且被任命为驻防军总司令弗洛姆将军的参谋长。这个职位不但使他可以用弗洛姆的名义给国防军发布命令,而且使他可以直接地和经常地看到希特勒。而这正是实施该计划的天赐良机。

1944 年 7 月 7 日,施道芬堡去元首山庄汇报工作,他在公文包里放置了一枚定时炸弹。因当时戈林和希姆莱不在场,施道芬堡觉得不能便宜这两个家伙。于是,施道芬堡放弃了这一机会。

7 月 15 日,奥尔布里希特将军向柏林发出了"伐尔克里"一号指示。下午 1 时,施道芬堡挟着提包,来到元首的会议室,做了关于兵员补充的报告。后来他接到柏林的奥尔布里希特将军急电:尽快炸死希特勒。遗憾的是,当施道芬堡回到会议室的时候,希特勒已经走了。第二个机会又错过了。

1944 年 7 月 20 日上午,东普鲁士一个难得的好天气。施道芬堡和施蒂夫将军在副官瓦尔纳·冯·哈夫登中尉的陪同下,一起驶往元首大本营"狼穴"。这里戒备森严,即使最高级将领来此,也必须持有只能一次有效的特别通行证。由于施特芬堡是希特勒本人召见的,所以,他很快就通过了三道检查哨,并和最高统帅部通讯处长埃里希·菲尔基贝尔将军接上了头。菲尔基贝尔是密谋集团中的重要人物,他负责把爆炸的消息快速传给柏林的密谋头子,并切断"狼穴"与外界的一切通信联系。

乘会议尚未开始,施道芬堡只身来到厕所,内线早已带着一个棕色公文包在那里等着他。公文包内装有用一件衬衣裹着的两颗英制定时炸弹。也就是上次飞机上未能引爆的那种炸弹。

进出厕所的人实在太多。施道芬堡无法在这里启动爆炸装置。急中生智,他佯装换衬衣,来到一间卧室。他迅速打开皮包,匆忙夹破酸液信管。也许太紧张了,他显得手忙脚乱。当他刚处理完第一枚炸弹,正要处理另一颗备用炸弹时,一名上士敲门,请他快些换衣服。他知道不能再拖延了,否则会引起他们的怀疑。施道芬堡急忙把炸弹放进公文包里,奔向会议室。

会议室内,希特勒正坐在长桌一面的中央,背对着门。他的右边是陆军副参谋总长兼作战处长豪辛格将军、空军参谋总长科高登将军和豪辛格的参谋长海因兹·勃兰特上校,左边是约德尔将军,另有 18 位将军站在桌子四周。戈林和希姆莱没有在场。希特勒一边摆弄着他手中的放大镜,一边听着豪辛格将军作有关东线形势的报告。

当施道芬堡踏进办公室时,希特勒对这位只有一条胳膊、蒙着一只眼罩的上校看了一眼,淡淡地打了个招呼。施道芬堡很快在豪辛格身旁就座,他把公文包放在桌子底下,并尽量把它推向希特勒那边,离希特勒只有 6 英尺。

12 点 37 分,离爆炸的时间还有 5 分钟。豪辛格继续讲着,不时指着摊在桌上的作战地图。希特勒和军官们都俯身在地图上仔细地看着,谁也没有注意到施道芬堡的悄然离去。大概是为了看清地图上的符号,勃兰特上校便向左侧挪了挪,不想脚下碰到了东西,一看是公文包。他不知这是谁的公文包,出于礼貌他随手把它放在桌子底座的外侧。也许就是这个看来不经意的一挪,在炸弹和希特勒之间就隔着厚厚的底座了。从而救了希特勒一命。

5分钟,炸弹震耳欲聋地爆炸了,褐色的烟雾冲天而起。施道芬堡和最高通讯处处长菲尔基贝尔将军,站在离会议室200码远的汽车旁。他们看到了会议室内烈焰升腾,残缺不全的人体被强大的爆炸气流抛出窗户,成功啦!他匆忙与菲尔基贝尔告别,钻进汽车,离开了"狼穴",并迅速飞往柏林。

施道芬堡没有想到,希特勒没有死,炸弹爆炸时,会议室的24人中,只有4人受重伤,其中一人后来死亡。

当希特勒被人搀扶着走出被炸成瓦砾的办公室时,几乎让人认不出他了。他的头发被烧焦,右胳膊肘有轻微淤血,左手掌有几处擦伤,双耳鼓膜受损。被撕碎的裤子上浸满血迹,浑身上下都是灰土。尽管如此狼狈,希特勒却并没受到致命的伤害。

经历了那次爆炸事件后,希特勒似乎换了个人似的。他对一切都不信任了。当然爱娃和他身边的几个人,他还是深信不疑的。否则他就无法在元首的位置上待下去。

4月22日,身体患病的希特勒没有听从部下的劝告,不肯撤出柏林。他对卫队长林格说:"你瞧,连党卫军都临阵退缩,甚至叛变。我现在要留下来和柏林共存亡。我要以身殉职,这是一个被围困在要塞里的指挥员应尽的职责。"

晚上,他把凯特尔和约德尔叫来,命令他们到南方去指挥残余军队。两位部下还对和平谈判抱有希望,询问元首对谈判的看法。希特勒没有断然否定谈判,只是他自己不好意思去参与。他说:"论谈判戈林比我能搞得更好些。戈林是精于此道的。他很会和对方打交道。"

早在1941年6月29日,希特勒就发布命令,规定戈林为他的继承人。现在,当戈林听到这个消息后,就小心翼翼地给"元首"打了个电报。他要把这一权力的委托肯定下来。

我的元首:

鉴于您已决定留守在柏林堡垒内,请问您是否同意我根据您在1941年6月29日的命令,马上接管帝国全部领导权,代表您在国内外充分自由地采取行动?如果在今晚10点钟还没有从您那里得到回音,我将认为您已经失去行动自由,并且认为执行您的命令的条件已经具备。我将为了国家和人民的最大利益采取行动。您知道,在我一生这最严重的时刻,我对您的感情,非语言所能表达。愿上帝保佑您,使您克服一切困难迅速来此。

您的忠诚的

赫尔曼·戈林

就在戈林拍发电报的当天晚上,被希特勒称为"忠诚的海因里希"的希姆莱却与伯纳多特伯爵在几百英里之外的波罗的海的瑞典领事馆内进行会谈。希望通过瑞典与西方盟军最高统帅部联系,表示德国愿意向英美投降,而对苏军继续抵抗。

希特勒两位忠诚的部下都迫不及待地抢班夺权了。他们以为希特勒已经完蛋,再不动手就有可能大权旁落。然而,他们很快发现,他们都失算了。虽然因苏军对柏林的包围,希特勒与他的部队和政府部长们的联系,除了无线电之外都被切断了,但元首并未放弃统领大权。

希特勒看到戈林的电报和希姆莱擅自谈判的消息,怒不可遏。并立即口授了一道命令通知戈林,说他们犯了"叛国罪",理应处以死刑,姑念其长期效劳帝国,如果马上辞去全部职务,可免一死。还没等到第二天黎明,这位第三帝国的第二号人物,帝国元帅和空军总司令,成了党卫军的阶下囚。对于希姆莱的举动,他既愤恨又失望,无奈一时鞭长莫及,无法对其实施惩罚。但他却想起了自己的连襟,希姆莱的搭档,刚刚还在自己身边的爱娃的妹夫菲格莱因。他担心身边的菲格莱因串通希姆莱来背叛自己。

戈林

"快把菲格莱因这家伙找来见我!"希特勒急切地吼叫起来。很快他被告知,菲格莱因不辞而别,溜了。很快,又有目击者提供消息,菲格莱因回到柏林住宅后脱下党卫军军装,换上了便衣。

希特勒没有放过他,甚至把他对希姆莱的愤恨也集中在他的头上。有意思的是这家伙死到临头还不安分。他先悄悄给爱娃打电话,劝她趁早逃离首都,被爱娃拒绝。后来,他拉上了一名陌生的年轻女子,并与该女子在她的住宅内同居。他还准备了十多万马克和一些金银首饰,准备带着该女子悄悄离开柏林,他甚至没有给他的情妇、爱娃的妹妹格利特打电话。

也活该这家伙倒霉。4月27日,党卫军保安队在一次例行的搜查行动中在陌生女子家中抓住了菲格莱因。当他被押到地下室时,希特勒和爱娃都没有见他。他自知难逃一死,也就做出一副满不在乎的样子。

刚刚成立起来的军事法庭对菲格莱因叛国案进行了审理。希特勒当然知道他是爱娃的妹夫,倘若爱娃为她妹夫求情,希特勒就打算把他发配到前线战死。如果爱娃无动于衷,就将他就地处决。

爱娃没有为妹夫求情。子夜时分,随着一声沉闷的枪声,菲格莱因在总理府的废墟堆上被处决。

枪声震颤着爱娃的心,她并不可怜那个背叛元首和背叛妹妹的男人,她可怜的是自己的妹妹,居然被这样的人骗走了爱情。对爱情的含义,爱娃有她自己独到的见解。她做希特勒的情妇已有12年了,希特勒对爱娃十分喜爱,几乎是言听计从,但她不大肯让爱娃在大众场合多露面。希特勒把她供养在阿尔卑斯山别墅的一间套房里。由于战事绵绵,希特勒在战争年代的大部分时间是在大本营度过的,爱娃因忍受不了这难忍的寂寞,曾几次想自杀,只是由于家人的阻挡,才使爱娃活了下来。天长日久,她慢慢习惯了这个生活,并甘心情愿地充当一位"伟人"的性伴侣。

在这最后的时刻,希特勒为了酬谢他情妇的忠诚,决定于4月29日正式与爱娃结婚。也许有人会问,在这之前的许多年里,希特勒既然十分喜欢爱娃,那又为什么不结为夫妇呢？原来希特勒一直把婚姻当作阻碍事业的绊脚石。现在,既然事业已经不复存在,那绊脚石也就无所谓了。

希特勒宣布举行婚礼后不久,又把他的卫队长林格单独叫到办公室。开始卫队长以为要他准备结婚用的物品,高兴地等待元首下令。然而,令卫队长没有想到的是,希特勒竟是要他回去和家人团聚。这使林格有点受宠若惊了。按希特勒的性格,他最反对的是临阵脱逃。而现在在必死的搏斗前夜,竟然给卫队长一条生路。可林格却没有领元首的情,他坚定地表示:"胜利的时刻我跟元首在一起,在这困难的日子里,我也要和元首在一起!"见卫队长执意不走,希特勒在屋里转了几个圈后,突然停下来,把卫队长按坐在一张椅子上,不无忧伤地说:"林格,不走就不走吧,正好我有一事相托!""元首下令吧,叫我干什么都行!"林格猛地站起来,"啪"的一个立正。

短暂的沉默后,希特勒若有所思地说:"过去,我总是要求被围的指挥官在危急时刻拼死抵抗,今天我依然如此。不仅对部下,对我自己同样有效。眼下我就是柏林的指挥官。你去准备两条毛毯,并准备足够焚烧两具尸体的汽油。我和爱娃将在此自尽。烦你把我们抬到上面的花园里焚烧。"

林格被惊呆了,他没想到元首举行婚礼之后就要自杀。可大势所趋,作为卫队长的林格自然也无回天之力,他只能尽自己最大努力完成元首的遗命。"元首,我遵命!"他再也说不下去。

4月30日凌晨,希特勒与爱娃的婚礼在地下室举行。柏林市政府议员瓦格纳冒着苏军飞机的轰炸,夺路来到总理府主持婚礼。

这是一个特殊的婚礼,出席婚礼的来宾寥寥无几,当身着人民冲锋队制服的瓦格纳来到地下室时,一切已准备就绪。希特勒先简单做了说明:"由于战事,结婚预告只能口头宣布,其他一切拖延婚事的事项全部简化。"婚礼开始后,瓦格纳首先站起来,以极严肃的口气开始了他常规的询问:"值此签署这庄严的结婚证书之际,我当着诸位证人的面,请问我的元首阿道夫·希特勒,您是否愿意和爱娃·勃劳恩小姐结为夫妻。如果愿意的话,请回答'是'。"

希特勒回答:"是。"瓦格纳接着问爱娃·勃劳恩:"请问爱娃·勃劳恩,您是否愿意嫁给我的元首阿道夫·希特勒?"爱娃·勃劳恩也表示愿意。主婚人宣布婚姻有效,希特勒、爱娃、戈培尔、鲍曼和瓦格纳依次在证书上签字,仪式宣告结束。

参加婚礼的人佯装笑容,向他们的元首祝贺新婚之喜。尽管有点演戏的味道,但毕竟也表示了大家的心愿。希特勒夫妇接受了大家的祝贺。时间已不早了,新婚夫妇退席后,戈培尔夫妇、鲍曼、布格道夫、赫维尔、阿克斯曼、冯·贝罗、元首女秘书克里斯蒂尔、元首私人副官和卫队长林格总共10人举行了一次小小的宴会。大家都想松懈一下紧张的神情。

对希特勒为什么此时结婚,外界一直众说纷纭。其实,希特勒1945年4月29日的私人遗嘱解释了决定婚姻的真正原因:"在战争的年代里,我不能负起组织家庭的责任,现在决定在我生命行将结束之前,娶这位姑娘为妻。她数年如一日忠于友谊,并自愿来到这里几乎与我同生共死。她将作为我的妻子和我一同死去。我们认为,我为人民效劳使我们俩蒙受了损失,这一切将因死亡而告结束。"

爱娃·勃劳恩被希特勒的坦然感动了。她似乎对即将来临的死亡视而不见,无动于衷。

爱娃·希特勒！这就是她 10 余年来梦寐以求的称呼。为了这一天，她不惜用生命做赌注。也许，这也是希特勒感到聊以自慰的。

正当参加婚礼的"来宾"在客厅里喝着香槟和茶水时，先行离席的希特勒并没有享受新婚之夜的夫妻之欢。而是在隔壁的房间里把一个名叫格特路德·荣格夫人的女秘书找来，开始口述他的遗嘱。

这就是被称之为希特勒"政治遗嘱"的东西。希特勒在这个遗言中，重谈他在《我的奋斗》一书中的老调，他咒骂世界上一切的坏事都是犹太人干的，不断吹嘘他那半瓶子醋的宇宙理论，叹息命运再度击败德国，使他壮志未酬身先死。他把他对德国民族和全世界的遗言，看作是对历史的最后的呼吁。一位西方历史学家这样评价希特勒的遗言："他终身醉心于权势和暴力。甚至敢冒天下之大不韪，发动了一场他绝对不可能取得胜利的侵略战争，以致把他自己也送进了坟墓。这个遗言，正好可以作为他的墓志铭。"

也许常人难以想象，像希特勒这样的暴君，在他行将就木的时刻，心中久久放不下心来的仍是权力的移交。他那份"政治遗嘱"对继承人做了明确的指定。

尽管第三帝国已在炮火中化为废墟，希特勒却并不死心，他在没有指定继承人、决定继承所必须任命的政府组成人员以前是不肯死去的。遗嘱中有这样一段文字：

"在我去世以前，我将前帝国元帅赫尔曼·戈林开除出党，并剥夺 1941 年 6 月 29 日命令中授予他的一切权力……我任命邓尼茨海军元帅为德国总统和武装部队最高统帅。在我去世以前，我将前党卫队全国总队长兼内政部长海因里希·希姆莱开除出党，并革除他的一切职务。"

在开除了卖国者和指定了继承人以后，希特勒又指定了邓尼茨的新政府的组成人选。戈培尔将出任总理，鲍曼为党务部长，赛斯·英夸特，这个奥地利的卖国贼，被任命为外交部长。

交代完了遗嘱，希特勒把戈培尔、鲍曼、克莱勃斯将军和布格道夫将军召来做见证人，他在"政治遗嘱"上签了字，然后他们也在这个文件上签了字。

希特勒口述两份遗嘱之后，已经精疲力竭，回到室内睡了。这时天已破晓，苏军大炮的直射程之内的房屋在倒塌、焚烧。隆隆作响的坦克履带已在柏林大街上轧轧碾过。

4 月 30 日，希特勒走到了他生命的尽头，对柏林大街上苏军坦克驶过的隆隆声和炮弹爆炸的巨大声响已无动于衷了。

清晨，林格像往常一样走进希特勒卧室外的卫士室，鲍曼、克莱勃斯和道格拉夫将军枪不离手，在沙发上打盹，秘书们则东倒西歪地在接待室的地板上睡着了。尽管是新婚之夜，希特勒似乎是和衣而睡的。见林格进来，他把一根手指放在嘴边，"嘘——"，示意林格不要惊醒大家。

希特勒跨出卧室外间，径直向电话间走去，林格也跟在后面，他不知元首此时还要给谁打电话。一直断断续续的电话，此刻竟奇迹般地接通了，电话另一端传来前线司令官阿图尔·阿克斯曼的声音。林格明白了，尽管元首做了必死的准备，但他毕竟还不希望失败，换句话说，他希望有意外的奇迹出现，那他就未必走自尽这条路了。然而,他失望了。前线司令告诉他柏林防线已全线崩溃,苏联人的包围圈已经无法突破,只有做鱼死网破的最后一搏了。见元首在电话里不吭声了,前线司令似乎意识到了什么。转而改用坚定的语气说:"元首,大敌当前,你是德国人民唯一的希望,我拼死也要把你送出柏林去。我把装甲车开到总理府来,再用200名青年团员开道。元首,批准我的请求吧!"

电话间里沉默了。只过了一会儿,希特勒就用不容置疑的口气下令:你们一定要坚持到最后一个人,我不用你管。我决心留在柏林,与柏林共存亡。说完,他无力地挂断了电话。

最后的时刻到了。希特勒似乎精神又好了起来,他和爱娃与大家共进早餐,还不时地为大家添菜,甚至还和女秘书荣格夫人开了个小小的玩笑,引得大家都笑了起来。

饭后,希特勒命令荣格夫人烧毁所有文件,并宣布在避弹室与大家诀别。几乎没有人讲话,大家都无声地聚集到那间稍大的避弹室。希特勒喉咙似乎有点嘶哑,但思路却十分清楚,他说:

"子孙后代将以最严厉的态度来对待我。敌人将尽情享受胜利的欢乐;德国人民将经历极其艰难的岁月。同样,令人难以想象的命运即将降临到我们这一代人的身上。"但是,希特勒相信将来历史一定会给他以公正的评价。历史将会承认希特勒的所作所为纯粹是为了德国的利益……

会后,爱娃·希特勒走过来向希特勒贴身的卫队长林格诀别。她彻夜未眠,脸色惨白,强压住感情,感谢林格为元首尽到了责任。最后,痛苦地对林格说:"日后遇见我妹妹格利特时,不要对她说她的丈夫赫尔曼·菲格莱因是怎样死的。"

希特勒和大家一一握手后回到了自己的办公室。这时戈培尔夫人找林格,希望和希特勒单独谈谈。林格把话传给了希特勒,他表示同意接见。希特勒对她的忠诚和效劳表示感谢。按照希特勒的吩咐,林格从元首的一件军服上取下了一枚金质党徽,他把它挂在戈培尔夫人的裙子上,作为"一种特殊的荣誉"。戈培尔夫人激动得流下了眼泪。

也许是最后的努力,戈培尔博士跑来再次恳求元首立即离开柏林。希特勒回答得很干脆:"博士,我的决心您是了解的,我将忠实执行。不过,您当然可以携带全家离开柏林。"戈培尔自豪地说他根本就没有这种想法,他要和元首一起在柏林以身殉国。

希特勒走进自己的房间,林格不由自主地跟了进去。见卫队长跟进来,希特勒颇为诧异,突然,他停住脚步,严肃地说:"林格,我将要自尽,你知道你该做什么。我已命令其他人杀出地下室,你加入其中一组,向西突围。"

"突围,我们还能突围吗? 我们为什么还要死里逃生呢?"林格似乎不明白元首的良苦用心。希特勒声嘶力竭地喊道:"必须突围,德国不能灭亡,德国的子孙后代还期待着你们,懂吗? 这是政治。"

林格突然明白了,甚至有一种沉重的责任感。他砰的一声靠拢脚跟,做了个立正姿势,希特勒迟疑地往前走了两三步,向他伸出手来,一生中最后一次行了个德国式的敬礼。

林格转身关上门,向地下室门口跑去,元首的卫队就在那里。因为他猜想希特勒随时都可能结束自己的生命,所以没耽多久又回到了办公室对面的候见室。走近时,他闻到了一股火药味,看来一切都完了!这时,戈培尔、鲍曼也在走廊等待着。他们听到一声枪响,他们在等待着第二声枪响。但第二声枪响一直没有。难道情况有异,林格轻轻推开房门,脸色一下变得煞白。阿道夫和爱娃·希特勒坐在沙发上死去了。希特勒用一支7.65口径的黑色瓦瑟手枪往右太阳穴上开了一枪。这支枪和另一支备用的6.35口径的手枪都落在他脚边。希特勒的脑袋稍稍偏向墙壁,鲜血流在沙发边的地毯上。他的夫人爱娃挨在他右边,双脚蜷缩在沙发上。肌肉抽缩的面孔说明她服了氰化钾,"新娘"毕竟不是军人,她对用手枪自尽显然心悸,而且是枪和毒同用,没有一点毅力是不行的。

鲍曼去找人帮助搬运遗体,这时林格铺开毯子,把遗体放在上面,然后裹好。当时,他甚至都没瞧一瞧希特勒面孔的模样。只想把一切尽快了结。爱娃·希特勒的尸体首先被抱了出去。林格站在希特勒的尸体旁,默默地念叨:安息吧,元首。随即他把双手伸到希特勒遗体的下面,元首的两个随从军官把裹着灰毯的遗体举起,抬出了地下室。希特勒夫妇的尸体被并排放在总理府地下花园室门口不远的一个弹坑内。葬礼没有音乐,没有国旗,也没有军旗。唯一的是苏军枪炮的轰鸣声。林格往遗体上浇汽油和点火。开始时,火点不着,因为花园里有几处大火激起阵阵气浪,把火苗压灭了。加上苏军的炮弹不时地落在院子里,谁都近不了遗体用火柴把它们点着。

林格返回地下室,找了几张元首看的新闻公报纸。鲍曼把它点着了,再把点燃的纸扔到浸过汽油的遗体上,火焰轰的一下冒了起来。鲍曼、戈培尔、斯吐姆菲格、古塞、肯普卡和林格再次举手致以希特勒式的敬礼。

时针指向7点半,遗体还在继续燃烧,林格不再去管它。他把沾有血迹的毯子、元首的军服、药品、文件等都处理了,这时一个希特勒的随从军官指挥人把烧焦了的遗体迅速掩埋,不能让外面人看出一点痕迹。因为,如果总理府的军队知道了刚才发生的情况,势必会动摇他们的斗志,甚至会停止抵抗,向苏军投降。

步着希特勒的后尘,戈培尔夫妇也决定以死效忠元首。但他们自杀计划中的有一项遭到女秘书和女佣们的反对。因为戈培尔夫妇决定在自杀前先毒死他们亲生的6个美丽的孩子。妇女们请求戈培尔夫妇网开一面,让她们把孩子带走,但戈培尔夫妇拒绝了。

下午6时,戈培尔夫人喊林格陪她去地下室,她要最后一次看一下她的孩子们。其实,下午5时30分,执行毒杀孩子任务的希特勒的医生斯吐姆菲格已经动手了。他把6杯拌有氰化钾毒的饮料递给孩子们。孩子们并不知道这是最后的时刻,他们嬉笑着,打闹着,争先恐后地喝完了"叔叔"送来的饮料。只一会儿,孩子们脸上的笑容就凝固了。戈培尔夫人没有进屋,她静坐在门口的椅子上,等着里屋开门。门终于无声地打开了。斯吐姆菲格连连摇头,眼眶里噙动着泪水。戈培尔夫人站起来,只往里瞧了一眼,就昏死过去了。6个美丽的孩子,直挺挺地躺在床上。大概是医生重新整理过的,孩子们的尸体排列得十分整齐。

戈培尔夫人被扶回了房间,约两个小时后,他们也演出了告别人世的最后一幕。戈培尔夫妇,事先都仔细地演习过哈斯教授推荐的手枪加毒药的方法。在夜幕笼罩的总理府花园内,玛格达走在前面,她把一枚氰化钾胶囊放进嘴里,猛地咬破,仅仅几秒钟后,她就倒在杂物遍地的草坪上,她胸前别着希特勒的金色党徽,这是"元首"本人死前一天送给她的告别礼物。戈培尔怕妻子遭到意外的折磨,朝她开了一枪,子弹击中她那披着浅黄色头发的后脑。戈培尔也咬破了毒药胶囊,紧接着扣动 P-38 型瓦瑟手枪扳机,子弹打进他的右边太阳穴。紧跟在后面的希特勒警卫队的一位军官,找来施瓦格曼上尉,他们把汽油浇在两具尸体上,匆匆进行了火化。

树倒猢狲散。希特勒和戈培尔一死,尽管这些声称忠诚元首且身边都有毒药的人都纷纷逃离总理府。跟随了希特勒 10 年的卫队长林格也借着夜幕逃命,当然,他没有忘记带走希特勒送给他的刻有私人题词的金表。但他最后还是成了苏军的俘虏,尤其他的身份被识破之下,他就遭罪了。苏军一再要他证明希特勒尚在人世。但他却始终坚持,是我把希特勒的尸体抬出室外,浇上汽油,点火焚烧的。但苏军却不信,认为林格隐瞒事实,包庇希特勒。他们甚至对他动了刑,还把他带到帝国总理府,林格把希特勒自杀时的情景一一描绘给他们听,但苏联人始终半信半疑。

苏联人的半信半疑是可以理解的。他们担心希特勒会东山再起,卷土重来。后来的事实也证明,希特勒确信无疑地死了,但他的亡灵却并未随着他死尸的火化而销声匿迹。尤其当前,日益深重的资本主义经济危机,会不会变为滋生法西斯主义的温床?人们的忧虑不是多余的,希特勒的残渣余孽们还在蠢蠢欲动,不是吗?前些年,纳粹空军的一名死硬分子鲁道尔夫死后,有许多人在光天化日之下向他的遗体行纳粹式的举手礼。这一切,难道不值得我们警惕吗?

十四、恶魔的末日

血债要用血来还。这是中国的一句古训。德国法西斯发动的第二次世界大战,法西斯强盗不知杀戮了多少无辜的平民。刽子手们没有想到算账的这一天,他们永远不会想到。然而,这一天却不可抗拒地来临了。当苏联红军的坦克在柏林街头驶过时,当巨大的蘑菇云在日本广岛、长崎冉冉升腾时,发动这场侵略战争的凶手们落入了人民的法网。面对正义的审判,战犯们丑态百出。

第二次世界大战以同盟国的胜利而结束,随着战争硝烟的远去,那些置人民于水深火热之中,使无辜平民惨遭涂炭的战争狂人,最终也受到了正义的审判。

天网恢恢,疏而不漏。面对人民的判决,那些曾经不可一世的恶魔们走到了生命的尽头。当那高高的绞架开始运转,当那正义的枪声在刑场响起,历史以它特有的深沉,奏响了一曲唱给无数长眠于九泉之下冤魂的挽歌。

1946 年 10 月 16 日凌晨,德国柏林一片静寂,昏黄的路灯下,几乎没有什么行人,瑟瑟的秋风卷起一堆堆枯叶,发出沙沙的声响。

这是一个不同寻常的日子,德国战犯将被送上绞架。尽管处决日期是秘密的,但许多柏林人还是知道了。作为战败国,柏林人尝到了寄人篱下的苦头。按说,德国人民是无辜的,应该受到惩罚的是那些发动战争的刽子手。希特勒发动的侵略战争,不仅给欧洲人民,也给德国人民带来了深重的灾难。当纳粹战败,苏军的坦克在柏林的大街上轧轧碾过时,一批法西斯刽子手被投进了监狱。历史是无情的,当国际军事法庭宣判十大法西斯纳粹魔王死刑时,全世界人民包括德国人民无不拍手称快。

当!当!当!当海关大钟沉重地敲响十二下时,德国战犯监狱的死刑执行拉开帷幕。

两盏高亮度聚光灯把刑场照得如同白昼,四周布满了荷枪实弹的联合国军宪兵。正中央,矗立着三座高8英尺的绞架。担任指挥的美军上校、监狱警卫司令波顿·C.安德雷斯在场上不停地走动,警惕地注视着周围的一切。行刑的是一个美军伍长。他的表情是严肃的,尽管处决犯人已不是第一次,但处决令人谈之色变的纳粹战犯却是第一次。

死囚牢房静静悄悄的。从死囚房到刑场只有40米远。刑场上刺眼的灯光,穿过高高的铁窗,投射在阴暗的牢房内。静寂的夜晚,骤然响起急促的脚步声和亮起耀眼的灯光,使死囚们多多少少预感到了什么。

在0号监狱内,单独关押着号称纳粹王朝皇太子的空军元帅戈林。这天晚上,他一直没有睡着,冥冥之中,他似乎有一种预感,大限将到。就在他的旁边,两名荷枪实弹的美国士兵日夜监视着他,甚至上厕所也有人盯着。

按照今晚的行刑顺序,戈林是第一个送上绞架的恶魔。在希特勒发动的侵略战争中,他充当了可耻的马前卒。1940年4月9日,德军入侵挪威和丹麦。戈林的空军以迅捷的速度对每一个被英国远征军占领的村庄进行猛烈的轰炸,其伞兵也迅速地占领了挪威的几个主要机场。然而进攻纳尔维克港的德军却受到挪威守军有力的抵抗,陷入重围,只有援送军事物资才能解救被围的德军,戈林采取紧急空运的方式使德军获救。到4月底,挪威的大部分地区已被德军占领。在对挪威的战斗中,戈林的空军显示了它强大的威力。

5月10日,德国轰炸机和战斗机进入法国、比利时、荷兰和卢森堡狂轰滥炸,为陆军的挺进开辟了道路,而后,又将鹿特丹夷为平地。空军的连连告捷,使戈林得意非凡。

7月19日,希特勒在国会上授戈林指挥对英作战,并正式任命戈林为帝国元帅,使其成为欧洲最高级别的军官。于是,他变本加厉地对被入侵国实施空中大屠杀。

8月6日,戈林制订了对英空战的"鹰计划",并夸下海口说在4天之内将英国人打垮。

8月12日,德国的轰炸机在强大的战斗机群掩护下,对英国机场和雷达站进行轰炸。13日,德国空军又出动1500多架飞机轰炸英国皇家空军的机场,但是并没有收到预期的效果。戈林气急败坏,15日又调遣几乎所有的飞机,在英国的南部海岸炸毁了英国4个飞机制造厂和5个战斗机场。为了彻底摧毁英国的空中防卫系统,戈林指挥空军又一次大规模出动,将设在伦敦四周各机场的雷达扇形站一举摧毁,英军的防御系统受到严重破坏。从8月24日到9月6日,戈林命令德国空军每天都出动1000多架飞机出击。9月15日,德国空军遭到了绝处逢生的英国空军强有力的拦击,同时,英国空军对德国入侵的各个港口进行轰炸。使德军的舰船、军火库、人员损失惨重,迫使希特勒推迟了侵入英国的计划。尽管如此,在戈林命令实施的空中打击中,已有数万无辜平民惨遭杀害。

除了杀人,戈林还有一种癖性,即疯狂地掠夺战败国的艺术品,他的收藏室中的艺术珍品日渐增多,不亚于相当级别的博物馆。为了满足他疯狂的占有欲,他充分利用他的权势到了不择手段的地步,当时他被艺术品商人们称为"来自柏林的强盗"。

从被捕之日起,他知道自己必死无疑。可他对被处死又有某种恐惧。被捕前,他就在贴身的一件衣服的衣角里,塞进了一个装有氰化钾的小玻璃瓶。入狱后,他多次想自杀,可没有听到判决,就情不自禁地抱有某种侥幸。此刻,当时针指向16日凌晨零点50分时,他被前所未有的嘈杂声和灯光惊醒了。黑暗中,他悄悄摸出了小玻璃瓶。

监狱走廊上响起了沉重的皮鞋声。戈林神经质地瞪大了眼睛,苍白的脸上冒出一层细细的汗珠。铁门前的电灯亮了,守卫把钥匙塞进门锁,发出叮叮当当的撞击声。旁边站着手拿国际军事法庭下达的对戈林执行绞刑命令的安德雷斯。

"起来!"两名监警戈林的美国士兵已站到了戈林身边。昏黄的灯光下,戈林猛地一个翻身,以迅雷不及掩耳之势,把一个小玻璃瓶塞进嘴巴。见此情景,两个美国兵扑了上去,死命地按住戈林,想把小瓶从他的口中抠出。

晚了,玻璃瓶被咬碎。只有几秒钟时间,戈林的脑袋就垂向一边,鼻子里涌出了一股污血……

安德雷斯气急败坏地冲进监狱,望了一眼已经一命呜呼的戈林,用脚踢了一下尸体,说了声:"便宜这小子了!"

1点零8分,安德雷斯向纳粹外交部长尤金姆·冯·里宾特洛甫宣读了国际军事法庭的死刑判决。他似乎并不慌张,穿好衣服,在行刑宪兵的押解下,走上有13层台阶的绞刑架。崭新的绞索从两根柱子的横梁上挂下来,一头固定在一根横梁上,另一端打上了活结套上了里宾特洛甫瘦长的脖子。这个当了一辈子外交骗子的纳粹党徒,在绞刑架上似乎还没有忘记自己的使命,他用他沙哑的声音,在绞刑架上做了最后的演说:"愿上帝拯救德国!"

演说完毕,他似乎还不死心,他问站在一边的行刑手,"我能最后再说几句话吗?"

安德雷斯准许了纳粹外交部长的最后请求。里宾特洛甫沙哑的声音传到了刑场上每一个人的耳朵里:"我最后的希望是,德国能继续生存下去,与西方之间能达成谅解。我愿世界永远和平。"

安德雷斯冷笑一声,杀人魔王竟然在侈谈世界永久和平,岂不让人笑掉大牙。

沉默,短暂的沉默。里宾特洛甫闭上了眼睛,牙齿咬得咯咯作响。

嘎吱一声,里宾特洛甫脚下的活板打开了,他的身体"呼"的一声掉下了平台,绞索拉得笔直。不知为什么,挂在绞索上的里宾特洛甫,竟然没有哼一声,就断了气。

很快,德国陆军元帅威汉尔姆·凯特尔被押上了刑场。他似乎对耀眼的灯光不太适应,眯着眼睛向周围看,最后把目光聚焦在那座绞刑架上。大概是看到了左边绞刑架上那根绷紧的绞索,脸上的肌肉不由自主地跳了起来。

西方战役结束后,他被晋升为元帅。

在东方战役作战过程中，凯特尔元帅一心一意地支持希特勒寻求替罪羔羊。他毫无异议地看着让许多功勋卓著的将领被撤职，而使国防军失去了无可弥补的指挥人才。凯特尔甚至更加助纣为虐，赞同判处许多高级军官死刑，他们犯的唯一罪名是没有能够服从希特勒的命令。

因此，凯特尔曾在1944年2月初要求对罗夫纳的守备司令执行枪决。他遭受到了参谋总长柴兹勒将军的反对，而后者所代表的意见是必须先听取地方司令官的意见。但帝国元帅戈林则支持凯特尔的要求。只是在决定以前，希特勒又命令进行军法宣判，经审讯后才确定守备司令的罪责。

当1944年夏季西线崩溃的时候，凯特尔的弱点显然已经暴露无遗。他的绝对服从也帮助了前方灾害的造成。希特勒曾在7月29日召集了伦德施泰特、隆美尔和斯佩莱诸元帅以及海军上将克朗凯与装甲兵总监古德里安等人到贝斯特加登举行作战会议。在那里伦德施泰特和隆美尔曾要求他停止战争，因为战争已毫无转机的希望。希特勒仍然固执于他的"新兵器"，而预言总体的胜利。

凯特尔保证要向希特勒进言，并和隆美尔一样也相信战况没有希望。但是他仍然相信"领袖"作战统帅的天才，而希望这一战争可以获得不分胜负的一种解决办法。

凯特尔一直到希特勒自杀的那一天都是忠心的。

1945年5月9日，莫斯科时间零点43分，柏林时间22点43分，凯特尔元帅代表德国军事指挥部，在柏林佛里茨——施门克尔大街的一幢3层楼房子里，面对苏联的朱可夫元帅、英国空军上将泰德、美国战略空军司令斯巴兹将军和法国总司令德·塔西尼，在一份无条件投降书上签了名。这个杀人如麻、自始至终效忠希特勒的走狗以为能逃脱惩罚。他在纽伦堡军事法庭上辩护说，一切过错都应归于元首，我不过在执行命令。因此，我不负任何刑事责任。

然而，法律是无情的，他未能逃脱正义的惩罚。根据盟国制定的法律，职业军人不得以执行上司命令为借口，逃脱对发动侵略战争应负的法律责任。

"你叫什么名字？"监刑人厉声发问。

"威汉尔姆·凯特尔。"他双手被反绑，却依然昂着头，大有视死如归的气魄。他当然知道自己的罪孽。他指挥的德国陆军从闪击波兰到进攻苏联，手上不知沾了多少人的鲜血。当侥幸逃脱法律制裁的可能失去以后，他就横下一条心，拿出普鲁士军人的勇气，死要死出个样子来。

"你知道你被判绞刑的原因吗？"监刑人再次发问。他昂着头，紧闭双唇，一言不发。

行刑手把那根黑色的绞索套上了他那粗而短的脖子。

"凯特尔，行刑马上就要开始，你还有什么遗言。"他那死鱼般的眼睛翻了一下。突然，他提高嗓门，几乎是喊出来的："我恳请全能的上帝怜悯德意志人民。为了祖国，有200万德国军人献出了生命。我不过在步我的儿子们的后尘而已。"

短短的停顿后，他舔了舔干裂的嘴唇，又声嘶力竭地高呼："一切为了德国！"这时，他脚下"呼"的一声响，他那穿着军服、足蹬皮鞋的身躯径直掉了下去。一阵艰难的挣扎伴随着令人毛骨悚然的呻吟声，绞索不停地晃动着。

这家伙死也不安分，远没有他们外交部长老实。安德雷斯心里想。

大概是为了检查行刑的效果,行刑暂停。一名美国军医和一名苏联军医走向第一具绞架。1 时 30 分,他们宣布:"罪犯已经毙命!"很快,里宾特洛甫僵硬的尸体被抬了出来,脖子上还套着黑色的绞索。

行刑在继续。

欧洲中世纪以来最大规模谋杀的指挥者、盖世太保首领、党卫军上将恩斯特·卡尔登勃鲁纳,被送上了绞刑架。

尽管在场的许多人以前并不知道他的模样,但他的恶名实在如雷贯耳。卡尔登勃鲁纳嗜杀成性,在他和希姆莱的指挥下,党卫军在德国各占领区大肆屠杀无辜者,手段之毒辣,屠杀之数量,让世人瞠目!下面就是纳粹屠杀无辜者的一幕。

1941 年 12 月 15 日清晨,捷克斯洛伐克首都布拉格的上空阴云密布,鹅毛大雪徐徐飘落。大教堂广场上用一根黑白红三色的警戒绳圈出了一块地方,禁止行人通过。在教堂对面的禁区之外,一架机枪架在低矮的平台上。枪后放着一包沙袋,其后是一座用木板和帆布搭起的亭子。装缀亭子的卐字旗悬挂在木杆上,纹丝不动。广场上所有的入口都由双岗卫兵严密看守。

几分钟后,一支由两辆摩托车组成的警卫队先行飞驰而来,后面是载有希姆莱、海德里希、卡尔登勃鲁纳的奔驰车。

12 点整,布拉格钟声四起。警卫楼的大门又重新打开,长长的一队死囚由手执冲锋枪的士兵押送,从里面走了出来。队伍的两侧也都有士兵监视。这些死囚是一群普普通通的老百姓。他们所有人的卷宗都已经经过盖世太保的手锁进了希姆莱的文件柜。其中年龄最大的 74 岁,最小的仅 17 岁。他们共同的罪名是曾用某种方式反对德国占领当局,因而引起盖世太保的注意。他们所谓的颠覆言论均被窃听器窃听下来。法庭上播放了录音,控告人又巧妙地把每句话都做了歪曲。

死囚们各自站在标有黄色大圆点的位置上,他们的目光超过警戒线呆呆地盯着亭子里的人。岗哨分成两组,走向广场的两侧,把枪对准死囚。囚犯们即使冒险集体突围也是不可能成功的,但是全副武装的党卫军还是开进广场,以防万一。

教堂的钟声响了,这是 12 点 15 分。值勤官立即放下右手,刽子手开枪射击,机枪从左到右、从右到左来回扫射,枪口下不断喷射出火焰,射出子弹。机枪手显然扫射得太快了,密如雨点的子弹穿过囚犯们的头部、胸膛、下腹和手脚。当机枪从左到右扫射时,多数人立即倒下,当机枪从右到左扫射时,又有一些人倒下。刑场上的情景令人毛骨悚然,约有 2/3 的人倒在地上,但没有都立即死去,有些人撕碎了自己的衣服,发出刺耳的叫声,有些人还在尸堆中蠕动,其余 1/3 的人奇形怪状:痛苦万分的脸上鲜血淋漓,血肉模糊的手,像木偶那样抽搐的脚。

既然是杀人魔王,那对死亡应该是十分坦然了。可他在刑场上的表现没有人们想象中的那样轻松,走上绞刑架时,已没有往日的嚣张气焰,有一些紧张。登上刑台时,不断舔着嘴唇,似乎有点局促不安,也许是想起了许多被他送上绞架的战俘和平民。当被问及他叫什么名字时,他的回答冷静而低沉。当他在刑台上转过身来时,看到有位美军随军神父,希望神父为他祈祷。神父满足了他的要求,按照宗教习惯,身穿法衣,站在他的对面,嘴里在默默念叨着什么。

宗教仪式完毕,监刑人问他还有什么话说,他冷静地回答道:"我想说几句话,我热爱我的德意志人民,热爱我的祖国。我按照我的人民制定的法律,履行了自己的职责。遗憾的是，领导我国人民的并不是军人，在我并不意识的情况下，犯了罪行。"

在这行将就木的时刻，他还在为自己的罪恶开脱。然而，血写的事实毕竟是抹不掉的。监刑人念完国际军事法庭的死刑判决书，行刑人立即把一根绞索套上他的脖子。不知是神经麻木了，还是紧张过度失去知觉，杀人魔王嘴唇嚅动着，不知在说着什么。滑板"哗啦"一声打开，杀人魔王重重地摔进黑洞，脖子立即被勒紧了，一股白沫从他的嘴角淌下来。

第四个被送上西天的是纳粹理论家艾尔弗莱德·罗森堡。这个满肚子坏水的浑蛋大有死猪不怕开水烫的味道。他倡导的那套反动理论造成了千百万人惨遭杀害。此刻，他表情木然，双颊深陷，面色蜡黄。大概是这辈子他宣讲的理论太多了，面对死刑判决，他似乎无话可说。除报自己的名字和有无遗言时吐了个"没"字外，他未置一词。

应了话不投机半句多这句古训，绞死罗森堡是最迅速的。从他被押进行刑室到被吊起来，中间只有短短的一分半钟。

步着罗森堡的后尘，前纳粹的波兰长官，党卫军将军汉斯·弗兰克反绑着被宪兵从死牢里推出来。他毫无惧色，面带微笑，见到行刑人时，还点点头，以示招呼。

这个恶魔被捕后似乎有了忏悔，在牢房里，他改信了天主教。每天早上和黄昏都像教徒一样默念经词，以求万能的主能使他的灵魂升上天堂。庭审时，他表示只求一死，以清偿自己深重的罪孽。验明正身之后，监刑人问他有无临终遗言时，魔鬼的眼睛里竟然挤出了几滴眼泪："我对在我被拘期间得到的待遇表示感激，我请求上帝以怜悯之心接受我的到来。"

当绞索的套子降临到他头上时，他又吞了一口口水，闭上了眼睛。随着绞索的拉紧，恶魔感到一阵痛苦的窒息，两条细腿蹬了几下，就永远地安静了。

纳粹内政部长、69岁的魏尔汉姆·弗里克是第六个被处死的人，他的步履最不坚定，在登上刑台最后一个台阶时还绊了一跤。宪兵拉起了弗里克，并扶着他走到了行刑台的中央。也许是对死亡的恐惧，他的全身在瑟瑟发抖，两排牙齿咯咯地打架。他的临终遗言是："德意志万岁！"

最令人可笑的罪犯是屠杀犹太人的头号刽子手斯特雷切。别看其貌不扬，一副尖嘴猴腮模样，可他却像茅坑里的石头，又硬又臭。当从狱中走出来时，他还强作镇静。走近那高高的绞架，两名宪兵猛地把他的双手反绑，并用细绳扎紧时，他脸上的肌肉紧张地痉挛着。

"希特勒万岁！"谁也没料到这家伙竟然在验明正身前就如此歇斯底里。两名押解他的宪兵被他的尖叫吓了一跳，不由自主地打了一个冷战。

"你叫什么名字？"监刑人口气严肃。

"你们知道还问什么？"他把头歪向一边。

"说出你的名字！"监刑人厉声发问。

"朱里叶斯·斯特雷切！"他又尖叫起来。

宪兵把他的面孔转向灯光，在场的记者不停地按动相机快门，斯特雷切眼里充满了仇恨。

"朱里叶斯·斯特雷切犯有杀人罪，被国际军事法庭判处死刑，立即执行绞刑!"监刑人话音刚落,绞索就套上了他的脖子。"今天是1946年的皮里姆节!"临死前的号叫令人不寒而战。

"皮里姆节?"最快反应过来的是懂德语的记者。皮里姆节是犹太人的节日,每年春天举行,庆祝圣经上杀害犹太人的刽子手哈曼被绞死。真没想到,这个杀害犹太人的恶魔临死之前居然想到了皮里姆节,还自喻为哈曼。

脚下的活板又一次洞开,斯特雷切惨叫一声,绞索拉直,惨叫声戛然而止。

一具具尸体被抬上了黑色运尸车,记者们争先恐后地拍摄着恶魔们最后的丑态。

态度最恶劣、拒不认罪的是血债累累的纳粹头目,负责组织奴役劳动的弗里丝·苏克尔。他把数百万人赶到奴役场所,难以计数的无辜平民在那里丧失了生命。这种罪行,可谓十恶不赦,死有余辜。

耀眼的灯光下,苏克尔慢悠悠地走完了13级台阶。居高临下,他看清了坐在对面桌子后面的监刑人和一群记者。大概是觉得最后时刻已经到来,再不发泄一下就没有机会了,刚刚还垂头丧气的苏克尔突然冲动起来。

"我是无罪而死的。对我的判决是错误的,愿上帝保佑德国,使它再次强大起来。愿上帝保佑我的家庭。"

2点26分,活板打开,当绞索被他自己的身体拉紧时,苏克尔在陷坑里发出一阵阵呻吟,许久许久,才逐渐平息。

第九个被处死的是希特勒的战略顾问、密友艾尔弗莱德·约杜尔上将。他那黑领子的魏玛共和国制服在背后卷了起来,看样子是临刑前匆匆忙忙穿上的。当他走进行刑场时,显得十分紧张,太阳穴里的青筋一蹦一蹦的,远无凯特尔元帅"视死如归"的风度。他不断地舔着嘴唇,走向绞刑架时显得畏畏缩缩。他留在世界上的最后的话是:

"祝福你,德意志!"

最后一个走上绞刑架的是奥地利奸细、纳粹驻荷兰长官赛伊斯·英夸特。

英夸特出生在捷克斯洛伐克,在铁腕统治荷兰那些年代里,他把数以万计的荷兰人送进德国的劳动营,而这些人再也没有返回自己的家园。

英夸特戴着一副眼镜,于2点38分30秒走进行刑室,另一座绞刑架上的绞索绷得紧紧的。他望了一眼扎成圆扣的吊索,知道这是留给他的,不知是慌张还是仇恨,他狠狠地咽下了一口唾沫。接着,以紧张、低沉的声音发表了临终演讲。他最后一句话是:"我对德国抱有信心!"

2点45分,脚下的活板拉开了,英夸特猛地沉了下去,眼镜几乎跌落。这条纳粹的走狗在紧绷的绞索下咽下了最后一口气。

纳粹战犯被处决,远东国际军事法庭开始对日本战犯进行审判。由于历史的原因,这些日本战犯有的在东京被绞死,有的在中国南京被枪决。

东条英机被盟军司令部指控为头号战犯,1948年11月12日,东条英机被判"绞首刑"。12月21日晚上,东条英机接到受刑通知。对这最后的时刻,他是早有思想准备的,但当这一刻真的到来时,他多少有点紧张。当监狱官问他有什么要求时,他说他想最后一天吃日本饭菜。

饭后,他写下了一首绝命诗:"此一去,坐世高山从头越,弥勒佛边睡去处,何其乐:明日始,无人畏惧无物愁,弥勒佛边唯寐处,何其愁。"

12月23日凌晨,日本东京巢鸭监狱内,行刑时间到,东条英机从单间牢房由看守带到特设的佛坛前,宗教仪式后,他被带上了高高的绞刑架。面对微微发白的夜空,东条英机不由得泪流满面。

是这恶魔忏悔了吗?不是的,他是在后悔自己的自杀未能成功。

1945年9月11日下午4时,美军宪兵队军官卡拉斯少校奉盟军最高统帅麦克阿瑟的命令,赶到东京东条英机寓所逮捕战犯。其实,东条英机已知道自己将要被逮捕,他硬硬心,送走了孩子和夫人。当卡拉斯少校告诉他:"遵照命令,我将带你去横滨。请马上做好准备!""好吧,让我进去收拾一下。"说着,他返回自己的房间。

房门"砰"的一声关上了,接着,房内传出一声沉闷的枪声。卡拉斯少校和执行逮捕的人冲进他的办公室。办公室里一片零乱,躺在安乐椅上的东条在痛苦地挣扎着,胸部的一个枪击伤口在流着血,冒着青烟的手枪掉落在地板上。

原来,东条知道自己罪孽深重,远东国际军事法庭决不会便宜自己。他并不怕死,怕的是昔日威风凛凛的大将,如今成为阶下囚,任人宰割。想到将被作为战争罪犯押上法庭,在众目睽睽之下一命呜呼。他选择了自杀。在那段日子里,他天天枪不离身,并让保健医生在他的心脏部位画了个圆圈,以保证子弹能击中心脏。使他遗憾的是,他这一枪擦心脏而过。

也许,这就是天意。

让我们翻开东条英机的罪行录,看看他的丑恶嘴脸吧:

以东条英机为首的统治者,为长期占领东南亚,设立专门机构,同时大肆宣传,制造舆论。根据东条英机的建议,日本内阁于1942年2月13日成立"大东亚建设审议会",东条英机首相亲任总裁,铃木贞一(企划院总裁)任干事长,聘请朝野政客、财阀巨头及各省次官为委员,共40名(后又增补24名)。1942年11月1日,东条内阁专门成立了一个部级机构,名叫"大东亚省",以加强对占领区的统治。下设4个局:总务局、满洲事务局、中国事务局、东南亚和南洋局。也在这个月里,"审议会"提出了《大东亚建设的基本方策》及有关文教和经济方面的设想("答询文件")。企划院研究会参考上述"答询文件",于1942年12月8日制定了《大东亚建设的基本纲领》及具体方策。日本政府还广泛动员官私集团和个人,著书立说、大造舆论。据粗略统计,太平洋战争爆发一年间,共刊印有关"大东亚"的书籍约2000种,论文约5000篇,例如,《大东亚共荣圈政治经济体制论》《大东亚新秩序建设之意义》《大东亚共荣圈》等等。

日本占领中国东南亚各地之后,取缔其一切政党和工会、青年、妇女等组织,取消一切资产阶级的民主自由,日本军事警察、宪兵和密探遍布各国,严密监视和追捕爱国志士,首先是各国共产党人,稍有反抗嫌疑的人即遭残杀。日本强盗还普遍建立"劳动营",强迫各国劳动人民为日本侵略者修建军事战略工程。1943年10月,建成一条战备铁路,泰国和缅甸劳工死去25万人以上。在印度尼西亚,仅被强制抓去的劳工就死亡约200万人。日本法西斯还强迫东南亚国家人民为日本帝国主义充当炮灰。如日本侵略者强迫印度尼西亚人民去当所谓"兵补",即日本侵略军的后备队,把30万印度尼西亚"志愿军"送到新几内亚和缅甸去作战,其中90%

的人都死在热带丛林中,只有少数人回到了爪哇。

东条英机的重大罪状之一,就是在东南亚推行一条残害战俘的野蛮政策。1942年在巴丹,对被俘人员搞了一次死亡行军,结果使大批战俘死亡。东条英机对这件公然违犯国际法的罪行,置若罔闻。更为恶劣的是,在泰国和缅甸,仅强制修筑泰缅铁路(1942年11月至1943年10月)这一暴行中,战俘"像苍蝇一般大批死去",415公里的铁路,死亡战俘1.2万人,被称作"死亡的铁路"。这桩暴行,是在东条英机直接授意下发生的。

东条英机最终未能逃脱正义的审判。

执行绞刑的陆军中士约翰·伍德,他毫无表情地用黑头巾遮住了东条的脸部,并迅速将一条绞索套在东条的脖子上。就在这一刹那间,东条脚下的活板松开,东条被绞死。凌晨2点零5分,东条的尸体被火化,骨灰由美军军舰抛进波涛汹涌的太平洋。

步着东条的后尘,有"满洲劳伦斯"之称的土肥原贤二被送上了绞刑架。此刻,这个个子矮小、留着一撮仁丹胡子的日本间谍头子面如土色。他曾多次扬言,称他自己如何如何不怕死,可真当死神向他招手之时,他的双腿还是在发抖。

土肥原贤二在中国犯下的罪行可谓罄竹难书,因此,1945年9月13日,盟军司令官麦克阿瑟就下达了对土肥原贤二的逮捕令。

在狱中,土肥似乎一直很乐观。他甚至给同监狱的战犯讲了这样一个故事:很早以前,在巴黎格雷夫广场曾当众砍掉过很多罪犯的脑袋。有一次照例执行死刑。断头台上站着一个罪犯,他被指控犯有滔天大罪,尽管他犯下的所有罪孽都被彻底揭露出来,但他仍不思悔改。按照古代习俗,刽子手在行刑之前,允许这个罪犯向挤满广场的人们说最后几句话。那个死囚只说一句:"我的朋友们,主要的是无论什么时候什么事情一概不要承认!"

土肥原贤二非常欣赏这个死囚。甚至大言不惭地说:"敌人应该向这个法国人学习!"在土肥原贤二看来,自己犯下许多卑鄙的罪行而其中每一条罪行都能判处死刑时,承认还有什么意义呢?承认已经不能减轻惩罚了!要使自己的良心宽慰吗?可良心早已丧尽!完全否认一切,尽管这在法庭上显得何等滑稽可笑和荒谬绝伦,但至少还留下一线希望的影子。

土肥原贤二果然照此办理,在远东国际军事法庭上,庭长问他是否有罪,他竟然厚颜无耻地、斩钉截铁地回答:"没有!"

在东京审判时,土肥原贤二几乎一直保持沉默。审判后一家西方报纸说:"东京审判延续了二年半。在这段时间内只有一次在审判大厅响起了土肥原贤二的声音,当时他为否认自己罪孽说了几句话。在庭审时他自然有时同相邻的被告人、有时同自己的律师低声交谈。然而,无论他对法庭还是法庭对他,都再没正式说过话。说话的、办事的只有他的律师们。"

土肥原贤二为什么要这样做?因为这个老牌间谍比别人更懂得,上断头台是不可避免的,而且承认与否认这两条路都通向断头台。那么土肥原贤二为什么还要抓住"否认"这根稻草呢?他这样做是想青史留名,时机一到,土肥原贤二就会成为"民族英雄"和"殉难者"。这样,承认还有什么意义呢?承认而后死,不能令人敬重,只能是可怜虫。土肥原贤二的全部心机就在这里。

1948 年 11 月 12 日,远东国际军事法庭对 20 名一级战犯做出宣判。土肥原贤二由于参加准备、发动和进行侵略战争,由于破坏进行战争的法规和惯例,被国际军事法庭判处绞刑。

　　最后的时刻终于来临,正义的绞索勒住了土肥原贤二细长的脖子。也许是身不由己的挣扎,土肥原贤二喉咙里发出一阵难听的呻吟,双腿使劲蹬了几下,然后,就无可奈何地蹬直了双腿。

　　"将板垣征四郎押进来!"随着监刑官的命令,被盟军司令部列为首批甲级战犯的板垣被两名宪兵推到了绞刑架前。

　　与接受审讯时一样,他穿一身去了领章的军服,上衣的袖口还留着大将的三星,两只贼溜溜的眼睛往绞刑架上瞄着。见右边的那座绞刑架的绞索绷得直直的,他脸上的肌肉不由自主地跳了两下,无可奈何地喘了一口粗气。

　　面对历史的正义审判,板垣是对自己的过去忏悔了呢,还是为自己未能成功地逃避审判遗憾?

　　1945 年 8 月 15 日,日本政府向全世界宣告接受《波茨坦公告》,无条件投降。板垣征四郎在"和""战"问题上,是坚决的主战派。但裕仁天皇已下了停战的诏书,作为天皇属臣他只好下达了"停止作战"的命令,9 月 10 日,板垣征四郎以日军第七方面军司令官的名义在新加坡主持了向英国军队投降仪式。

　　日本投降后,板垣征四郎一直在担心自己的命运,担心会不会作为战犯交付军事法庭审判。东条英机的逮捕,使他预感到自己的末日即将来临。以他板垣征四郎的战争罪行,和东条英机是一丘之貉。他犯下的罪行,必定是处死。为了躲避死神,他决定脱逃。板垣征四郎想脱逃,他所处的地方倒是一个有利条件,他在新加坡,只要逃过英军对他的监控,就可以搭乘外国货轮逃离亚洲,去遥远的南美洲,改名换姓改国籍,在阿根廷、巴西或者智利定居下来。至于经济,则不必担心。他在这些年里,已经搜刮了价值百万美元以上的黄金和稀世珍宝,足够他挥霍到死。现在,板垣征四郎面临的问题是:他如何逃过英军的监控?

　　他决定向英军指挥官史密斯行贿,把一件价值 30 万美元的黄金"椰子"饰品奉送。没想到史密斯表面上答应考虑考虑,实际上连夜给中国政府发报,询问为何至今没有逮捕板垣。

　　蒋介石接到史密斯电报,感到这是一个失误,怎么把这个欠下中国人民累累血债的家伙给忘掉了,立即命令有关方面整理了一份板垣对中国犯下战争罪行的材料,指派专人飞赴东京,向盟军总部提出逮捕板垣的要求,得到麦克阿瑟批准。

　　审讯板垣时,板垣意识到自己罪孽深重,特别为中国方面注意,因此,组成庞大的辩护阵容,出庭替他辩护的律师和证人有 15 人。但首先遭到中国检察官的迎头痛击。在涉及板垣与"九·一八'"事变的关系时,进攻中国的日军联队长岛本作证说,他那天晚上在朋友家喝酒,喝得醉醺醺的,回家后才得到"九·一八"事变发生的报告,而当时他部即驻在柳条沟附近。中国检察官当即打断他的话反问:"岛本既然声称自己当晚喝醉了,那么,一个糊涂的酒鬼能证明什么,怎能出庭作证人呢?"结果岛本被轰下庭去,板垣的辩护班子一下子乱了阵脚。

　　远东国际军事法庭宣判时,处以板垣绞首刑。在东京巢鸭监狱,板垣似乎要放下屠刀,立地成佛了。他专心致志于抄写观音经。行刑前一天,狱中教诲师花山博士同他作了最后的交谈。

1948 年 12 月 23 日凌晨零点 2 分,板垣被吊上绞架,零点 32 分 30 秒宣布死亡。

第五个被押上绞刑架的是松井石根。死刑临头,松井石根面无人色,全身瘫痪。他被两名宪兵扶在行刑前坐的靠椅上。绞索套上了他的脖子,他的喘气立时粗了起来。

松井石根是南京大屠杀的主犯。法庭上,他听着起诉书的宣读,有时就其中的罪状和旁边的辩护律师窃窃私语,但很快就被法庭宪兵制止。

松井对自己的全部诉因慢条斯理地回答无罪。甚至以当时自己患病为由,妄图逃避惩罚。然而,法律是无情的。远东国际军事法庭对他的判决如下:"松井石根的疾病既没有阻碍他指导下的作战行动,又没有阻碍他在发生这类暴行时访问该市达数日之久,而对于这类暴行具有责任的军队又是属他指挥的。他是知道这类暴行的,他既有义务也有权力统治自己的军队,和保护不幸的南京市民。由于他忽略这些义务的履行,不能不认为他负有犯罪责任。"

松井石根的供词是两面派和伪善的典型:刽子手一面在亵渎神灵,一面为自己的牺牲品的灵魂安息而祈祷。这里将他的书面供词的最后几行摘引如下:"我认为,中国国民与日本国民理应像兄弟一样相互合作。因此,他们之间发生的付出巨大牺牲的战争是一场真正的灾难,对此,我感到十分遗憾。我曾希望这一事件会向两国国民提供在和平与和谐中生活的可能,那些曾贡献出自己生命的人们会奠下新亚洲基石。所以,在我回国后,就在热海市附近的伊豆山上修建一座神殿以纪念战死的两国军人并为其灵魂安息而祈祷。尤其我在这个神殿塑了一尊观音菩萨的全身像,并在神像的基座上撒有从长江盆地战场上运来的土。我曾昼夜在这尊神像前为牺牲军人之灵魂得以安息和世界和平得以确立而祈祷。"

他以为假惺惺的和善与忏悔能减轻他的罪过。错了,恶魔终究逃脱不了正义的惩罚。

"行刑!"监刑的法官南度一个有力的手势,约翰·伍德按下了电钮,松井石根的身体立时被悬吊在空中,他下意识地死命挣扎,但一切都是徒劳的,2 分 11 秒后,松井石根终于断气。

气喘吁吁,额头上冒着虚汗被押上刑场的日本前内阁首相、外相广田弘毅显得十分苍老。对国际军事法庭的死刑判决,他无话可说。他大概明白,此时此刻,一切争辩都是徒劳的。

在这高高的绞刑架上,行刑者蒙住了他的眼睛,他什么都看不见了,但冥冥中,他发现无数冤魂在向他索命。

广田是发动"七·七"事变,全面进行侵华战争的主谋者之一。在"七·七"事变前,日本统治集团内部有两种对立的意见。一种是"对华一击论",主张乘机给中国一次打击,一举打开华北政策的僵局,强压国民党政府屈服,挽回中日邦交不利局面;另一种是"慎重派",担心如果派兵,则将陷入长期战争,提出应尽可能避免与中国交战,专注于当前的对苏备战。广田外相就是属于积极出兵那一派。由于后一派核心人物石原莞尔的让步,加之前一派势力较强,内阁会议很顺利地通过决定,向中国派兵。

从"七·七"事变开始，日军不断增兵中国，并继续侵入华中。9月2日，内阁决定把"华北事变"改称为"中国事变"，把侵略目标由华北改向全中国。9月4日当日本第72届临时议会开幕时，天皇下达的敕谕，实是一篇宣战书。

广田外相配合日本的军事进攻，为占领全中国，进行了积极的外交活动。日本政府想委托德国向中国劝降。1937年11月2日，广田外相向德国驻日大使狄克逊提出了同中国谈判的所谓"和平条件"。当时蒋介石指望在布鲁塞尔召开的关于中日纠纷的九国会议做出具体的对日制裁措施，因而对谈判不感兴趣。

七·七事变

1937年12月13日，南京沦陷。随着国民党战场的溃败，日本帝国主义的气焰更加嚣张，它提出的所谓和平条件更加苛刻。广田外相向德国驻日大使提出了和平谈判的新条件。这些条件是：中国政府必须放弃反日、反满政策，与日"满"共同反共。在中国更多的地区建立非军事区和特殊政权（指受日本支配的傀儡政权）。中日"满"缔结经济合作协定。中国应对日本赔款。广田还提出，限定国民党政府在1938年1月15日以前，做出答复。

广田提出的所谓和平谈判，实质上是灭亡中国的另一种手段。他的和谈条件提出后，为进一步向重庆国民党政府劝降，12月31日，又发表谈话称："友邦中国，今日实遭逢最不幸之境遇，若中国能了解日本力求东亚和平之重要之观点，则中国自能免除今日之惨痛。日本政府深愿在迎接1938年之时，能与友邦中国开始新的和平，解决一切问题，则中、日大局，即可展开一新局面。"

1938年1月，蒋介石向日本送交了关于和平谈判的答复，说日本提出的和平条件不清楚，希望提出更具体的提案。1月15日，日本举行大本营——政府联席会议，对此进行研究。会上出现两种主张。一种主张是继续谈判，他们担心陷入长期作战会削弱对苏的战备。另一种主张是，停止谈判。广田外相同陆相、海相和内相持这种主张。他们认为，南京陷落后，蒋介石政权已处于极其困难的境地，"可以说一推就垮了"。广田等主战派妄图趁热打铁，一举灭亡中国。广田这一派占优势，会议最后决定，停止和平谈判。第二天，即1月16日，近卫首相发表声明，堵死了和谈的道路。事实上，广田外相提出的和平谈判，实质上是吞并中国的阴谋。

广田的双腿在颤抖着。踏板开启了，颤抖的广田落入无尽的黑暗之中，他的腿像放了血的鸡似的，死命蹬了几下，就咽了气。

至12点37分，7名战犯全部绞死，只有武藤章临刑前狂呼"天皇万岁！""大本营万岁！"的口号。

曾血洗中国香港的刽子手酒井隆在南京偿还了他欠下的血债。

1941 年日本军队在偷袭珍珠港的同时,向香港发起了进攻。驻港英军司令莫尔特和港督打着白旗,乖乖地举手向酒井隆中将投降。

但有一点酒井隆没有料到,防守香港西半部的英军,由于和总部失去了联系,面对日军的进攻,利用坚固的阵地,拼死抵抗,日军损失惨重。酒井隆恼羞成怒,他指挥部队在阵地外的圣斯蒂劳学院,极其残暴地杀死了那里的 170 名伤员及手无寸铁的俘虏,甚至连 7 名护理伤员的女护士也没幸免。其手段之残忍,令人发指。割耳朵、鼻子,挖眼珠、剁手指,可谓无所不用其极。7 名女护士遭强奸后,全部用刺刀捅死。

在日军占领下的香港,所有抗日人员全部被当成日军练习刺杀的靶子。国民党交通部驻香港官员全部遇难。深水涉元洲街一位妇女背着小儿子上街买菜,回家时正值戒严,面对近在咫尺的家门不得入内,她看家的女儿见妈妈回来,赶紧从屋里扑出来,丧心病狂的日本鬼子竟开枪射击,一家三口倒在血泊之中。

不仅如此,日本兵还在香港肆意奸淫,民宅里和街道上,到处可见赤身裸体、血肉模糊的女尸。曾以《驸马艳史》等影片驰名中外的影星梅绮正值新婚宴尔,兽兵竟当着她丈夫的面,强奸了这位女影星。为了掠夺香港人民的财富,酒井隆还宣布"在香港以日军的军用手票为合法货币",强令用港币兑换,"藏有港币者杀"。据不完全统计,在酒井隆部队占领香港的 3 年时间内,日军掠夺的财富相当于现在的数百亿港元。

酒井隆亲手导演的这出丑剧成了他走向坟墓的铁证。但他被捕后押来南京受审时,还推诿说:"随便杀人是没有的,炮火误伤有可能。我一贯要求部属在作战中不可伤害民众。"好像他还受了委屈。然而,面对军事法庭出示的一件件证据,他傻眼了,无话可说。

1946 年 9 月 13 日,南京雨花台周围人头攒动,欢欣鼓舞的人民看到了魔鬼的末日。丧心病狂的酒井隆被一枪毙命。

在中国犯下滔天罪行的南京大屠杀主犯谷寿夫也是在南京雨花台被枪决的。

1937 年底及 1948 年初的南京,遭到旷古未有的浩劫。

惨绝人寰的大屠杀:日军在南京集体屠杀 28 起,零星屠杀 858 起,总计惨死在日军屠刀下的有 30 余万人。南京遭到人类文明史上旷古未有的浩劫。

野兽般的暴行:侵华日军侵入南京后,除了用各种酷刑屠杀无辜外,还肆无忌惮地搜捕妇女以发泄他们的兽欲。上至 80 余岁的佝偻老妇,下至六七岁的幼女,都未能幸免。日军侵入南京后的 1 个月内,就发生了 2 万余起强奸、轮奸事件。

谷寿夫所率领的侵华日军第六师团是最早攻陷南京城的侵略者,他们在 1937 年 12 月 12 日傍晚攻陷南京中华门,谷寿夫部的先头部队用绳索梯子攀垣而入。13 日,谷寿夫第六师团大军进城,与中岛、牛岛、米松等日军分窜于南京市各区,开展大规模屠杀,继以焚烧奸掠。谷寿夫师团驻扎在包括雨花台在内的中华门内外一带,在南京停留约 10 天,这期间正是侵华日军在南京暴行最高峰的时候,也就是战犯松井石根要他的侵略部队发扬日本武威的时候,而中华门又是当时日军杀人最多暴行最惨的地区之一。

谷寿夫是被盟军司令部以"战犯嫌疑"的罪名逮捕的,被盟军总部法务科列为"乙级战犯"。按照国际惯例,只有"甲级战犯"是由国际法庭审判,"乙级""丙级"

战犯一般都是由直接受害国的国内法庭审判的。因此,东京的远东国际军事法庭并未讯问谷寿夫。谷寿夫以为远东国际军事法庭把他这个职位较低的嫌疑犯忘记了。甚至还在盘算出狱以后去经商,办几个公司,当个阔老板。然而,受他残害的南京人民忘不掉这个恶魔,他们强烈要求国民政府国防部引渡谷寿夫。1946年夏,中国方面向盟军总部正式提出引渡谷寿夫的要求,获得准许。

1946年8月1日,美国驱逐舰"天王星号"载着谷寿夫驶抵上海,晚上8点整,从"天王星"号上放下的一艘交通艇在虹口汇山码头靠岸。谷寿夫被四个荷枪实弹的美国宪兵押解上岸,他身穿白色西装,系着一条绛红色领带,宽阔的前额已是皱纹如沟,一对鼓鼓的金鱼眼,东张西望。见到处是愤怒的人群,他似乎意识到此番来华在劫难逃。

谷寿夫被押解南京后,南京国民政府第一绥靖区司令部军事法庭侦察室立即对他进行了讯问。谷寿夫对于自己的经历及几次侵华活动都做了交代,但对南京大屠杀的情况却避而不谈。预审军法官于是点明了这桩主要罪行,但谷寿夫却傲慢地说:"什么叫'南京大屠杀'?我不知道!打仗嘛,死人是无所谓的,日本人也死了不少啊!"

预审军法官当即对谷寿夫的谬论提出反驳,并对他的傲慢态度予以严厉警告。

1946年10月16日,谷寿夫被押解到南京国民政府国防部小营战犯拘留所。10月19日,军事法庭第二次对谷寿夫进行侦询。谷寿夫对1937年12月13日由中华门入侵南京的战争罪行供认不讳,但仍然否认在南京进行大屠杀的事实。

当天晚上,谷寿夫彻夜不眠,待在囚室中炮制他的《陈述书》,他对起诉中指控他是南京大屠杀主犯的罪行进行了狡辩。针对谷寿夫的《陈述书》,军事法庭在12月21日对谷寿夫第三次侦询时,提出了400多名证人,证实谷寿夫第六师团在中华门附近的犯罪事实。谷寿夫仍一口拒认。谷寿夫此时已看出中国方面为南京大屠杀死难者报仇雪恨的决心,估计自己此番是凶多吉少,但他还想为自己争取一个活命机会。1947年1月14日,谷寿夫给审判战犯军事法庭庭长石美瑜写了封"恳愿书",要求对自己"宽延公审"。他还分别上书南京国民政府国防部长白崇禧及参谋总长陈诚,一副贪生怕死的样子,全然没有了南京大屠杀时的那股杀人不眨眼的魔王气魄。

1947年2月6日至8日,南京审判战犯军事法庭对谷寿夫进行为期三天的公开审判。军事法庭庭长石美瑜宣布公审开始,公诉人陈光虞宣读了长达两小时的起诉书,历陈谷寿夫在南京大屠杀中所犯下的滔天罪行。宣读过程中,庭内外旁听者大多痛哭失声,公诉人读完起诉书时,亦已泪流满面。面对无可推卸的弥天大罪,谷寿夫傲慢无礼,仍然百般抵赖。法庭为了揭穿其推卸罪责的无赖行径,特请十年前南京保卫战时驻守在中华门的国民党第八十八军营长郭歧、英国《曼彻斯特卫报》记者田伯烈出庭作证,法庭还当庭放映了南京大屠杀时日军自己拍摄的新街口屠杀现场的纪录片,以及美国驻华使馆新闻处实地拍摄的记录有谷寿夫部队暴行的影片。法庭庭长石美瑜还出示了被谷寿夫师团杀害的中国民众的遗骨。面对铁一般的事实,谷寿夫只好承认了纵容和唆使部队屠杀南京平民和俘虏的犯罪事实。

4月25日,南京国民政府防守第一○五三号文批示:"讯证明确,原判依法从重处以死刑,尚无不当,应予照准。"

4月26日上午11时,谷寿夫被从国防部法庭看守所提出,押赴雨花台刑场。囚车抵达刑场时,谷寿夫已经吓瘫了,连站都站不稳。行刑宪兵将他架下囚车,面对中华门方向跪下。正义的枪声响了,谷寿夫倒在血泊中。

时间会冲淡许多往事,但南京大屠杀时发生的一切,南京人民是绝不会忘记的。

1947年12月18日,是侵华日军在南京草鞋峡集体屠杀5万多中国军民10周年祭日。这天南京的大街小巷,老老少少,起得特别早,许多人还换上了新衣服。如此兴师动众,既为凭吊10年前无辜死去的同胞,也为欢庆一个盼望已久的判决:10年前在南京大屠杀时以杀人取乐,甚至进行杀人比赛的两个魔鬼——日军十六师团片桐部队大队副官野田岩和富山大队炮兵小队长向井敏明被中国审判战犯军事法庭判处死刑,今天执行枪决。

南京人忘不了这两个恶魔。1937年12月,他们在六朝古都南京,挥舞着闪亮的军刀,肆意杀戮无辜的平民。为了创造一个杀人纪录,他们俩相约进行杀人比赛,看谁先杀掉100个中国人。当他们进行了一番血腥屠杀之后再次相会时,一个杀了105人,一个杀了106人,但究竟谁先杀满100人却无从查考。于是,两个魔头相约再决雌雄,以杀150人为目标。随军的日军记者拍下了两个魔头扶着战刀在一起狞笑的照片,并发表在日本的报纸上。两魔鬼怎么也没想到,当年出尽风头的"勇壮"照片,竟然成了罪证。

1937年12月,两个恶魔肩并肩站在南京街头杀人,拍照留念。10年后的12月,两个恶魔又肩并肩坐同一条船引渡到中国。此刻又肩并肩地站在法庭上,接受中国人民的审判。他们没有了昔日的威风,手上也没有了闪亮的军刀,只有与军刀一样闪亮的手铐。在日本,他们把在中国犯下的罪恶吹得天花乱坠。而此刻,他们却矢口否认。首先押上法庭的是野田岩。他一再说过去的一切都忘记了,也不承认与向井敏明有过杀人比赛。当审判官向他出示日本《东京朝日新闻》报上醒目的照片和记录他们杀人比赛经过的通讯时,野田岩摇摇头,说:"这是记者瞎编的新闻。"法官反驳他,"难道照片也能瞎编出来吗?"野田岩全然没有了25岁在南京杀人时的勇气了。他不敢承认过去的一切,他以为不承认就可以把血债一笔勾销。

与野田岩一样,留着一撮仁丹胡子的向井敏明也否认有过杀人比赛。当提及报纸上的新闻和照片时,他竟说:"为了回国好找老婆,我们让记者拍了合影,叫记者虚构了这条新闻。"

然而,狡辩掩盖不了血的事实,南京军事法庭经过反复取证,认定了野田岩和向井敏明的杀人事实。

审判是公开进行的,因场地有限,许多南京人无法列席庭审,只好在庭外收听实况。判决书这样写道:

"按被告等连续屠杀俘虏及非法战斗人员,系违反海牙陆战规例及战时俘虏待遇公约,应构成战争罪及违反人道罪。其以屠戮平民,认为武功,并以杀人作竞赛娱乐,可谓穷凶极恶,蛮悍无与伦比,实为人类蟊贼,文明公敌,非予尽法严惩,将何以肃纪纲而维正义。依法判处野田岩、向井敏明死刑,执行枪决。"法庭沸腾了,有的鼓掌有的叫好,有的竟然哭起来了。

当囚车将战犯押赴刑场时,马路两旁挤满了人。两个魔鬼哭丧着脸,连正眼瞧一下南京的勇气都没有。在他们当年杀人的地方,罪犯蜷在地上。正义的枪声响了,污血从他们的头上淌出来,稍稍挣扎了一下,就一动不动了。

十五、苏联是如何步入核大门的

1949 年 8 月 29 日凌晨 4 时,在苏联哈萨克人迹罕至的草原上,随着上一声惊天动地的巨响,一朵巨大的蘑菇云拔地而起。

苏联秘而不宣地试验成功了第一颗原子弹。这颗钚弹,当量约为 2 万吨。它的试验成功打破了美国的核垄断。

1953 年 8 月 12 日,苏联爆炸了第一个热核装置,约 10 万吨梯恩梯当量。从此苏联又拥有了氢弹。

1957 年 8 月 26 日,苏联又成功地试射了 SS-6 洲际导弹,宣称它可以击中世界上任何一个地方。

1957 年 10 月,世界上第一颗人造地球卫星又在苏联境内的一个发射场进入太空。

美国震惊了,全世界震惊了。

1930 年早春的一天,一群物理学家应召被调往列宁格勒市"国立 X 射线与辐射研究所"工作。不知出于何种原因,研究所大门终日紧闭。大门里边科学家们吃、穿、住等生活设施一应俱全。一个几乎与世隔绝的世外桃源。

这就是苏联第一个核研究中心。出于对列宁缔造的苏维埃联邦共和国的热爱,苏联的科学家们为核研究投入极大的热忱,并率先发现了铀核裂变及能量。为了揭开铀核裂变之谜,科学家们废寝忘食地工作,甚至拟出了许多研究课题。而这时,与这个"红色世界"相对立的西方,正千方百计从各方面企图将其扼杀,在核研究领域自然不会放过。封锁、禁运、刁难、破坏,尽管新生的政权进行了不屈的抗争,但核研究进展终究缓慢。

1940 年初秋,莫斯科,苏联科学院物理学术会议开幕。与会代表几乎都带来了自以为精彩的学术论文。这天下午,年轻的物理学家库尔恰托夫走上了讲坛。也许是他太年轻了,并未引起大家注意。没想到他的开场白竟一鸣惊人:各位代表,我不打算宣读我的论文了,我重申塔姆先生的建议,制造一枚铀炸弹,它有着巨大的能量,至少 10 公里以内的一切,都将被夷为平地。

会场立即沸腾了,许多人交头接耳,对库尔恰托夫的发言感到惊讶。正当大家议论纷纷之际,库尔恰托夫则把自己那篇有关制造铀炸弹的可行性报告及方法的论文交给了大会主席团。许多代表都对他的发言和论文表示了极大的兴趣,甚至有人主动提出要求参与这项"具有划时代意义的研制"。

然而,主持苏联科学院物理研究所工作的洛费却泼了一盆冷水。他以讥讽的口吻说:"导弹技术将是下一个 50 年代必须掌握的,而核技术即使在下一个世纪也不可能派上用场。"

洛费轻率的表态,把一个生气勃勃的设想扼杀了。然而,"铀炸弹"的思路却在许多科学家头脑中扎了根。1941 年初夏,苏联科学院年轻学者伏列罗夫运用铀核裂变原理,设计出原子弹构造草图。

科学院领导还没来得及仔细审阅这份草图,1941 年 6 月,德国法西斯发动了侵苏战争,苏联卫国战争拉开序幕。战争,把一切问题都公式化了。最高当局要求科学家们把全部兴趣集中到打败德国法西斯所需的装备研究上。万般无奈的科学家们只好把核研究暂时搁置。率先提出制造核弹的库尔恰托夫着手研究为舰艇消磁,防止军舰遭磁性水雷攻击的课题。

1942 年春,苏联物理学家费卢罗奥夫发现有关核能研究的学术文章从美国、英国和德国的科技杂志上消失了。他敏感地意识到,他们正在秘密实施核武器研制。然而,卫国战争的炮声,掩盖住了科学家的呼吁。

直到这一年的秋天,情况有了转机。苏军在一名被击毙的德国军官身上搜出了一个笔记本,上面的数据和公式清楚地表明,希特勒德国正在研制原子武器。

笔记本和科学院的鉴定报告送到了斯大林的案头。

这是一个无风的秋夜,克里姆林宫斯大林居室。手持烟斗的苏维埃最高领导不停地抽着烟。一份搞不搞研制核弹的报告等待他裁决。他经受过枪林弹雨的考验,虽然对核理论不甚了了,但对核弹的威力已是略知一二。但研制核弹需要人才,需要资金,需要试验场,需要的东西实在太多了。可第二次世界大战正战火纷飞,该怎么办呢?

"丁零零! 丁零零!"桌上那部红色的电话机响了。他拿起听筒,耳机里传来了国家情报部负责人的声音。听着听着,斯大林的脸色严肃起来,眼睛盯住了案头那份关于着手研制核弹的报告。

搁下电话,他拿起笔筒里那支他常用来签字的红笔,重重写上:富赫斯,好样的,我们也要搞铀炸弹!

富赫斯何方人氏,斯大林为什么爽快地签字? 原来,富赫斯是德国年轻的理论物理学家,因受到法西斯迫害,离开了德国,后来加入了英国国籍。1941 年,一位德国济民派厄斯邀请富赫斯参加他领导的研究核武器问题的小组。富赫斯没有想到,美国研制原子弹,是背着盟国苏联秘密进行的。曾是德国共产党员的他对列宁缔造的世界上第一个社会主义国家有着本能上的好感。终于,他拨通了苏联驻伦敦大使馆国防人民委员部的电话。

斯大林的批示,立即在苏联科学院引起反响。11 月 11 日,莫斯科不远的沃林斯科耶。斯大林亲自召集会议,出席会议的是全苏联一流的物理科学家。不久,由斯大林亲自提议任命库尔恰托夫为莫斯科第二核武器研究室主任(对外称第二实验室)。

苏联核弹研制正式上马,但困难也接踵而来。核弹研制需要大量铀原料,经过了艰苦的努力,才好不容易在中亚的乌拉尔、阿尔泰和土耳其斯坦的费尔干纳地区找到铀矿,但实在为时已晚,连实验必需的"核反应堆"都一时难以建立,科学家们只好凭理论估算试验,而且造出了世界上第一颗原子弹。

1943 年 9 月 10 日,在西伯利亚一个荒无人烟的湖心岛上,苏联科学家们进行了首次核爆炸试验。试验的亥装置的当量只有 1700 吨梯恩梯。这是一次亘古未有的核爆炸试验,距爆炸点 1 公里以外,有一座很深的地下掩体。起炸前 10 分钟,全部人员躲进了掩体中。唯有物理学家别特，尔萨克固执己见，不相信这颗核装置有超常的威力，拒绝进入地下掩体。惊天动地的大爆炸之后，这位目击者的尸体被炸得无影无踪。

这就是人类历史上最原始的原子弹爆炸，由于苏联人采取了极为严格的保密措施，试验消息受到了严格的封锁。多少年来，这次核爆炸鲜为人知。也许人们会问，既然苏联人早就进行过核爆炸，为什么他们却迟迟制造不出真正的原子弹呢？原因并不复杂，苏联人 1943 年的核爆炸是在未建立反应堆的情况下凭理论推算进行的，而要制造用于实战的原子弹就必须要有反应堆的精确实验。

苏联的首次核爆炸，并没有瞒过美国人的眼睛，他们也暗暗加快了研制核弹的步伐。

1945 年 2 月，当苏联红军的坦克驶上柏林街头的时刻，一支特别工作小组随即跟上，他们开始搜集纳粹的各类科学家和技术资料。对苏联的特别行动小组，美国人自然不会袖手旁观，他们很快成立了"阿尔索斯"突击队，任务是抢在苏联之前，截住德国的科技人员。但攻克柏林的是苏联军队，几乎所有的试验设备，被苏联尽数运回莫斯科。

正当苏联人把手伸向德国火箭生产中心佩内明德时，美国人抢先了一步，"阿尔索斯"突击队俘获了 113 名第一流的德国专家和 100 枚 V-2 火箭，并迅速运往美国新建的白沙试验基地。美国人前脚走，苏联人后脚就赶到了。眼见肥肉被美国人吃掉了，只好自认倒霉。好在还有一大批二三流专家，苏联人矮子里面拔将军式地又筛选了一遍，数以千计的德国科学家和工程技术人员被送往莫斯科郊外的及塞利格湖戈罗冬里亚岛上，让他们共同参与苏联核武器的研制。1945 年 7 月，在波茨坦会议上，美国总统抑制不住自己的高兴，向斯大林炫耀说，美国已经拥有了原子弹。紧接着，美国的两颗原子弹先后在日本广岛和长崎爆炸。美国拥有了原子弹而苏联没有，在美国核垄断的事实面前，斯大林震怒了。他下令不惜代价加速苏联的核研究进程。

1945 年底，斯大林以 1812 年俄国战胜拿破仑的古战场——鲍罗金诺为名，重新命名了苏联的核项目。几十个研究所和工厂划归刚刚成立的原子能工业部，上千名专家投入研制原子弹的各种工作。一场全面追回所失去的时间、加速制造原子弹的战斗打响了。

1946 年 12 月 24 日，苏联建成了代号为"E-1"的第一座原子反应堆。也就是这一天，库尔恰托夫在他的实验室取得了突破性的进展，他梦寐以求的控链式核反应获得成功。

正当库尔恰托夫欣喜若狂地向斯大林电告这一喜讯时，苏联情报部门又获得了来自美国"曼哈顿工程"的绝密情报。也许是苏联的运气。曾一直给苏联提供核情报的英籍德国人福赫斯在进入"曼哈顿工程"之前，美国联邦调查局曾经先后 8 次对他进行"可靠性"审查，但是，都没有发现他和克格勃的任何关系。可就是他，在苏联研制核弹的关键时刻，提供了有关铀的采集提炼、原子弹的设计图纸、美国第一颗原子弹试验的各种数据。

苏联的冬天是寒冷的，来自西伯利亚的寒流使莫斯科的温度骤然降至零下 25 摄氏度，纷纷扬扬的白雪，使天地一片混沌。

1946年的严寒未能挡住苏联的核研究步伐。位于高尔基地区阿尔扎马斯南部萨洛瓦小镇的第十一设计局正热火朝天,一枚"钚弹"设计任务落到了他们身上。局长泽勒诺夫亲临现场,从图纸到施工,哪怕是一个极细小的环节,他都要亲自过问。他知道,这是斯大林同志下达的任务,他不敢有半点马虎。

雏形出现在一份绝密的图纸上。按设计指标,这"家伙"重达5吨,它有主体尾翼和自身的推力系统,活像个航空飞行物。面对这个属聚爆形的"钚弹",库尔恰托夫为难了。当时的苏联,还没有一架飞机能够运载这样一个核装置。

雪地上,库尔恰托夫转了一圈又一圈,嘴巴里哈出的热气在他的眉毛上结成了冰碴儿。

大院的门铃响了。一辆特制的黑色轿车驶进了这个神秘的大院。"嘀嘀"的喇叭声打断了库尔恰托夫的思考。他定睛一看,认出了这是克里姆林宫的专车。一位上校军官给他送来一份绝密件。

轿车开走了,大院又恢复了先前的宁静。库尔恰托夫迫不及待地启开密件。哇,是美国原子弹试爆的各种方法。他差点高兴得喊出声来。

这又是富赫斯的杰作。作为研究原子弹的专家,他当然知道苏联的原子弹研制工作,像一位母亲,正在经历着胎儿分娩前的阵痛。尽管他还不清楚苏联障碍的根本症结。在美国"曼哈顿工程"工地上,他想尽一切办法,凡是能够收集到的机密,他几乎都弄到手了,而这里的每一份资料,几乎都是称得上绝密的高科技结晶。难怪战后苏联内务人民委员部曾考虑过对富赫斯的表彰。

美国试爆原子弹的若干种方法,是经过不知多少次的试验才得来的,苏联人占了极大的便宜。很快,苏联决定采取美国的方式,把原子弹放在一个塔顶上引爆。

1948年底拥有原子弹的美国,仰仗着手中的核武器,到处耀武扬威,以世界警察自居。斯大林看不惯美国人不可一世的气焰。为了尽早打破美国人的核垄断,斯大林发布了"死命令",务必在10个月之内试爆一颗原子弹。

斯大林的"死命令"下达到了研究核弹的每一个部门。一切为原子弹让路,一切都在紧锣密鼓地进行。

核试验基地造在哈萨克斯坦共和国境内的额尔齐斯河南岸一片巨大的荒原上,一切生灵都被远远地迁走了,苏军士兵封锁了任何一条通往这一地区的路径,几条常用的空中航线也从这上空悄悄中断。

试验场中央,筑起了一座钢筋混凝土的地堡,地堡上浇铸了一个坚固无比的铁塔。为了论证核弹的威力,苏军在铁塔四周数公里范围内,布置了许多退役的旧飞机和尚能使用的坦克,还修筑了大量混凝土建筑,还深深浅浅挖了许多全地下和半地下掩体,一些动物成了试验品。

1949年春天,一枚被命名为"南瓜"的原子弹制造成功,允许试验时间是初夏。没想到,试验场发生了意外事故,50米高的铁塔发生了倾斜。库尔恰托夫专家小组决定重建发射塔。试验整整推迟了两个月。

1949年8月29日凌晨,晴朗的天空中,星星还在眨巴着眼睛。居住在克里姆林宫的斯大林被早早地唤醒了。他紧皱着眉头,明亮的眼睛眺望着深邃的夜空,他知道,这次核爆炸,不仅对苏联,而且对整个东方社会主义阵营,都有着不可估量的作用。

试验室已进入倒计时,沉重的"南瓜"竖立在发射塔上。

"起爆!"试验场指挥员按下了发射电钮,人们憋住了呼吸。

惊雷震天,飓风呼啸,巨大的火球把哈萨克草原照得通亮,硕大的蘑菇云在升腾……

红色电波传到莫斯科,斯大林紧皱的眉头舒展了,托起心爱的烟斗,吸了一口,又微笑着吐出一口烟圈。

苏联终于迈进了核大门。

十六、轰炸总统府

1948 年 12 月 17 日,香港一家报刊发美联社一条并不注目的消息:国民党首府南京昨晚发生炸弹爆炸事件,居民中引起骚动。据权威人士说,炸弹是从执行空巡任务的空军飞机上不慎掉下来的。事故原因正在调查之中。

爆炸事件并未引起香港居民的注意,但在南京的大街小巷,居民议论纷纷。有说是江北解放军打过来的超远程炮弹,有说是城防炮兵投诚江北,也有说是预先设置的定时炸弹……

整整 40 年过去了,历史的真相如何? 揭开那层神秘的面纱,原来是国民党空军起义飞行员对总统府的一次未遂轰炸。

1948 年秋,人民解放军从战略相持转入战略进攻,辽沈、平津两大战役接连告捷。数十万大军直逼徐州。为挽回败局,蒋介石亲飞徐州督阵布防,企图凭借徐州易守不易攻的有利条件,负隅顽抗。

淮海大战在即,蒋介石不敢怠慢,又暗暗调兵遣将。

长江路 292 号总统府内,蒋介石端坐在高级转椅上,高脚茶几上的那只英国造的猫头鹰台钟在一闪一闪地跳动着。他随手翻开一份《中央日报》,头版上一行醒目的黑体标题"国军森严壁垒,徐州固若金汤"。对《中央日报》的自我吹嘘,蒋介石自己也半信半疑。他摇摇头,推开报纸。目光落在那张 1:500 的大幅军用地图上。像蛇一般弯曲的三色箭头,标着作战双方的态势。蒋介石烦躁地踱到窗前,湛蓝湛蓝的空中,3 架 C-51 战斗机编着小梯队呼啸而过。蒋介石的眼睛一亮,厉声喊道:"作战处长!""有!"隔壁指挥室跑步过来一名矮胖军官。"娘稀匹,马上从上海调 20 架 B-24 轰炸机进驻南京,确保徐蚌会战(国民党称淮海战役为徐蚌会战)胜利。"

南京大校场机场,戒备森严,主要交叉路口和跑道两侧的地堡里,露出一排排黑洞洞的机枪口。起飞线上,印着青天白日徽的轰炸机待命起飞……

这是一个秋高气爽的下午,大校场上空响起一阵惊天动地的轰鸣,奉命调防南京的 B-24 轰炸机像一群晚归的老鸦,盘旋着接连落地。飞在第二梯队最后的是一名年轻的飞行员。只见他铁青的脸,深邃的目光注视着机翼下滚滚东流的江水,似乎在沉思着什么。他叫黄荣章,国民党空军八大队 B-24 轰炸机中尉飞行员,中共上海地下党发展的第一批骨干。

此刻,南京中央路附近的一幢白色小楼里,中共南京市委接到上海的一份密码当最后一架飞机落地时,已是落日西沉、晚霞红得像火一般。黄荣章拉开舱门,跳下梯子,心像灌了铅似的沉重,金陵的秀丽风光,没有激发他多大兴趣,倒是那飘着青天白日旗的总统府,撩拨了他的心事。当年,中山先生在这里宣誓就任大总统,倡导三民主义,为中华民族繁荣独立奉献了毕生的精力。而今,蒋介石背叛了中山先生,把刚刚从日寇铁蹄下挣脱出来的人民,又推入了内战的深渊。作为炎黄子孙,黄荣章选择了一条光明的路。在上海,他联络郝桂桥、周作舟等把兄弟,酝酿了代号"浦江行动"的驾机起义计划。意料之外的突然调防,使"浦江行动"夭折。他本想破釜沉舟,拼个鱼死网破。可上海地下党制止了他们的冒险行动。刚刚在空中盘旋时,玉带般的长江、青松掩荫着的中山陵,戒备森严的总统府,在银白色的机翼下一闪而过,他真想把机翼下悬挂的炸弹扔在总统府,再往蒋介石的办公楼扫射一顿机关炮,爆一条震惊世界的新闻。然而,他想到了自己肩负的历史使命。理智的冷静终于战胜了感情的冲动。

南京,国民党的老巢。暮秋的冷风吹卷着凋零落地的树叶,撕开了商店门前张贴的"不惜血本,买一送一"的巨幅广告。行人稀疏的马路上,不时有警车疾驰而过,留下一串凄厉的警笛声,徐州吃紧,南京的大小头目们也惶惶不可终日。由于空军飞行员接二连三地驾机起义,对飞行员的控制也日趋加紧,政战部特工人员和侦稽队的特务在机场上走马灯似的转个不停,稍有怀疑,就立即逮捕。

大校场东首的一幢灰色旧楼,住着轰炸机大队的飞行员。午饭刚过,这些被蒋介石当作宝贝的天之骄子,有的在打牌,有的在聊天。二楼西头双人间里,黄荣章正倚桌沉思。他当然不会忘记自己的使命,广交朋友,是他的锦囊妙计,黄荣章生性随和,极讲义气,花钱也从不抠抠唆唆,所以在飞行员中极有人缘。调来南京没多长时间,他已交上了不少朋友。不过,他半点也没有露出自己的意图。他在等待南京地下党的指示。

"黄中尉,电话!"值日员扯着嗓子在叫喊。黄荣章心头不由一怔。"想不到你小子有一手,光听她甜甜的声音,就知道是个美人。"值日员嬉皮笑脸地冲黄荣章扮鬼脸。

女人、电话,黄荣章脑子急速转动。南京人地两疏,莫非……

黄荣章朝值日员道了声谢,假装漫不经心地拿起电话,话筒里传来一个娇滴滴的声音。

"我是姗姗,姨妈托你买的西洋参买到了吗?"

"最近脱货。""那就晚几天。""再过一星期准有货。"暗号对上了。黄荣章一阵兴奋。但他很快冷静了,在这非常环境里,隔墙有耳,稍有疏忽,都有可能暴露身份。他真像跟情人通话似的在电话里亲热了一番。

夜,静谧的机场之夜,只有巡逻哨的大皮鞋在水泥地上发出沉重的脚步声。黄荣章毫无倦意,他点起一支香烟,踱到窗前,一伸手推开窗户。一阵寒风袭来,他下意识地打了个寒战。不远处,雪亮的探照灯光下,一架架待命起飞的B-24型飞机闪着寒光。他眼前浮现出了白天轰炸的情景。不,不能再让罪恶的炸弹扔向自己的同胞。尽快联络飞行员起义。很显然,他想起了地下党通知的起义飞机联络信号规定:白天,飞机上飘挂一条白色的绸布;夜间,飞机前方照明灯间隔两秒闪一下。第一降落点安东机场，用白布铺一明显尖角标志，角尖指示风向，便于飞机迎风着陆。

星期天，东郊中山陵园人群熙熙攘攘，在博爱牌坊东侧的石凳上，身穿便服的黄荣章，手持一只德国"罗莱"相机，像是跑累了在此小憩。一会儿，与他单线联系的南京地下党联络员王嘉梅，佯装问路，与黄荣章接上关系，并约定一星期后再见，联络员走后，黄荣章转过身子借点烟的机会展开那张白色的纸条，一行娟秀的钢笔字映入眼帘：从速组织四至五架飞机起义，联络信号照旧。

起义准备工作在悄悄地进行。黄荣章从广交的朋友中发展了五名起义人员。谁知，这节骨眼上，意外发生了。

12月13日，空军政战部在事先不通知的情况下，突然将飞行员的妻儿老小用船先期运抵台湾。

好毒的一手。形势顿时严峻起来，原先答应一同参加起义的飞行员有的不干了，有的动摇了。一旦有人稍稍走漏风声，后果不堪设想。

风云突变，迫在眉睫。与联络员约定见面的时间还有四天。怎么办？怎么办？黄荣章心急如焚。突然，他想到了郝桂桥、周作舟两位把兄弟。

翌日黄昏，夜幕笼罩着十里秦淮。黄荣章踏着暮色，来到闹市区夫子庙。虽是隆冬季节，夫子庙却是人头攒动，热闹非凡。唱戏的、玩灯的、卖酒酿元宵的，嘈杂的叫喊声震荡着浑浊的夜空。昏暗的巷子里，不时有几个妖艳的女人在向过往的客人献着殷勤。一个约十一二岁的小姑娘，牵着双目失明的爷爷，在向行人乞讨。

黄荣章走到文德桥畔，随手要了一份晚报，瞟了一眼不远处的奇乐园酒楼。看看时针已指向七点，他看了看四周，确信无人跟踪后，才点起一支香烟，晃晃悠悠地朝奇乐园走去。

奇乐园，是夫子庙地区最大的一家酒馆，楼下是卖大众化酒饭的，设备比较简陋。楼上却是小巧玲珑的包间，装潢也十分华丽。二楼中间的一个包间里，先到的周作舟已要了几个冷盘。桌上三副碗筷早已摆放停当。黄荣章走进包间，三杯刚斟满的美国威力娜啤酒正冒着白色的泡沫。黄荣章轻轻呷了一口，眉头不由皱了一下，杯中的啤酒似乎有点苦。三人坐定后，黄荣章心情沉重地说："情况大家都知道了，起义需要提前行动。""大哥，干脆把飞机全给他炸了！"性急的郝桂桥呼地站了起来。黄荣章摆摆手，示意他坐下。继续压低声音说："原计划五架飞机同时北飞的计划已不可能，我们必须……"

噔、噔、噔，楼梯上急促的脚步声打断了黄荣章的讲话。"别让他们跑了。"一个公鸭嗓子在叫喊。空气顿时凝固了，三人一齐拔出了腰间的手枪。

莫非起义计划暴露？莫非有人泄露机密？不，在这里开会除屋内三人之外无人知晓，何况又是人人可到的酒楼呢。黄荣章暗暗告诫自己，越是危险，越要沉住气。

二楼包间内，三人喝得"醉"醺醺的。"五魁首啊"，"哥俩好啊"，他们吆喝着猜着拳，一瓶啤酒翻倒在桌子上，淡黄色的啤酒流淌着。

"哗啦"一声，门被推开了，冲进三个黑衣警察，为首的是一个长着蛤蟆眼的家伙。"你们是那个……"话说了一半，蛤蟆眼憋住了。原来，他见是三个喝醉了的国军飞行员，没敢放肆。这家伙是个懂行的，晓得飞行员在蒋总统心目中的地位。

再看他们鼓鼓囊囊的腰间,弄得不好,挨了枪子也没个说理的地方。"三位打扰了,兄弟在追捕两个逃犯,对不起!对不起。"边说边匆匆退了出去。

一场虚惊,黄荣章怦怦的心跳似乎平息了些,他抬腕看看手表,见时间不早,果断地做出三条决定:

一、放弃原来组织大规模起义计划;

二、尽快组织起义,不成功便炸毁飞机,投炸弹与敌人同归于尽;

三、"为成功干杯"。

幽幽的灯光下,三只高脚杯碰到了一起。

12月16日,天阴沉沉的,还不时飘着几朵雪花,晚饭后,值星官挨着房间通知,晚上八点钟集合到空军总部"新生社"跳舞,听说蒋总统还要接见呐。别错过机会啦。

真是天赐良机。黄荣章计上心来。

"嘟、嘟、嘟",集合哨吹响了。随着一阵踢踢踏踏的脚步声,当官的坐吉普车走了,其余的乱哄哄地往卡车上爬。在这多事之秋,这些皮鞋擦得锃亮的飞行员,对总统接见并未有多大兴趣,倒是舞厅里招募的那些线条毕露的伴舞女郎,令他们一个个神魂颠倒。那个因值日而不能去跳舞的值星官急得团团转,见黄荣章从屋内出来,便满脸堆笑地迎上去。"黄兄,今晚与李小姐约好了,可这值星……要是黄兄给个方便……"说着就把值星登记往黄荣章手中塞来。"你真会钻空子,好吧,成全你吧!"黄荣章顺水推舟地做了个人情。郝桂桥、周作舟在卡车边乱挤了一阵,见没人注意,就佯装解手溜进了厕所。还有后来联系上的陈九英、张祖礼也借故未去。

汽车开走了,营区内一片寂静。"快,马上出发!"仅仅五分钟后,黄荣章等一行五人,背着手枪和飞行图囊,急匆匆地消失在漆黑的夜幕中。

停机坪,12架B-24轰炸机齐刷刷地排成一列。黄荣章一行昂首挺胸,撩开大步,向停机坪快步走去。

"口令",突然,黑乎乎的机身后,跳出一个端着步枪的哨兵,枪栓拉得哗啦哗啦直响。

"出任务的。"因为没有任务,他们五个人谁也不知道今晚的口令。猝不及防,黄荣章随机应变,生硬地回答了一句,脚步却没有停。

"站住,再走就开枪了。"哨兵端着枪朝他们走过来。

"他妈的,当官的去跳舞,我们出任务,还口令不口令!"黄荣章凶狠地把飞行图囊朝他脸上一扬,干脆大声嚷道:"不知道。"

没想到,这一招真起了作用。在国民党军队里,官大一级压死人。见是穿着飞行服的长官发火了,哨兵果然不吱声了。

见哨兵仍然持枪站在飞机旁,身材高大的陈九英故意走过去和他攀谈"家常",其他四人赶紧一架一架地选择飞机。黑暗中,他们一架一架飞机摸索。糟,一连找了五架飞机,有的有油无弹,有的油弹俱无。可眼下既要轰炸总统府,又要保证起义成功,油和弹缺一不可。不知谁提醒,下午飞行514号飞机最先返回,炸弹也许没有投掉。黄荣章疾步奔过去,拧开手电一照,好极了,机翼下依次挂着五枚寒光闪闪的吨级炸弹。

时针指向了 9 点 10 分。

机舱门被打开了。头里的周作舟正要跨进。突然，远处一辆汽车疾驰而来，两道明晃晃的灯光把停机坪照得通亮。黄荣章一把拉住周作舟，顺手掩上机门，五条黑影一齐隐进机身下的黑影里。连大气也不敢喘。

真是天遂人愿。汽车没有停，风驰电掣般从他们隐身的地方呼啸而过。

停机坪恢复了先前的寂静。可惜炸弹舱锁住了。周作舟拿起一根木棍，使劲一拧，锁拧开了，木棍"咔嚓"一声折断了。说时迟，那时快，一转眼工夫，五个人飞快地跃进了机舱。

黄荣章跳进驾驶室，熟练地打开电门，按动电钮，顷刻间，辅助发电机"卜、卜"地吼叫起来。无意间，他向外一望，不由吃了一惊，只见先前那个站在停机坪东头的哨兵正端着枪跑步向 514 号机奔来。

原来，那哨兵早就起了疑心。"飞行员都去跳舞了，怎么冒出个执行任务的？"黄荣章的发火把他唬住了。可明明见他们躲避汽车和撬炸弹舱，他似乎明白了什么。

"停车、停车，要不我就开枪了！"他扯开嗓子大叫着追了上来。

成败在此一举。黄荣章来不及暖机，B-24 四台发动机就咆哮起来。

B-24 滑上跑道。

大地在颤动，巨大的轰鸣和卷起的气浪，遮住了哨兵的视线，湮没了他的叫喊。

操纵杆在缓缓地压下。机头微微抬起，再见了，大校场！再见了，南京！黄荣章向东北侧的中山陵投去深情的一瞥，B-24 轰炸机呼啸着拔地而去，冲向那缀满珍珠的夜空。

今夜星光灿烂。

目标——总统府。

飞机跃上了 2000 米的空中。B-24 在黄荣章的操纵下，飞向灯火辉煌的中山大道，实施轰炸总统府的计划。

飞机在中山门顶空呼啸而过。黄荣章已经看见了总统府那高高的门楼，还有门前两尊龇牙咧嘴的石狮。此刻，他兴奋不已，尽管未能再与地下党组织接上关系有点遗憾，但终究起义计划成功了，倘若轰炸总统府成功，那给国民党将是一个多么巨大的打击啊！

"下降高度，准备投弹。"黄荣章收回了思绪的缰绳，镇静自若地指挥机组人员。

"明白，投弹准备完毕。"周作舟利索地打开投弹舱。

总统府就在翼下。"投弹。"仇恨的烈火在燃烧，千钧之力集中在投弹按钮上。周作舟按按钮的手在微微颤抖。

周末之夜，小营国民党空军总部新生社（俱乐部）灯火通明。飞机形建筑下的舞厅里，挂着 12 盏五彩缤纷的法国吊灯，咖啡馆、酒吧间、弹子房挤满了飞行员和空军司令部的军官。在这块"乐土"上，他们暂时忘却了白日的恐慌。

蒋介石身穿笔挺的将军制服，拄着文明棍。在一群侍从的簇拥下，假惺惺地与飞行员一一握手，为他们打气。"弟兄们，你们都是党国的精华，在这国难当头之时，我们要精诚合作，同舟共济，渡向胜利的彼岸！"

蒋介石似乎来了情绪，可飞行员的反应却不怎么强烈。一阵稀稀拉拉的掌声后,蒋介石瞪了空军司令周至柔一眼,大概是对飞行员的冷淡不满意。可他忍不住了。眼下正是用人之际,尤其是空军飞行员,一个个用黄金堆起来的宝贝疙瘩。他干咳一声,继续为他的"天之骄子"打气。

是啊,在这徐蚌会战的关键时刻,他需要用怀柔政策笼络人心,需要空中轰炸机增援。此时此刻,黄维兵团被人民解放军紧紧逼缩在弹丸之地——双堆集。一日三次组织突围,全被解放军挡回。求救电报雪片般飞向南京。为挽回败局,蒋介石电令空军不惜一切代价支援黄维兵团。这不,大校场每天起飞数百架次,给围在包围圈中的残兵败将空投食品,并一日数次地轰炸扫射解放军总攻部队。

"来来来,跳舞吧,大家辛苦了一周,轻松轻松吧。"蒋介石起身,随即舞厅里响起轻快的音乐声,蒋介石笑盈盈地搂着随身跟来的女秘书的纤腰,轻柔地旋转。顿时,舞厅里沸腾了,那些急不可待的舞迷们,纷纷搂着舞伴,翩翩起舞。

夜空中,B-24 轰炸机在总统府上空一闪而过。糟,那五枚吨级炸弹竟一枚也没有投下。周作舟揿按钮的手没有松,额头上却冒出一层细细的汗珠。

"为什么不投弹?"黄荣章急切询问。

"有故障。"周作舟回答。

"马上排除故障!"黄荣章的语气镇静而坚定。

黄荣章他们怎么也没想到,他们选择的 514 号飞机,其投弹系统早在头一天晚上,就被潜入机场的内线人物破坏,以致下午轰炸江北时,五枚炸弹尽数带回。而南京地下党与黄荣章联络中断,并不知道他们临时决定的计划。阴差阳错,使黄荣章他们壮志难酬。

"再投一次!"

黄荣章盯着机翼下的炸弹,轻轻地拉杆,飞机抬头跃升,向左拐了一个硕大的弧形。没想到在这偏离目标的时刻,刚才未能投下的五枚炸弹,却鱼贯而下……

新生社内,一曲终了,舞迷们返回座位。周至柔兴致勃勃地走上乐池,举起高脚酒杯,神气十足地说:"女士们、先生们,蒋总统光临,为今晚舞会增色。现在我要告诉大家一个好消息,徐蚌会战,国军正突破共军防线……"

忽然,沉雷般的飞机声滚过上空,仿佛像贴着楼顶掠过。太太、小姐们一阵恐慌。周司令笑容满面地说:"请安静,这是国军夜航的飞机,准备轰炸徐州共军集结地……"

话音未了,轰隆隆,燕子矶方向传来一阵猛烈的爆炸声,震得门窗直响,舞厅西北角直立式茶几上的一盆金橘滚落下来,"哐当"的瓷器碎裂声传来。"啊!"不知哪位小姐发出一声尖叫。舞厅内乱作一团。灯光突然熄灭了。

蒋介石闻声色变,一时又丈二和尚摸不着头脑。"娘稀匹。"蒋介石恼羞成怒,冲着周至柔发开了火。周至柔脸像涨红了的猪肝,结结巴巴地说不出话来。"回去!"蒋介石吼了一声,在侍从们的搀扶下,匆匆登上轿车返回总统府。

蒋介石做梦也没有想到,这投偏的炸弹,原本是对着他办公的总统府的。只是由于意外的原因,轰炸总统府没有成功。

燕子矶畔,烈焰腾空。黄荣章遗憾地拉起机头,拨正航向。时间紧迫,如果敌人驱逐机拦截,B-24 轰炸机起义就会归于失败。B-24 机吼叫着冲出阴霾,向着安东飞去,前方一片光明……

十七、"三三四"行动

1949 年 4 月 23 日,人民解放军百万雄师横渡长江天堑,一举占领国上民党老巢南京。当天晚上,在北京怀仁堂,周恩来副主席、朱德总司令亲切接见了一批起义归来的蒋空军飞行员。"三三四"行动的组织者王凡是其中的一位。

什么是"三三四"行动呢?翻开历史的画卷,展示给人们的是一场发生在黎明前的惊心动魄的战斗……

1948 年隆冬,人民解放军由战略相持转入战略进攻,国民党南京政权风雨飘摇,气息奄奄。

在一个寒风嗖嗖的黄昏,夜幕沉重地笼罩着黄浦江。美国的军舰和货船像一座座黑色的礁石突出江面。昏黄的路灯下,码头工人在沉重的货箱下呼喊……

外滩的栏杆旁,站立着一个年轻英俊的小伙子,只见他身穿飞行夹克,手拿一份当日的晚报,面对着滚滚江水在沉思。他叫王凡(当时叫王伯泉),国民党空军一〇一运输机中队少尉空勤通讯员。此刻,他怀里像揣了盆火。昨天,他在新生社(空军俱乐部)得到了一个令人振奋的消息,黄荣章等驾 B-24 轰炸总统府后起义。

那是 12 月 16 日晚,天阴沉沉的,不时飘着几朵雪花,石头城内大街小巷都门窗紧闭,巡逻军警的摩托车不时在马路上呼啸而过。好像一支行将耗尽的蜡烛颤抖着,挣扎着。唯有南京小营新生社的飞机楼热闹异常。这天,蒋介石在这里接见他最忠诚的"天之骄子"——驻京(南京)的飞行员们,并招待大家看电影《忠魂》和跳舞。

突然,随着一阵隆隆的飞机轰鸣声,远处传来几声巨响,这声音是如此之响,以致整个石城都震动起来,新生社一片混乱,正在为飞行员打气的蒋介石闻声变色,一时还丈二和尚摸不着头脑,便在空军司令周至柔、副司令王淑铭等的簇拥下仓皇离去。

不久,空军司令周至柔胆战心惊地到汉府街的总统府向蒋介石报告。原来,大校场八大队的 3 名飞行员因不满蒋介石的反动统治,驾驶一架 B-24 重型轰炸机飞向解放区。北飞之前,他们准备轰炸总统府和新生社,意欲炸死蒋介石,谁知由于机械故障,第一次未能投下,第二次却过早地脱离弹架,扔到了长江边的燕子矶。

蒋介石听完报告,青筋暴起,脸色像死人一样白,他怎么也没有想到在这多事之秋,自己任校长时用黄金美钞牛奶培养起来的空军军校学生,竟要炸死他自己呢?难道他命该如此吗?不,他脸部肌肉一阵抽搐,突然哈哈大笑起来,这笑声使周至柔以及他的僚属们心慌发怵。

"这是天命!"他自言自语地哈哈大笑。"上帝在保佑我!"蒋介石为自己打气。

想到这里,王凡一阵兴奋,同时更觉自己肩负的责任。"伯泉同志,'三三四'行动就看你的了,越快越好,配合解放军渡江作战。"林诚(我党地下工作者)紧握着王凡的手。他的脑海里又浮现出三天前那次秘密碰头会议。

屋里,烟雾腾腾,桌上的麻将牌在"哗啦啦"地发出声响。驾机起义的计划就要在这里悄悄制订。王凡心里异常激动。多少次飞行归来,他在地图上测量着上海至解放区的距离。而今,真正要付诸行动,稍有不慎,牺牲生命不说,还会给整个起义带来不可弥补的损失。可他望了一眼镇静自若的林诚,怦怦的心跳又慢慢恢复了平静。

"嘿,又是一只自摸,我和了。"牌声中,林诚压低声音说:"起义迫在眉睫,经上级研究决定,"三三四"起义由王伯泉负责,刁光弟担任正驾驶。"

"我负责整个起义?"王凡仿佛不相信自己的耳朵。

"是的,这是上级组织的决定。"林诚严肃地说。

"好,勠力同心,相机起事。"王凡一字一句地对大伙说。

呜——呜——,一阵警车的呼啸声打断了王凡的沉思。他抬腕看了看表,已是7点整,离集合商议的时间不多了,他点起了一支香烟,慢慢环视了一周,确信没有尾巴之后,才若无其事地向位于武进路的新生社走去。

王凡一边走在光怪陆离的霓虹灯下,一边思索着起义的事,他感到组织起义困难太大了,参加起义的七个人分别在三个单位,要在一架飞机上走谈何容易,万一不慎泄了密,其后果不堪设想。就说他们机组中,只有刁光弟和他知道起义的事,如无外力协助,要控制整架运输机简直是不可想象。此时他多么希望自己是一匹"野马"(P51 战斗机),随时可以驾机北飞。一阵冷风吹来,他颤抖了一下,一下子头脑清醒了许多。党组织要求我们组织更多的空地勤人员参加到解放战争的行列,我怎么能只顾一人呢?他搓了搓粗大有力的双手,炯炯有神的双眼扫视了一下四周,见无异常,便大摇大摆地走进了新生社。

新生社内,灯红酒绿,不时传出阵阵交际舞的乐曲。酒吧间一角,一群飞行员喝酒猜拳,时而低头窃语,时而高声大笑。事实上他们正在商讨着起义的具体计划和应变措施。参加起义的七个人分别在三个单位,要在一架飞机上起义,困难可想而知,而且由于当时起义不断发生,江湾机场四周都架了机枪,万一被发现破绽,跑道顷刻之间即可封锁,搭乘人员更是受到严格控制。加之 C-46 运输机机组成员搭配不固定,万一刁、王二人不在同一机组,起义更不可能。谈到这里,大家紧锁着双眉,一筹莫展,他们只觉得嘴里呷的彼得威塞美国啤酒是那样的苦涩。

正在他们冥思苦索之际,突然,一个戴着墨镜的空军军官径直向他们走来。大家顿时警觉起来。突然王凡发现来人不是别人,正是空军军医林诚。

"林医生,喝一杯。"王凡故意摇摇晃晃地站起来。

"你们都在这里喝闷酒!"林诚笑眯眯地示意大家继续喝酒。

"你喝点什么?"漂亮的女招待走过来。

"来一杯咖啡。"林诚笑容可掬地点点头。

王凡、于振超凝视着林诚,分析着他可能给他们带来消息。显然林诚一定有紧急情况,否则他不会轻易在这种场合与他们见面。

咖啡送来了,他没有放奶,也没有放糖,这小小的一个动作使王凡迅速预感到了情况的严峻。原来林诚喝咖啡是喜欢放重糖的。

林诚喝了一口,苦味使他的双眉紧锁了一下,但很快又舒展开来。

王凡和于振超急于想问什么,可林诚已经站了起来。"4 月上旬十大队将移驻台湾!"说完匆匆离去。

顿时,这张台子的空气凝固了,尽管四周都是欢声笑语,可他们七个人都感到新生社空气沉闷得吃惊,似能明显听到相互心脏剧烈的跳动。

王凡感到此时他需要冷静,现在,时间非常紧迫,如果不抓紧时间起义,那他们不仅不能为解放战争贡献力量，就连自己的出路都没有了。

见机行事，强行起义。"三三四"行动计划悄悄制订了。

1949年3月底的一天，王凡正躺在床上看画报，中队长推门进来："伯泉，准备一下，你和刁光弟出趟任务。"

"飞哪里？"

"湖南衡阳。"

"干什么？"

"运15万块银圆军饷。这可是个美差唷。"中队长一边说一边开玩笑。

"好，我知道了！"

王凡装作漫不经心地翻过一页画报，悄悄遮住自己的脸。他担心中队长察觉出自己异样的激动。那渴望自由、渴望新生活的火焰，正在他心中熊熊燃烧。

薄雾笼罩着江湾机场。334号飞机座舱内，正在检修的王凡和刁光弟一边整理着器械，一边在悄悄商议着。这是一个多好的机会，不仅可以驾机起义，而且还可以为解放军送去15万块银圆军饷作为见面礼。

机会难得并非没有困难。首先334号飞机机长郑某就是一大障碍。郑某老谋深算，因反共有功，深得上司赏识。要实现"三三四"行动计划，飞机中途改变航向，飞向解放区，唯一的办法就是剥夺机长的指挥权。

3月31日下午，略带寒意的春风吹拂着刚刚吐出新叶的机场草坪，偶尔，有几架飞机起飞、降落。王凡、刁光弟和另外三名机组人员提着飞行图囊，紧跟在机长后面，向停机坪旁边的飞行员休息室走去。

几乎是同一时刻，于振超、沈济世、徐迈也悄悄来到了334号飞机附近，待机登机。

飞行员休息室，桌上摆着一架红色的电话机。王凡的心怎么也平静不下来。成败在此一举，要不要告诉女朋友呢？这是生离死别啊！他眼前浮现出她红肿的泪眼，仿佛在责怪他连告别电话也没打给她，王凡走到电话机旁，几次拿起电话，甚至拨通了外线，但他望了眼正在门口站立着的机长，终于把话筒搁了下来。他感到嗓子被什么东西塞住似的。不，不能因为儿女私情而误了起义的大事。

"怎么，不给情人打个电话？"

王凡回头一看，是机长，心里不由一阵紧张。"郑教官，是您。"王凡结结巴巴地说，"本来想打，可一想马上就可以回来，所以……"

"这也难说，天有不测风云嘛！"机长狡猾地扫了他一眼说："很快就要起飞了，快打吧！"转身离开飞行员休息室，往334号机走去。

王凡定了一下心，肯定机长没有发现他们的企图，便神定自若地走向334号机。

时针指向了4点整，王、刁和另外三名机组人员及于振超、沈济世和徐迈也先后登机。

根据预先商定好的劫机起义战斗方案，由于振超与另外两名地勤人员对付联勤总部的两名押送人员，刁、王和四中队的沈济世对付前舱的驾驶人员。

一切都顺利地进行，飞机即将发动。

"嘟嘟——"，跑道上飞驰而来一辆中吉普，车上跳下一中队的值星官，空勤通讯员段德济。起义参加者都吃了一惊，以为发生了什么意外，因为段德济也是地下党组织参加起义的人员。

"值星官,天气有什么异常吗?"王凡一语双关。

"哈哈,万里无云,风和日丽,你们碰上了难得的好天气。"段德济沉着地回答。

"算了,什么好天气,弄得不好,一会儿又变天了!"刁光弟附和着说。

嬉笑声中,段德济四顾无人,突然压低声音说:"看来不会有什么意外了,干脆我也去吧。"

是的,"三三四"行动一旦实施,留下他一个人在中队,孤掌难鸣,困难会更多,说不定还会发生意外。已经没有时间考虑了。"快,赶快从后舱上。"王凡果断地决定。

段德济从后舱登机,机械员见是本队值星官,以为他有特殊任务,没起一点疑心。

飞机的发动机开始突突地转动起来,继而发出隆隆的巨响。大家的心像一只只小鹿在狂奔,王凡甚至感到有点窒息。

突然,发动机骤然停车,众人互相凝视着惊呆了。

难道起义意图暴露?难道有人泄露机密?仅仅几秒钟,王凡脑海中闪过一串问号。不,不会的,"三三四"行动经过周密考虑的,参加人员也是经过严格挑选和久经考验的。他握紧了手枪的手又慢慢松了。他警告自己,千万不能鲁莽从事,让经过千辛万苦组织起来的力量毁于一旦。

"嚓、嚓、嚓",一阵脚步声从前舱传来。离舱门最近的于振超和沈济世发现机长正向后舱走来。

空气顿时紧张起来,一旦机长发现段值星官也在机上,便会嗅出机上可能出现的行动气味。

霎时间,只见沈济世机智地迎着机长走上前去问:"郑教官,怎么突然停车,发生故障了吗?"

"刚才上机前衡阳发来天气预报,说大雨后,机场跑道勉强可以使用。现在4点多了,飞机是重载,怕到衡阳已经很晚了,跑道不好会有危险,所以我请示上司今日不飞了。"

啊!像脑门顶响了一声闷雷,大家一个个面面相觑。

"真他妈的没意思,都上机了又不走了,我还想尝尝衡阳的汤圆呢!机长,到了衡阳咱们一块去海滨饭店跳舞吧!"

沈济世为了给段德济赢得下机时间,急得满头大汗,催促着后舱口的机械师打开舱门。当机械师一打开舱门,他便立即跳了下去,站在离飞机不远处,挥着手,装出送机的样子。就连机长也未看出破绽。

这天的行动破产了,王凡和刁光弟决定翌日行动。

谁知天不作美,连续阴雨,任务取消了,起义计划被迫暂缓执行。

日历翻到了4月9日。

这是一个多云的天气,厚厚的白云在天空中飘荡着,犹如一座耀眼的棉山。上海江湾机场戒备森严,高高的塔台上,乌黑的机枪口对准着白色的跑道,荷枪实弹的卫兵在上面踱来踱去。

其美路(现四平路)一〇一中队部今天出奇的安静。喜欢咋咋呼呼的中队长乌钺和飞行员都已到金门饭店(现华侨饭店)为飞行员须澄宇操办婚事去了。

值班室里，值星官任庭荣不时地朝窗外张望着，这个舞迷真盼望有人来替他值一会儿班，自己好到金门饭店去过过瘾。可大楼上却静悄悄的没一点声音。他有点失望了，只好拿起张日报消磨时光。

此刻，借故未去参加婚礼的王凡拿着一封封好口的信，假作慢腾腾地从二楼宿舍走进值星官室，一边打哈欠，一边打开留声机。

丁零零，丁零零，一阵急促的电话铃声打断了王凡的音乐兴趣。他轻轻关上留声机，竖起耳朵听值星官的通话。

"喂，我是一〇一中队值星官，什么，衣大队长驾 B-25 来上海，派车接，好，知道了！"值星官挂了电话，发着牢骚说："倒霉，偏偏轮上我值星，人家去跳舞，喝酒，大队长来上海，还要派车接，我一个人能变成两个人，他妈的！"

他这话是说给自己听的，也是说给王凡听的。

王凡装着尽心听音乐的样子，根本没有理睬他。

"王伯泉，辛苦你跑一趟吧，我总不能不值班。"值星官见王凡不动声色，便改变调子说。

王凡灵机一动。正中下怀，嘴里却说："你真他妈的会抓公差，我肚子不舒服，连跳舞也没去，倒让你给抓住了。好吧，看在老朋友的面上。"

他一边自言自语，一边上了二楼，径自走进中队长办公室。

中队长乌钺已经去金门饭店参加婚礼去了，房间里空空荡荡。平时进出这间房间，王凡感到十分随便，坦然，而今天一进这门，他的心却骤然紧缩起来，他在门口张望了一下，证实四周确实无人，便轻轻地关上窗，反锁上门，走到了电话机旁，怔怔神，拿起了电话："要江湾飞行管理室。"

"江湾飞行管理室吗？"王凡持重地以长官的口吻询问道："南京衣大队长驾驶的专机什么时候到？""那好，我们派人去接。"他用他那双锐利的眼睛本能地环视了一下，尽管房间里不可能有人进来。他继续说："334 号机明天有任务，今日下午要进场试飞。"等到对方明确以后，他迅速挂上电话，直奔刁光弟宿舍。

"老刁，快走！"

"怎么？"刁光弟惊奇地望着王凡。

"车上说。"王凡不由刁光弟分说，就抓住他的手往楼下奔。

两人跳上中队长的轿车，司机就点火发动，轿车飞一般地冲出大门，往左一拐上了其美路，在国权路口上带上等候在那里的沈济世和徐迈，直往江湾五角场方向驶去。

"怎么回事？"刁光弟急于想知道事情的真相，以便做好应付事变的准备。

"我发了个预报，说 334 号机明天有任务今日下午进场试飞！"王凡悄悄地告诉刁光弟，为自己天衣无缝的计谋沾沾自喜。

就在王凡乘坐的轿车飞速向江湾机场行驶的时候，王凡万万没想到江湾飞行管理室的值星官正在向一〇一中队值星官室摇电话。原来按正常规定，本队飞机试飞，不需填报飞行任务单，只要中队值星官通报飞行管理室即可，可现在是非常时期，上司规定每次飞行任务一定要核对方可放飞。

正是天从人愿。此刻，一〇一中队值星官正在与情人通电话。四周无人，他们俩在电话里亲热开了。这一亲热不要紧，电话却足足占线了半个小时。

几乎在同一时间，于振超也在江湾飞行管理室与值星官闲扯。当 334 号机试飞通知以后，他顿时明白了其中的奥秘，见值星官电话核对，他故意东拉西扯。值星官一边搭话，一边拨电话，可耳机里传来的是"嘟、嘟、嘟"的忙音。

"算了，还是咱哥俩先下盘棋，等会儿再核对吧！"他一把拉过值星官。于振超平时人缘不错，值星官只好先把核对的事搁在一边，陪着于振超杀起棋来。

"吱——"的一声，王凡他们的轿车在飞行管理室门口停住了。见里边两人下棋兴致正浓，便在窗口说，我们是一〇一中队来接大队长试飞的。刚刚吃掉对方一只车的值星官连眼皮也没抬就让他们进场了。

车子急速向334号机驶去的时候，只见B-25正在向跑道上着落，王凡和刁光弟的心好像被吊了起来，他们知道大队长衣复思是一个十分厉害的家伙，万一被他识破，后果将十分严重。事到如今，王凡决定自己迎上前去，其他人则继续实施起义计划。

王凡随车来到B-25机旁，其他六位目光紧紧地盯着B-25，注视着这边发生的一切，万一不行，他们手中都有武器，实施夺机起义。

专机的舱门开了，奇迹出现了，出现在舱门口的不是大队长衣复思，而是副驾驶。

"怎么大队长没有来？"王凡故作惊讶，心中却像落了一块千斤重石。

"大队长怕误了婚礼的时间，临时改在龙华落地！"

王凡点着头关心地让司机将他们送回部队，然后再来接他。小车一溜烟似的开走了。"赶快上机！"王凡便急促地招呼大家上机各就各位。

正当大家紧张准备的时刻，一辆大卡车向334号机开来。车上跳下一名机械师，厉声询问："干什么的？"

"想活就什么也别管！"刁光弟双眼威严地逼着他。

"我——我什么也不知道。"机械师顿时明白了，他吓得魂飞胆裂。

"那就快走吧！"

刁光弟一见机械师开车走了，便一跃而上，发动机已经发出了隆隆的轰鸣声。

"快，快滑出！"刁光弟已经预感到了情况的严重。

飞机来不及暖机，就迅速向跑道滑去，此时王凡和沈世济看到那辆卡车飞速向飞行管理室驶去都惊住了。

"那个机械师呢？"王凡瞪大眼睛问。

"我叫他什么也不要管，让他回去了！"

"不好，这小子要坏事！"王凡分析着种种可能。

"你怎么不把他拉上来？"刚刚上机的于振超责怪刁光弟。

刁光弟此时才预感到事情复杂化了。万一机械师火速通知飞行管理室，那么整个机场会立即被封锁，即使你有天大的本事，也插翅难飞。

大家死死地盯住那辆卡车，屏住呼吸，心脏仿佛停止了跳动。

卡车飞速向飞行管理室方向疾驶。

334号机轰轰地滑向起飞跑道。

一秒、二秒、三秒……

起义者们感到心要从喉咙口蹦出来，脑袋嗡嗡地响，就像点着了的引线就要爆炸一样，惊恐、压抑、兴奋。

啊，奇迹又一次出现了，卡车掠过飞行管理室没命地往前开，好像一只惊吓的小鹿被一只饿虎追赶一样。

他们简直不敢相信这是真的。直到卡车在他们的视野中消失。

希望的火焰重新燃起。关键时刻需要冷静、沉着和果断。

"334号机请求起飞!"正驾驶员刁光弟不慌不忙地向塔台报告。

"334号机可以起飞!"

随着塔台的口令,334号机像一匹脱缰的野马呼啸着狂奔起来。一昂头,便腾空而起,直刺蓝天。

航向——济南。

334号飞机跃入高空。黄浦江、外白渡桥、上海大厦,在机翼下一闪而过。

再见吧! 黄浦江。再见吧! 上海。我们一定会回来的。

"334,334,你在哪里,听到了请回答;334,334,你在哪里,听到了请回答!"334起飞以后,便关掉了无线电,作静默飞行,任你塔台怎么呼叫,也无济于事。

334号机失踪的谜很快被发现了。

"刁光弟、王伯泉跑了!"

消息传到金门饭店,不啻落下了一颗重型炸弹。金门饭店顿时乱作一团,沉浸在婚礼欢乐中的人被震惊了,专程代表蒋介石来庆贺婚礼的衣复思刹那间吓得面如土色。

南京空军总部得到报告,立即命令大校场的4架P51起飞拦截。

334号机向北疾飞。

4架P51紧急起飞,闪着寒光的火炮、机枪对着白色的云层。

334号机危在旦夕,一旦被发现目标,没有火力装备的运输机不是被迫降落就是机毁人亡。已经没有回旋的余地了,只有背水一战。刁光弟驾着飞机,在厚厚的云层里向北飞行。

云层掩护了334号飞机。4架P51在厚厚的浓云中寻觅,无奈云层太厚,P51一无所获,只好悻悻地返回大校场。

"炸毁徐州、济南机场!"周至柔、王淑铭发出了绝望的嗥P1.II,.他们企图破坏机场跑道设施,使334号飞机无法降落而坠毁。

顷刻间4架P5l战斗机和B—24轰炸机向济南和徐州机场突袭。然而,他们的如意算盘打错了,人民解放军的高射炮怒吼着,强大的炮火封锁了机场上空。无心恋战的敌机只好胡乱扔掉几颗炸弹就仓皇逃窜了。

夜幕降临了。334号飞机突出重围,飞抵济南机场上空。他们打开飞机上所有的照明设备。

终于,地面部队发现了334号飞机的意图。跑道两边燃起了两堆熊熊大火。

"嗦——"一声尖利的呼啸,334号飞机稳稳地落在跑道上,机舱内一片欢呼。起义成功。

十八、"U-2"飞机被击落之谜

1953年仲春,美国洛克希德飞机公司总设计师凯莱·约翰逊叩开了五角大楼首脑的大门,面呈了一份令美空军将领颇为惊讶的建议,制造一种使东方共产党国家无法与之匹敌的新型间谍飞机。

建议很快被五角大楼采纳了。约翰逊躲进了美国空军一个常人难以出入的秘密研究所。10个月后,约翰逊拿出了飞机设计图。取名 U-2。

1955 年 8 月,美国加利福尼亚州洛克希德公司一家绝密工厂的车间里,第一架 U-2 飞机脱颖而出。

U-2 间谍飞机取代了 RB-57D 高空侦察机,开始了它的间谍生涯。谜一般的研制过程,谜一般的服役经历,以及谜一般的被一架架击落……

1960 年 5 月 1 日清晨,苏联《真理报》在显著位置刊出题为《和平的五月》专稿,宣称苏、美、英、法四国首脑将在巴黎聚会,商讨一个主题——和平。

这一天,苏共中央第一书记赫鲁晓夫兴致勃勃地在红场举行盛大国际劳动节庆典。

这一天,大洋彼岸的美国,总统艾森豪威尔却是忐忑不安地等待着一个消息。美国最先进的高空间谍飞机 U-2 对苏联人造卫星和宇宙飞船发射场、导弹试验场、秘密通信中心,实施空中侦察。

巴黎会议召开在即,如果 U-2 发生意外,艾森豪威尔将尴尬至极。土耳其白沙瓦机场。

一架机身狭小但机翼颀长的飞机,机舱里,坐着 U-2 飞机驾驶员鲍尔斯。他嚼着口香糖,双手在敲着座椅上的绷带,嘴里还不时嘟囔着什么。

突然,他的左眼皮跳了几下。鲍尔斯用手揉揉眼睛,不祥之兆,他心里想。在悬梯上为鲍尔斯送行的中央情报局情报官巴比似乎看出了他的心思,笑着安慰他说:"放心吧,U-2 实用升限 22870 米,目前世界上没有哪一个国家的武器能把你怎么样。"

鲍尔斯半信半疑。既然那么有把握,干吗还给飞行员发一枚毒针。据说毒针刺进皮肤立即致命。而且机上还有延时自爆装置,飞行

艾森豪威尔

员跳伞前按动装置,离机后 72 秒钟,飞机即自行炸毁。想到这里,鲍尔斯苦笑着摇摇头。

6 时 25 分,莫斯科电台刚刚播出关于赫鲁晓夫同志将参加首都隆重的"五一"庆典的消息。

几乎在同一时间,鲍尔斯的 U-2 飞机也拔地而起。

很快,高度表指向 22000 米,鲍尔斯把航向对准苏联,继而不停地扳动着操纵面板上的一排照相开关。侦察苏联的情报,经过中国上空,顺手牵羊也拍点回去。据说中国这几年也在研制核武器和人造卫星,或许能捞到点什么。全自动快门在闪动,红外摄像仪把地面的一切尽收眼底。

太阳越升越高,U-2 飞机越过中苏边境,风驰电掣般闯入苏联西南部领空。耸立在白雪皑皑山顶上的一座苏军雷达发现了这位神秘的不速之客。地图上黑色箭头在标图员手下急速延伸……

"坚决消灭它!"

随着苏军指挥部的命令,苏军南部地区的防空部队进入一等作战状态。一枚枚银灰色的"萨姆Ⅱ"导弹直指苍穹。

制导雷达"咬"住了猎物,与天线同步的"萨姆Ⅱ"随着空中飞碟的魔影,一起缓缓移动。

方位 3232,距离 55,高度 160

方位 3234,距离 50,高度 160

方位 3236,距离 45,高度 160

……

制导站操纵员熟练报出一串数据,"猎物"就要进"网",荧光屏前的操纵军官的心跳到了嗓子上,那只撤在发射按钮上的手指渐渐压紧。

对苏联地面的一切,鲍尔斯一概不知。他也用不着管。因为巴比跟他说过,共产党苏联无论是飞机还是防空导弹,都到不了 U-2 这个高度。

苏联西南部的气候真晴朗,从 2 万米高空鸟瞰位于维纳维拉余角的丘拉坦发射场,高大的苏制卫星和洲际导弹发射台赫然挺立,还有欧亚分界线的乌拉尔山脉。鲍尔斯一阵兴奋,十分娴熟地启动摄像系统。他本能地瞄了一眼飞机高度表,红色的指针正指在 22800 米,这是极限高度。

突然,鲍尔斯的眼睛发直了。机翼下,三团炽热的火球,飞驰而来。

不可能,在这个高度上,苏联的导弹怎么能飞到这个高度呢?

鲍尔斯在心里惊呼。

鲍尔斯当然不会想到,他驾驶的这架 U-2 被动了手脚。原来,U-2 飞机接二连三地对苏联重要目标实施空中侦察,苏联空军航空兵和防空军对 U-2 却无能为力。万般无奈之际,苏联最高当局打出了最后一张王牌——动用克格勃。

克格勃在西方可谓是无孔不入。就在 U-2 飞机起飞的前夜,一名被克格勃收买的机械师重新调试了高度表。当表针指示 22000 米时,实际高度只有 16000 米。

炽热的火球吻上了 U-2,立时机舱内升腾起一股呛人的浓烟,视线模糊了。机翼正在断裂,飞机突然失去控制。

跳伞! 鲍尔斯本能地想去按那个自毁开关。突然,他的手停住了。他对巴比的话产生了怀疑。鬼才相信它那个 72 秒钟的延迟时间呢。

猛地,他拉动跳伞开关,扑进了冷飕飕的空中。

夜幕降临了。一份急电送到美国中央情报局局长杜勒斯的案头:"黑鸟未能按时归巢。"

U-2 成了苏联的战利品。正在红场阅兵的赫鲁晓夫闻讯后兴奋异常。他要借 U-2 大做文章,在巴黎和平会议上,给艾森豪威尔一个难堪。

美国人的尾巴被苏联人抓住了。但美国人却不明白真相。杜勒斯怎么也没有想到,鲍尔斯竟被苏军俘虏。因为他的自毁装置足以使飞机和飞行员变成一堆找不到任何证据的碎片。

5 月 7 日,赫鲁晓夫在最高苏维埃会议上宣布,苏联是用导弹从 65000 英尺的高空把 U-2 击落的。

1960 年 7 月,一个令中国人难忘的多事之秋。

中苏两党在意识形态上的分歧,导致了两党关系的破裂。正值中国三年自然

·军事秘闻·

图文珍藏版

灾害面临巨大困难之际,苏联赫鲁晓夫集团撕毁了同中国签订的 600 多个专家合同和科技合同,留下一个半途而废的烂摊子。

就在同一时间,中国大陆东南一隅台湾岛上,美国大老板装备给蒋介石的两架 U-2 飞到台北。驾驶室里那块铝质薄片上镌刻着这样一组数据:最大时速 1000 公里,巡航时速 750~800 公里,最大航程 7000 公里,续航时间 9 小时。

身穿军装的蒋介石亲自到机场,他神情严肃地绕 U-2 转了三圈,还爬到机舱里,在坐椅上坐了坐,一副得意样。军事记者为他拍的照片虽然未能发表,却被他摆在卧室的像框里。

1961 年 11 月,6 名经美国培训的 U-2 飞行员回到台湾。空军司令部向蒋介石呈送了一份请示件,1962 年 1 月恢复对大陆纵深的战略侦察。原来,1958 年 2 月,蒋空军用 RB-57A 喷气侦察机窜到山东半岛,被中国人民解放军海军航空兵击落,1959 年 10 月 7 日,人民空军地空导弹部队在北京郊区再次击落蒋空军 RB-57D 高空侦察机,从那以后,蒋空军未敢再派遣侦察机。

时间到了 1962 年 9 月,刚从美国阿里桑那州战略空军基地训练回台湾的 U-2 飞行员陈怀身,接到赴大陆侦察的命令。航线:福建—江西南昌。

动用 U-2 侦察南昌,第二十五特遣中队的飞行员有点丈二和尚摸不着头脑。因为在台湾被称之为"天之骄子"的飞行员是蒋介石的命根子,而美国人送来的两架 U-2,更是命根子的命根子。眼下突然要去南昌这个并非军事要地的地方冒险。老头子疯了吗?

蒋介石才不疯呢,他有他的决策,而且自认为高人一筹。9 月以来,情报部门连连送来大陆军情:

9 月 7 日,南京大校场机场一个庞大的编队轰炸机群在米格机的掩护下,悄悄地飞抵南昌某机场。

9 月 8 日,又有一批大陆制造的新型高速歼击机飞抵江西南部某机场。

翻阅着这些似是而非的情报,蒋介石眉头越皱越紧。占据着台湾这块弹丸之地并非蒋介石本意,可眼下光复大陆谈何容易。即便如此,共产党似乎也没有忘记这个小岛。如今频频调防,是不是有什么新的动作。生性多疑的蒋介石多心起来。

事关党国生死存亡,得用 U-2,蒋介石激动起来。

9 月 9 日清晨 6 时,景色秀丽的桃园机场罩着薄薄的晨雾,一架细长的飞机撕开晨雾,跃上云天。

对这趟飞行,陈怀身是充满信心的,32 岁的他在美国受训,对 U-2 飞机的性能可谓是了如指掌。共产党大陆虽然厉害,可对付 U-2 飞机也没有高招。两年前,美国人鲍尔斯在苏联被俘,那是飞机出了故障,迫降后被活捉的。共产党苏联宣传用飞弹击落 U-2 飞机,那是为了壮胆,吓唬美国人的。既然苏联都奈何不得,大陆自然也不在话下了。

仅仅几分钟,U-2 已在台湾海峡上空了。台北、新竹、高雄、阿里山、日月潭,还有曲折的海岸线,被远远抛在身后。

由于是高空和两倍音速的飞行,机舱内静得掉根针也能听得见。陈怀身却在背诵着 U-2 飞机新增设的第三侦察系统的性能:它能频率自动搜索和对信号自动锁定,破译记录对方陆空联络、空中指挥的电信频率、通信内容和密码暗号;还有第六系统……陈怀身又默默背上了。

中国空军的雷达兵很快从荧光屏上发现了U-2的踪影。空军司令员刘亚楼亲临军委空军指挥所,电令前线部队:"把它揍下来!"

7时32分,福建平潭岛迎来了满天的朝霞,善良的人们怎么也没有想到,在这金灿灿的霞光里,竟有一团黑色的阴影。

U-2进入中国大陆,陈怀身心里有一股说不出的滋味。福建平潭岛是他的故乡,北京留下了他童年的梦幻。如今,他却有家归不得,沦落他乡。尤其被选为U-2飞行员后,他常常梦见飞机被击落。为此,他信奉了基督教。台北东门的教堂,是他每个礼拜天必去的地方,他祈求万能的主能保佑自己。

U-2秃鹰般地掠过福州,沿鹰厦线向江西境内飞去。他瞅了一下航空表,指针指在7时32分。一低头,他看到了兜里一本《圣经》。他摇摇头,苦笑了一下。因为今天是礼拜天,他本要去教堂的,可却耽误了。

耽误陈怀身的不仅仅是去教堂做礼拜。别说陈怀身不知道,就连蒋介石也中计了。两天前,频频飞往南昌的飞机是解放军空军设下的"诱饵"。蒋介石最怕毛泽东的军队对台湾有什么动作,毛泽东就偏偏捅他的痛疮疤。蒋介石不放心派U-2来侦察,正中毛泽东下怀。

江西南昌,中国人民解放军的诞生地。此刻,城南一座绿树婆娑的小山头上,情报雷达天线在急速转动。设伏在山脚下的空军地对空导弹某部营长岳振华正与北京通话。

中华人民共和国总理周恩来不想过早地惊动毛泽东,他要给毛泽东一个意外的惊喜。

导弹部队转进,呜呜地警报声,惊散了栖息在林中的飞鸟。一枚枚银灰色的导弹,伸展着它那钢铁的翅膀,随着制导雷达一齐徐徐转动。

万米高空,陈怀身按预定航线,就要进入南昌。摄像仪已经打开,2000米长一卷的软片卷入主轴,只要一按开关,机翼下的一切都会变成永恒。

陈怀身这次大陆之行绝对是高层机密,台湾没几个人知道。孤岛上一共只有两架U-2,是蒋介石的心肝宝贝,空军作战部不敢有半点马虎。因此,连飞机在哪个地点转弯,哪个点上下降高度,都做了明确的规定。然而,就是这份称得上绝密的航线图,此刻它的复印件正在北京空军司令员的指挥桌上。

陈怀身毕竟是经过美国情报部门训练的。他多了个心眼儿。在南昌城郊交接处的冲突点上,他猛地拐了个弯。

U-2飞机轻快地飞向余干,机翼下出现了一片波光粼粼的水域。陈怀身知道,这是鄱阳湖,左侧的山峰肯定是风光秀丽的庐山了。

U-2突然拐向鄱阳湖,设伏的导弹部队未免有点失望。空军司令员刘亚楼却很沉着。U-2还没侦察机场就走了吗?待命出击!U-2会回来的。

果然不出所料。U-2飞过九江市突然又拐了一个弯,朝着南昌机场直逼过来。

8点32分。随着3声震耳欲聋的轰鸣,3发导弹喷吐着巨大的火柱,腾空而起。49秒钟后,导弹在U-2肚子下炸开,炽热的弹片击中了陈怀身和他的U-2飞机。

南昌人目睹了空中惊心动魄的一幕,U-2残骸跌落在南昌东南18公里的岁家集。一命呜呼的陈怀身被埋葬在附近的一座山坡上。

北京,周恩来终于等到了好消息。他亲自给前线打电话:"很好。这是个伟大的胜利!"

当天晚上,新华社向全国播发了中国空军击落 U-2 飞机的电讯。

毛泽东兴奋地拉着岳振华营长的手,连连说:"打得好,打得好哇!"

海峡彼岸的台北,蒋介石两天没动筷子。大概为安慰活着的 U-2 飞行员,蒋介石亲自到教堂为陈怀身祈祷,并把"高空骑士"的称号授给葬身大陆的陈怀身。

1964 年 10 月 16 日,我国在西部地区成功地爆炸了第一颗原子弹。巨大的蘑菇云升腾在浩瀚的天宇间。

中国有了自己的核武器,帝国主义的核讹诈彻底破产了,五角大楼的老板们连夜召开紧急会议,磋商对策,并给在大陆东南一隅的那座孤岛发去了绝密指令。

11 月 6 日凌晨 2 时 37 分,台湾桃园机场,一架高空侦察机凭借夜幕屏障,悄悄从福建连口入陆,长驱直入,向我西北方向猛窜,妄图偷拍我核试验区的绝密情报资料。没想到,我英勇的空军航空兵奋勇拦截,敌机负伤后猖狂逃窜……

偷鸡不成蚀把米,台湾当局恼羞成怒。蒋介石气急败坏,把空军司令徐焕升喊到府上,既没责怪,也没鼓励,给他的只是一纸手令:美国人要大陆核试验情报。我们也需要。要不惜代价,务必成功。否则,严惩不贷。

面对蒋介石的钦令,徐焕升暗暗叫苦。回到总部,他匆忙召开联席会议,商议侦察大陆情报之事。正当有关各部要员陆续集中到会议室,等待徐司令训话之时,特工部少将处长徐自道递给他一张纸条。一筹莫展的徐焕升展开那窄窄的纸条,顿时眼睛一亮。

"散会!"从屏风后过来的徐焕升对毕恭毕敬站着等待他的部属发令。大伙面面相觑,不知司令葫芦里卖的什么药。

是那张神秘的纸条使徐焕升改变了注意。

小纸条上只有四个字:U-2、张立义。尤其使徐焕升兴奋的是那个刚从美利坚高级间谍学校集训回来的 U-2 飞行员张立义。一年前,他曾三次赴大陆侦察成功,被授予"克难英雄"称号。现在又经美国人培训,势必如虎添翼。

于是,一个被台湾当局称之为"黑色蘑菇云"计划在悄悄酝酿、出笼。

1965 年 1 月 9 日,西伯利亚的冷空气呼啸南下,席卷了台湾岛,温暖的宝岛骤然收缩起来。桃园机场里,光秃秃的树枝被压得低着头,弯着腰,枯黄野草趴在地上发出"呜、呜"的哀鸣。

这是台湾入冬以来最冷的一天,飞行员们躲在屋里闲扯。

"王西爵这小子真有命,上次去大陆侦察竟然死里逃生,回来了。"

"要不徐焕升司令还能亲临桃园机场欢迎吗?"

"唉,这事说怪真怪,你们想想,咱们的'高空骑士'陈怀身被共军飞弹击落,后来叶常棣也被共军揍下来了,不久,李南屏这个老油子又被共军干掉了。后来,王西爵去西北,大家都为他捏一把汗,以为十有八九是回不来了!唉,可他真回来了,而且据说在兰州,共军的炮弹把他的飞机翅膀穿了孔,他还飞回来了。富贵在天,生死有命,都是命中注定的呀!"

"要说命,张立义的命最大,他先后三次去大陆,最远到新疆,可每次安然无恙。他连飞弹的影子都没见过,还白白捞了一个'克难英雄'和一万元奖金。还被派到美国集训一年。真他妈的划得来。"

飞行员们哈哈笑了起来。

"张立义在吗?"苑队长的吼声使整个房间的闹声如一辆疾驶的巴士来了个紧急刹车,戛然而止。

"干什么?"

"有任务!"

蓦地,整个房间像死一样静了下来。

天,冷极了。

1965 年 1 月 10 日 16 点。

领航员将飞行计划交给了张立义。

"又是去西北。"他骇然了。想到王西爵险些葬身兰州,不禁毛骨悚然。

"这是命中注定,只好听天由命。"领航员讲解了飞行中的一般规定和特殊规定以后,张立义开始了紧张的飞行准备,穿抗 G(压力)衣,换氧气,心却早已飞到了东港共和街 104-6 号。与妻子张慧慧最后几次见面如叠印镜头般地闪现在脑海里。

1 月 3 日,张立义就要返回桃园机场,张慧慧这个文静内向的妇女再也压抑不住内心的痛苦,她对张立义说:"张立义,你能不能不飞 U-2,我害怕!"说完就泪汪汪地低下了头。

"慧慧,我是身不由己!"这是张立义与妻子的最后一句话。

1 月 10 日上午 10 点,张立义被请进了徐总司令办公室。平心而论,张立义是位出色的飞行员,但不是一名优秀的间谍。然而,由于 U-2 飞行员这一特殊的身份,迫使他接受了为期一年的航空特工训练。这倒不是让他如何学会暗杀之类的勾当,而是训练他空中用红外线拍摄地面景物的技术和空中遇险时如何脱险,还有野外生存训练等,他无心当间谍,却被推上了空中间谍的位置,而且马上就要踏上杀机四伏的大陆西北之行。

"呵,是张少校。"徐焕升握住张立义的手,使劲地摇晃着,脸上堆满了笑。

"这条航路可靠吗?"张立义不知怎么冒出了这么一句。

"张少校,请尽管放心,经过改进的 U-2 飞机上还有电子干扰设备,共军的雷达全成了瞎子,你就大胆拍摄吧!"徐焕升说完递过一个剥开了皮的香蕉。

1 月 10 日 18 点整。

张立义又驾驶着 3512 号 U-2 型高空侦察机在凛冽的朔风中腾空而起,他默默地祈祷着:"上帝保佑。"

张立义像一个机器人一样,按部就班进行工作。现在正在海峡上空飞行。

天空苍茫,一片死寂。张立义脑子里却静不下来。他从美国训练回台湾到三十五中队报到的那一天,正是飞行员李南屏命丧大陆的同一天。一个美国顾问将一杯盛满香槟酒的酒杯摔在地板上。张立义忘不了李南屏,也忘不了发怒的美国顾问那凶狠的蓝眼睛。

按照领航员制订的航线,从山东半岛进入天津上空时,他的心霎时紧张起来,尽管上司告诉他这次航线是根据空军情报中心获得的最新情报制订的,途中不可能有飞弹部队,他总还是提心吊胆,总感到一座座导弹发射架开了机,弹头对准他。他心中惴惴不安。有几次看到地面火光,以为是导弹尾部喷出的火焰,吓得他毛发倒竖,背脊如泼了一盆冷水,从头冰到脚,一阵虚惊之后,不知怎么,他又想起了另一个与他极要好的伙伴陈怀身。

张立义做梦也没有想到，就在他刚刚接到赴大陆侦察任务的同时，我情报部门已获得信息。可那份被印上"绝密"字样的空中照相侦察计划及航线诸元，锁在空军特工总部的保险柜里。

中国人民解放军空军一支神秘的地空导弹部队已悄悄转移到内蒙古萨拉齐一个叫二十四顷地的小村子设伏。这些神秘的导弹兵没穿军装，蓝色的工作服上印着"地质勘探队"字样。

神秘的"地质勘探队"把自己与外界的一切全部隔断。只有隆隆的油机声在旷野上传得很远很远。

10日18时，当张立义的飞机刚刚起飞，人民空军指挥所的电话就打到了萨拉齐那个小村的一辆草绿色的指挥车上。

"U-2飞机一架已经起飞，请做好战斗准备！"

间谍飞机就要飞临导弹发射阵地上空，全营官兵同仇敌忾。荧光屏前，一双双警惕的眼牢牢盯住那闪烁着长短不一脉冲信号的目标。

两万米高空，张立义扭了扭酸痛的腰。他看了一眼夜光航空表。已经飞了整整3小时。他看了一下航线，知道机翼下已是内蒙古了。

"我今天又交上好运气了，果然航线上没有什么飞弹，再过半个多小时，只要稍稍降低高度，揿下照相机按钮，一切就大功告成。"他想着想着紧锁的双眉也开始舒展开来。"这种荒凉的沙漠地带肯定不会有飞弹部队。"这时，上司的话在耳边响起："U-2任务飞满10次就可以脱离三十五特遣中队。"

"这玩命的任务还有6次，愿上帝保佑我！"他想。

U-2距二十四顷地村××公里。导弹部队制导天线开机，强烈的电磁回波把目标清晰地显映在制导车的荧光屏上。21时15分，指挥员发出了发射3枚导弹的命令。

机舱内的预警装置，突然亮起了红灯。

"妈呀！"他一见红灯，就像见到死神狰狞可怕的面孔一样，吓得抖了起来，浑身直打哆嗦。经验告诉他地面的导弹已经朝自己飞来。他本能地打开电子干扰系统，但是晚了，只觉得机身剧烈地震动一下，猛然间天空像雷电一闪，顿时满天通红，刹那间，密封的座舱里一片漆黑，浓烟弥漫，他意识到飞机被击中了。他来不及有任何考虑，在脑子里闪出"逃生"二字的同时，右手像抓住救命稻草一样紧紧捏住SWITCH(跳伞开关)一拉，便什么也不知道了。

在张立义拉响弹座椅下的引信的同时，天空中发出"轰"的一声爆炸，响彻寂静的内蒙古夜空，随之一切又安静下来。张立义连同座椅飞出机舱，当人体与座椅自动分离之后，他还一直在空中飞速翻滚，他昏迷了。

一直到一万英尺，降落伞自动开伞，寒风将他吹醒过来时，他才逐渐明白了刚才发生的一切。

"万灵的主，您与我同在！"他默默地呼喊着。

这是一个寒冷而又明亮的夜晚，一轮明亮的月亮悬挂在空中，银色柔和的光芒洒在大地上，他在天空和大地的怀抱中。

降落伞在缓缓地下飘，他感到眼前模模糊糊的，明亮的月光变得朦胧胧的，灰暗而又阴淡。

大地静悄悄地沉睡着，四周是白茫茫的一片，一切被白雪覆盖着。皎洁的皓月向他投来一缕寒光,似乎在嘲笑他:你完了,美国训练过又有什么用。

他整整站了 5 分钟左右,仍不见动静,才慢慢将一颗吊起的心放了下来,看了看飞行表,是 1 月 10 日 21 时 30 分。

天,越来越冷,气温已降到零下 23 摄氏度以下。张立义穿着一身单薄的只能抗 G 而不能抗寒的衣服,浑身战栗,直打哆嗦。自从 1937 年 8 月逃难离开南京,已经有二十八年没有经受过如此酷寒..他几乎要冻僵了。开始他把降落伞裹在身上,但无济于事,逐渐地他明显感到四肢麻木起来,想用跑步来增加热量,加快血液流通,怎奈腰部和踝关节疼痛难熬。

起风了,凛冽的寒风像要撕去他的皮一样"呜,呜——"忽然他想起求救信号。

那是在空军特工部领受任务时,特工处长告诉他:大陆上到处都是国军的内线。如果遇到意外情况,只要跳伞成功,一落地就会有人接应。联络信号是对空发射红色信号弹。

"要是我打出信号弹,他们一定会发现我这个目标!"没有考虑,他便从腰间拔出手枪,拉开枪膛,取出子弹,换进信号弹。

"啪、啪、啪"随着三声清脆的响音,三道红光划破了华北沉静的夜空。

一小时过去了,没有动静。

二小时过去了,没有动静。

三小时、四小时……

他感到无比愤慨:"我受骗了,狗贼的特工处长,如果还能活着回去,非揍他个半死,再到总统那里告他一状。"

他拉拉皮衣领子,手触到了腰间那只袋上。原来是一架可在夜间照相的高级照相机。突然,他想起了此行的任务。如果自己被迫俘虏了,吃尽苦头不说,说不准还在东港的慧慧一家也会受到株连。如果继续西行,利用国军的内线人物,重新拍摄到核试验场地的照片,再悄悄返回台湾,那该会引起多大的轰动。他们几个小子一个个命归黄泉,我张立义要创个奇迹。他仿佛烟鬼吸了几口海洛因似的来了精神。

他掏出指北针,对了一下方向,向那白茫茫的西北方向艰难地挪动了脚步。一路走,他一路在想,他还残存着一点希望。那就是接应他的内线。尽管潜意识告诉他受骗了,可他还希望梦想成真。

东方吐出鱼肚白的时候,他突然看到不远处闪耀着一丝微弱的光芒,"灯光"犹如生命的火花,顿时一股强烈的热流涌遍了全身,双腿顿生力量,向灯光闪烁的方向前进。

走近了,"原来是一个蒙古包!"灯光就是从窗缝里透出来的。

张立义不顾一切地破门而入,一头栽倒在地上,立刻,一股暖气围住了他。

当张立义在公社火炕上吃鸡蛋面条时,在台湾东港张立义家中,国民党空军司令徐焕升上将送来了噩耗。

据台湾中央日报 1965 年 1 月 12 日报道:空军少校张立义不幸于 10 日夜驾机到大陆执行任务时遇难。空军总司令徐焕升上将于 11 日午间专程前来向张少校夫人张慧慧女士及其子女和岳父母等慰问。

张立义未能完成他的"黑色蘑菇云"计划,最终成了一名俘虏。然而,U-2 飞机留下的谜却有着永远的魅力。

十九、美苏核潜艇罹难探究

　　美国和苏联,是世界上最早拥有核潜艇的国家。先进的装备曾使他们在大洋深处称霸一时,但海难的厄运也时时向他们招手。面对大自然的袭击,无论是美国还是苏联,都无能为力,只能留下深深的遗憾和许多永远无法解开的谜。

　　1963年4月9日清晨,朝霞映红了平静的海面,一群早起的海鸥一会儿贴着水面飞翔,一会儿箭一般射向空中,美国东海岸的早晨充满了诗情画意。

　　一阵隆隆的引擎声惊散了海上的飞鸟,平静的海面被搅乱了,一座小山似的黑色怪物缓缓驶来。露出水面的圆锥形顶上,镌刻着三个大字"长尾鲨"。一艘轻巧的救生艇紧随其后。甲板上,没有一个人影,一切都在悄悄中进行。

　　原来,这是美国一艘最重要的核潜艇。它于1963年8月3日服役,全长84.9米,排水量4310吨,它集美国当时先进技术于一身,被誉为"万无一失"的潜艇。主要武器为"沙布洛克"火箭助飞鱼雷,可携带当量为2万吨梯恩梯的核弹头,能水下攻击海上目标,属于攻击型核潜艇。9个月前,它因故障而进厂大修。今天,抢修完毕的"长尾鲨"从朴次茅斯海军造船厂驶出,进行出海试航。

　　浅水区,"长尾鲨"号一会儿沉入水中,一会儿浮出水面,一切性能良好。艇长哈维海军中校钻出潜艇舱门,朝正在海面上待命的"云雀"号救生艇艇长赫克少校打了个响指:"哈罗,明天到马萨诸塞州的科德角以东的200海里的深水区进行深潜试验。"哈维中校边说边挥着手。

　　哈维中校并没有把深潜试验看得多么可怕,因为"长尾鲨"号曾在试航期间下潜到极限深度40多次,每次都取得成功。况且,这次深潜试验,哈维中校打算下潜到接近但不超过极限深度。

　　然而,就这一次,哈维中校遇到了一生中最大的也是最后的一次麻烦。

　　4月10日,预定海域波涛滚滚,"长尾鲨"按计划进行超过300米的深潜试验。"云雀"号在水面上进行无线监听和组织意外营救。

　　6时30分,淡淡的晨雾刚刚散去,"长尾鲨"开始下潜,巨鲸般的艇身沉入水中,水面上只剩那架灵巧的潜望镜。

　　7时35分,哈维中校用无线电话告诉赫克少校,"长尾鲨"准备下潜到设计的最大下潜深度。10分钟后,"长尾鲨"开始下潜。漆黑的水下,哈维中校双眼紧盯着深度表:110,120,130,140……

　　8时10分,"长尾鲨"下潜到150米深度。

　　8时35分,距测试深度还有90米。

　　潜水艇内的空气不断排出,储水舱徐徐进水,潜艇缓缓下沉。这时,一只气压表发生了故障,红色的指针急剧乱晃。哈维中校担心发生意外,随即命令:"排水上浮!"

　　操纵员揿动电门。然而,意外发生了。任凭你怎样揿动电门,排水上浮系统却不听使唤。哈维暗暗叫苦,额头上也冒出了一层细细的汗珠。

　　"用高压空气吹除压载水舱!"哈维再次发出指令。但依然无效,只有嘶嘶的空气泄漏声,却不见潜艇上浮。

此刻，"云雀"号的水听器也听到了高压空气吹除压载水舱的嘶嘶声，只是声音与正常时不一样。赫克少校急了，用声呐向潜艇内紧急呼叫："长尾鲨，请报告深度、航向和航速。"声呐里没有一丝声音，只有嘶嘶的空气声。

"长尾鲨，状态如何听到请回答！"

依然杳无音讯……

"云雀"号救生艇上赫克少校的心在紧缩、紧缩。他简直不敢想象，水下的"长尾鲨"究竟发生了什么。如果潜艇无法上浮，继续沉入深海，那巨大的水压会把潜艇撕碎……

事实竟是这等的残酷，"云雀"号声呐兵没有盼到"长尾鲨"上浮的信息，却听到了那种来自深海的可怕声音：水密舱破裂、潜艇断裂、海水压烂艇体的轰鸣声。

赫克怔住了。他简直不敢相信这就是事实。他想起了哈维中校，一个标准的美国军人，他们相识多年，还有他的妻子，一个留着金发的中学教师。

"继续搜索，扔手榴弹联系！"赫克发狂似的喊叫着。

"云雀"号在潜艇下去的水域游弋着，士兵们把一枚枚手榴弹扔下水去。因为下潜前约定，如果通信联络因故中断，听到手榴弹的爆炸声，潜艇必须浮出水面。

一枚枚手榴弹在水下爆炸，激起一股股水柱。但是，爆炸过后，声呐兵的耳朵里依然只有嘶嘶的杂音，没有任何来自"长尾鲨"的回信。长尾鲨失事了。

消息传到五角大楼，决策者们震惊了。海军部长费雷德·科恩立即召开紧急会议，商讨对策。

白宫，总统约翰·肯尼迪在椭圆形的办公室内徘徊，并立即召来他的海军助手和海事问题专家。作为美国总统他有他难言的苦衷。美国是一个经济高度发达的国家，损失一艘核潜艇，固然可惜，但总体上来说，不会造成太大的影响，要紧的是潜艇上的 104 名艇员和 25 名其他成员。死人是白宫最觉棘手的事，弄得不好，遇难者亲属会在白宫前的草坪上静坐、示威，给他这个总统以难堪。

果然不出总统所料，"长尾鲨"的意外失事，舆论哗然。晚报在头版头条接连发表记者述评：为什么"万无一失"的核潜艇竟会在一次平静的深潜试验中失事？究竟是人为责任还是别的什么？美国军方怎么办？记者们的用词是刻薄的。

为了平息新闻界的舆论，美国海军派出了救生艇、护卫舰、驱逐舰，还派出"海狼"号和"海鹰"号潜艇，进行大规模的搜索。甚至还把美国海军唯一能进行水下作业的潜水器"的里雅斯特"号从美国西部运到东海岸。通过深潜器，终于在潜艇失事海域的 2650 米深处寻到了"长尾鲨"的碎片。

专家验证鉴定的结果令人不寒而栗。

这天上午 8 点 53 分，"长尾鲨"已潜到接近 300 米的深度。哈维舰长在检验了各种试验数据后，准备下达上浮的命令。

"进水啦！进水啦！"突然从底舱传来急促的呼喊声。哈维舰长急速奔过去。他一边大喊"关闭舱门，关闭舱门！"一边拉响了警报。可是晚了，水压达 30 个大气压的强大海水喷涌而进，强烈的喷雾使舰员眼睛也无法睁开，堵塞漏洞的命令也被强大的噪声所湮没……

死神拥抱了"长尾鲨"号核潜上的每一名舰员。

猜测只能是猜测，因潜艇已成碎片，"长尾鲨"真正的失事原因成了一个永远无法解开的谜。

1989 年 4 月 7 日上午,距挪威海岸 490 公里的挪威海中立海域深处,一艘长达 122 米的巨型怪物在水下缓缓游弋。

这是一艘苏联"共青团"号核潜艇,舰号"K-278",发射器内静静地安卧着携带核弹头的导弹和鱼雷,它在完成了例行的潜航巡逻任务后,悄悄向基地返航。

上午 11 时,潜艇舱里像往常一样,第一组舰员刚刚起床,第三组舰员正在用午餐,准备接替值班的第二组舰员。第七舱值班员布科尼卡切维利正拿着话筒平静地报告:"第七舱检查完毕。隔离抗力和空气成分正常!"

控制台上,机械师尤金听完报告,在值班本上的第七舱一格里打了"Q"(即正常)后,又把听筒线插头接上了别的舱室。

也许在寂静的大海深处时间过得特别慢,3 分钟,仅仅 3 分钟,夜光航行表上的指针刚刚指向 11 时零 3 分。尤金的眼睛突然发直了。控制台上一个仪表数据吓得他话都说不出来:第七号舱温度指示超过 70 摄氏度。

"火……火警,第……第七舱,烧……烧起来了。"尤金结结巴巴地向海军上校瓦宁舰长报告。顷刻间,潜艇各舱室响起了急促的警报声。

"布科尼卡切维利,听到请回答!"尤金拼命地呼喊。可听筒里毫无反应。

"舰长,必须马上向第七舱灌注氟利昂!"尤金转过头来,呼喊瓦宁。

瓦宁犹豫了。灌注氟利昂虽然能灭火,但它肯定会夺去舱内水兵的生命。他的眼前浮现出这个蓄着浓密小胡子水兵的形象。

第七舱温度上升到 80 摄氏度。已经没有时间犹豫了。"灌注氟利昂!"瓦宁发出了命令。

然而,此时的第七舱已变成了一座火炉,喷出管道的压缩空气像氧气吹管一样助长着肆虐的火龙。

祸不单行,第七舱的失事在艇上引起了连锁反应。相邻的第五舱也发出火警警报。第四舱水兵也报告"冷却泵功率减弱",还不时传来危险的噼啪声!很快,潜艇垂直舱被卡住,各舱电话中断。

在这万分危急之际,潜艇的官兵们是勇敢的,艇舱内没有一丝慌乱,瓦宁在发出一道道指令。

可险情丝毫未减。此刻,有三个舱在熊熊燃烧。潜艇甲板距海面 150 米,距海底 1000 米,失去动力的潜艇被困在中间。电缆火花四溅,配电盘接二连三地爆炸,舱内到处是呛人的浓烟。

67 名官兵的生命,维系在瓦宁手中。不,准确地说:幸存者的命运掌握在指挥室内的 5 个人手上。

海军上尉奥尔洛夫是电脑遥控组的指挥组长,在这生死攸关的时刻,如果指挥电脑键盘上出现任何差错,都会酿成艇毁人亡的惨剧。此刻,他出奇地镇静,尽管他不知道潜艇将浮出海面,还是像秤砣一样沉入海底。只见他动作娴熟地关闭反应堆,降低舵面平衡度,确保放射区冷却正常进行。他知道这几个动作的价值,至少北大西洋不会再现切尔诺贝利核事故。

"K-238"艇开始缓慢上升。充气管道破裂,随时都有爆炸的危险。军士长卡坦塞夫早已把个人生死置之度外,给主压载水舱充满了气。由于垂直舵失灵,潜艇呈螺旋形上浮。

时针指到了 11 时 14 分。"共青团"号潜望镜伸出了水面。但险情并未排除。

舰壳上厚实的橡胶保护层已经熔化,海水与烧到白热化的钢板接触后,生成浓密的蒸气。

13分钟后,机舱内出现有毒气体,大家赶紧戴上防毒面具。没想到,第七舱的强大压力已把大量一氧化碳压进了面具自动呼吸系统。赶紧摘下面具,已有3人中毒。

11时45分,艇上唯一的一部高能工作的电台发出3次密码求救信号。但都是泥牛入海,杳无音讯。

也许有人会问,既然在挪威海岸不远处,潜艇已浮出水面,干吗不发出国际求救信号?

答案并不复杂,这艘极其神秘的潜艇有严格的条令规定:只能在本国的频率上发出求救信号,严禁呼叫国际求救信号。瓦宁严格地遵守了潜艇的条令。

12时10分,"共青团"号又连续发出了8次求救信号。

12时25分,苏联海军基地终于从杂乱的信号中搜索到了"共青团"号的求救信号。整整一个小时后,基地才与潜艇接上联系。然而,就是这一小时,使"共青团"号官兵付出了惨重的代价。

尤金和阿纳托利中尉头戴防毒面具,打着手电,率先闯进还在燃烧的舱室侦察。

哇!尤金被惊呆了,这是一副什么样的情景啊,两名尚存一息的士兵被烧得面目全非,沃尔科夫上尉的橡胶防毒面具已经熔化在脸上。可以看得出,在这之前,他们一步也没有离开自己的岗位,竭尽生命的全部力量在扑灭大火。有两名水兵因吸入了过量的一氧化碳献出了年轻的生命。

这时,一架从苏联海军基地飞来的飞机发来一份电报:"渔船将来帮助你们,预计到达时间18时。"

"共青团"号官兵终于放心了。看来,世界上最坚硬的钛壳潜艇经受住了烈火的考验。精疲力竭的官兵们横七竖八地躺倒在甲板上,等候救援船的到来。他们没有想到潜艇会沉没,潜水装备全部留在硝烟弥漫的舱内。

16时24分,意想不到的险情发生了。舱内的氧气再生罐发生爆炸,钛壳炸裂,汹涌的海水涌入艇尾的两个舱室。短短的10来秒钟,潜艇尾部就淹入水中,水兵们落入冰冷的海水中。

"快,快放救生艇!"

不幸的是救生艇也发生故障。平时只需20秒钟就能放下的救生艇,此时用了5分钟才打开固定栓。本应自动充气的救生艇根本没有充气,大家眼睁睁地看着救生艇被海浪吞没。军士长格里高里拼死扑向第二只救生艇,但是,潜艇在下沉,一个激浪把刚刚解开固定栓的第二只救生艇卷走了……

空中飞来一架苏联北方舰队的飞机,飞行员见水兵落水,立即降低高度,空投下三只救生艇,遗憾的是没有一只救生艇自动充起气来。

"局部在控制之中……"这是北方舰队飞机上收到的"共青团"号最后的电文。

17时零8分,"共青团"号,这艘世界上最大的核潜艇沉没。6个在舱内的人只有军士长萨伦科奇迹般地成为幸存者。

18时20分,30名落水的幸存者被赶来的苏联军舰救起。

"共青团"号核潜艇再也没有返航,永远地沉睡在大洋的深处。

二十、"象牙海岸"的秘密

1964 年夏,美国政府以北部湾事件为借口,发动了对越南的侵略战争。这场几乎无法打赢的战争,使美国人伤透了脑筋。最令尼克松总统挠头的还是那越来越多的美国战俘。面对后宫门前静坐抗议的母亲们,尼克松签发了"我们别无选择"的命令,于是,一场跨国界袭击越南美国战俘营的行动拉开了帷幕。

1970 年 11 月 20 日深夜,略带寒意的北风夹杂着缕缕雨丝掠过夜空,一队全副武装的美国军人在机场环行道上急速跑过,留下一阵整齐的皮鞋声。

这是在泰国打卡里,可这个空军基地却是美国人的,美国人在这个机场干了些什么,泰国人是不知道的。这天晚上,空军基地又在执行一项被称为"象牙海岸"的行动计划。

10 时 20 分,随着三颗绿色的信号弹划破夜空,机场跑道灯突然亮了起来,刚才还黑乎乎的跑道被强光照得如同白昼。如茵的草坪上,数十架直升机呼啸着依次拔地而起。银白色的跑道上,尾随着跃入夜空的歼击机,3 架巨型 C-130 运输机也扶摇直上,消失在东北方向漆黑的夜空。

只一会儿,跑道灯熄灭了,机场恢复了宁静,一钩弯月悬挂在天幕上,仿佛在向人们诉说着什么。是啊,美国飞机何以深夜出动?"象牙海岸"又是怎么一回事?硕大的问号,勾起了人们对往事的回忆,原来,这是由美国总统尼克松亲自批准的偷袭越南山西美军战俘营的绝密行动。

20 世纪 70 年代的第一个春天,美国首府华盛顿以其特有的繁华,吸引着来自世界各国的观光者。宾夕法尼亚大街,流水一般的小轿车,映衬着五光十色的商业广告,令人目不暇接。突然,一支游行队伍吸引了人们的视线,几乎是清一色的老年妇女,她们高举着的牌子上写着:"不要战争""还我被俘的儿子"。一群新闻记者围着游行队伍,"喊里咔嚓"地不时按动着照相机的快门。

游行队伍聚集在白宫门前。一队警察挡住了她们。于是,她们静坐在那片青草坪上,只有标语牌上的白纸黑字在向人们诉说着母亲对儿子的思念。

白宫,那椭圆形办公室内的尼克松总统,也被越战战俘之事弄得焦头烂额。那厚厚的投诉信和一本本出自议员之手的提议、请示,甚至有人在议会上对发动越战之人兴师问罪。总统在办公室里踱来踱去,6 年前的北部湾风波浮现在他的脑海里:

那是 1964 年的盛夏,美国第七舰队的舰只驶进了中国和越南之间的北部湾。在美国人看来,世界上没有一块地方是他们不能去的。美国舰队的侵略行径,遭到了中国政府和越南政府的抗议。然而,美国军舰却没有理会。7 月底的一天,美国驱逐舰"马德克斯"号像往常一样游弋在北部湾海域,却意外地与一艘越南的鱼雷艇相遇。冤家路窄,平静的北部湾海面咆哮了,越南的鱼雷让美国人尝到了鲜血的滋味。

仿佛是强盗遭人抢了似的,白宫被激怒了。一个小小的越南,竟敢对美国军舰动武。依仗"北部湾事件"为借口,美国陆、海、空军全面介入越南战争。

白宫打错了算盘。越南战争把美国人拖入了泥潭,他们亲手导演了一场永远无法打赢的战争惨剧。当美国飞机把成千上万吨炸药扔在越南北方的军事、经济目标，当数以千计的无辜生灵惨遭屠杀之后，越南人也调用了一切可以调用的防空力量。当苏联和中国把防空导弹、高炮部署在越南的都市和要地后，美国人开始遭殃了。

1964 年 8 月 5 日，一队美国轰炸机对越南海防港实施突袭。当一枚枚炸弹在港区爆炸时，港区外围的山林丛中，也喷出了仇恨的火焰。阿尔维莱茨中尉从航校毕业后第一次参加真枪实弹的战斗。他的飞机刚到港区上空，炸弹尚未投掷，就觉机尾一震，顷刻间，机舱内硝烟弥漫，飞机失去控制，情急之中，他拉动了红色的跳伞把儿，"轰"的一声，他被弹出机舱，飘落在海防港外围的山林中，成为越南俘虏的第一个美国飞行员。两个星期后，太平洋美军总司令麦凯恩上将的儿子——海军少尉飞行员约翰·S.麦凯恩也被越军俘虏。随着战事的升级，被俘虏的美军飞行员越来越多，到 1970 年，在越南军队的俘虏营里，竟然扣压着 500 多名美军飞行员。

飞行员是用金子堆起来的。这是说培养一名飞行员所花费的代价。美国是世界上数得着的富国，对摔掉几百架飞机，破费几千万美元，自然是不在话下。尼克松总统担忧的是阵亡将士和被俘虏人员的增多。这场由美国一手挑起的战争，不仅国内人民反对，就连国会中也有许多人持不同意见。眼下，战争无法打赢，俘虏却不断增加，白宫门口的示威者，更是一点不给面子，什么样的话他们都敢写在标语牌上或当众进行演讲，简直令美国总统无地自容。

怎么办？精明的美国总统请参谋长联席会议先拿出决策来。总统的指令，把五角大楼的决策者们忙坏了。没完没了地磋商，接二连三地商议，最终，一份武装劫救战俘计划送到了尼克松的案头。

这份厚厚的计划，尼克松看了一遍又一遍。他不太懂军事，但作为总统，又需要他对军事行动的执行与否做出决策。报告对武装劫救战俘行动做了极详细的描述。尽管尼克松不想用军事行动去冒这个险，但严酷的现实又把他逼得毫无办法。终于有一天，他在参谋长联席会议上送的作战计划上批示：除此我们别无选择。

"象牙海岸"行动随即付诸实施。

越南山西战俘营，距河内西侧 37 公里。在茂密的热带丛林地区，山西战俘营称得上是一块风水宝地，四周平坦，尤其院内的那块比足球场还大的大操场，可容纳数千人活动。操场四周的热带花草树木，把战俘营装点得格外多姿。

越南人是警觉的，高高的围墙隔断了俘虏营与外界的联系。可越南人没有想到，当一群美国被俘飞行员放风时用衣服在草地上摆成英文字母"K"时，一颗美国侦察卫星正经过山西上空，高速摄影机拍下了俘虏营的一切。

清晰的照片送到了五角大楼决策者的面前。中央情报局的头目被请进了五角大楼。

一道指令飞向越南、老挝、泰国，那些平时不露山水的谍报人员立即行动起来。

这天上午，越南山西战俘营门口像往常一样，几个做小生意的摊贩在树荫下吆喝着。"走开！走开，离远点。"见几个捡破烂的小孩跑到墙下抢空酒瓶，越军的一名中尉军官提着一根警棍，骂骂咧咧地走过来。见当官的来驱赶，孩子们"轰"的一声，一个个逃得远远的。这时，两名挑着鲜鱼的老挝人从远处慢悠悠地走来。中尉军官睁大眼睛看了好半天，大概见是常来送鱼的两兄弟，也就没太在意。

"抽烟,抽烟!"挑鱼担的两兄弟把几包香烟塞到了哨兵手中,那名中尉军官嘛,两包香烟中间,还夹了一沓越币。

挑鱼人十分顺利地跑进了战俘营。只见他俩像不认识路似的在里面东跑西走,还不时在手心记着什么。

这两个卖鱼人是为美国人服务的间谍。早先几年,他俩属潜伏对象,尽管没做什么事,却依旧领取一份不低的薪金。由于常常越境过来卖鱼,天长日久,就与战俘营的越军混熟了。兄弟俩做梦也没有想到,上司交给他们的第一件任务是弄一份战俘营营区地形图。兄弟俩后悔死了,早先,他俩常常到营内送鱼,可谁也没有注意营区的地形,尤其是警卫部队住房和俘房住房的开阔地宽度,能不能停直升机。

也许是做贼心虚的缘故,兄弟俩在营区转悠时,并没有人盘问他们,可他俩心里还是怦怦直跳。

越南人太麻痹了。他们的思维逻辑是:战俘营关押的是美国人,而美国又远在太平洋彼岸。即便美国人来,他们的高鼻子一眼就会被认出来。对这两名常常来送鱼的老挝人,他们没有丝毫的怀疑。大门外面摆摊的有不少就是越境过来的老挝人。

伙房里,卖鱼人与伙夫天南海北地侃开了。那个胖胖的伙夫,吹嘘着:"我的烧鱼手艺,绝对一流,连美国人也直叫好吃!""你还给美国人烧过鱼?"卖鱼人故作惊讶。"那还用说,这不,我天天在给美国人做饭。"伙夫接过卖鱼人的一支香烟,又腾云驾雾起来。

"你们这里有美国人?"卖鱼人问。"嗨,还不是那该死的飞行员,以前用炸弹炸死我们,现在还要给他们鱼吃。真不知道上司葫芦里卖的什么药。"胖伙夫愤愤不平。"我们怎么一个没见着。""喏!"胖伙夫指指前面那座楼房,说:"统统都在二楼,每天上下午各出来放风一次,等一会你们就能看到了。""美国人不就是高鼻子吗,不看喽,我们还得回去打鱼。"说着两名卖鱼人一前一后离开了战俘营。

很快,两名老挝人勾勒的山西战俘营地形图送到了美国情报局在老挝的基地,并通过绝密电传,发到了五角大楼:经查明,山西战俘营共关押 61 名战俘,分住 12 间房子。越军警卫人员共有 45 人,营地孤立于距城镇 1.6 公里的水田地带。营区有一长 150 米,宽 80 米的操场,可供直升机起降。10 公里外有一越军陆战师,兵员 1.2 万人。

当这一情报躺在五角大楼的会议桌上时,越南人还蒙在鼓里。

依据第一手情报资料,美国人开始了偷袭作战计划的拟制。参加过第二次世界大战、曾在越南多次执行过特种作战任务的空军准将马诺尔负责计划的具体准备;第二次世界大战时期的突击队员,曾在越南、老挝执行过特种作战任务的陆军特种部队上校西蒙斯担任机降偷袭指挥。整个劫俘作战行动由参谋长联席会议下属的特种顾问室主任普拉克鲍准将负责。

按照他们的计划,在一个漆黑的夜晚,装载着突击队员的美国飞机在邻近越南的一个空军基地起飞,直升机突然降落在关押俘房的院子里,突击队员以迅雷不及掩耳之势,迅速消灭为数不多的越军警卫队,抢出在押战俘,飞机迅即离开。整个作战行动必须在 26 分钟内完成,否则,时间一长,周围的越军大队赶来支援,就会节外生枝。

也许,从理论上讲,普拉克鲍的计划是周密的,他把所有可能的细小环节都做了考虑。

当普拉克鲍满怀信心地把详细实施方案送到参谋长联席会议主席惠勒上将案头时,一向随和的上将突然严肃起来:

"你觉得你的计划能成功吗?"上将眼睛盯着普拉克鲍。

"能成功,至少有百分之九十的把握,将军!"普拉克鲍突然激动起来。

"不行,百分之九十不行,必须百分之百成功。总统在等着我们的行动。如果失败,我们在外交上将陷入被动,关押的战俘有可能被杀害,国内的反战声浪就难平息。这是政治,政治!"上将几乎是吼出来的。

"明白了,将军。我回去再作推敲,保证百分之百成功!"普拉克鲍突然感到担子沉重起来。

佛罗里达的埃格林空军基地,空旷的机场草地上,凭空搭起了一座建筑物。高高的围墙,几排低层楼房,一片用白灰做记号的大操场,两根高压线横贯东西:这是依据情报,按山西战俘营的布局临时搭建的。

原先的突袭训练计划没有这个课目,惠勒上将要求百分之百的成功给普拉克鲍施加了巨大压力。必须进行模拟的突袭训练,确保万无一失。

模拟的"山西战俘营"建起来了,102名突击队员在西蒙斯上校的指挥下,开始了极其艰苦的训练。盛夏,突击队们顶着烈日,直升机、攻击机呼啸起落,模拟的枪炮声震耳欲聋。突击队员们一次次从直升机跳下来,扑进那座铺着红瓦的建筑。

夜色苍茫,4小时过去了,被汗水浸湿了军服的突击队员撤走了。拼装起来的建筑物又拆掉了。原来,精明的普拉克鲍担心苏联的间谍卫星。既然美国的卫星能把山西战俘营的全景如此清晰直观地反映在照片上,苏联的宇宙355号卫星每天两次经过埃格林空军基地上空,要是他们发现了这座酷似山西战俘营的模拟建筑,岂不等于把目的告诉了对手。

一切都在悄悄地进行着。

直升机的大部队安排在墨西哥湾上空进行低空、超低空训练。为了训练逼真,机群甚至故意围着几条高压线飞行,并紧贴树梢飞过佛罗里达的菠萝园。

参加袭击的3架C—130大力士运输机也进行了最激烈的操作训练。其中1架除进行空中加油外,还负责发生伤亡时的救护。其余2架改装成了特种作用机,具有新型的导航装置和红外线辨视装置,负责引导部队。这2架中的一架与直升机袭击分队一起行动,在山西上空投放照明弹。

直升机运输机编队飞行,难度不言而喻。

C-130的巡航时速是460公里,但为了与直升机一致,要求以200公里(比失速仅快20公里)的时速飞行。为此,必须使用20%的副翼,不能使用自动操纵装置。稍有不慎,就有可能机毁人亡。

A-1飞机需要保持270公里的时速,以便行动中与直升机速度相一致。因此决定在老挝与袭击部队会合以后,进行"s"形曲线飞行。

无线电静默状态下的夜间编队飞行,是主要的训练课目。队员们不分昼夜地训练,但大部分人仍不知作战的目的,也有人猜测是用直升机进入古巴。

连续进行的这种训练共出动368架次,达1017个飞行小时。到9月中旬,达到了能同西蒙斯上校的地面部队进行协同训练的熟练程度。

第三期的训练拉开帷幕,9月9日,埃格林基地迎来了募集来的103名突击队员。临战前进行了高强度的体能训练。每天早晨的体操要增加到做8遍,3公里的跑步也不再停歇。早饭后,就进行一天7小时的训练,内容包括武器操练、无线电操作、破坏训练、巡逻盘问、生存训练、隐蔽训练及掌握乘直升机的技术等。学习急救和打手势也是主要课目,并在野外进行搜索训练。

临战训练进入最后阶段。近乎真枪实弹的战斗,突袭分队14人由麦道斯上尉指挥,乘小型直升机在院内降落,负责搜索营救俘虏;警戒分队20人由西德奈中校指挥,乘大型直升机在院外降落,负责破坏建筑物和警戒;支援分队22人由西蒙斯上校指挥,也乘大型直升机在院外降落,负责支援前两个分队。各分队分别进行了反复的演练。

9月28日晚上,空袭分队连续进行了3次陆空协调演练。演练极其逼真,不仅进行了高空炮弹射击,而且还近似实距地向守卫营区的北越士兵的人体模型进行了实弹射击。

10月6日夜间,全体人员进行了最后的实弹演练,普拉克鲍从华盛顿飞来进行观察,他对训练情况是满意的。只是在院内降落时,对究竟是使用UH-1小型直升机,还是使用UH-3中型直升机的问题,他迟迟下不了决心。若使用UH-1,能在院内降落,但该机没有空中加油装置,最大限度只能搭载10人,装不下14名突击队员。要使用UH-3,可解决人员和加油的问题,但降落极其困难。研究的结果是,决定使用UH-3。考虑到旋翼可能碰到树木,决定进行毁坏性降落。

除通常用的手枪、步枪外,还准备了便携式步话机、烧除路障用的氧气乙炔切割器、汽油动力连锯、螺栓切割机、刀子、防尘眼镜、防伤手套、提高射击效果的曳光弹、弹痕显示弹、炸药、以防万一的轻型反坦克炮、梯子、被救俘虏用的睡衣等。

万事俱备,只欠东风。

五角大楼内,普拉克鲍再次叩开了参谋长联席会议主席办公室的房门。新上任的主席穆勒海军上将亲自审定了普拉克鲍确信为百分之百成功的行动计划。

穆勒上将深知这份行动计划的分量,甚至把在白宫的国家安全助理基辛格请到了办公室。他们再次联手对行动计划的每个细节作了推敲,确认万无一失后又向尼克松做了汇报。

按照"象牙海岸"计划,袭击行动最后定在10月20日至25日,因为那时晚上有月光。

尼克松拿起红笔,在行动日期上画了一个问号,然后在旁边批示:鉴于巴黎会议有松动,实施时间可适当延期。

日历撕到了11月中旬,巴黎会议没有取得尼克松预期的成功。这位强硬的总统终于忍耐不住了,明确表示"即使希望渺茫,也得横下一条心"。

五角大楼内的指挥系统急速运转起来。一道无形的电波,穿越太平洋上空浩瀚的天宇,变成泰国打卡里空军基地指挥所内的指令。

"起飞!"

大地在轰鸣。夜空繁星点点,很快,就和飞机的翼灯融合在一起。

这是一场近乎虎口拔牙的战斗。此刻,黑压压的编队机群疾速向目标飞去。坐镇C-130指挥机内指挥的马努尔心情很不平静。

此刻,山西战俘营像往常一样笼罩在夜幕中,执勤的哨兵在门口打着瞌睡。也许是战时的缘故,所有的房间都关了灯。

20 日傍晚,一名老挝人还来这里打探情况,不知为什么竟被哨兵拦住了。是越南人引起警觉了吗?还是……

"俘虏营戒备森严,内情不详。"情报送到五角大楼。决策者们没放在心上。因为将要实施的是机降突袭,即使对方有所防备,也想不到来势如此快疾。

"一切按原计划实施!"

东南亚的午夜,正是华盛顿的中午。国防部宽大的地下作战室内,气氛异常紧张。决策者们清楚,刚刚吃过午饭的总统正在白宫等待着他们的消息。指挥室中间巨大的荧光屏上,两个红色的箭头正缓缓移动,向另一个闪光点——河内靠拢!靠拢!

观察台上,一双双蓝眼睛一眨不眨地盯着荧光屏,兴奋、激动、担忧,国防部长、联席会议主席、三军参谋长,还有五角大楼内的高参们,一个个心都跳到了嗓子眼上。

时针指向了 21 日凌晨 1 时 10 分,荧光屏上的两个红色箭头与亮点重合。指挥中心如墓地般沉寂,只有桌上的电子计算机偶尔发出嘟嘟的运转声。

此刻,北部湾海空却是战火弥漫,担任佯攻任务的三艘航空母舰上起飞的轰炸机空袭了越南海滨城市海防,一排炸弹击中了一座大楼,冲天的烈火、浓烟,几乎遮住了半边天空,大楼一角倒塌,一群妇女哭喊着,没命地往防空掩体奔逃。

越南人民军空军驻河内的航空兵紧急升空,猛虎般地扑向海防市空域。米格飞机与美军的战斗机相遇,你争我夺,一场恶战。一会儿,美国飞机卖了个破绽,夺路而逃。

美国飞机已经完成了预定的佯攻任务,把敌军的雷达和航空兵吸引到了海防地区防域。

河内以西,黑咕隆咚的天空中,美军袭击部队准时到达山西上空。"投放照明弹",随着马努尔准将的命令,两名突击队员投下了一枚强光伞挂照明弹,顿时,山西战俘营上空如同白昼。

"攻击!"2 时 17 分,马努尔准将发出指令,呼啸的直升机立即向那片不知模拟降落了多少次的草坪落去。

几乎在同一时间,无线电台向五角大楼发出了开始攻击的电报。

战俘营被惊醒了!砰砰砰,哨兵慌慌张张向降落的美军直升机开枪。一发子弹穿破舱门,击碎了直升机上的一块仪表玻璃。

也许是巧合,就在直升机快要落地的一刹那,一股突如其来的强风刮了过来。因子弹击中飞机而惊恐万分的飞行员一时慌了手脚。驾驶杆一偏,只听"嚓嚓嚓"一阵响,高速旋转的飞机旋翼碰上了院内的一棵大树,也许是树干太粗了,飞转的旋翼被击得粉碎,失去升力的直升机重重地砸在草地上。好在没有多少高度了,机舱内的突击队员虽然全部摔倒,但幸好没有受伤。突击队长马德维斯上尉一跃而起,一脚端开已经受损的舱门,14 名脸上涂着黑色油彩的突击队员鱼贯而下……

第二架直升机比较顺利。飞机一落地,全副武装的突击队员迅速成扇形向两幢小楼包抄过去。

"嗒!嗒!嗒!"机枪声响了起来。越军火力并不密集,但在静悄悄的夜间,似乎特别刺耳。突击队员一边开枪还击,一边高喊:"我们是美国人,别抬头!"他们在警告战俘,怕他们擅自冲出来或探头误伤。

枪声惊醒了战俘营两角的监视塔楼,两名在睡梦中醒来的越军糊里糊涂爬上塔顶,想看看究竟发生了什么事。夜空中,他们发现两架直升机腹下红光闪闪,还没等反应过来,几枚导弹发出长长的呼啸声,一阵剧烈的爆炸后,监视塔成为一片废墟。

第三架运突击队员的直升机误降在距目标400米的一所中学里。就在前天下午,一个连的越军换防后临时驻在这里,战俘营的枪声惊醒了越军。见一架美国飞机落在草地上,越军马上开火,蝗虫般的弹雨打得草地上尘土飞扬,同时援兵向战俘营奔去。见情况发生变化,担任空中袭击任务的三架直升机转头飞来,一排密集的枪弹封锁了前进道路。

战俘营枪声已经稀落。由于第一架直升机撞毁,马努尔命令空中袭击的三架中降落一架,载上马德维斯等人。马德维斯上机前,把一枚烈性定时炸弹置放在撞毁的飞机舱内。当全部飞机腾空而起时,地面传来定时炸弹的爆炸声。空中指挥的马努尔准将,不失时机地发送出最新消息:

"2时44分,战斗结束,袭击部队飞离战俘营。我损失一架直升机,无一伤亡。"

大洋彼岸的华盛顿的指挥室里,气氛转向轻松。但大家不解的是未得到任何有关战俘的消息。

"速告救援情况!"一份电报飞向刚刚越过越南与老挝边界的"C-130"指挥机。3时55分,马努尔发来电报:

"未发现战俘,山西战俘营是座空营!"

全场一片愕然。普拉克鲍的脸色"刷"地变白,莱尔德愤然站起。

是越南人截获了美国人的情报?还是越南人有了警觉?不是的。应该说,美国人的计划可谓天衣无缝,实在是天不帮忙。原来,由于越南北方连降暴雨红河泛滥,危及山西战俘营的安全,早在7月14日夜间,战俘就被秘密转移了。对此,美国的情报部门却一无所知。他们原以为对俘房营的情况已了如指掌,再派人来侦察,弄不好会节外生枝,给"象牙海岸"行动带来麻烦。没想到,欲擒故纵酿成了人去楼空的结局。

美国人成功地实施了"象牙海岸"行动,但结下的果实却是苦涩的。

二十一、"狐蝠"西飞之谜

1976年,苏联一架当时的最新型战斗机米格-25(绰号"狐蝠"),神秘地飞离俄国领空,借道日本,西飞美国,在苏、美、日三国乃至全世界掀起轩然大波。

是谁如此大胆,把克里姆林宫的最高机密泄露给与其同时争霸世界的美国和老对手日本,"狐蝠"的真正威力如何?时至今日,在大洋彼岸定居的"狐蝠"飞行员别连科道出了这个神秘事件的前因后果,尽管时过境迁,但其惊心动魄的经历,依然令人们耳目一新。

1967年7月17日,苏联莫斯科机场,天高云淡,彩旗飞舞,布置豪华的观礼台上,端坐着一排苏联党政军最高决策者。位于正中的勃列日涅夫不时摆弄着桌上的望远镜，遥望着起飞线上一架即将翱翔的飞机。

这是一次称得上绝密的航空展览会。机场周围 10 公里内全线戒严，没有空军统一颁发的特别通行证，任何车辆都不得入内。每个交叉路口，几乎都有便衣克格勃监视。与会者均是苏联部长以上级干部。展出一架飞机，何以搞得如此神秘。倒不是苏联人胆小，实在是这几年与美国人的军备竞赛太激烈了。每每一件新装备问世，用不了多久，美国人就截获了秘密。这一回，苏联人变得小心谨慎了。

展出的是一架苏联研制成功的最新型歼击战斗机，代号米格－25，大概双翼有点像蝙蝠的翅膀，空中截击时又具有狐狸的敏捷和狡猾，所以，苏联飞行员称其为"狐蝠"。此刻，体重 22 吨的"狐蝠"静静地卧伏在起飞线上，双垂尾，双发动机，一个长似火箭的机首，外加结实短小的后掠机翼，外形恰似一只凶猛的秃雕。

塔台上升起了绿色的放飞旗，观礼台上的目光一齐射向起飞线上的"狐蝠"。突然，"狐蝠"咆哮了。旋即它轻快地滑上跑道，一昂头，直插云霄。

也许，为了让观展的领导人更好地领略"狐蝠"的威力，地面指挥员与空中飞行员的通话，通过观礼台上的喇叭，向参观者直播。

"狐蝠 1 号，请报告时速。"指挥员喊话。

"1 号明白，现在时速 2979.8 公里。已到极限！"飞行员报告。

哇，时速达 2979.8 公里。勃列日涅夫的眼睛亮了，他一改平时那种严峻的面容，微笑着在为消失在视野尽头的飞机鼓掌。

"爬高，继续爬高！"指挥员的口令十分清晰。

"1 号爬高，飞机已升至 36239 米！"狐蝠飞行员报告。

苏空军司令员在勃列日涅夫耳边提示：这是目前世界上飞得最高的飞机。

"如果拿它与美国的 F－4 鬼怪式飞机较量怎么样？"勃氏最关心的是飞机的实战性能。

"那当然'狐蝠'厉害得多。F－4 即使装备优良的导弹，也无法截击狐蝠！"空军司令员似乎胸有成竹。

勃列日涅夫又一次笑了。"马上投产，尽快装备部队。"勃氏对坐在一旁的柯西金耳语。柯西金点点头。

很快，米格－25 投入生产。一架架新"狐蝠"陆续装备部队。

美国人在侦察卫星的照片上发现了"狐蝠"，但对它的性能和操作却一点也不知道。中央情报局费了九牛二虎之力，却怎么也弄不到"狐蝠"的一点资料。

的确，"狐蝠"飞机是苏联武器库中最可怕而又防范最严密的武器之一，在官方文件中仅用产品第 84 号来表示，一般的苏联空军人员也不知道这种飞机究竟是怎么一回事。

越是保密程度高，美国人越是想得到它。美国人将"狐蝠"称之为"当今世界上最好的歼击机，是可怕的潜在力量，是苏联取得空中优势的法宝。影响着美国的空中战略"。

美国人费尽心机没有弄到的秘密，却在一个偶然的机会中，没费吹灰之力竟然如愿以偿了。

1976 年 9 月 6 日，苏联远东海参崴东北约 200 公里的丘古耶夫卡的萨哈罗夫空军基地，苏联空军防空师 513 团正在组织飞行训练。

起飞线上，别连科飞行中尉登上一架褐黑色的战机。在机械师的协助下，他钻进机舱,熟练地操纵着一排排仪器,荧光显示屏上,不时跳出一组组数据。

一切正常! 别连科在放飞单上签上了自己的名字。

"068 请求起飞!"别连科在无线电里报告。

"可以起飞!"塔台指挥员发出命令。

中午 12 时 50 分,随着一阵炸雷般的轰鸣,"狐蝠"跃上万仞云间。翼下,一排排整齐的营房,还有熟悉的操场、健身房和那幢造型别致的飞行员灶。即便生活最艰苦的时候,普通人连黑面包都不能保证的时候,在飞行员灶,小伙子照样可以吃到白面包、香肠、牛肉等旁人连想也不敢想的东西。而此刻,别连科的心情却是复杂的。让"狐蝠"飞离苏联或重回基地,他必须在不长的时间内做出抉择。平心而论,他并不憎恨他的祖国,十月革命的故乡,曾诞生过列宁、斯大林等伟人。但他实在不喜欢他的家庭。他的妻子柳德米拉花钱大手大脚,时常出入于高级宾馆和影剧院,穿高级时装,吃山珍海味,这对一个普通的家庭来说是难以承受的,尽管别连科薪金不低,但也经不起柳德米拉的折腾。不仅如此,他和她的兴趣爱好也截然不同。别连科爱好的体育、文学及他的飞行职业,柳德米拉毫无兴趣。但鬼使神差般地他俩走到了一起。然而生活又迫使别连科向家庭告别。

突然,机舱里响起了一个女人的声响:"068 注意,燃料已降到危险点!"已经关掉与地面联络信号的别连科吓了一跳。注意一听,才知道是飞机上安装的录音带。

时针指向 12 点 40 分。座舱高度表指示 6000 米。

已没有时间犹豫了。别连科猛地推杆,"狐蝠"像老鹰扑食般飞速俯冲,直至离地面 35 米的高度才改平。

"狐蝠"突然从苏联监控雷达的荧光屏上消失。"068 丢失! 068 丢失!"测报员报告。

"068,听到请回答! 068,听到请回答!"塔台指挥员拼命呼唤。

没有听到任何预警,天空湛蓝湛蓝的,指挥官似乎有一种不祥的预感。他当然知道"狐蝠"的分量。如果意外失事,倒也罢了。但如果……

"狐蝠"失去联络的信息传到苏军最高决策层,"马上拦截!"几乎没有任何考虑,最高决策者就发出命令。

很快,4 架执行拦截任务的米格跃上云天。

中午 1 点 10 分,别连科已在日本海上空。日本雷达发现了这位空中"不速之客"。北海道千岁空军基地的指挥官下令鬼怪式飞机起飞拦截。

也许是别连科的运气。恰恰在苏联和日本飞机同时升空拦截时,气候发生了变化,厚厚的云层不仅干扰了雷达,也使拦截飞机无法发现目标。

500 米的空中,别连科好不容易穿出云层。他已清晰地看到了机翼下绵绵的海岸线。可他不知道,苏联和日本的飞机就在他的上空搜索。

1 点 40 分,油警信号灯亮了。经验告诉他,飞机顶多只能再飞 6 分钟,否则就得跳伞。可他不想选择后者,因为他清楚地知道,对日本或美国而言,自身的价值远远不及手中这架神秘的"狐蝠"。

管它呢,事到如今,一切听天由命。别连科一咬牙,机头一沉,向着薄雾笼罩着的日本北海道呼啸而下。

500、400、300……高度表指针在急速回旋。

啊,机场跑道。别连科眼睛突然亮了。他看见了一座民用机场,有两架日本客机停在停机坪,有一架飞机正在起飞。

刚刚对准跑道,坡度很大。可别连科顾不得了。他明白,一旦空中熄火,笨重的"狐蝠"会像秤砣似的直线下坠,连跳伞的机会也会失去。只有孤注一掷了。

别连科双目圆睁,紧紧盯着机翼下这块陌生的土地。

打开着陆阻力伞,踩住刹车。眼前一片葱绿。别连科一惊,他担心飞机落不到跑道上,而掉在坎坷不平的原野上坠毁。说时迟,那时快,他轻轻一拉杆,机头稍稍一抬。"狐蝠"充分显示了它优越的性能。

几乎就在这一瞬间,飞机落到了跑道上。"嘎吱",机轮在跑道上发出一阵震耳的摩擦声。然而,刹车却没有达到预期的效果。飞机带着黄褐色的灰尘,发疯似的冲出跑道,一连撞倒两根电线杆,前轮爆破,才斜倒在草地上……

9月日本,正是一年中最好的旅游季节。函馆机场,不同肤色不同语言的各国宾客熙熙攘攘,他们有的扛着摄像机,有的挎着照相机,一辆辆小汽车流水般地淌过马路。

"狐蝠"从天而降,吸引了人们的视线,首先是几名外国记者,苏联飞机上的镰刀斧头图案使他们意识到,这是一架共产党国家的军用飞机。他们马上连蹦带跳地往"狐蝠"奔过去。还有一些游客,也拿着照相机往前挤。

函馆机场顿时开了锅。

一看这阵势,别连科急了。他知道这架飞机的价值。如果让别的什么人随随便便把照片拍走,那等于是掉了自己的价。"不许拍照!不许拍照!"他用俄语呼喊着。可没有人理睬他。许多人把镜头对准他,对准飞机,一个劲地按快门。

"砰!"急红了眼的别连科掏出手枪,朝天扣动扳机。

见飞行员动真格的了,许多人被吓住了。因为距离太近了,近得别连科想收拾谁就收拾谁。他们实在不知道眼前这名黄头发的俄国飞行员下一步把枪口对准谁。

黑洞洞的枪口下,拍照的人大多把胶卷抽了出来,有的随手扔在地上。还把相机后背打开让别连科过目。

"吱——",几辆挂军事牌号的轿车停了下来。几名荷枪实弹的军人跳下来,游客马上被驱散了。

别连科被请上了汽车。车上,一个会俄语的日本外务省官员询问别连科:"你是苏联飞行员吧!""是的,我是苏军中尉飞行员别连科。"他自报门户。"是迷失方向吗?"日本人问。"不,我是有意飞到这儿的。请把飞机隐藏起来,马上派守卫。弄不好,我国的克格勃会动手的。"别连科直言不讳。

不知出于什么原因,日本人请他把所说的话写下来,签上自己的名字。别连科照办了。

汽车在一所军营内停下。似乎是一个军官疗养院。四周树木葱郁,宫殿般的大门前,两个椭圆形喷水池正喷出环状宫灯水花,两棵种在大花缸里的铁树叶子绿得油光油光的。只不过门口多了两个持枪的警卫。

9月7日黄昏,保镖人员把别连科领进厨房,似乎是去用餐。可他并没有被领进餐厅,而是七拐八弯地穿到了一个小胡同内,有一辆公爵王轿车正等候在那里。小车把他送到一个园林式的公园内,绿茵茵的草坪上,一架直升机已经发动。一小时后,别连科被秘密送到千岁空军基地。在千岁空军基地,他又搭上了另一架军用飞机。别连科被送到了东京。

在东京,别连科明确表态:他要求到美国政治避难。仅仅两小时后,他被通知,美国总统已经批准了别连科去美国政治避难的要求。各项手续正在办理,不日将飞赴太平洋西岸。

"狐蝠"失踪的消息传到莫斯科。军事当局不敢怠慢,马上报告苏共中央委员会。勃列日涅夫闻讯后立即拉长了脸。钦定外交部火速采取措施,最大限度地减少损失。尤其是米格-25飞机,不能让美国人得手。

当天下午,日本新闻媒介就报道了别连科同"狐蝠"降落函馆机场的消息。

几乎在同一时间,苏联驻东京大使馆就发表声明:苏联一架军用飞机因飞行员迷失航向,迫降在日本机场。苏联为保护它的军事秘密有着不容侵犯的权利,日本方面必须禁止一切人员参观米格-25,并把飞机和飞行员无条件的立即归还苏联。

日本方面没有理睬苏联的强硬要求。事实上,此时日本也已无能为力了。因为美国人已经插手,日本毕竟还不愿意得罪它的贸易伙伴,

很快,苏联人把强硬态度变成行动。

9月7日,苏联空军的战斗机接二连三地轮番起飞,在日本海附近上空游弋。日本飞机不得不一次次起飞拦截。

海面上,成群结队的苏联舰艇开始拦截日本渔船。几艘日本渔船不堪忍受苏联人的欺侮,反抗的结果是渔船被扣押,船员被抓走……

苏日两国矛盾迅速激化。日本内阁不得不召开会议,研究妥善处理"狐蝠"的办法。研究结果是把皮球踢给美国人,以减轻日本的压力。

9月8日上午,一辆持着苏联塔斯社驻东京代表团招牌的小车开到"狐蝠"栖身的机场。一名西装革履,自称团长的中年人掏出证件,要求去验证一下误落日本机场的飞机。当然,他被客气地挡在警戒区域外。

日本人知道苏联克格勃的无孔不入和残酷手段,不得不加大护卫飞机的兵力,并对别连科进行特级保卫。

日本政府通过新闻媒介,有限制地公布出别连科在日本的有关情况,委婉地说出了别连科要求赴西方某国政治避难的要求。

9月8日,白宫发表声明,对别连科的行动大加赞赏,对日本政府为别连科提供方便表示欣慰,并宣布别连科是美国所欢迎的人。

苏联人被惊住了。看来,别连科十有八九要去美国。如果这样,米格-25的秘密将不复存在,苏联人经过千辛万苦,研究成功的尖端飞机将毁于一旦。

苏、美、日三国就别连科驾"狐蝠"出逃一事展开了错综复杂的斗争。军事的、政治的、外交的,甚至不惜出动特工人员,刺探各种可能获得的情报。当然,这一切,别连科是全然不知的,他作为一个出逃的飞行员,没有也不可能完全理解这件事对苏、美、日三国起了多大的影响。他唯一担心的是日本人顶不住苏联的压力,把他及其"狐蝠"交还苏联。那自己就惨了,他简直不敢想象送回去后将是一个什么样的下场。

别连科的忐忑不安,陪同他的日本外务省的官员全看在眼里,尽管他们曾向他做过送往美国,不交还苏联的担保。但夜长梦多,万一日本屈服于苏联,前头的担保岂不等于一纸空文。

这天上午,日本外务省的一名年轻官员告诉别连科,今天,苏联的一名外交官

员要求看望。如果你说你是自愿要求到美国政治避难的,我们就好办了。否则,我们也爱莫能助。

此时的别连科,还能说什么呢? 如果拒绝,日本人在外交上就不好推托了。那么,苏联报纸上刊登的"别连科中尉迷航""被人迫降日本""关在监狱中""给他吃麻醉药"等等也就从另一方面得到证实。

下午3点,一名苏联克格勃官员披着霏霏细雨,出现在别连科的住所。他瞄了一眼别连科住所的彩电和高级地毯,眼睛里流露出一种复杂的情感,不过这只是一瞬间,他马上恢复了先前的神态。并先入为主地开始了他预先准备好的台词:"别连科同志,祖国政府和人民都十分关心你,知道你不慎迷航,又被人家用飞机挟持迫降。飞机落在日本,不是你的过错。即使真的有什么过错,党和政府都不会追究你的责任。只要你愿意回到祖国怀抱去。"见别连科反应冷淡,克格勃官员马上拿出别连科儿子和妻子及父母的照片,换了一种口吻说:"你的出走,使你的家人非常挂念,你的妻子终日在悲伤之中,你的儿子也因见不到爸爸而哭泣……"克格勃官员眼角竟然挤出了两滴泪珠。

此刻的别连科反而冷静了。乘对方掏出手帕擦眼睛的空隙,别连科对克格勃官员说:"我是自愿飞到日本来的,也是志愿要求到美国政治避难的,请你不必再枉费口舌了。"

"叛徒!"克格勃终于露出了本来的嘴脸。"你知道叛徒的下场吗? 还有你的家人、你的儿子要为你背一辈子黑锅。你等着瞧吧!"克格勃官员一甩手,气呼呼地走了。

9月9日晚,东京下着毛毛细雨,闪烁的霓虹灯在雨雾中显得更加迷人。20时20分,三辆黑色的轿车疾驰在通往机场的公路上。中间一辆车的后座上,坐着身穿便装的别连科。今晚,他将被秘密送往太平洋彼岸。

20时50分,一架波音-747客机飞离日本。机舱里,别连科旁边和周围,几乎全部是美国中央情报局的官员。尽管路线和日期是绝对秘密的。但克格勃的冷酷和无孔不入仍使他们处于高度紧张状态。七八名保镖如临大敌般地护卫着这位人高马大的"狐蝠"飞行员。

别连科西飞美国,苏联人伤透了心。但飞机还在日本。苏联政府丝毫没有减轻对日本的压力。其实,无论是苏联,还是日本和美国,他们斗争的焦点无非是米格-25的秘密。别连科只不过是一个飞行员,关键是西方人并不了解"狐蝠",他们都千方百计要得到"狐蝠",如此多情也就不足为奇了。

狐蝠战斗机

关注"狐蝠"事件的人们清楚地记得,当别连科驾机在函馆机场降落仅仅半小时,法新社记者就向全世界发出了第一条电讯:一架苏制米格-25飞机,俗称"狐蝠"，今天中午突然落在日本函馆机场。飞行员跳出飞机，用手枪向围上来的人们开枪。估计是飞机由于迷失方向或机械故障而被迫降落。

两小时后，日本通讯社则报道说：别连科是有意降落日本，并要求到西方某国避难。

然而，苏联塔斯社则声称：爱国主义的英雄别连科在一次飞行训练中，迷失航向，燃料用尽，被迫降日本机场。面对敌人的袭击，别连科中尉英勇抗击，不幸被俘。

9月20日，苏联外交部在莫斯科举行记者招待所，别连科的妻子柳德米拉作了淋漓尽致的表演。她只字未提那段破裂了的婚姻，而是在摄像机前泪流满面地宣读了给亲爱的丈夫别连科的信。还有别连科的母亲，也被人从高加索的一个小村庄弄到了莫斯科亮相。

与此同时，苏联外长葛罗米柯飞抵纽约，他在会晤基辛格时，一再阐明，勃列日涅夫对此事十分关注，是否归还别连科，对苏美关系有着极微妙的影响。

一星期后，在联合国驻地，葛罗米柯又会见了日本新任外相，要求马上归还"狐蝠"，措辞相当激烈。然而，日本人却推托说：由于整个事件尚在调查之中，所以飞机必须保留在日本作为证据。末了，这位新外相话锋一转，对葛罗米柯说：外长的抗议听了好几回，但我国政府至今未收到苏联关于飞机粗暴侵入日本领空的道歉。

"这……"葛罗米柯一时语塞。

正当苏、美、日三国政界在为"狐蝠"西飞闹得沸沸扬扬之时，美国和日本的科技界却没有闲着，米格-25的秘密在吸引着大家。如何处置"狐蝠"，日本和美国之间也有着分歧。美国人想把飞机弄到美国去，先行搞清它的性能和结构。然后把资料送给日本。东京则不同意。既然飞机已在日本，何苦再冒风险把它弄到大洋彼岸去呢？不如留在日本，两国共同拆装这架飞机。

美国人让步了，日本人高兴了。

据别连科告知，"狐蝠"上装有自毁装置。但安装位置却不知道。日本和美国的科研人员小心翼翼地检查着。可能隐藏杀机的雷达、火控、计算机、自动驾驶仪等。突然，火控系统的仪表下冒出一丝青烟，"不好！"工作人员赶紧撤离，大家匍匐在离飞机老远的地方，却不见飞机爆炸。老半天，大家又轻轻爬进机舱，方知是虚惊一场。原来是火控系统的一块电池短路引发的。

检测持续了两天两夜，那枚足以毁掉这架飞机的炸弹也被查了出来。隐患既除，大家动手也就大胆了。很快，专家们把"狐蝠"肢解了。机身和各种零部件被装进了一架巨大的运输机。

巨大的运输机在一个深夜，悄悄飞抵东京以北100余公里的百里空军基地。"狐蝠"被彻底分解了，检测结果却使美日专家们震惊。

美国《新闻周刊》刊登的一篇报道评价"狐蝠"说：分解开这架飞机，机身和机翼上竟然有褐色的锈斑。原来，米格飞机不是用美国人造拦截战斗机所用的那种重量轻的高强度钛合金制造的。一个日本专家出于好奇，拿一块磁铁往飞机上一放，"咔嚓"一声就吸住了。原来"狐蝠"的蒙皮用的是过时的钢板。焊接和铆接也不整齐。看来，这架飞机作小半径盘旋时是难以操纵的；在最高速度下，机翼下面挂的导弹有可能自行脱落。

美国国会议员罗伯特卡尔到现场实地考察后，发表了作为专家兼议员的颇有见地的评价:"狐蝠"仅相当于我们 15 年前的 F-4"鬼怪"式飞机。它远远落后于我们新一代的战斗机 F-15 或 F-16。无论是在爬升率、加速度、急转弯、远距离发现目标和躲避敌方攻击的能力方面,"狐蝠"与我们的新式战斗机相比,简直是一个在天上,一个在地下。

那么,"狐蝠"到底怎么样呢? 它在未来空战中的地位如何? 经过反复检查验证,美日飞行专家联名签发了一份备忘录,对"狐蝠"作了实事求是的评价。

"狐蝠"飞机没有美国原先设想的那样可怕,但仍不失为一种优秀的战斗机。它飞得高、飞得快,有效载荷优于同类飞机。但过去,西方对米格-25 的性能、目的、威慑力量及含义等方面都有严重的误解。

倒不是美国人胡乱猜测,而是美国的侦察卫星探测到米格-25 在以色列上空 25000 米高度上,创造了马赫数 3.2 的速度,令美国人大吃一惊,苏联人是怎么造出这种飞机的? 因为问号没有被拉直,美国人片面认定了那次飞行反映了米格-25 的实际性能。事实上,这种飞机速度超过马赫数 2.8 就有可能发生事故了。因为那架马赫数达到 3.2 的米格-25 飞机降落后就发现发动机已被彻底毁坏。只不过美国人那个时候没有掌握这个情报。别连科的供词消除了美国人的疑虑。

在美国和日本专家的解剖下,"狐蝠"的秘密暴露无遗。它的缺点与它的优点同样明显。《备忘录》中有这样几段文字:

——"狐蝠"飞机有极强的高速爬高性能,可以在一两分钟内飞到 24000 米的高度,但只能带两枚导弹和一半燃料。如果带 4 枚导弹,最大升限就只有 21000 米。它所带的导弹,也是一种较简单的老式导弹,在 27000 米以上米格-25 并不具有拦截美国先进的高空高速侦察机 SR-71 的能力。

——"狐蝠"有很好的抗干扰能力,尤其在中高空,一般的电子干扰对它不起作用。但是在 500 米以下,由于地面回波干扰,机载雷达不能分辨目标,所以在 500 米以下,它不具备拦截功能。而且,它在油箱装满油的时候,机翼重量很大,如果飞机的转弯过载超过 2.2,机翼就可能会折断。幸运的是,苏联当时拥有推力强大的图曼斯基发动机。它是大而壮实的钢质发动机,耗油量惊人。但在高空它还是风头十足的。以这样的重量和这样的燃油消耗量,"狐蝠"只能像火箭一样以极大的速度冲向目标,迅速发射导弹,然后马上返回。

——"狐蝠"也有它的独到之处。俄国人聪明地设计了新的电子管,当飞机从地面迅速升到高空时,它们能适应从高温到超低温的急剧变化。可以说,他们没有花费多少研究资金,便把旧技术发展到了一个新水平。机载雷达功率极其强大,能够把对方轰炸机的干扰信号给"吃掉"。这架飞机的脉冲波极其厉害,能够杀死 900 米以外的小动物。

秘密一旦被揭穿,就不称其为秘密,或者叫作昨天的秘密。在美国和日本人心目中,曾经显赫一时的"狐蝠"也成了昨日的秘密。于是,苏联人的抗议和喊叫有了回音。11 月 12 日,美国和日本同意了苏联的请求,归还"狐蝠"飞机。不过,归还的不是完整的飞机,而是一堆分散的零部件,整整装了八辆带拖斗的大卡车。11 月 15 日,运载"狐蝠"的轮船起航。"狐蝠"回到了苏联,别连科却留在了美国。至此,吵吵嚷嚷了 67 天的"狐蝠"之争终于落下了帷幕。

二十二、笼罩在黑龙江两岸的核阴云

1969 年 9 月 12 日,中共中央机关报《人民日报》在二版中间一个不太显眼的位置,刊发了一条连标点符号在内不足 100 字的消息。

新华社北京 11 日讯:国务院总理周恩来今天在首都机场会见了从河内参加胡志明主席丧礼后回国途经北京的苏联部长会议主席柯西金。

双方进行了坦率的谈话。

中国方面参加会谈的有李先念、谢富治。苏联方面参加会谈的有卡图谢夫、亚会诺夫。

然而,就是这条不起眼的消息,却在太平洋彼岸的美国白宫掀起了轩然大波。美国总统尼克松大发雷霆。因为在这之前,美国中央情报局没有给总统提供任何材料。美国总统出于本身利益的考虑,既怕苏联对中国实施核袭击给美国以难堪,又怕中苏敌对关系和解,使美国失去打中国这张牌的机会。

时隔 20 多年后,1992 年 2 月 15 日,俄罗斯出版的《共青团真理报》载文:《我们为何没有按下核按钮——1969 年苏中危机史上鲜为人知的一页》,将当年中苏核冲突一触即发的历史展示世人。

原来,正是中苏两国总理在北京机场 55 分钟的会晤,驱散了曾经笼罩在黑龙江两岸的核阴云。

1969 年,在位于黑龙江省虎村到乌苏里江主航道中心线中方一侧面积只有 0.74 平方公里的珍宝岛上,中国边防部队为维护祖国的领土尊严,与侵入我国领土的苏联边防部队发生了武装冲突,双方均有人员伤亡。中国政府为此向苏联政府提出强烈抗议。

中苏边境冲突的消息传到莫斯科。勃列日涅夫感到很意外。凭借苏联的实力,在这个世界上只有美国可以抗衡。去年苏联的坦克开进了捷克斯洛伐克,国际上虽颇有微词,但苏联还是占了便宜。想不到中国人竟然不吃这一套。

要给中国点颜色瞧瞧。对军事知识一知半解的勃列日涅夫亲自召集了有部长会议主席柯西金、国防部长格列奇科及苏军总参谋长、陆军总司令、战略总局局长等人参加的军事会议。

会议议题只有一个,如何对付中国?

在观摩完两部针对中国的军事演习的录像片后,国防部长格列奇科迫不及待地抛出了他的“核计划”。

“中国已经有了核武器,而且有了核导弹。如何解除中国的核威胁,我的意见是先发制人,抢在中国人动手之前,使用战术核武器,一举摧毁中国的核导弹。”格列奇科讲得异常激动,唾沫溅到了淡蓝色的桌布上。

经验老到的柯西金不客气地打断了他的发言:“动用核武器的问题要慎之又慎。因为我们已经签署了禁止使用核武器的条约。还要看看美国的态度,惹怒了美国人,我们不好收场。”

见国防部长和总理争执起来,其他人不便插言。于是,大家把目光投向总书记勃列日涅夫。

勃列日涅夫用手抚了抚他的长发，没有明确地表态，却答非所问地说了一通："中国侵占苏联领土，苏联不能坐视不管，眼下国际舆论对苏联有利，中苏边境冲突我们要坚持原则立场，好好教训一下中国！"

莫斯科的 8 月，正是一年中气温最适宜的季节，红场上，像往常一样车水马龙，人头攒动。

一辆小车急速驶过红场，钻进了克里姆林宫的大城门。车上坐着国防部长格列奇科，他有重要军情要向总书记汇报。

格列奇科敌视中国由来已久，尤其是中国原子弹爆炸成功之后，他更是如坐针毡。依他的想法，早就该对中国动用核武器。无奈核按钮并不在他手中。不久前的军事会议上，他又一次跳出来老调重弹，要不是柯西金唱反调，说不定总书记就表态了。好在他摸透了总书记的想法，他说出了总书记想说而没有说的话。

总书记的默许，格列奇科胆壮起来。首先要再挑起边境事端，战火不断扩大，他好趁火打劫。

8 月 13 日，格列奇科亲自导演了一场卑鄙的丑剧。在中国新疆境内，苏联军队设伏，吃掉了中国边防一支 30 多人的巡逻队。

接着，格列奇科下达命令，战略导弹部队进入一级战备状态。

他把按下红色按钮的希望寄托在勃列日涅夫身上。

柯西金从别的途径得知了苏联战略导弹部队的动静。出于一个老牌外交家的敏感。他知道自己的祖国正在干一桩必然遭到全世界唾弃的蠢事。他再次面见勃列日涅夫。

勃列日涅夫尽管不喜欢柯西金，但碍于柯西金是老一辈领导，又是掌管外交和国内事务的总理，闹翻了似乎也不好办。

没有转弯抹角，柯西金直陈己见：总书记同志，不管中苏边境冲突到何种程度，都不能有动用核武器的念头。格列奇科指望靠几百万吨当量的核弹，对幅员辽阔，有着世界五分之一人口的中国进行一劳永逸的打击，实在是太天真了，而且极其危险。我们的战略重点在欧洲，主要对手是美国，而不是中国。况且中国手里也有足以对付苏联的核弹。如果核战幕拉开，后果不堪设想……

勃列日涅夫静静地听着，始终没有讲一句话，他有他的主见。

苏联战略导弹部队的动向，很快惊动了中国首都北京。

勃列日涅夫真敢按下手中的核按钮吗？毛泽东陷入了沉思。

作为伟大的军事家，毛泽东当然知道原子弹的威力，但他却把它蔑视为"纸老虎"。

毛泽东的著名论断曾使赫鲁晓夫惊愕，今天又使勃列日涅夫汗颜。

难怪美国的杰里·珀森斯将军感叹："原子弹的最大威力是在发射架上，而不是飞出去以后。毛泽东是一个极难对付的人物，恐吓、威胁对他无济于事！"

国庆节前夕的首都天安门广场，到处张灯结彩，几万盆鲜花把宽广的广场装点得绚丽多彩。

按照惯例，国庆节北京要举行群众集会，毛主席登上天安门检阅。但是，今年北部边境吃紧，苏联随时可能要对中国实施核袭击。国庆集会搞不搞呢？

中国领导人有中国领导人的决策。

公元 1969 年 9 月 28 日和 29 日，中国在西部地区成功地进行了一次地下核试验和高爆核试验。苏联和美国的军事卫星几乎同时拍摄了原子弹爆炸时的蘑菇云照片，许多周边国家的地震监测中心收到了震波信号。

然而，中国的官方报纸、电台却未置一词。与前几次试验原子弹成功时的热闹景象大相径庭。正当世界各国正在对此事议论纷纷的时候，美联社播出了一篇颇有见地的评论："根据中苏两国近阶段在军事上的对垒分析，中国目前爆炸的两颗核弹不是为了取得某种数据，而是临战前的一种检测手段。"

中国的强硬，使勃列日涅夫又怕又恨。他把最后一步棋下在美国人身上。如果美国人默认了对中国的核打击，苏联就真要动手了。

勃列日涅夫拨通了苏联驻美国大使馆的电话，多勃雷宁大使从电话里听到了震惊人心的消息。

"苏军大本营准备对中国进行一次外科手术式的核打击，以一劳永逸地消除中国的威胁。请你秘密征求一下美国最高领导人的意见，我们只攻击军事目标，不伤及无辜的生命……"

多勃雷宁不敢耽搁，马上拨通了白宫的电话，并很快赶到了基辛格的住地。

多勃雷宁得到的最后答复是：耐心等待，美国要研究一下。

美国人的算盘珠没有拨向勃列日涅夫的那一边。"不行，绝对不行。美国在亚洲有25万军队，一旦动用核武器，光核污染就会使美国军队毁掉。"尼克松把头摇得像拨浪鼓。

如果苏联惩罚了中国，苏联人在全世界一下子就硬了起来，那时美国人在世界上的形象就会逊色了。尼克松的忧愁不无道理。

很快，白宫拟出了对苏联核打击的意向，第一是反对，第二还是反对，第三是悄悄地转告中国。然而，当时中美尚未建交，中国一直视美国为头号敌人。如果美国官方把消息捅给中国，中国领导人能相信敌人的话吗？

聪明绝顶的基辛格又献出了妙计。一张民间的《华盛顿明星报》用醒目标题刊登一则题为《苏联欲对中国做外科手术式的核打击》的消息。

整个世界似乎骤然停止了运动。刚刚签订的不使用核武器的条约，苏联是最早签字的，难道他们要亲手撕毁自己签过字的条约吗？

面对一触即发的中苏核战争，美国总统尼克松竟然夜不能寝，食不甘味。紧急国防会议上，美国军方领导对此事还颇有争论。美国国防部长莱尔德竟然兴高采烈。两个信仰共产主义国家之间进行一场核战争，美国可坐收渔翁之利。他把中苏核战争爆起的蘑菇云称之为送给美国的最好礼物。但国家安全委员会的人士则持反对态度：核战争不仅危及参战国家，飘浮在高空的核灰尘也会环球飞扬，西海岸的美国也未必安全。

尼克松没有参与众说纷纭的争论，但已形成决策：全力遏制中苏之间可能的核战争。他想起了1962年美国总统肯尼迪在处理苏联在古巴修筑导弹基地时尚未打出的一张牌。

面对赫鲁晓夫硬闯加勒比海，不惜动用核武器的叫嚣，肯尼迪用苏联已经破译的电码，发出向苏联本土134个城市、军事要点、交通枢纽、重工业基地进行核打击的总统指令。

这是一纸签发之前就已经作废的虚假指令。由于赫鲁晓夫提前屈服，这张王牌就锁进了国防部情报局的保密柜。

尼克松脸上露出了笑容。

美国人从保密柜里取出了这张王牌,毫不犹豫地打给了苏联。

1969年10月15日,柯西金语无伦次地向勃列日涅夫报告了两条可怕的消息。

中国的导弹基地已经进入临战状态,所有的地面引导都已开通,只要北京一按钮,核弹就会飞向苏联的某个攻击点。

美国已明确表示中国的利益与他们有关,且已制订了同苏联核战的具体计划。

勃列日涅夫怎么也不相信,美国人怎么可能和中国人坐到一条板凳上。他甚至认为这是中国情报人员玩弄的心理战。

"简直是无稽之谈!"勃列日涅夫冷笑着拨通了苏联驻美国大使馆的电话。大使传给他的消息,使他彻底呆住了。

多勃雷宁告诉他:美国总统已签署了一份对苏联进行核报复的命令。目标是苏联境内的130多个目标,如果我们的一枚中程导弹离开发射架,他们的报复计划便告开始。

"美国人出卖了我们,它出卖了我们……"勃列日涅夫声嘶力竭。

柯西金是冷静的。他望了一眼脸色发青的总书记,轻轻地说:"也许美国的所谓核报复计划是恐吓,但中国的反击决心是坚决的。尽管他们核弹头不多,但他们毕竟在4年前就进行导弹负载核弹的试验,且命中目标的准确率令人惊讶。"

勃列日涅夫无力地坐在那张黑色的真皮靠椅上。10月20日,苏联边界谈判代表团飞赴北京,开始了同中国政府艰苦而漫长的谈判。苏联对中国的核讹诈宣告破产。

二十三、五角大楼的"末日计划"

据悉,目前世界上库存的核武器,足以毁灭地球三次以上。对此,作为世界上第一造出原子弹,唯一运用过核武器的美国,从核垄断被打破以后,就不得不对可能发生的核战争耿耿于怀。一旦核战争打响,谁也未必有把握出来收场。或许,就是世界的末日。于是美国的"末日计划"应运而生。

1949年,社会主义苏联爆炸了第一颗原子弹,五角大楼的将领们焦躁不安。很快,一支由直升机飞行员和机组人员组成的精锐部队——第2857试验中队,驻进了宾夕法尼亚州的空军基地。一般的人只知道这支部队是军民联合营救分队。其实,他们的真正任务是在发生核战争的时候,营救美国的在任总统。

众所周知,核武器有着极大的破坏力,如何在遭到核打击时,迅速组织起有效的核还击?美国五角大楼的主人认为最关键的是要保护好在任总统的安全。因为美国总统手头有一只神秘的与总统形影不离的黑皮包。

美国总统的黑皮包被戏称为"橄榄球"。也有人称之为"核按钮"。如果美国一旦遭到核攻击,它能立即指示身为三军统帅的总统该如何采取应变措施:必须遵循紧急行动要领行动,指示空中指挥所在12分钟内完成升空准备;召唤总统的军事顾问赶来会合;完成反攻击行动。包里的一台无线电报话机,紧急情况下,总统可直接通过它向核部队发布命令。一旦他用密码发出开火的指令,整个核打击机器将迅速开动起来,例如藏在30米深地下密室里的核弹"民兵Ⅲ号",接到命令后立即飞向攻击目标。

黑皮包平时放在白宫东馆的地下室,总统外出时跟随左右。它用复合锁锁住,内装实施上述计划的各种文件、机密基地名单、紧急广播程序及确认总统身份的认证卡。但到目前为止,还没有一位总统正式地演习过它的使用方法。

那么,除了总统以外,核部队的将领们倘若要想悄悄导演一场核战争呢?按现有体制,这是难以成功的。美国战略空军的空中指挥中心有一个火箭发射键盘,可以点燃所有的民兵式导弹群。但空中指挥中心和单个的地下发射井执行着同一个安全制度。任何军官,不管其军衔有多高,都无权发射一件核武器。在 B-52 轰炸机内也有这样的安全措施。除此之外,所有的核轰炸机必须遵守一条防备误警的安全线,在它们飞往敌国途中,没有第二道特别指令不许越雷池半步。所谓第二道特别指令,也就是总统的声音直接传到战略空军各部队的指挥所,此法是想避免一小撮军官谋私利勾结在一起擅自发动一场核战争。在印度洋和格陵兰上空巡航的核轰炸机也是直接接收总统的亲口命令。

"末日计划"是五角大楼的主人们精心策划的。倘若有一天早上,或者夜晚,敌对国的核弹向美国飞来,2857 试验中队做出的第一个反应,是直升机迅速飞向白宫,飞行员们戴着防止原子弹火光的墨镜,身着能挡住核辐射的橡皮紧身衣服和牢不可破的靴子。当然还有总统和第一夫人穿的特殊防护服。以最快的速度把总统带到一个绝对安全的地方。

绝对安全地指的是大山丛中几座挖好的洞穴和停靠在大西洋沿岸的那艘坚不可摧的"诺桑谱顿"号通信船。

第一落脚点在被称之为"地下五角大楼"的山洞中。面积为 20 万平方英尺的芒特韦瑟深藏在坚固无比的绿岩山脉之中。1960 年 5 月,艾森豪威尔总统组织了一次"末日计划"的模拟演习。

警报拉响了。华盛顿上空升起一股巨大的"蘑菇云",总统的直升机则早在原子弹爆炸前离开华盛顿,当飓风般的冲击波肆虐的时候,总统早已进入地下避难所。美国的核弹也早已经遵照总统的口谕,飞向敌国的攻击目标。

紧接着,内阁部长和美国最高法院的法官也被空运到这里。1.8 米厚的大铁门并未因为他们的到来而马上开启。因为他们是在核袭击以后赶到的必须要先接受核辐射检查。在一排仪器前面,几名内阁部长开始接受检查,突然,一台铜制的座钟响起来了,顶上的一盏闪光灯也亮了起来。计算机很快打印出他们受辐射的数据。

沉重的大门打开了,没有受到损伤或辐射的内阁成员被送到战时办公室,进行正常的领导工作。轻度辐射者被带到消洗室,用浴液洗身。严重者洗身后即被送进医院治疗。

芒特韦瑟能容纳数千人。进入者都是特殊花名册上的要人。凡是误入者或名单之外者,格杀勿论。在地下避难所,只有总统和内阁部长有私人住房。保管库中存放着总统预先录制好的讲话,通过移入地下的广播电台向全国广播,号召公民抵御核战争。

美国国会的"核避难所"选择在距华盛顿 400 公里的罗安诺卡。1956 年,艾森豪威尔总统来此山中度假,看中了一座名叫格林布里的五星级豪华分间别墅旅馆。于是,总统亲自下令,在旅馆地下建造美国的核战时临时国会会址。

营建工程是庞大的,也是秘密的。地下世界所有房间的墙壁都足有 0.6 米厚。它有个巨大的椭圆形大门,卡车都可以直进直出。一旦发生核战争,这扇大门立即关上。

格林布里避难所除了可容纳国会人员外,还有可供重要的军事、政治、情报首脑们使用的办公室和住处。整个建筑,有自己独立的自来水系统,空调及电力系统,其仓库内储存食物可维持一年以上。

似乎天衣无缝的"末日计划"能否行得通? 实在还是个问号。

当年艾森豪威尔亲自审定通过的"末日计划"作为最高机密存入五角大楼的保密柜后,总统似乎依然心有余悸。在一次模拟演习中,当内阁部长向他报告说:450 多名白宫官员"顺利被疏散"时,艾森豪威尔冷笑一声,提醒说:"果真那么顺利吗? 要知道,当真的核弹即将爆炸或已经爆炸时,这些人都会变成疯子、都会歇斯底里。"

艾森豪威尔对"末日计划"信心不足实在是理由太多了。在一次"末日计划"演习期间,艾森豪威尔由华盛顿四队护送。在他接近芒特韦瑟的时候,一辆满载猪的卡车进入狭窄的道路。护送车队只得停下来,在卡车慢慢地后退到山间之后,护送车队才得以通过。艾森豪威尔不无忧虑地说,如此精心设计的计划可能毁于一群猪。

实施"末日计划",是为了保证总统和国家内阁万无一失。但根本的目的,是为了保证美国在遭到核袭击时,能组织起有效的核反击。但在实际操作中,常常会遇到一些意外的变故,致使"末日计划"频频告急。

1979 年 11 月 9 日,白宫主人像往常一样在他的办公室处理日常事务。2857 试验中队的直升机正在进行每月一次的定期检测。突然,美国北美防御系统的计算机发出警报:苏联向美国发动了核进攻……

"末日计划"迅速展开。10 架 24 小时处于一级战备的美国战斗机从本土和加拿大的基地紧急升空;战略核导弹也进入待发状态。就在总统即将打开黑皮包的时刻,导弹雷达却没有发现目标信号,升空的飞机也不见来袭的机群。

虚惊一场。原来是计算机操作人员误装了一盘"美、苏战争演习的模拟磁盘"。

还有更玄乎的虚假情报,弄得美国总统里根尴尬至极。

1980 年 7 月 6 日凌晨,美国北美空军防御系统的地下观察室内,一位刚换岗值班的观察员,像往常一样,漫不经心地看着闪烁的荧光屏。多少年了,他们的荧屏从来没有过真情报。但有朝一日,苏联的核弹真的打来之时,这玩意儿顶不顶用呢。正在他心神不定的时候,突然屏幕上出现了一批耀眼的斑点,他定睛一看,斑点在不断变大,且正在向美国本土靠近,而且越来越多,顷刻间,已是一大片,布满了屏幕……年轻的观察员惊呆了,因为这意味着数千枚来自苏联的核导弹正在向美国袭击! 于是,他慌忙唤来了值班军官。在场的人们大气不出地盯着屏幕,看到那密密麻麻、铺天盖地而来的"导弹",想到即将到来的灾难,一种末日来临之感油然而生。

核袭击警报又一次拉响,拦截战术导弹、战略反击核导弹、战略核轰炸机按照指令进入一级战备状态,听候五角大楼的最后指令。美国国防部立即紧张地运作起来,里根总统听到的是他几乎不敢相信的消息。如果从发现情况时间算起,预计 10 分钟后,来袭导弹将进入美国国土,15 分钟后将可攻击美国本土内一些重要城市、设施等战略目标,25分钟后美国将全部毁灭于核灾难! 要做出最有效的反击,就是在5分钟之内发射导弹进行空中拦截,同时进行报复性核反击。这样,距离做出决断的时间只有不到5分钟了。

难道制订了20多年的"末日计划"真的要实施了吗? 里根在急速思考之后,迅速抓起了直通克里姆林宫及苏共总书记勃列日涅夫的"热线"电话,要求苏联对"在美国上空出现苏联导弹一事做出解释",苏联国家和军事领导人立即"断然否认",并要求美国立即进行核实和检查仪器。果然,在发现"情况"后3分钟,满头大汗的工程师们解除了"紧急状态"。原来那来袭"导弹"竟是一块大规模集成电路的芯片故障造成的一场虚惊。

尽管又是有惊无险,但里根总统在苏联人面前实在丢了面子。

由于苏联的瓦解,美国"末日计划"的制订者对处理危机方案进行了彻底的重新估价。老的核战争避住处中心在重新研究之中,一些核战争避住处将留着备用,另一些核战争避住处将用来存放记录和用作办公地点。应急计划和无价值的危机处理章程正在重新加以研究。

或许,美国的"末日计划"已经失去了它存在的意义,但是核战争的危机并未彻底消除,善良的人们仍然需要提高警惕。

二十四、"海马"再现"蓝光"

1980年4月24日夜,格林威治时间22时,8架没过"海马"直升机伴着震天的涛声,跃入漆黑的夜空中,向着伊朗领海飞驰而去……

美国的飞机何以飞向伊朗的领海? "海马"又将扮演何种角色?

1979年,伊朗发生政变,巴列维政权被推翻。习惯于以世界警察自居的美国人又出来横加干涉,流亡的伊朗国王巴列维得到了美国的庇护,偏激的民族情绪,导致了一场新的事变。1979年11月4日,美国驻伊朗大使馆突然被数百名学生包围,愤怒的学生把对巴列维的仇恨一股脑儿倾泻在美国人身上。美国的星条旗被撕开烧毁,玻璃门窗几乎全被砸碎,53名外交人员被扣作人质,胁迫美国交出巴列维。

交出巴列维,那美国的面子往哪搁? 5天后,美国陆军"蓝光"反恐怖特种部队顾问梅多斯被召到华盛顿,他奉命尽快制订一个一旦伊朗开始屠杀人质就使用武力救出人质的应急营救计划。美国军事活动的中枢——五角大楼的一间秘密指挥室里,代号"饭碗"行动的计划悄悄出笼。

这是一个复杂庞大的秘密计划。

由"蓝光"反恐怖特种部队选派有经验的突击队员组成一支精干的突击队,具体执行"饭碗"营救任务。计划由海军出动舰载"海马"直升机负责战斗支援;空军出动C-130型运输机负责撤运人质。为了解决目标距离远与直升机航程有限的矛盾,在航行途中设置两个休整点,代号分别为"沙漠1"和"沙漠2"。整个行动的地面指挥由"蓝光"反恐怖特种部队司令贝克威思担任。

尽管是纸上谈兵,却十分逼真。贝克威思上校和他的突击队员在巨大的沙盘上进行着一次又一次的模拟演练。

预计在 4 月下旬的一个夜晚,6 架 C-130 特种飞机从开罗的一个机场秘密起飞,满载汽油、突击队员和武器装备,穿过红海,绕过阿拉伯半岛,然后潜入伊朗。为了避免被雷达发现,要求它在长途飞行中,尤其是进入伊朗领空以后,采用离地面 30 米的超低空飞行。运输机在中途可以进行加油,然后飞抵伊朗中部卡维尔沙漠的盐碱地降落。这个特意选定的降落点——"沙漠 1",在距伊朗首都德黑兰的东南约 300 多公里的塔巴斯。

在这同时,从伊朗海岸附近的公海里,8 架"海马"RH-53D 重型直升机将从美国的航空母舰上起飞,飞往卡维尔沙漠的降落地点,同 C-130 运输机队会合。"海马"RH-53D 是当时世界上设备最完善的直升机之一。它装有自动导航系统,能进行全天候飞行,而且操纵性能良好,能完成一些高难度特技动作。但该机设计航程仅 400 公里,不适合长途飞行。为执行营救任务,预先进行了改装,增加了副油箱,使其航程增加到 900~1000 公里。看来,美国军方决定让它参加营救人质的行动是经过慎重考虑的。等"海马"和运输机会合以后,运输机要为"海马"直升机增添燃料,突击队员要把武器装备从运输机上搬到直升机上,然后,90 名突击队员分乘6 架"海马"直升机,再飞往第二个秘密地点——"沙漠 2"——德黑兰郊外山区里的加萨尔。突击队员要从这里改乘汽车,在黑夜的掩护下潜入伊朗首都。

说到这里,贝克威思望了一眼直升机大队的海尔上校,按了一下电钮。一架"海马"直升机的模型从上而下,稳稳地停在美国驻德黑兰大使馆的院子里。

"明白吗,必须要停在这地方!"贝克威思指着那块标着绿色的球场。所有人质无论是活的还是死的,全部运走。每个人质都将被系上一条发光的汗带,以便能准确地掌握人数。人质将被直升机运到德黑兰以南的曼扎利椰赫的一个简易沙漠机场,与事先等在那里的另一批突击队员会合,然后换乘 C-130 型运输机飞离伊朗。这时,仍在使馆内的美国突击队员将用 40 磅炸药把使馆的院墙炸开一道缺口,突击队员将从这道缺口冲出使馆,穿过罗斯福大街,进入附近的一个足球场,登上早已等在那里的另外几架直升机,撤出德黑兰。

之所以做出这样的决策,是因贝克威思以"蓝光"司令特有的眼光,看上了运动场周围大块水泥板垒成的看台。看台正好可以作为突击队员阻击伊朗人进攻的防御阵地,C-130 型武装攻击机还可以绕运动场四周盘旋,向发起进攻的伊朗人投弹射击。

"饭碗"营救计划送到卡特的案头。

美国最高当局对计划进行了极为详尽的审定。同时又提出了许多新的疑问。但是有一点他们疏忽了,就是"海马"直升机的作战性能和营救地点的沙层土质及可能的沙暴袭击。而这些恰恰在营救过程中给了"蓝光"突击队致命的打击。

既然是营救人质,首先要搞清人质的关押位置。对德黑兰的美国大使馆的地形和建筑,美国人自然是了如指掌。占地 27 英亩的大使馆,有大型建筑物 11 座,谁也搞不清人质究竟关在哪一座建筑物的哪一层楼的哪一间房子里。如果突击队员搜查一遍的话,得花 3 小时,那么长的搜查时间,对一个跨国长途奔袭的紧急营救分队来说,简直是不可能做到的。

难题,不光难住了"蓝光"突击队,也难住了无孔不入的美国中央情报局和国防部情报局。因为中央情报局驻德黑兰的头目也在人质名单之中,使当时的谍报网陷入瘫痪。

中央情报局自然不甘心在总统面前丢了面子。12月底,他们派出了老情报官鲍勃潜入德黑兰。鲍勃是中央情报局的高手,常年居住在南欧一个小国,由于特殊的地理关系,鲍勃精通七国语言。很快,鲍勃带着他的女友,一个十分性感的瑞士小姐菲利丝登上了飞往德黑兰的班机。

美国人质被扣,在伊朗国内引起强烈反响,霍梅尼一方面以此胁迫美国,另一方面也加紧了对美方潜入人员的监控,机场、码头的入境检查极其严格,武装部队也全部处于紧急戒备状态,伊朗全国弥漫着火药味。挖空心思的鲍勃潜入伊朗后,立即恢复了濒于瘫痪的间谍网络。一星期后,又一伊朗籍美国特工潜入德黑兰,归属鲍勃手下。他被指定为营救计划作物质准备。很快5辆卡车和2辆货车到手,预备用来把突击队从"沙漠2"运进德黑兰。然而,营救人质最关键的问题却一直未能解决。这段时间,鲍勃动用了间谍网内一切可以调用的力量,人质确切的关押地址仍一无所知。中央情报局的头目急得像热锅上的蚂蚁。

这时,国防部情报局也插手了。蓝光突击队顾问梅多斯自告奋勇,亲自出马德黑兰。稍经整容,梅多斯化名理查德·基思,住进了德黑兰的谢拉顿旅馆。这里离使馆区只有两条马路,北侧就是通往伊朗外交部的伏尔加河大道。梅多斯刚刚潜入,国防部派出的另一批特工人员也到了。其中有两名会讲德语的特工,是梅多斯在"蓝光"突击队的老部下。梅多斯不愧为老谋深算,他把侦察重点放在伊朗外交部,因为扣压人质当天,不在使馆内的美国临时代办和另两名外交官一直被扣留在外交部。另有两名美国特工从小在德黑兰长大,又有亲戚在市区,因而对市区环境和交通很熟悉,成了梅多斯有力的左右手。

正在美国人千方百计刺探人质的关键时刻,伊朗人不知出于什么动机,竟然释放了一名在美国大使馆工作的巴基斯坦厨师,并批准他离境回国。就在伊朗电台广播这条消息时,一名美国特工人员尾随这名厨师一齐登上了飞往巴基斯坦的飞机。很快,全部绝密情报传到了美国五角大楼的指挥室:人质被关押在使馆领事处。这是一座5层小楼,每层楼均有哨兵把守;军械库门前有4名哨兵把守,哨兵配有轻机枪和冲锋枪,还有手雷。

身为"蓝光"突击队顾问的梅多斯一刻也没有闲着。他把侦察的手伸得很远很远。那天,他先携菲利丝借观光为名,飞到"沙漠2"地区,然后开一辆汽车,详细地记下了该地区至美国大使馆的距离和路上所需时间。美国大使馆周围的情况,梅多斯已从间谍卫星拍摄的照片上了解得一清二楚。可他还放心不下,又派菲利丝专程再核实清楚。

4月21日,觉得已是万无一失的梅多斯电告华盛顿:一切准备就绪。"饭碗"计划可以实施。

梅多斯的电报,令卡特总统和他的助手们兴奋不已。与此同时,美国方面为了迷惑对手,调了3架MC-130型飞机进驻阿曼的马西拉空军基地,从那里起飞干扰伊朗空军雷达系统,迟滞伊朗战斗机起飞拦截,命令在伊朗沿海巡逻的海军航空母舰编队和各型飞机保持例行活动,以麻痹对方。

美国内华达州和犹太州的沙漠地带,地形条件与伊朗境内地形条件十分相似,突击队员在那里模拟演练营救行动的每一个步骤,并把夜间和沙漠行动作为重点。"海马"直升机则一次次演练在沙漠盐碱地上的起飞和降落,还进行了800公里远程试飞。一切都在悄悄进行。

伊朗人真真切切地被蒙住了,情报部门没有提供出任何美军有异常行动的情报来。尤其是 4 月 7 日,卡特总统宣布与伊朗断绝外交关系时,声称最后期限是 5 月中旬。这一切,就连在印度洋地区活动的苏联舰队也没搞明白美国的真正意图。

4 月 24 日晚,"饭碗"行动拉开序幕。

伊朗时间 25 日凌晨 1 时半,8 架在"尼米兹"号航空母舰上起飞的草绿色"海马"飞机贴着海平面飞行,6 叶巨大的旋翼由两台大功率涡轮发动机带动。汹涌的浪花几乎溅到旋翼上。为了避免伊朗雷达跟踪,飞行员拿出了平时练就的超低空飞行的硬功夫,以时速 220 公里的速度前飞。

几乎在同一时间,红海狭长水域的上空,6 架从埃及起飞的 C-130 大型运输机正刺破夜幕,取道沙特阿拉伯、阿曼,飞向伊朗的集结点。

仲春四月,正值伊朗高原冬春交替的季节,迅猛的暴风常常会引起骇人听闻的沙暴。凌晨 4 时多,8 架"海马"直升机悄悄地闯入沉睡中的伊朗。也许是飞得很低的缘故,航线下,地面上卷起一团团黄色的沙土。突然,发动机发出一阵异样的炸响,带队长机飞行员爱狄皮尔吃了一惊,侧耳听了一下,机舱蒙皮隐隐约约有沙石撞击的声音。"沙暴!"他一下明白了,为了证实自己的判断,他打开了飞机上新安装的红外线夜航装置。机舱外的情景令他目瞪口呆,那迅猛的沙暴犹如一堵铺天盖地、巨大无比的沙土墙席卷而来,飞沙走石,打得人睁不开眼睛,前方的航路,被堵得严严实实。爱狄皮尔隐隐约约有一种不祥之感。为避免意外,他猛地爬高。不一会儿,"海马"爬到 3000 米的极限高度,屏障依然。他又俯冲下来,贴着离地面仅 4.5 米高度飞行,发动机照样爆音不断。"海马"犹如茫茫沙海中的几叶小舟,随着气流上下翻腾。面对意外的险情,只能听天由命了。

苍天保佑,爱狄皮尔的飞机总算挺过来了。可跟在他身后的一架"海马"就不怎么幸运了。由于前后左右上上下下都是黄沙,能见度很差,为避免飞机相撞,彼此拉开距离。此刻,"海马"的自动系统发挥了作用,机自为战,开辟航路。在与沙暴搏斗中,2 号"海马"飞行员突然发现飞机的陀螺失灵。陀螺仪是指示航向的重要仪表,在漫天黄沙之下,怎么继续前飞呢? 好在航空母舰上有导航信号发出,飞机尚能飞回航空母舰。

"2 号有病,回外婆家了!"耳机里传来 2 号机的暗号。爱狄皮尔望了一下窗外,2 号"海马"正退出编队,转身向航空母舰飞去。

2 号的退出,给大伙的心上蒙上了一层阴影。茫茫沙海,出路在哪儿呢? 大约 20 分钟后,又一架"海马"的旋翼故障指示灯亮了。飞机迫降在渺无人烟的沙海上。在应急灯的照明下,查出了故障,旋翼加压用的氮气全部丧失了压力,既无法继续前飞,又不能返回航空母舰。

草绿色的"海马"痛失前蹄,被遗弃在伊朗高原茫茫沙海之中……

静静的夜。位于伊朗东部的霍腊省塔巴斯附近的"沙漠 1"地区,简易机场犹如一条灰色的巨蟒,横亘在卡维尔沙漠的盐碱地上,四周没有一丝绿色,到处铺满了细细的沙子。

随着一阵飞机引擎的轰鸣,6 架 C-130 大型运输机徐徐降落。

一群身穿伪装服的"蓝光"突击队员从飞机上走下来。贝克威思先走下飞机,他抬头望了望夜空,沙漠地区的夜空,显得格外沉寂,周围弥漫着淡淡的薄雾,虽然是 4 月,但这里的空气是冷飕飕的。出于"蓝光"突击队特有的警惕,贝克威思上校四处查看着。抬腕看看夜光表,再瞄瞄夜空,连直升机的影子都没有,早已过了预定的时间,难道直升机出了意外。

突然,北边100多米的简易公路上,出现了一辆公共汽车,直向飞机驶来。人迹罕至的地方,怎么会有汽车?贝克威思急得大叫起来:"快!快把它拦住!"

"嗒嗒嗒嗒……",一名突击队员操起全自动冲锋枪朝汽车的上方猛烈开火,"嘎吱"一声,汽车吓得停了下来。突击队员冲上汽车。原来是一辆旅行车,还好,车上40多个大人小孩,没有人受伤。为防止这些伊朗人走漏消息,他们被看管起来。

不一会儿,远处又响起了汽车的喇叭声,接着耀眼的车灯照得人的眼睛发花。是一辆载油大卡车和一辆轻型车。突击队员又向油车的车灯开了火,但却引起了油车爆炸起火。司机以为是遇上武装拦路抢劫的黑道组织了,吓得浑身发抖,急忙逃出车门,钻进后面的微型车逃跑了。

在美国第一架运输机着陆后的30分钟内,出现这么多麻烦,实在是出人意料。因为当初选定这个地点作为第一站是经过仔细侦察的,美国军方为确保万无一失,甚至动用了侦察卫星摄影,情报表明,虽然这里有一条简易公路,但交通很不发达。附近仅有的一座中等城镇,因大地震以后,已基本没有人烟存在,夜间更是无人光临。可是事情偏偏这么巧,在飞机降落后很短的时间内,却来了3辆车,结果还让一辆车逃跑了。真是冤家路窄呀。幸好是在深夜,逃跑的人还没看清美国的飞机,更不会知道他们行动的最后目的。

"红海、红海,大力士准点到达1号地点,海马不见踪影!"贝克威思用加密电报向坐镇中东的秘密基地的上级指挥官联系。

"海马准时出发,海马准时出发!"秘密基地告知:8架直升机已按时从航空母舰上起飞,正向卡尔维尔沙漠飞来。贝克威思顿时松了一口气。

凌晨4时50分,"沙漠1"上空传来一阵直升机引擎的低鸣。"海马"落地了,贝克威思心急如焚。已经没有时间再迟疑了,必须马上行动。

"怎么只有6架海马?还有两架呢?"贝克威思急切地询问。

"一架故障返回了,一架故障抛在路上了!"爱狄皮尔报告。

贝克威思顿时心头一沉。6架海马是确保这次行动的最低数字。"蓝光"突击队的9名队员和53名人质,还有这次行动的美国情报人员和必要的设备,全靠这6架直升机了。

成败在此一举。

"6匹海马到位,一切正常!"电波越过中东沉睡的夜空,飞到五角大楼秘密指挥室,坐镇指挥的琼斯将军高兴得把一杯威士忌一饮而尽。

"按原计划执行!预祝成功!"琼斯将军发来密电。尽管贝克威思对行动有百分之百的信心,但作为随队行动的直接指挥官,比千里之外运筹帷幄的琼斯将军,他多了一丝淡淡的忧虑。

"立即行动!"贝克威思发出了指令。简易机场上一片忙碌,加油软管从C-130飞机里拉了出来,又分别注入6架直升机的油箱。突击队员们从运输机上搬下一箱箱营救行动所需物品,又匆匆搬上"海马"直升机。

"海马"直升机的旋翼一刻也没有停止转动。

正当贝克威思巡视队员们往直升机上搬运设备的时候,一名"海马"驾驶员着急地向他报告:5号,飞机液压系统出了毛病,不能继续飞了。贝克威思脑子里轰的一下,几乎失去理智,马上过去看看,果然操纵系统失灵了,还烧坏了一个液压泵,上校心里凉了半截,飞机失去了液压系统就几乎是一堆废铁。更为严重的是,只剩下5架直升机了,而5架直升机是无法完成全部营救任务的,紧急磋商会议就在"海马"边上召开。各种意见堆在贝克威思面前,有人主张已经到了这步田地,就该不顾一切干下去。但是贝克威思不同意,他不让突击队员们在没有可靠支援的条件下白白送死。作为"饭碗"行动的组织者和指挥者,他流着泪,向坐镇在五角大楼的琼斯报告了情况,并建议取消这次行动。

消息马上传回美国,卡特总统反复考虑了7分钟之久,才说:"我同意。"撤退的命令传到了伊朗卡维尔沙漠时,已是凌晨了。突击队又忙碌起来,将近黎明时分,撤退的准备工作全部做完。贝克威思也登上了一架运输机,坐在驾驶舱里,等待起飞。

一架C-130开始滑行,速度越来越快。就在即将升空的一刹那间,意外发生了。一架准备加油的"海马"在拐弯时碰上了正在滑行的C-130。只听"轰"的一声巨响,两机起火爆炸,把沙漠中的机场照得通亮,机上8名突击队员死亡,4人受伤。

意外的意外,使贝克威思伤透了脑筋。望着东方已微微发白,他终于咬咬牙,下令丢下8具尸体、两架飞机的残骸和五架"海马"直升机,全体人员分乘5架C-130马上撤离。随着一阵惊天动地的轰鸣,5架C-130呼啸着离开了伊朗的土地。

精心策划5个多月的"饭碗"行动被砸碎了,但事先打进德黑兰的梅多斯为首的一大批特工队员对此还一无所知。

C-130飞翔在茫茫云海中,贝克威思想起了遗弃的"海马"直升机,还有有关这次行动的绝密地图、侦察照片、无线电通信呼号和频率表。作为"蓝光"突击队指挥官,他明白这对潜伏在伊朗的特工人员是致命的证据。他马上向五角大楼发去密电,请求派舰载机摧毁遗留下来的直升机和绝密文件。

然而,卡特最后还是拒绝了这一要求。他怕事态扩大,以致难以收场。只下令马上让潜伏德黑兰美国情报人员撤回。

等到梅多斯得到"饭碗"行动夭折的情报时,已经是黎明时分,他马上通知等候在"沙漠2"的特工和雇用的汽车立即放弃。

"蓝光"突击队组织的"饭碗"行动终因"海马"的缘故失败了,但那惊心动魄的一幕却久久留在人们的记忆里。